CODICE CIVILE

Per la didattica e lo studio

In copertina:
GIOVANNI BATTISTA MORONI, *Ritratto di uomo con lettera* ("*L'Avvocato*").

CODICE CIVILE

Per la didattica e lo studio

a cura di Roberto Pucella

con il coordinamento di Massimo Foglia

G. Giappichelli Editore

VIA PO, 21 - TEL. 011-81.53.111 - FAX 011-81.25.100
http://www.giappichelli.it

ISBN/EAN 978-88-921-3908-4

Composizione: Voxel Informatica s.a.s. - Chieri (TO)

Stampa: Rotolito S.p.A. - Pioltello (MI)

Indice

pag.

LIBRO QUARTO
DELLE OBBLIGAZIONI

pag.

LIBRO QUINTO
DEL LAVORO

pag.

Abbreviazioni e Avvertenze

Avvertenze

I richiami agli articoli nel corpo dei commenti devono intendersi riferiti, ove non diversamente indicato, alle disposizioni del Codice Civile.

Abbreviazioni

art.	= articolo
artt.	= articoli
C. Cost.	= Corte Costituzionale
c.c.	= codice civile
c.c.i.i.	= codice della crisi d'impresa e dell'insolvenza
c.d.	= cosiddetto
c.p.	= codice penale
c.p.c.	= codice di procedura civile
c.p.p.	= codice di procedura penale
c.t.s.	= codice del terzo settore
Cass.	= Corte di Cassazione
cc.dd.	= cosiddetti
CE	= Comunità Europea
cfr.	= confronta
cit.	= citato
co.	= comma
Cod. cons.	= Codice del consumo
Cod. nav.	= Codice della navigazione
conv.	= convertito
Corte EDU	= Corte Europea dei Diritti dell'Uomo
Cost.	= Costituzione
cpv.	= capoverso
CTU	= consulenza tecnica d'ufficio
d.l.	= decreto legge
d.lgs.	= decreto legislativo
d.lgs.lt.	= decreto legislativo luogotenenziale
d.m.	= decreto ministeriale
d.P.C.M.	= decreto del Presidente del Consiglio dei Ministri
d.P.R.	= decreto del Presidente della Repubblica
delib.	= deliberazione
dir.	= direttiva
disp. att.	= disposizioni di attuazione
disp. prel.	= disposizioni sulla legge in generale (preleggi)
G.U.	= Gazzetta Ufficiale della Repubblica Italiana
l.	= legge

l. aut. = legge sulla protezione del diritto d'autore
l. div. = legge sul divorzio
l. fall. = Legge fallimentare
l. not. = legge notarile
l. tav. = legge tavolare
lett. = lettera
MISE = Ministero dello Sviluppo Economico
P.A. = pubblica amministrazione
PMI = piccole-medie imprese
r.d. = regio decreto
r.d.l. = regio decreto legge
R.I. = registro delle imprese
s. = seguente
s.a.p.a. = società in accomandita per azioni
s.a.s. = società in accomandita semplice
s.n.c. = società in nome collettivo
s.o. = supplemento ordinario
s.p.a. = società per azioni
s.r.l. = società a responsabilità limitata
s.r.l.s. = società a responsabilità limitata semplificata
s.u. = sezioni unite
sent. = sentenza
SGR = società di gestione del risparmio
sicav = società di investimento a capitale variabile
SIM = società di intermediazione mobiliare
ss.mm.ii. = successive modificazioni
Stat. lav. = statuo dei lavoratori
t.u. = testo unico
t.u.b. = testo unico in materia bancaria e creditizia
t.u.f. = testo unico in materia di intermediazione finanziaria
TFUE = Trattato sul Funzionamento dell'Unione Europea
TUE = Trattato sull'Unione Europea
ult. co. = ultimo comma
v. = vedi

Premessa

Il Codice per la didattica e lo studio nasce con l'obiettivo di rendere più agevole e dinamica, per lo studente universitario, la simbiosi tra Manuale e Codice. Simbiosi non sempre facile, specie ai primi anni di università, per la diffusa convinzione che lo studio del solo Manuale sia bastevole o, ancor più, che il ricorso al Codice complichi, anziché semplificare, la preparazione degli esami universitari.

La scelta qui operata è quella di offrire uno strumento che non si riduca a mera parafrasi degli articoli, ma ponga in evidenza i profili ed i problemi di maggior rilievo che connotano le disposizioni annotate. Con il proposito, coerente con la premessa, che si tratti di un lavoro di ricostruzione meticoloso, ma contraddistinto dalla brevità, e principalmente funzionale allo studio universitario; e perciò volutamente non rivolto all'illustrazione degli orientamenti esegetici di dottrina e giurisprudenza; solo qualche limitato richiamo a pronunce di particolare rilievo.

Dunque, un lavoro di sintesi e di sottolineatura delle questioni più importanti che aiuti lo studente a comprendere la norma attraverso la lettura della disposizione stessa, non solo tramite l'insostituibile mediazione del Manuale.

Ciò non riduce la fruibilità dell'opera per altri studiosi od operatori del diritto i quali cerchino uno strumento di pronta consultazione, utile nelle più diverse circostanze: nella preparazione concorsuale, nelle dinamiche dell'udienza o dell'attività professionale, in ogni occasione in cui l'esigenza di poter consultare un'opera agile e immediata renda questo Codice preferibile ad altri volumi dallo sviluppo più articolato.

Il risultato è stato reso possibile dall'impegno degli Autori che hanno condiviso questa iniziativa, cui va il nostro sincero ringraziamento; e dal prezioso e attento lavoro di coordinamento svolto dal dott. Massimo Foglia.

Roberto Pucella

Autori dell'opera

1-158:	Massimo Foglia
159-230-*ter*:	Massimo D'Auria
231-342-*ter*:	Marco Rizzuti
343-399:	Giovanna Capilli
400-403:	Marco Rizzuti
404-455:	Daniela Barbierato
456-586:	Marco Azzalini
587-712:	Luigi Nonne
713-809:	Marco Azzalini
810-831:	Fabrizio Piraino
832-951:	Guido Corapi
952-1099:	Mauro Grondona
1100-1139:	Fabrizio Piraino
1140-1172:	Mauro Grondona
1173-1320:	Luigi Nonne
1321-1469-*bis*:	Roberto Senigaglia
1470-1570:	Daniela Barbierato
1571-1654:	Luca Ballerini
1655-1753:	Gelsomina Salito
1754-1765:	Alberto Venturelli
1766-1822:	Maria Grazia Peluso
1823-1860:	Francesca Cerea
1861-1964:	Antonio Musio
1965-1986:	Alberto Venturelli
1987-1991:	Mauro Grondona
1992-2027:	Ubaldo La Porta
2028-2042:	Mauro Grondona
2043-2059:	Roberto Pucella
2060-2081:	Paolo Tomassetti
2082-2093:	Emiliana Cicatelli
2094-2134:	Paolo Tomassetti
2135-2140:	Andrea Tanga
2141-2187:	Antonio Vecchione
2188-2202:	Cesare Mele
2203-2213:	Maria Virginia Ricciardi
2214-2221:	Filippo Murino
2222-2246:	Paolo Tomassetti
2247-2250:	Lucia Picardi
2251-2283:	Carla Bochicchio
2284-2312:	Maria Virginia Ricciardi
2313-2324:	Andrea Pentangelo
2325-2362:	Emiliana Cicatelli
2363-2396:	Daniele D'Aiuto
2397-2409:	Gianfranco Liace
2410-2420-*ter*:	Lucia Picardi
2421-2440:	Andra Tanga
2441:	Cesare Mele
2442-2447:	Andrea Tanga
2447-*bis*-2451:	Francesco Buonomenna
2452-2461:	Andrea Pentangelo
2462-2483:	Filippo Murino
2484-2496:	Cesare Mele
2497-2497-*septies*:	Lucia Picardi
2498-2506-*quater*:	Andrea Pentangelo
2507-2510:	Francesco Buonomenna
2511-2548:	Andrea Tanga
2549-2601:	Domenico Fauceglia
2602-2620:	Andrea Pentangelo
2621-2642:	Giuseppe Saccone e Alfonso Laudonia
2643-2696:	Luca Ballerini
2697-2739:	Roberto Pucella
2740 a 2783-*ter*:	Giovanna Marchetti
2784-2899:	Shaira Thobani
2900-2906:	Giovanna Marchetti
2907-2933:	Shaira Thobani
2934-2969:	Roberto Pucella

Costituzione della Repubblica Italiana

Il Capo provvisorio dello Stato
Vista la deliberazione dell'Assemblea Costituente, che nella seduta del 22 dicembre 1947 ha approvato la Costituzione della Repubblica Italiana;
Vista la XVIII disposizione finale della Costituzione;
Promulga
La Costituzione della Repubblica Italiana nel seguente testo:

Principi fondamentali

1. – L'Italia è una Repubblica democratica, fondata sul lavoro.
La sovranità appartiene al popolo, che la esercita nelle forme e nei limiti della Costituzione.

2. – La Repubblica riconosce e garantisce i diritti inviolabili dell'uomo, sia come singolo, sia nelle formazioni sociali ove si svolge la sua personalità, e richiede l'adempimento dei doveri inderogabili di solidarietà politica, economica e sociale.

3. – Tutti i cittadini hanno pari dignità sociale e sono eguali davanti alla legge, senza distinzione di sesso, di razza, di lingua, di religione, di opinioni politiche, di condizioni personali e sociali.
È compito della Repubblica rimuovere gli ostacoli di ordine economico e sociale, che, limitando di fatto la libertà e la uguaglianza dei cittadini, impediscono il pieno sviluppo della persona umana e l'effettiva partecipazione di tutti i lavoratori all'organizzazione politica, economica e sociale del Paese.

4. – La Repubblica riconosce a tutti i cittadini il diritto al lavoro e promuove le condizioni che rendano effettivo questo diritto.
Ogni cittadino ha il dovere di svolgere, secondo le proprie possibilità e la propria scelta, una attività o una funzione che concorra al progresso materiale o spirituale della società.

5. – La Repubblica, una e indivisibile, riconosce e promuove le autonomie locali; attua nei servizi che dipendono dallo Stato il più ampio decentramento amministrativo; adegua i principi ed i metodi della sua legislazione alle esigenze dell'autonomia e del decentramento.

6. – La Repubblica tutela con apposite norme le minoranze linguistiche.

7. – Lo Stato e la Chiesa cattolica sono, ciascuno nel proprio ordine, indipendenti e sovrani.
I loro rapporti sono regolati dai Patti Lateranensi. Le modificazioni dei Patti, accettate dalle due parti, non richiedono procedimento di revisione costituzionale.

8. – Tutte le confessioni religiose sono egualmente libere davanti alla legge.
Le confessioni religiose diverse dalla cattolica hanno diritto di organizzarsi secondo i propri statuti, in quanto non contrastino con l'ordinamento giuridico italiano.
I loro rapporti con lo Stato sono regolati per legge sulla base di intese con le relative rappresentanze.

9. – La Repubblica promuove lo sviluppo della cultura e la ricerca scientifica e tecnica.
Tutela il paesaggio e il patrimonio storico e artistico della Nazione.

10. – L'ordinamento giuridico italiano si conforma alle norme del diritto internazionale generalmente riconosciute.

La condizione giuridica dello straniero è regolata dalla legge in conformità delle norme e dei trattati internazionali.

Lo straniero, al quale sia impedito nel suo paese l'effettivo esercizio delle libertà democratiche garantite dalla Costituzione italiana, ha diritto d'asilo nel territorio della Repubblica, secondo le condizioni stabilite dalla legge.

Non è ammessa l'estradizione dello straniero per reati politici.

11. – L'Italia ripudia la guerra come strumento di offesa alla libertà degli altri popoli e come mezzo di risoluzione delle controversie internazionali; consente, in condizioni di parità con gli altri Stati, alle limitazioni di sovranità necessarie ad un ordinamento che assicuri la pace e la giustizia fra le Nazioni (TUE, TFUE); promuove e favorisce le organizzazioni internazionali rivolte a tale scopo.

12. – La bandiera della Repubblica è il tricolore italiano: verde, bianco e rosso, a tre bande verticali di eguali dimensioni.

PARTE PRIMA
DIRITTI E DOVERI DEI CITTADINI

Titolo I
RAPPORTI CIVILI

13. – La libertà personale è inviolabile.

Non è ammessa forma alcuna di detenzione, di ispezione o perquisizione personale, né qualsiasi altra restrizione della libertà personale, se non per atto motivato dall'autorità giudiziaria e nei soli casi e modi previsti dalla legge.

In casi eccezionali di necessità ed urgenza, indicati tassativamente dalla legge, l'autorità di pubblica sicurezza può adottare provvedimenti provvisori, che devono essere comunicati entro quarantotto ore all'autorità giudiziaria e, se questa non li convalida nelle successive quarantotto ore, si intendono revocati e restano privi di ogni effetto.

È punita ogni violenza fisica e morale sulle persone comunque sottoposte a restrizioni di libertà.

La legge stabilisce i limiti massimi della carcerazione preventiva.

14. – Il domicilio è inviolabile.

Non vi si possono eseguire ispezioni o perquisizioni o sequestri se non nei casi e modi stabiliti dalla legge secondo le garanzie prescritte per la tutela della libertà personale.

Gli accertamenti e le ispezioni per motivi di sanità e di incolumità pubblica o a fini economici e fiscali sono regolati da leggi speciali.

15. – La libertà e la segretezza della corrispondenza e di ogni altra forma di comunicazione sono inviolabili.

La loro limitazione può avvenire soltanto per atto motivato dell'autorità giudiziaria con le garanzie stabilite dalla legge.

16. – Ogni cittadino può circolare e soggiornare liberamente in qualsiasi parte del territorio nazionale, salvo *le limitazioni* che la legge stabilisce in via generale per motivi di sanità o di sicurezza. Nessuna restrizione può essere determinata da ragioni politiche.

Ogni cittadino è libero di uscire dal territorio della Repubblica e di rientrarvi, salvo gli obblighi di legge.

17. – I cittadini hanno diritto di riunirsi pacificamente e senz'armi.

Per le riunioni, anche in luogo aperto al pubblico, non è richiesto preavviso.

Delle riunioni in luogo pubblico deve essere dato preavviso alle autorità, che possono vietarle soltanto per comprovati motivi di sicurezza o di incolumità pubblica.

18. – I cittadini hanno diritto di associarsi liberamente, senza autorizzazione, per fini che non sono vietati ai singoli dalla legge penale.

Sono proibite le associazioni segrete e quelle che perseguono, anche indirettamente, scopi politici mediante organizzazioni di carattere militare.

19. – Tutti hanno diritto di professare liberamente la propria fede religiosa in qualsiasi forma, individuale o associata, di farne propaganda e di esercitarne in privato o in pubblico il culto, purché non si tratti di riti contrari al buon costume.

20. – Il carattere ecclesiastico e il fine di religione o di culto d'una associazione od istituzione non possono essere causa di speciali limitazioni legislative, né di speciali gravami fiscali per la sua costituzione, capacità giuridica e ogni forma di attività.

21. – Tutti hanno diritto di manifestare liberamente il proprio pensiero con la parola, lo scritto e ogni altro mezzo di diffusione.

La stampa non può essere soggetta ad autorizzazioni o censure.

Si può procedere a sequestro soltanto per atto motivato dell'autorità giudiziaria nel caso di delitti, per i quali la legge sulla stampa espressamente lo autorizzi, o nel caso di violazione delle norme che la legge stessa prescriva per l'indicazione dei responsabili.

In tali casi, quando vi sia assoluta urgenza e non sia possibile il tempestivo intervento dell'autorità giudiziaria, il sequestro della stampa periodica può essere eseguito da ufficiali di polizia giudiziaria, che devono immediatamente, e non mai oltre ventiquattro ore, fare denunzia all'autorità giudiziaria. Se questa non lo convalida nelle ventiquattro ore successive, il sequestro si intende revocato e privo d'ogni effetto.

La legge può stabilire, con norme di carattere generale, che siano resi noti i mezzi di finanziamento della stampa periodica.

Sono vietate le pubblicazioni a stampa, gli spettacoli e tutte le altre manifestazioni contrarie al buon costume. La legge stabilisce provvedimenti adeguati a prevenire e a reprimere le violazioni.

22. – Nessuno può essere privato, per motivi politici, della capacità giuridica, della cittadinanza, del nome.

23. – Nessuna prestazione personale o patrimoniale può essere imposta se non in base alla legge.

24. – Tutti possono agire in giudizio per la tutela dei propri diritti e interessi legittimi. La difesa è diritto inviolabile in ogni stato e grado del procedimento.

Sono assicurati ai non abbienti, con appositi istituti, i mezzi per agire e difendersi davanti ad ogni giurisdizione.

La legge determina le condizioni e i modi per la riparazione degli errori giudiziari.

25. – Nessuno può essere distolto dal giudice naturale precostituito per legge.

Nessuno può essere punito se non in forza di una legge che sia entrata in vigore prima del fatto commesso.

Nessuno può essere sottoposto a misure di sicurezza se non nei casi previsti dalla legge.

26. – L'estradizione del cittadino può essere consentita soltanto ove sia espressamente prevista dalle convenzioni internazionali.

Non può in alcun caso essere ammessa per reati politici.

27. – La responsabilità penale è personale.

L'imputato non è considerato colpevole sino alla condanna definitiva.

Le pene non possono consistere in trattamenti contrari al senso di umanità e devono tendere alla rieducazione del condannato.

Non è ammessa la pena di morte.

28. – I funzionari e i dipendenti dello Stato e degli enti pubblici sono direttamente responsabili, secondo le leggi penali, civili e amministrative, degli atti compiuti in violazione di diritti. In tali casi la responsabilità civile si estende allo Stato e agli enti pubblici.

Titolo II
RAPPORTI ETICO-SOCIALI

29. – La Repubblica riconosce i diritti della famiglia come società naturale fondata sul matrimonio.

Il matrimonio è ordinato sull'eguaglianza morale e giuridica dei coniugi, con i limiti stabiliti dalla legge a garanzia dell'unità familiare.

30. – È dovere e diritto dei genitori, mantenere, istruire ed educare i figli, anche se nati fuori del matrimonio.

Nei casi di incapacità dei genitori, la legge provvede a che siano assolti i loro compiti.

La legge assicura ai figli nati fuori dal matrimonio ogni tutela giuridica e sociale, compatibile con i diritti dei membri della famiglia legittima.

La legge detta le norme e i limiti per la ricerca della paternità.

31. – La Repubblica agevola con misure economiche e altre provvidenze la formazione della famiglia e l'adempimento dei compiti relativi, con particolare riguardo alle famiglie numerose.

Protegge la maternità e l'infanzia e la gioventù, favorendo gli istituti necessari a tale scopo.

32. – La Repubblica tutela la salute come fondamentale diritto dell'individuo e interesse della collettività, e garantisce cure gratuite agli indigenti.

Nessuno può essere obbligato a un determinato trattamento sanitario se non per disposizione di legge. La legge non può in nessun caso violare i limiti imposti dal rispetto della persona umana.

33. – L'arte e la scienza sono libere e libero ne è l'insegnamento.

La Repubblica detta le norme generali sull'istruzione ed istituisce scuole statali per tutti gli ordini e gradi.

Enti e privati hanno il diritto di istituire scuole ed istituti di educazione, senza oneri per lo Stato.

La legge, nel fissare i diritti e gli obblighi delle scuole non statali che chiedono la parità, deve assicurare ad esse piena libertà e ai loro alunni un trattamento scolastico equipollente a quello degli alunni di scuole statali.

È prescritto un esame di Stato per la ammissione ai vari ordini e gradi di scuole o per la conclusione di essi e per l'abilitazione all'esercizio professionale.

Le istituzioni di alta cultura, università ed accademie, hanno il diritto di darsi ordinamenti autonomi nei limiti stabiliti dalle leggi dello Stato.

34. – La scuola è aperta a tutti.

L'istruzione inferiore, impartita per almeno otto anni, è obbligatoria e gratuita.

I capaci e meritevoli, anche se privi di mezzi, hanno diritto di raggiungere i gradi più alti degli studi.

La Repubblica rende effettivo questo diritto con borse di studio, assegni alle famiglie ed altre provvidenze, che devono essere attribuite per concorso.

Titolo III
RAPPORTI ECONOMICI

35. – La Repubblica tutela il lavoro in tutte le sue forme ed applicazioni. Cura la formazione e l'elevazione professionale dei lavoratori.

Promuove e favorisce gli accordi e le organizzazioni internazionali intesi ad affermare e regolare i diritti del lavoro.

Riconosce la libertà di emigrazione, salvo gli obblighi stabiliti dalla legge nell'interesse generale, e tutela il lavoro italiano all'estero.

36. – Il lavoratore ha diritto ad una retribuzione proporzionata alla quantità e qualità del suo lavoro e in ogni caso sufficiente ad assicurare a sé e alla famiglia un'esistenza libera e dignitosa.

La durata massima della giornata lavorativa è stabilita dalla legge.

Il lavoratore ha diritto al riposo settimanale e a ferie annuali retribuite, e non può rinunziarvi.

37. – La donna lavoratrice ha gli stessi diritti e, a parità di lavoro, le stesse retribuzioni che spettano al lavoratore. Le condizioni di lavoro devono consentire l'adempimento della sua essenziale funzione familiare e assicurare alla madre e al bambino una speciale e adeguata protezione.

La legge stabilisce il limite minimo di età per il lavoro salariato.

La Repubblica tutela il lavoro dei minori con speciali norme e garantisce ad essi, a parità di lavoro, il diritto alla parità di retribuzione.

38. – Ogni cittadino inabile al lavoro e sprovvisto dei mezzi necessari per vivere ha diritto al mantenimento e all'assistenza sociale.

I lavoratori hanno diritto che siano preveduti ed assicurati mezzi adeguati alle loro esigenze di vita in caso di infortunio, malattia, invalidità e vecchiaia, disoccupazione involontaria.

Gli inabili ed i minorati hanno diritto all'educazione e all'avviamento professionale.

Ai compiti previsti in questo articolo provvedono organi ed istituti predisposti o integrati dallo Stato.

L'assistenza privata è libera.

39. – L'organizzazione sindacale è libera.

Ai sindacati non può essere imposto altro obbligo se non la loro registrazione presso uffici locali o centrali, secondo le norme di legge.

È condizione per la registrazione che gli statuti dei sindacati sanciscano un ordinamento interno a base democratica.

I sindacati registrati hanno personalità giuridica. Possono, rappresentati unitariamente in proporzione dei loro iscritti, stipulare contratti collettivi di lavoro con efficacia obbligatoria per tutti gli appartenenti alle categorie alle quali il contratto si riferisce.

40. – Il diritto di sciopero si esercita nell'ambito delle leggi che lo regolano.

41. – L'iniziativa economica privata è libera.

Non può svolgersi in contrasto con l'utilità sociale o in modo da recare danno alla sicurezza, alla libertà, alla dignità umana.

La legge determina i programmi e i controlli opportuni perché l'attività economica pubblica e privata possa essere indirizzata e coordinata a fini sociali.

42. – La proprietà è pubblica o privata. I beni economici appartengono allo Stato, ad enti o a privati.

La proprietà privata è riconosciuta e garantita dalla legge, che ne determina i modi di acquisto, di godimento e i limiti allo scopo di assicurarne la funzione sociale e di renderla accessibile a tutti.

La proprietà privata può essere, nei casi preveduti dalla legge, e salvo indennizzo, espropriata per motivi d'interesse generale.

La legge stabilisce le norme ed i limiti della successione legittima e testamentaria e i diritti dello Stato sulle eredità.

43. – A fini di utilità generale la legge può riservare originariamente o trasferire, mediante espropriazione e salvo indennizzo, allo Stato, ad enti pubblici o a comunità di lavoratori o di utenti, determinate imprese o categorie di imprese, che si riferiscano a servizi pubblici essenziali o a fonti di energia o a situazioni di monopolio ed abbiano carattere di preminente interesse generale.

44. – Al fine di conseguire il razionale sfruttamento del suolo e di stabilire equi rapporti sociali, la legge impone obblighi e vincoli alla proprietà terriera privata, fissa limiti alla sua estensione secondo le regioni e le zone agrarie, promuove ed impone la bonifica delle terre, la trasformazione del latifondo e la ricostituzione delle unità produttive; aiuta la piccola e la media proprietà.

La legge dispone provvedimenti a favore delle zone montane.

45. – La Repubblica riconosce la funzione sociale della cooperazione a carattere di mutualità e senza fini di speculazione privata. La legge ne promuove e favorisce l'incremento con i mezzi più idonei e ne assicura, con gli opportuni controlli, il carattere e le finalità.

La legge provvede alla tutela e allo sviluppo dell'artigianato.

46. – Ai fini della elevazione economica e sociale del lavoro e in armonia con le esigenze della produzione, la Repubblica riconosce il diritto dei lavoratori a collaborare, nei modi e nei limiti stabiliti dalle leggi, alla gestione delle aziende.

47. – La Repubblica incoraggia e tutela il risparmio in tutte le sue forme; disciplina, coordina e controlla l'esercizio del credito.

Favorisce l'accesso del risparmio popolare alla proprietà dell'abitazione, alla proprietà diretta coltivatrice e al diretto e indiretto investimento azionario nei grandi complessi produttivi del Paese.

Titolo IV
RAPPORTI POLITICI

48. – Sono elettori tutti i cittadini, uomini e donne, che hanno raggiunto la maggiore età.

Il voto è personale ed eguale, libero e segreto. Il suo esercizio è dovere civico.

La legge stabilisce requisiti e modalità per l'esercizio del diritto di voto dei cittadini residenti all'estero e ne assicura l'effettività. A tale fine è istituita una circoscrizione Estero per l'elezione delle Camere, alla quale sono assegnati seggi nel numero stabilito da norma costituzionale e secondo criteri determinati dalla legge.

Il diritto di voto non può essere limitato se non per incapacità civile o per effetto di sentenza penale irrevocabile o nei casi di indegnità morale indicati dalla legge.

49. – Tutti i cittadini hanno diritto di associarsi liberamente in partiti per concorrere con metodo democratico a determinare la politica nazionale.

50. – Tutti i cittadini possono rivolgere petizioni alle Camere per chiedere provvedimenti legislativi o esporre comuni necessità.

51. – Tutti i cittadini dell'uno o dell'altro sesso possono accedere agli uffici pubblici e alle cariche elettive in condizioni di eguaglianza, secondo i requisiti stabiliti dalla legge. A tale fine la Repubblica promuove con appositi provvedimenti le pari opportunità tra donne e uomini.

La legge può, per l'ammissione ai pubblici uffici e alle cariche elettive, parificare ai cittadini gli italiani non appartenenti alla Repubblica.

Chi è chiamato a funzioni pubbliche elettive ha diritto di disporre del tempo necessario al loro adempimento e di conservare il suo posto di lavoro.

52. – La difesa della Patria è sacro dovere del cittadino.

Il servizio militare è obbligatorio nei limiti e modi stabiliti dalla legge. Il suo adempimento non pregiudica la posizione di lavoro del cittadino, né l'esercizio dei diritti politici.

L'ordinamento delle Forze armate si informa allo spirito democratico della Repubblica.

53. – Tutti sono tenuti a concorrere alle spese pubbliche in ragione della loro capacità contributiva.

Il sistema tributario è informato a criteri di progressività.

54. – Tutti i cittadini hanno il dovere di essere fedeli alla Repubblica e di osservarne la Costituzione e le leggi.

I cittadini cui sono affidate funzioni pubbliche hanno il dovere di adempierle, con disciplina ed onore, prestando giuramento nei casi stabiliti dalla legge.

PARTE SECONDA
ORDINAMENTO DELLA REPUBBLICA

Titolo I
IL PARLAMENTO

Sezione I
Le Camere

55. – Il Parlamento si compone della Camera dei deputati e del Senato della Repubblica.

Il Parlamento si riunisce in seduta comune dei membri delle due Camere nei soli casi stabiliti dalla Costituzione.

56. – La Camera dei deputati è eletta a suffragio universale e diretto.

Il numero dei deputati è di seicentotrenta, dodici dei quali eletti nella circoscrizione Estero.

Sono eleggibili a deputati tutti gli elettori che nel giorno delle elezioni hanno compiuto i venticinque anni di età.

La ripartizione dei seggi tra le circoscrizioni, fatto salvo il numero dei seggi assegnati alla circoscrizione Estero, si effettua dividendo il numero degli abitanti della Repubblica, quale risulta dall'ultimo censimento generale della popolazione, per seicentodiciotto e distribuendo i seggi in proporzione alla popolazione di ogni circoscrizione, sulla base dei quozienti interi e dei più alti resti.

57. – Il Senato della Repubblica è eletto a base regionale, salvi i seggi assegnati alla circoscrizione Estero.

Il numero dei senatori elettivi è di trecentoquindici, sei dei quali eletti nella circoscrizione Estero.

Nessuna Regione può avere un numero di senatori inferiore a sette; il Molise ne ha due, la Valle d'Aosta uno.

La ripartizione dei seggi tra le Regioni, fatto salvo il numero dei seggi assegnati alla circoscrizione Estero, previa applicazione delle disposizioni del precedente comma, si effettua in proporzione alla popolazione delle Regioni, quale risulta dall'ultimo censimento generale, sulla base dei quozienti interi e dei più alti resti.

58. – I senatori sono eletti a suffragio universale e diretto dagli elettori che hanno superato il venticinquesimo anno di età.
Sono eleggibili a senatori gli elettori che hanno compiuto il quarantesimo anno.

59. – È senatore di diritto e a vita, salvo rinunzia, chi è stato Presidente della Repubblica.
Il Presidente della Repubblica può nominare senatori a vita cinque cittadini che hanno illustrato la Patria per altissimi meriti nel campo sociale, scientifico, artistico e letterario.

60. – La Camera dei deputati e il Senato della Repubblica sono eletti per cinque anni.
La durata di ciascuna Camera non può essere prorogata se non per legge e soltanto in caso di guerra.

61. – Le elezioni delle nuove Camere hanno luogo entro settanta giorni dalla fine delle precedenti. La prima riunione ha luogo non oltre il ventesimo giorno dalle elezioni.
Finché non siano riunite le nuove Camere sono prorogati i poteri delle precedenti.

62. – Le Camere si riuniscono di diritto il primo giorno non festivo di febbraio e di ottobre.
Ciascuna Camera può essere convocata in via straordinaria per iniziativa del suo Presidente o del Presidente della Repubblica o di un terzo dei suoi componenti.
Quando si riunisce in via straordinaria una Camera, è convocata di diritto anche l'altra.

63. – Ciascuna Camera elegge fra i suoi componenti il Presidente e l'Ufficio di presidenza.
Quando il Parlamento si riunisce in seduta comune, il Presidente e l'Ufficio di presidenza sono quelli della Camera dei deputati.

64. – Ciascuna Camera adotta il proprio regolamento a maggioranza assoluta dei suoi componenti.
Le sedute sono pubbliche: tuttavia ciascuna delle due Camere e il Parlamento a Camere riunite possono deliberare di adunarsi in seduta segreta.
Le deliberazioni di ciascuna Camera e del Parlamento non sono valide se non è presente la maggioranza dei loro componenti, e se non sono adottate a maggioranza dei presenti, salvo che la Costituzione prescriva una maggioranza speciale.
I membri del Governo, anche se non fanno parte delle Camere, hanno diritto, e se richiesti obbligo, di assistere alle sedute. Devono essere sentiti ogni volta che lo richiedono.

65. – La legge determina i casi di ineleggibilità e di incompatibilità con l'ufficio di deputato o di senatore.
Nessuno può appartenere contemporaneamente alle due Camere.

66. – Ciascuna Camera giudica dei titoli di ammissione dei suoi componenti e delle cause sopraggiunte di ineleggibilità e di incompatibilità.

67. – Ogni membro del Parlamento rappresenta la Nazione ed esercita le sue funzioni senza vincolo di mandato.

68. – I membri del Parlamento non possono essere chiamati a rispondere delle opinioni espresse e dei voti dati nell'esercizio delle loro funzioni.
Senza autorizzazione della Camera alla quale appartiene, nessun membro del Parlamento può essere sottoposto a perquisizione personale o domiciliare, né può essere arrestato o altrimenti privato della libertà personale, o mantenuto in detenzione, salvo che in esecuzione di una sentenza irrevocabile di condanna, ovvero se sia colto nell'atto di commettere un delitto per il quale è previsto l'arresto obbligatorio in flagranza.
Analoga autorizzazione è richiesta per sottoporre i membri del Parlamento ad intercettazioni, in qualsiasi forma, di conversazioni o comunicazioni e a sequestro di corrispondenza.

69. – I membri del Parlamento ricevono una indennità stabilita dalla legge.

Sezione II
La formazione delle leggi

70. – La funzione legislativa è esercitata collettivamente dalle due Camere.

71. – L'iniziativa delle leggi appartiene al Governo, a ciascun membro delle Camere ed agli organi ed enti ai quali sia conferita da legge costituzionale.

Il popolo esercita l'iniziativa delle leggi, mediante la proposta, da parte di almeno cinquantamila elettori, di un progetto redatto in articoli.

72. – Ogni disegno di legge, presentato ad una Camera è, secondo le norme del suo regolamento, esaminato da una commissione e poi dalla Camera stessa, che l'approva articolo per articolo e con votazione finale.

Il regolamento stabilisce procedimenti abbreviati per i disegni di legge dei quali è dichiarata l'urgenza.

Può altresì stabilire in quali casi e forme l'esame e l'approvazione dei disegni di legge sono deferiti a commissioni, anche permanenti, composte in modo da rispecchiare la proporzione dei gruppi parlamentari. Anche in tali casi, fino al momento della sua approvazione definitiva, il disegno di legge è rimesso alla Camera, se il Governo o un decimo dei componenti della Camera o un quinto della commissione richiedono che sia discusso e votato dalla Camera stessa oppure che sia sottoposto alla sua approvazione finale con sole dichiarazioni di voto. Il regolamento determina le forme di pubblicità dei lavori delle commissioni.

La procedura normale di esame e di approvazione diretta da parte della Camera è sempre adottata per i disegni di legge in materia costituzionale ed elettorale e per quelli di delegazione legislativa, di autorizzazione a ratificare trattati internazionali, di approvazione di bilanci e consuntivi.

73. – Le leggi sono promulgate dal Presidente della Repubblica entro un mese dall'approvazione.

Se le Camere, ciascuna a maggioranza assoluta dei propri componenti, ne dichiarano l'urgenza, la legge è promulgata nel termine da essa stabilito.

Le leggi sono pubblicate subito dopo la promulgazione ed entrano in vigore il quindicesimo giorno successivo alla loro pubblicazione, salvo che le leggi stesse stabiliscano un termine diverso.

74. – Il Presidente della Repubblica, prima di promulgare la legge, può con messaggio motivato alle Camere chiedere una nuova deliberazione.

Se le Camere approvano nuovamente la legge, questa deve essere promulgata.

75. – È indetto referendum popolare per deliberare l'abrogazione, totale o parziale, di una legge o di un atto avente valore di legge, quando lo richiedono cinquecentomila elettori o cinque Consigli regionali.

Non è ammesso il referendum per le leggi tributarie e di bilancio, di amnistia e di indulto, di autorizzazione a ratificare trattati internazionali.

Hanno diritto di partecipare al referendum tutti i cittadini chiamati ad eleggere la Camera dei deputati.

La proposta soggetta a referendum è approvata se ha partecipato alla votazione la maggioranza degli aventi diritto, e se è raggiunta la maggioranza dei voti validamente espressi.

La legge determina le modalità di attuazione del referendum.

76. – L'esercizio della funzione legislativa non può essere delegato al Governo se non con determinazione di principi e criteri direttivi e soltanto per tempo limitato e per oggetti definiti.

77. – Il Governo non può, senza delegazione delle Camere, emanare decreti che abbiano valore di legge ordinaria.

Quando, in casi straordinari di necessità e d'urgenza, il Governo adotta, sotto la sua responsabilità, provvedimenti provvisori con forza di legge, deve il giorno stesso presentarli per la conversione alle Camere che, anche se sciolte, sono appositamente convocate e si riuniscono entro cinque giorni.

I decreti perdono efficacia sin dall'inizio, se non sono convertiti in legge entro sessanta giorni dalla loro pubblicazione. Le Camere possono tuttavia regolare con legge i rapporti giuridici sorti sulla base dei decreti non convertiti.

78. – Le Camere deliberano lo stato di guerra e conferiscono al Governo i poteri necessari.

79. – L'amnistia e l'indulto sono concessi con legge deliberata a maggioranza dei due terzi dei componenti di ciascuna Camera, in ogni suo articolo e nella votazione finale.

La legge che concede l'amnistia o l'indulto stabilisce il termine per la loro applicazione.

In ogni caso l'amnistia e l'indulto non possono applicarsi ai reati commessi successivamente alla presentazione del disegno di legge.

80. – Le Camere autorizzano con legge la ratifica dei trattati internazionali che sono di natura politica, o prevedono arbitrati o regolamenti giudiziari, o importano variazioni del territorio od oneri alle finanze o modificazioni di leggi.

81. – Lo Stato assicura l'equilibrio tra le entrate e le spese del proprio bilancio, tenendo conto delle fasi avverse e delle fasi favorevoli del ciclo economico.

Il ricorso all'indebitamento è consentito solo al fine di considerare gli effetti del ciclo economico e, previa autorizzazione delle Camere adottata a maggioranza assoluta dei rispettivi componenti, al verificarsi di eventi eccezionali.

Ogni legge che importi nuovi o maggiori oneri provvede ai mezzi per farvi fronte.

Le Camere ogni anno approvano con legge il bilancio e il rendiconto consuntivo presentati dal Governo.

L'esercizio provvisorio del bilancio non può essere concesso se non per legge e per periodi non superiori complessivamente a quattro mesi.

Il contenuto della legge di bilancio, le norme fondamentali e i criteri volti ad assicurare l'equilibrio tra le entrate e le spese dei bilanci e la sostenibilità del debito del complesso delle pubbliche amministrazioni sono stabiliti con legge approvata a maggioranza assoluta dei componenti di ciascuna Camera, nel rispetto dei princìpi definiti con legge costituzionale.

82. – Ciascuna Camera può disporre inchieste su materie di pubblico interesse.

A tale scopo nomina fra i propri componenti una commissione formata in modo da rispecchiare la proporzione dei vari gruppi. La commissione di inchiesta procede alle indagini e agli esami con gli stessi poteri e le stesse limitazioni della autorità giudiziaria.

Titolo II
IL PRESIDENTE DELLA REPUBBLICA

83. – Il Presidente della Repubblica è eletto dal Parlamento in seduta comune dei suoi membri.

All'elezione partecipano tre delegati per ogni Regione eletti dal Consiglio regionale in modo che sia assicurata la rappresentanza delle minoranze. La Valle d'Aosta ha un solo delegato.

L'elezione del Presidente della Repubblica ha luogo per scrutinio segreto a maggioranza di due terzi della assemblea. Dopo il terzo scrutinio è sufficiente la maggioranza assoluta.

84. – Può essere eletto Presidente della Repubblica ogni cittadino che abbia compiuto cinquanta anni di età e goda dei diritti civili e politici.

L'ufficio di Presidente della Repubblica è incompatibile con qualsiasi altra carica. L'assegno e la dotazione del Presidente sono determinati per legge.

85. – Il Presidente della Repubblica è eletto per sette anni.

Trenta giorni prima che scada il termine, il Presidente della Camera dei deputati convoca in seduta comune il Parlamento e i delegati regionali, per eleggere il nuovo Presidente della Repubblica.

Se le Camere sono sciolte, o manca meno di tre mesi alla loro cessazione, la elezione ha luogo entro quindici giorni dalla riunione delle Camere nuove. Nel frattempo sono prorogati i poteri del Presidente in carica.

86. – Le funzioni del Presidente della Repubblica, in ogni caso che egli non possa adempierle, sono esercitate dal Presidente del Senato.

In caso di impedimento permanente o di morte o di dimissioni del Presidente della Repubblica, il Presidente della Camera dei deputati indice la elezione del nuovo Presidente della Repubblica entro quindici giorni, salvo il maggior termine previsto se le Camere sono sciolte o manca meno di tre mesi alla loro cessazione.

87. – Il Presidente della Repubblica è il Capo dello Stato e rappresenta l'unità nazionale.

Può inviare messaggi alle Camere.

Indice le elezioni delle nuove Camere e ne fissa la prima riunione.

Autorizza la presentazione alle Camere dei disegni di legge di iniziativa del Governo.

Promulga le leggi ed emana i decreti aventi valore di legge e i regolamenti.

Indice il referendum popolare nei casi previsti dalla Costituzione.

Nomina, nei casi indicati dalla legge, i funzionari dello Stato.

Accredita e riceve i rappresentanti diplomatici, ratifica i trattati internazionali, previa, quando occorra, l'autorizzazione delle Camere.

Ha il comando delle Forze armate, presiede il Consiglio supremo di difesa costituito secondo la legge, dichiara lo stato di guerra deliberato dalle Camere.

Presiede il Consiglio superiore della magistratura. Può concedere grazia e commutare le pene. Conferisce le onorificenze della Repubblica.

88. – Il Presidente della Repubblica può, sentiti i loro Presidenti, sciogliere le Camere o anche una sola di esse.

Non può esercitare tale facoltà negli ultimi sei mesi del suo mandato, salvo che essi coincidano in tutto o in parte con gli ultimi sei mesi della legislatura.

89. – Nessun atto del Presidente della Repubblica è valido se non è controfirmato dai ministri proponenti, che ne assumono la responsabilità.

Gli atti che hanno valore legislativo e gli altri indicati dalla legge sono controfirmati anche dal Presidente del Consiglio dei ministri.

90. – Il Presidente della Repubblica non è responsabile degli atti compiuti nell'esercizio delle sue funzioni, tranne che per alto tradimento o per attentato alla Costituzione.

In tali casi è messo in stato di accusa dal Parlamento in seduta comune, a maggioranza assoluta dei suoi membri.

91. – Il Presidente della Repubblica, prima di assumere le sue funzioni, presta giuramento di fedeltà alla Repubblica e di osservanza della Costituzione dinanzi al Parlamento in seduta comune.

Titolo III
IL GOVERNO

Sezione I
Il Consiglio dei ministri

92. – Il Governo della Repubblica è composto del Presidente del Consiglio e dei ministri, che costituiscono insieme il Consiglio dei ministri.

Il Presidente della Repubblica nomina il Presidente del Consiglio dei ministri e, su proposta di questo, i ministri.

93. – Il Presidente del Consiglio dei ministri e i ministri, prima di assumere le funzioni, prestano giuramento nelle mani del Presidente della Repubblica.

94. – Il Governo deve avere la fiducia delle due Camere.

Ciascuna Camera accorda o revoca la fiducia mediante mozione motivata e votata per appello nominale.

Entro dieci giorni dalla sua formazione il Governo si presenta alle Camere per ottenerne la fiducia.

Il voto contrario di una o di entrambe le Camere su una proposta del Governo non importa obbligo di dimissioni.

La mozione di sfiducia deve essere firmata da almeno un decimo dei componenti della Camera e non può essere messa in discussione prima di tre giorni dalla sua presentazione.

95. – Il Presidente del Consiglio dei ministri dirige la politica generale del Governo e ne è responsabile. Mantiene l'unità di indirizzo politico ed amministrativo, promovendo e coordinando l'attività dei ministri.

I ministri sono responsabili collegialmente degli atti del Consiglio dei ministri, e individualmente degli atti dei loro dicasteri.

La legge provvede all'ordinamento della Presidenza del Consiglio e determina il numero, le attribuzioni e l'organizzazione dei ministeri.

96. – Il Presidente del Consiglio dei ministri ed i ministri, anche se cessati dalla carica, sono sottoposti, per i reati commessi nell'esercizio delle loro funzioni, alla giurisdizione ordinaria, previa autorizzazione del Senato della Repubblica o della Camera dei deputati, secondo le norme stabilite con legge costituzionale.

Sezione II
La Pubblica Amministrazione

97. – Le pubbliche amministrazioni, in coerenza con l'ordinamento dell'Unione europea, assicurano l'equilibrio dei bilanci e la sostenibilità del debito pubblico.

I pubblici uffici sono organizzati secondo disposizioni di legge, in modo che siano assicurati il buon andamento e la imparzialità dell'amministrazione.

Nell'ordinamento degli uffici sono determinate le sfere di competenza, le attribuzioni e le responsabilità proprie dei funzionari.

Agli impieghi nelle pubbliche amministrazioni si accede mediante concorso, salvo i casi stabiliti dalla legge.

98. – I pubblici impiegati sono al servizio esclusivo della Nazione.

Se sono membri del Parlamento, non possono conseguire promozioni se non per anzianità.

Si possono con legge stabilire limitazioni al diritto d'iscriversi ai partiti politici per i magistrati, i militari di carriera in servizio attivo, i funzionari ed agenti di polizia, i rappresentanti diplomatici e consolari all'estero.

Sezione III
Gli organi ausiliari

99. – Il Consiglio nazionale dell'economia e del lavoro è composto, nei modi stabiliti dalla legge, di esperti e di rappresentanti delle categorie produttive, in misura che tenga conto della loro importanza numerica e qualitativa.

È organo di consulenza delle Camere e del Governo per le materie e secondo le funzioni che gli sono attribuite dalla legge.

Ha l'iniziativa legislativa e può contribuire alla elaborazione della legislazione economica e sociale secondo i principi ed entro i limiti stabiliti dalla legge.

100. – Il Consiglio di Stato è organo di consulenza giuridico-amministrativa e di tutela della giustizia nell'amministrazione.

La Corte dei conti esercita il controllo preventivo di legittimità sugli atti del Governo, e anche quello successivo sulla gestione del bilancio dello Stato. Partecipa, nei casi e nelle forme stabilite dalla legge, al controllo sulla gestione finanziaria degli enti a cui lo Stato contribuisce in via ordinaria. Riferisce direttamente alle Camere sul risultato del riscontro eseguito.

La legge assicura l'indipendenza dei due istituti e dei loro componenti di fronte al Governo.

Titolo IV
LA MAGISTRATURA

Sezione I
Ordinamento giurisdizionale

101. – La giustizia è amministrata in nome del popolo. I giudici sono soggetti soltanto alla legge.

102. – La funzione giurisdizionale è esercitata da magistrati ordinari istituiti e regolati dalle norme sull'ordinamento giudiziario.

Non possono essere istituiti giudici straordinari o giudici speciali. Possono soltanto istituirsi presso gli organi giudiziari ordinari sezioni specializzate per determinate materie, anche con la partecipazione di cittadini idonei estranei alla magistratura.

La legge regola i casi e le forme della partecipazione diretta del popolo all'amministrazione della giustizia.

103. – Il Consiglio di Stato e gli altri organi di giustizia amministrativa hanno giurisdizione per la tutela nei confronti della pubblica amministrazione degli interessi legittimi e, in particolari materie indicate dalla legge, anche dei diritti soggettivi.

La Corte dei conti ha giurisdizione nelle materie di contabilità pubblica e nelle altre specificate dalla legge.

I tribunali militari in tempo di guerra hanno la giurisdizione stabilita dalla legge. In tempo di pace hanno giurisdizione soltanto per i reati militari commessi da appartenenti alle Forze armate.

104. – La magistratura costituisce un ordine autonomo e indipendente da ogni altro potere.

Il Consiglio superiore della magistratura è presieduto dal Presidente della Repubblica.

Ne fanno parte di diritto il primo presidente e il procuratore generale della Corte di cassazione.

Gli altri componenti sono eletti per due terzi da tutti i magistrati ordinari tra gli appartenenti alle varie categorie, e per un terzo dal Parlamento in seduta comune tra professori ordinari di università in materie giuridiche ed avvocati dopo quindici anni di esercizio.

Il Consiglio elegge un vicepresidente fra i componenti designati dal Parlamento.

I membri elettivi del Consiglio durano in carica quattro anni e non sono immediatamente rieleggibili.

Non possono, finché sono in carica, essere iscritti negli albi professionali, né far parte del Parlamento o di un Consiglio regionale.

105. – Spettano al Consiglio superiore della magistratura, secondo le norme dell'ordinamento giudiziario, le assunzioni, le assegnazioni ed i trasferimenti, le promozioni e i provvedimenti disciplinari nei riguardi dei magistrati.

106. – Le nomine dei magistrati hanno luogo per concorso.

La legge sull'ordinamento giudiziario può ammettere la nomina, anche elettiva, di magistrati onorari per tutte le funzioni attribuite a giudici singoli.

Su designazione del Consiglio superiore della magistratura possono essere chiamati all'ufficio di consiglieri di cassazione, per meriti insigni, professori ordinari di università in materie giuridiche e avvocati che abbiano quindici anni di esercizio e siano iscritti negli albi speciali per le giurisdizioni superiori.

107. – I magistrati sono inamovibili. Non possono essere dispensati o sospesi dal servizio né destinati ad altre sedi o funzioni se non in seguito a decisione del Consiglio superiore della magistratura, adottata o per i motivi e con le garanzie di difesa stabilite dall'ordinamento giudiziario o con il loro consenso.

Il Ministro della giustizia ha facoltà di promuovere l'azione disciplinare. I magistrati si distinguono fra loro soltanto per diversità di funzioni.

Il pubblico ministero gode delle garanzie stabilite nei suoi riguardi dalle norme sull'ordinamento giudiziario.

108. – Le norme sull'ordinamento giudiziario e su ogni magistratura sono stabilite con legge.

La legge assicura l'indipendenza dei giudici delle giurisdizioni speciali, del pubblico ministero presso di esse, e degli estranei che partecipano all'amministrazione della giustizia.

109. – L'autorità giudiziaria dispone direttamente della polizia giudiziaria.

110. – Ferme le competenze del Consiglio superiore della magistratura, spettano al Ministro della giustizia l'organizzazione e il funzionamento dei servizi relativi alla giustizia.

Sezione II
Norme sulla giurisdizione

111. – La giurisdizione si attua mediante il giusto processo regolato dalla legge.

Ogni processo si svolge nel contraddittorio tra le parti, in condizioni di parità, davanti a giudice terzo e imparziale. La legge ne assicura la ragionevole durata.

Nel processo penale, la legge assicura che la persona accusata di un reato sia, nel più breve tempo possibile, informata riservatamente della natura e dei motivi dell'accusa elevata a suo carico; disponga del tempo e delle condizioni necessari per preparare la sua difesa; abbia la facoltà, davanti al giudice, di interrogare o di far interrogare le persone che rendono dichiarazioni a suo carico, di ottenere la convocazione e l'interrogatorio di persone a sua difesa nelle stesse condizioni dell'accusa e l'acquisizione di ogni altro mezzo di prova a suo favore; sia assistita da un interprete se non comprende o non parla la lingua impiegata nel processo.

Il processo penale è regolato dal principio del contraddittorio nella formazione della prova. La colpevolezza dell'imputato non può essere provata sulla base di dichiarazioni rese da chi, per libera scelta, si è sempre volontariamente sottratto all'interrogatorio da parte dell'imputato o del suo difensore.

La legge regola i casi in cui la formazione della prova non ha luogo in contraddittorio per consenso dell'imputato o per accertata impossibilità di natura oggettiva o per effetto di provata condotta illecita.

Tutti i provvedimenti giurisdizionali devono essere motivati.

Contro le sentenze e contro i provvedimenti sulla libertà personale, pronunciati dagli organi giurisdizionali ordinari o speciali, è sempre ammesso ricorso in cassazione per violazione di legge. Si può derogare a tale norma soltanto per le sentenze dei tribunali militari in tempo di guerra.

Contro le decisioni del Consiglio di Stato e della Corte dei conti il ricorso in cassazione è ammesso per i soli motivi inerenti alla giurisdizione.

112. – Il pubblico ministero ha l'obbligo di esercitare l'azione penale.

113. – Contro gli atti della pubblica amministrazione è sempre ammessa la tutela giurisdizionale dei diritti e degli interessi legittimi dinanzi agli organi di giurisdizione ordinaria o amministrativa.

Tale tutela giurisdizionale non può essere esclusa o limitata a particolari mezzi di impugnazione o per determinate categorie di atti.

La legge determina quali organi di giurisdizione possono annullare gli atti della pubblica amministrazione nei casi e con gli effetti previsti dalla legge stessa.

Titolo V
LE REGIONI, LE PROVINCE, I COMUNI

114. – La Repubblica è costituita dai Comuni, dalle Province, dalle Città metropolitane, dalle Regioni e dallo Stato.

I Comuni, le Province, le Città metropolitane e le Regioni sono enti autonomi con propri statuti, poteri e funzioni secondo i principi fissati dalla Costituzione.

Roma è la capitale della Repubblica. La legge dello Stato disciplina il suo ordinamento.

115. (1).

(1) Articolo abrogato dall'art. 9^2, l. cost. 18/10/2001, n. 3.

116. – Il Friuli Venezia Giulia, la Sardegna, la Sicilia, il Trentino-Alto Adige/Südtirol e la Valle d'Aosta/Vallée d'Aoste dispongono di forme e condizioni particolari di autonomia, secondo i rispettivi statuti speciali adottati con legge costituzionale.

La Regione Trentino-Alto Adige/Südtirol è costituita dalle Province autonome di Trento e di Bolzano.

Ulteriori forme e condizioni particolari di autonomia, concernenti le materie di cui al terzo comma dell'articolo 117 e le materie indicate dal secondo comma del medesimo articolo alle lettere l), limitatamente all'organizzazione della giustizia di pace, n) e s), possono essere attribuite ad altre Regioni, con legge dello Stato, su iniziativa della Regione interessata, sentiti gli enti locali, nel rispetto dei principi di cui all'articolo 119. La legge è approvata dalle Camere a maggioranza assoluta dei componenti, sulla base di intesa fra lo Stato e la Regione interessata.

117. – La potestà legislativa è esercitata dallo Stato e dalle Regioni nel rispetto della Costituzione, nonché dei vincoli derivanti dall'ordinamento comunitario e dagli obblighi internazionali.

Lo Stato ha legislazione esclusiva nelle seguenti materie:

a) politica estera e rapporti internazionali dello Stato; rapporti dello Stato con l'Unione europea; diritto di asilo e condizione giuridica dei cittadini di Stati non appartenenti all'Unione europea;

b) immigrazione;

c) rapporti tra la Repubblica e le confessioni religiose;

d) difesa e Forze armate; sicurezza dello Stato; armi, munizioni ed esplosivi;

e) moneta, tutela del risparmio e mercati finanziari; tutela della concorrenza; sistema valutario; sistema tributario e contabile dello Stato; armonizzazione dei bilanci pubblici; perequazione delle risorse finanziarie;

f) organi dello Stato e relative leggi elettorali; referendum statali; elezione del Parlamento europeo;

g) ordinamento e organizzazione amministrativa dello Stato e degli enti pubblici nazionali;

h) ordine pubblico e sicurezza, ad esclusione della polizia amministrativa locale;

i) cittadinanza, stato civile e anagrafi;

l) giurisdizione e norme processuali; ordinamento civile e penale; giustizia amministrativa;

m) determinazione dei livelli essenziali delle prestazioni concernenti i diritti civili e sociali che devono essere garantiti su tutto il territorio nazionale;

n) norme generali sull'istruzione;

o) previdenza sociale;

p) legislazione elettorale, organi di governo e funzioni fondamentali di Comuni, Province e Città metropolitane;

q) dogane, protezione dei confini nazionali e profilassi internazionale;

r) pesi, misure e determinazione del tempo; coordinamento informativo statistico e informatico dei dati dell'amministrazione statale, regionale e locale; opere dell'ingegno;

s) tutela dell'ambiente, dell'ecosistema e dei beni culturali.

Sono materie di legislazione concorrente quelle relative a: rapporti internazionali e con l'Unione europea delle Regioni; commercio con l'estero; tutela e sicurezza del lavoro; istruzione, salva l'autonomia delle istituzioni scolastiche e con esclusione della istruzione e della formazione professionale; professioni; ricerca scientifica e tecnologica e sostegno all'innovazione per i settori produttivi; tutela della salute; alimentazione; ordinamento sportivo; protezione civile; governo del territorio; porti e aeroporti civili; grandi reti di trasporto e di navigazione; ordinamento della comunicazione; produzione, trasporto e distribuzione nazionale dell'energia; previdenza complementare e integrativa; coordinamento della finanza pubblica e del sistema tributario; valorizzazione dei beni culturali e ambientali e promozione e organizzazione di attività culturali; casse di risparmio, casse rurali, aziende di credito a carattere regionale; enti di credito fondiario e agrario a carattere regionale. Nelle materie di legislazione concorrente spetta alle Regioni la potestà legislativa, salvo che per la determinazione dei principi fondamentali, riservata alla legislazione dello Stato.

Spetta alle Regioni la potestà legislativa in riferimento ad ogni materia non espressamente riservata alla legislazione dello Stato.

Le Regioni e le Province autonome di Trento e di Bolzano, nelle materie di loro competenza, partecipano alle decisioni dirette alla formazione degli atti normativi comunitari e provvedono all'attuazione e all'esecuzione degli accordi internazionali e degli atti dell'Unione europea, nel rispetto delle norme di procedura stabilite da legge dello Stato, che disciplina le modalità di esercizio del potere sostitutivo in caso di inadempienza.

La potestà regolamentare spetta allo Stato nelle materie di legislazione esclusiva, salva delega alle Regioni. La potestà regolamentare spetta alle Regioni in ogni altra materia. I Comuni, le Province e le Città metropolitane hanno potestà regolamentare in ordine alla disciplina dell'organizzazione e dello svolgimento delle funzioni loro attribuite.

Le leggi regionali rimuovono ogni ostacolo che impedisce la piena parità degli uomini e delle donne nella vita sociale, culturale ed economica e promuovono la parità di accesso tra donne e uomini alle cariche elettive.

La legge regionale ratifica le intese della Regione con altre Regioni per il migliore esercizio delle proprie funzioni, anche con individuazione di organi comuni.

Nelle materie di sua competenza la Regione può concludere accordi con Stati e intese con enti territoriali interni ad altro Stato, nei casi e con le forme disciplinati da leggi dello Stato.

118. – Le funzioni amministrative sono attribuite ai Comuni salvo che, per assicurarne l'esercizio unitario, siano conferite a Province, Città metropolitane, Regioni e Stato, sulla base dei principi di sussidiarietà, differenziazione e adeguatezza.

I Comuni, le Province e le Città metropolitane sono titolari di funzioni amministrative proprie e di quelle conferite con legge statale o regionale, secondo le rispettive competenze.

La legge statale disciplina forme di coordinamento fra Stato e Regioni nelle materie di cui alle lettere b) e h) del secondo comma dell'articolo 117, e disciplina inoltre forme di intesa e coordinamento nella materia della tutela dei beni culturali.

Stato, Regioni, Città metropolitane, Province e Comuni favoriscono l'autonoma iniziativa dei cittadini, singoli e associati, per lo svolgimento di attività di interesse generale, sulla base del principio di sussidiarietà.

119. – I Comuni, le Province, le Città metropolitane e le Regioni hanno autonomia finanziaria di entrata e di spesa, nel rispetto dell'equilibrio dei relativi bilanci, e concorrono ad assicurare l'osservanza dei vincoli economici e finanziari derivanti dall'ordinamento dell'Unione europea.

I Comuni, le Province, le Città metropolitane e le Regioni hanno risorse autonome. Stabiliscono e applicano tributi ed entrate propri, in armonia con la Costituzione e secondo i principi di coordinamento della finanza pubblica e del sistema tributario. Dispongono di compartecipazioni al gettito di tributi erariali riferibile al loro territorio.

La legge dello Stato istituisce un fondo perequativo, senza vincoli di destinazione, per i territori con minore capacità fiscale per abitante.

Le risorse derivanti dalle fonti di cui ai commi precedenti consentono ai Comuni, alle Province, alle Città metropolitane e alle Regioni di finanziare integralmente le funzioni pubbliche loro attribuite.

Per promuovere lo sviluppo economico, la coesione e la solidarietà sociale, per rimuovere gli squilibri economici e sociali, per favorire l'effettivo esercizio dei diritti della persona, o per provvedere a scopi diversi dal normale esercizio delle loro funzioni, lo Stato destina risorse aggiuntive ed effettua interventi speciali in favore di determinati Comuni, Province, Città metropolitane e Regioni.

I Comuni, le Province, le Città metropolitane e le Regioni hanno un proprio patrimonio, attribuito secondo i princìpi generali determinati dalla legge dello Stato. Possono ricorrere all'indebitamento solo per finanziare spese di investimento, con la contestuale definizione di piani di ammortamento e a condizione che per il complesso degli enti di ciascuna Regione sia rispettato l'equilibrio di bilancio. È esclusa ogni garanzia dello Stato sui prestiti dagli stessi contratti.

120. – La Regione non può istituire dazi di importazione o esportazione o transito tra le Regioni, né adottare provvedimenti che ostacolino in qualsiasi modo la libera circolazione delle persone e delle cose tra le Regioni, né limitare l'esercizio del diritto al lavoro in qualunque parte del territorio nazionale.

Il Governo può sostituirsi a organi delle Regioni, delle Città metropolitane, delle Province e dei Comuni nel caso di mancato rispetto di norme e trattati internazionali o della normativa comunitaria oppure di pericolo grave per l'incolumità e la sicurezza pubblica, ovvero quando lo richiedono la tutela dell'unità giuridica o dell'unità economica e in particolare la tutela dei livelli essenziali delle prestazioni concernenti i diritti civili e sociali, prescindendo dai confini territoriali dei governi locali. La legge definisce le procedure atte a garantire che i poteri sostitutivi siano esercitati nel rispetto del principio di sussidiarietà e del principio di leale collaborazione.

121. – Sono organi della Regione: il Consiglio regionale, la Giunta e il suo Presidente.

Il Consiglio regionale esercita le potestà legislative attribuite alla Regione e le altre funzioni conferitegli dalla Costituzione e dalle leggi. Può fare proposte di legge alle Camere.

La Giunta regionale è l'organo esecutivo delle Regioni.

Il Presidente della Giunta rappresenta la Regione; dirige la politica della Giunta e ne è responsabile; promulga le leggi ed emana i regolamenti regionali; dirige le funzioni amministrative delegate dallo Stato alla Regione, conformandosi alle istruzioni del Governo della Repubblica.

122. – Il sistema di elezione e i casi di ineleggibilità e di incompatibilità del Presidente e degli altri componenti della Giunta regionale nonché dei consiglieri regionali sono disciplinati con legge della Regione nei limiti dei principi fondamentali stabiliti con legge della Repubblica, che stabilisce anche la durata degli organi elettivi.

Nessuno può appartenere contemporaneamente a un Consiglio o a una Giunta regionale e ad una delle Camere del Parlamento, ad un altro Consiglio o ad altra Giunta regionale, ovvero al Parlamento europeo.

Il Consiglio elegge tra i suoi componenti un Presidente e un ufficio di presidenza.

I consiglieri regionali non possono essere chiamati a rispondere delle opinioni espresse e dei voti dati nell'esercizio delle loro funzioni.

Il Presidente della Giunta regionale, salvo che lo statuto regionale disponga diversamente, è eletto a suffragio universale e diretto. Il Presidente eletto nomina e revoca i componenti della Giunta.

123. – Ciascuna Regione ha uno statuto che, in armonia con la Costituzione, ne determina la forma di governo e i principi fondamentali di organizzazione e funzionamento. Lo statuto regola l'esercizio del diritto di iniziativa e del referendum su leggi e provvedimenti amministrativi della Regione e la pubblicazione delle leggi e dei regolamenti regionali.

Lo statuto è approvato e modificato dal Consiglio regionale con legge approvata a maggioranza assoluta dei suoi componenti, con due deliberazioni successive adottate ad intervallo non minore di due mesi. Per tale legge non è richiesta l'apposizione del visto da parte del Commissario del Governo. Il Governo della Repubblica può promuovere la questione di legittimità costituzionale sugli statuti regionali dinanzi alla Corte costituzionale entro trenta giorni dalla loro pubblicazione.

Lo statuto è sottoposto a referendum popolare qualora entro tre mesi dalla sua pubblicazione ne faccia richiesta un cinquantesimo degli elettori della Regione o un quinto dei componenti il Consiglio regionale. Lo statuto sottoposto a referendum non è promulgato se non è approvato dalla maggioranza dei voti validi.

In ogni Regione, lo statuto disciplina il Consiglio delle autonomie locali, quale organo di consultazione fra la Regione e gli enti locali.

124. (1).

(1) Articolo abrogato dall'art. 9^2, l. cost. 18/10/2001, n. 3.

125. – *Il controllo di legittimità sugli atti amministrativi della Regione è esercitato, in forma decentrata, da un organo dello Stato, nei modi e nei limiti stabiliti da leggi della Repubblica. La legge può in determinati casi ammettere il controllo di merito, al solo effetto di promuovere, con richiesta motivata, il riesame della deliberazione da parte del Consiglio regionale* (1).

Nella Regione sono istituiti organi di giustizia amministrativa di primo grado, secondo l'ordinamento stabilito da legge della Repubblica. Possono istituirsi sezioni con sede diversa dal capoluogo della Regione.

(1) Comma abrogato dall'art. 9^2, l. cost. 18/10/2001, n. 3.

126. – Con decreto motivato del Presidente della Repubblica sono disposti lo scioglimento del Consiglio regionale e la rimozione del Presidente della Giunta che abbiano compiuto atti contrari alla Costituzione o gravi violazioni di legge. Lo scioglimento e la rimozione possono altresì essere disposti per ragioni di sicurezza nazionale. Il decreto è adottato sentita una Commissione di deputati e senatori costituita, per le questioni regionali, nei modi stabiliti con legge della Repubblica.

Il Consiglio regionale può esprimere la sfiducia nei confronti del Presidente della Giunta mediante mozione motivata, sottoscritta da almeno un quinto dei suoi componenti e approvata per appello nominale a maggioranza assoluta dei componenti. La mozione non può essere messa in discussione prima di tre giorni dalla presentazione.

L'approvazione della mozione di sfiducia nei confronti del Presidente della Giunta eletto a suffragio universale e diretto, nonché la rimozione, l'impedimento permanente, la morte o le dimissioni volontarie dello stesso comportano le dimissioni della Giunta e lo scioglimento del Consiglio. In ogni caso i medesimi effetti conseguono alle dimissioni contestuali della maggioranza dei componenti il Consiglio.

127. – Il Governo, quando ritenga che una legge regionale ecceda la competenza della Regione, può promuovere la questione di legittimità costituzionale dinanzi alla Corte costituzionale entro sessanta giorni dalla sua pubblicazione.

La Regione, quando ritenga che una legge o un atto avente valore di legge dello Stato o di un'altra Regione leda la sua sfera di competenza, può promuovere la questione di legittimità costituzionale dinanzi alla Corte costituzionale entro sessanta giorni dalla pubblicazione della legge o dell'atto avente valore di legge.

128-130. (1).

(1) Articoli abrogati dall'art. 9^2, l. cost. 18/10/2001, n. 3.

131. – Sono costituite le seguenti Regioni:
Piemonte;
Valle d'Aosta;
Lombardia;
Trentino-Alto Adige;
Veneto;
Friuli-Venezia Giulia;
Liguria;
Emilia-Romagna;
Toscana;
Umbria;
Marche;
Lazio;
Abruzzi;
Molise;
Campania;
Puglia;
Basilicata;
Calabria;
Sicilia;
Sardegna.

132. – Si può, con legge costituzionale, sentiti i Consigli regionali, disporre la fusione di Regioni esistenti o la creazione di nuove Regioni con un minimo di un milione di abitanti, quando ne facciano richiesta tanti Consigli comunali che rappresentino almeno un terzo delle popolazioni interessate, e la proposta sia approvata con referendum dalla maggioranza delle popolazioni stesse.

Si può, con l'approvazione della maggioranza delle popolazioni della Provincia o delle Province interessate e del Comune o dei Comuni interessati espressa mediante referendum e con legge della Repubblica, sentiti i Consigli regionali, consentire che Province e Comuni, che ne facciano richiesta, siano staccati da una Regione e aggregati ad un'altra.

133. – Il mutamento delle circoscrizioni provinciali e la istituzione di nuove Province nell'ambito di una Regione sono stabiliti con leggi della Repubblica, su iniziativa dei Comuni, sentita la stessa Regione.

La Regione, sentite le popolazioni interessate, può con sue leggi istituire nel proprio territorio nuovi Comuni e modificare le loro circoscrizioni e denominazioni.

Titolo VI
GARANZIE COSTITUZIONALI

Sezione I
La Corte costituzionale

134. – La Corte costituzionale giudica:

sulle controversie relative alla legittimità costituzionale delle leggi e degli atti, aventi forza di legge, dello Stato e delle Regioni;

sui conflitti di attribuzione tra i poteri dello Stato e su quelli tra lo Stato e le Regioni, e tra le Regioni;

sulle accuse promosse contro il Presidente della Repubblica, a norma della Costituzione.

135. – La Corte costituzionale è composta di quindici giudici nominati per un terzo dal Presidente della Repubblica, per un terzo dal Parlamento in seduta comune e per un terzo dalle supreme magistrature ordinaria ed amministrative.

I giudici della Corte costituzionale sono scelti fra i magistrati anche a riposo delle giurisdizioni superiori ordinaria ed amministrative, i professori ordinari di università in materie giuridiche e gli avvocati dopo venti anni di esercizio.

I giudici della Corte costituzionale sono nominati per nove anni, decorrenti per ciascuno di essi dal giorno del giuramento, e non possono essere nuovamente nominati.

Alla scadenza del termine il giudice costituzionale cessa dalla carica e dall'esercizio delle funzioni.

La Corte elegge tra i suoi componenti, secondo le norme stabilite dalla legge, il Presidente, che rimane in carica per un triennio, ed è rieleggibile, fermi in ogni caso i termini di scadenza dall'ufficio di giudice.

L'ufficio di giudice della Corte è incompatibile con quello di membro del Parlamento, di un Consiglio regionale, con l'esercizio della professione di avvocato e con ogni carica ed ufficio indicati dalla legge.

Nei giudizi d'accusa contro il Presidente della Repubblica intervengono, oltre i giudici ordinari della Corte, sedici membri tratti a sorte da un elenco di cittadini aventi i requisiti per l'eleggibilità a senatore, che il Parlamento compila ogni nove anni mediante elezione con le stesse modalità stabilite per la nomina dei giudici ordinari.

136. – Quando la Corte dichiara l'illegittimità costituzionale di una norma di legge o di un atto avente forza di legge, la norma cessa di avere efficacia dal giorno successivo alla pubblicazione della decisione.

La decisione della Corte è pubblicata e comunicata alle Camere ed ai Consigli regionali interessati, affinché, ove lo ritengano necessario, provvedano nelle forme costituzionali.

137. – Una legge costituzionale stabilisce le condizioni, le forme, i termini di proponibilità dei giudizi di legittimità costituzionale, e le garanzie d'indipendenza dei giudici della Corte.

Con legge ordinaria sono stabilite le altre norme necessarie per la costituzione e il funzionamento della Corte.

Contro le decisioni della Corte costituzionale non è ammessa alcuna impugnazione.

Sezione II
Revisione della Costituzione. Leggi costituzionali

138. – Le leggi di revisione della Costituzione e le altre leggi costituzionali sono adottate da ciascuna Camera con due successive deliberazioni ad intervallo non minore di tre mesi, e sono approvate a maggioranza assoluta dei componenti di ciascuna Camera nella seconda votazione.

Le leggi stesse sono sottoposte a referendum popolare quando, entro tre mesi dalla loro pubblicazione, ne facciano domanda un quinto dei membri di una Camera o cinquecentomila elettori o cinque Consigli regionali. La legge sottoposta a referendum non è promulgata se non è approvata dalla maggioranza dei voti validi.

Non si fa luogo a referendum se la legge è stata approvata nella seconda votazione da ciascuna delle Camere a maggioranza di due terzi dei suoi componenti.

139. – La forma repubblicana non può essere oggetto di revisione costituzionale.

DISPOSIZIONI TRANSITORIE E FINALI

I. – Con l'entrata in vigore della Costituzione il Capo provvisorio dello Stato esercita le attribuzioni di Presidente della Repubblica e ne assume il titolo.

II. – Se alla data della elezione del Presidente della Repubblica non sono costituiti tutti i Consigli regionali, partecipano alla elezione soltanto i componenti delle due Camere.

III. – Per la prima composizione del Senato della Repubblica sono nominati senatori, con decreto del Presidente della Repubblica, i deputati dell'Assemblea Costituente che posseggono i requisiti di legge per essere senatori e che:

sono stati presidenti del Consiglio dei ministri o di Assemblee legislative;

hanno fatto parte del disciolto Senato;

hanno avuto almeno tre elezioni compresa quella all'Assemblea Costituente; sono stati dichiarati decaduti nella seduta della Camera dei deputati del 9 novembre 1926;

hanno scontato la pena della reclusione non inferiore a cinque anni in seguito a condanna del tribunale speciale fascista per la difesa dello Stato.

Sono nominati altresì senatori, con decreto del Presidente della Repubblica, i membri del disciolto Senato che hanno fatto parte della Consulta Nazionale.

Al diritto di essere nominati senatori si può rinunciare prima della firma del decreto di nomina. L'accettazione della candidatura alle elezioni politiche implica rinuncia al diritto di nomina a senatore.

IV. – Per la prima elezione del Senato il Molise è considerato come Regione a sé stante, con il numero dei senatori che gli compete in base alla sua popolazione.

V. – La disposizione dell'articolo 80 della Costituzione, per quanto concerne i trattati internazionali che importano oneri alle finanze o modificazioni di legge, ha effetto dalla data di convocazione delle Camere.

VI. – Entro cinque anni dall'entrata in vigore della Costituzione si procede alla revisione degli organi speciali di giurisdizione attualmente esistenti, salvo le giurisdizioni del Consiglio di Stato, della Corte dei conti e dei Tribunali militari.

Entro un anno dalla stessa data si provvede con legge al riordinamento del Tribunale supremo militare in relazione all'articolo 111.

VII. – Fino a quando non sia emanata la nuova legge sull'ordinamento giudiziario in conformità con la Costituzione, continuano ad osservarsi le norme dell'ordinamento vigente.

Fino a quando non entri in funzione la Corte costituzionale, la decisione delle controversie indicate nell'articolo 134 ha luogo nelle forme e nei limiti delle norme preesistenti all'entrata in vigore della Costituzione.

I giudici della Corte costituzionale nominati nella prima composizione della Corte stessa non sono soggetti alla parziale rinnovazione e durano in carica dodici anni (1).

(1) Il terzo comma è stato abrogato dall'art. 7, l. cost. 22/11/1967, n. 2.

VIII. – Le elezioni dei Consigli regionali e degli organi elettivi delle amministrazioni provinciali sono indette entro un anno dall'entrata in vigore della Costituzione.

Leggi della Repubblica regolano per ogni ramo della pubblica amministrazione il passaggio delle funzioni statali attribuite alle Regioni. Fino a quando non sia provveduto al riordinamento e alla distribuzione delle funzioni amministrative fra gli enti locali, restano alle Provincie ed ai Comuni le funzioni che esercitano attualmente e le altre di cui le Regioni deleghino loro l'esercizio.

Leggi della Repubblica regolano il passaggio alle Regioni di funzionari e dipendenti dello Stato, anche delle amministrazioni centrali, che sia reso necessario dal nuovo ordinamento. Per la formazione dei loro uffici le Regioni devono, tranne che in casi di necessità, trarre il proprio personale da quello dello Stato e degli enti locali.

IX. – La Repubblica, entro tre anni dall'entrata in vigore della Costituzione, adegua le sue leggi alle esigenze delle autonomie locali e alla competenza legislativa attribuita alle Regioni.

X. – Alla Regione del Friuli-Venezia Giulia, di cui all'articolo 116, si applicano provvisoriamente le norme generali del Titolo V della parte seconda, ferma restando la tutela delle minoranze linguistiche in conformità con l'articolo 6.

XI. – Fino a cinque anni dall'entrata in vigore della Costituzione si possono, con leggi costituzionali, formare altre Regioni, a modificazione dell'elenco di cui all'articolo 131, anche senza il concorso delle condizioni richieste dal primo comma dell'articolo 132, fermo rimanendo tuttavia l'obbligo di sentire le popolazioni interessate.

XII. – È vietata la riorganizzazione, sotto qualsiasi forma, del disciolto partito fascista.
In deroga all'articolo 48, sono stabilite con legge, per non oltre un quinquennio dalla entrata in vigore della Costituzione, limitazioni temporanee al diritto di voto e alla eleggibilità per i capi responsabili del regime fascista.

XIII. – I membri e i discendenti di Casa Savoia non sono elettori e non possono ricoprire uffici pubblici né cariche elettive.
Agli ex re di Casa Savoia, alle loro consorti e ai loro discendenti maschi sono vietati l'ingresso e il soggiorno nel territorio nazionale.
I beni, esistenti nel territorio nazionale, degli ex re di Casa Savoia, delle loro consorti e dei loro discendenti maschi, sono avocati allo Stato. I trasferimenti e le costituzioni di diritti reali sui beni stessi, che siano avvenuti dopo il 2 giugno 1946, sono nulli.

XIV. – I titoli nobiliari non sono riconosciuti.
I predicati di quelli esistenti prima del 28 ottobre 1922 valgono come parte del nome.
L'Ordine mauriziano è conservato come ente ospedaliero e funziona nei modi stabiliti dalla legge.
La legge regola la soppressione della Consulta araldica.

XV. – Con l'entrata in vigore della Costituzione si ha per convertito in legge il decreto legislativo luogotenenziale 25 giugno 1944, n. 151, sull'ordinamento provvisorio dello Stato.

XVI. – Entro un anno dalla entrata in vigore della Costituzione si procede alla revisione e al coordinamento con essa delle precedenti leggi costituzionali che non siano state finora esplicitamente o implicitamente abrogate.

XVII. – L'Assemblea Costituente sarà convocata dal suo Presidente per deliberare, entro il 31 gennaio 1948, sulla legge per la elezione del Senato della Repubblica, sugli statuti regionali speciali e sulla legge per la stampa.
Fino al giorno delle elezioni delle nuove Camere, l'Assemblea Costituente può essere convocata, quando vi sia necessità di deliberare nelle materie attribuite alla sua competenza dagli articoli 2, primo e secondo comma, e 3, comma primo e secondo, del decreto legislativo 16 marzo 1946, n. 98.
In tale periodo le Commissioni permanenti restano in funzione. Quelle legislative rinviano al Governo i disegni di legge, ad esse trasmessi, con eventuali osservazioni e proposte di emendamenti.
I deputati possono presentare al Governo interrogazioni con richiesta di risposta scritta.
L'Assemblea Costituente, agli effetti di cui al secondo comma del presente articolo, è convocata dal suo Presidente su richiesta motivata del Governo o di almeno duecento deputati.

XVIII. – La presente Costituzione è promulgata dal Capo provvisorio dello Stato entro cinque giorni dalla sua approvazione da parte dell'Assemblea Costituente, ed entra in vigore il 1° gennaio 1948.

Il testo della Costituzione è depositato nella sala comunale di ciascun Comune della Repubblica per rimanervi esposto, durante tutto l'anno 1948, affinché ogni cittadino possa prenderne cognizione.

La Costituzione, munita del sigillo dello Stato, sarà inserita nella Raccolta ufficiale delle leggi e dei decreti della Repubblica.

Disposizioni sulla legge in generale approvate preliminarmente al Codice civile con r.d. 16 marzo 1942, n. 262

(G.U. 4 aprile 1942, n. 79, ed. straord.)

Capo I
Delle fonti del diritto

1. Indicazione delle fonti.

Sono fonti del diritto:

1) le leggi;

2) i regolamenti;

3) *le norme corporative* (1);

4) gli usi.

(1) Soppresso l'ordinamento corporativo con d.lg.lgt. 23/11/1944, n. 369, devono ritenersi abrogate tutte le norme che lo presuppongono.

2. Leggi.

La formazione delle leggi e l'emanazione degli atti del Governo aventi forza di legge sono disciplinate da leggi di carattere costituzionale.

3. Regolamenti.

Il potere regolamentare del Governo è disciplinato da leggi di carattere costituzionale.

Il potere regolamentare di altre autorità è esercitato nei limiti delle rispettive competenze, in conformità delle leggi particolari.

4. Limiti della disciplina regolamentare.

I regolamenti non possono contenere norme contrarie alle disposizioni delle leggi.

I regolamenti emanati a norma del secondo comma dell'articolo 3 non possono nemmeno dettare norme contrarie a quelle dei regolamenti emanati dal Governo.

5. (1).

(1) V. nota 1 all'art. 1 prel.

6. (1).

(1) V. nota 1 all'art. 1 prel.

7. (1).

(1) V. nota 1 all'art. 1 prel.

8. Usi.

Nelle materie regolate dalle leggi e dai regolamenti gli usi hanno efficacia solo in quanto sono da essi richiamati.

Le norme corporative prevalgono sugli usi, anche se richiamati dalle leggi e dai regolamenti, salvo che in esse sia diversamente disposto (1).

(1) V. nota 1 all'art. 1 prel.

9. Raccolte di usi.

Gli usi pubblicati nelle raccolte ufficiali degli enti e degli organi a ciò autorizzati si presumono esistenti fino a prova contraria.

Capo II
Dell'applicazione della legge in generale

10. Inizio dell'obbligatorietà delle leggi e dei regolamenti.

Le leggi e i regolamenti divengono obbligatori nel decimoquinto giorno successivo a quello della loro pubblicazione, salvo che sia altrimenti disposto.

Le norme corporative divengono obbligatorie nel giorno successivo a quello della pubblicazione, salvo che in esse sia altrimenti disposto (1).

(1) V. nota 1 all'art. 1 prel.

11. Efficacia della legge nel tempo.

La legge non dispone che per l'avvenire: essa non ha effetto retroattivo.

I contratti collettivi di lavoro possono stabilire per la loro efficacia, una data anteriore alla pubblicazione, purché non preceda quella della stipulazione.

12. Interpretazione della legge.

Nell'applicare la legge non si può ad essa attribuire altro senso che quello fatto palese dal significato proprio delle parole secondo la connessione di esse, e dalla intenzione del legislatore.

Se una controversia non può essere decisa con una precisa disposizione, si ha riguardo alle disposizioni che regolano casi simili o materie analoghe; se il caso rimane ancora dubbio, si decide secondo i principi generali dell'ordinamento giuridico dello Stato.

13. (1).

(1) V. nota 1 all'art. 1 prel.

14. Applicazione delle leggi penali ed eccezionali.

Le leggi penali e quelle che fanno eccezione a regole generali o ad altre leggi non si applicano oltre i casi e i tempi in esse considerati.

15. Abrogazione delle leggi.

Le leggi non sono abrogate che da leggi posteriori per dichiarazione espressa del legislatore, o per incompatibilità tra le nuove disposizioni e le precedenti o perché la nuova legge regola l'intera materia già regolata dalla legge anteriore.

16. Trattamento dello straniero.

Lo straniero è ammesso a godere dei diritti civili attribuiti al cittadino a condizione di reciprocità e salve le disposizioni contenute in leggi speciali.

Questa disposizione vale anche per le persone giuridiche straniere.

17-31. (1).

(1) Articoli abrogati dall'art. 73 della l. 31/5/1995, n. 218.

Codice Civile

R.d. 16 marzo 1942, n. 262

(G.U. 4 aprile 1942, n. 79 e 79 *bis*, ed. straord.)

Approvazione del testo del Codice civile

LIBRO PRIMO
DELLE PERSONE E DELLA FAMIGLIA

Titolo I
DELLE PERSONE FISICHE

1. Capacità giuridica.

La capacità giuridica si acquista dal momento della nascita.

I diritti che la legge riconosce a favore del concepito sono subordinati all'evento della nascita.

• L'individuo **acquista la capacità giuridica** (o capacità di diritto) per il solo fatto della nascita; conseguentemente, diventa **soggetto di diritto**. La nascita e la morte rappresentano il momento iniziale e finale (costitutivo ed estintivo) della capacità giuridica. Quest'ultima consiste nell'attitudine (o idoneità) di un soggetto ad essere **titolare di situazioni giuridiche soggettive** (ad es., i diritti, gli obblighi, i doveri, gli oneri, ecc.). Con la nascita, ad es., la persona fisica acquista automaticamente i c.d. **diritti della personalità** (il diritto alla vita, all'integrità fisica, all'integrità morale, ecc.). • La capacità giuridica compete indifferentemente a tutti gli individui, in ragione del principio di uguaglianza (art. 3 Cost.); essa spetta, pertanto, non solo al cittadino, ma anche allo **straniero** (salvi i limiti del c.d. principio di reciprocità). • Forme di **capacità giuridica speciale** si rinvengono nei casi in cui la titolarità di certi diritti od obblighi non viene acquistata con la nascita, ma in un momento diverso (ad es., a 16 anni per il minore autorizzato a contrarre matrimonio o che riconosce il figlio naturale). • Entro certi limiti l'ordinamento riconosce protezione anche al nascituro: egli ha **capacità di succedere per causa di morte** (art. 462, co. 1) e la **capacità di ricevere per donazione** (art. 784, co. 1); per testamento può ricevere anche il **non-concepito**, purché figlio di una persona vivente al tempo della morte del testatore (art. 462, co. 3). Queste attribuzioni, però, sono **subordinate** alla nascita. • In **ambito non patrimoniale** la giurisprudenza ammette il risarcimento del danno cagionato al nascituro a causa di **eventi verificatisi prima della nascita** (*Esempio*: il danno al feto cagionato dai sanitari che hanno in cura la gestante e lesivo del diritto alla salute del futuro nato) o per fatto di terzi che abbia causato la morte del genitore (*Esempio*: l'uccisione del padre in un incidente stradale causato dall'imprudenza di un terzo).

2. Maggiore età. Capacità di agire.

La maggiore età è fissata al compimento del diciottesimo anno. Con la maggiore età si acquista la capacità di compiere tutti gli atti per i quali non sia stabilita una età diversa.

Sono salve le leggi speciali che stabiliscono un'età inferiore in materia di capacità a prestare il proprio lavoro. In tal caso il minore è abilitato all'esercizio dei diritti e delle azioni che dipendono dal contratto di lavoro.

• La capacità d'agire presuppone la capacità giuridica ma non si confonde con essa; si acquista in virtù del raggiungimento della **maggiore età**, fissata al compimento del diciottesimo anno, momento dal quale si presume che la persona abbia raggiunto la necessaria maturità. • Il possesso della capacità d'agire costituisce il requisito di validità degli **atti negoziali** (c.d. capacità negoziale). Ad es., gli atti eventualmente posti in essere dal minore devono ritenersi **annullabili** (art. 1425, co. 1). A questa regola vi sono però alcune importanti **eccezioni** (si parla, in questi casi, di **capacità speciale**): a titolo esemplificativo, il minore ultrasedicenne è ammesso a stipulare in proprio il contratto di lavoro; se autorizzato dal giudice, egli può prestare il consenso alle nozze (art. 84, co. 2) ed acquistare così lo status di **minore emancipato (v. *sub* artt. 390 ss.)**; può, anche prima del compimento dei sedici anni, effettuare direttamente il riconoscimento del figlio naturale (art. 250, co. 5). • Sempre più forte è la tendenza a riconoscere anche alle persone in tutto o in parte prive della capacità d'agire una parziale autonomia nell'ambito degli **atti non patrimoniali**. Si pensi, con riferimento agli atti personali a carattere familiare o agli atti di governo del proprio corpo (ad es. le decisioni per la propria salute), alla crescente valorizzazione della **capacità di discernimento** concretamente raggiunta dal minore: paradigmatico è il caso della donna minore nella disciplina dell'interruzione della gravidanza (l. 25/5/1978, n. 194), ove la richiesta di interruzione della gravidanza deve provenire dalla stessa minore ed occorre soltanto l'assenso dei genitori responsabili o del tutore (che nei primi novanta giorni, per seri motivi, può essere superato con un provvedimento del giudice tutelare che autorizza l'interruzione della gravidanza). • La capacità d'agire, inoltre, non è necessaria per l'acquisto del possesso, per l'occupazione o per l'acquisto della proprietà tramite usucapione, oltre che per rispondere dei **fatti illeciti**, ove è invece richiesta la sola capacità di intendere e di volere (capacità naturale). • La capacità d'agire si perde totalmente con la **morte** o per **interdizione giudiziale** (artt. 414 ss.); può essere inoltre soggetta a significative **limitazioni**: ad es., essa si riduce in relazione a quegli atti che richiedono la rappresentanza esclusiva **dell'amministratore di sostegno** (art. 409) o l'assistenza necessaria del curatore in caso di **inabilitazione** (artt. 415 ss.).

3. (1).

(1) Articolo abrogato dall'art. 2 della l. 8/3/1975, n. 39.

4. Commorienza.

Quando un effetto giuridico dipende dalla sopravvivenza di una persona a un'altra e non consta quale di esse sia morta prima, tutte si considerano morte nello stesso momento.

• La norma stabilisce una **presunzione di commorienza** nell'ipotesi in cui vi sia incertezza sulla sopravvivenza di una persona rispetto ad un'altra. *Esempio*: due persone sono perite contestualmente in occasione del crollo di un edificio. • La **prova della sopravvivenza** può essere data con tutti i mezzi consentiti, anche mediante le presunzioni legali degli artt. 58 e 61.

5. Atti di disposizione del proprio corpo.

Gli atti di disposizione del proprio corpo sono vietati quando cagionino una diminuzione permanente della integrità fisica, o quando siano altrimenti contrari alla legge all'ordine pubblico o al buon costume.

• La norma pone un **limite** alla **libertà di disporre di sé** allo scopo di proteggere l'**integrità fisica della persona**. A tal fine stabilisce le **condizioni** che consentono **atti dispositivi del proprio corpo**, ammettendoli allorché non siano contrari alla **legge** (ad es., divieto di prelievo di sangue a titolo oneroso), all'**ordine pubblico** (si pensi, ad es., alla schiavitù) o al **buon costume** (come nel caso di offese al pudore), e non cagionino una **diminuzione permanente** dell'integrità fisica del soggetto. *Esempio*: sono **legittimi**, previo consenso dell'avente diritto, il prelievo di sangue o lembi di pelle, midollo osseo o tessuti in genere; sono, di contro, **vietati**, quand'anche l'interessato abbia prestato il consenso, le mutilazioni genitali femminili o l'espianto di organi. • Le leggi che consentono i **trapianti di organi** tra i viventi derogano espressamente ai limiti dell'articolo in commento (ad es., l. 26/6/1967, n. 458 sul trapianto di rene; l. 16/12/1999, n. 483 sul trapianto parziale di fegato; l. 4/5/1990, n. 107 sui prelievi di cellule staminali e midollari; e via dicendo). • La *Carta dei diritti fondamentali dell'UE*, all'art. 3, considera l'integrità della persona (fisica e psichica) un diritto primario della persona (dopo la dignità e la vita, rispettivamente artt. 1 e 2). L'integrità della persona è concepita anche nella sua **dimensione psichica e morale**; l'**integrità morale**, in particolare, è oggetto di tutela penale nei casi di ingiuria e diffamazione, ma, fuori da queste ipotesi, dev'esse contemperata con altri interessi protetti dalla Costituzione, come la libertà di manifestazione del pensiero (art. 21 Cost.) e il c.d. diritto di cronaca. • Nella tutela dell'integrità va contemplato il principio del **consenso libero e informato della persona** nell'ambito della medicina e della biologia. Con riferimento al **governo del proprio corpo**, la necessità del consenso al trattamento medico da parte del paziente e il diritto di rifiutare le cure si fondano, per giurisprudenza consolidata, sul principio della **autodeterminazione**. Le basi normative sono l'art. 2 e l'art. 3 Cost., che garantiscono l'inviolabilità della **libertà personale**, nonché l'art. 32, co. 2, Cost., secondo cui nessuno può essere obbligato a trattamento sanitario fuori dai casi previsti dalla legge. Le libertà fondamentali ed i principi fin qui richiamati sono contenuti anche nella recente l. 22/12/2017, n. 219 (*Norme in materia di consenso informato e di disposizioni anticipate di trattamento*).

6. Diritto al nome.

Ogni persona ha diritto al nome che le è per legge attribuito.

Nel nome si comprendono il prenome e il cognome.

Non sono ammessi cambiamenti, aggiunte o rettifiche al nome, se non nei casi e con le formalità dalla legge indicati.

• Il diritto protegge il **nome** (che comprende **prenome** e **cognome**) contro l'uso che altri indebitamente ne faccia (cfr. *sub* art. 7). Il nome svolge la funzione di **identificazione sociale** della persona ed è comunemente inteso come valore fondamentale della persona, specialmente nella prospettiva della protezione della sua **identità**, a cui da tempo è riconosciuta, anche in chiave risarcitoria, autonomia e tutela diretta. • I genitori di comune accordo provvedono all'attribuzione del prenome (salvo l'intervento del Tribunale in caso di loro dissenso); il cognome, invece, è attribuito secondo criteri legali. • Le **modifiche al nome** sono consentite nei casi e con le formalità indicate nelle disposizioni dell'ordinamento dello stato civile, che prevedono un *iter* articolato e complesso, e più di recente dalla legge sui transessuali, che prevede la possibilità di disporre con sentenza la rettificazione, nell'atto di nascita, dell'indicazione di sesso, e quindi anche del nome (l. 14/4/1982, n. 164). • Lo **pseudonimo** è tutelato quando «abbia acquistato importanza del nome» (art. 9, a cui si rinvia).

7. Tutela del diritto al nome.

La persona, alla quale si contesti il diritto all'uso del proprio nome o che possa risentire pregiudizio dall'uso che altri indebitamente ne faccia, può chiedere giudizialmente la cessazione del fatto lesivo, salvo il risarcimento dei danni.

L'autorità giudiziaria può ordinare che la sentenza sia pubblicata in uno o più giornali.

• Il diritto al nome comprende il potere di usarlo in via **esclusiva**. La vittima di contestazione, usurpazione od utilizzo abusivo del nome può chiedere la **cessazione** del fatto lesivo ed il risarcimento del danno, oltre che la **pubblicazione** su uno o più giornali della **sentenza** che accerta l'illecito. • L'ipotesi più ricorrente riguarda lo **sfruttamento commerciale del nome altrui**, cioè la sua utilizzazione indebita al fine di trarre utilità economiche dallo sfruttamento. • Paradigmatico è il caso delle c.d. **persone note**, per le quali il nome rappresenta un bene immateriale oggetto di diritto esclusivo all'**utilizzazione economica**. L'interessato può concedere a terzi, anche a titolo oneroso, il diritto di utilizzare il proprio nome ai fini commerciali (ad es., per la campagna pubblicitaria di un prodotto).

8. Tutela del nome per ragioni familiari.

Nel caso previsto dall'articolo precedente, l'azione può essere promossa anche da chi, pur non portando il nome contestato o indebitamente usato, abbia alla tutela del nome un interesse fondato su ragioni familiari degne d'essere protette.

• La norma risponde ad esigenze di tutela del **gruppo familiare**, proteggendo l'interesse di chi sia partecipe di valori e tradizioni familiari pur non essendo il diretto titolare dell'interesse protetto. *Esempio*: è illegittima l'intitolazione di una fondazione a nome di una persona defunta senza la preventiva autorizzazione da parte degli eredi di questa.

9. Tutela dello pseudonimo.

Lo pseudonimo, usato da una persona in modo che abbia acquistato l'importanza del nome, può essere tutelato ai sensi dell'articolo 7.

• Lo pseudonimo è una qualsiasi espressione verbale utilizzata dal soggetto come mezzo di **identificazione personale** entro cerchie più o meno ampie di destinatari. • Il diritto alla protezione dello pseudonimo si acquista quando l'espressione raggiunga l'**importanza** e la **notorietà** del nome (ad es., il nome d'arte).

10. Abuso dell'immagine altrui.

Qualora l'immagine di una persona o dei genitori, del coniuge o dei figli sia stata esposta o pubblicata fuori dei casi in cui l'esposizione o la pubblicazione è dalla legge consentita, ovvero con pregiudizio al decoro o alla reputazione della persona stessa o dei detti congiunti, l'autorità giudiziaria, su richiesta dell'interessato, può disporre che cessi l'abuso, salvo il risarcimento dei danni.

• La norma consente al titolare di impedire ai terzi l'utilizzo e la divulgazione del proprio **ritratto** senza il consenso, anche solo implicito, dell'interessato, salvo il **risarcimento dei danni**. • È consentita la diffusione dell'immagine altrui **senza il consenso** dell'interessato in caso di a) notorietà o copertura di un ufficio pubblico della persona ritratta; b) scopi scientifici, didattici o culturali; c) necessità di giustizia o di polizia; d) collegamento a fatti o avvenimenti di interesse pubblico e svoltisi in pubblico. In tutte le ipotesi elencate vi devono essere **esigenze di pubblica informazione** (*Esempio:* è vietata, senza il suo consenso, la pubblicazione di fotografie di un noto uomo politico ritratto nell'intimità familiare). • La pubblicazione dell'immagine altrui senza il consenso dell'interessato è **in ogni caso** vietata ove rechi pregiudizio all'onore, alla reputazione o al decoro della persona ritratta.

Titolo II
DELLE PERSONE GIURIDICHE

Capo I
Disposizioni generali

11. Persone giuridiche pubbliche.

Le province e i comuni, nonché gli enti pubblici riconosciuti come persone giuridiche godono dei diritti secondo le leggi e gli usi osservati come diritto pubblico.

• Le persone giuridiche pubbliche (ad es., lo Stato, gli enti territoriali, ecc.) sono di regola costituite dalla **legge** o da **atto dell'autorità amministrativa**. Esse perseguono uno scopo di **carattere pubblico**: debbono cioè operare per il soddisfacimento di interessi della collettività, e pertanto sono titolari di una **potestà di imperio**. • Ad esse si applicano le disposizioni generali riguardanti la pubblica amministrazione ed i principi di diritto pubblico, nonché, in via residuale, le norme ed i principi valevoli per le persone giuridiche private in quanto compatibili con la loro natura ed il loro regime. • Più in generale, è persona giuridica un'**organizzazione collettiva di uomini** dotata di una propria **capacità giuridica** (che le permette di essere titolare di propri diritti e di propri doveri, di avere la proprietà di propri beni, di essere responsabile di propri debiti e così via) e di una propria **capacità di agire** (che si realizza mediante atti giuridici compiuti dalle persone fisiche che agiscono come suoi **organi**).

12. (1).

(1) Articolo abrogato dall'art. 11 del d.P.R. 10/2/2000, n. 361.

13. Società.

Le società sono regolate dalle disposizioni contenute nel libro V.

Capo II
Delle associazioni e delle fondazioni

14. Atto costitutivo.

Le associazioni e le fondazioni devono essere costituite con atto pubblico.

La fondazione può essere disposta anche con testamento.

• L'associazione è un'organizzazione collettiva che ha come scopo il perseguimento di **finalità non economiche** (tipico ente c.d. non profit). Non è escluso, tuttavia, che gli associati possano trarre, seppur solo indirettamente, vantaggi economici dall'agire dell'associazione. • **L'associazione riconosciuta** si costituisce con un **contratto** tra i fondatori (**atto costitutivo**), che deve rivestire la forma dell'atto pubblico, di norma notarile, mentre l'**associazione non riconosciuta** (es., sindacati e partiti) non richiede particolari requisiti di forma (l'accordo associativo potrebbe essere stipulato addirittura oralmente) né di contenuto. • L'**iter formativo** dell'associazione non riconosciuta non richiede altro, esaurendosi con il perfezionarsi dell'accordo tra i fondatori; mentre l'atto costitutivo (e lo statuto) dell'associazione riconosciuta deve essere presentato alla **prefettura** nella cui provincia è stabilita la sede dell'ente, unitamente alla richiesta di riconoscimento dell'associazione come persona giuridica. • L'associazione non riconosciuta non acquista **personalità giuridica**, benché goda di una sua **soggettività**. • La **fondazione**, invece, è un complesso di beni destinati al perseguimento di uno scopo non economico; trae vita non da un contratto ma da un **negozio unilaterale non recettizio**; è costituita per **atto tra vivi** o per **testamento**. È essenziale che la fondazione sia dotata di un **patrimonio**, destinato a consentire la realizzazione delle proprie finalità. Secondo l'opinione tradizionale, le fondazioni non possono operare come fondazioni non riconosciute. • La disciplina dettata dal Codice civile si applica agli **enti del terzo settore** costituiti in forma di associazione o di fondazione solo ove non derogata dal d.lgs. n. 112/2017 (Codice del Terzo settore). Il c.t.s. ha previsto una serie di figure tipiche di enti, per ciascuna delle quali ha dettato una disciplina particolare: le organizzazioni di volontariato, le associazioni di promozione sociale, gli enti filantropici, le imprese sociali, le cooperative sociali, le reti associative e le società di mutuo soccorso.

15. Revoca dell'atto costitutivo della fondazione.

L'atto di fondazione può essere revocato dal fondatore fino a quando non sia intervenuto il riconoscimento, ovvero il fondatore non abbia fatto iniziare l'attività dell'opera da lui disposta.

La facoltà di revoca non si trasmette agli eredi.

• La norma è espressione del principio secondo cui l'atto giuridico unilaterale è **revocabile** fino a quando non abbia prodotto i suoi effetti. • Gli **eredi** possono impugnare il negozio di fondazione mediante l'azione di riduzione e i creditori con l'azione revocatoria o, nel caso di fondazione in forma testamentaria, esercitando l'azione di separazione.

16. Atto costitutivo e statuto. Modificazioni.

L'atto costitutivo e lo statuto devono contenere la denominazione dell'ente, l'indicazione dello scopo, del patrimonio e della sede, nonché le norme sull'ordinamento e sulla amministrazione. Devono anche determinare, quando trattasi di associazioni, i diritti e gli obblighi degli associati e le condizioni della loro ammissione; e, quando trattasi di fondazioni, i criteri e le modalità di erogazione delle rendite.

L'atto costitutivo e lo statuto possono inoltre contenere le norme relative alla estinzione dell'ente e alla devoluzione del patrimonio, e, per le fondazioni, anche quelle relative alla loro trasformazione.

• La norma elenca gli elementi che possono far parte tanto dell'atto costitutivo quanto dello statuto. Una **prassi diffusa** vuole che i due documenti siano redatti separatamente e in tempi diversi, ma tale separazione non è necessaria. • Gli artt. 21 ss. c.t.s. prevedono ulteriori disposizioni per il contenuto dell'atto costitutivo e l'ordinamento degli enti del **Terzo settore**.

17. (1).

(1) Articolo abrogato dall'art. 13 della l. 15/5/1997, n. 127, come sostituito dall'art. 1 della l. 22/6/2000, n. 192.

18. Responsabilità degli amministratori.

Gli amministratori sono responsabili verso l'ente secondo le norme del mandato. È però esente da responsabilità quello degli amministratori il quale non abbia partecipato all'atto che ha causato il danno, salvo il caso in cui, essendo a cognizione che l'atto si stava per compiere, egli non abbia fatto constare del proprio dissenso.

• Gli amministratori hanno competenza di gestire l'ente seguendo le direttive dell'assemblea, di rappresentarlo nei confronti dei terzi (è l'amministratore il soggetto deputato a sottoscrivere i contratti a nome dell'associazione) e di svolgere le altre attività previste dalla legge (artt. 20, 35). • Gli amministratori devono eseguire l'incarico ricevuto con la diligenza appropriata al tipo di prestazione dovuta (art. 1170); sono responsabili dei **danni arrecati all'ente** solo se abbiano partecipato all'atto dannoso o abbiano avuto contezza del suo compimento senza tuttavia aver manifestato un dissenso. Sono altresì responsabili **verso i creditori** ai sensi dell'art. 2043.

19. Limitazioni del potere di rappresentanza.

Le limitazioni del potere di rappresentanza, che non risultano dal registro indicato nell'articolo 33, non possono essere opposte ai terzi, salvo che si provi che essi ne erano a conoscenza.

• L'atto costitutivo o lo statuto devono indicare chi, tra gli amministratori, ha la **rappresentanza esterna** dell'ente. I poteri dei rappresentanti si reputano generali se non ne vengono indicati i limiti nel registro di cui agli artt. 3 e 4 del d.P.R. n. 361/2000 (che ha abrogato l'art. 33).

20. Convocazione dell'assemblea delle associazioni.

L'assemblea delle associazioni deve essere convocata dagli amministratori una volta l'anno per l'approvazione del bilancio.

L'assemblea deve essere inoltre convocata quando se ne ravvisa la necessità o quando ne è fatta richiesta motivata da almeno un decimo degli associati. In questo ultimo caso, se gli amministratori non vi provvedono, la convocazione può essere ordinata dal presidente del tribunale.

• L'assemblea è l'**organo collegiale con funzione deliberante**; ha competenza per le modifiche dell'atto costitutivo e dello statuto (art. 21, co. 2), per l'approvazione del bilancio (artt. 20, co. 1; 21, co. 1), per l'esercizio dell'azione di responsabilità nei confronti degli amministratori (artt. 21, co. 1; 22), per l'esclusione dell'associato per gravi motivi (art. 24, co. 3), per lo scioglimento dell'associazione e la devoluzione del patrimonio (art. 21, co. 3), nonché per tutte le materie che siano alla stessa demandate dallo statuto. • Di regola, l'assemblea delibera a maggioranza dei voti, in prima convocazione, con la presenza di almeno la metà degli associati; in seconda convocazione, qualunque sia il numero degli intervenuti (art. 21, co. 1). Maggioranze qualificate sono richieste per le modifiche dell'atto costitutivo e dello statuto, nonché per lo scioglimento dell'associazione (art. 21, co. 2 e 3). • Per gli enti del **Terzo settore**, v. artt. 24 e 25 c.t.s.

21. Deliberazioni dell'assemblea.

Le deliberazioni dell'assemblea sono prese a maggioranza di voti e con la presenza di almeno la metà degli associati. In seconda convocazione la deliberazione è valida qualunque sia il numero degli intervenuti. Nelle deliberazioni di approvazione del bilancio e in quelle che riguardano la loro responsabilità gli amministratori non hanno voto.

Per modificare l'atto costitutivo e lo statuto, se in essi non è altrimenti disposto, occorrono la presenza di almeno tre quarti degli associati e il voto favorevole della maggioranza dei presenti.

Per deliberare lo scioglimento dell'associazione e la devoluzione del patrimonio occorre il voto favorevole di almeno tre quarti degli associati.

22. Azioni di responsabilità contro gli amministratori.

Le azioni di responsabilità contro gli amministratori delle associazioni per fatti da loro compiuti sono deliberate dall'assemblea e sono esercitate dai nuovi amministratori o dai liquidatori.

23. Annullamento e sospensione delle deliberazioni.

Le deliberazioni dell'assemblea contrarie alla legge, all'atto costitutivo o allo statuto possono essere annullate su istanza degli organi dell'ente, di qualunque associato o del pubblico ministero.

L'annullamento della deliberazione non pregiudica i diritti acquistati dai terzi di buona fede in base ad atti compiuti in esecuzione della deliberazione medesima.

Il presidente del tribunale o il giudice istruttore, sentiti gli amministratori dell'associazione, può sospendere, su istanza di colui che ha proposto l'impugnazione, la esecuzione della deliberazione impugnata, quando sussistono gravi motivi. Il decreto di sospensione deve essere motivato ed è notificato agli amministratori.

L'esecuzione delle deliberazioni contrarie all'ordine pubblico o al buon costume può essere sospesa anche dall'autorità governativa.

• L'impugnativa è ammessa per motivi di legittimità e non di merito, poiché non spetta all'autorità giudiziaria valutare l'opportunità della delibera. La disciplina applicabile è quella dell'**annullabilità** del contratto (estesa ai negozi unilaterali dall'art. 1324). La norma non si applica nel caso di delibere **inesistenti.** • L'annullamento della delibera non comporta di per sé l'annullamento degli atti negoziali posti in essere dagli organi rappresentativi con i terzi, salvo che il terzo fosse in mala fede.

24. Recesso ed esclusione degli associati.

La qualità di associato non è trasmissibile, salvo che la trasmissione sia consentita dall'atto costitutivo o dallo statuto.

L'associato può sempre recedere dall'associazione se non ha assunto l'obbligo di farne parte per un tempo determinato. La dichiarazione di recesso deve essere comunicata per iscritto agli amministratori e ha effetto con lo scadere dell'anno in corso, purché sia fatta almeno tre mesi prima.

L'esclusione d'un associato non può essere deliberata dall'assemblea che per gravi motivi; l'associato può ricorrere all'autorità giudiziaria entro sei mesi dal giorno in cui gli è stata notificata la deliberazione.

Gli associati, che abbiano receduto o siano stati esclusi o che comunque abbiano cessato di appartenere all'associazione, non possono ripetere i contributi versati, né hanno alcun diritto sul patrimonio dell'associazione.

• La norma riconosce all'associato la facoltà di **recesso**, come aspetto fondamentale della **libertà di associazione**. È infatti nulla la clausola statutaria che esclude la facoltà di recesso o la rende troppo difficoltosa. Il secondo comma, invece, ammette la possibilità di rinunciarvi ma solo per un **tempo determinato**. • L'**esclusione** dell'associato è disciplinata al terzo comma, che condiziona la legittimità del provvedimento di esclusione all'esistenza di **gravi motivi** (ad es., la perdita dei requisiti richiesti per l'ammissione); quest'ultima locuzione esprime un concetto relativo ed elastico, in quanto postula una valutazione di proporzionalità tra l'entità della lesione e la radicalità della sanzione irrogata).

25. Controllo sull'amministrazione delle fondazioni.

L'autorità governativa esercita il controllo e la vigilanza sull'amministrazione delle fondazioni; provvede alla nomina e alla sostituzione degli amministratori o dei rappresentanti, quando le disposizioni contenute nell'atto di fondazione non possono attuarsi; annulla, sentiti gli amministratori, con provvedimento definitivo, le deliberazioni contrarie a norme imperative, all'atto di fondazione, all'ordine pubblico o al buon costume; può sciogliere l'amministrazione e nominare un commissario straordinario, qualora gli amministratori non agiscano in conformità dello statuto e dello scopo della fondazione o della legge.

L'annullamento della deliberazione non pregiudica i diritti acquistati dai terzi di buona fede in base ad atti compiuti in esecuzione della deliberazione medesima.

Le azioni contro gli amministratori per fatti riguardanti la loro responsabilità devono essere autorizzate dall'autorità governativa e sono esercitate dal commissario straordinario, dai liquidatori o dai nuovi amministratori.

• La norma assegna a **prefetture, regioni** o **province autonome competenti** (art. 5 del d.P.R. n. 361/2000) poteri di controllo, di vigilanza, di annullamento delle deliberazioni e di scioglimento dell'amministrazione dell'ente. Il **controllo pubblico** è funzionale alla protezione dell'interesse dell'ente e non può sindacare il merito dell'attività da esso svolta. Si tratta perciò di un mero **controllo di legittimità** delle deliberazioni fondato su parametri indicati dalla stessa norma (contrarietà a norme imperative, ordine pubblico, buon costume, atto di fondazione). • Per le fondazioni del **Terzo settore** è previsto un Registro Unico Nazionale del Terzo Settore (RUNTS) ai sensi dell'art. 90 c.t.s.

26. Coordinamento di attività e unificazione di amministrazione.

L'autorità governativa può disporre il coordinamento dell'attività di più fondazioni ovvero l'unificazione della loro amministrazione, rispettando, per quanto è possibile, la volontà del fondatore.

27. Estinzione della persona giuridica.

Oltre che per le cause previste nell'atto costitutivo e nello statuto, la persona giuridica si estingue quando lo scopo è stato raggiunto o è divenuto impossibile.

Le associazioni si estinguono inoltre quando tutti gli associati sono venuti a mancare.

• La norma enuncia alcune **cause estintive**, per lo più comuni ad associazioni e fondazioni. Altre cause di estinzione possono essere, ad esempio, una delibera assembleare di scioglimento (art. 21, co. 3) o l'insufficienza del patrimonio (art. 28, co. 1). • È competenza del **prefetto**, su istanza di qualunque interessato o anche d'ufficio, accertare la sussistenza delle cause di estinzione (art. 6, co. 1, d.P.R. n. 361/2000). In seguito alla dichiarazione di estinzione dell'ente, si procede alla **liquidazione** del suo patrimonio e, infine, alla sua **cancellazione** dal registro delle persone giuridiche (art. 6, co. 2, d.P.R. n. 361/2000). • La disciplina inerente allo scioglimento degli enti del **Terzo settore** è quella del codice civile. L'Ufficio del Registro Unico Nazionale del Terzo Settore accerta, anche d'ufficio, l'esistenza di una causa di estinzione o scioglimento dell'ente e ne dà comunicazione agli organi competenti.

28. Trasformazione delle fondazioni.

Quando lo scopo è esaurito o divenuto impossibile o di scarsa utilità, o il patrimonio è divenuto insufficiente, l'autorità governativa, anziché dichiarare estinta la fondazione, può provvedere alla sua trasformazione allontanandosi il meno possibile dalla volontà del fondatore.

La trasformazione non è ammessa quando i fatti che vi darebbero luogo sono considerati nell'atto di fondazione come causa di estinzione della persona giuridica e di devoluzione dei beni a terze persone.

Le disposizioni del primo comma di questo articolo e dell'articolo 26 non si applicano alle fondazioni destinate a vantaggio soltanto di una o più famiglie determinate.

• Al verificarsi di una causa di **scioglimento**, la fondazione non si estingue ma **modifica il suo scopo**, attraverso un provvedimento dell'autorità governativa, che individua le nuove finalità dell'ente, allontanandosi il meno possibile dalla **volontà del fondatore**. • Il secondo comma dispone che il fondatore possa invece prevederne l'estinzione con la conseguente **devoluzione dei beni** a terze persone (in mancanza di tale ultima previsione, provvede l'autorità governativa, attribuendo i beni ad altri enti aventi fini analoghi – cfr. art. 31).

29. Divieto di nuove operazioni.

Gli amministratori non possono compiere nuove operazioni, appena è stato loro comunicato il provvedimento che dichiara l'estinzione della persona giuridica o il provvedimento con cui l'autorità, a norma di legge, ha ordinato lo scioglimento dell'associazione, o appena è stata adottata dall'assemblea la deliberazione di scioglimento dell'associazione medesima. Qualora trasgrediscano a questo divieto, assumono responsabilità personale e solidale.

• La **comunicazione** della dichiarazione di estinzione e la deliberazione di anticipato scioglimento danno l'avvio al procedimento estintivo (attraverso le fasi della liquidazione e della devoluzione dei beni). Da tale momento gli amministratori non possono porre in essere **nuove operazioni**, vale a dire atti incompatibili con la finalità della liquidazione; possono compiere validamente solo gli atti di ordinaria amministrazione volti alla mera gestione e conservazione del patrimonio.

30. Liquidazione.

Dichiarata l'estinzione della persona giuridica o disposto lo scioglimento dell'associazione, si procede alla liquidazione del patrimonio secondo le norme di attuazione del codice.

• Nella fase della liquidazione si dà luogo al **pagamento dei debiti** dell'ente (cfr. artt. 11 ss. disp. att.). Per tutta la durata della liquidazione, l'ente conserva personalità giuridica e autonomia patrimoniale. • Una procedura di liquidazione ed estinzione è necessaria anche per le associazioni non riconosciute e i comitati (ma in forma semplificata, poiché per la giurisprudenza la procedura prevista negli artt. 30 e 11-21 disp. att. non è applicabile agli enti non riconosciuti).

31. Devoluzione dei beni.

I beni della persona giuridica, che restano dopo esaurita la liquidazione, sono devoluti in conformità dell'atto costitutivo o dello statuto.

Qualora questi non dispongano, se trattasi di fondazione, provvede l'autorità governativa, attribuendo i beni ad altri enti che hanno fini analoghi; se trattasi di associazione, si osservano le deliberazioni della assemblea che ha stabilito lo scioglimento e, quando anche queste mancano, provvede nello stesso modo l'autorità governativa.

I creditori che durante la liquidazione non hanno fatto valere il loro credito possono chiedere il pagamento a coloro ai quali i beni sono stati devoluti, entro l'anno dalla chiusura della liquidazione, in proporzione e nei limiti di ciò che hanno ricevuto.

• La devoluzione ha la natura giuridica di un fenomeno successorio *mortis causa* (in dottrina è discusso se in chiave di successione a titolo particolare o universale). • Nelle **associazioni non riconosciute** la devoluzione va effettuata in conformità dell'atto costitutivo e dello statuto e, in mancanza, secondo delibera degli associati superstiti. Per quanto concerne i **comitati**, v. *sub* art. 42.

32. Devoluzione dei beni con destinazione particolare.

Nel caso di trasformazione o di scioglimento di un ente, al quale sono stati donati o lasciati beni con destinazione a scopo diverso da quello proprio dell'ente, l'autorità governativa devolve tali beni, con lo stesso onere, ad altre persone giuridiche che hanno fini analoghi.

33-34. (1).

(1) Articoli abrogati dall'art. 11 del d.P.R. 10/2/2000, n. 361.

35. Disposizione penale.

Gli amministratori e i liquidatori che non richiedono le iscrizioni prescritte, sono puniti con l'ammenda da 10 euro a 516 euro.

Capo III
Delle associazioni non riconosciute e dei comitati

36. Ordinamento e amministrazione delle associazioni non riconosciute.

L'ordinamento interno e l'amministrazione delle associazioni non riconosciute come persone giuridiche sono regolati dagli accordi degli associati.
Le dette associazioni possono stare in giudizio nella persona di coloro ai quali, secondo questi accordi, è conferita la presidenza o la direzione.

• L'ordinamento interno e l'amministrazione dell'associazione non riconosciuta, nonché la disciplina dei rapporti tra associati ed ente sono rimessi all'**autonomia degli associati**, espressa generalmente nello statuto che accompagna l'atto costitutivo e nelle successive deliberazioni del competente organo interno. • Il secondo comma dispone che la **legittimazione processuale** spetta a chi riveste la carica di **presidente** o **direttore**. Quanto al rapporto processuale, si ritiene generalmente parte l'associazione non riconosciuta e terzi gli associati. • Anche l'**ente del Terzo settore** può assumere la forma dell'associazione non riconosciuta (v. art. 4, co. 1, c.t.s.).

37. Fondo comune.

I contributi degli associati e i beni acquistati con questi contributi costituiscono il fondo comune dell'associazione. Finché questa dura, i singoli associati non possono chiedere la divisione del fondo comune, né pretenderne la quota in caso di recesso.

• Il **fondo comune** è costituito dai contributi degli associati, liberalità di terzi, incentivi o sovvenzioni pubbliche, frutti dell'attività economica svolta dall'associazione; può comprendere anche titoli azionari intestati all'ente. • La distinzione tra fondo comune dell'ente e patrimonio dei singoli associati comporta che sul fondo comune possono soddisfare le proprie ragioni solamente i **creditori dell'ente** (e non, ovviamente, i creditori personali degli associati).

38. Obbligazioni.

Per le obbligazioni assunte dalle persone che rappresentano l'associazione i terzi possono far valere i loro diritti sul fondo comune. Delle obbligazioni stesse rispondono anche personalmente e solidalmente le persone che hanno agito in nome e per conto dell'associazione.

• La norma prevede una responsabilità personale e solidale delle persone che **hanno agito in nome e per conto dell'ente**, in aggiunta a quella del fondo comune. *Esempio*: a fronte di una fattura non pagata, colui che ha prestato il servizio a favore dell'ente potrà rivolgersi, alternativamente, o al fondo comune o al presidente dell'associazione che ha stipulato il contratto. Ciò esprime il concetto di **autonomia patrimoniale imperfetta**. • Il creditore può rivolgersi in via immediata a chi ha agito in nome e per conto dell'associazione, senza dover escutere il fondo comune. • Per quanto attiene alle **obbligazioni a fonte non negoziale** (ad es., debiti tributari), si ritiene che ne rispondano il fondo comune e, solidalmente, i soggetti che, in forza del ruolo rivestito, abbiano diretto la gestione associativa nel periodo considerato.

39. Comitati.

I comitati di soccorso o di beneficenza e i comitati promotori di opere pubbliche, monumenti, esposizioni, mostre, festeggiamenti e simili sono regolati dalle disposizioni seguenti, salvo quanto è stabilito nelle leggi speciali.

• Il comitato è un'organizzazione volontaria di persone che intendono perseguire **finalità di natura altruistica** utilizzando mezzi finanziari raccolti mediante **oblazioni o pubbliche sottoscrizioni**. • Il comitato prende vita da un accordo associativo, in forza del quale i **promotori** si vincolano all'esercizio in comune di un'attività di raccolta, tra il pubblico, dei mezzi con cui successivamente realizzare il **programma** enunciato ai fini della sollecitazione delle oblazioni. • Con il patrimonio del comitato è possibile acquistare beni, mobili ed anche immobili; ma su di esso grava un **vincolo di destinazione** allo scopo programmato, che dev'essere di pubblico interesse o, comunque, altruistico.

40. Responsabilità degli organizzatori.

Gli organizzatori e coloro che assumono la gestione dei fondi raccolti sono responsabili personalmente e solidalmente della conservazione dei fondi e della loro destinazione allo scopo annunziato.

• La norma disciplina la responsabilità degli organizzatori per la **distrazione dei fondi raccolti** dalla destinazione programmata. • Gli **organizzatori** sono infatti coloro che assumono la responsabilità di gestire i fondi raccolti e di assicurarne la destinazione in conformità allo scopo annunciato. La figura degli organizzatori va distinta da quella dei **promotori** (coloro i quali, annunciato il programma, assumono l'iniziativa della raccolta fondi), anche se nella pratica spesso coincidono. • La responsabilità è configurabile nei confronti del comitato, degli oblatori e dei terzi designati come beneficiari delle erogazioni.

41. Responsabilità dei componenti. Rappresentanza in giudizio.

Qualora il comitato non abbia ottenuto la personalità giuridica, i suoi componenti rispondono personalmente e solidalmente delle obbligazioni assunte. I sottoscrittori sono tenuti soltanto a effettuare le oblazioni promesse.

Il comitato può stare in giudizio nella persona del presidente.

• Il comitato può operare come **ente non riconosciuto** (dotato di semplice soggettività) oppure ottenere il **riconoscimento** e, con esso, **la personalità giuridica.** In questa seconda ipotesi, l'ente gode di **autonomia patrimoniale perfetta**, vale a dire che delle obbligazioni risponde solo il comitato con il suo patrimonio. Mentre per il comitato privo di riconoscimento rispondono personalmente, in solido con il patrimonio dell'ente, anche tutti i componenti il comitato. • In base al secondo comma la **rappresentanza processuale** spetta al presidente; la **rappresentanza sostanziale** è invece affidata ai membri del comitato investiti del potere di governo (v. *sub* art. 40).

42. Diversa destinazione dei fondi.

Qualora i fondi raccolti siano insufficienti allo scopo, o questo non sia più attuabile, o, raggiunto lo scopo, si abbia un residuo di fondi, l'autorità governativa stabilisce la devoluzione dei beni, se questa non è stata disciplinata al momento della costituzione.

• La norma menziona espressamente tre **cause di estinzione** del comitato che richiedono l'intervento dell'autorità governativa finalizzato alla **devoluzione dei beni**, se questa non è stata disciplinata al momento della costituzione. Si ritiene altresì che il comitato possa estinguersi per volontà dei suoi membri, purché vi sia il consenso di tutti i componenti; altre ragioni estintive, previste per gli enti associativi (v. *sub* art. 27), possono estendersi al comitato.

42 bis. Trasformazione, fusione e scissione.

Se non è espressamente escluso dall'atto costitutivo o dallo statuto, le associazioni riconosciute e non riconosciute e le fondazioni di cui al presente titolo possono operare reciproche trasformazioni, fusioni o scissioni.

La trasformazione produce gli effetti di cui all'articolo 2498. L'organo di amministrazione deve predisporre una relazione relativa alla situazione patrimoniale dell'ente in via di trasformazione contenente l'elenco dei creditori, aggiornata a non più di centoventi giorni precedenti la delibera di trasformazione, nonché la relazione di cui all'articolo 2500-sexies, secondo comma. Si applicano inoltre gli articoli 2499, 2500, 2500-bis, 2500-ter, secondo comma, 2500-quinquies e 2500-nonies, in quanto compatibili.

Alle fusioni e alle scissioni si applicano, rispettivamente, le disposizioni di cui alle sezioni II e III del capo X, titolo V, libro V, in quanto compatibili.

Gli atti relativi alle trasformazioni, alle fusioni e alle scissioni per i quali il libro V prevede l'iscrizione nel Registro delle imprese sono iscritti nel Registro delle Persone Giuridiche ovvero, nel caso di enti del Terzo settore, nel Registro unico nazionale del Terzo settore.

• La norma è stata introdotta dal **Codice del Terzo settore** (d.lgs. n. 117/2017); prevede espressamente – al pari di quanto consentito alle società – che anche le associazioni (riconosciute e non) e le fondazioni possano operare reciproche trasformazioni, fusioni o scissioni. Tale possibilità consente la prosecuzione dell'attività per mezzo di una forma giuridica diversa.

Titolo III
DEL DOMICILIO E DELLA RESIDENZA

43. Domicilio e residenza.

Il domicilio di una persona è nel luogo in cui essa ha stabilito la sede principale dei suoi affari e interessi.

La residenza è nel luogo in cui la persona ha la dimora abituale.

• Domicilio, residenza e dimora sono **sedi della persona fisica**, cioè luoghi ai quali essa è collegata con un minimo di continuità. **Domicilio** è il luogo ove si concentrano gli affari e gli interessi della persona (non solo patrimoniali, ma anche morali, sociali e familiari); **residenza** è la dimora abituale, ossia il luogo di normale abitazione in cui la persona vive normalmente l'intimità sua e della sua famiglia; la definizione di **dimora** può ricavarsi da quella di residenza, ed è il luogo in cui la persona permane in modo non abituale. • Il domicilio si distingue in **legale**, se fissato dalla legge (ad es. l'art. 45, co. 2, stabilisce che il minore ha il domicilio nel luogo di residenza della famiglia o del tutore) o **volontario**, se eletto dall'interessato a centro della propria vita di relazione. Non è configurabile l'ipotesi di **pluralità di domicili**: se il soggetto ha una pluralità di luoghi in cui svolge la propria vita personale o professionale, il domicilio coincide con il luogo in cui si intrattiene l'attività principale.

44. Trasferimento della residenza e del domicilio.

Il trasferimento della residenza non può essere opposto ai terzi di buona fede, se non è stato denunciato nei modi prescritti dalla legge.

Quando una persona ha nel medesimo luogo il domicilio e la residenza e trasferisce questa altrove, di fronte ai terzi di buona fede si considera trasferito pure il domicilio, se non si è fatta una diversa dichiarazione nell'atto in cui è stato denunciato il trasferimento della residenza.

• La norma regola il trasferimento della residenza e del domicilio più dal **punto di vista probatorio** che sostanziale, disponendo un **onere di denuncia** del trasferimento a tutela della **buona fede** dei terzi. La denuncia di trasferimento della residenza avviene con una dichiarazione fatta all'ufficiale di anagrafe del comune che si abbandona, in cui deve risultare il luogo della nuova residenza, e con altra dichiarazione rivolta al comune dove s'intende fissare la dimora abituale (cfr. art. 31 disp. att.).

45. Domicilio dei coniugi, del minore e dell'interdetto.

Ciascuno dei coniugi ha il proprio domicilio nel luogo in cui ha stabilito la sede principale dei propri affari o interessi.

Il minore ha il domicilio nel luogo di residenza della famiglia o quello del tutore. Se i genitori sono separati o il loro matrimonio è stato annullato o sciolto o ne sono cessati gli effetti civili o comunque non hanno la stessa residenza, il minore ha il domicilio del genitore con il quale convive.

L'interdetto ha il domicilio del tutore.

• V. *sub* art. 43.

46. Sede delle persone giuridiche.

Quando la legge fa dipendere determinati effetti dalla residenza o dal domicilio, per le persone giuridiche si ha riguardo al luogo in cui è stabilita la loro sede.

Nei casi in cui la sede stabilita ai sensi dell'articolo 16 o la sede risultante dal registro è diversa da quella effettiva, i terzi possono considerare come sede della persona giuridica anche questa ultima.

• La sede della persona giuridica si trova dove ha luogo la sua attività direzionale; è indicata nell'atto costitutivo e nello statuto (cfr. art. 16). La persona giudica può avere anche **sedi secondarie**, le quali devono sottostare alle direttive impartite dalla sede principale. Per **sede effettiva**, la norma intende il luogo ove hanno concreto svolgimento le attività amministrative e di direzione dell'ente.

47. Elezione di domicilio.

Si può eleggere domicilio speciale per determinati atti o affari.

Questa elezione deve farsi espressamente per iscritto.

• La norma consente al soggetto di eleggere un **domicilio speciale** per determinati atti o affari (ad es., ai fini di un determinato procedimento giudiziale è possibile eleggere domicilio presso lo studio dell'avvocato patrocinante); l'elezione deve farsi per iscritto e con **dichiarazione espressa**.

Titolo IV
DELL'ASSENZA E DELLA DICHIARAZIONE DI MORTE PRESUNTA

Capo I
Dell'assenza

48. Curatore dello scomparso.

Quando una persona non è più comparsa nel luogo del suo ultimo domicilio o dell'ultima sua residenza e non se ne hanno più notizie, il tribunale dell'ultimo domicilio o dell'ultima residenza, su istanza degli interessati o dei presunti successori legittimi o del pubblico ministero, può nominare un curatore che rappresenti la persona in giudizio o nella formazione degli inventari e dei conti e nelle liquidazioni o divisioni in cui sia interessata, e può dare gli altri provvedimenti necessari alla conservazione del patrimonio dello scomparso.

Se vi è un legale rappresentante non si fa luogo alla nomina del curatore. Se vi è un procuratore, il tribunale provvede soltanto per gli atti che il medesimo non può fare.

• La disciplina ha come obiettivo la **conservazione del patrimonio** dello scomparso e la tutela dei diritti dello stesso e dei terzi, che dalla scomparsa potrebbero essere danneggiati. A tale scopo il tribunale può, ad es., nominare un curatore che rappresenti lo scomparso e ne tuteli gli interessi. • La scomparsa è un **fatto giuridico** che si identifica nella **irreperibilità** della persona, allorché questa risulti mancante dal domicilio o dall'ultima residenza oltre il lasso di tempo che può essere giustificato dagli ordinari allontanamenti della persona per ragioni di lavoro, di salute o di svago. La scomparsa è dichiarata con decreto del tribunale (art. 721 c.p.c.).

49. Dichiarazione di assenza.

Trascorsi due anni dal giorno a cui risale l'ultima notizia, i presunti successori legittimi e chiunque ragionevolmente creda di avere sui beni dello scomparso diritti dipendenti dalla morte di lui possono domandare al tribunale competente, secondo l'articolo precedente, che ne sia dichiarata l'assenza.

• Se la persona è scomparsa da **oltre due anni** può esserne dichiarata l'**assenza** (situazione di diritto – cfr. *sub* art. 48) con sentenza dal tribunale (art. 724 c.p.c.). **Legittimati** a chiedere la dichiarazione di assenza sono, ad es., coloro che abbiano motivo di ritenersi eredi testamentari o legatari. • La dichiarazione di assenza non scioglie il matrimonio, né l'unione civile (art. 1, co. 6, l. n. 76/2016) dell'interessato, ma determina lo scioglimento della comunione legale (v. *sub* art. 191, co. 1).

50. Immissione nel possesso temporaneo dei beni.

Divenuta eseguibile la sentenza che dichiara l'assenza, il tribunale, su istanza di chiunque vi abbia interesse o del pubblico ministero, ordina l'apertura degli atti di ultima volontà dell'assente, se vi sono.

Coloro che sarebbero eredi testamentari o legittimi, se l'assente fosse morto nel giorno a cui risale l'ultima notizia di lui, o i loro rispettivi eredi possono domandare l'immissione nel possesso temporaneo dei beni.

I legatari, i donatari e tutti quelli ai quali spetterebbero diritti dipendenti dalla morte dell'assente possono domandare di essere ammessi all'esercizio temporaneo di questi diritti.

Coloro che per effetto della morte dell'assente sarebbero liberati da obbligazioni possono essere temporaneamente esonerati dall'adempimento di esse, salvo che si tratti delle obbligazioni alimentari previste dall'articolo 434.

Per ottenere l'immissione nel possesso, l'esercizio temporaneo dei diritti o la liberazione temporanea dalle obbligazioni si deve dare cauzione nella somma determinata dal tribunale; se taluno non sia in grado di darla, il tribunale può stabilire altre cautele, avuto riguardo alla qualità delle persone e alla loro parentela con l'assente.

• La dichiarazione di assenza produce l'**effetto** di consentire l'immissione di coloro che sarebbero eredi legittimi o testamentari (se l'assente fosse morto nel giorno in cui risale l'ultima sua notizia) nel possesso temporaneo dei beni dell'assente. • Chi è immesso nel possesso temporaneo di detti beni non può disporne (ad es., alienarli, sottoporli a pegno o ipoteca, ecc.), se non per necessità o utilità evidente riconosciuta dal tribunale (v. *sub* art. 54, co. 1); egli ne ha però l'amministrazione (art. 52, co. 2) ed il godimento, con diritto di far propri frutti e rendite (artt. 52, co. 2 e 53).

51. Assegno alimentare a favore del coniuge dell'assente.

Il coniuge dell'assente, oltre ciò che gli spetta per effetto del regime patrimoniale dei coniugi e per titolo di successione, può ottenere dal tribunale, in caso di bisogno, un assegno alimentare da determinarsi secondo le condizioni della famiglia e l'entità del patrimonio dell'assente.

• Il coniuge dell'assente, se non dispone di mezzi sufficienti a garantire il proprio sostentamento, può ottenere un assegno alimentare.

52. Effetti della immissione nel possesso temporaneo.

L'immissione nel possesso temporaneo dei beni deve essere preceduta dalla formazione dell'inventario dei beni.

Essa attribuisce a coloro che l'ottengono e ai loro successori l'amministrazione dei beni dell'assente, la rappresentanza di lui in giudizio e il godimento delle rendite dei beni nei limiti stabiliti nell'articolo seguente.

• La norma impone la formazione dell'**inventario** quale condizione necessaria per l'immissione nel possesso temporaneo dei beni dell'assente. L'inventario ha lo scopo di accertare l'effettiva composizione e la precisa consistenza del patrimonio dell'assente; ciò, oltre ad assicurare la conservazione dei beni che ne fanno parte, rende possibile, qualora fosse richiesta, la restituzione o la consegna dei beni agli aventi diritto. • I **creditori dell'assente** possono soddisfarsi sui beni dell'assente, mentre sugli stessi beni non possono soddisfarsi i creditori dell'immesso, mancando la confusione fra i patrimoni dell'assente e dell'immesso.

53. Godimento dei beni.

Gli ascendenti, i discendenti e il coniuge immessi nel possesso temporaneo dei beni ritengono a loro profitto la totalità delle rendite. Gli altri devono riservare all'assente il terzo delle rendite.

• V. *sub* art. 50.

54. Limiti alla disponibilità dei beni.

Coloro che hanno ottenuto l'immissione nel possesso temporaneo dei beni non possono alienarli, ipotecarli o sottoporli a pegno, se non per necessità o utilità evidente riconosciuta dal tribunale.

Il tribunale nell'autorizzare questi atti, dispone circa l'uso e l'impiego delle somme ricavate.

• V. *sub* art. 50.

55. Immissione di altri nel possesso temporaneo.

Se durante il possesso temporaneo taluno prova di avere avuto, al giorno a cui risale l'ultima notizia dell'assente, un diritto prevalente o uguale a quello del possessore, può escludere questo dal possesso o farvisi associare; ma non ha diritto ai frutti se non dal giorno della domanda giudiziale.

• La norma trova applicazione per coloro che dimostrino di avere avuto diritto all'immissione (*ex* art. 50, co. 2 e 3) nella data presa a riferimento dalla dichiarazione di assenza e non siano vincolati dal giudicato. Si tratta di un **procedimento contenzioso**, dovendo risolvere il contrasto tra immessi nel possesso e quanti pretendano di sostituirsi o di associarsi.

56. Ritorno dell'assente o prova della sua esistenza.

Se durante il possesso temporaneo l'assente ritorna o è provata l'esistenza di lui, cessano gli effetti della dichiarazione di assenza, salva, se occorre, l'adozione di provvedimenti per la conservazione del patrimonio a norma dell'articolo 48.

I possessori temporanei dei beni devono restituirli; ma fino al giorno della loro costituzione in mora continuano a godere i vantaggi attribuiti dagli articoli 52 e 53, e gli atti compiuti ai sensi dell'articolo 54 restano irrevocabili.

Se l'assenza è stata volontaria e non è giustificata, l'assente perde il diritto di farsi restituire le rendite riservategli dalla norma dell'articolo 53.

• Gli effetti della dichiarazione di assenza cessano (senza necessità di una nuova pronuncia giudiziale) se l'assente ritorna o, comunque, ne è provata l'esistenza. L'assente ha diritto alla **restituzione dei suoi beni**, pur rimanendo fermi gli atti di gestione e quelli di disposizione compiuti dall'immesso con la prescritta autorizzazione *ex* art. 54.

57. Prova della morte dell'assente.

Se durante il possesso temporaneo è provata la morte dell'assente, la successione si apre a vantaggio di coloro che al momento della morte erano suoi eredi o legatari.

Si applica anche in questo caso la disposizione del secondo comma dell'articolo precedente.

• La norma stabilisce gli effetti della prova della morte dell'assente. Quando risulta provata la morte dell'assente (ovvero ne sia dichiarata la morte presunta, v. *sub* art. 58), trovano applicazione le norme relative alla successione *mortis causa*. • Ai fini dell'apertura della successione, rileva il momento della morte accertata; mentre per altri effetti (ad es., il termine per l'accettazione dell'eredità) si fa riferimento al momento in cui si è avuta notizia della morte.

Capo II
Della dichiarazione di morte presunta

58. Dichiarazione di morte presunta dell'assente.

Quando sono trascorsi dieci anni dal giorno a cui risale l'ultima notizia dell'assente il tribunale competente secondo l'art. 48, su istanza del pubblico ministero o di taluna delle persone indicate nei capoversi dell'articolo 50, può con sentenza dichiarare presunta la morte dell'assente nel giorno a cui risale l'ultima notizia.

In nessun caso la sentenza può essere pronunziata se non sono trascorsi nove anni dal raggiungimento della maggiore età dell'assente.

Può essere dichiarata la morte presunta anche se sia mancata la dichiarazione di assenza.

• Decorsi **dieci anni** dal giorno a cui risale l'ultima notizia dell'assente, il tribunale ne dichiara con sentenza la **morte presunta** (nei confronti di chi è scomparso per un infortunio, è sufficiente che non si abbiano più notizie da **due anni** – v. *sub* art. 60, co. 1, n. 3).

Si noti che l'**allontanamento volontario** e la successiva mancanza di notizie non sono sufficienti per dichiarare la morte presunta. • La dichiarazione di morte presunta rappresenta, secondo l'opinione prevalente, un tipo particolare di accertamento della morte naturale, sicché essa determina una vera e propria **apertura della successione**. Altri effetti della pronuncia di morte presunta da segnalare possono essere: lo scioglimento della comunione legale (art. 191, co. 1); la possibilità per il coniuge di passare a nuove nozze (art. 65) o per l'altra parte dell'unione civile tra persone dello stesso sesso di passare ad una nuova unione civile (art. 1, co. 22, l. n. 76/2016). • Gli **effetti** della dichiarazione (sentenza di mero accertamento) **operano retroattivamente** a decorrere dal momento al quale risale l'ultima notizia dello scomparso.

59. Termine per la rinnovazione dell'istanza.

L'istanza, quando è stata rigettata, non può essere riproposta prima che siano decorsi almeno due anni.

• La norma dispone che il perdurare dell'assenza, per ulteriori due anni dal rigetto della prima istanza, possa giustificare la sua riproposizione sulla scorta di **nuovi elementi di fatto** capaci di far presumere la morte (sul presupposto, appunto, del perdurare della scomparsa).

60. Altri casi di dichiarazione di morte presunta.

Oltre che nel caso indicato nell'articolo 58, può essere dichiarata la morte presunta nei casi seguenti:

1) quando alcuno è scomparso in operazioni belliche alle quali ha preso parte, sia nei corpi armati, sia al seguito di essi, o alle quali si è comunque trovato presente, senza che si abbiano più notizie di lui, e sono trascorsi due anni dall'entrata in vigore del trattato di pace o, in mancanza di questo, tre anni dalla fine dell'anno in cui sono cessate le ostilità;

2) quando alcuno è stato fatto prigioniero dal nemico, o da questo internato o comunque trasportato in paese straniero, e sono trascorsi due anni dall'entrata in vigore del trattato di pace, o, in mancanza di questo, tre anni dalla fine dell'anno in cui sono cessate le ostilità, senza che si siano avute notizie di lui dopo l'entrata in vigore del trattato di pace ovvero dopo la cessazione delle ostilità;

3) quando alcuno è scomparso per un infortunio e non si hanno più notizie di lui, dopo due anni dal giorno dell'infortunio o, se il giorno non è conosciuto, dopo due anni dalla fine del mese o, se neppure il mese è conosciuto, dalla fine dell'anno in cui l'infortunio è avvenuto.

• La norma prevede, accanto ad un'ipotesi generale (v. *sub* art. 58), **tre fattispecie particolari** di dichiarazione di morte presunta. Tali ipotesi sono relative ad eventi straordinari e caratterizzate dall'abbreviazione dei termini.

61. Data della morte presunta.

Nei casi previsti dai numeri 1 e 3 dell'articolo precedente, la sentenza determina il giorno e possibilmente l'ora a cui risale la scomparsa nell'operazione bellica o nell'infortunio, e nel caso indicato dal numero 2 il giorno a cui risale l'ultima notizia.

Qualora non possa determinarsi l'ora, la morte presunta si ha per avvenuta alla fine del giorno indicato.

• Nelle ipotesi previste dall'art. 60 (dal n. 1 al n. 3), è necessario, ove possibile, determinare con maggiore precisione il momento cui deve farsi risalire la morte. Il co. 2 dispone che, ove non sia possibile stabilire l'**ora del decesso**, la morte si reputa avvenuta alla fine del giorno indicato.

62. Condizioni e forme della dichiarazione di morte presunta.

La dichiarazione di morte presunta nei casi indicati dall'articolo 60 può essere domandata quando non si è potuto procedere agli accertamenti richiesti dalla legge per la compilazione dell'atto di morte.

Questa dichiarazione è pronunziata con sentenza del tribunale su istanza del pubblico ministero o di alcuna delle persone indicate nei capoversi dell'articolo 50.

Il tribunale, qualora non ritenga di accogliere l'istanza di dichiarazione di morte presunta, può dichiarare l'assenza dello scomparso.

• La disposizione ribadisce il **carattere eccezionale** e **sussidiario** della dichiarazione di morte presunta di cui all'art. 60 rispetto alle ipotesi normali, nelle quali l'accertamento del decesso si è potuto effettuare (direttamente o indirettamente) da parte dell'ufficiale dello stato civile.

63. Effetti della dichiarazione di morte presunta dell'assente.

Divenuta eseguibile la sentenza indicata nell'art. 58, coloro che ottennero l'immissione nel possesso temporaneo dei beni dell'assente o i loro successori possono disporre liberamente dei beni.

Coloro ai quali fu concesso l'esercizio temporaneo dei diritti o la liberazione temporanea dalle obbligazioni di cui all'articolo 50 conseguono l'esercizio definitivo dei diritti o la liberazione definitiva dalle obbligazioni.

Si estinguono inoltre le obbligazioni alimentari indicate nel quarto comma dell'articolo 50.

In ogni caso cessano le cauzioni e le altre cautele che sono state imposte.

• V. *sub* art. 58.

64. Immissione nel possesso e inventario.

Se non v'è stata immissione nel possesso temporaneo dei beni, gli aventi diritto indicati nei capoversi dell'articolo 50 o i loro successori conseguono il pieno esercizio dei diritti loro spettanti, quando è diventata eseguibile la sentenza menzionata nell'articolo 58.

Coloro che prendono possesso dei beni devono fare precedere l'inventario dei beni.

Parimenti devono far precedere l'inventario dei beni coloro che succedono per effetto della dichiarazione di morte presunta nei casi indicati dall'articolo 60.

• La norma disciplina l'eventualità in cui non vi era stata l'immissione nel possesso temporaneo dei beni dell'assente, o comunque la dichiarazione di morte presunta era stata dichiarata nei casi previsti dall'art. 60. In tali circostanze, gli eredi hanno l'obbligo di predisporre l'**inventario**. Si tratta di una cautela volta a tutelare sia il soggetto presunto morto per l'eventualità che risulti ancora in vita, sia i suoi eredi che risultino non coincidenti con gli immessi (cfr. art. 66, co. 3).

65. Nuovo matrimonio del coniuge.

Divenuta eseguibile la sentenza che dichiara la morte presunta, il coniuge può contrarre nuovo matrimonio.

• V. *sub* art. 58.

66. Prova dell'esistenza della persona di cui è stata dichiarata la morte presunta.

La persona di cui è stata dichiarata la morte presunta, se ritorna o ne è provata l'esistenza, ricupera i beni nello stato in cui si trovano e ha diritto di conseguire il prezzo di quelli alienati, quando esso sia tuttora dovuto, o i beni nei quali sia stato investito.

Essa ha altresì diritto di pretendere l'adempimento delle obbligazioni considerate estinte ai sensi del secondo comma dell'articolo 63.

Se è provata la data della sua morte, il diritto previsto nel primo comma di questo articolo compete a coloro che a quella data sarebbero stati suoi eredi o legatari. Questi possono inoltre pretendere l'adempimento delle obbligazioni considerate estinte ai sensi del secondo comma dell'articolo 63 per il tempo anteriore alla data della morte.

Sono salvi in ogni caso gli effetti delle prescrizioni e delle usucapioni.

• Gli effetti della pronuncia di morte presunta (v. *sub* art. 58) cessano **retroattivamente** in forza della sentenza che accerta il ritorno o, quantomeno, l'esistenza in vita della persona cui è stata dichiarata la morte presunta. L'efficacia retroattiva è tuttavia temperata dalle situazioni giuridicamente rilevanti nel frattempo determinatesi (ad es., dagli atti dispositivi posti in essere dai presunti eredi o legatari) e dalla necessità di tutelare i **terzi in buona fede**.

67. Dichiarazione di esistenza o accertamento della morte.

La dichiarazione di esistenza della persona di cui è stata dichiarata la morte presunta e l'accertamento della morte possono essere sempre fatti, su richiesta del pubblico ministero o di qualunque interessato, in contraddittorio di tutti coloro che furono parti nel giudizio in cui fu dichiarata la morte presunta.

68. Nullità del nuovo matrimonio.

Il matrimonio contratto a norma dell'articolo 65 è nullo, qualora la persona della quale fu dichiarata la morte presunta ritorni o ne sia accertata l'esistenza.

Sono salvi gli effetti civili del matrimonio dichiarato nullo.

La nullità non può essere pronunziata nel caso in cui è accertata la morte, anche se avvenuta in una data posteriore a quella del matrimonio.

• La norma regola gli effetti del **secondo matrimonio** nell'ipotesi in cui il presunto morto faccia ritorno o ne sia accertata l'esistenza in vita. In tal caso, piuttosto raro nella pratica, il primo matrimonio si considera come se non fosse mai stato sciolto e conseguentemente il secondo diviene invalido per **carenza di libertà di stato** da parte del coniuge scomparso.

Capo III
Delle ragioni eventuali che competono alla persona di cui si ignora l'esistenza o di cui è stata dichiarata la morte presunta

69. Diritti spettanti alla persona di cui si ignora l'esistenza.

Nessuno è ammesso a reclamare un diritto in nome della persona di cui si ignora l'esistenza, se non prova che la persona esisteva quando il diritto è nato.

• Le norme del presente capo contengono previsioni a tutela degli interessi della persona di cui non si ha notizia. • La norma in esame esclude che i diritti nascenti in capo allo scomparso o all'assente (vale a dire quei diritti che sorgerebbero in capo all'individuo *dopo* la sua scomparsa, a condizione dell'esistenza del titolare) possano essere **esercitati in suo nome** da coloro che ne hanno la rappresentanza.

70. Successione alla quale sarebbe chiamata la persona di cui si ignora l'esistenza.

Quando s'apre una successione alla quale sarebbe chiamata in tutto o in parte una persona di cui s'ignora l'esistenza, la successione è devoluta a coloro ai quali sarebbe spettata in mancanza della detta persona salvo il diritto di rappresentazione.

Coloro ai quali è devoluta la successione devono innanzi tutto procedere all'inventario dei beni, e devono dare cauzione.

• Diversamente da quanto previsto all'art. 69, la **successione**, cui sarebbe chiamata la persona scomparsa, è devoluta direttamente a coloro ai quali sarebbe spettata in mancanza dello scomparso. Pertanto, i chiamati alla successione **acquistano la proprietà**, e con essa il potere di disporre dei beni caduti in successione, alla stregua di eredi del *de cuius*.

71. Estinzione dei diritti spettanti alla persona di cui si ignora l'esistenza.

Le disposizioni degli articoli precedenti non pregiudicano la petizione di eredità né gli altri diritti spettanti alla persona di cui s'ignora l'esistenza o ai suoi eredi o aventi causa, salvi gli effetti della prescrizione o della usucapione.

La restituzione dei frutti non è dovuta se non dal giorno della costituzione in mora.

• La norma legittima lo scomparso o i suoi eredi all'esercizio dell'azione di **petizione** dell'eredità o di **altre azioni** a tutela dei diritti derivanti dalla successione *ex* art. 70.

72. Successione a cui sarebbe chiamata la persona della quale è stata dichiarata la morte presunta.

Quando s'apre una successione alla quale sarebbe chiamata in tutto o in parte una persona di cui è stata dichiarata la morte presunta, coloro ai quali, in sua mancanza, è devoluta la successione devono innanzi tutto procedere all'inventario dei beni.

• Nella prospettiva dell'apertura della successione, la norma stabilisce una equiparazione tra la morte presunta e la morte naturale (cfr. *sub* art. 58).

73. Estinzione dei diritti spettanti alla persona di cui è stata dichiarata la morte presunta.

Se la persona di cui è stata dichiarata la morte presunta ritorna o ne è provata l'esistenza al momento dell'apertura della successione, essa o i suoi eredi o aventi causa possono esercitare la petizione di eredità e far valere ogni altro diritto, ma non possono recuperare i beni se non nello stato in cui si trovano, e non possono ripetere che il prezzo di quelli alienati, quando è ancora dovuto, o i beni nei quali esso è stato investito, salvi gli effetti della prescrizione o dell'usucapione.

Si applica la disposizione del secondo comma dell'articolo 71.

• La norma integra il disposto dell'art. 66; essa dispone sugli effetti patrimoniali connessi ad una successione (quando essa si apra dopo la dichiarazione di morte presunta) che si sia rivelata successivamente erronea per il ritorno della persona scomparsa o l'accertamento della sua esistenza in vita al momento dell'apertura della successione.

Titolo V
DELLA PARENTELA E DELL'AFFINITÀ

74. Parentela.

La parentela è il vincolo tra le persone che discendono da uno stesso stipite, sia nel caso in cui la filiazione è avvenuta all'interno del matrimonio, sia nel caso in cui è avvenuta al di fuori di esso, sia nel caso in cui il figlio è adottivo. Il vincolo di parentela non sorge nei casi di adozione di persone maggiori di età, di cui agli articoli 291 e seguenti.

• La parentela è il vincolo che unisce i soggetti che discendono dalla stessa persona (**stipite**). Con la riforma della filiazione (l. n. 219/2012) e la completa equiparazione del figlio naturale al figlio legittimo, perde rilevanza il matrimonio mentre assume rilievo decisivo la consanguineità (**discendenza biologica**).

75. Linee della parentela.

Sono parenti in linea retta le persone di cui l'una discende dall'altra; in linea collaterale quelle che, pur avendo uno stipite comune, non discendono l'una dall'altra.

• Ai fini della determinazione dell'intensità del vincolo di parentela, occorre considerare le **linee** e i **gradi**. La **linea retta** unisce le persone di cui l'una discende dall'altra (ad es., madre e figlio, nonno e nipote, ecc.); la **linea collaterale** unisce le persone che, pur avendo uno stipite comune, non discendono l'una dall'altra (ad es., fratello e sorella, zio e nipote, ecc.). • Il rapporto di parentela può riferirsi alla sola **linea materna** e a quella **paterna** o ad ambedue. A titolo esemplificativo, la parentela è bilaterale per i fratelli che hanno in comune entrambi i genitori (in tal caso, i fratelli si diranno **germani**); mentre è unilaterale se i fratelli sono legati da un vincolo semplice o dal lato del padre (**consanguinei**) o dal lato della madre (**uterini**).

76. Computo dei gradi.

Nella linea retta si computano altrettanti gradi quante sono le generazioni, escluso lo stipite.

Nella linea collaterale i gradi si computano dalle generazioni, salendo da uno dei parenti fino allo stipite comune e da questo discendendo all'altro parente, sempre restando escluso lo stipite.

• Il grado di prossimità costituisce l'unità di misura dell'**intensità del rapporto di parentela**. • La norma in esame stabilisce il metodo con il quale si calcolano i gradi. I gradi si contano calcolando le persone e togliendo lo stipite (ad es., tra madre e figlio vi è parentela di primo grado; tra fratelli, parentela di secondo grado; tra cugini, parentela di quarto grado; e così via). • Di regola, la legge riconosce effetti alla parentela soltanto fino al sesto grado (v. art. 77).

77. Limite della parentela.

La legge non riconosce il vincolo di parentela oltre il sesto grado, salvo che per alcuni effetti specialmente determinati.

• V. *sub* art. 76.

78. Affinità.

L'affinità è il vincolo tra un coniuge e i parenti dell'altro coniuge.

Nella linea e nel grado in cui taluno è parente d'uno dei due coniugi, egli è affine dell'altro coniuge.

L'affinità non cessa per la morte, anche senza prole, del coniuge da cui deriva, salvo che per alcuni effetti specialmente determinati. Cessa se il matrimonio è dichiarato nullo, salvi gli effetti di cui all'articolo 87, n. 4.

• L'affinità è il vincolo che unisce un coniuge ed i parenti dell'altro coniuge (ad es., sono affini il marito e la cognata, la suocera e la nuora, ecc.).

Titolo VI
DEL MATRIMONIO

Capo I
Della promessa di matrimonio

79. Effetti.

La promessa di matrimonio non obbliga a contrarlo né ad eseguire ciò che si fosse convenuto per il caso di non adempimento.

• La promessa di matrimonio è, secondo la dottrina, una **dichiarazione bilaterale** con cui due persone di sesso diverso si promettono reciprocamente di contrarre matrimonio (nel contesto sociale si identifica con il **fidanzamento**). La promessa non ha carattere vincolante, in virtù del principio fondamentale di **libertà delle parti** fino al momento di celebrazione delle nozze. Pertanto, se le parti avessero convenuto, ad es., il pagamento di una penale per il caso di mancato adempimento, questa non sarà dovuta. • Conferma della **incoercibilità** della promessa è data dal fatto che la **restituzione dei doni** tra fidanzati *ex* art. 80 (v. *sub* art. 80) non costituisce effetto giuridico della promessa, poiché l'obbligo restitutorio deriva non già dalla promessa, ma dal mancato seguito del matrimonio.

80. Restituzione dei doni.

Il promittente può domandare la restituzione dei doni fatti a causa della promessa di matrimonio, se questo non è stato contratto.

La domanda non è proponibile dopo un anno dal giorno in cui s'è avuto il rifiuto di celebrare il *matrimonio o dal giorno* della morte di uno dei promittenti.

• Controversa è la nozione di **doni fatti a causa della promessa di matrimonio** (v. la distinzione tra donazioni obnuziali *sub* art. 785 e liberalità d'uso *sub* art. 770, co. 2). Certamente sono tali, e dunque oggetto di restituzione, i c.d. **regali d'uso** tra fidanzati fatti sul presupposto che seguissero le nozze (donazioni di modico valore *ex* art. 783). • *Esempi*: sono ripetibili, in quanto doni, le **fotografie** scambiate tra fidanzati; gli **acquisti fatti da uno dei fidanzati con denaro dell'altro** (ad es., oggetti domestici) non possono essere considerati doni e non sono quindi ripetibili, ma deve essere restituita la somma ricevuta; in caso di **acquisto di un bene con denaro proprio di ciascuno dei fidanzati**, si deve procedere alla vendita del bene e alla distribuzione del ricavato in proporzione al contributo di ciascuno. • La restituzione può essere chiesta a prescindere dai motivi della rottura degli sponsali (ad essa è quindi tenuto anche il promittente incolpevole).

81. Risarcimento dei danni.

La promessa di matrimonio fatta vicendevolmente per atto pubblico o per scrittura privata da una persona maggiore di età o dal minore ammesso a contrarre matrimonio a norma dell'articolo 84, oppure risultante dalla richiesta della pubblicazione, obbliga il promittente che senza giusto motivo ricusi di eseguirla a risarcire il danno cagionato all'altra parte per le spese fatte e per le obbligazioni contratte a causa di quella promessa. Il danno è risarcito entro il limite in cui le spese e le obbligazioni corrispondono alla condizione delle parti.

Lo stesso risarcimento è dovuto dal promittente che con la propria colpa ha dato giusto motivo al rifiuto dell'altro.

La domanda non è proponibile dopo un anno dal giorno del rifiuto di celebrare il matrimonio.

• La norma disciplina l'ipotesi in cui una delle parti, fondandosi sulla serietà della promessa, abbia sostenuto spese o contratto debiti per costituire la nuova famiglia. Se la promessa è fatta in **forma scritta** (atto pubblico o scrittura privata), da una persona maggiorenne o dal minore emancipato (v. *sub* art. 84) o se risulta dalle pubblicazioni, il promittente è tenuto al risarcimento del danno allorché ricusi successivamente di contrarre le nozze o dia con la propria colpa giusto motivo al rifiuto dell'altro. • La forma scritta è richiesta ***ad substantiam***. • **Danni risarcibili** sono solo le spese fatte e le obbligazioni contratte a causa della promessa di matrimonio; deve trattarsi di esborsi compiuti dopo la promessa e prima del recesso dell'altra parte (o della conoscenza del fatto colposo dell'altra parte che ha cagionato il recesso). • Per accedere alla tutela risarcitoria, è necessaria la sussistenza del **nesso eziologico** tra le spese fatte e le obbligazioni contratte, da un lato, e la promessa di matrimonio, dall'altro (ad es., è stato riscontrato il nesso di causa per le spese di preparazione alla cerimonia nuziale).

Capo II
Del matrimonio celebrato davanti a ministri del culto cattolico e del matrimonio celebrato davanti a ministri dei culti ammessi nello Stato

82. Matrimonio celebrato davanti a ministri del culto cattolico.

Il matrimonio celebrato davanti a un ministro del culto cattolico è regolato in conformità del Concordato con la Santa Sede e delle leggi speciali sulla materia.

• Con il termine matrimonio si vuole indicare sia l'**atto** (le nozze) sia il **rapporto giuridico** che ne deriva in capo agli sposi. Il rapporto è sempre regolato dal diritto civile; mentre per l'atto esistono due tipi di regolamenti: il civile e il canonico. • Il matrimonio canonico, regolato, quanto alla disciplina dell'atto, dal diritto canonico, riceve effetti anche nell'ordinamento dello Stato in base agli accordi tra lo Stato e la Chiesa Cattolica (**matrimonio concordatario** o matrimonio canonico trascritto). • Affinché dal matrimonio canonico conseguano gli effetti civili occorrono, oltre alle **pubblicazioni** nella casa comunale, la **trascrizione dell'atto di matrimonio** nei registri dello stato civile. • Il ministro celebrante, investito del potere di ricevere, al pari dell'ufficiale di stato civile, le dichiarazioni nell'atto di matrimonio, agisce non solo in ambito canonistico, ma anche in ambito civilistico e in qualità di **pubblico ufficiale**. • Le **sentenze di nullità del matrimonio religioso** pronunciate dall'autorità giurisdizionale ecclesiastica in base al diritto canonico possono diventare efficaci nell'ordinamento dello Stato previa **delibazione**.

• Quanto al riferimento alle **leggi speciali** sulla materia, contenuto nella norma in esame, si v., in particolare, l'art. 8 dell'**Accordo di modificazione del Concordato Lateranense** del 1984, e gli artt. 5 ss. della l. n. 847/1929 (c.d. **legge matrimoniale**).

83. Matrimonio celebrato davanti a ministri dei culti ammessi nello Stato.
Il matrimonio celebrato davanti a ministri dei culti ammessi nello Stato è regolato dalle disposizioni del capo seguente, salvo quanto è stabilito nella legge speciale concernente tale matrimonio.

• Le confessioni religiose diverse dalla cattolica sono sottoposte ad un regime di **diritto comune** costituito dagli artt. 7-12 della l. n. 1159/1929, e dagli artt. 25-28 del r.d. n. 289/1930. • Sono sottratte all'applicazione di questa disciplina generale le confessioni religiose che, ai sensi dell'art. 8, co. 3 della Cost., abbiano stipulato con lo Stato un'intesa che regoli, tra l'altro, il riconoscimento civile del matrimonio (ad es., e per tutte, l'intesa stipulata nel 1984 con le Chiese rappresentate dalla Tavola valdese).

Capo III
Del matrimonio celebrato davanti all'ufficiale dello stato civile

Sezione I
Delle condizioni necessarie per contrarre matrimonio

84. Età.
I minori di età non possono contrarre matrimonio.

Il tribunale, su istanza dell'interessato, accertata la sua maturità psico-fisica e la fondatezza delle ragioni addotte, sentito il pubblico ministero, i genitori o il tutore, può con decreto emesso in camera di consiglio ammettere per gravi motivi al matrimonio chi abbia compiuto i sedici anni.

Il decreto è comunicato al pubblico ministero, agli sposi, ai genitori e al tutore.

Contro il decreto può essere proposto reclamo, con ricorso alla corte d'appello, nel termine perentorio di dieci giorni dalla comunicazione.

La corte d'appello decide con ordinanza non impugnabile, emessa in camera di consiglio.

Il decreto acquista efficacia quando è decorso il termine previsto nel quarto comma, senza che sia stato proposto reclamo.

• È possibile contrarre matrimonio con il raggiungimento della **maggiore età** (a pena della **nullità** insanabile **dell'atto**). La norma in esame prevede la possibilità che l'autorità giudiziaria ammetta al matrimonio, se ricorrono **gravi motivi**, il minore, purché egli abbia compiuto almeno i sedici anni e ne venga accertata dal tribunale la **maturità psicofisica**. • L'istanza può essere presentata soltanto dal minore personalmente. • L'accertamento della maturità psicofisica concerne, tra l'altro, la capacità di discernimento, di comprensione e di valutazione degli impegni materiali e morali che il matrimonio comporta. • Dato il **carattere eccezionale** dell'autorizzazione, il requisito dei gravi motivi va valutato in concreto, anche in relazione alla maturità psicofisica del soggetto (ad es. la seduzione e la gravidanza non sono di per sé sole sufficienti per ottenere la dispensa; né costituiscono gravi motivi la già avvenuta locazione e l'arredamento per il costituendo nucleo familiare).

85. Interdizione per infermità di mente.
Non può contrarre matrimonio l'interdetto per infermità di mente.

Se l'istanza di interdizione è soltanto promossa, il pubblico ministero può chiedere che si sospenda la celebrazione del matrimonio; in tal caso la celebrazione non può aver luogo finché la sentenza che ha pronunziato sull'istanza non sia passata in giudicato.

• Non può contrarre validamente matrimonio l'interdetto per infermità di mente o la persona che, sebbene non interdetta, sia incapace di intendere e di volere, per qualsiasi causa, anche transitoria (v. *sub* art. 120) (**incapacità naturale**). • L'interdetto perde la capacità di contrarre matrimonio dal giorno della pubblicazione della sentenza e non da quello del passaggio in giudicato. • Si noti che il matrimonio non è invece impedito dall'inabilitazione, né dall'interdizione legale.

86. Libertà di stato.

Non può contrarre matrimonio chi è vincolato da un matrimonio o da un'unione civile tra persone dello stesso sesso precedente.

• La norma dispone che non può contrarre (nuovo) matrimonio chi è legato dal vincolo di nozze precedenti. È invece possibile contrarre **nuovo matrimonio** solo se il precedente sia stato annullato o sia nullo ovvero il rapporto si sia sciolto per divorzio o per morte dell'altro coniuge. • Il requisito della libertà di stato è **inderogabile** e di **ordine pubblico**; sussiste anche se il **matrimonio all'estero** del cittadino non è stato trascritto in Italia, poiché in tal caso la trascrizione non ha efficacia costitutiva del vincolo matrimoniale. • Da notare che l'art. 1, co. 32, l. n. 76/2016 ha introdotto il divieto di contrarre matrimonio anche per i soggetti vincolati da un'unione civile tra persone dello stesso sesso.

87. Parentela, affinità, adozione *e affiliazione* (1).

Non possono contrarre matrimonio fra loro:

1) gli ascendenti e i discendenti in linea retta, *legittimi o naturali* (2);

2) i fratelli e le sorelle germani, consanguinei o uterini;

3) lo zio e la nipote, la zia e il nipote;

4) gli affini in linea retta; il divieto sussiste anche nel caso in cui l'affinità deriva da matrimonio dichiarato nullo o sciolto o per il quale è stata pronunziata la cessazione degli effetti civili;

5) gli affini in linea collaterale in secondo grado;

6) l'adottante, l'adottato e i suoi discendenti;

7) i figli adottivi della stessa persona;

8) l'adottato e i figli dell'adottante;

9) l'adottato e il coniuge dell'adottante, l'adottante e il coniuge dell'adottato.

I divieti contenuti nei numeri 6), 7), 8) e 9) sono applicabili all'affiliazione (3).

I divieti contenuti nei numeri 2) e 3) si applicano anche se il rapporto dipende da filiazione naturale (4).

Il tribunale, su ricorso degli interessati, con decreto emesso in camera di consiglio, sentito il pubblico ministero, può autorizzare il matrimonio nei casi indicati dai numeri 3 e 5, anche se si tratti di affiliazione *o di filiazione naturale* (5). L'autorizzazione può essere accordata anche nel caso indicato dal numero 4, quando l'affinità deriva da un matrimonio dichiarato nullo.

Il decreto è notificato agli interessati e al pubblico ministero.

Si applicano le disposizioni dei commi quarto, quinto e sesto dell'articolo 84.

(1) Le parole in corsivo sono state soppresse dall'art. 1[1, lett. a)] del d.lgs. 28/12/2013, n. 154.
(2) Le parole in corsivo sono state soppresse dall'art. 1[1, lett. b)] del d.lgs. 28/12/2013, n. 154.
(3) Comma abrogato dall'art. 1[1, lett. c)] del d.lgs. 28/12/2013, n. 154.
(4) Comma abrogato dall'art. 1[1, lett. d)] del d.lgs. 28/12/2013, n. 154.
(5) Le parole in corsivo sono state soppresse dall'art. 1[1, lett. e)] del d.lgs. 28/12/2013, n. 154.

• L'**impedimento** riguarda tanto la **parentela legittima** quanto quella **naturale**. • Per quanto riguarda gli **affini in linea retta** (ad es., suocero e nuora), il divieto sussiste anche nel caso in cui l'affinità derivi da matrimonio sciolto (ad es., per morte o divorzio) o dichiarato nullo.

88. Delitto.

Non possono contrarre matrimonio tra loro le persone delle quali l'una è stata condannata per omicidio consumato o tentato sul coniuge dell'altra.

Se ebbe luogo soltanto rinvio a giudizio ovvero fu ordinata la cattura, si sospende la celebrazione del matrimonio fino a quando non è pronunziata sentenza di proscioglimento.

• La norma prevede il c.d. ***impedimentum criminis***, secondo cui non possono contrarre matrimonio tra loro le persone delle quali l'una è stata condannata per omicidio consumato o tentato e l'altra sia il coniuge della vittima.

89. Divieto temporaneo di nuove nozze.

Non può contrarre matrimonio la donna, se non dopo trecento giorni dallo scioglimento, dall'annullamento o dalla cessazione degli effetti civili del precedente matrimonio. Sono esclusi dal divieto i casi in cui lo scioglimento o la cessazione degli effetti civili del precedente matrimonio siano stati pronunciati in base all'articolo 3, numero 2, lettere b) ed f), della legge 1 dicembre 1970, n. 898, e nei casi il matrimonio sia stato dichiarato nullo per impotenza, anche soltanto a generare, di uno dei coniugi.

Il tribunale con decreto emesso in camera di consiglio, sentito il pubblico ministero, può autorizzare il matrimonio quando è inequivocabilmente escluso lo stato di gravidanza o se risulta da sentenza passata in giudicato che il marito non ha convissuto con la moglie nei trecento giorni precedenti lo scioglimento, l'annullamento o la cessazione degli effetti civili del matrimonio. Si applicano le disposizioni dei commi quarto, quinto e sesto dell'articolo 84 e del comma quinto dell'articolo 87.

Il divieto cessa dal giorno in cui la gravidanza è terminata.

• La *ratio* del divieto consiste nell'esigenza di assicurare la **certezza nell'attribuzione della paternità** del figlio nella situazione in cui la donna sia già stata sposata (si parla del rischio di *turbatio sanguinis*). Il tribunale può accordare dispensa da questo divieto temporaneo allorché: a) sia inequivocabilmente escluso lo stato di gravidanza della donna; b) risulti da sentenza passata in giudicato che il marito non abbia convissuto con la moglie nei trecento giorni precedenti lo scioglimento o l'annullamento del matrimonio. • L'inosservanza di tale divieto non determina l'invalidità del matrimonio, ma importa una mera **irregolarità** che dà luogo ad una **sanzione amministrativa** nei confronti dei coniugi e dell'ufficiale dello stato civile (v. *sub* art. 140).

90. Assistenza del minore.

Con il decreto di cui all'articolo 84 il tribunale o la corte d'appello nominano, se le circostanze lo esigono, un curatore speciale che assista il minore nella stipulazione delle convenzioni matrimoniali.

• V. *sub* art. 84.

91. (1).

(1) Articolo abrogato dall'art. 1 del r.d.l. 20/1/1944, n. 25 e dall'art. 3 del d.lgs.lt. 14/9/1944, n. 287.

92. (1).

(1) Articolo da ritenersi abrogato per incompatibilità con la forma di Governo prevista nella Costituzione.

Sezione II
Delle formalità preliminari del matrimonio

93. Pubblicazione.

La celebrazione del matrimonio dev'essere preceduta dalla pubblicazione fatta a cura dell'ufficiale dello stato civile.

La pubblicazione consiste nella affissione alla porta della casa comunale di un atto dove si indica il nome, il cognome, la professione, il luogo di nascita e la residenza degli sposi, se essi siano maggiori o minori di età nonché il luogo dove intendono celebrare il matrimonio. L'atto deve anche indicare il nome del padre e il nome e il cognome della madre degli sposi, salvi i casi in cui la legge vieta questa menzione (1).

(1) Comma abrogato dall'art. 110[3] del d.P.R. 3/11/2000, n. 396.

• La disciplina della pubblicazione è contenuta, oltre che agli artt. 93-113 c.c., negli artt. 50-58 del **d.P.R. 3/11/2000, n. 396** (*Regolamento per la revisione e la semplificazione* *dell'ordinamento dello stato civile*). • La pubblicazione costituisce la **fase preliminare** del procedimento, che si conclude con la celebrazione del matrimonio; consiste nell'**affissione di un atto**, contenente le generalità degli sposi, alla porta della casa comunale per almeno otto giorni (art. 55 del d.P.R. n. 396/2000). • La pubblicazione risponde essenzialmente a due esigenze: a) serve a **prevenire richieste di nozze precipitose**; b) svolge la funzione di **pubblicità notizia**, finalizzata a rendere nota la volontà dei nubendi di contrarre matrimonio affinché ogni interessato possa eventualmente promuovere opposizione. • La **mancanza** o **irregolarità** della pubblicazione non è causa di invalidità del matrimonio, ma dà luogo alle sanzioni di cui agli artt. 134, 135 e 138. • La pubblicazione può essere **omessa per gravi motivi**, previa autorizzazione giudiziale (v. *sub* art. 100).

94. Luogo della pubblicazione.

La pubblicazione deve essere richiesta all'ufficiale dello stato civile del comune dove uno degli sposi ha la residenza ed è fatta nei comuni di residenza degli sposi.

Se la residenza non dura da un anno, la pubblicazione deve farsi anche nel comune della precedente residenza (1).

L'ufficiale dello stato civile cui si domanda la pubblicazione provvede a chiederla agli ufficiali degli altri comuni nei quali la pubblicazione deve farsi. Essi devono trasmettere all'ufficiale dello stato civile richiedente il certificato dell'eseguita pubblicazione (1).

(1) Commi abrogati dall'art. 110^{3} del d.P.R. 3/11/2000, n. 396.

• V. *sub* art. 93.

95. (1).

(1) Articolo abrogato dall'art. 1103 del d.P.R. 3/11/2000, n. 396.

96. Richiesta della pubblicazione.

La richiesta della pubblicazione deve farsi da ambedue gli sposi o da persona che ne ha da essi ricevuto speciale incarico.

97. (1).

(1) Articolo abrogato dall'art. 110^{3} del d.P.R. 3/11/2000, n. 396.

98. Rifiuto della pubblicazione.

L'ufficiale dello stato civile che non crede di poter procedere alla pubblicazione rilascia un certificato coi motivi del rifiuto.

Contro il rifiuto è dato ricorso al tribunale, che provvede in camera di consiglio, sentito il pubblico ministero.

• L'ufficiale dello stato civile, non ritenendo sussistere le **condizioni necessarie per il matrimonio**, può rifiutarsi di procedere alla pubblicazione (*Esempio:* è legittimo il rifiuto dell'ufficiale dello stato civile di procedere alla pubblicazione di un matrimonio tra persone dello stesso sesso; altri motivi che legittimano il rifiuto sono l'esistenza di impedimenti: v., ad es., artt. 87 e 88). In tal caso è possibile ricorrere al tribunale, che provvede con il rito della camera di consiglio, sentito il pubblico ministero.

99. Termine per la celebrazione del matrimonio.

Il matrimonio non può essere celebrato prima del quarto giorno dopo compiuta la pubblicazione.

Se il matrimonio non è celebrato nei centottanta giorni successivi, la pubblicazione si considera come non avvenuta.

100. Riduzione del termine e omissione della pubblicazione.

Il tribunale, su istanza degli interessati, con decreto non impugnabile emesso in camera di consiglio, sentito il pubblico ministero, può ridurre, per gravi motivi, il termine della pubblicazione. In questo caso la riduzione del termine è dichiarata nella pubblicazione.

Può anche autorizzare, con le stesse modalità, per cause gravissime, l'omissione della pubblicazione, quando gli sposi davanti al cancelliere dichiarano sotto la propria responsabilità che nessuno degli impedimenti stabiliti dagli articoli 85, 86, 87, 88 e 89 si oppone al matrimonio.

Il cancelliere deve far precedere alla dichiarazione la lettura di detti articoli e ammonire i dichiaranti sull'importanza della loro attestazione e sulla gravità delle possibili conseguenze.

Quando è stata autorizzata l'omissione della pubblicazione, gli sposi, per essere ammessi alla celebrazione del matrimonio, devono presentare all'ufficiale dello stato civile, insieme col decreto di autorizzazione, gli atti previsti dall'articolo 97 (1).

(1) Comma abrogato dall'art. 110[3] del d.P.R. 3/11/2000, n. 396.

• La pubblicazione può essere omessa per **gravi motivi** (*Esempio*: la sottoposizione di soggetti nubendi alle misure di protezione previste per i familiari dei c.d. collaboratori di giustizia).

101. Matrimonio in imminente pericolo di vita.

Nel caso di imminente pericolo di vita di uno degli sposi, l'ufficiale dello stato civile del luogo può procedere alla celebrazione del matrimonio senza pubblicazione e senza l'assenso al matrimonio, se questo è richiesto, purché gli sposi prima giurino che non esistono tra loro impedimenti non suscettibili di dispensa.

L'ufficiale dello stato civile dichiara nell'atto di matrimonio il modo con cui ha accertato l'imminente pericolo di vita.

• La norma disciplina il c.d. ***matrimonium in extremis***: prescinde dalla pubblicazione il matrimonio celebrato in imminente pericolo di vita di uno degli sposi.

Sezione III
Delle opposizioni al matrimonio

102. Persone che possono fare opposizione.

I genitori e, in mancanza loro, gli altri ascendenti e i collaterali entro il terzo grado possono fare opposizione al matrimonio dei loro parenti per qualunque causa che osti alla sua celebrazione.

Se uno degli sposi è soggetto a tutela o a cura, il diritto di fare opposizione compete anche al tutore o al curatore.

Il diritto di opposizione compete anche al coniuge della persona che vuole contrarre un altro matrimonio.

Quando si tratta di matrimonio in contravvenzione all'articolo 89, il diritto di opposizione spetta anche, se il precedente matrimonio fu sciolto, ai parenti del precedente marito e, se il matrimonio fu dichiarato nullo, a colui col quale il matrimonio era stato contratto e ai parenti di lui.

Il pubblico ministero deve sempre fare opposizione al matrimonio, se sa che vi osta un impedimento o se gli consta l'infermità di mente di uno degli sposi, nei confronti del quale, a causa dell'età, non possa essere promossa l'interdizione.

• In difetto di una delle condizioni richieste per la celebrazione del matrimonio, le persone indicate nell'articolo in esame hanno la **facoltà** (l'obbligo per il pubblico ministero) **di fare opposizione**, ossia di agire giudizialmente *ex* art. 103 per ottenere la **sospensione** della celebrazione. Tuttavia, qualsiasi **terzo**, che sia a conoscenza di una causa di impedimento (cfr. artt. 84-89) al matrimonio può farne denuncia all'ufficiale dello stato civile o al pubblico ministero (i quali, eventualmente, agiranno di iniziativa propria).

103. Atto di opposizione.

L'atto di opposizione deve dichiarare la qualità che attribuisce all'opponente il diritto di farla, le cause dell'opposizione, e contenere l'elezione di domicilio nel comune dove siede il tribunale nel cui territorio si deve celebrare il matrimonio.

L'atto deve essere notificato nella forma della citazione agli sposi e all'ufficiale dello stato civile del comune nel quale il matrimonio deve essere celebrato (1).

(1) Comma abrogato dall'art. 110^3 del d.P.R. 3/11/2000, n. 396.

• L'atto di opposizione si propone con **ricorso al presidente del tribunale** del luogo dove è stata eseguita la pubblicazione; il presidente del tribunale fissa con decreto l'udienza di comparizione delle parti avanti il collegio e può, se lo ritiene opportuno, sospendere la celebrazione del matrimonio sino a che sia stata rimossa l'opposizione. Il tribunale, sentite le parti, decide sull'opposizione con decreto motivato.

104. Effetti dell'opposizione.

L'opposizione fatta da chi ne ha facoltà, per causa ammessa dalla legge, sospende la celebrazione del matrimonio sino a che con sentenza passata in giudicato sia rimossa l'opposizione (1).

Se l'opposizione è respinta, l'opponente, che non sia un ascendente o il pubblico ministero, può essere condannato al risarcimento dei danni.

(1) Comma abrogato dall'art. 110^3 del d.P.R. 3/11/2000, n. 396.

• Se l'opposizione di cui all'articolo precedente viene respinta, l'opponente (che non sia un ascendente di uno degli sposi) o il pubblico ministero può essere condannato al **risarcimento del danno**.

105. (1).

(1) Articolo da ritenersi abrogato a seguito della mutata forma istituzionale dello Stato.

Sezione IV
Della celebrazione del matrimonio

106. Luogo della celebrazione.

Il matrimonio deve essere celebrato pubblicamente nella casa comunale davanti all'ufficiale dello stato civile al quale fu fatta la richiesta di pubblicazione.

• La **competenza** a compiere l'atto di matrimonio è affidata dalla legge all'ufficiale dello stato civile, il quale agisce nella qualità di **pubblico ufficiale**. Il matrimonio celebrato da un soggetto che non agisce in tale veste è invalido (fatta salva l'applicabilità dell'art. 113). • La norma in esame, inoltre, circoscrive la **competenza territoriale** dell'atto di matrimonio. L'inosservanza di tale precetto non importa l'invalidità dell'atto, bensì la sanzione pecuniaria di cui all'art. 137, co. 1.

107. Forma della celebrazione.

Nel giorno indicato dalle parti l'ufficiale dello stato civile, alla presenza di due testimoni, anche se parenti, dà lettura agli sposi degli articoli 143, 144 e 147; riceve da ciascuna delle parti personalmente, l'una dopo l'altra, la dichiarazione che esse si vogliono prendere rispettivamente in marito e in moglie, e di seguito dichiara che esse sono unite in matrimonio.

L'atto di matrimonio deve essere compilato immediatamente dopo la celebrazione.

• La norma stabilisce le **formalità** con cui deve avvenire la celebrazione. Immediatamente dopo la celebrazione deve essere compilato l'atto di matrimonio, che verrà poi iscritto nell'apposito registro di stato civile. La redazione dell'atto e la sua inserzione nel registro hanno funzione meramente probatoria del matrimonio, poiché esso è validamente perfezionato con la **dichiarazione dell'ufficiale dello stato civile** in cui si afferma che le parti sono unite in matrimonio. • Secondo il prevalente orientamento, **l'omessa lettura degli articoli** di legge e **l'assenza dei testimoni** non invalidano il matrimonio, ma comportano a carico dell'ufficiale dello stato civile l'applicazione delle sanzioni previste rispettivamente dagli artt. 138 e 137.

108. Inapponibilità di termini e condizioni.

La dichiarazione degli sposi di prendersi rispettivamente in marito e in moglie non può essere sottoposta né a termine, né a condizione.

Se le parti aggiungono un termine o una condizione, l'ufficiale dello stato civile non può procedere alla celebrazione del matrimonio. Se ciò nonostante il matrimonio è celebrato, il termine e la condizione si hanno per non apposti.

• La norma risponde ad una esigenza di **certezza dello *status* coniugale**. • Se le parti aggiungono un termine o una condizione alla dichiarazione di prendersi rispettivamente in marito o in moglie, l'ufficiale dello stato civile non può procedere alla celebrazione del matrimonio (pena l'applicazione delle sanzioni previste dall'art. 138). • Il secondo comma precisa che qualora il matrimonio venga egualmente celebrato, il termine e la condizione si hanno per non apposti.

109. Celebrazione in un comune diverso.

Quando vi è necessità o convenienza di celebrare il matrimonio in un comune diverso da quello indicato nell'articolo 106, l'ufficiale dello stato civile, trascorso il termine stabilito nel primo comma dell'articolo 99, richiede per iscritto l'ufficiale del luogo dove il matrimonio si deve celebrare.

La richiesta è menzionata nell'atto di celebrazione e in esso inserita. Nel giorno successivo alla celebrazione del matrimonio, l'ufficiale davanti al quale esso fu celebrato invia, per la trascrizione, copia autentica dell'atto all'ufficiale da cui fu fatta la richiesta.

• Ragioni di riservatezza o altre motivazioni di carattere personale possono giustificare la richiesta degli sposi di **spostamento della competenza** davanti all'ufficiale dello stato civile di un comune diverso da quello in cui è stata eseguita la pubblicazione.

110. Celebrazione fuori della casa comunale.

Se uno degli sposi, per infermità o per altro impedimento giustificato all'ufficio dello stato civile, è nell'impossibilità di recarsi alla casa comunale, l'ufficiale si trasferisce col segretario nel luogo in cui si trova lo sposo impedito, e ivi, alla presenza di quattro testimoni, procede alla celebrazione del matrimonio secondo l'articolo 107.

• Qualora uno dei nubendi fosse **oggettivamente** impossibilitato a recarsi nella casa comunale, l'ufficiale dello stato civile si trasferisce nel luogo in cui si trova lo sposo impedito. È il caso, ad es., del malato che debba essere trasportato in barella; o della detenzione, in casa di pena o di custodia.

111. Celebrazione per procura.

I militari e le persone che per ragioni di servizio si trovano al seguito delle forze armate possono, in tempo di guerra, celebrare il matrimonio per procura.

La celebrazione del matrimonio per procura può anche farsi se uno degli sposi risiede all'estero e concorrono gravi motivi da valutarsi dal tribunale nella cui circoscrizione risiede l'altro sposo. L'autorizzazione è concessa con decreto non impugnabile emesso in camera di consiglio, sentito il pubblico ministero.

La procura deve contenere la indicazione della persona con la quale il matrimonio si deve contrarre.

La procura deve essere fatta per atto pubblico; i militari e le persone al seguito delle forze armate, in tempo di guerra, possono farla nelle forme speciali ad essi consentite.

Il matrimonio non può essere celebrato quando sono trascorsi centottanta giorni da quello in cui la procura è stata rilasciata.

La coabitazione, anche temporanea, dopo la celebrazione del matrimonio, elimina gli effetti della revoca della procura, ignorata dall'altro coniuge al momento della celebrazione.

• La celebrazione del **matrimonio per procura** è ammessa per i militari in tempo di guerra, o quando uno degli sposi risieda all'estero e concorrano gravi motivi, da valutarsi in sede giudiziaria dal tribunale nella cui circoscrizione risiede l'altro coniuge. • Il quarto comma, data la solennità del negozio, prevede che la procura debba essere fatta per **atto pubblico** (fatta eccezione per i militari, per i quali si applicano norme speciali); essa deve indicare il nome dell'altro sposo ed è soggetta ad un breve termine di efficacia (centottanta giorni). • Il procuratore agisce come *nuncius*, cioè come **semplice portavoce**, e non come rappresentante che esprime la volontà propria in nome e per conto del rappresentato. Per tale ragione, sono rilevanti solo i **vizi che colpiscono la capacità, l'intelletto o la volontà dello sposo** che ha rilasciato la procura e non del procuratore.

112. Rifiuto della celebrazione.

L'ufficiale dello stato civile non può rifiutare la celebrazione del matrimonio se non per una causa ammessa dalla legge.

Se la rifiuta, deve rilasciare un certificato con l'indicazione dei motivi.

Contro il rifiuto è dato ricorso al tribunale, che provvede in camera di consiglio, sentito il pubblico ministero.

• Atteso l'**obbligo** in capo all'ufficiale dello stato civile di celebrare il matrimonio, egli **dovrà astenersi** solo in presenza di **cause legittime** di rifiuto; queste possono essere quelle sostanziali di cui agli artt. 84-90 o formali, come, ad es., la mancanza della pubblicazione di cui all'art. 93.

113. Matrimonio celebrato davanti a un apparente ufficiale dello stato civile.

Si considera celebrato davanti all'ufficiale dello stato civile il matrimonio che sia stato celebrato dinanzi a persona la quale, senza avere la qualità di ufficiale dello stato civile, ne esercitava pubblicamente le funzioni, a meno che entrambi gli sposi, al momento della celebrazione, abbiano saputo che la detta persona non aveva tale qualità.

• La norma attribuisce validità al matrimonio celebrato davanti ad una persona che, pur non avendo la qualità di ufficiale dello stato civile (cfr. *sub* art. 106), ne esercita le funzioni. La validità del matrimonio è però subordinata a **due condizioni**: una **oggettiva**, per cui il funzionario di fatto deve esercitare le funzioni *pubblicamente*, ossia in modo palese a tutti; e una **soggettiva**, in base alla quale è necessaria la **buona fede** di almeno uno degli sposi.

114. (1).

(1) Articolo da ritenersi abrogato a seguito della mutata forma istituzionale dello Stato.

Sezione V
Del matrimonio dei cittadini in paese straniero e degli stranieri nello Stato

115. Matrimonio del cittadino all'estero.

Il cittadino è soggetto alle disposizioni contenute nella sezione prima di questo capo, anche quando contrae matrimonio in paese straniero secondo le forme ivi stabilite.

La pubblicazione deve anche farsi nello Stato a norma degli articoli 93, 94 e 95. Se il cittadino non risiede nello Stato, la pubblicazione si fa nel comune dell'ultimo domicilio (1).

(1) Comma abrogato dall'art. 110[3] del d.P.R. 3/11/2000, n. 396.

• La disciplina prevista dalla norma va coordinata con la legge di riforma del diritto internazionale privato (l. n. 218/1995) e il regolamento per la revisione e la semplificazione dell'ordinamento dello stato civile (d.P.R. 3/11/2000, n. 396). • La norma in esame dispone che il cittadino italiano può contrarre matrimonio all'estero, con altro cittadino italiano o con uno straniero, nell'osservanza delle norme previste dalla legge straniera. In tal caso, il matrimonio ha **immediata validità** nel nostro ordinamento anche se contratto in violazione delle leggi italiane (sino a che non sia impugnato per una delle ragioni previste dall'art. 117 e non sia intervenuta una pronuncia di nullità o di annullabilità). • La **pubblicazione** è disciplinata all'art. 53 del d.P.R. n. 396/2000; mentre gli artt. 16-18, 20 della medesima normativa dispongono gli adempimenti necessari per la **trascrizione** in Italia del matrimonio contratto all'estero (si noti che la trascrizione, in tal caso, ha carattere meramente *certificativo* e non *costitutivo*).

116. Matrimonio dello straniero nello Stato.

Lo straniero che vuole contrarre matrimonio nello Stato deve presentare all'ufficiale dello stato civile una dichiarazione dell'autorità competente del proprio paese, dalla quale risulti che giusta le leggi a cui è sottoposto nulla osta al matrimonio [*nonché un documento attestante la regolarità del soggiorno nel territorio italiano*] (1).

Anche lo straniero è tuttavia soggetto alle disposizioni contenute negli articoli 85, 86, 87, numeri 1, 2 e 4, 88 e 89.

Lo straniero che ha domicilio o residenza nello Stato deve inoltre far fare la pubblicazione secondo le disposizioni di questo codice.

(1) Le parole in corsivo sono state inserite dall'art. 1[15] della l. 15/7/2009, n. 94. Successivamente la Corte cost., con sentenza 25/7/2011, n. 245, ne ha dichiarato l'illegittimità costituzionale.

• La norma detta talune condizioni necessarie affinché lo straniero possa validamente unirsi in matrimonio in Italia. Precisamente, dalla dichiarazione dell'autorità competente del suo paese deve risultare che **nulla osta** a che lo straniero contragga quello **specifico matrimonio**. • La **mancata presentazione** del nulla osta non inficia la validità del matrimonio, ma integra una irregolarità punibile *ex* art. 138.

Sezione VI
Della nullità del matrimonio

117. Matrimonio contratto con violazione degli articoli 84, 86, 87 e 88.

Il matrimonio contratto con violazione degli articoli 86, 87 e 88 può essere impugnato dai coniugi, dagli ascendenti prossimi, dal pubblico ministero e da tutti coloro che abbiano per impugnarlo un interesse legittimo e attuale.

Il matrimonio contratto con violazione dell'articolo 84 può essere impugnato dai coniugi, da ciascuno dei genitori e dal pubblico ministero. La relativa azione di annullamento può essere proposta personalmente dal minore non oltre un anno dal raggiungimento della maggiore età. La domanda, proposta dal genitore o dal pubblico ministero, deve essere respinta ove, anche in pendenza del giudizio, il minore abbia raggiunto la maggiore età ovvero vi sia stato concepimento o procreazione e in ogni caso sia accertata la volontà del minore di mantenere in vita il vincolo matrimoniale.

Il matrimonio contratto dal coniuge dell'assente non può essere impugnato finché dura l'assenza.

Nei casi in cui si sarebbe potuta accordare l'autorizzazione ai sensi del quarto comma dell'articolo 87, il matrimonio non può essere impugnato dopo un anno dalla celebrazione.

La disposizione del primo comma del presente articolo si applica anche nel caso di nullità del matrimonio previsto dall'articolo 68.

• Le ipotesi previste dal primo comma (**difetto di libertà di stato, vincolo di parentela** e **delitto**) rendono, di regola, il matrimonio **nullo**. • Il secondo comma, invece, stabilisce che il matrimonio contratto da **persona minore d'età** non autorizzata è **annullabile** (cfr. art. 84). • È utile precisare che la terminologia usata dal legislatore nel disciplinare i casi d'invalidità del matrimonio non rispecchia la rigorosa distinzione tra le categorie della nullità e dell'annullamento stabilita in tema di contratti. • Sulle disposizioni di cui al terzo e quinto comma dell'articolo in esame, v. *sub* artt. 49, 51, 65, 68 e 149.

118. (1).

(1) Articolo abrogato dall'art. 13 della l. 19/5/1975, n. 151.

119. Interdizione.

Il matrimonio di chi è stato interdetto per infermità di mente può essere impugnato dal tutore, dal pubblico ministero e da tutti coloro che abbiano un interesse legittimo se, al tempo del matrimonio, vi era già sentenza di interdizione passata in giudicato, ovvero se la interdizione è stata pronunziata posteriormente ma l'infermità esisteva al tempo del matrimonio. Può essere impugnato, dopo revocata l'interdizione, anche dalla persona che era interdetta.

L'azione non può essere proposta se, dopo revocata l'interdizione, vi è stata coabitazione per un anno.

• La norma prevede una causa di **annullabilità** del matrimonio per **interdizione giudiziale di uno dei coniugi**. • La norma si applica all'unione civile tra persone dello stesso sesso per effetto dell'art. 1, co. 5, l. n. 76/2016.

120. Incapacità di intendere o di volere.

Il matrimonio può essere impugnato da quello dei coniugi che, quantunque non interdetto, provi di essere stato incapace di intendere o di volere, per qualunque causa, anche transitoria, al momento della celebrazione del matrimonio.

L'azione non può essere proposta se vi è stata coabitazione per un anno dopo che il coniuge incapace ha recuperato la pienezza delle facoltà mentali.

• Il matrimonio contratto dall'incapace di intendere e di volere è **annullabile (incapacità naturale di uno dei coniugi)**. È considerata rilevante, a tal fine, qualunque causa della incapacità, anche transitoria (ad es., ubriachezza, uso di sostanze stupefacenti ecc.), idonea a eliminare o limitare la capacità intellettiva. • La norma si applica all'unione civile tra persone dello stesso sesso per effetto dell'art. 1, co. 5, l. n. 76/2016.

121. (1).

(1) Articolo abrogato dall'art. 16 della l. 19/5/1975, n. 151.

122. Violenza ed errore.

Il matrimonio può essere impugnato da quello dei coniugi il cui consenso è stato estorto con violenza o determinato da timore di eccezionale gravità derivante da cause esterne allo sposo.

Il matrimonio può altresì essere impugnato da quello dei coniugi il cui consenso è stato dato per effetto di errore sull'identità della persona o di errore essenziale su qualità personali dell'altro coniuge.

L'errore sulle qualità personali è essenziale qualora, tenute presenti le condizioni dell'altro coniuge, si accerti che lo stesso non avrebbe prestato il suo consenso se le avesse esattamente conosciute e purché l'errore riguardi:

1) l'esistenza di una malattia fisica o psichica o di una anomalia o deviazione sessuale, tali da impedire lo svolgimento della vita coniugale;

2) l'esistenza di una sentenza di condanna per delitto non colposo alla reclusione non inferiore a cinque anni, salvo il caso di intervenuta riabilitazione prima della celebrazione del matrimonio. L'azione di annullamento non può essere proposta prima che la sentenza sia divenuta irrevocabile;

3) la dichiarazione di delinquenza abituale o professionale;

4) la circostanza che l'altro coniuge sia stato condannato per delitti concernenti la prostituzione a pena non inferiore a due anni. L'azione di annullamento non può essere proposta prima che la condanna sia divenuta irrevocabile;

5) lo stato di gravidanza causato da persona diversa dal soggetto caduto in errore, purché vi sia stato disconoscimento ai sensi dell'articolo 233, se la gravidanza è stata portata a termine.

L'azione non può essere proposta se vi è stata coabitazione per un anno dopo che siano cessate la violenza o le cause che hanno determinato il timore ovvero sia stato scoperto l'errore.

• La norma enuncia i **vizi del consenso** che hanno rilevanza sulla validità del matrimonio: la violenza morale, il timore di eccezionale gravità, l'errore sull'identità della persona dell'altro sposo e l'errore essenziale sulle qualità personali di costui. • Il primo comma regola le ipotesi della **violenza** e del **timore di eccezionale gravità**, quali cause di

annullabilità del matrimonio. La violenza è tale quando il consenso di uno dei coniugi è stato estorto con minacce, tali da far temere a una persona sensata un male ingiusto e notevole, tenuto conto dell'età, del sesso e della condizione sociale (trattasi, si noti, degli stessi criteri di cui agli artt. 1434-1438). Il timore di eccezionale gravità, derivante da cause esterne, è invece rilevante a prescindere dall'esistenza di una minaccia (si pensi, ad es., al matrimonio contratto per sottrarsi a persecuzioni politiche o razziali). • Il secondo comma dispone che il matrimonio può essere impugnato, anzitutto, per **errore sull'identità** della persona dell'altro coniuge (ipotesi peraltro meramente teorica). Può determinare l'annullamento del matrimonio anche l'errore su **qualità personali dell'altro coniuge**, purché i fatti e le circostanze rientrino *tassativamente* tra quelli indicati nell'articolo in commento: i primi quattro riguardano circostanze relative al coniuge che l'altro prima ignorava; l'ultima contempla invece un'ipotesi di falsa rappresentazione della realtà.

123. Simulazione.

Il matrimonio può essere impugnato da ciascuno dei coniugi quando gli sposi abbiano convenuto di non adempiere agli obblighi e di non esercitare i diritti da esso discendenti.

L'azione non può essere proposta decorso un anno dalla celebrazione del matrimonio ovvero nel caso in cui i contraenti abbiano convissuto come coniugi successivamente alla celebrazione medesima.

• La norma disciplina una particolare **ipotesi di impugnazione** del matrimonio. La simulazione ricorre quando i coniugi abbiano contratto le nozze con l'**accordo** di non adempiere agli obblighi e di non esercitare i diritti che ne derivano; deve trattarsi di **tutti i diritti e obblighi**, poiché se si escludesse anche un solo aspetto (ad es., i rapporti sessuali) il matrimonio sarebbe valido e il patto accessorio nullo. • Importante è il requisito dell'**accordo simulatorio**: l'intenzione di una parte di non voler assumere i doveri coniugali va manifestata all'altra parte, altrimenti si prospetterebbe il caso della **riserva mentale** (che, però, rileva solo nel diritto canonico). • La *ratio* della norma è impedire agli sposi di unirsi in matrimonio al solo fine di beneficiare di qualche conseguenza ricollegata allo *status* di coniuge (ad es., lo straniero che contrae matrimonio all'unico scopo di acquistare la cittadinanza italiana). • Il **termine di decadenza** dell'azione di impugnazione è di un anno dalla celebrazione ovvero dopo che i coniugi abbiano convissuto come tali dopo le nozze.

124. Vincolo di precedente matrimonio.

Il coniuge può in qualunque tempo impugnare il matrimonio o l'unione civile tra persone dello stesso sesso dell'altro coniuge; se si oppone la nullità del primo matrimonio, tale questione deve essere preventivamente giudicata.

• Atteso che il matrimonio contratto da chi sia legato da un precedente matrimonio è **nullo** (v. *sub* art. 86), l'articolo in commento dispone l'**imprescrittibilità** dell'azione prevista per il coniuge del bigamo che voglia impugnare il matrimonio dell'altro.

125. Azione del pubblico ministero.

L'azione di nullità non può essere promossa dal pubblico ministero dopo la morte di uno dei coniugi.

126. Separazione dei coniugi in pendenza del giudizio.

Quando è proposta domanda di nullità del matrimonio, il tribunale può, su istanza di uno dei coniugi, ordinare la loro separazione temporanea durante il giudizio; può ordinarla anche d'ufficio, se ambedue i coniugi o uno di essi sono minori o interdetti.

• La norma prevede che i coniugi possano fare istanza di separazione temporanea in pendenza di giudizio di nullità del matrimonio. Secondo la giurisprudenza, **la separazione temporanea** dei coniugi di cui al presente articolo non si differenzia da quella **ordinaria** di cui agli artt. 151 ss., se non per gli **effetti più limitati** e **provvisori** cui è preordinata e per la più **ristretta indagine** richiesta al giudice.

127. Intrasmissibilità dell'azione.

L'azione per impugnare il matrimonio non si trasmette agli eredi se non quando il giudizio è già pendente alla morte dell'attore.

• L'azione di impugnazione del matrimonio è **strettamente personale** e non si trasmette agli eredi, salvo che il giudizio sia già pendente: allora **gli eredi possono proseguire nell'istanza**.

128. Matrimonio putativo.

Se il matrimonio è dichiarato nullo, gli effetti del matrimonio valido si producono, in favore dei coniugi, fino alla sentenza che pronunzia la nullità, quando i coniugi stessi lo hanno contratto in buona fede, oppure quando il loro consenso è stato estorto con violenza o determinato da timore di eccezionale gravità derivante da cause esterne agli sposi.

Il matrimonio dichiarato nullo ha gli effetti del matrimonio valido rispetto ai figli.

Se le condizioni indicate nel primo comma si verificano per uno solo dei coniugi, gli effetti valgono soltanto in favore di lui e dei figli.

Il matrimonio dichiarato nullo, contratto in malafede da entrambi i coniugi ha gli effetti del matrimonio valido rispetto ai figli nati o concepiti durante lo stesso, salvo che la nullità dipenda da incesto.

Nell'ipotesi di cui al quarto comma, rispetto ai figli si applica l'articolo 251.

• L'istituto del matrimonio putativo tutela i coniugi che, in **buona fede**, hanno contratto un **matrimonio invalido** e i figli che sono nati da tale unione. • La buona fede, cioè l'ignoranza del vizio che inficiava le nozze, giustifica la deroga alla regola generale della retroattività della pronuncia di nullità: il matrimonio si riterrà pienamente produttivo di effetti tra i coniugi fino alla pronunzia della sentenza (che, dunque, opera *ex nunc*). • Il terzo comma dispone che se in buona fede è **uno solo dei coniugi**, gli effetti del matrimonio putativo si verificano soltanto in favore suo e dei figli. • Il coniuge in **mala fede**, al quale sia imputabile la nullità (perché, ad es., ha indotto l'altro in errore, o lo ha minacciato), è tenuto a pagare una **indennità**, che corrisponda almeno al mantenimento per tre anni, anche se non è data prova di un danno realmente sofferto (v. *sub* art. 129-*bis*).

129. Diritti dei coniugi in buona fede.

Quando le condizioni del matrimonio putativo si verificano rispetto ad ambedue i coniugi, il giudice può disporre a carico di uno di essi e per un periodo non superiore a tre anni l'obbligo di corrispondere somme periodiche di denaro, in proporzione alle sue sostanze, a favore dell'altro, ove questi non abbia adeguati redditi propri e non sia passato a nuove nozze.

Per i provvedimenti che il giudice adotta riguardo ai figli, si applica l'articolo 155.

• Se **entrambi i coniugi sono in buona fede** il giudice può disporre che uno versi all'altro, se questi non abbia redditi propri e non sia passato a nuove nozze, un **assegno periodico**, per un periodo non superiore a tre anni.

129 bis. Responsabilità del coniuge in mala fede e del terzo.

Il coniuge al quale sia imputabile la nullità del matrimonio è tenuto a corrispondere all'altro coniuge in buona fede, qualora il matrimonio sia annullato, una congrua indennità, anche in mancanza di prova del danno sofferto. L'indennità deve comunque comprendere una somma corrispondente al mantenimento per tre anni. È tenuto altresì a prestare gli alimenti al coniuge in buona fede, sempre che non vi siano altri obbligati.

Il terzo al quale sia imputabile la nullità del matrimonio è tenuto a corrispondere al coniuge in buona fede, se il matrimonio è annullato, l'indennità prevista nel comma precedente.

In ogni caso il terzo che abbia concorso con uno dei coniugi nel determinare la nullità del matrimonio è solidalmente responsabile con lo stesso per il pagamento dell'indennità.

• La norma configura una particolare ipotesi di **responsabilità** a carico del coniuge al quale sia imputabile l'invalidità del matrimonio. È cioè richiesta la presenza della **mala fede** del coniuge, vale a dire la consapevolezza delle circostanze che determinano l'invalidità.

Sezione VII
Delle prove della celebrazione del matrimonio

130. Atto di celebrazione del matrimonio.
Nessuno può reclamare il titolo di coniuge e gli effetti del matrimonio, se non presenta l'atto di celebrazione estratto dai registri dello stato civile.

Il possesso di stato, quantunque allegato da ambedue i coniugi, non dispensa dal presentare l'atto di celebrazione.

• La norma introduce una significativa **limitazione probatoria**, in sede giurisdizionale o amministrativa, esigendo la produzione dell'atto di celebrazione del matrimonio estratto dai registri dello stato civile.

131. Possesso di stato.
Il possesso di stato, conforme all'atto di celebrazione del matrimonio, sana ogni difetto di forma.

132. Mancanza dell'atto di celebrazione.
Nel caso di distruzione o di smarrimento dei registri dello stato civile l'esistenza del matrimonio può essere provata a norma dell'articolo 452.

Quando vi sono indizi che per dolo o per colpa del pubblico ufficiale o per un caso di forza maggiore l'atto di matrimonio non è stato inserito nei registri a ciò destinati, la prova dell'esistenza del matrimonio è ammessa, sempre che risulti in modo non dubbio un conforme possesso di stato.

133. Prova della celebrazione risultante da sentenza penale.
Se la prova della celebrazione del matrimonio risulta da sentenza penale, l'iscrizione della sentenza nel registro dello stato civile assicura al matrimonio, dal giorno della sua celebrazione, tutti gli effetti riguardo tanto ai coniugi quanto ai figli.

Sezione VIII
Disposizioni penali

134. Omissione di pubblicazione.
Sono puniti con l'ammenda da 41 euro a 206 euro gli sposi e l'ufficiale dello stato civile che hanno celebrato matrimonio senza che la celebrazione sia stata preceduta dalla prescritta pubblicazione.

• Cfr. *sub* art. 93.

135. Pubblicazione senza richiesta o senza documenti.
È punito con l'ammenda da 20 euro a 103 euro l'ufficiale dello stato civile che ha proceduto alla pubblicazione di un matrimonio senza la richiesta di cui all'articolo 96 o quando manca alcuno dei documenti prescritti dal primo comma dell'articolo 97.

• Cfr. *sub* art. 93.

136. Impedimenti conosciuti dall'ufficiale dello stato civile.
L'ufficiale dello stato civile che procede alla celebrazione del matrimonio, quando vi osta qualche impedimento o divieto di cui egli ha notizia, è punito con l'ammenda da 51 euro a 309 euro.

• Cfr. *sub* art. 106.

137. Incompetenza dell'ufficiale dello stato civile. Mancanza dei testimoni.
È punito con l'ammenda da 30 euro a 206 euro l'ufficiale dello stato civile che ha celebrato un matrimonio per cui non era competente.

La stessa pena si applica all'ufficiale dello stato civile che ha proceduto alla celebrazione di un matrimonio senza la presenza dei testimoni.

• V. artt. 106, 107, 109 e 110 e cfr. 113 per la diversa ipotesi di funzionario di fatto.

138. Altre infrazioni.

È punito con l'ammenda stabilita nell'articolo 135 l'ufficiale dello stato civile che in qualunque modo contravviene alle disposizioni degli articoli 93, 95, 98, 99, 106, 107, 108, 109, 110 e 112 o commette qualsiasi altra infrazione per cui non sia stabilita una pena speciale in questa sezione.

• Cfr. *sub* art. 93.

139. Cause di nullità note a uno dei coniugi.

Il coniuge il quale, conoscendo prima della celebrazione una causa di nullità del matrimonio, l'abbia lasciata ignorare all'altro, è punito, se il matrimonio è annullato, con l'ammenda da 41 euro a 206 euro.

140. Inosservanza del divieto temporaneo di nuove nozze.

La donna che contrae matrimonio contro il divieto dell'articolo 89, l'ufficiale che lo celebra e l'altro coniuge sono puniti con l'ammenda da 20 euro a 82 euro.

• V. *sub* art. 89.

141. Competenza.

I reati previsti nei precedenti articoli sono di competenza del tribunale.

142. Limiti d'applicazione delle precedenti disposizioni.

Le disposizioni della presente sezione si applicano quando i fatti ivi contemplati non costituiscono reato più grave.

Capo IV
Dei diritti e dei doveri che nascono dal matrimonio

143. Diritti e doveri reciproci dei coniugi.

Con il matrimonio il marito e la moglie acquistano gli stessi diritti e assumono i medesimi doveri.

Dal matrimonio deriva l'obbligo reciproco alla fedeltà, all'assistenza morale e materiale, alla collaborazione nell'interesse della famiglia e alla coabitazione.

Entrambi i coniugi sono tenuti, ciascuno in relazione alle proprie sostanze e alla propria capacità di lavoro professionale o casalingo, a contribuire ai bisogni della famiglia.

• Fermo il principio di **eguaglianza giuridica e morale dei coniugi** (cfr. art. 29 Cost.), dal matrimonio derivano l'obbligo reciproco alla fedeltà, all'assistenza, alla collaborazione e alla coabitazione. • Quanto all'obbligo di **fedeltà**, costituisce violazione di tale obbligo non solo intrattenere rapporti sessuali con persone diverse dal coniuge, ma pure tradire la **fiducia reciproca**: l'obbligo è violato quando, ad es., il tradimento, per le sue modalità, avesse recato un apprezzabile pregiudizio all'**onore** o alla **dignità** del coniuge, in quanto noto nell'ambiente circostante e di lavoro e comunque posto in essere con modalità lesive della dignità della persona. L'infedeltà rileva sia ai fini dell'**addebito** della separazione *ex* art. 151, sia per l'assegno di divorzio *ex* art. 5 l. div. La natura giuridica del dovere di fedeltà implica che la sua violazione non sia sanzionata unicamente con le misure tipiche del diritto di famiglia, quale l'addebito della separazione, ma possa dar luogo al **risarcimento dei danni non patrimoniali** *ex* art. 2059. • Anche la violazione del dovere di **assistenza** può essere causa di addebito della separazione, con esso intendendosi sia il dovere di aiutare economicamente il coniuge quando ciò si renda necessario, sia il sostegno relativo alla sfera affettiva, psicologica e spirituale; mentre l'obbligo di **collaborazione** consiste nel concordare l'indirizzo della vita familiare avendo presenti le esigenze di entrambi e quelle preminenti della famiglia stessa (in questi termini si esprime l'art. 144, a cui si rinvia). • L'obbligo di **coabitazione** presuppone l'esistenza dell'**accordo dei coniugi** sul luogo della **residenza familiare** (cfr. *sub* art. 144).

Se vi è giusta causa, e cioè tutte le volte in cui la coabitazione sia diventata intollerabile, l'abbandono della residenza familiare non costituisce violazione dei doveri coniugali. L'abbandono ingiustificato può altrimenti dar luogo a sanzioni a carico del coniuge allontanatosi (v. *sub* art. 146, co. 1 e 3). • Il terzo comma impone ad entrambi i coniugi, indipendentemente dal regime patrimoniale prescelto (comunione o separazione), l'obbligo di contribuire ai **bisogni della famiglia**; l'**obbligo di contribuzione** può essere assolto sia con il **lavoro casalingo** sia attraverso il **reddito del lavoro professionale**. Ai fini della determinazione della misura della contribuzione occorre tener conto delle condizioni finanziarie dei coniugi, in considerazione non soltanto dei redditi, ma anche dei **cespiti patrimoniali** di cui ciascun coniuge è titolare.

143 bis. Cognome della moglie.

La moglie aggiunge al proprio cognome quello del marito e lo conserva durante lo stato vedovile, fino a che passi a nuove nozze.

• La norma, che prevede l'**aggiunta del cognome maritale** a quello della moglie, costituisce una **eccezione** alla regola dell'eguaglianza tra coniugi (cfr. art. 29 Cost.). In dottrina si ritiene che l'aggiunta del cognome del marito sia, oltre che un diritto, anche un **dovere**, nell'ottica della manifestazione esterna della famiglia in modo unitario. • La moglie **separata** ha diritto di utilizzare il cognome del marito (cfr. art. 156-*bis*); tale diritto viene meno con il **divorzio** (v. art. 5, l. n. 989/1970). • Il giudice può **vietare** alla moglie l'uso del cognome del marito, quando tale uso sia a lui gravemente pregiudizievole e può parimenti autorizzare la moglie a non usare il cognome stesso, qualora possa derivargliene grave pregiudizio (v. *sub* art. 156-*bis*).

143 ter. (1).

(1) Articolo inserito dall'art. 25 della l. 19/5/1975, n. 151, e successivamente abrogato dall'art. 26[1] della l. 5/2/1992, n. 91.

144. Indirizzo della vita familiare e residenza della famiglia.

I coniugi concordano tra loro l'indirizzo della vita familiare e fissano la residenza della famiglia secondo le esigenze di entrambi e quelle preminenti della famiglia stessa.

A ciascuno dei coniugi spetta il potere di attuare l'indirizzo concordato.

• La norma afferma che i coniugi devono **concordare** l'indirizzo della vita familiare avendo presenti le esigenze di entrambi e quelle preminenti della famiglia. L'**indirizzo della vita familiare** si concreta nelle scelte sul tenore di vita della famiglia, nella determinazione delle rispettive contribuzioni secondo i criteri stabiliti all'art. 143, nella scelta della residenza familiare, nella distribuzione dei compiti relativi alla famiglia ecc. • L'accordo dei coniugi (che può essere anche implicito) ha natura di **negozio giuridico familiare**; è personalissimo e soggetto alla clausola *rebus sic stantibus*.

145. Intervento del giudice.

In caso di disaccordo ciascuno dei coniugi può chiedere, senza formalità, l'intervento del giudice il quale, sentite le opinioni espresse dai coniugi e, per quanto opportuno, dai figli conviventi che abbiano compiuto il sedicesimo anno, tenta di raggiungere una soluzione concordata.

Ove questa non sia possibile e il disaccordo concerna la fissazione della residenza o altri affari essenziali, il giudice, qualora ne sia richiesto espressamente e congiuntamente dai coniugi, adotta, con provvedimento non impugnabile, la soluzione che ritiene più adeguata alle esigenze dell'unità e della vita della famiglia.

• **In caso di disaccordo**, ciascuno dei coniugi può rivolgersi, senza formalità, al giudice; egli, sentite le opinioni dei coniugi e, per quanto opportuno, dei figli conviventi che abbiano compiuto sedici anni, tenterà di raggiungere una **soluzione concordata**.

146. Allontanamento dalla residenza familiare.

Il diritto all'assistenza morale e materiale previsto dall'articolo 143 è sospeso nei confronti del coniuge che, allontanatosi senza giusta causa dalla residenza familiare, rifiuta di tornarvi.

La proposizione della domanda di separazione o di annullamento o di scioglimento o di cessazione degli effetti civili del matrimonio costituisce giusta causa di allontanamento dalla residenza familiare.

Il giudice può, secondo le circostanze, ordinare il sequestro dei beni del coniuge allontanatosi, nella misura atta a garantire l'adempimento degli obblighi previsti dagli articoli 143, terzo comma, e 147.

• In caso di violazione del dovere di coabitazione da parte di un coniuge che, senza consenso dell'altro, se ne va dalla casa coniugale e rifiuta di tornare, si sospendono i **doveri di assistenza morale e materiale** di cui all'art. 143 (c.d. **allontanamento ingiustificato**). Perché si concreti l'allontanamento ingiustificato è sufficiente che il coniuge abbandoni volontariamente e senza giusta causa la casa familiare, purché si tratti di **allontanamento non di breve durata o saltuario**. • Il secondo comma definisce **giusta causa** di allontanamento la proposizione di una domanda di separazione o di annullamento o di divorzio. È utile però ricordare che la nozione di giusta causa data dalla giurisprudenza e dalla dottrina è ampia e, più in generale, va ricollegata a fatti tali da rendere **intollerabile la convivenza** o da recare **grave pregiudizio alla prole** (cfr. *sub* art. 143 e art. 151, co. 1). *Esempio*: Tizio è infedele, o violento, e Caia se ne va.

147. Doveri verso i figli.

Il matrimonio impone ad ambedue i coniugi l'obbligo di mantenere, istruire, educare e assistere moralmente i figli, nel rispetto delle loro capacità, inclinazioni naturali e aspirazioni, secondo quanto previsto dall'articolo 315 bis.

• I doveri dei coniugi verso i figli concorrono a formare i **reciproci doveri coniugali**. Gli obblighi indicati nella norma in esame incombono su tutti i genitori, anche non coniugati, verso i figli, senza distinzione tra legittimi e naturali. V. *sub* art. 315-*bis*.

148. Concorso negli oneri.

I coniugi devono adempiere l'obbligo di cui all'articolo 147, secondo quanto previsto dall'articolo 316-bis.

Capo V
Dello scioglimento del matrimonio e della separazione dei coniugi

149. Scioglimento del matrimonio.

Il matrimonio si scioglie con la morte di uno dei coniugi e negli altri casi previsti dalla legge.

Gli effetti civili del matrimonio celebrato con rito religioso, ai sensi dell'articolo 82 o dell'articolo 83, e regolarmente trascritto, cessano alla morte di uno dei coniugi e negli altri casi previsti dalla legge.

• Il matrimonio si scioglie, ossia viene meno il **vincolo matrimoniale**, con a) la morte del coniuge; b) negli altri casi previsti dalla legge. • Nel nostro ordinamento è venuto meno il principio di indissolubilità del matrimonio con la l. 1/12/1970, n. 898 (*Sulla disciplina dei casi di scioglimento del matrimonio*), con la quale è stato introdotto anche in Italia il **divorzio**: all'art. 1 della legge predetta si parla di **scioglimento** del **matrimonio civile**, mentre per quel che riguarda il **matrimonio concordatario** soltanto di **cessazione degli effetti civili**, posto che la pronuncia del giudice lascia integri gli effetti che il matrimonio religioso produce nell'ordinamento religioso. • Il divorzio va visto come **rimedio** all'insuccesso coniugale, essendo ammissibile solo quando «la comunione spirituale e materiale tra i coniugi non può essere mantenuta o ricostituita» (art. 1 della l. n. 898/1970). • La l. 6/5/2015, n. 55 (*Disposizioni in materia di scioglimento o di cessazione degli effetti civili del matrimonio e di comunione tra i coniugi*) ha istituito il c.d. **divorzio breve**, prevedendo, per il caso di divorzio fondato sulla pregressa separazione dei coniugi, l'accorciamento del termine di attesa: dodici mesi dall'avvenuta comparizione dei coniugi avanti al presidente del Tribunale o sei mesi nel caso di separazione consensuale. La procedura si svolge in **via solamente amministrativa**, ossia di fronte al Sindaco anziché al giudice, in virtù di un principio di "**privatizzazione" del rapporto tra i coniugi**. • Quanto alla **morte del coniuge**, essa determina automaticamente lo scioglimento del matrimonio (alla morte è equiparata la dichiarazione di morte presunta – v. *sub* art. 65).

150. Separazione personale.

È ammessa la separazione personale dei coniugi.

La separazione può essere giudiziale o consensuale.

Il diritto di chiedere la separazione giudiziale o l'omologazione di quella consensuale spetta esclusivamente ai coniugi.

• L'articolo in commento disciplina la separazione giudiziale o consensuale (sono ambedue ipotesi di **separazione legale**), ma si può avere anche una **separazione di fatto**, ossia un'interruzione volontaria della convivenza, senza che vi faccia seguito un provvedimento giudiziale: in tale ipotesi non nasce lo *status* di separazione, ma il nuovo stato di fatto produce alcune conseguenze giuridiche: a) in caso di **allontanamento ingiustificato** (v. *sub* art. 146) viene meno il diritto di assistenza morale e materiale nei confronti del coniuge che interrompe la convivenza; b) nella giurisprudenza, la separazione di fatto prolungata nel tempo è rilevante per valutare la condotta dei coniugi in modo meno severo sotto il profilo della violazione dei doveri coniugali. • La separazione personale può avere luogo su **domanda di uno dei coniugi** anche senza la necessità di provare colpe dell'altro. • La separazione personale dei coniugi differisce dal divorzio poiché non comporta lo scioglimento del **vincolo matrimoniale**, ma soltanto una sua **attenuazione**; determina un nuovo *status* dei coniugi, che investe sia i rapporti personali, sia quelli patrimoniali. Ferma la permanenza del vincolo coniugale, con la separazione si pone termine alla «comunione materiale e spirituale» di vita tra i coniugi, sicché è il **rapporto** tra i coniugi ad essere modificato e ridotto al minimo: cessano l'obbligo di convivenza e il dovere di assistenza morale e materiale; si attenua il dovere di fedeltà; il dovere di contribuzione ai bisogni della famiglia si tramuta in un obbligo di mantenimento a carico del coniuge provvisto di mezzi verso quello che non abbia mezzi sufficienti (fatta eccezione per l'ipotesi di addebito della separazione). • Se la **separazione** è **consensuale** essa richiede un accordo con il quale i coniugi non solo manifestino il reciproco consenso alla separazione, ma regolino i loro rapporti patrimoniali e l'affidamento dei figli per il tempo successivo alla separazione (v. *sub* art. 158). Se le parti non riescono ad accordarsi, ciascuna di esse può chiedere al giudice la **separazione giudiziale** (v. *sub* art. 151).

151. Separazione giudiziale.

La separazione può essere chiesta quando si verificano, anche indipendentemente dalla volontà di uno o di entrambi i coniugi, fatti tali da rendere intollerabile la prosecuzione della convivenza o da recare grave pregiudizio alla educazione della prole.

Il giudice, pronunziando la separazione, dichiara, ove ne ricorrano le circostanze, e ne sia richiesto, a quale dei coniugi sia addebitabile la separazione, in considerazione del suo comportamento contrario ai doveri che derivano dal matrimonio.

• La separazione giudiziale può essere chiesta quando si verificano, indipendentemente dalla volontà di uno o di entrambi i coniugi, fatti tali da rendere: a) **intollerabile la prosecuzione della convivenza** ovvero da recare b) **grave pregiudizio all'educazione della prole**. • La *ratio* della norma è di evitare che sia necessario, per ottenere la separazione, dimostrare "colpe" dell'altro coniuge (come avveniva prima della riforma del diritto di famiglia del 1975). La convivenza divenuta intollerabile o dannosa per i figli è situazione di per sé sufficiente per ottenere la separazione. • Secondo la giurisprudenza più recente, la **condizione di intollerabilità** della convivenza deve essere intesa **in senso soggettivo**, non essendo necessario che sussista una situazione di conflitto riconducibile alla volontà di entrambi i coniugi, ben potendo la frattura dipendere dalla condizione di **disaf-**

fezione e distacco di una sola delle parti, che sia verificabile in base a fatti obiettivi, come la presentazione stessa del ricorso ed il successivo comportamento processuale, con particolare riferimento alle risultanze negative del tentativo di conciliazione, dovendosi ritenere venuto meno, al ricorrere di tali evenienze, quel principio del consenso che caratterizza ogni vicenda del rapporto coniugale (**Cass. 16698/2020**). • Laddove la responsabilità della crisi del matrimonio sia riconducibile alla condotta, contraria ai doveri matrimoniali, di uno dei coniugi, a questi il giudice potrà **addebitare la separazione** (ad es., in ragione della violazione del dovere di fedeltà), con effetti di ordine patrimoniale e successorio (v., rispettivamente, *sub* art. 156, co. 1 e *sub* artt. 548 e 585). • La violazione dei doveri nascenti dal matrimonio può comportare anche **responsabilità *ex* art. 2043**, se cagiona un danno ingiusto (si parla, in tali casi, di **illecito endofamiliare**).

152.-153. (1).

(1) Articoli abrogati dall'art. 34 della l. 19/5/1975, n. 151.

154. Riconciliazione.

La riconciliazione tra i coniugi comporta l'abbandono della domanda di separazione personale già proposta.

• V. *sub* art. 157.

155. Provvedimenti riguardo ai figli.

In caso di separazione, riguardo ai figli, si applicano le disposizioni contenute nel Capo II del titolo IX.

• V. *sub* artt. 337-*bis*-337-*octies*.

155 bis.-155 sexies. (1).

(1) Articoli abrogati dall'art. 106[1, lett. a)] del d.lgs. n. 28/12/2013, n. 154.

156. Effetti della separazione sui rapporti patrimoniali tra i coniugi.

Il giudice, pronunziando la separazione, stabilisce a vantaggio del coniuge cui non sia addebitabile la separazione il diritto di ricevere dall'altro coniuge quanto è necessario al suo mantenimento, qualora egli non abbia adeguati redditi propri.

L'entità di tale somministrazione è determinata in relazione alle circostanze e ai redditi dell'obbligato.

Resta fermo l'obbligo di prestare gli alimenti di cui agli articoli 433 e seguenti.

Il giudice che pronunzia la separazione può imporre al coniuge di prestare idonea garanzia reale o personale se esiste il pericolo che egli possa sottrarsi all'adempimento degli obblighi previsti dai precedenti commi e dall'articolo 155.

La sentenza costituisce titolo per l'iscrizione dell'ipoteca giudiziale ai sensi dell'articolo 2818.

In caso di inadempienza, su richiesta dell'avente diritto, il giudice può disporre il sequestro di parte dei beni del coniuge obbligato e ordinare ai terzi, tenuti a corrispondere anche periodicamente somme di danaro all'obbligato, che una parte di esse venga versata direttamente agli aventi diritto.

Qualora sopravvengano giustificati motivi il giudice, su istanza di parte, può disporre la revoca o la modifica dei provvedimenti di cui ai commi precedenti.

• La separazione esplica i suoi effetti, anzitutto, sui **rapporti personali** tra i coniugi: si pensi, per tutti, alla sospensione dell'obbligo di coabitazione. Sopravvive tra i coniugi un **dovere di reciproco rispetto**, al quale la dottrina riconduce anche un residuo contenuto di **fedeltà**, limitato all'obbligo di non offendere la dignità dell'altro coniuge. La moglie separata, inoltre, conserva il **cognome** del marito, ma il giudice può autorizzarla a non farne uso, come può vietarlo, a richiesta del marito, quando tale uso sia a lui gravemente pregiudizievole (v. *sub* art. 156-*bis*). • Quanto ai **rapporti patrimoniali**, si scioglie, se sussisteva, la comunione legale (art. 191); in favore del coniuge che non abbia redditi adeguati il giudice può imporre all'altro l'obbligo di versare un **assegno pe-**

riodico o una tantum, la cui entità deve essere determinata tenendo conto dei redditi del coniuge obbligato e dei bisogni dell'altro (l'assegno non può essere attribuito al coniuge cui sia stata addebitata la responsabilità della separazione, il quale al più avrà diritto agli **alimenti**, v. *sub* art. 438); i coniugi conservano reciprocamente i **diritti successori** (art. 585). • Quanto agli **effetti riguardo ai figli**, la disciplina dei provvedimenti giudiziali relativi ai figli di genitori separati è stata radicalmente innovata dalla l. 8/2/2006, n. 54 (*Disposizioni in materia di separazione dei genitori e affidamento condiviso dei figli*) ed è ora unificata negli artt. 337-*bis-octies* a cui si fa rinvio.

156 bis. Cognome della moglie.

Il giudice può vietare alla moglie l'uso del cognome del marito quando tale uso sia a lui gravemente pregiudizievole, e può parimenti autorizzare la moglie a non usare il cognome stesso, qualora dall'uso possa derivarle grave pregiudizio.

• Cfr. *sub* art. 143-*bis*.

157. Cessazione degli effetti della separazione.

I coniugi possono di comune accordo far cessare gli effetti della sentenza di separazione, senza che sia necessario l'intervento del giudice, con una espressa dichiarazione o con un comportamento non equivoco che sia incompatibile con lo stato di separazione.

La separazione può essere pronunziata nuovamente soltanto in relazione a fatti e comportamenti intervenuti dopo la riconciliazione.

• La separazione può essere fatta cessare in qualsiasi momento, senza formalità, con una **riconciliazione**, che può avvenire **anche per fatti concludenti**, ossia con la semplice ripresa della convivenza. • La riconciliazione determina la ricostituzione, con effetti *ex nunc*, della comunione legale eventualmente esistente tra i coniugi.

158. Separazione consensuale.

La separazione per il solo consenso dei coniugi non ha effetto senza l'omologazione del giudice.

Quando l'accordo dei coniugi relativamente all'affidamento e al mantenimento dei figli è in contrasto con l'interesse di questi il giudice riconvoca i coniugi indicando ad essi le modificazioni da adottare nell'interesse dei figli e, in caso di inidonea soluzione, può rifiutare allo stato l'omologazione.

• L'**accordo di separazione** produce effetti giuridici con l'**omologazione** del tribunale, che rende efficace l'accordo e instaura lo stato di separazione. Non si tratta di una semplice formalità: l'accordo dei coniugi, infatti, non può essere omologato qualora sia in contrasto con l'interesse dei figli o quello del coniuge più "debole". In tal caso, però, il giudice non ha il potere di modificare le clausole pattuite tra i coniugi, ma può **rifiutare l'omologazione**: spetterà ai coniugi proporre un nuovo accordo, oppure chiedere una separazione giudiziale. • Il d.l. 12/9/2014, n. 132 (*Misure urgenti di degiurisdizionalizzazione ed altri interventi per la definizione dell'arretrato in materia di processo civile*) ha introdotto la c.d. **negoziazione assistita** e la **separazione consensuale innanzi all'ufficiale dello stato civile**. L'art. 6 della legge prevede la possibilità di una negoziazione volontaria assistita da un **avvocato** al fine di raggiungere «una soluzione consensuale di separazione personale». L'accordo concluso produce gli stessi effetti del decreto di omologazione, ma la trascrizione dell'accordo nei registri dello Stato civile richiede un **«nulla osta»** del Procuratore della Repubblica presso il Tribunale competente, il quale accerterà l'assenza di «irregolarità». Una procedura più celere è prevista dalla legge all'art. 12 e presuppone un **accordo attraverso separate dichiarazioni** dei coniugi rese **innanzi al sindaco**, quale ufficiale dello stato civile. Questa modalità, però, è esperibile soltanto a condizione che: a) non vi siano «figli minorenni, incapaci o portatori di handicap gravi o comunque non autosufficienti economicamente»; b) non si debbano o vogliano concludere «patti di trasferimento patrimoniale». La presenza degli avvocati è facoltativa. Il sindaco, ricevute le dichiarazioni, stende l'accordo di separazione. Se confermato, si procede alle dovute annotazioni nei registri dello stato civile.

Capo VI
Del regime patrimoniale della famiglia

Sezione I
Disposizioni generali

159. Del regime patrimoniale legale tra i coniugi.

Il regime patrimoniale legale della famiglia, in mancanza di diversa convenzione stipulata a norma dell'articolo 162, è costituito dalla comunione dei beni regolata dalla sezione III del presente capo.

• La comunione legale è il regime patrimoniale che conferisce ai coniugi uguali poteri di cogestione e uguali diritti sugli acquisti. Ispirandosi al principio di **uguaglianza morale e giuridica** dei coniugi, il legislatore ha configurato la comunione come regime patrimoniale legale. Ne discende che, in mancanza di differenti convenzioni matrimoniali *ex* art. 162, i rapporti patrimoniali tra coniugi saranno governati dal regime della comunione. • I coniugi non possono limitarsi ad escludere l'applicazione della comunione legale, ma hanno l'onere di indicare il regime patrimoniale alternativo. • In ogni controversia in cui rilevi il tipo di regime adottato dalla coppia, l'esistenza di un regime difforme da quello legale va dimostrata da chi lo invoca • Ai sensi dell'art. 1, co. 50, l. n. 76/2016, anche i conviventi di fatto possono accedere al regime della comunione legale mediante la sottoscrizione di un contratto di convivenza.

160. Diritti inderogabili.

Gli sposi non possono derogare né ai diritti né ai doveri previsti dalla legge per effetto del matrimonio.

• La norma, posta a protezione del c.d. **regime primario della famiglia** previsto dagli artt. 143, 147 e 148, deve essere riferita esclusivamente ai rapporti patrimoniali. L'autonomia contrattuale può riguardare non solo i contenuti ma anche i tipi di regime, purché le modificazioni o variazioni non contrastino con la natura del regime adottato, con norme cogenti o con i principi generali sull'ordinamento della famiglia. • La norma è stata prevalentemente impiegata dalla giurisprudenza per sindacare accordi, anche in previsione della **crisi coniugale**, poiché si riflettono sull'assegno di mantenimento *ex* art. 156 e sull'assegno divorzile *ex* art. 5 della l. n. 898/1970, espressione del dovere di solidarietà post-coniugale ed avente funzione compensativa e perequativa. Sicché, un primo orientamento giurisprudenziale ritiene detti accordi invalidi per illiceità della causa; un secondo orientamento li ritiene, invece, valida espressione di autonomia contrattuale *ex* art. 1322 e, purché non *in pejus*, idonei a modificare o specificare le disposizioni contenute nel decreto che omologa la separazione o il divorzio.

161. Riferimento generico a leggi o agli usi.

Gli sposi non possono pattuire in modo generico che i loro rapporti patrimoniali siano in tutto o in parte regolati da leggi alle quali non sono sottoposti o dagli usi, ma devono enunciare in modo concreto il contenuto dei patti con i quali intendono regolare questi loro rapporti.

• Il divieto di optare genericamente o mediante *relatio* per un regime patrimoniale regolato dagli usi ovvero da leggi alle quali non sono sottoposti è posto a presidio della certezza delle relazioni giuridiche. Esso salvaguardia il meccanismo della pubblicità – opponibilità del contenuto delle convenzioni, impedendo rinvii ad indici disagevoli da reperire per i terzi. • Con riferimento alla posizione del giudice, leggi straniere e consuetudini riprodotte nei patti tra i coniugi non dovranno valutarsi e interpretarsi alla stregua di norme giuridiche, secondo il significato che assumono nell'ordinamento di origine, ma di clausole contrattuali avendo riguardo alla volontà delle parti. • Il divieto non riguarda la convenzione matrimoniale con la quale i coniugi fanno riferimento alla legge dello Stato alla quale entrambi sono sottoposti. In tal caso, infatti, vengono meno le esigenze di certezza e liceità che impedirebbero la *relatio* ad una fonte esterna al negozio solenne.

162. Forma delle convenzioni matrimoniali.

Le convenzioni matrimoniali debbono essere stipulate per atto pubblico sotto pena di nullità.

La scelta del regime di separazione può anche essere dichiarata nell'atto di celebrazione del matrimonio.

Le convenzioni possono essere stipulate in ogni tempo, ferme restando le disposizioni dell'articolo 194. *Dopo la celebrazione del matrimonio possono essere mutate soltanto previa autorizzazione del giudice* (1).

Le convenzioni matrimoniali non possono essere opposte ai terzi quando a margine dell'atto di matrimonio non risultano annotati la data del contratto, il notaio rogante e le generalità dei contraenti, ovvero la scelta di cui al secondo comma.

(1) La seconda parte di questo comma è stata abrogata dall'art. 1 della l. 10/4/1981, n. 142.

• La convenzione matrimoniale è l'accordo diretto a modificare il regime della comunione legale. Oltre alla forma solenne, come previsto dall'art. 48 l. not. riformato dall'art. 12 della l. n. 246/2005, occorre l'**atto pubblico notarile,** ai sensi dell'art. 162, co 4. • Fa eccezione la convenzione di separazione dei beni. In questo caso, l'ufficiale di stato civile potrà procedere personalmente all'annotazione della convenzione a margine dell'atto di matrimonio. Secondo l'indirizzo più rigoroso, laddove questo onere formale non sia stato assolto, le dichiarazioni effettuate dai coniugi saranno inefficaci *inter partes*. Di recente, però, la giurisprudenza ha ritenuto che la mancata annotazione del regime di separazione renderà tale scelta soltanto inopponibile nei confronti dei terzi. • Relativamente ai singoli beni immobili e mobili registrati, la trascrizione degrada a mera pubblicità notizia poiché l'opponibilità del regime potrà scaturire soltanto tramite annotazione. • In base al richiamo effettuato all'art. 1, co. 13, l. n. 76/2016, la norma si applica anche agli accordi patrimoniali conclusi all'interno delle unioni civili.

163. Modifica delle convenzioni.

Le modifiche delle convenzioni matrimoniali, anteriori o successive al matrimonio, non hanno effetto se l'atto pubblico non è stipulato col consenso di tutte le persone che sono state parti nelle convenzioni medesime, o dei loro eredi.

Se uno dei coniugi muore dopo aver consentito con atto pubblico alla modifica delle convenzioni, questa produce i suoi effetti se le altre parti esprimono anche successivamente il loro consenso, salva l'omologazione del giudice. L'omologazione può essere chiesta da tutte le persone che hanno partecipato alla modificazione delle convenzioni o dai loro eredi.

Le modifiche convenute e la sentenza di omologazione hanno effetto rispetto ai terzi solo se ne è fatta annotazione in margine all'atto del matrimonio.

L'annotazione deve inoltre essere fatta a margine della trascrizione delle convenzioni matrimoniali ove questa sia richiesta a norma degli articoli 2643 e seguenti.

• Atteso il carattere contrattuale della convenzione, occorre la partecipazione di tutti coloro che furono parte del patto: non solo i coniugi, quindi, ma nel caso di costituzione del fondo patrimoniale, anche dell'eventuale terzo disponente. Il riferimento agli eredi chiarisce che non è, però, necessario il requisito della presenza e del simultaneo consenso di tutti i partecipanti originari. • Contrariamente ai principi generali, la norma sancisce che la proposta di modifica resta ferma nonostante la morte del dichiarante, purché si tratti di disposizioni suscettibili di produrre efficacia anche *post mortem. Esempio*: inclusione in comunione convenzionale di un bene che originariamente non ne faceva parte; modifiche ad un fondo patrimoniale in presenza di un figlio minore. • La norma si estende anche alla convenzione risolutiva il cui effetto è limitato allo scioglimento della precedente convenzione. Da essa consegue l'instaurazione con effetti *ex nunc* del regime di comunione legale, salvo il limite previsto dall'art. 194. • Sul regime pubblicitario, v. *sub* art. 162.

164. Simulazione delle convenzioni matrimoniali.

È consentita ai terzi la prova della simulazione delle convenzioni matrimoniali.

Le controdichiarazioni scritte possono aver effetto nei confronti di coloro tra i quali sono intervenute, solo se fatte con la presenza ed il simultaneo consenso di tutte le persone che sono state parti nelle convenzioni matrimoniali.

• Con riferimento alla posizione dei terzi, la norma rappresenta un mero richiamo alla libertà di prova della simulazione loro riconosciuta secondo quanto previsto in via generale dalla disciplina di cui all'art. 1417. • Con riferimento alla posizione delle parti, la validità ed efficacia, anche sul piano probatorio, delle controdichiarazioni è subordinata alla presenza ed al simultaneo consenso di tutte le parti che hanno partecipato alla convenzione matrimoniale. • Non è necessaria la forma pubblica delle controdichiarazioni. Se ne deduce che, mediante le controdichiarazioni, le parti non potranno introdurre patti modificativi o contrari al regime di comunione legale, pena altrimenti, la surrettizia introduzione di una deroga al principio della forma pubblica delle modifiche convenzionali prevista dalla legge.

165. Capacità del minore.

Il minore ammesso a contrarre matrimonio è pure capace di prestare il consenso per tutte le relative convenzioni matrimoniali, le quali sono valide se egli è assistito dai genitori esercenti la responsabilità genitoriale su di lui o dal tutore o dal curatore speciale nominato a norma dell'articolo 90.

• La capacità del minore di stipulare le convenzioni matrimoniali si estende agli altri negozi obnuziali. • La convenzione stipulata senza l'assistenza dei soggetti indicati dalla norma è **annullabile.** • L'assistenza del curatore è richiesta non solo nel caso previsto dall'art. 90, ma anche laddove sorgano contrasti tra il minore ed i genitori in merito al contenuto dei patti. • La normativa sulle unioni civili (art. 1, co. 20, l. 20/5/2016, n. 76) non richiama il presente articolo data l'impossibilità per il minore di costituire unione civile.

166. Capacità dell'inabilitato.

Per la validità delle stipulazioni e delle donazioni, fatte nel contratto di matrimonio dall'inabilitato o da colui contro il quale è stato promosso giudizio di inabilitazione, è necessaria l'assistenza del curatore già nominato. Se questi non è stato ancora nominato, si provvede alla nomina di un curatore speciale.

• L'inabilitato è ammesso alla stipula delle convenzioni matrimoniali senza necessità di autorizzazione giudiziale. L'assistenza del curatore occorre anche nel caso in cui il giudizio d'inabilitazione sia stato solo iniziato. • Per quanto riguarda **l'interdetto**, l'art. 85 sancisce che costui non è ammesso a contrarre matrimonio e, dunque, nemmeno alla stipula delle convenzioni matrimoniali. Nel caso in cui la sentenza di interdizione intervenga successivamente alle nozze, la sentenza legittima sia l'altro coniuge che il rappresentante legale dell'interdetto ad ottenere lo scioglimento della comunione legale. • Il beneficiario di **amministrazione di sostegno** può stipulare convenzioni matrimoniali a meno che tali atti non siano stati espressamente inclusi nel decreto di nomina dell'amministratore tra quelli per i quali occorre l'assistenza dell'amministratore. • Nel caso di convenzione matrimoniale stipulata da soggetto **incapace naturale**, si applica la disposizione di cui all'art. 428 con conseguente necessità di dimostrare la mala fede del coniuge ai fini dell'annullamento.

166 bis. Divieto di costituzione di dote.

È nulla ogni convenzione che comunque tenda alla costituzione di beni in dote.

• Il divieto si riferisce a qualunque operazione che realizzi il risultato proprio dell'istituto della dote, ossia attribuire al marito un patrimonio destinato a sostenere gli oneri del matrimonio. Oltre a presidiare il principio di parità coniugale, il divieto impedisce operazioni volte a realizzare risultati, quali l'inalienabilità e impignorabilità dei beni conferiti, sottratti di regola all'autonomia contrattuale. *Esempio*: attribuzione in via esclusiva di un potere di gestione al coniuge di beni non suoi; obbligo di pagare un prezzo per le nozze o di restituire determinati beni allo scioglimento del matrimonio.

Sezione II
Del fondo patrimoniale

167. Costituzione del fondo patrimoniale.

Ciascuno o ambedue i coniugi, per atto pubblico, o un terzo, anche per testamento, possono costituire un fondo patrimoniale, destinando determinati beni, immobili o mobili iscritti in pubblici registri, o titoli di credito, a far fronte ai bisogni della famiglia.

La costituzione del fondo patrimoniale per atto tra vivi, effettuata dal terzo, si perfeziona con l'accettazione dei coniugi. L'accettazione può essere fatta con atto pubblico posteriore.

La costituzione può essere fatta anche durante il matrimonio.

I titoli di credito devono essere vincolati rendendoli nominativi con annotazione del vincolo o in altro modo idoneo.

• Il fondo patrimoniale integra una convenzione matrimoniale volta a costituire un patrimonio destinato a sostegno degli oneri matrimoniali che può coesistere con il regime di comunione e separazione. Esso può essere costituito anche per atto unilaterale del coniuge oppure da un terzo in qualità di disponente, nel qual caso occorre l'accettazione dei coniugi per il perfezionamento del vincolo. Infine, può essere costituito tramite disposizione testamentaria, sia a titolo di eredità che di legato, nel qual caso l'accettazione del lascito importerà l'automatica costituzione del vincolo di destinazione sui beni specificati dal testatore. • L'atto di costituzione ha natura di atto a titolo gratuito non donativo. Ciò rileva ai fini della disciplina revocatoria, della collazione e riduzione delle disposizioni lesive della legittima. • Quanto ai beni, valgono le regole pubblicitarie indicate all'art. 162. Per i titoli di credito, vale la specifica che, ai fini della costituzione del vincolo, essi devono essere resi nominativi *ex* art. 2021 con annotazione sul titolo e sul registro dell'emittente.

168. Impiego ed amministrazione del fondo.

La proprietà dei beni costituenti il fondo patrimoniale spetta ad entrambi i coniugi, salvo che sia diversamente stabilito nell'atto di costituzione.

I frutti dei beni costituenti il fondo patrimoniale sono impiegati per i bisogni della famiglia.

L'amministrazione dei beni costituenti il fondo patrimoniale è regolata dalle norme relative all'amministrazione della comunione legale.

• Al fondo patrimoniale può essere conferito non solo la proprietà ma anche altro diritto reale di godimento. Il potere di cogestione instaura un regime paritario inderogabile indipendentemente dalla titolarità del bene. Per le regole di amministrazione si rinvia alla disciplina della comunione. • Il fondo può essere incrementato mediante nuovi conferimenti assoggettati agli stessi oneri di forme e pubblicità previsti dall'art. 167. Gli incrementi sono automaticamente assoggettati al vincolo in quanto incorporati nei beni del fondo. I frutti appartengono ai coniugi ma devono essere utilizzati per i bisogni della famiglia. La violazione di tale vincolo può comportare un provvedimento di esclusione del coniuge dalla gestione del fondo.

169. Alienazione dei beni del fondo.

Se non è stato espressamente consentito nell'atto di costituzione, non si possono alienare, ipotecare, dare in pegno o comunque vincolare beni del fondo patrimoniale se non con il consenso di entrambi i coniugi e, se vi sono figli minori, con l'autorizzazione concessa dal giudice, con provvedimento emesso in camera di consiglio, nei soli casi di necessità od utilità evidente.

• La norma pone un divieto derogabile sia nell'atto costitutivo sia concordemente tra i coniugi. Si tratta di atti di straordinaria amministrazione per i quali, però, il legislatore ammette la possibilità di derogare tanto alla regola del consenso dei coniugi, quanto a quella della previa autorizzazione giudiziale in caso di presenza di figli minori. • Si propende per l'annullabilità degli atti compiuti in violazione della regola. Per quelli senza il consenso del coniuge, si ritiene infatti, applicabile il disposto dell'art. 184; per quelli compiuti senza l'autorizzazione, si ritiene applicabile la disciplina di cui all'art. 322. • Per quanto riguarda la sorte del corrispettivo, si ritiene che esso sarebbe vincolato al soddisfacimento dei bisogni familiari, a patto però che siano stati adempiuti gli obblighi pubblicitari.

170. Esecuzione sui beni e sui frutti.

L'esecuzione sui beni del fondo e sui frutti di essi non può aver luogo per debiti che il creditore conosceva essere stati contratti per scopi estranei ai bisogni della famiglia.

• Sul piano funzionale, il fondo patrimoniale realizza un'ipotesi di patrimonio separato *ex* art. 2740 destinato a garanzia di una specifica classe di creditori, i creditori della famiglia. Sul concetto di "**bisogni della famiglia**", la funzione del vincolo è destinare i beni appartenenti al fondo al soddisfacimento dei diritti di mantenimento, assistenza e contribuzione della famiglia. I beni del fondo saranno, quindi, aggredibili esclusivamente per debiti contratti a tale scopo oltre che per le obbligazioni inerenti alla stessa gestione del fondo in quanto volti alla fruttificazione e conservazione dei beni vincolati; si estende anche alle **obbligazioni extracontrattuali.** *Esempio*: spese legali sopportate dal condominio per riscuotere gli oneri condominiali di immobile appartenente al fondo. • Salvo nel caso in cui il titolo sia extracontrattuale, occorre la prova della **conoscenza effettiva** del creditore al momento del sorgere dell'obbligazione. L'onere gravante sui coniugi può essere assolto anche mediante il ricorso a presunzioni semplici.

171. Cessazione del fondo.

La destinazione del fondo termina a seguito dell'annullamento o dello scioglimento o della cessazione degli effetti civili del matrimonio.

Se vi sono figli minori il fondo dura fino al compimento della maggiore età dell'ultimo figlio. In tale caso il giudice può dettare, su istanza di chi vi abbia interesse, norme per l'amministrazione del fondo.

Considerate le condizioni economiche dei genitori e dei figli ed ogni altra circostanza, il giudice può altresì attribuire ai figli, in godimento o in proprietà, una quota dei beni del fondo.

Se non vi sono figli, si applicano le disposizioni sullo scioglimento della comunione legale.

• L'ultrattività del fondo rispetto alle ipotesi di dissoluzione del vincolo matrimoniale si giustifica a fronte della permanenza delle esigenze di mantenimento dei figli minori. Tale circostanza importa quindi la necessità di dettare le regole di amministrazione del fondo nell'interesse dei figli con eventuale individuazione del coniuge affidatario. • L'eventuale attribuzione in godimento o in proprietà ai figli dei beni del fondo configura un procedimento espropriativo a carico dei genitori che deve essere quindi giustificato dal concreto pericolo che i beni siano distolti dalla loro destinazione. • È ammessa la stipula di apposita convenzione matrimoniale da parte dei coniugi e, eventualmente del terzo disponente per la cessazione del fondo, purché non vi siano figli minori o concepiti, nel qual caso l'atto è da ritenersi nullo.

172.-176. (1).

(1) Articoli abrogati dall'art. 54 della l. 19/5/1975, n. 151, Riforma del diritto di famiglia.

Sezione III
Della comunione legale

177. Oggetto della comunione.

Costituiscono oggetto della comunione:

a) gli acquisti compiuti dai due coniugi insieme o separatamente durante il matrimonio, ad esclusione di quelli relativi ai beni personali;

b) i frutti dei beni propri di ciascuno dei coniugi, percepiti e non consumati allo scioglimento della comunione;

c) i proventi dell'attività separata di ciascuno dei coniugi se, allo scioglimento della comunione, non siano stati consumati;

d) le aziende gestite da entrambi i coniugi e costituite dopo il matrimonio.

Qualora si tratti di aziende appartenenti ad uno dei coniugi anteriormente al matrimonio ma gestite da entrambi, la comunione concerne solo gli utili e gli incrementi.

• Il regime conferisce ai coniugi **uguali poteri di cogestione** e **uguali diritti sugli acquisti a titolo originario o derivativo** effettuati, separatamente o insieme, in costanza di matrimonio. Sono esclusi i crediti. *Esempio*: laddove i coniugi in comunione legale abbiano cointestato un conto corrente successivamente alle nozze, varrà la disciplina della comunione ordinaria • Intesa come **massa patrimoniale comune**, insiste sulla comunione una contitolarità attuale dei coniugi in via solidale, soggetta a speciali regole di amministrazione e di coordinamento della garanzia offerta ai creditori tra beni personali e comuni. • Poiché è **senza quote,** non è possibile per il singolo coniuge disporre di una quota su un bene e, per converso, il creditore potrà far espropriare l'intero bene. • Per quanto riguarda l'**oggetto**, occorre distinguere tre masse di beni: a) quelli che cadono in comunione *immediata* (art. 177, co. 1, lett. a), d) e cpv. 177, co. 2,); b) quelli che cadono in comunione *de residuo*, ossia se e soltanto in quanto sussistano al momento scioglimento della comunione (art. 177, lett. b) e c) e art. 178); c) i beni c.d. personali (art. 179).

178. Beni destinati all'esercizio di impresa.

I beni destinati all'esercizio dell'impresa di uno dei coniugi costituita dopo il matrimonio e gli incrementi dell'impresa costituita anche precedentemente si considerano oggetto della comunione solo se sussistono al momento dello scioglimento di questa.

• La costituzione di azienda, successivamente al matrimonio, è elemento necessario ma non sufficiente a determinarne la caduta in comunione, dovendo sempre ricorrere la sua gestione congiunta. Laddove non sussista la gestione congiunta, la disciplina di cui all'art. 178 prescrive la comunione *de residuo* dei **beni c.d. aziendali** (si pensi all'acquisto di un macchinario necessario alla produzione), obiettivamente destinati all'esercizio dell'impresa. • La gestione congiunta deve intendersi come stato di fatto non regolato da schemi negoziali (società, associazione). Laddove il coniuge si limiti a "collaborare", ricorrerà la diversa figura dell'impresa familiare *ex* art. 230-*bis*. • L'azienda costituita da un coniuge prima delle nozze è un bene personale. In tale caso, cadranno in comunione *de residuo* i redditi e proventi derivanti dall'esercizio dell'attività imprenditoriale nonché, ai sensi dell'art. 178, gli **incrementi** dell'impresa (*Esempio*: utili reinvestiti in beni strumentali ed avviamento); laddove, successivamente alle nozze, l'azienda sia cogestita, utili ed incrementi cadranno in comunione immediata.

179. Beni personali.

Non costituiscono oggetto della comunione e sono beni personali del coniuge:

a) i beni di cui, prima del matrimonio, il coniuge era proprietario o rispetto ai quali era titolare di un diritto reale di godimento;

b) i beni acquisiti successivamente al matrimonio per effetto di donazione o successione, quando nell'atto di liberalità o nel testamento non è specificato che essi sono attribuiti alla comunione;

c) i beni di **uso strettamente personale** di ciascun coniuge ed i loro accessori;

d) i beni che servono all'esercizio della professione del coniuge, tranne quelli destinati alla conduzione di un'azienda facente parte della comunione;

e) i beni ottenuti a titolo di risarcimento del danno nonché la pensione attinente alla perdita parziale o totale della capacità lavorativa;

f) i beni **acquisiti con il prezzo del trasferimento dei beni personali** sopraelencati o col loro scambio, purché ciò sia espressamente dichiarato all'atto dell'acquisto.

L'acquisto di beni immobili, o di beni mobili elencati nell'articolo 2683, effettuato dopo il matrimonio, è escluso dalla comunione, ai sensi delle lettere c), d) ed f) del precedente comma, **quando tale esclusione risulti dall'atto di acquisto se di esso sia stato parte anche l'altro coniuge**.

• Sono sottratti alla comunione immediata e *de residuo* i beni: a) la cui titolarità era personale **prima del matrimonio**; a1) quelli c.d. **per surrogazione**, ossia acquistati successivamente al matrimonio, in permuta o mediante il ricavato della vendita dei beni personali, purché ciò sia dichiarato all'atto dell'acquisto; b) i beni acquistati **successivamente** al matrimonio ma b1) per effetto di donazione o successione in cui non sia stato specificato che essi sarebbero caduti in comunione; b2) a titolo di risarcimento dei danni; b3) la pensione da invalidità totale o parziale della capacità lavorativa; nonché c) acquistati sempre **successivamente** al matrimonio ma c1) di uso strettamente personale; c2) destinati all'esercizio della professione (salva l'ipotesi di beni c.d. aziendali *sub* art. 178). • Per quanto riguarda i beni immobili e beni mobili registrati acquistati successivamente al matrimonio, è possibile attribuirli in proprietà esclusiva purché siano di natura strettamente personale oppure tali **per surrogazione** o **per destinazione**; il consenso dell'altro coniuge, espressamente dichiarato nell'atto, assume natura ricognitiva e portata confessoria.

180. Amministrazione dei beni della comunione.

L'amministrazione dei beni della comunione e la rappresentanza in giudizio per gli atti ad essa relativi spettano disgiuntamente ad entrambi i coniugi.

Il compimento degli atti eccedenti l'ordinaria amministrazione, nonché la stipula dei contratti con i quali si concedono o si acquistano diritti personali di godimento e la rappresentanza in giudizio per le relative azioni spettano congiuntamente ad entrambi i coniugi.

• Riflettendo il principio di parità tra i coniugi, la disposizione contiene prescrizioni **inderogabili**. • Il criterio della **normalità** dell'atto di gestione discrimina tra atti di ordinaria ed eccedenti l'ordinaria amministrazione. Sicché, ove il negozio sia per sua natura intrinsecamente idoneo ad alterare la consistenza del patrimonio, a pregiudicarne le potenzialità economiche, a sottrarne o modificarne elementi costitutivi, esso è di straordinaria amministrazione: d'altro canto, sarà di ordinaria amministrazione l'atto che, ancorché rischioso, sia idoneo a conservare la consistenza quantitativa del patrimonio. • Per quanto riguarda gli atti di ordinaria amministrazione, la regola del consenso presuppone che il bene sia già in comunione e, dunque, non riguarda la fase pregressa del suo acquisto ancorché esso sia "destinato" a cadere in comunione. Pertanto, l'azione di annullamento non colpisce gli atti di acquisto di diritti reali o personali di godimento ancorché si tratti di atti eccedenti l'ordinaria amministrazione.

181. Rifiuto di consenso.

Se uno dei coniugi rifiuta il consenso per la stipulazione di un atto di straordinaria amministrazione o per gli altri atti per cui il consenso è richiesto, l'altro coniuge può rivolgersi al giudice per ottenere l'autorizzazione nel caso in cui la stipulazione dell'atto è necessaria nell'interesse della famiglia o dell'azienda che a norma della lettera d) dell'articolo 177 fa parte della comunione.

• La regola di cogestione paritaria nell'amministrazione della comunione o dell'azienda in comunione può provocare una situazione di stallo. Questo inconveniente può essere risolto mediante ricorso al giudice su istanza di ciascuno dei coniugi. Al fine di decidere, il giudice dovrà sindacare la "necessità" dell'operazione negoziale, non essendo sufficiente la mera convenienza o opportunità dell'operazione.

182. Amministrazione affidata ad uno solo dei coniugi.

In caso di lontananza o di altro impedimento di uno dei coniugi l'altro, in mancanza di procura del primo risultante da atto pubblico o da scrittura privata autenticata, può compiere, previa autorizzazione del giudice e con le cautele eventualmente da questo stabilite, gli atti necessari per i quali è richiesto, a norma dell'articolo 180, il consenso di entrambi i coniugi.

Nel caso di gestione comune di azienda, uno dei coniugi può essere delegato dall'altro al compimento di tutti gli atti necessari all'attività dell'impresa.

• Al fine di scongiurare la paralisi indotta dall'assenza o lontananza di un coniuge, in difetto di procura, l'altro coniuge può comunque compiere gli atti necessari per i quali è richiesto, a norma dell'art. 180, il consenso di entrambi i coniugi, previa autorizzazione del giudice e con le cautele eventualmente da questo stabilite. • La delega gestoria nell'esercizio dell'impresa consiste in una procura institoria volta ad autorizzare il coniuge nominato institore a compiere tutti gli atti di gestione compreso, se espressamente autorizzato, ad alienare ed ipotecare i beni immobili del preponente.

183. Esclusione dall'amministrazione.

Se uno dei coniugi è minore o non può amministrare ovvero se ha male amministrato, l'altro coniuge può chiedere al giudice di escluderlo dall'amministrazione.

Il coniuge privato dell'amministrazione può chiedere al giudice di esservi reintegrato, se sono venuti meno i motivi che hanno determinato la esclusione.

La esclusione opera di diritto riguardo al coniuge interdetto e permane sino a quando non sia cessato lo stato di interdizione.

• Con riferimento al minore, la norma si esprime male dovendo l'interpretazione coordinarsi con quanto previsto dagli artt. 84 ss. Si evince così che la minore età non importa esclusione automatica dall'amministrazione della comunione dovendo il tribunale valutare la sussistenza di impedimenti specifici a suo carico. • Tra le ipotesi di impossibilità si indica quello di chi è in stato di detenzione oppure sia assente o scomparso. • A seguito del provvedimento, il coniuge può compiere anche gli atti eccedenti l'ordinaria amministrazione senza il previo consenso del coniuge escluso.

184. Atti compiuti senza il necessario consenso.

Gli atti compiuti da un coniuge senza il necessario consenso dell'altro coniuge e da questo non convalidati sono **annullabili** se riguardano beni immobili o beni mobili elencati nell'articolo 2683.

L'azione può essere proposta dal coniuge il cui consenso era necessario entro un anno dalla data in cui ha avuto conoscenza dell'atto e in ogni caso entro un anno dalla data di trascrizione. Se l'atto non sia stato trascritto e quando il coniuge non ne abbia avuto conoscenza prima dello scioglimento della comunione l'azione non può essere proposta oltre l'anno dallo scioglimento stesso.

Se gli atti riguardano beni mobili diversi da quelli indicati nel primo comma, il coniuge che li ha compiuti senza il consenso dell'altro è obbligato su istanza di quest'ultimo a ricostituire la comunione nello stato in cui era prima del compimento dell'atto o, qualora ciò non sia possibile, al pagamento dell'equivalente secondo i valori correnti all'epoca della ricostituzione della comunione.

• La norma riguarda unicamente gli atti di **disposizione.** Invece dell'inefficacia, la norma legittima il coniuge all'esercizio dell'azione di annullamento, quando si tratta di beni immobili o mobili registrati. • Il termine di un anno per l'esercizio dell'azione deve essere inteso come termine di prescrizione. Quanto alla convalida da parte del coniuge pretermesso, questa potrà anche essere tacita. Ferma restando la responsabilità precontrattuale, il terzo sarà tutelato sul piano contrattuale mediante l'eccezione di inadempimento. • Per gli altri tipi di beni, la norma presuppone che il terzo li abbia validamente ed efficacemente acquistati, sicché non resta che sanzionare la condotta del coniuge obbligandolo a reintegrare in forma specifica il patrimonio comune.

185. Amministrazione dei beni personali del coniuge.

All'amministrazione dei beni che non rientrano nella comunione o nel fondo patrimoniale si applicano le disposizioni dei commi secondo, terzo e quarto dell'articolo 217.

• Si rinvia all'art. 217.

186. Obblighi gravanti sui beni della comunione.

I beni della comunione rispondono:

a) di tutti i pesi ed oneri gravanti su di essi al momento dell'acquisto;

b) di tutti i carichi dell'amministrazione;

c) delle spese per il mantenimento della famiglia e per l'istruzione e l'educazione dei figli e di ogni obbligazione contratta dai coniugi, anche separatamente, nell'interesse della famiglia;

d) di ogni obbligazione contratta congiuntamente dai coniugi.

• La norma conferma che la comunione legale instaura un regime di comunione senza quote come visto *sub* art. 177. ragione per cui i coniugi sono solidalmente titolari di un diritto avente ad oggetto tutti i beni appartenenti alla comunione. A differenza del fondo familiare, non è ammessa la partecipazione di estranei. Mentre la disciplina della comunione ordinaria si propone di tutelare il diritto individuale di godimento del comunista la comunione legale è, piuttosto, rivolta a salvaguardare la gestione responsabile dell'economia familiare di ciascun coniuge • Letto in rapporto sistematico con l'art. 190, la norma chiarisce che, rispetto ai debiti contratti dai coniugi nell'interesse della famiglia, il patrimonio comune risponde in via primaria.

187. Obbligazioni contratte dai coniugi prima del matrimonio.

I beni della comunione, salvo quanto disposto nell'articolo 189, non rispondono delle obbligazioni contratte da uno dei coniugi prima del matrimonio.

• Con riferimento alle obbligazioni singolarmente contratte, la norma recita "prima del matrimonio". Essa deve però essere letta nel senso "prima che sia stato sorto il regime di comunione legale". • Il richiamo all'art. 189 chiarisce soltanto che i creditori particolari di uno dei coniugi, anche quando il credito è sorto anteriormente al matrimonio, possono soddisfarsi in via sussidiaria sui beni della comunione, sino al valore corrispondente alla quota del coniuge obbligato. Con il che si priva la norma di qualsiasi valore.

188. Obbligazioni derivanti da donazioni o successioni.

I beni della comunione, salvo quanto disposto nell'articolo 189, non rispondono delle obbligazioni da cui sono gravate le donazioni e le successioni conseguite dai coniugi durante il matrimonio e non attribuite alla comunione.

• Come per la disposizione precedente, il richiamo all'art. 189 rischia di privare di valore la disposizione, a meno che non si ammetta che, in costanza di comunione, il coniuge sia abilitato ad accettare donazioni ed eredità in via esclusiva, anche senza beneficio d'inventario, senza necessità d'interpellare l'altro coniuge.

189. Obbligazioni contratte separatamente dai coniugi.

I beni della comunione, fino al valore corrispondente alla quota del coniuge obbligato, rispondono, quando i creditori non possono soddisfarsi sui beni personali, delle obbligazioni contratte, dopo il matrimonio, da uno dei coniugi per il compimento di atti eccedenti l'ordinaria amministrazione senza il necessario consenso dell'altro.

I creditori particolari di uno dei coniugi, anche se il credito è sorto anteriormente al matrimonio, possono soddisfarsi in via sussidiaria sui beni della comunione, fino al valore corrispondente alla quota del coniuge obbligato. Ad essi, se chirografari, sono preferiti i creditori della comunione.

• Il "debito personale" è quello contratto dal coniuge fuori dal caso di cui all'art. 186 e di cui risponde con i propri beni. In tale caso, sarà configurabile una responsabilità sussidiaria della comunione sino al valore corrispondente alla quota del coniuge obbligato. • La *ratio* insiste sulla circostanza che si tratta comunque di strumento mediato di attuazione del dovere di contribuzione di cui all'art. 143, co. 3. È, comunque, fatto salvo il ragionevole affidamento del terzo. • Trattandosi di comunione senza quote, l'eventuale esecuzione su un bene in comunione legale avrà ad oggetto il bene nella sua interezza e non per la metà, con scioglimento della comunione limitatamente al bene staggito all'atto della sua vendita od assegnazione. Il coniuge non debitore avrà diritto alla metà del ricavo dalla vendita del bene stesso o del valore di questo, in caso di assegnazione.

190. Responsabilità sussidiaria dei beni personali.

I creditori possono agire in via sussidiaria sui beni personali di ciascuno dei coniugi, nella misura della metà del credito, quando i beni della comunione non sono sufficienti a soddisfare i debiti su di essa gravanti.

• La norma appresta una garanzia *ex lege* aggiuntiva ai creditori comuni dei coniugi i quali potranno soddisfarsi non solo, in via primaria, sui beni appartenenti alla comunione ma anche in via sussidiaria, ossia quando detti beni non sono sufficienti, sui beni personali dei singoli coniugi. Mentre quando agisce sui beni della comunione, non vi sono limiti, quando agisce sui beni personali di ciascun coniuge, il creditore può soddisfarsi nella misura della metà del credito. Questa limitazione sul "credito", non sulla "responsabilità", non sussiste allorquando si tratta di debiti contratti congiuntamente dai coniugi.

191. Scioglimento della comunione.

La comunione si scioglie per la dichiarazione di assenza o di morte presunta di uno dei coniugi, per l'annullamento, per lo scioglimento o per la cessazione degli effetti civili del matrimonio, per la separazione personale, per la separazione giudiziale dei beni, per mutamento convenzionale del regime patrimoniale, per il fallimento di uno dei coniugi.

Nel caso di separazione personale, la comunione tra i coniugi si scioglie nel momento in cui il presidente del tribunale autorizza i coniugi a vivere separati, ovvero alla data di sottoscrizione del processo verbale di separazione consensuale dei coniugi dinanzi al presidente, purché omologato. L'ordinanza con la quale i coniugi sono autorizzati a vivere separati è comunicata all'ufficiale dello stato civile ai fini dell'annotazione dello scioglimento della comunione.

Nel caso di azienda di cui alla lettera d) dell'articolo 177, lo scioglimento della comunione può essere deciso, per accordo dei coniugi, osservata la forma prevista dall'articolo 162.

• L'espressione "scioglimento della comunione" è imprecisa. Nelle ipotesi indicate dalla norma, cessano gli effetti annessi al regime di comunione legale, ossia: a) la caduta *pro futuro* in comunione degli acquisti effettuati permanendo il matrimonio, b) l'ingresso nel patrimonio comune dei beni oggetto facenti parte della comunione *de residuo*, c) l'instaurarsi del regime di comunione ordinaria, con conseguente ripristino del potere di ciascun coniuge di alienare la propria quota sui singoli beni. • La l. n. 55/2015 (c.d. legge sul divorzio breve) ha modificato l'art. 191 prevedendo al secondo comma che, nel caso di separazione personale, la comunione legale tra i coniugi si scioglie (*rectius:* cessa i suoi effetti) nel momento in cui il presidente del tribunale autorizza i coniugi a vivere separati.

192. Rimborsi e restituzioni.

Ciascuno dei coniugi è tenuto a rimborsare alla comunione le somme prelevate dal patrimonio comune per fini diversi dall'adempimento delle obbligazioni previste dall'articolo 186.

È tenuto altresì a rimborsare il valore dei beni di cui all'articolo 189, a meno che, trattandosi di atto di straordinaria amministrazione da lui compiuto, dimostri che l'atto stesso sia stato vantaggioso per la comunione o abbia soddisfatto una necessità della famiglia.

Ciascuno dei coniugi può richiedere la restituzione delle somme prelevate dal patrimonio personale ed impiegate in spese ed investimenti del patrimonio comune.

I rimborsi e le restituzioni si effettuano al momento dello scioglimento della comunione; tuttavia il giudice può autorizzarli in un momento anteriore se l'interesse della famiglia lo esige o lo consente.

Il coniuge che risulta creditore può chiedere di prelevare beni comuni sino a concorrenza del proprio credito. In caso di dissenso si applica il quarto comma. I prelievi si effettuano sul denaro, quindi sui mobili e infine sugli immobili.

• La norma regole due vicende: l'obbligo di rimborso gravante sul coniuge che abbia causato depauperamenti al patrimonio comune; l'obbligo restitutorio in favore del coniuge che si sia spogliato di beni propri personali per impiegarli in favore della comunione legale.

193. Separazione giudiziale dei beni.

La separazione giudiziale dei beni può essere pronunziata in caso di interdizione o di inabilitazione di uno dei coniugi o di cattiva amministrazione della comunione.

Può altresì essere pronunziata quando il disordine degli affari di uno dei coniugi o la condotta da questi tenuta nell'amministrazione dei beni mette in pericolo gli interessi dell'altro o della comunione o della famiglia, oppure quando uno dei coniugi non contribuisce ai bisogni di questa in misura proporzionale alle proprie sostanze e capacità di lavoro.

La separazione può essere chiesta da uno dei coniugi o dal suo legale rappresentante.

La sentenza che pronunzia la separazione retroagisce al giorno in cui è stata proposta la domanda ed ha l'effetto di instaurare il regime di separazione dei beni regolato nella sezione V del presente capo, salvi i diritti dei terzi.

La sentenza è annotata a margine dell'atto di matrimonio e sull'originale delle convenzioni matrimoniali.

• Anche questa norma, come l'art. 191, regola un caso di cessazione degli effetti della comunione legale avente però **natura giudiziale**. I casi previsti dalla norma sono tassativi. Essi coincidono con quelli previsti dall'art. 183. Dunque, la parte avrà la scelta tra chiedere la separazione oppure l'esclusione del coniuge dall'amministrazione

194. Divisione dei beni della comunione.

La divisione dei beni della comunione legale si effettua ripartendo in parti eguali l'attivo e il passivo.

Il giudice, in relazione alle necessità della prole e all'affidamento di essa, può costituire a favore di uno dei coniugi l'usufrutto su una parte dei beni spettanti all'altro coniuge.

• Cessati gli effetti della comunione legale, subentra il regime di separazione dei beni se permane il rapporto matrimoniale. Sui beni insisterà una contitolarità accostabile alla comunione ordinaria. La norma disciplina la procedura divisoria da effettuarsi liquidando l'attivo e il passivo in parti uguali, indipendentemente dal contributo dato da ciascun coniuge alla formazione della massa comune. • La divisione è procedura solo eventuale che potrà avvenire in maniera amichevole, ossia per contratto, o giudizialmente. • Per quanto riguarda i debiti della comunione, essi non sono propriamente suscettibili di divisione, pertanto la responsabilità sarà regolata dalle regole proprie della comunione legale. • Il provvedimento giudiziale costitutivo di usufrutto ha carattere eccezionale. Esso è volto a soddisfare esigenze diverse dal mantenimento che caratterizzano la posizione del minore protetto rispetto al bene considerato. Pertanto, il provvedimento non potrà eccedere la data di compimento della maggiore età dei figli.

195. Prelevamento dei beni mobili.

Nella divisione i coniugi o i loro eredi hanno diritto di prelevare i beni mobili che appartenevano ai coniugi stessi prima della comunione o che sono ad essi pervenuti durante la medesima per successione o donazione. In mancanza di prova contraria si presume che i beni mobili facciano parte della comunione.

• Nella fase prodromica alla divisione, mediante il c.d. prelevamento, i coniugi hanno il diritto di prelievo sui beni personali. Mediante il suo esercizio, essi provvedono a separare i beni di proprietà esclusiva da quelli comuni, determinando così l'esatta consistenza della massa da dividere. Il diritto di prelievo si estende agli eredi.

196. Ripetizione del valore in caso di mancanza delle cose da prelevare.

Se non si trovano i beni mobili che il coniuge o i suoi eredi hanno diritto di prelevare a norma dell'articolo precedente essi possono ripeterne il valore, provandone l'ammontare anche per notorietà, salvo che la mancanza di quei beni sia dovuta a consumazione per uso o perimento o per altra causa non imputabile all'altro coniuge.

• Il diritto di ripetizione ha ad oggetto il valore del bene mobile il cui diritto di prelievo è reso impossibile dalla circostanza che il bene è divenuto irreperibile o perito per causa non imputabile ai coniugi. Si discute se la causa non imputabile debba essere intesa come fatto impeditivo del diritto alla restituzione, che dovrà essere provato dal coniuge cui la ripetizione è richiesta oppure se il perimento imputabile sia fatto costitutivo del diritto, la cui prova incombe sul coniuge titolare del diritto di prelievo.

197. Limiti al prelevamento nei riguardi dei terzi.

Il prelevamento autorizzato dagli articoli precedenti non può farsi, a pregiudizio dei terzi, qualora la proprietà individuale dei beni non risulti da atto avente data certa. È fatto salvo al coniuge o ai suoi eredi il diritto di regresso sui beni della comunione spettanti all'altro coniuge nonché sugli altri beni di lui.

• Stante la presunzione di comunione, incombe sul coniuge la prova che il bene è personale. Tale presunzione vale non solo nei rapporti tra coniugi ma anche nell'interesse dei terzi a non vedersi pregiudicato dai prelevamenti. La prova tra i coniugi della titolarità personale del bene è libera. Essa può vertere sulla oggettiva destinazione del bene all'uso personale. Nei confronti dei terzi, occorre il documento da cui risulti il titolo di appartenenza avente data certa, al fine di provare l'anteriorità dell'acquisto rispetto al matrimonio.

198.-209. (1).

(1) Articoli abrogati dall'art. 77 della l. 19/5/1975, n. 151, Riforma del diritto di famiglia.

Sezione IV
Della comunione convenzionale

210. Modifiche convenzionali alla comunione legale dei beni.

I coniugi possono, mediante convenzione stipulata a norma dell'articolo 162, modificare il regime della comunione legale dei beni purché i patti non siano in contrasto con le disposizioni dell'articolo 161.

I beni indicati alle lettere c), d) ed e) dell'articolo 179 non possono essere compresi nella comunione convenzionale.

Non sono derogabili le norme della comunione legale relative all'amministrazione dei beni della comunione e all'uguaglianza delle quote limitatamente ai beni che formerebbero oggetto della comunione legale.

• Oltre che al principio di parità coniugale, i limiti inderogabili riflettono la generale inefficacia dei negozi diretti a diminuire la responsabilità patrimoniale individuale nei confronti dei terzi. • È possibile escludere determinati beni dalla comunione ma non alterare la regola della parità negli acquisti. Il patto contrario è nullo. • La scelta d'includere i beni personali nel regime di comunione, anche acquistati anteriormente al matrimonio, costituisce atto di liberalità. • Valgono le regole di forma e pubblicità previste dall'art. 162. • In virtù dell'art. 1, co. 20, l. n. 76/2016, tutte le disposizioni della Sezione sono applicabili alle unioni civili.

211. Obbligazioni dei coniugi contratte prima del matrimonio.

I beni della comunione rispondono delle obbligazioni contratte da uno dei coniugi prima del matrimonio limitatamente al valore dei beni di proprietà del coniuge stesso prima del matrimonio che, in base a convenzione stipulata a norma dell'articolo 162, sono entrati a far parte della comunione dei beni.

• La previsione evita che il conferimento di beni personali in comunione pregiudichi le ragioni dei creditori personali del coniuge conferente. Si afferma l'esigenza di un'applicazione estensiva della disposizione dovendo intendersi quel "prima del matrimonio" nel senso di "prima della costituzione della comunione". Fermo restando il possibile esperimento dell'azione revocatoria, i creditori personali del coniuge, in deroga al disposto dell'art. 189, co. 2, potranno agire in via principale e paritetica rispetto ai creditori della comunione.

212.-214. (1).

(1) Articoli abrogati dall'art. 81 della l. 19/5/1975, n. 151, Riforma del diritto di famiglia.

Sezione V
Del regime di separazione dei beni

215. Separazione dei beni.

I coniugi possono convenire che ciascuno di essi conservi la titolarità esclusiva dei beni acquistati durante il matrimonio.

• Sulla natura convenzionale del regime di separazione v. art. 162. È regime residuale sussidiario poiché opera, automaticamente allorché la comunione legale si scioglie e permanga il matrimonio (v. art. 194). • In caso di acquisti comuni, si formerà tra i coniugi una comunione ordinaria su questi beni. • In virtù dell'art. 1, co. 20, l. n. 76/2016, l'intera Sezione è applicabile all'unione civile.

216. (1).

(1) Articolo abrogato dall'art. 88 della l. 19/5/1975, n. 151, Riforma del diritto di famiglia.

217. Amministrazione e godimento dei beni.

Ciascun coniuge ha il godimento e l'amministrazione dei beni di cui è titolare esclusivo.

Se ad uno dei coniugi è stata conferita la procura ad amministrare i beni dell'altro con l'obbligo di rendere conto dei frutti, egli è tenuto verso l'altro coniuge secondo le regole del mandato.

Se uno dei coniugi ha amministrato i beni dell'altro con procura senza l'obbligo di rendere conto dei frutti, egli ed i suoi eredi, a richiesta dell'altro coniuge o allo scioglimento o alla cessazione degli effetti civili del matrimonio, sono tenuti a consegnare i frutti esistenti e non rispondono per quelli consumati.

Se uno dei coniugi, nonostante l'opposizione dell'altro, amministra i beni di questo o comunque compie atti relativi a detti beni risponde dei danni e della mancata percezione dei frutti.

• Poiché ciascun coniuge sarà responsabile per i debiti contratti, i patrimoni individuali sono reciprocamente indifferenti alle vicende dell'altro. • Nel caso di gestione autorizzata, il mandato può essere con o senza conferimento di poteri rappresentativi. Detto mandato è generale e si reputa irrevocabile. • Salvo che non rientri nell'ambito della collaborazione reciprocamente dovuta, la gestione non autorizzata obbliga il coniuge gestore per dolo o colpa grave. • La gestione vietata è quella in cui si manifesta l'opposizione del coniuge. Essa potrebbe rivelarsi legittima le volte in cui l'atto gestorio si giustifichi come necessario nell'interesse della famiglia.

218. Obbligazioni del coniuge che gode dei beni dell'altro coniuge.

Il coniuge che gode dei beni dell'altro coniuge è soggetto a tutte le obbligazioni dell'usufruttuario.

• Riferendosi al godimento materiale, non altrimenti titolato, del bene personale, la norma costituisce previsione integrativa di quella precedente.

219. Prova della proprietà dei beni.

Il coniuge può provare con ogni mezzo nei confronti dell'altro la proprietà esclusiva di un bene.

I beni di cui nessuno dei coniugi può dimostrare la proprietà esclusiva sono di proprietà indivisa per pari quota di entrambi i coniugi.

• La norma si applica alle controversie tra i coniugi o tra i loro eredi non solo quando la convivenza sia cessata ma anche durante la stessa. • Nelle controversie relative a beni mobili, la norma deroga alla regola generale sull'onere della prova in tema di rivendicazione; in quelle aventi ad oggetto beni immobili, la libertà di prova trova generalmente impedimento nel formalismo che connota tale categorie di atti. • La presunzione di comunione tra i coniugi non si estende anche alle relazioni tra ciascun coniuge e terzi.

220.-230. (1).

(1) Articoli abrogati dall'art. 88 della l. 19/5/1975, n. 151.

Sezione VI
Dell'impresa familiare

230 bis. Impresa familiare.

Salvo che sia configurabile un diverso rapporto, il familiare che presta in modo continuativo la sua attività di lavoro nella famiglia o nell'impresa familiare ha diritto al mantenimento secondo la condizione patrimoniale della famiglia e partecipa agli utili dell'impresa familiare ed ai beni acquistati con essi nonché agli incrementi dell'azienda, anche in ordine all'avviamento, in proporzione alla quantità e qualità del lavoro prestato. Le decisioni concernenti l'impiego degli utili e degli incrementi nonché quelle inerenti alla gestione straordinaria, agli indirizzi produttivi e alla cessazione dell'impresa sono adottate, a maggioranza, dai familiari che partecipano alla impresa stessa. I familiari partecipanti alla impresa che non hanno la piena capacità di agire sono rappresentati nel voto da chi esercita la responsabilità genitoriale su di essi.

Il lavoro della donna è considerato equivalente a quello dell'uomo.

Ai fini della disposizione di cui al primo comma si intende come familiare il coniuge, i parenti entro il terzo grado, gli affini entro il secondo; per impresa familiare quella cui collaborano il coniuge, i parenti entro il terzo grado, gli affini entro il secondo.

Il diritto di partecipazione di cui al primo comma è intrasferibile, salvo che il trasferimento avvenga a favore di familiari indicati nel comma precedente col consenso di tutti i partecipi. Esso può essere liquidato in danaro alla cessazione, per qualsiasi causa, della prestazione del lavoro, ed altresì in caso di alienazione dell'azienda. Il pagamento può avvenire in più annualità, determinate, in difetto di accordo, dal giudice.

In caso di divisione ereditaria o di trasferimento dell'azienda i partecipi di cui al primo comma hanno diritto di prelazione sulla azienda. Si applica, nei limiti in cui è compatibile, la disposizione dell'articolo 732.

Le comunioni tacite familiari nell'esercizio dell'agricoltura sono regolate dagli usi che non contrastino con le precedenti norme.

• La disciplina di protezione ha natura **residuale** ossia applicabile laddove la prestazione di collaborazione lavorativa non sia stata altrimenti formalizzata dalle parti. • Ai fini del riconoscimento della tutela, il lavoro prestato all'interno della famiglia deve coordinarsi con la collaborazione nell'impresa degli altri componenti della famiglia. • Quanto ai **diritti economici**, fermo restando il diritto al mantenimento parametrato sulla condizione patrimoniale della famiglia, quello agli utili e incrementi, in proporzione della quantità e qualità del lavoro prestato, costituisce diritto di credito realizzabile al momento dello scioglimento del rapporto di collaborazione, salva diversa decisione della maggioranza dei partecipanti. • Quanto ai **diritti corporativi,** i poteri decisionali attribuiti alla maggioranza (per teste, non per quote) sfociano in atti aventi rilevanza meramente interna. • Poiché la prelazione ha natura legale, il familiare ha diritto di riscatto nei confronti del terzo acquirente (fino al momento in cui sia liquidata la quota del partecipe), ancorché manchi un sistema legale di pubblicità dell'impresa familiare. • Sulla comunione tacita familiare v. art. 2140.

230 ter. Diritti del convivente (1).

Al convivente di fatto che presti stabilmente la propria opera all'interno dell'impresa dell'altro convivente spetta una partecipazione agli utili dell'impresa familiare ed ai beni acquistati con essi nonché agli incrementi dell'azienda, anche in ordine all'avviamento, commisurata al lavoro prestato. Il diritto di partecipazione non spetta qualora tra i conviventi esista un rapporto di società o di lavoro subordinato.

(1) Articolo aggiunto dall'art. 1[46] della l. 20/5/2016, n. 76.

• Al convivente *more uxorio* la giurisprudenza negava accesso alla disciplina di protezione dell'impresa familiare riconoscendo soltanto il rimedio dell'arricchimento ingiustificato. • La norma è intervenuta espressamente per riconoscere al convivente i diritti economici, non anche i diritti corporativi, purché la sua collaborazione sia prestata all'interno dell'impresa; dunque, non vi è equiparazione con il coniuge o con l'unito civilmente. • Resta salva la possibilità che tra i conviventi s'instauri un rapporto di lavoro piuttosto che societario nonché, laddove sia stato stipulato un contratto di convivenza, l'adozione di un regime di cogestione dell'impresa.

Titolo VII
DELLO STATO DI FIGLIO

Capo I
Della presunzione di paternità

231. Paternità del marito.

Il marito è padre del figlio concepito o nato durante il matrimonio.

• La norma esprime l'antico principio che identifica la paternità giuridica con la nascita in costanza di matrimonio: *pater is est, quem iustae nuptiae demonstrant*. In epoche pretecnologiche si sanciva così la differenziazione fra la maternità come dato naturale certo e la paternità, non altrimenti accertabile, come conseguenza giuridica che **si presume** dalla sussistenza di un valido rapporto matrimoniale, unica garanzia della legittimità della stirpe e della connessa capacità successoria. Nell'odierno assetto ordinamentale le coordinate di riferimento sono profondamente mutate, ma la norma conserva la sua rilevanza. • In caso di nascita di figli matrimoniali, infatti, la genitorialità si costituisce automaticamente, **senza la necessità di un atto di riconoscimento**, mentre ulteriori rapporti familiari, pur legalmente riconosciuti, come la convivenza o l'unione civile, non determinano il sorgere di un'analoga presunzione.

232. Presunzione di concepimento durante il matrimonio.

Si presume concepito durante il matrimonio il figlio nato quando non sono ancora trascorsi trecento giorni dalla data dell'annullamento, dello scioglimento o della cessazione degli effetti civili del matrimonio.

La presunzione non opera decorsi trecento giorni dalla pronuncia di separazione giudiziale, o dalla omologazione di separazione consensuale, ovvero dalla data della comparizione dei coniugi avanti al giudice quando gli stessi sono stati autorizzati a vivere separatamente nelle more del giudizio di separazione o dei giudizi previsti nel comma precedente.

• I trecento giorni cui la norma fa riferimento corrispondono al cosiddetto ***tempus lugendi*** di cui all'art. 89, che impedisce solo alla donna le nuove nozze per tale periodo di tempo, onde evitare problematiche incertezze in ordine alla paternità del nascituro.

233. (1).

(1) Articolo abrogato dall'art. 106 del d.lgs. 28/12/2013, n. 154.

234. Nascita del figlio dopo i trecento giorni.

Ciascuno dei coniugi e i loro eredi possono provare che il figlio, nato dopo i trecento giorni dall'annullamento, dallo scioglimento o dalla cessazione degli effetti civili del matrimonio, è stato concepito durante il matrimonio.

Possono analogamente provare il concepimento durante la convivenza quando il figlio sia nato dopo i trecento giorni dalla pronuncia di separazione giudiziale, o dalla omologazione di separazione consensuale, ovvero dalla data di comparizione dei coniugi avanti al giudice quando gli stessi sono stati autorizzati a vivere separatamente nelle more del giudizio di separazione o dei giudizi previsti nel comma precedente.

In ogni caso il figlio può provare di essere stato concepito durante il matrimonio.

• In caso di ricorso all'estero a tecniche di **procreazione assistita *post mortem***, proibite in Italia, la nascita del figlio può aver luogo ben oltre i classici trecento giorni dopo lo scioglimento del matrimonio dovuto alla morte del padre. • *Esempio*: in un caso recente si è ritenuto di dover riconoscere al soggetto così procreato lo *status filiationis*, con il conseguente diritto al cognome paterno ed all'eredità, in quanto l'illiceità della tecnica non può ritorcersi contro il nato, per cui non opera il sistema delle presunzioni codicistiche ma occorre fare riferimento all'art. 6 della l. n. 40/2004 e quindi al consenso per l'utilizzo dei gameti crioconservati prestato dal defunto padre e mai revocato.

235. (1).

(1) Articolo abrogato dall'art. 106 del d.lgs. 28/12/2013, n. 154.

Capo II
Delle prove della filiazione

236. Atto di nascita e possesso di stato.

La filiazione si prova con l'atto di nascita iscritto nei registri dello stato civile.

Basta, in mancanza di questo titolo, il possesso continuo dello stato di figlio.

• Il ricorso all'estero a tecniche di procreazione assistita che in Italia non risulterebbero ammissibili ha posto il problema della trascrivibilità dei conseguenti atti di nascita. • Si ritiene ammissibile la **trascrizione di un atto di nascita straniero** che indichi come co-madri di un figlio due donne sposate all'estero, non sussistendo un contrasto con l'ordine pubblico. Resta però impossibile per l'ufficiale di stato civile italiano formare un siffatto atto di nascita, qualora la **fecondazione eterologa** venga realizzata all'estero, da due donne unite civilmente in Italia, ma il parto abbia luogo sul territorio nazionale. • Quanto all'atto straniero che riconosca due co-padri in seguito al ricorso alla **maternità surrogata**, si è ritenuto che, considerando il disvalore della tecnica, sussista un contrasto con l'ordine pubblico e si possa riconoscere solo la posizione del padre genetico, lasciando comunque aperta per il *partner* la via dell'adozione in casi particolari. • La giurisprudenza costituzionale ha tuttavia ammonito il legislatore perché individui modalità più idonee per la tutela dei minori coinvolti in entrambe le ipotesi considerate (C. Cost. 32/2021; C. Cost. 33/2021).

237. Fatti costitutivi del possesso di stato.

Il possesso di stato risulta da una serie di fatti che nel loro complesso valgano a dimostrare le relazioni di filiazione e di parentela fra una persona e la famiglia a cui essa pretende di appartenere.

In ogni caso devono concorrere i seguenti fatti:

che il genitore abbia trattato la persona come figlio ed abbia provveduto in questa qualità al mantenimento, all'educazione e al collocamento di essa;

che la persona sia stata costantemente considerata come tale nei rapporti sociali;

che sia stata riconosciuta in detta qualità dalla famiglia.

238. Irreclamabilità di uno stato di figlio contrario a quello attribuito dall'atto di nascita.

Salvo quanto disposto dagli articoli 128, 234, 239, 240 e 244, nessuno può reclamare uno stato contrario a quello che gli attribuiscono l'atto di nascita di figlio nato nel matrimonio e il possesso di stato conforme all'atto stesso.

Parimenti non si può contestare la legittimità di colui il quale ha un possesso di stato conforme all'atto di nascita (1).

(1) Comma abrogato dall'art. 13[1, lett. c)] del d.lgs. 28/12/2013, n. 154.

• Occorre tener presente che, nonostante l'unificazione operata sul piano dei diritti e dei doveri scaturenti dalla filiazione, **restano invece tuttora differenziati i meccanismi di**

costituzione, prova e contestazione degli *status*, in quanto la riforma del 2012-2013 ha modificato la terminologia ma ha mantenuto la vecchia struttura dell'articolato codicistico, che disciplina distintamente le ipotesi relative alla nascita nel matrimonio (in passato detta "legittima") e quelle relative alla nascita extramatrimoniale (in passato detta "naturale"). • Nel primo caso lo *status* si costituisce automaticamente per effetto della **presunzione legale** e si può rimuovere con il disconoscimento, mentre nel secondo lo *status* si costituisce con un apposito atto di riconoscimento e si può rimuovere impugnando tale atto.

239. Reclamo dello stato di figlio.

Qualora si tratti di supposizione di parto o di sostituzione di neonato, il figlio può reclamare uno stato diverso.

L'azione di reclamo dello stato di figlio può essere esercitata anche da chi è nato nel matrimonio ma fu iscritto come figlio di ignoti, salvo che sia intervenuta sentenza di adozione.

L'azione può inoltre essere esercitata per reclamare uno stato di figlio conforme alla presunzione di paternità da chi è stato riconosciuto in contrasto con tale presunzione e da chi fu iscritto in conformità di altra presunzione di paternità.

L'azione può, altresì, essere esercitata per reclamare un diverso stato di figlio quando il precedente è stato comunque rimosso.

• Il primo comma disciplina le ipotesi in cui una donna sposata **simuli** il parto per farsi cedere il figlio partorito in realtà da un'altra, ad esempio una gestante surrogata, oppure **scambi** il proprio neonato con un altro, vicenda che si può, ad esempio, verificare colposamente in ambito ospedaliero. • Il secondo comma attiene al caso della donna coniugata che si sia avvalsa della facoltà di **non essere nominata** nell'atto di nascita (art. 30 del d.P.R. n. 396/2000). • Il terzo comma riguarda l'ipotesi in cui un figlio sia stato riconosciuto come extramatrimoniale da una donna coniugata, ma intenda invece reclamare lo *status* di figlio del di lei marito, e quella in cui operino **due contrapposte presunzioni** di paternità, ma il figlio intenda far valere quella che in concreto non è stata seguita nella formazione dell'atto di nascita, il che potrebbe accadere, ad esempio, in caso di concepimento durante il cosiddetto *tempus lugendi* da parte di una donna che abbia violato il divieto di nuove nozze, contraendo così un matrimonio irregolare ma valido. • L'ultimo comma pone per ogni altra ipotesi la regola generale per cui uno *status* può essere reclamato solo una volta rimosso quello precedente.

240. Contestazione dello stato di figlio.

Lo stato di figlio può essere contestato nei casi di cui al primo e secondo comma dell'articolo 239.

• La norma fa riferimento ai casi di simulazione del parto e di **scambio di neonati** di cui al primo comma dell'articolo precedente (nel caso del secondo comma in realtà non sussiste alcuno *status* da contestare). • Non è, invece, regolata l'ipotesi dello **scambio di embrioni**, o gameti, durante un procedimento di procreazione assistita, per cui, almeno secondo la prima giurisprudenza di merito, in tal caso non parrebbe sussistere un rimedio per contestare lo *status* e riallinearlo al dato genetico, ferme restando le azioni risarcitorie nei confronti della struttura sanitaria responsabile dell'errore.

241. Prova in giudizio.

Quando mancano l'atto di nascita e il possesso di stato, la prova della filiazione può darsi in giudizio con ogni mezzo.

Questa prova non può essere ammessa che quando vi è un principio di prova per iscritto, ovvero quando le presunzioni e gli indizi sono abbastanza gravi da determinare l'ammissione della prova (1).

(1) Comma abrogato dall'art. 16[1, lett. c)] del d.lgs. 28/12/2013, n. 154.

242.-243. (1).

(1) Articoli abrogati dall'art. 106[1, lett. a)] del d.lgs. 28/12/2013, n. 154.

243 bis. Disconoscimento di paternità.

L'azione di disconoscimento di paternità del figlio nato nel matrimonio può essere esercitata dal marito, dalla madre e dal figlio medesimo.

Chi esercita l'azione è ammesso a provare che non sussiste rapporto di filiazione tra il figlio e il presunto padre.

La sola dichiarazione della madre non esclude la paternità.

• Il nuovo articolo è stato introdotto dalla riforma del 2012-2013 e segue le direttive tracciate da quella giurisprudenza costituzionale che aveva dichiarato illegittimo il previgente art. 235, nella parte in cui rendeva necessaria la previa dimostrazione di uno dei fatti tipici ivi previsti (impotenza, adulterio, *etc.*) e non consentiva di ricorrere invece direttamente alle **prove genetiche** (C. Cost. 266/2006). • La prova di una diversità genetica non sarà però rilevante in ipotesi di ricorso alla fecondazione **eterologa**, dato che l'art. 9 della l. n. 40/2004 impedisce al coniuge che vi abbia consentito di procedere poi al disconoscimento. • In caso di esito positivo dell'azione di disconoscimento viene meno lo *status* di figlio, con tutti i suoi riflessi anche successori, ma il soggetto potrà conservare il **cognome**, in quanto segno distintivo dell'identità personale, tutelata come diritto fondamentale a prescindere dai rapporti con i genitori (C. Cost. 13/1994).

Capo III
Dell'azione di disconoscimento e delle azioni di contestazione e di reclamo dello stato di figlio

244. Termini dell'azione di disconoscimento.

L'azione di disconoscimento della paternità da parte della madre deve essere proposta nel termine di sei mesi dalla nascita del figlio ovvero dal giorno in cui è venuta a conoscenza dell'impotenza di generare del marito al tempo del concepimento.

Il marito può disconoscere il figlio nel termine di un anno che decorre dal giorno della nascita quando egli si trovava al tempo di questa nel luogo in cui è nato il figlio; se prova di aver ignorato la propria impotenza di generare ovvero l'adulterio della moglie al tempo del concepimento, il termine decorre dal giorno in cui ne ha avuto conoscenza.

Se il marito non si trovava nel luogo in cui è nato il figlio il giorno della nascita il termine, di cui al secondo comma, decorre dal giorno del suo ritorno o dal giorno del ritorno nella residenza familiare se egli ne era lontano. In ogni caso, se egli prova di non aver avuto notizia della nascita in detti giorni, il termine decorre dal giorno in cui ne ha avuto notizia.

Nei casi previsti dal primo e dal secondo comma l'azione non può essere, comunque, proposta oltre cinque anni dal giorno della nascita.

L'azione di disconoscimento della paternità può essere proposta dal figlio che ha raggiunto la maggiore età. L'azione è imprescrittibile riguardo al figlio.

L'azione può essere altresì promossa da un curatore speciale nominato dal giudice, assunte sommarie informazioni, su istanza del figlio minore che ha compiuto i quattordici anni ovvero del pubblico ministero o dell'altro genitore, quando si tratti di figlio di età inferiore.

• La riforma del 2012-2013 tende a configurare le azioni di stato come **imprescrittibili per il figlio ma soggette a termini di decadenza per gli altri legittimati**. I termini previsti sono di due tipi: uno breve e "mobile", che decorre a partire da quando il legittimato viene effettivamente a conoscenza di una certa situazione, e l'altro più lungo e "tombale", che preclude ogni azione dopo i cinque anni dalla nascita del figlio, facendo prevalere il profilo socioaffettivo su quello biologico. • La scelta di prevedere **termini mobili** deriva anche dalla necessità di rispettare le sentenze costituzionali che avevano dichiarato illegittima la disciplina previgente, nella parte in cui faceva decorrere i termini per il disconoscimento dalla nascita del figlio anziché dalla conoscenza dell'adulterio (C. Cost. 134/1985) o della condizione di *impotentia generandi* (C. Cost. 170/1999). Potrebbero quindi sorgere perplessità sul nuovo termine tombale. • Un ulteriore profilo problematico deriva dalla limitazione della **legittimazione ad agire**, in capo al figlio, alla madre ed al di lei marito presunto padre, ma **non al padre biologico**, in contrasto con un recente orientamento della Corte EDU.

245. Sospensione del termine.

Se la parte interessata a promuovere l'azione di disconoscimento di paternità si trova in stato di interdizione per infermità di mente ovvero versa in condizioni di abituale grave infermità di mente, che lo renda incapace di provvedere ai propri interessi, la decorrenza del termine indicato nell'articolo 244 è sospesa nei suoi confronti, sino a che duri lo stato di interdizione o durino le condizioni di abituale grave infermità di mente.

Quando il figlio si trova in stato di interdizione ovvero versa in condizioni di abituale grave infermità di mente, che lo renda incapace di provvedere ai propri interessi, l'azione può essere altresì promossa da un curatore speciale nominato dal giudice, assunte sommarie informazioni, su istanza del pubblico ministero, del tutore, o dell'altro genitore. Per gli altri legittimati l'azione può essere proposta dal tutore o, in mancanza di questo, da un curatore speciale, previa autorizzazione del giudice.

• Il primo comma della norma ha recepito, con la riforma del 2012-2013, l'orientamento della giurisprudenza costituzionale che aveva dichiarato illegittima la previgente disciplina, nella parte in cui prevedeva la sospensione solo nei confronti dell'interdetto, evenienza oggi piuttosto rara nella prassi, ma non anche nei confronti del soggetto che versi **di fatto** in condizioni di abituale grave infermità mentale (C. Cost. 322/2011).

246. Trasmissibilità dell'azione.

Se il presunto padre o la madre titolari dell'azione di disconoscimento di paternità sono morti senza averla promossa, ma prima che sia decorso il termine previsto dall'articolo 244, sono ammessi ad esercitarla in loro vece i discendenti o gli ascendenti; il nuovo termine decorre dalla morte del presunto padre o della madre, o dalla nascita del figlio se si tratta di figlio postumo o dal raggiungimento della maggiore età da parte di ciascuno dei discendenti.

Se il figlio titolare dell'azione di disconoscimento di paternità è morto senza averla promossa sono ammessi ad esercitarla in sua vece il coniuge o i discendenti nel termine di un anno che decorre dalla morte del figlio o dal raggiungimento della maggiore età da parte di ciascuno dei discendenti.

Si applicano il sesto comma dell'articolo 244 e l'articolo 245.

• In caso di morte dei legittimati, l'azione di disconoscimento, in ragione del suo carattere personale e familiare, non si trasmette secondo le regole ordinarie del diritto delle successioni, ma passa, **a prescindere dalla loro eventuale qualità di eredi**, ai congiunti indicati dalla norma, cioè discendenti o ascendenti dei genitori ovvero coniuge o discendenti del figlio.

247. Legittimazione passiva.

Il presunto padre, la madre ed il figlio sono litisconsorti necessari nel giudizio di disconoscimento.

Se una delle parti è minore o interdetta, l'azione è proposta in contraddittorio con un curatore nominato dal giudice davanti al quale il giudizio deve essere promosso.

Se una delle parti è un minore emancipato o un maggiore inabilitato, l'azione è proposta contro la stessa assistita da un curatore parimenti nominato dal giudice.

Se il presunto padre o la madre o il figlio sono morti l'azione si propone nei confronti delle persone indicate nell'articolo precedente o, in loro mancanza, nei confronti di un curatore parimenti nominato dal giudice.

248. Legittimazione all'azione di contestazione dello stato di figlio. Imprescrittibilità.

L'azione di contestazione dello stato di figlio spetta a chi dall'atto di nascita del figlio risulti suo genitore e a chiunque vi abbia interesse.

L'azione è imprescrittibile.

Quando l'azione è proposta nei confronti di persone premorte o minori o altrimenti incapaci, si osservano le disposizioni dell'articolo precedente.

Nel giudizio devono essere chiamati entrambi i genitori.

Si applicano il sesto comma dell'articolo 244 e il secondo comma dell'articolo 245.

• La contestazione dello *status* di figlio in caso di simulazione del parto o di scambio di neonati (cfr. art. 240), rappresenta, nel contesto delineato dalla riforma del 2012-2013, una **peculiare ipotesi di azione di stato imprescrittibile non solo per il figlio ma anche per gli altri soggetti interessati**, che peraltro risultano tutti legittimati senza le limitazioni previste con riguardo al disconoscimento.

249. Legittimazione all'azione di reclamo dello stato di figlio. Imprescrittibilità.

L'azione per reclamare lo stato di figlio spetta al medesimo.

L'azione è imprescrittibile.

Quando l'azione è proposta nei confronti di persone premorte o minori o altrimenti incapaci, si osservano le disposizioni dell'articolo 247.

Nel giudizio devono essere chiamati entrambi i genitori.

Si applicano il sesto comma dell'articolo 244 e il secondo comma dell'articolo 245.

Capo IV
Del riconoscimento dei figli nati fuori dal matrimonio

250. Riconoscimento.

Il figlio nato fuori del matrimonio può essere riconosciuto, nei modi previsti dall'articolo 254, dalla madre e dal padre, anche se già uniti in matrimonio con altra persona all'epoca del concepimento. Il riconoscimento può avvenire tanto congiuntamente quanto separatamente.

Il riconoscimento del figlio che ha compiuto i quattordici anni non produce effetto senza il suo assenso.

Il riconoscimento del figlio che non ha compiuto i quattordici anni non può avvenire senza il consenso dell'altro genitore che abbia già effettuato il riconoscimento.

Il consenso non può essere rifiutato se risponde all'interesse del figlio. Il genitore che vuole riconoscere il figlio, qualora il consenso dell'altro genitore sia rifiutato, ricorre al giudice competente, che fissa un termine per la notifica del ricorso all'altro genitore. Se non viene proposta opposizione entro trenta giorni dalla notifica, il giudice decide con sentenza che tiene luogo del consenso mancante; se viene proposta opposizione, il giudice, assunta ogni opportuna informazione, dispone l'audizione del figlio minore che abbia compiuto i dodici anni, o anche di età inferiore, ove capace di discernimento, e assume eventuali provvedimenti provvisori e urgenti al fine di instaurare la relazione, salvo che l'opposizione non sia palesemente fondata. Con la sentenza che tiene luogo del consenso mancante, il giudice assume i provvedimenti opportuni in relazione all'affidamento e al mantenimento del minore ai sensi dell'articolo 315-bis e al suo cognome ai sensi dell'articolo 262.

Il riconoscimento non può essere fatto dai genitori che non abbiano compiuto il sedicesimo anno di età, salvo che il giudice li autorizzi, valutate le circostanze e avuto riguardo all'interesse del figlio.

• Lo *status* di figlio extramatrimoniale si costituisce per effetto del riconoscimento da parte del padre o della madre o di entrambi. **Non opera dunque l'automatismo legale** previsto in caso di nascita matrimoniale, il che può creare difficoltà qualora dopo il parto la donna non sia in grado di effettuarlo perché in coma o deceduta: in tali ipotesi sarà quindi necessaria una dichiarazione giudiziale della maternità (cfr. art. 269). • In passato i figli adulterini non erano riconoscibili, ma con la riforma del 1975 il riconoscimento è divenuto **possibile anche per il genitore coniugato** con persona diversa dall'altro genitore. • Perché il riconoscimento produca effetti, occorre il **consenso** del figlio riconosciuto, se maggiore di quattordici anni, o del genitore che lo abbia già riconosciuto. In questo secondo caso, il diniego del consenso può essere superato dal giudice se in contrasto con l'**interesse del minore**, che deve essere ascoltato. • Sino alla riforma del 2012-2013 il riconoscimento poteva essere effettuato solo dal genitore che avesse compiuto sedici anni, mentre oggi il giudice nell'interesse del figlio può autorizzare anche un genitore di età inferiore.

251. Autorizzazione al riconoscimento.

Il figlio nato da persone, tra le quali esiste un vincolo di parentela in linea retta all'infinito o in linea collaterale nel secondo grado, ovvero un vincolo di affinità in linea retta, può essere riconosciuto previa autorizzazione del giudice avuto riguardo all'interesse del figlio e alla necessità di evitare allo stesso qualsiasi pregiudizio.

Il riconoscimento di una persona minore di età è autorizzato dal giudice.

• La riforma del 2012-2013 ha introdotto un meccanismo di autorizzazione giudiziale al **riconoscimento anche per l'ipotesi della filiazione incestuosa**, che precedentemente risultava irriconoscibile, salvo alcune peculiari eccezioni. • È così venuta meno l'ultima ipotesi di irriconoscibilità assoluta, che, come nel passato meno prossimo accadeva pure per l'adulterio, faceva ricadere sul figlio le colpe dei genitori. Oggi invece il giudice può negare l'autorizzazione al riconoscimento solo se lo ritiene pregiudizievole nei confronti del figlio stesso, il cui interesse anche in questo caso assurge a criterio decisivo. • Si può dunque affermare in termini generali che **l'illiceità della condotta procreativa non preclude** la possibilità di riconoscere, o dichiarare giudizialmente, la filiazione: il che varrà, ad esempio, anche con riguardo al genitore genetico in caso di ricorso all'estero a tecniche riproduttive illecite in Italia, come la maternità surrogata o la procreazione *post mortem*.

252. Affidamento del figlio nato fuori del matrimonio e suo inserimento nella famiglia del genitore.

Qualora il figlio nato fuori del matrimonio di uno dei coniugi sia riconosciuto durante il matrimonio il giudice, valutate le circostanze, decide in ordine all'affidamento del minore e adotta ogni altro provvedimento a tutela del suo interesse morale e materiale.

L'eventuale inserimento del figlio nato fuori del matrimonio nella famiglia legittima di uno dei genitori può essere autorizzato dal giudice qualora ciò non sia contrario all'interesse del minore e sia accertato il consenso dell'altro coniuge convivente e degli altri figli che abbiano compiuto il sedicesimo anno di età e siano conviventi, nonché dell'altro genitore che abbia effettuato il riconoscimento. In questo caso il giudice stabilisce le condizioni cui ciascun genitore deve attenersi.

Qualora il figlio sia riconosciuto anteriormente al matrimonio, il suo inserimento nella famiglia è subordinato al consenso dell'altro coniuge, a meno che il figlio fosse già convivente con il genitore all'atto del matrimonio o l'altro coniuge conoscesse l'esistenza del figlio.

È altresì richiesto il consenso dell'altro genitore che abbia effettuato il riconoscimento.

In caso di disaccordo tra i genitori, ovvero di mancato consenso degli altri figli conviventi, la decisione è rimessa al giudice tenendo conto dell'interesse dei minori. Prima dell'adozione del provvedimento, il giudice dispone l'ascolto dei figli minori che abbiano compiuto gli anni dodici e anche di età inferiore ove capaci di discernimento.

253. Inammissibilità del riconoscimento.

In nessun caso è ammesso un riconoscimento in contrasto con lo stato di figlio in cui la persona si trova.

• Si può tuttora parlare, in senso relativo, di irriconoscibilità della filiazione per l'ipotesi in cui non è consentito procedere ad un riconoscimento che sarebbe in contrasto con lo *status* di cui il figlio già gode. • **Occorre dunque prima agire per rimuovere tale *status***, e solo successivamente procedere al riconoscimento. Il problema si pone, ad esempio, per la posizione del padre biologico che non è legittimato ad agire per il disconoscimento della paternità del marito della madre e quindi, se gli altri legittimati non si attivano, resta nell'impossibilità di procedere al riconoscimento.

254. Forma del riconoscimento.

Il riconoscimento del figlio nato fuori del matrimonio è fatto nell'atto di nascita, oppure con una apposita dichiarazione, posteriore alla nascita o al concepimento, davanti ad un ufficiale dello stato civile *o davanti al giudice tutelare* (1) o in un atto pubblico o in un testamento, qualunque sia la forma di questo.

La domanda di legittimazione di un figlio naturale presentata al giudice o la dichiarazione della volontà di legittimarlo espressa dal genitore in un atto pubblico o in un testamento importa riconoscimento, anche se la legittimazione non abbia luogo (2).

(1) Le parole in corsivo sono state abrogate dall'art. 138 del d.lgs. 19/2/1998, n. 51.
(2) Comma abrogato dall'art. 25[1, lett. b)] del d.lgs. 28/12/2013, n. 154.

• La norma disciplina la forma dell'atto di riconoscimento: di regola un atto pubblico, con l'eccezione del riconoscimento contenuto in un testamento, che potrebbe anche essere, ad esempio, olografo. • Il riconoscimento è espressamente ammesso anche con riguardo ad un figlio non ancora nato ma solo **concepito**, per cui la disposizione si può inserire fra quelle che concorrono a fondare una, sia pur relativa e contingente, soggettività giuridica del concepito (cfr. artt. 1, 320, 462, 643, 687, 715, 784 c.c.; art. 1 della l. n. 405/1975; art. 1 della l. n. 194/1978; art. 1 della l. n. 40/2004).

255. Riconoscimento di un figlio premorto.

Può anche aver luogo il riconoscimento del figlio premorto, in favore dei suoi discendenti *legittimi e dei suoi figli naturali riconosciuti* (1).

(1) Le parole in corsivo sono state abrogate dall'art. 26 del d.lgs. 28/12/2013, n. 154.

256. Irrevocabilità del riconoscimento.

Il riconoscimento è irrevocabile. Quando è contenuto in un testamento ha effetto dal giorno della morte del testatore, anche se il testamento è stato revocato.

• Il riconoscimento del figlio può costituire una classica ipotesi di **contenuto non patrimoniale del testamento**, cui si applicano regole diverse da quelle ordinarie del negozio testamentario. Il testamento infatti è caratterizzato dalla libera revocabilità, ma, rispetto a questa particolare dichiarazione in esso contenuta, la revoca non produce effetti.

257. Clausole limitatrici.

È nulla ogni clausola diretta a limitare gli effetti del riconoscimento.

• Il riconoscimento è configurato come **atto puro**, o *actus legitimus*, cui non possono essere apposti elementi accidentali come condizioni, termini o oneri. • Va inoltre considerata **nulla una rinunzia preventiva** a riconoscere il figlio, trattandosi di un diritto della personalità indisponibile ed inestinguibile, per cui anche la donna che si sia avvalsa del diritto di non essere nominata nell'atto di nascita non perde il diritto di procedere invece al riconoscimento del figlio, sino a che non intervenga, ai sensi dell'art. 11, co. 7, l. n. 184/1983, il decreto di affidamento preadottivo. Il figlio adottato risulterà poi comunque titolare di uno *status* incompatibile, tale da rendere inammissibile il riconoscimento ai sensi dell'art. 254.

258. Effetti del riconoscimento.

Il riconoscimento produce effetti riguardo al genitore da cui fu fatto e riguardo ai parenti di esso.

L'atto di riconoscimento di uno solo dei genitori non può contenere indicazioni relative all'altro genitore. Queste indicazioni, qualora siano state fatte, sono senza effetto.

Il pubblico ufficiale che le riceve e l'ufficiale dello stato civile che le riproduce sui registri dello stato civile sono puniti con l'ammenda da 20 euro a 82 euro. Le indicazioni stesse devono essere cancellate.

• In seguito alla riforma del 2012-2013, il riconoscimento produce effetti anche nei confronti dei **parenti del genitore**, che diventano quindi parenti del figlio extramatrimoniale riconosciuto, con i **conseguenti riflessi anche successori**, esattamente come accadrebbe in caso di nascita nel matrimonio. • L'obbiettivo di una piena **eguaglianza** tra figli matrimoniali ed extramatrimoniali può quindi dirsi conseguito, grazie al superamento del previgente assetto in cui tali effetti si producevano solo nei confronti del genitore, senza che si costituissero ulteriori rapporti di parentela, il che determinava una limitazione dei diritti successori dei figli naturali in contrasto con l'orientamento da tempo espresso da parte della Corte EDU.

259.-260. (1).

(1) Articoli abrogati dall'art. 109 della l. 19/5/1975, n. 151.

261. (1).

(1) Articolo abrogato dall'art. 106 del d.lgs. 28/12/2013, n. 154.

262. Cognome del figlio nato fuori del matrimonio.

Il figlio assume il cognome del genitore che per primo lo ha riconosciuto. Se il riconoscimento è stato effettuato contemporaneamente da entrambi i genitori il figlio assume il cognome del padre.

Se la filiazione nei confronti del padre è stata accertata o riconosciuta successivamente al riconoscimento da parte della madre, il figlio può assumere il cognome del padre aggiungendolo, anteponendolo o sostituendolo a quello della madre.

Se la filiazione nei confronti del genitore è stata accertata o riconosciuta successivamente all'attribuzione del cognome da parte dell'ufficiale dello stato civile, si applica il primo e il secondo comma del presente articolo; il figlio può mantenere il cognome precedentemente attribuitogli, ove tale cognome sia divenuto autonomo segno della sua identità personale, aggiungendolo, anteponendolo o sostituendolo al cognome del genitore che per primo lo ha riconosciuto o al cognome dei genitori in caso di riconoscimento da parte di entrambi.

Nel caso di minore età del figlio, il giudice decide circa l'assunzione del cognome del genitore, previo ascolto del figlio minore, che abbia compiuto gli anni dodici e anche di età inferiore ove capace di discernimento.

• Seguendo l'orientamento di tutela del diritto all'identità personale espresso dalla Corte EDU, la giurisprudenza costituzionale ha statuito che i genitori possono, di comune accordo, **attribuire sia il cognome del padre sia quello della madre** al figlio, matrimoniale o extramatrimoniale congiuntamente riconosciuto o congiuntamente adottato (C. Cost. 286/2016). • Non è invece possibile attribuire soltanto il cognome materno, neppure in caso di accordo tra i genitori in tal senso, ma al riguardo sono stati sollevati dubbi di costituzionalità e la questione è tuttora pendente.

263. Impugnazione del riconoscimento per difetto di veridicità.

Il riconoscimento può essere impugnato per difetto di veridicità dall'autore del riconoscimento, da colui che è stato riconosciuto e da chiunque vi abbia interesse.

L'azione è imprescrittibile riguardo al figlio.

L'azione di impugnazione da parte dell'autore del riconoscimento deve essere proposta nel termine di un anno che decorre dal giorno dell'annotazione del riconoscimento sull'atto di nascita. Se l'autore del riconoscimento prova di aver ignorato la propria impotenza al tempo del concepimento, il termine decorre dal giorno in cui ne ha avuto conoscenza; nello stesso termine, la madre che abbia effettuato il riconoscimento è ammessa a provare di aver ignorato l'impotenza del presunto padre. L'azione non può essere comunque proposta oltre cinque anni dall'annotazione del riconoscimento.

L'azione di impugnazione da parte degli altri legittimati deve essere proposta nel termine di cinque anni che decorrono dal giorno dall'annotazione del riconoscimento sull'atto di nascita. Si applica l'articolo 245.

• Anche con riguardo all'impugnazione del riconoscimento, la riforma del 2012-2013 distingue fra **imprescrittibilità per il figlio** e **previsione di un termine per gli altri legit-**

timati, in questo caso tutti gli interessati. Ritroviamo la distinzione fra termine mobile breve, che corre dalla effettiva conoscenza della condizione di *impotentia generandi*, e termine tombale, che preclude ogni azione dopo cinque anni dall'annotazione del riconoscimento, facendo prevalere il profilo socioaffettivo su quello biologico. • L'impugnazione del riconoscimento è possibile quando il suo contenuto non corrisponda alla realtà biologica, come potranno dimostrare le prove genetiche. **La verità biologica non costituisce però l'unico criterio rilevante.** • Analogamente a quanto previsto in materia di disconoscimento, l'art. 9 della l. n. 40/2004 inibisce anche al convivente che abbia consentito al ricorso alla fecondazione **eterologa** di impugnare il riconoscimento. • Secondo la giurisprudenza la lesione del **diritto all'identità personale** del figlio, per effetto di un riconoscimento "di compiacenza", consapevolmente falso e come tale poi impugnato, obbliga al risarcimento del danno non patrimoniale.

264. Impugnazione da parte del figlio minore.

L'impugnazione del riconoscimento per difetto di veridicità può essere altresì promossa da un curatore speciale nominato dal giudice, assunte sommarie informazioni, su istanza del figlio minore che ha compiuto quattordici anni, ovvero del pubblico ministero o dell'altro genitore che abbia validamente riconosciuto il figlio, quando si tratti di figlio di età inferiore.

• Una valutazione di **conformità all'interesse del minore** dell'impugnazione del riconoscimento deve essere effettuata anzitutto nel preliminare procedimento volto alla nomina del curatore speciale (C. Cost. 272/2017).

265. Impugnazione per violenza.

Il riconoscimento può essere impugnato per violenza dall'autore del riconoscimento entro un anno dal giorno in cui la violenza è cessata.

Se l'autore del riconoscimento è minore, l'azione può essere promossa entro un anno dal conseguimento dell'età maggiore.

• Anche un riconoscimento veridico può essere impugnato dall'autore se è stato estorto con la violenza. Ciò non toglie che, una volta rimosso siffatto riconoscimento, **la filiazione potrà comunque essere giudizialmente dichiarata**, ferme restando naturalmente le sanzioni civili e penali nei confronti dei responsabili della violenza.

266. Impugnazione del riconoscimento per effetto di interdizione giudiziale.

Il riconoscimento può essere impugnato per l'incapacità che deriva da interdizione giudiziale dal rappresentante dell'interdetto e, dopo la revoca dell'interdizione, dall'autore del riconoscimento, entro un anno dalla data della revoca.

• Le considerazioni relative all'impugnazione per violenza valgono anche con riferimento all'impugnazione del riconoscimento effettuato da persona giudizialmente interdetta.

267. Trasmissibilità dell'azione.

Nei casi indicati dagli articoli 265 e 266, se l'autore del riconoscimento è morto senza aver promosso l'azione, ma prima che sia scaduto il termine, l'azione può essere promossa dai discendenti, dagli ascendenti o dagli eredi.

Nel caso indicato dal primo comma dell'articolo 263, se l'autore del riconoscimento è morto senza aver promosso l'azione, ma prima che sia decorso il termine previsto dal terzo comma dello stesso articolo, sono ammessi ad esercitarla in sua vece i discendenti o gli ascendenti, entro un anno decorrente dalla morte dell'autore del riconoscimento o dalla nascita del figlio se si tratta di figlio postumo o dal raggiungimento della maggiore età da parte di ciascuno dei discendenti.

Se il figlio riconosciuto è morto senza aver promosso l'azione di cui all'articolo 263, sono ammessi ad esercitarla in sua vece il coniuge o i discendenti nel termine di un anno che decorre dalla morte del figlio riconosciuto o dal raggiungimento della maggiore età da parte di ciascuno dei discendenti.

La morte dell'autore del riconoscimento o del figlio riconosciuto non impedisce l'esercizio dell'azione da parte di coloro che ne hanno interesse, nel termine di cui al quarto comma dell'articolo 263.

Si applicano il sesto comma dell'articolo 244 e l'articolo 245.

• In caso di morte dei legittimati, anche l'azione di impugnazione del riconoscimento per difetto di veridicità non si trasmette secondo le regole ordinarie del diritto delle successioni, ma passa ai familiari indicati dalla norma, cioè discendenti o ascendenti dei genitori ovvero coniuge o discendenti del figlio, **a prescindere dalla loro eventuale qualità di eredi**. • Invece, l'azione di impugnazione del riconoscimento per violenza, o per incapacità derivante da interdizione giudiziale, si trasmette non solo ai discendenti e ascendenti ma anche agli eredi in quanto tali.

268. Provvedimenti in pendenza del giudizio.

Quando è impugnato il riconoscimento, il giudice può dare, in pendenza del giudizio, i provvedimenti che ritenga opportuni nell'interesse del figlio.

Capo V
Della dichiarazione giudiziale della paternità e della maternità

269. Dichiarazione giudiziale di paternità e maternità.

La paternità e la maternità possono essere giudizialmente dichiarate nei casi in cui il riconoscimento è ammesso.

La prova della paternità e della maternità può essere data con ogni mezzo.

La maternità è dimostrata provando l'identità di colui che si pretende essere figlio e di colui che fu partorito dalla donna, la quale si assume essere madre.

La sola dichiarazione della madre e la sola esistenza di rapporti tra la madre e il preteso padre all'epoca del concepimento non costituiscono prova della paternità.

• La dichiarazione giudiziale della genitorialità è ammessa in tutti i casi in cui sarebbe possibile il riconoscimento, che quindi non è più atto di libertà ma atto esecutivo di un **dovere che l'art. 30 Cost. impone al genitore per il fatto della procreazione**. Coerentemente, la giurisprudenza pone in capo a chi non abbia riconosciuto il figlio anche una responsabilità risarcitoria. • La genitorialità si può dimostrare con ogni mezzo, anzitutto tramite le **prove genetiche**. Il richiamo alla tradizionale dimostrazione della maternità sulla base del parto (*mater semper certa*) non esclude il ricorso alla genetica: il problema si potrebbe porre per la maternità surrogata. • Un limite alla possibilità di dichiarare la filiazione deriva dal diritto della partoriente **a non essere nominata** nell'atto di nascita: secondo la recente giurisprudenza in tal caso il nato potrà esercitare l'azione solamente dopo la morte della donna (Cass. 19824/2020). Un'altra ipotesi di anonimato è prevista per il **donatore di gameti** (art. 9 della l. n. 40/2004). In ambo i casi bisogna però distinguere tra impossibilità di costituire lo *status* e diritto a conoscere le proprie origini (C. Cost. 278/2013; C. Cost. 162/2014).

270. Legittimazione attiva e termine.

L'azione per ottenere che sia dichiarata giudizialmente la paternità o la maternità è imprescrittibile riguardo al figlio.

Se il figlio muore prima di avere iniziato l'azione, questa può essere promossa dai discendenti, entro due anni dalla morte.

L'azione promossa dal figlio, se egli muore, può essere proseguita dai discendenti [legittimi, legittimati o naturali riconosciuti].

Si applica l'articolo 245.

• La parte legittimata ad agire è chi si assume **figlio**, e l'azione è per lui imprescrittibile, in linea con l'approccio della riforma del 2012-2013 in materia di azioni di stato. Limiti temporali sono invece previsti per i discendenti cui, anche in questo caso a prescindere dalla qualità di eredi, si trasmette l'azione in caso di morte del figlio.

271.-272. (1).

(1) Articoli abrogati dall'art. 115 della l. 19/5/1975, n. 151.

273. Azione nell'interesse del minore o dell'interdetto.

L'azione per ottenere che sia giudizialmente dichiarata la paternità o la maternità può essere promossa, nell'interesse del minore, dal genitore che esercita la responsabilità genitoriale prevista dall'articolo 316 o dal tutore. Il tutore però deve chiedere l'autorizzazione del giudice, il quale può anche nominare un curatore speciale.

Occorre il consenso del figlio per promuovere o per proseguire l'azione se egli ha compiuto l'età di quattordici anni.

Per l'interdetto l'azione può essere promossa dal tutore previa autorizzazione del giudice.

• Qualora il figlio sia minorenne, l'azione può essere promossa dal **genitore**, sempre legittimato ad agire, o dal **tutore**, che deve invece chiedere l'autorizzazione del giudice, il quale potrà anche nominare un curatore speciale. La distinzione è coerente con le regole generali, per cui il tutore deve chiedere l'autorizzazione per promuovere giudizi, salvo le eccezioni di cui all'art. 374, n. 5, mentre per il genitore è invece la necessità di autorizzazione a rappresentare l'eccezione in base all'art. 320, co. 3. • Tutto ciò non toglie, secondo l'orientamento della giurisprudenza costituzionale (C. Cost. 341/1990) recepito dal legislatore, che anche l'azione del genitore potrà essere promossa solo nell'interesse del minore. • Ritroviamo il riferimento al **quattordicesimo anno** di età, oltre il quale diventa necessario il consenso del figlio perché l'azione possa essere promossa.

274. Ammissibilità dell'azione.

L'azione per la dichiarazione giudiziale di paternità o di maternità naturale è ammessa solo quando concorrono specifiche circostanze tali da farla apparire giustificata.

Sull'ammissibilità il tribunale decide in camera di consiglio con decreto motivato, su ricorso di chi intende promuovere l'azione, sentiti il pubblico ministero e le parti e assunte le informazioni del caso. Contro il decreto si può proporre reclamo con ricorso alla corte d'appello, che pronuncia anche essa in camera di consiglio.

L'inchiesta sommaria compiuta dal tribunale ha luogo senza alcuna pubblicità e deve essere mantenuta segreta. Al termine della inchiesta gli atti e i documenti della stessa sono depositati in cancelleria ed il cancelliere deve darne avviso alle parti le quali, entro quindici giorni dalla comunicazione di detto avviso, hanno facoltà di esaminarli e di depositare memorie illustrative.

Il tribunale, anche prima di ammettere l'azione, può, se trattasi di minore o d'altra persona incapace, nominare un curatore speciale che la rappresenti in giudizio.

• La norma, risalente ad un'epoca in cui le azioni per la ricerca della paternità erano viste con particolare sospetto, perché pericolose per l'ordine delle famiglie e necessariamente fondate su elementi di incertissima valutazione, è stata dichiarata **incostituzionale** in quanto irragionevole ostacolo al diritto di agire in giudizio (C. Cost. 50/2006).

275. (1).

(1) Articolo abrogato dall'art. 118 della l. 19/5/1975, n. 151.

276. Legittimazione passiva.

La domanda per la dichiarazione di paternità o di maternità deve essere proposta nei confronti del presunto genitore o, in sua mancanza, nei confronti dei suoi eredi. In loro mancanza, la domanda deve essere proposta nei confronti di un curatore nominato dal giudice davanti al quale il giudizio deve essere promosso.

Alla domanda può contraddire chiunque vi abbia interesse.

277. Effetti della sentenza.

La sentenza che dichiara la filiazione produce gli effetti del riconoscimento.

Il giudice può anche dare i provvedimenti che stima utili per l'affidamento, il mantenimento, l'istruzione e l'educazione del figlio e per la tutela degli interessi patrimoniali di lui.

278. Autorizzazione all'azione.
Nei casi di figlio nato da persone, tra le quali esiste un vincolo di parentela in linea retta all'infinito o in linea collaterale nel secondo grado, ovvero un vincolo di affinità in linea retta, l'azione per ottenere che sia giudizialmente dichiarata la paternità o la maternità non può essere promossa senza previa autorizzazione ai sensi dell'articolo 251.

• La dichiarazione giudiziale della genitorialità è ammissibile in tutti i casi in cui lo sarebbe il riconoscimento, per cui al legislatore del 2012-2013 è parso coerente prevedere che in caso di **filiazione incestuosa** l'azione debba essere previamente autorizzata dal giudice alla stregua di quello stesso criterio dell'interesse del figlio che è decisivo per l'autorizzazione del riconoscimento di tale filiazione ai sensi dell'art. 251.

279. Responsabilità per il mantenimento e l'educazione.
In ogni caso in cui non può proporsi l'azione per la dichiarazione giudiziale di paternità o di maternità, il figlio nato fuori del matrimonio può agire per ottenere il mantenimento, l'istruzione e l'educazione. Il figlio nato fuori del matrimonio se maggiorenne e in stato di bisogno può agire per ottenere gli alimenti a condizione che il diritto al mantenimento di cui all'articolo 315-bis, sia venuto meno.

L'azione è ammessa previa autorizzazione del giudice ai sensi dell'articolo 251.

L'azione può essere promossa nell'interesse del figlio minore da un curatore speciale nominato dal giudice su richiesta del pubblico ministero o del genitore che esercita la responsabilità genitoriale.

• Il **figlio non riconoscibile** ha il diritto di conseguire dal genitore non i meri alimenti, come accadeva in passato ed è tuttora previsto per il figlio maggiorenne autosufficiente, bensì mantenimento, istruzione ed educazione, in linea con l'**art. 30 Cost.**, pur restando esclusa la costituzione dello *status filiationis*. • *Esempio*: l'istituto potrebbe trovare applicazione in caso di filiazione incestuosa qualora non siano stati in concreto autorizzati il riconoscimento o la dichiarazione giudiziale (cfr. artt. 251 o 278), ma anche nei casi in cui il riconoscimento, e quindi in forza dell'art. 269 la dichiarazione giudiziale della genitorialità, sono impossibili perché manca il consenso dell'altro genitore o del figlio stesso, o il giudice non ha autorizzato un genitore minore a procedervi (cfr. art. 250), oppure perché è intervenuto l'affidamento preadottivo ai sensi dell'art. 11, co. 7, l. n. 184/1983, oppure ancora perché il figlio gode di uno *status* incompatibile, che rende il riconoscimento inammissibile ai sensi dell'art. 253. • Il diritto dei figli non riconoscibili del *de cuius* ad un assegno sull'eredità è regolato dagli artt. 580 e 594.

Sezione II

Della legittimazione dei figli naturali (1)

280.-290. (1).

(1) Articoli abrogati, unitamente all'intera sezione, dall'art. 1[10] della l. 10/12/2012, n. 219.

Titolo VIII
DELL'ADOZIONE DI PERSONE MAGGIORI DI ETÀ

Capo I
Dell'adozione di persone maggiori di età e dei suoi effetti

291. Condizioni.
L'adozione è permessa alle persone che non hanno discendenti [*legittimi o legittimati*] (1), che hanno compiuto gli anni trentacinque e che superano almeno di diciotto anni l'età di coloro che essi intendono adottare.

Quando eccezionali circostanze lo consigliano, il tribunale può autorizzare l'adozione se l'adottante ha raggiunto almeno l'età di trenta anni, ferma restando la differenza di età di cui al comma precedente.

(1) V. l'art. 1[11] della l. 10/12/2012, n. 219, Disposizioni in materia di riconoscimento dei figli naturali che dispone: «le parole: "figli legittimi" e "figli naturali", ovunque ricorrono, sono sostituite dalla seguente: "figli"».

• All'interno del Codice Civile trova tuttora la propria disciplina il più antico modello di adozione come accordo fra due maggiorenni finalizzato ad un'operazione di pianificazione successoria. Invece, il modello più moderno di adozione come strumento di assistenza all'infanzia abbandonata, gestito da autorità pubbliche e incentrato sull'interesse del minore ad essere accolto da una famiglia idonea, è regolato dalla l. speciale n. 184/1983. • La norma è stata giudicata illegittima, nella parte in cui, per coerenza col tradizionale scopo di **dare un successore all'adottante**, consentiva l'adozione solo a chi fosse privo di discendenti, determinando una limitazione eccessiva ed irrazionale: oggi è perciò sufficiente l'assenso dei figli, analogamente a quanto previsto per il coniuge dall'art. 297 (C. Cost. 557/1988; C. Cost. 245/2004). • Le condizioni relative all'età rispondono all'antica logica dell'***imitatio naturae***, per cui l'adozione dovrebbe riprodurre i rapporti tipici della filiazione biologica. La giurisprudenza ammette però una riduzione della differenza d'età, in ragione delle peculiarità del caso concreto e di una rilettura storico-sistematica.

292. (1).

(1) Articolo abrogato dall'art. 1 del r.d.l. 20/1/1944, n. 25 e dall'art. 3[3] del d.lgs.lt. 14/9/1944, n. 287.

293. Divieto d'adozione di figli.

I figli non possono essere adottati dai loro genitori.

Non può tuttavia essere dichiarata la nullità della adozione se, al momento in cui questa avvenne, la qualità di figlio naturale dell'adottato non risultava da riconoscimento o da dichiarazione giudiziale (1).

Se l'adottato è un figlio naturale non riconoscibile, può essere sempre dichiarata la nullità dell'adozione (1).

(1) Comma abrogato dall'art. 67 della l. 4/5/1983, n. 184.

• Oggi, una volta affermatosi il principio di eguaglianza tra figli matrimoniali ed extramatrimoniali, la risalente diffidenza nei confronti dell'adozione, in quanto strumento per aggirare le norme che limitavano la possibilità di legittimare o riconoscere i figli naturali, non ha più ragion d'essere. Pertanto, l'unico comma residuo della norma in commento finisce per esprimere solo il dato ovvio che laddove già sussista un rapporto di filiazione non ha senso procedere all'adozione.

294. Pluralità di adottati o di adottanti.

È ammessa l'adozione di più persone, anche con atti successivi.

Nessuno può essere adottato da più di una persona, salvo che i due adottanti siano marito e moglie.

• Secondo un orientamento di merito, l'eccezione al divieto della pluralità degli adottanti, prevista dalla norma in commento per i **coniugi**, non è estensibile alle parti di un'unione civile, in quanto gli artt. 291 ss. non sono richiamati dalla l. n. 76/2016.

295. Adozione da parte del tutore.

Il tutore non può adottare la persona della quale ha avuto la tutela, se non dopo che sia stato approvato il conto della sua amministrazione, sia stata fatta la consegna dei beni e siano state estinte le obbligazioni risultanti a suo carico o data idonea garanzia per il loro adempimento.

296. Consenso per l'adozione.

Per l'adozione si richiede il consenso dell'adottante e dell'adottando.

Se l'adottando non ha compiuto la maggiore età il consenso è dato dal suo legale rappresentante (1).

Se l'adottando ha compiuto gli anni dodici, deve essere personalmente sentito (1).

(1) Comma abrogato dall'art. 67 della l. 4/5/1983, n. 184.

• Elemento centrale dell'adozione codicistica rimane **essenzialmente** il consenso delle parti, rispetto al quale l'intervento del giudice, ai sensi degli artt. 311 ss., svolge una funzione di verifica e di omologazione.

297. Assenso del coniuge o dei genitori.

Per l'adozione è necessario l'assenso dei genitori dell'adottando e l'assenso del coniuge dell'adottante e dell'adottando, se coniugati e non legalmente separati.

Quando è negato l'assenso previsto dal primo comma, il tribunale, sentiti gli interessati, su istanza dell'adottante, può, ove ritenga il rifiuto ingiustificato o contrario all'interesse dell'adottando, pronunziare ugualmente l'adozione, salvo che si tratti dell'assenso dei genitori esercenti la responsabilità genitoriale o del coniuge, se convivente, dell'adottante o dell'adottando. Parimenti il tribunale può pronunziare l'adozione quando è impossibile ottenere l'assenso per incapacità o irreperibilità delle persone chiamate ad esprimerlo.

• Gli assensi di soggetti terzi rispetto al costituendo rapporto adozionale sono previsti a tutela degli equilibri della compagine familiare, ma, a differenza del consenso delle parti, **non rappresentano un elemento essenziale**, tanto che in alcuni casi è possibile prescinderne. • La disciplina dettata dalla norma in commento con riguardo all'ipotesi in cui il giudice può procedere in mancanza dell'assenso di un soggetto incapace, va applicata anche all'assenso dei figli dell'adottante (C. Cost. 345/1992), divenuto un requisito dell'adozione per effetto della rimozione del divieto di adottare in presenza di figli (C. Cost. 557/1988).

298. Decorrenza degli effetti della adozione.

L'adozione produce i suoi effetti dalla data del decreto che la pronunzia.

Finché il decreto non è emanato, tanto l'adottante quanto l'adottando possono revocare il loro consenso.

Se l'adottante muore dopo la prestazione del consenso e prima della emanazione del decreto, si può procedere al compimento degli atti necessari per l'adozione.

Gli eredi dell'adottante possono presentare al tribunale memorie e osservazioni per opporsi all'adozione.

Se l'adozione è ammessa, essa produce i suoi effetti dal momento della morte dell'adottante.

• La **libera revocabilità del consenso** all'adozione prima dell'intervento del giudice induce a dubitare della natura contrattuale di tale consenso, per cui si ritiene preferibile parlare di negozio familiare.

299. Cognome dell'adottato.

L'adottato assume il cognome dell'adottante e lo antepone al proprio.

Nel caso in cui la filiazione sia stata accertata o riconosciuta successivamente all'adozione si applica il primo comma.

Se l'adozione è compiuta da coniugi, l'adottato assume il cognome del marito.

Se l'adozione è compiuta da una donna maritata, l'adottato, che non sia figlio del marito, assume il cognome della famiglia di lei.

• La norma prevede che l'adottato aggiunga il cognome dell'adottante a quello originario, che comunque mantiene, in coerenza con la regola dettata dal successivo art. 300, per cui l'adozione codicistica non fa venir meno i rapporti con la famiglia d'origine. • Faceva eccezione solo il caso del figlio non riconosciuto cui fosse stato l'ufficiale di stato civile ad imporre un cognome, che veniva meno con l'adozione, ma tale esito è stato ritenuto incostituzionale, in quanto determinava una lesione del **diritto all'identità personale** (C. Cost. 120/2001). • Più di recente, la giurisprudenza costituzionale ha inoltre precisato che i genitori possono, di comune accordo, **attribuire sia il cognome del padre sia quello della madre** anche al figlio congiuntamente adottato (C. Cost. 286/2016).

• L'art. 55 della l. n. 184/1983 richiama la norma in commento tra quelle applicabili all'adozione del minore in casi particolari.

300. Diritti e doveri dell'adottato.

L'adottato conserva tutti i diritti e i doveri verso la sua famiglia di origine, salve le eccezioni stabilite dalla legge.

L'adozione non induce alcun rapporto civile tra l'adottante e la famiglia dell'adottato né tra l'adottato e i parenti dell'adottante, salve le eccezioni stabilite dalla legge.

• L'adozione codicistica **non fa venir meno i rapporti dell'adottato con la propria famiglia d'origine**, e correlativamente non crea rapporti fra l'adottato e i parenti dell'adottante. Alcune eccezioni sono rappresentate dai divieti matrimoniali di cui all'art. 87, n. da 6 a 9, e dalla possibilità per i discendenti dell'adottato di succedere per rappresentazione all'adottante ai sensi dell'art. 468. • Gli obblighi alimentari sussistono reciprocamente sia tra adottante e adottato sia tra adottato e genitori originari, ma l'art. 436 precisa che l'adottante è obbligato con precedenza rispetto a costoro. • L'art. 74, nel suo testo riformulato dal legislatore del 2012-2013, sancisce che **la parentela** può derivare sia dalla filiazione matrimoniale sia da quella extramatrimoniale sia anche da quella adottiva, ma eccettua espressamente l'adozione del maggiorenne. • L'art. 55 della l. n. 184/1983 richiama la norma in commento tra quelle applicabili all'adozione del minore in casi particolari.

301.-303. (1).

(1) Articoli abrogati dall'art. 67 della l. 4/5/1983, n. 184.

304. Diritti di successione.

La adozione non attribuisce all'adottante alcun diritto di successione.

I diritti dell'adottato nella successione dell'adottante sono regolati dalle norme contenute nel libro II.

• L'adozione codicistica è finalizzata a dare un successore all'adottante, per cui, onde evitare abusi dell'istituto, si prevede che l'adottante non sia invece successore legittimo dell'adottato, salva beninteso la possibilità di un'istituzione testamentaria. • L'adottato è **equiparato al figlio** dall'art. 536, ai fini della successione necessaria dell'adottante, e dall'art. 567, ai fini di quella legittima. Lo stesso art. 567 esclude però che l'adottato sia successore legittimo dei parenti dell'adottante, in coerenza con quanto previsto dall'art. 300.

305. Revoca dell'adozione.

L'adozione si può revocare soltanto nei casi preveduti dagli articoli seguenti.

• A differenza dell'adozione piena del minore, che è sempre irrevocabile, sia l'adozione codicistica sia quella in casi particolari ammettono dei casi di revoca, a fronte di **fatti particolarmente gravi**. Le ipotesi di revocabilità, specificate dagli artt. 306 e 307, appaiono tendenzialmente analoghe a quelle che in ogni caso determinerebbero l'indegnità a succedere ai sensi dell'art. 463.

306. Revoca per indegnità dell'adottato.

La revoca dell'adozione può essere pronunziata dal tribunale su domanda dell'adottante, quando l'adottato abbia attentato alla vita di lui o del suo coniuge, dei suoi discendenti o ascendenti, ovvero si sia reso colpevole verso loro di delitto punibile con pena restrittiva della libertà personale non inferiore nel minimo a tre anni.

Se l'adottante muore in conseguenza dell'attentato, la revoca dell'adozione può essere chiesta da coloro ai quali si devolverebbe l'eredità in mancanza dell'adottato e dei suoi discendenti.

307. Revoca per indegnità dell'adottante.

Quando i fatti previsti dall'articolo precedente sono stati compiuti dall'adottante contro l'adottato, oppure contro il coniuge o i discendenti o gli ascendenti di lui, la revoca può essere pronunziata su domanda dell'adottato.

308. (1).

(1) Articolo abrogato dall'art. 67 della l. 4/5/1983, n. 184.

309. Decorrenza degli effetti della revoca.

Gli effetti dell'adozione cessano quando passa in giudicato la sentenza di revoca.

Se tuttavia la revoca è pronunziata dopo la morte dell'adottante per fatto imputabile all'adottato, l'adottato e i suoi discendenti sono esclusi dalla successione dell'adottante.

310. (1).

(1) Articolo abrogato dall'art. 67 della l. 4/5/1983, n. 184.

Capo II
Delle forme dell'adozione di persone di maggiore età

311. Manifestazione del consenso.

Il consenso dell'adottante e dell'adottando o del legale rappresentante di questo deve essere manifestato personalmente al presidente del tribunale nel cui circondario l'adottante ha la residenza.

In caso di grave impedimento il detto presidente può delegare il presidente del tribunale a ricevere il consenso delle persone indicate nel comma precedente o a sentire l'adottando nel caso previsto nell'ultimo comma dell'art. 296 (1).

L'assenso delle persone indicate negli articoli 296 e 297 può essere dato da persona munita di procura speciale rilasciata per atto pubblico o per scrittura privata autenticata.

(1) Comma abrogato dall'art. 3 della l. 5/6/1967, n. 431, modif. al titolo VIII del libro I del Codice civile "Dell'adozione" ed inserimento del nuovo capo III con il titolo "Dell'adozione speciale".

• La diversa rilevanza del consenso delle parti e degli assensi dei familiari si coglie anche sul piano **formale**: il primo, che è essenziale, va sempre manifestato personalmente, mentre i secondi possono anche essere espressi tramite procuratore speciale.

312. Accertamenti del tribunale.

Il tribunale, assunte le opportune informazioni, verifica:

1) se tutte le condizioni della legge sono state adempiute;

2) se l'adozione conviene all'adottando.

• Nell'adozione codicistica rispetto al consenso delle parti, che ne è requisito essenziale, l'intervento del giudice svolge una **funzione di verifica** e di omologazione.

313. Provvedimento del tribunale.

Il tribunale, in camera di consiglio, sentito il pubblico ministero e omessa ogni altra formalità di procedura, provvede con sentenza decidendo di far luogo o non far luogo alla adozione.

L'adottante, il pubblico ministero, l'adottando, entro trenta giorni dalla comunicazione, possono proporre impugnazione avanti la Corte d'appello, che decide in camera di consiglio, sentito il pubblico ministero.

314. Pubblicità.

La sentenza definitiva che pronuncia l'adozione è trascritta a cura del cancelliere del tribunale competente, entro il decimo giorno successivo a quello della relativa comunicazione, da effettuarsi non oltre cinque giorni dal deposito, da parte del cancelliere del giudice dell'impugnazione, su apposito registro e comunicata all'ufficiale di stato civile per l'annotazione a margine dell'atto di nascita dell'adottato.

Con la procedura di cui al primo comma deve essere altresì trascritta ed annotata la sentenza di revoca della adozione, passata in giudicato.

L'autorità giudiziaria può inoltre ordinare la pubblicazione della sentenza che pronuncia l'adozione o della sentenza di revoca nei modi che ritiene opportuni.

Capo III
Dell'adozione speciale (1)

314/2.-314/28. (1).

(1) Le disposizioni del presente capo sono state abrogate dall'art. 67 della l. 4/5/1983, n. 184.

Titolo IX
DELLA RESPONSABILITÀ GENITORIALE E DEI DIRITTI E DOVERI DEL FIGLIO

Capo I
Dei diritti e doveri del figlio

315. Stato giuridico della filiazione.

Tutti i figli hanno lo stesso stato giuridico.

• Benché i modi di costituzione, prova e contestazione dello *status* di figlio continuino a manifestare delle differenziazioni, la riforma del 2012-2013 ha invece raggiunto i suoi obbiettivi di **parificazione con riguardo ai diritti e doveri** che da tale *status* scaturiscono, e che trovano oggi una disciplina unitaria.

315 bis. Diritti e doveri del figlio.

Il figlio ha diritto di essere mantenuto, educato, istruito e assistito moralmente dai genitori, nel rispetto delle sue capacità, delle sue inclinazioni naturali e delle sue aspirazioni.

Il figlio ha diritto di crescere in famiglia e di mantenere rapporti significativi con i parenti.

Il figlio minore che abbia compiuto gli anni dodici, e anche di età inferiore ove capace di discernimento, ha diritto di essere ascoltato in tutte le questioni e le procedure che lo riguardano.

Il figlio deve rispettare i genitori e deve contribuire, in relazione alle proprie capacità, alle proprie sostanze e al proprio reddito, al mantenimento della famiglia finché convive con essa.

• L'art. 30 Cost. fonda il diritto di tutti i figli a ricevere dai genitori mantenimento, istruzione ed educazione. La norma in commento recepisce tale precetto e sancisce il diritto del figlio al **rispetto delle proprie capacità, inclinazioni naturali ed aspirazioni**, cui si correla quello ad essere ascoltato per poterle esprimere. • La rilevanza di tali manifestazioni di autodeterminazione del figlio non dipende dal raggiungimento di una soglia di età, per cui il **diritto all'ascolto** è riconosciuto non solo al minore che abbia compiuto dodici anni, ma anche a quello di età inferiore purché capace di discernimento, cioè concretamente in grado di formare ed esprimere una propria volontà. • Viene, inoltre, riconosciuto il diritto del minore a crescere nella propria famiglia, mantenendo rapporti con i parenti, anche nelle ipotesi di crisi dei rapporti tra i genitori (cfr. art. 337-*ter*). Neppure le condizioni di indigenza del nucleo familiare, o le sue peculiarità sul piano dell'identità culturale, possono giustificare un intervento pubblico che leda il diritto del minore a rimanere nella propria famiglia, alla quale dovranno semmai essere rivolti interventi di supporto, da parte di enti pubblici o del terzo settore (art. 1 della l. n. 184/1983). Ed anche quando, nonostante tali interventi, i genitori risultino comunque non in grado di provvedere al minore, gli altri istituti previsti dalla l. n. 184/1983 andranno attivati dando priorità a quelli che consentono di **conservare i rapporti del minore con la famiglia d'origine**, come l'affidamento familiare a fronte di difficoltà temporanee (artt. 2-5 della l. n. 184/1983), o l'adozione aperta per le situazioni di semiabbandono permanente, riservando invece a casi eccezionali l'adozione piena, che determina la cessazione di tali rapporti. • Troviamo infine, all'ultimo comma, quella che nell'impostazione originaria del Codice Civile era la norma d'apertura del titolo, recante il precetto d'ascendenza biblica che impone al figlio di **rispettare i genitori**. Il figlio che conviva con i genitori deve inoltre contribuire al mantenimento della famiglia, in misura proporzionale alle proprie capacità e disponibilità economiche. Su quello non convivente incombe comunque, ai sensi dell'art. 433, n. 2, l'obbligo di prestare gli alimenti ai genitori che versino in stato di bisogno.

316. Responsabilità genitoriale.

Entrambi i genitori hanno la responsabilità genitoriale che è esercitata di comune accordo tenendo conto delle capacità, delle inclinazioni naturali e delle aspirazioni del figlio. I genitori di comune accordo stabiliscono la residenza abituale del minore.

In caso di contrasto su questioni di particolare importanza ciascuno dei genitori può ricorrere senza formalità al giudice indicando i provvedimenti che ritiene più idonei.

Il giudice, sentiti i genitori e disposto l'ascolto del figlio minore che abbia compiuto gli anni dodici e anche di età inferiore ove capace di discernimento, suggerisce le determinazioni che ritiene più utili nell'interesse del figlio e dell'unità familiare. Se il contrasto permane il giudice attribuisce il potere di decisione a quello dei genitori che, nel singolo caso, ritiene il più idoneo a curare l'interesse del figlio.

Il genitore che ha riconosciuto il figlio esercita la responsabilità genitoriale su di lui. Se il riconoscimento del figlio, nato fuori del matrimonio, è fatto dai genitori, l'esercizio della responsabilità genitoriale spetta ad entrambi.

Il genitore che non esercita la responsabilità genitoriale vigila sull'istruzione, sull'educazione e sulle condizioni di vita del figlio.

• La norma oggi parla di responsabilità genitoriale, invece che di potestà, evidenziando il passaggio da un'autorità privata da esercitare nell'interesse del figlio, ad una posizione di **doveroso adempimento** nel rispetto non solo dell'interesse ma anche delle aspirazioni del figlio stesso. Un analogo richiamo alle aspirazioni si ritrova peraltro anche nell'art. 410 per l'amministrazione di sostegno. • L'odierno assetto normativo ridimensiona dunque il rilievo dell'età. Da un lato, l'**autodeterminazione del minore** è riconosciuta a prescindere dalla capacità di agire, che è decisiva in materia patrimoniale (cfr. art. 2 c.c.) ma non per i diritti della personalità (cfr. art. 3 della l. n. 219/2017). Dall'altro, la responsabilità, a differenza della potestà, perdura nei confronti dei **figli maggiorenni non autosufficienti**. • La responsabilità genitoriale è la medesima a prescindere dall'eventuale rapporto di coniugio tra i genitori. La norma in commento, peraltro, risulta applicabile anche qualora titolari della responsabilità siano persone dello stesso sesso, come può accadere per effetto dell'adozione in casi particolari o del riconoscimento di atti di nascita stranieri.

316 bis. Concorso nel mantenimento.

I genitori devono adempiere i loro obblighi nei confronti dei figli in proporzione alle rispettive sostanze e secondo la loro capacità di lavoro professionale o casalingo. Quando i genitori non hanno mezzi sufficienti, gli altri ascendenti, in ordine di prossimità, sono tenuti a fornire ai genitori stessi i mezzi necessari affinché possano adempiere i loro doveri nei confronti dei figli.

In caso di inadempimento il presidente del tribunale, su istanza di chiunque vi ha interesse, sentito l'inadempiente ed assunte informazioni, può ordinare con decreto che una quota dei redditi dell'obbligato, in proporzione agli stessi, sia versata direttamente all'altro genitore o a chi sopporta le spese per il mantenimento, l'istruzione e l'educazione della prole.

Il decreto, notificato agli interessati ed al terzo debitore, costituisce titolo esecutivo, ma le parti ed il terzo debitore possono proporre opposizione nel termine di venti giorni dalla notifica.

L'opposizione è regolata dalle norme relative all'opposizione al decreto di ingiunzione, in quanto applicabili.

Le parti ed il terzo debitore possono sempre chiedere, con le forme del processo ordinario, la modificazione e la revoca del provvedimento.

• Gli obblighi nei confronti dei figli incombono in primo luogo sui genitori, in misura proporzionale alle rispettive capacità e disponibilità economiche, con l'espressa precisazione della **rilevanza del lavoro sia professionale che domestico**. • Qualora però i mezzi dei genitori non risultino sufficienti, gli ascendenti saranno tenuti a fornire loro quanto necessario per l'adempimento dei predetti doveri, come prima della riforma del 2012-2013 l'art. 148 già sanciva con riferimento ai figli matrimoniali. La giurisprudenza ha precisato che tale ipotesi presuppone che **i mezzi di entrambi i genitori non siano sufficienti**, mentre, qualora un genitore abbia i mezzi per provvedere, egli sarà comunque tenuto ad adempiere per intero, salvo rivalersi ove possibile sull'altro, ma gli ascendenti non potranno essere considerati come una sorta di fideiussori del genitore inadempiente o impossibilitato ad adempiere.

317. Impedimento di uno dei genitori.

Nel caso di lontananza, di incapacità o di altro impedimento che renda impossibile ad uno dei genitori l'esercizio della responsabilità genitoriale, questa è esercitata in modo esclusivo dall'altro.

La responsabilità genitoriale di entrambi i genitori non cessa a seguito di separazione, scioglimento, cessazione degli effetti civili, annullamento, nullità del matrimonio; il suo esercizio, in tali casi, è regolato dal capo II del presente titolo.

• La norma sancisce in termini generali il principio per cui le situazioni di impedimento di un genitore, o di crisi del rapporto familiare tra i genitori, non fanno venir meno la responsabilità genitoriale, ma incidono sulle modalità del suo **esercizio** (cfr. artt. 337-*bis* ss.).

317 bis. Rapporti con gli ascendenti.

Gli ascendenti hanno diritto di mantenere rapporti significativi con i nipoti minorenni.

L'ascendente al quale è impedito l'esercizio di tale diritto può ricorrere al giudice del luogo di residenza abituale del minore affinché siano adottati i provvedimenti più idonei nell'esclusivo interesse del minore. Si applica l'articolo 336, secondo comma.

• Al figlio è riconosciuto in termini generali dall'art. 315-*bis* il diritto a mantenere i rapporti con i parenti, ma la riforma del 2012-2013 ha introdotto per quelli con i nonni una tutela rinforzata, **attribuendo direttamente all'ascendente il diritto di agire in giudizio** qualora gli venga impedito di mantenere rapporti significativi con il nipote minorenne. Quello di tutelare il diritto al rapporto fra ascendenti e nipoti rappresenta per il nostro ordinamento anche un obbligo sovranazionale riconosciuto dalla Corte EDU. • Tuttavia, la norma esplicita che si tratta di posizione tutelata **nell'esclusivo interesse del minore**, e non dell'ascendente, per cui l'azione dovrà essere rigettata se tale rapporto risulta pregiudizievole per il nipote. • La recente giurisprudenza ha ritenuto che il riferimento della norma agli ascendenti non vada inteso in senso meramente biologico, ma possa comprendere, sempre se risulti nell'interesse del minore, anche il **"nonno sociale"**, cioè il coniuge o convivente di fatto di quello biologico.

318. Abbandono della casa del genitore.

Il figlio, sino alla maggiore età o all'emancipazione, non può abbandonare la casa dei genitori o del genitore che esercita su di lui la responsabilità genitoriale né la dimora da essi assegnatagli. Qualora se ne allontani senza permesso, i genitori possono richiamarlo ricorrendo, se necessario, al giudice tutelare.

• Fra le norme tuttora vigenti in materia di rapporti personali tra genitori e figli, questa è probabilmente la più ancorata alla previgente configurazione in termini di assoggettamento del figlio all'autorità genitoriale, ma deve comunque essere interpretata sistematicamente alla luce del generale dovere dei genitori di rispettare le inclinazioni e aspirazioni del figlio.

319. (1).

(1) Articolo abrogato dall'art. 142 della l. 19/5/1975, n. 151.

320. Rappresentanza e amministrazione.

I genitori congiuntamente, o quello di essi che esercita in via esclusiva la responsabilità genitoriale, rappresentano i figli nati e nascituri, fino alla maggiore età o all'emancipazione, in tutti gli atti civili e ne amministrano i beni. Gli atti di ordinaria amministrazione, esclusi i contratti con i quali si concedono o si acquistano diritti personali di godimento, possono essere compiuti disgiuntamente da ciascun genitore.

Si applicano, in caso di disaccordo o di esercizio difforme dalle decisioni concordate, le disposizioni dell'articolo 316.

I genitori non possono alienare, ipotecare o dare in pegno i beni pervenuti al figlio a qualsiasi titolo, anche a causa di morte, accettare o rinunziare ad eredità o legati, accettare donazioni, procedere allo scioglimento di comunioni, contrarre mutui o locazioni ultranovennali o compiere altri atti eccedenti la ordinaria amministrazione né promuovere, transigere o compromettere in arbitri giudizi relativi a tali atti, se non per necessità o utilità evidente del figlio dopo autorizzazione del giudice tutelare.

I capitali non possono essere riscossi senza autorizzazione del giudice tutelare, il quale ne determina l'impiego.

L'esercizio di una impresa commerciale non può essere continuato se non con l'autorizzazione del tribunale su parere del giudice tutelare. Questi può consentire l'esercizio provvisorio dell'impresa, fino a quando il tribunale abbia deliberato sulla istanza.

Se sorge conflitto di interessi patrimoniali tra i figli soggetti alla stessa responsabilità genitoriale, o tra essi e i genitori o quello di essi che esercita in via esclusiva la responsabilità genitoriale, il giudice tutelare nomina ai figli un curatore speciale. Se il conflitto sorge tra i figli e uno solo dei genitori esercenti la responsabilità genitoriale, la rappresentanza dei figli spetta esclusivamente all'altro genitore.

• I genitori hanno un generale potere di rappresentanza legale dei figli minori e di amministrazione dei loro beni, con le eccezioni stabilite dalla norma che rendono invece necessaria l'autorizzazione del giudice tutelare. Al contrario, i **tutori** devono invece in linea generale essere autorizzati dal giudice tutelare, salvo che nei casi indicati dall'art. 374 in cui possono procedere direttamente. • Si tratta comunque di **poteri funzionali**, che devono essere doverosamente esercitati nell'interesse del figlio. • Il riferimento ad una rappresentanza genitoriale anche dei figli **nascituri** consente di inserire la norma fra quelle che concorrono a riconoscere una, sia pur relativa e contingente, soggettività giuridica del concepito (cfr. artt. 1, 254, 462, 643, 687, 715, 784 c.c.; art. 1 della l. n. 405/1975; art. 1 della l. n. 194/1978; art. 1 della l. n. 40/2004).

321. Nomina di un curatore speciale.

In tutti i casi in cui i genitori congiuntamente, o quello di essi che esercita in via esclusiva la responsabilità genitoriale, non possono o non vogliono compiere uno o più atti di interesse del figlio, eccedenti l'ordinaria amministrazione, il giudice, su richiesta del figlio stesso, del pubblico ministero o di uno dei parenti che vi abbia interesse, e sentiti i genitori, può nominare al figlio un curatore speciale autorizzandolo al compimento di tali atti.

322. Inosservanza delle disposizioni precedenti.

Gli atti compiuti senza osservare le norme dei precedenti articoli del presente titolo possono essere annullati su istanza dei genitori esercenti la responsabilità genitoriale o del figlio o dei suoi eredi o aventi causa.

323. Atti vietati ai genitori.

I genitori esercenti la responsabilità genitoriale sui figli non possono, neppure all'asta pubblica, rendersi acquirenti direttamente o per interposta persona dei beni e dei diritti del minore.

Gli atti compiuti in violazione del divieto previsto nel comma precedente possono essere annullati su istanza del figlio o dei suoi eredi o aventi causa.

I genitori esercenti la responsabilità genitoriale non possono diventare cessionari di alcuna ragione o credito verso il minore.

324. Usufrutto legale.

I genitori esercenti la responsabilità genitoriale hanno in comune l'usufrutto dei beni del figlio, fino alla maggiore età o all'emancipazione.

I frutti percepiti sono destinati al mantenimento della famiglia e all'istruzione ed educazione dei figli.

Non sono soggetti ad usufrutto legale:

1) i beni acquistati dal figlio con i proventi del proprio lavoro;

2) i beni lasciati o donati al figlio per intraprendere una carriera, un'arte o una professione;

3) i beni lasciati o donati con la condizione che i genitori esercenti la responsabilità genitoriale o uno di essi non ne abbiano l'usufrutto: la condizione però non ha effetto per i beni spettanti al figlio a titolo di legittima;

4) i beni pervenuti al figlio per eredità, legato o donazione e accettati nell'interesse del figlio contro la volontà dei genitori esercenti la responsabilità genitoriale. Se uno solo di essi era favorevole all'accettazione, l'usufrutto legale spetta esclusivamente a lui.

• Il permanere dell'antico istituto dell'usufrutto legale dei genitori sui beni dei figli minori appare come un residuo **anacronistico** dei paradigmi romanistici di appartenenza del figlio al padre. Le funzioni cui tale istituto potrebbe assolvere sono invero già più adeguatamente assolte da altri istituti. • Da una parte, l'art. 320 prevede il potere genitoriale di amministrazione dei beni del figlio minore, configurato però come funzione da esercitare nell'interesse del figlio stesso e non come **diritto reale di godimento** nell'interesse del genitore. • Dall'altra, l'art. 315-*bis* impone al figlio il dovere di contribuire al mantenimento della famiglia, in misura proporzionale alle proprie capacità e disponibilità economiche, per cui non vi è più necessità di riconoscere al genitore una sorta di compenso per l'esercizio della funzione potestativa, secondo una risalente giustificazione della *ratio* dell'usufrutto legale.

325. Obblighi inerenti all'usufrutto legale.

Gravano sull'usufrutto legale gli obblighi propri dell'usufruttuario.

326. Inalienabilità dell'usufrutto legale. Esecuzione sui frutti.

L'usufrutto legale non può essere oggetto di alienazione, di pegno o di ipoteca né di esecuzione da parte dei creditori.

L'esecuzione sui frutti dei beni del figlio da parte dei creditori dei genitori o di quello di essi che ne è titolare esclusivo non può aver luogo per debiti che il creditore conosceva essere stati contratti per scopi estranei ai bisogni della famiglia.

327. Usufrutto legale di uno solo dei genitori.

Il genitore che esercita in modo esclusivo la responsabilità genitoriale è il solo titolare dell'usufrutto legale.

328. Nuove nozze.

Il genitore che passa a nuove nozze conserva l'usufrutto legale, con l'obbligo tuttavia di accantonare in favore del figlio quanto risulti eccedente rispetto alle spese per il mantenimento, l'istruzione e l'educazione di questo ultimo.

329. Godimento dei beni dopo la cessazione dell'usufrutto legale.

Cessato l'usufrutto legale, se il genitore ha continuato a godere i beni del figlio convivente con esso senza procura ma senza opposizione, o anche con procura ma senza l'obbligo di rendere conto dei frutti, egli o i suoi eredi non sono tenuti che a consegnare i frutti esistenti al tempo della domanda.

330. Decadenza dalla responsabilità genitoriale sui figli.

Il giudice può pronunziare la decadenza dalla responsabilità genitoriale quando il genitore viola o trascura i doveri ad essa inerenti o abusa dei relativi poteri con grave pregiudizio del figlio.

In tale caso, per gravi motivi, il giudice può ordinare l'allontanamento del figlio dalla residenza familiare ovvero l'allontanamento del genitore o convivente che maltratta o abusa del minore.

• La riforma del 2012-2013 spesso non ha riscritto le norme ma ha adeguato il lessico con esiti bizzarri, come per la **decadenza, riferita non più alla potestà ma alla re-**

sponsabilità. Invero, sul piano logico si decade da un potere, non da una posizione debitoria, e l'inadempimento fa sorgere una responsabilità, non la fa venir meno. Con riguardo al vecchio testo si osservava infatti che **la decadenza fa perdere i poteri ma non estingue i doveri**. • Nella responsabilità genitoriale sussiste comunque un contenuto potestativo, rispetto al quale si può parlare di **abuso**, cioè esercizio non coerente con la funzione, e di decadenza. Lo confermano le norme che sanzionano i genitori per il mancato esercizio della sorveglianza (artt. 2047 e 2048) o dell'imposizione di obblighi educativi (art. 731 c.p.) e vaccinali (art. 1 del d.l. n. 73/2017). • Il secondo comma, modificato dalla l. n. 149/2001, prevede che il giudice allontani dal figlio il **genitore maltrattante**, per impedire l'esercizio pregiudizievole di un potere di fatto. Il provvedimento si può prendere anche a prescindere dalla decadenza (cfr. art. 333), oppure nei confronti di un soggetto convivente non titolare di alcun potere giuridico.

331. (1).

(1) Articolo abrogato dall'art. 153 della l. 19/5/1975, n. 151.

332. Reintegrazione nella responsabilità genitoriale.

Il giudice può reintegrare nella responsabilità genitoriale il genitore che ne è decaduto, quando, cessate le ragioni per le quali la decadenza è stata pronunciata, è escluso ogni pericolo di pregiudizio per il figlio.

• Qualora la successione del figlio si apra senza che sia stata disposta la reintegrazione nella responsabilità, il genitore decaduto a norma dell'art. 330 è anche **indegno di succedere** al figlio in forza dell'art. 463, n. 3-*bis*, come novellato dalla l. n. 137/2005. • Inoltre, il nuovo art. 448-*bis*, introdotto dalla riforma del 2012-2013, prevede che, una volta pronunciata la decadenza dalla responsabilità, il figlio ed i suoi discendenti non devono più gli alimenti al genitore decaduto e, qualora costui non risulti già indegno, possono escluderlo dalla successione: è stata quindi ammessa la **diseredazione** di un soggetto che ai sensi dell'art. 538 sarebbe legittimario, ma non è agevole individuarne uno specifico campo di applicazione, distinguibile da quello della previgente indegnità. • In giurisprudenza vi è chi ha ritenuto che anche un figlio divenuto maggiorenne nelle more del procedimento potrebbe avere un interesse attuale a che sia dichiarata la decadenza, proprio alla luce dei riflessi successori.

333. Condotta del genitore pregiudizievole ai figli.

Quando la condotta di uno o di entrambi i genitori non è tale da dare luogo alla pronuncia di decadenza prevista dall'articolo 330, ma appare comunque pregiudizievole al figlio, il giudice, secondo le circostanze, può adottare i provvedimenti convenienti e può anche disporre l'allontanamento di lui dalla residenza familiare ovvero l'allontanamento del genitore o convivente che maltratta o abusa del minore.

Tali provvedimenti sono revocabili in qualsiasi momento.

• A fronte di condotte pregiudizievoli il giudice deve proteggere il figlio, emettendo **provvedimenti atipici**, sempre revocabili, che incidono sull'esercizio della responsabilità genitoriale, o disponendo l'allontanamento del maltrattante. • Si tratta di ipotesi meno gravi di quelle che condurrebbero alla decadenza di cui all'art. 330, ed attinenti ai profili personali, in quanto è invece l'art. 334 che dispone per quelli patrimoniali. • *Esempio*: la responsabilità del genitore anti-vaccinista può essere affievolita, solo con riguardo a tale questione, lasciando integra quella dell'altro. • La giurisprudenza costituzionale ha riconosciuto che tra le condotte pregiudizievoli rientra la lesione dell'interesse del minore a mantenere i rapporti con il **"genitore sociale"**, cioè l'*ex partner* del genitore (C. Cost. 225/2016). • A fronte dell'inadempimento degli obblighi genitoriali guadagna oggi terreno nella giurisprudenza, in coerenza con il superamento della configurazione autoritaria, la **responsabilità endofamiliare**, cioè il rimedio risarcitorio azionabile dal figlio secondo i principi generali dell'illecito civile.

334. Rimozione dall'amministrazione.

Quando il patrimonio del minore è male amministrato, il tribunale può stabilire le condizioni a cui i genitori devono attenersi nell'amministrazione o può rimuovere entrambi o uno solo di essi dall'amministrazione stessa, e privarli, in tutto o in parte, dell'usufrutto legale.

L'amministrazione è affidata ad un curatore, se è disposta la rimozione di entrambi i genitori.

Qualora la violazione dei doveri genitoriali riguardi **la gestione patrimoniale dei beni del figlio**, il lessico legislativo non pone i problemi ricostruttivi che abbiamo incontrato a proposito della "decadenza dalla responsabilità" di cui all'art. 330. Infatti, anche dopo la riforma del 2012-2013 la norma continua a parlare, con una terminologia piuttosto lineare, di rimozione dal potere di amministrazione e di privazione del diritto di usufrutto.

335. Riammissione nell'esercizio dell'amministrazione.

Il genitore rimosso dall'amministrazione ed eventualmente privato dell'usufrutto legale può essere riammesso dal tribunale nell'esercizio dell'una e nel godimento dell'altro, quando sono cessati i motivi che hanno provocato il provvedimento.

• Anche i provvedimenti relativi al profilo patrimoniale, analogamente alla decadenza di cui all'art. 330 ed ai provvedimenti di cui all'art. 333, sono revocabili **quando mutano le circostanze di fatto**, in maniera tale da adeguare le misure all'evolversi della situazione, tutelando al meglio l'interesse del minore.

336. Procedimento.

I provvedimenti indicati negli articoli precedenti sono adottati su ricorso dell'altro genitore, dei parenti o del pubblico ministero e, quando si tratta di revocare deliberazioni anteriori, anche del genitore interessato.

Il tribunale provvede in camera di consiglio, assunte informazioni e sentito il pubblico ministero; dispone, inoltre, l'ascolto del figlio minore che abbia compiuto gli anni dodici e anche di età inferiore ove capace di discernimento. Nei casi in cui il provvedimento è richiesto contro il genitore, questi deve essere sentito.

In caso di urgente necessità il tribunale può adottare, anche di ufficio, provvedimenti temporanei nell'interesse del figlio.

Per i provvedimenti di cui ai commi precedenti, i genitori e il minore sono assistiti da un difensore.

• Legittimati a chiedere l'emanazione dei provvedimenti di cui agli artt. da 330 a 335 sono i genitori, i parenti ed il pubblico ministero. • Il mero **"genitore sociale"** non è dunque legittimato a chiedere l'emanazione di un provvedimento ai sensi dell'art. 333 per tutelare il suo rapporto con il minore, ma può sollecitare l'intervento del pubblico ministero (C. Cost. 225/2016). Il problema non si pone ove la posizione del soggetto in questione sia stata giuridificata con l'adozione in casi particolari: in tal caso il suo rapporto genitoriale con il minore sarà tutelabile in forza dell'art. 337-*ter*.

336 bis. Ascolto del minore.

Il minore che abbia compiuto gli anni dodici e anche di età inferiore ove capace di discernimento è ascoltato dal presidente del tribunale o dal giudice delegato nell'ambito dei procedimenti nei quali devono essere adottati provvedimenti che lo riguardano. Se l'ascolto è in contrasto con l'interesse del minore, o manifestamente superfluo, il giudice non procede all'adempimento dandone atto con provvedimento motivato.

L'ascolto è condotto dal giudice, anche avvalendosi di esperti o di altri ausiliari. I genitori, anche quando parti processuali del procedimento, i difensori delle parti, il curatore speciale del minore, se già nominato, ed il pubblico ministero, sono ammessi a partecipare all'ascolto se autorizzati dal giudice, al quale possono proporre argomenti e temi di approfondimento prima dell'inizio dell'adempimento.

Prima di procedere all'ascolto il giudice informa il minore della natura del procedimento e degli effetti dell'ascolto.

Dell'adempimento è redatto processo verbale nel quale è descritto il contegno del minore, ovvero è effettuata registrazione audio video.

• La norma disciplina le ipotesi in cui il diritto del minore all'ascolto debba essere esercitato in sede giudiziaria. • Il diritto all'ascolto è enunciato in termini generali dall'art. 315-*bis* e richiamato da numerose altre disposizioni (cfr. artt. 250, 252, 262, 316, 336, 337-*octies*, 348, 371), in quanto strumento indispensabile **perché il figlio possa esprimere quelle inclinazioni ed aspirazioni** di cui tutti, genitori e giudici, devono tenere conto nelle questioni e nelle procedure che lo riguardano. • La garanzia di tale diritto costituisce per il nostro ordinamento anche un vincolo sovranazionale, in forza dell'art. 12 della **Convenzione di New York sui Diritti del Fanciullo** del 20 novembre 1989. • Il diritto all'ascolto è riconosciuto a tutti i minori di età superiore a dodici anni, ma anche a quelli di età inferiore se concretamente in grado di formare ed esprimere una propria autodeterminazione.

337. Vigilanza del giudice tutelare.

Il giudice tutelare deve vigilare sull'osservanza delle condizioni che il tribunale abbia stabilito per l'esercizio della responsabilità genitoriale e per l'amministrazione dei beni.

Capo II

Esercizio della responsabilità genitoriale a seguito di separazione, scioglimento, cessazione degli effetti civili, annullamento, nullità del matrimonio ovvero all'esito di procedimenti relativi ai figli nati fuori del matrimonio

337 bis. Ambito di applicazione.

In caso di separazione, scioglimento, cessazione degli effetti civili, annullamento, nullità del matrimonio e nei procedimenti relativi ai figli nati fuori del matrimonio si applicano le disposizioni del presente capo.

• La riforma del 2012-2013 ha raccolto nel nuovo capo II del titolo sulla responsabilità genitoriale la disciplina relativa alle sue modalità di esercizio **in tutte le ipotesi di crisi familiare**: separazione, divorzio, invalidità matrimoniali, rottura del rapporto tra conviventi di fatto. • La disciplina riprende nella sostanza quella già dettata dalla l. n. 54/2006, e l'obbiettivo del legislatore è quello di garantire, anche nella fase patologica, una parificazione delle condizioni dei figli matrimoniali ed extramatrimoniali.

337 ter. Provvedimenti riguardo ai figli.

Il figlio minore ha il diritto di mantenere un rapporto equilibrato e continuativo con ciascuno dei genitori, di ricevere cura, educazione, istruzione e assistenza morale da entrambi e di conservare rapporti significativi con gli ascendenti e con i parenti di ciascun ramo genitoriale.

Per realizzare la finalità indicata dal primo comma, nei procedimenti di cui all'articolo 337-bis, il giudice adotta i provvedimenti relativi alla prole con esclusivo riferimento all'interesse morale e materiale di essa. Valuta prioritariamente la possibilità che i figli minori restino affidati a entrambi i genitori oppure stabilisce a quale di essi i figli sono affidati, determina i tempi e le modalità della loro presenza presso ciascun genitore, fissando altresì la misura e il modo con cui ciascuno di essi deve contribuire al mantenimento, alla cura, all'istruzione e all'educazione dei figli. Prende atto, se non contrari all'interesse dei figli, degli accordi intervenuti tra i genitori. Adotta ogni altro provvedimento relativo alla prole, ivi compreso, in caso di temporanea impossibilità di affidare il minore ad uno dei genitori, l'affidamento familiare. All'attuazione dei provvedimenti relativi all'affidamento della prole provvede il giudice del merito e, nel caso di affidamento familiare, anche d'ufficio. A tal fine copia del provvedimento di affidamento è trasmessa, a cura del pubblico ministero, al giudice tutelare.

La responsabilità genitoriale è esercitata da entrambi i genitori. Le decisioni di maggiore interesse per i figli relative all'istruzione, all'educazione, alla salute e alla scelta della residenza abituale del minore sono assunte di comune accordo tenendo conto delle capacità, dell'inclinazione naturale e delle aspirazioni dei figli. In caso di disaccordo la decisione è rimessa al giudice. Limitatamente alle decisioni su questioni di ordinaria amministrazione, il giudice può stabilire che i genitori esercitino la responsabilità genitoriale separatamente. Qualora il genitore non si attenga alle condizioni dettate, il giudice valuterà detto comportamento anche al fine della modifica delle modalità di affidamento.

Salvo accordi diversi liberamente sottoscritti dalle parti, ciascuno dei genitori provvede al mantenimento dei figli in misura proporzionale al proprio reddito; il giudice stabilisce, ove necessario, la corresponsione di un assegno periodico al fine di realizzare il principio di proporzionalità, da determinare considerando:

1) le attuali esigenze del figlio;

2) il tenore di vita goduto dal figlio in costanza di convivenza con entrambi i genitori;

3) i tempi di permanenza presso ciascun genitore;

4) le risorse economiche di entrambi i genitori;

5) la valenza economica dei compiti domestici e di cura assunti da ciascun genitore.

L'assegno è automaticamente adeguato agli indici ISTAT in difetto di altro parametro indicato dalle parti o dal giudice.

Ove le informazioni di carattere economico fornite dai genitori non risultino sufficientemente documentate, il giudice dispone un accertamento della polizia tributaria sui redditi e sui beni oggetto della contestazione, anche se intestati a soggetti diversi.

• La crisi del rapporto tra gli adulti non deve ledere il **diritto del minore alla bigenitorialità**, cioè a mantenere rapporti con entrambi i genitori, e con i parenti di ambo i rami. In passato l'affidamento esclusivo del figlio ad un solo genitore, preferibilmente la madre, era la regola, ma l'inadeguata tutela del diritto dell'altro genitore al contatto con il figlio ha esposto il nostro Paese a condanne in sede EDU. • Pertanto, il legislatore oggi prevede come soluzione preferenziale **l'affidamento condiviso** del figlio agli *ex partner*. In molti casi, tuttavia, il giudice individua un **"collocatario prevalente"**, spesso la madre, presso cui il figlio risiede. • Stando al modello legislativo, al **mantenimento** del figlio provvede direttamente ciascun genitore. Però, nelle situazioni di "collocazione prevalente" solo uno dei genitori può provvedere direttamente e così la previsione di un **assegno** a carico dell'altro diviene la normalità. • Con riguardo ad ogni aspetto del riparto tra i genitori delle funzioni di cura e delle modalità di presenza, si riconosce il rilievo primario degli **accordi**, di cui il giudice, se non li ritiene in contrasto con l'interesse dei minori, deve prendere atto.

337 quater. Affidamento a un solo genitore e opposizione all'affidamento condiviso.

Il giudice può disporre l'affidamento dei figli ad uno solo dei genitori qualora ritenga con provvedimento motivato che l'affidamento all'altro sia contrario all'interesse del minore.

Ciascuno dei genitori può, in qualsiasi momento, chiedere l'affidamento esclusivo quando sussistono le condizioni indicate al primo comma. Il giudice, se accoglie la domanda, dispone l'affidamento esclusivo al genitore istante, facendo salvi, per quanto possibile, i diritti del minore previsti dal primo comma dell'articolo 337 ter. Se la domanda risulta manifestamente infondata, il giudice può considerare il comportamento del genitore istante ai fini della determinazione dei provvedimenti da adottare nell'interesse dei figli, rimanendo ferma l'applicazione dell'articolo 96 del codice di procedura civile.

Il genitore cui sono affidati i figli in via esclusiva, salva diversa disposizione del giudice, ha l'esercizio esclusivo della responsabilità genitoriale su di essi; egli deve attenersi alle condizioni determinate dal giudice. Salvo che non sia diversamente stabilito, le decisioni di maggiore interesse per i figli sono adottate da entrambi i genitori. Il genitore cui i figli non sono affidati ha il diritto ed il dovere di vigilare sulla loro istruzione ed educazione e può ricorrere al giudice quando ritenga che siano state assunte decisioni pregiudizievoli al loro interesse.

• L'affidamento esclusivo è oggi configurato come ipotesi eccezionale, mentre in passato era la regola. Anche in caso di affidamento esclusivo le decisioni di maggiore importanza devono, in linea di massima, essere adottate da entrambi i genitori. • La norma è tuttavia derogabile e nelle ipotesi più gravi il giudice può rimettere al solo genitore affidatario pure tali decisioni, disponendo quello che è noto come **"affidamento super-esclusivo"**. Vi si è fatto ricorso, ad esempio, a fronte della cosiddetta "sindrome da alienazione parentale", cioè dell'atteggiamento di totale rifiuto di un genitore indotto nel minore dal condizionamento psicologico esercitato dall'altro, che si ritiene quindi necessario allontanare dal figlio: la giurisprudenza di legittimità ha però ritenuto che, in mancanza di un fondamento scientifico per tale diagnosi, l'affidamento esclusivo non possa basarsi solo su di essa.

337 quinquies. Revisione delle disposizioni concernenti l'affidamento dei figli.

I genitori hanno diritto di chiedere in ogni tempo la revisione delle disposizioni concernenti l'affidamento dei figli, l'attribuzione dell'esercizio della responsabilità genitoriale su di essi e delle eventuali disposizioni relative alla misura e alla modalità del contributo.

• Anche i provvedimenti sull'esercizio della responsabilità genitoriale in situazioni di crisi familiare, analogamente a quelli di cui agli artt. 330, 333 e 334, sono sempre revocabili. Si tratta, infatti, di misure ***rebus sic stantibus***, da adeguare all'evolversi della situazione per tutelare al meglio l'interesse del minore.

337 sexies. Assegnazione della casa familiare e prescrizioni in tema di residenza.

Il godimento della casa familiare è attribuito tenendo prioritariamente conto dell'interesse dei figli. Dell'assegnazione il giudice tiene conto nella regolazione dei rapporti economici tra i genitori, considerato l'eventuale titolo di proprietà. Il diritto al godimento della casa familiare viene meno nel caso che l'assegnatario non abiti o cessi di abitare stabilmente nella casa familiare o conviva more uxorio o contragga nuovo matrimonio. Il provvedimento di assegnazione e quello di revoca sono trascrivibili e opponibili a terzi ai sensi dell'articolo 2643.

In presenza di figli minori, ciascuno dei genitori è obbligato a comunicare all'altro, entro il termine perentorio di trenta giorni, l'avvenuto cambiamento di residenza o di domicilio. La mancata comunicazione obbliga al risarcimento del danno eventualmente verificatosi a carico del coniuge o dei figli per la difficoltà di reperire il soggetto.

• La norma individua come criterio decisivo per l'assegnazione della casa familiare quello dell'**interesse dei figli** ad evitare un traumatico allontanamento dal proprio ambiente, che deve dunque prevalere nei confronti degli altri interessi in gioco, e di possibili strumentalizzazioni. Il genitore "collocatario prevalente" sarà quindi di solito assegnatario della casa familiare, anche laddove proprietario, o unico intestatario del contratto di locazione, dell'immobile fosse l'altro. • Il riferimento legislativo alla cessazione dell'assegnazione in caso di nuove nozze o nuova convivenza dell'assegnatario va letto nel senso che in tali ipotesi il diritto al godimento dell'immobile cessa non automaticamente ma solo subordinatamente ad una verifica di conformità all'interesse dei figli (C. Cost. 308/2008). • Ai fini dell'opponibilità ai terzi è prevista la **trascrizione** ai sensi dell'art. 2643 dei provvedimenti attinenti all'assegnazione, mentre manca una tutela prenotativa, non essendo prevista la trascrizione della domanda di assegnazione.

337 septies. Disposizioni in favore dei figli maggiorenni.

Il giudice, valutate le circostanze, può disporre in favore dei figli maggiorenni non indipendenti economicamente il pagamento di un assegno periodico. Tale assegno, salvo diversa determinazione del giudice, è versato direttamente all'avente diritto.

Ai figli maggiorenni portatori di handicap grave si applicano integralmente le disposizioni previste in favore dei figli minori.

• Per la responsabilità genitoriale, a differenza di quanto accadeva in passato per la potestà, non è previsto un termine finale, il che si riflette anche nel **perdurare degli obblighi di assistenza** nei confronti dei figli maggiorenni. • La norma in commento fa applicazione di tali principi nelle situazioni di crisi familiare, equiparando i figli maggiorenni portatori di *handicap* gravi a quelli minorenni, e prevedendo in favore degli altri figli maggiorenni economicamente non autosufficienti la possibilità di stabilire un assegno periodico, che di regola dovrà essere versato al figlio stesso, e non all'altro genitore come accade per i figli minorenni o ad essi equiparati. La giurisprudenza ha però recentemente adottato un approccio più restrittivo del diritto al mantenimento del figlio maggiorenne, alla luce del principio di **autoresponsabilità**. • Anche ai fini dell'accesso alle procedure degiurisdizionalizzate di soluzione delle crisi familiari la presenza di figli maggiorenni incapaci, portatori di *handicap* gravi o economicamente non autosufficienti è equiparata a quella di figli minori (cfr. artt. 6 e 12 del d.l. n. 132/2014, convertito in l. n. 162/2014).

337 octies. Poteri del giudice e ascolto del minore.

Prima dell'emanazione, anche in via provvisoria, dei provvedimenti di cui all'articolo 337-ter, il giudice può assumere, ad istanza di parte o d'ufficio, mezzi di prova. Il giudice dispone, inoltre, l'ascolto del figlio minore che abbia compiuto gli anni dodici e anche di età inferiore ove capace di discernimento. Nei procedimenti in cui si omologa o si prende atto di un accordo dei genitori, relativo alle condizioni di affidamento dei figli, il giudice non procede all'ascolto se in contrasto con l'interesse del minore o manifestamente superfluo.

Qualora ne ravvisi l'opportunità, il giudice, sentite le parti e ottenuto il loro consenso, può rinviare l'adozione dei provvedimenti di cui all'articolo 337-ter per consentire che i coniugi, avvalendosi di esperti, tentino una mediazione per raggiungere un accordo, con particolare riferimento alla tutela dell'interesse morale e materiale dei figli.

• Anche nei procedimenti relativi alle crisi familiari deve essere rispettato il diritto del minore all'ascolto, per cui vengono richiamate le regole di cui all'art. 336-*bis*. • La norma esprime inoltre un approccio di favore verso la **mediazione familiare**, il cui esperimento viene comunque configurato come non obbligatorio ma subordinato al consenso delle parti.

338.-341. (1).

(1) Articoli abrogati dall'art. 159 della l. 19/5/1975, n. 151.

342. (1).

(1) Articolo abrogato dall'art. 1 del r.d.l. 20/1/1944, n. 25.

Titolo IX bis
ORDINI DI PROTEZIONE CONTRO GLI ABUSI FAMILIARI

342 bis. Ordini di protezione contro gli abusi familiari.

Quando la condotta del coniuge o di altro convivente è causa di grave pregiudizio all'integrità fisica o morale ovvero alla libertà dell'altro coniuge o convivente, il giudice, su istanza di parte, può adottare con decreto uno o più dei provvedimenti di cui all'articolo 342-ter.

• La norma, introdotta dalla l. n. 154/2001, offre una tutela contro gli abusi commessi da un coniuge o convivente ai danni dell'altro/a, analoga a quella inserita dalla quasi coeva l. n. 149/2001 nel nuovo testo degli artt. 330 e 333 con riguardo ai figli. • Le situazioni di intollerabilità della convivenza o violazione dei doveri coniugali, che potrebbero costituire i presupposti della separazione giudiziale o del suo addebito (cfr. art. 151), non bastano per ottenere un ordine di protezione, qualora non si sia arrivati a **pregiudicare gravemente la libertà o l'integrità fisica o morale** della comparte. Se è già stata proposta domanda di separazione o divorzio la disciplina degli ordini di protezione non si applica, ma provvedimenti di contenuto analogo potranno essere eventualmente presi nel relativo procedimento.

342 ter. Contenuto degli ordini di protezione.

Con il decreto di cui all'articolo 342-bis il giudice ordina al coniuge o convivente, che ha tenuto la condotta pregiudizievole, la cessazione della stessa condotta e dispone l'allontanamento dalla casa familiare del coniuge o del convivente che ha tenuto la condotta pregiudizievole prescrivendogli altresì, ove occorra, di non avvicinarsi ai luoghi abitualmente frequentati dall'istante, ed in particolare al luogo di lavoro, al domicilio della famiglia d'origine, ovvero al domicilio di altri prossimi congiunti o di altre persone ed in prossimità dei luoghi di istruzione dei figli della coppia, salvo che questi non debba frequentare i medesimi luoghi per esigenze di lavoro.

Il giudice può disporre, altresì, ove occorra l'intervento dei servizi sociali del territorio o di un centro di mediazione familiare, nonché delle associazioni che abbiano come fine statutario il sostegno e l'accoglienza di donne e minori o di altri soggetti vittime di abusi e maltrattati; il pagamento periodico di un assegno a favore delle persone conviventi che, per effetto dei provvedimenti di cui al primo comma, rimangono prive di mezzi adeguati, fissando modalità e termini di versamento e prescrivendo, se del caso, che la somma sia versata direttamente all'avente diritto dal datore di lavoro dell'obbligato, detraendola dalla retribuzione allo stesso spettante.

Con il medesimo decreto il giudice, nei casi di cui ai precedenti commi, stabilisce la durata dell'ordine di protezione, che decorre dal giorno dell'avvenuta esecuzione dello stesso. Questa non può essere superiore a un anno e può essere prorogata, su istanza di parte, soltanto se ricorrano gravi motivi per il tempo strettamente necessario.

Con il medesimo decreto il giudice determina le modalità di attuazione. Ove sorgano difficoltà o contestazioni in ordine all'esecuzione, lo stesso giudice provvede con decreto ad emanare i provvedimenti più opportuni per l'attuazione, ivi compreso l'ausilio della forza pubblica e dell'ufficiale sanitario.

• Il contenuto essenziale del provvedimento consiste nell'**allontanamento** del maltrattante dalla casa familiare. • La normativa in commento è stata una delle prime ipotesi di emersione del rilievo giuridico della **convivenza di fatto**. Ci sembra di doverla ritenere tuttora applicabile in ogni ipotesi di vita familiare di fatto, anche diversa da quelle riconosciute dalla l. n. 76/2016, e quindi pure nel caso di convivenza di soggetti di stato non libero, o parenti fra loro, o in numero maggiore di due. • Del resto, il provvedimento può ordinare l'allontanamento anche da **luoghi frequentati dalla vittima** diversi dalla casa familiare, e la giurisprudenza ne consente l'emissione pure qualora la convivenza fosse già precedentemente cessata.

Titolo X
DELLA TUTELA E DELL'EMANCIPAZIONE

Capo I
Della tutela dei minori

343. Apertura della tutela.

Se entrambi i genitori sono morti o per altre cause non possono esercitare la responsabilità genitoriale, si apre la tutela presso il tribunale del circondario dove è la sede principale degli affari e interessi del minore.

Se il tutore è domiciliato o trasferisce il domicilio in altro circondario, la tutela può essere ivi trasferita con decreto del tribunale.

• La norma disciplina l'apertura della tutela nel caso di morte dei genitori o di impossibilità per gli stessi ad esercitare la responsabilità genitoriale. Il **giudice competente** è quello presso il quale la tutela risulti formalmente aperta ed al quale il tutore debba presentare il rendiconto, ovvero, in caso di omissione, possa procedersi ai sensi dell'art. 386, co. 3. • La norma si applica anche nel caso di **impossibilità di esercizio della potestà parentale** dovuta all'allontanamento di un minore dal proprio territorio nazionale per sottrarlo ai pericoli di una guerra, in quanto ai sensi dell'art. 343 lo Stato italiano deve assicurare al minore, oltre l'assistenza materiale, anche qualsiasi tutela giuridica che viene affidata al giudice tutelare. • La tutela si apre nel circondario del tribunale dove è la sede principale degli affari e degli interessi del minore. Si fa riferimento al luogo dove il minore ha la **dimora stabile** anche se diversa dall'ultimo domicilio o residenza del genitore stesso. Se il minore è stato affidato si fa riferimento al **luogo dell'affidamento**. Se il minore ha il **domicilio all'estero**, la competenza spetta all'ufficio consolare.

Sezione I
Del giudice tutelare

344. Funzioni del giudice tutelare.

Presso ogni tribunale il giudice tutelare soprintende alle tutele e alle curatele ed esercita le altre funzioni affidategli dalla legge.

Il giudice tutelare può chiedere l'assistenza degli organi della pubblica amministrazione e di tutti gli enti i cui scopi corrispondono alle sue funzioni.

• Il giudice tutelare è organo della tutela sovraordinato al tutore e rispetto al quale riveste funzioni non solo di controllo, ma anche consultive, direttive e di deliberazione.

Sezione II
Del tutore e del protutore

345. Denunzie al giudice tutelare.

L'ufficiale dello stato civile, che riceve la dichiarazione di morte di una persona la quale ha lasciato figli in età minore ovvero la dichiarazione di nascita di un figlio di genitori ignoti, e il notaio, che procede alla pubblicazione di un testamento contenente la designazione di un tutore o di un protutore, devono darne notizia al giudice tutelare entro dieci giorni.

Il cancelliere, entro quindici giorni dalla pubblicazione o dal deposito in cancelleria, deve dare notizia al giudice tutelare delle decisioni dalle quali derivi l'apertura di una tutela.

I parenti entro il terzo grado devono denunziare al giudice tutelare il fatto da cui deriva l'apertura della tutela entro dieci giorni da quello in cui ne hanno avuto notizia. La denunzia deve essere fatta anche dalla persona designata quale tutore o protutore entro dieci giorni da quello in cui ha avuto notizia della designazione.

346. Nomina del tutore e del protutore.

Il giudice tutelare, appena avuta notizia del fatto da cui deriva l'apertura della tutela, procede alla nomina del tutore e del protutore.

• Non ci sono indicazioni in ordine al procedimento di nomina del tutore e del protutore. L'iniziativa è rimessa al giudice tutelare che deve provvedere a mezzo di **decreto** motivato adottato in un **procedimento di volontaria giurisdizione** e, quindi, suscettibile di ulteriori modifiche o revoca in qualunque momento d'ufficio o su istanza di parte per motivi di legittimità, di opportunità, preesistenti o sopravvenuti. • L'atto di nomina può essere soggetto a **reclamo**. Avverso il provvedimento emesso in sede di reclamo non è ammissibile il ricorso per cassazione.

347. Tutela di più fratelli.

È nominato un solo tutore a più fratelli e sorelle, salvo che particolari circostanze consiglino la nomina di più tutori. Se vi è conflitto di interessi tra i minori soggetti alla stessa tutela, il giudice tutelare nomina ai minori un curatore speciale.

• La nomina di un solo tutore per **più fratelli** risponde all'esigenza di garantire alla famiglia **omogeneità di indirizzo educativo ed amministrativo**. La norma mira a tenere fermo il principio dell'unità della tutela. Spetta comunque al giudice tutelare effettuare una valutazione in merito alla **opportunità** o meno di nominare un tutore unico. • In caso di conflitto di interessi tra i minori soggetti alla stessa tutela, viene nominato un **curatore speciale** per ciascuno di essi. • Il **conflitto di interessi** può essere sia di natura patrimoniale sia morale. • Possono chiedere la nomina di un curatore speciale: i minori, i prossimi congiunti, il tutore o qualunque terzo interessato.

348. Scelta del tutore.

Il giudice tutelare nomina tutore la persona designata dal genitore che ha esercitato per ultimo la responsabilità genitoriale. La designazione può essere fatta per testamento, per atto pubblico o per scrittura privata autenticata.

Se manca la designazione ovvero se gravi motivi si oppongono alla nomina della persona designata, la scelta del tutore avviene preferibilmente tra gli ascendenti o tra gli altri prossimi parenti o affini del minore, i quali, in quanto sia opportuno, devono essere sentiti.

Il giudice, prima di procedere alla nomina del tutore, dispone l'ascolto del minore che abbia compiuto gli anni dodici e anche di età inferiore ove capace di discernimento.

In ogni caso la scelta deve cadere su persona idonea all'ufficio, di ineccepibile condotta, la quale dia affidamento di educare e istruire il minore conformemente a quanto è prescritto nell'articolo 147.

• La designazione del tutore effettuata dal genitore non vincola in modo assoluto la scelta del giudice tutelare il quale, quando sussistono **gravi motivi**, può disattendere la designazione del genitore. • Tra i gravi motivi per disattendere la designazione effettuata dal genitore vi è la **lontananza del tutore**, e ciò per l'opportunità di non fare cambiare la residenza al minore.

349. Giuramento del tutore.

Il tutore, prima di assumere l'ufficio, presta davanti al giudice tutelare giuramento di esercitarlo con fedeltà e diligenza.

• Il giuramento è presupposto essenziale per l'assunzione dell'ufficio ma gli **effetti retroagiscono** alla data del provvedimento di nomina. • **Il rifiuto** di assumere la funzione di tutore non integra fattispecie di reato.

350. Incapacità all'ufficio tutelare.

Non possono essere nominati tutori e, se sono stati nominati, devono cessare dall'ufficio:

1) coloro che non hanno la libera amministrazione del proprio patrimonio;

2) coloro che sono stati esclusi dalla tutela per disposizione scritta del genitore il quale per ultimo ha esercitato la responsabilità genitoriale;

3) coloro che hanno o sono per avere o dei quali gli ascendenti, i discendenti o il coniuge hanno o sono per avere col minore una lite, per effetto della quale può essere pregiudicato lo stato del minore o una parte notevole del patrimonio di lui;

4) coloro che sono incorsi nella perdita della responsabilità genitoriale o nella decadenza da essa, o sono stati rimossi da altra tutela;

5) il fallito che non è stato cancellato dal registro dei falliti.

• Le cause di incapacità si dividono in cause precedenti all'atto di nomina e successive alla nomina. • L'incapacità può essere assoluta quando riguarda qualsiasi minore (n. 1-4-5) e relativa quando riguarda minori determinati (n. 2-3).

351. Dispensa dall'ufficio tutelare.

Sono dispensati dall'ufficio di tutore:

1) I principi della Famiglia reale, salve le disposizioni che regola la tutela dei principi della stessa Famiglia (1);

2) il Presidente del Consiglio dei Ministri;

3) i membri del Sacro Collegio;

4) i Presidenti delle Assemblee legislative;

5) i Ministri Segretari di Stato.

Le persone indicate nei numeri 2, 3, 4 e 5 possono far noto al giudice tutelare che non intendono valersi della dispensa.

(1) Norma da ritenersi abrogata a seguito della entrata in vigore della Costituzione Italiana.

352. Dispensa su domanda.

Hanno diritto di essere dispensati su loro domanda dall'assumere o dal continuare l'esercizio della tutela:

1) i grandi ufficiali dello Stato non compresi nell'articolo precedente;

2) gli arcivescovi, i vescovi e i ministri del culto aventi cura d'anime;
3) *le donne* (1);
4) i militari in attività di servizio;
5) chi ha compiuto gli anni sessantacinque;
6) chi ha più di tre figli minori;
7) chi esercita altra tutela;
8) chi è impedito di esercitare la tutela da infermità permanente;
9) chi ha missione dal Governo fuori dello Stato o risiede per ragioni di pubblico servizio fuori della circoscrizione del tribunale dove è costituita la tutela.

(1) Numero abrogato dall'art. 161 della l. 19/5/1975, n. 151.

353. Domanda di dispensa.

La domanda di dispensa per le cause indicate nell'articolo precedente deve essere presentata al giudice tutelare prima della prestazione del giuramento, salvo che la causa di dispensa sia sopravvenuta.

Il tutore è tenuto ad assumere e a mantenere l'ufficio fino a quando la tutela non sia stata conferita ad altra persona.

354. Tutela affidata a enti di assistenza.

La tutela dei minori, che non hanno nel luogo del loro domicilio parenti conosciuti o capaci di esercitare l'ufficio di tutore, può essere deferita dal giudice tutelare a un ente di assistenza nel comune dove ha domicilio il minore o all'ospizio in cui questi è ricoverato. L'amministrazione dell'ente o dell'ospizio delega uno dei propri membri a esercitare le funzioni di tutela.

È tuttavia in facoltà del giudice tutelare di nominare un tutore al minore quando la natura o l'entità dei beni o altre circostanze lo richiedano.

355. Protutore.

Sono applicabili al protutore le disposizioni stabilite per il tutore in questa sezione.

Non si nomina il protutore nei casi contemplati nel primo comma dell'articolo 354.

• Il protutore si configura come un organo distinto dal tutore, di talché l'invalidità della nomina dell'uno non inficia in alcun caso la valida nomina dell'altro. • Il protutore ha compiti di vigilanza e collaborazione con il tutore.

356. Donazione o disposizione testamentaria a favore del minore.

Chi fa una donazione o dispone con testamento a favore di un minore, anche se questi è soggetto alla responsabilità genitoriale, può nominargli un curatore speciale per l'amministrazione dei beni donati o lasciati.

Se il donante o il testatore non ha disposto altrimenti, il curatore speciale deve osservare le forme stabilite dagli articoli 374 e 375 per il compimento di atti eccedenti l'ordinaria amministrazione.

Si applica in ogni caso al curatore speciale l'articolo 384.

• La ***ratio* della norma è quella di favorire la liberalità** per donazione o per testamento, anche nel caso in cui il disponente sarebbe indotto ad astenersene per la sfiducia nella persona dell'amministratore legale. • Il presupposto per la nomina è un atto di liberalità, il quale deve contenere l'indicazione del curatore speciale prescelto. **La nomina** è un negozio accessorio al testamento o alla donazione e deve essere contestuale nel caso di donazione. Mentre nel caso di testamento occorrerà un atto successivo avente i requisiti formali del testamento. • Il **curatore speciale** nominato dal testatore *ex* art. 356, ha il potere-dovere di amministrare i beni lasciati al minore; ma tale potere-dovere ha come presupposto logico l'accettazione dell'eredità; ne consegue che tale accettazione non può essere fatta dal curatore speciale nell'interesse del minore bensì del suo legale rappresentante. • I **poteri** del curatore speciale di cui all'art. 356 devono ritenersi estesi anche a quelli di rappresentanza in giudizio per l'esercizio dei diritti facenti parte dell'asse ereditario, quale è quello di credito alla liquidazione dell'indennizzo assicurativo per i danni da invalidità permanente spettanti al *de cuius*. • Se il curatore non può o non vuole accettare l'incarico, l'amministrazione spetta al rappresentante legale dell'incapace; ma, se il disponente abbia espressamente dichiarato di volerlo escludere dall'amministrazione, l'autorità giudiziaria può nominare un altro amministratore. Non può, infatti, essere trascurata la sua volontà di escludere il rappresentante legale dall'amministrazione: l'unico rimedio possibile è la nomina di un altro curatore da parte del giudice. Ai genitori spetta l'usufrutto legale anche sui beni che formano oggetto dell'amministrazione del curatore speciale.

Sezione III
Dell'esercizio della tutela

357. Funzioni del tutore.

Il tutore ha la cura della persona del minore, lo rappresenta in tutti gli atti civili e ne amministra i beni.

• Il tutore è colui che rappresenta il minore e ne amministra legalmente il patrimonio, ma è anche la persona che deve sostituire i genitori, non sotto il profilo affettivo e psicologico, ma in tutte le attività materiali che sono necessarie per soddisfare le esigenze di vita, di formazione e di sviluppo del minore stesso. • Sono esclusi dal potere rappresentativo del tutore **i diritti c.d. personalissimi dell'incapace**, che peraltro neanch'egli ha capacità di compiere, come il testamento e la donazione. • Il tutore ha la **rappresentanza processuale**. • Il tutore deve amministrare il patrimonio del minore con la **diligenza del buon padre di famiglia** compiendo gli atti necessari alla conservazione o all'incremento dei beni.

358. Doveri del minore.

Il minore deve rispetto e obbedienza al tutore. Egli non può abbandonare la casa o l'istituto al quale è stato destinato, senza il permesso del tutore.

Qualora se ne allontani senza permesso, il tutore ha diritto di richiamarvelo, ricorrendo, se è necessario, al giudice tutelare.

359. (1).

(1) Articolo abrogato dall'art. 162 della l. 19/5/1975, n. 151.

360. Funzioni del protutore.

Il protutore rappresenta il minore nei casi in cui l'interesse di questo è in opposizione con l'interesse del tutore.

Se anche il protutore si trova in opposizione d'interessi col minore, il giudice tutelare nomina un curatore speciale.

Il protutore è tenuto a promuovere la nomina di un nuovo tutore nel caso in cui il tutore è venuto a mancare o ha abbandonato l'ufficio. Frattanto egli ha cura della persona del minore, lo rappresenta e può fare tutti gli atti conservativi e gli atti urgenti di amministrazione.

• La norma si riferisce alla opposizione di interessi con il minore, ciò significa che è sufficiente un **eventuale pregiudizio** per il minore per consentire l'allontanamento del tutore ed il conferimento dell'incarico al protutore.

361. Provvedimenti urgenti.

Prima che il tutore o il protutore abbia assunto le proprie funzioni, spetta al giudice tutelare di dare, sia d'ufficio sia su richiesta del pubblico ministero, di un parente o di un affine del minore, i provvedimenti urgenti che possono occorrere per la cura del minore o per conservare e amministrare il patrimonio. Il giudice può procedere, occorrendo, all'apposizione dei sigilli, nonostante qualsiasi dispensa.

362. Inventario.

Il tutore, nei dieci giorni successivi a quello in cui ha avuto legalmente notizia della sua nomina, deve procedere all'inventario dei beni del minore, nonostante qualsiasi dispensa.

L'inventario deve essere compiuto nel termine di trenta giorni, salva al giudice tutelare la facoltà di prorogare il termine se le circostanze lo esigono.

• L'inventario dei beni è un **atto dovuto** da effettuare entro **dieci giorni** dalla nomina e non dal giuramento. L'inventario deve essere compiuto nei successivi trenta giorni. Il giudice, in presenza di **gravi motivi**, può consentire una **proroga** per la redazione dell'inventario.

363. Formazione dell'inventario.

L'inventario si fa col ministero del cancelliere del tribunale o di un notaio a ciò delegato dal giudice tutelare, con l'intervento del protutore e, se è possibile, anche del minore che abbia compiuto gli anni sedici, e con l'assistenza di due testimoni scelti preferibilmente fra i parenti o gli amici della famiglia.

Il giudice può consentire che l'inventario sia fatto senza ministero di cancelliere o di notaio, se il valore presumibile del patrimonio non eccede 7,75 euro.

L'inventario è depositato presso il tribunale.

Nel verbale di deposito il tutore e il protutore ne dichiarano con giuramento la sincerità.

364. Contenuto dell'inventario.

Nell'inventario si indicano gli immobili, i mobili, i crediti e i debiti e si descrivono le carte, note e scritture relative allo stato attivo e passivo del patrimonio, osservando le formalità stabilite nel codice di procedura civile.

365. Inventario di aziende.

Se nel patrimonio del minore esistono aziende commerciali o agricole, si procede con le forme usate nel commercio o nell'economia agraria alla formazione dell'inventario dell'azienda, con l'assistenza e l'intervento delle persone indicate nell'articolo 363. Questi particolari inventari sono pure depositati presso il tribunale e il loro riepilogo è riportato nell'inventario generale.

366. Beni amministrati da curatore speciale.

Il tutore deve comprendere nell'inventario generale del patrimonio del minore anche i beni, la cui amministrazione è stata deferita a un curatore speciale. Se questi ha formato un inventario particolare di tali beni, deve rimetterne copia al tutore, il quale lo unirà all'inventario generale.

Il curatore deve anche comunicare al tutore copia dei conti periodici della sua amministrazione, salvo che il disponente lo abbia esonerato.

367. Dichiarazione di debiti o crediti del tutore.

Il tutore, che ha debiti, crediti o altre ragioni verso il minore, deve esattamente dichiararli prima della chiusura dell'inventario. Il cancelliere o il notaio hanno l'obbligo di interpellarlo al riguardo.

Nel caso d'inventario senza opera di cancelliere o di notaio, il tutore è interpellato dal giudice tutelare all'atto del deposito.

In ogni caso si fa menzione dell'interpellazione e della dichiarazione del tutore nell'inventario o nel verbale di deposito.

368. Omissione della dichiarazione.

Se il tutore, conoscendo il suo credito o le sue ragioni, espressamente interpellato non li ha dichiarati, decade da ogni suo diritto.

Qualora, sapendo di essere debitore, non abbia dichiarato fedelmente il proprio debito, può essere rimosso dalla tutela.

369. Deposito di titoli e valori.

Il tutore deve depositare il denaro, i titoli di credito al portatore e gli oggetti preziosi esistenti nel patrimonio del minore presso un istituto di credito designato dal giudice tutelare, salvo che questi disponga diversamente per la loro custodia.

Non è tenuto a depositare le somme occorrenti per le spese urgenti di mantenimento e di educazione del minore e per le spese di amministrazione.

370. Amministrazione prima dell'inventario.

Prima che sia compiuto l'inventario, l'amministrazione del tutore deve limitarsi agli affari che non ammettono dilazione.

371. Provvedimenti circa l'educazione e l'amministrazione.

Compiuto l'inventario, il giudice tutelare, su proposta del tutore e sentito il protutore, delibera:

1) sul luogo dove il minore deve essere cresciuto e sul suo avviamento agli studi o all'esercizio di un'arte, mestiere o professione, disposto l'ascolto dello stesso minore che abbia compiuto gli anni dieci e anche di età inferiore ove capace di discernimento e richiesto, quando opportuno, l'avviso dei parenti prossimi;

2) sulla spesa annua occorrente per il mantenimento e l'istruzione del minore e per l'amministrazione del patrimonio, fissando i modi d'impiego del reddito eccedente;

3) sulla convenienza di continuare ovvero alienare o liquidare le aziende commerciali, che si trovano nel patrimonio del minore, e sulle relative modalità e cautele.

Nel caso in cui il giudice stimi evidentemente utile per il minore la continuazione dell'esercizio dell'impresa, il tutore deve domandare l'autorizzazione del tribunale. In pendenza della deliberazione del tribunale il giudice tutelare può consentire l'esercizio provvisorio dell'impresa.

372. Investimento di capitali.

I capitali del minore devono, previa autorizzazione del giudice tutelare, essere dal tutore investiti:

1) in titoli dello Stato o garantiti dallo Stato;

2) nell'acquisto di beni immobili posti nello Stato;

3) in mutui garantiti da idonea ipoteca sopra beni posti nello Stato, o in obbligazioni emesse da pubblici istituti autorizzati a esercitare il credito fondiario;

4) in depositi fruttiferi presso le casse postali o presso altre casse di risparmio o monti di credito su pegno. Il giudice, sentito il tutore e il protutore, può autorizzare il deposito presso altri istituti di credito, ovvero, per motivi particolari, un investimento diverso da quelli sopra indicati.

373. Titoli al portatore.

Se nel patrimonio del minore si trovano titoli al portatore, il tutore deve farli convertire in nominativi, salvo che il giudice tutelare disponga che siano depositati in cauta custodia.

374. Autorizzazione del giudice tutelare.

Il tutore non può senza l'autorizzazione del giudice tutelare:

1) acquistare beni, eccettuati i mobili necessari per l'uso del minore, per l'economia domestica e per l'amministrazione del patrimonio;

2) riscuotere capitali, consentire alla cancellazione di ipoteche o allo svincolo di pegni, assumere obbligazioni, salvo che queste riguardino le spese necessarie per il mantenimento del minore e per l'ordinaria amministrazione del suo patrimonio;

3) accettare eredità o rinunciarvi, accettare donazioni o legati soggetti a pesi o a condizioni;

4) fare contratti di locazione d'immobili oltre il novennio o che in ogni caso si prolunghino oltre un anno dopo il raggiungimento della maggiore età;

5) promuovere giudizi, salvo che si tratti di denunzie di nuova opera o di danno temuto, di azioni possessorie o di sfratto e di azioni per riscuotere frutti o per ottenere provvedimenti conservativi.

• Quando sia prescritta l'autorizzazione del giudice tutelare (art. 374) ovvero quella del tribunale (art. 375), il **difetto di tale autorizzazione** rende illegittimo l'esercizio della funzione tutelare in relazione agli atti per i quali il controllo è predisposto. Tuttavia, in tal caso, gli atti predetti non sono giuridicamente inesistenti o nulli di diritto, in quanto, pur difettando di un requisito di validità, essi sono semplicemente soggetti ad essere annullati su istanza del tutore o del minore e dei suoi eredi o aventi causa. Il difetto, quindi, degli interventi autorizzativi prescritti a tutela del minore, o dev'essere prospettato in via d'azione di annullamento (costitutiva), proponibile soltanto dai soggetti predetti (e mai dalla controparte), e deve formare oggetto di un'eccezione in senso proprio, rimessa alla disponibilità dei soggetti stessi: in nessun caso il giudice può rilevare il difetto di sua iniziativa al fine di dichiarare d'ufficio la nullità del contratto stipulato o dell'atto compiuto dal tutore.

375. Autorizzazione del tribunale.

Il tutore non può senza l'autorizzazione del tribunale:

1) alienare beni, eccettuati i frutti e i mobili soggetti a facile deterioramento;

2) costituire pegni o ipoteche;

3) procedere a divisioni o promuovere i relativi giudizi;

4) fare compromessi e transazioni o accettare concordati.

L'autorizzazione è data su parere del giudice tutelare.

• Si ritiene applicabile, anche per tali atti, il criterio della **necessità** o **utilità economica** di cui all'art. 320, co. 3. • Il termine alienazione comprende gli atti traslativi e gli atti aventi efficacia costitutiva a titolo oneroso: oltre alla vendita, pertanto, vi rientrano anche altri atti di trasferimento della proprietà, quali la permuta, la rinunzia abdicativa alla proprietà (o comproprietà) o ad altro diritto reale, la costituzione di diritti reali di godimento, o il trasferimento di diritti di credito. • Il parere del giudice tutelare è obbligatorio ma non vincolante e deve precedere sempre l'autorizzazione.

376. Vendita di beni.

Nell'autorizzare la vendita di beni, il tribunale determina se debba farsi all'incanto o a trattative private, fissandone in ogni caso il prezzo minimo.

Quando nel dare l'autorizzazione il tribunale non ha stabilito il modo di erogazione o di reimpiego del prezzo, lo stabilisce il giudice tutelare.

• La norma non si applica all'ipotesi di vendita di beni ereditari, per la quale opera l'art. 374.

377. Atti compiuti senza l'osservanza delle norme dei precedenti articoli.

Gli atti compiuti senza osservare le norme dei precedenti articoli possono essere annullati su istanza del tutore o del minore o dei suoi eredi o aventi causa.

• L'atto annullabile può essere **convalidato** dall'incapace (dopo il raggiungimento della maggiore età) o dallo stesso tutore, il quale deve però ottenere l'autorizzazione a norma degli artt. 374 e 375.

378. Atti vietati al tutore e al protutore.

Il tutore e il protutore non possono, neppure all'asta pubblica, rendersi acquirenti direttamente o per interposta persona dei beni e dei diritti del minore.

Non possono prendere in locazione i beni del minore senza l'autorizzazione e le cautele fissate dal giudice tutelare.

Gli atti compiuti in violazione di questi divieti possono essere annullati su istanza delle persone indicate nell'articolo precedente, ad eccezione del tutore e del protutore che li hanno compiuti.

Il tutore e il protutore non possono neppure diventare cessionari di alcuna ragione o credito verso il minore.

• La norma trova fondamento nella **presunzione di un conflitto di interessi** tra minore e tutore. • L'**azione di annullamento** si prescrive in **cinque anni** che decorrono per il minore dal compimento della maggiore età e per il tutore da quando rende il conto finale della tutela, fino a quel momento è sospeso.

379. Gratuità della tutela.

L'ufficio tutelare è gratuito.

Il giudice tutelare tuttavia, considerando l'entità del patrimonio e le difficoltà dell'amministrazione, può assegnare al tutore un'equa indennità. Può altresì, se particolari circostanze lo richiedono, sentito il protutore, autorizzare il tutore a farsi coadiuvare nell'amministrazione, sotto la sua personale responsabilità, da una o più persone stipendiate.

• La **deroga** al principio della gratuità dell'ufficio tutelare, consentita in ragione dell'entità del patrimonio e delle difficoltà della sua gestione, sembra riferirsi alla sola attività di amministrazione del patrimonio del minore. • L'indennità non spetta al protutore, salvo che non abbia sostituito il tutore nell'esercizio della tutela. • Il giudice liquida l'indennità con decreto impugnabile con reclamo davanti al Tribunale dei minorenni.

380. Contabilità dell'amministrazione.

Il tutore deve tenere regolare contabilità della sua amministrazione e renderne conto ogni anno al giudice tutelare.

Il giudice può sottoporre il conto annuale all'esame del protutore e di qualche prossimo parente o affine del minore.

381. Cauzione.

Il giudice tutelare, tenuto conto della particolare natura ed entità del patrimonio, può imporre al tutore di prestare una cauzione, determinandone l'ammontare e le modalità.

Egli può anche liberare il tutore in tutto o in parte dalla cauzione che avesse prestata.

• La prestazione della cauzione è un **atto cautelativo** e solo eventuale. Può consistere in una somma di denaro, ma anche in una fideiussione ovvero nella costituzione di un diritto reale di garanzia. • L'obbligo di prestare cauzione non può essere esteso al protutore.

382. Responsabilità del tutore e del protutore.

Il tutore deve amministrare il patrimonio del minore con la diligenza del buon padre di famiglia. Egli risponde verso il minore di ogni danno a lui cagionato violando i propri doveri.

Nella stessa responsabilità incorre il protutore per ciò che riguarda i doveri del proprio ufficio.

• Si tratta di una responsabilità di natura contrattuale. • Il tutore non può conferire ad altri, spogliandosi del proprio ufficio, un mandato generale relativo all'intera gestione tutelare, in quanto il mandato generale importerebbe la sostituzione radicale di un'altra persona al tutore e ciò non può ritenersi legittimo, data la particolare natura e delicatezza della funzione tutelare. Egli può, però, conferire a terzi mandati relativi al compimento di singoli atti, in quanto, conferendo ad altri l'incarico di compiere singoli atti giuridici, non opera, contro il divieto della legge, alcuna sostituzione soggettiva nell'amministrazione dei beni, intesa come autonoma e unitaria gestione del patrimonio dell'incapace, ma si avvale, volta per volta, dell'opera altrui secondo un criterio di opportunità e di convenienza, che può coincidere con la più oculata salvaguardia degli interessi del suo rappresentato. Il che naturalmente non lo esime dalla responsabilità sancita dall'art. 382, essendo, in ogni caso, fermo il suo obbligo di amministrare il patrimonio dell'incapace con la diligenza del buon padre di famiglia (Cass. 1540/1966).

Sezione IV
Della cessazione del tutore dall'ufficio

383. Esonero dall'ufficio.

Il giudice tutelare può sempre esonerare il tutore dall'ufficio, qualora l'esercizio di esso sia al tutore soverchiamente gravoso e vi sia altra persona atta a sostituirlo.

• L'esonero è posto nell'interesse del tutore. • La disciplina è estesa anche al protutore.

384. Rimozione e sospensione del tutore.

Il giudice tutelare può rimuovere dall'ufficio il tutore che si sia reso colpevole di negligenza o abbia abusato dei suoi poteri, o si sia dimostrato inetto nell'adempimento di essi, o sia divenuto immeritevole dell'ufficio per atti anche estranei alla tutela, ovvero sia divenuto insolvente.

Il giudice non può rimuovere il tutore se non dopo averlo sentito o citato; può tuttavia sospenderlo dall'esercizio della tutela nei casi che non ammettono dilazione.

• La rimozione è posta nell'interesse dell'incapace. • La disciplina è estesa anche al protutore. • Le cause di rimozione presuppongono un **apprezzamento discrezionale del giudice tutelare**. • La presenza di **una causa di incapacità del tutore** obbliga il giudice tutelare a dichiararne la cessazione dall'ufficio. • Il provvedimento di **sospensione** ha natura e funzione cautelare ed opera per **motivi gravi ed urgenti.**

Sezione V
Del rendimento del conto finale

385. Conto finale.
Il tutore che cessa dalle funzioni deve fare subito la consegna dei beni e deve presentare nel termine di due mesi il conto finale dell'amministrazione al giudice tutelare. Questi può concedere una proroga.

• Il termine non è previsto a pena di decadenza. • La concessione della **proroga** da parte del giudice tutelare deve essere disposta con **decreto motivato**. • La **mancata presentazione del conto** comporta responsabilità civile a carico del tutore inadempiente.

386. Approvazione del conto.
Il giudice tutelare invita il protutore, il minore divenuto maggiore o emancipato, ovvero, secondo le circostanze, il nuovo rappresentante legale a esaminare il conto e a presentare le loro osservazioni.
Se non vi sono osservazioni, il giudice che non trova nel conto irregolarità o lacune lo approva; in caso contrario nega l'approvazione.
Qualora il conto non sia stato presentato o sia impugnata la decisione del giudice tutelare, provvede l'autorità giudiziaria nel contraddittorio degli interessati.

387. Prescrizione delle azioni relative alla tutela.
Le azioni del minore contro il tutore e quelle del tutore contro il minore relative alla tutela si prescrivono in cinque anni dal compimento della maggiore età o dalla morte del minore. Se il tutore ha cessato dall'ufficio e ha presentato il conto prima della maggiore età o della morte del minore, il termine decorre dalla data del provvedimento col quale il giudice tutelare pronunzia sul conto stesso.
Le disposizioni di quest'articolo non si applicano all'azione per il pagamento del residuo che risulta dal conto definitivo.

388. Divieto di convenzioni prima dell'approvazione del conto.
Nessuna convenzione tra il tutore e il minore divenuto maggiore può aver luogo prima che sia decorso un anno dall'approvazione del conto della tutela.
La convenzione può essere annullata su istanza del minore o dei suoi eredi o aventi causa.

389. Registro delle tutele.
Nel registro delle tutele, istituito presso ogni giudice tutelare, sono iscritti a cura del cancelliere l'apertura e la chiusura della tutela, la nomina, l'esonero e la rimozione del tutore e del protutore, le risultanze degli inventari e dei rendiconti e tutti i provvedimenti che portano modificazione nello stato personale o patrimoniale del minore.
Dell'apertura e della chiusura della tutela il cancelliere dà comunicazione entro dieci giorni all'ufficiale dello stato civile per l'annotazione in margine all'atto di nascita del minore.

Capo II
Dell'emancipazione

390. Emancipazione di diritto.
Il minore è di diritto emancipato col matrimonio.

• L'emancipazione è un effetto automatico del **matrimonio** e non rileva la volontà dei genitori. • Per contrarre matrimonio occorre avere **sedici anni**, e con il raggiungimento della maggiore età (diciotto anni) viene meno lo stato di emancipazione e il soggetto acquista la totale capacità di agire. • Con l'emancipazione il minore acquista una **ridotta capacità di agire**. Essa comporta la sottrazione del minore alla responsabilità genitoriale e alla tutela. Il minore emancipato è capace di agire con riferimento agli **atti di ordinaria amministrazione e per quelli di natura personale**. Il minore emancipato può compiere atti di straordinaria amministrazione con **l'assistenza del curatore**.

391. (1).

(1) Articolo abrogato dall'art. 6 della l. 8/3/1975, n. 39.

392. Curatore dell'emancipato.

Curatore del minore sposato con persona maggiore di età è il coniuge.

Se entrambi i coniugi sono minori di età, il giudice tutelare può nominare un unico curatore, scelto preferibilmente fra i genitori.

Se interviene l'annullamento per una causa diversa dall'età, o lo scioglimento o la cessazione degli effetti civili del matrimonio o la separazione personale, il giudice tutelare nomina curatore uno dei genitori, se idoneo all'ufficio, o, in mancanza, altra persona. Nel caso in cui il minore contrae successivamente matrimonio, il curatore lo assiste altresì negli atti previsti nell'articolo 165.

• Il curatore è titolare di un **ufficio di diritto privato** da esercitare nell'interesse del minore osservando la diligenza del buon padre di famiglia. • L'assunzione della funzione di curatore è obbligatoria, non ammette dispensa ed è gratuita.

393. Incapacità o rimozione del curatore.

Sono applicabili al curatore le disposizioni degli articoli *348, ultimo comma* (1), 350 e 384.

(1) L'art. 348, ult. co. è stato abrogato dall'art. 1 del r.d.l. 20/1/1944, n. 25 e dall'art. 33 del d.lgs. 14/9/1944, n. 287.

394. Capacità dell'emancipato.

L'emancipazione conferisce al minore la capacità di compiere gli atti che non eccedono l'ordinaria amministrazione.

Il minore emancipato può con l'assistenza del curatore riscuotere i capitali sotto la condizione di un idoneo impiego e può stare in giudizio sia come attore sia come convenuto.

Per gli altri atti eccedenti l'ordinaria amministrazione, oltre il consenso del curatore, è necessaria l'autorizzazione del giudice tutelare. Per gli atti indicati nell'articolo 375 l'autorizzazione, se curatore non è il genitore, deve essere data dal tribunale su parere del giudice tutelare.

Qualora nasca conflitto di interessi fra il minore e il curatore, è nominato un curatore speciale a norma dell'ultimo comma dell'articolo 320.

• Il minore emancipato ha una capacità di agire attenuata, in quanto viene integrata dall'assistenza del curatore. Il minore, infatti, decide se compiere l'atto e il curatore ne valuta l'opportunità e quindi presta il suo assenso o rifiuto. • Il curatore ha solo il compito di assistere il minore e non di rappresentarlo. • L'emancipato è pienamente capace di compiere gli atti non patrimoniali ed è titolare della responsabilità genitoriale. • La capacità dell'emancipato di compiere atti di natura patrimoniale dipende dalla distinzione tra atti di ordinaria e di straordinaria amministrazione.

395. Rifiuto del consenso da parte del curatore.

Nel caso in cui il curatore rifiuta il suo consenso, il minore può ricorrere al giudice tutelare, il quale, se stima ingiustificato il rifiuto, nomina un curatore speciale per assistere il minore nel compimento dell'atto, salva, se occorre, l'autorizzazione del tribunale.

396. Inosservanza delle precedenti norme.

Gli atti compiuti senza osservare le norme stabilite nell'articolo 394 possono essere annullati su istanza del minore o dei suoi eredi o aventi causa.

Sono applicabili al curatore le disposizioni dell'articolo 378.

• La legittimazione a chiedere l'annullamento degli atti compiuti dal minore emancipato senza l'osservanza delle norme dell'art. 394 spetta al minore, ai suoi eredi o aventi causa e **l'azione si prescrive in cinque anni** dal raggiungimento della maggiore età o dalla morte dell'emancipato.

397. Emancipato autorizzato all'esercizio di un'impresa commerciale.
Il minore emancipato può esercitare un'impresa commerciale senza l'assistenza del curatore, se è autorizzato dal tribunale, previo parere del giudice tutelare e sentito il curatore.

L'autorizzazione può essere revocata dal tribunale su istanza del curatore o d'ufficio, previo, in entrambi i casi, il parere del giudice tutelare e sentito il minore emancipato.

Il minore emancipato, che è autorizzato all'esercizio di una impresa commerciale, può compiere da solo gli atti che eccedono l'ordinaria amministrazione, anche se estranei all'esercizio dell'impresa.

• Il minore emancipato autorizzato all'esercizio di una impresa commerciale è **equiparato al maggiorenne** per cui può compiere tutti gli atti di ordinaria e straordinaria amministrazione. Persiste l'incapacità di fare testamento e di donare. • Legittimato a chiedere l'autorizzazione è solo il minore e deve provare di possedere una **maturità** tale da consentirgli di svolgere da solo un'attività di impresa in campo commerciale. • L'autorizzazione all'esercizio di una impresa commerciale può essere revocata in caso di gestione inadeguata, ma anche in caso di compimento di **atti irragionevoli o pregiudizievoli** anche estranei all'esercizio dell'impresa.

398.-399. (1).

(1) Articoli abrogati dall'art. 6 della l. 8/3/1975, n. 39.

Titolo XI
DELL'AFFILIAZIONE E DELL'AFFIDAMENTO

400. Norme regolatrici dell'assistenza dei minori.
L'assistenza dei minori è regolata, oltre che dalle leggi speciali, dalle norme del presente titolo.

• Oggi la materia dell'assistenza pubblicistica all'infanzia abbandonata, il cui inserimento nel Codice Civile aveva rappresentato a suo tempo una rilevante innovazione, è passata alla **legislazione speciale**, ed in particolare alla l. n. 184/1983. Ciò non significa comunque che tutti gli articoli del presente titolo debbano considerarsi abrogati per nuova regolamentazione dell'intera materia. • La giurisprudenza ha avuto modo di precisare che l'art. 403 non è abrogato dalla l. n. 184/1983, in quanto riguarda interventi urgenti da porre in essere prima dell'attivazione degli istituti previsti da detta legge, ma deve essere coordinato con l'art. 9 di quest'ultima, che impone alla pubblica autorità venuta a conoscenza di una situazione di abbandono di segnalarla al tribunale per i minori.

401. Limiti di applicazione delle norme.
Le disposizioni del presente titolo si applicano anche ai minori che sono figli di genitori non conosciuti, ovvero figli di genitori che si trovino nell'impossibilità di provvedere al loro mantenimento.

Le stesse disposizioni si applicano ai minori ricoverati in un istituto di pubblica assistenza o assistiti da questo per il mantenimento, l'educazione o la rieducazione, ovvero in istato di abbandono materiale o morale.

402. Poteri tutelari spettanti agli istituti di assistenza.
L'istituto di pubblica assistenza esercita i poteri tutelari sul minore ricoverato o assistito, secondo le norme del titolo X, capo I di questo libro, fino a quando non si provveda alla nomina

di un tutore, e in tutti i casi nei quali l'esercizio della responsabilità genitoriale o della tutela sia impedito. Resta salva la facoltà del giudice tutelare di deferire la tutela all'ente di assistenza o all'ospizio, ovvero di nominare un tutore a norma dell'articolo 354.

Nel caso in cui il genitore riprenda l'esercizio della responsabilità genitoriale, l'istituto deve chiedere al giudice tutelare di fissare eventualmente limiti o condizioni a tale esercizio.

403. Intervento della pubblica autorità a favore dei minori.

Quando il minore è moralmente o materialmente abbandonato o è allevato in locali insalubri o pericolosi, oppure da persone per negligenza, immoralità, ignoranza o per altri motivi incapaci di provvedere alla educazione di lui, la pubblica autorità, a mezzo degli organi di protezione dell'infanzia, lo colloca in luogo sicuro, sino a quando si possa provvedere in modo definitivo alla sua protezione.

Titolo XII
DELLE MISURE DI PROTEZIONE DELLE PERSONE PRIVE IN TUTTO OD IN PARTE DI AUTONOMIA

Capo I
Dell'amministrazione di sostegno

404. Amministrazione di sostegno.

La persona che, per effetto di una infermità ovvero di una menomazione fisica o psichica, si trova nella impossibilità, anche parziale o temporanea, di provvedere ai propri interessi, può essere assistita da un amministratore di sostegno, nominato dal giudice tutelare del luogo in cui questa ha la residenza o il domicilio.

• L'amministrazione di sostegno è lo **strumento generale** di protezione dei soggetti fragili. Mira, infatti, a «tutelare, **con la minore limitazione possibile della capacità d'agire**, le persone prive in tutto o in parte di autonomia nell'espletamento delle funzioni della vita quotidiana, mediante **interventi di sostegno temporaneo o permanente**» (art. 1 della l. n. 6/2004). • I preesistenti istituti dell'interdizione (v. art. 414) e dell'inabilitazione (v. art. 415) hanno, di conseguenza, assunto un ruolo applicativo residuale. • I **presupposti** dell'amministrazione di sostegno sono l'infermità o la menomazione psichica e l'infermità o la menomazione fisica. • La disabilità psichica può essere **temporanea o abituale**. • Talvolta può essere anche **grave**, ma tale da non rendere il soggetto del tutto incapace di provvedere ai propri interessi. • Invece l'infermità o la menomazione fisica rilevano come presupposto solo quando si accompagnano ad un deficit psichico oppure quando determinano l'impossibilità per il soggetto di manifestare all'esterno la propria volontà.

405. Decreto di nomina dell'amministratore di sostegno. Durata dell'incarico e relativa pubblicità.

Il giudice tutelare provvede entro sessanta giorni dalla data di presentazione della richiesta alla nomina dell'amministratore di sostegno con decreto motivato immediatamente esecutivo, su ricorso di uno dei soggetti indicati nell'articolo 406.

Il decreto che riguarda un minore non emancipato può essere emesso solo nell'ultimo anno della sua minore età e diventa esecutivo a decorrere dal momento in cui la maggiore età è raggiunta.

Se l'interessato è un interdetto o un inabilitato, il decreto è esecutivo dalla pubblicazione della sentenza di revoca dell'interdizione o dell'inabilitazione.

Qualora ne sussista la necessità, il giudice tutelare adotta anche d'ufficio i provvedimenti urgenti per la cura della persona interessata e per la conservazione e l'amministrazione del suo patrimonio. Può procedere alla nomina di un amministratore di sostegno provvisorio indicando gli atti che è autorizzato a compiere.

Il decreto di nomina dell'amministratore di sostegno deve contenere l'indicazione:

1) delle generalità della persona beneficiaria e dell'amministratore di sostegno;
2) della durata dell'incarico, che può essere anche a tempo indeterminato;
3) dell'oggetto dell'incarico e degli atti che l'amministratore di sostegno ha il potere di compiere in nome e per conto del beneficiario;
4) degli atti che il beneficiario può compiere solo con l'assistenza dell'amministratore di sostegno;
5) dei limiti, anche periodici, delle spese che l'amministratore di sostegno può sostenere con utilizzo delle somme di cui il beneficiario ha o può avere la disponibilità;
6) della periodicità con cui l'amministratore di sostegno deve riferire al giudice circa l'attività svolta e le condizioni di vita personale e sociale del beneficiario.

Se la durata dell'incarico è a tempo determinato, il giudice tutelare può prorogarlo con decreto motivato pronunciato anche d'ufficio prima della scadenza del termine.

Il decreto di apertura dell'amministrazione di sostegno, il decreto di chiusura ed ogni altro provvedimento assunto dal giudice tutelare nel corso dell'amministrazione di sostegno devono essere immediatamente annotati a cura del cancelliere nell'apposito registro.

Il decreto di apertura dell'amministrazione di sostegno e il decreto di chiusura devono essere comunicati, entro dieci giorni, all'ufficiale dello stato civile per le annotazioni in margine all'atto di nascita del beneficiario. Se la durata dell'incarico è a tempo determinato, le annotazioni devono essere cancellate alla scadenza del termine indicato nel decreto di apertura o in quello eventuale di proroga.

• Il **decreto di nomina** deve essere motivato, affinché risultino manifeste le ragioni che hanno portato il giudice a decidere in tal senso. • Il decreto deve, inoltre, definire l'oggetto dell'incarico dell'amministratore, che è essenzialmente di natura patrimoniale (***cura patrimonii***), ma che può mirare anche al soddisfacimento di bisogni non patrimoniali (***cura personae***) del beneficiario. • Per quanto riguarda la *cura patrimonii*, gli atti per i quali l'amministratore ha potere di rappresentanza oppure di semplice assistenza dell'amministrato devono essere ben definiti (ad es., la vendita di quell'appartamento) o individuati per natura (ad es., tutti i contratti di vendita e/o locazione). • Qualora all'amministratore spetti **anche** la *cura personae*, il decreto deve fissare in modo esplicito i suoi compiti (v. artt. 409 e 411).

406. Soggetti.

Il ricorso per l'istituzione dell'amministrazione di sostegno può essere proposto dallo stesso soggetto beneficiario, anche se minore, interdetto o inabilitato, ovvero da uno dei soggetti indicati nell'articolo 417.

Se il ricorso concerne persona interdetta o inabilitata il medesimo è presentato congiuntamente all'istanza di revoca dell'interdizione o dell'inabilitazione davanti al giudice competente per quest'ultima.

I responsabili dei servizi sanitari e sociali direttamente impegnati nella cura e assistenza della persona, ove a conoscenza di fatti tali da rendere opportuna l'apertura del procedimento di amministrazione di sostegno, sono tenuti a proporre al giudice tutelare il ricorso di cui all'articolo 407 o a fornirne comunque notizia al pubblico ministero.

• L'elenco dei legittimati attivi è **tassativo**. • Tra i legittimati attivi figurano anche i responsabili dei servizi sanitari e sociali, impegnati nella cura della persona, che hanno un **dovere specifico** di proporre ricorso o quantomeno di informare il pubblico ministero, anche se non possono essere designati come amministratore di sostegno, ai sensi dell'art. 408, co. 3.

407. Procedimento.

Il ricorso per l'istituzione dell'amministrazione di sostegno deve indicare le generalità del beneficiario, la sua dimora abituale, le ragioni per cui si richiede la nomina dell'amministratore di sostegno, il nominativo ed il domicilio, se conosciuti dal ricorrente, del coniuge, dei discendenti, degli ascendenti, dei fratelli e dei conviventi del beneficiario.

Il giudice tutelare deve sentire personalmente la persona cui il procedimento si riferisce recandosi, ove occorra, nel luogo in cui questa si trova e deve tener conto, compatibilmente con gli interessi e le esigenze di protezione della persona, dei bisogni e delle richieste di questa.

Il giudice tutelare provvede, assunte le necessarie informazioni e sentiti i soggetti di cui all'articolo 406; in caso di mancata comparizione provvede comunque sul ricorso. Dispone altresì, anche d'ufficio, gli accertamenti di natura medica e tutti gli altri mezzi istruttori utili ai fini della decisione.

Il giudice tutelare può, in ogni tempo, modificare o integrare, anche d'ufficio, le decisioni assunte con il decreto di nomina dell'amministratore di sostegno.

In ogni caso, nel procedimento di nomina dell'amministratore di sostegno interviene il pubblico ministero.

• La norma non specifica se i legittimati a proporre il ricorso debbano essere assistiti da un legale; sul punto si è espressa la Cassazione, prevedendo la designazione necessaria di un difensore, qualora le misure richieste dalle parti o decise d'ufficio da parte del giudice incidano sui diritti fondamentali della persona (Cass. 25366/2006). • Nella fase istruttoria del procedimento, il giudice tutelare **deve sentire il beneficiario personalmente** per tener conto dei suoi bisogni e delle sue richieste. L'audizione perde la funzione esclusiva di valutazione del soggetto, ma serve per instaurare un possibile rapporto di collaborazione e fiducia, affinché i contenuti del decreto siano il più possibile aderenti alle esigenze del soggetto fragile. • Resta ovviamente salva per il giudice la possibilità di disporre una c.t.u. per valutarne le condizioni psichiche e fisiche.

408. Scelta dell'amministratore di sostegno.

La scelta dell'amministratore di sostegno avviene con esclusivo riguardo alla cura ed agli interessi della persona del beneficiario. L'amministratore di sostegno può essere designato dallo stesso interessato, in previsione della propria eventuale futura incapacità, mediante atto pubblico o scrittura privata autenticata. In mancanza, ovvero in presenza di gravi motivi, il giudice tutelare può designare con decreto motivato un amministratore di sostegno diverso. Nella scelta, il giudice tutelare preferisce, ove possibile, il coniuge che non sia separato legalmente, la persona stabilmente convivente, il padre, la madre, il figlio o il fratello o la sorella, il parente entro il quarto grado ovvero il soggetto designato dal genitore superstite con testamento, atto pubblico o scrittura privata autenticata.

Le designazioni di cui al primo comma possono essere revocate dall'autore con le stesse forme.

Non possono ricoprire le funzioni di amministratore di sostegno gli operatori dei servizi pubblici o privati che hanno in cura o in carico il beneficiario.

Il giudice tutelare, quando ne ravvisa l'opportunità, e nel caso di designazione dell'interessato quando ricorrano gravi motivi, può chiamare all'incarico di amministratore di sostegno anche altra persona idonea, ovvero uno dei soggetti di cui al titolo II al cui legale rappresentante ovvero alla persona che questi ha facoltà di delegare con atto depositato presso l'ufficio del giudice tutelare, competono tutti i doveri e tutte le facoltà previste nel presente capo.

• La scelta dell'amministratore deve avvenire nell'esclusivo interesse del beneficiario. • Qualora questa sia compiuta dal beneficiario stesso con gli opportuni requisiti formali, il giudice tutelare può disattendere tale designazione solo in presenza di **gravi motivi** (ad es., la persona indicata non presenti le qualità anche morali necessarie per svolgere un tale incarico) e motivando espressamente la differente nomina. • In mancanza di designazione, il giudice tutelare nominerà uno dei soggetti elencati al primo comma. • A seguito della l. n. 76/2016 è nominabile anche l'unito civilmente.

409. Effetti dell'amministrazione di sostegno.

Il beneficiario conserva la capacità di agire per tutti gli atti che non richiedono la rappresentanza esclusiva o l'assistenza necessaria dell'amministratore di sostegno.

Il beneficiario dell'amministrazione di sostegno può in ogni caso compiere gli atti necessari a soddisfare le esigenze della propria vita quotidiana.

• Il beneficiario conserva la **capacità di agire,** ad esclusione per gli atti previsti dal decreto (*ex* art. 405). • Quindi il giudice tutelare non può determinare per decreto la privazione totale della sua capacità. • Il soggetto, infatti, oltre agli atti necessari a soddisfare le esigenze della vita quotidiana, deve poter conservare la capacità di compiere altri singoli atti, riguardanti il suo patrimonio (*Esempio:* il decreto prevede l'assistenza dell'amministratore per la vendita di un determinato immobile, quindi al beneficiario resta la possibilità di concludere un contratto di locazione). • Il beneficiario, inoltre, in generale, **può compiere atti personalissimi,** quali contrarre matrimonio, fare testamento, ecc. (v. art. 411).

410. Doveri dell'amministratore di sostegno.

Nello svolgimento dei suoi compiti l'amministratore di sostegno deve tener conto dei bisogni e delle aspirazioni del beneficiario.

L'amministratore di sostegno deve tempestivamente informare il beneficiario circa gli atti da compiere nonché il giudice tutelare in caso di dissenso con il beneficiario stesso. In caso di contrasto, di scelte o di atti dannosi ovvero di negligenza nel perseguire l'interesse o nel soddisfare i bisogni o le richieste del beneficiario, questi, il pubblico ministero o gli altri soggetti di cui all'articolo 406 possono ricorrere al giudice tutelare, che adotta con decreto motivato gli opportuni provvedimenti.

L'amministratore di sostegno non è tenuto a continuare nello svolgimento dei suoi compiti oltre dieci anni, ad eccezione dei casi in cui tale incarico è rivestito dal coniuge, dalla persona stabilmente convivente, dagli ascendenti o dai discendenti.

• Sempre in virtù dell'interesse del beneficiario, quale fine ultimo, è previsto in capo all'amministratore un **obbligo costante di informazione** circa gli atti da compiere. Il rapporto amministratore-beneficiario deve assumere, quindi, i connotati dell'ascolto, della collaborazione e non della vigilanza e del controllo. • Le decisioni dell'amministratore non possono essere preminenti rispetto a quelle del beneficiario, soprattutto se riguardano la sfera personale. Per tale motivo, in caso di dissenso, l'amministratore ha il dovere di informare il giudice tutelare. • Qualora contravvenga a tale obbligo o compia atti dannosi o sia negligente, verrà sospeso o rimosso dall'incarico ai sensi dell'art. 384, richiamato dall'art. 411, co. 1 e verrà nominato un curatore speciale. • Circa il valore del dissenso da parte del beneficiario, va comunque osservato che si presuppone che sia dotato di un certo grado di discernimento. • In caso contrario l'amministratore torna ad assumere un ruolo preponderante nell'assunzione della decisione di compiere l'atto.

411. Norme applicabili all'amministrazione di sostegno.

Si applicano all'amministratore di sostegno, in quanto compatibili, le disposizioni di cui agli articoli da 349 a 353 e da 374 a 388. I provvedimenti di cui agli articoli 375 e 376 sono emessi dal giudice tutelare.

All'amministratore di sostegno si applicano altresì, in quanto compatibili, le disposizioni degli articoli 596, 599 e 779.

Sono in ogni caso valide le disposizioni testamentarie e le convenzioni in favore dell'amministratore di sostegno che sia parente entro il quarto grado del beneficiario, ovvero che sia coniuge o persona che sia stata chiamata alla funzione in quanto con lui stabilmente convivente.

Il giudice tutelare, nel provvedimento con il quale nomina l'amministratore di sostegno, o successivamente, può disporre che determinati effetti, limitazioni o decadenze, previsti da disposizioni di legge per l'interdetto o l'inabilitato, si estendano al beneficiario dell'amministrazione di sostegno, avuto riguardo all'interesse del medesimo ed a quello tutelato dalle predette disposizioni. Il provvedimento è assunto con decreto motivato a seguito di ricorso che può essere presentato anche dal beneficiario direttamente.

• Le norme richiamate, se compatibili, si applicano senza distinguere tra amministrazione sostitutiva e *amministrazione* di assistenza. • Non sono menzionate le norme relative alla curatela, nonostante le similitudini con tale istituto. Il quarto comma prevede la possibilità di applicare al beneficiario le norme previste per l'interdetto o l'inabilitato, ai fini di una sua maggiore tutela. • Per quanto attiene all'ambito patrimoniale il beneficiario deve comunque conservare la capacità di agire per determinati atti (v. art. 409).

• Non è possibile una esatta sovrapposizione tra le competenze dell'amministratore e quelle del tutore. • Parimenti in materia non patrimoniale, **salvo casi eccezionali**, si riconosce al beneficiario la piena capacità di compiere atti personalissimi.

412. Atti compiuti dal beneficiario o dall'amministratore di sostegno in violazione di norme di legge o delle disposizioni del giudice.

Gli atti compiuti dall'amministratore di sostegno in violazione di disposizioni di legge, od in eccesso rispetto all'oggetto dell'incarico o ai poteri conferitigli dal giudice, possono essere annullati su istanza dell'amministratore di sostegno, del pubblico ministero, del beneficiario o dei suoi eredi ed aventi causa.

Possono essere parimenti annullati su istanza dell'amministratore di sostegno, del beneficiario, o dei suoi eredi ed aventi causa, gli atti compiuti personalmente dal beneficiario in violazione delle disposizioni di legge o di quelle contenute nel decreto che istituisce l'amministrazione di sostegno.

Le azioni relative si prescrivono nel termine di cinque anni. Il termine decorre dal momento in cui è cessato lo stato di sottoposizione all'amministrazione di sostegno.

• Possono essere annullati gli atti compiuti dall'amministratore senza le necessarie autorizzazioni, previste dagli artt. 374 e 375. • Sono annullabili anche gli atti che eccedono l'oggetto dell'incarico *ex* art. 405 (*Esempio:* l'amministratore non vende il bene A, previsto nel decreto di nomina, ma vende il bene B). • Sono, infine, annullabili quegli atti compiuti **personalmente** dal beneficiario, che in base al decreto *ex* art. 405, richiedono l'amministrazione sostitutiva o di assistenza.

413. Revoca dell'amministrazione di sostegno.

Quando il beneficiario, l'amministratore di sostegno, il pubblico ministero o taluno dei soggetti di cui all'articolo 406, ritengono che si siano determinati i presupposti per la cessazione dell'amministrazione di sostegno, o per la sostituzione dell'amministratore, rivolgono istanza motivata al giudice tutelare.

L'istanza è comunicata al beneficiario ed all'amministratore di sostegno.

Il giudice tutelare provvede con decreto motivato, acquisite le necessarie informazioni e disposti gli opportuni mezzi istruttori.

Il giudice tutelare provvede altresì, anche d'ufficio, alla dichiarazione di cessazione dell'amministrazione di sostegno quando questa si sia rivelata inidonea a realizzare la piena tutela del beneficiario. In tale ipotesi, se ritiene che si debba promuovere giudizio di interdizione o di inabilitazione, ne informa il pubblico ministero, affinché vi provveda. In questo caso l'amministrazione di sostegno cessa con la nomina del tutore o del curatore provvisorio ai sensi dell'articolo 419, ovvero con la dichiarazione di interdizione o di inabilitazione.

• La sostituzione dell'amministratore può essere disposta anche **d'ufficio** ai sensi dell'art. 384, richiamato dall'art. 411, co. 1. • Sempre nell'interesse della piena tutela del beneficiario, il quarto comma disciplina il passaggio dall'amministrazione di sostegno agli strumenti tradizionali dell'interdizione e dell'inabilitazione.

Capo II
Della interdizione, della inabilitazione e della incapacità naturale

414. Persone che possono essere interdette.

Il maggiore di età e il minore emancipato, i quali si trovano in condizioni di abituale infermità di mente che li rende incapaci di provvedere ai propri interessi, sono interdetti quando ciò è necessario per assicurare la loro adeguata protezione.

• Rispetto al paradigma generale dell'amministrazione di sostegno, l'interdizione (giudiziale) ha assunto i connotati di **strumento di tutela residuale ed eventuale** dei soggetti fragili. Infatti rappresenta l'*extrema ratio*, vista l'incapacità d'agire assoluta che ne deriva. • Ha come unico presupposto **l'infermità mentale**, intesa come malattia psichica tipica o come devianza patologica, tale da rendere la persona totalmente incapace di provvedere ai propri interessi. • Tale infermità, oltre che **grave**, deve essere anche **abituale** (stabile e permanente) e **attuale** (effettiva, in atto). • Va osservato che, in caso di malattia mentale abituale, attuale e grave può essere disposta comunque l'amministrazione di sostegno. • Si opta necessariamente per l'interdizione, qualora il patrimonio della persona risulti consistente e complesso, onde evitare seri rischi di depauperamento. • Dall'interdizione giudiziale, va distinta **l'interdizione legale** *ex* art. 32 c.p., prevista in caso di condanna penale non inferiore ai 5 anni e che ha una funzione sanzionatoria. L'incapacità assoluta dell'interdetto legale, infatti, è circoscritta ai soli interessi patrimoniali.

415. Persone che possono essere inabilitate.

Il maggiore di età infermo di mente, lo stato del quale non è talmente grave da far luogo all'interdizione, può essere inabilitato.

Possono anche essere inabilitati coloro che, per prodigalità o per abuso abituale di bevande alcooliche o di stupefacenti, espongono sé o la loro famiglia a gravi pregiudizi economici.

Possono infine essere inabilitati il sordo e il cieco dalla nascita o dalla prima infanzia, se non hanno ricevuto un'educazione sufficiente, salva l'applicazione dell'articolo 414 quando risulta che essi sono del tutto incapaci di provvedere ai propri interessi.

• Anche l'inabilitazione rispetto all'amministrazione di sostegno risulta uno strumento di tutela **residuale ed eventuale**. • Presupposti per l'inabilitazione sono: a) **l'infermità mentale** che deve essere abituale e attuale, ma non così grave come quella prevista per l'interdizione, e comunque sufficiente a rendere il soggetto normalmente incapace di provvedere ai propri interessi patrimoniali; b) la **prodigalità**, intesa come sconsiderata propensione alla dispersione dei propri mezzi economici, che possa sottrarre la persona anche ai suoi doveri di solidarietà familiare senza che debba essere originata da un disagio psichico; c) **l'abuso abituale di alcool o stupefacenti** che abbia determinato una compromissione della sfera psico-volitiva e d) **cecità o sordità congenite** che abbiano determinato l'impossibilità per il soggetto di acquisire quell'insieme minimo di informazioni, nozioni necessarie per poter provvedere ai propri interessi.

416. Interdizione e inabilitazione nell'ultimo anno di minore età.

Il minore non emancipato può essere interdetto o inabilitato nell'ultimo anno della sua minore età. L'interdizione o l'inabilitazione ha effetto dal giorno in cui il minore raggiunge l'età maggiore.

• La norma assicura all'incapace la tutela nel periodo che intercorre tra il raggiungimento della maggiore età e la sentenza di interdizione o di inabilitazione.

417. Istanza d'interdizione o di inabilitazione.

L'interdizione e la inabilitazione possono essere promosse dalle persone indicate negli articoli 414 e 415, dal coniuge, dalla persona stabilmente convivente, dai parenti entro il quarto grado, dagli affini entro il secondo grado, dal tutore o curatore ovvero dal pubblico ministero.

Se l'interdicendo o l'inabilitando si trova sotto la responsabilità genitoriale o ha per curatore uno dei genitori, l'interdizione o l'inabilitazione non può essere promossa che su istanza del genitore medesimo o del pubblico ministero.

• L'elenco è tassativo. • A tale elenco va aggiunto l'unito civilmente. • È legittimato anche il coniuge separato. • Per quanto attiene alla convivenza stabile, citata dalla norma, è dubbio se debba essere circoscritta alla sola convivenza *more uxorio* (l. n. 76/2016), oppure possa essere declinata anche come convivenza generica (ad es., tra amici). • A differenza dell'amministrazione di sostegno, i servizi sanitari e sociali non vengono menzionati.

418. Poteri dell'autorità giudiziaria.

Promosso il giudizio d'interdizione, può essere dichiarata anche d'ufficio l'inabilitazione per infermità di mente.

Se nel corso del giudizio d'inabilitazione si rivela l'esistenza delle condizioni richieste per l'interdizione, il pubblico ministero fa istanza al tribunale di pronunziare l'interdizione, e il tribunale provvede nello stesso giudizio, premessa l'istruttoria necessaria.

Se nel corso del giudizio di interdizione o di inabilitazione appare opportuno applicare l'amministrazione di sostegno, il giudice, d'ufficio o ad istanza di parte, dispone la trasmissione del procedimento al giudice tutelare. In tal caso il giudice competente per l'interdizione o per l'inabilitazione può adottare i provvedimenti urgenti di cui al quarto comma dell'articolo 405.

• La norma prevede un meccanismo di raccordo tra interdizione e inabilitazione. • Il giudice, cui è stata proposta un'istanza di interdizione, può pronunciare l'inabilitazione solo per infermità mentale, ma non per prodigalità, per abuso di sostanze alcooliche o stupefacenti, ecc. • Il terzo comma, speculare rispetto al quarto comma dell'art. 413 regola il collegamento tra interdizione, inabilitazione e l'amministrazione di sostegno.

419. Mezzi istruttori e provvedimenti provvisori.

Non si può pronunziare l'interdizione o l'inabilitazione senza che si sia proceduto all'esame dell'interdicendo o dell'inabilitando.

Il giudice può in questo esame farsi assistere da un consulente tecnico. Può anche d'ufficio disporre i mezzi istruttori utili ai fini del giudizio, interrogare i parenti prossimi dell'interdicendo o inabilitando e assumere le necessarie informazioni.

Dopo l'esame, qualora sia ritenuto opportuno, può essere nominato un tutore provvisorio all'interdicendo o un curatore provvisorio all'inabilitando.

• **L'esame del soggetto interessato** risulta il presupposto del procedimento e mezzo di prova principale, ai fini della dichiarazione di interdizione o inabilitazione. • Qualora l'interdicendo o l'inabilitando rifiuti di comparire davanti al giudice o si renda irreperibile, la mancata audizione non comporta la paralisi del giudizio, potendo il giudice utilizzare altri mezzi istruttori. • La **nomina di un tutore o di un curatore provvisorio** ha l'effetto di anticipare in via cautelare gli effetti della pronuncia definitiva. • Per effetto di tale nomina si ritiene che l'interdicendo perda totalmente la capacità di agire, mentre l'inabilitando veda compromessa la sua capacità di agire alla stregua del minore emancipato (v. art. 427).

420. (1).

(1) Articolo abrogato dall'art. 11 della l. 13/5/1978, n. 180.

421. Decorrenza degli effetti della interdizione e dell'inabilitazione.

L'interdizione e l'inabilitazione producono i loro effetti dal giorno della **pubblicazione** della sentenza, salvo il caso previsto dall'articolo 416.

• La pubblicazione della sentenza coincide con il deposito. La sentenza di interdizione o inabilitazione è una **sentenza costitutiva** e provvisoriamente esecutiva (v. art. 427); ciò significa che è la sentenza (e non i suoi presupposti) **che determina l'effetto di privare (o limitare ne) i soggetti interessati la capacità di agire.**

422. Cessazione del tutore e del curatore provvisorio.

Nella sentenza che rigetta l'istanza d'interdizione o d'inabilitazione, può disporsi che il tutore o il curatore provvisorio rimanga in ufficio fino a che la sentenza non sia passata in giudicato.

• La norma mira a tutelare l'affidamento dei terzi che possono subire un pregiudizio dalla modificazione in capo al soggetto dello stato di capacità.

423. Pubblicità.

Il decreto di nomina del tutore o del curatore provvisorio e la sentenza d'interdizione o d'inabilitazione devono essere immediatamente annotati a cura del cancelliere nell'apposito registro e comunicati entro dieci giorni all'ufficiale dello stato civile per le annotazioni in margine all'atto di nascita.

• L'annotazione in margine all'atto di nascita ha funzione di pubblicità meramente dichiarativa (**pubblicità notizia**), a tutela dei terzi.

424. Tutela dell'interdetto e curatela dell'inabilitato.

Le disposizioni sulla tutela dei minori e quelle sulla curatela dei minori emancipati si applicano rispettivamente alla tutela degli interdetti e alla curatela degli inabilitati.

Le stesse disposizioni si applicano rispettivamente anche nei casi di nomina del tutore provvisorio dell'interdicendo e del curatore provvisorio dell'inabilitando a norma dell'articolo 419. Per l'interdicendo non si nomina il protutore provvisorio.

Nella scelta del tutore dell'interdetto e del curatore dell'inabilitato il giudice tutelare individua di preferenza la persona più idonea all'incarico tra i soggetti, e con i criteri, indicati nell'articolo 408.

• La norma fissa, in via di principio, **un'equiparazione** tra incapacità del minore e incapacità dell'interdetto e tra incapacità del minore emancipato e incapacità dell'inabilitato. • Anche se i successivi artt. 425 e 427 segnano uno scostamento rispetto alle figure della tutela e della curatela. • Il tutore o il curatore sono nominati dal giudice tutelare, che utilizza i criteri di scelta fissati per l'amministrazione di sostegno (v. art. 408), a riprova del ruolo di paradigma generale di tale istituto. • I medesimi criteri sono vincolanti per la nomina del protutore dell'interdetto.

425. Esercizio dell'impresa commerciale da parte dell'inabilitato.

L'inabilitato può continuare l'esercizio dell'impresa commerciale soltanto se autorizzato dal tribunale su parere del giudice tutelare. L'autorizzazione può essere subordinata alla nomina di un institore.

• A differenza del minore emancipato, l'inabilitato può continuare, ma non intraprendere un'impresa commerciale. • L'**autorizzazione** ha efficacia costitutiva; infatti l'inabilitato continua a mantenere il ruolo di imprenditore solo a seguito di tale autorizzazione. • È dubbio, in dottrina, se l'inabilitato autorizzato debba continuare ad avere l'assistenza del curatore per gli atti di straordinaria amministrazione. • L'autorizzazione del tribunale può essere subordinata alla nomina di un **institore**, designato dall'inabilitato con l'assistenza del curatore e approvato da giudice tutelare. • La figura dell'**institore** mira a risolvere problemi di gestione e a prevenire eventuali contrasti tra inabilitato e curatore. • In dottrina è altrettanto controverso se, con la nomina dell'institore, cessi o meno la possibilità per l'inabilitato e il suo curatore di intervenire nella gestione dell'impresa.

426. Durata dell'ufficio.

Nessuno è tenuto a continuare nella tutela dell'interdetto o nella curatela dell'inabilitato oltre dieci anni, ad eccezione del coniuge, della persona stabilmente convivente, degli ascendenti o dei discendenti.

• All'elenco va aggiunto il soggetto unito civilmente. • Il termine decennale si applica, invece, al coniuge separato. • La cessazione dall'ufficio di tutore o curatore non è automatica, ma è necessario un provvedimento del giudice tutelare, su loro istanza.

427. Atti compiuti dall'interdetto e dall'inabilitato.

Nella sentenza che pronuncia l'interdizione o l'inabilitazione, o in successivi provvedimenti dell'autorità giudiziaria, può stabilirsi che taluni atti di ordinaria amministrazione possano essere compiuti dall'interdetto senza l'intervento ovvero con l'assistenza del tutore, o che taluni atti eccedenti l'ordinaria amministrazione possano essere compiuti dall'inabilitato senza l'assistenza del curatore.

Gli atti compiuti dall'interdetto dopo la sentenza di interdizione possono essere annullati su istanza del tutore, dell'interdetto o dei suoi eredi o aventi causa. Sono del pari annullabili gli atti compiuti dall'interdetto dopo la nomina del tutore provvisorio, qualora alla nomina segua la sentenza d'interdizione.

Possono essere annullati su istanza dell'inabilitato o dei suoi eredi o aventi causa gli atti eccedenti l'ordinaria amministrazione fatti dall'inabilitato, senza l'osservanza delle prescritte formalità, dopo la sentenza di inabilitazione o dopo la nomina del curatore provvisorio, qualora alla nomina sia seguita l'inabilitazione.

Per gli atti compiuti dall'interdetto prima della sentenza d'interdizione o prima della nomina del tutore provvisorio si applicano le disposizioni dell'articolo seguente.

• Il primo comma, a seguito della l. n. 6/2004, mette in crisi il rigido e automatico binomio interdizione = incapacità totale e inabilitazione = incapacità parziale. • Infatti, il giudice nel provvedimento di interdizione, qualora le condizioni psichiche del soggetto lo consentano, può individuare **singoli atti o categorie di atti di ordinaria amministrazione** per i quali **l'interdetto** mantiene la piena capacità di agire, e/o altri singoli atti e categorie di atti di ordinaria amministrazione per i quali è richiesta l'assistenza del tutore. • Tale individuazione iniziale può comunque subire modificazioni successive a seconda dell'andamento della situazione psichica dell'interdetto, mediante un ulteriore provvedimento modificativo. • Analogamente il provvedimento di **inabilitazione** può prevedere **singoli atti o categorie di atti di straordinaria amministrazione** per i quali l'inabilitato ha la piena capacità di agire e non necessita dell'assistenza del curatore. • Gli atti previsti dai commi secondo e terzo sono di natura negoziale a contenuto patrimoniale. • Per gli atti di natura personale o familiare l'incapacità legale è fissata da norme specifiche (ad es. v. art. 591, ecc.). • Gli atti compiuti dall'**interdetto legale** sono annullabili su istanza di chiunque vi abbia interesse (v. art. 1441, co. 2). • Il termine quinquennale di prescrizione dell'azione di annullamento decorre dal giorno in cui è cessato lo stato di interdizione o di inabilitazione (v. art. 1442).

428. Atti compiuti da persona incapace d'intendere o di volere.

Gli atti compiuti da persona che, sebbene non interdetta, si provi essere stata per qualsiasi causa, anche transitoria, incapace d'intendere o di volere al momento in cui gli atti sono stati compiuti, possono essere annullati su istanza della persona medesima o dei suoi eredi o aventi causa, se ne risulta un grave pregiudizio all'autore.

L'annullamento dei contratti non può essere pronunziato se non quando, per il pregiudizio che sia derivato o possa derivare alla persona incapace d'intendere o di volere o per la qualità del contratto o altrimenti, risulta la malafede dell'altro contraente.

L'azione si prescrive nel termine di cinque anni dal giorno in cui l'atto o il contratto è stato compiuto.

Resta salva ogni diversa disposizione di legge.

• La norma si applica agli atti negoziali – contratti, atti unilaterali, salvo gli atti per cui è prevista una disciplina specifica, ad es. matrimonio, testamento ecc. – compiuti da soggetti capaci legali, ma incapaci di intendere o volere. • L'incapacità di intendere o volere (c.d. **incapacità naturale o di fatto**) è un'incapacità (anche momentanea), indotta da più possibili cause, alcune patologiche (ad es., la malattia o il disturbo mentale), altre fisiologiche (come la giovanissima età o, per contro, l'età avanzata, o lo stress emotivo), altre provocate (ad es., l'assunzione di sostanze alcoliche o stupefacenti). • La natura o l'origine di tali cause non è determinante, ciò che rileva è che provochino la compromissione delle facoltà intellettive e volitive del soggetto, al punto da impedirgli una seria valutazione del contenuto e degli effetti dell'atto negoziale; non costituisce incapacità il mero ottundimento o lo stato di confusione, ma solo uno **stato di obnubilamento totale.** • L'ordinamento protegge ad oltranza, l'autonomia privata, tutelando l'incapace anche laddove sia a lui stesso addebitabile la ragione dell'incapacità. Diversa è, invece, la disciplina nell'ambito dei fatti illeciti, ove lo stato di incapacità autoprocurato dal soggetto danneggiante non lo esonera mai da responsabilità (cfr. art. 2046). • Affinché siano annullabili gli **atti unilaterali** compiuti dall'incapace di intendere o volere è necessario che ne derivi un **grave pregiudizio**, (in termini economici, o sotto forma di lesione di interessi personali o familiari). • Per quanto riguarda i **contratti**, va, invece, dimostrata la **mala fede** dell'altro contraente, vale a dire la consapevolezza dello stato di incapacità di intendere o volere in cui versava il soggetto al momento della conclusione del contratto. Opera qui il principio della **tutela dell'affidamento,** vale a dire uno strumento protettivo a beneficio di chi che ha riposto fiducia nell'altrui dichiarazione. La buona fede dell'altro contraente farà prevalere l'esigenza di sua tutela, mentre la mala fede giustificherà la protezione dell'incapace. • Il "pregiudizio" di cui al secondo comma rileva quale indice della mala fede e non come autonomo presupposto. • **L'onere di provare l'incapacità di intendere o volere** incombe sulla parte che agisce per l'annullamento.

429. Revoca dell'interdizione e dell'inabilitazione.

Quando cessa la causa dell'interdizione o dell'inabilitazione, queste possono essere revocate su istanza del coniuge, dei parenti entro il quarto grado o degli affini entro il secondo grado, del tutore dell'interdetto, del curatore dell'inabilitato o su istanza del pubblico ministero.

Il giudice tutelare deve vigilare per riconoscere se la causa dell'interdizione o dell'inabilitazione continui. Se ritiene che sia venuta meno, deve informarne il pubblico ministero.

Se nel corso del giudizio per la revoca dell'interdizione o dell'inabilitazione appare opportuno che, successivamente alla revoca, il soggetto sia assistito dall'amministratore di sostegno, il tribunale, d'ufficio o ad istanza di parte, dispone la trasmissione degli atti al giudice tutelare.

• Quando vengono meno i presupposti dell'interdizione (v. art. 414) e dell'inabilitazione (v. art. 415) può intervenire la revoca. • I legittimati a proporre l'istanza, oltre ai soggetti richiamati, sono anche l'unito civilmente e il convivente stabile. • È dubbio se siano legittimati l'interdetto o lo stesso inabilitato. La giurisprudenza più recente propende per tale orientamento, anche in virtù di quanto previsto dall'art. 417.

430. Pubblicità.

Alla sentenza di revoca dell'interdizione o dell'inabilitazione si applica l'articolo 423.

431. Decorrenza degli effetti della sentenza di revoca.

La sentenza che revoca l'interdizione o l'inabilitazione produce i suoi effetti appena passata in giudicato.

Tuttavia gli atti compiuti dopo la pubblicazione della sentenza di revoca non possono essere impugnati se non quando la revoca è esclusa con sentenza passata in giudicato.

• A differenza della sentenza di interdizione o di inabilitazione immediatamente esecutiva dal giorno della pubblicazione (v. art. 421).

432. Inabilitazione nel giudizio di revoca dell'interdizione.

L'autorità giudiziaria che, pur riconoscendo fondata l'istanza di revoca dell'interdizione, non crede che l'infermo abbia riacquistato la piena capacità, può revocare l'interdizione e dichiarare inabilitato l'infermo medesimo.

Si applica anche in questo caso il primo comma dell'articolo precedente.

Gli atti non eccedenti l'ordinaria amministrazione, compiuti dall'inabilitato dopo la pubblicazione della sentenza che revoca l'interdizione, possono essere impugnati solo quando la revoca è esclusa con sentenza passata in giudicato.

• Il giudice, in sede di revoca dell'interdizione, può dichiarare l'inabilitazione del soggetto, ma non il contrario, vale a dire non può dichiarare l'interdizione, in sede di revoca dell'inabilitazione, neppure se ne ricorrono i presupposti.

Titolo XIII
DEGLI ALIMENTI

433. Persone obbligate.

All'obbligo di prestare gli alimenti sono tenuti, nell'ordine:

1) il coniuge;

2) i figli, anche adottivi, e, in loro mancanza, i discendenti prossimi;

3) i genitori e, in loro mancanza, gli ascendenti prossimi; gli adottanti;

4) i generi e le nuore;

5) il suocero e la suocera;

6) i fratelli e le sorelle germani o unilaterali, con precedenza dei germani sugli unilaterali.

• Il Titolo XIII regola l'obbligazione legale agli alimenti, basata sui vincoli di parentela, di affinità o di gratitudine. • Risultano escluse le obbligazioni alimentari a titolo negoziale o risarcitorio, che sono soggette alla disciplina generale delle obbligazioni. • La qualificazione giuridica del diritto agli alimenti è dubbia. In dottrina per alcuni è un diritto soggettivo, per altri un diritto potestativo. • L'articolo va integrato con gli artt. 436 e 437. • L'elenco è **tassativo e immodificabile**. • Il **coniuge** (come l'unito civilmente) è tenuto al ben più ampio dovere di assistenza morale e materiale. Può risultare, invece, vincolato all'obbligazione alimentare nei casi previsti dagli artt. 129-*bis* e 156. Tale obbligo cessa con il divorzio e può essere sostituito dall'assegno divorzile. • I **figli**, finché convivono con i genitori, sono tenuti al più ampio dovere di mantenimento della famiglia *ex* art. 315-*bis*. I figli non riconoscibili, salvo apposita autorizzazione del giudice (v. art. 251), non sono tenuti agli alimenti. • I **genitori** sono obbligati agli alimenti e non al mantenimento, quando i figli sono maggiorenni e sono stati messi nella condizione di badare a sé stessi. • Qualora non vi siano o entrambi non siano in grado economicamente, sono vincolati gli **ascendenti prossimi**. • Gli **affini** (*sub* n. 4 e 5) sono obbligati se il matrimonio non è nullo o annullato. • Per le unioni civili non è previsto il vincolo di affinità. • La l. n. 76/2016 ha previsto – con precedenza sui fratelli e sorelle – che è tenuto agli alimenti il **convivente** nella misura proporzionale alla durata della convivenza.

434. Cessazione dell'obbligo tra affini.

L'obbligazione alimentare del suocero e della suocera e quella del genero e della nuora cessano:

1) quando la persona che ha diritto agli alimenti è passata a nuove nozze;

2) quando il coniuge, da cui deriva l'affinità, e i figli nati dalla sua unione con l'altro coniuge e i loro discendenti sono morti.

• Nel caso di nuovo matrimonio cessa l'obbligazione alimentare da parte degli affini, ma non l'obbligazione alimentare verso gli affini (*Esempio:* il novello sposo continuerà ad avere una obbligazione alimentare verso i parenti della prima moglie).

435. (1).

(1) Articolo abrogato dall'art. 169 della l. 19/5/1975, n. 151.

436. Obbligo tra adottante e adottato.

L'adottante deve gli alimenti al figlio adottivo con precedenza sui genitori di lui.

• La norma fissa la prevalenza dell'adottante riguardo l'obbligazione alimentare. Qualora l'adozione venga meno, sono obbligati i genitori biologici.

437. Obbligo del donatario.

Il donatario è tenuto, con precedenza su ogni altro obbligato, a prestare gli alimenti al donante, a meno che si tratti di donazione fatta in riguardo di un matrimonio o di una donazione rimuneratoria.

• In caso di più donatari, tutti concorrono indipendentemente dal tempo in cui sono avvenute le rispettive donazioni, tenuto conto della loro entità e comunque non oltre il valore delle donazioni tuttora esistenti nei loro patrimoni (v. co. 4, art. 438). Va segnalato che in caso di perimento del bene donato imputabile al donatario non viene meno l'obbligo alimentare.

438. Misura degli alimenti

Gli alimenti possono essere chiesti solo da chi versa in istato di bisogno e non è in grado di provvedere al proprio mantenimento.

Essi devono essere assegnati in proporzione del bisogno di chi li domanda e delle condizioni economiche di chi deve somministrarli. Non devono tuttavia superare quanto sia necessario per la vita dell'alimentando, avuto però riguardo alla sua posizione sociale.

Il donatario non è tenuto oltre il valore della donazione tuttora esistente nel suo patrimonio.

• I presupposti del diritto agli alimenti sono lo **stato di bisogno dell'alimentando** e le **condizioni economiche dell'obbligato**. • Lo **stato di bisogno** è inteso come incapacità dell'alimentando di provvedere al proprio sostentamento, di soddisfare le necessità della propria vita. In questo gli alimenti si distin-iudice la possibilità di disporre una c.t.u. - ti, mirano a soddisfare i bisogni primari (ad es., vitto, abitazione, vestiario) ed i bisogni sociali. • Il mantenimento, invece, assolve a *tutte* le esigenze, anche a quelle superflue. Il diritto agli alimenti è previsto anche in caso di incapacità colpevole di provvedere a sé stessi, poiché vengono riconosciuti in base alla solidarietà familiare e prescindono, quindi, da un giudizio morale sull'alimentando, anche se una sua condotta emendabile può, comunque, portare ad una riduzione del *quantum* (v. art. 440). • Parallelamente le **condizioni economiche dell'obbligato** devono essere tali da poter assicurare il soddisfacimento del credito alimentare. Si deve, infatti, valutare la situazione patrimoniale contingente dell'obbligato, senza che questi debba intraprendere ulteriori attività per migliorare la propria capacità economica. • L'onere della prova dello stato di bisogno spetta a chi richiede gli alimenti.

439. Misura degli alimenti tra fratelli e sorelle.

Tra fratelli e sorelle gli alimenti sono dovuti nella misura dello stretto necessario.

Possono comprendere anche le spese per l'educazione e l'istruzione se si tratta di minore.

• Gli alimenti tra fratelli e sorelle devono soddisfare **solo i bisogni primari** (ad es., vitto, abitazione, vestiario, cure mediche, ecc.).

440. Cessazione, riduzione e aumento.

Se dopo l'assegnazione degli alimenti mutano le condizioni economiche di chi li somministra o di chi li riceve, l'autorità giudiziaria provvede per la cessazione, la riduzione o l'aumento, secondo le circostanze. Gli alimenti possono pure essere ridotti per la condotta disordinata o riprovevole dell'alimentato.

Se, dopo assegnati gli alimenti, consta che uno degli obbligati di grado anteriore è in condizione di poterli somministrare, l'autorità giudiziaria non può liberare l'obbligato di grado posteriore se non quando abbia imposto all'obbligato di grado anteriore di somministrare gli alimenti.

• Qualora le rispettive condizioni economiche siano mutate, l'obbligato e l'alimentando possono accordarsi circa l'aumento o la riduzione senza ricorrere in giudizio. • In caso di disaccordo presentano ricorso.

441. Concorso di obbligati.

Se più persone sono obbligate nello stesso grado alla prestazione degli alimenti, tutte devono concorrere alla prestazione stessa, ciascuna in proporzione delle proprie condizioni economiche.

Se le persone chiamate in grado anteriore alla prestazione non sono in condizioni di sopportare l'onere in tutto o in parte, l'obbligazione stessa è posta in tutto o in parte a carico delle persone chiamate in grado posteriore.

Se gli obbligati non sono concordi sulla misura, sulla distribuzione e sul modo di somministrazione degli alimenti, provvede l'autorità giudiziaria secondo le circostanze.

• In caso di più obbligati in pari grado l'obbligazione alimentare è **divisibile**, non vige il principio generale della solidarietà. • Qualora un coobbligato abbia eseguito oltre alla propria prestazione alimentare anche quella di un altro coobbligato, la giurisprudenza riconduce tale fattispecie alla gestione d'affari altrui.

442. Concorso di aventi diritto.

Quando più persone hanno diritto agli alimenti nei confronti di un medesimo obbligato, e questi non è in grado di provvedere ai bisogni di ciascuna di esse, l'autorità giudiziaria dà i provvedimenti opportuni, tenendo conto della prossimità della parentela e dei rispettivi bisogni, e anche della possibilità che taluno degli aventi diritto abbia di conseguire gli alimenti da obbligati di grado ulteriore.

• In caso di una pluralità di alimentandi, la norma prevede un'ampia discrezionalità per il giudice. • Il criterio della prossimità di parentela (*ex* art. 433) e dei rispettivi bisogni si applicano in via cumulativa.

443. Modo di somministrazione degli alimenti.

Chi deve somministrare gli alimenti ha la scelta di adempiere questa obbligazione o mediante un assegno alimentare corrisposto in periodi anticipati, o accogliendo e mantenendo nella propria casa colui che vi ha diritto.

L'autorità giudiziaria può però, secondo le circostanze, determinare il modo di somministrazione.

In caso di urgente necessità l'autorità giudiziaria può altresì porre temporaneamente l'obbligazione degli alimenti a carico di uno solo tra quelli che vi sono obbligati, salvo il regresso verso gli altri.

• L'obbligazione alimentare è **alternativa**, ma vista la sua peculiarità il giudice può modificare la scelta, operata dall'obbligato, tenendo in considerazione l'interesse prevalente dell'alimentando (*Esempio:* l'obbligato opta per l'assegno alimentare, il giudice, invece, prevede l'accoglimento in casa perché l'alimentando è una persona con problemi di salute). • L'alimentando può rifiutare la scelta operata dall'obbligato solo se è inidonea a soddisfare i suoi interessi o particolarmente gravosa.

444. Adempimento della prestazione alimentare.

L'assegno alimentare prestato secondo le modalità stabilite non può essere nuovamente richiesto, qualunque uso l'alimentando ne abbia fatto.

• L'obbligato è adempiente quando fornisce all'alimentando l'assegno alimentare indipendentemente dall'uso che ne faccia. • Vista la peculiarità dell'obbligazione alimentare, è dubbio se il rischio di perimento o dello smarrimento dell'assegno, una volta consegnato, gravi sull'alimentando.

445. Decorrenza degli alimenti.

Gli alimenti sono dovuti dal giorno della domanda giudiziale o dal giorno della costituzione in mora dell'obbligato, quando questa costituzione sia entro sei mesi seguita dalla domanda giudiziale.

• La sentenza che fissa la modalità di somministrazione, la consistenza degli alimenti è **costitutiva:** l'obbligazione alimentare viene ad esistenza con tale sentenza. • Per la costituzione in mora è sufficiente la domanda dell'alimentando.

446. Assegno provvisorio.

Finché non sono determinati definitivamente il modo e la misura degli alimenti, il presidente del tribunale può, sentita l'altra parte, ordinare un assegno in via provvisoria ponendolo, nel caso di concorso di più obbligati, a carico anche di uno solo di essi, salvo il regresso verso gli altri.

• La norma assicura che l'alimentando non rimanga, anche solo temporaneamente, privo di qualsiasi assistenza.

447. Inammissibilità di cessione e di compensazione.

Il credito alimentare non può essere ceduto.

L'obbligato agli alimenti non può opporre all'altra parte la compensazione, neppure quando si tratta di prestazioni arretrate.

• Il credito alimentare è **incedibile** a terzi (salvo che per gli arretrati). • **Non è compensabile** (salvo che sia l'alimentando ad avvalersi della compensazione). • È **intrasmissibile.** • È **imprescrittibile** (salvo che per le annualità scadute, che si prescrivono in cinque anni). È **irrinunciabile** (salvo che per le prestazioni arretrate). • È **impignorabile**. • È **escluso** dalla massa fallimentare.

448. Cessazione per morte dell'obbligato.
L'obbligo degli alimenti cessa con la morte dell'obbligato, anche se questi li ha somministrati in esecuzione di sentenza.

• La norma fissa il principio dell'**intrasmissibilità** del diritto agli alimenti in caso di morte dell'obbligato. • L'alimentando, infatti, può pretendere dagli eredi dell'obbligato solo i ratei maturati al momento della morte e non ancora pagati. • Il diritto agli alimenti cessa anche per la morte presunta dell'obbligato, non in caso di assenza. • Allo stesso modo, in caso di morte dell'alimentando, ai suoi eredi spettano le quote maturate al momento della morte. • Altre cause di estinzione dell'obbligazione alimentare sono per il coniuge l'annullamento del matrimonio o il divorzio e per la condanna dell'alimentando *ex* art. 541 c.p.

448 bis. Cessazione per decadenza dell'avente diritto dalla responsabilità genitoriale sui figli.
Il figlio, anche adottivo, e, in sua mancanza, i discendenti prossimi non sono tenuti all'adempimento dell'obbligo di prestare gli alimenti al genitore nei confronti del quale è stata pronunciata la decadenza dalla responsabilità genitoriale e, per i fatti che non integrano i casi di indegnità di cui all'articolo 463, possono escluderlo dalla successione.

• Il genitore, che sia decaduto dalla responsabilità genitoriale *ex* art. 330, perde il diritto agli alimenti nei confronti del figlio e, in mancanza, nei confronti dei suoi discendenti prossimi, come previsto al punto 2) dell'art. 433. • La norma – indice di una tecnica legislativa emendabile, trattandosi di cessazione del diritto agli alimenti – prevede, inoltre, che il figlio possa escludere dalla propria successione il genitore decaduto per fatti che non integrano l'indegnità *ex* art. 463. • Si configura, quindi, per il figlio un diritto potestativo di diseredazione, esercitabile mediante un atto negoziale unilaterale che deve avere i requisiti di forma del testamento.

Titolo XIV
DEGLI ATTI DELLO STATO CIVILE

449. Registri dello stato civile.
I registri dello stato civile sono tenuti in ogni comune in conformità delle norme contenute nella legge sull'ordinamento dello stato civile.

• La disciplina dello stato civile è stata rivista e semplificata dal d.P.R. n. 396/2000. L'art. 10, infatti, prevede un unico archivio informatico (= registri) in cui vengono registrati e conservati tutti gli atti di stato civile formati nel Comune o comunque relativi ai soggetti residenti. • Preposto alla tenuta di tale archivio è l'Ufficiale dello stato civile, che di norma è il Sindaco oppure un dipendente delegato del Comune. • Gli atti dello stato civile sono **tipici** e sono: l'atto di **nascita**, l'atto di **matrimonio** (o **unione civile**), l'atto di **cittadinanza** e l'atto di **morte**. • L'atto di stato civile funge da **titolo dello stato**, vale a dire è un titolo necessario affinché il soggetto possa affermare la condizione, ad esempio di coniuge, di figlio, di cittadino, ecc., che l'atto stesso attesta. • Per **registrazione degli atti** si intende: a) l'iscrizione, che ha per oggetto gli atti redatti dallo stesso Ufficiale dello stato civile che tiene il registro; d) la trascrizione, che ha per oggetto gli atti ricevuti da altri Ufficiali dello stato civile o da altra autorità e c) l'annotazione (v. art. 453). • Per tutti gli atti che riceve e deve trascrivere, l'Ufficiale dello stato civile deve effettuare un controllo di legalità affinché non contrastino con altri atti già iscritti o trascritti e, se del caso, rifiutare la registrazione.

450. Pubblicità dei registri dello stato civile.
I registri dello stato civile sono pubblici.
Gli ufficiali dello stato civile devono rilasciare gli estratti e i certificati che vengono loro domandati con le indicazioni dalla legge prescritte.
Essi devono altresì compiere negli atti affidati alla loro custodia le indagini domandate dai privati.

• I registri (= archivio unico informatico) sono a disposizione dei soggetti che sono interessati a prenderne conoscenza. • Gli atti di stato civile hanno la **funzione di pubblicità dichiarativa**, rendendo opponibile ai terzi lo stato. • Gli **estratti** sono **per copia integrale** o **per riassunto**. Gli estratti per copia integrale vengono rilasciati solo se espressamente richiesto e quando non è vietato e riportano tutto il contenuto dell'atto. Gli estratti per riassunto omettono quelle parti dell'atto modificate o soppresse da annotazioni successive. • I **certificati** sono attestazioni autonome desunte dai registri.

451. Forza probatoria degli atti.

Gli atti dello stato civile fanno prova, fino a querela di falso, di ciò che l'ufficiale pubblico attesta essere avvenuto alla sua presenza o da lui compiuto.

Le dichiarazioni dei comparenti fanno fede fino a prova contraria.

Le indicazioni estranee all'atto non hanno alcun valore.

• Gli atti dello stato civile appartengono alla categoria generale dell'atto pubblico e mirano ad attestare la veridicità dei dati in essi riportati e non della dichiarazione delle parti. • Le attestazioni dell'ufficiale in caso di **iscrizione,** certificano l'avvenuta comparizione delle parti e dei testimoni in un luogo, giorno ed ora stabiliti e che la dichiarazione è avvenuta in sua presenza. • In caso di **trascrizione**, invece, l'ufficiale pubblico attesta che gli è pervenuto o consegnato il documento e che è stato trascritto e inserito negli allegati.

452. Mancanza, distruzione o smarrimento di registri.

Se non si sono tenuti i registri o sono andati distrutti o smarriti o se, per qualunque altra causa, manca in tutto o in parte la registrazione dell'atto, la prova della nascita o della morte può essere data con ogni mezzo.

In caso di mancanza, di distruzione totale o parziale, di alterazione o di occultamento accaduti per dolo del richiedente, questi non è ammesso alla prova consentita nel comma precedente.

• In caso di mancanza dell'atto di matrimonio v. art. 132. • La formazione di un atto di stato civile mancante può avvenire in via di **rettificazione** solo in caso non sorgano controversie circa il contenuto. In caso contrario si instaura un giudizio di stato. • Per la ricostruzione di un atto già esistente si procede sempre per giudizio di rettificazione in cui l'istante prova la distruzione o lo smarrimento e il contenuto dell'atto.

453. Annotazione.

Nessuna annotazione può essere fatta sopra un atto già iscritto nei registri se non è disposta per legge ovvero non è ordinata dall'autorità giudiziaria.

• È una forma di **pubblicità accessoria.** Viene, infatti, eseguita su atto già esistente solo se prevista dalla legge o ordinata dall'autorità giudiziaria (*Esempio:* sull'atto di nascita l'art. 49 del d.P.R. n. 396/2000 prevede l'annotazione delle sentenze di interdizione o di inabilitazione o quelle di revoca; delle sentenze che pronunciano la nullità o scioglimento del matrimonio, ecc.). • In tal modo mediante l'annotazione risulta facilitata l'individuazione di atti che hanno determinato dei cambiamenti dello stato civile.

454. (1).

(1) Articolo abrogato dall'art. 110 del d.P.R. 3/11/2000, n. 396.

455. Efficacia della sentenza di rettificazione.

La sentenza di rettificazione non può essere opposta a quelli che non concorsero a domandare la rettificazione, ovvero non furono parti in giudizio o non vi furono regolarmente chiamati.

• Per la rettificazione v. art. 95 del d.P.R. n. 396/2000. • Ai sensi dell'art. 96 dello stesso decreto il termine sentenza va letto come decreto motivato.

LIBRO SECONDO
DELLE SUCCESSIONI

Titolo I
DISPOSIZIONI GENERALI SULLE SUCCESSIONI

Capo I
Dell'apertura della successione, della delazione e dell'acquisto dell'eredità

456. Apertura della successione.

La successione si apre al momento della morte, nel luogo dell'ultimo domicilio del defunto.

• La norma individua come momento dell'apertura della successione quello della **morte**, senza prevedere altri equipollenti. La **prova della morte** si assolve usualmente tramite **certificazioni** desunte dai registri di stato civile: in caso di lacune o errori, la prova può essere fornita con ogni mezzo in seno al giudizio di rettificazione. • In difetto di quanto sopra, può valere la **dichiarazione di morte presunta**, nel qual caso si ritiene che la successione si apra nel momento al quale vien fatta risalire la morte. • Il **luogo di apertura** (l'ultimo domicilio) è quello in cui il soggetto aveva concentrato interessi economici, sociali e familiari e non rileva di massima se il medesimo coincida o meno con la dimora. Esso conta, ad esempio, quale foro relativo ai giudizi successori (compresa l'*actio interrogatoria*, cfr. artt. 481, 749 c.p.c.) o per la trascrizione della dichiarazione di accettazione beneficiata.

457. Delazione dell'eredità.

L'eredità si devolve per legge o per testamento.

Non si fa luogo alla successione legittima se non quando manca, in tutto o in parte, quella testamentaria.

Le disposizioni testamentarie non possono pregiudicare i diritti che la legge riserva ai legittimari.

• La disposizione disciplina **l'offerta dell'eredità** al chiamato, intesa come possibilità di acquisto, indicando due possibili vocazioni, per legge (successione legittima) o per testamento (successione testamentaria), statuendo la prevalenza della successione testamentaria, purché valida, anche laddove sussista solamente *pro parte*. Se concorrono verso una stessa persona **più delazioni**, si ritiene che le stesse si fondano in una sola. • Il **terzo comma** non indica, si ritiene, **un distinto tipo di vocazione** ma fa salvi, quale che sia la vocazione, i diritti dei legittimari, disciplinati negli artt. 536 ss.: il riferimento alle disposizioni testamentarie va integrato con la possibilità che il *de cuius* abbia disposto in vita attraverso donazioni, le quali sarebbero riducibili, se del caso, anche in presenza di sola successione legittima.

458. Divieto di patti successori.

Fatto salvo quanto disposto dagli articoli 768-bis e seguenti, è nulla ogni convenzione con cui taluno dispone della propria successione. È del pari nullo ogni atto col quale taluno dispone dei diritti che gli possono spettare su una successione non ancora aperta, o rinunzia ai medesimi.

• Si ritiene che la disposizione sia volta a **tutelare la piena libertà**, sino all'ultimo, di disposizione *mortis causa* e della sua revoca: la delazione può infatti avvenire solo per legge e per testamento (art. 457). • Sono nulli sia i **patti istitutivi** (si dispone della propria successione), che quelli **dispositivi** (si dispone dei diritti che possono spettare su successione altrui non ancora aperta), che quelli **rinunciativi** (si rinuncia a diritti spettanti su una successione non ancora aperta); sono ricompresi anche **atti unilaterali**, non invece atti o negozi che non incidano realmente sulla successione, pur essendo possibile la previsione di esecuzione *post mortem* (*Esempio:* un riconoscimento di debito da estinguersi eventualmente anche dopo la morte del debitore). • Il richiamo agli artt. 768-*bis* è al c.d. patto di famiglia, negozio *inter vivos* a rilevanza successoria, peraltro già di per sé da ritenere concettualmente estraneo al divieto in questione (cfr. anche *sub* art. 768-*bis*).

459. Acquisto dell'eredità.

L'eredità si acquista con l'accettazione. L'effetto dell'accettazione risale al momento nel quale si è aperta la successione.

• La qualità di erede si consegue solo con **l'accettazione secondo le modalità previste** dalla legge (artt. 470 ss., specie cfr. 474 ss.), o nelle ipotesi degli artt. 478 e 485. • L'accettazione è **definitiva** e **non ritrattabile** (*semel heres, semper heres*). • La retroattività è indisponibile e non può essere derogata.

460. Poteri del chiamato prima dell'accettazione.

Il chiamato all'eredità può esercitare le azioni possessorie a tutela dei beni ereditari, senza bisogno di materiale apprensione.

Egli inoltre può compiere atti conservativi, di vigilanza e di amministrazione temporanea, e può farsi autorizzare dall'autorità giudiziaria a vendere i beni che non si possono conservare o la cui conservazione importa grave dispendio.

Non può il chiamato compiere gli atti indicati nei commi precedenti, quando si è provveduto alla nomina di un curatore dell'eredità a norma dell'articolo 528.

• La *ratio* della disposizione è **evitare l'esposizione dell'eredità** a pregiudizi, turbative, spogli nel periodo di pendenza intercorrente tra delazione ed (eventuale) accettazione: il che spiega anche la precisazione contenuta nel terzo comma. • Viene sancito il perimetro degli atti che il chiamato può compiere, e dei poteri esercitabili, senza che ciò implichi l'acquisto dell'eredità per accettazione tacita o preunta: tutte le **azioni possessorie**, gli atti del secondo comma eventualmente anche di **amministrazione straordinaria, non gli atti dispositivi**, salvo quelli autorizzati (secondo comma). • Rispetto alle ipotesi delineate, il chiamato è **responsabile** sia degli atti che delle eventuali omissioni.

461. Rimborso delle spese sostenute dal chiamato.

Se il chiamato rinunzia alla eredità, le spese sostenute per gli atti indicati dall'articolo precedente sono a carico dell'eredità.

• La norma, limitata alle spese – è comunque escluso qualunque compenso –, si applica anche in caso di perdita del diritto di accettare, ad esempio per prescrizione (art. 480). • Se il chiamato ha assunto obbligazioni in nome e per conto dell'eredità, l'erede deve adempiere, in analogia con la *negotiorum gestio*.

Capo II
Della capacità di succedere

462. Capacità delle persone fisiche.

Sono capaci di succedere tutti coloro che sono nati o concepiti al tempo dell'apertura della successione.

Salvo prova contraria, si presume concepito al tempo dell'apertura della successione chi è nato entro i trecento giorni dalla morte della persona della cui successione si tratta.

Possono inoltre ricevere per testamento i figli di una determinata persona vivente al tempo della morte del testatore, benché non ancora concepiti.

• La capacità di succedere integra un particolare **profilo della capacità giuridica**: è bastevole, dunque, **l'esistenza in vita** della persona fisica. Sono capaci di succedere anche le **persone giuridiche**, le associazioni, le fondazioni e varie categorie di enti. • Rispetto al **concepito**, la disposizione contiene una *fictio*, condizionata alla nascita del medesimo. • La norma del terzo comma si applica a **tutte le categorie di figli** e presenta **carattere eccezionale** rispetto al primo comma: la *ratio* pare quella di ovviare alla notevole limitazione alla sostituzione fedecommissaria prevista nel codice vigente.

Capo III
Dell'indegnità

463. Casi d'indegnità.

È escluso dalla successione come indegno:

1) chi ha volontariamente ucciso o tentato di uccidere la persona della cui successione si tratta, o il coniuge, o un discendente, o un ascendente della medesima, purché non ricorra alcuna delle cause che escludono la punibilità a norma della legge penale;

2) chi ha commesso, in danno di una di tali persone, un fatto al quale la legge dichiara applicabili le disposizioni sull'omicidio;

3) chi ha denunziato una di tali persone per reato punibile con l'ergastolo o con la reclusione per un tempo non inferiore nel minimo a tre anni, se la denunzia è stata dichiarata calunniosa in giudizio penale; ovvero ha testimoniato contro le persone medesime imputate dei predetti reati, se la testimonianza è stata dichiarata, nei confronti di lui, falsa in giudizio penale;

3-bis) chi, essendo decaduto dalla responsabilità genitoriale nei confronti della persona della cui successione si tratta a norma dell'articolo 330, non è stato reintegrato nella responsabilità alla data di apertura della successione della medesima;

4) chi ha indotto con dolo o violenza la persona, della cui successione si tratta, a fare, revocare o mutare il testamento, o ne l'ha impedita;

5) chi ha soppresso, celato o alterato il testamento dal quale la successione sarebbe stata regolata;

6) chi ha formato un testamento falso o ne ha fatto scientemente uso.

• Secondo una condivisibile e diffusa tesi l'indegnità, diversamente dall'incapacità, comporta la **perdita dell'acquisto**, sia a titolo universale che particolare, senza tuttavia impedire *ab origine* la chiamata: *indignus potest capere sed non retinere*, si suole dire. • Le **ipotesi di indegnità sono tassative**, e non disponibili, a differenza dell'azione, che può essere oggetto di rinunzia. • Nel caso n. 1 la condotta deve essere **volontaria** e rivolta contro le persone indicate: sono esclusi, dunque, casi di errore o *aberratio ictus*. • Nel caso n. 3 occorre una **sentenza penale** di condanna definitiva. • Nel caso n. 4 i vizi devono presentare connotati omologhi a quelli che legittimano l'annullabilità del testamento (art. 624) ma occorre **dolo specifico e causalmente efficiente** alla ricaduta sul testamento medesimo, non risultando bastevoli suggestioni, blandizie, suggerimenti strumentali. • Nel caso n. 5 i fatti devono riguardare un testamento valido e potenzialmente efficace. • Nel caso n. 6, la fattispecie si ritiene integrata pure laddove il testamento sia **falso anche solo in parte**: ma il **contenuto deve contrastare** con le volontà del *de cuius*.

463 bis. Sospensione dalla successione.

Sono sospesi dalla successione il coniuge, anche legalmente separato, nonché la parte dell'unione civile indagati per l'omicidio volontario o tentato nei confronti dell'altro coniuge o dell'altra parte dell'unione civile, fino al decreto di archiviazione o alla sentenza definitiva di proscioglimento. In tal caso si fa luogo alla nomina di un curatore ai sensi dell'articolo 528. In caso di condanna o di applicazione della pena su richiesta delle parti, ai sensi dell'articolo 444 del codice di procedura penale, il responsabile è escluso dalla successione ai sensi dell'articolo 463 del presente codice.

Le disposizioni di cui al primo comma si applicano anche nei casi di persona indagata per l'omicidio volontario o tentato nei confronti di uno o entrambi i genitori, del fratello o della sorella.

Il pubblico ministero, compatibilmente con le esigenze di segretezza delle indagini, comunica senza ritardo alla cancelleria del tribunale del circondario in cui si è aperta la successione l'avvenuta iscrizione nel registro delle notizie di reato, ai fini della sospensione di cui al presente articolo.

• La disposizione, di recente introduzione, determina una condizione di "sospensione" necessariamente **temporanea**: la sospensione cessa per il sopravvenire di **archiviazione** o di sentenza definitiva di **proscioglimento**, oppure, all'inverso, la vicenda può sfociare, in caso di condanna o di applicazione dell'art. 444 c.p.p., nell'**indegnità** *ex* art. 463 c.c. • Tuttavia l'applicabilità dell'indegnità in quest'ultima ipotesi va letta in maniera quantomeno in parte autonoma rispetto al pur esplicito richiamo all'art. 463: qui infatti l'esclusione sembra operare come **una sorta di inidoneità a succedere** assimilabile all'incapacità, piuttosto che come perdita di un acquisto, in questo caso non avvenuto perché sospeso.

464. Restituzione di frutti.

L'indegno è obbligato a restituire i frutti che gli sono pervenuti dopo l'apertura della successione.

• L'indegnità **retroagisce**, quale che ne sia la causa, al momento dell'apertura della successione. • L'indegno viene considerato come una sorta di **possessore di malafede**: ma se la causa dell'indegnità si determina in un momento posteriore all'apertura della successione, si ritiene che fino a quel momento sia da considerare, invece, alla stregua di un possessore di buona fede.

465. Indegnità del genitore.

Colui che è escluso per indegnità dalla successione non ha sui beni della medesima, che siano devoluti ai suoi figli, i diritti di usufrutto o di amministrazione che la legge accorda ai genitori.

• Scopo della disposizione appare quello di **precludere all'indegno ogni vantaggio**, anche indiretto, dalla successione in questione: in tal caso, amministrazione e usufrutto spetteranno all'altro genitore, ove sia in vita e non sia indegno, oppure in tali ultime ipotesi si renderà necessaria la nomina di un curatore.

466. Riabilitazione dell'indegno.

Chi è incorso nell'indegnità è ammesso a succedere quando la persona, della cui successione si tratta, ve lo ha espressamente abilitato con atto pubblico o con testamento.

Tuttavia l'indegno non espressamente abilitato, se è stato contemplato nel testamento quando il testatore conosceva la causa dell'indegnità, è ammesso a succedere nei limiti della disposizione testamentaria.

• Il primo comma delinea la cosiddetta **riabilitazione espressa**, da riferire alla singola, **concreta ipotesi di indegnità** di volta in volta esistente, e da dirigere nei riguardi di **persona specifica**, non potendo operare né a priori né in via generalizzata: l'atto è **unilaterale** e **personalissimo**, mentre si discute se presenti natura patrimoniale o meno. • Il secondo comma (solo ad avviso di un certo orientamento riconducibile ad una sorta di **riabilitazione tacita** con effetto parziale) consente invece l'ammissione dell'indegno a succedere nei soli limiti della disposizione testamentaria, senza che venga meno, di fondo, l'indegnità esistente.

Capo IV
Della rappresentazione

467. Nozione.

La rappresentazione fa subentrare i discendenti nel luogo e nel grado del loro ascendente, in tutti i casi in cui questi non può o non vuole accettare l'eredità o il legato.

Si ha rappresentazione nella successione testamentaria quando il testatore non ha provveduto per il caso in cui l'istituito non possa o non voglia accettare l'eredità o il legato, e sempre che non si tratti di legato di usufrutto o di altro diritto di natura personale.

• La rappresentazione comporta, ove ne sussistano i presupposti, una **nuova delazione** a favore di chi se ne giova: questi succede *iure proprio*, direttamente dal *de cuius*, non quale erede del chiamato originario. Ne consegue che i profili di **idoneità o inidoneità soggettiva** (eventuale incapacità, indegnità ecc.) devono essere valutati con riguardo al subentrante e non al chiamato originario. • Classica ipotesi in cui l'ascendente non può accettare è quella della **premorienza**; si ritiene ciò valga anche per l'**indegnità**, se intesa come perdita dell'acquisto. • Oltre al caso della rinunzia, si ascrivono all'ipotesi di operatività della rappresentazione per mancata volontà di accettazione anche quelli previsti negli **artt. 481 e 487**, mentre è discusso che ciò valga per la **prescrizione**, che verosimilmente sarebbe da ritenersi maturata anche per il subentrante.

468. Soggetti.

La rappresentazione ha luogo, nella linea retta, a favore dei discendenti dei figli anche adottivi e, nella linea collaterale, a favore dei discendenti dei fratelli e delle sorelle del defunto.

I discendenti possono succedere per rappresentazione anche se hanno rinunziato all'eredità della persona in luogo della quale subentrano, o sono incapaci o indegni di succedere rispetto a questa.

• A seguito della riforma della filiazione (l. n. 219/2012), la norma si applica ai **discendenti tutti**, senza distinzione, e così anche per i discenti dei fratelli e delle sorelle. • L'indicazione dei soggetti verso cui opera la figura è **tassativa** e non comprende i non concepiti. • Succedendo il subentrante direttamente dal *de cuius*, risultano irrilevanti tanto l'eventuale sua rinunzia all'eredità dell'ascendente cui si subentra, quanto eventuali sue incapacità o indegnità verso questi.

469. Estensione del diritto di rappresentazione. Divisione.

La rappresentazione ha luogo in infinito, siano uguali o disuguali il grado dei discendenti e il loro numero in ciascuna stirpe.

La rappresentazione ha luogo anche nel caso di unicità di stirpe.

Quando vi è rappresentazione, la divisione si fa per stirpi.

Se uno stipite ha prodotto più rami, la suddivisione avviene per stirpi anche in ciascun ramo, e per capi tra i membri del medesimo ramo.

Capo V
Dell'accettazione dell'eredità

Sezione I
Disposizioni generali

470. Accettazione pura e semplice e accettazione col beneficio d'inventario.

L'eredità può essere accettata puramente e semplicemente o col beneficio d'inventario.

L'accettazione col beneficio d'inventario può farsi nonostante qualunque divieto del testatore.

• Atto negoziale unilaterale non recettizio, che non ammette condizione né termine, l'accettazione, possibile anche attraverso l'operato di un rappresentante, produce quale effetto **l'acquisto retroattivo dell'eredità** (art. 459) sulla base della delazione: il carattere espansivo della fattispecie fa sì che, laddove la delazione si riveli maggiormente ampia dopo l'accettazione, quest'ultima valga anche per la quota ulteriore (cfr. tuttavia per i pesi l'art. 483). • L'**accettazione beneficiata**, che non è una accettazione sotto condizione ma una specifica tipologia negoziale, non può essere impedita dal testatore né ostacolata, ad esempio con eventuali penali, stante il **principio d'inderogabilità** sancito al secondo comma. • Stante l'esistenza del rimedio *ex* art. 524, sono controverse, rispetto alla fattispecie in discorso, l'esperibilità dell'**azione revocatoria** o **surrogatoria** da parte dei creditori del chiamato-accettante.

471. Eredità devolute a minori o interdetti.

Non si possono accettare le eredità devolute ai minori e agli interdetti, se non col beneficio d'inventario, osservate le disposizioni degli articoli 321 e 374.

• L'accettazione in questione non può essere se non beneficiata, ma comunque **non è obbligatoria** nemmeno in tale veste, ma integra una facoltà, stante la necessità dei presupposti di cui all'art. 320. • La disposizione comporta sia la conseguenza secondo cui una eventuale accettazione difforme operata dal minore o interdetto sarebbe nulla e comunque inefficace, sia l'inapplicabilità di tutte le norme che comportino l'accettazione non beneficiata (ad es. l'art. 485, co. 2, o l'art. 527).

472. Eredità devolute a minori emancipati o a inabilitati.

I minori emancipati e gli inabilitati non possono accettare le eredità, se non col beneficio d'inventario, osservate le disposizioni dell'articolo 394.

473. Eredità devolute a persone giuridiche o ad associazioni, fondazioni ed enti non riconosciuti.

L'accettazione delle eredità devolute alle persone giuridiche o ad associazioni, fondazioni ed enti non riconosciuti non può farsi che col beneficio d'inventario.

Il presente articolo non si applica alle società.

474. Modi di accettazione.

L'accettazione può essere espressa o tacita.

• La disposizione indica le **due sole modalità** possibili per l'accettazione, meglio precisate poi nelle disposizioni seguenti cui dunque si rinvia. • Un certo orientamento distingue anche una cosiddetta **accettazione presunta** (cfr. per il dettaglio *sub* art. 477; cfr. anche *sub* art. 485), la cui nozione tuttavia finisce a ben guardare col sovrapporsi con quella di accettazione tacita, o quantomeno risultare ascrivibile all'ambito semantico di quest'ultima.

475. Accettazione espressa.

L'accettazione è espressa quando, in un atto pubblico o in una scrittura privata, il chiamato all'eredità ha dichiarato di accettarla oppure ha assunto il titolo di erede.

È nulla la dichiarazione di accettare sotto condizione o a termine.

Parimenti è nulla la dichiarazione di accettazione parziale di eredità.

• Con accettazione espressa si intende un **atto formale**, che può essere isolato o inserito anche nel contesto di altri atti. In quest'ultima ipotesi, si ritiene che l'atto conserverebbe comunque una sua **autonomia**, tale da non comportarne la caducazione pur laddove questa colpisse le altre fattispecie coinvolte. • Il verificarsi dell'eventuale nullità prevista dal secondo comma si ritiene non precluda poi per il chiamato la possibilità di accettazione o rinunzia. • Con **accettazione parziale** si intende di massima solamente quella a cui sia coessenziale l'espressione della **volontà di limitare gli effetti successori**: non si considererebbe quindi accettazione parziale, ad esempio, quella attuata con riserva di impugnazione del testamento.

476. Accettazione tacita.

L'accettazione è tacita quando il chiamato all'eredità compie un atto che presuppone necessariamente la sua volontà di accettare e che non avrebbe il diritto di fare se non nella qualità di erede.

• Ai fini dell'accettazione tacita rilevano comportamenti e atti, ovviamente volontari e consapevoli, che siano **univocamente ed inequivocamente idonei ad esprimere l'assunzione della qualità di erede**. • La condotta va valutata con attenzione: per comportare accettazione tacita essa deve obiettivamente presupporre come necessaria la volontà di accettazione; ad esempio l'atto dispositivo di un diritto potrebbe presentare rilievo già di per sé, come fatto storico, a prescindere, di massima, dalla sua validità, purché la ragione dell'eventuale invalidità non influisca sulla valutazione del valore univoco dell'atto (come sarebbe, ad esempio, nel caso dell'atto estorto con violenza). • Mentre si discute sulla rilevanza dello specifico *animus* del chiamato, è certo che quest'ultimo debba, ai fini della norma, essere **a conoscenza dell'attribuzione** a suo favore e della **natura *mortis causa*** della medesima. • Non implicano accettazione tacita il compimento di atti di rilievo, ad esempio, meramente fiscale (la denuncia di successione), i contegni non significativi perché di minima importanza (e dunque non univocamente indicativi) o quelli rientranti nei poteri *ex* art. 460.

477. Donazione, vendita e cessione dei diritti di successione.

La donazione, la vendita o la cessione, che il chiamato all'eredità faccia dei suoi diritti di successione a un estraneo o a tutti gli altri chiamati o ad alcuno di questi, importa accettazione dell'eredità.

• Si discute se la fattispecie integri **un'ipotesi legale di accettazione tacita** oppure descriva la cosiddetta **accettazione presunta**, tale da non richiedere l'accertamento dei presupposti di cui all'art. 476. In realtà, è da ritenere che di **accettazione tacita** si tratti: gli atti di cui alla norma non potrebbero essere compiuti dal chiamato se non con l'assunzione della qualità di erede, e sono dunque univoco indice di accettazione. • La donazione dei diritti successori in questione **differisce dalla rinunzia**: il donatario, infatti, non diviene erede egli stesso, perché verso di lui non si trasmette la delazione, non succedendo al *de cuius* bensì ricevendo dal donante. Discorso analogo vale anche per il successivo art. 478.

478. Rinunzia che importa accettazione.

La rinunzia ai diritti di successione, qualora sia fatta verso corrispettivo o a favore di alcuni soltanto dei chiamati, importa accettazione.

• La figura, indicata usualmente come "**rinuncia traslativa**" differisce dalla rinunzia all'eredità: trattasi sostanzialmente di un **contratto** con cui si cedono i diritti in questione a chi, tuttavia, non assume conseguentemente la qualità di erede, che invece assumerebbe per devoluzione laddove vi fosse una rinunzia vera e propria.

479. Trasmissione del diritto di accettazione.

Se il chiamato all'eredità muore senza averla accettata, il diritto di accettarla si trasmette agli eredi.

Se questi non sono d'accordo per accettare o rinunziare, colui che accetta l'eredità acquista tutti i diritti e soggiace a tutti i pesi ereditari, mentre vi rimane estraneo chi ha rinunziato.

La rinunzia all'eredità propria del trasmittente include rinunzia all'eredità che al medesimo è devoluta.

• La disposizione disciplina la cosiddetta **successione nella delazione**; delazione che non muta ma conserva le caratteristiche originarie, con tutte le conseguenze del caso (per questo, ad esempio, si ritiene la figura operi anche laddove chi succeda al trasmittente sia indegno rispetto all'originario *de cuius*). • Il fenomeno non ha propriamente a che vedere con quello dell'accrescimento: esso peraltro è d'**ostacolo** alla **sostituzione**, alla **rappresentazione** e all'**accrescimento** stesso. • Se si accetta l'eredità trasmessa, si accetta tacitamente anche quella del trasmittente; la rinunzia all'eredità del trasmittente comporta in radice il mancato operare, rispetto all'eredità "originaria", della successione nella delazione.

480. Prescrizione.

Il diritto di accettare l'eredità si prescrive in dieci anni.

Il termine decorre dal giorno dell'apertura della successione e, in caso d'istituzione condizionale, dal giorno in cui si verifica la condizione. In caso di accertamento giudiziale della filiazione il termine decorre dal passaggio in giudicato della sentenza che accerta la filiazione stessa.

Il termine non corre per i chiamati ulteriori, se vi è stata accettazione da parte di precedenti chiamati e successivamente il loro acquisto ereditario è venuto meno.

• Ad avviso di taluni, il termine, qui indicato come di **prescrizione**, sarebbe in realtà di **decadenza**, con le conseguenti ricadute sul piano della disciplina (es. interruzione e sospensione): ma in realtà se pure l'applicabilità dell'interruzione appare difficile senza che la condotta sfoci in una accettazione tacita, la sospensione pare invece applicabile (cfr. art. 2942). • Si ritiene, non senza qualche contrasto, che la prescrizione possa essere fatta valere da **chiunque vi abbia interesse**; essa è certamente **disponibile** e quindi **rinunciabile**. • Si è affermato che l'eccezione svolta solamente da alcuno tra gli interessati varrebbe per tutti e dunque anche per chi avesse rinunziato alla prescrizione, ciò verosimilmente in omaggio all'idea di **non frazionabilità dell'accettazione**.

481. Fissazione di un termine per l'accettazione.

Chiunque vi ha interesse può chiedere che l'autorità giudiziaria fissi un termine entro il quale il chiamato dichiari se accetta o rinunzia all'eredità. Trascorso questo termine senza che abbia fatto la dichiarazione, il chiamato perde il diritto di accettare.

• La disposizione accorda agli interessati (chiamati in subordine, legatari ecc. ma anche, ad esempio, l'esecutore testamentario) la possibilità di adire al Giudice con una ***actio interrogatoria*** volta alla fissazione di un **termine di decadenza** per il chiamato. • L'eventuale **accettazione** può avvenire secondo tutte le modalità di legge; di converso, la **perdita del diritto** di accettare per scadenza del termine decadenziale **non vale come rinunzia**, alla quale non è paragonabile, con tutte le conseguenze del caso (ad esempio, non sarebbe applicabile la revoca della rinunzia).

482. Impugnazione per violenza o dolo.

L'accettazione dell'eredità si può impugnare quando è effetto di violenza o di dolo.

L'azione si prescrive in cinque anni dal giorno in cui è cessata la violenza o è stato scoperto il dolo.

• È discusso se la fattispecie sia riferibile alla sola **accettazione espressa** (punto, questo, sicuro) o anche a **quella tacita** (sulla cui rilevanza anche come fatto storico, cfr. *sub* art. 476). • Il **venir meno dell'accettazione** per annullamento si ritiene **non integri, di per sé, rinunzia**, né in tal senso possa essere inteso: il chiamato, quindi, ritornerebbe semplicemente nella possibilità di accettare (anche con modalità diverse, come con il beneficio d'inventario) o anche rinunziare. • È ammessa la **convalida**, in ogni sua forma, così come si ritengono applicabili, di massima, le norme generali sul contratto laddove siano compatibili col negozio di accettazione.

483. Impugnazione per errore.

L'accettazione dell'eredità non si può impugnare se è viziata da errore.

Tuttavia, se si scopre un testamento del quale non si aveva notizia al tempo dell'accettazione, l'erede non è tenuto a soddisfare i legati scritti in esso oltre il valore dell'eredità, o con pregiudizio della porzione legittima che gli è dovuta. Se i beni ereditari non bastano a soddisfare tali legati, si riducono proporzionalmente anche i legati scritti in altri testamenti. Se alcuni legatari sono stati già soddisfatti per intero, contro di loro è data azione di regresso.

L'onere di provare il valore dell'eredità incombe all'erede.

• Si ritiene che la disposizione operi con riguardo all'**errore motivo**, non per l'**errore ostativo**: più ampiamente, l'estensione della fattispecie è tuttavia discussa (dandosi usualmente rilievo invece, ad esempio, all'errore sulla natura del negozio o sulla persona del *de cuius*) e si ritiene ricomprendere anche fattispecie diverse, come ad esempio, per chi ne ammetta la possibilità rispetto all'accettazione di eredità, quella della **simulazione**. • Il secondo comma, applicabile evidentemente in caso di accettazione non beneficiata, è di **temperamento** alla regola del primo, attenuando eventuali implicazioni pregiudizievoli conseguenti alla situazione in questione.

Sezione II
Del beneficio d'inventario

484. Accettazione col beneficio d'inventario.

L'accettazione col beneficio di inventario si fa mediante dichiarazione, ricevuta da un notaio o dal cancelliere del tribunale del circondario in cui si è aperta la successione, e inserita nel registro delle successioni conservato nello stesso tribunale.

Entro un mese dall'inserzione, la dichiarazione deve essere trascritta, a cura del cancelliere, presso l'ufficio dei registri immobiliari del luogo in cui si è aperta la successione.

La dichiarazione deve essere preceduta o seguita dall'inventario, nelle forme prescritte dal codice di procedura civile.

Se l'inventario è fatto prima della dichiarazione, nel registro deve pure menzionarsi la data in cui esso è stato compiuto.

Se l'inventario è fatto dopo la dichiarazione, l'ufficiale pubblico che lo ha redatto deve, nel termine di un mese, far inserire nel registro l'annotazione della data in cui esso è stato compiuto.

• L'accettazione con beneficio d'inventario è **negozio formale** da compiersi tramite un atto pubblico *ad substantiam*, che poi va trascritto: il negozio, come detto, si perfeziona già con l'atto in sé e dunque da un lato è bastevole che entro il termine di prescrizione, o quello eventualmente fissato *ex* art. 481, sia compiuto l'atto medesimo, e non l'inventario, e per altro verso l'eventuale mancata iscrizione o trascrizione non ne comportano l'invalidità, né pregiudicano il beneficio. • L'inventario mira ad una **ricognizione e valutazione quantitativa e qualitativa dell'attivo ereditario**, non necessariamente del passivo, che rappresenta indicazione eventuale. • È discusso il **rapporto strutturale tra accettazione beneficiata e inventario**. Si è affermato che si tratterebbe di **fattispecie a formazione progressiva**, laddove l'accettazione comporterebbe l'acquisto stabile della qualità di erede, mentre la limitazione della responsabilità, caratteristica della figura (art. 490) sarebbe condizionata al compimento dell'inventario nei termini di legge: in assenza di ciò, l'accettante viene considerato erede puro e semplice non per aver perso il beneficio, bensì per non averlo mai ottenuto; dunque sarebbe egli ad essere gravato della **prova** del tempestivo compimento dell'inventario.

485. Chiamato all'eredità che è nel possesso di beni.

Il chiamato all'eredità, quando a qualsiasi titolo è nel possesso di beni ereditari, deve fare l'inventario entro tre mesi dal giorno dell'apertura della successione o della notizia della devoluta eredità. Se entro questo termine lo ha cominciato ma non è stato in grado di completarlo, può ottenere dal tribunale del luogo in cui si è aperta la successione una proroga che, salvo gravi circostanze, non deve eccedere i tre mesi.

Trascorso tale termine senza che l'inventario sia stato compiuto, il chiamato all'eredità è considerato erede puro e semplice.

Compiuto l'inventario, il chiamato che non abbia ancora fatto la dichiarazione a norma dell'articolo 484 ha un termine di quaranta giorni da quello del compimento dell'inventario medesimo, per deliberare se accetta o rinunzia all'eredità. Trascorso questo termine senza che abbia deliberato, è considerato erede puro e semplice.

• La natura del fenomeno è **controversa**: secondo un orientamento si tratterebbe di **una sorta di accettazione presunta** (dunque, di massima, riconducibile all'alveo dell'accettazione tacita: cfr. *sub* art. 474), secondo altra prospettiva il conseguimento avverrebbe ***ope legis*** in presenza dei presupposti di cui alla norma, e dunque anche eventualmente contro il volere del soggetto. • Ai fini del perfezionarsi dei presupposti è bastevole anche il **possesso, ampiamente inteso** ("a qualsiasi titolo": e dunque si ritiene rilevi anche la detenzione) di alcuni beni ereditario o, al limite, **anche di uno solo** purché non privo di rilevanza, e che il soggetto sia consapevole dell'appartenenza ereditaria del bene e della propria chiamata.

486. Poteri.

Durante i termini stabiliti dall'articolo precedente per fare l'inventario e per deliberare, il chiamato, oltre che esercitare i poteri indicati nell'articolo 460, può stare in giudizio come convenuto per rappresentare l'eredità.

Se non compare, l'autorità giudiziaria nomina un curatore all'eredità affinché la rappresenti in giudizio.

• La disposizione, che, come emerge dal riferimento all'art. precedente, si applica al **solo chiamato nel possesso di beni ereditari**, attribuisce al chiamato una **facoltà**, non un obbligo. Laddove il chiamato non si trovasse nel possesso di beni ereditari, verrebbe in rilievo l'art. 528.

487. Chiamato all'eredità che non è nel possesso di beni.

Il chiamato all'eredità, che non è nel possesso di beni ereditari, può fare la dichiarazione di accettare col beneficio d'inventario, fino a che il diritto di accettare non è prescritto.

Quando ha fatto la dichiarazione, deve compiere l'inventario nel termine di tre mesi dalla dichiarazione, salva la proroga accordata dall'autorità giudiziaria a norma dell'articolo 485; in mancanza, è considerato erede puro e semplice.

Quando ha fatto l'inventario non preceduto da dichiarazione d'accettazione, questa deve essere fatta nei quaranta giorni successivi al compimento dell'inventario; in mancanza il chiamato perde il diritto di accettare l'eredità.

• La conseguenza prevista nel terzo comma, la **perdita del diritto di accettare**, è difforme dalla previsione di cui all'art. 485, co. 3, laddove si prevede, per il chiamato che sia nel possesso di beni ereditari, che abbia fatto l'inventario ma non abbia operato l'accettazione beneficiata, un termine interlocutorio, allo spirare infruttuoso del quale questi sarebbe da considerarsi erede puro e semplice. Pur nella diversità delle situazioni, rimane centrale, comunque, la questione dell'**accettazione**: mentre in quel caso il Legislatore delinea un acquisto *ope legis* o per accettazione presunta (cfr. *sub* art. 458), qui la centralità dell'accettazione emerge dal fatto che, pur compiuto l'inventario, la mancanza della dichiarazione fa perdere il diritto stesso di accettare.

488. Dichiarazione in caso di termine fissato dall'autorità giudiziaria.

Il chiamato all'eredità, che non è nel possesso di beni ereditari, qualora gli sia assegnato un termine a norma dell'articolo 481, deve, entro detto termine, compiere anche l'inventario; se fa la dichiarazione e non l'inventario, è considerato erede puro e semplice.

L'autorità giudiziaria può accordare una dilazione.

489. Incapaci.

I minori, gli interdetti e gli inabilitati non s'intendono decaduti dal beneficio d'inventario, se non al compimento di un anno dalla maggiore età o dal cessare dello stato d'interdizione o d'inabilitazione, qualora entro tale termine non si siano conformati alle norme della presente sezione.

• La disposizione, che riguarda **non solo l'accettazione**, ma anche le **attività conseguenti** all'accettazione beneficiata (cfr. il riferimento generale al "conformarsi" alle norme della sezione) è volta, attraverso l'**estensione del termine** ivi prevista, a **tutelare ulteriormente** la posizione dei minori e degli incapaci, i quali, si è precisato, non decadono in nessun caso, e dunque neanche, ad esempio, nelle ipotesi di alienazione senza autorizzazione (art. 493), di difetti nell'inventario (art. 494) o nell'ipotesi prevista nell'art. 505.

490. Effetti del beneficio d'inventario.

L'effetto del beneficio d'inventario consiste nel tener distinto il patrimonio del defunto da quello dell'erede.

Conseguentemente:

1) l'erede conserva verso l'eredità tutti i diritti e tutti gli obblighi che aveva verso il defunto, tranne quelli che si sono estinti per effetto della morte;

2) l'erede non è tenuto al pagamento dei debiti ereditari e dei legati oltre il valore dei beni a lui pervenuti;

3) i creditori dell'eredità e i legatari hanno preferenza sul patrimonio ereditario di fronte ai creditori dell'erede. Essi però non sono dispensati dal domandare la separazione dei beni, secondo le disposizioni del capo seguente, se vogliono conservare questa preferenza anche nel caso che l'erede decada dal beneficio d'inventario o vi rinunzi.

• La disposizione disciplina **i principali effetti dell'accettazione beneficiata**, ma non tutti (cfr. ad esempio anche artt. 1203, 2830, 2941). • L'effetto fondamentale è quello di evitare, rispetto a tutti i tipi di diritto, **le conseguenze** dell'eventuale confusione tra patrimonio del *de cuius* e patrimonio dell'erede: mentre, nonostante la lettera della legge, rimane discusso se a rimanere esclusa sia, oltre alle conseguenze, già la confusione in sé e per sé, propriamente intesa. • La limitazione della responsabilità dell'erede quale debitore in ordine ai debiti del *de cuius* opera **nei limiti del valore del lascito** (*intra vires*) e **dei beni oggetto del lascito** medesimo (*cum viribus*). • La disposizione pare certamente volta alla **protezione dell'erede**: indirettamente ciò può peraltro comportare anche un vantaggio per i creditori del *de cuius*, preferiti a quelli dell'erede rispetto alle sorti del lascito. • Il beneficio d'inventario è **rinunziabile**, come emerge testualmente dal n. 3 della disposizione: quanto alla rinunzia, se per un verso è discusso se essa debba presentare **forma espressa**, come qui l'accettazione, o **forma libera**, per altro verso pare che detta rinunzia possa essere oggetto di **azione revocatoria** ad opera degli interessati (es. i creditori dell'erede, laddove il lascito fosse passivo).

491. Responsabilità dell'erede nell'amministrazione.

L'erede con beneficio d'inventario non risponde dell'amministrazione dei beni ereditari se non per colpa grave.

• L'amministrazione in questione, avente funzione conservativa, riguarda, di massima, **beni che sono dell'erede**, stante l'accettazione, ma può estendersi oltre, ad esempio per quanto riguarda i **legati di specie** (laddove potrebbe, secondo una certa prospettiva, porsi la questione del rapporto tra i poteri dell'erede e quelli del legatario). • La disposizione va letta anche in rapporto con le successive, che si spiegano con la necessità di tutelare anche i creditori ereditari.

492. Garanzia.

Se i creditori o altri aventi interesse lo richiedono, l'erede deve dare idonea garanzia per il valore dei beni mobili compresi nell'inventario, per i frutti degli immobili e per il prezzo dei medesimi che sopravanzi al pagamento dei creditori ipotecari.

• La possibile richiesta degli interessati non sembra presupporre necessariamente la dimostrazione dell'esistenza di un pericolo ben individuato, anche se può ritenersi occorra quantomeno la sussistenza di una **opportunità** in tal senso e l'erede potrebbe verosimilmente opporre fondatamente, alla richiesta, l'esistenza di già adeguate garanzie. • La garanzia può gravare su **altri beni**, diversi dal compendio garantito, oppure anche essere di **matrice personale**.

493. Alienazione dei beni ereditari senza autorizzazione.

L'erede decade dal beneficio d'inventario, se aliena o sottopone a pegno o ipoteca beni ereditari, o transige relativamente a questi beni senza l'autorizzazione giudiziaria e senza osservare le forme prescritte dal codice di procedura civile.

Per i beni mobili l'autorizzazione non è necessaria trascorsi cinque anni dalla dichiarazione di accettare con beneficio d'inventario.

• La fattispecie, che ha **effetto retroattivo** e che coinvolge **solo chi abbia compiuto l'alienazione**, pare tradursi in una sorta di **automatismo**: la decadenza prescinde, dunque, sia da una valutazione di colpa in capo all'erede che dalla sussistenza di un pregiudizio subito dai creditori. • L'**alienazione** cui fa riferimento la norma va intesa, si ritiene di massima, in senso ampio come qualsiasi atto che comporti disposizione di beni ereditari (è però discusso se il concetto ricomprenda anche la cessione della posizione nel suo complesso), ferma tuttavia la differenza rispetto ad atti da valutarsi come di ordinaria amministrazione, che non comportano decadenza, e ferme altre differenze concettuali (ad esempio, la divisione). • L'alienazione, in ogni caso, rimane **valida**, salvo che l'invalidità dell'atto derivi da altro profilo (si pensi, ad esempio, all'ipotesi dell'atto compiuto da incapace privo di autorizzazione).

494. Omissioni o infedeltà nell'inventario.

Dal beneficio d'inventario decade l'erede che ha omesso in mala fede di denunziare nell'inventario beni appartenenti all'eredità, o che ha denunziato in mala fede, nell'inventario stesso, passività non esistenti.

• Ai fini della norma, mentre è da ritenere rilevi anche una **parziale omissione nell'indicazione dei beni**, con riguardo alle **passività** rileva invece la loro indicazione solo laddove avvenga in **mala fede** ed esse siano **inesistenti**: una eventuale omissione invece non rileverebbe, perché, come già precisato altrove (cfr. *sub* art. 484) l'indicazione delle passività non rappresenta elemento coessenziale all'inventario.

495. Pagamento dei creditori e legatari.

Trascorso un mese dalla trascrizione prevista nell'articolo 484 o dall'annotazione disposta nello stesso articolo per il caso che l'inventario sia posteriore alla dichiarazione, l'erede, quando creditori o legatari non si oppongono ed egli non intende promuovere la liquidazione a norma dell'articolo 503, paga i creditori e i legatari a misura che si presentano, salvi i loro diritti di poziorità.

Esaurito l'asse ereditario, i creditori rimasti insoddisfatti hanno soltanto diritto di regresso contro i legatari, ancorché di cosa determinata appartenente al testatore, nei limiti del valore del legato.

Tale diritto si prescrive in tre anni dal giorno dell'ultimo pagamento, salvo che il credito sia anteriormente prescritto.

• **L'anteriorità** della domanda di un creditore rispetto ad altre non pare dare diritto di preferenza, né sembra che l'erede sia tenuto al rispetto di una gerarchia precisa di definizione dei rapporti in base alle diverse categorie dei medesimi, pur rimanendo il punto discusso anche in rapporto ad aspetti procedurali della vendita di beni ereditari (art. 748 c.p.c.): in generale (cfr. anche art. 499 c.c.) l'erede deve, in presenza di più domande, **rispettare le prelazioni e preferire i creditori ai legatari**; se l'attivo non fosse bastevole a soddisfare le domande, dovrà dividerlo in proporzione. Ma laddove l'attivo risultasse bastevole, decorso il termine di cui alla disposizione l'erede potrà pagare chirografari e legatari in base alle domande. • Secondo talune prospettazioni, l'erede che pagasse singoli creditori **prima dello spirare del termine** decadrebbe dal beneficio d'inventario, anche in assenza di opposizione; secondo altra prospettiva, l'erede sarebbe invece solamente tenuto al risarcimento del danno. • Per il **legato di specie**, è controverso se il legatario abbia diritto, in presenza del quadro *de quo*, ad ottenerne il **possesso** dall'erede, nel qual caso il legatario, in ipotesi di regresso, potrebbe adempiere anche diversamente, trattenendo il legato, o se invece l'erede si esponga a responsabilità laddove immetta il legatario nel possesso pur in presenza di domande di creditori destinati a rimanere potenzialmente in tutto o in parte insoddisfatti. • In assenza di opposizioni, è da ritenere che l'erede possa **scegliere** tra liquidazione individuale e liquidazione *ex* art. 498.

496. Rendimento del conto.

L'erede ha l'obbligo di rendere conto della sua amministrazione ai creditori e ai legatari, i quali possono fare assegnare un termine all'erede.

• Mentre è discusso se l'adempimento di cui alla norma sia esigibile in qualsiasi momento anteriore alla cessazione dell'amministrazione, è certo che l'obbligo sussista **al termine** della medesima: sotto il profilo dell'**interesse all'adempimento**, quest'ultimo viene in rilievo ovviamente, quantomeno in misura maggiore, laddove i creditori rimangano in tutto o in parte insoddisfatti (il che potrebbe involgere anche la posizione dei legatari, rendendo anch'essi interessati al rendiconto). • L'azione per l'assegnazione del termine presenta **prescrizione ordinaria** e il **termine** eventualmente fissato dal giudice è **prorogabile**.

497. Mora nel rendimento del conto.

L'erede non può essere costretto al pagamento con i propri beni, se non quando è stato costituito in mora a presentare il conto e non ha ancora soddisfatto a quest'obbligo.

Dopo la liquidazione del conto, non può essere costretto al pagamento con i propri beni se non fino alla concorrenza delle somme di cui è debitore.

• È da ritenere che la costituzione in mora in questione presupponga la **scadenza** del termine *ex* art. 496. • Sono **discusse le conseguenze**, per l'erede, della mancata presentazione tempestiva del rendiconto, sulla base dell'insieme delle disposizioni degli artt. 496 e 497: se cioè questi decada dal beneficio (in considerazione del permanere dell'inadempienza, più che in ragione dello scadere del termine), se risponda comunque *intra vires* o se perda tale limitazione, perlomeno sino alla presentazione del rendiconto.

498. Liquidazione dell'eredità in caso di opposizione.

Qualora entro il termine indicato nell'articolo 495 gli sia stata notificata opposizione da parte di creditori o di legatari, l'erede non può eseguire pagamenti, ma deve provvedere alla liquidazione dell'eredità nell'interesse di tutti i creditori e legatari.

A tal fine egli, non oltre un mese dalla notificazione dell'opposizione, deve, a mezzo di un notaio del luogo dell'aperta successione, invitare i creditori e i legatari a presentare, entro un termine stabilito dal notaio stesso e non inferiore a giorni trenta, le dichiarazioni di credito.

L'invito è spedito per raccomandata ai creditori e ai legatari dei quali è noto il domicilio o la residenza ed è pubblicato nel foglio degli annunzi legali della provincia (1).

(1) Disposizione da ritenersi parzialmente abrogata a seguito della soppressione dei fogli degli annunzi legali con la l. 21/11/2000, n. 340 – art. 31^3 – «[1] A decorrere dal novantesimo giorno successivo alla data in vigore della presente legge, i fogli degli annunzi legali delle province sono aboliti [...]. [3] Quando disposizioni vigenti prevedono la pubblicazione nel foglio degli annunzi legali come unica forma di pubblicità, la pubblicazione è effettuata nella Gazzetta Ufficiale».

• La disposizione delinea una **liquidazione di matrice concorsuale**, volta alla tutela del *par condicio creditorum*, laddove si verifichi il presupposto di cui alla norma. • È controverso il regime di eventuali **opposizioni tardive**, dispiegate oltre il termine dell'art. 495: l'erede in tal caso non sarebbe tenuto alla liquidazione concorsuale, ma si discute se debba non pagare singolarmente altri anteriormente all'opponente (o agli opponenti) oppure se debba procedere a una specie di liquidazione concorsuale informale, però nell'ambito specifico di tali ultime liquidazioni.

499. Procedura di liquidazione.

Scaduto il termine entro il quale devono presentarsi le dichiarazioni di credito, l'erede provvede, con l'assistenza del notaio, a liquidare le attività ereditarie facendosi autorizzare alle alienazioni necessarie. Se l'alienazione ha per oggetto beni sottoposti a privilegio o a ipoteca, i privilegi non si estinguono, e le ipoteche non possono essere cancellate sino a che l'acquirente non depositi il prezzo nel modo stabilito dal giudice o non provveda al pagamento dei creditori collocati nello stato di graduazione previsto dal comma seguente.

L'erede forma, sempre con l'assistenza del notaio, lo stato di graduazione. I creditori sono collocati secondo i rispettivi diritti di prelazione. Essi sono preferiti ai legatari. Tra i creditori non aventi diritto a prelazione l'attivo ereditario è ripartito in proporzione dei rispettivi crediti.

Qualora, per soddisfare i creditori, sia necessario comprendere nella liquidazione anche l'oggetto di un legato di specie, sulla somma che residua dopo il pagamento dei creditori il legatario di specie è preferito agli altri legatari.

• L'**autorizzazione** di cui al primo comma è prevista per vagliare i profili di necessità, utilità o almeno convenienza della vendita, e in questo senso si è ritenuto che il Notaio presti la sua opera in qualità di ausiliario del Giudice. • La **formazione dello stato di graduazione**, o quantomeno di stati di graduazione parziali, è **propedeutica** rispetto ad ogni pagamento. • La preferenza di cui al terzo comma involge il **legatario di specie** in quanto proprietario del bene legato. Sulla posizione del legatario di specie, rispetto alla controversa questione del possesso, cfr. anche *supra*, *sub* art. 495.

500. Termine per la liquidazione.

L'autorità giudiziaria, su istanza di alcuno dei creditori o legatari, può assegnare un termine all'erede per liquidare le attività ereditarie e per formare lo stato di graduazione.

• La norma fa menzione di un termine, ma in realtà i **due termini** potrebbero essere scissi: un termine per la liquidazione e uno per la formazione della graduazione; tendenzialmente, quest'ultimo dovrà essere successivo al primo, tenuto conto che lo stato di graduazione costituisce titolo esecutivo (cfr. art. 502) e dunque presuppone un inquadramento preciso dei singoli crediti, che non può essere se non conseguente all'esito della procedura di liquidazione.

501. Reclami.

Compiuto lo stato di graduazione, il notaio ne dà avviso con raccomandata ai creditori e legatari di cui è noto il domicilio o la residenza, e provvede alla pubblicazione di un estratto dello stato nel foglio degli annunzi legali della provincia (1). Trascorsi senza reclami trenta giorni dalla data di questa pubblicazione, lo stato di graduazione diviene definitivo.

(1) Disposizione da ritenersi parzialmente abrogata a seguito della soppressione dei fogli degli annunzi legali con la l. 21/11/2000, n. 340 – art. 31^3 (vedi in calce all'art. 498).

• L'avviso va inviato a **tutti** i creditori e legatari e non solo a quelli che abbiano fatto domanda: l'interesse al reclamo, infatti, può consistere anche nell'aspirazione ad essere inclusi nello stato di graduazione. • Il reclamo può presentare **varie finalità**, tra le quali far valere un credito proprio o contestarne uno altrui che si ponga in concorrenza.

502. Pagamento dei creditori e dei legatari.

Divenuto definitivo lo stato di graduazione o passata in giudicato la sentenza che pronunzia sui reclami, l'erede deve soddisfare i creditori e i legatari in conformità dello stato medesimo.

Questo costituisce titolo esecutivo contro l'erede.

La collocazione dei crediti condizionali non impedisce il pagamento dei creditori posteriori, sempre che questi diano cauzione.

I creditori e i legatari che non si sono presentati hanno azione contro l'erede solo nei limiti della somma che residua dopo il pagamento dei creditori e dei legatari collocati nello stato di graduazione. Questa azione si prescrive in tre anni dal giorno in cui lo stato è divenuto definitivo o è passata in giudicato la sentenza che ha pronunziato sui reclami, salvo che il credito sia anteriormente prescritto.

• La disposizione sancisce la valenza dello stato di graduazione quale **titolo esecutivo** eventualmente azionabile nei confronti dell'erede, che pur sempre sarà tenuto al pagamento **nei limiti del valore realizzato** tramite liquidazione dei beni ereditari, pur potendo essere chiamato a rispondere, in tale limite, anche con **risorse proprie**. • Conclusa la liquidazione, i creditori o legatari che non abbiano dispiegato tempestiva domanda andranno soddisfatti, qualora agissero, a mano a mano che si presentano e solo con l'eventuale residuo.

503. Liquidazione promossa dall'erede.

Anche quando non vi è opposizione di creditori o di legatari, l'erede può valersi della procedura di liquidazione prevista dagli articoli precedenti.

Il pagamento fatto a creditori privilegiati o ipotecari non impedisce all'erede di valersi di questa procedura.

• È facoltà dell'erede optare, *propria sponte*, per la procedura di liquidazione anche in assenza di opposizioni: la precisazione contenuta nel secondo comma sembra trovar ragione nell'idea secondo cui il pagamento dei crediti privilegiati non influirebbe sulla *par condicio* dei creditori chirografari, le cui posizioni, quantomeno tra loro, rimarrebbero inalterate.

504. Liquidazione nel caso di più eredi.

Se vi sono più eredi con beneficio d'inventario, ciascuno può promuovere la liquidazione; ma deve convocare i propri coeredi davanti al notaio nel termine che questi ha stabilito per la dichiarazione dei crediti. I coeredi che non si presentano sono rappresentati nella liquidazione dal notaio.

• Dalla disposizione sembra conseguire che, tra più eredi, ognuno abbia la **facoltà** di avviare, e quindi sostanzialmente imporre, una liquidazione concorsuale; se le procedure avviate fossero più d'una, quella da coltivare sarebbe la **prima avviata**, e si ritiene si applichino, per eventuali delibere, le regole sulla comunione. • È discusso se la **mancata convocazione** dei coeredi avanti al Notaio comporti decadenza dal beneficio d'inventario.

505. Decadenza dal beneficio.

L'erede che, in caso di opposizione, non osserva le norme stabilite dall'articolo 498 o non compie la liquidazione o lo stato di graduazione nel termine stabilito dall'articolo 500, decade dal beneficio d'inventario.

Parimenti decade dal beneficio d'inventario l'erede che, nel caso previsto dall'articolo 503, dopo l'invito ai creditori di presentare le dichiarazioni di credito, esegue pagamenti prima che sia definita la procedura di liquidazione o non osserva il termine che gli è stato prefisso a norma dell'articolo 500.

La decadenza non si verifica quando si tratta di pagamenti a favore di creditori privilegiati o ipotecari.

In ogni caso la decadenza dal beneficio d'inventario può essere fatta valere solo dai creditori del defunto e dai legatari.

• Le ipotesi di decadenza menzionate nella disposizione sembrano riferirsi alla sola **liquidazione concorsuale**, e non sembrano peraltro tassative (cfr. ad esempio, per una ulteriore ipotesi, pur dubbia, *sub* art. 504); quanto alla **liquidazione non concorsuale** cfr. anche gli artt. 487, 488, 494 e 495. • La norma dell'ultimo comma, di cui è controversa la latitudine applicativa (se alle sole ipotesi decadenziali di cui alla presente disposizione oppure anche alle altre) sembra volta ad evitare comunque che i creditori personali dell'erede possano vantare pretese con riguardo ai beni ereditari.

506. Procedure individuali.

Eseguita la pubblicazione prescritta dal terzo comma dell'articolo 498, non possono essere promosse procedure esecutive a istanza dei creditori. Possono tuttavia essere continuate quelle in corso, ma la parte di prezzo che residua dopo il pagamento dei creditori privilegiati e ipotecari deve essere distribuita in base allo stato di graduazione previsto dall'articolo 499.

I crediti a termine diventano esigibili. Resta tuttavia il beneficio del termine, quando il credito è munito di garanzia reale su beni la cui alienazione non si renda necessaria ai fini della liquidazione, e la garanzia stessa è idonea ad assicurare il soddisfacimento integrale del credito.

Dalla data di pubblicazione dell'invito ai creditori previsto dal terzo comma dell'articolo 498 è sospeso il decorso degli interessi dei crediti chirografari. I creditori tuttavia hanno diritto, compiuta la liquidazione, al collocamento degli interessi sugli eventuali residui.

507. Rilascio dei beni ai creditori e ai legatari.

L'erede, non oltre un mese dalla scadenza del termine stabilito per presentare le dichiarazioni di credito, se non ha provveduto ad alcun atto di liquidazione, può rilasciare tutti i beni ereditari a favore dei creditori e dei legatari.

A tal fine l'erede deve, nelle forme indicate dall'articolo 498, dare avviso ai creditori e ai legatari dei quali è noto il domicilio o la residenza; deve iscrivere la dichiarazione di rilascio nel registro delle successioni, annotarla in margine alla trascrizione prescritta dal secondo comma dell'articolo 484, e trascriverla presso gli uffici dei registri immobiliari dei luoghi in cui si trovano gli immobili ereditari e presso gli uffici dove sono registrati i beni mobili.

Dal momento in cui è trascritta la dichiarazione di rilascio, gli atti di disposizione dei beni ereditari compiuti dall'erede sono senza effetto rispetto ai creditori e ai legatari.

L'erede deve consegnare i beni al curatore nominato secondo le norme dell'articolo seguente. Eseguita la consegna, egli resta liberato da ogni responsabilità per i debiti ereditari.

• Il rilascio è **negozio unilaterale e recettizio**; è discusso se richieda la **forma** scritta. La pubblicità di cui al secondo comma assume, su base generale, carattere di notizia, a parte la **trascrizione** che presenta, secondo il disposto del terzo comma, valore costitutivo rispetto all'inefficacia relativa di eventuali atti di disposizione compiuti dall'erede. • La ***ratio* dell'istituto** del rilascio è quella di permettere **uno sgravio di responsabilità**: l'erede può così, tramite un rilascio totale e onnicomprensivo, evitare la responsabilità della custodia, amministrazione e liquidazione dei beni ereditari, evitando anche il rischio della decadenza dal beneficio d'inventario. • Il rilascio, pur determinando secondo alcuni una sorta di **indisponibilità**, non comporta invece **alcuna conseguenza sul piano della proprietà** dei beni **né presenta quella funzione satisfattiva** che solo il pagamento dei debiti comporta: semplicemente, all'erede si sostituisce un curatore che presiederà alle operazioni liquidatorie.

508. Nomina del curatore.

Trascritta la dichiarazione di rilascio, il tribunale del luogo dell'aperta successione, su istanza dell'erede o di uno dei creditori o legatari, o anche d'ufficio, nomina un curatore, perché provveda alla liquidazione secondo le norme degli articoli 498 e seguenti.

Il decreto di nomina del curatore è iscritto nel registro delle successioni.

Le attività che residuano, pagate le spese della curatela e soddisfatti i creditori e i legatari collocati nello stato di graduazione, spettano all'erede, salva l'azione dei creditori e legatari, che non si sono presentati, nei limiti determinati dal terzo comma dell'articolo 502.

• In assenza della trascrizione (ad es. perché non vi sono immobili), il curatore viene comunque nominato, una volta che sia irrevocabile la dichiarazione di rilascio. Egli riveste **un ufficio di diritto privato,** che dà diritto a compenso, e opera secondo dinamiche paragonabili a quelle che presiedono l'attività del curatore dell'eredità giacente: egli ha poteri di amministrazione e disposizione, e deve provvedere alla liquidazione concorsuale.

509. Liquidazione proseguita su istanza dei creditori o legatari.

Se, dopo la scadenza del termine stabilito per presentare le dichiarazioni di credito, l'erede incorre nella decadenza dal beneficio d'inventario, ma nessuno dei creditori o legatari la fa valere, il tribunale del luogo dell'aperta successione, su istanza di uno dei creditori o legatari, sentiti l'erede e coloro che hanno presentato le dichiarazioni di credito, può nominare un curatore con l'incarico di provvedere alla liquidazione dell'eredità secondo le norme degli articoli 499 e seguenti.

Dopo la nomina del curatore, la decadenza dal beneficio non può più essere fatta valere.

Il decreto di nomina del curatore è iscritto nel registro delle successioni, annotato a margine della trascrizione prescritta dal secondo comma dell'articolo 484, e trascritto negli uffici dei registri immobiliari dei luoghi dove si trovano gli immobili ereditari e negli uffici dove sono registrati i beni mobili.

L'erede perde l'amministrazione dei beni ed è tenuto a consegnarli al curatore. Gli atti di disposizione che l'erede compie dopo trascritto il decreto di nomina del curatore sono senza effetto rispetto ai creditori e ai legatari.

• La possibilità per i creditori di chiedere la nomina di un curatore si spiega col fatto che la decadenza dell'erede dal beneficio d'inventario potrebbe rivelarsi, laddove questi fosse gravato di debiti propri, anche dannosa per i creditori medesimi, i quali si troverebbero esposti al concorso con i creditori dell'erede.

510. Accettazione o inventario fatti da uno dei chiamati.

L'accettazione con beneficio d'inventario fatta da uno dei chiamati giova a tutti gli altri, anche se l'inventario è compiuto da un chiamato diverso da quello che ha fatto la dichiarazione.

• La disposizione riguarda i **chiamati**, non chi sia già erede: ciò comporta che la stessa non opera rispetto a chi avesse già accettato, tacitamente o espressamente. • Il beneficio si estende a coloro che non hanno ancora accettato: e se è discusso se occorrano, ai fini dell'operare dell'estensione, le formalità dell'art. 484 o risulti invece bastevole un qualsiasi atto o contegno comportante l'accettazione, è certo **che l'estensione rappresenta una sorta di *favor* automatico e non una imposizione**, nel senso che i destinatari della medesima ben potrebbero rinunciare all'eredità (la norma non implica, infatti, alcun acquisto dell'eredità per gli altri chiamati) o anche solamente al beneficio, e dunque all'operare dell'estensione stessa.

511. Spese.

Le spese dell'apposizione dei sigilli, dell'inventario e di ogni altro atto dipendente dall'accettazione con beneficio d'inventario sono a carico dell'eredità.

• Le spese possono anche assorbire totalmente l'attivo ereditario e vanno **prededotte**. • Le stesse possono riguardare anche **eventuali liti** connesse all'accettazione beneficiata (con esito favorevole o meno non importa) purché non temerarie; possono rientrare nelle spese in questione anche **eventuali compensi** legati all'operato di terzi di cui giustificatamente si avvalga l'erede, la cui opera invece rimane gratuita e il quale risponde inoltre personalmente di eventuali spese sostenute che vadano oltre la capienza dell'eredità.

Capo VI
Della separazione dei beni del defunto da quelli dell'erede

512. Oggetto della separazione.

La separazione dei beni del defunto da quelli dell'erede assicura il soddisfacimento, con i beni del defunto, dei creditori di lui e dei legatari che l'hanno esercitata, a preferenza dei creditori dell'erede.

Il diritto alla separazione spetta anche ai creditori o legatari che hanno altre garanzie sui beni del defunto.

La separazione non impedisce ai creditori e ai legatari che l'hanno esercitata, di soddisfarsi anche sui beni propri dell'erede.

• Diversamente dal beneficio d'inventario, le cui regole eventualmente prevalgono laddove l'eredità sia accettata in tal modo, la figura in oggetto, nonostante il *nomen*, **non determina una vera e propria separazione**, nel senso di rispettivo isolamento del patrimonio del defunto da quello dell'erede, ma piuttosto **una sorta di preferenza**, sul primo rispetto al secondo, del creditore separatista rispetto ai beni con riguardo ai quali si operi la separazione: talora si è accostata la figura all'idea del diritto reale di garanzia. • Oggetto della separazione possono essere l'**eredità** e, di massima, **gli elementi di cui sia composta**: beni, diritti reali limitati, crediti, somme e beni acquistati con denaro ereditario (dunque per surrogazione reale); è controverso se l'operazione possa riguardare anche i beni donati dal *de cuius* laddove oggetto di riduzione e conseguiti dai legittimari. • La separazione può essere chiesta da **creditori**, anche per crediti non liquidi o condizionati, e **legatari**, purché il legato non consti di una obbligazione personale dell'erede o non ostino altre circostanze specifiche, oltre che eventualmente dai creditori dei legatari, tramite azione surrogatoria.

513. Separazione contro i legatari di specie.

I creditori del defunto possono esercitare la separazione anche rispetto ai beni che formano oggetto di legato di specie.

• Dai creditori in questione sono **esclusi i legatari**, secondo il principio *nemo liberalis nisi liberatus*, i quali tuttavia si ritiene possano eventualmente dispiegare **opposizione** a fronte di una separazione non necessaria; i legatari di quantità invece divengono direttamente creditori dell'erede.

514. Rapporti tra creditori separatisti e non separatisti.

I creditori e i legatari che hanno esercitato la separazione hanno diritto di soddisfarsi sui beni separati a preferenza dei creditori e dei legatari che non l'hanno esercitata, quando il valore della parte di patrimonio non separata sarebbe stato sufficiente a soddisfare i creditori e i legatari non separatisti.

Fuori di questo caso, i creditori e i legatari non separatisti possono concorrere con coloro che hanno esercitato la separazione; ma, se parte del patrimonio non è stata separata, il valore di questa si aggiunge al prezzo dei beni separati per determinare quanto spetterebbe a ciascuno dei concorrenti, e quindi si considera come attribuito integralmente ai creditori e ai legatari non separatisti.

Quando la separazione è esercitata da creditori e legatari, i creditori sono preferiti ai legatari. La preferenza è anche accordata, nel caso previsto dal comma precedente, ai creditori non separatisti di fronte ai legatari separatisti.

Restano salve in ogni caso le cause di prelazione.

• La disposizione contiene una disciplina mirata a scongiurare che sui beni separati concorrano creditori che non abbiano operato la separazione, e ciò nei limiti della possibilità di soddisfazione di costoro tramite beni non separati: si vuole, in sostanza, non vanificare o comunque pregiudicare il senso e l'efficacia della separazione.

515. Cessazione della separazione.

L'erede può impedire o far cessare la separazione pagando i creditori e i legatari, e dando cauzione per il pagamento di quelli il cui diritto è sospeso da condizione o sottoposto a termine oppure è contestato.

• La regola, salva comunque anche la possibilità di una rinuncia dei separatisti che condurrebbe al medesimo esito, consente all'erede di uscire dal meccanismo della separazione, laddove si faccia **cessare l'interesse** alla stessa, e cioè estinguendo, con il pagamento o altrimenti, i crediti dei separatisti, pur occorrendo, secondo l'art. 54 disp. att., secondo comma, anche il consenso di quei creditori che, pur non separatisti, abbiano effettuato l'annotazione ivi prevista.

516. Termine per l'esercizio del diritto alla separazione.

Il diritto alla separazione deve essere esercitato entro il termine di tre mesi dall'apertura della successione.

• Il termine **decadenziale** appare particolarmente stringente, anche in quanto decorre dall'apertura della successione, e si ritiene perentorio e non prorogabile.

517. Separazione riguardo ai mobili.

Il diritto alla separazione riguardo ai mobili si esercita mediante domanda giudiziale.

La domanda si propone con ricorso al tribunale del luogo dell'aperta successione, il quale ordina l'inventario, se non è ancora fatto, e dà le disposizioni necessarie per la conservazione dei beni stessi.

Riguardo ai mobili già alienati dall'erede, il diritto alla separazione comprende soltanto il prezzo non ancora pagato.

• L'ordine del Tribunale, che determina la separazione, si ritiene debba riguardare **beni specifici**, limitatamente al valore del credito.
• Con riguardo al disposto contenuto nel terzo comma, è controverso il rapporto con la ***regola di cui all'art. 1153***: secondo una prospettazione la tutela dell'acquirente a titolo oneroso qui sarebbe più ampia (prescindendo dal possesso), secondo altra prospettazione occorrerebbe la prova della malafede dell'acquirente a legittimare il diritto alla separazione nel caso in questione.

518. Separazione riguardo agli immobili.

Riguardo agli immobili e agli altri beni capaci d'ipoteca, il diritto alla separazione si esercita mediante l'iscrizione del credito o del legato sopra ciascuno dei beni stessi. L'iscrizione si

esegue nei modi stabiliti per iscrivere le ipoteche, indicando il nome del defunto e quello dell'erede, se è conosciuto, e dichiarando che l'iscrizione stessa viene presa a titolo di separazione dei beni. Per tale iscrizione non è necessario esibire il titolo.
Le iscrizioni a titolo di separazione, anche se eseguite in tempi diversi, prendono tutte il grado della prima e prevalgono sulle trascrizioni ed iscrizioni contro l'erede o il legatario, anche se anteriori.

Alle iscrizioni a titolo di separazione sono applicabili le norme sulle ipoteche.

• La disposizione prevede una disciplina in parte **speciale** per questo tipo di iscrizione, in difformità, salvo il rinvio in chiusura, da talune regole generali in tema di ipoteca, sancendo tra l'altro una prevalenza su altre trascrizioni o iscrizioni contro l'erede o il legatario; peraltro, coordinando il disposto con l'accenno contenuto nell'art. 515 parrebbe per un verso che un vero e proprio titolo non fosse indispensabile, potendosi esercitare la separazione anche rispetto a una posizione contestata, e per altro verso che l'indicazione di importo e bene (o beni) sia demandata ad una (discutibile) libertà del creditore, salva però poi ovviamente l'applicabilità dell'art. 2872.

Capo VII
Della rinunzia all'eredità

519. Dichiarazione di rinunzia.

La rinunzia all'eredità deve farsi con dichiarazione, ricevuta da un notaio o dal cancelliere del tribunale del circondario in cui si è aperta la successione, e inserita nel registro delle successioni.

La rinunzia fatta gratuitamente a favore di tutti coloro ai quali si sarebbe devoluta la quota del rinunziante non ha effetto finché, a cura di alcuna delle parti, non siano osservate le forme indicate nel comma precedente.

• La rinunzia all'eredità, atto unilaterale, formale e non recettizio, integra in realtà un potere di **rifiuto**, dal momento che non si dismette alcun diritto, ma, salvo quanto si dirà nel prosieguo, se ne evita l'acquisto. Evidentemente, tale potere è legato alla presenza e al permanere della **delazione**, la quale viene meno laddove si sia già optato per l'accettazione o si sia perduto tale alternativo potere. • Dal **punto di vista formale**, se si ritiene inammissibile, e secondo taluni improspettabile, una rinuncia tacita (cosa diversa è invece da ritenere la perdita, ad esempio per prescrizione, del potere di accettare), e sarebbe nulla la rinunzia operata avanti un ufficiale incompetente, è invece discussa la conseguenza dell'eventuale **carenza di iscrizione** della dichiarazione nel registro delle successioni: pare corretto ritenere che non vi sia, in tal caso, nullità ma piuttosto inopponibilità ai terzi. • L'**effetto** principale e proprio della rinuncia non è quello di far cadere la delazione, ma quello della **estensione della chiamata** agli ulteriori successibili; sul punto cfr. anche art. 525; è invece controverso, proprio stante la necessità di coordinamento con l'art. 525 e con la possibilità di revoca della rinunzia ivi accordata, che il chiamato, a seguito della rinunzia, perda o meno i poteri ex art. 460. • Sono **discussi significato e portata del secondo comma**: se si delinei un impegno alla rinunzia, assunto dopo l'apertura della successione, la cui efficacia *ultra partes* sarebbe condizionata alle formalità di cui al primo comma, se si tratti di un accordo di cessione d'eredità da perfezionarsi con le formalità suddette oppure se si tratti di semplice rinunzia cui difetti l'inserimento nel registro di cui al primo comma, lacuna dunque da colmare a cura di taluna delle parti.

520. Rinunzia condizionata, a termine o parziale.

È nulla la rinunzia fatta sotto condizione o a termine o solo per parte.

• Quale ***actus legitimus***, la rinunzia, o per meglio dire il rifiuto, non tollera se non la forma pura, integrale e priva di *accidentalia negotii*.

521. Retroattività della rinunzia.

Chi rinunzia all'eredità è considerato come se non vi fosse mai stato chiamato.

Il rinunziante può tuttavia ritenere la donazione o domandare il legato a lui fatto sino alla concorrenza della porzione disponibile, salve le disposizioni degli articoli 551 e 552.

• Conformemente all'accettazione, anche la rinunzia retroagisce. • La precisazione del secondo comma chiarisce che **la rinunzia riguarda l'eredità**, non dunque il legato e neppure le donazioni: queste sarebbero soggette eventualmente ad azione di riduzione da parte dei legittimari, ma il legittimario rinunziante non verrebbe comunque considerato tale retroattivamente e la sua qualifica in tali termini rimarrebbe, dunque, anch'essa irrilevante.

522. Devoluzione nelle successioni legittime.

Nelle successioni legittime la parte di colui che rinunzia si accresce a coloro che avrebbero concorso col rinunziante, salvo il diritto di rappresentazione e salvo il disposto dell'ultimo comma dell'articolo 571. Se il rinunziante è solo, l'eredità si devolve a coloro ai quali spetterebbe nel caso che egli mancasse.

• La disposizione prevede **una sorta di accrescimento** relativo alla successione legittima, che pare avvenire di diritto senza necessità di atto specifico di accettazione, anche se tecnicamente l'incremento della quota degli altri chiamati, conseguente al venir meno della posizione del rinunziante, presenta delle difformità rispetto all'accrescimento vero e proprio, operante con riguardo alla successione testamentaria (ad esempio qui il presupposto per la *vacatio* della quota è solamente la rinunzia e la premorienza non rileverebbe in tal senso, diversamente dall'ipotesi dell'accrescimento propriamente inteso).

523. Devoluzione nelle successioni testamentarie.

Nelle successioni testamentarie, se il testatore non ha disposto una sostituzione e se non ha luogo il diritto di rappresentazione, la parte del rinunziante si accresce ai coeredi a norma dell'articolo 674, ovvero si devolve agli eredi legittimi a norma dell'articolo 677.

• Diversamente dalla disposizione precedente, qui il richiamo alla figura dell'**accrescimento** propriamente inteso è testuale e la figura rappresenta una *species* di quel *genus*. • Dal combinato disposto degli artt. 457, 522 e 523 si desume, in virtù della ritenuta unicità della delazione, che laddove il chiamato istituito per testamento sia anche successore legittimo, e laddove questi rifiuti quale chiamato testamentario, la sua quota non sia suscettibile di essergli devoluta quale successore legittimo.

524. Impugnazione della rinunzia da parte dei creditori.

Se taluno rinunzia, benché senza frode, a un'eredità con danno dei suoi creditori, questi possono farsi autorizzare ad accettare la eredità in nome e luogo del rinunziante, al solo scopo di soddisfarsi sui beni ereditari fino alla concorrenza dei loro crediti.

Il diritto dei creditori si prescrive in cinque anni dalla rinunzia.

• **Inquadramento** e **natura** della figura sono vivamente **discussi**, risultando la stessa, di massima, eccentrica sia rispetto all'ambito dell'azione revocatoria (non essendo svolta contro un atto dispositivo involgente il patrimonio effettivo del debitore, ma piuttosto contro un mancato acquisto) che, secondo alcuni, a quello dell'azione surrogatoria (l'azione infatti viene svolta *iure proprio* e, secondo una certa prospettiva, anche laddove il rinunziante abbia poi perso il diritto di accettare per prescrizione o nell'ipotesi dell'art. 525): il che ha portato taluni a ritenere l'azione **un rimedio *sui generis***, il cui effetto, che non comporta una ablazione vera e propria della rinuncia, è, come del resto chiarisce la norma, solo quello di consentire al creditore procedente di conseguire l'espropriabilità dei beni in questione, anche se nel frattempo acquistati da altri. • **Presupposti** essenziali per l'azione (esperibile da ogni singolo creditore titolare di crediti anche non liquidi o non esigibili o condizionati, nei confronti di soli debitori rinunzianti) sono **l'esistenza di una chiamata** (non sarebbe quindi ricompreso il caso del legittimario pretermesso, quantomeno anteriormente all'azione di riduzione) e di una connessa **rinunzia**, anche non fraudolenta o non attuata nella consapevolezza del danno conseguente, purché il medesimo fosse prevedibile, nel senso di una ragionevole insufficienza del patrimonio del debitore a soddisfare i creditori.

525. Revoca della rinunzia.

Fino a che il diritto di accettare l'eredità non è prescritto contro i chiamati che vi hanno rinunziato, questi possono sempre accettarla, se non è già stata acquistata da altro dei chiamati, senza pregiudizio delle ragioni acquistate da terzi sopra i beni dell'eredità.

• Come già chiarito *sub* art. 519, l'effetto principale e proprio della rinuncia non è quello di far venir meno la delazione, ma quello della **estensione della chiamata** agli ulteriori successibili: il rinunziante, dunque, rimane chiamato sino a quando l'eredità non venga accettata, o comunque acquistata, dagli altri chiamati, il che spiega la possibilità della revoca della rinunzia sino a quel momento e non oltre. • Stante quanto detto, a ben vedere la revoca della rinuncia **in realtà è una accettazione successiva ad una precedente rinuncia**, o comunque ne consegue automaticamente: se quindi da un lato non sarebbe consentita la revoca della rinunzia una volta perso, per prescrizione o altrimenti, il diritto di accettare, d'altro lato non sarebbe nemmeno possibile una revoca con riserva in ordine ad una futura possibilità di accettazione o una revoca della rinunzia tacita; il che non vale ad escludere in assoluto che l'accettazione comportante la revoca della rinuncia possa essere, quella sì, espressa o tacita.

526. Impugnazione per violenza o dolo.

La rinunzia all'eredità si può impugnare solo se è l'effetto di violenza o di dolo.

L'azione si prescrive in cinque anni dal giorno in cui è cessata la violenza o è stato scoperto il dolo.

• La disposizione presenta una **simmetria** con l'omologa disciplina prevista dall'art. 482 per l'accettazione: e sebbene qui manchi la precisazione in ordine alla esclusione della possibilità di impugnare per errore-vizio, si ritiene che la medesima valga comunque, appunto in assonanza, se non in analogia, con la disciplina prevista per l'accettazione. • L'annullamento della rinunzia comporta, di massima, che il chiamato riassuma la posizione precedente alla medesima: e dunque possa, salvo ulteriori impedimenti o vicende peculiari, ancora accettare o rinunciare; anche se non si è mancato di osservare come l'impugnazione della rinuncia potrebbe, in una certa prospettiva, anche valere quale accettazione tacita di per se stessa. • È discusso se sia impugnabile, pur per le ragioni di cui alla norma, una rinuncia rispetto alla quale sia ancora possibile la revoca *ex* art. 525, dal momento che, secondo taluni, in qualche misura mancherebbe, in tal caso, l'interesse ad agire, dal momento che il rimedio sarebbe quello ivi previsto.

527. Sottrazione di beni ereditari.

I chiamati all'eredità, che hanno sottratto o nascosto beni spettanti all'eredità stessa, decadono dalla facoltà di rinunziarvi e si considerano eredi puri e semplici, nonostante la loro rinunzia.

• Trattasi di una singolare fattispecie, nella quale da un comportamento illecito, o quantomeno valutato negativamente, viene fatta derivare, secondo una certa lettura, **una sorta di accettazione tacita**; secondo altre prospettazioni, il fenomeno non sarebbe da ricondurre al concetto di accettazione tacita ma integrerebbe **una sorta di attribuzione *ex lege***, di matrice ambiguamente sanzionatoria, conseguente al presupposto della sottrazione o dell'occultamento in discorso: con il che si è ritenuto che una volontaria restituzione dei beni sottratti od occultati impedirebbe la conseguenza prevista dalla norma. • Punti fondamentali sono la presenza di una **volontà** di impossessamento di beni ereditari, il cui movente non pare, quantomeno di massima, rilevante ai fini della valutazione della fattispecie, e un **contegno** che ne sia **espressione univoca**, tenuto dopo l'apertura della successione e finché sussista la delazione.

Capo VIII
Dell'eredità giacente

528. Nomina del curatore.

Quando il chiamato non ha accettato l'eredità e non è nel possesso di beni ereditari, il tribunale del circondario in cui si è aperta la successione, su istanza delle persone interessate o anche d'ufficio, nomina un curatore dell'eredità.

Il decreto di nomina del curatore, a cura del cancelliere, è pubblicato per estratto nel foglio degli annunzi legali della provincia e iscritto nel registro delle successioni.

• La nomina del curatore per l'eredità giacente, che segna l'inizio del relativo regime di gestione, è volta a fronteggiare, nell'interesse dell'eredità medesima, una **situazione di incertezza** in ordine all'accettazione o meno da parte del chiamato o dei chiamati oppure anche all'esistenza stessa dei medesimi (salva l'ipotesi, diversa, in cui l'identità degli eventuali chiamati sia nota, ma sia incerta solo la loro permanenza in vita, nel qual caso si ritiene operino le norme in materia di scomparsa o assenza). Proprio in quanto tale, si ritiene che la giacenza possa permanere **solamente sino all'espletamento delle attività** del curatore e **agli accertamenti** e ricerche cui egli è tenuto, dal momento che poi, se la situazione persistesse, l'eredità verrebbe conseguita dallo Stato. • Il presupposto della **mancanza di possesso** di beni ereditari in capo all'erede si spiega, usualmente, col fatto che laddove tale possesso sussistesse la situazione verrebbe di massima risolta *ex* art. 485 e comunque rileverebbero anche i poteri *ex* art. 460. • Si ritiene che la giacenza potrebbe riguardare anche **una o più quote ereditarie** e non l'eredità tutta nel suo complesso, ovviamente laddove l'incertezza effettivamente permanga (e dunque non operi, ad esempio, l'accrescimento), seppure il punto sia controverso rispetto a talune situazioni specifiche.

529. Obblighi del curatore.

Il curatore è tenuto a procedere all'inventario dell'eredità, a esercitarne e promuoverne le ragioni, a rispondere alle istanze proposte contro la medesima, ad amministrarla, a depositare presso le casse postali o presso un istituto di credito designato dal tribunale il danaro che si trova nell'eredità o si ritrae dalla vendita dei mobili o degli immobili, e, da ultimo, a rendere conto della propria amministrazione.

• Il ruolo del curatore, esercente un **ufficio di diritto privato** volto alla tutela dell'integrità dell'asse ereditario, è sostanzialmente quello di un **amministratore**, con funzioni conservative (ed eventualmente anche connessi poteri dispositivi, esercitabili però in tale ottica), più che quello di un rappresentante: è peraltro discusso se ed in che misura i suoi poteri possano andare oltre quelli *ex* art. 460. Egli è annoverabile anche tra gli **ausiliari del Giudice**, *ex* art. 68 c.p.c., e la pubblica funzione esercitata trova disciplina nel c.p.c. (artt. 781 ss.). • Il curatore è legittimato anche alla resistenza rispetto ad azioni di petizione di eredità e di massima a qualsiasi iniziativa che potrebbe pregiudicare rapporti ed elementi compresi nell'eredità giacente o esporre a responsabilità tali da compromettere il lascito.

530. Pagamento dei debiti ereditari.

Il curatore può provvedere al pagamento dei debiti ereditari e dei legati, previa autorizzazione del tribunale.

Se però alcuno dei creditori o dei legatari fa opposizione, il curatore non può procedere ad alcun pagamento, ma deve provvedere alla liquidazione dell'eredità secondo le norme degli articoli 498 e seguenti.

• L'autorizzazione in discorso va valutata caso per caso, per ciascuna posizione, e un pagamento non autorizzato si ritiene non sarebbe invalido ma piuttosto potenziale fonte di responsabilità per il curatore.

531. Inventario, amministrazione e rendimento dei conti.
Le disposizioni della sezione II del capo V di questo titolo, che riguardano l'inventario, l'amministrazione e il rendimento di conti da parte dell'erede con beneficio d'inventario, sono comuni al curatore dell'eredità giacente, esclusa la limitazione della responsabilità per colpa.

• Dal rinvio contenuto nella disposizione vanno escluse le norme che comportino la decadenza dal beneficio d'inventario, e si ritiene inapplicabile anche la norma sulla garanzia *ex* art. 492, essendo inapplicabile la limitazione *ex* art. 491; il curatore potrà comunque essere chiamato a rispondere.

532. Cessazione della curatela per accettazione dell'eredità.
Il curatore cessa dalle sue funzioni quando l'eredità è stata accettata.

• Sebbene la disposizione faccia riferimento all'accettazione, è da ritenere, per un verso, che la **cessazione** delle funzioni sia connessa a **qualunque forma di acquisto** dell'eredità (non invece ad una mera eventuale immissione nel possesso di beni) o anche al totale **venir meno** dei beni ereditari a seguito dei pagamenti effettuati; per altro verso non comporterebbero la cessazione, si ritiene, né la rinunzia all'incarico da parte del curatore né il suo decesso (nel qual caso si ritiene che gli eredi sarebbero tenuti al rendiconto). • Si discute se sia prospettabile la **prosecuzione *pro quota*** della giacenza dell'eredità laddove vi fosse un acquisto o una accettazione da parte di uno solo tra più eredi; la questione è ovviamente legata all'altra, più generale della possibilità stessa, per chi la ammetta, della giacenza *pro quota*: sul punto cfr. *sub* art. 528.

Capo IX
Della petizione di eredità

533. Nozione.
L'erede può chiedere il riconoscimento della sua qualità ereditaria contro chiunque possiede tutti o parte dei beni ereditari a titolo di erede o senza titolo alcuno, allo scopo di ottenere la restituzione dei beni medesimi.
L'azione è imprescrittibile, salvi gli effetti dell'usucapione rispetto ai singoli beni.

• L'azione, la cui **natura** è comunque **discussa**, sembra assumere non i tratti di una vera e propria azione di stato, bensì quelli di un'azione di carattere reale, a tutela dei diritti ereditari non solo sui beni ma anche con riguardo a quelli di matrice obbligatoria, specificamente prevista per l'erede **in aggiunta ai rimedi tradizionali** e più generali, differendo per alcuni tratti sia dalle azioni possessorie (qui non vi sono termini e non occorre provare lo spoglio) che da quelle petitorie (non si pone, quantomeno, la questione della *probatio diabolica*; mentre altre distinzioni, ad esempio rispetto alla rivendica, risultano più complesse e controverse): la **prova** qui è limitata alla qualità di erede e al fatto che i beni rispetto ai quali si agisce fossero compresi, a qualsiasi titolo, nell'asse del *de cuius*; quanto al lato passivo, è dibattuto se l'azione sia fruttuosamente esperibile anche verso chi possieda affermando un titolo diverso da quello ereditario (ad es. acquisto contrattuale dal *de cuius*). • L'attore deve **indicare specificamente i beni** di cui chiede la restituzione o i diritti che intenda tutelare, anche laddove agisca per ottenere l'intera eredità, e la sentenza che eventualmente ottenga fa stato tra le parti e limitatamente a ciò. • L'**imprescrittibilità** della *petitio*, azione che pure si ritiene comporti accettazione tacita, non implica ovviamente che non possano prescriversi il diritto ad accettare l'eredità o i diritti oggetto dell'azione: nel primo caso, laddove l'azione inizi decorso il termine di prescrizione, l'attore sarà onerato della prova della avvenuta accettazione, o comunque dell'acquisto della qualità di erede, prima dello spirare del termine. • Oltre, come detto, ai rimedi tradizionali, resta ferma, si ritiene, la possibilità anche di agire per il **mero accertamento** della qualità di erede.

534. Diritti dei terzi.

L'erede può agire anche contro gli aventi causa da chi possiede a titolo di erede o senza titolo.

Sono salvi i diritti acquistati, per effetto di convenzioni a titolo oneroso con l'erede apparente, dai terzi i quali provino di avere contrattato in buona fede.

La disposizione del comma precedente non si applica ai beni immobili e ai beni mobili iscritti nei pubblici registri, se l'acquisto a titolo di erede e l'acquisto dall'erede apparente non sono stati trascritti anteriormente alla trascrizione dell'acquisto da parte dell'erede o del legatario vero, o alla trascrizione della domanda giudiziale contro l'erede apparente.

• La regola di cui al primo comma estende la possibilità di petizione di eredità, di cui comunque si tratta, quanto alla **legittimazione passiva**, allargandola agli aventi causa da chi possiede a titolo d'erede o in assenza di titolo: l'azione andrà dispiegata verso costoro e non verso i danti causa. • Il secondo comma delinea una **ipotesi di acquisto *a non domino***, valevole solo rispetto all'erede o legatario; si ritiene comunque che l'acquirente potrebbe giovarsi anche dell'art. 1153, laddove sussistano i presupposti. Si consideri anche il meccanismo della pubblicità sanante *ex* artt. 2652, n. 7, e 2690, n. 4. • L'**erede apparente** rilevante ai fini della disposizione si connota non tanto per il mero o equivoco possesso di beni ereditari ma per una manifestazione esteriore oggettivamente e complessivamente idonea a suscitare il ragionevole convincimento di avere a che fare con un erede effettivo. • La **buona fede** qui rilevante differisce rispetto al richiamo contenuto nell'art. 1153 in quanto non si presume, e dunque va provata, e deve sussistere al momento del contratto: secondo talune prospettazioni, la prova della stessa dovrebbe presentare un certo particolare rigore anche rispetto alla verifica di un suo, peraltro non sempre ben definito, contenuto specifico e positivo. • È discusso se le regole in questione siano applicabili agli acquisti dal legatario apparente.

535. Possessore di beni ereditari.

Le disposizioni in materia di possesso si applicano anche al possessore di beni ereditari, per quanto riguarda la restituzione dei frutti, le spese, i miglioramenti e le addizioni.

Il possessore in buona fede, che ha alienato pure in buona fede una cosa dell'eredità, è solo obbligato a restituire all'erede il prezzo o il corrispettivo ricevuto. Se il prezzo o il corrispettivo è ancora dovuto, l'erede subentra nel diritto di conseguirlo.

È possessore in buona fede colui che ha acquistato il possesso dei beni ereditari, ritenendo per errore di essere erede. La buona fede non giova se l'errore dipende da colpa grave.

• L'articolo si riferisce specificamente, si ritiene, alla posizione del **legittimato passivo** rispetto all'azione di petizione d'eredità. • È discusso se la regola del secondo comma comporti una sorta di surrogazione reale e se l'erede possa scegliere o meno tale rimedio laddove possa ancora direttamente agire verso il terzo. • Dal secondo comma si deduce che il **possessore di mala fede** dovrà invece rispondere pienamente, anche se è controverso in che termini: se *ex* art. 948, co. 1, se *ex* art. 2038, co. 2, o se *ex* art. 2043. • Ai fini della qualificazione di possessore in **buona fede** occorre, si ritiene, il riferimento ad un titolo (qui l'essere erede, legittimo o testamentario), ma non l'esistenza oggettiva del medesimo: si parla talora di **titolo putativo**. • L'**errore** di cui al terzo comma, il cui onere probatorio grava sul possessore (in ciò una differenza rispetto all'art. 1147) può essere di fatto o di diritto; è dibattuto in che misura possa integrare colpa grave il mancato accertamento o approfondimento in ordine all'esistenza e integrità (validità ed efficacia) del titolo, dovendosi fare riferimento anche alle circostanze concrete della singola vicenda.

Capo X
Dei legittimari

Sezione I
Dei diritti riservati ai legittimari

536. Legittimari.

Le persone a favore delle quali la legge riserva una quota di eredità o altri diritti nella successione sono: il coniuge, i figli, gli ascendenti.

Ai figli sono equiparati gli adottivi.

A favore dei discendenti dei figli, i quali vengono alla successione in luogo di questi, la legge riserva gli stessi diritti che sono riservati ai figli.

• La disposizione introduce un **limite all'autonomia privata** successoria, di carattere quantitativo: sul fatto che la riserva per i legittimari non integri un vero e proprio autonomo tipo di delazione, cfr. anche *sub* art. 457. Le ragioni dei legittimari possono essere soddisfatte con beni di qualsiasi natura purché appartenenti all'asse: se occorre integrare le spettanze rese in natura, l'integrazione andrà fatta in base ai valori calcolati al momento dell'apertura della successione. • È discusso – e assai dubitabile – che il legittimario rientri, in quanto tale, concettualmente tra i chiamati alla successione, risultando la sua posizione per molti versi differente e distinta: dall'orientamento che si assuma sul tema, dipende evidentemente anche la conclusione in ordine all'applicabilità o meno dell'art. 460 (e anche di altre disposizioni, come ad es. l'art. 481). • Dibattuto è il criterio di **determinazione delle quote** di riserva in presenza della **rinunzia di uno o più legittimari** alla propria (o di rinunzia ad agire in riduzione o di inerzia sino al decorso del termine di prescrizione dell'azione). Pare opportuno **distinguere** il caso della **rinunzia alla quota** di riserva da quello della **rinunzia all'eredità**, laddove il legittimario sia anche chiamato: nel primo caso, essendo il diritto alla legittima un diritto individuale e personale ad una quota, la rinunzia alla stessa non comporterebbe per altri incremento o accrescimento alcuno della propria, rimanendo la base di calcolo quella originaria; nel secondo caso (rinunzia all'eredità) è da ritenere che il rinunziante perda retroattivamente anche il diritto alla legittima e dunque non venga neppure più computato nella base del calcolo *de quo*. • Si ritiene che la regola del terzo comma valga non solo laddove sussistano i presupposti della **rappresentazione** propriamente intesa, ma anche più ampiamente (ad es. in caso di pretermissione dell'ascendente o di presenza di una sostituzione).

537. Riserva a favore dei figli *legittimi o naturali* (1).

Salvo quanto disposto dall'articolo 542, se il genitore lascia un figlio solo, *legittimo o naturale*, (1) a questi è riservata la metà del patrimonio.

Se i figli sono più, è loro riservata la quota dei due terzi, da dividersi in parti uguali tra tutti i figli, *legittimi o naturali* (1).

I figli legittimi possono soddisfare in denaro o in beni immobili ereditari la porzione spettante ai figli naturali che non vi si oppongano. Nel caso di opposizione decide il giudice, valutate le circostanze personali e patrimoniali (2).

(1) Le parole in corsivo sono state soppresse dall'art. 71 del d.lgs. 28/12/2013, n. 154.
(2) Comma abrogato dal d.lgs. 28/12/2013, n. 154.

538. Riserva a favore degli ascendenti [legittimi] (1).

Se chi muore non lascia figli *legittimi né naturali*, ma ascendenti *legittimi*, a favore di questi è riservato un terzo del patrimonio, salvo quanto disposto dall'articolo 544 (1).

In caso di pluralità di ascendenti, la riserva è ripartita tra i medesimi secondo i criteri previsti dall'articolo 569.

(1) Le parole in corsivo sono state soppresse dall'art. 72 del d.lgs. 28/12/2013, n. 154. Ma v. art. 1[11] della l. 10/12/2012, n. 219 che in precedenza aveva disposto che «nel codice civile, le parole: "figli legittimi" e "figli naturali", ovunque ricorrono, sono sostituite dalla seguente: "figli"».

539. (1).

(1) Articolo abrogato dall'art. 175 della l. 19/5/1975, n. 151.

540. Riserva a favore del coniuge.

A favore del coniuge è riservata la metà del patrimonio dell'altro coniuge, salve le disposizioni dell'articolo 542 per il caso di concorso con i figli.

Al coniuge, anche quando concorra con altri chiamati, sono riservati i diritti di abitazione sulla casa adibita a residenza familiare e di uso sui mobili che la corredano, se di proprietà del defunto o comuni. Tali diritti gravano sulla porzione disponibile e, qualora questa non sia sufficiente, per il rimanente sulla quota di riserva del coniuge ed eventualmente sulla quota riservata ai figli.

• La norma di cui al secondo comma rappresenta una **particolare tutela** predisposta per il coniuge che all'apertura della successione risieda in una abitazione che possa per l'appunto dirsi, sulla base di un giudizio fattuale, "adibita a residenza familiare". Le relative attribuzioni configurano, secondo una diffusa tesi, dei **legati *ex lege*** o **prelegati**, riconosciuti in aggiunta alla quota di riserva; è peraltro dibattuta l'esperibilità dell'azione di riduzione rispetto a dette prerogative. • Il diritto di abitazione ed uso di cui alla norma vanno tenuti **distinti**, e potrebbero essere oggetto di separata rinunzia. • È controversa la **natura** di tali diritti, se siano cioè di natura reale o personale e conseguentemente l'applicabilità o meno degli artt. 1021 ss., tra i quali si reputa comunque di massima applicabile la norma che prevede l'incedibilità delle posizioni in discorso (art. 1024).

541. (1).

(1) Articolo abrogato dall'art. 177 della l. 19/5/1975, n. 151.

542. Concorso di coniuge e figli.

Se chi muore lascia, oltre al coniuge, un solo figlio, a quest'ultimo è riservato un terzo del patrimonio ed un altro terzo spetta al coniuge.

Quando i figli sono più di uno, ad essi è complessivamente riservata la metà del patrimonio e al coniuge spetta un quarto del patrimonio del defunto. La divisione tra tutti i figli è effettuata in parti uguali.

Si applica il terzo comma dell'articolo 537 (1).

(1) Comma abrogato dal d.lgs. 28/12/2013, n. 154.

543. (1).

(1) Articolo abrogato dall'art. 179 della l. 19/5/1975, n. 151.

544. Concorso di ascendenti [*legittimi*] (1) e coniuge.

Quando chi muore non lascia figli, ma ascendenti [*legittimi*] (1) e il coniuge, a quest'ultimo è riservata la metà del patrimonio, ed agli ascendenti un quarto.

In caso di pluralità di ascendenti, la quota di riserva ad essi attribuita ai sensi del precedente comma è ripartita tra i medesimi secondo i criteri previsti dall'articolo 569.

(1) La parola tra parentesi quadre, è stata soppressa dall'art. 74 del d.lgs. 28/12/2013, n. 154.

545.-547. (1).

(1) Articoli abrogati dall'art. 181 della l. 19/5/1975, n. 151.

548. Riserva a favore del coniuge separato.

Il coniuge cui non è stata addebitata la separazione con sentenza passata in giudicato, ai sensi del secondo comma dell'articolo 151, ha gli stessi diritti successori del coniuge non separato.

Il coniuge cui è stata addebitata la separazione con sentenza passata in giudicato ha diritto soltanto ad un assegno vitalizio se al momento dell'apertura della successione godeva degli alimenti a carico del coniuge deceduto. L'assegno è commisurato alle sostanze ereditarie e alla qualità e al numero degli eredi legittimi, e non è comunque di entità superiore a quella della prestazione alimentare goduta. La medesima disposizione si applica nel caso in cui la separazione sia stata addebitata ad entrambi i coniugi.

• Stante la regola di cui al primo comma, è da ritenere che al coniuge a cui non sia stata addebitata la separazione sia applicabile, laddove ne sussistano i presupposti, anche la tutela di cui al secondo comma dell'art. **540.** • L'assegno vitalizio è da considerare quale un **legato *ex lege***, che secondo una diffusa tesi – ma il punto è discusso – presenterebbe matrice alimentare (con tutte le conseguenze del caso, sia rispetto, ad esempio, al legame tra l' importo e lo stato di bisogno, sia nel senso dell'incedibilità e impignorabilità); sta di fatto che presupposto dell'assegno è il godimento degli alimenti al momento dell'apertura della successione. • L'assegno, per il cui ottenimento eventualmente non occorre esperire azione di riduzione ma risulta bastevole una ordinaria **azione di condanna**, va calcolato sulla base del *relictum* a cui si aggiunge il *donatum*; alla corresponsione sono **tenuti** sia gli **eredi** che i **legatari** e in *extrema ratio* anche i donatari, laddove l'importo dell'attivo (o del relativo reddito) non sia bastevole.

549. Divieto di pesi o condizioni sulla quota dei legittimari.

Il testatore non può imporre pesi o condizioni sulla quota spettante ai legittimari, salva l'applicazione delle norme contenute nel titolo IV di questo libro.

• La disposizione va riferita a imposizioni volte **volontariamente** e **deliberatamente** a gravare la legittima, le quali sono da ritenersi nulle (salva, si ritiene, la confermabilità *ex* art. 590): il che non implica che compressioni indirette della legittima non possano derivare, ad esempio, dalla presenza di legati, ma qui l'effetto sarebbe, per l'appunto, per così dire collaterale e indiretto e non principale e ricercato. • La precisazione in tema di norme relative alla **divisione** è volta a chiarire che se per un verso il testatore potrebbe impedire la medesima per un dato torno di tempo (cfr. *sub* art. 713), senza con ciò incorrere nel divieto in questione, per altro verso, integrando, come già detto, la riserva ai legittimari una limitazione dell'autonomia privata di matrice meramente quantitativa, si fa comunque salva la possibilità per il testatore di avvalersi, con una certa libertà, dei vari strumenti idonei a soddisfarla (quali ad es. l'*institutio ex re certa* oppure la divisione da questi operata, cfr. *sub* artt. 733 e 734).

550. Lascito eccedente la porzione disponibile.

Quando il testatore dispone di un usufrutto o di una rendita vitalizia il cui reddito eccede quello della porzione disponibile, i legittimari, ai quali è stata assegnata la nuda proprietà della disponibile o di parte di essa, hanno la scelta o di eseguire tale disposizione o di abbandonare la nuda proprietà della porzione disponibile. Nel secondo caso il legatario, conseguendo la disponibile abbandonata, non acquista la qualità di erede.

La stessa scelta spetta ai legittimari quando il testatore ha disposto della nuda proprietà di una parte eccedente la disponibile.

Se i legittimari sono più, occorre l'accordo di tutti perché la disposizione testamentaria abbia esecuzione.

Le stesse norme si applicano anche se dell'usufrutto, della rendita o della nuda proprietà è stato disposto con donazione.

• La disposizione è volta a consentire ai legittimari di conseguire la piena proprietà sulla quota a loro riservata, attraverso un meccanismo di scelta denominato, secondo antica ascendenza, **cautela sociniana**: ciò laddove al legittimario sia assegnata, in tutto o in parte, la nuda proprietà della porzione disponibile e vi sia tuttavia un legato di usufrutto, o più legati, aventi per oggetto o una quota del bene eccedente rispetto alla disponibile oppure un intero bene che complessivamente la ecceda. • La **scelta** integra un **negozio unilaterale** e recettizio a forma libera, esercitabile, si ritiene, entro il termine di prescrizione decennale (vale a dire pari a quello dell'azione di riduzione), anche rispetto a più usufrutti legati, da ridursi in tal caso proporzionalmente.

551. Legato in sostituzione di legittima.

Se a un legittimario è lasciato un legato in sostituzione della legittima, egli può rinunziare al legato e chiedere la legittima.

Se preferisce di conseguire il legato, perde il diritto di chiedere un supplemento, nel caso che il valore del legato sia inferiore a quello della legittima, e non acquista la qualità di erede. Questa disposizione non si applica quando il testatore ha espressamente attribuito al legittimario la facoltà di chiedere il supplemento.

Il legato in sostituzione della legittima grava sulla porzione indisponibile. Se però il valore del legato eccede quello della legittima spettante al legittimario, per l'eccedenza il legato grava sulla disponibile.

• Affinché un legato sia in sostituzione di legittima, è bastevole una **manifestazione inequivoca** nel senso della volontà di soddisfazione del legittimario a mezzo del legato medesimo, senza necessità di formule particolari né la prospettazione di quella possibilità di scelta che, si ritiene, discende automaticamente *ex lege* dalla natura dell'attribuzione, così come dalla opzione per il legato deriva automaticamente la perdita del diritto alla legittima. • Anche la **scelta** operata dal legittimario presenta forma libera, e si ritiene, quantomeno secondo una diffusa tesi, possa desumersi anche tacitamente dal comportamento concludente del medesimo, purché inequivoco. • Se il legittimario sceglie il **legato**, va computato comunque tra i legittimari al fine della determinazione delle rispettive quote, dal momento che il legato in questione grava, come precisa la disposizione, sulla porzione indisponibile. • È dibattuto se la previsione della possibilità di richiesta del **supplemento**, di cui al secondo comma, rappresenti una sorta di legato in conto di legittima o delinei piuttosto una distinta posizione assimilabile a un diritto di credito. • Il legittimario che **rinunzi** al legato in sostituzione di legittima finisce col trovarsi nella posizione del legittimario pretermesso, e dunque per far valere il suo diritto dovrà, se riterrà, avvalersi dell'azione di riduzione.

552. Donazioni e legati in conto di legittima.

Il legittimario che rinunzia all'eredità, quando non si ha rappresentazione, può sulla disponibile ritenere le donazioni o conseguire i legati a lui fatti; ma quando non vi è stata espressa dispensa dall'imputazione, se per integrare la legittima spettante agli eredi è necessario ridurre le disposizioni testamentarie o le donazioni, restano salve le assegnazioni, fatte dal testatore sulla disponibile, che non sarebbero soggette a riduzione se il legittimario accettasse l'eredità, e si riducono le donazioni e i legati fatti a quest'ultimo.

• La disposizione disciplina la possibilità di assegnazione, tramite donazioni e legati, di una sorta di **acconto** sulla legittima: ecco il perché del gravare sulla medesima, in virtù della relativa imputazione non dispensata. Si tratta, come detto, di una sorta di acconto: e infatti il legittimario può agire per un **supplemento**, laddove il valore di legati e donazioni non risulti bastevole a tacitare il suo diritto. • Se il legittimario che sia anche chiamato alla eredità vi **rinunzia**, fuoriesce retroattivamente dalla vicenda, non è più chiamato né legittimario e può ritenere legati e donazioni solamente sino alla soglia della disponibile, come peraltro qualunque soggetto non legittimario, e rimane anche esposto all'azione di riduzione eventualmente intrapresa da altri legittimari. L'esclusione del legittimario rinunziante tuttavia potrebbe, in tal caso, comportare indirettamente una riduzione della disponibile, laddove la rinunzia facesse per così dire espandere i diritti di altri legittimari: per ovviare a questo, e preservare la disponibile tutelando la volontà manifestata dal *de cuius*, è prevista la regola di cui all'ultima parte della disposizione (derogatoria rispetto ai principi generali in materia), secondo cui ad essere aggredite nell'ipotesi sarebbero, per prime, le disposizioni operate proprio verso il legittimario rinunziante.

Sezione II
Della reintegrazione della quota riservata ai legittimari

553. Riduzione delle porzioni degli eredi legittimi in concorso con legittimari.
Quando sui beni lasciati dal defunto si apre in tutto o in parte la successione legittima, nel concorso di legittimari con altri successibili, le porzioni che spetterebbero a questi ultimi si riducono proporzionalmente nei limiti in cui è necessario per integrare la quota riservata ai legittimari, i quali però devono imputare a questa, ai sensi dell'articolo 564, quanto hanno ricevuto dal defunto in virtù di donazioni o di legati.

• Si discute se la disposizione delinei una ipotesi di riduzione propriamente intesa o piuttosto comporti una **variazione** per così dire **automatica** delle quote relative alla successione legittima: nella quale ultima prospettiva non occorrerebbe azione giudiziale e non opererebbe, si ritiene, neppure il termine di prescrizione decennale previsto invece per l'azione di riduzione. • La riduzione delle quote della successione legittima opera con **precedenza** rispetto a disposizioni testamentarie e donazioni (nell'ordine, prima le disposizioni testamentarie, poi le donazioni a iniziare dall'ultima), con ciò tutelando per quanto possibile l'autonomia privata del *de cuius*.

554. Riduzione delle disposizioni testamentarie.
Le disposizioni testamentarie eccedenti la quota di cui il defunto poteva disporre sono soggette a riduzione nei limiti della quota medesima.

• Il riferimento generale alle **disposizioni** è stato variamente inteso: oltre a ricomprendersi nella norma ovviamente le disposizioni a titolo universale e particolare, secondo talune letture sarebbero da ritenere riducibili anche il sublegato e il *modus* testamentario, nel senso che la relativa disposizione andrebbe ridotta al netto dagli stessi; secondo altra prospettiva, in tali ipotesi rileverebbero semplicemente i limiti degli artt. 671 e 793, nel senso che l'onerato sarebbe tenuto all'adempimento solamente nei limiti del valore dell'attribuzione già ridotta (vale a dire, ad esempio, nella misura in cui il *modus* non ecceda il valore della disponibile ridotta). • Si dibatte se l'eventuale esecuzione volontaria di disposizioni lesive del diritto precluda l'azione di riduzione o se ciò avvenga solamente laddove la rinunzia alla stessa risulti in termini inequivoci.

555. Riduzione delle donazioni.
Le donazioni, il cui valore eccede la quota della quale il defunto poteva disporre, sono soggette a riduzione fino alla quota medesima.
Le donazioni non si riducono se non dopo esaurito il valore dei beni di cui è stato disposto per testamento.

• La **formulazione ampia** della norma ha condotto a ritenere che oggetto di riduzione siano non solo le donazioni poste in essere per contratto ma anche le fattispecie riconducibili all'art. **809** nonché le **donazioni rimuneratorie**. • Il legittimario si ritiene possa anche agire per far accertare l'eventuale **simulazione** di un atto oneroso volto a occultare una donazione dissimulata, così come il caso di simulazione assoluta dell'atto dispositivo. • La regola di cui all'ultimo comma appare **inderogabile** dal testatore, secondo alcuni anche in virtù del principio di irrevocabilità delle donazioni.

556. Determinazione della porzione disponibile.
Per determinare l'ammontare della quota di cui il defunto poteva disporre si forma una massa di tutti i beni che appartenevano al defunto al tempo della morte, detraendone i debiti. Si riuniscono quindi fittiziamente i beni di cui sia stato disposto a titolo di donazione, secondo il loro valore determinato in base alle regole dettate negli articoli 747 a 750, e sull'asse così formato si calcola la quota di cui il defunto poteva disporre.

• La disposizione delinea la cosiddetta **riunione fittizia**, una operazione di matrice contabile volta a calcolare la legittima e la disponibile: quest'ultima viene desunta, con una stima da computarsi con riferimento al tempo dell'apertura della successione, per differenza tra l'**attivo residuo** (il ***relictum***, ricomprendente tutto quanto rimanga di ciò che apparteneva al *de cuius*), depurato dei **debiti**, sommato a quanto donato in vita (il ***donatum***), e la legittima spettante ai legittimari; dalla disciplina complessiva si ricava che sia la **disponibile** che la **legittima**, legate dal rapporto di cui sopra, **variano** in rapporto ai legittimari e alle varie ipotesi di concorso. • Se i debiti esauriscono o persino superano il *relictum*, la quota di riserva andrà calcolata solo sulle eventuali donazioni, in assenza delle quali non vi sarà legittima.

557. Soggetti che possono chiedere la riduzione.

La riduzione delle donazioni e delle disposizioni lesive della porzione di legittima non può essere domandata che dai legittimari e dai loro eredi o aventi causa.

Essi non possono rinunziare a questo diritto, finché vive il donante, né con dichiarazione espressa, né prestando il loro assenso alla donazione.

I donatari e i legatari non possono chiedere la riduzione, né approfittarne. Non possono chiederla né approfittarne nemmeno i creditori del defunto, se il legittimario avente diritto alla riduzione ha accettato con il beneficio d'inventario.

• L'azione, la cui natura e le cui dinamiche teoriche di funzionamento sono peraltro tutt'ora oggetto di discussione, può essere esercitata solamente dai **legittimari** e dai loro **eredi** e **aventi causa**, nei confronti dei beneficiari della disposizione lesiva: eredi, legatari, donatari; viene talora distinta, quanto alla legittimazione passiva, l'azione di **restituzione**, da svolgersi verso chi sia nel possesso dei beni. • La **rinunzia** all'azione di riduzione va distinta dalla rinunzia all'eredità e, non richiedendo le formalità di quest'ultima, si ritiene possa desumersi anche da fatti concludenti; ad essa non sarebbero applicabili gli artt. 524 e 525, né si ritiene, anche se il punto è dibattuto, possa essere oggetto di azione revocatoria.

558. Modo di ridurre le disposizioni testamentarie.

La riduzione delle disposizioni testamentarie avviene proporzionalmente, senza distinguere tra eredi e legatari.

Se il testatore ha dichiarato che una sua disposizione deve avere effetto a preferenza delle altre, questa disposizione non si riduce, se non in quanto il valore delle altre non sia sufficiente a integrare la quota riservata ai legittimari.

• Come già evidenziato, le disposizioni testamentarie vengono ridotte in **precedenza** rispetto alle donazioni, sulle quali v. *sub* 559: il criterio proporzionale nella riduzione testamentaria è relativo alle singole attribuzioni in rapporto l'una all'altra ed è volto a **conservare**, seppure a seguito della riduzione, le **proporzioni** attributive volute dal testatore (e tali proporzioni, nonostante la riduzione, si ritiene valgano ancora quale criterio in relazione alla eventuale responsabilità per debiti ereditari). • L'eventuale **deroga** di cui al secondo comma, volta a conferire per quanto possibile, anche sotto questo profilo, rilevanza alla volontà del *de cuius*, si ritiene debba risultare espressamente e in seno al testamento, non potendo essere desunta né implicitamente né *aliunde*.

559. Modo di ridurre le donazioni.

Le donazioni si riducono cominciando dall'ultima e risalendo via via alle anteriori.

• Il **criterio**, **diverso** rispetto a quello previsto dall'art. 558 per la riduzione testamentaria, trova logico fondamento nel fatto che, ferma la precedenza della riduzione testamentaria, le **donazioni più recenti** rispetto all'apertura della successione iniziano a incidere sulla quota disponibile e solo laddove neanch'esse fossero bastevoli si procede riducendo le anteriori. • Si ritiene che il **criterio proporzionale** venga in rilievo comunque, combinato col precedente, laddove la donazione sia fatta *pro quota* a più persone oppure laddove più donazioni siano contemporanee: e in questo ultimo caso si ammette una preferenza espressa dal donante.

560. Riduzione del legato o della donazione d'immobili.

Quando oggetto del legato o della donazione da ridurre è un immobile, la riduzione si fa separando dall'immobile medesimo la parte occorrente per integrare la quota riservata, se ciò può avvenire comodamente.

Se la separazione non può farsi comodamente e il legatario o il donatario ha nell'immobile una eccedenza maggiore del quarto della porzione disponibile, l'immobile si deve lasciare per intero nell'eredità, salvo il diritto di conseguire il valore della porzione disponibile. Se l'eccedenza non supera il quarto, il legatario o il donatario può ritenere tutto l'immobile, compensando in danaro i legittimari.

Il legatario o il donatario che è legittimario può ritenere tutto l'immobile, purché il valore di esso non superi l'importo della porzione disponibile e della quota che gli spetta come legittimario.

• La disposizione è espressiva della **preferenza** per la soddisfazione del diritto in questione attraverso attribuzione di **beni in natura**. • Il secondo comma delinea una **deroga**, favorevole al legittimario, ai criteri della non comoda divisibilità *ex* art. 720: trattasi di una facoltà di chiedere l'assegnazione del bene, nelle ipotesi indicate; laddove non la si eserciti, il bene andrà venduto *ex* art. 720.

561. Restituzione degli immobili.

Gli immobili restituiti in conseguenza della riduzione sono liberi da ogni peso o ipoteca di cui il legatario o il donatario può averli gravati, salvo il disposto del n. 8 dell'articolo 2652. I pesi e le ipoteche restano efficaci se la riduzione è domandata dopo venti anni dalla trascrizione della donazione, salvo in questo caso l'obbligo del donatario di compensare in denaro i legittimari in ragione del conseguente minor valore dei beni, purché la domanda sia stata proposta entro dieci anni dall'apertura della successione. Le stesse disposizioni si applicano per i mobili iscritti in pubblici registri.

I frutti sono dovuti a decorrere dal giorno della domanda giudiziale.

• Oggetto di riforma in un non lontano passato, la disposizione, secondo alcuni indicativa, insieme all'art. 563, della matrice reale della figura, presenta talune **lacune** nella formulazione e nel coordinamento con l'art. 563 (mancata menzione degli eredi, difformità nell'onere di escussione, ecc.). • Il concetto di **peso** cui fa riferimento il disposto si ritiene vada inteso in senso ampio, ricomprensivo anche di quelli di tipo obbligatorio. • I **frutti** vanno restituiti di massima in natura, a meno che non siano consumati, nel qual caso va corrisposto il valore.

562. Insolvenza del donatario soggetto a riduzione.

Se la cosa donata è perita per causa imputabile al donatario o ai suoi aventi causa o se la restituzione della cosa donata non può essere richiesta contro l'acquirente, e il donatario è in tutto o in parte insolvente, il valore della donazione che non si può recuperare dal donatario si detrae dalla massa ereditaria, ma restano impregiudicate le ragioni di credito del legittimario e dei donatari antecedenti contro il donatario insolvente.

• Fermo che se l'oggetto della donazione perisce per causa non imputabile al donatario il bene non si calcola neppure ai fini della legittima (cfr. artt. 556 e 744), la disposizione riguarda il caso del **perimento per causa imputabile**, laddove viene in rilievo il valore della donazione che corrisponderà ad un credito verso il donatario. Ove questi sia insolvente, il valore si detrae dalla massa, con il che il rischio risulta "spalmato", salvo ovviamente il diritto di rivalsa, tra legittimari e precedenti donatari. • Si ritiene che la norma sia applicabile anche al caso di insolvenza degli **eredi** o dei **legatari** (anche se il punto è controverso, e la disposizione comunque sembra riferirsi a fatti anteriori all'apertura della successione, con le implicazioni del caso) e che possa essere adattata all'ipotesi del **deterioramento** della cosa donata.

563. Azione contro gli aventi causa dai donatari soggetti a riduzione.

Se i donatari contro i quali è stata pronunziata la riduzione hanno alienato a terzi gli immobili donati e non sono trascorsi venti anni dalla trascrizione della donazione, il legittimario, premessa l'escussione dei beni del donatario, può chiedere ai successivi acquirenti, nel modo e nell'ordine in cui si potrebbe chiederla ai donatari medesimi, la restituzione degli immobili.

L'azione per ottenere la restituzione deve proporsi secondo l'ordine di data delle alienazioni, cominciando dall'ultima. Contro i terzi acquirenti può anche essere richiesta, entro il termine di cui al primo comma, la restituzione dei beni mobili, oggetto della donazione, salvi gli effetti del possesso di buona fede.

Il terzo acquirente può liberarsi dall'obbligo di restituire in natura le cose donate pagando l'equivalente in danaro.

Salvo il disposto del numero 8) dell'articolo 2652, il decorso del termine di cui al primo comma e di quello di cui all'articolo 561, primo comma, è sospeso nei confronti del coniuge e dei parenti in linea retta del donante che abbiano notificato e trascritto, nei confronti del donatario e dei suoi aventi causa, un atto stragiudiziale di opposizione alla donazione. Il diritto dell'opponente è personale e rinunziabile. L'opposizione perde effetto se non è rinnovata prima che siano trascorsi venti anni dalla sua trascrizione.

• La disposizione, che fa riferimento agli acquirenti dei donatari e non a quelli dei beneficiari di disposizioni *mortis causa* (rispetto ai quali l'applicabilità è discussa), delinea **alcune precisazioni derogatorie** rispetto al diritto al conseguimento dei beni in natura da parte del legittimario: per un verso, esperita vittoriosamente l'azione di riduzione nei confronti del donatario, il legittimario prima deve escutere quest'ultimo e solo poi, eventualmente, gli acquirenti (partendo, in caso di più alienazioni da parte di uno stesso donatario, da quelle posteriori); per altro verso, questi ultimi possono liberarsi pagando un **equivalente** in denaro. • Non è ammessa la liberazione per equivalente da parte dell'acquirente che abbia trascritto il suo acquisto successivamente alla trascrizione della domanda di riduzione esperita verso il donatario: ipotesi, dunque, di trasferimento a titolo particolare durante un processo avente ad oggetto il diritto per il quale si controverte. • Secondo talune prospettazioni, la disposizione metterebbe a fuoco **due azioni** distinte, una di riduzione e una di restituzione, con legittimati passivi diversi (il legittimario e l'acquirente).

564. Condizioni per l'esercizio dell'azione di riduzione.

Il legittimario che non ha accettato l'eredità col beneficio d'inventario non può chiedere la riduzione delle donazioni e dei legati salvo che le donazioni e i legati siano stati fatti a persone chiamate come coeredi, ancorché abbiano rinunziato all'eredità. Questa disposizione non si applica all'erede che ha accettato col beneficio d'inventario e che ne è decaduto.

In ogni caso il legittimario, che domanda la riduzione di donazioni o di disposizioni testamentarie, deve imputare alla sua porzione legittima le donazioni e i legati a lui fatti, salvo che ne sia stato espressamente dispensato.

Il legittimario che succede per rappresentazione deve anche imputare le donazioni e i legati fatti, senza espressa dispensa, al suo ascendente.

La dispensa non ha effetto a danno dei donatari anteriori.

Ogni cosa che, secondo le regole contenute nel capo II del titolo IV di questo libro, è esente da collazione, è pure esente da imputazione.

• La disposizione, nella sua prima parte, appare volta a **tutelare i legittimari** da decrementi (sottrazioni, occultamenti, ecc.) più o meno strumentali di beni ereditari, volti a far risultare, o quantomeno apparire, un attivo residuo minore di quello effettivo; secondo altre prospettazioni, il regime troverebbe ragione anche nella **responsabilità illimitata** di chi accetti senza beneficio d'inventario. Se dunque è vero che la regola del primo comma non si applica a chi dal beneficio sia decaduto, secondo talune tesi l'azione sarebbe comunque preclusa laddove la decadenza dipendesse da vizi nell'inventario (es. artt. 485 o 494): si può concludere, di massima, che per l'esperimento dell'azione occorra la redazione dell'inventario, in omaggio alla *ratio* segnalata, *supra*, quale principale. • La condizione dell'accettazione beneficiata non riguarda ovviamente il legittimario integralmente pretermesso (neppure se donatario), dal quale non sarebbe peraltro neppure esigibile, in quanto non chiamato: a tale condizione si tende ad equiparare, seppure il punto sia stato dibattuto, quella del legittimario chiamato su base di successione legittima ad una eredità "inesistente" laddove il *de cuius* abbia disposto integralmente in vita a mezzo di donazioni. • Chi agisce in riduzione è onerato dell'indicazione precisa dei termini e dell'entità della lesione, così come del valore della lesione medesima e dell'eredità. • La dispensa dall'imputazione, che deve essere espressa, chiaramente risultante dalla donazione medesima o da altro apposito avente la stessa forma della donazione o, ancora, da un testamento, presenta per il legittimario, in sostanza, il vantaggio di poter agire in riduzione verso altre liberalità (pur non anteriori alla propria) conservando quella a lui diretta.

Titolo II
DELLE SUCCESSIONI LEGITTIME

565. Categorie dei successibili.

Nella successione legittima l'eredità si devolve al coniuge, ai discendenti, agli ascendenti, ai collaterali, agli altri parenti e allo Stato, nell'ordine e secondo le regole stabilite nel presente titolo.

• Il **presupposto** della vocazione legittima, che va provata documentalmente dal chiamato o dai chiamati attraverso atti dello stato civile o comunque documentazione attestante il legame di parentela, è la mancanza o l'inoperatività, in tutto o in parte, della vocazione testamentaria universale. • Sul **rapporto** tra successione testamentaria e legittima e sull'eventuale concorso di più delazioni cfr. anche *sub* art. 457.

Capo I
Della successione dei parenti

566. Successione dei figli.

Al padre ed alla madre succedono i figli, in parti uguali.

567. Successione dei figli adottivi.

Ai figli sono equiparati gli adottivi.

I figli adottivi sono estranei alla successione dei parenti dell'adottante.

• Una lettura della disposizione coordinata con quella dell'art. 74 impone, già a seguito della l. n. 184/1983 di riforma dell'adozione (che riconosce all'adottato lo *status* del figlio nato nel matrimonio), di ritenere la regola di cui al **secondo comma** applicabile solo all'adozione del maggiore d'età di cui agli artt. 291 ss., oltre che a casi particolari previsti nella legge di riforma. • L'eventuale **revoca** dell'adozione, nei casi in cui questa sia possibile, non si ripercuote sulla posizione successoria dell'adottato, mentre invece l'adottato è escluso se la revoca avvenga per fatto a lui imputabile (cfr. artt. 306 ss.).

568. Successione dei genitori.

A colui che muore senza lasciare prole, né fratelli o sorelle o loro discendenti, succedono il padre e la madre in eguali porzioni, o il genitore che sopravvive.

569. Successione degli ascendenti.

A colui che muore senza lasciare prole, né genitori, né fratelli o sorelle o loro discendenti, succedono per una metà gli ascendenti della linea paterna e per l'altra metà gli ascendenti della linea materna.

Se però gli ascendenti non sono di eguale grado, l'eredità è devoluta al più vicino senza distinzione di linea.

570. Successione dei fratelli e delle sorelle.

A colui che muore senza lasciare prole, né genitori, né altri ascendenti, succedono i fratelli e le sorelle in parti uguali.

I fratelli e le sorelle unilaterali conseguono però la metà della quota che conseguono i germani.

571. Concorso di genitori o ascendenti con fratelli e sorelle.

Se coi genitori o con uno soltanto di essi concorrono fratelli e sorelle germani del defunto, tutti sono ammessi alla successione del medesimo per capi, purché in nessun caso la quota, in cui succedono i genitori o uno di essi, sia minore della metà.

Se vi sono fratelli e sorelle unilaterali, ciascuno di essi consegue la metà della quota che consegue ciascuno dei germani o dei genitori, salva in ogni caso la quota della metà in favore di questi ultimi.

Se entrambi i genitori non possono o non vogliono venire alla successione e vi sono ulteriori ascendenti, a questi ultimi si devolve, nel modo determinato dall'articolo 569, la quota che sarebbe spettata a uno dei genitori in mancanza dell'altro.

572. Successione di altri parenti.

Se alcuno muore senza lasciare prole, né genitori, né altri ascendenti, né fratelli o sorelle o loro discendenti, la successione si apre a favore del parente o dei parenti prossimi, senza distinzione di linea.

La successione non ha luogo tra i parenti oltre il sesto grado.

573. Successione dei figli nati fuori del matrimonio.

Le disposizioni relative alla successione dei figli nati fuori del matrimonio si applicano quando la filiazione è stata riconosciuta o giudizialmente dichiarata, salvo quanto è disposto dall'articolo 580.

574.-576. (1).

(1) Articoli abrogati *ex* art. 187 della l. 19/5/1975, n. 151.

577. (1).

(1) Articolo dichiarato incostituzionale con sent. n. 79/1969.

578.-579. (1).

(1) Articoli abrogati dal d.lgs. 28/12/2013, n. 154.

580. Diritti dei figli nati fuori del matrimonio non riconoscibili.

Ai figli nati fuori del matrimonio aventi diritto al mantenimento, all'istruzione e alla educazione, a norma dell'articolo 279, spetta un assegno vitalizio pari all'ammontare della rendita della quota di eredità alla quale avrebbero diritto, se la filiazione fosse stata dichiarata o riconosciuta.

I figli nati fuori del matrimonio hanno diritto di ottenere su loro richiesta la capitalizzazione dell'assegno loro spettante a norma del comma precedente, in denaro, ovvero, a scelta degli eredi legittimi, in beni ereditari.

• La disposizione riguarda i **figli non riconoscibili**: il trattamento si differenzia rispetto ai figli riconosciuti, nati entro o fuori dal matrimonio, per i quali la legge attribuisce armonica pienezza dei diritti successori. • La categoria dei figli non riconoscibili pare essere, oramai, a seguito degli interventi normativi di riforma, assai **ridotta**: cfr. sul punto *sub* art. 250. • L'attribuzione di cui alla norma si ritiene presenti natura di **legato *ex lege*** e non natura alimentare: essa dunque, alla quale sono tenuti gli eredi legittimi (se vi è testamento viene in rilievo l'art. 594) e il cui valore è rapportato a quello dell'eredità calcolato al momento della apertura della successione, momento dal quale è dovuta, prescinde dallo stato di bisogno e non è impignorabile né incedibile. • Un raffronto con l'art. 594, e la dicitura "vitalizio", portano a risolvere in senso negativo la pur dibattuta questione relativa al fatto se la norma riguardi solamente i minorenni: è invece da ritenere concerna **anche i maggiorenni**; mentre è controverso se all'assegno possa avere accesso il figlio che potrebbe anche ottenere il riconoscimento (o la dichiarazione giudiziale).

Capo II
Della successione del coniuge

581. Concorso del coniuge con i figli.

Quando con il coniuge concorrono figli, il coniuge ha diritto alla metà dell'eredità, se alla successione concorre un solo figlio, e ad un terzo negli altri casi.

• Sebbene il punto sia stato oggetto di articolate discussioni, si ritiene applicabile anche al coniuge che succeda quale erede legittimo il disposto dell'art. 540 relativo ai diritti di abitazione ed uso; al coniuge erede legittimo, dunque, spetterebbe anche (in aggiunta rispetto a quanto previsto dalla norma in commento) tale prelegato *ex lege*. Sul punto cfr. anche *sub* art. 540.

582. Concorso del coniuge con ascendenti, fratelli e sorelle.

Al coniuge sono devoluti i due terzi dell'eredità se egli concorre con ascendenti o con fratelli e sorelle anche se unilaterali, ovvero con gli uni e con gli altri. In quest'ultimo caso la parte residua è devoluta agli ascendenti, ai fratelli e alle sorelle, secondo le disposizioni dell'articolo 571, salvo in ogni caso agli ascendenti il diritto a un quarto dell'eredità.

583. Successione del solo coniuge.

In mancanza di figli, di ascendenti, di fratelli o sorelle, al coniuge si devolve tutta l'eredità.

584. Successione del coniuge putativo.

Quando il matrimonio è stato dichiarato nullo dopo la morte di uno dei coniugi, al coniuge superstite di buona fede spetta la quota attribuita al coniuge dalle disposizioni che precedono. Si applica altresì la disposizione del secondo comma dell'articolo 540.

Egli è però escluso dalla successione, quando la persona della cui eredità si tratta è legata da valido matrimonio al momento della morte.

• Stante la formulazione del primo comma, non succederebbe il coniuge in discorso laddove intervenisse un **giudicato** di nullità del matrimonio **prima** dell'apertura della successione del *de cuius*. È necessario, peraltro, **coordinare** la disposizione con l'art. 128, laddove, a nostro avviso, talune perplessità possono sorgere, sotto lo specifico aspetto della norma qui in commento, in merito al limite degli effetti entro il passaggio in giudicato della sentenza di nullità. • Qualora il giudicato **sopravvenga** dopo la morte del *de cuius* e l'eredità sia stata percepita dal coniuge in malafede, si è ritenuto che questi possa rivestire la posizione dell'**erede apparente**. • La regola di cui al secondo comma disciplina una **specifica ipotesi** di **bigamia**, quella in cui al *de cuius* che abbia contratto un secondo matrimonio nella vigenza del primo, sopravviva il primo coniuge: in tal caso quest'ultimo coniuge esclude l'altro (più controverse sono altre ipotesi, quale ad esempio laddove venga in rilievo un caso di morte presunta e applicabilità dell'art. 68).

585. Successione del coniuge separato.

Il coniuge cui non è stata addebitata la separazione con sentenza passata in giudicato ha gli stessi diritti successori del coniuge non separato.

Nel caso in cui al coniuge sia stata addebitata la separazione con sentenza passata in giudicato, si applicano le disposizioni del secondo comma dell'articolo 548.

• Fermo il fatto che la regola del secondo comma trova il suo perimetro e il suo ambito specifico nel quadro della successione legittima e dunque il coniuge cui sia stata addebitata la separazione ben potrebbe comunque, ad esempio, essere istituito per **testamento** (senza collegamento alcuno con i concetti di indegnità o connessa riabilitazione), è invece dibattuta la **base di calcolo** dell'assegno. È comunque diffusa l'opinione, peraltro non del tutto armonica, a ben guardare, con i principi in tema di successione legittima, secondo cui il computo andrà operato secondo le regole dell'art. 548, stante tra l'altro il richiamo testuale: con conseguente coinvolgimento del *donatum* ed eventuale obbligo anche dei donatari.

Capo III
Della successione dello Stato

586. Acquisto dei beni da parte dello Stato.
In mancanza di altri successibili, l'eredità è devoluta allo Stato. L'acquisto si opera di diritto senza bisogno di accettazione e non può farsi luogo a rinunzia.
Lo Stato non risponde dei debiti ereditari e dei legati oltre il valore dei beni acquistati.

• Il senso della previsione appare quello di una soluzione operante quale ***extrema ratio*** volta ad evitare che l'eredità rimanga *res nullius* vacante, senza titolarità in capo a nessuno dei diritti e obblighi connessi. • Sebbene natura e caratteri del fenomeno siano stati oggetto di viva discussione, si afferma che la posizione dello Stato sia quella di un erede che acquisterebbe in chiave derivativa sulla base di un **titolo autonomo**, a sé, avulso, per così dire, dalla gerarchia successoria se non nel senso che l'acquisto scatta solamente in mancanza di successibili. • L'acquisto da parte dello Stato avviene all'apertura della successione, laddove proprio manchino i successibili, oppure in un momento successivo, laddove, ad esempio, i chiamati rinunzino: si tratterebbe, qui, di una sorta di nuova delazione, una volta venuta meno la precedente. • L'automatismo previsto dalla disposizione va inteso nei limiti della vocazione in questione, cioè di quella legittima: laddove, ad esempio, il lascito allo Stato trovasse la sua fonte nella vocazione testamentaria, varrebbero le relative regole e non quelle della disposizione in commento (salva la possibilità, peraltro discussa, che la disposizione venga comunque in rilievo laddove lo Stato, rinunziante rispetto alla chiamata testamentaria, venga in rilievo rispetto alla delazione legittima). Per altro verso, dalla logica dell'automatismo si fa discendere pure la tesi secondo cui lo Stato potrebbe conseguire il lascito anche trascorso più di un decennio dall'apertura della successione.

Titolo III
DELLE SUCCESSIONI TESTAMENTARIE

Capo I
Disposizioni generali

587. Testamento.
Il testamento è un atto revocabile con il quale taluno dispone, per il tempo in cui avrà cessato di vivere, di tutte le proprie sostanze o di parte di esse.
Le disposizioni di carattere non patrimoniale, che la legge consente siano contenute in un testamento, hanno efficacia, se contenute in un atto che ha la forma del testamento, anche se manchino disposizioni di carattere patrimoniale.

• La nozione di testamento consegnata all'art. 587 si sofferma sulla **funzione traslativa** dell'atto di ultima volontà. Ad esso, infatti, è riservato il **monopolio della successione volontaria** (a titolo universale e particolare) per causa di morte, come si ricava sia dall'art. 457, il quale, in alternativa al testamento, indica unicamente la legge come fonte di delazione ereditaria, sia dall'art. 458, che vieta i contratti con cui si istituisce l'erede o si designa il legatario, nonché quelli che dispongono dell'eredità o ne contemplino la rinuncia (c.d. patti successorî). • Si discute se il testamento sia un **atto di natura negoziale**, dato che la sua funzione consisterebbe nell'individuare il successore del disponente, funzione che, in sua assenza, sarebbe comunque svolta dalla legge. • Il testamento presenta alcune caratteristiche inderogabili che ne contraddistinguono la struttura: esso è un atto **unilaterale** (non recettizio), **(uni)personale** e, come suol dirsi, **personalissimo**, nel senso che la pianificazione successoria deve essere riferibile ad un solo soggetto e (arg. *ex* art. 589), al contempo, che la sua confezione non può avvenire tramite rappresentante; è **revocabile**, in quanto, secondo la relativa funzione, le intenzioni espresse dal testatore ne costituiscono in effetti le ultime volontà, potendo egli modificarle *usque ad extremum exitum vitae*; è **patrimoniale**, dato che le disposizioni traslative (istituzione di erede e legato) e quelle obbligatorie (legati da cui sorgono obbligazioni in capo all'erede verso il beneficiario oppure oneri che riducono il vantaggio in cui consiste l'attribuzione) sono suscettibili di valutazione economica e, per questo motivo, sono revocabili senza limiti; è **formale**, poiché deve essere stilato rispettando le specifiche forme previste dal legislatore. • A questo proposito, la distinzione tra **testamento in senso formale e testamento in senso sostanziale** si comprende considerando il secondo comma della previsione in esame, il quale consente che la forma testamentaria possa contenere **disposizioni a carattere non patrimoniale** (come l'istituzione di un ente fondazionale, *ex* art. 14, co. 2, o il riconoscimento del figlio, *ex* art. 254), le quali, in coerenza alle specifiche previsioni che le contemplano, producono effetti pur se costituiscono l'unico contenuto dell'atto. Esse, peraltro, dato che non integrano strumenti di disposizione delle relative sostanze per il tempo in cui l'autore avrà cessato di vivere, non sono revocabili con l'ampiezza delle disposizioni patrimoniali.

588. Disposizioni a titolo universale e a titolo particolare.

Le disposizioni testamentarie, qualunque sia l'espressione o la denominazione usata dal testatore, sono a titolo universale e attribuiscono la qualità di erede, se comprendono l'universalità o una quota dei beni del testatore. Le altre disposizioni sono a titolo particolare e attribuiscono la qualità di legatario.

L'indicazione di beni determinati o di un complesso di beni non esclude che la disposizione sia a titolo universale, quando risulta che il testatore ha inteso assegnare quei beni come quota del patrimonio.

• Il contenuto patrimoniale del testamento si articola in disposizioni a titolo universale (ossia **istituzioni di erede**) e in disposizioni a titolo particolare (ossia i **legati**). • L'attribuzione della qualità di erede, indipendentemente dal *nomen iuris* a cui è ricorso il testatore, è identificata dal riferimento all'**universalità** (*Esempio:* "lascio tutto quanto mi appartiene") o a una **quota** (*Esempio:* "lascio un terzo delle mie sostanze") dei beni (*rectius*, del patrimonio) del *de cuius*. Il legato, per contro, si definisce in negativo, non concernendo l'intero patrimonio o una parte di esso, bensì **singoli cespiti** che sono devoluti al legatario. • Là dove il disponente si riferisca a beni determinati o ad un loro complesso, ciò non esclude che in tal modo egli abbia voluto disporre di una quota delle proprie sostanze a titolo di eredità, se indici testuali o extratestuali possano confermare o rivelare una siffatta volontà. L'***institutio ex re certa*** che così si viene a determinare produce i suoi effetti in termini di **acquisto dell'eredità** (richiedendo l'accettazione) e di **responsabilità per debiti** (dato che l'erede, il quale non abbia accettato con beneficio d'inventario, risponde del passivo ereditario *ultra vires hereditatis* e, pertanto, con il proprio patrimonio personale).

589. Testamento congiuntivo o reciproco.

Non si può fare testamento da due o più persone nel medesimo atto, né a vantaggio di un terzo, né con disposizione reciproca.

• Il testamento è atto unipersonale. Al fine di escludere qualunque **condizionamento esterno** nella formazione della volontà testamentaria, è sancito il **divieto di pianificare congiuntamente** la sorte delle sostanze di ciascun disponente, sia a vantaggio di un terzo (così, ad esempio, infrange tale divieto, ed è pertanto nullo, un testamento del seguente tipo: "Noi, Tizio e Caia, con il presente atto lasciamo l'intero nostro patrimonio a Sempronio") sia con **disposizione reciproca** (essendo allora nullo anche un testamento in cui Tizio e Caia si nominano eredi a seconda di chi di dei due sopravvivrà all'altro o all'altra). Differentemente, se nel medesimo documento si rinvengono due singoli testamenti, ciascuno attribuibile ad un unico disponente, questi sono senz'altro validi (trattandosi in tal caso, di **testamento contestuale o simultaneo**, e non di testamento congiuntivo).

590. Conferma ed esecuzione volontaria di disposizioni testamentarie nulle.
La nullità della disposizione testamentaria, da qualunque causa dipenda, non può essere fatta valere da chi, conoscendo la causa della nullità, ha, dopo la morte del testatore, confermato la disposizione o dato ad essa volontaria esecuzione.

• Una particolare causa di esclusione dell'azione di nullità per le disposizioni testamentarie si ha nei confronti di coloro (eredi legittimi o testamentarî, oppure legatarî) che, pur essendo a conoscenza del fatto da cui dipende il difetto (ad esempio, nel caso di un testamento non olografo ma sottoscritto), hanno espresso un **intento confermativo** (tramite un atto giuridico in senso stretto, essendo la relativa efficacia predisposta dal legislatore) ovvero hanno **volontariamente eseguito** la disposizione nulla. Non si tratta di una sanatoria della nullità ma di una forma di **efficacia relativa dell'atto** che, per i soggetti diversi dai confermanti (espressi o taciti), permane comunque nullo e può essere dichiarato tale su loro impulso, purché sussista un interesse in tal senso. *Ratio* della disposizione, oltre al divieto di *venire contra factum proprium*, è anche l'irripetibilità del testamento, che la legge tenderebbe a conservare quando ciò non confligga con esigenze superiori.

Capo II
Della capacità di disporre per testamento

591. Casi d'incapacità.
Possono disporre per testamento tutti coloro che non sono stati dichiarati incapaci dalla legge.
Sono incapaci di testare:
1) coloro che non hanno compiuto la maggiore età;
2) gli interdetti per infermità di mente;
3) quelli che, sebbene non interdetti, si provi essere stati, per qualsiasi causa, anche transitoria, incapaci di intendere o di volere nel momento in cui fecero testamento.
Nei casi d'incapacità preveduti dal presente articolo il testamento può essere impugnato da chiunque vi ha interesse. L'azione si prescrive nel termine di cinque anni dal giorno in cui è stata data esecuzione alle disposizioni testamentarie.

• La capacità di testare è connessa alla capacità di agire e alla capacità naturale: con riferimento alla prima, il soggetto è incapace solo là dove **minore di età** o **interdetto giudiziale** (mentre sia il minore emancipato sia l'inabilitato sono capaci in tal senso). • Deve ritenersi capace di testare anche il beneficiario dell'amministrazione di sostegno, salvo che il decreto giudiziale escluda specificamente tale capacità, dato che essa non può attribuirsi all'amministratore. Vige, difatti, il principio in base al quale **l'incapacità è eccezionale** e le relative disposizioni sono soggette a interpretazione restrittiva. • Quanto all'**incapacità di intendere e di volere**, essa, per escludere la testamentifazione attiva, deve ricorrere al momento in cui l'atto è compiuto e avere un'intensità tale da esigere, se abituale, il ricorso all'interdizione (giacché, come si è detto, l'inabilitato è capace di testare pur essendo in ipotesi affetto da vizio di mente non grave). Coerentemente alla regola generale in materia di atti compiuti dagli incapaci, il testamento da essi redatto è **annullabile** tramite impugnazione proposta da chiunque vi abbia interesse (c.d. annullabilità assoluta); in questa ipotesi, l'azione si prescrive nel consueto **termine quinquennale**, che decorre dal giorno in cui le disposizioni testamentarie sono state eseguite.

Capo III
Della capacità di ricevere per testamento

592. (1).

(1) Articolo dichiarato costituzionalmente illegittimo con sent. n. 205/1970.

593. (1).

(1) Articolo abrogato dall'art. 194 della l. 19/5/1975, n. 151.

594. Assegno ai figli nati fuori del matrimonio non riconoscibili.

Gli eredi, i legatari e i donatari sono tenuti, in proporzione a quanto hanno ricevuto, a corrispondere ai figli nati fuori dal matrimonio di cui all'articolo 279 un assegno vitalizio nei limiti stabiliti dall'articolo 580, se il genitore non ha disposto per donazione o testamento in favore dei figli medesimi. Se il genitore ha disposto in loro favore, essi possono rinunziare alla disposizione e chiedere l'assegno.

• Gli aventi causa a titolo gratuito *inter vivos* e *iure successionis* dal testatore hanno l'obbligo, in misura proporzionale all'arricchimento conseguito, di corrispondere un **assegno vitalizio** ai figli nati fuori dal matrimonio **non riconoscibili** (in quanto nati da un rapporto incestuoso, senza che vi sia stata l'autorizzazione giudiziale al riconoscimento *ex* art. 251), quando essi abbiano agito per il mantenimento, se minorenni, o per gli alimenti qualora versino in stato di bisogno, se maggiorenni e sia loro venuto meno il diritto al mantenimento *ex* art. 315-*bis*. Il diritto a tale ammontare, pari alla **rendita della quota ereditaria** che avrebbero potuto pretendere se la filiazione fosse stata riconosciuta, sorge peraltro solo là dove il genitore non abbia disposto, per donazione o per testamento, a favore dei figli non riconoscibili; quando, invece, essi siano stati contemplati tra gli eredi, i legatarî o i donatarî, hanno il diritto di conseguire comunque l'assegno rinunciando alla disposizione in loro favore.

595. (1).

(1) Articolo abrogato dall'art. 196 della l. 19/5/1975, n. 151.

596. Incapacità del tutore e del protutore.

Sono nulle le disposizioni testamentarie della persona sottoposta a tutela in favore del tutore, se fatte dopo la nomina di questo e prima che sia approvato il conto o sia estinta l'azione per il rendimento del conto medesimo, quantunque il testatore sia morto dopo l'approvazione. Questa norma si applica anche al protutore, se il testamento è fatto nel tempo in cui egli sostituiva il tutore.

Sono però valide le disposizioni fatte in favore del tutore o del protutore che è ascendente, discendente, fratello, sorella o coniuge del testatore.

• Al fine di tutelare la libertà del testatore da **condizionamenti connessi a particolari rapporti** è sancita la nullità delle disposizioni testamentarie fatte a favore del **tutore** (o del **protutore**, se il testamento è fatto nel tempo in cui egli sostituiva il tutore), successivamente alla relativa nomina e prima dell'approvazione del conto o dell'estinzione dell'azione volta al rendimento del suddetto conto, anche se il testatore sia morto dopo l'approvazione del medesimo. • Quando, peraltro, il tutore o il protutore sono **parenti in linea retta, fratelli o sorelle ovvero coniugi** del testatore, le disposizioni sono valide, giacché in tal caso il vincolo familiare prevale sulla *ratio* di tutela da indebite influenze; inoltre, anche **il curatore dell'inabilitato o quello del minore emancipato** sono senz'altro capaci di succedere, in quanto essi assistono (e non sostituiscono) l'incapace.

597. Incapacità del notaio, dei testimoni e dell'interprete.

Sono nulle le disposizioni a favore del notaio o di altro ufficiale che ha ricevuto il testamento pubblico, ovvero a favore di alcuno dei testimoni o dell'interprete intervenuti al testamento medesimo.

• La *ratio* di tutela da indebiti condizionamenti ricorre anche per le disposizioni a favore dei soggetti intervenuti nella stesura e ricezione del testamento pubblico, anch'esse affette da nullità.

598. Incapacità di chi ha scritto o ricevuto il testamento segreto.

Sono nulle le disposizioni a favore della persona che ha scritto il testamento segreto, salvo che siano approvate di mano dello stesso testatore o nell'atto della consegna. Sono pure nulle le disposizioni a favore del notaio a cui il testamento segreto è stato consegnato in plico non sigillato.

• Per tutelare la libertà del testatore sono nulle le disposizioni a favore di **chi ha redatto il testamento segreto**, se queste non sono state approvate dal testatore in via olografa ovvero nell'atto della consegna, nonché quelle a favore del **notaio** che abbia ricevuto il testamento segreto in plico non sigillato (poiché, altrimenti, resterebbe frustrato il principio di terzietà ed imparzialità della funzione notarile, in virtù del quale il notaio non può ricevere atti che sappia contenere disposizioni a suo favore e, inoltre, poiché il relativo contenuto sarebbe in astratto alterabile).

599. Persone interposte.
Le disposizioni testamentarie a vantaggio delle persone incapaci indicate dagli articoli 592, 593, 595, 596, 597 e 598 sono nulle anche se fatte sotto nome d'interposta persona.
Sono reputate persone interposte il padre, la madre, i discendenti e il coniuge della persona incapace, anche se chiamati congiuntamente con l'incapace.

• Per scongiurare **frodi alla legge mediante interposizione di persona**, sia reale (l'interposto riceve effettivamente il lascito che trasferisce all'incapace) sia fittizia (l'interposto non consegue il lascito che è effettivamente acquistato in via diretta e *iure successionis* dall'incapace), è sancita la nullità delle disposizioni a vantaggio degli incapaci indicati negli artt. 596, 597 e 598 (essendo venuto meno per dichiarazione di incostituzionalità o per abrogazione il riferimento agli artt. 592, 593 e 595) se fatte a nome di interposta persona. Si presumono interposti *iuris et de iure* **i genitori, i discendenti e il coniuge dell'incapace**, pur se con lui congiuntamente chiamati; può essere invece provato che **persone diverse** da quelle di cui si presume in via assoluta l'interposizione siano state effettivamente interposte dal testatore, con conseguente nullità delle disposizioni a loro favore.

600. (1).

(1) Articolo abrogato dall'art. 13 della l. 15/5/1997, n. 127.

Capo IV
Della forma dei testamenti

Sezione I
Dei testamenti ordinari

601. Forme.
Le forme ordinarie di testamento sono il testamento olografo e il testamento per atto di notaio.
Il testamento per atto di notaio è pubblico o segreto.

• Il testamento è un **atto formale.** • In base al **principio di equipollenza delle forme testamentarie**, gli effetti successorî si producono a prescindere da quale tra esse venga scelta dal disponente. • Poiché la legge ha optato per la libertà di espressione del testatore, questa, in accordo con le sue esigenze, può declinarsi in via ordinaria (salve, pertanto, le forme speciali): *i*) redigendo un testamento olografo, ossia un atto che il *de cuius* stila senza l'assistenza di un tecnico il quale ne accerti la **corrispondenza alle previsioni legali** e ne assicuri la **conservazione** fino al momento in cui sarà aperta la successione; oppure *ii*) optando per l'ausilio di un pubblico ufficiale, segnatamente il notaio, che possa ricevere le disposizioni *mortis causa* svolgendo entrambe le summenzionate funzioni (testamento pubblico) o provvedendo esclusivamente alla custodia del documento, di cui non conosce il contenuto (testamento segreto).

602. Testamento olografo.
Il testamento olografo deve essere scritto per intero, datato e sottoscritto di mano del testatore.
La sottoscrizione deve essere posta alla fine delle disposizioni. Se anche non è fatta indican-

do nome e cognome, è tuttavia valida quando designa con certezza la persona del testatore.

La data deve contenere l'indicazione del giorno, mese e anno. La prova della non verità della data è ammessa soltanto quando si tratta di giudicare della capacità del testatore, della priorità di data tra più testamenti o di altra questione da decidersi in base al tempo del testamento.

• Il testamento olografo è la forma testamentaria maggiormente semplificata e di più facile accessibilità. • Oltre alla **redazione di proprio pugno** dell'intero documento, il testatore deve apporvi la **data** in cui ha formato l'atto e la **sottoscrizione**, mediante la quale fa proprie le dichiarazioni di volontà ivi espresse (il che richiede, perché tutte gli siano ascritte, che la firma si collochi **in calce** ad esse). • Pertanto, l'olografo non è valido nel caso di **redazione con mezzi meccanici**, ovvero qualora sia assente la sottoscrizione (pur se l'atto è stato scritto per intero dal disponente); quando quest'ultima è collocata **a margine**, le clausole ad essa allineate o superiori si intendono volute dal *de cuius*, mentre le inferiori non possono essergli imputate. • Anche l'uso di pseudonimi o di segni grafici non indicanti il nome e cognome integra la valida sottoscrizione, se ciò consente di identificare con certezza l'autore. • Con riguardo alla data, la specificazione del giorno, mese e anno non necessariamente deve essere fatta mediante informazioni numeriche o ricorrendo alla denominazione dei mesi; è sufficiente, infatti, che essa possa ricavarsi in modo inequivoco dai dati ai quali il testatore ha inteso riferirsi (ad esempio, là dove si afferma che l'atto è stato redatto il **giorno in cui cade un preciso evento** agevolmente collocabile nel tempo). • Il legislatore, al fine di evitare speciose contestazioni in merito, ha circoscritto la possibilità di provare che la data non sia veridica a tre tassative ipotesi: *i*) quando sia contestata la **capacità** del testatore al momento dell'atto; *ii*) quando si debba determinare la **successione nel tempo di più testamenti**, giacché il più recente revoca quelli precedenti; *iii*) con previsione residuale, quando venga in rilievo **altra questione da decidersi in base al tempo del testamento** (come, ad esempio, in relazione alla revoca del legato *ex* art. 686, il fatto che la trasformazione radicale della cosa che ne è oggetto sia avvenuta dopo il testamento, così facendone venir meno gli effetti, ovvero prima, il che consente di dichiarare valida ed efficace la disposizione, ai sensi dell'art. 625, co. 2).

603. Testamento pubblico.

Il testamento pubblico è ricevuto dal notaio in presenza di due testimoni.

Il testatore, in presenza dei testimoni, dichiara al notaio la sua volontà, la quale è ridotta in iscritto a cura del notaio stesso. Questi dà lettura del testamento al testatore in presenza dei testimoni. Di ciascuna di tali formalità è fatta menzione nel testamento.

Il testamento deve indicare il luogo, la data del ricevimento e l'ora della sottoscrizione, ed essere sottoscritto dal testatore, dai testimoni e dal notaio. Se il testatore non può sottoscrivere, o può farlo solo con grave difficoltà, deve dichiararne la causa e il notaio deve menzionare questa dichiarazione prima della lettura dell'atto.

Per il testamento del muto, sordo o sordomuto si osservano le norme stabilite dalla legge notarile per gli atti pubblici di queste persone. Qualora il testatore sia incapace anche di leggere, devono intervenire quattro testimoni.

• Il testamento pubblico richiede, oltre alla ricezione dal notaio, la presenza di **due testimoni** (quattro se il testatore sia muto o sordo e non sappia o non possa leggere), innanzi ai quali il disponente dichiara la sua volontà che viene **riportata per iscritto** dallo stesso notaio, il quale successivamente **dà lettura dell'atto** innanzi ai presenti. • Oltre alla menzione delle formalità di stesura, il documento deve indicare il **luogo** in cui l'atto è stato formato, la **data** del medesimo e l'**ora** nella quale è stato sottoscritto dal testatore, nonché dal notaio e dai testimoni. Nel caso di inabilità o grave difficoltà nella sottoscrizione per il disponente, il notaio ne riceve la dichiarazione attestante la causa dell'impedimento, menzionandola prima di leggere l'atto. • Nel caso di testamento del **muto** o del **sordo** (non essendo più attuale l'indicazione circa il sordomuto), si fa rinvio alla l. 16/2/1913, n. 89 (c.d. **legge notarile**), la quale dispone in merito completando la disciplina codicistica dell'atto testamentario in forma pubblica. • Il complesso di formalità indicate per il testamento pubblico dà conto dell'esigenza di assicurare la riferibilità dell'atto e dei suoi contenuti al disponente facendone **piena prova**, fornendo così certezza alla relativa pianificazione successoria.

604. Testamento segreto.

Il testamento segreto può essere scritto dal testatore o da un terzo. Se è scritto dal testatore deve essere sottoscritto da lui alla fine delle disposizioni; se è scritto in tutto o in parte da altri, o se è scritto con mezzi meccanici, deve portare la sottoscrizione del testatore anche in ciascun mezzo foglio, unito o separato.

Il testatore che sa leggere ma non sa scrivere, o che non ha potuto apporre la sottoscrizione quando faceva scrivere le proprie disposizioni, deve altresì dichiarare al notaio, che riceve il testamento, di averlo letto ed aggiungere la causa che gli ha impedito di sottoscriverlo: di ciò si fa menzione nell'atto di ricevimento.

Chi non sa o non può leggere non può fare testamento segreto.

• La redazione del testamento segreto, precluso a chi non sappia o non possa leggere, può avvenire *i*) ad opera del testatore, che sottoscrive in calce; *ii*) ad opera di un terzo in tutto o in parte; *iii*) mediante mezzi meccanici. Nelle due ultime ipotesi la sottoscrizione del testatore, oltre ad essere apposta alla fine delle disposizioni, va inserita in ogni mezzo foglio, unito o separato che sia, in modo da comprovarne la **consapevolezza e volontà di ciascuna disposizione**. Quando il disponente, pur sapendo leggere, sia incapace di scrivere, ovvero non abbia potuto sottoscrivere il testo redatto da terzi, egli deve attestare innanzi al notaio che riceve il testamento segreto di averlo letto ed esplicitare la circostanza che gli ha impedito di sottoscriverlo (dichiarazioni che vengono poi menzionate nel verbale di ricevimento stilato dallo stesso notaio). Tali formalità mirano ad **evitare contestazioni** circa la riferibilità del testamento segreto a chi se ne dichiara autore innanzi al pubblico ufficiale che lo prende in consegna.

605. Formalità del testamento segreto.

La carta su cui sono stese le disposizioni o quella che serve da involto deve essere sigillata con impronta, in guisa che il testamento non si possa aprire né estrarre senza rottura o alterazione.

Il testatore, in presenza di due testimoni, consegna personalmente al notaio la carta così sigillata, o la fa sigillare nel modo sopra indicato in presenza del notaio e dei testimoni, e dichiara che in questa carta è contenuto il suo testamento. Il testatore, se è muto o sordomuto, deve scrivere tale dichiarazione in presenza dei testimoni e deve pure dichiarare per iscritto di aver letto il testamento, se questo è stato scritto da altri.

Sulla carta in cui dal testatore è scritto o involto il testamento, o su un ulteriore involto predisposto dal notaio e da lui debitamente sigillato, si scrive l'atto di ricevimento nel quale si indicano il fatto della consegna e la dichiarazione del testatore, il numero e l'impronta dei sigilli, e l'assistenza dei testimoni a tutte le formalità.

L'atto deve essere sottoscritto dal testatore, dai testimoni e dal notaio.

Se il testatore non può, per qualunque impedimento, sottoscrivere l'atto della consegna, si osserva quel che è stabilito circa il testamento per atto pubblico. Tutto ciò deve essere fatto di seguito e senza passare ad altri atti.

• La norma in esame prevede un serie di requisiti e adempimenti inderogabili che hanno lo scopo di **prevenire qualsiasi dubbio** circa l'identità del documento consegnato al notaio rispetto a quello redatto o sottoscritto dal disponente. Essi possono raggrupparsi in tre ordini di formalità: *i*) il primo, volto ad accertare **l'integrità del documento** (da qui la necessità del sigillo mediante impronta apposto dal testatore o effettuato da terzi in presenza del notaio; *ii*) il secondo, che mira a comprovare **la consapevolezza del disponente** circa i contenuti dell'atto, secondo le diverse capacità del medesimo (si hanno quindi le dichiarazioni su quanto contiene la carta consegnata o, nel caso di testatore muto o sordo il cui testamento sia stato redatto da altri, sull'averne letto il testo); *iii*) il terzo, con il quale si certifica e descrive **la consegna al notaio** (che si risolve nel verbale di ricevimento, sottoscritto dagli intervenuti). • Per evitare alterazioni o lacune procedimentali, è espressamente prescritta **la scansione temporale** delle operazioni innanzi al pubblico ufficiale, il che gli preclude la contemporanea formazione di ulteriori atti.

606. Nullità del testamento per difetto di forma.

Il testamento è nullo quando manca l'autografia o la sottoscrizione nel caso di testamento olografo, ovvero manca la redazione per iscritto, da parte del notaio, delle dichiarazioni del testatore o la sottoscrizione dell'uno o dell'altro, nel caso di testamento per atto di notaio.

Per ogni altro difetto di forma il testamento può essere annullato su istanza di chiunque vi ha interesse. L'azione di annullamento si prescrive nel termine di cinque anni dal giorno in cui è stata data esecuzione alle disposizioni testamentarie.

• Le nullità formali del testamento sono tassativamente indicate dalla norma in esame che, per il testamento olografo, ne indica le cause nell'**assenza di autografia o di sottoscrizione** (pertanto, è nullo il testamento autografo non sottoscritto ovvero il testamento non autografo ma sottoscritto; deve ritenersi per contro **inesistente** il testamento redatto con mezzi meccanici o da un terzo senza sottoscrizione del supposto autore, il che impedisce la conferma delle relative disposizioni *ex* art. 590). • Quanto ai testamenti pubblico e segreto, sono cause di nullità **l'omessa riduzione in iscritto** delle dichiarazioni del testatore da parte del notaio e l'assenza di sottoscrizione del disponente o del pubblico ufficiale. • Gli ulteriori difetti di forma (la data assente o incompleta nel testamento olografo, ovvero l'assenza della sottoscrizione da parte dei testimoni nel testamento pubblico o segreto) implicano l'**annullabilità assoluta** del testamento, con azione che si prescrive in cinque anni dall'esecuzione delle disposizioni testamentarie.

607. Validità del testamento segreto come olografo.

Il testamento segreto, che manca di qualche requisito suo proprio, ha effetto come testamento olografo, qualora di questo abbia i requisiti.

• Un'ipotesi di **conversione formale** del testamento nullo o annullabile in testamento valido si ha nel caso di testamento segreto, il quale, se è privo di taluni requisiti proprî, produce gli effetti dell'olografo quando, invece, sia ad esso conforme (quindi, ad esempio, il testamento segreto nullo per assenza di sottoscrizione da parte del notaio dell'atto di ricevimento si converte in olografo se il documento è scritto di pugno dal disponente, datato e sottoscritto). In tal modo si contemperano le esigenze assicurate dalle formalità imposte per legge con la **natura irripetibile del negozio testamentario**.

608. Ritiro di testamento segreto od olografo.

Il testamento segreto e il testamento olografo che è stato depositato possono dal testatore essere ritirati in ogni tempo dalle mani del notaio presso il quale si trovano.

A cura del notaio si redige verbale della restituzione; il verbale è sottoscritto dal testatore, da due testimoni e dal notaio; se il testatore non può sottoscrivere, se ne fa menzione.

Quando il testamento è depositato in un pubblico archivio, il verbale è redatto dall'archivista e sottoscritto dal testatore, dai testimoni e dall'archivista medesimo.

Della restituzione del testamento si prende nota in margine o in calce all'atto di consegna o di deposito.

• Il **ritiro** del testamento segreto consegnato al notaio e dell'olografo depositato dal testatore può effettuarsi in ogni tempo, secondo talune modalità che diano **certezza dell'avvenuta restituzione** (il cui verbale è sottoscritto dal testatore, dai testimoni e dal notaio, oltre a darsene menzione in calce o a margine dell'atto di consegna o di deposito), sia presso il pubblico ufficiale, sia presso il pubblico archivio in cui essi eventualmente si trovino. In tale ipotesi il ritiro dell'olografo non vale come revoca del medesimo, che pertanto è idoneo a produrre i relativi effetti se non revocato nei casi e secondo i modi previsti dal codice; quanto al testamento segreto, il suo ritiro vale come revoca, a meno che esso non abbia i requisiti dell'olografo, di cui presenta così l'efficacia.

Sezione II
Dei testamenti speciali

609. Malattie contagiose, calamità pubbliche o infortuni.
Quando il testatore non può valersi delle forme ordinarie, perché si trova in luogo dove domina una malattia reputata contagiosa, o per causa di pubblica calamità o d'infortunio, il testamento è valido se ricevuto da un notaio, dal giudice di pace del luogo, dal sindaco o da chi ne fa le veci, o da un ministro di culto, in presenza di due testimoni di età non inferiore a sedici anni.
Il testamento è redatto e sottoscritto da chi lo riceve; è sottoscritto anche dal testatore e dai testimoni. Se il testatore o i testimoni non possono sottoscrivere, se ne indica la causa.

• Nella presente sezione sono disciplinate le **speciali modalità** con cui il testamento deve essere redatto là dove il disponente non possa avvalersi delle forme ordinarie, sia per le particolari circostanze ambientali (malattia reputata contagiosa, pubblica calamità o infortunio), sia per la situazione logistica (testamento a bordo di nave o di aeromobile), sia, infine, per la condizione personale e la funzione svolta da chi ha interesse a redigerli (militari al séguito di forze armate in tempo di guerra o che si trovano fuori della Repubblica o in luoghi ove siano interrotte le comunicazioni). • In tali casi, oltre al notaio, sono abilitati a ricevere il testamento **soggetti che esercitano cómpiti di rilevanza pubblica** o ad essi assimilati, ovvero quanti sono collocati in una **posizione apicale** nelle gerarchie alle quali i testatori fanno riferimento o appartengono. In queste ipotesi il testamento ha un'efficacia provvisoria che perde trascorsi **tre mesi** dal momento in cui è possibile fare ricorso alle forme ordinarie. • Pur se le procedure risultano decisamente semplificate, in coerenza con la peculiare situazione in cui versa il disponente, tuttavia risultano inderogabili talune formalità, come la **redazione per iscritto** di quanto il testatore ha dichiarato, nonché la **sottoscrizione** del testatore e della persona che lo ha ricevuto; là dove i testimoni (in assenza dei quali si applica l'art. 606, co. 2) e lo stesso disponente non possano sottoscrivere l'atto, deve essere indicata la causa che impedisce tale adempimento.

610. Termine di efficacia.
Il testamento ricevuto nel modo indicato dall'articolo precedente perde la sua efficacia tre mesi dopo la cessazione della causa che ha impedito al testatore di valersi delle forme ordinarie.
Se il testatore muore nell'intervallo, il testamento deve essere depositato, appena è possibile, nell'archivio notarile del luogo in cui è stato ricevuto.

611. Testamento a bordo di nave.
Durante il viaggio per mare il testamento può essere ricevuto a bordo della nave dal comandante di essa.
Il testamento del comandante può essere ricevuto da colui che lo segue immediatamente in ordine di servizio.

612. Forme.
Il testamento indicato dall'articolo precedente è redatto in doppio originale alla presenza di due testimoni e deve essere sottoscritto dal testatore, dalla persona che lo ha ricevuto e dai testimoni; se il testatore o i testimoni non possono sottoscrivere, si deve indicare il motivo che ha impedito la sottoscrizione.
Il testamento è conservato tra i documenti di bordo ed è annotato sul giornale di bordo ovvero sul giornale nautico e sul ruolo d'equipaggio.

613. Consegna.
Se la nave approda a un porto estero in cui vi sia un'autorità consolare, il comandante è tenuto a consegnare all'autorità medesima uno degli originali del testamento e una copia dell'annotazione fatta sul giornale di bordo ovvero sul giornale nautico e sul ruolo di equipaggio.
Al ritorno della nave nella Repubblica i due originali del testamento o quello non depositato durante il viaggio, devono essere consegnati all'autorità marittima locale insieme con la copia della predetta annotazione.

Della consegna si rilascia dichiarazione, di cui si fa cenno in margine all'annotazione sopraindicata.

614. Verbale di consegna.

L'autorità marittima o consolare locale deve redigere verbale della consegna del testamento e trasmettere il verbale e gli atti ricevuti al Ministero della marina o al Ministero delle comunicazioni secondo che il testamento sia stato ricevuto a bordo di una nave della marina militare o di una nave della marina mercantile. Il Ministero ordina il deposito di uno degli originali nel suo archivio, e trasmette l'altro all'archivio notarile del luogo del domicilio o dell'ultima residenza del testatore.

615. Termine di efficacia.

Il testamento fatto durante il viaggio per mare, nella forma stabilita dagli articoli 611 e seguenti, perde la sua efficacia tre mesi dopo lo sbarco del testatore in un luogo dove è possibile fare testamento nelle forme ordinarie.

616. Testamento a bordo di aeromobile.

Al testamento fatto a bordo di un aeromobile durante il viaggio si applicano le disposizioni degli articoli 611 a 615.

Il testamento è ricevuto dal comandante, in presenza di uno o, quando è possibile, di due testimoni.

Le attribuzioni delle autorità marittime a norma degli articoli 613 e 614 spettano alle autorità aeronautiche.

Il testamento è annotato sul giornale di rotta.

617. Testamento dei militari e assimilati.

Il testamento dei militari e delle persone al seguito delle forze armate dello Stato può essere ricevuto da un ufficiale o da un cappellano militare o da un ufficiale della Croce rossa, in presenza di due testimoni; esso deve essere sottoscritto dal testatore, dalla persona che lo ha ricevuto e dai testimoni. Se il testatore o i testimoni non possono sottoscrivere, si deve indicare il motivo che ha impedito la sottoscrizione.

Il testamento deve essere al più presto trasmesso al quartiere generale e da questo al Ministero competente, che ne ordina il deposito nell'archivio notarile del luogo del domicilio o dell'ultima residenza del testatore.

618. Casi e termini d'efficacia.

Nella forma speciale stabilita dall'articolo precedente possono testare soltanto coloro i quali, appartenendo a corpi o servizi mobilitati o comunque impegnati in guerra, si trovano in zona di operazioni belliche o sono prigionieri presso il nemico, e coloro che sono acquartierati o di presidio fuori della Repubblica o in luoghi dove siano interrotte le comunicazioni.

Il testamento perde la sua efficacia tre mesi dopo il ritorno del testatore in un luogo dove è possibile far testamento nelle forme ordinarie.

619. Nullità.

I testamenti previsti in questa sezione sono nulli quando manca la redazione in iscritto della dichiarazione del testatore ovvero la sottoscrizione della persona autorizzata a riceverla o del testatore.

Per gli altri difetti di forma si osserva il disposto del secondo comma dell'articolo 606.

Sezione III

Della pubblicazione dei testamenti olografi e dei testamenti segreti

620. Pubblicazione del testamento olografo.

Chiunque è in possesso di un testamento olografo deve presentarlo a un notaio per la pubblicazione, appena ha notizia della morte del testatore.

Chiunque crede di avervi interesse può chiedere, con ricorso al tribunale del circondario in cui si è aperta la successione, che sia fissato un termine per la presentazione.

Il notaio procede alla pubblicazione del testamento in presenza di due testimoni, redigendo nella forma degli atti pubblici un verbale nel quale descrive lo stato del testamento, ne riproduce il contenuto e fa menzione della sua apertura, se è stato presentato chiuso con sigillo. Il verbale è sottoscritto dalla persona che presenta il testamento, dai testimoni e dal notaio. Ad esso sono uniti la carta in cui è scritto il testamento, vidimata in ciascun mezzo foglio dal notaio e dai testimoni, e l'estratto dell'atto di morte del testatore o copia del provvedimento che ordina l'apertura degli atti di ultima volontà dell'assente o della sentenza che dichiara la morte presunta.

Nel caso in cui il testamento è stato depositato dal testatore presso un notaio, la pubblicazione è eseguita dal notaio depositario.

Avvenuta la pubblicazione, il testamento olografo ha esecuzione.

Per giustificati motivi, su istanza di chiunque vi ha interesse, il tribunale può disporre che periodi o frasi di carattere non patrimoniale siano cancellati dal testamento e omessi nelle copie che fossero richieste, salvo che l'autorità giudiziaria ordini il rilascio di copia integrale.

• Il testamento olografo, che, una volta redatto, resta nella disponibilità del testatore o della persona alla quale questi lo abbia affidato, all'apertura della successione deve essere **pubblicato**. Pertanto, chi ne sia in possesso deve presentarlo ad un notaio appena abbia avuto notizia della morte del testatore oppure se a ciò sia stato sollecitato tramite provvedimento giudiziale, su impulso di chiunque vi abbia interesse. Là dove, invece, sia depositario dell'atto lo stesso notaio, sarà lui che provvederà alla pubblicazione. • Questa avviene con modalità di cui si dà conto in un **verbale redatto nella forma pubblica**, in presenza di due testimoni, ove si descrive lo stato del testamento e l'apertura del medesimo, se è stato presentato chiuso con sigillo; successivamente, se ne riporta il contenuto e si appongono al verbale le sottoscrizioni del notaio, del presentatore e dei testimoni. In allegato al verbale si acclude il documento testamentario, vidimato in ogni pagina (mezzo foglio) dal notaio e dai testimoni, nonché l'attestazione di apertura della successione (estratto dell'atto di morte, copia del provvedimento di apertura del testamento in caso di assenza ovvero sentenza dichiarativa della morte presunta). In presenza di motivi giustificati (classica è l'ipotesi di **ingiuria verso i designati o i terzi** contenuta nel testamento), si può ordinare la **cancellazione giudiziale** di frasi o periodi aventi natura non patrimoniale, ovvero la loro omissione nelle copie richieste (salva, in tal caso, l'integrale riproduzione disposta dal tribunale).

621. Pubblicazione del testamento segreto.

Il testamento segreto deve essere aperto e pubblicato dal notaio appena gli perviene la notizia della morte del testatore. Chiunque crede di avervi interesse può chiedere, con ricorso al tribunale del circondario in cui si è aperta la successione, che sia fissato un termine per l'apertura e la pubblicazione.

Si applicano le disposizioni del terzo comma dell'articolo 620.

• Con le medesime modalità previste per la pubblicazione dell'olografo, il notaio deve procedere alla pubblicazione del testamento segreto appena giunge a conoscenza della morte del testatore, ovvero quando l'apertura e la pubblicazione gli siano ordinate, entro un termine fissato su impulso di chiunque vi abbia interesse, dal **tribunale.**

622. Comunicazione dei testamenti alla pretura.

Il notaio deve trasmettere alla cancelleria del tribunale, nella cui giurisdizione si è aperta la successione, copia in carta libera dei verbali previsti dagli articoli 620 e 621 e del testamento pubblico.

• Il notaio, in veste di pubblico ufficiale, deve procedere alla **comunicazione** del testamento pubblico, nonché dei verbali di pubblicazione dei testamenti olografo e segreto, alla cancelleria del tribunale nella cui giurisdizione si è aperta la successione (da notare come la rubrica del presente articolo risulti obsoleta a séguito della soppressione delle preture).

623. Comunicazioni agli eredi e legatari.

Il notaio che ha ricevuto un testamento pubblico, appena gli è nota la morte del testatore, o, nel caso di testamento olografo o segreto, dopo la pubblicazione, comunica l'esistenza del testamento agli eredi e legatari di cui conosce il domicilio o la residenza.

• Al fine di consentire ai designati una **tempestiva conoscenza** del contenuto del testamento, il notaio che abbia contezza dei relativi domicili o residenze deve comunicare loro l'esistenza del testamento pubblico, nel momento in cui apprende della morte del testatore, e di quelli olografo e segreto, dopo averne effettuato la pubblicazione.

Capo V
Dell'istituzione di erede e dei legati

Sezione I
Disposizioni generali

624. Violenza, dolo, errore.

La disposizione testamentaria può essere impugnata da chiunque vi abbia interesse quando è l'effetto di errore, di violenza, o di dolo.

L'errore sul motivo, sia esso di fatto o di diritto, è causa di annullamento della disposizione testamentaria, quando il motivo risulta dal testamento ed è il solo che ha determinato il testatore a disporre.

L'azione si prescrive in cinque anni dal giorno in cui si è avuta notizia della violenza, del dolo o dell'errore.

• I vizî della volontà testamentaria, la cui nozione deriva in via sistematica dalle norme ad essi dedicate nella parte generale del contratto (artt. 1427-1440), danno luogo ad un'impugnazione per **annullabilità assoluta della disposizione** che ne costituisce l'effetto. • **L'errore sul motivo** (che, ad esempio, può essere *di fatto* quando il testatore si determina ad un lascito poiché ritiene che il designato lo abbia beneficato in vita, ovvero *di diritto*, là dove il *de cuius* si sia rappresentato la doverosità della designazione, in virtù di una falsa conoscenza della disciplina a tutela dei legittimarî) è causa di annullamento della disposizione testamentaria se: *i*) **risulta dal testamento**, ossia dal tenore dell'atto si ricava in modo inequivoco, in base a quanto descritto dal disponente, che questi ha erroneamente indirizzato la propria volizione supponendo dati fattuali o giuridici risultati falsi; *ii*) costituisce **l'unica causale** che ha indotto il testatore a disporre (ciò che deve anch'esso risultare dall'atto, non potendo darsene prova col ricorso in via esclusiva a circostanze estrinseche). • Come di consueto per le azioni di annullamento, il termine di prescrizione è **quinquennale**, con decorrenza dal giorno in cui chi ha interesse alla caducazione del lascito (eredi legittimi, o sostituti) è giunto a conoscenza dei vizî, dato che senza tale conoscenza sarebbe impossibile agire in giudizio facendoli valere.

625. Erronea indicazione dell'erede o del legatario o della cosa che forma oggetto della disposizione.

Se la persona dell'erede o del legatario è stata erroneamente indicata, la disposizione ha effetto, quando dal contesto del testamento o altrimenti risulta in modo non equivoco quale persona il testatore voleva nominare.

La disposizione ha effetto anche quando la cosa che forma oggetto della disposizione è stata erroneamente indicata o descritta, ma è certo a quale cosa il testatore intendeva riferirsi.

• L'**errore ostativo** nel testamento (sia sul designato, sia sull'oggetto del lascito) non dà luogo ad impugnazione (*falsa demonstratio non nocet*), ma può essere corretto, quando si ricava dal **contesto dell'atto** o da **circostanze estrinseche** la persona o la cosa a cui il testatore intendeva riferirsi. Se, per contro, tale indagine non sia proficua e la volontà del testatore permanga dubbia, la disposizione è **nulla**. La previsione in commento, la quale secondo alcuni ha natura di norma interpretativa, mira in realtà a **correggere** un testamento che restituisce una volontà diversa da quella effettiva di chi lo ha redatto, rendendolo coerente a quest'ultima.

626. Motivo illecito.

Il motivo illecito rende nulla la disposizione testamentaria, quando risulta dal testamento ed è il solo che ha determinato il testatore a disporre.

• La disposizione circoscrive gli effetti negativi del **motivo illecito** (per la cui nozione deve ricorrersi in via sistematica, oltre che all'art. 634, al combinato disposto degli artt. 1343 e 1345, relativi al contratto in generale): esso non influisce sul testamento a meno che, risultando dall'atto, non costituisca **l'unica circostanza** che ha indotto il testatore a disporre. • La regola qui descritta (replicata anche per il *modus* testamentario dall'art. 647, co. 3) deve poi combinarsi con la disciplina della **condizione illecita** *ex* art. 634, la quale, essendo nient'altro se non una particolare configurazione del motivo che, per sua natura, già si ricava dall'atto, rende nulla la disposizione solo qualora se ne dimostri l'esclusiva efficacia determinante della volontà testamentaria.

627. Disposizione fiduciaria.

Non è ammessa azione in giudizio per accertare che le disposizioni fatte a favore di persona dichiarata nel testamento sono soltanto apparenti e che in realtà riguardano altra persona, anche se espressioni del testamento possono indicare o far presumere che si tratta di persona interposta.

Tuttavia la persona dichiarata nel testamento, se ha spontaneamente eseguito la disposizione fiduciaria trasferendo i beni alla persona voluta dal testatore, non può agire per la ripetizione, salvo che sia un incapace.

Le disposizioni di questo articolo non si applicano al caso in cui l'istituzione o il legato sono impugnati come fatti per interposta persona a favore d'incapaci a ricevere.

• L'art. 627 costituisce l'unica previsione del codice in cui si menziona la c.d. **fiducia**. In questo caso la fiducia consiste nel lascito a favore di un soggetto con il patto che questi debba ritrasferire ad altri quanto ricevuto (interposizione reale), ovvero nell'attribuzione diretta all'effettivo designato mediante un atto non testamentario, laddove, invece, il testamento indichi un diverso destinatario della disposizione (interposizione fittizia). A tale schema **non viene concessa tutela giuridica**, per cui chi è nominato erede o legatario risulta tale a tutti gli effetti, mentre chi pretende di esserlo non ha azione nei suoi confronti per ottenere quanto ritiene che gli spetti. • L'accordo tra il *de cuius* e l'interposto, sebbene non vincolante, costituisce comunque **fonte di un dovere morale** per quest'ultimo, sicché se la disposizione fiduciaria è **spontaneamente eseguita** dal soggetto incaricato, questi non può agire per ripetere i beni trasferiti alla persona voluta dal testatore, a meno che egli non sia un incapace (analogamente a quanto previsto dall'ipotesi "generale" di cui all'art. 2034). • La fiducia testamentaria, peraltro, non può eludere il **divieto di istituire soggetti incapaci di ricevere anche per interposta persona** *ex* art. 599: pertanto, la spontanea esecuzione dell'incarico non vale a sanare la nullità dell'attribuzione a chi è incapace ai sensi degli artt. 596, 597 e 598.

628. Disposizione a favore di persona incerta.

È nulla ogni disposizione fatta a favore di persona che sia indicata in modo da non poter essere determinata.

• L'esigenza di **certezza della disposizione testamentaria** postula la determinabilità del suo destinatario. Quando, allora, non sia dato individuare la persona dell'erede o del legatario (*Esempio:* "lascio il mio patrimonio a Tizio", quando vi sono varî soggetti con tale nome nella cerchia di conoscenze del testatore), ovvero del beneficiario del *modus* (*Esempio:* "il mio erede dovrà concedere gratuitamente il terreno *y* a chi ne avrà bisogno", dato che l'indicazione del bisogno non consente di determinare in modo inequivoco chi trae vantaggio dall'onere), la volontà testamentaria non è idonea a indirizzare l'attribuzione, che sarà quindi demandata alla **successione legittima**. • L'impossibilità di accertare l'effettiva volontà del testatore non può essere superata mediante la ricostruzione di una **volontà ipotetica** ad opera dell'interprete, poiché in tal caso si legittimerebbe l'integrazione della lacuna col ricorso a fonti diverse dalla intenzione del disponente.

629. Disposizioni a favore dell'anima.

Le disposizioni a favore dell'anima sono valide qualora siano determinati i beni o possa essere determinata la somma da impiegarsi a tale fine.

Esse si considerano come un onere a carico dell'erede o del legatario, e si applica l'articolo 648.

Il testatore può designare una persona che curi l'esecuzione della disposizione, anche nel caso in cui manchi un interessato a richiedere l'adempimento.

• Quando il testatore destina un complesso di beni all'esecuzione di **atti di culto o di suffragio per l'anima propria o di terzi**, le relative disposizioni sono valide se i suddetti beni siano determinati ovvero se dal testamento possa ricavarsi l'ammontare delle risorse strumentali a questo scopo. In tal caso, saranno gli eredi o i legatarî ad adempiere l'obbligazione per l'anima, la quale ha **natura modale**, come si ricava dal rinvio all'art. 648, il quale prevede, oltre alla possibilità che per l'adempimento possa agire chiunque vi abbia interesse, anche la caducazione del lascito in caso di mancata attuazione delle volontà del **de cuius** (ciò quando la risoluzione è stata prevista dal testatore ovvero quando la cura dell'anima costituisca il solo motivo dell'attribuzione). • In previsione della possibilità che nessun interessato si attivi, nel testamento può essere determinata **la persona che provveda a fare eseguire la disposizione** (trattandosi, allora, di un esecutore testamentario *ad hoc*). • Dalla norma in commento, alcune opinioni ricavano, fondatamente, la **natura autonoma del *modus*** rispetto alla istituzione di erede o al legato; il testamento, pertanto, potrebbe contenere esclusivamente disposizioni a favore dell'anima (o altre previsioni modali), al cui adempimento saranno allora tenuti gli eredi legittimi.

630. Disposizioni a favore dei poveri.

Le disposizioni a favore dei poveri e altre simili, espresse genericamente, senza che si determini l'uso o il pubblico istituto a cui beneficio sono fatte, s'intendono fatte in favore dei poveri del luogo in cui il testatore aveva il domicilio al tempo della sua morte, e i beni sono devoluti all'ente comunale di assistenza.

La precedente disposizione si applica anche quando la persona incaricata dal testatore di determinare l'uso o il pubblico istituto non può o non vuole accettare l'incarico.

• Là dove l'attribuzione testamentaria sia genericamente indirizzata a favore dei **poveri** (ossia, senza determinazione dell'uso delle risorse o del pubblico istituto al quale attribuirne la titolarità), pur essendo indeterminato il soggetto beneficiario la disposizione non è nulla (*ex* art. 628) ma viene integrata dal legislatore che individua come destinatarî del lascito gli indigenti del luogo in cui il testatore aveva il domicilio al tempo della sua morte. In tal caso, il titolare dei beni sarà **l'ente comunale di assistenza**, con l'obbligo, di natura modale, del loro uso a favore dei poveri; ciò si verifica, a dimostrazione della volontà legislativa di **salvaguardare il più possibile l'assistenza ai soggetti bisognosi**, anche quando la persona scelta dal testatore per determinare l'uso dei beni lasciati o il pubblico titolare di questi (la quale non assume le funzioni di esecutore testamentario ma integra operativamente la volontà del testatore, peraltro compiutamente manifestata nei suoi tratti essenziali) non possa o non voglia accettare l'incarico.

631. Disposizioni rimesse all'arbitrio del terzo.

È nulla ogni disposizione testamentaria con la quale si fa dipendere dall'**arbitrio** di un terzo l'indicazione dell'erede o del legatario, ovvero la determinazione della quota di eredità.

Tuttavia è valida la disposizione a titolo particolare in favore di persona da scegliersi dall'onerato o da un terzo tra più persone determinate dal testatore o appartenenti a famiglie o categorie di persone da lui determinate, ed è pure valida la disposizione a titolo particolare a favore di uno tra più enti determinati del pari dal testatore. Se sono indicate più persone in modo alternativo e non è stabilito chi deve fare la scelta, questa si considera lasciata all'onerato.

Se l'onerato o il terzo non può o non vuole fare la scelta, questa è fatta con decreto dal presidente del tribunale del luogo in cui si è aperta la successione, dopo avere assunto le opportune informazioni.

• La volontà testamentaria deve essere compiutamente riconducibile al disponente, il quale, anche se si avvale di terzi per la specificazione di taluni profili lasciati incompiuti, non può comunque demandare al loro **arbitrio** (sia *arbitrium merum* sia *arbitrium boni viri*) l'indicazione dell'erede o del legatario, ovvero la determinazione della quota di eredità che intende attribuire a questi ultimi, incorrendo in tal caso nella **nullità**. Tuttavia, la disposizione è valida quando: *i*) sia a titolo particolare, ossia quando trattasi di **legato**; *ii*) l'onerato o un terzo, al quale spetti il compito di scegliere il beneficiario, individuino come tale una tra più persone specificamente determinate dal testatore (la cui scelta spetta all'onerato se esse sono indicate in modo alternativo e non è stabilito chi debba individuare il beneficiario) oppure che appartengano a una o più **famiglie o categorie** parimenti menzionate dal *de cuius*; *iii*) la scelta ricada su uno o più enti (pubblici o privati, che siano o meno personificati), anch'essi determinati dal testatore. • Qualora il soggetto incaricato, sia esso l'onerato oppure un terzo, non proceda alla scelta, vi provvede con decreto, dopo avere assunto le opportune informazioni, il presidente del tribunale nel cui circondario si è aperta la successione.

632. Determinazione di legato per arbitrio altrui.

È nulla la disposizione che lascia al mero arbitrio dell'onerato o di un terzo di determinare l'oggetto o la quantità del legato.

Sono validi i legati fatti a titolo di rimunerazione per i servizi prestati al testatore, anche se non ne sia indicato l'oggetto o la quantità.

• La nullità colpisce anche la disposizione che, pur determinando la persona del legatario, demandi al **mero arbitrio** (e non all'*arbitrium boni viri*) dell'onerato o di un terzo la **specificazione dell'oggetto o della quantità del legato**. • Tuttavia, fa eccezione il **lascito a titolo particolare c.d. remuneratorio**, per cui il testatore, a compenso dei servizî resigli, può attribuire un diritto al legatario senza che ne sia indicato l'oggetto o la quantità, giacché si farà ricorso al valore di ciò che è stato ricevuto in vita dal disponente al fine di accertare la misura del legato. • Se l'onerato o il terzo non effettuano la determinazione, potrà applicarsi analogicamente l'art. 631 (in base al quale provvederà con decreto il presidente del tribunale nel cui circondario si è aperta la successione).

Sezione II
Delle disposizioni condizionali, a termine e modali

633. Condizione sospensiva o risolutiva.

Le disposizioni a titolo universale o particolare possono farsi sotto condizione sospensiva o risolutiva.

• Il contenuto patrimoniale del testamento può essere collegato ad un **evento futuro** (rispetto al momento in cui si redigono le ultime volontà) **e incerto**, il quale ne condiziona gli effetti consentendone il prodursi oppure determinandone la cessazione. • Così come il contratto (ma a differenza del matrimonio, che è atto puro) il negozio testamentario tollera l'apposizione di condizioni sospensive e risolutive sia per l'istituzione di erede (giacché la retroattività del meccanismo condizionale evita qualsiasi contrasto con il principio *semel heres semper heres*), sia per i legati.

634. Condizioni impossibili o illecite.

Nelle disposizioni testamentarie si considerano non apposte le condizioni impossibili e quelle contrarie a norme imperative, all'ordine pubblico o al buon costume salvo quanto è stabilito dall'articolo 626.

• La c.d. **regola sabiniana** conserva le disposizioni testamentarie alle quali vengano apposte condizioni impossibili, sia sospensive (ciò che, nel contratto, conduce invece alla nullità *ex* art. 1354), sia risolutive (le quali, logicamente, non sono idonee a farne cessare gli effetti). • Allo stesso modo, si considerano come non apposte le condizioni illecite (in cui, ad esempio, si subordini l'acquisto dell'eredità o del legato alla commissione di un fatto che costituisce reato o che sia sanzionato amministrativamente), a prescindere dalla loro natura sospensiva o risolutiva, salvo si dimostri che il **motivo** illecito sia stato l'unico a determinare la volontà del testatore in esse contemplata (secondo quanto si ricava dal rinvio all'art. 626).

635. Condizione di reciprocità.

È nulla la disposizione a titolo universale o particolare fatta dal testatore a condizione di essere a sua volta avvantaggiato nel testamento dell'erede o del legatario.

• Se l'istituzione di erede o il legato sono stati previsti in modo da farne dipendere l'efficacia dal vantaggio che l'erede o il legatario abbiano assicurato al *de cuius* nel loro testamento, essi sono nulli, dato che in questo modo si coarterebbe la **libera e spontanea formazione** della volontà del disponente. • La nullità colpisce tali clausole sia che l'istituito abbia effettivamente indicato il testatore come erede o legatario sia che non l'abbia fatto, presumendosi in via assoluta un accordo in tal senso tra i soggetti coinvolti e, pertanto, la violazione dell'art. 458 in tema di divieto dei patti successorî.

636. Divieto di nozze.

È illecita la condizione che impedisce le prime nozze o le ulteriori.

Tuttavia il legatario di usufrutto o di uso, di abitazione o di pensione, o di altra prestazione periodica per il caso o per il tempo del celibato o della vedovanza, non può goderne che durante il celibato o la vedovanza.

• La **libertà matrimoniale** (principio inderogabile del nostro ordinamento) viene salvaguardata da indirette coartazioni effettuate mediante lasciti testamentarî che impediscano le prime o le ulteriori nozze, sia in senso assoluto (impedimento generale alle nozze) sia in senso relativo (impedimento alle nozze con un determinato soggetto). • In tal caso, la **condizione di non contrarre matrimonio** alla quale sia subordinata la produzione o la cessazione degli effetti del lascito, essendo illecita, segue la regola sabiniana (art. 634) e si ha per non apposta (salvo che il divieto di nozze abbia costituito l'unico motivo determinante dell'attribuzione e, quindi, la renda nulla *ex* art. 626). • Laddove, invece, si tratti di disposizione a titolo particolare avente ad oggetto un diritto di usufrutto, uso o abitazione ovvero una prestazione periodica (come la pensione) per il tempo in cui non si contraggono le nozze (nubilato o celibato) oppure si versi in una situazione di vedovanza, l'attribuzione è **valida**, in quanto si presume connessa al sostentamento del soggetto non coniugato, e si intende temporalmente delimitata rispetto al **periodo di assenza del vincolo coniugale**.

637. Termine.

Si considera non apposto a una disposizione a titolo universale il termine dal quale l'effetto di essa deve cominciare o cessare.

• L'istituzione di erede, la quale ai sensi dell'art. 633 può essere subordinata sospensivamente o risolutivamente ad un determinato evento futuro ed incerto, non tollera invece **l'apposizione di un termine iniziale ovvero finale**, in base al principio, di derivazione romanistica, riassunto nel brocardo "*semel heres semper heres*" (il cui rispetto, per la condizione, è assicurato dalla retroattività di quest'ultima). In tal caso la delimitazione temporale si ha per **non apposta**, mentre con riguardo al legato, che costituisce una disposizione a titolo particolare, il termine è apponibile, pur se non può farsi coincidere con la morte dell'erede, dalla quale si produrrebbe l'effetto attributivo in capo al legatario, né con la morte del primo titolare, così che il bene venga trasferito al secondo (difatti, in queste ipotesi sarebbe violato il **divieto di sostituzione fedecommissaria** al di fuori dei casi espressamente previsti nell'art. 692).

638. Condizioni di non fare o di non dare.

Se il testatore ha disposto sotto la condizione che l'erede o il legatario non faccia o non dia qualche cosa per un tempo indeterminato, la disposizione si considera fatta sotto condizione risolutiva, salvo che dal testamento risulti una contraria volontà del testatore.

• Al fine di eliminare qualsiasi **incertezza nell'acquisto dell'eredità o del legato** quando questi siano condizionati sospensivamente ad un'omissione (non fare o non dare), il meccanismo si presume (*iuris tantum*) quale condizione (potestativa) risolutiva, salvo che dal testamento risulti una diversa volontà del testatore. In questa ipotesi, mediante una **conversione *ex lege*** della clausola condizionale da sospensiva a risolutiva, si consente alla volontà del disponente di trovare concreta attuazione, giacché, in caso contrario, si dovrebbe attendere la morte dell'istituito affinché la possibilità dell'azione vietata possa dirsi definitivamente preclusa. La regola in esame non si applica alle ipotesi in cui l'omissione è **circoscritta temporalmente** (ad es., se l'attribuzione fosse sospensivamente condizionata alla mancata commissione di illeciti civili o penali in un periodo dato).

639. Garanzia in caso di condizione risolutiva.

Se la disposizione testamentaria è sottoposta a condizione risolutiva, l'autorità giudiziaria, qualora ne ravvisi l'opportunità, può imporre all'erede o al legatario di prestare idonea garanzia a favore di coloro ai quali l'eredità o il legato dovrebbe devolversi nel caso che la condizione si avverasse.

• Per assicurare al chiamato in subordine **l'effettivo conseguimento del lascito** di cui un diverso soggetto è titolare sotto condizione risolutiva, l'interessato può chiedere all'autorità giudiziaria che, quando se ne ravvisi l'opportunità, l'attuale istituito presti **garanzia** a suo favore, depositando una somma di danaro o titoli di valore equipollente (c.d. ***cautio muciana***), nell'ipotesi in cui la condizione si verifichi. Pur se l'entità della garanzia deve rapportarsi alle **condizioni economiche del beneficiario** sotto condizione risolutiva, essa non può comunque prescindere dall'entità dell'attribuzione, dato che, in caso contrario, le aspettative di diritto degli eventuali subentranti sarebbero in concreto disattese.

640. Garanzia in caso di legato sottoposto a condizione sospensiva o a termine.

Se a taluno è lasciato un legato sotto condizione sospensiva o dopo un certo tempo, l'onerato può essere costretto a dare idonea garanzia al legatario salvo che il testatore abbia diversamente disposto.

La garanzia può essere imposta anche al legatario quando il legato è a termine finale.

• Specularmente a quanto previsto dall'articolo precedente, il beneficiario di un legato sotto **condizione sospensiva**, ovvero chi dovesse subentrare al legatario il cui diritto sia limitato da un **termine finale**, possono chiedere all'autorità giudiziaria che l'onerato o il legatario a termine prestino garanzia a tutela della propria aspettativa giuridica, fatta eccezione per l'ipotesi in cui il testatore abbia manifestato una diversa volontà. Anche in questo caso la *ratio* della norma è quella di assicurare al nuovo titolare la soddisfazione dell'interesse che l'attribuzione mira a realizzare anche **per equivalente**, là dove il bene sia perito o deteriorato e tale soddisfazione possa darsi solo tramite la garanzia.

641. Amministrazione in caso di condizione sospensiva o di mancata prestazione di garanzia.

Qualora l'erede sia istituito sotto condizione sospensiva, finché questa condizione non si verifica o non è certo che non si può più verificare, è dato all'eredità un amministratore.

Vale la stessa norma anche nel caso in cui l'erede o il legatario non adempie l'obbligo di prestare la garanzia prevista dai due articoli precedenti.

• In attesa che siano certi il verificarsi o l'impossibilità (sopravvenuta) di una **condizione sospensiva** alla quale è subordinata l'istituzione di erede, ovvero nell'ipotesi in cui non sia prestata la **garanzia dovuta dall'erede o dal legatario** a norma degli artt. 639 e 640, i beni ereditari sono sottoposti ad **amministrazione** al fine di conservare integre le ragioni di chi ne sarà titolare. Ciò si spiega in virtù del fatto che, fino a quando non sarà consolidata l'attribuzione, è necessario compiere atti di natura conservativa o comunque idonei ad accertare e, nel caso fosse necessario, a mantenere inalterata la composizione qualitativa e quantitativa del patrimonio ereditario, oppure a mutare tale composizione (si pensi alla vendita di cespiti deperibili) nell'esclusivo interesse di colui al quale il medesimo spetterà.

642. Persone a cui spetta l'amministrazione.

L'amministrazione spetta alla persona a cui favore è stata disposta la sostituzione, ovvero al coerede o ai coeredi, quando tra essi e l'erede condizionale vi è il diritto di accrescimento.

Se non è prevista la sostituzione o non vi sono coeredi a favore dei quali abbia luogo il diritto di accrescimento, l'amministrazione spetta al presunto erede legittimo.

In ogni caso l'autorità giudiziaria, quando concorrono giusti motivi, può provvedere altrimenti.

• Il criterio di individuazione dell'amministratore è connesso all'**interesse verso il patrimonio ereditario** che, là dove non si avverasse la condizione a favore del primo designato, si radica senz'altro in capo al sostituto ovvero ai coeredi nei confronti dei quali opera l'accrescimento della quota spettante all'erede condizionale, o ancóra, se non ricorressero tali circostanze, in capo al presunto erede legittimo; ad essi, pertanto, l'amministrazione deve essere **devoluta *ex lege***. Nel caso vi fossero giusti motivi (ad es., la minore età o l'incapacità dei soggetti sopra indicati), provvederà l'autorità giudiziaria alla nomina di un diverso amministratore.

643. Amministrazione in caso di eredi nascituri.

Le disposizioni dei due precedenti articoli si applicano anche nel caso in cui sia chiamato a succedere un non concepito, figlio di una determinata persona vivente. A questa spetta la rappresentanza del nascituro, per la tutela dei suoi diritti successori, anche quando l'amministratore dell'eredità è una persona diversa.

Se è chiamato un concepito, l'amministrazione spetta al padre e alla madre.

• Per quanto riguarda l'amministrazione dell'eredità spettante a nascituri, i quali si considerano eredi sotto la condizione sospensiva della nascita (secondo quanto previsto dall'art. 1, co. 2), bisogna distinguere tra: *i*) i **concepiti**, la cui eredità sarà amministrata dai genitori fino al tempo della nascita (successivamente, i medesimi amministreranno i beni del figlio minore ai sensi dell'art. 320, co. 1); *ii*) i **non concepiti**, designati eredi in un testamento come figli di persona determinata vivente al tempo della morte del testatore (ai sensi dell'art. 462, co. 3), per i quali si applicano gli artt. 641 e 642 e, inoltre, si individua chi li rappresenta nel genitore menzionato dal testamento, anche se ad amministrare l'eredità venga chiamata una persona diversa *ex* art. 642.

644. Obblighi e facoltà degli amministratori.

Agli amministratori indicati dai precedenti articoli sono comuni le regole che si riferiscono ai curatori dell'eredità giacente.

• Ricorrendo le medesime esigenze che si pongono nell'ipotesi di un'eredità priva di titolare attuale, disciplinata agli artt. 528-532 (**eredità giacente**), le norme relative agli obblighi e ai poteri del suo **curatore** (specificamente indicati negli artt. 529, 530 e 531) si applicano anche all'amministrazione *ex* artt. 641-643.

645. Condizione sospensiva potestativa senza termine.

Se la condizione apposta all'istituzione di erede o al legato è sospensiva potestativa e non è indicato il termine per l'adempimento gli interessati possono adire l'autorità giudiziaria perché fissi questo termine.

• Qualora l'istituzione di erede o il legato siano **sospensivamente condizionati** alla realizzazione di un comportamento rimesso alla volontà dell'istituito (comportamento positivo, giacché all'omissione si applica il precedente art. 638 che converte la condizione da sospensiva in risolutiva), gli interessati (ossia quanti sarebbero chiamati all'eredità se tale condizione non si realizzasse, ovvero l'onerato dell'attribuzione a titolo particolare verso il legatario *sub condicione*) possono adire l'autorità giudiziaria affinché venga fissato il **termine** entro il quale la condotta debba o meno essere tenuta. • Decorso inutilmente il termine, la condizione si ha per **non avverata**, con conseguente delazione agli ulteriori successibili o liberazione dell'onerato dal legato. In tale ipotesi, conseguentemente a quanto previsto dall'art. 481 in materia di termine per l'accettazione dell'eredità, la norma in esame consente da un lato il **consolidamento degli effetti successori** che siano nella disponibilità dei chiamati, dall'altro connette la realizzazione dell'evento condizionale all'accettazione del lascito (la quale, se per l'eredità è espressamente richiesta dall'art. 470, per il legato è invece facoltativa *ex* art. 649). In sintesi, il verificarsi della condizione tramite il comportamento ivi dedotto nel termine stabilito dal giudice costituisce **accettazione tacita dell'eredità** ed esclude un successivo rifiuto del legato. La previsione in commento non si applica peraltro alla **condizione meramente potestativa** (ad esempio, quando si istituisce un erede se questi vorrà), la quale, essendo rimessa alla mera volontà del soggetto, altro non è che la manifestazione pura e semplice dell'intento di accettare e pertanto è disciplinata dal succitato art. 481.

646. Retroattività della condizione.

L'adempimento della condizione ha effetto retroattivo; ma l'erede o il legatario, nel caso di condizione risolutiva, non è tenuto a restituire i frutti se non dal giorno in cui la condizione si è verificata. L'azione per la restituzione dei frutti si prescrive in cinque anni.

• La condizione apposta alle disposizioni patrimoniali contenute nel testamento **retroagisce al momento dell'apertura della successione** (analogamente a quanto già previsto per i contratti dall'art. 1360). La retroattività ha carattere reale (ed è quindi, opponibile *erga omnes*, soprattutto a chi abbia acquistato dal precedente proprietario diritti incompatibili con la posizione del nuovo). Tuttavia, nell'ipotesi di **condizione risolutiva** dell'attribuzione, l'efficacia reale è limitata con riguardo ai **frutti conseguiti dal titolare** il cui diritto è venuto meno successivamente alla loro percezione: in questo caso, infatti, essi sono dovuti non *ex tunc* (quindi, dall'apertura della successione) ma *ex nunc* (allora, dal momento in cui la condizione si è verificata), con un termine prescrizionale breve di cinque anni per l'azione di restituzione (che testimonia il favore per il percipiente, giustificato dalla sussistenza di un diritto attuale nel momento in cui i frutti sono stati da lui acquistati). È dubbio se il testatore possa **modificare il regime degli effetti condizionali** diversificandolo rispetto a quanto prevede la norma in commento (depone in contrario la mancata espressa indicazione di tale possibilità, specificamente contemplata, invece, per la condizione contrattuale dal citato art. 1360).

647. Onere.

Tanto all'istituzione di erede quanto al legato può essere apposto un onere.

Se il testatore non ha diversamente disposto, l'autorità giudiziaria, qualora ne ravvisi l'opportunità, può imporre all'erede o al legatario gravato dall'onere una cauzione.

L'onere impossibile o illecito si considera non apposto; rende tuttavia nulla la disposizione, se ne ha costituito il solo motivo determinante.

• Il vantaggio a titolo gratuito conseguito dall'erede o dal legatario può essere limitato dal *de cuius* mediante un *modus* od onere (il quale, negli atti *inter vivos*, può prevedersi solo con riguardo alla donazione ai sensi dell'art. 793). Dall'onere sorge un'obbligazione a carico del beneficiario, il quale, se erede, ne risponderà *ultra vires hereditatis*, mentre se legatario, entro i limiti di valore della cosa legata (*ex* art. 671 al pari di quanto previsto per il donatario dall'art. 793, co. 2). L'obbligato, pertanto, dovrà porre in essere la prestazione impostagli dal testatore a vantaggio di una **categoria di soggetti determinata solo genericamente**, ovvero per realizzare un **interesse facente capo allo stesso disponente** (così il *modus* si distingue dal legato obbligatorio, che invece è a favore di un soggetto determinato). • A garanzia dell'adempimento dell'onere e in assenza di un'espressa regola sul punto dettata dal testatore, l'autorità giudiziaria, adita da chiunque vi abbia interesse, può imporre una cauzione all'erede o al legatario su cui grava il *modus*. • Anche per l'onere impossibile o illecito vale la regola sabiniana prevista per la condizione (*ex* art. 634 che si distingue dalla clausola modale giacché da essa non deriva alcuna obbligazione) e si considera **non apposto** (analogamente a quanto sancito per la donazione dall'art. 794). Coerentemente alla previsione dell'art. 626, tuttavia, esso renderà nulla la disposizione della quale abbia costituito **il solo motivo determinante**, quando tale circostanza sia indicata nell'atto testamentario o possa ricavarsi dalla relativa interpretazione.

648. Adempimento dell'onere.

Per l'adempimento dell'onere può agire qualsiasi interessato.

Nel caso d'inadempimento dell'onere, l'autorità giudiziaria può pronunziare la risoluzione della disposizione testamentaria, se la risoluzione è stata prevista dal testatore, o se l'adempimento dell'onere ha costituito il solo motivo determinante della disposizione.

• Coerentemente alla natura solo genericamente determinata dei soggetti in favore dei quali il *modus* testamentario viene disposto, per il relativo adempimento potrà agire chiunque appartenga a tale categoria e sia quindi **portatore di un interesse** in questo senso (interesse non solo processuale, *ex* art. 100 c.p.c., ma anche sostanziale, in quanto connesso al diritto di credito che deriva dall'onere). • Inoltre, come reazione all'inadempimento può pronunciarsi la risoluzione del lascito per l'erede o il legatario inadempiente, se tale rimedio è stato previsto dal testatore ovvero se questi è stato indotto all'attribuzione esclusivamente per dotare gli istituiti delle risorse necessarie al fine di adempiere al *modus*. • Rispetto ai soggetti che possono agire per l'adempimento, l'azione di risoluzione può essere proposta da un novero più ristretto di legittimati, ossia da quanti, venendo meno il lascito, *i*) sarebbero chiamati all'eredità (o acquisterebbero il legato) se il testatore avesse previsto una **sostituzione** *ex* art. 688, *ii*) si avvantaggerebbero dell'**accrescimento** ai sensi degli artt. 674 e 675, *iii*) siano **eredi legittimi**, i quali, ai sensi dell'art. 677, co. 3, subentrano come obbligati all'onere. Infine, persistendo l'inadempimento e in mancanza dei presupposti per la risoluzione, gli interessati potranno agire per il **risarcimento del danno** ai sensi dell'art. 1218.

Sezione III
Dei legati

649. Acquisto del legato.

Il legato si acquista senza bisogno di accettazione, salva la facoltà di rinunziare.

Quando oggetto del legato è la proprietà di una cosa determinata o altro diritto appartenente al testatore, la proprietà o il diritto si trasmette dal testatore al legatario al momento della morte del testatore.

Il legatario però deve domandare all'onerato il possesso della cosa legata, anche quando ne è stato espressamente dispensato dal testatore.

• A differenza dell'eredità, la quale, essendo costituita dal complesso di rapporti attivi e passivi facenti capo al *de cuius*, necessita dell'accettazione, il legato, che presenta esclusivamente **vantaggi** per il beneficiario in quanto consiste nell'attribuzione di uno specifico cespite o diritto, non richiede per essere acquistato un'espressa o tacita manifestazione di volontà in tal senso. • Il principio per cui la sfera giuridica di altri non può comunque essere modificata, seppure in senso favorevole, contro la volontà del beneficiario consente a quest'ultimo di respingere l'effetto attributivo mediante **rinunzia**. La rinunzia può essere espressa o tacita (ma necessita della forma scritta se ha ad oggetto l'abdicazione dalla proprietà di un bene immobile) e dismette la titolarità già acquisita in forza della mera disposizione testamentaria, restando preclusa là dove il legatario abbia manifestato la volontà di accettare. • Coerentemente alla regola sancita nell'art. 1376, la volontà di trasmettere una cosa determinata o un diritto (reale o di credito) spettante al testatore nel momento della sua morte produce il trasferimento a titolo particolare **fin dall'apertura della successione**; quando oggetto della disposizione è una cosa determinata o un diritto reale (si pensi al legato di usufrutto), si ha il **legato c.d. traslativo**, al quale si contrappone il **legato c.d. obbligatorio,** che rientra tra le obbligazioni testamentarie e dal quale sorge un diritto di credito.

650. Fissazione di un termine per la rinunzia.

Chiunque ha interesse può chiedere che l'autorità giudiziaria fissi un termine entro il quale il legatario dichiari se intende esercitare la facoltà di rinunziare. Trascorso questo termine senza che abbia fatto alcuna dichiarazione, il legatario perde il diritto di rinunziare.

• Specularmente a quanto previsto nell'art. 481, con riguardo alla fissazione giudiziale di un termine entro il quale il chiamato all'eredità deve accettare o meno la delazione (ma diversamente da quanto stabilito per il legato dall'art. 645) è previsto che gli **interessati** (pertanto, l'onerato dall'attribuzione a titolo particolare, ovvero i sostituiti o i collegatarî aventi diritto all'accrescimento *ex* art. 675) possano chiedere al giudice di determinare il tempo in cui il beneficiario manifesti la sua **volontà di rinunziare** al legato. Trascorso inutilmente il termine, dato che l'inerzia del designato fa presumere l'intento di **consolidare l'acquisto**, egli perde la facoltà di abdicare al lascito.

651. Legato di cosa dell'onerato o di un terzo.

Il legato di cosa dell'onerato o di un terzo è nullo, salvo che dal testamento o da altra dichiarazione scritta dal testatore risulti che questi sapeva che la cosa legata apparteneva all'onerato o al terzo. In questo ultimo caso l'onerato è obbligato ad acquistare la proprietà della cosa dal terzo e a trasferirla al legatario, ma è in sua facoltà di pagarne al legatario il giusto prezzo.

Se però la cosa legata, pur appartenendo ad altri al tempo del testamento, si trova in proprietà del testatore al momento della sua morte, il legato è valido.

• Se oggetto del legato è un bene non appartenente al testatore ma all'onerato ovvero a un terzo, la disposizione, di regola, è nulla; essa invece è **valida** quando *i*) la cosa, pur non appartenente al testatore al tempo del testamento, sia divenuta parte del suo patrimonio nel momento in cui si è aperta la successione; *ii*) si accerti la conoscenza del *de cuius*, risultante dal testamento o da altra dichiarazione scritta antecedente o coeva a questo, circa l'altruità della cosa. Là dove ricorrano le circostanze indicate dalla norma, se l'onerato è proprietario del bene, sorgerà in capo a questi un **obbligo a contrarre** avente ad oggetto il trasferimento del cespite al legatario (ossia una forma di adempimento traslativo); in caso di inadempimento dell'obbligato, il beneficiario potrebbe avvalersi del **rimedio *ex* art. 2932** per l'attuazione coattiva del proprio diritto. • Quando, invece, il lascito abbia ad oggetto una **cosa del terzo**, l'onerato ha l'obbligo, dopo averne acquistato la proprietà (come previsto per la vendita di cosa altrui all'art. 1478), di trasferirla al legatario e, in particolare, *i*) se tale obbligo concerne i **beni mobili**, la loro proprietà potrebbe dirsi automaticamente sorta in capo al legatario nel momento stesso in cui l'onerato ne diviene titolare, secondo la logica sottesa all'art. 1706, co. 1, in tema di acquisti del mandatario senza rappresentanza; *ii*) se, invece, l'obbligo di acquisto è relativo a **beni immobili o mobili iscritti in pubblici registri,** una volta che l'onerato ne sia titolare sorge automaticamente il diritto del legatario a divenirne proprietario per atto di trasferimento stipulato con lo stesso onerato, mentre, qualora quest'ultimo fosse inadempiente, il rimedio per il beneficiario sarà sempre la sentenza costitutiva *ex* art. 2932 • Nel caso in cui il terzo non possa o non voglia trasferire all'onerato la titolarità della cosa, l'obbligato potrà liberarsi pagandone al legatario il giusto prezzo, determinato ai sensi dell'art. 1474. Si è di fronte, allora, ad **un'obbligazione facoltativa con scelta alternativa**.

652. Legato di cosa solo in parte del testatore.

Se al testatore appartiene una parte della cosa legata o un diritto sulla medesima, il legato è valido solo relativamente a questa parte o a questo diritto, salvo che risulti la volontà del testatore di legare la cosa per intero, in conformità dell'articolo precedente.

• Quando il testatore è proprietario solo di **parte** della cosa legata o è titolare di un diritto sulla medesima avente natura reale (ad es., la superficie o la servitù, ma non l'usufrutto, il quale si estingue alla morte del titolare), la disposizione attributiva produce effetti solo per la parte del bene o per il diritto sul medesimo che rientrano nel patrimonio del *de cuius* al tempo del testamento, mentre essa è **nulla** per quanto attiene alle restanti parti o alla pienezza del diritto sulla cosa. Tuttavia, si applica l'art. 651, con conseguente integrale validità del lascito al ricorrere delle circostanze ivi previste, se il testatore, consapevole della parziale altruità del bene, abbia comunque inteso legarlo per intero; in tal caso, il legato avrà effetti reali con riguardo ai diritti già in capo al testatore ed effetti obbligatorî per i diritti altrui, che l'onerato dovrà acquistare e trasferire al legatario (alla cui tutela presiederà sempre l'art. 2932).

653. Legato di cosa genericamente determinata.

È valido il legato di cosa determinata solo nel genere, anche se nessuna del genere ve n'era nel patrimonio del testatore al tempo del testamento e nessuna se ne trova al tempo della morte.

• Se oggetto del legato è una **cosa solo genericamente determinata**, la disposizione è valida anche là dove nessun bene di tale genere fosse presente nel patrimonio del testatore al tempo del testamento o all'apertura della successione. La regola si giustifica in base al fatto che il legato non ha effetto traslativo, bensì **obbligatorio**, giacché l'onerato dovrà procurare al legatario il bene individuato dal testatore con riferimento al genere; quest'ultimo, però, deve essere descritto in modo **sufficientemente preciso**, poiché in caso contrario la disposizione sarebbe nulla ai sensi dell'art. 632 (la determinazione di un genere sarebbe idonea a rendere valido il legato qualora, ad esempio, si facesse riferimento a immobili ad uso abitativo con precise caratteristiche).

654. Legato di cosa non esistente nell'asse.

Quando il testatore ha lasciato una sua cosa particolare, o una cosa determinata soltanto nel genere da prendersi dal suo patrimonio, il legato non ha effetto se la cosa non si trova nel patrimonio del testatore al tempo della sua morte.

Se la cosa si trova nel patrimonio del testatore al tempo della sua morte, ma non nella quantità determinata, il legato ha effetto per la quantità che vi si trova.

• Nel caso in cui oggetto del legato sia un **bene determinato** (o individuato solo nel **genere**), appartenente al *de cuius* nel tempo del testamento, il legato non ha effetto se esso non si trova in quel patrimonio all'apertura della successione. In questa ipotesi, difatti, si presume la **revoca del lascito** se vi è stata alienazione del suo oggetto *ex* art. 686, co. 1, ma l'inefficacia colpisce la disposizione anche quando l'assenza del bene nel patrimonio del testatore è dovuta a **cause naturali** (come, ad es., il perimento della cosa). Quando si provi che il testatore non intendeva revocare l'attribuzione (ai sensi dell'art. 686, co. 3), si applica la regola di cui all'art. 651, con conseguente validità del legato, il quale avrà natura obbligatoria e imporrà all'onerato di procurare la cosa al beneficiario.

• Si avrà un'efficacia **parziale** del lascito quando la cosa, pur trovandosi nel patrimonio del testatore alla sua morte, non vi era presente nella quantità da lui determinata, per cui gli effetti si produrranno solo per la quantità in concreto sussistente.

655. Legato di cosa da prendersi da certo luogo.

Il legato di cose da prendersi da certo luogo ha effetto soltanto se le cose vi si trovano, e per la parte che vi si trova; ha tuttavia effetto per l'intero quando, alla morte del testatore, le cose non vi si trovano, in tutto o in parte, perché erano state rimosse temporaneamente dal luogo in cui di solito erano custodite.

• Il luogo specificato dal testatore per individuare i beni che formano oggetto del legato funge da **requisito di efficacia del lascito** in quanto consente di circoscrivere la misura del diritto attribuito al beneficiario; ne consegue, allora, che la disposizione produce effetto solo quando le cose vi si trovano **effettivamente**, a prescindere dal fatto che siano presenti in tutto o in parte (in quest'ultimo caso, però, l'acquisto si avrà solo per **la parte in concreto sussistente**). Infatti, se il testatore ha rimosso dal luogo indicato le cose legate, si presume che abbia voluto **revocare** il lascito. Se, però, alla morte del testatore i beni non fossero presenti solo perché ricollocati **temporaneamente** in un luogo diverso da quello in cui egli era solito custodirli, il legato ha effetto per l'intero, in quanto la rimozione non implica la volontà di revoca, ma semplicemente di una migliore sistemazione delle cose (affinché, ad esempio, il beneficiario possa rinvenirle in uno stato di conservazione più appropriato alla loro natura).

656. Legato di cosa del legatario.

Il legato di cosa che al tempo in cui fu fatto il testamento era già di proprietà del legatario è nullo, se la cosa si trova in proprietà di lui anche al tempo dell'apertura della successione.

Se al tempo dell'apertura della successione la cosa si trova in proprietà del testatore, il legato è valido, ed è altresì valido se in questo tempo la cosa si trova in proprietà dell'onerato o di un terzo, e dal testamento risulta che essa fu legata in previsione di tale avvenimento.

• Il lascito di un bene già di proprietà del beneficiario sia al tempo del testamento sia all'apertura della successione, essendo inidoneo a svolgere la **funzione traslativa** o *lato sensu* **dispositiva** dell'atto *mortis causa*, è radicalmente nullo. Tuttavia, se la cosa, pur appartenente al legatario quando sono state espresse le ultime volontà, è nella titolarità del testatore al momento della sua morte, il legato è **valido** giacché questo è strumentale a fornire un assetto delle sostanze del *de cuius* per il tempo in cui avrà cessato di vivere; inoltre, è valido anche il lascito di cosa della quale sono proprietari l'onerato o un terzo all'apertura della successione, se risulta dal testamento che la disposizione è stata effettuata prevedendo il **mutamento della titolarità**, nel tempo successivo all'atto, dal legatario all'onerato o al terzo (ma si ritiene sufficiente, per la validità del legato, la previsione dell'alienazione anche senza l'esatta identificazione dell'avente causa).

657. Legato di cosa acquistata dal legatario.

Se il legatario, dopo la confezione del testamento, ha acquistato dal testatore, a titolo oneroso o a titolo gratuito, la cosa a lui legata, il legato è senza effetto in conformità dell'articolo 686.

Se dopo la confezione del testamento la cosa legata è stata dal legatario acquistata, a titolo gratuito, dall'onerato o da un terzo, il legato è senza effetto; se l'acquisto ha avuto luogo a titolo oneroso, il legatario ha diritto al rimborso del prezzo, qualora ricorrano le circostanze indicate dall'articolo 651.

• L'alienazione della cosa legata ad opera del testatore, come regola generale, comporta la **revoca** del legato ai sensi dell'art. 686; ne consegue che la particolare ipotesi nella quale **sia il legatario ad acquistare il bene**, per atto tra vivi dal *de cuius* dopo che questi abbia redatto il testamento, rientra anch'essa nella fattispecie di revoca *ex lege*, per cui il legato è senza effetto. • Qualora, successivamente alla confezione del testamento, il beneficiario acquisti il bene dall'onerato o da un terzo **a titolo gratuito**, poiché l'intento del testatore di rendere il legatario titolare gratuitamente della cosa si è comunque realizzato, seppure con modalità differenti dall'attribuzione mediante legato, quest'ultimo non produce effetti in quanto inutile. Differentemente, se l'acquisto dall'onerato o dal terzo è avvenuto a **titolo oneroso**, ricorrendo le circostanze previste nell'art. 651 (ossia la consapevolezza da parte del disponente circa la proprietà della cosa legata in capo all'onerato o a un terzo), il legatario diviene creditore dell'onerato per l'ammontare del **prezzo pagato**.

658. Legato di credito o di liberazione da debito.

Il legato di un credito o di liberazione da un debito ha effetto per la sola parte del credito o del debito che sussiste al tempo della morte del testatore.

L'erede è soltanto tenuto a consegnare al legatario i titoli del credito legato che si trovavano presso il testatore.

• Il testatore può attribuire al legatario un **credito**, presente o futuro, *i*) proprio, di cui il beneficiario diviene titolare immediatamente all'apertura della successione; *ii*) dell'onerato, il quale avrà l'obbligo di cederlo all'istituito *ex* art. 1260; *iii*) di un terzo, per cui l'onerato dovrà procurarsi il credito da questi e in séguito trasferirlo al legatario in base alle **norme sulla cessione** [nelle ipotesi *ii*) e *iii)* è inoltre necessaria la consapevolezza da parte del disponente circa l'altruità del credito, ai sensi dell'art. 651]. Allo stesso modo il legato può avere ad oggetto la **liberazione di un debito del beneficiario** verso: a) il testatore, per cui il rapporto viene meno fin dall'apertura della successione; b) l'onerato, il quale sarà tenuto ad esprimere una volontà remissoria che estingua l'obbligazione del legatario; c) un terzo, per cui lo stesso onerato dovrà pagare il creditore liberando l'istituito.

• Stante l'evoluzione nel tempo dei rapporti obbligatorî, nei casi sopra descritti il legato avrà effetto per la sola parte del credito o del debito **sussistente** alla morte del testatore. Inoltre, là dove oggetto del legato sia un credito del *de cuius*, l'erede dovrà consegnare al legatario i **titoli del credito** oggetto del lascito che si trovavano presso il disponente, così da consentirne l'esercizio da parte del nuovo titolare (ad es., un libretto bancario o postale).

659. Legato a favore del creditore.

Se il testatore, senza fare menzione del debito, fa un legato al suo creditore, il legato non si presume fatto per soddisfare il legatario del suo credito.

• Nell'ipotesi in cui il legatario sia creditore del *de cuius* e questi abbia disposto il lascito **senza fare menzione del debito** (la quale può consistere anche dell'indicazione del soggetto, oltre ai dati identificativi, come "mio creditore"), non vi è una presunzione circa la finalità di adempimento tramite legato del debito gravante sul testatore. Ne consegue che il legatario potrà senz'altro **cumulare** il proprio credito con il bene o il diritto assicuratogli dal testamento; tuttavia, all'onerato è data la possibilità di provare che, mediante il lascito, il disponente intendesse estinguere il suo debito verso il beneficiario fornendo quanto dovuto ovvero effettuando una dazione in pagamento *ex* art. 1197. Qualora il debito non esistesse, il legato conserva validità a meno che il testatore non si sia determinato ad esso **esclusivamente** sul presupposto di essere debitore del beneficiario, essendo allora **annullabile** ai sensi dell'art. 624, co. 3 (errore sul motivo).

660. Legato di alimenti.

Il legato di alimenti, a favore di chiunque sia fatto, comprende le somministrazioni indicate dall'articolo 438, salvo che il testatore abbia altrimenti disposto.

• Il legato alimentare, senza determinazione del relativo contenuto, si presume che comprenda quanto è necessario alla **vita dell'alimentando** che versi in stato di bisogno (il quale può anche non appartenere ai soggetti che il codice individua come aventi diritto negli artt. 433 ss.), tenuto conto della posizione sociale e delle condizioni economiche dell'alimentando, oltre a quelle di chi è tenuto a effettuarlo (qui, l'onerato), *ex* art. 438. Tuttavia, il testatore può disporre diversamente variando *in melius* o *in peius* la misura legale.

661. Prelegato.

Il legato a favore di uno dei coeredi e a carico di tutta l'eredità si considera come legato per l'intero ammontare.

• Il prelegato consiste nell'attribuzione a titolo particolare **a favore di uno tra i coeredi e a carico dell'intera eredità**; esso consente al beneficiario di detrarre il relativo ammontare dall'asse ereditario prima della divisione e di godere della quota spettantegli senza che su di essa gravi l'importo del beneficio. La qualificazione in termini di legato produce effetti anzitutto sotto il profilo della **responsabilità per i debiti ereditarî**, giacché la misura della partecipazione a questi si calcola in base alla sola quota ereditaria e non anche tenendo conto del prelegato; inoltre, il coerede-prelegatario potrebbe in ipotesi **rinunciare all'eredità** in base ad una valutazione di convenienza economica e, per contro, **conseguire comunque il legato** (tale possibilità, inoltre, può affermarsi anche là dove vi sia un solo erede per l'intero asse).

662. Onere della prestazione del legato.

Il testatore può porre la prestazione del legato a carico degli eredi ovvero a carico di uno o più legatari. Quando il testatore non ha disposto, alla prestazione sono tenuti gli eredi.

Su ciascuno dei diversi onerati il legato grava in proporzione della rispettiva quota ereditaria o del legato, se il testatore non ha diversamente disposto.

• La norma, con terminologia alquanto imprecisa (poiché parla di onere quando, invece, si tratta più propriamente di un'obbligazione testamentaria), prevede che la prestazione del legato possa essere posta dal testatore a carico dei **coeredi** o di **uno o più legatarî** (ma, in quest'ultimo caso, solo se il disponente non abbia individuato chi è tenuto ad adempiere), i quali assumono pertanto la qualifica di **onerati**. La misura dell'obbligo gravante su ciascun onerato, come per tutti i debiti ereditarî, è data dalla **quota di eredità o di legato** (ma il legatario è tenuto solo nei limiti del valore di quanto abbia ricevuto, *ex* art. 671), potendo però il testatore disporre diversamente (imponendo, ad es., l'eguaglianza aritmetica e non proporzionale della responsabilità).

663. Legato imposto a un solo erede.

Se l'obbligo di adempiere il legato è stato particolarmente imposto a uno degli eredi, questi solo è tenuto a soddisfarlo.

Se è stata legata una cosa propria di un coerede, i coeredi sono tenuti a compensarlo del valore di essa con danaro o con beni ereditari, in proporzione della loro quota ereditaria, quando non consta una contraria volontà del testatore.

• Il testatore può imporre ad uno solo tra i coeredi di adempiere al legato, per cui il beneficiario potrà rivolgersi esclusivamente al designato per ottenere la soddisfazione del proprio diritto; peraltro, qualora l'obbligato fosse un **legittimario**, il legato impostogli non potrà gravare sulla **quota di riserva**, poiché in caso contrario la disposizione sarà **nulla** ai sensi dell'art. 549 (divieto di pesi o condizioni sulla legittima). • Là dove il legato abbia ad oggetto **la cosa di un coerede**, gli altri dovranno **reintegrarne** il valore rimborsandolo con danaro o beni facenti parte dell'eredità; per contro, se il disponente ha espresso una diversa volontà, la quota attribuita all'erede proprietario dovrà considerarsi ridotta per un importo pari al valore della sua cosa, anche con riferimento alla misura della responsabilità per i debiti *ex* art. 752.

664. Adempimento del legato di genere.

Nel legato di cosa determinata soltanto nel genere, la scelta, quando dal testatore non è affidata al legatario o a un terzo, spetta all'onerato. Questi è obbligato a dare cose di qualità non inferiore alla media; ma se nel patrimonio ereditario vi è una sola delle cose appartenenti al genere indicato, l'onerato non ha facoltà né può essere obbligato a prestarne un'altra, salvo espressa disposizione contraria del testatore.

Se la scelta è lasciata dal testatore al legatario o a un terzo, questi devono scegliere una cosa di media qualità; ma se cose del genere indicato si trovano nell'eredità, il legatario può scegliere la migliore.

Se il terzo non può o non vuole fare la scelta, questa è fatta a norma del terzo comma dell'articolo 631.

• Il testatore può disporre un **legato di cosa generica** affidandone l'individuazione al legatario ovvero ad un terzo (secondo la logica sottesa agli artt. 1349 e 1378 in tema di contratti); se non risulta una volontà in tal senso, la scelta spetterà all'onerato il quale, coerentemente con l'art. 1178, è tenuto a prestare cose di **qualità non inferiore alla media**. • Peraltro, quando nel patrimonio del testatore vi è un solo bene appartenente al genere indicato nel legato, l'onerato non può liberarsi prestando una cosa diversa né può essere obbligato a farlo salvo diversa previsione nel testamento. Ne consegue, allora, una **conversione** dell'oggetto del lascito da cosa generica a cosa specifica, per cui, se il bene perisse per causa non imputabile all'onerato, questi sarà liberato ai sensi degli artt. 1218 e 1256. • Là dove la scelta spettasse al legatario o ad un terzo, essi dovranno optare per cose di qualità media e, nell'ipotesi in cui beni del genere indicato fossero presenti nell'eredità, il beneficiario potrà pretendere quello tra loro di **qualità più elevata**; in tale ultimo caso, in particolare, si è di fronte al c.d. *genus limitatum*, per cui non sarebbe dato ai soggetti cui spetta l'individuazione fare riferimento a cose diverse rispetto a quanto presente nell'asse.

665. Scelta nel legato alternativo.

Nel legato alternativo la scelta spetta all'onerato, a meno che il testatore l'abbia lasciata al legatario o a un terzo.

• Quando dal legato deriva un'obbligazione **oggettivamente** complessa in cui sono dedotte alternativamente più prestazioni, la concentrazione avviene in séguito alla **scelta** di una tra esse effettuata dall'onerato-debitore (secondo quanto previsto in generale dall'art. 1286); la relativa volontà può manifestarsi tacitamente (eseguendo senz'altro la prestazione) ovvero espressamente (con una dichiarazione comunicata al beneficiario-creditore). Al testatore è data comunque la possibilità di prevedere diversamente, affidando la scelta al **legatario** o a un **terzo**.

666. Trasmissione all'erede della facoltà di scelta.

Tanto nel legato di genere quanto in quello alternativo, se l'onerato o il legatario a cui compete la scelta non ha potuto farla, la facoltà di scegliere si trasmette al suo erede.

La scelta fatta è irretrattabile.

• Se la **scelta** inerente all'individuazione della cosa nel legato **generico** o in quello **alternativo** non si è potuta compiere dall'onerato o dal legatario (ad es. per morte o per incapacità sopravvenuta), la relativa facoltà si trasmette *ex lege* ai loro **eredi;** una volta che questi vi procedono con dichiarazione unilaterale recettizia, non vincolata formalmente, non possono revocarla quando essa sia pervenuta al destinatario (ossia, secondo le circostanze, allo stesso onerato, se la scelta è compiuta dal legatario, e a quest'ultimo nel caso inverso). La regola non si applica alle ipotesi in cui i soggetti ai quali competeva la scelta, pur potendo effettuarla, non abbiano voluto esprimersi; sarà allora **l'autorità giudiziaria** a individuare la cosa (ai sensi dell'art. 631, co. 3, nella persona del Presidente del tribunale).

667. Accessioni della cosa legata.

La cosa legata, con tutte le sue pertinenze, deve essere prestata al legatario nello stato in cui si trova al tempo della morte del testatore.

Se è stato legato un fondo, sono comprese nel legato anche le costruzioni fatte nel fondo, sia che esistessero già al tempo della confezione del testamento, sia che non esistessero, salva in ogni caso l'applicabilità del secondo comma dell'articolo 686.

Se il fondo legato è stato accresciuto con acquisti posteriori, questi sono dovuti al legatario, purché siano contigui al fondo e costituiscano con esso una unità economica.

• Il legatario ha diritto di ottenere la cosa legata con gli **accessorî** che le competono all'apertura della successione, i quali non sono esclusivamente i beni posti al suo servizio o che ne costituiscano ornamento (ossia le **pertinenze** *ex* art. 818, co. 1), ma comprendono anche gli **incrementi** di cui questa goda alla morte del testatore. • In particolare, per quanto attiene al legato di un fondo, il beneficiario sarà titolare anche delle **costruzioni** sul medesimo ai sensi dell'art. 934 (*superficies solo cedit*), vi fossero o meno al momento dell'atto *mortis causa*; se, però, in virtù di esse il fondo sia stato **trasformato** così da mutarne la destinazione economica, il legato si intende revocato ai sensi dell'art. 686, co. 2. • Infine, il legatario potrà fare proprî anche gli **acquisti posteriori** di cui il fondo sia stato accresciuto successivamente alla confezione del testamento, a condizione che essi siano contigui all'immobile formando nell'insieme **un'unità economica**.

668. Adempimento del legato.

Se la cosa legata è gravata da una servitù, da un canone o da altro onere inerente al fondo, ovvero da una rendita fondiaria, il peso ne è sopportato dal legatario.

Se la cosa legata è vincolata per una rendita semplice, un censo o altro debito dell'eredità, o anche di un terzo, l'erede è tenuto al pagamento delle annualità o degli interessi e della somma principale, secondo la natura del debito, qualora il testatore non abbia diversamente disposto.

• La norma in commento, che costituisce un'applicazione specifica di principî a carattere generale, prevede la responsabilità per i **pesi** o i **debiti strettamente connessi al fondo** (servitù, canone, rendita fondiaria e, in generale, ogni onere che vi inerisce) in capo al legatario nella sua qualità di titolare dell'immobile. Là dove, per contro, si tratti di debiti non correlati al bene in termini reali ma facenti **parte del passivo ereditario** (rendita semplice, censo o altro peso dell'asse), sarà l'erede che ne risponde ad effettuare i pagamenti per la loro estinzione (fatta salva una diversa volontà risultante dal testamento).

669. Frutti della cosa legata.

Se oggetto del legato è una cosa fruttifera, appartenente al testatore al momento della sua morte, i frutti o gli interessi sono dovuti al legatario da questo momento.

Se la cosa appartiene all'onerato o a un terzo, ovvero se si tratta di cosa determinata per genere o quantità, i frutti o gli interessi sono dovuti dal giorno della domanda giudiziale o dal giorno in cui la prestazione del legato è stata promessa, salvo che il testatore abbia diversamente disposto.

• I **frutti naturali e civili** della cosa legata, appartenente al testatore nel tempo della sua morte (e, quindi, oggetto di un legato traslativo), spettano al legatario dall'apertura della successione (mentre quelli maturati precedentemente competono agli eredi in quanto compresi nel patrimonio del *de cuius*). • Quando, invece, il lascito riguardi beni appartenenti all'onerato o ad un terzo *ex* art. 651, ovvero si tratti di legato generico o quantitativamente determinato (ipotesi in cui la disposizione ha natura obbligatoria e non reale), l'obbligato deve corrispondere i frutti naturali e civili dal giorno della **domanda giudiziale** o della **promessa** da lui fatta di prestare il legato, fatta salva la diversa volontà del testatore. Se, allora, chi vi è tenuto non ha la disponibilità materiale della cosa legata, egli dovrà comunque corrispondere all'avente diritto il valore dei frutti che questa ha prodotto a partire dalla domanda o dalla promessa.

670. Legato di prestazioni periodiche.

Se è stata legata una somma di danaro o una quantità di altre cose fungibili, da prestarsi a termini periodici, il primo termine decorre dalla morte del testatore, e il legatario acquista il diritto a tutta la prestazione dovuta per il termine in corso, ancorché fosse in vita soltanto al principio di esso. Il legato però non può esigersi se non dopo scaduto il termine.

Si può tuttavia esigere all'inizio del termine il legato a titolo di alimenti.

• Il legato avente ad oggetto somme di danaro o una quantità di cose fungibili **da prestarsi periodicamente** (come nell'ipotesi di rendita vitalizia o perpetua, ovvero di legato alimentare) deve essere corrisposto a partire dall'apertura della successione; quando il legatario muoia nella fase iniziale del periodo in cui la prestazione è dovuta, i suoi eredi possono comunque esigerla **per intero**, sempre alla scadenza del termine stabilito. • Diversamente, il legato di alimenti, in quanto strumentale al **sostentamento del beneficiario**, può essere preteso anche prima di tale scadenza (e, addirittura, fin dall'inizio del periodo di riferimento).

671. Legati e oneri a carico del legatario.

Il legatario è tenuto all'adempimento del legato e di ogni altro onere a lui imposto entro i limiti del valore della cosa legata.

• A differenza dell'erede, il quale risponde dei debiti *ultra vires hereditatis*, il legatario è tenuto all'adempimento delle obbligazioni testamentarie connesse al lascito (come il c.d. sublegato, ovvero il *modus* accessorio rispetto al beneficio ricevuto) **nei limiti del valore della cosa legata**; pertanto, i pesi che incombono sull'attribuzione possono consumare integralmente il vantaggio programmato dal disponente. La regola in esame, di natura **imperativa** e, pertanto, non derogabile dal testatore, presuppone che l'entità dei debiti e dei beni oggetto del legato sia quantificata al tempo in cui debbono eseguirsi le prestazioni gravanti su di esso. Se il legatario paga un **importo maggiore** rispetto al valore del lascito, potrà pretendere il rimborso della parte eccedente qualora versi in errore mentre, in caso di adempimento spontaneo, la ripetizione gli è preclusa ai sensi dell'art. 2034.

672. Spese per la prestazione del legato.

Le spese per la prestazione del legato sono a carico dell'onerato.

• In applicazione del principio generale previsto all'art. 1196, atteso che la prestazione oggetto del legato deve pervenire **integralmente** al beneficiario, le relative spese – come, ad es., quelle inerenti all'acquisto della cosa dal terzo nell'ipotesi di cui all'art. 651 – saranno sopportate dall'onerato in quanto debitore del lascito; al testatore, peraltro, è consentito disporre diversamente (ripartendo le spese tra onerato e legatario, ovvero facendole gravare integralmente su quest'ultimo).

673. Perimento della cosa legata. Impossibilità della prestazione.

Il legato non ha effetto se la cosa legata è interamente perita durante la vita del testatore.

L'obbligazione dell'onerato si estingue se, dopo la morte del testatore, la prestazione è divenuta impossibile per causa a lui non imputabile.

• Se, successivamente alla confezione del testamento, la cosa legata, appartenga essa al testatore, all'onerato o a un terzo, **perisce integralmente** prima della morte del disponente, il legato, traslativo ovvero obbligatorio, non ha effetto (la medesima regola vige per lo smarrimento di cui all'art. 1257); infatti, quando l'evento si verifica dopo la sua morte, viene in considerazione il principio *res perit domino*, in base al quale il legatario, divenuto titolare del bene all'apertura della successione, sopporta il rischio della perdita. • Qualora, invece, si abbia **perimento parziale**, il debitore si libera effettuando la prestazione per la parte rimasta possibile, secondo quanto previsto all'art. 1258. • Per ciò che attiene al legato **obbligatorio**, esso si estingue ai sensi degli artt. 1218 e 1256, là dove la prestazione che ne forma oggetto sia divenuta **impossibile** per causa non imputabile all'onerato (come accade, ad esempio, se il bene di sua proprietà, da attribuire al legatario *ex* art. 651, vada distrutto per caso fortuito); nell'ipotesi di **colpa dell'onerato** connessa a tale impossibilità, egli dovrà risarcire il danno al legatario secondo le regole generali in materia di inadempimento.

Sezione IV
Del diritto di accrescimento

674. Accrescimento tra coeredi.

Quando più eredi sono stati istituiti con uno stesso testamento nell'universalità dei beni, senza determinazione di parti o in parti uguali, anche se determinate, qualora uno di essi non possa o non voglia accettare la sua parte si accresce agli altri.

Se più eredi sono stati istituiti in una stessa quota, l'accrescimento ha luogo a favore degli altri istituiti nella quota medesima.

L'accrescimento non ha luogo quando dal testamento risulta una diversa volontà del testatore.

È salvo in ogni caso il diritto di rappresentazione.

• La fattispecie dell'accrescimento si integra in assenza di una **diversa volontà** del testatore (il quale potrebbe prevedere una sostituzione ordinaria *ex* art. 688 o, all'opposto, semplicemente escludere l'accrescimento, il che implica l'operare della successione legittima) e, inoltre, se non vi è **rappresentazione** ai sensi degli artt. 467-469. • Relativamente all'istituzione nell'eredità, essa presenta come requisiti costitutivi *i)* anzitutto, la sussistenza di più eredi ai quali il *de cuius* abbia attribuito, **nel medesimo testamento** (c.d. *coniunctio verbis*), l'universalità dei beni **senza determinare la parte** spettante a ciascuno ovvero indicando **parti eguali** per tutti (c.d. *coniunctio re*); *ii)* il fatto che uno tra i coeredi designati **non possa** (ad es., per prescrizione del diritto di accettare ovvero per indegnità) o **non voglia** (in séguito alla rinuncia di cui all'art. 519) **accettare**. In tale ipotesi, allora, la parte di chi non ha accettato si accresce a quelle degli altri, anche là dove ciò avvenga con riferimento ad **una stessa quota** (in quest'ultimo caso, se ad esempio, Tizio è istituito erede per 1/2 e Caio e Sempronio per un altro 1/2, là dove quest'ultimo dovesse rinunciare, la sua parte si accrescerà solo a quella di Caio, che diverrà titolare di 1/2 dell'eredità, restandone escluso Tizio).

675. Accrescimento tra collegatari.

L'accrescimento ha luogo anche tra più legatari ai quali è stato legato uno stesso oggetto, salvo che dal testamento risulti una diversa volontà e salvo sempre il diritto di rappresentazione.

• Quando sono presenti la *coniunctio verbis* (istituzione nel medesimo testamento, la quale, pur non espressamente prevista in questa norma, **deriva per logica** dall'unicità del legato) *et re* (attribuzione di uno **stesso oggetto**), l'accrescimento si verifica anche tra i **collegatarî**, quando non opera la rappresentazione e a meno che il testatore non abbia diversamente voluto (disponendo una sostituzione o prevedendo che la quota di chi non ha accettato si devolva all'erede, secondo la regola contemplata nell'art. 677, co. 1).

676. Effetti dell'accrescimento.

L'acquisto per accrescimento ha luogo di diritto.

I coeredi o i legatari, a favore dei quali si verifica l'accrescimento, subentrano negli obblighi a cui era sottoposto l'erede o il legatario mancante, salvo che si tratti di obblighi di carattere personale.

• Per effetto dell'accrescimento, il quale si produce **ipso iure** e **retroattivamente** (quindi, dall'apertura della successione) coloro che ne godono subentrano non solo nella parte (che non può essere oggetto di rinunzia, stante il divieto *ex* art. 520) ma anche negli **obblighi**, non aventi natura personale (perché fondati sulle particolari qualità soggettive di chi vi è tenuto), sussistenti in capo al coerede o collegatario di cui è mancata l'accettazione (in tal modo, varierà la misura della responsabilità per i debiti o per le altre obbligazioni testamentarie, la quale è proporzionale alla quota di eredità o di legato).

677. Mancanza di accrescimento.

Se non ha luogo l'accrescimento, la porzione dell'erede mancante si devolve agli eredi legittimi, e la porzione del legatario mancante va a profitto dell'onerato.

Gli eredi legittimi e l'onerato subentrano negli obblighi che gravavano sull'erede o sul legatario mancante, salvo che si tratti di obblighi di carattere personale.

Le disposizioni precedenti si applicano anche nel caso di risoluzione di disposizioni testamentarie per inadempimento dell'onere.

• Nell'ipotesi in cui l'accrescimento non operi, ad esempio perché escluso dallo stesso testatore, la parte dell'erede che non ha accettato si devolve agli **eredi legittimi** (in ipotesi anche diversi da quanti non hanno visto accrescere la loro quota) mentre quella del legatario mancante va a profitto dell'**onerato**. Chi si avvantaggia dell'assenza di accrescimento, però, subentra negli obblighi, non aventi natura personale, gravanti sull'erede o sul legatario di cui è mancata l'accettazione. In queste ipotesi, allora, trova puntuale applicazione il principio stabilito nell'art. 457, co. 2, in base al quale, quando non vi è in tutto o in parte la successione testamentaria, opera la **delazione legittima**.
• Il terzo comma della previsione in esame, secondo il quale la risoluzione *ex* art. 648 delle disposizioni attributive per inadempimento del *modus* testamentario implica, tra le possibili conseguenze, che la relativa obbligazione si trasferisca all'erede legittimo (c.d. **ambulatorietà dell'onere**), depone a favore dell'ipotesi circa **l'autonomia della clausola modale** e la conseguente tripartizione del contenuto tipico del testamento (istituzione di erede, legato e, per l'appunto, *modus*).

678. Accrescimento nel legato di usufrutto.

Quando a più persone è legato un usufrutto in modo che tra di loro vi sia il diritto di accrescimento, l'accrescimento ha luogo anche quando una di esse viene a mancare dopo conseguito il possesso della cosa su cui cade l'usufrutto.

Se non vi è diritto di accrescimento, la porzione del legatario mancante si consolida con la proprietà.

• Il **legato costitutivo di usufrutto** (ma, *ex* art. 1026, anche di uso o abitazione) a favore di più soggetti implica comunque l'accrescimento (qualora sussistano i requisiti indicati nell'art. 675) anche quando uno di essi muoia o vi rinunci dopo avere conseguito il **possesso** del bene oggetto dello stesso usufrutto; tale **eccezione alla regola generale**, in base alla quale l'estinzione dell'usufrutto consolida il diritto del proprietario, si spiega alla luce della **temporaneità** del legato in discorso. Se l'accrescimento non opera, se ne avvantaggia la **proprietà** (dell'erede o del legatario, a seconda di come il testatore abbia disposto del bene su cui insiste l'usufrutto), secondo la anzidetta regola generale.

Sezione V
Della revocazione delle disposizioni testamentarie

679. Revocabilità del testamento.

Non si può in alcun modo rinunziare alla facoltà di revocare o mutare le disposizioni testamentarie: ogni clausola o condizione contraria non ha effetto.

• La revocabilità del testamento è **profilo indefettibile** dell'atto fin dalla nozione contenuta all'art. 587 ed è assolutamente indisponibile dal testatore. Pertanto, è vietata qualsivoglia rinunzia a tale facoltà che si esprima nelle stesse clausole testamentarie, ovvero mediante un patto successorio *ex* art. 458 o tramite un atto unilaterale rinunziativo indirizzato all'istituito, come è vietato precludersi la modifica oggettiva o soggettiva di previsioni precedenti (ad esempio, quando si prevede che non possa mutare l'oggetto del legato o la quota in cui è istituito l'erede, ovvero la persona di quest'ultimo o del legatario, oppure il numero dei successori universali o a titolo particolare). • Pertanto, non è ammessa la c.d. **clausola di irrevocabilità** delle disposizioni *mortis causa* (che può derivare solo dalla legge e per disposizioni non aventi natura patrimoniale, come il riconoscimento di figlio ai sensi dell'art. 256), sia nella forma di un **impegno a non ritrattare** la volontà testamentaria espressa nell'atto in cui lo stesso impegno è inserito, sia quando a tale risultato si perviene in virtù di una **condizione** (secondo la quale, in ipotesi, il negozio possa essere revocato solo al verificarsi di uno specifico evento, limitando in tal modo la libera determinazione del *de cuius*).

680. Revocazione espressa.

La revocazione espressa può farsi soltanto con un nuovo testamento, o con un atto ricevuto da notaio in presenza di due testimoni, in cui il testatore personalmente dichiara di revocare, in tutto o in parte, la disposizione anteriore.

• La volontà di revocare le precedenti disposizioni *mortis causa* può risultare da: *i)* un **ulteriore e successivo testamento** (anche in forma diversa rispetto a quello revocato, visto il principio di equipollenza tra il negozio olografo e per notaio), ove si esprime l'intento di mutare l'assetto patrimoniale precedentemente stabilito e, insieme, si danno le nuove previsioni in materia di eredità e legati; *ii)* un **atto notarile**, in cui il testatore, innanzi al pubblico ufficiale e alla presenza di due testimoni, dichiara di revocare totalmente o parzialmente l'atto anteriore. In quest'ultima ipotesi, in cui tecnicamente non si ha testamento giacché l'unico contenuto dell'atto è la revoca (si è di fronte, quindi, non a una volontà istitutiva, bensì a un ***contrarius actus*** **negativo**, simmetrico rispetto al precedente negozio di disposizione), la regola codicistica ha il cómpito di fugare ogni dubbio circa la sua ammissibilità.

681. Revocazione della revocazione.

La revocazione totale o parziale di un testamento può essere a sua volta revocata sempre con le forme stabilite dall'articolo precedente. In tal caso rivivono le disposizioni revocate.

• Tramite un nuovo testamento o un atto notarile alla presenza di due testimoni è possibile anche **revocare, in tutto o in parte, la revoca**, così da fare rivivere le disposizioni precedentemente rese inefficaci (che non è necessario replicare in tali forme). La seconda volontà revocatoria deve essere **espressa**, non potendo farsi tacitamente *ex* art. 682; infatti, nuove disposizioni incompatibili con la prima revoca, perché riproducono quelle anteriormente smentite, non farebbero rivivere queste ultime, ma esse stesse disegnerebbero un nuovo assetto *mortis causa*. • Diversamente, nell'ipotesi di **simulazione testamentaria**, in cui la volontà palese viene smentita da una coeva o correlata volontà occulta (classico il caso in cui l'olografo assume come fittizie le previsioni del negozio pubblico), là dove un ulteriore testamento o atto notarile dichiarasse inefficace la "controdichiarazione", non rivivrebbe l'atto simulato in quanto esso non è sorretto da un'effettiva volizione; pertanto, si aprirebbe la **successione legittima** ai sensi dell'art. 457, co. 2.

682. Testamento posteriore.

Il testamento posteriore, che non revoca in modo espresso i precedenti, annulla in questi soltanto le disposizioni che sono con esso incompatibili.

• Quando non vi è una revoca espressa, l'incompatibilità tra testamenti formati in tempi diversi è risolta dalla regola per cui **il posteriore prevale sul precedente**. In tal caso, le disposizioni contrastanti con quelle successive divengono inefficaci. • La **revoca tacita**, che viene così realizzata, può essere **oggettiva**, quando **non è possibile dare contestuale applicazione ad entrambi i testamenti**, perché, ad esempio, il medesimo oggetto in uno è legato a Tizio e nell'altro a Caio, ovvero perché l'erede universale designato nel primo viene modificato istituendo un diverso soggetto nel secondo. • È data altresì la revoca tacita c.d. **soggettiva**, là dove si riscontri la volontà di **mutare radicalmente** l'assetto successorio divisato in precedenza, anche in assenza di una evidente incompatibilità tra le disposizioni; si pensi, ad es., al testamento ove si prevedono l'istituzione di un unico erede e taluni legati, cui ne segue altro che vede come solo successore universale una persona diversa, alla quale si attribuisce la totalità del patrimonio.

683. Testamento posteriore inefficace.

La revocazione fatta con un testamento posteriore conserva la sua efficacia anche quando questo rimane senza effetto perché l'erede istituito o il legatario è premorto al testatore, o è incapace o indegno, ovvero ha rinunziato all'eredità o al legato.

• Il codice fa prevalere la volontà di revoca sulla funzionalità delle previsioni che la accompagnano o dalle quali la medesima risulta; pertanto, sia essa espressa o tacita, rende comunque inefficace le disposizioni precedenti anche **quando le nuove non possano essere applicate**, per premorienza, incapacità, indegnità o rinunzia dell'erede o del legatario designati. Peraltro, tali indicazioni debbono ritenersi meramente **esemplificative**, per cui la regola disciplina tutte le ipotesi in cui gli effetti testamentarî che si accompagnano all'intento revocatorio non possano prodursi, anche per **cause diverse** da quelle espressamente menzionate (ad es., in caso di nullità per motivo illecito determinante *ex* art. 626 o per indeterminatezza dell'oggetto o dell'erede ai sensi dell'art. 631, oppure in caso di dichiarazione di morte presunta del designato).

684. Distruzione del testamento olografo.

Il testamento olografo distrutto, lacerato o cancellato, in tutto o in parte, si considera in tutto o in parte revocato, a meno che si provi che fu distrutto, lacerato o cancellato da persona diversa dal testatore, ovvero si provi che il testatore non ebbe l'intenzione di revocarlo.

• Costituisce una presunzione relativa di revoca tacita il comportamento del *de cuius* che distrugga il testamento, ossia ne disperda il supporto materiale (ad esempio, bruciandolo), ovvero lo laceri, separando le parti di tale supporto senza dispersione (ad esempio, lo strappi in due o tre parti), oppure lo cancelli, per cui il materiale permane inalterato ma quanto vi è scritto è segnato così da eliminarne l'intelligibilità o l'attitudine significativa (ad esempio, si barrano tutte le righe dell'atto o vi si appongono due linee diagonali incrociate). Pertanto, se la distruzione, lacerazione o cancellazione **non furono opera del testatore**, tale presunzione non opera e le disposizioni testamentarie permangono efficaci; ancóra, gli effetti si producono anche quando, superando la volontà legislativamente presunta, chi ha interesse a fare valere il testamento dia la prova che **non sussisteva** nel disponente la volontà di revocarlo (in caso di distruzione **per errore**, o lacerazione **accidentale**, ovvero apposizione di segni **ad evidenza** e non con lo scopo di cancellare l'atto o sue disposizioni).

685. Effetti del ritiro del testamento segreto.

Il ritiro del testamento segreto, a opera del testatore, dalle mani del notaio o dell'archivista presso cui si trova depositato, non importa revocazione del testamento quando la scheda testamentaria può valere come testamento olografo.

• La condotta del testatore che si sostanzi nel **ritiro del testamento segreto** dal notaio o dall'archivista che ne cura la custodia non può implicare la **revoca dell'atto** se questo abbia i requisiti **dell'olografo**. A ciò consegue che il disponente in questa ipotesi, qualora intenda privare di qualsivoglia effetto la propria manifestazione di volontà, ha **l'onere** di effettuarne la revoca secondo le modalità previste dagli artt. 680 e 682 (ovvero di adottare i comportamenti indicati nell'art. 684), restando altrimenti la medesima idonea a sistemarne gli assetti patrimoniali per il tempo in cui egli avrà cessato di vivere. • Quando, invece, il testamento segreto non possa valere come olografo, il ritiro ne importa la revocazione **tacita**, venendo meno, successivamente alla confezione dell'atto, la formalità del **ricevimento** prevista dall'art. 605.

686. Alienazione e trasformazione della cosa legata.

L'alienazione che il testatore faccia della cosa legata o di parte di essa, anche mediante vendita con patto di riscatto, revoca il legato riguardo a ciò che è stato alienato, anche quando l'alienazione è annullabile per cause diverse dai vizi del consenso, ovvero la cosa ritorna in proprietà del testatore.

Lo stesso avviene se il testatore ha trasformato la cosa legata in un'altra, in guisa che quella abbia perduto la precedente forma e la primitiva denominazione.

È ammessa la prova di una diversa volontà del testatore.

• Se il disponente non ha espresso una diversa volontà, l'alienazione o la trasformazione successive al testamento della cosa, certa e determinata, oggetto di un legato, in modo che si verifichi un **mutamento soggettivo ovvero oggettivo nella fisionomia giuridica del bene**, implicano la revoca del lascito in virtù di una **presunzione *iuris tantum***. • In particolare, l'alienazione, la quale può essere totale o parziale (si pensi ad una frazione del fondo originariamente legato) e a titolo tanto oneroso quanto gratuito, se non è annullabile per vizî del consenso (giacché, in loro presenza, non può dirsi sussistere la volontà di revoca), priva di efficacia l'attribuzione a titolo particolare anche quando sia effettuata mediante vendita con patto di riscatto e pur se il testatore ritorni nella titolarità del bene (se non risulti provato, da chi ha interesse ad ottenerlo, che il recupero della proprietà fosse sintomatico dell'intento di **tenere fermo il legato**). Qualora, nonostante la perdita della proprietà di chi lega, si dimostri l'intenzione di confermare il beneficio, trova applicazione l'art. 651 in tema di legato di cosa del terzo. • La trasformazione della cosa, perché vi sia la revoca, deve essere tale da implicare un **radicale mutamento** nella sua struttura, in virtù del quale essa perde conseguentemente la denominazione e la forma precedenti (a meno che, anche in questo caso, non si dimostri una volizione del *de cuius* indirizzata a fare pervenire comunque il bene al designato, a prescindere dalla nuova natura che esso abbia assunto).

687. Revocazione per sopravvenienza di figli.

Le disposizioni a titolo universale o particolare, fatte da chi al tempo del testamento non aveva o ignorava di aver figli o discendenti, sono revocate di diritto per l'esistenza o la sopravvenienza di un figlio o discendente del testatore, benché postumo, anche adottivo, ovvero per il riconoscimento di un figlio nato fuori del matrimonio.

La revocazione ha luogo anche se il figlio è stato concepito al tempo del testamento.

La revocazione non ha invece luogo qualora il testatore abbia provveduto al caso che esistessero o sopravvenissero figli o discendenti da essi.

Se i figli o discendenti non vengono alla successione e non si fa luogo a rappresentazione, la disposizione ha il suo effetto.

• Quando il testatore ha disposto delle proprie sostanze **ignorando di avere figli** (anche se concepiti al tempo dell'atto) **o discendenti**, tanto le istituzioni di erede quanto i legati sono oggetto di **revoca *ipso iure*** là dove esistano o sopravvengano i suddetti figli o discendenti, anche postumi o adottivi, ovvero nell'ipotesi in cui intervenga il riconoscimento di un figlio nato fuori dal matrimonio (non vi è invece revoca delle disposizioni redatte da chi aveva già figli o discendenti nel momento in cui ha testato e altri ne siano sopraggiunti). • Per contro, non vi è revocazione qualora: *i*) il testatore abbia disposto per il caso in cui fossero esistiti o sopraggiunti figli o discendenti (i quali, se lesi come legittimari, potranno agire per la riduzione delle disposizioni che li danneggiano); *ii*) i figli o i discendenti non vengano alla successione (perché, ad es., premorti o indegni, oppure rinunzianti) e non vi è rappresentazione *ex* art. 467 (per assenza dei relativi discendenti).

Capo VI
Delle sostituzioni

Sezione I
Della sostituzione ordinaria

688. Casi di sostituzione ordinaria.

Il testatore può sostituire all'erede istituito altra persona per il caso che il primo non possa o non voglia accettare l'eredità.

Se il testatore ha disposto per uno solo di questi casi, si presume che egli si sia voluto riferire anche a quello non espresso, salvo che consti una sua diversa volontà.

• Per regolare l'ipotesi in cui l'erede designato non possa (perché ad es. premorto o indegno) o non voglia (in quanto rinunziante *ex* art. 519) accettare l'eredità, il testatore può predisporre una **duplice istituzione**, una semplice e l'altra condizionata, in base alla quale, verificandosi le suddette condizioni, l'eredità si devolve al **sostituito**. • Quando il disponente abbia indicato **solo uno** tra i casi che legittimano la sostituzione (ad es., la rinunzia senza menzionare l'indegnità o la premorienza) e non risulti l'intento di limitare la sostituzione esclusivamente al caso espresso, si presume (*iuris tantum*) che la sostituzione operi anche per il **caso non espresso**.

689. Sostituzione plurima. Sostituzione reciproca.

Possono sostituirsi più persone a una sola e una sola a più.

La sostituzione può anche essere reciproca tra i coeredi istituiti. Se essi sono stati istituiti in parti disuguali, la proporzione fra le quote fissate nella prima istituzione si presume ripetuta anche nella sostituzione. Se nella sostituzione insieme con gli istituiti è chiamata un'altra persona, la quota vacante viene divisa in parti uguali tra tutti i sostituiti.

• Il testatore è libero di predisporre il meccanismo sostitutivo secondo le proprie esigenze. Si ha **sostituzione plurima** quando un solo erede designato è sostituito con più persone. • Si ha, invece, **sostituzione reciproca** quando uno tra i più coeredi istituiti non possa o non voglia accettare e a questo siano sostituiti tutti o taluni degli altri. In particolare, se vi è istituzione con **diseguaglianza di quote**, la proporzione così disegnata si presume **ripetuta** nella sostituzione. Se, invece, oltre a taluni o a tutti i restanti coeredi, nella sostituzione viene chiamata anche un'altra persona (c.d. **sostituzione mista**), la regola è **l'eguaglianza di quote** nella divisione della parte spettante all'erede mancato.

690. Obblighi dei sostituiti.

I sostituiti devono adempiere gli obblighi imposti agli istituiti, a meno che una diversa volontà sia stata espressa dal testatore o si tratti di obblighi di carattere personale.

• Quando opera la sostituzione gli obblighi gravanti sugli istituiti si trasferiscono a chi subentra loro secondo la regola della **ambulatorietà** (già espressa negli artt. 676, co. 2, e 677, co. 2 e 3, in tema di accrescimento). La disposizione riguarda le obbligazioni in senso tecnico (come il *modus*, il legato obbligatorio e i debiti connessi all'eredità) e non anche la condizione, dalla quale non derivano vincoli obbligatori e che quindi non può dirsi trasferita alla nuova istituzione se il disponente non l'ha espressamente replicata. Tale estensione non opera se il testatore abbia disposto **diversamente** oppure qualora si tratti di **obblighi aventi carattere personale**.

691. Sostituzione ordinaria nei legati.

Le norme stabilite in questa sezione si applicano anche ai legati.

• Le regole in tema di sostituzione ordinaria dell'erede disciplinano anche l'ipotesi in cui il testatore, qualora il legatario non possa o non voglia accettare, abbia previsto chi gli subentrerà nel beneficio. Nel caso di **prelegato** *ex* art. 661, tuttavia, qualora il coerede a favore del quale esso è previsto non venga all'eredità e sia indicato un sostituito nella sua quota, il secondo chiamato non subentra nel prelegato se non vi sia un'espressa indicazione del *de cuius* in tal senso; ciò vale anche nell'ipotesi inversa, per cui se il coerede che si vede attribuito il prelegato rinuncia all'eredità e, conseguentemente, ad esso, e vi è chi gli succede nell'attribuzione a titolo particolare, il sostituito non si intende tale anche per la quota di eredità del rinunziante.

Sezione II
Della sostituzione fedecommissaria

692. Sostituzione fedecommissaria.

Ciascuno dei genitori o degli altri ascendenti in linea retta o il coniuge dell'interdetto possono istituire rispettivamente il figlio, il discendente, o il coniuge con l'obbligo di conservare e restituire alla sua morte i beni anche costituenti la legittima, a favore della persona o degli enti che, sotto la vigilanza del tutore, hanno avuto cura dell'interdetto medesimo.

La stessa disposizione si applica nel caso del minore di età, se trovasi nelle condizioni di abituale infermità di mente tali da far presumere che nel termine indicato dall'articolo 416 interverrà la pronuncia di interdizione.

Nel caso di pluralità di persone o enti di cui al primo comma i beni sono attribuiti proporzionalmente al tempo durante il quale gli stessi hanno avuto cura dell'interdetto.

La sostituzione è priva di effetto nel caso in cui l'interdizione sia negata o il relativo procedimento non sia iniziato entro due anni dal raggiungimento della maggiore età del minore abitualmente infermo di mente. È anche priva di effetto nel caso di revoca dell'interdizione o rispetto alle persone o agli enti che abbiano violato gli obblighi di assistenza.

In ogni altro caso la sostituzione è nulla.

• La sostituzione fedecommissaria consiste in una c.d. **doppia istituzione**, ossia una prima istituzione a termine – coincidente con la morte dell'istituito – e una seconda istituzione in favore del sostituito. Venuto meno il designato originario, l'eredità, che egli era obbligato a **conservare**, si trasferisce al sostituito (c.d. *ordo successivus*). • Tale ipotesi di sostituzione è ammessa solamente quando è funzionale all'**assistenza di un incapace** per il tempo in cui i familiari che se ne prendono cura avranno cessato di vivere. In tale caso, il secondo istituito sarà **la persona o gli enti che hanno cura dell'incapace**, sotto la vigilanza del tutore di quest'ultimo. • La sostituzione è **inefficace** (dandosi allora luogo alla successione legittima del primo istituito) quando il suo scopo non può essere raggiunto poiché l'interdizione è stata negata o revocata (mancando, allora, la necessità della cura di un incapace) o non venga dato corso al relativo procedimento entro i due anni dalla maggiore età del minore abitualmente infermo di mente (per cui si presume che la sua assistenza venga assicurata tramite modalità diverse) oppure, infine, vi sia stata violazione degli obblighi verso l'incapace da parte dei soggetti designati (mancherebbe, infatti, il fondamento dell'attribuzione). • In tutte le altre ipotesi la sostituzione fedecommissaria è **nulla** dal momento che comporta un limite penetrante alla libera disponibilità e alla circolazione dei beni, ossia a **principî di ordine pubblico** del nostro ordinamento. Ciò spiega l'inammissibilità anche del c.d. **fedecommesso *de residuo***, in base al quale il primo istituito, pur non avendo l'obbligo di conservare i beni pervenutigli, deve trasferire al soggetto designato dal testatore quanto di essi residua alla sua morte.

693. Diritti e obblighi dell'istituito.

L'istituito ha il godimento e la libera amministrazione dei beni che formano oggetto della sostituzione, e può stare in giudizio per tutte le azioni relative ai beni medesimi. Egli può altresì compiere tutte le innovazioni dirette ad una migliore utilizzazione dei beni.

All'istituito sono comuni, in quanto applicabili, le norme concernenti l'usufruttuario.

Se l'istituito trascura di osservare i propri obblighi, l'autorità giudiziaria può nominare, anche d'ufficio, un amministratore (1).

(1) Comma abrogato dall'art. 198 della l. n. 151/1975.

• La **posizione giuridica dell'istituito** che risulta dalla disposizione in esame è assimilabile a quella dell'usufruttuario (più che a quella del proprietario *ex* art. 832). In particolare, oltre alla **capacità processuale**, l'erede originario, che è tenuto a redigere **l'inventario** dei beni attribuitigli in base agli artt. 471 e 1002, co. 2, può goderne e amministrarli liberamente usando la **diligenza del buon padre di famiglia** ai sensi dell'art. 1001, co. 2, ma non disporne con la pienezza del dominio (si v. il successivo art. 694). • Tenuto conto, poi, che gli esiti saranno goduti anche dal sostituito, possono essere compiute le **innovazioni** con cui si valorizza funzionalmente il compendio ereditario, quand'anche esse consistano nel mutamento di destinazione economica dei beni.

694. Alienazione dei beni.

L'autorità giudiziaria può consentire l'alienazione dei beni che formano oggetto della sostituzione in caso di utilità evidente, disponendo il reimpiego delle somme ricavate. Può anche essere consentita, con le necessarie cautele, la costituzione di ipoteche sui beni medesimi a garanzia di crediti destinati a miglioramenti e trasformazioni fondiarie.

• Poiché l'istituito non può liberamente disporre dei beni pervenutigli, in caso di **utilità evidente** per il patrimonio dell'eventuale alienazione, questa dovrà comunque essere autorizzata dal giudice, il quale disporrà il **reimpiego** delle somme che ne costituiscono il prezzo nell'acquisto di ulteriori beni o comunque nell'incremento del compendio ereditario. In particolare, può autorizzarsi **l'ipoteca** sui beni che ne fanno parte quando essa sia funzionale a garantire un credito concesso per **migliorare o trasformare i fondi** compresi nell'eredità.

695. Diritti dei creditori personali dell'istituito.

I creditori personali dell'istituito possono agire soltanto sui frutti dei beni che formano oggetto della sostituzione.

• Essendo l'istituito assimilabile all'usufruttuario, il relativo patrimonio viene incrementato esclusivamente dai **frutti** dei beni compresi nell'eredità *ex* art. 984; ne consegue che i suoi **creditori**, ai sensi dell'art. 2740, potranno agire **in via esecutiva** solo sui suddetti frutti per soddisfare le proprie ragioni.

696. Devoluzione al sostituito.

L'eredità si devolve al sostituito al momento della morte dell'istituito.

Se le persone o gli enti che hanno avuto cura dell'incapace muoiono o si estinguono prima della morte di lui, i beni o la porzione dei beni che spetterebbe loro è devoluta ai successori legittimi dell'incapace.

• La duplice designazione propria del fedecommesso fa sì che, nella versione assistenziale in cui lo ammette il nostro codice, gli enti o le persone che hanno avuto cura dell'istituito vengono all'eredità **nel momento della sua morte** (ossia quando scade il termine, *certus an et incertus quando*, della prima istituzione). • Peraltro, in caso di **premorienza** o di **estinzione** di tali soggetti prima che si apra la successione dell'istituito, quanto ad essi spetterebbe in base alla sostituzione e al periodo di cura prestato all'incapace si devolve agli **eredi legittimi** di quest'ultimo (non essendovi la capacità a succedere *ex* art. 462, co. 1).

697. Sostituzione fedecommissaria nei legati.

Le norme stabilite in questa sezione sono applicabili anche ai legati.

• Anche il fedecommesso assistenziale può realizzarsi tramite **un'attribuzione a titolo particolare**, tenuto conto dell'importanza economica del bene, strumentale ad assicurare la cura dell'incapace, primo legatario, da parte del sostituito. Peraltro, poiché il legato, differentemente dall'istituzione di erede, può essere delimitato nel tempo *ex* art. 637, il meccanismo fedecommissario non sarebbe necessariamente connesso alla morte del beneficiario originario, ma alla **scadenza del termine**, anche *certus an et quando*, di efficacia del lascito.

698. Usufrutto successivo.

La disposizione, con la quale è lasciato a più persone successivamente l'usufrutto, una rendita o un'annualità, ha valore soltanto a favore di quelli che alla morte del testatore si trovano primi chiamati a goderne.

• I limiti temporali al diritto di usufrutto previsti nell'art. 979 mirano alla **consolidazione** del potere di disporre del bene con il suo godimento. Ne consegue che la **costituzione successiva** del diritto di usufrutto (ma anche delle rendite e delle annualità), contraddirebbe tali limiti; tuttavia, il rispetto della volontà del testatore fa sì che le disposizioni con cui si volesse prevedere un simile effetto siano considerate comunque efficaci ma solo nei confronti dei **primi chiamati** a godere di tali prerogative (mentre, ai sensi dell'art. 678, è ammissibile il c.d. **usufrutto congiuntivo**, il cui termine finale è dato dalla morte o dall'estinzione di tutti i beneficiari). Così come nella sostituzione fedecommissaria, anche in questa ipotesi si ha la doppia istituzione e l'*ordo successivus*, mentre la differenza consiste nel fatto che non vi è l'obbligo di conservare per trasferire, giacché l'usufrutto si estingue con la morte e, pertanto, non può essere trasmesso *iure hereditatis*.

699. Premi di nuzialità, opere di assistenza e simili.

È valida la disposizione testamentaria avente per oggetto l'erogazione periodica, in perpetuo o a tempo, di somme determinate per premi di nuzialità o di natalità, sussidi per l'avviamento a una professione o a un'arte, opere di assistenza o per altri fini di pubblica utilità, a favore di persone da scegliersi entro una determinata categoria o tra i discendenti di determinate famiglie.

Tali annualità possono riscattarsi secondo le norme dettate in materia di rendita.

• La previsione in commento contempla un'eccezione al divieto contenuto nell'art. 698 e considera valide le disposizioni, aventi natura di **legati**, con cui il testatore destina a scopi di **utilità sociale** somme determinate tramite la loro erogazione periodica, a carattere perpetuo o per un tempo definito (con annualità riscattabili dall'onerato, gravato dal relativo *modus*, in base alla regola sulla rendita *ex* art. 1865). • In particolare, esse debbono assicurare il sostegno della **famiglia** (premî di nuzialità o natalità), del **lavoro** (sussidî per l'avviamento ad una professione o a un'arte) o dell'**assistenza**, privata o pubblica, a favore di soggetti da individuarsi tra gli appartenenti a una determinata **categoria** o tra i discendenti di determinati **gruppi familiari** (in base alla logica dell'art. 631, co. 2).

Capo VII
Degli esecutori testamentari

700. Facoltà di nomina e di sostituzione.

Il testatore può nominare uno o più esecutori testamentari e, per il caso che alcuni o tutti non vogliano o non possano accettare, altro o altri in loro sostituzione.

Se sono nominati più esecutori testamentari, essi devono agire congiuntamente, salvo che il testatore abbia diviso tra loro le attribuzioni, o si tratti di provvedimento urgente per la conservazione di un bene o di un diritto ereditario.

Il testatore può autorizzare l'esecutore testamentario a sostituire altri a se stesso, qualora egli non possa continuare nell'ufficio.

• Al fine di vedere **esattamente realizzate** le proprie ultime volontà il testatore, nell'atto *mortis causa* (anche diverso da quello in cui è programmato il futuro assetto del suo patrimonio), può attribuire i relativi cómpiti a uno o più esecutori testamentarî; se si tratta di una pluralità di incaricati e il *de cuius* non abbia previsto per ciascuno di loro una specifica funzione, questi debbono agire **congiuntamente**, a meno che non sia necessario adottare da uno tra essi un **provvedimento urgente** di natura conservativa per un bene o un diritto ereditario. • Gli esecutorî possono essere **sostituiti** direttamente dal testatore, nell'ipotesi in cui uno o tutti non possano o non vogliano accettare, oppure da sé stessi, quando **non possano proseguire** nell'ufficio, se sono stati a ciò espressamente autorizzati nel testamento. • L'esecutore è titolare di un **ufficio di diritto privato**, esercitando poteri proprî nell'interesse altrui (il che giustifica l'impossibilità di avvalersi degli ausiliari), giacché non può considerarsi rappresentante del disponente né di quanti acquisteranno diritti in virtù delle attribuzioni testamentarie.

701. Persone capaci di essere nominate.

Non possono essere nominati esecutori testamentari coloro che non hanno la piena capacità di obbligarsi.

Anche un erede o un legatario può essere nominato esecutore testamentario.

• Ai fini della **validità** della nomina è necessario che gli esecutori designati abbiano la piena capacità di agire; ciò esclude non solo quanti ne siano del tutto **privi** (minori e interdetti) ma anche chi subisca **limiti** rispetto ad essa (minori emancipati, se non autorizzati all'esercizio di un'impresa *ex* art. 397, inabilitati e beneficiarî dell'amministrazione di sostegno). • Non vi sono peraltro impedimenti a che **gli stessi istituiti** possano svolgere la funzione di esecutore testamentario (quindi, anche eredi e legatarî), presumendosi il loro **interesse** ad un'esatta esecuzione delle disposizioni del *de cuius*.

702. Accettazione e rinunzia alla nomina.

L'accettazione della nomina di esecutore testamentario o la rinunzia alla stessa deve risultare da dichiarazione fatta nella cancelleria del tribunale nella cui giurisdizione si è aperta la successione, e deve essere annotata nel registro delle successioni.

L'accettazione non può essere sottoposta a condizione o a termine.

L'autorità giudiziaria, su istanza di qualsiasi interessato, può assegnare all'esecutore un termine per l'accettazione, decorso il quale l'esecutore si considera rinunziante.

• L'assunzione e la perdita volontaria dell'ufficio debbono essere resi con **formalità** tali da assicurarne la certezza e la pubblicità. Pertanto, sia **l'accettazione** (la quale, oltre a dovere essere espressa, è atto puro che non ammette condizioni o termini, coerentemente alla soddisfazione degli interessi altrui che giustifica l'incarico) sia la **rinunzia** debbono essere dichiarate presso la **cancelleria del Tribunale** nel luogo in cui si è aperta la successione e annotate nel **registro delle successioni**. • La medesima esigenza di certezza giustifica la possibilità che qualunque interessato (e, principalmente, quanti otterrebbero diritti in base al testamento, ma anche i creditori del *de cuius*) possa adire l'autorità giudiziaria affinché questa assegni all'esecutore designato un **termine per l'accettazione**, decorso il quale questa si intende rinunziata.

703. Funzioni dell'esecutore testamentario.

L'esecutore testamentario deve curare che siano esattamente eseguite le disposizioni di ultima volontà del defunto.

A tal fine, salvo contraria volontà del testatore, egli deve amministrare la massa ereditaria, prendendo possesso dei beni che ne fanno parte.

Il possesso non può durare più di un anno dalla dichiarazione di accettazione, salvo che l'autorità giudiziaria, per motivi di evidente necessità, sentiti gli eredi, ne prolunghi la durata, che non potrà mai superare un altro anno.

L'esecutore deve amministrare come un buon padre di famiglia e può compiere tutti gli atti di gestione occorrenti. Quando è necessario alienare beni dell'eredità, ne chiede l'autorizzazione all'autorità giudiziaria, la quale provvede sentiti gli eredi.

Qualsiasi atto dell'esecutore testamentario non pregiudica il diritto del chiamato a rinunziare all'eredità o ad accettarla col beneficio d'inventario.

• L'esatta esecuzione delle disposizioni del defunto fonda la serie di **attribuzioni**, strumentali a tale cómpito, di cui è titolare l'esecutore; egli perciò: *i*) se il testatore non ha diversamente disposto, deve **amministrare** l'eredità con la diligenza del buon padre di famiglia *ex* art. 1176, co. 1, compiendo autonomamente gli **atti di gestione necessarî** (ma, per **l'alienazione** dei beni ereditarî, è tenuto a chiedere l'autorizzazione del giudice, concessa dopo avere sentito gli eredi); *ii*) a tale scopo, deve prendere **possesso** dei beni lasciati dal *de cuius*, per un periodo non superiore ad un anno dalla dichiarazione di accettazione, salva la proroga, concessa dall'autorità giudiziaria per evidente necessità, che non può superare un altro anno. Peraltro, si dovrebbe discorrere non di possesso ma, più correttamente, di **detenzione**, giacché l'esecutore, amministrando nell'interesse altrui, non ha l'*animus possidendi*. • Infine, la norma precisa che gli atti di amministrazione o di gestione compiuti dall'esecutore non precludono ai chiamati il diritto di **rinunziare** all'eredità o di **accettarla con beneficio di inventario**.

704. Rappresentanza processuale.

Durante la gestione dell'esecutore testamentario, le azioni relative all'eredità devono essere proposte anche nei confronti dell'esecutore. Questi ha facoltà d'intervenire nei giudizi promossi dall'erede e può esercitare le azioni relative allo esercizio del suo ufficio.

• L'esecutore testamentario, il quale agisce nell'interesse *lato sensu* dell'eredità come configurato dal *de cuius*, ha la **rappresentanza processuale** di tale interesse, per cui, nel periodo dell'incarico, oltre ad esercitare le **azioni inerenti al suo ufficio** (ad es., la rivendicazione di beni ereditarî in possesso di soggetti diversi dai chiamati), egli può **intervenire** nei giudizî instaurati dall'erede (il quale, ad es., abbia esperito la *petitio hereditatis ex* art. 533); inoltre, le azioni concernenti l'eredità (ad es., quelle proposte dai creditori del defunto) debbono essere promosse anche nei suoi confronti, essendo egli **litisconsorte necessario** nelle relative cause.

705. Apposizione di sigilli e inventario.

L'esecutore testamentario fa apporre i sigilli quando tra i chiamati all'eredità vi sono minori, assenti, interdetti o persone giuridiche.

Egli in tal caso fa redigere l'inventario dei beni dell'eredità in presenza dei chiamati all'eredità o dei loro rappresentanti, o dopo averli invitati.

• Per salvaguardare i diritti di soggetti **incapaci** (minori o interdetti giudiziali) o **impossibilitati ad accertare di persona l'effettiva consistenza del patrimonio ereditario** (assenti e persone giuridiche, ma anche scomparsi o soggetti lontani dal luogo in cui si è aperta la successione), l'esecutore è tenuto ad apporre i **sigilli** al medesimo allo scopo di evitare l'alterazione o la sottrazione dei beni che ne fanno parte (vista la funzione che i suddetti sigilli assolvono, sarebbe perciò senza effetto un'eventuale dispensa da tale formalità ad opera del testatore). • Conseguentemente, egli procede al relativo **inventario** dopo avere invitato i chiamati, in loro presenza o innanzi ai rappresentanti di questi (non solo legali ma anche volontarî).

706. Divisione da compiersi dall'esecutore testamentario.

Il testatore può disporre che l'esecutore testamentario, quando non è un erede o un legatario, proceda alla divisione tra gli eredi dei beni dell'eredità. In questo caso si osserva il disposto dell'articolo 733.

Prima di procedere alla divisione l'esecutore testamentario deve sentire gli eredi.

• All'esecutore può essere demandata anche la **divisione** dei beni ereditarî ai sensi dell'art. 733; egli vi procede dopo avere sentito i designati (tale parere, pur non essendo vincolante, è obbligatorio, per cui, là dove mancasse, ciò implicherebbe la nullità della divisione), sulla base dei **criterî stabiliti dal defunto**, i quali risultano **vincolanti** per gli eredi, a meno che l'effettivo valore dei beni non corrisponda alle **quote** stabilite nel testamento. • Inoltre, poiché l'esecutore può effettuare la divisione solo **qualora non sia egli stesso erede o legatario**, ai sensi dell'art. 733, co. 2, egli può procedere anche alla **stima** dei beni, che, se conforme alla volontà del testatore e non manifestamente iniqua, vincola gli istituiti (i quali, peraltro, in caso contrario possono rivolgersi all'autorità giudiziaria per disattenderla).

707. Consegna dei beni all'erede.

L'esecutore testamentario deve consegnare all'erede, che ne fa richiesta, i beni dell'eredità che non sono necessari all'esercizio del suo ufficio.

Egli non può rifiutare tale consegna a causa di obbligazioni che debba adempiere conformemente alla volontà del testatore, o di legati condizionali o a termine, se l'erede dimostra di averli già soddisfatti, od offre idonea garanzia per l'adempimento delle obbligazioni, dei legati o degli oneri.

• Là dove l'erede (quindi, non anche il legatario) faccia **richiesta** all'esecutore dei beni ereditarî, questi è tenuto a consegnarglieli se essi non sono necessarî per lo svolgimento delle sue funzioni. • In particolare, la consegna **non può essere rifiutata** quando il successore universale dimostri di avere già **adempiuto** ad obbligazioni (compresi gli oneri modali) e legati, condizionali o a termine (quindi, con effetto incerto o differito), oppure presti un'idonea **garanzia** per la relativa soddisfazione. Per tali ipotesi, allora, non può precludersi all'erede, oltre alla titolarità, anche il **possesso** di quanto attribuitogli dal testatore, se ciò è **conforme** all'esatta esecuzione delle disposizioni da lui impartite.

708. Disaccordo tra più esecutori testamentari.

Se gli esecutori che devono agire congiuntamente non sono d'accordo circa un atto del loro ufficio, provvede l'autorità giudiziaria, sentiti, se occorre, gli eredi.

• Quando, in caso di **più esecutori**, il defunto non abbia attribuito a ciascuno specifiche funzioni e, pertanto, essi debbano agire **congiuntamente**, si pone il problema di un eventuale **disaccordo** circa un atto inerente al loro ufficio, che la norma in esame risolve con l'intervento dell'autorità giudiziaria. Quest'ultima provvede sentiti gli **eredi**, quando la relativa audizione possa fare emergere elementi necessarî o utili alla **soluzione** del contrasto.

709. Conto della gestione.

L'esecutore testamentario deve rendere il conto della sua gestione al termine della stessa, e anche spirato l'anno dalla morte del testatore, se la gestione si prolunga oltre l'anno.

Egli è tenuto, in caso di colpa, al risarcimento dei danni verso gli eredi e verso i legatari.

Gli esecutori testamentari, quando sono più, rispondono solidalmente per la gestione comune.

Il testatore non può esonerare l'esecutore testamentario dall'obbligo di rendere il conto o dalla responsabilità della gestione.

• L'attività dell'esecutore testamentario esige di potere essere **verificata** con riguardo all'esatto adempimento dei relativi cómpiti. Sulla base di ciò, egli è tenuto a **rendere il conto** (ossia a redigere un documento contabile dal quale risultino le operazioni effettuate durante l'incarico) al termine della gestione (anche se non abbia ricevuto i poteri di amministrazione, esclusi dal *de cuius* a norma dell'art. 703, co. 2) e in ogni caso, là dove questa si prolunghi oltre un anno dalla morte del testatore, anche alla fine di tale periodo. • Quando sia inadempiente rispetto ai doveri del suo ufficio, l'esecutore risponde per **colpa** verso gli eredi e i legatarî (in particolare, nel caso di più esecutori, essi sono obbligati **in solido** per la gestione comune). • Eventuali disposizioni del testatore volte ad **escludere o limitare** l'obbligo del rendiconto e la responsabilità gestoria, i quali sono previsti nell'interesse degli istituiti, sono senza effetto.

710. Esonero dell'esecutore testamentario.

Su istanza di ogni interessato, l'autorità giudiziaria può esonerare l'esecutore testamentario dal suo ufficio per gravi irregolarità nell'adempimento dei suoi obblighi, per inidoneità all'ufficio o per aver commesso azione che ne menomi la fiducia.

L'autorità giudiziaria, prima di provvedere, deve sentire l'esecutore e può disporre opportuni accertamenti.

• Nel caso in cui l'esecutore testamentario *i*) commetta **gravi irregolarità** (non necessariamente dolose) nell'adempimento dei suoi obblighi (ad es., non rispettando le disposizioni impartite dal *de cuius*), ovvero *ii*) **sia inidoneo all'ufficio** (in quanto scarsamente esperto ovvero divenuto successivamente incapace legale) o, infine, *iii*) compia azioni tali da far **venire meno la fiducia** circa l'esatta attuazione dei suoi cómpiti, su istanza degli interessati (anzitutto, eredi, legatarî e creditori del defunto) l'autorità giudiziaria può **esonerarlo**, dopo averne effettuato **l'audizione** e disposto gli opportuni **accertamenti**. • Una volta effettuata la rimozione, subentra il sostituto designato dal testatore, mentre, in assenza di una previsione in tal senso, si procede con modalità diverse all'esecuzione del testamento (ad es., su impulso degli eredi).

711. Retribuzione.

L'ufficio dell'esecutore testamentario è gratuito. Tuttavia il testatore può stabilire una retribuzione a carico dell'eredità.

• Qualora il testatore non abbia disposto un compenso per l'esecutore, il suo ufficio deve ritenersi **gratuito**; in caso contrario, la **retribuzione** sarà a carico dell'eredità, costituendo uno dei pesi gravanti sulla medesima. L'attività **ulteriore** (come, ad es., la divisione e la stima dei beni ereditari ai sensi degli artt. 706 e 733, co. 2) deve invece essere remunerata, anche per **accordo** tra l'esecutore e gli eredi o legatarî.

712. Spese.

Le spese fatte dall'esecutore testamentario per l'esercizio del suo ufficio sono a carico dell'eredità.

• Poiché l'esecutore attua la pianificazione successoria disposta nel testamento, le relative **spese** sono a carico dell'eredità, se **necessarie o utili** per l'esercizio del suo ufficio.

Titolo IV
DELLA DIVISIONE

Capo I
Disposizioni generali

713. Facoltà di domandare la divisione.

I coeredi possono sempre domandare la divisione.

Quando però tutti gli eredi istituiti o alcuni di essi sono minori di età, il testatore può disporre che la divisione non abbia luogo prima che sia trascorso un anno dalla maggiore età dell'ultimo nato.

Egli può anche disporre che la divisione dell'eredità o di alcuni beni di essa non abbia luogo prima che sia trascorso dalla sua morte un termine non eccedente il quinquennio.

Tuttavia in ambedue i casi l'autorità giudiziaria, qualora gravi circostanze lo richiedano, può, su istanza di uno o più coeredi, consentire che la divisione si effettui senza indugio o dopo un termine minore di quello stabilito dal testatore.

• La divisione, la cui richiesta rappresenta un **diritto potestativo imprescrittibile**, costituisce un **fenomeno distinto** rispetto allo scioglimento della comunione ereditaria: mentre lo scioglimento può avvenire attraverso una eterogeneità di fenomeni e fatti (ad es. rinunce, usucapione, ecc.), la divisione richiede quale punto fondamentale la **distribuzione tramite apporzionamento** proporzionale alle quote degli eredi. • La portata del complesso di norme previste dagli artt. 713 ss. è estesa, ove vi sia compatibilità, alla comunione in generale dall'onnicomprensivo richiamo operato dall'art. 1116. • È da sempre discusso se la divisione ereditaria presenti **carattere dichiarativo o costitutivo**: alla prima, tradizionale soluzione, che riposerebbe sul tenore dell'art. 757, si è nel tempo affiancata altra e più articolata prospettiva che riconoscerebbe al fenomeno una natura traslativo-costitutiva, dal momento che, a seguito della divisione, ad un quadro di comproprietà si sostituirebbe un assetto connotato da proprietà individuali. • Laddove tra i medesimi soggetti si determini una comunione fondata su **diversi titoli successori** (e, in fondo, diverse successioni: ad esempio paterna e materna), si ritiene che vi siano tante comunioni quanti sono i titoli (cosiddette **masse plurime**) e dunque occorrano distinte divisioni. • La divisione può avvenire attraverso **vari procedimenti**: divisione **contrattuale** laddove vi sia un accordo tra gli eredi in tal senso, estrinsecantesi in un contratto ad efficacia reale (accordo possibile peraltro anche nell'ambito di un giudizio, laddove sia tale da porvi termine); divisione **giudiziale** (non necessariamente contenziosa), divisione **operata dal testatore**. • Si suole sottolineare il **carattere universale** della divisione, sia sotto il profilo soggettivo che oggettivo: soggettivamente, in quanto sarebbe nulla la divisione a cui non partecipassero tutti gli aventi diritto; oggettivamente, in quanto, salve talune eccezioni normativamente previste (es. cfr. artt. 713, 720, 722), la divisione dovrebbe riguardare tutte le situazioni giuridiche soggettive oggetto di comunione; è tuttavia possibile una divisione parziale in presenza di accordo degli aventi diritto in tal senso.

714. Godimento separato di parte dei beni.

Può domandarsi la divisione anche quando uno o più coeredi hanno goduto separatamente parte dei beni ereditari, salvo che si sia verificata l'usucapione per effetto di possesso esclusivo.

• La disposizione presuppone, dunque sancendola, la possibilità, non impeditiva della divisione, che uno o più coeredi possiedano parte dei beni separatamente, godendone in maniera tale da non implicare il determinarsi di quel possesso esclusivo qualificato che sia utile ai fini dell'usucapione. • Affinché, invece, possa determinarsi l'usucapione in capo ad uno o più coeredi, fatto che osterebbe alla divisione, si ritiene occorra che costoro mutino il compossesso di cui alla norma in un possesso esclusivo *uti dominus* e non *uti condominus*: il che, si afferma, potrebbe avvenire anche senza formali atti di interversione purché risulti chiaramente che il godimento del singolo si pone in termini di esclusività e di inequivoca volontà di esclusione degli altri eredi dal compossesso.

715. Casi d'impedimento alla divisione.

Se tra i chiamati alla successione vi è un concepito, la divisione non può aver luogo prima della nascita del medesimo. Parimenti la divisione non può aver luogo durante la pendenza di un giudizio sulla filiazione di colui che, in caso di esito favorevole del giudizio, sarebbe chiamato a succedere, né può aver luogo durante lo svolgimento della procedura amministrativa per l'ammissione del riconoscimento previsto dal quarto comma dell'art. 252 o per il riconoscimento dell'ente istituito erede.

L'autorità giudiziaria può tuttavia autorizzare la divisione, fissando le opportune cautele.

La disposizione del comma precedente si applica anche se tra i chiamati alla successione vi sono nascituri non concepiti.

Se i nascituri non concepiti sono istituiti senza determinazione di quote, l'autorità giudiziaria può attribuire agli altri coeredi tutti i beni ereditari o parte di essi, secondo le circostanze, disponendo le opportune cautele nell'interesse dei nascituri.

• La disposizione è volta a regolare **due particolari ipotesi** di sospensione della divisione che si affiancano ad altre, quali la sospensione per volontà del testatore di cui all'art. 713 e la sospensione per ordine del giudice di cui all'art. 717; il fondamento della sospensione tuttavia qui è diverso e riposa su due situazioni di **incertezza** concernente la qualità di eredi di taluni soggetti, incidente evidentemente sulla estensione della platea dei coeredi: in un caso l'incertezza si determina perché il concepito non è ancora nato, nell'altro in quanto pende un giudizio inerente al titolo e allo *status* fondanti la chiamata. • Proprio le condizioni di incertezza di cui alla norma renderebbero di massima antieconomico e azzardato lo sviluppo di un giudizio divisionale, e questo spiega la ***ratio*** della disposizione: rimane tuttavia possibile l'autorizzazione alla divisione da parte dell'autorità giudiziaria; autorità alla quale, nel caso di cui al quarto comma, laddove l'incertezza sia destinata a perdurare potenzialmente anche molto a lungo, è conferito anche il potere, quale *extrema ratio* e limitatamente all'ipotesi in questione, di attribuzione diretta dei beni, salve le opportune cautele.

716. (1).

(1) Articolo abrogato dall'art. 200 della l. 19/5/1975, n. 151.

717. Sospensione della divisione per ordine del giudice.

L'autorità giudiziaria, su istanza di uno dei coeredi, può sospendere, per un periodo di tempo non eccedente i cinque anni, la divisione dell'eredità o di alcuni beni, qualora l'immediata sua esecuzione possa recare notevole pregiudizio al patrimonio ereditario.

• La previsione è posta a **tutela della consistenza del patrimonio** ereditario e solo indirettamente, quindi, degli interessi dei singoli, che non potrebbero essere addotti di per sé a fondamento dell'istanza di sospensione: pertanto, il grave pregiudizio di cui alla norma deve concernere il patrimonio e il pericolo, o la prospettiva, di una diminuzione significativa del suo valore. • Si ritiene che il **limite dei cinque anni** valga anche laddove vi siano più periodi di sospensione, anche legati a circostanze diverse: mentre dunque sarebbero prospettabili anche più sospensioni, laddove ne sussistessero i presupposti, non sarebbe possibile estendere la somma di esse oltre il termine indicato.

718. Diritto ai beni in natura.

Ciascun coerede può chiedere la sua parte in natura dei beni mobili e immobili dell'eredità, salve le disposizioni degli articoli seguenti.

• L'indicazione di cui alla norma, certamente **derogabile** e anche rinunciabile dagli eredi, si ritiene rappresenti un **criterio indicativo** dal quale il Giudice potrebbe discostarsi, sia laddove lo ritenesse necessario o anche solo opportuno, sia quando occorra far ricorso alle altre disposizioni peraltro genericamente richiamate espressamente dalla regola in commento. • È poi discusso se, anche sulla base dell'insieme delle disposizioni che regolano la materia (e in particolare dal disposto in commento e dall'art. 727), possa effettivamente affermarsi un diritto dell'erede a conseguire quote composte per quanto possibile da un omogeneo insieme di beni mobili e immobili oppure se possano ugualmente essere preferiti altri criteri, ad esempio volti a contenere al massimo i conguagli, garantendo così sì l'attribuzione in natura ma non necessariamente l'eterogeneità perfettamente proporzionale della composizione della quota.

719. Vendita dei beni per il pagamento dei debiti ereditari.

Se i coeredi aventi diritto a più della metà dell'asse concordano nella necessità della vendita per il pagamento dei debiti e pesi ereditari, si procede alla vendita all'incanto dei beni mobili e, se occorre, di quei beni immobili la cui alienazione rechi minor pregiudizio agli interessi dei condividenti. Quando concorre il consenso di tutte le parti, la vendita può seguire tra i soli condividenti e senza pubblicità, salvo che vi sia opposizione dei legatari o dei creditori.

• La previsione, che rappresenta per certi versi, secondo taluni, una **deviazione**, seppur parziale e relativa ad un profilo specifico, rispetto al noto, tradizionale principio secondo cui i debiti ereditari si dividerebbero *ipso iure* (cfr. *sub* artt. 752 e 754), presuppone che nell'asse difetti denaro liquido bastevole a soddisfare il passivo ereditario. • Ove il presupposto di cui sopra sussista, si discute se il criterio normativo di preferenza iniziale per la vendita dei beni mobili rispetto a quella degli immobili, fondata evidentemente sull'aprioristica e discutibile idea che i secondi di massima valgano più dei primi, debba operare anche laddove risulti con evidenza il contrario (ad esempio per la presenza nell'asse di beni mobili di notevole valore e di immobili di valore chiaramente molto minore).

720. Immobili non divisibili.

Se nell'eredità vi sono immobili non comodamente divisibili, o il cui frazionamento recherebbe pregiudizio alle ragioni della pubblica economia o dell'igiene, e la divisione dell'intera sostanza non può effettuarsi senza il loro frazionamento, essi devono preferibilmente essere compresi per intero, con addebito dell'eccedenza, nella porzione di uno dei coeredi aventi diritto alla quota maggiore, o anche nelle porzioni di più coeredi, se questi ne richiedono congiuntamente l'attribuzione. Se nessuno dei coeredi è a ciò disposto, si fa luogo alla vendita all'incanto.

• La disciplina, che si ritiene comunque derogabile dalla unanime volontà dei coeredi, riguarda **beni non divisibili** o **non comodamente divisibili**: la norma fa riferimento agli immobili, ma in virtù del generale richiamo contenuto nell'art. 1116 si ritiene possa applicarsi anche ai beni mobili e all'azienda. • Il presupposto è che tali beni debbano, in virtù della loro condizione (impossibilità o difficoltà nell'individuazione, con riguardo al bene, di quote omogenee ripartibili per ciascuno dei condividenti), essere assegnati ad un solo condividente oppure a più condividenti definiti (che manterranno la comproprietà) e che allo stesso tempo non vi siano beni bastevoli a compensare gli altri quotisti: in capo all'assegnatario o agli assegnatari sorgerà l'obbligo di corrispondere il **conguaglio**, e dunque l'assegnazione richiede necessariamente il consenso dell'assegnatario o degli assegnatari medesimi, in assenza del quale si valuteranno altre possibilità di assegnazione o, quale *extrema ratio*, si farà luogo alla vendita di cui all'inciso conclusivo del disposto. • Nella valutazione della **comoda divisibilità** occorre tenere conto sia della possibilità di dividere i beni in parti concretamente utilizzabili, con effettivo vantaggio dagli assegnatari, sia del fatto che ciò non arrechi pregiudizio significativo al valore del compendio. • Nel conflitto tra più richieste di assegnazione si tiene usualmente conto di una sorta di ***favor divisionis*** e dunque si tende a preferire assegnazioni ad eredi singoli (in genere, ma non sempre, il bene viene assegnato a chi ne vanti una quota maggiore) che a gruppi di eredi tra i quali una comunione dunque permarrebbe, anche se, si ritiene, non più quale comunione ereditaria ma ordinaria.

721. Vendita degli immobili.

I patti e le condizioni della vendita degli immobili, qualora non siano concordati dai condividenti, sono stabiliti dall'autorità giudiziaria.

• La disposizione è espressione del principio della **centralità e prevalenza della volontà concorde, comune e congiunta dei coeredi**, la quale, si ritiene, potrebbe derogare anche all'ultimo inciso della disposizione precedente e optare per la vendita sulla base di trattativa privata evitando l'incanto.

722. Beni indivisibili nell'interesse della produzione nazionale.

In quanto non sia diversamente disposto dalle leggi speciali, le disposizioni dei due articoli precedenti si applicano anche nel caso in cui nell'eredità vi sono beni che la legge dichiara indivisibili nell'interesse della produzione nazionale.

723. Resa dei conti.

Dopo la vendita, se ha avuto luogo, dei mobili e degli immobili si procede ai conti che i condividenti si devono rendere, alla formazione dello stato attivo e passivo dell'eredità e alla determinazione delle porzioni ereditarie e dei conguagli o rimborsi che si devono tra loro i condividenti.

• La disposizione riassume in termini sintetici, e secondo taluni non tecnicamente ineccepibili, una serie di **operazioni divisorie** che seguono la vendita di cui all'art. 719. Di massima, a voler indicare uno schema generale, l'*iter* complessivo, in realtà non tassativo né vincolante e, si ritiene, derogabile purché venga garantito il corretto risultato finale, ricomprenderebbe la formazione dello stato attivo e passivo, l'eventuale vendita, il pagamento dei debiti impiegando a tal fine anche il ricavato della vendita, l'imputazione dei debiti, l'imputazione delle donazioni, i relativi prelevamenti, la formazione delle porzioni e la loro attribuzione ai singoli coeredi. • Di per sé, la **resa dei conti** ha la funzione di definire e liquidare eventuali debiti e crediti interni e reciproci tra i coeredi, legati al godimento individuale dei beni destinati alla divisione o l'amministrazione dei medesimi.

724. Collazione e imputazione.

I coeredi tenuti a collazione, a norma del capo II di questo titolo, conferiscono tutto ciò che è stato loro donato.

Ciascun erede deve imputare alla sua quota le somme di cui era debitore verso il defunto e quelle di cui è debitore verso i coeredi in dipendenza dei rapporti di comunione.

• Per i riferimenti relativi alla collazione cfr. *sub* artt. 737 ss.

725. Prelevamenti.

Se i beni donati non sono conferiti in natura, o se vi sono debiti da imputare alla quota di un erede a norma del secondo comma dell'articolo precedente, gli altri eredi prelevano dalla massa ereditaria beni in proporzione delle loro rispettive quote.

I prelevamenti, per quanto è possibile, si formano con oggetti della stessa natura e qualità di quelli che non sono stati conferiti in natura.

• I prelevamenti, da stimarsi, rispetto al valore, all'epoca di apertura della successione, si sostanziano in una sorta di **particolare pagamento** di matrice para-compensativa: in generale, l'istituto dei prelevamenti, che il legislatore inserisce nella cornice della collazione per imputazione volta a tutelare la parità di posizione tra coeredi, rappresenta uno strumento di liquidazione, che non influisce sulla configurazione dei rapporti obbligatori in questione. • Si ritiene usualmente che al coerede creditore del *de cuius* non si applichi la previsione concernete i prelevamenti, la quale si limiterebbe a disciplinare un aspetto della definizione dei rapporti obbligatori tra coeredi che dipendano dalla sussistenza della comunione, mentre invece il credito in questione ne esulerebbe: il che non toglie che secondo una certa prospettiva tale diritto potrebbe comunque esser fatto valere, anche per esigenze di economia processuale e per la collocazione del rapporto in seno alla vicenda successoria nell'ambito della quale si svolge la divisione, all'interno del giudizio divisorio medesimo.

726. Stima e formazione delle parti.

Fatti i prelevamenti, si provvede alla stima di ciò che rimane nella massa, secondo il valore venale dei singoli oggetti.

Eseguita la stima, si procede alla formazione di tante porzioni quanti sono gli eredi o le stirpi condividenti in proporzione delle quote.

• La **stima** a cui si riferisce la norma va compiuta riferendosi al momento della divisione e può essere aggiornata se le operazioni si protraggono per un notevole torno di tempo, tale da incidere sul valore dei beni, così come laddove si verifichino altri eventi che influiscano sul medesimo. • La **formazione delle porzioni** va compiuta con riferimento al quadro esistente al momento dell'apertura della successione: se per un verso si ritiene non influente su tale profilo l'eventuale acquisto o cessione di quota da un coerede a un altro, per altro verso l'ultimo inciso inerente al computo delle porzioni per eredi o stirpi si ritiene derogabile laddove vi sia un accordo in tal senso tra tutti i coeredi.

727. Norme per la formazione delle porzioni.

Salvo quanto è disposto dagli articoli 720 e 722, le porzioni devono essere formate, previa stima dei beni, comprendendo una quantità di mobili, immobili e crediti di eguale natura e qualità, in proporzione dell'entità di ciascuna quota.

Si deve tuttavia evitare, per quanto è possibile, il frazionamento delle biblioteche, gallerie e collezioni che hanno una importanza storica, scientifica o artistica.

• La disposizione costituisce, di fatto, una **mera specificazione** del diritto al conseguimento dei beni in natura già delineato dall'art. 718: e come già chiarito in relazione a tale disposto, l'indicazione esprime un **criterio di massima**, certamente derogabile e anche rinunciabile dagli eredi, e si ritiene rappresenti un parametro dal quale il Giudice potrebbe discostarsi, sia laddove lo ritenesse necessario o anche solo opportuno, sia quando occorra far ricorso alle altre disposizioni peraltro richiamate espressamente dalla regola in commento, sia quando la rigorosa applicazione del principio potrebbe recare pregiudizio al diritto dei singoli di conseguire una porzione il cui valore sia proporzionalmente pari a quello spettante sulla massa da dividere. • Il riferimento ai **crediti**, contenuto nel primo comma, ha portato a sostenere che gli stessi non si ripartirebbero *ipso iure* tra i condividenti: per i debiti cfr. invece quanto si dirà *sub* artt. 752 e 754.

728. Conguagli in danaro.

L'ineguaglianza in natura nelle quote ereditarie si compensa con un equivalente in danaro.

• Si ritiene che il **conguaglio**, della cui entità è discusso se possa essere individuato un **limite**, quantomeno sul piano percentuale, si sostanzi in una prestazione volta a vicariare quella in natura che non sia possibile rendere a causa delle concrete circostanze e dei concreti elementi rilevanti nel giudizio divisionale. • Trattandosi di prestazione in qualche modo **necessitata** dalle circostanze ai fini dello scioglimento della comunione e dell'apporzionamento, essa non consegue necessariamente a domanda di parte. • Diversamente dal caso previsto nell'art. 720, il conguaglio in discorso non presuppone il consenso del condividente che ne sarà gravato: e del resto l'indicazione di chi sarà tenuto al conguaglio deriverà poi dal sorteggio di cui all'art. 729.

729. Assegnazione o attribuzione delle porzioni.

L'assegnazione delle porzioni eguali è fatta mediante estrazione a sorte. Per le porzioni diseguali si procede mediante attribuzione. Tuttavia, rispetto a beni costituenti frazioni eguali di quote diseguali, si può procedere per estrazione a sorte.

• Il **sorteggio**, criterio che comunque non assume valore assoluto e si ritiene possa essere derogato per molteplici ragioni non solo di necessità ma anche di opportunità sia dal Giudice che dalle parti, riguarda porzioni di pari valore corrispondenti a quote uguali ed è volto a garantire la parità tra i coeredi che si trovino in condizioni omogenee. • È dibattuto se l'uguaglianza delle quote vada valutata con riguardo al momento della **divisione** o a quello dell'apertura della **successione** (indirizzo meno diffuso e più risalente): nel primo caso rileverebbero, ad esempio, eventuali atti dispositivi delle quote, che potrebbero comportare discrepanze impedienti per il sorteggio. • Ferma la precisazione, pur sempre indicativa, di cui all'ultima parte della norma, volta a ribadire una certa **centralità del sorteggio** quale criterio distributivo per le quote uguali o anche solo per frazioni uguali di quote discrepanti, va detto che qualsiasi fattore comportante una differenziazione tra le quote risulta comunque **impediente** per il sorteggio: così ad es. anche nel caso in cui taluni condividenti con quote uguali optassero, a differenza di altri, per rimanere in comunione e chiedessero l'assegnazione congiunta di una quota complessiva risultante dalla somma delle rispettive quote uguali.

730. Deferimento delle operazioni a un notaio.

Le operazioni indicate negli articoli precedenti possono essere, col consenso di tutti i coeredi, deferite a un notaio. La nomina di questo, in mancanza di accordo, è fatta con decreto del tribunale del luogo dell'aperta successione.

Qualora sorgano contestazioni nel corso delle operazioni, esse sono riservate e rimesse tutte insieme alla cognizione dell'autorità giudiziaria competente, che provvede con unica sentenza.

• La disposizione si riferisce ad una divisione di matrice **stragiudiziale** e compiuta con l'**accordo** di tutti i coeredi: in mancanza di tale accordo, o anche laddove insorgessero controversie di matrice contenziosa concernenti i diritti degli eredi, non rimarrebbe che la divisione giudiziale.

731. Suddivisioni tra stirpi.

Le norme sulla divisione dell'intero asse si osservano anche nelle suddivisioni tra i componenti di ciascuna stirpe.

• La norma si spiega tenendo conto del fatto che, in base al secondo comma dell'art. 726, l'operazione divisionale complessiva non si spinge direttamente sino ad operare all'interno della **stirpe**, cui viene assegnata una porzione: saranno dunque i componenti della stirpe a dover poi procedere ad ulteriore divisione tra loro, in base alle norme per l'appunto richiamate nell'art. in commento.

732. Diritto di prelazione.

Il coerede, che vuol alienare a un estraneo la sua quota o parte di essa, deve notificare la proposta di alienazione, indicandone il prezzo, agli altri coeredi, i quali hanno diritto di prelazione. Questo diritto deve essere esercitato nel termine di due mesi dall'ultima delle notificazioni. In mancanza della notificazione, i coeredi hanno diritto di riscattare la quota dall'acquirente e da ogni successivo avente causa, finché dura lo stato di comunione ereditaria.

Se i coeredi che intendono esercitare il diritto di riscatto sono più, la quota è assegnata a tutti in parti uguali.

• La disposizione, secondo taluni volta, oltre che a favorire il permanere della titolarità dei beni nell'ambito dei condividenti, anche a semplificare la formazione delle porzioni, si ritiene delinei una **obbligazione legale di preferenza** dei coeredi, a parità di condizioni, in caso di alienazione onerosa della quota, da realizzarsi tramite la notifica della proposta: laddove l'adempimento dell'obbligazione manchi, il **riscatto** rappresenta, secondo una diffusa ricostruzione, il rimedio in forma specifica a disposizione dei coeredi, cui consegue anche l'obbligo risarcitorio che sorgerà in capo al cedente. • La disposizione presuppone vi sia una **comunione ereditaria**, ancorché parziale, e si ritiene non si applichi in caso di divisione operata dal testatore, neppure laddove questi assegni una porzione in comunione a più condividenti, dal momento che tale ultima comunione non sarebbe più da intendere quale comunione ereditaria nel senso di cui alla norma. • La **notifica** della proposta si ritiene possa avvenire in qualsiasi forma, così come **l'esercizio del diritto** di prelazione, diritto peraltro eventualmente **rinunziabile** anche prima della proposta specifica, dal momento che esso, personale e non cedibile, trae origine dall'apertura stessa della successione e dall'instaurarsi della comunione ereditaria. • Il diritto di **retratto** si ritiene comporti la sostituzione del coerede che lo eserciti nella posizione di colui verso il quale venga esercitato: una sorta di surrogazione legale che deve essere giocoforza totale e non parziale e che opera retroagendo alla data di conclusione del contratto di vendita.

733. Norme date dal testatore per la divisione.

Quando il testatore ha stabilito particolari norme per formare le porzioni, queste norme sono vincolanti per gli eredi, salvo che l'effettivo valore dei beni non corrisponda alle quote stabilite dal testatore.

Il testatore può disporre che la divisione si effettui secondo la stima di persona da lui designata che non sia erede o legatario: la divisione proposta da questa persona non vincola gli eredi, se l'autorità giudiziaria, su istanza di taluno di essi, la riconosce contraria alla volontà del testatore o manifestamente iniqua.

• La disposizione si differenzia rispetto alla successiva, che riguarda la divisione fatta dal testatore, perché in questo caso il **potere** del testatore (la natura della cui estrinsecazione rimane discussa, ricondotta talora all'ambito del legato e talora del *modus*) è di **matrice normativa** e per l'appunto le norme per formare le porzioni si ritiene assumano **valore obbligatorio,** mentre in quello la divisone, operata con assegnazioni testamentarie dirette, presenta **carattere reale**: quando poi si versi in un caso e quando nell'altro, appare questione da risolversi in via interpretativa. Nell'ipotesi più classica di applicazione dell'art. 733, la divisione che avrà luogo all'apertura della successione avverrà nei termini di cui alla normativa generale, solamente che ciascun condividente, divenuto assegnatario, potrà pretendere l'inserimento nella sua porzione dei beni attribuitigli dal *de cuius* in base alla norma in commento (cosiddetti assegni divisionali semplici). • Si ritiene tuttavia che il testatore potrebbe influire sulla divisione, sempre secondo la *ratio* del disposto in commento, anche in altre maniere: ad es. attraverso **indicazioni negative** (escludendo determinati beni da determinate future porzioni) o relative al **procedimento** divisionale. • Quanto ai **limiti**, si ritiene che il testatore possa indicare le porzioni anche prescindendo dal criterio della divisione in natura o dall'omogeneità delle quote; rimangono tuttavia vari limiti legati alla collazione nonché il limite, la cui effettiva portata è tuttavia controversa, di rispetto della corrispondenza tra valore delle quote e valore delle rispettive porzioni. • Il testatore può anche demandare ad un **terzo** la stima dei beni e l'elaborazione di un più o meno ampio progetto divisionale: il terzo, che non può espressamente essere né erede né legatario, assume le vesti di un arbitratore che deve operare secondo le indicazioni del *de cuius*, fermo però il limite di eventuali iniquità manifeste.

734. Divisione fatta dal testatore.

Il testatore può dividere i suoi beni tra gli eredi comprendendo nella divisione anche la parte non disponibile.

Se nella divisione fatta dal testatore non sono compresi tutti i beni lasciati al tempo della morte, i beni in essa non compresi sono attribuiti conformemente alla legge, se non risulta una diversa volontà del testatore.

• La previsione contempla la possibilità che sia il testatore a **prevenire** in tutto in parte la divisione, disponendo, sempre in tutto o in parte, dei suoi beni attraverso **assegnazioni divisionali** con **efficacia reale immediata** aventi funzione distributiva nei confronti di tutti o taluni coeredi: l'effetto è l'attribuzione della proprietà immediata dei singoli sui rispettivi apporzionamenti realizzati *ut supra*. • L'operazione può realizzarsi sia attraverso **attribuzioni** espressamente precedute, in tutto o in parte, da una **vocazione testamentaria** tale da individuare astrattamente le rispettive **quote** (sulla quale l'attribuzione dunque si fonda), sia **direttamente** provvedendo ad **assegnazioni** e apporzionamenti ricostruibili *ex post* nei termini della loro corrispondenza alle quote: in questo secondo caso il fenomeno si collega con evidenza a quello della *institutio ex re certa* (cfr. *sub* art. 588) di cui può rappresentare una particolare estrinsecazione. • Stante l'inciso finale del primo comma, è da ritenere che il testatore possa a sua discrezione stabilire anche i contenuti delle assegnazioni spettanti ai **legittimari**, pur tenendo presente il limite del diritto di costoro di conseguire beni in natura (e dunque, ad es., il principio risulterebbe violato laddove le attribuzioni ai legittimari consistessero solamente in crediti verso i coeredi, mentre sarebbe rispettato anche laddove le assegnazioni constassero integralmente di denaro ereditario, se disponibile in misura bastevole, con esclusione di altri beni). • Sebbene il punto sia stato oggetto di dibattito, si ritiene che le assegnazioni potrebbero anche essere sottoposte dal testatore a condizione o termine.

735. Preterizione di eredi e lesione di legittima.

La divisione nella quale il testatore non abbia compreso qualcuno dei legittimari o degli eredi istituiti è nulla.

Il coerede che è stato leso nella quota di riserva può esercitare l'azione di riduzione contro gli altri coeredi.

• La disposizione, secondo taluni **derogatoria** rispetto ai principi generali, sancisce, in primo luogo, la **nullità** della divisione in caso di esclusione di legittimari o eredi istituiti (ipotesi tra loro diverse): la previsione di invalidità si spiega usualmente dando rilievo al fatto che la funzione divisionale stessa viene minata dalla mancata presenza di legittimari o eredi e dunque la **causa** stessa della divisione rimane inevitabilmente **compromessa** sotto il profilo funzionale. • Per integrare il presupposto della norma l'esclusione deve essere **sostanziale** ed effettiva e non meramente formale: l'intero compendio ereditario, in sostanza, deve essere ripartito tra gli altri soggetti coinvolti determinando in tal modo l'esclusione dell'interessato. • La norma sancisce, nei casi *de quibus*, la **nullità della divisione**, ma, si badi, **non delle disposizioni di matrice istitutiva**: cosicché occorrerà procedere ad una nuova divisione che mantenga la proporzione tra le quote, riducendo le porzioni sino a soddisfazione anche dell'escluso o degli esclusi. • Premesso che, a ben guardare, il legittimario escluso potrebbe comunque agire in riduzione sulla base dei principi generali, e che dunque la disposizione delinea per certi versi una **specificazione** peculiare di una tutela già esistente, se il legittimario escluso dal riparto non è stato istituito erede, si ritiene che, ai fini dell'esperimento dell'azione di nullità, debba prima far valere l'azione di **riduzione** (anche in via pregiudiziale), mentre in caso contrario potrebbe procedere direttamente con l'azione di nullità.

736. Consegna dei documenti.

Compiuta la divisione, si devono rimettere a ciascuno dei condividenti i documenti relativi ai beni e diritti particolarmente loro assegnati.

I documenti di una proprietà che è stata divisa rimangono a quello che ne ha la parte maggiore, con l'obbligo di comunicarli agli altri condividenti che vi hanno interesse, ogni qualvolta se ne faccia richiesta. Gli stessi documenti, se la proprietà è divisa in parti eguali, e quelli comuni all'intera eredità si consegnano alla persona scelta a tal fine da tutti gli interessati, la quale ha l'obbligo di comunicarli a ciascuno di essi, a ogni loro domanda. Se vi è contrasto nella scelta, la persona è determinata con decreto dal tribunale del luogo dell'aperta successione, su ricorso di alcuno degli interessati, sentiti gli altri.

• Il disposto altro non rappresenta, si ritiene, se non una precisazione del principio di **accessorietà** volto a disciplinare le sorti di documenti che si considerano, per l'appunto, quali elementi accessori di cose principali e dunque ne seguono e condividono l'assegnazione: il principio peraltro si rinviene anche in altre sedi (ad es. cfr. l'art. 1477 in tema di vendita); principio al quale ci si richiama sin dove possibile e congruo, valendo invece, per i casi in cui i beni non vengano assegnati a singoli condividenti ma siano oggetto di frazionamento in porzioni, le regole espresse nel secondo comma della disposizione.

Capo II
Della collazione

737. Soggetti tenuti alla collazione.

I figli e i loro discendenti ed il coniuge che concorrono alla successione devono conferire ai coeredi tutto ciò che hanno ricevuto dal defunto per donazione direttamente o indirettamente salvo che il defunto non li abbia da ciò dispensati.

La dispensa da collazione non produce effetto se non nei limiti della quota disponibile.

• ***Ratio*** **e fondamento** dell'istituto, che si sostanzia, in fin dei conti, in uno **strumento ridistributivo** di un valore economico, sono da sempre **discussi**, senza un reale, persuasivo approdo: si sono richiamati, tra i vari orientamenti, asseriti scrupoli di tutela di un qualche interesse familiare; l'idea, legata quantomeno alle dinamiche donative, di un residuale simulacro di risalenti fattispecie di contitolarità familiare nell'ambito successorio; la discutibile previsione legislativa di una ipotetica volontà del *de cuius*; non sempre ben precisate esigenze di parità di trattamento, quantomeno relativa, tra i discendenti. • **Presupposto** indefettibile della collazione sembra essere, più che l'esistenza di una comunione ereditaria, il concorrere di più chiamate, di **più vocazioni accettate** da parte dei soggetti di cui al disposto. • **Oggetto** di collazione è quanto ricevuto, dai soggetti in questione, dal *de cuius* a titolo di donazione o di liberalità non donativa: il tutto purché vi sia, si ritiene, un impoverimento del donante cui consegue un arricchimento effettivo del donatario, nei cui limiti opera la collazione (perciò ad es. si ritiene vi rientrino le donazioni annullabili ma non quelle nulle, le donazioni modali, ma al netto dell'onere ecc.); criterio, quello dell'arricchimento, che consente anche di risolvere taluni casi di dissociazione tra quanto fuoriuscito dal patrimonio del donante e quanto conseguito da quello del donatario: si pensi al pagamento da parte del donante del prezzo di un bene acquistato dal donatario, nel qual caso oggi si ritiene, diversamente che in passato, che il bene cui riferirsi anche ai fini della collazione sia quello donato e non il denaro. • Quanto agli **effetti** della collazione, assai discussi nel tempo secondo prospettazioni pressoché tutte suscettibili di molteplici critiche (letture in senso risolutorio o revocatorio della donazione, meccanismo traslativo *ex lege*, efficacia obbligatoria, ecc.), di massima si ritiene che la medesima, laddove operante, rappresenti un **obbligo di imputazione** in virtù del quale tuttavia gli atti donativi non subiscono caducazione, né i relativi beni vengono propriamente a far parte della massa ereditaria. • La matrice **dispositiva** della disciplina in discorso consente la dispensa ad opera del donante, nei limiti della quota disponibile; si ritiene peraltro, di converso, che il donante potrebbe anche estendere la collazione oltre i limiti di cui alla norma, sotto forma di onere donativo.

738. Limiti della collazione per il coniuge.

Non sono soggette a collazione le donazioni di modico valore fatte al coniuge.

• La disposizione, frutto della riforma del diritto di famiglia del 1975 e comunque ritenuta derogabile, introduce una particolare previsione di **favore per il coniuge**. • Ai fini del disposto, la nozione di donazione di **modico valore** si ritiene più ampia di quella prevista dall'art. 783, ricomprendendo qualsiasi attribuzione di qualsiasi tipo di bene che presenti un valore non elevato anche in rapporto alle circostanze e alla condizione dei soggetti coinvolti.

739. Donazioni ai discendenti o al coniuge dell'erede. Donazioni a coniugi.

L'erede non è tenuto a conferire le donazioni fatte ai suoi discendenti o al coniuge, ancorché succedendo a costoro ne abbia conseguito il vantaggio.

Se le donazioni sono state fatte congiuntamente a coniugi di cui uno è discendente del donante, la sola porzione a questo donata è soggetta a collazione.

• La norma, di cui (a differenza di numerose altre in materia) è significativamente discussa la derogabilità, **circoscrive**, chiarendola, la **portata dell'istituto**, che non si estende oltre le donazioni disposte personalmente verso il coerede del donante, ed escludendo qualsiasi ipotetico dubbio in merito al caso di interposizione rispetto ad altri soggetti (si tenga conto, tuttavia, dell'ipotesi, seppur diversa, di cui all'art. 740 seguente). • La disposizione non trova ovviamente applicazione, invece, laddove, in una dinamica di **simulazione**, l'interposizione di persona fosse fittizia e il reale donatario, dunque, fosse comunque l'erede del donante.

740. Donazioni fatte all'ascendente dell'erede.

Il discendente che succede per rappresentazione deve conferire ciò che è stato donato all'ascendente, anche nel caso in cui abbia rinunziato all'eredità di questo.

• Viene introdotta una **importante deroga** al principio secondo cui la collazione involge solamente gli atti donativi compiuto dal *de cuius* verso i suoi eredi nei termini di cui all'art. 737: ma la *ratio* appare armonica alla struttura dell'istituto, e trova fondamento nel fatto che colui che succede in rappresentazione viene di massima a trovarsi nella stessa posizione del rappresentato, nonché nell'esigenza di evitare iniquità che colpirebbero gli altri coeredi. • L'applicazione della regola in discorso per un verso va **limitata** a quanto donato dal *de cuius* all'ascendente di chi succeda in rappresentazione e non riguarda quanto sia stato donato a questi direttamente, per altro verso può invece essere estesa al caso di trasmissione della delazione *ex* art. 479 laddove il donatario-ascendente muoia successivamente all'apertura della successione del *de cuius* e prima di aver accettato.

741. Collazione di assegnazioni varie.

È soggetto a collazione ciò che il defunto ha speso a favore dei suoi discendenti per assegnazioni fatte a causa di matrimonio, per avviarli all'esercizio di una attività produttiva o professionale, per soddisfare premi relativi a contratti di assicurazione sulla vita a loro favore o per pagare i loro debiti.

• La disposizione ricomprende nell'alveo applicativo della collazione tutta una serie di **attribuzioni liberali** il cui profilo comune sembra essere riconducibile all'esser state elargite in considerazione di **esigenze, aspirazioni** o **bisogni del donatario-discendente**. • Anche tenuto conto del disposto dell'art. 742 che segue, si tende a ritenere, quantomeno per una parte delle ipotesi in questione (causa di matrimonio, esercizio e avvio di attività) che le attribuzioni, per essere suscettibili di collazione, debbano risultare come specificamente poste al di là delle usuali spese o degli usuali contributi che, per vari versi, rientrano nella consuetudine o nei doveri specifici del donante-ascendente.

742. Spese non soggette a collazione.

Non sono soggette a collazione le spese di mantenimento e di educazione e quelle sostenute per malattia, né quelle ordinarie fatte per abbigliamento o per nozze.

Le spese per il corredo nuziale e quelle per l'istruzione artistica o professionale sono soggette a collazione solo per quanto eccedono notevolmente la misura ordinaria, tenuto conto delle condizioni economiche del defunto.

Non sono soggette a collazione le liberalità previste dal secondo comma dell'articolo 770.

• È **discusso** se le **spese** di cui al primo comma siano da ascrivere all'ambito dei **doveri** e obblighi connessi allo *status* di genitore e marito (artt. 143 e 147) ed ai rispetti ruoli (nel qual caso, peraltro, non si tratterebbe *ipso facto* e *ipso iure* di donazioni, né dirette né indirette), oppure se le spese a cui si fa riferimento siano da intendere come ulteriori e diverse, per varie ragioni, rispetto alle summenzionate attribuzioni (ad esempio perché eccedenti l'ambito dell'adempimento strettamente inteso): in quest'ultimo senso militerebbe, tra l'altro, in qualche misura anche il criterio stabilito dal secondo comma, seppure per altri, specifici esborsi. • L'**eccedenza** rispetto alla misura ordinaria di cui al secondo comma va valutata tenendo conto di un insieme di parametri (capacità economica del disponente, tenore di vita familiare, carattere specifico delle spese, ecc.) tra i quali anche il raffronto tra il trattamento riservato al beneficiario o ai beneficiari e quello riservato ad altri invece esclusi: ciò nel senso di valutare se sia ravvisabile, nei confronti del primo, un intento liberale chiaramente isolabile e non presente invece nel contegno tenuto verso i secondi. • La regola di cui all'**ultimo comma**, di non univoca spiegazione, pare trovare una verosimile giustificazione nell'idea che, ai fini della collazione, il Legislatore abbia voluto dar rilievo solo a donazioni o atti donativi intesi in senso stretto, escludendo dunque quelle attribuzioni che trovino, nell'occasione o circostanza in cui avvengono, una ragione tale da "inquinare", per lo meno in parte, la nettezza dell'intento puramente liberale.

743. Società contratta con l'erede.

Non è dovuta collazione di ciò che si è conseguito per effetto di società contratta senza frode tra il defunto e alcuno dei suoi eredi, se le condizioni sono state regolate con atto di data certa.

• La norma, la cui latitudine applicativa rimane discussa, secondo taluni rappresenta una **specificazione**, di dubbia utilità (essendo in fondo il contratto di società uno tra i tanti possibili), volta a chiarire l'estraneità all'ambito della collazione di quegli utili derivanti dall'operare del discendente socio o da suoi apporti e che non si pongano quale esito di attribuzioni liberali, dirette o indirette, del defunto. • Il requisito dell'**assenza di frode** non va inteso in chiave *lato sensu* presuntiva, bensì si ritiene si riferisca alla necessità di escludere, nella valutazione della fattispecie concreta, ogni raggiro od operazione affine volta a ledere i diritti degli altri eredi: e si è osservato che fenomeni consimili neppure potrebbero essere interpretati quali tacite dispense dalla collazione, dovendo anche la dispensa risultare *apertis verbis*, stante la specifica previsione *ex* art. 737. • Quanto alla

data certa, è discusso se il requisito integri, laddove lo stesso difetti, una sorta di presunzione di sussistenza del carattere liberale donativo del contratto, oppure un mero, discutibile strumento di tutela formale per i discendenti.

744. Perimento della cosa donata.

Non è soggetta a collazione la cosa perita per causa non imputabile al donatario.

• La disposizione, conforme a **risalenti principi** e ritenuta applicabile anche laddove il perimento sia avvenuto dopo l'apertura della successione (purché prima della divisione), avalla la concezione della collazione quale meccanismo redistributivo di un valore, più che strumento restitutivo o ricostruttivo di un patrimonio. • La nozione di **perimento** va intesa in **senso ampio**, ricomprendendovi sostanzialmente qualsiasi tipo di distruzione o venir meno del bene, anche solo economico: dunque perimento sia in senso fisico che giuridico; nel caso di perimento parziale, rimarrà soggetta a collazione la parte residua. • Nel caso di **perimento imputabile** si avrà riguardo alla volontarietà del fatto o alla negligenza che l'ha cagionato e soggetto a collazione sarà il valore della cosa; laddove il perimento dipenda da un terzo e sia imputabile si ritiene la collazione possa estendersi a quanto ottenuto quale risarcimento; il che varrebbe anche, secondo una certa prospettiva, rispetto all'eventuale indennizzo assicurativo percepito.

745. Frutti e interessi.

I frutti delle cose e gli interessi sulle somme soggette a collazione non sono dovuti che dal giorno in cui si è aperta la successione.

• La disposizione, il cui fondamento è discusso, ha riguardo a frutti e interessi prodotti da una cosa principale, non da altri frutti. • Nonostante l'espressione impiegata nella norma ("dovuti"), non si ritiene che la figura si discosti dalle regole generali e dunque anche qui non sorgerebbe una vera e propria obbligazione restitutoria, ricorrendosi allo strumento dell'imputazione.

746. Collazione d'immobili.

La collazione di un bene immobile si fa o col rendere il bene in natura o con l'imputarne il valore alla propria porzione, a scelta di chi conferisce.

Se l'immobile è stato alienato o ipotecato, la collazione si fa soltanto con l'imputazione.

• La disposizione delinea un **particolare meccanismo alternativo**, tipico ed esclusivo della collazione immobiliare, rispetto al quale la scelta, da realizzarsi attraverso un atto negoziale unilaterale, recettizio e irrevocabile (la cui portata ed efficacia sono tuttavia discussi), spetta solamente al donatario, è libera e non può essere limitata dal *de cuius*. • La regola di cui al **secondo comma** si ritiene valga anche rispetto ad alienazioni o vincoli posteriori all'apertura della successione.

747. Collazione per imputazione.

La collazione per imputazione si fa avuto riguardo al valore dell'immobile al tempo della aperta successione.

• Il disposto sancisce il momento con riguardo al quale va operata la **stima** nel caso di collazione per imputazione, stabilendo una **regola diversa** rispetto all'ipotesi di collazione in natura, laddove si ha riguardo al momento della divisione (in armonia con il criterio *ex* art. 726).

748. Miglioramenti, spese e deterioramenti.

In tutti i casi, si deve dedurre a favore del donatario il valore delle migliorie apportate al fondo nei limiti del loro valore al tempo dell'aperta successione.

Devono anche computarsi a favore del donatario le spese straordinarie da lui sostenute per la conservazione della cosa, non cagionate da sua colpa.

Il donatario dal suo canto è obbligato per i deterioramenti che, per sua colpa, hanno diminuito il valore dell'immobile.

Il coerede che conferisce un immobile in natura può ritenerne il possesso sino all'effettivo rimborso delle somme che gli sono dovute per spese e miglioramenti.

• La disposizione, peraltro aderente ai principi generali in tema di possesso di buona fede, tende a **scindere**, ai fini della collazione, il valore del bene da quello dei **miglioramenti** (da individuarsi in qualunque opera o intervento del donatario che accresca detto valore) e delle **spese straordinarie** conservative (volte a preservare il valore dell'esistente), da dedursi a favore del donatario: il momento di riferimento è quello dell'apertura della successione. Nella stessa prospettiva di "isolare" ai fini della collazione il valore effettivo del bene, ma qui ovviamente in senso inverso, viene previsto per il donatario l'obbligo relativo ai **deterioramenti** colposi. • Il diritto di **ritenzione** di cui all'ultimo comma si fonda sia su un parallelismo, già evidenziato *supra*, con i principi in tema di possesso di buona fede, sia sul fatto che il donatario, almeno sino alla divisione, rimane effettivamente proprietario del bene.

749. Miglioramenti e deterioramenti dell'immobile alienato.

Nel caso in cui l'immobile è stato alienato dal donatario, i miglioramenti e i deterioramenti fatti dall'acquirente devono essere computati a norma dell'articolo precedente.

• La previsione corrisponde in tutto e per tutto ai principi di cui all'articolo precedente, salvo che per la circostanza secondo cui, in questo caso, la collazione potrà ovviamente avvenire solo per **imputazione**: il donatario si gioverà e risponderà, rispettivamente, dei miglioramenti e deterioramenti nei termini di cui all'art. 748, come se fosse ancora nel possesso del bene alienato. • **Miglioramenti** e **deterioramenti** debbono, per rilevare ai fini della norma, dipendere dal **contegno** del donatario o del terzo: rimarrebbe dunque irrilevante, ad esempio, l'acquisto di una qualità, una caratteristica o un'attitudine, come ad esempio una destinazione edificatoria o un particolare riconoscimento, che non derivi da attività dei soggetti suddetti né si verifichi per loro iniziativa.

750. Collazione di mobili.

La collazione dei mobili si fa soltanto per imputazione, sulla base del valore che essi avevano al tempo dell'aperta successione.

Se si tratta di cose delle quali non si può far uso senza consumarle, e il donatario le ha già consumate, si determina il valore che avrebbero avuto secondo il prezzo corrente al tempo dell'aperta successione.

Se si tratta di cose che con l'uso si deteriorano, il loro valore al tempo dell'aperta successione è stabilito con riguardo allo stato in cui si trovano.

La determinazione del valore dei titoli dello Stato, degli altri titoli di credito quotati in borsa e delle derrate e delle merci il cui prezzo corrente è stabilito dalle mercuriali, si fa in base ai listini di borsa e alle mercuriali del tempo dell'aperta successione.

• La disposizione tende a rendere **armonico** il **criterio di valutazione**, ai fini della collazione, tra beni **immobili** e beni **mobili**, evitando discrepanze, fissando il momento di riferimento della stima all'apertura della successione, sancendo **ragionevoli parametri** di giudizio relativamente ad eventuali deterioramenti o consunzioni che, con evidenza, si sarebbero verificati anche se i beni fossero rimasti nella titolarità del *de cuius*. • È discusso se la disciplina in discorso possa essere applicata ai **crediti**, e se eventualmente solo a quelli esigibili, così come è dibattuta l'applicabilità della disposizione, ed eventualmente in quali termini e limiti, rispetto a quote di partecipazione sociali o beni aziendali.

751. Collazione del danaro.

La collazione del danaro donato si fa prendendo una minore quantità del danaro che si trova nell'eredità, secondo il valore legale della specie donata o di quella ad essa legalmente sostituita all'epoca dell'aperta successione.

Quando tale danaro non basta e il donatario non vuole conferire altro denaro o titoli dello Stato, sono prelevati mobili o immobili ereditari, in proporzione delle rispettive quote.

• La disposizione, riferibile ad ogni attribuzione liberale pecuniaria, sancisce una disciplina che sembra improntata primariamente all'obiettivo di far conseguire, anche agli altri eredi non destinatari dell'attribuzione, delle **quote composte** anche da **denaro**: solo laddove il denaro nel *relictum* non fosse bastevole ai prelevamenti di cui al primo comma, opererà la regola del secondo comma, sempre che il donatario non intenda adempiere spontaneamente con un conferimento (per così dire, in natura) di ulteriore denaro. • Laddove vi fosse **divergenza** tra ciò di cui si arricchisce il donatario e quanto fuoriuscito dal patrimonio del donante (ad es. laddove il donante corrisponda in qualche variabile maniera il denaro corrispondente al prezzo di acquisto di un immobile che venga poi effettivamente acquistato dal donatario) è stato oggetto di discussione, specie risalente, se ai fini della collazione si dovesse aver riguardo al denaro o al bene acquistato, problema da risolversi conformemente all'individuazione, nel caso *de quo*, dell'oggetto della donazione (cfr. anche *sub* art. 809): a differenza che in passato, oggi si tende a guardare a quanto acquistato effettivamente dal donatario, in ciò ritenendo di rinvenire l'oggetto dell'attribuzione.

Capo III
Del pagamento dei debiti

752. Ripartizione dei debiti ereditari tra gli eredi.

I coeredi contribuiscono tra loro al pagamento dei debiti e pesi ereditari in proporzione delle loro quote ereditarie, salvo che il testatore abbia altrimenti disposto.

• La disposizione, derogabile ad opera del testatore, si riferisce esclusivamente ai **rapporti interni** tra coeredi (e anche l'eventuale deroga testamentaria si ritiene dispiegherebbe effetto solo limitatamente a questi): i rapporti esterni con i creditori sono invece disciplinati dall'art. 754. • Diversamente dai crediti del *de cuius* (su cui vedi *sub* art. 760), **i debiti non entrano in comunione** e si ripartiscono automaticamente tra i coeredi proporzionalmente alle rispettive quote, con tutte le conseguenze del caso (ad esempio, anche sul piano del diritto di regresso). • Nel concetto di **debiti e pesi** ereditari rientrano tutte le passività maturate in capo al *de cuius* prima dell'apertura della successione nonché le spese connesse a quest'ultima (es. per il funerale o per le pratiche successorie o per l'amministrazione dei beni ereditari), ma non, si ritiene, altre spese eventualmente legate al contegno degli eredi o a loro eventuali inadempimenti pur occasionati dalla vicenda successoria.

753. Immobili gravati da rendita redimibile.

Ogni coerede, quando i beni immobili dell'eredità sono gravati con ipoteca da una prestazione di rendita redimibile, può chiedere che gli immobili ne siano affrancati e resi liberi prima che si proceda alla formazione delle quote ereditarie. Se uno dei coeredi si oppone, decide l'autorità giudiziaria. Se i coeredi dividono l'eredità nello stato in cui si trova, l'immobile gravato deve stimarsi con gli stessi criteri con cui si stimano gli altri beni immobili, detratto dal valore di esso il capitale corrispondente alla prestazione, secondo le norme relative al riscatto della rendita, salvo che esista un patto speciale intorno al capitale da corrispondersi per l'affrancazione.

Alla prestazione della rendita è tenuto solo l'erede, nella cui quota cade detto immobile, con l'obbligo di garantire i coeredi.

754. Pagamento dei debiti e rivalsa.

Gli eredi sono tenuti verso i creditori al pagamento dei debiti e pesi ereditari personalmente in proporzione della loro quota ereditaria e ipotecariamente per l'intero. Il coerede che ha pagato oltre la parte a lui incombente può ripetere dagli altri coeredi soltanto la parte per cui essi devono contribuire a norma dell'articolo 752, quantunque si sia fatto surrogare nei diritti dei creditori.

Il coerede conserva la facoltà di chiedere il pagamento del credito a lui personale e garantito da ipoteca, non diversamente da ogni altro creditore, detratta la parte che deve sopportare come coerede.

• La disposizione, espressione secondo taluni del risalente principio romanistico secondo cui *debita hereditaria ipso iure dividuntur* (principio peraltro oggetto di autorevoli revisioni critiche e di reiterati dibattiti) si ritiene disciplini i **rapporti tra i coeredi e i creditori dell'eredità**, nel senso di una deroga al principio della solidarietà passiva *ex* art. 1294: i creditori potranno pretendere dal singolo coerede l'adempimento della prestazione divisibile solo nei limiti proporzionali alla rispettiva quota ereditaria e non oltre; il che non toglie che la norma si ritenga comunque derogabile dagli eredi *ex* art. 1295 così come non toglie l'efficacia dell'eventuale adempimento del terzo.

755. Quota di debito ipotecario non pagata da un coerede.
In caso d'insolvenza di un coerede, la sua quota di debito ipotecario è ripartita in proporzione tra tutti gli altri coeredi.

• La norma appare **derogatoria** rispetto alla disciplina base, per la quale l'insolvenza di un coerede graverebbe, di massima, sul solo creditore; la deroga relativa al debito ipotecario si giustifica per l'esigenza di tutelare l'assegnatario del bene ipotecato dal gravare integrale su di lui medesimo, senza possibilità di rivalsa, anche della quota dell'insolvente a seguito dell'eventuale escussione operata per l'intero dal creditore. La norma prevede dunque, per il solo caso del debito ipotecario, che la quota di tale debito gravante sull'insolvente sia ripartita in proporzione tra tutti gli altri coeredi, compreso chi abbia corrisposto il dovuto al fine di liberare il bene.

756. Esenzione del legatario dal pagamento dei debiti.
Il legatario non è tenuto a pagare i debiti ereditari, salvo ai creditori l'azione ipotecaria sul fondo legato e l'esercizio del diritto di separazione; ma il legatario che ha estinto il debito di cui era gravato il fondo legato subentra nelle ragioni del creditore contro gli eredi.

• La norma si ritiene **derogabile** dal testatore, che potrebbe gravare il legatario del pagamento dei debiti, anche se ovviamente solo *intra vires* (cfr. art. 671). • Si consideri anche la possibilità che taluni obblighi legati ai debiti ereditari derivino al legatario non tanto da tale qualità in sé, ma dal **tipo di legato**: esempio di ciò si ravvisa nell'art. 1010 laddove il particolare obbligo che sorge verso i coeredi (e non verso i creditori) deriva più che altro dalla posizione di usufruttuario, che potrebbe derivare dal legato; ad avviso di taluni, una responsabilità debitoria *intra vires* (per l'eccedenza risponderebbero gli eredi) vi sarebbe anche nel legato di azienda rispetto a pendenze relative ai beni destinati all'esercizio d'impresa.

Capo IV
Degli effetti della divisione e della garanzia delle quote

757. Diritto dell'erede sulla propria quota.
Ogni coerede è reputato solo e immediato successore in tutti i beni componenti la sua quota o a lui pervenuti dalla successione, anche per acquisto all'incanto, e si considera come se non avesse mai avuto la proprietà degli altri beni ereditari.

• La disposizione si ritiene sancisca la **natura dichiarativa** della divisione, che comporta un acquisto derivativo e retroattivo in capo al condividente assegnatario: non sarebbe cioè propriamente la divisione a determinare l'effetto traslativo (e infatti si ritiene che l'atto divisionale non sia bastevole a integrare la prova di titolarità di un bene verso i terzi, mentre rileverebbe tra i condividenti), ma lo stesso risalirebbe al titolo di acquisto della situazione di contitolarità poi risolta a mezzo della divisione. • La **retroattività** opera con riguardo alla dinamica distributiva dei beni assegnati e dei frutti non separati: se un coerede aliena un bene prima della divisione, l'efficacia dell'alienazione è quindi condizionata e subordinata alla assegnazione al coerede di tale bene in sede divisoria, rimanendo dunque il bene in comunione sino a che ciò accada.

758. Garanzia tra coeredi.

I coeredi si devono vicendevole garanzia per le sole molestie ed evizioni derivanti da causa anteriore alla divisione.

La garanzia non ha luogo, se è stata esclusa con clausola espressa nell'atto di divisione, o se il coerede soffre l'evizione per propria colpa.

• La regola, applicabile anche in caso di **evizione parziale** e rispetto a qualsiasi tipo di molestia di diritto (e secondo una certa prospettazione anche rispetto a talune molestie di fatto tali da pregiudicare il valore del bene), introduce una **tutela specifica** in considerazione dello stato di contitolarità anteriore alla divisione e intende far gravare reciprocamente tra tutti i condividenti il rischio che taluni terzi, a divisione avvenuta, avanzino su di un bene pretese legate a fatti, atti ed eventi anteriori alla divisione che, in assenza della previsione, ricadrebbero poi potenzialmente (ed iniquamente) sul solo assegnatario del bene medesimo. • Quanto alla clausola del **secondo comma**, applicabile, secondo un diffuso orientamento, anche alla divisione del testatore, si ritiene generalmente che la medesima non potrebbe tuttavia porsi validamente in termini assoluti, laddove escludesse qualsiasi garanzia, ad esempio anche in caso di dolo e colpa grave.

759. Evizione subita da un coerede.

Se alcuno dei coeredi subisce evizione, il valore del bene evitto, calcolato al momento dell'evizione, deve essere ripartito tra tutti i coeredi ai fini della garanzia stabilita dall'articolo precedente, in proporzione del valore che i beni attribuiti a ciascuno di essi hanno al tempo dell'evizione e tenuto conto dello stato in cui si trovano al tempo della divisione.

Se uno dei coeredi è insolvente, la parte per cui è obbligato deve essere ugualmente ripartita fra l'erede che ha sofferto l'evizione e tutti gli eredi solventi.

• La disposizione stabilisce il criterio di **ripartizione** del **danno** conseguente all'evizione subita da uno dei coeredi (curiosamente, quale valore del bene evitto si considera quello al momento dell'evizione e non quello al momento della divisione, scelta che può suscitare svariate perplessità): la perdita verrà ripartita tra tutti i coeredi in base al valore assunto, sempre al tempo dell'evizione, dai beni assegnati loro.

760. Inesigibilità di crediti.

Non è dovuta garanzia per l'insolvenza del debitore di un credito assegnato a uno dei coeredi, se l'insolvenza è sopravvenuta soltanto dopo che è stata fatta la divisione.

La garanzia della solvenza del debitore di una rendita è dovuta per i cinque anni successivi alla divisione.

• La previsione del primo comma appare armonica rispetto ad un **principio di fondo** che trova espressione anche altrove (cfr. *sub* art. 758), la **rilevanza** cioè di fatti e situazioni **anteriori** o coevi alla divisione, ma non posteriori: nel caso di specie, rispetto alla cessione del credito oltre all'esistenza del credito viene garantita *ope legis* anche la solvibilità sino alla divisione (e poi, in virtù del secondo comma, nei limiti dei cinque anni per le rendite, e così dunque anche per ipotesi di crediti divisibili): ma l'eventuale rischio della successiva insolvenza del debitore rimane a carico del nuovo creditore.

Capo V
Dell'annullamento e della rescissione in materia di divisione

761. Annullamento per violenza o dolo.

La divisione può essere annullata quando è l'effetto di violenza o di dolo.

L'azione si prescrive in cinque anni dal giorno in cui è cessata la violenza o in cui il dolo è stato scoperto.

• La norma, applicabile alla divisione di matrice **contrattuale**, menziona due vizi, violenza e dolo, in relazione ai quali si ritiene valga la relativa disciplina generale prevista nella sezione II del capo XII del titolo II del libro IV del codice. • La ragione della mancata menzione dell'**errore**, e dunque della discrepanza sul punto rispetto alle regole generali, è dibattuta: secondo un orientamento diffuso, la lacuna sarebbe legata alla presenza delle previsioni di cui agli artt. 761 e 762 che disciplinerebbero, in fin dei conti, delle ipotesi nelle quali in qualche misura può venire in rilievo anche un errore (cfr. però *sub* art. 763). Ad ogni modo, il quadro normativo conduce a ritenere che le regole generali in materia di errore non valgano per la figura *de qua*, potendo comunque talune circostanze (insussistenza del titolo, errore sui presupposti, ecc.) dar luogo all'applicazione di altri rimedi e al ricorso ad altre figure (nullità, alterazione della base negoziale, ecc.).

762. Omissione di beni ereditari.

L'omissione di uno o più beni dell'eredità non dà luogo a nullità della divisione, ma soltanto a un supplemento della divisione stessa.

• Si ritiene che quello che viene indicato quale supplemento, e il cui diritto appare imprescrittibile, integri in realtà una ulteriore e per molti versi **autonoma divisione**, da valutarsi, anche sotto il profilo della validità ed eventualmente della rescindibilità, quale operazione a sé (anche se, si afferma, si dovrà comunque tener conto della divisione già attuata anche in relazione all'art. 727).

763. Rescissione per lesione.

La divisione può essere rescissa quando taluno dei coeredi prova di essere stato leso oltre il quarto.

La rescissione è ammessa anche nel caso di divisione fatta dal testatore, quando il valore dei beni assegnati ad alcuno dei coeredi è inferiore di oltre un quarto all'entità della quota ad esso spettante.

L'azione si prescrive in due anni dalla divisione.

• L'istituto, applicabile ad ogni divisione di matrice contrattuale (anche laddove l'accordo maturi in sede di giudizio e definisca il medesimo: cfr. tuttavia anche *sub* art. 764), si ritiene diverga sotto significativi profili dalla omologa figura prevista in generale nel capo XIII del titolo II del libro IV del codice: trattasi di uno strumento di **tutela della corrispondenza** tra **valore delle assegnazioni** concrete ai singoli e **valore delle rispettive quote** di spettanza, a prescindere, di massima, dalle ragioni della discrepanza e senza che necessariamente la circostanza sia dovuta a stato di bisogno, errori o altri specifici fatti. • Il **presupposto** legittimante l'azione è che il valore della porzione attribuita all'assegnatario attore sia inferiore ai tre quarti del valore della quota astrattamente di spettanza, in base ad una stima avente quale riferimento il momento della divisione purché la lesione permanga sino all'esperimento dell'azione. L'**effetto** dell'azione, laddove vittoriosa, è la reviviscenza della comunione, come si presentava anteriormente alla divisione rescissa.

764. Atti diversi dalla divisione.

L'azione di rescissione è anche ammessa contro ogni altro atto che abbia per effetto di far cessare tra i coeredi la comunione dei beni ereditari.

L'azione non è ammessa contro la transazione con la quale si è posta fine alle questioni insorte a causa della divisione o dell'atto fatto in luogo della medesima, ancorché non fosse al riguardo incominciata alcuna lite.

• Si ritiene che la disposizione trovi applicazione per gli **atti** che, pur non costituendo divisione in senso tecnico, abbiano quale **fine e obiettivo la cessazione**, anche parziale, della comunione, con assegnazione ai condividenti di beni di valore corrispondente alla quota spettante a ciascuno: diversamente, la norma non si applicherebbe invece laddove tale effetto fosse solo occasionale o collaterale rispetto alle (diverse) finalità principali dell'atto. • Sebbene la portata applicativa del disposto di cui al **secondo comma** sia discussa, si ritiene che la regola in questione sia applicabile a qualsiasi transazione concernente questioni cagionate dalla divisione e volta a dirimerle, a prescindere dal momento in cui la transazione venga stipulata (anteriore, concomitante, posteriore a quello della divisione cui si riferisce).

765. Vendita del diritto ereditario fatta al coerede.

L'azione di rescissione non è ammessa contro la vendita del diritto ereditario fatta senza frode a uno dei coeredi, a suo rischio e pericolo, da parte degli altri coeredi o di uno di essi.

• La disposizione, legata ad una sorta di ritenuta **aleatorietà**, pur atecnica, della vendita ereditaria che costituisce espresso requisito della norma (unitamente all'assenza di frode, in presenza della quale la rescissione può invece essere esperita), sembra rappresentare una **disciplina speciale** per la vendita di quota ereditaria, rispetto quantomeno alla previsione di cui all'art. 1448 che dunque, in tal caso, ad avviso di taluni non potrebbe trovare applicazione (anche se il punto rimane dibattuto). • La previsione, espressamente, non si riferisce solo ad operazioni che portino alla cessazione della comunione, bensì a qualsiasi vendita di quota, anche laddove la stessa si collochi nell'ambito di una comunione destinata, parzialmente, a perdurare o risolversi altrimenti.

766. Stima dei beni.

Per conoscere se vi è lesione si procede alla stima dei beni secondo il loro stato e valore al tempo della divisione.

• Se la stima in questione, volta all'individuazione del valore di mercato dei beni, va compiuta, come da dettato della norma, con riferimento al tempo della divisione, si ritiene comunque che la lesione debba perdurare sino all'esperimento del rimedio rescissorio, rispetto al quale, altrimenti, difetterebbe l'interesse.

767. Facoltà del coerede di dare il supplemento.

Il coerede contro il quale è promossa l'azione di rescissione può troncarne il corso e impedire una nuova divisione, dando il supplemento della porzione ereditaria, in danaro o in natura, all'attore e agli altri coeredi che si sono a lui associati.

• La disciplina delinea, si ritiene, un diritto vero e proprio, esercitabile sino al completamento della eventuale nuova divisione, che infatti il rimedio è volto a impedire. • L'effetto dell'operazione deve essere quello di ripristinare la corrispondenza di valore tra assegnazione concreta e quota astratta spettante a chi si ritenga pregiudicato dalla divisione avvenuta, oggetto di rescissione.

768. Alienazione della porzione ereditaria.

Il coerede che ha alienato la sua porzione o una parte di essa non è più ammesso a impugnare la divisione per dolo o violenza, se l'alienazione è seguita quando il dolo era stato scoperto o la violenza era cessata.

Il coerede non perde il diritto di proporre l'impugnazione, se la vendita è limitata a oggetti di facile deterioramento o di valore minimo in rapporto alla quota.

• La disposizione prevede una sorta di **convalida tacita**, secondo alcuni più sfumatamente riconducibile ad un principio di conservazione della divisione o all'idea di una conferma volta alla tutela, ad un tempo, sia della stabilità della divisione avvenuta (una nuova divisione dovrebbe infatti operarsi senza i beni oramai alienati, con tutte le conseguenti ripercussioni anche sugli apporzionamenti) che degli interessi dei terzi acquirenti, si tratti di coeredi o di estranei. • Secondo una diffusa prospettazione, la regola di cui al **secondo comma** si giustifica leggendola, per così dire, "in controluce": ritenendo cioè che laddove la vendita involga oggetti di minimo valore o che comunque non potrebbero più figurare in sede di nuova divisione (perché di facile deterioramento), l'atto non presenterebbe quell'effetto validante al quale si richiama il primo comma e in ogni caso una nuova divisione sarebbe, in tal caso, non irragionevolmente tollerabile.

Capo V bis
Del patto di famiglia

768 bis. Nozione.

È patto di famiglia il contratto con cui, compatibilmente con le disposizioni in materia di impresa familiare e nel rispetto delle differenti tipologie societarie, l'imprenditore trasferisce, in tutto o in parte, l'azienda, e il titolare di partecipazioni societarie trasferisce, in tutto o in parte, le proprie quote, ad uno o più discendenti.

• Sebbene natura, *ratio* e tratti caratteristici del patto siano stati oggetto di vivo dibattito e molteplici ricostruzioni, può dirsi, su base generale, che trattasi di contratto plurilaterale che coinvolge il disponente, l'assegnatario o gli assegnatari, e i soggetti potenzialmente legittimari al momento della stipula dell'accordo; anche se tale ricostruzione è discussa, dal momento che taluni ritengono essenziali al patto solamente la partecipazione del trasferente e dell'assegnatario o assegnatari dell'azienda o delle partecipazioni, differenziando invece la posizione degli altri aderenti, mentre altri vi ravvisa una struttura in certa misura accostabile a quella del contratto a favore di terzi. • Il patto presenta una **funzionalità complessa**: non scevro di profili di liberalità (si badi: non si tratta, tuttavia, di una donazione propriamente intesa né di una tanto dopo che è stata fatta la divisione. autonoma tipologia contrattuale per molti versi assai peculiare) e di connotati divisionali, esso è finalizzato al **trasferimento *inter vivos*** dei cespiti previsti dalla disciplina in commento, anche nell'ottica della conservazione dell'azienda e delle partecipazioni sociali nella prospettiva di evitare per quanto possibile una frammentazione delle risorse produttive nell'ambito del trapasso generazionale, unitamente ad un **effetto** rilevante sul piano **successorio**, qual è quello previsto dal successivo art. 768-*quater*: la sottrazione dei cespiti oggetto di assegnazione tramite il patto alle pretese *mortis causa* dei legittimari non destinatari, con liquidazione in favore di questi ultimi (salvo possibilità di rinuncia) di somme o prestazioni corrispondenti alle rispettive quote di riserva *ex* artt. 537 ss.

768 ter. Forma.

A pena di nullità il contratto deve essere concluso per atto pubblico.

• La previsione espressa del requisito formale in questione per la stipula del patto, realizzabile peraltro, si ritiene, anche tramite lo schema proposta-accettazione in maniera disgiunta, purché sia rispettata la forma pubblica, fuga i dubbi in relazione all'applicabilità di altre disposizioni previste per differenti figure (nello specifico, ad esempio, la donazione) la cui contiguità e i cui rapporti con la figura del patto sono peraltro discussi (cfr. *sub* art. precedente). • Si è posto l'interrogativo se sia da ritenersi essenziale la presenza di due **testimoni** e il punto rimane dibattuto e si lega all'eventuale avvicinamento dell'istituto all'ambito donativo: per un verso la disposizione non menziona la presenza dei testi (che non emerge, con riguardo al patto, neppure dalla legge notarile, art. 48, come modificato dalla l. n. 246/2005), per altro verso le diffuse controversie interpretative dipanatesi attorno all'istituto farebbero propendere tuttavia per la prudenziale applicazione di tale ulteriore requisito.

768 quater. Partecipazione.

Al contratto devono partecipare anche il coniuge e tutti coloro che sarebbero legittimari ove in quel momento si aprisse la successione nel patrimonio dell'imprenditore.

Gli assegnatari dell'azienda o delle partecipazioni societarie devono liquidare gli altri partecipanti al contratto, ove questi non vi rinunzino in tutto o in parte, con il pagamento di una somma corrispondente al valore delle quote previste dagli articoli 536 e seguenti; i contraenti possono convenire che la liquidazione, in tutto o in parte, avvenga in natura.

I beni assegnati con lo stesso contratto agli altri partecipanti non assegnatari dell'azienda, secondo il valore attribuito in contratto, sono imputati alle quote di legittima loro spettanti; l'assegnazione può essere disposta anche con successivo contratto che sia espressamente dichiarato collegato al primo e purché vi intervengano i medesimi soggetti che hanno partecipato al primo contratto o coloro che li abbiano sostituiti.

Quanto ricevuto dai contraenti non è soggetto a collazione o a riduzione.

• La disposizione ha generato vivaci dibattiti, particolarmente significativi perché involgenti la struttura stessa del patto di famiglia, oltre che la sua specifica funzionalità: sebbene il punto sia discusso, si ritiene corretto intendere il "dovere" di partecipazione dei soggetti di cui al primo comma come indice della **plurilateralità del negozio** e tale **partecipazione** come **necessaria** alla validità ed efficacia del patto e non solo quale adesione eventuale ad un accordo di matrice sostanzialmente bilaterale. • La **liquidazione** di cui al secondo comma va operata impiegando come parametro le previsioni di cui agli artt. 537 ss. e come **base di calcolo** del valore delle quote solamente quello dei cespiti assegnati a mezzo del patto, computato con riferimento al momento della stipulazione del medesimo. • La previsione della possibilità di **liquidazione in natura**, contenuta nel secondo comma, nonché il riferimento all'assegnazione di beni agli altri partecipanti realizzabile anche con **successivo contratto** mostrano come il patto possa realizzarsi anche quale **struttura complessa** e a mezzo di contratti collegati. • Laddove i mezzi per adempiere l'obbligo liquidatorio di cui al secondo comma venissero forniti dal disponente agli assegnatari dei cespiti o venissero da questi attribuiti direttamente ai non assegnatari, dette attribuzioni si ritiene presenterebbero carattere di **liberalità**, diretta o indiretta, con le conseguenze del caso. • La sottrazione all'ambito della collazione e della riduzione prevista dal **quarto comma** riguarda espressamente tutto quanto ricevuto dai contraenti e dunque non solamente i cespiti attribuiti agli assegnatari *ex pacto* (azienda o partecipazioni).

768 quinquies. Vizi del consenso.

Il patto può essere impugnato dai partecipanti ai sensi degli articoli 1427 e seguenti.

L'azione si prescrive nel termine di un anno.

• Presentando l'atto natura di contratto plurilaterale, è da ritenere rilevino **tutte** le cause di **annullabilità** previste per il contratto in generale, e non solo quelle richiamate nella disposizione in commento, ferma la legittimazione ad agire in capo alle sole parti contraenti. • Una **ipotesi** di annullabilità **specifica** riservata a coloro che, pur avendo titolo per esserlo, non siano stati parte del patto per varie ragioni, e dunque un'ipotesi di legittimazione esterna rispetto alle parti del patto, è peraltro prevista dall'art. **768-*sexies*, co. 2**. • Occorre prestare attenzione, ai fini dell'applicabilità del rimedio previsto dalla disposizione, anche a **possibili intersezioni** con altre figure; ad esempio, se per un verso si è sostenuto che l'errore sul valore del compendio oggetto del patto potrebbe rilevare, ai fini dell'annullabilità, a mezzo del richiamo all'art. 1429, n. 2, quale errore sulle qualità essenziali del bene, per altro verso è discussa la possibilità di applicazione al patto di famiglia del rimedio di cui all'art. 763 (cfr. *sub*), vale a dire la rescissione del negozio divisorio per lesione superiore al quarto: laddove l'applicabilità si ammettesse, infatti, l'eventuale errore sul valore del compendio rileverebbe, ai fini dell'annullabilità, solamente se il valore della lesione non superasse la soglia di applicabilità dell'istituto, diverso, della rescissione.

768 sexies. Rapporti con i terzi.

All'apertura della successione dell'imprenditore, il coniuge e gli altri legittimari che non abbiano partecipato al contratto possono chiedere ai beneficiari del contratto stesso il pagamento della somma prevista dal secondo titolo comma dell'articolo 768 quater, aumentata degli interessi legali.

L'inosservanza delle disposizioni del primo comma costituisce motivo di impugnazione ai sensi dell'articolo 768 quinquies.

• La portata della disposizione, e in particolare **l'estensione** della platea dei soggetti cui si riferisce il primo comma, è stata oggetto di viva discussione. In sintesi, se è certo che nell'ambito dei soggetti cui si fa riferimento rientrino coniuge e altri legittimari il cui rapporto con lo stipulante sia sorto dopo la conclusione del patto, è invece **dibattuto** se vadano inclusi anche i legittimari ignoti al momento del patto o quelli che, pur invitati ad aderirvi, non l'abbiano fatto: la questione è complessa e si lega, per molti versi, alla ricostruzione più generale del fenomeno che si scelga di far propria. In ogni caso, ai soggetti in questione, come li si ritenga di determinare, quello che spetta è un diritto di credito per una somma pari al valore della quota loro riservata *ex* artt. 537 ss. rispetto ai cespiti oggetto del patto, oltre interessi. • Il secondo comma prevede una **ipotesi** di annullabilità **specifica** riservata a coloro che, pur avendo titolo per esserlo, non siano stati parte del patto per varie ragioni: anche qui, la portata effettiva della previsione risente del dibattito relativo al disposto del primo comma, e dipende dall'interpretazione che se ne adotti. Si tratta in ogni caso di un'ipotesi di legittimazione esterna rispetto alle parti dell'accordo che ha suscitato vive perplessità, anche in ordine alla stabilità del patto e dunque alla certezza dei rapporti sottesi, pur risultando per molti versi comprensibile da un punto di vista equitativo, anche se discutibile quanto all'aspetto tecnico-sistematico.

768 septies. Scioglimento.

Il contratto può essere sciolto o modificato dalle medesime persone che hanno concluso il patto di famiglia nei modi seguenti:

1) mediante diverso contratto, con le medesime caratteristiche e i medesimi presupposti di cui al presente capo;

2) mediante recesso, se espressamente previsto nel contratto stesso e, necessariamente, attraverso dichiarazione agli altri contraenti certificata da un notaio.

• L'individuazione dei soggetti legittimati allo scioglimento mediante **diverso contratto** dipende, ancora una volta, dalla struttura che si voglia riconoscere al patto: adottando, come qui si ritiene, l'idea di un negozio necessariamente plurilaterale, al quale debbono partecipare anche tutti i legittimari all'epoca esistenti, tutti costoro dovranno anche prendere parte al contratto estintivo o modificativo, il quale dovrà soddisfare anche i medesimi **requisiti formali** del patto nonché far riferimento ad una **condizione dei cespiti conforme** o comunque causalmente armonica a quella in essere al momento del patto (ad es. perdurante esistenza dell'azienda, valore delle partecipazioni ancora significativo, ecc.). • Il contratto modificativo o estintivo del patto è da ritenere **figura diversa** rispetto ad una **divisione** operata dopo l'apertura della successione, che pure coinvolga sia assegnatari che legittimari non assegnatari dei cespiti oggetto del patto. • La figura del **recesso** presenta consistenti profili problematici, sempre legati alla ricostruzione generale che si voglia operare dell'istituto, nonché alle ripercussioni sulle sorti del patto, quanto a molteplici risvolti: in generale, è da ritenere che il recesso non comporti necessariamente il travolgimento del patto – essendo espressamente prevista la possibilità che esso sia "modificativo" e non estintivo – e che debba comunque essere fondato su giusta causa o presupposti ben individuati nella previsione di tale possibilità che, all'uopo, la disposizione richiede sia contenuta nel patto medesimo.

768 octies. Controversie.

Le controversie derivanti dalle disposizioni di cui al presente capo sono devolute preliminarmente a uno degli organismi di conciliazione previsti dall'articolo 38 del decreto legislativo 17 gennaio 2003, n. 5.

• La disposizione si inquadra nella tendenza, diffusasi in più ambiti, a tentare di superare le note inefficienze e lungaggini che talora affliggono il processo civile ordinario prevedendo strumenti e percorsi alternativi di incardinamento, gestione e soluzione delle controversie. • A seguito di intercorsi mutamenti normativi, il richiamo all'art. 38 del d.lgs. n. 5/2003 va ora riferito, ed aggiornato, alla disciplina contenuta nel d.lgs. n. 28/2010. • La previsione di preliminare devoluzione delle controversie in questione agli organismi di cui alla norma va intesa quale introduzione di una sorta di tentativo obbligatorio di conciliazione, tale dunque da non escludere su base generale la successiva eventuale instaurazione del giudizio, piuttosto che nei termini di una procedura arbitrale, difficilmente imponibile dalla legge anche in relazione ad evidenti esigenze di legittimità costituzionale. • È controversa la latitudine applicativa della disposizione: se cioè la medesima venga in rilievo per ogni controversia legata in qualsiasi modo all'esistenza e al tenore di un patto di famiglia, oppure se il perimetro debba intendersi maggiormente circoscritto solamente alle vertenze che chiamino in causa la disciplina specifica della figura.

Titolo V
DELLE DONAZIONI

Capo I
Disposizioni generali

769. Definizione.

La donazione è il contratto col quale, per spirito di liberalità, una parte arricchisce l'altra, disponendo a favore di questa di un suo diritto o assumendo verso la stessa un'obbligazione.

• La disposizione prevede una specifica **figura contrattuale** nell'ambito del più ampio novero degli atti di **liberalità**: quegli atti tra vivi, di varia matrice, destinati all'arricchimento di una parte, attraverso l'attribuzione di vari possibili diritti o l'assunzione di obblighi nei suoi confronti, senza corrispettivo e con depauperamento patrimoniale dell'altra, causalmente fondati sulla presenza dello spirito di liberalità (***animus donandi***), inteso quale comune intento di beneficiare spontaneamente, per varie possibili motivazioni, il donatario con diminuzione patrimoniale del donante, in assenza per l'appunto di corrispettivo. • Salva la valutazione di fattispecie particolari, dalla donazione vanno tenuti **distinti**, su base generale, i cosiddetti **contratti a titolo gratuito**, obbligatori o traslativi: se per un verso nei contratti in questione manca un vero e proprio depauperamento in capo ad una parte, per altro verso difetta anche un arricchimento dell'altra propriamente inteso quale stabile incremento patrimoniale. • Dalla donazione va tenuto **distinto** anche l'adempimento dell'**obbligazione naturale** (cfr. *sub* art. 2034), laddove quest'ultimo si connota per la ritenuta doverosità morale e sociale dell'atto e conseguentemente per il difetto dell'*animus donandi* invece fondamentale per la donazione. • Stante la ritenuta incompatibilità concettuale tra adempimento (legato ad un obbligo preesistente e *animus donandi*, si ritiene non ammissibile il cosiddetto **preliminare** di donazione, secondo una prospettiva ritenuto nullo e secondo altra invece ritenuto passibile di integrare, se munito dell'idoneo requisito formale, già di per sé donazione vera e propria cui seguirebbe un mero atto solutorio.

770. Donazione rimuneratoria.

È donazione anche la liberalità fatta per riconoscenza o in considerazione dei meriti del donatario o per speciale rimunerazione.

Non costituisce donazione la liberalità che si suole fare in occasione di servizi resi o comunque in conformità agli usi.

• La figura è connotata dal **particolare motivo** dell'elargizione, senza che tale motivo peraltro incida integralmente sul profilo causale della donazione, che rimane attribuzione liberale spontanea: la donazione rimuneratoria avviene sostanzialmente per gratitudine nei confronti del donatario o in ragione di un intento premiale verso il medesimo, a fronte, di massima, di un qualche operato di costui in favore del donante, operato che si richiede sia lecito ma che può essere suscettibile o meno di valutazione economica. • Sebbene il punto sia stato dibattuto, si sostiene che siano **irrilevanti** ogni **proporzionalità** tra l'attribuzione e il servizio reso, o il difetto della medesima, rispetto alla natura rimuneratoria della donazione, così come la **misura** dell'incisione del patrimonio del donante. • Quanto alla disciplina, la donazione rimuneratoria non può essere revocata (cfr. art. 809) e non comporta il sorgere di obbligazioni alimentari (cfr. art. 437). • Le **liberalità d'uso** di cui al secondo comma sono quelle attribuzioni rese in omaggio a determinate, diffuse consuetudini o convenzioni sociali, anche indipendentemente dal comportamento specifico del destinatario (es. regali resi in occasione di feste, ricorrenze, ecc.): non sempre invece risulta agevole distinguere dalla donazione remuneratoria la liberalità "che si suole fare" in occasione di servizi resi, il *discrimen* essendo rappresentato dal fatto che quest'ultima è soprattutto una liberalità d'uso, che di fondo prescinde dal contegno specifico del destinatario (e dalla qualità e caratteristiche peculiari di tale contegno), che pur magari ne rappresenta l'occasione.

771. Donazione di beni futuri.

La donazione non può comprendere che i beni presenti del donante. Se comprende beni futuri, è nulla rispetto a questi, salvo che si tratti di frutti non ancora separati.

Qualora oggetto della donazione sia una universalità di cose e il donante ne conservi il godimento trattenendola presso di sé, si considerano comprese nella donazione anche le cose che vi si aggiungono successivamente, salvo che dall'atto risulti una diversa volontà.

• Si dibatte in ordine al **perimetro applicativo** della disposizione di cui al primo comma, di cui è controversa anche la *ratio*. In generale, il riferimento viene inteso a cose o diritti non ancora venuti in essere o la cui fattispecie non si sia perfezionata al tempo della donazione: non vengono dunque considerate donazioni di beni future né quelle obbligatorie, né quelle aventi ad oggetto diritti sospensivamente condizionati. • È dibattuto se la disposizione riguardi anche le **donazioni di cose non appartenenti al donante**: si è sostenuto, tra altre posizioni, che la donazione di cosa in tutto o in parte altrui sarebbe nulla per carenza di causa a meno che non possa essere intesa come donazione obbligatoria, nella dichiarata consapevolezza dell'altruità del bene e con l'espresso obbligo di procurarlo al donatario. • Il disposto di cui al **secondo comma** non rappresenta una deroga alla regola del primo, bensì si fonda sul carattere unitario della universalità, comportante una *vis espansiva* tale per cui gli incrementi della stessa non rappresentano cose future bensì mero sviluppo del *donatum*.

772. Donazione di prestazioni periodiche.

La donazione che ha per oggetto prestazioni periodiche si estingue alla morte del donante, salvo che risulti dall'atto una diversa volontà.

• La figura non rappresenta una deroga rispetto alla previsione di cui all'art. 771 bensì semplicemente disciplina una **donazione obbligatoria** con **adempimento differito**, sancendo una regola (derogabile, stante l'ultimo inciso) intessa comunemente quale sorta di proiezione dell'idea secondo cui l'intento liberale presenterebbe intrinsecamente carattere personale.

773. Donazione a più donatari.

La donazione fatta congiuntamente a favore di più donatari s'intende fatta per parti uguali, salvo che dall'atto risulti una diversa volontà.

È valida la clausola con cui il donante dispone che, se uno dei donatari non può o non vuole accettare, la sua parte si accresca agli altri.

• La regola di cui al primo comma concerne l'ipotesi di donazione di uno stesso bene compiuta verso più persone con un **unico atto** e rappresenta applicazione del principio di cui al primo comma dell'art. 1101. • La possibilità di accrescimento di cui al secondo comma può derivare solo da una **definita previsione** contenuta nella donazione, il che comporta svariate conseguenze: ad esempio, se per un verso si ritiene che non valgano, per tale accrescimento di matrice contrattuale, i requisiti previsti per l'accrescimento testamentario (artt. 674 ss.), per altro verso la clausola renderebbe, in presenza di alcune già avvenute accettazioni, non revocabile la proposta della donazione in questione rispetto a quanti tra i destinatari non avessero ancora accettato, perché ciò comprometterebbe la possibilità stessa dell'accrescimento in favore dei primi.

Capo II
Della capacità di disporre e di ricevere per donazione

774. Capacità di donare.

Non possono fare donazione coloro che non hanno la piena capacità di disporre dei propri beni. È tuttavia valida la donazione fatta dal minore e dall'inabilitato nel loro contratto di matrimonio a norma degli articoli 165 e 166.

Le disposizioni precedenti si applicano anche al minore emancipato autorizzato all'esercizio di una impresa commerciale.

• Il riferimento alla piena capacità di disporre dei propri beni, necessaria non solo per la donazione formale di cui all'art. 769 ma per qualsiasi operazione donativa, va inteso quale riferimento alla **capacità di agire** nel suo complesso, e non ad una sorta di sua sottocategoria specifica. • Salve le eccezioni di legge, non sono capaci di donare dunque il minore, neppure se emancipato e autorizzato all'esercizio dell'impresa commerciale, l'interdetto e l'inabilitato, neppure a mezzo di rappresentante legale (cfr. *sub* art. 777): gli atti eventualmente compiuti sarebbero da considerarsi annullabili. • L'**eccezione** prevista in coda al primo comma si spiega usualmente con una discutibile esigenza di simmetria legata al compimento del negozio matrimoniale (qui impropriamente definito "contratto"). • Superate talune perplessità e limitazioni del passato, che trovavano fondamento peraltro anche in taluni dati normativi, si afferma oggi, salvi eventuali limiti di legge o statutari, la capacità di donare delle **persone giuridiche** private e pubbliche nonché delle **società**, anche al di fuori dell'oggetto sociale.

775. Donazione fatta da persona incapace d'intendere o di volere.

La donazione fatta da persona che, sebbene non interdetta, si provi essere stata per qualsiasi causa, anche transitoria, incapace di intendere o di volere al momento in cui la donazione è stata fatta, può essere annullata su istanza del donante, dei suoi eredi o aventi causa.

L'azione si prescrive in cinque anni dal giorno in cui la donazione è stata fatta.

• La disposizione contiene una **previsione speciale** rispetto alla regola generale di cui all'art. 428, caratterizzata dall'assenza, in questa specifica ipotesi, dei requisiti del grave pregiudizio per l'incapace e della malafede in capo all'altra parte, valevoli invece per l'annullabilità della generalità dei contratti nella circostanza *de qua*. • Ai fini dell'annullabilità dell'atto, occorre la prova rigorosa di una **alterazione psichica** di **portata tale da privare il soggetto dell'attitudine alla valutazione dei propri atti** e alla formazione di una volontà negoziale cosciente: non qualunque turbamento o menomazione sul piano in questione, dunque, risultano bastevoli a determinare l'invalidità della donazione. • Laddove il momento della proposta differisca da quello dell'accettazione, è discusso se la capacità d'intendere e volere debba sussistere anche al momento della conoscenza, in capo al proponente, dell'accettazione della proposta da parte del destinatario o sia bastevole che sussista al momento della formulazione di quest'ultima: pare ragionevole la prima soluzione, anche per garantire la possibilità di cosciente valutazione, *medio tempore*, di una eventuale revoca della proposta medesima.

776. Donazione fatta dall'inabilitato.

La donazione fatta dall'inabilitato, anche se anteriore alla sentenza di inabilitazione o alla nomina del curatore provvisorio, può essere annullata se fatta dopo che è stato promosso il giudizio di inabilitazione.

Il curatore dell'inabilitato per prodigalità può chiedere l'annullamento della donazione, anche se fatta nei sei mesi anteriori all'inizio del giudizio d'inabilitazione.

• La regola di cui al primo comma rappresenta una **deroga** rispetto al secondo comma dell'art. 427, sancendo, ai fini in questione, la retroattività della sentenza di inabilitazione sino al momento di instaurazione del relativo giudizio. Si è osservato che ciò determina, perlomeno sul piano letterale, una non facilmente spiegabile disparità rispetto al trattamento di analoga vicenda laddove essa avvenisse nell'ambito di un giudizio di interdizione. • La norma del secondo comma sembra trovare discutibile ragione nell'idea, di matrice presuntiva, secondo cui l'atto sarebbe stato occasionato necessariamente dalla prodigalità: il risultato di tale impostazione, tuttavia, è che l'atto rischierebbe di venir annullato anche laddove il medesimo non presentasse poi in concreto alcun legame con la suddetta causa di inabilitazione.

777. Donazioni fatte da rappresentanti di persone incapaci.

Il padre e il tutore non possono fare donazioni per la persona incapace da essi rappresentata.

Sono consentite, con le forme abilitative richieste, le liberalità in occasione di nozze a favore dei discendenti dell'interdetto o dell'inabilitato.

• La disposizione, riguardante tendenzialmente ogni tipo di attribuzione liberale significativa e non solo le donazioni formalmente intese, trova ragione sia nell'idea del **carattere personale** dello spirito di liberalità, sia in **esigenze di tutela** dell'incapace. • L'**eccezione** di cui al secondo comma si estende non solo alle cosiddette donazioni obnuziali ma più ampiamente a donazioni rese in occasione delle nozze: donazioni, dunque, che presentino una qualche, pur variabile ma dimostrabile connessione con queste ultime. • Le **forme abilitative** cui la norma si riferisce sono per l'interdetto, tramite il tutore, l'autorizzazione del tribunale (art. 375, n. 1, stante il richiamo dell'art. 424), e per l'inabilitato, previo consenso del curatore, l'autorizzazione del giudice tutelare o del tribunale su parere del primo laddove il curatore non sia il genitore (art. 394, co. 3, stante il richiamo dell'art. 424).

778. Mandato a donare.

È nullo il mandato con cui si attribuisce ad altri la facoltà di designare la persona del donatario o di determinare l'oggetto della donazione.

È peraltro valida la donazione a favore di persona che un terzo sceglierà tra più persone designate dal donante o appartenenti a determinate categorie, o a favore di una persona giuridica tra quelle indicate dal donante stesso.

È del pari valida la donazione che ha per oggetto una cosa che un terzo determinerà tra più cose indicate dal donante o entro i limiti di valore dal donante stesso stabiliti.

• La disposizione, frutto di risalente dibattito, sembra trovare ragione, come altre precedenti, nell'idea del **carattere personale dell'intento liberale** e dunque nell'omologo requisito che deve connotare il relativo atto di disposizione, frutto di valutazione eminentemente **soggettiva** del donante, non vicariabile da terzi quantomeno nei suoi tratti fondamentali. • La *ratio* di cui sopra illumina e spiega in gran parte tutta la disciplina, espressa e inespressa. Per un verso, saranno da ritenersi nulli anche l'atto di donazione conseguente al mandato di cui al primo comma e le eventuali procure rese all'uopo, mentre tali non saranno eventuali procure che indichino espressamente la persona del donatario e l'oggetto della donazione; per altro verso le due apparenti eccezioni di cui al comma secondo e terzo si spiegano in quanto in tali casi rimane intatta l'indicazione fondamentale da parte del donante, assumendo il terzo una veste in qualche modo non lontana da una sorta di mero arbitratore, fuoriuscendo l'ipotesi in certa, non irrilevante misura dal concetto più proprio di rappresentanza.

779. Donazione a favore del tutore o protutore.

È nulla la donazione a favore di chi è stato tutore o protutore del donante, se fatta prima che sia stato approvato il conto o sia estinta l'azione per il rendimento del conto medesimo.

Si applicano le disposizioni dell'articolo 599.

• La disposizione, che si applica al solo **tutore** e **protutore** e non a eventuali curatori (mentre per l'amministratore di sostegno la questione è complicata dal sibillino richiamo alla norma, applicabile laddove compatibile, contenuto nell'art. 411 al quale si rinvia), si riferisce al tutore e protutore del **minore** e dell'**interdetto giudiziale**, mentre pare doversi ritenere che non valga per l'interdetto legale, rispetto al quale la situazione si pone in termini evidentemente diversi e la *ratio* sarebbe difficilmente comprensibile. • La previsione, secondo alcuni tradendo una certa **disarmonia** di sistema, e in effetti in base a una idea di razionalità discutibile, si differenzia curiosamente sia dall'art. 596 in tema di testamento (qui, diversamente da lì, la donazione appare invalida anche se il protutore non abbia esercitato funzioni sostitutive del tutore e anche laddove tutore e protutore siano dei congiunti) che dall'art. 388 in tema di convenzioni stipulate prima della resa di conto tra tutore e minore divenuto maggiorenne (qui l'invalidità riguarda gli atti compiuto anche verso il protutore, mentre lì solamente quelli nei confronti del tutore).

780. (1).

(1) Articolo abrogato dall'art. 205 della l. 19/5/1975, n. 151.

781. (1).

(1) Articolo dichiarato costituzionalmente illegittimo con sent. Corte cost. 27/6/1973, n. 91.

Capo III
Della forma e degli effetti della donazione

782. Forma della donazione.

La donazione deve essere fatta per atto pubblico, sotto pena di nullità. Se ha per oggetto cose mobili, essa non è valida che per quelle specificate con indicazione del loro valore nell'atto medesimo della donazione, ovvero in una nota a parte sottoscritta dal donante, dal donatario e dal notaio.

L'accettazione può essere fatta nell'atto stesso o con atto pubblico posteriore. In questo caso la donazione non è perfetta se non dal momento in cui l'atto di accettazione è notificato al donante.

Prima che la donazione sia perfetta, tanto il donante quanto il donatario possono revocare la loro dichiarazione.

• La previsione relativa all'atto pubblico *ad substantiam*, rogabile peraltro non solamente dal Notaio ma anche da altre figure di pubblico ufficiale in casi specificamente previsti, è riferibile alla **donazione contrattuale** tipizzata dal Legislatore, a meno che la stessa non sia di modico valore, per il cui caso cfr. *sub* art. 783: essa va comunque integrata con il requisito della presenza di due testimoni, previsto dalla legge notarile, artt. 47 e 48. • Sebbene il punto sia discusso, la **specificazione** delle cose mobili oggetto dell'atto con l'indicazione del loro valore, che deve essere contenuta nell'atto o in una nota a parte contestuale, viene intesa in chiave non sempre di estremo rigore, ritenendosi sufficienti talora un richiamo che consenta l'**individuazione dei beni** e una **stima indicativa**; laddove alcuni beni manchino nella lista, la donazione non si perfezionerà solo rispetto a quei beni non indicati. • In presenza di donazione contestuale di **più beni** non tali da formare una *universitas*, si discute se la donazione possa essere intesa in chiave unitaria o quale insieme di più donazioni collegate: questione che pare da risolversi in via interpretativa con riguardo al singolo accordo. • Per il perfezionarsi della donazione occorre **l'accettazione** del destinatario della proposta, che risulti inequivocamente, magari anche per implicito ma chiaramente, dal tenore dell'atto o dalla sua sottoscrizione: in ciò si ravvisa una deroga alla previsione di cui al secondo comma dell'art. 1333, posta a tutela anche dell'interesse del donatario, stante l'insorgere dell'obbligo alimentare derivante dalla donazione (art. 437). • Una deroga all'art. 1333, co. 1, è ravvisabile anche laddove, nel terzo comma della disposizione, viene consentita la **revoca della proposta** al donante: revoca, si ritiene, che potrebbe avvenire anche per fatti concludenti.

783. Donazioni di modico valore.

La donazione di modico valore che ha per oggetto beni mobili è valida anche se manca l'atto pubblico, purché vi sia stata la tradizione.

La modicità deve essere valutata anche in rapporto alle condizioni economiche del donante.

• La disposizione delinea un **profilo di disciplina speciale** per le cosiddette donazioni manuali, con riguardo alle quali, per il resto (e salvo il disposto dell'art. 738) valgono le regole ordinarie in tema di donazione. • Anche per la donazione di modico valore è necessaria **l'accettazione** da parte del donatario, ma si ritiene che la stessa possa essere desunta anche dalla mera ricezione materiale della cosa, purché presenti significato inequivoco. • La **modicità** o meno del valore va valutata con riguardo al singolo caso, considerando sia il valore obiettivo dell'oggetto dell'attribuzione che il rapporto proporzionale tra il medesimo e la consistenza complessiva del patrimonio del donante.

784. Donazione a nascituri.

La donazione può essere fatta anche a favore di chi è soltanto concepito, ovvero a favore dei figli di una determinata persona vivente al tempo della donazione, benché non ancora concepiti.

L'accettazione della donazione a favore di nascituri, benché non concepiti, è regolata dalle disposizioni degli articoli 320 e 321.

Salvo diversa disposizione del donante, l'amministrazione dei beni donati spetta al donante o ai suoi eredi, i quali possono essere obbligati a prestare idonea garanzia. I frutti maturati prima della nascita sono riservati al donatario se la donazione è fatta a favore di un nascituro già concepito. Se è fatta a favore di un non concepito, i frutti sono riservati al donante sino al momento della nascita del donatario.

• La disposizione disciplina ipotesi di donazione, sia quella in favore del concepito che quella a favore del non ancora concepito, sottoposte alla **condizione sospensiva** della nascita del donatario: sino a quel momento, il donante conserva titolarità e amministrazione dei beni. • In relazione al disposto in commento, è da ritenere valevole, *mutatis mutandis*, la **presunzione** relativa di cui al secondo comma dell'art. 462: si presumerà dunque concepito chi sia nato entro trecento giorni dal perfezionarsi della donazione. • Con riguardo all'atto compiuto in favore dei figli di persona vivente, se per un verso è certo che la nozione di figli ricomprenda tutta la discendenza compresi i figli adottivi, per altro verso si tende ad ammettere che il donante possa limitare il beneficio ad alcuni dei figli in questione.

785. Donazione in riguardo di matrimonio.

La donazione fatta in riguardo di un determinato futuro matrimonio, sia dagli sposi tra loro, sia da altri a favore di uno o di entrambi gli sposi o dei figli nascituri da questi, si perfeziona senza bisogno che sia accettata, ma non produce effetto finché non segua il matrimonio.

L'annullamento del matrimonio importa la nullità della donazione. Restano tuttavia salvi i diritti acquistati dai terzi di buona fede tra il giorno del matrimonio e il passaggio in giudicato della sentenza che dichiara la nullità del matrimonio. Il coniuge di buona fede non è tenuto a restituire i frutti percepiti anteriormente alla domanda di annullamento del matrimonio.

La donazione in favore di figli nascituri rimane efficace per i figli rispetto ai quali si verificano gli effetti del matrimonio putativo.

• Si dibatte sia sulla *ratio* che sulla **struttura** della figura: se la prima pare, secondo una prospettiva diffusa, riconducibile all'intento del Legislatore di favorire la creazione di nuove famiglie, in ordine alla seconda si discute se si tratti di un **negozio unilaterale**, tale da perfezionarsi col giungere la dichiarazione del donante a conoscenza del donatario, oppure di un **contratto** rientrante nella previsione di cui al secondo comma dell'art. 1333, tale da concludersi in presenza del mancato rifiuto del destinatario della proposta. • Incerta è anche la **qualificazione giuridica** che il **matrimonio** riveste nel caso di specie: fermo che la donazione obnuziale deve essere occasionata da un matrimonio precisamente individuabile, c'è chi lo intende quale ***condictio facti*** e chi lo intende quale **causa del contratto**: la quale ultima lettura si porrebbe peraltro in termini armonici rispetto alla comminatoria della nullità della donazione, di cui al secondo comma della disposizione, per il caso di annullamento del matrimonio. • La figura presenta una **disciplina** per vari aspetti **derogatoria** rispetto a quella generale prevista per il contratto di donazione: è esclusa la revoca per ingratitudine o sopravvenienza di figli (art. 805); l'atto è realizzabile anche ad opera del rappresentante legale dell'incapace, diversamente da quanto previsto *ex* art. 777; l'attribuzione non genera obbligo alimentare (art. 437).

786. (1).

(1) Articolo abrogato dall'art. 131 della l. 15/6/1997, n. 127.

787. Errore sul motivo della donazione.
La donazione può essere impugnata per errore sul motivo, sia esso di fatto o di diritto, quando il motivo risulta dall'atto ed è il solo che ha determinato il donante a compiere la liberalità.

• La disposizione prevede una **particolare ipotesi** di annullabilità della donazione, che si aggiunge, in chiave derogatoria, alle previsioni generali di annullabilità dei contratti, applicabili anche al negozio in questione. • La previsione trova ragione, si ritiene, nella **centralità** che rispetto all'istituto della donazione assume la **volontà del donante** e in special modo la determinazione del medesimo ad operare l'attribuzione in virtù di un intento liberale che dunque, rispetto anche alle ragioni concrete, viene ritenuto degno di **peculiare tutela** nei termini di cui al disposto in commento: tale tutela tuttavia è circoscritta, anche per evidenti ragioni di protezione del donatario, all'ipotesi dell'errore (rispetto al quale sembra peraltro non rilevare il generale requisito della riconoscibilità) su un motivo che risulti dall'atto e che sia stato il solo a dar luogo all'attribuzione, profili entrambi accertabili anche in via interpretativa.

788. Motivo illecito.
Il motivo illecito rende nulla la donazione quando risulta dall'atto ed è il solo che ha determinato il donante alla liberalità.

• Anche tale disposizione appresta una **tutela speciale**, in chiave derogatoria rispetto ai principi generali, e si spiega con l'esigenza di dare peso alla centralità della volontà del donante con riguardo al contratto in questione e in special modo all'intento liberale rispetto al quale rilevano, almeno entro certi limiti, le ragioni concrete che spingono il disponente al negozio. • Il rimedio si pone in **deroga all'art. 1345**, nel senso che qui il motivo illecito rende nulla la donazione solo se concorrono le circostanze della **risultanza** dello stesso dall'atto e della sua **unicità** nel determinare il donante al medesimo, circostanza desumibile anche in via interpretativa; il che, si ritiene, non toglie che, in caso di motivo illecito comune alle parti, ben possa autonomamente rilevare anche l'art. 1345. • Il motivo è illecito quando in contrasto con norme imperative, l'ordine pubblico o il buon costume: peraltro, l'illiceità potrebbe legarsi anche alle caratteristiche di un particolare contegno già attuato o anche atteso dal donatario (ad es. donazione in ragione di una condotta delittuosa posta in essere dal donatario e dalla quale il donante abbia tratto vantaggio di qualsiasi tipo).

789. Inadempimento o ritardo nell'esecuzione.
Il donante, in caso d'inadempimento o di ritardo nell'eseguire la donazione, è responsabile soltanto per dolo o per colpa grave.

• La disciplina in questione viene in rilievo soprattutto nell'ipotesi di **donazione obbligatoria**, essendo prospettabile, per il caso di una donazione traslativa con effetto reale, pressoché solo l'ipotesi di un inadempimento all'obbligo di consegna del bene o dei beni. • La limitazione della responsabilità alle ipotesi del dolo e della colpa grave, che rappresenta comunque una **deroga** rispetto ai principi generali, si fonda sull'idea di un minor rigore che connoterebbe il giudizio di responsabilità rispetto ai negozi a titolo gratuito. • Si ritiene che la norma possa essere a sua volta derogata dalle parti nel senso di stabilire la responsabilità anche per colpa lieve, mentre, di contro, sarebbe nulla una clausola che escludesse anche la responsabilità per dolo o colpa grave di cui alla disposizione in commento.

790. Riserva di disporre di cose determinate.
Quando il donante si è riservata la facoltà di disporre di qualche oggetto compreso nella donazione o di una determinata somma sui beni donati, e muore senza averne disposto, tale facoltà non può essere esercitata dagli eredi.

• La disposizione, a cui usualmente si riconosce un carattere **eccezionale**, rappresenta un **temperamento** alla risalente concezione della irrevocabilità della donazione, nel senso di sancire la facoltà, per il donante, di una seppur limitata riserva di disposizione di alcuni beni donati, tuttavia con l'esclusione della possibilità che tale opzione possa essere esercitata dagli eredi del medesimo: la conseguenza è che, in assenza di esercizio della facoltà ad opera del donante, i beni oggetto della riserva rimangono definitivamente nella titolarità del donatario. • L'esercizio della facoltà descritta nella norma è di carattere **personale**, e non potrebbe neppure essere attuato in via surrogatoria dai creditori. • È dibattuto quale sia il **meccanismo tecnico** di estrinsecazione della facoltà in discorso: si ritiene che, nel caso di riserva su alcuni beni, la proprietà passi al donatario in conseguenza della donazione ma scatterebbe una condizione risolutiva, retroattiva, laddove operasse l'atto dispositivo del donante; per le somme di denaro opererebbe invece una sorta di *modus* sottoposto a condizione potestativa: l'obbligazione in capo al donatario di restituire o attribuire ad altri una certa somma, laddove il donante lo disponesse. • Il carattere **eccezionale** del disposto implica che il medesimo vada inteso in **termini stringenti**: per un verso, quindi, sarebbe da ritenere invalida, ad esempio, una donazione a cui si accompagnasse la riserva di disporre dell'intero *quid* o dell'intero *quantum* oggetto dell'atto, e non soltanto di alcune sue componenti o di una parte; e per altro verso altrettanto invalida sarebbe da ritenere (anche se il punto è discusso) una clausola che estendesse agli eredi la facoltà di esercizio della riserva in questione.

791. Condizione di riversibilità.

Il donante può stipulare la riversibilità delle cose donate, sia per il caso di premorienza del solo donatario, sia per il caso di premorienza del donatario e dei suoi discendenti.

Nel caso in cui la donazione è fatta con generica indicazione della riversibilità, questa riguarda la premorienza, non solo del donatario, ma anche dei suoi discendenti.

Non si fa luogo a riversibilità che a beneficio del solo donante. Il patto a favore di altri si considera non apposto.

• Si ritiene che la disposizione delinei una peculiare ipotesi di **condizione risolutiva** della donazione, la cui *ratio* è sostenibile risieda nel legame intercorrente tra il carattere strettamente personale dell'*animus donandi* e l'*intuitus personae* ad esso connesso. • Si ammette anche la possibilità che la riversibilità assuma **carattere obbligatorio** se riferita agli eredi del donatario: e in tal caso il relativo obbligo di ritrasferimento dei beni al donante sarà da intendersi come sottoposto alla condizione sospensiva della premorienza del donatario. • Il **secondo comma** della disposizione consta di una **norma interpretativa** legata alla *ratio* di cui già s'è detto: il concetto di "discendenti" va inteso nel senso di successori a titolo universale. • Il **terzo comma** della disposizione nella prima parte esplicita, in realtà, una implicazione già propria della condizione risolutiva in questione; la precisazione contenuta nella seconda parte invece viene da taluni ricondotta, discutibilmente, al principio di cui al secondo comma dell'art. 1354; per altri, forse più propriamente, ha il senso di escludere che nel caso di specie possa operare il criterio di valutazione di cui all'art. 1419, co. 1.

792. Effetti della riversibilità.

Il patto di riversibilità produce l'effetto di risolvere tutte le alienazioni dei beni donati e di farli ritornare al donante liberi da ogni peso o ipoteca, ad eccezione dell'ipoteca iscritta a garanzia della dote o di altre convenzioni matrimoniali, quando gli altri beni del coniuge donatario non sono sufficienti, e nel caso soltanto in cui la donazione è stata fatta con lo stesso contratto matrimoniale da cui l'ipoteca risulta.

È valido il patto per cui la riversione non deve pregiudicare la quota di riserva spettante al coniuge superstite sul patrimonio del donatario, compresi in esso i beni donati.

• La disposizione descrive un meccanismo di **risoluzione automatica** *ex tunc* della donazione al verificarsi della condizione di premorienza del donatario: il donante riacquista dunque direttamente la proprietà dei beni e potrà agire in rivendica. • Il riferimento alle "alienazioni" di cui al primo comma viene inteso usualmente nel senso che a rimanere travolti sarebbero gli **atti dispositivi** ad efficacia reale, non invece altri, che rimarrebbero opponibili al donante (ad esempio una locazione). • Si ritiene che, ricorrendone i presupposti, l'acquirente del donatario potrebbe opporre al donante l'intervenuta **usucapione**; è discusso invece se siano da considerare opponibili l'eventuale usucapione abbreviata o l'acquisto *ex* art. 1153. • Laddove venga stipulato il patto di cui al **secondo comma**, l'effetto sarà che la riversione risulterà operante solo nella misura in cui i beni donati non siano necessari ad integrare la quota di riserva del coniuge superstite del *de cuius*, previamente calcolata con ricomprensione dei beni donati medesimi.

793. Donazione modale.

La donazione può essere gravata da un onere.

Il donatario è tenuto all'adempimento dell'onere entro i limiti del valore della cosa donata.

Per l'adempimento dell'onere può agire, oltre il donante, qualsiasi interessato, anche durante la vita del donante stesso.

La risoluzione per inadempimento dell'onere, se preveduta nell'atto di donazione, può essere domandata dal donante o dai suoi eredi.

• Il *modus* rappresenta un **onere** imposto dal donante al donatario attraverso una apposita previsione accessoria contenuta nell'atto o, secondo alcuni, anche in una scrittura separata: l'onere si sostanzia, secondo una ricostruzione diffusa e condivisibile, in una **obbligazione** destinata a produrre un vantaggio per un terzo o la soddisfazione di un interesse, anche del donante. • Problematica può risultare la distinzione tra *modus* e **condizione**: questione da risolversi di massima in via interpretativa, impiegando tra i criteri prevalenti anche la valutazione in merito all'accessorietà o meno della clausola rispetto all'intento dell'atto. • Dal momento che la figura presenta matrice obbligatoria, l'**adempimento** dell'onere soggiace alla disciplina generale delle obbligazioni, pur dovendosi tenere conto delle conseguenze ricavabili dal limite previsto dal secondo comma. • L'**inadempimento** dell'onere obbliga il donatario al **risarcimento** del danno: si ritiene che il creditore insoddisfatto potrebbe peraltro anche **agire** per l'adempimento dell'onere. Diversamente, la donazione può essere **risolta** solamente in caso di **espressa previsione** in tal senso contenuta nell'atto, come si precisa l'ultimo comma.

794. Onere illecito o impossibile.

L'onere illecito o impossibile si considera non apposto; rende tuttavia nulla la donazione se ne ha costituito il solo motivo determinante.

• In una evidente **simmetria** con la previsione di cui all'art. 788, nella norma si distingue in base al fatto se l'onere abbia o meno costituito unico motivo determinante la donazione, sancendo la nullità di quest'ultima solo in caso affermativo; la regola si pone in armonia anche con i principi di fondo che disciplinano la nullità parziale del contratto. • È discusso se la disposizione concerna solamente illiceità e impossibilità **originarie**, tesi peraltro prevalente: nel qual caso, si è ritenuto che da un lato l'eventuale **impossibilità sopravvenuta** incolpevole dell'onere ne determinerebbe la caducazione senza travolgimento della donazione e dall'altro l'eventuale **illiceità sopravvenuta** determinerebbe semplicemente la liberazione del donatario.

795. Divieto di sostituzione.

Nelle donazioni non sono permesse le sostituzioni se non nei casi e nei limiti stabiliti per gli atti di ultima volontà.

La nullità delle sostituzioni non importa nullità della donazione.

• Non ponendosi in discussione la fisiologica struttura della donazione, si ritiene che, laddove la sostituzione sia prevista entro i limiti consentiti, vi siano sostanzialmente **due proposte** di donazione di cui una condizionata alla mancata accettazione, per impossibilità o rifiuto, dell'altra: anche laddove tale mancata accettazione da parte del destinatario della prima proposta si verifichi, a perfezionare la donazione occorre comunque l'accettazione del sostituto.

796. Riserva di usufrutto.

È permesso al donante di riservare l'usufrutto dei beni donati a proprio vantaggio, e dopo di lui a vantaggio di un'altra persona o anche di più persone, ma non successivamente.

• È discusso se la fattispecie di cui alla norma si sostanzi, secondo la tesi prevalente, in un **unico negozio** con il quale il donante, scindendo sostanzialmente le prerogative intrinseche alla propria posizione di proprietario, trattenga l'usufrutto e doni la nuda proprietà, oppure, secondo altra e minoritaria prospettiva, in una **più complessa fattispecie** di donazione di piena proprietà e contestuale costituzione dell'usufrutto a favore del donante da parte del donatario: le due prospettive, delle quali pare comunque preferibile la prima, evidentemente comportano conseguenze diverse sotto vari profili, non ultimo quello della trascrizione. • Nonostante il tenore della disposizione si ritiene per un verso che oggetto della riserva possano essere, di massima, anche **altri diritti reali** e che la riserva possa avvenire **anche a favore di terzi**: nel quale ultimo caso si ripropone il problema dello schema negoziale, realizzabile qui o attraverso due donazioni distinte o attraverso un contratto, tra donante e donatario, a favore di terzo.

797. Garanzia per evizione.

Il donante è tenuto a garanzia verso il donatario, per l'evizione che questi può soffrire delle cose donate, nei casi seguenti:

1) se ha espressamente promesso la garanzia;

2) se l'evizione dipende dal dolo o dal fatto personale di lui;

3) se si tratta di donazione che impone oneri al donatario, o di donazione rimuneratoria, nei quali casi la garanzia è dovuta fino alla concorrenza dell'ammontare degli oneri o dell'entità delle prestazioni ricevute dal donante.

• La disposizione, nella quale taluni hanno ritenuto tra l'altro di rinvenire conferma, indiretta ma probante, dell'ammissibilità della donazione obbligatoria di cosa altrui, **limita** la portata della garanzia per evizione (consistente nel garantire la corresponsione del valore della cosa o, in ipotesi di evizione parziale, della parte che ne sia oggetto), favorendo il donante, verosimilmente in omaggio al profilo di liberalità che connota il contratto di donazione. • Quanto all'ipotesi n. 1) si ritiene che la **promessa** di garanzia debba essere **espressa**, potendo tuttavia risultare anche da altro atto, distinto dalla donazione. Quanto al n. 2), il dolo è da ritenere si sostanzi nella **conoscenza**, in capo al donante, dell'altruità della cosa, **sottaciuta** al donatario; mentre il **fatto personale** del donante potrebbe sostanziarsi in contegni dispositivi tenuti dal medesimo con riguardo allo stesso bene e pregiudizievoli per il donatario, ad esempio in ragione di trascrizioni anteriori a quella operata da quest'ultimo. Da ultimo, il n. 3) si riferisce al caso di **donazioni modali** nelle quali l'evizione avvenga dopo l'adempimento dell'onere o, stante la portata specifica del disposto, a **donazioni rimuneratorie** in senso proprio, dunque legate a prestazioni precise rese dal donatario al donante.

798. Responsabilità per vizi della cosa.

Salvo patto speciale, la garanzia del donante non si estende ai vizi della cosa, a meno che il donante sia stato in dolo.

• Come per l'articolo precedente, il fondamento della regola, che "capovolge" per certi versi l'omologa disciplina in tema di vendita, è da rinvenire nell'intento di **favorire il donante**, verosimilmente in omaggio al profilo di liberalità che connota la donazione. • Sebbene il punto sia dibattuto, è da ritenere che l'eventuale **patto** derogatorio, di cui al primo inciso, debba risultare **espressamente** o quantomeno debbano emergere chiaramente la sua esistenza e la sua portata, anche eventualmente da un atto separato rispetto alla donazione. • A integrare il **dolo** del donante, a cui fa riferimento l'ultima parte della norma, si ritiene sia bastevole la consapevolezza dell'esistenza dei vizi e il fatto di averla sottaciuta con intento di danneggiare il donatario, anche in assenza di specifica attività volta a celare i vizi a quest'ultimo.

799. Conferma ed esecuzione volontaria di donazioni nulle.

La nullità della donazione, da qualunque causa dipenda, non può essere fatta valere dagli eredi o aventi causa dal donante che, conoscendo la causa della nullità, hanno, dopo la morte di lui, confermato la donazione o vi hanno dato volontaria esecuzione.

• La disposizione presenta analogo spirito rispetto all'art. 590, dalla cui *ratio* e tenore sostanzialmente non si discosta: entrambe le regole integrano curiose **deroghe**, per vero di non agevole né univoca spiegazione, al principio di cui all'art. 1423: si ritiene che la conferma, attraverso cui si attribuisce **efficacia *ex tunc*** alla donazione invalida, rappresenti un negozio tale da richiedere i requisiti previsti per la convalida (cfr. art. 1444), e che, come quest'ultima, possa avvenire espressamente o tacitamente. • Affinché vi sia una donazione nulla confermabile, è da ritenere occorra **quantomeno un accordo** volto ad una attribuzione liberale, e dunque una **donazione** in qualche modo conclusa, seppure affetta da nullità, non bastando una mera proposta, né essendo confermabile una donazione simulata o fasulla; per il resto, anche se il punto ha dato luogo a discussioni, è da ritenere confermabile, stante il tenore del disposto, la donazione nulla quale che sia la causa della nullità medesima.

Capo IV
Della revocazione delle donazioni

800. Cause di revocazione.

La donazione può essere revocata per ingratitudine o per sopravvenienza di figli.

• La revocazione della donazione si sostanzia in un **particolare diritto**, di **matrice potestativa**, di ablazione dell'efficacia del contratto, unilateralmente esercitabile in **ipotesi tassative** descritte negli artt. 802 e 803 da parte del donante a tutela dei propri interessi ivi rappresentati, in sostanziale deroga all'art. 1372, dovuta verosimilmente all'indole liberale dell'atto e dunque ad una certa libertà conseguentemente riconosciuta al donante.

801. Revocazione per ingratitudine.

La domanda di revocazione per ingratitudine non può essere proposta che quando il donatario ha commesso uno dei fatti previsti dai numeri 1, 2 e 3 dell'articolo 463, ovvero si è reso colpevole d'ingiuria grave verso il donante o ha dolosamente arrecato grave pregiudizio al patrimonio di lui o gli ha rifiutato indebitamente gli alimenti dovuti ai sensi degli articoli 433, [435] e 436.

• I contegni cui fa riferimento la disposizione sono **tassativi** e rappresentano cause di revocazione solo se **tenuti dal donatario** e in un **tempo successivo** rispetto alla donazione medesima. • Per le ipotesi di cui ai nn. 1), 2) e 3) dell'art. 463 si rinvia al commento a detta disposizione. • Nel concetto di **ingiuria grave** rilevante rispetto alla disposizione in questione si ritiene rientri un insieme di condotte più ampio e maggiormente differenziato rispetto a quelle sussumibili nel reato di ingiuria *ex* art. 594 c.p. e pertanto la valutazione deve prescindere da tale riferimento, considerando se il contegno del donatario sia espressione di rilevante avversione verso il donante e sia tale da ledere moralmente o patrimonialmente quest'ultimo in maniera apprezzabile. • È discusso se il **dolo** cui si fa riferimento relativamente al grave pregiudizio patrimoniale richiamato dalla disposizione sia integrato dalla mera previsione e volontà dell'evento, o siano richiesti il deliberato proposito e scopo di danneggiare gravemente il donante.

802. Termini e legittimazione ad agire.

La domanda di revocazione per causa d'ingratitudine deve essere proposta dal donante o dai suoi eredi, contro il donatario o i suoi eredi, entro l'anno dal giorno in cui il donante è venuto a conoscenza del fatto che consente la revocazione.

Se il donatario si è reso responsabile di omicidio volontario in persona del donante o gli ha dolosamente impedito di revocare la donazione, il termine per proporre l'azione è di un anno dal giorno in cui gli eredi hanno avuto notizia della causa di revocazione.

• La disposizione introduce dei termini di **decadenza** e non di prescrizione, per un'azione che si ritiene presentare carattere **personale** e la cui legittimazione è da considerare strettamente circoscritta nei termini della previsione in commento. • Quanto alla **conoscenza** del fatto o alla **notizia** della causa di revocazione quali momenti dai quali computare il decorso del termine, si ritiene che essi siano da considerarsi sussistenti solamente laddove si abbia una circostanziata e sufficientemente piena conoscenza del fatto e della notizia, e non meri sospetti o vaghi elementi indiziari. • È discusso se, laddove ad agire siano gli eredi, sia richiesta comunque, quale presupposto, la **previa consapevolezza** in capo al donante del fatto legittimante l'azione: la tesi, seppure maggioritaria, parrebbe comportare l'esclusione, non sempre giustificabile, di fattispecie nelle quali il donante non possa aver avuto contezza della circostanza legittimante l'azione, proprio in ragione dei fatti occorsi e della natura di tale circostanza.

803. Revocazione per sopravvenienza di figli.

Le donazioni fatte da chi non aveva o ignorava di avere figli o discendenti al tempo della donazione, possono essere revocate per la sopravvenienza o l'esistenza di un figlio o discendente del donante. Possono inoltre essere revocate per il riconoscimento di un figlio, salvo che si provi che al tempo della donazione il donante aveva notizia dell'esistenza del figlio.

La revocazione può essere domandata anche se il figlio del donante era già concepito al tempo della donazione.

• La disposizione, rispetto alla quale è intervenuta in maniera rilevante la nota parificazione tra figli legittimi e naturali operata dalla l. n. 219/2012, si fonda sull'idea, peraltro discutibile, che il donante si sia determinato a porre in essere la donazione nella convinzione o consapevolezza di non avere figli (e che quindi questo fatto abbia avuto un qualche peso in tale determinazione). • Dal disposto emerge che il presupposto per la revocazione in questione è integrato dalla coesistenza di **due elementi**: l'inesistenza o ignoranza della presenza di figli o discendenti del donante al momento della donazione e il sopravvenire degli stessi o della conoscenza della previa esistenza dei medesimi in un momento successivo all'atto.

804. Termine per l'azione.

L'azione di revocazione per sopravvenienza di figli deve essere proposta entro cinque anni dal giorno della nascita dell'ultimo figlio nato nel matrimonio o discendente ovvero della notizia dell'esistenza del figlio o discendente, ovvero dell'avvenuto riconoscimento del figlio nato fuori del matrimonio.

Il donante non può proporre o proseguire l'azione dopo la morte del figlio o del discendente.

• La previsione introduce un termine che si ritiene presenti **natura decadenziale**, ma che si caratterizza per la curiosa caratteristica della sua **potenziale non definitività**, tale da compromettere, in prospettiva, l'irrevocabilità della donazione per un tempo indefinitamente lungo se non addirittura sino alla morte del donante: il termine infatti, ancorché magari decorso dopo la nascita di un figlio, potrebbe tornare ad aprirsi dopo la nascita di altro figlio, che diverrebbe di volta in volta "l'ultimo", come richiesto dalla norma. • La regola di cui al **secondo comma** si spiega, usualmente, con il venir meno del presupposto stesso legittimante la revocazione laddove muoia il figlio, anche se tale soluzione può suscitare talune perplessità, finendo con l'accostare discutibilmente la morte del figlio alla sua non esistenza o alla ignoranza della medesima.

805. Donazioni irrevocabili.

Non possono revocarsi per causa d'ingratitudine, né per sopravvenienza di figli, le donazioni rimuneratorie e quelle fatte in riguardo di un determinato matrimonio.

• La regola, che appresta una tutela speciale, viene usualmente spiegata con il *favor* che il Legislatore evidentemente accorda rispetto alle tipologie di donazione in discorso, laddove la liberalità si fonda su ragioni precise alle quali il Legislatore evidentemente sceglie di riconnettere riconosciuto valore obiettivo o peculiare meritevolezza.

806. Inammissibilità della rinunzia preventiva.

Non è valida la rinunzia preventiva alla revocazione della donazione per ingratitudine o per sopravvenienza di figli.

• La norma, posta a tutela della **libertà** del donante, riguarda, come testualmente (e comprensibilmente) previsto, solo la rinunzia preventiva; mentre invece ben **possibile** e **valida** sarebbe una **rinunzia a posteriori**, che intervenga dopo la donazione: rinunzia espressa o anche desumibile, si ritiene, da fatti concludenti, risultando il potere di revoca disponibile in capo al donante.

807. Effetti della revocazione.

Revocata la donazione per ingratitudine o sopravvenienza di figli, il donatario deve restituire i beni in natura, se essi esistono ancora, e i frutti relativi, a partire dal giorno della domanda.

Se il donatario ha alienato i beni, deve restituirne il valore, avuto riguardo al tempo della domanda, e i frutti relativi, a partire dal giorno della domanda stessa.

• Gli **effetti** della revocazione decorrono e si determinano in base alla sentenza di accoglimento della domanda *de qua*, che presenta carattere di **sentenza costitutiva**, generatrice dell'obbligazione restitutoria in favore del donante: sono tuttavia salvi, nei limiti di cui all'art. 808, i diritti acquistati dai terzi. • Il donatario deve **restituire** anche i **frutti** percepiti o percipiendi: tuttavia è da considerarsi, si ritiene, **possessore di buona fede**, e in quanto tale trovano applicazione alla sua posizione gli artt. 1149 e 1150. • L'eventuale **perimento** del bene donato sarebbe di massima irrilevante, sul piano della responsabilità del donatario, laddove avvenisse in epoca anteriore alla notifica dell'azione (a meno che il perimento non fosse cagionato apposta dal donatario proprio per vanificare l'effetto della stessa), mentre il donatario dovrebbe risponderе del perimento del bene laddove esso si determinasse una volta incardinata l'azione, salva la possibilità di prova del caso fortuito.

808. Effetti nei riguardi dei terzi.

La revocazione per ingratitudine o per sopravvenienza di figli non pregiudica i terzi che hanno acquistato diritti anteriormente alla domanda, salvi gli effetti della trascrizione di questa.

Il donatario, che prima della trascrizione della domanda di revocazione ha costituito sui beni donati diritti reali che ne diminuiscono il valore, deve indennizzare il donante della diminuzione di valore sofferta dai beni stessi.

• La norma di cui al **primo comma**, posta a **tutela dei terzi acquirenti**, va applicata congiuntamente alle disposizioni in materia di **trascrizione**: con il che, trattandosi di diritti immobiliari o su beni mobili registrati, l'acquisto del terzo, avvenuto prima della domanda di revocazione, sarà salvo solamente se trascritto anteriormente alla trascrizione della domanda medesima (cfr. art. 2652, n. 1). • La regola di cui al **secondo comma**, rilevante solamente laddove il diritto del terzo sia trascritto anteriormente alla trascrizione della domanda di revocazione e sia dunque opponibile al donante, si spiega in analogia col principio di cui al secondo comma del precedente art. 807: come, in quell'ipotesi, il donatario deve restituire il valore del bene alienato e non recuperabile al donante in quanto la revoca non sia opponibile al terzo, qui è tenuto ad indennizzare il donate per la diminuzione di valore del bene che questi riottenga gravato dal diritto reale.

809. Norme sulle donazioni applicabili ad altri atti di liberalità.

Le liberalità, anche se risultano da atti diversi da quelli previsti dall'articolo 769, sono soggette alle stesse norme che regolano la revocazione delle donazioni per causa d'ingratitudine e per sopravvenienza di figli nonché a quelle sulla riduzione delle donazioni per integrare la quota dovuta ai legittimari.

Questa disposizione non si applica alle liberalità previste dal secondo comma dell'articolo 770 e a quelle che a norma dell'articolo 742 non sono soggette a collazione.

• La disposizione si riferisce alle cosiddette **liberalità atipiche**, o donazioni indirette. Trattasi di tutti quegli atti che, pur non costituendo donazione in senso formale ma integrando altre figure tipizzate o meno dal Legislatore, sono volte al conseguimento del medesimo risultato: l'arricchimento, per spirito di liberalità, di una parte ad opera di un'altra che subisca una diminuzione patrimoniale. • Gli **strumenti** attraverso cui si realizza l'operazione possono essere **i più vari**, dovendo sussistere sempre comunque l'*animus do-*

nandi (potrà ad esempio trattarsi di contratto a favore di terzi, di remissione di un debito, di pagamento di debito altrui, di prestazione di garanzia, di rinuncia ad una quota di comproprietà o di altro diritto in favore di altri, ecc.) ed è possibile che la donazione indiretta si realizzi anche attraverso **atti non negoziali** o letteralmente **contegni inerti** (lasciar decorrere il termine per l'usucapione, lasciar prescrivere un diritto di credito, ecc.); è discusso se la figura sia ravvisabile nel cosiddetto *negotium mixtum cum donatione*. • Laddove vi sia **divergenza** tra ciò di cui si arricchisce il donatario e quanto fuoriuscito dal patrimonio del donante (ad es. laddove il donante corrisponda in qualche variabile maniera il prezzo di acquisto di un immobile che venga poi effettivamente acquistato dal donatario) è discusso quale sia propriamente l'**oggetto** della donazione indiretta (punto rilevante anche ai fini, ad es., della collazione): a differenza che in passato, oggi si tende a guardare a quanto acquistato effettivamente dal donatario, in ciò ritenendo di rinvenire l'oggetto dell'attribuzione. • Per la **disciplina** delle donazioni indirette occorre far riferimento combinato tanto alle discipline previste per i singoli atti tipici ai quali si ricorra per realizzare l'operazione quanto alle norme previste per la donazione, laddove richiamate espressamente o laddove la loro applicabilità discenda dalla *ratio* del singolo disposto.

LIBRO TERZO
DELLA PROPRIETÀ

Titolo I
DEI BENI

Capo I
Dei beni in generale

810. Nozione.

Sono beni le cose che possono formare oggetto di diritti.

• I **beni** consistono in quelle entità che, all'esito di un **processo di reificazione**, si trasformano da **cose**, *entità extragiuridiche*, in *entità giuridiche*, capaci dunque di divenire oggetto di diritti. • L'articolo incarna la precisa scelta del legislatore di selezionare quali entità, corporali o incorporali, sul piano giuridico sia nell'ottica della funzione attributiva del diritto, ossia del riconoscimento della possibilità di appropriazione da parte dei soggetti, sia nella prospettiva della circolazione, ossia del riconoscimento della possibilità di ricavare da quell'entità una rendita o il valore di scambio. • Si distingue quindi tra **bene giuridico** e **cosa in senso naturalistico**: il primo è caratterizzato dall'utilità, l'idoneità a soddisfare una necessità dell'uomo, dall'accessibilità, intesa come possibilità di subire espropriazione, e dalla limitatezza, ossia la disponibilità limitata in natura; di tali requisiti è invece sprovvista la cosa in senso naturalistico. Bene è, dunque, quell'entità, corporale o incorporale, che l'ordinamento riconosce suscettibile, a differenza della mera cosa, di assoggettamento alla signoria umana, in quanto non inclusa nella dimensione corporale o morale del soggetto e, proprio per questa sua alterità, idonea a soddisfare specifici interessi di quest'ultimo. *Esempio:* l'albero è cosa in senso naturalistico, ma diviene bene, a seguito di un processo di reificazione, in considerazione della possibilità da esso di trarne utilità, come raccoglierne i frutti.

Sezione I
Dei beni nell'ordine corporativo

811. (1).

(1) Articolo abrogato dall'art. 3 del d.lgs.lgt. 14/9/1944, n. 287.

Sezione II
Dei beni immobili e mobili

812. Distinzione dei beni.

Sono beni immobili il suolo, le sorgenti e i corsi d'acqua, gli alberi, gli edifici e le altre costruzioni, anche se unite al suolo a scopo transitorio, e in genere tutto ciò che naturalmente o artificialmente è incorporato al suolo.

Sono reputati immobili i mulini, i bagni e gli altri edifici galleggianti quando sono saldamente assicurati alla riva o all'alveo o sono destinati ad esserlo in modo permanente per la loro utilizzazione.

Sono mobili tutti gli altri beni.

• Ai tre criteri discretivi del codice previgente (natura, destinazione, determinazione di legge) si sostituisce un criterio materialistico, in base al quale sono immobili i beni che, essendo ancorati al suolo, ove trasportati, vedrebbero alterata la propria consistenza; sono mobili, per esclusione, tutti gli altri beni, che manifestano dunque attitudine allo spostamento (c.d. *amotio*). • Dai beni immobili per natura, di cui al primo comma, vanno poi distinti quelli che si reputano immobili, menzionati al secondo comma. Nella prima categoria rientrano tutti quei beni come gli alberi, le piante, i frutti, che fanno corpo con il suolo, finché non acquistano una propria autonomia grazie alla separazione, o quelli che sono stati uniti al suolo in modo unitario, tanto da precludersi separazione dallo stesso senza che ne muti la consistenza. Nella seconda categoria rientrano i beni che risultano connessi al suolo, come quelli attaccati a una riva, essendo sufficiente per questi che l'annessione abbia carattere permanente e che il titolare del bene abbia il diritto di tenere il medesimo in acqua. In tal caso, una volta rimosso il mezzo artificiale che connette il bene con il suolo (come catene o corde), cessa *ipso facto* il rapporto del bene con lo stesso. • La distinzione tra beni immobili e mobili è preordinata alla creazione di due distinti regimi giuridici, come confermato dalla lettera dell'art. 813.

813. Distinzione dei diritti.
Salvo che dalla legge risulti diversamente, le disposizioni concernenti i beni immobili si applicano anche ai diritti reali che hanno per oggetto beni immobili e alle azioni relative; le disposizioni concernenti i beni mobili si applicano a tutti gli altri diritti.

• Il regime dei beni **immobili** si riflette sui **diritti reali (e sulle relative azioni)** che li hanno in oggetto; quello dei beni **mobili** su **tutti gli altri diritti**. • Nello specifico, la **diversità di regime** tra beni immobili e mobili rileva: per *forma* (solo per la circolazione di diritti su beni immobiliari è richiesta la forma dell'atto pubblico o della scrittura privata a pena di nullità ai sensi dell'art. 1350); per *pubblicità* (nei casi previsti dall'art. 2643 è prevista la trascrizione affinché l'atto concernente il bene immobile abbia effetto nei confronti dei terzi); per *modalità di acquisto a titolo originario* (*Esempio:* ai beni immobili si applica la disciplina dell'usucapione ventennale ed è preclusa la regola del "possesso vale titolo", che l'art. 1153, riserva ai beni mobili, ai quali sono altresì riservate le norme sulla occupazione delle *res nullius*); per *diritti reali di garanzia* (solo i beni immobili sono suscettibili di ipoteca, tranne le eccezioni di cui all'art. 2810; solo i beni mobili sono oggetto di pegno); per *tutela possessoria* (solo per i beni immobili è concessa l'azione di manutenzione ai sensi dell'art. 1170).

814. Energie.
Si considerano beni mobili le energie naturali che hanno valore economico.

• La norma, pur senza darne una definizione, riconosce come beni le **energie naturali**, purché abbiano un **apprezzabile valore economico**, elemento funzionale a una loro reificazione come beni mobili. • Il tendenziale esaurimento del bene nel momento stesso in cui si produce e se ne fruisce comporta per l'energia alcune **deroghe** rispetto al *regime dei beni mobili* (*Esempio:* la non assoggettabilità ai diritti di usufrutto e di uso e la non tutelabilità mediante azioni possessorie, essendo inconfigurabile un possesso attuale).

815. Beni mobili iscritti in pubblici registri.
I beni mobili iscritti in pubblici registri sono soggetti alle disposizioni che li riguardano e, in mancanza, alle disposizioni relative ai beni mobili.

• I beni mobili iscritti in pubblici registri sono **strutturalmente mobili**, ma funzionalmente trattati **alla stregua dei beni immobili**, a fronte del loro elevato valore economico (*Esempio:* un'automobile). Essi, pertanto, rispetto ai beni mobili tradizionalmente intesi, necessitano di un *diverso regime*, come desumibile dalla trascrizione degli atti che riguardino i loro trasferimenti e dalla previsione di un acquisto da parte dell'acquirente *a non domino* in buona fede mediante usucapione abbreviata col decorso di tre anni dalla debita trascrizione del titolo (art. 1162).

816. Universalità di mobili.

È considerata universalità di mobili la pluralità di cose che appartengono alla stessa persona e hanno una destinazione unitaria.

Le singole cose componenti l'universalità possono formare oggetto di separati atti e rapporti giuridici.

• Le universalità di mobili (*Esempio:* una biblioteca o una pinacoteca), sono costituite da tre elementi: 1) una pluralità di cose mobili; 2) una destinazione unitaria (c.d. unità oggettiva); 3) l'appartenenza delle cose al medesimo soggetto (c.d. unità soggettiva). • La pluralità di cose mobili deve riguardare cose corporali, eventualmente anche annesse ad altre incorporali (come avviene per l'azienda, qualificata universalità di beni mobili dalla Cass. s.u. 5087/2014), che abbiano necessariamente un valore economico durevole nel tempo. • Per confluire verso una destinazione unitaria è necessario che le cose mobili, pur permanendo autonome (tanto da potere essere oggetto, separatamente l'una dall'altra, di singoli atti), siano funzionalmente omogenee tra loro (in forza di una connessione, per taluni, soltanto naturalistica, per altri, anche economica, tale da rendere l'utilità finale maggiore di quella ottenuta dalla somma dell'utilità delle singole cose mobili). • L'appartenenza delle cose al medesimo proprietario non osta a che l'universalità sia di proprietà di più soggetti, ognuno per una quota ideale, purché sussista unità del titolo. • Quanto al regime giuridico, le universalità di beni mobili sono sottratte alla regola del possesso vale titolo (art. 1156), e sono sottoposte alla disciplina dell'usucapione (art. 1160) e dell'azione di manutenzione (art. 1170), previste per i beni immobili. • All'universalità di fatto, la cui destinazione unitaria ha origine nel volere del proprietario (*Esempio:* una biblioteca), si suole contrapporre l'universalità di diritto, la cui destinazione unitaria ha fonte nella legge (*Esempio:* un'eredità).

817. Pertinenze.

Sono pertinenze le cose destinate in modo durevole a servizio o ad ornamento di un'altra cosa.

La destinazione può essere effettuata dal proprietario della cosa principale o da chi ha un diritto reale sulla medesima.

• Le pertinenze (*Esempio:* un garage per una abitazione) sono costituite da due elementi: 1) la **destinazione di una cosa a servizio o ornamento** di un'altra; 2) la **durevolezza della destinazione** della pertinenza alla cosa principale. • Il primo elemento consiste nella sussistenza di un rapporto di **strumentalità tra le due cose** per volontà del titolare della cosa principale. Sotto questo profilo, il proprietario della cosa principale (o colui che ne abbia diritti reali di godimento) deve avere anche la piena disponibilità della pertinenza; in mancanza, la destinazione di una cosa a servizio dell'altra può aver luogo soltanto in forza di un rapporto obbligatorio tra le parti. • Il secondo elemento, la durevolezza della destinazione, consente la **distinzione della pertinenza da una cosa accessoria**: seppure la pertinenza non implichi la permanenza, essa non può avere una destinazione temporanea e accessoria, elemento che invece qualifica una cosa accessoria (*Esempio:* la ruota di scorta nell'automobile).

818. Regime delle pertinenze.

Gli atti e i rapporti giuridici che hanno per oggetto la cosa principale comprendono anche le pertinenze, se non è diversamente disposto.

Le pertinenze possono formare oggetto di separati atti o rapporti giuridici.

La cessazione della qualità di pertinenza non è opponibile ai terzi i quali abbiano anteriormente acquistato diritti sulla cosa principale.

• La norma specifica il tipo di collegamento esistente tra cosa principale e pertinenza: un **collegamento di stampo giuridico**, che riconduce alla pertinenza lo stesso regime traslativo che opera per la cosa principale, salvo sia diversamente disposto. • L'**assenza di perpetuità della destinazione** della pertinenza dalla cosa principale consente che la pertinenza: a) possa sempre essere divisa per volontà del titolare dalla cosa principale; b) possa cessare di essere tale o per volontà del titolare, o per la distruzione della cosa principale o della pertinenza, o per il venir meno della destinazione alla cosa principale. In tutti questi casi, rimangono impregiudicati i diritti che terzi soggetti abbiano *medio tempore* acquistato sulla cosa principale, per esigenze di tutela di questi ultimi, nonché di certezza del diritto e di sicurezza dei traffici commerciali.

819. Diritti dei terzi sulle pertinenze.

La destinazione di una cosa al servizio o all'ornamento di un'altra non pregiudica i diritti preesistenti su di essa a favore dei terzi. Tali diritti non possono essere opposti ai terzi di buona fede se non risultano da scrittura avente data certa anteriore, quando la cosa principale è un bene immobile o un bene mobile iscritto in pubblici registri.

• La norma dirime l'eventuale **conflitto tra i terzi titolari di diritti preesistenti** sulla pertinenza **e i terzi acquirenti della cosa principale**: i primi prevalgono sempre sui secondi, salvo quando questi ultimi *siano in buona fede* e i titolari di diritti preesistenti sulla cosa *siano sprovvisti di una scrittura avente data certa anteriore*, laddove la cosa principale sia un bene immobile o mobile registrato.

Sezione III
Dei frutti

820. Frutti naturali e frutti civili.

Sono frutti naturali quelli che provengono direttamente dalla cosa, vi concorra o no l'opera dell'uomo, come i prodotti agricoli, la legna, i parti degli animali, i prodotti delle miniere, cave e torbiere.

Finché non avviene la separazione, i frutti formano parte della cosa. Si può tuttavia disporre di essi come di cosa mobile futura.

Sono frutti civili quelli che si ritraggono dalla cosa come corrispettivo del godimento che altri ne abbia. Tali sono gli interessi dei capitali, i canoni enfiteutici, le rendite vitalizie e ogni altra rendita, il corrispettivo delle locazioni.

• Il codice recepisce la **distinzione tra frutti naturali e civili**, seppure di recente ci si spinga a elaborare una formulazione unitaria delle due categorie. • Per **frutti naturali** si intende: sia il prodotto della cosa principale, che è parte di essa, sia quello staccato dalla cosa principale, che continua ad integrarne la redditività secondo gli usi; sia i prodotti organici, (*Esempio:* quelli agricoli), di facile riproduzione, sia quelli inorganici (*Esempio:* i prodotti delle miniere), destinati ad esaurirsi per effetto del loro sfruttamento. • I **frutti civili** – ottenuti secondo il codice previgente "in occasione della cosa" – costituiscono il corrispettivo del godimento altrui della cosa, valorizzando il rapporto giuridico-economico tra la cosa, fonte di reddito, e il suo prodotto (*Esempio:* gli interessi corrispettivi).

821. Acquisto dei frutti.

I frutti naturali appartengono al proprietario della cosa che li produce, salvo che la loro proprietà sia attribuita ad altri. In quest'ultimo caso la proprietà si acquista con la separazione.

Chi fa propri i frutti deve, nei limiti del loro valore, rimborsare colui che abbia fatto spese per la produzione e il raccolto.

I frutti civili si acquistano giorno per giorno, in ragione della durata del diritto.

• Di regola la proprietà del frutto è conseguenza necessaria della **proprietà della cosa madre**, a meno che la **proprietà** non sia attribuita **ad altri** (*Esempio:* nel caso di diritto reale minore di godimento altrui sulla cosa madre o nel caso di vendita dei frutti da parte del proprietario della cosa madre). In tali casi la proprietà sui frutti si trasferisce dal proprietario della cosa madre agli acquirenti al **momento della separazione**.

Capo II
Dei beni appartenenti allo Stato, agli enti pubblici e agli enti ecclesiastici

822. Demanio pubblico.

Appartengono allo Stato e fanno parte del demanio pubblico il lido del mare, la spiaggia, le rade e i porti; i fiumi, i torrenti, i laghi e le altre acque definite pubbliche dalle leggi in materia; le opere destinate alla difesa nazionale.

Fanno parimenti parte del demanio pubblico, se appartengono allo Stato, le strade, le autostrade e le strade ferrate; gli aerodromi; gli acquedotti; gli immobili riconosciuti d'interesse storico, archeologico e artistico a norma delle leggi in materia; le raccolte dei musei, delle pinacoteche, degli archivi, delle biblioteche; e infine gli altri beni che sono dalla legge assoggettati al regime proprio del demanio pubblico.

• La norma di carattere sistematico distingue i beni del **demanio necessario**, che appartengono esclusivamente allo Stato (*Esempio:* il demanio marittimo), dai beni del **demanio accidentale** che possono appartenere allo Stato come ad altri soggetti (tra cui i privati) e che solo quando sono di proprietà dello Stato (o di altri enti territoriali *ex* art. 824) fanno parte del demanio (*Esempio:* le strade). • Il legislatore si riserva infine la possibilità di sottoporre altre specie di beni al regime del demanio pubblico. • Le ragioni di un **regime giuridico** dei beni demaniali risiedono nell'esigenza di attribuire in capo allo Stato o agli altri enti territoriali l'onere di mantenere le specifiche rilevanti caratteristiche del bene e la sua concreta possibilità di fruizione pubblica. Ne deriva una **doppia appartenenza** del bene demaniale al soggetto pubblico e al contempo alla collettività di cui il primo è ente esponenziale.

823. Condizione giuridica del demanio pubblico.

I beni che fanno parte del demanio pubblico sono inalienabili e non possono formare oggetto di diritti a favore di terzi, se non nei modi e nei limiti stabiliti dalle leggi che li riguardano.

Spetta all'autorità amministrativa la tutela dei beni che fanno parte del demanio pubblico. Essa ha facoltà sia di procedere in via amministrativa, sia di valersi dei mezzi ordinari a difesa della proprietà e del possesso regolati dal presente codice.

• Il regime giuridico dei beni demaniali si caratterizza per: a) l'**inalienabilità della cosa**; b) la **tutela giuridica** del bene **da parte dell'autorità amministrativa**. • All'**inalienabilità** a soggetti diversi dallo Stato si accompagna l'insuscettibilità per i beni demaniali di formare oggetto di altri diritti reali minori di godimento, salvo laddove stabilito dalla legge (*Esempio:* tramite concessione amministrativa), nonché l'inattitudine a costituire oggetto di possesso. • La **tutela giuridica** dei beni demaniali, che riguarda tanto l'integrità materiale, quanto la loro protezione giuridica da ogni eventuale indebita occupazione, è attribuita all'autorità amministrativa, che può avvalersi anche della tutela della proprietà e del possesso prevista dal codice civile, in forza di un principio di alternatività della tutela.

824. Beni delle province e dei comuni soggetti al regime dei beni demaniali.

I beni della specie di quelli indicati dal secondo comma dell'articolo 822, se appartengono alle province o ai comuni, sono soggetti al regime del demanio pubblico.

Allo stesso regime sono soggetti i cimiteri e i mercati comunali.

• **Cimiteri** e **mercati comunali** sono assoggettati al regime dei beni demaniali in quanto di proprietà comunale, come previsto per esigenze organizzative e igieniche dal d.P.R. n. 285/1990.

825. Diritti demaniali su beni altrui.

Sono parimenti soggetti al regime del demanio pubblico i diritti reali che spettano allo Stato, alle province e ai comuni su beni appartenenti ad altri soggetti, quando i diritti stessi sono costituiti per l'utilità di alcuno dei beni indicati dagli articoli precedenti o per il conseguimento di fini di pubblico interesse corrispondenti a quelli a cui servono i beni medesimi.

• Il demanio pubblico, oltre ai beni corporali (*Esempio:* spiagge, strade, autostrade), include anche beni incorporali, quali i diritti su beni. Si tratta di diritti di **carattere** esclusivamente **rea-**

le, costituiti per l'**utilità** di un bene demaniale pubblico (*Esempio:* le servitù prediali, nelle quali fondo dominante sia un bene demaniale pubblico) o comunque per il conseguimento di un fine di **pubblico interesse** (*Esempio:* il diritto di uso pubblico su strade vicinali). • In tema di servitù di uso pubblico, un proprietario, pur non intenzionalmente diretto a dar vita al diritto di uso pubblico, può destinare mediante la c.d. "***dicatio ad patriam***", il proprio bene a disposizione della collettività ("***uti cives***"), assoggettandolo al correlativo uso.

826. Patrimonio dello Stato, delle province e dei comuni.

I beni appartenenti allo Stato, alle province e ai comuni, i quali non siano della specie di quelli indicati dagli articoli precedenti, costituiscono il patrimonio dello Stato o, rispettivamente, delle province e dei comuni.

Fanno parte del patrimonio indisponibile dello Stato le foreste che a norma delle leggi in materia costituiscono il demanio forestale dello Stato, le miniere, le cave e torbiere quando la disponibilità ne è sottratta al proprietario del fondo, le cose d'interesse storico, archeologico, paletnologico, paleontologico e artistico, da chiunque e in qualunque modo ritrovate nel sottosuolo, i beni costituenti la dotazione della Presidenza della Repubblica, le caserme, gli armamenti, gli aeromobili militari e le navi da guerra.

Fanno parte del patrimonio indisponibile dello Stato o, rispettivamente, delle province e dei comuni, secondo la loro appartenenza, gli edifici destinati a sede di uffici pubblici, con i loro arredi, e gli altri beni destinati a un pubblico servizio.

• I beni che appartengono allo Stato, alle province e ai comuni, diversi da quelli demaniali, costituiscono i beni patrimoniali. Tra di essi si distinguono: i beni del **patrimonio indisponibile**, che possono appartenere solo allo Stato (co. 2) o anche alle province e ai comuni (co. 3), e che per loro natura o per volontà del disponente, sono destinati in via esclusiva ad un fine pubblico (*Esempio:* le miniere, le cave e le torbiere); e i beni del **patrimonio disponibile**, sprovvisti di destinazione pubblicistica e strumentali alla creazione di altri beni (*Esempio:* un immobile di proprietà statale).

827. Beni immobili vacanti.

I beni immobili che non sono in proprietà di alcuno spettano al patrimonio dello Stato.

• Se i **beni mobili** sprovvisti di un proprietario (c.d. ***res nullius***) si acquistano a titolo originario per occupazione (art. 923), i **beni immobili** che non abbiano proprietario (c.d. **vacanti**) si acquistano al patrimonio dello Stato, "primo soggetto cui i beni possono appartenere", evocando la lettera dell'art. 425 del codice previgente. • La norma è correlata all'art. 596, che prevede che al proprietario di un bene, che alla sua morte non abbia eredi legittimi né testamentari (c.d. eredità vacante), succeda automaticamente lo Stato.

828. Condizione giuridica dei beni patrimoniali.

I beni che costituiscono il patrimonio dello Stato, delle province e dei comuni sono soggetti alle regole particolari che li concernono e, in quanto non è diversamente disposto, alle regole del presente codice.

I beni che fanno parte del patrimonio indisponibile non possono essere sottratti alla loro destinazione, se non nei modi stabiliti dalle leggi che li riguardano.

• La norma prevede, rispettivamente ai commi primo e secondo, il regime giuridico: a) dei beni del **patrimonio disponibile**, soggetti alle leggi particolari che tali beni hanno ad oggetto e, in subordine, alle regole del codice civile; b) dei beni del **patrimonio indisponibile**, che si distinguono dai beni demaniali. • I **beni patrimoniali** si distinguono dai **beni demaniali** in quanto i primi riguardano la proprietà privata dello Stato, e non quella pubblica; i beni del patrimonio indisponibile si distinguono dai beni demaniali in quanto i primi non sono inalienabili, ma possono essere **trasferiti, purché non se ne alteri la destinazione pubblicistica**. La sottrazione dei beni ad essa può avvenire nei soli modi previsti dalla legge, e dunque conformemente all'art. 826.

829. Passaggio di beni dal demanio al patrimonio.

Il passaggio dei beni dal demanio pubblico al patrimonio dello Stato deve essere dichiarato dall'autorità amministrativa. Dell'atto deve essere dato annunzio nella Gazzetta Ufficiale della Repubblica.

Per quanto riguarda i beni delle province e dei comuni, il provvedimento che dichiara il passaggio al patrimonio dev'essere pubblicato nei modi stabiliti per i regolamenti comunali e provinciali.

• La cessazione della demanialità (c.d. **sdemanializzazione**) e il conseguente passaggio al regime dei beni patrimoniali devono avvenire in maniera **espressa**, ovvero con un formale provvedimento che muti la destinazione della cosa, constatando l'avvenuto passaggio dal demanio al patrimonio. Tale provvedimento, di c.d. **sclassificazione**, ha dunque una natura dichiarativa, e deve pubblicarsi nelle forme stabilite dai commi primo e secondo. • A un siffatto provvedimento la giurisprudenza equipara, di recente, la c.d. "**sdemanializzazione tacita**", che ravvisa in quegli atti univoci ed incompatibili con la volontà di conservare la destinazione del bene al fine pubblico.

830. Beni degli enti pubblici non territoriali.

I beni appartenenti agli enti pubblici non territoriali sono soggetti alle regole del presente codice, salve le disposizioni delle leggi speciali.

Ai beni di tali enti che sono destinati a un pubblico servizio si applica la disposizione del secondo comma dell'articolo 828.

• Le disposizioni fin qui dettate per i beni dello Stato (ai sensi degli artt. 822 e 826) e delle province e dei comuni (in applicazione degli artt. 824 e 826) si applicano altresì in forza di questo articolo anche ai beni degli **enti pubblici non territoriali**, fatta salva l'applicazione di leggi speciali.

831. Beni degli enti ecclesiastici ed edifici di culto.

I beni degli enti ecclesiastici sono soggetti alle norme del presente codice, in quanto non è diversamente disposto dalle leggi speciali che li riguardano.

Gli edifici destinati all'esercizio pubblico del culto cattolico, anche se appartengono a privati, non possono essere sottratti alla loro destinazione neppure per effetto di alienazione, fino a che la destinazione stessa non sia cessata in conformità delle leggi che li riguardano.

• La norma introduce, al primo comma, il regime dei **beni degli enti ecclesiastici**, disciplinati dalle leggi statali (tra le quali figura il codice civile, in via residuale rispetto ad apposite leggi speciali). • Al secondo comma, il legislatore indica la disciplina degli **edifici del culto cattolico**. Questi ultimi pur appartenendo a privati sono soggetti alla regola già prevista per i beni del patrimonio indisponibile, ossia il **divieto di mutamento della destinazione di culto** dell'edificio, ove non conforme alle leggi che lo disciplinano. Tra di esse si segnala la legge attuativa del Concordato del 1929 tra lo Stato italiano e la Santa sede (**l. n. 810/1929**), che, agli artt. 9 e 10, prevede l'occupazione, la requisizione e la demolizione degli edifici di culto nei soli casi di grave necessità e previo accordo con l'autorità ecclesiastica, incardinando così sulla medesima autorità la competenza esclusiva della cessazione di destinazione d'uso degli edifici di culto.

Titolo II
DELLA PROPRIETÀ

Capo I
Disposizioni generali

832. Contenuto del diritto.

Il proprietario ha diritto di godere e disporre delle cose in modo pieno ed esclusivo, entro i limiti e con l'osservanza degli obblighi stabiliti dall'ordinamento giuridico.

• Il Codice non offre una definizione del diritto di proprietà, ma individua i poteri che competono al titolare. • Il proprietario ha il **potere di godimento**, vale a dire il potere di trarre, direttamente (ad esempio, abitando nell'immobile di proprietà) o indirettamente (ad esempio, concedendo in locazione l'immobile, al fine di ricavarne un corrispettivo in danaro), le utilità coerenti con la natura del bene; ed il **potere di disposizione**, vale a dire il potere di cedere ad altri, in tutto o in parte, diritti sulla cosa (ad esempio, il proprietario può vendere l'immobile, donarlo, darlo in comodato, ecc.). • Il carattere della **pienezza** compendia la totalità delle forme di estrinsecazione dei predetti poteri; il connotato dell'**esclusività** si traduce, invece, nella possibilità, per il proprietario, di vietare ogni ingerenza di terzi in ordine all'esercizio del proprio diritto, in maniera del tutto discrezionale (*ius excludendi omnes alios*). • I poteri del proprietario sono comunque circoscritti dai limiti e dagli obblighi posti dall'ordinamento giuridico, al fine di garantire la funzione sociale della proprietà. La pienezza della proprietà può essere compressa da un vincolo di carattere pubblicistico ovvero dalla costituzione di un diritto reale minore, ma si riespande automaticamente, quando dette limitazioni vengono meno (c.d. **elasticità**). • La proprietà è **perpetua** (non tollera, almeno tendenzialmente, limiti di durata) ed **imprescrittibile** (non si può perdere per non uso, bensì soltanto per l'usucapione che altri abbia a perfezionare a proprio favore).

833. Atti d'emulazione.

Il proprietario non può fare atti i quali non abbiano altro scopo che quello di nuocere o recare molestia ad altri.

• L'atto emulativo si connota per il concorso di due elementi: l'uno oggettivo, consistente nell'**assenza di utilità per chi lo compie**; l'altro soggettivo, rappresentato dall'intenzione di nuocere o arrecare molestia ad altri (***animus nocendi***), che si presume quando l'atto risulti, per un verso, non giustificato da alcun interesse del proprietario e, per altro verso, lesivo degli interessi del vicino. *Esempio:* chi pianta alberi ad alto fusto solo per impedire al vicino di godere della vista panoramica. • La norma è espressione del principio generale che vieta l'**abuso del diritto**. • La giurisprudenza è tendenzialmente concorde nel ritenere che la condotta omissiva del proprietario (che, ad esempio, abbia lasciato crescere degli arbusti spontanei sul proprio fondo) non possa rappresentare una violazione del divieto di atti emulativi.

834. Espropriazione per pubblico interesse.

Nessuno può essere privato in tutto o in parte dei beni di sua proprietà, se non per causa di pubblico interesse, legalmente dichiarata, e contro il pagamento di una giusta indennità.

Le norme relative all'espropriazione per causa di pubblico interesse sono determinate da leggi speciali.

• L'espropriazione è lo strumento amministrativo volto al trasferimento coattivo della proprietà da un soggetto (privato) ad un altro (normalmente la pubblica amministrazione). • La posizione del privato può essere sacrificata solo in presenza: di un **interesse generale** della collettività; di una **previsione legislativa** che lo consenta (riserva di legge); di una **indennità** che compensi il privato del sacrificio subito, che, comunque, sarà sempre inferitore al prezzo di mercato del bene espropriato • La norma trova fondamento e riscontro nell'art. 42 Cost. • L'intera materia è disciplinata dal d.P.R. 8/6/2001, n. 327.

835. Requisizioni.

Quando ricorrono gravi e urgenti necessità pubbliche, militari o civili, può essere disposta la requisizione dei beni mobili o immobili. Al proprietario è dovuta una giusta indennità.

Le norme relative alle requisizioni sono determinate da leggi speciali.

• La requisizione è un provvedimento ablatorio, di cui la pubblica amministrazione può avvalersi nei soli casi di **emergenza** o di grave **necessità**, come, ad esempio, calamità naturali o guerre. • Trattasi tendenzialmente di misura a **carattere temporaneo**, attuata, di norma, nella forma dell'ordinanza d'urgenza. • A favore del proprietario è prevista una **giusta indennità**, liquidata dall'autorità procedente. • Il fondamento della norma è da rinvenirsi nell'art. 42 Cost.

836. Vincoli e obblighi temporanei.
Per le cause indicate dall'articolo precedente l'autorità amministrativa, nei limiti e con le forme stabiliti da leggi speciali, può sottoporre a particolari vincoli od obblighi di carattere temporaneo le aziende commerciali e agricole.

837. Ammassi.
Allo scopo di regolare la distribuzione di determinati prodotti agricoli o industriali nell'interesse della produzione nazionale sono costituiti gli ammassi.
Le norme per il conferimento dei prodotti negli ammassi sono contenute in leggi speciali.

• L'ammasso consiste nel conferimento (volontario o coattivo), da parte dei produttori, di prodotti agricoli o industriali ad apposito ente, che provvede alla loro collocazione sul mercato, per il perseguimento di finalità di pubblico interesse.

838. Espropriazione di beni che interessano la produzione nazionale o di prevalente interesse pubblico.
Salve le disposizioni delle leggi penali e di polizia, *nonché le norme dell'ordinamento corporativo* (1) e le disposizioni particolari concernenti beni determinati, quando il proprietario abbandona la conservazione, la coltivazione o l'esercizio di beni che interessano la produzione nazionale, in modo da nuocere gravemente alle esigenze della produzione stessa, può farsi luogo all'espropriazione dei beni da parte dell'autorità amministrativa, premesso il pagamento di una giusta indennità.
La stessa disposizione si applica se il deperimento dei beni ha per effetto di nuocere gravemente al decoro delle città o alle ragioni dell'arte, della storia o della sanità pubblica.

(1) Le disposizioni richiamanti le norme corporative devono ritenersi abrogate in seguito alla soppressione dell'ordinamento corporativo.

• Il ricorso all'espropriazione è giustificato dal mancato o cattivo uso del bene, tale da pregiudicare interessi pubblici.

839. Beni d'interesse storico e artistico.
Le cose di proprietà privata, immobili e mobili, che presentano interesse artistico, storico, archeologico o etnografico, sono sottoposte alle disposizioni delle leggi speciali.

• Al fine di assicurare la conservazione dei beni culturale, l'ordinamento giuridico appresta una disciplina speciale, che incide sul modo d'uso e disposizione da parte del proprietario.

Capo II
Della proprietà fondiaria

Sezione I
Disposizioni generali

840. Sottosuolo e spazio sovrastante al suolo.
La proprietà del suolo si estende al sottosuolo, con tutto ciò che vi si contiene, e il proprietario può fare qualsiasi escavazione od opera che non rechi danno al vicino. Questa disposizione non si applica a quanto forma oggetto delle leggi sulle miniere, cave e torbiere. Sono del pari salve le limitazioni derivanti dalle leggi sulle antichità e belle arti, sulle acque, sulle opere idrauliche e da altre leggi speciali.
Il proprietario del suolo non può opporsi ad attività di terzi che si svolgano a tale profondità nel sottosuolo o a tale altezza nello spazio sovrastante, che egli non abbia interesse ad escluderle.

• La disciplina dei **limiti verticali** delle facoltà del proprietario è incentrata sul concetto di **interesse**, nel senso che la proprietà del suolo si estende al sottosuolo ed allo spazio sovrastante sin dove il titolare del diritto può trarre vantaggio dalla cosa. • Il proprietario, quindi, non può opporsi ad attività di terzi che si svolgano ad una profondità (ad esempio, il passaggio di una ferroviaria sotterranea) o ad un'altezza (ad esempio, la navigazione aerea) tali da non pregiudicare il suo interesse, tenuto conto delle caratteristiche e della destinazione del fondo.

841. Chiusura del fondo.

Il proprietario può chiudere in qualunque tempo il fondo.

• In coerenza con la concezione della proprietà come **diritto esclusivo**, il proprietario può impedire ad altri l'ingresso nel fondo, recintandolo. • L'esercizio di tale facoltà ha come fine la **protezione del fondo**, mentre l'individuazione dello stesso è data dai confini, che ne delimitano l'estensione in senso orizzontale, anche quando i segni di demarcazione tra fondi limitrofi (termini) manchino o siano divenuti irriconoscibili.

842. Caccia e pesca.

Il proprietario di un fondo non può impedire che vi si entri per l'esercizio della caccia, a meno che il fondo sia chiuso nei modi stabiliti dalla legge sulla caccia o vi siano colture in atto suscettibili di danno.

Egli può sempre opporsi a chi non è munito della licenza rilasciata dall'autorità.

Per l'esercizio della pesca occorre il consenso del proprietario del fondo.

• L'articolo è espressione della necessità di contemperare il diritto del proprietario di evitare ogni ingerenza di terzi con l'altrui interesse all'esercizio dell'attività venatoria o della pesca.

843. Accesso al fondo.

Il proprietario deve permettere l'accesso e il passaggio nel suo fondo, sempre che ne venga riconosciuta la necessità, al fine di costruire o riparare un muro o altra opera propria del vicino oppure comune.

Se l'accesso cagiona danno, è dovuta un'adeguata indennità.

Il proprietario deve parimenti permettere l'accesso a chi vuole riprendere la cosa sua che vi si trovi accidentalmente o l'animale che vi si sia riparato sfuggendo alla custodia. Il proprietario può impedire l'accesso consegnando la cosa o l'animale.

• L'articolo contempla una specifica **deroga allo *ius excludendi*** del proprietario, la cui *ratio* risiede nella necessità di tutelare altri interessi privati socialmente apprezzabili. • Se l'accesso del terzo ha causato dei danni, il proprietario del fondo ha diritto alla corresponsione di un'adeguata indennità.

844. Immissioni.

Il proprietario di un fondo non può impedire le immissioni di fumo o di calore, le esalazioni, i rumori, gli scuotimenti e simili propagazioni derivanti dal fondo del vicino, se non superano la **normale tollerabilità**, avuto anche riguardo alla condizione dei luoghi.

Nell'applicare questa norma l'autorità giudiziaria deve contemperare le esigenze della produzione con le ragioni della proprietà. Può tener conto della priorità di un determinato uso.

• Il criterio normativo per stabilire l'illiceità delle immissioni è quello della **normale tollerabilità**, da valutarsi, caso per caso, in relazione alla **condizione dei luoghi**: ciò che può essere tollerabile in una zona industriale, infatti, può non esserlo in quella residenziale. • Non rilevano, invece, le condizioni soggettive di chi utilizza il fondo (ad esempio, la guardia notturna che riposa nelle ore diurne). • Se le immissioni intollerabili provengono dall'espletamento di **attività produttive**, la cui cessazione comporterebbe danni insopportabili per la collettività (ad esempio, la chiusura di uno stabilimento industriale che crea posti di lavoro), il giudice, nel bilanciare le contrapposte esigenze, potrà consentirne ugualmente la prosecuzione. • Criterio di valutazione sussidiario e facoltativo è quello della **priorità d'uso**: si potrà tener conto, ad esempio, se lo stabilimento industriale è stato insediato prima dell'abitazione che subisce l'inquinamento acustico. • La giurisprudenza ritiene che la tutela della salute prevalga, in ogni caso, sulle esigenze della produzione.

845. Regole particolari per scopi di pubblico interesse.

La proprietà fondiaria è soggetta a regole particolari per il conseguimento di scopi di pubblico interesse nei casi previsti dalle leggi speciali e dalle disposizioni contenute nelle sezioni seguenti.

Sezione II
Del riordinamento della proprietà rurale

846.-848. (1).

(1) Articoli abrogati dall'art. 5-*bis* del d.lgs. 18/5/2001, n. 228, introdotto dall'art. 7 del d.lgs. 29/3/2004, n. 99.

849. Fondi compresi entro maggiori unità fondiarie.

Indipendentemente dalla formazione del consorzio previsto dall'articolo seguente, il proprietario di terreni entro i quali sono compresi appezzamenti appartenenti ad altri, di estensione inferiore alla minima unità colturale, può domandare che gli sia trasferita la proprietà di questi ultimi, pagandone il prezzo, allo scopo di attuare una migliore sistemazione delle unità fondiarie. In caso di contrasto decide l'autorità giudiziaria, sentite le *associazioni professionali* (1) circa la sussistenza delle condizioni che giustificano la richiesta di trasferimento.

(1) Le associazioni professionali sono state soppresse con il d.lgs.lgt. 23/11/1944, n. 369.

850. Consorzi a scopo di ricomposizione fondiaria.

Quando più terreni contigui e inferiori alla minima unità colturale appartengono a diversi proprietari, può, su istanza di alcuno degli interessati o per iniziativa dell'autorità amministrativa, essere costituito un consorzio tra gli stessi proprietari, allo scopo di provvedere a una ricomposizione fondiaria idonea alla migliore utilizzazione dei terreni stessi.

Per la costituzione del consorzio si applicano le norme stabilite per i consorzi di bonifica.

851. Trasferimenti coattivi.

Il consorzio indicato dall'articolo precedente può predisporre il piano di riordinamento.

Per la migliore sistemazione delle unità fondiarie può procedersi a espropriazioni e a trasferimenti coattivi; può anche procedersi a rettificazioni di confini e ad arrotondamento di fondi.

852. Terreni esclusi dai trasferimenti.

Dai trasferimenti coattivi previsti dall'articolo precedente sono esclusi:

1) gli appezzamenti forniti di casa di abitazione civile o colonica;

2) i terreni adiacenti ai fabbricati e costituenti dipendenze dei medesimi;

3) le aree fabbricabili;

4) gli orti, i giardini, i parchi;

5) i terreni necessari per piazzali o luoghi di deposito di stabilimenti industriali o commerciali;

6) i terreni soggetti a inondazioni, a scoscendimenti o ad altri gravi rischi;

7) i terreni che per la loro speciale destinazione, ubicazione o singolarità di coltura presentano caratteristiche di spiccata individualità.

853. Trasferimento dei diritti reali.

Nei trasferimenti coattivi le servitù prediali sono abolite, conservate o create in relazione alle esigenze della nuova sistemazione.

Gli altri diritti reali di godimento sono trasferiti sui terreni assegnati in cambio e, qualora non siano costituiti su tutti i terreni dello stesso proprietario, sono trasferiti soltanto su una parte determinata del fondo assegnato in cambio, che corrisponda in valore ai terreni su cui esistevano.

Le ipoteche che non siano costituite su tutti i terreni dello stesso proprietario sono trasferite sul fondo di nuova assegnazione per una quota corrispondente in valore ai terreni su cui erano costituite. In caso di espropriazione forzata dell'immobile gravato da ipoteca su una quota, l'immobile è espropriato per intero e il credito è collocato, secondo il grado dell'ipoteca, sulla parte del prezzo corrispondente alla quota soggetta all'ipoteca medesima.

854. Notifica e trascrizione del piano di riordinamento.

Il piano di riordinamento dev'essere preventivamente portato a cognizione degli interessati, e contro di esso è ammesso reclamo in via amministrativa, nelle forme e nei termini stabiliti da leggi speciali.

Il provvedimento amministrativo di approvazione definitiva del piano dev'essere trascritto presso l'ufficio dei registri immobiliari nella cui circoscrizione sono situati i beni.

855. Effetti dell'approvazione del piano di riordinamento.

Con l'approvazione del piano di riordinamento si operano i trasferimenti di proprietà e degli altri diritti reali; sono anche costituite le servitù imposte nel piano stesso.

856. Competenza dell'autorità giudiziaria.

Nelle materie indicate dagli articoli 850 e seguenti è salva la competenza dell'autorità giudiziaria ordinaria per la tutela dei diritti degli interessati. L'autorità giudiziaria non può tuttavia con le sue decisioni provocare una revisione del piano di riordinamento, ma può procedere alla conversione e liquidazione in danaro dei diritti da essa accertati.

Il credito relativo è privilegiato a norma delle leggi speciali.

Sezione III
Della bonifica integrale

857. Terreni soggetti a bonifica.

Per il conseguimento di fini igienici, demografici, economici o di altri fini sociali possono essere dichiarati soggetti a bonifica i terreni che si trovano in un comprensorio, in cui sono laghi, stagni, paludi e terre paludose, ovvero costituito da terreni montani dissestati nei riguardi idrogeologici e forestali, o da terreni estensivamente coltivati per gravi cause d'ordine fisico o sociale, i quali siano suscettibili di una radicale trasformazione dell'ordinamento produttivo.

• La **bonifica integrale** rappresenta il risultato della coordinata attuazione di diverse opere ed attività finalizzate sia alla salvaguardia del territorio dal rischio di inondazioni o dissesti idrogeologici, sia all'irrigazione di terreni da coltivare. • Gli interventi possono essere realizzati mediante **consorzi di bonifica**, vale a dire da associazioni di proprietari o possessori dei beni immobili interessati.

858. Comprensorio di bonifica e piano delle opere.

Il comprensorio di bonifica e il piano generale dei lavori e di attività coordinate sono determinati e pubblicati a norma della legge speciale.

859. Opere di competenza dello Stato.

Il piano generale indicato dall'articolo precedente stabilisce quali opere di bonifica siano di competenza dello Stato.

860. Concorso dei proprietari nella spesa.

I proprietari dei beni situati entro il perimetro del comprensorio sono obbligati a contribuire nella spesa necessaria per l'esecuzione, la manutenzione e l'esercizio delle opere in ragione del beneficio che traggono dalla bonifica.

861. Opere di competenza dei privati.

I proprietari degli immobili indicati dall'articolo precedente sono obbligati a eseguire, in conformità del piano generale di bonifica e delle connesse direttive di trasformazione agraria, le opere di competenza privata che siano d'interesse comune a più fondi o d'interesse particolare a taluno di essi.

862. Consorzi di bonifica.

All'esecuzione, alla manutenzione e all'esercizio delle opere di bonifica può provvedersi a mezzo di consorzi tra i proprietari interessati.

A tali consorzi possono essere anche affidati l'esecuzione, la manutenzione e l'esercizio delle altre opere d'interesse comune a più fondi o d'interesse particolare a uno di essi.

I consorzi sono costituiti per decreto del Presidente della Repubblica e, in mancanza dell'iniziativa privata, possono essere formati anche d'ufficio.

Essi sono persone giuridiche pubbliche e svolgono la loro attività secondo le norme dettate dalla legge speciale.

863. Consorzi di miglioramento fondiario.

Nelle forme stabilite per i consorzi di bonifica possono essere costituiti anche consorzi per l'esecuzione, la manutenzione e l'esercizio di opere di miglioramento fondiario comuni a più fondi e indipendenti da un piano generale di bonifica.

Essi sono persone giuridiche private. Possono tuttavia assumere il carattere di persone giuridiche pubbliche quando, per la loro vasta estensione territoriale o per la particolare importanza delle loro funzioni ai fini dell'incremento della produzione, sono riconosciuti di interesse nazionale con provvedimento dell'autorità amministrativa.

864. Contributi consorziali.

I contributi dei proprietari nella spesa di esecuzione, manutenzione ed esercizio delle opere di bonifica e di miglioramento fondiario sono esigibili con le norme e i privilegi stabiliti per l'imposta fondiaria.

865. Espropriazione per inosservanza degli obblighi.

Quando l'inosservanza degli obblighi imposti ai proprietari risulta tale da compromettere l'attuazione del piano di bonifica, può farsi luogo all'espropriazione parziale o totale del fondo appartenente al proprietario inadempiente, osservate le disposizioni della legge speciale.

L'espropriazione ha luogo a favore del consorzio, se questo ne fa richiesta, o, in mancanza, a favore di altra persona che si obblighi ad eseguire le opere offrendo opportune garanzie.

Sezione IV

Dei vincoli idrogeologici e delle difese fluviali

866. Vincoli per scopi idrogeologici e per altri scopi.

Anche indipendentemente da un piano di bonifica, i terreni di qualsiasi natura e destinazione possono essere sottoposti a vincolo idrogeologico, osservate le forme e le condizioni stabilite dalla legge speciale, al fine di evitare che possano con danno pubblico subire denudazioni, perdere la stabilità o turbare il regime delle acque.

L'utilizzazione dei terreni e l'eventuale loro trasformazione, la qualità delle colture, il governo dei boschi e dei pascoli sono assoggettati, per effetto del vincolo, alle limitazioni stabilite dalle leggi in materia.

Parimenti, a norma della legge speciale, possono essere sottoposti a limitazione nella loro utilizzazione i boschi che per la loro speciale ubicazione difendono terreni o fabbricati dalla caduta di valanghe, dal rotolamento dei sassi, dal sorrenamento e dalla furia dei venti, e quelli ritenuti utili per le condizioni igieniche locali.

867. Sistemazione e rimboschimento dei terreni vincolati.

Al fine del rimboschimento e del rinsaldamento i terreni vincolati possono essere assoggettati a espropriazione, a occupazione temporanea o a sospensione dell'esercizio del pascolo, nei modi e con le forme stabiliti dalle leggi in materia.

868. Regolamento protettivo dei corsi d'acqua.

I proprietari d'immobili situati in prossimità di corsi d'acqua che arrecano o minacciano danni all'agricoltura, ad abitati o a manufatti d'interesse pubblico sono obbligati, anche indipendentemente da un piano di bonifica, a contribuire all'esecuzione delle opere necessarie per il regolamento del corso d'acqua nelle forme stabilite dalle leggi speciali.

Sezione V
Della proprietà edilizia

869. Piani regolatori.

I proprietari di immobili nei comuni dove sono formati piani regolatori devono osservare le prescrizioni dei piani stessi nelle costruzioni e nelle riedificazioni o modificazioni delle costruzioni esistenti.

• L'articolo apre le disposizioni generali (artt. 869-872) in materia di proprietà edilizia, che delineano i criteri e le modalità da osservare nell'attività edificatoria. Trattasi di **norme di rinvio** alla vasta disciplina speciale in materia. • Il **piano regolatore** comunale rappresenta lo strumento fondamentale della pianificazione territoriale. Le previsioni ivi contenute, oltre a regolamentare l'attività edilizia dei privati, individuano le opere pubbliche che dovranno in futuro essere realizzate.

870. Comparti.

Quando è prevista la formazione di comparti, costituenti unità fabbricabili con speciali modalità di costruzione e di adattamento, gli aventi diritto sugli immobili compresi nel comparto devono regolare i loro reciproci rapporti in modo da rendere possibile l'attuazione del piano. Possono anche riunirsi in consorzio per l'esecuzione delle opere. In mancanza di accordo, può procedersi all'espropriazione a norma delle leggi in materia.

871. Norme di edilizia e di ornato pubblico.

Le regole da osservarsi nelle costruzioni sono stabilite dalla legge speciale e dai regolamenti edilizi comunali.

La legge speciale stabilisce altresì le regole da osservarsi per le costruzioni nelle località sismiche.

872. Violazione delle norme di edilizia.

Le conseguenze di carattere amministrativo della violazione delle norme indicate dall'articolo precedente sono stabilite da leggi speciali.

Colui che per effetto della violazione ha subito danno deve esserne risarcito, salva la facoltà di chiedere la riduzione in pristino quando si tratta della violazione delle norme contenute nella sezione seguente o da questa richiamate.

Sezione VI
Delle distanze nelle costruzioni, piantagioni e scavi, e dei muri, fossi e siepi interposti tra i fondi

873. Distanze nelle costruzioni.

Le costruzioni su fondi finitimi, se non sono unite o aderenti, devono essere tenute a distanza non minore di tre metri. Nei regolamenti locali può essere stabilita una distanza maggiore.

• Il legislatore prevede che le costruzioni su fondi confinanti, se non sono unite o aderenti, siano distanti fra loro almeno tre metri, salvo che i regolamenti locali prevedano una distanza maggiore. Pertanto, se il proprietario di un fondo costruisce ad almeno un metro e mezzo dal confine (o comunque ad una distanza pari almeno alla metà di quella prevista dagli strumenti urbanistici locali), il proprietario del fondo confinante, se vuole costruire, deve rispettare la distanza legale. • La *ratio* della norma è quella di evitare la formazione di strette intercapedini tra edifici privati, che, oltre ad ostacolare il passaggio di luce ed aria tra le costruzioni, potrebbero comprometterne l'igiene, il decoro o la sicurezza (ad esempio, favorendo la propagazione di incendi o agevolando i furti).

874. Comunione forzosa del muro sul confine.

Il proprietario di un fondo contiguo al muro altrui può chiederne la comunione per tutta l'altezza o per parte di essa, purché lo faccia per tutta l'estensione della sua proprietà. Per ottenere la comunione deve pagare la metà del valore del muro, o della parte di muro resa comune, e la metà del valore del suolo su cui il muro è costruito. Deve inoltre eseguire le opere che occorrono per non danneggiare il vicino.

• In caso di **costruzione sul confine**, il proprietario del fondo vicino, anziché rispettare la distanza legale, ha il **diritto potestativo** di acquisire la comunione del muro contiguo al proprio fondo (per fabbricarvi in appoggio), pagando metà del valore del muro (o della parte di muro resa comune) e metà del valore del suolo su cui il muro è costruito. • L'effetto acquisitivo può essere ottenuto mediante sentenza costitutiva, qualora l'altro proprietario non vi consenta. • Sono escluse dalla nozione di muro le opere di separazione che non hanno carattere di stabilità.

875. Comunione forzosa del muro che non è sul confine.

Quando il muro si trova a una distanza dal confine minore di un metro e mezzo ovvero a distanza minore della metà di quella stabilita dai regolamenti locali, il vicino può chiedere la comunione del muro soltanto allo scopo di fabbricare contro il muro stesso, pagando, oltre il valore della metà del muro, il valore del suolo da occupare con la nuova fabbrica, salvo che il proprietario preferisca estendere il suo muro sino al confine.

Il vicino che intende domandare la comunione deve interpellare preventivamente il proprietario se preferisca di estendere il muro al confine o di procedere alla sua demolizione. Questi deve manifestare la propria volontà entro il termine di giorni quindici e deve procedere alla costruzione o alla demolizione entro sei mesi dal giorno in cui ha comunicato la risposta.

• Nel caso di **edificio posto ad una distanza dal confine minore di quella legale**, il proprietario del fondo vicino, nel costruire, sarebbe tenuto a lasciare libero uno spazio maggiore di quello stabilito dalla legge. Per evitare ciò, gli è permesso di chiedere la comunione del muro, per fabbricare in appoggio allo stesso, occupando la porzione di suolo del fondo vicino posta tra il confine e l'edificio. Deve, tuttavia, interpellare il proprietario che ha già costruito, il quale ha la facoltà di estendere il muro sino al confine oppure di demolirlo.

876. Innesto nel muro sul confine.

Se il vicino vuole servirsi del muro esistente sul confine solo per innestarvi un capo del proprio muro, non ha l'obbligo di renderlo comune a norma dell'articolo 874, ma deve pagare un'indennità per l'innesto.

• La norma è giustificata dalla necessità di non imporre l'acquisto della comunione del muro a colui che intende farne un uso limitato all'innesto di un capo del proprio muro. • L'innesto si traduce in una **servitù necessaria**, il cui contenuto consiste nell'appoggio del proprio muro alla costruzione preesistente.

877. Costruzioni in aderenza.

Il vicino, senza chiedere la comunione del muro posto sul confine, può costruire sul confine stesso in aderenza, ma senza appoggiare la sua fabbrica a quella preesistente.

Questa norma si applica anche nel caso previsto dall'articolo 875; il vicino in tal caso deve pagare soltanto il valore del suolo.

• La *ratio* della disposizione è quella di agevolare chi si trovi a costruire per secondo rispetto al preesistente edificio del vicino posto sul confine, attribuendogli la possibilità di scegliere tra l'acquisto della comunione del muro, per fabbricarvi in appoggio, e la costruzione in aderenza. • Si definisce **in aderenza** la costruzione che è in semplice contatto con il muro del vicino, riguardo al quale resta strutturalmente autonoma, mentre è costruzione **in appoggio** quella che scarica il peso degli elementi che la compongono sul muro del vicino.

878. Muro di cinta.

Il muro di cinta e ogni altro muro isolato che non abbia un'altezza superiore ai tre metri non è considerato per il computo della distanza indicata dall'articolo 873.

Esso, quando è posto sul confine, può essere reso comune anche a scopo d'appoggio, purché non preesista al di là un edificio a distanza inferiore ai tre metri.

• Per **muro di cinta** si intende quello destinato a recingere una determinata proprietà, allo scopo di separarla dalle altre, custodirla e difenderla da intrusioni.

879. Edifici non soggetti all'obbligo delle distanze o a comunione forzosa.
Alla comunione forzosa non sono soggetti gli edifici appartenenti al demanio pubblico e quelli soggetti allo stesso regime, né gli edifici che sono riconosciuti di interesse storico, archeologico o artistico, a norma delle leggi in materia. Il vicino non può neppure usare della facoltà concessa dall'articolo 877.
Alle costruzioni che si fanno in confine con le piazze e le vie pubbliche non si applicano le norme relative alle distanze, ma devono osservarsi le leggi e i regolamenti che le riguardano.

880. Presunzione di comunione del muro divisorio.
Il muro che serve di divisione tra edifici si presume comune fino alla sua sommità e, in caso di altezze ineguali, fino al punto in cui uno degli edifici comincia ad essere più alto.
Si presume parimenti comune il muro che serve di divisione tra cortili, giardini e orti o tra recinti nei campi.

• La *ratio* della disposizione è quella di limitare le liti che sorgerebbero tra vicini, per l'estrema difficoltà di accertare, nei singoli casi, la proprietà del muro divisorio. • Si tratta di presunzione relativa.

881. Presunzione di proprietà esclusiva del muro divisorio.
Si presume che il muro divisorio tra i campi, cortili, giardini od orti appartenga al proprietario del fondo verso il quale esiste il piovente e in ragione del piovente medesimo.
Se esistono sporti, come cornicioni, mensole e simili, o vani che si addentrano oltre la metà della grossezza del muro, e gli uni e gli altri risultano costruiti col muro stesso, si presume che questo spetti al proprietario dalla cui parte gli sporti o i vani si presentano, anche se vi sia soltanto qualcuno di tali segni.
Se uno o più di essi sono da una parte, e uno o più dalla parte opposta, il muro è reputato comune: in ogni caso la positura del piovente prevale su tutti gli altri indizi.

• I pioventi (che servono a far scorrere l'acqua piovana) e gli sporti (o sporgenze) sono segni presuntivi della proprietà esclusiva del muro divisorio tra campi, cortili, giardini e orditi.

882. Riparazioni del muro comune.
Le riparazioni e le ricostruzioni necessarie del muro comune sono a carico di tutti quelli che vi hanno diritto e in proporzione del diritto di ciascuno, salvo che la spesa sia stata cagionata dal fatto di uno dei partecipanti.
Il comproprietario di un muro comune può esimersi dall'obbligo di contribuire nelle spese di riparazione e ricostruzione, rinunziando al diritto di comunione, purché il muro comune non sostenga un edificio di sua spettanza.
La rinunzia non libera il rinunziante dall'obbligo delle riparazioni e ricostruzioni a cui abbia dato causa col fatto proprio.

883. Abbattimento di edificio appoggiato al muro comune.
Il proprietario che vuole atterrare un edificio sostenuto da un muro comune può rinunziare alla comunione di questo, ma deve farvi le riparazioni e le opere che la demolizione rende necessarie per evitare ogni danno al vicino.

884. Appoggio e immissione di travi e catene nel muro comune.
Il comproprietario di un muro comune può fabbricare appoggiandovi le sue costruzioni e può immettervi travi, purché le mantenga a distanza di cinque centimetri dalla superficie opposta, salvo il diritto dell'altro comproprietario di fare accorciare la trave fino alla metà del muro, nel caso in cui egli voglia collocare una trave nello stesso luogo, aprirvi un incavo o appoggiarvi un camino. Il comproprietario può anche attraversare il muro comune con chiavi e catene di rinforzo, mantenendo la stessa distanza. Egli è tenuto in ogni caso a riparare i danni causati dalle opere compiute.

Non può fare incavi nel muro comune, né eseguirvi altra opera che ne comprometta la stabilità o che in altro modo lo danneggi.

• L'articolo contempla, in maniera tassativa, alcune opere che uno dei comproprietari può eseguire anche senza il consenso degli altri.

885. Innalzamento del muro comune.

Ogni comproprietario può alzare il muro comune, ma sono a suo carico tutte le spese di costruzione e conservazione della parte sopraedificata. Anche questa può dal vicino essere resa comune a norma dell'articolo 874.

Se il muro non è atto a sostenere la sopraedificazione, colui che l'esegue è tenuto a ricostruirlo o a rinforzarlo a sue spese. Per il maggiore spessore che sia necessario, il muro deve essere costruito sul suolo proprio, salvo che esigenze tecniche impongano di costruirlo su quello del vicino. In entrambi i casi il muro ricostruito o ingrossato resta di proprietà comune, e il vicino deve essere indennizzato di ogni danno prodotto dall'esecuzione delle opere. Nel secondo caso il vicino ha diritto di conseguire anche il valore della metà del suolo occupato per il maggiore spessore.

Qualora il vicino voglia acquistare la comunione della parte sopraelevata del muro, si tiene conto, nel calcolare il valore di questa, anche delle spese occorse per la ricostruzione o per il rafforzamento.

• Il comproprietario che esercita la facoltà di innalzamento del muro comune acquista la proprietà separata ed esclusiva della parte sopraedificata, salva la possibilità del vicino di chiederne la comunione forzosa.

886. Costruzione del muro di cinta.

Ciascuno può costringere il vicino a contribuire per metà nella spesa di costruzione dei muri di cinta che separano le rispettive case, i cortili e i giardini posti negli abitati. L'altezza di essi, se non è diversamente determinata dai regolamenti locali o dalla convenzione, deve essere di tre metri.

• L'obbligo di contribuzione nella costruzione del muro di cinta grava su chi risulta titolare del fondo al momento della domanda del vicino.

887. Fondi a dislivello negli abitati.

Se di due fondi posti negli abitati uno è superiore e l'altro inferiore, il proprietario del fondo superiore deve sopportare per intero le spese di costruzione e conservazione del muro dalle fondamenta all'altezza del proprio suolo, ed entrambi i proprietari devono contribuire per tutta la restante altezza.

Il muro deve essere costruito per metà sul terreno del fondo inferiore e per metà sul terreno del fondo superiore.

888. Esonero dal contributo nelle spese.

Il vicino si può esimere dal contribuire nelle spese di costruzione del muro di cinta o divisorio, cedendo, senza diritto a compenso, la metà del terreno su cui il muro di separazione deve essere costruito. In tal caso il muro è di proprietà di colui che l'ha costruito, salva la facoltà del vicino di renderlo comune ai sensi dell'articolo 874, senza obbligo però di pagare la metà del valore del suolo su cui il muro è stato costruito.

889. Distanze per pozzi, cisterne, fosse e tubi.

Chi vuole aprire pozzi, cisterne, fosse di latrina o di concime presso il confine, anche se su questo si trova un muro divisorio, deve osservare la distanza di almeno due metri tra il confine e il punto più vicino del perimetro interno delle opere predette.

Per i tubi d'acqua pura o lurida, per quelli di gas e simili e loro diramazioni deve osservarsi la distanza di almeno un metro dal confine.

Sono salve in ogni caso le disposizioni dei regolamenti locali.

• In considerazione del **carattere potenzialmente dannoso** che assumono rispetto ai fondi vicini, è prevista la distanza minima di due metri dal confine per i pozzi, le cisterne, le fosse di latrina e di concime, nonché di un metro per i tubi di acqua pura, lurida, di gas e simili.

890. Distanze per fabbriche e depositi nocivi o pericolosi.

Chi presso il confine, anche se su questo si trova un muro divisorio, vuole fabbricare forni, camini, magazzini di sale, stalle e simili, o vuol collocare materie umide o esplodenti o in altro modo nocive, ovvero impiantare macchinari, per i quali può sorgere pericolo di danni, deve osservare le distanze stabilite dai regolamenti e, in mancanza, quelle necessarie a preservare i fondi vicini da ogni danno alla solidità, salubrità e sicurezza.

• La disposizione non fissa le distanze minime da rispettare nella realizzazione delle opere in esse elencate, ma rinvia alle norme contenute nei regolamenti edilizi locali.

891. Distanze per canali e fossi.

Chi vuole scavare fossi o canali presso il confine, se non dispongono in modo diverso i regolamenti locali, deve osservare una distanza eguale alla profondità del fosso o canale. La distanza si misura dal confine al ciglio della sponda più vicina, la quale deve essere a scarpa naturale ovvero munita di opere di sostegno. Se il confine si trova in un fosso comune o in una via privata, la distanza si misura da ciglio a ciglio o dal ciglio al lembo esteriore della via.

• La *ratio* della disposizione è quella di evitare che il vicino venga danneggiato dallo scavo del fosso o canale, per il pericolo di frane.

892. Distanze per gli alberi.

Chi vuol piantare alberi presso il confine deve osservare le distanze stabilite dai regolamenti e, in mancanza, dagli usi locali. Se gli uni e gli altri non dispongono, devono essere osservate le seguenti distanze dal confine:

1) tre metri per gli alberi di alto fusto. Rispetto alle distanze, si considerano alberi di alto fusto quelli il cui fusto, semplice o diviso in rami, sorge ad altezza notevole, come sono i noci, i castagni, le querce, i pini, i cipressi, gli olmi, i pioppi, i platani e simili;

2) un metro e mezzo per gli alberi di non alto fusto. Sono reputati tali quelli il cui fusto, sorto ad altezza non superiore a tre metri, si diffonde in rami;

3) mezzo metro per le viti, gli arbusti, le siepi vive, le piante da frutto di altezza non maggiore di due metri e mezzo.

La distanza deve essere però di un metro, qualora le siepi siano di ontano, di castagno o di altre piante simili che si recidono periodicamente vicino al ceppo, e di due metri per le siepi di robinie.

La distanza si misura dalla linea del confine alla base esterna del tronco dell'albero nel tempo della piantagione, o dalla linea stessa al luogo dove fu fatta la semina.

Le distanze anzidette non si devono osservare se sul confine esiste un muro divisorio, proprio o comune, purché le piante siano tenute ad altezza che non ecceda la sommità del muro.

• La previsione di distanze per gli alberi piantati in prossimità del confine ha lo scopo di evitare al fondo vicino i possibili danni derivanti dal propagarsi delle radici, dalla caduta delle foglie, nonché dall'immissione di ombra o umidità.

893. Alberi presso strade, canali e sul confine di boschi.

Per gli alberi che nascono o si piantano nei boschi, sul confine con terreni non boschivi, o lungo le strade o le sponde dei canali, si osservano, trattandosi di boschi, canali e strade di proprietà privata, i regolamenti e, in mancanza, gli usi locali. Se gli uni e gli altri non dispongono, si osservano le distanze prescritte dall'articolo precedente.

894. Alberi a distanza non legale.

Il vicino può esigere che si estirpino gli alberi e le siepi che sono piantati o nascono a distanza minore di quelle indicate dagli articoli precedenti.

895. Divieto di ripiantare alberi a distanza non legale.

Se si è acquistato il diritto di tenere alberi a distanza minore di quelle sopra indicate, e l'albero muore o viene reciso o abbattuto, il vicino non può sostituirlo, se non osservando la distanza legale.

La disposizione non si applica quando gli alberi fanno parte di un filare situato lungo il confine.

896. Recisione di rami protesi e di radici.

Quegli sul cui fondo si protendono i rami degli alberi del vicino può in qualunque tempo costringerlo a tagliarli, e può egli stesso tagliare le radici che si addentrano nel suo fondo, salvi però in ambedue i casi i regolamenti e gli usi locali.

Se gli usi locali non dispongono diversamente, i frutti naturalmente caduti dai rami protesi sul fondo del vicino appartengono al proprietario del fondo su cui sono caduti.

Se a norma degli usi locali i frutti appartengono al proprietario dell'albero, per la raccolta di essi si applica il disposto dell'articolo 843.

896 bis. Distanze minime per gli apiari.

Gli apiari devono essere collocati a non meno di dieci metri da strade di pubblico transito e a non meno di cinque metri dai confini di proprietà pubbliche o private.

Il rispetto delle distanze di cui al primo comma non è obbligatorio se tra l'apiario e i luoghi ivi indicati esistono dislivelli di almeno due metri o se sono interposti, senza soluzioni di continuità, muri, siepi o altri ripari idonei a non consentire il passaggio delle api. Tali ripari devono avere un'altezza di almeno due metri. Sono comunque fatti salvi gli accordi tra le parti interessate.

Nel caso di accertata presenza di impianti industriali saccariferi, gli apiari devono rispettare una distanza minima di un chilometro dai suddetti luoghi di produzione.

897. Comunione di fossi.

Ogni fosso interposto tra due fondi si presume comune.

Si presume che il fosso appartenga al proprietario che se ne serve per gli scoli delle sue terre, o al proprietario del fondo dalla cui parte è il getto della terra o lo spurgo ammucchiatovi da almeno tre anni.

Se uno o più di tali segni sono da una parte e uno o più dalla parte opposta, il fosso si presume comune.

• La presunzione di comunione del fosso è fondata su ragioni di **reciproca utilità** per i confinanti, sia per la comunanza di interessi, sia per l'opportunità di limitare le liti. • La comunione è esclusa in presenza dei segni indicati in maniera tassativa.

898. Comunione di siepi.

Ogni siepe tra due fondi si presume comune ed è mantenuta a spese comuni, salvo che vi sia termine di confine o altra prova in contrario.

Se uno solo dei fondi è recinto, si presume che la siepe appartenga al proprietario del fondo recinto, ovvero di quello dalla cui parte si trova la siepe stessa in relazione ai termini di confine esistenti.

899. Comunione di alberi.

Gli alberi sorgenti nella siepe comune sono comuni.

Gli alberi sorgenti sulla linea di confine si presumono comuni, salvo titolo o prova in contrario.

Gli alberi che servono di limite o che si trovano nella siepe comune non possono essere tagliati, se non di comune consenso o dopo che l'autorità giudiziaria abbia riconosciuto la necessità o la convenienza del taglio.

Sezione VII
Delle luci e delle vedute

900. Specie di finestre.

Le finestre o altre aperture sul fondo del vicino sono di due specie: luci, quando danno passaggio alla luce e all'aria, ma non permettono di affacciarsi sul fondo del vicino; vedute o prospetti, quando permettono di affacciarsi e di guardare di fronte, obliquamente o lateralmente.

• La disposizione circoscrive le aperture giuridicamente praticabili nel muro rivolto verso il fondo altrui a **due tipologie**: le luci e le vedute (o prospetti); non sono, quindi, configurabili finestre di altro genere. • Le **vedute** (come, ad esempio, balconi e terrazze) consentono non solo di guardare comodamente e in condizioni di sicurezza sul fondo del vicino (*inspicere*), senza l'uso di mezzi artificiali (come, ad esempio, una scala), ma anche di sporgere il capo e di vedere nelle diverse direzioni in modo agevole (*prospicere*). • Le **luci** sono aperture che, pur consentendo il passaggio di aria e luce, non permettono la vista (*inspectio*) o, quanto meno, l'affaccio (*prospectio*) sul fondo del vicino.

901. Luci.

Le luci che si aprono sul fondo del vicino devono:

1) essere munite di un'inferriata idonea a garantire la sicurezza del vicino e di una grata fissa in metallo le cui maglie non siano maggiori di tre centimetri quadrati;

2) avere il lato inferiore a una altezza non minore di due metri e mezzo dal pavimento o dal suolo del luogo al quale si vuole dare luce e aria, se esse sono al piano terreno, e non minore di due metri, se sono ai piani superiori;

3) avere il lato inferiore a una altezza non minore di due metri e mezzo dal suolo del fondo vicino, a meno che si tratti di locale che sia in tutto o in parte a livello inferiore al suolo del vicino e la condizione dei luoghi non consenta di osservare l'altezza stessa.

• La *ratio* della disposizione può individuarsi nella necessità di garantire la **sicurezza** del vicino e la **riservatezza** del fondo limitrofo. • La funzione delle luci è soltanto quella di dare aria e luce agli ambienti siti all'interno del muro su cui esse sono praticate, mentre risultano preclusi l'affaccio e la veduta.

902. Apertura priva dei requisiti prescritti per le luci.

L'apertura che non ha i caratteri di veduta o di prospetto è considerata come luce, anche se non sono state osservate le prescrizioni indicate dall'articolo 901.

Il vicino ha sempre il diritto di esigere che essa sia resa conforme alle prescrizioni dell'articolo predetto.

• La norma identifica il **criterio differenziale** tra luci e vedute nella funzione effettiva dell'apertura, escludendo l'esistenza di un *tertium genus*. • Le aperture che non consentono *inspectio* e *prospectio* sul fondo del vicino devono essere qualificate come luci.

903. Luci nel muro proprio o nel muro comune.

Le luci possono essere aperte dal proprietario del muro contiguo al fondo altrui.

Se il muro è comune, nessuno dei proprietari può aprire luci senza il consenso dell'altro; ma chi ha sopraelevato il muro comune può aprirle nella maggiore altezza a cui il vicino non abbia voluto contribuire.

• L'apertura di luci nel muro contiguo al fondo altrui è una **facoltà del proprietario**.

904. Diritto di chiudere le luci.

La presenza di luci in un muro non impedisce al vicino di acquistare la comunione del muro medesimo né di costruire in aderenza.

Chi acquista la comunione del muro non può chiudere le luci se ad esso non appoggia il suo edificio.

• La disposizione attribuisce al proprietario del fondo confinante il potere di chiudere le luci presenti nel muro del vicino, qualora costruisca in aderenza o in appoggio. • In quest'ultimo caso, a differenza della costruzione in aderenza, il diritto di chiudere le luci presuppone l'acquisto, da parte del vicino, della comunione del muro altrui.

905. Distanza per l'apertura di vedute dirette e balconi.

Non si possono aprire vedute dirette verso il fondo chiuso o non chiuso e neppure sopra il tetto del vicino, se tra il fondo di questo e la faccia esteriore del muro in cui si aprono le vedute dirette non vi è la distanza di un metro e mezzo.

Non si possono parimenti costruire balconi o altri sporti, terrazze, lastrici solari e simili, muniti di parapetto che permetta di affacciarsi sul fondo del vicino, se non vi è la distanza di un metro e mezzo tra questo fondo e la linea esteriore di dette opere.

Il divieto cessa allorquando tra i due fondi vicini vi è una via pubblica.

• Posto che le vedute limitano in maniera più incisiva, rispetto alle luci, **la libertà e la riservatezza del vicino**, la loro apertura è assoggettata a particolari limitazioni, che consistono nel rispetto di determinate distanze tra le vedute ed il fondo del vicino, al fine di tutelare quest'ultimo dall'altrui indiscrezione.

906. Distanza per l'apertura di vedute laterali od oblique.

Non si possono aprire vedute laterali od oblique sul fondo del vicino se non si osserva la distanza di settantacinque centimetri, la quale deve misurarsi dal più vicino lato della finestra o dal più vicino sporto.

• La **veduta obliqua** si esercita in direzione obliqua verso il fondo del vicino, guardando non di fronte, ma sul tratto che è posto a destra o a sinistra di chi guarda. Non sono vedute oblique, ad esempio, quelle esercitate da balconi, sporti, terrazze, od altri luoghi aperti, perché da essi lo sguardo può rivolgersi in tutte le direzioni. • La **veduta laterale** si esercita in linea retta, nella stessa direzione del muro in cui essa è posta, sicché, per esercitarla, occorre volgere completamente il capo da una parte.

907. Distanza delle costruzioni dalle vedute.

Quando si è acquistato il diritto di avere vedute dirette verso il fondo vicino, il proprietario di questo non può fabbricare a distanza minore di tre metri, misurata a norma dell'articolo 905.

Se la veduta diretta forma anche veduta obliqua, la distanza di tre metri deve pure osservarsi dai lati della finestra da cui la veduta obliqua si esercita.

Se si vuole appoggiare la nuova costruzione al muro in cui sono le dette vedute dirette od oblique, essa deve arrestarsi almeno a tre metri sotto la loro soglia.

• La disposizione tutela chi ha aperto la veduta, imponendo al vicino di non costruire, se non ad una distanza tale da non impedire al titolare l'esercizio della veduta stessa.

Sezione VIII
Dello stillicidio

908. Scarico delle acque piovane.

Il proprietario deve costruire i tetti in maniera che le acque piovane scolino nel suo terreno e non può farle cadere nel fondo del vicino.

• La *ratio* della norma è quella di evitare lo scarico delle acque sul fondo vicino. • Tale scopo può essere raggiunto anche con opportuni accorgimenti tecnici, come, ad esempio, gronde o canali.

Sezione IX
Delle acque

909. Diritto sulle acque esistenti nel fondo.

Il proprietario del suolo ha il diritto di utilizzare le acque in esso esistenti, salve le disposizioni delle leggi speciali per le acque pubbliche e per le acque sotterranee.

Egli può anche disporne a favore d'altri, qualora non osti il diritto di terzi; ma, dopo essersi servito delle acque, non può divertirle in danno d'altri fondi.

• La l. 5/1/1994, n. 36 prevede che tutte le acque superficiali e sotterranee, ancorché non estratte dal sottosuolo, sono pubbliche e costituiscono una risorsa che è salvaguardata ed utilizzata secondo criteri di solidarietà.

910. (1).

(1) Articolo abrogato dall'art. 2[1] del d.P.R. 18/2/1999, n. 238.

911. Apertura di nuove sorgenti e altre opere.

Chi vuole aprire sorgenti, stabilire capi o aste di fonte e in genere eseguire opere per estrarre acque dal sottosuolo o costruire canali o acquedotti, oppure scavarne, profondarne o allargarne il letto, aumentarne o diminuirne il pendio o variarne la forma, deve, oltre le distanze stabilite nell'articolo 891, osservare le maggiori distanze ed eseguire le opere che siano necessarie per non recare pregiudizio ai fondi altrui, sorgenti, capi o aste di fonte, canali o acquedotti preesistenti e destinati all'irrigazione dei terreni o agli usi domestici o industriali.

• La disposizione contiene un'**elencazione non tassativa** di opere per la cui realizzazione è necessario osservare determinate distanze, per evitare di arrecare pregiudizio ad altri.

912. Conciliazione di opposti interessi.

Se sorge controversia tra i proprietari a cui un'acqua non pubblica può essere utile, l'autorità giudiziaria deve valutare l'interesse dei singoli proprietari nei loro rapporti e rispetto ai vantaggi che possono derivare all'agricoltura o all'industria dall'uso a cui l'acqua è destinata o si vuol destinare.

L'autorità giudiziaria può assegnare un'indennità ai proprietari che sopportino diminuzione del proprio diritto.

In tutti i casi devono osservarsi le disposizioni delle leggi sulle acque e sulle opere idrauliche.

• La disposizione attribuisce al giudice il potere di conciliare gli opposti interessi, attraverso una **valutazione comparativa**. • Qualora, per la prevalenza dell'interesse generale, debba sacrificarsi quello di uno dei proprietari, a questi può essere assegnata un'indennità.

913. Scolo delle acque.

Il fondo inferiore è soggetto a ricevere le acque che dal fondo più elevato scolano naturalmente, senza che sia intervenuta l'opera dell'uomo.

Il proprietario del fondo inferiore non può impedire questo scolo, né il proprietario del fondo superiore può renderlo più gravoso.

Se per opere di sistemazione agraria dell'uno o dell'altro fondo si rende necessaria una modificazione del deflusso naturale delle acque, è dovuta un'indennità al proprietario del fondo a cui la modificazione stessa ha recato pregiudizio.

• La disposizione è volta al mantenimento della situazione naturale dei fondi e al deflusso naturale delle acque. Non si applica, invece, alle acque estratte artificialmente, cadenti dai tetti o provenienti da fabbriche, officine, latrine, ecc.

914. Consorzi per regolare il deflusso delle acque.

Qualora per esigenze della produzione si debba provvedere a opere di sistemazione degli scoli, di soppressione di ristagni o di raccolta di acque, l'autorità amministrativa, su richiesta della maggioranza degli interessati o anche d'ufficio, può costituire un consorzio tra i proprietari dei fondi che traggono beneficio dalle opere stesse.

Si applicano a tale consorzio le disposizioni del secondo e del terzo comma dell'articolo 921.

• È ammessa la costituzione di consorzi tra i proprietari interessati, al fine di regolare il deflusso delle acque e, al contempo, tutelare le esigenze della produzione.

915. Riparazione di sponde e argini.

Qualora le sponde o gli argini che servivano di ritegno alle acque siano stati in tutto o in parte distrutti o atterrati, ovvero per la naturale variazione del corso delle acque si renda necessario costruire nuovi argini o ripari, e il proprietario del fondo non provveda sollecitamente a ripararli o a costruirli, ciascuno dei proprietari che hanno sofferto o possono ricevere danno può provvedervi, previa autorizzazione del tribunale, che provvede in via d'urgenza.

Le opere devono essere eseguite in modo che il proprietario del fondo, in cui esse si compiono, non ne subisca danno, eccetto quello temporaneo causato dall'esecuzione delle opere stesse.

• La *ratio* della norma risiede nell'esigenza di impedire che le acque tracimino nel fondo confinante, per il cattivo stato di manutenzione delle sponde o degli argini.

916. Rimozione degli ingombri.

Le disposizioni dell'articolo precedente si applicano anche quando si tratta di togliere un ingombro formatosi sulla superficie di un fondo o in un fosso, rivo, colatoio o altro alveo, a causa di materie in essi impigliate, in modo che le acque danneggino o minaccino di danneggiare i fondi vicini.

• La fattispecie si riferisce alle acque che, a causa di un'ostruzione, deviano dal loro corso o aumentano la portata del deflusso, in maniera tale da arrecare pregiudizio al fondo vicino.

917. Spese per la riparazione, costruzione o rimozione.

Tutti i proprietari, ai quali torna utile che le sponde e gli argini siano conservati o costruiti e gli ingombri rimossi, devono contribuire nella spesa in proporzione del vantaggio che ciascuno ne ritrae.

Tuttavia, se la distruzione degli argini, la variazione delle acque o l'ingombro nei loro corsi deriva da colpa di alcuno dei proprietari, le spese di conservazione, di costruzione o di riparazione gravano esclusivamente su di lui, salvo in ogni caso il risarcimento dei danni.

• La disposizione contempla un **obbligo di contribuzione**, che si giustifica in ragione dell'utilità derivante dalle opere previste.

918. Consorzi volontari.

Possono costituirsi in consorzio i proprietari di fondi vicini che vogliano riunire e usare in comune le acque defluenti dal medesimo bacino di alimentazione o da bacini contigui.

L'adesione degli interessati e il regolamento del consorzio devono risultare da atto scritto.

Il regolamento del consorzio è deliberato dalla maggioranza calcolata in base all'estensione dei terreni a cui serve l'acqua.

• I consorzi volontari hanno lo scopo di provvedere ad una migliore e più proficua utilizzazione delle acque.

919. Scioglimento del consorzio.

Lo scioglimento del consorzio non ha luogo se non quando è deliberato da una maggioranza eccedente i tre quarti, o quando, potendosi la divisione effettuare senza grave danno, essa è domandata da uno degli interessati.

• La norma costituisce un corollario del principio della libertà di divisione.

920. Norme applicabili.

Salvo quanto è disposto dagli articoli precedenti, si applicano ai consorzi volontari ivi indicati le norme stabilite per la comunione.

• Il rinvio alle norme in tema di comunione deve intendersi riferito solo a quelle compatibili con la materia delle acque.

921. Consorzi coattivi.

Nel caso indicato dall'articolo 918, il consorzio può anche essere costituito d'ufficio dall'autorità amministrativa, allo scopo di provvedere a una migliore utilizzazione delle acque.

Per le forme di costituzione e il funzionamento si osservano le norme stabilite per i consorzi di miglioramento fondiario.

Il consorzio può anche procedere all'espropriazione dei singoli diritti, mediante il pagamento delle dovute indennità.

Capo III
Dei modi di acquisto della proprietà

922. Modi di acquisto.

La proprietà si acquista per occupazione, per invenzione, per accessione, per specificazione, per unione o commistione, per usucapione, per effetto di contratti, per successione a causa di morte e negli altri modi stabiliti dalla legge.

• La norma contiene un **elenco non tassativo** dei modi di acquisto della proprietà, rinviando agli altri modi indicati dalla legge, tra i quali possono annoverarsi, ad esempio, l'aggiudicazione, la confisca o la fruttificazione naturale. • Si distingue, tradizionalmente, tra: **modi di acquisto a titolo derivativo** (come, ad esempio, il contratto e la successione *mortis causa*), che comportano la successione nello stesso diritto che prima faceva capo ad altro soggetto, per cui gli eventuali vizi che inficiavano il titolo del precedente proprietario (ad esempio, la nullità) si ripercuotono anche sulla posizione del successore (anche se ciò, in concreto, incontra dei limiti, legati ad esigenze di certezza dei rapporti giuridici); e **modi di acquisto a titolo originario**, che determinano la nascita di un nuovo diritto, del tutto indipendente da qualsiasi rapporto con il precedente titolare, che potrebbe addirittura non esistere (come, ad esempio, nel caso dell'occupazione di *res nullius*). • Rientrano tra i modi di acquisto a titolo originario: l'occupazione, l'invenzione, l'accessione, l'unione e la commistione, la specificazione, l'usucapione e l'acquisto della proprietà di beni mobili, per effetto della regola possesso vale titolo, di cui all'art. 1153.

Sezione I
Dell'occupazione e dell'invenzione

923. Cose suscettibili di occupazione.

Le cose mobili che non sono proprietà di alcuno si acquistano con l'occupazione.

Tali sono le cose abbandonate e gli animali che formano oggetto di caccia o di pesca.

• L'occupazione è un modo di acquisto della proprietà a **titolo originario**. • Consiste nella materiale apprensione del bene (**impossessamento**), unita all'intenzione di acquisirlo in via permanente e definitiva (***animus occcupandi***). • Possono essere oggetto di occupazione solo le **cose mobili** che non sono di proprietà di alcuno (***res nullius***, come, ad esempio, i pesci che vivono allo stato naturale) o abbandonate (***res derelictae***, come, ad esempio, gli oggetti lasciati in una pubblica discarica). • L'occupazione ha natura di mero atto giuridico volontario, per cui è necessaria la sola capacità di intendere e volere del soggetto.

924. Sciami di api.

Il proprietario di sciami di api ha diritto d'inseguirli sul fondo altrui, ma deve indennità per il danno cagionato al fondo; se non li ha inseguiti entro due giorni o ha cessato durante due giorni d'inseguirli, può prenderli e ritenerli il proprietario del fondo.

• Il proprietario del fondo nel quale lo sciame di api si è stabilito non ne diventa immediatamente proprietario, ma dovrà attendere almeno due giorni dal momento in cui detto sciame si è spostato ovvero, se il precedente proprietario lo ha inseguito, dal momento in cui ha smesso di farlo.

925. Animali mansuefatti.

Gli animali mansuefatti possono essere inseguiti dal proprietario nel fondo altrui, salvo il diritto del proprietario del fondo a indennità per il danno.

Essi appartengono a chi se ne è impossessato, se non sono reclamati entro venti giorni da quando il proprietario ha avuto conoscenza del luogo dove si trovano.

• Gli animali mansuefatti sono quelli **selvatici addomesticati**, vale a dire abituati a convivere con l'uomo, finché non perdano l'abitudine a ritornare nel luogo in cui sono custoditi (*consuetudo revertendi*). Sono esclusi da tale fattispecie gli animali domestici, la cui proprietà non può acquistarsi per occupazione.

926. Migrazione di colombi, conigli e pesci.

I conigli o pesci che passano ad un'altra conigliera o peschiera si acquistano dal proprietario di queste, purché non vi siano stati attirati con arte o con frode.

La stessa norma si osserva per i colombi che passano ad altra colombaia, salve le diverse disposizioni di legge sui colombi viaggiatori.

927. Cose ritrovate.

Chi trova una cosa mobile deve restituirla al proprietario, e, se non lo conosce, deve consegnarla senza ritardo al sindaco del luogo in cui l'ha trovata, indicando le circostanze del ritrovamento.

• L'invenzione riguarda solo le **cose mobili smarrite**, per tali intendendosi quelle uscite accidentalmente dalla materiale disponibilità del proprietario, il quale ignora il luogo in cui si trovano. *Esempio:* chi ha perso l'anello nuziale o il portafogli. • Chi trova una cosa smarrita non ne acquista immediatamente la proprietà, ma ha l'obbligo di restituirla al proprietario, se lo conosce, o di consegnarla al sindaco. • La disposizione, unitamente ai due articoli successivi, contempla un **procedimento** volto a dare pubblico avviso del ritrovamento della cosa e, così, consentire al proprietario di recuperarla. Se però trascorre un anno, senza che il proprietario si sia presentato, il ritrovatore della cosa ne acquista, a titolo originario, la proprietà.

928. Pubblicazione del ritrovamento.

Il sindaco rende nota la consegna per mezzo di pubblicazione nell'albo pretorio del comune, da farsi per due domeniche successive e da restare affissa per tre giorni ogni volta.

929. Acquisto di proprietà della cosa ritrovata.

Trascorso un anno dall'ultimo giorno della pubblicazione senza che si presenti il proprietario, la cosa oppure il suo prezzo, se le circostanze ne hanno richiesto la vendita, appartiene a chi l'ha trovata.

Così il proprietario come il ritrovatore, riprendendo la cosa o ricevendo il prezzo, devono pagare le spese occorse.

930. Premio dovuto al ritrovatore.

Il proprietario deve pagare a titolo di premio al ritrovatore, se questi lo richiede, il decimo della somma o del prezzo della cosa ritrovata.

Se tale somma o prezzo eccede i 5,16 euro, il premio per il sovrappiù è solo del ventesimo.

Se la cosa non ha valore commerciale, la misura del premio è fissata dal giudice secondo il suo prudente apprezzamento.

• Il premio che, per ragioni di equità, il proprietario deve corrispondere al ritrovatore si determina secondo una **percentuale del valore commerciale** del bene ovvero, in difetto, con l'ausilio del giudice.

931. Equiparazione del possessore o detentore al proprietario.

Agli effetti delle disposizioni contenute negli articoli 927 e seguenti, al proprietario sono equiparati, secondo le circostanze, il possessore e il detentore.

• La norma va intesa nel senso che il possessore ed il detentore del bene smarrito sono equiparati al proprietario solo quando l'identificazione di quest'ultimo, in base alle circostanze del caso concreto, non sia necessaria per soddisfare gli interessi tutelati dalla disciplina dell'invenzione.

932. Tesoro.

Tesoro è qualunque cosa mobile di pregio, nascosta o sotterrata, di cui nessuno può provare d'essere proprietario.

Il tesoro appartiene al proprietario del fondo in cui si trova. Se il tesoro è trovato nel fondo altrui, purché sia stato scoperto per solo effetto del caso, spetta per metà al proprietario del fondo e per metà al ritrovatore. La stessa disposizione si applica se il tesoro è scoperto in una cosa mobile altrui.

Per il ritrovamento degli oggetti d'interesse storico, archeologico, paletnologico, paleontologico e artistico, si osservano le disposizioni delle leggi speciali.

• La disposizione contempla una particolare forma di invenzione, che riguarda il tesoro, vale a dire una **cosa mobile di pregio nascosta o sotterrata**, di cui nessuno può provare di essere proprietario. • Il tesoro diviene immediatamente di proprietà del titolare del fondo in cui si trova, senza alcun obbligo di consegna all'Autorità. Se però è trovato, per solo effetto del caso, nel fondo altrui, spetta per metà al proprietario del fondo e per metà al ritrovatore. • Disciplina speciale è prevista per i c.d. beni culturali, i quali appartengono allo Stato.

933. Rigetti del mare e piante sul lido. Relitti aeronautici.

I diritti sopra le cose gettate in mare o sopra quelle che il mare rigetta e sopra le piante e le erbe che crescono lungo le rive del mare sono regolati dalle leggi speciali.

Parimenti si osservano le leggi speciali per il ritrovamento di aeromobili e di relitti di aeromobili.

Sezione II
Dell'accessione, della specificazione, dell'unione e della commistione

934. Opere fatte sopra o sotto il suolo.

Qualunque piantagione, costruzione od opera esistente sopra o sotto il suolo appartiene al proprietario di questo, salvo quanto è disposto dagli articoli 935, 936, 937 e 938 e salvo che risulti diversamente dal titolo o dalla legge.

• La norma enuncia il **principio dell'accessione**, secondo cui il proprietario della cosa principale, di regola, acquista a titolo originario la proprietà delle cose che vengono ad essa incorporate stabilmente (ad esempio: l'albero piantato o la costruzione edificata). • È necessario che l'opera o la cosa incorporata perda ogni autonomia e non sia più separabile dal suolo, il quale è sempre considerato cosa principale (*superficies solo cedit*). • L'acquisto si verifica indipendentemente da qualsiasi volontà da parte del proprietario del suolo. • Il fondamento dell'istituto si rinviene nella capacità espansiva della proprietà.

935. Opere fatte dal proprietario del suolo con materiali altrui.

Il proprietario del suolo che ha fatto costruzioni, piantagioni od opere con materiali altrui deve pagarne il valore, se la separazione non è chiesta dal proprietario dei materiali, ovvero non può farsi senza che si rechi grave danno all'opera costruita o senza che perisca la piantagione. Deve inoltre, anche nel caso che si faccia la separazione, il risarcimento dei danni, se è in colpa grave.

In ogni caso la rivendicazione dei materiali non è ammessa trascorsi sei mesi dal giorno in cui il proprietario ha avuto notizia della incorporazione.

• La disposizione contempla un **limite legale** all'operatività dell'accessione, in quanto consente al proprietario dei materiali di rivendicarli, salvo che la separazione arrechi grave danno o siano passati sei mesi dal momento in cui ha avuto notizia dell'incorporazione. • Se si verifica l'accessione, il proprietario del suolo deve corrispondere al proprietario dei materiali il loro prezzo di mercato.

936. Opere fatte da un terzo con materiali propri.

Quando *le piantagioni, costruzioni* od opere sono state fatte da un terzo con suoi materiali, il proprietario del fondo ha diritto di ritenerle o di obbligare colui che le ha fatte a levarle.

Se il proprietario preferisce di ritenerle, deve pagare a sua scelta il valore dei materiali e il prezzo della mano d'opera oppure l'aumento di valore recato al fondo.

Se il proprietario del fondo domanda che siano tolte, esse devono togliersi a spese di colui che le ha fatte. Questi può inoltre essere condannato al risarcimento dei danni.

Il proprietario non può obbligare il terzo a togliere le piantagioni, costruzioni od opere, quando sono state fatte a sua scienza e senza opposizione o quando sono state fatte dal terzo in buona fede.

La rimozione non può essere domandata trascorsi sei mesi dal giorno in cui il proprietario ha avuto notizia dell'incorporazione.

• Per **terzo** si intende un soggetto che non abbia con il proprietario alcun rapporto giuridico, di natura reale o personale, che gli conferisca la facoltà di costruire sul fondo.

937. Opere fatte da un terzo con materiali altrui.

Se le piantagioni, costruzioni o altre opere sono state fatte da un terzo con materiali altrui, il proprietario di questi può rivendicarli, previa separazione a spese del terzo, se la separazione può ottenersi senza grave danno delle opere e del fondo.

La rivendicazione non è ammessa trascorsi sei mesi dal giorno in cui il proprietario ha avuto notizia dell'incorporazione.

Nel caso che la separazione dei materiali non sia richiesta o che i materiali siano inseparabili, il terzo che ne ha fatto uso e il proprietario del suolo che sia stato in mala fede sono tenuti in solido al pagamento di una indennità pari al valore dei materiali stessi. Il proprietario dei materiali può anche esigere tale indennità dal proprietario del suolo, ancorché in buona fede, limitatamente al prezzo che da questo fosse ancora dovuto. Può altresì chiedere il risarcimento dei danni, tanto nei confronti del terzo che ne abbia fatto uso senza il suo consenso, quanto nei confronti del proprietario del suolo che in mala fede abbia autorizzato l'uso.

938. Occupazione di porzione di fondo attiguo.

Se nella costruzione di un edificio si occupa in buona fede una porzione del fondo attiguo, e il proprietario di questo non fa opposizione entro tre mesi dal giorno in cui ebbe inizio la costruzione, l'autorità giudiziaria, tenuto conto delle circostanze, può attribuire al costruttore la proprietà dell'edificio e del suolo occupato. Il costruttore è tenuto a pagare al proprietario del suolo il doppio del valore della superficie occupata, oltre il risarcimento dei danni.

• La fattispecie è comunemente definita come **accessione invertita**, in quanto, ricorrendo i requisiti previsti dal legislatore, è il proprietario dell'opera parzialmente costruita sul fondo altrui ad acquistare la proprietà del suolo occupato. • L'effetto acquisitivo non si verifica *ipso iure*, ma richiede una **sentenza costitutiva**.

939. Unione e commistione.

Quando più cose appartenenti a diversi proprietari sono state unite o mescolate in guisa da formare un sol tutto, ma sono separabili senza notevole deterioramento, ciascuno conserva la proprietà della cosa sua e ha diritto di ottenerne la separazione. In caso diverso, la proprietà ne diventa comune in proporzione del valore delle cose spettanti a ciascuno.

Quando però una delle cose si può riguardare come principale o è di molto superiore per valore, ancorché serva all'altra di ornamento, il proprietario della cosa principale acquista la proprietà del tutto. Egli ha l'obbligo di pagare all'altro il valore della cosa che vi è unita o mescolata; ma se la unione o la mescolanza è avvenuta senza il suo consenso ad opera del proprietario della cosa accessoria, egli non è obbligato a corrispondere che la somma minore tra l'aumento di valore apportato alla cosa principale e il valore della cosa accessoria.

È inoltre dovuto il risarcimento dei danni in caso di colpa grave.

• L'**unione** attiene a corpi solidi appartenenti a proprietari diversi, che mantengono, anche se congiunti, la loro individualità. *Esempio:* il legname di Tizio (faggio) che viene unito a quello di Caio (rovere) in modo da formare un unico accatastamento. • La **commistione**, invece, riguarda sostanze liquide (ad esempio, due vini) o gassose, che si mescolano in modo da non essere più distinguibili. • Identica, per entrambe le fattispecie, è la disciplina, che prevede la separazione dei beni uniti, quando ciò sia possibile e non causi notevole deterioramento del bene. Qualora la separazione non possa effettuarsi, il legislatore fissa un regime di comunione con quote proporzionali al valore dei rispettivi beni di appartenenza. Se, tuttavia, una delle due cose può considerarsi principale o è molto superiore per valore, il suo proprietario acquista la proprietà del tutto, salvo l'obbligo di corrispondere all'altro una somma di danaro.

940. Specificazione.

Se taluno ha adoperato una materia che non gli apparteneva per formare una nuova cosa, possa o non possa la materia riprendere la sua prima forma, ne acquista la proprietà pagando al proprietario il prezzo della materia, salvo che il valore della materia sorpassi notevolmente quello della mano d'opera. In quest'ultimo caso la cosa spetta al proprietario della materia, il quale deve pagare il prezzo della mano d'opera.

• La specificazione consiste nella **trasformazione**, per mezzo dell'opera dell'uomo, di beni altrui in un nuovo oggetto, dotato di propria individualità. *Esempio*: lo scultore che realizza una statua, scolpendo un blocco di marmo che non gli appartiene. • La norma attribuisce **importanza all'elemento della mano d'opera**, fissando il principio per cui, di regola, la proprietà della cosa trasformata spetta, a titolo originario, allo specificatore.

941. Alluvione.

Le unioni di terra e gli incrementi, che si formano successivamente e impercettibilmente nei fondi posti lungo le rive dei fiumi o torrenti, appartengono al proprietario del fondo, salvo quanto è disposto dalle leggi speciali.

• L'alluvione consiste nell'accrescimento, graduale ed impercettibile, dei **fondi rivieraschi**, per l'azione dell'acqua corrente. La fattispecie viene ricondotta all'ipotesi di **accessione orizzontale** di immobile ad immobile. • L'acquisto, a titolo originario, della proprietà dei terreni alluvionali, da parte proprietario del fondo incrementato, si giustifica in ragione dell'impraticabilità di una tutela ripristinatoria.

942. Terreni abbandonati dalle acque correnti.

I terreni abbandonati dalle acque correnti, che insensibilmente si ritirano da una delle rive portandosi sull'altra, appartengono al demanio pubblico, senza che il confinante della riva opposta possa reclamare il terreno perduto.

Ai sensi del primo comma, si intendono per acque correnti i fiumi, i torrenti e le altre acque definite pubbliche dalle leggi in materia.

Quanto stabilito al primo comma vale anche per i terreni abbandonati dal mare, dai laghi, dalle lagune e dagli stagni appartenenti al demanio pubblico.

• La fattispecie si caratterizza per il costante ritiro dell'acqua da una riva verso l'altra. • La proprietà del terreno abbandonato dall'acqua corrente spetta esclusivamente al demanio pubblico, anziché ai proprietari dei fondi posti lungo le rive del fiume. Tale scelta si giustifica in ragione di una migliore utilizzazione e gestione di tali beni, rilevanti sul piano di un corretto equilibrio idrogeologico del territorio.

943. Laghi e stagni.

Il terreno che l'acqua copre quando essa è all'altezza dello sbocco del lago o dello stagno appartiene al proprietario del lago o dello stagno, ancorché il volume dell'acqua venga a scemare.

Il proprietario non acquista alcun diritto sopra la terra lungo la riva che l'acqua ricopre nei casi di piena straordinaria.

• La disposizione regola i rapporti tra proprietario del lago o dello stagno ed i proprietari dei fondi circostanti quando ricorrono fenomeni di piena o di ritiro delle acque. • Il terreno sottostante il lago o lo stagno appartiene al proprietario di tali bacini, sicché nessuna pretesa può essere avanzata dai proprietari dei fondi circostanti, quando il livello delle acque si abbassa e tale terreno emerge in superficie. • Nei casi di piena straordinaria, invece, il proprietario del lago non acquista la proprietà dei terreni circostanti provvisoriamente invasi dalle acque.

944. Avulsione.

Se un fiume o torrente stacca per forza istantanea una parte considerevole e riconoscibile di un fondo contiguo al suo corso e la trasporta verso un fondo inferiore o verso l'opposta riva, il proprietario del fondo al quale si è unita la parte staccata ne acquista la proprietà. Deve però pagare all'altro proprietario un'indennità nei limiti del maggior valore recato al fondo dall'avulsione.

• L'avulsione consiste nell'unione al fondo rivierasco di porzioni di terreno, considerevoli e riconoscibili, staccatesi da altro fondo, per forza istantanea dell'acqua. • La fattispecie si differenzia dall'alluvione, in quanto l'incremento avviene **in un unico momento ed in modo consistente**. • Proprio la consistenza dell'incremento e la riconoscibilità del fondo da cui deriva, giustifica l'**indennità** che il proprietario del fondo incrementato è obbligato a corrispondere.

945. Isole e unioni di terra.

Le isole e unioni di terra che si formano nel letto dei fiumi o torrenti appartengono al demanio pubblico.

Se l'isola si è formata per avulsione, il proprietario del fondo, da cui è avvenuto il distacco, ne conserva la proprietà (1).

La stessa regola si osserva se un fiume o un torrente, formando un nuovo corso, attraversa e circonda il fondo o parte del fondo di un proprietario confinante, facendone un'isola (1).

(1) Commi abrogati dall'art. 2 della l. 5/1/1994, n. 37.

946. Alveo abbandonato.

Se un fiume o un torrente si forma un nuovo letto, abbandonando l'antico, il terreno abbandonato rimane assoggettato al regime proprio del demanio pubblico.

• A differenza della fattispecie di cui all'art. 942, nel caso di alveo abbandonato si attua un repentino abbandono del letto originario del fiume per un nuovo corso.

947. Mutamenti del letto dei fiumi derivanti da regolamento del loro corso.

Le disposizioni degli articoli 942, 945 e 946 si applicano ai terreni comunque abbandonati sia a seguito di eventi naturali che per fatti artificiali indotti dall'attività antropica, ivi comprendendo anche i terreni abbandonati per fenomeni di inalveamento.

La disposizione dell'articolo 941 non si applica nel caso in cui le alluvioni derivano da regolamento del corso dei fiumi, da bonifiche o da altri fatti artificiali indotti dall'attività antropica.

In ogni caso è esclusa la sdemanializzazione tacita dei beni del demanio idrico.

• La disposizione chiarisce che l'acquisto della proprietà a favore del demanio, nelle fattispecie di cui agli artt. 942, 945 e 946, avviene indipendentemente dal fatto che l'eziologia dei fenomeni sia riconducibile ad eventi naturali o umani. • Si esclude, inoltre, che l'assenza di cura e gestione dei beni da parte dello Stato possa comportare la sdemanializzazione tacita, con conseguente possibilità, per i privati, di usucapirli.

Capo IV
Delle azioni a difesa della proprietà

948. Azione di rivendicazione.

Il proprietario può rivendicare la cosa da chiunque la possiede o detiene e può proseguire l'esercizio dell'azione anche se costui, dopo la domanda, ha cessato, per fatto proprio, di possedere o detenere la cosa. In tal caso il convenuto è obbligato a ricuperarla per l'attore a proprie spese, o, in mancanza, a corrispondergliene il valore, oltre a risarcirgli il danno.

Il proprietario, se consegue direttamente dal nuovo possessore o detentore la restituzione della cosa, è tenuto a restituire al precedente possessore o detentore la somma ricevuta in luogo di essa.

L'azione di rivendicazione non si prescrive, salvi gli effetti dell'acquisto della proprietà da parte di altri per usucapione.

• L'azione di rivendicazione è esperibile da chi asserisce di essere proprietario di un bene, ma non ne ha il possesso, al fine di ottenere, previo **accertamento** del dominio vantato, la condanna alla **restituzione della cosa** nei confronti di chiunque la possieda o detenga (c.d. **realità dell'azione**). A tal fine, l'attore ha l'onere di fornire la prova rigorosa del suo diritto di proprietà (**carattere petitorio dell'azione**), risalendo, anche attraverso i propri danti causa, ad un acquisto a titolo originario, oppure dimostrando il compimento dell'usucapione o l'acquisto della proprietà per effetto della regola possesso vale titolo, di cui all'art. 1153. • L'azione è **imprescrittibile**, in quanto anche il non uso del bene rientra tra i poteri del proprietario. Tuttavia, l'azione verrà rigettata, qualora il convenuto dimostri di aver acquistato la proprietà per usucapione. • Si distingue dall'**azione di restituzione**, che ha natura personale, in quanto l'attore agisce in giudizio in qualità di creditore dell'obbligazione restitutoria, limitandosi a provare il fondamento della sua pretesa.

949. Azione negatoria.

Il proprietario può agire per far dichiarare l'inesistenza di diritti affermati da altri sulla cosa, quando ha motivo di temerne pregiudizio.

Se sussistono anche turbative o molestie, il proprietario può chiedere che se ne ordini la cessazione, oltre la condanna al risarcimento del danno.

• L'azione negatoria è un **rimedio generale** concesso al proprietario contro terzi che asseriscano di essere titolari di diritti reali limitati sulla cosa. Trattasi di un'azione di mero **accertamento negativo**, che il proprietario può esperire quando vi è il concreto pericolo di un pregiudizio. • Il proprietario ha anche la possibilità di richiedere una **tutela inibitoria**, quando sussistono turbative o molestie che il terzo ha attuato esercitando il preteso diritto. • Non è richiesta la prova rigorosa della proprietà, ma è sufficiente che l'attore dimostri un valido titolo di acquisto; sarà il convenuto a dover dimostrare, per ottenere il rigetto dell'azione, l'esistenza del diritto vantato. • L'azione è **imprescrittibile**.

950. Azione di regolamento di confini.

Quando il confine tra due fondi è incerto, ciascuno dei proprietari può chiedere che sia stabilito giudizialmente.

Ogni mezzo di prova è ammesso.

In mancanza di altri elementi, il giudice si attiene al confine delineato dalle mappe catastali.

• Tale azione presuppone l'**incertezza della sola estensione delle proprietà contigue**, che può essere oggettiva, quando non sussiste una precisa linea di confine, o soggettiva, quando il confine, sebbene delineato, è contestato da uno dei proprietari. • L'azione è **imprescrittibile**.

951. Azione per apposizione di termini.

Se i termini tra fondi contigui mancano o sono diventati irriconoscibili, ciascuno dei proprietari ha diritto di chiedere che essi siano apposti o ristabiliti a spese comuni.

• Tale azione postula la certezza del confine ed è volta ad apporre o ristabilire i segni materiali di identificazione (come, ad esempio, siepi, staccionate, ecc.), che manchino o siano divenuti irriconoscibili.

Titolo III
DELLA SUPERFICIE

952. Costituzione del diritto di superficie.

Il proprietario può costituire il diritto di fare e mantenere al di sopra del suolo una costruzione a favore di altri, che ne acquista la proprietà.

Del pari può alienare la proprietà della costruzione già esistente, separatamente dalla proprietà del suolo.

• Attraverso il diritto di superficie sorge la fattispecie della **proprietà superficiaria**, e quindi si ha, da un lato, il proprietario del suolo, dall'altro, il proprietario della costruzione, al di sopra o anche al di sotto del fondo (cfr. infatti quanto previsto all'art. 955; si pensi ad es. al caso di posti auto costruiti nel sottosuolo). Poiché sono entrambi diritti reali, essi circolano in base alle regole generali. La fonte del diritto di superficie è il contratto tra il proprietario del fondo e il superficiario. • Sempre tramite contratto, il diritto di superficie sorge nel momento in cui il proprietario del suolo e della costruzione esistente su di esso alieni quest'ultima quale bene a sé, appunto oggetto del (nuovo) diritto di superficie, che così sorge in capo al superficiario.

953. Costituzione a tempo determinato.

Se la costituzione del diritto è stata fatta per un tempo determinato, allo scadere del termine il diritto di superficie si estingue e il proprietario del suolo diventa proprietario della costruzione.

• Nell'ipotesi in cui il diritto di superficie abbia una **durata**, quando il diritto si estingua, in base al principio dell'**elasticità del dominio**, la sfera giuridica del proprietario del suolo si espande, essendo appunto venuto meno il diritto reale minore che anteriormente esisteva sul suolo medesimo, limitando le facoltà di godimento del proprietario. Trova così applicazione la regola dell'accessione di cui all'art. 934.

954. Estinzione del diritto di superficie.

L'estinzione del diritto di superficie per scadenza del termine importa l'estinzione dei diritti reali imposti dal superficiario. I diritti gravanti sul suolo si estendono alla costruzione salvo, per le ipoteche, il disposto del primo comma dell'articolo 2816.

I contratti di locazione, che hanno per oggetto la costruzione, non durano se non per l'anno in corso alla scadenza del termine.

Il perimento della costruzione non importa, salvo patto contrario, l'estinzione del diritto di superficie.

Il diritto di fare la costruzione sul suolo altrui si estingue per prescrizione per effetto del non uso protratto per venti anni.

• Nel momento in cui il diritto di superficie viene meno, le situazioni giuridiche di cui era titolare il superficiario vengono anch'esse meno. Nel caso in cui sia stato costituito un diritto di **ipoteca** dopo la costituzione della superficie, l'ipoteca sulla costruzione e l'ipoteca sul fondo restano situazioni giuridiche separate. • Se la costruzione perisce il diritto di superficie non si estingue, posto che la **distruzione materiale del bene** non comporta come tale la perdita della titolarità del diritto. Ma la norma è derogabile e dunque nulla vieta che proprietario e superficiario si accordino nel senso della estinzione giuridica in perfetto parallelismo con l'estinzione dell'oggetto materiale del diritto. • Se il diritto di superficie non viene esercitato per una protratta inerzia del titolare, si estingue.

955. Costruzioni al disotto del suolo.

Le disposizioni precedenti si applicano anche nel caso in cui è concesso il diritto di fare e mantenere costruzioni al disotto del suolo altrui.

• Il diritto di superficie fa dunque riferimento alla **utilità materiale** di uno spazio fisico (siamo infatti nell'ambito dei diritti reali di godimento): è irrilevante che le utilità del superficiario siano tratte dal soprasuolo o dal sottosuolo.

956. Divieto di proprietà separata delle piantagioni.

Non può essere costituita o trasferita la proprietà delle piantagioni separatamente dalla proprietà del suolo.

• La norma si spiega alla luce dell'**utilità economica sottostante, che connota i diritti reali di godimento**, e dunque: scindere la proprietà della piantagione dalla proprietà del suolo significa ostacolare l'uso produttivo del suolo sul quale insista una piantagione, e comunque significa intralciare in senso antieconomico le sfere giuridiche del titolare della proprietà e del titolare della superficie (proprietà e superficie che, qui, devono invece circolare in senso unitario).

Titolo IV
DELL'ENFITEUSI

957. Disposizioni inderogabili.

L'enfiteusi, salvo che il titolo disponga altrimenti, è regolata dalle norme contenute negli articoli seguenti.

Il titolo non può tuttavia derogare alle norme contenute negli articoli 958, secondo comma, 961, secondo comma, 962, 965, 968, 971 e 973.

• Nella logica del **numero chiuso** e quindi della tipicità dei diritti reali, anche ovviamente rispetto al contenuto normativo di essi, il legislatore si muove nel senso per cui la imperatività è la regola e la derogabilità l'eccezione. Tanto più di fronte a un diritto reale di godimento così contenutisticamente forte quale appunto l'enfiteusi.

958. Durata.

L'enfiteusi può essere perpetua o a tempo.

L'enfiteusi temporanea non può essere costituita per una durata inferiore ai venti anni.

• La **durata minima** dell'enfiteusi si giustifica nella prospettiva dell'utilità economica caratterizzante questo diritto reale di godimento: l'enfiteuta deve compiere i miglioramenti necessari per rendere produttivo il fondo (cfr. art. 960).

959. Diritti dell'enfiteuta.

L'enfiteuta ha gli stessi diritti che avrebbe il proprietario sui frutti del fondo, sul tesoro e relativamente alle utilizzazioni del sottosuolo in conformità delle disposizioni delle leggi speciali.

Il diritto dell'enfiteuta si estende alle accessioni.

• Nella logica dello **sfruttamento economico del fondo** il contenuto dell'enfiteusi molto si avvicina a quello del diritto di proprietà. • Anche qui va richiamata la *ratio* del miglioramento fondiario.

960. Obblighi dell'enfiteuta.

L'enfiteuta ha l'obbligo di migliorare il fondo e di pagare al concedente un canone periodico. Questo può consistere in una somma di danaro ovvero in una quantità fissa di prodotti naturali.

L'enfiteuta non può pretendere remissione o riduzione del canone per qualunque insolita sterilità del fondo o perdita di frutti.

• **Miglioramento del fondo e pagamento del canone** costituiscono l'oggetto degli obblighi gravanti sull'enfiteuta. • La circostanza che l'enfiteuta non possa pretendere e ottenere la remissione o la riduzione del canone ai sensi del terzo comma, si comprende sulla base della seguente considerazione economica: l'ampio potere economico-giuridico dell'enfiteuta fa sì che il rischio della improduttività del fondo gravi comunque in capo a quest'ultimo.

961. Pagamento del canone.

L'obbligo del pagamento del canone grava solidalmente su tutti i coenfiteuti e sugli eredi dell'enfiteuta finché dura la comunione.

Nel caso in cui segua la divisione e il fondo venga goduto separatamente dagli enfiteuti o dagli eredi, ciascuno risponde per gli obblighi inerenti all'enfiteusi proporzionalmente al valore della sua porzione.

• Quanto previsto dal legislatore si spiega rispetto alla significativa **estensione temporale dell'enfiteusi**. Se la funzione dell'istituto è quella di consentire, nel medio e lungo periodo, di ricavare le utilità connaturate allo sfruttamento del fondo, allora è del tutto comprensibile la cura che il legislatore ha avuto nel prevedere espressamente la **solidarietà** tra i coenfiteuti e la trasmissibilità del canone agli eredi dell'enfiteuta. Ciò, naturalmente, finché possa ragionarsi in senso unitario, cioè con riguardo allo sfruttamento unitario del fondo. Allo sfruttamento unitario del fondo corrisponde infatti la fattispecie della comunione, relativamente ai coeredi dell'enfiteuta. Ma, altrettanto naturalmente, nel momento in cui il diritto di enfiteusi venga **diviso tra i coeredi**, ciascuno di essi sarà tenuto a versare una quota del canone proporzionale al valore economico della porzione di diritto di cui è titolare.

962. (1).

(1) Articolo abrogato dall'art. 18 della l. 22/7/1966, n. 607.

963. Perimento totale o parziale del fondo.

Quando il fondo enfiteutico perisce interamente, l'enfiteusi si estingue.

Se è perita una parte notevole del fondo e il canone risulta sproporzionato al valore della parte residua, l'enfiteuta, secondo le circostanze, può chiedere una congrua riduzione del canone, o rinunziare al suo diritto, restituendo il fondo al concedente, salvo il diritto al rimborso dei miglioramenti sulla parte residua.

La domanda di riduzione del canone e la rinunzia al diritto non sono ammesse, decorso un anno dall'avvenuto perimento.

Qualora il fondo sia assicurato e l'assicurazione sia fatta anche nell'interesse del concedente, l'indennità è ripartita tra il concedente e l'enfiteuta in proporzione del valore dei rispettivi diritti.

Nel caso di espropriazione per pubblico interesse l'indennità si ripartisce a norma del comma precedente.

• Anche questa previsione è tutta giocata in relazione al **contenuto economico** del diritto di enfiteusi. • Intanto, si prevede che, se il fondo sul quale l'enfiteusi è stata costituita viene meno, l'enfiteusi si estingue. Ed è ovvio che sia così, poiché l'utilità economica rappresentata dal fondo per l'enfiteuta non esiste più. • Ma l'ipotesi può anche essere quella della distruzione solo parziale del fondo. In questo caso il canone dovrà essere **ridotto, proporzionalmente alla perdita economica subita dall'enfiteuta**. E tuttavia quest'ultimo può anche rinunciare al proprio diritto sul bene (lo farà quando sia economicamente svantaggioso continuare a sfruttare la porzione residua del fondo): in tal caso restituirà il fondo al concedente, potendo peraltro esercitare la pretesa nei confronti di quest'ultimo onde ottenere il rimborso dei miglioramenti nel frattempo effettuati.

964. Imposte e altri pesi.

Le imposte e gli altri pesi che gravano sul fondo sono a carico dell'enfiteuta salve le disposizioni delle leggi speciali.

Se in virtù del titolo costitutivo sono a carico del concedente, tale obbligo non può eccedere l'ammontare del canone.

• Il precetto si giustifica pienamente all'interno della logica economica, vista già più volte sopra, connotante il diritto: poiché l'enfiteuta trae dal fondo le utilità di cui esso è fonte, le imposte non possono che gravare in capo a quest'ultimo. Inoltre, nella logica della **corrispettività**, se l'accordo tra proprietario e enfiteuta è nel senso, invece, che le imposte sono a carico del proprietario concedente, allora l'esborso richiesto a quest'ultimo non potrà eccedere l'ammontare del canone. • Si può allora anche notare come qui il legislatore abbia disciplinato la questione ricorrendo a una disposizione di natura derogabile.

965. Disponibilità del diritto dell'enfiteuta.

L'enfiteuta può disporre del proprio diritto, sia per atto tra vivi, sia per atto di ultima volontà.

Per l'alienazione del diritto dell'enfiteuta non è dovuta alcuna prestazione al concedente.

Nell'atto costitutivo può essere vietato all'enfiteuta di disporre per atto tra vivi, in tutto o in parte, del proprio diritto, per un tempo non maggiore di venti anni.

Nel caso di alienazione compiuta contro tale divieto, l'enfiteuta non è liberato dai suoi obblighi verso il concedente ed è tenuto a questi solidalmente con l'acquirente.

• La disposizione fa capire bene l'ampiezza delle **facoltà dell'enfiteuta**, il quale può disporre del proprio diritto, senza essere tenuto a effettuare alcuna prestazione a favore del proprietario. Tuttavia il titolo costitutivo dell'enfiteusi (dunque il contratto stipulato tra proprietario e enfiteuta) può prevedere il divieto, in capo all'enfiteuta, di trasferire *inter vivos* il diritto di cui è titolare per un periodo di tempo inferiore ai venti anni (e anche questa previsione si giustifica in base alla *ratio* di cui all'art. 958). • Se l'enfiteuta viola quanto previsto nella disposizione, la conseguenza è che non sarà liberato dai suoi obblighi nei confronti del proprietario concedente. Inoltre, enfiteuta e acquirente saranno solidalmente obbligati nei confronti del concedente.

966. (1).

(1) Articolo abrogato dall'art. 10 della l. 18/12/1970, n. 1138.

967. Diritti e obblighi dell'enfiteuta e del concedente in caso di alienazione.

In caso di alienazione, il nuovo enfiteuta è obbligato solidalmente col precedente al pagamento dei canoni non soddisfatti.

Il precedente enfiteuta non è liberato dai suoi obblighi, prima che sia stato notificato l'atto di acquisto al concedente.

In caso di alienazione del diritto del concedente, l'acquirente non può pretendere l'adempimento degli obblighi dell'enfiteuta prima che a questo sia stata notificata l'alienazione.

• Quando l'enfiteusi è **trasferita ad altro soggetto**, il nuovo enfiteuta e il precedente enfiteuta sono **solidalmente obbligati** rispetto al pagamento dei canoni non pagati, e comunque il precedente enfiteuta non è liberato dai suoi obblighi fino al momento della notifica al concedente dell'atto di acquisto. • Nel caso in cui oggetto di trasferimento sia il diritto del concedente, e cioè il diritto di proprietà (nuda proprietà) sul bene, l'acquirente (e dunque il nuovo proprietario) potrà pretendere l'adempimento in suo favore degli obblighi dell'enfiteuta solo a partire dal momento della notifica a quest'ultimo dell'intervenuta alienazione.

968. Subenfiteusi.

La subenfiteusi non è ammessa.

• La disposizione è **inderogabile** e si spiega pensando al rapporto contrattuale tra concedente e enfiteuta, come tale caratterizzato da una corrispettività diretta (tra godimento e canone) che verrebbe invece compromessa nell'ipotesi di subenfiteusi.

969. Ricognizione.

Il concedente può richiedere la ricognizione del proprio diritto da chi si trova nel possesso del fondo enfiteutico, un anno prima del compimento del ventennio.

Per l'atto di ricognizione non è dovuta alcuna prestazione. Le spese dell'atto sono a carico del concedente.

• Lo scopo della norma è evidentemente quello di **evitare l'usucapione della piena proprietà** del fondo da parte dell'enfiteuta. In questo senso, allora, l'atto di ricognizione del diritto di proprietà in capo al concedente, da parte dell'enfiteuta, funziona come atto interruttivo dell'usucapione. • Le spese connesse al riconoscimento del diritto di proprietà gravano naturalmente sul proprietario.

970. Prescrizione del diritto dell'enfiteuta.

Il diritto dell'enfiteuta si prescrive per effetto del non uso protratto per venti anni.

• L'enfiteusi si prescrive in conseguenza al **mancato utilizzo del fondo** (un mancato utilizzo di almeno vent'anni) da parte del titolare del diritto.

971. Affrancazione.

Se più sono gli enfiteuti, l'affrancazione può promuoversi anche da uno solo di essi, ma per la totalità. In questo caso l'affrancante subentra nei diritti del concedente verso gli altri enfiteuti, salva, a favore di questi, una riduzione proporzionale del canone.

Se più sono i concedenti, l'affrancazione può effettuarsi per la quota che spetta a ciascun concedente.

L'affrancazione si opera mediante il pagamento di una somma risultante dalla capitalizzazione del canone annuo sulla base dell'interesse legale. Le modalità sono stabilite da leggi speciali.

• L'affrancazione del fondo avviene attraverso il **pagamento** di una somma di denaro quantificata attraverso la capitalizzazione del canone annuo e applicando l'interesse legale. • Nel caso in cui vi siano più enfiteuti, ciascuno di essi può autonomamente promuovere l'affrancazione dell'intero fondo (e non già della sola quota di cui sia titolare). • Nel caso in cui vi siano più concedenti, ciascuno di essi può procedere all'affrancazione della relativa quota.

972. Devoluzione.

Il concedente può chiedere la devoluzione del fondo enfiteutico:

1) se l'enfiteuta deteriora il fondo o non adempie all'obbligo di migliorarlo;

2) se l'enfiteuta è in mora nel pagamento di due annualità di canone. La devoluzione non ha luogo se l'enfiteuta ha effettuato il pagamento dei canoni maturati prima che sia intervenuta nel giudizio sentenza, ancorché di primo grado, che abbia accolto la domanda.

La domanda di devoluzione non preclude all'enfiteuta il diritto di affrancare sempre che ricorrano le condizioni previste dall'articolo 971.

• La richiesta di devoluzione può essere fatta dal concedente in **due ipotesi**: quando l'enfiteuta non rispetta gli obblighi che la legge gli impone; e quando l'enfiteuta è in mora nel pagamento di due annualità del canone. Ma se l'enfiteuta ha effettuato il pagamento prima che sia stata pronunciata la sentenza che abbia accolto la domanda di devoluzione, quest'ultima non ha luogo. • Peraltro, anche quando sia stata proposta domanda di devoluzione, l'enfiteuta può comunque procedere all'affrancazione, in presenza dei presupposti indicati all'art. 971.

973. Clausola risolutiva espressa.

La dichiarazione del concedente di valersi della clausola risolutiva espressa non impedisce l'esercizio del diritto di affrancazione.

• Quando il **contratto tra concedente ed enfiteuta** contenga una clausola risolutiva espressa, la dichiarazione del concedente di avvalersi di detta clausola (in presenza, quindi, di un inadempimento dell'enfiteuta) non impedisce l'affrancazione del fondo da parte dell'enfiteuta.

974. Diritti dei creditori dell'enfiteuta.

I creditori dell'enfiteuta possono intervenire nel giudizio di devoluzione per conservare le loro ragioni, valendosi all'uopo anche del diritto di affrancazione che spetti all'enfiteuta; possono offrire il risarcimento dei danni e dare cauzione per l'avvenire.

I creditori, che hanno iscritto ipoteca contro l'enfiteuta anteriormente alla trascrizione della domanda di devoluzione e ai quali questa non è stata notificata in tempo utile per poter intervenire, conservano il diritto di affrancazione anche dopo avvenuta la devoluzione.

• La disposizione tutela i creditori dell'enfiteuta, che hanno appunto la facoltà di **intervenire nel giudizio di devoluzione**, promosso dal proprietario, per tutelare le loro ragioni, esercitando il diritto di affrancazione spettante all'enfiteuta nel caso di inerzia di quest'ultimo. • La tutela dei creditori è particolarmente forte, poiché essi, se hanno iscritto ipoteca contro l'enfiteuta prima della trascrizione della domanda di devoluzione e se quest'ultima non è stata loro notificata in modo da poter intervenire in giudizio, conservano il diritto di affrancazione anche successivamente all'avvenuta devoluzione.

975. Miglioramenti e addizioni.

Quando cessa l'enfiteusi, all'enfiteuta spetta il rimborso dei miglioramenti nella misura dell'aumento di valore conseguito dal fondo per effetto dei miglioramenti stessi, quali sono accertati al tempo della riconsegna.

Se in giudizio è stata fornita qualche prova della sussistenza in genere dei miglioramenti, all'enfiteuta compete la ritenzione del fondo fino a quando non è soddisfatto il suo credito.

Per le addizioni fatte dall'enfiteuta, quando possono essere tolte senza nocumento del fondo, il concedente, se vuole ritenerle, deve pagarne il valore al tempo della riconsegna. Se le addizioni non sono separabili senza nocumento e costituiscono miglioramento, si applica la disposizione del primo comma di questo articolo.

• Nel momento in cui l'enfiteusi cessa, all'enfiteuta spettano le somme corrispondenti all'aumento di valore del fondo in conseguenza dei miglioramenti apportati dall'enfiteuta medesimo. • Nel caso in cui vi siano **addizioni** al fondo fatte dall'enfiteuta separabili dal fondo senza pregiudizio di quest'ultimo, se il proprietario vuole conservarle è tenuto a corrisponderne il valore all'enfiteuta. • Nel caso in cui, invece, si tratti di addizioni non separabili, si applica quanto previsto al primo comma, dato che tali addizioni hanno accresciuto il valore del fondo.

976. Locazioni concluse dall'enfiteuta.

Per le locazioni concluse dall'enfiteuta si applicano le norme dell'articolo 999.

• La disposizione, rinviando all'art. 999, detta la stessa regola che si applica alle locazioni concluse dall'usufruttario. Pertanto, le locazioni concluse dall'enfiteuta continuano per non più di cinque anni dalla cessazione dell'enfiteusi.

977. Enfiteusi costituite dalle persone giuridiche.

Le disposizioni contenute negli articoli precedenti si applicano anche alle enfiteusi costituite dalle persone giuridiche, salvo che sia disposto diversamente dalle leggi speciali.

• Le regole dettate per l'enfiteusi costituita da **persone fisiche** si applicano anche all'enfiteusi costituita da **persone giuridiche**, a meno che una legge speciale contenga una disciplina differenziata, alla luce del principio per cui *lex specialis derogat legi generali*.

Titolo V
DELL'USUFRUTTO, DELL'USO E DELL'ABITAZIONE

Capo I
Dell'usufrutto

Sezione I
Disposizioni generali

978. Costituzione.

L'usufrutto è stabilito dalla legge o dalla volontà dell'uomo. Può anche acquistarsi per usucapione.

• Questa disposizione ci dice qual è il **titolo costitutivo** dell'usufrutto. L'accento va posto sulla volontà della persona (dato che l'usufrutto *ex lege* è un'ipotesi del tutto residuale, e del resto vi è anche chi sostiene che questa ipotesi sia in realtà non più presente nell'ordinamento italiano), con ciò alludendosi al **contratto** e al **testamento**. Inoltre, l'usufrutto può acquistarsi per usucapione, tanto ordinaria quanto abbreviata. Occorre anche precisare che l'acquisto a titolo originario dei beni mobili può anche verificarsi in forza della regola "possesso vale titolo" (art. 1153).

979. Durata.

La durata dell'usufrutto non può eccedere la vita dell'usufruttuario.

L'usufrutto costituito a favore di una persona giuridica non può durare più di trent'anni.

• La durata dell'usufrutto **cessa con la morte del titolare del diritto**, cioè l'usufruttuario, per evitare che le facoltà del proprietario (cioè del nudo proprietario) siano compresse per un periodo di tempo troppo lungo. Il che significa che l'usufrutto non può essere trasmesso a causa di morte. Nello stesso senso va intesa la previsione di cui al secondo comma: quando titolare del diritto sia una persona giuridica, l'usufrutto non può durare più di trent'anni. Naturalmente, l'usufrutto della persona giuridica potrà estinguersi prima dei trent'anni, quando il titolare venga meno, esattamente in parallelo a quanto previsto con riguardo alle persone fisiche.

980. Cessione dell'usufrutto.

L'usufruttuario può cedere il proprio diritto per un certo tempo o per tutta la sua durata, se ciò non è vietato dal titolo costitutivo.

La cessione deve essere notificata al proprietario; finché non sia stata notificata, l'usufruttuario è solidalmente obbligato con il cessionario verso il proprietario.

• Il **trasferimento dell'usufrutto**, sempre che non sia escluso dal titolo costitutivo del diritto, può avvenire per un periodo di tempo determinato o per tutta la sua durata. L'usufruttuario è il cedente e attraverso la cessione del diritto il cessionario sarà il nuovo usufruttuario. E dunque su quest'ultimo verranno a gravare gli obblighi individuati *ex lege* in capo ai titolari del diritto. • Fino a quando la cessione dell'usufrutto non sia notificata al nudo proprietario, il precedente titolare del diritto di usufrutto è obbligato in solido con il nuovo usufruttuario nei confronti del nudo proprietario.

Sezione II
Dei diritti nascenti dall'usufrutto

981. Contenuto del diritto di usufrutto.

L'usufruttuario ha diritto di godere della cosa, ma deve rispettarne la destinazione economica.

Egli può trarre dalla cosa ogni utilità che questa può dare, fermi i limiti stabiliti in questo capo.

• Questa disposizione specifica il contenuto dell'usufrutto, che attribuisce al titolare le **facoltà di godimento del bene**, ai sensi del secondo comma (così, ovviamente, comprimendo quelle del nudo proprietario, nella logica dell'**elasticità del dominio**). L'usufruttuario deve però rispettare la destinazione economica del bene gravato da usufrutto, il che, in sostanza, significa che quest'ultimo non può alterare la funzione economica assegnata al bene dal proprietario. Occorre allora anche precisare che, in rapporto alla durata dell'usufrutto e alle caratteristiche economiche del bene (da cui le utilità che dal bene possono trarsi), la nozione di destinazione economica andrà intesa in modo ragionevolmente elastico.

982. Possesso della cosa.

L'usufruttuario ha diritto di conseguire il possesso della cosa di cui ha l'usufrutto, salvo quanto è disposto dall'articolo 1002.

• Nel momento in cui sorge il diritto di usufrutto in capo a un soggetto, è logico che quest'ultimo abbia il diritto di conseguire il **possesso sulla cosa**, al fine di poter esercitare su di essa quelle facoltà che connotato il contenuto del diritto di usufrutto, con il limite indicato: l'usufruttuario non può conseguire il possesso prima di aver fatto a sue spese l'inventario e di aver dato idonea garanzia.

983. Accessioni.

L'usufrutto si estende a tutte le accessioni della cosa.

Se il proprietario dopo l'inizio dell'usufrutto, con il consenso dell'usufruttuario, ha fatto nel fondo costruzioni o piantagioni, l'usufruttuario è tenuto a corrispondere gli interessi, sulle somme impiegate. La norma si applica anche nel caso in cui le costruzioni o piantagioni sono state fatte per disposizioni della pubblica autorità.

• La disposizione precisa che l'usufrutto si estende a tutti gli **incrementi del bene** successivi alla costituzione del diritto e che l'usufruttuario è tenuto a pagare gli interessi sulle somme impiegate dal nudo proprietario relativamente alle costruzioni e alle piantagioni installate sul fondo, con il consenso dell'usufruttuario. Il senso di quest'ultima previsione è chiaro, dato che i miglioramenti del fondo vanno a diretto e immediato vantaggio dell'usufruttuario medesimo.

984. Frutti.

I frutti naturali e i frutti civili spettano all'usufruttuario per la durata del suo diritto.

Se il proprietario e l'usufruttuario si succedono nel godimento della cosa entro l'anno agrario o nel corso di un periodo produttivo di maggiore durata, l'insieme di tutti i frutti si ripartisce fra l'uno e l'altro in proporzione della durata del rispettivo diritto nel periodo stesso.

Le spese per la produzione e il raccolto sono a carico del proprietario e dell'usufruttuario nella proporzione indicata dal comma precedente ed entro i limiti del valore dei frutti.

• La disposizione espressamente dedicata ai frutti (**naturali e civili: cfr. art. 820**) pone l'accento sul senso economico dell'usufrutto, posto che il titolare del diritto ha la facoltà di trarre dalla cosa ogni utilità che essa possa offrire. Conseguentemente, l'utilità economica rappresentata dai frutti va riferita all'effettivo godimento del bene, come appunto stabilisce il secondo comma, altrimenti si verificherebbe una situazione di ingiustificato arricchimento. E la stessa regola si applica quindi alle spese sostenute dal proprietario e dall'usufruttuario in vista della produzione dei frutti.

985. Miglioramenti.

L'usufruttuario ha diritto a un'indennità per i miglioramenti che sussistono al momento della restituzione della cosa.

L'indennità si deve corrispondere nella minor somma tra l'importo della spesa e l'aumento di valore conseguito dalla cosa per effetto dei miglioramenti.

L'autorità giudiziaria, avuto riguardo alle circostanze, può disporre che il pagamento dell'indennità prevista dai commi precedenti sia fatto ratealmente, imponendo in questo caso idonea garanzia.

• Se la cosa oggetto del diritto, quando è restituita al nudo proprietario dall'usufruttuario, ha **accresciuto il proprio valore in ragione dei miglioramenti effettuati dall'usufruttuario**, quest'ultimo ha diritto di conseguire un'indennità, calcolata quale minor somma tra le spese sostenute dall'usufruttuario, al fine dei miglioramenti, e l'aumento di valore della cosa. La ragione del riferimento all'indennità e all'indicato criterio di calcolo è evidente: da tali miglioramenti l'usufruttuario ha già tratto vantaggio, in ragione dell'esercizio delle facoltà spettantigli nella sua qualità di titolare del diritto.

986. Addizioni.

L'usufruttuario può eseguire addizioni che non alterino la destinazione economica della cosa.

Egli ha diritto di toglierle alla fine dello usufrutto, qualora ciò possa farsi senza nocumento della cosa, salvo che il proprietario preferisca ritenere le addizioni stesse. In questo caso deve essere corrisposta all'usufruttuario un'indennità pari alla minor somma tra l'importo della spesa e il valore delle addizioni al tempo della riconsegna.

Se le addizioni non possono separarsi senza nocumento della cosa e costituiscono miglioramento di essa, si applicano le disposizioni relative ai miglioramenti.

• Le addizioni effettuate dall'usufruttuario **non possono alterare la destinazione economica del bene**. Se esse sono effettuate, l'usufruttuario ha il diritto di rimuoverle nel momento in cui l'usufrutto si estingua, purché la rimozione non sia pregiudizievole per la cosa. Ma nel caso in cui il proprietario voglia conservare per sé le addizioni (che ovviamente rappresentano miglioramenti, e dunque utilità economiche) dovrà corrispondere un'indennità all'usufruttuario, in base al criterio già visto precedentemente per cui l'indennità consiste nella minor somma tra le spese sostenute ai fini delle addizioni e il valore economico delle addizioni medesime. • Nel caso in cui le addizioni non possano essere rimosse si applicano le regole dettate in tema di miglioramenti.

987. Miniere, cave e torbiere.

L'usufruttuario gode delle cave e torbiere già aperte e in esercizio all'inizio dell'usufrutto. Non ha facoltà di aprirne altre senza il consenso del proprietario.

Per le ricerche e le coltivazioni minerarie, di cui abbia ottenuto il permesso, l'usufruttuario deve indennizzare il proprietario dei danni che saranno accertati alla fine dell'usufrutto.

Se il permesso è stato ottenuto dal proprietario o da un terzo, questi devono all'usufruttuario un'indennità corrispondente al diminuito godimento del fondo durante l'usufrutto.

• La disposizione consente all'usufruttuario di sfruttare le cave e le torbiere già aperte e in esercizio, ma non di aprirne di nuove senza il consenso del proprietario. Nel caso in cui l'usufruttuario abbia cagionato danni, al proprietario spetta il risarcimento.

988. Tesoro.

Il diritto dell'usufruttuario non si estende al tesoro che si scopra durante l'usufrutto, salve le ragioni che gli possono competere come ritrovatore.

• La disposizione esclude la possibilità in capo all'usufruttuario di far proprio il tesoro scoperto nell'esercizio del diritto di usufrutto, fatto salvo quanto gli possa spettare nella sua qualità di ritrovatore.

989. Boschi, filari e alberi sparsi di alto fusto.

Se nell'usufrutto sono compresi boschi o filari cedui ovvero boschi o filari di alto fusto destinati alla produzione di legna, l'usufruttuario può procedere ai tagli ordinari, curando il mantenimento dell'originaria consistenza dei boschi o dei filari e provvedendo, se occorre alla loro ricostituzione.

Circa il modo, l'estensione, l'ordine e l'epoca dei tagli, l'usufruttuario è tenuto a uniformarsi, oltre che alle leggi e ai regolamenti forestali, alla pratica costante della regione.

Le stesse regole si applicano agli alberi di alto fusto sparsi per la campagna, destinati ad essere tagliati.

• La disposizione è volta a indirizzare gli obblighi dell'usufruttuario (e quindi la propria condotta) in modo che egli possa trarre dalla cosa le utilità che la connotano ma senza pregiudicare l'esistenza e la destinazione del bene.

990. Alberi di alto fusto divelti, spezzati o periti.

Gli alberi di alto fusto divelti, spezzati o periti per accidente spettano al proprietario. L'usufruttuario può servirsi di essi soltanto per le riparazioni che sono a suo carico.

991. Alberi fruttiferi.

Gli alberi fruttiferi che periscono e quelli divelti o spezzati per accidente appartengono all'usufruttuario, ma questi ha l'obbligo di sostituirne altri.

992. Pali per vigne e per altre coltivazioni.

L'usufruttuario può prendere nei boschi i pali occorrenti per le vigne e per le altre coltivazioni che ne abbisognano, osservando sempre la pratica costante della regione.

993. Semenzai.

L'usufruttuario può servirsi dei piantoni dei semenzai, ma deve osservare la pratica costante della regione per il tempo e il modo dell'estrazione e per la rimessa dei virgulti.

994. Perimento delle mandre e dei greggi.

Se l'usufrutto è stabilito sopra una mandra o un gregge, l'usufruttuario è tenuto a surrogare gli animali periti, fino alla concorrente quantità dei nati, dopo che la mandra o il gregge ha cominciato ad essere mancante del numero primitivo.

Se la mandra o il gregge perisce interamente per causa non imputabile all'usufruttuario, questi non è obbligato verso il proprietario che a rendere conto delle pelli o del loro valore.

• Questo gruppo di norme (artt. 990-994) si occupa di specificare **i poteri e i limiti dell'usufruttario** con riferimento all'utilizzo di determinati beni che, o costituiscono l'oggetto del diritto, o che sono a quest'ultimo collegati, rispetto alle modalità di godimento del diritto di usufrutto.

995. Cose consumabili.

Se l'usufrutto comprende cose consumabili, l'usufruttuario ha diritto di servirsene e ha l'obbligo di pagarne il valore al termine dell'usufrutto secondo la stima convenuta.

Mancando la stima, è in facoltà dell'usufruttuario di pagare le cose secondo il valore che hanno al tempo in cui finisce l'usufrutto o di restituirne altre in eguale qualità e quantità.

• La disposizione disciplina l'istituto del **quasi usufrutto**, che si ha quando oggetto del diritto siano **cose consumabili**. In tale ipotesi l'usufruttuario, se da un lato ha diritto di servirsene (altrimenti non potrebbe esercitare le facoltà che gli spettano in quanto titolare del diritto), dall'altro lato è tenuto a versare al nudo proprietario, al termine dell'usufrutto, il controvalore monetario, ovvero la stessa quantità e qualità delle cose. Ragionevolmente (è infatti l'ipotesi cui si riferisce il primo comma), usufruttario e nudo proprietario si sono accordati in riferimento al *quantum* monetario che dovrà essere versato dal primo al secondo. Ma se così non fosse si applica allora la previsione di cui al secondo comma, a tenore della quale, o l'usufruttario versa al proprietario una somma di denaro corrispondente al momento in cui l'usufrutto è cessato, oppure, appunto, restituisce il cosiddetto *tantundem*.

996. Cose deteriorabili.

Se l'usufrutto comprende cose che, senza consumarsi in un tratto, si deteriorano a poco a poco, l'usufruttuario ha diritto di servirsene secondo l'uso al quale sono destinate, e alla fine dell'usufrutto è soltanto tenuto a restituirle nello stato in cui si trovano.

• La disposizione ci riporta di fronte all'usufrutto ordinario, e qui si precisa che, nell'ipotesi in cui oggetto del diritto siano **cose progressivamente deteriorabili**, l'usufruttuario ha il diritto di servirsene in conformità alla destinazione di esse (e del resto questa è appunto la ragione economica che sta alla base della nascita del diritto in capo all'usufruttuario); al termine dell'usufrutto, l'usufruttuario dovrà restituirle nello stato in cui le cose si trovano, senza quindi poter essere chiamato a tenere indenne il proprietario della progressiva perdita di valore delle cose, in virtù del progressivo deterioramento delle stesse. La ragione di ciò è che le cose si sarebbero comunque progressivamente consumate anche indipendentemente dall'esistenza dell'usufrutto.

997. Impianti, opifici e macchinari.

Se l'usufrutto comprende impianti, opifici o macchinari che hanno una destinazione produttiva, l'usufruttuario è tenuto a riparare e a sostituire durante l'usufrutto le parti che si logorano, in modo da assicurare il regolare funzionamento delle cose suddette. Se l'usufruttuario ha sopportato spese che eccedono quelle delle ordinarie riparazioni, il proprietario, al termine dell'usufrutto, è tenuto a corrispondergli una congrua indennità.

• La disposizione si spiega nell'ottica del rapporto tra usufrutto e destinazione economica della cosa oggetto del diritto. Se gli impianti che costituiscono oggetto dell'usufrutto si deteriorano, l'usufruttuario è tenuto a ripararli. Ma se le spese sostenute per tali riparazioni eccedono quelle connesse con la manutenzione ordinaria, allora il proprietario dovrà tenere indenne l'usufruttuario, versandogli la differenza alla scadenza dell'usufrutto.

998. Scorte vive e morte.

Le scorte vive e morte di un fondo devono essere restituite in eguale quantità e qualità. L'eccedenza o la deficienza di esse deve essere regolata in danaro, secondo il loro valore al termine dell'usufrutto.

• Le scorte vanno intese quali **beni necessari alla conduzione agricola del fondo**. Le scorte vive fanno riferimento agli animali; le scorte morte fanno riferimento ai macchinari, agli attrezzi da lavoro, alle sementi e a tutto ciò che è materialmente necessario per la coltivazione del fondo. Esse saranno naturalmente utilizzate dall'usufruttuario ai fini dell'esercizio del diritto, ma dovranno essere poi restituite, o in natura o in danaro al termine dell'usufrutto. Nel caso in cui vi sia un eccesso di scorte, sarà il proprietario a essere obbligato nei confronti dell'usufruttuario.

999. Locazioni concluse dall'usufruttuario.

Le locazioni concluse dall'usufruttuario, in corso al tempo della cessazione dell'usufrutto, purché constino da atto pubblico o da scrittura privata di data certa anteriore, continuano per la durata stabilita, ma non oltre il quinquennio dalla cessazione dell'usufrutto.

Se la cessazione dell'usufrutto avviene per la scadenza del termine stabilito, le locazioni non durano in ogni caso se non per l'anno e trattandosi di fondi rustici dei quali il principale raccolto è biennale o triennale, se non per il biennio o triennio che si trova in corso al tempo in cui cessa l'usufrutto.

• La disposizione prevede che i **contratti di locazione conclusi dall'usufruttuario** durante l'esercizio del suo diritto e che sono ancora in corso di esecuzione nel momento in cui l'usufrutto viene a cessare non si estinguono, ma possono proseguire fino al quinquennio successivo all'estinzione dell'usufrutto. Ciò, purché la locazione risulti da atto pubblico o da scrittura privata. • I due termini diversi di cui al primo comma e al secondo comma si spiegano nel senso che il termine di cinque anni si riferisce all'ipotesi di usufrutto a tempo indeterminato, mentre il termine di un anno si riferisce all'ipotesi di usufrutto con scadenza predeterminata.

1000. Riscossione di capitali.

Per la riscossione di somme che rappresentano un capitale gravato d'usufrutto, è necessario il concorso del titolare del credito e dell'usufruttuario. Il pagamento fatto a uno solo di essi non è opponibile all'altro, salve in ogni caso le norme relative alla cessione dei crediti.

Il capitale riscosso dev'essere investito in modo fruttifero e su di esso si trasferisce l'usufrutto. Se le parti non sono d'accordo sul modo d'investimento, provvede l'autorità giudiziaria.

• La disposizione fa riferimento all'**usufrutto di credito** (intesa però quale mera locuzione di comodo, dato che l'istituto si considera generalmente rientrare tra i diritti di credito e non tra i diritti reali), ipotesi che si ha quando il creditore di una somma capitale attribuisce all'usufruttuario il diritto di esigere e di far propri gli interessi del capitale medesimo. Ma allora, se il titolare dell'usufrutto di credito diviene proprietario esclusivo delle somme ricevute, egli ne è a tutti gli effetti titolare.

Sezione III
Degli obblighi nascenti dall'usufrutto

1001. Obbligo di restituzione. Misura della diligenza.

L'usufruttuario deve restituire le cose che formano oggetto del suo diritto, al termine dell'usufrutto, salvo quanto è disposto dall'articolo 995.

Nel godimento della cosa egli deve usare la diligenza del buon padre di famiglia.

• L'usufruttuario è naturalmente tenuto alla restituzione dell'oggetto del diritto, al termine dell'usufrutto, salvo che si tratti di quasi usufrutto, alla luce di quanto previsto infatti dall'art. 995. • L'esercizio delle facoltà in capo all'usufruttuario deve essere svolto in conformità alla **regola di diligenza nell'adempimento**, onde evitare pregiudizi ai beni oggetto di usufrutto. Dunque la regola di diligenza va oltre l'obbligo dell'usufruttuario di non alterare la destinazione economica della cosa. Di qui il risarcimento dei danni conseguenti al negligente esercizio del diritto in pregiudizio del nudo proprietario.

1002. Inventario e garanzia.

L'usufruttuario prende le cose nello stato in cui si trovano.

Egli è tenuto a fare a sue spese l'inventario dei beni, previo avviso al proprietario. Quando l'usufruttuario è dispensato dal fare l'inventario, questo può essere richiesto dal proprietario a sue spese.

L'usufruttuario deve inoltre dare idonea garanzia. Dalla prestazione della garanzia sono dispensati i genitori che hanno l'usufrutto legale sui beni dei loro minori. Sono anche dispensati il venditore e il donante con riserva d'usufrutto; ma, qualora questi cedano l'usufrutto, il cessionario è tenuto a prestare garanzia.

L'usufruttuario non può conseguire il possesso dei beni prima di avere adempiuto agli obblighi su indicati.

• Poiché l'usufruttuario prende le cose nello stato in cui si trovano, e poiché è in questo momento che l'usufruttuario entra nel possesso della cosa oggetto di usufrutto, è indispensabile che venga effettuato l'inventario dei beni. L'inventario è normalmente fatto su impulso e a spese dell'usufruttuario, ma il proprietario può anche provvedere autonomamente in questo senso. • La disposizione prevede inoltre che l'usufruttuario presti idonea garanzia (personale o reale), affinché il proprietario possa fare affidamento nell'adempimento degli obblighi inerenti all'esercizio dell'usufrutto e soprattutto disponga di un rimedio nell'ipotesi di inadempimento.

1003. Mancanza o insufficienza della garanzia.

Se l'usufruttuario non presta la garanzia a cui è tenuto, si osservano le disposizioni seguenti:

gli immobili sono locati o messi sotto amministrazione, salva la facoltà all'usufruttuario di farsi assegnare per propria abitazione una casa compresa nell'usufrutto. L'amministrazione è affidata, con il consenso dell'usufruttuario, al proprietario o altrimenti a un terzo scelto di comune accordo tra proprietario e usufruttuario o, in mancanza di tale accordo, nominato dall'autorità giudiziaria;

il danaro è collocato a interesse;

i titoli al portatore si convertono in nominativi a favore del proprietario con il vincolo dell'usufrutto, ovvero si depositano presso una terza persona, scelta dalle parti o presso un istituto di credito, la cui designazione, in caso di dissenso, è fatta dall'autorità giudiziaria;

le derrate sono vendute e il loro prezzo è parimenti collocato a interesse.

In questi casi appartengono all'usufruttuario gli interessi dei capitali, le rendite, le pigioni e i fitti.

Se si tratta di mobili i quali si deteriorano con l'uso, il proprietario può chiedere che siano venduti e ne sia impiegato il prezzo come quello delle derrate. L'usufruttuario può nondimeno domandare che gli siano lasciati i mobili necessari per il proprio uso.

• Nell'ipotesi in cui la garanzia non sia sufficiente o manchi del tutto, la disposizione indica una serie di misure attraverso le quali, da un lato, l'usufruttuario può trarre comunque dalla cosa oggetto del diritto le utilità che la contraddistinguono, ma, dall'altro, il nudo proprietario può fare affidamento tanto nella conservazione della cosa quanto nella buona amministrazione di essa.

1004. Spese a carico dell'usufruttuario.

Le spese e, in genere, gli oneri relativi alla custodia, amministrazione e manutenzione ordinaria della cosa sono a carico dell'usufruttuario.

Sono pure a suo carico le riparazioni straordinarie rese necessarie dall'inadempimento degli obblighi di ordinaria manutenzione.

• La disposizione precisa che le spese relative all'ordinaria amministrazione e manutenzione della cosa sono a carico dell'usufruttuario, come sono a suo carico le spese relative alle riparazioni straordinarie dipese dall'inadempimento degli obblighi di ordinaria manutenzione.

1005. Riparazioni straordinarie.

Le riparazioni straordinarie sono a carico del proprietario.

Riparazioni straordinarie sono quelle necessarie ad assicurare la stabilità dei muri maestri e delle volte, la sostituzione delle travi, il rinnovamento, per intero o per una parte notevole, dei tetti, solai, scale, argini, acquedotti, muri di sostegno o di cinta.

L'usufruttuario deve corrispondere al proprietario, durante l'usufrutto, l'interesse delle somme spese per le riparazioni straordinarie.

• La disposizione precisa non solo che le riparazioni straordinarie gravano ovviamente sul proprietario, ma anche quali siano tali riparazioni straordinarie (tutte riferibili ad aspetti direttamente o indirettamente connessi con la struttura e la stabilità, e quindi con la destinazione economica, del bene).

1006. Rifiuto del proprietario alle riparazioni.

Se il proprietario rifiuta di eseguire le riparazioni poste a suo carico o ne ritarda l'esecuzione senza giusto motivo, è in facoltà dell'usufruttuario di farle eseguire a proprie spese. Le spese devono essere rimborsate alla fine dell'usufrutto senza interesse. A garanzia del rimborso l'usufruttuario ha diritto di ritenere l'immobile riparato.

• Nel caso in cui il proprietario rifiuti di effettuare, come invece dovrebbe, le riparazioni straordinarie (ovvero ne ritardi senza ragione l'esecuzione), è ovvio che tali interventi andranno fatti, per non pregiudicare il valore economico del bene. Dunque, nella logica del rimedio in forma specifica, sarà l'usufruttuario a procedere agli interventi necessari, imputandone il costo in capo al nudo proprietario.

1007. Rovina parziale di edificio accessorio.

Le disposizioni dei due articoli precedenti si applicano anche nel caso in cui, per vetustà o caso fortuito, rovini soltanto in parte l'edificio che formava accessorio necessario del fondo soggetto a usufrutto.

• Le regole in tema di riparazioni straordinarie fissate negli artt. 1005 e 1006 si applicano anche nell'ipotesi di rovina parziale (per vetustà o per caso fortuito) dell'edificio accessorio necessario del bene oggetto di usufrutto. Ciò appunto perché l'edificio accessorio è indispensabile, ai fini funzionali (e dunque in ordine alla utilità economica), all'esercizio dell'usufrutto.

1008. Imposte e altri pesi a carico dell'usufruttuario.

L'usufruttuario è tenuto, per la durata del suo diritto, ai carichi annuali, come le imposte, i canoni, le rendite fondiarie e gli altri pesi che gravano sul reddito.

Per l'anno in corso al principio e alla fine dell'usufrutto questi carichi si ripartiscono tra il proprietario e l'usufruttuario in proporzione della durata del rispettivo diritto.

1009. Imposte e altri pesi a carico del proprietario.

Al pagamento dei carichi imposti sulla proprietà durante l'usufrutto, salvo diverse disposizioni di legge, è tenuto il proprietario, ma l'usufruttuario gli deve corrispondere l'interesse della somma pagata.

Se l'usufruttuario ne anticipa il pagamento, ha diritto di essere rimborsato del capitale alla fine dell'usufrutto.

• Gli artt. 1008 e 1009 si soffermano sulla ripartizione tra usufruttuario e nudo proprietario delle imposte e di quelli che si chiamano carichi di godimento, intendendosi con quest'ultima espressione le prestazioni che gravano sull'usufruttuario e sul proprietario nei confronti di un soggetto terzo in ragione dell'esistenza del diritto reale.

1010. Passività gravanti su eredità in usufrutto.

L'usufruttuario di un'eredità o di una quota di eredità è obbligato a pagare per intero, o in proporzione della quota, le annualità e gli interessi dei debiti o dei legati da cui l'eredità stessa sia gravata.

Per il pagamento del capitale dei debiti o dei legati che si renda necessario durante l'usufrutto, è in facoltà dell'usufruttuario di fornire la somma occorrente, che gli deve essere rimborsata senza interesse alla fine dell'usufrutto.
Se l'usufruttuario non può o non vuole fare questa anticipazione, il proprietario può pagare tale somma, sulla quale l'usufruttuario deve corrispondergli l'interesse durante l'usufrutto, o può vendere una porzione dei beni soggetti all'usufrutto fino alla concorrenza della somma dovuta.
Se per il pagamento dei debiti si rende necessaria la vendita dei beni, questa è fatta d'accordo tra proprietario e usufruttuario, salvo ricorso all'autorità giudiziaria in caso di dissenso. L'espropriazione forzata deve seguire contro ambedue.

• La disposizione si occupa delle passività, dunque dei debiti, gravanti su un'eredità che sia gravata da usufrutto. Tali obbligazioni sono naturalmente ripartite, in ragione dell'oggetto, tra usufruttuario e nudo proprietario.

1011. Ritenzione per le somme anticipate.

Nelle ipotesi contemplate dal secondo comma dell'articolo 1009 e dal secondo comma dell'articolo 1010, l'usufruttuario ha diritto di ritenzione sui beni che sono in suo possesso fino alla concorrenza della somma a lui dovuta.

• La disposizione attribuisce all'usufruttuario il diritto di ritenzione sui beni in suo possesso, affinché possano essere soddisfatte le proprie pretese in riferimento all'ottenimento del rimborso delle somme anticipate per il pagamento degli oneri gravanti sulla proprietà e per l'estinzione delle passività ereditarie.

1012. Usurpazioni durante l'usufrutto e azioni relative alle servitù.

Se durante l'usufrutto un terzo commette usurpazione sul fondo o altrimenti offende le ragioni del proprietario, l'usufruttuario è tenuto a fargliene denunzia e, omettendola, è responsabile dei danni che eventualmente siano derivati al proprietario.
L'usufruttuario può far riconoscere la esistenza delle servitù a favore del fondo o l'inesistenza di quelle che si pretende di esercitare sul fondo medesimo; egli deve in questi casi chiamare in giudizio il proprietario.

• Nell'ipotesi in cui un terzo arrechi **pregiudizio alle ragioni del nudo proprietario**, così al contempo pregiudicando il diritto sul bene dell'usufruttuario, quest'ultimo non può agire direttamente contro il terzo, ma è tenuto a informare il proprietario affinché possa intervenire a tutela del proprio diritto. L'inerzia dell'usufruttuario è ovviamente pregiudizievole del diritto del proprietario, e infatti l'usufruttuario inerte sarà obbligato a risarcire i danni derivanti dalla sua condotta. • Il secondo comma attribuisce invece in capo all'usufruttuario la legittimazione attiva sia per far riconoscere in giudizio l'esistenza di una servitù a favore del fondo in usufrutto, sia per contestare la pretesa di terzi a far valere una servitù sul fondo medesimo. In queste situazioni, dal punto di vista processuale, ci troviamo nell'ipotesi di litisconsorzio necessario, per cui l'usufruttuario deve chiamare in giudizio il nudo proprietario.

1013. Spese per le liti.

Le spese delle liti che riguardano tanto la proprietà quanto l'usufrutto sono sopportate dal proprietario e dall'usufruttuario in proporzione del rispettivo interesse.

• La regola va intesa nel senso per cui le spese di lite sono ripartire in ragione dei rispettivi interessi nell'ipotesi in cui usufruttuario e nudo proprietario hanno difeso, insieme o separatamente, i diritti di entrambi. Al contrario, se usufruttuario e nudo proprietario hanno difeso, ciascuno, unicamente il proprio diritto, e quindi il proprio interesse sottostante al diritto, non ci potrà essere alcuna ripartizione proporzionale delle spese, ma queste ultime graveranno per intero sull'uno, sull'altro, o anche su entrambi, ma per l'intero e non *pro quota*.

Sezione IV
Estinzione e modificazioni dell'usufrutto

1014. Estinzione dell'usufrutto.

Oltre quanto è stabilito dall'articolo 979, l'usufrutto si estingue:

1) per prescrizione per effetto del non uso durato per venti anni;

2) per la riunione dell'usufrutto e della proprietà nella stessa persona;

3) per il totale perimento della cosa su cui è costituito.

• L'usufrutto, oltre che per morte dell'usufruttuario e per scadenza del termine trentennale, quando sia stato costituito in favore di una persona giuridica, si estingue (ma i nn. 1-3 non esauriscono le ipotesi di estinzione: ad esempio non è contemplata la rinuncia al diritto da parte dell'usufruttuario): per **prescrizione**, ovvero per inerzia dell'usufruttuario protrattasi per vent'anni; per **consolidazione**, cioè la fattispecie per la quale lo stesso soggetto riunisce all'interno della propria sfera giuridica usufrutto e proprietà; la **completa distruzione** della cosa che è oggetto del diritto di usufrutto.

1015. Abusi dell'usufruttuario.

L'usufrutto può anche cessare per l'abuso che faccia l'usufruttuario del suo diritto alienando i beni o deteriorandoli o lasciandoli andare in perimento per mancanza di ordinarie riparazioni.

L'autorità giudiziaria può, secondo le circostanze, ordinare che l'usufruttuario dia garanzia, qualora ne sia esente, o che i beni siano locati o posti sotto amministrazione a spese di lui, o anche dati in possesso al proprietario con l'obbligo di pagare annualmente all'usufruttuario, durante l'usufrutto, una somma determinata.

I creditori dell'usufruttuario possono intervenire nel giudizio per conservare le loro ragioni, offrire il risarcimento dei danni e dare garanzia per l'avvenire.

• La disposizione individua un'altra ipotesi di **estinzione** dell'usufrutto nell'abuso dell'usufruttuario. Le **condotte qualificabili abusive** sono individuate al primo comma: alienazione dei beni oggetto di usufrutto e negligenza dell'usufruttuario nella custodia e nella manutenzione della cosa. Naturalmente deve trattarsi di condotte contraddistinte da quella particolare gravità idonea a pregiudicare *in radice* e in modo definitivo l'interesse del nudo proprietario (senza dubbio, se l'usufruttuario aliena il bene siamo in presenza di un pregiudizio radicale e definitivo arrecato al proprietario). Si può peraltro soggiungere che l'attuale favore verso il principio di abuso del diritto può ragionevolmente portare a un aumento delle ipotesi di condotte abusive in quanto pregiudizievoli al contenuto economico del diritto di cui è titolare il nudo proprietario, e dunque le condotte espressamente individuate dalla disposizione non esauriscono le ipotesi di abusività. • Di fronte all'abusività della condotta dell'usufruttuario, il giudice può disporre misure cautelari a tutela del nudo proprietario, che peraltro non escludono il diritto di quest'ultimo di ottenere il risarcimento del danno sofferto. • Il terzo comma della disposizione prevede che i creditori dell'usufruttuario possono intervenire nel giudizio promosso dal nudo proprietario contro l'usufruttuario medesimo: la *ratio* della norma è quella di tutelare le ragioni dei creditori, che potrebbero appunto andare deluse in ipotesi di estinzione dell'usufrutto.

1016. Perimento parziale della cosa.

Se una sola parte della cosa soggetta all'usufrutto perisce, l'usufrutto si conserva sopra ciò che rimane.

• Nell'ipotesi di perimento parziale della cosa, l'usufrutto non si estingue, dato che sussiste comunque un oggetto del diritto. L'oggetto non sarà più nello stato originario, ma conserverà comunque una qualche utilità, rispetto alla quale il diritto di usufrutto non perde la propria ragion d'essere.

1017. Perimento della cosa per colpa o dolo di terzi.

Se il perimento della cosa non è conseguenza di caso fortuito, l'usufrutto si trasferisce sull'indennità dovuta dal responsabile del danno.

• Nel caso in cui la cosa non perisca per caso fortuito, ma per condotta dolosa o colposa di un terzo, l'usufrutto si trasferisce sulla somma di denaro ottenuta dal nudo proprietario a titolo di risarcimento del danno. Siamo qui allora di fronte a una ipotesi di **surrogazione reale**, perché un determinato bene sostituisce il bene distrutto, e l'ammontare del risarcimento rappresenta appunto il nuovo bene oggetto di usufrutto.

1018. Perimento dell'edificio.

Se l'usufrutto è stabilito sopra un fondo, del quale fa parte un edificio, e questo viene in qualsiasi modo a perire, l'usufruttuario ha diritto di godere dell'area e dei materiali.

La stessa disposizione si applica se l'usufrutto è stabilito soltanto sopra un edificio. In tal caso, però, il proprietario, se intende costruire un altro edificio, ha il diritto di occupare l'area e di valersi dei materiali, pagando all'usufruttuario, durante l'usufrutto, gli interessi sulla somma corrispondente al valore dell'area e dei materiali.

• Le regole di questa disposizione hanno quale presupposto la **distruzione dell'edificio che sia oggetto di usufrutto**. La prima regola, di cui al primo comma, è che, se oggetto dell'usufrutto è il fondo sul quale insiste l'edificio distrutto, l'usufruttuario, privato del bene primario del suo diritto, mantiene il diritto di utilizzare l'area sui quali era stato costruito l'edificio, nonché i materiali rappresentati da ciò che è rimasto dell'edificio medesimo. La seconda regola, di cui al secondo comma, è che, se l'oggetto dell'usufrutto è soltanto l'edificio distrutto (non anche il fondo), l'usufruttuario ha comunque il diritto di continuare a utilizzare l'area occupata dall'edificio, nonché i materiali di risulta; se però il proprietario del fondo intenda procedere alla costruzione di un nuovo edificio, ha pur sempre il diritto di occupare l'area e di utilizzare i materiali residui, ma dovrà allora pagare all'usufruttuario gli interessi sul capitale corrispondente al valore dell'area e dei materiali.

1019. Perimento di cosa assicurata dall'usufruttuario.

Se l'usufruttuario ha provveduto all'assicurazione della cosa o al pagamento dei premi per la cosa già assicurata, l'usufrutto si trasferisce sull'indennità dovuta dall'assicuratore.

Se è perito un edificio e il proprietario intende di ricostruirlo con la somma conseguita come indennità, l'usufruttuario non può opporsi. L'usufrutto in questo caso si trasferisce sull'edificio ricostruito. Se però la somma impiegata nella ricostruzione è maggiore di quella spettante in usufrutto, il diritto dell'usufruttuario sul nuovo edificio è limitato in proporzione di quest'ultima.

• Nell'ipotesi in cui **la cosa oggetto di usufrutto sia perita e sia assicurata**, l'usufrutto si trasferire sull'indennità dovuta dall'assicuratore. • Nell'ipotesi in cui la cosa perita sia un edificio, e il proprietario intenda ricostruire materialmente la cosa, impiegando la somma ottenuta dall'assicurazione, l'usufruttuario non potrà opporsi, e in questo caso l'usufrutto si trasferirà sull'edificio. Se il costo della ricostruzione sarà superiore al valore economico dell'oggetto dell'usufrutto, il diritto dell'usufruttuario sul nuovo edificio sarà limitato in proporzione del valore dell'usufrutto.

1020. Requisizione o espropriazione.

Se la cosa è requisita o espropriata per pubblico interesse, l'usufrutto si trasferisce sull'indennità relativa.

• Anche questa disposizione segue la logica per cui, nel caso di oggettiva impossibilità di utilizzazione del bene materiale gravato da usufrutto (qui in conseguenza di requisizione o di espropriazione), il diritto si trasferisce sulla somma di danaro ricevuta dal nudo proprietario a titolo di indennizzo (o anche risarcimento).

Capo II
Dell'uso e dell'abitazione

1021. Uso.

Chi ha diritto d'uso di una cosa può servirsi di essa e, se è fruttifera, può raccogliere i frutti per quanto occorre ai bisogni suoi e della sua famiglia.

I bisogni si devono valutare secondo la condizione sociale del titolare del diritto.

• Il contenuto del diritto di uso consiste nella **facoltà del titolare del diritto (cioè l'usuario)** di utilizzare la cosa e nella facoltà di trarre dalla cosa i frutti che essa produce (quando sia fruttifera); ciò, però, solo nei limiti dei bisogni dell'usuario e dei propri famigliari. Il secondo comma ci fornisce un criterio (evidentemente elastico) onde accertare la rilevanza e la consistenza di tali bisogni, da accertarsi appunto alla luce della condizione sociale dell'usuario, che assumerà un contenuto diverso a seconda del contesto socio-economico di riferimento. • La cosa oggetto del diritto può essere un bene mobile o immobile, e anche una universalità di cose. Invece si esclude che possa costituire oggetto di diritto il denaro, che non potrebbe soddisfare direttamente alcuna necessità dell'essere umano.

1022. Abitazione.

Chi ha diritto di abitazione di una casa può abitarla limitatamente ai bisogni suoi e della sua famiglia.

• Il diritto di abitazione è caratterizzato dal suo oggetto, che è unicamente l'immobile idoneo a essere abitato; il che significa che **l'immobile non può essere adibito a usi diversi da quelli abitativi**, anche se il titolare del diritto potrà poi svolgere nell'abitazione attività diverse da quelle strettamente abitative (come ad esempio un'attività professionale), sempreché le attività ivi svolte non sovvertano la primaria funzione abitativa dell'immobile. • La precisazione per cui il diritto di abitazione ha quale limite i bisogni del titolare (*habitator*) e della sua famiglia esprime l'idea che l'estensione del diritto è determinata dalle esigenze oggettive del nucleo famigliare, ovviamente variabili da caso a caso.

1023. Ambito della famiglia.

Nella famiglia si comprendono anche i figli nati dopo che è cominciato il diritto d'uso o d'abitazione, quantunque nel tempo in cui il diritto è sorto la persona non avesse contratto matrimonio. Si comprendono inoltre i figli adottivi e i figli riconosciuti, anche se l'adozione o il riconoscimento sono seguiti dopo che il diritto era già sorto. Si comprendono infine le persone che convivono con il titolare del diritto per prestare a lui o alla sua famiglia i loro servizi.

• La disposizione chiarisce cosa debba intendersi con il termine **famiglia, tanto con riguardo al diritto di uso quanto con riguardo al diritto di abitazione**. La regola (da interpretarsi naturalmente in senso conforme alla rapida evoluzione del diritto di famiglia) è nel senso di attribuire una rilevanza giuridica a una famiglia intesa in senso notevolmente aperto: in particolare è in questo senso significativo il riferimento ai figli, matrimoniali o non matrimoniali, nati successivamente al momento in cui è stato costituito il diritto di uso o di abitazione; ma ovviamente nell'ambito della famiglia rientrano altresì i figli che siano stati adottati o riconosciuti successivamente all'insorgere del diritto di uso o di abitazione. Ciò ovviamente non basta, appunto perché è lo stesso concetto di famiglia a essere stato progressivamente ampliato, e dunque il convivente non occasionale del titolare del diritto senza dubbio farà parte della famiglia; così come gli eventuali figli di ciascuno dei conviventi: essi verranno a far parte della famiglia allargata. Del resto sarebbe irragionevole che la norma si soffermi (come fa nel periodo finale) sulle persone, in senso lato, "di servizio", come ben può essere, oggi, una persona che presti diuturna assistenza al soggetto titolare del diritto, escludendosi invece colui o colei che conviva con quest'ultimo, in forza di un legame affettivo.

1024. Divieto di cessione.

I diritti di uso e di abitazione non si possono cedere o dare in locazione.

• Il divieto di cessione dei diritti di uso e di abitazione, nonché il divieto di dare in locazione tali diritti fanno emergere la natura strettamente personale di essi. La *ratio* della previsione è che il proprietario **potrebbe essere pregiudicato dal nuovo titolare del diritto o dalla facoltà di un soggetto terzo di utilizzare o di abitare l'immobile.**

1025. Obblighi inerenti all'uso e all'abitazione.

Chi ha l'uso di un fondo e ne raccoglie tutti i frutti o chi ha il diritto di abitazione e occupa tutta la casa è tenuto alle spese di coltura, alle riparazioni ordinarie e al pagamento dei tributi come l'usufruttuario.

Se non raccoglie che una parte dei frutti o non occupa che una parte della casa, contribuisce in proporzione di ciò che gode.

• La disposizione pone a carico del soggetto titolare del diritto di uso o di abitazione le spese e gli oneri fiscali direttamente connessi con la gestione della cosa, in misura proporzionale all'estensione del diritto.

1026. Applicabilità delle norme sull'usufrutto.

Le disposizioni relative all'usufrutto si applicano, in quanto compatibili all'uso e all'abitazione.

• La circostanza che le disposizioni sull'uso e sull'abitazione sono numericamente contenute fa sì che ai diritti in parola vadano applicate analogicamente quelle disposizioni dettate in tema di usufrutto, purché compatibili.

Titolo VI
DELLE SERVITÙ PREDIALI

Capo I
Disposizioni generali

1027. Contenuto del diritto.

La servitù prediale consiste nel peso imposto sopra un fondo per l'utilità di un altro fondo appartenente a diverso proprietario.

• In questa disposizione, che apre la disciplina delle **servitù prediali**, troviamo il nucleo concettuale caratterizzante le servitù, e cioè il **peso imposto sopra un fondo** (che nel momento in cui la servitù verrà costituita sarà il fondo servente) per l'utilità di un altro fondo (il fondo dominante). Fondo servente e fondo dominante devono appartenere a proprietari diversi. • La regola è perfettamente in linea con la circostanza che ci troviamo all'interno della categoria dei diritti reali di godimento, e dunque l'attenzione è rivolta non già al soggetto titolare del diritto ma al contenuto del diritto medesimo. Un contenuto che è intrinsecamente comprensibile se lo si concepisce in termini di realità. Pertanto, l'utilità diretta è quella che deriva al fondo dominante ed è intrinseca ad esso, così solo indirettamente avvantaggiando il proprietario del fondo medesimo.

1028. Nozione dell'utilità.

L'utilità può consistere anche nella maggiore comodità o amenità del fondo dominante. Può del pari essere inerente alla destinazione industriale del fondo.

• **La nozione di utilità** (che la giurisprudenza ha progressivamente ampliato) ha sempre una rilevanza economica. Se ciò è ovvio con riferimento alla destinazione industriale del fondo (nel senso che, in assenza di servitù, quella destinazione non potrebbe realizzarsi, essendo ad esempio impossibile consegnare le materie prime indispensabili ai fini dello svolgimento dell'attività), anche in riferimento al periodo iniziale della disposizione l'aspetto economico non è assente. E infatti, nel momento in cui la servitù renda il fondo dominante più comodo o più ameno, ecco che l'utilità estetica è intrinsecamente un'utilità economica, perché il prezzo di mercato del fondo dominante sarà più alto di quanto non sarebbe in assenza di quella servitù. Inoltre è ovvio che il concetto di utilità debba essere inteso in senso oggettivo, cioè appunto in relazione alla cosa, e non già in senso soggettivo, cioè in relazione alla persona del proprietario del fondo dominante, che in questa prospettiva è del tutto irrilevante.

1029. Servitù per vantaggio futuro.

È ammessa la costituzione di una servitù per assicurare a un fondo un vantaggio futuro.

È ammessa altresì a favore o a carico di un edificio da costruire o di un fondo da acquistare; ma in questo caso la costituzione non ha effetto se non dal giorno in cui l'edificio è costruito o il fondo è acquistato.

• Come è possibile costituire su di un fondo una servitù per far conseguire ad esso **un'utilità futura** (dunque la costituzione del diritto è presente ma il vantaggio per il fondo dominante sarà futuro, ad esempio perché lo stato del fondo dominante non è ancora idoneo a mettere a frutto l'utilità intrinseca alla servitù), così è possibile costituire una servitù a favore o carico di un edificio da costruire o di un fondo (dominante o servente) da acquistare: in quest'ultimo caso la nascita della servitù è però **condizionata all'esistenza dell'edificio o alla titolarità del fondo**.

1030. Prestazioni accessorie.

Il proprietario del fondo servente non è tenuto a compiere alcun atto per rendere possibile l'esercizio della servitù da parte del titolare, salvo che la legge o il titolo disponga altrimenti.

• Secondo il principio ***servitus in faciendo consistere nequit***, il titolare del fondo servente non è appunto tenuto a compiere prestazioni grazie alle quali possa trovare concretizzazione il contenuto di utilità connotante la servitù; ma il titolo da cui la servitù sorge può invece disporre altrimenti, e dunque porre a carico del proprietario del fondo servente quegli atti necessari (invero indispensabili) ai fini dell'esercizio della servitù.

1031. Costituzione delle servitù.

Le servitù prediali possono essere costituite coattivamente o volontariamente. Possono anche essere costituite per usucapione o per destinazione del padre di famiglia.

• La disposizione individua i modi di costituzione delle servitù prediali. La grande distinzione è tra le **servitù volontarie e quelle coattive**. A un primo livello la distinzione va intesa nel senso che le servitù coattive sono quelle costituite per legge, e dunque "imposte" al proprietario del fondo servente, laddove le servitù volontarie sono quelle costituite per contratto. In realtà, poiché vi possono anche essere servitù coattive costituite per contratto, il punto è che la distinzione non attiene esclusivamente al titolo di costituzione del diritto, ma che **le servitù coattive sono quelle obbligatorie per legge**, e ciò a tutela del diritto di proprietà del titolare del fondo dominante. Posta questa esigenza, nulla vieta che una servitù in questo senso obbligatoria risulti poi costituita per contratto. Le servitù prediali possono essere altresì acquistate per usucapione e per destinazione del padre di famiglia (cfr. art. 1062).

Capo II
Delle servitù coattive

1032. Modi di costituzione.

Quando, in forza di legge, il proprietario di un fondo ha diritto di ottenere da parte del proprietario di un altro fondo la costituzione di una servitù, questa, in mancanza di contratto è costituita con sentenza. Può anche essere costituita con atto dell'autorità amministrativa nei casi specialmente determinati dalla legge.

La sentenza stabilisce le modalità della servitù e determina l'indennità dovuta.
Prima del pagamento dell'indennità il proprietario del fondo servente può opporsi all'esercizio della servitù.

• La disposizione chiarisce **l'apparente equivoco tra servitù coattive e volontarie** cui si è fatto cenno sopra (cfr. art. 1031): la servitù è infatti coattiva quando per legge il proprietario del fondo ha diritto di ottenere (appunto coattivamente, cioè anche contro la volontà del proprietario del futuro fondo servente) la costituzione della servitù. Naturalmente nulla vieta che i due proprietari si accordino e che quindi la costituiscano per contratto, ma nel caso in cui l'accordo non si raggiunga la servitù sarà costituita con sentenza. Inoltre, nei casi fissati dalla legge la servitù potrà essere costituita con provvedimento amministrativo. • Nel momento in cui la servitù coattiva sia costituita con sentenza, sarà quest'ultima a fissare le modalità di esercizio della servitù e l'ammontare dell'indennità spettante al proprietario del fondo servente, in ragione della compressione della propria sfera giuridica. Fino al pagamento dell'indennità il proprietario del fondo servente può opporsi all'esercizio della servitù.

Sezione I
Dell'acquedotto e dello scarico coattivo

1033. Obbligo di dare passaggio alle acque.

Il proprietario è tenuto a dare passaggio per i suoi fondi alle acque di ogni specie che si vogliono condurre da parte di chi ha, anche solo temporaneamente, il diritto di utilizzarle per i bisogni della vita o per usi agrari o industriali.
Sono esenti da questa servitù le case, i cortili, i giardini e le aie ad esse attinenti.

• Il proprietario del fondo servente **non può opporsi** al passaggio delle acque (è infatti la servitù coattiva di acquedotto) utilizzate, anche temporaneamente, per i bisogni della vita ovvero economici. Anche il conduttore del fondo, secondo l'opinione maggioritaria, può pretendere che sul fondo (servente) venga costituita la servitù di acquedotto. • Il secondo comma esclude quali fondi serventi gravabili dalla servitù di acquedotto alcuni immobili.

1034. Apertura di nuovo acquedotto.

Chi ha diritto di condurre acque per il fondo altrui deve costruire il necessario acquedotto, ma non può far defluire le acque negli acquedotti già esistenti e destinati al corso di altre acque.
Il proprietario del fondo soggetto alla servitù può tuttavia impedire la costruzione, consentendo il passaggio nei propri acquedotti già esistenti, qualora ciò non rechi notevole pregiudizio alla condotta che si domanda. In tal caso al proprietario dell'acquedotto è dovuta una indennità da determinarsi avuto riguardo all'acqua che s'introduce, al valore dell'acquedotto, alle opere che si rendono necessarie per il nuovo passaggio e alle maggiori spese di manutenzione.
La facoltà indicata dal comma precedente non è consentita al proprietario del fondo servente nei confronti della pubblica amministrazione.

• Lo scopo della disposizione è quello di **evitare che il proprietario del fondo dominante faccia defluire le acque nell'acquedotto altrui**, dovendo invece costruirne uno all'uopo, appunto per evitare ogni pregiudizio ulteriore a danno del proprietario del fondo servente. Tuttavia quest'ultimo può consentire il passaggio delle acque lungo il proprio acquedotto: in tal caso gli spetterà una indennità da calcolarsi sulla base dei criteri di cui al secondo comma. • Ma nel caso in cui proprietario del fondo dominante sia la P.A., l'utilizzo dell'acquedotto corrente nel fondo servente non è ammesso.

1035. Attraversamento di acquedotti.

Chi vuol condurre l'acqua per il fondo altrui può attraversare al disopra o al disotto gli acquedotti preesistenti, appartengano essi al proprietario del fondo o ad altri, purché esegua le opere necessarie a impedire ogni danno o alterazione degli acquedotti stessi.

• La disposizione chiarisce che, ai fini dell'esercizio della servitù di acquedotto, è possibile attraversare gli acquedotti che già esistano nel fondo servente, anche se appartenenti a un soggetto terzo, sempreché, naturalmente, il proprietario del fondo dominante esegua quelle opere necessarie onde evitare che tale utilizzo si riveli pregiudizievole per gli acquedotti preesistenti.

1036. Attraversamento di fiumi o di strade.
Se per la condotta delle acque occorre attraversare strade pubbliche o corsi di acque pubbliche, si osservano le leggi e i regolamenti sulle strade e sulle acque.

• Nell'ipotesi in cui l'acquedotto debba necessariamente attraversare beni demaniali, occorrerà una concessione perché possa essere costituita la servitù di acquedotto.

1037. Condizioni per la costituzione della servitù.
Chi vuol far passare le acque sul fondo altrui deve dimostrare che può disporre dell'acqua durante il tempo per cui chiede il passaggio; che la medesima è sufficiente per l'uso al quale si vuol destinare; che il passaggio richiesto è il più conveniente e il meno pregiudizievole al fondo servente, avuto riguardo alle condizioni dei fondi vicini, al pendio e alle altre condizioni per la condotta, per il corso e lo sbocco delle acque.

• Chi intende costituire la servitù coattiva di acquedotto deve dimostrare che tanto dal punto di vista giuridico quanto materiale ha la possibilità di disporre dell'acqua di cui chiede il passaggio; inoltre deve dimostrare, in senso ampio, **l'effettiva utilità di tale acquedotto**, tenute ovviamente in conto le caratteristiche delle acque nonché del fondo dominante e del fondo servente.

1038. Indennità per l'imposizione della servitù.
Prima di imprendere la costruzione dell'acquedotto, chi vuol condurre acqua per il fondo altrui deve pagare il valore, secondo la stima, dei terreni da occupare, senza detrazione delle imposte e degli altri carichi inerenti al fondo, oltre l'indennità per i danni, ivi compresi quelli derivanti dalla separazione in due o più parti o da altro deterioramento del fondo da intersecare.
Per i terreni, però, che sono occupati soltanto per il deposito delle materie estratte e per il getto dello spurgo non si deve pagare che la metà del valore del suolo, e sempre senza detrazione delle imposte e degli altri carichi inerenti; ma nei terreni medesimi il proprietario del fondo servente può fare piantagioni e rimuovere e trasportare le materie ammucchiate, purché tutto segua senza danno dell'acquedotto, del suo spurgo e della sua riparazione.

• Il proprietario del fondo dominante deve in sostanza **farsi carico dei costi necessari per la realizzazione dell'acquedotto**, e dovrà versare una indennità a fronte dei pregiudizi arrecati al fondo servente: in particolare, la compressione delle facoltà del proprietario del fondo servente. • Il secondo comma precisa che la cosiddetta indennità per le sponde e le banchine è pari alla metà del valore del suolo, posto che la servitù di acquedotto non impedisce al proprietario del fondo di utilizzare quelle porzioni limitrofe allo scorrimento dell'acquedotto.

1039. Indennità per il passaggio temporaneo.
Qualora il passaggio delle acque sia domandato per un tempo non maggiore di nove anni, il pagamento dei valori e delle indennità indicati dall'articolo precedente è ristretto alla sola metà, ma con l'obbligo, scaduto il termine, di rimettere le cose nel primitivo stato.
Il passaggio temporaneo può essere reso perpetuo prima della scadenza del termine mediante il pagamento dell'altra metà con gli interessi legali dal giorno in cui il passaggio è stato praticato; scaduto il termine, non si tiene più conto di ciò che è stato pagato per la concessione temporanea.

• Nel caso in cui l'acquedotto abbia una **durata non superiore ai nove anni**, gli esborsi a carico del proprietario del fondo dominante sono ridotti della metà, ma quest'ultimo ha l'obbligo, scaduto il termine, di rimettere i luoghi nello stato originario. • La servitù di acquedotto temporanea può essere resa perpetua pagando la differenza prima della scadenza del termine, oltre agli interessi legali decorrenti dall'ultimazione dell'acquedotto. Nel caso in cui il termine sia scaduto, invece, potrà essere costituita *ex novo* la servitù perpetua di acquedotto.

1040. Uso dell'acquedotto.

Chi possiede un acquedotto nel fondo altrui non può immettervi maggior quantità d'acqua, se l'acquedotto non ne è capace o ne può venir danno al fondo servente.

Se l'introduzione di una maggior quantità d'acqua esige nuove opere, queste non possono farsi, se prima non se ne determinano la natura e la qualità e non si paga la somma dovuta per il suolo da occupare e per i danni nel modo stabilito dall'articolo 1038.

La stessa disposizione si applica anche quando per il passaggio attraverso un acquedotto occorre sostituire una tomba a un ponte-canale o viceversa.

• **La servitù di acquedotto non può condurre una quantità d'acqua superiore alla capacità dell'acquedotto medesimo**, dato che ciò potrebbe essere pregiudizievole per il fondo servente. • Nel caso in cui l'aumento della portata d'acqua richieda nuove opere, occorre determinarne, prima dell'esecuzione, il costo; inoltre, occorre che il proprietario del fondo dominante tenga indenne il proprietario del fondo servente dagli esborsi aggiuntivi richiesti dalle opere effettuate su quest'ultimo.

1041. Letto dell'acquedotto.

È sempre in facoltà del proprietario del fondo servente di far determinare stabilmente il letto dell'acquedotto con l'apposizione di capisaldi o soglie da riportarsi a punti fissi. Se però di tale facoltà egli non ha fatto uso al tempo della concessione dell'acquedotto, deve sopportare la metà delle spese occorrenti.

• Il proprietario del fondo servente ha il diritto di chiedere, nel momento della costituzione della servitù, che il letto del canale sia messo in sicurezza, attraverso l'esecuzione di idonee opere di consolidazione. Se però tali interventi non sono stati richiesti in tempo utile, allora il proprietario del fondo servente dovrà sostenere la metà delle spese.

1042. Obblighi inerenti all'uso di corsi contigui a fondi altrui.

Se un corso d'acqua impedisce ai proprietari dei fondi contigui l'accesso ai medesimi, o la continuazione dell'irrigazione o dello scolo delle acque, coloro che si servono di quel corso sono obbligati, in proporzione del beneficio che ne ritraggono, a costruire e a mantenere i ponti e i loro accessi sufficienti per un comodo e sicuro transito, come pure le botti sotterranee, i ponti-canali o altre opere simili per continuare l'irrigazione o lo scolo, salvi i diritti derivanti dal titolo o dall'usucapione.

• Nell'ipotesi in cui in corso d'acqua impedisca ai proprietari dei fondi contigui l'accesso a questi ultimi, nonché l'irrigazione o il deflusso delle acque, chi utilizza il corso d'acqua è obbligato, **in proporzione al beneficio che ne trae**, a costruire e a mantenere i ponti e gli accessi ad essi in modo da rendere sicuro l'accesso ai fondi contigui.

1043. Scarico coattivo.

Le disposizioni contenute negli articoli precedenti per il passaggio delle acque si applicano anche se il passaggio è domandato al fine di scaricare acque sovrabbondanti che il vicino non consente di ricevere nel suo fondo.

Lo scarico può essere anche domandato per acque impure, purché siano adottate le precauzioni atte a evitare qualsiasi pregiudizio o molestia.

• Le regole in tema di servitù coattiva di acquedotto, come precisate nelle disposizioni precedenti, si applicano anche alla servitù di scarico coattivo, appunto per permettere anche il **deflusso delle acque sovrabbondanti**. La stessa regola si applica allo scarico delle acque impure (e, secondo un'interpretazione, delle acque luride), sempreché siano adottate quelle misure onde evitare pregiudizio al fondo sul quale le acque scorrono.

1044. Bonifica.

Ferme le disposizioni delle leggi sulla bonifica e sul vincolo forestale, il proprietario che intende prosciugare o bonificare le sue terre con fognature, con colmate o altri mezzi ha diritto, premesso il pagamento dell'indennità e col minor danno possibile, di condurre per fogne o per fossi le acque di scolo attraverso i fondi che separano le sue terre da un corso di acqua o da qualunque altro colatoio.

Se il prosciugamento risulta in contrasto con gli interessi di coloro che utilizzano le acque provenienti dal fondo paludoso, e se gli opposti interessi non si possono conciliare con opportune opere che importino una spesa proporzionata allo scopo, l'autorità giudiziaria dà le disposizioni per assicurare l'interesse prevalente, avuto in ogni caso riguardo alle esigenze generali della produzione. Se si fa luogo al prosciugamento, può essere assegnata una congrua indennità a coloro che al prosciugamento si sono opposti.

• La disposizione si occupa della **bonifica delle proprie terre**, al di là della specifica normativa di settore: a tale fine il proprietario di quello che sarà il fondo dominante, pagando l'indennità al fondo servente e con il minor danno possibile, potrà procedere alla bonifica facendo passare le condutture attraverso quei fondi che danno accesso a corsi d'acqua o a canali di scolo.

1045. Utilizzazione di fogne o di fossi altrui.

I proprietari dei fondi attraversati da fogne o da fossi altrui, o che altrimenti possono approfittare dei lavori fatti in forza dell'articolo precedente, hanno facoltà di servirsene per risanare i loro fondi, a condizione che non ne venga danno ai fondi già risanati e che essi sopportino le nuove spese occorrenti per modificare le opere già eseguite, affinché queste siano in grado di servire anche ai fondi attraversati, e inoltre sopportino una parte proporzionale delle spese già fatte e di quelle richieste per il mantenimento delle opere, le quali divengono comuni.

• La disposizione autorizza i proprietari dei fondi che siano attraversati da canali di scolo a utilizzare questi ultimi per risanare i propri fondi, sempreché ciò non sia di pregiudizio ai fondi altrui e sempreché vengano sostenute le spese relative al risanamento.

1046. Norme per l'esecuzione delle opere.

Nell'esecuzione delle opere indicate dagli articoli precedenti sono applicabili le disposizioni del secondo comma dell'articolo 1033 e degli articoli 1035 e 1036.

• La disposizione rinvia alle regole in tema di servitù coattiva di acquedotto di cui agli artt. 1033, co. 2, 1035 e 1036, applicabili alla servitù di bonifica di cui agli articoli precedenti.

Sezione II
Dell'appoggio e dell'infissione di chiusa

1047. Contenuto della servitù.

Chi ha diritto di derivare acque da fiumi, torrenti, rivi, canali, laghi o serbatoi può, qualora sia necessario, appoggiare o infiggere una chiusa alle sponde, con l'obbligo però di pagare l'indennità e di fare e mantenere le opere atte ad assicurare i fondi da ogni danno.

• La **servitù di chiusa** consente di sbarrare con pietre, legname o altro materiale una o entrambe le sponde del canale affinché il corso ordinario dell'acqua sia deviato verso il canale di presa. A tal fine la disposizione precisa che sussiste l'obbligo non solo di pagare l'indennità a fronte del vantaggio conseguito, ma anche di predisporre e di mantenere le opere necessarie a evitare ogni pregiudizio al fondo gravato dalla chiusa.

1048. Obblighi degli utenti.

Nella derivazione e nell'uso delle acque a norma del precedente articolo, deve evitarsi tra gli utenti superiori e gli inferiori ogni vicendevole pregiudizio che possa provenire dallo stagnamento, dal rigurgito o dalla diversione delle acque medesime.

• Nell'esercizio della servitù di chiusa devono essere evitati (e nel caso il danno dovrà invece essere risarcito) i pregiudizi cagionati dallo stagnamento delle acque (cioè la concentrazione delle acque in un determinato luogo), dal rigurgito delle acque (cioè il reflusso delle acque) e dalla diversione delle acque (cioè lo scorrere dell'acqua lungo una via diversa da quella che dovrebbe essere percorsa).

Sezione III
Della somministrazione coattiva di acqua a un edificio o a un fondo

1049. Somministrazione di acqua a un edificio.

Se a una casa o alle sue dipendenze manca l'acqua necessaria per l'alimentazione degli uomini o degli animali e per gli altri usi domestici, e non è possibile procurarla senza eccessivo dispendio, il proprietario del fondo vicino deve consentire che sia dedotta l'acqua di sopravanzo nella misura indispensabile per le necessità anzidette.

Prima che siano iniziati i lavori, deve pagarsi il valore dell'acqua, che si chiede di dedurre, calcolato per un'annualità. Si devono altresì sostenere tutte le spese per le opere di presa e di derivazione. Si applicano inoltre le disposizioni del primo comma dell'articolo 1038.

In mancanza di convenzione, la sentenza determina le modalità della derivazione e l'indennità dovuta.

Qualora si verifichi un mutamento nelle condizioni originarie, la derivazione può essere soppressa su istanza dell'una o dell'altra parte.

• La disposizione è riferita alla **servitù coattiva di acqua a favore di un edificio o di un fondo**, nell'ipotesi in cui manchi l'acqua e non sia possibile procurarla senza un eccessivo dispendio. Di fronte a tali circostanze, il proprietario del fondo vicino deve consentire la derivazione dell'acqua eccedente le proprie necessità non voluttuarie. • I costi necessari alla derivazione di acqua gravano sul proprietario del fondo dominante.

1050. Somministrazione di acqua a un fondo.

Le norme stabilite dall'articolo precedente si applicano anche se il proprietario di un fondo non ha acqua per irrigarlo, quando le acque del fondo vicino consentono una parziale somministrazione, dopo soddisfatto ogni bisogno domestico, agricolo o industriale.

Le disposizioni di questo articolo e del precedente non si applicano nel caso in cui delle acque si dispone in forza di concessione amministrativa.

• Le regole di cui all'art. 1049 si applicano anche alla servitù coattiva di somministrazione di acqua al fondo per consentirne l'irrigazione.

Sezione IV
Del passaggio coattivo

1051. Passaggio coattivo.

Il proprietario, il cui fondo è circondato da fondi altrui, e che non ha uscita sulla via pubblica né può procurarsela senza eccessivo dispendio o disagio, ha diritto di ottenere il passaggio sul fondo vicino per la coltivazione e il conveniente uso del proprio fondo.

Il passaggio si deve stabilire in quella parte per cui l'accesso alla via pubblica è più breve e riesce di minore danno al fondo sul quale è consentito. Esso può essere stabilito anche mediante sottopassaggio, qualora ciò sia preferibile, avuto riguardo al vantaggio del fondo dominante e al pregiudizio del fondo servente.

Le stesse disposizioni si applicano nel caso in cui taluno avendo un passaggio sul fondo altrui, abbia bisogno ai fini suddetti di ampliarlo per il transito dei veicoli anche a trazione meccanica.

Sono esenti da questa servitù le case, i cortili, i giardini e le aie ad esse attinenti.

• **La servitù coattiva di passaggio si applica nell'ipotesi di fondo intercluso**: il proprietario del fondo (che sarà il futuro fondo dominante) ha il diritto di passare sul fondo vicino per la coltivazione e per il conveniente uso del proprio fondo. In assenza della servitù di passaggio il fondo intercluso non avrebbe accesso alla pubblica via. La regola è sempre nel senso per cui la servitù deve arrecare il minor disagio possibile al fondo servente. Inoltre, la fattispecie del passaggio coattivo si applica anche alle ipotesi in cui la servitù di passaggio già esiste, ma occorre ampliarla per consentire il transito di veicoli. • L'ultimo comma della disposizione esclude che la servitù coattiva di passaggio possa essere costituita su case, cortili, giardini ed aie, per evitare l'aggravio che ad essi da ciò deriverebbe.

1052. Passaggio coattivo a favore di fondo non intercluso.

Le disposizioni dell'articolo precedente si possono applicare anche se il proprietario del fondo ha un accesso alla via pubblica, ma questo è inadatto o insufficiente ai bisogni del fondo e non può essere ampliato.

Il passaggio può essere concesso dall'autorità giudiziaria solo quando questa riconosce che la domanda risponde alle esigenze dell'agricoltura o dell'industria.

• Le regole in tema di servitù coattiva si applicano anche all'ipotesi del fondo non intercluso, ma caratterizzato da un accesso alla via pubblica non solo, come, tale inadeguato rispetto alle necessità del fondo, ma non suscettibile di ampliamento. Le ragioni che giustificano la costituzione del passaggio coattivo devono attenere alle esigenze dell'agricoltura o dell'industria.

1053. Indennità.

Nei casi previsti dai due articoli precedenti è dovuta un'indennità proporzionata al danno cagionato dal passaggio.

Qualora per attuare il passaggio, sia necessario occupare con opere stabili o lasciare incolta una zona del fondo servente, il proprietario che lo domanda deve, prima d'imprendere le opere o di iniziare il passaggio, pagare il valore della zona predetta nella misura stabilita dal primo comma dell'articolo 1038.

• L'indennità prevista è **proporzionata al pregiudizio cagionato al fondo servente.** Inoltre, se, per attuare il passaggio, è necessario costruire opere stabili sul fondo servente o lasciare incolta una porzione di quest'ultimo, il proprietario del fondo dominante, prima di iniziare le opere necessaria, deve pagare il valore della porzione interessata del fondo servente. Tale valore dovrà comprendere il valore della zona occupata, la diminuzione di valore del fondo e il risarcimento del danno.

1054. Interclusione per effetto di alienazione o di divisione.

Se il fondo è divenuto da ogni parte chiuso per effetto di alienazione a titolo oneroso, il proprietario ha diritto di ottenere dall'altro contraente il passaggio senza alcuna indennità.

La stessa norma si applica in caso di divisione.

• Quando il fondo è divenuto intercluso in conseguenza della vendita, il nuovo proprietario ha diritto di ottenere dall'alienante il diritto di passaggio senza alcuna indennità. La stessa regola si applica anche in caso di divisione del fondo.

1055. Cessazione dell'interclusione.

Se il passaggio cessa di essere necessario, può essere soppresso in qualunque tempo a istanza del proprietario del fondo dominante o del fondo servente. Quest'ultimo deve restituire il compenso ricevuto; ma l'autorità giudiziaria può disporre una riduzione della somma, avuto riguardo alla durata della servitù e al danno sofferto. Se l'indennità fu convenuta in annualità, la prestazione cessa dall'anno successivo.

• La servitù di passaggio viene meno se lo stato di interclusione del fondo cessa. In tale caso, il proprietario del fondo servente deve restituire quanto ricevuto, ma il giudice può ridurre l'ammontare della somma, tenuto conto della durata della servitù e del pregiudizio effettivamente subito dal fondo servente. Se l'indennità era stata fissata con cadenza annuale, il pagamento della stessa viene meno a partire dall'anno successivo.

Sezione V
Dell'elettrodotto coattivo e del passaggio coattivo di linee teleferiche

1056. Passaggio di condutture elettriche.

Ogni proprietario è tenuto a dare passaggio per i suoi fondi alle condutture elettriche, in conformità delle leggi in materia.

• La disposizione si riferisce alla servitù di elettrodotto, in forza della quale il proprietario del fondo deve consentire il passaggio delle condutture elettrice su quest'ultimo. L'istituto della servitù coattiva è disciplinato dal t.u. sulle acque pubbliche, agli artt. 119-129.

1057. Passaggio di vie funicolari.

Ogni proprietario è parimenti tenuto a lasciar passare sopra il suo fondo le gomene di vie funicolari aeree a uso agrario o industriale e a tollerare sul fondo le opere, i meccanismi e le occupazioni necessarie a tale scopo, in conformità delle leggi in materia.

• Il proprietario deve consentire il passaggio sul proprio fondo delle linee teleferiche adibite a uso agrario o industriale, nonché le opere necessarie al funzionamento della funicolare.

Capo III
Delle servitù volontarie

1058. Modi di costituzione.

Le servitù prediali possono essere costituite per contratto o per testamento.

• **Le servitù volontarie nascono dal contratto o dal testamento**. Occorre allora precisare che l'opinione comune ritiene che la servitù volontaria possa anche essere costituita dal giudice a tenore dell'art. 2932, e dunque a favore del soggetto che abbia subito l'inadempimento dell'obbligazione avente fonte nel contratto preliminare, poi appunto non eseguito, di stipulare il contratto definitivo di costituzione di servitù volontaria.

1059. Servitù concessa da uno dei comproprietari.

La servitù concessa da uno dei comproprietari di un fondo indiviso non è costituita se non quando gli altri l'hanno anch'essi concessa unitamente o separatamente.

La concessione, però fatta da uno dei comproprietari, indipendentemente dagli altri, obbliga il concedente e i suoi eredi o aventi causa a non porre impedimento all'esercizio del diritto concesso.

• Nell'ipotesi in cui il futuro fondo servente sia **indiviso**, la servitù potrà essere costituita solo quando anche gli altri comproprietari l'abbiano concessa, unitamente o separatamente. Il che significa che tutti erano d'accordo nel far sorgere la servitù, al di là della manifestazione (individuale o collettivo) del consenso. • Nel caso, invece, in cui la servitù sia stata concessa solo da uno dei comproprietari, indipendentemente dagli altri, allora il concedente, i suoi eredi e i suoi aventi causa, non potranno ostacolare l'esercizio del diritto.

1060. Servitù costituite dal nudo proprietario.

Il proprietario può, senza il consenso dell'usufruttuario, imporre sul fondo le servitù che non pregiudicano il diritto di usufrutto.

• La disposizione consente al nudo proprietario, anche senza il consenso dell'usufruttuario, di costituire sul fondo quelle servitù che non siano pregiudizievoli all'esercizio del diritto di usufrutto.

Capo IV
Delle servitù acquistate per usucapione e per destinazione del padre di famiglia

1061. Servitù non apparenti.

Le servitù non apparenti non possono acquistarsi per usucapione o per destinazione del padre di famiglia.

Non apparenti sono le servitù quando non si hanno opere visibili e permanenti destinate al loro esercizio.

• Le servitù non apparenti sono quelle che non sono caratterizzate dalla presenza di **opere visibili e permanenti finalizzate al loro esercizio**. Quindi si tratta di opere che devono essere direttamente riferite al contenuto specifico della servitù. Deve pertanto trattarsi di opere che abbiano un carattere permanente e che facciano apparire chiaramente l'utilità per il fondo dominante. La servitù che non abbiano queste caratteristiche e che siano quindi servitù non apparenti non possono essere acquistate attraverso l'usucapione o per destinazione del padre di famiglia.

1062. Destinazione del padre di famiglia.

La destinazione del padre di famiglia ha luogo quando consta mediante qualunque genere di prova, che due fondi, attualmente divisi, sono stati posseduti dallo stesso proprietario, e che questi ha posto o lasciato le cose nello stato dal quale risulta la servitù.

Se i due fondi cessarono di appartenere allo stesso proprietario, senza alcuna disposizione relativa alla servitù, questa si intende stabilita attivamente e passivamente a favore e sopra ciascuno dei fondi separati.

• Il meccanismo descritto dalla norma e attraverso cui la servitù si acquista funziona come segue. I due fondi (fondo dominante e fondo servente), **attualmente divisi, nel passato sono appartenuti allo stesso proprietario**. Prima della divisione (qui sta il punto), se si guarda allo stato dei luoghi, la situazione era nel senso che, materialmente, **l'uno era servente rispetto all'altro**. La conseguenza di ciò è che, dopo la divisione, la situazione materiale si "giuridicizza", e allora si potrà parlare in senso proprio di servitù gravante sul fondo servente e a favore del fondo dominante. In altri termini, la situazione di fatto diventa situazione di diritto, fotografando quindi la realtà materiale del fondo, senza che, appunto, il vecchio proprietario abbia in alcun modo provveduto ai fini della costituzione della servitù.

Capo V
Dell'esercizio delle servitù

1063. Norme regolatrici.

L'estensione e l'esercizio delle servitù sono regolati dal titolo e, in mancanza, dalle disposizioni seguenti.

• Nella prospettiva del legislatore il contenuto regolativo delle servitù dovrebbe in via primaria discendere dal **titolo costitutivo della servitù** medesima. Ma se manca il titolo costitutivo (cioè, innanzitutto, il contratto; ma poi anche il testamento, la sentenza, l'atto amministrativo), oppure se il titolo costitutivo è lacunoso, si applicano le disposizioni di questo capo, nella logica dell'integrazione suppletiva ovvero anche imperativa, nell'ipotesi in cui il contenuto negoziale della servitù sia in parte contrastante con una disposizione inderogabile.

1064. Estensione del diritto di servitù.

Il diritto di servitù comprende tutto ciò che è necessario per usarne.

Se il fondo viene chiuso, il proprietario deve lasciarne libero e comodo l'ingresso a chi ha un diritto di servitù che renda necessario il passaggio per il fondo stesso.

• La prospettiva dell'integrazione del contenuto della servitù ritorna al primo comma della disposizione, dato che, se il diritto di servitù comprende tutto ciò che è necessario per poterlo esercitare, è evidente che potranno essere esercitate anche quelle facoltà non previste dal titolo costitutivo. Il che significa che, di fronte al concreto esercizio di una servitù, **l'integrazione del contenuto** è fenomeno non così episodico come a prima vista potrebbe pensarsi. Usualmente si parla di facoltà accessorie, che però sono appunto indispensabili ai fini dell'esercizio del diritto. Come tali sono intrinsecamente elastiche in ragione delle esigenze della fattispecie concreta. Da questo punto di vista si può anche osservare che ogni attività del proprietario del fondo dominante volta a ostacolare l'esercizio della servitù è un atto abusivo, come indirettamente fa intendere il secondo comma: ogni ostacolo all'esercizio della servitù non può essere giuridicamente tollerato.

1065. Esercizio conforme al titolo o al possesso.

Colui che ha un diritto di servitù non può usarne se non a norma del suo titolo o del suo possesso.

Nel dubbio circa l'estensione e le modalità di esercizio, la servitù deve ritenersi costituita in guisa da soddisfare il bisogno del fondo dominante col minor aggravio del fondo servente.

• La disposizione può essere oggi letta nell'ottica del **bilanciamento tra interessi in contrasto o in conflitto**. Se infatti è a prima visto ovvio che l'esercizio della servitù deve essere corrispondente al titolo o al possesso (e quindi alla condotta qualificabile come esercizio di facoltà corrispondenti all'esercizio della servitù: il che naturalmente rileva in primo luogo ai fini dell'acquisto della servitù medesima tramite usucapione), può sorgere questione circa l'estensione e le modalità di esercizio del diritto. In questo caso, e al di là dell'integrazione suppletiva del contenuto del diritto, il contenuto della servitù deve essere orientato a consentire il conseguimento dell'utilità del fondo dominante con il minor sacrificio del fondo servente.

1066. Possesso delle servitù.

Nelle questioni di possesso delle servitù si ha riguardo alla pratica dell'anno antecedente e, se si tratta di servitù esercitate a intervalli maggiori di un anno, si ha riguardo alla pratica dell'ultimo godimento.

• La disposizione ha la finalità di individuare il contenuto dell'esercizio della servitù (al di là della circostanza che esista o no un titolo costitutivo della medesima) **nell'ipotesi in cui sorga una controversia relativa appunto all'estensione del potere** (di qui il riferimento al possesso) esercitato dal soggetto, quantomeno apparentemente, titolare della servitù. Se questo è il presupposto della norma, la regola contenuta nella disposizione è che l'arco temporale al quale fare riferimento ai fini dell'individuazione del contenuto della servitù è l'anno antecedente al momento in cui la questione controversa è sorta. Se si tratta di servitù esercitate a intermittenza in un arco temporale più lungo dell'anno, si farà riferimento al potere sulla cosa (e quindi sul fondo servente) per come concretizzatosi nell'ultimo periodo di godimento.

1067. Divieto di aggravare o di diminuire l'esercizio della servitù.

Il proprietario del fondo dominante non può fare innovazioni che rendano più gravosa la condizione del fondo servente.

Il proprietario del fondo servente non può compiere alcuna cosa che tenda a diminuire l'esercizio della servitù o a renderlo più incomodo.

• La disposizione ribadisce quell'ottica del bilanciamento vista prima e in base alla quale entrambi i proprietari devono tenere una condotta che non ostacoli l'esercizio della servitù, senza però che quest'ultimo possa assumere un carattere gravoso ai danni del fondo servente.

1068. Trasferimento della servitù in luogo diverso.

Il proprietario del fondo servente non può trasferire l'esercizio della servitù in luogo diverso da quello nel quale è stata stabilita originariamente.

Tuttavia, se l'originario esercizio è divenuto più gravoso per il fondo servente, o se impedisce di fare lavori, riparazioni o miglioramenti, il proprietario del fondo servente può offrire al proprietario dell'altro fondo un luogo egualmente comodo per l'esercizio dei suoi diritti, e questi non può ricusarlo.

Il cambiamento di luogo per l'esercizio della servitù si può del pari concedere su istanza del proprietario del fondo dominante, se questi prova che il cambiamento riesce per lui di notevole vantaggio e non reca danno al fondo servente.

L'autorità giudiziaria può anche disporre che la servitù sia trasferita su altro fondo del proprietario del fondo servente o di un terzo che vi acconsenta, purché l'esercizio di essa riesca egualmente agevole al proprietario del fondo dominante.

• Anche questa disposizione si muove nella prospettiva del bilanciamento, e infatti si occupa **di trasferimento su altro fondo della servitù**. A prima vista il trasferimento è vietato, perché ciò verosimilmente andrebbe contro l'utilità che la servitù esprime per il fondo dominante. Tuttavia, se l'esercizio delle servitù è divenuto più gravoso per il fondo servente, ovvero se la servitù impedisce di compiere sul fondo servente interventi che invece sarebbero necessari, il proprietario del fondo dominante non può opporsi al trasferimento. Nella stessa logica il cambiamento del luogo dell'esercizio della servitù è consentito quando sia richiesto dal proprietario del fondo dominante, sul presupposto che tale cambiamento sarà vantaggioso per il suo fondo senza arrecare pregiudizio a quello servente.

1069. Opere sul fondo servente.

Il proprietario del fondo dominante, nel fare le opere necessarie per conservare la servitù, deve scegliere il tempo e il modo che siano per recare minore incomodo al proprietario del fondo servente.

Egli deve fare le opere a sue spese, salvo che sia diversamente stabilito dal titolo o dalla legge.

Se però le opere giovano anche al fondo servente, le spese sono sostenute in proporzione dei rispettivi vantaggi.

• Anche in questo caso la disposizione vuole colpire gli eventuali **abusi compiuti dal proprietario del fondo dominante**, che certamente potrà eseguire nel fondo servente le opere necessarie alla servitù, ma nella logica di recare il minore disagio possibile al fondo servente medesimo. Il proprietario del fondo dominante sosterrà le spese delle opere effettuate, a meno che il titolo costitutivo della servitù o la legge dispongano altrimenti. Nella logica del bilanciamento, se le opere effettuate dal proprietario del fondo dominante giovano anche al fondo servente, le spese saranno sostenute da entrambi i proprietari, in proporzione dei rispettivi vantaggi.

1070. Abbandono del fondo servente.

Il proprietario del fondo servente, quando è tenuto in forza del titolo o della legge alle spese necessarie per l'uso o per la conservazione della servitù, può sempre liberarsene, rinunziando alla proprietà del fondo servente a favore del proprietario del fondo dominante.

Nel caso in cui l'esercizio della servitù sia limitato a una parte del fondo, la rinunzia può limitarsi alla parte stessa.

• Il proprietario del fondo servente, nel caso in cui sia tenuto a sostenere i costi relativi all'esercizio o alla conservazione della servitù, può liberarsi da tali spese **rinunciando alla proprietà sul fondo a favore del proprietario del fondo dominante**. La stessa regola si applica, ma limitata alla porzione del fondo oggetto di rinuncia, quando l'esercizio della servitù sia limitato a una parte del fondo.

1071. Divisione del fondo dominante o del fondo servente.

Se il fondo dominante viene diviso, la servitù è dovuta a ciascuna porzione, senza che però si renda più gravosa la condizione del fondo servente.

Se il fondo servente viene diviso e la servitù ricade su una parte determinata del fondo stesso, le altre parti sono liberate.

• Nel caso in cui il fondo dominante venga diviso, la servitù deve conservare la propria utilità **per ciascuna porzione del fondo**, senza che però il fondo servente risulti essere gravato più di quanto consenta il contenuto della servitù medesima. Nel caso in cui sia invece il fondo servente a essere diviso, se la servitù insiste solo su una parte del fondo medesimo, le parti sulle quali la servitù non si estende sono liberate.

Capo VI
Dell'estinzione delle servitù

1072. Estinzione per confusione.

La servitù si estingue quando in una sola persona si riunisce la proprietà del fondo dominante con quella del fondo servente.

• L'estinzione per confusione è la fattispecie in cui lo stesso soggetto diventa proprietario tanto del fondo dominante quanto di quello servente.

1073. Estinzione per prescrizione.

La servitù si estingue per prescrizione quando non se ne usa per venti anni.

Il termine decorre dal giorno in cui si è cessato di esercitarla; ma, se si tratta di servitù negativa o di servitù per il cui esercizio non è necessario il fatto dell'uomo, il termine decorre dal giorno in cui si è verificato un fatto che ne ha impedito l'esercizio.

Nelle servitù che si esercitano a intervalli, il termine decorre dal giorno in cui la servitù si sarebbe potuta esercitare e non ne fu ripreso l'esercizio.

Agli effetti dell'estinzione si computa anche il tempo per il quale la servitù non fu esercitata dai precedenti titolari.

Se il fondo dominante appartiene a più persone in comune, l'uso della servitù fatto da una di esse impedisce l'estinzione riguardo a tutte.

La sospensione o l'interruzione della prescrizione a vantaggio di uno dei comproprietari giova anche agli altri.

• L'ipotesi di estinzione per prescrizione è fondata sul **mancato esercizio della servitù per un periodo di vent'anni**. Il termine decorre dall'ultimo giorno dell'esercizio della servitù. Nel caso in cui si tratti di servitù negativa o di servitù il cui esercizio non richiede l'intervento del proprietario del fondo dominante, allora il termine incomincia a decorrere dal giorno in cui si è verificato un fatto impeditivo dell'esercizio. Quando si tratti di una servitù esercitata non in modo continuativo ma a intervalli, il termine decorre dal giorno in cui la servitù avrebbe potuto essere esercitata ma non lo fu. Il periodo nel quale la servitù non fu esercitata da precedenti titolari è computato ai fini della prescrizione. Nel caso in cui il fondo dominante appartenga a più persone, l'esercizio della servitù effettuato anche solo da una di esse giova anche alle altre, e dunque non inizierà a decorrere il periodo di tempo ai fini dell'operatività della prescrizione. Nella stessa logica, la sospensione o l'interruzione della prescrizione a vantaggio di uno dei comproprietari giova anche agli altri.

1074. Impossibilità di uso e mancanza di utilità.

L'impossibilità di fatto di usare della servitù e il venir meno dell'utilità della medesima non fanno estinguere la servitù, se non è decorso il termine indicato dall'articolo precedente.

• La materiale impossibilità di esercitare la servitù o il fatto che la servitù abbia perso l'originaria utilità per il fondo dominante (e quindi non sia stata esercitata), non ne comporta l'estinzione. Ma naturalmente vi sarà estinzione se nel frattempo sia decorso il termine di prescrizione, nel presupposto che in questi vent'anni la servitù non sia stata appunto esercitata per le indicate ragioni.

1075. Esercizio limitato della servitù.
La servitù esercitata in modo da trarne un'utilità minore di quella indicata dal titolo si conserva per intero.

• L'esercizio limitato della servitù da parte dell'avente diritto non comporta l'estinzione della stessa, posto che tale esercizio limitato dipende dalla autonoma valutazione dell'avente diritto, e posto che siamo comunque di fronte a un esercizio del diritto, così dovendosi *in radice* escludersi l'ipotesi del mancato utilizzo.

1076. Esercizio della servitù non conforme al titolo o al possesso.
L'esercizio di una servitù in tempo diverso da quello determinato dal titolo o dal possesso non ne impedisce l'estinzione per prescrizione.

• Se il proprietario del fondo dominante non rispetta il periodo temporale di esercizio della servitù e la esercita in un momento diverso, tale esercizio non ne impedisce l'estinzione per prescrizione, poi l'esercizio al di fuori del periodo stabilito è qualificabile come non esercizio.

1077. Servitù costituite sul fondo enfiteutico.
Le servitù costituite dall'enfiteuta sul fondo enfiteutico cessano quando l'enfiteusi si estingue per decorso del termine, per prescrizione o per devoluzione.

• Quando la servitù è costituita dall'enfiteuta sul fondo, essa cessa nel momento in cui l'enfiteusi si estingua per decorso del termine, per prescrizione ovvero per devoluzione. Ciò perché, se è vero che la servitù insiste sul fondo, è altrettanto vero che essa incide soltanto sul contenuto del diritto di enfiteusi, non sul contenuto del diritto di proprietà.

1078. Servitù costituite a favore del fondo enfiteutico, dotale o in usufrutto.
Le servitù costituite dall'enfiteuta a favore del fondo enfiteutico non cessano con l'estinguersi dell'enfiteusi. Lo stesso vale per le servitù costituite dall'usufruttuario a favore del fondo di cui ha l'usufrutto o dal marito a favore del fondo dotale.

• Se vi è una servitù costituita a favore del fondo gravato da enfiteusi (e dunque il fondo enfiteutico è dominante), essa non viene a cessare nel momento dell'estinzione dell'enfiteusi. La stessa regola si applica all'ipotesi della servitù costituita dall'usufruttuario a favore del fondo del quale ha l'usufrutto. La ragione della regola è controversa, ma alla base di essa vi è senza dubbio la volontà del legislatore di conservare quei vantaggi e quelle utilità che come tali le servitù rappresentano a favore del fondo dominante.

Capo VII
Delle azioni a difesa delle servitù

1079. Accertamento della servitù e altri provvedimenti di tutela.
Il titolare della servitù può farne riconoscere in giudizio l'esistenza contro chi ne contesta l'esercizio e può far cessare gli eventuali impedimenti e turbative. Può anche chiedere la rimessione delle cose in pristino, oltre il risarcimento dei danni.

• In chiave rimediale, il titolare della servitù può dispiegare in giudizio **l'azione confessoria**, che è un'azione petitoria esercitata contro chi ne contesti l'esercizio, e quindi contesti il diritto in quanto tale. Inoltre, l'azione può essere esercitata al fine di far cessare quegli impedimenti e quelle turbative che ostacolano il pacifico esercizio del diritto. Infine, il titolare del diritto può agire al fine della rimessione in pristino dello stato dei luoghi (siamo dunque qui di fronte a un'ipotesi riconducibile al genere "risarcimento in forma specifica" di cui all'art. 2058), alterati dalla condotta del terzo, oltre al risarcimento del danno per equivalente.

Capo VIII
Di alcune servitù in materia di acque

Sezione I
Della servitù di presa o di derivazione di acqua

1080. Presa d'acqua continua.

Il diritto alla presa d'acqua continua si può esercitare in ogni istante.

• La servitù di presa d'acqua o di derivazione d'acqua attribuisce al titolare della servitù il diritto di trarre l'acqua dal fondo servente per convogliare nel proprio fondo (fondo dominante).

1081. Modulo d'acqua.

Nelle servitù in cui è convenuta ed espressa una costante quantità di acqua, la quantità deve esprimersi in relazione al modulo.

Il modulo è l'unità di misura dell'acqua corrente.

Esso è un corpo d'acqua che scorre nella costante quantità di cento litri al minuto secondo e si divide in decimi, centesimi e millesimi.

• Il modulo d'acqua è l'unità di misura dell'acqua corrente calcolato in termini quantitativi e temporali.

1082. Forma della bocca e dell'edificio derivatore.

Quando, per la derivazione di una data e costante quantità di acqua corrente, è stata determinata la forma della bocca e dell'edificio derivatore, le parti non possono chiederne la modificazione per eccedenza o deficienza d'acqua, salvo che l'eccedenza o la deficienza provenga da variazioni seguite nel canale dispensatore o nel corso delle acque in esso correnti.

Se la forma non è stata determinata, ma la bocca e l'edificio derivatore sono stati costruiti e posseduti per cinque anni, non è neppure ammesso dopo tale tempo alcun reclamo delle parti per eccedenza o deficienza d'acqua, salvo nel caso di variazione seguita nel canale o nel corso delle acque.

In mancanza di titolo o di possesso, la forma è determinata dall'autorità giudiziaria.

• La disposizione serve per risolvere il seguente problema: in base al titolo costitutivo della servitù è stata indicata la quantità d'acqua dovuta ed è stata determinata la forma della bocca di presa o dell'edificio erogatore, ma questi ultimi erogano una quantità d'acqua differente rispetto a quella cui si avrebbe diritto. La modifica della portata d'acqua può essere chiesta solo se l'eccedenza o la deficienza, rispetto alla quantità prefissata, provenga da variazioni effettuate nel canale dispensatore o nel corso dell'acqua che corre in esso. • Se la forma della bocca di presa o dell'edificio erogatore non è stata determinata ma essi sono stati costruiti e posseduti per cinque anni, dopo questo periodo di tempo non è ammesso alcun reclamo delle parti per eccedenza o deficienza d'acqua, a meno che l'eccedenza o la deficienza dipendano da interventi effettuati nel canale dispensatore o nel canale di scorrimento. • Se manca il titolo costitutivo della servitù o il possesso, la forma della bocca di presa è stabilita dall'autorità giudiziaria.

1083. Determinazione della quantità di acqua.

Quando la quantità d'acqua non è stata determinata, ma la derivazione è stata fatta per un dato scopo, s'intende concessa la quantità necessaria per lo scopo medesimo, e chi vi ha interesse può in ogni tempo fare stabilire la forma della derivazione in modo che ne venga assicurato l'uso necessario e impedito l'eccesso.

Se però è stata determinata la forma della bocca e dell'edificio derivatore, o se, in mancanza di titolo, si è posseduta per cinque anni la derivazione in una data forma, non è ammesso reclamo delle parti, se non nel caso indicato dall'articolo precedente.

• Se la quantità d'acqua non è stata determinata, ma è stato determinato lo scopo al quale l'acqua è destinata, tale quantità va calcolata nell'ammontare necessario alla realizzazione dello scopo. Chi vi abbia interesse potrà chiedere in qualunque momento che sia determinata la forma della derivazione affinché la quantità d'acqua erogata sia quella strettamente sufficiente allo scopo. • Nell'ipotesi in cui la forma della derivazione d'acqua o dell'edificio derivatore sia stata determinata, oppure se, in mancanza del titolo, si è posseduta per cinque anni una derivazione in una data forma, non è ammesso reclamo delle parti, a meno che ricorra l'ipotesi di cui all'art. 1083.

1084. Norme regolatrici della servitù.

Per l'esercizio della servitù di presa di acqua, quando non dispone il titolo o non è possibile riferirsi al possesso, si osservano gli usi locali.

In mancanza di tali usi si osservano le disposizioni dei tre articoli seguenti.

• Ai fini della determinazione del contenuto della servitù di presa d'acqua, se nulla dice il titolo e se non è possibile fare riferimento al possesso della servitù, si osservano gli usi locali. Se mancano gli usi locali si applicano gli artt. 1085-1087.

1085. Tempo d'esercizio della servitù.

Il diritto alla presa d'acqua si esercita per l'acqua estiva, dall'equinozio di primavera a quello d'autunno; per l'acqua invernale, dall'equinozio d'autunno a quello di primavera.

La distribuzione d'acqua per giorni e per notti si riferisce al giorno e alla notte naturali.

L'uso delle acque nei giorni festivi è regolato dalle feste di precetto vigenti al tempo in cui l'uso fu convenuto o in cui si è incominciato a possedere.

1086. Distribuzione per ruota.

Nelle distribuzioni per ruota il tempo che impiega l'acqua per giungere alla bocca di derivazione dell'utente si consuma a suo carico, e la coda dell'acqua appartiene a quello di cui cessa il turno.

1087. Acque sorgenti o sfuggite.

Nei canali soggetti a distribuzioni per ruota le acque sorgenti o sfuggite, ma contenute nell'alveo del canale, non possono trattenersi o derivarsi da un utente che al tempo del suo turno.

• Le tre disposizioni regolano tre diverse ipotesi: il **tempo** dell'esercizio della servitù (presa d'acqua estiva o invernale; presa d'acqua diurna o notturna; presa d'acqua nei giorni festivi); la **distribuzione** dell'acqua attraverso una ruota; l'**utilizzazione** delle acque sorgenti o sfuggite.

1088. Variazione del turno tra gli utenti.

Gli utenti dei medesimi canali possono variare o permutare tra loro il turno, purché tale cambiamento non rechi danno agli altri.

• La disposizione specifica che gli utenti di più servitù di presa d'acqua a ruota possono variare o permutare tra loro il turno, sempreché ciò non arrechi pregiudizio agli altri.

1089. Acqua impiegata come forza motrice.

Chi ha diritto di servirsi dell'acqua come forza motrice non può, senza espressa disposizione del titolo, impedirne o rallentarne il corso, procurandone il ribocco o ristagno.

• La disposizione vieta il **ribocco o il ristagno dell'acqua**, onde evitare i probabili danni che ne conseguirebbero. Tuttavia il titolo può autorizzare l'impedimento o il rallentamento del corso d'acqua da parte del titolar della servitù. Per ribocco si intende l'arresto delle acque realizzato attraverso il posizionamento di uno sbarramento: nel momento in cui quest'ultimo è tolto, la velocità del corso dell'acqua aumenta significativamente.

1090. Manutenzione del canale.

Nella servitù di presa o di condotta d'acqua, quando il titolo non dispone altrimenti, il proprietario del fondo servente può domandare che il canale sia mantenuto convenientemente spurgato e le sue sponde siano tenute in istato di buona manutenzione a spese del proprietario del fondo dominante.

• Se il titolo non dispone altrimenti, il proprietario del fondo servente può chiedere che il canale sia spurgato e che le sponde siano mantenute in buono stato a spese del proprietario del fondo dominante, in base al principio di cui all'art. 1069.

1091. Obblighi del concedente fino al luogo di consegna dell'acqua.

Se il titolo non dispone diversamente, il concedente dell'acqua di una fonte o di un canale è tenuto verso gli utenti ad eseguire le opere ordinarie e straordinarie per la derivazione e condotta dell'acqua fino al punto in cui ne fa la consegna, a mantenere in buono stato gli edifici, a conservare l'alveo e le sponde della fonte o del canale, a praticare i consueti spurghi e a usare la dovuta diligenza, affinché la derivazione e la regolare condotta dell'acqua siano in tempi debiti effettuate.

• Il concedente l'acqua, e cioè il proprietario del fondo servente, è obbligato (si tratta di obbligazioni *propter rem*) a eseguire le opere, ordinarie e straordinarie, necessarie ai fini della derivazione dell'acqua e della sua regolare condotta fino al punto in cui avviene simbolicamente la consegna ai titolari della servitù.

1092. Deficienza dell'acqua.

La deficienza dell'acqua deve essere sopportata da chi ha diritto di prenderla e di usarla nel tempo in cui la deficienza si verifica.

Tra diversi utenti la deficienza dell'acqua deve essere sopportata prima da quelli che hanno titolo o possesso più recente, e tra utenti in parità di condizione dall'ultimo utente.

Tuttavia l'autorità giudiziaria, con provvedimento in camera di consiglio, sentiti gli uffici tecnici competenti, può modificare o limitare i turni di utilizzazione e dare le altre disposizioni necessarie in relazione alla quantità di acqua disponibile, agli usi e alle colture a cui l'acqua è destinata.

Il concedente dell'acqua è tenuto a una proporzionale diminuzione del corrispettivo per la deficienza dell'acqua verificatasi per causa naturale o per fatto altrui. Parimenti si fa luogo alle dovute indennità in conseguenza delle modificazioni o limitazioni di turni, che siano state disposte dall'autorità giudiziaria.

• Nel caso in cui si verifichi una **disponibilità d'acqua inferiore alle necessità**, tale disagio va sopportato dal soggetto che ha diritto di utilizzare l'acqua nel momento in cui la mancanza si verifica. Chi concede l'acqua vedrà il proprio corrispettivo proporzionalmente ridotto. • Nel caso di diversi aventi diritto alla presa d'acqua, la carenza va sopportata prima da coloro che hanno titolo o possesso più recente. Tra utenti a parità di condizione, dall'ultimo temporalmente tra essi. • Nell'ipotesi in cui sia l'autorità giudiziaria a intervenire onde risolvere il problema della carenza dell'acqua distribuita, agli aventi diritto che abbiano ricevuto meno acqua di quanto avrebbero avuto invece diritto di ricevere spetta un'indennità.

1093. Riduzione della servitù.

Se la servitù dà diritto di derivare acqua da un fondo e per fatti indipendenti dalla volontà del proprietario si verifica una diminuzione dell'acqua tale che essa non possa bastare alle esigenze del fondo servente, il proprietario di questo può chiedere una riduzione della servitù, avuto riguardo ai bisogni di ciascun fondo. In questo caso è dovuta una congrua indennità al proprietario del fondo dominante.

• Nell'ipotesi in cui la quantità d'acqua erogata sia **diminuita per fatti indipendenti dalla condotta del proprietario del fondo servente** e tale diminuzione pregiudichi le stesse necessità di quest'ultimo, il proprietario del fondo servente potrà chiedere una riduzione della servitù, tenuto conto delle necessità di ciascun fondo. In caso di riduzione, al proprietario del fondo dominante spetta una congrua indennità.

Sezione II
Della servitù degli scoli e degli avanzi di acqua

1094. Servitù attiva degli scoli.
Gli scoli o acque colaticcie derivanti dall'altrui fondo possono costituire oggetto di servitù a favore del fondo che li riceve, all'effetto di impedire la loro diversione.

1095. Usucapione della servitù attiva degli scoli.
Nella servitù attiva degli scoli il termine per l'usucapione comincia a decorrere dal giorno in cui il proprietario del fondo dominante ha fatto sul fondo servente opere visibili e permanenti destinate a raccogliere e condurre i detti scoli a vantaggio del proprio fondo.
Quando sul fondo servente è aperto un cavo destinato a raccogliere e condurre gli scoli, il regolare spurgo e la manutenzione delle sponde fanno presumere, che il cavo sia opera del proprietario del fondo dominante, purché non vi sia titolo, segno o prova in contrario.
Si reputa segno contrario l'esistenza sul cavo di opere costruite o mantenute dal proprietario del fondo in cui il cavo è aperto.

1096. Diritti del proprietario del fondo servente.
La servitù degli scoli non toglie al proprietario del fondo servente il diritto di usare liberamente dell'acqua a vantaggio del suo fondo, di cambiare la coltivazione di questo e di abbandonarne in tutto o in parte l'irrigazione.

1097. Diritto agli avanzi d'acqua.
Quando l'acqua è concessa, riservata o posseduta per un determinato uso, con restituzione al concedente o ad altri di ciò che ne sopravanza, tale uso non può variarsi a danno del fondo a cui la restituzione è dovuta.

1098. Divieto di deviare acque di scolo o avanzi d'acqua.
Il proprietario del fondo vincolato alla restituzione degli scoli o degli avanzi d'acqua non può deviarne una parte qualunque adducendo di avervi introdotto una maggiore quantità di acqua viva o un diverso corpo, ma deve lasciarli discendere nella totalità a favore del fondo dominante.

1099. Sostituzione di acqua viva.
Il proprietario del fondo soggetto alla servitù degli scoli o degli avanzi d'acqua può sempre liberarsi da tale servitù mediante la concessione e l'assicurazione al fondo dominante di un corpo di acqua viva, la cui quantità è determinata dall'autorità giudiziaria, tenuto conto di tutte le circostanze.

• Le disposizioni di questa sezione si occupano delle acque che dopo essere state utilizzate dal fondo superiore **defluiscono nel fondo inferiore** (come ad esempio l'acqua utilizzata per l'irrigazione non interamente assorbita dal terreno). Queste acque possono costituire oggetto di servitù a favore del fondo che le riceve: il fondo dominante è il fondo superiore, che si avvantaggia dello scolo.

Titolo VII
DELLA COMUNIONE

Capo I
Della comunione in generale

1100. Norme regolatrici.
Quando la proprietà o altro diritto reale spetta in comune a più persone, se il titolo o la legge non dispone diversamente, si applicano le norme seguenti.

• La **comunione** postula una situazione giuridica di contitolarità, c.d. ***pro-indiviso***, del diritto di proprietà o di altro diritto reale su un bene altrui in capo ai compartecipanti, ai quali spetta il godimento comune del bene. Se per un verso il diritto reale ha ad oggetto il bene nella sua interezza, per altro verso, il diritto di ciascuno dei partecipanti riguarda una quota ideale, proporzionata al suo diritto di partecipazione, del quale costituisce la misura. • L'ambito di applicazione delle norme sulla comunione, circoscritto ai diritti reali, involge a distinguere tra comunione (del diritto di proprietà o di altro diritto reale) e contitolarità dei diritti di credito, la cui disciplina giuridica si individua, invece, nella materia delle **obbligazioni soggettivamente complesse**. • In base al titolo si distingue tra comunione **volontaria** (costituita per volontà dei partecipanti; *Esempio:* l'acquisto mediante compravendita di un immobile da parte di due amici), **incidentale** (origina da un fatto giuridico naturale; ad es. nell'ipotesi di comunione ereditaria) o **forzosa** (costituita obbligatoriamente per volontà della legge; ad es. il condominio negli edifici). Solo nelle prime due ipotesi (volontaria e incidentale) la comunione può essere liberamente sciolta. In assenza di titolo si applicherà la disciplina di legge, che quindi ha carattere dispositivo, ad eccezione di alcune norme comunemente ritenute inderogabili (ad es., gli artt. 1105 e 1109, co. 1).

1101. Quote dei partecipanti.

Le quote dei partecipanti alla comunione si presumono eguali.

Il concorso dei partecipanti, tanto nei vantaggi quanto nei pesi della comunione, è in proporzione delle rispettive quote.

• La norma stabilisce l'**eguaglianza delle quote dei partecipanti** secondo una presunzione semplice, o *iuris tantum*, qualora il titolo non disponga diversamente. • Il principio affermato dalla disposizione è, dunque, quello della **proporzionalità tra quota e godimento**. La "**quota**" costituisce, pertanto, la misura di partecipazione di ciascun comunista all'amministrazione, al godimento, alla ripartizione dei pesi e dei vantaggi, allo scioglimento e alle altre vicende della cosa comune. In relazione alla quota corre dunque in capo al singolo comunista l'obbligo di sopportare le spese per il godimento e la conservazione della cosa comune.

1102. Uso della cosa comune.

Ciascun partecipante può servirsi della cosa comune, purché non ne alteri la destinazione e non impedisca agli altri partecipanti di farne parimenti uso secondo il loro diritto. A tal fine può apportare a proprie spese le modificazioni necessarie per il migliore godimento della cosa.

Il partecipante non può estendere il suo diritto sulla cosa comune in danno degli altri partecipanti, se non compie atti idonei a mutare il titolo del suo possesso.

• La norma enuncia, al primo comma, il principio in base al quale il diritto di usare il bene si estende all'intera cosa, con il duplice limite, tuttavia, del **rispetto della destinazione economica** e del **pari godimento** degli altri secondo il loro diritto (*Esempio:* il comunista non può accumulare rifiuti nella cosa comune, impedendone l'altrui godimento). • Per **pari uso della cosa comune** non si intende un uso identico e contemporaneo, ma compatibile con i diritti degli altri. L'uso comune del bene è, di regola, *diretto* e *promiscuo*; qualora, invece, non possa svolgersi in modo diretto, nemmeno attraverso il ricorso ad un godimento turnario o frazionato, le parti potrebbero deliberare di usare la cosa in modo *indiretto*, cioè attraverso terzi, locandola o costituendo su di essa diritti reali a favore di terzi. • Ai sensi del secondo comma, l'uso della cosa comune non consente l'**usucapione dalla quota** di uno o più comunisti, a meno che non muti l'atteggiamento del singolo partecipante. Conseguentemente l'uso della cosa comune non può mai tradursi in un'appropriazione del bene mediante uno spoglio in danno degli altri partecipanti.

1103. Disposizione della quota.

Ciascun partecipante può disporre del suo diritto e cedere ad altri il godimento della cosa nei limiti della sua quota.

Per le ipoteche costituite da uno dei partecipanti si osservano le disposizioni contenute nel capo IV del titolo III del libro VI.

• Il principio della **libera disponibilità della quota** regola la disciplina della comunione ordinaria, salvo si verta in tema di *comunione forzosa*. Al singolo partecipante della comunione è riconosciuto il potere di disporre del proprio diritto (ciascun comunista potrà alienare il proprio diritto, facendo subentrare il terzo nella sua posizione di comunista), ma potrà anche cedere ad altri il godimento sulla stessa (*Esempio:* costituendo diritti reali di godimento sulla quota o dandola in locazione) o costituire sulla stessa ipoteca.

1104. Obblighi dei partecipanti.

Ciascun partecipante deve contribuire nelle spese necessarie per la conservazione e per il godimento della cosa comune e nelle spese deliberate dalla maggioranza a norma delle disposizioni seguenti, salva la facoltà di liberarsene con la rinunzia al suo diritto.

La rinunzia non giova al partecipante che abbia anche tacitamente approvato la spesa.

Il cessionario del partecipante è tenuto in solido con il cedente a pagare i contributi da questo dovuti e non versati.

• La contribuzione di ciascun partecipante nelle **spese necessarie per la conservazione e il godimento della cosa comune** è effetto automatico della comunione, mentre una previa deliberazione dell'assemblea è necessaria solo per le spese di cui agli artt. 1105 e 1108. Non c'è modo di liberarsi dalle spese di conservazione e di godimento della cosa comune (le quali assumono natura di **obbligazione *propter rem***), a meno di non rinunziare al proprio diritto (c.d. **abbandono liberatorio**). • Le **spese di godimento** riguardano l'uso effettuato nell'esercizio del diritto, per ricavare dalla cosa le utilità che la stessa può offrire (ad es. le spese per la raccolta dei frutti di un fondo). Esse devono essere sostenute solamente da chi concretamente gode della cosa comune: per esse dunque il rimborso non è previsto essendo relative a un godimento soggettivo. Le **spese per la conservazione** sono invece quelle necessarie per custodire e mantenere la cosa comune nel tempo (ad es. le spese di manutenzione). • A tutela del credito relativo alle spese e vantato dagli altri comunisti, il terzo comma prevede la **responsabilità solidale dell'eventuale terzo** (cessionario del partecipante), che subentra nel godimento.

1105. Amministrazione.

Tutti i partecipanti hanno diritto di concorrere nell'amministrazione della cosa comune.

Per gli atti di ordinaria amministrazione le deliberazioni della maggioranza dei partecipanti, calcolata secondo il valore delle loro quote, sono obbligatorie per la minoranza dissenziente.

Per la validità delle deliberazioni della maggioranza si richiede che tutti i partecipanti siano stati preventivamente informati dell'oggetto della deliberazione.

Se non si prendono i provvedimenti necessari per l'amministrazione della cosa comune o non si forma una maggioranza, ovvero se la deliberazione adottata non viene eseguita, ciascun partecipante può ricorrere alla autorità giudiziaria. Questa provvede in camera di consiglio e può anche nominare un amministratore.

• La norma, prevedendo che tutti i partecipanti hanno diritto di concorrere nell'amministrazione della cosa comune, stabilisce che la **gestione collettiva della cosa comune** è retta dalla regola dell'**amministrazione congiuntiva**, contrapposta a quella disgiuntiva vigente in materia di società per azioni (*arg. ex* art. 2257). La distinzione è legata alla diversa natura delle attività esercitate nella comunione (un godimento *statico*) e nella società (un godimento *dinamico* volto alla produzione di un lucro). • Si codifica altresì il **principio maggioritario** per le deliberazioni adottate dai compartecipanti, presenti i tre q**vincolatività** delle stesse **per il dissenziente**. Non è tuttavia impedito a ciascun comunista di agire o resistere in giudizio per la tutela della cosa comune nei confronti dei terzi o di un singolo, anche senza il consenso degli altri partecipanti. • L'articolo prevede inoltre: a) la **correlazione tra voto e valore della quota**; b) la necessità di **preventiva informazione dei partecipanti** circa l'oggetto della deliberazione; c) la **tutelabilità giudiziaria per mancata deliberazione o esecuzione di provvedimenti necessari** all'amministrazione della cosa comune.

1106. Regolamento della comunione e nomina di amministratore.

Con la maggioranza calcolata nel modo indicato dall'articolo precedente, può essere formato un regolamento per l'ordinaria amministrazione e per il miglior godimento della cosa comune.

Nello stesso modo l'amministrazione può essere delegata ad uno o più partecipanti, o anche a un estraneo, determinandosi i poteri e gli obblighi dell'amministratore.

• Il **regolamento della comunione** costituisce un complesso di norme aventi efficacia tra i comunisti con i caratteri della *generalità* e dell'*astrattezza* propri dei precetti giuridici; pertanto, ad esso va riconosciuto *valore normativo*. Esso, tuttavia, in quanto atto deliberato a maggioranza, avendo ad oggetto l'amministrazione ordinaria, è sprovvisto di natura contrattuale. • L'**amministratore** della comunione, è un partecipante o un estraneo della comunione, che – appositamente delegato dai partecipanti – assume natura di *mandatario*.

1107. Impugnazione del regolamento.

Ciascuno dei partecipanti dissenzienti può impugnare davanti all'autorità giudiziaria il regolamento della comunione entro trenta giorni dalla deliberazione che lo ha approvato. Per gli assenti il termine decorre dal giorno in cui è stata loro comunicata la deliberazione. L'autorità giudiziaria decide con unica sentenza sulle opposizioni proposte.

Decorso il termine indicato dal comma precedente senza che il regolamento sia stato impugnato, questo ha effetto anche per gli eredi e gli aventi causa dai singoli partecipanti.

• La **facoltà di impugnare il regolamento** dinanzi all'autorità giudiziaria si sottopone a un **termine di decadenza** di trenta giorni dalla sua adozione, decorso il quale i suoi effetti si stabilizzano, anche nei confronti di eredi e aventi causa dei partecipanti. • Il regolamento è impugnabile per **cause** di *annullabilità* o *nullità* della decisione, a causa di vizi *formali* del procedimento deliberativo oppure di vizi *sostanziali*, attinenti al contenuto della deliberazione.

1108. Innovazioni e altri atti eccedenti l'ordinaria amministrazione.

Con deliberazione della maggioranza dei partecipanti che rappresenti almeno due terzi del valore complessivo della cosa comune, si possono disporre tutte le innovazioni dirette al miglioramento della cosa o a renderne più comodo o redditizio il godimento, purché esse non pregiudichino il godimento di alcuno dei partecipanti e non importino una spesa eccessivamente gravosa.

Nello stesso modo si possono compiere gli altri atti eccedenti l'ordinaria amministrazione, sempre che non risultino pregiudizievoli all'interesse di alcuno dei partecipanti.

È necessario il consenso di tutti i partecipanti per gli atti di alienazione o di costituzione di diritti reali sul fondo comune e per le locazioni di durata superiore a nove anni.

L'ipoteca può essere tuttavia consentita dalla maggioranza indicata dal primo comma, qualora abbia lo scopo di garantire la restituzione delle somme mutuate per la ricostruzione o per il miglioramento della cosa comune.

• La norma prevede i requisiti per la validità delle deliberazioni assunte dai comunisti e che hanno ad oggetto **innovazioni** e altri **atti eccedenti l'ordinaria amministrazione** della cosa comune. Tali requisiti sono: l'assunzione delle deliberazioni in parola con una **maggioranza qualificata**; il carattere **non pregiudizievole al godimento** dei beni comuni da parte di ciascun partecipante; **l'entità non particolarmente gravosa delle spese** che dette delibere comportano per i comunisti medesimi. • Costituiscono **innovazioni** le modificazioni della destinazione economica della cosa comune (ad es., la destinazione di un immobile da abitazione a studio professionale); sono **atti eccedenti l'ordinaria amministrazione** quelli che incidono sull'essenza economica o giuridica della cosa comune, mutandone, in tutto o in parte, la destinazione o il valore (ad es., la cancellazione di un'ipoteca sulla cosa comune). Tra questi, in particolare, vanno annoverati gli **atti di disposizione** (ad es., alienazioni, transazioni e atti costitutivi di garanzie reali).

1109. Impugnazione delle deliberazioni.

Ciascuno dei componenti la minoranza dissenziente può impugnare davanti all'autorità giudiziaria le deliberazioni della maggioranza:

1) nel caso previsto dal secondo comma dell'articolo 1105, se la deliberazione è gravemente pregiudizievole alla cosa comune;

2) se non è stata osservata la disposizione del terzo comma dell'articolo 1105;

3) se la deliberazione relativa a innovazioni o ad altri atti eccedenti l'ordinaria amministrazione è in contrasto con le norme del primo e del secondo comma dell'articolo 1108.

L'impugnazione deve essere proposta, sotto pena di decadenza, entro trenta giorni dalla deliberazione. Per gli assenti il termine decorre dal giorno in cui è stata loro comunicata la deliberazione. In pendenza del giudizio, l'autorità giudiziaria può ordinare la sospensione del provvedimento deliberato.

• La norma riconosce al comunista c.d. **dissenziente**, che ha votato contro la deliberazione assunta dalla maggioranza dei partecipanti, il **potere di impugnare** detta deliberazione, sia nel caso in cui essa sia stata adottata a maggioranza *semplice* (art. 1105), sia nel caso in cui sia stata adottata con una maggioranza *qualificata* (art. 1108). • L'elencazione dettata dalla norma **non** ha carattere **tassativo**, ma ha piuttosto lo scopo di disciplinare quelle fattispecie che sarebbero state di difficile inquadramento in assenza di disposizione espressa, essendo parso rispetto ad esse necessario specificare e ribadire la spettanza del potere di impugnativa. • Tutti i casi contemplati dalla norma sono ritenuti cause di **annullabilità della delibera**, in quanto la disposizione presuppone necessariamente, ai fini della sospensione della delibera, che essa sia produttiva di effetti; il che non si verificherebbe in presenza di una deliberazione nulla, la quale, diversamente dall'atto annullabile, non produce effetti.

1110. Rimborso di spese.

Il partecipante che, in caso di trascuranza degli altri partecipanti o dell'amministratore, ha sostenuto spese necessarie per la conservazione della cosa comune, ha diritto al rimborso.

• Il partecipante alla comunione, che abbia anticipato le spese, potrà richiedere il **rimborso *pro quota***, ai sensi dell'art. 1110, soltanto delle **spese necessarie per la conservazione** della cosa comune, ossia per evitarne il deterioramento e mantenerne l'integrità. • Si segnala la differenza di presupposto per il rimborso delle spese sostenute dal partecipante alla comunione ordinaria rispetto a quelle di cui all'art. 1134 in tema di condominio di edifici, il cui rimborso è in quest'ultimo caso soggetto al diverso e più stringente presupposto dell'*urgenza*.

1111. Scioglimento della comunione.

Ciascuno dei partecipanti può sempre domandare lo scioglimento della comunione; l'autorità giudiziaria può stabilire una congrua dilazione, in ogni caso non superiore a cinque anni, se l'immediato scioglimento può pregiudicare gli interessi degli altri.

Il patto di rimanere in comunione per un tempo non maggiore di dieci anni è valido e ha effetto anche per gli aventi causa dai partecipanti. Se è stato stipulato per un termine maggiore, questo si riduce a dieci anni.

Se gravi circostanze lo richiedono, l'autorità giudiziaria può ordinare lo scioglimento della comunione prima del tempo convenuto.

• La norma prevede il **diritto potestativo** di chiedere lo scioglimento della comunione volontaria, e quindi la **divisione**, a meno che: a) non sia stato deciso, al momento della costituzione della comunione, il patto di rimanere in comunione per un dato periodo, che comunque non può eccedere il decennio, e salvo che l'autorità giudiziaria non ordini egualmente lo scioglimento ricorrendo gravi circostanze (**indivisibilità *pattizia***); b) l'autorità giudiziaria non abbia previsto l'indivisibilità del bene per un arco temporale non superiore di cinque anni, qualora lo scioglimento richiesto dal comunista possa essere pregiudizievole per gli altri partecipanti (**indivisibilità *giudiziale***); c) si applichi l'art. 1112 (**indivisibilità**

naturale). • Se tutte le parti sono d'accordo, beninteso, la divisione può eseguirsi con **contratto (divisione *volontaria*)**; in caso di disaccordo, ogni partecipante può rivolgersi all'autorità giudiziaria perché sia disposta con **sentenza (divisione *giudiziale*)**.

1112. Cose non soggette a divisione.

Lo scioglimento della comunione non può essere chiesto quando si tratta di cose che, se divise, cesserebbero di servire all'uso a cui sono destinate.

• La norma pone, rispetto a quelli previsti dall'articolo precedente, un ulteriore limite allo scioglimento della comunione, vietandolo quando la divisione farebbe venire meno l'utilità che i compartecipi ricevono dall'uso della cosa (**indivisibilità *naturale***). La disposizione, segnatamente, elimina in modo implicito i limiti temporali posti dall'all'art. 1111 per le ipotesi di indivisibilità convenzionale o giudiziale, quando si tratti di cose che, se divise, cesserebbero di servire all'uso cui sono destinate.

1113. Intervento nella divisione e opposizione.

I creditori e gli aventi causa da un partecipante possono intervenire nella divisione a proprie spese, ma non possono impugnare la divisione già eseguita, a meno che abbiano notificato un'opposizione anteriormente alla divisione stessa e salvo sempre ad essi l'esperimento dell'azione revocatoria o dell'azione surrogatoria.

Nella divisione che ha per oggetto beni immobili, l'opposizione, per l'effetto indicato dal comma precedente, deve essere trascritta prima della trascrizione dell'atto di divisione e, se si tratta di divisione giudiziale, prima della trascrizione della relativa domanda.

Devono essere chiamati a intervenire, perché la divisione abbia effetto nei loro confronti, i creditori iscritti e coloro che hanno acquistato diritti sull'immobile in virtù di atti soggetti a trascrizione e trascritti prima della trascrizione dell'atto di divisione o della trascrizione della domanda di divisione giudiziale.

Nessuna ragione di prelevamento in natura per crediti nascenti dalla comunione può opporsi contro le persone indicate dal comma precedente, eccetto le ragioni di prelevamento nascenti da titolo anteriore alla comunione medesima, ovvero da collazione.

• I **creditori** e gli **aventi causa** da un singolo comunista possono avere interesse a partecipare alla divisione o, per converso, opporsi alla stessa, al fine di evitare che sia assegnata al partecipante loro debitore una quota inferiore a quella di sua spettanza o comunque che egli non venga ad essere altrimenti pregiudicato; ciò in quanto il pregiudizio eventualmente subito dal partecipante in sede di divisione può significare una diminuzione delle garanzie di solvibilità che esso offre col suo patrimonio. A loro volta, i **condividenti** hanno interesse a che i creditori ed aventi causa dei singoli comunisti vi partecipino, perché in tal modo essi scongiurano il rischio di una successiva loro opposizione. • Tuttavia il diritto ad intervenire nella divisione per i creditori iscritti e gli aventi causa da un partecipante, al fine di vigilare sul corretto svolgimento del procedimento divisionale o di opporsi alla divisione non ancora eseguita, **non** conferisce loro la qualità di **parti in tale giudizio**, essendo dunque sprovvisti di ogni potere dispositivo durante la divisione.

1114. Divisione in natura.

La divisione ha luogo in natura, se la cosa può essere comodamente divisa in parti corrispondenti alle quote dei partecipanti.

• La **"comoda divisibilità"**, richiesta perché operi la divisione in natura in porzioni corrispondenti alla quota ideale dei partecipanti, presuppone che l'idoneità funzionale della cosa da dividersi possa essere conseguita con **spese non ingenti** e **senza notevole pregiudizio** per l'originario valore economico.

1115. Obbligazioni solidali dei partecipanti.

Ciascun partecipante può esigere che siano estinte le obbligazioni in solido contratte per la cosa comune, le quali siano scadute o scadano entro l'anno dalla domanda di divisione.

La somma per estinguere le obbligazioni si preleva dal prezzo di vendita della cosa comune, e, se la divisione ha luogo in natura, si procede alla vendita di una congrua frazione della cosa, salvo diverso accordo tra i condividenti.

Il partecipante che ha pagato il debito in solido e non ha ottenuto rimborso concorre nella divisione per una maggiore quota corrispondente al suo diritto verso gli altri condividenti.

• Le **obbligazioni assunte per la cosa comune** si presumono **solidali**, in quanto assunte nell'interesse comune di tutti i partecipanti alla comunione, di contro invece alla **parziarietà delle obbligazioni condominiali**, per le quali il condomino risponde nei confronti del terzo soltanto *pro quota* (Cass. s.u. 9148/2008). • A ciascun partecipante è consentito di esigere l'estinzione delle obbligazioni in solido contratte per la cosa comune, **se scadute o se destinate a scadere entro l'anno**, per evitare che, scioltasi la comunione dopo l'adempimento dell'intero credito da parte di uno solo dei comproprietari, detto comproprietario rischi di agire infruttuosamente nei confronti degli altri coobbligati. • La disposizione prevede altresì: a) al secondo comma, come si determina il **rimborso** (che necessita di prelievo dal prezzo di vendita della cosa comune); al terzo comma, l'alternativa spettante al condividente che ha pagato in caso di **mancato rimborso** (concorso nella divisione avendo diritto a un incremento di valore della propria quota).

1116. Applicabilità delle norme sulla divisione ereditaria.

Alla divisione delle cose comuni si applicano le norme sulla divisione dell'eredità, in quanto non siano in contrasto con quelle sopra stabilite.

• La disciplina speciale di **diritto successorio**, per effetto del **rinvio** di cui alla norma in commento, si erge a paradigma regolatore di ogni comunione, anche non ereditaria.

Capo II
Del condominio negli edifici

1117. Parti comuni dell'edificio.

Sono oggetto di proprietà comune dei proprietari delle singole unità immobiliari dell'edificio, anche se aventi diritto a godimento periodico e se non risulta il contrario dal titolo:

1) tutte le parti dell'edificio necessarie all'uso comune, come il suolo su cui sorge l'edificio, le fondazioni, i muri maestri, i pilastri e le travi portanti, i tetti e i lastrici solari, le scale, i portoni di ingresso, i vestiboli, gli anditi, i portici, i cortili e le facciate;

2) le aree destinate a parcheggio nonché i locali per i servizi in comune, come la portineria, incluso l'alloggio del portiere, la lavanderia, gli stenditoi e i sottotetti destinati, per le caratteristiche strutturali e funzionali, all'uso comune;

3) le opere, le installazioni, i manufatti di qualunque genere destinati all'uso comune, come gli ascensori, i pozzi, le cisterne, gli impianti idrici e fognari, i sistemi centralizzati di distribuzione e di trasmissione per il gas, per l'energia elettrica, per il riscaldamento ed il condizionamento dell'aria, per la ricezione radiotelevisiva e per l'accesso a qualunque altro genere di flusso informativo, anche da satellite o via cavo, e i relativi collegamenti fino al punto di diramazione ai locali di proprietà individuale dei singoli condomini, ovvero, in caso di impianti unitari, fino al punto di utenza, salvo quanto disposto dalle normative di settore in materia di reti pubbliche.

• Il condominio costituisce una tipologia di **comunione forzosa**, nella quale, su edifici composti da più appartamenti, coesiste una **proprietà individuale** dei singoli condomini, costituita dagli appartamenti, ed una **comproprietà** sui beni comuni. Esso si fonda sul rapporto di **accessorietà** *strumentale* e *funzionale* delle parti comuni dell'edificio alla proprietà esclusiva dei condomini. • L'elencazione di cui all'art. 1117 ingenera una **presunzione di comunione** per tutte le parti dell'edificio o ad esso pertinenziali o esterne, ma egualmente destinate all'uso comune, che può essere vinta dalla sussistenza di un **titolo contrario**.

1117 bis. Ambito di applicabilità.

Le disposizioni del presente capo si applicano, in quanto compatibili, in tutti i casi in cui più unità immobiliari o più edifici ovvero più condominii di unità immobiliari o di edifici abbiano parti comuni ai sensi dell'articolo 1117.

• La disposizione introdotta con la l. n. 220/2012 amplia la nozione di condominio, includendovi espressamente anche i c.d. **condomini orizzontali** (ad es. i villaggi residenziali) ed i **supercondomini** (una pluralità di edifici, costituiti in distinti condomìni, ma ricompresi in una più ampia organizzazione condominiale). • Il presupposto dell'applicazione della disciplina del condominio è costituito dal rapporto di **accessorietà tra differenti condomini**, dotati di parti comuni ai diversi stabili. • Il supercondominio è giuridicamente e strutturalmente distinto rispetto ai singoli condomìni che lo compongono: esso avrà dunque una **propria struttura organizzativa**.

1117 ter. Modificazioni delle destinazioni d'uso.

Per soddisfare esigenze di interesse condominiale, l'assemblea, con un numero di voti che rappresenti i quattro quinti dei partecipanti al condominio e i quattro quinti del valore dell'edificio, può modificare la destinazione d'uso delle parti comuni.

La convocazione dell'assemblea deve essere affissa per non meno di trenta giorni consecutivi nei locali di maggior uso comune o negli spazi a tal fine destinati e deve effettuarsi mediante lettera raccomandata o equipollenti mezzi telematici, in modo da pervenire almeno venti giorni prima della data di convocazione.

La convocazione dell'assemblea, a pena di nullità, deve indicare le parti comuni oggetto della modificazione e la nuova destinazione d'uso.

La deliberazione deve contenere la dichiarazione espressa che sono stati effettuati gli adempimenti di cui ai precedenti commi.

Sono vietate le modificazioni delle destinazioni d'uso che possono recare pregiudizio alla stabilità o alla sicurezza del fabbricato o che ne alterano il decoro architettonico.

• La norma prevede una maggioranza che rappresenti i **4/5 dei partecipanti** al condominio e i **4/5 del valore dell'edificio** per modificare la destinazione d'uso delle parti comuni. In tale frazione è stato individuato il **bilanciamento tra il principio dell'unanimità** (che tutelerebbe al massimo grado le esigenze del singolo condomino) **ed esigenze collettive o plurisoggettive**, che si esplicano nell'interesse condominiale, che richiedono un minore rigore per la modifica delle destinazioni d'uso delle parti comuni.

1117 quater. Tutela delle destinazioni d'uso.

In caso di attività che incidono negativamente e in modo sostanziale sulle destinazioni d'uso delle parti comuni, l'amministratore o i condomini, anche singolarmente, possono diffidare l'esecutore e possono chiedere la convocazione dell'assemblea per far cessare la violazione, anche mediante azioni giudiziarie. L'assemblea delibera in merito alla cessazione di tali attività con la maggioranza prevista dal secondo comma dell'articolo 1136.

• La tutela delle destinazioni d'uso delle parti comuni non è assicurata soltanto dalla previsione di una maggioranza qualificata prossima all'unanimità (come quella prevista all'art. 1117-*ter*), ma è perseguita altresì dal **potere per l'amministratore o i condomini**: a) **di diffidare** l'esecuzione di attività contrarie alle destinazioni stesse; b) **di convocare l'assemblea** per inibire quelle violazioni anche mediante azioni giudiziarie.

1118. Diritti dei partecipanti sulle parti comuni.

Il diritto di ciascun condomino sulle parti comuni, salvo che il titolo non disponga altrimenti, è proporzionale al valore dell'unità immobiliare che gli appartiene.

Il condomino non può rinunziare al suo diritto sulle parti comuni.

Il condomino non può sottrarsi all'obbligo di contribuire alle spese per la conservazione delle parti comuni, neanche modificando la destinazione d'uso della propria unità immobiliare, salvo quanto disposto da leggi speciali.

Il condomino può rinunciare all'utilizzo dell'impianto centralizzato di riscaldamento o di condizionamento, se dal suo distacco non derivano notevoli squilibri di funzionamento o aggravi di spesa per gli altri condomini. In tal caso il rinunziante resta tenuto a concorrere al pagamento delle sole spese per la manutenzione straordinaria dell'impianto e per la sua conservazione e messa a norma.

• La norma stabilisce il principio di **proporzionalità tra il valore della proprietà esclusiva** di ciascun condomino **e il diritto** vantato **sulle cose comuni**, salvo che il titolo disponga diversamente. Tuttavia, a causa della natura forzosa del condominio, al condomino è **precluso** il c.d. **abbandono liberatorio** (ammesso invece nella comunione ordinaria) ed è pertanto gravato dalle relative spese. Queste vengono dunque suddivise con il **ricorso alle c.d. tabelle millesimali**, in ragione del valore della proprietà di ciascuno. • A differenza di quanto accade nella comunione ordinaria, caratterizzata dalla solidarietà tra i partecipanti per i debiti contratti per la cosa comune, nel condominio ogni condomino risponde nei confronti del terzo creditore soltanto *pro quota* (Cass. s.u. 9148/2008), trattasi dunque di **obbligazioni parziarie**. • Nonostante la preclusione a rinunciare all'uso delle parti comuni, l'art. 1118, come modificato dalla l. n. 220/2012, consente al condomino di **distaccarsi dall'impianto centralizzato** – di riscaldamento o di raffreddamento – **condominiale**, ove una siffatta condotta non determini notevoli squilibri di funzionamento dell'impianto stesso o aggravi di spesa per gli altri condomini.

1119. Indivisibilità.

Le parti comuni dell'edificio non sono soggette a divisione, a meno che la divisione possa farsi senza rendere più incomodo l'uso della cosa a ciascun condomino e con il consenso di tutti i partecipanti al condominio.

• La norma sancisce il principio della **normale indivisibilità** delle parti comuni dell'edificio, che si pone in antitesi al principio della normale divisibilità della cosa comune dettato dall'art. 1111 in tema di comunione ordinaria. La norma ha natura **derogabile**, perché la cosa comune può essere divisa quando ciò sia possibile senza rendere meno comodo l'uso della cosa a ciascun condomino. • Il legislatore, con la l. n. 220/2012, ha introdotto la previsione per cui la divisione delle parti comuni può avvenire, anche quando *non* renda *più incomodo l'uso* agli altri condomini, *solo con il consenso di tutti* questi. La comodità va valutata con riferimento al tempo della divisione.

1120. Innovazioni.

I condomini, con la maggioranza indicata dal quinto comma dell'articolo 1136, possono disporre tutte le innovazioni dirette al miglioramento o all'uso più comodo o al maggior rendimento delle cose comuni.

I condomini, con la maggioranza indicata dal secondo comma dell'articolo 1136, possono disporre le innovazioni che, nel rispetto della normativa di settore, hanno ad oggetto:

1) le opere e gli interventi volti a migliorare la sicurezza e la salubrità degli edifici e degli impianti;

2) le opere e gli interventi previsti per eliminare le barriere architettoniche, per il contenimento del consumo energetico degli edifici e per realizzare parcheggi destinati a servizio delle unità immobiliari o dell'edificio, nonché per la produzione di energia mediante l'utilizzo di impianti di cogenerazione, fonti eoliche, solari o comunque rinnovabili da parte del condominio o di terzi che conseguano a titolo oneroso un diritto reale o personale di godimento del lastrico solare o di altra idonea superficie comune;

3) l'installazione di impianti centralizzati per la ricezione radiotelevisiva e per l'accesso a qualunque altro genere di flusso informativo, anche da satellite o via cavo, e i relativi collegamenti fino alla diramazione per le singole utenze, ad esclusione degli impianti che non comportano modifiche in grado di alterare la destinazione della cosa comune e di impedire agli altri condomini di farne uso secondo il loro diritto.

L'amministratore è tenuto a convocare l'assemblea entro trenta giorni dalla richiesta anche di un solo condomino interessato all'adozione delle deliberazioni di cui al precedente comma. La richiesta deve contenere l'indicazione del contenuto specifico e delle modalità di esecuzione degli interventi proposti. In mancanza, l'amministratore deve invitare senza indugio il condomino proponente a fornire le necessarie integrazioni.

Sono vietate le innovazioni che possano recare pregiudizio alla stabilità o alla sicurezza del fabbricato, che ne alterino il decoro architettonico o che rendano talune parti comuni dell'edificio inservibili all'uso o al godimento anche di un solo condomino.

• La norma disciplina l'ipotesi in cui i condomini intendano disporre delle **innovazioni** dirette al miglioramento o all'uso più comodo o al maggior rendimento delle cose comuni, indicando: a) quali di esse siano **consentite**; b) quali siano **vietate** (ove pregiudichino la stabilità e la sicurezza del fabbricato, alterino il decoro architettonico o ne rendano talune parti comuni inservibili all'uso); nonché, c) quali siano le **condizioni per procedervi**; d) quali le **maggioranze** richieste per deliberarle. • Sono **innovazioni** le opere di trasformazione, che incidono sull'essenza della cosa comune, alterandone l'originaria funzione e destinazione (ad es., la costruzione dell'ascensore condominiale o di un parcheggio condominiale). Diversamente, le **modificazioni** sono le opere volte ad una migliore, più comoda e razionale utilizzazione della cosa (*Esempio:* i lavori di rimozione di barriere ostative al più comodo parcheggio per i condomini nel parcheggio condominiale).

1121. Innovazioni gravose o voluttuarie.

Qualora l'innovazione importi una spesa molto gravosa o abbia carattere voluttuario rispetto alle particolari condizioni e all'importanza dell'edificio, e consista in opere, impianti o manufatti suscettibili di utilizzazione separata, i condomini che non intendono trarne vantaggio sono esonerati da qualsiasi contributo nella spesa.

Se l'utilizzazione separata non è possibile, l'innovazione non è consentita, salvo che la maggioranza dei condomini che l'ha deliberata o accettata intenda sopportarne integralmente la spesa.

Nel caso previsto dal primo comma i condomini e i loro eredi o aventi causa possono tuttavia, in qualunque tempo, partecipare ai vantaggi dell'innovazione, contribuendo nelle spese di esecuzione e di manutenzione dell'opera.

• Le **innovazioni gravose o voluttuarie** sono quelle che riguardano gli impianti suscettibili di utilizzazione separata e che risultano molto gravose (ad es. la costruzione di una piscina condominiale) o che hanno natura voluttuaria, cioè sono prive di utilità (*Esempio:* la automatizzazione di un cancello condominiale che funziona anche manualmente o la costruzione dell'ascensore condominiale). • La norma riconosce ai **condomini dissenzienti** (ed ai loro eredi ed aventi causa), in caso di innovazioni gravose o voluttuarie, il diritto di **non partecipare alle spese**, **rinunciando** ai correlativi vantaggi, o il diritto potestativo di **partecipare successivamente** ai vantaggi delle innovazioni stesse, contribuendo *pro quota* nelle spese di esecuzione e manutenzione dell'opera (come potrebbe accadere per la costruzione dell'ascensore condominiale successiva alla costituzione del condominio).

1122. Opere su parti di proprietà o uso individuale.

Nell'unità immobiliare di sua proprietà ovvero nelle parti normalmente destinate all'uso comune, che siano state attribuite in proprietà esclusiva o destinate all'uso individuale, il condomino non può eseguire opere che rechino danno alle parti comuni ovvero determinino pregiudizio alla stabilità, alla sicurezza o al decoro architettonico dell'edificio.

In ogni caso è data preventiva notizia all'amministratore che ne riferisce all'assemblea.

• Il legislatore, con la l. n. 220/2012, ha modificato la rubrica della norma, estendendo il divieto introdotto dalla stessa anche alle parti attribuite in proprietà esclusiva o destinate all'uso individuale e non solo a quelle di uso comune. La norma, vietando di eseguire nelle porzioni di proprietà individuale, opere che rechino **danno alle parti comuni dell'edificio**, prevede una **limitazione di fonte legale intrinseca** al godimento delle singole unità immobiliari, assimilabile a una **obbligazione** ***propter rem***.

1122 bis. Impianti non centralizzati di ricezione radiotelevisiva e di produzione di energia da fonti rinnovabili.

Le installazioni di impianti non centralizzati per la ricezione radiotelevisiva e per l'accesso a qualunque altro genere di flusso informativo, anche da satellite o via cavo, e i relativi collegamenti fino al punto di diramazione per le singole utenze sono realizzati in modo da recare il minor pregiudizio alle parti comuni e alle unità immobiliari di proprietà individuale, preservando in ogni caso il decoro architettonico dell'edificio, salvo quanto previsto in materia di reti pubbliche.

È consentita l'installazione di impianti per la produzione di energia da fonti rinnovabili destinati al servizio di singole unità del condominio sul lastrico solare, su ogni altra idonea superficie comune e sulle parti di proprietà individuale dell'interessato.

Qualora si rendano necessarie modificazioni delle parti comuni, l'interessato ne dà comunicazione all'amministratore indicando il contenuto specifico e le modalità di esecuzione degli interventi. L'assemblea può prescrivere, con la maggioranza di cui al quinto comma dell'articolo 1136, adeguate modalità alternative di esecuzione o imporre cautele a salvaguardia della stabilità, della sicurezza o del decoro architettonico dell'edificio e, ai fini dell'installazione degli impianti di cui al secondo comma, provvede, a richiesta degli interessati, a ripartire l'uso del lastrico solare e delle altre superfici comuni, salvaguardando le diverse forme di utilizzo previste dal regolamento di condominio o comunque in atto. L'assemblea, con la medesima maggioranza, può altresì subordinare l'esecuzione alla prestazione, da parte dell'interessato, di idonea garanzia per i danni eventuali.

L'accesso alle unità immobiliari di proprietà individuale deve essere consentito ove necessario per la progettazione e per l'esecuzione delle opere. Non sono soggetti ad autorizzazione gli impianti destinati alle singole unità abitative.

1122 ter. Impianti di videosorveglianza sulle parti comuni.

Le deliberazioni concernenti l'installazione sulle parti comuni dell'edificio di impianti volti a consentire la videosorveglianza su di esse sono approvate dall'assemblea con la maggioranza di cui al secondo comma dell'articolo 1136.

1123. Ripartizione delle spese.

Le spese necessarie per la conservazione e per il godimento delle parti comuni dell'edificio, per la prestazione dei servizi nell'interesse comune e per le innovazioni deliberate dalla maggioranza sono sostenute dai condomini in misura proporzionale al valore della proprietà di ciascuno, salvo diversa convenzione.

Se si tratta di cose destinate a servire i condomini in misura diversa, le spese sono ripartite in proporzione dell'uso che ciascuno può farne.

Qualora un edificio abbia più scale, cortili, lastrici solari, opere o impianti destinati a servire una parte dell'intero fabbricato, le spese relative alla loro manutenzione sono a carico del gruppo di condomini che ne trae utilità.

• La norma reca il principio secondo il quale le spese relative alle parti comuni di un edificio sono ripartite tra i condomini in **proporzione delle rispettive quote**. Tuttavia, un diverso riparto può essere determinato o da un'**espressa previsione** delle parti (il comma primo ha dunque natura derogabile) o dalla **circostanza che le cose comuni siano destinate a servire i condomini in misura diversa** (il comma primo detta dunque un principio valevole solo sul presupposto di un uso comune tra i condomini). • La disposizione in commento aveva dato adito ad un dibattito pretorio in merito alla natura solidale o parziale delle obbligazioni dei condomini per le spese relative alle parti comuni dell'edificio. Sul punto, le Sezioni Unite di Cassazione hanno accolto la tesi minoritaria, affermando il **principio della parziarietà**: le obbligazioni assunte nell'interesse del condominio si ripartiscono tra i condomini in proporzione alle rispettive quote (Cass. s.u. 9148/2008).

1124. Manutenzione e sostituzione delle scale e degli ascensori.

Le scale e gli ascensori sono mantenuti e sostituiti dai proprietari delle unità immobiliari a cui servono. La spesa relativa è ripartita tra essi, per metà in ragione del valore delle singole unità immobiliari e per l'altra metà esclusivamente in misura proporzionale all'altezza di ciascun piano dal suolo.

Al fine del concorso nella metà della spesa, che è ripartita in ragione del valore, si considerano come piani le cantine, i palchi morti, le soffitte o camere a tetto e i lastrici solari, qualora non siano di proprietà comune.

• La norma costituisce un corollario del disposto di cui all'art. 1123, che prevede i due **criteri di ripartizione delle spese** in base al **valore della proprietà** e all'**uso che ciascun condomino ne fa**. Ebbene l'art. 1124 commisura la spesa per la pulizia delle scale e per la manutenzione degli ascensori addebitabile a ciascun condomino, all'uso che questi ne fa, presunto proporzionalmente dall'altezza di ciascun piano dal suolo, nella considerazione che i proprietari dei piani alti logorano le scale in misura maggiore rispetto ai proprietari dei piani bassi. Tuttavia, tale parametro è **bilanciato per metà** da quello delle quote di proprietà.

1125. Manutenzione e ricostruzione dei soffitti, delle volte e dei solai.
Le spese per la manutenzione e ricostruzione dei soffitti, delle volte e dei solai sono sostenute in parti eguali dai proprietari dei due piani l'uno all'altro sovrastanti, restando a carico del proprietario del piano superiore la copertura del pavimento e a carico del proprietario del piano inferiore l'intonaco, la tinta e la decorazione del soffitto.

• Per tutte le **strutture divisorie** che hanno una funzione di sostegno e copertura **tra due piani** (ad es. il solaio che separa due unità abitative), la norma prevede una **presunzione *iuris tantum* di utilità e uso uguale** per entrambi i piani, in quanto svolgono inscindibile funzione per i rispettivi proprietari e correlativa inutilità per gli altri condomini. Le spese per la loro manutenzione e ricostruzione competono quindi in parti eguali ai rispettivi proprietari. • Solo la copertura del **pavimento** grava sul proprietario *superiore*, così come l'altro condomino, ossia il proprietario *inferiore*, si deve accollare le spese per intonaco, tinta, decorazione del **soffitto**.

1126. Lastrici solari di uso esclusivo.
Quando l'uso dei lastrici solari o di una parte di essi non è comune a tutti i condomini, quelli che ne hanno l'uso esclusivo sono tenuti a contribuire per un terzo nella spesa delle riparazioni o ricostruzioni del lastrico: gli altri due terzi sono a carico di tutti i condomini dell'edificio o della parte di questo a cui il lastrico solare serve, in proporzione del valore del piano o della porzione di piano di ciascuno.

• Il **lastrico solare** è sistema di copertura dell'edificio e differisce dal **tetto** vero e proprio per l'utilità comune o esclusiva a favore di determinati condomini (*Esempio:* stesa dei panni). Distinta è, inoltre, la nozione di **terrazza** che, oltre a quella di copertura, svolge l'ulteriore funzione di consentire un comodo accesso, con possibilità di intrattenervisi. • La norma disciplina l'ipotesi del lastrico condominiale di **uso esclusivo**, recependo: a) il principio di riparto delle spese **in proporzione all'uso** (art. 1123, co. 2), nella misura di **1/3 per il proprietario che ne fa uso esclusivo**; b) il principio di riparto delle spese delle parti comuni **in ragione del valore della proprietà di ciascun condomino** (art. 1123, co. 1), nella misura di **2/3 per tutti i condomini**.

1127. Costruzione sopra l'ultimo piano dell'edificio.
Il proprietario dell'ultimo piano dell'edificio può elevare nuovi piani o nuove fabbriche, salvo che risulti altrimenti dal titolo. La stessa facoltà spetta a chi è proprietario esclusivo del lastrico solare.

La sopraelevazione non è ammessa se le condizioni statiche dell'edificio non la consentono.

I condomini possono altresì opporsi alla sopraelevazione, se questa pregiudica l'aspetto architettonico dell'edificio ovvero diminuisce notevolmente l'aria o la luce dei piani sottostanti.

Chi fa la sopraelevazione deve corrispondere agli altri condomini un'indennità pari al valore attuale dell'area da occuparsi con la nuova fabbrica, diviso per il numero dei piani, ivi compreso quello da edificare, e detratto l'importo della quota a lui spettante. Egli è inoltre tenuto a ricostruire il lastrico solare di cui tutti o parte dei condomini avevano il diritto di usare.

• La norma riconosce al **proprietario dell'ultimo piano** di un edificio e al **proprietario esclusivo del lastrico solare** il **diritto di sopraelevare** l'edificio medesimo, senza che a tal fine occorra il preventivo consenso degli altri condomini. Questi però possono **opporsi** in caso di **pregiudizio dell'aspetto architettonico dell'edificio** o di **notevole diminuzione dell'aria o della luce** dei piani sottostanti. • Il diritto di sopraelevazione è provvisto di un

limite convenzionale ("*salvo che risulti altrimenti dal titolo*"), che ha natura di *servitus altius non tollendi*, nonché di un **limite legale**, essendo la soprelevazione preclusa dalle condizioni statiche del fabbricato. In tal caso è consentito agli altri condomini di agire per la demolizione del manufatto eseguito in violazione di esso. • L'**indennità di sopraelevazione** trae fondamento dall'aumento proporzionale del diritto di comproprietà sulle parti comuni conseguente all'incremento della porzione di proprietà esclusiva. Essa è oggetto di un debito di valore, da determinarsi con riferimento al tempo della sopraelevazione.

1128. Perimento totale o parziale dell'edificio.

Se l'edificio perisce interamente o per una parte che rappresenti i tre quarti del suo valore, ciascuno dei condomini può richiedere la vendita all'asta del suolo e dei materiali, salvo che sia stato diversamente convenuto.

Nel caso di perimento di una parte minore, l'assemblea dei condomini delibera circa la ricostruzione delle parti comuni dell'edificio, e ciascuno è tenuto a concorrervi in proporzione dei suoi diritti sulle parti stesse.

L'indennità corrisposta per l'assicurazione relativa alle parti comuni è destinata alla ricostruzione di queste.

Il condomino che non intende partecipare alla ricostruzione dell'edificio è tenuto a cedere agli altri condomini i suoi diritti, anche sulle parti di sua esclusiva proprietà, secondo la stima che ne sarà fatta, salvo che non preferisca cedere i diritti stessi ad alcuni soltanto dei condomini.

• In caso di **perimento**, per cause indipendenti dalla volontà dei condomini, **totale del condominio o parziale di esso uguale a tre quarti del suo valore**, venendo meno il rapporto di servizio tra parti comuni ed unità immobiliari in proprietà esclusiva, il condominio **si estingue** (salvo, all'unanimità, si deliberi la **ricostruzione**), ed in suo luogo si instaura una comunione avente ad oggetto il suolo ed i materiali, sottoposta in quanto tale agli artt. 1100 e 1116. • In ipotesi di **perimento parziale** dell'edificio in condominio, anche **inferiore ai tre quarti del suo valore**, ciascun condomino ha il **potere di ricostruire** le parti comuni del fabbricato, che siano andate distrutte e che siano indispensabili per ripristinare l'esistenza e il godimento del bene di dominio individuale. Ciò è reso possibile nell'esercizio non di un diritto di superficie, ma di facoltà inerenti alla proprietà esclusiva ed a quella condominiale, in quanto tali non suscettibili di prescrizione per non uso.

1129. Nomina, revoca ed obblighi dell'amministratore.

Quando i condomini sono più di otto, se l'assemblea non vi provvede, la nomina di un amministratore è fatta dall'autorità giudiziaria su ricorso di uno o più condomini o dell'amministratore dimissionario.

Contestualmente all'accettazione della nomina e ad ogni rinnovo dell'incarico, l'amministratore comunica i propri dati anagrafici e professionali, il codice fiscale, o, se si tratta di società, anche la sede legale e la denominazione, il locale ove si trovano i registri di cui ai numeri 6) e 7) dell'articolo 1130, nonché i giorni e le ore in cui ogni interessato, previa richiesta all'amministratore, può prenderne gratuitamente visione e ottenere, previo rimborso della spesa, copia da lui firmata.

L'assemblea può subordinare la nomina dell'amministratore alla presentazione ai condomini di una polizza individuale di assicurazione per la responsabilità civile per gli atti compiuti nell'esercizio del mandato.

L'amministratore è tenuto altresì ad adeguare i massimali della polizza se nel periodo del suo incarico l'assemblea deliberi lavori straordinari. Tale adeguamento non deve essere inferiore all'importo di spesa deliberato e deve essere effettuato contestualmente all'inizio dei lavori. Nel caso in cui l'amministratore sia coperto da una polizza di assicurazione per la responsabilità civile professionale generale per l'intera attività da lui svolta, tale polizza deve essere integrata con una dichiarazione dell'impresa di assicurazione che garantisca le condizioni previste dal periodo precedente per lo specifico condominio.

Sul luogo di accesso al condominio o di maggior uso comune, accessibile anche ai terzi, è affissa l'indicazione delle generalità, del domicilio e dei recapiti, anche telefonici, dell'amministratore.

In mancanza dell'amministratore, sul luogo di accesso al condominio o di maggior uso comune, accessibile anche ai terzi, è affissa l'indicazione delle generalità e dei recapiti, anche telefonici, della persona che svolge funzioni analoghe a quelle dell'amministratore.

L'amministratore è obbligato a far transitare le somme ricevute a qualunque titolo dai condomini o da terzi, nonché quelle a qualsiasi titolo erogate per conto del condominio, su uno specifico conto corrente, postale o bancario, intestato al condominio; ciascun condomino, per il tramite dell'amministratore, può chiedere di prendere visione ed estrarre copia, a proprie spese, della rendicontazione periodica.

Alla cessazione dell'incarico l'amministratore è tenuto alla consegna di tutta la documentazione in suo possesso afferente al condominio e ai singoli condomini e ad eseguire le attività urgenti al fine di evitare pregiudizi agli interessi comuni senza diritto ad ulteriori compensi.

Salvo che sia stato espressamente dispensato dall'assemblea, l'amministratore è tenuto ad agire per la riscossione forzosa delle somme dovute dagli obbligati entro sei mesi dalla chiusura dell'esercizio nel quale il credito esigibile è compreso, anche ai sensi dell'articolo 63, primo comma, delle disposizioni per l'attuazione del presente codice.

L'incarico di amministratore ha durata di un anno e si intende rinnovato per eguale durata. L'assemblea convocata per la revoca o le dimissioni delibera in ordine alla nomina del nuovo amministratore.

La revoca dell'amministratore può essere deliberata in ogni tempo dall'assemblea, con la maggioranza prevista per la sua nomina oppure con le modalità previste dal regolamento di condominio. Può altresì essere disposta dall'autorità giudiziaria, su ricorso di ciascun condomino, nel caso previsto dal quarto comma dell'articolo 1131, se non rende il conto della gestione, ovvero in caso di gravi irregolarità. Nei casi in cui siano emerse gravi irregolarità fiscali o di non ottemperanza a quanto disposto dal numero 3) del dodicesimo comma del presente articolo, i condomini, anche singolarmente, possono chiedere la convocazione dell'assemblea per far cessare la violazione e revocare il mandato all'amministratore. In caso di mancata revoca da parte dell'assemblea, ciascun condomino può rivolgersi all'autorità giudiziaria; in caso di accoglimento della domanda, il ricorrente, per le spese legali, ha titolo alla rivalsa nei confronti del condominio, che a sua volta può rivalersi nei confronti dell'amministratore revocato.

Costituiscono, tra le altre, gravi irregolarità:

1) l'omessa convocazione dell'assemblea per l'approvazione del rendiconto condominiale, il ripetuto rifiuto di convocare l'assemblea per la revoca e per la nomina del nuovo amministratore o negli altri casi previsti dalla legge;

2) la mancata esecuzione di provvedimenti giudiziari e amministrativi, nonché di deliberazioni dell'assemblea;

3) la mancata apertura ed utilizzazione del conto di cui al settimo comma;

4) la gestione secondo modalità che possono generare possibilità di confusione tra il patrimonio del condominio e il patrimonio personale dell'amministratore o di altri condomini;

5) l'aver acconsentito, per un credito insoddisfatto, alla cancellazione delle formalità eseguite nei registri immobiliari a tutela dei diritti del condominio;

6) qualora sia stata promossa azione giudiziaria per la riscossione delle somme dovute al condominio, l'aver omesso di curare diligentemente l'azione e la conseguente esecuzione coattiva;

7) l'inottemperanza agli obblighi di cui all'articolo 1130, numeri 6), 7) e 9);

8) l'omessa, incompleta o inesatta comunicazione dei dati di cui al secondo comma del presente articolo.

In caso di revoca da parte dell'autorità giudiziaria, l'assemblea non può nominare nuovamente l'amministratore revocato.

L'amministratore, all'atto dell'accettazione della nomina e del suo rinnovo, deve specificare analiticamente, a pena di nullità della nomina stessa, l'importo dovuto a titolo di compenso per l'attività svolta.

Per quanto non disciplinato dal presente articolo si applicano le disposizioni di cui alla sezione I del capo IX del titolo III del libro IV.

Il presente articolo si applica anche agli edifici di alloggi di edilizia popolare ed economica, realizzati o recuperati da enti pubblici a totale partecipazione pubblica o con il concorso dello Stato, delle regioni, delle province o dei comuni, nonché a quelli realizzati da enti pubblici non economici o società private senza scopo di lucro con finalità sociali proprie dell'edilizia residenziale pubblica.

• Il legislatore con la l. n. 220/2012, ha attribuito all'**amministratore** – la cui nomina è obbligatoria se i condomini sono più di otto – i poteri di un **mandatario con rappresentanza**, con conseguente applicabilità degli artt. 1387 ss. e 1703 ss. In particolare, si regolamentano in modo puntuale i doveri dell'amministratore e i requisiti per la nomina, secondo tre direttive: la *verifica della qualifica professionale ed aggiornamento*, la *trasparenza della gestione* e il *controllo* di questa *da parte dei condomini*. • La c.d. ***"perpetuatio"* di poteri** in capo all'amministratore di condominio uscente, dopo la cessazione della carica per scadenza del termine di cui all'art. 1129 o per dimissioni, fondandosi su una *presunzione di conformità all'interesse ed alla volontà dei condomini*, non trova applicazione in presenza di una volontà di questi ultimi, espressa con delibera dell'assemblea condominiale, contraria alla conservazione dei poteri di gestione da parte dell'amministratore cessato dall'incarico.

1130. Attribuzioni dell'amministratore.

L'amministratore, oltre a quanto previsto dall'articolo 1129 e dalle vigenti disposizioni di legge, deve:

1) eseguire le deliberazioni dell'assemblea, convocarla annualmente per l'approvazione del rendiconto condominiale di cui all'articolo 1130 bis e curare l'osservanza del regolamento di condominio;

2) disciplinare l'uso delle cose comuni e la fruizione dei servizi nell'interesse comune, in modo che ne sia assicurato il miglior godimento a ciascuno dei condomini;

3) riscuotere i contributi ed erogare le spese occorrenti per la manutenzione ordinaria delle parti comuni dell'edificio e per l'esercizio dei servizi comuni;

4) compiere gli atti conservativi relativi alle parti comuni dell'edificio;

5) eseguire gli adempimenti fiscali;

6) curare la tenuta del registro di anagrafe condominiale contenente le generalità dei singoli proprietari e dei titolari di diritti reali e di diritti personali di godimento, comprensive del codice fiscale e della residenza o domicilio, i dati catastali di ciascuna unità immobiliare, nonché ogni dato relativo alle condizioni di sicurezza delle parti comuni dell'edificio. Ogni variazione dei dati deve essere comunicata all'amministratore in forma scritta entro sessanta giorni. L'amministratore, in caso di inerzia, mancanza o incompletezza delle comunicazioni, richiede con lettera raccomandata le informazioni necessarie alla tenuta del registro di anagrafe. Decorsi trenta giorni, in caso di omessa o incompleta risposta, l'amministratore acquisisce le informazioni necessarie, addebitandone il costo ai responsabili;

7) curare la tenuta del registro dei verbali delle assemblee, del registro di nomina e revoca dell'amministratore e del registro di contabilità. Nel registro dei verbali delle assemblee sono altresì annotate: le eventuali mancate costituzioni dell'assemblea, le deliberazioni nonché le brevi dichiarazioni rese dai condomini che ne hanno fatto richiesta; allo stesso registro è allegato il regolamento di condominio, ove adottato. Nel registro di nomina e revoca dell'amministratore sono annotate, in ordine cronologico, le date della nomina e della revoca di ciascun amministratore del condominio, nonché gli estremi del decreto in caso di provvedimento giudiziale. Nel registro di contabilità sono annotati in ordine cronologico, entro trenta giorni da quello dell'effettuazione, i singoli movimenti in entrata ed in uscita. Tale registro può tenersi anche con modalità informatizzate;

8) conservare tutta la documentazione inerente alla propria gestione riferibile sia al rapporto con i condomini sia allo stato tecnico-amministrativo dell'edificio e del condominio;

9) fornire al condomino che ne faccia richiesta attestazione relativa allo stato dei pagamenti degli oneri condominiali e delle eventuali liti in corso;

10) redigere il rendiconto condominiale annuale della gestione e convocare l'assemblea per la relativa approvazione entro centottanta giorni.

• Atteso che dall'art. 1131 possa desumersi che il regolamento condominiale o l'assemblea hanno facoltà di attribuire all'amministratore compiti più vasti o non coincidenti con quelli di cui all'art. 1130, siffatta disposizione è **derogabile.** • Una delle principali novità introdotte dalla riforma del 2012 è la tenuta del **registro di anagrafe condominiale**, funzionale a superare i problemi che comunemente si verificavano in conseguenza dell'invio di convocazioni assembleari a soggetti che poi non risultavano rivestire la qualifica di condomini. Nel registro occorre indicare anche ogni dato relativo alle condizioni di sicurezza.

1130 bis. Rendiconto condominiale.
Il rendiconto condominiale contiene le voci di entrata e di uscita ed ogni altro dato inerente alla situazione patrimoniale del condominio, ai fondi disponibili ed alle eventuali riserve, che devono essere espressi in modo da consentire l'immediata verifica. Si compone di un registro di contabilità, di un riepilogo finanziario, nonché di una nota sintetica esplicativa della gestione con l'indicazione anche dei rapporti in corso e delle questioni pendenti. L'assemblea condominiale può, in qualsiasi momento o per più annualità specificamente identificate, nominare un revisore che verifichi la contabilità del condominio. La deliberazione è assunta con la maggioranza prevista per la nomina dell'amministratore e la relativa spesa è ripartita fra tutti i condomini sulla base dei millesimi di proprietà. I condomini e i titolari di diritti reali o di godimento sulle unità immobiliari possono prendere visione dei documenti giustificativi di spesa in ogni tempo ed estrarne copia a proprie spese. Le scritture e i documenti giustificativi devono essere conservati per dieci anni dalla data della relativa registrazione.

L'assemblea può anche nominare, oltre all'amministratore, un consiglio di condominio composto da almeno tre condomini negli edifici di almeno dodici unità immobiliari. Il consiglio ha funzioni consultive e di controllo.

• La norma equipara l'amministrazione di condominio a qualunque **gestione di patrimoni altrui**. • Il **rendiconto** va, dunque, redatto secondo il *criterio di competenza* e deve rendere conto delle voci di entrata e uscita della situazione patrimoniale, dei fondi e riserve disponibili in modo da consentire l'immediata verifica.

1131. Rappresentanza.
Nei limiti delle attribuzioni stabilite dall'articolo 1130 o dei maggiori poteri conferitigli dal regolamento di condominio o dall'assemblea, l'amministratore ha la rappresentanza dei partecipanti e può agire in giudizio sia contro i condomini sia contro i terzi.

Può essere convenuto in giudizio per qualunque azione concernente le parti comuni dell'edificio; a lui sono notificati i provvedimenti dell'autorità amministrativa che si riferiscono allo stesso oggetto.

Qualora la citazione o il provvedimento abbia un contenuto che esorbita dalle attribuzioni dell'amministratore, questi è tenuto a darne senza indugio notizia all'assemblea dei condomini.

L'amministratore che non adempie a quest'obbligo può essere revocato ed è tenuto al risarcimento dei danni.

• L'**amministratore** esercita tanto le **attribuzioni** riconosciutegli di cui all'art. 1130, quanto i poteri di **rappresentanza sostanziale e processuale** previsti dalla norma, in qualità di mandatario. • Il potere di **rappresentanza, attiva e passiva**, dell'amministratore concerne tutte le azioni di cognizione, che possono essere intentate da lui o contro di lui nel nome del condominio, relativamente alle parti comuni. • Il condominio è un ente di gestione sfornito di personalità distinta da quella dei suoi partecipanti, sicché la presenza dell'organo rappresentativo unitario *non priva* i **singoli condomini** del potere di **agire a difesa** di diritti connessi alla detta partecipazione, né, quindi, del potere di **intervenire** nel giudizio per il quale tale difesa sia stata legittimamente assunta dall'amministratore.

1132. Dissenso dei condomini rispetto alle liti.
Qualora l'assemblea dei condomini abbia deliberato di promuovere una lite o di resistere a una domanda, il condomino dissenziente, con atto notificato all'amministratore, può separare la propria responsabilità in ordine alle conseguenze della lite per il caso di soccombenza. L'at-

to deve essere notificato entro trenta giorni da quello in cui il condomino ha avuto notizia della deliberazione.

Il condomino dissenziente ha diritto di rivalsa per ciò che abbia dovuto pagare alla parte vittoriosa.

Se l'esito della lite è stato favorevole al condominio, il condomino dissenziente che ne abbia tratto vantaggio è tenuto a concorrere nelle spese del giudizio che non sia stato possibile ripetere dalla parte soccombente.

• La norma introduce un **temperamento** alla rigidità **del principio maggioritario**, in base al quale la volontà della maggioranza vincola anche le minoranze, consentendo invece ai condomini, che non concordino con la deliberazione dell'assemblea in ordine ad una controversia civile, di manifestare il proprio **dissenso** e, per l'effetto, di separare la propria responsabilità in ordine alle conseguenze della lite per il caso di soccombenza. Tale dissenso ha tuttavia **valore nei soli rapporti interni** tra condomini, e non può essere opposto al terzo vittorioso in giudizio, ma il condomino dissenziente potrà agire in **rivalsa** verso gli altri condomini.

1133. Provvedimenti presi dall'amministratore.

I provvedimenti presi dall'amministratore nell'ambito dei suoi poteri sono obbligatori per i condomini. Contro i provvedimenti dell'amministratore è ammesso ricorso all'assemblea, senza pregiudizio del ricorso all'autorità giudiziaria nei casi e nel termine previsti dall'articolo 1137.

• La disposizione prevede che i provvedimenti adottati dall'amministratore nell'ambito dei poteri che gli spettano **vincolano tutti** i condomini, i quali possono impugnarli: a) davanti all'**assemblea** se **illeciti, non opportuni o esorbitanti** rispetto ai poteri conferiti all'amministratore; b) dinanzi al **giudice ordinario** quando il provvedimento sia **nullo o annullabile** *ex* art. 1137.

1134. Gestione di iniziativa individuale.

Il condomino che ha assunto la gestione delle parti comuni senza autorizzazione dell'amministratore o dell'assemblea non ha diritto al rimborso, salvo che si tratti di spesa urgente.

• Il **rimborso delle spese** sostenute è condizionato nel condominio di edifici, in luogo che alla mera inerzia degli altri partecipanti (come invece previsto in tema di comunione ordinaria), al diverso e più stringente **presupposto dell'urgenza**, trattandosi di beni che rappresentano mere utilità strumentali al godimento dei beni individuali, sicché la legge regolamenta con maggior rigore la possibilità che il singolo possa interferire nella loro amministrazione. • Al condomino, al quale non sia riconosciuto il diritto al rimborso delle spese sostenute per la gestione delle parti comuni, qualora manchi il presupposto dell'urgenza, non spetta alcuna azione, essendo dinanzi a un divieto legale di esercitare azioni tipiche in assenza dei relativi presupposti.

1135. Attribuzioni dell'assemblea dei condomini.

Oltre a quanto è stabilito dagli articoli precedenti, l'assemblea dei condomini provvede:

1) alla conferma dell'amministratore e all'eventuale sua retribuzione;

2) all'approvazione del preventivo delle spese occorrenti durante l'anno e alla relativa ripartizione tra i condomini;

3) all'approvazione del rendiconto annuale dell'amministratore e all'impiego del residuo attivo della gestione;

4) alle opere di manutenzione straordinaria e alle innovazioni, costituendo obbligatoriamente un fondo speciale di importo pari all'ammontare dei lavori; se i lavori devono essere eseguiti in base a un contratto che ne prevede il pagamento graduale in funzione del loro progressivo stato di avanzamento, il fondo può essere costituito in relazione ai singoli pagamenti dovuti.

L'amministratore non può ordinare lavori di manutenzione straordinaria, salvo che rivestano carattere urgente, ma in questo caso deve riferirne nella prima assemblea.

L'assemblea può autorizzare l'amministratore a partecipare e collaborare a progetti, programmi e iniziative territoriali promossi dalle istituzioni locali o da soggetti privati qualificati, anche mediante opere di risanamento di parti comuni degli immobili nonché di demolizione, ricostruzione e messa in sicurezza statica, al fine di favorire il recupero del patrimonio edilizio esistente, la vivibilità urbana, la sicurezza e la sostenibilità ambientale della zona in cui il condominio è ubicato.

• L'articolo elenca le attribuzioni dell'**assemblea dei condomini**, che riguardano: 1) la **conferma dell'amministratore**, anche se nominato dall'Autorità giudiziaria, e la sua **retribuzione** (in tal caso laddove non sia stato stabilito che egli debba prestare gratuitamente la sua opera, è da presumere la prestazione sia a titolo oneroso); 2) l'approvazione del **preventivo delle spese** occorrenti durante l'anno e la relativa ripartizione fra i condomini (l'approvazione e la ripartizione sono limitate all'anno cui si riferiscono e l'amministratore non può, quindi, in base alle medesime, esigere quote anticipate relative agli anni successivi); 3) l'approvazione del **rendiconto annuale** dell'amministratore o dei rendiconti in genere e all'impiego dei sopravanzi di gestione; 4) le **opere di manutenzione straordinaria**, costituendo obbligatoriamente un **fondo speciale** (all'**amministratore**, ai sensi dell'art. 1129, n. 3 compete invece la sola **manutenzione ordinaria**, salvo potere eccezionalmente ordinare lavori di manutenzione straordinaria, quando rivestano carattere urgente, ma in tal caso occorre che ne riferisca alla prima assemblea).

1136. Costituzione dell'assemblea e validità delle deliberazioni.

L'assemblea in prima convocazione è regolarmente costituita con l'intervento di tanti condomini che rappresentino i due terzi del valore dell'intero edificio e la maggioranza dei partecipanti al condominio.

Sono valide le deliberazioni approvate con un numero di voti che rappresenti la maggioranza degli intervenuti e almeno la metà del valore dell'edificio.

Se l'assemblea in prima convocazione non può deliberare per mancanza di numero legale, l'assemblea in seconda convocazione delibera in un giorno successivo a quello della prima e, in ogni caso, non oltre dieci giorni dalla medesima. L'assemblea in seconda convocazione è regolarmente costituita con l'intervento di tanti condomini che rappresentino almeno un terzo del valore dell'intero edificio e un terzo dei partecipanti al condominio. La deliberazione è valida se approvata dalla maggioranza degli intervenuti con un numero di voti che rappresenti almeno un terzo del valore dell'edificio.

Le deliberazioni che concernono la nomina e la revoca dell'amministratore o le liti attive e passive relative a materie che esorbitano dalle attribuzioni dell'amministratore medesimo, le deliberazioni che concernono la ricostruzione dell'edificio o riparazioni straordinarie di notevole entità e le deliberazioni di cui agli articoli 1117-quater, 1120, secondo comma, 1122-ter nonché 1135, terzo comma, devono essere sempre approvate con la maggioranza stabilita dal secondo comma del presente articolo.

Le deliberazioni di cui all'articolo 1120, primo comma, e all'articolo 1122-bis, terzo comma, devono essere approvate dall'assemblea con un numero di voti che rappresenti la maggioranza degli intervenuti ed almeno i due terzi del valore dell'edificio.

L'assemblea non può deliberare, se non consta che tutti gli aventi diritto sono stati regolarmente convocati.

Delle riunioni dell'assemblea si redige processo verbale da trascrivere nel registro tenuto dall'amministratore.

• La norma stabilisce i ***quorum* costitutivi e deliberativi** dell'assemblea condominiale, rispetto ai quali la riforma del 2012 ha introdotto consistenti modifiche, in particolare volte a diminuire i *quorum* deliberativi precedentemente richiesti: è valida la costituzione dell'assemblea **in prima convocazione** – fermo restando i 2/3 dei millesimi – ove sia presente la maggioranza dei condomini (anziché i 2/3 dei condomini); viene inoltre previsto che l'assemblea **in seconda convocazione** è regolarmente costituita con l'intervento di 1/3 dei partecipanti al condominio e 1/3 dei millesimi; in tal caso, le deliberazioni dell'assemblea sono valide se ottengono un numero di voti che rappresenti la maggioranza degli intervenuti (anziché, un terzo dei partecipanti al condominio). • La norma prevede che si rediga **processo verbale** delle riunioni dell'assemblea. Il verbale di un'assemblea condominiale, munito di sottoscrizione del presidente e del segretario, ha natura di **scrittura privata**. Tuttavia, l'omessa sottoscrizione del verbale dell'assemblea condominiale ad opera del presidente **non** costituisce **causa di annullabilità** della delibera, non esistendo alcuna disposizione che prescriva che tale adempimento sia previsto a pena di invalidità.

1137. Impugnazione delle deliberazioni dell'assemblea.

Le deliberazioni prese dall'assemblea a norma degli articoli precedenti sono obbligatorie per tutti i condomini.

Contro le deliberazioni contrarie alla legge o al regolamento di condominio ogni condomino assente, dissenziente o astenuto può adire l'autorità giudiziaria chiedendone l'annullamento nel termine perentorio di trenta giorni, che decorre dalla data della deliberazione per i dissenzienti o astenuti e dalla data di comunicazione della deliberazione per gli assenti.

L'azione di annullamento non sospende l'esecuzione della deliberazione, salvo che la sospensione sia ordinata dall'autorità giudiziaria.

L'istanza per ottenere la sospensione proposta prima dell'inizio della causa di merito non sospende né interrompe il termine per la proposizione dell'impugnazione della deliberazione. Per quanto non espressamente previsto, la sospensione è disciplinata dalle norme di cui al libro IV, titolo I, capo III, sezione I, con l'esclusione dell'articolo 669-octies, sesto comma, del codice di procedura civile.

• La norma dopo aver stabilito l'obbligatorietà delle deliberazioni adottate dall'assemblea anche per i **condomini assenti o dissenzienti**, sancendo in tal modo il principio di maggioranza, prevede la disciplina dell'impugnazione delle delibere assembleari. • Sono da qualificarsi **nulle** (impugnabili **senza limiti temporali**): le delibere **prive degli elementi essenziali**, con **oggetto impossibile o illecito**, con **oggetto che non rientra nella competenza dell'assemblea**, le delibere che **incidono sui diritti individuali** sulle cose o servizi comuni o sulla proprietà esclusiva di ognuno dei condomini. Diversamente, sono **annullabili** (impugnabili nel termine di **30 giorni** dalla loro deliberazione): le delibere con **vizi relativi alla regolare costituzione** dell'assemblea **o adottate con maggioranza inferiore** a quella prescritta dalla legge o dal regolamento condominiale, quelle **affette da vizi formali**. *Esempio:* sono nulle le delibere che consentono un abuso edilizio; sono annullabili le delibere adottate da un'assemblea che non è stata regolarmente convocata. • Il sindacato dell'autorità giudiziaria sulle delibere assembleari non può estendersi alla valutazione del merito e al controllo della discrezionalità di cui dispone l'assemblea, quale organo sovrano della volontà dei condomini, ma deve limitarsi ad un riscontro **di legittimità**, funzionale a verificare se la decisione collegiale sia, o meno, il risultato del legittimo esercizio del potere dell'assemblea.

1138. Regolamento di condominio.

Quando in un edificio il numero dei condomini è superiore a dieci, deve essere formato un regolamento, il quale contenga le norme circa l'uso delle cose comuni e la ripartizione delle spese, secondo i diritti e gli obblighi spettanti a ciascun condomino, nonché le norme per la tutela del decoro dell'edificio e quelle relative all'amministrazione.

Ciascun condomino può prendere l'iniziativa per la formazione del regolamento di condominio o per la revisione di quello esistente.

Il regolamento deve essere approvato dall'assemblea con la maggioranza stabilita dal secondo comma dell'articolo 1136 ed allegato al registro indicato dal numero 7) dell'articolo 1130. Esso può essere impugnato a norma dell'articolo 1107.

Le norme del regolamento non possono in alcun modo menomare i diritti di ciascun condomino, quali risultano dagli atti di acquisto e dalle convenzioni, e in nessun caso possono derogare alle disposizioni degli articoli 1118, secondo comma, 1119, 1120, 1129, 1131, 1132, 1136 e 1137.

Le norme del regolamento non possono vietare di possedere o detenere animali domestici.

• Nell'interesse degli stessi condomini e per facilitare il compito dell'amministratore del condominio, la norma codifica l'**obbligo di** formare un **regolamento** qualora i condomini siano più di dieci. Il regolamento di condominio può essere **impugnato** nel termine indicato nell'art. 1107 e va **trascritto** sul registro di cui all'art. 1129. • Nello stabilire i criteri per la gestione delle parti comuni, il regolamento di condominio soggiace a **due limiti**: a) le *disposizioni del codice civile elencate nel comma IV dell'articolo,* che non possono essere derogate; b) i *diritti di ciascun condomino* sul proprio appartamento. • Tali diritti sulle proprietà esclusive, tuttavia, benché non possano essere compressi dal regolamento condominiale, possono comunque subire **limiti per effetto di convenzioni,** stipulate col consenso di tutti i condomini, comunemente definite come **regolamenti contrattuali**, ad evidenziarne la natura giuridica che è appunto quella del *contratto.*

1139. Rinvio alle norme sulla comunione.

Per quanto non è espressamente previsto da questo capo si osservano le norme sulla comunione in generale.

• Dalla norma si ricava *a contrario* che il **rinvio** residuale alle norme in tema di **comunione ordinaria**, non opera: a) se vi è una *disposizione che manifestamente regoli* il caso di specie; b) quando, pur in mancanza di una disciplina espressa, la disposizione in tema di comunione *non si ponga in sintonia* con i principi in materia di condominio. • In assenza di un condominio regolarmente costituito e di tabelle regolarmente approvate, dinanzi a **due partecipanti** con diritti di comproprietà paritari sui beni comuni, ricorre il c.d. **condominio minimo**. Ad esso si applica la disciplina del condominio di edifici, sul fondamento della *relazione di accessorietà* tra i beni comuni e le proprietà individuali.

Titolo VIII
DEL POSSESSO

Capo I
Disposizioni generali

1140. Possesso.

Il possesso è il potere sulla cosa che si manifesta in un'attività corrispondente all'esercizio della proprietà o di altro diritto reale.

Si può possedere direttamente o per mezzo di altra persona, che ha la detenzione della cosa.

• La disposizione descrive le caratteristiche del possesso: un **potere materiale**, di fatto, sulla cosa, che si traduce in una condotta il cui contenuto è **astrattamente** quello di un diritto reale di godimento. Quando la situazione di fatto sia coperta da quella di diritto avremo la fattispecie del possesso legittimo; quando vi sia invece dissociazione tra situazione di fatto e di diritto avremo il possesso illegittimo, perché la condotta materiale del possessore non è giustificata da un titolo giuridico, appunto perché il possessore non è legittimato a tenere quella condotta (l'esempio classico di possessore illegittimo è infatti *il ladro, che si comporta* come proprietario della cosa rubata, ma su di essa non ha alcun titolo giuridico che legittimi la sua condotta). Il contenuto del possesso varia a seconda del contenuto del potere materiale e quindi delle caratteristiche della condotta del possessore. • Si distingue infatti tra possesso pieno (il potere sulla cosa corrisponde all'esercizio della proprietà) e possesso minore (il potere sulla cosa corrisponde all'esercizio di un diritto reale minore). • Il secondo comma introduce la **distinzione tra possesso e detenzione**. Il possesso si ha quindi nel rapporto diretto tra possessore e cosa, laddove si ha detenzione quando il possessore non ha tale rapporto diretto con la cosa, in ragione della presenza del detentore, che sulla cosa esercita naturalmente un potere materiale, a ciò autorizzato dal possessore, che dunque rimane tale (basti pensare a un bene che affidiamo a un tecnico per la riparazione).

1141. Mutamento della detenzione in possesso.

Si presume il possesso in colui che esercita il potere di fatto, quando non si prova che ha cominciato a esercitarlo semplicemente come detenzione.

Se alcuno ha cominciato ad avere la detenzione, non può acquistare il possesso finché il titolo non venga a essere mutato per causa proveniente da un terzo o in forza di opposizione da lui fatta contro il possessore. Ciò vale anche per i successori a titolo universale.

• Chi esercita il potere di fatto sulla cosa si presume possessore (**presunzione *iuris tantum***), a meno che la controparte (che pretende avere il possesso) dia prova che quel potere sulla cosa era incominciato a titolo di detenzione. • Chi ha iniziato a esercitare sulla cosa un potere a titolo di detenzione non può trasformare la detenzione in possesso semplicemente cambiando la propria intenzione (cioè l'*animus*): la trasformazione della detenzione in possesso si ha però in presenza della **interversione del titolo**, nel senso che la situazione giuridica sottostante al potere materiale esercitato sulla cosa a titolo di detenzione cambia per causa proveniente da un terzo (cioè dall'attuale possessore, anche illegittimo, il quale, ad esempio, venda all'attuale detentore la cosa), ovvero quando il detentore contesti al possessore il diritto sulla cosa di quest'ultimo, manifestandogli la volontà di tenere la cosa come propria.

1142. Presunzione di possesso intermedio.

Il possessore attuale che ha posseduto in tempo più remoto si presume che abbia posseduto anche nel tempo intermedio.

• Chi possiede nel momento attuale e che sia stato possessore nel passato si presume (si tratta naturalmente di una presunzione *iuris tantum*) che non abbia perso la qualifica di possessore nell'arco di tempo che va dall'ieri all'oggi. Appunto rispetto a questo arco di tempo opera la presunzione, laddove la sussistenza del possesso nel passato e nel presente è pacifica.

1143. Presunzione di possesso anteriore.

Il possesso attuale non fa presumere il possesso anteriore, salvo che il possessore abbia un titolo a fondamento del suo possesso; in questo caso si presume che egli abbia posseduto dalla data del titolo.

• Se il **possesso intermedio** è presunto, non può essere presunto il possesso anteriore, ovviamente, appunto perché manca il *terminus a quo* (cioè il momento temporale a partire dal quale possa dirsi sussistere il possesso), che invece deve aversi, in conformità a quanto previsto all'art. 1142. La situazione è evidentemente diversa nell'ipotesi in cui il possesso sia fondato su di un titolo: in questo caso la presunzione di possesso può certamente operare, sussistendo infatti il *terminus a quo*, appunto individuato nella data del titolo legittimante.

1144. Atti di tolleranza.

Gli atti compiuti con l'altrui tolleranza non possono servire di fondamento all'acquisto del possesso.

• Si tratta di una disposizione molto importante, non solo nella materia del possesso, e il precetto in esso contenuto è che gli atti compiuti sulla cosa con la tolleranza del soggetto avente diritto sulla cosa (il possessore legittimo) impediscono che il terzo possa diventare possessore della cosa. Il terzo che abbia quindi con la cosa un rapporto materiale, e dunque se ne serva, in tutto o in parte, sarà un **detentore**.

1145. Possesso di cose fuori commercio.

Il possesso delle cose di cui non si può acquistare la proprietà è senza effetto.

Tuttavia nei rapporti tra privati è concessa l'azione di spoglio rispetto ai beni appartenenti al pubblico demanio e ai beni delle province e dei comuni soggetti al regime proprio del demanio pubblico.

Se trattasi di esercizio di facoltà, le quali possono formare oggetto di concessione da parte della pubblica amministrazione, è data altresì l'azione di manutenzione.

• Se delle cose di cui non si può diventare proprietari (cose fuori commercio) non si può nemmeno diventare possessori, perché questa situazione materiale è priva di rilevanza giuridica sostanziale, **nei rapporti tra privati** può però essere esercitata l'azione di spoglio con riferimento ai beni demaniali, e ciò per evitare conflitti tra privati pregiudizievoli dell'ordine pubblico. • Il terzo comma della disposizione ammette altresì l'esercizio dell'azione di manutenzione (sempre nei rapporti fra privati) a tutela di facoltà che possano essere oggetto di un provvedimento di concessione, che dunque costituisce il titolo legittimante l'azione in giudizio. • Va segnalato che nell'interpretazione giurisprudenziale della norma l'esercizio dell'azione non è subordinato al rilascio della concessione, purché la molestia riguardi l'esercizio di un'attività che in astratto potrebbe costituire oggetto di concessione.

1146. Successione nel possesso. Accessione del possesso.

Il possesso continua nell'erede con effetto dall'apertura della successione.

Il successore a titolo particolare può unire al proprio possesso quello del suo autore per goderne gli effetti.

• Il primo comma fa sì che **l'erede che abbia accettato** l'eredità acquisti il possesso del *de cuius* anche senza la materiale apprensione del bene. La regola di cui al primo comma si applica soltanto alla successione a titolo universale. È la cosiddetta **successione nel possesso**. • La regola di cui al secondo comma si applica invece alla **successione a titolo particolare**: essa consente che il successore a titolo particolare unisca al proprio il possesso del precedente possessore (cioè il *de cuius*). È la cosiddetta accessione nel possesso.

1147. Possesso di buona fede.

È possessore di buona fede chi possiede ignorando di ledere l'altrui diritto.

La buona fede non giova se l'ignoranza dipende da colpa grave.

La buona fede è presunta e basta che vi sia stata al tempo dell'acquisto.

• Il possessore di buona fede è chi **ignora** che la propria condotta, e quindi il potere materiale esercitato sulla cosa, lede un diritto reale altrui. Dunque il possessore di buona fede è un possessore illegittimo che ignora, **senza colpa** (non ne ha cioè consapevolezza, senza poter essere perciò rimproverabile), che un'altra persona esercita sulla cosa un possesso legittimo (pieno o minore che sia). Conseguentemente, se invece l'ignoranza dipende da **colpa grave**, il possessore non può considerarsi in buona fede, ai fini di cui al primo comma. Secondo la pacifica interpretazione, è in colpa grave il soggetto che non abbia osservato il criterio della diligenza minima, che gli avrebbe consentito di rendersi conto che sulla cosa esisteva un diritto altrui. • Il terzo comma detta la regola per cui la buona fede è richiesta al momento dell'apprensione fisica della cosa e la mala fede sopravvenuta non nuoce. Dunque, se il possessore di buona fede successivamente viene a sapere che sulla cosa esiste un diritto reale altrui, il possesso rimarrà comunque di buona fede.

Capo II
Degli effetti del possesso

Sezione I
Dei diritti e degli obblighi del possessore nella restituzione della cosa

1148. Acquisto dei frutti.

Il possessore di buona fede fa suoi i frutti naturali separati fino al giorno della domanda giudiziale e i frutti civili maturati fino allo stesso giorno. Egli, fino alla restituzione della cosa, risponde verso il rivendicante dei frutti percepiti dopo la domanda giudiziale e di quelli che avrebbe potuto percepire dopo tale data, usando la diligenza di un buon padre di famiglia.

• **Il possessore che sia in buona fede** acquista la proprietà dei frutti naturali separati, nonché dei frutti civili, fino al giorno della domanda giudiziale esercitata dall'avente diritto contro il possessore. Il possessore di mala fede, *e contrario*, dovrà restituire tutti i frutti, naturali e civili. • Il possessore di buona fede, fino al momento della restituzione della cosa, dovrà **restituire all'avente diritto rivendicante** non solo tutti i frutti percepiti a partire dal momento della proposizione della domanda, ma anche di quelli che avrebbe potuto percepire, se fosse stato diligente, dal giorno della domanda al giorno della restituzione.

1149. Rimborso delle spese per la produzione e il raccolto dei frutti.

Il possessore che è tenuto a restituire i frutti indebitamente percepiti ha diritto al rimborso delle spese a norma del secondo comma dell'articolo 821.

• Il possessore condannato alla restituzione dei frutti indebitamente percepiti ha diritto al rimborso delle spese sostenute, onde evitare un **ingiustificato arricchimento** del proprietario.

1150. Riparazioni, miglioramenti e addizioni.

Il possessore, anche se di mala fede, ha diritto al rimborso delle spese fatte per le riparazioni straordinarie.

Ha anche diritto a indennità per i miglioramenti recati alla cosa, purché sussistano al tempo della restituzione.

L'indennità si deve corrispondere nella misura dell'aumento di valore conseguito dalla cosa per effetto dei miglioramenti, se il possessore è di buona fede; se il possessore è di mala fede, nella minor somma tra l'importo della spesa e l'aumento di valore.

Se il possessore è tenuto alla restituzione dei frutti, gli spetta anche il rimborso delle spese fatte per le riparazioni ordinarie, limitatamente al tempo per il quale la restituzione è dovuta.

Per le addizioni fatte dal possessore sulla cosa si applica il disposto dell'articolo 936. Tuttavia, se le addizioni costituiscono miglioramento e il possessore è di buona fede, è dovuta un'indennità nella misura dell'aumento di valore conseguito dalla cosa.

• Il **presupposto** di questa disposizione è che il possessore, soccombente in giudizio nei confronti del proprietario rivendicante, debba restituire il bene. Nel caso in cui siano state effettuate sulla cosa riparazioni straordinarie, il possessore, **anche se di mala fede**, ha diritto al rimborso delle spese. Inoltre, il possessore ha diritto a un'indennità a fronte dei miglioramenti arrecati alla cosa, sempreché tali miglioramenti sussistano al tempo della restituzione. La misura dell'indennità cambia a seconda che il possessore sia di buona o di mala fede: nel primo caso l'indennità è pari all'aumento del valore della cosa in seguito ai miglioramenti; nel secondo caso l'indennità è pari alla minor somma tra l'importo della spesa e l'aumento di valore. • Nel caso in cui, poi, il possessore sia tenuto alla **restituzione** dei frutti, ha diritto al rimborso delle spese sostenute per le riparazioni ordinarie, in riferimento all'arco temporale in cui i frutti, da restituire, sono stati percepiti, e quindi successivamente alla domanda giudiziale. • Rispetto ai miglioramenti, le **addizioni** conservano una propria identità anche se si incorporano nel bene. Alle addizioni si applicano le regole di cui all'art. 936. Se le addizioni costituiscono un miglioramento e il possessore è di buona fede, a quest'ultimo spetta una indennità pari all'aumento di valore della cosa.

1151. Pagamento delle indennità.

L'autorità giudiziaria, avuto riguardo alle circostanze, può disporre che il pagamento delle indennità previste dall'articolo precedente sia fatto ratealmente, ordinando, in questo caso, le opportune garanzie.

• Il giudice può disporre che il pagamento delle somme dovute a titolo di indennità sia **rateizzato**, tenuto conto delle circostanze concrete e ordinando delle garanzie reali in favore del possessore, che è la parte creditrice.

1152. Ritenzione a favore del possessore di buona fede.

Il possessore di buona fede può ritenere la cosa finché non gli siano corrisposte le indennità dovute, purché queste siano state domandate nel corso del giudizio di rivendicazione e sia stata fornita una prova generica della sussistenza delle riparazioni e dei miglioramenti.

Egli ha lo stesso diritto finché non siano prestate le garanzie ordinate dall'autorità giudiziaria nel caso previsto dall'articolo precedente.

• La norma prevede il **diritto di ritenzione in favore del possessore di buona fede**, cosicché egli possa ritenere la cosa fino al momento del pagamento delle indennità dovute. Vi sono **due presupposti** ai fini dell'esercizio del diritto di ritenzione: il possessore deve chiedere il pagamento delle indennità nel giudizio di rivendicazione instaurato dal proprietario; inoltre, il possessore deve fornire in giudizio almeno la prova generica della sussistenza delle riparazioni e dei miglioramenti.

Sezione II
Del possesso di buona fede di beni mobili

1153. Effetti dell'acquisto del possesso.

Colui al quale sono alienati beni mobili da parte di chi non ne è proprietario, ne acquista la proprietà mediante il possesso, purché sia in buona fede al momento della consegna e sussista un titolo idoneo al trasferimento della proprietà.

La proprietà si acquista libera da diritti altrui sulla cosa, se questi non risultano dal titolo e vi è la buona fede dell'acquirente.

Nello stesso modo si acquistano i diritti di usufrutto, di uso e di pegno.

• La disposizione contiene la nota regola **"possesso vale titolo"**, la cui operatività si fonda su **tre presupposti**: la consegna della cosa, la buona fede dell'acquirente, la sussistenza di un titolo idoneo al trasferimento della proprietà. Se tutti e tre questi requisiti sussistono, allora chi acquista una cosa mobile non registrata da chi non ne è proprietario acquista bene, e dunque sarà il nuovo titolare del diritto (naturalmente si tratta di acquisto a titolo originario e non derivativo, posto che chi aliena il bene non è il proprietario). • La consegna, che in forza del principio del consenso traslativo non è richiesta ai fini del trasferimento del diritto, in questo caso è invece indispensabile proprio perché siamo di fronte a un **acquisto *a non domino*** (cioè un acquisto fatto da chi non è proprietario del bene che vende). Il requisito della buona fede sta a significare che chi acquista dal non proprietario deve avere osservato quella minima diligenza idonea a evitare di incorrere in un incauto acquisto. E dunque la **buona fede è esclusa dall'errore inescusabile**. Quanto, poi, al titolo, qui il riferimento è ovviamente alla astratta idoneità del titolo a trasferire il diritto (pensiamo classicamente al contratto di compravendita), dato che in concreto non sarà mai idoneo, posto che siamo di fronte a un acquisto *a non domino*. • Chi acquista la proprietà della cosa in forza della regola "possesso vale titolo" acquista una **proprietà libera da diritti altrui**, a meno che il titolo faccia riferimento ad essi e sempreché vi sia la buona fede dell'acquirente (cioè ignori, senza colpa, l'esistenza di tali diritti). • Anche ai diritti di usufrutto, di uso e di pegno è applicabile la regola "possesso vale titolo".

1154. Conoscenza dell'illegittima provenienza della cosa.

A colui che ha acquistato conoscendo l'illegittima provenienza della cosa, non giova l'erronea credenza che il suo autore o un precedente possessore ne sia divenuto proprietario.

• Lo scopo della disposizione è quello di evitare l'applicazione dell'art. 1153 nell'ipotesi in cui l'acquirente **sapesse dell'illecita provenienza della cosa**, ma abbia poi in buona fede confidato che il suo dante causa sia effettivamente divenuto proprietario proprio in forza della regola "possesso vale titolo". Conseguentemente, la conoscenza dell'illecita provenienza della cosa (illecito penale o civile) impedisce l'operatività dell'art. 1153 in favore dell'acquirente.

1155. Acquisto di buona fede e precedente alienazione ad altri.

Se taluno con successivi contratti aliena a più persone un bene mobile, quella tra esse che ne ha acquistato in buona fede il possesso è preferita alle altre, anche se il suo titolo è di data posteriore.

• La disposizione ha lo scopo di risolvere il **conflitto tra più acquirenti della stessa cosa mobile dal medesimo alienante**. La regola segue quella di cui all'art. 1153 e pertanto prevale il soggetto che in buona fede abbia ricevuto la cosa, anche se il titolo astrattamente idoneo al trasferimento del diritto è posteriore rispetto a quello di un altro acquirente.

1156. Universalità di mobili e mobili iscritti in pubblici registri.

Le disposizioni degli articoli precedenti non si applicano alle universalità di mobili e ai beni mobili iscritti in pubblici registri.

• La *ratio* della disposizione ha un connato spiccatamente economicistico per quanto riguarda le universalità di mobili, tenuto conto del loro probabile valore; con riguardo, invece, ai beni mobili registrati la *ratio* va ricercata nella pubblicità che caratterizza il trasferimento di questi ultimi. L'iscrizione in pubblici registri esclude quindi *in radice* l'impossibilità dell'acquirente di avere informazioni circa la provenienza della cosa.

1157. Possesso di titoli di credito.

Gli effetti del possesso di buona fede dei titoli di credito sono regolati dal titolo V del libro IV.

• È una **disposizione di rinvio**, appunto perché gli effetti del possesso di buona fede dei titoli di credito sono disciplinati nella parte del codice civile che si occupa di titoli di credito.

Sezione III
Dell'usucapione

1158. Usucapione dei beni immobili e dei diritti reali immobiliari.

La proprietà dei beni immobili e gli altri diritti reali di godimento sui beni medesimi si acquistano in virtù del possesso continuato per venti anni.

• L'usucapione è un **modo di acquisto della proprietà e degli altri diritti reali di godimento** sui beni in virtù del trascorrere del tempo. La disposizione si occupa dei beni immobili. Ai fini dell'usucapione della proprietà di un bene immobile ovvero di un diritto reale immobiliare di godimento è necessario che il bene sia oggetto di un possesso continuato per venti anni.

1159. Usucapione decennale.

Colui che acquista in buona fede da chi non è proprietario un immobile, in forza di un titolo che sia idoneo a trasferire la proprietà e che sia stato debitamente trascritto, ne compie l'usucapione in suo favore col decorso di dieci anni dalla data della trascrizione.

La stessa disposizione si applica nel caso di acquisto degli altri diritti reali di godimento sopra un immobile.

• La disposizione contempla l'**usucapione abbreviata**. Infatti, chi acquista, in buona fede, da chi non è proprietario, un immobile, in forza di un titolo che sia (astrattamente) idoneo a trasferire la proprietà e che sia stato altrascritto, ne diventa proprietario dopo dieci anni dalla data della trascrizione (laddove applicando le regole dell'usucapione ordinaria sarebbero occorsi vent'anni). Anche qui la buona fede va intesa in senso soggettivo, e cioè come ignoranza di ledere un diritto altrui.

1159 bis. Usucapione speciale per la piccola proprietà rurale.

La proprietà dei fondi rustici con annessi fabbricati situati in comuni classificati montani dalla legge si acquista in virtù del possesso continuato per quindici anni.

Colui che acquista in buona fede da chi non è proprietario, in forza di un titolo che sia idoneo a trasferire la proprietà e che sia debitamente trascritto, un fondo rustico con annessi fabbricati, situati in comuni classificati montani dalla legge, ne compie l'usucapione in suo favore col decorso di cinque anni dalla data di trascrizione.

La legge speciale stabilisce la procedura, le modalità e le agevolazioni per la regolarizzazione del titolo di proprietà.

Le disposizioni di cui ai commi precedenti si applicano anche ai fondi rustici con annessi fabbricati, situati in comuni non classificati montani dalla legge, aventi un reddito non superiore ai limiti fissati dalla legge speciale.

• La disposizione, che si riferisce alla piccola proprietà rurale, contiene **termini abbreviati** ai fini dell'usucapione.

1160. Usucapione delle universalità di mobili.

L'usucapione di un'universalità di mobili o di diritti reali di godimento sopra la medesima si compie in virtù del possesso continuato per venti anni.

Nel caso di acquisto in buona fede da chi non è proprietario, in forza di titolo idoneo, l'usucapione si compie con il decorso di dieci anni.

• L'usucapione del diritto di proprietà o di diritti reali di godimento su di una **universalità di beni mobili** si compie attraverso il possesso continuato per vent'anni. Un aspetto da sottolineare è che il possesso deve avere ad oggetto **l'universalità come tale e non i singoli beni che la compongono**. Nell'ipotesi in cui l'acquirente *a non domino* sia possessore di buona fede, se sussiste il titolo idoneo a trasferire il diritto l'usucapione si compie con il decorso di dieci anni. Se invece manca la buona fede o il titolo il termine sarà di vent'anni.

1161. Usucapione dei beni mobili.

In mancanza di titolo idoneo, la proprietà dei beni mobili e gli altri diritti reali di godimento sui beni medesimi si acquistano in virtù del possesso continuato per dieci anni, qualora il possesso sia stato acquistato in buona fede.

Se il possessore è di mala fede, l'usucapione si compie con il decorso di venti anni.

• La disposizione contiene una **regola speculare a quella di cui all'art. 1153**, nel senso che l'usucapione è il modo di acquisto a titolo originario di cose mobili non registrate quando non si possa applicare il "possesso vale titolo" difettando appunto il titolo astrattamente idoneo a trasferire il diritto, pur sussistendo gli altri due requisiti: la consegna e la buona fede dell'acquirente. • Nel caso in cui il possesso sia di mala fede, ai fini dell'usucapione si richiede il decorso di un periodo di vent'anni.

1162. Usucapione di beni mobili iscritti in pubblici registri.

Colui che acquista in buona fede da chi non è proprietario un bene mobile iscritto in pubblici registri, in forza di un titolo che sia idoneo a trasferire la proprietà e che sia stato debitamente trascritto, ne compie in suo favore l'usucapione col decorso di tre anni dalla data della trascrizione.

Se non concorrono le condizioni previste dal comma precedente, l'usucapione si compie col decorso di dieci anni.

Le stesse disposizioni si applicano nel caso di acquisto degli altri diritti reali di godimento.

• Nel caso di **beni mobili registrati**, la disposizione integra la disciplina dell'art. 1153, nel senso che viene fissato il **termine breve** di **tre anni** dalla trascrizione, ai fini dell'acquisto del diritto, sempreché sussistano i classici requisiti della buona fede dell'acquirente e del titolo astrattamente idoneo a trasferire il diritto (titolo che, oltre a sussistere, deve essere anche stato trascritto). In caso contrario (cioè, se mancano, alternativamente o cumulativamente, la buona fede, il titolo, la trascrizione), ai fini dell'usucapione **occorrono dieci anni**. Il duplice termine di tre e di dieci anni, apparentemente in incomprensibile contrasto con i termini di dieci e di vent'anni fissato dall'art. 1161 (usucapione di beni mobili non registrati), si spiega con il fatto che il tempo entro cui spesso i beni mobili registrati sono soggetti a obsolescenza è piuttosto breve.

1163. Vizi del possesso.

Il possesso acquistato in modo violento o clandestino non giova per l'usucapione se non dal momento in cui la violenza o la clandestinità è cessata.

• Il **possesso vizioso è quello acquistato in modo violento o clandestino**. Quanto alla violenza, essa va intesa, secondo l'opinione prevalente, come condotta contraria alla volontà del titolare del diritto, ma vi è un orientamento giurisprudenziale che invece che fa riferimento a un'effettiva violenza fisica o morale. Quanto alla clandestinità, essa va intesa come volontà del possessore di occultare l'impossessamento, che si realizza nella sottrazione della cosa per impedire al titolare del diritto di reagire. **Il possesso vizioso non ha rilevanza ai fini dell'usucapione**, se non a partire dal momento in cui violenza o clandestinità sono venute a cessare.

1164. Interversione del possesso.

Chi ha il possesso corrispondente all'esercizio di un diritto reale su cosa altrui non può usucapire la proprietà della cosa stessa, se il titolo del suo possesso non è mutato per causa proveniente da un terzo o in forza di opposizione da lui fatta contro il diritto del proprietario. Il tempo necessario per l'usucapione decorre dalla data in cui il titolo del possesso è stato mutato.

• L'**interversione del possesso è il meccanismo** attraverso il quale chi esercita sulla cosa un potere di fatto corrispondente a un diritto reale su cosa altrui non può usucapire la proprietà della cosa, a meno che il titolo che legittima il possesso cambi, o per causa proveniente da un terzo (cioè un soggetto diverso dal possessore) o per opposizione del possessore contro il proprietario. L'opposizione è considerata pacificamente una dichiarazione recettizia che come tale va rivolta al proprietario e che è diretta a far conoscere a quest'ultimo l'intenzione del possessore di iniziare a esercitare sulla cosa altrui un potere più ampio, appunto riconducibile al contenuto del diritto di proprietà.

1165. Applicazione di norme sulla prescrizione.

Le disposizioni generali sulla prescrizione, quelle relative alle cause di sospensione e d'interruzione e al computo dei termini si osservano in quanto applicabili, rispetto all'usucapione.

• Si tratta di una disposizione che afferma l'applicabilità (fatti salvi quei limiti derivanti dal giudizio di compatibilità tra i due istituti) all'**usucapione delle regole generali in tema di prescrizione**.

1166. Inefficacia delle cause di impedimento e di sospensione rispetto al terzo possessore.

Nell'usucapione ventennale non hanno luogo, riguardo al terzo possessore di un immobile o di un diritto reale sopra un immobile, né l'impedimento derivante da condizione o da termine né le cause di sospensione indicate dall'articolo 2942.

L'impedimento derivante da condizione o da termine e le cause di sospensione menzionate nel detto articolo non sono nemmeno opponibili al terzo possessore nella prescrizione per non uso dei diritti reali sui beni da lui posseduti.

• La disposizione intende escludere nei confronti del terzo possessore di un immobile o di un diritto reale immobiliare l'operatività delle cause di sospensione dell'usucapione dipendenti dall'esistenza di una condizione o di un termine inseriti nel contratto tra le parti, nonché delle cause di sospensione individuate nell'art. 2942. • **Terzo possessore** è chi possiede o senza titolo, o con un titolo conseguito da chi non era proprietario del bene, o, infine, terzo acquirente. Il terzo possessore deve essere in quanto tale nel possesso della cosa, al di là di come sia entrato nel possesso della cosa medesima, e al contempo deve essere estraneo al contratto tra le parti contenente una condizione o un termine.

1167. Interruzione dell'usucapione per perdita di possesso.

L'usucapione è interrotta quando il possessore è stato privato del possesso per oltre un anno.

L'interruzione si ha come non avvenuta se è stata proposta l'azione diretta a ricuperare il possesso e questo è stato ricuperato.

• La **perdita del possesso della cosa per oltre un anno** interrompe l'usucapione, ma l'interruzione si dà per non avvenuta (dato che gli effetti della sentenza retroagiscono al momento della proposizione della domanda) se il possessore eserciti vittoriosamente l'azione diretta a recuperare il possesso.

Capo III
Delle azioni a difesa del possesso

1168. Azione di reintegrazione.

Chi è stato violentemente od occultamente spogliato del possesso può, entro l'anno dal sofferto spoglio, chiedere contro l'autore di esso la reintegrazione del possesso medesimo.

L'azione è concessa altresì a chi ha la detenzione della cosa, tranne il caso che l'abbia per ragioni di servizio o di ospitalità.

Se lo spoglio è clandestino, il termine per chiedere la reintegrazione decorre dal giorno della scoperta dello spoglio.

La reintegrazione deve ordinarsi dal giudice sulla semplice notorietà del fatto, senza dilazione.

• L'*azione di reintegrazione (ovvero di spoglio)* è diretta a far recuperare il possesso (ecco appunto il senso della reintegrazione nel possesso) nell'ipotesi in cui il possessore sia stato spogliato **in modo violento o clandestino**. In seguito allo spoglio il possessore non ha più la disponibilità della cosa. Lo spoglio può essere totale o anche solo parziale, che si ha quando il possessore conserva comunque una parziale disponibilità della cosa. Quanto alla violenza, come si è già notato in riferimento all'art. 1163, non va intesa solo in senso materiale, quale condotta rivolta contro la persona del possessore, ma come condotta lesiva del possesso contro la volontà, espressa o tacita, del possessore medesimo. Con riferimento, invece, alla clandestinità, questo termine va qui inteso in senso almeno parzialmente diverso rispetto al significato visto con riguardo all'art. 1163, dato che spoglio clandestino si ha anche quando lo spossessamento non è stato conosciuto dal solo possessore, pur essendo noto ad altri soggetti. Tuttavia, la giurisprudenza precisa che **non è sufficiente la semplice ignoranza dello spogliato, ma è necessaria una ignoranza non rimproverabile**. Pertanto, si ha spoglio clandestino solo quando lo spogliato, pur usando l'ordinaria diligenza, si è trovato nell'impossibilità di venire a conoscenza dello spoglio. • L'azione va esercitata **entro no dei condomini può richiedere** : nel caso in cui si tratti di spoglio clandestino il termine inizierà a decorrere dal momento in cui lo spogliato abbia avuto conoscenza dello spoglio. • Oltre che il possessore, legittimato attivo è anche il **detentore qualificato, cioè chi esercita sulla cosa un potere nel proprio interesse** (pensiamo al caso del conduttore). • L'ultimo comma della disposizione esprime con chiarezza la *ratio* dell'azione di reintegrazione che, in quanto azione possessoria, è diretta a **rimettere la situazione materiale nello stato in cui si trovava fino al momento dello spoglio**, senza intervenire sulla sussistenza del diritto in capo al possessore spogliato (tale questione sarà infatti oggetto della fase petitoria).

1169. Reintegrazione contro l'acquirente consapevole dello spoglio.

La reintegrazione si può domandare anche contro chi è nel possesso in virtù di un acquisto a titolo particolare, fatto con la conoscenza dell'avvenuto spoglio.

• L'azione di reintegrazione può essere anche esercitata contro chi ha ottenuto il possesso della cosa in conseguenza di un acquisto a titolo particolare, fatto **nonostante la consapevolezza** che la cosa oggetto di trasferimento fosse frutto di spoglio.

1170. Azione di manutenzione.

Chi è stato molestato nel possesso di un immobile, di un diritto reale sopra un immobile o di un'universalità di mobili può, entro l'anno dalla turbativa, chiedere la manutenzione del possesso medesimo.

L'azione è data se il possesso dura da oltre un anno, continuo e non interrotto, e non è stato acquistato violentemente o clandestinamente. Qualora il possesso sia stato acquistato in modo violento o clandestino, l'azione può nondimeno esercitarsi, decorso un anno dal giorno in cui la violenza o la clandestinità è cessata.

Anche colui che ha subito uno spoglio non violento o clandestino può chiedere di essere rimesso nel possesso, se ricorrono le condizioni indicate dal comma precedente.

• L'azione di manutenzione (da esercitarsi entro il termine di un anno dalla molestia o dalla turbativa) è la seconda azione possessoria ed è diretta a tutelare il possessore di un immobile, di un diritto reale immobiliare o di un'universalità di mobili **contro le molestie o le turbative subite**. La funzione dell'azione è quindi di inibire le condotte lesive del possesso, così consentendo il pacifico godimento del bene. Il concetto di **molestia** fa riferimento a ogni condotta che arrechi significativo disturbo all'esercizio del possesso altrui. La molestia può essere di fatto o di diritto. La prima comporta un'ingerenza materiale sulla cosa o comunque sulla sfera di azione del possessore; la seconda consiste in una dichiarazione di volontà, contenuta in un atto giudiziale o stragiudiziale, diretta a contestare il possesso altrui. • Presupposto dell'azione è che il possesso sia ultrannuale, pacifico, continuo, non interrotto e non vizioso; e tuttavia l'azione potrà essere esperita dopo un anno dal momento in cui la violenza o la clandestinità siano venute a cessate. • **Legittimato attivo è soltanto il possessore**. Nell'ipotesi in cui il possessore abbia subito uno spoglio né violento né clandestino, non potrà esercitare l'azione di reintegrazione, ma potrà esercitare appunto l'azione di manutenzione.

Titolo IX
DELLA DENUNZIA DI NUOVA OPERA E DI DANNO TEMUTO

1171. Denunzia di nuova opera.

Il proprietario, il titolare di altro diritto reale di godimento o il possessore, il quale ha ragione di temere che da una nuova opera, da altri intrapresa sul proprio come sull'altrui fondo, sia per derivare danno alla cosa che forma l'oggetto del suo diritto o del suo possesso, può denunziare all'autorità giudiziaria la nuova opera, purché questa non sia terminata e non sia trascorso un anno dal suo inizio.

L'autorità giudiziaria, presa sommaria cognizione del fatto, può vietare la continuazione dell'opera, ovvero permetterla, ordinando le opportune cautele: nel primo caso, per il risarcimento del danno prodotto dalla sospensione dell'opera, qualora le opposizioni al suo proseguimento risultino infondate nella decisione del merito; nel secondo caso, per la demolizione o riduzione dell'opera e per il risarcimento del danno che possa soffrire il denunziante, se questi ottiene sentenza favorevole, nonostante la permessa continuazione.

• L'azione di denunzia di nuova opera è **la prima delle due c.d. azioni di nunciazione**, entrambe rivolte alla tutela della proprietà o di un altro diritto reale di godimento, nonché del possesso. **Il presupposto dell'esercizio dell'azione** di denunzia di nuova opera è il pericolo, per il soggetto legittimato ad agire in giudizio, che da un'opera in via di costruzione possa derivare un danno alla cosa che forma oggetto del suo diritto o del suo possesso. L'azione, a pena di decadenza, deve essere esercitata entro l'anno dall'inizio dell'opera. • Il giudice, sulla base di una sommaria cognizione delle circostanze di fatto, o vieta la continuazione dell'opera, nei casi più gravi, ovvero ne autorizza la continuazione. In entrambi i casi deve però ordinare l'**adozione delle opportune cautele**, in vista del giudizio sfavorevole o favorevole per la parte che ha proposto l'azione. In particolare, se la denunzia verrà poi respinta nel merito, ma il giudice aveva nel frattempo ordinato la sospensione dell'opera, andrà risarcito il danno subito da chi stava costruendo l'opera medesima; se invece la denunzia verrà accolta nel merito, ma il giudice aveva nel frattempo autorizzato la continuazione dei lavori, l'opera andrà demolita o ridotta, fermo restando il diritto al risarcimento del danno eventualmente subito dal denunziante.

1172. Denunzia di danno temuto.

Il proprietario, il titolare di altro diritto reale di godimento o il possessore, il quale ha ragione di temere che da qualsiasi edificio, albero o altra cosa sovrasti pericolo di un danno grave e prossimo alla cosa che forma l'oggetto del suo diritto o del suo possesso, può denunziare il fatto all'autorità giudiziaria e ottenere, secondo le circostanze, che si provveda per ovviare al pericolo.

L'autorità giudiziaria, qualora ne sia il caso, dispone idonea garanzia per i danni eventuali.

• L'azione di danno temuto è diretta a impedire, **in via d'urgenza**, che una cosa, per le proprie caratteristiche, possa danneggiarne un'altra spazialmente ravvicinata ad essa. Il proprietario, ovvero il titolare di un diritto reale immobiliare di godimento, ovvero ancora il possessore sono i legittimati attivi. **Legittimato passivo** è chiunque avrebbe avuto attivarsi per eliminare la situazione di pericolo e non l'ha fatto. • In accoglimento della denunzia il giudice adotterà un provvedimento volto a rimuovere o quantomeno contenere il pericolo di danno incombente sulla cosa. Qualora risulti opportuno, il giudice potrà disporre idonea garanzia, nel caso in cui la denunzia sia stata sì accolta, ma il provvedimento non sia stato poi confermato nel merito.

LIBRO QUARTO
DELLE OBBLIGAZIONI

Titolo I
DELLE OBBLIGAZIONI IN GENERALE

Capo I
Disposizioni preliminari

1173. Fonti delle obbligazioni.

Le obbligazioni derivano da contratto, da fatto illecito, o da ogni altro atto o fatto idoneo a produrle in conformità dell'ordinamento giuridico.

• Le "fonti delle obbligazioni" sono gli atti (ossia i comportamenti umani volontarî) e i fatti (intesi come accadimenti naturali considerati nel loro mero verificarsi) in virtù dei quali si costituisce un **rapporto giuridico patrimoniale** tra il debitore (che è tenuto a dare, fare o non fare qualcosa) e il creditore (che si avvantaggia di ciò per la soddisfazione di un proprio interesse). Si distinguono così **fonti "atto"**, in cui sono ricompresi il contratto, le promesse unilaterali e il testamento tramite i legati, e **fonti "fatto"**, delle quali fanno parte la gestione di affari altrui, il pagamento di indebito e l'arricchimento ingiustificato. • L'inciso finale della norma in commento non limita le fonti delle obbligazioni a quelle espressamente tipizzate nel codice civile ma manifesta l'**atipicità delle fonti delle obbligazioni**. Le fonti "atto" si sono così arricchite con il c.d. "**contatto sociale qualificato**", ossia un rapporto tra soggetti determinati che genera l'affidamento di una parte circa la doverosità per l'altra parte di determinate condotte di protezione nei suoi confronti.

1174. Carattere patrimoniale della prestazione.

La prestazione che forma oggetto dell'obbligazione deve essere suscettibile di valutazione economica e deve corrispondere a un interesse, anche non patrimoniale, del creditore.

• La prestazione per formare oggetto di un rapporto obbligatorio deve esprimersi in termini monetarî. Ciò non significa che la condotta debba necessariamente avere un "prezzo di mercato": le parti possono attribuire un **valore economico "soggettivo"** anche a prestazioni non usualmente scambiate sul mercato fissandone il prezzo (*Esempio:* lo studente che ottenga un compenso dal vicino di casa per astenersi da qualsivoglia attività rumorosa durante le ore in cui il vicino lavora). • È poi necessario che la prestazione soddisfi un interesse, patrimoniale o non, del creditore. Peraltro, la stessa prestazione **può corrispondere sia a un interesse economico sia a un interesse puramente ludico o culturale del creditore** (*Esempio:* l'insegnante di musica svolge la sua attività per consentire a un concertista di migliorare le proprie prestazioni così che questi possa stipulare nuovi contratti professionali, ovvero perché l'allievo si diletti nell'uso dello strumento prescelto).

1175. Comportamento secondo correttezza.

Il debitore e il creditore devono comportarsi secondo le regole della correttezza.

• La norma in esame con una **clausola generale** impone, imperativamente, al debitore e al creditore di osservare una condotta corretta e leale nell'attuazione del rapporto obbligatorio. Sia **l'esecuzione** della prestazione sia le corrispondenti **pretese** del creditore, perciò, devono salvaguardare non solo l'interesse principale del creditore (che consiste nell'ottenere il bene della vita cui è strumentale il comportamento del debitore) ma anche i connessi interessi accessorî (*Esempio:* nell'installare un macchinario presso la fabbrica del creditore si deve salvaguardare l'integrità dell'edificio e delle sue parti, per quanto possibile). Inoltre, non si può pretendere dal debitore uno sforzo superiore a quello necessario per fare conseguire al creditore l'utilità attesa oppure uno sforzo sproporzionato rispetto a quanto ordinariamente richiesto. • Il dovere di correttezza è quindi **espressione del dovere costituzionale di solidarietà (economica e sociale *ex* art. 2 Cost.)**, il quale richiede di considerare gli interessi della controparte, se ciò non comporta un apprezzabile sacrificio per i proprî.

Capo II
Dell'adempimento delle obbligazioni

Sezione I
Dell'adempimento in generale

1176. Diligenza nell'adempimento.

Nell'adempiere l'obbligazione il debitore deve usare la diligenza del buon padre di famiglia.

Nell'adempimento delle obbligazioni inerenti all'esercizio di un'attività professionale, la diligenza deve valutarsi con riguardo alla natura dell'attività esercitata.

• Il debitore esegue esattamente la prestazione dovuta se osserva le **regole di cura, cautela e perizia tipiche dell'uomo medio** (c.d. buon padre di famiglia); inoltre, il debitore deve osservare anche le *regulae iuris* che attengono al comportamento richiestogli (ossia il rispetto delle pertinenti prescrizioni normative). La diligenza è il criterio di misura qualitativa dell'adempimento, essendo definibile come l'adeguatezza dell'impiego di energie e mezzi da parte del debitore per conseguire la soddisfazione dell'interesse del creditore. • L'esercizio di un'**attività professionale** suscita nel creditore l'affidamento in un'esecuzione della prestazione migliore rispetto a quella dell'uomo medio, cioè in quella dell'***homo eiusdem condicionis et professionis***, fermo restando che il professionista-modello non può assicurare un livello di diligenza inferiore rispetto al parametro del buon padre di famiglia (*Esempio:* se si affida ad un non professionista la pulizia di un locale, qualora si riscontrassero talune lievi disattenzioni nell'esito finale, non si può ritenere che il debitore non abbia osservato l'ordinaria diligenza; all'opposto, quando l'impegno è assunto da un'impresa del settore, il risultato deve corrispondere a un paradigma di serietà, precisione ed efficienza conforme a quanto ci si attende dall'esercizio abituale di quell'attività).

1177. Obbligazione di custodire.

L'obbligazione di consegnare una cosa determinata include quella di custodirla fino alla consegna.

• Chi è obbligato a consegnare una cosa determinata è tenuto a fornire un bene che conservi le caratteristiche descritte nel titolo e l'idoneità a svolgere la funzione a cui è destinato. Pertanto, nell'attesa di dare il bene il debitore ha anche l'**obbligo accessorio di custodirlo**, cosicché questo conservi la propria **capacità di soddisfare l'interesse del creditore** e la sua consegna possa estinguere l'obbligazione. • La custodia, allora, è il presupposto accessorio di una prestazione di consegna che mantenga intatte le aspettative del creditore, come si evince dall'art. 1477, co. 1, il quale prevede che la cosa debba essere consegnata nello stato in cui si trovava al momento della vendita, ossia nel tempo in cui il compratore ha espresso il proprio consenso sulla base di un determinato stato di fatto del bene acquistato.

1178. Obbligazione generica.

Quando l'obbligazione ha per oggetto la prestazione di cose determinate soltanto nel genere, il debitore deve prestare cose di qualità non inferiore alla media.

• La prestazione di cose generiche, se il profilo qualitativo non è determinato nel titolo, va eseguita in base ad un livello medio come **limite minimo al quale si commisura**

lo sforzo debitorio. La regola, dispositiva, è connessa con la disciplina del contratto, che esige **l'individuazione**, ossia la scelta all'interno del genere, per il trasferimento della proprietà (art. 1378). Qualora le cose prestate a séguito dell'individuazione siano di qualità inferiore alla media, l'effetto traslativo si realizza ma, al contempo, si configura un'ipotesi di inadempimento, poiché è stato violato il criterio, legale benché derogabile dalle parti, di specificazione dell'interesse creditorio.

1179. Obbligo di garanzia.

Chi è tenuto a dare una garanzia senza che ne siano determinati il modo e la forma, può prestare a sua scelta un'idonea garanzia reale o personale, ovvero altra sufficiente cautela.

• L'obbligo generico di garanzia consente al debitore di sceglierne discrezionalmente il tipo (garanzia reale o personale), essendosi in presenza di un **criterio funzionale**, come si evince dall'ultimo inciso della norma. Difatti, la cautela può atteggiarsi nelle forme e nei modi liberamente determinati da chi vi è tenuto, purché essa sia in concreto sufficiente allo scopo di **rafforzare gli strumenti a disposizione del creditore** in caso di inadempimento dell'obbligazione.

1180. Adempimento del terzo.

L'obbligazione può essere adempiuta da un terzo, anche contro la volontà del creditore, se questi non ha interesse a che il debitore esegua personalmente la prestazione.

Tuttavia il creditore può rifiutare l'adempimento offertogli dal terzo, se il debitore gli ha manifestato la sua opposizione.

• L'adempimento del debitore può essere **sostituito dall'esecuzione ad opera di un terzo**, se la prestazione non ha caratteristiche tali da soddisfare l'interesse del creditore solo quando è eseguita dal debitore (come avviene, ad esempio, rivolgendosi ad un appaltatore noto per la sua serietà e puntualità, il che costituisce un rapporto *intuitu personae* avente ad oggetto una prestazione di *facere* infungibile). • Il terzo, pur non essendo a sua volta un debitore, con la propria prestazione estingue il rapporto obbligatorio anche contro la volontà del creditore, che non può opporsi quando l'adempimento del terzo sia satisfattivo allo stesso modo rispetto a quello del debitore. Tuttavia, l'interesse del debitore ad adempiere personalmente assume un certo rilievo, in quanto il creditore ha facoltà, in caso di sua opposizione, di **rifiutare la prestazione eseguita dal terzo**, pur se può liberamente decidere di accettarla quando ritiene con ciò di tutelare al meglio il proprio diritto.

1181. Adempimento parziale.

Il creditore può rifiutare un adempimento parziale anche se la prestazione è divisibile, salvo che la legge o gli usi dispongano diversamente.

• L'esatto adempimento esige la **completa esecuzione della prestazione**, sia in senso quantitativo, sia sotto il profilo qualitativo. La regola generale, alla quale possono derogare gli usi, soffre anche talune eccezioni legali, come avviene all'art. 1258, in tema di impossibilità parziale, che consente al debitore di liberarsi eseguendo la prestazione per la parte rimasta possibile, senza che il creditore possa opporre alcun rifiuto al fine di impedire il perfezionarsi dell'effetto estintivo.

1182. Luogo dell'adempimento.

Se il luogo nel quale la prestazione deve essere eseguita non è determinato dalla convenzione o dagli usi e non può desumersi dalla natura della prestazione o da altre circostanze, si osservano le norme che seguono.

L'obbligazione di consegnare una cosa certa e determinata deve essere adempiuta nel luogo in cui si trovava la cosa quando l'obbligazione è sorta.

L'obbligazione avente per oggetto una somma di danaro deve essere adempiuta al domicilio che il creditore ha al tempo della scadenza. Se tale domicilio è diverso da quello che il creditore aveva quando è sorta l'obbligazione e ciò rende più gravoso l'adempimento, il debitore, previa dichiarazione al creditore, ha diritto di eseguire il pagamento al proprio domicilio.

Negli altri casi l'obbligazione deve essere adempiuta al domicilio che il debitore ha al tempo della scadenza.

• La norma individua le **regole suppletive di determinazione del luogo** in cui deve essere eseguita la prestazione, il quale rientra tra le circostanze che descrivono l'esatto adempimento richiesto al debitore (la prestazione realizzata in un luogo diverso, pertanto, si risolve nell'inadempimento dell'obbligazione). La norma si applica solo là dove la convenzione (ossia il contratto) o gli usi (normativi) non prevedano diversamente e il luogo non sia ricavabile in base alla natura della prestazione o in virtù di altre circostanze (come, ad esempio, i rapporti pregressi tra le parti). Si distinguono **tre ipotesi in base al contenuto della prestazione**: il luogo delle prestazioni di consegnare una cosa certa e determinata (ossia attuale in quanto venuta ad esistenza e puntualmente descritta dal titolo – co. 2), il luogo delle prestazioni pecuniarie (co. 3) e, in via residuale, il luogo delle obbligazioni diverse da quelle menzionate in precedenza (co. 4). • Allora, *i*) là dove si tratti di consegnare un bene specifico, questo potrà essere preteso dal creditore nel luogo in cui è sorto il rapporto obbligatorio; *ii*) le obbligazioni pecuniarie sono eseguite al domicilio del creditore al momento della scadenza (c.d. debiti "portabili"), a meno che, essendo questo differente dal domicilio del tempo in cui è sorta l'obbligazione, ciò non renda più gravoso l'adempimento (il che facoltizza il debitore, previa dichiarazione in cui si espongono le circostanze comprovanti la suddetta gravosità, ad eseguire la prestazione al proprio domicilio, trasformando il debito da "portabile" in "chiedibile"); *iii*) negli altri casi (ad esempio, la consegna di una massa di cose *ex* art. 1377, ovvero la riparazione di un oggetto) si è di fronte a debiti c.d. "chiedibili", pertanto da adempiersi nel domicilio che il debitore ha al tempo della scadenza.

1183. Tempo dell'adempimento.

Se non è determinato il tempo in cui la prestazione deve essere eseguita, il creditore può esigerla immediatamente. Qualora tuttavia, in virtù degli usi o per la natura della prestazione ovvero per il modo o il luogo dell'esecuzione, sia necessario un termine, questo, in mancanza di accordo delle parti, è stabilito dal giudice.

Se il termine per l'adempimento è rimesso alla volontà del debitore, spetta ugualmente al giudice di stabilirlo secondo le circostanze; se è rimesso alla volontà del creditore, il termine può essere fissato su istanza del debitore che intende liberarsi.

• Il termine entro il quale la prestazione deve essere eseguita, al pari del luogo, è una tra le circostanze che descrivono l'esatto adempimento richiesto al debitore. Pertanto, il **mancato rispetto del termine costituisce ritardo nell'adempimento** (e là dove il termine si caratterizzi come essenziale, può sfociare nella risoluzione del contratto *ex* art. 1457). In assenza di un termine fissato dalle parti **la norma stabilisce il principio** secondo cui la prestazione **può essere pretesa immediatamente** (*quod sine die debetur statim debetur*). Il principio è derogato quando impongano diversamente gli usi (normativi), la natura della prestazione (che richiede uno sviluppo progressivo non subitaneo, come l'opera dell'appaltatore) o le modalità o il luogo dell'esecuzione (ad esempio, il trasporto aereo e la relativa consegna in luogo diverso da quello in cui ha sede il debitore); in questi casi, in assenza di accordo delle parti, sarà il **giudice** a indicare il termine desumibile dagli usi, dalla natura della prestazione o dal modo o dal luogo dell'esecuzione. • La determinazione giudiziale è stabilita a favore del creditore, se il debitore al quale spetti di individuare il tempo del proprio adempimento sia inerte; vi ricorrerà invece il debitore, che ha interesse a liberarsi dal vincolo, quando il creditore non provveda ad indicare la data di esecuzione della prestazione.

1184. Termine.

Se per l'adempimento è fissato un termine, questo si presume a favore del debitore, qualora non risulti stabilito a favore del creditore o di entrambi.

• In assenza di un'indicazione diversa il termine previsto è sempre **a favore del debitore**: ciò significa che il debitore non può essere costretto ad adempiere anticipatamente, pur essendo libero di adempiere anche prima della scadenza (*Esempio:* la restituzione anzitempo della somma ricevuta a titolo di mutuo gratuito). Se il termine è stabilito a favore del creditore, questi può pretendere in ogni momento l'adempimento. Se il termine è stabilito a favore di entrambi, salvo accordo delle parti, l'adempimento non può essere né preteso né eseguito prima del tempo.

1185. Pendenza del termine.

Il creditore non può esigere la prestazione prima della scadenza, salvo che il termine sia stabilito esclusivamente a suo favore.

Tuttavia il debitore non può ripetere ciò che ha pagato anticipatamente, anche se ignorava l'esistenza del termine. In questo caso però egli può ripetere, nei limiti della perdita subita, ciò di cui il creditore si è arricchito per effetto del pagamento anticipato.

• La norma esplicita quanto già ricavabile interpretativamente dall'articolo precedente, in merito al divieto per il creditore di esigere l'adempimento anticipato. Tuttavia, è opportuno precisare che la pretesa anzitempo del creditore, oltre che nell'ipotesi di termine a suo favore, può derivare anche dalla rinuncia del debitore al relativo beneficio. L'adempimento effettuato **prima della scadenza** estingue comunque l'obbligazione e non può considerarsi indebito, a prescindere dall'eventuale conoscenza che il debitore avesse del termine a suo favore (il che è manifestazione sia del principio del *favor creditoris*, sia della doverosità di quanto prestato). • Peraltro, al creditore non è dovuto **il vantaggio che deriva dalla disponibilità anticipata della prestazione** (c.d. *intersurium*, come ad esempio si verifica con la restituzione di un bene locato prima della scadenza, la quale consente al locatore di riavere la disponibilità materiale del bene e al contempo di disporre del canone per l'intero periodo); esso, pertanto, dovrà essere reso nei limiti della perdita subita (nell'esempio fatto, tale perdita è data dalla differenza tra il canone per l'intero periodo e il canone commisurato all'effettiva disponibilità del bene).

1186. Decadenza dal termine.

Quantunque il termine sia stabilito a favore del debitore, il creditore può esigere immediatamente la prestazione se il debitore è divenuto insolvente o ha diminuito, per fatto proprio, le garanzie che aveva date o non ha dato le garanzie che aveva promesse.

• Il termine a favore del debitore può essere disatteso se sussista per il creditore **il pericolo di non conseguire la prestazione dovutagli**; la decadenza dal beneficio, allora, si pone come **strumento cautelare** di prevenzione del rischio di inadempimento. Trattandosi di misura eccezionale le ipotesi di decadenza legale sono specificamente e tassativamente indicate: *i*) nell'*insolvenza*, qui assunta in senso diverso dalla disciplina della crisi di impresa (dove ha il significato di patologico ricorso a mezzi straordinarî per l'adempimento delle obbligazioni), per cui essa va intesa come incapienza patrimoniale, ossia come saldo negativo tra elementi attivi del patrimonio ed esposizione debitoria; *ii*) nella *diminuzione per fatto proprio delle garanzie date* (ad esempio, nell'ipotesi di deterioramento per incuria del debitore e del conseguente decremento di valore dell'immobile concesso in ipoteca); *iii*) nella *mancata dazione delle garanzie promesse* (ad esempio, quando la promessa di una fideiussione successiva al prestito concesso non viene seguita dalla stipulazione del relativo contratto a favore del creditore).

1187. Computo del termine.

Il termine fissato per l'adempimento delle obbligazioni è computato secondo le disposizioni dell'articolo 2963.

La disposizione relativa alla proroga del termine che scade in giorno festivo si osserva se non vi sono usi diversi.

È salva in ogni caso una diversa pattuizione.

• I criterî di **calcolo del termine** per l'adempimento sono individuati, suppletivamente, mediante rinvio all'art. 2963 in materia di prescrizione, la quale, essendo un istituto che fonda sul tempo la propria struttura e funzione, contempla le norme generali in questo àmbito (come il ricorso al calendario comune; il mancato computo del *dies a quo* e la scadenza nell'ultimo istante del giorno finale; nel termine a mesi, sia la corrispondenza dei giorni iniziale e di scadenza, sia lo spirare del termine nell'ultimo giorno del mese là dove manchi l'indicazione del giorno). • Agli usi è attribuito espressamente il cómpito di conformare, rispetto alla specificità del caso, la regola che sancisce la proroga al giorno successivo feriale del termine che scade in giorno festivo (art. 2963, co. 3), ma anche tale regola può senz'altro essere disattesa o variata in base alla convenzione tra le parti.

1188. Destinatario del pagamento.

Il pagamento deve essere fatto al creditore o al suo rappresentante, ovvero alla persona indicata dal creditore o autorizzata dalla legge o dal giudice a riceverlo.

Il pagamento fatto a chi non era legittimato a riceverlo libera il debitore, se il creditore lo ratifica o se ne ha approfittato.

• I **soggetti legittimati a ricevere il pagamento** sono, oltre al creditore, il suo rappresentante (volontario), l'indicatario (c.d. *adiectus solutionis causa*), ossia il soggetto indicato dal creditore (senza esserne anche rappresentante, come il delegato di pagamento *ex* art. 1269), nonché la persona autorizzata dalla legge (come i genitori del figlio minorenne *ex* art. 320 in qualità di suoi rappresentanti legali) o dal giudice (come nell'ipotesi di separazione personale tra coniugi ai sensi dell'art. 156, co. 6, per cui ai debitori del coniuge tenuto alla corresponsione dell'assegno di mantenimento viene ordinato di versare direttamente all'avente diritto la totalità o una parte delle somme da essi dovute). • Il pagamento ricevuto dal non legittimato non estingue l'obbligazione, per cui il debitore, salva la ripetizione di quanto indebitamente percepito dall'*accipiens*, può essere costretto ad un **nuovo adempimento**, salvo che il creditore conferisca *ex post* la legittimazione a ricevere mediante ratifica ovvero abbia comunque approfittato del pagamento.

1189. Pagamento al creditore apparente.

Il debitore che esegue il pagamento a chi appare legittimato a riceverlo in base a circostanze univoche, è liberato se prova di essere stato in buona fede.

Chi ha ricevuto il pagamento è tenuto alla restituzione verso il vero creditore, secondo le regole stabilite per la ripetizione dell'indebito.

• La liberazione del debitore può verificarsi tramite il pagamento effettuato in buona fede a chi appaia legittimato a riceverlo (c.d. **creditore apparente**), in base a circostanze univoche (da cui appaia con elevata verosimiglianza la legittimazione dell'*accipiens*). Tuttavia, trattandosi di una fattispecie estintiva diversa dall'adempimento, il debitore dovrà provarne gli elementi costitutivi per estinguere il proprio vincolo nei confronti del reale creditore, inclusa la sua **buona fede soggettiva** (in deroga alla presunzione di cui all'art. 1147, co. 2). In corrispondenza di tale effetto estintivo, sorge in capo all'*accipiens* l'obbligo di restituire quanto ricevuto all'avente diritto, versandosi in un caso di indebito oggettivo.

1190. Pagamento al creditore incapace.

Il pagamento fatto al creditore incapace di riceverlo non libera il debitore, se questi non prova che ciò che fu pagato è stato rivolto a vantaggio dell'incapace.

• Poiché il creditore deve potere valutare se la prestazione dovutagli sia idonea a soddisfare il proprio interesse, se ne richiede la **capacità** (legale e naturale) nel momento in cui riceve il pagamento; in assenza di tale requisito, il debitore può essere costretto ad effettuare un nuovo pagamento, là dove quanto prestato non sia pervenuto nel patrimonio del creditore incapace. Può comunque essere data la prova che la prestazione ha effettivamente avvantaggiato il ricevente, il quale, benché in stato di incapacità, ha comunque conseguito un **incremento della propria sfera economica** causalmente collegato al *quantum* ricevuto.

1191. Pagamento eseguito da un incapace.

Il debitore che ha eseguito la prestazione dovuta non può impugnare il pagamento a causa della propria incapacità.

• L'esatto adempimento, in quanto **atto dovuto**, estingue l'obbligazione a prescindere dall'eventuale incapacità (naturale o legale) del debitore. L'adempimento del debitore incapace non può essere impugnato perché lo stato d'incapacità non influisce sullo scopo dell'atto né sull'idoneità dello stesso a soddisfare l'interesse creditorio. Proprio in virtù di tale norma si **esclude la natura negoziale dell'adempimento**, al quale la legge ricollega l'estinzione del rapporto e la liberazione del debitore, pur in assenza della consapevolezza e volontà rispetto alla condotta da lui tenuta.

1192. Pagamento eseguito con cose altrui.

Il debitore non può impugnare il pagamento eseguito con cose di cui non poteva disporre, salvo che offra di eseguire la prestazione dovuta con cose di cui può disporre.

Il creditore che ha ricevuto il pagamento in buona fede può impugnarlo, salvo il diritto al risarcimento del danno.

• Il debitore che per adempiere all'obbligazione si avvale di **cose di cui non poteva disporre** non può impugnare l'adempimento dimostrando l'assenza della facoltà di disposizione dei beni. Peraltro, è in facoltà del debitore effettuare una **surrogazione reale** offrendo di adempiere con cose di cui può disporre; in tal modo egli esercita un diritto potestativo nei cui confronti il creditore non può opporre l'avvenuta estinzione del rapporto obbligatorio. • Qualora il creditore non fosse a conoscenza della mancata disponibilità delle cose ricevute da parte del debitore, egli può **impugnare il pagamento** impedendo l'effetto estintivo dell'obbligazione (sul presupposto che il soggetto effettivamente legittimato a disporre potrebbe esercitare azioni recuperatorie verso i beni da lui ricevuti, ciò che l'impugnazione mira in effetti a prevenire). Il risarcimento del danno, in questa prospettiva, si giustifica in quanto la decisione di impugnare il pagamento è fondata sull'inesattezza del medesimo e, pertanto, sul pericolo di perdere la prestazione ricevuta.

1193. Imputazione del pagamento.

Chi ha più debiti della medesima specie verso la stessa persona può dichiarare, quando paga, quale debito intende soddisfare.

In mancanza di tale dichiarazione, il pagamento deve essere imputato al debito scaduto; tra più debiti scaduti, a quello meno garantito; tra più debiti ugualmente garantiti, al più oneroso per il debitore; tra più debiti ugualmente onerosi, al più antico. Se tali criteri non soccorrono, l'imputazione è fatta proporzionalmente ai vari debiti.

• Nel caso di una pluralità di rapporti obbligatorî della **medesima specie** intercorrenti tra un debitore e un creditore, il pagamento esige di essere **imputato ad uno specifico debito**. Ciò normalmente avviene per **dichiarazione, unilaterale e recettizia** (**contestuale** al pagamento), dello stesso debitore; là dove questi non effettui l'imputazione, soccorre la disciplina dispositiva contenuta nell'art. 1193, stabilendo un ordine di priorità che mira a **contemperare le contrapposte esigenze** di soddisfazione (del creditore) e di liberazione (del debitore). Tale ordine vede, anzitutto, il favore per i debiti già scaduti, in quanto il tardivo adempimento potrebbe comportare la costituzione in mora del debitore; seguono i debiti meno garantiti, con riguardo ai quali la soddisfazione dell'interesse creditorio risulta maggiormente incerta; inoltre, si hanno i debiti più onerosi per chi è tenuto al pagamento, così che questi sia soggetto ad un minor aggravio complessivo; infine si guarda ai debiti il cui sorgere è risalente nel tempo, per i quali può esservi anche un pericolo di prescrizione e che è opportuno siano tempestivamente estinti. Qualora si tratti di più debiti non distinguibili in base ai parametri ora illustrati, l'imputazione viene effettuata **proporzionalmente**.

1194. Imputazione del pagamento agli interessi.

Il debitore non può imputare il pagamento al capitale, piuttosto che agli interessi e alle spese, senza il consenso del creditore.

Il pagamento fatto in conto di capitale e d'interessi deve essere imputato prima agli interessi.

• Il creditore confida nella corresponsione di **interessi** calcolati in base percentuale rispetto ad un capitale; se il debitore imputasse il pagamento al capitale anziché agli interessi, il creditore sarebbe privato del diritto a percepire i frutti civili futuri. Per questa ragione se ne richiede il consenso per la previa imputazione al capitale, in deroga alla previsione generale (art. 1193, co. 1), che affida la scelta al solo debitore (peraltro, il divieto non opera quando gli interessi non sono ancora liquidi ed esigibili al tempo del pagamento). Quando, per contro, la dichiarazione del debitore si riferisca complessivamente al capitale e agli interessi, si presume in via assoluta il **diniego del creditore** ad un'erosione del capitale e il pagamento viene imputato anzitutto agli interessi.

1195. Quietanza con imputazione.

Chi, avendo più debiti, accetta una quietanza nella quale il creditore ha dichiarato di imputare il pagamento a uno di essi, non può pretendere un'imputazione diversa, se non vi è stato dolo o sorpresa da parte del creditore.

• L'imputazione, se non dichiarata dal debitore, può essere indicata nella **quietanza** rilasciata dal creditore, il quale opera la scelta in merito con effetti vincolanti per la controparte. In questo caso la quietanza, oltre a contenere l'attestazione dell'avvenuto esatto adempimento, contempla anche la **direzione dell'effetto estintivo** prodotto dal pagamento. Il debitore può contestare la scelta solo qualora vi sia stata sorpresa, ossia l'inatteso inserimento della dichiarazione nella quietanza, ovvero dolo, qui inteso come raggiro volto a celare l'avvenuta imputazione.

1196. Spese del pagamento.

Le spese del pagamento sono a carico del debitore.

• Coerentemente con la natura giuridica del credito, questo non può essere limitato nella sua consistenza dal peso delle relative spese, che pertanto sono a carico di chi è tenuto ad eseguire la prestazione.

1197. Prestazione in luogo dell'adempimento.

Il debitore non può liberarsi eseguendo una prestazione diversa da quella dovuta, anche se di valore uguale o maggiore, salvo che il creditore consenta. In questo caso l'obbligazione si estingue quando la diversa prestazione è eseguita.

Se la prestazione consiste nel trasferimento della proprietà o di un altro diritto, il debitore è tenuto alla garanzia per l'evizione e per i vizi della cosa secondo le norme della vendita, salvo che il creditore preferisca esigere la prestazione originaria e il risarcimento del danno.

In ogni caso non rivivono le garanzie prestate dai terzi.

• Il debitore è tenuto all'esatto adempimento e non è liberato se la prestazione eseguita non è conforme in tutto o in parte a quanto previsto nel titolo, **anche se di valore corrispondente o superiore a quella dovuta**. • La prestazione in luogo dell'adempimento, o dazione in pagamento (*datio in solutum*), costituisce un'eccezione a tale principio che si realizza mediante un **contratto modificativo** (**non novativo**) del rapporto obbligatorio preesistente, con il quale le parti sostituiscono la prestazione originariamente programmata con una diversa. • Là dove le parti abbiano concordato il trasferimento della proprietà o di un altro diritto (realizzando una forma *sui generis* di adempimento traslativo), a maggior tutela del creditore si applicano le norme in tema di vendita con riguardo ai vizî della cosa e ad eventuali diritti vantati da terzi sulla medesima. Il fatto che si verifichi la mera modifica del rapporto (a differenza di quanto avviene con l'accordo novativo che estingue l'obbligazione) dovrebbe comportare la permanenza delle garanzie prestate da terzi a favore del creditore, in quanto connesse al relativo diritto.

Tuttavia, poiché i garanti hanno rafforzato il credito sulla base del precedente programma obbligatorio, non possono essere pregiudicati dalla variazione del medesimo alla quale non hanno prestato il loro consenso; ne consegue che **le garanzie si estinguono**, a meno che chi le ha prestate non consenta espressamente a mantenerle, dovendosi interpretare in tal senso il co. 3 della norma in esame.

1198. Cessione di un credito in luogo dell'adempimento.

Quando in luogo dell'adempimento è ceduto un credito, l'obbligazione si estingue con la riscossione del credito, se non risulta una diversa volontà delle parti.

È salvo quanto è disposto dal secondo comma dell'articolo 1267.

• La **dazione in pagamento** può avere ad **oggetto** anche la **cessione di un credito**, alla quale si applica il secondo comma dell'art. 1267, a tutela del debitore. In tal caso, poiché la **cessione solutoria** estingue l'obbligazione solo con la riscossione del credito (cessione *pro solvendo*), qualora la mancata soddisfazione del creditore, a séguito di insolvenza del ceduto, dipenda da propria negligenza nell'iniziare o nel proseguire le istanze contro il debitore della cessione, il cedente (debitore del rapporto principale) potrà dirsi comunque liberato (si realizza, allora, una conversione della cessione *pro solvendo* in cessione *pro soluto*).

1199. Diritto del debitore alla quietanza.

Il creditore che riceve il pagamento deve, a richiesta e a spese del debitore, rilasciare quietanza e farne annotazione sul titolo, se questo non è restituito al debitore.

Il rilascio di una quietanza per il capitale fa presumere il pagamento degli interessi.

• Se il debitore ne fa richiesta e sostiene le relative spese, è obbligo del creditore soddisfatto **attestare l'avvenuto adempimento** (c.d. **quietanza**) mediante una duplice formalità: *i*) rilasciando una certificazione confessoria a fini di prova in cui il soggetto attivo ammette la propria soddisfazione e l'estinzione del credito; *ii*) annotando la ricezione del pagamento nel titolo, così che questo perda le funzioni probatorie della persistenza del credito in un eventuale giudizio di adempimento. Se si attesta l'integrale restituzione del capitale concesso, senza nulla dire con riguardo agli interessi, si presume *iuris et de iure* che anche questi siano stati corrisposti.

1200. Liberazione dalle garanzie.

Il creditore che ha ricevuto il pagamento deve consentire la liberazione dei beni dalle garanzie reali date per il credito e da ogni altro vincolo che comunque ne limiti la disponibilità.

• In accordo con **il vincolo di accessorietà** che lega le garanzie al credito, una volta che il relativo diritto si estingue esse rimangono prive di una giustificazione funzionale; tuttavia, non sono previsti automatismi in merito, per cui il creditore deve adoperarsi affinché siano osservate le formalità necessarie alla **liberazione dei beni del debitore** dalle garanzie reali (mediante la restituzione della cosa ricevuta in pegno ovvero con la cancellazione dell'ipoteca, la quale esige la presentazione al conservatore dei registri immobiliari dell'atto contenente il consenso del creditore). Inoltre, l'obbligo concerne anche il venir meno dei **vincoli di indisponibilità**, derivanti, ad esempio, dal sequestro conservativo.

Sezione II
Del pagamento con surrogazione

1201. Surrogazione per volontà del creditore.

Il creditore, ricevendo il pagamento da un terzo, può surrogarlo nei propri diritti. La surrogazione deve essere fatta in modo espresso e contemporaneamente al pagamento.

• La surrogazione tramite pagamento costituisce una **modificazione soggettiva del rapporto obbligatorio dal lato attivo**, in virtù della quale il creditore soddisfatto a séguito del pagamento effettuato da un terzo viene sostituito da quest'ultimo nei diritti vantati verso il debitore. Quando la surrogazione avviene per volontà del creditore, questi, all'atto del pagamento (giacché successivamente al medesimo il rapporto obbligatorio sarebbe estinto), sostituisce a sé **con dichiarazione espressa** il terzo da cui ha ricevuto la prestazione. In questa specifica ipotesi la surrogazione avviene tramite una dichiarazione unilaterale recettizia che costituisce espressione di un diritto potestativo del creditore; il debitore, allora, di fronte alla modifica soggettiva del proprio rapporto, versa in uno stato di soggezione (potendo comunque contestare l'integrazione dei presupposti indicati nella norma in esame).

1202. Surrogazione per volontà del debitore.

Il debitore, che prende a mutuo una somma di danaro o altra cosa fungibile al fine di pagare il debito, può surrogare il mutuante nei diritti del creditore, anche senza il consenso di questo.

La surrogazione ha effetto quando concorrono le seguenti condizioni:

1) che il mutuo e la quietanza risultino da atto avente data certa;

2) che nell'atto di mutuo sia indicata espressamente la specifica destinazione della somma mutuata;

3) che nella quietanza si menzioni la dichiarazione del debitore circa la provenienza della somma impiegata nel pagamento. Sulla richiesta del debitore, il creditore non può rifiutarsi di inserire nella quietanza tale dichiarazione.

• La sostituzione del creditore può verificarsi anche per volontà del debitore che soddisfi il creditore usando la somma di danaro (o l'altra cosa fungibile) necessaria per adempiere ottenuta con un **contratto di mutuo** e decida di surrogare il mutuante al posto del creditore soddisfatto. Se il mutuo che ha fornito le risorse per l'adempimento ha data certa e indica espressamente la specifica destinazione della somma mutuata, esso produce, in concorso con gli ulteriori presupposti elencati dall'art. 1202, l'effetto surrogatorio. In tal caso la surrogazione deriva da una **fattispecie complessa** che contempla una **manifestazione negoziale** (la destinazione della somma nel mutuo, giacché, se il debitore non vi ottemperasse, un diverso uso rileverebbe ai fini risolutorî del contratto, in quanto quest'ultimo è causalmente caratterizzato da un particolare scopo) e una **dichiarazione di scienza** (la provenienza della stessa somma, che viene indicata nella quietanza). Anche in questa ipotesi, non essendo necessario il consenso del creditore, vi è l'esercizio di un diritto potestativo del debitore a vantaggio del terzo, il quale in tal modo conseguirà un rafforzamento del credito derivante dal mutuo dato che si potrà avvalere anche degli strumenti a disposizione del creditore sostituito.

1203. Surrogazione legale.

La surrogazione ha luogo di diritto nei seguenti casi:

1) a vantaggio di chi, essendo creditore, ancorché chirografario, paga un altro creditore che ha diritto di essergli preferito in ragione dei suoi privilegi, del suo pegno o delle sue ipoteche;

2) a vantaggio dell'acquirente di un immobile che, fino alla concorrenza del prezzo di acquisto, paga uno o più creditori a favore dei quali l'immobile è ipotecato;

3) a vantaggio di colui che, essendo tenuto con altri o per altri al pagamento del debito, aveva interesse di soddisfarlo;

4) a vantaggio dell'erede con beneficio d'inventario, che paga con danaro proprio i debiti ereditari;

5) negli altri casi stabiliti dalla legge.

• Le ipotesi di surrogazione legale sono accomunate dal fatto che **chi adempie si avvantaggia sostituendosi a creditori particolarmente qualificati**. Nella prima ipotesi l'adempimento consente di essere surrogati in crediti assistiti da garanzie e altre cause legittime di prelazione; nella seconda ipotesi l'acquirente di un immobile che paga, fino a concorrenza del prezzo, i creditori ipotecarî dell'alienante si avvale della riduzione della garanzia reale sul bene acquistato. Nella terza ipotesi il debitore in solido o il fideiussore è surrogato al creditore dei condebitori solidali o del garantito nei confronti di questi ultimi; nella quarta, l'erede beneficiato, stante la separazione tra il proprio patrimonio e la massa ereditaria, è interessato ad acquisire verso quest'ultima i diritti dei creditori del *de* *cuius* (anche in vista di un'eventuale compensazione con i relativi debiti). L'elencazione non è tassativa e rinvia agli altri casi previsti dalla legge.

1204. Terzi garanti.

La surrogazione contemplata nei precedenti articoli ha effetto anche contro i terzi che hanno prestato garanzia per il debitore.

Se il credito è garantito da pegno, si osserva la disposizione del secondo comma dell'articolo 1263.

• Trattandosi di sostituzione del creditore soddisfatto nel medesimo rapporto obbligatorio, gli **accessori del credito** (in applicazione del modello generale di modificazione soggettiva dell'obbligazione costituito dalla cessione del credito *ex* art. 1263), sono trasferiti al terzo adempiente, come si ricava dall'espresso riferimento che la norma in esame effettua con riguardo alle garanzie (le quali costituiscono lo strumento maggiormente significativo di cui mira ad avvalersi il nuovo creditore). • Tale collegamento con la disciplina della cessione ha un ulteriore supporto dal rinvio al secondo comma dell'art. 1263 in materia di credito garantito da pegno, per cui è necessario il **consenso del terzo datore della garanzia** al fine di trasferire il possesso del bene che ne forma oggetto; in mancanza di accordo, il creditore originario conserverà la custodia del pegno.

1205. Surrogazione parziale.

Se il pagamento è parziale, il terzo surrogato e il creditore concorrono nei confronti del debitore in proporzione di quanto è loro dovuto, salvo patto contrario.

• L'ipotesi di surrogazione parziale comporta una modificazione soggettiva del rapporto obbligatorio per la **concorrenza di più creditori non solidali**, così che ciascuno dei medesimi potrà ottenere dal debitore solo la parte corrispondente alla misura del loro diritto (il quale, peraltro, si conserva immutato per entrambi, derivando dall'unico diritto del creditore originario). La regola, peraltro, è dispositiva, per cui la surrogazione parziale potrà dare luogo, anziché ad un rapporto parziario, ad **un'obbligazione solidale**, oltre che mutare le caratteristiche dei diritti spettanti al surrogante, i quali mediante patto sono differenziabili da quelli del surrogato.

Sezione III
Della mora del creditore

1206. Condizioni.

Il creditore è in mora quando, senza motivo legittimo, non riceve il pagamento offertogli nei modi indicati dagli articoli seguenti o non compie quanto è necessario affinché il debitore possa adempiere l'obbligazione.

• La **cooperazione del creditore all'adempimento** (già dovuta *ex* art. 1175), è disciplinata mediante la definizione di ritardo ingiustificato del creditore rispetto all'offerta del debitore (c.d. mora del creditore). La mora, pertanto, si sostanzia nel rifiuto illegittimo della prestazione oppure nel mancato compimento delle attività idonee a consentire, con l'adempimento, la liberazione del debitore. In tal caso, può realizzarsi una **scissione tra esatta esecuzione della prestazione ed estinzione dell'obbligazione** o, più puntualmente, tra liberazione del debitore dal vincolo obbligatorio e soddisfazione dell'interesse per il quale l'obbligazione è sorta in capo al creditore.

1207. Effetti.

Quando il creditore è in mora, è a suo carico l'impossibilità della prestazione sopravvenuta per causa non imputabile al debitore. Non sono più dovuti gli interessi né i frutti della cosa che non siano stati percepiti dal debitore.

Il creditore è pure tenuto a risarcire i danni derivati dalla sua mora e a sostenere le spese per la custodia e la conservazione della cosa dovuta.

Gli effetti della mora si verificano dal giorno dell'offerta, se questa è successivamente dichiarata valida con sentenza passata in giudicato o se è accettata dal creditore.

• Gli effetti della mora del creditore mirano ad **evitare il pregiudizio delle ragioni del debitore**. Poiché tali effetti gravano il creditore di una serie di conseguenze negative, per la loro produzione sono necessari il vaglio giudiziale o il riconoscimento del creditore; la sola offerta della prestazione non è sufficiente a tale scopo, dato che questa deve anche essere dichiarata conforme ai requisiti legalmente previsti da una sentenza definitiva o dall'accettazione del creditore. Ricorrendo queste condizioni, la **sopravvenuta impossibilità** della prestazione del debitore, per causa a lui non imputabile, durante la mora del creditore non soltanto comporta (come normale) la liberazione dal vincolo (*ex* artt. 1218, 1256 e 1463) ma consente al debitore di pretendere la controprestazione da parte del creditore, che non potrà pertanto invocare a suo favore la risoluzione *ope legis* del contratto (art. 1463). • Inoltre, secondo la *ratio* della norma, volta a porre il debitore nella medesima condizione in cui egli verserebbe se il creditore avesse accettato la prestazione, **non sono più dovuti gli interessi** sulle somme che si intendeva restituire, **né i frutti** della cosa non percepiti da chi era obbligato a renderla. I danni derivanti dalla mora vanno anch'essi risarciti, essendone una *species* le spese che il debitore sostiene per la custodia e la conservazione della cosa dovuta (spese che non sarebbero state affrontate se il creditore avesse accettato il bene).

1208. Requisiti per la validità dell'offerta.

Affinché l'offerta sia valida è necessario:

1) che sia fatta al creditore capace di ricevere o a chi ha la facoltà di ricevere per lui;

2) che sia fatta da persona che può validamente adempiere;

3) che comprenda la totalità della somma o delle cose dovute, dei frutti o degli interessi e delle spese liquide, e una somma per le spese non liquide, con riserva di un supplemento, se è necessario;

4) che il termine sia scaduto, se stipulato in favore del creditore;

5) che si sia verificata la condizione dalla quale dipende l'obbligazione;

6) che l'offerta sia fatta alla persona del creditore o nel suo domicilio;

7) che l'offerta sia fatta da un ufficiale pubblico a ciò autorizzato.

Il debitore può subordinare l'offerta al consenso del creditore necessario per liberare i beni dalle garanzie reali o da altri vincoli che comunque ne limitino la disponibilità.

• I requisiti di validità dell'offerta **garantiscono che la prestazione sia effettivamente conforme** al programma obbligatorio e sia quindi idonea a soddisfare l'interesse del creditore. Pertanto, i soggetti legittimati a riceverla sono gli stessi ai quali si può adempiere *ex* art. 1188; l'offerente deve essere un soggetto che può validamente adempiere (soprattutto in riferimento alle obbligazioni contratte *intuitu personae*); l'adempimento offerto deve essere totale (in base alla regola dell'art. 1181); il credito è esigibile (in quanto la condizione sospensiva cui il diritto era subordinato si è verificata) ed è pagabile al creditore (essendo scaduto il termine previsto a suo favore); vi è l'intervento di un pubblico ufficiale che attesta la presenza dei requisiti indicati e dà conto della condotta del creditore nel momento in cui la prestazione gli viene offerta. • Il **consenso alla liberazione** dalle garanzie reali e dai vincoli di indisponibilità dei beni di cui è titolare il debitore, ai sensi dell'art. 1200, deve essere prestato quando l'obbligazione, e conseguentemente il credito, si estingue in virtù dell'adempimento. Tuttavia, il debitore che offre formalmente la prestazione, così che venga meno il proprio vincolo o si costituisca in mora il creditore, può subordinare a tale consenso l'offerta; quando una siffatta condizione non si verifica, allora, gli effetti di cui all'art. 1207 non si producono e, al contempo, il creditore non consegue in quella sede la prestazione.

1209. Offerta reale e offerta per intimazione.

Se l'obbligazione ha per oggetto danaro, titoli di credito, ovvero cose mobili da consegnare al domicilio del creditore, l'offerta deve essere reale.

Se si tratta invece di cose mobili da consegnare in luogo diverso, l'offerta consiste nell'intimazione al creditore di riceverle, fatta mediante atto a lui notificato nelle forme prescritte per gli atti di citazione.

• Le modalità dell'offerta formale sono connesse alla **natura della prestazione**; là dove, allora, questa consista nella dazione di danaro, titoli di credito o cose mobili da consegnarsi al domicilio del creditore (in adempimento di obbligazioni "portabili"), il pubblico ufficiale offrirà materialmente le *res* al creditore (offerta c.d. **reale**); qualora, invece, la consegna delle cose mobili debba avvenire in un luogo diverso, il pubblico ufficiale intimerà al creditore, tramite atto notificato nelle forme prescritte per la citazione, di riceverle nel luogo stabilito allo scopo (offerta c.d. **per intimazione**).

1210. Facoltà di deposito e suoi effetti liberatori.

Se il creditore rifiuta di accettare l'offerta reale o non si presenta per ricevere le cose offertegli mediante intimazione, il debitore può eseguire il deposito.

Eseguito il deposito, quando questo è accettato dal creditore o è dichiarato valido con sentenza passata in giudicato, il debitore non può più ritirarlo ed è liberato dalla sua obbligazione.

• A séguito dell'offerta infruttuosa (quando, allora, il creditore rifiuta l'offerta reale o disattende l'intimazione a ricevere le cose dovutegli), il debitore può conseguire la liberazione mediante **deposito**; questo, se accettato dal creditore o dichiarato valido con sentenza passata in giudicato, diviene vincolante per il debitore, che non può ritirarlo in quanto gli è precluso ripetere quanto dato eseguendo la prestazione. In tal modo, si verificherà l'estinzione dell'obbligazione *ex latere debitoris* (il creditore, invece, non ha visto soddisfatto il suo diritto poiché non ha voluto ricevere, ingiustificatamente, la prestazione attesa).

1211. Cose deperibili o di dispendiosa custodia.

Se le cose non possono essere conservate o sono deteriorabili, oppure se le spese della loro custodia sono eccessive, il debitore, dopo l'offerta reale o l'intimazione di ritirarle, può farsi autorizzare dal tribunale a venderle nei modi stabiliti per le cose pignorate e a depositarne il prezzo.

• A salvaguardia dell'interesse del creditore a ottenere la prestazione e di quello del debitore alla liberazione, sia nel caso in cui le cose da prestare non siano soggette a conservazione o deperiscano, sia quando le relative spese di custodia esauriscano il vantaggio del creditore, il debitore che abbia fatto l'offerta reale o per intimazione può chiedere al tribunale **l'autorizzazione a venderle**. La vendita deve avvenire nei modi stabiliti nel codice di rito per le cose pignorate, così che si possa procedere al deposito del prezzo e, in tal modo, giovarsi anche in questo caso dei relativi effetti liberatori.

1212. Requisiti del deposito.

Per la validità del deposito è necessario:

1) che sia stato preceduto da un'intimazione notificata al creditore e contenente l'indicazione del giorno, dell'ora e del luogo in cui la cosa offerta sarà depositata;

2) che il debitore abbia consegnato la cosa, con gli interessi e i frutti dovuti fino al giorno dell'offerta, nel luogo indicato dalla legge o, in mancanza, dal giudice;

3) che sia redatto dal pubblico ufficiale un processo verbale da cui risulti la natura delle cose offerte, il rifiuto di riceverle da parte del creditore o la sua mancata comparizione, e infine il fatto del deposito;

4) che, in caso di non comparizione del creditore, il processo verbale di deposito gli sia notificato con l'invito a ritirare la cosa depositata.

Il deposito che ha per oggetto somme di danaro può eseguirsi anche presso un istituto di credito.

• L'estinzione del vincolo per il debitore a séguito del deposito esige che: *i*) questo sia preceduto da un'intimazione al creditore con la data e il luogo in cui esso sarà effettuato; *ii*) il debitore abbia consegnato il bene con i frutti o la somma con gli interessi dovuti fino al giorno dell'offerta nel luogo stabilito dalla legge o, in mancanza, indicato dal giudice; *iii*) il pubblico ufficiale cui è affidata la formalità dia conto nel verbale della natura delle cose offerte, del rifiuto del creditore o della sua comparizione e, infine, dell'esecuzione del deposito (il quale per le somme di denaro, può anche avvenire presso un istituto di credito); *iv*) sia notificato al creditore non comparso il verbale di deposito con l'invito a ritirare i beni. Le suddette formalità e i requisiti in cui esse consistono mirano anche in questo caso ad assicurare la **massima tutela** dei rispettivi interessi delle parti, specie del diritto alla prestazione per il creditore.

1213. Ritiro del deposito.

Il deposito non produce effetto se il debitore lo ritira prima che sia stato accettato dal creditore o prima che sia stato riconosciuto valido con sentenza passata in giudicato.

Se, dopo l'accettazione del deposito o il passaggio in giudicato della sentenza che lo dichiara valido, il creditore consente che il debitore ritiri il deposito, egli non può più rivolgersi contro i condebitori e i fideiussori, né valersi dei privilegi, del pegno e delle ipoteche che garantivano il credito.

• Il debitore può interrompere il procedimento di messa in mora con il **ritiro del deposito** prima che esso sia stato dichiarato valido con sentenza passata in giudicato o accettato dal creditore (ad esempio, perché non è certa l'esattezza della prestazione dovuta o si hanno dubbi circa la mancanza di giustificazione del rifiuto da parte del creditore rispetto all'offerta). Tuttavia, lo stesso creditore può consentire che vi sia il ritiro, altrimenti precluso al debitore, pur a séguito della propria accettazione o del passaggio in giudicato della sentenza che ne dichiara la validità. • In questo caso, però, lo stesso creditore perde le cause legittime di prelazione che assistevano il credito, in quanto l'estinzione del vincolo connessa alle formalità del deposito (ritirato su sua autorizzazione), in virtù del principio di accessorietà, non giustifica la permanenza di tali garanzie; egli, inoltre, non può rivolgersi verso gli obbligati solidali (condebitori e fideiussori), giacché questi avrebbero conseguito la liberazione al pari del debitore che ha effettuato il ritiro, per cui non se ne può prolungare l'esposizione patrimoniale sulla base di una scelta che, astrattamente considerata, osta alla soddisfazione dell'interesse creditorio.

1214. Offerta secondo gli usi e deposito.

Se il debitore ha offerto la cosa dovuta nelle forme d'uso anziché in quelle prescritte dagli articoli 1208 e 1209, gli effetti della mora si verificano dal giorno in cui egli esegue il deposito a norma dell'articolo 1212, se questo è accettato dal creditore o è dichiarato valido con sentenza passata in giudicato.

• L'offerta secondo gli usi produce gli effetti della mora del creditore soltanto se seguita dal deposito effettuato ai sensi dell'art. 1212 e con i requisiti da esso prescritti (a condizione che sia accettato dal creditore o sia dichiarato valido con sentenza passata in giudicato). In questo caso, gli effetti della mora si producono dal giorno del deposito il quale, unitamente all'offerta non formale, consente il verificarsi di tali effetti in virtù di una **fattispecie alternativa** rispetto a quelle previste negli artt. 1208 e 1209 (ossia l'offerta reale e per intimazione). L'offerta non formale preclude la mora del debitore e le sue conseguenze (*ex* art. 1219): pertanto l'esecuzione posticipata della prestazione non può considerarsi ritardo nell'adempimento in quanto deriva dal fatto ingiustificato del creditore che ne rifiuta l'offerta.

1215. Spese.

Quando l'offerta reale e il deposito sono validi, le spese occorse sono a carico del creditore.

• Poiché il rifiuto ingiustificato del creditore si pone come causa efficiente delle spese inerenti alle formalità di mora e di liberazione sostenute dal debitore, queste restano a carico del primo (dato che il debitore non le avrebbe affrontate se la prestazione dovuta fosse stata accettata).

1216. *Intimazione di ricevere la consegna di un immobile.*

Se deve essere consegnato un immobile, l'offerta consiste nella intimazione al creditore di prenderne possesso. L'intimazione deve essere fatta nella forma prescritta dal secondo comma dell'articolo 1209.

Il debitore, dopo l'intimazione al creditore, può ottenere dal giudice la nomina di un sequestratario. In questo caso egli è liberato dal momento in cui ha consegnato al sequestratario la cosa dovuta.

• Le peculiarità del bene oggetto della prestazione esigono che l'offerta di **consegnare un immobile** (da parte, ad esempio, del conduttore di un immobile locato) venga anch'essa effettuata mediante intimazione a prenderne possesso notificata con le forme stabilite per la citazione. Una volta ottenuta la nomina giudiziale di un sequestratario che custodisca la cosa, il debitore consegue la propria liberazione quando provvede alla relativa consegna (la quale può avvenire anche mediante *traditio brevi manu*). Poiché le spese conseguenti sono connesse all'ingiustificato rifiuto della prestazione ad opera del creditore, egli dovrà provvedere a rimborsarle al debitore. • È discusso se questa offerta sia proponibile nelle forme d'uso (art. 1214). Tuttavia, ciò sembra escluso sia dal tenore letterale della norma in commento, che esige per la validità dell'offerta le modalità indicate nell'art. 1209, co. 2, sia dall'assenza di una specifica previsione, invece contenuta nel secondo comma dell'art. 1217 relativa all'intimazione per gli obblighi di fare (*ubi lex voluit dixit, ubi noluit tacuit*).

1217. Obbligazioni di fare.

Se la prestazione consiste in un fare, il creditore è costituito in mora mediante l'intimazione di ricevere la prestazione o di compiere gli atti che sono da parte sua necessari per renderla possibile.
L'intimazione può essere fatta nelle forme d'uso.

• Per le prestazioni di fare è necessaria **l'offerta al creditore** con la quale gli si intima (nei modi di cui al co. 2 dell'art. 1209 o nelle forme d'uso), di riceverne l'adempimento o di porre in essere quanto necessario per conseguirlo o per renderlo concretamente realizzabile. Non essendo possibile, per le caratteristiche della condotta richiesta al debitore, che questi consegua la liberazione mediante formalità ulteriori e diverse dall'offerta, **l'accettazione** che ne faccia il creditore o **il passaggio in giudicato della sentenza** che ne dichiara la validità sono requisiti necessarî e sufficienti perché il suo vincolo si estingua.

Capo III
Dell'inadempimento delle obbligazioni

1218. Responsabilità del debitore

Il debitore che non esegue esattamente la prestazione dovuta è tenuto al risarcimento del danno, se non prova che l'inadempimento o il ritardo è stato determinato da impossibilità della prestazione derivante da causa a lui non imputabile.

• L'art. 1218 disciplina la responsabilità da inadempimento delle obbligazioni (c.d. responsabilità contrattuale) imponendo al debitore che non esegue esattamente la prestazione dovuta **l'obbligo di risarcire il danno** al creditore insoddisfatto. Il debitore è esentato dalla responsabilità solamente con la prova che la mancata o inesatta o tardiva esecuzione della prestazione è stata determinata da **impossibilità derivante da causa non imputabile** allo stesso debitore. • Il programma obbligatorio – comprensivo sia delle obbligazioni principali, sia di quelle accessorie a salvaguardia di altri interessi del creditore o di terzi, come i c.d. obblighi di protezione (*Esempio:* installare il macchinario sia a regola d'arte sia conservando l'integrità dei locali dell'acquirente, ovvero curare al meglio la salute del malato così da tutelare anche l'equilibrio psicofisico dei congiunti) – deve essere puntualmente eseguito dal debitore, rispettando sia le modalità concordate, sia quelle previste suppletivamente dalla legge. In caso di **difformità tra il risultato dovuto e la prestazione effettuata**, il creditore ha diritto al risarcimento del danno, dimostrandone in giudizio la fonte e il danno subito. Il creditore può limitarsi ad allegare l'inadempimento, non essendo tenuto a darne la prova (Cass. s.u. sent. 13533/2001); peraltro, per talune obbligazioni (segnatamente, in tema di responsabilità medica) si richiede che l'inadempimento sia "qualificato" e cioè allegato in modo tale da essere in concreto riconducibile alla condotta tenuta in concreto dal debitore (Cass. s.u. sent. 577/2008). • Dal momento che la prestazione consiste sempre nell'esatto svolgimento del programma previsto nel titolo, la disposizione supera (e non contempla) la tradizionale distinzione tra **obbligazioni** c.d. **di mezzi e obbligazioni** c.d. **di risultato**, dalla quale si faceva dipendere un diverso regime in materia di inadempimento ritenendo che le prime (ad esempio, quella del medico di terapia e cura o quella dell'avvocato di assistenza in giudizio) potessero dirsi adempiute con la semplice osservanza delle regole di diligenza inerenti all'esecuzione dell'attività, mentre le seconde (ad esempio, il *facere* tendente alla produzione di un bene, come nell'appalto) esigessero il conseguimento di un risultato. • A differenza di quanto avviene nella responsabilità extracontrattuale, nella responsabilità da inadempimento non è richiesta la prova del nesso causale tra la condotta del debitore e il danno, atteso che la prestazione può (e deve) essere eseguita solamente da un soggetto già determinato. Tuttavia, la recente giurisprudenza (Cass. 28991 e 28992/2019) ha ritenuto che, in presenza di obbligazioni c.d. di diligenza professionale (ad esempio, del medico), il creditore dovrebbe dimostrare il nesso di causalità tra la prestazione (che si suppone mancata o inesatta) e il danno, sopportando il rischio della c.d. causa ignota (ossia l'evento che ha cagionato il danno, il quale è diverso dalla condotta del debitore). • In realtà, come si ricava dall'art. 1218, è sufficiente nella responsabilità contrattuale la contraddizione tra esito atteso e risultato prodotto perché il debitore sia tenuto a risarcire il creditore, a meno che egli non fornisca la prova liberatoria richiesta dalla norma. Tale prova attiene alla dimostrazione dell'impossibilità sopravvenuta della prestazione derivante da causa non imputabile al debitore, il quale, pertanto, dovrà individuare la suddetta causa e dimostrare il nesso di derivazione del danno da questa. Se il debitore non riesce a fornire tale prova, sarà egli a sopportare il rischio della c.d. causa ignota, che consiste nel sorgere dell'obbligo risarcitorio.

1219. Costituzione in mora.

Il debitore è costituito in mora mediante intimazione o richiesta fatta per iscritto.

Non è necessaria la costituzione in mora:

1) quando il debito deriva da fatto illecito;

2) quando il debitore ha dichiarato per iscritto di non volere eseguire l'obbligazione;

3) quando è scaduto il termine, se la prestazione deve essere eseguita al domicilio del creditore. Se il termine scade dopo la morte del debitore, gli eredi non sono costituiti in mora che mediante intimazione o richiesta fatta per iscritto, e decorsi otto giorni dall'intimazione o dalla richiesta.

• La tardiva esecuzione della prestazione non produce di per sé effetti pregiudizievoli nei confronti del debitore, potendo in teoria **presumersi una tolleranza del ritardo** da parte del creditore. Per vincere tale presunzione è quindi necessaria un'intimazione o richiesta di adempiere per iscritto, ossia un **atto giuridico (non negoziale) che costituisce in mora il debitore, formalizzandone il ritardo** nell'adempimento. Tale formalità non è richiesta in una serie (tassativa) di casi, configuranti la c.d. mora *ex re*: *i*) se il debito è inerente al risarcimento extracontrattuale, per il quale si richiede una corresponsione immediata, dato che il ritardo è altrimenti *in re ipsa*; *ii*) qualora il debitore abbia dichiarato per iscritto che non intende adempiere, dissipando ogni incertezza circa la natura (irreversibile) e la causa (la volontà di non eseguire la prestazione) del ritardo; *iii*) trattandosi di obbligazioni "portabili", quando il termine è scaduto inutilmente (*dies interpellat pro homine*), a meno che il creditore non conceda espressamente una dilazione. In quest'ultima ipotesi, se il termine si consuma dopo la morte del debitore, la mora *ex re* si converte in mora *ex persona* nei confronti degli eredi, decorsi otto giorni dal ricevimento della intimazione (o della richiesta), così che essi, ignorando in ipotesi la sussistenza dell'obbligazione, ne siano resi formalmente edotti.

1220. Offerta non formale.

Il debitore non può essere considerato in mora, se tempestivamente ha fatto offerta della prestazione dovuta, anche senza osservare le forme indicate nella sezione III del precedente capo, a meno che il creditore l'abbia rifiutata per un motivo legittimo.

• L'offerta tempestivamente (quindi, prima che il termine sia scaduto) effettuata anche senza le formalità previste per la *mora creditoris*, **impedisce che si producano gli effetti della mora** indicati nell'art. 1219. Pertanto, l'intimazione ad adempiere ricevuta dal debitore dopo la sua offerta non vale a costituirlo in mora per il tempo precedente. Se fossero inderogabilmente richieste le diverse offerte formali, queste comporterebbero un ingiustificato aggravio per il debitore che intende semplicemente evitare la propria mora. • La mora del debitore non è esclusa se l'offerta è stata rifiutata per un motivo legittimo (ad esempio, nel caso di adempimento qualitativamente inesatto *ex* art. 1181), da valutarsi alla stregua del principio di buona fede (ad esempio, se si tratta di obbligazioni periodiche e in precedenza il creditore ha sempre accettato la stessa tipologia di prestazioni, egli non può rifiutare ora ciò che in passato ha considerato conforme ai proprî interessi).

1221. Effetti della mora sul rischio.

Il debitore che è in mora non è liberato per la sopravvenuta impossibilità della prestazione derivante da causa a lui non imputabile, se non prova che l'oggetto della prestazione sarebbe ugualmente perito presso il creditore.

In qualunque modo sia perita o smarrita una cosa illecitamente sottratta, la perdita di essa non libera chi l'ha sottratta dall'obbligo di restituirne il valore.

• Uno tra gli effetti derivanti dalla costituzione in mora del debitore è la **sopportazione del rischio per la sopravvenuta impossibilità** della prestazione derivante da causa a lui non imputabile. Difatti, in questa ipotesi **l'obbligazione non si estingue**, come invece avviene ai sensi dell'art. 1256: il debitore resta tenuto all'adempimento e, in mancanza, dovrà risarcire il danno (c.d. ***perpetuatio obligationis***). La regola si giustifica presumendo che l'esecuzione della prestazione verso il creditore avrebbe impedito l'impossibilità della medesima (*Esempio:* se la cosa mobile fosse stata riconsegnata in tempo al locatore non sarebbe perita per caso fortuito permanendo nella sfera di controllo del conduttore); ciò spiega la previsione di una **prova liberatoria** a favore del debitore, il quale, pur essendo in mora, si libera comunque dall'obbligazione (anche risarcitoria) **dimostrando che pur nel caso di tempestivo adempimento l'oggetto** della prestazione **sarebbe egualmente perito presso il creditore** (*Esempio:* la cosa mobile, in virtù dell'inondazione del paese, sarebbe andata distrutta sia nel domicilio del conduttore sia in quello del locatore). • Nel caso di perimento, anche per causa non imputabile al debitore, di un bene da questi illecitamente sottratto, l'obbligazione di restituzione, non potendo avere l'oggetto originario, verrà adempiuta corrispondendone il valore senza possibilità di provare che se la cosa fosse stata presso il creditore sarebbe comunque perita (secondo il tradizionale sfavore per le condotte illecite di sottrazione).

1222. Inadempimento di obbligazioni negative.

Le disposizioni sulla mora non si applicano alle obbligazioni di non fare; ogni fatto compiuto in violazione di queste costituisce di per sé inadempimento.

• La particolare natura delle c.d. obbligazioni negative impedisce che ad esse si applichino le disposizioni sulla mora del loro debitore; in effetti la previsione in esame esplicita una conclusione già logicamente ricavabile dalle caratteristiche della prestazione di non fare, per cui, ponendo in essere la condotta vietata, si realizza di per sé l'inadempimento, non sussistendo alcuna possibilità di configurare un ritardo (ciò che implica l'applicazione *sic et simpliciter* dell'art. 1218).

1223. Risarcimento del danno.

Il risarcimento del danno per l'inadempimento o per il ritardo deve comprendere così la perdita subita dal creditore come il mancato guadagno, in quanto ne siano conseguenza immediata e diretta.

• La disposizione individua le due tipologie di conseguenze dannose che il debitore è tenuto a risarcire in caso di inadempimento. Si tratta sia della diminuzione dell'attivo patrimoniale (c.d. **perdita o danno emergente**, ad esempio le spese sostenute al fine di procurarsi altrimenti la prestazione), sia del fatto che questo non sia stato incrementato (c.d. **mancato guadagno o lucro cessante**, ad esempio l'impossibilità di rivendere ad un prezzo maggiorato i beni dovuti). Inoltre, la risarcibilità di tali poste è **limitata alle conseguenze immediate e dirette** dell'inadempimento (o del ritardo), così da **non gravare il debitore** dell'obbligo di riparare ad ogni e qualsivoglia pregiudizio a lui imputabile. • Questa limitazione è spesso indicata come **causalità giuridica**, intesa come nesso di immediatezza che deve intercorre tra la lesione del diritto del creditore (c.d. danno-evento) e le conseguenze dannose da essa derivate (c.d. danno-conseguenza). In realtà, non si tratta di un nesso causale in senso proprio in quanto la causalità ha ad oggetto la connessione tra fatti mentre i danni che derivano in modo immediato e diretto dall'inadempimento non sono fatti ma esprimono valori (quelli economici della mancata o inesatta esecuzione della prestazione). L'art. 1223, allora, non contiene una regola causale, ma semplicemente un **criterio di selezione dei termini patrimoniali** in cui può essere considerato (e risarcito) l'inadempimento.

1224. Danni nelle obbligazioni pecuniarie.

Nelle obbligazioni che hanno per oggetto una somma di danaro, sono dovuti dal giorno della mora gli interessi legali, anche se non erano dovuti precedentemente e anche se il creditore non prova di aver sofferto alcun danno. Se prima della mora erano dovuti interessi in misura superiore a quella legale, gli interessi moratori sono dovuti nella stessa misura.

Al creditore che dimostra di aver subito un danno maggiore spetta l'ulteriore risarcimento. Questo non è dovuto se è stata convenuta la misura degli interessi moratori.

• Il ritardo nell'adempimento delle obbligazioni pecuniarie causa al creditore il c.d. **danno da mancato reimpiego**: privato della disponibilità della somma dovutagli, il creditore è quindi impossibilitato a un utilizzo fruttifero dell'importo non corrisposto. Per ovviare a tale conseguenza, è prevista ***ope legis*** **la produzione di interessi** al tasso legale dal giorno della mora, anche in assenza di una clausola che li prevedesse espressamente o della prova da parte del creditore di avere subìto un danno. In presenza di una previa determinazione convenzionale per gli interessi (c.d. corrispettivi) ad un tasso superiore a quello legale, la medesima misura sarà applicata a quelli moratorî. • La **prova di aver subito un maggior danno** consente al creditore di conseguire la differenza tra il ristoro cui provvedono gli interessi legali e il pregiudizio effettivamente sofferto, salvo fosse convenuto un tasso per la mora, il quale funge da determinazione forfetaria e anticipata del risarcimento. Quando vi fosse la determinazione pattizia del tasso di mora, si applicano i medesimi princìpi che governano la penale contrattuale secondo l'art. 1382: la prestazione risarcitoria, allora, è limitata al *quantum* convenuto, pur se è possibile prevedere la rifusione del maggior danno.

1225. Prevedibilità del danno.

Se l'inadempimento o il ritardo non dipende da dolo del debitore, il risarcimento è limitato al danno che poteva prevedersi nel tempo in cui è sorta l'obbligazione.

• Se l'inadempimento è dovuto a colpa (a prescindere dal grado della medesima, quindi anche nell'ipotesi di colpa grave), il risarcimento è limitato alle conseguenze che il debitore poteva prevedere nel momento in cui è sorta l'obbligazione. La valutazione, benché effettuata *ex post* (ossia successivamente a un inadempimento dannoso), va condotta tenendo conto delle circostanze presenti quando si è costituito il rapporto obbligatorio (si tratta, pertanto, di **prognosi postuma in concreto ed *ex ante***). La prevedibilità consiste nella determinazione dei pregiudizî che il tipo di condotta tenuta dal debitore è astrattamente idoneo a produrre **secondo un criterio di regolarità causale**, per cui sarà risarcibile solo il danno concretamente manifestato che rientra in tale classe di eventi. In caso di inadempimento doloso la risarcibilità potrà essere estesa ai **danni imprevedibili** (purché conseguenza immediata e diretta dell'inadempimento) provando l'intenzionale causazione del danno (oppure che i danni di cui si chiede il risarcimento siano stati in concreto previsti). Inoltre, potrebbe risultare difficile individuare l'elemento soggettivo che ha animato il debitore, distinguendo la colpa con previsione del danno (o con consapevole violazione dei parametri di diligenza: c.d. colpa cosciente) dal dolo c.d. eventuale.

1226. Valutazione equitativa del danno.

Se il danno non può essere provato nel suo preciso ammontare, è liquidato dal giudice con valutazione equitativa.

• L'ammontare del danno può rivelarsi di difficile determinazione (si pensi alle conseguenze patrimoniali future di una lesione psico-fisica attuale). In questo caso soccorre la **valutazione equitativa del giudice**, il quale, di fronte alla prova dell'*an* cui il creditore è comunque sempre tenuto, quantifica monetariamente il pregiudizio da questi subìto in base ad un giudizio equitativo che tenga conto delle circostanze del caso concreto (*Esempio:* nel caso di un danno estetico da errato trattamento chirurgico occorso ad un attore cinematografico, l'ingaggio attuale in determinati ruoli che valorizzano l'aspetto fisico, poi deturpato a séguito dell'intervento, costituisce un parametro su cui quantificare il possibile lucro cessante che in futuro deriverà dalla mancata stipula di contratti per parti similari).

1227. Concorso del fatto colposo del creditore.

Se il fatto colposo del creditore ha concorso a cagionare il danno, il risarcimento è diminuito secondo la gravità della colpa e l'entità delle conseguenze che ne sono derivate.

Il risarcimento non è dovuto per i danni che il creditore avrebbe potuto evitare usando l'ordinaria diligenza.

• Il comportamento colposo del creditore può **contribuire o a cagionare il danno** e così costituirne una concausa reale (art. 1227, co. 1) **oppure a non evitarlo** e così costituirne una concausa ipotetica (art. 1227, co. 2). La disposizione **contempla quindi due ipotesi**: *i*) al co. 1 vi è una condotta del creditore che concorre al verificarsi del danno, per cui il debitore potrà dimostrare che il pregiudizio è stato cagionato, in tutto o in parte, da un fatto a lui non imputabile (cioè la condotta colposa del creditore) e il risarcimento verrà diminuito in considerazione dell'intensità della relativa colpa (quindi, esso si riduce in misura direttamente proporzionale alla sua gravità) e dell'entità delle conseguenze, immediate e dirette, da esso derivate (specularmente a quanto avviene per l'individuazione delle conseguenze risarcibili imputabili al debitore secondo l'art. 1223); *ii*) al co. 2, il **principio di autoresponsabilità** legittima la previsione che esclude del tutto il risarcimento quando il danno poteva essere evitato dal creditore con l'ordinaria diligenza (*ex* art. 1176, co. 1). In tal caso, mediante un giudizio controfattuale (e diversamente dalla regola del primo comma, che concerne l'accertamento di una concausa reale), il debitore deve dimostrare che un diverso comportamento del creditore avrebbe ipoteticamente eliminato il danno. In questa ipotesi, la perdita e il mancato guadagno, pure essendo conseguenza immediata e diretta dell'inadempimento, non costituiscono pregiudizî risarcibili dato che, in base alla correttezza *ex* art. 1175, il creditore ha violato il dovere di non aggravare la posizione del debitore se ciò non gli comporta un apprezzabile sacrificio (il che sarebbe stato possibile mediante il ricorso alla diligenza media).

1228. Responsabilità per fatto degli ausiliari.

Salva diversa volontà delle parti, il debitore che nell'adempimento dell'obbligazione si vale dell'opera di terzi, risponde anche dei fatti dolosi o colposi di costoro.

• In assenza di un patto contrario, se il debitore si avvale di **ausiliari** (anche senza vincolo di subordinazione nei suoi confronti) per eseguire la prestazione dovuta, egli sarà tenuto a risarcire il danno che il creditore abbia sofferto per il fatto doloso o colposo di questi, purché tale fatto sia connesso all'adempimento. La giustificazione di questa responsabilità, che alcune opinioni ascrivono a **colpa** (***in vigilando*** **o** ***in eligendo***) del debitore, viene rinvenuta nel rischio connesso all'avvalersi dell'opera altrui; oltre al vantaggio che ne deriva, allora, chi vi fa ricorso si vedrà imputare anche le conseguenze negative eventualmente prodottesi (***cuius commoda eius et incommoda***). Si tratterebbe, allora, di una forma di **responsabilità oggettiva**, in quanto il rischio è criterio di imputazione alternativo alla colpa; tuttavia, se così fosse, non sarebbe richiesto il dolo o la colpa dei terzi, atteso che il suddetto rischio prescinde dall'elemento soggettivo della condotta dannosa, le cui conseguenze dovrebbero essere imputate al debitore in base alla sola derivazione causale dal comportamento degli ausiliari. Il debitore potrà poi rivalersi su questi ultimi per la responsabilità che gli è stata imputata a causa della loro condotta.

1229. Clausole di esonero da responsabilità.

È nullo qualsiasi patto che esclude o limita preventivamente la responsabilità del debitore per dolo o per colpa grave.

È nullo altresì qualsiasi patto preventivo di esonero o di limitazione di responsabilità per i casi in cui il fatto del debitore o dei suoi ausiliari costituisca violazione di obblighi derivanti da norme di ordine pubblico.

• Il vincolo giuridico che impone l'adempimento al debitore non sarebbe idoneo a soddisfare l'interesse del creditore se potesse essere liberamente disatteso o se, nell'esecuzione della prestazione, si avesse facoltà di trascurare anche gravemente le regole di cura, cautela, perizia e legalità che dovrebbero guidarla. Per questo motivo, non ostante siano senz'altro ammesse le clausole di limitazione o di esclusione della responsabilità che esonerano preventivamente il debitore dal risarcimento del danno contrattuale, queste sono **nulle** quando l'esenzione concerne un inadempimento doloso o gravemente colposo, **poiché contraddirebbero l'idea stessa di obbligazione**. La regola in esame può risolvere anche altri problemi non direttamente disciplinati, come ad esempio quello concernente la **manifesta esiguità del risarcimento** contemplato dalle parti nella clausola penale; in questo caso, difatti, la penale è qualificabile come clausola di limitazione della responsabilità per dolo o colpa grave, consentendo al debitore inadempiente che versi in tale condizione soggettiva di ridurre gli obblighi risarcitorî al punto da potere liberamente disattendere l'impegno assunto. • A prescindere dal dolo o dalla colpa grave sia del debitore sia degli ausiliari (per i quali, allora, non può prevedersi in questo caso una diversa volontà delle parti, come invece sancito dall'art. 1228), sono nulle le clausole di esonero da responsabilità derivante da fatti posti in essere in violazione di obblighi connessi a norme di ordine pubblico. La salvaguardia dei princìpi fondamentali inderogabili dell'ordinamento, i quali coinvolgono gli interessi non solo delle parti ma anche di terzi estranei al rapporto obbligatorio, impone di vietare tali clausole, che costituirebbero un indebito incentivo alla violazione dei suddetti princìpi.

Capo IV
Dei modi di estinzione delle obbligazioni diversi dall'adempimento

Sezione I
Della novazione

1230. Novazione oggettiva.

L'obbligazione si estingue quando le parti sostituiscono all'obbligazione originaria una nuova obbligazione con oggetto o titolo diverso.

La volontà di estinguere l'obbligazione precedente deve risultare in modo non equivoco.

• Tra i modi di estinzione del rapporto obbligatorio **non satisfattivi**, la novazione consiste in un **contratto** produttivo di **effetti** al contempo **estintivi** (della precedente obbligazione) e **costitutivi** (del nuovo vincolo). L'***aliquid novi***, ossia l'elemento di diversità della nuova obbligazione rispetto al rapporto estinto, è indicato dalla norma nell'oggetto o nel titolo. Rispetto alla prestazione in luogo dell'adempimento, anch'essa conseguente ad un contratto (modificativo del rapporto obbligatorio, che permane il medesimo), nella novazione l'intento di dare vita a un nuovo vincolo (***animus novandi***) è elemento essenziale per la produzione degli effetti estintivo e costitutivo; infatti il creditore, con l'estinzione della precedente obbligazione, decade dai relativi diritti (specie dalle garanzie) e il debitore, per contro, al sorgere della successiva, vede interrompersi il periodo di prescrizione del proprio impegno, che decorre *ex novo*. In ragione di ciò la norma richiede l'assoluta univocità dell'*animus*, così da evitare contestazioni circa la disciplina da applicare al rapporto o in merito alla consistenza e natura dei diritti e degli obblighi facenti capo alle parti.

1231. Modalità che non importano novazione.

Il rilascio di un documento o la sua rinnovazione, l'apposizione o l'eliminazione di un termine e ogni altra modificazione accessoria dell'obbligazione non producono novazione.

• Coerentemente al fatto che il nuovo rapporto deve presentare sicuri profili di diversità rispetto alla precedente obbligazione, non si verifica novazione quando il **rapporto viene formalizzato** tramite il rilascio di un documento, ovvero questo è **rinnovato** (conservando la precedente forma) o **ripetuto** (progredendosi, ad esempio, dalla scrittura privata all'atto pubblico). Inoltre, non implicano la volontà di novare **l'inserimento o l'eliminazione di un termine**, che, unitamente alle esemplificazioni sopra espresse, integrano le ipotesi maggiormente frequenti di **modificazione accessoria di elementi non essenziali**, verificandosi la quale il rapporto permane comunque il medesimo. Con riguardo all'inserimento della condizione, è necessario valutare in concreto se questa connoti il titolo in modo tale da mutarne la fisionomia causale e, pertanto, da far ritenere che le parti abbiano voluto in tal modo innovare la fonte del loro rapporto.

1232. Privilegi, pegno e ipoteche.

I privilegi, il pegno e le ipoteche del credito originario si estinguono, se le parti non convengono espressamente di mantenerli per il nuovo credito.

• Dalla estinzione del precedente rapporto deriva logicamente **l'estinzione dei suoi accessorî**, salvo diverso accordo delle parti. Nel caso di garanzie personali (fideiussione) e reali (pegno e ipoteca) prestate da terzi, è necessario che anche questi consentano a mantenerle affinché il creditore se ne avvantaggi nel nuovo rapporto; ciò perché i relativi prestatori devono potere valutare le eventuali conseguenze negative che il diverso oggetto o titolo possono dispiegare per i rispettivi patrimonî.

1233. Riserva delle garanzie nelle obbligazioni solidali.

Se la novazione si effettua tra il creditore e uno dei debitori in solido con effetto liberatorio per tutti, i privilegi, il pegno e le ipoteche del credito anteriore possono essere riservati soltanto sui beni del debitore che fa la novazione.

• La novazione nelle obbligazioni solidali passive, là dove trasformi il rapporto plurisoggettivo in un vincolo con un solo debitore liberando gli altri, comporta una riduzione dell'àmbito in cui si dispiegano le cause legittime di prelazione che assistevano il credito originario; questo, difatti, verrà garantito **esclusivamente dai beni dell'unico debitore** all'esito della novazione tramite i privilegî, il pegno e le ipoteche sui medesimi. Tuttavia, i debitori liberati possono consentire al mantenimento delle garanzie precedenti, relative ai proprî beni, come anche dovrà esprimersi in tal senso la volontà dei terzi che ne furono prestatori rispetto alla obbligazione solidale.

1234. Inefficacia della novazione.

La novazione è senza effetto, se non esisteva l'obbligazione originaria.

Qualora l'obbligazione originaria derivi da un titolo annullabile, la novazione è valida se il debitore ha assunto validamente il nuovo debito conoscendo il vizio del titolo originario.

• Poiché la causa della nuova obbligazione risiede nell'innovare la precedente, è conseguenza logica che, **non esistendo quest'ultima**, la costituzione del rapporto che si pretende diverso non abbia alcuna giustificazione e, pertanto, gli effetti novativi del contratto non si producano. All'obbligazione inesistente si equipara quella derivante da titolo nullo o comunque affetto da vizio assoluto e insuscettibile di convalida (potendosi allora discutere se sia soggetto a novazione un rapporto obbligatorio che derivi da un titolo affetto da nullità relativa). • Diversamente, se l'obbligazione originaria, pur sussistendo, deriva da un **titolo viziato da annullabilità**, la novazione è riconducibile ad una convalida tacita ai sensi dell'art. 1444, co. 2, là dove il debitore, al quale spetterebbe l'azione di annullamento, abbia prestato il proprio consenso al nuovo rapporto con la consapevolezza del vizio che affliggeva il precedente titolo (così parificandosi la stipulazione dell'atto novativo all'esecuzione del precedente rapporto, ai fini della relativa validazione).

1235. Novazione soggettiva.

Quando un nuovo debitore è sostituito a quello originario che viene liberato, si osservano le norme contenute nel capo VI di questo titolo.

• L'estinzione del precedente rapporto obbligatorio e la costituzione di un nuovo vincolo con diverso debitore, nel quale si risolve la novazione soggettiva (*ex latere debitoris*), sono disciplinate, per espresso rinvio della norma in commento, dalle previsioni in materia di **delegazione, espromissione e accollo**. Tuttavia, le modificazioni soggettive del rapporto obbligatorio dal lato passivo prevedono ordinariamente che il nuovo debitore si aggiunga a quello originario e che anche in caso di sua sostituzione queste possano configurarsi sia in senso meramente modificativo (con permanenza, allora, della medesima obbligazione) sia in senso novativo (fattispecie alla quale si riferisce l'art. 1235).

Sezione II
Della remissione

1236. Dichiarazione di remissione del debito.

La dichiarazione del creditore di rimettere il debito estingue l'obbligazione quando è comunicata al debitore, salvo che questi dichiari in un congruo termine di non volerne profittare.

• Il creditore, rinunciando al proprio diritto tramite una **dichiarazione unilaterale recettizia** indirizzata al debitore, può liberare quest'ultimo estinguendo l'obbligazione, senza soddisfazione dell'interesse creditorio (ma, ad esempio, per causa di liberalità). Il debitore, in base al principio per cui la relativa sfera giuridica non può essere modificata da altri senza il proprio consenso, può **rifiutare la remissione**, impedendo il perfezionarsi della fattispecie estintiva (secondo uno schema ripreso negli artt. 1333 e 1411), purché ciò avvenga entro un **congruo termine** (tale da consentire la giusta ponderazione al debitore e, al contempo, da non protrarre eccessivamente lo stato di incertezza circa la sorte del credito).

1237. Restituzione volontaria del titolo.

La restituzione volontaria del titolo originale del credito, fatta dal creditore al debitore, costituisce prova della liberazione anche rispetto ai condebitori in solido.

Se il titolo del credito è in forma pubblica, la consegna volontaria della copia spedita in forma esecutiva fa presumere la liberazione, salva la prova contraria.

• La restituzione volontaria, fatta dal creditore al debitore, del titolo da cui deriva il proprio diritto implica una duplice presunzione: assoluta al primo comma, relativa al secondo comma. Se viene **restituito il titolo originale** (co. 1), si presume, ***iuris et de iure*** che esista una volontà remissoria (a meno che, ma si tratta di un caso diverso, non si provi che il titolo fu restituito per errore o affinché fosse custodito). Inoltre, in presenza di un rapporto di solidarietà passiva, opera il principio dell'estensione a tutti i condebitori solidali dell'effetto favorevole, per cui la consegna dell'originale estingue la totalità dei rapporti contemplati nel titolo. • Se il titolo del credito risulta da atto pubblico e viene **consegnata la copia in forma esecutiva** (co. 2), la remissione si presume ***iuris tantum*** ed è salva la prova contraria (in quanto il creditore ha comunque trattenuto presso di sé l'originale del titolo).

1238. Rinunzia alle garanzie.

La rinunzia alle garanzie dell'obbligazione non fa presumere la remissione del debito.

• L'accessorietà delle garanzie comporta che rinunciando ad esse il credito comunque si conservi, a meno che non sia espressa in modo univoco la volontà abdicativa del diritto. Il confronto con la norma successiva fa intendere che l'articolo in esame si riferisca alle **garanzie reali** (pegno e ipoteche).

1239. Fideiussori.

La remissione accordata al debitore principale libera i fideiussori.

La remissione accordata a uno dei fideiussori non libera gli altri che per la parte del fideiussore liberato. Tuttavia se gli altri fideiussori hanno consentito la liberazione, essi rimangono obbligati per l'intero.

• Anche in questa ipotesi viene in considerazione il **principio di accessorietà**: la remissione del debito priva di giustificazione la garanzia personale offerta dai fideiussori, la quale, pertanto, si estingue. In caso di pluralità di garanti, la remissione accordata ad uno libera gli altri per la sola parte spettante al fideiussore liberato; tuttavia, qualora vi fosse il loro consenso alla liberazione, la garanzia non viene ridotta e i restanti fideiussori sono vincolati per l'intero.

1240. Rinunzia a una garanzia verso corrispettivo.

Il creditore che ha rinunziato, verso corrispettivo, alla garanzia prestata da un terzo deve imputare al debito principale quanto ha ricevuto, a beneficio del debitore e di coloro che hanno prestato garanzia per l'adempimento dell'obbligazione.

• La rinunzia onerosa alla garanzia prestata da un terzo costituisce per il creditore l'immediata realizzazione (in tutto o in parte, a seconda dell'ammontare ricevuto) del proprio diritto: ad un'eventuale escussione del patrimonio del garante viene sostituita **un'attuale soddisfazione del credito, connessa alla garanzia**. Ne consegue che di tale soddisfazione debbano giovarsi sia il debitore principale sia chi ha garantito l'adempimento della relativa obbligazione (in caso contrario, difatti, il creditore riceverebbe più di quanto il programma obbligatorio era funzionale ad assicurargli), mediante una corrispondente riduzione della prestazione dovuta (e oggetto di garanzia).

Sezione III
Della compensazione

1241. Estinzione per compensazione.

Quando due persone sono obbligate l'una verso l'altra, i due debiti si estinguono per le quantità corrispondenti, secondo le norme degli articoli che seguono.

• Si ha compensazione quando due soggetti sono **reciprocamente debitori e creditori** in virtù di rapporti diversi; in tal caso, l'estinzione delle obbligazioni per le quantità corrispondenti risponde ad un'esigenza di **economia dei mezzi giuridici** (e, tra essi, delle condotte solutorie), evita pagamenti reciproci e contestualmente realizza in modo diverso dall'adempimento la soddisfazione dell'interesse creditorio di entrambi i soggetti. In realtà, il fenomeno compensativo può realizzarsi anche là dove i debiti e crediti reciproci ineriscano a patrimonî separati di cui è titolare il medesimo soggetto (come si verifica tra il patrimonio dell'erede che ha accettato con beneficio d'inventario e l'eredità beneficiata). La previsione in esame, disciplinando il solo **effetto estintivo**, rinvia alle norme successive la definizione delle fattispecie di compensazione (legale, giudiziale e volontaria).

1242. Effetti della compensazione.

La compensazione estingue i due debiti dal giorno della loro coesistenza. Il giudice non può rilevarla d'ufficio.

La prescrizione non impedisce la compensazione, se non era compiuta quando si è verificata la coesistenza dei due debiti.

• Affinché si produca l'effetto estintivo, è necessario che la parte interessata manifesti, anche stragiudizialmente, la **volontà di avvalersi della compensazione** (che, perciò, non può essere rilevata d'ufficio dal giudice, trattandosi di un'eccezione in senso stretto). Tuttavia, quando la compensazione è legale, il suddetto effetto non decorre *ex nunc*, ossia dal momento in cui il relativo intento è stato espresso, ma *ex tunc*, perciò da quando i reciproci rapporti obbligatorî sono venuti a coesistenza (essa, allora, opera retroattivamente). • Se uno dei crediti è **prescritto**, può comunque valere a compensare il diritto della controparte, purché la prescrizione non fosse maturata nel momento in cui si è verificata la coesistenza dei due debiti (cioè, da quando è sorto il debito non prescritto).

1243. Compensazione legale e giudiziale.

La compensazione si verifica solo tra due debiti che hanno per oggetto una somma di danaro o una quantità di cose fungibili dello stesso genere e che sono ugualmente liquidi ed esigibili.

Se il debito opposto in compensazione non è liquido ma è di facile e pronta liquidazione, il giudice può dichiarare la compensazione per la parte del debito che riconosce esistente, e può anche sospendere la condanna per il credito liquido fino all'accertamento del credito opposto in compensazione.

• La compensazione è legale quando vengono in considerazione debiti pecuniari o aventi ad oggetto cose fungibili del medesimo genere (**omogenei**), i quali, oltre che di sicura esistenza, debbono essere **liquidi**, ossia determinati nel loro preciso ammontare (o facilmente determinabili in base ad un mero calcolo aritmetico), ed **esigibili**, perché non sottoposti a termine – ovvero con termine già scaduto – o a condizione sospensiva (a meno che questa vi fosse ma si sia già avverata). La sentenza che accerta la presenza dei requisiti anzidetti sulla base di un'eccezione della parte interessata sarebbe **meramente dichiarativa**, limitandosi a verificare l'integrazione della fattispecie legale la quale produce i suoi effetti *ope legis*. • Là dove nel giudizio si opponesse in compensazione un credito non liquido, ma **di facile e pronta liquidazione** (quando perciò il relativo importo è agevolmente quantificabile dal giudice in base al titolo), l'effetto estintivo può prodursi, in virtù di una sentenza costitutiva, per la parte del diritto che viene riconosciuta sicuramente esistente, riservando ad un momento successivo l'esatta determinazione del *quantum* residuo; proprio per ciò, al fine di evitare che chi eccepisce la compensazione debba essere costretto ad adempiere immediatamente, il giudice, a scopo cautelativo, può **sospendere la condanna** di questi al pagamento del proprio debito liquido.

1244. Dilazione.

La dilazione concessa gratuitamente dal creditore non è di ostacolo alla compensazione.

• In merito all'esigibilità, la norma in esame prevede un'eccezione al relativo requisito con riferimento alla dilazione del termine di pagamento; difatti questa, **se gratuita**, non esclude che chi l'ha concessa possa comunque opporre in compensazione il credito al quale si riferisce, pur essendo fatto salvo il patto contrario.

1245. Debiti non pagabili nello stesso luogo.

Quando i due debiti non sono pagabili nello stesso luogo, si devono computare le spese del trasporto al luogo del pagamento.

• Il costo dell'adempimento (il quale, ai sensi dell'art. 1196, deve essere sostenuto dal debitore) può influire sulla misura della compensazione, per cui, nell'ipotesi di debiti pagabili in luoghi diversi (ad esempio, Tizio deve effettuare il pagamento del suo debito verso Caio al domicilio di quest'ultimo e, al contempo, ricevere l'adempimento del reciproco credito presso il proprio), le spese di trasporto fino al luogo del pagamento sostenute da una delle parti debbono essere **computate nell'importo** che, unitamente al proprio credito, questa oppone in compensazione all'altra.

1246. Casi in cui la compensazione non si verifica.

La compensazione si verifica qualunque sia il titolo dell'uno o dell'altro debito, eccettuati i casi:

1) di credito per la restituzione di cose di cui il proprietario sia stato ingiustamente spogliato;

2) di credito per la restituzione di cose depositate o date in comodato;

3) di credito dichiarato impignorabile;

4) di rinunzia alla compensazione fatta preventivamente dal debitore;

5) di divieto stabilito dalla legge.

• Il principio di generale di compensabilità dei debiti e crediti reciproci soffre talune tassative eccezioni: *i*) il credito di chi ha subìto **l'ingiusto spoglio** di una cosa avente ad oggetto la sua restituzione (in virtù del generale sfavore per l'illecita sottrazione di beni mostrato dall'ordinamento); *ii*) il **credito del depositante o del comodante** per le cose date in custodia o concesse in godimento (vista la debolezza nel rapporto contrattuale di chi si è spogliato della disponibilità materiale del proprio bene); *iii*) il **credito impignorabile**, come quello alimentare e, in genere, i crediti indicati nell'art. 545 c.p.c. Inoltre, la compensazione può essere esclusa dalla rinunzia preventiva ad avvalersene fatta dal debitore, nonché da uno specifico divieto legale (come si verifica ai sensi dell'art. 447, co. 2, per l'obbligato agli alimenti, anche nell'ipotesi di prestazioni arretrate).

1247. Compensazione opposta da terzi garanti.
Il fideiussore può opporre in compensazione il debito che il creditore ha verso il debitore principale.
Lo stesso diritto spetta al terzo che ha costituito un'ipoteca o un pegno.

• Come conseguenza dell'accessorietà delle garanzie, quando il debitore principale è titolare di un credito da opporre in compensazione, se il creditore si rivolge al fideiussore, ovvero al terzo datore di pegno o di ipoteca, costoro possono avvalersi della medesima facoltà (anche nell'ipotesi in cui il debitore abbia rinunciato preventivamente alla compensazione). Ciò **in quanto il loro vincolo di garanti è commisurato all'esposizione del garantito**, il che spiega, inoltre, perché non valga la regola inversa; il debitore principale, infatti, non può opporre in compensazione al creditore un diritto vantato verso questi dai proprî fideiussori o datori di garanzie reali.

1248. Inopponibilità della compensazione.
Il debitore, se ha accettato puramente e semplicemente la cessione che il creditore ha fatta delle sue ragioni a un terzo, non può opporre al cessionario la compensazione che avrebbe potuto opporre al cedente.
La cessione non accettata dal debitore, ma a questo notificata, impedisce la compensazione dei crediti sorti posteriormente alla notificazione.

• L'estinzione per compensazione assume particolare rilievo nella cessione del credito, quanto alla possibilità per il debitore ceduto di opporre al cessionario la compensazione che avrebbe potuto fare valere verso il cedente. La regola prende le mosse dall'efficacia della cessione verso il debitore *ex* art. 1264, co. 1, la quale si realizza con **la notificazione** ovvero con **l'accettazione del ceduto**. In quest'ultimo caso, il consenso espresso "puramente e semplicemente" (ossia, senza riserva di compensazione) verso il mutamento soggettivo del rapporto, con l'acquisizione di un nuovo creditore, fa sì che *non* siano compensabili, a favore del ceduto, i debiti del cedente nei suoi confronti rispetto al rapporto col cessionario.
• Quando, invece, vi sia mera notificazione, possono essere opposti al cessionario i debiti del cedente sorti a favore del ceduto prima della stessa notificazione. In questa ipotesi, la cesura temporale data dall'efficacia della cessione verso il debitore ceduto consente di **distinguere tra debiti anteriori, compensabili, e debiti successivi, non compensabili**. Si pone, infine, la questione del rapporto tra la compensazione e la **conoscenza effettiva** che il ceduto abbia della cessione, la quale, ai sensi dell'art. 1264, co. 2, produce i medesimi effetti nei suoi confronti dell'accettazione o della notificazione. In tal caso, la conoscenza altrimenti ottenuta deve equipararsi, quanto alla individuazione dei debiti compensabili, alla notificazione (poiché essa non può parificarsi ad un'accettazione, della quale manca l'elemento volitivo), per cui sarà con riguardo a tale momento che i crediti del ceduto, sorti verso il cedente, non potranno opporsi in compensazione al cessionario.

1249. Compensazione di più debiti.
Quando una persona ha verso un'altra più debiti compensabili, si osservano per la compensazione le disposizioni del secondo comma dell'articolo 1193.

• Il criterio suppletivo previsto dall'art. 1193, co. 2, per l'imputazione dei pagamenti effettuati rileva, per espresso rinvio della norma in esame (ove, peraltro, non si fa riferimento alla possibilità di scelta da parte del debitore prevista al primo comma della disposizione richiamata), anche in materia di compensazione avente ad oggetto una **pluralità di debiti**. Essi, pertanto, verranno estinti considerando prima quello scaduto, poi quello meno garantito, inoltre quello più oneroso e, infine, quello più antico, salva l'imputazione proporzionale in caso di parità rispetto ai suddetti parametri.

1250. Compensazione rispetto ai terzi.
La compensazione non si verifica in pregiudizio dei terzi che hanno acquistato diritti di usufrutto o di pegno su uno dei crediti.

• I diritti dei terzi su uno dei crediti compensabili impediscono che, nei loro confronti, il rapporto si estingua. La compensazione, allora, sarà relativamente inefficace verso l'usufruttuario o il creditore pignoratizio che vantino il diritto a percepire gli interessi o a riscuotere il credito in caso di inadempimento, se tale diritto è sorto **anteriormente alla coesistenza** dei crediti compensati (ciò analogamente a quanto previsto in tema di confusione dall'art. 1254).

1251. Garanzie annesse al credito.
Chi ha pagato un debito mentre poteva invocare la compensazione non può più valersi, in pregiudizio dei terzi, dei privilegi e delle garanzie a favore del suo credito, salvo che abbia ignorato l'esistenza di questo per giusti motivi.

• La compensazione è riconnessa dalla norma in esame alle garanzie che assistono il credito del debitore il quale, anziché opporlo per estinguere un proprio debito, abbia preferito pagare quest'ultimo; in tal caso, non potrà giovarsi dei privilegi e delle garanzie a favore del suo credito. Egli, perciò, sarà **posposto rispetto ad altri creditori** privilegiati, pur se di grado inferiore, ovvero **non potrà rivolgersi al fideiussore o ai terzi datori di pegno o ipoteca**, salvo che abbia ignorato (non semplicemente senza colpa ma) per giusti motivi, comprovati dalla normale diligenza, l'esistenza – o la compensabilità – del suo diritto nel momento in cui ha eseguito la prestazione.

1252. Compensazione volontaria.
Per volontà delle parti può aver luogo compensazione anche se non ricorrono le condizioni previste dagli articoli precedenti.
Le parti possono anche stabilire preventivamente le condizioni di tale compensazione.

• I soggetti tra cui intercorrono reciproci rapporti obbligatori possono regolare, **mediante contratto**, l'estinzione dei proprî debiti e crediti, anche se questi non possiedono le caratteristiche indicate per la compensazione legale; essi, allora, possono essere illiquidi, non omogenei e inesigibili ma, nonostante ciò, compensabili, mentre non può disattendersi neanche in virtù di accordo il divieto per i crediti indicati nell'art. 1246. Le parti possono determinare quali profili debbano riscontrarsi perché vi sia compensazione nei relativi debiti e crediti anche prima della loro coesistenza. Tale facoltà, prevista in via generale al secondo comma della norma in esame, riceve una più puntuale disciplina in materia di **conto corrente** (artt. 1823-1833), in cui i crediti derivanti da reciproche rimesse, in deroga agli artt. 1242 e 1243, sono considerati inesigibili e indisponibili fino alla chiusura del conto.

Sezione IV
Della confusione

1253. Effetti della confusione.
Quando le qualità di creditore e di debitore si riuniscono nella stessa persona, l'obbligazione si estingue, e i terzi che hanno prestato garanzia per il debitore sono liberati.

• La **necessaria distinzione soggettiva del rapporto obbligatorio** comporta che, in sua mancanza, questo si estingua. Ne consegue che quando uno stesso soggetto assommi in sé le qualità di debitore e creditore di una medesima obbligazione, ad esempio per cessione del credito al debitore o per sostituzione nel debito del creditore, non vi è più un interesse da soddisfare mediante la prestazione, perché, in luogo di questa, il lato attivo del rapporto consegue la liberazione da un vincolo. Siamo di fronte, pertanto, ad un modo di estinzione diverso dall'adempimento satisfattivo, giacché, seppure non si abbia il conseguimento della prestazione, viene realizzato un **interesse succedaneo** rispetto a questo.

1254. Confusione rispetto ai terzi.
La confusione non opera in pregiudizio dei terzi che hanno acquistato diritti di usufrutto o di pegno sul credito.

• Così come previsto dall'art. 1250 in tema di compensazione, là dove il rapporto obbligatorio si estingua per confusione, questa non sarà opponibile ai titolari di usufrutto o pegno sul credito; essi, allora, conserveranno, rispettivamente, il diritto agli interessi e quello alla garanzia, purché tali diritti siano **sorti anteriormente** alla riunione, in capo al medesimo soggetto, delle qualità di debitore e creditore.

1255. Riunione delle qualità di fideiussore e di debitore.
Se nella medesima persona si riuniscono le qualità di fideiussore e di debitore principale, la fideiussione resta in vita, purché il creditore vi abbia interesse.

• Il debitore principale e il fideiussore debbono essere soggetti diversi, per cui la riunione in capo ad uno solo delle rispettive qualità estingue la fideiussione. Tuttavia, essa sopravvive là dove vi sia un **interesse del creditore**, che questi, se intende valersi della garanzia, deve affermare e provare (*Esempio:* là dove l'obbligazione principale derivasse da titolo annullabile per incapacità del debitore, e la relativa fideiussione gli fosse trasferita, essa sopravvive in quanto, pur se l'obbligazione è invalida, non lo è la fideiussione ai sensi dell'art. 1939).

Sezione V
Dell'impossibilità sopravvenuta per causa non imputabile al debitore

1256. Impossibilità definitiva e impossibilità temporanea.
La obbligazione si estingue quando, per una causa non imputabile al debitore, la prestazione diventa impossibile.
Se l'impossibilità è solo temporanea, il debitore, finché essa perdura, non è responsabile del ritardo nell'adempimento. Tuttavia l'obbligazione si estingue se l'impossibilità perdura fino a quando, in relazione al titolo dell'obbligazione o alla natura dell'oggetto, il debitore non può più essere ritenuto obbligato a eseguire la prestazione ovvero il creditore non ha più interesse a conseguirla.

• Coerentemente con quanto previsto dall'art. 1218, l'obbligazione si estingue in virtù di impossibilità sopravvenuta derivante da causa non imputabile al debitore (che, dandone la prova, si sottrae alle conseguenze dell'inadempimento). L'impossibilità, per determinare l'effetto estintivo, deve essere **sopravvenuta** rispetto al sorgere dell'obbligazione; inoltre, tradizionalmente si ritiene che debba essere anche **assoluta** (intesa come impedimento non superabile nonostante la massima intensità dello sforzo profuso dal debitore) e **oggettiva** (per cui non solo il concreto debitore che viene in considerazione, ma qualunque soggetto non sarebbe in grado di eseguirla). Tuttavia, parte della dottrina ritiene comunque impossibile la prestazione che il debitore potrebbe eseguire solamente con uno sforzo del tutto sproporzionato rispetto al risultato dovuto, in quanto essa sarebbe **inesigibile** secondo il dovere di correttezza (art. 1175). • L'impossibilità è **definitiva** ed estingue l'obbligazione quando deriva da un impedimento irreversibile o tale che si ignori se possa venire meno. Diversamente, l'impossibilità **temporanea** sospende l'obbligazione, evitando che il debitore possa essere costituito in mora (poiché in tal caso il ritardo è giustificato). Tuttavia, anche l'impossibilità temporanea estingue l'obbligazione quando, considerato il titolo dell'obbligazione o la natura dell'oggetto, perdura fino a un momento in cui il debitore non può più essere ritenuto obbligato ad eseguire la prestazione (*Esempio:* se un artista non si è potuto esibire in una certa data per un malore, non lo si può costringere a variare il calendario di concerti già prefissato per eseguire comunque lo spettacolo pattuito) oppure il creditore non ha più interesse a conseguirla (*Esempio:* se l'artista ingaggiato per un concerto da tenere la vigilia del Capodanno si ammala ed è disponibile a tenerlo solo nei giorni successivi, il creditore può eccepire il suo difetto d'interesse e, di conseguenza, escludere il pagamento del compenso, anche ai sensi dell'art. 1463).

1257. Smarrimento di cosa determinata.

La prestazione che ha per oggetto una cosa determinata si considera divenuta impossibile anche quando la cosa è smarrita senza che possa esserne provato il perimento.

In caso di successivo ritrovamento della cosa, si applicano le disposizioni del secondo comma dell'articolo precedente.

• Lo **smarrimento** di una cosa determinata è **equiparato all'impossibilità sopravvenuta** della prestazione, anche se la relativa distruzione non possa essere provata (e, pertanto, l'impossibilità non sia effettivamente accertata). Ciò significa che, per liberarsi dall'obbligazione risarcitoria ai sensi dell'art. 1218, il debitore deve provare di **avere smarrito la cosa in assenza di colpa**; se questa fosse poi ritrovata, egli potrà adempiere all'obbligazione senza essere costituito in mora, a meno che il vincolo non si estingua per difetto di interesse del creditore alla prestazione tardiva (in virtù del richiamo al secondo comma dell'art. 1256, inerente all'impossibilità temporanea, che, peraltro, non sia applica nella parte in cui esime l'obbligato dalla prestazione alla quale, si ritiene, egli non è più tenuto ad adempiere).

1258. Impossibilità parziale.

Se la prestazione è divenuta impossibile solo in parte, il debitore si libera dall'obbligazione eseguendo la prestazione per la parte che è rimasta possibile.

La stessa disposizione si applica quando, essendo dovuta una cosa determinata, questa ha subito un deterioramento, o quando residua alcunché dal perimento totale della cosa.

• Facendo **eccezione all'art. 1181**, che vieta l'adempimento parziale del debitore in assenza di accordo col creditore, quando l'impossibilità sopravvenuta colpisce solo una parte della prestazione, il **vincolo si concentra sull'altra parte rimasta possibile**, alla cui esecuzione consegue l'effetto estintivo del rapporto obbligatorio. Inoltre, se tale impossibilità riguarda la prestazione di una delle parti di un **contratto sinallagmatico**, l'art. 1464 dispone la corrispondente **riduzione** della controprestazione ovvero il **recesso** del contraente che non ha un interesse apprezzabile all'adempimento parziale. Quando la cosa determinata dovuta si deteriora, il debitore si libera prestando la cosa nelle condizioni in cui si trova e, allo stesso modo, se questa è andata distrutta ed è residuato alcunché dal relativo perimento, ciò che resta costituisce l'oggetto della sua prestazione la quale, una volta eseguita, estingue il vincolo.

1259. Subingresso del creditore nei diritti del debitore.

Se la prestazione che ha per oggetto una cosa determinata è divenuta impossibile, in tutto o in parte, il creditore subentra nei diritti spettanti al debitore in dipendenza del fatto che ha causato l'impossibilità, e può esigere dal debitore la prestazione di quanto questi abbia conseguito a titolo di risarcimento.

• Quando l'impossibilità, totale o parziale, della prestazione di una cosa determinata derivi da fatto del terzo o sia a questo comunque ascrivibile in virtù dell'imputazione extracontrattuale (si pensi al perimento della cosa per incendio cagionato da un terzo o da soggetti del cui fatto questi deve rispondere), vi è una **surrogazione** (legale, ai sensi dell'art. 1203, n. 5) del debitore ad opera del creditore nel diritto al risarcimento del danno, se questo non è stato ancóra corrisposto. Se, invece, il debitore ha già ottenuto la soddisfazione delle proprie pretese risarcitorie, quanto conseguito deve essere corrisposto al creditore. In queste ipotesi, pertanto, al creditore si garantisce un **ristoro per equivalente** del danno che gli deriva dalla mancata prestazione e, al contempo, viene evitato l'ingiustificato arricchimento del debitore che, una volta liberato dalla propria obbligazione, non può anche trattenere quanto ricevuto in dipendenza del fatto che ha causato l'impossibilità.

Capo V
Della cessione dei crediti

1260. Cedibilità dei crediti.

Il creditore può trasferire a titolo oneroso o gratuito il suo credito, anche senza il consenso del debitore, purché il credito non abbia carattere strettamente personale o il trasferimento non sia vietato dalla legge.

Le parti possono escludere la cedibilità del credito; ma il patto non è opponibile al cessionario, se non si prova che egli lo conosceva al tempo della cessione.

• La cessione del credito consiste in una modificazione del rapporto obbligatorio dal lato attivo effettuata tramite **contratto ad effetti reali**, la cui causa può essere a **titolo oneroso** (vendita, come si ricava dalla nozione di cui all'art. 1470) o a **titolo gratuito** (donazione, atteso che l'arricchimento menzionato all'art. 769 può avvenire anche con un diritto di credito). Il trasferimento del credito si perfeziona anche **senza il consenso del debitore**, per il quale è generalmente indifferente il soggetto nei cui confronti eseguire la prestazione; tuttavia, sono incedibili i crediti personali o quelli la cui cessione è vietata dalla legge (come il credito alimentare, il quale non solo è personale ma rientra anche tra i crediti la cui cessione è vietata dalla legge *ex* art. 447, co. 1). • Il **patto di incedibilità** del credito – *species* del generale divieto di alienazione disciplinato nell'art. 1379 – per il principio di relatività degli effetti del contratto non è opponibile al cessionario; ciò non ostante, il debitore ceduto può provare, per non pagare al nuovo creditore, che questi conosceva l'esistenza del patto al tempo della cessione; in questo caso si ha un'eccezione all'efficacia esclusivamente *inter partes* dell'accordo prevista dalla legge (art. 1372, co. 2).

1261. Divieti di cessione.

I magistrati dell'ordine giudiziario, i funzionari delle cancellerie e segreterie giudiziarie, gli ufficiali giudiziari, gli avvocati, i procuratori, i patrocinatori e i notai non possono, neppure per interposta persona, rendersi cessionari di diritti sui quali è sorta contestazione davanti l'autorità giudiziaria di cui fanno parte o nella cui giurisdizione esercitano le loro funzioni, sotto pena di nullità e dei danni.

La disposizione del comma precedente non si applica alle cessioni di azioni ereditarie tra coeredi, né a quelle fatte in pagamento di debiti o per difesa di beni posseduti dal cessionario.

• Per la particolare influenza che sull'esito della contestazione giudiziaria di un credito possono svolgere talune figure di operatori della giustizia, è vietata e sanzionata con la **nullità del contratto** e il **risarcimento del danno** la cessione di tale diritto a magistrati dell'ordine giudiziario o a funzionarî delle cancellerie o segreterie giudiziarie, nonché a ufficiali giudiziarî, avvocati, patrocinatori e notai (essendo abrogata la figura del procuratore), se questi fanno parte dell'autorità giudiziaria davanti alla quale la lite è stata instaurata o esercitano nella relativa giurisdizione le loro professioni e funzioni. In tal caso la nullità è **testuale**, ai sensi dell'art. 1418, co. 3, ma essa non si applica se, pur appartenendo a una delle figure per le quali si esclude la qualità di cessionario, le parti tra cui intercorre il trasferimento del credito sono coeredi, ovvero la cessione ha **carattere solutorio** (secondo quanto previsto dall'art. 1198 in tema di *datio in solutum* del credito, in cui il rapporto si estingue quando questo è riscosso, trattandosi allora di cessione *pro* *solvendo* legale) o, infine, il diritto è acquistato dal cessionario per difesa dei proprî beni (come accade quando l'avente causa è il terzo datore di un'ipoteca a garanzia del cedente, dato che, in questo modo, con l'acquisto del credito garantito, ci si assicura la mancata espropriazione del bene su cui la stessa ipoteca è stata costituita).

1262. Documenti probatori del credito.

Il cedente deve consegnare al cessionario i documenti probatori del credito che sono in suo possesso.

Se è stata ceduta solo una parte del credito, il cedente è tenuto a dare al cessionario una copia autentica dei documenti.

• Poiché il creditore deve poter **provare il titolo** del suo credito, i **documenti** destinati a tale scopo devono essere consegnati in originale al cessionario, se sono nel possesso del cedente. • In caso di cessione parziale, dato che il credito deve poter essere provato sia dal cedente, sia dal cessionario, è sufficiente la consegna di una **copia autentica** dei documenti.

1263. Accessori del credito.

Per effetto della cessione, il credito è trasferito al cessionario con i privilegi, con le garanzie personali e reali e con gli altri accessori.

Il cedente non può trasferire al cessionario, senza il consenso del costituente, il possesso della cosa ricevuta in pegno; in caso di dissenso, il cedente rimane custode del pegno.

Salvo patto contrario, la cessione non comprende i frutti scaduti.

• La cessione, implicando un mutamento esclusivamente soggettivo, ricomprende quanto è strumentale al **migliore godimento** o alla più **soddisfacente realizzazione** del credito; ne consegue che si trasferiscono di diritto le cause legittime di prelazione, le garanzie personali e gli ulteriori **accessorî** (come gli interessi in corso di maturazione). • Il pegno, pur essendo una garanzia accessoria del credito, si realizza tramite lo spossessamento del bene a vantaggio del creditore (art. 2786); pertanto il costituente (debitore o terzo datore di pegno) può opporsi al trasferimento materiale del bene verso il cessionario ma non anche al trasferimento giuridico della garanzia: in tal caso, il creditore originario rimane **custode** del bene nell'interesse del debitore e del nuovo creditore.

1264. Efficacia della cessione riguardo al debitore ceduto.

La cessione ha effetto nei confronti del debitore ceduto quando questi l'ha accettata o quando gli è stata notificata.

Tuttavia, anche prima della notificazione, il debitore che paga al cedente non è liberato, se il cessionario prova che il debitore medesimo era a conoscenza dell'avvenuta cessione.

• Il trasferimento del credito nei confronti del debitore, ossia l'obbligo del medesimo di effettuare la prestazione nei confronti del cessionario, può dirsi perfezionato nel momento in cui il ceduto la **accetta** in modo inequivoco (quindi, anche per fatti concludenti) oppure la cessione gli viene comunicata formalmente (senza che il riferimento alla **notifica** renda necessario avvalersi delle forme previste dal codice di rito, giacché è sufficiente il ricorso a strumenti idonei a comprovare il contenuto della dichiarazione di intervenuta cessione e l'avvenuta ricezione da parte del destinatario-ceduto). • In materia di cessione del credito, peraltro, il legislatore fa più volte ricorso al criterio dell'**effettiva conoscenza** da parte del soggetto al fine di imputargli gli effetti dell'atto (vedi l'art. 1260, co. 2, ultima proposizione). Ne consegue che, se il pagamento al cedente avviene prima della notificazione, ma il cessionario è in grado di provare che il ceduto era **consapevole del mutamento** nella persona del creditore, il debitore dovrà effettuare un ulteriore pagamento al nuovo titolare per conseguire l'estinzione del proprio vincolo; inoltre, egli potrà ripetere quanto ricevuto dal cedente secondo le norme sulla restituzione dell'indebito (soggettivo).

1265. Efficacia della cessione riguardo ai terzi.

Se il medesimo credito ha formato oggetto di più cessioni a persone diverse, prevale la cessione notificata per prima al debitore, o quella che è stata prima accettata dal debitore con atto di data certa, ancorché essa sia di data posteriore.

La stessa norma si osserva quando il credito ha formato oggetto di costituzione di usufrutto o di pegno.

• Il problema del **conflitto tra più titolari di diritti incompatibili** (affrontato anche negli artt. 1155 e 1380), è risolto per i cessionarî del credito stabilendo che prevalga chi per primo abbia notificato la cessione al debitore o la cui cessione sia stata per prima accettata dal debitore con atto di data certa (art. 2704), pur se posteriore rispetto alle altre. Il primo cessionario soccombente potrà rivolgersi: *i*) al cedente, per l'inadempimento dell'obbligazione di fargli conseguire la titolarità del credito (*ex* art. 1476, n. 2); *ii*) al secondo cessionario, prevalente in base alla priorità della notifica, se ne prova la **malafede** e, pertanto, l'intenzione di cagionargli un danno (ai sensi dell'art. 2043); *iii*) al debitore ceduto, dimostrando che, quando ha accettato la cessione posteriore, egli era consapevole di quella anteriore e, pertanto, versava in malafede. • La regola è estesa anche alle ipotesi di **costituzioni plurime di diritti di usufrutto e di pegno** a favore di diversi usufruttuarî o creditori pignoratizî.

1266. Obbligo di garanzia del cedente.

Quando la cessione è a titolo oneroso, il cedente è tenuto a garantire l'esistenza del credito al tempo della cessione. La garanzia può essere esclusa per patto, ma il cedente resta sempre obbligato per il fatto proprio.

Se la cessione è a titolo gratuito, la garanzia è dovuta solo nei casi e nei limiti in cui la legge pone a carico del donante la garanzia per l'evizione.

• Nel caso di vendita del credito, l'alienante assume *ex lege* la **garanzia dell'esistenza del diritto** al tempo della cessione (c.d. *veritas nominis*). Tuttavia, mediante patto contrario, è possibile **escludere** (ma non aggravare) la suddetta garanzia, pur se il cedente rimane sempre obbligato quando il credito è venuto meno prima del trasferimento **per fatto proprio** (ad esempio, perché questi lo ha rimesso al ceduto). • Quando, invece, la cessione è a titolo gratuito (come in caso di donazione), si applica la garanzia per l'evizione del credito ad opera di terzi (*ex* art. 797) se: *i*) essa è stata espressamente promessa dal cedente; *ii*) l'evizione dipenda da suo dolo o colpa; *iii*) si tratti di cessione per liberalità modale o rimuneratoria, con garanzia limitata al *quantum* degli oneri o dell'entità delle prestazioni ricevute dal donante.

1267. Garanzia della solvenza del debitore.

Il cedente non risponde della solvenza del debitore, salvo che ne abbia assunto la garanzia. In questo caso egli risponde nei limiti di quanto ha ricevuto; deve inoltre corrispondere gli interessi, rimborsare le spese della cessione e quelle che il cessionario abbia sopportate per escutere il debitore, e risarcire il danno. Ogni patto diretto ad aggravare la responsabilità del cedente è senza effetto.

Quando il cedente ha garantito la solvenza del debitore, la garanzia cessa, se la mancata realizzazione del credito per insolvenza del debitore è dipesa da negligenza del cessionario nell'iniziare o nel proseguire le istanze contro il debitore stesso.

• La cessione del credito di regola è *pro soluto*, nel senso che il cedente non garantisce la **soddisfazione del credito** ceduto: se il debitore non adempie, il rischio grava sul nuovo creditore. Tuttavia, è possibile che la cessione sia *pro solvendo* quando il cedente assuma la garanzia della **solvibilità** del debitore (c.d. *bonitas nominis*). In questo caso oltre alla restituzione del prezzo conseguito, il cedente dovrà corrispondere al cessionario insoddisfatto gli interessi dalla data del pagamento, risarcire il danno (limitato alle perdite) e rimborsare non solo le spese della cessione (ad esempio, le spese notarili) ma anche quelle sopportate per l'escussione del debitore (come le spese inerenti a sequestri e pignoramenti). • La garanzia, se è prevista per patto, non opera, in applicazione dell'art. 1227, co. 2, quando il cessionario **trascura di tutelare il proprio diritto** non iniziando o non proseguendo le istanze contro il debitore insolvente e ciò causa la mancata realizzazione del credito. Se così non fosse, il nuovo creditore riceverebbe una protezione maggiore rispetto a quella di cui godeva il cedente, il che aggraverebbe la responsabilità di quest'ultimo e contraddirebbe la natura di mera modifica del titolare di un diritto della cessione del credito.

Capo VI
Della delegazione, dell'espromissione e dell'accollo

1268. Delegazione cumulativa.

Se il debitore assegna al creditore un nuovo debitore, il quale si obbliga verso il creditore, il debitore originario non è liberato dalla sua obbligazione, salvo che il creditore dichiari espressamente di liberarlo.

Tuttavia il creditore che ha accettato l'obbligazione del terzo non può rivolgersi al delegante, se prima non ha richiesto al delegato l'adempimento.

• La delegazione è una **modificazione soggettiva del rapporto obbligatorio dal lato passivo** e consiste in un'operazione trilaterale nella quale, in presenza di un rapporto obbligatorio assunto come principale (c.d. rapporto di valuta), si fa ricorso ad altra obbligazione che intercorre tra il debitore di questo e un terzo (rapporto di provvista), per estinguere con un unico adempimento entrambi i vincoli. Più precisamente, il debitore delegante incarica il terzo delegato (a propria volta suo debitore, nello schema classico) affinché prometta l'adempimento al creditore delegatario (c.d. delegazione di debito o *delegatio promittendi*). Quando il delegato paga il delegatario si estinguono contestualmente il rapporto di valuta (tra debitore e creditore) e il rapporto di provvista (tra debitore e terzo). • La ***ratio*** **normale** della delegazione, quindi, risiede nel **principio di economia dei mezzi giuridici,** atteso che con un unico adempimento si estinguono due obbligazioni. Secondo il modello visualizzato dal legislatore, il delegante è debitore del delegatario e creditore del delegato, il delegato è debitore sia del delegante sia del delegatario e il delegatario è creditore sia del delegante sia del delegato (c.d. delegazione passiva). Tuttavia, si può verificare anche l'ipotesi nella quale **non esistano rapporti pregressi** di debito-credito, per cui il delegante, che intende precostituirsi una ragione di credito verso il delegatario procurandogli una prestazione, incarica il delegato, che a sua volta intende acquisire in tal modo un credito verso il delegante, affinché si obblighi nei confronti del delegatario. In questa ipotesi il delegante sarà creditore del delegatario e debitore del delegato, il delegato sarà creditore del delegante e debitore del delegatario, e il delegatario sarà creditore del delegato e debitore del delegante (c.d. delegazione attiva). Il legislatore ha preso in considerazione la sola delegazione passiva, in cui i rapporti di provvista e di valuta assumono un ruolo essenziale nel configurare tipologicamente l'istituto. • Come effetto naturale di tale operazione, il creditore acquisterà nel terzo un nuovo debitore, che si aggiunge a quello originario (c.d. delegazione cumulativa). L'obbligazione è in tal caso solidale, nonostante il delegatario debba prioritariamente rivolgersi al delegato per ottenere l'adempimento, per cui solo qualora non riceva da questi la prestazione potrà chiederla al delegante (c.d. *beneficium ordinis*). È data però la possibilità al delegatario di liberare il delegante mediante una dichiarazione espressa (c.d. delegazione liberatoria o privativa), la quale non ha natura remissoria (come si evince dall'art. 1301).

1269. Delegazione di pagamento.

Se il debitore per eseguire il pagamento ha delegato un terzo, questi può obbligarsi verso il creditore, salvo che il debitore l'abbia vietato.

Il terzo delegato per eseguire il pagamento non è tenuto ad accettare l'incarico, ancorché sia debitore del delegante. Sono salvi gli usi diversi.

• Quando il terzo è **delegato ad eseguire il pagamento** (c.d. *delegatio solvendi* o delegazione di pagamento), anziché a prometterlo, e abbia accettato l'incarico ricevuto (come si verifica, ad esempio, nei rapporti tra cliente e istituto di credito tramite l'assegno bancario), egli può comunque decidere di obbligarsi verso il delegatario convertendo la *delegatio solvendi* in una *delegatio promittendi*, se il debitore non lo ha vietato. Peraltro, il terzo, non ostante sia debitore del delegante, **non ha l'obbligo di accettare la delega di pagamento**, dato che ciò gli comporterebbe un vincolo maggiormente gravoso (poiché essa richiede l'immediato adempimento e non la costituzione del vincolo a questo finalizzato).

1270. Estinzione della delegazione.

Il delegante può revocare la delegazione, fino a quando il delegato non abbia assunto l'obbligazione in confronto del delegatario o non abbia eseguito il pagamento a favore di questo.

Il delegato può assumere l'obbligazione o eseguire il pagamento a favore del delegatario anche dopo la morte o la sopravvenuta incapacità del delegante.

• Il delegante può estinguere la delegazione **revocandola** fintanto che il delegato non si sia obbligato (nella *delegatio promittendi*) o non abbia adempiuto (nella *delegatio solvendi*). Peraltro, l'incarico può essere adempiuto anche successivamente alla morte o alla sopravvenuta incapacità del delegante (esso, quindi, sopravvive a questi eventi, sul modello della proposta irrevocabile *ex* art. 1329), poiché l'operazione, finalizzata ad estinguere un rapporto obbligatorio, conserva utilità per le residue parti (nonché per gli eredi del debitore o per lui stesso, là dove recuperi la capacità).

1271. Eccezioni opponibili dal delegato.

Il delegato può opporre al delegatario le eccezioni relative ai suoi rapporti con questo.

Se le parti non hanno diversamente pattuito, il delegato non può opporre al delegatario, benché questi ne fosse stato a conoscenza, le eccezioni che avrebbe potuto opporre al delegante, salvo che sia nullo il rapporto tra delegante e delegatario.

Il delegato non può neppure opporre le eccezioni relative al rapporto tra il delegante e il delegatario, se ad esso le parti non hanno fatto espresso riferimento.

• Per sottrarsi all'esecuzione dell'incarico il delegato (di debito) può opporre al delegatario le **eccezioni** fondate sul rapporto sorto tra i due a séguito della promessa. In mancanza di apposita contraria pattuizione (che dà vita alla c.d. **delegazione titolata**), il delegato non può opporre al delegatario: *i*) le eccezioni che avrebbe potuto opporre al delegante (quelle, cioè, inerenti al rapporto di provvista), benché il creditore ne fosse a conoscenza, salva la nullità del rapporto di valuta (il che consente al delegato, anche in assenza di espressa pattuizione, di valersi delle suddette eccezioni, giacché la nullità del rapporto di valuta **priva di causa** l'obbligo del delegato ad adempiere e il diritto del delegatario a ricevere); *ii*) le eccezioni relative al rapporto tra delegante e delegatario. La delegazione, in virtù di ciò, può essere a) parzialmente titolata, se le parti hanno fatto riferimento ad uno dei rapporti sui cui essa si fonda; b) doppiamente titolata, quando il patto consente al delegato di opporre le eccezioni inerenti sia alla provvista sia alla valuta, oppure c) **pura** o astratta, quando l'obbligazione del terzo prescinde sia dal proprio vincolo verso il delegante sia da quello che il debitore ha nei confronti del delegatario.

1272. Espromissione.

Il terzo che, senza delegazione del debitore, ne assume verso il creditore il debito, è obbligato in solido col debitore originario, se il creditore non dichiara espressamente di liberare quest'ultimo.

Se non si è convenuto diversamente, il terzo non può opporre al creditore le eccezioni relative ai suoi rapporti col debitore originario.

Può opporgli invece le eccezioni che al creditore avrebbe potuto opporre il debitore originario, se non sono personali a quest'ultimo e non derivano da fatti successivi all'espromissione. Non può opporgli la compensazione che avrebbe potuto opporre il debitore originario, quantunque si sia verificata prima dell'espromissione.

• Il terzo, in **assenza di un incarico da parte del debitore (o senza manifestare l'incarico** da lui ricevuto), può obbligarsi ad adempiere il suo debito nei confronti del creditore. In tal caso, terzo espromittente e debitore espromesso sono obbligati in solido verso il creditore espromissario (c.d. espromissione cumulativa), il quale dovrà comunque rivolgersi al primo con precedenza sul debitore originario (applicandosi analogicamente il *beneficium ordinis* specificamente previsto per la sola delegazione di debito – art. 1268, co. 2). L'espromissario potrà comunque liberare l'espromesso con **espressa dichiarazione** (c.d. espromissione privativa o liberatoria). • Salvo patto contrario il terzo non può opporre all'espromissario le eccezioni fondate sul rapporto tra espromittente ed espromesso; per contro, anche in assenza di una convenzione, il terzo può opporre le eccezioni relative al rapporto tra espromissario ed espromesso, quando non sono personali a quest'ultimo (come, ad esempio, l'eccezione di annullabilità per errore) e non derivano da fatti sopravvenuti rispetto al sorgere del vincolo tra espromittente ed espromissario (si pensi alla prescrizione del debito maturata successivamente). • Di particolare rigore verso il terzo è la regola che **esclude la compensazione** opponibile dal debitore originario, anche se la coesistenza dei debiti reciproci si è verificata prima dell'espromissione.

1273. Accollo.

Se il debitore e un terzo convengono che questi assuma il debito dell'altro, il creditore può aderire alla convenzione, rendendo irrevocabile la stipulazione a suo favore.

L'adesione del creditore importa liberazione del debitore originario solo se ciò costituisce condizione espressa della stipulazione o se il creditore dichiara espressamente di liberarlo.

Se non vi è liberazione del debitore, questi rimane obbligato in solido col terzo.

In ogni caso il terzo è obbligato verso il creditore che ha aderito alla stipulazione nei limiti in cui ha assunto il debito, e può opporre al creditore le eccezioni fondate sul contratto in base al quale l'assunzione è avvenuta.

• Con l'accollo debitore e terzo pattuiscono che quest'ultimo assuma il **peso economico del debito** gravante sul primo, sia nei rapporti con il solo debitore accollato (c.d. accollo interno) sia in quelli con il creditore accollatario (c.d. accollo esterno, sul quale si appunta l'attenzione del legislatore). Se l'accollo è aperto all'adesione del creditore, si risolve in un contratto a favore di terzi *ex* art. 1411, dato che l'accollatario può accettare la stipulazione a suo favore rendendola irrevocabile. • Anche in questo caso – come per tutti i **negozî di assunzione** del debito altrui – l'obbligato originario è liberato (c.d. accollo liberatorio o privativo) solamente con dichiarazione espressa del creditore o con la sua **adesione** all'accollo ove espressamente condizionato alla liberazione del primo debitore. In mancanza, accollante e accollato restano obbligati in solido (accollo c.d. cumulativo), pur se il vecchio debitore godrà del *beneficium ordinis* conseguente ad un'applicazione analogica dell'art. 1268, co. 2, anche in questa sede. • Il contratto tra debitore e terzo può **limitare l'impegno** dell'accollante, circoscrivendo in tal modo il diritto del creditore solo a quanto pattuito nella stipulazione a suo favore e, inoltre, può **fondare le eccezioni** opponibili dall'accollante all'accollatario (le quali, pertanto, ineriscono al rapporto di provvista tra accollante e accollato).

1274. Insolvenza del nuovo debitore.

Il creditore che, in seguito a delegazione, ha liberato il debitore originario, non ha azione contro di lui se il delegato diviene insolvente, salvo che ne abbia fatto espressa riserva.

Tuttavia, se il delegato era insolvente al tempo in cui assunse il debito in confronto del creditore, il debitore originario non è liberato.

Le medesime disposizioni si osservano quando il creditore ha aderito all'accollo stipulato a suo favore e la liberazione del debitore originario era condizione espressa della stipulazione.

• Una volta liberato con espressa dichiarazione il delegante, il delegatario, se il delegato diviene insolvente, non può rivolgersi al debitore originario, a meno che, all'atto della liberazione, non ne avesse fatto **espressa riserva**. In tal caso, più che di reviviscenza del suo debito, dovrebbe parlarsi di garanzia circa la solvibilità del nuovo debitore, sorta in capo al delegante a séguito della suddetta riserva. Per contro, impedisce il perfezionamento della fattispecie liberatoria **l'insolvenza del terzo** nel tempo in cui assunse il debito verso il delegatario; in questo caso, la delegazione resta cumulativa e, stante l'incapacità economica di adempiere del delegato, al delegante non spetta *il beneficium ordinis* riservatogli dall'art. 1268, co. 2. • Anche nell'accollo l'insolvenza sopravvenuta dell'accollante può attivare la garanzia che la riserva dell'accollatario all'atto della sua adesione ha fatto sorgere in capo all'accollato; quanto all'insolvenza originaria del terzo, essa impedisce la liberazione dell'accollato che resta obbligato in solido, senza potersi avvalere della postergazione rispetto al nuovo debitore nella richiesta dell'adempimento.

1275. Estinzione delle garanzie.

In tutti i casi nei quali il creditore libera il debitore originario, si estinguono le garanzie annesse al credito, se colui che le ha prestate non consente espressamente a mantenerle.

• La dichiarazione liberatoria del creditore (o, nell'accollo, l'adesione di questi quando la liberazione era condizione espressa della stipulazione a suo favore) produce l'effetto *ex lege* dell'**estinzione delle garanzie** (le quali accedevano al suo rapporto con il debitore originario e, pertanto, non possono automaticamente trasporsi per agevolare l'adempimento del terzo). Tuttavia, il debitore liberato, i fideiussori e i terzi datori di pegno o di ipoteca possono consentire espressamente a **mantenere** tali garanzie (ma, più che di mantenimento, si tratta di trasferimento delle medesime al nuovo vincolo obbligatorio derivante dal consenso dei prestatori).

1276. Invalidità della nuova obbligazione.

Se l'obbligazione assunta dal nuovo debitore verso il creditore è dichiarata nulla o annullata, e il creditore aveva liberato il debitore originario, l'obbligazione di questo rivive, ma il creditore non può valersi delle garanzie prestate da terzi.

• Quando il negozio di assunzione del nuovo debitore è nullo o è annullato (pur discutendosi se venga in rilievo, oltre alle fattispecie rescissorie, anche l'estinzione del rapporto contrattuale per recesso o risoluzione), **rivive l'obbligazione** del debitore originario liberato dal creditore (o, più correttamente, sorge *ex lege* una nuova obbligazione che replica nel contenuto e nei soggetti quella estinta con la liberazione). Il creditore, però, **non può valersi delle garanzie prestate da terzi**, mentre conserva quelle costituite dallo stesso debitore originario; ciò perché la precedente obbligazione, ormai venuta meno, perde i suoi accessorî, che sono conservati solo se provengono da chi era stato liberato in base a un presupposto affetto da vizî (la nullità o l'annullamento dell'obbligazione sorta in capo al nuovo debitore).

Capo VII
Di alcune specie di obbligazioni

Sezione I
Delle obbligazioni pecuniarie

1277. Debito di somma di danaro.

I debiti pecuniari si estinguono con moneta avente corso legale nello Stato al tempo del pagamento e per il suo valore nominale.

Se la somma dovuta era determinata in una moneta che non ha più corso legale al tempo del pagamento, questo deve farsi in moneta legale ragguagliata per valore alla prima.

• Quando la prestazione consiste nel **pagamento di una somma di denaro**, essa va eseguita con moneta che, alla data del pagamento, ha **corso legale** nello Stato. Per esempio, un debito contratto in lire, ormai fuori corso, attualmente potrà essere saldato solamente in euro convertendo in quest'ultima valuta il valore originariamente pattuito. • Inoltre, per le obbligazioni pecuniarie – o, più precisamente, per le sole obbligazioni che fin dall'origine hanno ad oggetto una somma di denaro (c.d. obbligazioni di valuta) – vige il c.d. **principio nominalistico**, in base al quale il debitore si libera corrispondendo l'importo previsto nel titolo (c.d. *valore nominale*), a prescindere dal fatto che il **potere di acquisto** della moneta sia aumentato o diminuito (per es. in virtù della sua svalutazione). Tuttavia, è possibile limitare il rischio di ottenere un importo che presenti un potere di acquisto inferiore rispetto al momento in cui fu concordato, mediante le c.d. **clausole di indicizzazione**, le quali ancorano la quantificazione della somma dovuta non al *valore nominale* ma a parametri (come l'indice ISTAT di variazione del costo della vita, o il prezzo di una certa quantità d'oro o di merci) al cui variare si modifica al contempo l'entità della prestazione pecuniaria.

1278. Debito di somma di monete non aventi corso legale.

Se la somma dovuta è determinata in una moneta non avente corso legale nello Stato, il debitore ha facoltà di pagare in moneta legale, al corso del cambio nel giorno della scadenza e nel luogo stabilito per il pagamento.

• Se il debito è espresso in moneta non avente corso legale nello Stato, come la **valuta estera**, il debitore può liberarsi pagando in moneta legale secondo il **cambio** vigente alla data della scadenza nel luogo previsto per l'adempimento. Si tratta di una c.d. obbligazione facoltativa con scelta alternativa, ove la legge consente al debitore, stante la complessità della prestazione dovuta (ad esempio, per la difficile reperibilità di talune valute), di liberarsi mediante una prestazione diversa che si presume – *iuris et de iure* – comunque satisfattiva dell'interesse creditorio.

1279. Clausola di pagamento effettivo in monete non aventi corso legale.

La disposizione dell'articolo precedente non si applica, se la moneta non avente corso legale nello Stato è indicata con la clausola «effettivo» o altra equivalente, salvo che alla scadenza dell'obbligazione non sia possibile procurarsi tale moneta.

• Il creditore può escludere l'adempimento tramite moneta avente corso legale di un'obbligazione espressa in valuta diversa apponendo la c.d. **clausola "effettivo"** o altra clausola che, allo stesso modo, esprima l'idoneità della sola valuta estera a soddisfare l'interesse creditorio. In ogni caso, se il debitore dimostri l'impossibilità di procurarsi la moneta richiesta al tempo del pagamento, si applica l'art. 1278, così che questi potrà adempiere con moneta avente **corso legale nello Stato** a quella data.

1280. Debito di specie monetaria avente valore intrinseco.

Il pagamento deve farsi con una specie di moneta avente valore intrinseco, se così è stabilito dal titolo costitutivo del debito, sempreché la moneta avesse corso legale al tempo in cui l'obbligazione fu assunta.

Se però la moneta non è reperibile, o non ha più corso, o ne è alterato il valore intrinseco, il pagamento si effettua con moneta corrente che rappresenti il valore intrinseco che la specie monetaria dovuta aveva al tempo in cui l'obbligazione fu assunta.

• Là dove il pagamento fosse previsto con moneta metallica dotata di **valore intrinseco** (in quanto, ad esempio, la moneta è battuta in oro o altro metallo prezioso), il debitore si libera solo prestando l'esatto oggetto determinato dal titolo, a condizione che essa abbia corso legale nello Stato al tempo in cui è sorta l'obbligazione (evenienza, oggi, del tutto infrequente). In determinate circostanze (irreperibilità, perdita del corso legale o alterazione del valore intrinseco), il pagamento avviene con moneta corrente ragguagliata al valore intrinseco della specie monetaria dovuta alla data dell'obbligazione.

1281. Leggi speciali.

Le norme che precedono si osservano in quanto non siano in contrasto con i principi derivanti da leggi speciali.

Sono salve le disposizioni particolari concernenti i pagamenti da farsi fuori del territorio dello Stato.

• La specialità di taluni profili delle obbligazioni pecuniarie è salvaguardata dalla vigenza dei princìpi stabiliti per esse da leggi speciali (le c.d. **leggi valutarie**), per cui le norme codicistiche si applicano solo quando non contrastino con i medesimi. Per quanto riguarda i pagamenti da effettuarsi al di fuori dello Stato, si fa rinvio alle particolari previsioni che li governano (ad esempio, le direttive dell'UE in materia di **pagamenti transfrontalieri**).

1282. Interessi nelle obbligazioni pecuniarie.

I crediti liquidi ed esigibili di somme di danaro producono **interessi di pieno diritto**, salvo che la legge o il titolo stabiliscano diversamente.

Salvo patto contrario, i crediti per fitti e pigioni non producono interessi se non dalla costituzione in mora.

Se il credito ha per oggetto rimborso di spese fatte per cose da restituire, non decorrono interessi per il periodo di tempo in cui chi ha fatto le spese abbia goduto della cosa senza corrispettivo e senza essere tenuto a render conto del godimento.

• Il credito avente ad oggetto una somma di denaro determinata nel suo preciso ammontare, una volta scaduto il termine per il pagamento, produce *ipso iure* interessi (di natura corrispettiva *ex* art. 820, quale controprestazione dovuta dal debitore per la disponibilità nel tempo stabilito dell'importo concessogli dal creditore) al **tasso legale**, a meno che ciò sia escluso dal titolo o dalla legge. • La regola non si applica ai crediti inerenti a fitti e pigioni (ossia ai canoni di locazione o ad altri contratti di godimento). • Quando il credito ha ad oggetto il rimborso delle spese che il creditore di una cosa da restituire deve a chi ne ha goduto per un certo periodo senza corrispettivo e senza obbligo di rendere il conto del godimento (come capita, ad esempio, per il comodatario che abbia sostenuto spese per il miglioramento del bene avuto in godimento e da restituire al comodante), non decorrono interessi (giacché se al godimento gratuito, unito al rimborso, si aggiungessero gli interessi su quest'ultimo, chi ha sostenuto le spese non verrebbe semplicemente tenuto indenne da esborsi fatti per cose altrui, ma riceverebbe un ingiustificato arricchimento).

1283. Anatocismo.

In mancanza di usi contrari, gli interessi scaduti possono produrre interessi solo dal giorno della domanda giudiziale o per effetto di convenzione posteriore alla loro scadenza, e sempre che si tratti di interessi dovuti almeno per sei mesi.

• Gli interessi scaduti producono interessi quando sono dovuti per almeno **sei mesi** e gli ulteriori interessi, insieme al corrispondente capitale, costituiscono oggetto di una specifica **domanda giudiziale**, ovvero se tale effetto è previsto da un **contratto successivo** alla loro scadenza. La c.d. capitalizzazione degli interessi è stata circondata da particolari cautele in quanto suscettibile di sfociare in fenomeni usurarî. Proprio per ciò si è escluso che gli usi contrarî possano avere natura negoziale, trattandosi per contro di **usi normativi** ai sensi dell'art. 8 disp. prel. c.c.

1284. Saggio degli interessi.

Il saggio degli interessi legali è determinato in misura pari allo 0,01 per cento in ragione d'anno. Il Ministro del tesoro, con proprio decreto pubblicato nella Gazzetta Ufficiale della Repubblica italiana non oltre il 15 dicembre dell'anno precedente a quello cui il saggio si riferisce, può modificarne annualmente la misura, sulla base del rendimento medio annuo lordo dei titoli di Stato di durata non superiore a dodici mesi e tenuto conto del tasso di inflazione registrato nell'anno. Qualora entro il 15 dicembre non sia fissata una nuova misura del saggio, questo rimane invariato per l'anno successivo.

Allo stesso saggio si computano gli interessi convenzionali, se le parti non ne hanno determinato la misura.

Gli interessi superiori alla misura legale devono essere determinati per iscritto; altrimenti sono dovuti nella misura legale.

Se le parti non ne hanno determinato la misura, dal momento in cui è proposta domanda giudiziale il saggio degli interessi legali è pari a quello previsto dalla legislazione speciale relativa ai ritardi di pagamento nelle transazioni commerciali.

La disposizione del quarto comma si applica anche all'atto con cui si promuove il procedimento arbitrale.

• Il tasso di interessi, ossia la percentuale di capitale assunta come criterio di calcolo degli interessi, può avere natura **legale** o **convenzionale**. Il tasso di interesse legale è annualmente determinato con decreto del Ministro dell'economia e delle finanze (in mancanza del quale si fa riferimento all'ultimo tasso così specificato). • La misura degli interessi legali vale a individuare anche il saggio degli interessi convenzionali, quando le parti, pur prevedendone la corresponsione, non ne hanno indicato la misura (in questo caso, pertanto, si ha una determinazione *ex lege* dell'oggetto dell'obbligazione). Se poi in questa ipotesi si propone domanda giudiziale (ovvero l'atto di promozione del giudizio arbitrale), da quel momento il saggio di interesse sarà determinato ai sensi del d.lgs. 9/10/2002, n. 231 (art. 5), in materia di ritardi di pagamento nelle transazioni commerciali, la cui entità, ben superiore agli interessi legali, ha lo scopo di dissuadere il debitore da **strategie dilatorie** rispetto al pagamento che il tasso di interesse legale "ordinario", vistane l'esiguità, potrebbe agevolmente incentivare. • La previsione di un tasso superiore a quello legale esige **la forma scritta**; se questa manca, si applicherà il saggio legale. La clausola, nulla per difetto di forma prevista *ad substantiam* ai sensi dell'art. 1350, n. 13, è allora sostituita automaticamente dalla disciplina legale (la quale è suppletiva, per cui l'ipotesi in questione è diversa dalla inserzione automatica di clausole *ex* art. 1339, che fa invece riferimento a norme imperative).

Sezione II
Delle obbligazioni alternative

1285. Obbligazione alternativa.

Il debitore di un'obbligazione alternativa si libera eseguendo una delle due prestazioni dedotte in obbligazione, ma non può costringere il creditore a ricevere parte dell'una e parte dell'altra.

• Quando **nella stessa obbligazione sono dedotte due (o più) prestazioni in alternativa** (c.d. obbligazione oggettivamente complessa), il debitore si libera eseguendone una; un duplice (o plurimo) adempimento parziale (ossia l'esecuzione di parte dell'una e di parte dell'altra o delle altre) non consegue invece un effetto estintivo, stante il divieto dell'art. 1181 (salvo che il creditore vi acconsenta dando luogo ad una *datio in solutum ex* art. 1197).

1286. Facoltà di scelta.

La scelta spetta al debitore, se non è stata attribuita al creditore o ad un terzo.

La scelta diviene irrevocabile con l'esecuzione di una delle due prestazioni, ovvero con la dichiarazione di scelta, comunicata all'altra parte, o ad entrambe se la scelta è fatta da un terzo.

Se la scelta deve essere fatta da più persone, il giudice può fissare loro un termine. Se la scelta non è fatta nel termine stabilito, essa è fatta dal giudice.

• La **scelta** della prestazione tra quelle oggetto dell'obbligazione alternativa (c.d. **determinazione) spetta al debitore**, salvo che il titolo l'attribuisca al creditore o ad un terzo c.d. arbitratore (*ex* art. 1349). La determinazione **è effettuata ed è irrevocabile** quando la prestazione è eseguita oppure quando la scelta è dichiarata all'altra parte (se essa spetta al debitore o al creditore) o a entrambe le parti (là dove sia del terzo). La determinazione è giudiziale nel caso in cui la scelta spetti a più persone e decorra inutilmente il termine fissato dal giudice affinché queste si esprimano. Una volta effettuata la scelta si ha la c.d. **concentrazione**, ossia il mutamento dell'obbligazione da oggettivamente complessa in semplice.

1287. Decadenza dalla facoltà di scelta.

Quando il debitore, condannato alternativamente a due prestazioni, non ne esegue alcuna nel termine assegnatogli dal giudice, la scelta spetta al creditore.

Se la facoltà di scelta spetta al creditore e questi non l'esercita nel termine stabilito o in quello fissatogli dal debitore, la scelta passa a quest'ultimo.

Se la scelta è rimessa a un terzo e questi non la fa nel termine assegnatogli, essa è fatta dal giudice.

• Nell'ipotesi di **condotte dilatorie** dell'unico soggetto a cui la scelta compete (debitore, creditore o terzo), al fine di consentire all'obbligato di liberarsi e all'avente diritto di soddisfare il proprio interesse, si prevede che: *i*) il debitore condannato alternativamente a due (o più) prestazioni perde la facoltà di scelta, che passa al creditore, quando non ne esegue alcuna nel termine assegnatogli dal giudice; *ii*) il creditore cui spetti la scelta, se non la esercita nel termine stabilito nel titolo o fissatogli dal debitore che ha interesse ad estinguere il proprio vincolo, la perde a favore di quest'ultimo; *iii*) il terzo c.d. arbitratore, al quale la scelta è rimessa, è sostituito dal giudice là dove non vi abbia provveduto nel termine assegnatogli (ai sensi dell'art. 1349, co. 1, che riceve qui una speciale applicazione).

1288. Impossibilità di una delle prestazioni.

L'obbligazione alternativa si considera semplice, se una delle due prestazioni non poteva formare oggetto di obbligazione o se è divenuta impossibile per causa non imputabile ad alcuna delle parti.

• In virtù del contenuto complesso dell'obbligazione alternativa, le prestazioni in essa dedotte debbono essere suscettibili di formarne oggetto, oltre che possibili. Pertanto, quando una delle due prestazioni non poteva esservi contemplata (ad esempio, perché originariamente impossibile oppure indeterminata e non determinabile) ovvero è divenuta impossibile per causa non imputabile alle parti, **l'obbligazione permane come semplice** e il debitore si libera eseguendo la sola prestazione rimasta possibile, idonea a soddisfare l'interesse del creditore.

1289. Impossibilità colposa di una delle prestazioni.

Quando la scelta spetta al debitore, l'obbligazione alternativa diviene semplice, se una delle due prestazioni diventa impossibile anche per causa a lui imputabile. Se una delle due prestazioni diviene impossibile per colpa del creditore, il debitore è liberato dall'obbligazione, qualora non preferisca eseguire l'altra prestazione e chiedere il risarcimento dei danni.

Quando la scelta spetta al creditore, il debitore è liberato dall'obbligazione, se una delle due prestazioni diviene impossibile per colpa del creditore, salvo che questi preferisca esigere l'altra prestazione e risarcire il danno. Se dell'impossibilità deve rispondere il debitore, il creditore può scegliere l'altra prestazione o esigere il risarcimento del danno.

• In caso di **scelta spettante al debitore**, se questi non l'ha effettuata e una delle prestazioni diviene impossibile (a prescindere dal fatto che ciò si verifichi per causa a lui imputabile o meno), l'obbligazione si considera semplice e il debitore si libera eseguendo la prestazione rimasta possibile. Quando, invece, l'impossibilità deriva da colpa del creditore, il debitore è liberato a meno che non preferisca eseguire l'altra prestazione – rimasta possibile – e chiedere il risarcimento del danno occorsogli per non avere potuto esercitare l'alternativa a suo favore. • Se, invece, una delle prestazioni diviene impossibile per causa imputabile al **creditore al quale spetti la scelta**, il debitore è liberato, a meno che lo stesso creditore non preferisca esigere la prestazione rimasta possibile e, al contempo, risarcire il danno subìto dal debitore (qualora questi fosse tenuto ad eseguire una prestazione più gravosa rispetto a quella divenuta impossibile per colpa del creditore). Se, invece, l'impossibilità sia imputabile al debitore, il creditore, al quale spettava la scelta, non più esercitabile per fatto dell'obbligato, ha facoltà di pretendere l'adempimento tramite l'unica prestazione possibile oppure di esigere il risarcimento del danno (in quanto è stato privato, in ipotesi, di una prestazione più vantaggiosa o conveniente rispetto a quella che dovrà ricevere).

1290. Impossibilità sopravvenuta di entrambe le prestazioni.

Qualora entrambe le prestazioni siano divenute impossibili e il debitore debba rispondere riguardo a una di esse, egli deve pagare l'equivalente di quella che è divenuta impossibile per l'ultima, se la scelta spettava a lui. Se la scelta spettava al creditore, questi può domandare l'equivalente dell'una o dell'altra.

• Quando l'impossibilità sopravvenuta colpisce **entrambe le prestazioni**, derivando per una di esse da fatto del debitore, egli, se la scelta gli competeva, si libera corrispondendo il valore dell'ultima divenuta impossibile (anche se ciò si sia verificato per causa imputabile all'obbligato); laddove, invece, tale scelta spettasse al creditore, questi può pretendere a sua discrezione l'equivalente pecuniario dell'una o dell'altra.

1291. Obbligazione con alternativa multipla.

Le regole stabilite in questa sezione si osservano anche quando le prestazioni dedotte in obbligazione sono più di due.

• L'alternativa multipla viene espressamente disciplinata dalle **medesime regole** che governano l'alternativa duplice (ciò, peraltro, può desumersi anche in via logica, atteso che in entrambe le ipotesi si rinviene la stessa struttura complessa dell'obbligazione).

Sezione III
Delle obbligazioni in solido

1292. Nozione della solidarietà.

L'obbligazione è in solido quando più debitori sono obbligati tutti per la medesima prestazione, in modo che ciascuno può essere costretto all'adempimento per la totalità e l'adempimento da parte di uno libera gli altri; oppure quando tra più creditori ciascuno ha diritto di chiedere l'adempimento dell'intera obbligazione e l'adempimento conseguito da uno di essi libera il debitore verso tutti i creditori.

• Con una norma definitoria il legislatore individua i tratti caratterizzanti dell'**obbligazione plurisoggettiva solidale**, sia dal lato passivo (pluralità di debitori) sia dal lato attivo (pluralità di creditori). Nel primo caso (solidarietà passiva), ciascuno dei debitori, tutti tenuti verso il creditore alla medesima prestazione dedotta in obbligazione, può essere costretto ad eseguirla per l'intero, liberando, con il proprio adempimento, anche gli altri. Nel secondo caso (solidarietà attiva), ciascuno dei creditori può pretendere l'intera prestazione dal debitore che, eseguendola esattamente, si libera anche nei confronti degli altri. Le caratteristiche dell'obbligazione solidale la distinguono dall'**obbligazione complessa** (o c.d. **ad attuazione congiunta**), in cui solo la contestuale esecuzione della prestazione di più debitori, ovvero verso più creditori, estingue il vincolo (come si verifica, nel primo caso, per l'obbligazione del gruppo musicale e, nella seconda ipotesi, per il pacchetto turistico familiare).

1293. Modalità varie dei singoli rapporti.

La solidarietà non è esclusa dal fatto che i singoli debitori siano tenuti ciascuno con modalità diverse, o il debitore comune sia tenuto con modalità diverse di fronte ai singoli creditori.

• Ferma restando l'identità della prestazione dovuta (*quid*), non esclude la solidarietà il fatto che, nel rapporto solidale passivo, ciascun debitore sia vincolato con modalità diverse (*quomodo*) rispetto agli altri (ad esempio, prevedendo in favore di un condebitore il c.d. *beneficium ordinis*, come avviene nella delegazione di debito cumulativa *ex* art. 1268, co. 2), ovvero che, nel rapporto solidale attivo, il debitore sia tenuto in modo diverso nei confronti di ciascun creditore (ad esempio, per quanto riguarda il tempo o il luogo della sua prestazione verso di essi).

1294. Solidarietà tra condebitori.

I condebitori sono tenuti in solido, se dalla legge o dal titolo non risulta diversamente.

• Con riferimento all'obbligazione plurisoggettiva **passiva** la regola è quella della **solidarietà**, per cui ciascuno dei condebitori può essere costretto ad adempiere, liberando gli altri e al contempo acquisendo nei loro confronti un credito avente ad oggetto, in tutto o in parte, la restituzione di quanto prestato. Tuttavia, le parti del rapporto obbligatorio possono prevedere espressamente che l'obbligazione sia parziaria, ossia che ognuno dei condebitori sia tenuto esclusivamente **per la propria parte**. Infine, la legge contempla talune ipotesi di parziarietà dell'obbligazione plurisoggettiva passiva (come, ad esempio, l'art. 752, secondo il quale i coeredi sono tenuti al pagamento dei debiti e dei pesi ereditarî in proporzione delle rispettive quote, se il *de cuius* non abbia disposto altrimenti). • Stante l'espresso riferimento della norma in esame solamente alla solidarietà passiva, *a contrario* si desume che nei rapporti attivi la regola sia la solidarietà solo quando espressamente previsto dalla legge (ad esempio, dall'art. 1854, il quale, se vi sono più correntisti, li considera creditori in solido per i saldi del conto corrente) o dal titolo. Mentre, allora, la pluralità dei debitori fa presumere la solidarietà, in caso di pluralità di creditori l'obbligazione è parziaria (e ciascuno di essi può chiedere solo la propria parte al debitore, che è tenuto ad eseguire tante prestazioni quanti sono i soggetti attivi).

1295. Divisibilità tra gli eredi.

Salvo patto contrario, l'obbligazione si divide tra gli eredi di uno dei condebitori o di uno dei creditori in solido, in proporzione delle rispettive quote.

• Nell'ipotesi di obbligazione plurisoggettiva passiva e attiva, il vincolo solidale si estingue, in riferimento a uno dei condebitori o dei concreditori, con la **morte** di questo. Ne consegue che a ciascuno degli eredi, per la passiva, si potrà chiedere solo la propria parte in proporzione delle quote ereditarie (*ex* art. 752), mentre, per l'attiva, si dovrà pagare solo quanto corrisponda all'entità della relativa quota. Pertanto, può dirsi che, nel caso di successione del debitore solidale, sarà l'eredità di questi a sostenere il peso, così come, nella successione del creditore solidale, il diritto all'intera prestazione vede ancóra come titolare la suddetta eredità.

1296. Scelta del creditore per il pagamento.

Il debitore ha la scelta di pagare all'uno o all'altro dei creditori in solido, quando non è stato prevenuto da uno di essi con domanda giudiziale.

• Il debitore nella solidarietà attiva ha facoltà di determinare insindacabilmente quello tra i concreditori nei cui confronti eseguire la prestazione, a meno che non sia stata proposta nei suoi confronti **domanda di adempimento** in giudizio, il che vincola l'obbligato verso l'attore. In questa seconda ipotesi, se comunque il debitore paga a un diverso creditore, colui che ha agito in giudizio può a sua scelta richiedere la parte che gli spetta a chi ha ricevuto l'intera prestazione ovvero allo stesso debitore, il quale, in questi limiti, potrà poi agire, secondo le norme relative al pagamento dell'indebito, contro il creditore nei confronti del quale ha interamente adempiuto.

1297. Eccezioni personali.

Uno dei debitori in solido non può opporre al creditore le eccezioni personali agli altri debitori.

A uno dei creditori in solido il debitore non può opporre le eccezioni personali agli altri creditori.

• Le **eccezioni personali** a un debitore non sono opponibili dagli altri condebitori né quelle personali verso un creditore possono opporsi agli altri concreditori. Ad esempio, se uno tra i più debitori del prezzo ha concluso il contratto di vendita per errore, tale vizio del consenso non può essere opposto da un diverso condebitore al quale è stata richiesta la prestazione dal venditore; corrispondentemente, se uno tra i più creditori del prezzo ha minacciato il debitore-acquirente per indurlo a concludere il contratto di vendita, questi non può opporre la violenza al fine di sottrarsi al pagamento intimatogli da un diverso concreditore.

1298. Rapporti interni tra debitori o creditori solidali.

Nei rapporti interni l'obbligazione in solido si divide tra i diversi debitori o tra i diversi creditori, salvo che sia stata contratta nell'interesse esclusivo di alcuno di essi.

Le parti di ciascuno si presumono uguali, se non risulta diversamente.

• La solidarietà attiva e passiva inerisce esclusivamente ai **rapporti esterni** (del debitore verso i creditori e dei debitori verso il creditore). Nei rapporti interni tra condebitori e concreditori le obbligazioni si dividono **in base alle rispettive parti**, le quali si presumono relativamente (potendo darsi la prova contraria) eguali. Ciò implica che chi ha adempiuto la prestazione nell'obbligazione solidale passiva possa chiedere agli altri condebitori esclusivamente la somma oggetto della loro parte, senza potere ottenere la differenza tra l'intero pagamento corrisposto al creditore e l'importo corrispondente alla propria parte domandandola solo ad uno di essi. Qualora, invece, l'obbligazione fosse stata contratta nell'interesse esclusivo di alcuno tra i condebitori, chi ha pagato, se è un soggetto diverso dall'interessato (ad esempio, il fideiussore), potrà chiedergli il rimborso dell'intera somma corrisposta, mentre, quando è lo stesso interessato ad avere adempiuto, questi non avrà regresso nei confronti di nessun condebitore.

• Allo stesso modo, chi ha ricevuto la prestazione nell'obbligazione solidale attiva si libera dall'obbligo verso gli altri concreditori attribuendo a ciascuno di essi quanto corrisponde alla rispettiva parte, senza poterne pagare solo uno con la differenza tra l'intera somma ricevuta e l'importo che gli spetta.

1299. Regresso tra condebitori.

Il debitore in solido che ha pagato l'intero debito può ripetere dai condebitori soltanto la parte di ciascuno di essi.

Se uno di questi è insolvente, la perdita si ripartisce per contributo tra gli altri condebitori, compreso quello che ha fatto il pagamento.

La stessa norma si applica qualora sia insolvente il condebitore nel cui esclusivo interesse l'obbligazione era stata assunta.

• Il regresso è la **pretesa che il debitore solidale adempiente rivolge agli altri condebitori** al fine di essere tenuto indenne dalle anticipazioni delle rispettive quote effettuate verso il creditore, pretesa che riguarda esclusivamente la parte di ciascuno. Là dove un condebitore fosse **insolvente**, la perdita non viene sopportata in via esclusiva da chi ha pagato ma viene ripartita, in proporzione alla misura del debito spettante a ciascuno, tra l'adempiente per l'intero e gli altri condebitori non insolventi. Quando l'obbligazione solidale passiva è stata contratta nell'**esclusivo interesse di uno tra i condebitori**, se paga un soggetto diverso, questi potrà ripetere l'intera somma pagata, a meno che l'interessato sia insolvente, nel qual caso la perdita sarà integralmente a carico di chi ha adempiuto.

1300. Novazione.

La novazione tra il creditore e uno dei debitori in solido libera gli altri debitori. Qualora però si sia voluto limitare la novazione a uno solo dei debitori, gli altri non sono liberati che per la parte di quest'ultimo.

Se convenuta tra uno dei creditori in solido e il debitore, la novazione ha effetto verso gli altri creditori solo per la parte del primo.

• Poiché la novazione estingue la precedente obbligazione per costituirne una nuova, quando essa intervenga tra il creditore e uno dei condebitori solidali, gli altri sono liberati in quanto il rapporto obbligatorio è venuto meno. Tuttavia, se il creditore ha voluto **limitare l'effetto novativo** ad uno solo di essi, i restanti condebitori beneficiano di una liberazione parziale corrispondente alla parte del debitore il cui rapporto si è estinto. Allo stesso modo, se nella solidarietà attiva uno dei concreditori nova il rapporto col debitore, quest'ultimo è liberato verso gli altri per la parte dell'altro contraente (*Esempio:* la novazione di un debito pari a 90 tra il debitore Tizio e uno solo dei concreditori – Caio, al quale spettava 30 – libera Tizio per un corrispondente importo verso gli altri concreditori – Mevio e Sempronio – ciascuno dei quali potrà chiedere a Tizio la somma di 60).

1301. Remissione.

La remissione a favore di uno dei debitori in solido libera anche gli altri debitori, salvo che il creditore abbia riservato il suo diritto verso gli altri, nel qual caso il creditore non può esigere il credito da questi, se non detratta la parte del debitore a favore del quale ha consentito la remissione.

Se la remissione è fatta da uno dei creditori in solido, essa libera il debitore verso gli altri creditori solo per la parte spettante al primo.

• Anche la remissione, estinguendo il vincolo, estende l'effetto liberatorio per l'intero agli altri condebitori solidali diversi dal rimesso; quando, invece, il remittente si sia **riservato i diritti** verso gli altri condebitori, questi sono liberati per la sola parte del rimesso, potendone detrarre l'importo dalla somma originariamente dovuta. Allorché la remissione provenga da uno dei creditori solidali, il debitore è liberato verso gli altri per la sola parte spettante al remittente, la quale potrà essere decurtata dall'importo cui questi era tenuto.

1302. Compensazione.

Ciascuno dei debitori in solido può opporre in compensazione il credito di un condebitore solo fino alla concorrenza della parte di quest'ultimo.

A uno dei creditori in solido il debitore può opporre in compensazione ciò che gli è dovuto da un altro dei creditori, ma solo per la parte di questo.

• Sia nella solidarietà passiva sia in quella attiva la compensazione tra un condebitore e il creditore o tra un concreditore e il debitore può essere opposta dall'obbligato al fine di detrarre dalla somma dovuta la **parte corrispondente al diritto compensato**.

1303. Confusione.

Se nella medesima persona si riuniscono le qualità di creditore e di debitore in solido, l'obbligazione degli altri debitori si estingue per la parte di quel condebitore.

Se nella medesima persona si riuniscono le qualità di debitore e di creditore in solido, l'obbligazione si estingue per la parte di questo.

• Quando le qualità di creditore e debitore in solido o di debitore e creditore in solido si riuniscono nella medesima persona, l'obbligazione solidale passiva e attiva si riduce dell'**importo corrispondente** al diritto estinto per confusione, sopravvivendo, nel primo caso, il credito ridotto verso gli altri condebitori e, nel secondo caso, il debito ridotto verso gli altri concreditori.

1304. Transazione.

La transazione fatta dal creditore con uno dei debitori in solido non produce effetto nei confronti degli altri, se questi non dichiarano di volerne profittare.

Parimenti, se è intervenuta tra uno dei creditori in solido e il debitore, la transazione non ha effetto nei confronti degli altri creditori, se questi non dichiarano di volerne profittare.

• Il contratto di transazione può estendersi soggettivamente ai terzi interessati (ossia, ai condebitori non coinvolti nell'accordo originario) **se questi dichiarano di volerne profittare**. Si tratta, allora, di un contratto aperto *ex lege* all'adesione di soggetti (altri condebitori o concreditori solidali) che sono titolari di un **diritto potestativo** volto a ottenere l'efficacia, nei rispettivi confronti, della *res inter alios acta*, costituendo una tra le eccezioni espressamente previste al principio di relatività degli effetti contrattuali (art. 1372, co. 1 e 2).

1305. Giuramento.

Il giuramento sul debito e non sul vincolo solidale, deferito da uno dei debitori in solido al creditore o da uno dei creditori in solido al debitore, ovvero dal creditore a uno dei debitori in solido o dal debitore a uno dei creditori in solido, produce gli effetti seguenti:

il giuramento ricusato dal creditore o dal debitore, ovvero prestato dal condebitore o dal concreditore in solido, giova agli altri condebitori o concreditori;

il giuramento prestato dal creditore o dal debitore, ovvero ricusato dal condebitore o dal concreditore in solido, nuoce solo a chi lo ha deferito o a colui al quale è stato deferito.

• Il giuramento *ex* art. 2736, avente ad oggetto il debito e **non il vincolo solidale** (ossia la natura plurisoggettiva dell'obbligazione), può essere deferito: *i*) da uno dei condebitori al creditore o da uno dei concreditori al debitore, oppure *ii*) dal creditore a uno dei condebitori o dal debitore a uno dei concreditori. In questa ipotesi si comunicano gli effetti favorevoli e non si comunicano gli effetti sfavorevoli, per cui: a) se il creditore o il debitore rifiutano il giuramento, ovvero questo è prestato da uno dei condebitori o da uno dei concreditori, l'effetto favorevole si estende agli altri condebitori o concreditori; b) se il creditore o il debitore prestano il giuramento, ovvero se questo è rifiutato da uno dei condebitori o da uno dei concreditori, l'effetto sfavorevole è limitato solo a chi lo ha deferito o non lo ha prestato.

1306. Sentenza.

La sentenza pronunziata tra il creditore e uno dei debitori in solido, o tra il debitore e uno dei creditori in solido, non ha effetto contro gli altri debitori o contro gli altri creditori.

Gli altri debitori possono opporla al creditore, salvo che sia fondata sopra ragioni personali al condebitore; gli altri creditori possono farla valere contro il debitore, salve le eccezioni personali che questi può opporre a ciascuno di essi.

• Non potendo essere stabilito a priori quale sarà l'effetto di una **sentenza** intercorsa tra il creditore e uno dei condebitori solidali o tra il debitore e uno dei concreditori solidali, la norma ribadisce il principio (art. 2909) che essa produce effetto **esclusivamente tra le parti del giudizio**, mentre le altre parti del rapporto di solidarietà possono farla valere solo se ad esse favorevole. In tale ultima ipotesi, però, il limite è dato, per i condebitori solidali, dalla personalità delle eccezioni su cui il debitore ha fondato il rigetto della domanda di condanna (ad es., perché il titolo è annullabile nei suoi confronti a causa di incapacità naturale al momento dell'atto); per i concreditori che vogliano avvalersi della condanna ottenuta dall'attore, essi saranno comunque soggetti alle eccezioni personali che il debitore può loro opporre (ad esempio, perché uno tra loro ha indotto con artifizî o raggiri in errore il debitore allo scopo di fargli concludere il contratto).

1307. Inadempimento.

Se l'adempimento dell'obbligazione è divenuto impossibile per causa imputabile a uno o più condebitori, gli altri condebitori non sono liberati dall'obbligo solidale di corrispondere il valore della prestazione dovuta. Il creditore può chiedere il risarcimento del danno ulteriore al condebitore o a ciascuno dei condebitori inadempienti.

• Là dove si verifichi l'inadempimento uno dei condebitori solidali – il quale non consiste solo nella mancata, inesatta o ritardata esecuzione della prestazione dovuta, ma anche nell'impossibilità della medesima per causa imputabile al debitore –, gli altri sono comunque tenuti a corrispondere il **valore della prestazione divenuta impossibile**, mentre chi si è reso inadempiente, oltre al suddetto valore, dovrà anche pagare il risarcimento del danno.

1308. Costituzione in mora.

La costituzione in mora di uno dei debitori in solido non ha effetto riguardo agli altri, salvo il disposto dell'articolo 1310.

La costituzione in mora del debitore da parte di uno dei creditori in solido giova agli altri.

• In base al principio della **comunicabilità dei soli effetti vantaggiosi** all'interno del rapporto solidale, la costituzione in mora di uno dei condebitori produce come unico effetto nei confronti degli altri l'interruzione del termine prescrizionale, secondo quanto previsto dall'art. 1310 (quanto, invece, agli ulteriori effetti, essi intercorrono solo tra il creditore e il condebitore costituito in mora). Conseguentemente, nella solidarietà attiva, la messa in mora da parte di uno dei creditori solidali produce effetti anche a favore degli altri.

1309. Riconoscimento del debito.

Il riconoscimento del debito fatto da uno dei debitori in solido non ha effetto riguardo agli altri; se è fatto dal debitore nei confronti di uno dei creditori in solido, giova agli altri.

• Ulteriore conferma della restrizione degli effetti pregiudizievoli e della estensione degli effetti vantaggiosi si ha anche con riguardo alla **ricognizione** del debito: se fatta da uno dei condebitori solidali, il creditore non può avvalersene verso gli altri, mentre i concreditori solidali possono opporla al debitore quando questi abbia riconosciuto il debito a favore di uno tra essi.

1310. Prescrizione.

Gli atti con i quali il creditore interrompe la prescrizione contro uno dei debitori in solido, oppure uno dei creditori in solido interrompe la prescrizione contro il comune debitore, hanno effetto riguardo agli altri debitori o agli altri creditori.

La sospensione della prescrizione nei rapporti di uno dei debitori o di uno dei creditori in solido non ha effetto riguardo agli altri. Tuttavia il debitore che sia stato costretto a pagare ha regresso contro i condebitori liberati in conseguenza della prescrizione.

La rinunzia alla prescrizione fatta da uno dei debitori in solido non ha effetto riguardo agli altri; fatta in confronto di uno dei creditori in solido, giova agli altri. Il condebitore che ha rinunziato alla prescrizione non ha regresso verso gli altri debitori liberati in conseguenza della prescrizione medesima.

• Un regime unitario, a prescindere dalla natura vantaggiosa o pregiudizievole dell'effetto, si ha per **l'interruzione** del termine prescrizionale la quale **si estende a tutti** i componenti del rapporto solidale anche se il relativo atto è stato rivolto a uno solo di essi. La **sospensione** della prescrizione, invece, **non si estende mai** alle altre parti del rapporto solidale. • Tuttavia, nella solidarietà passiva non si comunicano gli effetti pregiudizievoli della rinuncia alla prescrizione, per cui gli altri condebitori restano liberi di opporre al creditore la prescrizione e non sono soggetti all'azione di regresso del condebitore rinunziante che abbia dovuto pagare. Nella solidarietà attiva, invece, la rinuncia alla prescrizione verso uno dei concreditori consente agli altri di avvalersene contro il debitore.

1311. Rinunzia alla solidarietà.

Il creditore che rinunzia alla solidarietà a favore di uno dei debitori conserva l'azione in solido contro gli altri.

Rinunzia alla solidarietà:

1) il creditore che rilascia a uno dei debitori quietanza per la parte di lui senza alcuna riserva;

2) il creditore che ha agito giudizialmente contro uno dei debitori per la parte di lui, se questi ha aderito alla domanda, o se è stata pronunciata una sentenza di condanna.

• La rinuncia alla solidarietà passiva fatta dal creditore verso uno dei debitori gli consente comunque di esigere da ciascuno degli altri l'intera prestazione. La legge attribuisce il significato di rinuncia, non potendosi dare prova contraria, anzitutto, al **rilascio di una quietanza** senza alcuna riserva a favore di un condebitore solidale per la parte che gli compete e, inoltre, quando vi è **azione giudiziale** nei confronti di uno dei condebitori solo per la suddetta parte, se questi aderisce alla domanda o se vi è per lui sentenza di condanna.

1312. Pagamento separato dei frutti o degli interessi.

Il creditore che riceve, separatamente e senza riserva, la parte dei frutti o degli interessi che è a carico di uno dei debitori perde contro di lui l'azione in solido per i frutti o per gli interessi scaduti, ma la conserva per quelli futuri.

• La prestazione della parte di frutti naturali o civili (interessi) che compete a uno dei condebitori solidali esclude, per l'ammontare ricevuto, la solidarietà, nei confronti dell'adempiente, a favore del creditore, quando questi abbia accettato tali frutti e interessi **separatamente e senza riserve**. Tuttavia, l'esclusione non riguarda i frutti e gli interessi **futuri**, il cui ammontare potrà essere preteso anche verso il debitore che ha prestato la sua parte di quelli scaduti.

1313. Insolvenza di un condebitore in caso di rinunzia alla solidarietà.

Nel caso di rinunzia del creditore alla solidarietà verso alcuno dei debitori, se uno degli altri è insolvente, la sua parte di debito è ripartita per contributo tra tutti i condebitori, compreso quello che era stato liberato dalla solidarietà.

• La rinunzia alla solidarietà esclude che il condebitore liberato sia soggetto alla pretesa dell'intera prestazione dovuta ma non impedisce che la **parte di un condebitore insolvente** si ripartisca tra i restanti, incluso chi è stato liberato dalla solidarietà (*Esempio:* se

Tizio, Caio e Sempronio sono debitori solidali per quote eguali di un importo pari a 90, il creditore Mevio, che ha liberato dalla solidarietà Tizio, può in ipotesi esigere l'intera prestazione da Caio; questi, qualora Sempronio divenisse insolvente per la sua parte di 30, potrà chiedere a Tizio, ancorché liberato dalla solidarietà, la somma di 45, ripartendosi la quota dell'insolvente tra tutti i restanti condebitori solidali).

Sezione IV
Delle obbligazioni divisibili e indivisibili

1314. Obbligazioni divisibili.

Se più sono i debitori o i creditori di una prestazione divisibile e l'obbligazione non è solidale, ciascuno dei creditori non può domandare il soddisfacimento del credito che per la sua parte, e ciascuno dei debitori non è tenuto a pagare il debito che per la sua parte.

• Nel caso di obbligazioni divisibili, quando la legge o il titolo **escludono il vincolo solidale** tra una pluralità di debitori o non indichino espressamente tale vincolo per una pluralità di creditori (cfr. art. 1294), l'obbligazione è **parziaria**. Pertanto, il creditore che intende ottenere l'intera prestazione, dovrà rivolgersi a ciascun condebitore per la parte che gli compete; il debitore che voglia liberarsi dovrà invece adempiere nei confronti di ciascun concreditore, sempre per quella parte.

1315. Limiti alla divisibilità tra gli eredi del debitore.

Il beneficio della divisione non può essere opposto da quello tra gli eredi del debitore, che è stato incaricato di eseguire la prestazione o che è in possesso della cosa dovuta, se questa è certa e determinata.

• Nonostante l'art. 752 precisi che gli eredi siano tenuti per i debiti del defunto solo nei limiti delle rispettive quote, tuttavia, se uno tra essi sia nel possesso della cosa, certa e determinata, che forma oggetto della prestazione dovuta, questi non potrà opporre il beneficio della divisione e dovrà **eseguire per intero** tale prestazione (la quale, così descritta, appare per sua natura indivisibile); allo stesso modo, il beneficio è precluso per chi sia stato **incaricato**, anche dal testatore tramite legato obbligatorio, di eseguire la prestazione, pur se, in ipotesi, questa fosse divisibile (come, ad esempio, si verifica nell'obbligazione pecuniaria).

1316. Obbligazioni indivisibili.

L'obbligazione è indivisibile quando la prestazione ha per oggetto una cosa o un fatto che non è suscettibile di divisione per sua natura o per il modo in cui è stato considerato dalle parti contraenti.

• L'obbligazione è indivisibile, anzitutto, quando il bene oggetto della prestazione conserva la sua identità fisica o funzionale solo se unitariamente considerato (c.d. **indivisibilità oggettiva** – ad esempio, un quadro o un animale da allevamento). L'indivisibilità può derivare anche dal fatto che l'interesse delle parti di un contratto può essere soddisfatto solo dall'intero bene, ancorché questo sia oggettivamente divisibile (c.d. **indivisibilità soggettiva** – ad esempio, due appartamenti sul medesimo piano che il locatore voglia adibire a sezioni di un unico studio professionale).

1317. Disciplina delle obbligazioni indivisibili.

Le obbligazioni indivisibili sono regolate dalle norme relative alle obbligazioni solidali, in quanto applicabili, salvo quanto è disposto dagli articoli seguenti.

• Stante la necessaria identità della prestazione dovuta, la disciplina delle obbligazioni indivisibili viene determinata *per relationem* facendo rinvio alle norme sulle **obbligazioni solidali** (tanto passive quanto attive), pur con talune eccezioni, sempre connesse alla natura della prestazione, espressamente previste dagli articoli successivi.

1318. Indivisibilità nei confronti degli eredi.

L'indivisibilità opera anche nei confronti degli eredi del debitore o di quelli del creditore.

• Non essendo possibile suddividere la prestazione, che perderebbe la sua **capacità di soddisfare l'interesse** del creditore, non si applicano alle obbligazioni indivisibili le eccezioni alla solidarietà previste per gli eredi del debitore e del creditore all'art. 1295 e, per i soli eredi del debitore, all'art. 752.

1319. Diritto di esigere l'intero.

Ciascuno dei creditori può esigere l'esecuzione della intera prestazione indivisibile. Tuttavia l'erede del creditore, che agisce per il soddisfacimento dell'intero credito, deve dare cauzione a garanzia dei coeredi.

• In applicazione dell'art. 1317, ciascuno dei concreditori di una prestazione indivisibile può esigerla per l'intero, liberando così il debitore adempiente secondo la medesima *ratio* della solidarietà attiva. Quando l'intera prestazione è richiesta da uno tra i coeredi del creditore, questi deve **prestare cauzione** a garanzia e su domanda degli altri.

1320. Estinzione parziale.

Se uno dei creditori ha fatto remissione del debito o ha consentito a ricevere un'altra prestazione in luogo di quella dovuta, il debitore non è liberato verso gli altri creditori. Questi tuttavia non possono domandare la prestazione indivisibile se non addebitandosi ovvero rimborsando il valore della parte di colui che ha fatto la remissione o che ha ricevuto la prestazione diversa.

La medesima disposizione si applica in caso di transazione, novazione, compensazione e confusione.

• Con una regola dall'ampio spazio operativo (che si estende anche ai casi di transazione, novazione, compensazione e confusione), si stabilisce che la remissione del debito o la prestazione in luogo dell'adempimento di quella indivisibile, effettuate da uno dei concreditori verso il debitore, non liberano quest'ultimo nei confronti degli altri. Essi, tuttavia, non possono richiedergli la prestazione indivisibile se non **addebitandosi** (ossia, facendo sorgere una loro obbligazione verso il debitore) o **rimborsando** (ossia, eseguendo senz'altro la prestazione a favore del debitore) il valore della parte di colui che ha rimesso il debito o ha stipulato con il debitore la *datio in solutum*.

Titolo II
DEI CONTRATTI IN GENERALE

Capo I
Disposizioni preliminari

1321. Nozione.

Il contratto è l'accordo di due o più parti per costituire, regolare o estinguere tra loro un rapporto giuridico patrimoniale.

• Nell'ampia categoria degli **atti giuridici**, il contratto rientra tra i **negozi giuridici** (dichiarazioni di volontà volte a regolare i propri interessi attraverso la produzione di effetti giuridici) di carattere patrimoniale. Esso, infatti, consiste in un accordo, ovvero nella **congruenza di manifestazioni di volontà** aventi le seguenti caratteristiche: a) devono provenire da almeno due **parti**, da intendersi non come singole persone ma come centri di interesse. Una parte, dunque, può essere composta anche da più persone (fisiche o giuridiche) portatrici del medesimo interesse; b) devono essere **indirizzate a produrre l'effetto** di dar vita a una relazione giuridicamente rilevante (rapporto giuridico), avente carattere patrimoniale, e di dettare le regole della stessa. Le volontà possono anche dirigersi a estinguere un rapporto giuridico patrimoniale precedentemente costituito (come nel caso del mutuo dissenso *ex* art. 1372, co. 1). Connotato fondamentale per poter ravvisare nell'accordo un contratto è che il rapporto giuridico, alla cui costituzione o estinzione esso è diretto, presenti **carattere patrimoniale**, riguardi cioè interessi economicamente apprezzabili.

1322. Autonomia contrattuale.

Le parti possono liberamente determinare il contenuto del contratto nei limiti imposti dalla legge *e dalle norme corporative* (1).

Le parti possono anche concludere contratti che non appartengano ai tipi aventi una disciplina particolare, purché siano diretti a realizzare interessi meritevoli di tutela secondo l'ordinamento giuridico.

(1) L'espressione «e dalle norme corporative» deve ritenersi abrogata dal r.d.l. 9/8/1943, n. 721.

• L'autonomia contrattuale è un'espressione specifica dell'**autonomia privata**, ovvero del potere riconosciuto ai soggetti di regolare da sé i propri interessi e le proprie relazioni. In particolare, l'**autonomia contrattuale** consiste nella libertà di scegliere se e con chi concludere il contratto e di definire il contenuto (le clausole) del medesimo, determinando cioè le regole del rapporto. Con riferimento al contenuto del contratto si discorre, infatti, di **regolamento contrattuale**. • La libertà di autoregolamentarsi riconosciuta alle parti si estende anche alla possibilità di perseguire i propri interessi ricorrendo a modelli contrattuali diversi da quelli **tipici**, previsti cioè dal Codice civile e dalle leggi speciali. In sostanza, le parti possono regolare i propri interessi nel modo più aderente alle proprie esigenze, dettando una disciplina e prevedendo degli effetti non conosciuti da un contratto tipico, ma costruendo, appunto, un modello **atipico** (ad es., il contratto di sponsorizzazione). L'unico limite a questa ampia libertà è che il contratto atipico sia volto a perseguire scopi leciti, compatibili cioè con le strutture dell'ordinamento giuridico (ivi compresa l'utilità sociale di cui all'art. 41 Cost.), sì da poter essere da quest'ultimo riconosciuto.

1323. Norme regolatrici dei contratti.

Tutti i contratti ancorché non appartengano ai tipi che hanno una disciplina particolare, sono sottoposti alle norme generali contenute in questo titolo.

• Tanto ai contratti tipici quanto ai contratti atipici si applicano le norme del Codice civile del presente titolo, le quali costituiscono appunto la **disciplina generale del contratto**. Questa si applica, dunque, se le parti o disposizioni di legge non dispongono diversamente, dando vita quindi a una disciplina speciale. In particolare, una diversa disciplina dettata nell'esercizio dell'autonomia contrattuale è possibile soltanto con riferimento alle **norme dispositive** della disciplina generale, a quelle cioè che possono essere derogate dalla volontà delle parti; si parla anche di **norme suppletive** proprio per indicare che esse operano soltanto in mancanza di una diversa volontà delle parti. Nessuna deroga è ammessa, invece, per le **norme imperative** (o cogenti), quelle cioè che non ammettono una diversa volontà delle parti (come ad es. per quanto dispone l'art. 1350).

1324. Norme applicabili agli atti unilaterali.

Salvo diverse disposizioni di legge, le norme che regolano i contratti si osservano, in quanto compatibili, per gli atti unilaterali tra vivi aventi contenuto patrimoniale.

• L'ampiezza dell'ambito operativo della disciplina generale del contratto è confermata da questa disposizione. Il riferimento è ai **negozi giuridici promananti da una sola parte**, volti a realizzare interessi per il tramite della produzione di effetti giuridici. Ad essi si applica la disciplina sul contratto soltanto se diretti a produrre effetti mentre chi li ha posti in essere è in vita (**atti tra vivi**) e se gli interessi che tendono a realizzare sono economicamente apprezzabili (requisito della **patrimonialità**). Vi rientrano atti come la procura, il recesso, la convalida, ecc. Sono invece esclusi gli atti di ultima volontà ***mortis causa*** (es., il testamento) ma anche gli atti unilaterali non patrimoniali (es., il riconoscimento del figlio).

Capo II
Dei requisiti del contratto

1325. Indicazione dei requisiti.

I requisiti del contratto sono:

1) l'accordo delle parti;

2) la causa;

3) l'oggetto;

4) la forma, quando risulta che è prescritta dalla legge sotto pena di nullità.

• La disposizione elenca gli elementi che costituiscono la **struttura** del contratto. In sostanza, soltanto se rispetto a un atto giuridico si ravvisa la presenza di un accordo tra due o più parti, di una causa lecita, di un oggetto lecito, possibile determinato o determinabile e di una forma rispettosa delle modalità stabilite dalla legge, allora sarà possibile qualificare quell'atto come contratto. Trattandosi di elementi di struttura, la mancanza di uno solo di essi (o dei loro caratteri) comporta la **nullità del contratto** (artt. 1418 ss.), ossia il suo rifiuto immediato e definitivo da parte dell'ordinamento giuridico.

Sezione I
Dell'accordo delle parti

1326. Conclusione del contratto.

Il contratto è concluso nel momento in cui chi ha fatto la proposta ha conoscenza dell'accettazione dell'altra parte.

L'accettazione deve giungere al proponente nel termine da lui stabilito o in quello ordinariamente necessario secondo la natura dell'affare o secondo gli usi.

Il proponente può ritenere efficace l'accettazione tardiva, purché ne dia immediatamente avviso all'altra parte.

Qualora il proponente richieda per l'accettazione una forma determinata, l'accettazione non ha effetto se è data in forma diversa.

Un'accettazione non conforme alla proposta equivale a nuova proposta.

• Il contratto si conclude nel momento del perfezionamento dell'accordo, quando cioè si verifica la congruenza del consenso delle parti. • Tra i diversi procedimenti di conclusione del contratto vi è anzitutto lo **scambio di proposta e accettazione**, entrambi atti giuridici unilaterali. • Affinché un atto unilaterale possa valere come **proposta**, è necessario che enunci tutti gli elementi del contratto che si vuole concludere. Si tratta di un atto ricettizio, che produce i suoi effetti nel momento in cui giunge a conoscenza dell'oblato secondo la regola generale di cui all'art. 1335. • La manifestazione di volontà dell'oblato costituisce **accettazione** quando è del tutto conforme, nel suo contenuto, alla proposta. Altrimenti costituisce una **nuova proposta**. • **L'accordo si forma** quando l'accettazione dell'oblato giunge a conoscenza del proponente. Questo può avvenire in modo istantaneo, quando le parti sono compresenti; viceversa, quando le parti sono lontane, la conclusione del contratto avviene nel momento in cui la dichiarazione dell'oblato giunge nella sfera di conoscenza del proponente secondo la presunzione di conoscenza di cui all'art. 1335. • Nel formulare la proposta, il proponente può vincolare l'accettazione a una determinata **forma**, pena la sua inefficacia; può anche fissare un **termine** entro il quale la medesima gli deve giungere a conoscenza. In mancanza di un termine, l'accettazione deve comunque pervenire entro un **tempo ragionevole**, tenuto conto della natura dell'affare (dello specifico assetto di interessi) o degli usi. L'accettazione che giunga al proponente oltre il termine fissato o ritenuto ragionevole produce i suoi effetti soltanto se il proponente, nel momento in cui la riceve, comunica all'oblato di volerla ritenere efficace.

1327. Esecuzione prima della risposta dell'accettante.

Qualora, su richiesta del proponente o per la natura dell'affare o secondo gli usi, la prestazione debba eseguirsi senza una preventiva risposta, il contratto è concluso nel tempo e nel luogo in cui ha avuto inizio l'esecuzione.

L'accettante deve dare prontamente avviso all'altra parte della iniziata esecuzione e, in mancanza, è tenuto al risarcimento del danno.

• L'accordo si può formare anche senza uno scambio di proposta e di accettazione. La disposizione in commento prevede la **conclusione del contratto mediante l'esecuzione**, senza necessità della preventiva accettazione da parte dell'oblato. Questo è possibile quando alternativamente: a) lo richieda il proponente; b) lo imponga la natura dell'affare, specie quando la realizzazione degli interessi in gioco non può attendere i "tempi" dell'accettazione (*Esempio:* la proposta/richiesta di un servizio *taxi*); c) sia previsto dagli usi. • In questi casi **il contratto si conclude** nel luogo e nel termine in cui ha inizio l'esecuzione della prestazione. Al fine di mettere il proponente nelle condizioni di conoscere l'effettiva possibilità di ottenere il soddisfacimento del proprio interesse, l'inizio dell'esecuzione della prestazione **deve essere subito comunicato** allo stesso. Diversamente, il proponente stesso potrebbe subire un pregiudizio (ad es. cercando altrove il soddisfacimento di quel medesimo interesse). In tal caso egli avrà diritto al risarcimento del danno.

1328. Revoca della proposta e dell'accettazione.

La proposta può essere revocata finché il contratto non sia concluso. Tuttavia, se l'accettante ne ha intrapreso in buona fede l'esecuzione prima di avere notizia della revoca, il proponente è tenuto a indennizzarlo delle spese e delle perdite subìte per l'iniziata esecuzione del contratto.

L'accettazione può essere revocata, purché la revoca giunga a conoscenza del proponente prima dell'accettazione.

• Proposta e accettazione sono **atti unilaterali revocabili**. Tuttavia, la dichiarazione di revoca (a sua volta atto unilaterale), per produrre i suoi effetti, deve essere **tempestiva** e non tardiva: la revoca della proposta contrattuale deve intervenire prima che l'accettazione giunga a conoscenza del proponente; la revoca dell'accettazione deve giungere a conoscenza del proponente prima che allo stesso giunga l'accettazione. Vale sempre la presunzione di conoscenza disposta dall'art. 1335. L'eventuale iniziata esecuzione della prestazione da parte dell'accettante prima della conclusione del contratto e della ricezione della dichiarazione di revoca della proposta, se avvenuta in buona fede tenuto conto delle circostanze del caso concreto, fa sorgere il diritto dell'accettante di essere **rimborsato** dei costi sostenuti e delle perdite subite. Il riferimento è anche alla buona fede oggettiva, ovvero al comportamento che, in presenza di quelle circostanze, avrebbe tenuto un contraente corretto.

1329. Proposta irrevocabile.

Se il proponente si è obbligato a mantenere ferma la proposta per un certo tempo, la revoca è senza effetto.

Nell'ipotesi prevista dal comma precedente, la morte o la sopravvenuta incapacità del proponente non toglie efficacia alla proposta, salvo che la natura dell'affare o altre circostanze escludano tale efficacia.

• Il proponente può essere interessato a **impegnarsi a non revocare** la propria proposta per un determinato periodo di tempo, lasciando l'oblato libero di compiere le proprie valutazioni e di decidere se accettare o meno. • Decorso il periodo di tempo di irrevocabilità, alcuni ritengono che la proposta possa sopravvivere come semplice se il termine di irrevocabilità era inferiore a quello di cui all'art. 1326, co. 2. • Salvo che lo specifico assetto di interessi non faccia oggettivamente deporre per una diversa soluzione, la proposta irrevocabile rimane efficace come tale anche nel caso in cui, durante il tempo di irrevocabilità, **sopravvenga la morte o l'incapacità del proponente**. Questa regola, giustificata dal vincolo assunto dal proponente con la dichiarazione di irrevocabilità, costituisce una **deroga** alla regola generale dell'intrasmissibilità della proposta (e dell'accettazione) contrattuale, la quale implica la perdita di efficacia della stessa in caso di morte o di sopravvenuta incapacità del proponente.

1330. Morte o incapacità dell'imprenditore.
La proposta o l'accettazione, quando è fatta dall'imprenditore nell'esercizio della sua impresa, non perde efficacia se l'imprenditore muore o diviene incapace prima della conclusione del contratto, salvo che si tratti di piccoli imprenditori o che diversamente risulti dalla natura dell'affare o da altre circostanze.

• Altra eccezione al principio dell'intrasmissibilità della proposta e dell'accettazione si ha quando l'una o l'altra provengano da un **imprenditore commerciale** (non per il piccolo imprenditore *ex* art. 2083) nell'esercizio della sua attività d'impresa, salvo che lo specifico assetto di interessi non faccia oggettivamente deporre per una diversa soluzione. Se l'imprenditore muore prima della conclusione del contratto, la proposta (anche se non irrevocabile) o l'accettazione dallo stesso formulata continua a produrre i suoi effetti. Spetterà eventualmente agli eredi o al sostituto dell'imprenditore divenuto incapace formulare la dichiarazione di revoca, sempre che non sia intervenuta la conclusione del contratto.

1331. Opzione.
Quando le parti convengono che una di esse rimanga vincolata alla propria dichiarazione e l'altra abbia facoltà di accettarla o meno, la dichiarazione della prima si considera quale proposta irrevocabile per gli effetti previsti dall'articolo 1329.
Se per l'accettazione non è stato fissato un termine, questo può essere stabilito dal giudice.

• L'irrevocabilità della proposta contrattuale può discendere oltre che da un atto unilaterale, ovvero per iniziativa esclusiva dello stesso proponente, nei termini indicati dall'art. 1329, anche da un accordo. Si tratta del **contratto di opzione** (è un'ipotesi tipica di contratto unilaterale, cioè con obbligazioni in capo a una sola parte) in cui una parte si vincola a tenere ferma la propria proposta per un certo periodo di tempo lasciando libera l'altra parte di accettarla o meno. Se non è pattuito un **termine** entro il quale accettare, la parte interessata può rivolgersi al giudice per chiederne la fissazione. • Il **contratto di opzione** e la **proposta irrevocabile** sono due strumenti che, pur avendo il medesimo effetto, si prestano a soddisfare interessi differenti: la proposta irrevocabile risponde evidentemente a un interesse del proponente; l'opzione risponde anche all'interesse dell'oblato di riservarsi un periodo di valutazione. Per questo, di solito nel contratto di opzione viene pattuito un compenso a favore del proponente che tiene ferma la proposta.

1332. Adesione di altre parti al contratto.
Se ad un contratto possono aderire altre parti e non sono determinate le modalità dell'adesione, questa deve essere diretta all'organo che sia stato costituito per l'attuazione del contratto o, in mancanza di esso a tutti i contraenti originari.

• Questo ulteriore procedimento di conclusione del contratto, che pure prescinde dall'accettazione, riguarda i c.d. **contratti aperti** (es., il contratto di associazione). Si tratta di contratti stipulati in origine da determinati soggetti, i quali hanno definito il relativo contenuto, e che prevedono la possibilità che altri soggetti interessati possano esserne parte. • La partecipazione, l'**"ingresso" nel contratto**, avviene con un atto di adesione, avente natura recettizia, rivolto all'organo preposto all'esecuzione del contratto (ad es. il consiglio di amministrazione o il presidente dell'associazione) o a tutte le parti che in origine hanno stipulato il contratto.

1333. Contratto con obbligazioni del solo proponente.
La proposta diretta a concludere un contratto da cui derivino obbligazioni solo per il proponente è irrevocabile appena giunge a conoscenza della parte alla quale è destinata.
Il destinatario può rifiutare la proposta nel termine richiesto dalla natura dell'affare o dagli usi. In mancanza di tale rifiuto il contratto è concluso.

• Un ulteriore procedimento di formazione dell'accordo che prescinde dalla preventiva accettazione è previsto per i **contratti unilaterali**, dai quali cioè discendono obbligazioni soltanto in capo al proponente (es., il contratto di opzione). In questa categoria non rientrano tutti i contratti gratuiti, ma soltanto quelli i cui effetti obbligatori scaturiscono in capo a una sola parte (sono esclusi, tra gli altri, la donazione o il comodato). E la ragione è da ravvisarsi nel fatto che il destinatario della proposta riceve soltanto dei benefici non assumendo alcun costo/rischio. • In questi casi nel momento in cui la proposta entra nella sfera di conoscenza dell'oblato diventa **irrevocabile** e porta alla conclusione del contratto se non viene rifiutata entro un ragionevole periodo di tempo, da valutarsi in ragione della natura dell'affare o degli usi. Non è pertanto richiesta l'accettazione dell'oblato, il cui silenzio circostanziato conduce alla conclusione del contratto. A tutela della sua libertà è comunque fatta salva la possibilità di evitare la conclusione del contratto esprimendo il proprio **rifiuto**.

1334. Efficacia degli atti unilaterali.

Gli atti unilaterali producono effetto dal momento in cui pervengono a conoscenza della persona alla quale sono destinati.

• In base a questa regola generale, tutte le manifestazioni di volontà promananti da una parte e aventi un determinato destinatario (ad es., proposta, accettazione, revoca, rifiuto, adesione, ecc.) hanno **carattere recettizio**, cioè producono i loro effetti soltanto nel momento in cui giungono a conoscenza del destinatario.

1335. Presunzione di conoscenza.

La proposta, l'accettazione, la loro revoca e ogni altra dichiarazione diretta a una determinata persona si reputano conosciute nel momento in cui giungono all'indirizzo del destinatario, se questi non prova di essere stato, senza sua colpa, nell'impossibilità di averne notizia.

• Il problema di provare che l'atto unilaterale recettizio è giunto a conoscenza del destinatario è risolto da questa regola generale, la quale **presume** che ciò avvenga nel momento in cui l'atto raggiunge l'indirizzo del destinatario. • Questo momento in cui si radica la presunzione va individuato secondo criteri diversi a seconda che la comunicazione avvenga con modalità **tradizionali** o **digitali**. Nel primo caso, l'indirizzo del destinatario coinciderà con uno dei luoghi in cui egli può essere fisicamente raggiunto (residenza, domicilio, dimora); nel caso di **documenti informatici**, invece, si intendono consegnati al destinatario se resi disponibili all'indirizzo elettronico da questi dichiarato, nella sua casella di posta elettronica messa a disposizione dal gestore (art. 45, d.lgs. n. 82/2005). Nella disciplina sul commercio elettronico, l'ordine e la ricevuta si considerano pervenuti quando le parti alle quali sono indirizzati hanno la possibilità di accedervi (art. 13, d.lgs. n. 70/2003). • Spetterà eventualmente al destinatario superare la presunzione (la quale, quindi, ha **carattere relativo**) provando di non aver potuto oggettivamente prendere conoscenza dell'atto a causa di circostanze non rimproverabili in termini di colpa.

1336. Offerta al pubblico.

L'offerta al pubblico, quando contiene gli estremi essenziali del contratto alla cui conclusione è diretta, vale come proposta, salvo che risulti diversamente dalle circostanze o dagli usi.

La revoca dell'offerta, se è fatta nella stessa forma dell'offerta o in forma equipollente, è efficace anche in confronto di chi non ne ha avuto notizia.

• L'**offerta al pubblico** consiste in una proposta rivolta *ad incertam personam*, a un numero indeterminato di destinatari. Per essere tale, l'offerta deve presentarsi completa degli elementi strutturali del contratto che s'intende concludere (lo è quindi un oggetto esposto in un negozio con il relativo prezzo). Il **contratto si conclude** nel momento in cui l'accettazione di qualunque interessato giunge a conoscenza del proponente. • Quest'ultimo può **revocare** la proposta in qualsiasi momento prima della conclusione del contratto; la revoca ha tuttavia effetto soltanto se effettuata con le stesse modalità comunicative (la stessa forma) con cui è avvenuta l'offerta. La disciplina di questo tipo di proposta e della relativa revoca costituisce una **deroga** alla regola generale del carattere recettizio degli atti unilaterali (art. 1334), non essendo necessario, per la loro efficacia, che giungano a conoscenza dell'altra parte.

1337. Trattative e responsabilità precontrattuale.

Le parti, nello svolgimento delle trattative e nella formazione del contratto, devono comportarsi secondo buona fede.

• Le **trattative contrattuali** costituiscono il momento in cui le parti valutano la rispondenza dell'affare ai loro interessi. Maturato il convincimento sul regolamento (il contenuto) del contratto da concludere, le parti passano alla fase strettamente riguardante il **procedimento di formazione** dell'accordo contrattuale. • In queste fasi, ciascuna parte è libera di recedere dalle trattative o comunque di non concludere il contratto. L'unico obbligo che incombe in capo a ciascun contraente è di comportarsi secondo **buona fede**, di tenere cioè una condotta conforme ai parametri di correttezza e lealtà richiesti dallo specifico settore di mercato in cui si colloca l'operazione. La buona fede, espressione del principio di solidarietà (art. 2 Cost.), esige che ciascun contraente abbia cura dell'interesse dell'altra parte quando ciò non comporta un apprezzabile sacrificio del proprio. Il riferimento è dunque al concetto di **buona fede oggettiva**, che consiste in un obbligo di condotta da tenere distinto dal concetto di **buona fede soggettiva** (come nel caso della buona fede nel possesso), che riguarda invece uno stato di conoscenza del soggetto. • È quindi considerato una violazione dell'obbligo di buona fede il **recesso ingiustificato dalle trattative**, avvenuto cioè dopo che sia stato seriamente edificato l'affidamento dell'altro contraente nella conclusione del contratto e senza una valida ragione; ma anche la violazione del **dovere di informazione** su fattori di conoscenza non disponibili all'altra parte e indispensabili per condurre una libera valutazione dell'affare. • La violazione dell'obbligo di buona fede in questa fase espone il contraente, la cui condotta sia stata scorretta, alla **responsabilità precontrattuale** per i danni cagionati all'altra parte. Sulla natura della responsabilità, soprattutto la giurisprudenza ne ha affermato il carattere extracontrattuale *ex* art. 2043. La dottrina, seguita dalla giurisprudenza più recente, ne afferma la natura contrattuale per violazione di **obblighi di protezione** che trovano, appunto, la loro fonte nell'obbligo generale di buona fede. Questa responsabilità è ricondotta al terzo gruppo di fonti di obbligazioni di cui all'art. 1173 ovvero a «ogni altro fatto o atto idoneo a produrle in conformità all'ordinamento giuridico». • Il risarcimento del danno è limitato al c.d. **interesse negativo**, cioè alle perdite che non si sarebbero patite o alle occasioni di guadagno che non si sarebbero perdute se le trattative non fossero iniziate.

1338. Conoscenza delle cause d'invalidità.

La parte che, conoscendo o dovendo conoscere l'esistenza di una causa di invalidità del contratto, non ne ha dato notizia all'altra parte è tenuta a risarcire il danno da questa risentito per avere confidato, senza sua colpa, nella validità del contratto.

• La norma prevede uno specifico **obbligo di informazione** ed è quindi ritenuta come un'espressione puntuale dell'obbligo generale di comportarsi secondo buona fede. Per l'insorgenza di questa ipotesi di responsabilità è necessario che ricorrano tre requisiti: a) che la causa di invalidità fosse conosciuta o conoscibile; b) che non sia stata comunicata dalla parte che la conosceva o che avrebbe potuto conoscerla usando l'ordinaria diligenza; c) che l'altra parte fosse incolpevolmente all'oscuro della causa di invalidità, radicando quindi il suo affidamento sulla stabilità degli effetti del contratto; d) che gli effetti del contratto siano venuti meno per effetto della pronuncia di nullità o di annullabilità. • Sulla natura della responsabilità e sul danno risarcibile valgono le considerazioni svolte a commento dell'articolo precedente.

1339. Inserzione automatica di clausole.

Le clausole, i prezzi di beni o di servizi, imposti dalla legge *o da norme corporative* (1), sono di diritto inseriti nel contratto, anche in sostituzione delle clausole difformi apposte dalle parti.

(1) Le norme corporative sono state abrogate con r.d.l. 9/8/1943, n. 721.

• La disposizione tratta dei contenuti del contratto disposti da **norme imperative o cogenti**, ovvero da disposizioni di legge che non possono essere derogate dall'autonomia contrattuale (ad es., la durata minima del contratto di locazione per uso abitativo). • L'eventuale previsione contraria è considerata nulla ed è **sostituita automaticamente** da quella sancita dalla legge. Si tratta di un'ipotesi di **nullità necessariamente parziale**, che non può dunque estendersi all'intero contratto *ex* art. 1419, co. 2. • Se invece le parti non hanno provveduto a inserire nel contratto alcuna clausola riguardante i contenuti imposti dalla legge, il contratto deve ritenersi **integrato automaticamente** dalle previsioni di legge a norma dell'art. 1374. Pertanto, trattandosi di contenuti imposti, se la mancata previsione delle parti riguarda un elemento essenziale del contratto, ad esempio il prezzo, il contratto non è nullo per mancanza dell'oggetto se il prezzo è imposto dalla legge e il contratto deve ritenersi integrato dalla stessa.

1340. Clausole d'uso.

Le clausole d'uso s'intendono inserite nel contratto, se non risulta che non sono state volute dalle parti.

• Il riferimento è agli **usi negoziali** da non confondere con gli **usi normativi** di cui all'art. 8 delle Preleggi (v. art. 1374). I primi si riferiscono alle pratiche ripetute e diffuse nel mercato, non accompagnate, a differenza degli usi normativi, dal requisito dell'*opinio iuris atque necessitatis*. • Anche gli usi negoziali concorrono a formare il regolamento del contratto che nulla disponga in proposito; essi dunque **prevalgono** anche rispetto alle norme dispositive. Tuttavia, a differenza dei contenuti imposti dalla legge, quelli discendenti dalle clausole d'uso **possono essere esclusi** dalle parti o derogati da una loro diversa determinazione di volontà. Sì che, la clausola frutto dell'autonomia contrattuale delle parti prevale sulla clausola d'uso di diverso tenore.

1341. Condizioni generali di contratto.

Le condizioni generali di contratto predisposte da uno dei contraenti sono efficaci nei confronti dell'altro, se al momento della conclusione del contratto questi le ha conosciute o avrebbe dovuto conoscerle usando l'ordinaria diligenza.

In ogni caso non hanno effetto, se non sono specificamente approvate per iscritto, le condizioni che stabiliscono, a favore di colui che le ha predisposte, limitazioni di responsabilità, facoltà di recedere dal contratto o di sospenderne l'esecuzione, ovvero sanciscono a carico dell'altro contraente decadenze, limitazioni alla facoltà di opporre eccezioni, restrizioni alla libertà contrattuale nei rapporti coi terzi, tacita proroga o rinnovazione del contratto, clausole compromissorie o deroghe alla competenza dell'autorità giudiziaria.

• La norma si riferisce a una particolare **ipotesi di conclusione del contratto**: quella che avviene, appunto, per condizioni generali. • Il contesto di riferimento è specialmente quello dei **mercati di massa**, in cui lo stesso contratto con il medesimo contenuto viene stipulato da un numero indeterminato di soggetti. • Le **condizioni generali di contratto** sono le **clausole predisposte** da un contraente per concludere un numero indefinito di contratti con lo stesso contenuto. L'unica condizione richiesta per l'efficacia di questi contratti è che il predisponente metta l'altra parte nelle condizioni di **poter conoscere** il contenuto del contratto. Non è quindi richiesta, in capo alla parte "aderente" alle condizioni generali, la conoscenza effettiva bensì la **conoscibilità**. • Una garanzia ulteriore a questa libertà è istituita dal legislatore nel caso in cui tra le condizioni generali sia inserita una o più clausole del tenore di quelle elencate dal secondo comma dell'articolo in commento (**clausole vessatorie**). Per la loro efficacia è richiesta una **forzatura formale**, vale a dire una specifica, puntuale approvazione scritta delle medesime. Questo adempimento formale è di per sé sufficiente a far salva l'efficacia delle clausole, anche se di fatto esse non sono conosciute. L'elenco di clausole disposto dall'art. 1341, co. 2 è **tassativo**; non è quindi ammessa l'applicazione analogica, ma soltanto l'interpretazione estensiva. • Una **disciplina speciale delle clausole vessatorie** è disposta dagli artt. 33 ss. del d.lgs. n. 206/2005 (Codice del consumo) per l'ipotesi in cui le parti del contratto siano da un lato un professionista e dall'altro un consumatore. In sintesi: a) l'art. 33 cod. cons. contiene un ampio elenco di clausole che si presumono vessatorie, ma questo elenco **non è tassativo** bensì soltanto esemplificativo poiché sono vessatorie anche tutte le clausole che «malgrado la buona fede determinano a carico del consumatore un significativo squilibrio dei diritti e degli obblighi derivanti dal contratto»: uno **squilibrio** di carattere normativo e non economico, nei termini chiariti dall'art. 34, co. 2, cod. cons.; b) la clausola può non considerarsi vessatoria soltanto se è stata oggetto di specifica **trattativa individuale**; c) nei contratti predisposti dal professionista o conclusi con moduli o formulari, l'**onere di provare** l'intervenuta trattativa compete al professionista; d) le clausole indicate nell'art. 36, co. 2, cod. cons. sono comunque ritenute vessatorie anche se sono state oggetto di trattativa individuale (c.d. ***black list***); e) le clausole vessatorie sono colpite da **nullità necessariamente parziale**, perché non può estendersi all'intero contratto (in deroga alla previsione dell'art. 1419) e **relativa**, perché opera soltanto a vantaggio del consumatore e può essere rilevata d'ufficio (in deroga all'art. 1421).

1342. Contratto concluso mediante moduli o formulari.

Nei contratti conclusi mediante la sottoscrizione di moduli o formulari, predisposti per disciplinare in maniera uniforme determinati rapporti contrattuali, le clausole aggiunte al modulo o al formulario prevalgono su quelle del modulo o del formulario qualora siano incompatibili con esse, anche se queste ultime non sono state cancellate.

Si osserva inoltre la disposizione del secondo comma dell'articolo precedente.

• La norma si riferisce ai contratti in cui una delle parti sottopone all'altra un ***format*** prestampato da compilare e sottoscrivere. • I moduli o formulari dunque sono **contratti standard** preposti a regolare una serie indefinita di rapporti contrattuali di un certo tipo, dei quali qualsiasi soggetto si può servire compilando i relativi spazi lasciati in bianco e apponendo la sottoscrizione (ad es., per una locazione). Diversamente, le condizioni generali servono per regolare una serie indefinita di rapporti contrattuali del solo predisponente. • Il modulo o formulario può essere utilizzato anche soltanto per una singola operazione contrattuale. • Ad essi si applica comunque la tutela disposta dall'art. 1341, co. 2 sì che le eventuali clausole vessatorie in esso inserite devono essere specificamente sottoscritte pena la loro inefficacia. È evidente che se nonostante il ricorso a un *format* (modulo o formulario) il contratto **risulta essere stato negoziato** dalle parti o comunque c'era la possibilità per l'aderente di discuterne il contenuto, quella disciplina non troverà applicazione (Cass. 6753/2018).

Sezione II
Della causa del contratto

1343. Causa illecita.

La causa è illecita quando è contraria a norme imperative, all'ordine pubblico o al buon costume.

• La causa, come elemento strutturale del contratto, è tradizionalmente definita come la funzione economico-sociale del contratto. Più che a un concetto astratto, il riferimento è agli interessi concreti che il contratto tende a realizzare; di qui il concetto, cui si riferisce anche la giurisprudenza, di **causa in concreto**. L'inferenza è che la verifica della sussistenza di tale requisito, ovvero della giustificazione degli effetti del contratto, riguarda sia i contratti tipici (si pensi a una vendita in cui uno dei beni scambiati sia, al momento della conclusione del contratto, definitivamente fuori uso) sia i contratti atipici. • Accanto ai contratti a **causa onerosa**, in cui è ravvisabile in capo a colui che si sottopone al sacrificio economico un vantaggio altrettanto economicamente apprezzabile, vi sono i contratti a **causa liberale**, caratterizzati dal puro intento di arricchire gratuitamente un'altra parte e riconosciuti dall'ordinamento giuridico alle condizioni stabilite dalla legge. La causa deve pure essere **lecita**, cioè conforme: a) alle **norme imperative**, ovvero a quelle che non possono essere derogate dalla volontà delle parti (ad es. le norme penali); b) all'**ordine pubblico**, ovvero ai principi che delineano la struttura economica e politica dell'ordinamento (ad es. il principio di concorrenza); c) al **buon costume**, ovvero alle regole della morale (sessuale, politica, sportiva, ecc.) comunemente condivisa.

1344. Contratto in frode alla legge.

Si reputa altresì illecita la causa quando il contratto costituisce il mezzo per eludere l'applicazione di una norma imperativa.

• All'ipotesi di **illiceità della causa** è ricondotto anche il contratto che si rivela come lo strumento volto a realizzare ciò che è vietato dalla legge. In questo caso, la contrarietà alla legge non si ha in via diretta ma **indiretta**: il contenuto del contratto, in sé e per sé, non si pone in contrasto con la legge, ma l'insieme delle sue previsioni o dell'operazione contrattuale in cui esso si inserisce si dirige a ottenere un risultato equivalente a quello vietato. Ne è un esempio il contratto di vendita con patto di riscatto o retrovendita stipulato tra debitore e creditore, che attribuisca la proprietà del bene all'acquirente (creditore) soltanto in caso di inadempimento del venditore (debitore); questo contratto, pur non integrando direttamente un patto commissorio, vietato dall'art. 2744, costituisce il mezzo per eludere questa norma imperativa, sì che la sua causa è illecita ed è nullo ai sensi della disposizione in esame.

1345. Motivo illecito.

Il contratto è illecito quando le parti si sono determinate a concluderlo esclusivamente per un motivo illecito comune ad entrambe.

• I **motivi** costituiscono le ragioni soggettive, individuali, che hanno determinato ciascuna parte a concludere il contratto. Si distinguono dalla causa perché mentre quest'ultima esprime la funzione (lo scopo) oggettiva del contratto, i motivi riguardano gli interessi individuali, non espressi nel contenuto del contratto. • Generalmente i motivi **non rilevano** giuridicamente. • Possono assumere **rilevanza giuridica**, rendendo il contratto illecito e quindi nullo, quando presentano contemporaneamente i seguenti caratteri: a) siano **illeciti**, ovvero contrari alle norme imperative, all'ordine pubblico e al buon costume nei termini esposti a commento dell'art. 1343; b) siano **comuni** alle parti del contratto, nel senso che esse si siano determinate a concludere il contratto per realizzare i medesimi interessi illeciti; c) siano stati **determinanti** del consenso di entrambe le parti, le quali, senza la possibilità di realizzare quegli interessi, non avrebbero concluso il contratto (*Esempio*: locazione di un immobile per adibirlo a casa da gioco).

Sezione III
Dell'oggetto del contratto

1346. Requisiti.

L'oggetto del contratto deve essere possibile, lecito, determinato o determinabile.

• Per oggetto del contratto si intende l'insieme delle prestazioni (di dare, fare, non fare) dovute dalle parti. Alcuni autori lo identificano con il contenuto del contratto, cioè con il suo regolamento costituito dall'insieme delle sue clausole. • L'oggetto, oltre ad essere ravvisabile, deve presentare determinati connotati: a) essere **possibile**: il riferimento è sia alla possibilità fisica, nel senso che la prestazione si possa realizzare materialmente, sia alla possibilità giuridica, nel senso che la prestazione si possa realizzare dal punto di vista giuridico; b) essere **lecito**, ovvero, nei termini esposti per la causa, conforme alle norme imperative, al buon costume e all'ordine pubblico; c) essere **determinato**, vale a dire individuato nella sua precisa entità (quantità, qualità, contenuto, prezzo, ecc.) o almeno **determinabile**, siano offerti cioè gli elementi che consentano la sua determinazione. Questo ultimo carattere è evidentemente posto a garanzia della libertà contrattuale, la quale esige che il contraente sia posto nelle condizioni di poter conoscere compiutamente a quali vantaggi e a quali sacrifici si espone con la stipula del contratto.

1347. Possibilità sopravvenuta dell'oggetto.

Il contratto sottoposto a condizione sospensiva o a termine è valido, se la prestazione inizialmente impossibile diviene possibile prima dell'avveramento della condizione o della scadenza del termine.

• Rispetto al **contratto con oggetto impossibile**, la cui efficacia sia sottoposta a condizione sospensiva o a termine iniziale, il giudizio di validità è rinviato al momento in cui si verifica l'evento futuro e incerto (condizione) o l'evento futuro e certo (termine). Infatti se tra il momento della conclusione del contratto e il verificarsi di tali eventi la prestazione diviene possibile il contratto è ritenuto valido.

1348. Cose future.

La prestazione di cose future può essere dedotta in contratto, salvi i particolari divieti della legge.

• Le **cose future** sono quelle che ancora non esistono al momento della conclusione del contratto. Esse possono validamente costituire oggetto del contratto, i cui effetti, rispetto alla specifica prestazione, sono **rinviati** al momento in cui la cosa verrà ad esistenza. Così nella vendita che ha per oggetto cose future (art. 1472), il trasferimento della proprietà si verifica nel momento in cui il bene viene ad esistenza, derogando in tal modo all'operatività del principio del consenso traslativo di cui all'art. 1376.

1349. Determinazione dell'oggetto.

Se la determinazione della prestazione dedotta in contratto è deferita a un terzo e non risulta che le parti vollero rimettersi al suo mero arbitrio, il terzo deve procedere con equo apprezzamento. Se manca la determinazione del terzo o se questa è manifestamente iniqua o erronea, la determinazione è fatta dal giudice.

La determinazione rimessa al mero arbitrio del terzo non si può impugnare se non provando la sua mala fede. Se manca la determinazione del terzo e le parti non si accordano per sostituirlo, il contratto è nullo.

Nel determinare la prestazione il terzo deve tener conto anche delle condizioni generali della produzione a cui il contratto eventualmente abbia riferimento.

• Anziché procedere direttamente a determinare l'oggetto del contratto o a indicare gli elementi che ne consentano la determinazione, le parti, di comune accordo, possono demandarla a un terzo soggetto chiamato **arbitratore** (con il compito ad esempio di determinare il valore del bene oggetto di trasferimento). Il problema che si pone è capire in base a quali criteri il terzo debba procedere all'arbitraggio e a quali condizioni il suo giudizio possa essere contestato. • Occorre distinguere a seconda che le parti abbiano o meno espressamente pattuito che la determinazione avvenga in base alla piena libertà insindacabile (**mero arbitrio**) del terzo. Nel caso in cui ciò sia stato pattuito, la valutazione può essere contestata soltanto provando la **mala fede del terzo**, cioè il fatto che egli abbia volutamente agito per favorire una delle parti. Peraltro, in questa ipotesi, se l'arbitratore non provvede alla determinazione dell'oggetto o la sua valutazione viene contestata con successo, le parti o si accordano per sostituire l'arbitratore con un altro soggetto oppure il contratto è nullo. E ciò in ragione del fatto che le parti si erano accordate nel senso di demandare la determinazione al mero arbitrio del terzo appositamente individuato; aspetto, questo, che verrebbe evidentemente tradito se fosse prevista, in tal caso, la determinazione ad opera del giudice. • Se le parti non hanno rimesso la determinazione dell'oggetto al mero arbitrio del terzo, il parametro non è più la buona fede bensì l'equità, nel senso che la determinazione deve avvenire secondo criteri oggettivi e controllabili, realizzando l'equo contemperamento degli interessi delle parti (**equo arbitrio**). In tal caso, se il terzo non procede o la sua valutazione viene con successo contestata perché iniqua o erronea, alla determinazione procederà il giudice.

Sezione IV
Della forma del contratto

1350. Atti che devono farsi per iscritto.

Devono farsi per atto pubblico o per scrittura privata, sotto pena di nullità:

1) i contratti che trasferiscono la proprietà di beni immobili;

2) i contratti che costituiscono, modificano o trasferiscono il diritto di usufrutto su beni immobili, il diritto di superficie, il diritto del concedente e dell'enfiteuta;

3) i contratti che costituiscono la comunione di diritti indicati dai numeri precedenti;

4) i contratti che costituiscono o modificano le servitù prediali, il diritto di uso su beni immobili e il diritto di abitazione;

5) gli atti di rinunzia ai diritti indicati dai numeri precedenti;

6) i contratti di affrancazione del fondo enfiteutico;

7) i contratti di anticresi;

8) i contratti di locazione di beni immobili per una durata superiore a nove anni;

9) i contratti di società o di associazione con i quali si conferisce il godimento di beni immobili o di altri diritti reali immobiliari per un tempo eccedente i nove anni o per un tempo indeterminato;

10) gli atti che costituiscono rendite perpetue o vitalizie, salve le disposizioni relative alle rendite dello Stato;

11) gli atti di divisione di beni immobili e di altri diritti reali immobiliari;

12) le transazioni che hanno per oggetto controversie relative ai rapporti giuridici menzionati nei numeri precedenti;

13) gli altri atti specialmente indicati dalla legge.

• L'elemento strutturale della **forma** del contratto si riferisce alla modalità di estrinsecazione della volontà contrattuale. • La regola generale è la **libertà delle forme**, nel senso che se relativamente a questo elemento nulla è espressamente disposto dal legislatore o dalle parti, queste sono libere di manifestare la propria volontà con il mezzo comunicativo che ritengono più opportuno. La volontà può essere manifestata oltre che in modo **espresso**, cioè mediante una dichiarazione (verbale o scritta), anche in modo **tacito**, ovvero per il tramite di comportamenti che inequivocabilmente esprimono l'intento (comportamenti concludenti). • Il contratto deve concludersi per iscritto soltanto quando ciò è disposto espressamente dal legislatore; il quale, quando si limita a disporre semplicemente la forma scritta, lascia le parti libere di scegliere uno dei **modelli di forma scritta** conosciuti dall'ordinamento giuridico, segnatamente l'atto pubblico o la scrittura privata (v. artt. 2699 ss.). • La disposizione in commento elenca una serie di atti, riguardanti beni immobili, che devono concludersi per iscritto, e al n. 13) opera un riferimento generale e di chiusura, rinviando a tutte le specifiche previsioni di legge che vincolano il contratto alla scrittura. Rispetto a tutti questi contratti la forma scritta è richiesta ***ad substantiam***, ovvero ai fini della validità del contratto; in altre parole, la mancata osservanza della forma scritta rende nullo il contratto. Ci sono altri casi in cui la forma scritta è richiesta soltanto ai fini della prova (***ad probationem***), come ad esempio nel contratto di transazione (art. 1967).

1351. Contratto preliminare.

Il contratto preliminare è nullo, se non è fatto nella stessa forma che la legge prescrive per il contratto definitivo.

• Il Codice civile non contiene una definizione di contratto preliminare, limitandosi a considerarlo soltanto per dettarne la disciplina della forma. La quale, rinviando a quella disposta per il contratto definitivo, fa intendere che sussiste un legame fra contratto preliminare e contratto definitivo. Il primo, infatti, è l'accordo con il quale una parte (**preliminare unilaterale**) o entrambe le parti (**preliminare bilaterale**) si impegnano a concludere un successivo contratto, chiamato appunto contratto definitivo. Dal contratto preliminare, discende quindi un **obbligo a contrarre**, a stipulare cioè il contratto definitivo. In caso di rifiuto ingiustificato a stipulare il definitivo (inadempimento) l'altra parte può chiedere, a norma dell'art. 2932, l'esecuzione in forma specifica dell'obbligo di contrarre, cioè chiedere una sentenza che produca gli stessi effetti del contratto definitivo non concluso. L'art. 2645-*bis* prevede la **trascrizione del contratto preliminare**, rendendolo così opponibile nei confronti di chiunque dovesse successivamente acquisire diritti con esso incompatibili. • Dal contratto preliminare va distinta l'ipotesi del contratto definitivo in cui le parti assumono l'impegno di riprodurlo successivamente in un'altra forma; è il caso, ad esempio, della stipula di un contratto di compravendita immobiliare con scrittura privata semplice, in cui le parti si impegnano a sottoscrivere, in data successiva, l'atto notarile necessario ai fini della trascrizione. Così facendo, le parti si limitano a operare una **rinnovazione,** in un'altra forma, del contratto precedentemente concluso, il quale ha già prodotto i suoi effetti (trasferimento dell'immobile e obbligo di pagare il prezzo) tra le parti. • Va pure distinta dal contratto preliminare la c.d. **minuta** o **puntuazione** di contratto, che si ha quando le parti si danno atto di aver raggiunto un accordo di massima su alcuni contenuti (ad es. il prezzo) del contratto; il quale, per gli altri profili contenutistici, è ancora in via di definizione. Questo atto rileva soltanto al fine di valutare eventuali responsabilità delle parti in caso di rottura delle trattative.

1352. Forme convenzionali.

Se le parti hanno convenuto per iscritto di adottare una determinata forma per la futura conclusione di un contratto, si presume che la forma sia stata voluta per la validità di questo.

• Il contratto può essere vincolato alla forma scritta oltre che dalla legge anche dalla volontà delle parti. In quest'ultimo caso, la legge presume che la forma scritta sia richiesta *ad substantiam* cioè ai fini della validità del contratto. Si tratta tuttavia di una **presunzione relativa** (*iuris tantum*), nel senso che può essere superata provando che le parti non l'hanno disposta a tale fine ma, ad esempio, ai fini della prova (*ad probationem*).

Capo III
Della condizione nel contratto

1353. Contratto condizionale.

Le parti possono subordinare l'efficacia o la risoluzione del contratto o di un singolo patto a un avvenimento futuro e incerto.

• La **condizione** è una clausola contrattuale che lega l'efficacia del contratto, o di una singola previsione in esso contenuta, a un evento **futuro**, successivo cioè alla conclusione del contratto, e **incerto**, che non è dato conoscere in quel momento se si verificherà o meno. • Al verificarsi di questo evento le parti possono subordinare l'inizio dell'efficacia del contratto: si parla in questo caso di **condizione sospensiva**, proprio per indicare che le parti sospendono l'efficacia del contratto in attesa del verificarsi dell'evento; il quale, dunque, se non si verifica lascia il contratto definitivamente privo di effetti. • Le parti possono anche subordinare al verificarsi dell'evento dedotto in condizione il permanere degli effetti del contratto: si parla in questo caso di **condizione risolutiva**; il verificarsi dell'evento, in tale ipotesi, fa venir meno gli effetti del contratto *ex tunc*, cioè sin dal momento in cui il contratto è stato concluso (salvo quanto dispone l'art. 1360), facendo di conseguenza operare, rispetto alle prestazioni eventualmente eseguite nel frattempo, la disciplina della ripetizione dell'indebito (artt. 2033 ss.) con i relativi obblighi di restituzione.

1354. Condizioni illecite o impossibili.

È nullo il contratto al quale è apposta una condizione, sospensiva o risolutiva, contraria a norme imperative, all'ordine pubblico o al buon costume.

La condizione impossibile rende nullo il contratto se è sospensiva; se è risolutiva, si ha come non apposta.

Se la condizione illecita o impossibile è apposta a un patto singolo del contratto, si osservano, riguardo all'efficacia del patto, le disposizioni dei commi precedenti, fermo quanto è disposto dall'articolo 1419.

• La condizione è **illecita** quando l'evento futuro e incerto al quale sono stati subordinati dalle parti gli effetti del contratto è contrario alle norme imperative, all'ordine pubblico o al buon costume, nel senso specificato a commento dell'art. 1343. • La condizione è invece **impossibile** quando l'evento non può materialmente o giuridicamente verificarsi. • Le conseguenze sono differenti a seconda che l'evento sia dedotto in condizione sospensiva o risolutiva. Nel primo caso, si ha la nullità dell'intero contratto o della pattuizione a cui è apposta, sia per l'evento impossibile sia per l'evento illecito. Nel secondo caso, invece, la nullità consegue soltanto in ipotesi di evento illecito; se invece è impossibile si considera come se la clausola condizionale non fosse stata inserita. • In ogni caso, quando la clausola condizionale illecita o impossibile sia stata apposta a un **singolo patto**, le conseguenze si estendono all'intero contratto soltanto quando essa abbia carattere essenziale del consenso, ovvero quando senza quella pattuizione le parti non avrebbero concluso il contratto.

1355. Condizione meramente potestativa.

È nulla l'alienazione di un diritto o l'assunzione di un obbligo subordinata a una condizione sospensiva che la faccia dipendere dalla mera volontà dell'alienante o, rispettivamente, da quella del debitore.

• Dalla **condizione casuale**, in cui il verificarsi dell'evento dipende dal caso, occorre distinguere la **condizione potestativa**, ovvero quando il verificarsi dell'evento dedotto in condizione dipende dalla volontà di una delle parti, per la quale però l'avverarsi o meno dell'evento non è indifferente ma incide su un suo preciso interesse (*Esempio:* se venderò la casa in cui abito). • La **condizione meramente potestativa** consiste invece nel far dipendere l'efficacia del contratto dal mero arbitrio, dalla mera volontà di una delle parti (*Esempio:* se vorrò). • Mentre la condizione potestativa è ammessa, quella meramente potestativa comporta la **nullità del contratto**, il quale risulta privo della necessaria serietà.

1356. Pendenza della condizione.

In pendenza della condizione sospensiva l'acquirente di un diritto può compiere atti conservativi.

L'acquirente di un diritto sotto condizione risolutiva può, in pendenza di questa, esercitarlo, ma l'altro contraente può compiere atti conservativi.

• Tra il momento della conclusione del contratto e il verificarsi dell'evento futuro e incerto dedotto in condizione, il legislatore riconosce determinati diritti in capo all'acquirente, il quale versa in una situazione di **aspettativa**. Se si tratta di condizione sospensiva, egli può compiere **atti conservativi** sul bene (ad es., sequestro conservativo); se si tratta di condizione risolutiva, l'acquirente **può esercitare il diritto** (ad es., dare in locazione l'immobile acquistato), mentre all'altra parte è riconosciuto il potere di porre in essere atti conservativi.

1357. Atti di disposizione in pendenza della condizione.

Chi ha un diritto subordinato a condizione sospensiva o risolutiva può disporne in pendenza di questa; ma gli effetti di ogni atto di disposizione sono subordinati alla stessa condizione.

• All'acquirente sotto condizione è riconosciuto, durante la pendenza della stessa, il **potere di disporre** del diritto così acquistato (es., il diritto di proprietà). Tuttavia gli effetti scaturenti dall'atto di disposizione sono a loro volta condizionati; in pratica, la parte che acquista quel diritto vedrà prodursi o cessare gli effetti al verificarsi dell'evento dedotto in condizione. Il meccanismo è quindi quello della propagazione della clausola condizionale a tutti gli atti con i quali la parte interessata dispone del diritto acquisito.

1358. Comportamento delle parti nello stato di pendenza.

Colui che si è obbligato o che ha alienato un diritto sotto condizione sospensiva, ovvero lo ha acquistato sotto condizione risolutiva, deve, in pendenza della condizione, comportarsi secondo buona fede per conservare integre le ragioni dell'altra parte.

• Nel periodo di pendenza della condizione, in attesa cioè che si verifichi l'evento futuro ed incerto, vige l'obbligo di comportarsi secondo **buona fede** (oggettiva), di tenere cioè un comportamento corretto volto a conservare integri gli interessi dell'altra parte (**obbligo di protezione**). • In particolare, colui che ha trasferito il bene sotto condizione sospensiva o lo ha acquistato sotto condizione risolutiva deve astenersi da condotte che possano pregiudicare l'interesse rispettivamente dell'acquirente e dell'alienante nel caso in cui l'evento dovesse verificarsi (ad es. dovrà conservare il bene). La violazione di questo obbligo, da considerarsi come una specificazione di quello generale di buona fede nell'esecuzione del contratto (art. 1375), espone la parte che si è comportata scorrettamente alla responsabilità contrattuale.

1359. Avveramento della condizione.

La condizione si considera avverata qualora sia mancata per causa imputabile alla parte che aveva interesse contrario all'avveramento di essa.

• La disposizione considera l'ipotesi in cui l'evento dedotto in condizione non si verifichi a causa della condotta tenuta dalla parte interessata al suo non verificarsi *(Esempio:* Tizio si è pentito di aver venduto la sua casa di montagna sotto condizione che venga rilasciata un'autorizzazione amministrativa e non compie i necessari adempimenti perché questa intervenga). L'imputabilità del mancato avveramento alla parte interessata va ricostruita in termini di **dolo o colpa** ma anche di contrarietà alla correttezza e **buona fede**. In quest'ultimo senso, la regola costituisce una specificazione di quella generale disposta dall'articolo precedente. In questi casi, il **rimedio** è di considerare il contratto come se l'evento dedotto in condizione si fosse verificato.

1360. Retroattività della condizione.

Gli effetti dell'avveramento della condizione retroagiscono al tempo in cui è stato concluso il contratto, salvo che, per volontà delle parti o per la natura del rapporto, gli effetti del contratto o della risoluzione debbano essere riportati a un momento diverso.

Se però la condizione risolutiva è apposta a un contratto ad esecuzione continuata o periodica, l'avveramento di essa, in mancanza di patto contrario, non ha effetto riguardo alle prestazioni già eseguite.

• Il verificarsi dell'evento dedotto in condizione comporta l'efficacia o l'inefficacia del contratto *ex tunc*, cioè sin dal momento della sua conclusione. Pertanto, se si tratta di condizione sospensiva, gli effetti del contratto retroagiscono al momento del suo perfezionamento; se si tratta di condizione risolutiva gli effetti vengono meno sin dall'inizio, con il conseguente obbligo di restituire quanto ricevuto in base alla disciplina della ripetizione dell'indebito (art. 2033) e fatto salvo quanto dispone l'art. 1361. • La norma ha **carattere dispositivo**; è fatta salva, dunque, una diversa previsione delle parti. Una regola differente può essere imposta anche dalla natura del contratto (si pensi, ad es., al caso in cui la prestazione consista in un *facere*). • Soltanto quando si tratti di un **contratto ad esecuzione periodica o continuata** (ad es., un contratto di somministrazione) l'effetto caducatorio dell'evento dedotto in condizione risolutiva si produce ***ex nunc***, nel senso che il contratto cessa i suoi effetti dal momento del verificarsi dell'evento mentre sono fatte salve le prestazioni sino a quel momento eseguite.

1361. Atti di amministrazione.

L'avveramento della condizione non pregiudica la validità degli atti di amministrazione compiuti dalla parte a cui, in pendenza della condizione stessa, spettava l'esercizio del diritto.

Salvo diverse disposizioni di legge o diversa pattuizione, i frutti percepiti sono dovuti dal giorno in cui la condizione si è avverata.

• La regola dell'efficacia *ex tunc* del verificarsi dell'evento dedotto in condizione risolutiva non opera, non soltanto nel caso di un contratto a esecuzione continuata o periodica (considerato dalla disposizione precedente), ma pure rispetto ad altri effetti. In base all'art. 1356, nel periodo di pendenza della condizione, all'acquirente sotto condizione risolutiva è riconosciuto il potere di **esercitare il diritto** (quindi di compiere anche atti di amministrazione). • Ebbene, il verificarsi dell'evento dedotto in condizione non incide sulla validità degli atti di esercizio del diritto posti in essere dall'acquirente; questi atti, dunque, conservano la loro validità ed efficacia. Fatta salva una diversa volontà delle parti o della legge, viene pure conservata, in capo alla parte che ha esercitato il diritto, la titolarità dei frutti percepiti fino all'avverarsi della condizione. Dal momento dell'avveramento dovranno invece essere restituiti.

Capo IV
Dell'interpretazione del contratto

1362. Intenzione dei contraenti.

Nell'interpretare il contratto si deve indagare quale sia stata la comune intenzione delle parti e non limitarsi al senso letterale delle parole.

Per determinare la comune intenzione delle parti, si deve valutare il loro comportamento complessivo anche posteriore alla conclusione del contratto.

• Il contratto come **atto autonormativo**, con il quale le parti dettano le regole del loro rapporto, in caso di significati dubbi necessita di essere interpretato. • Il regolamento contrattuale, dotato di forza di legge (art. 1372), al pari di quest'ultima è destinatario di un'**apposita disciplina** dell'interpretazione. • I criteri che l'interprete deve impiegare per definire i significati del contratto sono disposti dal legislatore secondo un ordine di priorità. Devono anzitutto essere impiegati i criteri di **interpretazione soggettiva** (artt. 1362-1365), volti a ricostruire la comune intenzione delle parti; se ancora permane il dubbio si deve ricorrere ai criteri di **interpretazione oggettiva** (artt. 1367-1371). • Il principio generale che deve orientare tutta l'attività interpretativa è quello della **conservazione del contratto**: l'interprete deve prodigarsi con ogni mezzo per attribuire un significato al contratto piuttosto che privarlo di esso. • L'art. 1362 esorta l'interprete, nel momento in cui deve definire il significato del contratto, a non attenersi allo stretto significato delle parole, ma di cercare di ricostruire la **comune intenzione delle parti**, ciò che esse hanno voluto affermare utilizzando quelle parole. D'altro canto, se il testo (le parole) è chiaro, non si dà luogo all'interpretazione; sì che parlare di interpretazione letterale significa ricorrere a una sorta di ossimoro. • Per ricostruire la comune intenzione delle parti, l'interprete deve indagare le volontà direttamente dal testo del contratto e dal comportamento significante delle stesse. In questo senso, la norma esorta a considerare il **comportamento complessivo** delle parti sia nella fase delle trattative e della formazione del contratto sia nella fase dell'esecuzione. Il comportamento aggiunge contenuti al testo e per questo è senz'altro idoneo a far cogliere che cosa le parti abbiano voluto dire utilizzando quelle parole.

1363. Interpretazione complessiva delle clausole.

Le clausole del contratto si interpretano le une per mezzo delle altre, attribuendo a ciascuna il senso che risulta dal complesso dell'atto.

• Nel definire il significato di una clausola contrattuale l'interprete deve impiegare un **criterio sistematico**. Egli deve far dialogare il testo con il contesto, traendo dalle altre clausole contrattuali, pure esse inserite nel senso generale del regolamento, spunti di significato idonei a garantire la coerenza semantica del regolamento medesimo e, quindi, a dirimere il dubbio interpretativo sulla clausola oggetto dell'interpretazione.

1364. Espressioni generali.

Per quanto generali siano le espressioni usate nel contratto, questo non comprende che gli oggetti sui quali le parti si sono proposte di contrattare.

• Questo criterio non autorizza l'interprete a estendere l'oggetto del contratto, a includere cioè prestazioni diverse da quelle oggetto dell'accordo. Sì che, in presenza di **espressioni vaghe**, che richiedono cioè una precisazione semantica, nell'operarla l'interprete può tuttalpiù definire i contenuti dell'oggetto ma non annoverare prestazioni altre da quelle su cui si è formato l'accordo.

1365. Indicazioni esemplificative.

Quando in un contratto si è espresso un caso al fine di spiegare un patto, non si presumono esclusi i casi non espressi, ai quali, secondo ragione, può estendersi lo stesso patto.

• Il riferimento è alle clausole contrattuali che nel disciplinare un vincolo comportamentale ricorrono a uno o più esempi (come nel caso in cui per vietare comportamenti rumorosi in una fascia oraria, venga pattuito che in quella fascia è vietato ascoltare musica, suonare strumenti musicali, giocare). In questi casi, il criterio interpretativo esige di **non considerare esaustiva l'elencazione ma esemplificativa**, dovendo quindi includere anche le ipotesi non espressamente contemplate, ma che razionalmente (e ragionevolmente) devono ritenersi comprese. • In sostanza, devono essere inclusi anche tutti quei casi che presentano il medesimo profilo problematico di quelli contemplati (nella specie, deve ritenersi vietato anche cantare).

1366. Interpretazione di buona fede.

Il contratto deve essere interpretato secondo buona fede.

• La **buona fede oggettiva** (contrattuale), oltre a interessare le trattative, la formazione e l'esecuzione del contratto, come specifico obbligo di condotta delle parti, è assunta dall'ordinamento anche a criterio di interpretazione del contratto. E come in quelle fasi essa si pone come regola invalicabile di condotta, nel momento dell'interpretazione essa diviene parametro di delimitazione dei possibili significati associati "al testo" posto dalle parti. • Quello di buona fede, dunque, si pone come **criterio generale** che sovraintende tutta l'attività interpretativa sia nei percorsi volti a ricostruire la comune intenzione delle parti sia in quelli più strettamente oggettivi. Difatti, interpretare secondo buona fede significa selezionare tra i tanti possibili significati quello che sarebbe stato inteso da un contraente corretto dello specifico settore di mercato.

1367. Conservazione del contratto.

Nel dubbio, il contratto o le singole clausole devono interpretarsi nel senso in cui possono avere qualche effetto, anziché in quello secondo cui non ne avrebbero alcuno.

• Nella teoria dell'interpretazione, quello di **conservazione del contratto** è un principio, poiché indica la prospettiva, l'orizzonte funzionale che deve assumere l'interprete. Egli è chiamato a fare il possibile per giungere ad attribuire un significato al contratto piuttosto che privarlo di esso dovendone quindi accertare la nullità. È un principio, questo, che si pone senz'altro a tutela dell'autonomia privata, ma anche del mercato poiché, una volta che il contratto è entrato in circolazione la sua eliminazione genera sempre delle distorsioni all'efficiente funzionamento dell'economia.

1368. Pratiche generali interpretative.

Le clausole ambigue s'interpretano secondo ciò che si pratica generalmente nel luogo in cui il contratto è stato concluso.

Nei contratti in cui una delle parti è un imprenditore, le clausole ambigue s'interpretano secondo ciò che si pratica generalmente nel luogo in cui è la sede dell'impresa.

• Tra i criteri di interpretazione oggettiva occorre annoverare anche le prassi locali o, più propriamente, gli **usi negoziali**; i quali si differenziano dagli usi normativi perché, pur consistendo in una pratica ripetuta e diffusa, mancano del connotato dell'*opinio iuris ac necessitatis*. Nei contratti in cui nessuna delle parti sia un imprenditore, rileva ciò che usualmente viene inteso nel luogo di conclusione del contratto, sì che il dubbio sul significato di una previsione contrattuale va composto affermando il significato solitamente associato dalla prassi diffusa a quel testo. Quando invece una o entrambe le parti è un imprenditore, è la prassi aziendale (pur sempre qualificata come uso negoziale) che assurge a criterio interpretativo per dirimere il dubbio.

1369. Espressioni con più sensi.

Le espressioni che possono avere più sensi devono, nel dubbio, essere intese nel senso più conveniente alla natura e all'oggetto del contratto.

• Questo ulteriore criterio oggettivo può definirsi di **interpretazione funzionale**: in presenza di più significati che possono essere associati a una previsione contrattuale, va scelto quello più aderente alla natura e all'oggetto, cioè all'assetto di interessi dello specifico contratto – avendo riguardo alla sua causa concreta – e alle prestazioni in esso dedotte. Così se si tratta di un contratto di compravendita mobiliare, andranno senz'altro scartati quei significati che non si addicono a quel tipo di contratto e/o a quella specifica prestazione.

1370. Interpretazione contro l'autore della clausola.

Le clausole inserite nelle condizioni generali di contratto o in moduli o formulari predisposti da uno dei contraenti s'interpretano, nel dubbio, a favore dell'altro.

• Un criterio interpretativo oggettivo peculiare è previsto per i **contratti conclusi per condizioni generali** (v. art. 1341), quando cioè il regolamento contrattuale, il cui significato è dubbio, è predisposto da uno dei contraenti per una serie indefinita di contratti. • Il legislatore, prendendo atto delle specificità della procedura di conclusione del contratto che vede un contraente aderire a un testo pensato e definito soltanto dall'altra parte, nel dubbio interpretativo adotta una soluzione che avvantaggia la parte non predisponente, la quale, strutturalmente, versa in una situazione di *deficit* conoscitivo. Nel dubbio infatti deve essere preferito quel significato che risulta **più favorevole alla parte aderente**. Nei contratti dei consumatori, la stessa regola è disposta dall'art. 35, co. 2, cod. cons. nel senso che, in caso di dubbio, prevale il **significato più favorevole al consumatore**.

1371. Regole finali.

Qualora, nonostante l'applicazione delle norme contenute in questo capo, il contratto rimanga oscuro, esso deve essere inteso nel senso meno gravoso per l'obbligato, se è a titolo gratuito, e nel senso che realizzi l'equo contemperamento degli interessi delle parti, se è a titolo oneroso.

• Questo criterio interpretativo di chiusura si svolge all'insegna del principio di conservazione del contratto. Esso considera l'ipotesi in cui, dopo aver attivato tutti i criteri interpretativi anzidetti, l'interprete versi ancor nel dubbio. Il legislatore muove comunque dal presupposto che dei possibili significati siano stati individuati, perché altrimenti il contratto è da ritenersi nullo. • La scelta del significato da affermare muta a seconda che il contratto sia **a titolo gratuito** o **a titolo oneroso**. Nel primo caso, atteso che l'obbligo di prestazione incombe in capo a una sola parte, deve essere prescelto il significato a essa più favorevole; nel secondo caso, invece, trattandosi di contratti a prestazioni corrispettive, dovrà essere selezionato quel significato che più ragionevolmente ha la medesima incidenza sugli interessi di tutte le parti. • Il significato che viene individuato all'esito della procedura di interpretazione del contratto è quello **precettivo**, che si impone alle parti e che costituisce il termine di riferimento anche nella valutazione della sussistenza o meno di vizi del consenso nonché del comportamento delle parti.

Capo V
Degli effetti del contratto

Sezione I
Disposizioni generali

1372. Efficacia del contratto.

Il contratto ha forza di legge tra le parti. Non può essere sciolto che per mutuo consenso o per cause ammesse dalla legge

Il contratto non produce effetto rispetto ai terzi che nei casi previsti dalla legge.

• Il contratto come **atto autonormativo** è accostato dal legislatore alla legge. • Come quest'ultima è destinatario di una disciplina formale dell'interpretazione e al pari di essa ha carattere vincolante. • Questa vincolatività, a differenza di quella della legge, non è assoluta (*erga omnes*) ma **relativa** poiché si esplica soltanto nei confronti delle parti. L'inferenza è che dopo il perfezionamento dell'accordo contrattuale – momento a partire dal quale scende appunto il crisma della vincolatività – non è più possibile un "ripensamento" cioè sciogliere il vincolo contrattuale per iniziativa di una sola delle parti, a meno che, in capo ad essa, non sia riconosciuto dalla legge o dal contratto il diritto di recesso. • Le parti possono, sempre di comune accordo (**mutuo consenso**), sciogliere il rapporto contrattuale; devono in tal caso addivenire alla stipula di un altro contratto, il cui effetto sarà, appunto, quello di **estinguere** il rapporto giuridico patrimoniale istituito con altro contratto.

1373. Recesso unilaterale.

Se a una delle parti è attribuita la facoltà di recedere dal contratto, tale facoltà può essere esercitata finché il contratto non abbia avuto un principio di esecuzione.
Nei contratti a esecuzione continuata o periodica, tale facoltà può essere esercitata anche successivamente, ma il recesso non ha effetto per le prestazioni già eseguite o in corso di esecuzione.
Qualora sia stata stipulata la prestazione di un corrispettivo per il recesso, questo ha effetto quando la prestazione è eseguita.
È salvo in ogni caso il patto contrario.

• La regola dell'impegnatività del contratto può essere mitigata dal riconoscimento in capo a una o a entrambe le parti del diritto di sciogliere il contratto per iniziativa individuale. Questo riconoscimento può derivare dalla legge (**recesso legale**, *ad nutum* o per giusta causa o giustificato motivo) o dal contratto stesso (**recesso convenzionale**). • Il **recesso** è dunque un atto unilaterale con il quale una parte comunica all'altra la propria volontà di sciogliere il rapporto contrattuale. Si tratta di un **diritto potestativo**, del potere riconosciuto a una parte di incidere sulla sfera giuridica dell'altra parte con un proprio atto di volontà. • L'esercizio del diritto di recesso soggiace a una differente disciplina a seconda che si tratti di un **contratto a esecuzione istantanea** o a **esecuzione periodica o continuata**. Nel primo caso, riguardante i contratti la cui esecuzione (immediata o differita) si esaurisce in un unico atto, il recesso è consentito fino a quando non si ha adempimento totale o parziale della prestazione; nel secondo caso, quando cioè l'esecuzione non si esaurisce con un unico atto, il recesso può essere esercitato in qualunque momento del rapporto contrattuale, anche dopo che sia iniziato l'adempimento. Esso tuttavia opera con efficacia *ex nunc*, cioè dal momento del suo esercizio rendendo incontestabili le prestazioni sino a quel momento eseguite o in corso di esecuzione. • Se il diritto di recesso ha **fonte contrattuale**, le parti possono subordinare il suo esercizio al pagamento di una somma di denaro prevendendo che essa debba essere consegnata già al momento della conclusione del contratto (c.d. **caparra penitenziale** *ex* art. 1386) o nel momento in cui il titolare del diritto di recesso intende esercitarlo (c.d. **multa penitenziale**). In quest'ultimo caso, il recesso ha effetto soltanto dopo il pagamento della somma pattuita. • La norma ha carattere dispositivo e quindi sono salve le diverse previsioni delle parti.

1374. Integrazione del contratto.

Il contratto obbliga le parti non solo a quanto è nel medesimo espresso, ma anche a tutte le conseguenze che ne derivano secondo la legge, o, in mancanza, secondo gli usi e l'equità.

• L'individuazione delle obbligazioni che discendono dal contratto richiede, come passaggi obbligati, anzitutto l'**interpretazione** dello stesso e la sua **qualificazione**, ovvero la riconduzione a un tipo contrattuale (e alla relativa disciplina) o a un modello atipico meritevole di tutela *ex* art. 1322. • Tuttavia, gli effetti obbligatori che discendono dal contratto non si esauriscono a quanto è espressamente previsto dalle parti. Gravano anche **previsioni di fonte legale**, relative al tipo e/o allo specifico assetto di interessi. Anzitutto quelle che discendono da norme imperative o cogenti, le quali si impongono anche contro una diversa volontà delle parti (art. 1339); ma anche quelle che discendono da norme dispositive/suppletive, quando le parti non abbiano disposto diversamente. • In mancanza di apposite previsioni di legge, le eventuali lacune del contratto possono essere colmate dagli **usi** normativi o, in mancanza di questi, dall'**equità** vale a dire da ciò che ragionevolmente ci si può attendere dalle parti in ragione del concreto assetto di interessi, realizzando quindi l'equità dall'interno e non dall'esterno del contratto.

1375. Esecuzione di buona fede.

Il contratto deve essere eseguito secondo buona fede.

• Le norme precedenti contemplano la buona fede nella fase delle trattative contrattuali e in quella dell'interpretazione del contratto. L'obbligo di comportarsi secondo buona fede incombe in capo alle parti anche durante la **fase di esecuzione del contratto**. Nell'eseguire il contratto, ciascuna parte deve comportarsi secondo correttezza e lealtà, salvaguardando l'interesse dell'altra parte quando ciò non comporti un apprezzabile sacrificio del proprio, in conformità quindi a quelle regole di condotta che ciascun operatore di quello specifico settore di mercato si attende da un contraente. • Questa regola costituisce una specificazione di quanto già disposto dall'art. 1175 sul comportamento richiesto al debitore e al creditore.

1376. Contratto con effetti reali.

Nei contratti che hanno per oggetto il trasferimento della proprietà di una cosa determinata, la costituzione o il trasferimento di un diritto reale ovvero il trasferimento di un altro diritto, la proprietà o il diritto si trasmettono e si acquistano per effetto del consenso delle parti legittimamente manifestato.

• Mentre tutti i contratti sono a **efficacia obbligatoria**, dato che, per definizione (art. 1173), sono fonti di obbligazioni, soltanto alcuni contratti sono a **efficacia reale**. Si tratta di quei contratti il cui effetto è il trasferimento della proprietà di un bene determinato o di un altro diritto da un soggetto a un altro. • La disposizione in esame pone la regola che definisce il momento a partire dal quale si produce l'effetto reale. • Ebbene il diritto si trasferisce o si costituisce nel momento in cui si perfeziona l'accordo contrattuale, indipendentemente dall'avvenuta esecuzione delle prestazioni. Si tratta del c.d. **principio consensualistico** o del consenso traslativo, proprio perché la produzione dell'effetto è legata all'accordo delle parti. L'operatività di questa regola è in taluni casi impedita da una differente previsione di legge o da una clausola contrattuale (ad es., condizione sospensiva o termine finale) o dal ricorso ad altri strumenti che consentono di posticipare nel tempo la produzione dell'effetto reale (ad es., il contratto preliminare).

1377. Trasferimento di una massa di cose.

Quando oggetto del trasferimento è una determinata massa di cose, anche se omogenee, si applica la disposizione dell'articolo precedente, ancorché, per determinati effetti, le cose debbano essere numerate, pesate o misurate.

• L'operatività del principio del consenso traslativo si estende anche ai contratti il cui effetto è quello di trasferire non una singola cosa ma un **insieme di cose** purché questo sia individuato nel contratto come entità unitaria e determinata.

1378. Trasferimento di cosa determinata solo nel genere.

Nei contratti che hanno per oggetto il trasferimento di cose determinate solo nel genere, la proprietà si trasmette con l'individuazione fatta d'accordo tra le parti o nei modi da esse stabiliti. Trattandosi di cose che devono essere trasportate da un luogo a un altro, l'individuazione avviene anche mediante la consegna al vettore o allo spedizioniere.

• Il contratto a efficacia reale può riguardare il trasferimento della proprietà di **cose generiche**, cioè non individuate nella loro specifica identità ma in quanto appartenenti a un genere, indicando la qualità, quantità, prezzo, marchio, ecc. (*Esempio:* il contratto avente a oggetto cinque automobili FIAT 500, bianche, prodotte nell'anno 2020). In tal caso la produzione dell'effetto reale si ha non al momento del perfezionamento dell'accordo contrattuale, ma quando i beni vengono **individuati** cioè separati dal genere a cui appartengono. • Nel caso in cui i beni debbano essere trasportati, la consegna al vettore o allo spedizioniere **equivale all'individuazione** cioè alla separazione del bene dal genere e segna dunque il momento a partire dal quale la proprietà si trasferisce all'acquirente.

1379. Divieto di alienazione.

Il divieto di alienare stabilito per contratto ha effetto solo tra le parti, e non è valido se non è contenuto entro convenienti limiti di tempo e se non risponde a un apprezzabile interesse di una delle parti.

• Colui che acquista la proprietà per effetto del contratto ha diritto, in quanto proprietario, di disporre del bene in modo pieno ed esclusivo (art. 832). • È tuttavia riconosciuto alle parti il potere di inserire nel contratto una clausola che incida sulla libertà dell'acquirente di un bene di disporre in futuro dello stesso, trasferendolo ad altri. Tale potere però, conosce dei **limiti**: la pattuizione deve corrispondere all'interesse giuridicamente apprezzabile di una delle parti e deve essere contenuta entro un tempo ragionevole, da valutare anche in considerazione dell'interesse della parte a cui favore è stato pattuito il divieto. Diversamente (mancanza dell'indicazione del termine o termine eccessivo) la pattuizione è nulla. • Il patto ha comunque efficacia soltanto nei confronti delle parti (**efficacia relativa**) e non dei terzi; i quali, quindi, acquistano comunque validamente, ferma restando la possibilità per la parte pregiudicata di chiedere il risarcimento del danno all'altra parte.

1380. Conflitto tra più diritti personali di godimento.

Se, con successivi contratti, una persona concede a diversi contraenti un diritto personale di godimento relativo alla stessa cosa, il godimento spetta al contraente che per primo lo ha conseguito.

Se nessuno dei contraenti ha conseguito il godimento, è preferito quello che ha il titolo di data certa anteriore.

Sono salve le norme relative agli effetti della trascrizione.

• La disposizione normativa detta la regola volta a dirimere il **conflitto tra più acquirenti** dello stesso diritto personale di godimento (*Esempio:* più soggetti che stipulano un contratto di locazione avente ad oggetto lo stesso bene e per il medesimo periodo di tempo). Sino a che nessuna delle parti è entrata nel godimento del bene, va riconosciuto il diritto in capo al contraente il cui contratto ha data certa anteriore; se invece uno dei contraenti è entrato nel godimento del bene, il diritto personale di godimento si radica in capo a lui, anche se il relativo contratto ha data certa posteriore. • Ovviamente il contraente che soccombe, in presenza dei relativi presupposti, può chiedere il risarcimento dei danni patiti.

1381. Promessa dell'obbligazione o del fatto del terzo.

Colui che ha promesso l'obbligazione o il fatto di un terzo è tenuto a indennizzare l'altro contraente, se il terzo rifiuta di obbligarsi o non compie il fatto promesso.

• Si tratta del **contratto** con il quale una parte (promittente) promette all'altra (promissario) la prestazione (di dare, fare, non fare) di un terzo soggetto o un qualsiasi altro accadimento dallo stesso dipendente. • Questo contratto non obbliga il terzo ma, stante l'efficacia relativa di ogni contratto (art. 1372), soltanto la parte promittente. Tanto che, nel caso in cui il terzo non dovesse eseguire la prestazione o realizzare il fatto promesso, il promissario può far valere il suo diritto ad essere indennizzato soltanto nei confronti del promittente. L'indennità, da distinguersi dal risarcimento, consiste in un equo ristoro che deve essere ragionevolmente determinato tenendo conto delle circostanze concrete.

Sezione II
Della clausola penale e della caparra

1382. Effetti della clausola penale.

La clausola, con cui si conviene che, in caso d'inadempimento o di ritardo nell'adempimento, uno dei contraenti è tenuto a una determinata prestazione, ha l'effetto di limitare il risarcimento alla prestazione promessa, se non è stata convenuta la risarcibilità del danno ulteriore.

La penale è dovuta indipendentemente dalla prova del danno.

• Le parti possono prevedere nel contratto la somma che dovrà essere pagata a titolo di **risarcimento del danno** dalla parte che dovesse risultare inadempiente di una o più obbligazioni assunte. • Con questa clausola le parti superano tutte le complicazioni, in termini di prova e di quantificazione del danno, che si presentano quando, avvenuto l'inadempimento, si intende chiedere il risarcimento. Con la pattuizione della clausola penale, verificatosi l'inadempimento, l'importo concordato deve essere pagato, indipendentemente dal fatto che la parte richiedente abbia effettivamente subito il danno. • Qualora il danno subito sia **superiore** all'importo pattuito nella clausola penale, la parte danneggiata può chiedere l'ulteriore risarcimento soltanto se questa possibilità sia stata espressamente pattuita dalle parti.

1383. Divieto di cumulo.

Il creditore non può domandare insieme la prestazione principale e la penale, se questa non è stata stipulata per il semplice ritardo.

• Qualora la penale sia stata prevista per il caso di mancata esecuzione della prestazione (**inadempimento assoluto**), la somma pattuita a titolo di risarcimento non può essere chiesta unitamente alla prestazione principale; se viceversa è stata pattuita come ristoro per il ritardo nell'adempimento (**inadempimento temporaneo**) allora è cumulabile.

1384. Riduzione della penale.

La penale può essere diminuita equamente dal giudice, se l'obbligazione principale è stata eseguita in parte ovvero se l'ammontare della penale è manifestamente eccessivo, avuto sempre riguardo all'interesse che il creditore aveva all'adempimento.

• È riconosciuto al giudice un **potere** di intervento sull'ammontare della penale determinato dalle parti. La contestazione della misura della penale dovuta può avvenire o nel caso in cui l'inadempimento non sia totale ma soltanto parziale o quando l'ammontare sia manifestamente eccessivo; valutazione, quest'ultima, che il giudice dovrà condurre tenendo conto dello specifico assetto di interessi del contratto e quindi della portata dell'inadempimento a cui si lega la penale pattuita.

1385. Caparra confirmatoria.

Se al momento della conclusione del contratto una parte dà all'altra, a titolo di caparra, una somma di danaro o una quantità di altre cose fungibili, la caparra, in caso di adempimento, deve essere restituita o imputata alla prestazione dovuta.

Se la parte che ha dato la caparra è inadempiente, l'altra può recedere dal contratto, ritenendo la caparra; se inadempiente è invece la parte che l'ha ricevuta, l'altra può recedere dal contratto ed esigere il doppio della caparra.

Se però la parte che non è inadempiente preferisce domandare l'esecuzione o la risoluzione del contratto, il risarcimento del danno è regolato dalle norme generali.

• La **caparra** è una somma di denaro o una quantità di altri beni fungibili che una parte consegna all'altra a *garanzia* della serietà dell'impegno assunto. • Avvenuto l'adempimento, chi ha ricevuto la caparra la deve restituire, a meno che non sia possibile sottrarla dal prezzo dovuto. • In caso di inadempimento, la sorte della caparra varia a seconda che la parte inadempiente sia chi l'ha data o chi l'ha ricevuta. In entrambi i casi l'inadempimento istituisce in capo alla parte che lo subisce il **diritto di recedere** dal contratto; se questo diritto viene esercitato, ad esso si aggiunge, nel primo caso il diritto di **tratte-**

nere la caparra ricevuta; nel secondo caso il diritto di pretendere la **restituzione del doppio** di quanto è stato versato. • Qualora, quindi, la parte non inadempiente decida di recedere dal contratto, la caparra compensa ogni pregiudizio eventualmente patito senza possibilità di chiedere l'ulteriore danno. • Se invece la parte che subisce l'inadempimento insiste per l'esecuzione del contratto o chiede la risoluzione per inadempimento, conserva il diritto di chiedere il risarcimento del danno, che può essere anche di importo superiore alla caparra versata. In pratica, dunque, se la parte che subisce l'inadempimento desidera liberarsi dal vincolo ma ha patito danni superiori rispetto all'ammontare della caparra, la soluzione più adeguata ai propri interessi è chiedere la risoluzione del contratto per inadempimento e il risarcimento del danno. • La caparra va distinta da quanto viene consegnato a mero titolo di **anticipo sul prezzo**, il quale costituisce un adempimento parziale preventivo: in caso di inadempimento di una delle parti, l'anticipo deve essere restituito, salvo il diritto di chiedere il risarcimento del danno.

1386. Caparra penitenziale.

Se nel contratto è stipulato il diritto di recesso per una o per entrambe le parti, la caparra ha la sola funzione di corrispettivo del recesso.

In questo caso, il recedente perde la caparra data o deve restituire il doppio di quella che ha ricevuta.

• La previsione di una caparra all'interno di un regolamento contrattuale che preveda in capo a una o a entrambe le parti il diritto di recedere dal contratto, fa assumere alla medesima la funzione di **corrispettivo del recesso** e non di garanzia della serietà dell'impegno assunto. La sorte della caparra sarà diversa a seconda che il recesso venga esercitato da chi l'ha data o da chi l'ha ricevuta: nel primo caso, il recedente perderà la caparra; nel secondo caso il recedente dovrà restituire il doppio di quanto ricevuto alla parte che l'ha versata. Diversa dalla caparra penitenziale è la **multa penitenziale**, ovvero l'importo che le parti prevedono debba essere pagato dal recedente al momento del recesso; in questo caso il recesso ha effetto soltanto quando il pagamento è eseguito (art. 1373, co. 3).

Capo VI
Della rappresentanza

1387. Fonti della rappresentanza.

Il potere di rappresentanza è conferito dalla legge ovvero dall'interessato.

• La **rappresentanza** è il potere di un soggetto (rappresentante) di compiere atti giuridici in nome e per conto di un altro soggetto (rappresentato). Questo potere può radicarsi in capo al rappresentante per effetto di una previsione di legge (**rappresentanza legale**, come per i genitori esercenti la responsabilità genitoriale nei confronti dei figli) oppure di un atto di volontà del rappresentato (**rappresentanza volontaria**) che prende il nome di procura.

1388. Contratto concluso dal rappresentante.

Il contratto concluso dal rappresentante in nome e nell'interesse del rappresentato, nei limiti delle facoltà conferitegli, produce direttamente effetto nei confronti del rappresentato.

• Gli **effetti** degli atti compiuti dal rappresentante nell'esercizio del potere conferitogli ricadono direttamente non nella sua sfera giuridica ma in quella del rappresentato. Affinché ciò avvenga è necessario che al momento della conclusione del contratto il rappresentante agisca in nome e per conto del rappresentato (**rappresentanza diretta o propria**). La **spendita del nome**, quindi, assurge a requisito fondamentale dell'esercizio del potere di rappresentanza. Se ciò non avviene e ci si limita ad agire soltanto nell'interesse di un altro soggetto, gli effetti ricadono nella sfera giuridica di chi ha agito. Quest'ultimo, poi, dovrà, con un altro atto, trasferire gli effetti in capo al soggetto nell'interesse del quale ha operato (**rappresentanza indiretta**). A questa obbligazione si applicano le regole del mandato senza rappresentanza (v. art. 1705).

1389. Capacità del rappresentante e del rappresentato.

Quando la rappresentanza è conferita dall'interessato, per la validità del contratto concluso dal rappresentante basta che questi abbia la capacità di intendere e di volere, avuto riguardo alla natura e al contenuto del contratto stesso, sempre che sia legalmente capace il rappresentato.

In ogni caso, per la validità del contratto concluso dal rappresentante è necessario che il contratto non sia vietato al rappresentato.

• Nella rappresentanza volontaria, rispetto al contratto concluso dal rappresentante, la valutazione della **capacità legale di contrarre**, quale condizione di stabilità degli effetti del contratto stesso *ex* art. 1425, va condotta guardando al rappresentato. Il rappresentante, invece, è sufficiente che al momento della conclusione del contratto sia in possesso della **capacità naturale di intendere e di volere** (art. 428), da valutarsi in ragione dello specifico assetto di interessi. • Ulteriore condizione di validità del contratto concluso dal rappresentante è che non sussistano **impedimenti** giuridici in capo al rappresentato di concludere lo specifico contratto (*Esempio:* l'acquisto dei beni del figlio minorenne *ex* art. 323).

1390. Vizi della volontà.

Il contratto è annullabile se è viziata la volontà del rappresentante. Quando però il vizio riguarda elementi predeterminati dal rappresentato, il contratto è annullabile solo se era viziata la volontà di questo.

• L'**integrità del consenso** e della **libertà contrattuale** al momento della conclusione del contratto e rispetto ai significati del regolamento contrattuale, va giudicata avendo riguardo al rappresentante. Pertanto, se costui è addivenuto alla stipula del contratto in condizioni di difetto di razionalità perché in preda all'errore o vittima di violenza o di dolo, il contratto, in presenza dei requisiti stabiliti dalla legge, può essere annullato. • Soltanto rispetto ai contenuti del contratto che siano stati **predefiniti** dal rappresentato e quindi oggetto delle sue valutazioni, rileva il difetto di razionalità, in termini di sussistenza di vizi del consenso, del rappresentato.

1391. Stati soggettivi rilevanti.

Nei casi in cui è rilevante lo stato di buona o di mala fede, di scienza o d'ignoranza di determinate circostanze, si ha riguardo alla persona del rappresentante, salvo che si tratti di elementi predeterminati dal rappresentato.

In nessun caso il rappresentato che è in mala fede può giovarsi dello stato d'ignoranza o di buona fede del rappresentante.

• La disposizione si riferisce a tutte quelle situazioni in cui assume rilevanza lo stato di **buona fede o mala fede soggettiva** della parte, ovvero l'ignoranza o la consapevolezza di determinate circostanze. Ebbene, anche in tal caso, come per la fattispecie considerata nella norma precedente, la valutazione dovrà essere condotta avendo riguardo allo stato di conoscenza del rappresentante, a meno che il contenuto del contratto non sia stato predeterminato dal rappresentato. In ogni caso rileva la mala fede del rappresentato, il quale non può scagionarsi invocando la buona fede del rappresentante.

1392. Forma della procura.

La procura non ha effetto se non è conferita con le forme prescritte per il contratto che il rappresentante deve concludere.

• Nella rappresentanza volontaria, la **procura** è l'atto unilaterale con il quale un soggetto (rappresentato) attribuisce a un altro soggetto (rappresentante) il potere di compiere atti giuridici in nome e per conto proprio. La procura può essere **speciale**, quando riguarda il compimento di uno o più specifici atti giuridici. È **generale** quando riguarda il compimento di tutti gli atti riguardanti un determinato ambito operativo (ad es. l'attività di impresa) del rappresentato o tutti gli atti di gestione dei propri interessi patrimoniali; per il compimento degli atti di straordinaria amministrazione si ritiene però necessaria l'indicazione espressa. • Per definire la **forma** con la quale la procura deve essere rilasciata occorre avere riguardo alla disciplina sulla forma dell'atto che il rappresentante dovrà porre in essere: la procura deve seguire il medesimo regime. • Dalla procura occorre distinguere il **mandato**. Quest'ultimo è il contratto di cui all'art. 1703. A questo contratto può accompagnarsi o meno la procura rilasciata dal mandante al mandatario: nel primo caso si tratterà di un **mandato con rappresentanza** (art. 1704); nel secondo caso si avrà un **mandato senza rappresentanza** (art. 1705) e una forma di rappresentanza indiretta.

1393. Giustificazione dei poteri del rappresentante.
Il terzo che contratta col rappresentante può sempre esigere che questi giustifichi i suoi poteri e, se la rappresentanza risulta da un atto scritto, che gliene dia una copia da lui firmata.

• Al soggetto che entra in contatto con il rappresentante per stipulare un contratto è riconosciuta la **facoltà** di chiedere a quest'ultimo la dimostrazione dell'effettiva titolarità del potere di rappresentanza, ivi compresa la copia della procura se questa è stata rilasciata con atto scritto. Trattandosi di una facoltà e non di un obbligo, la mancata richiesta da parte del terzo non è di per sé sufficiente a integrare nei suoi riguardi gli estremi della colpa *ex* art. 1398.

1394. Conflitto d'interessi.
Il contratto concluso dal rappresentante in conflitto d'interessi col rappresentato può essere annullato su domanda del rappresentato, se il conflitto era conosciuto o riconoscibile dal terzo.

• Si ha una situazione di **conflitto di interessi** quando il rappresentante conclude un contratto nell'interesse del rappresentato ma anche nell'interesse proprio sì che il perseguimento di un interesse non può aver luogo se non a prezzo del sacrificio dell'altro. (*Esempio*: acquista in nome e per conto del rappresentato, pagandolo più del suo valore, un immobile da una società della quale egli stesso detiene la maggioranza del capitale). In sostanza, nella situazione di conflitto di interessi il rappresentante, per realizzare anche il proprio interesse, finisce col sacrificare quello del rappresentato (si realizza quindi un contrasto tra i due interessi). Non vi è, invece, conflitto quando i due interessi del rappresentante e del rappresentato sono tra loro perfettamente compatibili. • Il contratto concluso dal rappresentante in conflitto di interessi è **annullabile** a condizione che la parte con la quale il rappresentante ha concluso il contratto in nome e per conto del rappresentato fosse a conoscenza del conflitto o avesse potuto conoscerlo usando l'ordinaria diligenza. **Legittimato** a chiedere l'annullamento è soltanto il rappresentato.

1395. Contratto con se stesso.
È annullabile il contratto che il rappresentante conclude con se stesso, in proprio o come rappresentante di un'altra parte, a meno che il rappresentato lo abbia autorizzato specificatamente ovvero il contenuto del contratto sia determinato in modo da escludere la possibilità di conflitto d'interessi.
L'impugnazione può essere proposta soltanto dal rappresentato.

• Una possibile situazione di conflitto di interessi è il **contratto concluso dal rappresentante con se stesso**. Questa situazione si verifica non solo quando il rappresentante conclude il contratto come parte sostanziale avendo come controparte il rappresentato da lui sostituito (*Esempio:* in un contratto di compravendita il rappresentante figura come venditore del bene e come acquirente dello stesso in nome e per conto di un altro soggetto), ma anche quando stipula il contratto come rappresentante di entrambe le parti contrapposte. • Questo contratto è **annullabile**, a meno che non si debba oggettivamente escludere il conflitto di interessi. Ciò avviene senz'altro nel caso in cui il rappresentato autorizzi espressamente il rappresentante a stipulare il contratto a quelle condizioni; ma anche quando la valutazione dello specifico assetto di interessi porti a escludere l'incompatibilità degli interessi perseguiti e quindi il loro conflitto (*Esempio:* è stato acquistato l'immobile di proprietà del rappresentante al prezzo che già da qualche anno era proposto nel mercato). **Legittimato** a chiedere l'annullamento è soltanto il rappresentato.

1396. Modificazione ed estinzione della procura.
Le modificazioni e la revoca della procura devono essere portate a conoscenza dei terzi con mezzi idonei. In mancanza, esse non sono opponibili ai terzi, se non si prova che questi le conoscevano al momento della conclusione del contratto.

Le altre cause di estinzione del potere di rappresentanza conferito dall'interessato non sono opponibili ai terzi che le hanno senza colpa ignorate.

• La disposizione considera gli effetti delle modifiche e della revoca della procura nei confronti dei terzi. Le **modifiche** riguardano il contenuto della procura ovvero dei poteri conferiti al rappresentante; la **revoca** è l'atto unilaterale con il quale il rappresento priva il rappresentante del potere di rappresentanza precedentemente conferitogli. • La revoca può essere **espressa** o **tacita** e in dottrina si ritiene che la forma sia sempre libera. • Per quanto concerne l'efficacia di tali atti nei confronti del rappresentante, si applicano le regole sugli atti unilaterali (art. 1334). • L'atto modificativo o estintivo della rappresentanza produce invece effetti **nei confronti dei terzi** soltanto se da essi conosciuto. È dunque onere del rappresentato rendere nota ai terzi, con mezzi idonei, l'intervenuta modifica o revoca della procura. In caso di contestazione, spetterà al rappresentato provare che al momento della conclusione del contratto le modifiche intervenute al potere di rappresentanza erano conosciute da chi ha stipulato il contratto col rappresentante. Quanto alle cause di estinzione della rappresentanza diverse dalla revoca (ad es. per morte del rappresentato, verificarsi di una condizione risolutiva, scadenza del termine finale, ecc.), non sono opponibili al terzo che, senza colpa, le abbia ignorate.

1397. Restituzione del documento della rappresentanza.

Il rappresentante è tenuto a restituire il documento dal quale risultano i suoi poteri, quando questi sono cessati.

• La disposizione si riferisce al caso in cui il potere di rappresentanza sia conferito al rappresentante con **atto scritto**. Ebbene, estinto il potere di rappresentanza, il rappresentante dovrà restituire al rappresentato (ai suoi eredi o aventi causa) l'atto di procura, anche al fine di evitare che possa continuare a utilizzarlo per giustificare i suoi poteri. Rimangono comunque fermi gli adempimenti di cui alle norme precedenti.

1398. Rappresentanza senza potere.

Colui che ha contrattato come rappresentante senza averne i poteri o eccedendo i limiti delle facoltà conferitegli, è responsabile del danno che il terzo contraente ha sofferto per avere confidato senza sua colpa nella validità del contratto.

• La fattispecie qui regolata è il **difetto** o **eccesso** di potere di rappresentanza, che si verifica quando un soggetto agisce in nome e per conto di un altro senza avere alcun potere o quando agisce spingendosi oltre i poteri conferitigli. Si parla in questi casi di **falso rappresentante** (*falsus procurator*). • Il contratto concluso dal *falsus procurator* è **inefficace** (per la presenza di un vizio esterno), non produce quindi i suoi effetti né nella sfera giuridica del rappresentato né in quella del rappresentante (il quale ha agito in nome del rappresentato). Il terzo soggetto che ha ignorato, senza colpa, il problema, confidando nell'efficacia del contratto, ha diritto di chiedere al falso rappresentante il risarcimento del danno. Pure il soggetto in nome e per conto del quale il *falsus procurator* ha concluso il contratto senza essere stato investito del relativo potere, in presenza dei presupposti di legge, ha diritto di chiedere il risarcimento dei danni patiti.

1399. Ratifica.

Nell'ipotesi prevista dall'articolo precedente, il contratto può essere ratificato dall'interessato, con la osservanza delle forme prescritte per la conclusione di esso.

La ratifica ha effetto retroattivo, ma sono salvi i diritti dei terzi.

Il terzo e colui che ha contrattato come rappresentante possono d'accordo sciogliere il contratto prima della ratifica.

Il terzo contraente può invitare l'interessato a pronunziarsi sulla ratifica assegnandogli un termine, scaduto il quale, nel silenzio, la ratifica s'intende negata.

La facoltà di ratifica si trasmette agli eredi.

• Il contratto concluso dal *falsus procurator* può essere ratificato dall'interessato. La sua inefficacia, dunque, rimane **sospesa** potendo venir meno nel caso in cui intervenga la ratifica dell'interessato. • Questa sospensione crea, evidentemente, uno stato di incertezza sulla sorte del contratto; ragion per cui il legislatore riconosce al terzo contraente il potere di assegnare all'interessato un termine entro il quale decidere se ratificare o meno il contratto. Il silenzio, in questo caso, vale come negazione della ratifica. • Coloro che hanno concluso il contratto (falso rappresentante e terzo) possono rendere l'**inefficacia definitiva** decidendo di comune accordo (per mutuo consenso) di sciogliere il contratto. La ratifica intervenuta successivamente a tale atto non produce alcun effetto. • La **ratifica** è l'atto unilaterale recettizio (v. artt. 1334 e 1335) con il quale l'interessato dichiara di voler far propri gli effetti del contratto posto in essere dal *falsus procurator*. Il potere di ratifica è trasmissibile *mortis causa*: deceduto l'interessato, il contratto può essere ratificato dai suoi eredi. La ratifica deve seguire la forma prescritta per il contratto concluso dal falso rappresentante. Se non si tratta di forma scritta, la ratifica può essere espressa o tacita (purché risulti in modo inequivocabile). • Una volta intervenuta, la ratifica rende efficace il contratto **sin dal momento della sua conclusione**.

1400. Speciali forme di rappresentanza.

Le speciali forme di rappresentanza nelle imprese agricole e commerciali sono regolate dal libro V.

• La rappresentanza nell'esercizio dell'attività d'impresa conosce le deroghe previste dalla relativa disciplina contenuta nel libro V del Codice civile; la quale, avendo carattere di **specialità**, prevale sulla disciplina generale articolata dal presente Capo.

Capo VII
Del contratto per persona da nominare

1401. Riserva di nomina del contraente.

Nel momento della conclusione del contratto una parte può riservarsi la facoltà di nominare successivamente la persona che deve acquistare i diritti e assumere gli obblighi nascenti dal contratto stesso.

• In capo a ciascuna parte del contratto è riconosciuto il potere di riservarsi, al momento della conclusione del contratto, di indicare successivamente il soggetto che figurerà come **parte sostanziale** del contratto e sul quale ricadranno i relativi effetti (*Esempio:* acquisto per me o per la persona che indicherò ...). La parte che si riserva la nomina è chiamata **stipulante**, l'altra **promittente**.

1402. Termine e modalità della dichiarazione di nomina.

La dichiarazione di nomina deve essere comunicata all'altra parte nel termine di tre giorni dalla stipulazione del contratto, se le parti non hanno stabilito un termine diverso.

La dichiarazione non ha effetto se non è accompagnata dall'accettazione della persona nominata o se non esiste una procura anteriore al contratto.

• La parte (stipulante) che al momento della conclusione del contratto si è riservata di nominare come parte sostanziale un'altra persona deve provvedervi entro il **termine** concordato o, se nulla è stato disposto in proposito, entro il termine di tre giorni dalla conclusione del contratto. Si tratta di un termine di **decadenza** e non di prescrizione. • Durante il periodo di pendenza del termine, l'efficacia del contratto tra promittente e stipulante è sospesa. • La dichiarazione di nomina è un atto unilaterale recettizio. • Affinché la nomina sia efficace, è necessaria l'**accettazione** del soggetto nominato o una **procura** rilasciata dallo stesso allo stipulante in data anteriore alla stipula del contratto. Anche questi atti devono essere comunicati al promittente nel termine stabilito.

1403. Forme e pubblicità.

La dichiarazione di nomina e la procura o l'accettazione della persona nominata non hanno effetto se non rivestono la stessa forma che le parti hanno usata per il contratto, anche se non prescritta dalla legge.

Se per il contratto è richiesta a determinati effetti una forma di pubblicità, deve agli stessi effetti essere resa pubblica anche la dichiarazione di nomina, con l'indicazione dell'atto di procura o dell'accettazione della persona nominata.

• Il regime della forma e della pubblicità della dichiarazione di nomina dello stipulante, dell'accettazione o della procura del nominato **seguono** quello disposto dalla legge o scelto dalle parti per lo specifico contratto.

1404. Effetti della dichiarazione di nomina.
Quando la dichiarazione di nomina è stata validamente fatta, la persona nominata acquista i diritti e assume gli obblighi derivanti dal contratto con effetto dal momento in cui questo fu stipulato.

• Intervenuta la nomina nei termini e con le formalità sopra precisate, il soggetto nominato diviene parte sostanziale del contratto, subentrando nella posizione dello stipulante, e su di lui ricadono tutti gli effetti con **efficacia retroattiva**, ovvero sin dal momento della conclusione del contratto.

1405. Effetti della mancata dichiarazione di nomina.
Se la dichiarazione di nomina non è fatta validamente nel termine stabilito dalla legge o dalle parti, il contratto produce i suoi effetti fra i contraenti originari.

• La disposizione normativa fa intendere che gli effetti del contratto tra stipulante e promittente rimangono **sospesi** sino al momento della nomina o dello spirare del termine fissato per essa. • Se la nomina non è comunicata dallo stipulante al promittente nel termine fissato, unitamente all'accettazione o alla procura della persona nominata e nel rispetto delle forme prescritte, gli effetti del contratto si producono in capo allo stipulante e al promittente.

Capo VIII
Della cessione del contratto

1406. Nozione.
Ciascuna parte può sostituire a sé un terzo nei rapporti derivanti da un contratto con prestazioni corrispettive, se queste non sono state ancora eseguite, purché l'altra parte vi consenta.

• La **cessione del contratto** è, a sua volta, un contratto in virtù del quale un soggetto (cedente) trasferisce a un altro soggetto (cessionario) la propria posizione contrattuale intercorrente con un'altra parte (contraente ceduto). La cessione è ammessa nei **contratti a prestazioni corrispettive**, se le prestazioni non sono state eseguite e a condizione che il contraente ceduto manifesti il consenso alla cessione. Quest'ultimo requisito è dettato dal fatto che trattandosi di contratti a prestazioni corrispettive non ancora eseguite, per il contraente ceduto non è indifferente, specie ai fini dell'esatto adempimento, avere come controparte un soggetto piuttosto che un altro.

1407. Forma.
Se una parte ha consentito preventivamente che l'altra sostituisca a sé un terzo nei rapporti derivanti dal contratto, la sostituzione è efficace nei suoi confronti dal momento in cui le è stata notificata o in cui essa l'ha accettata.
Se tutti gli elementi del contratto risultano da un documento nel quale è inserita la clausola «all'ordine» o altra equivalente, la girata del documento produce la sostituzione del giratario nella posizione del girante.

• Il consenso alla cessione del contratto può essere manifestato da una parte all'altra anche **in via preventiva**. In questo caso la cessione del contratto esplica i suoi effetti nei confronti del contraente ceduto soltanto a partire dal momento in cui gli è notificata o egli l'ha espressamente accettata. • È pure prevista la possibilità che i contraenti inseriscano nel regolamento contrattuale una **clausola "all'ordine"** o un'altra previsione che consenta la circolazione del contratto mediante girata, similmente a ciò che accade per i titoli di credito all'ordine. In tal caso, la girata da parte di uno dei contraenti fa automaticamente subentrare il giratario nella posizione giuridica contrattuale del girante.

1408. Rapporti fra contraente ceduto e cedente.

Il cedente è liberato dalle sue obbligazioni verso il contraente ceduto dal momento in cui la sostituzione diviene efficace nei confronti di questo.

Tuttavia il contraente ceduto, se ha dichiarato di non liberare il cedente, può agire contro di lui qualora il cessionario non adempia le obbligazioni assunte.

Nel caso previsto dal comma precedente, il contraente ceduto deve dare notizia al cedente dell'inadempimento del cessionario, entro quindici giorni da quello in cui l'inadempimento si è verificato; in mancanza è tenuto al risarcimento del danno.

• La **liberazione** del cedente dal vincolo contrattuale con il contraente ceduto si verifica a partire dal momento in cui la cessione diviene efficace nei confronti di quest'ultimo, secondo le modalità disposte dagli articoli precedenti. • Questa liberazione può tuttavia essere impedita dallo stesso contraente ceduto al momento della manifestazione del suo consenso alla cessione; in sostanza, egli può dichiarare di non liberare il cedente (si parla, in questo caso, di **cessione non liberatoria**). In questa ipotesi, il cedente rimane obbligato sia pure in via sussidiaria rispetto al cessionario: il contraente ceduto deve esigere la prestazione dal cessionario e soltanto quando quest'ultimo non adempia può esigerla dal cedente. È **onere** del contraente ceduto comunicare al cedente l'inadempimento del cessionario e ciò entro quindici giorni dal suo verificarsi. Diversamente dovrà risarcire gli eventuali danni patiti dal cedente a seguito della mancata tempestiva comunicazione.

1409. Rapporti fra contraente ceduto e cessionario.

Il contraente ceduto può opporre al cessionario tutte le eccezioni derivanti dal contratto, ma non quelle fondate su altri rapporti col cedente, salvo che ne abbia fatto espressa riserva al momento in cui ha consentito alla sostituzione.

• Nei rapporti tra contraente ceduto e cessionario, il primo può far valere nei confronti del secondo tutte le **eccezioni che discendono dal contratto** (ad es. l'eccezione di inadempimento). • Può far valere **altre eccezioni** che poteva avanzare nei confronti del cedente sulla base di altri rapporti (ad es. l'eccezione di compensazione) soltanto se questa possibilità sia stata espressamente prevista nel momento in cui ha manifestato il consenso alla cessione.

1410. Rapporti fra cedente e cessionario.

Il cedente è tenuto a garantire la validità del contratto.

Se il cedente assume la garanzia dell'adempimento del contratto, egli risponde come un fideiussore per le obbligazioni del contraente ceduto.

• La cessione del contratto è un negozio di alienazione e dunque, operando il principio del consenso traslativo (art. 1376), produce i suoi effetti tra cedente e cessionario al momento del perfezionamento dell'accordo contrattuale. • In capo al cedente incombe l'**obbligo di garantire** la validità del contratto, la sua conformità all'ordinamento ma anche l'assenza di vizi procedurali che possano esporlo all'annullamento. • A questo obbligo di garanzia discendente dalla legge si può aggiungere l'**ulteriore obbligo**, assunto spontaneamente dal cedente, di garantire l'adempimento del contratto da parte del contraente ceduto. In tal caso, il cedente funge da fideiussore del contraente ceduto, rispondendo solidalmente per le relative obbligazioni nei confronti del cessionario. In generale, dunque, il cedente non risponde nei confronti del cessionario per l'inadempimento del ceduto ma solo se assume, per sua volontà, questa garanzia.

Capo IX
Del contratto a favore di terzi

1411. Contratto a favore di terzi.

È valida la stipulazione a favore di un terzo, qualora lo stipulante vi abbia interesse.

Salvo patto contrario, il terzo acquista il diritto contro il promittente per effetto della stipulazione. Questa però può essere revocata o modificata dallo stipulante, finché il terzo non abbia dichiarato, anche in confronto del promittente, di volerne profittare.

In caso di revoca della stipulazione o di rifiuto del terzo di profittarne, la prestazione rimane a beneficio dello stipulante, salvo che diversamente risulti dalla volontà delle parti o dalla natura del contratto.

• In parziale deroga al principio del **carattere relativo** degli effetti del contratto (art. 1372), il legislatore riconosce la possibilità di addivenire alla stipula di un contratto i cui effetti si producano in capo a un terzo soggetto. • Il **contratto a favore del terzo** si caratterizza per il fatto che una parte (stipulante) indica all'altra (promittente) il soggetto (terzo) nei cui confronti deve essere eseguita la prestazione (un esempio può essere il contratto di assicurazione). • Gli **effetti nei confronti del terzo** si producono sin dal momento della conclusione del contratto, non essendo necessaria la sua accettazione. Egli pertanto, per il solo effetto dell'indicazione nel contratto, acquisisce la titolarità del diritto a pretendere dal promittente l'esecuzione della prestazione. • È comunque possibile che il terzo **rifiuti** di volerne beneficiare. • Se il terzo dichiara espressamente alle parti di **accettare** di essere il beneficiario della prestazione dovuta, questa sua volontà rende irrevocabile e immodificabile la designazione operata dallo stipulante. Se invece manca l'accettazione, la designazione può sempre essere revocata o modificata. • Se interviene la **revoca o il rifiuto del terzo**, il contratto produce i suoi effetti unicamente nei confronti dello stipulante e del promittente: quest'ultimo, quindi, dovrà eseguire la prestazione nei confronti del primo. • **Condizione di validità** del contratto a favore del terzo è che lo stipulante abbia un interesse meritevole di tutela per l'ordinamento *ex* art. 1322 nell'indicare il terzo come beneficiario della prestazione che dovrà eseguire il promittente. Diversamente, la stipulazione dovrà ritenersi nulla.

1412. Prestazione al terzo dopo la morte dello stipulante.

Se la prestazione deve essere fatta al terzo dopo la morte dello stipulante, questi può revocare il beneficio anche con una disposizione testamentaria e quantunque il terzo abbia dichiarato di volerne profittare, salvo che, in quest'ultimo caso, lo stipulante abbia rinunciato per iscritto al potere di revoca.

La prestazione deve essere eseguita a favore degli eredi del terzo se questi premuore allo stipulante, purché il beneficio non sia stato revocato o lo stipulante non abbia disposto diversamente.

• La disposizione considera una specifica fattispecie, ovvero quella in cui l'esecuzione della prestazione da parte del promittente nei confronti del terzo debba avvenire dopo la morte dello stipulante. In tal caso il **potere di revoca** della stipula è sempre esercitabile anche per mezzo di una disposizione testamentaria e pure in presenza della dichiarazione del terzo di voler beneficiare del diritto di ottenere la prestazione. • L'unico caso in cui anche in tale situazione la designazione del terzo diventa **irrevocabile** è quando quest'ultimo abbia dichiarato di volerne profittare e lo stipulante abbia espressamente rinunciato, in forma scritta, a revocare la stipulazione. • Sempre con riferimento a questa fattispecie, nell'ipotesi in cui il **terzo muoia prima dello stipulante**, la prestazione dovrà essere eseguita dal promittente nei confronti degli eredi del terzo, fatta salva una diversa indicazione dello stipulante o l'intervenuta revoca da parte dello stesso.

1413. Eccezioni opponibili dal promittente al terzo.

Il promittente può opporre al terzo le eccezioni fondate sul contratto dal quale il terzo deriva il suo diritto, ma non quelle fondate su altri rapporti tra promittente e stipulante.

• Nel rapporto tra il promittente e il terzo, possono essere opposte a quest'ultimo soltanto le **eccezioni che discendono dal contratto** (ad es., in un contratto di assicurazione, il mancato pagamento del premio) perché è quest'ultimo che costituisce la causa (la giustificazione) dell'acquisto del diritto del terzo a ottenere l'esecuzione della prestazione. Non possono essergli opposte **eccezioni discendenti da altri rapporti** che intercorrono tra il promittente e lo stipulante.

Capo X
Della simulazione

1414. Effetti della simulazione tra le parti.

Il contratto simulato non produce effetto tra le parti.

Se le parti hanno voluto concludere un contratto diverso da quello apparente, ha effetto tra esse il contratto dissimulato, purché ne sussistano i requisiti di sostanza e di forma.

Le precedenti disposizioni si applicano anche agli atti unilaterali destinati a una persona determinata, che siano simulati per accordo tra il dichiarante e il destinatario.

• La simulazione consiste in un congegno mediante il quale le parti, di comune accordo (**accordo simulatorio**), fanno apparire all'esterno un contratto (**contratto simulato**) diverso da quello realmente voluto. • Questa discordanza tra ciò che viene dichiarato all'esterno (il contratto che appare) e ciò che è realmente voluto dalle parti, risultante dalla **controdichiarazione**, può riguardare l'oggetto, il tipo contrattuale, i soggetti (dando luogo, in quest'ultimo caso a una **interposizione fittizia di persona**). • La simulazione può essere **assoluta** quando le parti fanno apparire una modificazione della loro sfera giuridica, che in realtà le parti vogliono mantenere immutata (*Esempio:* Tizio e Caio stipulano un contratto di compravendita di un bene immobile, ma in realtà Tizio e Caio concordano, con una controdichiarazione, di non volerne gli effetti). • La simulazione, invece, è **relativa** quando le parti fanno apparire all'esterno un contratto diverso da quello che in realtà vogliono (*Esempio:* Tizio a Caio stipulano una compravendita ma in realtà concordano, nella controdichiarazione, di volere una donazione). Il contratto realmente voluto prende il nome di **contratto dissimulato**. • Il ricorso a tale congegno produce **effetti** diversi tra le parti e rispetto ai terzi. • **Tra le parti** il contratto simulato non produce alcun effetto. In caso di simulazione relativa, tra le parti produce effetto il contratto dissimulato, a condizione che presenti i requisiti strutturali sanciti dalla legge. • Le stesse regole si applicano agli **atti unilaterali** di cui all'art. 1334 (ad es. la procura), a condizione che la loro simulazione sia stata pattuita dalle parti (nell'esempio il rappresentante e il rappresentato) e quindi sia intervenuto un accordo simulatorio.

1415. Effetti della simulazione rispetto ai terzi.

La simulazione non può essere opposta né dalle parti contraenti, né dagli aventi causa o dai creditori del simulato alienante, ai terzi che in buona fede hanno acquistato diritti dal titolare apparente, salvi gli effetti della trascrizione della domanda di simulazione.

I terzi possono far valere la simulazione in confronto delle parti, quando essa pregiudica i loro diritti.

• Mentre il contratto simulato non produce effetto tra le parti, i terzi sono tutelati in forza del **principio di apparenza**, che esige la tutela dell'affidamento altrui. Sì che il terzo che in **buona fede**, ignorando l'esistenza dell'accordo simulatorio, acquista diritti dal simulato acquirente (il titolare apparente) non può vedersi opposta la simulazione dalle parti o dai loro aventi causa né dai creditori del simulato alienante. Egli acquista, quindi, in via definitiva e incontestabile, fatti salvi gli effetti discendenti dall'anteriorità della trascrizione della domanda di simulazione (per atti riguardanti beni immobili) rispetto alla trascrizione dell'atto di acquisto. • È possibile, invece, che un **terzo, i cui diritti siano stati pregiudicati** dall'accordo simulatorio (ad es. un creditore del simulato alienante di un bene immobile), faccia valere la simulazione facendone accertare l'inefficacia.

1416. Rapporti con i creditori.

La simulazione non può essere opposta dai contraenti ai creditori del titolare apparente che in buona fede hanno compiuto atti di esecuzione sui beni che furono oggetto del contratto simulato.

I creditori del simulato alienante possono far valere la simulazione che pregiudica i loro diritti, e, nel conflitto con i creditori chirografari del simulato acquirente, sono preferiti a questi, se il loro credito è anteriore all'atto simulato.

• Quanto agli effetti della simulazione **nei confronti dei creditori** delle parti, la norma prende in considerazione la posizione dei creditori del simulato acquirente e dei creditori del simulato alienante. • Le parti, sempre in forza del principio di apparenza, non possono far valere l'inefficacia del contratto simulato se i **creditori del simulato acquirente** hanno iniziato azioni esecutive sui diritti acquistati soltanto apparentemente dal loro debitore. Non è opponibile anche nel caso in cui essi abbiano acquistato su quei beni un diritto reale di garanzia. • Quanto ai **creditori del simulato alienante**, questi, come disposto dal secondo comma dell'art. 1415, possono sempre far accertare l'inefficacia del contratto simulato e quindi l'appartenenza del bene al patrimonio del loro debitore. Ma in caso di **conflitto** con pretese avanzate dai creditori chirografari (non titolari di diritti reali di garanzia su quei beni) del simulato acquirente sui beni oggetto dell'accordo simulatorio, il loro diritto prevale soltanto se anteriore al negozio simulato. Si è voluto in tal modo tutelare l'affidamento che, in generale, il creditore ripone sul patrimonio del debitore nel momento in cui contrae il credito, cioè quando monitora la capienza della garanzia patrimoniale generica.

1417. Prova della simulazione.

La prova per testimoni della simulazione è ammissibile senza limiti, se la domanda è proposta da creditori o da terzi e, qualora sia diretta a far valere l'illiceità del contratto dissimulato, anche se è proposta dalle parti.

• La prova della simulazione soggiace a un regime differente a seconda che la domanda di accertamento della stessa sia avanzata **dalle parti** o **da terzi soggetti**. • Nel primo caso è esclusa, in generale, la prova per **testimoni** e per **presunzioni** in base alla regola secondo la quale tali prove non sono ammesse rispetto ai patti aggiunti o contrari al contenuto di un documento stipulati anteriormente o contemporaneamente al documento stesso (artt. 2722 e 2729). È ammessa dunque soltanto la **prova documentale**, cioè l'esibizione della controdichiarazione o di altro documento da cui risulti in modo inequivocabile la diversa volontà delle parti, oppure la **confessione** o il **giuramento**. • La testimonianza e la prova per presunzioni sono invece ammesse se volte a far accertare l'illiceità del contratto dissimulato. • I terzi, viceversa, possono provare l'accordo simulatorio con qualsiasi mezzo, ivi compresa la testimonianza e le presunzioni.

Capo XI
Della nullità del contratto

1418. Cause di nullità del contratto.

Il contratto è nullo quando è contrario a norme imperative, salvo che la legge disponga diversamente.

Producono nullità del contratto la mancanza di uno dei requisiti indicati dall'articolo 1325, l'illiceità della causa, la illiceità dei motivi nel caso indicato dall'articolo 1345 e la mancanza nell'oggetto dei requisiti stabiliti dall'articolo 1346.

Il contratto è altresì nullo negli altri casi stabiliti dalla legge.

• La nullità del contratto si ha in tutti i casi in cui esso si ponga in contrasto con l'ordinamento giuridico. La nullità, quindi, comporta un rifiuto **immediato** e **definitivo** del contratto da parte dell'ordinamento. Il contratto nullo è inidoneo a produrre effetti; sì che rispetto alle prestazioni eventualmente eseguite opera la disciplina sulla ripetizione dell'indebito (art. 2033). • La disposizione, nei tre commi in cui si articola, considera tre categorie di nullità: 1) la **nullità virtuale**, quando il contratto viola una norma imperativa, che non ammette cioè previsioni contrarie a opera dell'autonomia delle parti. È possibile tuttavia che la legge, in caso di contrasto, preveda espressamente conseguenze diverse dalla nullità (*Esempio:* come nei casi previsti dall'art. 1471, co. 2); è pure possibile che a tali diverse conseguenze si possa addivenire in via interpretativa, ricostruendo l'intenzione del legislatore; 2) la **nullità strutturale**, quando manca uno degli elementi essenziali del contratto di cui all'art. 1325 o quando, pur essendo presenti, siano illeciti o non conformi ai requisiti che la legge prescrive per ciascuno di essi; 3) la **nullità testuale**, riferita a tutte quelle ipotesi in cui è lo stesso legislatore a prevedere come specifica conseguenza della mancata conformità del contratto al dettato normativo la nullità dello stesso.

1419. Nullità parziale.

La nullità parziale di un contratto o la nullità di singole clausole importa la nullità dell'intero contratto, se risulta che i contraenti non lo avrebbero concluso senza quella parte del suo contenuto che è colpita dalla nullità.

La nullità di singole clausole non importa la nullità del contratto, quando le clausole nulle sono sostituite di diritto da norme imperative.

• La nullità può essere **generale** o **parziale**. Nel primo caso, la nullità riguarda l'intero regolamento contrattuale (quando, ad esempio, non è stata osservata la forma prescritta *ad substantiam*); nel secondo caso, invece, riguarda una o più clausole del regolamento contrattuale. In quest'ultima ipotesi, la regola generale è la limitazione dell'inefficacia alle sole clausole interessate dalla nullità mentre le rimanenti previsioni del contratto producono i loro effetti. Tuttavia la nullità **si estende all'intero contratto** quando la previsione nulla ha carattere determinante, vale a dire che senza di essa le parti non avrebbero concluso il contratto. • Nell'ultimo comma il legislatore prevede un'ipotesi di nullità **necessariamente parziale**, la quale cioè non può mai estendersi all'intero contratto neppure se la previsione ha carattere determinante. Si tratta del caso in cui una clausola del contratto contrasti con contenuti imposti dalla legge *ex* art. 1339: la previsione contraria è nulla ed è sostituita automaticamente da quella prevista dalla norma imperativa. Altre ipotesi di nullità necessariamente parziale sono previste dalla legislazione speciale (ad es. v. art. 36 cod. cons.).

1420. Nullità del contratto plurilaterale.

Nei contratti con più di due parti, in cui le prestazioni di ciascuna sono dirette al conseguimento di uno scopo comune, la nullità che colpisce il vincolo di una sola delle parti non importa nullità del contratto, salvo che la partecipazione di essa debba, secondo le circostanze, considerarsi essenziale.

• La fattispecie regolata da tale disposizione costituisce un'ipotesi specifica di nullità parziale (in senso soggettivo). È il caso del **contratto plurilaterale**, in cui le parti devono eseguire prestazioni differenti per la realizzazione di un interesse comune. La nullità che colpisce il rapporto tra una parte e le altre (ad es. perché la prestazione dovuta dalla prima è illecita o indeterminata e indeterminabile) fa generalmente venir meno il singolo rapporto e non l'intero contratto, a meno che il rapporto interessato dalla causa di nullità non abbia **carattere determinante** del consenso ovvero che senza la partecipazione di quella parte e la prestazione da essa dovuta nessuno avrebbe concluso il contratto.

1421. Legittimazione all'azione di nullità.

Salvo diverse disposizioni di legge, la nullità può essere fatta valere da chiunque vi ha interesse e può essere rilevata d'ufficio dal giudice.

• In generale, la nullità ha **carattere assoluto**, nel senso che può essere fatta valere non soltanto dalle parti del contratto ma pure da qualunque soggetto portatore di un interesse giuridicamente apprezzabile. • Essa può anche essere fatta valere dal giudice **d'ufficio**, in ogni stato e grado del procedimento, indipendentemente da un'apposita domanda di parte (in deroga al "principio dispositivo" del processo civile). Segnatamente, la nullità può essere rilevata dal giudice anche quando una parte agisca per ottenere l'adempimento del contratto o la sua risoluzione, annullamento o rescissione. • Vi sono delle ipotesi di nullità che la legge configura come **relative**, nel senso che possono essere fatte valere soltanto da determinati soggetti o nell'interesse di una parte (ad es. la nullità di protezione di cui all'art. 36 cod. cons.).

1422. Imprescrittibilità dell'azione di nullità.

L'azione per far dichiarare la nullità non è soggetta a prescrizione, salvi gli effetti dell'usucapione e della prescrizione delle azioni di ripetizione.

• La nullità del contratto può essere fatta valere **in qualunque momento**. Il decorso del tempo non influisce, dunque, sull'esercizio dell'azione di nullità, essendo quest'ultima, appunto, imprescrittibile. • Gli **effetti "di fatto"** prodotti dal contratto nullo possono tuttavia stabilizzarsi a seguito dell'operatività di altri istituti giuridici quali, stando alla disposizione in commento, l'acquisto della proprietà per effetto del possesso *ad usucapionem* protrattosi per il tempo stabilito dalla legge o a seguito della prescrizione dell'azione di ripetizione dell'indebito, la quale interviene nel termine ordinario di dieci anni.

1423. Inammissibilità della convalida.

Il contratto nullo non può essere convalidato, se la legge non dispone diversamente.

• Il contratto nullo è, in generale, **insanabile**. Non è ammessa dunque la convalida cioè un atto con il quale si dichiari di voler comunque fare propri gli effetti, rendendo quindi successivamente incontestabile il contratto.

1424. Conversione del contratto nullo.

Il contratto nullo può produrre gli effetti di un contratto diverso, del quale contenga i requisiti di sostanza e di forma, qualora, avuto riguardo allo scopo perseguito dalle parti, debba ritenersi che esse lo avrebbero voluto se avessero conosciuto la nullità.

• Ferma restando l'inammissibilità della convalida del contratto nullo, è ammessa la sua **conversione** in un altro contratto valido, ma alle seguenti condizioni: una di **carattere oggettivo**, la quale esige che il contratto nullo presenti i requisiti di contenuto e di forma prescritti per il diverso contratto; una di **carattere soggettivo**, la quale, tenuto conto degli interessi perseguiti dalle parti, faccia ritenere che esse, se avessero conosciuto la causa di nullità, avrebbero comunque concluso quel diverso contratto (ad es. un mutuo fondiario nullo per mancanza dei relativi presupposti può essere convertito in un mutuo ipotecario ordinario se si dimostra che le parti si sarebbero comunque orientate in tal senso).
• La conversione non richiede una nuova manifestazione di volontà delle parti; in ciò si differenzia dalla **rinnovazione** del contratto, che si ha quando le parti pongono in essere un nuovo contratto che superi i vizi di cui è affetto il primo.

Capo XII
Dell'annullabilità del contratto

Sezione I
Dell'incapacità

1425. Incapacità delle parti.

Il contratto è annullabile se una delle parti era legalmente incapace di contrattare.

È parimenti annullabile, quando ricorrono le condizioni stabilite dall'articolo 428, il contratto stipulato da persona incapace d'intendere o di volere.

• L'annullabilità del contratto comprende una serie di ipotesi tipiche (a differenza della nullità che non segue un criterio di tipicità), in cui una delle parti si è determinata a concludere il contratto in condizioni di non effettiva libertà. L'annullabilità comporta l'inefficacia **non immediata e soltanto eventuale** del contratto. Il contratto annullabile, quindi, a differenza del contratto nullo produce i suoi effetti sino a che la parte interessata non faccia valere la specifica causa di annullabilità. • Una di queste cause è l'**incapacità legale** di una delle parti: il minore di età, l'interdetto sono ritenuti incapaci di contrarre; ma anche l'inabilitato, l'emancipato o il beneficiario di amministrazione di sostegno nel caso in cui ponga in essere un contratto per il quale la legge o il giudice lo priva della capacità di operare autonomamente. • Pure nell'ipotesi in cui al momento della conclusione del contratto una delle parti versasse in uno stato di **incapacità naturale di intendere o di volere** il contratto potrà essere annullato, ma a condizione che ricorrano i requisiti di cui all'art. 428.

1426. Raggiri usati dal minore.
Il contratto non è annullabile, se il minore ha con raggiri occultato la sua minore età; ma la semplice dichiarazione da lui fatta di essere maggiorenne non è di ostacolo all'impugnazione del contratto.

• La disposizione si riferisce specificamente al contratto concluso dal minore di età. • Ferma restando, in generale, la previsione dell'articolo precedente, l'annullabilità del contratto concluso dal minore non può operare quando quest'ultimo, al fine di concludere il contratto, abbia tenuto una **condotta fraudolenta** volta a non far percepire al contraente adulto la propria minore età. I raggiri devono avere le medesime caratteristiche di quelli a cui si riferisce l'art. 1439. • La **semplice** dichiarazione di essere maggiorenne, non accompagnata dunque da altri elementi, non può far salvo l'affidamento dell'altra parte e rende comunque annullabile il contratto.

Sezione II
Dei vizi del consenso

1427. Errore, violenza e dolo.
Il contraente, il cui consenso fu dato per errore, estorto con violenza o carpito con dolo, può chiedere l'annullamento del contratto secondo le disposizioni seguenti.

• Oltre all'incapacità, che riguarda una condizione generale in cui versa la persona, altre ipotesi tipiche di annullabilità del contratto sono i **vizi del consenso** cioè l'errore, la violenza morale e il dolo; i quali, a differenza dell'incapacità, riguardano la condizione del soggetto non in generale, ma rispetto allo specifico contratto. • Si tratta di fattori di turbamento che intervengono nel momento della conclusione del contratto incidendo sulla libertà del contraente di autodeterminarsi. Segnatamente, tali fattori inficiano il libero percorso cognitivo (razionale) e valutativo del contraente. Si tratta degli unici casi in cui nella disciplina del contratto il legislatore attribuisce **rilevanza alla volontà** (ai meccanismi cognitivi interiori) anziché alla dichiarazione (la volontà esternata).

1428. Rilevanza dell'errore.
L'errore è causa di annullamento del contratto quando è essenziale ed è riconoscibile dall'altro contraente.

• L'errore consiste nella falsa rappresentazione, ad opera di una parte, dei contenuti e dei significati del contratto. Il riferimento è al significato precettivo del contratto, a quello che, in caso di dubbio, viene individuato all'esito dell'attività interpretativa del contratto. • Per poter dar luogo all'annullabilità del contratto è necessario che l'errore, in cui sia incorsa una parte, sia connotato dall'**essenzialità** e dalla **riconoscibilità**, nei termini specificati negli articoli che seguono. Nel sancire questi requisiti, il legislatore ha operato il **bilanciamento** tra due interessi contrapposti: quello della parte caduta in errore, che esige la tutela della propria libertà contrattuale; quello dell'altra parte, che esige la tutela del proprio affidamento.

1429. Errore essenziale.

L'errore è essenziale:

1) quando cade sulla natura o sull'oggetto del contratto;

2) quando cade sull'identità dell'oggetto della prestazione ovvero sopra una qualità dello stesso che, secondo il comune apprezzamento o in relazione alle circostanze, deve ritenersi determinante del consenso;

3) quando cade sull'identità o sulle qualità della persona dell'altro contraente, sempre che l'una o le altre siano state determinanti del consenso;

4) quando, trattandosi di errore di diritto, è stato la ragione unica o principale del contratto.

• Il primo requisito che deve presentare l'errore per poter far operare il rimedio dell'annullabilità, vale a dire la sua essenzialità, è specificato, nella sostanza, dal legislatore. • Il carattere **essenziale** dell'errore non va confuso con il carattere **determinante** del medesimo: mentre il primo si riferisce allo specifico contenuto su cui deve cadere il difetto di conoscenza della parte, il secondo indica l'incidenza che ha avuto il difetto di conoscenza nella scelta della parte di concludere il contratto. • Nelle ipotesi di errore essenziale indicate dalla disposizione in commento **non sempre** il legislatore esige che l'errore sia stato oltre che essenziale anche determinante del consenso. Questo ulteriore requisito, che integra l'essenzialità, è richiesto quando l'errore cada sulla qualità dell'oggetto (*Esempio:* credo sia legno di rovere invece è di mogano), sull'identità o sulle qualità della persona dell'altro contraente (*Esempio:* credo sia il primario del reparto, di nota fama, invece non lo è). Viceversa, il carattere determinante non è richiesto quando l'errore cade sulla natura (*Esempio:* credo si tratti di compravendita invece è *leasing*) o sull'oggetto del contratto (*Esempio:* credo siano penne invece sono pennarelli). • Nel caso di **errore di diritto** – il quale cade su norme giuridiche e si ha quando nella valutazione dell'affare si incorre in un difetto di conoscenza dei presupposti giuridici necessari per realizzare effettivamente gli interessi perseguiti con il contratto – per essere essenziale non è sufficiente che sia stato determinante del consenso, ma deve anche aver costituito **l'unica o la principale** ragione che ha condotto a concludere il contratto.

1430. Errore di calcolo.

L'errore di calcolo non dà luogo ad annullamento del contratto, ma solo a rettifica, tranne che, concretandosi in errore sulla quantità, sia stato determinante del consenso.

• L'errore di calcolo può consistere in una **mera inesattezza materiale** di carattere aritmetico, quando cioè sono esattamente individuati i termini e il tipo di operazione quantitativa da compiere, ma si sbaglia nel giungere al risultato; può anche tradursi in un difetto di conoscenza della **consistenza materiale del bene oggetto** del contratto, quando cioè l'inesattezza cade sui termini stessi del calcolo o addirittura sull'operazione matematica da compiere. Ebbene, nel primo caso, quando l'errore è meramente materiale, il rimedio non è l'annullabilità del contratto ma la sua **rettifica**; se invece, come nel secondo caso, esso si traduce in un **errore sulla quantità**, nel senso che vi è stato un difetto di conoscenza di essa, ed è stato determinante del consenso (quando cioè, conoscendo la reale quantità il contratto non sarebbe stato concluso) dà luogo all'**annullamento** del contratto stesso.

1431. Errore riconoscibile.

L'errore si considera riconoscibile quando in relazione al contenuto, alle circostanze del contratto ovvero alla qualità dei contraenti, una persona di normale diligenza avrebbe potuto rilevarlo.

• L'altro requisito, ulteriore rispetto a quello dell'essenzialità, affinché l'errore rilevi ai fini dell'annullamento del contratto è la sua riconoscibilità da parte dell'altro contraente. L'errore è **riconoscibile** quando, prendendo a riferimento la diligenza di un operatore medio dello specifico settore di mercato nelle medesime condizioni soggettive e oggettive, la falsa rappresentazione del contenuto e del significato del contratto in cui è caduta la parte in errore poteva essere colta dall'altra parte. • Nel valutare la **conoscibilità** dell'errore occorre avere riguardo allo specifico contratto e non affidarsi a valutazioni astratte. Il contenuto del contratto, le circostanze che ne hanno accompagnato la sua definizione (trattative, scambio di dichiarazioni di volontà, ecc.) e le caratteristiche soggettive dei contraenti (distinguendo ad esempio il contraente esperto da quello più sprovveduto), costituiscono il referente del percorso valutativo della diligenza richiesta al contraente nel dover cogliere l'errore dell'altra parte.

1432. Mantenimento del contratto rettificato.

La parte in errore non può domandare l'annullamento del contratto se, prima che ad essa possa derivarne pregiudizio, l'altra offre di eseguirlo in modo conforme al contenuto e alle modalità del contratto che quella intendeva concludere.

• La **rettifica** del contratto viziato da errore è il potere riconosciuto al contraente la cui volontà è stata integra di evitare l'annullamento del contratto, adeguando il rapporto alla realtà che la parte caduta in errore si era rappresentata al momento della sua conclusione. • La rettifica è dunque un **diritto potestativo**, che può essere esercitato prima che la parte la cui volontà è stata viziata ne subisca pregiudizio: preso atto del significato attribuito al contratto dalla parte caduta in errore l'altra parte dichiara di volerlo eseguire in conformità al significato percepito, impedendo così all'interessato l'esercizio dell'azione di annullamento.

1433. Errore nella dichiarazione o nella sua trasmissione.

Le disposizioni degli articoli precedenti si applicano anche al caso in cui l'errore cade sulla dichiarazione, o in cui la dichiarazione è stata inesattamente trasmessa dalla persona o dall'ufficio che ne era stato incaricato.

• La fattispecie a cui si riferisce la norma in commento è quella dell'**errore ostativo**, il quale si caratterizza per il fatto di intervenire non nel momento della formazione (maturazione) del consenso contrattuale ma in quello di trasmissione della volontà sia a opera della parte interessata sia dei suoi incaricati. Il legislatore, in tal modo, prende atto, apprestando il relativo rimedio, dei rischi a cui è esposto un soggetto nel momento in cui si avvale di collaboratori per l'esercizio della sua attività anche nel momento della trasmissione della volontà contrattuale. • La fattispecie, in sostanza, si riferisce a tutte le ipotesi di divergenza tra la volontà e la dichiarazione (*Esempio:* penso 100 ma dichiaro 1000). • La rilevanza di questa forma di errore soggiace alle stesse regole disposte dagli articoli precedenti, prima fra tutte quella che richiede i requisiti della essenzialità e riconoscibilità per poter attivare il rimedio dell'annullabilità.

1434. Violenza.

La violenza è causa di annullamento del contratto, anche se esercitata da un terzo.

• Questo ulteriore vizio del consenso si riferisce alla violenza morale e non invece alla **violenza fisica**. Con quest'ultima espressione si vuole alludere a tutte quelle forme di coartazione aventi come effetto l'obnubilamento della volontà, e non soltanto la limitazione della stessa. La conseguenza, in questi casi, non può che essere la nullità del contratto. • La **violenza morale** consiste, invece, nella minaccia di un male ingiusto e notevole posta in essere da un soggetto nei confronti di un altro soggetto al fine di estorcere il consenso contrattuale. In presenza di tali presupposti, specificati dalle norme che seguono e dell'accertamento, quindi, del nesso di causalità, il contratto può essere annullato.

1435. Caratteri della violenza.

La violenza deve essere di tal natura da far impressione sopra una persona sensata e da farle temere di esporre sé o i suoi beni a un male ingiusto e notevole. Si ha riguardo, in questa materia, all'età, al sesso e alla condizione delle persone.

• I caratteri che deve presentare il male minacciato per integrare gli estremi della violenza morale rilevante ai fini dell'annullabilità devono essere valutati con riferimento alle specifiche condizioni soggettive della parte vittima della violenza, per poi parametrarle con la reazione che avrebbe avuto un contraente medio di quello stesso settore di mercato in quelle medesime condizioni. • Il male minacciato non è sufficiente che sia **ingiusto**, cioè lesivo di un interesse (personale o patrimoniale) giuridicamente protetto facente capo alla vittima (concetto analogo a quello che deve qualificare il danno *ex* art. 2043), ma deve essere pure **notevole**, cioè non di scarsa importanza, e **impressionante** (secondo un criterio di efficienza causale), cioè di intensità tale da far cedere la volontà di una persona di normale avvedutezza.

1436. Violenza diretta contro terzi.

La violenza è causa di annullamento del contratto anche quando il male minacciato riguarda la persona o i beni del coniuge del contraente o di un discendente o ascendente di lui.

Se il male minacciato riguarda altre persone, l'annullamento del contratto è rimesso alla prudente valutazione delle circostanze da parte del giudice.

• La minaccia volta a estorcere il consenso contrattuale rileva ai fini dell'annullabilità del contratto anche quando il male ingiusto e notevole ricade sulla persona o i beni di soggetti diversi dal contraente ma a questi legati da **vincoli di tipo familiare**. Il riferimento è, in particolare, alla sfera degli affetti più stretti, al coniuge e alla rete parentale in linea retta (ascendenti e discendenti). • Quando il male minacciato riguarda la sfera giuridica di **altri soggetti**, anche uniti al contraente da legami familiari nell'ampia accezione oggi recepita, spetta al giudice valutare in concreto l'intensità della relazione e della minaccia e quindi la sussistenza del nesso di causalità tra il male minacciato e l'estorsione del consenso contrattuale. • Questa valutazione comprende anche il caso in cui il male minacciato riguardi la persona o il patrimonio dell'unito civilmente; ciò consente di superare il mancato richiamo dell'art. 1436 ad opera dell'art. 1 della l. n. 76/2016.

1437. Timore riverenziale.

Il solo timore riverenziale non è causa di annullamento del contratto.

• Il **timore riverenziale** consiste nello stato di subordinazione psicologica di un soggetto nei confronti di un altro (per la sua posizione sociale, familiare, lavorativa, ecc.) al punto che il primo teme delle conseguenze, anche soltanto spirituali, se giunge a delle scelte diverse da quelle volute dal secondo. Si tratta di una condizione non creata dall'altra parte ma che si consuma esclusivamente nella sfera psichica del contraente timorato. • Il contratto concluso in tale condizione **non è annullabile**.

1438. Minaccia di far valere un diritto.

La minaccia di far valere un diritto può essere causa di annullamento del contratto solo quando è diretta a conseguire vantaggi ingiusti.

• La minaccia deve avere a oggetto un male ingiusto e notevole. Ne discende che la minaccia di esercitare un proprio diritto non può, in generale, integrare gli estremi della violenza. • Tuttavia se l'**esercizio del diritto** tende a conseguire vantaggi eccedenti l'interesse tutelato, abnormi e iniqui (ad es. contratto estorto con la minaccia di denunciare un fatto di rilevanza penale) – dando luogo, come alcuni autori ritengono, a un'ipotesi di abuso del diritto – il contratto può essere annullato.

1439. Dolo.

Il dolo è causa di annullamento del contratto quando i raggiri usati da uno dei contraenti sono stati tali che, senza di essi, l'altra parte non avrebbe contrattato.

Quando i raggiri sono stati usati da un terzo, il contratto è annullabile se essi erano noti al contraente che ne ha tratto vantaggio.

• Il **dolo** come vizio del consenso contrattuale consiste nell'insieme dei raggiri o artifizi posti in essere da un contraente nei confronti dell'altro al fine di indurlo in errore e fargli concludere il contratto. Per l'annullabilità del contratto è necessario che il dolo sia stato **determinante** del consenso, ovvero che senza quei raggiri o artifizi, il contraente vittima del dolo non avrebbe concluso il contratto. • La condotta idonea a integrare gli estremi del dolo può anche consistere nella reticenza o nel silenzio (**dolo omissivo**) circostanziato; è necessario quindi che l'una o l'altro, uniti ad altri elementi, diano luogo a un comportamento complessivo volto a ingannare l'altra parte. • Il contratto può essere annullato anche nel caso in cui i raggiri integranti il dolo determinate siano posti in essere da un **terzo**, a condizione però che la parte che ne ha tratto vantaggio ne fosse a conoscenza.

1440. Dolo incidente.

Se i raggiri non sono stati tali da determinare il consenso, il contratto è valido, benché senza di essi sarebbe stato concluso a condizioni diverse; ma il contraente in mala fede risponde dei danni.

• Il **dolo incidente**, a differenza di quello determinante regolato dall'art. 1439, si ha quando i raggiri o artifici utilizzati da un contraente nei confronti dell'altro abbiano condotto quest'ultimo non a concludere un contratto che altrimenti non avrebbe concluso bensì ad acconsentire a condizioni diverse da quelle che avrebbe effettivamente voluto. • Il dolo incidente riguarda, quindi, il contenuto del contratto, il quale, per effetto del comportamento della parte autrice del dolo, non è stato obiettivamente conosciuto dalla vittima. • Anche in tal caso il comportamento può essere di natura commissiva od omissiva, alle condizioni specificate a commento dell'articolo precedente. • Si tratta di un caso specifico di condotta contraria all'**obbligo generale di buona fede** (art. 1337), il quale richiede un'informazione completa, corretta e chiara che ciascun contraente deve comunicare all'altro. In questi casi, il rimedio non è l'annullabilità del contratto bensì il risarcimento per i danni patiti.

Sezione III
Dell'azione di annullamento

1441. Legittimazione.

L'annullamento del contratto può essere domandato solo dalla parte nel cui interesse è stabilito dalla legge.

L'incapacità del condannato in istato di interdizione legale può essere fatta valere da chiunque vi ha interesse.

• A differenza dell'azione di nullità, avente carattere assoluto, quella di annullabilità ha **carattere relativo**, può essere cioè esercitata soltanto dalla parte tutelata: l'incapace o il suo rappresentante legale; il rappresentato in caso di contratto concluso dal rappresentante in conflitto di interessi o con se stesso; il contraente caduto in errore o vittima di violenza o dolo. Altri soggetti, anche se portatori di interessi, non possono far valere la causa di annullabilità e nemmeno il giudice può rilevarla d'ufficio. • Da questo schema si discosta l'annullabilità del contratto concluso dall'interdetto legale (non giudiziale). Trattandosi di una condizione che costituisce una pena accessoria a un fatto di rilevanza penale, che implica quindi l'interesse generale, l'annullabilità assume in questo caso **carattere assoluto**, potendo essere fatta valere da chiunque vi abbia interesse.

1442. Prescrizione.

L'azione di annullamento si prescrive in cinque anni.

Quando l'annullabilità dipende da vizio del consenso o da incapacità legale, il termine decorre dal giorno in cui è cessata la violenza, è stato scoperto l'errore o il dolo, è cessato lo stato d'interdizione o d'inabilitazione, ovvero il minore ha raggiunto la maggiore età.

Negli altri casi il termine decorre dal giorno della conclusione del contratto.

L'annullabilità può essere opposta dalla parte convenuta per l'esecuzione del contratto, anche se è prescritta l'azione per farla valere.

• Mentre l'azione di nullità è imprescrittibile, quella di annullabilità **si prescrive in cinque anni**. • Decorso questo termine senza che la parte legittimata chieda l'annullamento del contratto, gli effetti dello stesso si stabilizzano definitivamente. • Ciò che non si prescrive è invece l'**eccezione di annullabilità**; in pratica, decorso il termine di cinque anni la parte nel cui interesse è disposto il rimedio non può più chiedere l'annullamento del contratto, ma se è convenuta in giudizio dall'altra parte per ottenerne l'esecuzione può opporre, a propria tutela, l'annullabilità del medesimo. • In generale, il termine di prescrizione di cinque anni **decorre** dal momento della conclusione del contratto. Quando però l'annullabilità discende da vizio del consenso, la decorrenza si ha dal momento in cui cessa la violenza o si scopre l'errore o il dolo. • Nei casi invece di **incapacità legale**, i cinque anni decorrono dal giorno in cui il giudice revoca lo stato di interdizione o inabilitazione o, nel caso del minore, dal giorno in cui compie diciotto anni.

1443. Ripetizione contro il contraente incapace.

Se il contratto è annullato per incapacità di uno dei contraenti, questi non è tenuto a restituire all'altro la prestazione ricevuta se non nei limiti in cui è stata rivolta a suo vantaggio.

• La sentenza che dichiara l'annullamento del contratto fa venir meno gli effetti dello stesso sin dal momento della sua conclusione (*ex tunc*). Di conseguenza le prestazioni eseguite sono sottoposte alla disciplina sulla ripetizione dell'indebito (art. 2033). • In materia di restituzione della prestazione indebitamente ricevuta, una regola speciale riguarda l'ipotesi in cui il ricevente sia **incapace**. In base al principio generale espresso dall'art. 2039, l'obbligo di restituzione, in tal caso, opera soltanto nei limiti di ciò che è andato vantaggio dell'incapace, che sia cioè entrato nella sua sfera di interessi.

1444. Convalida.

Il contratto annullabile può essere convalidato dal contraente al quale spetta l'azione di annullamento, mediante un atto che contenga la menzione del contratto e del motivo di annullabilità, e la dichiarazione che s'intende convalidarlo.

Il contratto è pure convalidato, se il contraente al quale spettava l'azione di annullamento vi ha dato volontariamente esecuzione conoscendo il motivo di annullabilità.

La convalida non ha effetto, se chi l'esegue non è in condizione di concludere validamente il contratto.

• Il contratto annullabile, a differenza di quello nullo, è sanabile mediante convalida. La **convalida** è l'atto unilaterale con il quale la parte che potrebbe chiedere l'annullamento dichiara di volerlo sanare, rinunciando a far valere il vizio e rendendo definitivamente incontestabili gli effetti. • La convalida può essere **espressa** o **tacita**. Nel primo caso, regolato dal primo comma, l'atto di convalida deve avere un preciso contenuto: indicazione del contratto che si intende convalidare e del vizio che determina la sua annullabilità oltre alla specifica dichiarazione di volerlo sanare. La convalida, invece, è tacita nell'ipotesi considerata dal secondo comma, quando cioè la parte che potrebbe chiedere l'annullamento del contratto, pur conoscendo il vizio, ne dà spontanea esecuzione. • In ogni caso, è **inefficace** la convalida che provenga da un soggetto il quale, nel momento in cui la compie, sia sprovvisto della capacità contrattuale o sia in preda a un vizio della volontà.

1445. Effetti dell'annullamento nei confronti dei terzi.

L'annullamento che non dipende da incapacità legale non pregiudica i diritti acquistati a titolo oneroso dai terzi di buona fede, salvi gli effetti della trascrizione della domanda di annullamento.

• La sentenza di annullamento del contratto fa venir meno gli effetti dello stesso tra le parti sin dal momento della sua conclusione (*ex tunc*). • Nei confronti dei **terzi** che abbiano nel frattempo acquisito dei diritti su quanto oggetto del contratto annullato, la sentenza non produce alcun effetto alle seguenti condizioni: a) che l'acquisto sia avvenuto a titolo oneroso; b) che l'acquisto sia avvenuto in buona fede (soggettiva), ovvero ignorando il vizio del contratto in virtù del quale il dante causa ha acquistato il diritto; c) che la domanda di annullamento del contratto non sia stata trascritta prima della trascrizione del contratto di acquisto. • Tuttavia, nell'ipotesi in cui la causa di annullabilità sia lo stato di **incapacità legale** di una delle parti, la sentenza di annullamento travolge anche i diritti nel frattempo acquistati dai terzi in buona fede a titolo oneroso.

1446. Annullabilità nel contratto plurilaterale.

Nei contratti indicati dall'articolo 1420 l'annullabilità che riguarda il vincolo di una sola delle parti non importa annullamento del contratto, salvo che la partecipazione di questa debba, secondo le circostanze, considerarsi essenziale.

• Anche per il contratto annullabile trova applicazione il principio espresso dall'art. 1420. • Nei contratti con più parti (contratti plurilaterali), la causa di annullabilità che interessa il rapporto con una sola di esse incide soltanto su questo e non inficia l'intero contratto a meno che, considerato lo specifico assetto di interessi, non si debba ritenere che quel rapporto sia stato determinante del consenso, cioè che senza di esso nessuna parte avrebbe concluso il contratto.

Capo XIII
Della rescissione del contratto

1447. Contratto concluso in istato di pericolo.

Il contratto con cui una parte ha assunto obbligazioni a condizioni inique, per la necessità, nota alla controparte, di salvare sé o altri dal pericolo attuale di un danno grave alla persona, può essere rescisso sulla domanda della parte che si è obbligata.

Il giudice nel pronunciare la rescissione, può, secondo le circostanze, assegnare un equo compenso all'altra parte per l'opera prestata.

• La **rescissione** costituisce un rimedio a un contratto a prestazioni corrispettive concluso a condizioni inique. Si tratta di uno dei pochissimi casi, assieme a quello considerato nella risoluzione per eccessiva onerosità sopravvenuta, in cui il legislatore della disciplina generale del contratto contenuta nel Codice civile dà rilevanza all'**equilibrio economico del contratto**. • La rescissione come la nullità e l'annullabilità si riferisce a un **difetto genetico** del contratto, a un problema che interessa il contratto nel momento della sua conclusione. La risoluzione, invece, riguarda un difetto che interviene nel momento dell'esecuzione del contratto, successivo quindi alla sua conclusione. • Il fatto che le questioni di equilibrio economico interessino il legislatore soltanto in via eccezionale – atteso che, per regola generale, il prezzo giusto è quello voluto dalle parti – è confermato dal **regime stringente** della rescissione. Essa può operare soltanto in presenza di due situazioni: lo stato di pericolo o lo stato di bisogno. Ciascuna di esse poi deve presentare rigidi requisiti. • Quanto allo **stato di pericolo**, regolato dalla disposizione in commento, esso corrisponde al concetto di stato di necessità (art. 2045): si ha quando il contratto è concluso da una parte a condizioni inique (a sé economicamente svantaggiose) perché spinta dalla necessità di salvare se stessa o un altro soggetto dal pericolo attuale (cioè esistente al momento della conclusione del contratto) di un danno grave alla persona, ovvero di un pregiudizio che riguarda la sfera personale e non (esclusivamente) patrimoniale del soggetto in pericolo. • Per ottenere lo scioglimento del contratto per rescissione non è sufficiente la sussistenza dello stato di pericolo ma è necessaria anche la **conoscenza** di tale situazione da parte dell'altro contraente. Trattandosi comunque di una situazione non creata da quest'ultimo, il giudice che pronuncia la rescissione può disporre un equo compenso a suo favore per la prestazione eseguita.

1448. Azione generale di rescissione per lesione.

Se vi è sproporzione tra la prestazione di una parte e quella dell'altra, e la sproporzione è dipesa dallo stato di bisogno di una parte, del quale l'altra ha approfittato per trarne vantaggio, la parte danneggiata può domandare la rescissione del contratto.

L'azione non è ammissibile se la lesione non eccede la metà del valore che la prestazione eseguita o promessa dalla parte danneggiata aveva al tempo del contratto.

La lesione deve perdurare fino al tempo in cui la domanda è proposta.

Non possono essere rescissi per causa di lesione i contratti aleatori.

Sono salve le disposizioni relative alla rescissione della divisione.

• Oltre allo stato di pericolo, un'altra causa di rescissione, riguardante sempre i contratti a prestazioni corrispettive, è lo **stato di bisogno**, cioè quando una delle parti ha concluso il contratto a condizioni a sé svantaggiose perché versava in una condizione di pressante necessità economica. • Anche in tal caso, a conferma del carattere del tutto eccezionale della rilevanza dello squilibrio economico del contratto, è necessario che lo stato di bisogno economico sia accompagnato da rigidi requisiti: a) la **mala fede** dell'altra parte (la quale deve conoscerlo); b) l'**approfittamento** della stessa per trarne vantaggio; c) la **lesione *ultra dimidium*** ovvero che il pregiudizio subito dalla parte svantaggiata superi della metà il valore che la prestazione eseguita aveva al momento in cui il contratto è stato concluso (*Esempio:* vendo un bene del valore di 100 al prezzo di 40); d) la lesione deve sussistere anche al momento della proposizione della domanda di rescissione e **non essere nel frattempo venuta meno**. • Sono esclusi dall'ambito applicativo della rescissione i **contratti aleatori**, caratterizzati dall'incertezza degli effetti del contratto in capo a ciascuna parte in termini di costi/benefici.

1449. Prescrizione.

L'azione di rescissione si prescrive in un anno dalla conclusione del contratto; ma se il fatto costituisce reato, si applica l'ultimo comma dell'articolo 2947.

La rescindibilità del contratto non può essere opposta in via di eccezione quando l'azione è prescritta.

• A ulteriore conferma del fatto che la rescissione costituisce un rimedio eccezionale allo squilibrio economico del contratto, v'è anche il ristretto termine di prescrizione dell'azione. Essa **si prescrive in un anno** dalla conclusione del contratto e, una volta prescritta, la rescissione non può nemmeno essere eccepita (a differenza di quanto avviene per l'annullabilità del contratto). • Tuttavia se il fatto che può dare luogo a rescissione costituisce reato e rispetto a quest'ultimo è previsto un termine di prescrizione maggiore, esso si estende anche all'azione di rescissione secondo quanto disposto dall'art. 2947, co. 3.

1450. Offerta di modificazione del contratto.

Il contraente contro il quale è domandata la rescissione può evitarla offrendo una modificazione del contratto sufficiente per ricondurlo ad equità.

• In ossequio al principio di conservazione del contratto è riconosciuto al contraente avvantaggiato il potere di **rettificare** il contratto evitando così il suo scioglimento per rescissione. Si tratta di un atto unilaterale con il quale il destinatario della domanda di rescissione dichiara di volere ricostituire l'equilibrio economico del contratto. Questa dichiarazione impedisce l'operatività della rescissione.

1451. Inammissibilità della convalida.

Il contratto rescindibile non può essere convalidato.

• Rispetto al contratto rescindibile, mentre è ammessa la rettifica nei termini indicati nell'articolo precedente, non è consentita la **convalida** ovvero la sua conservazione stabilizzando le condizioni e gli effetti iniqui, per il tramite di una dichiarazione di volontà (atto unilaterale) della parte legittimata a chiederne lo scioglimento per rescissione.

1452. Effetti della rescissione rispetto ai terzi.

La rescissione del contratto non pregiudica i diritti acquistati dai terzi, salvi gli effetti della trascrizione della domanda di rescissione.

• La pronuncia di rescissione del contratto fa venir meno gli effetti dello stesso nei confronti delle parti sin dal momento della sua conclusione (***ex tunc***). Le prestazioni eseguite sono dunque sottoposte alla disciplina della ripetizione dell'indebito; sì che la parte interessata può chiederne la restituzione *ex* art. 2033. • Sono fatti salvi, invece, i **diritti acquistati dai terzi** su quanto oggetto del contratto rescisso, a meno che la domanda di rescissione non sia stata trascritta prima della trascrizione dell'atto di acquisto.

Capo XIV
Della risoluzione del contratto

Sezione I
Della risoluzione per inadempimento

1453. Risolubilità del contratto per inadempimento.

Nei contratti con prestazioni corrispettive, quando uno dei contraenti non adempie le sue obbligazioni, l'altro può a sua scelta chiedere l'adempimento o la risoluzione del contratto, salvo, in ogni caso, il risarcimento del danno.

La risoluzione può essere domandata anche quando il giudizio è stato promosso per ottenere l'adempimento; ma non può più chiedersi l'adempimento quando è stata domandata la risoluzione.

Dalla data della domanda di risoluzione l'inadempiente non può più adempiere la propria obbligazione.

• La risoluzione è un rimedio che interessa i contratti a prestazioni corrispettive. I casi tipici in presenza dei quali essa opera riguardano **vizi funzionali** (della causa) del contratto, che intervengono cioè non nel momento genetico della conclusione del contratto (come avviene per le ipotesi di nullità, annullabilità, rescissione) ma nel momento dell'esecuzione. • Il primo caso considerato dal legislatore nella disposizione in commento è il **sopravvenuto inadempimento** da parte di uno dei contraenti. • È evidente che tale situazione, in un contratto a prestazioni corrispettive, priva di giustificazione la prestazione del contraente adempiente. • La prima modalità per giungere allo scioglimento del rapporto contrattuale è la **risoluzione giudiziale**, quella cioè che si ottiene a seguito di una pronuncia del giudice. Più precisamente, la parte adempiente, in presenza dell'inadempimento della controparte, può **scegliere** se chiedere la risoluzione del contratto o insistere per l'adempimento della prestazione chiedendone la manutenzione. È evidente che la scelta dipenderà dalla concreta possibilità di reperire altrimenti la prestazione nel mercato. Se la scelta è di insistere per l'adempimento, è possibile in qualunque momento mutare la propria domanda nel senso di chiedere la risoluzione; viceversa, se la scelta è di chiedere la risoluzione, non è più possibile insistere per l'adempimento né, dalla data della domanda, la parte inadempiente può decidere di adempiere. • In ogni caso, la parte che subisce l'inadempimento può chiedere il risarcimento dei danni patiti.

1454. Diffida ad adempiere.

Alla parte inadempiente l'altra può intimare per iscritto di adempiere in un congruo termine, con dichiarazione che, decorso inutilmente detto termine, il contratto s'intenderà senz'altro risoluto.

Il termine non può essere inferiore a quindici giorni, salvo diversa pattuizione delle parti o salvo che, per la natura del contratto o secondo gli usi, risulti congruo un termine minore.

Decorso il termine senza che il contratto sia stato adempiuto, questo è risoluto di diritto.

• Alla risoluzione giudiziale, regolata dall'articolo precedente, si affiancano tre ipotesi di **risoluzione di diritto** (*ipso iure*), ovvero di scioglimento del rapporto contrattuale che avviene non a seguito di una pronuncia del giudice bensì per effetto del verificarsi di un determinato fatto. • Il primo caso di risoluzione di diritto è la **diffida ad adempiere**. Si tratta di un atto unilaterale mediante il quale la parte adempiente invita per iscritto l'altra a eseguire la propria prestazione entro un termine ragionevole, dichiarando espressamente che se entro questo termine non interviene l'adempimento il rapporto contrattuale si intenderà sciolto. • La norma indica una durata del termine da assegnare per adempiere (almeno quindici giorni), lasciando aperta la possibilità di assegnare un termine diverso, che può anche essere imposto dalla natura dello specifico assetto di interessi o dagli usi.

1455. Importanza dell'inadempimento.

Il contratto non si può risolvere se l'inadempimento di una delle parti ha scarsa importanza, avuto riguardo all'interesse dell'altra.

• Affinché possa operare la risoluzione è necessario che l'inadempimento si qualifichi per la **gravità**, non sia cioè lieve, di scarsa importanza. • La valutazione va computa non in termini astratti, ma considerando l'interesse della parte che subisce l'inadempimento, appurando cioè che a seguito di quest'ultimo sia ragionevolmente venuto meno l'interesse della parte di mantenere in vita il rapporto contrattuale. • Anche nel caso della diffida ad adempiere, la risoluzione di diritto può operare solo se l'inadempimento è **grave**.

1456. Clausola risolutiva espressa.

I contraenti possono convenire espressamente che il contratto si risolva nel caso che una determinata obbligazione non sia adempiuta secondo le modalità stabilite.

In questo caso, la risoluzione si verifica di diritto quando la parte interessata dichiara all'altra che intende valersi della clausola risolutiva.

• Oltre alla diffida ad adempiere, un altro strumento di risoluzione *ipso iure* del contratto è l'inserimento nel regolamento contrattuale di una **clausola risolutiva espressa**. Con essa le parti prevedono espressamente che l'inadempimento di una o più specifiche (determinate, non generiche) obbligazioni discendenti dal contratto comporterà la sua risoluzione. Verificatosi l'inadempimento, il contratto si risolve automaticamente, per effetto della dichiarazione della parte interessata di volersi avvalere della clausola. La **gravità** dell'inadempimento è già stato oggetto di valutazione delle parti al momento della stipula del contratto con l'inserimento della clausola; pertanto, non può essere oggetto di contestazione.

1457. Termine essenziale per una delle parti.

Se il termine fissato per la prestazione di una delle parti deve considerarsi essenziale nell'interesse dell'altra, questa, salvo patto o uso contrario, se vuole esigerne l'esecuzione nonostante la scadenza del termine, deve darne notizia all'altra parte entro tre giorni.

In mancanza, il contratto s'intende risoluto di diritto anche se non è stata espressamente pattuita la risoluzione.

• Altro strumento di possibile risoluzione di diritto del contratto è la previsione di un termine essenziale entro il quale la prestazione deve essere eseguita. Il carattere **essenziale** del termine può essere oggetto di valutazione espressa delle parti o, in mancanza, può essere evinto dal contratto, quando cioè, tenuto conto dell'assetto di interessi regolato dalle parti, sia evidente che spirato il termine pattuito viene meno l'interesse a ricevere la prestazione. • In questi casi, decorso il termine senza che la prestazione sia eseguita, il contratto si risolve di diritto, anche in mancanza di una previsione espressa. Più precisamente, spirato il termine la tenuta del rapporto contrattuale rimane **sospesa** per un breve lasso di tempo; difatti, la risoluzione può essere evitata dalla parte interessata dando notizia all'altra parte, **entro tre giorni** dalla scadenza del termine, di voler comunque ricevere la prestazione.

1458. Effetti della risoluzione.

La risoluzione del contratto per inadempimento ha effetto retroattivo tra le parti, salvo il caso di contratti ad esecuzione continuata o periodica, riguardo ai quali l'effetto della risoluzione non si estende alle prestazioni già eseguite.

La risoluzione, anche se è stata espressamente pattuita, non pregiudica i diritti acquistati dai terzi, salvi gli effetti della trascrizione della domanda di risoluzione.

• La risoluzione, sia giudiziale sia di diritto, incide sugli effetti del contratto in modo diverso a seconda che si tratti di **contratti a efficacia immediata** o ad **efficacia continuata o periodica**. Nel primo caso, che riguarda tutti i contratti in cui la prestazione è eseguita con un unico atto di adempimento, gli effetti vengono meno con efficacia retroattiva (*ex tunc*) e dunque sin dal momento della conclusione del contratto, con la conseguenza che le prestazioni eseguite devono essere restituite secondo la disciplina della ripetizione dell'indebito (art. 2033). • Nel secondo caso, che comprende tutti i contratti la cui esecuzione avviene con una pluralità di atti di adempimento continuativi o periodici nel tempo (ad es. il contratto di somministrazione), la risoluzione non travolge le prestazioni eseguite precedentemente, le quali, quindi, non devono essere restituite. • In tutti i casi sono **fatti salvi i diritti acquistati dai terzi**, sia a titolo oneroso sia a titolo gratuito e indipendentemente dalla buona o mala fede del terzo. A ciò fa eccezione, evidentemente con riguardo alla risoluzione giudiziale, il caso in cui la **trascrizione** dell'atto di acquisto del terzo avvenga successivamente alla trascrizione della domanda di risoluzione del contratto.

1459. Risoluzione nel contratto plurilaterale.

Nei contratti indicati dall'articolo 1420 l'inadempimento di una delle parti non importa la risoluzione del contratto rispetto alle altre, salvo che la prestazione mancata debba, secondo le circostanze, considerarsi essenziale.

• L'inadempimento (qualificato nei termini disposti dalle norme precedenti) di una delle parti di un contratto plurilaterale può comportare la risoluzione **soltanto** del rapporto intercorrente con il contraente inadempiente, lasciando intatto il rapporto tra gli altri contraenti. Può comportare lo scioglimento del rapporto contrattuale tra tutte le parti solamente nel caso in cui la mancata esecuzione di quella prestazione faccia oggettivamente venir meno l'interesse a mantenere in vita il contratto.

1460. Eccezione d'inadempimento.

Nei contratti con prestazioni corrispettive, ciascuno dei contraenti può rifiutarsi di adempiere la sua obbligazione, se l'altro non adempie o non offre di adempiere contemporaneamente la propria, salvo che termini diversi per l'adempimento siano stati stabiliti dalle parti o risultino dalla natura del contratto.

Tuttavia non può rifiutarsi l'esecuzione se, avuto riguardo alle circostanze, il rifiuto è contrario alla buona fede.

• Il rifiuto, quale **forma di autotutela**, di eseguire la prestazione a cui si è obbligati se l'altra parte non offre di eseguire contestualmente la propria è legittimo a condizione che: a) si tratti di contratto a prestazioni corrispettive; b) l'adempimento delle rispettive prestazioni non sia sottoposto a termini differenti; c) il rifiuto non sia contrario alle regole della correttezza contrattuale (buona fede oggettiva) tenuto conto delle circostanze concrete.

1461. Mutamento nelle condizioni patrimoniali dei contraenti.

Ciascun contraente può sospendere l'esecuzione della prestazione da lui dovuta, se le condizioni patrimoniali dell'altro sono divenute tali da porre in evidente pericolo il conseguimento della controprestazione, salvo che sia prestata idonea garanzia.

• La disposizione in commento istituisce un ulteriore strumento di autotutela, dando rilevanza a una sopravvenienza, **il pericolo di inadempimento**, che può interessare i contratti a prestazioni corrispettive in cui l'adempimento di ciascuna parte è sottoposto a termini differenti (*Esempio:* Tizio venditore deve consegnare tra un mese a Caio compratore della merce che dovrà essere pagata dopo 30 giorni). • Può accadere che nella fase esecutiva del contratto le condizioni patrimoniali della parte la cui prestazione deve essere eseguita successivamente a quella dell'altra parte mutino al punto tale da rendere oggettivamente incerto l'adempimento. In tal caso, se la parte le cui condizioni patrimoniali sono significativamente mutate non garantisce con strumenti idonei (ad es., pegno o fideiussione) l'esecuzione della prestazione, è accordato all'altra parte uno strumento di tutela consistente nella **sospensione dell'adempimento** della propria prestazione.

1462. Clausola limitativa della proponibilità di eccezioni.

La clausola con cui si stabilisce che una delle parti non può opporre eccezioni al fine di evitare o ritardare la prestazione dovuta, non ha effetto per le eccezioni di nullità, di annullabilità e di rescissione del contratto.

Nei casi in cui la clausola è efficace, il giudice, se riconosce che concorrono gravi motivi, può tuttavia sospendere la condanna, imponendo, se del caso, una cauzione.

• L'operatività di eccezioni volte a impedire l'adempimento può essere **neutralizzata** dall'inserimento nel contratto di una clausola che garantisca comunque l'esecuzione della prestazione; si tratta della clausola ***solve et repete***. In sostanza, la norma prevede la possibilità di inserire nel contratto una clausola che escluda la possibilità in capo a una o a entrambe le parti di avanzare delle eccezioni (ad es. di inadempimento *ex* art. 1460) al fine di non eseguire la propria prestazione o di ritardarne l'esecuzione. Da tale possibilità sono escluse le eccezioni legate ai c.d. difetti genetici del contratto, più specificamente tutte le ipotesi che comportano nullità, annullabilità o rescissione del contratto. • La clausola è considerata vessatoria sia ai sensi del Codice civile (art. 1341, co. 2) sia della normativa dei contratti di consumo (art. 33, co. 2, lett. r, cod. cons.).

Sezione II
Dell'impossibilità sopravvenuta

1463. Impossibilità totale.

Nei contratti con prestazioni corrispettive, la parte liberata per la sopravvenuta impossibilità della prestazione dovuta non può chiedere la controprestazione, e deve restituire quella che abbia già ricevuta, secondo le norme relative alla ripetizione dell'indebito.

• Un'ulteriore ipotesi di risoluzione dei contratti a prestazioni corrispettive è l'**impossibilità sopravvenuta della prestazione** per causa non imputabile alla parte obbligata, la quale priva di giustificazione l'altra prestazione. • Affinché si verifichi questa situazione è necessario che: a) la prestazione venga meno, in tutto o in parte, a seguito di un evento imprevedibile al momento della conclusione del contratto; b) che l'evento non sia evitabile dalla parte obbligata usando la diligenza richiesta nello specifico settore di mercato. Si tratta perlopiù delle ipotesi di **forza maggiore**, che sfuggono dalla sfera di controllo e dall'organizzazione del soggetto obbligato. Vi rientra anche il c.d. *factum principis* vale a dire il sopraggiungere di un provvedimento dell'autorità (un atto normativo, una sentenza, ecc.) che impedisca oggettivamente l'esecuzione della prestazione; c) che tale fatto si verifichi nella fase esecutiva del contratto. • Quando l'evento sopravvenuto rende del tutto impossibile l'esecuzione della prestazione (**impossibilità totale**) il contratto si risolve di diritto (*ipso iure*) e per le prestazioni eseguite si applica la disciplina sulla ripetizione dell'indebito (art. 2033), con l'insorgenza, dunque, dell'obbligo di restituzione.

1464. Impossibilità parziale.

Quando la prestazione di una parte è divenuta solo parzialmente impossibile, l'altra parte ha diritto a una corrispondente riduzione della prestazione da essa dovuta, e può anche recedere dal contratto qualora non abbia un interesse apprezzabile all'adempimento parziale.

• Se il fatto sopravvenuto rende impossibile soltanto in parte (**impossibilità parziale**) l'esecuzione della prestazione, all'altro contraente vengono riconosciute due possibilità: a) se persiste il suo interesse a ricevere la prestazione ancora possibile, può esigerla chiedendo che venga proporzionalmente ridotta la propria prestazione; b) se invece non è ravvisabile un apprezzabile interesse a ricevere la prestazione parziale, gli è riconosciuto il diritto potestativo di recesso, ovvero di sciogliere il rapporto contrattuale. • Dall'impossibilità parziale occorre distinguere quella **temporanea** regolata dall'art. 1256, co. 2; anche in tal caso è possibile la risoluzione del contratto quando, tenuto conto dello specifico assetto di interessi, si debba ritenere che la parte obbligata non sia più tenuta ad adempiere o che il creditore non abbia più interesse a ricevere la prestazione.

1465. Contratto con effetti traslativi o costitutivi.

Nei contratti che trasferiscono la proprietà di una cosa determinata ovvero costituiscono o trasferiscono diritti reali, il perimento della cosa per una causa non imputabile all'alienante non libera l'acquirente dall'obbligo di eseguire la controprestazione, ancorché la cosa non gli sia stata consegnata.

La stessa disposizione si applica nel caso in cui l'effetto traslativo o costitutivo sia differito fino allo scadere di un termine.

Qualora oggetto del trasferimento sia una cosa determinata solo nel genere, l'acquirente non è liberato dall'obbligo di eseguire la controprestazione, se l'alienante ha fatto la consegna o se la cosa è stata individuata.

L'acquirente è in ogni caso liberato dalla sua obbligazione, se il trasferimento era sottoposto a condizione sospensiva e l'impossibilità è sopravvenuta prima che si verifichi la condizione.

• La disposizione regola l'ipotesi di impossibilità sopravvenuta della prestazione nei **contratti a efficacia reale**. Atteso che rispetto a questi contratti opera, *ex* art. 1376, il principio del consenso traslativo **(principio consensualistico)** in virtù del quale la proprietà o il diritto reale si trasferisce nel momento della conclusione del contratto indipendentemente da quando devono essere eseguite le prestazioni, il rischio del perimento sopravvenuto della cosa è a carico dell'acquirente in base al principio ***res perit domino***. Pertanto se, ad esempio, tra il momento della conclusione del contratto di compravendita di un bene determinato e la consegna il bene perisce, l'acquirente deve comunque pagare il prezzo dovuto. • La stessa regola opera nel caso in cui le parti abbiano concordato di far decorrere gli effetti del contratto a partire da un evento futuro e certo, cioè da un **termine iniziale**, in ragione, appunto, della certezza che caratterizza l'evento dedotto. • Se oggetto del contratto è invece una **cosa generica**, l'obbligo di eseguire la controprestazione persiste soltanto quando la cosa divenuta impossibile sia già stata consegnata dall'alienante o già individuata secondo le modalità disposte dall'art. 1378. Dal momento dell'individuazione, ovvero della separazione dal genere, infatti, opera il trasferimento della proprietà e dunque pure il principio *res perit domino*. • Nei contratti la cui efficacia inizia a operare dal momento in cui si verifica un evento futuro e incerto, sottoposti cioè a **condizione sospensiva**, se l'impossibilità della prestazione si verifica nel periodo di pendenza della condizione, la parte in attesa di riceverla è pure liberata dall'esecuzione della propria prestazione.

1466. Impossibilità nel contratto plurilaterale.

Nei contratti indicati dall'articolo 1420 l'impossibilità della prestazione di una delle parti non importa scioglimento del contratto rispetto alle altre, salvo che la prestazione mancata debba, secondo le circostanze, considerarsi essenziale.

• La disposizione è in linea con il principio che ordina altre regole, tra cui, sempre in materia di risoluzione, quella contenuta nell'art. 1459. • Si tratta del carattere relativo delle conseguenze della risoluzione del contratto per impossibilità sopravvenuta della prestazione dovuta da una parte di un **contratto plurilaterale**. Nello specifico, lo scioglimento del rapporto contrattuale avviene soltanto con la parte la cui prestazione sia divenuta impossibile, sempre a condizione che questa prestazione non abbia carattere essenziale rispetto allo specifico assetto di interessi, se cioè senza di essa viene meno l'interesse sotteso al contratto.

Sezione III
Dell'eccessiva onerosità

1467. Contratto con prestazioni corrispettive.

Nei contratti a esecuzione continuata o periodica ovvero a esecuzione differita, se la prestazione di una delle parti è divenuta eccessivamente onerosa per il verificarsi di avvenimenti straordinari e imprevedibili, la parte che deve tale prestazione può domandare la risoluzione del contratto, con gli effetti stabiliti dall'articolo 1458.

La risoluzione non può essere domandata se la sopravvenuta onerosità rientra nell'alea normale del contratto.

La parte contro la quale è domandata la risoluzione può evitarla offrendo di modificare equamente le condizioni del contratto.

• Questa terza ipotesi di risoluzione riguarda non tutti i contratti a prestazioni corrispettive, ma soltanto quelli di durata, a **esecuzione continuata o periodica** – in cui cioè la prestazione è eseguita non con un unico atto bensì con una pluralità di atti diluiti nel tempo – o a **esecuzione differita** – in cui la prestazione, avente ad oggetto cose generiche (poiché per quelle specifiche opera il principio consensualistico), deve essere eseguita in un momento successivo alla conclusione del contratto –. • La sopravvenienza considerata dal legislatore consiste nel fatto che successivamente alla conclusione del contratto interviene un evento che modifica significativamente il **sinallagma contrattuale** (l'equilibrio tra le prestazioni), quello che caratterizza in concreto lo specifico contratto, sì da generare uno squilibrio. • Affinché questa situazione possa comportare la **risoluzione del contratto** è necessario: a) che lo squilibrio sia **significativo**, fuoriesca cioè da quanto ci si può ragionevolmente attendere dall'ordinario decorso degli eventi. Non è possibile dunque chiedere la risoluzione se lo squilibrio rientra nell'alea ordinaria, cioè nei rischi economici che normalmente ciascuna parte si assume nello stipulare contratti di quel genere; b) che l'evento che ha generato lo squilibrio sia oltre che **straordinario** anche **imprevedibile**, cioè che una persona di normale diligenza non avrebbe potuto annoverarlo (secondo una valutazione da operarsi *ex ante*) tra i possibili rischi legati al contratto (ad es. una guerra, una pandemia, ecc.). • In tal caso, la parte svantaggiata, quella cioè la cui prestazione è divenuta eccessivamente onerosa rispetto alla controprestazione, può domandare al giudice la risoluzione del contratto. Non si è dunque in presenza di un'ipotesi di risoluzione di diritto, ma di **risoluzione giudiziale**. • Alla parte avvantaggiata è riconosciuto un diritto potestativo consistente nel potere di evitare la risoluzione del contratto offrendo di ricostituire l'equilibrio tra le prestazioni, **rinegoziando** i termini economici del contratto.

1468. Contratto con obbligazioni di una sola parte.

Nell'ipotesi prevista dall'articolo precedente, se si tratta di un contratto nel quale una sola delle parti ha assunto obbligazioni, questa può chiedere una riduzione della sua prestazione ovvero una modificazione nelle modalità di esecuzione, sufficienti per ricondurla ad equità.

• Per i **contratti unilaterali**, quelli cioè con obbligazioni in capo a una sola parte, il sopravvenire di un evento straordinario e imprevedibile che incida sull'impatto economico della prestazione in capo a chi la deve eseguire, tale da renderlo eccessivamente più gravoso rispetto a quanto calcolato nel momento della conclusione del contratto, consente alla parte obbligata di ottenere dal giudice la **riconduzione a equità** del contratto. Tale rimedio può consistere o nella riduzione della prestazione o nel mutamento delle modalità di esecuzione, ma anche in entrambe le forme di revisione.

1469. Contratto aleatorio.

Le norme degli articoli precedenti non si applicano ai contratti aleatori per loro natura o per volontà delle parti.

• Il **contratto aleatorio** è quello in cui al momento della sua conclusione non è certa la distribuzione dei rischi in capo alle parti, quale cioè di esse conseguirà un vantaggio e quale uno svantaggio (lo è, ad esempio, il contratto di assicurazione contro i danni). • Ebbene quando si è in presenza di un contratto che per legge o in base a quanto pattuito dalle parti si qualifica come aleatorio ad esso non può applicarsi la disciplina della risoluzione per eccessiva onerosità sopravvenuta. La quale dunque opera esclusivamente nei confronti dei **contratti commutativi**, quelli in cui la misura delle prestazioni dovute è determinata o determinabile, ma comunque non dipende da fattori casuali.

Capo XIV bis
Dei contratti del consumatore

1469 bis. Contratti del consumatore.
Le disposizioni del presente titolo si applicano ai contratti del consumatore, ove non derogate dal codice del consumo o da altre disposizioni più favorevoli per il consumatore.

• L'espressione contratti del consumatore si riferisce a tutti quei contratti in cui le cui parti sono un consumatore e un professionista. Essi sono prevalentemente disciplinati dal d.lgs. 6/9/2005, n. 206 (Codice del consumo). Si tratta di un testo normativo che è il risultato di vari interventi di trasposizione nel nostro ordinamento di direttive comunitarie. Per **consumatore** si intende «la persona fisica che agisce per scopi estranei all'attività imprenditoriale, commerciale, artigianale o professionale eventualmente svolta»; per **professionista** si intende «la persona fisica o giuridica che agisce nell'esercizio della propria attività imprenditoriale, commerciale, artigianale o professionale, ovvero un suo intermediario» (art. 3, cod. cons.). • Ebbene tra la disciplina del contratto in generale articolata dal Codice civile e quella dei contratti del consumatore contenuta nel codice del consumo intercorre un **rapporto tra legge generale e legge speciale**, sì che la prima trova applicazione soltanto nei casi in cui la disciplina consumeristica non provvede specificamente.

Titolo III
DEI SINGOLI CONTRATTI

Capo I
Della vendita

Sezione I
Disposizioni generali

1470. Nozione.
La vendita è il contratto che ha per oggetto il trasferimento della proprietà di una cosa o il trasferimento di un altro diritto verso il corrispettivo di un prezzo.

• La vendita è un **contratto consensuale** a prestazioni corrispettive, mediante il quale un soggetto (venditore) trasferisce la proprietà di un bene o un altro diritto ad un altro soggetto (compratore) verso il pagamento del prezzo. • L'effetto traslativo (**effetto reale**) può essere immediato e si realizza con il semplice consenso (**vendita ad efficacia reale**) oppure differito e dipendere dal verificarsi di un determinato atto o fatto (**vendita ad efficacia obbligatoria**), come il venire ad esistenza del bene (vendita di cosa futura: ad es., la vendita del futuro raccolto); l'acquisto del bene da parte del venditore (vendita di cosa altrui), ecc. • Il **diritto trasferito**, oltre al diritto di proprietà e agli altri diritti reali, può consistere in un diritto di credito, un diritto su beni immateriali o in posizioni giuridiche complesse (ad es., la vendita di una quota di una società). • Al momento della conclusione del contratto il **prezzo** deve essere **determinato** dalle parti o **determinabile**, in base a criteri convenzionali o legali. • I contraenti possono fissare un prezzo inferiore rispetto al valore bene, ma non possono pattuire un prezzo meramente simbolico. • La **forma** della vendita è libera, salvo che sia richiesta una forma particolare per la natura del bene (ad es., bene immobile).

1471. Divieti speciali di comprare.
Non possono essere compratori nemmeno all'asta pubblica, né direttamente né per interposta persona:
1) gli amministratori dei beni dello Stato, dei comuni, delle province o degli altri enti pubblici, rispetto ai beni affidati alla loro cura;

2) gli ufficiali pubblici, rispetto ai beni che sono venduti per loro ministero;

3) coloro che per legge o per atto della pubblica autorità amministrano beni altrui, rispetto ai beni medesimi;

4) i mandatari, rispetto ai beni che sono stati incaricati di vendere, salvo il disposto dell'articolo 1395.

Nei primi due casi l'acquisto è nullo; negli altri è annullabile.

• Per i soggetti *sub* 1) e 2) l'acquisto è nullo perché si trovano nell'impossibilità di essere parte del contratto di vendita, avente ad oggetto quei determinati beni. • Per i soggetti *sub* 3) e 4) l'acquisto è annullabile poiché tale impedimento può essere superato con una autorizzazione. • I soggetti del punto 3) sono l'amministratore di sostegno, il curatore dell'emancipato, i genitori esercenti la responsabilità genitoriale, ecc.

1472. Vendita di cose future.

Nella vendita che ha per oggetto una cosa futura, l'acquisto della proprietà si verifica non appena la cosa viene ad esistenza. Se oggetto della vendita sono gli alberi o i frutti di un fondo, la proprietà si acquista quando gli alberi sono tagliati o i frutti sono separati.

Qualora le parti non abbiano voluto concludere un contratto aleatorio, la vendita è nulla, se la cosa non viene ad esistenza.

• Si tratta di vendita **ad efficacia obbligatoria**: l'effetto traslativo del diritto di proprietà si verifica solo quando il bene viene ad esistenza. • Oggetto di tale vendita è, infatti, un bene non ancora esistente, come autonomo oggetto di diritto (ad es., il futuro raccolto del campo oppure la villetta che deve essere ancora costruita) o una cosa di nessuno (*res nullius*) che può essere acquisita per occupazione (ad es., i pesci della prossima battuta di pesca). • L'orientamento dominante della giurisprudenza qualifica tale vendita come contratto **perfetto** ad efficacia obbligatoria e con efficacia reale solo nel momento in cui la cosa viene ad esistenza. Per tale motivo il venditore deve porre in essere tutte quelle attività strumentali, affinché questa situazione si realizzi. • Qualora il bene non venga ad esistenza, il contratto è nullo (o, meglio, inefficace) e il compratore non deve pagare il prezzo. • Ai sensi del secondo comma, le parti possono concludere una c.d. **vendita a sorte** o **vendita di speranza** (c.d. *emptio spei*); si tratta di un *contratto aleatorio*, in base al quale il compratore deve comunque versare il prezzo stabilito, a prescindere dalla quantità di bene ricevuta o dalla sua venuta ad esistenza (*Esempio:* il compratore deve pagare il prezzo nonostante il raccolto sia andato distrutto durante un temporale).

1473. Determinazione del prezzo affidata a un terzo.

Le parti possono affidare la determinazione del prezzo a un terzo, eletto nel contratto o da eleggere posteriormente.

Se il terzo non vuole o non può accettare l'incarico, ovvero le parti non si accordano per la sua nomina o per la sua sostituzione, la nomina, su richiesta di una delle parti, è fatta dal presidente del tribunale del luogo in cui è stato concluso il contratto.

• Si richiama la disciplina dell'arbitraggio *ex* art. 1349, in cui un terzo (arbitratore) fissa il prezzo secondo l'equo contemperamento degli interessi dei contraenti. • È possibile che le parti si accordino, affinché il terzo possa fissare il prezzo secondo il mero arbitrio. • In questo caso i contraenti potranno impugnare la decisione solo per mala fede del terzo.

1474. Mancanza di determinazione espressa del prezzo.

Se il contratto ha per oggetto cose che il venditore vende abitualmente e le parti non hanno determinato il prezzo, né hanno convenuto il modo di determinarlo, né esso è stabilito per atto della pubblica autorità, si presume che le parti abbiano voluto riferirsi al prezzo normalmente praticato dal venditore.

Se si tratta di cose aventi un prezzo di borsa o di mercato, il prezzo si desume dai listini o dalle mercuriali del luogo in cui deve essere eseguita la consegna o da quelli della piazza più vicina.

Qualora le parti abbiano inteso riferirsi al giusto prezzo, si applicano le disposizioni dei commi precedenti; e, quando non ricorrono i casi da essi previsti, il prezzo, in mancanza di accordo, è determinato da un terzo, nominato a norma del secondo comma dell'articolo precedente.

• La norma è di ordine suppletivo e regola la vendita di beni mobili, qualora i contraenti omettano di determinare espressamente il prezzo. • Dubbi sorgono con riferimento ai rapporti tra il primo comma e il secondo comma. • Per alcuni dovrebbe sempre prevalere il **criterio del prezzo ufficiale**. • Per altri, qualora il compratore sia un cliente abituale, prevale, invece, il **criterio del prezzo normalmente praticato**.

1475. Spese della vendita.

Le spese del contratto di vendita e le altre accessorie sono a carico del compratore, se non è stato pattuito diversamente.

• Sono essenzialmente le spese relative alla redazione dell'atto pubblico e alla trascrizione e le spese riguardanti il compenso, in caso di arbitraggio (v. art. 1473). • L'onorario del notaio e rimborso delle spese grava, in solido, su entrambi i contraenti. • Sono accessorie le spese riguardanti gli obblighi fiscali connessi alla vendita (ad es., l'IVA).

§ 1 – *Delle obbligazioni del venditore*

1476. Obbligazioni principali del venditore.

Le obbligazioni principali del venditore sono:

1) quella di consegnare la cosa al compratore;

2) quella di fargli acquistare la proprietà della cosa o il diritto, se l'acquisto non è effetto immediato del contratto;

3) quella di garantire il compratore dall'evizione e dai vizi della cosa.

• Per il punto 1) v. l'art. 1477. • Per il punto 2) v. gli artt. 1472, 1478 e 1523. • Al punto 3) v. gli artt. 1481-1497.

1477. Consegna della cosa.

La cosa deve essere consegnata nello stato in cui si trovava al momento della vendita.

Salvo diversa volontà delle parti, la cosa deve essere consegnata insieme con gli accessori, le pertinenze e i frutti dal giorno della vendita.

Il venditore deve pure consegnare i titoli e i documenti relativi alla proprietà e all'uso della cosa venduta.

• Si tratta solo della consegna di **cosa specifica**. • Nella vendita di cosa generica la cosa deve essere consegnata nello stato in cui si trovava al momento dell'individuazione *ex* art. 1378. • La mancata consegna dà origine alla ordinaria azione di risoluzione per inadempimento. • Qualora la consegna avvenga in un momento successivo rispetto alla stipulazione del contratto, sul venditore grava l'obbligo di custodia *ex* art. 1177. • In caso di impossibilità sopravvenuta della consegna per causa non imputabile all'alienante, il compratore deve comunque pagare il prezzo. • Si configura una **consegna implicita** quando il locatario acquista la casa in cui abita (*traditio brevi manu*) o quando il proprietario continua ad abitare, come conduttore (detentore) nella casa venduta (c.d. *costituto possessorio*). • Quanto ai **documenti e titoli,** comprovanti la proprietà, il venditore deve consegnare solo quelli in suo possesso; ha, invece, l'obbligo di procurarsi e consegnare i titoli e i documenti atti all'uso del bene venduto (ad es., la carta di circolazione per i veicoli).

1478. Vendita di cosa altrui.

Se al momento del contratto la cosa venduta non era di proprietà del venditore, questi è obbligato a procurarne l'acquisto al compratore.

Il compratore diventa proprietario nel momento in cui il venditore acquista la proprietà dal titolare di essa.

• È una **vendita obbligatoria**, avente ad oggetto una **cosa specifica** che, al momento della conclusione del contratto, è di proprietà di un terzo. • A tale proposito occorre individuare tre distinte ipotesi: a) entrambi i contraenti sanno che la cosa è di altri. Il venditore, quindi, si obbliga a procurare al compratore la proprietà del bene entro un determinato lasso di tempo, stabilito dalle parti o fissato dal giudice, ai sensi dell'art. 1183; b) il compratore ignora che la cosa sia di un terzo e c) la vendita è in nome proprio del venditore, ma l'acquirente sa che la cosa è di altri. • L'ipotesi *sub* b) è regolata dal successivo art. 1479. • Le ipotesi *sub* a) e c) configurano, invece, la fattispecie della norma in commento. • La proprietà della cosa si trasferisce automaticamente in capo al compratore nel momento in cui il venditore diviene titolare del bene, senza necessità di alcun atto tra venditore e acquirente. • In caso di mancato acquisto della titolarità del bene, il compratore ha diritto al risarcimento del danno. • È discusso se la responsabilità del venditore sia oggettiva o per colpa.

1479. Buona fede del compratore.

Il compratore può chiedere la risoluzione del contratto, se, quando l'ha concluso, ignorava che la cosa non era di proprietà del venditore, e se frattanto il venditore non gliene ha fatto acquistare la proprietà.

Salvo il disposto dell'articolo 1223, il venditore è tenuto a restituire all'acquirente il prezzo pagato, anche se la cosa è diminuita di valore o è deteriorata; deve inoltre rimborsargli le spese e i pagamenti legittimamente fatti per il contratto. Se la diminuzione di valore o il deterioramento derivano da un fatto del compratore, dall'ammontare suddetto si deve detrarre l'utile che il compratore ne ha ricavato.

Il venditore è inoltre tenuto a rimborsare al compratore le spese necessarie e utili fatte per la cosa, e, se era in mala fede, anche quelle voluttuarie.

• Se il **compratore, in buona fede**, ignora che il bene non è di proprietà del venditore, può chiedere la risoluzione del contratto. La buona fede del compratore non presuppone un particolare dovere di attivarsi (*Esempio:* il compratore non è tenuto a svolgere le apposite indagini nei registri immobiliari). • Tale risoluzione è particolare in quanto, prescinde da un vero e proprio obbligo, in capo al venditore, di procurare al compratore la proprietà del bene. • Sono possibili tutte le forme di risoluzione per inadempimento; la risoluzione non è consentita, invece, qualora l'alienante abbia fatto acquistare la proprietà con lieve ritardo. • Il venditore, se in colpa, deve risarcire il compratore, ai sensi dell'art. 1223. • **L'obbligo di rimborso** previsto dal secondo e terzo comma, invece, prescinde dalla colpa dell'alienante: il venditore deve comunque restituire il prezzo con gli interessi, che decorrono dal giorno della domanda di risoluzione. • Per **spese necessarie** si intendono le spese sostenute dal compratore per evitare la perdita o il deterioramento del bene; per **spese utili** le spese per apportare migliorie al bene; per **spese voluttuarie** le spese volte a modificare il bene secondo i propri gusti.

1480. Vendita di cosa parzialmente di altri.

Se la cosa che il compratore riteneva di proprietà del venditore era solo in parte di proprietà altrui, il compratore può chiedere la risoluzione del contratto e il risarcimento del danno a norma dell'articolo precedente, quando deve ritenersi, secondo le circostanze, che non avrebbe acquistato la cosa senza quella parte di cui non è divenuto proprietario; altrimenti può solo ottenere una riduzione del prezzo, oltre al risarcimento del danno.

• La norma riguarda solo la **vendita di cosa specifica** (v. art. 1478), quando il venditore ha la titolarità di solo di una porzione materiale del bene, ma lo vende per l'intero. • È dubbio se tale disposizione regoli anche il caso in cui sia venduto interamente un bene del quale l'alienate ne abbia solo una quota, cioè sia in comunione con altri. • Altrettante incertezze sorgono quanto alla valutazione della volontà del compratore di concludere il contratto o meno, se avesse conosciuto la parziale titolarità altrui: alcuni richiamano il criterio soggettivo; altri il criterio oggettivo dell'interesse del compratore, connesso alla titolarità totale del bene. • Per la buona fede del compratore ed il risarcimento v. art. 1479.

1481. Pericolo di rivendica.

Il compratore può sospendere il pagamento del prezzo, quando ha ragione di temere che la cosa o una parte di essa possa essere rivendicata da terzi, salvo che il venditore presti idonea garanzia.

Il pagamento non può essere sospeso se il pericolo era noto al compratore al tempo della vendita.

• Il compratore, in buona fede, può cautelarsi dalla possibilità che il bene gli venga sottratto (evizione v. artt. 1483 ss.) da un terzo, invocando il rimedio della sospensione del pagamento del prezzo. • Tale rimedio opera sia se è già accertata la proprietà del terzo, sia se esiste un pericolo di rivendica da parte del terzo (ad es., il compratore riceve diffide da parte del terzo). • Il **pericolo** di perdere la proprietà deve essere **serio, concreto** e **attuale.** • La garanzia, prestata dal venditore, può essere sia personale, sia reale.

1482. Cosa gravata da garanzie reali o da altri vincoli.

Il compratore può altresì sospendere il pagamento del prezzo, se la cosa venduta risulta gravata da garanzie reali o da vincoli derivanti da pignoramento o da sequestro, non dichiarati dal venditore e dal compratore stesso ignorati.

Egli può inoltre far fissare dal giudice un termine alla scadenza del quale, se la cosa non è liberata, il contratto è risolto con obbligo del venditore di risarcire il danno ai sensi dell'articolo 1479.

Se l'esistenza delle garanzie reali o dei vincoli sopra indicati era nota al compratore, questi non può chiedere la risoluzione del contratto, e il venditore è tenuto verso di lui solo per il caso di evizione.

• Il rimedio della **sospensione del pagamento** del prezzo è riconosciuto al compratore anche quando esista la **possibilità che il bene diventi di proprietà di altri**, a seguito dell'esercizio di un diritto di ipoteca, di pegno o di privilegio oppure a seguito di esecuzione forzata o di convalida di un sequestro gravante sul bene venduto. • Se il bene non è liberato, il compratore può chiedere al giudice la fissazione di un termine, decorso il quale il contratto è risolto **di diritto** e il venditore deve risarcirlo *ex* art. 1479. • **Presupposti** della sospensione del pagamento e della risoluzione del contratto sono la mancata comunicazione – anche in forma orale – del venditore e la conseguente mancata conoscenza da parte del compratore dei vincoli, gravanti sul bene alienato. • Non rileva che tali vincoli fossero comunque conoscibili dal compratore.

1483. Evizione totale della cosa.

Se il compratore subisce l'evizione totale della cosa per effetto di diritti che un terzo ha fatti valere su di essa, il venditore è tenuto a risarcirlo del danno a norma dell'articolo 1479.

Egli deve inoltre corrispondere al compratore il valore dei frutti che questi sia tenuto a restituire a colui dal quale è evitto, le spese che egli abbia fatte per la denunzia della lite e quelle che abbia dovuto rimborsare all'attore.

• Si ha **evizione totale**, quando il compratore viene privato del diritto di proprietà, a seguito dell'accertamento giudiziale o stragiudiziale di tale diritto a favore di un terzo. • È irrilevante se il compratore sia in buona fede o mala fede: il venditore deve risarcirlo, ai sensi dell'art. 1479. • La **garanzia per evizione**, infatti, opera **in modo automatico** ed è indipendente dalla colpa del venditore e dalla conoscenza, da parte del compratore. • La colpa del venditore rileva solo per il *quantum* del rimedio (v. quanto osservato *sub* art. 1479). • Il venditore, inoltre, deve procedere al rimborso del valore dei frutti che il compratore deve restituire al terzo che lo ha evitto. • Anche per tale rimborso non rileva la buona o mala fede del compratore.

1484. Evizione parziale.

In caso di evizione parziale della cosa, si osservano le disposizioni dell'articolo 1480 e quella del secondo comma dell'articolo precedente.

• Si ha **evizione parziale**, quando il compratore subisce la **parziale** espropriazione o rivendicazione del bene. • In base al rinvio all'art. 1480, si applicano le norme sull'evizione totale, qualora risulti che il compratore non avrebbe acquistato il bene senza le parti, di cui non è diventato proprietario (v. art. 1489 per evizione limitativa).

1485. Chiamata in causa del venditore.

Il compratore convenuto da un terzo che pretende di avere diritti sulla cosa venduta, deve chiamare in causa il venditore. Qualora non lo faccia e sia condannato con sentenza passata in giudicato, perde il diritto alla garanzia, se il venditore prova che esistevano ragioni sufficienti per far respingere la domanda.

Il compratore che ha spontaneamente riconosciuto il diritto del terzo perde il diritto alla garanzia, se non prova che non esistevano ragioni sufficienti per impedire l'evizione.

• L'evizione si consuma con il passaggio in giudicato della sentenza, che decide la causa tra il compratore ed il terzo. • È, quindi, **onere** del compratore chiamare in giudizio il venditore, affinché possa ottenerne direttamente la condanna alla garanzia per evizione. Con la chiamata, infatti, il venditore diventa parte del giudizio.

1486. Responsabilità limitata del venditore.

Se il compratore ha evitato la evizione della cosa mediante il pagamento di una somma di danaro, il venditore può liberarsi da tutte le conseguenze della garanzia col rimborso della somma pagata, degli interessi e di tutte le spese.

• Si tratta della c.d. **tacitazione del terzo**. Il compratore e il terzo concludono, ad esempio, una transazione, in base alla quale quest'ultimo rinuncia a qualsiasi pretesa sul bene. Il venditore può, quindi, rimborsare il compratore per evitare le conseguenze della garanzia per evizione. • Il rimborso per il venditore è, infatti, una **facoltà**, in quanto potrebbe preferire la liquidazione giudiziale del danno *ex* art. 1483, qualora ritenga che il compratore abbia pagato una somma troppo elevata. • È dubbio se la tacitazione del terzo possa avere luogo solo prima o anche dopo l'evizione.

1487. Modificazione o esclusione convenzionale della garanzia.

I contraenti possono aumentare o diminuire gli effetti della garanzia e possono altresì pattuire che il venditore non sia soggetto a garanzia alcuna.

Quantunque sia pattuita l'esclusione della garanzia, il venditore è sempre tenuto per l'evizione derivante da un fatto suo proprio. È nullo ogni patto contrario.

• In virtù dell'autonomia contrattuale, il compratore ed il venditore possono **aumentare o diminuire** gli **effetti della garanzia per evizione**. Ad esempio, possono stabilire un incremento di tali effetti, prevedendo che il venditore debba un risarcimento integrale sempre, indipendentemente dal giudizio di colpevolezza; oppure possono stabilire una loro diminuzione, fissando che il venditore non debba corrispondere il valore dei frutti che il compratore deve restituire al terzo. • È possibile un patto che preveda l'esclusione degli effetti, eccetto che per l'evizione per fatto proprio del venditore, vale a dire quando il terzo oppone al compratore un atto dispositivo (vendita), compiuto precedentemente dal venditore. • Restano comunque applicabili i limiti dell'art. 1229.

1488. Effetti dell'esclusione della garanzia.

Quando è esclusa la garanzia, non si applicano le disposizioni degli articoli 1479 e 1480; se si verifica l'evizione, il compratore può pretendere dal venditore soltanto la restituzione del prezzo pagato e il rimborso delle spese.

Il venditore è esente anche da questo obbligo quando la vendita è stata convenuta a rischio e pericolo del compratore.

• La **vendita a rischio e pericolo** del compratore è un contratto **aleatorio**. In base a tale contratto, il venditore non deve nemmeno restituire il prezzo e rimborsare le spese. Le parti, comunque, non possono derogare alle disposizioni degli artt. 1229 e 1487, co. 2.

1489. Cosa gravata da oneri o da diritti di godimento di terzi.

Se la cosa venduta è gravata da oneri o da diritti reali o personali non apparenti che ne diminuiscono il libero godimento e non sono stati dichiarati nel contratto, il compratore che non ne abbia avuto conoscenza può domandare la risoluzione del contratto oppure una riduzione del prezzo secondo la disposizione dell'articolo 1480.

Si osservano inoltre, in quanto applicabili, le disposizioni degli articoli 1481, 1485, 1486, 1487 e 1488.

• La norma prevede la tutela del compratore, in buona fede, in caso di c.d. **evizione limitativa**: cioè quando il compratore subisce, su iniziativa del terzo, la limitazione al godimento e alla disponibilità del bene (ad es., sul bene viene accertato un diritto di usufrutto a favore di un terzo). • Il compratore può, infatti, domandare la risoluzione del contratto o la riduzione del prezzo solo qualora gravino sul bene, oneri o diritti reali o personali **non dichiarati** dal venditore e **non riconoscibili**. • Resta, quindi, esclusa, per il compratore, la tutela se, ad esempio, risultano visibili strutture permanenti atte all'esercizio di un diritto di servitù; se un terzo ha il possesso del bene oppure se le limitazioni sono comprovate dai documenti, consegnati dal venditore.

1490. Garanzia per i vizi della cosa venduta.

Il venditore è tenuto a garantire che la cosa venduta sia immune da vizi che la rendano inidonea all'uso a cui è destinata o ne diminuiscano in modo apprezzabile il valore.

Il patto con cui si esclude o si limita la garanzia non ha effetto, se il venditore ha in mala fede taciuto al compratore i vizi della cosa.

• La garanzia per vizi – come la garanzia per evizione – è un **effetto naturale** del contratto; non è necessaria, infatti, una pattuizione espressa tra venditore e compratore. • Per **vizi** si intendono tutte quelle imperfezioni **materiali** della cosa, che incidono sulla sua utilizzabilità, rendendola inidonea all'uso cui è destinata (*Esempio:* il computer non si accende per un difetto di fabbricazione) o che incidono sul suo valore, riducendolo in modo apprezzabile. • È necessario che i vizi siano **preesistenti** al contratto di vendita. Se il vizio è successivo, invece, si applicano le norme dell'inesatto adempimento (*Esempio:* le parti fissano una consegna successiva e il computer, nel frattempo, è danneggiato per le pessime condizioni del magazzino). • La garanzia per vizi prescinde dalla colpa del venditore, necessaria solo per il risarcimento del danno. Grava sul compratore l'onere di dimostrare l'esistenza dei vizi. • Dai vizi va distinta la **mancanza di qualità** della cosa, intesa come difetto di quelle caratteristiche che ne esprimono l'utilità o il pregio (*Esempio:* il venditore consegna un maglione misto acrilico e non di pura lana come pattuito: v. art. 1497). • Parimenti non rientra nella norma in commento la consegna di un **bene radicalmente diverso da quello dovuto** (c.d. ***aliud pro alio***); per tale fattispecie è prevista l'ordinaria azione di adempimento o di risoluzione *ex* art. 1453 e l'ordinario termine di prescrizione decennale. • Il secondo comma della norma si ricollega al principio di cui all'art. 1229.

1491. Esclusione della garanzia.

Non è dovuta la garanzia se al momento del contratto il compratore conosceva i vizi della cosa; parimenti non è dovuta, se i vizi erano facilmente riconoscibili, salvo, in questo caso, che il venditore abbia dichiarato che la cosa era esente da vizi.

• In base al principio di autoresponsabilità, al compratore è preclusa la possibilità di denunciare i vizi conosciuti o facilmente riconoscibili, a meno che vi sia la dichiarazione di assenza dei vizi ad opera del venditore; tale dichiarazione non richiede una forma particolare. • Quanto alla definizione di **vizio facilmente riconoscibile**, è discusso se ci si riferisca alla diligenza del buon padre di famiglia, o se vada valutata rispetto alle circostanze del caso concreto e alle particolari conoscenze del compratore.

1492. Effetti della garanzia.

Nei casi indicati dall'articolo 1490 il compratore può domandare a sua scelta la risoluzione del contratto ovvero la riduzione del prezzo, salvo che, per determinati vizi, gli usi escludano la risoluzione.

La scelta è irrevocabile quando è fatta con la domanda giudiziale.

Se la cosa consegnata è perita in conseguenza dei vizi, il compratore ha diritto alla risoluzione del contratto; se invece è perita per caso fortuito o per colpa del compratore, o se questi l'ha alienata o trasformata, egli non può domandare che la riduzione del prezzo.

• Il compratore può agire per la risoluzione del contratto (c.d. **azione redibitoria**) o per la riduzione del prezzo (c.d. **azione estimatoria**); tali azioni vengono dette anche **azioni edilizie**. • L'**azione redibitoria** si discosta dall'azione di risoluzione *ex* art. 1453 per l'irrilevanza della colpa del venditore; per l'onere di denunzia entro un termine di decadenza e per il ridotto termine di prescrizione (v. art. 1495); per il richiamo agli usi, ma poggia anch'essa sul requisito necessario dell'inadempimento di non scarsa importanza, previsto dall'art. 1455. • Qualora il compratore non voglia o non possa chiedere la risoluzione del contratto, può agire con l'**azione estimatoria**, mediante la quale ottiene una riduzione del prezzo, pari alla differenza tra il valore del bene privo di difetti e il valore del bene con i vizi. • La scelta tra le due azioni è **irrevocabile** anche quando è effettuata in via stragiudiziale ed il venditore ha accettato. • Il terzo comma dispone che il venditore non debba sopportare il rischio di restituire il prezzo e rimborsare le spese per perimento del bene per cause non derivanti dal suo obbligo di garanzia. • Rispetto alle regole generali, risulta preclusa al compratore l'azione di esatto adempimento, in quanto l'obbligazione principale del venditore non presuppone un *facere*. • La garanzia per vizi opera anche per le c.d. **vendite a catena**: ciascun compratore può agire nei confronti del proprio venditore.

1493. Effetti della risoluzione del contratto.

In caso di risoluzione del contratto il venditore deve restituire il prezzo e rimborsare al compratore le spese e i pagamenti legittimamente fatti per la vendita.

Il compratore deve restituire la cosa, se questa non è perita in conseguenza dei vizi.

• A seguito della risoluzione il venditore deve restituire il **prezzo più gli interessi**. • Per la giurisprudenza gli interessi decorrono dal giorno della consegna della somma; per parte della dottrina, invece, dal giorno in cui si chiede la risoluzione. • Circa il rimborso dovuto si applica l'art. 1479. • La restituzione del bene da parte del compratore segue le disposizioni dell'indebito oggettivo.

1494. Risarcimento del danno.

In ogni caso il venditore è tenuto verso il compratore al risarcimento del danno, se non prova di avere ignorato senza colpa i vizi della cosa.

Il venditore deve altresì risarcire al compratore i danni derivati dai vizi della cosa.

• A prescindere dall'aver esercitato o meno le azioni edilizie *ex* art. 1492, il compratore ha diritto al **risarcimento del danno** se riesce a dimostrare i vizi del bene e se il venditore non riesce a provare di aver ignorato, senza colpa, l'esistenza di tali vizi. • L'azione di risarcimento, infatti, può essere **cumulabile** con la domanda di risoluzione del contratto o con quella di riduzione del prezzo, ma essendo **autonoma** può essere esercitata singolarmente. • L'azione è comunque soggetta ai termini di prescrizione e decadenza del successivo art. 1495. • La **colpa** del venditore è **presunta** e va valutata tenendo conto della natura dell'attività esercitata da quest'ultimo. • Il venditore, inoltre, deve risarcire i danni derivati dai vizi della cosa, vale a dire gli ulteriori eventi lesivi della sfera patrimoniale o personale del compratore, provocati dal vizio del bene (*Esempio:* la rottura di una macchina utensile per un difetto di fabbricazione provoca l'interruzione della produzione).

1495. Termini e condizioni per l'azione.

Il compratore decade dal diritto alla garanzia, se non denunzia i vizi al venditore entro otto giorni dalla scoperta, salvo il diverso termine stabilito dalle parti o dalla legge.

La denunzia non è necessaria se il venditore ha riconosciuto l'esistenza del vizio o l'ha occultato.

L'azione si prescrive, in ogni caso, in un anno dalla consegna; ma il compratore che sia convenuto per l'esecuzione del contratto, può sempre far valere la garanzia, purché il vizio della cosa sia stato denunziato entro otto giorni dalla scoperta e prima del decorso dell'anno dalla consegna.

• Per poter esercitare le azioni edilizie e l'azione di risarcimento, è **onere** del compratore la **denunzia** dei vizi entro **otto giorni** dalla scoperta. • Si tratta di un termine di **decadenza**. • Tale denunzia non ha requisiti formali; la dichiarazione può essere, infatti, scritta o orale, ma spetta al compratore la prova della sua esistenza e della sua tempestività. • Gli otto giorni decorrono dalla data della consegna del bene per i vizi apparenti; per quelli non apparenti decorrono dal giorno della loro scoperta, intesa come certezza obiettiva per il compratore. • La denunzia non è necessaria se v'è riconoscimento dei vizi da parte del venditore; tale riconoscimento non richiede forme speciali. • La denunzia non è necessaria anche se v'è stato un occultamento dei difetti: vale a dire un'attività del venditore diretta a nascondere i vizi, oppure un suo semplice silenzio. • Alla **prescrizione annuale** si applicano le disposizioni degli artt. 2934 ss. Il termine decorre dalla consegna, senza distinzione tra vizi occulti e vizi apparenti.

1496. Vendita di animali.

Nella vendita di animali la garanzia per i vizi è regolata dalle leggi speciali o, in mancanza, dagli usi locali. Se neppure questi dispongono, si osservano le norme che precedono.

• Nella vendita di animali, vige un rapporto gerarchico tra le fonti: prima sono applicabili le leggi speciali; in loro mancanza gli usi locali; in assenza di entrambe le fonti gli artt. 1490 ss.

1497. Mancanza di qualità.

Quando la cosa venduta non ha le qualità promesse ovvero quelle essenziali per l'uso a cui è destinata, il compratore ha diritto di ottenere la risoluzione del contratto secondo le disposizioni generali sulla risoluzione per inadempimento, purché il difetto di qualità ecceda i limiti di tolleranza stabiliti dagli usi.

Tuttavia il diritto di ottenere la risoluzione è soggetto alla decadenza e alla prescrizione stabilite dall'articolo 1495.

• Per **qualità essenziali** si intendono quelle caratteristiche indispensabili per l'uso, cui il bene è normalmente destinato. • Per **qualità promesse** si intendono quelle specificamente pattuite. Queste ultime possono essere atipiche (connesse ad uso diverso del bene) o particolari (connesse ad un uso normale, a condizioni differenti). • Quando il bene acquistato difetta di tali qualità, oltre i limiti di tolleranza, il compratore ha diritto alla risoluzione *ex* artt. 1453 ss. nei termini di decadenza e prescrizione, previsti per la garanzia per vizi. • A tale proposito la dottrina, a differenza della giurisprudenza, ammette anche per tale fattispecie la possibilità per il compratore di esercitare le azioni edilizie che prescindono dalla colpa.

§ 2 – *Delle obbligazioni del compratore*

1498. Pagamento del prezzo.

Il compratore è tenuto a pagare il prezzo nel termine e nel luogo fissati dal contratto.

In mancanza di pattuizione e salvi gli usi diversi, il pagamento deve avvenire al momento della consegna e nel luogo dove questa si esegue.

Se il prezzo non si deve pagare al momento della consegna, il pagamento si fa al domicilio del venditore.

• Il pagamento del prezzo è l'obbligazione del compratore. • Il luogo del pagamento identificato con il luogo della consegna, in assenza di pattuizione o usi, è una disposizione speciale, rispetto ai principi generali dell'art. 1182.

1499. Interessi compensativi sul prezzo.

Salvo diversa pattuizione, qualora la cosa venduta e consegnata al compratore produca frutti o altri proventi, decorrono gli interessi sul prezzo, anche se questo non è ancora esigibile.

• Per ristabilire l'equilibrio contrattuale, se il venditore consegna al compratore un bene produttivo di frutti o altri redditi, prima di ricevere il pagamento del prezzo, ha diritto agli **interessi compensativi**. • Tali interessi sono dovuti anche se la dilazione di pagamento del prezzo è dovuta ad un rifiuto giustificato del compratore (ad es., eccezione di inadempimento). • In caso di rifiuto ingiustificato gli interessi compensativi si convertono in interessi moratori.

§ 3 – *Del riscatto convenzionale*

1500. Patto di riscatto.

Il venditore può riservarsi il diritto di riavere la proprietà della cosa venduta mediante la restituzione del prezzo e i rimborsi stabiliti dalle disposizioni che seguono.

Il patto di restituire un prezzo superiore a quello stipulato per la vendita è nullo per l'eccedenza.

• Mediante il **patto di riscatto** il compratore ottiene la facoltà di utilizzare il bene per un certo periodo di tempo, con la possibilità per il venditore di recuperarne la proprietà in un momento successivo, restituendo il prezzo più le spese sostenute; spesso la funzione di questo accordo va vista nel fatto che il compratore paga un prezzo inferiore a quello di mercato, mentre il venditore può disporre del prezzo. • Il patto deve essere contestuale al contratto di vendita, deve avere la sua **stessa forma e** deve essere **trascritto**, per essere opponibile ai terzi. • La nullità del secondo comma opera anche qualora le parti abbiano previsto la restituzione del prezzo più gli interessi compensativi. • Dal patto di riscatto va distinta la **vendita con patto di retrovendita**, che fissa per il compratore l'obbligo di restituire al venditore il bene acquistato, mediante la conclusione di un nuovo contratto.

1501. Termini.

Il termine per il riscatto non può essere maggiore di due anni nella vendita di beni mobili e di cinque anni in quella di beni immobili. Se le parti stabiliscono un termine maggiore, esso si riduce a quello legale.

Il termine stabilito dalla legge è perentorio e non si può prorogare.

• Il termine per il riscatto è di **decadenza** (v. artt. 2964 ss.) e decorre dal giorno in cui si verifica l'effetto traslativo (il passaggio del diritto di proprietà dal venditore al compratore). • I termini fissati riguardano la sola dichiarazione di riscatto, non i versamenti *ex* art. 1503 e possono essere derogati dalle parti con la previsione di un periodo inferiore rispetto a quello legale.

1502. Obblighi del riscattante.

Il venditore che esercita il diritto di riscatto è tenuto a rimborsare al compratore il prezzo, le spese e ogni altro pagamento legittimamente fatto per la vendita, le spese per le riparazioni necessarie e, nei limiti dell'aumento, quelle che hanno aumentato il valore della cosa.

Fino al rimborso delle spese necessarie e utili, il compratore ha diritto di ritenere la cosa. Il giudice tuttavia, per il rimborso delle spese utili, può accordare una dilazione disponendo, se occorrono, le opportune cautele.

• Il venditore ha l'**onere** di rimborso del prezzo e delle spese, previste dalla norma.

1503. Esercizio del riscatto.

Il venditore decade dal diritto di riscatto, se entro il termine fissato non comunica al compratore la dichiarazione di riscatto e non gli corrisponde le somme liquide dovute per il rimborso del prezzo, delle spese e di ogni altro pagamento legittimamente fatto per la vendita.

Se il compratore rifiuta di ricevere il pagamento di tali rimborsi, il venditore decade dal diritto di riscatto, qualora non ne faccia offerta reale entro otto giorni dalla scadenza del termine.

Nella vendita di beni immobili la dichiarazione di riscatto deve essere fatta per iscritto, sotto pena di nullità.

• La dichiarazione di riscatto del venditore, che ha natura **negoziale unilaterale recettizia**, è condizione necessaria, ma non sufficiente a determinare l'effetto del riscatto. • È necessaria, infatti, anche la restituzione del prezzo e il rimborso delle spese e di ogni altro pagamento legittimamente effettuato per la vendita; non è, invece, necessario il rimborso delle spese sostenute per il bene, regolate dal secondo comma dell'art. 1502 per le quali il compratore ha il diritto di ritenzione.

1504. Effetti del riscatto rispetto ai subacquirenti.

Il venditore che ha legittimamente esercitato il diritto di riscatto nei confronti del compratore può ottenere il rilascio della cosa anche dai successivi acquirenti, purché il patto sia ad essi opponibile.

Se l'alienazione è stata notificata al venditore, il riscatto deve essere esercitato in confronto del terzo acquirente.

• Qualora la vendita riguardi beni immobili o beni mobili registrati, il patto di riscatto è **opponibile** ai successivi acquirenti, se è stato trascritto prima che il compratore, a sua volta, venda ad un terzo. • La **notificazione** del secondo comma non richiede una forma particolare. • Si ritiene che il venditore possa agire nei confronti del subacquirente, anche senza notificazione, se è a conoscenza dell'alienazione; in tal caso il venditore deve corrispondere i pagamenti ed i rimborsi a quest'ultimo.

1505. Diritti costituiti dal compratore sulla cosa.

Il venditore che ha esercitato il diritto di riscatto riprende la cosa esente dai pesi e dalle ipoteche da cui sia stata gravata; ma è tenuto a mantenere le locazioni fatte senza frode, purché abbiano data certa e siano state convenute per un tempo non superiore ai tre anni.

• Per **locazioni con frode**, si intende quelle locazioni concluse tra il compratore ed un terzo per privare il venditore del pieno godimento del bene, stipulate, ad esempio, allo scadere del termine per il riscatto.

1506. Riscatto di parte indivisa.

In caso di vendita con patto di riscatto di una parte indivisa di una cosa, il comproprietario che chiede la divisione deve proporre la domanda anche in confronto del venditore.

Se la cosa non è comodamente divisibile e si fa luogo all'incanto, il venditore che non ha esercitato il riscatto anteriormente all'aggiudicazione decade da tale diritto, anche se aggiudicatario sia lo stesso compratore.

• Qualora il venditore abbia alienato una quota di **comunione indivisa** e vuole partecipare alla divisione voluta da un comproprietario, può esercitare il diritto di riscatto e riacquistare la quota. • Se il bene non è divisibile in natura si procede all'incanto, ma il venditore deve esercitare il diritto di riscatto prima dell'aggiudicazione.

1507. Vendita congiuntiva di cosa indivisa.

Se più persone hanno venduto congiuntamente, mediante un solo contratto, una cosa indivisa, ciascuna può esercitare il diritto di riscatto solo sopra la quota che le spettava.

La medesima disposizione si osserva se il venditore ha lasciato più eredi.

Il compratore, nei casi sopra espressi, può esigere che tutti i venditori o tutti i coeredi esercitino congiuntamente il diritto di riscatto dell'intera cosa; se essi non si accordano, il riscatto può esercitarsi soltanto da parte di colui o di coloro che offrono di riscattare la cosa per intero.

• La **facoltà** del compratore, prevista dal terzo comma, di rifiutare il riscatto parziale evita che questi rimanga proprietario di una quota che avrebbe un valore inferiore rispetto a quello proporzionale.

1508. Vendita separata di cosa indivisa.

Se i comproprietari di una cosa non l'hanno venduta congiuntamente e per intero, ma ciascuno ha venduto la sola sua quota, essi possono separatamente esercitare il diritto di riscatto sopra la quota che loro spettava, e il compratore non può valersi della facoltà prevista dall'ultimo comma dell'articolo precedente.

• Per il compratore **non è prevista la facoltà** dell'art. 1507, in quanto i venditori hanno alienato separatamente le loro quote. Risulta, infatti, estraneo a ciascun alienante l'interesse del compratore per l'intero bene.

1509. Riscatto contro gli eredi del compratore.

Qualora il compratore abbia lasciato più eredi, il diritto di riscatto si può esercitare contro ciascuno di essi solo per la parte che gli spetta, anche quando la cosa venduta è tuttora indivisa.

Se l'eredità è stata divisa e la cosa venduta è stata assegnata a uno degli eredi, il diritto di riscatto non può esercitarsi contro di lui che per la totalità.

• Per il secondo comma v. art. 757.

Sezione II
Della vendita di cose mobili

§ 1 – *Disposizioni generali*

1510. Luogo della consegna.

In mancanza di patto o di uso contrario, la consegna della cosa deve avvenire nel luogo dove questa si trovava al tempo della vendita, se le parti ne erano a conoscenza, ovvero nel luogo dove il venditore aveva il suo domicilio o la sede dell'impresa.

Salvo patto o uso contrario, se la cosa venduta deve essere trasportata da un luogo all'altro, il venditore si libera dall'obbligo della consegna rimettendo la cosa al vettore o allo spedizioniere; le spese del trasporto sono a carico del compratore.

• I criteri legali del luogo della consegna hanno valore **alternativo**. • Si applicano alla vendita di cosa specifica, di cosa generica e di cosa futura e anche alla vendita di cosa di genere limitato, cioè vendita di cose scelte in una determinata massa. • In caso di trasporto del bene, salvo patto o uso contrario, la sua **rimessione** al vettore o spedizione equivale alla **consegna**. • Il rischio di perimento o deterioramento del bene durante il trasporto rimane in capo al venditore solo nel caso in cui le parti abbiano pattuito espressamente, ad esempio, una "vendita con consegna all'arrivo". • Per la giurisprudenza, nella vendita di cosa generica la consegna al vettore ha valore di individuazione. • Per "spese di spedizione" si intendono non solo i costi di spedizione, ma anche quelli connessi all'imballaggio, ai pedaggi, ai dazi doganali ecc.

1511. Denunzia nella vendita di cose da trasportare.

Nella vendita di cose da trasportare da un luogo a un altro, il termine per la denunzia dei vizi e dei difetti di qualità apparenti decorre dal giorno del ricevimento.

• È una norma speciale, rispetto alle regole generali degli artt. 1490 ss. Si riferisce alla denunzia dei vizi e delle qualità essenziali apparenti. Per giorno di ricevimento si intende quello in cui il compratore ha l'effettiva disponibilità del bene.

1512. Garanzia di buon funzionamento.

Se il venditore ha garantito per un tempo determinato il buon funzionamento della cosa venduta, il compratore, salvo patto contrario, deve denunziare al venditore il difetto di funzionamento entro trenta giorni dalla scoperta, sotto pena di decadenza. L'azione si prescrive in sei mesi dalla scoperta.

Il giudice, secondo le circostanze, può assegnare al venditore un termine per sostituire o riparare la cosa in modo da assicurarne il buon funzionamento, salvo il risarcimento dei danni.

Sono salvi gli usi i quali stabiliscono che la garanzia di buon funzionamento è dovuta anche in mancanza di patto espresso.

• La **garanzia di buon funzionamento** è una garanzia che deve essere **espressamente pattuita**, salvo l'esistenza di usi che la prevedano, e che, in **modo autonomo**, mira a rafforzare la tutela del compratore, prevista dalla garanzia per vizi (art. 1490) e per mancanza delle qualità (art. 1497). • Infatti l'esistenza di tale garanzia non preclude all'acquirente la possibilità di avvalersi delle azioni edilizie. • Il compratore deve provare solo il cattivo funzionamento e denunziarlo entro trenta giorni dalla scoperta. • L'unica possibilità per il venditore, di escludere la garanzia, è, invece, provare che la causa del malfunzionamento è sopravvenuta dopo la consegna per un fatto a lui non imputabile (ad es., il fatto di un terzo). • Qualora il venditore non riesca ad assolvere a tale prova può scegliere tra la riparazione del bene, se possibile, o la sua sostituzione. • È discusso se il risarcimento, cui è tenuto il venditore, prescinda dalla colpa o meno.

1513. Accertamento dei difetti.
In caso di divergenza sulla qualità o condizione della cosa, il venditore o il compratore possono chiederne la verifica nei modi stabiliti dall'articolo 696 del codice di procedura civile. Il giudice, su istanza della parte interessata, può ordinare il deposito o il sequestro della cosa stessa, nonché la vendita per conto di chi spetta, determinandone le condizioni.

La parte che non ha chiesto la verifica della cosa, deve, in caso di contestazione, provarne rigorosamente l'identità e lo stato.

• La divergenza tra le parti può riguardare l'esistenza di vizi (art. 1490); la mancanza di qualità essenziali o promesse (art. 1497); il malfunzionamento (art. 1512) o l'identità del bene. • La richiesta della verifica (v. art. 696 c.p.c.) può essere effettuata anche prima dell'insorgere di tale divergenza.

1514. Deposito della cosa venduta.
Se il compratore non si presenta per ricevere la cosa acquistata, il venditore può depositarla, per conto e a spese del compratore medesimo, in un locale di pubblico deposito, oppure in altro locale idoneo determinato dal tribunale del luogo in cui la consegna doveva essere fatta.

Il venditore deve dare al compratore pronta notizia del deposito eseguito.

• La norma riconosce al venditore un potere di autotutela, nel caso in cui il compratore non abbia ricevuto in consegna il bene, a prescindere dal fatto che la mancata consegna sia imputabile a quest'ultimo o meno; il **deposito**, infatti, libera il venditore dall'obbligo di consegna. • Se si tratta di vendita di cosa generica, il deposito comporta l'individuazione.

1515. Esecuzione coattiva per inadempimento del compratore.
Se il compratore non adempie l'obbligazione di pagare il prezzo, il venditore può far vendere senza ritardo la cosa per conto e a spese di lui.

La vendita è fatta all'incanto a mezzo di una persona autorizzata a tali atti o, in mancanza di essa nel luogo in cui la vendita deve essere eseguita, a mezzo di un ufficiale giudiziario. Il venditore deve dare tempestiva notizia al compratore del giorno, del luogo e dell'ora in cui la vendita sarà eseguita.

Se la cosa ha un prezzo corrente, stabilito per atto della pubblica autorità *o da norme corporative* (1), ovvero risultante da listini di borsa o da mercuriali, la vendita può essere fatta senza incanto, al prezzo corrente, a mezzo delle persone indicate nel comma precedente o di un commissario nominato dal tribunale. In tal caso il venditore deve dare al compratore pronta notizia della vendita.

Il venditore ha diritto alla differenza tra il prezzo convenuto e il ricavo netto della vendita, oltre al risarcimento del maggior danno.

(1) Le disposizioni richiamanti le norme corporative devono ritenersi abrogate in seguito alla soppressione dell'ordinamento corporativo.

• Si tratta della c.d. **vendita in danno**. • È una **facoltà** del venditore che, in caso di inadempimento del compratore, può scegliere comunque di agire con i rimedi ordinari. • È dubbia la sua qualificazione giuridica: alcuni la considerano una forma di esecuzione forzata, altri un modo di liquidazione del danno mediante risoluzione.

1516. Esecuzione coattiva per inadempimento del venditore.
Se la vendita ha per oggetto cose fungibili che hanno un prezzo corrente a norma del terzo comma dell'articolo precedente, e il venditore non adempie la sua obbligazione, il compratore può fare acquistare senza ritardo le cose, a spese del venditore, a mezzo di una delle persone indicate nel secondo e terzo comma dell'articolo precedente. Dell'acquisto il compratore deve dare pronta notizia al venditore.

Il compratore ha diritto alla differenza tra l'ammontare della spesa occorsa per l'acquisto e il prezzo convenuto, oltre al risarcimento del maggior danno.

• V. art. 1515.

1517. Risoluzione di diritto.
La risoluzione ha luogo di diritto a favore del contraente che, prima della scadenza del termine stabilito, abbia offerto all'altro, nelle forme di uso, la consegna della cosa o il pagamento del prezzo, se l'altra parte non adempie la propria obbligazione.

La risoluzione di diritto ha luogo pure a favore del venditore, se, alla scadenza del termine stabilito per la consegna, il compratore, la cui obbligazione di pagare il prezzo non sia scaduta, non si presenta per ricevere la cosa preventivamente offerta, ovvero non l'accetta.

Il contraente che intende valersi della risoluzione disposta dal presente articolo deve darne comunicazione all'altra parte entro otto giorni dalla scadenza del termine; in mancanza di tale comunicazione, si osservano le disposizioni generali sulla risoluzione per inadempimento.

• La **risoluzione di diritto**, prevista dalla norma, configura il potere di autotutela delle parti. • Non riguarda la vendita di cosa generica e di cosa futura. • Non è necessario che la consegna del bene e il pagamento del prezzo siano sottoposte al medesimo termine di scadenza. • La risoluzione del primo e del secondo comma ha come presupposto l'offerta che si compone di due atti: a) l'intimazione e b) l'effettiva consegna della cosa o il pagamento del prezzo. • La disposizione del secondo comma ha il carattere di norma eccezionale, poiché riconosce al venditore la risoluzione nonostante l'obbligazione del pagamento del prezzo non sia ancora scaduta.

1518. Normale determinazione del risarcimento.
Se la vendita ha per oggetto una cosa che ha un prezzo corrente a norma del terzo comma dell'articolo 1515, e il contratto si risolve per l'inadempimento di una delle parti, il risarcimento è costituito dalla differenza tra il prezzo convenuto e quello corrente nel luogo e nel giorno in cui si doveva fare la consegna, salva la prova di un maggior danno.

Nella vendita a esecuzione periodica, la liquidazione del danno si determina sulla base dei prezzi correnti nel luogo e nel giorno fissati per le singole consegne.

• La norma ha **carattere eccezionale**. • Riguarda esclusivamente la vendita di cose mobili e fissa una **presunzione assoluta** di danno a favore della parte adempiente, quando il prezzo del bene è stabilito da listini di borsa o mercuriali o da atti dell'autorità; infatti la parte inadempiente deve sempre un risarcimento pari alla differenza tra il prezzo pattuito e quello corrente, anche qualora il danno sia inferiore. • Circa il luogo cui riferire i listini del prezzo è dubbio se debba essere quello in cui il bene deve comunque arrivare o se si debba applicare l'art. 1510. • Il secondo comma si riferisce alla vendita a consegne ripartite, cioè una vendita la cui prestazione del venditore è divisa in frazioni, e non alla somministrazione (v. art. 1559).

1519. Restituzione di cose non pagate.
Se la vendita è stata fatta senza dilazione per il pagamento del prezzo, il venditore, in mancanza di pagamento, può riprendere il possesso delle cose vendute, finché queste si trovano presso il compratore, purché la domanda sia proposta entro quindici giorni dalla consegna e le cose si trovino nello stato in cui erano al tempo della consegna stessa.

Il diritto di riprendere il possesso delle cose non si può esercitare in pregiudizio dei privilegi previsti dagli articoli 2764 e 2765, salvo che si provi che il creditore, al tempo della introduzione di esse nella casa o nel fondo locato ovvero nel fondo concesso a mezzadria o a colonia, conosceva che il prezzo era ancora dovuto.

La disposizione del comma precedente si applica anche a favore dei creditori del compratore che abbiano sequestrato o pignorato le cose, a meno che si provi che essi, al momento del sequestro o del pignoramento, conoscevano che il prezzo era ancora dovuto.

• L'azione di restituzione da parte del venditore costituisce una sorta di **azione possessoria speciale.** • Essa non preclude comunque al venditore la possibilità di chiedere una risoluzione giudiziale che è proponibile nello stesso procedimento in cui chiede la restituzione del bene oppure separatamente. • **Presupposti** della azione di restituzione sono che: a) la vendita non preveda proroghe del pagamento del prezzo; b) il bene non sia danneggiato e nella disponibilità materiale del compratore.

§ 1 bis – *Della vendita dei beni di consumo* (1)

(1) Paragrafo inserito dall'art. 1 del d.lgs. 2/2/2002, n. 24, successivamente abrogato dall'art. 146 del d.lgs. 6/9/2005, n. 206, Codice del consumo.

1519 bis.-1519 nonies. (1).

(1) Articoli abrogati dall'art. 146[1, lett. s)] del d.lgs. 6/9/2005, n. 206.

§ 2 – *Della vendita con riserva di gradimento, a prova, a campione*

1520. Vendita con riserva di gradimento.

Quando si vendono cose con riserva di gradimento da parte del compratore, la vendita non si perfeziona fino a che il gradimento non sia comunicato al venditore.

Se l'esame della cosa deve farsi presso il venditore, questi è liberato, qualora il compratore non vi proceda nel termine stabilito dal contratto o dagli usi, o, in mancanza, in un termine congruo fissato dal venditore.

Se la cosa si trova presso il compratore e questi non si pronunzia nel termine sopra indicato, la cosa si considera di suo gradimento.

• La **vendita con riserva di gradimento** ha ad oggetto beni mobili, immobili o universalità di beni mobili. • In caso di beni immobili e universalità di beni mobili la dichiarazione di gradimento deve essere scritta. • Il contratto di vendita è concluso solo quando il compratore comunica il suo gradimento al venditore. • Quindi il patto con riserva di gradimento si configura come **una sorta di opzione** (v. art. 1331), riservata al compratore, a cui corrisponde una proposta irrevocabile da parte del venditore. • La mancata verifica del bene ad opera del compratore, prevista dal secondo comma, viene qualificata come **accettazione implicita**. • Così pure la mancata dichiarazione del compratore del terzo comma. • La dichiarazione del gradimento non preclude al compratore la possibilità di esercitare le azioni edilizie per vizi non riconoscibili.

1521. Vendita a prova.

La vendita a prova si presume fatta sotto la condizione sospensiva che la cosa abbia le qualità pattuite o sia idonea all'uso a cui è destinata.

La prova si deve eseguire nel termine e secondo le modalità stabiliti dal contratto o dagli usi.

• A differenza della vendita *ex* art. 1520, il **contratto è già perfezionato** e sottoposto alla condizione sospensiva dell'esito della prova da parte del compratore. • La **prova** consiste in una analisi obiettiva delle qualità del bene ed il venditore deve rendere possibile al compratore tale verifica. • Il compratore può rinunciare alla prova, in questo caso il contratto acquista piena efficacia. • L'esito positivo della prova non esclude la garanzia per vizi non riconoscibili.

1522. Vendita su campione e su tipo di campione.

Se la vendita è fatta su campione, s'intende che questo deve servire come esclusivo paragone per la qualità della merce, e in tal caso qualsiasi difformità attribuisce al compratore il diritto alla risoluzione del contratto.

Qualora, però, dalla convenzione o dagli usi risulti che il campione deve servire unicamente a indicare in modo approssimativo la qualità, si può domandare la risoluzione soltanto se la difformità dal campione sia notevole.

In ogni caso l'azione è soggetta alla decadenza e alla prescrizione stabilite dall'articolo 1495.

• La vendita, prevista dal primo comma, è la **vendita su campione**. • È un contratto efficace dal momento della conclusione, in cui le parti si accordano di assumere il campione come esclusivo paragone per la qualità della merce. • Il **campione** deve essere una cosa concreta e non una fotografia o altra riproduzione del bene. • In caso di qualsiasi difformità della cosa consegnata rispetto al campione, il compratore può chiedere la risoluzione del contratto. • Il secondo comma prevede la **vendita su tipo di campione**. In tale vendita il bene non deve essere perfettamente conforme al campione, che ha solo una funzione dimostrativa. • Il compratore può, quindi, chiedere la risoluzione del contratto solo se il bene non ha i requisiti essenziali. • Permane la garanzia per vizi del venditore per entrambe le vendite.

§ 3 – *Della vendita con riserva della proprietà*

1523. Passaggio della proprietà e dei rischi.

Nella vendita a rate con riserva della proprietà, il compratore acquista la proprietà della cosa col pagamento dell'ultima rata di prezzo, ma assume i rischi dal momento della consegna.

• Si tratta della **vendita con patto di riservato dominio**, che rappresenta una deroga al principio generale dell'art. 1465. Il rischio di perimento del bene, infatti, passa dal venditore al compratore con la consegna della cosa, prima che quest'ultimo ne divenga il proprietario con il pagamento dell'ultima rata. • La vendita può avere come oggetto anche beni mobili registrati o beni immobili, ma non può avere come oggetto le cose consumabili, a meno che il compratore non si impegni ad usare il bene consumabile solo dopo il pagamento dell'ultima rata del prezzo. • Dubbi permangono sulla qualificazione giuridica di tale vendita: per alcuni è una vendita obbligatoria, per altri un contratto condizionato sospensivamente o risolutivamente.

1524. Opponibilità della riserva di proprietà nei confronti di terzi.

La riserva della proprietà è opponibile ai creditori del compratore, solo se risulta da atto scritto avente data certa anteriore al pignoramento.

Se la vendita ha per oggetto macchine e il prezzo è superiore a 15,49 euro, la riserva della proprietà è opponibile anche al terzo acquirente, purché il patto di riservato dominio sia trascritto in apposito registro tenuto nella cancelleria del tribunale nella giurisdizione del quale è collocata la macchina, e questa, quando è acquistata dal terzo, si trovi ancora nel luogo dove la trascrizione è stata eseguita.

Sono salve le disposizioni relative ai beni mobili iscritti in pubblici registri.

• Circa l'opponibilità ai creditori del compratore del riservato dominio, in caso di beni mobili, l'atto scritto può essere successivo alla conclusione del contratto, poiché la vendita *ex* art. 1523 è a forma libera.

1525. Inadempimento del compratore.

Nonostante patto contrario, il mancato pagamento di una sola rata, che non superi l'ottava parte del prezzo, non dà luogo alla risoluzione del contratto, e il compratore conserva il beneficio del termine relativamente alle rate successive.

• La norma mira a tutelare il compratore resosi inadempiente per il mancato pagamento di una singola rata di un valore inferiore ad un ottavo del prezzo. • Va segnalato che tale tutela non è accordata qualora il compratore non versi più rate anche di valore complessivo inferiore ad un ottavo.

1526. Risoluzione del contratto.

Se la risoluzione del contratto ha luogo per l'inadempimento del compratore, il venditore deve restituire le rate riscosse, salvo il diritto a un equo compenso per l'uso della cosa, oltre al risarcimento del danno.

Qualora si sia convenuto che le rate pagate restino acquisite al venditore a titolo d'indennità, il giudice, secondo le circostanze, può ridurre l'indennità convenuta.

La stessa disposizione si applica nel caso in cui il contratto sia configurato come locazione, e sia convenuto che, al termine di esso, la proprietà della cosa sia acquisita al conduttore per effetto del pagamento dei canoni pattuiti.

• In caso di **risoluzione per inadempimento del compratore**, il venditore deve restituire le rate ricevute, ma ha diritto alla restituzione del bene, all'equo compenso per l'uso dello stesso e al risarcimento del danno. • Per **equo compenso** si intende la remunerazione per il godimento del bene e il deprezzamento del valore del bene non più nuovo. Il risarcimento del danno, invece, è relativo ad un ulteriore anomalo deprezzamento del bene per fatto del compratore. • La pattuizione della mancata restituzione delle rate da parte del venditore integra la fattispecie di una clausola penale ed infatti la previsione dell'intervento del giudice è coerente con quanto disposto dall'art. 1384. • Il terzo comma prevede la c.d. **vendita in forma di locazione:** il pagamento delle rate determina l'acquisto della proprietà e non il godimento temporaneo del bene.

§ 4 – *Della vendita su documenti e con pagamento contro documenti*

1527. Consegna.

Nella vendita su documenti, il venditore si libera dall'obbligo della consegna rimettendo al compratore il titolo rappresentativo della merce e gli altri documenti stabiliti dal contratto o, in mancanza, dagli usi.

• Si tratta della c.d. **vendita su documenti**, in base alla quale le parti stabiliscono che la consegna dei titoli rappresentativi della merce e di altri documenti equivalga alla consegna della merce stessa. • Per titoli rappresentativi si intendono quelli propri *ex* art. 1996 (ad es., la lettera di vettura dell'art. 1691). • Per altri documenti si intende, ad esempio, la polizza di assicurazione della merce contro i danni, le attestazioni, le certificazioni dello stato della merce, ecc.

1528. Pagamento del prezzo.

Salvo patto o usi contrari, il pagamento del prezzo e degli accessori deve eseguirsi nel momento e nel luogo in cui avviene la consegna dei documenti indicati dall'articolo precedente.

Quando i documenti sono regolari, il compratore non può rifiutare il pagamento del prezzo adducendo eccezioni relative alla qualità e allo stato delle cose, a meno che queste risultino già dimostrate.

• Salvo usi o patti contrari, in tale vendita si ha il c.d. **pagamento contro documenti**. La sola consegna dei documenti regolari (cioè esattamente tutti quelli previsti dal contratto) fa sorgere in capo al compratore l'obbligazione del pagamento del prezzo, senza alcuna verifica della qualità della merce.

1529. Rischi.

Se la vendita ha per oggetto cose in viaggio, e tra i documenti consegnati al compratore è compresa la polizza di assicurazione per i rischi del trasporto, sono a carico del compratore i rischi a cui si trova esposta la merce dal momento della consegna al vettore.

Questa disposizione non si applica se il venditore al tempo del contratto era a conoscenza della perdita o dell'avaria della merce, e le ha in mala fede taciute al compratore.

• Sono a carico del compratore i **rischi del trasporto** della merce a partire dalla spedizione, che precede il contratto di vendita, qualora tra i documenti consegnati vi sia una polizza di assicurazione per tali rischi. • Se la merce va persa o è deteriorata, il compratore deve comunque pagarne il prezzo, a meno che, al momento della conclusione del contratto di vendita, il venditore in mala fede sapesse di tale avaria.

1530. Pagamento contro documenti a mezzo di banca.

Quando il pagamento del prezzo deve avvenire a mezzo di una banca, il venditore non può rivolgersi al compratore se non dopo il rifiuto opposto dalla banca stessa e constatato all'atto della presentazione dei documenti nelle forme stabilite dagli usi.

La banca che ha confermato il credito al venditore può opporgli solo le eccezioni derivanti dall'incompletezza o irregolarità dei documenti e quelle relative al rapporto di conferma del credito.

• La norma configura un'ipotesi di delegazione di pagamento (v. art. 1269) tra il compratore (delegante) e la banca (delegato), che riceve l'incarico di pagare il venditore verso la consegna dei titoli. • In virtù di tale mandato (v. art. 1703), la banca, prima di pagare il venditore, ha il dovere di verificare la sua identità e la regolarità dei documenti presentati. • Nei confronti del venditore, invece, la banca, qualora non si obblighi, può rifiutare il pagamento per qualsiasi motivo (co. 1). • Se invece la banca conferma il credito (co. 2), vale a dire dichiara l'esistenza dei mezzi di pagamento, diventa condebitrice insieme al compratore e può eccepire al venditore solo l'irregolarità dei titoli e non la loro conformità alla merce.

§ 5 – *Della vendita a termine di titoli di credito*

1531. Interessi, dividendi e diritto di voto.

Nella vendita a termine di titoli di credito, gli interessi e i dividendi esigibili dopo la conclusione del contratto e prima della scadenza del termine, se riscossi dal venditore, sono accreditati al compratore.

Qualora la vendita abbia per oggetto titoli azionari, il diritto di voto spetta al venditore fino al momento della consegna.

• La **vendita a termine di titoli di credito** ha per oggetto titoli di credito, **specificati solo nel genere.** • Le parti concludono il contratto e fissano un **termine successivo** in cui avverrà la consegna e il pagamento del prezzo. In questo modo il venditore si sottrae ai rischi di ribasso e il compratore ai rischi di rialzo. • Le parti possono concludere tale vendita anche per fini speculativi. Il venditore, che spera in un ribasso del prezzo dei titoli, qualora tale ribasso si verifichi, acquista i titoli da altri, pagando un prezzo inferiore rispetto a quello che riceve dal compratore (c.d. vendita allo scoperto) e realizza un guadagno. Parallelamente in caso di rialzo, il compratore vende i titoli ad altri, ad un prezzo maggiore rispetto a quello pagato al venditore. • La vendita è a forma libera. • In caso di atto scritto si ha il c.d. fissato bollato, vale a dire un foglio diviso in due parti, l'una per l'acquisto, firmata dal compratore, l'altra per l'operazione di vendita, sottoscritta dal venditore.

1532. Diritto di opzione.

Il diritto di opzione inerente ai titoli venduti a termine spetta al compratore.

Il venditore, qualora il compratore gliene faccia richiesta in tempo utile, deve mettere il compratore in grado di esercitare il diritto di opzione, oppure deve esercitarlo per conto del compratore, se questi gli ha fornito i fondi necessari.

In mancanza di richiesta da parte del compratore, il venditore deve curare la vendita dei diritti di opzione per conto del compratore, a mezzo di un agente di cambio o di un istituto di credito.

• Il diritto d'opzione dopo la conclusione del contratto e prima della consegna dei titoli spetta al compratore.

1533. Estrazione per premi o rimborsi.

Se i titoli venduti a termine sono soggetti a estrazione per premi o rimborsi, i diritti e gli oneri derivanti dall'estrazione spettano al compratore, qualora la conclusione del contratto sia anteriore al giorno stabilito per l'inizio dell'estrazione.

Il venditore, al solo effetto indicato dal comma precedente, deve comunicare per iscritto al compratore una distinta numerica dei titoli almeno un giorno prima dell'inizio dell'estrazione.

In mancanza di tale comunicazione, il compratore ha facoltà di acquistare, a spese del venditore, i diritti spettanti a una quantità corrispondente di titoli, dandone comunicazione al venditore prima dell'inizio della estrazione.

• Per i premi o i rimborsi che dipendono da **operazioni di sorteggio**, successive alla conclusione del contratto, il venditore è tenuto a comunicare al compratore i titoli venduti, mediante una loro indicazione precisa su di un documento. • Se poi nessuno di questi titoli viene sorteggiato, l'individuazione perde di efficacia e quindi il venditore, alla scadenza del termine, può consegnarne degli altri.

1534. Versamenti richiesti sui titoli.

Il compratore deve fornire al venditore, almeno due giorni prima della scadenza, le somme necessarie per eseguire i versamenti richiesti sui titoli non liberati.

• Due giorni prima del termine, fissato per la consegna dei titoli, il compratore deve al venditore i versamenti richiesti sui titoli non liberati, secondo gli usi di borsa.

1535. Proroga dei contratti a termine.

Se alla scadenza del termine le parti convengono di prorogare l'esecuzione del contratto, è dovuta la differenza tra il prezzo originario e quello corrente nel giorno della scadenza, salva l'osservanza degli usi diversi.

• La giurisprudenza ammette la **proroga tacita**.

1536. Inadempimento.

In caso di inadempimento della vendita a termine di titoli, si osservano le norme degli articoli 1515 e 1516, salva, per i contratti di borsa, l'applicazione delle leggi speciali.

• V. Testo Unico della Finanza (d.lgs. n. 58/1998).

Sezione III
Della vendita di cose immobili

1537. Vendita a misura.

Quando un determinato immobile è venduto con l'indicazione della sua misura e per un prezzo stabilito in ragione di un tanto per ogni unità di misura, il compratore ha diritto a una riduzione, se la misura effettiva dell'immobile è inferiore a quella indicata nel contratto.

Se la misura risulta superiore a quella indicata nel contratto, il compratore deve corrispondere il supplemento del prezzo, ma ha facoltà di recedere dal contratto qualora l'eccedenza oltrepassi la ventesima parte della misura dichiarata.

• Gli articoli di questa Sezione III regolano l'**oggetto** del **contratto di vendita immobiliare**. • Sono applicabili anche alla vendita di immobili urbani, ma non alla vendita immobiliare generica, ove una differenza di superficie può determinare solo la risoluzione *ex* art. 1453. • Si ha **vendita a misura,** anche quando le parti fissano un prezzo complessivo del bene, ma risulta dal contratto o dalle circostanze, che tale prezzo è stabilito **proporzionalmente** rispetto alla superficie. • In caso di misura errata, è prevista la rettifica del prezzo e nell'ipotesi del secondo comma la facoltà di recesso per il compratore. • Se il bene è omogeneo, il prezzo rettificato si calcola con il criterio proporzionale. • Se il bene non è omogeneo va accertata l'incidenza della parte mancante o eccedente sul valore del bene.

1538. Vendita a corpo.

Nei casi in cui il prezzo è determinato in relazione al corpo dell'immobile e non alla sua misura, sebbene questa sia stata indicata, non si fa luogo a diminuzione o a supplemento di prezzo, salvo che la misura reale sia inferiore o superiore di un ventesimo rispetto a quella indicata nel contratto.

Nel caso in cui dovrebbe pagarsi un supplemento di prezzo, il compratore ha la scelta di recedere dal contratto o di corrispondere il supplemento.

• La **vendita** è **a corpo**, quando il bene è venduto globalmente ed il prezzo non tiene conto della sua misura, anche se è dichiarata. • L'eventuale dichiarazione della misura serve, infatti, solo ad identificare l'immobile. • La rettifica del prezzo può avvenire solo se la superficie reale è superiore o inferiore di un ventesimo.

1539. Recesso dal contratto.
Quando il compratore esercita il diritto di recesso il venditore è tenuto a restituire il prezzo e a rimborsare le spese del contratto.

• Il recesso del compratore deve avere forma **scritta** ***ad substantiam***. • Il venditore deve restituire il prezzo più le spese, il compratore l'immobile.

1540. Vendita cumulativa di più immobili.
Se due o più immobili sono stati venduti con lo stesso contratto per un solo e medesimo prezzo, con l'indicazione della misura di ciascuno di essi, e si trova che la quantità è minore nell'uno e maggiore nell'altro, se ne fa la compensazione fino alla debita concorrenza; il diritto al supplemento o alla diminuzione del prezzo spetta in conformità delle disposizioni sopra stabilite.

• Nel caso di vendita di più immobili, a cui corrisponde un prezzo globale unitario, la minore estensione di un bene si compensa con la maggiore estensione di un altro. • La dottrina ritiene che la compensazione debba riguardare il valore degli immobili e non la loro dimensione.

1541. Prescrizione.
Il diritto del venditore al supplemento e quello del compratore alla diminuzione del prezzo o al recesso dal contratto si prescrivono in un anno dalla consegna dell'immobile.

• Il **termine di prescrizione** decorre dalla consegna, poiché è solo da questo momento che il compratore può effettuare le esatte misurazioni.

Sezione IV
Della vendita di eredità

1542. Garanzia.
Chi vende un'eredità senza specificarne gli oggetti non è tenuto a garantire che la propria qualità di erede.

• La **vendita di eredità** ha per oggetto la totalità o una quota dei diritti, dei debiti e pesi che l'erede ha acquistato con l'accettazione. • Presupposto, infatti, di tale contratto è che la successione si sia aperta, in caso contrario il contratto è nullo per mancanza dell'oggetto. • Il venditore-erede deve trasferire il patrimonio del *de cuius* nello stesso stato in cui lo ha acquistato (v. artt. 1544 e 1545). • Alla garanzia del venditore si applicano gli artt. 1478 ss. • La vendita è valida anche se l'asse ereditario è composto prevalentemente di passività. • È dubbio per parte della dottrina se la vendita di eredità abbia carattere aleatorio.

1543. Forme.
La vendita di una eredità deve farsi per atto scritto, sotto pena di nullità.
Il venditore è tenuto a prestarsi agli atti che sono necessari da parte sua per rendere efficace, di fronte ai terzi, la trasmissione di ciascuno dei diritti compresi nell'eredità.

• Anche in assenza di beni immobili il contratto deve avere **forma scritta**, pena la nullità. • Il venditore deve, inoltre, redigere e sottoscrivere un atto contenente la descrizione dei beni e consegnare al compratore i documenti che consentano l'esercizio del diritto acquisito.

1544. Obblighi del venditore.
Se il venditore ha percepito i frutti di qualche bene o riscosso qualche credito ereditario, ovvero ha venduto qualche bene dell'eredità, è tenuto a rimborsarne il compratore, salvo patto contrario.

• Al compratore spetta il rimborso, in caso di alienazione di beni ereditari a titolo oneroso. • Per parte della dottrina tale rimborso va previsto anche in caso di alienazione a titolo gratuito.

1545. Obblighi del compratore.
Il compratore deve rimborsare il venditore di quanto questi ha pagato per debiti e pesi dell'eredità e deve corrispondergli quanto gli sarebbe dovuto dall'eredità medesima, salvo che sia convenuto diversamente.

1546. Responsabilità per debiti ereditari.
Il compratore, se non vi è patto contrario, è obbligato in solido col venditore a pagare i debiti ereditari.

• Il venditore cede le situazioni soggettive attive e quelle passive del *de cuius*, non la sua qualità di erede. • Resta **coobbligato in solido** con il compratore nei confronti dei creditori. • Questi ultimi possono rivolgersi, quindi, direttamente al venditore, integrando un'ipotesi di accollo cumulativo. • Mediante un **apposito patto**, la responsabilità del compratore può essere limitata, ma non azzerata, in quanto, se l'acquisto fosse circoscritto solo alle situazioni attive, non si tratterebbe di vendita di eredità.

1547. Altre forme di alienazione di eredità.
Le disposizioni precedenti si applicano alle altre forme di alienazione di un'eredità a titolo oneroso.
Nelle alienazioni a titolo gratuito la garanzia è regolata dall'articolo 797.

• Per altre forme di alienazione si intende la transazione, la *datio in solutum*, ecc. Per le alienazioni a titolo gratuito si ritiene sia applicabile l'accollo cumulativo previsto dall'art. 1546.

Capo II
Del riporto

1548. Nozione.
Il riporto è il contratto per il quale il riportato trasferisce in proprietà al riportatore titoli di credito di una data specie per un determinato prezzo, e il riportatore assume l'obbligo di trasferire al riportato, alla scadenza del termine stabilito, la proprietà di altrettanti titoli della stessa specie, verso rimborso del prezzo, che può essere aumentato o diminuito nella misura convenuta.

• È un **contratto reale** (v. art. 1549) ad efficacia traslativa, a titolo oneroso, che prevede il trasferimento di una certa quantità di titoli per un determinato prezzo da un soggetto (riportato) ad un altro soggetto (riportatore) e alla scadenza di un termine fissato il trasferimento inverso, con il rimborso del prezzo aumentato (c.d. riporto) o diminuito (c.d. deporto). • In questo modo il riportato può disporre di liquidità senza alienare definitivamente i titoli e il riportatore può nel frattempo esercitare i diritti connessi a tali titoli (ad es., il diritto di voto *ex* art. 1550). • Si tratta di **titoli di credito fungibili** (non assegni e cambiali); documenti di legittimazione purché soggetti a circolazione per legge; titoli rappresentativi di merci (fungibili); titoli obbligazionari; certificati di rendita ecc. • Si distingue tra riporto di banca, concluso tra una banca ed un privato e riporto di borsa, concluso tra operatori di borsa per i loro clienti.

1549. Perfezione del contratto.
Il contratto si perfeziona con la consegna dei titoli.

1550. Diritti accessori e obblighi inerenti ai titoli.
I diritti accessori e gli obblighi inerenti ai titoli dati a riporto spettano al riportato. Si applicano le disposizioni degli articoli 1531, 1532, 1533 e 1534.
Il diritto di voto, salvo patto contrario, spetta al riportatore.

• Il richiamo agli articoli della vendita a termine di titoli di credito è giustificato dal fatto che il riportato è nella stessa situazione del compratore ed il riportatore nella stessa del venditore.

1551. Inadempimento.

In caso di inadempimento di una delle parti, si osservano le disposizioni degli articoli 1515 e 1516, salva per i contratti di borsa l'applicazione delle leggi speciali.

Se entrambe le parti non adempiono le proprie obbligazioni nel termine stabilito, il riporto cessa di avere effetto, e ciascuna parte ritiene ciò che ha ricevuto al tempo della stipulazione del contratto.

• Il primo comma regola l'inadempimento del riportato (mancato rimborso del prezzo) o l'inadempimento del riportatore (mancato trasferimento inverso dei titoli) allo scadere del termine essenziale *ex* art. 1457. • La scadenza dei 3 giorni fissata da tale articolo vale anche qualora l'adempiente agisca *ex* artt. 1515 e 1516. • Il secondo comma prevede l'ipotesi che entrambe le parti siano inadempienti: il termine essenziale opera per il riportato e per il riportatore

Capo III
Della permuta

1552. Nozione.

La permuta è il contratto che ha per oggetto il reciproco trasferimento della proprietà di cose, o di altri diritti, da un contraente all'altro.

• È un contratto **consensuale**, a titolo oneroso, ad efficacia reale (o ad efficacia obbligatoria, qualora l'effetto traslativo sia differito e dipenda dalla venuta ad esistenza del bene o dal suo acquisto da parte del permutante). • A differenza della vendita, in cui si ha lo scambio di cosa verso il prezzo, la permuta prevede lo scambio di bene verso bene. • Può trattarsi di bene mobile o immobile, in tale ultimo caso è necessaria la forma scritta.

1553. Evizione.

Il permutante, se ha sofferto l'evizione e non intende riavere la cosa data, ha diritto al valore della cosa evitta, secondo le norme stabilite per la vendita, salvo in ogni caso il risarcimento del danno.

• La norma prevede la **facoltà** per il permutante evitto di chiedere la restituzione del bene dato o il suo valore, a differenza del compratore evitto che può chiedere, ovviamente, solo la restituzione del prezzo. • Il valore del bene dato va considerato al momento della evizione. • Quando il bene risulta deteriorato, il permutante evitto ha diritto, oltre alla restituzione, ad una somma corrispondente alla differenza di valore. • Qualora il bene restituito, invece, risulti migliorato, la parte che deve la restituzione può agire per arricchimento senza causa. • Se l'evizione è bilaterale, non è possibile chiedere il valore del bene ed il contratto è soggetto a risoluzione. Se l'evizione è parziale o se il bene è gravato da diritti reali di godimento, sono applicabili gli artt. 1484 e 1489.

1554. Spese della permuta.

Salvo patto contrario, le spese della permuta e le altre accessorie sono a carico di entrambi i contraenti in parti uguali.

• La norma prevede un principio diverso da quanto previsto dall'art. 1475, poiché le spese sono erogate in funzione dell'interesse di entrambe le parti.

1555. Applicabilità delle norme sulla vendita.

Le norme stabilite per la vendita si applicano alla permuta, in quanto siano con questa compatibili.

• Non sono applicabili gli artt. 1475, 1498, 1515 e 1516, che hanno come presupposto la prestazione pecuniaria del prezzo.

Capo IV
Del contratto estimatorio

1556. Nozione.

Con il contratto estimatorio una parte consegna una o più cose mobili all'altra e questa si obbliga a pagare il prezzo, salvo che restituisca le cose nel termine stabilito.

• È un contratto **reale ad efficacia obbligatoria**, mediante il quale una parte (*tradens*) consegna uno o più beni mobili non fungibili, ad un altro soggetto (*accipiens*). • L'*accipiens* deve pagare il prezzo fissato (c.d. *aestimatum*) oppure restituire i beni nel termine stabilito. • Nel periodo che intercorre tra il momento della consegna dei beni e tale termine, l'*accipens* può alienare i beni ricevuti a terzi, nonostante non ne sia il proprietario (v. art. 1558). • L'effetto traslativo si verifica, quindi, al momento della vendita dell'*accipiens* ai terzi o, in assenza di vendita a terzi e mancata restituzione dei beni nel termine stabilito, al pagamento del prezzo. (*Esempio:* è un contratto frequente nel rapporto editore e libraio o edicolante. L'editore consegna i libri o i giornali e se il libraio o l'edicolante li vendono, pagano il prezzo, in caso contrario restituiscono nel termine stabilito l'invenduto all'editore). • I beni possono essere anche beni mobili registrati. • Il prezzo, la cui determinazione è essenziale, è versato al domicilio del *tradens*, salvo patto contrario. • La fissazione del termine, invece, non è indispensabile, può, infatti, trovare applicazione l'art. 1183. • Il luogo della restituzione dei beni al *tradens* è lo stesso luogo della consegna all'*accipens*. • È dubbio, in dottrina, se per il contratto estimatorio trovino applicazione le disposizioni in materia di evizione e garanzia per vizi.

1557. Impossibilità di restituzione.

Chi ha ricevuto le cose non è liberato dall'obbligo di pagarne il prezzo, se la restituzione di esse nella loro integrità è divenuta impossibile per causa a lui non imputabile.

• Grava sull'*accipens* il rischio di perimento del bene consegnato, nonostante non ne sia il proprietario, poiché ne ha la disponibilità materiale. • La norma, come l'art. 1523, mira a riequilibrare la posizione del *tradens* rispetto a quella dell'*accipiens*.

1558. Disponibilità delle cose.

Sono validi gli atti di disposizione compiuti da chi ha ricevuto le cose; ma i suoi creditori non possono sottoporle a pignoramento o a sequestro finché non ne sia stato pagato il prezzo.

Colui che ha consegnato le cose non può disporne fino a che non gli siano restituite.

• L'*accipiens*, fino al pagamento del prezzo, è un detentore del bene consegnato dal *tradens* che ne è il proprietario. • Quindi solo i creditori di quest'ultimo possono agire. • Il secondo comma è una disposizione eccezionale, conseguenza del potere previsto per l'*accipiens* di disporre del bene, ai sensi del primo comma.

Capo V
Della somministrazione

1559. Nozione.

La somministrazione è il contratto con il quale una parte si obbliga, verso corrispettivo di un prezzo, a eseguire, a favore dell'altra, prestazioni periodiche o continuative di cose.

• La somministrazione è un **contratto di scambio ad effetti obbligatori**, a forma libera, mediante il quale una parte (somministrante) si obbliga ad eseguire prestazioni periodiche o continuative di cose generiche a favore dell'altra (somministrato), verso il corrispettivo del prezzo. • È, quindi, un **contratto di durata**, in base al quale il somministrante deve al somministrato delle prestazioni che si ripetono nel tempo a scadenze determinate (ad es., la consegna mensile della merce da parte del produttore al grossista) o delle prestazioni reiterate ininterrottamente per tutta la durata del contratto (ad es., l'erogazione del gas, dell'acqua, ecc.).

1560. Entità della somministrazione.

Qualora non sia determinata l'entità della somministrazione, si intende pattuita quella corrispondente al normale fabbisogno della parte che vi ha diritto, avuto riguardo al tempo della conclusione del contratto.

Se le parti hanno stabilito soltanto il limite massimo e quello minimo per l'intera somministrazione o per le singole prestazioni, spetta all'avente diritto alla somministrazione di stabilire, entro i limiti suddetti, il quantitativo dovuto.

Se l'entità della somministrazione deve determinarsi in relazione al fabbisogno ed è stabilito un quantitativo minimo, l'avente diritto alla somministrazione è tenuto per la quantità corrispondente al fabbisogno se questo supera il minimo stesso.

• Quando le parti non fissano l'entità della somministrazione, ad esempio quanta acqua, quanto gas, il somministrante deve erogare la quantità di beni corrispondente al normale fabbisogno del somministrato. • Tale **fabbisogno** deve essere **obiettivamente accertabile**, pena la nullità per indeterminatezza dell'oggetto. • Le parti possono comunque stipulare la c.d. **somministrazione a piacere**, in cui il somministrante è obbligato alle prestazioni su richiesta e a descrizione del somministrato. • Nella fissazione del limite massimo e minimo rientra il c.d. **impegno di potenza**, previsto per l'erogazione di energia elettrica, in base al quale il somministrato ha diritto di ricevere non oltre una data quantità massima (ad es., 3 kilowatt all'ora) verso il pagamento per la quantità effettivamente ricevuta ed il pagamento di un corrispettivo autonomo per il quantitativo massimo concordato.

1561. Determinazione del prezzo.

Nella somministrazione a carattere periodico, se il prezzo deve essere determinato secondo le norme dell'articolo 1474, si ha riguardo al tempo della scadenza delle singole prestazioni e al luogo in cui queste devono essere eseguite.

• Le parti possono fissare il prezzo con riferimento alle singole prestazioni, alla loro globalità, a consumo o *à forfait*. • Quando manca tale determinazione trova applicazione l'art. 1474.

1562. Pagamento del prezzo.

Nella somministrazione a carattere periodico il prezzo è corrisposto all'atto delle singole prestazioni e in proporzione di ciascuna di esse.

Nella somministrazione a carattere continuativo il prezzo è pagato secondo le scadenze d'uso.

• Le parti possono fissare tempi diversi per il pagamento del prezzo, essendo la norma di natura dispositiva. Ad esempio possono prevedere che il prezzo sia versato a scadenze anticipate (c.d. **canone di fornitura**).

1563. Scadenza delle singole prestazioni.

Il termine stabilito per le singole prestazioni si presume pattuito nell'interesse di entrambe le parti.

Se l'avente diritto alla somministrazione ha la facoltà di fissare la scadenza delle singole prestazioni, egli deve comunicarne la data al somministrante con un congruo preavviso.

• Il termine, pur essendo fissato nell'interesse di entrambe le parti, non è essenziale. • Va considerato essenziale quando le prestazioni eseguite in ritardo diventano inutili, in relazione fattispecie regolata dal singolo contratto.

1564. Risoluzione del contratto.

In caso d'inadempimento di una delle parti relativo a singole prestazioni, l'altra può chiedere la risoluzione del contratto, se l'inadempimento ha una notevole importanza ed è tale da menomare la fiducia nell'esattezza dei successivi adempimenti.

• La norma può essere derogata dalle parti con una clausola che prevede la risoluzione del contratto in caso anche di una sola mancata prestazione (ad es., al mancato pagamento di una bolletta entro un breve lasso di tempo). • La risoluzione ha come presupposti **l'inadempimento di notevole importanza** e la **menomazione della fiducia**, intesa come timore fondato sulla possibilità di una puntuale esecuzione delle prestazioni future. • Può essere giudiziale o stragiudiziale.

1565. Sospensione della somministrazione.

Se la parte che ha diritto alla somministrazione è inadempiente e l'inadempimento è di lieve entità, il somministrante non può sospendere l'esecuzione del contratto senza dare congruo preavviso.

• È riconosciuta a favore del somministrante **l'eccezione di inadempimento** *ex* art. 1460, che a differenza del regime ordinario, opera anche in caso di inadempimento di lieve entità. • Specificazione di tale principio è la clausola che prevede, ad esempio, la sospensione della fornitura di energia elettrica, in caso di ritardato pagamento di una sola bolletta. • Parte della dottrina reputa applicabile tale disposizione anche al caso in cui una delle parti incorra in un inadempimento notevole, ma non tale da minare la fiducia nelle esecuzioni successive.

1566. Patto di preferenza.

Il patto con cui l'avente diritto alla somministrazione si obbliga a dare la preferenza al somministrante nella stipulazione di un successivo contratto per lo stesso oggetto, è valido purché la durata dell'obbligo non ecceda il termine di cinque anni. Se è convenuto un termine maggiore, questo si riduce a cinque anni.

L'avente diritto alla somministrazione deve comunicare al somministrante le condizioni propostegli da terzi e il somministrante deve dichiarare, sotto pena di decadenza, nel termine stabilito o, in mancanza, in quello richiesto dalle circostanze o dagli usi, se intende valersi del diritto di preferenza.

• Il **patto di preferenza** vuole la forma scritta *ad probationem*. • Mediante tale patto il somministrante ha un diritto di preferenza alla conclusione di un nuovo contratto di somministrazione con il somministrato. • L'esercizio di tale diritto, nel termine stabilito, è subordinato alla decisione (vale a dire *comunicazione*) del somministrato e alla circostanza che il terzo non offra condizioni migliori. Infatti il somministrante è preferito solo a parità di condizioni. • Il termine dei cinque anni è tassativo, poiché tale patto è limitativo della libertà contrattuale. • La comunicazione del somministrato non ha requisiti di forma, salva espressa pattuizione e ha natura di proposta irrevocabile.

1567. Esclusiva a favore del somministrante.

Se nel contratto è pattuita la clausola di esclusiva a favore del somministrante, l'altra parte non può ricevere da terzi prestazioni della stessa natura, né, salvo patto contrario, può provvedere con mezzi propri alla produzione delle cose che formano oggetto del contratto.

• Con tale esclusiva il somministrante si assicura la continuità e la certezza della fornitura e al contempo che terzi non gli facciano concorrenza mediante prestazioni al suo stesso somministrato. • È il tipico schema contrattuale tra produttore (somministrante) e rivenditore (somministrato), dove quest'ultimo si impegna a vendere solo i prodotti del primo. • La durata del patto di esclusiva coincide con la durata del contratto. • A tale patto si applica l'art. 1341, co. 2. • Per la dottrina il patto ha forma scritta *ad probationem*, mentre di avviso contrario appare la giurisprudenza. • La violazione del patto determina la risoluzione del contratto, ai sensi dell'art. 1564.

1568. Esclusiva a favore dell'avente diritto alla somministrazione.

Se la clausola di esclusiva è pattuita a favore dell'avente diritto alla somministrazione, il somministrante non può compiere nella zona per cui la esclusiva è concessa e per la durata del contratto, né direttamente né indirettamente, prestazioni della stessa natura di quelle che formano oggetto del contratto.

L'avente diritto alla somministrazione, che assume l'obbligo di promuovere, nella zona assegnatagli, la vendita delle cose di cui ha l'esclusiva, risponde dei danni in caso di inadempimento a tale obbligo, anche se ha eseguito il contratto rispetto al quantitativo minimo che sia stato fissato.

• Mediante tale patto il somministrato si tutela dalla concorrenza dei terzi e dalla concorrenza dello stesso somministrante. V. art. 1567.

1569. Contratto a tempo indeterminato.
Se la durata della somministrazione non è stabilita, ciascuna delle parti può recedere dal contratto, dando preavviso nel termine pattuito o in quello stabilito dagli usi o, in mancanza, in un termine congruo avuto riguardo alla natura della somministrazione.

• È l'applicazione del principio generale dell'art. 1373, co. 2 e 3. • Il recesso non ha requisiti di forma e può consistere anche in atti concludenti.

1570. Rinvio.
Si applicano alla somministrazione, in quanto compatibili con le disposizioni che precedono, anche le regole che disciplinano il contratto a cui corrispondono le singole prestazioni.

• Alla somministrazione, ad esempio, si applicano le norme sulla vendita in tema di garanzia per vizi e mancanza delle qualità.

Capo VI
Della locazione

Sezione I
Disposizioni generali

1571. Nozione.
La locazione è il contratto col quale una parte si obbliga a far godere all'altra una cosa mobile o immobile per un dato tempo, verso un determinato corrispettivo.

• La locazione è il **contratto con il quale una parte** (locatore) **concede all'altra** (conduttore o locatario) **il godimento di un bene, mobile o immobile, per un certo tempo e verso un corrispettivo determinato** (canone, normalmente, ma non necessariamente consistente in una somma di denaro da corrispondere a scadenze periodiche). • Si tratta di un **contratto di durata, consensuale, sinallagmatico e**, secondo l'opinione prevalente, **con effetti meramente obbligatori**, sebbene la posizione giuridica del conduttore, riconducibile alla categoria dei cc.dd. **diritti personali di godimento**, presenti alcune peculiarità: es., tutela diretta contro le molestie di fatto (art. 1585) e parziale opponibilità nei confronti dei terzi (art. 1599). • **Non è previsto**, in materia, **un generale vincolo di forma**: ai sensi dell'art. 1350, n. 8, devono perfezionarsi in forma scritta, a pena di nullità, solo le **locazioni immobiliari di durata ultranovennale**, soggette anche a trascrizione *ex* art. 2643, n. 8 (un onere formale è imposto, con riguardo alla locazione di immobili urbani a uso abitativo, dall'art. 1 della l. n. 431/1998). • La disciplina del contratto in esame si articolata fra **codice civile** e **leggi speciali**: il primo raccoglie una serie di norme sulla locazione in generale, mobiliare e immobiliare, dedicando alcune disposizioni specifiche alla locazione di cc.dd. fondi urbani (nonché, poi, all'affitto, come sottospecie della locazione, caratterizzata dall'oggetto, consistente in un bene produttivo); la legislazione speciale ha introdotto uno statuto complesso, deviante, in certa misura, dalle regole codicistiche, con particolare riguardo alle **locazioni di immobili urbani**, suddivise, al loro interno, fra locazioni abitative e per uso diverso (l. n. 392/1978 e l. n. 431/1998; anche in relazione all'affitto di fondi rustici, le leggi speciali hanno un peso non trascurabile: es., l. n. 203/1982).

1572. Locazioni e anticipazioni eccedenti l'ordinaria amministrazione.
Il contratto di locazione per una durata superiore a nove anni è atto eccedente l'ordinaria amministrazione.

Sono altresì atti eccedenti l'ordinaria amministrazione le anticipazioni del corrispettivo della locazione per una durata superiore a un anno.

• Con valutazione astratta, la locazione di durata eccedente il novennio e l'anticipazione ultrannuale del canone sono qualificate come **atti di straordinaria amministrazione**. • Una simile qualifica viene in rilievo nell'applicazione delle varie disposizioni che distinguono, sul piano della disciplina, l'ordinaria e la straordinaria amministrazione.

1573. Durata della locazione.

Salvo diverse norme di legge, la locazione non può stipularsi per un tempo eccedente i trenta anni. Se stipulata per un periodo più lungo o in perpetuo, è ridotta al termine suddetto.

• La norma prevede che – al netto delle eccezioni contemplate dal legislatore (es., artt. 1607 e 1629) – la durata della locazione non può superare il **limite massimo di 30 anni**. • Se le parti stabiliscono un termine superiore, la durata del rapporto contrattuale è automaticamente ridotta a un periodo di tempo corrispondente al massimo consentito. • Con riguardo alle **locazioni di immobili urbani**, la legislazione speciale impone, nell'interesse del conduttore, anche una **durata minima**: nel campo delle **locazioni abitative**, la durata minima è di 4 o 3 anni, secondo che i contraenti optino per un contratto c.d. libero o a contenuto parzialmente eterodeterminato (art. 2 della l. n. 431/1998); rispetto alle **locazioni per uso diverso dall'abitazione**, la durata del rapporto non può essere inferiore a 6 o 9 anni, secondo la destinazione del bene locato (artt. 27 e 42 della l. n. 392/1978). • Per queste locazioni, disciplinate dalla legislazione speciale, l'eventuale clausola che stabilisca una durata minore di quella imposta deve ritenersi nulla e sostituita dalla pertinente disposizione imperativa (in presenza di una simile clausola, la locazione avrà una durata pari al minimo legale). • Le leggi speciali introducono alcune eccezioni ai limiti di durata minima, consentendo, in relazione agli immobili urbani, di stipulare **locazioni cc.dd. transitorie**, come le locazioni per studenti universitari (artt. 27, co. 5, della l. n. 392/1978 e 5 della l. n. 431/1998).

1574. Locazione senza determinazione di tempo.

Quando le parti non hanno determinato la durata della locazione, questa s'intende convenuta:

1) se si tratta di case senza arredamento di mobili o di locali per l'esercizio di una professione, di una industria o di un commercio, per la durata di un anno, salvi gli usi locali;

2) se si tratta di camere o di appartamenti mobiliati, per la durata corrispondente all'unità di tempo a cui è commisurata la pigione;

3) se si tratta di cose mobili, per la durata corrispondente all'unità di tempo a cui è commisurato il corrispettivo;

4) se si tratta di mobili forniti dal locatore per l'arredamento di un fondo urbano, per la durata della locazione del fondo stesso.

• Sebbene la durata sia un elemento essenziale della locazione, la sua mancata determinazione ad opera delle parti non comporta la nullità del contratto. • Soccorre, infatti, la norma in esame, di **natura suppletiva**. • Così, **in mancanza di previsione contrattuale**, il termine finale della locazione è individuato da tale norma, superando la lacuna del regolamento negoziale: la durata stabilita dalla legge, con intervento suppletivo, varia in base alla natura del bene locato (mobile o immobile) e alla relativa destinazione d'uso. • Con riguardo alle **locazioni di immobili urbani** rientranti nella sfera operativa delle leggi speciali (l. n. 392/1978 e l. n. 431/1998), la durata del contratto corrisponde, in assenza di apposita pattuizione sul punto, a quella minima legalmente imposta.

1575. Obbligazioni principali del locatore.

Il locatore deve:

1) consegnare al conduttore la cosa locata in buono stato di manutenzione;

2) mantenerla in istato da servire all'uso convenuto;

3) garantirne il pacifico godimento durante la locazione.

• La disposizione individua le **principali obbligazioni del locatore**. • Si tratta, in primo luogo, dell'**obbligo di consegnare il bene locato al conduttore**, immettendolo nella detenzione di quel bene, con lo scopo di consentirne il godimento in conformità al contratto. • L'esatto adempimento di un simile obbligo presuppone che la cosa concessa in locazione sia consegnata in **buono stato di manutenzione** (e in condizioni conformi alla destinazione pattuita). • Sono menzionati, inoltre, due obblighi ulteriori, gravanti sul locatore per tutta la durata della locazione: l'**obbligo di conservare il bene locato in stato tale da servire all'uso convenuto** e quello di **garantire il pacifico godimento del bene medesimo da parte del conduttore**, entrambi specificati, nel contenuto, dalle norme successive.

1576. Mantenimento della cosa in buono stato locativo.

Il locatore deve eseguire, durante la locazione, tutte le riparazioni necessarie, eccettuate quelle di piccola manutenzione che sono a carico del conduttore.

Se si tratta di cose mobili, le spese di conservazione e di ordinaria manutenzione sono, salvo patto contrario, a carico del conduttore.

• Nel corso della locazione, il locatore deve curare **la manutenzione del bene locato e compiere le riparazioni di guasti sopravvenuti**, dipendenti dalla vetustà o dal normale impiego del bene medesimo, che incidano negativamente sul relativo godimento. • L'obbligo in esame non ha per oggetto la realizzazione di innovazioni, comportanti un miglioramento (qualitativo o quantitativo) della cosa concessa in locazione, ma riguarda solo **l'esecuzione degli interventi necessari per conservarla o per ripristinarne la funzionalità**. • Esclusa dal perimetro di tale obbligo è la ricostituzione del bene eventualmente andato distrutto nelle more del rapporto contrattuale. • Con riguardo alle ulteriori esclusioni, occorre distinguere in base alla natura del bene locato, mobiliare o immobiliare: rispetto alle **locazioni di immobili**, le **opere di piccola manutenzione** sono poste a carico del conduttore (la regola è specificata, relativamente alle locazioni di immobili urbani, dagli artt. 1609 s.); se la locazione ha per oggetto un **bene mobile**, la **manutenzione straordinaria** compete al locatore, mentre, in mancanza di patto contrario, le spese concernenti **la conservazione e la manutenzione ordinaria** devono essere sopportate dal conduttore.

1577. Necessità di riparazioni.

Quando la cosa locata abbisogna di riparazioni che non sono a carico del conduttore, questi è tenuto a darne avviso al locatore.

Se si tratta di riparazioni urgenti, il conduttore può eseguirle direttamente, salvo rimborso, purché ne dia contemporaneamente avviso al locatore.

• Il conduttore non può compiere autonomamente le riparazioni a carico del locatore, ma ha l'**obbligo di informare**, in tempo utile, la controparte circa l'esistenza di guasti. • Solo le **riparazioni urgenti** – non differibili nel tempo, essendo indispensabili per eliminare un guasto che impedisca l'attuale godimento del bene locato o per evitare l'ulteriore deterioramento del bene medesimo – possono essere eseguite direttamente dal conduttore o su incarico di lui, a condizione che il locatore sia stato previamente avvisato e con il diritto di ottenere da tale ultimo soggetto il rimborso delle spese sostenute.

1578. Vizi della cosa locata.

Se al momento della consegna la cosa locata è affetta da vizi che ne diminuiscono in modo apprezzabile l'idoneità all'uso pattuito, il conduttore può domandare la risoluzione del contratto o una riduzione del corrispettivo, salvo che si tratti di vizi da lui conosciuti o facilmente riconoscibili.

Il locatore è tenuto a risarcire al conduttore i danni derivati da vizi della cosa, se non prova di avere senza colpa ignorato i vizi stessi al momento della consegna.

• La norma disciplina la **garanzia per vizi della cosa locata**, la cui natura (in part., di garanzia in senso tecnico o di comune responsabilità da inadempimento) è discussa. • Se il bene concesso in locazione presenta, all'epoca della consegna, un vizio – generalmente inteso come un difetto materiale e intrinseco, diverso dal semplice guasto derivante dalla vetustà o dal normale impiego del bene medesimo – **che ne diminuisca in mo-**

do apprezzabile l'idoneità all'uso convenuto, la legge riconosce al conduttore due rimedi principali: la **risoluzione del contratto** e, in alternativa, la **riduzione del canone** (entrambi cumulabili, eventualmente, con una pretesa risarcitoria nei confronti del locatore). • Se il conduttore intende conservare il rapporto contrattuale, nonostante la presenza dei vizi, egli non può esigere la loro eliminazione da parte del locatore. • Salvo quanto disposto dall'art. 1580, la possibilità di invocare l'uno o l'altro dei rimedi enunciati (risoluzione del contratto o riduzione del canone) è espressamente esclusa in presenza di **vizi noti al conduttore o da lui ignorati** al tempo della consegna (o della contrattazione, secondo taluno), **ma facilmente riconoscibili in quel momento**. • Fermi tali rimedi, il locatore è tenuto a **risarcire i danni subiti dalla controparte in dipendenza dei vizi** riscontrabili nel bene locato, salvo che il primo contraente dimostri, con effetto liberatorio, la sua incolpevole ignoranza circa l'esistenza di simili vizi all'epoca della consegna.

1579. Limitazioni convenzionali della responsabilità.
Il patto con cui si esclude o si limita la responsabilità del locatore per i vizi della cosa non ha effetto, se il locatore li ha in mala fede taciuti al conduttore oppure se i vizi sono tali da rendere impossibile il godimento della cosa.

• La disposizione presenta uno stretto legame con l'art. 1229, sui patti limitativi della responsabilità da inadempimento, anche se, in parte, il rapporto fra l'una e l'altro ha formato oggetto di ricostruzioni diverse. • Essa esclude la liceità degli **accordi tendenti a disapplicare la garanzia per vizi noti al locatore, da lui sottaciuti alla controparte**, o **tali da rendere impossibile**, in danno del conduttore, **il concreto godimento del bene locato**. • Se ne ricava che, entro certi limiti, la disciplina di tale garanzia è derogabile in via convenzionale.

1580. Cose pericolose per la salute.
Se i vizi della cosa o di parte notevole di essa espongono a serio pericolo la salute del conduttore o dei suoi familiari o dipendenti, il conduttore può ottenere la risoluzione del contratto, anche se i vizi gli erano noti, nonostante qualunque rinunzia.

• Se il bene locato o una porzione cospicua di esso mostrano vizi tali da comportare un **serio pericolo per la salute del conduttore**, dei relativi familiari o delle persone alle sue dipendenze, il primo soggetto, locatario, può sempre domandare (e ottenere) la **risoluzione del contratto di locazione**, anche se, all'epoca della consegna o della negoziazione con la controparte, l'esistenza dei vizi medesimi era a lui nota. • **Un eventuale patto contrario non ha effetto**, in ragione dell'intrinseca gravità dei vizi enunciati, potenzialmente incidenti sul fondamentale diritto alla salute.

1581. Vizi sopravvenuti.
Le disposizioni degli articoli precedenti si osservano, in quanto applicabili, anche nel caso di vizi della cosa sopravvenuti nel corso della locazione.

• Le disposizioni degli artt. 1578 ss. sono dichiarate applicabili, entro il limite della compatibilità, anche in presenza di **vizi sopravvenuti nel corso della locazione** (es., inapplicabili sono le parti di quelle disposizioni che considerano rilevanti la conoscenza o la riconoscibilità dei vizi all'epoca della consegna). • La nozione di vizio sopravvenuto è stata diversamente intesa: secondo un orientamento, si tratta di un difetto originario, materiale e intrinseco del bene locato, rimasto occulto al tempo della consegna e scoperto solo in data successiva; secondo altra impostazione, tale nozione si riferisce a un difetto strutturale, distinto dal semplice guasto, che viene a esistenza nelle more del rapporto locativo, dopo la consegna del bene medesimo.

1582. Divieto d'innovazione.
Il locatore non può compiere sulla cosa innovazioni che diminuiscano il godimento da parte del conduttore.

• Sul locatore grava un'**obbligazione negativa**, avente per oggetto l'**astensione dal compimento di innovazioni**, riferite al bene locato, **che comportino una diminuzio-**

ne (qualitativa o quantitativa) **del godimento riservato al conduttore**. • Nel corso della locazione, dunque, il locatore può legittimamente realizzare innovazioni su tale bene, senza incorrere in un inadempimento contrattuale, a condizione che le stesse non interferiscano con il diritto della controparte.

1583. Mancato godimento per riparazioni urgenti.
Se nel corso della locazione la cosa abbisogna di riparazioni che non possono differirsi fino al termine del contratto, il conduttore deve tollerarle anche quando importano privazione del godimento di parte della cosa locata.

• Salvo quanto disposto dalla norma successiva, il conduttore è **tenuto a sopportare l'esecuzione delle riparazioni**, a carico del locatore e riguardanti una porzione del bene locato, che non possano differirsi al termine della locazione, anche se il loro compimento preclude, in danno del primo soggetto, il pieno godimento della porzione medesima. • La regola è stata ritenuta coerente con il generale dovere di buona fede nell'esecuzione del contratto (art. 1375), nonché con l'onere – o l'obbligo, secondo i punti di vista – di cooperazione all'adempimento da parte del creditore.

1584. Diritti del conduttore in caso di riparazioni.
Se l'esecuzione delle riparazioni si protrae per oltre un sesto della durata della locazione e, in ogni caso, per oltre venti giorni, il conduttore ha diritto a una riduzione del corrispettivo, proporzionata all'intera durata delle riparazioni stesse e all'entità del mancato godimento.
Indipendentemente dalla sua durata, se l'esecuzione delle riparazioni rende inabitabile quella parte della cosa che è necessaria per l'alloggio del conduttore e della sua famiglia, il conduttore può ottenere, secondo le circostanze, lo scioglimento del contratto.

• L'obbligo di sopportare l'esecuzione delle riparazioni, ai sensi della norma precedente, conosce alcuni limiti, giustificati dalla particolare interferenza, sul piano qualitativo o quantitativo, tra il compimento delle opere a carico del locatore e l'uso del bene locato. • Così, se le attività di riparazione si protraggono **per un lasso di tempo superiore a un sesto della complessiva durata della locazione o, comunque, per oltre venti giorni**, il conduttore ha diritto di ottenere una **riduzione del canone**, proporzionata alla dimensione temporale di simili attività, ma anche alla misura del mancato (o diminuito) godimento della cosa oggetto di tali riparazioni. • Con riguardo, poi, alle **locazioni di immobili destinati ad abitazione**, il conduttore può provocare lo **scioglimento del rapporto contrattuale**, a prescindere dalla durata delle riparazioni, se la relativa attuazione **impedisce di utilizzare una o più porzioni del bene locato, indispensabili per soddisfare l'esigenza abitativa dell'inquilino o della sua famiglia** (es., ambienti adibiti a servizi igienici).

1585. Garanzia per molestie.
Il locatore è tenuto a garantire il conduttore dalle molestie che diminuiscono l'uso o il godimento della cosa, arrecate da terzi che pretendono di avere diritti sulla cosa medesima.
Non è tenuto a garantirlo dalle molestie di terzi che non pretendono di avere diritti, salva al conduttore la facoltà di agire contro di essi in nome proprio.

• Nel corso della locazione, il locatore deve garantire il conduttore **contro le molestie di diritto** poste in essere da soggetti terzi, consistenti – al netto delle cc.dd. molestie giudiziali, contemplate dalla norma successiva – in **ingerenze materiali sul bene locato, basate sull'asserita sussistenza di un diritto** in capo ai soggetti medesimi (si tratta, dunque, di molestie alle quali il locatario non può opporsi in via autonoma): così, se un terzo estraneo alla locazione interferisce con il pacifico godimento della cosa locata, invocando un diritto sul bene stesso, il locatore ha l'obbligo di attivarsi, con ogni mezzo consentito dall'ordinamento, allo scopo di interrompere la molestia in atto. • All'opposto, il locatore non è tenuto a garantire il conduttore **contro le semplici molestie di fatto**, comprese le immissioni, essendo previsto, comunque, che tale ultimo soggetto possa **autonomamente reagire nei confronti di chi realizzi questo tipo di condotte moleste**. • Secondo l'opinione prevalente, di fronte alle molestie di fatto, la tutela del conduttore non si basa su una mera pretesa risarcitoria nei confronti del terzo molestatore, ai sensi dell'art. 2043, ma può realizzarsi con l'esercizio di una **vera e propria azione inibitoria**.

1586. Pretese da parte di terzi.

Se i terzi che arrecano le molestie pretendono di avere diritti sulla cosa locata, il conduttore è tenuto a darne pronto avviso al locatore, sotto pena del risarcimento dei danni.

Se i terzi agiscono in via giudiziale, il locatore è tenuto a assumere la lite, qualora sia chiamato nel processo. Il conduttore deve esserne estromesso con la semplice indicazione del locatore, se non ha interesse a rimanervi.

• Se un terzo pone in essere una molestia di diritto, il conduttore **deve informare prontamente il locatore**. • Se, poi, il terzo molestatore ha agito in giudizio, con lo scopo di conseguire l'accertamento del diritto da lui affermato sul bene concesso in locazione, **il locatore chiamato in causa è tenuto a intervenire** in sede processuale, mentre **il conduttore**, eventualmente evocato nel processo, **ha la possibilità di esserne estromesso** (con la semplice indicazione della controparte contrattuale).

1587. Obbligazioni principali del conduttore.

Il conduttore deve:

1) prendere in consegna la cosa e osservare la diligenza del buon padre di famiglia nel servirsene per l'uso determinato nel contratto o per l'uso che può altrimenti presumersi dalle circostanze;

2) dare il corrispettivo nei termini convenuti.

• Il primo obbligo a carico del conduttore è quello di **prendere in consegna il bene locato** e di **servirsene**, nelle more della locazione, **con la diligenza del buon padre di famiglia, conformemente all'uso stabilito nel contratto o**, in mancanza di specifica determinazione convenzionale in proposito, **desumibile dalle circostanze** (es., qualità delle parti e caratteristiche del bene medesimo). • La seconda obbligazione principale del conduttore è quella di **pagare il canone**, come corrispettivo del godimento concesso dal locatore, normalmente, ma non necessariamente consistente in una prestazione di natura pecuniaria, da eseguire a intervalli regolari di tempo (es., canone di 300 euro al mese). • Nel campo delle **locazioni di immobili urbani a uso abitativo**, soggette alla legislazione speciale, l'entità del canone non è liberamente determinabile, ma deve essere individuata entro una forbice edittale stabilita da specifici accordi territoriali, se le parti hanno optato per un contratto c.d. a contenuto parzialmente eterodeterminato (artt. 2, co. 3, della l. n. 431/1998). • Le leggi speciali contengono **altre regole peculiari in materia di canone**: in relazione alle locazioni di immobili urbani per uso diverso dall'abitativo, sono previsti alcuni limiti all'aggiornamento periodico del canone pattuito (art. 32 della l. n. 392/1978); rispetto alle locazioni di immobili urbani a uso abitativo, sono dettate regole speciali sulla mora del conduttore nel pagamento del canone e dei cc.dd. oneri accessori (artt. 5 e 55 della l. n. 392/1978).

1588. Perdita e deterioramento della cosa locata.

Il conduttore risponde della perdita e del deterioramento della cosa che avvengono nel corso della locazione, anche se derivanti da incendio, qualora non provi che siano accaduti per causa a lui non imputabile.

È pure responsabile della perdita e del deterioramento cagionati da persone che egli ha ammesse, anche temporaneamente, all'uso o al godimento della cosa.

• Con la consegna del bene locato, il conduttore ne è istituito custode, assumendo una serie di obblighi strumentali alla tutela di interessi riferibili al locatore. • Ecco, allora, che **il conduttore deve adoperarsi** – nel corso della locazione e nei limiti dello sforzo esigibile – **per conservare la cosa concessa in godimento**, rientrante nella sua sfera di controllo, **nonché per evitarne la perdita o il deterioramento**. • Se, quindi, il bene locato perisce o si deteriora nelle more del rapporto contrattuale, il conduttore incorre in **responsabilità** (c.d. contrattuale) **nei confronti della controparte**, esclusa – in linea con la previsione generale dell'art. 1218 – solo se il primo soggetto dimostra che la perdita o il deterioramento sono dipesi da **causa a lui non imputabile** (con la precisazione che il conduttore deve ritenersi responsabile anche per il perimento e i deterioramenti causati da soggetti terzi, da lui autorizzati a utilizzare, per un per periodo più o meno esteso, il bene concesso in locazione).

1589. Incendio di cosa assicurata.

Se la cosa distrutta o deteriorata per incendio era stata assicurata dal locatore o per conto di questo, la responsabilità del conduttore verso il locatore è limitata alla differenza tra l'indennizzo corrisposto dall'assicuratore e il danno effettivo.

Quando si tratta di cosa mobile stimata e l'assicurazione è stata fatta per valore uguale alla stima, cessa ogni responsabilità del conduttore in confronto del locatore, se questi è indennizzato dall'assicuratore.

Sono salve in ogni caso le norme concernenti il diritto di surrogazione dell'assicuratore.

1590. Restituzione della cosa locata.

Il conduttore deve restituire la cosa al locatore nello stato medesimo in cui l'ha ricevuta, in conformità della descrizione che ne sia stata fatta dalle parti, salvo il deterioramento o il consumo risultante dall'uso della cosa in conformità del contratto.

In mancanza di descrizione, si presume che il conduttore abbia ricevuto la cosa in buono stato di manutenzione.

Il conduttore non risponde del perimento o del deterioramento dovuti a vetustà.

Le cose mobili si devono restituire nel luogo dove sono state consegnate.

• La **cessazione del rapporto locativo** importa, a carico del conduttore, l'**obbligo di restituire il bene locato**. • Nello specifico, tale bene deve essere restituito **nelle stesse condizioni in cui il conduttore lo ha inizialmente ricevuto** dalla controparte, risultanti dalla descrizione compiuta dai contraenti all'epoca della consegna, sia pure con un certo margine di tolleranza (in mancanza di una simile descrizione, opera una presunzione legale: si presume che il bene sia stato consegnato al conduttore in buono stato di manutenzione). • Fermo tale margine di tolleranza, riguardante i deterioramenti provocati dall'uso consentito dal contratto di locazione, il conduttore non può ritenersi responsabile, nei confronti del locatore, per il **perimento o i deterioramenti** (verificatisi nelle more del rapporto contrattuale) **che siano dovuti a mera vetustà**, ossia all'incidenza del tempo sullo stato delle cose. • Circa le modalità dell'adempimento, **gli immobili** devono essere riconsegnati al locatore nel luogo in cui gli stessi si trovano ubicati, mentre i **beni mobili** devono essere restituiti nello stesso luogo in cui il conduttore li ha originariamente presi in consegna dalla controparte. • Con riguardo a talune **locazioni di immobili urbani per uso diverso dall'abitazione**, la legislazione speciale prevede che, alla cessazione del rapporto contrattuale per intervenuta scadenza, il conduttore ha diritto di percepire dalla controparte un'**indennità per la perdita dell'avviamento**, subordinando l'esecuzione dell'eventuale provvedimento di rilascio all'intervenuta corresponsione di tale indennità (art. 34 della l. n. 392/1978).

1591. Danni per ritardata restituzione.

Il conduttore in mora a restituire la cosa è tenuto a dare al locatore il corrispettivo convenuto fino alla riconsegna, salvo l'obbligo di risarcire il maggior danno.

• Se il conduttore non riconsegna tempestivamente il bene locato al termine dalla locazione, si verifica un'ipotesi di inadempimento contrattuale, con tutte le conseguenze a suo carico, anche sul piano risarcitorio (si tratta della ricostruzione prevalente, che esclude la riconducibilità dell'ipotesi nel campo della responsabilità extracontrattuale). • La norma in esame prevede che, dopo la cessazione del rapporto locativo, il conduttore in mora nel restituire la cosa concessa in locazione deve **continuare a corrispondere il canone pattuito**, con finalità risarcitoria (a prescindere dalla prova, offerta dal locatore, di un danno da lui patito e della relativa entità). • Se, però, il pregiudizio subìto dal locatore, in ragione del ritardo nella riconsegna del bene locato, supera la misura del canone corrisposto dal conduttore inadempiente, il primo soggetto può pretendere, nei confronti dell'altro, anche il **risarcimento del c.d. maggior danno** (dovendone dimostrare, tuttavia, la sussistenza e la misura concreta, eccedente l'entità del canone versato).

1592. Miglioramenti.
Salvo disposizioni particolari della legge o degli usi, il conduttore non ha diritto a indennità per i miglioramenti apportati alla cosa locata. Se però vi è stato il consenso del locatore, questi è tenuto a pagare un'indennità corrispondente alla minor somma tra l'importo della spesa e il valore del risultato utile al tempo della riconsegna.
Anche nel caso in cui il conduttore non ha diritto a indennità, il valore dei miglioramenti può compensare i deterioramenti che si sono verificati senza colpa grave del conduttore.

• Se il conduttore ha apportato miglioramenti alla cosa locata nel corso della locazione, aumentando il valore del bene medesimo, egli **non ha diritto di percepire un'indennità** dal locatore alla scadenza del rapporto contrattuale, **salvo che la legge o gli usi stabiliscano diversamente**. • Solo se tali miglioramenti sono stati realizzati **con il consenso della controparte**, il conduttore ha senz'altro il diritto di percepire un'indennità pari alla **minor somma fra lo speso e il migliorato**, ossia il valore dei miglioramenti stessi, ancóra sussistente all'epoca della riconsegna della cosa al locatore. • Se il conduttore non può pretendere alcuna indennità per i miglioramenti realizzati, costui può comunque **compensarne il valore con il debito eventualmente maturato nei confronti del locatore per taluni deterioramenti** subiti dal bene locato nelle more del rapporto contrattuale.

1593. Addizioni.
Il conduttore che ha eseguito addizioni sulla cosa locata ha diritto di toglierle alla fine della locazione qualora ciò possa avvenire senza nocumento della cosa, salvo che il proprietario preferisca ritenere le addizioni stesse. In tal caso questi deve pagare al conduttore un'indennità pari alla minor somma tra l'importo della spesa e il valore delle addizioni al tempo della riconsegna.
Se le addizioni non sono separabili senza nocumento della cosa e ne costituiscono un miglioramento, si osservano le norme dell'articolo precedente.

• La legge distingue il semplice miglioramento, dipendente dalla sostituzione di porzioni esistenti del bene locato, e la vera e propria **addizione**, intesa come elemento accessorio, aggiunto al bene medesimo per effetto di incorporazione o di congiunzione materiale. • Se le addizioni risultanti da opere compiute dal conduttore sono **separabili dalla cosa concessa in locazione senza pregiudizio per la sua integrità**, tale ultimo soggetto può rimuoverle alla cessazione del rapporto contrattuale, salvo che il locatore preferisca trattenerle, corrispondendo alla controparte un'indennità (in misura pari alla minor somma fra la spesa sostenuta e il valore delle addizioni, rilevato al tempo della riconsegna). • Se, invece, **la rimozione dell'elemento aggiunto dal conduttore comporterebbe un danno per il bene locato** e l'addizione ha portato a incrementare il valore di quel bene, si applica la disciplina dei miglioramenti (art. 1592).

1594. Sublocazione o cessione della locazione.
Il conduttore, salvo patto contrario, ha facoltà di sublocare la cosa locatagli, ma non può cedere *il contratto senza* il consenso del locatore.
Trattandosi di cosa mobile, la sublocazione deve essere autorizzata dal locatore o consentita dagli usi.

• Con la **sublocazione**, il conduttore di un bene ne attribuisce, in tutto o in parte, il godimento a un altro soggetto (subconduttore) verso un corrispettivo (canone). • Salvo patto contrario, **il conduttore di un immobile può sublocarlo**, anche nella sua interezza, **senza il consenso del locatore**; all'opposto, **la sublocazione di un bene mobile**, totale o parziale, **deve essere autorizzata dal locatore o consentita dagli usi**. • Con riguardo, però, alla **locazione di immobili urbani**, la legislazione speciale prevede uno statuto diverso: in caso di

locazione a uso abitativo, la sublocazione integrale richiede l'assenso del locatore, mentre la sublocazione parziale è libera, salvo patto contrario, anche se il conduttore ha un obbligo di preventiva comunicazione alla controparte (art. 2 della l. n. 392/1978); quanto alle **locazioni per uso diverso dall'abitazione**, la sublocazione (totale o parziale) è ammessa, indipendentemente dall'assenso del locatore, a certe condizioni (contestuale cessione o affitto dell'azienda) e con un analogo obbligo di comunicazione (art. 36 della l. n. 392/1978). • Da non confondere con la sublocazione è la **cessione del contratto di locazione**: in generale, **il conduttore non può cedere la propria posizione contrattuale senza il consenso della controparte**. • Nel campo delle **locazioni di immobili urbani destinati a uso diverso dall'abitazione**, la regola conosce un'eccezione, subordinata alle medesime condizioni prescritte per la sublocazione (art. 36 della l. n. 392/1978).

1595. Rapporti tra il locatore e il subconduttore.

Il locatore, senza pregiudizio dei suoi diritti verso il conduttore, ha azione diretta contro il subconduttore per esigere il prezzo della sublocazione, di cui questi sia ancora debitore al momento della domanda giudiziale, e per costringerlo ad adempiere tutte le altre obbligazioni derivanti dal contratto di sublocazione.

Il subconduttore non può opporgli pagamenti anticipati, salvo che siano stati fatti secondo gli usi locali.

Senza pregiudizio delle ragioni del subconduttore verso il sublocatore, la nullità o la risoluzione del contratto di locazione ha effetto anche nei confronti del subconduttore, e la sentenza pronunciata tra locatore e conduttore ha effetto anche contro di lui.

• Il locatore non è parte del contratto di sublocazione concluso dal conduttore, ma – a tutela del proprio credito, nascente dalla locazione principale – ha un'**azione diretta nei confronti del subconduttore**: se il conduttore non adempie le proprie obbligazioni, **il locatore può rivolgersi al subconduttore per ottenere quanto gli spetta**, nei limiti del debito che tale ultimo soggetto ha nei confronti del primo. • Di principio, l'azione diretta può essere esercitata solo se il credito del locatore e quello del conduttore/sublocatore – dipendenti, rispettivamente, dalla locazione principale e dalla sublocazione – sono **entrambi esistenti ed esigibili**. • Si tende ad ammettere, entro certi limiti, che il subconduttore destinatario dell'azione diretta possa opporre al locatore le **stesse eccezioni invocabili contro il conduttore/sublocatore.** • Non si può opporre, però, il **pagamento anticipato dei canoni** dovuti al sublocatore, salvo che il pagamento medesimo sia stato eseguito in conformità agli usi. • Sul piano processuale, **le sentenze pronunciate fra locatore e conduttore** – anzitutto, quelle che accertino la nullità della locazione principale o che ne dispongano la risoluzione – **hanno effetto diretto anche nei confronti del subconduttore.**

1596. Fine della locazione per lo spirare del termine.

La locazione per un tempo determinato dalle parti cessa con lo spirare del termine, senza che sia necessaria la disdetta.

La locazione senza determinazione di tempo non cessa, se prima della scadenza stabilita a norma dell'articolo 1574 una delle parti non comunica all'altra disdetta nel termine fissato *dalle norme corporative o, in mancanza, in quello determinato* (1) dalle parti o dagli usi.

(1) Le disposizioni richiamanti le norme corporative devono ritenersi abrogate in seguito alla soppressione dell'ordinamento corporativo.

• Salvo quanto disposto dall'art. 1597, la **scadenza del termine convenzionale** comporta lo scioglimento della locazione. • La **scadenza del termine stabilito dalla legge in via suppletiva**, ai sensi dell'art. 1574, non produce senz'altro il medesimo effetto: essa determina la cessazione del vincolo negoziale solo se una delle parti ha dato tempestiva disdetta, con preavviso di lunghezza pari a quella pattuita o conforme agli usi; in mancanza di tale disdetta, il rapporto contrattuale si rinnova per un lasso di tempo eguale al precedente, oggetto di determinazione legale (art. 1597). • Con riguardo alle **locazioni di immobili urbani**, le leggi speciali prevedono complessi meccanismi di rinnovazione (o di proroga) del contratto (artt. 28 e 42 della l. n. 392/1978; art. 2, co. 1 e 5 della l. n. 431/1998).

1597. Rinnovazione tacita del contratto.

La locazione si ha per rinnovata se, scaduto il termine di essa, il conduttore rimane ed è lasciato nella detenzione della cosa locata o se, trattandosi di locazione a tempo indeterminato, non è stata comunicata la disdetta a norma dell'articolo precedente.

La nuova locazione è regolata dalle stesse condizioni della precedente, ma la sua durata è quella stabilita per le locazioni a tempo indeterminato.

Se è stata data licenza, il conduttore non può opporre la tacita rinnovazione, salvo che consti la volontà del locatore di rinnovare il contratto.

• La norma conferma che, in difetto di tempestiva disdetta, la **scadenza del termine legale** non comporta la cessazione del rapporto contrattuale, che si rinnova, alle stesse condizioni, per un ulteriore periodo di tempo, pari a quello suppletivamente determinato dalla legge. • La disposizione precedente stabilisce, invece, che la **scadenza del termine convenzionale** produce lo scioglimento della locazione, ma la norma in esame precisa che, se il conduttore rimane nella detenzione del bene locato dopo la scadenza di quel termine e il locatore non reagisce, la locazione si **rinnova alle condizioni pattuite in origine**, con una differenza: la durata non è eguale a quella originaria, determinata dai contraenti, ma a quella indicata dall'art. 1574 per le locazioni sprovviste di termine convenzionale. • Se, però, la parte locatrice ha dato **"licenza"**, diversamente intesa dagli interpreti, la rinnovazione presuppone una specifica manifestazione di volontà da parte del locatore. • Con riguardo alle **locazioni di immobili urbani**, le leggi speciali prevedono particolari meccanismi (di proroga o) di rinnovazione del contratto (artt. 28 e 42 della l. n. 392/1978; art. 2, co. 1 e 5, della l. n. 431/1998).

1598. Garanzie della locazione.

Le garanzie prestate da terzi non si estendono alle obbligazioni derivanti da proroghe della durata del contratto.

• Se un terzo estraneo al contratto di locazione ha concesso al locatore una garanzia reale o personale, con lo scopo di assicurare l'adempimento delle obbligazioni gravanti sul conduttore, tali garanzie **vengono meno in caso di vera e propria rinnovazione della locazione, come pure di mera proroga**: in sostanza, salvo patto contrario con il terzo garante, esse valgono solo per il periodo corrispondente alla durata originaria della locazione, estinguendosi alla scadenza di quel periodo, anche se il rapporto locativo è rinnovato o semplicemente prorogato per un ulteriore lasso di tempo. • Si discute se la norma in esame sia applicabile in presenza di una clausola, contenuta nel contratto di locazione, che riconosca (sin dall'origine) a una delle parti il diritto di provocare la rinnovazione o la proroga del rapporto, nonché in caso di rinnovazione (o di proroga) delle locazioni di immobili urbani soggette alla legislazione speciale.

1599. Trasferimento a titolo particolare della cosa locata.

Il contratto di locazione è opponibile al terzo acquirente, se ha data certa anteriore all'alienazione della cosa.

La disposizione del comma precedente non si applica alla locazione di beni mobili non iscritti in pubblici registri, se l'acquirente ne ha conseguito il possesso in buona fede.

Le locazioni di beni immobili non trascritte non sono opponibili al terzo acquirente, se non nei limiti di un novennio dall'inizio della locazione.

L'acquirente è in ogni caso tenuto a rispettare la locazione, se ne ha assunto l'obbligo verso l'alienante.

• La disposizione regola l'**opponibilità della locazione nei confronti dei terzi acquirenti a titolo particolare della cosa locata**, codificando il principio *emptio non tollit locatum*. • Il presupposto essenziale di tale opponibilità consiste nel fatto che **la locazione abbia** – o risulti da un documento di – **data certa anteriore all'intervenuto trasferimento** del bene concesso in godimento al conduttore. • Se la locazione ha per oggetto **beni mobili** semplici e il terzo acquirente ne ha **conseguito il possesso in buona fede**, ignorando l'esistenza del rapporto locativo, la norma è dichiarata inapplicabile. • Con riguardo alle **locazioni immobiliari di durata eccedente il novennio**, il requisito della data certa anteriore assicura, di per sé, l'opponibilità del diritto riconosciuto al conduttore, ma **solo nel limite massimo di nove anni** (dall'inizio del rapporto locativo); **l'opponibilità per un lasso di tempo superiore è subordinata alla trascrizione della locazione** (art. 2643, n. 8). • Anche in mancanza dei presupposti enunciati, il terzo acquirente è tenuto a rispettare la locazione nell'ipotesi in cui, con l'atto di acquisto, costui si sia impegnato in tal senso (c.d. **patto di rispetto**).

1600. Detenzione anteriore al trasferimento.
Se la locazione non ha data certa, ma la detenzione del conduttore è anteriore al trasferimento, l'acquirente non è tenuto a rispettare la locazione che per una durata corrispondente a quella stabilita per le locazioni a tempo indeterminato.

• La locazione senza data certa anteriore all'alienazione del bene locato è opponibile al terzo acquirente, anche in mancanza di un patto di rispetto, se **il conduttore deteneva il bene stesso all'epoca del trasferimento** attuato dal locatore, ma solo **per un breve lasso di tempo, pari alla durata delle locazioni con termine stabilito dalla legge in via suppletiva**. • Con riguardo, quindi, all'opponibilità della locazione entro il limite della relativa scadenza, il requisito della detenzione può sostituire quello della data certa anteriore, richiesto dalla norma precedente, rendendo opponibile il diritto del conduttore, sia pure per un ristretto periodo di tempo, desumibile dall'art. 1574. • Per quanto concerne, però, le **locazioni di immobili urbani soggette alle leggi speciali**, vi è chi ritiene che l'ampiezza temporale dell'opponibilità assicurata dal presupposto della semplice detenzione vada determinata, non ai sensi dell'art. 1574, ma in base alle regole delle leggi medesime: dunque, che il diritto del conduttore immesso nella detenzione dell'immobile sia opponibile per uno spazio di tempo corrispondente alla durata minima di tali locazioni, legalmente imposta e da rispettare anche in difetto di un termine finale convenzionalmente stabilito.

1601. Risarcimento del danno al conduttore licenziato.
Se il conduttore è stato licenziato dall'acquirente perché il contratto di locazione non aveva data certa anteriore al trasferimento, il locatore è tenuto a risarcirgli il danno.

• Se il locatore aliena il bene locato e – specie in mancanza di data certa, ai sensi dell'art. 1599 – la locazione è inopponibile al terzo acquirente, il nuovo titolare di quel bene non è tenuto a rispettare il rapporto locativo, ben potendo licenziare il conduttore. • Ma, in simili circostanze ed entro certi limiti, **il conduttore licenziato**, estromesso dal godimento della cosa locata, **può agire in via risarcitoria contro il locatore**, resosi inadempiente – con la propria condotta, consistente nell'alienazione della cosa medesima – alle obbligazioni dipendenti dal contratto di locazione.

1602. Effetti dell'opponibilità della locazione al terzo acquirente.
Il terzo acquirente tenuto a rispettare la locazione subentra, dal giorno del suo acquisto, nei diritti e nelle obbligazioni derivanti dal contratto di locazione.

• Con l'acquisto del bene locato, l'acquirente tenuto a rispettare il contratto di locazione, in forza delle norme precedenti, **subentra nella titolarità dei diritti, ma anche dei doveri dipendenti dal contratto** medesimo e già imputabili al locatore originario: così, non deve interferire con il godimento del conduttore, ma può esigere da lui il pagamento dei canoni maturati in data successiva a tale acquisto. • Di conseguenza, una parte della dottrina ritiene che la regola *emptio non tollit locatum* sia basata su un **meccanismo di cessione *ex lege* del contratto di locazione** (la posizione contrattuale del locatore sarebbe ceduta, anche senza il consenso del conduttore e con effetto dall'intervenuta alienazione, al terzo acquirente del bene locato).

1603. Clausola di scioglimento del contratto in caso di alienazione.
Se si è convenuto che il contratto possa sciogliersi in caso di alienazione della cosa locata,

l'acquirente che vuole valersi di tale facoltà deve dare licenza al conduttore rispettando il termine di preavviso stabilito dal secondo comma dell'articolo 1596. In tal caso al conduttore licenziato non spetta il risarcimento dei danni, salvo patto contrario.

• In linea di principio, **la regola *emptio non tollit locatum* è derogabile** (es., con l'introduzione, nel contratto di locazione, di una clausola risolutiva, importante il suo automatico scioglimento in caso di alienazione del bene concesso in godimento al conduttore). • Con riguardo, peraltro, **alle locazioni di immobili urbani soggette alla legislazione speciale**, la deroga convenzionale non è consentita (lo si ricava dall'art. 7 della l. n. 392/1978 – in materia di locazioni abitative, ma reso applicabile, con un complesso sistema di rinvii, anche alle locazioni di immobili destinati ad uso diverso dall'abitazione – che vieta espressamente le clausole di scioglimento automatico della locazione in caso di trasferimento del bene locato, nonché, si ritiene, altre pattuizioni con analoghi effetti). • La norma in esame si occupa dell'ipotesi in cui il contratto di locazione attribuisca all'eventuale terzo acquirente della cosa locata, che subentri nel rapporto locativo in forza della regola enunciata, **il diritto di recedere dal contratto medesimo**. • Con riferimento a tale ipotesi, essa prevede, da un lato, che l'esercizio di un simile diritto deve ritenersi **subordinato al rispetto di un congruo periodo di preavviso** (stabilito con rinvio all'art. 1596); dall'altro, che, salvo patto contrario, **il conduttore non può pretendere un indennizzo** se il recesso è concretamente esercitato dal terzo acquirente, con conseguente scioglimento della locazione.

1604. Vendita della cosa locata con patto di riscatto.

Il compratore con patto di riscatto non può esercitare la facoltà di licenziare il conduttore fino a che il suo acquisto non sia divenuto irrevocabile con la scadenza del termine fissato per il riscatto.

• La vendita con patto di riscatto ha immediato effetto traslativo, sebbene il venditore si riservi la possibilità di recuperare la titolarità del diritto alienato, entro un certo termine dal perfezionamento del contratto, mediante l'esercizio del riscatto, accompagnato dalla restituzione del prezzo corrisposto dall'acquirente e dal rimborso di talune spese sostenute da tale ultimo soggetto. • La regola *emptio non tollit locatum* si può applicare, sussistendone i presupposti, anche in presenza di una simile vendita, conclusa dal locatore e riguardante la cosa da lui concessa in locazione. • La norma in esame precisa che, se il contratto di locazione riconosce un diritto di recesso a chiunque acquisti la titolarità del bene locato e **il locatore vende il bene medesimo con patto di riscatto, l'acquirente**, il cui acquisto è precario, **non può esercitare quel diritto in data anteriore all'infruttuosa scadenza del termine stabilito per l'eventuale riscatto da parte del venditore.**

1605. Liberazione o cessione del corrispettivo della locazione.

La liberazione o la cessione del corrispettivo della locazione non ancora scaduto non può opporsi al terzo acquirente della cosa locata, se non risulta da atto scritto avente data certa anteriore al trasferimento. Si può in ogni caso opporre il pagamento anticipato eseguito in conformità degli usi locali.

Se la liberazione o la cessione è stata fatta per un periodo eccedente i tre anni e non è stata trascritta, può essere opposta solo entro i limiti di un triennio; se il triennio è già trascorso, può essere opposta solo nei limiti dell'anno in corso nel giorno del trasferimento.

• Il conduttore non può opporre all'acquirente del bene locato, subentrato nella posizione dell'alienante *ex* art. 1602, **le cause estintive del credito alla corresponsione dei canoni non ancóra scaduti all'epoca dell'intervenuta alienazione**, già verificatesi in quel momento (es., remissione o pagamento anticipato), nonché **l'eventuale cessione di tale credito da parte del locatore**, salvo che simili cause estintive o l'indicata cessione **abbiano** – o risultino da un documento di – **data certa anteriore all'alienazione medesima**. • Se **conforme agli usi**, il pagamento anticipato del canone è sempre opponibile. • Se la liberazione o la cessione riguardano canoni ultratriennali, il requisito della data certa anteriore consente di opporli **entro il limite massimo di 3 anni** (dal loro perfezionamento; se, poi, i 3 anni sono già trascorsi all'epoca dell'alienazione, l'opponibilità è riconosciuta per l'anno in corso in quel momento); **l'illimitata opponibilità**, anche oltre il triennio, si può conseguire solo con la **tempestiva trascrizione** dell'atto importante la liberazione o la cessione (art. 2643, n. 9).

1606. Estinzione del diritto del locatore.
Nei casi in cui il diritto del locatore sulla cosa locata si estingue con effetto retroattivo, le locazioni da lui concluse aventi data certa sono mantenute, purché siano state fatte senza frode e non eccedano il triennio.
Sono salve le diverse disposizioni di legge.

• La disposizione regola l'**opponibilità della locazione** in caso di **estinzione retroattiva del diritto del locatore**. • La locazione è opponibile a chi recupera la proprietà (o un altro diritto reale) sul bene locato, conseguentemente a tale estinzione, in presenza di **due presupposti**: a) essa deve **risultare da documento di data certa**; b) deve essere stata **stipulata senza frode** (vi è frode, in sostanza, se le parti hanno perfezionato il contratto con la consapevolezza – o con l'intesa – di pregiudicare il soggetto che dovrebbe riottenere il diritto enunciato). • Si tratta, comunque, di un'opponibilità **limitata nel tempo**: in presenza dei presupposti indicati, il diritto del conduttore è opponibile per la residua durata del rapporto locativo, **entro il limite massimo del triennio**. • Secondo un'opinione diffusa, l'inciso finale della norma impone di applicare, in via prioritaria, la disciplina riguardante la singola causa estintiva del diritto del locatore, se e in quanto la disciplina medesima lasci impregiudicata la posizione giuridica dei terzi: es., in caso di risoluzione per inadempimento del contratto che ha comportato l'acquisto di quel diritto, si dovrebbe applicare l'art. 1458, co. 2.

Sezione II
Della locazione di fondi urbani

1607. Durata massima della locazione di case.
La locazione di una casa per abitazione può essere convenuta per tutta la durata della vita dell'inquilino e per due anni successivi alla sua morte.

• Con riguardo alle **locazioni di immobili a uso abitativo** (case, nel lessico del legislatore), la norma pone una **deroga al limite massimo di durata** previsto dall'art. 1573.

1608. Garanzie per il pagamento della pigione.
Nelle locazioni di case non mobiliate l'inquilino può essere licenziato se non fornisce la casa di mobili sufficienti o non presta altre garanzie idonee ad assicurare il pagamento della pigione.

• Se la locazione ha per oggetto una casa non ammobiliata, il locatore **può licenziare il conduttore che non fornisca l'immobile locato del mobilio sufficiente a garantire il pagamento del canone o**, in alternativa, **che non presti altre garanzie idonee in favore della controparte**. • L'onere, gravante sul conduttore, di procedere ad ammobiliare il bene locato si spiega per il fatto che, ai sensi dell'art. 2764, **il credito del locatore è assistito da un privilegio speciale**, avente per oggetto le cose che servono a fornire l'immobile concesso in locazione. • Nella prassi, peraltro, diffuso è il ricorso a garanzie più intense, come il **deposito cauzionale** (si tratta di un pegno irregolare).

1609. Piccole riparazioni a carico dell'inquilino.
Le riparazioni di piccola manutenzione, che a norma dell'articolo 1576 devono essere eseguite dall'inquilino a sue spese, sono quelle dipendenti da deterioramenti prodotti dall'uso, e non quelle dipendenti da vetustà o da caso fortuito.
Le suddette riparazioni, in mancanza di patto, sono determinate dagli usi locali.

• Con riguardo alle locazioni di immobili destinati ad abitazione, la norma specifica la previsione dell'art. 1576, co. 1, contribuendo a individuare, anche con rinvio agli usi, le **opere di piccola manutenzione a carico del conduttore**.

1610. Spurgo di pozzi e di latrine.

Lo spurgo dei pozzi e delle latrine è a carico del locatore.

1611. Incendio di casa abitata da più inquilini.

Se si tratta di casa occupata da più inquilini, tutti sono responsabili verso il locatore del danno prodotto dall'incendio, proporzionatamente al valore della parte occupata. Se nella casa abita anche il locatore, si detrae dalla somma dovuta una quota corrispondente alla parte da lui occupata.

La disposizione del comma precedente non si applica se si prova che l'incendio è cominciato dall'abitazione di uno degli inquilini, ovvero se alcuno di questi prova che l'incendio non è potuto cominciare nella sua abitazione.

1612. Recesso convenzionale del locatore.

Il locatore che si è riservata la facoltà di recedere dal contratto per abitare egli stesso nella casa locata deve dare licenza motivata nel termine stabilito dagli usi locali.

• Se il locatore di un immobile destinato a uso abitativo si è riservato, nel contratto di locazione, **il diritto di recedere dal contratto medesimo, allo scopo di adibire il bene a propria abitazione**, l'esercizio di quel diritto – con dichiarazione motivata, contenente l'indicazione di tale scopo – è subordinato al rispetto del preavviso stabilito dagli usi. • Con riguardo, peraltro, alle **locazioni soggette alla legislazione speciale, aventi per oggetto immobili urbani destinati a uso abitativo**, il diritto di recesso *ante tempus* può essere riconosciuto, in via convenzionale, solo in favore del conduttore (al quale, inoltre, è la legge stessa ad attribuire, indipendentemente da ogni previsione contrattuale, il diritto di recedere dal contratto per gravi motivi, sia pure nel rispetto di un certo preavviso: artt. 4, co. 2, della l. n. 392/1978 e 3, co. 6, della l. n. 431/1998). • Nel contesto di tali ultime locazioni, l'esigenza, riferibile al locatore, di adibire l'immobile locato ad abitazione propria o di altri soggetti a lui strettamente legati, come il coniuge o i figli, può venire in rilievo come legittima causa di recesso o di disdetta in vista della prima scadenza del rapporto contrattuale (art. 3, co. 1, lett. a), della l. n. 431/1998).

1613. Facoltà di recesso degli impiegati pubblici.

Gli impiegati delle pubbliche amministrazioni possono, nonostante patto contrario, recedere dal contratto nel caso di trasferimento, purché questo non sia stato disposto su loro domanda. Tale facoltà si esercita mediante disdetta motivata, e il recesso ha effetto dal secondo mese successivo a quello in corso alla data della disdetta.

• Se il conduttore di un immobile destinato a uso abitativo è **un impiegato della pubblica amministrazione**, la norma in esame, inderogabile in via convenzionale, riconosce a tale soggetto il diritto di **recedere dal contratto in caso di trasferimento della sede lavorativa** in luogo diverso da quello che ospita il bene locato, a condizione che tale trasferimento non sia stato disposto su domanda del dipendente trasferito. • Essa disciplina, inoltre, il modo di esercizio di un simile diritto e la concreta efficacia del recesso legale. • Con riguardo alle locazioni di immobili urbani, **la legislazione speciale** attribuisce al conduttore – a prescindere dalla sua qualità di impiegato pubblico – il diritto di recedere dal contratto per gravi motivi, sia pure nel rispetto di un certo preavviso (artt. 4, co. 2, della l. n. 392/1978 e 3, co. 6, della l. n. 431/1998).

1614. Morte dell'inquilino.

Nel caso di morte dell'inquilino, se la locazione deve ancora durare per più di un anno ed è stata vietata la sublocazione, gli eredi possono recedere dal contratto entro tre mesi dalla morte.

Il recesso si deve esercitare mediante disdetta comunicata con preavviso non inferiore a tre mesi.

• La **morte di un contraente** non determina lo scioglimento della locazione, che prosegue, di principio, con gli eredi della parte defunta. • Ma, se il bene locato è un immobile destinato a uso abitativo, **gli eredi del conduttore premorto**, subentrati nel rapporto di locazione, **possono recedere dal contratto** entro 3 mesi dall'aperta successione e nel rispetto di un certo preavviso, **subordinatamente all'integrazione di due condizioni**: a) la residua durata della locazione deve essere superiore a un anno; b) in deroga alla regola generale, la sublocazione deve essere vietata. • Con riguardo alle **locazioni abitative**, la legislazione speciale prevede, dal lato del conduttore defunto, un complesso meccanismo di successione, deviante dalle regole generali (art. 6, co. 1, della l. n. 392/1978). • Di recente, il quadro di riferimento è stato arricchito dall'art. 1, co. 44, della l. n. 76/2016, in tema di c.d. **convivenze di fatto**.

Sezione III
Dell'affitto

§ 1 – Disposizioni generali

1615. Gestione e godimento della cosa produttiva.

Quando la locazione ha per oggetto il godimento di una cosa produttiva, mobile o immobile, l'affittuario deve curarne la gestione in conformità della destinazione economica della cosa e dell'interesse della produzione. A lui spettano i frutti e le altre utilità della cosa.

• L'affitto è una **sottospecie della locazione**, che si caratterizza per la peculiarità dell'oggetto, costituito da un **bene produttivo**, mobile o immobile (es., azienda e fondo rustico). • La natura (o l'attitudine) produttiva della cosa concessa in godimento giustifica la predisposizione di regole specifiche, come quella in esame: nelle more del rapporto contrattuale, **l'affittuario ha l'obbligo di gestire il bene oggetto del contratto in modo conforme alla sua destinazione economica e nell'interesse** (generale) **della produzione**; al contempo, egli **si appropria dei frutti generati dal bene medesimo e delle altre utilità da esso ritratte** nel corso (e in dipendenza) della gestione produttiva. • Le regole evocate, riguardanti l'affitto, si trovano distribuite fra **codice civile** [contenente, secondo il disegno originario, disposizioni sull'affitto in generale (artt. 1615 ss.), sull'affitto di fondi rustici (artt. 1628 ss.) e sull'affitto a coltivatore diretto (artt. 1647 ss.), in buona parte abrogate, cui si aggiungono, con collocazione diversa, alcune norme sull'affitto di azienda (es., art. 2562)] e **leggi speciali**, ben spesso devianti dalla disciplina codicistica (soprattutto con riguardo all'affitto di fondo rustico, rientrante nei cc.dd. patti agrari). • Eppure, trattandosi pur sempre di una locazione, all'affitto **si possono applicare, in quanto compatibili, le regole generali degli artt. 1571 ss.**: in part., mancando, con riguardo alla sottospecie in esame, norme diverse o più analitiche [non si può applicare, invece, lo statuto riguardante altre "sottocategorie" della locazione in senso ampio, come le disposizioni della legislazione speciale sulla locazione di immobili urbani destinati a uso diverso dall'abitativo (l. n. 392/1978)].

1616. Affitto senza determinazione di tempo.

Se le parti non hanno determinato la durata dell'affitto, ciascuna di esse può recedere dal contratto dando all'altra un congruo preavviso.

Sono salve *le norme corporative* (1) e gli usi che dispongano diversamente.

(1) Le disposizioni richiamanti le norme corporative devono ritenersi abrogate in seguito alla soppressione dell'ordinamento corporativo.

• Se il contratto di affitto non contiene una determinazione riguardante la durata del rapporto negoziale, la legge non interviene in via suppletiva, con una regola simile a quella dell'art. 1574, ma riconosce a entrambe le *parti* ***il diritto di recedere nel rispetto di un*** **congruo preavviso** (c.d. recesso determinativo). • Con riguardo, peraltro, all'**affitto di fondi rustici**, occorre considerare che la legislazione speciale prevede regole specifiche in materia di durata minima (e di rinnovazione) del contratto (l. n. 203/1982).

1617. Obblighi del locatore.

Il locatore è tenuto a consegnare la cosa, con i suoi accessori e le sue pertinenze, in istato da servire all'uso e alla produzione a cui è destinata.

• Ogni locatore ha l'**obbligo di consegnare alla controparte il bene locato**. • Con riguardo all'affitto, la legge precisa che la cosa concessa in godimento deve essere consegnata all'affittuario: a) **con tutti gli accessori e le pertinenze** (da intendere, secondo un'opinione diffusa, in senso ampio); b) in stato tale **da servire all'uso convenuto, nonché alla produzione** costituente la sua destinazione funzionale.

1618. Inadempimenti dell'affittuario.

Il locatore può chiedere la risoluzione del contratto, se l'affittuario non destina al servizio della cosa i mezzi necessari per la gestione di essa, se non osserva le regole della buona tecnica, ovvero se muta stabilmente la destinazione economica della cosa.

• Nel contesto dell'affitto, connotato dalla natura produttiva del bene concesso in godimento e della relativa gestione da parte dell'affittuario, **il locatore può domandare la risoluzione del contratto, reagendo a certe condotte**, attive od omissive, **della controparte**: a) mancato impiego dei mezzi necessari per tale gestione; b) inosservanza delle regole della buona tecnica; c) stabile alterazione della destinazione economica impressa al bene medesimo (si tratta, peraltro, di un elenco esemplificativo, non tassativo). • Dalla norma in esame si desume, quindi, **una serie di obblighi gravanti sull'affittuario** (es., obbligo di destinare i citati mezzi al servizio della cosa affittata, ecc.), il cui inadempimento può condurre, su iniziativa del locatore, allo scioglimento del rapporto contrattuale.

1619. Diritto di controllo.

Il locatore può accertare in ogni tempo, anche con accesso in luogo, se l'affittuario osserva gli obblighi che gli incombono.

• La legge riconosce al locatore un **potere di controllo diretto sull'esatto adempimento degli obblighi gravanti sull'affittuario**, con particolare riguardo alla gestione produttiva, che può esercitarsi, entro certi limiti e con le necessarie cautele, anche mediante l'accesso al bene oggetto dell'affitto o nel luogo in cui il bene medesimo si trova concretamente ubicato.

1620. Incremento della produttività della cosa.

L'affittuario può prendere le iniziative atte a produrre un aumento di reddito della cosa, purché esse non importino obblighi per il locatore o non gli arrechino pregiudizio, e siano conformi all'interesse della produzione.

• L'affittuario non può modificare la destinazione economica del bene concesso in godimento, ma **può assumere**, in via autonoma, **le iniziative idonee a incrementare la redditività del bene** medesimo, operando in conformità al (generale) interesse della produzione e senza comportare oneri o pregiudizi a carico del locatore.

1621. Riparazioni.

Il locatore è tenuto ad eseguire a sue spese, durante l'affitto, le riparazioni straordinarie. Le altre sono a carico dell'affittuario.

• La norma si inserisce nella logica dell'art. 1576, stabilendo, con riguardo all'affitto, che **il locatore ha l'obbligo di eseguire, a sue spese, le riparazioni straordinarie** del bene concesso in godimento all'affittuario, sul quale, invece, gravano le riparazioni di natura diversa.

1622. Perdite determinate da riparazioni.

Se l'esecuzione delle riparazioni che sono a carico del locatore determina per l'affittuario una perdita superiore al quinto del reddito annuale o, nel caso di affitto non superiore a un anno, al quinto del reddito complessivo, l'affittuario può domandare una riduzione del fitto in ragione della diminuzione del reddito oppure, secondo le circostanze, lo scioglimento del contratto.

1623. Modificazioni sopravvenute del rapporto contrattuale.

Se, in conseguenza di una disposizione di legge, *di una norma corporativa* (1) o di un provvedimento dell'autorità riguardanti la gestione produttiva, il rapporto contrattuale risulta notevolmente modificato in modo che le parti ne risentano rispettivamente una perdita e un vantaggio, può essere richiesto un aumento o una diminuzione del fitto ovvero, secondo le circostanze, lo scioglimento del contratto.

Sono salve le diverse disposizioni della legge *della norma corporativa* (1), o del provvedimento dell'autorità.

(1) Le disposizioni richiamanti le norme corporative devono ritenersi abrogate in seguito alla soppressione dell'ordinamento corporativo.

1624. Divieto di subaffitto. Cessione dell'affitto.

L'affittuario non può subaffittare la cosa senza il consenso del locatore.

La facoltà di cedere l'affitto comprende quella di subaffittare; la facoltà di subaffittare non comprende quella di cedere l'affitto.

• La disposizione in esame rovescia la regola generale dell'art. 1594, co. 1, stabilendo che – salvo patto contrario, trattandosi di regola derogabile – **l'affittuario non può sublocare (o subaffittare) il bene concesso in godimento senza il preventivo consenso del locatore**. • Essa contiene, inoltre, una **norma con valenza interpretativa**: la riconosciuta facoltà di cedere la posizione contrattuale dell'affittuario comprende quella di subaffittare la cosa oggetto del contratto principale, mentre l'eventuale riconoscimento della seconda facoltà non comprende la prima. • Con riguardo ai **fondi rustici**, la legislazione speciale pone un generico divieto di subaffitto, inderogabile, e disciplina – in modo analitico, con una serie di previsioni complesse – le conseguenze giuridiche della relativa violazione (artt. 21 e 23 della l. n. 203/1982).

1625. Clausola di scioglimento del contratto in caso di alienazione.

Se si è convenuto che l'affitto possa sciogliersi in caso di alienazione, l'acquirente che voglia dare licenza all'affittuario deve osservare la disposizione dell'articolo 1616.

Quando l'affitto ha per oggetto un fondo rustico, la licenza deve essere data col preavviso di sei mesi e ha effetto per la fine dell'anno agrario in corso alla scadenza del termine di preavviso.

• La norma riproduce, con alcuni adattamenti, **la previsione generale dell'art. 1603**. • Con riguardo, peraltro, all'**affitto di fondi rustici**, occorre considerare l'interferenza delle disposizioni dettate dalla legislazione speciale in materia di durata (e di rinnovazione) del contratto (artt. 1 ss. della l. n. 203/1982).

1626. Incapacità o insolvenza dell'affittuario.

L'affitto si scioglie per l'interdizione, l'inabilitazione o l'insolvenza dell'affittuario, salvo che al locatore sia prestata idonea garanzia per l'esatto adempimento degli obblighi dell'affittuario.

• La disposizione prevede che **l'interdizione, l'inabilitazione e l'insolvenza dell'affittuario** sono cause di scioglimento – automatico, secondo un'opinione diffusa – del contratto di affitto (v. peraltro, con riguardo all'affitto di azienda, gli artt. 79 del r.d. n. 267/1942 e 184 del d.lgs. n. 14/2019). • Lo scioglimento può essere evitato, tuttavia, se al locatore sono prestate **garanzie idonee ad assicurare l'adempimento delle obbligazioni gravanti sulla controparte**.

1627. Morte dell'affittuario.

Nel caso di morte dell'affittuario, il locatore e gli eredi dell'affittuario possono, entro tre mesi dalla morte, recedere dal contratto mediante disdetta comunicata all'altra parte con preavviso di sei mesi.

Se l'affitto ha per oggetto un fondo rustico, la disdetta ha effetto per la fine dell'anno agrario in corso alla scadenza del termine di preavviso.

• La **morte dell'affittuario** non comporta, di per sé, lo scioglimento dell'affitto, ma **i suoi eredi**, subentrati nel rapporto contrattuale, e **il locatore** superstite possono **recedere dal contratto entro 3 mesi dalla morte** stessa, rispettando un certo termine di preavviso; se, poi, l'affitto ha per oggetto un fondo rustico, il recesso eventualmente esercitato da tali soggetti produce effetto con la chiusura dell'annata agraria in corso alla scadenza del termine medesimo. • Con riguardo, peraltro, all'**affitto di fondo rustico**, si devono considerare anche le norme dettate dalla legislazione speciale (in part., art. 49 della l. n. 203/1982).

§ 2 – Dell'affitto di fondi rustici

1628. (1).

(1) L'articolo deve ritenersi abrogato in seguito alla soppressione dell'ordinamento corporativo. V., attualmente, art. 22 della l. 3/5/1982, n. 203.
V., inoltre, l. 12/6/1962, n. 567, e successive modificazioni. Sull'affitto a conduttore non coltivatore diretto v. l. 22/7/1966, n. 606, come modificata dalla l. 11/2/1971, n. 11, nonché artt. 22 ss. della l. 3/5/1982, n. 203.

• Gran parte della disciplina concernente l'**affitto di fondi rustici** (a coltivatore diretto e non) è dettata dalla **legislazione speciale**, che regola vari aspetti di questo contratto (v., in part., l. n. 203/1982).

1629. Fondi destinati al rimboschimento.

L'affitto di fondi rustici destinati al rimboschimento può essere stipulato per un termine massimo di novantanove anni.

1630. Affitto senza determinazione di tempo.

L'affitto a tempo indeterminato di un fondo soggetto a rotazione di colture si reputa stipulato per il tempo necessario affinché l'affittuario possa svolgere e portare a compimento il normale ciclo di avvicendamento delle colture praticate nel fondo.
Se il fondo non è soggetto ad avvicendamento di colture, l'affitto si reputa fatto per il tempo necessario alla raccolta dei frutti.
L'affitto non cessa se prima della scadenza una delle parti non ha dato disdetta con preavviso di sei mesi.
Sono salve le diverse disposizioni delle norme corporative (1).

(1) Le disposizioni richiamanti le norme corporative devono ritenersi abrogate in seguito alla soppressione dell'ordinamento corporativo.

1631. Estensione del fondo.

Per l'affitto a misura, oppure a corpo con indicazione della misura, nel caso di eccesso o di difetto dell'estensione del fondo rispetto alla misura indicata, i diritti e le obbligazioni delle parti sono determinati secondo le norme contenute nel capo della vendita.

1632.-1633. (1).

(1) Articoli abrogati dall'art. 29 della l. 11/2/1971, n. 11.

1634. (1).

(1) Articolo tacitamente abrogato dall'art. 29 della l. 11/2/1971, n. 11.

1635. Perdita fortuita dei frutti negli affitti pluriennali.

Se, durante l'affitto convenuto per più anni, almeno la metà dei frutti di un anno non ancora separati perisce per caso fortuito, l'affittuario può domandare una riduzione del fitto, salvo che la perdita trovi compenso nei precedenti raccolti.

Qualora la perdita non trovi compenso nei precedenti raccolti, la riduzione è determinata alla fine dell'affitto, eseguito il conguaglio con i frutti raccolti in tutti gli anni decorsi. Il giudice può dispensare provvisoriamente l'affittuario dal pagamento di una parte del fitto in proporzione della perdita sofferta.

La riduzione non può mai eccedere la metà del fitto.

In ogni caso si deve tener conto degli indennizzi che l'affittuario abbia conseguiti o possa conseguire in relazione alla perdita sofferta.
Al perimento è equiparata la mancata produzione dei frutti.

1636. Perdita fortuita dei frutti negli affitti annuali.

Se l'affitto ha la durata di un solo anno, e si è verificata la perdita per caso fortuito di almeno la metà dei frutti, l'affittuario può essere esonerato dal pagamento di una parte del fitto, in misura non superiore alla metà.

1637. Accollo di casi fortuiti.

L'affittuario può, con patto espresso, assumere il rischio dei casi fortuiti ordinari. Sono reputati tali i fortuiti che, avuto riguardo ai luoghi e a ogni altra circostanza, le parti potevano ragionevolmente ritenere probabili.

È nullo il patto col quale l'affittuario si assoggetta ai casi fortuiti straordinari.

1638. Espropriazione per pubblico interesse.

In caso di espropriazione per pubblico interesse o di occupazione temporanea del fondo locato, l'affittuario ha diritto di ottenere dal locatore la parte d'indennità a questo corrisposta per i frutti non percepiti o per il mancato raccolto.

1639. Canone di affitto.

Il fitto può consistere anche in una quota ovvero in una quantità fissa o variabile dei frutti del fondo locato.

1640. Scorte morte.

Le scorte morte costituenti la dotazione del fondo, che sono state consegnate all'affittuario all'inizio dell'affitto, con determinazione della specie, qualità e quantità, devono, anche se stimate, essere restituite al locatore alla fine dell'affitto, nella stessa specie, qualità e quantità e, se si tratta di scorte fisse, come macchinari e attrezzi, nello stesso stato d'uso. L'eccedenza o la deficienza deve essere regolata in danaro, secondo il valore corrente al tempo della riconsegna. La dotazione necessaria non può essere distratta e deve essere mantenuta secondo le esigenze delle colture e la pratica dei luoghi.

La disposizione del comma precedente si applica anche se, all'inizio dell'affitto, l'affittuario ha depositato la somma che rappresenti il valore delle scorte presso il locatore, salvo l'obbligo di questo di restituirla al tempo della riconsegna delle scorte.

Se le scorte sono state consegnate con la sola indicazione del valore, l'affittuario ne acquista la proprietà, e, alla fine dell'affitto, deve restituire il valore ricevuto o scorte in natura per un corrispondente valore, determinato secondo il prezzo corrente, al tempo della riconsegna, ovvero parte dell'uno e parte delle altre.

Sono salve *le diverse disposizioni delle norme corporative o* (1) le diverse pattuizioni delle parti.

(1) Le disposizioni richiamanti le norme corporative devono ritenersi abrogate in seguito alla soppressione dell'ordinamento corporativo.

1641. Scorte vive.

Quando il bestiame da lavoro o da allevamento, costituente la dotazione del fondo, è stato in tutto o in parte fornito dal locatore, si osservano le disposizioni degli articoli seguenti, salvi *le norme corporative o* (1) i patti diversi.

(1) Le disposizioni richiamanti le norme corporative devono ritenersi abrogate in seguito alla soppressione dell'ordinamento corporativo.

1642. Proprietà del bestiame consegnato.

Qualora il bestiame consegnato all'affittuario sia stato determinato con indicazione della specie, del numero, del sesso, della qualità, dell'età e del peso, anche se ne è stata fatta stima, la proprietà di esso rimane al locatore. Tuttavia l'affittuario può disporre dei singoli capi, ma deve mantenere nel fondo la dotazione necessaria.

1643. Rischio della perdita del bestiame.

Il rischio della perdita del bestiame è a carico dell'affittuario dal momento in cui questi lo ha ricevuto, se non è stato diversamente pattuito.

1644. Accrescimenti e frutti del bestiame.

L'affittuario fa suoi i parti e gli altri frutti del bestiame, l'accrescimento e ogni altro provento che ne deriva.

Il letame però deve essere impiegato esclusivamente nella coltivazione del fondo.

1645. Riconsegna del bestiame.

Nel caso previsto dall'articolo 1642, al termine del contratto l'affittuario deve restituire bestiame corrispondente per specie, numero, sesso, qualità, età e peso a quello ricevuto. Se vi sono differenze di qualità o di quantità contenute nei limiti in cui esse possano ammettersi avuto riguardo ai bisogni della coltivazione del fondo, l'affittuario deve restituire bestiame di uguale valore. Se vi è eccedenza o deficienza nel valore del bestiame, ne è fatto conguaglio in danaro tra le parti, secondo il valore al tempo della riconsegna.

La disposizione del comma precedente si applica anche se, all'inizio dell'affitto, l'affittuario ha depositato presso il locatore la somma che rappresenta il valore del bestiame.

Si applica altresì la disposizione del terzo comma dell'articolo 1640.

Sono salvi *le disposizioni delle norme corporative e* (1) i patti diversi.

(1) Le disposizioni richiamanti le norme corporative devono ritenersi abrogate in seguito alla soppressione dell'ordinamento corporativo.

1646. Rapporti fra gli affittuari uscente e subentrante.

L'affittuario uscente deve mettere a disposizione di chi gli subentra nella coltivazione i locali opportuni e gli altri comodi occorrenti per i lavori dell'anno seguente; il nuovo affittuario deve lasciare al precedente i locali opportuni e gli altri comodi occorrenti per il consumo dei foraggi e per le raccolte che restano da fare.

Per l'ulteriore determinazione dei rapporti tra l'affittuario uscente e l'affittuario subentrante si osservano *le disposizioni delle norme corporative e, in mancanza,* (1) gli usi locali.

(1) Le disposizioni richiamanti le norme corporative devono ritenersi abrogate in seguito alla soppressione dell'ordinamento corporativo.

§ 3 – Dell'affitto a coltivatore diretto

1647. Nozione.

Quando l'affitto ha per oggetto un fondo che l'affittuario coltiva col lavoro prevalentemente proprio o di persone della sua famiglia, si applicano le norme che seguono *sempre che il fondo non superi i limiti di estensione che, per singole zone e colture, possono essere determinati dalle norme corporative* (1).

(1) Le disposizioni richiamanti le norme corporative devono ritenersi abrogate in seguito alla soppressione dell'ordinamento corporativo.

1648. Casi fortuiti ordinari.

Il giudice, con riguardo alle condizioni economiche dell'affittuario, può disporre il pagamento rateale del fitto se per un caso fortuito ordinario, le cui conseguenze l'affittuario ha assunte a suo carico, si verifica la perdita di almeno la metà dei frutti del fondo.

1649. Subaffitto.

Se il locatore consente il subaffitto, questo è considerato come locazione diretta tra il locatore e il nuovo affittuario.

1650.-1651. (1).

(1) Articoli abrogati dall'art. 29 della l. 11/2/1971, n. 11. Per la nuova disciplina dei miglioramenti v. artt. 16 ss. della l. 3/5/1982, n. 203.

1652. Anticipazioni all'affittuario.

Qualora l'affittuario non possa provvedere altrimenti, il locatore è tenuto ad anticipargli le sementi e le materie fertilizzanti e antiparassitarie necessarie per la coltivazione del fondo.

Il credito del locatore produce interessi in misura corrispondente al saggio legale.

1653. (1).

(1) Articolo abrogato dall'art. 29 della l. 11/2/1971, n. 11.

1654. Inderogabilità.

Le disposizioni che precedono sono inderogabili.

Capo VII
Dell'appalto

1655. Nozione.

L'appalto è il contratto col quale una parte assume, con organizzazione dei mezzi necessari e con gestione a proprio rischio, il compimento di un'opera o di un servizio verso un corrispettivo in danaro.

• L'appalto è un **contratto consensuale**, a forma libera, che si perfeziona con il semplice accordo delle parti, denominate, rispettivamente, parte committente e parte appaltatrice. Elementi caratteristici dell'appalto sono: l'esistenza di una prestazione di lavoro finalizzata al raggiungimento di uno scopo preciso, l'autonomia dell'appaltatore, la presenza di una organizzazione e la previsione di un corrispettivo in denaro. Oggetto del contratto è un **fare** che può consistere sia nel compimento di un'opera sia nell'esecuzione di un servizio da parte dell'appaltatore verso un corrispettivo in danaro. *Esempio*: Tizio incarica un'impresa di eseguire le pulizie nel suo studio (appalto di servizi); Caio affida ad un costruttore la realizzazione di una villa (appalto d'opera). Tale prestazione di *facere* implica l'obbligo per l'appaltatore dell'organizzazione dei mezzi necessari al raggiungimento del risultato voluto e della gestione dell'impresa a proprio rischio: egli, di conseguenza, assume la qualifica di imprenditore (art. 2082). L'obbligazione principale del committente, invece, consiste nel pagamento in denaro dell'opera o del servizio: l'appalto, infatti, è un contratto **commutativo** (e non aleatorio), **sinallagmatico, a carattere oneroso e ad esecuzione prolungata**.

1656. Subappalto.

L'appaltatore non può dare in subappalto l'esecuzione dell'opera o del servizio, se non è stato autorizzato dal committente.

• L'appalto è basato sulla fiducia nelle qualità e nelle capacità dell'appaltatore. Pertanto il subappalto, vale a dire il contratto derivato dall'appalto originario con cui l'appaltatore affida ad un altro soggetto il compimento dell'opera o del servizio, **non è consentito** salvo che non sia stato preventivamente autorizzato dal committente.

1657. Determinazione del corrispettivo.

Se le parti non hanno determinato la misura del corrispettivo né hanno stabilito il modo di determinarla, essa è calcolata con riferimento alle tariffe esistenti o agli usi; in mancanza, è determinata dal giudice.

• Le parti possono fissare globalmente e invariabilmente il prezzo per l'intera opera (appalto *a forfait* o a corpo), oppure possono definire un prezzo per ogni unità di misura (appalto a misura). Se non stabiliscono il corrispettivo, il contratto, in deroga ai principi generali posti dall'art. 1346, non è nullo e la determinazione del prezzo può essere fatta *a posteriori* in base alle tariffe in vigore al tempo e nel luogo di conclusione dell'appalto o agli usi esistenti nel luogo in cui ha sede l'impresa appaltatrice. In mancanza, il prezzo è definito dal giudice in sede contenziosa e nel contraddittorio delle parti.

1658. Fornitura della materia.

La materia necessaria a compiere l'opera deve essere fornita dall'appaltatore, se non è diversamente stabilito dalla convenzione o dagli usi.

• L'appaltatore deve fornire la materia per comporre l'opera (cemento, ferro, legno, pavimenti, ecc.) e gli strumenti (macchinari, attrezzi, ponteggi, ecc.) indispensabili per eseguirla. Se nulla è stabilito nel contratto, l'appaltatore deve procurare **materiali di qualità non inferiore alla media**, idonei al raggiungimento del risultato promesso. Le parti possono convenire, tacitamente o espressamente, che la materia non sia fornita dall'appaltatore. Analoga previsione può discendere dagli usi del luogo in cui si trova la sede dell'impresa appaltatrice.

1659. Variazioni concordate del progetto.

L'appaltatore non può apportare variazioni alle modalità convenute dell'opera se il committente non le ha autorizzate.

L'autorizzazione si deve provare per iscritto.

Anche quando le modificazioni sono state autorizzate, l'appaltatore, se il prezzo dell'intera opera è stato determinato globalmente, non ha diritto a compenso per le variazioni o per le aggiunte, salvo diversa pattuizione.

• Il codice ha previsto quattro categorie di variazioni, due delle quali disciplinate dall'art. 1659. La prima è quella delle **variazioni arbitrarie** apportate dall'appaltatore, che sono vietate se non sono state autorizzate, preventivamente o successivamente, per iscritto dal committente. In tal modo si vuole impedire che l'appaltatore presenti un conto più alto rispetto a quello convenuto. La seconda categoria riguarda, invece, le **variazioni concordate**, proposte dall'appaltatore e accettate dal committente con atto che deve essere provato per iscritto. Per queste variazioni l'appaltatore ha diritto ad un compenso, se il prezzo dell'opera è stato definito a misura.

1660. Variazioni necessarie del progetto.

Se per l'esecuzione dell'opera a regola d'arte è necessario apportare variazioni al progetto e le parti non si accordano, spetta al giudice di determinare le variazioni da introdurre e le correlative variazioni del prezzo.

Se l'importo delle variazioni supera il sesto del prezzo complessivo convenuto, l'appaltatore può recedere dal contratto e può ottenere, secondo le circostanze, un'equa indennità.

Se le variazioni sono di notevole entità, il committente può recedere dal contratto ed è tenuto a corrispondere un equo indennizzo.

• Le variazioni necessarie sono quelle imposte dalle regole dell'arte per la migliore realizzazione dell'opera o da norme tecniche inderogabili o dal verificarsi di eventi dovuti a caso fortuito, forza maggiore, fatto del terzo. L'appaltatore deve avvisare il committente della urgenza delle variazioni (*ex* art. 1375), pena eseguirle a proprio rischio qualora il giudice, successivamente adito, non ne riscontri il bisogno e non ne determini il prezzo. Qualora l'importo delle variazioni superi il sesto del prezzo originariamente stabilito, egli può recedere dal contratto: è questo l'unico caso in cui anche all'appaltatore è consentito il **recesso unilaterale**. A seguito del recesso, ha diritto ad un'equa indennità che può ottenere dal giudice, il quale decide in base alle circostanze concrete. Il diritto di recesso spetta, altresì, al committente se le variazioni sono notevoli sotto il profilo strutturale, funzionale o estetico dell'opera.

1661. Variazioni ordinate dal committente.

Il committente può apportare variazioni al progetto, purché il loro ammontare non superi il sesto del prezzo complessivo convenuto. L'appaltatore ha diritto al compenso per i maggiori lavori eseguiti, anche se il prezzo dell'opera era stato determinato globalmente.

La disposizione del comma precedente non si applica quando le variazioni, pur essendo contenute nei limiti suddetti, importano notevoli modificazioni della natura dell'opera o dei quantitativi nelle singole categorie di lavori previste nel contratto per l'esecuzione dell'opera medesima.

• La quarta categoria è quella delle variazioni ordinate dal committente, il quale esercita il **diritto potestativo** di mutare unilateralmente l'oggetto del contratto. Lo *ius variandi* non può superare il sesto del prezzo complessivo pattuito, anche qualora siano ordinate più variazioni: in tal caso, infatti, l'importo di ciascuna si somma a quello delle altre. Se sussiste un'eccedenza tra il prezzo delle opere eseguite e quello fissato in origine dalle parti, l'appaltatore ha diritto al compenso per i maggiori lavori realizzati. Le variazioni mantenute entro il valore del sesto del prezzo concordato ma tali da comportare notevoli modificazioni nella natura dell'opera, invece, rappresentano lavori extracontrattuali, che, anche se legati all'opera originaria (ad es., una sopraelevazione), sono distinti da essa. Pertanto, qualora l'appaltatore decida di eseguirle, ha diritto a concordare un nuovo prezzo. Analogo diritto gli compete in presenza di significative modificazioni dei quantitativi nelle categorie di lavori previsti.

1662. Verifica nel corso di esecuzione dell'opera.

Il committente ha diritto di controllare lo svolgimento dei lavori e di verificarne a proprie spese lo stato.

Quando, nel corso dell'opera, si accerta che la sua esecuzione non procede secondo le condizioni stabilite dal contratto e a regola d'arte, il committente può fissare un congruo termine entro il quale l'appaltatore si deve conformare a tali condizioni; trascorso inutilmente il termine stabilito, il contratto è risoluto, salvo il diritto del committente al risarcimento del danno.

• La verifica nel corso di esecuzione dell'opera ha lo scopo di controllare l'operato dell'appaltatore per poter porre rimedio ad eventuali irregolarità. Si tratta di una facoltà (quella, appunto, di verifica) che il committente può esercitare nei modi e nei tempi in cui ritiene anche avvalendosi di terzi da lui indicati, senza però sconvolgere l'ordinario andamento dei lavori e senza finalità intimidatorie. Il buon esito della verifica non equivale ad accettazione parziale. Se, invece, dal controllo emergono irregolarità e difformità rispetto a quanto pattuito, il committente può fissare un congruo termine entro il quale l'appaltatore deve porvi rimedio, pena la risoluzione del contratto e il risarcimento al committente dei danni cagionati.

1663. Denuncia dei difetti della materia.

L'appaltatore è tenuto a dare pronto avviso al committente dei difetti della materia da questo fornita, se si scoprono nel corso dell'opera e possono comprometterne la regolare esecuzione.

• Quando i materiali per la realizzazione dell'opera sono forniti, in tutto o in parte, dal committente, l'appaltatore ha l'obbligo di controllarli. Egli, infatti, risponde dei vizi dell'opera conseguenti a loro impiego qualora li accetti senza riserve. Se i vizi sono palesi, deve denunciarli subito e sospendere l'utilizzo dei materiali. Se li riconosce solo dopo essersene avvalso, ferma la responsabilità *ex* artt. 1667 e 1668, deve ugualmente avvisare il committente, il quale dovrà provvedere alla sostituzione di quanto non ancora impiegato ed assumere le determinazioni necessarie per la prosecuzione dei lavori.

1664. Onerosità o difficoltà dell'esecuzione.

Qualora per effetto di circostanze imprevedibili si siano verificati aumenti o diminuzioni nel costo dei materiali o della mano d'opera, tali da determinare un aumento o una diminuzione superiori al decimo del prezzo complessivo convenuto, l'appaltatore o il committente possono chiedere una revisione del prezzo medesimo. La revisione può essere accordata solo per quella differenza che eccede il decimo.

Se nel corso dell'opera si manifestano difficoltà di esecuzione derivanti da cause geologiche, idriche e simili, non previste dalle parti, che rendano notevolmente più onerosa la prestazione dell'appaltatore, questi ha diritto a un equo compenso.

• In deroga alla regola della invariabilità del corrispettivo pattuito, l'appaltatore o il committente possono chiedere una revisione del prezzo qualora circostanze imprevedibili e a loro non imputabili determinino una modifica in aumento o in diminuzione dei costi dei materiali o della mano d'opera superiore o inferiore al decimo del prezzo complessivo. Il solo appaltatore ha, poi, diritto a un equo compenso qualora, durante i lavori, la sua prestazione diventi più onerosa per problemi dovuti a cause naturali o di carattere diverso (es., *factum principis*, scioperi), non previste nel contratto e non prevedibili sulla base della situazione esistente alla data della sua conclusione.

1665. Verifica e pagamento dell'opera.

Il committente, prima di ricevere la consegna, ha diritto di verificare l'opera compiuta.

La verifica deve esser fatta dal committente appena l'appaltatore lo mette in condizione di poterla eseguire.

Se, nonostante l'invito fattogli dall'appaltatore, il committente tralascia di procedere alla verifica senza giusti motivi, ovvero non ne comunica il risultato entro un breve termine, l'opera si considera accettata.

Se il committente riceve senza riserve la consegna dell'opera, questa si considera accettata ancorché non si sia proceduto alla verifica.

Salvo diversa pattuizione o uso contrario, l'appaltatore ha diritto al pagamento del corrispettivo quando l'opera è accettata dal committente.

• Una volta terminata l'opera, il committente ha diritto di verificarla, ossia di ispezionarla materialmente al fine di accertare che essa sia conforme al contratto e alle regole dell'arte. Se la verifica ha esito positivo, il committente, con **negozio unilaterale recettizio**, manifesta la volontà di ricevere l'*opus* e l'appaltatore è liberato. **L'accettazione** può anche essere **tacita** se il committente compie un atto che esprime gradimento ed è incompatibile con la volontà di rifiutare. L'accettazione è invece **presunta** quando il committente senza un giustificato motivo non procede alla verifica o non comunica entro breve termine il risultato della verifica. L'accettazione produce tre effetti principali: libera l'appaltatore da responsabilità per i vizi palesi; fa acquistare l'opera al committente; fa sorgere il diritto dell'appaltatore a ricevere il corrispettivo.

1666. Verifica e pagamento di singole partite.

Se si tratta di opera da eseguire per partite, ciascuno dei contraenti può chiedere che la verifica avvenga per le singole partite. In tal caso l'appaltatore può domandare il pagamento in proporzione dell'opera eseguita.

Il pagamento fa presumere l'accettazione della parte di opera pagata; non produce questo effetto il versamento di semplici acconti.

• Se l'opera è scomponibile in frazioni, ciascuna dotata di propria individualità (*Esempio*: appalto a misura avente ad oggetto la costruzione di una strada), la verifica può avvenire anche per singole partite. L'accettazione del committente di ciascuna di esse giustifica la richiesta di pagamento dell'appaltatore per la parte di opera realizzata. Il pagamento effettuato in assenza o prima della richiesta dell'appaltatore fa presumere l'accettazione della partita, se vi è stata la verifica; se questa è mancata, vale invece come semplice acconto.

1667. Difformità e vizi dell'opera.

L'appaltatore è tenuto alla garanzia per le difformità e i vizi dell'opera. La garanzia non è dovuta se il committente ha accettato l'opera e le difformità o i vizi erano da lui conosciuti o erano riconoscibili, purché, in questo caso, non siano stati in mala fede taciuti dall'appaltatore.

Il committente deve, a pena di decadenza, denunziare all'appaltatore le difformità o i vizi entro sessanta giorni dalla scoperta. La denunzia non è necessaria se l'appaltatore ha riconosciuto le difformità o i vizi o se li ha occultati.

L'azione contro l'appaltatore si prescrive in due anni dal giorno della consegna dell'opera. Il committente convenuto per il pagamento può sempre far valere la garanzia, purché le difformità o i vizi siano stati denunziati entro sessanta giorni dalla scoperta e prima che siano decorsi i due anni dalla consegna.

• L'appaltatore è responsabile verso il committente al termine dei lavori se le opere sono viziate (*Esempio*: opere realizzate in dispregio delle regole della tecnica; opere con pecche estetiche, decorative o accessorie) o presentano difformità (ossia non corrispondono alle caratteristiche del progetto). Se le **difformità** e i **vizi** sono **apparenti** e cioè conosciuti o riconoscibili, l'accettazione dell'opera senza riserve da parte del committente impedisce il sorgere della responsabilità dell'appaltatore per gli stessi; se, invece, sono occulti e cioè non conosciuti e non riconoscibili, il committente deve farne denuncia entro 60 giorni dalla scoperta, salvo che l'appaltatore non abbia ammesso l'esistenza dei vizi o salvo non li abbia volutamente nascosti. Il termine per agire contro l'appaltatore si prescrive in due anni dall'ultimazione del lavoro.

1668. Contenuto della garanzia per difetti dell'opera.

Il committente può chiedere che le difformità o i vizi siano eliminati a spese dell'appaltatore, oppure che il prezzo sia proporzionalmente diminuito, salvo il risarcimento del danno nel caso di colpa dell'appaltatore.

Se però le difformità o i vizi dell'opera sono tali da renderla del tutto inadatta alla sua destinazione, il committente può chiedere la risoluzione del contratto.

• Una volta terminato il lavoro, il committente può esigere che siano eliminati i vizi e le difformità se ciò sia possibile senza rendere l'opera inutilizzabile. L'appaltatore deve eseguire le riparazioni o le correzioni necessarie; ove si renda inadempiente, il committente può rivolgersi al giudice e chiedere che le stesse siano eseguite a spese dell'appaltatore (art. 2931). In presenza di vizi e difformità che riducano il valore dell'opera, il committente può esigere una proporzionale riduzione del prezzo. Se però i danni non sono riparabili con l'eliminazione dei vizi o la riduzione del prezzo e dipendono da colpa dell'appaltatore, il committente ha diritto al risarcimento. Il rimedio estremo della **risoluzione** del contratto, invece, è subordinato ai casi di maggior gravità quando l'**opera** risulta del tutto **inadatta** alla sua destinazione.

1669. Rovina e difetti di cose immobili.

Quando si tratta di edifici o di altre cose immobili destinate per la loro natura a lunga durata, se, nel corso di dieci anni dal compimento, l'opera, per vizio del suolo o per difetto della costruzione, rovina in tutto o in parte, ovvero presenta evidente pericolo di rovina o gravi difetti, l'appaltatore è responsabile nei confronti del committente e dei suoi aventi causa, purché sia fatta la denunzia entro un anno dalla scoperta.

Il diritto del committente si prescrive in un anno dalla denunzia.

• Qualora per la presenza di vizi che incidono significativamente su elementi strutturali essenziali (quali la stabilità o l'efficienza) edifici e altri immobili destinati per natura a lunga durata rovinino o rischino di rovinare in tutto o in parte, nel corso dei 10 anni dal loro compimento, l'appaltatore risponde dei danni verso il committente purché questi ne faccia denuncia entro un anno dalla rovina o dal pericolo di rovina. *Esempio*: rovina o pericolo di rovina derivante dall'errata pendenza dei balconi o dal distacco di una notevole parte dell'intonaco esterno del fabbricato.

1670. Responsabilità dei subappaltatori.

L'appaltatore, per agire in regresso nei confronti dei subappaltatori, deve, sotto pena di decadenza, comunicare ad essi la denunzia entro sessanta giorni dal ricevimento.

• Nel caso di difformità, vizi, rovina o pericolo di rovina dell'opera, l'appaltatore, per potersi rivalere nei confronti dei subappaltatori che ne siano responsabili, deve comunicare loro la denuncia fatta dal committente nel termine di **sessanta giorni** dal ricevimento della stessa.

1671. Recesso unilaterale dal contratto.

Il committente può recedere dal contratto, anche se è stata iniziata l'esecuzione dell'opera o la prestazione del servizio, purché tenga indenne l'appaltatore delle spese sostenute, dei lavori eseguiti e del mancato guadagno.

• Il committente ha il **diritto potestativo** di estinguere il rapporto nato dal contratto di appalto, mediante un negozio unilaterale recettizio, ogni qualvolta sia venuta meno la fiducia verso l'appaltatore o sia mutato il suo interesse all'opera. Il diritto è esercitabile *ad nutum*, a discrezione cioè del committente, senza alcun formalismo particolare. Il committente deve però tenere indenne l'appaltatore delle spese sostenute (ad es., le spese per l'acquisto dei materiali rimasti inutilizzati), dei lavori eseguiti e del mancato guadagno, ossia del guadagno che l'appaltatore avrebbe potuto conseguire se avesse ultimato i lavori.

1672. Impossibilità di esecuzione dell'opera.

Se il contratto si scioglie perché l'esecuzione dell'opera è divenuta impossibile in conseguenza di una causa non imputabile ad alcuna delle parti, il committente deve pagare la parte dell'opera già compiuta, nei limiti in cui è per lui utile, in proporzione del prezzo pattuito per l'opera intera.

• L'impossibilità, assoluta e oggettiva, di completare l'opera determina lo scioglimento del contratto (*Esempio*: una variante del piano urbanistico che vieti le costruzioni nella zona scelta dalle parti). Il committente deve pagare l'opera se può comunque utilizzarla nel senso previsto dal contratto, ma il prezzo è limitato in ragione del minore rendimento che può trarne e del minor uso che può farne. Non deve, invece, corrispondere nulla e non deve ricevere l'opera se la possibilità d'uso rimane esclusa.

1673. Perimento o deterioramento della cosa.

Se, per causa non imputabile ad alcuna delle parti, l'opera perisce o è deteriorata prima che sia accettata dal committente o prima che il committente sia in mora a verificarla, il perimento o il deterioramento è a carico dell'appaltatore, qualora questi abbia fornito la materia.

Se la materia è stata fornita in tutto o in parte dal committente, il perimento o il deterioramento dell'opera è a suo carico per quanto riguarda la materia da lui fornita, e per il resto è a carico dell'appaltatore.

• Se l'opera perisce o si deteriora per causa non dipendente dalle parti, prima che sia accettata dal committente, vale la regola del ***casus sentit debitor***. L'appaltatore sopporta il rischio integrale per il perimento o il deterioramento se ha fornito la materia; se la materia è stata fornita dal committente, invece, il costo relativo è a suo carico mentre per il resto grava sull'appaltatore. L'accettazione dell'opera al pari della mora nell'accettazione determina il passaggio del rischio in capo al committente.

1674. Morte dell'appaltatore.

Il contratto di appalto non si scioglie per la morte dell'appaltatore, salvo che la considerazione della sua persona sia stata motivo determinante del contratto. Il committente può sempre recedere dal contratto, se gli eredi dell'appaltatore non danno affidamento per la buona esecuzione dell'opera o del servizio.

• L'appalto non è un contratto *intuitu personae* in quanto a venire in rilievo è di norma solo l'organizzazione dell'impresa; esso dunque non si scioglie per la morte dell'appaltatore. Alla regola fa eccezione l'ipotesi in cui la persona dell'appaltatore sia stata motivo determinante del contratto. Il committente può altresì recedere dal contratto se, morto l'appaltatore, non nutra fiducia nei suoi eredi e tale diffidenza si fondi su ragioni oggettive.

1675. Diritti e obblighi degli eredi dell'appaltatore.

Nel caso di scioglimento del contratto per morte dell'appaltatore, il committente è tenuto a pagare agli eredi il valore delle opere eseguite, in ragione del prezzo pattuito, e a rimborsare le spese sostenute per l'esecuzione del rimanente, ma solo nei limiti in cui le opere eseguite e le spese sostenute gli sono utili.

Il committente ha diritto di domandare la consegna, verso una congrua indennità, dei materiali preparati e dei piani in via di esecuzione, salve le norme che proteggono le opere dell'ingegno.

• Nel caso di scioglimento del contratto per morte dell'appaltatore, il committente deve corrispondere agli eredi il prezzo delle opere eseguite e rimborsare le altre spese sostenute per i lavori da ultimare, ma solo nei limiti dell'effettiva utilità che può trarre dall'opera o dalle spese. Non deve però ripagarli del mancato guadagno, come invece è previsto nell'art. 1671 per l'ipotesi di recesso *ad nutum*. Il committente ha, altresì, diritto di ottenere, dietro pagamento di una congrua indennità, i materiali non ancora utilizzati, ma già acquistati dall'appaltatore, nonché il progetto e ogni altro grafico, planimetria o computo metrico inerente all'opera.

1676. Diritti degli ausiliari dell'appaltatore verso il committente.
Coloro che, alle dipendenze dell'appaltatore, hanno dato la loro attività per eseguire l'opera o per prestare il servizio possono proporre azione diretta contro il committente per conseguire quanto è loro dovuto, fino alla concorrenza del debito che il committente ha verso l'appaltatore nel tempo in cui essi propongono la domanda.

• I dipendenti dell'appaltatore hanno un eccezionale mezzo di tutela dei loro crediti: possono agire direttamente nei confronti del committente il quale, sebbene estraneo al rapporto di lavoro, si è comunque avvalso della loro opera. L'azione può essere proposta nei limiti del debito del committente verso l'appaltatore al tempo della domanda.

1677. Prestazione continuativa o periodica di servizi.
Se l'appalto ha per oggetto prestazioni continuative o periodiche di servizi, si osservano, in quanto compatibili, le norme di questo capo e quelle relative al contratto di somministrazione.

• L'appalto di servizi si può presentare come contratto di durata, ad esecuzione periodica (*Esempio*: periodica pulizia dei locali da parte di una ditta) o, più di rado, continuata (*Esempio*: manutenzione tecnica di un impianto di ascensore). In tal caso si applicano sia le norme relative all'appalto sia quelle relative alla somministrazione, con prevalenza della disciplina che, nel caso concreto, presenti maggiore compatibilità con il contenuto del rapporto.

Capo VIII
Del trasporto

Sezione I
Disposizioni generali

1678. Nozione.
Col contratto di trasporto il vettore si obbliga, verso corrispettivo, a trasferire persone o cose da un luogo a un altro.

• Il trasporto è un contratto consensuale con il quale una parte (il vettore) assume l'obbligo, dietro pagamento di un corrispettivo, nei confronti dell'altra (il mittente), di trasferire persone o cose da un luogo ad un altro. Nel trasporto di persone, il rapporto intercorre solo tra due soggetti; in quello di cose, invece, creditore della prestazione può essere anche un terzo (destinatario). Elementi tipici del contratto sono l'impegno del vettore di trasferire nello spazio persone o cose e il corrispettivo dovuto dal trasportato o dal mittente. Il trasporto è, infatti, di norma, un **contratto oneroso** sebbene le parti possono convenire che esso sia a titolo gratuito (art. 1681). Il trasporto è, poi, un contratto **commutativo** in quanto, fin dal momento della sua conclusione, ciascun contraente conosce l'entità del vantaggio e del sacrificio al quale va incontro. Per la validità o per la prova del contratto non è richiesta alcuna forma particolare: il trasporto, pertanto, può essere concluso anche oralmente o in modo tacito, mediante comportamento concludente

1679. Pubblici servizi di linea.
Coloro che per concessione amministrativa esercitano servizi di linea per il trasporto di persone o di cose sono obbligati ad accettare le richieste di trasporto che siano compatibili con i mezzi ordinari dell'impresa, secondo le condizioni generali stabilite o autorizzate nell'atto di concessione e rese note al pubblico.
I trasporti devono eseguirsi secondo l'ordine delle richieste; in caso di più richieste simultanee, deve essere preferita quella di percorso maggiore.

Se le condizioni generali ammettono speciali concessioni, il vettore è obbligato ad applicarle a parità di condizioni a chiunque ne faccia richiesta.

Salve le speciali concessioni ammesse dalle condizioni generali, qualunque deroga alle medesime è nulla, e alla clausola difforme è sostituita la norma delle condizioni generali.

• Sono pubblici servizi di linea quelli che, di regola, sono effettuati ad orari prestabiliti, su itinerari fissi e ripetuti e che si svolgono sulla base di concessioni amministrative, ossia di accordi tra la P.A. e il privato concessionario con i quali vengono definite le modalità di esecuzione del trasporto, poi rese note al pubblico. Sul concessionario grava un preciso obbligo legale a contrarre con chiunque gliene faccia richiesta, a parità di trattamento, compatibilmente con le disponibilità dei mezzi di cui l'azienda dispone per il normale svolgimento del servizio. I trasporti devono eseguirsi secondo l'ordine delle richieste, prediligendo quella di percorso maggiore in caso di più richieste simultanee.

1680. Limiti di applicabilità delle norme.

Le disposizioni di questo capo si applicano anche ai trasporti per via d'acqua o per via d'aria e a quelli ferroviari e postali, in quanto non siano derogate dal codice della navigazione e dalle leggi speciali.

• Il contratto di trasporto ha una **pluralità di fonti regolatrici**: il codice civile (che disciplina esclusivamente il trasporto per terra) e il codice della navigazione (che regola il trasporto marittimo e aereo).

Sezione II
Del trasporto di persone

1681. Responsabilità del vettore.

Salva la responsabilità per il ritardo e per l'inadempimento nell'esecuzione del trasporto, il vettore risponde dei sinistri che colpiscono la persona del viaggiatore durante il viaggio e della perdita o dell'avaria delle cose che il viaggiatore porta con sé, se non prova di avere adottato tutte le misure idonee a evitare il danno.

Sono nulle le clausole che limitano la responsabilità del vettore per i sinistri che colpiscono il viaggiatore.

Le norme di questo articolo si osservano anche nei contratti di trasporto gratuito.

• Il trasporto di persone è quel contratto con il quale un soggetto (il vettore) si obbliga, verso corrispettivo, a traferire una o più persone (dette viaggiatori) da un luogo all'altro. Accanto all'obbligazione principale (trasporto di persone da un luogo all'altro), sul vettore grava l'obbligo di proteggere il passeggero e di tenerlo indenne da eventuali lesioni dell'integrità fisica, pena il risarcimento dei danni. In deroga all'art. 1229, è nullo il patto diretto ad apporre limiti alla responsabilità del vettore per i sinistri che colpiscano il viaggiatore. Tale disciplina vale anche per il trasporto gratuito, svolto cioè senza corrispettivo (*Esempio*: trasporto dei clienti di un albergo da e per l'aeroporto). La responsabilità conseguente al trasporto di cortesia (*Esempio*: trasporto di amici o colleghi), invece, è regolata dalla norma generale dell'art. 2043.

1682. Responsabilità del vettore nei trasporti cumulativi.

Nei trasporti cumulativi ciascun vettore risponde nell'ambito del proprio percorso.

Tuttavia il danno per il ritardo o per l'interruzione del viaggio si determina in ragione dell'intero percorso.

• Quando il mittente si avvale di più vettori, ciascuno di essi cura il trasporto per un determinato tratto dell'intero percorso, in base a quanto previsto nel contratto, e risponde degli eventuali danni che si verificano all'interno dello stesso, senza vincolo di solidarietà con gli altri. Il carattere indivisibile della prestazione tra i vettori spiega, tuttavia, la ragione per la quale il danno per il ritardo o l'interruzione del viaggio si determina in ragione dell'intero percorso.

Sezione III
Del trasporto di cose

1683. Indicazioni e documenti che devono essere forniti al vettore.

Il mittente deve indicare con esattezza al vettore il nome del destinatario e il luogo di destinazione, la natura, il peso, la quantità e il numero delle cose da trasportare e gli altri estremi necessari per eseguire il trasporto.

Se per l'esecuzione del trasporto occorrono particolari documenti, il mittente deve rimetterli al vettore all'atto in cui consegna le cose da trasportare.

Sono a carico del mittente i danni che derivano dall'omissione o dalla inesattezza delle indicazioni o dalla mancata consegna o irregolarità dei documenti.

• Il trasporto di cose è il contratto con il quale il vettore si obbliga verso il mittente a trasferire, dietro corrispettivo, determinate cose da un luogo all'altro. Si tratta di un **contratto consensuale, non formale, commutativo e di scambio**. Se destinatario delle cose è un soggetto diverso dal mittente, detto destinatario, il contratto di trasporto si configura, con opportuni adattamenti, quale contratto a favore del terzo. Tuttavia, mentre nel contratto a favore del terzo, il diritto del terzo beneficiario diventa effettivo all'atto stesso della stipulazione e acquista rilevanza, nei confronti dello stipulante, previa apposita manifestazione di volontà, nel trasporto di cose, il destinatario può beneficiare degli effetti del contratto nel momento in cui, pervenute le cose a destinazione o scaduto il termine entro il quale le cose sarebbero dovute arrivare, ne richiede al vettore la riconsegna. Il mittente è tenuto a precisi doveri di collaborazione, per effetto dei quali deve preliminarmente consegnare il carico al vettore e indicargliene gli estremi, precisando il nome del destinatario, il luogo di destinazione, la natura, il peso, la quantità e il numero delle cose da trasportare. Deve quindi fornire al vettore i documenti particolari che si rendono necessari per l'esecuzione del trasporto, vale a dire quei documenti diversi e distinti da quelli che normalmente ineriscono all'attività dell'impresa di trasporto. L'inerzia nel provvedere pone il mittente nella posizione del creditore in mora con conseguente obbligo di risarcire i danni al vettore.

1684. Lettera di vettura e ricevuta di carico.

Su richiesta del vettore, il mittente deve rilasciare una lettera di vettura con la propria sottoscrizione, contenente le indicazioni enunciate nell'articolo precedente e le condizioni convenute per il trasporto.

Su richiesta del mittente, il vettore deve rilasciare un duplicato della lettera di vettura con la propria sottoscrizione o, se non gli è stata rilasciata lettera di vettura, una ricevuta di carico, con le stesse indicazioni.

Salvo contrarie disposizioni di legge, il duplicato della lettera di vettura e la ricevuta di carico possono essere rilasciate con la clausola «all'ordine».

• Su richiesta del vettore, il mittente deve rilasciare una lettera di vettura, da lui sottoscritta, indicante il destinatario, la natura e la quantità delle cose da trasportare; in cambio ha diritto ad averne un duplicato sottoscritto dal vettore o a ricevere una lettera di carico con le stesse informazioni: da tali documenti si trae la prova della ricezione delle merci da parte del vettore. Se il duplicato della lettera di vettura e la ricevuta di carico sono rilasciati con la **clausola "all'ordine"**, è possibile trasferire mediante girata del titolo i diritti nascenti dal contratto verso il vettore.

1685. Diritti del mittente.

Il mittente può sospendere il trasporto e chiedere la restituzione delle cose, ovvero ordinarne la consegna a un destinatario diverso da quello originariamente indicato o anche disporre diversamente, salvo l'obbligo di rimborsare le spese e di risarcire i danni derivanti dal contrordine.

Qualora dal vettore sia stato rilasciato al mittente un duplicato della lettera di vettura o una ricevuta di carico, il mittente non può disporre delle cose consegnate per il trasporto, se non esibisce al vettore il duplicato o la ricevuta per farvi annotare le nuove indicazioni. Queste devono essere sottoscritte dal vettore.

Il mittente non può disporre delle cose trasportate dal momento in cui esse sono passate a disposizione del destinatario.

• In deroga all'art. 1372, il mittente ha il **diritto potestativo di contrordine**, ossia di modificare unilateralmente le condizioni del contratto di trasporto, sospendendolo e chiedendo la restituzione delle cose ovvero ordinando la consegna a un destinatario diverso o in un luogo diverso. Il potere di sospensione si configura propriamente come un'ipotesi di recesso unilaterale che ha la sua fonte nella legge. Il potere di disporre diversamente, invece, attiene alla possibilità di apportare modificazioni accessorie, intendendosi per tali quelle che non mutano la natura del contratto. Il contrordine può essere esercitato in qualsiasi forma, ma se il vettore ha rilasciato un duplicato della lettera di vettura o una ricevuta di carico, il mittente deve previamente esibirli. Il diritto cessa nel momento in cui le cose trasportate passano nella disponibilità del destinatario.

1686. Impedimenti e ritardi nell'esecuzione del trasporto.

Se l'inizio o la continuazione del trasporto sono impediti o soverchiamente ritardati per causa non imputabile al vettore, questi deve chiedere immediatamente istruzioni al mittente, provvedendo alla custodia delle cose consegnategli.

Se le circostanze rendono impossibile la richiesta di istruzioni al mittente o se le istruzioni non sono attuabili, il vettore può depositare le cose a norma dell'articolo 1514, o, se sono soggette a rapido deterioramento, può farle vendere a norma dell'articolo 1515. Il vettore deve informare prontamente il mittente del deposito o della vendita.

Il vettore ha diritto al rimborso delle spese. Se il trasporto è stato iniziato, egli ha diritto anche al pagamento del prezzo in proporzione del percorso compiuto, salvo che la interruzione del trasporto sia dovuta alla perdita totale delle cose derivante da caso fortuito.

• L'impossibilità sopravvenuta per causa non imputabile al vettore di adempiere, totalmente o parzialmente, temporaneamente o definitivamente, l'obbligazione di trasporto non determina la risoluzione del contratto ma impone al vettore di chiedere istruzioni al mittente e di provvedere nel frattempo alla custodia delle merci. Se non è possibile contattarlo, il vettore deve depositare le cose in un locale di pubblico deposito o venderle se deteriorabili, dandone successiva comunicazione al mittente. Egli ha diritto al rimborso delle spese e al pagamento del prezzo in proporzione del percorso compiuto, salvo che l'interruzione sia dovuta alla perdita totale delle cose o al caso fortuito. Il mittente, invece, ha diritto al rimborso delle spese quando l'esecuzione del trasporto non è ancora iniziata o quando la sua interruzione sia dovuta alla perdita totale delle cose derivante da caso fortuito.

1687. Riconsegna delle merci.

Il vettore deve mettere le cose trasportate a disposizione del destinatario nel luogo, nel termine e con le modalità indicati dal contratto o, in mancanza, dagli usi.

Se la riconsegna non deve eseguirsi presso il destinatario, il vettore deve dargli prontamente avviso dell'arrivo delle cose trasportate.

Se dal mittente è stata rilasciata una lettera di vettura, il vettore deve esibirla al destinatario.

• La fase finale del contratto coincide con la riconsegna ossia con il passaggio della detenzione materiale delle cose dal vettore al destinatario nel luogo pattuito o, in mancanza, in quello indicato dagli usi. Il **termine di resa**, vale a dire quello entro il quale le cose trasportate devono essere, appunto, rese al destinatario, è **liberamente fissato dalle parti**. Se la riconsegna deve avvenire in luogo diverso dal domicilio del destinatario (es., consegna presso un punto ritiro), il vettore deve avvisare, in tempi celeri e senza particolari formalità, il destinatario dell'arrivo delle merci. Egli, inoltre, ha l'obbligo di esibire la lettera di vettura, se rilasciata dal mittente, affinché il destinatario possa controllare le condizioni di trasporto e raffrontare la stessa con il duplicato della lettera in suo possesso.

1688. Termine di resa.

Il termine di resa, quando sono indicati più termini parziali, è determinato dalla somma di questi.

• Se nel contratto sono definiti più termini parziali per la riconsegna, il termine complessivo di resa coincide con quello risultante dalla somma degli stessi.

1689. Diritti del destinatario.

I diritti nascenti dal contratto di trasporto verso il vettore spettano al destinatario dal momento in cui, arrivate le cose a destinazione o scaduto il termine in cui sarebbero dovute arrivare, il destinatario ne richiede la riconsegna al vettore.

Il destinatario non può esercitare i diritti nascenti dal contratto se non verso pagamento al vettore dei crediti derivanti dal trasporto e degli assegni da cui le cose trasportate sono gravate. Nel caso in cui l'ammontare delle somme dovute sia controverso, il destinatario deve depositare la differenza contestata presso un istituto di credito.

• Il subentro del destinatario nei diritti del mittente presuppone un elemento temporale oggettivo (arrivo reale o legale delle merci) e un elemento volitivo consistente nella richiesta di riconsegna. Occorre, altresì, che il mittente non abbia esercitato il diritto di contrordine (art. 1685). Il vettore può rifiutare di adempiere se il destinatario non paga i crediti e gli assegni gravanti sulle cose trasportate. Se sorge controversia su quanto dovuto, il destinatario deve depositare la somma oggetto di contestazione presso un istituto di credito.

1690. Impedimenti alla riconsegna.

Se il destinatario è irreperibile ovvero rifiuta o ritarda a chiedere la riconsegna delle cose trasportate, il vettore deve domandare immediatamente istruzioni al mittente e si applicano le disposizioni dell'articolo 1686.

Se sorge controversia tra più destinatari o circa il diritto del destinatario alla riconsegna o circa l'esecuzione di questa, ovvero se il destinatario ritarda a ricevere le cose trasportate, il vettore può depositarle a norma dell'articolo 1514 o, se sono soggette a rapido deterioramento, può farle vendere a norma dell'articolo 1515 per conto dell'avente diritto. Il vettore deve informare prontamente il mittente del deposito o della vendita.

• Gli impedimenti alla riconsegna possono verificarsi prima dell'acquisto del diritto in capo al destinatario (nell'ipotesi in cui costui sia irreperibile o manifesti una volontà contraria alla ricezione delle merci o ometta di chiedere la consegna del bene nei termini), o dopo, qualora sorgano controversie fra più destinatari o sul diritto del destinatario alla riconsegna. Nel primo caso la disciplina applicabile è quella dell'art. 1686. Nel secondo caso, il vettore può depositare o far vendere le cose se deteriorabili, dandone tempestiva comunicazione al mittente.

1691. Lettera di vettura o ricevuta di carico all'ordine.

Se il vettore ha rilasciato al mittente un duplicato della lettera di vettura all'ordine o la ricevuta di carico all'ordine, i diritti nascenti dal contratto verso il vettore si trasferiscono mediante girata del titolo.

In tal caso il vettore è esonerato dall'obbligo di dare avviso dell'arrivo delle cose trasportate, salvo che sia stato indicato un domiciliatario nel luogo di destinazione, e l'indicazione risulti dal duplicato della lettera di vettura o dalla ricevuta di carico.

Il possessore del duplicato della lettera di vettura all'ordine o della ricevuta di carico all'ordine deve restituire il titolo al vettore all'atto della riconsegna delle cose trasportate.

• Se il duplicato della lettera di vettura e la ricevuta di carico sono rilasciati con la clausola "all'ordine", i diritti nascenti dal contratto verso il vettore possono essere trasferiti mediante girata del titolo, come previsto dall'art. 1684. In tale ipotesi, ad eccezione del caso in cui la lettera di vettura o la ricevuta di carico indichino un preciso domiciliatario, il vettore non deve dare comunicazione dell'arrivo delle cose, ma deve unicamente farsi consegnare dal possessore, all'atto della consegna dei beni trasportati, detti documenti.

1692. Responsabilità del vettore nei confronti del mittente.

Il vettore che esegue la riconsegna al destinatario senza riscuotere i propri crediti o gli assegni da cui è gravata la cosa, o senza esigere il deposito della somma controversa, è responsabile verso il mittente dell'importo degli assegni dovuti al medesimo e non può rivolgersi a quest'ultimo per il pagamento dei propri crediti, salva l'azione verso il destinatario.

• In correlazione con quanto previsto dall'art. 1689, co. 2, il vettore che, contestualmente alla richiesta di riconsegna della merce, non riscuote dal destinatario i crediti o gli assegni derivanti dal trasporto, è responsabile nei confronti del mittente e non può esigere da lui il pagamento dei propri crediti rimasti insoluti.

1693. Responsabilità per perdita e avaria.

Il vettore è responsabile della perdita e dell'avaria delle cose consegnategli per il trasporto, dal momento in cui le riceve a quello in cui le riconsegna al destinatario, se non prova che la perdita o l'avaria è derivata da caso fortuito, dalla natura o dai vizi delle cose stesse o del loro imballaggio, o dal fatto del mittente o da quello del destinatario.

Se il vettore accetta le cose da trasportare senza riserve, si presume che le cose stesse non presentino vizi apparenti d'imballaggio.

• La responsabilità del vettore per perdita e avaria ha fondamento nel c.d. *receptum*, ossia nella ricezione delle cose da trasportare. Per **avaria** si intende **qualsiasi variazione della qualità interna ed esterna della merce**, tale da diminuirne il valore. La **perdita** è invece **nozione che riassume situazioni di varia natura** quali, tra le altre, la distruzione dei beni per eventi interni (es., combustione, evaporazione) o esterni (es., furto, incendio), la riconsegna di cosa diversa, la riconsegna a chi non ne ha diritto. Essa può essere totale, quando il vettore non consegna affatto le cose ricevute, o parziale, quando ne consegna una quantità inferiore. La responsabilità è esclusa se la perdita o l'avaria originano da caso fortuito, vale a dire da un evento non dipendente dal fatto del vettore, non prevedibile, o, se prevedibile, non evitabile con l'uso della diligenza del buon padre di famiglia (es., eventi bellici, furto violento), o se dipendono dalla natura (qualità di sostanza e di forma) o dalla condiziona patologica delle cose, dovuta ad un difetto originario o a un'alterazione successiva delle qualità naturali (vizi) o alla loro sistemazione in appositi involucri (imballaggio). Tali circostanze non valgono però come esimenti di responsabilità se il vettore ha accettato senza muovere rilievi le cose da trasportare.

1694. Presunzioni di fortuito.

Sono valide le clausole che stabiliscono presunzioni di caso fortuito per eventi che normalmente, in relazione ai mezzi e alle condizioni del trasporto, dipendono da caso fortuito.

• Le parti possono convenzionalmente prevedere ipotesi di attenuazione della responsabilità del vettore mediante **clausole di presunzione** (*iuris tantum*) di caso fortuito: esse, in altri termini, al verificarsi di eventi che, in base alla normale esperienza, dipendono dal fortuito, possono concordare, nel rispetto di quanto previsto dall'art. 1229, che gli stessi siano considerati in ogni caso quali conseguenza di avvenimenti imprevedibili e eccezionali.

1695. Calo naturale.

Per le cose che, data la loro particolare natura, sono soggette durante il trasporto a diminuzione nel peso o nella misura, il vettore risponde solo delle diminuzioni che oltrepassano il calo naturale, a meno che il mittente o il destinatario provi che la diminuzione non è avvenuta in conseguenza della natura delle cose o che per le circostanze del caso non poteva giungere alla misura accertata.

Si deve tener conto del calo separatamente per ogni collo.

• Oggetto di trasporto possono essere cose soggette a calo naturale, ossia a una fisiologica diminuzione nel peso o nella misura. Con riguardo ad esse le parti possono porre una presunzione ***iuris tantum*** (di calo naturale appunto), facendo gravare sul mittente o sul destinatario l'onere di provare che l'ammanco di peso o di dimensioni sia dovuto ad una causa diversa dalla natura delle merci trasportate.

1696. Calcolo del danno in caso di perdita o di avaria.

Il danno derivante da perdita o da avaria si calcola secondo il prezzo corrente delle cose trasportate nel luogo e nel tempo della riconsegna.

Il risarcimento dovuto dal vettore non può essere superiore a un euro per ogni chilogrammo di peso lordo della merce perduta o avariata nei trasporti nazionali ed all'importo di cui all'articolo 23, comma 3, della Convenzione per il trasporto stradale di merci, ratificata con legge 6 dicembre 1960, n. 1621, e successive modificazioni, nei trasporti internazionali.

La previsione di cui al comma precedente non è derogabile a favore del vettore se non nei casi e con le modalità previste dalle leggi speciali e dalle convenzioni internazionali applicabili.

Il vettore non può avvalersi della limitazione della responsabilità prevista a suo favore dal presente articolo ove sia fornita la prova che la perdita o l'avaria della merce sono stati determinati da dolo o colpa grave del vettore o dei suoi dipendenti e preposti, ovvero di ogni altro soggetto di cui egli si sia avvalso per l'esecuzione del trasporto, quando tali soggetti abbiano agito nell'esercizio delle loro funzioni.

• In caso di perdita o avaria, il danno si calcola in **modo forfettario**, sulla base del prezzo risultante da tariffe della pubblica autorità o, in mancanza, sulla base dei listini di borsa o di mercato del luogo più vicino a quello della riconsegna. Il risarcimento non può essere determinato *a forfait* se il vettore o coloro di cui si sia avvalso per eseguire il trasporto abbiano agito con dolo o colpa grave, abbiano cioè scientemente e volutamente cagionato il danno o lo abbiano causato operando con grave negligenza, imprudenza, imperizia.

1697. Accertamento della perdita e dell'avaria.

Il destinatario ha diritto di fare accertare a sue spese, prima della riconsegna, l'identità e lo stato delle cose trasportate.

Se la perdita o l'avaria esiste, il vettore deve rimborsargli le spese.

Salvo diverse disposizioni della legge, la perdita e l'avaria si accertano nei modi stabiliti dall'articolo 696 del codice di procedura civile.

• La prova della perdita o dell'avaria è a carico del destinatario il quale ha, pertanto, diritto di verificare l'identità e la condizione delle cose trasportate, prima che gli siano consegnate. La verifica può essere svolta da un consulente tecnico del destinatario o può avvenire mediante ispezione giudiziale. Se risultano dimostrate la perdita o l'avaria, il vettore deve rimborsare al mittente le spese sostenute per il loro accertamento.

1698. Estinzione dell'azione nei confronti del vettore.

Il ricevimento senza riserve delle cose trasportate col pagamento di quanto è dovuto al vettore estingue le azioni derivanti dal contratto, tranne il caso di dolo o colpa grave del vettore. Sono salve le azioni per perdita parziale o per avaria non riconoscibili al momento della riconsegna, purché in quest'ultimo caso il danno sia denunziato appena conosciuto e non oltre otto giorni dopo il ricevimento.

• Il contratto di trasporto si presume esattamente adempiuto se il destinatario ha ricevuto senza riserve le cose trasportate e se ha pagato il prezzo dovuto. Alla regola fa eccezione l'eventualità che la perdita o l'avaria non sia riconoscibile al momento della riconsegna. In tal caso il destinatario ha otto giorni dalla data del ricevimento per segnalare le stesse ed esercitare le azioni che gli competono verso il vettore.

1699. Trasporto con rispedizione della merce.

Se il vettore si obbliga di far proseguire le cose trasportate, oltre le proprie linee, per mezzo di vettori successivi, senza farsi rilasciare dal mittente una lettera di vettura diretta fino al luogo di destinazione, si presume che egli assuma, per il trasporto oltre le proprie linee, gli obblighi di uno spedizioniere.

• La necessità di effettuare spostamenti di persone e cose verso luoghi non sempre vicini spiega la ragione della diffusione del trasporto con pluralità di vettori. Il vettore, così, quando la spedizione deve proseguire su tratte non coperte dalle proprie linee, può assumere l'obbligo di stipulare, per conto del mittente ma in nome proprio, un contratto di trasporto con uno o più altri vettori per la restante parte del percorso (contratto di trasporto con rispedizione). In tal caso, se non si è fatto rilasciare dal mittente una lettera di vettura fino al luogo di destinazione, è soggetto alle medesime obbligazioni gravanti sullo spedizioniere.

1700. Trasporto cumulativo.

Nei trasporti che sono assunti cumulativamente da più vettori successivi con unico contratto, i vettori rispondono in solido per l'esecuzione del contratto dal luogo originario di partenza fino al luogo di destinazione.

Il vettore chiamato a rispondere di un fatto non proprio può agire in regresso contro gli altri vettori, singolarmente o cumulativamente. Se risulta che il fatto dannoso è avvenuto nel percorso di uno dei vettori, questi è tenuto al risarcimento integrale; in caso contrario, al risarcimento sono tenuti tutti i vettori in parti proporzionali ai percorsi, esclusi quei vettori che provino che il danno non è avvenuto nel proprio percorso.

• Nel contratto di trasporto in cui la parte "vettore" è composta da più soggetti, costoro rispondono **in solido** dell'esecuzione dell'obbligazione assunta, anche se ognuno cura unicamente un tratto del trasporto. Se, tuttavia, il fatto dannoso è accaduto nel tratto di competenza di uno di essi, questi soltanto deve risarcire il relativo danno. Analogamente se il fatto ha riguardato più tratte ma non l'interno percorso, al risarcimento sono obbligati i vettori competenti per le tratte interessate, con esclusione di coloro tenuti al trasporto su tratte diverse.

1701. Diritto di accertamento dei vettori successivi.

I vettori successivi hanno diritto di far dichiarare, nella lettera di vettura o in atto separato, lo stato delle cose da trasportare al momento in cui sono loro consegnate. In mancanza di dichiarazione, si presume che le abbiano ricevute in buono stato e conformi alla lettera di vettura.

• Nel trasporto cumulativo ciascuno dei vettori successivi, onde non rispondere di danni che non ha concorso a cagionare, può richiedere al vettore che lo ha preceduto una dichiarazione relativa al fatto che le cose trasportate sono in buono stato e sono conformi alla lettera di vettura. In mancanza, si presume che il vettore le abbia ricevute senza vizi o difetti, così come detenute dal vettore precedente.

1702. Riscossione dei crediti da parte dell'ultimo vettore.

L'ultimo vettore rappresenta i vettori precedenti per la riscossione dei rispettivi crediti che nascono dal contratto di trasporto e per l'esercizio del privilegio sulle cose trasportate.

Se egli omette tale riscossione o l'esercizio del privilegio, è responsabile verso i vettori precedenti per le somme loro dovute, salva l'azione contro il destinatario.

• L'ultimo vettore ha la **rappresentanza legale** degli altri per quanto concerne il recupero dei crediti nascenti dal contratto di trasporto e l'esercizio del privilegio sulle cose trasportate in caso di mancato pagamento. Egli ha anche il potere di non riconsegnare le cose trasportate senza la preventiva riscossione dei crediti. Se non adempie a detti doveri, risponde nei riguardi degli altri vettori delle somme loro dovute, senza pregiudizio tuttavia dell'azione diretta contro il destinatario.

Capo IX
Del mandato

Sezione I
Disposizioni generali

1703. Nozione.

Il mandato è il contratto col quale una parte si obbliga a compiere uno o più atti giuridici per conto dell'altra.

• Il mandato è un **contratto consensuale, con effetti obbligatori**, con il quale una parte (mandatario) si obbliga ad un facere ossia a compiere negozi giuridici e atti giuridici in senso stretto, per conto dell'altra parte (mandante). Parti del contratto possono essere sia persone fisiche che giuridiche. Il mandato è un contratto tipico, che può costituire la base anche di altri tipi contrattuali (ad es., la commissione o la spedizione) o può trovarsi congiunto ad altri contratti (ad es., al contratto d'opera professionale). Dal punto di vista soggettivo, esso si caratterizza per l'autonomia del mandatario, il quale non è gerarchicamente soggetto al mandante. Dal punto di visto oggettivo, invece, il contratto si connota per la presenza di un incarico che deve rispondere ai requisiti *ex* art. 1346 della possibilità, della liceità, della determinatezza o della determinabilità.

1704. Mandato con rappresentanza.

Se al mandatario è stato conferito il potere di agire in nome del mandante, si applicano anche le norme del capo VI del titolo II di questo libro.

• Il mandato è con rappresentanza quando il mandatario agisce per conto e in nome del mandante, in capo al quale si producono gli effetti giuridici dell'atto o del negozio che forma oggetto del mandato. Il potere di rappresentanza deriva da un negozio autonomo collegato al contratto di mandato, detto procura, dal quale deriva il potere di spendita del nome, vale a dire l'autorizzazione al mandatario di spendere ossia di utilizzare negli atti che compie il nome del mandante. Al mandato al quale si accompagni una procura si applicano anche le norme sulla rappresentanza (artt. 1387 ss.).

1705. Mandato senza rappresentanza.

Il mandatario che agisce in proprio nome acquista i diritti e assume gli obblighi derivanti dagli atti compiuti con i terzi, anche se questi hanno avuto conoscenza del mandato.

I terzi non hanno alcun rapporto col mandante. Tuttavia il mandante, sostituendosi al mandatario, **può esercitare i diritti di credito** derivanti dall'esecuzione del mandato, salvo che ciò possa pregiudicare i diritti attribuiti al mandatario dalle disposizioni degli articoli che seguono.

• Nel mandato senza rappresentanza il mandatario agisce **per conto** del mandante ma **in nome proprio**. Il rapporto giuridico si instaura, pertanto, esclusivamente tra il mandatario e il terzo, mentre il mandante vi resta formalmente estraneo, anche qualora il terzo sia a conoscenza dell'esistenza del mandato. L'assoluta indipendenza tra il rapporto mandante-mandatario e il rapporto mandatario-terzo dà luogo alla c.d. **interposizione reale di persona**, ossia al fatto che la persona interposta (il mandatario) acquista effettivamente i diritti nascenti dal contratto concluso con un terzo, ma ha l'obbligo di ritrasferirli al mandante mediante la conclusione di un altro negozio. Il mandante può, tuttavia, esercitare verso i terzi i diritti di credito derivanti dall'esecuzione del mandato, senza pregiudicare i diritti del mandatario e in particolare il suo diritto di prededuzione (art. 1721).

1706. Acquisti del mandatario.

Il mandante può rivendicare le cose mobili acquistate per suo conto dal mandatario che ha agito in nome proprio, salvi i diritti acquistati dai terzi per effetto del possesso di buona fede.

Se le cose acquistate dal mandatario sono beni immobili o beni mobili iscritti in pubblici registri, il mandatario è obbligato a ritrasferirle al mandante. In caso d'inadempimento, si osservano le norme relative all'esecuzione dell'obbligo di contrarre.

• Il principio di indipendenza tra il rapporto mandante-mandatario e il rapporto mandatario-terzo subisce un'eccezione non solo nel caso di esercizio diretto dei diritti di credito (art. 1705, co. 2), ma anche nella rivendica delle cose mobili acquistate dal mandatario. In deroga al carattere meramente obbligatorio del mandato, pertanto, il mandante diviene immediatamente titolare dei beni mobili acquistati dal mandatario *nomine proprio* e può rivendicarli con un'azione di natura reale, quale appunto l'azione di rivendica che compete per legge a chi è proprietario. Il regime di pubblicità previsto per gli immobili e per le cose mobili registrate, ne impedisce, invece, il trasferimento automatico al mandante; di conseguenza, quando il mandatario li acquista in nome proprio ma per conto del mandante è obbligato poi a ritrasferirli a costui: si verifica così un **doppio trasferimento** dal terzo al mandatario e da questi al mandante. Se il mandatario non vi provvede, il mandante può agire con l'azione costitutiva prevista dall'art. 2932 e ottenere il trasferimento degli immobili o dei beni mobili registrati con sentenza del giudice.

1707. Creditori del mandatario.

I creditori del mandatario non possono far valere le loro ragioni sui beni che, in esecuzione del mandato, il mandatario ha acquistati in nome proprio, purché, trattandosi di beni mobili o di crediti, il mandato risulti da scrittura avente data certa anteriore al pignoramento, ovvero, trattandosi di beni immobili o di beni mobili iscritti in pubblici registri, sia anteriore al pignoramento la trascrizione dell'atto di ritrasferimento o della domanda giudiziale diretta a conseguirlo.

• Il mandato di data certa anteriore è titolo di prevalenza del mandante rispetto ai creditori del mandatario in sede di pignoramento dei beni mobili o dei crediti che, nell'esecuzione del mandato, il mandatario ha acquistato in nome proprio. Per i beni immobili e per i mobili registrati, il diritto del mandante prevale su quello dei creditori del mandatario solo se il pignoramento è di data successiva a quella della trascrizione dell'atto di ritrasferimento o della domanda giudiziale volta a ottenerlo coattivamente.

1708. Contenuto del mandato.

Il mandato comprende non solo gli atti per i quali è stato conferito, ma anche quelli che sono necessari al loro compimento.

Il mandato generale non comprende gli atti che eccedono l'ordinaria amministrazione, se non sono indicati espressamente.

• Il mandatario deve compiere tutti gli atti preparatori (es., trattative), conclusivi (es., accettazione e girata di assegni) e conseguenziali (es., riscossione del prezzo pattuito) necessari per realizzare il risultato voluto dal mandante. A seconda dell'ampiezza dei poteri del mandatario, il mandato si distingue in **generale, generico e speciale**. Nel primo caso, il mandatario può compiere tutti gli affari del mandante ma limitatamente all'ordinaria amministrazione; nel secondo, può compiere ogni negozio appartenente a una determinata categoria di atti espressamente indicata (ad es., mandato a vendere, mandato a transigere); nel terzo, può compiere solo un determinato negozio specificamente individuato (*Esempio*: mandato a vendere il fondo Corneliano).

1709. Presunzione di onerosità.

Il mandato si presume oneroso. La misura del compenso, se non è stabilita dalle parti, è determinata in base alle tariffe professionali o agli usi; in mancanza è determinata dal giudice.

• Il mandato si presume (con **presunzione *iuris tantum***) un contratto oneroso. Il mandatario, infatti, da diritto ad un compenso per l'attività svolta. Il compenso è pattuito dalle parti, le quali possono anche solo stabilire i criteri per quantificarlo o possono affidarne la determinazione a un terzo. Se le parti non l'hanno definita, la misura del corrispettivo viene desunta dalle tariffe professionali (se il mandatario esercita la professione per la quale sono state predisposte) o dagli usi del luogo in cui il mandatario ha svolto la propria attività. In mancanza è fissata dal giudice. Il mandato può essere, altresì, gratuito.

§ 1 – *Delle obbligazioni del mandatario*

1710. Diligenza del mandatario.

Il mandatario è tenuto a eseguire il mandato con la diligenza del buon padre di famiglia; ma se il mandato è gratuito, la responsabilità per colpa è valutata con minor rigore.

Il mandatario è tenuto a rendere note al mandante le circostanze sopravvenute che possono determinare la revoca o la modificazione del mandato.

• In ossequio alla regola generale posta dall'art. 1176, il mandatario deve svolgere l'incarico assunto con la **diligenza del *bonus pater familias***, ossia con la diligenza che è legittimo attendersi da un soggetto mediamente avveduto e accorto. Egli deve attenersi scrupolosamente alle indicazioni del mandante. Se il mandato è gratuito (ad es., prestato per amichevole favore) la responsabilità del mandatario è valutata con minor rigore. Ai fini di un addebito nei suoi confronti, in altri termini, assume rilievo solo la colpa che superi una lieve, scusabile negligenza. Nel dovere di diligenza, rientra anche l'obbligo per il mandatario di informare il mandante sia di fatti sopravvenuti sia di fatti preesistenti ma a lui ignoti all'epoca del conferimento del mandato, potenzialmente idonei a indurlo a revocare o a modificare l'incarico.

1711. Limiti del mandato.

Il mandatario non può eccedere i limiti fissati nel mandato. L'atto che esorbita dal mandato resta a carico del mandatario, se il mandante non lo ratifica.

Il mandatario può discostarsi dalle istruzioni ricevute qualora circostanze ignote al mandante, e tali che non possano essergli comunicate in tempo, facciano ragionevolmente ritenere che lo stesso mandante avrebbe dato la sua approvazione.

• Se il mandatario va oltre i limiti definiti dal contratto, realizza un **eccesso di mandato**. L'atto che esorbita dal mandato è inefficace nei confronti del mandante, salvo che questi non lo ratifichi. La **ratifica** è, infatti, il negozio unilaterale recettizio, con efficacia retroattiva, con il quale il mandante amplia l'oggetto del mandato e rende l'atto eccedente compiuto dal mandatario conforme al mandato stesso. Se non interviene la ratifica, il mandatario è responsabile verso il mandante. Il mandatario può, tuttavia, non attenersi alle istruzioni ricevute se lo richiedono le circostanze concrete e la situazione sia tale da far ragionevolmente ritenere che il mandante avrebbe modificato le istruzioni se l'avesse conosciuta.

1712. Comunicazione dell'eseguito mandato.

Il mandatario deve senza ritardo comunicare al mandante l'esecuzione del mandato.

Il ritardo del mandante a rispondere dopo aver ricevuto tale comunicazione, per un tempo superiore a quello richiesto dalla natura dell'affare o dagli usi, importa approvazione, anche se il mandatario si è discostato dalle istruzioni o ha ecceduto i limiti del mandato.

• Il mandante ha diritto di controllare immediatamente se il mandato è stato esattamente eseguito. Il mandatario, pertanto, ha il dovere di comunicargli l'avvenuto svolgimento dell'incarico, pena la sua responsabilità contrattuale. Ricevuta la comunicazione, il mandante deve contestare, entro un tempo ragionevole, l'eventuale difformità degli atti compiuti dal mandatario rispetto alle istruzioni impartite o ai limiti stessi del mandato. In assenza di contestazioni o in caso di ritardo nel rispondere, l'incarico si intende approvato.

1713. Obbligo di rendiconto.

Il mandatario deve rendere al mandante il conto del suo operato e rimettergli tutto ciò che ha ricevuto a causa del mandato.

La dispensa preventiva dall'obbligo di rendiconto non ha effetto nei casi in cui il mandatario deve rispondere per dolo o per colpa grave.

• L'obbligo del rendiconto rappresenta un **elemento naturale** e non essenziale del contratto di mandato, come risulta dal fatto che il mandatario può esserne dispensato. Esso ha natura complessa in quanto include non solo l'obbligo di presentare un prospetto contabile ma anche quello di descrivere e giustificare l'attività compiuta e di restituire tutto quanto ricevuto per l'espletamento del mandato (ad es., mezzi, documenti, somme di denaro). Il mandante può approvare il rendiconto in modo tacito o in modo espresso. L'eventuale dispensa preventiva dall'obbligo di rendiconto non esime comunque il mandatario da responsabilità se ha agito con dolo o colpa grave.

1714. Interessi sulle somme riscosse.

Il mandatario deve corrispondere al mandante gli interessi legali sulle somme riscosse per conto del mandante stesso, con decorrenza dal giorno in cui avrebbe dovuto fargliene la consegna o la spedizione ovvero impiegarle secondo le istruzioni ricevute.

• Il mandatario deve corrispondere al mandante gli interessi sulle somme riscosse per suo conto sia se ha tardato a consegnargliele o a spedirgliele, sia se ha omesso di impiegarle secondo le istruzioni ricevute.

1715. Responsabilità per le obbligazioni dei terzi.

In mancanza di patto contrario, il mandatario che agisce in proprio nome non risponde verso il mandante dell'adempimento delle obbligazioni assunte dalle persone con le quali ha contrattato, tranne il caso che l'insolvenza di queste gli fosse o dovesse essergli nota all'atto della conclusione del contratto.

• Il mandatario non risponde delle obbligazioni assunte dai terzi con i quali ha contrattato anche se ha agito in nome proprio, salvo che l'insolvenza degli stessi gli era nota o era da lui conoscibile con l'uso dell'ordinaria diligenza. Le parti possono però convenire con apposito patto che il mandatario sia tenuto allo "**star del credere**" (art. 1736) e che garantisca, nei confronti del mandante, l'esecuzione dell'affare.

1716. Pluralità di mandatari.

Salvo patto contrario, il mandato conferito a più persone designate a operare congiuntamente non ha effetto, se non è accettato da tutte.

Se nel mandato non è dichiarato che i mandatari devono agire congiuntamente, ciascuno di essi può concludere l'affare. In questo caso il mandante, appena avvertito della conclusione, deve darne notizia agli altri mandatari; in mancanza è tenuto a risarcire i danni derivanti dall'omissione o dal ritardo.

Se più mandatari hanno comunque operato congiuntamente, essi sono obbligati in solido verso il mandante.

• Il mandato può essere conferito ad una pluralità di mandatari. In tal caso il rapporto di mandato è uno solo ma la **parte** mandataria è composta da più soggetti: è **soggettivamente complessa**. I mandatari possono essere tenuti ad agire congiuntamente (mandato congiuntivo) o disgiuntamente (mandato disgiuntivo). Nel primo caso, occorre che l'incarico sia espressamente conferimento in modo congiuntivo, altrimenti il mandato si presume disgiuntivo. Nel secondo caso, ciascun mandatario deve eseguire l'incarico indipendentemente dagli altri e l'adempimento di uno libera anche gli altri. Il mandante, non appena avuta comunicazione dell'eseguito incarico da parte di uno dei mandatari, deve avvisare subito gli altri, onde evitare che si attivino a loro volta.

1717. Sostituto del mandatario.

Il mandatario che, nell'esecuzione del mandato, sostituisce altri a se stesso, senza esservi autorizzato o senza che ciò sia necessario per la natura dell'incarico, risponde dell'operato della persona sostituita.

Se il mandante aveva autorizzato la sostituzione senza indicare la persona, il mandatario risponde soltanto quando è in colpa nella scelta.

Il mandatario risponde delle istruzioni che ha impartite al sostituto.

Il mandante può agire direttamente contro la persona sostituita dal mandatario.

• La sostituzione di un terzo al mandatario può essere: non autorizzata né necessaria; autorizzata dal mandante ma priva del nominativo del sostituto; non autorizzata ma necessaria per l'espletamento dell'incarico; autorizzata con indicazione del sostituto. Nella prima ipotesi il mandatario risponde dell'operato del sostituto, salvo non dimostri che senza il suo intervento l'adempimento non sarebbe stato possibile. Nella seconda e nella terza ipotesi, il mandatario risponde dell'operato solo se è in colpa nella scelta del sostituto (*culpa in eligendo*). Nella quarta, invece, non sussiste alcuna responsabilità del mandatario. Il mandante può anche vietare la sostituzione (*ex* art. 1180). La sostituzione può rendersi necessaria per le più svariate ragioni (*Esempio*: impedimenti che colpiscono la persona del mandatario come una malattia; necessità di una particolare abilitazione di cui egli sia privo). Il mandatario ha azione diretta contro il terzo in tutte le ipotesi di sostituzione.

1718. Custodia delle cose e tutela dei diritti del mandante.

Il mandatario deve provvedere alla custodia delle cose che gli sono state spedite per conto del mandante e tutelare i diritti di quest'ultimo di fronte al vettore, se le cose presentano segni di deterioramento o sono giunte con ritardo.

Se vi è urgenza, il mandatario può procedere alla vendita delle cose a norma dell'articolo 1515.

Di questi fatti, come pure del mancato arrivo della merce, egli deve dare immediato avviso al mandante.

Le disposizioni di questo articolo si applicano anche se il mandatario non accetta l'incarico conferitogli dal mandante, sempre che tale incarico rientri nell'attività professionale del mandatario.

• Sul mandatario grava l'obbligazione accessoria di custodire le cose che gli sono state spedite per conto del mandante e di vigilare su di esse, avvisando il mandante dell'arrivo e tutelando i suoi diritti nei confronti del vettore qualora i beni consegnati non siano in buono stato o qualora siano stati consegnati oltre la data prevista. Egli può inoltre procedere alla vendita delle cose deteriorate o deperibili *ex* art. 1515. Gli obblighi di custodia e di protezione degli interessi del mandante gravano in ogni caso sul professionista che riceva un mandato rientrante nella propria attività professionale, anche se non accetti l'incarico.

§ 2 – *Delle obbligazioni del mandante*

1719. Mezzi necessari per l'esecuzione del mandato.

Il mandante, salvo patto contrario, è tenuto a somministrare al mandatario i mezzi necessari per l'esecuzione del mandato e per l'adempimento delle obbligazioni che a tal fine il mandatario ha contratte in proprio nome.

• Il mandante deve fornire al mandatario tutto ciò che occorre per l'esecuzione dell'incarico (ad es., documenti relativi al compito assegnato) e che gli consente di onorare gli impegni assunti verso i terzi in nome proprio (ad es., somme per pagare i beni acquistati). Il contratto non può derogare ad un simile obbligo, prevedendo che al mandatario non siano somministrati i mezzi necessari: l'eventuale patto contrario, pertanto, può riguardare solo il *tempus* o le modalità esecutive relative alla prestazione degli stessi (*Esempio*: patto con cui il mandante si impegna a espromettere il mandatario).

1720. Spese e compenso del mandatario.

Il mandante deve rimborsare al mandatario le anticipazioni, con gli interessi legali dal giorno in cui sono state fatte, e deve pagargli il compenso che gli spetta.

Il mandante deve inoltre risarcire i danni che il mandatario ha subiti a causa dell'incarico.

• Il mandante deve rimborsare il mandatario delle spese che ha affrontato per l'esecuzione del mandato, sempre che si tratti di spese effettivamente necessarie, utili o conformi agli usi, non conseguenti a una sua colpa. Deve altresì risarcirlo delle perdite economiche subite. Vale infatti la regola *cuius commoda, eius incommoda*.

1721. Diritto del mandatario sui crediti.

Il mandatario ha diritto di soddisfarsi sui crediti pecuniari sorti dagli affari che ha conclusi, con precedenza sul mandante e sui creditori di questo.

• Il mandatario ha **diritto di prededuzione** dei propri crediti sui crediti pecuniari sorti per effetto del mandato. Egli pertanto può soddisfarsi sui crediti derivanti dagli affari che ha concluso prima del mandante e dei suoi creditori.

§ 3 – *Dell'estinzione del mandato*

1722. Cause di estinzione.

Il mandato si estingue:

1) per la scadenza del termine o per il compimento, da parte del mandatario, dell'affare per il quale è stato conferito;

2) per revoca da parte del mandante;

3) per rinunzia del mandatario;

4) per la morte, l'interdizione o l'inabilitazione del mandante o del mandatario. Tuttavia il mandato che ha per oggetto il compimento di atti relativi all'esercizio di un'impresa non si estingue, se l'esercizio dell'impresa è continuato, salvo il diritto di recesso delle parti o degli eredi.

• Accanto alle cause generali di scioglimento del contratto, il mandato si estingue altresì per una serie tassativa di cause speciali che operano *ex nunc*. Esso, anzitutto, viene meno a seguito dell'**esatto adempimento** della prestazione dovuta entro la data fissata. Si estingue poi per **revoca** e per **rinunzia** ossia per dichiarazione unilaterale con la quale, rispettivamente, il mandante ritira il conferimento dell'incarico o il mandatario manifesta la volontà di recedere dal contratto. Infine l'estinzione può conseguire alla **morte** sia del mandante (in ragione del fatto che la gestione del patrimonio non può prescindere dalla volontà del suo titolare) sia del mandatario (stante la normale intrasmissibilità della prestazione di fare a lui affidata). Alla regola fa eccezione il caso in cui il mandante sia un imprenditore e il mandato concerna l'attività di impresa: in tal caso la morte non estingue il contratto, ma è salva la facoltà di recesso del mandatario e degli eredi.

1723. Revocabilità del mandato.

Il mandante può revocare il mandato; ma, se era stata pattuita l'irrevocabilità, risponde dei danni, salvo che ricorra una giusta causa.

Il mandato conferito anche nell'interesse del mandatario o di terzi non si estingue per revoca da parte del mandante, salvo che sia diversamente stabilito o ricorra una giusta causa di revoca; non si estingue per la morte o per la sopravvenuta incapacità del mandante.

• La revoca, ossia il recesso discrezionale *ad nutum*, si attua mediante dichiarazione recettizia non solenne e determina l'estinzione del mandato. Se le parti avevano convenuto l'irrevocabilità, la revoca intimata in violazione del patto è valida (**irrevocabilità relativa**) ma il mandante è tenuto a risarcire i danni al mandatario se non ricorre una giusta causa. Quest'ultima è soggettiva se inerisce alla persona del mandante; è oggettiva se deriva da circostanze estranee alla sfera dei soggetti del contratto. Quando l'incarico è stato conferito anche nell'interesse del mandatario o di un terzo (**mandato *in rem propriam***), il mandato è irrevocabile e non si estingue neppure per morte o sopravvenuta incapacità del mandante (**irrevocabilità assoluta**), a meno che non ricorra giusta causa o non vi sia una pattuizione contraria alla sopravvivenza del mandato.

1724. Revoca tacita.

La nomina di un nuovo mandatario per lo stesso affare o il compimento di questo da parte del mandante importano revoca del mandato, e producono effetto dal giorno in cui sono stati comunicati al mandatario.

• La revoca del contratto da parte del mandante può essere **espressa o tacita** e risultare, in tal caso, da un comportamento concludente ossia da segni inequivoci e incompatibili con la volontà di tenere in vita il mandato, come è a dirsi nell'ipotesi di nomina di un nuovo mandatario per il medesimo affare (*Esempio*: nomina di un nuovo amministratore di condominio al posto del precedente) o di compimento dell'incarico da parte dello stesso mandante.

1725. Revoca del mandato oneroso.

La revoca del mandato oneroso, conferito per un tempo determinato o per un determinato affare, obbliga il mandante a risarcire i danni, se è fatta prima della scadenza del termine o del compimento dell'affare, salvo che ricorra una giusta causa.

Se il mandato è a tempo indeterminato, la revoca obbliga il mandante al risarcimento, qualora non sia dato un congruo preavviso, salvo che ricorra una giusta causa.

• Il mandatario ha diritto a percepire il compenso pattuito. Pertanto, in caso di revoca dell'incarico senza che ricorra una valida e giusta motivazione, egli ha diritto ad un'indennità commisurata al mancato guadagno sofferto per l'estinzione del mandato prima del termine stabilito o prima del compimento dell'affare. Se il mandato è a tempo indeterminato e sempre che non ricorra una giusta causa, il mandante che intenda revocarlo deve avvisare per tempo il mandatario delle sue intenzioni, affinché possa assumere altro incarico che gli consenta di ottenere il lucro che si attendeva dal mandato poi revocato.

1726. Revoca del mandato collettivo.

Se il mandato è stato conferito da più persone con unico atto e per un affare d'interesse comune, la revoca non ha effetto qualora non sia fatta da tutti i mandanti, salvo che ricorra una giusta causa.

• Il mandato è collettivo quando l'incarico è conferito da più mandanti, con un'unica dichiarazione negoziale e per un affare di interesse comune. La revoca dello stesso di conseguenza deve provenire da tutti i mandanti ed è possibile solo se ricorre una valida motivazione. Non determina l'estinzione del mandato collettivo, invece, la morte o la sopravvenuta incapacità di uno dei comandanti.

1727. Rinunzia del mandatario.

Il mandatario che rinunzia senza giusta causa al mandato deve risarcire i danni al mandante. Se il mandato è a tempo indeterminato, il mandatario che rinunzia senza giusta causa è tenuto al risarcimento, qualora non abbia dato un congruo preavviso.

In ogni caso la rinunzia deve essere fatta in modo e in tempo tali che il mandante possa provvedere altrimenti, salvo il caso d'impedimento grave da parte del mandatario.

• Il mandatario può rinunciare all'incarico con un negozio giuridico unilaterale recettizio con il quale comunichi al mandante la volontà di recedere dal contratto. Se il mandato è a tempo determinato, il mandatario deve risarcire i danni arrecati al mandante, a meno che non sia stato indotto alla rinuncia da una giusta causa (*Esempio*: grave inimicizia con il mandante; cambiamento di professione). Se, invece, il mandato è a tempo indeterminato, poiché nessuno può vincolarsi in eterno, la rinuncia è ammessa anche senza una giusta causa, ma il mandatario deve dare al mandante un congruo preavviso, in mancanza del quale deve risarcire i danni causati. La rinuncia deve essere in ogni caso comunicata in forme e tempi tali da consentire al mandante di provvedere personalmente al compimento dell'affare o di trovare un sostituto, salvo che il mandatario non sia impossibilitato a effettuare la tempestiva comunicazione (*Esempio*: infortunio di notevole entità di cui sia vittima).

1728. Morte o incapacità del mandante o del mandatario.

Quando il mandato si estingue per morte o per incapacità sopravvenuta del mandante, il mandatario che ha iniziato l'esecuzione deve continuarla, se vi è pericolo nel ritardo.

Quando il mandato si estingue per morte o per sopravvenuta incapacità del mandatario, i suoi eredi ovvero colui che lo rappresenta o lo assiste, se hanno conoscenza del mandato, devono avvertire prontamente il mandante e prendere intanto nell'interesse di questo i provvedimenti richiesti dalle circostanze.

• In caso di estinzione del mandato per morte o per sopravvenuta incapacità del mandante, il mandatario, se ha iniziato l'esecuzione dell'incarico, deve continuarla (**ultrattività del mandato**) ove vi sia pericolo nel ritardo, fino a quando gli eredi del mandante non possano provvedere personalmente o non conferiscano il mandato ad altra persona. In caso, invece, di estinzione del mandato per morte o per sopravvenuta incapacità del mandatario, gli eredi di costui devono avvisare prontamente il mandante e assumere i provvedimenti richiesti dalle circostanze.

1729. Mancata conoscenza della causa di estinzione.

Gli atti che il mandatario ha compiuti prima di conoscere l'estinzione del mandato sono validi nei confronti del mandante o dei suoi eredi.

• Gli atti che il mandatario ha compiuto prima di apprendere dell'estinzione del mandato a seguito della morte o della sopravvenuta incapacità del mandante sono validi nei riguardi di costui e dei suoi eredi. La regola non vale in caso di estinzione conseguente a rinuncia, in quanto il mandatario è tenuto a non dar seguito al mandato dopo averla trasmessa, e in caso di revoca da parte del mandante, in quanto, essendo tale atto recettizio, è inefficace prima della conoscenza da parte del mandatario.

1730. Estinzione del mandato conferito a più mandatari.

Salvo patto contrario, il mandato conferito a più persone designate a operare congiuntamente si estingue anche se la causa di estinzione concerne uno solo dei mandatari.

• Quando il mandante ha voluto che l'attività gestoria fosse compiuta da più persone congiuntamente, si presume che l'incarico sia correttamente espletato solo se svolto da tutti. Di conseguenza il mandato cessa se si verifica una causa di estinzione del rapporto rispetto anche ad uno solo dei mandatari.

Sezione II
Della commissione

1731. Nozione.

Il contratto di commissione è un mandato che ha per oggetto l'acquisto o la vendita di beni per conto del committente e in nome del commissionario.

• La commissione è un **sottotipo qualificato del mandato** senza rappresentanza: esso, infatti, è il contratto con il quale una parte, il commissionario, si obbliga a stipulare uno o più contratti di compravendita di beni per conto del committente. Ad esso si applicano le norme in materia di mandato senza rappresentanza, sempre se non risultino derogate da norme specifiche dettate dal codice civile in materia di commissione. Si tratta di un contratto a forma libera; tuttavia, se ha per oggetto la vendita o l'acquisto di immobili deve essere concluso per iscritto.

1732. Operazioni a fido.

Il commissionario si presume autorizzato a concedere dilazioni di pagamento in conformità degli usi del luogo in cui compie l'operazione, se il committente non ha disposto altrimenti.

Se il commissionario concede dilazioni di pagamento, malgrado il divieto del committente o quando non è autorizzato dagli usi, il committente può esigere da lui il pagamento immediato, salvo il diritto del commissionario di far propri i vantaggi che derivano dalla concessa dilazione.

Il commissionario che ha concesso dilazioni di pagamento deve indicare al committente la persona del contraente e il termine concesso; altrimenti l'operazione si considera fatta senza dilazione e si applica il disposto del comma precedente.

• Nelle cc.dd. operazioni a fido (concessioni di credito a fiducia) il commissionario può concedere dilazioni di pagamento in conformità degli usi normativi e commerciali in essere nel luogo in cui compie l'operazione, salvo che il committente non vi abbia posto divieto o non abbia deciso diversamente. Se il commissionario compie un eccesso di mandato e concede dilazioni in deroga alle istruzioni ricevute o agli usi locali e se non indica la persona del contraente o il termine assegnato può essere costretto dal committente al pagamento immediato, fermo restando però il diritto a far suoi gli eventuali vantaggi derivanti dalla dilazione indebitamente concessa.

1733. Misura della provvigione.

La misura della provvigione spettante al commissionario, se non è stabilita dalle parti, si determina secondo gli usi del luogo in cui è compiuto l'affare. In mancanza di usi provvede il giudice secondo equità.

• La provvigione dovuta al commissionario si pone in rapporto sinallagmatico rispetto all'obbligo su di lui gravante di concludere negozi gestori di compravendita. La misura della provvigione è fissata dalle parti, di regola in una percentuale sul valore dell'affare concluso; in mancanza è determinata sulla base delle tariffe professionali, se il commissionario è un professionista, o degli usi del luogo in cui è compiuto l'affare. Se nulla è previsto e non vi sono usi, la stessa è decisa dal giudice secondo equità.

1734. Revoca della commissione.

Il committente può revocare l'ordine di concludere l'affare fino a che il commissionario non l'abbia concluso. In tal caso spetta al commissionario una parte della provvigione, che si determina tenendo conto delle spese sostenute e dell'opera prestata.

• Se il committente revoca l'incarico al commissionario prima che sia stato portato a termine, deve corrispondergli un compenso commisurato all'opera prestata e alle spese sostenute.

1735. Commissionario contraente in proprio.

Nella commissione di compera o di vendita di titoli, divise o merci aventi un prezzo corrente che risulti nei modi indicati dal terzo comma dell'articolo 1515, se il committente non ha diversamente disposto, il commissionario può fornire al prezzo suddetto le cose che deve comprare, o può acquistare per sé le cose che deve vendere, salvo, in ogni caso, il suo diritto alla provvigione.

Anche quando il committente ha fissato il prezzo, il commissionario che acquista per sé non può praticare un prezzo inferiore a quello corrente nel giorno in cui compie l'operazione, se questo è superiore al prezzo fissato dal committente; e il commissionario che fornisce le cose che deve comprare non può praticare un prezzo superiore a quello corrente, se questo è inferiore al prezzo fissato dal committente.

• Il commissionario può concludere l'affare per conto proprio (**entrata del commissionario nel contratto**) e fornire egli stesso al committente beni che hanno un prezzo prefissato. Egli deve praticare il prezzo più favorevole tra quello di mercato e quello fissato dal committente e conserva il suo diritto alla provvigione. Il committente può tuttavia vietare al commissario di agire come contraente in proprio, impedendogli di prestare personalmente le cose che deve comprare o di acquistare per sé le cose che deve vendere.

1736. Star del credere.

Il commissionario che, in virtù di patto o di uso, è tenuto allo «star del credere» risponde nei confronti del committente per l'esecuzione dell'affare. In tal caso ha diritto, oltre che alla provvigione, a un compenso o a una maggiore provvigione, la quale, in mancanza di patto, si determina secondo gli usi del luogo in cui è compiuto l'affare. In mancanza di usi, provvede il giudice secondo equità.

• Il commissionario non è di norma tenuto a garantire il buon fine dell'affare. Le parti possono, tuttavia, convenire con apposito patto che egli assuma la **garanzia per l'adempimento del terzo**. In tal caso, ha diritto ad un compenso ulteriore o ad una maggiorazione della provvigione, pattiziamente concordati o, in assenza di accordo, definiti sulla base degli usi locali. Se non vi sono patti o usi, decide il giudice secondo equità.

Sezione III
Della spedizione

1737. Nozione.

Il contratto di spedizione è un mandato col quale lo spedizioniere assume l'obbligo di concludere, in nome proprio e per conto del mandante, un contratto di trasporto e di compiere le operazioni accessorie.

• La spedizione è un sottotipo di mandato senza rappresentanza con il quale, una parte (spedizioniere) assume l'obbligo di concludere un contratto di trasporto per conto dell'altra (committente) e di svolgere ogni altra attività necessaria all'esecuzione dello stesso (ad es., custodia, consegna, caricamento della merce). Il suo oggetto è limitato al trasporto di cose (*ex* art. 1739). Si tratta di un contratto consensuale che si conclude nel momento in cui lo spedizioniere, che ha formulato la proposta, ha conoscenza dell'accettazione del committente, il quale provvede quindi ad inviargli la merce. Dalla conclusione del contratto sorgono obbligazioni a carico di entrambe le parti (**contratto ad effetti obbligatori**): lo spedizioniere si obbliga a compiere una certa attività mentre il committente si obbliga a corrispondergli un certo compenso (contratto **a prestazioni corrispettive**).

1738. Revoca.

Finché lo spedizioniere non abbia concluso il contratto di trasporto col vettore, il mittente può revocare l'ordine di spedizione, rimborsando lo spedizioniere delle spese sostenute e corrispondendogli un equo compenso per l'attività prestata.

• Il committente può, con atto unilaterale recettizio, manifestare la volontà di revocare l'incarico dato in precedenza allo spedizioniere, prima che questi abbia concluso il contratto di trasporto con il vettore. La revoca ha **efficacia *ex nunc*** e pertanto gli atti compiuti dallo spedizioniere in data successiva ad essa non sono imputabili al committente. A seguito alla revoca lo spedizioniere ha diritto al rimborso delle spese sostenute e a un equo compenso.

1739. Obblighi dello spedizioniere.

Nella scelta della via, del mezzo e delle modalità di trasporto della merce, lo spedizioniere è tenuto a osservare le istruzioni del committente e, in mancanza, a operare secondo il migliore interesse del medesimo.

Salvo che gli sia stato diversamente ordinato e salvi gli usi contrari, lo spedizioniere non ha obbligo di provvedere all'assicurazione delle cose spedite.

I premi, gli abbuoni e i vantaggi di tariffa ottenuti dallo spedizioniere devono essere accreditati al committente, salvo patto contrario.

• Lo spedizioniere deve osservare la **diligenza del buon padre di famiglia** nell'espletamento dell'incarico e attenersi alle istruzioni impartite dal committente, relative al *quomodo* della spedizione. Se non vi sono indicazioni, lo spedizioniere deve agire perseguendo il miglior interesse del mandante, che deve desumere da ogni circostanza e elemento relativi all'incarico ricevuto. Salvo non sia indicato dal committente o non risulti dagli usi, lo spedizioniere non ha, invece, l'obbligo di assicurare le cose da spedire. Egli, invece, è tenuto ad accreditare al committente ogni utilità economica ottenuta a causa del contratto di spedizione.

1740. Diritti dello spedizioniere.

La misura della retribuzione dovuta allo spedizioniere per l'esecuzione dell'incarico si determina, in mancanza di convenzione, secondo le tariffe professionali o, in mancanza, secondo gli usi del luogo in cui avviene la spedizione.

Le spese anticipate e i compensi per le prestazioni accessorie eseguite dallo spedizioniere sono liquidati sulla base dei documenti giustificativi, a meno che il rimborso e i compensi siano stati preventivamente convenuti in una somma globale unitaria.

• Una volta eseguito l'incarico, il committente deve corrispondere la provvigione allo spedizioniere. La determinazione della misura della retribuzione avviene secondo criteri precisi quali: le pattuizioni delle parti, o, in mancanza, le tariffe professionali o gli usi del luogo in cui avviene la spedizione. Il committente deve, altresì, rimborsare allo spedizioniere le spese che ha anticipato e i compensi per le prestazioni accessorie che si sono rese necessarie nell'esecuzione del mandato, sempre che lo spedizioniere fornisca i documenti giustificativi delle stesse e sempre che il rimborso e i compensi non siano stati antecedentemente determinati *a forfait*.

1741. Spedizioniere vettore.

Lo spedizioniere che con mezzi propri o altrui assume l'esecuzione del trasporto in tutto o in parte, ha gli obblighi e i diritti del vettore.

• Lo spedizioniere-vettore è colui che si assume il rischio e l'esecuzione del trasporto, anche se non vi provvede direttamente ma tramite un altro soggetto. La figura ricorre precisamente quando le parti, dopo avere concluso un contratto di spedizione, stipulino un contratto di trasporto per effetto del quale lo spedizioniere assume egli stesso l'esecuzione del trasporto e acquista di conseguenza i diritti e gli obblighi del vettore. Al contratto concluso dallo spedizioniere-vettore si applica, infatti, la disciplina del contratto di trasporto.

Capo X
Del contratto di agenzia

1742. Nozione.

Col contratto di agenzia una parte assume stabilmente l'incarico di promuovere, per conto dell'altra, verso retribuzione, la conclusione di contratti in una zona determinata.

Il contratto deve essere provato per iscritto. Ciascuna parte ha diritto di ottenere dall'altra un documento dalla stessa sottoscritto che riproduca il contenuto del contratto e delle clausole aggiuntive. Tale diritto è irrinunciabile.

• Il contratto di agenzia è quel contratto bilaterale, *intuitu personae*, con il quale una parte (agente) assume stabilmente l'obbligo di promuovere per conto dell'altra (preponente) la conclusione di contratti in una piazza determinata, verso corrispettivo di una provvigione definita in modo proporzionale al numero e all'entità degli affari conclusi. L'agenzia è un *contratto di durata*, nel quale la prestazione si protrae nel tempo come è confermato dal fatto che la stabilità è un suo elemento essenziale. È altresì un contratto ad esecuzione differita dal momento che la prestazione, per sua natura, è posteriore alla sua conclusione. Il contratto di agenzia deve essere provato per iscritto e ciascuna parte ha il diritto irrinunciabile di ottenerne dall'altra una copia o di ricevere un diverso atto dalla stessa sottoscritto contenente tutti gli elementi presenti nel contratto. Pertanto se il contratto originario è stato concluso in forma orale, ognuna delle parti ha l'obbligo, su richiesta dell'altra, di formare un documento nel quale siano riprodotte le clausole contrattuali.

1743. Diritto di esclusiva.

Il preponente non può valersi contemporaneamente di più agenti nella stessa zona e per lo stesso ramo di attività, né l'agente può assumere l'incarico di trattare nella stessa zona e per lo stesso ramo gli affari di più imprese in concorrenza tra loro.

• Ciascuna delle parti ha un diritto di esclusiva: l'agente ha diritto a che il preponente non nomini altri agenti nella stessa zona e in riferimento allo stesso tipo di affari a lui affidati; il preponente ha diritto a che l'agente non promuova la conclusione di affari per conto di imprenditori concorrenti in relazione alla zona e all'attività oggetto del contratto di agenzia. Il diritto di esclusiva ha un ambito di efficacia coincidente con la zona nella quale l'agente svolge la propria attività per conto del preponente e concerne il solo ramo di affari oggetto del contratto. Le parti possono, tuttavia, disporre diversamente in forma espressa o tacita. La violazione della clausola di esclusiva è fonte di responsabilità contrattuale.

1744. Riscossioni.

L'agente non ha facoltà di riscuotere i crediti del preponente. Se questa facoltà gli è stata attribuita, egli non può concedere sconti o dilazioni senza speciale autorizzazione.

• L'agente, di norma, non può riscuotere i crediti spettanti al preponente. Se però una tale facoltà gli è attribuita con apposita pattuizione, contestuale o successiva alla stipula del contratto di agenzia, egli diviene indicatario per il pagamento (art. 1188) e il terzo debitore che paghi nelle sue mani è liberato. La facoltà di riscuotere i crediti non comprende quella di concedere sconti e dilazioni, per la quale occorre una specifica autorizzazione.

1745. Rappresentanza dell'agente.

Le dichiarazioni che riguardano la esecuzione del contratto concluso per il tramite dell'agente e i reclami relativi alle inadempienze contrattuali sono validamente fatti all'agente.

L'agente può chiedere i provvedimenti cautelari nell'interesse del preponente e presentare i reclami che sono necessari per la conservazione dei diritti spettanti a quest'ultimo.

• L'agente, nella zona di sua competenza, è legittimato a ricevere dai clienti le dichiarazioni che riguardano l'esecuzione del contratto (*Esempio*: dichiarazioni di revoca di un ordine) e i reclami conseguenti alle inadempienze contrattuali (*Esempio*: denuncia di vizi o mancanza di qualità promesse). Egli ha altresì una legittimazione processuale attiva sebbene limitata alla possibilità di richiedere l'emissione di provvedimenti cautelari e di presentare reclami nell'interesse del preponente.

1746. Obblighi dell'agente.

Nell'esecuzione dell'incarico l'agente deve tutelare gli interessi del preponente e agire con lealtà e buona fede. In particolare, deve adempiere l'incarico affidatogli in conformità delle istruzioni ricevute e fornire al preponente le informazioni riguardanti le condizioni del mercato nella zona assegnatagli, e ogni altra informazione utile per valutare la convenienza dei singoli affari. È nullo ogni patto contrario.

Egli deve altresì osservare gli obblighi che incombono al commissionario ad eccezione di quelli di cui all'articolo 1736, in quanto non siano esclusi dalla natura del contratto di agenzia.

È vietato il patto che ponga a carico dell'agente una responsabilità, anche solo parziale, per l'inadempimento del terzo. È però consentito eccezionalmente alle parti di concordare di volta in volta la concessione di una apposita garanzia da parte dell'agente, purché ciò avvenga con riferimento a singoli affari, di particolare natura ed importo, individualmente determinati; l'obbligo di garanzia assunto dall'agente non sia di ammontare più elevato della provvigione che per quell'affare l'agente medesimo avrebbe diritto a percepire; sia previsto per l'agente un apposito corrispettivo.

• L'agente deve svolgere la sua attività usando l'**ordinaria diligenza**. Pertanto, non solo deve attenersi alle direttive ricevute (*Esempio*: visita settimanale della clientela; frequenza di corsi di aggiornamento), ma deve altresì fornire al committente ogni informazione (*Esempio*: stato del mercato, solvibilità del cliente) che gli consenta di valutare la convenienza degli affari che gli propone. L'agente, inoltre, è soggetto agli obblighi che incombono sul commissionario ad eccezione di quelli previsti dall'art. 1736, sempre se non siano incompatibili con la natura del contratto di agenzia (come è a dirsi per il potere di concedere dilazioni di pagamento che normalmente non spetta all'agente, *ex* art. 1744). Al pari del commissionario, pertanto, egli ha obblighi di diligenza, di comunicazione, di rendiconto, di corresponsione degli interessi sulle somme riscosse, di custodia. Non è però tenuto allo "star del credere", salvo che non sia espressamente pattuito in riferimento a singoli affari, determinati individualmente, rispetto ai quali si giustifichi il ricorso a questa tutela aggiuntiva per il preponente, fermo in tal caso il diritto ad un corrispettivo definito dalle parti. La garanzia prestata dall'agente non può, in ogni caso, essere superiore a quanto egli avrebbe diritto di percepire a titolo di provvigione.

1747. Impedimento dell'agente.

L'agente che non è in grado di eseguire l'incarico affidatogli deve dare immediato avviso al preponente. In mancanza è obbligato al risarcimento del danno.

• Qualora si verifichi una impossibilità sopravvenuta della prestazione, l'agente deve avvisare immediatamente il preponente, pena il risarcimento dei danni. Se l'impedimento è definitivo, entrambe le parti sono liberate dalle rispettive obbligazioni; se è temporaneo, il preponente può recedere dal contratto, senza dover dare preavviso.

1748. Diritti dell'agente.

Per tutti gli affari conclusi durante il contratto l'agente ha diritto alla provvigione quando l'operazione è stata conclusa per effetto del suo intervento.

La provvigione è dovuta anche per gli affari conclusi dal preponente con terzi che l'agente aveva in precedenza acquisito come clienti per affari dello stesso tipo o appartenenti alla zona o alla categoria o gruppo di clienti riservati all'agente, salvo che sia diversamente pattuito.

L'agente ha diritto alla provvigione sugli affari conclusi dopo la data di scioglimento del contratto se la proposta è pervenuta al preponente o all'agente in data antecedente o gli affari sono conclusi entro un termine ragionevole dalla data di scioglimento del contratto e la conclusione è da ricondurre prevalentemente all'attività da lui svolta; in tali casi la provvigione è dovuta solo all'agente precedente, salvo che da specifiche circostanze risulti equo ripartire la provvigione tra gli agenti intervenuti.

Salvo che sia diversamente pattuito, la provvigione spetta all'agente dal momento e nella misura in cui il preponente ha eseguito o avrebbe dovuto eseguire la prestazione in base al contratto concluso con il terzo. La provvigione spetta all'agente, al più tardi, inderogabilmente dal momento e nella misura in cui il terzo ha eseguito o avrebbe dovuto eseguire la prestazione qualora il preponente avesse eseguito la prestazione a suo carico.

Se il preponente e il terzo si accordano per non dare, in tutto o in parte esecuzione al contratto, l'agente ha diritto, per la parte ineseguita, ad una provvigione ridotta nella misura determinata dagli usi o, in mancanza, dal giudice secondo equità.

L'agente è tenuto a restituire le provvigioni riscosse solo nella ipotesi e nella misura in cui sia certo che il contratto tra il terzo e il preponente non avrà esecuzione per cause non imputabili al preponente. È nullo ogni patto più sfavorevole all'agente.

L'agente non ha diritto al rimborso delle spese di agenzia.

• Quando l'affare è concluso per suo tramite, l'agente ha diritto ad un compenso non fisso ma proporzionale al risultato del lavoro svolto. Salvo diverso accordo, l'agente ha diritto altresì alle **provvigioni indirette**, derivanti cioè dai contratti conclusi personalmente dal preponente con terzi in precedenza acquisiti dall'agente come clienti in relazione ad affari analoghi o relativi alla zona di sua competenza. Dopo lo scioglimento del contratto di agenzia gli compete ugualmente un compenso per gli affari la cui conclusione è effetto soprattutto dell'attività da lui svolta, come nel caso in cui la proposta del terzo giunga al preponente o a lui prima dello scioglimento del rapporto di agenzia, anche se il contratto si conclude successivamente, o in quello in cui l'affare tra preponente e terzo si concluda entro un termine ragionevole rispetto alla cessazione del rapporto di agenzia. Il diritto alla provvigione gli spetta sin dal momento e nella misura in cui il solo preponente esegue la sua prestazione o in quello in cui avrebbe dovuto eseguirla. Le parti però possono derogare a questa regola e stabilire che la provvigione maturi con la regolare esecuzione del contratto da parte di entrambi i contraenti, ma comunque non più tardi del momento in cui il terzo ha eseguito o avrebbe dovuto eseguire la sua prestazione. Al fine di non far gravare sull'agente il rischio del buon esito dell'affare, nell'ipotesi di mancata esecuzione totale o parziale del contratto per contraria volontà delle parti, l'agente ha comunque diritto alla provvigione per la parte ineseguita, nella misura definita dagli usi o dal giudice secondo equità. L'agente è tenuto a restituire le provvigioni riscosse nel solo caso in cui sia certo che il contratto tra preponente e terzo non ha avuto attuazione per cause non imputabili al preponente (ad es., impossibilità della prestazione, eccessiva onerosità sopravvenuta). È nullo ogni patto più sfavorevole all'agente.

1749. Obblighi del preponente.

Il preponente, nei rapporti con l'agente, deve agire con lealtà e buona fede. Egli deve mettere a disposizione dell'agente la documentazione necessaria relativa ai beni o servizi trattati e fornire all'agente le informazioni necessarie all'esecuzione del contratto: in particolare avvertire l'agente, entro un termine ragionevole, non appena preveda che il volume delle operazioni commerciali sarà notevolmente inferiore a quello che l'agente avrebbe potuto normalmente attendersi. Il preponente deve inoltre informare l'agente, entro un termine ragionevole, dell'accettazione o del rifiuto e della mancata esecuzione di un affare procuratogli.

Il preponente consegna all'agente un estratto conto delle provvigioni dovute al più tardi l'ultimo giorno del mese successivo al trimestre nel corso del quale esse sono maturate. L'estratto conto indica gli elementi essenziali in base ai quali è stato effettuato il calcolo delle provvigioni. Entro il medesimo termine le provvigioni liquidate devono essere effettivamente pagate all'agente.

L'agente ha diritto di esigere che gli siano fornite tutte le informazioni necessarie per verificare l'importo delle provvigioni liquidate ed in particolare un estratto dei libri contabili.

È nullo ogni patto contrario alle disposizioni del presente articolo.

• Il preponente deve tenere una condotta improntata a lealtà, correttezza e buona fede. In quest'ottica è obbligato a fornire all'agente informazioni e documenti relativi al contratto tra di loro intercorrente e attenenti alla normale vita del rapporto (ad es., modulistica, materiale illustrativo). Entro un termine ragionevole, deve poi comunicargli se prevede che il volume d'affari sarà notevolmente inferiore a quello che l'agente avrebbe potuto attendersi, onde evitare che egli affronti spese e ponga in essere attività inutili o non necessarie rispetto al risultato finale. Analogamente, deve informare l'agente, con la stessa solerzia, sia dell'accettazione sia del rifiuto sia della mancata esecuzione di un affare che gli ha procurato. Per quanto concerne, invece, il pagamento dei compensi, il preponente ha l'obbligo di consegnare all'agente, entro l'ultimo giorno del mese successivo al trimestre nel quale le provvigioni sono maturate, un estratto conto con gli elementi essenziali sulla base dei quali è stato fatto il calcolo delle provvigioni. Entro il medesimo termine deve anche procedere al loro pagamento. L'agente, dal canto suo, può esigere tutte le informazioni necessarie per verificare l'importo delle provvigioni liquidate, anche richiedendo un estratto dei libri contabili. Non sono ammesse deroghe pattizie ai descritti obblighi.

1750. Durata del contratto o recesso.

Il contratto di agenzia a tempo determinato che continui ad essere eseguito dalle parti successivamente alla scadenza del termine si trasforma in contratto a tempo indeterminato.

Se il contratto di agenzia è a tempo indeterminato, ciascuna delle parti può recedere dal contratto stesso dandone preavviso all'altra entro un termine stabilito.

Il termine di preavviso non può comunque essere inferiore ad un mese per il primo anno di durata del contratto, a due mesi per il secondo anno iniziato, a tre mesi per il terzo anno iniziato, a quattro mesi per il quarto anno, a cinque mesi per il quinto anno e a sei mesi per il sesto anno e per tutti gli anni successivi.

Le parti possono concordare termini di preavviso di maggiore durata, ma il preponente non può osservare un termine inferiore a quello posto a carico dell'agente.

Salvo diverso accordo tra le parti, la scadenza del termine di preavviso deve coincidere con l'ultimo giorno del mese di calendario.

• Il contratto di agenzia può essere a tempo **determinato o indeterminato**. Nel primo caso, qualora ne venga continuata l'esecuzione dopo la scadenza, esso si converte in contratto a tempo indeterminato. Nel secondo caso, le parti sono libere di sciogliersi dal contratto esercitando il diritto di recesso entro un termine di preavviso da loro liberamente fissato e comunque non inferiore a quanto previsto dal codice nella norma in commento. Le parti possono stabilire un termine di preavviso più lungo rispetto a quello indicato dalla legge, ma non possono accordare al preponente un termine più breve rispetto a quello riconosciuto all'agente. Di regola, la scadenza del preavviso deve coincidere con l'ultimo giorno del mese del calendario, ma preponente e agente possono fissare un momento temporale diverso.

1751. Indennità in caso di cessazione del rapporto.

All'atto della cessazione del rapporto il preponente è tenuto a corrispondere all'agente un'indennità se ricorrono le seguenti condizioni:

l'agente abbia procurato nuovi clienti al preponente o abbia sensibilmente sviluppato gli affari con i clienti esistenti e il preponente riceva ancora sostanziali vantaggi derivanti dagli affari con tali clienti;

il pagamento di tale indennità sia equo, tenuto conto di tutte le circostanze del caso, in particolare delle provvigioni che l'agente perde e che risultano dagli affari con tali clienti.

L'indennità non è dovuta:

quando il preponente risolve il contratto per un'inadempienza imputabile all'agente, la quale, per la sua gravità, non consenta la prosecuzione anche provvisoria del rapporto;

quando l'agente recede dal contratto, a meno che il recesso sia giustificato da circostanze attribuibili al preponente o da circostanze attribuibili all'agente, quali età, infermità o malattia, per le quali non può più essergli ragionevolmente chiesta la prosecuzione dell'attività;

quando, ai sensi di un accordo con il preponente, l'agente cede ad un terzo i diritti e gli obblighi che ha in virtù del contratto d'agenzia.

L'importo dell'indennità non può superare una cifra equivalente ad un'indennità annua calcolata sulla base della media annuale delle retribuzioni riscosse dall'agente negli ultimi cinque anni e, se il contratto risale a meno di cinque anni, sulla media del periodo in questione.

La concessione dell'indennità non priva comunque l'agente del diritto all'eventuale risarcimento dei danni.

L'agente decade dal diritto all'indennità prevista dal presente articolo se, nel termine di un anno dallo scioglimento del rapporto, omette di comunicare al preponente l'intenzione di far valere i propri diritti.

Le disposizioni di cui al presente articolo sono inderogabili a svantaggio dell'agente.

L'indennità è dovuta anche se il rapporto cessa per morte dell'agente.

• Quando il rapporto cessa, il preponente, a fronte dell'incremento patrimoniale che riceve, deve versare all'agente un'indennità, di **natura risarcitoria**, volta a ripagarlo della perdita e del danno conseguente alla fine del rapporto. L'indennità non è dovuta in caso di: risoluzione del contratto per inadempimento grave dell'agente, tale cioè da non consentire la prosecuzione neppure provvisoria del rapporto; recesso volontario dell'agente, salvo che lo stesso non dipenda da fatto del preponente o da circostanze relative all'agente e che gli impediscono di continuare il rapporto (ad es., per malattia); cessione ad un terzo da parte dell'agente, previo accordo col preponente, del contratto di agenzia. L'art. 1751 fissa il tetto massimo dell'indennità, che deve essere pari a una indennità annua calcolata sulla base della media annuale delle provvigioni percepite negli ultimi cinque anni, o sulla media di quelle comunque percepite nel periodo lavorato, se è inferiore ai cinque anni. È fatto salvo l'eventuale risarcimento del danno ulteriore derivante dalla cessazione del rapporto subito dall'agente, la cui posizione non può in nessun caso essere derogata *in peius*.

1751 bis. Patto di non concorrenza.

Il patto che limita la concorrenza da parte dell'agente dopo lo scioglimento del contratto deve farsi per iscritto. Esso deve riguardare la medesima zona, clientela e genere di beni o servizi per i quali era stato concluso il contratto di agenzia e la sua durata non può eccedere i due anni successivi all'estinzione del contratto.

L'accettazione del patto di non concorrenza comporta, in occasione della cessazione del rapporto, la corresponsione all'agente commerciale di una indennità di natura non provvigionale. L'indennità va commisurata alla durata, non superiore a due anni dopo l'estinzione del contratto, alla natura del contratto di agenzia e all'indennità di fine rapporto. La determinazione della indennità in base ai parametri di cui al precedente periodo è affidata alla contrattazione tra le parti tenuto conto degli accordi economici nazionali di categoria. In difetto di accordo l'indennità è determinata dal giudice in via equitativa anche con riferimento:

1) alla media dei corrispettivi riscossi dall'agente in pendenza di contratto ed alla loro incidenza sul volume d'affari complessivo nello stesso periodo;

2) alle cause di cessazione del contratto di agenzia;

3) all'ampiezza della zona assegnata all'agente;

4) all'esistenza o meno del vincolo di esclusiva per un solo preponente.

• Le parti possono stipulare un patto di non concorrenza per il periodo successivo allo scioglimento del rapporto, in forma scritta a pena di nullità, della **durata massima** di **due anni**. L'oggetto del patto non coincide perfettamente con quello del contratto di agenzia ma attiene allo stesso "genere di beni o servizi", nonché alla stessa zona e alla medesima clientela. Quale corrispettivo del patto di non concorrenza, l'agente ha diritto a un'indennità, da definire in ragione della durata e della natura del contratto di agenzia. Se le parti nulla stabiliscono in merito, l'indennità è fissata dal giudice che decide secondo equità, considerando una serie di elementi, tra cui i corrispettivi mediamente percepiti dall'agente, le ragioni dell'estinzione del rapporto, la zona assegnata all'agente, l'esistenza o meno di un vincolo di esclusiva.

1752. Agente con rappresentanza.

Le disposizioni del presente capo si applicano anche nell'ipotesi in cui all'agente è conferita dal preponente la rappresentanza per la conclusione dei contratti.

• L'agente di regola è privo del potere di rappresentare il preponente, ma costui può conferirgli il potere rappresentativo con **apposita procura**. Al contratto di agenzia con rappresentanza si applicano le stesse norme dettate per il contratto di agenzia senza rappresentanza.

1753. Agenti di assicurazione.

Le disposizioni di questo capo sono applicabili anche agli agenti di assicurazione, in quanto non siano derogate *dalle norme corporative o* (1) dagli usi e in quanto siano compatibili con la natura dell'attività assicurativa.

(1) Le disposizioni richiamanti le norme corporative devono ritenersi abrogate in seguito alla soppressione dell'ordinamento corporativo.

• Agli agenti di assicurazione, ossia a quei professionisti, iscritti in appositi albi, che operano per una o più compagnie di assicurazione per la ricerca di nuovi clienti, si applicano le norme codicistiche sul contratto di agenzia, salvo non siano derogate dagli usi o non siano incompatibili con la natura dell'attività assicurativa.

Capo XI
Della mediazione

1754. Mediatore.

È mediatore colui che mette in relazione due o più parti per la conclusione di un affare, senza essere legato ad alcuna di esse da rapporti di collaborazione, di dipendenza o di rappresentanza.

• La **messa in relazione delle parti** è un'attività materiale non negoziale, che consente, fino al perfezionamento dell'affare e salvo pattuizioni difformi, l'interruzione delle trattative e il coinvolgimento di soggetti diversi dal mediatore. • Caratteri connotanti l'attività del mediatore sono l'**indipendenza dalle parti** e la conseguente **imparzialità**. Sussiste, invece, un mandato o un contratto d'opera se a taluno sia stato dato **espresso incarico** di reperire un acquirente o un venditore, nonché laddove l'incaricato assuma l'obbligo di compiere atti giuridici o operi nell'interesse esclusivo di una parte.

1755. Provvigione.

Il mediatore ha diritto alla provvigione da ciascuna delle parti, se l'affare è concluso per effetto del suo intervento.

La misura della provvigione e la proporzione in cui questa deve gravare su ciascuna delle parti, in mancanza di patto, di tariffe professionali o di usi, sono determinate dal giudice secondo equità.

• L'«**affare**» indica ogni operazione di contenuto economico che si risolva in utilità di carattere patrimoniale. Può riscontrarsi anche in una **pluralità di contratti** collegati o in un **atto preparatorio**, quale il preliminare o l'opzione, che assicurano, in caso di inadempimento, l'attivazione del rimedio *ex* art. 2932. • Affinché l'affare sia concluso «**per effetto**» dell'opera del mediatore, questi non deve essersi limitato ad avviare un semplice materiale contatto tra le parti o a segnalare l'affare ad un terzo, ma deve aver influenzato, in modo determinante e rendendo note la propria qualità e terzietà, l'avvio e il completamento delle trattative, anche se l'affare si concluda dopo la scadenza dell'incarico e all'insaputa dello stesso mediatore. • La provvigione è calcolata muovendo dal **valore economico dell'affare** e può anche identificarsi con il sovrapprezzo ricavato dalla vendita di un bene. Il richiamo di **tariffe professionali, usi ed equità** ha carattere sussidiario ed opera solo in assenza di una quantificazione pattizia.

1756. Rimborso delle spese.

Salvo patti o usi contrari, il mediatore ha diritto al rimborso delle spese nei confronti della persona per incarico della quale sono state eseguite anche se l'affare non è stato concluso.

• Per ottenere il rimborso, il mediatore deve aver avuto un espresso «**incarico**» dalla parte, cioè aver perfezionato un contratto (d'opera) accessorio alla mediazione e diretto al compimento di un'attività specifica. In questo caso, le spese sono rimborsate indipendentemente dai motivi che hanno portato alla mancata conclusione dell'affare. • Il riferimento a «**patti o usi contrari**» attribuisce alla norma portata suppletiva e ne limita l'operatività al caso in cui, conferito l'incarico, le parti nulla abbiano disposto in ordine al rimborso. È dunque possibile pattuire espressamente che il mediatore abbia diritto al rimborso anche nel caso di revoca anticipata di un incarico conferito con esclusiva o con limitazione convenzionale della facoltà di recesso, nonché per la conclusione di un affare non favorita dalla sua attività.

1757. Provvigione nei contratti condizionali o invalidi.

Se il contratto è sottoposto a condizione sospensiva, il diritto alla provvigione sorge nel momento in cui si verifica la condizione.

Se il contratto è sottoposto a condizione risolutiva, il diritto alla provvigione non viene meno col verificarsi della condizione.

La disposizione del comma precedente si applica anche quando il contratto è annullabile o rescindibile, se il mediatore non conosceva la causa d'invalidità.

• Al verificarsi dell'evento dedotto in una condizione sospensiva è equiparabile la finzione di avveramento della condizione stessa (art. 1359), l'ottenimento di un'**autorizzazione amministrativa** o di una **ratifica**, nonché il **venire in esistenza della cosa** (art. 1472, co. 2). • Il mediatore conserva il diritto alla provvigione nei casi descritti dai co. 2 e 3 perché gli effetti si sono prodotti, ancorché temporaneamente. Identica soluzione deve dunque essere affermata quando il rapporto contrattuale s'interrompe a causa di un **recesso** o di una **risoluzione**, nonché a fronte dell'esercizio dell'**azione revocatoria**. • La **consapevolezza** del mediatore in ordine alla causa di invalidità o rescissione preclude il diritto alla provvigione perché comporta la violazione dell'art. 1759. • Quando il contratto perfezionato per effetto dell'opera del mediatore è **nullo o simulato**, la sua inefficacia originaria preclude il diritto alla provvigione, eventualmente esercitabile solo per l'accordo dissimulato.

1758. Pluralità di mediatori.

Se l'affare è concluso per l'intervento di più mediatori, ciascuno di essi ha diritto a una quota della provvigione.

• L'«**intervento di più mediatori**» può essere concordato o autonomo, purché ognuno si sia giovato dell'apporto utile degli altri e lo abbia integrato, in modo da non potersi negare un nesso di concausalità tra i singoli interventi e la conclusione del medesimo affare. • Salve pattuizioni difformi, tale concausalità incide anche sulla **ripartizione** della provvigione tra i mediatori, dovendosi tener conto, ai fini della quantificazione della singola quota, dell'apporto individuale di ognuno nella conclusione dell'affare.

1759. Responsabilità del mediatore.

Il mediatore deve comunicare alle parti le circostanze a lui note, relative alla valutazione e alla sicurezza dell'affare, che possono influire sulla conclusione di esso.

Il mediatore risponde dell'autenticità della sottoscrizione delle scritture e dell'ultima girata dei titoli trasmessi per il suo tramite.

• Il mediatore, che si deve comportare con la diligenza qualificata richiesta dall'**art. 1176, co. 2**, non deve limitarsi a comunicare circostanze a lui note, ma deve altresì **assumere informazioni** in ordine alla valutazione e alla sicurezza dell'affare, tenendo conto delle caratteristiche di quest'ultimo e del suo valore economico. • Tra le informazioni rilevanti, si segnalano quelle relative alla **solvibilità delle parti** e alla **condizione giuridica**

dei beni oggetto dell'affare, avuto particolare riguardo all'esistenza di prelazioni, opzioni, iscrizioni o trascrizioni pregiudizievoli. • Le **scritture** richiamate dal co. 2 richiamano i documenti aventi natura negoziale specificamente inerenti l'affare concluso per effetto dell'opera del mediatore, il quale, dovendo rispondere dell'autenticità della sottoscrizione, deve anzitutto accertare l'**identità delle parti**. • In caso di inadempimento, il mediatore risponde a **titolo contrattuale** e solo se l'affare si è comunque concluso, sicché egli può perdere la provvigione ed essere condannato al risarcimento dei danni.

1760. Obblighi del mediatore professionale.

Il mediatore professionale in affari su merci o su titoli deve:

1) conservare i campioni delle merci vendute sopra campione, finché sussista la possibilità di controversia sull'identità della merce;

2) rilasciare al compratore una lista firmata dei titoli negoziati, con l'indicazione della serie e del numero;

3) annotare su apposito libro gli estremi essenziali del contratto che si stipula col suo intervento e rilasciare alle parti copia da lui sottoscritta di ogni annotazione.

• Dall'ipotesi regolata nel **n. 1** della norma deriva un obbligo legale di contrarre un contratto di deposito. • Per l'adempimento dell'obbligo richiamato dal **n. 3** trova applicazione l'**art. 2219** e, nel caso in cui il mediatore sia anche imprenditore commerciale, l'**art. 2214**. • Ulteriori obblighi per il mediatore professionale sono stabiliti dalla **l. 3/2/1989, n. 39**, che gli impone, in particolare, di prestare idonea **garanzia assicurativa** a copertura dei rischi professionali e a tutela dei clienti. • L'inosservanza degli obblighi di cui alla norma in esame importa solo l'applicazione delle sanzioni previste dall'**art. 1764** e non incide né sulla conclusione dell'affare, né sul diritto alla provvigione del mediatore.

1761. Rappresentanza del mediatore.

Il mediatore può essere incaricato da una delle parti di rappresentarla negli atti relativi all'esecuzione del contratto concluso con il suo intervento.

• Stante l'ordinaria impossibilità, *ex* art. 1754, di individuare una mediazione in presenza di un rapporto di rappresentanza, il conferimento di potere rappresentativo qui ammesso non legittima il mediatore a farsi **rappresentante** della parte **nella conclusione del contratto** e deve essere limitato ad **atti ed operazioni successivi al perfezionamento dell'affare**.

1762. Contraente non nominato.

Il mediatore che non manifesta a un contraente il nome dell'altro risponde dell'esecuzione del contratto e, quando lo ha eseguito, subentra nei diritti verso il contraente non nominato.

Se dopo la conclusione del contratto il contraente non nominato si manifesta all'altra parte o è nominato dal mediatore, ciascuno dei contraenti può agire direttamente contro l'altro, ferma restando la responsabilità del mediatore.

• La disposizione in commento si differenzia dall'**art. 1405** per il fatto che il «contraente non nominato» continua ad essere responsabile per l'esecuzione, anche dopo che essa sia stata realizzata dal mediatore. Il mediatore che tace il nome di una parte non aderisce dunque al contratto, ma assume una **posizione di garanzia**, alla quale fa seguito, in caso di esecuzione, la surrogazione nei diritti del creditore *ex* art. 1203.

1763. Fideiussione del mediatore.

Il mediatore può prestare fideiussione per una delle parti.

• Salva l'applicazione dell'art. 1762, il mediatore non risponde dell'esecuzione dell'affare, a meno che non decida di prestare fideiussione, diventando personalmente garante dell'adempimento altrui. In tal caso, troveranno applicazione gli artt. 1936 ss.

1764. Sanzioni.

Il mediatore che non adempie gli obblighi imposti dall'articolo 1760 è punito con l'ammenda da 5 euro a 516 euro.

Nei casi più gravi può essere aggiunta la sospensione dalla professione fino a sei mesi.
Alle stesse pene è soggetto il mediatore che presta la sua attività nell'interesse di persona notoriamente insolvente o della quale conosce lo stato d'incapacità.

• Le sanzioni sono state depenalizzate dalla l. 24/11/1981, n. 689, e si applicano non solo alla violazione dell'art. 1760, ma anche all'inadempimento di uno specifico obbligo comunicativo e informativo già fondato sull'art. 1759. A differenza dello «**stato di incapacità**», che deve essere noto al mediatore, la «**notoria insolvenza**» potrebbe essergli ignota, ma, ciononostante, conoscibile. In entrambi i casi, il mediatore risponde per non aver assunto informazioni sul tema o per non aver tempestivamente comunicato alle altre parti tali circostanze.

1765. Leggi speciali.

Sono salve le disposizioni delle leggi speciali.

• Sull'obbligo, anche per i mediatori professionali, di iscriversi al ruolo v. la **l. 3/2/1989, n. 39**, nonché l'**art. 73 del d.lgs. 26/3/2010, n. 59**, che ha imposto, in sostituzione all'iscrizione, la segnalazione certificata di inizio di attività.

Capo XII
Del deposito

Sezione I
Del deposito in generale

1766. Nozione.

Il deposito è il contratto col quale una parte riceve dall'altra una cosa mobile con l'obbligo di custodirla e di restituirla in natura.

• Il deposito è un **contratto reale** ad **effetti obbligatori**: affinché si perfezioni è infatti necessaria la **consegna del bene**, da cui sorge, quale effetto, l'**obbligo** di custodia e restituzione in natura. • Per restituzione in natura si intende la riconsegna del medesimo bene affidato al depositario. Ne consegue che il contratto può avere ad oggetto unicamente beni mobili **infungibili**, di per sé o perché considerati tali dalle parti. Sono infungibili quei beni che non possono essere sostituiti da altri della stessa specie. • Effettuata la consegna dei beni il depositario ne acquista la **detenzione**. • Si tratta di un contratto di durata, essendo prevista l'esecuzione continuata, la cui causa risiede proprio nell'assicurare la custodia della cosa consegnata al depositario, che garantisce la vigilanza necessaria alla conservazione.

1767. Presunzione di gratuità.

Il deposito si presume gratuito, salvo che dalla qualità professionale del depositario o da altre circostanze si debba desumere una diversa volontà delle parti.

• Il deposito si presume gratuito, a meno che dalle circostanze non si possa desumere una diversa volontà delle parti. La valutazione delle circostanze va fatta caso per caso e la presunzione può essere superata con ogni mezzo di prova; essa infatti ha valore **relativo**, potendosi ammettere prova contraria. • Diverso dal deposito a titolo gratuito è il cosiddetto deposito di cortesia, nel quale non sorge un vincolo contrattuale tra le parti. Pertanto, non avendo il vincolo carattere giuridico, in caso di danni il depositario dovrà rispondere *ex* art. 2043.

1768. Diligenza nella custodia.

Il depositario deve usare nella custodia la diligenza del buon padre di famiglia.
Se il deposito è gratuito, la responsabilità per colpa è valutata con minor rigore.

• La norma detta il criterio secondo cui valutare l'adempimento dell'obbligo di custodia. Il depositario è chiamato a vigilare e apprestare tutti i mezzi necessari alla conservazione delle cose, usando la diligenza del buon padre di famiglia. Con tale espressione si intende la diligenza che ci si potrebbe normalmente attendere in relazione alla natura dell'incarico, non potendo essere limitata a quella di una persona di normale prudenza. La valutazione è di particolare rigore in quanto il contratto è diretto proprio ad assicurare la custodia dei beni.

1769. Responsabilità del depositario incapace.

Il depositario incapace è responsabile della conservazione della cosa nei limiti in cui può essere tenuto a rispondere per fatti illeciti. In ogni caso il depositante ha diritto di conseguire la restituzione della cosa finché questa si trova presso il depositario; altrimenti può pretendere il rimborso di ciò che sia stato rivolto a vantaggio di quest'ultimo.

1770. Modalità della custodia.

Il depositario non può servirsi della cosa depositata né darla in deposito ad altri, senza il consenso del depositante.

Se circostanze urgenti lo richiedono, il depositario può esercitare la custodia in modo diverso da quello convenuto, dandone avviso al depositante appena è possibile.

• La norma regola le modalità di custodia dei beni oggetto del contratto. In particolare viene statuito il divieto, oltre che di uso della cosa, di c.d. subdeposito, senza previo consenso del depositante. La previsione discende dal carattere essenzialmente personale del contratto, avendo il depositante inteso dare incarico ad un determinato soggetto proprio in ragione delle sue qualità personali o professionali. • Il contenuto del contratto può essere liberamente determinato dalle parti, tuttavia la disposizione permette al depositario, in caso di urgenza e qualora ciò sia indispensabile per la salvaguardia del bene, di discostarsi da quanto convenuto. *Esempio:* viene convenuta la custodia in un magazzino vicino al porto, se tuttavia per effetto di un'inondazione la cosa rischia di deperire, il depositario può procedere a spostarla senza attendere il consenso del depositante.

1771. Richiesta di restituzione e obbligo di ritirare la cosa.

Il depositario deve restituire la cosa appena il depositante la richiede, salvo che sia convenuto un termine nell'interesse del depositario.

Il depositario può richiedere in qualunque tempo che il depositante riprenda la cosa, salvo che sia convenuto un termine nell'interesse del depositante. Anche se non è stato convenuto un termine, il giudice può concedere al depositante un termine congruo per ricevere la cosa.

1772. Pluralità di depositanti e di depositari.

Se più sono i depositanti di una cosa ed essi non si accordano circa la restituzione, questa deve farsi secondo le modalità stabilite dall'autorità giudiziaria.

La stessa norma si applica quando a un solo depositante succedono più eredi, se la cosa non è divisibile.

Se più sono i depositari, il depositante ha facoltà di chiedere la restituzione a quello tra essi che detiene la cosa. Questi deve darne pronta notizia agli altri.

1773. Terzo interessato nel deposito.

Se la cosa è stata depositata anche nell'interesse di un terzo e questi ha comunicato al depositante e al depositario la sua adesione, il depositario non può liberarsi restituendo la cosa al depositante senza il consenso del terzo.

1774. Luogo di restituzione e spese relative.

Salvo diversa convenzione, la restituzione della cosa deve farsi nel luogo in cui doveva essere custodita.

Le spese per la restituzione sono a carico del depositante.

1775. Restituzione dei frutti.

Il depositario è obbligato a restituire i frutti della cosa che egli abbia percepiti.

1776. Obblighi dell'erede del depositario.

L'erede del depositario, il quale ha alienato in buona fede la cosa che ignorava essere tenuta in deposito, è obbligato soltanto a restituire il corrispettivo ricevuto. Se questo non è stato ancora pagato, il depositante subentra nel diritto dell'alienante.

1777. Persona a cui deve essere restituita la cosa.

Il depositario deve restituire la cosa al depositante o alla persona indicata per riceverla, e non può esigere che il depositante provi di esserne proprietario.

Se è convenuto in giudizio da chi rivendica la proprietà della cosa o pretende di avere diritti su di essa, deve, sotto pena del risarcimento del danno, denunziare la controversia al depositante, e può ottenere di essere estromesso dal giudizio indicando la persona del medesimo. In questo caso egli può anche liberarsi dall'obbligo di restituire la cosa, depositandola, nei modi stabiliti dal giudice, a spese del depositante.

1778. Cosa proveniente da reato.

Il depositario, se scopre che la cosa proviene da un reato e gli è nota la persona alla quale è stata sottratta, deve denunziarle il deposito fatto presso di sé.

Il depositario è liberato se restituisce la cosa al depositante decorsi dieci giorni dalla denunzia senza che gli sia stata notificata opposizione.

1779. Cosa propria del depositario.

Il depositario è liberato da ogni obbligazione, se risulta che la cosa gli appartiene e che il depositante non ha su di essa alcun diritto.

1780. Perdita non imputabile della detenzione della cosa.

Se la detenzione della cosa è tolta al depositario in conseguenza di un fatto a lui non imputabile, egli è liberato dall'obbligazione di restituire la cosa, ma deve, sotto pena di risarcimento del danno, denunziare immediatamente al depositante il fatto per cui ha perduto la detenzione.

Il depositante ha diritto di ricevere ciò che, in conseguenza del fatto stesso, il depositario abbia conseguito, e subentra nei diritti spettanti a quest'ultimo.

1781. Diritti del depositario.

Il depositante è obbligato a rimborsare il depositario delle spese fatte per conservare la cosa, a tenerlo indenne delle perdite cagionate dal deposito e a pagargli il compenso pattuito.

1782. Deposito irregolare.

Se il deposito ha per oggetto una quantità di danaro o di altre cose fungibili, con facoltà per il depositario di servirsene, questi ne acquista la proprietà ed è tenuto a restituirne altrettante della stessa specie e qualità.

In tal caso si osservano, in quanto applicabili, le norme relative al mutuo.

• La norma disciplina una fattispecie particolare di deposito. Il contratto può infatti avere ad oggetto denaro o **beni fungibili**, di cui il depositario **acquista la proprietà**, qualora abbia facoltà di servirsene; in caso contrario la proprietà resta al depositante e l'obbligazione di restituzione del depositario si prescrive nell'ordinario termine decennale • La previsione di **restituzione dell'equivalente** presuppone che il depositario non abbia l'obbligo di custodia delle merci oggetto del contratto; egli è infatti tenuto a restituire al depositante non gli stessi beni, ma altrettanti della stessa specie di quelli ricevuti. • Sebbene vengano richiamate le disposizioni regolanti il mutuo, in quanto compatibili (v. *sub* artt. 1813 ss.), le due figure contrattuali vanno tenute distinte; a differenza del mutuo, lo scopo principale tipico del deposito irregolare rimane, infatti, quello di soddisfare l'interesse del depositante alla conservazione delle cose depositate.

Sezione II
Del deposito in albergo

1783. Responsabilità per le cose portate in albergo.

Gli albergatori sono responsabili di ogni deterioramento, distruzione o sottrazione delle cose portate dal cliente in albergo.

Sono considerate cose portate in albergo:

1) le cose che vi si trovano durante il tempo nel quale il cliente dispone dell'alloggio;

2) le cose di cui l'albergatore, un membro della sua famiglia o un suo ausiliario assumono la custodia, fuori dell'albergo, durante il periodo di tempo in cui il cliente dispone dell'alloggio;

3) le cose di cui l'albergatore, un membro della sua famiglia o un suo ausiliario assumono la custodia sia nell'albergo, sia fuori dell'albergo, durante un periodo di tempo ragionevole, precedente o successivo a quello in cui il cliente dispone dell'alloggio.

La responsabilità di cui al presente articolo è limitata al valore di quanto sia deteriorato, distrutto o sottratto, sino all'equivalente di cento volte il prezzo di locazione dell'alloggio per giornata.

• La norma regola la responsabilità gravante sull'albergatore in caso di danni alle cose portate in albergo, ma non affidate alla sua custodia. In queste circostanze la disposizione pone a carico dell'albergatore il rischio di eventi, anche incolpevoli, rientranti nella sua sfera di organizzazione economica, o che siano la manifestazione di un rischio tipico della sua attività. Dalla stipula del contratto alberghiero sorge dunque in capo all'albergatore l'**obbligo accessorio** di garantire la sicurezza delle cose portate dalla clientela contro perdite, danni e furti. • La responsabilità così delineata assolve ad una funzione assicurativa. Il legislatore ha difatti inteso spostare il rischio su chi si trova nella migliore posizione per assicurarsi contro di esso. Alla stessa logica risponde la previsione di un massimale pari a cento volte il prezzo giornaliero dell'alloggio; l'albergatore non è dunque tenuto a rispondere illimitatamente dei danni, salvo che questi siano dovuti a colpa sua o dei suoi ausiliari (v. *sub* art. 1785-bis).

1784. Responsabilità per le cose consegnate e obblighi dell'albergatore.

La responsabilità dell'albergatore è illimitata:

1) quando le cose gli sono state consegnate in custodia;

2) quando ha rifiutato di ricevere in custodia cose che aveva l'obbligo di accettare.

L'albergatore ha l'obbligo di accettare le carte-valori, il danaro contante e gli oggetti di valore; egli può rifiutarsi di riceverli soltanto se si tratti di oggetti pericolosi o che, tenuto conto della importanza e delle condizioni di gestione dell'albergo, abbiano valore eccessivo o natura ingombrante.

L'albergatore può esigere che la cosa consegnatagli sia contenuta in un involucro chiuso o sigillato.

• La norma disciplina una particolare ipotesi di responsabilità per le cose che la clientela affida all'albergatore. Con la **consegna** infatti, divenendo quest'ultimo anche depositario, graveranno sull'albergatore specifici obblighi di custodia. Egli sarà dunque chiamato a rispondere illimitatamente in caso di danni. • Si tratta di una responsabilità particolarmente gravosa per l'albergatore, non potendo questi limitarsi ad una mera vigilanza sulle cose consegnategli. L'albergatore è infatti tenuto a custodire i beni con la diligenza derivante dalla natura dell'incarico; avuto cioè riguardo al comportamento che viene comunemente praticato da coloro che esercitano la medesima professione.

1785. Limiti di responsabilità.

L'albergatore non è responsabile quando il deterioramento, la distruzione o la sottrazione sono dovuti:

1) al cliente, alle persone che l'accompagnano, che sono al suo servizio o che gli rendono visita;

2) a forza maggiore;

3) alla natura della cosa.

1785 bis. Responsabilità per colpa dell'albergatore.

L'albergatore è responsabile, senza che egli possa invocare il limite previsto dall'ultimo comma dell'articolo 1783, quando il deterioramento, la distruzione o la sottrazione delle cose portate dal cliente in albergo sono dovuti a colpa sua, dei membri della sua famiglia o dei suoi ausiliari.

1785 ter. Obbligo di denuncia del danno.

Fuori del caso previsto dall'articolo 1785 bis, il cliente non potrà valersi delle precedenti disposizioni se, dopo aver constatato il deterioramento, la distruzione o la sottrazione, denunci il fatto all'albergatore con ritardo ingiustificato.

1785 quater. Nullità.

Sono nulli i patti o le dichiarazioni tendenti ad escludere o a limitare preventivamente la responsabilità dell'albergatore.

1785 quinquies. Limiti di applicazione.

Le disposizioni della presente sezione non si applicano ai veicoli, alle cose lasciate negli stessi, né agli animali vivi.

1786. Stabilimenti e locali assimilati agli alberghi.

Le norme di questa sezione si applicano anche agli imprenditori di case di cura, stabilimenti di pubblici spettacoli, stabilimenti balneari, pensioni, trattorie, carrozze letto e simili.

Sezione III
Del deposito nei magazzini generali

1787. Responsabilità dei magazzini generali.

I magazzini generali sono responsabili della conservazione delle merci depositate, a meno che si provi che la perdita, il calo o l'avaria, è derivata da caso fortuito, dalla natura delle merci ovvero da vizi di esse o dell'imballaggio.

• Il deposito nei magazzini generali è una figura particolare di deposito; il contratto può infatti avere ad oggetto anche **beni fungibili**, tenuti distinti oppure confusi con altri del medesimo genere (cosiddetto deposito alla rinfusa). Il magazzino generale non acquista mai la proprietà delle merci e dovrà pertanto riconsegnare le medesime cose depositate; tuttavia in caso di deposito alla rinfusa, formandosi una comunione, all'avente diritto verrà restituita una quantità di beni corrispondente alla propria quota. • La norma imputa in capo ai magazzini generali una responsabilità indipendente dalla colpa. Al fine di poter andare esenti da responsabilità sarà pertanto necessario fornire la prova che il danno è dipeso da un caso fortuito, dalla natura stessa delle cose oppure da vizi. La **prova del caso fortuito** è particolarmente gravosa; il debitore deve infatti dimostrare che il danno è dipeso da un evento imprevedibile ed eccezionale, fuori dunque dalla sua sfera di controllo, che non sarebbe stato possibile evitare con la normale diligenza.

1788. Diritti del depositante.

Il depositante ha diritto d'ispezionare le merci depositate e di ritirare i campioni d'uso.

1789. Vendita delle cose depositate.

I magazzini generali, previo avviso al depositante, possono procedere alla vendita delle merci, quando, al termine del contratto, le merci non sono ritirate o non è rinnovato il deposito, ovvero, trattandosi di deposito a tempo indeterminato, quando è decorso un anno dalla data del deposito, e in ogni caso quando le merci sono minacciate di deperimento. Per la vendita si osservano le modalità stabilite dall'articolo 1515.

Il ricavato della vendita, dedotte le spese e quanto altro spetta ai magazzini generali, deve essere tenuto a disposizione degli aventi diritto.

1790. Fede di deposito.

I magazzini generali, a richiesta del depositante, devono rilasciare una fede di deposito delle merci depositate.

La fede di deposito deve indicare:

1) il cognome e il nome o la ditta e il domicilio del depositante;

2) il luogo del deposito;

3) la natura e la quantità delle cose depositate e gli altri estremi atti a individuarle;

4) se per la merce sono stati pagati i diritti doganali e se essa è stata assicurata.

• La fede di deposito e la nota di pegno fanno parte della categoria dei titoli di credito, in particolare dei **titoli rappresentativi di merci** (v. *sub* art. 1996). La norma elenca gli elementi che devono necessariamente essere indicati nella fede di deposito, in quanto diretti a permettere l'individuazione specifica delle merci depositate. • La previsione del rilascio della fede di deposito risponde all'esigenza di agevolare i traffici commerciali; il trasferimento del titolo permette infatti il trasferimento del possesso dei beni senza la necessità di una loro effettiva consegna.

1791. Nota di pegno.

Alla fede di deposito è unita la nota di pegno, sulla quale sono ripetute le indicazioni richieste dall'articolo precedente.

La fede di deposito e la nota di pegno devono essere staccate da un unico registro a matrice, da conservarsi presso i magazzini.

1792. Intestazione e circolazione dei titoli.

La fede di deposito e la nota di pegno possono intestarsi al nome del depositante o di un terzo da questo designato, e sono trasferibili, sia congiuntamente sia separatamente, mediante girata.

1793. Diritti del possessore.

Il possessore della fede di deposito unita alla nota di pegno ha diritto alla riconsegna delle cose depositate; egli ha altresì diritto di richiedere che, a sue spese, le cose depositate siano divise in più partite e che per ogni partita gli sia rilasciata una fede di deposito distinta con la nota di pegno in sostituzione del titolo complessivo.

Il possessore della sola nota di pegno ha diritto di pegno sulle cose depositate.

Il possessore della sola fede di deposito non ha diritto alla riconsegna delle cose depositate, se non osserva le condizioni indicate dall'articolo 1795; egli può valersi della facoltà concessa dall'articolo 1788.

1794. Prima girata della nota di pegno.

La prima girata della sola nota di pegno deve indicare l'ammontare del credito e degli interessi nonché la scadenza. La girata corredata delle dette indicazioni deve essere trascritta sulla fede di deposito e controfirmata dal giratario.

La girata della nota di pegno che non indica l'ammontare del credito vincola, a favore del possessore di buona fede, tutto il valore delle cose depositate. Rimane tuttavia salva al titolare o al terzo possessore della fede di deposito, che abbia pagato una somma non dovuta, l'azione di rivalsa nei confronti del diretto contraente e del possessore di mala fede della nota di pegno.

1795. Diritti del possessore della sola fede di deposito.

Il possessore della sola fede di deposito può ritirare le cose depositate anche prima della scadenza del debito per cui furono costituite in pegno, depositando presso i magazzini generali la somma dovuta alla scadenza al creditore pignoratizio.

Sotto la responsabilità dei magazzini generali, quando si tratta di merci fungibili, il possessore della sola fede di deposito può ritirare anche parte delle merci, depositando presso i magazzini generali una somma proporzionale all'ammontare del debito garantito dalla nota di pegno e alla quantità delle merci ritirate.

1796. Diritti del possessore della nota di pegno insoddisfatto.

Il possessore della nota di pegno, che non sia stato soddisfatto alla scadenza e che abbia levato il protesto a norma della legge cambiaria, può far vendere le cose depositate in conformità dell'articolo 1515, decorsi otto giorni da quello della scadenza.

Il girante che ha pagato volontariamente il possessore della nota di pegno è surrogato nei diritti di questo, e può procedere alla vendita delle cose depositate decorsi otto giorni dalla scadenza.

• La norma regola i diritti in capo al soggetto possessore della nota di pegno insoddisfatto, attribuendo a questi, una volta levato il protesto, un'azione reale; egli può dunque far vendere le cose depositate secondo quanto previsto dall'art. 1515. • Il **protesto** è un atto pubblico mediante il quale si constata il mancato pagamento, o la mancata accettazione del titolo. La finalità è quella di tutelare il creditore permettendo di esperire in via giudiziaria l'azione di regresso. L'istituto svolge inoltre una funzione probatoria, in quanto fa fede – fino a querela di falso – del mancato pagamento di quanto dovuto.

1797. Azione nei confronti dei giranti.

Il possessore della nota di pegno non può agire contro il girante, se prima non ha proceduto alla vendita del pegno.

I termini per esercitare l'azione di regresso contro i giranti sono quelli stabiliti dalla legge cambiaria e decorrono dal giorno in cui è avvenuta la vendita delle cose depositate.

Il possessore della nota di pegno decade dall'azione di regresso contro i giranti, se alla scadenza non leva il protesto o se, entro quindici giorni dal protesto, non fa istanza per la vendita delle cose depositate.

Egli conserva tuttavia l'azione contro i giranti della fede di deposito e contro il debitore. Quest'azione si prescrive in tre anni.

Capo XIII
Del sequestro convenzionale

1798. Nozione.

Il sequestro convenzionale è il contratto col quale due o più persone affidano a un terzo una cosa o una pluralità di cose, rispetto alla quale sia nata tra esse controversia, perché la custodisca e la restituisca a quella a cui spetterà quando la controversia sarà definita.

• Il sequestro convenzionale è un **contratto reale**, dunque affinché si perfezioni è necessaria la consegna della cosa controversa al sequestratario. • L'istituto ha una funzione cautelare e risponde all'esigenza di garanzia, per la parte a cui spetterà la restituzione, di non veder leso il proprio diritto dalla sottrazione del bene. • Il contratto presuppone l'instaurarsi di un accordo tra le parti sequestranti in merito al contenuto del sequestro stesso e all'individuazione del sequestratario. • La controversia può avere natura giudiziale o stragiudiziale. Ne consegue che la restituzione della cosa, oltre che a seguito dell'emanazione di una sentenza, potrà avvenire anche qualora si arrivi a una risoluzione transattiva della controversia. • Nella pratica l'istituto è desueto, le parti in lite preferiscono normalmente ricorrere al sequestro giudiziario, che non presuppone alcun accordo tra di esse (v. *sub* art. 670 c.p.c.).

1799. Obblighi, diritti e poteri del sequestratario.

Gli obblighi, i diritti e i poteri del sequestratario sono determinati dal contratto; in mancanza, si osservano le disposizioni seguenti.

1800. Conservazione e alienazione dell'oggetto del sequestro.

Il sequestratario, per la custodia delle cose affidategli, è soggetto alle norme del deposito.

Se vi è imminente pericolo di perdita o di grave deterioramento delle cose mobili affidategli, il sequestratario può alienarle, dandone pronta notizia agli interessati.

Qualora la natura delle cose lo richieda, egli ha pure l'obbligo di amministrarle. In questo caso si applicano le norme del mandato.

Il sequestratario non può consentire locazioni per durata superiore a quella stabilita per le locazioni a tempo indeterminato.

1801. Liberazione del sequestratario.

Prima che la controversia sia definita, il sequestratario non può essere liberato che per accordo delle parti o per giusti motivi.

• La norma regola particolari ipotesi di liberazione anticipata del sequestratario. Oltre all'ipotesi di accordo tra le parti, la disposizione prevede la possibilità di recedere dal contratto per giusti motivi; facoltà che potrà essere esercitata sia dal sequestratario che dai sequestranti. • Per **giusti motivi** si intendono delle condizioni il cui avveramento non rende più possibile o conveniente la continuazione del contratto. *Esempio:* il sequestratario potrà liberarsi nel caso in cui, successivamente alla stipula del contratto, la gestione del bene divenga eccessivamente onerosa.

1802. Compenso e rimborso delle spese al sequestratario.

Il sequestratario ha diritto a compenso, se non si è pattuito diversamente. Egli ha pure diritto al rimborso delle spese e di ogni altra erogazione fatta per la conservazione e per l'amministrazione della cosa.

Capo XIV
Del comodato

1803. Nozione.

Il comodato è il contratto col quale una parte consegna all'altra una cosa mobile o immobile, affinché se ne serva per un tempo o per un uso determinato, con l'obbligo di restituire la stessa cosa ricevuta.

Il comodato è essenzialmente gratuito.

• Il comodato è un **contratto reale**, ad **effetti obbligatori** e a forma libera. Il contratto si perfeziona con la **consegna del bene** e da questa sorgono in capo al comodatario le **obbligazioni** disciplinate all'art. 1804. • Il comodato è anche detto **prestito d'uso**; la norma prevede infatti che il bene venga consegnato al comodatario affinché questi se ne serva, acquistando così un diritto personale di godimento sulla cosa. • Il contratto può avere ad oggetto unicamente beni **infungibili** e **inconsumabili**. In determinati casi, tuttavia, è ammesso il comodato di beni consumabili; ciò è possibile solo se l'uso a cui questi sono destinati non ne determini la consumazione, permettendone quindi la restituzione nella loro integrità. *Esempio:* i sacchi di caffè dati in prestito per allestire una rappresentazione teatrale. • La gratuità è un **elemento essenziale** del contratto; se per l'uso della cosa fosse pattuito un compenso, si ricadrebbe nella figura della locazione (v. *sub* art. 1571). Possono tuttavia essere previsti eventuali oneri in capo al comodatario, a patto che siano di modesta entità e non assumano il carattere di un vero corrispettivo.

1804. Obbligazioni del comodatario.

Il comodatario è tenuto a custodire e a conservare la cosa con la diligenza del buon padre di famiglia. Egli non può servirsene che per l'uso determinato dal contratto o dalla natura della cosa.

Non può concedere a un terzo il godimento della cosa senza il consenso del comodante.

Se il comodatario non adempie gli obblighi suddetti, il comodante può chiedere l'immediata restituzione della cosa, oltre al risarcimento del danno.

1805. Perimento della cosa.

Il comodatario è responsabile se la cosa perisce per un caso fortuito a cui poteva sottrarla sostituendola con la cosa propria, o se, potendo salvare una delle due cose, ha preferito la propria.

Il comodatario che impiega la cosa per un uso diverso o per un tempo più lungo di quello a lui consentito, è responsabile della perdita avvenuta per causa a lui non imputabile, qualora non provi che la cosa sarebbe perita anche se non l'avesse impiegata per l'uso diverso o l'avesse restituita a tempo debito.

1806. Stima.

Se la cosa è stata stimata al tempo del contratto, il suo perimento è a carico del comodatario, anche se avvenuto per causa a lui non imputabile.

• La disposizione prevede il cosiddetto patto di accollo del fortuito; si prescrive, infatti, che il comodatario debba sempre rispondere del perimento dei beni, anche qualora ciò sia dovuto a causa a lui non imputabile, nel caso in cui il loro valore sia stato stimato. • Per stima si intende la determinazione del valore complessivo del bene prestato; non è ritenuta necessaria l'opera di un perito, è difatti considerata sufficiente la concorde volontà delle parti.

1807. Deterioramento per effetto dell'uso.

Se la cosa si deteriora per solo effetto dell'uso per cui è stata consegnata e senza colpa del comodatario, questi non risponde del deterioramento.

1808. Spese per l'uso della cosa e spese straordinarie.

Il comodatario non ha diritto al rimborso delle spese sostenute per servirsi della cosa.

Egli però ha diritto di essere rimborsato delle spese straordinarie sostenute per la conservazione della cosa, se queste erano necessarie e urgenti.

1809. Restituzione.

Il comodatario è obbligato a restituire la cosa alla scadenza del termine convenuto o, in mancanza di termine, quando se ne è servito in conformità del contratto.

Se però, durante il termine convenuto o prima che il comodatario abbia cessato di servirsi della cosa, sopravviene un urgente e impreveduto bisogno al comodante, questi può esigerne la restituzione immediata.

• L'obbligo di restituzione grava sul comodatario alla scadenza del termine convenuto o, in mancanza, quando egli se ne sia servito secondo l'uso pattuito. In quest'ultimo caso il comodante potrà richiedere la restituzione trascorso un tempo ragionevole, necessario a che il comodatario possa fare uso del bene. • Il secondo comma disciplina una particolare ipotesi di restituzione prima del termine. Il bisogno richiesto dalla disposizione deve essere urgente e imprevisto, ancorché non imprevedibile, e diretto a soddisfare esigenze personali del comodante. Non è necessario che il comodante debba utilizzare la cosa, è sufficiente che egli abbia un serio bisogno di disporne.

1810. Comodato senza determinazione di durata.

Se non è stato convenuto un termine né questo risulta dall'uso a cui la cosa doveva essere destinata, il comodatario è tenuto a restituirla non appena il comodante la richiede.

• La norma regola la restituzione dei beni nel caso in cui la durata del contratto non sia stata convenuta, né possa desumersi altrimenti. Il termine del contratto, infatti, può anche essere implicito e derivare dall'uso a cui la cosa è destinata. *Esempio:* il prestito di un immobile destinato ad ammassare le casse di frutta matura raccolta ha come termine implicito la durata del raccolto. • Se non è indicata la durata del contratto, la norma stabilisce che la restituzione debba essere fatta a semplice richiesta del comodante, si parla così di comodato precario. La richiesta determina la cessazione del diritto alla disponibilità e al godimento del bene da parte del comodatario. Nel caso in cui quest'ultimo rifiuti di adempiere assumerà la qualifica di detentore abusivo, a meno che non dimostri di poter disporre del bene in ragione di un differente titolo.

1811. Morte del comodatario.

In caso di morte del comodatario, il comodante, benché sia stato convenuto un termine, può esigere dagli eredi la immediata restituzione della cosa.

1812. Danni al comodatario per vizi della cosa.
Se la cosa comodata ha vizi tali che rechino danno a chi se ne serve, il comodante è tenuto al risarcimento qualora, conoscendo i vizi della cosa, non ne abbia avvertito il comodatario.

• Trattandosi di un contratto essenzialmente gratuito, il comodante non è tenuto a offrire garanzia per i vizi delle cose comodate; tuttavia egli è chiamato a rispondere qualora i vizi, conosciuti ma non dichiarati, arrechino danni al comodatario. Con tale previsione il legislatore ha inteso sanzionare il comportamento del comodante, in quanto contrario ai doveri di correttezza e buona fede. • L'obbligo di denuncia dei vizi sussiste unicamente per i vizi considerati occulti, intendendosi come tali quelli che il comodatario non poteva conoscere usando la normale diligenza.

Capo XV
Del mutuo

1813. Nozione.
Il mutuo è il contratto col quale una parte consegna all'altra una determinata quantità di danaro o di altre cose fungibili, e l'altra si obbliga a restituire altrettante cose della stessa specie e qualità.

• Il mutuo è un **contratto reale** ad **effetti reali**. Per il perfezionamento del contratto è necessaria la **consegna** dei beni, cui segue l'obbligo per il mutuatario di restituzione dell'equivalente. • Il mutuo, anche detto prestito di consumo, può avere ad oggetto beni **fungibili** e **consumabili**. Anche il denaro è un bene consumabile, dopo l'uso infatti se ne perde la disponibilità. • È possibile per le parti stipulare un **mutuo di scopo**, definendo così la destinazione d'uso del capitale mutuato. Il perseguimento dello scopo entra nello schema causale del contratto; ne consegue che qualora la sua realizzazione fosse impossibile sin dall'inizio, il contratto si considera nullo per difetto originario di causa. • Il contratto è **naturalmente oneroso**, salva diversa volontà delle parti. Il mutuo oneroso comporta per il mutuatario l'obbligo di corrispondere gli interessi sul capitale ricevuto. É possibile che le parti si accordino per un **mutuo gratuito**, in questo caso il mutuatario sarà obbligato unicamente alla restituzione del capitale.

1814. Trasferimento della proprietà.
Le cose date a mutuo passano in proprietà del mutuatario.

• La norma prescrive il trasferimento della proprietà delle cose mutuate in capo al mutuatario; ne consegue che egli può servirsene liberamente, rimanendo obbligato alla restituzione dell'equivalente. • Il passaggio di proprietà dei beni accomuna il mutuo al deposito irregolare (v. *sub* art. 1782), tuttavia i due contratti si differenziano in modo sostanziale in ragione delle rispettive funzioni. A differenza del deposito irregolare, la cui funzione rimane quella di soddisfare l'esigenza di sicurezza del depositante, il mutuo viene stipulato per **soddisfare l'interesse del mutuatario** a disporre temporaneamente di una somma di denaro, o di altre cose fungibili.

1815. Interessi.
Salvo diversa volontà delle parti, il mutuatario deve corrispondere gli interessi al mutuante. Per la determinazione degli interessi si osservano le disposizioni dell'articolo 1284.
Se sono convenuti interessi usurari, la clausola è nulla e non sono dovuti interessi.

• La norma regola la determinazione degli interessi che il mutuatario è tenuto a corrispondere. Le parti possono determinare il tasso d'interesse applicabile; in mancanza di accordo sarà applicato il tasso legale, secondo quanto previsto dall'art. 1284. • La disposizione prescrive inoltre la nullità delle clausole che prevedano interessi usurari. Sono **usurari** quegli interessi che superano di almeno la metà il c.d. tasso soglia, determinato trimestralmente dal Ministero dell'Economia. Si qualificano altresì come tali anche quegli interessi che, avuto riguardo alle condizioni di difficoltà economica del debitore e alle concrete modalità del fatto, siano eccessivi o sproporzionati rispetto ai tassi di interesse usualmente applicati per operazioni similari.

1816. Termine per la restituzione fissato dalle parti.

Il termine per la restituzione si presume stipulato a favore di entrambe le parti e, se il mutuo è a titolo gratuito, a favore del mutuatario.

• La norma disciplina il termine per la restituzione, statuendo che esso è stipulato a favore di entrambe le parti. Oltre all'interesse del mutuatario a poter disporre del bene, anche il mutuante ha interesse a non vedersi restituito il capitale prima del termine convenuto; egli ha infatti una fonte di lucro proprio negli interessi che il mutuatario dovrà corrispondere. La medesima *ratio* è a fondamento di quelle clausole, previste nei mutui stipulati dalle banche, che dispongono il pagamento di un certo importo in caso di estinzione anticipata del contratto.

1817. Termine per la restituzione fissato dal giudice.

Se non è fissato un termine per la restituzione, questo è stabilito dal giudice, avuto riguardo alle circostanze.

Se è stato convenuto che il mutuatario paghi solo quando potrà, il termine per il pagamento è pure fissato dal giudice.

1818. Impossibilità o notevole difficoltà di restituzione.

Se sono state mutuate cose diverse dal danaro, e la restituzione è divenuta impossibile o notevolmente difficile per causa non imputabile al debitore, questi è tenuto a pagarne il valore, avuto riguardo al tempo e al luogo in cui la restituzione si doveva eseguire.

1819. Restituzione rateale.

Se è stata convenuta la restituzione rateale delle cose mutuate e il mutuatario non adempie l'obbligo del pagamento anche di una sola rata, il mutuante può chiedere, secondo le circostanze, l'immediata restituzione dell'intero.

• La norma regola un'ipotesi di estinzione patologica del contratto, accordando al mutuante la facoltà di chiedere l'immediata restituzione del capitale. Si tratta di un **diritto di recesso** in capo al mutuante.

1820. Mancato pagamento degli interessi.

Se il mutuatario non adempie l'obbligo del pagamento degli interessi, il mutuante può chiedere la risoluzione del contratto.

1821. Danni al mutuatario per vizi delle cose.

Il mutuante è responsabile del danno cagionato al mutuatario per i vizi delle cose date a prestito, se non prova di averli ignorati senza colpa.

Se il mutuo è gratuito, il mutuante è responsabile solo nel caso in cui, conoscendo i vizi, non ne abbia avvertito il mutuatario.

• La norma regola la responsabilità per i danni dovuti a vizi delle cose. Sul mutuante grava l'obbligo di garantire la controparte per i vizi delle cose mutuate; egli è dunque tenuto a risarcire tutti i danni subiti dal mutuatario, analogamente a quanto previsto dalle norme sulla compravendita (v. *sub* art. 1494), a meno che non provi di aver ignorato senza colpa i vizi. • Un'eccezione viene prevista se il mutuo è gratuito, similmente a quanto disposto dalle norme sul comodato (v. *sub* art. 1812). Si tratta di una forma di responsabilità attenuata, richiedendo quale requisito non la mera conoscibilità, come previsto in caso di mutuo oneroso, ma l'**effettiva conoscenza** dei vizi da parte del mutuante e la mancata denuncia al mutuatario.

1822. Promessa di mutuo.

Chi ha promesso di dare a mutuo può rifiutare l'adempimento della sua obbligazione, se le condizioni patrimoniali dell'altro contraente sono divenute tali da rendere notevolmente difficile la restituzione, e non gli sono offerte idonee garanzie.

• La promessa di mutuo configura un **contratto preliminare**, da cui discende normalmente l'obbligo per il promittente di erogare il mutuo. La *ratio* dell'obbligo di perfezionare il contratto risiede nella tutela dell'affidamento del promissario. • Il promittente può rifiutare l'adempimento unicamente nei casi disciplinati dalla norma. Similmente a quanto previsto dall'art. 1461, il legislatore ha inteso apprestare una forma di tutela del credito. Il mutamento delle condizioni patrimoniali del promissario potrebbe infatti comportare un pregiudizio per il promittente, il quale sarebbe esposto al pericolo di non vedersi restituire quanto dovuto.

Capo XVI
Del conto corrente

1823. Nozione.

Il conto corrente è il contratto col quale le parti si obbligano ad annotare in un conto i crediti derivanti da reciproche rimesse, considerandoli inesigibili e indisponibili fino alla chiusura del conto.

Il saldo del conto è esigibile alla scadenza stabilita. Se non è richiesto il pagamento, il saldo si considera quale prima rimessa di un nuovo conto e il contratto s'intende rinnovato a tempo indeterminato.

• Il contratto di conto corrente è un tipico contratto consensuale, a prestazioni corrispettive e a forma libera. Esso sorge, di norma, tra soggetti che hanno frequenti e durevoli relazioni d'affari e che, pertanto, preferiscono evitare il pronto pagamento dei crediti volta per volta esigibili rendendone possibile una **differita e globale compensazione** a scadenze prefissate o al termine dei loro rapporti di affari. Fino a tale momento detti crediti sono, dunque, indisponibili e inesigibili. Alla scadenza, le parti procedono alla liquidazione per differenza, operando una compensazione tra i vari debiti e crediti; la differenza eventualmente risultante (c.d. **saldo**) costituisce il credito, liquido ed esigibile, di una delle parti e, rispettivamente, il debito dell'altra. Tale figura non va confusa con il conto corrente bancario (v. art. 1852) che non rappresenta una fattispecie autonoma ma è piuttosto un modo, affermatosi nella prassi, di regolare le operazioni bancarie di debito e credito. In esso il credito è sempre esigibile dal correntista.

1824. Crediti esclusi dal conto corrente.

Sono esclusi dal conto corrente i crediti che non sono suscettibili di compensazione.

Qualora il contratto intervenga tra imprenditori, s'intendono esclusi dal conto i crediti estranei alle rispettive imprese.

1825. Interessi.

Sulle rimesse decorrono gli interessi nella misura stabilita dal contratto o dagli usi ovvero, in mancanza, in quella legale.

• Gli interessi hanno qui **natura compensativa** e non moratoria, rappresentano il corrispettivo dato al creditore che rinuncia ad esigere immediatamente il proprio credito. Le parti possono liberamente determinare la misura degli interessi sia prevedendo la loro esclusione, sia optando per una misura superiore a quella legale, in tale ultima ipotesi è però necessaria la pattuizione in forma scritta. Gli interessi si liquidano alla chiusura del conto e prima di quel momento sono inesigibili, salvo patto contrario. Vengono, pertanto, annotati sul conto e ne costituiscono una delle partite che formano il saldo finale.

1826. Spese e diritti di commissione.

L'esistenza del conto corrente non esclude i diritti di commissione e il rimborso delle spese per le operazioni che danno luogo alle rimesse. Tali diritti sono inclusi nel conto, salvo convenzione contraria.

1827. Effetti dell'inclusione nel conto.

L'inclusione di un credito nel conto corrente non esclude l'esercizio delle azioni ed eccezioni relative all'atto da cui il credito deriva.

Se l'atto è dichiarato nullo, annullato, rescisso o risoluto, la relativa partita si elimina dal conto.

• I crediti annotati in conto corrente mantengono la propria individualità e natura e il correntista che vi abbia interesse può esercitare le azioni e le eccezioni relative all'atto da cui il credito deriva. L'inclusione nel conto riveste esclusivamente funzione contabile e non vale, perciò, come rinuncia a quelle azioni ed eccezioni, ma produce solo l'effetto di rendere il credito inesigibile e indisponibile.

1828. Efficacia della garanzia dei crediti iscritti.

Se il credito incluso nel conto è assistito da una garanzia reale o personale, il correntista ha diritto di valersi della garanzia per il saldo esistente a suo favore alla chiusura del conto e fino alla concorrenza del credito garantito.

La stessa disposizione si applica se per il credito esiste un coobbligato solidale.

• Uno degli effetti peculiari dell'annotazione dei crediti in conto corrente è il **permanere delle garanzie** che assistono detti crediti. In tale modo la garanzia si trasferisce sul saldo e consente al correntista di avvalersene, chiaramente entro i limiti del suo ammontare. La disposizione nomina le garanzie reali o personali, tuttavia la *ratio* della norma, e la circostanza che non si tratta di norma eccezionale, consentono di ritenere che la regola valga anche per le altre specie di privilegi.

1829. Crediti verso terzi.

Se non risulta una diversa volontà delle parti, l'inclusione nel conto di un credito verso un terzo si presume fatta con la clausola «salvo incasso». In tal caso, se il credito non è soddisfatto, il ricevente ha la scelta di agire per la riscossione o di eliminare la partita dal conto reintegrando nelle sue ragioni colui che ha fatto la rimessa. Può eliminare la partita dal conto anche dopo avere infruttuosamente esercitato le azioni contro il debitore.

• La presunzione dell'esistenza di una **clausola "salvo incasso"** è giustificata dall'esigenza di evitare che il rischio dell'insolvenza del debitore gravi sul ricevente. Pertanto se il terzo debitore è inadempiente, il ricevente può agire per la riscossione oppure eliminare la partita dal conto (c.d. **storno**), reintegrando nelle sue ragioni colui che ha effettuato la rimessa. La clausola "salvo incasso" riveste natura di **condizione risolutiva mista** apposta al negozio traslativo del titolo (si tratta infatti di un avvenimento futuro e incerto il cui verificarsi comporta la cessazione degli effetti del contratto, dipendente dalla volontà del ricevente e dall'inadempimento del terzo). Il ricevente diviene, perciò, titolare del credito fin dal momento della rimessa. La medesima clausola nel conto corrente bancario riveste invece natura di **condizione sospensiva**, la banca, cioè, non concede al cliente la disponibilità del credito fino a che non sia intervenuta l'effettiva riscossione della somma menzionata nel titolo.

1830. Sequestro o pignoramento del saldo.

Se il creditore di un correntista ha sequestrato o pignorato l'eventuale saldo del conto spettante al suo debitore, l'altro correntista non può, con nuove rimesse, pregiudicare le ragioni del creditore. Non si considerano nuove rimesse quelle fatte in dipendenza di diritti sorti prima del sequestro o del pignoramento.

Il correntista presso cui è stato eseguito il sequestro o il pignoramento deve darne notizia all'altro. Ciascuno di essi può recedere dal contratto.

• I creditori personali di uno dei correntisti possono porre in essere atti conservativi (sequestro) o esecutivi (pignoramento) soltanto sul saldo finale del conto corrente e non anche sui singoli crediti. Il sequestro e il pignoramento **non comportano lo scioglimento del contratto** di conto corrente sul quale, quindi, continuano a poter essere effettuate le rimesse. In questo caso, l'inclusione di crediti che comportano la diminuzione del saldo a favore del correntista contro cui è stato effettuato il sequestro o il pignoramento, non sono opponibili al creditore sequestrante o pignorante.

1831. Chiusura del conto.

La chiusura del conto con la liquidazione del saldo è fatta alle scadenze stabilite dal contratto o dagli usi e, in mancanza, al termine di ogni semestre, computabile dalla data del contratto.

• La chiusura del conto **non coincide con lo scioglimento del rapporto**, essendo piuttosto un'operazione contabile che di tanto in tanto le parti hanno la facoltà di effettuare, al fine di non differire eccessivamente il controllo reciproco delle annotazioni eseguite. La chiusura rende liquidi ed esigibili i crediti, consentendo la loro compensazione e la determinazione del saldo, di cui la parte creditrice può richiedere il pagamento oppure decidere di non riscuoterlo e annotarlo su di un nuovo conto, considerandolo come la rimessa iniziale (v. art. 1823, co. 2). Il saldo risultante a favore di una delle parti costituisce un **credito pecuniario**, il quale, in mancanza di patto contrario, produce interessi dal giorno della chiusura del conto.

1832. Approvazione del conto.

L'estratto conto trasmesso da un correntista all'altro s'intende approvato, se non è contestato nel termine pattuito o in quello usuale, o altrimenti nel termine che può ritenersi congruo secondo le circostanze.

L'approvazione del conto non preclude il diritto di impugnarlo per errori di scritturazione o di calcolo, per omissioni o per duplicazioni. L'impugnazione deve essere proposta, sotto pena di decadenza, entro sei mesi dalla data di ricezione dell'estratto conto relativo alla liquidazione di chiusura, che deve essere spedito per mezzo di raccomandata.

• L'estratto conto è il prospetto inviato alle **scadenze periodiche** previste in contratto che riporta analiticamente il risultato di tutte le operazioni di dare e avere fino ad una certa data e la contabilizzazione delle medesime con l'indicazione del saldo finale. L'approvazione dell'estratto conto non ha effetti assoluti, poiché ciascun contraente può, nel termine di sei mesi dal suo ricevimento, impugnare l'estratto conto qualora si rilevino errori di scritturazione o di calcolo, o quando vi risultino per omissioni o duplicazioni di partite. Stante le **finalità puramente contabili** dell'approvazione del conto, essa non impedisce di sollevare contestazioni in ordine alla validità ed all'efficacia dei rapporti obbligatori dai quali derivano i suddetti addebiti e accrediti e cioè quelle fondate su ragioni sostanziali attinenti alla legittimità dell'inclusione o dell'eliminazione di partite di conto corrente.

1833. Recesso dal contratto.

Se il contratto è a tempo indeterminato, ciascuna delle parti può recedere dal contratto a ogni chiusura del conto, dandone preavviso almeno dieci giorni prima.

In caso d'interdizione, d'inabilitazione, d'insolvenza o di morte di una delle parti, ciascuna di queste o gli eredi hanno diritto di recedere dal contratto.

Lo scioglimento del contratto impedisce l'inclusione nel conto di nuove partite, ma il pagamento del saldo non può richiedersi che alla scadenza del periodo stabilito dall'articolo 1831.

• Il recesso (v. art. 1373) è un diritto potestativo che consente lo scioglimento del contratto senza attribuire agli effetti efficacia retroattiva. Se il contratto di conto corrente è a **tempo indeterminato** le parti non possono escludere la volontà di recedere, tuttavia possono porre condizioni o termini per l'esercizio del diritto di recesso. Se lo *ius recedendi* consentito in caso di morte, interdizione o inabilitazione di uno dei contraenti non viene esercitato il rapporto continua in capo agli eredi del correntista defunto, al tutore dell'interdetto o all'inabilitato, assistito da un curatore. Ai fini del recesso unilaterale in caso di insolvenza esso è esercitabile a prescindere da una dichiarazione di fallimento, essendo sufficiente il protratto inadempimento delle proprie obbligazioni. Una volta che il contratto è risolto il contraente che risulta essere creditore del saldo non può pretendere l'immediato pagamento della somma a lui dovuta, ma dovrà attendere la scadenza del termine convenuto (v. art. 1831).

Capo XVII
Dei contratti bancari

Sezione I
Dei depositi bancari

1834. Depositi di danaro.

Nei depositi di una somma di danaro presso una banca, questa ne acquista la proprietà ed è obbligata a restituirla nella stessa specie monetaria, alla scadenza del termine convenuto ovvero a richiesta del depositante, con la osservanza del periodo di preavviso stabilito dalle parti o dagli usi.

Salvo patto contrario, i versamenti e i prelevamenti si eseguono alla sede della banca presso la quale si è costituito il rapporto.

• Il deposito bancario è un contratto reale integrante una ipotesi di **deposito irregolare** (v. art. 1782) con cui la banca depositaria acquista la proprietà del denaro depositato dal cliente e si obbliga alla restituzione di pari somma. È possibile distinguere tra depositi a) ordinari o semplici; b) a risparmio; c) in conto corrente. Per quanto riguarda i depositi ordinari non è riconosciuta al depositante né la facoltà di versare altre somme, né di compiere prelevamenti. È, ad esempio, il caso dei buoni fruttiferi e dei certificati di deposito. I depositi a risparmio consentono sia versamenti che prelevamenti successivi all'accensione del conto e talvolta, infatti, sono denominati in conto corrente, ma si differenziano da questi ultimi perché tutte le operazioni devono essere effettuate in contanti. Questi depositi sono comprovati dal c.d. libretto di deposito a risparmio (v. art. 1835). I depositi in conto corrente sono caratterizzati anche dalla possibilità di versare ed emettere assegni. Si ritiene quindi che sul deposito si innesti anche una componente gestoria attraverso un rapporto di mandato che regola le modalità di svolgimento del rapporto di deposito.

1835. Libretto di deposito a risparmio.

Se la banca rilascia un libretto di deposito a risparmio, i versamenti e i prelevamenti si devono annotare sul libretto.

Le annotazioni sul libretto, firmate dall'impiegato della banca che appare addetto al servizio, fanno piena prova nei rapporti tra banca e depositante.

È nullo ogni patto contrario.

• I libretti di risparmio oltre a rappresentare un documento probatorio dello svolgersi del rapporto di deposito bancario tra banca e cliente, costituiscono anche lo strumento necessario per consentire al possessore (se il libretto è **al portatore**) o all'intestatario (se è **nominativo**) l'esercizio dei diritti derivanti dal contratto di deposito. Poiché il libretto di deposito ha solo lo scopo di agevolare la prova delle operazioni di accredito ed addebito intercorse tra le parti, esse possono comunque essere provate anche se non sono state annotate.

1836. Legittimazione del possessore.

Se il libretto di deposito è pagabile al portatore, la banca che senza dolo o colpa grave adempie la prestazione nei confronti del possessore è liberata, anche se questi non è il depositante.

La stessa disposizione si applica nel caso in cui il libretto di deposito pagabile al portatore sia intestato al nome di una determinata persona o in altro modo contrassegnato.

Sono salve le disposizioni delle leggi speciali.

• Il libretto al portatore, a differenza di quello nominativo in cui intestatario e esibitore coincidono, è un **titolo di credito** che abilita il possessore a pretendere il pagamento senza dover fornire prove della legittimità della propria posizione. L'obbligo di correttezza e diligenza qualificata che grava sulla banca impone che, in caso di presentazione di libretto di deposito a risparmio pagabile al portatore, siano realizzate tutte le attività strumentali necessarie a garantire l'effettivo titolare del diritto, quali il controllo sulla legittimazione del presentatore e sulla sussistenza dei presupposti per il valido esercizio della pretesa, altrimenti versando in stato di colpa.

1837. (1).

(1) Articolo abrogato dall'art. 11 della l. 8/3/1975, n. 39.

1838. Deposito di titoli in amministrazione.

La banca che assume il deposito di titoli in amministrazione deve custodire i titoli, esigerne gli interessi o i dividendi, verificare i sorteggi per l'attribuzione di premi o per il rimborso di capitale, curare le riscossioni per conto del depositante, e in generale provvedere alla tutela dei diritti inerenti ai titoli. Le somme riscosse devono essere accreditate al depositante.

Se per i titoli depositati si deve provvedere al versamento di decimi o si deve esercitare un diritto di opzione, la banca deve chiedere in tempo utile istruzioni al depositante e deve eseguirle, qualora abbia ricevuto i fondi all'uopo occorrenti. In mancanza di istruzioni, i diritti di opzione devono essere venduti per conto del depositante a mezzo di un agente di cambio.

Alla banca spetta un compenso nella misura stabilita dalla convenzione o dagli usi, nonché il rimborso delle spese necessarie da essa fatte.

È nullo il patto col quale si esonera la banca dall'osservare, nella amministrazione dei titoli, l'ordinaria diligenza.

• I depositi di titoli in amministrazione, comunemente definiti "depositi a custodia", sono servizi bancari accessori che si differenziano dai depositi di denaro perché non realizzano un trasferimento della proprietà dal depositante al depositario, per tale ragione rientrano nella categoria dei **depositi regolari**. L'obbligazione della banca ha prevalente contenuto di custodia, esercitata attraverso la detenzione sulla cosa. La banca poi ha l'obbligo di restituire i valori e i titoli appena il depositante li richieda, nei limiti di un tempo ragionevole per l'esecuzione dell'ordine. Il depositante dal canto suo si obbliga a corrispondere un corrispettivo al depositario per il servizio prestato.

Sezione II
Del servizio bancario delle cassette di sicurezza

1839. Cassette di sicurezza.

Nel servizio delle cassette di sicurezza, la banca risponde verso l'utente per l'idoneità e la custodia dei locali e per l'integrità della cassetta, salvo il caso fortuito.

• Si tratta di un contratto consensuale, a prestazioni corrispettive, ad esecuzione continuata e a forma libera con cui la banca si obbliga, verso il pagamento di un canone, a mettere a disposizione del cliente i locali idonei all'espletamento di tale servizio (sotterranei o casseforti della banca) e a provvedere alla custodia dei medesimi e all'integrità della cassetta, configurando una **locazione di cose con concorrente** *locatio operis* in cui non vi è alcun riferimento ai beni immessi nella cassetta, che non sono oggetto dell'obbligo di custodia della banca. L'accesso alla cassetta richiede solitamente l'uso di due chiavi, l'una relativa ai locali, in possesso della banca, l'altra della cassetta, nella disponibilità del cliente. Quanto alla responsabilità la disposizione delinea a carico della banca una presunzione di responsabilità dalla quale essa può liberarsi soltanto dimostrando il **caso fortuito**. Si esclude che il furto possa integrare il caso fortuito in quanto si tratterebbe proprio dell'evento tenuto presente dalle parti nello stipulare il contratto; a meno che, per le circostanze imprevedibili e le modalità con le quali viene messo in atto, sia stato impossibile impedirlo.

1840. Apertura della cassetta.

Se la cassetta è intestata a più persone, l'apertura di essa è consentita singolarmente a ciascuno degli intestatari, salvo diversa pattuizione.

In caso di morte dell'intestatario o di uno degli intestatari, la banca che ne abbia ricevuto comunicazione non può consentire l'apertura della cassetta se non con l'accordo di tutti gli aventi diritto o secondo le modalità stabilite dall'autorità giudiziaria.

1841. Apertura forzata della cassetta.

Quando il contratto è scaduto, la banca, previa intimazione all'intestatario e decorsi sei mesi dalla data della medesima, può chiedere al tribunale l'autorizzazione ad aprire la cassetta. L'intimazione può farsi anche mediante raccomandata con avviso di ricevimento.

L'apertura si esegue con l'assistenza di un notaio all'uopo designato e con le cautele che il tribunale ritiene opportune.

Il tribunale può dare le disposizioni necessarie per la conservazione degli oggetti rinvenuti e può ordinare la vendita di quella parte di essi che occorra al soddisfacimento di quanto è dovuto alla banca per canoni e spese.

Sezione III
Dell'apertura di credito bancario

1842. Nozione.

L'apertura di credito bancario è il contratto col quale la banca si obbliga a tenere a disposizione dell'altra parte una somma di danaro per un dato periodo di tempo o a tempo indeterminato.

• L'apertura di credito è un contratto consensuale ad effetti obbligatori, a titolo oneroso e a forma libera. Elemento caratterizzante della fattispecie è l'**accreditamento**, vale a dire la messa a disposizione di una somma di denaro in funzione di una sua futura, anche se eventuale, utilizzazione. L'accreditato **non acquista la proprietà** di tale somma ma diviene titolare del diritto di pretenderne dalla banca la corresponsione, acquisendone la disponibilità finanziaria e potendola utilizzare una sola volta, anche con più prelievi (apertura **semplice**) oppure varie volte ricostituendo la disponibilità durante il rapporto attraverso versamenti (apertura **in conto corrente**). L'apertura di credito in conto corrente si distingue dal **fido bancario**, che consiste in un atto unilaterale con cui la banca concede credito al cliente, del quale rappresenta uno dei modi di utilizzo.

1843. Utilizzazione del credito.

Se non è convenuto altrimenti, l'accreditato può utilizzare in più volte il credito, secondo le forme di uso, e può con successivi versamenti ripristinare la sua disponibilità.

Salvo patto contrario, i prelevamenti e i versamenti si eseguono presso la sede della banca dove è costituito il rapporto.

1844. Garanzia.

Se per l'apertura di credito è data una garanzia reale o personale, questa non si estingue prima della fine del rapporto per il solo fatto che l'accreditato cessa di essere debitore della banca.

Se la garanzia diviene insufficiente, la banca può chiedere un supplemento di garanzia o la sostituzione del garante. Se l'accreditato non ottempera alla richiesta, la banca può ridurre il credito proporzionalmente al diminuito valore della garanzia o recedere dal contratto.

• L'apertura di credito può essere **allo scoperto** o **assistita da garanzie**, reali o personali, a favore della banca, al fine di tutelarla dall'eventuale inadempimento dell'accreditato. Quest'ultimo, peraltro, non diviene debitore al momento della conclusione del contratto bensì quando usufruisce della somma messa a disposizione, la garanzia è prestata dunque per un **debito futuro**. Laddove la garanzia diminuisca diventando insufficiente la banca può richiedere un supplemento di garanzia o la sostituzione del garante. In mancanza la banca può, a sua scelta, ridurre proporzionalmente il credito oppure recedere dal contratto. *Esempio:* si pensi all'ipotesi in cui una serie di beni di un negozio, dati a pegno (v. art. **2784**), rovini in un incendio.

1845. Recesso dal contratto.

Salvo patto contrario, la banca non può recedere dal contratto prima della scadenza del termine, se non per giusta causa.

Il recesso sospende immediatamente l'utilizzazione del credito, ma la banca deve concedere un termine di almeno quindici giorni per la restituzione delle somme utilizzate e dei relativi accessori.

Se l'apertura di credito è a tempo indeterminato, ciascuna delle parti può recedere dal contratto, mediante preavviso nel termine stabilito dal contratto, dagli usi o, in mancanza, in quello di quindici giorni.

Sezione IV
Dell'anticipazione bancaria

1846. Disponibilità delle cose date in pegno.

Nell'anticipazione bancaria su pegno di titoli o di merci, la banca non può disporre delle cose ricevute in pegno, se ha rilasciato un documento nel quale le cose stesse sono individuate. Il patto contrario deve essere provato per iscritto.

• L'anticipazione bancaria è un'operazione di credito attraverso la quale la banca concede finanziamenti in funzione della costituzione in pegno di merci o titoli a garanzia del proprio credito. Elementi essenziali del contratto sono: a) la garanzia reale offerta alla banca e costituita da **merci o titoli** il cui valore è facilmente accertabile; b) il pagamento o la messa a disposizione di una somma che viene determinata in rapporto al valore dei beni dati in garanzia, deducendo una percentuale (c.d. **scarto**) dal valore di stima dei beni stessi. L'individuazione delle merci o titoli concessi in pegno avviene mediante un apposito documento rilasciato dalla banca (c.d. **polizza o cartella di anticipazione**) avente mero valore probatorio. Nella prassi bancaria si distingue tra: anticipazione **semplice** (anche detta **a scadenza fissa**) che implica per la banca la concreta dazione di denaro, con conseguente obbligo di restituzione per il cliente ad una data prefissata e anticipazione **in conto corrente** con cui la banca mette a disposizione una somma di denaro che il cliente ha la facoltà di utilizzare nel tempo attraverso prelievi e ricostituzioni.

1847. Assicurazione delle merci.

La banca deve provvedere per conto del contraente all'assicurazione delle merci date in pegno, se, per la natura, il valore o l'ubicazione di esse, l'assicurazione risponde alle cautele d'uso.

1848. Spese di custodia.

La banca, oltre al corrispettivo dovutole, ha diritto al rimborso delle spese occorse per la custodia delle merci e dei titoli, salvo che ne abbia acquistato la disponibilità.

1849. Ritiro dei titoli o delle merci.

Il contraente, anche prima della scadenza del contratto, può ritirare in parte i titoli o le merci dati in pegno, previo rimborso proporzionale delle somme anticipate e delle altre somme spettanti alla banca secondo la disposizione dell'articolo precedente, salvo che il credito residuo risulti insufficientemente garantito.

• La disposizione stabilisce la regola della divisibilità della garanzia, derogando al generale principio di **indivisibilità del pegno** (v. art. 2799). Essa è espressione dell'esigenza che il rapporto di proporzionalità tra credito concesso dalla banca e valore dei beni dati in pegno dal cliente rimanga costante fino alla scadenza del rapporto. La facoltà attribuita al cliente può infatti essere esercitata purché il credito residuo risulti sufficientemente garantito.

1850. Diminuzione della garanzia.

Se il valore della garanzia diminuisce almeno di un decimo rispetto a quello che era al tempo del contratto, la banca può chiedere al debitore un supplemento di garanzia nei termini d'uso, con la diffida che, in mancanza, si procederà alla vendita dei titoli o delle merci dati in pegno. Se il debitore non ottempera alla richiesta, la banca può procedere alla vendita a norma del secondo e quarto comma dell'articolo 2797.

La banca ha diritto al rimborso immediato del residuo non soddisfatto col ricavato della vendita.

1851. Pegno irregolare a garanzia di anticipazione.

Se, a garanzia di uno o più crediti, sono vincolati depositi di danaro, merci o titoli che non siano stati individuati o per i quali sia stata conferita alla banca la facoltà di disporre, la banca deve restituire solo la somma o la parte delle merci o dei titoli che eccedono l'ammontare dei crediti garantiti. La eccedenza è determinata in relazione al valore delle merci o dei titoli al tempo della scadenza dei crediti.

• La disposizione disciplina la figura dell'anticipazione bancaria **impropria** nella quale, a differenza dell'anticipazione **propria** in cui le cose date in pegno rimangono di proprietà del cliente, le merci, i titoli o i depositi di denaro sono costituiti in **pegno irregolare** e la banca può quindi disporne. Se il credito garantito verrà soddisfatto alla scadenza, la banca sarà tenuta alla restituzione del *tantundem eiusdem generis et qualitatis*, mentre, qualora il debitore rimanga inadempiente, la realizzazione del credito avverrà in via di compensazione.

Sezione V
Delle operazioni bancarie in conto corrente

1852. Disposizione da parte del correntista.

Qualora il deposito, l'apertura di credito o altre operazioni bancarie siano regolate in conto corrente, il correntista può disporre in qualsiasi momento delle somme risultanti a suo credito, salva l'osservanza del termine di preavviso eventualmente pattuito.

• La fattispecie in esame rappresenta una modalità esecutiva suscettibile di accedere a diversi contratti bancari divenuta poi, nella prassi, elemento caratterizzante uno schema contrattuale socialmente tipizzato: il **conto corrente bancario** o **di corrispondenza**. Esso può definirsi quale **contratto innominato** o **atipico** a contenuto misto, in cui si rinvengono elementi propri di diversi contratti tipici (ad esempio delegazione, mandato, deposito) identificabili con riferimento alle diverse operazioni di banca assunte nell'ambito del rapporto. La differenza rispetto al conto corrente ordinario (v. art. 1823) è netta, dato che nel conto corrente bancario il saldo è esigibile in ogni momento e manca di regola la **reciprocità** dei crediti destinati ad estinguersi per compensazione, poiché accrediti ed addebiti costituiscono solo variazioni quantitative dell'originario credito del cliente. Presupposto per l'espletamento del **servizio di cassa** da parte della banca è la **provvista**, ovvero la presenza di fondi di cui il cliente abbia la disponibilità, che può consistere in un deposito di denaro o in una concessione di credito.

1853. Compensazione tra i saldi di più rapporti o più conti.

Se tra la banca e il correntista esistono più rapporti o più conti, ancorché in monete differenti, i saldi attivi e passivi si compensano reciprocamente, salvo patto contrario.

• Non si tratta di una vera e propria compensazione, ma di una **variazione contabile** del saldo per cui le singole operazioni di versamento rimangono giuridicamente indipendenti. La compensazione tra i saldi attivi e passivi di più rapporti o conti tra banca e cliente si verifica soltanto allorché si tratti di conti o rapporti **chiusi**.

1854. Conto corrente intestato a più persone.

Nel caso in cui il conto sia intestato a più persone, con facoltà per le medesime di compiere operazioni anche separatamente, gli intestatari sono considerati creditori o debitori in solido dei saldi del conto.

1855. Operazione a tempo indeterminato.

Se l'operazione regolata in conto corrente è a tempo indeterminato, ciascuna delle parti può recedere dal contratto, dandone preavviso nel termine stabilito dagli usi o, in mancanza, entro quindici giorni.

1856. Esecuzione d'incarichi.

La banca risponde secondo le regole del mandato per l'esecuzione d'incarichi ricevuti dal correntista o da altro cliente.

Se l'incarico deve eseguirsi su una piazza dove non esistono filiali della banca, questa può incaricare dell'esecuzione un'altra banca o un suo corrispondente.

• L'istituto risponde dell'esecuzione del servizio secondo le regole del **mandato** (v. art. 1703). La banca, nello svolgimento degli incarichi impartiti dal correntista, deve adeguarsi ad un modello di diligenza professionale (v. art. 1176, co. 2,) necessariamente commisurato alla peculiare correttezza e perizia che è lecito attendersi da chi sia dotato di specifiche competenze (c.d. **diligenza del buon banchiere**). La disposizione prevede, altresì, una eccezione alla regola per cui il mandato deve essere eseguito personalmente dal mandatario che può farsi sostituire solo se autorizzato dal mandante (v. art. 1717), in questo caso è infatti prevista un'ipotesi di **sostituzione autorizzata dalla legge** che consente alla banca di conferire l'incarico ad altro istituto corrispondente.

1857. Norme applicabili.

Alle operazioni regolate in conto corrente si applicano le norme degli articoli 1826, 1829 e 1832.

Sezione VI
Dello sconto bancario

1858. Nozione.

Lo sconto è il contratto col quale la banca, previa deduzione dell'interesse, anticipa al cliente l'importo di un credito verso terzi non ancora scaduto, mediante la cessione, salvo buon fine, del credito stesso.

• Lo sconto è un contratto reale a titolo oneroso con il quale la banca (scontante) anticipa al cliente (scontatario) l'importo di un credito verso terzi **non ancora scaduto**, decurtato dell'interesse. Il cliente a sua volta cede alla banca, **salvo buon fine**, il credito stesso. Elementi essenziali della fattispecie sono: a) la **deduzione anticipata dell'interesse**, che la distingue da altre figure quali il mandato all'incasso o la vendita di crediti; b) la cessione di credito salvo buon fine (**cessione *pro solvendo***), in quanto il cedente è tenuto a garantire non solo l'esistenza del credito, ma anche la solvibilità del debitore ceduto.

1859. Sconto di cambiali.

Se lo sconto avviene mediante girata di cambiale o di assegno bancario, la banca, nel caso di mancato pagamento, oltre ai diritti derivanti dal titolo, ha anche il diritto alla restituzione della somma anticipata.

Sono salve le norme delle leggi speciali relative alla cessione della provvista nello sconto di tratte non accettate o munite di clausole «senza accettazione».

• Lo **sconto cambiario** è l'operazione mediante la quale la banca anticipa al cliente il valore attuale di cambiali non ancora scadute o assegni bancari, decurtato dell'interesse. Presupposto dello sconto cambiario è l'esistenza di un diritto di credito verso terzi incorporato nel titolo. Con lo sconto di titoli di credito la banca acquista tutti i diritti spettanti al prenditore o al giratario di cambiale, tra cui l'**azione cambiaria di regresso** contro tutti i sottoscrittori del titolo, compreso lo scontatario e, in caso di mancata realizzazione del credito cambiario, ha diritto alla restituzione della somma anticipata: all'azione cambiaria, cioè, si accompagna la possibilità di un'**azione causale** derivante dall'operazione di sconto.

1860. Sconto di tratte documentate.

La banca che ha scontato tratte documentate ha sulla merce lo stesso privilegio del mandatario finché il titolo rappresentativo è in suo possesso.

• Si tratta di una particolare ipotesi di sconto attuata da un venditore di merce il quale sconta presso una banca la cambiale da lui tratta sul compratore ed affida alla banca stessa anche i documenti relativi alla merce venduta, perché li consegni al compratore-trattario all'atto di accettazione o del pagamento della cambiale tratta. I titoli rappresentativi della merce ricevuti dalla banca valgono ad attribuirle, finché si trovano in suo possesso, lo stesso **privilegio** riconosciuto dall'art. 2761, co. 2 al mandatario sulle cose del mandante da quegli detenute per l'esecuzione del contratto.

Capo XVIII
Della rendita perpetua

1861. Nozione.

Col contratto di rendita perpetua una parte conferisce all'altra il diritto di esigere in perpetuo la prestazione periodica di una somma di danaro o di una certa quantità di altre cose fungibili, quale corrispettivo dell'alienazione di un immobile o della cessione di un capitale.

La rendita perpetua può essere costituita anche quale onere della alienazione gratuita di un immobile o della cessione gratuita di un capitale.

• Con la **rendita perpetua** una delle parti acquista il diritto di **esigere in perpetuo** una somma di denaro o una certa quantità di cose fungibili **come corrispettivo** dell'alienazione di un immobile o della cessione di un capitale. • Essa può costituirsi anche quale onere della **cessione gratuita** di un immobile o di un capitale e crea un **diritto di credito** piuttosto che un onere inerente ad un fondo. • La rendita perpetua, quindi, non dipende dal godimento dell'immobile e non si trasferisce con il trasferimento di quest'ultimo. • Si tratta di un contratto **commutativo** in quanto **la sua funzione** è quella di far conseguire a una parte la proprietà di un immobile o di un capitale e alla controparte una prestazione perpetua avente ad oggetto una somma di denaro o una certa quantità di cose fungibili.

1862. Norme applicabili.

L'alienazione dell'immobile, se fatta a titolo oneroso, è soggetta alle norme stabilite per la vendita.

L'alienazione o la cessione fatta a titolo gratuito è soggetta alle norme stabilite per la donazione.

• Se la rendita è **a titolo oneroso**, ad essa si applicano le norme in tema di vendita, mentre, se è **a titolo gratuito**, è soggetta alle norme previste per la donazione. • Dal richiamo alle regole sulla vendita e sulla donazione (entrambi contratti consensuali) ne consegue che per il suo perfezionamento **non è necessaria** la consegna della cosa.

1863. Rendita fondiaria e rendita semplice.

È fondiaria la rendita costituita mediante alienazione di un immobile. È semplice quella costituita mediante cessione di un capitale.

• La rendita fondiaria va distinta da quella semplice a seconda del tipo di bene di cui la prestazione perpetua costituisce il corrispettivo. • Qualora, infatti, il contratto conferisca il diritto di esigere in perpetuo la prestazione dietro corrispettivo della **cessione di un capitale** si avrà **rendita semplice**, mentre nel caso in cui la prestazione perpetua sia il corrispettivo del **trasferimento di un bene immobile** si avrà **rendita fondiaria**. • Deve ritenersi che la rendita fondiaria possa avere ad oggetto tanto il trasferimento di un immobile quanto di un diritto reale di godimento sul quale sia possibile costituire ipoteca.

1864. Garanzia della rendita semplice.

La rendita semplice deve essere garantita con ipoteca sopra un immobile; altrimenti il capitale è ripetibile.

• La **rendita semplice** deve essere accompagnata da un accordo con cui il diritto di esigere in perpetuo la prestazione sia garantito con la costituzione di **un'ipoteca su un immobile** la cui mancanza determina la **risoluzione** del contratto. • Eventuali patti contrari sarebbero **nulli**. • Nella rendita fondiaria, invece, l'ipoteca, prevista a garanzia dell'acquirente dell'immobile, si costituisce per legge e la sua assenza comporta la risoluzione del contratto e il diritto a chiedere la restituzione del capitale.

1865. Diritto di riscatto della rendita perpetua.

La rendita perpetua è redimibile a volontà del debitore, nonostante qualunque convenzione contraria.

Le parti possono tuttavia convenire che il riscatto non possa eseguirsi durante la vita del beneficiario o prima di un certo termine, il quale non può eccedere i dieci anni nella rendita semplice e i trenta anni nella rendita fondiaria.

Può anche stipularsi che il debitore non esegua il riscatto senza averne dato preavviso al beneficiario. Il termine di preavviso non può eccedere l'anno.

Se sono convenuti termini più lunghi, essi si riducono nei limiti sopra stabiliti.

• La norma, nel consentire al debitore di **redimersi da un obbligo perpetuo** pagando una somma pari all'ammontare del capitale prodotto da un certo reddito, conferma il disfavore del legislatore per i rapporti a tempo indeterminato. • Nella **rendita perpetua** il debitore ha, quindi, un **diritto potestativo al riscatto** che configura un recesso unilaterale dal contratto mediante pagamento di una somma alla controparte. • Deve ritenersi che nella rendita perpetua il riscatto sia **essenziale** a differenza di quanto accade nella rendita vitalizia dove il debitore non può riscattare, salvo patto contrario.

1866. Esercizio del riscatto.

Il riscatto della rendita semplice e della rendita fondiaria si effettua mediante il pagamento della somma che risulta dalla capitalizzazione della rendita annua sulla base dell'interesse legale.

Le modalità del riscatto sono stabilite dalle leggi speciali.

• Per il riscatto volontario, si sono regolati con **uguali disposizioni** i due casi della rendita fondiaria e di quella semplice, perché anche nella rendita semplice, una volta costituita, l'entità economica che deve formare **oggetto del riscatto**, anziché dal capitale ceduto, è data **dalle annualità** che devono essere corrisposte. • Il diritto di riscatto non può, infatti, pregiudicare la controparte che avrebbe percepito in perpetuo una rendita e, quindi, il suo esercizio implica l'attribuzione ad essa di una somma. • Per le concrete modalità del riscatto si è rinviato alle **leggi speciali**, al fine di mantenere una opportuna uniformità di criteri nelle modalità stesse, in confronto alle norme che regolano il riscatto di tutte le prestazioni di carattere perpetuo.

1867. Riscatto forzoso.

Il debitore di una rendita perpetua può essere costretto al riscatto:

1) se è in mora nel pagamento di due annualità di rendita;

2) se non ha dato al creditore le garanzie promesse, o se, venendo a mancare quelle già date, non ne sostituisce altre di uguale sicurezza;

3) se, per effetto di alienazione o di divisione, il fondo su cui è garantita la rendita è diviso fra più di tre persone.

• La norma elenca le **ipotesi** di **riscatto forzoso** a favore del creditore, avente diritto alla rendita. • La posizione di favore riservata al debitore attraverso la previsione del diritto di riscatto è, così, attenuata dall'obbligo imposto allo stesso di **subire** il riscatto per iniziativa del creditore qualora quest'ultimo, per inadempimento o insolvenza del debitore, veda **compromessa** la possibilità di ricevere quanto dovutogli. • Quanto all'ipotesi di **ritardo nel pagamento di due annualità** della rendita, deve ritenersi che le due rate siano consecutive e che possano anche essere stabilite per un tempo inferiore all'anno.

1868. Riscatto per insolvenza del debitore.

Si fa pure luogo al riscatto della rendita, nel caso d'insolvenza del debitore, salvo che, essendo stato alienato il fondo su cui era garantita la rendita, l'acquirente se ne sia assunto il debito o si dichiari pronto ad assumerlo.

• La norma estende la tutela del creditore anche per l'ipotesi in cui il **debitore** risulti **insolvente**, salvo che egli sia comunque garantito dal terzo acquirente dell'immobile posto a garanzia della prestazione periodica nella rendita fondiaria.

1869. Altre prestazioni perpetue.

Le disposizioni degli articoli 1864, 1865, 1866, 1867 e 1868 si applicano a ogni altra annua prestazione perpetua costituita a qualsiasi titolo, anche per atto di ultima volontà.

• La norma estende l'applicabilità degli artt. 1864, 1865, 1866, 1867 e 1868 alle c.d. **ipotesi di rendita atipica**, vale a dire a quelle prestazioni perpetue che non trovano la loro fonte nel contratto oneroso, ma sorgono per donazione, per atto unilaterale, come la promessa al pubblico, o per atto di ultima volontà. • Ne consegue che il legislatore ha considerato in **modo unitario** il rapporto di rendita perpetua, a prescindere dalla fonte.

1870. Ricognizione.

Il debitore della rendita o di ogni altra prestazione annua che debba o possa durare oltre i dieci anni deve fornire a proprie spese al titolare, se questi lo richiede, un nuovo documento, trascorsi nove anni dalla data del precedente.

• Si è stabilito, in coerenza a quanto si è disposto per l'enfiteusi, l'obbligo dell'atto di **ricognizione** quando si tratti di prestazione che debba durare **oltre** il termine normale della prescrizione. • La funzione della norma è **duplice**: interrompere il termine di prescrizione e fungere da ulteriore prova dell'esistenza del contratto, a distanza di molto tempo dalla sua stipulazione.

1871. Rendite dello Stato.

Le disposizioni di questo capo non si applicano alle rendite emesse dallo Stato.

• Le rendite emesse **dallo Stato** non sono assoggettate alla disciplina in tema di rendita perpetua in dipendenza della loro **specialità** relativa sia alla natura di credito predisposto per la **circolazione senza le formalità** prescritte per la cessione del credito, sia alla qualità di **soggetto pubblico** del debitore.

Capo XIX
Della rendita vitalizia

1872. Modi di costituzione.

La rendita vitalizia può essere costituita a titolo oneroso, mediante alienazione di un bene mobile o immobile o mediante cessione di capitale.

La rendita vitalizia può essere costituita anche per donazione o per testamento, e in questo caso si osservano le norme stabilite dalla legge per tali atti.

• La **rendita vitalizia**, che consiste in quel contratto con cui il vitalizíante si obbliga a corrispondere al vitaliziato il diritto di esigere per **tutta la durata della sua vita o di quella di un altro soggetto** la **corresponsione** periodica di una somma di denaro o di una quantità di cose fungibili, può avere carattere sia **oneroso** che **gratuito**. • Nel primo caso l'obbligazione viene assunta verso il corrispettivo della cessione di un bene mobile o immobile o di un capitale, mentre nel secondo caso può aversi per donazione o per testamento. • Si tratta di un contratto **consensuale, formale**, in quanto è prescritta la forma scritta, **di durata e a esecuzione periodica e aleatorio**, dal momento che l'entità della prestazione del vitaliziante dipende dalla durata della vita del beneficiario. • La funzione è quella di **assicurare** ad un soggetto per tutta la durata della sua vita un'**entrata economica** più o meno certa.

1873. Determinazione della durata.

La rendita vitalizia può costituirsi per la durata della vita del beneficiario o di altra persona. Essa può costituirsi anche per la durata della vita di più persone.

• La rendita vitalizia è un contratto necessariamente **a termine**. • A pena di **nullità,** infatti, le parti devono convenire un termine che può coincidere con la vita del vitaliziato, con quella di un altro soggetto oppure con la vita di più soggetti, caso quest'ultimo in cui il contratto si estingue alla morte della persona più longeva.

1874. Costituzione a favore di più persone.

Se la rendita è costituita a favore di più persone, la parte spettante al creditore premorto si accresce a favore degli altri, salvo patto contrario.

• Nel caso in cui esistano **più beneficiari** e venga a mancare alcuno di essi, di regola, la parte di quest'ultimo **si accresce** agli altri in parti uguali, a meno che non sia **diversamente pattuito**. • In questa eventualità si parla di rendita congiuntiva la quale si caratterizza per il fatto che i beneficiari sono più di uno e ciascuno di essi può richiedere al debitore di eseguire **l'intera prestazione periodica.**

1875. Costituzione a favore di un terzo.

La rendita vitalizia costituita a favore di un terzo, quantunque importi per questo una liberalità, non richiede le forme stabilite per la donazione.

• La rendita vitalizia può costituirsi anche per il tramite del meccanismo del contratto **a favore di terzo** ma, sebbene in tal modo il contratto configuri un vero e proprio **atto di liberalità**, se ne **esclude** l'applicazione delle disposizioni in tema di donazione.

1876. Rendita costituita su persone già defunte.

Il contratto è nullo, se la rendita è costituita per la durata della vita di persona, che, al tempo del contratto, aveva già cessato di vivere.

• Dal momento che la rendita vitalizia è essenzialmente un contratto **aleatorio**, qualora la sua costituzione faccia riferimento alla vita di persona **già defunta** al tempo della conclusione del contratto, quest'ultimo sarà inesorabilmente affetto da **nullità**. • L'alea, cioè, rappresenta un elemento **essenziale** del contratto.

1877. Risoluzione del contratto di vitalizio oneroso.

Il creditore di una rendita vitalizia costituita a titolo oneroso può chiedere la risoluzione del contratto, se il promittente non gli dà o diminuisce le garanzie pattuite.

• L'inadempimento del vitaliziato che, non dando le garanzie pattuite o diminuendole, fa venir meno la fiducia del vitaliziante nell'esecuzione del rapporto, giustifica la domanda di **risoluzione** da parte del vitaliziante. • A differenza di quanto stabilito per la rendita perpetua, nella **rendita vitalizia** la stipulazione di garanzie idonee ad assicurarne l'adempimento è **necessaria**. • Qualora le dette garanzie siano pattuite, la loro mancata prestazione o la loro diminuzione rispetto a quanto promesso legittima l'azione di risoluzione.

1878. Mancanza di pagamento delle rate scadute.

In caso di mancato pagamento delle rate di rendita scadute, il creditore della rendita, anche se è lo stesso stipulante, non può domandare la risoluzione del contratto, ma può far sequestrare e vendere i beni del suo debitore affinché col ricavato della vendita si faccia l'impiego di una somma sufficiente ad assicurare il pagamento della rendita.

• Qualora il vitaliziante **non paghi** alcune rate della rendita, il vitaliziato, creditore della rendita, anche se è lo stesso stipulante, **non può** domandare la risoluzione del contratto a meno che le parti, con apposita clausola, abbiano **pattuito diversamen-**

te. • Il mancato pagamento delle rate scadute non determina la risoluzione dal momento che tale evento non è in grado di alterare l'equilibrio negoziale, preferendo la norma riconoscere, in caso di **inadempimento** delle rate scadute, al creditore il diritto di **soddisfarsi coattivamente** sui beni del debitore.

1879. Divieto di riscatto e onerosità sopravvenuta.

Il debitore della rendita, salvo patto contrario, non può liberarsi dal pagamento della rendita stessa offrendo il rimborso del capitale, anche se rinunzia alla ripetizione delle annualità pagate.

Egli è tenuto a pagare la rendita per tutto il tempo per il quale è stata costituita, per quanto gravosa sia divenuta la sua prestazione.

• In considerazione del fatto che la rendita vitalizia sia un contratto di durata non a tempo indeterminato, in quanto, sia pure incerto nel *quando*, un termine **esiste**, la norma **nega** al debitore della rendita, a meno che non sia **espressamente** convenuto, **la possibilità** di liberarsi dal vincolo di pagare la rendita offrendo di rimborsare il capitale e ciò anche nell'ipotesi che lo stesso rinunci alle rendite già corrisposte in favore dell'avente diritto. • Trattandosi di contratto aleatorio, poi, la norma **esclude**, altresì, la risolubilità della rendita vitalizia per eccessiva onerosità sopravvenuta.

1880. Modalità del pagamento della rendita.

La rendita vitalizia costituita mediante contratto è dovuta al creditore in proporzione del numero dei giorni vissuti da colui sulla vita del quale è costituita.

Se però è stato convenuto di pagarla a rate anticipate, ciascuna rata si acquista dal giorno in cui è scaduta.

• La previsione regola le **modalità di pagamento** della rendita vitalizia secondo due diversi schemi: quello del pagamento **posticipato** delle rate, che rappresenta la norma, e quello del pagamento **anticipato** delle stesse che, invece, deve essere espressamente convenuto dalle parti. • Secondo la prima ipotesi, la rendita è dovuta **in proporzione** del numero dei giorni vissuti dalla persona alla cui morte il contratto si estingue. • Se, quindi, la morte giunga nel corso di un periodo rateale, la rendita sarà dovuta in proporzione dei giorni effettivamente vissuti in detto periodo. • Secondo il sistema delle rate anticipate, invece, ciascuna rata si acquista, **per intero, dal giorno in cui è scaduta** anche se la morte del soggetto si sia verificata prima del decorso del periodo cui la rata si riferisce.

1881. Sequestro o pignoramento della rendita.

Quando la rendita vitalizia è costituita a titolo gratuito, si può disporre che essa non sia soggetta a pignoramento o a sequestro entro i limiti del bisogno alimentare del creditore.

• Il credito del vitaliziato, in quanto **trasferibile** per atto tra vivi, è anche suscettibile di **sequestro** e di **pignoramento**. • Tuttavia, qualora la rendita vitalizia sia a **titolo gratuito**, le parti **possono escludere** il sequestro e il pignoramento. • In ogni caso, sia l'insequestrabilità che l'impignorabilità possono essere disposte **soltanto** entro i limiti del bisogno alimentare del creditore.

Capo XX
Dell'assicurazione

Sezione I
Disposizioni generali

1882. Nozione.

L'assicurazione è il contratto col quale l'assicuratore, verso il pagamento di un premio, si obbliga a rivalere l'assicurato, entro i limiti convenuti, del danno ad esso prodotto da un sinistro, ovvero a pagare un capitale o una rendita al verificarsi di un evento attinente alla vita umana.

• Con **l'assicurazione** l'assicurato trasferisce un rischio all'assicuratore il quale, dietro pagamento di una somma di denaro chiamata "**premio**", è tenuto a garantire l'assicurato. • Si tratta di un **contratto consensuale**, ad effetti **obbligatori**, **aleatorio**, per il quale è prevista la forma scritta ***ad probationem***. • Qualora si verifichi l'evento previsto nel contratto, l'assicuratore **è tenuto** a pagare una somma di denaro corrispondente al pregiudizio subito dall'assicurato a causa di un sinistro o a quanto dovuto dall'assicurato a terzi per i danni a questi causati in occasione di un sinistro (assicurazione **contro i danni**) ovvero a pagare un capitale o una rendita al verificarsi di un evento attinente alla vita umana che può essere la morte o la sopravvivenza dell'assicurato (assicurazione **sulla vita**). • Mentre l'assicurazione contro i danni svolge una funzione **indennitaria**, quella sulla vita ne svolge una **previdenziale e di risparmio**. • In sostanza, con tale contratto l'assicurato trasferisce il rischio economico di un dato evento sull'assicuratore che riesce a sopportare il rischio sfruttando il meccanismo del **calcolo delle probabilità**. • Atteso che, infatti, non tutti gli assicurati subiranno o creeranno necessariamente un danno, la compagnia assicurativa riuscirà comunque a **trarre profitto** dalla sua attività anche se in taluni casi sarà costretta a **corrispondere ingenti somme** a fronte di premi assicurativi incassati molto inferiori.

1883. Esercizio delle assicurazioni.

L'impresa di assicurazione non può essere esercitata che da un istituto di diritto pubblico o da una società per azioni e con l'osservanza delle norme stabilite dalle leggi speciali.

• In considerazione dell'importanza dell'attività assicurativa, essa è consentita **esclusivamente** a soggetti professionalmente qualificati, abilitati ed in grado di osservare precise regole tecniche. • L'esercizio delle assicurazioni **è vietato** in modo assoluto alle persone singole, alle società in nome collettivo e in accomandita semplice, nonché alle società a garanzia limitata. • È, così, rimessa alle **leggi speciali** la determinazione delle condizioni cui sono sottoposti tanto la creazione e l'esercizio dell'impresa assicuratrice, quanto la sorveglianza governativa.

1884. Assicurazioni mutue.

Le assicurazioni mutue sono disciplinate dalle norme del presente capo, in quanto compatibili con la specialità del rapporto.

• Le **mutue assicurative** mirano a ripartire tra tutti i partecipanti il danno che può colpire alcuni di essi e sono caratterizzate dal fatto che un soggetto assume contemporaneamente la qualità di socio e di assicurato. • Esse sono disciplinate dalle stesse previsioni dettate in tema di assicurazione, in quanto compatibili, tenuto conto della **specialità** del rapporto caratterizzato dal fatto che **l'alea economica** è **ripartita tra i vari soci della mutua**.

1885. Assicurazioni contro i rischi della navigazione.

Le assicurazioni contro i rischi della navigazione sono disciplinate dalle norme del presente capo per quanto non è regolato dal codice della navigazione.

• Anche le assicurazioni contro **i rischi della navigazione** marittima e aeronautica sono disciplinate dalle norme del **codice civile** per tutto ciò che non è regolamentato dal codice della navigazione. • In ogni caso, le norme del codice civile devono coordinarsi con quelle del codice della **navigazione** da ritenersi **prevalenti** in ragione della **specialità** della materia cui si riferiscono.

1886. Assicurazioni sociali.

Le assicurazioni sociali sono disciplinate dalle leggi speciali. In mancanza si applicano le norme del presente capo.

• Anche la disciplina delle **assicurazioni sociali**, di quelle cioè create **a favore** di determinate categorie di soggetti che si trovano in stato di bisogno, è rimessa a **leggi speciali** che ne fissano le condizioni di funzionamento.

1887. Efficacia della proposta.

La proposta scritta diretta all'assicuratore rimane ferma per il termine di quindici giorni, o di trenta giorni quando occorre una visita medica. Il termine decorre dalla data della consegna o della spedizione della proposta.

• Il contratto di assicurazione si forma sulla base di una **proposta** sottoscritta dall'assicurato, spesso sollecitata e redatta dagli agenti dell'imprenditore. • L'assicuratore però, ricevuta la proposta, suole svolgere complesse e costose indagini per apprezzare la convenienza del rischio. • La norma, quindi, ha lo scopo di concedere all'assicuratore un periodo di tempo sufficiente per poter svolgere le **indagini necessarie** per **verificare l'entità del rischio da assumere**. • Il proponente è, quindi, tenuto ad una maggiore serietà di determinazione che si risolve nel considerare la proposta come **irrevocabile** per tutto il tempo strettamente **necessario** al compimento delle indagini sull'entità del rischio.

1888. Prova del contratto.

Il contratto di assicurazione deve essere provato per iscritto.

L'assicuratore è obbligato a rilasciare al contraente la polizza di assicurazione o altro documento da lui sottoscritto.

L'assicuratore è anche tenuto a rilasciare, a richiesta e a spese del contraente, duplicati o copie della polizza; ma in tal caso può esigere la presentazione o la restituzione dell'originale.

• Il contratto di assicurazione richiede la **forma scritta** esclusivamente a **fini probatori**. • L'assicuratore è, quindi, tenuto al rilascio della **polizza** che consente di dimostrare l'esistenza del contratto unitamente alle condizioni generali di contratto in essa contenute.

1889. Polizze all'ordine e al portatore.

Se la polizza di assicurazione è all'ordine o al portatore, il suo trasferimento importa trasferimento del credito verso l'assicuratore, con gli effetti della cessione.

Tuttavia l'assicuratore è liberato se senza dolo o colpa grave adempie la prestazione nei confronti del giratario o del portatore della polizza, anche se questi non è l'assicurato.

In caso di smarrimento, furto o distruzione della polizza all'ordine, si applicano le disposizioni relative all'ammortamento dei titoli all'ordine.

• Le polizze di assicurazioni possono essere emesse sia **all'ordine** che **al portatore** ma non sono considerate come titoli di credito perché i diritti che rappresentano non si scorporano dal rapporto giuridico da cui nascono e, quindi, trovano sempre il loro contenuto nel rapporto medesimo. • Esse costituiscono, in realtà, titoli di credito **impropri**. • La loro circolazione ha lo scopo di **consentire** la cessione del credito verso l'assicuratore e avviene secondo le norme dei titoli di credito: mediante **girata**, se la polizza è rilasciata all'ordine, o mediante **consegna**, se essa è rilasciata al portatore. • Ne consegue che il portatore o il giratario ha diritto alla prestazione ed il debitore che paga a questi senza dolo o colpa grave **è liberato**.

1890. Assicurazione in nome altrui.

Se il contraente stipula l'assicurazione in nome altrui senza averne il potere, l'interessato può ratificare il contratto anche dopo la scadenza o il verificarsi del sinistro.

Il contraente è tenuto personalmente ad osservare gli obblighi derivanti dal contratto fino al momento in cui l'assicuratore ha avuto notizia della ratifica o del rifiuto di questa.

Egli deve all'assicuratore i premi del periodo in corso nel momento in cui l'assicuratore ha avuto notizia del rifiuto della ratifica.

• L'assicurazione può essere conclusa **in *nome altrui*** ma, *contrariamente* alla disciplina prevista in via generale per il caso di rappresentanza senza potere in virtù della quale il *falsus procurator* non è obbligato nei confronti della controparte ma può essere solo ritenuto responsabile dei danni che la falsa stipula arreca a questi, il contraente che ha stipulato il contratto di assicurazione in nome altrui senza averne i poteri, rimane tenuto **personalmente** agli obblighi derivanti dal contratto e quindi al pagamento dei premi. • Ciò, però, fino a quando l'assicuratore ha avuto notizia della ratifica o del rifiuto di questa, nel qual caso il contraente **è sempre tenuto** in proprio al contratto, salvo per quegli obblighi che possono essere adempiuti **solo** dall'assicurato.

1891. Assicurazione per conto altrui o per conto di chi spetta.

Se l'assicurazione è stipulata per conto altrui o per conto di chi spetta, il contraente deve adempiere gli obblighi derivanti dal contratto, salvi quelli che per loro natura non possono essere adempiuti che dall'assicurato.

I diritti derivanti dal contratto spettano all'assicurato, e il contraente, anche se in possesso della polizza, non può farli valere senza espresso consenso dell'assicurato medesimo.

All'assicurato sono opponibili le eccezioni che si possono opporre al contraente in dipendenza del contratto.

Per il rimborso dei premi pagati all'assicuratore e delle spese del contratto, il contraente ha privilegio sulle somme dovute dall'assicuratore nello stesso grado dei crediti per spese di conservazione.

• L'assicurazione può essere conclusa, non solo in nome altrui, ma anche **per conto altrui o per conto di chi spetta**, nel qual caso si tratta di contratti a favore di terzi in cui il contraente è **sempre tenuto in proprio al contratto**, salvo per quegli obblighi che possono essere adempiuti **solo** dall'assicurato. • Sia nell'assicurazione per conto altrui che in quella per conto di chi spetta si ha una scissione tra lo stipulante e l'assicurato. • Però, mentre nella prima l'assicurato **è determinato** ed indicato sin dalla conclusione del contratto, nella seconda l'assicurato **è incerto** e non è individuabile sino al momento del sinistro. • Tipico esempio di assicurazione per conto altrui si ha nel caso dell'imprenditore che si avvale della collaborazione temporanea di lavoratori per un impiego rischioso e decide di assicurarli, mentre si ha assicurazione per conto di chi spetta nel caso del trasportatore che, esercitando un pubblico servizio di linea, stipula un contratto di assicurazione a favore di coloro che usufruiranno del servizio e dei quali non conosce l'identità.

1892. Dichiarazioni inesatte e reticenze con dolo o colpa grave.

Le dichiarazioni inesatte e le reticenze del contraente, relative a circostanze tali che l'assicuratore non avrebbe dato il suo consenso o non lo avrebbe dato alle medesime condizioni se avesse conosciuto il vero stato delle cose, sono causa di annullamento del contratto quando il contraente ha agito con dolo o con colpa grave.

L'assicuratore decade dal diritto d'impugnare il contratto se, entro tre mesi dal giorno in cui ha conosciuto l'inesattezza della dichiarazione o la reticenza, non dichiara al contraente di volere esercitare l'impugnazione.

L'assicuratore ha diritto ai premi relativi al periodo di assicurazione in corso al momento in cui ha domandato l'annullamento e, in ogni caso, al premio convenuto per il primo anno. Se il sinistro si verifica prima che sia decorso il termine indicato dal comma precedente, egli non è tenuto a pagare la somma assicurata.

Se l'assicurazione riguarda più persone o più cose, il contratto è valido per quelle persone o per quelle cose alle quali non si riferisce la dichiarazione inesatta o la reticenza.

• Solo nell'ipotesi in cui l'assicurato abbia **con dolo o colpa grave** fornito all'assicuratore dichiarazioni inesatte o sia stato reticente su circostanze tali per cui l'assicuratore non avrebbe dato il suo consenso o non lo avrebbe dato alle medesime condizioni se avesse conosciuto il vero stato delle cose, il contratto può essere **annullato**. • Si pensi all'assicurazione sulla vita in cui l'assicurato ometta di informare l'assicuratore sulle sue già precarie condizioni di salute oppure all'assicurazione contro i danni relativi ad un edificio le cui precarie condizioni statiche sono note all'assicurato ma da questi non comunicate all'assicuratore. • La *ratio* della previsione è quella di **agevolare l'assicuratore** nell'**esatta valutazione del rischio da assumere**, consentendogli l'annullamento del contratto concluso sulla base di circostanze non vere. • Tuttavia, la relativa azione è sottoposta a un termine di decadenza qualora l'assicuratore non dichiari, entro **tre mesi** dal giorno in cui ha conosciuto l'inesattezza della dichiarazione o la reticenza, di volerla esercitare. • Si intende, così, **evitare** che l'assicuratore, scoperto il vizio, continui a riscuotere i premi e addurre l'invalidità del contratto solo una volta che si configuri il sinistro. • Se quest'ultimo si verifica nel periodo di tre mesi previsto per chiedere tale annullamento, il contratto **non produrrà effetti**, lasciando, così, scoperto l'assicurato durante il termine assegnato all'assicuratore per dichiarare di voler esercitare l'azione. • Se l'assicurazione riguarda più persone o più cose, il contratto **è valido** per quelle persone o per quelle cose alle quali non si riferisce la dichiarazione inesatta o la reticenza, non avendo senso estendere gli effetti dell'azione di annullamento anche a quella parte di contratto per la quale le dichiarazioni sono state veritiere.

1893. Dichiarazioni inesatte e reticenze senza dolo o colpa grave.
Se il contraente ha agito senza dolo o colpa grave, le dichiarazioni inesatte e le reticenze non sono causa di annullamento del contratto, ma l'assicuratore può recedere dal contratto stesso, mediante dichiarazione da farsi all'assicurato nei tre mesi dal giorno in cui ha conosciuto l'inesattezza della dichiarazione o la reticenza. Se il sinistro si verifica prima che l'inesattezza della dichiarazione o la reticenza sia conosciuta dall'assicuratore, o prima che questi abbia dichiarato di recedere dal contratto, la somma dovuta è ridotta in proporzione della differenza tra il premio convenuto e quello che sarebbe stato applicato se si fosse conosciuto il vero stato delle cose.

• Se il contraente ha agito **senza dolo o colpa grave**, si prevede il solo diritto dell'assicuratore di **recedere** dal contratto entro il termine di **tre mesi** dal giorno in cui ha conosciuto l'inesattezza della dichiarazione o la reticenza. • Si pensi, ad esempio, al caso del contratto di assicurazione sulla vita in cui l'assicurato ometta di comunicare all'assicuratore una grave malattia della quale nemmeno lui è a conoscenza oppure al contratto di assicurazione contro i danni derivanti da un edificio le cui precarie condizioni statiche sono sconosciute anche all'assicurato. • Scopo della norma è, anche in questo caso, quello di **tutelare l'assicuratore** che deve essere messo in condizione di conoscere esattamente le condizioni della stipula, in modo da **ponderare correttamente il rischio e stabilire un giusto premio**. • L'assicuratore, tuttavia, **è tenuto** a dichiarare entro un breve termine se intende valersi del rimedio, altrimenti egli potrebbe attendere sino al momento del sinistro per far valere il vizio al fine di sottrarsi all'obbligo di indennizzare l'assicurato. • La continuazione dell'assicurazione è, quindi, resa possibile qualora l'assicuratore ritenga che la falsità, l'inesattezza o la reticenza non abbiano prodotto intollerabili turbamenti nell'economia del contratto. • Nel caso di dolo o colpa grave l'assicurato rimane **scoperto** di assicurazione durante il termine assegnato all'assicuratore per dichiarare di voler esercitare l'azione, mentre se non vi è stato dolo o colpa grave, e fino al termine consentito per il recesso, l'importo della somma assicurata **è ridotto in proporzione** della differenza tra il premio convenuto e quello che sarebbe stato applicato se l'assicuratore avesse conosciuto la verità. • Quanto ai premi convenuti, essi **sono dovuti**, sia qualora il contraente abbia agito senza dolo o colpa grave, sia se abbia agito con dolo o colpa grave: nel primo caso la regola si giustifica per il fatto che il rischio **resta ugualmente coperto**, per quanto in proporzione minore, mentre nel secondo caso i premi sono dovuti a titolo di **risarcimento del danno**.

1894. Assicurazione in nome o per conto di terzi.
Nelle assicurazioni in nome o per conto di terzi, se questi hanno conoscenza dell'inesattezza delle dichiarazioni o delle reticenze relative al rischio, si applicano a favore dell'assicuratore le disposizioni degli articoli 1892 e 1893.

• Qualora a essere reticente o a fornire informazioni inesatte sia **lo stipulante che contrae in nome o per conto di terzi**, ciò che rileva è che delle reticenze o delle inesattezze sia a conoscenza l'assicurato. • Solo in tal caso, infatti, si applicheranno gli artt. 1892 e 1893 perché, se invece l'assicurato ignori **incolpevolmente** reticenze o informazioni inesatte, le richiamate disposizioni non si applicano. • La ***ratio*** della norma è evidentemente quella di **evitare** che la disciplina dettata in tema di dichiarazioni inesatte o di reticenze possa essere agevolmente **elusa** grazie alla conclusione di un contratto di assicurazione stipulato da un soggetto diverso dal beneficiario.

1895. Inesistenza del rischio.

Il contratto è nullo se il rischio non è mai esistito o ha cessato di esistere prima della conclusione del contratto.

• L'assicurazione è **nulla** se il rischio non esiste al momento della conclusione del contratto. • **Il rischio** è, infatti, **elemento essenziale** del contratto la cui mancanza, se originaria, impedisce il **sorgere** stesso del contratto mentre, se sopravvenuta alla conclusione, ne determina lo **scioglimento**. • È questo il caso di un'assicurazione sulla vita di una persona già morta o di un'assicurazione contro i danni rispetto alla quale il sinistro si è già verificato.

1896. Cessazione del rischio durante l'assicurazione.

Il contratto si scioglie se il rischio cessa di esistere dopo la conclusione del contratto stesso, ma l'assicuratore ha diritto al pagamento dei premi finché la cessazione del rischio non gli sia comunicata o non venga altrimenti a sua conoscenza. I premi relativi al periodo di assicurazione in corso al momento della comunicazione o della conoscenza sono dovuti per intero.

Qualora gli effetti dell'assicurazione debbano avere inizio in un momento posteriore alla conclusione del contratto e il rischio cessi nell'intervallo, l'assicuratore ha diritto al solo rimborso delle spese.

• L'assicurazione **si scioglie** se il rischio viene meno dopo la conclusione del contratto. • Se il rischio non esiste al tempo della conclusione del contratto, i premi **non sono dovuti**, mentre, se cessa dopo tale conclusione, i premi **devono corrispondersi** fino a quando l'assicuratore non abbia avuto notizia della cessazione del rischio. • La regola si ispira a **ragioni equitative** per le quali non sarebbe giusto che, in presenza di un contratto concluso e già produttivo di effetti, le conseguenze della cessazione del rischio gravino interamente sull'assicuratore. • Qualora, invece, gli effetti del contratto sono posticipati ed il rischio viene meno prima che essi si producano, **nessun premio è dovuto** all'assicuratore in considerazione del fatto che, in tal caso, il contratto non ha ancora avuto modo di **produrre** i suoi effetti.

1897. Diminuzione del rischio.

Se il contraente comunica all'assicuratore mutamenti che producono una diminuzione del rischio tale che, se fosse stata conosciuta al momento della conclusione del contratto, avrebbe portato alla stipulazione di un premio minore, l'assicuratore, a decorrere dalla scadenza del premio o della rata di premio successiva alla comunicazione suddetta, non può esigere che il minor premio, ma ha facoltà di recedere dal contratto entro due mesi dal giorno in cui è stata fatta la comunicazione.

La dichiarazione di recesso dal contratto ha effetto dopo un mese.

• La **diminuzione** dell'entità del rischio dà diritto a una **riduzione** del premio a decorrere dalla scadenza di questo o della rata di premio successiva alla comunicazione dell'evento che ha prodotto il rischio minore. • In ogni caso, però, l'assicuratore ha facoltà di **recedere** dal contratto, potendo il rischio essere tanto tenue da meritare un premio non conveniente, in rapporto alle esigenze dell'impresa assicuratrice. • Tale regola si ispira a un **principio di proporzionalità** tra rischio e premio in virtù del quale, al diminuire del primo, corrisponde una diminuzione del premio dovuto dall'assicurato. • Si pensi al caso di un veicolo assicurato contro il furto che venga, successivamente alla conclusione del contratto, dotato di un antifurto in grado di abbattere sensibilmente le probabilità che il furto si verifichi.

1898. Aggravamento del rischio.

Il contraente ha l'obbligo di dare immediato avviso all'assicuratore dei mutamenti che aggravano il rischio in modo tale che, se il nuovo stato di cose fosse esistito e fosse stato conosciuto dall'assicuratore al momento della conclusione del contratto, l'assicuratore non avrebbe consentito l'assicurazione o l'avrebbe consentita per un premio più elevato.

L'assicuratore può recedere dal contratto, dandone comunicazione per iscritto all'assicurato entro un mese dal giorno in cui ha ricevuto l'avviso o ha avuto in altro modo conoscenza dell'aggravamento del rischio.

Il recesso dell'assicuratore ha effetto immediato se l'aggravamento è tale che l'assicuratore non avrebbe consentito l'assicurazione; ha effetto dopo quindici giorni, se l'aggravamento del rischio è tale che per l'assicurazione sarebbe stato richiesto un premio maggiore.

Spettano all'assicuratore i premi relativi al periodo di assicurazione in corso al momento in cui è comunicata la dichiarazione di recesso.

Se il sinistro si verifica prima che siano trascorsi i termini per la comunicazione e per l'efficacia del recesso, l'assicuratore non risponde qualora l'aggravamento del rischio sia tale che egli non avrebbe consentito l'assicurazione se il nuovo stato di cose fosse esistito al momento del contratto; altrimenti, la somma dovuta è ridotta, tenuto conto del rapporto tra il premio stabilito nel contratto e quello che sarebbe stato fissato se il maggiore rischio fosse esistito al tempo del contratto stesso.

• Qualora, durante la vigenza del contratto di assicurazione, il rischio **si aggravi**, il contraente è tenuto ad avvisare immediatamente l'assicuratore. • In tal caso, a differenza di quanto accade qualora il rischio diminuisca, ove è possibile mantenere in vita il contratto sia pure con un premio ridotto, se il rischio aumenta **l'assicuratore può** decidere di **recedere** dal contratto. • Si pensi, ad esempio, all'assicurazione sulla vita durante il corso della quale l'assicurato ha contratto una grave patologia che ne abbia compromesso lo stato di salute in modo significativo oppure all'assicurazione contro il furto di un veicolo contratta dall'assicurato, il quale abbia poi cambiato residenza andando ad abitare in una località dove il verificarsi dei furti è molto più frequente. • Finalità della norma è quella di **tutelare l'assicuratore** che potrebbe trovarsi esposto a un rischio superiore rispetto a quello esistente al momento della conclusione del contratto. • Nelle more del termine stabilito per il recesso, l'assicuratore **non è tenuto** per i sinistri se l'aggravamento è tale che il rischio non sarebbe stato presumibilmente coperto, mentre **è tenuto** in misura proporzionale alla differenza tra il premio convenuto e il premio che sarebbe stato applicato, qualora la modificazione del rischio sia tale che l'assicurazione sarebbe stata conclusa a condizioni diverse. • L'assicuratore ha diritto ai premi relativi al periodo di assicurazione in corso al momento della comunicazione del recesso in modo che la persistenza di un obbligo dell'assicurato verso l'assicuratore **costituisce stimolo** all'immediata comunicazione dell'aggravamento.

1899. Durata dell'assicurazione.

L'assicurazione ha effetto dalle ore ventiquattro del giorno della conclusione del contratto alle ore ventiquattro dell'ultimo giorno della durata stabilita nel contratto stesso. L'assicuratore, in alternativa ad una copertura di durata annuale, può proporre una copertura di durata poliennale a fronte di una riduzione del premio rispetto a quello previsto per la stessa copertura dal contratto annuale. In questo caso, se il contratto supera i cinque anni, l'assicurato, trascorso il quinquennio, ha facoltà di recedere dal contratto con preavviso di sessanta giorni e con effetto dalla fine dell'annualità nel corso della quale la facoltà di recesso è stata esercitata.

Il contratto può essere tacitamente prorogato una o più volte, ma ciascuna proroga tacita non può avere una durata superiore a due anni.

Le norme del presente articolo non si applicano alle assicurazioni sulla vita.

• Al fine di fugare qualsiasi incertezza sul tempo di efficacia del contratto, è previsto che l'assicurazione **ha effetto** dalle ore ventiquattro del giorno di conclusione del contratto alle ore ventiquattro dell'ultimo giorno stabilito nella polizza. • Il contratto ultraquinquiennale, nonostante patto contrario, può essere **disdettato** alla scadenza dei cinque anni con preavviso di sessanta giorni. • Funzione della norma è quella di **tutelare l'assicurato**, non più interessato alla prosecuzione del rapporto, dal rimanere vincolato al contratto se dovesse ritenere che l'accordo non sia più conveniente. • Qualunque sia la durata del contratto, è possibile che essa sia **prorogata tacitamente**, benché non oltre i due anni. • Quest'ultima disposizione può essere derogata **solo** a vantaggio dell'assicurato, escludendo convenzionalmente la possibilità della proroga tacita ovvero abbreviandone il suo termine.

1900. Sinistri cagionati con dolo o con colpa grave dell'assicurato o dei dipendenti.

L'assicuratore non è obbligato per i sinistri cagionati da dolo o da colpa grave del contraente, dell'assicurato o del beneficiario, salvo patto contrario per i casi di colpa grave.

L'assicuratore è obbligato per il sinistro cagionato da dolo o da colpa grave delle persone del fatto delle quali l'assicurato deve rispondere.

Egli è obbligato altresì, nonostante patto contrario, per i sinistri conseguenti ad atti del contraente, dell'assicurato o del beneficiario, compiuti per dovere di solidarietà umana o nella tutela degli interessi comuni all'assicuratore.

• Il comportamento **doloso o gravemente colposo** del contraente, dell'assicurato o del beneficiario del contratto **libera** l'assicuratore **dall'obbligo di indennizzare** i danni cagionati e nemmeno un patto contrario può derogare la suddetta disposizione. • Finalità della norma è quella di **evitare** che il beneficiario, l'assicurato o il contraente provochino, intenzionalmente o a causa di grave leggerezza, un sinistro dal quale possano poi lucrare l'indennizzo. • Sono, invece, coperti da assicurazione gli eventi provocati da dolo o colpa anche grave delle persone del fatto delle quali l'assicurato **deve** rispondere. • L'assicuratore è, inoltre, **obbligato** a pagare l'indennizzo per quei sinistri causati intenzionalmente dal contraente, dall'assicurato o dal beneficiario, ma compiuti per dovere di **solidarietà umana** o nella tutela degli **interessi comuni all'assicuratore**, come nel caso in cui tali soggetti causino un sinistro per evitare un maggior danno all'assicuratore.

1901. Mancato pagamento del premio.

Se il contraente non paga il premio o la prima rata di premio stabilita dal contratto, l'assicurazione resta sospesa fino alle ore ventiquattro del giorno in cui il contraente paga quanto è da lui dovuto.

Se alle scadenze convenute il contraente non paga i premi successivi, l'assicurazione resta sospesa dalle ore ventiquattro del quindicesimo giorno dopo quello della scadenza.

Nelle ipotesi previste dai due commi precedenti il contratto è risoluto di diritto se l'assicuratore, nel termine di sei mesi dal giorno in cui il premio o la rata sono scaduti, non agisce per la riscossione; l'assicuratore ha diritto soltanto al pagamento del premio relativo al periodo di assicurazione in corso e al rimborso delle spese. La presente norma non si applica alle assicurazioni sulla vita.

• La copertura del rischio dipende dall'adempimento, da parte dell'assicurato, dell'obbligo di pagare il premio. • Il **mancato pagamento** del premio non determina il venir meno del rapporto ma solo la sua **sospensione** che sarà immediata, nel caso in cui l'assicurato non paga il primo premio, e dopo quindici giorni dalla scadenza, nel caso in cui l'inadempimento riguardi i premi successivi al primo. • Nell'assicurazione contro i danni, se l'assicuratore, entro sei mesi dalla scadenza del premio, non agisce per la riscossione, il contratto è **risoluto di diritto** e l'assicuratore può pretendere **solo** il pagamento del premio relativo al periodo di assicurazione in corso.

1902. Fusione, concentrazione e liquidazione coatta amministrativa.

La fusione e la concentrazione di aziende tra più imprese assicuratrici non sono cause di scioglimento del contratto di assicurazione. Il contratto continua con l'impresa assicuratrice che risulta dalla fusione o che incorpora le imprese preesistenti. Per i trasferimenti di portafoglio si osservano le leggi speciali.

Nel caso di liquidazione coatta amministrativa dell'impresa assicuratrice, il contratto di assicurazione si scioglie nei modi e con gli effetti stabiliti dalle leggi speciali anche per ciò che riguarda il privilegio a favore della massa degli assicurati.

• Al fine di non far trovare l'assicurato **improvvisamente** di fronte a rischi **non coperti da assicurazione**, taluni eventi riconducibili **esclusivamente** alle vicende dell'impresa assicuratrice, quali la fusione e la concentrazione di aziende tra più imprese o la liquidazione coatta amministrativa, **non possono incidere** sul contratto di assicurazione determinandone lo scioglimento.

1903. Agenti di assicurazione.

Gli agenti autorizzati a concludere contratti di assicurazione possono compiere gli atti concernenti le modificazioni e la risoluzione dei contratti medesimi, salvi i limiti contenuti nella procura che sia pubblicata nelle forme richieste dalla legge.

Possono inoltre promuovere azioni ed essere convenuti in giudizio in nome dell'assicuratore, per le obbligazioni dipendenti dagli atti compiuti nell'esecuzione del loro mandato, davanti l'autorità giudiziaria del luogo in cui ha sede l'agenzia presso la quale è stato concluso il contratto.

• Gli agenti di assicurazione, ai quali è attribuita la procura a concludere contratti di assicurazione, **possono**, altresì, **modificare o risolvere** i medesimi contratti. • Ad essi è riconosciuta anche una **limitata** rappresentanza processuale.

Sezione II
Dell'assicurazione contro i danni

1904. Interesse all'assicurazione.

Il contratto di assicurazione contro i danni è nullo se, nel momento in cui l'assicurazione deve avere inizio, non esiste un interesse dell'assicurato al risarcimento del danno.

• Oltre che nel caso in cui il rischio non esiste al momento della conclusione del contratto, l'assicurazione è **nulla** anche se l'assicurato **non ha un interesse a concluderla**. • Tale interesse nell'assicurazione contro i danni è quello al risarcimento dei medesimi, mentre per l'assicurazione sulla vita di un terzo occorre il consenso alla conclusione del contratto, dato per iscritto dal terzo o dal suo rappresentante legale.

1905. Limiti del risarcimento.

L'assicuratore è tenuto a risarcire, nei modi e nei limiti stabiliti dal contratto, il danno sofferto dall'assicurato in conseguenza del sinistro.

L'assicuratore risponde del profitto sperato solo se si è espressamente obbligato.

• Nell'assicurazione contro i danni l'assicuratore è tenuto a versare all'assicurato esclusivamente un'**indennità pari al danno sofferto**. • L'assicuratore, quindi, non può mai essere obbligato a versare all'assicurato una somma superiore al danno da questi patito. • **Finalità della norma** è quella di **evitare** che l'assicurato possa trarre dall'indennizzo un **ingiustificato arricchimento**. • Il danno comprende anche i profitti sperati se il risarcimento per la mancata realizzazione di essi è previsto in contratto.

1906. Danni cagionati da vizio della cosa.

Salvo patto contrario, l'assicuratore non risponde dei danni prodotti da vizio intrinseco della cosa assicurata, che non gli sia stato denunziato.

Se il vizio ha aggravato il danno, l'assicuratore, salvo patto contrario, risponde del danno nella misura in cui sarebbe stato a suo carico, qualora il vizio non fosse esistito.

• L'assicuratore è tenuto a indennizzare l'assicurato qualora la cosa assicurata sia stata danneggiata a causa di un vizio proprio della stessa di cui era, però, a conoscenza per essere stato informato dall'assicurato. • L'**informazione** in merito al **vizio della cosa assicurata**, infatti, permette all'assicuratore di stabilire in contratto delle condizioni tali da bilanciare consapevolmente il rischio che si assume. • L'assicuratore, invece, non è tenuto, almeno di norma, a indennizzare l'assicurato qualora il danno sia stato provocato da un vizio intrinseco alla cosa assicurata che gli sia stato taciuto. • Tuttavia, le parti possono stabilire il contrario con un'apposita pattuizione.

1907. Assicurazione parziale.

Se l'assicurazione copre solo una parte del valore che la cosa assicurata aveva nel tempo del sinistro, l'assicuratore risponde dei danni in proporzione della parte suddetta, a meno che non sia diversamente convenuto.

• La **sottoassicurazione** si ha allorquando le parti stabiliscono che il valore garantito sia inferiore a quello reale del bene. • In tale eventualità, in virtù del **principio della necessaria corrispondenza** tra premio corrisposto dall'assicurato e rischio assunto dall'assicuratore, il premio pagato è minore rispetto a quello che sarebbe dovuto se fosse assicurato l'intero valore.

1908. Valore della cosa assicurata.

Nell'accertare il danno non si può attribuire alle cose perite o danneggiate un valore superiore a quello che avevano al tempo del sinistro.

Il valore delle cose assicurate può essere tuttavia stabilito al tempo della conclusione del contratto, mediante stima accettata per iscritto dalle parti.

Non equivale a stima la dichiarazione di valore delle cose assicurate contenuta nella polizza o in altri documenti.

Nell'assicurazione dei prodotti del suolo il danno si determina in relazione al valore che i prodotti avrebbero avuto al tempo della maturazione o al tempo in cui ordinariamente si raccolgono.

• La norma stabilisce le regole per determinare il **valore delle cose** oggetto del contratto che viene, di solito, accertato **al momento del sinistro**. • Occorre, innanzitutto, precisare che **non si può attribuire** alle cose perite o danneggiate **un valore superiore a quello che avevano al tempo del sinistro**. • Quindi, qualora la stima risulti esagerata, l'assicuratore può dimostrare che il valore reale delle cose è inferiore rispetto a quanto stabilito nella polizza. • L'accertamento del valore della cosa può avvenire, però, **anche al tempo della stipula del contratto** e, in tal caso, la stima deve essere fatta per iscritto e accettata da ambedue le parti, non equivalendo a stima la dichiarazione di valore contenuta nella polizza o in altri documenti.

1909. Assicurazione per somma eccedente il valore delle cose.

L'assicurazione per una somma che eccede il valore reale della cosa assicurata non è valida se vi è stato dolo da parte dell'assicurato; l'assicuratore, se è in buona fede, ha diritto ai premi del periodo di assicurazione in corso.

Se non vi è stato dolo da parte del contraente, il contratto ha effetto fino alla concorrenza del valore reale della cosa assicurata, e il contraente ha diritto di ottenere per l'avvenire una proporzionale riduzione del premio.

• La **norma esclude** la possibilità di concludere una **soprassicurazione** grazie alla quale l'assicurato potrebbe garantirsi un indennizzo di valore superiore al reale valore del bene assicurato. • Un siffatto contratto è, infatti, da considerarsi radicalmente nullo se vi è stato dolo da parte dell'assicurato, in quanto consentirebbe a quest'ultimo di conseguire un **ingiustificato arricchimento** che non corrisponde alla tipica funzione indennitaria del contratto di assicurazione. • Se l'assicuratore è in buona fede, il contratto non può essere considerato nullo e l'assicurato è obbligato a versare i premi per il periodo in corso. • Qualora la soprassicurazione non sia frutto di una dolosa preordinazione dell'assicurato, il contratto può essere salvato se le parti riportino l'indennizzo dovuto sino al valore reale della cosa assicurata.

1910. Assicurazione presso diversi assicuratori.

Se per il medesimo rischio sono contratte separatamente più assicurazioni presso diversi assicuratori, l'assicurato deve dare avviso di tutte le assicurazioni a ciascun assicuratore.

Se l'assicurato omette dolosamente di dare l'avviso, gli assicuratori non sono tenuti a pagare l'indennità.

Nel caso di sinistro, l'assicurato deve darne avviso a tutti gli assicuratori a norma dell'articolo 1913, indicando a ciascuno il nome degli altri. L'assicurato può chiedere a ciascun assicuratore l'indennità dovuta secondo il rispettivo contratto, purché le somme complessivamente riscosse non superino l'ammontare del danno.

L'assicuratore che ha pagato ha diritto di regresso contro gli altri per la ripartizione proporzionale in ragione delle indennità dovute secondo i rispettivi contratti. Se un assicuratore è insolvente, la sua quota viene ripartita fra gli altri assicuratori.

• È consentito assicurare lo stesso rischio, separatamente, presso più assicuratori senza, cioè, che le compagnie di assicurazione siano d'accordo tra di loro. • Si parla in tal caso di **assicurazione cumulativa o plurima** la cui utilità viene in rilievo qualora il rischio sia particolarmente gravoso e, dunque, l'assicurato si rivolge a più assicuratori per coprirlo interamente. • L'assicurato, in ogni caso, deve dare **avviso a ciascun assicuratore** delle altre assicurazioni concluse. Se omette questo avviso con dolo, perde il diritto all'indennità, mentre, se lo omette colpevolmente, l'indennizzo si riduce in proporzione del danno che l'assicuratore ha eventualmente sofferto a causa dell'inadempimento da parte dell'assicurato. • Quest'ultimo non potrà pretendere da ciascun assicuratore che il pagamento della propria quota di indennità e, conseguentemente, ciascuno assicuratore è tenuto a corrispondere l'indennizzo secondo il rispettivo contratto e, cioè, nei limiti della somma da ognuno assicurata in proporzione del rischio da ciascuno coperto. • Quella degli assicuratori è **un'obbligazione solidale passiva** e, dunque, qualora uno degli assicuratori paghi l'intero ammontare dell'indennizzo, avrà il diritto di agire in **regresso** nei riguardi degli altri assicuratori.

1911. Coassicurazione.

Qualora la medesima assicurazione o l'assicurazione di rischi relativi alle stesse cose sia ripartita tra più assicuratori per quote determinate, ciascun assicuratore è tenuto al pagamento dell'indennità assicurata soltanto in proporzione della rispettiva quota, anche se unico è il contratto sottoscritto da tutti gli assicuratori.

• A differenza dell'assicurazione cumulativa o plurima, nella **coassicurazione** l'assicurato può rivolgersi ad ognuno degli assicuratori, entro i limiti delle rispettive polizze, per il pagamento dell'intera indennità. • In questo caso ciascun assicuratore risponde del danno in proporzione della rispettiva quota, configurandosi, così, una **obbligazione parziaria**.

1912. Terremoto, guerra, insurrezione, tumulti popolari.

Salvo patto contrario, l'assicuratore non è obbligato per i danni determinati da movimenti tellurici, da guerra, da insurrezione o da tumulti popolari.

• I rischi derivanti dagli **eventi eccezionali**, quali terremoti, guerre, insurrezioni o tumulti popolari non sono coperti dal contratto di assicurazione. • Affinché vi sia tale copertura, le parti devono stipulare un contratto di assicurazione che copra specificamente i danni derivanti da tali accadimenti. • La *ratio* della norma risiede nel fatto che gli eventi in questione sono tali da rendere impossibile per l'assicuratore elaborare un calcolo attendibile per determinare il valore del premio.

1913. Avviso all'assicuratore in caso di sinistro.

L'assicurato deve dare avviso del sinistro all'assicuratore o all'agente autorizzato a concludere il contratto, entro tre giorni da quello in cui il sinistro si è verificato o l'assicurato ne ha avuto conoscenza. Non è necessario l'avviso, se l'assicuratore o l'agente autorizzato alla conclusione del contratto interviene entro il detto termine alle operazioni di salvataggio o di constatazione del sinistro.

Nelle assicurazioni contro la mortalità del bestiame l'avviso, salvo patto contrario, deve essere dato entro ventiquattro ore.

• **L'assicurato è tenuto a comunicare**, all'assicuratore o all'agente autorizzato a concludere il contratto, il verificarsi del sinistro, **entro tre giorni** da quello in cui il sinistro si è verificato o l'assicurato ne ha avuto conoscenza. • Tale dovere viene meno se l'assicuratore o l'agente autorizzato alla conclusione del contratto interviene entro tre giorni da quello in cui il sinistro si è verificato o l'assicurato ne ha avuto conoscenza alle operazioni di salvataggio o di constatazione del sinistro. • **Finalità della previsione** è, innanzitutto, quella di **accertare** se l'indennità sia effettivamente dovuta, constatando le circostanze in cui il sinistro si è verificato ed evitando che le stesse vengano alterate, e in secondo luogo di **limitare** le conseguenze dannose dell'evento.

1914. Obbligo di salvataggio.

L'assicurato deve fare quanto gli è possibile per evitare o diminuire il danno.

Le spese fatte a questo scopo dall'assicurato sono a carico dell'assicuratore, in proporzione del valore assicurato rispetto a quello che la cosa aveva nel tempo del sinistro, anche se il loro ammontare, unitamente a quello del danno, supera la somma assicurata, e anche se non si è raggiunto lo scopo, salvo che l'assicuratore provi che le spese sono state fatte inconsideratamente.

L'assicuratore risponde dei danni materiali direttamente derivati alle cose assicurate dai mezzi adoperati dall'assicurato per evitare o diminuire i danni del sinistro, salvo che egli provi che tali mezzi sono stati adoperati inconsideratamente.

L'intervento dell'assicuratore per il salvataggio delle cose assicurate e per la loro conservazione non pregiudica i suoi diritti.

L'assicuratore che interviene al salvataggio deve, se richiesto dall'assicurato, anticiparne le spese o concorrere in proporzione del valore assicurato.

• A **carico dell'assicurato** è, altresì, l'**obbligo di salvataggio**, ossia l'obbligo di attivarsi per evitare o diminuire le conseguenze dannose del sinistro. • Ne consegue che l'assicuratore non è tenuto a indennizzare il **danno che si sarebbe potuto evitare.** • Può capitare che, al fine di evitare o diminuire le conseguenze dannose del sinistro, l'assicurato sostenga delle spese grazie alle quali l'assicuratore potrà corrispondere una indennità inferiore a quella che avrebbe dovuto versare se l'assicurato non si fosse attivato. • Delle spese sopportate per il salvataggio è l'assicuratore a farsene carico, a meno che esse non siano irragionevoli. • Nulla esclude, in ogni caso, che il salvataggio sia realizzato direttamente dall'assicuratore senza che l'intervento pregiudichi i suoi diritti.

1915. Inadempimento dell'obbligo di avviso o di salvataggio.

L'assicurato che dolosamente non adempie l'obbligo dell'avviso o del salvataggio perde il diritto all'indennità.

Se l'assicurato omette colposamente di adempiere tale obbligo, l'assicuratore ha diritto di ridurre l'indennità in ragione del pregiudizio sofferto.

• In caso di **inadempimento doloso** dell'obbligo di avviso del sinistro e di quello di salvataggio delle cose assicurate, l'assicurato **perde il diritto** all'indennità, mentre, in caso di **inadempimento colposo** dei medesimi obblighi, l'indennizzo **si riduce in proporzione** del danno che l'assicuratore ha eventualmente sofferto a causa dell'inadempimento da parte dell'assicurato. • Tale seconda ipotesi rappresenta una previsione inderogabile, a meno che la deroga avvenga in senso più favorevole all'assicurato.

1916. Diritto di surrogazione dell'assicuratore.

L'assicuratore che ha pagato l'indennità è surrogato, fino alla concorrenza dell'ammontare di essa, nei diritti dell'assicurato verso i terzi responsabili.

Salvo il caso di dolo, la surrogazione non ha luogo se il danno è causato dai figli, dagli ascendenti, da altri parenti o da affini dell'assicurato stabilmente con lui conviventi o da domestici.

L'assicurato è responsabile verso l'assicuratore del pregiudizio arrecato al diritto di surrogazione.

Le disposizioni di questo articolo si applicano anche alle assicurazioni contro gli infortuni sul lavoro e contro le disgrazie accidentali.

• La norma, nel prevedere che l'**assicuratore** che ha pagato l'indennità, sia **surrogato**, fino alla concorrenza dell'ammontare di essa, nei diritti dell'assicurato **verso i terzi responsabili**, contempla una ipotesi di **successione a titolo particolare** nel diritto al risarcimento. • Essa è finalizzata a evitare che il danneggiato possa conseguire, oltre all'indennità, anche il risarcimento da parte del terzo responsabile del sinistro, nei confronti del quale, invece, potrà agire unicamente l'assicuratore. • Allo stesso tempo la norma impedisce che l'assicurazione si rivolga a vantaggio del terzo responsabile poiché, se non fosse prevista questa ipotesi di surrogazione nei diritti dell'assicurato, il danneggiato, indennizzato dall'assicurazione, potrebbe perdere ogni interesse ad agire contro di lui e nessun altro potrebbe avere titolo per agire nei confronti del responsabile del sinistro. • Il **diritto di surroga** dell'assicuratore verso il responsabile del danno è negato quando il danno è causato senza dolo dai figli, dagli ascendenti, da altri parenti o da affini dell'assicurato stabilmente con lui conviventi o da domestici.

1917. Assicurazione della responsabilità civile.

Nell'assicurazione della responsabilità civile l'assicuratore è obbligato a tenere indenne l'assicurato di quanto questi, in conseguenza del fatto accaduto durante il tempo dell'assicurazione, deve pagare a un terzo, in dipendenza della responsabilità dedotta nel contratto. Sono esclusi i danni derivanti da fatti dolosi.

L'assicuratore ha facoltà, previa comunicazione all'assicurato, di pagare direttamente al terzo danneggiato l'indennità dovuta, ed è obbligato al pagamento diretto se l'assicurato lo richiede.

Le spese sostenute per resistere all'azione del danneggiato contro l'assicurato sono a carico dell'assicuratore nei limiti del quarto della somma assicurata. Tuttavia, nel caso che sia dovuta al danneggiato una somma superiore al capitale assicurato, le spese giudiziali si ripartiscono tra assicuratore e assicurato in proporzione del rispettivo interesse.

L'assicurato, convenuto dal danneggiato, può chiamare in causa l'assicuratore.

• Il contratto di assicurazione avente ad oggetto la copertura dei rischi derivanti dalla **responsabilità civile** cui è esposto l'assicurato è stipulato, di regola, da **soggetti particolarmente esposti** al rischio di dover rispondere della propria condotta, come ad esempio i medici, o in considerazione della frequenza del verificarsi dei sinistri, come nel caso della circolazione di veicoli a motore e natanti. • In tale tipo di assicurazione è **coperta** la **sola condotta colposa** dell'assicurato e non anche quella dolosa.

1918. Alienazione delle cose assicurate.

L'alienazione delle cose assicurate non è causa di scioglimento del contratto di assicurazione.

L'assicurato, che non comunica all'assicuratore l'avvenuta alienazione e all'acquirente l'esistenza del contratto di assicurazione, rimane obbligato a pagare i premi che scadono posteriormente alla data dell'alienazione.

I diritti e gli obblighi dell'assicurato passano all'acquirente, se questi, avuta notizia dell'esistenza del contratto di assicurazione, entro dieci giorni dalla scadenza del primo premio successivo all'alienazione, non dichiara all'assicuratore, mediante raccomandata, che non intende subentrare nel contratto.

Spettano in tal caso all'assicuratore i premi relativi al periodo di assicurazione in corso.

L'assicuratore, entro dieci giorni da quello in cui ha avuto notizia dell'avvenuta alienazione, può recedere dal contratto con preavviso di quindici giorni, che può essere dato anche mediante raccomandata.

Se è stata emessa una polizza all'ordine o al portatore, nessuna notizia dell'alienazione deve essere data all'assicuratore, e così questo ultimo come l'acquirente non possono recedere dal contratto.

• L'assicurazione rimane in vigore anche se le cose assicurate sono state alienate. • Il rapporto contrattuale, pertanto, continua anche in capo al nuovo soggetto, divenuto, in forza dell'alienazione, titolare della cosa assicurata. • Con quest'ultimo non sarà necessario alcun accordo, in quanto il **trasferimento del rapporto** avverrà **di diritto**. • Tuttavia, poiché sia l'assicuratore che il nuovo titolare della cosa assicurata potrebbero non gradire la controparte, entrambi hanno **facoltà di recedere**. • La disposizione è, però, corredata da un **obbligo informativo**, atteso che l'assicurato è tenuto a dare notizia dell'assicurazione all'acquirente e dell'alienazione all'assicuratore. • Qualora ometta di comunicare siffatte informazioni, l'assicurato continua ad essere obbligato verso l'assicuratore. • **Non vi è obbligo di comunicazione**, né sussiste diritto di recesso, quando la polizza sia stata emessa all'**ordine o al portatore**, in quanto, in tal caso, il contratto è stato fin dall'inizio destinato alla circolazione.

Sezione III
Dell'assicurazione sulla vita

1919. Assicurazione sulla vita propria o di un terzo.

L'assicurazione può essere stipulata sulla vita propria o su quella di un terzo.

L'assicurazione contratta per il caso di morte di un terzo non è valida se questi o il suo legale rappresentante non dà il consenso alla conclusione del contratto. Il consenso deve essere provato per iscritto.

• È consentito stipulare un'assicurazione, non solo **sulla propria vita**, ma anche **su quella di un terzo**. • In tale ultimo caso, però, il **consenso del terzo** è elemento essenziale per la validità del contratto, dal momento che il beneficiario ha un interesse alla sua morte. • La previsione stabilisce, inoltre, che il contratto debba avere **forma scritta** ai fini probatori.

1920. Assicurazione a favore di un terzo.

È valida l'assicurazione sulla vita a favore di un terzo.

La designazione del beneficiario può essere fatta nel contratto di assicurazione, o con successiva dichiarazione scritta comunicata all'assicuratore, o per testamento; essa è efficace anche se il beneficiario è determinato solo genericamente. Equivale a designazione l'attribuzione della somma assicurata fatta nel testamento a favore di una determinata persona.

Per effetto della designazione il terzo acquista un diritto proprio ai vantaggi dell'assicurazione.

• L'assicurazione sulla vita può concludersi anche **a favore di un terzo**. • L'assicurato può designare il **beneficiario** per iscritto già al momento della conclusione del contratto di assicurazione o con una comunicazione successiva all'assicuratore o, ancora, per testamento, anche mediante la semplice attribuzione, a una persona determinata, della somma coperta dall'assicurazione.

1921. Revoca del beneficio.

La designazione del beneficiario è revocabile con le forme con le quali può essere fatta a norma dell'articolo precedente. La revoca non può tuttavia farsi dagli eredi dopo la morte del contraente, né dopo che, verificatosi l'evento, il beneficiario ha dichiarato di voler profittare del beneficio.

Se il contraente ha rinunziato per iscritto al potere di revoca, questa non ha effetto dopo che il beneficiario ha dichiarato al contraente di voler profittare del beneficio.

La rinuncia del contraente e la dichiarazione del beneficiario devono essere comunicate per iscritto all'assicuratore.

• La **revoca della designazione** del beneficiario nell'assicurazione sulla vita è un **diritto personale** del soggetto contraente che non può essere esercitato né dai suoi eredi, né dai suoi creditori. • Inoltre, la revoca può essere disposta a condizione che, verificatosi l'evento, il beneficiario non abbia dichiarato di volere profittare del beneficio. • Quanto alla forma della revoca, essa necessita delle medesime forme con cui è possibile designare il beneficiario.

1922. Decadenza dal beneficio.

La designazione del beneficiario, anche se irrevocabile, non ha effetto qualora il beneficiario attenti alla vita dell'assicurato.

Se la designazione è irrevocabile ed è stata fatta a titolo di liberalità, essa può essere revocata nei casi previsti dall'articolo 800.

• La norma prevede che il beneficiario **decade dal beneficio** se attenta alla vita dell'assicurato. • Nel **caso di irrevocabilità**, la designazione a titolo gratuito può essere revocata per ingratitudine o per sopravvenienza di figli. • La ragione della norma va ricercata nell'**esigenza** di tutelare il contraente da condotte particolarmente gravi tenute dal beneficiario, tali da renderlo indegno a ricevere quanto disposto in suo favore oppure si siano verificate condizioni tali, come può essere la nascita di un figlio, da indurre il contraente a modificare la propria volontà.

1923. Diritti dei creditori e degli eredi.

Le somme dovute dall'assicuratore al contraente o al beneficiario non possono essere sottoposte ad azione esecutiva o cautelare.

Sono salve, rispetto ai premi pagati, le disposizioni relative alla revocazione degli atti compiuti in pregiudizio dei creditori e quelle relative alla collazione, all'imputazione e alla riduzione delle donazioni.

• La norma, nello stabilire che le **somme** dovute dall'assicuratore al contraente o al beneficiario **non possano essere sottoposte ad azione esecutiva o cautelare**, tende a rendere inattaccabile dai creditori la prestazione che l'assicuratore è tenuto ad eseguire. • Tuttavia, per quanto riguarda i premi pagati, al fine di non consentire elusioni delle norme poste a tutela dei creditori e dei legittimari, **restano operative** le regole in tema di revocatoria degli atti compiuti in pregiudizio dei creditori e quelle relative alla collazione, all'imputazione e alla riduzione delle donazioni.

1924. Mancato pagamento dei premi.

Se il contraente non paga il premio relativo al primo anno, l'assicuratore può agire per l'esecuzione del contratto nel termine di sei mesi dal giorno in cui il premio è scaduto. La disposizione si applica anche se il premio è ripartito in più rate, fermo restando il disposto dei primi due commi dell'articolo 1901; in tal caso il termine decorre dalla scadenza delle singole rate.

Se il contraente non paga i premi successivi nel termine di tolleranza previsto dalla polizza o, in mancanza, nel termine di venti giorni dalla scadenza, il contratto è risoluto di diritto, e i premi pagati restano acquisiti all'assicuratore, salvo che sussistano le condizioni per il riscatto dell'assicurazione o per la riduzione della somma assicurata.

• Nell'**assicurazione sulla vita** il primo premio può essere richiesto dall'assicuratore solo entro i sei mesi dal giorno in cui il premio è scaduto, mentre, per quanto concerne i premi successivi al primo, il loro **mancato pagamento** dà luogo alla **risoluzione del contratto** dopo il decorso del termine di tolleranza stabilito nella polizza o, in mancanza, entro venti giorni dalla scadenza, salvo sempre il diritto dell'assicurato al riscatto dell'assicurazione o alla riduzione della somma assicurata. • La differente disciplina rispetto all'**assicurazione contro i danni**, per la quale è prevista la **sospensione** della polizza in caso di mancato pagamento dei premi, si giustifica per il fatto che **l'assicurazione sulla vita** realizza un'**operazione di risparmio** che l'assicurato può liberamente scegliere di non continuare.

1925. Riscatto e riduzione della polizza.

Le polizze di assicurazione devono regolare i diritti di riscatto e di riduzione della somma assicurata, in modo tale che l'assicurato sia in grado, in ogni momento, di conoscere quale sarebbe il valore di riscatto o di riduzione dell'assicurazione.

• A tutela dell'assicurato la norma contempla il **diritto di riscatto** della polizza e **di riduzione** della somma assicurata che gli consentono di **recedere** dal contratto o di **modificarlo** ove non abbia più interesse alla prosecuzione del rapporto originario. • Per evitare, inoltre, che l'assicuratore possa fissare arbitrariamente la somma dovuta a titolo di riscatto ovvero in riduzione della polizza, egli deve regolare questi ultimi in modo che siano conoscibili in via preventiva dall'assicurato che vuole esercitare i relativi diritti.

1926. Cambiamento di professione dell'assicurato.

I cambiamenti di professione o di attività dell'assicurato non fanno cessare gli effetti dell'assicurazione, qualora non aggravino il rischio in modo tale che, se il nuovo stato di cose fosse esistito al tempo del contratto, l'assicuratore non avrebbe consentito l'assicurazione.

Qualora i cambiamenti siano di tale natura che, se il nuovo stato di cose fosse esistito al tempo del contratto, l'assicuratore avrebbe consentito l'assicurazione per un premio più elevato, il pagamento della somma assicurata è ridotto in proporzione del minor premio convenuto in confronto di quello che sarebbe stato stabilito.

Se l'assicurato dà notizia dei suddetti cambiamenti all'assicuratore, questi, entro quindici giorni, deve dichiarare se intende far cessare gli effetti del contratto ovvero ridurre la somma assicurata o elevare il premio.

Se l'assicuratore dichiara di voler modificare il contratto in uno dei due sensi su indicati, l'assicurato, entro quindici giorni successivi, deve dichiarare se intende accettare la proposta.

Se l'assicurato dichiara di non accettare, il contratto è risoluto, salvo il diritto dell'assicuratore al premio relativo al periodo di assicurazione in corso e salvo il diritto dell'assicurato al riscatto. Il silenzio dell'assicurato vale come adesione alla proposta dell'assicuratore.

Le comunicazioni e dichiarazioni previste dai commi precedenti possono farsi anche mediante raccomandata.

• Nell'assicurazione sulla vita, l'**aggravamento del rischio** dipendente da cambiamenti di professione o di attività dell'assicurato riceve una particolare disciplina secondo la quale, qualora esso sia tale da aumentare in modo considerevole le probabilità di morte del soggetto, può essere **causa di risoluzione del contratto o di riduzione automatica del pagamento** della somma assicurata in proporzione all'aumento del rischio. • Qualora l'assicurato dia notizia di tali cambiamenti all'assicuratore, quest'ultimo deve, entro 15 giorni, dichiarare se intende risolvere il contratto, ridurre la somma assicurata o elevare il premio. • In tale ultima ipotesi l'assicurato deve dichiarare, sempre nel termine di 15 giorni, se intende accettare la proposta. • Il **silenzio** è da ritenersi come adesione alla proposta o, se l'assicurato dichiara di non accettare, il contratto si risolve, fermo restando il diritto di tale contraente al riscatto e quello dell'assicuratore ai premi relativi al periodo di assicurazione.

1927. Suicidio dell'assicurato.

In caso di suicidio dell'assicurato, avvenuto prima che siano decorsi due anni dalla stipulazione del contratto, l'assicuratore non è tenuto al pagamento delle somme assicurate, salvo patto contrario.

L'assicuratore non è nemmeno obbligato se, essendovi stata sospensione del contratto per mancato pagamento dei premi, non sono decorsi due anni dal giorno in cui la sospensione è cessata.

• Prevedendo che, salvo patto contrario, in caso di **suicidio dell'assicurato** – avvenuto prima che siano decorsi due anni dalla stipulazione del contratto –, l'assicuratore non sia tenuto al pagamento delle somme assicurate, la norma mira a evitare che il contratto di assicurazione sulla vita sia concluso, al solo fine di avvantaggiare familiari o amici, da soggetti intenzionati a suicidarsi. • Il legislatore ritiene che, poiché una tale scelta sarebbe il frutto della disperazione legata a una grave situazione, il termine di due anni dalla stipula o dalla riattivazione possa essere sufficiente a far venir meno il proposito suicida o, almeno, a dissuadere il soggetto dalla stipula in frode.

Sezione IV
Della riassicurazione

1928. Prova.

I contratti generali di riassicurazione relativi a una serie di rapporti assicurativi devono essere provati per iscritto.

I rapporti di riassicurazione in esecuzione dei contratti generali e i contratti di riassicurazione per singoli rischi possono essere provati secondo le regole generali.

• La **riassicurazione** è il contratto con il quale l'assicuratore, dietro pagamento di un premio, **trasferisce ad altro assicuratore il rischio** assunto verso i propri assicurati. • La finalità della riassicurazione è quella di consentire all'assicuratore di assicurarsi a sua volta presso un altro assicuratore quando il rischio assunto con la stipula del contratto di assicurazione è troppo gravoso. • Trattandosi di una **nuova assicurazione**, tale fattispecie negoziale deve osservare la disciplina propria del contratto di assicurazione, compresa la regola che prescrive la forma scritta *ad probationem* la quale trova la sua ragione nell'intento di eliminare ogni incertezza circa il contenuto del contratto. • Nei casi di riassicurazione in esecuzione dei contratti generali e per singoli rischi, invece, non sussistendo una tale situazione di incertezza, stante la rilevanza probatoria del contratto a monte, i rapporti possono essere provati secondo le regole generali.

1929. Efficacia del contratto.

Il contratto di riassicurazione non crea rapporti tra l'assicurato e il riassicuratore, salve le disposizioni delle leggi speciali sul privilegio a favore della massa degli assicurati.

• L'assicuratore, che si è a sua volta assicurato, rimane obbligato nei confronti dell'assicurato. • I contratti particolari di riassicurazione, cioè, non creano rapporti tra assicurato e riassicuratore, ad eccezione di quanto previsto dalle leggi speciali per quanto concerne il privilegio a favore della massa degli assicurati.

1930. Diritto del riassicurato in caso di liquidazione coatta amministrativa.

In caso di liquidazione coatta amministrativa del riassicurato, il riassicuratore deve pagare integralmente l'indennità dovuta al riassicurato, salva la compensazione con i premi e gli altri crediti.

• Al fine di evitare che il riassicuratore possa ottenere un vantaggio dalla situazione di dissesto del riassicurato, nel caso di **liquidazione coattiva del riassicurato**, il riassicuratore deve pagare integralmente le somme dovute al riassicurato stesso, nonostante che il debito di quest'ultimo verso gli assicurati debba essere proporzionalmente ridotto a causa del concorso liquidatorio.

1931. Compensazione dei crediti e debiti.

In caso di liquidazione coatta amministrativa dell'impresa del riassicuratore o del riassicurato, i debiti e i crediti che, alla fine della liquidazione, risultano dalla chiusura dei conti relativi a più contratti di riassicurazione, si compensano di diritto.

• Per consentire una rapida regolazione dei rapporti tra riassicuratore e riassicurato in una situazione di **liquidazione coatta amministrativa** in cui uno dei due possa trovarsi e che potrebbe rendere difficoltosa tale regolamentazione, si prevede che i debiti e crediti del riassicuratore o del riassicurato si **compensino di diritto**, anche se derivano da più conti di riassicurazione tenuti separati e autonomi.

Sezione V
Disposizioni finali

1932. Norme inderogabili.

Le disposizioni degli articoli 1887, 1892, 1893, 1894, 1897, 1898, 1899 secondo comma, 1901, 1903 secondo comma, 1914 secondo comma, 1915 secondo comma, 1917 terzo e quarto comma e 1926 non possono essere derogate se non in senso più favorevole all'assicurato.

Le clausole che derogano in senso meno favorevole all'assicurato sono sostituite di diritto dalle corrispondenti disposizioni di legge.

• Le **norme** dettate per il contratto di assicurazione hanno, di regola, **carattere dispositivo ad eccezione di alcune di esse** che non possono venir derogate dalla convenzione **se non in senso favorevole** all'assicurato e si **sostituiscono di diritto** alle corrispondenti clausole difformi del contratto. • Si è in tal modo posta una rigorosa **tutela della posizio-**

ne dell'assicurato, spesso costretto ad accettare, senza poterle discutere, le condizioni generali di polizza predisposte dall'assicuratore, a difesa esclusiva del proprio interesse.

Capo XXI
Del giuoco e della scommessa

1933. Mancanza di azione.

Non compete azione per il pagamento di un debito di giuoco o di scommessa, anche se si tratta di giuoco o di scommessa non proibiti.

Il perdente tuttavia non può ripetere quanto abbia spontaneamente pagato dopo l'esito di un giuoco o di una scommessa in cui non vi sia stata alcuna frode. La ripetizione è ammessa in ogni caso se il perdente è un incapace.

• Il **debito** derivante da una **partita a un gioco o da una scommessa non** attribuisce al vincitore la **possibilità di azionare in giudizio** la sua pretesa creditoria e ciò anche se il gioco o la scommessa non erano proibiti. • Tuttavia, se il perdente, all'esito di un gioco o di una scommessa in cui non vi sia stata frode, **paga spontaneamente** il suo debito, **non potrà pretendere la restituzione** di quanto corrisposto motivando che il pagamento non era dovuto in virtù di un obbligo di legge. • Il **pagamento del debito di gioco non è fatto, cioè, in adempimento di un dovere giuridico,** in quanto tale coercibile, **ma di un dovere morale o sociale** che non è azionabile in giudizio. • Affinché il pagamento non sia ripetibile sono necessari alcuni **presupposti**: innanzitutto la **spontaneità** dello stesso che deve, quindi, essere eseguito senza alcuna coazione. • L'irripetibilità del pagato è sorretta dall'esistenza obiettiva della situazione sulla quale si fonda il dovere e non è necessario che di questa si conoscano i caratteri giuridici tra cui l'incoercibilità. • Per la stabilità del pagamento è richiesto anche un **requisito cronologico**, vale a dire che il pagamento sia stato eseguito dopo l'esito del gioco o della scommessa. • Il versamento della posta nelle mani dell'eventuale vincitore o di un terzo estraneo alla partita rappresenta un deposito a scopo di garanzia e, come tale, non può acquistare la stabilità accordata dalla legge al solo pagamento nel senso tecnico. • Inoltre, il vincitore deve aver agito senza inganno ed è necessario che chi ha eseguito il pagamento sia, al momento in cui lo ha effettuato, **capace di intendere e di volere**.

1934. Competizioni sportive.

Sono eccettuati dalla norma del primo comma dell'articolo precedente, anche rispetto alle persone che non vi prendono parte, i giuochi che addestrano al maneggio delle armi, le corse di ogni specie e ogni altra competizione sportiva.

Tuttavia il giudice può rigettare o ridurre la domanda, qualora ritenga la posta eccessiva.

• Qualora il gioco o la scommessa riguardino **competizioni sportive**, il vincitore può agire in giudizio contro il perdente per ottenere il pagamento. • La regola si applica non solo a coloro che partecipano alla gara, ma anche agli spettatori che scommettono sull'esito della medesima. • Finalità della previsione è quella di stimolare la passione per le competizioni sportive che è condizione indispensabile per lo sviluppo delle medesime. • Al fine di temperare la rilevanza delle implicazioni economiche rispetto alle competizioni sportive, il giudice può ridurre o addirittura rigettare la domanda del vincitore, qualora ritenga la posta eccessiva.

1935. Lotterie autorizzate.

Le lotterie danno luogo ad azione in giudizio, qualora siano state legalmente autorizzate.

• Anche per le **lotterie legalmente autorizzate** l'acquirente del biglietto vincente può agire in giudizio per pretendere il pagamento del premio messo in palio dall'organizzatore della lotteria. • Nessuna azione, invece, è prevista nell'ipotesi di lotteria non legalmente autorizzata.

Capo XXII
Della fideiussione

Sezione I
Disposizioni generali

1936. Nozione.

È fideiussore colui che, obbligandosi personalmente verso il creditore, garantisce l'adempimento di un'obbligazione altrui.

La fideiussione è efficace anche se il debitore non ne ha conoscenza.

• La **fideiussione** è un **contratto consensuale, ad effetti obbligatori,** a forma libera e, di regola, non oneroso, nel qual caso sorgono obbligazioni solo a carico del fideiussore il quale si obbliga personalmente verso il creditore a garantire l'adempimento dell'obbligazione dovuta dal debitore. • Si tratta di un **contratto bilaterale** che lega fideiussore e creditore e non già trilaterale, rimanendo il debitore garantito estraneo al contratto. • La fideiussione è una **tipica garanzia personale** con la quale il fideiussore risponde del debito garantito con tutto il suo patrimonio, distinguendosi in ciò dai diritti reali di garanzia (privilegi, pegno e ipoteca) con i quali si costituisce una garanzia limitata solo ad alcuni particolari beni del garante. • Carattere fondamentale della fideiussione è la sua **accessorietà,** in quanto essa esiste se e in quanto l'obbligazione principale da garantire sia esistente, valida ed efficace. • È proprio l'accessorietà che consente di **distinguere** la fideiussione dal **contratto autonomo di garanzia** con il quale una parte si obbliga, a titolo di garanzia, ad eseguire a semplice richiesta del creditore garantito la prestazione del debitore, indipendentemente dall'esistenza, dalla validità o dall'efficacia del rapporto di base, e senza potere sollevare alcun tipo di eccezione.

1937. Manifestazione della volontà.

La volontà di prestare fideiussione deve essere espressa.

• La **volontà di prestare fideiussione** deve essere necessariamente **espressa** anche se la relativa manifestazione può essere esternata con qualunque mezzo. • Va, invece, esclusa la possibilità di far sorgere la fideiussione per il tramite di una manifestazione tacita o indiretta della volontà. • La **finalità** è quella di consentire l'instaurazione del vincolo solo quando l'intenzione del fideiussore di garantire il debito altrui sia inequivoca e certi ne siano limiti e contenuto.

1938. Fideiussione per obbligazioni future o condizionali.

La fideiussione può essere prestata anche per un'obbligazione condizionale o futura con la previsione, in questo ultimo caso, dell'importo massimo garantito.

• Per venire incontro alle esigenze di speditezza dei traffici giuridici, è consentito concedere fideiussione anche per **crediti sottoposti a condizione o futuri**. • In quest'ultima ipotesi si parla di ***fideiussione omnibus*** con cui il fideiussore garantisce l'adempimento di tutte le obbligazioni che un soggetto assumerà nei confronti di un altro in virtù di un rapporto stabile e duraturo. • Tuttavia, per evitare che il creditore possa abusare della situazione, concedendo credito ad un debitore proprio per l'esistenza di una fideiussione, il legislatore stabilisce che, in caso di obbligazione futura, deve essere fissato l'**importo massimo garantito**.

1939. Validità della fideiussione.

La fideiussione non è valida se non è valida l'obbligazione principale, salvo che sia prestata per un'obbligazione assunta da un incapace.

• In considerazione dell'**accessorietà** che caratterizza la fideiussione, l'obbligazione del fideiussore permane in quanto e nei limiti in cui sussiste quella del debitore principale. • Ne consegue che le modificazioni relative al rapporto principale si ripercuotono sull'obbligazione di garanzia. • L'**obbligazione principale deve**, quindi, essere **valida**, vale a dire immune da vizi. • Si ripercuotono, pertanto, sull'obbligazione del garante, non solo la nullità dell'obbligazione principale, ma anche la sua annullabilità per vizi del consenso e ogni altra anomalia che incida sul vincolo dell'obbligato principale. • **Solo il vizio** relativo all'**incapacità legale** del debitore **non si ripercuote sul vincolo del fideiussore** perché, in tal caso, la garanzia mira a sanare il difetto di capacità.

1940. Fideiussore del fideiussore.

La fideiussione può essere prestata così per il debitore principale, come per il suo fideiussore.

• La **fideiussione del fideiussore** ha come oggetto immediato la garanzia dell'adempimento dell'obbligazione fideiussoria di primo grado e, solo indirettamente, l'adempimento dell'obbligazione principale. • Si tratta di una **garanzia di secondo grado** avente carattere **accessorio** e **sussidiario**, in quanto subordinata all'insolvenza del debitore principale e del suo fideiussore. • **Differente** da tale tipo di fideiussione è la **cofideiussione** la quale ha, invece, come oggetto immediato l'adempimento del debito principale da parte del cofideiussore **congiuntamente** e **cumulativamente** con gli altri fideiussori collegati.

1941. Limiti della fideiussione.

La fideiussione non può eccedere ciò che è dovuto dal debitore, né può essere prestata a condizioni più onerose.

Può prestarsi per una parte soltanto del debito o a condizioni meno onerose.

La fideiussione eccedente il debito o contratta a condizioni più onerose è valida nei limiti dell'obbligazione principale.

• La **fideiussione non può eccedere ciò che è dovuto dal debitore**, **né** può essere prestata a **condizioni più onerose**, con la conseguenza che la fideiussione eccedente il debito o contratta a condizioni più onerose è valida nei limiti dell'obbligazione principale, delineandosi quindi una figura di **riduzione legale** della fattispecie fideiussoria per effetto della quale le pattuizioni più onerose vengono automaticamente riportate al valore corrispondente all'obbligazione garantita.

1942. Estensione della fideiussione.

Salvo patto contrario, la fideiussione si estende a tutti gli accessori del debito principale, nonché alle spese per la denunzia al fideiussore della causa promossa contro il debitore principale e alle spese successive.

• La fideiussione, salva diversa pattuizione delle parti, è prestata per l'intero debito, per tutti gli accessori dell'obbligazione principale, quali, a titolo esemplificativo, gli interessi, nonché per le spese necessarie a denunciare al fideiussore la causa promossa contro il debitore principale e per quelle successive. • Il fideiussore è, ad esempio, tenuto a pagare anche le spese sostenute dal creditore garantito per remunerare il proprio avvocato per escutere il debitore principale.

1943. Obbligazione di prestare fideiussione.

Il debitore obbligato a dare un fideiussore deve presentare persona capace, che possieda beni sufficienti a garantire la obbligazione e che abbia o elegga domicilio nella giurisdizione della corte di appello in cui la fideiussione si deve prestare.

Quando il fideiussore è divenuto insolvente, deve esserne dato un altro, tranne che la fideiussione sia stata prestata dalla persona voluta dal creditore.

• Il debitore, che si è obbligato nei confronti del creditore di prestare una fideiussione, non può proporre, quale fideiussore, un soggetto qualunque ma deve presentare una persona innanzitutto capace, dotata di un patrimonio con beni sufficienti a garantire l'obbligazione e che abbia eletto domicilio o elegga domicilio nella giurisdizione della corte di appello in cui la fideiussione si deve prestare. • Qualora il fideiussore sia divenuto insolvente, il debitore è tenuto a fornire un nuovo fideiussore, dotato di un patrimonio idoneo a garantire il debito, a meno che sia stato lo stesso creditore a indicare la persona del fideiussore divenuto poi insolvente.

Sezione II
Dei rapporti tra creditore e fideiussore

1944. Obbligazione del fideiussore.

Il fideiussore è obbligato in solido col debitore principale al pagamento del debito.

Le parti però possono convenire che il fideiussore non sia tenuto a pagare prima dell'escussione del debitore principale. In tal caso, il fideiussore, che sia convenuto dal creditore e intenda valersi del beneficio dell'escussione, deve indicare i beni del debitore principale da sottoporre ad esecuzione.

Salvo patto contrario, il fideiussore è tenuto ad anticipare le spese necessarie.

• La fideiussione crea, **di regola**, un **vincolo di solidarietà passiva** tra fideiussore e debitore principale. • Tuttavia, **le parti possono** anche **prevedere** il **beneficio di escussione** a favore del fideiussore, grazie al quale quest'ultimo è tenuto a pagare solo dopo che il creditore abbia dimostrato di aver agito esecutivamente sui beni del debitore principale e di essere rimasto, comunque, insoddisfatto. • Qualora il fideiussore sia convenuto dal creditore per l'adempimento e intenda valersi del beneficio di escussione, deve dichiarare di volersene valere e indicare i beni del debitore principale da sottoporre ad esecuzione.

1945. Eccezioni opponibili dal fideiussore.

Il fideiussore può opporre contro il creditore tutte le eccezioni che spettano al debitore principale, salva quella derivante dall'incapacità.

• In attuazione del **principio di accessorietà** il fideiussore può opporre al creditore tutte le **eccezioni** che spettano al debitore principale, come quelle relative all'invalidità del rapporto principale. • L'unica **eccezione** che il fideiussore non può opporre al creditore è quella derivante dall'**incapacità**. • Il fideiussore, in ogni caso, prima di pagare, ha l'onere di comunicare al debitore la sua intenzione di adempiere il debito garantito in modo che il debitore possa metterlo al corrente di eventuali eccezioni da sollevare. • Nella prassi, assai diffusa è la previsione con cui le parti convengono che il garante sia tenuto ad adempiere senza poter opporre alcuna eccezione, né prima né dopo il pagamento. • In questo caso, però, la pattuizione rende il contratto incompatibile con lo schema della fideiussione configurando piuttosto un'ipotesi di **contratto autonomo di garanzia**.

1946. Fideiussione prestata da più persone.

Se più persone hanno prestato fideiussione per un medesimo debitore e a garanzia di un medesimo debito, ciascuna di esse è obbligata per l'intero debito, salvo che sia stato pattuito il beneficio della divisione.

• Anche tra più **cofideiussori,** che hanno garantito uno stesso debitore per un medesimo debito, si crea, di norma, un **vincolo di solidarietà passiva**. • Ne consegue che il cofideiussore che abbia pagato l'intero debito avrà **diritto di regresso** nei confronti degli altri. • È previsto, tuttavia, che le parti possono prevedere il **beneficio della divisione**, nel qual caso ciascun fideiussore sarà tenuto solo nei limiti di una quota parte del debito assunto dal debitore principale.

1947. Beneficio della divisione.

Se è stato stipulato il beneficio della divisione, ogni fideiussore che sia convenuto per il pagamento dell'intero debito può esigere che il creditore riduca l'azione alla parte da lui dovuta.

Se alcuno dei fideiussori era insolvente al tempo in cui un altro ha fatto valere il beneficio della divisione, questi è obbligato per tale insolvenza in proporzione della sua quota, ma non risponde delle insolvenze sopravvenute.

• Il **beneficio della divisione** non opera automaticamente ma solo se ed in quanto viene opposto dal fideiussore. • Qualora, infatti, le parti lo abbiano previsto, il fideiussore convenuto per il pagamento dell'intero debito può esigere che il creditore riduca l'azione alla parte da lui dovuta. • Per il caso in cui alcuni dei **fideiussori** siano **insolventi** sono previste **due ipotesi**. • Infatti, se qualcuno dei fideiussori era insolvente al tempo in cui un altro fideiussore abbia fatto valere il beneficio della divisione, quest'ultimo è obbligato per tale insolvenza solo in proporzione della sua quota. • Se, invece, l'insolvenza di qualcuno dei fideiussori è successiva al momento in cui un altro fideiussore abbia fatto valere il beneficio della divisione, quest'ultimo non risponderà anche per tali insolvenze sopravvenute.

1948. Obbligazione del fideiussore del fideiussore.

Il fideiussore del fideiussore non è obbligato verso il creditore, se non nel caso in cui il debitore principale e tutti i fideiussori di questo siano insolventi, o siano liberati perché incapaci.

• Il **fideiussore può a sua volta stipulare un contratto di fideiussione** per garantire l'adempimento della sua obbligazione di garanzia. • In tale ipotesi, il **creditore principale non è parte** del nuovo contratto di fideiussione e, dunque, il fideiussore del fideiussore non è vincolato nei confronti del creditore principale come lo è il primo fideiussore. • Tuttavia, se il primo fideiussore e anche il debitore principale risultino insolventi o siano liberati da vincolo obbligatorio in quanto incapaci, allora anche il **fideiussore del fideiussore** sarà obbligato nei confronti del creditore principale.

Sezione III
Dei rapporti tra fideiussore e debitore principale

1949. Surrogazione del fideiussore nei diritti del creditore.

Il fideiussore che ha pagato il debito è surrogato nei diritti che il creditore aveva contro il debitore.

• In considerazione del pagamento del debito da parte del fideiussore il creditore principale viene a essere soddisfatto ma sarebbe ingiusto che il fideiussore non potesse rivalersi nei confronti del debitore dal momento che l'adempimento dell'obbligazione sarebbe spettata a quest'ultimo. • La norma, quindi, prevede che il **fideiussore** che abbia pagato sia automaticamente **surrogato nei diritti del creditore**.

1950. Regresso contro il debitore principale.

Il fideiussore che ha pagato ha regresso contro il debitore principale, benché questi non fosse consapevole della prestata fideiussione.

Il regresso comprende il capitale, gli interessi e le spese che il fideiussore ha fatte dopo che ha denunziato al debitore principale le istanze proposte contro di lui.

Il fideiussore inoltre ha diritto agli interessi legali sulle somme pagate dal giorno del pagamento. Se il debito principale produceva interessi in misura superiore al saggio legale, il fideiussore ha diritto a questi fino al rimborso del capitale.

Se il debitore è incapace, il regresso del fideiussore è ammesso solo nei limiti di ciò che sia stato rivolto a suo vantaggio.

• Il fideiussore ha **azione di regresso** nei confronti del debitore. • Tuttavia, nonostante il fideiussore subentri nella medesima posizione che il creditore aveva nei confronti del debitore, quest'ultimo è tenuto a corrispondere al fideiussore, non solo quanto questi abbia corrisposto in favore del creditore per poterlo soddisfare, ma anche gli interessi legali sulle somme pagate dal giorno del pagamento e le spese di un eventuale giudizio. • Nel caso in cui il debitore sia un incapace, il regresso del fideiussore è ammesso solo nei limiti di ciò che sia stato rivolto a vantaggio del debitore.

1951. Regresso contro più debitori principali.

Se vi sono più debitori principali obbligati in solido, il fideiussore che ha garantito per tutti ha regresso contro ciascuno per ripetere integralmente ciò che ha pagato.

• Nel caso in cui il fideiussore garantisca l'adempimento di un vincolo obbligatorio contratto solidamente da più debitori, egli può agire in regresso verso ciascuno dei debitori per ottenere l'intero. • Se, invece, il fideiussore garantisce uno solo dei debitori solidali, è solo verso questo che può agire. • Naturalmente, il debitore solidale che abbia adempiuto nei confronti del fideiussore che ha agito in regresso ha, a sua volta, azione verso gli altri condebitori.

1952. Divieto di agire contro il debitore principale.

Il fideiussore non ha regresso contro il debitore principale se, per avere omesso di denunziargli il pagamento fatto, il debitore ha pagato ugualmente il debito.

Se il fideiussore ha pagato senza averne dato avviso al debitore principale, questi può opporgli le eccezioni che avrebbe potuto opporre al creditore principale all'atto del pagamento.

In entrambi i casi è fatta salva al fideiussore l'azione per la ripetizione contro il creditore.

• Per quanto il **fideiussore** sia tenuto in solido col debitore, è normale che il creditore si rivolga prima al debitore. • Il fideiussore richiesto dal creditore ha perciò il **dovere di avvertire il debitore**. • Se, invece, **omette tale avviso** e paga direttamente in favore del creditore, il debitore può **opporgli le eccezioni** che avrebbe potuto opporre al creditore se questi, anziché al fideiussore, si fosse rivolto al debitore. • Se il debitore ignaro paga, a sua volta, il fideiussore **perde il diritto al regresso**, ma potrà comunque agire per la **ripetizione verso il creditore** perché, altrimenti, questi potrebbe ottenere un arricchimento indebito dai pagamenti.

1953. Rilievo del fideiussore.

Il fideiussore, anche prima di aver pagato, può agire contro il debitore perché questi gli procuri la liberazione o, in mancanza, presti le garanzie necessarie per assicurargli il soddisfacimento delle eventuali ragioni di regresso, nei casi seguenti:

1) quando è convenuto in giudizio per il pagamento;

2) quando il debitore è divenuto insolvente;

3) quando il debitore si è obbligato di liberarlo dalla fideiussione entro un tempo determinato;

4) quando il debito è divenuto esigibile per la scadenza del termine;

5) quando sono decorsi cinque anni, e l'obbligazione principale non ha un termine, purché essa non sia di tal natura da non potersi estinguere prima di un tempo determinato.

• Il legislatore si preoccupa di **tutelare il fideiussore** non solo dopo l'avvenuto pagamento con il meccanismo della surrogazione legale e con l'azione di regresso, ma anche **prima del pagamento**, qualora la possibilità di esperire vittoriosamente l'azione di regresso appaia compromessa. • Si parla in tal caso di **diritto al rilievo** che attribuisce al fideiussore un'**azione cautelare** a seguito della quale il debitore è tenuto a procurare al fideiussore la liberazione o deve prestare le cautele per l'eventuale regresso. • I casi sono quelli del fideiussore convenuto in giudizio per il pagamento; del debitore divenuto insolvente; del debitore che si sia obbligato di liberare il fideiussore entro un tempo determinato; del debito divenuto esigibile per la scadenza del termine; del decorso di cinque anni e dell'obbligazione principale senza termine, purché non sia di tal natura da non potersi estinguere prima di un tempo determinato.

Sezione IV
Dei rapporti tra più fideiussori

1954. Regresso contro gli altri fideiussori.

Se più persone hanno prestato fideiussione per un medesimo debitore e per un medesimo debito, il fideiussore che ha pagato ha regresso contro gli altri fideiussori per la loro rispettiva porzione. Se uno di questi è insolvente, si osserva la disposizione del secondo comma dell'articolo 1299.

• In caso di **cofideiussione**, cioè quando più fideiussori hanno prestato garanzia per un medesimo debitore e per un medesimo debito, se le parti non hanno pattuito diversamente, il fideiussore che ha pagato ha **regresso contro gli altri fideiussori** per la loro rispettiva porzione. • Si presume, cioè, che le porzioni dei cofideiussori siano eguali. • Se uno dei fideiussori è insolvente, la perdita si ripartisce tra gli altri cofideiussori, compreso quello che ha fatto il pagamento.

Sezione V
Dell'estinzione della fideiussione

1955. Liberazione del fideiussore per fatto del creditore.

La fideiussione si estingue quando, per fatto del creditore, non può avere effetto la surrogazione del fideiussore nei diritti, nel pegno, nelle ipoteche e nei privilegi del creditore.

• **Oltre che per cause generali**, come l'estinzione dell'obbligazione principale per l'adempimento da parte del debitore, novazione o remissione, la **fideiussione si estingue** anche quando la **surrogazione** del fideiussore nei diritti, nel pegno, nelle ipoteche e nei privilegi del creditore **non può avere effetto a causa del comportamento del creditore**. • L'**estinzione non opera** ***ipso iure*** ma deve essere fatta valere, in via di azione o eccezione, dal fideiussore. • Tale estinzione si giustifica in considerazione del fatto che, venendo meno il diritto del garante di surrogarsi nei diritti del creditore, sarà più difficile per il fideiussore ottenere la restituzione di quanto pagato.

1956. Liberazione del fideiussore per obbligazione futura.

Il fideiussore per un'obbligazione futura è liberato se il creditore, senza speciale autorizzazione del fideiussore, ha fatto credito al terzo, pur conoscendo che le condizioni patrimoniali di questo erano divenute tali da rendere notevolmente più difficile il soddisfacimento del credito.

Non è valida la preventiva rinuncia del fideiussore ad avvalersi della liberazione.

• In esecuzione del **dovere di buona fede**, qualora sopraggiunga il fondato timore che il debitore non sia più in grado di adempiere, il creditore, pur essendo obbligato a fare credito, è tenuto a non dare esecuzione all'obbligazione assunta. • Se il creditore continuasse a far credito al debitore garantito il fideiussore deve ritenersi liberato dall'obbligazione di garanzia. • Al fine di rafforzare la disposizione, il legislatore ha previsto, altresì, che una eventuale **rinuncia preventiva del fideiussore** ad avvalersi della liberazione **non sia valida**.

1957. Scadenza dell'obbligazione principale.

Il fideiussore rimane obbligato anche dopo la scadenza dell'obbligazione principale, purché il creditore entro sei mesi abbia proposto le sue istanze contro il debitore e le abbia con diligenza continuate.

La disposizione si applica anche al caso in cui il fideiussore ha espressamente limitato la sua fideiussione allo stesso termine dell'obbligazione principale.

In questo caso però l'istanza contro il debitore deve essere proposta entro due mesi.

L'istanza proposta contro il debitore interrompe la prescrizione anche nei confronti del fideiussore.

• Dopo la scadenza dell'obbligazione principale il fideiussore rimane obbligato nei confronti del **creditore** il quale, però, **è tenuto ad attivarsi**, **entro sei mesi** dalla scadenza dell'obbligazione, proponendo le sue istanze contro il debitore e continuandole con diligenza. • La scadenza dell'obbligazione principale impone, quindi, al creditore il dovere di agire nei confronti del fideiussore, pena la perdita del diritto di ottenere da questi il pagamento. • La ragione della previsione trova il suo fondamento nell'**esigenza di tutelare il fideiussore** che altrimenti potrebbe trovarsi esposto a uno **stato di incertezza** a causa del ritardato esercizio del diritto del creditore. • Può capitare che le parti convengano che l'obbligo del fideiussore persista solo fine allo spirare del termine dell'obbligazione principale e non oltre. • Ciononostante, il fideiussore resta comunque soggetto alla pretesa del creditore anche successivamente alla scadenza dell'obbligazione ma, in questo caso, l'istanza contro il debitore deve essere proposta entro due mesi. • La norma, infine, aggiunge che l'istanza proposta dal creditore nei confronti del debitore interrompe la prescrizione anche nei riguardi del fideiussore.

Capo XXIII
Del mandato di credito

1958. Effetti del mandato di credito.
Se una persona si obbliga verso un'altra, che le ha conferito l'incarico, a fare credito a un terzo, in nome e per conto proprio, quella che ha dato l'incarico risponde come fideiussore di un debito futuro.
Colui che ha accettato l'incarico non può rinunziarvi, ma chi l'ha conferito può revocarlo, salvo l'obbligo di risarcire il danno all'altra parte.

• Il **mandato di credito** rappresenta una tipica ipotesi di **garanzia personale** con la quale un soggetto (mandante) dà l'incarico ad un altro soggetto (mandatario) di far credito ad un terzo. • Una volta accettato l'incarico, il mandatario-promittente non può rifiutare di far credito al terzo e **colui che ha dato il mandato** garantisce il debito futuro **come se fosse il fideiussore**. • È previsto che il mandante-richiedente possa revocare il mandato, salvo l'obbligo di risarcire i danni eventuali. • Il mandatario-promittente, invece, non può rinunziare all'incarico accettato, perché l'accettazione rende obbligatoria la prestazione correlativa alla quale si contrappone una garanzia dell'altro contraente. • Peraltro, tranne che per quanto concerne la facoltà di revoca accordata al richiedente, il mandato di credito non ha niente a che fare col mandato, perché la prestazione della persona richiesta di far credito consiste nel compiere un atto giuridico per conto proprio. • Piuttosto, l'obbligazione del richiedente che risponde come fideiussore del credito concesso al terzo dalla persona richiesta, **richiama il rapporto di fideiussione**, alle cui regole può farsi ricorso per una disciplina suppletiva.

1959. Sopravvenuta insolvenza del mandante o del terzo.
Se, dopo l'accettazione dell'incarico, le condizioni patrimoniali di colui che lo ha conferito o del terzo sono divenute tali da rendere notevolmente più difficile il soddisfacimento del credito, colui che ha accettato l'incarico non può essere costretto ad eseguirlo.
Si applica inoltre la disposizione dell'articolo 1956.

• Colui al quale è stato richiesto di far credito, anche qualora abbia accettato, mantiene la **facoltà di sospendere la prestazione**, se le condizioni patrimoniali del debitore promissario o del terzo siano divenute tali da rendere notevolmente più difficile il soddisfacimento del credito. • Anche nel mandato di credito colui che ha accettato l'incarico di far credito a terzi ha il preciso **obbligo di non dare esecuzione** all'obbligazione assunta laddove sopraggiunga il fondato timore che il terzo non sia più in grado di adempiere.

Capo XXIV
Dell'anticresi

1960. Nozione.
L'anticresi è il contratto col quale il debitore o un terzo si obbliga a consegnare un immobile al creditore a garanzia del credito, affinché il creditore ne percepisca i frutti, imputandoli agli interessi, se dovuti, e quindi al capitale.

• L'**anticresi** è il contratto col quale il debitore o un terzo si obbliga a consegnare un immobile al creditore a garanzia del credito, affinché il creditore ne percepisca i frutti, imputandoli agli interessi, se dovuti, e quindi al capitale. • Si tratta di un **contratto consensuale**, in quanto la consegna del fondo al creditore è un atto di esecuzione e non necessario per il perfezionamento del contratto. • È, altresì, un **contratto solenne** in quanto è richiesta la forma scritta per la sua validità. • Esso è, inoltre, **soggetto a trascrizione**, grazie alla quale si rende possibile tutelare il creditore anticretico nei confronti di eventuali pretese dei terzi aventi causa dal proprietario-debitore. • L'anticresi, in particolare, attribuisce un **diritto personale di godimento** opponibile ai terzi solo se trascritta. • All'essenziale e prevalente **funzione di garanzia** dell'anticresi si affianca una eventuale **funzione satisfattoria**, essendo riconosciuto al creditore il diritto di godere dell'immobile.

1961. Obblighi del creditore anticretico.

Il creditore, se non è stato convenuto diversamente, è obbligato a pagare i tributi e i pesi annui dell'immobile ricevuto in anticresi.

Egli ha l'obbligo di conservare, amministrare e coltivare il fondo da buon padre di famiglia. Le spese relative devono essere prelevate dai frutti.

Il creditore, se vuole liberarsi da tali obblighi, può, in ogni tempo, restituire l'immobile al debitore, purché non abbia rinunziato a tale facoltà.

• La norma elenca gli **obblighi imposti al creditore anticretico** tra i quali, innanzitutto, quello di pagare i tributi e i pesi annui gravanti sull'immobile ricevuto, nonché quelli di conservare, amministrare e coltivare il fondo secondo la **diligenza del buon padre di famiglia**. • In linea di principio sul creditore anticretico gravano tutti quegli obblighi che si giustificano in considerazione del fatto che egli è tenuto a restituire l'immobile al debitore o al terzo con cui è stato stipulato il contratto.

1962. Durata dell'anticresi.

L'anticresi dura finché il creditore sia stato interamente soddisfatto del suo credito, anche se il credito o l'immobile dato in anticresi sia divisibile, salvo che sia stata stabilita la durata.

In ogni caso l'anticresi non può avere una durata superiore a dieci anni.

Se è stato stipulato un termine maggiore, questo si riduce al termine suddetto.

• Salvo che le parti non abbiano stabilito una durata differente, l'anticresi dura fino a quando il creditore non sia stato interamente soddisfatto del suo credito e ciò anche se il credito o l'immobile dato in anticresi siano divisibili. • In ogni caso, poiché il **legislatore vede con sfavore lo spossessamento del debitore**, la disposizione stabilisce che il rapporto **non** possa comunque **durare per un tempo superiore a dieci anni**. • Se le parti, quindi, stabilissero una durata maggiore, una tale previsione sarebbe priva di effetti.

1963. Divieto del patto commissorio.

È nullo qualunque patto, anche posteriore alla conclusione del contratto, con cui si conviene che la proprietà dell'immobile passi al creditore nel caso di mancato pagamento del debito.

• Anche per l'anticresi, come per le altre forme di garanzia che hanno ad oggetto una cosa del debitore, quali pegno e ipoteca, vale il **divieto del patto commissorio** secondo il quale le parti convengono che la proprietà dell'immobile passi al creditore nel caso di mancato pagamento del debito. • Una simile pattuizione è **nulla** anche se intervenuta posteriormente alla conclusione del contratto.

1964. Compensazione dei frutti con gli interessi.

Salva la disposizione dell'articolo 1448, è valido il patto col quale le parti convengono che i frutti si compensino con gli interessi in tutto o in parte. In tal caso il debitore può in ogni tempo estinguere il suo debito e rientrare nel possesso dell'immobile.

• Le parti possono concludere anche un **contratto di anticresi compensativa** in base alla quale i frutti non vanno imputati prima agli interessi e poi al capitale, ma vanno integralmente e forfettariamente ad estinguere i soli interessi. • Una tale operazione economica è potenzialmente in grado di generare un **rischio di usura** o, in ogni caso, il pericolo che il debito diventi sempre più oneroso a causa del crescere di produttività della cosa con il passare del tempo. • Il legislatore ha, quindi, ritenuto opportuno consentire al debitore di **estinguere, in ogni tempo**, il debito e di ottenere la restituzione del bene. • In deroga alla regola generale sui contratti, infatti, la norma, fatta salva l'esperibilità dell'azione di rescissione per lesione, autorizza il debitore a estinguere, a semplice richiesta, il suo debito.

Capo XXV
Della transazione

1965. Nozione.
La transazione è il contratto col quale le parti, facendosi reciproche concessioni, pongono fine a una lite già incominciata o prevengono una lite che può sorgere tra loro.
Con le reciproche concessioni si possono creare, modificare o estinguere anche rapporti diversi da quello che ha formato oggetto della pretesa e della contestazione delle parti.

• La transazione è un contratto **a titolo oneroso** e **con prestazioni corrispettive**, eventualmente plurilaterale. Le **concessioni**, che possono riguardare anche diritti e beni estranei alla lite (**transazione mista**), devono essere valutate avuto riguardo alle posizioni assunte dai contraenti nella lite stessa, anche se solo stragiudiziale. La loro reciprocità, già soddisfatta dalla **bilaterale** e congrua **riduzione delle opposte pretese**, consente di delineare un nuovo assetto regolamentare che rende irrilevante l'accertamento della situazione giuridica antecedente e preclude la possibilità di rimettere in discussione quanto concordato. • Ciò vale a conferire alla transazione un carattere necessariamente dispositivo, che la distingue dal **negozio di accertamento** e dalla mera **dismissione della pretesa** o dal **riconoscimento** della sua fondatezza. • La **lite** sintetizza un conflitto di interessi qualificato dalla **pretesa** di un contraente e dalla **resistenza** dell'altro. La pretesa deve consistere nell'affermazione di un diritto, non di un generico **interesse economico**. Non possono dunque formare oggetto di transazione le questioni relative ad una **futura eredità** o ad un'**obbligazione naturale**, mentre è possibile transigere sui diritti derivanti da una successione già aperta o sulla natura civile o naturale di un'obbligazione controversa. • Sulla transazione nell'ambito di un'**obbligazione solidale**, v. *sub* art. 1304.

1966. Capacità a transigere e disponibilità dei diritti.
Per transigere le parti devono avere la capacità di disporre dei diritti che formano oggetto della lite.
La transazione è nulla se tali diritti, per loro natura o per espressa disposizione di legge, sono sottratti alla disponibilità delle parti.

• La **capacità di disporre** è assicurata dalla contestuale presenza della capacità di agire e della legittimazione a transigere in ordine ai rapporti sui quali interviene la transazione. • Per le transazioni concluse per l'**incapace di agire**, v. *sub* artt. 320, co. 3, 375, n. 4, 394, co. 3, 424, co. 1. La transazione è atto eccedente l'ordinaria amministrazione quando si riferisce ad atti aventi identica caratteristica. In assenza di tale connotato, essa può essere validamente perfezionata anche da un inabilitato, un minore emancipato e un rappresentante avente procura generale. • Il **chiamato all'eredità**, prima dell'accettazione, ha anche la possibilità di transigere, nell'àmbito dei poteri di amministrazione a lui spettante (artt. 460 e 486): ove ecceda tale possibilità, il perfezionamento della transazione comporta accettazione tacita (art. 476) e, in caso di beneficio d'inventario, decadenza da quest'ultimo *ex* art. 493. • La capacità di transigere spetta anche agli **enti collettivi**, che agiscono ordinariamente in persona dei loro rappresentanti. Disposizioni specifiche sono dettate, sul tema, dagli artt. 2393, ult. co., e 2476, co. 6. • Sono «**diritti sottratti alla disponibilità delle parti**» quelli privi del connotato di patrimonialità, come gli *status* personali o i diritti della personalità, salvo che per le situazioni patrimoniali da essi derivanti. È dunque valida la transazione concernente la misura dei diritti patrimoniali correlati alla qualità di **legittimario**, degli **alimenti**, dell'assegno di **mantenimento** o di divorzio, del diritto al risarcimento dei danni provocati dal compimento di un reato, ma non quella relativa alla sussistenza dei relativi diritti o delle qualifiche parentali che essi suppongono. • Sulle transazioni nell'ambito di **rapporti di lavoro**, v. *sub* art. 2113 e, per quanto attiene alle **procedure concorsuali**, v. artt. 201, co. 2, l. fall.; 94, co. 2, e 132 d.lgs. 12/1/2019, n. 14.

1967. Prova.

La transazione deve essere provata per iscritto, fermo il disposto del n. 12 dell'articolo 1350.

• Fuori dai casi in cui il vincolo formale è previsto dalla legge sotto pena di nullità (forma *ad substantiam*), la transazione resta valida anche se non perfezionata per iscritto, ma a causa dell'inosservanza della forma *ad probationem* si dovrà applicare l'**art. 2725**. • Il vincolo formale si estende al **mandato** a transigere, nonché alla **ratifica** della transazione perfezionata da un *falsus procurator*. • Sulla forma della transazione perfezionata mediante **conciliazione processuale** o **mediazione** v. artt. 185, 320 e 322 c.p.c.; 11 d.lgs. 4/3/2010, n. 28. • Sulla **trascrizione** della transazione, v. *sub* artt. 2643, n. 13 e 2684, n. 4.

1968. Transazione sulla falsità di documenti.

La transazione nei giudizi civili di falso non produce alcun effetto, se non è stata omologata dal tribunale, sentito il pubblico ministero.

• Nonostante la formulazione della rubrica, la transazione non può riguardare la **verità o** la **falsità del documento**, trattandosi di circostanza che sfugge alla disponibilità delle parti, bensì l'effetto patrimoniale che il documento stesso produce tra i contraenti. • La disposizione in commento opera, in via esclusiva, quando il **giudizio di falso** sia stato avviato prima del perfezionamento del contratto. L'omologazione rappresenta atto di volontaria giurisdizione destinato ad incidere, retroattivamente, sull'efficacia del contratto.

1969. Errore di diritto.

La transazione non può essere annullata per errore di diritto relativo alle questioni che sono state oggetto di controversia tra le parti.

• La disposizione riguarda i soli errori concernenti le questioni oggetto della lite (***caput controversum***) e trae legittimazione dall'esigenza di assicurare alla transazione la più ampia possibilità di risolvere la lite stessa. • L'**art. 1429**, **n. 4**, è applicabile per l'errore su situazioni che non hanno formato oggetto di controversia (***caput non controversum***: si pensi, ad esempio, alla transazione conclusa nell'erroneo presupposto che il bene, da essa diviso, appartenesse interamente all'asse ereditario, mentre per metà era invece nella titolarità di uno dei contraenti) e **sui rapporti estranei alla lite nel caso di transazione mista** *ex* art. 1965, co. 2. • Gli artt. 1427 ss. sono applicabili per i vizi della volontà diversi da quello qui esaminato.

1970. Lesione.

La transazione non può essere impugnata per causa di lesione.

• La disposizione vieta indagini sull'**adeguatezza e proporzionalità delle reciproche concessioni**, anche se riferite a rapporti diversi da quelli oggetto di lite. La presenza delle concessioni è tuttavia data per presupposta, sicché il divieto non impedisce di contestare la loro esistenza e di negare lo stesso perfezionamento del contratto. • Il divieto riguarda solo le parti contraenti e non impedisce ai creditori di esercitare l'**azione revocatoria** nei confronti della transazione. • Per la transazione sulla lite originata da una **divisione**, v. *sub* art. 764.

1971. Transazione su pretesa temeraria.

Se una delle parti era consapevole della temerarietà della sua pretesa, l'altra può chiedere l'annullamento della transazione.

• Il riferimento alla consapevolezza del carattere temerario della pretesa permette di collegare alla mala fede di uno dei contraenti e di escludere la necessità della prova del carattere determinante dell'attività ingannevole e dello stesso errore della controparte. • Il termine di prescrizione dell'azione, dunque, decorre dalla data di stipulazione del contratto (art. 1442, co. 3).

1972. Transazione su un titolo nullo.

È nulla la transazione relativa a un contratto illecito, ancorché le parti abbiano trattato della nullità di questo.

Negli altri casi in cui la transazione è stata fatta relativamente a un titolo nullo, l'annullamento di essa può chiedersi solo dalla parte che ignorava la causa di nullità del titolo.

• Nel caso regolato dal **co. 1**, l'illiceità del contratto originario, da valutarsi *ex* artt. 1343-1345, rende automaticamente nulla la transazione riguardante la questione della **nullità** e la stessa **esistenza** del contratto illecito, salva solo l'ipotesi in cui il titolo originario del rapporto sia stato dalla transazione sostituito. • Il riferimento al «contratto illecito» esclude che il co. 1 sia applicabile alla transazione vertente su un **atto illecito**, posto che essa dispone delle conseguenze risarcitorie o restitutorie dell'atto stesso. • Perché possa trovare applicazione il **co. 2**, la transazione deve aver assunto contorni novativi, non deve aver investito la questione della nullità del titolo e quest'ultima non deve essere stata conosciuta da entrambe le parti. La causa di annullamento ivi prevista è causalmente riconducibile all'errore provocato dalla falsa supposizione dell'efficacia del titolo che ha originato la lite. • Quando ricorrono le condizioni per applicare il co. 2, la nullità può riguardare anche singole clausole del titolo originario e si ammette l'applicazione analogica di tale previsione alle ipotesi in cui il titolo stesso sia divenuto inefficace, al momento della stipulazione della transazione, per **rescissione, risoluzione o annullamento**.

1973. Annullabilità per falsità di documenti.

È annullabile la transazione fatta, in tutto o in parte, sulla base di documenti che in seguito sono stati riconosciuti falsi.

• Il **riconoscimento della falsità** deve essere successivo al perfezionamento della transazione, così da rivelare l'errore del contraente che ha concluso il contratto confidando nella veridicità del documento. • I **documenti** la cui falsità legittima l'impugnativa devono aver avuto carattere determinante nel convincimento a contrarre. • Se la falsità del documento era nota al momento della stipulazione, resta applicabile l'**art. 1968** ove la transazione abbia riguardato la questione della falsità. • L'esigenza di coordinare gli artt. 1442 e 2935 induce ad escludere che il **termine di prescrizione** dell'azione di annullamento decorra dalla data di perfezionamento del contratto, dovendosi invece fare riferimento al giorno in cui la falsità sia stata accertata.

1974. Annullabilità per cosa giudicata.

È pure annullabile la transazione fatta su lite già decisa con sentenza passata in giudicato, della quale le parti o una di esse non avevano notizia.

• L'annullamento dipende da un **errore sui motivi**, eccezionalmente rilevante, sicché va escluso quando la parte conosca l'esistenza del giudicato, pur ignorandone il contenuto. • Stante l'esigenza di subordinare qualunque iniziativa giudiziaria alla prova dell'interesse ad agire (art. 100 c.p.c.), l'azione non può essere proposta dal contraente il cui **diritto** sia stato **dichiarato** dal giudicato **inesistente** o abbia migliorato la propria posizione con la transazione.

1975. Annullabilità per scoperta di documenti.

La transazione che le parti hanno conclusa generalmente sopra tutti gli affari che potessero esservi tra loro non può impugnarsi per il fatto che posteriormente una di esse venga a conoscenza di documenti che le erano ignoti al tempo della transazione, salvo che questi siano stati occultati dall'altra parte.

La transazione è annullabile, quando non riguarda che un affare determinato e con documenti posteriormente scoperti si prova che una delle parti non aveva alcun diritto.

• Affinché la transazione sia «**conclusa generalmente sopra tutti gli affari**» è necessario che le reciproche concessioni riguardino una pluralità di controversie unitariamente considerate e risolte contestualmente. • L'**occultamento dei documenti** integra un **raggiro** che legittima l'annullamento *ex* art. 1439. Se operato da un terzo, è necessario che il contraente ne fosse a conoscenza. • L'occultamento deve aver riguardato la **stessa esistenza del documento** e non il suo solo contenuto: l'impugnazione non è quindi consentita al contraente che non si sia preoccupato di leggere con la dovuta attenzione documenti a lui noti o, in genere, di verificarne l'esistenza usando l'ordinaria diligenza. • Nel caso regolato dal **co. 2**, invece, l'annullamento dipende da errori che cadono sull'esistenza di un documento quale mezzo di prova. Qualora il documento escluda i diritti di entrambi i contraenti, l'impugnazione non è consentita, perché nessuno di loro può avere interesse ad eliminare una transazione comunque favorevole.

1976. Risoluzione della transazione per inadempimento.

La risoluzione della transazione per inadempimento non può essere richiesta se il rapporto preesistente è stato estinto per novazione, salvo che il diritto alla risoluzione sia stato espressamente stipulato.

• È «**novativa**» la transazione che fa sorgere un'obbligazione oggettivamente diversa da quella preesistente, la quale è in tal modo sostituita da un nuovo rapporto. • L'esclusione degli artt. 1453 ss. è eccezionale. Alla transazione novativa restano dunque applicabili non solo gli **artt. 1463 ss. e 1467 ss.**, ma anche l'**art. 1460** e rimane possibile, in caso di inadempimento, ottenere il risarcimento dei danni *ex* **art. 1218.**

Capo XXVI
Della cessione dei beni ai creditori

1977. Nozione.

La cessione dei beni ai creditori è il contratto col quale il debitore incarica i suoi creditori o alcuni di essi di liquidare tutte o alcune sue attività e di ripartirne tra loro il ricavato in soddisfacimento dei loro crediti.

• La cessione è un contratto **consensuale**, **di durata**, **eccedente l'ordinaria amministrazione**, **bilaterale** e **a prestazioni corrispettive**. La necessaria presenza di un **incarico** consente di qualificarlo come una particolare specie di **mandato *in rem propriam***, concluso anche nell'interesse dei creditori mandatari. • Il contratto, essendo finalizzato ad **evitare la procedura esecutiva**, non presuppone necessariamente l'inadempimento attuale o l'insolvenza del cedente e può essere perfezionato anche solo **in funzione cautelare e per prestazioni non ancora esigibili**. In quest'ultimo caso, vale come rinunzia al beneficio del termine da parte del cedente. Nella cessione, inoltre, deve ravvisarsi anche un implicito **riconoscimento dei debiti**.

1978. Forma.

La cessione dei beni si deve fare per iscritto, sotto pena di nullità.

Se tra i beni ceduti esistono crediti, si osservano le disposizioni degli articoli 1264 e 1265.

• La forma scritta è richiesta *ad substantiam* anche se la cessione comprende **solo beni mobili**. • Nonostante il rinvio operato dal **co. 2**, il contratto in esame si differenzia dalla cessione di crediti *ex* artt. 1260 ss. per il fatto che esso non determina il mutamento della titolarità del diritto creduto, ma assicura solo una legittimazione a disporre del medesimo in capo a soggetti diversi dal suo titolare. • Sulla **trascrizione** del contratto, v. *sub* artt. 2649 e 2687.

1979. Poteri dei creditori cessionari.

L'amministrazione dei beni ceduti spetta ai creditori cessionari. Questi possono esercitare tutte le azioni di carattere patrimoniale relative ai beni medesimi.

• L'«**amministrazione**» è finalizzata al soddisfacimento dei cessionari, deve essere esercitata **congiuntamente** e garantire la conservazione dei beni per lo stretto tempo necessario alla liquidazione. Il cedente, anche in virtù dell'**art. 1711, co. 1,** può delimitare nel contratto i poteri amministrativi dei cessionari ed è comunque legittimato *ex* **art. 1986** a reagire ad eventuali comportamenti abusivi, quali, ad esempio, quelli correlati al compimento di atti dispositivi a titolo gratuito sui beni ceduti. • Il termine «**azione**» è da intendersi in senso ampio e comprende non solo il potere di resistere in giudizio, limitatamente ad azioni da altri intraprese in ordine ai beni ceduti, ma anche quello di esercitare il relativo diritto in ambito stragiudiziale, ad esempio avviando un arbitrato. • In caso di **inerzia dei cessionari**, il cedente può agire al posto loro esclusivamente se ciò non provoca alcun conflitto di interessi con i cessionari stessi, dovendosi, altrimenti, chiedere l'intervento giudiziale. • I cessionari possono **acquistare direttamente i beni ceduti**, imputandone il prezzo all'ammontare dei loro crediti.

1980. Effetti della cessione.

Il debitore non può disporre dei beni ceduti.

I creditori anteriori alla cessione che non vi hanno partecipato possono agire esecutivamente anche su tali beni.

I creditori cessionari, se la cessione ha avuto per oggetto solo alcune attività del debitore, non possono agire esecutivamente sulle altre attività prima di aver liquidato quelle cedute.

• La privazione del potere dispositivo del cedente non conferisce ai cessionari un diritto reale sui beni ceduti: il contratto non ha dunque efficacia traslativa. • Il **co. 2** prevale sull'**art. 2915**: i creditori non cessionari possono dunque anche pignorare i beni oggetto della cessione, senza aggredire previamente gli eventuali beni liberi. • Il divieto contenuto nel **co. 3** non impedisce ai creditori cessionari di intraprendere **azioni conservative** sulle attività non comprese nella cessione.

1981. Spese.

I creditori che hanno concluso il contratto o vi hanno aderito devono anticipare le spese necessarie per la liquidazione e hanno il diritto di prelevarne l'importo sul ricavato di essa.

• La **mancata anticipazione** delle spese non comporta, per il cessionario, l'esclusione del diritto di partecipare al riparto, bensì l'obbligo di corrispondere agli altri creditori gli interessi moratori per il suo inadempimento nei loro confronti.

1982. Riparto.

I creditori devono ripartire tra loro le somme ricavate in proporzione dei rispettivi crediti, salve le cause di prelazione. Il residuo spetta al debitore.

• Il riparto, al quale possono partecipare solo i creditori cessionari, determina l'**estinzione delle obbligazioni** del debitore e la sua liberazione nei confronti dei cessionari stessi in ragione di quanto essi hanno ricevuto. • Per procedere al riparto non è necessario attendere il termine della liquidazione e le parti possono convenzionalmente pattuire una **distribuzione non proporzionale** del ricavato. In tal caso, al termine della liquidazione e salva diversa clausola, i cessionari che non siano rimasti proporzionalmente soddisfatti conservano la possibilità di agire in restituzione verso gli altri.

1983. Controllo del debitore.

Il debitore ha diritto di controllare la gestione e di averne il rendiconto alla fine della liquidazione, o alla fine di ogni anno se la gestione dura più di un anno.

Se è stato nominato un liquidatore, questi deve rendere il conto anche al debitore.

• Il diritto di controllo include quello di avere **notizie sullo svolgimento della gestione** e di **consultare le scritture**, nonché, in genere, di partecipare alle assemblee dei creditori, salvo il divieto *ex* art. 1980. • L'obbligo del rendiconto non è collegato corrispettivamente alle obbligazioni del cedente, sicché il suo inadempimento non legittima la risoluzione del contratto, bensì solo la proposizione di una domanda di **rendiconto giudiziale**. La sua **approvazione** implica la liberazione dei cessionari dalle responsabilità connesse alla gestione. • La nomina di un **liquidatore** consente l'applicazione, in via analogica, dell'**art. 1717.** • A differenza dei cessionari, il liquidatore ha diritto ad un **compenso** per la sua attività.

1984. Liberazione del debitore.

Se non vi è patto contrario, il debitore è liberato verso i creditori solo dal giorno in cui essi ricevono la parte loro spettante sul ricavato della liquidazione, e nei limiti di quanto hanno ricevuto.

• Le parti possono pattuire che la liberazione del debitore avvenga anticipatamente, cioè previo acquisto della titolarità dei beni ceduti in capo ai cessionari, nonché che il riparto determini la completa liberazione del debitore, anche qualora l'ammontare ripartito sia inferiore all'ammontare dei crediti. In tali casi, la cessione assume i contorni di una ***datio in solutum*** o di un **concordato remissorio stragiudiziale**. • Effettuata la liquidazione, i creditori che pagano se stessi agiscono come ausiliari del cedente. Il pagamento avrà dunque valore di ricognizione del debito, con conseguente interruzione della prescrizione, e, se effettuato ad un creditore apparente, sarà regolato dall'**art. 1189.**

1985. Recesso dal contratto.

Il debitore può recedere dal contratto offrendo il pagamento del capitale e degli interessi a coloro con i quali ha contrattato o che hanno aderito alla cessione. Il recesso ha effetto dal giorno del pagamento.

Il debitore è tenuto al rimborso delle spese di gestione.

• Il recesso qui regolato costituisce espressione della più generale figura di cui all'**art. 1373.** Non può dunque essere parziale e il suo esercizio è ammissibile sino a quando sussistano **beni ancora da liquidare**.

1986. Annullamento e risoluzione del contratto.

La cessione può essere annullata se il debitore, avendo dichiarato di cedere tutti i suoi beni, ha dissimulato parte notevole di essi, ovvero se ha occultato passività o ha simulato passività inesistenti.

La cessione può essere risoluta per inadempimento secondo le regole generali.

• Poiché nella proposta di cessione il debitore deve indicare i beni che ne formano oggetto, la **dissimulazione** non è inadempimento del contratto, ma – come l'**occultamento o** la **simulazione di passività** – un'attività ingannevole potenzialmente idonea a far cadere il cessionario in errore circa la convenienza dell'accordo. L'annullamento regolato dal co. 1 dipende dunque dal dolo del cedente e il relativo termine di prescrizione decorre dalla scoperta dell'evento lesivo.

Titolo IV
DELLE PROMESSE UNILATERALI

1987. Efficacia delle promesse.

La promessa unilaterale di una prestazione non produce effetti obbligatori fuori dei casi ammessi dalla legge.

• La disposizione enuncia il **principio di tipicità delle promesse unilaterali**, in forza del quale le promesse sono efficaci solo se esse rientrano in una delle fattispecie di promessa unilaterale espressamente disciplinate dal legislatore. Alla base del principio, secondo la spiegazione più diffusa, che non è però l'unica (ed è stata fatta oggetto di diverse riflessioni critiche), sta la questione della **causa**. Nel senso che il nostro ordinamento giuridico impone che ogni spostamento di ricchezza sia sorretto da una idonea giustificazione causale, e la promessa unilaterale, si dice abitualmente, è come tale caratterizzata da una neutralità o indifferenza causale. • Tuttavia la tendenza più recente è di non escludere la possibilità di configurare promesse unilaterali atipiche, posto che il giudizio di liceità, ma soprattutto di meritevolezza, della causa può anche avere a oggetto una promessa unilaterale atipica, e non solo un contratto atipico.

1988. Promessa di pagamento e ricognizione di debito.

La promessa di pagamento o la ricognizione di un debito dispensa colui a favore del quale è fatta dall'onere di provare il rapporto fondamentale. L'esistenza di questo si presume fino a prova contraria.

• La disposizione introduce l'**inversione dell'onere della prova a favore del creditore**, e infatti si parla abitualmente di **astrazione processuale della causa**. La promessa di pagamento e il riconoscimento del debito sono dichiarazioni ricognitive che come tali semplicemente riconoscono la sussistenza di una determinata situazione giuridicamente rilevante: nella promessa di pagamento, il debitore, riconoscendosi tale nei confronti di altro soggetto, promette l'adempimento; nel riconoscimento del debito, il debitore afferma la spettanza di una determinata prestazione in favore del creditore. • Né la promessa di pagamento, né il riconoscimento di debito sono fonti di obbligazioni in senso proprio, come si comprende dalla circostanza che la loro rilevanza è solo processuale. Il destinatario della promessa o del riconoscimento, infatti, nel momento in cui agisca in giudizio per ottenere l'adempimento, non dovrà provare la sussistenza del rapporto sulla base del quale afferma la fondatezza della propria pretesa; al contrario, e in virtù dell'inversione dell'onere della prova, sarà sufficiente, per il creditore, allegare la dichiarazione ricognitiva emessa in suo favore; a questo punto, e proprio in virtù dell'inversione dell'onere della prova, sarà il debitore, per potersi sottrarre alla condanna all'adempimento, a dover provare che il rapporto fondamentale presenta caratteristiche tali (ad esempio, inesistenza; invalidità) da legittimare il suo rifiuto all'adempimento.

1989. Promessa al pubblico.

Colui che, rivolgendosi al pubblico, promette una prestazione a favore di chi si trovi in una determinata situazione o compia una determinata azione, è vincolato dalla promessa non appena questa è resa pubblica.

Se alla promessa non è apposto un termine, o questo non risulta dalla natura o dallo scopo della medesima, il vincolo del promittente cessa, qualora entro l'anno dalla promessa non gli sia stato comunicato l'avveramento della situazione o il compimento dell'azione prevista nella promessa.

• La promessa al pubblico è la promessa rivolta a una **generalità di persone**, il cui oggetto consiste nella promessa di compiere una determinata prestazione in favore di chi si venga a trovare in una determinata situazione, ovvero compia l'azione indicata nella promessa medesima. Nel momento in cui la promessa è **resa pubblica** essa **diventa fonte di obbligazione**. • Alla promessa può essere apposto un termine dallo stesso promittente; in caso contrario, e se il termine non risulta dalla natura della promessa o dallo stesso scopo per il quale è stata fatta, il vincolo in capo al promittente viene a cessare qualora **entro un anno** dal momento in cui la promessa è stata resa pubblica l'azione prevista nella promessa non sia stata compiuta o non si sia avverata la situazione indicata.

1990. Revoca della promessa.

La promessa può essere revocata prima della scadenza del termine indicato dall'articolo precedente solo per giusta causa, purché la revoca sia resa pubblica nella stessa forma della promessa o in forma equivalente.

In nessun caso la revoca può avere effetto se la situazione prevista nella promessa si è già verificata o se l'azione è già stata compiuta.

• La promessa può esser revocata prima del termine solo se sussista una **giusta causa**, e sempre che la revoca sia resa pubblica nella stessa forma della promessa o in una forma equivalente. Per giusta causa della revoca va intesa l'**evento sopravvenuto che non giustifica il mantenimento dell'efficacia della promessa**, facendo così prevalere l'interesse del promittente all'estinzione della promessa sull'interesse dei terzi all'esecuzione di quanto promesso. La giusta causa, secondo un'opinione pacifica, deve riguardare fatti ed eventi oggettivi e non può consistere in una diversa valutazione di opportunità del promittente. In quest'ultimo caso, infatti, non si avrebbe realizzazione di una giusta causa ma revoca per mero arbitrio del promittente. • Peraltro, la revoca sarà inefficace se la situazione indicata nella promessa si sia già verificata o se l'azione sia già stata compiuta.

1991. Cooperazione di più persone.

Se l'azione è stata compiuta da più persone separatamente, oppure se la situazione è comune a più persone, la prestazione promessa, quando è unica, spetta a colui che per primo ne ha dato notizia al promittente.

• Se l'azione di cui alla promessa è **unica** ed è stata compiuta da **più persone separatamente** (sempreché ovviamente ciò fosse materialmente o giuridicamente possibile), la prestazione oggetto della promessa spetta a chi ne abbia dato per primo notizia al promittente. La regola è la stessa quando la situazione oggetto della promessa sia **condivisa da più persone**, nel senso che una pluralità di persone si trova nella situazione richiesta dal promittente ai fini dell'adempimento. • Se invece la prestazione è **divisibile**, e più persone hanno congiuntamente compiuto l'azione richiesta ovvero più persone si sono venute a trovare nella situazione indicata dal promittente, ciascuna di esse avrà diritto a una **quota** della prestazione promessa.

Titolo V
DEI TITOLI DI CREDITO

Capo I
Disposizioni generali

1992. Adempimento della prestazione.

Il possessore di un titolo di credito ha diritto alla prestazione in esso indicata verso presentazione del titolo, purché sia legittimato nelle forme prescritte dalla legge.

Il debitore, che senza dolo o colpa grave adempie la prestazione nei confronti del possessore, è liberato anche se questi non è il titolare del diritto.

• Il titolo di credito è un **documento cartolare** che incorpora il diritto di credito in esso letteralmente riportato, al fine di agevolare il creditore nella ricezione dell'adempimento da parte del debitore e nella disposizione del diritto verso terzi. • Chi del titolo ha conseguito il possesso in conformità alle norme che ne regolano la circolazione, acquista il credito incorporato nel titolo restando legittimato a ricevere dal debitore la prestazione letteralmente indicata nel documento, dietro semplice presentazione dello stesso, senza dover provare il c.d. rapporto fondamentale (ossia il rapporto causale che ha dato origine all'emissione del titolo). • Il pagamento fatto al **possessore legittimo** dal debitore, senza dolo o colpa grave, libera, in ogni caso, il debitore cartolare dall'obbligazione.

1993. Eccezioni opponibili.

Il debitore può opporre al possessore del titolo soltanto le eccezioni a questo personali, le eccezioni di forma, quelle che sono fondate sul contesto letterale del titolo, nonché quelle che dipendono da falsità della propria firma, da difetto di capacità o di rappresentanza al momento dell'emissione, o dalla mancanza delle condizioni necessarie per l'esercizio dell'azione.

Il debitore può opporre al possessore del titolo le eccezioni fondate sui rapporti personali con i precedenti possessori, soltanto se, nell'acquistare il titolo, il possessore ha agito intenzionalmente a danno del debitore medesimo.

• L'**incorporazione** del diritto nel titolo cartolare limita la facoltà del debitore, richiesto dell'adempimento, di opporre al creditore eccezioni idonee a paralizzare la sua pretesa. • Salve quelle fondate su rapporti personali tra l'obbligato cartolare e il **primo prenditore** (tal è colui, in favore del quale il titolo è emesso per la prima volta in ragione del rapporto causale che lo lega all'emittente), le uniche eccezioni opponibili sono quelle riportate al primo comma (c.d. **eccezioni reali**). Tra esse, quelle fondate sul contesto letterale del titolo (principio di **letteralità** dell'obbligazione cartolare) testimoniano della dipendenza della pretesa creditoria dalla formulazione letterale del titolo. • L'opponibilità delle **eccezioni c.d. personali** al primo prenditore è esclusa nel caso in cui a richiedere il pagamento sia altro possessore legittimato ai sensi di legge (principio di astrattezza dell'obbligazione cartolare). In tali ipotesi il debitore potrà opporre al possessore le eccezioni soltanto a lui personali, non pure quelle riferibili ai precedenti possessori. La regola non trova applicazione nel caso in cui il trasferimento del titolo è stato effettuato al solo fine di sottrarre al debitore cartolare la facoltà di opporre eccezioni all'alienante (*fraus omnia rumpit*).

1994. Effetti del possesso di buona fede.

Chi ha acquistato in buona fede il possesso di un titolo di credito, in conformità delle norme che ne disciplinano la circolazione, non è soggetto a rivendicazione.

• Chi consegue in buona fede il possesso del titolo di credito, in conformità alle norme di legge che ne disciplinano la circolazione, può essere assimilato a un **acquirente a titolo originario**, nei confronti del quale nessuna rilevanza assumono eventuali difetti di legittimazione a disporre del precedente possessore, ivi compreso il difetto di titolarità del diritto. • La **circolazione** del credito cartolare (proprio per effetto dell'incorporazione) segue le regole di circolazione dei beni mobili, facendo applicazione, nel caso di specie, della norma generale dell'art. 1153.

1995. Trasferimento dei diritti accessori.

Il trasferimento del titolo di credito comprende anche i diritti accessori che sono ad esso inerenti.

• La norma si riferisce essenzialmente alle garanzie che assistono il credito incorporato nel documento cartolare. Il trasferimento del credito cartolare consente al nuovo possessore legittimo di avvalersi di tutte le garanzie che già assistevano il credito proprio in ragione della loro **natura accessoria** rispetto al credito che assistono. Tali garanzie potranno essere fatte valere in forma cartolare soltanto se risultanti dal documento che incorpora il diritto, in ossequio, ancora una volta, al principio di **letteralità**.

1996. Titoli rappresentativi.

I titoli rappresentativi di merci attribuiscono al possessore il diritto alla consegna delle merci che sono in essi specificate, il possesso delle medesime e il potere di disporne mediante trasferimento del titolo.

• I titoli rappresentativi di merci documentano il credito alla loro consegna in favore del loro possessore legittimo, il quale è, inoltre, possessore mediato delle stesse cose che deve ricevere in consegna prima che il debitore adempia la prestazione dovuta. Di tali cose egli può disporre, pur sempre mediatamente, disponendo del credito alla consegna mediante trasmissione a terzi del titolo rappresentativo. • La legittimazione a ricever l'adempimento dell'obbligazione di consegna si radica sulla **dichiarazione cartolare** del debitore.

1997. Efficacia dei vincoli sul credito.

Il pegno, il sequestro, il pignoramento e ogni altro vincolo sul diritto menzionato in un titolo di credito o sulle merci da esso rappresentate non hanno effetto se non si attuano sul titolo.

• Il principio di letteralità dell'obbligazione cartolare determina oggettivamente i limiti entro i quali il debitore è tenuto all'adempimento della propria obbligazione. • Nel caso in cui un terzo, creditore del possessore legittimo, intenda sottoporre il credito cartolare a **pegno**, **sequestro** o **pignoramento** a tutela delle proprie ragioni, egli è tenuto ad attuare il vincolo sul titolo a pena di inefficacia verso il debitore cartolare. Pertanto, nel caso in cui il **vincolo sul credito** non sia attuato in conformità alla disposizione in commento, il debitore che, su richiesta del possessore legittimo del titolo, adempia a sue mani è liberato dall'obbligazione.

1998. Titoli con diritto a premi.

Nel caso di usufrutto di titoli di credito il godimento dell'usufruttuario si estende ai premi e alle altre utilità aleatorie prodotte dal titolo.

Il premio è investito a norma dell'articolo 1000.

Nel pegno di titoli di credito la garanzia non si estende ai premi e alle altre utilità aleatorie prodotte dal titolo.

• Come ogni altro bene, anche il titolo di credito è suscettibile di essere oggetto di **usufrutto**. In tal caso il titolo dovrà letteralmente riportare l'esistenza dell'usufrutto a favore di soggetto diverso dal legittimo possessore. • In conformità alla regola generale di cui all'art. 1000, il diritto di usufrutto già avente a oggetto il titolo di credito si estende ai **premi** e alle altre eventuali **utilità aleatorie** prodotte dal titolo, pur sempre spettanti, per la nuda proprietà, al nudo proprietario del titolo. • In accordo con il nudo proprietario, l'usufruttuario dovrà investire quanto ricavato in modo fruttifero e su tale investimento ancora si trasferisce l'usufrutto. • Se le parti non fossero d'accordo sul modo d'investimento, provvederà l'autorità giudiziaria. • L'estensione del diritto ai premi e alle altre eventualità utilità aleatorie prodotte dal titolo non opera invece in favore del **titolare di pegno** sul titolo di credito.

1999. Conversione dei titoli.

I titoli di credito al portatore possono essere convertiti dall'emittente in titoli nominativi, su richiesta e a spese del possessore.

Salvo il caso in cui la convertibilità sia stata espressamente esclusa dall'emittente, i titoli nominativi possono essere convertiti in titoli al portatore, su richiesta e a spese dell'intestatario che dimostri la propria identità e la propria capacità a norma del secondo comma dell'articolo 2022.

• La conversione disciplinata dalla norma in commento consente all'emittente di mutare la natura del documento cartolare da **titolo al portatore** a **titolo nominativo**, e viceversa, su richiesta e a spese del possessore (titolo al portatore) o dell'intestatario (titolo nominativo). • Mentre al possessore legittimo del titolo al portatore che chieda la conversione è sufficiente l'esibizione e la consegna del titolo, all'intestatario del titolo all'ordine è imposto, allo stesso fine, di dar prova, all'emittente, della propria **identità** e della propria **capacità di disporre**, mediante certificazione di un **notaio** o di un **agente di cambio**.

2000. Riunione e frazionamento dei titoli.

I titoli di credito emessi in serie possono essere riuniti in un titolo multiplo, su richiesta e a spese del possessore.

I titoli di credito multipli possono essere frazionati in più titoli di taglio minore.

• Nel solo caso di titoli di credito emessi "**in serie**" ossia di titoli incorporanti, ciascuno, un credito derivante da un unico rapporto causale sottostante e sul presupposto della **divisibilità dell'obbligazione** in essi incorporata, il possessore di più titoli autonomi può chiederne all'emittente, a sue spese, il **raggruppamento** in unico documento cartolare che lo legittimi a esercitare la pretesa relativa a ciascuno dei titoli da esso documentati. • Specularmente, nel caso opposto di titolo di credito che, in unico documento cartolare, rappresenti una pluralità di titoli di credito autonomi, il possessore legittimo dell'unico documento cartolare potrà, pur sempre a sue spese, chiederne all'emittente il **frazionamento**, in modo da conseguire una pluralità di titoli omogeni tra loro ma suscettibili di **autonome vicende**.

2001. Rinvio a disposizioni speciali.

Le norme di questo titolo si applicano in quanto non sia diversamente disposto da altre norme di questo codice o di leggi speciali.

I titoli del debito pubblico, i biglietti di banca e gli altri titoli equivalenti sono regolati da leggi speciali.

• La disciplina dei titoli di credito non è esaurita dalle norme del codice civile ma trova ampio spazio in più leggi speciali, tra le quali si segnala in particolare il **r.d. 14/12/1933, n. 1669**, recante "Modificazioni alle norme sulla cambiale e sul vaglia cambiario".

2002. Documenti di legittimazione e titoli impropri.

Le norme di questo titolo non si applicano ai documenti che servono solo a identificare l'avente diritto alla prestazione, o a consentire il trasferimento del diritto senza l'osservanza delle forme proprie della cessione.

• I documenti di legittimazione si limitano a identificare il soggetto avente diritto a ricevere la prestazione dovuta per come letteralmente documentata. • In tali casi la **chartula** occorre alla sola individuazione del soggetto legittimato a chiedere l'adempimento al debitore dietro esibizione del documento, ferma restando, tra le parti, la rilevanza del **rapporto fondamentale** sotto ogni profilo. • I **titoli impropri**, anch'essi estranei alla categoria dei titoli di credito, si caratterizzano invece per la loro attitudine a consentire il trasferimento del diritto letteralmente documentato sul titolo mediante consegna dello stesso dall'alienante all'acquirente, senza tuttavia che alla circolazione siffatta possano applicarsi le altre norme di disciplina dei titoli di credito.

Capo II
Dei titoli al portatore

2003. Trasferimento del titolo e legittimazione del possessore.

Il trasferimento del titolo al portatore si opera con la consegna del titolo.

Il possessore del titolo al portatore è legittimato all'esercizio del diritto in esso menzionato in base alla presentazione del titolo.

• Si dice "**al portatore**" il titolo di credito emesso in favore di soggetto non nominativamente individuato nel documento. • L'obbligato cartolare, in tal caso, è tenuto ad adempiere la prestazione dovuta a mani di chi, portandolo, gli presenti materialmente il titolo per il pagamento. • Il **possesso legittimo** del titolo integra la legittimazione a ricevere, consentendo a chiunque lo "porti" di esercitare tutte le facoltà connesse al credito incorporato nel documento. Per questo motivo il trasferimento del titolo si effettua mediante semplice consegna del documento, senza altre formalità.

2004. Limitazione della libertà di emissione.

Il titolo di credito contenente l'obbligazione di pagare una somma di danaro non può essere emesso al portatore se non nei casi stabiliti dalla legge.

• La *ratio* della disposizione in commento, oggi rafforzata dalla puntuale e attenta disciplina di legge speciale in materia di contrasto al fenomeno del **riciclaggio**, è quella di evitare l'emissione di titoli al portatore atipici incorporanti crediti pecuniari, al fine di controllare la **circolazione della moneta** e dei **mezzi di pagamento** che di fatto vi si possono sostituire. • La circolazione del credito cartolare pecuniario, resa estremamente facile dalla natura del titolo al portatore, e la legittimazione del portatore a pretendere il pagamento della somma indicata letteralmente sul titolo secondo le regole che si stanno esaminando, consentirebbe, di fatto, pericolosi spostamenti anonimi del denaro.

2005. Titolo deteriorato.

Il possessore di un titolo deteriorato che non sia più idoneo alla circolazione, ma sia tuttora sicuramente identificabile, ha diritto di ottenere dall'emittente un titolo equivalente, verso la restituzione del primo e il rimborso delle spese.

• La stretta dipendenza del diritto di credito dalla integrità del documento cartolare che lo incorpora, giustifica il riconoscimento, al possessore del titolo deteriorato, del diritto di ottenere dall'emittente la sua **sostituzione** con un titolo nuovo del medesimo contenuto, a condizione, però, che il deterioramento non renda impossibile identificare il titolo e che comunque il titolo deteriorato – e identificabile in ogni caso – sia restituito all'emittente contro l'emissione del nuovo.

2006. Smarrimento e sottrazione del titolo.

Salvo disposizioni di leggi speciali, non è ammesso l'ammortamento dei titoli al portatore smarriti o sottratti.

Tuttavia chi denunzia all'emittente lo smarrimento o la sottrazione d'un titolo al portatore e gliene fornisce la prova ha diritto alla prestazione e agli accessori della medesima, decorso il termine di prescrizione del titolo.

Il debitore che esegue la prestazione a favore del possessore del titolo prima del termine suddetto è liberato, salvo che si provi che egli conoscesse il vizio del possesso del presentatore.

Se i titoli smarriti o sottratti sono azioni al portatore, il denunziante può essere autorizzato dal tribunale, previa cauzione, se del caso, a esercitare i diritti inerenti alle azioni anche prima del termine di prescrizione, fino a quando i titoli non vengano presentati da altri.

È salvo, in ogni caso, l'eventuale diritto del denunziante verso il possessore del titolo.

• Diversamente da quanto previsto per i titoli all'ordine e nominativi, per il **titolo al portatore** non è ammesso l'ammortamento (artt. 2016 e 2027) proprio in considerazione del fatto che il solo possesso del documento integra la legittimazione all'esercizio dei diritti in esso incorporati. • Tuttavia, la **denunzia** all'emittente della sottrazione o dello smarrimento – accompagnato dalla prova di tali eventi – consente comunque a chi denunzia di ottenere la prestazione cartolarmente promessa dall'emittente, sebbene soltanto alla scadenza del termine di prescrizione del titolo e ciò al fine di evitare che l'emittente sia esposto al pericolo del **doppio pagamento**. • Il pagamento al denunziante, infatti, potrà essere eseguito soltanto se entro il termine di prescrizione del titolo l'emittente non abbia adempiuto all'obbligazione cartolare a mani del possessore del titolo che lo abbia a lui presentato per il pagamento, a meno che non si provi che l'emittente adempiente conoscesse il vizio del possesso del presentatore. • La norma riconosce, in ogni caso, al denunziante azione per recuperare dal presentatore del titolo sottratto o smarrito ciò che questi abbia ricevuto in pagamento dall'emittente.

2007. Distruzione del titolo.

Il possessore del titolo al portatore, che ne provi la distruzione, ha diritto di chiedere all'emittente il rilascio di un duplicato o di un titolo equivalente.

Le spese sono a carico del richiedente.

Se la prova della distruzione non è raggiunta, si osservano le disposizioni dell'articolo precedente.

• Il rilascio di un duplicato del titolo al portatore – o di un titolo a esso equivalente – è consentito nel solo caso in cui il possessore ne faccia richiesta all'emittente, provandone la distruzione e con spese di emissione del nuovo titolo a carico del richiedente.

Capo III
Dei titoli all'ordine

2008. Legittimazione del possessore.

Il possessore di un titolo all'ordine è legittimato all'esercizio del diritto in esso menzionato in base a una serie continua di girate.

• Il **titolo all'ordine** reca espressamente l'indicazione nominativa del soggetto a beneficio del quale esso è emesso. • In caso di trasferimento, dunque, non è sufficiente la mera consegna del documento ma occorre che dallo stesso emerga il **nominativo del nuovo possessore**, investito della legittimazione all'esercizio del credito proprio per effetto di tale mutamento di intestazione. • Il negozio giuridico che permette il trasferimento del titolo è la **girata**, un negozio che deve essere compiuto nelle forme di cui al successivo articolo. Essa legittima il giratario all'esercizio dei diritti incorporati nel titolo e, in caso di plurime girate, a ciò legittima l'ultimo dei giratari che sia tale per effetto di una serie continua di girate, ciascuna apposta dal soggetto che al momento della girata risultava essere il primo prenditore o l'ultimo giratario.

2009. Forma della girata.

La girata deve essere scritta sul titolo e sottoscritta dal girante.

È valida la girata anche se non contiene l'indicazione del giratario.

La girata al portatore vale come girata in bianco.

• La girata è un negozio giuridico **tipicamente cartolare** per effetto del quale si attua il trasferimento del titolo all'ordine, di regola mutando l'indicazione nominativa del soggetto a favore del quale il debitore cartolare è tenuto a eseguire la prestazione. • La girata consiste nella manifestazione di volontà traslativa emessa dal soggetto all'ordine del quale il titolo è stato emesso (o da un successivo giratario, che sia a sua volta tale in base a una serie continua di girate) apposta formalmente sul titolo di credito (normalmente sul suo retro), pur sempre in ossequio al principio di **letteralità**. • La girata può essere "**piena**", quando espressamente contiene l'indicazione del nome del giratario, o "**in bianco**", quando tale indicazione manca. In tal caso il titolo, nato come all'ordine, vale come "al portatore". Lo stesso ultimo effetto si consegue girando il titolo "al portatore", senza indicazione nominativa di uno specifico giratario.

2010. Girata condizionale o parziale.

Qualsiasi condizione apposta alla girata si ha come non scritta.

È nulla la girata parziale.

• La girata è un **atto giuridico puro**, che non ammette cioè l'apposizione di condizioni, in ossequio ai principi disciplinanti la circolazione dei titoli di credito, tutti rivolti a rendere facile e sicuro il trasferimento del credito. • Essa non può essere parziale in quanto, apposta sul documento cartolare, lo investe nella sua interezza, trasferendo al giratario tutti i diritti già spettanti al girante e sempre con riferimento all'obbligazione letteralmente incorporata nel documento. • Il giratario, invero, dovrà poter esercitare la **pretesa cartolare** nello stesso modo in cui avrebbe potuto esercitarla il girante.

2011. Effetti della girata.

La girata trasferisce tutti i diritti inerenti al titolo.

Se il titolo è girato in bianco, il possessore può riempire la girata col proprio nome o con quello di altra persona, ovvero può girare di nuovo il titolo o trasmetterlo a un terzo senza riempire la girata o senza apporne una nuova.

• La girata è un **atto giuridico a effetti reali**, producendo il trasferimento di tutti i diritti inerenti al titolo. • Diversamente da quanto normalmente accade in dipendenza di un atto di trasferimento, che determina una successione a titolo particolare dell'avente causa nella stessa identica situazione soggettiva attiva già vantata dal dante causa, nel caso della girata del titolo all'ordine, il giratario comunque consegue il diritto **libero da ogni eventuale limitazione o vincolo** (salvi i vincoli apposti sul titolo, ai sensi dell'art. 1997) che fossero riferibili al girante, trovando applicazione pur sempre la disposizione dettata dall'art. 1993. • In caso di girata "in bianco" all'ultimo giratario (portatore del titolo girato in suo favore) spetta la facoltà di **riempimento** (mediante indicazione del giratario), che sarà esercitata ove questi non intenda incassarlo o, a sua volta, trasferirlo secondo le regole del titolo al portatore.

2012. Obblighi del girante.

Salvo diversa disposizione di legge o clausola contraria risultante dal titolo, il girante non è obbligato per l'inadempimento della prestazione da parte dell'emittente.

• Il trasferimento del titolo mediante girata **non importa alcuna obbligazione di garanzia** da parte del girante, salvo che sia diversamente disposto da disposizioni di legge speciale, come nel caso della cambiale, ovvero che diversamente risulti dal titolo (il caso è quello del girante che cartolarmente presti garanzia per la solvenza del debitore).

• Ciò vuol dire che, di regola il giratario, in caso di inadempimento del debitore cartolare, non avrà alcuna azione recuperatoria esercitabile nei confronti del girante, che resta estraneo ai rapporti tra giratario e debitore cartolare.

2013. Girata per incasso o per procura.

Se alla girata è apposta una clausola che importa conferimento di una procura per incasso, il giratario può esercitare tutti i diritti inerenti al titolo, ma non può girare il titolo, fuorché per procura.

L'emittente può opporre al giratario per procura soltanto le eccezioni opponibili al girante.

L'efficacia della girata per procura non cessa per la morte o per la sopravvenuta incapacità del girante.

• La **girata per procura** (o **per incasso**) fa del giratario un rappresentante del girante, con la conseguenza che costui potrà soltanto ricevere l'adempimento dall'emittente ovvero girare ma soltanto per procura lo stesso titolo. • Il giratario, in altri termini, non diviene titolare del credito incorporato nel documento, tanto che l'emittente può a lui opporre soltanto le **eccezioni opponibili al girante**, in rappresentanza del quale, invero, il giratario esercita i diritti cartolari.

2014. Girata a titolo di pegno.

Se alla girata è apposta una clausola che importa costituzione di pegno, il giratario può esercitare tutti i diritti inerenti al titolo, ma la girata da lui fatta vale solo come girata per procura.

L'emittente non può opporre al giratario in garanzia le eccezioni fondate sui propri rapporti personali col girante, a meno che il giratario, ricevendo il titolo, abbia agito intenzionalmente a danno dell'emittente.

• La **girata in pegno** non produce l'effetto del trasferimento del titolo ma la costituzione su di esso, e sul credito che nel titolo è incorporato, del diritto reale di pegno in favore del giratario, a garanzia di un credito che questi vanta verso il girante. • Il giratario in tal caso consegue tuti i diritti spettanti al **creditore pignoratizio** e in tale qualità può dunque ricevere l'adempimento dall'emittente, gestendone gli effetti in conformità alle norme che disciplinano il pegno di crediti (artt. 2800 ss.). • Ciò impedisce al giratario in pegno di girare a sua volta il titolo con effetti traslativi, essendo limitata alla sola girata per procura tale facoltà. • L'**autonomia** e l'**astrattezza** dei rapporti cartolari, impedisce all'emittente di opporre al giratario in pegno eccezioni riferibili al girante, salva la prova della **mala fede** aggravata del giratario.

2015. Cessione del titolo all'ordine.

L'acquisto di un titolo all'ordine con un mezzo diverso dalla girata produce gli effetti della cessione.

• Il credito cartolare può ben circolare secondo le regole generali che disciplinano la **cessione del credito**. In tal caso, ovviamente, la circolazione del diritto, ancorché incorporato nel documento, sarà soggetta alle regole ordinarie sulla cessione del credito (artt. 1260 ss.).

2016. Procedura d'ammortamento.

In caso di smarrimento, sottrazione o distruzione del titolo, il possessore può farne denunzia al debitore e chiedere l'ammortamento del titolo con ricorso al presidente del tribunale del luogo in cui il titolo è pagabile.

Il ricorso deve indicare i requisiti essenziali del titolo e, se si tratta di titolo in bianco, quelli sufficienti a identificarlo.

Il presidente del tribunale, premessi gli opportuni accertamenti sulla verità dei fatti e sul diritto del possessore, pronunzia con decreto l'ammortamento e autorizza il pagamento del titolo dopo trenta giorni dalla data di pubblicazione del decreto nella Gazzetta Ufficiale della Repubblica, purché nel frattempo non sia fatta opposizione dal detentore. Se alla data della pubblicazione il titolo non è ancora scaduto, il termine per il pagamento decorre dalla data della scadenza.

Il decreto deve essere notificato al debitore e pubblicato nella Gazzetta Ufficiale della Repubblica a cura del ricorrente.

Nonostante la denunzia, il pagamento fatto al detentore prima della notificazione del decreto libera il debitore.

• Alla procedura disciplinata dalla norma in commento si ricorre per ottenere dal presidente del Tribunale il provvedimento di **ammortamento** del titolo all'ordine smarrito, sottratto o distrutto. • La norma contempera l'interesse di chi la vicenda ha subito con quelli dell'eventuale detentore del titolo, imponendo la pubblicazione in Gazzetta Ufficiale del provvedimento giudiziale utile, all'eventuale detentore, per proporre opposizione al decreto presidenziale entro il termine di trenta giorni dalla pubblicazione, decorso il quale il pagamento al beneficiario del provvedimento di ammortamento è autorizzato e libera il debitore cartolare. • La natura cartolare del credito, in ogni caso, impone di riconoscere **natura liberatoria** al pagamento fatto dall'emittente al detentore anche prima della notificazione a lui del decreto di ammortamento.

2017. Opposizione del detentore.

L'opposizione del detentore deve essere proposta davanti al tribunale che ha pronunziato l'ammortamento, con citazione da notificarsi al ricorrente e al debitore.

L'opposizione non è ammissibile senza il deposito del titolo presso la cancelleria del tribunale.

Se l'opposizione è respinta, il titolo è consegnato a chi ha ottenuto l'ammortamento.

• L'opposizione all'ammortamento instaura un **giudizio di cognizione** diretto ad accertare la titolarità del documento cartolare e del credito in esso incorporato e, al fine di evitare che il titolo circoli in pendenza del giudizio, impone al detentore opponente il deposito del documento presso la cancelleria del Tribunale adito. • Il titolo sarà consegnato al beneficiario del decreto di ammortamento nel caso in cui il Giudice rigetti l'opposizione.

2018. Diritti del ricorrente durante il termine per l'opposizione.

Durante il termine stabilito dall'articolo 2016, il ricorrente può compiere tutti gli atti che tendono a conservare i suoi diritti, e, se il titolo è scaduto o pagabile a vista, può esigerne il pagamento mediante cauzione o chiedere il deposito giudiziario della somma.

• Lo svolgimento del giudizio di opposizione non impedisce al ricorrente (opponente) di esercitare i diritti utili a conservare integra la pretesa creditoria, fino a poter esigere, nei casi indicati, il pagamento dall'emittente salva la necessità che la somma ricevuta sia depositata presso la cancelleria del Tribunale adito ovvero che la sua ricezione da parte dell'opponente sia garantita dalla prestazione di una **cauzione** di pari importo, in modo da garantire al soggetto che ha ottenuto il decreto di poter essere soddisfatto in caso di rigetto dell'opposizione.

2019. Effetti dell'ammortamento.

Trascorso senza opposizione il termine indicato dall'articolo 2016, il titolo non ha più efficacia, salve le ragioni del detentore verso chi ha ottenuto l'ammortamento.

Chi ha ottenuto l'ammortamento, su presentazione del decreto e di un certificato del cancelliere del tribunale comprovante che non fu interposta opposizione, può esigere il pagamento o, qualora il titolo sia in bianco o non sia ancora scaduto, può ottenere un duplicato.

• Divenuto definitivamente efficace il provvedimento di ammortamento per mancata opposizione nel termine di trenta giorni di cui all'art. 2016, il titolo che non sia già materialmente distrutto **perde efficacia** e la pretesa creditoria potrà essere esercitata da chi ha ottenuto in proprio favore il decreto di ammortamento, dietro esibizione dello stesso e di una certificazione di mancata opposizione rilasciata dalla cancelleria del Tribunale competente, salva la possibilità di ottenere un **duplicato** in caso di titolo in bianco o non ancora scaduto. • Restano salve, nei rapporti interni, le ragioni di diritto del detentore del titolo non più efficace verso chi ha ottenuto l'ammortamento.

2020. Leggi speciali.

Le norme di questa sezione si applicano ai titoli all'ordine regolati da leggi speciali in quanto queste non dispongano diversamente.

Capo IV
Dei titoli nominativi

2021. Legittimazione del possessore.

Il possessore di un titolo nominativo è legittimato all'esercizio del diritto in esso menzionato per effetto dell'intestazione a suo favore contenuta nel titolo e nel registro dell'emittente.

• Chi emette un titolo di credito **nominativo** tiene, altresì, un **registro** nel quale annota l'emissione del titolo e tutte le indicazioni in esso letteralmente contenute, con particolare riferimento alla persona dell'intestatario. • Il titolo nominativo si caratterizza per il fatto che la legittimazione all'esercizio dei diritti cartolari richiede la **coincidenza soggettiva** tra l'intestatario del titolo e colui che come tale è indicato nel registro dell'emittente.

2022. Trasferimento.

Il trasferimento del titolo nominativo si opera mediante l'annotazione del nome dell'acquirente sul titolo e nel registro dell'emittente o col rilascio di un nuovo titolo intestato al nuovo titolare. Del rilascio deve essere fatta annotazione nel registro.

Colui che chiede l'intestazione del titolo a favore di un'altra persona, o il rilascio di un nuovo titolo ad essa intestato, deve provare la propria identità e la propria capacità di disporre, mediante certificazione di un notaio o di un agente di cambio. Se l'intestazione o il rilascio è richiesto dall'acquirente, questi deve esibire il titolo e dimostrare il suo diritto mediante atto autentico.

Le annotazioni nel registro e sul titolo sono fatte a cura e sotto la responsabilità dell'emittente.

L'emittente che esegue il trasferimento nei modi indicati dal presente articolo è esonerato da responsabilità, salvo il caso di colpa.

• La necessaria coincidenza soggettiva tra l'indicazione dell'intestatario risultante dal documento e quella risultante dal registro dell'emittente, impone che nel caso di circolazione del titolo nominativo la legittimazione all'esercizio dei diritti cartolari discenda necessariamente dal **mutamento della intestazione** sia sul titolo che nel registro. • Il mutamento della intestazione nel registro dell'emittente può essere richiesto sia dall'alienante del titolo che dall'acquirente alle condizioni indicate nella norma in commento.• Nel caso in cui la richiesta provenga dall'acquirente, questi dovrà esibire il titolo, evidentemente ricevuto in consegna dall'alienante (pur senza alcun mutamento di intestazione) e dare prova del suo diritto mediante esibizione dell'**atto pubblico** o della **scrittura privata autenticata** di trasferimento, in modo da consentire all'emittente di modificare, sul titolo e sul registro, l'**indicazione dell'intestatario**.

2023. Trasferimento mediante girata.

Salvo diverse disposizioni della legge, il titolo nominativo può essere trasferito anche mediante girata autenticata da un notaio o da un agente di cambio.

La girata deve essere datata e sottoscritta dal girante e contenere l'indicazione del giratario. Se il titolo non è interamente liberato, è necessaria anche la sottoscrizione del giratario.

Il trasferimento mediante girata non ha efficacia nei confronti dell'emittente fino a che non ne sia fatta annotazione nel registro. Il giratario che si dimostra possessore del titolo in base a una serie continua di girate ha diritto di ottenere l'annotazione del trasferimento nel registro dell'emittente.

• La **girata** del titolo nominativo, modalità di trasferimento alternativa a quella disciplinata dall'art. 2022, deve, per essere efficace, essere **autenticata** da un **notaio** o da un **agente di cambio** e deve contenere necessariamente l'indicazione del giratario (non può, dunque, essere in bianco). • La sottoscrizione del giratario è necessaria nel solo caso in cui il titolo non sia ancora interamente liberato, come può accadere nel caso delle azioni nominative rappresentative del capitale di una s.p.a. quando il girante non abbia ancora assolto interamente all'obbligo di conferimento promesso. • In ogni caso la girata del titolo nominativo non ha efficacia finché il giratario non ottenga, dall'emittente, il **mutamento della intestazione** sul registro. L'emittente è obbligato a tale formalità su richiesta del possessore del titolo, che la chieda esibendo il titolo girato in suo favore, che sia tale in base a una serie continua di girate, di cui l'ultima in suo favore.

2024. Vincoli sul credito.

Nessun vincolo sul credito produce effetti nei confronti dell'emittente e dei terzi, se non risulta da una corrispondente annotazione sul titolo e nel registro.

Per l'annotazione si osserva il disposto del secondo comma dell'articolo 2022.

• Tenuto conto delle caratteristiche del titolo nominativo, l'apposizione di **vincoli sul credito**, che devono pur sempre risultare dal titolo, è efficace soltanto dopo che della costituzione del vincolo sia fatta **annotazione** nel registro dell'emittente, consentendo, soltanto dopo tale annotazione, al titolare dei diritti sul credito di esercitare le sue facoltà verso l'emittente.

2025. Usufrutto.

Chi ha l'usufrutto del credito menzionato in un titolo nominativo ha diritto di ottenere un titolo separato da quello del proprietario.

• Un titolo nominativo sul quale sia stato costituito, nelle forme di legge, un diritto di **usufrutto** può, su richiesta dell'usufruttuario, essere frazionato in due titoli autonomi rilasciati, rispettivamente, in favore dell'usufruttuario e del **nudo proprietario**.

2026. Pegno.

La costituzione in pegno di un titolo nominativo può farsi anche mediante consegna del titolo, girato con la clausola «in garanzia» o altra equivalente.

Il giratario in garanzia non può trasmettere ad altri il titolo se non mediante girata per procura.

• Fermo quanto disposto dall'art. 2024, la norma consente la costituzione in pegno del titolo nominativo anche mediante girata purché questa rechi la clausola "**in garanzia**" o altra equivalente (es. "girata in pegno in favore di …"). • Come nel caso del titolo all'ordine, anche in questo il giratario in garanzia potrà a sua volta girare il titolo soltanto **per procura**, non essendo titolare del credito cartolare ma soltanto di un diritto di pegno su di esso.

2027. Ammortamento.

In caso di smarrimento, sottrazione o distruzione del titolo, l'intestatario o il giratario di esso può farne denunzia all'emittente e chiedere l'ammortamento del titolo in conformità delle norme relative ai titoli all'ordine.

In caso di smarrimento, sottrazione o distruzione di azioni nominative, durante il termine stabilito dall'articolo 2016 il ricorrente può esercitare i diritti inerenti alle azioni, salva, se del caso, la prestazione di una cauzione.

L'ammortamento estingue il titolo, ma non pregiudica le ragioni del detentore verso chi ha ottenuto il nuovo titolo.

• La disciplina dell'**ammortamento** è riferita anche ai titoli nominativi a essi estendendo le medesime regole fissate per i titoli all'ordine. • Nel caso in cui si tratti di azioni nominative rappresentative del capitale di una s.p.a., al fine di consentire il regolare svolgimento del rapporto associativo anche durante i tempi del procedimento giudiziale di ammortamento, il ricorrente può esercitare i diritti inerenti alle azioni smarrite, sottratte o distrutte, eventualmente previa prestazione di **idonea cauzione** stabilita dal Giudice.

Titolo VI
DELLA GESTIONE DI AFFARI

2028. Obbligo di continuare la gestione.

Chi, senza esservi obbligato, assume scientemente la gestione di un affare altrui, è tenuto a continuarla e a condurla a termine finché l'interessato non sia in grado di provvedervi da se stesso.

L'obbligo di continuare la gestione sussiste anche se l'interessato muore prima che l'affare sia terminato, finché l'erede possa provvedere direttamente.

• La disposizione traccia qui i caratteri fondamentali della gestione di affari altrui, ovvero la *negotiorum gestio*. Il gestore è il soggetto che, **senza esservi giuridicamente obbligato, consapevolmente si occupa di un interesse altrui**, e ciò naturalmente per arrecare un vantaggio al soggetto momentaneamente impossibilitato a provvedervi direttamente. Nel momento in cui il soggetto diviene gestore dell'affare altrui, sorgono nei suoi confronti **due obbligazioni** (del resto siamo qui in presenza di una delle classiche figure riconducibili a quel *tertium genus* di fonti delle obbligazioni, di cui all'art. 1173): quella di continuare la gestione spontaneamente iniziata e quella di condurla fino al momento in cui il soggetto interessato sarà in grado di assumere direttamente la gestione dell'affare. • Nel caso in cui l'interessato muoia durante la gestione altrui, il gestore è comunque tenuto alle stesse obbligazioni appena viste, fino a quando l'erede dell'interessato non assumerà direttamente la gestione dell'affare.

2029. Capacità del gestore.

Il gestore deve avere la capacità di contrattare.

• La formula della capacità di contrattare va intesa quale **capacità legale di agire**, e ciò nell'idea che la gestione non si esaurisca in attività materiali, ma richieda la conclusione di atti giuridici, e in particolare contratti. Se il gestore conclude un contratto ma non è legalmente capace di agire, il contratto sarà annullato ai sensi dell'art. 1425, co. 1. Ma nella nozione di capacità di contrattare rientra anche la **capacità naturale di agire**. Invero si distingue in dottrina tra l'**incapacità di volere** (in questo caso si applica l'art. 1425, co. 2, il quale rinvia all'art. 428) e l'**incapacità di intendere** (in questo caso andrebbe invece esclusa *in radice* la configurabilità della fattispecie della gestione di affari altrui, posto che tale incapacità risulta essere incompatibile con il requisito della consapevole assunzione della gestione dell'affare altrui, in base a quanto previsto all'art. 2028).

2030. Obbligazioni del gestore.

Il gestore è soggetto alle stesse obbligazioni che deriverebbero da un mandato.

Tuttavia il giudice, in considerazione delle circostanze che hanno indotto il gestore ad assumere la gestione, può moderare il risarcimento dei danni ai quali questi sarebbe tenuto per effetto della sua colpa.

• Il contenuto delle obbligazioni gravanti sul gestore coincide con quelle tipiche del **contratto di mandato**, e ciò significa anche che la responsabilità per inadempimento del gestore ha natura contrattuale e non aquiliana. Il secondo comma introduce tuttavia un'**attenuazione della responsabilità**, proprio perché tra gestore e interessato non sussiste alcun contratto di mandato; per tale ragione il giudice, sulla base di un giudizio volto a considerare le circostanze di fatto in presenza delle quali il gestore ha assunto la gestione, può (e si tratterà dunque di un giudizio fondato su di un criterio equitativo volto a contemperare le reciproche ragioni) **ridurre l'ammontare del risarcimento** del danno cagionato a titolo di colpa del gestore. Dunque c'è responsabilità del gestore, ma la misura del danno potrà essere attenuata in ragione delle circostanze nelle quali il gestore si è trovato ad operare, che quindi possono condurre, almeno in parte, a giustificare il gestore stesso. Peraltro, se il gestore fosse in **dolo**, il risarcimento non potrà essere ridotto.

2031. Obblighi dell'interessato.

Qualora la gestione sia stata utilmente iniziata, l'interessato deve adempiere le obbligazioni che il gestore ha assunte in nome di lui, deve tenere indenne il gestore di quelle assunte dal medesimo in nome proprio e rimborsargli tutte le spese necessarie o utili con gli interessi dal giorno in cui le spese stesse sono state fatte.

Questa disposizione non si applica agli atti di gestione eseguiti contro il divieto dell'interessato, eccetto che tale divieto sia contrario alla legge, all'ordine pubblico o al buon costume.

• Se la gestione è stata **utilmente iniziata**, essa è fonte di obbligazioni per l'interessato. In particolare, l'interessato dovrà adempiere alle obbligazioni che il gestore ha assunto nei confronti dei terzi in nome dell'interessato medesimo. Ciò perché la gestione di affari è fonte del potere di rappresentanza legale. Inoltre, l'interessato dovrà tenere indenne il gestore in riferimento a quelle obbligazioni che quest'ultimo ha assunto in nome proprio nei confronti dei terzi. Infine, l'interessato dovrà rimborsare al gestore tutte le spese necessarie o utili, oltre agli interessi, da calcolarsi a partire dal giorno in cui le spese (necessarie o comunque utili) sono state fatte.

• Le regole appena viste non sono però applicabili se il gestore ha agito **contro il divieto (espresso o anche tacito) dell'interessato**, a meno che il divieto fosse contrario alla legge (contrarietà, naturalmente, a norme imperative), all'ordine pubblico o al buon costume.

• In via interpretativa, si è suggerito che, in coerenza con la disciplina generale dell'istituto, è preferibile ritenere che, in presenza del divieto dell'interessato, il gestore neppure deve dare inizio alla gestione, e, nel caso in cui l'abbia già intrapresa, deve subito interromperla.

2032. Ratifica dell'interessato.

La ratifica dell'interessato produce, relativamente alla gestione, gli effetti che sarebbero derivati da un mandato, anche se la gestione è stata compiuta da persona che credeva di gestire un affare proprio.

• Nel momento in cui l'interessato ratifica la gestione, dal punto di vista degli effetti, è come se fosse stato concluso un **contratto di mandato tra interessato (mandante) e gestore (mandatario)**. La precisazione per cui gli effetti della ratifica operano anche se la gestione è stata compiuta quando il gestore credeva di gestire un affare proprio si spiega nel senso che, non potendosi applicare l'istituto della gestione di affari altrui, attraverso la ratifica l'interessato potrà beneficiare comunque dell'attività svolta dall'altro soggetto. La ratifica, peraltro, non comporta l'insorgenza del diritto al compenso in capo al gestore.

Titolo VII
DEL PAGAMENTO DELL'INDEBITO

2033. Indebito oggettivo.

Chi ha eseguito un pagamento non dovuto ha diritto di ripetere ciò che ha pagato. Ha inoltre diritto ai frutti e agli interessi dal giorno del pagamento, se chi lo ha ricevuto era in mala fede, oppure, se questi era in buona fede, dal giorno della domanda.

• Il pagamento non dovuto deve essere **ripetuto, cioè restituito**. La disposizione si riferisce alla fattispecie dell'indebito oggettivo, che si ha quando i due soggetti (**il *sólvens*, cioè chi paga, e l'*accípiens*, cioè chi riceve**) non sono l'uno il creditore dell'altro, oppure quando il *solvens* è effettivamente debitore di quella prestazione, ma non nei confronti di quell'*accipiens*. **La prestazione indebita è dunque una prestazione effettuata senza causa**, ed è quindi priva di quella giustificazione causale che, se fosse presente, giustificherebbe lo spostamento patrimoniale (da intendersi non in senso stretto, quale versamento di una somma di denaro, ma in senso lato, e cioè quale prestazione economicamente valutabile, alla luce di quanto previsto all'art. 1174). Il *solvens*, oltre al diritto di ripetere quanto ha versato senza titolo, ha altresì diritto ai frutti (naturali e civili) e agli interessi, che decorrono dal giorno del pagamento, se l'*accipiens* era in mala fede, e cioè sapeva che il pagamento era indebito, ovvero dal giorno della domanda restitutoria, se invece l'*accipiens* ignorava senza colpa il carattere indebito della prestazione.

2034. Obbligazioni naturali.

Non è ammessa la ripetizione di quanto è stato spontaneamente prestato in esecuzione di doveri morali o sociali, salvo che la prestazione sia stata eseguita da un incapace.

I doveri indicati dal comma precedente, e ogni altro per cui la legge non accorda azione ma esclude la ripetizione di ciò che è stato spontaneamente pagato, non producono altri effetti.

• Se la prestazione eseguita è qualificabile in termini di obbligazione naturale, essa **non è ripetibile**. La ragione è che il concetto di obbligazione naturale apre a quell'ampio e storicamente diversificato ambito di **doveri morali e sociali** che la coscienza sociale avverte appunto come tali, senza che, però, l'ordinamento giuridico attribuisca il capo al creditore un potere di azione ai fini dell'adempimento di essi. Infatti, la differenza tra l'obbligazione civile e l'obbligazione naturale sta appunto nella circostanza che quest'ultima è priva di azione. A ben vedere l'ordinamento giuridico assume una posizione di indifferenza su entrambi i fronti: il creditore non può pretendere l'adempimento, ma il debitore che abbia spontaneamente pagato in conformità ai doveri morali e sociali non può pretendere la restituzione. Si tratta di rapporti che l'ordinamento lascia tendenzialmente affidati alla **coscienza sociale**, al costume, agli usi culturali e alle prassi sociali vigenti in un determinato paese e in un determinato momento storico. • Peraltro, la prestazione eseguita può essere ripetuta quando il debitore fosse incapace legale di agire o incapace naturale.

2035. Prestazione contraria al buon costume.

Chi ha eseguito una prestazione per uno scopo che, anche da parte sua, costituisca offesa al buon costume non può ripetere quanto ha pagato.

• La disposizione rinvia al famoso principio romanistico per cui «***in pari causa turpitudinis, melior est condicio possidentis***». In altre parole, se entrambi i soggetti, creditore e debitore, hanno dato vita a un rapporto **contrario al buon costume** (in particolare, a un contratto illecito perché immorale), ed entrambi ne sono consapevoli, la prestazione non è ripetibile, e l'ordinamento non dà azione al debitore. Se la prestazione fosse ripetibile, infatti, l'ordinamento proteggerebbe un interesse immorale. Anche qui, dunque, emerge quel disinteresse che lo porta a non rimuovere il vantaggio patrimoniale conseguito dal creditore, favorendo quindi quest'ultimo (è infatti questo il senso del "melior est condicio possidentis"). • Va peraltro segnalato che progressivamente il contenuto di questa norma è andato svuotandosi, in ragione della radicale trasformazione del concetto di buon costume, dal 1942 ad oggi.

2036. Indebito soggettivo.

Chi ha pagato un debito altrui, credendosi debitore in base a un errore scusabile, può ripetere ciò che ha pagato, sempre che il creditore non si sia privato in buona fede del titolo o delle garanzie del credito.

Chi ha ricevuto l'indebito è anche tenuto a restituire i frutti e gli interessi dal giorno del pagamento, se era in mala fede, o dal giorno della domanda, se era in buona fede.

Quando la ripetizione non è ammessa, colui che ha pagato subentra nei diritti del creditore.

• Nell'ipotesi di indebito soggettivo, l'*accipiens* è il creditore della prestazione ricevuta, ma il *sólvens* non è il suo debitore (o il *solvens* non è debitore di alcuno, o lo è, ma non nei confronti dell'*accipiens* a favore del quale effettua la prestazione). La regola è allora che la ripetizione è ammissibile solo se il *solvens* ha creduto, **per errore scusabile** relativo all'identità del debitore, di essere il vero debitore, altrimenti l'*accipiens*, che è effettivamente il creditore, ha diritto di trattenere la prestazione. Se manca infatti l'errore scusabile (e quindi l'ordinaria diligenza), la prestazione non è ripetibile, e si configura la fattispecie dell'adempimento del terzo, che estingue l'obbligazione e libera il vero debitore: per questa ragione la ripetibilità è esclusa. • La ripetizione non è però ammessa se il creditore si è privato **in buona fede** (senza cioè voler arrecare un danno al *solvens*, e quindi ignorando senza colpa che il *solvens* pensasse di essere il vero obbligato) del titolo o delle garanzie del credito. Per "titolo" va inteso qualunque documento probatorio del credito. Per "garanzia" va intesa ogni genere di garanzia, personale o reale, tipica o atipica. La *ratio* alla base della previsione è che il creditore, una volta ricevuta la prestazione, sarà portato a non conservare gli elementi a tutela del proprio credito. • Chi ha ricevuto la prestazione indebita, nel caso in cui essa sia ripetibile, l'*accipiens* dovrà anche restituire i frutti e gli interessi dal giorno del pagamento, se in mala fede, oppure dal giorno della domanda, se in buona fede. • Se la ripetizione è ammessa, il *solvens* subentra nei diritti del vero debitore verso il creditore.

2037. Restituzione di cosa determinata.
Chi ha ricevuto indebitamente una cosa determinata è tenuto a restituirla.
Se la cosa è perita, anche per caso fortuito, chi l'ha ricevuta in mala fede è tenuto a corrisponderne il valore; se la cosa è soltanto deteriorata, colui che l'ha data può chiedere l'equivalente, oppure la restituzione e una indennità per la diminuzione di valore.
Chi ha ricevuto la cosa in buona fede non risponde del perimento o del deterioramento di essa, ancorché dipenda da fatto proprio, se non nei limiti del suo arricchimento.

• Se l'oggetto della prestazione indebita è una cosa determinata, **la cosa va restituita**. Nel caso in cui la cosa sia andata distrutta, anche per caso fortuito, chi l'ha ricevuta in mala fede (cioè avendo consapevolezza del carattere indebito della prestazione) è tenuto a **corrisponderne il valore**. Nel caso in cui la cosa non sia distrutta ma deteriorata, il *solvens* può chiedere il controvalore economico, cioè il prezzo di mercato, oppure può chiedere la restituzione della cosa, oltre a un'indennità per la diminuzione di valore. Se invece l'*accipiens* era in buona fede, non risponde né del perimento, né del deterioramento della cosa, anche quando siano dipesi dalla sua condotta, se non nei limiti del suo arricchimento. Ciò significa che l'*accipiens* dovrà restituire al *solvens*, al momento della domanda di restituzione, il profitto netto che residua nel suo patrimonio.

2038. Alienazione della cosa ricevuta indebitamente.
Chi, avendo ricevuto la cosa in buona fede, l'ha alienata prima di conoscere l'obbligo di restituirla è tenuto a restituire il corrispettivo conseguito. Se questo è ancora dovuto, colui che ha pagato l'indebito subentra nel diritto dell'alienante. Nel caso di alienazione a titolo gratuito, il terzo acquirente è obbligato, nei limiti del suo arricchimento, verso colui che ha pagato l'indebito.
Chi ha alienato la cosa ricevuta in mala fede, o dopo aver conosciuto l'obbligo di restituirla, è obbligato a restituirla in natura o a corrisponderne il valore. Colui che ha pagato l'indebito può però esigere il corrispettivo dell'alienazione e può anche agire direttamente per conseguirlo. Se l'alienazione è stata fatta a titolo gratuito, l'acquirente, qualora l'alienante sia stato inutilmente escusso, è obbligato, nei limiti dell'arricchimento, verso colui che ha pagato l'indebito.

• L'*accipiens* che abbia ricevuto la cosa **in buona fede e che l'abbia poi alienata a un terzo** prima di sapere che la cosa avrebbe dovuto essere restituita deve restituirne il prezzo. Se il prezzo non è stato ancora pagato, il *solvens* subentra nel diritto dell'*accipiens* alienante a ricevere il corrispettivo. Se la cosa è stata alienata a titolo gratuito, il terzo acquirente è obbligato verso il *solvens* nei limiti del suo arricchimento. • L'*accipiens* in mala fede che abbia alienato la cosa, o l'*accipiens* che l'abbia alienata pur essendo a conoscenza della sua obbligazione restitutoria è obbligato a restituirla in natura, ovvero a restituirne il controvalore. Ma il *solvens* può esigere il prezzo dell'alienazione e può anche agire in giudizio per conseguirlo. • Se l'alienazione è stata fatta a titolo gratuito, l'acquirente, nel caso in cui l'*accipiens* alienante sia stato escusso senza successo, è obbligato verso il *solvens* nei limiti del suo arricchimento.

2039. Indebito ricevuto da un incapace.
L'incapace che ha ricevuto l'indebito, anche in mala fede, non è tenuto che nei limiti in cui ciò che ha ricevuto è stato rivolto a suo vantaggio.

• Se l'*accipiens* è un **incapace legale di agire** (ma anche un incapace naturale: sul punto, però, non tutta la dottrina è d'accordo) non dovrà restituire per intero quanto abbia indebitamente ricevuto, anche se fosse stato in mala fede (rilievo, questo, che va in effetti letto nella sola prospettiva dell'incapace legale, posto che a una persona incapace di intendere e di volere non può attribuirsi lo stato psicologico della buona o mala fede; ma il rilievo può allora essere letto sia nel senso che l'incapace legale di agire, anche se in mala fede, non sarà obbligato alla restituzione, sia nel senso che l'incapace naturale non dovrà mai restituire, appunto in quanto incapace, non potendosi neppure discutersi circa la sua buona o mala fede), se non nei limiti in cui ciò che ha ricevuto è stato rivolto a suo vantaggio. Ciò significa che dovrà essere restituito soltanto **l'eventuale incremento del patrimonio frutto della prestazione indebita**, nella logica dell'arricchimento senza causa.

2040. Rimborso di spese e di miglioramenti.

Colui al quale è restituita la cosa è tenuto a rimborsare il possessore delle spese e dei miglioramenti, a norma degli articoli 1149, 1150, 1151 e 1152.

• Nel momento in cui la cosa sia stata restituita al *solvens*, questi è tenuto a rimborsare all'*accipiens*, **per il tempo in cui ne è stato possessore**, le spese sostenute per il mantenimento della cosa, nonché il valore monetario dei miglioramenti apportati alla cosa.

Titolo VIII
DELL'ARRICCHIMENTO SENZA CAUSA

2041. Azione generale di arricchimento.

Chi, senza una giusta causa, si è arricchito a danno di un'altra persona è tenuto, nei limiti dell'arricchimento a indennizzare quest'ultima della correlativa diminuzione patrimoniale. Qualora l'arricchimento abbia per oggetto una cosa determinata, colui che l'ha ricevuta è tenuto a restituirla in natura, se sussiste al tempo della domanda.

• La disposizione contempla un **rimedio di chiusura**, qual è appunto l'azione generale di arricchimento senza causa, che ha carattere sussidiario. **Sono cinque gli elementi costitutivi** della fattispecie: 1) l'arricchimento; 2) il danno; 3) la correlazione tra danno e arricchimento; 4) la mancanza di giusta causa; 5) la sussidiarietà dell'azione (carattere espressamente indicato dall'art. 2042). • Di fronte a un pagamento indebito contro il quale non possa essere fatto valere altro rimedio soccorre l'azione generale di arricchimento senza causa, che è fonte di un'**obbligazione restitutoria**, il cui contenuto consiste nella **minor somma tra il danno subito e il vantaggio conseguito**. Ciò, però, quando l'arricchito fosse in buona fede; in caso di malafede l'arricchito sarà tenuto al risarcimento del danno cagionato al soggetto indebitamente e ingiustamente impoverito. In questa seconda ipotesi, infatti, l'impoverimento altrui andrà qualificato come danno ingiusto. • Nell'ipotesi in cui l'arricchimento abbia per oggetto una cosa determinata, chi l'abbia ricevuta è obbligato a restituirla, sempreché sussista al momento della domanda. In caso contrario l'arricchito dovrà versare all'impoverito il valore economico della cosa stessa, nella logica rimediale del risarcimento per equivalente.

2042. Carattere sussidiario dell'azione.

L'azione di arricchimento non è proponibile quando il danneggiato può esercitare un'altra azione per farsi indennizzare del pregiudizio subìto.

• Il carattere sussidiario dell'azione (già richiamato *sub* art. 2041) va inteso nel senso che essa non può esercitarsi quando sia configurabile, **anche solo in astratto**, un'altra azione, ma non quando si tratti di azioni diverse per *petitum* o *causa petendi*. Occorre peraltro sottolineare come in dottrina il carattere della sussidiarietà sia stato contestato, giungendosi anche a proporre l'abrogazione della norma.

Titolo IX
DEI FATTI ILLECITI

2043. Risarcimento per fatto illecito.

Qualunque fatto doloso o colposo, che cagiona ad altri un danno ingiusto, obbliga colui che ha commesso il fatto a risarcire il danno.

• L'art. 2043 disciplina la c.d. **"responsabilità extracontrattuale" (o Aquiliana)**, secondo una formulazione risalente al diritto romano: preferibile è la dizione **"responsabilità da fatto illecito"**, per distinguerla da quella che deriva dall'inadempimento di un'obbligazione, regolata agli **artt. 1218 ss.** • Fondamento della responsabilità, secondo l'idea tradizionale, va rinvenuto nella violazione del principio del ***neminem laedere***, che stabilisce il dovere di non offendere gli interessi altrui. • Gli elementi costitutivi dell'illecito aquiliano vengono individuati nella **colpevolezza** e nell'**imputabilità** (elementi c.d. "*soggettivi*"); nel **danno ingiusto** e nel **nesso di causalità** (elementi c.d. "*oggettivi*"). • A differenza degli altri, l'elemento dell'imputabilità non trova disciplina nell'art. 2043, ma nei successivi artt. 2046 e 2047. • Condizionando l'insorgere della responsabilità alla commissione di un **fatto doloso o colposo** la norma valorizza la **funzione sanzionatoria** della responsabilità civile; ma già in altre disposizioni del codice (artt. 2049-2054) e nella normativa speciale (ad es. responsabilità del produttore, o per danni nucleari) il legislatore ne ha privilegiato la **funzione riparatoria**, costruendo fattispecie di **responsabilità oggettiva** (o anche "*aggravata*", secondo alcuni), nelle quali la prova di aver tenuto una condotta diligente non rileva e l'obbligazione risarcitoria è posta a carico del soggetto sul quale è più opportuno allocare il rischio derivante da attività intrinsecamente dannose. • La responsabilità sorge quando la **colpa è lieve**, vale a dire quando la condotta non rispetta il parametro dell'ordinaria diligenza (art. 1176). • Il codice non dà una definizione di colpa e di dolo, che però è rinvenibile nel codice penale (art. 43). • È **imputabile** il soggetto che al momento del fatto possedeva la **capacità di intendere e di volere** (v. *infra*, art. 2046). • **"Ingiusto"** è attributo del danno, non della antigiuridicità della condotta. • Per lungo tempo si è fatta strada l'idea che fosse "ingiusta" la sola lesione di specifici interessi (*diritti soggettivi assoluti*), secondo un modello **di tipicità dell'illecito civile**, modello successivamente ampliato sino a ricomprendere, man mano, la lesione di altri interessi (*diritto di credito, possesso, interessi diffusi*). • Con il riconoscimento dell'ingiustizia del danno anche nella ***lesione di un interesse legittimo*** (Cass. s.u. 500/1999) il sistema è transitato verso un modello di **atipicità dell'illecito**, nel quale l'ingiustizia viene considerata alla stregua di una clausola generale che consente di ravvisare il danno ingiusto nella lesione di **qualsiasi interesse giuridicamente protetto**. • Il **nesso di causalità**, racchiuso nell'espressione "che cagiona", è la relazione che intercorre tra la causa e il suo effetto, nel senso che in tanto la responsabilità può essere ascritta all'autore del fatto in quanto la sua azione od omissione sia stata causa dell'evento di danno. • Molte sono le teorie sull'accertamento del nesso di causalità (ad es. la *causalità adeguata*); va ricordato che l'art. 2056 richiama, nella determinazione del risarcimento, anche l'art. 1223 che ritiene risarcibili i danni che siano *conseguenza immediata e diretta* del fatto illecito. • La sussistenza del nesso di causalità viene accertata dalla giurisprudenza, sul piano della prova, applicando il criterio del ***"più probabile che non"***.

2044. Legittima difesa.

Non è responsabile chi cagiona il danno per legittima difesa di sé o di altri.

Nei casi di cui all'articolo 52, commi secondo, terzo e quarto, del codice penale, la responsabilità di chi ha compiuto il fatto è esclusa.

Nel caso di cui all'articolo 55, secondo comma, del codice penale, al danneggiato è dovuta una indennità la cui misura è rimessa all'equo apprezzamento del giudice, tenuto altresì conto della gravità, delle modalità realizzative e del contributo causale della condotta posta in essere dal danneggiato.

• La legittima difesa è considerata una **causa di giustificazione** che esclude l'antigiuridicità della condotta. • Ricorre (art. 52 c.p.) quando il fatto è stato commesso per la **necessità di difendere sé od altri dal pericolo attuale di un'offesa ingiusta**. • La minaccia deve essere rivolta alla persona o ai beni del minacciato o di un terzo. • La difesa deve essere **proporzionata all'offesa**, ricorrendo, diversamente, l'eccesso colposo, privo di funzione scriminante. • I commi secondo e terzo, introdotti con legge n. 36 del 2019, stabiliscono una **presunzione di proporzione tra difesa e offesa** nelle vicende, ben note anche alle cronache, in cui l'aggressione abbia luogo nel domicilio di colui che si difende o all'interno di ogni altro luogo in cui venga esercitata un'attività commerciale, professionale o imprenditoriale.

2045. Stato di necessità.

Quando chi ha compiuto il fatto dannoso vi è stato costretto dalla necessità di salvare sé o altri dal pericolo attuale di un danno grave alla persona, e il pericolo non è stato da lui volontariamente causato né era altrimenti evitabile, al danneggiato è dovuta un'indennità, la cui misura è rimessa all'equo apprezzamento del giudice.

• Lo stato di necessità **esclude**, come la legittima difesa, **l'antigiuridicità della condotta,** ma fa sorgere l'obbligo di corrispondere **un'equa indennità al danneggiato**. • La definizione del codice civile è ritenuta integrabile con quella di cui all'art. 54 c.p. • A differenza della l. dif., qui non si è in presenza di un'aggressione altrui. • Il pericolo di un danno grave alla persona è inteso come riferibile ai diritti fondamentali (vita, salute, integrità psico-fisica), non invece ai diritti patrimoniali del soggetto danneggiato.

2046. Imputabilità del fatto dannoso.

Non risponde delle conseguenze dal fatto dannoso chi non aveva la capacità d'intendere o di volere al momento in cui lo ha commesso, a meno che lo stato d'incapacità derivi da sua colpa.

• La capacità di intendere o di volere è presupposto soggettivo per rispondere del fatto illecito; il soggetto capace è perciò **imputabile** • Essa si identifica *nell'attitudine a comprendere il senso e gli effetti delle proprie azioni, così che l'atto possa dirsi espressione della libera capacità di autodeterminarsi del soggetto*; per tale ragione è definita anche **capacità naturale o di fatto.** • La capacità va accertata caso per caso; non è vincolante, ma solo orientativa, la regola penalistica (art. 97) secondo cui non è imputabile **il minore di quattordici anni**. • Tale capacità non interferisce con la capacità di agire; così, possono, ad es., intendere e volere un interdetto o un minore di età, e non essere in condizione di farlo una persona molto anziana, pur capace di agire, in ragione del deterioramento della facoltà intellettiva. • L'incapacità non esclude la responsabilità, se sia stata determinata da colpa (*Esempio:* l'ubriaco che, alla guida, danneggia le auto parcheggiate lungo la strada).

2047. Danno cagionato dall'incapace.

In caso di danno cagionato da persona incapace di intendere o di volere, il risarcimento è dovuto da chi è tenuto alla sorveglianza dell'incapace, salvo che provi di non aver potuto impedire il fatto.

Nel caso in cui il danneggiato non abbia potuto ottenere il risarcimento da chi è tenuto alla sorveglianza, il giudice, in considerazione delle condizioni economiche delle parti, può condannare l'autore del danno a un'equa indennità.

• È qui evidente la **funzione riparatoria** della responsabilità; se il danneggiante è incapace, alla tutela della vittima provvede chi era tenuto alla sua sorveglianza o, se un sorvegliante non c'è o fornisce la prova liberatoria, il danneggiante stesso, nella forma dell'**equa indennità**. • **Sorvegliante** è chi era concretamente tenuto alla vigilanza dell'incapace al momento del fatto (ad es., i genitori, la baby-sitter, il personale scolastico); si tratta di **responsabilità indiretta**. • La prova di non aver potuto impedire il fatto è intesa in senso piuttosto rigoroso: occorre dimostrare un **fatto impeditivo assoluto.**

2048. Responsabilità dei genitori, dei tutori, dei precettori e dei maestri d'arte.

Il padre e la madre, o il tutore, sono responsabili del danno cagionato dal fatto illecito dei figli minori non emancipati o delle persone soggette alla tutela, che abitano con essi. La stessa disposizione si applica all'affiliante.

I precettori e coloro che insegnano un mestiere o un'arte sono responsabili del danno cagionato dal fatto illecito dei loro allievi e apprendisti nel tempo in cui sono sotto la loro vigilanza.

Le persone indicate dai commi precedenti sono liberate dalla responsabilità soltanto se provano di non aver potuto impedire il fatto.

• La responsabilità non si fonda, qui, sulla violazione del dovere di sorvegliare, quanto sulla ritenuta omissione dei doveri tipici dei genitori di educare e vigilare sui figli (la tradizione richiama la ***culpa in educando e in vigilando***), tanto che è prevista la ***coabitazione***. • La norma presuppone **la capacità di intendere e di volere del figlio** (operando, diversamente, il 2047); la responsabilità dei genitori e del figlio è pertanto **solidale**. • Nella giurisprudenza, la prova di *non avere potuto impedire il fatto* si traduce sovente nella dimostrazione di **avere adeguatamente educato**. • È discusso se si tratti di una fattispecie di responsabilità per colpa (aggravata) o di responsabilità oggettiva. • Di frequente applicazione pratica è l'ipotesi di responsabilità degli **insegnanti per i danni cagionati a terzi dagli allievi**. • Nel caso in cui il danno sia causato dall'alunno a sé stesso prevale l'idea di una *responsabilità contrattuale* della struttura scolastica.

2049. Responsabilità dei padroni e dei committenti.

I padroni e i committenti sono responsabili per i danni arrecati dal fatto illecito dei loro domestici e commessi nell'esercizio delle incombenze a cui sono adibiti.

• Si tratta di un'ipotesi di **responsabilità oggettiva** che non consente prova liberatoria per colui che è chiamato a rispondere; così, ad es., l'imprenditore edile si fa sempre carico del danno cagionato dal proprio dipendente nell'utilizzo di un macchinario. • Il profilo più delicato riguarda **il rapporto tra esercizio delle incombenze e danno**: si ritiene sufficiente che l'illecito sia stato *agevolato o reso possibile dalle incombenze stesse* (*Esempio*: lo Stato risponde per la morte di un militare provocata da un colpo di arma da fuoco esploso imprudentemente da altro militare).

2050. Responsabilità per l'esercizio di attività pericolose.

Chiunque cagiona danno ad altri nello svolgimento di un'attività pericolosa, per sua natura o per la natura dei mezzi adoperati, è tenuto al risarcimento, se non prova di avere adottato tutte le misure idonee a evitare il danno.

• Attività pericolose sono quelle che risultano **tali per loro natura o per la natura dei mezzi utilizzati** (es., distribuzione di energia elettrica; attività implicanti l'utilizzo di gas; la caccia, gli sport pericolosi, le gare automobilistiche). • Prevale l'idea che si tratti di una ipotesi di **responsabilità oggettiva**; la prova di avere adottato tutte le misure idonee si traduce, di fatto, nella *prova del caso fortuito*, non essendo sufficiente la dimostrazione di essersi attenuti a regole di diligenza e prudenza. • Una fattispecie strettamente connessa è quella della **responsabilità del produttore** per i danni del prodotto difettoso (ora nel Codice del Consumo: d.lgs. n. 206/2005).

2051. Danno cagionato da cose in custodia.

Ciascuno è responsabile del danno cagionato dalle cose che ha in custodia, salvo che provi il caso fortuito.

• La cosa custodita non deve necessariamente essere pericolosa, né intrinsecamente dannosa. • Il danno può derivare dalla struttura della cosa (gli ostacoli lungo una pista da sci), da una sua qualità (un marciapiede dissestato) o anche da una sua condizione temporanea (il pavimento bagnato, il tetto ricoperto di neve). • Per **"custodia"** si intende il **controllo effettivo e materiale** sulla cosa; oltre al proprietario possono pertanto essere custodi il **possessore** o il **detentore** del bene. • Si tratta di un'ipotesi di **responsabilità oggettiva**; l'esistenza di nesso causale tra cosa e danno è sufficiente per far insorgere la responsabilità, per vincere la quale è necessario fornire la prova del **caso fortuito,** vale a dire di un evento esterno, inevitabile e imprevedibile, che possa ritenersi causa del danno. • Grande rilievo pratico assume la **responsabilità della P.A.** per i danni verificatisi lungo la rete stradale.

2052. Danno cagionato da animali.

Il proprietario di un animale o chi se ne serve per il tempo in cui lo ha in uso, è responsabile dei danni cagionati dall'animale, sia che fosse sotto la sua custodia, sia che fosse smarrito o fuggito, salvo che provi il caso fortuito.

• La responsabilità viene fatta gravare su chi abbia un **potere effettivo di controllo** sull'animale, dal quale tragga una qualche utilità. • La norma si applica a tutti i tipi di animali (ma non alla fauna selvatica, posto che la selvaggina non è soggetta ad obbligo di custodia da parte della P.A. • Si tratta di un'ipotesi di **responsabilità oggettiva**; l'esistenza di nesso causale tra il fatto dell'animale e danno è sufficiente per far insorgere la responsabilità, per vincere la quale è necessario fornire la prova del **caso fortuito,** vale a dire di un evento esterno, inevitabile e imprevedibile, che possa ritenersi causa del danno.

2053. Rovina di edificio.

Il proprietario di un edificio o di altra costruzione è responsabile dei danni cagionati dalla loro rovina, salvo che provi che questa non è dovuta a difetto di manutenzione o a vizio di costruzione.

• La responsabilità grava sul **proprietario** (non, pertanto, sul conduttore o sul comodatario). • La norma fa riferimento agli **edifici** o ad **altre costruzioni** (ad es., *la tribuna di uno stadio, un pontile, il muro che costeggia una via*). • Per **"rovina"** si intende il *crollo* o la *disgregazione*, anche solo di una parte, dell'edificio, da cui derivi un danno. • Si ritiene in giurisprudenza che la **prova liberatoria** si traduca nella dimostrazione del caso fortuito, vale a dire di un evento esterno inevitabile e imprevedibile che renda irrilevante il ruolo del difetto di costruzione o del vizio di manutenzione.

2054. Circolazione di veicoli.

Il conducente di un veicolo senza guida di rotaie è obbligato a risarcire il danno prodotto a persone o a cose dalla circolazione del veicolo, se non prova di aver fatto tutto il possibile per evitare il danno.

Nel caso di scontro tra veicoli si presume, fino a prova contraria, che ciascuno dei conducenti abbia concorso ugualmente a produrre il danno subito dai singoli veicoli.

Il proprietario del veicolo, o, in sua vece, l'usufruttuario o l'acquirente con patto di riservato dominio, è responsabile in solido col conducente, se non prova che la circolazione del veicolo è avvenuta contro la sua volontà.

In ogni caso le persone indicate dai commi precedenti sono responsabili dei danni derivati da vizi di costruzione o da difetto di manutenzione del veicolo.

• Il concetto di **"veicolo"** va inteso in senso ampio, comprensivo di ogni mezzo destinato alla circolazione su strada, trasportante persone o cose, a trazione meccanica, umana o animale. • **"Conducente"** è chi si pone alla guida del veicolo stesso. • La prova liberatoria non è soddisfatta dall'aver tenuto una condotta diligente; il conducente risponde infatti anche per i vizi di costruzione che potrebbero non essere da lui conoscibili; è responsabile anche se, avvistato per tempo un bambino, che improvvisamente attraversa la strada, lo investe, pur rispettando il limite di velocità. Il conducente risponde infatti per gli eventi di danno **prevedibili ed evitabili**. • Ancor più rigorosa è la prova liberatoria per il **proprietario** (o l'usufruttuario o l'acquirente con patto di riservato dominio) il quale risponde sempre, salvo che non dimostri che la circolazione è avvenuta contro la sua volontà (con ciò intendendosi che deve aver posto in essere tutte le cautele atte ad evitare che ciò avvenga). • La tutela risarcitoria è estesa anche a beneficio dei **trasportati**. • Nell'ipotesi dello **scontro** (ossia della *collisione materiale* tra veicoli), prevista dal secondo comma, opera una presunzione di **pari corresponsabilità** nella causazione del danno, vincibile con la prova della responsabilità esclusiva o maggioritaria di uno dei conducenti.

2055. Responsabilità solidale.

Se il fatto dannoso è imputabile a più persone, tutte sono obbligate in solido al risarcimento del danno.

Colui che ha risarcito il danno ha regresso contro ciascuno degli altri, nella misura determinata dalla gravità della rispettiva colpa e dalla entità delle conseguenze che ne sono derivate.

Nel dubbio, le singole colpe si presumono uguali.

• **"Imputabile a più persone"** significa che le condotte di costoro hanno avuto tutte forza causale nella determinazione del danno (anche se con azioni diverse, indipendenti tra loro e per titoli diversi). • Il danneggiato avrà in tal caso diritto di aggredire per l'intero uno solo dei coobbligati. • Nei rapporti interni tra responsabili opera la regola del secondo comma, di natura causale, secondo la quale colui che ha pagato potrà agire in regresso verso gli altri in proporzione al contributo causale di ciascuno e alla gravità della relativa colpa. • In caso di incertezza opera la presunzione del terzo comma secondo cui le colpe si presumono uguali.

2056. Valutazione dei danni.

Il risarcimento dovuto al danneggiato si deve determinare secondo le disposizioni degli articoli 1223, 1226 e 1227.

Il lucro cessante è valutato dal giudice con equo apprezzamento delle circostanze del caso.

• La norma estende alla valutazione del danno da fatto illecito le regole operanti per il danno da inadempimento. • Non opera invece l'art. 1225 sulla prevedibilità del danno; sono pertanto risarcibili tanto i **danni prevedibili quanto quelli imprevedibili** al momento della commissione del fatto.

2057. Danni permanenti.

Quando il danno alle persone ha carattere permanente la liquidazione può essere fatta dal giudice, tenuto conto delle condizioni delle parti e della natura del danno, sotto forma di una rendita vitalizia. In tal caso il giudice dispone le opportune cautele.

• Si tratta di uno strumento di non frequente applicazione. • La scelta tra le possibili forme di liquidazione spetta di ufficio al giudice.

2058. Risarcimento in forma specifica.

Il danneggiato può chiedere la reintegrazione in forma specifica, qualora sia in tutto o in parte possibile.

Tuttavia il giudice può disporre che il risarcimento avvenga solo per equivalente, se la reintegrazione in forma specifica risulta eccessivamente onerosa per il debitore.

• La **reintegrazione in forma specifica** è un rimedio risarcitorio che consiste nel **ripristino della situazione preesistente all'illecito** (es., abbattimento del muro illecitamente costruito). • Il rimedio è ovviamente applicabile ove il ripristino sia possibile. • Diversamente si deve ricorrere al **risarcimento per equivalente**, vale a dire alla corresponsione di una somma di denaro pari all'ammontare del danno causato (il valore di mercato dell'autoveicolo incidentato, pari, ad es., ad € 4.000). Ove invece venga chiesta la *liquidazione di una somma idonea al ripristino della situazione preesistente* (la somma necessaria per riparare integralmente il veicolo, pari, ad es., ad € 9.000) allora si ha **risarcimento in forma specifica.** • La facoltà di scelta tra i due diversi strumenti riparatori spetta al danneggiato, ma con il limite di cui al secondo comma: è consentito il solo risarcimento per equivalente se il risarcimento in forma specifica risulta troppo oneroso per il debitore.

2059. Danni non patrimoniali.

Il danno non patrimoniale deve essere risarcito solo nei casi determinati dalla legge.

• La riserva di cui alla norma in commento ("solo nei casi determinati dalla legge") si spiega in ragione del fatto che, tradizionalmente, il diritto privato è sempre stato inteso a protezione di interessi economici. • Per lungo tempo il **"danno non patrimoniale"** è stato, per ragioni storiche, identificato nel solo *danno morale soggettivo*, in forza del rilievo riconosciuto all'**art. 185 c.p.** che ne ammette il ristoro quale conseguenza del reato • Il concetto è stato poi ampliato in misura più aderente all'espressione stessa: danno n.p. è il pregiudizio che si traduce nella **lesione di interessi non dotati di valore di mercato**; ciò non toglie che anche il pregiudizio non patrimoniale sia suscettibile di essere tradotto ed espresso in danaro. • La Cassazione (8827 e 8828/2003) e la Corte cost. (233/2003) hanno quindi fatto rientrare nel danno non patrimoniale, secondo una *lettura costituzionalmente orientata*, il **danno biologico**, il **danno morale, il danno esistenziale e la lesione di ogni altro valore della persona costituzionalmente protetto.** • Per **danno biologico** si intende la *lesione all'integrità psico-fisica*, accertabile in sede medico-legale; originariamente inteso in senso *statico*, come mera lesione organica, ha ora assunto una dimensione *dinamica,* poiché va visto nella sua attitudine ad incidere sulle attività quotidiane e sugli aspetti dinamico-relazionali dell'individuo (v. artt. 138 e 139 cod. assic.). Ha così finito per assorbire, almeno in parte, anche il pregiudizio c.d. *esistenziale.* • Il **danno morale** è la *sofferenza psico-fisica, il patimento interiore,* fatto di dolore, lacrime, disistima, paura (c.d. *pretium doloris*) che spesso consegue alla violazione di un altro diritto (ad es. la salute, o l'onore). • Il **danno esistenziale**, cioè quel danno che *ostacola le attività realizzatrici della persona umana,* ove non ricompreso nel danno biologico, è suscettibile di autonomo risarcimento laddove si traduca nella lesione di diritti inviolabili della persona (es., il deterioramento della qualità di vita conseguente ad atti diffamatori). • Con le sentenze c.d. di *San Martino* del novembre 2008 (26972-26975) le sezioni unite hanno affermato il principio, poi attutito nella giurisprudenza successiva, secondo cui la distinzione tra le tre specie di danno andrebbe superata a favore di una categoria unitaria di pregiudizio non patrimoniale; la questione rimane attuale, anche in ragione dell'abituale ricorso alle **"Tabelle"** per la loro liquidazione. • I **"casi determinati dalla legge"**, originariamente identificati nella sola ipotesi in cui *il fatto costituisce reato* (art. 185 c.p.), si sono arricchiti nel tempo di altre previsioni normative (es., danni da mancato rispetto della durata ragionevole del processo: l. n. 89/2001; danni da adozione di atti discriminatori per motivi razziali, etnici o religiosi: d.lgs. n. 286/1998, e altri ancora). • Con le sentenze del 2003 sopra ricordate la Cassazione ha altresì ritenuto che vi rientri anche il caso in cui l'illecito si traduca nella violazione di un **diritto della persona costituzionalmente protetto**, al quale una tutela minima, quella risarcitoria, deve essere comunque sempre assicurata.

LIBRO QUINTO
DEL LAVORO

Titolo I
DELLA DISCIPLINA DELLE ATTIVITÀ PROFESSIONALI

Capo I
Disposizioni generali

2060. Del lavoro.

Il lavoro è tutelato in tutte le sue forme organizzative ed esecutive, intellettuali, tecniche e manuali.

• Il principio per cui il lavoro è tutelato in tutte le sue forme trova un riscontro nell'art. 35 Cost. La nozione di lavoro è da intendersi in senso ampio, comprensivo delle situazioni giuridiche concernenti l'esercizio professionale di una attività economica (art. 2082), le forme di lavoro subordinato (art. 2094) e autonomo (art. 2222), la prestazione d'opera intellettuale (art. 2230). • Alle diverse forme di lavoro disciplinate dal codice civile si applicano tutele differenziate sulla base della posizione contrattuale del lavoratore. Il nucleo di tutele più stringente e garantista è riconosciuto in favore del **lavoratore subordinato**, il quale obbligandosi ad eseguire la prestazione lavorativa alle dipendenze e sotto il potere direttivo del datore di lavoro, soggiace ad una condizione di subordinazione tecnico-funzionale e, in molti casi, di dipendenza economica che ne limita l'autonomia e la libertà di scelta sul piano contrattuale.

2061.-2062. (1).

(1) Articoli da ritenersi implicitamente abrogati a seguito della soppressione dell'ordinamento corporativo: r.d.l. 9/8/1943, n. 721.

Capo II
Delle ordinanze corporative e degli accordi economici collettivi (1)

2063.-2066. (1).

(1) Articoli e Capo da ritenersi implicitamente abrogati a seguito della soppressione dell'ordinamento corporativo: r.d.l. 9/8/1943, n. 721.

Capo III
Del contratto collettivo di lavoro e delle norme equiparate

2067. Soggetti.

I contratti collettivi di lavoro sono stipulati dalle associazioni professionali.

• Al pari di altri articoli disciplinati dal Capo III, Titolo I del Libro V del c.c., questa disposizione è da ritenersi abrogata a seguito della soppressione dell'ordinamento corporativo. • In materia di contrattazione collettiva vige il principio di **libertà sindacale** derivante dall'art. 39, co. 1, Cost., sicché il contratto collettivo post-corporativo va qualificato nel campo dell'autonomia negoziale privata e quindi la relativa disciplina risponde al diritto generale delle obbligazioni e dei contratti. Per questa ragione il c.d. "contratto collettivo di diritto comune" non incontra alcuna forma di condizionamento sotto il profilo soggettivo (parti stipulanti), oggettivo (contenuto, materie regolate e ambito di applicazione), procedurale (negoziazione, deposito, denunzia) e dell'efficacia (soggettiva e temporale). • Coessenziale al principio di libertà sindacale è il principio del reciproco riconoscimento di **rappresentatività**, per cui ciascuna delle parti del contratto collettivo sceglie liberamente di negoziare con l'interlocutore ritenuto più affidabile e in grado di garantire l'efficacia e la esigibilità dell'accordo. Non esiste un obbligo a trattare e concludere contratti collettivi. • I contratti collettivi sono sottoscritti a vari livelli: nazionale, territoriale e aziendale. I contratti collettivi nazionali di lavoro si riferiscono alle imprese e ai lavoratori impiegati in un settore merceologico o c.d. categoria contrattuale individuati dal contratto stesso (es. i settori metalmeccanico, chimico, turistico, ecc.). A questo livello, i contratti collettivi sono negoziati e conclusi dalle federazioni sindacali e dalle associazioni datoriali rappresentative dei lavoratori e delle aziende del settore. Lo stesso vale a livello di contrattazione territoriale. Mentre il contratto collettivo aziendale, riferito a specifiche imprese o unità produttive, è negoziato e siglato dalle **rappresentanze dei lavoratori** e dalla direzione d'azienda.

2068.-2069. (1).

(1) Articoli da ritenersi implicitamente abrogati a seguito della soppressione dell'ordinamento corporativo: r.d.l. 9/8/1943, n. 721.

2070. Criteri di applicazione (1).

L'appartenenza alla categoria professionale, ai fini dell'applicazione del contratto collettivo, si determina secondo l'attività effettivamente esercitata dall'imprenditore.

Se l'imprenditore esercita distinte attività aventi carattere autonomo, si applicano ai rispettivi rapporti di lavoro le norme dei contratti collettivi corrispondenti alle singole attività.

Quando il datore di lavoro esercita non professionalmente un'attività organizzata, si applica il contratto collettivo che regola i rapporti di lavoro relativi alle imprese che esercitano la stessa attività.

(1) Disposizione da ritenersi implicitamente abrogata a seguito della soppressione dell'ordinamento corporativo: r.d.l. 9/8/1943, n. 721.

• La disposizione, da ritenersi abrogata a seguito della soppressione dell'ordinamento corporativo, mantiene rilevanza solo quando l'obbligo di applicazione di un determinato contratto collettivo derivi da disposizioni legali o costituzionali inderogabili, come nel caso in cui si tratti di individuare la retribuzione sufficiente *ex* art. 36 Cost., ovvero nelle ipotesi previste dalle clausole sociali contenute nella legislazione sugli appalti pubblici (cfr. art. 36 Stat. lav. e art. 30, d.lgs. 18/4/2016, n. 50). • Esclusivamente in queste circostanze, il datore di lavoro è tenuto ad applicare il contratto collettivo del settore produttivo corrispondente a quello dell'attività effettivamente esercitata. Diversamente, vige il principio di libertà sindacale, da cui discende la libertà di scelta del **contratto collettivo applicabile**, a prescindere dal settore produttivo di appartenenza.

2071.-2073. (1).

(1) Articoli da ritenersi implicitamente abrogati a seguito della soppressione dell'ordinamento corporativo: r.d.l. 9/8/1943, n. 721.

2074. Efficacia dopo la scadenza (1).

Il contratto collettivo, anche quando è stato denunziato, continua a produrre i suoi effetti dopo la scadenza, fino a che sia intervenuto un nuovo regolamento collettivo.

(1) Disposizione da ritenersi implicitamente abrogata a seguito della soppressione dell'ordinamento corporativo: r.d.l. 9/8/1943, n. 721.

• La disposizione, da ritenersi abrogata a seguito della soppressione dell'ordinamento corporativo, mantiene rilevanza limitatamente ai **trattamenti retributivi**, per cui in caso di contenzioso per la determinazione della giusta retribuzione *ex* art. 36 Cost., il giudice può considerare come parametro di riferimento il contratto collettivo scaduto. • Diversamente, l'**efficacia temporale** del contratto collettivo non si estende oltre il termine.

2075.-2076. (1).

(1) Articoli da ritenersi implicitamente abrogati a seguito della soppressione dell'ordinamento corporativo: r.d.l. 9/8/1943, n. 721.

2077. Efficacia del contratto collettivo sul contratto individuale.

I contratti individuali di lavoro tra gli appartenenti alle categorie alle quali si riferisce il contratto collettivo devono uniformarsi alle disposizioni di questo.

Le clausole difformi dei contratti individuali, preesistenti o successivi al contratto collettivo, sono sostituite di diritto da quelle del contratto collettivo, salvo che contengano speciali condizioni più favorevoli ai prestatori di lavoro.

• Nonostante la soppressione dell'ordinamento corporativo, secondo un prevalente orientamento giurisprudenziale, la disposizione trova applicazione sia sotto il profilo della **inderogabilità** del contratto collettivo da parte del contratto individuale (co. 1), che dell'efficacia reale (co. 2). • Ne consegue che il contratto individuale di lavoro non possa derogare il contratto collettivo in senso **peggiorativo**. Diversamente, sono ammesse deroghe che determinino speciali condizioni più favorevoli al prestatore di lavoro.

2078. Efficacia degli usi.

In mancanza di disposizioni di legge e di contratto collettivo si applicano gli usi. Tuttavia gli usi più favorevoli ai prestatori di lavoro prevalgono sulle norme dispositive di legge.

Gli usi non prevalgono sui contratti individuali di lavoro.

2079. Rapporti di associazione agraria e di affitto a coltivatore diretto.

La disciplina del contratto collettivo si applica anche ai rapporti di associazione agraria regolati dal capo II del titolo II ed a quelli di affitto a coltivatore diretto del fondo.

Tuttavia in questi rapporti il contratto collettivo non deve contenere norme relative al salario, all'orario di lavoro, alle ferie, al periodo di prova, od altre che contrastino con la natura dei rapporti medesimi.

2080. Colonia parziaria e affitto con obbligo di miglioria.

Nei contratti individuali di colonia parziaria e di affitto a coltivatore diretto, con obbligo di miglioria, conservano efficacia le clausole difformi dalle disposizioni del contratto collettivo stipulato durante lo svolgimento del rapporto.

2081. (1).

(1) Articolo da ritenersi implicitamente abrogato a seguito della soppressione dell'ordinamento corporativo: r.d.l. 9/8/1943, n. 721.

TITOLO II
DEL LAVORO NELL'IMPRESA

Capo I
Dell'impresa in generale

Sezione I
Dell'imprenditore

2082. Imprenditore (1).

È imprenditore chi esercita professionalmente un'attività economica organizzata al fine della produzione o dello scambio di beni o di servizi.

(1) Per quanto riguarda le imprese editrici vedi l'art. 1[1] del l. 5/8/1981, n. 416 e la l. 25/2/1987, n. 67.

• La disposizione individua gli aspetti essenziali che caratterizzano la figura dell'imprenditore. • Requisito indispensabile di ogni tipo d'impresa è l'**organizzazione** dell'attività economica; essa si traduce nel coordinamento dei fattori della produzione: l'**attività** non si identifica in un singolo atto o in molteplici atti non coordinati tra loro, bensì presuppone **una serie di atti collegati tra loro da un fine unitario** (produzione o scambio di beni o servizi). • A questo si aggiunge l'elemento della **professionalità**, il quale postula l'esercizio sistematico ed abituale (anche se non esclusivo) di un'attività imprenditoriale, essendo sufficiente che essa venga reiterata costantemente con cadenze temporali regolari e sia dotata di un accettabile grado di stabilità. • L'**economicità dell'attività d'impresa** si traduce nella necessità di una valutazione patrimoniale dei beni e dei servizi, nonché nella destinazione della loro disponibilità alla produzione o allo scambio. Un'attività può essere qualificata come impresa solo se è svolta con **metodo economico**, cioè con modalità che, almeno in linea tendenziale, consentano di coprire i costi con i ricavi. Da ciò si desume la non essenzialità dello **scopo di lucro,** sebbene normalmente le imprese si caratterizzino per la realizzazione di un avanzo di gestione **(c.d. lucro oggettivo)** ripartito in favore dei titolari dell'attività **(c.d. lucro soggettivo)**. • Si distinguono diverse categorie di imprenditori a seconda dell'**oggetto** dell'attività esercitata (imprenditore commerciale e imprenditore agricolo), delle **dimensioni** dell'attività (piccolo imprenditore e medio/grande) o della **natura del soggetto** che esercita l'attività (imprenditore individuale e collettivo, privato e pubblico).

2083. Piccoli imprenditori.

Sono piccoli imprenditori (1) i coltivatori diretti del fondo, gli artigiani, i piccoli commercianti e coloro che esercitano un'attività professionale organizzata prevalentemente con il lavoro proprio e dei componenti della famiglia (2).

(1) Vedi l'art. 10 l. fall. (r.d. 16/3/1942, n. 267).
(2) Vedi la l. 8/8/1985, n. 443, sull'artigianato, la l. 5/10/1991, n. 317, recante provvidenze per l'innovazione e lo sviluppo delle piccole imprese e l'art. 21 del d.lgs. 9/4/2008, n. 81, in materia di tutela della salute e della sicurezza nei luoghi di lavoro. I piccoli imprenditori di cui al presente articolo sono iscritti in una sezione speciale del registro delle imprese ai sensi dell'art. 2 del d.P.R. 14/12/1999, n. 558.

• La norma si limita a qualificare, a titolo puramente esemplificativo, alcune tra le più comuni figure di piccoli imprenditori, dal momento che il corrispondente statuto normativo è completato da una vasta legislazione di settore, avente finalità di agevolazione e incentivazione. Essa assolve ad una **funzione descrittiva** della fattispecie e indica i **requisiti essenziali** affinché un soggetto possa essere qualificato piccolo imprenditore. • Il minimo comune denominatore coincide con il criterio della **prevalenza,** da intendersi in senso funzionale; tale parametro risulta applicabile ad ogni piccolo imprenditore, qualunque sia la natura dell'attività svolta, purché esercitata professionalmente ed organizzata prevalentemente con il lavoro proprio e dei componenti della propria famiglia (per i rapporti con l'impresa familiare, v. *sub* art. 230-*bis*). • Dalla qualificazione come piccolo imprenditore deriva: a) l'esonero dall'obbligo di tenuta delle scritture contabili; b) l'iscrizione in una sezione speciale del registro delle imprese. • Rispetto all'assoggettamento alle procedure concorsuali: v. art. 1 l. fall. (presupposti soggettivi del fallimento e requisiti dimensionali); art. 121 del codice della crisi d'impresa e dell'insolvenza, D.Lg. 19 gennaio 2019 n. 14, da ora brevemente c.c.i.i. (esclude ora dalla liquidazione giudiziale gli imprenditori commerciali "*minori*").

2084. Condizioni per l'esercizio dell'impresa.

La legge determina le categorie d'imprese il cui esercizio è subordinato a concessione o autorizzazione amministrativa.

Le altre condizioni per l'esercizio delle diverse categorie d'imprese sono stabilite dalla legge *e dalle norme corporative* (1).

(1) Le norme corporative sono state abrogate, quali fonti di diritto, per effetto della soppressione dell'ordinamento corporativo, disposta con r.d.l. 9/8/1943, n. 721 e della soppressione delle organizzazioni sindacali fasciste, disposta con d.lgs.lt. 23/11/1944, n. 369.

• La residua portata precettiva della norma risente del principio di libertà dell'iniziativa economica privata (art. 41 Cost.) e contempla l'**intervento pubblico** nella fase di **inizio dell'attività di impresa** attraverso un duplice strumento. La **concessione** riguarda beni o servizi che, per la loro rilevanza sovraindividuale, appartengono istituzionalmente allo Stato; l'**autorizzazione**, invece, si riferisce invece ad attività che, sebbene ricadano nell'iniziativa economica privata, lo Stato ha interesse a regolare per garantire esigenze di pubblico interesse ed equilibrare l'accesso a determinati settori economici. • Esempio tipico di controllo per l'accesso all'attività d'impresa è la preventiva autorizzazione all'esercizio dell'attività bancaria, subordinata alla verifica del possesso di determinati requisiti.

2085. Indirizzo della produzione.

Il controllo sull'indirizzo della produzione e degli scambi in relazione all'interesse unitario dell'economia nazionale è esercitato dallo Stato, nei modi previsti dalla legge *e dalle norme corporative* (1).

La legge stabilisce altresì i casi e i modi nei quali si esercita la vigilanza dello Stato sulla gestione delle imprese.

(1) Le norme corporative sono state abrogate quali fonti di diritto, per effetto della soppressione dell'ordinamento corporativo, disposta con r.d.l. 9/8/1943, n. 721 e della soppressione delle organizzazioni sindacali fasciste, disposta con d.lgs.lt. 23/11/1944, n. 369.

• La norma, che affonda le sue radici nell'ordinamento corporativo, si configura oggi come **deroga al principio costituzionale della libertà di iniziativa economica privata** (art. 41 Cost.); in quanto tale, è ammissibile solo allorquando sussistano interessi superiori della comunità o siano perseguite finalità di carattere sociale (art. 41, co. 2 e 3, Cost.). • Nell'attuale assetto costituzionale, allo Stato è attribuito un **potere di vigilanza** sulla gestione dell'impresa (ad es. *Authorities* nei segmenti del mercato bancario e finanziario), che si somma alle forme di programmazione e indirizzo finalizzate al coordinamento dell'attività economica privata a fini sociali (art. 43 Cost.).

2086. Gestione dell'impresa (1) (2)

L'imprenditore è il capo dell'impresa e da lui dipendono gerarchicamente i suoi collaboratori.

L'imprenditore, che operi in forma societaria o collettiva, ha il dovere di istituire un assetto organizzativo, amministrativo e contabile adeguato alla natura e alle dimensioni dell'impresa, anche in funzione della rilevazione tempestiva della crisi dell'impresa e della perdita della continuità aziendale, nonché di attivarsi senza indugio per l'adozione e l'attuazione di uno degli strumenti previsti dall'ordinamento per il superamento della crisi e il recupero della continuità aziendale (3).

(1) La Corte costituzionale, con sentenza 22/2-9/3/1989, n. 103 (G.U. 15/3/1989, n. 11 – Prima serie speciale), ha dichiarato non fondata, nei sensi di cui in motivazione, la questione di legittimità del presente articolo, in riferimento all'art. 41 Cost.

(2) Rubrica così sostituita dall'art. 375[1] del d.lgs. 12/1/2019, n. 14, a decorrere dal 16/3/2019, ai sensi di quanto disposto dall'art. 389[2], del medesimo d.lgs. n. 14/2019.

Il testo precedentemente in vigore era il seguente: «Direzione e gerarchia nell'impresa».

(3) Comma aggiunto dall'art. 375[2] del d.lgs. 12/1/2019, n. 14, a decorrere dal 16/3/2019, ai sensi di quanto disposto dall'art. 389[2], del medesimo d.lgs. n. 14/2019.

• La norma – tradizionalmente collegata al sistema corporativo – è ora ricostruita alla luce dell'art. 41 Cost.; essa si limita a descrivere la realtà organizzativa dell'impresa, riconoscendo un **potere** genericamente **gerarchico** del datore di lavoro, che si estrinseca nel potere di controllo e in quello disciplinare. L'imprenditore è titolare di un **potere di conformazione delle modalità di svolgimento della prestazione lavorativa** che deve essere esercitato nei limiti della parità di trattamento, della correttezza e della buona fede. • L'introduzione del **secondo comma**, autentica novità della riforma organica delle procedure concorsuali attuata con d.lgs. n. 14/2019, mira a calibrare la gestione dell'impresa (sintagma con cui è stata efficacemente sostituita la vecchia rubrica "*Direzione e gerarchia nell'impresa*") sull'evento dissolutivo della stessa, con l'intento di realizzare **in via preventiva** la **corretta gestione della crisi**. Dal momento che la portata della previsione è circoscritta all'impresa esercitata "*in forma societaria o collettiva*", parte della dottrina sostiene che, sulla scorta di questa precisazione, essa si esaurisca nel rapporto negoziale tra amministratori e compagine proprietaria; in quest'ottica, verrebbe ribadito il senso generale degli obblighi cui essi sono tenuti in base alle più menti di benorme che ne regolano la posizione contrattuale. • L'agire degli amministratori in adempimento dei doveri di cui al secondo comma (adozione di adeguati assetti organizzativi con la finalità di rilevare tempestivamente la crisi e di intervento tempestivo per il suo superamento) è comunque **sindacabile** nei limiti del principio della *business judgment rule*.

2087. Tutela delle condizioni di lavoro (1) (2).

L'imprenditore è tenuto ad adottare nell'esercizio dell'impresa le misure che, secondo la particolarità del lavoro, l'esperienza e la tecnica, sono necessarie a tutelare l'integrità fisica e la personalità morale dei prestatori di lavoro.

(1) La Corte costituzionale, con sentenza 22/2-9/3/1989, n. 103 (G.U. 15/3/1989, n. 11 – Prima serie speciale), ha dichiarato non fondata, nei sensi di cui in motivazione, la questione di legittimità del presente articolo, in riferimento all'art. 41 Cost.

(2) Per l'igiene del lavoro, vedi il d.P.R. 19/3/1956, n. 303. Per la prevenzione degli infortuni, vedi il d.P.R. 27/4/1955, n. 547. Per la tutela della libertà e dignità dei lavoratori e della libertà sindacale vedi la l. 20/5/1970, n. 300, c.d. statuto dei lavoratori.

• L'obbligo di sicurezza rinviene la propria giustificazione negli artt. 32 e 41 Cost. e mira a tutelare il **carattere personale dell'obbligazione di lavoro**. La previsione in esame, per la sua genericità, costituisce **norma di chiusura** del sistema di sicurezza del lavoratore subordinato, integrato dalla legislazione di dettaglio (d.lgs. n. 81/2008). • Grava sull'imprenditore l'**obbligo di tutelare l'integrità psico-fisica** dei dipendenti mediante l'adozione dei presidi antinfortunistici, strumentali a preservare i lavoratori dai rischi connessi allo svolgimento delle loro attività; il datore di lavoro deve altresì impartire direttive ed istruzioni che assicurino il massimo livello di sicurezza ed è tenuto a vigilare sull'effettiva attuazione delle misure poste in essere. • La violazione degli obblighi previsti dalla norma costituisce fonte di **responsabilità contrattuale**, con diritto al risarcimento per i danni eziologicamente riconducibili all'attività espletata dal lavoratore; non è esclusa una **concorrente responsabilità extracontrattuale** per violazione del *neminem laedere*, posto a protezione di diritti primari (salute fisica e morale).

2088.-2092. (1).

(1) Gli articoli in esame devono ritenersi abrogati per effetto della soppressione dell'ordinamento corporativo, disposta con r.d.l. 9/8/1943, n. 721 e della soppressione delle organizzazioni sindacali fasciste, disposta con d.lgs.lt. 23/11/1944, n. 369.

2093. Imprese esercitate da enti pubblici.

Le disposizioni di questo libro si applicano agli enti pubblici inquadrati nelle associazioni professionali (1).

Agli enti pubblici non inquadrati si applicano le disposizioni di questo libro, limitatamente alle imprese da essi esercitate (1).

Sono salve le diverse disposizioni della legge.

(1) Per la soppressione dell'ordinamento corporativo, vedi il r.d.l. 9/8/1943, n. 721, per la soppressione delle organizzazioni sindacali fasciste, vedi il d.lgs.lt. 23/11/1944, n. 369.

• La norma, nell'ordinamento attuale, **estende** la disciplina del libro V del codice civile agli enti pubblici economici e alle imprese gestite da enti pubblici non economici, concorrendo a delineare lo **statuto civilistico dell'impresa pubblica**. • Gli **enti pubblici economici** si caratterizzano per l'esercizio di un'attività di produzione di beni o servizi, analoga a quella di un imprenditore privato, secondo un **criterio di economicità** (= tendenziale equivalenza dei ricavi rispetto ai costi). Ciò giustifica l'assoggettamento dell'ente pubblico economico alla disciplina privatistica dell'impresa, limitatamente alla eventuale attività di natura imprenditoriale esercitata, nonché la disciplina dell'eventuale insolvenza nell'ottica propria delle società di diritto privato (v. *sub* art. 2221). • Le disposizioni in materia di rapporto di lavoro privato sono generalmente applicabili agli enti pubblici economici.

Sezione II
Dei collaboratori dell'imprenditore

2094. Prestatore di lavoro subordinato.
È prestatore di lavoro subordinato chi si obbliga mediante retribuzione a collaborare nell'impresa, prestando il proprio lavoro intellettuale o manuale alle dipendenze e sotto la direzione dell'imprenditore.

• La disposizione definisce la nozione di lavoratore subordinato, dalla quale si ricavano le caratteristiche essenziali della **subordinazione**, quale condizione di soggezione del prestatore di lavoro al potere direttivo del datore di lavoro. • Dalla disposizione si deduce altresì la natura sinallagmatica del contratto di lavoro e il relativo profilo causale, consistente nello scambio tra prestazione lavorativa (art. 2103) e retribuzione (art. 2099 e art. 36 Cost.). • Secondo una ricostruzione classica, la disparità di potere contrattuale implicita nella condizione di dipendenza e di **etero-direzione** giustifica, sul piano civilistico, l'applicazione al lavoratore subordinato dell'intero statuto protettivo del diritto del lavoro. • Anche le categorie di prestatori di lavoro dotate di maggiore responsabilità e **autonomia** funzionale, come i dirigenti e i quadri (art. 2095), sono legate all'impresa da un vincolo di subordinazione, in quanto chiamate a collaborare alle dipendenze e sotto la direzione dell'imprenditore. Lo stesso vale in relazione a quelle forme organizzative del rapporto di lavoro (es. il c.d. lavoro agile o *smart-working*) connotate da una attenuazione dei vincoli spazio-temporali nell'esecuzione della prestazione lavorativa.

2095. Categorie dei prestatori di lavoro.
I prestatori di lavoro subordinato si distinguono in dirigenti, quadri, impiegati e operai.

Le leggi speciali *e le norme corporative* (1), in relazione a ciascun ramo di produzione e alla particolare struttura dell'impresa, determinano i requisiti di appartenenza alle indicate categorie.

(1) Riferimento da ritenersi abrogato a seguito della soppressione dell'ordinamento corporativo: r.d.l. 9/8/1943, n. 721.

• I prestatori di lavoro sono organizzati in quattro categorie (dirigenti, quadri, impiegati e operai), tutte da ricondurre all'area della **subordinazione** (art. 2094). • Alle categorie legali, la cui natura peraltro è meramente descrittiva e non prescrittiva, si affiancano le previsioni della contrattazione collettiva in materia di **classificazione e inquadramento** del personale. I contratti collettivi di categoria, in particolare, specificano i profili professionali e le declaratorie corrispondenti ai diversi livelli di inquadramento contrattuale e retributivo, a seconda dei diversi gradi di autonomia e responsabilità. • Le categorie di quadri, impiegati e operai sono disciplinate, in ciascun settore produttivo, all'interno del medesimo contratto collettivo di categoria. L'inquadramento e il rapporto di lavoro del personale dirigente, diversamente, sono disciplinati da specifici contratti collettivi relativi a macro-settori produttivi (es. industria e commercio).

Sezione III
Del rapporto di lavoro

§ 1 – Della costituzione del rapporto di lavoro

2096. Assunzione in prova.
Salvo diversa disposizione, l'assunzione del prestatore di lavoro per un periodo di prova deve risultare da atto scritto.

L'imprenditore e il prestatore di lavoro sono rispettivamente tenuti a consentire e a fare l'esperimento che forma oggetto del patto di prova.

Durante il periodo di prova ciascuna delle parti può recedere dal contratto, senza obbligo di preavviso o d'indennità. Se però la prova è stabilita per un tempo minimo necessario, la facoltà di recesso non può esercitarsi prima della scadenza del termine.

Compiuto il periodo di prova, l'assunzione diviene definitiva e il servizio prestato si computa nell'anzianità del prestatore di lavoro.

• La forma scritta per l'assunzione del prestatore di lavoro in prova è prescritta ***ad substantiam***. In mancanza di essa, il patto di prova deve ritenersi nullo e l'assunzione del lavoratore va considerata definitiva. • La disciplina del recesso durante il periodo di prova segue i tradizionali canoni civilistici. Essa è tuttavia soggetta alle specifiche previsioni dettate, nei diversi settori produttivi, dai **contratti collettivi** nazionali di lavoro, i quali tra l'altro individuano l'ampiezza del periodo di prova per le diverse categorie di lavoratori.

2097. (1).

(1) Articolo abrogato dall'art. 9, l. 18/4/1962, n. 230. La disciplina vigente del contratto a tempo determinato è prevista dagli artt. 19 ss., d.lgs. 15/6/2015, n. 81.

2098. Violazione delle norme sul collocamento dei prestatori di lavoro.

Il contratto di lavoro stipulato senza l'osservanza delle disposizioni concernenti la disciplina della domanda e dell'offerta di lavoro può essere annullato, salva l'applicazione delle sanzioni penali.

La domanda di annullamento è proposta dal pubblico ministero, su denunzia dell'ufficio di collocamento, entro un anno dalla data dell'assunzione del prestatore di lavoro.

§ 2 – Dei diritti e degli obblighi delle parti

2099. Retribuzione.

La retribuzione del prestatore di lavoro può essere stabilita a tempo o a cottimo e deve essere corrisposta nella misura determinata *dalle norme corporative* (1), con le modalità e nei termini in uso nel luogo in cui il lavoro viene eseguito.

In mancanza di *norme corporative o di* (1) accordo tra le parti, la retribuzione è determinata dal giudice, *tenuto conto, ove occorra, del parere delle associazioni professionali* (2).

Il prestatore di lavoro può anche essere retribuito in tutto o in parte con partecipazione agli utili o ai prodotti, con provvigione o con prestazioni in natura.

(1) Riferimento da ritenersi abrogato a seguito della soppressione dell'ordinamento corporativo: r.d.l. 9/8/1943, n. 721.

(2) Parte da ritenersi abrogata a seguito della soppressione delle associazioni professionali con d.lgs.lt. 25/11/1944, n. 369.

• La disposizione prescrive le modalità di determinazione e corresponsione della retribuzione. In mancanza di accordo tra le parti, la retribuzione è determinata dal giudice. Pur in assenza di riserve di legge in favore della autonomia collettiva, la giurisprudenza tende a considerare il **contratto collettivo di categoria** come parametro di riferimento per stabilire il trattamento salariale conforme ai principi costituzionali di proporzionalità della retribuzione alla quantità e qualità del lavoro prestato e di sufficienza a garantire al lavoratore e alla sua famiglia una esistenza libera e dignitosa (art. 36 Cost.). • Sotto il profilo dei criteri utilizzati per la determinazione dell'esatto ammontare del trattamento retributivo, la contrattazione collettiva di settore tiene conto del tipo di **mansione** svolta, delle relative competenze tecniche e trasversali, del grado di autonomia e responsabilità nell'esecuzione della prestazione lavorativa. Il presidio del principio della sufficienza è invece garantito, sempre nel sistema della contrattazione collettiva, dalla previsione di trattamenti retributivi che consentano la tutela del **potere d'acquisto** dei lavoratori, attraverso un meccanismo di collegamento tra salari e costo della vita (tasso di inflazione). • Il principio di proporzionalità della retribuzione trova declinazione anche sul piano della contrattazione individuale e aziendale, attraverso la previsione di specifici trattamenti retributivi premiali e incentivanti collegati alle **performance** del lavoratore o a indicatori di redditività, efficienza e produttività dell'azienda (v. art. 2102).

2100. Obbligatorietà del cottimo.

Il prestatore di lavoro deve essere retribuito secondo il sistema del cottimo quando, in conseguenza dell'organizzazione del lavoro, è vincolato all'osservanza di un determinato ritmo produttivo, o quando la valutazione della sua prestazione è fatta in base al risultato delle misurazioni dei tempi di lavorazione.

Le norme corporative determinano i rami di produzione e i casi in cui si verificano le condizioni previste nel comma precedente e stabiliscono i criteri per la formazione delle tariffe (1).

(1) Comma da ritenersi implicitamente abrogato a seguito della soppressione dell'ordinamento corporativo: r.d.l. 9/8/1943, n. 721.

• Il cottimo è una forma di retribuzione calcolata in base alla quantità di lavoro effettivamente prodotto e non sulla base delle ore lavorate. Il sistema del cottimo può basarsi sul numero di unità di pezzi o servizi prodotti in un arco di tempo definito (es. un turno o una giornata), oppure sul numero di ore effettuate. • Le forme miste di cottimo prevedono una quota della retribuzione calcolata in base al **tempo di lavoro** e una quota determinata in base al quantitativo di **prodotto realizzato**. • Il cottimo può essere individuale, quando si considera il rendimento del singolo lavoratore, oppure collettivo, quando si determina in base al rendimento di un gruppo di lavoratori.

2101. Tariffe di cottimo.

Le norme corporative possono stabilire che le tariffe di cottimo non divengano definitive se non dopo un periodo di esperimento (1).

Le tariffe possono essere sostituite o modificate soltanto se intervengono mutamenti nelle condizioni di esecuzione del lavoro, e in ragione degli stessi. In questo caso la sostituzione o la variazione della tariffa non diviene definitiva se non dopo il periodo di esperimento stabilito dalle norme corporative (1).

L'imprenditore deve comunicare preventivamente ai prestatori di lavoro i dati riguardanti gli elementi costitutivi della tariffa di cottimo, le lavorazioni da eseguirsi e il relativo compenso unitario. Deve altresì comunicare i dati relativi alla quantità di lavoro eseguita e al tempo impiegato.

(1) Comma da ritenersi implicitamente abrogato a seguito della soppressione dell'ordinamento corporativo: r.d.l. 9/8/1943, n. 721.

2102. Partecipazione agli utili.

Se *le norme corporative o* (1) la convenzione non dispongono diversamente, la partecipazione agli utili spettante al prestatore di lavoro è determinata in base agli utili netti dell'impresa, e, per le imprese soggette alla pubblicazione del bilancio, in base agli utili netti risultanti dal bilancio regolarmente approvato e pubblicato.

(1) Riferimento da ritenersi abrogato a seguito della soppressione dell'ordinamento corporativo: r.d.l. 9/8/1943, n. 721.

• La partecipazione agli utili è una modalità retributiva di tipo premiale e **partecipativo**, atta a collegare la retribuzione al risultato dell'attività imprenditoriale, cui il prestatore di lavoro può concorrere in misura variabile rispetto alla posizione professionale ricoperta. • Si tratta di una modalità retributiva diffusa prevalentemente tra le figure manageriali (quadri e dirigenti). Per le categorie di operai e impiegati, generalmente, la **contrattazione** di ambito aziendale stabilisce analoghe forme retributive, definite premi di risultato, che hanno tuttavia natura collettiva e possono essere collegate ad obiettivi di vario tipo, non necessariamente relativi agli utili (es. produttività, qualità, efficienza e redditività).

2103. Prestazione del lavoro.

Il lavoratore deve essere adibito alle mansioni per le quali è stato assunto o a quelle corrispondenti all'inquadramento superiore che abbia successivamente acquisito ovvero a mansioni riconducibili allo stesso livello e categoria legale di inquadramento delle ultime effettivamente svolte.

In caso di modifica degli assetti organizzativi aziendali che incide sulla posizione del lavoratore, lo stesso può essere assegnato a mansioni appartenenti al livello di inquadramento inferiore purché rientranti nella medesima categoria legale.

Il mutamento di mansioni è accompagnato, ove necessario, dall'assolvimento dell'obbligo formativo, il cui mancato adempimento non determina comunque la nullità dell'atto di assegnazione delle nuove mansioni.

Ulteriori ipotesi di assegnazione di mansioni appartenenti al livello di inquadramento inferiore, purché rientranti nella medesima categoria legale, possono essere previste dai contratti collettivi.

Nelle ipotesi di cui al secondo e al quarto comma, il mutamento di mansioni è comunicato per iscritto, a pena di nullità, e il lavoratore ha diritto alla conservazione del livello di inquadramento e del trattamento retributivo in godimento, fatta eccezione per gli elementi retributivi collegati a particolari modalità di svolgimento della precedente prestazione lavorativa.

Nelle sedi di cui all'articolo 2113, quarto comma, o avanti alle commissioni di certificazione, possono essere stipulati accordi individuali di modifica delle mansioni, della categoria legale e del livello di inquadramento e della relativa retribuzione, nell'interesse del lavoratore alla conservazione dell'occupazione, all'acquisizione di una diversa professionalità o al miglioramento delle condizioni di vita. Il lavoratore può farsi assistere da un rappresentante dell'associazione sindacale cui aderisce o conferisce mandato o da un avvocato o da un consulente del lavoro.

Nel caso di assegnazione a mansioni superiori il lavoratore ha diritto al trattamento corrispondente all'attività svolta e l'assegnazione diviene definitiva, salva diversa volontà del lavoratore, ove la medesima non abbia avuto luogo per ragioni sostitutive di altro lavoratore in servizio, dopo il periodo fissato dai contratti collettivi o, in mancanza, dopo sei mesi continuativi.

Il lavoratore non può essere trasferito da un'unità produttiva ad un'altra se non per comprovate ragioni tecniche, organizzative e produttive.

Salvo che ricorrano le condizioni di cui al secondo e al quarto comma e fermo quanto disposto al sesto comma, ogni patto contrario è nullo.

• Secondo una ricostruzione classica, la disposizione definisce l'oggetto del contratto di lavoro, individuando nelle **mansioni** del lavoratore il confine del relativo debito contrattuale. • La disciplina codicistica della prestazione di lavoro costituisce al tempo stesso il fondamento e il limite del c.d. ***jus variandi***, vale a dire il potere del datore di lavoro di modificare unilateralmente l'oggetto del contratto, adeguandolo alle mutevoli esigenze organizzative dell'impresa. In virtù di tale previsione, il datore di lavoro può adibire il lavoratore a mansioni superiori, inferiori o appartenenti al medesimo livello di inquadramento contrattuale. • Le garanzie previste per la tutela della professionalità del lavoratore, quale equivalente funzionale della sua dignità, si sostanziano nella limitazione della possibilità di c.d. **demansionamento** al solo livello immediatamente inferiore a quello di assunzione e nel mantenimento del trattamento retributivo in godimento. Ove necessario, il mutamento di mansioni può essere accompagnato dall'assolvimento dell'obbligo formativo. • Ulteriori ipotesi di modifica delle mansioni, che comportino tra le altre cose una riduzione del trattamento retributivo, possono essere concordate in sede assistita, nell'interesse del lavoratore alla conservazione dell'occupazione, all'acquisizione di una diversa professionalità o al miglioramento delle condizioni di vita.

2104. Diligenza del prestatore di lavoro.

Il prestatore di lavoro deve usare la diligenza richiesta dalla natura della prestazione dovuta, dall'interesse dell'impresa e da quello superiore della produzione nazionale.

Deve inoltre osservare le disposizioni per l'esecuzione e per la disciplina del lavoro impartite dall'imprenditore e dai collaboratori di questo dai quali gerarchicamente dipende.

• L'obbligo di diligenza in capo al prestatore di lavoro subordinato si sostanzia nell'adempimento della prestazione lavorativa con perizia e **professionalità**, in conformità alle direttive datoriali, secondo le specificità del contesto organizzativo e delle mansioni cui viene adibito. • Il grado di diligenza dovuta dal lavoratore varia in ragione delle peculiarità del singolo rapporto di lavoro e va apprezzato secondo due distinti parametri: la natura della prestazione, ovvero la complessità delle mansioni; l'interesse dell'impresa, ovvero il raccordo della prestazione con la specifica **organizzazione** imprenditoriale. • La mancata diligenza nell'esecuzione della prestazione lavorativa può dar luogo a provvedimenti disciplinari.

2105. Obbligo di fedeltà.

Il prestatore di lavoro non deve trattare affari, per conto proprio o di terzi, in concorrenza con l'imprenditore, né divulgare notizie attinenti all'organizzazione e ai metodi di produzione dell'impresa, o farne uso in modo da poter recare ad essa pregiudizio.

• L'obbligo di fedeltà è volto a tutelare l'interesse economico all'impresa, la sua capacità di **concorrenza** e la sua competitività sul mercato. L'obbligo di fedeltà si concretizza nella previsione, in capo al prestatore di lavoro, del divieto di concorrenza e degli obblighi di segretezza e riservatezza sull'**organizzazione** e sui metodi di produzione. • La violazione dell'obbligo di fedeltà può dare luogo a responsabilità disciplinare (art. 2106), al risarcimento dei danni subiti dal datore di lavoro e alla tutela penale per la protezione del segreto professionale ed aziendale.

2106. Sanzioni disciplinari.

L'inosservanza delle disposizioni contenute nei due articoli precedenti può dar luogo alla applicazione di sanzioni disciplinari, secondo la gravità dell'infrazione *e in conformità delle norme corporative* (1).

(1) Riferimento da ritenersi abrogato a seguito della soppressione dell'ordinamento corporativo: r.d.l. 9/8/1943, n. 721.

• La disposizione sancisce il principio di **proporzionalità** e adeguatezza tra gravità dell'infrazione e provvedimento disciplinare. Va letta in combinato disposto con l'art. 7, l. 20/5/1970, n. 300 (c.d. Statuto dei lavoratori). • I regolamenti aziendali e i codici disciplinari preposti dalla contrattazione collettiva specificano, normalmente, le modalità di concretizzazione del principio di proporzionalità, attraverso la esemplificazione delle ipotesi di infrazione e il collegamento con il corrispondente apparato **sanzionatorio**. • A seconda della gravità e della recidività della condotta le sanzioni disciplinari a disposizione dell'azienda sono: il rimprovero verbale; il richiamo scritto; la multa; la sospensione; il trasferimento; il licenziamento disciplinare.

2107. Orario di lavoro.

La durata giornaliera e settimanale della prestazione di lavoro non può superare i limiti stabiliti dalle leggi speciali *o dalle norme corporative* (1).

(1) Riferimento da ritenersi abrogato a seguito della soppressione dell'ordinamento corporativo: r.d.l. 9/8/1943, n. 721.

• La *ratio* della norma, che impone la necessità di stabilire limiti alla durata della prestazione lavorativa, è da rinvenire nella tutela della **salute** e **sicurezza** del lavoratore. La disposizione trova diretta corrispondenza nell'art. 36, co. 2, Cost., in forza del quale la durata massima della giornata lavorativa è stabilita dalla legge. • I limiti di durata della prestazione lavorativa sono disciplinati dal d.lgs. 8/4/2003 n. 66, che prevede norme specifiche in materia di orario normale (40 ore) e massimo (48 ore) settimanale, straordinario, riposi giornalieri e festivi, regime delle pause, ferie e lavoro notturno. • La materia è presidiata altresì dalla **contrattazione collettiva**. In esecuzione delle deleghe conferite dal d.lgs. 8/4/2003 n. 66, i contratti collettivi di categoria e i contratti aziendali prevedono discipline di dettaglio volte a integrare, derogare e modulare l'applicazione degli standard di legge alle specifiche caratteristiche dei settori produttivi e delle aziende.

2108. Lavoro straordinario e notturno.

In caso di prolungamento dell'orario normale, il prestatore di lavoro deve essere compensato per le ore straordinarie con un aumento di retribuzione rispetto a quella dovuta per il lavoro ordinario.

Il lavoro notturno non compreso in regolari turni periodici deve essere parimenti retribuito con una maggiorazione rispetto al lavoro diurno.

I limiti entro i quali sono consentiti il lavoro straordinario e quello notturno, la durata di essi e la misura della maggiorazione sono stabiliti dalla legge *o dalle norme corporative* (1).

(1) Riferimento da ritenersi implicitamente abrogato a seguito della soppressione dell'ordinamento corporativo: r.d.l. 9/8/1943, n. 721.

• Il principio della maggiorazione retributiva del lavoro straordinario si riferisce al **tempo-lavoro** prestato oltre l'orario normale di lavoro, che il d.lgs. 8/4/2003 n. 66 fissa in 40 ore settimanali. La esatta entità della maggiorazione è, generalmente, disciplinata dalla contrattazione collettiva o dal regolamento aziendale. • Analogo principio è previsto al secondo comma, con specifico riferimento al lavoro notturno. Anche in questo caso, l'ammontare della maggiorazione retributiva è stabilito dalla contrattazione collettiva, che specifica altresì gli intervalli orari che integrano la definizione di lavoro notturno. • Il terzo comma della disposizione si coordina con la previsione dell'art. 2107 delegando alla legge la fissazione di limiti al lavoro **straordinario** e notturno. La delega è a sua volta recepita dalla contrattazione collettiva.

2109. Periodo di riposo.

Il prestatore di lavoro ha diritto ad un giorno di riposo ogni settimana, di regola in coincidenza con la domenica.

Ha anche diritto, *dopo un anno di ininterrotto servizio*, ad un periodo annuale di ferie retribuito, possibilmente continuativo, nel tempo che l'imprenditore stabilisce, tenuto conto delle esigenze dell'impresa e degli interessi del prestatore di lavoro. La durata di tale periodo è stabilita dalla legge, *dalle norme corporative* (1), dagli usi o secondo equità.

L'imprenditore deve preventivamente comunicare al prestatore di lavoro il periodo stabilito per il godimento delle ferie.

Non può essere computato nelle ferie il periodo di preavviso indicato nell'articolo 2118.

(1) Riferimento da ritenersi abrogato implicitamente a seguito della soppressione dell'ordinamento corporativo: r.d.l. 9/8/1943, n. 721.

• La disposizione trova corrispondenza nell'art. 36, co. 3, Cost. ai sensi del quale il lavoratore ha diritto al riposo settimanale e a ferie annuali retribuite, e non può rinunziarvi. Come per le altre disposizioni in materia di orario di lavoro, la *ratio* della norma è da ricercare nella tutela della **salute** e della **sicurezza** del lavoratore. • Il primo comma sancisce, a questo fine, il diritto ad un giorno riposo settimanale che, di regola, deve cadere in coincidenza con la domenica, al quale il d.lgs. 8/4/2003 n. 66 affianca il riconoscimento del diritto ad un riposo giornaliero di minimo undici ore consecutive. • Il secondo comma riconosce il diritto ad un periodo annuale di ferie retribuite, che il d.lgs. 8/4/2003 n. 66 fissa in un periodo non inferiore a quattro settimane, elevabile dalla contrattazione collettiva. La disposizione sancisce altresì il principio per cui l'individuazione del periodo per il godimento delle ferie deve risultare dal **bilanciamento** dell'esigenze dell'impresa e degli interessi del lavoratore. Il predetto periodo deve essere comunicato preventivamente al prestatore di lavoro. • Il quarto comma della disposizione prevede che il periodo di preavviso in caso di recesso (licenziamento o dimissioni) non possa essere computato nelle ferie.

2110. Infortunio, malattia, gravidanza, puerperio.

In caso di infortunio, di malattia, di gravidanza o di puerperio, se la legge *o le norme corporative* (1) non stabiliscono forme equivalenti di previdenza o di assistenza, è dovuta al prestatore di lavoro la retribuzione o un'indennità nella misura e per il tempo determinati dalle leggi speciali *dalle norme corporative* (1), dagli usi o secondo equità.

Nei casi indicati nel comma precedente, l'imprenditore ha diritto di recedere dal contratto a norma dell'articolo 2118, decorso il periodo stabilito dalla legge *dalle norme corporative* (1) dagli usi o secondo equità.

Il periodo di assenza dal lavoro per una delle cause anzidette deve essere computato nell'anzianità di servizio.

(1) Riferimento da ritenersi implicitamente abrogato a seguito della soppressione dell'ordinamento corporativo: r.d.l. 9/8/1943, n. 721.

• La disposizione detta i principi fondamentali riguardo la disciplina delle ipotesi classiche di legittima **sospensione della prestazione** lavorativa, in corrispondenza di infortunio, malattia, gravidanza e puerperio. In particolare, sancisce l'obbligo di corrispondere al prestatore di lavoro la retribuzione o un'indennità nella misura e per il tempo determinati dalle leggi speciali. • La riserva di legge è recepita, nella maggior parte dei casi, dalla **contrattazione collettiva**, da alcune normative speciali (*Esempio:* quelle sulle c.d. visite fiscali) e dalla disciplina sulle assicurazioni sociali previste dall'ordinamento: l'assicurazione contro le malattie comuni, gestita dall'INPS, e quella contro gli infortuni sul lavoro e le malattie professionali, gestita dall'INAIL. • In caso di infortunio, malattia, gravidanza e puerperio i lavoratori beneficiano della tutela **antidiscriminatoria** applicabile in relazione a vari istituti (*Esempio:* licenziamento).

2111. Servizio militare.

La chiamata alle armi per adempiere agli obblighi di leva risolve il contratto di lavoro *salvo diverse disposizioni delle norme corporative* (1).

In caso di richiamo alle armi, si applicano le disposizioni del primo e del terzo comma dell'articolo precedente.

(1) Riferimento da ritenersi implicitamente abrogato a seguito della soppressione dell'ordinamento corporativo: r.d.l. 9/8/1943, n. 721.

• La disposizione va letta in combinato disposto con l'art. 52, co. 2, Cost., per cui l'adempimento del servizio militare non pregiudica la posizione di lavoro del cittadino, né l'esercizio dei diritti politici. Il servizio militare, quindi, si configura come una delle ipotesi di **sospensione legittima** della prestazione lavorativa. • Le leggi speciali in materia di richiamo alle armi e servizio di leva dettano una disciplina di dettaglio delle due ipotesi menzionate dalla disposizione. In particolare, la legge sul servizio di leva, estendendo il principio di sospensione del rapporto di lavoro anche in favore dei cittadini chiamati alla leva, ha implicitamente abrogato il primo comma della disposizione in commento, conformemente al dettato costituzionale già richiamato.

2112. Mantenimento dei diritti dei lavoratori in caso di trasferimento d'azienda.

In caso di trasferimento d'azienda, il rapporto di lavoro continua con il cessionario ed il lavoratore conserva tutti i diritti che ne derivano.

Il cedente ed il cessionario sono obbligati, in solido, per tutti i crediti che il lavoratore aveva al tempo del trasferimento. Con le procedure di cui agli articoli 410 e 411 del codice di procedura civile il lavoratore può consentire la liberazione del cedente dalle obbligazioni derivanti dal rapporto di lavoro.

Il cessionario è tenuto ad applicare i trattamenti economici e normativi previsti dai contratti collettivi nazionali, territoriali ed aziendali vigenti alla data del trasferimento, fino alla loro scadenza, salvo che siano sostituiti da altri contratti collettivi applicabili all'impresa del cessionario.

L'effetto di sostituzione si produce esclusivamente fra contratti collettivi del medesimo livello.

Ferma restando la facoltà di esercitare il recesso ai sensi della normativa in materia di licenziamenti, il trasferimento d'azienda non costituisce di per sé motivo di licenziamento. Il lavoratore, le cui condizioni di lavoro subiscono una sostanziale modifica nei tre mesi successivi al trasferimento d'azienda, può rassegnare le proprie dimissioni con gli effetti di cui all'articolo 2119, primo comma. Ai fini e per gli effetti di cui al presente articolo si intende per trasferimento d'azienda qualsiasi operazione che, in seguito a cessione contrattuale o fusione, comporti il mutamento nella titolarità di un'attività economica organizzata, con o senza scopo di lucro, preesistente al trasferimento e che conserva nel trasferimento la propria identità a prescindere dalla tipologia negoziale o dal provvedimento sulla base del quale il trasferimento è attuato ivi compresi l'usufrutto o l'affitto di azienda. Le disposizioni del presente articolo si applicano altresì al trasferimento di parte dell'azienda, intesa come articolazione funzionalmente autonoma di un'attività economica organizzata, identificata come tale dal cedente e dal cessionario al momento del suo trasferimento.

Nel caso in cui l'alienante stipuli con l'acquirente un contratto di appalto la cui esecuzione avviene utilizzando il ramo d'azienda oggetto di cessione, tra appaltante e appaltatore opera un regime di solidarietà di cui all'articolo 29, comma 2, del decreto legislativo 10 settembre 2003, n. 276.

• In caso di trasferimento di azienda o di ramo di azienda il rapporto di lavoro continua con il cessionario e il lavoratore conserva tutti i diritti che ne derivano, salva la facoltà di rassegnare le dimissioni per giusta causa, qualora le condizioni di lavoro subiscano una sostanziale modifica (co. 1 e 4). Ne consegue, ad esempio, che il prestatore di lavoro non possa essere licenziato per il fatto che l'azienda cui è addetto è stata ceduta. Specularmente, il cessionario acquista gli obblighi gravanti sul cedente in favore del lavoratore e risponde in **solido** con il cedente per tutti i crediti che il lavoratore ceduto vantava al momento del trasferimento (co. 2). • Costituisce trasferimento d'azienda qualsiasi operazione che comporti il mutamento della **titolarità** di un'attività economica qualora l'entità oggetto del trasferimento conservi, successivamente allo stesso, la propria identità, da accertarsi in base al complesso delle circostanze di fatto che caratterizzano la specifica operazione. • Per ramo di azienda si intende ogni entità economica organizzata in maniera stabile la quale, in occasione del trasferimento, conservi la sua identità e consenta l'esercizio di una attività economica finalizzata al perseguimento di uno specifico obiettivo. • Alla nozione di trasferimento di azienda o di ramo di azienda vanno ascritti, insieme alla compravendita, anche l'affitto, l'usufrutto, la fusione, ecc. (co. 5). Mentre ai fini della definizione di azienda rivestono centrale importanza le nozioni di attività ed **organizzazione**. • Le leggi applicabili in materia di trasferimento d'azienda prevedono il rispetto di una precisa procedura sindacale, in modo da garantire che l'operazione di cessione possa essere soggetta al controllo dei lavoratori interessati.

2113. Rinunzie e transazioni.

Le rinunzie e le transazioni, che hanno per oggetto diritti del prestatore di lavoro derivanti da disposizioni inderogabili della legge e dei contratti o accordi collettivi concernenti i rapporti di cui all'articolo 409 del codice di procedura civile, non sono valide.

L'impugnazione deve essere proposta, a pena di decadenza, entro sei mesi dalla data di cessazione del rapporto o dalla data della rinunzia o della transazione, se queste sono intervenute dopo la cessazione medesima.

Le rinunzie e le transazioni di cui ai commi precedenti possono essere impugnate con qualsiasi atto scritto, anche stragiudiziale, del lavoratore idoneo a renderne nota la volontà.

Le disposizioni del presente articolo non si applicano alla conciliazione intervenuta ai sensi degli articoli 185, 410, 411, 412-ter e 412-quater del codice di procedura civile.

• La disposizione sancisce la **invalidità** delle rinunzie (atto unilaterale) e delle transazioni (contratto) aventi ad oggetto diritti del prestatore di lavoro derivanti da disposizioni **inderogabili** di legge o contrattazione collettiva. • La *ratio* della norma è da rinvenire nella situazione di debolezza contrattuale che contraddistingue la posizione del prestatore di lavoro subordinato nei confronti del datore di lavoro. • Coerentemente, l'ultimo comma prevede la validità e inoppugnabilità delle rinunzie e delle transazioni poste in essere in sede di **conciliazione** giudiziale, amministrativa (*Esempio:* davanti alle commissioni istituite presso l'Ispettorato territoriale del lavoro), ovvero in sede **sindacale**.

§ 3 – Della previdenza e dell'assistenza

2114. Previdenza ed assistenza obbligatorie.

Le leggi speciali *e le norme corporative* (1) determinano i casi e le forme di previdenza e di assistenza obbligatorie e le contribuzioni e prestazioni relative.

(1) Riferimento da ritenersi implicitamente abrogato a seguito della soppressione dell'ordinamento corporativo: r.d.l. 9/8/1943, n. 721.

• Il principio di **obbligatorietà** della previdenza e dell'assistenza sociale è da leggere in combinato disposto con l'art. 38 Cost. La materia è variamente disciplinata dalle leggi speciali in tema di pensioni, forme di sostegno al reddito in costanza di rapporto di lavoro o in caso di disoccupazione, maternità, paternità e, latamente, welfare della persona.

2115. Contribuzioni.

Salvo diverse disposizioni della legge *o delle norme corporative* (1) l'imprenditore e il prestatore di lavoro contribuiscono in parti eguali alle istituzioni di previdenza e di assistenza.

L'imprenditore è responsabile del versamento del contributo, anche per la parte che è carico del prestatore di lavoro, salvo il diritto di rivalsa secondo le leggi speciali.

È nullo qualsiasi patto diretto ad eludere gli obblighi relativi alla previdenza o all'assistenza.

(1) Riferimento da ritenersi implicitamente abrogato a seguito della soppressione dell'ordinamento corporativo: r.d.l. 9/8/1943, n. 721.

• La disposizione sancisce i principi della **obbligatorietà** e della parità di contribuzione dell'imprenditore e del prestatore di lavoro. Il riferimento è ai versamenti **contributivi** che ciascuna azienda e ciascun lavoratore devono al sistema previdenziale e di assistenza sociale. Si affida inoltre all'imprenditore la responsabilità del versamento contributivo. • In alcuni casi le leggi speciali e la contrattazione collettiva modulano in maniera diversa le quote contributive dell'impresa e dei lavoratori.

2116. Prestazioni.

Le prestazioni indicate nell'articolo 2114 sono dovute al prestatore di lavoro, anche quando l'imprenditore non ha versato regolarmente i contributi dovuti alle istituzioni di previdenza e di assistenza, salvo diverse disposizioni delle leggi speciali *o delle norme corporative* (1).

Nei casi in cui, secondo tali disposizioni, le istituzioni di previdenza e di assistenza, per mancata o irregolare contribuzione, non sono tenute a corrispondere in tutto o in parte le prestazioni dovute, l'imprenditore è responsabile del danno che ne deriva al prestatore di lavoro.

(1) Riferimento da ritenersi implicitamente abrogato a seguito della soppressione dell'ordinamento corporativo: r.d.l. 9/8/1943, n. 721.

• Il lavoratore ha diritto a ricevere le **prestazioni previdenziali e assistenziali** anche in caso di irregolarità dei versamenti contributivi. • L'imprenditore è responsabile degli eventuali danni che la mancata o irregolare contribuzione comporta per il prestatore di lavoro.

2117. Fondi speciali per la previdenza e l'assistenza.

I fondi speciali per la previdenza e l'assistenza che l'imprenditore abbia costituiti, anche senza contribuzione dei prestatori di lavoro, non possono essere distratti dal fine al quale sono destinati e non possono formare oggetto di esecuzione da parte dei creditori dell'imprenditore o del prestatore di lavoro.

• I fondi speciali costituiti dal datore di lavoro ai fini previdenziali e assistenziali sono soggetti a un vincolo di destinazione. Il riferimento è ai fondi che integrano il **pilastro previdenziale e assistenziale** pubblico, costituiti in azienda o nell'ambito dei sistemi bilaterali dalle associazioni datoriali e sindacali di settore. Ne sono un esempio i fondi per la previdenza integrativa o i fondi per l'assistenza sanitaria integrativa. • In forza di tale disposizione, questi fondi non possono formare oggetto di esecuzione da parte dei creditori dell'imprenditore o del prestatore di lavoro, trattandosi di somme che, non facendo più parte del patrimonio di coloro che le hanno versate, non possono essere considerate a garanzia delle obbligazioni da essi eventualmente assunte.

§ 4 – Dell'estinzione del rapporto di lavoro

2118. Recesso dal contratto a tempo indeterminato.

Ciascuno dei contraenti può recedere dal contratto di lavoro a tempo indeterminato, dando il preavviso nel termine e nei modi stabiliti *dalle norme corporative* (1), dagli usi o secondo equità.

In mancanza di preavviso, il recedente è tenuto verso l'altra parte a un'indennità equivalente all'importo della retribuzione che sarebbe spettata per il periodo di preavviso.

La stessa indennità è dovuta dal datore di lavoro nel caso di cessazione del rapporto per morte del prestatore di lavoro.

(1) Riferimento da ritenersi implicitamente abrogato a seguito della soppressione dell'ordinamento corporativo: r.d.l. 9/8/1943, n. 721.

• Il recesso dal contratto di lavoro a tempo indeterminato si perfeziona mediante **licenziamento** o **dimissioni**. Si tratta di due atti unilaterali posti in essere, rispettivamente, dal datore di lavoro e dal lavoratore. • La disposizione prevede l'obbligo di **preavviso** in caso di recesso. Termini e modalità applicative del preavviso sono disciplinati dalla contrattazione collettiva e dai regolamenti aziendali. • Si prevede inoltre il versamento di una indennità risarcitoria per mancato preavviso, di entità pari all'importo della retribuzione che sarebbe spettata per il periodo di preavviso. La stessa indennità è dovuta dal datore di lavoro nel caso di cessazione del rapporto per morte del prestatore di lavoro. • Sebbene nell'impostazione della norma datore e prestatore di lavoro siano messi sullo stesso piano, nel tempo si è assistito ad una differenziazione tra i regimi delle dimissioni e del licenziamento, superando in quest'ultimo caso il principio della libertà di recesso. Salvo alcune eccezioni, la legge considera legittimo il licenziamento solo in presenza di **giusta causa o giustificato motivo** soggettivo (c.d. licenziamento disciplinare) o oggettivo (c.d. licenziamento economico).

2119. Recesso per giusta causa.

Ciascuno dei contraenti può recedere dal contratto prima della scadenza del termine, se il contratto è a tempo determinato, o senza preavviso, se il contratto è a tempo indeterminato, qualora si verifichi una causa che non consenta la prosecuzione anche provvisoria, del rapporto. Se il contratto è a tempo indeterminato, al prestatore di lavoro che recede, per giusta causa compete l'indennità indicata nel secondo comma dell'articolo precedente.

Non costituisce giusta causa di risoluzione del contratto la liquidazione coatta amministrativa dell'impresa. Gli effetti della liquidazione giudiziale sui rapporti di lavoro sono regolati dal codice della crisi e dell'insolvenza.

• È ammissibile il recesso senza preavviso in presenza di una **giusta causa** che non consenta la prosecuzione del rapporto. Se il contratto è a tempo indeterminato, al prestatore di lavoro che recede per giusta causa (dimissioni) compete una indennità pari all'importo della retribuzione che sarebbe spettata per il periodo di preavviso. • La qualificazione della nozione di giusta causa può ricavarsi dalle leggi e dalla giurisprudenza in materia di licenziamenti individuali. Essa si distingue dal giustificato motivo soggettivo in quanto identifica una condotta del dipendente tanto grave da compromettere la **fiducia** del datore di lavoro nella esattezza dei futuri adempimenti contrattuali. • La distinzione tra le due fattispecie è rilevante dal momento che il licenziamento per giustificato motivo soggettivo (c.d. licenziamento disciplinare), a differenza del recesso per giusta causa, non esonera il datore di lavoro dall'obbligo del **preavviso**.

2120. Disciplina del trattamento di fine rapporto.

In ogni caso di cessazione del rapporto di lavoro subordinato, il prestatore di lavoro ha diritto ad un trattamento di fine rapporto. Tale trattamento si calcola sommando per ciascun anno di servizio una quota pari e comunque non superiore all'importo della retribuzione dovuta per l'anno stesso divisa per 13,5. La quota è proporzionalmente ridotta per le frazioni di anno, computandosi come mese intero le frazioni di mese uguali o superiori a 15 giorni.

Salvo diversa previsione dei contratti collettivi la retribuzione annua, ai fini del comma precedente, comprende tutte le somme, compreso l'equivalente delle prestazioni in natura, corrisposte in dipendenza del rapporto di lavoro, a titolo non occasionale e con esclusione di quanto è corrisposto a titolo di rimborso spese.

In caso di sospensione della prestazione di lavoro nel corso dell'anno per una delle cause di cui all'articolo 2110, nonché in caso di sospensione totale o parziale per la quale sia prevista l'integrazione salariale, deve essere computato nella retribuzione di cui al primo comma l'equivalente della retribuzione a cui il lavoratore avrebbe avuto diritto in caso di normale svolgimento del rapporto di lavoro.

Il trattamento di cui al precedente primo comma, con esclusione della quota maturata nell'anno, è incrementato, su base composta, al 31 dicembre di ogni anno, con l'applicazione di un tasso costituito dall'1,5 per cento in misura fissa e dal 75 per cento dell'aumento dell'indice dei prezzi al consumo per le famiglie di operai ed impiegati, accertato dall'ISTAT, rispetto al mese di dicembre dell'anno precedente.

Ai fini della applicazione del tasso di rivalutazione di cui al comma precedente per frazioni di anno, l'incremento dell'indice ISTAT è quello risultante nel mese di cessazione del rapporto di lavoro rispetto a quello di dicembre dell'anno precedente. Le frazioni di mese uguali o superiori a quindici giorni si computano come mese intero.

Il prestatore di lavoro, con almeno otto anni di servizio presso lo stesso datore di lavoro, può chiedere, in costanza di rapporto di lavoro, una anticipazione non superiore al 70 per cento sul trattamento cui avrebbe diritto nel caso di cessazione del rapporto alla data della richiesta.

Le richieste sono soddisfatte annualmente entro i limiti del 10 per cento degli aventi titolo, di cui al precedente comma, e comunque del 4 per cento del numero totale dei dipendenti.

La richiesta deve essere giustificata dalla necessità di:

a) eventuali spese sanitarie per terapie e interventi straordinari riconosciuti dalle competenti strutture pubbliche;

b) acquisto della prima casa di abitazione per sé o per i figli, documentato con atto notarile.

L'anticipazione può essere ottenuta una sola volta nel corso del rapporto di lavoro e viene detratta, a tutti gli effetti, dal trattamento di fine rapporto.

Nell'ipotesi di cui all'articolo 2122 la stessa anticipazione è detratta dall'indennità prevista dalla norma medesima.

Condizioni di miglior favore possono essere previste dai contratti collettivi o da atti individuali. I contratti collettivi possono altresì stabilire criteri di priorità per l'accoglimento delle richieste di anticipazione.

• Il lavoratore ha il diritto a un trattamento di fine rapporto (c.d. TFR o liquidazione). Si tratta di una forma di **retribuzione differita** che il datore di lavoro ha l'obbligo di corrispondere al lavoratore nel momento in cui termina il rapporto. • La disposizione detta i principi fondamentali circa le modalità di calcolo e corresponsione del trattamento di fine rapporto, facendo ampio rinvio alle previsioni della **contrattazione collettiva**, con particolare riferimento alla definizione della base di calcolo della retribuzione annua utile al computo del TFR, alla individuazione della causali aggiuntive per la richiesta dell'anticipo e alla specificazione del principio dell'onnicomprensività della retribuzione, in forza del quale la retribuzione per prestazione di lavoro non occasionale deve essere ricompresa nel trattamento.

2121. Computo dell'indennità di mancato preavviso.

L'indennità di cui all'articolo 2118 deve calcolarsi computando le provvigioni, i premi di produzione, le partecipazioni agli utili o ai prodotti ed ogni altro compenso di carattere continuativo, con esclusione di quanto è corrisposto a titolo di rimborso spese.

Se il prestatore di lavoro è retribuito in tutto o in parte con provvigioni, con premi di produzione o con partecipazioni, l'indennità suddetta è determinata sulla media degli emolumenti degli ultimi tre anni di servizio o del minor tempo di servizio prestato.

Fa parte della retribuzione anche l'equivalente del vitto e dell'alloggio dovuto al prestatore di lavoro.

2122. Indennità in caso di morte.

In caso di morte del prestatore di lavoro, le indennità indicate dagli articoli 2118 e 2120 devono corrispondersi al coniuge, ai figli e se vivevano a carico del prestatore di lavoro ai parenti entro il terzo grado e agli affini entro il secondo grado.

La ripartizione delle indennità, se non vi è accordo tra gli aventi diritto, deve farsi secondo il bisogno di ciascuno.

In mancanza delle persone indicate nel primo comma, le indennità sono attribuite secondo le norme della successione legittima.

È nullo ogni patto anteriore alla morte del prestatore di lavoro circa l'attribuzione e la ripartizione delle indennità.

2123. Forme di previdenza.

Salvo patto contrario, l'imprenditore che ha compiuto volontariamente atti di previdenza può dedurre dalle somme da lui dovute a norma degli articoli 2110, 2111 e 2120 quanto il prestatore di lavoro ha diritto di percepire per effetto degli atti medesimi.

Se esistono fondi di previdenza formati con il contributo dei prestatori di lavoro, questi hanno diritto alla liquidazione della propria quota, qualunque sia la causa della cessazione del contratto.

2124. Certificato di lavoro.

Se non è obbligatorio il libretto di lavoro, all'atto della cessazione del contratto, qualunque ne sia la causa, l'imprenditore deve rilasciare un certificato con l'indicazione del tempo durante il quale il prestatore di lavoro è stato occupato alle sue dipendenze e delle mansioni esercitate.

2125. Patto di non concorrenza.

Il patto con il quale si limita lo svolgimento dell'attività del prestatore di lavoro, per il tempo successivo alla cessazione del contratto, è nullo se non risulta da atto scritto, se non è pattuito un corrispettivo a favore del prestatore di lavoro e se il vincolo non è contenuto entro determinati limiti di oggetto, di tempo e di luogo.

La durata del vincolo non può essere superiore a cinque anni, se si tratta di dirigenti, e a tre anni negli altri casi. Se è pattuita una durata maggiore, essa si riduce nella misura suindicata.

• Il patto di non concorrenza privo dei requisiti individuati dalla norma è nullo. La disposizione realizza un ragionevole **bilanciamento** tra le esigenze di competitività dell'impresa e gli interessi del prestatore di lavoro subordinato, la cui posizione contrattuale, in presenza di un patto di non concorrenza non conforme al dettato della norma, risulterebbe eccessivamente condizionata all'atto di costituzione del rapporto, nel corso del suo svolgimento e successivamente alla sua cessazione. • La congruità del corrispettivo dovuto in caso di patto di non concorrenza va riferita in base alla equità e **proporzionalità** in rapporto al sacrificio richiesto al lavoratore e alla riduzione delle sue possibilità di guadagno, indipendentemente dall'utilità che il comportamento richiestogli rappresenta per il datore di lavoro, come dal suo ipotetico valore di mercato.

§ 5 – Disposizioni finali

2126. Prestazione di fatto con violazione di legge.

La nullità o l'annullamento del contratto di lavoro non produce effetto per il periodo in cui il rapporto ha avuto esecuzione, salvo che la nullità derivi dall'illiceità dell'oggetto o della causa.

Se il lavoro è stato prestato con violazione di norme poste a tutela del prestatore di lavoro, questi ha in ogni caso diritto alla retribuzione.

• La disposizione riconosce la tutela dei diritti del lavoratore in caso di nullità o annullamento del contratto, salvo che la nullità derivi dalla comune intenzione delle parti di costituire un rapporto vietato dalle norme imperative. • È da considerarsi **illecito**, ad esempio, lo svolgimento di un'attività lavorativa per la quale sia richiesta dalla legge un'abilitazione o un titolo di studio abilitante, qualora il collaboratore esegua la prestazione in carenza dei predetti requisiti (es. il medico o l'avvocato non abilitati alla professione).

2127. Divieto d'interposizione nel lavoro a cottimo.

È vietato all'imprenditore di affidare ai propri dipendenti lavori a cottimo da eseguirsi da prestatori di lavoro assunti e retribuiti direttamente dai dipendenti medesimi.

In caso di violazione di tale divieto, l'imprenditore risponde direttamente, nei confronti dei prestatori di lavoro assunti dal proprio dipendente, degli obblighi derivanti dai contratti di lavoro da essi stipulati.

2128. Lavoro a domicilio.

Ai prestatori di lavoro a domicilio si applicano le disposizioni di questa sezione, in quanto compatibili con la specialità del rapporto.

2129. Contratto di lavoro per i dipendenti da enti pubblici.

Le disposizioni di questa sezione si applicano ai prestatori di lavoro dipendenti da enti pubblici salvo che il rapporto sia diversamente regolato dalla legge.

Sezione IV
Del tirocinio

2130. Durata del tirocinio.

Il periodo di tirocinio non può superare i limiti stabiliti *dalle norme corporative o* (1) dagli usi.

(1) Riferimento da ritenersi implicitamente abrogato a seguito della soppressione dell'ordinamento corporativo: r.d.l. 9/8/1943, n. 721.

• Il tipo di tirocinio disciplinato da questa disposizione e dalle altre della medesima sezione è il contratto di **apprendistato**. Secondo la ricostruzione classica, l'apprendistato è un contratto a causa mista: di fianco all'obbligazione retributiva sussiste l'**obbligo formativo** in capo al datore di lavoro. Nel quadro delle politiche per il lavoro, il contratto di apprendistato ha assunto funzioni economico-sociali più ampie e complesse, volte alla promozione dell'occupazione giovanile, allo sviluppo dei percorsi di alternanza tra sistema educativo e lavoro, al governo delle transizioni occupazionali. • Esistono tre tipologie di apprendistato, ciascuna delle quali soggetta a discipline specifiche: apprendistato per la qualifica e per il diploma professionale, apprendistato professionalizzante o contratto di mestiere, apprendistato di alta formazione e ricerca. • La disposizione in commento stabilisce che il periodo di apprendistato non possa superare determinati limiti temporali. A legislazione vigente, questi limiti sono disciplinati, per le diverse tipologie di apprendistato, dal d.lgs. 15/6/2015 n. 81 e dalla contrattazione collettiva di categoria (nella maggior parte dei casi, la durata massima è prevista in tre anni). Le medesime fonti disciplinano altri istituti del contratto di apprendistato, inclusi gli aspetti legati alla formazione, all'inquadramento e alla retribuzione dell'apprendista. • La legge e la contrattazione collettiva definiscono l'apprendistato come un contratto a **tempo indeterminato**. Tuttavia, al termine del periodo di o ad un anno., è previsto un momento di libera recedibilità da parte del datore di lavoro, il quale non è tenuto a giustificare i motivi della eventuale cessazione del rapporto di lavoro una volta esperito l'obbligo formativo.

2131. Retribuzione.

La retribuzione dell'apprendista non può assumere la forma del salario a cottimo.

2132. Istruzione professionale.

L'imprenditore deve permettere che l'apprendista frequenti i corsi per la formazione professionale e deve destinarlo soltanto ai lavori attinenti alla specialità professionale a cui si riferisce il tirocinio.

2133. Attestato di tirocinio.

Alla cessazione del tirocinio, l'apprendista, per il quale non è obbligatorio il libretto di lavoro, ha diritto di ottenere un attestato del tirocinio compiuto.

2134. Norme applicabili al tirocinio.

Al tirocinio si applicano le disposizioni della sezione precedente, in quanto siano compatibili con la specialità del rapporto e non siano derogate da disposizioni delle leggi speciali *o da norme corporative* (1).

(1) Riferimento da ritenersi implicitamente abrogato a seguito della soppressione dell'ordinamento corporativo: r.d.l. 9/8/1943, n. 721.

Capo II
Dell'impresa agricola

Sezione I
Disposizioni generali

2135. Imprenditore agricolo.

È imprenditore agricolo chi esercita una delle seguenti attività: coltivazione del fondo, selvicoltura, allevamento di animali e attività connesse.

Per coltivazione del fondo, per selvicoltura e per allevamento di animali si intendono le attività dirette alla cura ed allo sviluppo di un ciclo biologico o di una fase necessaria del ciclo stesso, di carattere vegetale o animale, che utilizzano o possono utilizzare il fondo, il bosco o le acque dolci, salmastre o marine.

Si intendono comunque connesse le attività, esercitate dal medesimo imprenditore agricolo, dirette alla manipolazione, conservazione, trasformazione, commercializzazione e valorizzazione che abbiano ad oggetto prodotti ottenuti prevalentemente dalla coltivazione del fondo o del bosco o dall'allevamento di animali, nonché le attività dirette alla fornitura di beni o servizi mediante l'utilizzazione prevalente di attrezzature o risorse dell'azienda normalmente impiegate nell'attività agricola esercitata, ivi comprese le attività di valorizzazione del territorio e del patrimonio rurale e forestale, ovvero di ricezione ed ospitalità come definite dalla legge.

• La legge attribuisce la qualifica di imprenditore agricolo a colui che esercita le attività di **coltivazione del fondo, selvicoltura, allevamento di animali e attività connesse**. Mentre le attività specificatamente elencate dalla norma (coltivazione del fondo, selvicoltura e allevamento di animali) sono di per sé idonee ad imprimere il carattere dell'agrarietà all'impresa ed all'imprenditore, così da potersi definire attività agricole "principali", altrettanto non può dirsi delle attività "connesse" che non sono tipicamente agrarie, pur restando attratte nell'orbita della disciplina dell'impresa agricola. Le attività principali, dette anche essenziali, sono dirette alla cura e allo sviluppo del ciclo biologico o di una fase necessaria del ciclo stesso di carattere animale o vegetale, che utilizzano o possono utilizzare il fondo, il bosco o le acque dolci, salmastre o marine. Deve dunque ritenersi attività agricola essenziale l'attività svolta "fuori terra", come l'orticoltura, le coltivazioni in serra o in vivai, e l'allevamento di animali effettuato "fuori dal fondo", come l'allevamento in batteria. Non costituisce, invece, attività agricola la mera estrazione del legname disgiunta dalla coltivazione del bosco. All'imprenditore agricolo è stato equiparato l'imprenditore ittico, cioè l'imprenditore che esercita l'attività di pesca professionale diretta alla cattura o alla raccolta di organismi acquatici in ambienti marini, salmastri o dolci. • **Le attività connesse** indicate dal terzo comma, invece, sono attività oggettivamente commerciali e sono considerate per legge attività agricole quando sono esercitate in connessione con una delle tre attività essenziali. Sono da considerarsi agricole per connessione le attività dirette alla manipolazione, conservazione, trasformazione, commercializzazione e valorizzazione di prodotti ottenuti prevalentemente da un'attività agricola essenziale e le attività dirette alla fornitura di beni o servizi mediante l'utilizzo prevalente di attrezzature o risorse normalmente impiegate nell'attività agricola esercitata nel caso in cui: a) l'attività connessa sia svolta da un soggetto già imprenditore agricolo che eserciti una delle tre attività agricole tipiche, coerente con quella connessa; b) vi sia una connessione oggettiva tra l'attività principale e connessa e sia soddisfatto **il criterio della prevalenza**, in forza del quale le attività connesse non possono prevalere, per il rilievo economico ad esse ascritto, sull'attività agricola essenziale.

2136. Inapplicabilità delle norme sulla registrazione.

Le norme relative alla iscrizione nel registro delle imprese non si applicano agli imprenditori agricoli, salvo quanto è disposto dall'articolo 2200.

• L'imprenditore agricolo è sottoposto alla disciplina dell'imprenditore in generale ed è esonerato dall'applicazione delle regole proprie dell'imprenditore commerciale in tema di tenuta delle **scritture contabili**, fatta salva la disciplina dell'art. 2200. Non è altresì assoggettato al fallimento ed alle altre procedure concorsuali (può ad ogni modo accedere alla disciplina prevista dalla l. n. 3/2012 in tema di sovraindebitamento). L'imprenditore agricolo è tenuto all'iscrizione **nella sezione speciale del Registro delle Imprese**; in forza dell'art. 2 del d.lgs. n. 228/2001, l'iscrizione dell'impresa agricola nel registro di cui all'art. 2188 assume, oltre alle funzioni di certificazione anagrafica, anche efficacia dichiarativa, ai sensi dell'art. 2193. Ai fini dell'accertamento dello *status* di imprenditore agricolo, l'iscrizione nel registro delle imprese con una determinata qualifica o in determinati albi costituisce un elemento indiziario dell'impresa, ma non comporta *ex se* la qualificazione giuridica dell'impresa come agricola o commerciale, mentre occorre considerare qualsiasi attività ricollegabile alle attività agricole essenziali, al ciclo biologico, ed alle attività connesse.

2137. Responsabilità dell'imprenditore agricolo.

L'imprenditore, anche se esercita l'impresa sul fondo altrui, è soggetto agli obblighi stabiliti dalla legge *e dalle norme corporative* (1) concernenti l'esercizio dell'agricoltura.

(1) Le norme corporative sono state abrogate, quali fonti di diritto, per effetto della soppressione dell'ordinamento corporativo, disposta con r.d.l. 9/8/1943, n. 721.

2138. Dirigenti e fattori di campagna.

I poteri dei dirigenti preposti all'esercizio dell'impresa agricola e quelli dei fattori di campagna, se non sono determinati per iscritto dal preponente, sono regolati *dalle norme corporative e, in mancanza* (1), dagli usi.

(1) Le norme corporative sono state abrogate, quali fonti di diritto, per effetto della soppressione dell'ordinamento corporativo, disposta con r.d.l. 9/8/1943, n. 721.

2139. Scambio di mano d'opera o di servizi.

Tra i piccoli imprenditori agricoli è ammesso lo scambio di mano d'opera o di servizi secondo gli usi.

• Lo scambio di mano d'opera e di servizi è detto anche "rapporto di reciprocanza": i soggetti dello scambio sono i piccoli imprenditori agricoli. I limiti oggettivi dello scambio sono definiti esclusivamente dalle **consuetudini**, alle quali spetta anche regolare le modalità dello scambio.

2140. (1).

(1) Articolo abrogato dall'art. 205 della l. 19/5/1975, n. 151.

Sezione II
Della mezzadria

2141. Nozione.

Nella mezzadria il concedente ed il mezzadro, in proprio e quale capo di una famiglia colonica, si associano per la coltivazione di un podere e per l'esercizio delle attività connesse al fine di dividerne a metà i prodotti e gli utili. È valido tuttavia il patto con il quale taluni prodotti si dividono in proporzioni diverse.

• Le norme contenute negli artt. 2141-2187, anche se tutt'ora formalmente vigenti, identificano modelli negoziali desueti. Il quadro politico-istituzionale radicalmente modificato all'indomani del codice civile del 1942 e l'evoluzione della legislazione speciale hanno infatti determinato il superamento di questi tipi contrattuali e la loro sostanziale soppressione. • La **mezzadria** è un **rapporto contrattuale associativo** avente per oggetto la coltivazione di un fondo rustico e l'esercizio di attività connesse, al fine di dividere i prodotti e gli utili. Parti del rapporto di mezzadria sono, da un lato, il concedente, che può essere il titolare di un diritto reale (proprietario, enfiteuta, usufruttuario) o di un diritto personale (affittuario) di godimento del fondo, e, dall'altro, il capo (mezzadro) e la famiglia colonica, che rappresentano un unico centro di interessi rispetto al concedente. Il contratto di mezzadria è soggetto alla forma scritta, ai sensi dell'art. 1350, solo quando sia stata espressamente pattuita una durata ultranovennale o indeterminata.

2142. Famiglia colonica.

La composizione della famiglia colonica non può volontariamente essere modificata senza il consenso del concedente, salvi i casi di matrimonio, di adozione e di riconoscimento di figli (1).

La composizione e le variazioni della famiglia colonica devono risultare dal libretto colonico.

(1) Comma tacitamente abrogato dall'art. 7, l. n. 756/1964.

• Il concetto di famiglia, secondo la norma in commento, va inteso come organismo economico formato da tutti quei soggetti che, legati da vincoli di parentela o di affinità con il coltivatore, siano associati nella comune conduzione del fondo, apportandovi il contributo delle rispettive capacità. L'art. 2142 è stato modificato dall'art. 7, l. 15/9/1964, n. 756, il quale stabilisce che la **composizione della famiglia colonica** può essere alterata senza il consenso del concedente anche fuori dei casi previsti dall'art. 2142, purché non ne risulti compromessa la normale conduzione del fondo.

2143. Mezzadria a tempo indeterminato.

La mezzadria a tempo indeterminato s'intende convenuta per la durata di un anno agrario, *salvo diverse disposizioni delle norme corporative* (1), e si rinnova tacitamente di anno in anno, se non è stata comunicata disdetta almeno sei mesi prima della scadenza nei modi fissati *dalle norme corporative* (1), dalla convenzione o dagli usi.

(1) Riferimento da ritenersi abrogato a seguito della soppressione dell'ordinamento corporativo: r.d.l. 9/8/1943, n. 721.

2144. Mezzadria a tempo determinato.

La mezzadria a tempo determinato non cessa di diritto alla scadenza del termine.

Se non è comunicata disdetta a norma dell'articolo precedente, il contratto s'intende rinnovato di anno in anno.

• Gli artt. 2143 e 2144 devono considerarsi implicitamente abrogati dalla legislazione speciale (l. n. 756/1964 e l. n. 203/1982), con cui, dopo la previsione della proroga dei contratti di mezzadria in essere, è stata, per un verso, vietata la stipulazione di nuovi contratti associativi e, per altro verso, è stata stabilita, salvo accordi in deroga di prolungamento, la durata massima dei contratti non convertiti in affitto. In presenza di un contratto di mezzadria stipulato senza la previsione della sua durata, trova applicazione la disposizione contenuta nell'art. 2143 che stabilisce la durata del rapporto in un anno agrario e la sua rinnovazione di anno in anno in difetto di disdetta, da comunicarsi almeno sei mesi prima della scadenza.

2145. Diritti ed obblighi del concedente.

Il concedente conferisce il godimento del podere, dotato di quanto occorre per l'esercizio dell'impresa e di un'adeguata casa per la famiglia colonica.

La direzione dell'impresa spetta al concedente, il quale deve osservare le norme della buona tecnica agraria.

• L'art. 2145 è stato integrato dall'art. 6, l. n. 756/1964, che ha attribuito al mezzadro il potere di collaborare con il concedente nella direzione dell'impresa agricola, nonché dall'art. 13, co. 1, l. 9/5/1975, n. 153, che ha introdotto il potere di attuare il piano di sviluppo aziendale indipendentemente dall'assenso del concedente, affidando la direzione allo stesso mezzadro. È altresì stabilito che l'apporto del concedente alla condirezione dell'impresa per essere adeguato deve rispettare, tra le altre, la condizione di garantire adeguata e dignitosa abitabilità della casa colonica e rispondenza degli altri fabbricati aziendali, ove siano oggetto della concessione, alle esigenze della buona tecnica agraria, realizzate per l'intervento del concedente. • Il **concedente** deve conferire il godimento di un fondo appoderato, costituito, cioè, da un terreno fornito di casa colonica, dotato di quanto necessario per l'esercizio dell'impresa agricola e con estensione sufficiente ad assicurare il mantenimento della famiglia colonica ed assorbirne le energie lavorative.

2146. Conferimento delle scorte.

Le scorte vive e morte sono conferite dal concedente e dal mezzadro in parti uguali, salvo diversa disposizione *delle norme corporative* (1), della convenzione o degli usi.

Le scorte conferite divengono comuni in proporzione dei rispettivi conferimenti.

(1) Riferimento da ritenersi abrogato a seguito della soppressione dell'ordinamento corporativo: r.d.l. 9/8/1943, n. 721.

• Le **scorte** che il concedente ed il mezzadro possono conferire rappresentano quella parte dell'attrezzatura permanente o di impianto dell'azienda agricola costituita dai mezzi che assumono funzione di corredo o dote del fondo. A costituire la fattispecie normativa della mezzadria propria concorre necessariamente anche l'apporto del bestiame, in considerazione del **carattere strumentale delle scorte per la coltivazione del fondo**, sicché l'unico rapporto di mezzadria non può scindersi in un duplice rapporto, di mezzadria e di sòccida, solo per la presenza del bestiame nell'impresa coltivatrice. Il conferimento può essere effettuato all'inizio o durante lo svolgimento del rapporto.

2147. Obblighi del mezzadro.

Il mezzadro è obbligato a prestare, secondo le direttive del concedente e le necessità della coltivazione, il lavoro proprio e quello della famiglia colonica.

È a carico del mezzadro, salvo diverse disposizioni *delle norme corporative* (1), della convenzione o degli usi, la spesa della mano d'opera eventualmente necessaria per la normale coltivazione del podere.

(1) Riferimento da ritenersi abrogato a seguito della soppressione dell'ordinamento corporativo: r.d.l. 9/8/1943, n. 721.

• Fondamentale **obbligo del mezzadro** è quello di prestare, secondo le direttive del concedente e le necessità della coltivazione, il lavoro proprio e quello della famiglia colonica. L'autonomia del mezzadro è tale che la sua responsabilità per omessa o negligente coltivazione non può essere esclusa, a meno che non sia l'effetto di erronea direttiva da parte del concedente ovvero di consenso dello stesso ad errati e deficienti sistemi di coltivazione. È consentita al mezzadro l'assunzione della mano d'opera salariata, purché ciò non valga a sostituire il lavoro proprio e dei familiari con quello di estranei, integrandone soltanto l'efficienza e ferma restando la capacità lavorativa della famiglia colonica nella proporzione richiesta.

2148. Obblighi di residenza e di custodia.

Il mezzadro ha l'obbligo di risiedere stabilmente nel podere con la famiglia colonica.

Egli deve custodire il podere e mantenerlo in normale stato di produttività. Egli deve altresì custodire e conservare le altre cose affidategli dal concedente, con la diligenza del buon padre di famiglia, e non può, senza il consenso del concedente o salvo uso contrario, svolgere attività a suo esclusivo profitto o compiere prestazioni a favore di terzi.

• L'obbligo del mezzadro e dei membri della famiglia colonica di risiedere nel podere è strumentale alla destinazione delle energie lavorative per la coltivazione. • Gli **obblighi del mezzadro** relativi alla custodia e al mantenimento del normale stato di produttività del podere prescindono dalle prestazioni tendenti ad attuare opere di miglioramento e dai lavori per nuove piantagioni e per la manutenzione del capitale danneggiato a seguito di eventi straordinari. Sono tenuti alla custodia il mezzadro e i componenti della famiglia colonica. • Consegue da ciò che il **divieto imposto al mezzadro e alla famiglia colonica di svolgere attività a suo esclusivo profitto** comprende attività esercitate in maniera autonoma e in forma di piccola impresa artigiana e commerciale.

2149. Divieto di subconcessione.

Il mezzadro non può cedere la mezzadria, né affidare ad altri la coltivazione del podere, senza il consenso del concedente.

• Il **divieto di subconcessione** imposto al mezzadro deriva dalla natura del rapporto mezzadrile, caratterizzato **dall'*intuitus personae*.** La norma in commento va letta in collegamento con l'art. 21 l. n. 203/1982, ai sensi del quale il subaffittuario o subconcessionario ha diritto a subentrare nella posizione dell'affittuario o concedente.

2150. Rappresentanza della famiglia colonica.

Nei rapporti relativi alla mezzadria il mezzadro rappresenta, nei confronti del concedente, i componenti della famiglia colonica.

Le obbligazioni contratte dal mezzadro nell'esercizio della mezzadria sono garantite dai suoi beni e da quelli comuni della famiglia colonica. I componenti della famiglia colonica non rispondono con i loro beni, se non hanno prestato espressa garanzia.

• L'articolo in esame può ritenersi implicitamente abrogato dall'art. 48 l. n. 203/1982, il quale stabilisce che il rapporto di mezzadria intercorre tra concedente e famiglia coltivatrice, che è rappresentata da ciascuno dei suoi componenti in quanto contitolare del rapporto agrario, a meno che il concedente stesso non abbia richiesto espressamente che la rappresentanza nei suoi confronti sia assunta da uno solo dei suoi membri. Per le obbligazioni assunte nello svolgimento del rapporto agrario, rispondono i familiari con i beni comuni, nonché, personalmente e solidalmente, coloro che hanno agito in nome e per conto della famiglia e, salvo patto contrario, anche gli altri componenti. Il potere di rappresentanza spettante al mezzadro nei confronti del concedente, secondo la previsione dell'art. 2150, va coordinato con il disposto dell'art. 230-*bis*, nella parte in cui tutela gli altri componenti della famiglia colonica, prescrivendo la **deliberazione a maggioranza per gli atti di gestione straordinaria, di indirizzo produttivo o di cessazione dell'impresa.**

2151. Spese per la coltivazione.

Le spese per la coltivazione del podere e per l'esercizio delle attività connesse, escluse quelle per la mano d'opera previste dall'articolo 2147, sono a carico del concedente e del mezzadro in parti eguali, se non dispongono diversamente *le norme corporative* (1), la convenzione o gli usi.

Se il mezzadro è sfornito di mezzi propri, il concedente deve anticipare senza interesse sino alla scadenza dell'anno agrario in corso, le spese indicate nel comma precedente, salvo rivalsa mediante prelevamento sui prodotti e sugli utili.

(1) Riferimento da ritenersi abrogato a seguito della soppressione dell'ordinamento corporativo: r.d.l. 9/8/1943, n. 721.

• L'art. 2151 è da considerarsi tacitamente abrogato e sostituito dall'art. 5 l. n. 756/1964, secondo cui il concedente deve anticipare, senza interessi sino alla scadenza dell'anno agrario, le spese che competono al mezzadro, qualora egli sia sfornito di mezzi propri, occorrenti per la coltivazione del podere e per l'esercizio delle attività connesse, ivi comprese quelle per l'impiego e la manutenzione dei mezzi meccanici e al netto di quelle per la mano d'opera, previste dall'art. 2174.

2152. Miglioramenti.

Il concedente che intende compiere miglioramenti sul podere deve valersi del lavoro dei componenti della famiglia colonica che siano forniti della necessaria capacità lavorativa, e questi sono tenuti a prestarlo verso compenso.

La misura del compenso, se non è stabilita *dalle norme corporative* (1) dalla convenzione o dagli usi, è determinata dal giudice, sentite, ove occorra, le associazioni professionali e tenuto conto dell'eventuale incremento di reddito realizzato dal mezzadro.

(1) Riferimento da ritenersi abrogato a seguito della soppressione dell'ordinamento corporativo: r.d.l. 9/8/1943, n. 721.

• I **miglioramenti fondiari** consistono in opere che determinano un **incremento qualitativo del fondo**, accrescendone in modo durevole la produttività e la capacità di reddito. Le **addizioni**, invece, consistono in quelle opere che, pur incorporandosi con il fondo, non si fondono in esso, ma conservano una propria distinta entità, risolvendosi in un **incremento** di carattere **quantitativo** del fondo stesso.

2153. Riparazioni di piccola manutenzione.

Salvo diverse disposizioni *delle norme corporative* (1), della convenzione o degli usi, sono a carico del mezzadro le riparazioni di piccola manutenzione della casa colonica e degli strumenti di lavoro di cui egli e la famiglia colonica si servono.

(1) Riferimento da ritenersi abrogato a seguito della soppressione dell'ordinamento corporativo: r.d.l. 9/8/1943, n. 721.

• L'art. 2153 limita gli obblighi del mezzadro soltanto alla esecuzione delle riparazioni di piccola manutenzione, mentre per i lavori di manutenzione straordinaria, essendo questi a carico del concedente (artt. 1621, 2145, co. 1), l'obbligo che grava sul mezzadro, che deriva da quello di custodia del fondo a norma dell'art. 2148, si esaurisce nel farne tempestiva segnalazione al concedente, il quale dovrà provvedere alla relativa esecuzione. In dottrina si ritiene che l'obbligo posto a carico del mezzadro di provvedere alle riparazioni di piccola manutenzione non esclude la facoltà di eseguire anche le riparazioni urgenti, non a suo carico, in quanto l'art. 1577, dettato in materia di locazioni, può essere applicato per analogia anche al rapporto di mezzadria.

2154. Anticipazioni di carattere alimentare alla famiglia colonica.

Se la quota dei prodotti spettante al mezzadro, per scarsezza del raccolto a lui non imputabile, non è sufficiente ai bisogni alimentari della famiglia colonica, e questa non è in grado di provvedervi, il concedente deve somministrare senza interesse il necessario per il mantenimento della famiglia colonica, salvo rivalsa mediante prelevamento sulla parte dei prodotti e degli utili spettanti al mezzadro.

Il giudice, con riguardo alle circostanze, può disporre il rimborso rateale.

• L'**oggetto del mantenimento** è riferito sia alle necessità alimentari vere e proprie, sia agli altri bisogni essenziali. Presupposti dell'anticipazione da parte del concedente sono: 1) lo stato di bisogno del mezzadro; 2) l'impossibilità di provvedervi; 3) l'insufficienza dei prodotti a soddisfare i bisogni alimentari della famiglia per la scarsezza del raccolto dovuta a cause non imputabili al mezzadro. La somministrazione delle anticipazioni si effettua ratealmente, durante l'intera annata agraria, sino all'epoca del raccolto, nelle quantità e con le modalità concordate.

2155. Raccolta e divisione dei prodotti.

Il mezzadro non può iniziare le operazioni di raccolta senza il consenso del concedente ed è obbligato a custodire i prodotti sino alla divisione.

I prodotti sono divisi in natura sul fondo con l'intervento delle parti (1).

Salvo diverse disposizioni *delle norme corporative* (1), della convenzione o degli usi, il mezzadro deve trasportare ai magazzini del concedente la quota a questo assegnata nella divisione.

(1) Riferimento da ritenersi abrogato a seguito della soppressione dell'ordinamento corporativo: r.d.l. 9/8/1943, n. 721.

• L'obbligo imposto al mezzadro di **informare il concedente** prima della raccolta dei prodotti al fine di ottenerne il consenso non sembra essere stato abrogato dalla l. n.

756/1964. • L'inosservanza di tale obbligo non integra grave inadempimento, eccetto l'ipotesi in cui il mezzadro abbia agito al fine di appropriarsi di una parte dei prodotti maggiore di quella a lui spettante per legge. Le regole per la ripartizione dei prodotti sono previste dall'art. 4 l. n. 756/1964. Il secondo comma dell'articolo in commento può ritenersi abrogato dall'art. 4 l. n. 756/1964.

2156. Vendita dei prodotti.

La vendita dei prodotti, che in conformità degli usi non si dividono in natura, è fatta dal concedente previo accordo col mezzadro e, in mancanza, sulla base del prezzo di mercato.

La divisione si effettua sul ricavato della vendita, dedotte le spese.

• La vendita dei prodotti non divisi in natura è attualmente disciplinata dagli artt. 4, co. 2 e 3, e 6, co. 3, l. n. 756/1964 ed è effettuata non solo dal concedente, ma anche da questi e dal mezzadro congiuntamente. L'art. 6, co. 3, l. n. 756/1964, stabilisce che nelle compravendite di cose o prodotti compiute nel comune interesse, il mezzadro ha diritto di partecipare con il concedente alle relative operazioni. I prodotti sono divisi in natura sul fondo con l'intervento delle parti, le quali, a divisione avvenuta, acquistano la piena disponibilità della quota a ciascuna spettante.

2157. Diritto di preferenza del concedente.

Il mezzadro, nella vendita dei prodotti assegnatigli in natura, deve, a parità di condizioni, preferire il concedente.

• Il **diritto di preferenza del concedente** nella vendita da parte del mezzadro dei prodotti assegnatigli in natura è disciplinato dall'art. 4, co. 4, l. n. 756/1964, il quale stabilisce che se l'azienda è provvista di impianti idonei e sufficienti per la conservazione, la lavorazione e la trasformazione del prodotto, il mezzadro che intenda vendere i prodotti di sua spettanza assegnatigli in natura deve, a parità di condizioni (comprese le modalità di pagamento), preferire il concedente.

2158. Morte di una delle parti.

La mezzadria non si scioglie per la morte del concedente.

In caso di morte del mezzadro la mezzadria si scioglie alla fine dell'anno agrario in corso, salvo che tra gli eredi del mezzadro vi sia persona idonea a sostituirlo ed i componenti della famiglia colonica si accordino nel designarla.

Se la morte del mezzadro è avvenuta negli ultimi quattro mesi dell'anno agrario, i componenti della famiglia colonica possono chiedere che la mezzadria continui sino alla fine dell'anno successivo, purché assicurino la buona coltivazione del podere. La richiesta deve essere fatta entro due mesi dalla morte del mezzadro, o, se ciò non è possibile, prima dell'inizio del nuovo anno agrario.

In tutti i casi se il podere non è coltivato con la dovuta diligenza, il concedente può fare eseguire a sue spese i lavori necessari, salvo rivalsa mediante prelevamento sui prodotti e sugli utili.

• La materia, strettamente connessa con la disciplina dell'impresa familiare, è attualmente regolata dagli artt. 48, co. 1, 2 e 4, e 49, co. 4, l. n. 203/1982.

2159. Scioglimento del contratto.

Salve le norme generali sulla risoluzione dei contratti per inadempimento, ciascuna delle parti può chiedere lo scioglimento del contratto quando si verificano fatti tali da non consentire la prosecuzione del rapporto.

• Il contratto di mezzadria si scioglie quando sopravvengono fatti, anche indipendenti dalle volontà delle parti, che rendono impossibile o gravemente pregiudizievole la sopravvivenza del rapporto. Il contratto si risolve anche in presenza di fatti, diversi dalla violazione degli obblighi contrattuali, non attribuibili a colpa di alcuna delle parti, ma che, apprezzati in relazione alle esigenze oggettive dell'azienda agricola, rendano non più economicamente utile la prosecuzione del rapporto e, quindi, si appalesano idonei a impedirne la normale funzionalità (es. progressiva riduzione dell'estensione del fondo conseguente a provvedimenti di espropriazione, impeditiva dell'allevamento del bestiame e dell'avvicendamento delle colture).

2160. Trasferimento del diritto di godimento del fondo.

Se viene trasferito il diritto di godimento del fondo, la mezzadria continua nei confronti di chi subentra al concedente, salvo che il mezzadro, entro un mese dalla notizia del trasferimento, dichiari di recedere dal contratto. In tal caso il recesso ha effetto alla fine dell'anno agrario in corso o di quello successivo, se non è comunicato almeno tre mesi prima della fine dell'anno agrario in corso.

I crediti e i debiti del concedente verso il mezzadro risultanti dal libretto colonico passano a chi subentra nel godimento del fondo, salva per i debiti la responsabilità sussidiaria dell'originario concedente.

• Nel caso di trasferimento del godimento di un fondo concesso a mezzadria, il successore subentra *ope legis* nella medesima posizione giuridica che aveva il dante causa rispetto al contratto di mezzadria. Il solo trasferimento del diritto di godimento del fondo determina il trasferimento della qualità di concedente. Se il diritto di godimento del fondo viene trasferito a più persone per quote distinte, la mezzadria continua nei confronti di ciascuna di esse, le quali subentrano all'originario concedente, con la conseguenza della **unicità ed inscindibilità del rapporto giuridico che lega il mezzadro ai diversi concedenti**. L'art. 2160 si riferisce anche all'ipotesi di alienazione parziale e si applica in ogni caso in cui dalla vendita o spartizione del fondo possa derivare la riduzione o la soppressione delle facoltà concesse al mezzadro dal contratto che regola il rapporto. • Sono trasferiti a chi subentra nel godimento del fondo e nel rapporto di mezzadria solo i crediti e i debiti relativi all'annata agraria in corso alla data del trasferimento e regolarmente registrati nel libretto colonico.

2161. Libretto colonico.

Il concedente deve istituire un libretto colonico da tenersi in due esemplari, uno per ciascuna delle parti.

Il concedente deve annotare di volta in volta su entrambi gli esemplari i crediti e i debiti delle parti relativi alla mezzadria, con indicazione della data e del fatto che li ha determinati.

Le annotazioni devono, alla fine dell'anno agrario, essere sottoscritte per accettazione dal concedente e dal mezzadro.

Il mezzadro deve presentare il libretto colonico al concedente per le annotazioni e per i saldi annuali.

• Il libretto colonico, da istituirsi in duplice copia, una per ciascuna parte, con regolare imposta di bollo, è sostanzialmente un registro strumentale a contenere le **annotazioni dei crediti e dei debiti relativi alla mezzadria**, con indicazione della data e del fatto che li ha determinati. La firma per accettazione posta dalle parti alla chiusura annuale del conto colonico importa approvazione consensuale dello stesso.

2162. Efficacia probatoria del libretto colonico.

Le annotazioni eseguite sui due esemplari del libretto colonico fanno prova a favore e contro ciascuno dei contraenti, se il mezzadro non ha reclamato entro novanta giorni dalla consegna del libretto fattagli dal concedente.

Se una delle parti non presenta il proprio libretto, fa fede quello presentato.

In ogni caso le annotazioni delle partite fanno prova contro chi le ha scritte.

Con la sottoscrizione delle parti alla chiusura annuale del conto colonico, questo s'intende approvato. Le risultanze del conto possono essere impugnate soltanto per errori materiali, omissioni, falsità e duplicazioni di partite entro novanta giorni dalla consegna del libretto al mezzadro.

• Il libretto colonico fa **piena prova a favore e contro entrambi i contraenti per le annotazioni che vi sono riportate**; siffatta efficacia probatoria emerge dall'art. 2162 (corrispondenza delle iscrizioni nei due esemplari rispettivamente posseduti da ciascuna parte). Le annotazioni riportate in un solo esemplare fanno prova contro colui che le ha redatte. La mancata istituzione del libretto colonico non preclude ai soggetti del rapporto associativo di dimostrare la fondatezza delle rispettive pretese derivanti dal rapporto con altri mezzi di prova ritenuti idonei allo scopo.

2163. Assegnazione delle scorte al termine della mezzadria.

Salvo diverse disposizioni *delle norme corporative* (1), della convenzione o degli usi, l'assegnazione delle scorte al termine della mezzadria deve farsi secondo le norme seguenti:

1) se si tratta di scorte vive, secondo la specie, il sesso, il numero, la qualità e il peso, ovvero, in mancanza di tali determinazioni, secondo il valore, tenuto conto della differenza di esso tra il tempo del conferimento e quello della riconsegna;

2) se si tratta di scorte morte circolanti, per quantità e qualità, valutando le eccedenze e le diminuzioni in base ai prezzi di mercato nel tempo della riconsegna;

3) se si tratta di scorte morte fisse, per specie, quantità, qualità e stato di uso.

(1) Riferimento da ritenersi abrogato a seguito della soppressione dell'ordinamento corporativo: r.d.l. 9/8/1943, n. 721.

Sezione III
Della colonia parziaria

2164. Nozione.

Nella colonia parziaria il concedente ed uno o più coloni si associano per la coltivazione di un fondo e per l'esercizio delle attività connesse, al fine di dividerne i prodotti e gli utili.

La misura della ripartizione dei prodotti e degli utili è stabilita *dalle norme corporative* (1) dalla convenzione o dagli usi.

(1) Riferimento da ritenersi abrogato a seguito della soppressione dell'ordinamento corporativo: r.d.l. 9/8/1943, n. 721.

• La colonia parziaria è affine alla mezzadria, della quale condivide la **struttura associativa**, ma si distingue da essa per caratteristiche soggettive ed oggettive. Elemento tipico ma non esclusivo della colonia è la **parziarietà**, ossia il diritto di ciascuna parte di percepire una quota dei prodotti e degli utili conseguiti con l'esercizio in comune dell'impresa. • L'elemento della parziarietà non è però di per sé sufficiente per configurare il contratto in esame. Occorre, infatti, che il relativo rapporto abbia **struttura associativa**, nel senso che l'accordo dei contraenti deve essere indirizzato verso uno scopo comune con apporti reciproci e partecipazione congiunta ai rischi dell'impresa.

2165. Durata.

La colonia parziaria è contratta per il tempo necessario affinché il colono possa svolgere e portare a compimento un ciclo normale di rotazione delle colture praticate nel fondo.

Se non si fa luogo a rotazione di colture, la colonia non può avere una durata inferiore a due anni.

• L'articolo in commento può essere considerato implicitamente abrogato per effetto in forza dell'art. 34, co. 1, l. n. 203/1982, che ha stabilito la durata massima residua dei contratti associativi non convertiti in affitto. L'art. 45, co. 2, l. n. 203/1982 vieta, comunque, la stipulazione di nuovi contratti di mezzadria, colonia parziaria, compartecipazione agraria, esclusi quelli stagionali e quelli di soccida.

2166. Obblighi del concedente.

Il concedente deve consegnare il fondo in istato di servire alla produzione alla quale è destinato.

• Obbligazione principale del concedente è costituita dalla consegna al colono di un fondo costituito da un terreno messo in stato da servire alla produzione cui è destinato, senza vincoli di estensione, di fornitura di casa colonica e di scorte. • Il contratto, tuttavia, comporta per il concedente anche l'obbligo di mantenere il terreno oggetto del rapporto in stato da servire all'uso convenuto, nonché il pacifico godimento e la garanzia per i vizi. Anche la revisione con il colono dei prodotti e degli utili della coltivazione del fondo e delle attività connesse costituisce un obbligo del concedente, il quale deve anche sopportare la parte di spese che gli compete nella gestione in comune dell'impresa.

2167. Obblighi del colono.

Il colono deve prestare il lavoro proprio secondo le direttive del concedente e le necessità della coltivazione.

Egli deve custodire il fondo e mantenerlo in normale stato di produttività; deve altresì custodire e conservare le altre cose affidategli dal concedente con la diligenza del buon padre di famiglia.

• L'art. 2167 disciplina gli **obblighi principali del colono** e deve coordinarsi con le disposizioni contenute negli artt. 6 della l. n. 756/1964, e 48 della l. n. 203/1982. È, dunque, previsto che il colono collabori con il concedente nella direzione dell'impresa e a tal fine concorda con lui tutte le decisioni di rilevante interesse, secondo le esigenze della buona tecnica agraria. Altri obblighi del colono, desunti anche dalla disciplina della mezzadria, sono: 1) custodire il fondo, ma senza l'obbligo della residenza, e mantenerlo in stato di normale produttività; 2) custodire e conservare le altre cose affidategli dal concedente con la diligenza del buon padre di famiglia; 3) sopportare la propria quota di spese per la gestione; 4) provvedere a proprie spese alla mano d'opera necessaria per la normale coltivazione del fondo; 5) prestare il lavoro per i miglioramenti che il concedente intenda apportare nel fondo; 6) custodire i prodotti raccolti fino al momento della divisione.

2168. Morte di una delle parti.

La colonia parziaria non si scioglie per la morte del concedente.

In caso di morte del colono, si applicano a favore degli eredi di questo le disposizioni del secondo, terzo e quarto comma dell'articolo 2158.

• L'art. 2168 deve considerarsi implicitamente abrogato in forza delle disposizioni dettate dagli artt. 48 e 49 della l. n. 203/1982. Ai sensi dell'art. 49 citato, in caso di morte del colono o del mezzadro, il contratto non si scioglie se tra gli eredi vi sia persona che abbia continuato e continui ad esercitare attività agricola in qualità di coltivatore diretto o di imprenditore a titolo principale, senza la necessità che la famiglia colonica si sia accordata nel designare l'erede idoneo ed abbia comunicato tale designazione al concedente. Detta designazione può essere fatta senza formule sacramentali, ma deve manifestarsi in modo univoco e concludente ed essere portata a conoscenza del concedente.

2169. Rinvio.

Sono applicabili alla colonia parziaria le norme dettate per la mezzadria negli articoli 2145, secondo comma, 2147, secondo comma, 2149, 2151, secondo comma, 2152, 2155, 2156, 2157, 2159, 2160 e 2163, nonché quelle concernenti la tenuta e l'efficacia probatoria del libretto colonico, qualora le parti l'abbiano d'accordo istituito.

Sezione IV
Della soccida

§ 1 – Disposizioni generali

2170. Nozione.

Nella soccida il soccidante e il soccidario si associano per l'allevamento e lo sfruttamento di una certa quantità di bestiame e per l'esercizio delle attività connesse, al fine di ripartire l'accrescimento del bestiame e gli altri prodotti e utili che ne derivano.

L'accrescimento consiste tanto nei parti sopravvenuti, quanto nel maggior valore intrinseco che il bestiame abbia al termine del contratto.

• La soccida, nello schema generale delineato dalla norma in commento, è un contratto con il quale si costituisce un rapporto di durata finalizzato all'esercizio in forma associata di un'attività economica. La sua funzione economica è simile a quella dei contratti di mezzadria e di colonìa, di realizzare nel comparto agricolo forme di impresa mediante la combinazione, sul piano associativo, del capitale e del lavoro. • La differenza tra le richiamate fattispecie negoziali si manifesta sotto l'aspetto tecnico: l'impresa nei contratti di mezzadria e di colonìa parziaria ha per scopo l'esecuzione della coltivazione e delle operazioni connesse, mentre nel contratto di soccida l'impresa ha per scopo l'esercizio di una forma di attività diretta limitatamente all'allevamento e allo sfruttamento degli animali e delle operazioni connesse (cfr. art. 2135).

§ 2 – Della soccida semplice

2171. Nozione.

Nella soccida semplice il bestiame è conferito dal soccidante.

La stima del bestiame all'inizio del contratto non ne trasferisce la proprietà al soccidario.

La stima deve indicare il numero, la razza, la qualità, il sesso, il peso e l'età del bestiame e il relativo prezzo di mercato. La stima serve di base per determinare il prelevamento a cui ha diritto il soccidante alla fine del contratto, a norma dell'articolo 2181.

• A norma dell'art. 2171, affinché si abbia soccida semplice è necessario e sufficiente che il soccidante conferisca il bestiame. • Il bestiame conferito dal soccidante non viene trasferito in proprietà al soccidario. La sua stima è fatta al solo scopo di determinare il valore dei conferimenti al momento della stipulazione del contratto e di stabilire, attraverso l'esame comparativo con quella finale, i prelevamenti cui ha diritto il soccidario alla fine del rapporto. Va qualificato come **contratto di soccida semplice** il contratto nel quale: a) il soccidante conferisca pollame, mangime, medicinali e assistenza tecnico-veterinaria, conservando la proprietà dei materiali consegnati all'allevatore; b) il soccidario, sotto la direzione del soccidante, conferisca il lavoro occorrente per la custodia e l'allevamento del pollame; c) le utilità connesse con l'allevamento siano commisurate ai risultati dell'accrescimento calcolati secondo criteri dati.

2172. Durata del contratto.

Se nel contratto non è stabilito un termine, la soccida ha la durata di tre anni.

Alla scadenza del termine il contratto non cessa di diritto, e la parte che non intende rinnovarlo deve darne disdetta almeno sei mesi prima della scadenza o nel maggior termine fissato *dalle norme corporative* (1) dalla convenzione o dagli usi.

Se non è data disdetta, il contratto s'intende rinnovato di anno in anno.

(1) Riferimento da ritenersi abrogato a seguito della soppressione dell'ordinamento corporativo: r.d.l. 9/8/1943, n. 721.

• Il termine di durata stabilito dalla legge non implica alcuna limitazione del potere delle parti di disporre convenzionalmente una durata inferiore. In tal caso il contratto cessa alla scadenza pattuita. A norma dell'art. 2172, applicabile anche alla soccida con conferimento di pascolo, il contratto di soccida stipulato per un tempo determinato non cessa di diritto alla scadenza del termine, ma, al fine di evitare il rinnovo del contratto, è necessario che la parte interessata dia disdetta almeno 6 mesi prima della scadenza.

2173. Direzione dell'impresa e assunzione di mano d'opera.

La direzione dell'impresa spetta al soccidante, il quale deve esercitarla secondo le regole della buona tecnica dell'allevamento.

La scelta di prestatori di lavoro, estranei alla famiglia del soccidario, deve essere fatta col consenso del soccidante, anche quando secondo la convenzione o gli usi la relativa spesa è posta a carico del soccidario.

• L'art. 2173 ricalca, per quel che riguarda la direzione dell'impresa, l'art. 2145 in materia di mezzadria, al cui commento si rinvia. La direzione si sostanzia nel **coordinamento**

dell'attività tecnica ed amministrativa dell'impresa. L'inciso regole della buona tecnica dell'allevamento sta a indicare l'insieme delle pratiche di carattere tecnico con cui si interviene nel ciclo biologico degli animali e per l'utilizzo degli impianti a ciò destinati (per il concetto di ciclo biologico v. *sub* art. 2135).

2174. Obblighi del soccidario.

Il soccidario deve prestare secondo le direttive del soccidante, il lavoro occorrente per la custodia e l'allevamento del bestiame affidatogli, per la lavorazione dei prodotti e per il trasporto sino ai luoghi di ordinario deposito.

Il soccidario deve usare la diligenza del buon allevatore.

• Se al **soccidante** compete la funzione direttiva dell'impresa secondo i criteri e nei limiti delineati dall'art. 2173, al **soccidario** spetta lo svolgimento di tutte le attività esecutive necessarie all'allevamento degli animali. • Il soccidario deve agire secondo la **diligenza del buon allevatore**: ci si interroga se la misura di tale diligenza si rapporti a quella del buon padre di famiglia, o se, in virtù del possibile collegamento tra gli artt. 1176 e 2174, la diligenza del soccidario debba essere concretamente valutata in rapporto alla figura dell'esperto allevatore che applica correttamente l'insieme delle pratiche di carattere tecnico con cui si interviene nel ciclo biologico degli animali. In caso di eventi che determinino un deprezzamento del bestiame nel corso del rapporto contrattuale (ad es. malattia), si ritiene sussistente, in conseguenza dell'affidamento e dell'obbligo di custodia del bestiame, la responsabilità presunta del soccidario, a meno che non dimostri che tali eventi dannosi sono dovuti a fatto a lui non imputabile.

2175. Perimento del bestiame.

Il soccidario non risponde del bestiame che provi essere perito per causa a lui non imputabile, ma deve rendere conto delle parti recuperabili.

• Il perimento del bestiame (morte, distruzione, malattia, danneggiamento grave, ecc.) può costituire **fonte di responsabilità a carico del soccidario**, a seconda che la causa sia o meno a lui imputabile. • Secondo la norma in commento, applicabile a tutte le *species* di soccida, il soccidario va esente da responsabilità per il perimento del bestiame solo quando dia prova che l'evento dannoso sia dovuto a cause a lui non imputabili. L'art. 2175, collegandosi alle disposizioni sugli obblighi del soccidario, sancisce a suo carico una **generale responsabilità per il perimento dei capi** e costituisce adattamento alla soccida del principio contenuto nell'art. 1218 L'obbligo relativo al recupero di quanto possibile richiama la disciplina dell'**impossibilità parziale della prestazione** (art. 1258); le parti recuperate possono considerarsi alla stregua di utili ripartibili. Ove manchi la prova della non imputabilità, oltre al risarcimento dei danni, potranno essere invocate le norme per la **risoluzione del contratto per inadempimento** (artt. 1453 ss.).

2176. Reintegrazione del bestiame conferito.

Nella soccida stipulata per un tempo non inferiore a tre anni, qualora durante la prima metà del periodo contrattuale perisca la maggior parte del bestiame inizialmente conferito, per causa non imputabile al soccidario, questi può chiederne la reintegrazione con altri capi di valore intrinseco eguale a quello che i capi periti avevano all'inizio del contratto, tenuto conto del numero, della razza, della qualità, del sesso, del peso e dell'età.

Se il soccidante non provvede alla reintegrazione, il soccidario può recedere dal contratto.

• Il perimento del bestiame non imputabile al soccidario è considerato dal legislatore anche sotto il profilo della **reintegrazione per la continuità dell'impresa**, con riguardo alla soccida stipulata per un tempo non inferiore a tre anni. Il criterio valutativo da adoperare in questi casi è quello del **valore intrinseco dei capi**, risultante dalla stima. • Il perimento della maggior parte del bestiame può pregiudicare l'andamento dell'impresa, perciò, se il soccidante non provvede alla reintegrazione dei capi periti, il soccidario può recedere dal contratto, non potendosi costringerlo a restare vincolato a un contratto che si è profondamente alterato nella sostanza.

2177. Trasferimento dei diritti sul bestiame.

Se la proprietà o il godimento del bestiame dato a soccida viene trasferito ad altri, il contratto non si scioglie, e i crediti e i debiti del soccidante, derivanti dalla soccida, passano all'acquirente in proporzione della quota acquistata, salva per i debiti la responsabilità sussidiaria del soccidante.

Se il trasferimento riguarda la maggior parte del bestiame, il soccidario può, nel termine di un mese da quando ha avuto conoscenza del trasferimento, recedere dal contratto con effetto dalla fine dell'anno in corso.

• La norma esprime il principio, comune agli altri contratti agrari associativi, in base al quale il trasferimento dei diritti del socio capitalista non comporta di per sé lo scioglimento del rapporto di soccida. • Infatti, i motivi per i quali il trasferimento dei diritti sul bestiame a terzi da parte del soccidario non determinano lo scioglimento del rapporto, ma soltanto una **modificazione soggettiva** di esso, sono coerenti con la *ratio* dell'art. 2160. Per converso, pur nel silenzio della legge, deve ritenersi infungibile la persona del soccidante, per l'*intuitus personae* che la connota (cfr. artt. 2149 e 2169).

2178. Accrescimenti, prodotti, utili e spese.

Gli accrescimenti, i prodotti, gli utili e le spese si dividono tra le parti secondo le proporzioni stabilite *dalle norme corporative* (1), dalla convenzione o dagli usi.

È nullo il patto per il quale il soccidario debba sopportare nella perdita una parte maggiore di quella spettantegli nel guadagno.

(1) Riferimento da ritenersi abrogato a seguito della soppressione dell'ordinamento corporativo: r.d.l. 9/8/1943, n. 721.

• I risultati economici conseguiti con il contratto di soccida sono soggetti a riparto secondo i principi della **parziarietà**, il cui presupposto è costituito dall'accrescimento, che consiste tanto nei parti sopravvenuti quanto nel maggior valore intrinseco che il bestiame ha assunto al termine del rapporto. • Il contratto di soccida attribuisce al soccidario la **proprietà della sua quota di accrescimento**, sia nel caso che l'accrescimento consista nei parti sopravvenuti, quanto in quello in cui consista nel maggior valore intrinseco che il bestiame abbia al termine del contratto. La ripartizione dell'accrescimento del bestiame e degli altri prodotti e utili, prevista dalla norma, rappresenta solo il normale bilanciamento economico dei rispettivi interessi, sicché le parti possono, nella loro autonomia, stabilire un diverso regime **senza alterare la natura associativa del rapporto.**

2179. Morte di una delle parti.

La soccida non si scioglie per la morte del soccidante.

In caso di morte del soccidario si osservano, in quanto applicabili, nei riguardi degli eredi le disposizioni del secondo, terzo e quarto comma dell'articolo 2158.

• In riferimento al primo comma dell'articolo in esame, rileva il **carattere fungibile del rapporto di soccida** solo con riferimento alla persona del soccidante, in ragione dell'*intuitus personae* che lo riguarda. • Per quanto concerne le problematiche sollevate in relazione al secondo comma della norma, si rinvia ai commenti degli artt. 2158 e 2168, rispettivamente in materia di mezzadria e di colonia parziaria.

2180. Scioglimento del contratto.

Salve le norme generali sulla risoluzione dei contratti per inadempimento, ciascuna delle parti può chiedere lo scioglimento del contratto, quando si verificano fatti tali da non consentire la prosecuzione del rapporto.

• L'art. 2180 ricalca sostanzialmente la disposizione contenuta nell'art. 2159 in tema di scioglimento del contratto di mezzadria. Alla soccida non si applicano le disposizioni contenute nella l. n. 203/1982. Gli artt. 2180 e 2159, ai fini di una **migliore tutela dell'interesse privato ma anche nell'interesse generale dell'agricoltura**, prevedono rispettivamente che i contratti di soccida e di mezzadria possano essere sciolti quando al verificarsi di fatti che non consentano la prosecuzione del rapporto, anche ove non sia configurabile una inadempienza colposa del contraente. In queste ipotesi lo scioglimento non è automatico, perché deve essere domandato all'autorità giudiziaria.

2181. Prelevamento e divisione al termine del contratto.

Al termine del contratto le parti procedono a nuova stima del bestiame.

Il soccidante preleva, d'accordo con il soccidario, un complesso di capi che, avuto riguardo al numero, alla razza, al sesso, al peso, alla qualità e all'età, sia corrispondente alla consistenza del bestiame apportato all'inizio della soccida. Il di più si divide a norma dell'articolo 2178.

Se non vi sono capi sufficienti ad eguagliare la stima iniziale, il soccidante prende quelli che rimangono.

§ 3 – Della soccida parziaria

2182. Conferimento del bestiame.

Nella soccida parziaria il bestiame è conferito da entrambi i contraenti nelle proporzioni convenute.

Essi divengono comproprietari del bestiame in proporzione del rispettivo conferimento.

• Nella **soccida parziaria** il bestiame è conferito da entrambe le parti **in proporzione ai rispettivi conferimenti**, mentre il lavoro è prestato sempre dal soccidario. • L'elemento della **parziarietà** deriva dalla disciplina dei conferimenti che, in realtà, non aggiunge nulla di nuovo al carattere tipico della soccida e dei contratti associativi.

2183. Reintegrazione del bestiame conferito.

Nella soccida stipulata per un tempo non inferiore a tre anni, qualora durante la prima metà del periodo contrattuale perisca per causa non imputabile al soccidario la maggior parte del bestiame inizialmente conferito, e i contraenti non si accordino per la reintegrazione, ciascuno di essi ha diritto di recedere dal contratto.

Salvo diverso accordo delle parti, il recesso ha effetto con la fine dell'anno in corso.

Il bestiame rimasto è diviso fra le parti nella proporzione indicata nell'articolo 2184.

Se è convenuto che nella divisione del bestiame da farsi alla scadenza del contratto sia attribuita ad uno dei contraenti una quota maggiore di quella corrispondente al suo conferimento, tale quota deve essere ridotta in rapporto alla minor durata della soccida.

• Le disposizioni contenute nell'art. 2183 ricalcano sostanzialmente le regole sancite dall'art. 2176 in tema di soccida semplice, fatte salve le peculiarità che caratterizzano la soccida parziaria e la distinguono da quella semplice. • Costituisce grave inadempimento, causa di risoluzione del contratto a norma dell'art. 1453, l'opposizione del soccidario alla ricostituzione da parte del soccidante del capitale sociale mediante la sostituzione, a proprie spese, degli animali malati dallo stesso conferiti con altri sani, in conformità al suo diritto riconosciuto dal secondo comma, art. 2182.

2184. Divisione del bestiame, dei prodotti e degli utili.

Gli accrescimenti, i prodotti, gli utili, le spese e, al termine del contratto, il bestiame conferito si dividono nella proporzione stabilita *dalle norme corporative* (1), dalla convenzione o dagli usi.

(1) Riferimento da ritenersi abrogato a seguito della soppressione dell'ordinamento corporativo: r.d.l. 9/8/1943, n. 721.

• Per le modalità di divisione del bestiame, dei prodotti e degli utili valgono le medesime considerazioni svolte nel commento all'art. 2170 La giurisprudenza ha chiarito che il contratto di soccida, nei suoi tre tipi, costituisce un contratto agrario associativo, e non un contratto di società, per cui, al momento dello scioglimento del rapporto, il soccidario può vantare solo i diritti previsti dagli artt. 2183 e 2184 agli accrescimenti, ai prodotti e agli utili, secondo quanto stabilito dalla convenzione, dalle norme o dagli usi.

2185. Rinvio.

Per quanto non è disposto dagli articoli precedenti, si applicano alla soccida parziaria le disposizioni relative alla soccida semplice.

• La disposizione in commento va coordinata la le disposizioni contenute nella l. n. 203/1982, tenendo presente che l'art. 25, co. 2, della stessa legge, ai fini della conversione in affitto, ha distinto tra soccida con conferimento di pascolo, soccida parziaria e soccida parziaria con apporto di bestiame ove l'apporto del bestiame sia inferiore al 20% del valore dell'intero bestiame conferito dalle parti (v. *sub* artt. 2170 e 2141).

§ 4 – Della soccida con conferimento di pascolo

2186. Nozione e norme applicabili.

Si ha rapporto di soccida anche quando il bestiame è conferito dal soccidario e il soccidante conferisce il terreno per il pascolo.

In tal caso il soccidario ha la direzione dell'impresa e al soccidante spetta il controllo della gestione.

Si osservano inoltre le disposizioni dell'articolo 2184 e, in quanto applicabili, quelle dettate per la soccida semplice.

• La soccida con conferimento di pascolo si caratterizza per il fatto che unico conferimento in godimento da parte del soccidante è il pascolo, quale terreno coperto di erbe che non vengono falciate, bensì direttamente pascolate dal bestiame. Il soccidario, per parte sua, conferisce il bestiame ed il lavoro ed è a lui che spetta il potere direttivo dell'impresa. • Il fondo concesso per il pascolo costituisce un accessorio del contratto e la sua coltivazione non trasforma *ex se* la soccida in mezzadria. La soccida, infatti, anche con conferimento di pascolo, non ha per oggetto la coltivazione del fondo, ma **solo l'allevamento del bestiame e l'esercizio di attività connesse.** Non è configurabile soccida con conferimento di pascolo quando il proprietario del terreno per il pascolo conferisca anche il bestiame.

Sezione V
Disposizione finale

2187. Usi.

Nei rapporti di associazione agraria regolati delle sezioni II, III e IV di questo capo, per quanto non è espressamente disposto, si applicano, in mancanza di convenzione, gli usi.

• In tutta la materia dei contratti di associazione agraria non può essere trascurata l'importanza delle **consuetudini vigenti nei vari territori.** Con l'art. 2187, che si riallaccia al principio generale sancito dall'art. 1374, il legislatore ha richiamato genericamente gli usi in quanto la legge o la convenzione non dispongano altrimenti. La disciplina codicistica è stata in gran parte innovata, integrata o sostituita dalla legislazione speciale. In forza della l. n. 756/1974, sono fatte salve, si sensi dell'art. 1, co. 2 e 3, soltanto le norme sui contratti individuali o collettivi ovvero gli usi e le consuetudini locali più favorevoli al mezzadro (o colono).

Capo III
Delle imprese commerciali e delle altre imprese soggette a registrazione

Sezione I
Del registro delle imprese

2188. Registro delle imprese

È istituito il registro delle imprese per le iscrizioni previste dalla legge.

Il registro è tenuto dall'ufficio del registro delle imprese sotto la vigilanza di un giudice delegato dal presidente del tribunale.

Il registro è pubblico.

• Il registro delle imprese si divide in una sezione ordinaria e in una sezione speciale. • Il registro è tenuto presso l'ufficio del registro delle imprese istituito presso le Camere di Commercio di ciascuna provincia. • Il registro è tenuto con tecniche informatiche tali da garantire completezza della pubblicità e tempestività dell'informazione su tutto il territorio nazionale.

2189. Modalità dell'iscrizione

Le iscrizioni nel registro sono eseguite su domanda sottoscritta dall'interessato.

Prima di procedere all'iscrizione, l'ufficio del registro deve accertare l'autenticità della sottoscrizione e il concorso delle condizioni richieste dalla legge per l'iscrizione.

Il rifiuto dell'iscrizione deve essere comunicato con raccomandata al richiedente. Questi può ricorrere entro otto giorni al giudice del registro, che provvede con decreto.

• Ai fini dell'iscrizione è necessario che il richiedente, che presenta la domanda, abbia un interesse specifico ad ottenerla. • Il controllo effettuato dall'ufficio, nella persona del Conservatore nominato dalla Giunta della Camera di Commercio, è un controllo qualificatorio: esso verifica la **regolarità formale dell'atto** e la sua conformità al modello previsto dalla legge.

2190. Iscrizione d'ufficio

Se un'iscrizione obbligatoria non è stata richiesta, l'ufficio del registro invita mediante raccomandata l'imprenditore a richiederla entro un congruo termine. Decorso inutilmente il termine assegnato, il giudice del registro può ordinarla con decreto.

• Il procedimento di iscrizione d'ufficio consta di due fasi: 1) invito all'imprenditore, mediante raccomandata con avviso di ricevimento, a procedere all'iscrizione; 2) iscrizione d'ufficio con decreto motivato del giudice. • Il giudice provvede d'ufficio solo se, scaduto il termine assegnato, sussistono tutti i requisiti necessari per l'iscrizione. In assenza di questi il procedimento è archiviato.

2191. Cancellazione d'ufficio

Se un'iscrizione è avvenuta senza che esistano le condizioni richieste dalla legge, il giudice del registro, sentito l'interessato, ne ordina con decreto la cancellazione.

2192. Ricorso contro il decreto del giudice del registro

Contro il decreto del giudice del registro emesso a norma degli articoli precedenti, l'interessato, entro quindici giorni dalla comunicazione, può ricorrere al tribunale dal quale dipende l'ufficio del registro.

Il decreto che pronunzia sul ricorso deve essere iscritto d'ufficio nel registro.

• Sono legittimati a ricorrere solo coloro i quali hanno subito un effettivo pregiudizio dall'iscrizione d'ufficio, dal suo rifiuto o dalla sua cancellazione. • Il decreto del tribunale è un provvedimento di volontaria giurisdizione e non è impugnabile (art. 739, co. 3, c.p.c.).

2193. Efficacia dell'iscrizione

I fatti dei quali la legge prescrive l'iscrizione, se non sono stati iscritti, non possono essere opposti ai terzi da chi è obbligato a richiederne l'iscrizione, a meno che questi provi che i terzi ne abbiano avuto conoscenza.

L'ignoranza dei fatti dei quali la legge prescrive l'iscrizione non può essere opposta dai terzi dal momento in cui l'iscrizione è avvenuta.

Sono salve le disposizioni particolari della legge.

• L'art 2193 contempla una efficacia negativa e una positiva dell'iscrizione: la prima determina la presunzione dell'ignoranza dei terzi dei fatti non iscritti; la seconda la presunzione di conoscenza dei fatti iscritti. • L'ignoranza dei fatti non iscritti può essere superata solo con la prova della effettiva conoscenza, a differenza della presunzione di conoscenza che non ammette prova contraria.

2194. Inosservanza dell'obbligo di iscrizione

Salvo quanto disposto dagli articoli 2626 e 2634, chiunque omette di richiedere l'iscrizione nei modi e nel termine stabiliti dalla legge, è punito con la sanzione amministrativa da euro 10 a euro 516.

• La disposizione in esame e quella dell'art. 2630 sono le norme che disciplinano l'apparato sanzionatorio nell'eventualità di inosservanza dell'obbligo di iscrizione. • La sanzione amministrativa si applica in caso di omissione o ritardo nella presentazione degli atti e delle istanze relative all'iscrizione.

Sezione II
Dell'obbligo di registrazione

2195. Imprenditori soggetti a registrazione

Sono soggetti all'obbligo dell'iscrizione nel registro delle imprese gli imprenditori che esercitano:

1) un'attività industriale diretta alla produzione di beni o di servizi;

2) un'attività intermediaria nella circolazione dei beni;

3) un'attività di trasporto per terra, per acqua o per aria;

4) un'attività bancaria o assicurativa;

5) altre attività ausiliarie delle precedenti.

Le disposizioni della legge che fanno riferimento alle attività e alle imprese commerciali si applicano, se non risulta diversamente, a tutte le attività indicate in questo articolo e alle imprese che le esercitano.

• La disposizione in esame elenca tutte le attività il cui esercizio obbliga gli imprenditori all'iscrizione presso il R.I. • Per attività industriale si intende ogni attività di produzione di beni e servizi che sia diversa da quella agricola. Invece, per attività intermediaria si intende ogni attività di scambio di beni o di denaro. Per distinguerle la Cassazione utilizza il criterio della novità del risultato economico: si ha attività industriale ogniqualvolta si producono beni e servizi nuovi. • L'attività di trasporto consiste nella dislocazione di cose o persone nello spazio, attraverso mezzi terrestri, marini, aerei o fluviali. • L'attività bancaria si identifica con l'attività di raccolta del risparmio tra il pubblico che va, sotto ogni forma, attuata necessariamente con l'esercizio del credito; l'attività di assicurazione, invece, ha ad oggetto l'assunzione e la gestione dei rischi e in questa vi rientrano i contratti di assicurazione disciplinati dal d.lgs. 7/9/2005, n. 209. • Discussa è la definizione di attività ausiliaria.

2196. Iscrizione dell'impresa

Entro trenta giorni dall'inizio dell'impresa l'imprenditore che esercita un'attività commerciale deve chiedere l'iscrizione all'ufficio del registro delle imprese nella cui circoscrizione stabilisce la sede, indicando:

1) il cognome e il nome, il luogo e la data di nascita, la cittadinanza;

2) la ditta;

3) l'oggetto dell'impresa;

4) la sede dell'impresa;

5) il cognome e il nome degli institori e procuratori.

L'imprenditore deve inoltre chiedere l'iscrizione delle modificazioni relative agli elementi suindicati e della cessazione dell'impresa, entro trenta giorni da quello in cui le modificazioni o la cessazione si verificano.

• L'art. 2196 si applica ai soli imprenditori commerciali individuali, essendo le modalità di iscrizione delle società disciplinate nei Titoli V e VI. • Nel prevedere il termine di 30 giorni, l'articolo non specifica quando l'impresa possa definirsi iniziata. In forza del **principio di effettività**, l'inizio dell'impresa coincide col momento in cui l'attività è posta in essere, anche con meri atti preparatori e senza che siano necessari atti di gestione. • L'ufficio presso cui l'iscrizione va effettuata è quello del luogo in cui l'impresa ha la sede amministrativa, cioè quella in cui l'imprenditore tratta i suoi affari ed interessi, amministra e dirige l'impresa.

2197. Sedi secondarie

L'imprenditore che istituisce nel territorio dello Stato sedi secondarie con una rappresentanza stabile deve, entro trenta giorni, chiederne l'iscrizione all'ufficio del registro delle imprese del luogo dove è la sede principale dell'impresa.

Nello stesso termine la richiesta deve essere fatta all'ufficio del luogo nel quale è istituita la sede secondaria, indicando altresì la sede principale, e il cognome e il nome del rappresentante preposto alla sede secondaria.

La disposizione del secondo comma si applica anche all'imprenditore che ha all'estero la sede principale dell'impresa.

L'imprenditore che istituisce sedi secondarie con rappresentanza stabile all'estero deve, entro trenta giorni, chiederne l'iscrizione all'ufficio del registro nella cui circoscrizione si trova la sede principale.

• L'art. 2197 impone all'impresa dotata di una sede secondaria una **doppia iscrizione** per assicurare ai terzi un regime di pubblicità che consenta loro di avere una piena conoscenza dell'organizzazione e dell'attività dell'impresa, anche se esercitata all'estero. • La sede, per essere definita secondaria, deve essere economicamente ed amministrativamente dipendente da quella principale e deve far capo ad un soggetto investito stabilmente del potere di rappresentanza dell'imprenditore.

2198. Minori, interdetti e inabilitati

I provvedimenti di autorizzazione all'esercizio di un'impresa commerciale da parte di un minore emancipato o di un inabilitato o nell'interesse di un minore non emancipato o di un interdetto e i provvedimenti con i quali l'autorizzazione viene revocata devono essere comunicati senza indugio a cura del cancelliere all'ufficio del registro delle imprese per l'iscrizione.

• L'iscrizione del provvedimento di autorizzazione assolve ad una duplice funzione: legittima l'esercizio dell'impresa da parte di un incapace; assicura ai terzi la conoscenza circa le limitazioni del titolare dell'impresa con cui si sta entrando in affari. • Tale iscrizione ha **efficacia meramente dichiarativa** e non costitutiva dell'autorizzazione.

2199. Indicazione dell'iscrizione

L'imprenditore deve indicare negli atti e nella corrispondenza, che si riferiscono all'impresa, il registro presso il quale è iscritto.

• La norma in esame è diretta ad agevolare coloro i quali entrano in affari con l'impresa nell'individuazione del registro in cui sono indicate tutte le informazioni essenziali dell'impresa stessa. • L'onere di indicazione dell'iscrizione è limitato ai soli negozi giuridici e alla corrispondenza dell'impresa e non anche agli annunzi pubblicitari o altre forme di comunicazione dell'imprenditore.

2200. Società

Sono soggette all'obbligo dell'iscrizione nel registro delle imprese le società costituite secondo uno dei tipi regolati nei capi III e seguenti del titolo V e le società cooperative, anche se non esercitano un'attività commerciale.

L'iscrizione delle società nel registro delle imprese è regolata dalle disposizioni dei titoli V e VI.

• La disposizione in commento àncora l'obbligo di iscrizione, a differenza dell'art. 2195, non al tipo di attività esercitata, bensì alla forma assunta dal soggetto che la esercita. • Necessario è il rinvio agli artt. 2296-2297 per le società di persone di carattere commerciale; agli artt. 2330-2331 per la pubblicità delle società di capitali; all'art. 2523 per le società cooperative.

2201. Enti pubblici

Gli enti pubblici che hanno per oggetto esclusivo o principale un'attività commerciale sono soggetti all'obbligo dell'iscrizione nel registro delle imprese.

• L'iscrizione nel R.I. è obbligatoria solo per gli enti pubblici economici e non per quelli che esercitano un'impresa solo in via accessoria. • Se un ente pubblico economico è stato trasformato in società (c.d. "privatizzazione"), l'obbligo di iscrizione deriva dall'art. 2200 e dipende dal tipo di società adottato. • Le modalità di iscrizione sono disciplinate dall'art 12 del d.P.R. n. 581/1995 ss.mm.ii.

2202. Piccoli imprenditori

Non sono soggetti all'obbligo dell'iscrizione nel registro delle imprese i piccoli imprenditori.

• L'art. 2202 deve considerarsi tacitamente abrogato dall'art. 7, co. 2, d.P.R. n. 581/1995 che prevede l'obbligo di iscrizione del piccolo imprenditore nelle apposite sezioni speciali del R.I. • Le modalità e i termini di iscrizione sono specificati nell'art. 18 del d.P.R. n. 581/1995.

Sezione III
Disposizioni particolari per le imprese commerciali

§ 1 – Della rappresentanza

2203. Preposizione institoria.

È institore colui che è preposto dal titolare all'esercizio di un'impresa commerciale.

La preposizione può essere limitata all'esercizio di una sede secondaria o di un ramo particolare dell'impresa.

Se sono preposti più institori, questi possono agire disgiuntamente, salvo che nella procura sia diversamente disposto.

• **Nell'etero-organizzazione** dell'attività di impresa vi rientrano gli **ausiliari interni** dell'imprenditore, cc.dd. **collaboratori in via subordinata**, quali: **institori, procuratori e commessi.** • L'institore può essere soltanto una persona fisica capace di agire ed il preponente deve esercitare un'impresa commerciale; la preposizione institoria si caratterizza per l'ampiezza dei poteri rappresentativi dell'institore, tali da renderlo una sorta di ***alter ego*** **dell'imprenditore.** • La qualità di institore è da porre in correlazione con la **preposizione**, operata dall'imprenditore, all'esercizio dell'**impresa commerciale**, indipendentemente dall'inquadramento professionale del preposto dal punto di vista della carriera, dal conferimento di **procura** o comunque dall'utilizzo di forme solenni, sicché il preposto ad una sede secondaria dell'impresa è per ciò stesso institore, salva prova contraria, acquisendone automaticamente i relativi poteri rappresentativi.

2204. Poteri dell'institore.

L'institore può compiere tutti gli atti pertinenti all'esercizio dell'impresa a cui è preposto, salve le limitazioni contenute nella procura. Tuttavia non può alienare o ipotecare i beni immobili del preponente, se non è stato a ciò espressamente autorizzato.

L'institore può stare in giudizio in nome del preponente per le obbligazioni dipendenti da atti compiuti nell'esercizio dell'impresa a cui è preposto.

• L'attività institoria è modulata sul concetto di **pertinenza**, a sua volta connesso all'oggetto dell'impresa, intendendosi pertinenti tutti gli **atti di gestione** necessari e\o utili. • La procura serve a limitare o estendere i poteri della rappresentanza sostanziale dell'institore ed è per essa richiesto il rispetto delle forme prescritte dalla legge solo in relazione agli atti da concludere. • La **legittimazione processuale**, attiva e passiva, dell'institore, per le obbligazioni dipendenti da atti compiuti nell'esercizio dell'impresa, costituisce un attributo connaturale della qualità del soggetto, con la conseguenza che, per sussistere, non necessita di un'espressa enunciazione nella **procura** e che è, invece, richiesta **un'espressa esclusione** per essere negata.

2205. Obblighi dell'institore.

Per le imprese o le sedi secondarie alle quali è preposto, l'institore è tenuto, insieme con l'imprenditore, all'osservanza delle disposizioni riguardanti l'iscrizione nel registro delle imprese e la tenuta delle scritture contabili.

• Trattasi di **obblighi concorrenti,** da cui discende una **responsabilità concorrente** tra imprenditore e institore, cui saranno applicate le medesime sanzioni. È fatta salva per gli stessi la possibilità di disciplinare internamente le ricadute di eventuali danni causati all'impresa, mentre si esclude ogni obbligo dell'institore che sia stato preposto ad un singolo ramo dell'impresa stessa.

2206. Pubblicità della procura.

La procura con sottoscrizione del preponente autenticata deve essere depositata per l'iscrizione presso il competente ufficio del registro delle imprese.

In mancanza dell'iscrizione, la rappresentanza si reputa generale e le limitazioni di essa non sono opponibili ai terzi, se non si prova che questi le conoscevano al momento della conclusione dell'affare.

• L'iscrizione della procura nel registro delle imprese ha **natura dichiarativa,** ovvero vi attribuisce **efficacia di opponibilità** verso i terzi, per i quali non sussisterà **l'onere** di accertarne l'esistenza, essendo previsto un vero e proprio onere in tal senso a carico della società. • La preposizione institoria non richiede l'adozione di forme solenni, né la sussistenza di un rapporto di lavoro subordinato tra l'institore e l'imprenditore, ma ciò che rileva è la **conoscenza effettiva** del contenuto della procura, e non la mera conoscibilità; vale il principio della **c.d. efficacia negativa** della pubblicità nei confronti del soggetto onerato ad eseguirla.

2207. Modificazione e revoca della procura.

Gli atti con i quali viene successivamente limitata o revocata la procura devono essere depositati, per l'iscrizione nel registro delle imprese, anche se la procura non fu pubblicata.

In mancanza dell'iscrizione, le limitazioni o la revoca non sono opponibili ai terzi, se non si prova che questi le conoscevano al momento della conclusione dell'affare.

• Si conferma la natura dichiarativa e non costitutiva della **pubblicità legale** riconosciuta alla procura institoria, nonché la non necessaria sussistenza della procura medesima per aversi, in fatto, preposizione institoria. • Risulta, altresì, rispettato quanto disposto in tema di **rappresentanza generale** e di efficacia negativa della **pubblicità legale.**

2208. Responsabilità personale dell'institore.

L'institore è personalmente obbligato se omette di far conoscere al terzo che egli tratta per il preponente]; tuttavia il terzo può agire anche contro il preponente per gli atti compiuti dall'institore, che siano pertinenti all'esercizio dell'impresa a cui è preposto.

• La responsabilità personale dell'institore discende non solo dall'omissione della **spendita del nome** dell'imprenditore, **c.d.** ***contemplatio domini***, ma anche dall'aver tenuto un comportamento tale ad ingenerare nel terzo il **convincimento** che egli fosse l'effettivo *dominus* del rapporto giuridico. • L'imprenditore risponde per gli atti a lui riferibili, anche se posti in essere dall'institore, in forza dei principi di **apparenza giuridica e affidamento**, ed avrà diritto di regresso verso l'institore se questi ha agito in proprio conto; viceversa, l'institore avrà diritto di regresso verso l'imprenditore che ha fatto proprio il risultato della sua attività.

2209. Procuratori.

Le disposizioni degli articoli 2206 e 2207 si applicano anche ai procuratori, i quali, in base a un rapporto continuativo, abbiano il potere di compiere per l'imprenditore gli atti pertinenti all'esercizio dell'impresa, pur non essendo preposti ad esso.

• I procuratori sono **ausiliari** dell'imprenditore muniti di **autonomi poteri decisionali** limitatamente ad **un particolare ambito**, che non si sostituiscono all'imprenditore, e che non hanno la rappresentanza processuale, salvo che questa non gli sia stata espressamente conferita per iscritto. Il rinvio sistematico soltanto parziale alla disciplina dell'institore consente di mantenere distinte le due figure, non essendo il procuratore preposto all'esercizio dell'impresa, e compiendo **atti** che, se pure pertinenti all'esercizio della impresa, rimangono ad essa **esterni**.

2210. Poteri dei commessi dell'imprenditore.

I commessi dell'imprenditore, salve le limitazioni contenute nell'atto di conferimento della rappresentanza, possono compiere gli **atti che ordinariamente comporta la specie delle operazioni di cui sono incaricati.**

Non possono tuttavia esigere il prezzo delle merci delle quali non facciano la consegna, né concedere dilazioni o sconti che non sono d'uso, salvo che siano a ciò espressamente autorizzati.

• I commessi sono **ausiliari** dell'imprenditore, con **mansioni solo esecutive**, di contatto con il pubblico e i terzi, che vengono espletate sotto la **vigilanza** dell'imprenditore o dell'institore, con un (limitato) potere di rappresentanza, pure in mancanza di specifico atto di conferimento; essi possono compiere gli atti discendenti dalle operazioni di cui sono incaricati, salve l**e limitazioni** contenute nell'atto di conferimento della rappresentanza, per cui **non** è previsto un apposito **sistema di pubblicità**.

2211. Poteri di deroga alle condizioni generali di contratto.

I commessi, anche se autorizzati a concludere contratti in nome dell'imprenditore, non hanno il potere di derogare alle condizioni generali di contratto o alle clausole stampate sui moduli dell'impresa, se non sono muniti di una speciale autorizzazione scritta.

• Il commesso è sempre obbligato a rispettare quanto disposto dall'imprenditore e, anche quando gli viene conferito il **potere di concludere** un determinato contratto, non può incidere sulle condizioni generali dello stesso né sulle clausole predeterminate nei moduli d'impresa.

2212. Poteri dei commessi relativi agli affari conclusi.

Per gli affari da essi conclusi, i commessi dell'imprenditore sono autorizzati a ricevere per conto di questo le dichiarazioni che riguardano l'esecuzione del contratto e i reclami relativi alle inadempienze contrattuali.

Sono altresì legittimati a chiedere i provvedimenti cautelari nell'interesse dell'imprenditore.

• È riconosciuta ai commessi la rappresentanza passiva verso i terzi, sia pure in maniera limitata e circoscritta a quanto disposto dalla norma, e nella misura in cui i contratti contestati rientrino **nell'ambito delle loro mansioni.** • È, altresì, riconosciuta ai commessi la rappresentanza attiva, oltre che passiva, limitatamente ai provvedimenti cautelari, tra cui sono ricompresi tutti gli **atti conservativi giudiziali e stragiudiziali.**

2213. Poteri dei commessi preposti alla vendita.

I commessi preposti alla vendita nei locali dell'impresa possono esigere il prezzo delle merci da essi vendute, salvo che alla riscossione sia palesemente destinata una cassa speciale.

Fuori dei locali dell'impresa non possono esigere il prezzo, se non sono autorizzati o se non consegnano quietanza firmata dall'imprenditore.

• Tale norma trova applicazione solo per il caso di commessi che concludono vendite, nell'esercizio delle loro mansioni, trovandosi all'**interno dei locali dell'impresa**; si applica, negli altri casi, l'art. 2210.

§ 2 – Delle scritture contabili

2214. Libri obbligatori e altre scritture contabili.

1. L'imprenditore che esercita un'attività commerciale deve tenere il libro giornale e il libro degli inventari.

2. Deve altresì tenere le altre scritture contabili che siano richieste alla natura e dalle dimensioni dell'impresa e conservare ordinatamente per ciascun affare gli originali delle lettere, dei telegrammi e delle fatture ricevute, nonché le copie delle lettere, dei telegrammi e delle fatture spedite.

3. Le disposizioni di questo paragrafo non si applicano ai piccoli imprenditori.

• L'articolo introduce la serie di norme in tema di obbligo (civilistico) di tenuta delle scritture contabili; tale serie integra, insieme ad altre previsioni, il **c.d. statuto dell'imprenditore commerciale non piccolo** (co. 1 e 3). La concreta modalità di tenuta delle scritture può rilevare anche ai fini dei reati di **bancarotta semplice** (artt. 217 l. fall. e 323, co. 2, codice della crisi d'impresa e dell'insolvenza d.lgs. 19 gennaio 2019 n. 14, da ora brevemente c.c.i.i.) **e fraudolenta** (artt. 216, n. 2, l. fall. e 322, co. 1, lett. b, c.c.i.i.). • La funzione delle scritture contabili è quella di consentire che l'**andamento degli affari** dell'imprenditore e lo **stato del** suo **patrimonio** vengano rappresentati fedelmente. • In particolare il co. 1 individua nel libro giornale e nel libro degli inventari (disciplinati agli artt. 2216 e 2217) le **scritture c.d. generalmente obbligatorie** ossia quelle scritture alla cui tenuta sono tenuti tutti gli imprenditori commerciali non piccoli. Alle due scritture indicate deve aggiungersi, in funzione integrativa, pure il fascicolo della corrispondenza (co. 2 che ne individua anche il contenuto). • L'obbligo di tenuta può essere inteso anche in termini di **onere** dal momento che dal suo assolvimento scaturiscono per l'imprenditore anche alcuni vantaggi (ad es., probatori) di cui il medesimo non beneficerebbe qualora rimanesse inadempiente all'obbligo. • Il secondo comma individua le **scritture c.d. relativamente obbligatorie** alla cui tenuta cioè sono chiamati soltanto alcuni imprenditori commerciali non piccoli: tanto o perché la legge rimette allo stesso imprenditore, in virtù di una valutazione autoresponsabile di adeguatezza (art. 2086, co. 2) ispirata al criterio della natura e delle dimensioni dell'impresa; ovvero per la particolare qualifica soggettiva dell'imprenditore (ad es. i libri sociali la cui tenuta è obbligatoria per le società di capitali: artt. 2421 e 2478); ovvero in forza di leggi speciali (cfr. d.lgs. n. 209/2005). In ogni caso, l'obbligo civilistico di tenuta va tenuto distinto da quello avente fonte nella legislazione tributaria a cui è chiamato anche il piccolo imprenditore. • Accanto a quelle obbligatorie l'imprenditore può autonomamente decidere di introdurre in modo spontaneo anche **scritture contabili aggiuntive** a quelle obbligatorie.

2215. Modalità di tenuta delle scritture contabili.

1. I libri contabili, prima di essere messi in uso, devono essere numerati progressivamente in ogni pagina e, qualora sia previsto l'obbligo della bollatura o della vidimazione, devono essere bollati in ogni foglio dall'ufficio del registro delle imprese o da un notaio secondo le disposizioni delle leggi speciali. L'ufficio del registro o il notaio deve dichiarare nell'ultima pagina dei libri il numero dei fogli che li compongono.

2. Il libro giornale e il libro degli inventari devono essere numerati progressivamente e non sono soggetti a bollatura né a vidimazione.

• Se scopo delle scritture contabili è la rappresentazione fedele dell'andamento degli affari e dello stato patrimoniale dell'imprenditore, il legislatore si premura di dettare una serie di disposizioni dirette a garantirne la **veridicità** (artt. 2215 e 2219) valevoli sia qualora il supporto di tenuta sia cartaceo sia qualora sia informatico. • La disposizione in commento dettata per la tenuta in **forma cartacea** individua nella numerazione progressiva ed eventualmente nella bollatura di ogni foglio e nell'indicazione nell'ultima pagina del numero dei fogli le **c.d. formalità estrinseche** (le formalità c.d. intrinseche sono invece previste all'art. 2219); la mancanza di tali formalità rende le scritture irregolari esponendo l'imprenditore al reato di **bancarotta semplice** (artt. 217 l. fall. e 323, co. 2, c.c.i.i.). La bollatura e la vidimazione sono necessari perché l'imprenditore possa invocare a proprio favore le scritture contabili secondo quanto previsto in tema di **efficacia probatoria** dall'art. 2710.

2215 bis. Modalità di tenuta delle scritture contabili.

1. I libri, i repertori, le scritture e la documentazione la cui tenuta è obbligatoria per disposizione di legge o di regolamento o che sono richiesti dalla natura o dalle dimensioni dell'impresa possono essere formati e tenuti con strumenti informatici.

2. Le registrazioni contenute nei documenti di cui al primo comma debbono essere rese consultabili in ogni momento con i mezzi messi a disposizione del soggetto tenutario e costituiscono informazione primaria e originale da cui è possibile effettuare, su diversi tipi di supporto, riproduzioni e copie per gli usi consentiti dalla legge.

3. Gli obblighi di numerazione progressiva e di vidimazione previsti dalle disposizioni di legge o di regolamento per la tenuta dei libri, dei repertori e scritture sono assolti, in caso di tenuta con strumenti informatici, mediante apposizione, almeno una volta all'anno, della marcatura temporale e della firma digitale dell'imprenditore o di altro soggetto dal medesimo delegato.

4. Qualora per un anno non siano state eseguite registrazioni, la firma digitale e la marcatura temporale devono essere apposte all'atto di una nuova registrazione e da tale apposizione decorre il periodo annuale di cui al terzo comma.

5. I libri, i repertori e le scritture tenuti con strumenti informatici, secondo quanto previsto dal presente articolo, hanno l'efficacia probatoria di cui agli artt. 2709 e 2710 del codice civile.

6. Per i libri e per i registri la cui tenuta è obbligatoria per disposizione di legge o di regolamento di natura tributaria, il termine di cui al terzo comma opera secondo le norme in materia di conservazione digitale contenute nelle medesime disposizioni.

• La disposizione in commento è stata dettata per adeguare la tenuta delle scritture contabili all'evoluzione tecnologica mediante il passaggio dal **supporto** cartaceo a quello **informatico**, con cui possono essere formate e tenute le scritture contabili obbligatorie. • La previsione adegua le previsioni degli obblighi inerenti alle **c.d. formalità estrinseche** di cui all'art. 2215 al particolare supporto informatico mediante la previsione della marcatura temporale e la firma digitale; adegua altresì al particolare supporto informatico le previsioni in tema di **efficacia probatoria** delle scritture contabili contenute agli artt. 2709 e 2710.

2216. Contenuto del libro giornale.

Il libro giornale deve indicare giorno per giorno le operazioni relative all'esercizio dell'impresa.

• Nell'individuare l'indicazione "giorno per giorno" delle operazioni da annotare nel libro giornale il legislatore attribuisce a tale scrittura contabile una **funzione narrativa**. Nella prassi accade che le operazioni vengano annotate su un brogliaccio (**c.d. prima nota**) per poi essere trascritte nel libro giornale; è anche possibile che più operazioni della stessa giornata vengano **raggruppate** ed indicate nell'importo complessivo.

2217. Redazione dell'inventario.

1. L'inventario deve redigersi all'inizio dell'esercizio dell'impresa e successivamente ogni anno, e deve contenere l'indicazione e la valutazione delle attività e delle passività relative all'impresa, nonché delle attività e delle passività dell'imprenditore estranee alla medesima.

2. L'inventario si chiude con il bilancio e con il conto dei profitti e delle perdite, il quale deve dimostrare con evidenza e verità gli utili conseguiti o le perdite subite. Nelle valutazioni di bilancio l'imprenditore deve attenersi ai criteri stabiliti per i bilanci delle società per azioni, in quanto applicabili.

3. L'inventario deve essere sottoscritto dall'imprenditore entro tre mesi dal termine per la presentazione della dichiarazione dei redditi ai fini delle imposte dirette.

• A differenza del libro giornale (art. 2216) che ha una funzione narrativa, il libro degli inventari ha una **funzione descrittiva** in quanto indica e valuta, **a una certa data**, le attività e le passività relative sia all'impresa che all'imprenditore estranee all'impresa. La redazione dell'inventario, pertanto, non è continua ma periodica dovendo avvenire all'inizio dell'esercizio dell'impresa e successivamente ogni anno. • L'inventario si chiude con il **bilancio** (disciplinato in modo analitico e articolato dagli artt. 2423 ss. in tema di s.p.a. a cui la disposizione in commento rinvia, con clausola di compatibilità, in punto di valutazioni) e con il **conto dei profitti e delle perdite** il quale deve rappresentare in modo evidente e veritiero gli utili o le perdite avutisi nel periodo trascorso dall'ultimo inventario.

2218. Bollatura facoltativa.
L'imprenditore può far bollare nei modi indicati nell'art. 2215 gli altri libri da lui tenuti.

• L'incentivo dell'imprenditore a far bollare i libri per i quali la bollatura non è obbligatoria è dato dal fatto che la **bollatura** è uno dei presupposti per poter invocare la speciale **efficacia probatoria** delle scritture prevista dall'art. 2710.

2219. Tenuta della contabilità.
Tutte le scritture devono essere tenute secondo le norme di un'ordinata contabilità, senza spazi in bianco, senza interlinee e senza trasporti in margine. Non vi si possono fare abrasioni e, se è necessaria qualche cancellazione, questa deve eseguirsi in modo che le parole cancellate siano leggibili.

• A differenza dell'art. 2215 che prevede le c.d. formalità estrinseche, la disposizione in commento prevede le **c.d. formalità intrinseche** che riguardano tutte le scritture contabili. In particolare queste debbono essere tenute secondo le norme di una "**ordinata contabilità**" chiarendosi che non devono comparire spazi in bianco, interlinee, trasporti in margine o abrasioni e che le cancellazioni debbono comunque lasciare le parole leggibili. Analogamente alle formalità estrinseche, l'inosservanza di tale disposizione rende le scritture irregolarmente tenute con possibili conseguenze in punto di integrazione del reato di **bancarotta semplice** (art. 217 l. fall. e 323, co. 2, c.c.i.i.).

2220. Tenuta della contabilità.
1. Le scritture devono essere conservate per dieci anni dalla data dell'ultima registrazione.
2. Per lo stesso periodo devono conservarsi le fatture, le lettere e i telegrammi ricevuti e le copie delle fatture, delle lettere e dei telegrammi spediti.
3. Le scritture e i documenti di cui al presente articolo possono essere conservati sotto forma di registrazioni su supporti di immagini, sempre che le registrazioni corrispondano ai documenti e possono in ogni momento essere rese leggibili con mezzi messi a disposizione dal soggetto che utilizza detti supporti.

• La disposizione in commento impone l'obbligo di **conservazione** (anche in modalità di immagini) delle scritture nonché di fatture, lettere e telegrammi ricevuti e spediti. Il termine decennale si collega a quello previsto in tema di **prescrizione** (art. 2946).

§ 3 – Dell'insolvenza

2221. Fallimento e concordato preventivo.
Gli imprenditori che esercitano un'attività commerciale, esclusi gli enti pubblici e i piccoli imprenditori, sono soggetti, in caso di insolvenza, alle procedure del fallimento e del concordato preventivo, salve le disposizioni delle leggi speciali (1).

(1) Articolo abrogato dall'art. 384, d.lgs. 12 gennaio 2019, n. 14, «dalla data dell'entrata in vigore del presente codice». L'art. 389[1], d.lgs. cit., come sostituito dall'art. 5, d.l. 8 aprile 2020, n. 23, convertito in l. 5 giugno 2020, n. 40, così dispone: «Il presente decreto entra in vigore il 1° settembre 2021, salvo quanto previsto al comma 2».

• La disposizione – destinata ad essere abrogata per effetto dell'entrata in vigore dell'art. 384 c.c.i.i. (d.lgs. n. 14/2019 sostitutivo della legge fallimentare-r.d. n. 267/1942) ad oggi fissata al 1/9/2021 – individua un particolare profilo del **c.d. statuto dell'imprenditore commerciale non piccolo** chiarendo che il medesimo, con esclusione degli enti pubblici e dei piccoli imprenditori, è soggetto alle procedure concorsuali del fallimento e del concordato preventivo, salve le disposizioni delle leggi speciali. La disposizione, indicando sinteticamente i **presupposti c.d. soggettivo e oggettivo** per la sottoposizione alle procedure concorsuali del fallimento (artt. 5 ss. l. fall.) e del concordato preventivo (artt. 160 ss. l. fall.), continua, pertanto, a costituire una norma di collegamento con la **legge fallimentare** che, più analiticamente, individua quei presupposti agli artt. 1 (presupposto soggettivo e requisiti dimensionali) e 5 (presupposto oggettivo dell'insolvenza). In futuro, per effetto dell'abrogazione della disposizione in commento da parte del **c.c.i.i.**, acquisteranno rilevanza in particolare l'art. 1 c.c.i.i. che definisce l'ambito di applicazione del nuovo corpo normativo e l'art. 2, co. 1, c.c.i.i. che definisce la "**crisi**" come "lo stato di difficoltà economico-finanziaria che rende probabile l'insolvenza del debitore, e che per le imprese si manifesta come inadeguatezza dei flussi di cassa prospettici a far fronte regolarmente alle obbligazioni pianificate" (lett. a); nonché l'"**insolvenza**" come "lo stato del debitore che si manifesta con inadempimenti od altri fatti esteriori, i quali dimostrino che il debitore non è più in grado di soddisfare regolarmente le proprie obbligazioni" (lett. b).

Titolo III
DEL LAVORO AUTONOMO

Capo I
Disposizioni generali

2222. Contratto d'opera.

Quando una persona si obbliga a compiere verso un corrispettivo un'opera o un servizio, con lavoro prevalentemente proprio e senza vincolo di subordinazione nei confronti del committente, si applicano le norme di questo capo, salvo che il rapporto abbia una disciplina particolare nel libro IV.

• I tratti fondamentali del contratto d'opera o del c.d. contratto di lavoro autonomo desumibili dalla norma sono: prestazione di lavoro prevalentemente personale; assenza di vincolo di subordinazione; corresponsione di un corrispettivo. Il lavoro autonomo è caratterizzato, in particolare, dall'autonomia del prestatore d'opera nella scelta dei mezzi e nell'organizzazione della propria attività volta al conseguimento di un'opera o di un servizio. • Le disposizioni successive del codice delineano un regime di tutela meno garantista di quello previsto in favore del lavoratore subordinato, in quanto l'ordinamento presuppone che tra prestatore d'opera e committente non sussista uno squilibrio di potere contrattuale. Nel contratto di lavoro autonomo, ad esempio, non trovano applicazione i limiti in materia di orario di lavoro o i parametri costituzionali per la determinazione del corrispettivo (v. art. 2225). La l. 22/5/2017 n. 81 ha introdotto talune forme di **tutela per il lavoro autonomo** che hanno, in parte, contribuito ad avvicinare il regime del prestatore d'opera al lavoratore subordinato.

2223. Prestazione della materia.

Le disposizioni di questo capo si osservano anche se la materia è fornita dal prestatore d'opera, purché le parti non abbiano avuto prevalentemente in considerazione la materia, nel qual caso si applicano le norme sulla vendita.

2224. Esecuzione dell'opera.

Se il prestatore d'opera non procede all'esecuzione dell'opera secondo le condizioni stabilite dal contratto e a regola d'arte, il committente può fissare un congruo termine, entro il quale il prestatore d'opera deve conformarsi a tali condizioni.

Trascorso inutilmente il termine fissato, il committente può recedere dal contratto, salvo il diritto al risarcimento dei danni.

2225. Corrispettivo.

Il corrispettivo, se non è convenuto dalle parti e non può essere determinato secondo le tariffe professionali o gli usi, è stabilito dal giudice in relazione al risultato ottenuto e al lavoro normalmente necessario per ottenerlo.

• A differenza del lavoro subordinato, il contratto d'opera si concretizza in un obbligo di risultato. Il compenso del lavoro autonomo non soggiace ai parametri costituzionali di proporzionalità e sufficienza (art. 36, co. 1, Cost.), ma a un **corrispettivo** convenuto dalle parti secondo il principio di autonomia contrattuale, sulla base del risultato (l'opera o il servizio) convenuto nel contratto. • La mancata determinazione del corrispettivo non è causa di nullità del contratto, poiché lo stesso può essere stabilito in base alle tariffe vigenti od agli usi. Qualora il corrispettivo non risulti da un accordo tra le parti e non possa essere determinato secondo le tariffe professionali o gli usi, la disposizione prevede che debba essere stabilito dal giudice secondo un criterio di **proporzionalità** e ragionevolezza, che tenga conto del risultato ottenuto (l'opera o il servizio) e al lavoro normalmente necessario per ottenerlo. • Per talune professioni regolamentate, il Ministero della Giustizia ha emanato un regolamento recante i parametri che i giudici devono impiegare per determinare i compensi in caso di controversie.

2226. Difformità e vizi dell'opera.

L'accettazione espressa o tacita dell'opera libera il prestatore d'opera dalla responsabilità per difformità o per vizi della medesima, se all'atto dell'accettazione questi erano noti al committente o facilmente riconoscibili, purché in questo caso non siano stati dolosamente occultati.

Il committente deve, a pena di decadenza, denunziare le difformità e i vizi occulti al prestatore d'opera entro otto giorni dalla scoperta. L'azione si prescrive entro un anno dalla consegna.

I diritti del committente nel caso di difformità o di vizi dell'opera sono regolati dall'articolo 1668.

2227. Recesso unilaterale dal contratto.

Il committente può recedere dal contratto, ancorché sia iniziata l'esecuzione dell'opera, tenendo indenne il prestatore d'opera delle spese, del lavoro eseguito e del mancato guadagno.

2228. Impossibilità sopravvenuta dell'esecuzione dell'opera.

Se l'esecuzione dell'opera diventa impossibile per causa non imputabile ad alcuna delle parti, il prestatore d'opera ha diritto ad un compenso per il lavoro prestato in relazione all'utilità della parte dell'opera compiuta.

Capo II
Delle professioni intellettuali

2229. Esercizio delle professioni intellettuali.

La legge determina le professioni intellettuali per l'esercizio delle quali è necessaria l'iscrizione in appositi albi o elenchi.

L'accertamento dei requisiti per l'iscrizione negli albi o negli elenchi, la tenuta dei medesimi e il potere disciplinare sugli iscritti sono demandati alle associazioni professionali, sotto la vigilanza dello Stato, salvo che la legge disponga diversamente.

Contro il rifiuto dell'iscrizione o la cancellazione dagli albi o elenchi, e contro i provvedimenti disciplinari che importano la perdita o la sospensione del diritto all'esercizio della professione è ammesso ricorso in via giurisdizionale nei modi e nei termini stabiliti dalle leggi speciali.

• La prestazione d'opera intellettuale è una specifica fattispecie di lavoro **autonomo** per l'esercizio della quale è richiesta un'attività intellettiva che risulta nettamente prevalente rispetto a quella materiale, ovvero, in alcuni casi individuati dalla legge, l'iscrizione in appositi albi o elenchi professionali (es. avvocato, notaio, psicologo, ecc.). • Accanto alle professioni intellettuali tipizzate ed assoggettate all'iscrizione in **albi ed elenchi**, vi sono professioni intellettuali caratterizzate per il loro specifico contenuto come pure prestazioni professionali o intellettuali non specificamente caratterizzate, che ben possono essere oggetto di rapporto di lavoro autonomo.

2230. Prestazione d'opera intellettuale.
Il contratto che ha per oggetto una prestazione d'opera intellettuale è regolato dalle norme seguenti e, in quanto compatibili con queste e con la natura del rapporto, dalle disposizioni del capo precedente.
Sono salve le disposizioni delle leggi speciali.

2231. Mancanza d'iscrizione.
Quando l'esercizio di un'attività professionale è condizionato all'iscrizione in un albo o elenco, la prestazione eseguita da chi non è iscritto non gli dà azione per il pagamento della retribuzione.
La cancellazione dall'albo o elenco risolve il contratto in corso, salvo il diritto del prestatore d'opera al rimborso delle spese incontrate e a un compenso adeguato all'utilità del lavoro compiuto.

2232. Esecuzione dell'opera.
Il prestatore d'opera deve eseguire personalmente l'incarico assunto. Può tuttavia valersi, sotto la propria direzione e responsabilità, di sostituti e ausiliari, se la collaborazione di altri è consentita dal contratto o dagli usi e non è incompatibile con l'oggetto della prestazione.

2233. Compenso.
Il compenso, se non è convenuto dalle parti e non può essere determinato secondo le tariffe o gli usi, è determinato dal giudice, sentito il parere dell'associazione professionale a cui il professionista appartiene.
In ogni caso la misura del compenso deve essere adeguata all'importanza dell'opera e al decoro della professione.
Sono nulli, se non redatti in forma scritta, i patti conclusi tra gli avvocati ed i praticanti abilitati con i loro clienti che stabiliscono i compensi professionali.

2234. Spese e acconti.
Il cliente, salvo diversa pattuizione, deve anticipare al prestatore d'opera le spese occorrenti al compimento dell'opera e corrispondere, secondo gli usi, gli acconti sul compenso.

2235. Divieto di ritenzione.
Il prestatore d'opera non può ritenere le cose e i documenti ricevuti, se non per il periodo strettamente necessario alla tutela dei propri diritti secondo le leggi professionali.

2236. Responsabilità del prestatore di opera.
Se la prestazione implica la soluzione di problemi tecnici di speciale difficoltà, il prestatore d'opera non risponde dei danni, se non in caso di dolo o di colpa grave.

2237. Recesso.
Il cliente può recedere dal contratto, rimborsando al prestatore d'opera le spese sostenute e pagando il compenso per l'opera svolta.
Il prestatore d'opera può recedere dal contratto per giusta causa. In tal caso egli ha diritto al rimborso delle spese fatte e al compenso per l'opera svolta, da determinarsi con riguardo al risultato utile che ne sia derivato al cliente.
Il recesso del prestatore d'opera deve essere esercitato in modo da evitare pregiudizio al cliente.

2238. Rinvio.
Se l'esercizio della professione costituisce elemento di un'attività organizzata in forma di impresa, si applicano anche le disposizioni del titolo II.
In ogni caso se l'esercente una professione intellettuale impiega sostituti o ausiliari, si applicano le disposizioni delle sezioni II, III, IV, del capo I del titolo II.

Titolo IV
DEL LAVORO SUBORDINATO IN PARTICOLARI RAPPORTI

Capo I
Disposizioni generali

2239. Norme applicabili.

I rapporti di lavoro subordinato che non sono inerenti all'esercizio di un'impresa sono regolati dalle disposizioni delle sezioni II, III, IV del capo I del titolo II, in quanto compatibili con la specialità del rapporto.

Capo II
Del lavoro domestico

2240. Norme applicabili.

Il rapporto di lavoro che ha per oggetto la prestazione di servizi di carattere domestico è regolato dalle disposizioni di questo capo e, in quanto più favorevoli al prestatore di lavoro, dalla convenzione e dagli usi.

• Il lavoro **domestico** è generalmente svolto dalle figure professionali dei/delle colf e badanti, con l'obiettivo di supportare lo svolgimento della vita familiare. • La prestazione lavorativa dei domestici è riconducibile all'area del **lavoro subordinato**, sebbene il relativo regime di tutela preveda significative differenze rispetto alla subordinazione. Secondo un prevalente orientamento giurisprudenziale, ad esempio, in tema di lavoro domestico non opera il divieto di licenziamento della lavoratrice in stato di gravidanza. • La prestazione lavorativa dei domestici deve avere una sua **continuità**, non essere quindi puramente occasionale e deve essere resa all'interno dell'abitazione del datore di lavoro, in condizione di convivenza con la famiglia del datore di lavoro, con eventuale fruizione del vitto e dell'alloggio. Può svolgersi con servizio parziale, ad esempio a ore, tutti i giorni della settimana o solo in alcuni.

2241. Periodo di prova.

Il patto di prova si presume per i primi otto giorni.

2242. Vitto, alloggio e assistenza.

Il prestatore di lavoro ammesso alla convivenza familiare ha diritto, oltre alla retribuzione in danaro, al vitto, all'alloggio e, per le infermità di breve durata, alla cura e all'assistenza medica.

Le parti devono contribuire alle istituzioni di previdenza e di assistenza, nei casi e nei modi stabiliti dalla legge.

2243. Periodo di riposo.

Il prestatore di lavoro, oltre al riposo settimanale secondo gli usi, ha diritto dopo un anno di ininterrotto servizio, ad un periodo di ferie retribuito, che non può essere inferiore a otto giorni.

2244. Recesso.

Al contratto di lavoro domestico sono applicabili le norme sul recesso volontario e per giusta causa, stabilite negli articoli 2118 e 2119.

Il periodo di preavviso non può essere inferiore a otto giorni o, se l'anzianità di servizio è superiore a due anni, a quindici giorni.

2245. Indennità di anzianità.

In caso di cessazione del contratto è dovuta al prestatore di lavoro un'indennità proporzionale agli anni di servizio, *salvo il caso di licenziamento per colpa di lui o di dimissioni volontarie* (1).

L'ammontare dell'indennità è determinato sulla base dell'ultima retribuzione in danaro (2), nella misura di otto giorni per ogni anno di servizio.

Se gli usi lo stabiliscono, l'indennità è dovuta anche nel caso di dimissioni volontarie.

(1) Parte implicitamente abrogata dall'art. 17, l. 2/4/1958, n. 339.
(2) La Corte Costituzionale, con sentenza 6/6/1973, n. 72, ha dichiarato l'illegittimità costituzionale della disposizione nella parte in cui commisura l'indennità di anzianità alla sola retribuzione in denaro, escludendo il vitto e l'alloggio.

2246. Certificato di lavoro.

Alla cessazione del contratto il prestatore di lavoro ha diritto al rilascio di un certificato che attesti la natura delle mansioni disimpegnate e il periodo di servizio prestato.

Titolo V
DELLE SOCIETÀ

Capo I
Disposizioni generali

2247. Contratto di società (1).

Con il contratto di società due o più persone conferiscono beni o servizi per l'esercizio in comune di un'attività economica allo scopo di dividerne gli utili.

(1) Rubrica così sostituita ad opera dell'art. 1, d.lgs. 3/3/1993, n. 88.

• La norma contiene la definizione del contratto di società, con cui due o più persone conferiscono beni o servizi per l'esercizio in comune di un'attività economica allo scopo di dividerne gli utili. Sono, così, enunciati gli elementi costitutivi del contratto di società: il **conferimento** di beni o servizi, finalizzato alla dotazione iniziale di risorse; lo **svolgimento** (organizzato) dell'attività attraverso quella dotazione patrimoniale; la realizzazione di un profitto da assegnare ai partecipanti (**scopo di lucro**), rispetto al quale la stessa attività risulta strumentale. La norma in esame definisce, dunque, le **società lucrative** e, non a caso, si colloca nel Titolo V, dedicato solo a queste ultime. Va detto, peraltro, che esistono società che perseguono uno scopo mutualistico (art. 2511), oppure consortile (art. 2615-*ter*), ma pur sempre patrimoniale ed egoistico. • Il contratto di società è sottoposto alla speciale disciplina dettata per la nullità, l'annullabilità, la risoluzione per inadempimento o per impossibilità sopravvenuta dei *contratti plurilaterali con comunione di scopo* (artt. 1420, 1446, 1459, 1466). Il fenomeno societario, pur nascendo da un contratto, non si esaurisce in esso ma comporta il sorgere di una *organizzazione* destinata a porsi in termini sostanzialmente identici anche nell'ipotesi di **società unilaterali** (cfr. artt. 2325, co. 2 e 2467, co. 2).

2248. Comunione a scopo di godimento.

La comunione costituita o mantenuta al solo scopo del godimento di una o più cose è regolata dalle norme del titolo VII del libro III.

• Questo articolo delimita i rispettivi ambiti di applicazione delle norme sulla **comunione** e sulle **società**: le une sono contenute nel Libro III (artt. 1100 ss.), le altre, invece, nel Libro V (artt. 2247 ss.). La comunione è infatti una *situazione giuridica statica*, in cui rileva solo l'appartenenza del bene; ciascun contitolare ha diritto di usare individualmente la cosa, nel rispetto del coesistente diritto degli altri (art. 1102) e può chiedere in ogni momento la divisione (art. 111). Per contro la società è una *situazione giuridica dinamica*, in cui il conferimento è strumentale all'esercizio di un'attività produttiva. Dalla norma in esame può trarsi la conferma per cui il *mero godimento*, che si esaurisce nella semplice fruizione delle utilità generate da uno o più beni, è nettamente distinto dall'attività sociale. In questo modo, si esclude la possibilità di dare vita ad una **società finalizzata al mero godimento**.

2249. Tipi di società.

Le società che hanno per oggetto l'esercizio di un'attività commerciale devono costituirsi secondo uno dei tipi regolati nei capi III e seguenti di questo titolo.

Le società che hanno per oggetto l'esercizio di un'attività diversa sono regolate dalle disposizioni sulla società semplice, a meno che i soci abbiano voluto costituire la società secondo uno degli altri tipi regolati nei capi III e seguenti di questo titolo.

Sono salve le disposizioni riguardanti le società cooperative e quelle delle leggi speciali che per l'esercizio di particolari categorie di imprese prescrivono la costituzione della società secondo un determinato tipo.

• La scelta del tipo di società è essenzialmente rimessa alla volontà delle parti. La norma in commento prevede, tuttavia, un limite all'applicazione del predetto principio, stabilendo che le società aventi ad oggetto l'esercizio di un'**attività commerciale** devono necessariamente costituirsi secondo uno dei tipi regolati nei Capi III e seguenti del Titolo V. Diversamente, per le società aventi ad oggetto l'esercizio di un'**attività non commerciale** si lascia piena libertà nella scelta del tipo societario, stabilendo, inoltre, che quando essa non ricada su uno dei tipi previsti per le società commerciali troveranno applicazione le norme sulla società semplice. Infine, sono fatte salve le disposizioni riguardanti le società cooperative e quelle delle leggi speciali che per l'esercizio di particolari categorie di imprese prescrivono la costituzione della società secondo un determinato tipo. Il codice prevede un *numero chiuso* di tipi societari, sicché sarebbe impedito ai privati costituire *società atipiche*.

2250. Indicazione negli atti e nella corrispondenza (1).

Negli atti e nella corrispondenza delle società soggette all'obbligo dell'iscrizione nel registro delle imprese devono essere indicati la sede della società e l'ufficio del registro delle imprese presso il quale questa è iscritta e il numero d'iscrizione.

Il capitale delle società per azioni, in accomandita per azioni e a responsabilità limitata deve essere negli atti e nella corrispondenza indicato secondo la somma effettivamente versata e quale risulta esistente dall'ultimo bilancio.

Dopo lo scioglimento delle società previste dal primo comma deve essere espressamente indicato negli atti e nella corrispondenza che la società è in liquidazione.

Negli atti e nella corrispondenza delle società per azioni ed (2) a responsabilità limitata deve essere indicato se queste hanno un unico socio (3).

Gli atti delle società costituite secondo uno dei tipi regolati nei capi V, VI e VII del presente titolo, per i quali è obbligatoria l'iscrizione o il deposito, possono essere altresì pubblicati in apposita sezione del registro delle imprese in altra lingua ufficiale delle Comunità europee, con traduzione giurata di un esperto (4).

In caso di discordanza con gli atti pubblicati in lingua italiana, quelli pubblicati in altra lingua ai sensi del quinto comma non possono essere opposti ai terzi, ma questi possono avvalersene, salvo che la società dimostri che essi erano a conoscenza della loro versione in lingua italiana (4).

Le società di cui al quinto comma che dispongono di uno spazio elettronico destinato alla comunicazione collegato a una rete telematica ad accesso pubblico forniscono, attraverso tale mezzo, tutte le informazioni di cui al primo, secondo, terzo e quarto comma (4).

(1) Articolo così sostituito ad opera dell'art. 1 del d.P.R. 29/12/1969, n. 1127.
(2) Parole "per azioni ed" inserite ad opera dell'art. 6[3] del d.lgs. 6/2/2004, n. 37.
(3) Comma aggiunto ad opera dell'art. 2 del d.lgs. 3/3/1993, n. 88.
(4) Comma aggiunto ad opera dell'art. 42[1] del l. 7/7/2009, n. 88.

Capo II
Della società semplice

Sezione I
Disposizioni generali

2251. Contratto sociale.
Nella società semplice il contratto non è soggetto a forme speciali, salve quelle richieste dalla natura dei beni conferiti.

• La società semplice costituisce il **regime residuale** per lo svolgimento in forma societaria di un'attività commerciale e rappresenta il prototipo normativo delle società personali, la cui disciplina, per quanto non espressamente previsto, si applica anche ai tipi più evoluti. Pur costituendo il tipo più elementare di società, nel tessuto normativo della società semplice si rinvengono principi generali (come il divieto del patto leonino, art. 2265) validi per tutte le società. Al pari delle altre società di persone, la società semplice non costituisce una persona giuridica, ragion per cui **non gode di autonomia patrimoniale perfetta.** • Ancora, a differenza della s.p.a. (art. 2328) e della s.r.l. (art. 2463), la costituzione della società semplice non può avvenire per atto unilaterale e il venir meno della pluralità dei soci costituisce una causa di scioglimento della società (art. 2272). La conclusione del contratto sociale segue fedelmente il **principio di libertà delle forme negoziali,** esso infatti può essere concluso *per facta concludentia.* • La **forma scritta** vige, invece, per l'atto di conferimento con riferimento alla natura del bene che ne forma oggetto. In particolare, la forma scritta sarà necessaria per le fattispecie di cui all'art. 1350 (ossia conferimento in proprietà di beni immobili o di diritti reali immobiliari a tempo indeterminato o diritti personali di godimento ultranovennali) oltre che per beni e i diritti disciplinati da leggi speciali (es. conferimento di proprietà o di altri diritti reali su navi e aeromobili di cui agli artt. 249 e 864 cod. nav.). • L'**inosservanza della forma prescritta per il conferimento del bene** determina, ai sensi dell'art. 1420, l'invalidità del singolo conferimento, salvo i casi in cui l'apporto sia da ritenersi essenziale per la società o nel caso in cui il contratto sociale intercorra soltanto tra due soci.

2252. Modificazioni del contratto sociale.
Il contratto sociale può essere modificato soltanto con il consenso di tutti i soci, se non è convenuto diversamente.

• Nella società semplice, le modificazioni del contratto possono assumere una **portata oggettiva**, quando concernono i contenuti del regolamento negoziale, ma anche una **portata soggettiva,** qualora comportino una modifica della compagine sociale, mediante sostituzione dei soci o semplice ingresso di nuovi soci. • La norma, pur indicando l'**unanimità** quale regola generale per le modifiche del contratto, **ammette anche la possibilità di derogarvi**. Sotto tale aspetto, la disciplina della società semplice (e delle società di persone alle quali si estende) si connota peculiarmente, sia in rapporto alla disciplina delle società di capitali, improntate *ex lege* al principio di maggioranza (artt. 2368 ss.), sia in rapporto alla disciplina generale del contratto, di cui all'art. 1372, che demanda alla legge e alla volontà dei contraenti la selezione delle ipotesi di derogabilità dei principi di immodificabilità e irretrattabilità del contratto. • La disposizione di cui all'art. 2252 non esaurisce, tuttavia, il regime delle decisioni dei soci di società semplice e deve essere coordinata con una serie di altre previsioni normative le quali, per specifiche decisioni, richiedono la maggioranza dei consensi (cfr. artt. 2287, 2319 e 2500-*ter*), in alcuni casi calcolata per quote (art. 2257, co. 2) in altri per teste (art. 2287).

Sezione II
Dei rapporti tra i soci

2253. Conferimenti.

Il socio è obbligato a eseguire i conferimenti determinati nel contratto sociale.

Se i conferimenti non sono determinati, si presume che i soci siano obbligati a conferire, in parti eguali tra loro, quanto è necessario per il conseguimento dell'oggetto sociale.

• La disposizione in esame stabilisce un nesso di stretta dipendenza tra contratto sociale e obbligo del conferimento e conferma il **principio dell'essenzialità del conferimento per l'acquisto della qualità di socio**. Il principio dell'essenzialità del conferimento è da riconnettersi alla **natura consensuale del contratto sociale**, col quale le parti assumono l'obbligo di eseguire i conferimenti: rispetto ai conferimenti, quindi, il contratto sociale è privo di effetti reali; da ciò consegue che l'esecuzione del conferimento costituisce l'atto di adempimento del contratto sociale, successivo al suo perfezionamento. • La norma non pone limiti alla natura la tipologia di beni conferibili in società: in linea con la disposizione generale dell'art. 2247, si ritiene che possa essere oggetto di conferimento in società **ogni bene o servizio suscettibile di valutazione economica ed utile al conseguimento dell'oggetto sociale**. La forma più comune di conferimento ha ad oggetto il denaro. Oltre al denaro, sono generalmente conferibili in natura beni in proprietà o in godimento (ciò è ammesso anche dall'art. 2254 che disciplina la garanzia a cui è tenuto il socio), sono conferibili anche i crediti, i contratti, le aziende. Alla luce dell'art. 2247 sono conferibili non solo i **beni** ma anche **servizi**, tra cui anche l'opera del socio.

2254. Garanzia e rischi dei conferimenti.

Per le cose conferite in proprietà la garanzia dovuta dal socio e il passaggio dei rischi sono regolati dalle norme sulla vendita.

Il rischio delle cose conferite in godimento resta a carico del socio che le ha conferite. La garanzia per il godimento è regolata dalle norme sulla locazione.

• In ossequio al principio del *res perit domino*, il **passaggio del rischio di perimento per caso fortuito della cosa conferita** è regolato alla stessa stregua dell'art. 1465, per cui se la proprietà del bene sia già stata acquistata dalla società, il rischio del perimento grava su quest'ultima ed il socio mantiene, nonostante il perimento della cosa da lui conferita, il diritto di rimanere in società. • Diversamente, qualora la proprietà del bene non sia stata trasferita alla società, il rischio incombe sul socio. In tal caso, può essere deliberata la sua esclusione ai sensi dell'art. 2286 e, qualora la partecipazione del socio risulti essenziale, si avrà la risoluzione del contratto (ai sensi dell'art. 1466) o, in alternativa, si conviene che lo stesso socio effettui un nuovo conferimento.

2255. Conferimento di crediti.

Il socio che ha conferito un credito risponde della insolvenza del debitore, nei limiti indicati dall'articolo 1267 per il caso di assunzione convenzionale della garanzia.

• Il socio che conferisce in società un credito, è tenuto a **garantire l'adempimento del debitore ceduto**. Più precisamente, in forza del richiamo alla disciplina dell'art. 1267, il socio conferente, in ipotesi di insolvenza del terzo debitore ceduto, risponde verso la società nei limiti del valore della quota di partecipazione, oltre al rimborso delle spese ed alla corresponsione degli interessi (c.d. *cessio pro solvendo*, art. 1267). Peraltro, la società cessionaria può escutere il socio conferente solo dopo aver infruttuosamente escusso il debitore ceduto.

2256. Uso illegittimo delle cose sociali.

Il socio non può servirsi, senza il consenso degli altri soci, delle cose appartenenti al patrimonio sociale per fini estranei a quelli della società.

• I **beni facenti parte del patrimonio sociale**, sono, per contratto, **destinati all'esercizio dell'impresa sociale**; da ciò deriva che l'uso di tali beni per finalità diverse dall' attuazione dell'oggetto sociale non è consentito, a meno che non sia stata espressa una diversa volontà di tutti i soci. • La norma, infatti, prevede la **possibilità per un singolo socio di utilizzare un bene sociale per fini estranei alla società qualora vi sia consenso degli altri soci**. Il socio che, invece, usa illegittimamente le cose sociali dovrà risarcire i danni arrecati alla società e potrà essere escluso ai sensi dell'art. 2286.

2257. Amministrazione disgiuntiva.

La gestione dell'impresa si svolge nel rispetto della disposizione di cui all'articolo 2086, secondo comma, e spetta esclusivamente agli amministratori, i quali compiono le operazioni necessarie per l'attuazione dell'oggetto sociale. Salvo diversa pattuizione, l'amministrazione della società spetta a ciascuno dei soci disgiuntamente dagli altri.

Se l'amministrazione spetta disgiuntamente a più soci, ciascun socio amministratore ha diritto di opporsi all'operazione che un altro voglia compiere, prima che sia compiuta.

La maggioranza dei soci, determinata secondo la parte attribuita a ciascun socio negli utili, decide sull'opposizione.

2258. Amministrazione congiuntiva.

Se l'amministrazione spetta congiuntamente a più soci, è necessario il consenso di tutti i soci amministratori per il compimento delle operazioni sociali.

Se è convenuto che per l'amministrazione o per determinati atti sia necessario il consenso della maggioranza, questa si determina a norma dell'ultimo comma dell'articolo precedente.

Nei casi preveduti da questo articolo, i singoli amministratori non possono compiere da soli alcun atto, salvo che vi sia urgenza di evitare un danno alla società.

• Il **potere di gestione della società** si estrinseca nel potere di decidere il compimento degli atti sociali. Esso riguarda l'attività amministrativa interna della società e le decisioni connesse all'attuazione delle operazioni sociali. • Diverso potere è quello di **rappresentanza** (art. 2266) che riguarda l'attività amministrativa esterna e il compimento delle operazioni sociali verso i terzi. In particolare, il potere di rappresentanza è il potere di agire nei confronti dei terzi in nome della società, acquistando per essa diritti e assumendo obblighi. In mancanza di una diversa disposizione dell'atto costitutivo, la rappresentanza della società spetta a ciascun socio amministratore, disgiuntamente o congiuntamente a seconda della conformazione dell'amministrazione. • Nel caso di **amministrazione disgiuntiva**, ogni amministratore può perciò da solo decidere e da solo stipulare atti in nome della società (firma disgiunta, art. 2257); l'ampio potere di iniziativa individuale è tuttavia temperato dal diritto di opposizione riconosciuto a ciascuno degli altri soci. • Nell'**amministrazione congiuntiva**, invece, fermo restando che le decisioni possono essere adottate all' unanimità o a maggioranza, tutti i soci amministratori devono partecipare alla stipulazione dell'atto (firma congiunta, art. 2258). • Da ultimo, deve essere segnalato che per quanto riguarda il potere di amministrazione, la giurisprudenza sembra orientata nel senso di un'**inscindibilità della qualità di socio da quella di amministratore** – negando quindi la possibilità di amministrare a chi non sia socio – in base alla considerazione che nelle società personali l'*intuitus personae* caratterizza l'intera organizzazione ed il funzionamento del tipo societario (v. art. 2284).

2259. Revoca della facoltà di amministrare.

La revoca dell'amministratore nominato con il contratto sociale non ha effetto se non ricorre una giusta causa.

L'amministratore nominato con atto separato è revocabile secondo le norme sul mandato.

La revoca per giusta causa può in ogni caso essere chiesta giudizialmente da ciascun socio.

• Alla luce della norma di cui all'art. 2259, è necessario distinguere tra i **soci amministratori nominati nell'atto costitutivo** e quelli **nominati con atto separato**. • La revoca dei primi costituisce una modifica dell'atto costitutivo che può avvenire **solo col consenso di tutti i soci**, salvo diversa pattuizione (art. 2252) e soltanto qualora vi sia una **giusta causa**, quali le gravi inadempienze delle obbligazioni derivanti dalla legge o contratto di società (v. art. 2260). • L'amministratore nominato con atto separato è **revocabile secondo le norme del mandato**: è quindi consentita la revoca anche se non ricorre la giusta causa, salvo il diritto al risarcimento dei danni (v. art. 1725).

2260. Diritti e obblighi degli amministratori.

I diritti e gli obblighi degli amministratori sono regolati dalle norme sul mandato.

Gli amministratori sono solidalmente responsabili verso la società per l'adempimento degli obblighi ad essi imposti dalla legge e dal contratto sociale. Tuttavia la responsabilità non si estende a quelli che dimostrino di essere esenti da colpa.

• Per quanto riguarda i diritti e gli obblighi degli amministratori, l'art. 2260 stabilisce che essi sono regolati dalle **norme sul mandato**. A ben vedere, però, i poteri e i doveri degli amministratori sono diversi e più ampi di quelli di un mandatario generale. • Così, l'amministratore è investito per legge (art. 2266, co. 2) del potere di **compiere tutti gli atti che rientrano nell'oggetto sociale**. Per l'amministratore **non opera dunque il limite degli atti di ordinaria amministrazione posto per il mandatario generale** (v. art. 1708, co. 2). • Resta inteso che **gli amministratori non possono modificare il contratto sociale** (art. 2252). I numerosi obblighi ad essi imposti dalla legge o dall'atto debbono essere adempiuti con la diligenza del mandatario. • Gli **amministratori** sono poi **solidalmente responsabili verso la società**, con conseguente obbligo di risarcire i danni eventualmente procurati alla stessa. Tuttavia, la responsabilità non si estende a quegli amministratori che dimostrino di essere esenti da colpa (art. 2260, co. 2). In applicazione della disciplina del mandato (art. 1709), i soci amministratori avranno di regola diritto al compenso per il loro ufficio.

2261. Controllo dei soci.

I soci che non partecipano alla amministrazione hanno diritto di avere dagli amministratori notizia dello svolgimento degli affari sociali, di consultare i documenti relativi all'amministrazione e di ottenere il rendiconto quando gli affari per cui fu costituita la società sono stati compiuti.

Se il compimento degli affari sociali dura oltre un anno, i soci hanno diritto di avere il rendiconto dell'amministrazione al termine di ogni anno, salvo che il contratto stabilisca un termine diverso.

2262. Utili.

Salvo patto contrario, ciascun socio ha diritto di percepire la sua parte di utili dopo l'approvazione del rendiconto.

• L'**utile** costituisce una **effettiva eccedenza che si determina nel patrimonio sociale**. In particolare, gli utili consistono nella differenza aritmetica tra il valore del patrimonio considerato al momento della costituzione della società e il valore del patrimonio considerato in un dato momento successivo. • Nella società semplice il *diritto soggettivo* del singolo socio di percepire la sua frazione di utili matura con l'approvazione del rendiconto (v. art. 2261, co. 2). • Nella società in nome collettivo il documento destinato all'accertamento degli utili e delle perdite è invece un vero e proprio bilancio di esercizio, redatto con l'osservanza dei criteri stabiliti per il bilancio della società per azioni. • Certo è invece che, diversamente da quanto avviene nelle società di capitali, l'approvazione del rendiconto o del bilancio è condizione sufficiente perché ciascun socio possa pretendere l'assegnazione della sua parte di utili. Sicché, nelle società di persone, in mancanza di specifica clausola dell'atto costitutivo, la maggioranza dei soci non può legittimamente deliberare la distribuzione totale o parziale degli utili accertati ed il conseguente loro reinvestimento nella società (autofinanziamento). A tal fine sarà necessario il consenso di tutti i soci.

2263. Ripartizione dei guadagni e delle perdite.

Le parti spettanti ai soci nei guadagni e nelle perdite si presumono proporzionali ai conferimenti. Se il valore dei conferimenti non è determinato dal contratto, esse si presumono eguali.

La parte spettante al socio che ha conferito la propria opera, se non è determinata dal contratto, è fissata dal giudice secondo equità.

Se il contratto determina soltanto la parte di ciascun socio nei guadagni, nella stessa misura si presume che debba determinarsi la partecipazione alle perdite.

2264. Partecipazione ai guadagni e alle perdite rimessa alla determinazione di un terzo.

La determinazione della parte di ciascun socio nei guadagni e nelle perdite può essere rimessa ad un terzo.

La determinazione del terzo può essere impugnata soltanto nei casi previsti dall'articolo 1349 e nel termine di tre mesi dal giorno in cui il socio, che pretende di esserne leso, ne ha avuto comunicazione. La impugnazione non può essere proposta dal socio che ha volontariamente eseguito la determinazione del terzo.

2265. Patto leonino.

È nullo il patto con il quale uno o più soci sono esclusi da ogni partecipazione agli utili o alle perdite.

• Come si è notato negli articoli precedenti, **tutti i soci hanno il diritto di partecipare agli utili e devono concorrere alle perdite della gestione sociale**. Tuttavia, essi godono della massima libertà nella determinazione della parte a ciascuno spettante e **non è necessario che la ripartizione sia proporzionale ai conferimenti** (v. art. 2263). • Il solo limite posto all'autonomia privata (si tratta di **norma transtipica**, applicabile a tutte le società lucrative) è rappresentato dal **divieto di patto leonino**, il quale sanziona con la nullità il patto col quale uno più soci sono esclusi totalmente e costantemente da ogni partecipazione agli utili o alle perdite; colpiti da **nullità** sono anche i criteri di ripartizione eventualmente congegnati in modo tale da determinare la sostanziale esclusione di uno più soci dalla partecipazione agli utili o alle perdite. • È **nullo** il solo patto leonino, non anche la singola partecipazione o l'intero contratto sociale, con la conseguenza che, nel silenzio dell'atto costitutivo, troveranno applicazione i criteri legali di ripartizione degli utili e delle perdite (v. art. 2263).

Sezione III
Dei rapporti con i terzi

2266. Rappresentanza della società.

La società acquista diritti e assume obbligazioni per mezzo dei soci che ne hanno la rappresentanza e sta in giudizio nella persona dei medesimi.

In mancanza di diversa disposizione del contratto, la rappresentanza spetta a ciascun socio amministratore e si estende a tutti gli atti che rientrano nell'oggetto sociale.

Le modificazioni e l'estinzione dei poteri di rappresentanza sono regolate dall'art. 1396.

• Il **potere di rappresentanza** è il potere di agire nei confronti dei terzi spendendo il nome della società, compiendo atti nell'interesse della stessa. • La **rappresentanza** non è solo **sostanziale** ma anche **processuale**: la società può agire o può essere convenuta in giudizio in persona dei soci amministratori che siano muniti del potere di rappresentanza. • Salvo diversa pattuizione, la rappresentanza della società spetta a ciascun socio amministratore, disgiuntamente o congiuntamente, a seconda del regime di gestione prescelto. • Il contratto sociale può tuttavia prevedere una **diversa regolamentazione del potere di gestione e del potere rappresentativo**. Può, ad esempio, riservare la rappresentanza legale della società solo ad alcuni soci amministratori. Può altresì stabilire per la rappresentanza modalità di esercizio diverse da quelle valevoli per il potere di gestione (ad esempio, può essere stabilito che la firma congiunta per determinati atti anche se l'amministrazione disgiunta). • L'atto costitutivo può infine limitare l'estensione del potere di rappresentanza del singolo amministratore. Può, ad esempio, prevedere la firma disgiunta per gli atti che non superino un determinato importo o per quelli di «ordinaria amministrazione» (*recte*, di normale gestione) e la firma congiunta per quelli di ammontare superiore o eccedenti la normale gestione.

2267. Responsabilità per le obbligazioni sociali.

I creditori della società possono far valere i loro diritti sul patrimonio sociale. Per le obbligazioni sociali rispondono inoltre personalmente e solidalmente i soci che hanno agito in nome e per conto della società e, salvo patto contrario, gli altri soci.

Il patto deve essere portato a conoscenza dei terzi con mezzi idonei; in mancanza, la limitazione della responsabilità o l'esclusione della solidarietà non è opponibile a coloro che non ne hanno avuto conoscenza.

• Nella società semplice e nella società in nome collettivo delle obbligazioni sociali risponde, innanzitutto, la **società** col **proprio patrimonio**, che costituisce perciò la garanzia primaria di quanti intrattengono rapporti di credito con la società. • **Garanzia primaria ma non esclusiva**, poiché per le obbligazioni sociali rispondono personalmente ed illimitatamente anche i singoli soci con i rispettivi patrimoni.

2268. Escussione preventiva del patrimonio sociale.

Il socio richiesto del pagamento di debiti sociali può domandare, anche se la società è in liquidazione, la preventiva escussione del patrimonio sociale, indicando i beni sui quali il creditore possa agevolmente soddisfarsi.

• I soci sono responsabili dei debiti della società **in via sussidiaria**, in quanto godono del **beneficio della preventiva escussione del patrimonio sociale** (artt. 2268 e 2304). • I **creditori della società** sono tenuti a tentare di soddisfarsi sul patrimonio di questa prima ancora di poter aggredire il patrimonio personale dei singoli soci. • Nella società semplice, il creditore può rivolgersi direttamente al singolo socio illimitatamente responsabile e sarà questi a dover invocare la preventiva escussione del patrimonio sociale indicando, come specifica l'art. 2268, i beni sui quali il creditore possa agevolmente soddisfarsi.

2269. Responsabilità del nuovo socio.

Chi entra a far parte di una società già costituita risponde con gli altri soci per le obbligazioni sociali anteriori all'acquisto della qualità di socio.

• Chi entra in società accetta, seppur implicitamente, la gestione e i rischi dell'impresa collettiva. L'**assunzione del nuovo socio dei debiti anteriori** si verifica anche nelle s.n.c., nelle s.a.s., così come nelle società di fatto e irregolari. • La responsabilità dell'art. 2269 si estende sia ai rapporti esterni che a quelli interni, sicché il nuovo socio che abbia soddisfatto il creditore sociale per i debiti anteriori al suo ingresso in società, avrebbe diritto di regresso verso i vecchi soci per la parte che eccede la quota.

2270. Creditore particolare del socio.

Il creditore particolare del socio, finché dura la società, può far valere i suoi diritti sugli utili spettanti al debitore e compiere atti conservativi sulla quota spettante a quest'ultimo nella liquidazione.

Se gli altri beni del debitore sono insufficienti a soddisfare i suoi crediti, il creditore particolare del socio può inoltre chiedere in ogni tempo la liquidazione della quota del suo debitore. La quota deve essere liquidata entro tre mesi dalla domanda, salvo che sia deliberato lo scioglimento della società.

• Il **creditore particolare del socio** non può aggredire direttamente il patrimonio della società per soddisfarsi e ciò è espressione del principio dell'**autonomia patrimoniale (benché imperfetta)** delle società personali. • Il **creditore particolare del socio**, finché dura la società, può far valere i suoi diritti sugli utili spettanti al debitore (art. 2262) e compiere **atti conservativi** sulla quota spettante a quest'ultimo nella liquidazione. • Gli utili spettanti al socio sui quali il creditore può soddisfarsi sono quelli rispetto al cui conseguimento il socio vanta un diritto certo ed attuale, nella misura in cui sia stato approvato il rendiconto ai sensi dell'art. 2262. Nelle società di persone, tale norma prevede che il diritto agli utili non sia subordinato ad apposita decisione di distribuzione, ferma l'ammissibilità di un patto contrario. • La **quota di liquidazione** consiste nella somma di denaro o nel bene in natura (nel caso di conferimento in natura *ex* art. 2283) spettante al socio dopo lo scioglimento del singolo rapporto sociale (art. 2289) o dopo la liquidazione della società (art. 2282): perciò, considerato che in entrambi i casi potrebbe non spettare nulla al socio, si tratta di un **credito futuro ed eventuale**. • La nozione di **"atti conservativi"** comprende il sequestro conservativo dell'art. 671 c.p.c. L'oggetto del sequestro non è la partecipazione sociale, ma la quota di liquidazione, quale diritto di credito eventuale ed il sequestro viene operato "ora per allora", non incidendo sui diritti e sui poteri del socio, che restano immutati.

2271. Esclusione della compensazione.

Non è ammessa compensazione fra il debito che un terzo ha verso la società e il credito che egli ha verso un socio.

• L'articolo in commento rappresenta anch'esso un corollario dell'**autonoma soggettività giuridica delle società personali** e della loro (seppur attenuata) autonomia patrimoniale. Sicché, la norma è finalizzata ad **impedire pagamenti di debiti personali del socio con i beni sociali**. • Pur in assenza di un espresso riferimento all'ipotesi inversa (cioè della società debitrice e del socio creditore del terzo), si ritiene anche in tal caso **esclusa la compensazione.**

Sezione IV
Dello scioglimento della società

2272. Cause di scioglimento.

La società si scioglie:

1) per il decorso del termine;

2) per il conseguimento dell'oggetto sociale o per la sopravvenuta impossibilità di conseguirlo;

3) per la volontà di tutti i soci;

4) quando viene a mancare la pluralità dei soci, se nel termine di sei mesi questa non è ricostituita;

5) per le altre cause previste dal contratto sociale.

• La società è un **contratto di durata e di collaborazione nel tempo**, che postula la messa in comune delle risorse che costituiscono il patrimonio sociale. Quando il rapporto si scioglie, viene meno ogni vincolo sul patrimonio comune e ciascuno ha diritto di ricevere la propria quota di liquidazione. • A ben vedere, le ipotesi indicate dall'art. 2272 non determinano l'immediata estinzione della società, ma solo la **cessazione dell'attività rivolta allo scopo sociale**. La società, infatti, resta in vita sino alla conclusione della **procedura di liquidazione** (artt. 2274 ss.), con l'**effettiva definizione dei rapporti giuridici pendenti** che alla società facevano capo, nonché fino alla definizione di tutte le controversie giudiziarie in corso con i terzi. • Durante la **liquidazione**, la società viene gestita al fine di **realizzare al meglio i proventi conseguiti** (art. 2277) e non per intraprendere nuovi affari (art. 2278).

2273. Proroga tacita.

La società è tacitamente prorogata a tempo indeterminato quando, decorso il tempo per cui fu contratta, i soci continuano a compiere le operazioni sociali.

2274. Poteri degli amministratori dopo lo scioglimento.

Avvenuto lo scioglimento della società, i soci amministratori conservano il potere di amministrare, limitatamente agli affari urgenti, fino a che siano presi i provvedimenti necessari per la liquidazione.

• Gli affari urgenti sono anche quelli necessari ad evitare un pregiudizio alla società. • *A contrario*, gli **atti non urgenti** eventualmente compiuti dagli amministratori non sono considerati atti della società; rispetto ad essi, vi sarà quindi **responsabilità esclusiva degli amministratori che li hanno compiuti.**

2275. Liquidatori.

Se il contratto non prevede il modo di liquidare il patrimonio sociale e i soci non sono d'accordo nel determinarlo, la liquidazione è fatta da uno o più liquidatori, nominati con il consenso di tutti i soci o, in caso di disaccordo, dal presidente del tribunale.

I liquidatori possono essere revocati per volontà di tutti i soci e in ogni caso dal tribunale per giusta causa su domanda di uno o più soci.

• Il **procedimento di liquidazione** è **derogabile**; esso infatti si svolge secondo la sequenza tracciata dalla norma solo se il contratto sociale non prevede diverse modalità di liquidazione del patrimonio sociale e i soci non sono d'accordo nel determinarle.

2276. Obblighi e responsabilità dei liquidatori.

Gli obblighi e la responsabilità dei liquidatori sono regolati dalle disposizioni stabilite per gli amministratori, in quanto non sia diversamente disposto dalle norme seguenti o dal contratto sociale.

• I liquidatori sono mandatari *ex lege*, oltre che della società, anche dei creditori sociali, le cui ragioni essi sono chiamati a tutelare. • Perciò, i liquidatori devono limitarsi a compiere gli **atti strumentali ad attuare l'integrale soddisfacimento delle ragioni dei creditori**, e dunque possono essere chiamati a rispondere nei confronti dei creditori insoddisfatti solo a condizione che questi riescano a dimostrare l'esistenza, nel bilancio finale di liquidazione, di una massa attiva in astratto sufficiente a soddisfare il credito e che, invece, è stata distribuita ai soci.

2277. Inventario.

Gli amministratori devono consegnare ai liquidatori i beni e i documenti sociali e presentare ad essi il conto della gestione relativo al periodo successivo all'ultimo rendiconto.

I liquidatori devono prendere in consegna i beni e i documenti sociali, e redigere, insieme con gli amministratori, l'inventario dal quale risulti lo stato attivo e passivo del patrimonio sociale. L'inventario deve essere sottoscritto dagli amministratori e dai liquidatori.

2278. Poteri dei liquidatori.

I liquidatori possono compiere gli atti necessari per la liquidazione e, se i soci non hanno disposto diversamente, possono vendere anche in blocco i beni sociali e fare transazioni e compromessi.

Essi rappresentano la società anche in giudizio.

• La regola contenuta nella norma impone la necessità di una decisione unanime dei soci per vietare operazioni che eventualmente eccedano la gestione liquidatoria. • I liquidatori procedono alla vendita dei beni sociali quando nel patrimonio della società non vi siano risorse sufficienti per adempiere a tutti i debiti sociali. • Costituiscono **atti necessari** quelli che, in base a una valutazione dei liquidatori, appaiono più utili e opportuni per estinguere i debiti della società. • I liquidatori rappresentano sempre la società in giudizio e tale potere non può essere loro sottratto per volontà dei soci.

2279. Divieto di nuove operazioni.

I liquidatori non possono intraprendere nuove operazioni. Contravvenendo a tale divieto, essi rispondono personalmente e solidalmente per gli affari intrapresi.

• Ai liquidatori è vietato esercitare l'impresa, pertanto sono tenuti a compiere solo le operazioni funzionali alla liquidazione e non quelle riguardanti l'attività svolta dalla società in epoca anteriore allo scioglimento. • La nozione **"nuove operazioni"** comprende tutte le attività che non siano conseguenza diretta ed immediata dello stato di liquidazione in cui versa la società. • I liquidatori che violano il **divieto di compiere nuove operazioni rispondono personalmente e solidalmente tra loro degli affari intrapresi.** • Al contrario, i liquidatori non sono responsabili se la società ratifica le nuove operazioni compiute, vietate perché non giustificate dalle finalità proprie della liquidazione.

2280. Pagamento dei debiti sociali.

I liquidatori non possono ripartire tra i soci, neppure parzialmente, i beni sociali, finché non siano pagati i creditori della società o non siano accantonate le somme necessarie per pagarli.

Se i fondi disponibili risultano insufficienti per il pagamento dei debiti sociali, i liquidatori possono chiedere ai soci i versamenti ancora dovuti sulle rispettive quote e, se occorre, le somme necessarie, nei limiti della rispettiva responsabilità e in proporzione della parte di ciascuno nelle perdite. Nella stessa proporzione si ripartisce tra i soci il debito del socio insolvente.

2281. Restituzione dei beni conferiti in godimento.

I soci che hanno conferito beni in godimento hanno diritto di riprenderli nello stato in cui si trovano. Se i beni sono periti o deteriorati per causa imputabile agli amministratori, i soci hanno diritto al risarcimento del danno a carico del patrimonio sociale, salva l'azione contro gli amministratori.

2282. Ripartizione dell'attivo.

Estinti i debiti sociali, l'attivo residuo è destinato al rimborso dei conferimenti. L'eventuale eccedenza è ripartita tra i soci in proporzione della parte di ciascuno nei guadagni.

L'ammontare dei conferimenti non aventi per oggetto somme di danaro è determinato secondo la valutazione che ne è stata fatta nel contratto o, in mancanza, secondo il valore che essi avevano nel momento in cui furono eseguiti.

2283. Ripartizione di beni in natura.

Se è convenuto che la ripartizione dei beni sia fatta in natura, si applicano le disposizioni sulla divisione delle cose comuni.

Sezione V
Dello scioglimento del rapporto sociale limitatamente a un socio

2284. Morte del socio.

Salvo contraria disposizione del contratto sociale, in caso di morte di uno dei soci, gli altri devono liquidare la quota agli eredi, a meno che preferiscano sciogliere la società ovvero continuarla con gli eredi stessi e questi vi acconsentano.

• A fondamento della norma, si pone il ruolo tradizionalmente attribuito all'*intuitus personae*. La liquidazione della quota spetta alla società (Cass. s.u. 291/2000) e la continuazione della stessa richiede il consenso manifestato per atto tra vivi dei soci superstiti e degli eredi del socio defunto. • L'art. 2284 lascia ampio spazio all'**autonomia contrattuale dei soci superstiti**, i quali, oltre alle opzioni indicate nella norma, possono beneficiare di un proporzionale accrescimento delle proprie partecipazioni, a seconda che vi sia (clausole di consolidazione pure) o meno (clausole di consolidazione impure) la liquidazione della quota agli eredi del socio premorto. • I soci possono vincolarsi anche ad una **clausola di continuazione** in virtù della quale si consente agli eredi del socio defunto di fare ingresso nella compagine sociale secondo molteplici forme (clausole di continuazione obbligatorie, facoltative ed automatiche) e purché non si pervenga ad una **indiretta violazione del divieto dei patti successori** (art. 458).

2285. Recesso del socio.

Ogni socio può recedere dalla società quando questa è contratta a tempo indeterminato o per tutta la vita di uno dei soci.

Può inoltre recedere nei casi previsti nel contratto sociale ovvero quando sussiste una giusta causa.

Nei casi previsti nel primo comma il recesso deve essere comunicato agli altri soci con un preavviso di almeno tre mesi.

• Il legislatore manifesta un generale **disfavore rispetto ai vincoli perpetui,** attribuendo alle parti il diritto potestativo di sciogliersi dal contratto (art. 1373). • In particolare, il recesso determina lo **scioglimento del rapporto sociale per volontà del socio**, attuato mediante **negozio giuridico unilaterale recettizio**, con cui egli esercita un **diritto potestativo**, personale, indivisibile e non escludibile convenzionalmente; la dichiarazione della volontà di recedere può assumere una forma orale o scritta. Il contratto sociale può indicare altre ipotesi di recesso, ulteriori rispetto a quelle prescritte dalla legge. • La nozione di **giusta causa** ricomprende la violazione di obblighi contrattuali ovvero di fedeltà, lealtà, diligenza e correttezza che ineriscono alla **natura fiduciaria del rapporto sociale**, nonché fatti sopravvenuti che incidano sulla qualità del socio impedendone la collaborazione fattiva su cui il rapporto sociale si basa.

2286. Esclusione.

L'esclusione di un socio può avere luogo per gravi inadempienze delle obbligazioni che derivano dalla legge o dal contratto sociale, nonché per l'interdizione, l'inabilitazione del socio o per la sua condanna ad una pena che importa l'interdizione, anche temporanea, dai pubblici uffici.

Il socio che ha conferito nella società la propria opera o il godimento di una cosa può altresì essere escluso per la sopravvenuta inidoneità a svolgere l'opera conferita o per il perimento della cosa dovuto a causa non imputabile agli amministratori.

Parimenti può essere escluso il socio che si è obbligato con il conferimento a trasferire la proprietà di una cosa, se questa è perita prima che la proprietà sia acquistata alla società.

• L'esclusione integra una modalità di **scioglimento del rapporto sociale limitatamente ad un socio**; essa si pone come proiezione applicativa dei principi che regolano la risoluzione del contratto intesa in senso più ampio, atteso che vi sono cause di esclusione del socio che non dipendono dal suo inadempimento e, i trasformazione, sono puniti con la reclusione fle anche quando l'inadempimento non sia colposo, ma derivi da una causa estranea a lui non imputabile. • **Il contratto sociale può derogare alla disciplina legale dell'esclusione** del socio della società con clausole contrattuali che la rendano più difficile, restringendo le ipotesi legali, o, viceversa, prevedendone altre in aggiunta. • La **grave inadempienza** non esaurisce il suo significato nell'inadempimento del singolo socio, preclusivo del raggiungimento dello scopo sociale, ma ricomprende anche eventuali ostacoli frapposti al perseguimento dei fini sociali, attraverso condotte di tipo omissivo e comportamenti attivi.

2287. Procedimento di esclusione.

L'esclusione è deliberata dalla maggioranza dei soci, non computandosi nel numero di questi il socio da escludere, ed ha effetto decorsi trenta giorni dalla data della comunicazione al socio escluso.

Entro questo termine il socio escluso può fare opposizione davanti al tribunale, il quale può sospendere l'esecuzione.

Se la società si compone di due soci, l'esclusione di uno di essi è pronunciata dal tribunale, su domanda dell'altro.

• L'esclusione del socio è il risultato della **volontà deliberativa della maggioranza dei soci**; essa, in tal caso, si calcola per teste e non per quote di interesse. • L'**opposizione avverso la delibera di esclusione** deve essere proposta nei confronti della società in persona del legale rappresentante e implica la necessità di **dimostrare l'esistenza delle gravi inadempienze del socio escluso** (Cass. s.u. 291/2000). • Il procedimento di opposizione all'esclusione termina con la sentenza, avente natura costitutiva con efficacia *ex nunc* dal giorno del passaggio in giudicato, che o accoglie l'opposizione e per l'effetto reintegra il socio indebitamente escluso (cui viene altresì riconosciuto il diritto al risarcimento del danno), oppure rigetta l'opposizione che consolida l'estromissione del socio opponente.

2288. Esclusione di diritto.

È escluso di diritto il socio nei confronti del quale sia stata aperta o estesa la procedura di liquidazione giudiziale secondo il codice della crisi e dell'insolvenza (1).

Parimenti è escluso di diritto il socio nei cui confronti un suo creditore particolare abbia ottenuto la liquidazione della quota a norma dell'articolo 2270.

(1) Comma così sostituito dall'art. 382[1], d.lgs. 12 gennaio 2019, n. 14.

• Il fallimento (col nuovo codice della crisi e dell'insolvenza – d.lgs. n. 14/2019 –, ha assunto denominazione di "liquidazione giudiziale") integra la prima causa di esclusione *ope legis* e si riferisce al **socio dichiarato fallito** come esercente un'impresa commerciale individuale o nella sua qualità di socio illimitatamente responsabile di un'altra società commerciale divenuta insolvente, con effetto a partire dal momento del deposito della sentenza di fallimento. • In tale ipotesi, l'**estromissione del socio dalla compagine è automatica.**

2289. Liquidazione della quota del socio uscente.

Nei casi in cui il rapporto sociale si scioglie limitatamente a un socio, questi o i suoi eredi hanno diritto soltanto ad una somma di danaro che rappresenti il valore della quota.

La liquidazione della quota è fatta in base alla situazione patrimoniale della società nel giorno in cui si verifica lo scioglimento.

Se vi sono operazioni in corso, il socio o i suoi eredi partecipano agli utili e alle perdite inerenti alle operazioni medesime.

Salvo quanto è disposto nell'articolo 2270, il pagamento della quota spettante al socio deve essere fatto entro sei mesi dal giorno in cui si verifica lo scioglimento del rapporto.

• La **liquidazione della quota** attribuisce al socio il diritto ad ottenere una somma di denaro che rappresenta il valore della quota, non sussistendo la possibilità di far valere alcuna pretesa alla restituzione dei beni conferiti in proprietà, né tantomeno all'assegnazione di beni sociali in natura. • La domanda di liquidazione da parte del socio receduto o estromesso o dei suoi eredi determina l'insorgenza di un'**obbligazione a carico della società,** non degli altri soci, e, quindi, la domanda deve essere rivolta alla società, quale unico soggetto legittimato passivo (Cass. s.u. 291/2000). • Per **operazioni in corso** si intendono tutte quelle operazioni che, pur non in atto al momento dello scioglimento del rapporto sociale, debbono considerarsi la conseguenza necessaria ed inevitabile dei rapporti giuridici preesistenti.

2290. Responsabilità del socio uscente o dei suoi eredi.

Nei casi in cui il rapporto sociale si scioglie limitatamente a un socio, questi o i suoi eredi sono responsabili verso i terzi per le obbligazioni sociali fino al giorno in cui si verifica lo scioglimento.

Lo scioglimento deve essere portato a conoscenza dei terzi con mezzi idonei; in mancanza non è opponibile ai terzi che lo hanno senza colpa ignorato.

• L'articolo in commento regola il **regime di responsabilità dell'ex socio o dei suoi eredi** e disciplina l'efficacia dello scioglimento del rapporto sociale tra uno dei soci o i suoi eredi nei confronti dei terzi, diversamente da quanto accade tra la società e gli altri soci. • Si precisa altresì che il socio receduto da una società di persone continua a rispondere illimitatamente per quelle obbligazioni che sono state contratte dalla società anteriormente al recesso. • La forma richiesta per la **dichiarazione di scioglimento**, nella s.n.c. e nella s.a.s., è la scrittura privata autenticata o l'atto pubblico; è imposto all'organo amministrativo di richiedere, entro trenta giorni, l'iscrizione delle modificazioni del contratto al competente ufficio del Registro delle Imprese.

Capo III
Della società in nome collettivo

2291. Nozione.

Nella società in nome collettivo tutti i soci rispondono solidalmente e illimitatamente per le obbligazioni sociali.

Il patto contrario non ha effetto nei confronti dei terzi.

• La s.n.c., quanto alla **natura dell'oggetto sociale**, può svolgere attività commerciale e non commerciale. Come emerge dalla norma, il carattere tipico e fondamentale è il **regime della responsabilità dei soci della s.n.c.** prescritto al primo comma della previsione in esame, e ritenuto **inderogabile verso i terzi.** • A fronte di un tale dato, emerge che la "collettiva" si pone come una entità societaria – dotata di una propria soggettività giuridica – distinta dalle persone dei soci che la compongono. In quest'ottica, la società assume obbligazioni e acquista diritti per mezzo delle persone fisiche che ne hanno la rappresentanza. • Diversamente da quanto disposto dall'art. 2267, che ammette la possibilità delle parti di regolare diversamente la responsabilità dei soci che non abbiano agito in nome e per conto della società, il secondo comma, in ragione della regola inderogabile di cui al primo comma, sancisce **l'inefficacia del patto limitativo della responsabilità nei confronti dei terzi**. • La norma, però, postula indirettamente l'**efficacia dello stesso nei rapporti interni tra i soci** e il socio in cui favore sia stata stabilita la limitazione di responsabilità non potrà rifiutarsi di adempiere la prestazione se richiesto del pagamento da un creditore sociale, ma una volta che egli abbia pagato, potrà agire in regresso per l'intero nei confronti degli altri soci, secondo la misura stabilita dal patto stesso.

2292. Ragione sociale.

La società in nome collettivo agisce sotto una ragione sociale costituita dal nome di uno o più soci con l'indicazione del rapporto sociale.

La società può conservare nella ragione sociale il nome del socio receduto o defunto, se il socio receduto o gli eredi del socio defunto vi consentono.

• La ragione sociale si compone di due elementi: il nome di almeno un socio e l'indicazione del rapporto sociale. Il primo requisito protegge l'affidamento dei terzi che vengono in contratto con la società, ai quali deve essere reso noto il nominativo dei soci contro cui possono agire *ex* art. 2304 per ottenere l'adempimento delle obbligazioni sociali. Non è dunque consentito inserire il nome di un estraneo. • Nella composizione della ragione sociale devono in ogni caso rispettarsi i **principi di verità, novità e liceità**. • Il secondo comma prevede una **deroga al principio di verità** laddove consente di conservare nella ragione sociale il nome dell'*ex* socio e, in tal caso, si parla di **ragione sociale c.d. derivata**. L'inosservanza di tutte le disposizioni dell'articolo in commento determina la **irregolarità** della ragione sociale.

2293. Norme applicabili.

La società in nome collettivo è regolata dalle norme di questo capo e, in quanto queste non dispongano, dalle norme del capo precedente.

2294. Incapace.

La partecipazione di un incapace alla società in nome collettivo è subordinata in ogni caso all'osservanza delle disposizioni degli articoli 320, 371, 397, 424 e 425.

• L'**autorizzazione** è richiesta per l'acquisto della qualità di socio illimitatamente responsabile. È detta legale ed è configurabile come generica, poiché riguarda l'intera attività, cioè il complesso degli atti necessari all'esercizio dell'attività d'impresa. • Il rappresentante dell'incapace è autorizzato a compiere tutti gli atti che di volta in volta potranno rendersi necessari per la gestione dell'impresa sociale, senza ulteriore controllo dell'autorità giudiziaria. • Viceversa, non si dubita che l'incapace, una volta autorizzato a diventare socio, possa poi anche assumere la qualità di amministratore di una società in nome collettivo. • È esclusa la possibilità di partecipazione di un incapace alla costituzione *ex novo* di una società, salvo che si tratti di **minore emancipato**, dal momento che tutte le norme richiamate dall'art. 2294 **si riferiscono esclusivamente alla continuazione di un'attività d'impresa in corso, non anche all'inizio di una nuova attività d'impresa.**

2295. Atto costitutivo.

L'atto costitutivo della società deve indicare:

1) il cognome e il nome, il luogo e la data di nascita, il domicilio, la cittadinanza dei soci;

2) la ragione sociale;

3) i soci che hanno l'amministrazione e la rappresentanza della società;

4) la sede della società e le eventuali sedi secondarie;

5) l'oggetto sociale;
6) i conferimenti di ciascun socio, il valore ad essi attribuito e il modo di valutazione;
7) le prestazioni a cui sono obbligati i soci di opera;
8) le norme secondo le quali gli utili devono essere ripartiti e la quota di ciascun socio negli utili e nelle perdite;
9) la durata della società.

• Il legislatore non ha prescritto l'adozione di particolari requisiti formali, né *ad substantiam*, né *ad probationem*, per quanto riguarda l'atto costitutivo della società collettiva. Pur a fronte di una tale **libertà di forma**, è necessaria la forma scritta (v. art. 2296), in quanto strumentale all'iscrizione nel registro delle imprese. • L'inadempimento della prescrizione, peraltro, non inficerebbe l'esistenza della società: questa, però, non potrebbe essere iscritta, divenendo in tal modo **irregolare.** • Si badi, la **forma scritta** è richiesta ai fini della validità dei conferimenti aventi ad oggetto diritti reali (anche di godimento) e diritti personali di godimento di beni immobili ultranovennali (v. *sub* art. 2251).

2296. Pubblicazione.

L'atto costitutivo della società, con sottoscrizione autenticata dei contraenti, o una copia autentica di esso se la stipulazione è avvenuta per atto pubblico, deve entro trenta giorni essere depositato per l'iscrizione, a cura degli amministratori, presso l'ufficio del registro delle imprese nella cui circoscrizione è stabilita la sede sociale.

Se gli amministratori non provvedono al deposito nel termine indicato nel comma precedente, ciascun socio può provvedervi a spese della società, o far condannare gli amministratori ad eseguirlo.

Se la stipulazione è avvenuta per atto pubblico, è obbligato ad eseguire il deposito anche il notaio.

• Gli **effetti della pubblicità** si producono *ex nunc*, dovendosi quindi applicare, per il periodo antecedente, la disciplina delle società irregolari (art. 2297). • In particolare, solo dopo aver ottemperato al suddetto onere pubblicitario la società in nome collettivo sarà considerata "regolare" e in tal modo fruirà dei principi propri della **pubblicità dichiarativa positiva** (opponibilità incondizionata ai terzi del contenuto risultato dall'iscrizione ai sensi dell'art. 2193, co. 2).

2297. Mancata registrazione.

Fino a quando la società non è iscritta nel registro delle imprese, i rapporti tra la società e i terzi, ferma restando la responsabilità illimitata e solidale di tutti i soci, sono regolati dalle disposizioni relative alla società semplice.

Tuttavia si presume che ciascun socio che agisce per la società abbia la rappresentanza sociale, anche in giudizio. I patti che attribuiscono la rappresentanza ad alcuno soltanto dei soci o che limitano i poteri di rappresentanza non sono opponibili ai terzi, a meno che si provi che questi ne erano a conoscenza.

• L'**iscrizione nel registro delle imprese** per la s.n.c. ha **efficacia dichiarativa**, per cui la società può essere irregolare o perché gli amministratori hanno colposamente omesso di curare il deposito per l'iscrizione, o perché l'iscrizione è stata rifiutata in conseguenza della mancata indicazione degli elementi di cui all'art. 2295, oppure perché il contratto sociale non è stato stipulato con forme che legittimano il deposito nel registro delle imprese; ovvero, ancora, nei casi di irregolarità sopravvenuta, quando la società prosegua nell'esercizio dell'attività nonostante la cancellazione dal registro delle imprese. • La **società irregolare**, il cui atto costitutivo non è stato iscritto nel registro delle imprese, è assoggettata, sia per i rapporti tra società e terzi e sia i rapporti interni tra soci, alla **disciplina della società semplice.**

2298. Rappresentanza della società.

L'amministratore che ha la rappresentanza della società può compiere tutti gli atti che rientrano nell'oggetto sociale, salve le limitazioni che risultano dall'atto costitutivo o dalla procura. Le limitazioni non sono opponibili ai terzi, se non sono iscritte nel registro delle imprese o se non si prova che i terzi ne hanno avuto conoscenza.

Gli amministratori che hanno la rappresentanza sociale devono, entro quindici giorni dalla notizia della nomina, depositare presso l'ufficio del registro delle imprese le loro firme autografe (1).

(1) Comma abrogato dall'art. 33[1] della l. 24/11/2000, n. 340.

• L'**oggetto sociale** costituisce il perimetro legale del potere amministrativo ed è **opponibile ai terzi** a prescindere da qualsiasi pubblicità, per cui non sono vincolanti per la società gli atti che eccedono la sfera di attività sociale o che siano in contrasto con lo scopo della società medesima; le altre **limitazioni**, per essere opponibili ai terzi, devono essere iscritte nel registro delle imprese, non essendo sufficiente il deposito dell'atto costitutivo presso la cancelleria a norma dell'art. 2296.

2299. Sedi secondarie.

Un estratto dell'atto costitutivo deve essere depositato per l'iscrizione presso l'ufficio del registro delle imprese del luogo in cui la società istituisce sedi secondarie con una rappresentanza stabile, entro trenta giorni dall'istituzione delle medesime.

L'estratto deve indicare l'ufficio del registro presso il quale è iscritta la società e la data dell'iscrizione.

Presso l'ufficio del registro in cui è iscritta la sede secondaria deve essere altresì depositata la firma autografa del rappresentante preposto all'esercizio della sede medesima (1).

L'istituzione di sedi secondarie deve essere denunciata per la iscrizione nello stesso termine anche all'ufficio del registro del luogo dove è iscritta la società.

(1) Comma abrogato dall'art. 33[1] della l. 24/11/2000, n. 340.

2300. Modificazioni dell'atto costitutivo.

Gli amministratori devono richiedere nel termine di trenta giorni all'ufficio del registro delle imprese l'iscrizione delle modificazioni dell'atto costitutivo e degli altri fatti relativi alla società, dei quali è obbligatoria l'iscrizione.

Se la modificazione dell'atto costitutivo risulta da deliberazione dei soci, questa deve essere depositata in copia autentica.

Le modificazioni dell'atto costitutivo, finché non sono iscritte, non sono opponibili ai terzi, a meno che si provi che questi ne erano a conoscenza.

• Anche nella "collettiva", come nella società semplice, l'atto costitutivo può essere modificato soltanto con il **consenso di tutti i soci**, se non è convenuto diversamente (art. 2252). • Ai sensi dell'ultimo comma dell'art. 2300, le modificazioni dell'atto costitutivo, finché non sono iscritte, non sono opponibili ai terzi, a meno che si provi che questi ne erano a conoscenza. • L'**inopponibilità della modificazione non pubblicata** rende la stessa perfetta e produttiva di effetti giuridici nei confronti dei soci e della società, con la conseguenza che sarebbe altrettanto valido un atto compiuto in virtù di siffatta modifica.

2301. Divieto di concorrenza.

Il socio non può, senza il consenso degli altri soci, esercitare per conto proprio o altrui un'attività concorrente con quella della società, né partecipare come socio illimitatamente responsabile ad altra società concorrente.

Il consenso si presume, se l'esercizio dell'attività o la partecipazione ad altra società preesisteva al contratto sociale, e gli altri soci ne erano a conoscenza.

In caso d'inosservanza delle disposizioni del primo comma la società ha diritto al risarcimento del danno, salva l'applicazione dell'articolo 2286.

• Il rapporto concorrenziale sussiste allorquando vi sia un'attività dello stesso genere che comporti un'effettiva situazione di concorrenza, altrimenti venendosi a limitare ingiustificatamente la libertà di iniziativa economica privata (art. 41 Cost.). • Il **divieto è derogabile**, può essere cioè rimosso o limitato con il **consenso**, espresso o tacito, degli altri soci e tale consenso integra una rinunzia ad un diritto disponibile e deve essere **mani-**

festato da tutti i soci, ad eccezione di quello che svolge l'attività concorrenziale. • La violazione del divieto attribuisce alla società il **diritto al risarcimento del danno cagionato dall'attività concorrente del socio inadempiente**, il quale può essere escluso dalla società e, se riveste la carica di amministratore, può anche essere revocato.

2302. Scritture contabili.

Gli amministratori devono tenere i libri e le altre scritture contabili prescritti dall'articolo 2214.

• Nel novero delle scritture contabili rientrano il libro giornale, il libro degli inventari e le altre scritture contabili che sono richieste dalla natura e dalle dimensioni dell'impresa. • La società deve conservare per ciascun affare gli originali delle lettere, dei telegrammi e delle fatture ricevute, nonché le copie delle stesse. • L'**obbligo di tenere le scritture contabili** grava su tutti gli amministratori, nonché sui liquidatori fino alla chiusura della fase di liquidazione. • I libri contabili hanno rilevanza nei rapporti con i terzi soltanto a **fini probatori** e, in caso di dissesto, concorrono a ricostruire il patrimonio della società.

2303. Limiti alla distribuzione degli utili.

Non può farsi luogo a ripartizione di somme tra soci se non per utili realmente conseguiti.

Se si verifica una perdita del capitale sociale, non può farsi luogo a ripartizione di utili fino a che il capitale non sia reintegrato o ridotto in misura corrispondente.

• Sulla nozione di **utile** e sul diritto soggettivo dei soci all' immediata percezione degli utili si veda *sub* art. 2262. • I divieti dettati dalla norma in commento, nel complesso, sono diretti a **tutelare il patrimonio della società posto non solo a garanzia dei soci, ma soprattutto dei creditori sociali.** • La violazione della norma determina un **obbligo restitutorio** delle somme in questione, anche se riscosse in buona fede, data l'inefficacia della distribuzione portata a termine.

2304. Responsabilità dei soci.

I creditori sociali, anche se la società è in liquidazione, non possono pretendere il pagamento dai singoli soci, se non dopo l'escussione del patrimonio sociale.

• Pur essendovi **solidarietà** di tutti i soci per i debiti della "collettiva" (art. 2291), i soci rispondono solo sussidiariamente per i debiti della società. • Il **carattere sussidiario dell'obbligazione solidale** si manifesta nella forma del ***beneficium excussionis* concesso ai singoli soci.** Sicché, il creditore non può procedere coattivamente nei confronti del socio se non all'esito infruttuoso dell'escussione del patrimonio sociale. • Esso **opera solo nei rapporti con i terzi;** ciò comporta che, per effetto della responsabilità illimitata e solidale, il socio che abbia pagato un debito sociale, può rivalersi direttamente nei confronti del consocio, tenuto in via di regresso alla restituzione della parte del debito sociale su di lui gravante, senza che tale rivalsa resti condizionata all'insufficienza del patrimonio sociale al soddisfacimento dei creditori.

2305. Creditore particolare del socio.

Il creditore particolare del socio, finché dura la società, non può chiedere la liquidazione della quota del socio debitore.

• I poteri del creditore particolare del socio risultano dalla combinazione della norma in commento e dell'art. 2270: egli potrà **far valere i suoi diritti sugli utili spettanti al socio debitore e compiere atti conservativi sulla quota spettante al socio nella liquidazione.**

2306. Riduzione di capitale.

La deliberazione di riduzione di capitale, mediante rimborso ai soci delle quote pagate o mediante liberazione di essi dall'obbligo di ulteriori versamenti, può essere eseguita soltanto dopo tre mesi dal giorno dell'iscrizione nel registro delle imprese, purché entro questo termine nessun creditore sociale anteriore all'iscrizione abbia fatto opposizione.

Il tribunale, nonostante l'opposizione, può disporre che l'esecuzione abbia luogo, previa prestazione da parte della società di un'idonea garanzia.

• L'articolo in commento è applicabile alla **riduzione per esuberanza** e non anche alla riduzione per perdite, posto che questa non incide sulla sostanza patrimoniale della società, attuando un **mero adeguamento contabile**. • L'operazione di riduzione del capitale sociale costituisce una **modifica dell'atto costitutivo** da rendere conoscibile ai terzi mediante iscrizione nel registro delle imprese. • La norma è diretta a **tutelare l'integrità del capitale sociale** ed è controversa l'applicazione della norma in caso di riduzione del capitale conseguente allo scioglimento del rapporto sociale limitatamente a un socio.

2307. Proroga della società.

Il creditore particolare del socio può fare opposizione alla proroga della società, entro tre mesi dalla iscrizione della deliberazione di proroga nel registro delle imprese.

Se l'opposizione è accolta, la società deve, entro tre mesi dalla notificazione della sentenza, liquidare la quota del socio debitore dell'opponente.

In caso di proroga tacita ciascun socio può sempre recedere dalla società, dando preavviso a norma dell'articolo 2285, e il creditore particolare del socio può chiedere la liquidazione della quota del suo debitore a norma dell'articolo 2270.

• I soci decidono di fissare, prima dello spirare del termine inizialmente stabilito, un nuovo termine di scadenza della società e detta decisione costituisce una **modificazione dell'atto costitutivo**. • La **proroga** può assumere anche **forma tacita** (v. art. 2273) ogniqualvolta vi sia un prosieguo dell'attività sociale anche dopo la scadenza del termine previsto nell'atto. Siccome, finché dura la società, al creditore è impedito il potere di richiedere la liquidazione del socio debitore (art. 2305), è evidente che – deliberata e iscritta la proroga- possono proporre opposizione solo i creditori particolari dei soci. • Ne deriva che la norma è diretta ad evitare che il creditore particolare del socio venga paralizzato dalla decisione di prorogare la società, con evidente pregiudizio delle sue ragioni.

2308. Scioglimento della società.

La società si scioglie, oltre che per le cause indicate dall'articolo 2272, per provvedimento dell'autorità governativa nei casi stabiliti dalla legge e per l'apertura della procedura di liquidazione giudiziale (1).

(1) Comma così sostituito dall'art. 382[2], d.lgs. 12 gennaio 2019, n. 14.

• Sulle cause di scioglimento si veda l'art. 2272: a quelle elencate dalla norma si aggiungono lo scioglimento per **provvedimento dell'autorità governativa** nei casi stabiliti dalla legge e per l'apertura della procedura di liquidazione giudiziale. • Per provvedimento dell'A.G. si fa riferimento all'atto con cui l'autorità di vigilanza assoggetta a liquidazione coatta amministrativa la società nei casi previsti da leggi speciali. • Le **cause di scioglimento operano di diritto** con la conseguenza che i relativi effetti si producono fin dal momento in cui l'evento si è verificato, di talché l'**accertamento** di quest'ultimo avrà **natura dichiarativa** e non costitutiva. • Al più, talvolta, gli effetti verso i terzi sono subordinati all'adempimento di un preventivo onere pubblicitario; si pensi, ad esempio, alla pubblicità della sentenza dichiarativa del fallimento che produce effetti verso i terzi solo una volta iscritta nel registro delle imprese.

2309. Pubblicazione della nomina dei liquidatori.

La deliberazione dei soci o la sentenza che nomina i liquidatori e ogni atto successivo che importa cambiamento nelle persone dei liquidatori devono essere, entro trenta giorni dalla notizia della nomina, depositati in copia autentica a cura dei liquidatori medesimi per l'iscrizione presso l'ufficio del registro delle imprese.

I liquidatori devono altresì depositare presso lo stesso ufficio le loro firme autografe (1).

(1) Comma abrogato dall'art. 33[1] della l. 24/11/2000, n. 340.

• Le **fasi del procedimento di liquidazione** sono: la pubblicazione della nomina dei liquidatori, la redazione del bilancio di liquidazione e del piano di riparto e, infine, la cancellazione della società dal registro delle imprese. • **Oggetto dell'iscrizione** sono la nomina ed eventuali sue modifiche contenute in un atto societario, qual è la decisione adottata dai soci all' unanimità o, in caso di disaccordo, nel provvedimento adottato dal presidente del tribunale ai sensi dell'art. 2275 (Cass. s.u. 11104/2002). • L'iscrizione non rappresenta condizione necessaria affinché la nomina sia produttiva di effetti, essendo sufficiente l'accettazione dell'incarico, e dunque l'adempimento dell'onere pubblicitario ha efficacia meramente dichiarativa. • Il procedimento di liquidazione delle società regolari è **derogabile**.

2310. Rappresentanza della società in liquidazione.

Dall'iscrizione della nomina dei liquidatori la rappresentanza della società, anche in giudizio, spetta ai liquidatori.

• Non è norma dotata di una propria autonomia, in quanto va letta necessariamente in combinato disposto con gli artt. 2266 e 2298, per poterne ricavare l'oggetto e le limitazioni dei poteri dei liquidatori. • Quanto ai **liquidatori**, al pari degli amministratori, hanno il **potere di rappresentanza della società** che, pur non avendo personalità giuridica, si presenta, nei rapporti con l'esterno, come un gruppo unitario portatore di una propria volontà e titolare di un proprio patrimonio, capace in quanto tale di acquistare diritti e assumere obblighi, nonché di stare in giudizio; in merito alle limitazioni, l'**oggetto sociale** richiamato dall'art. 2298 non si identifica più con un' attività economica svolta in comune allo scopo di dividerne gli utili, bensì **muta in attività di liquidazione**, divenendo la definizione dei rapporti giuridici posti in essere l'unico scopo della società **(c.d. scopo di liquidazione)**.

2311. Bilancio finale di liquidazione e piano di riparto.

Compiuta la liquidazione, i liquidatori devono redigere il bilancio finale e proporre ai soci il piano di riparto.

Il bilancio, sottoscritto dai liquidatori, e il piano di riparto devono essere comunicati mediante raccomandata ai soci, e s'intendono approvati se non sono stati impugnati nel termine di due mesi dalla comunicazione.

In caso d'impugnazione del bilancio e del piano di riparto, il liquidatore può chiedere che le questioni relative alla liquidazione siano esaminate separatamente da quelle relative alla divisione, alle quali il liquidatore può restare estraneo.

Con l'approvazione del bilancio i liquidatori sono liberati di fronte ai soci.

• Il **bilancio** è il **rendiconto delle operazioni dei liquidatori**; il **piano di riparto** è un progetto sulla ripartizione dei conferimenti e utili residui in relazione ai diritti spettanti ai soci e alle clausole del contratto sociale. • La scelta di una comunicazione effettuata individualmente a ciascun socio si giustifica in funzione degli effetti che la legge ricollega al procedimento, perché è dalla comunicazione che decorre il termine di due mesi entro i quali i soci sono legittimati ad impugnare il bilancio finale di liquidazione, nonché l'eventuale piano di riparto. • Per impedire l'approvazione del bilancio finale di liquidazione e del piano di riparto è sufficiente l'opposizione di almeno un socio. Il momento di approvazione del bilancio finale di liquidazione rileva ai fini della liberazione di ogni responsabilità dei liquidatori al riguardo e fa scattare il corrispondente obbligo di curare la cancellazione della società.

2312. Cancellazione della società.

Approvato il bilancio finale di liquidazione, i liquidatori devono chiedere la cancellazione della società dal registro delle imprese.

Dalla cancellazione della società i creditori sociali che non sono stati soddisfatti possono far valere i loro crediti nei confronti dei soci e, se il mancato pagamento è dipeso da colpa dei liquidatori, anche nei confronti di questi.

Le scritture contabili e i documenti che non spettano ai singoli soci sono depositati presso la persona designata dalla maggioranza.

Le scritture contabili e i documenti devono essere conservati per dieci anni a decorrere dalla cancellazione della società dal registro delle imprese.

• La natura costitutiva riconosciuta per legge, a decorrere dal 1/1/2004, degli effetti delle cancellazioni già iscritte e di quelle future per le società di capitali che con esse si estinguono, comporta, anche per quelle di persone, che, a garanzia della parità di trattamento dei creditori sociali, si abbia una **vicenda estintiva** coincidente con la **pubblicità**, che **per le società di persone continua ad assumere efficacia dichiarativa** (Cass. s.u. 4062/2010). • La sorte delle **sopravvenienze attive**, cc.dd. crediti, non è espressamente disciplinata dalla legge, ma si ritiene che debba essere la stessa dei debiti, ovvero, che debba operare un meccanismo *lato sensu* successorio (Cass. s.u. 6070-6071-6072/2013) per cui **si instaura tra i soci una comunione avente ad oggetto beni non assegnati**, e saranno i soci medesimi a dividersi i beni o ad alienarli, e non i liquidatori.

Capo IV
Della società in accomandita semplice

2313. Nozione.

Nella società in accomandita semplice i soci accomandatari rispondono solidalmente e illimitatamente per le obbligazioni sociali, e i soci accomandanti rispondono limitatamente alla quota conferita.

Le quote di partecipazione dei soci non possono essere rappresentate da azioni.

• La s.a.s. si caratterizza per la **presenza in società di due distinte categorie di soci**: gli **accomandatari** e gli **accomandanti**. I primi rispondono **solidalmente ed illimitatamente** delle obbligazioni sociali come i soci della s.n.c. (art. 2291) e sono **amministratori** della società. I secondi rispondono per le predette obbligazioni **limitatamente alla quota conferita** e non possono partecipare, salvo specifiche procure, all'amministrazione (art. 2320). • La s.a.s. si differenzia: i) dalla **società semplice,** perché la natura dell'attività esercitata può essere anche commerciale; ii) dalla **società in nome collettivo,** in ragione della presenza delle due categorie di soci; iii) dalla **società in accomandita per azioni,** perché le sue partecipazioni non sono rappresentate da azioni; iv) dall'**associazione in partecipazione** che, costituendo un contratto di scambio (v. *sub* art. 2549), non è finalizzato alla costituzione di un patrimonio comune. • La s.a.s. non ha **personalità giuridica** ma è comunque considerata un **soggetto di diritto** con una sua **autonomia patrimoniale**, sia pure **imperfetta**.

2314. Ragione sociale.

La società agisce sotto una ragione sociale costituita dal nome di almeno uno dei soci accomandatari, con l'indicazione di società in accomandita semplice, salvo il disposto del secondo comma dell'articolo 2292.

L'accomandante, il quale consente che il suo nome sia compreso nella ragione sociale, risponde di fronte ai terzi illimitatamente e solidalmente con i soci accomandatari per le obbligazioni sociali.

• La **ragione sociale** della s.a.s. è costituita dal **nome di almeno uno dei soci accomandatari**, affinché i terzi siano a conoscenza dei soci illimitatamente responsabili per le obbligazioni sociali. • Nella ragione sociale può essere conservato il **nome di un socio accomandatario che abbia perso tale qualifica** (art. 2292, per la s.n.c.), ferma restando la necessità che sia inserito anche il **nome di un accomandatario in carica**. • Con il consenso dell'**accomandante** può essere inserito il suo nome nella ragione sociale e questi risponderà verso i terzi (non nei rapporti interni) illimitatamente e solidalmente per le obbligazioni sociali (con conseguente perdita del beneficio della responsabilità limitata).

2315. Norme applicabili.

Alla società in accomandita semplice si applicano le disposizioni relative alla società in nome collettivo, in quanto siano compatibili con le norme seguenti.

• La norma, sul presupposto che **la s.a.s. ricalchi il modello della s.n.c. dal quale si differenzia per la presenza di soci a responsabilità limitata** quali sono gli accomandanti, enuncia un **principio di compatibilità,** in forza del quale sono inapplicabili alla s.a.s., limitatamente ai soci accomandanti, gli artt. 2253, co. 2 (in tema di conferimenti), 2294 (sulla partecipazione di un incapace alla società), 2301 (sul divieto di concorrenza), 2304 (sulla responsabilità dei soci). • Per il resto, alla s.a.s. si **applica la disciplina della s.n.c.**, benché possa notarsi come la stessa, che risulta agevolmente adattabile alla categoria degli accomandatari, mal si concilia con il regime di responsabilità limitata degli accomandanti.

2316. Atto costitutivo.

L'atto costituivo deve indicare i soci accomandatari e i soci accomandanti.

• Per l'atto costitutivo della s.a.s. si applicano **le stesse norme previste per la s.n.c.** con la particolarità che **è necessario indicare espressamente i soci accomandatari e i soci accomandanti.** Non è ammessa la s.a.s. di fatto in quanto un atto costitutivo in **forma scritta** deve comunque sussistere per contenere queste indicazioni. • Non è nullo l'atto costitutivo che non contenga l'indicazione dei soci accomandatari e dei soci accomandanti ma tale mancanza comporterà che la società sarà qualificata come società semplice o s.n.c. a seconda della natura commerciale o non commerciale dell'attività svolta.

2317. Mancata registrazione.

Fino a quando la società non è iscritta nel registro delle imprese, ai rapporti fra la società e i terzi si applicano le disposizioni dell'articolo 2297.

Tuttavia per le obbligazioni sociali i soci accomandanti rispondono limitatamente alla loro quota, salvo che abbiano partecipato alle operazioni sociali.

• La s.a.s. è soggetta ad un regime di **pubblicità legale** che consiste nel **deposito** e nella successiva **iscrizione** dell'atto costitutivo nel registro delle imprese. • Tale iscrizione ha **effetto dichiarativo**. La mancata iscrizione nel registro delle imprese, dunque, non determina l'invalidità o l'inefficacia del contratto di società ma soltanto la sua **irregolarità.** • L'irregolarità non influisce sulla posizione dell'**accomandante** il quale comunque risponderà delle obbligazioni sociali nei limiti della sua quota, salvo che abbia partecipato alle operazioni sociali.

2318. Soci accomandatari.

I soci accomandatari hanno i diritti e gli obblighi dei soci della società in nome collettivo.

L'amministrazione della società può essere conferita soltanto a soci accomandatari.

• La posizione degli **accomandatari** è equiparabile a quella dei **soci di s.n.c.**: essi sono obbligati verso la società all'esecuzione dei conferimenti e sono **personalmente e solidalmente responsabili verso i terzi per le obbligazioni sociali**; godono del beneficio di preventiva escussione del patrimonio della società (art. 2304) e sono assoggettati al divieto di concorrenza (art. 2301). • Dalla responsabilità illimitata dell'accomandatario discende l'attribuzione allo stesso del **potere di amministrazione**, che non solo non può essere affidato ad un accomandante ma neppure ad un **terzo estraneo** alla compagine. • Nella s.a.s. gli accomandatari, tuttavia, non sono automaticamente amministratori ma è necessario un **atto di nomina;** tale aspetto diverge da quanto previsto per la s.a.p.a. in cui gli accomandatari sono di per sé amministratori della società.

2319. Nomina e revoca degli amministratori.

Se l'atto costitutivo non dispone diversamente, per la nomina degli amministratori e per la loro revoca nel caso indicato nel secondo comma dell'articolo 2259 sono necessari il consenso dei soci accomandatari e l'approvazione di tanti soci accomandanti che rappresentino la maggioranza del capitale da essi sottoscritto.

• In tema di nomina e revoca degli amministratori, la legge prevede che **l'atto costitutivo potrebbe modificare il regime legale** con ciò riconoscendo ampio spazio all'autonomia collettiva dei soci. Agli amministratori di s.a.s., al contrario di quanto previsto per la società semplice, non si applicano le norme sul mandato. • Gli amministratori nominati con atto separato possono essere revocati anche se non ricorre una giusta causa, fermo il loro diritto all'eventuale risarcimento del danno. • L'atto costitutivo potrebbe prevedere che per la nomina e la revoca degli amministratori sia necessario il consenso anche di tutti gli accomandanti, o che sia sufficiente il consenso della maggioranza degli accomandatari e degli accomandanti congiuntamente considerati o, ancora che esse siano riservate ad una sola categoria di soci ovvero, addirittura, a singoli soci.

2320. Soci accomandanti.

I soci accomandanti non possono compiere atti di amministrazione, né trattare o concludere affari in nome della società, se non in forza di procura speciale per singoli affari. Il socio accomandante che contravviene a tale divieto assume responsabilità illimitata e solidale verso i terzi per tutte le obbligazioni sociali e può essere escluso a norma dell'articolo 2286.

I soci accomandanti possono tuttavia prestare la loro opera sotto la direzione degli amministratori e, se l'atto costitutivo lo consente, dare autorizzazioni e pareri per determinate operazioni e compiere atti di ispezione e di sorveglianza.

In ogni caso essi hanno diritto di avere comunicazione annuale del bilancio e del conto dei profitti e delle perdite, e di controllarne l'esattezza, consultando i libri e gli altri documenti della società.

• **Agli accomandanti è vietata l'amministrazione** in base alla correlazione tra potere e rischio economico (c.d. **divieto di immistione**); il compimento anche di un solo atto di gestione comporta la **decadenza dal beneficio della responsabilità limitata,** al pari di quanto avviene nel caso in cui l'accomandante acconsenta a che il suo nome figuri nella ragione sociale. • Gli accomandanti possono agire per **singoli atti**, in forza di una **procura speciale**, così che gli accomandatari conservino l'effettivo controllo sulle operazioni poste in essere. • È inoltre previsto che gli accomandanti possano dare, ove l'atto costitutivo lo consenta, **autorizzazioni e pareri. L'autorizzazione** è **obbligatoria e vincolante; il parere** è **obbligatorio ma non vincolante**: l'accomandatario per compiere l'atto deve aver chiesto il parere dell'accomandante ma non è necessario che tale parere sia stato favorevole. • Quanto ai **poteri di controllo,** gli accomandanti hanno anche il diritto ad avere comunicazione del bilancio e del conto dei profitti e delle perdite, così da garantire agli stessi un controllo di legittimità sull'amministrazione della società.

2321. Utili percepiti in buona fede.

I soci accomandanti non sono tenuti alla restituzione degli utili riscossi in buona fede secondo il bilancio regolarmente approvato.

• La norma, sbilanciata in favore della tutela degli accomandanti, segna una deviazione rispetto alla disciplina generale della ripetizione dell'indebito (artt. 2033 ss.) e a quella dettata dall'art. 2303 sui limiti alla distribuzione degli utili. La previsione si giustifica perché agli **accomandanti** è vietato ingerirsi nell'amministrazione della società e, quindi, essi non sarebbero in condizione di accertare se gli utili in bilancio siano stati effettivamente conseguiti, a nulla rilevando che essi abbiano o meno attivato i poteri di controllo di cui all'art. 2320. • La norma non può essere applicata per gli **accomandatari**, anche nel caso in cui si tratti di accomandatari non amministratori.

2322. Trasferimento della quota.

La quota di partecipazione del socio accomandante è trasmissibile per causa di morte.

Salvo diversa disposizione dell'atto costitutivo, la quota può essere ceduta, con effetto verso la società, con il consenso dei soci che rappresentano la maggioranza del capitale.

• Per il **trasferimento *mortis causa* della partecipazione dell'accomandante** vige il **principio della libera trasferibilità**; la previsione è di segno opposto rispetto a quella dettata dall'art. 2284, secondo la quale la morte del socio illimitatamente responsabile determina l'effetto legale dello scioglimento del rapporto sociale, salva diversa previsione, e si giustifica alla luce dello **scarso rilievo dell'*intuitus personae*** rispetto al socio accomandante. • Nel caso di **trasferimento della partecipazione dell'accomandante per atto tra vivi**, poiché non è essenziale l'immutabilità dei soci accomandanti, si stabilisce, con previsione derogabile, che è sufficiente il **consenso dei soci che rappresentano la maggioranza del capitale.** • Nel caso di **trasferimento della partecipazione dell'accomandatario per atto tra vivi,** poiché questo attua una modificazione del contratto sociale; è necessario, in assenza di una diversa previsione, il **consenso unanime dei soci.**

2323. Cause di scioglimento.

La società si scioglie, oltre che per le cause previste nell'articolo 2308, quando rimangono soltanto soci accomandanti o soci accomandatari, sempreché nel termine di sei mesi non sia stato sostituito il socio che è venuto meno.

Se vengono a mancare tutti gli accomandatari, per il periodo indicato dal comma precedente gli accomandanti nominano un amministratore provvisorio per il compimento degli atti di ordinaria amministrazione. L'amministratore provvisorio non assume la qualità di socio accomandatario.

• La norma riflette la peculiare compresenza, nella s.a.s., di due categorie di soci e lo scioglimento avviene anche nel caso in cui, pur sussistendo comunque la pluralità di soci, **viene a mancare una intera categoria.** • Lo scioglimento non è automatico ma è subordinato alla mancata ricostituzione, nel termine di sei mesi, della categoria dei soci che è venuta a mancare. • **Ove vengano meno tutti gli accomandatari**, poiché la società non può continuare la sua attività, è prevista la **nomina di un amministratore provvisorio** (il quale può essere sia un terzo che un accomandante che non assumerà responsabilità illimitata); questi può compiere **soltanto atti di ordinaria amministrazione**, in un **periodo limitato di tempo**, poiché la sua attività si svolgerà esclusivamente nei sei mesi entro i quali la ricostituzione della categoria dei soci è consentita.

2324. Diritti dei creditori sociali dopo la liquidazione.

Salvo il diritto previsto dal secondo comma dell'articolo 2312 nei confronti degli accomandatari e dei liquidatori, i creditori sociali che non sono stati soddisfatti nella liquidazione della società possono far valere i loro crediti anche nei confronti degli accomandanti, limitatamente alla quota di liquidazione.

• **Gli accomandanti restano responsabili** nei confronti dei creditori sociali anche dopo la cancellazione della società ma **limitatamente a quanto dagli stessi ricevuto come quota di liquidazione**; la loro posizione è equiparata, di fatto, a quella del socio di società di capitali (art. 2456, co. 2). • **Gli accomandatari** dopo la cancellazione della società, continuano a rispondere, **con tutto il loro patrimonio**, verso i creditori sociali insoddisfatti.

Capo V
Società per azioni

Sezione I
Disposizioni generali

2325. Responsabilità.

Nella società per azioni per le obbligazioni sociali risponde soltanto la società con il suo patrimonio.

In caso di insolvenza della società, per le obbligazioni sociali sorte nel periodo in cui le azioni sono appartenute ad una sola persona, questa risponde illimitatamente quando i conferimenti non siano stati effettuati secondo quanto previsto dall'articolo 2342 o fin quando non sia stata attuata la pubblicità prescritta dall'articolo 2362.

• La norma enuncia i due principi cardine dell'intera disciplina delle s.p.a.: quello della **responsabilità limitata dei soci,** secondo il quale il singolo socio risponde delle obbligazioni sociali soltanto nei limiti della quota conferita, e quello dell'**autonomia patrimoniale perfetta,** cioè della assoluta separazione tra il patrimonio della società e quello dei singoli soci, dalla quale scaturisce la insensibilità di quest'ultimo ai debiti della società e viceversa. • A tale regime si accompagna il riconoscimento della **personalità giuridica** che rappresenta il principale connotato strutturale della s.p.a.: essa discende dall'iscrizione della s.p.a. nel registro delle imprese e rende la società un soggetto di diritto distinto dalle persone dei soci che la compongono e, perciò, terza rispetto a questi. • Il d.lgs. n. 6/2003 ha sancito l'ammissibilità della costituzione di **s.p.a. unipersonali**.

2325 bis. Società che fanno ricorso al mercato del capitale di rischio.

Ai fini dell'applicazione del presente titolo, sono società che fanno ricorso al mercato del capitale di rischio le società con azioni quotate in mercati regolamentati o diffuse fra il pubblico in misura rilevante.

Le norme di questo titolo si applicano alle società con azioni quotate in mercati regolamentati in quanto non sia diversamente disposto da altre norme di questo codice o di leggi speciali.

• Rispetto alla nota divisione tra società quotate e società non quotate, il legislatore ha introdotto la figura delle società che fanno ricorso al mercato del capitale di rischio, nella quale vengono ricomprese sia le società quotate nei mercati regolamentati, sia le società non quotate, ma solo nella misura in cui queste abbiano una diffusione rilevante dei propri titoli tra il pubblico (Delib. Consob, n. 11971/1999, ss.mm.ii.). • La disposizione in commento seleziona e **diversifica la disciplina applicabile**: le norme dettate dal t.u.f. per le società quotate prevalgono sulle regole generali previste dal codice civile sia per le s.p.a. chiuse sia per le s.p.a. aperte ma non quotate.

2326. Denominazione sociale.

La denominazione sociale, in qualunque modo formata, deve contenere l'indicazione di società per azioni.

• L'atto costitutivo (o lo statuto) della s.p.a. deve indicare, a pena di nullità (art. 2332, n. 3), la denominazione sociale che vale ad **identificare all'esterno il nome della società per azioni**. • La denominazione può essere formata in qualunque modo (es. nomi di fantasia, parole straniere, nome di uno dei fondatori) e non deve menzionare necessariamente il nome di uno dei soci: è infatti **necessaria soltanto l'indicazione "società per azioni"**. Quando la s.p.a. entra in stato di liquidazione, alla denominazione sociale deve aggiungersi il riferimento che si tratta di una società "in liquidazione".

2327. Ammontare minimo del capitale.

La società per azioni deve costituirsi con un capitale non inferiore a cinquantamila euro.

• La misura del c.d. **capitale sociale minimo** è fissata per le s.p.a. in cinquantamila euro. La s.p.a. può validamente costituirsi solo con il minimo di capitale indicato e tale misura rappresenta un correttivo, a tutela dei creditori sociali, della responsabilità limitata di cui beneficiano i soci. • Il capitale sociale esprime, in termini monetari, l'entità minima della **garanzia offerta ai creditori** da parte del patrimonio sociale e consente di misurare l'incidenza della partecipazione del socio in società. • La cifra del capitale sociale nominale è **iscritta in bilancio fra le passività** insieme ai debiti della società.

2328. Atto costitutivo.

La società può essere costituita per contratto o per atto unilaterale.

L'atto costitutivo deve essere redatto per atto pubblico e deve indicare:

1) il cognome e il nome o la denominazione, la data e il luogo di nascita o lo Stato di costituzione, il domicilio o la sede, la cittadinanza dei soci e degli eventuali promotori, nonché il numero delle azioni assegnate a ciascuno di essi;

2) la denominazione e il comune ove sono poste la sede della società e le eventuali sedi secondarie;

3) l'attività che costituisce l'oggetto sociale;

4) l'ammontare del capitale sottoscritto e di quello versato;

5) il numero e l'eventuale valore nominale delle azioni, le loro caratteristiche e le modalità di emissione e circolazione;

6) il valore attribuito ai crediti e beni conferiti in natura;

7) le norme secondo le quali gli utili devono essere ripartiti;

8) i benefici eventualmente accordati ai promotori o ai soci fondatori;

9) il sistema di amministrazione adottato, il numero degli amministratori e i loro poteri, indicando quali tra essi hanno la rappresentanza della società;

10) il numero dei componenti il collegio sindacale;

11) la nomina dei primi amministratori e sindaci ovvero dei componenti del consiglio di sorveglianza e, quando previsto, del soggetto incaricato di effettuare la revisione legale dei conti;

12) l'importo globale, almeno approssimativo, delle spese per la costituzione poste a carico della società;

13) la durata della società ovvero, se la società è costituita a tempo indeterminato, il periodo di tempo, comunque non superiore ad un anno, decorso il quale il socio potrà recedere.

Lo statuto contenente le norme relative al funzionamento della società, anche se forma oggetto di atto separato, costituisce parte integrante dell'atto costitutivo. In caso di contrasto tra le clausole dell'atto costitutivo e quelle dello statuto prevalgono le seconde.

• La norma delinea le due modalità di stipulazione dell'atto costitutivo, del quale elenca analiticamente i contenuti: **stipulazione simultanea** (comparizione delle parti davanti al notaio e redazione dell'atto pubblico) e **stipulazione successiva/per pubblica sottoscrizione** (avviene all'esito della raccolta delle sottoscrizioni); è altresì confermato che l'**atto costitutivo** deve essere redatto in forma di **atto pubblico**, pena la sua nullità ai sensi dell'art. 2332, n. 1, e si specifica che la società può essere costituita non solo per **contratto** ma anche per **atto unilaterale**.

2329. Condizioni per la costituzione.

Per procedere alla costituzione della società è necessario:

1) che sia sottoscritto per intero il capitale sociale;

2) che siano rispettate le previsioni degli articoli 2342, 2343 e 2343-ter relative ai conferimenti;

3) che sussistano le autorizzazioni e le altre condizioni richieste dalle leggi speciali per la costituzione della società, in relazione al suo particolare oggetto.

• L'analitica indicazione delle condizioni che devono essere rispettate per la costituzione della società è finalizzata ad assicurare la **tutela dei terzi** che entreranno in contatto con la società stessa. • In mancanza dei presupposti elencati dalla norma, il procedimento di costituzione si arresta; viceversa, ove essi risultino integrati, potrà procedersi alla **costituzione** e **all'iscrizione nel registro delle imprese**. • Il capitale deve essere integralmente sottoscritto e, nel caso di conferimenti in denaro, deve essere stato versato presso una banca, contestualmente, il 25% di essi, ovvero il loro intero ammontare in caso di s.p.a. costituita con atto unilaterale.

2330. Deposito dell'atto costitutivo e iscrizione della società.

Il notaio che ha ricevuto l'atto costitutivo deve depositarlo entro venti giorni presso l'ufficio del registro delle imprese nella cui circoscrizione è stabilita la sede sociale, allegando i documenti comprovanti la sussistenza delle condizioni previste dall'articolo 2329.

Se il notaio o gli amministratori non provvedono al deposito nel termine indicato nel comma precedente, ciascun socio può provvedervi a spese della società.

L'iscrizione della società nel registro delle imprese è richiesta contestualmente al deposito dell'atto costitutivo. L'ufficio del registro delle imprese, verificata la regolarità formale della documentazione, iscrive la società nel registro.

Se la società istituisce sedi secondarie, si applica l'articolo 2299.

• A seguito della stipulazione dell'atto costitutivo, il notaio deve chiedere l'iscrizione nel registro delle imprese, cui l'ufficio provvede previo controllo della **regolarità formale e**

della completezza della documentazione. • A differenza della verifica effettuata dai funzionari del registro delle imprese, il controllo del notaio ha anche carattere sostanziale e tende ad accertare che la costituenda società sia conforme ai requisiti posti dalla legge. • Per la s.p.a., il legislatore attribuisce all'iscrizione nel registro delle imprese **efficacia costitutiva**: se la s.p.a. non risulta iscritta, essa non viene ad esistenza come persona giuridica.

2330 *bis*. (1).

(1) Il presente articolo non trova più riscontro nella nuova formulazione numerica del Capo V adottata dall'art. 1 del d.lgs. 17/1/2003, n. 6. L'articolo era stato abrogato dall'art. 33 della l. 24/11/2000, n. 340. Dapprima era così formulato: «[I] L'atto costitutivo e lo statuto devono essere pubblicati nel Bollettino ufficiale delle società per azioni e a responsabilità limitata. [II] Nel medesimo Bollettino deve essere fatta menzione del deposito, presso l'ufficio del registro delle imprese, della relazione indicata nell'articolo 2343».

2331. Effetti dell'iscrizione.

Con l'iscrizione nel registro la società acquista la personalità giuridica.

Per le operazioni compiute in nome della società prima dell'iscrizione sono illimitatamente e solidalmente responsabili verso i terzi coloro che hanno agito. Sono altresì solidalmente e illimitatamente responsabili il socio unico fondatore e quelli tra i soci che nell'atto costitutivo o con atto separato hanno deciso, autorizzato o consentito il compimento dell'operazione.

Qualora successivamente all'iscrizione la società abbia approvato un'operazione prevista dal precedente comma, è responsabile anche la società ed essa è tenuta a rilevare coloro che hanno agito.

Le somme depositate a norma del secondo comma dell'articolo 2342 non possono essere consegnate agli amministratori se non provano l'avvenuta iscrizione della società nel registro. Se entro novanta giorni dalla stipulazione dell'atto costitutivo o dal rilascio delle autorizzazioni previste dal numero 3) dell'articolo 2329 l'iscrizione non ha avuto luogo, esse sono restituite ai sottoscrittori e l'atto costitutivo perde efficacia.

Prima dell'iscrizione nel registro è vietata l'emissione delle azioni ed esse, salvo l'offerta pubblica di sottoscrizione ai sensi dell'articolo 2333, non possono costituire oggetto di una offerta al pubblico di prodotti finanziari.

• La costituzione non è condizione sufficiente affinché la s.p.a. venga ad esistenza: a tal fine, occorre la successiva **iscrizione nel registro delle imprese** quale **elemento perfezionativo della fattispecie (efficacia costitutiva)**. • Una volta iscritta, la s.p.a. diventa soggetto formalmente diverso dalle persone dei soci e gode di **autonomia patrimoniale perfetta** (principio di alterità). • Per le obbligazioni assunte in nome della costituenda società, dopo la stipula dell'atto costitutivo ma prima dell'iscrizione nel registro delle imprese, rispondono **in solido e illimitatamente** coloro i quali hanno agito, il socio unico fondatore, ovvero quelli che tra i soci fondatori hanno effettivamente deciso. • Obiettivo della norma è quello di **rafforzare la tutela dei terzi**; infatti, la s.p.a. può approvare o meno le operazioni poste in essere prima dell'acquisto della personalità giuridica.

2332. Nullità della società.

Avvenuta l'iscrizione nel registro delle imprese, la nullità della società può essere pronunciata soltanto nei seguenti casi:

1) mancata stipulazione dell'atto costitutivo nella forma dell'atto pubblico;

2) illiceità dell'oggetto sociale;

3) mancanza nell'atto costitutivo di ogni indicazione riguardante la denominazione della società, o i conferimenti, o l'ammontare del capitale sociale o l'oggetto sociale.

La dichiarazione di nullità non pregiudica l'efficacia degli atti compiuti in nome della società dopo l'iscrizione nel registro delle imprese.

I soci non sono liberati dall'obbligo di conferimento fino a quando non sono soddisfatti i creditori sociali.

La sentenza che dichiara la nullità nomina i liquidatori.

La nullità non può essere dichiarata quando la causa di essa è stata eliminata e di tale eliminazione è stata data pubblicità con iscrizione nel registro delle imprese.

Il dispositivo della sentenza che dichiara la nullità deve essere iscritto, a cura degli amministratori o dei liquidatori nominati ai sensi del quarto comma, nel registro delle imprese.

• Prima dell'iscrizione esiste un contratto di società, destinato a produrre effetti tra le parti, e, in quanto tale, assoggettato alla disciplina generale in tema di invalidità negoziale (artt. 1418 ss.); si tratta di un **contratto plurilaterale con comunione di scopo** cui è applicabile il principio di conservazione desumibile dall'art. 1420. • Dopo l'iscrizione, invece, si è in presenza di un'organizzazione che, seppur invalidamente costituita, è ormai entrata nel traffico giuridico. • La nullità della s.p.a. iscritta nel registro delle imprese è valutata con disfavore dal legislatore; la **tassatività delle ipotesi di nullità è funzionale a tutelare il legittimo affidamento dei terzi.** La portata derogatoria della norma si regge sugli ulteriori due principi della **liquidazione della società dichiarata nulla** e della **sanatoria dei vizi.** • Dopo l'iscrizione, la stretta tipicità delle cause di nullità ha lo scopo di accrescere la sicurezza dei traffici giuridici nei rapporti facenti capo agli enti societari. • La dichiarazione di nullità opera come causa di scioglimento della società e la sentenza che la dichiara contiene la nomina dei liquidatori.

Sezione II
Della costituzione per pubblica sottoscrizione

2333. Programma e sottoscrizione delle azioni.

La società può essere costituita anche per mezzo di pubblica sottoscrizione sulla base di un programma che ne indichi l'oggetto e il capitale, le principali disposizioni dell'atto costitutivo e dello statuto, l'eventuale partecipazione che i promotori si riservano agli utili e il termine entro il quale deve essere stipulato l'atto costitutivo.

Il programma con le firme autenticate dei promotori, prima di essere reso pubblico, deve essere depositato presso un notaio.

Le sottoscrizioni delle azioni devono risultare da atto pubblico o da scrittura privata autenticata. L'atto deve indicare il cognome e il nome o la denominazione, il domicilio o la sede del sottoscrittore, il numero delle azioni sottoscritte e la data della sottoscrizione.

• La norma disciplina l'ipotesi, dettata soltanto per le s.p.a., che la costituzione della società avvenga attraverso il procedimento di **pubblica sottoscrizione**, dunque mediante una **fattispecie contrattuale a formazione progressiva** che si sostanzia nella vendita al pubblico delle azioni della costituenda società. • Nel corso di tale procedimento: 1) i promotori devono redigere e sottoscrivere un programma, contenente gli elementi che caratterizzano la società, autenticato e depositato presso un notaio; 2) devono essere individuati i soggetti che acquistano le azioni (ovvero i futuri soci), dal momento che il **programma** è qualificabile come **offerta al pubblico** (art. 1336).

2334. Versamenti e convocazione dell'assemblea dei sottoscrittori.

Raccolte le sottoscrizioni, i promotori, con raccomandata o nella forma prevista nel programma, devono assegnare ai sottoscrittori un termine non superiore a trenta giorni per fare il versamento prescritto dal secondo comma dell'articolo 2342.

Decorso inutilmente questo termine, è in facoltà dei promotori di agire contro i sottoscrittori morosi o di scioglierli dall'obbligazione assunta. Qualora i promotori si avvalgano di quest'ultima facoltà, non può procedersi alla costituzione della società prima che siano collocate le azioni che quelli avevano sottoscritte.

Salvo che il programma stabilisca un termine diverso, i promotori, nei venti giorni successivi al termine fissato per il versamento prescritto dal primo comma del presente articolo, devono convocare l'assemblea dei sottoscrittori mediante raccomandata, da inviarsi a ciascuno di essi almeno dieci giorni prima di quello fissato per l'assemblea, con l'indicazione delle materie da trattare.

• La norma elenca le attività che i promotori devono porre in essere e contempla l'eventualità in cui i **sottoscrittori non adempiano all'obbligo di versamento**. • In tal caso, i promotori possono **agire contro tali soggetti per ottenere i versamenti dovuti** o scegliere di **liberare i sottoscrittori morosi**; ove si opti per quest'ultima soluzione, occorrerà individuare altri sottoscrittori per le azioni non ancora collocate prima della costituzione della società. I promotori devono altresì **convocare l'assemblea dei sottoscrittori**, i quali, nel corso dell'adunanza, saranno chiamati a verificare la sussistenza delle condizioni necessarie per la costituzione della s.p.a.

2335. Assemblea dei sottoscrittori.

L'assemblea dei sottoscrittori:

1) accerta l'esistenza delle condizioni richieste per la costituzione della società;

2) delibera sul contenuto dell'atto costitutivo e dello statuto;

3) delibera sulla riserva di partecipazione agli utili fatta a proprio favore dai promotori;

4) nomina gli amministratori ed i sindaci ovvero i componenti del consiglio di sorveglianza e, quando previsto, il soggetto incaricato di effettuare la revisione legale dei conti.

L'assemblea è validamente costituita con la presenza della metà dei sottoscrittori.

Ciascun sottoscrittore ha diritto a un voto, qualunque sia il numero delle azioni sottoscritte, e per la validità delle deliberazioni si richiede il voto favorevole della maggioranza dei presenti. Tuttavia per modificare le condizioni stabilite nel programma è necessario il consenso di tutti i sottoscrittori.

• Il baricentro della norma è costituito dal **programma sottoscritto dai promotori**: il legislatore ne richiede la necessaria **approvazione da parte di tutti i soci sottoscrittori**, i quali intervengono all'assemblea convocata in veste di contraenti (e non di soci); il consenso unanime è necessario anche nell'eventualità di modifiche alle condizioni del programma. • La maggioranza viene calcolata per teste e non per quote; all'assemblea dei sottoscrittori, deputata a verificare che siano state rispettate le condizioni necessarie per la costituzione della società, si ritengono applicabili le regole dettate per l'assemblea dei soci.

2336. Stipulazione e deposito dell'atto costitutivo.

Eseguito quanto è prescritto nell'articolo precedente, gli intervenuti all'assemblea, in rappresentanza anche dei sottoscrittori assenti, stipulano l'atto costitutivo, che deve essere depositato per l'iscrizione nel registro delle imprese a norma dell'articolo 2330.

• Ai sottoscrittori presenti la legge conferisce la rappresentanza dei sottoscrittori assenti, al fine di consentire che si proceda comunque alla stipulazione dell'atto costitutivo. • Avvenuta la stipulazione, l'atto costitutivo deve essere depositato presso il competente registro delle imprese. • Tale adempimento conferma che il **contratto di società** si configura come **fattispecie a formazione progressiva** nella misura in cui si perfeziona mediante le successive sottoscrizioni delle azioni.

Sezione III
Dei promotori e dei soci fondatori

2337. Promotori.

Sono promotori coloro che nella costituzione per pubblica sottoscrizione hanno firmato il programma a norma del secondo comma dell'articolo 2333.

• La norma disciplina l'ipotesi in cui la s.p.a. sia **costituita mediante pubblica sottoscrizione** e identifica una particolare categoria di soggetti, i **promotori**, i quali assumono l'iniziativa della costituzione ma, diversamente dai soci fondatori, non sono destinati ad acquistare la qualità di soci della società che verrà costituita. • La sottoscrizione del programma è sufficiente affinché a tali soggetti si applichi la disciplina dei promotori la cui funzione, secondo l'opinione prevalente, è quella di porre in contatto più persone fra loro, al limitato fine di **agevolare la conclusione del contratto di società**.

2338. Obbligazioni dei promotori.

I promotori sono solidalmente responsabili verso i terzi per le obbligazioni assunte per costituire la società.

La società è tenuta a rilevare i promotori dalle obbligazioni assunte e a rimborsare loro le spese sostenute, sempre che siano state necessarie per la costituzione della società o siano state approvate dall'assemblea.

Se per qualsiasi ragione la società non si costituisce, i promotori non possono rivalersi verso i sottoscrittori delle azioni.

• La particolare posizione ricoperta dai promotori è fonte di una serie di obbligazioni. Nei confronti dei terzi, essi **sono direttamente e solidamente responsabili** per gli atti compiuti. • Se la società è stata costituita, i promotori hanno il diritto di rivalersi nei confronti della società sia per le obbligazioni assunte sia per le spese sostenute necessarie alla costituzione della società, ovvero approvate dall'assemblea dei sottoscrittori. • Viceversa, se la società non è venuta ad esistenza, la **responsabilità personale dei promotori** si giustifica in un'ottica di **tutela dei terzi** per le obbligazioni assunte dagli stessi.

2339. Responsabilità dei promotori.

I promotori sono solidalmente responsabili verso la società e verso i terzi:

1) per l'integrale sottoscrizione del capitale sociale e per i versamenti richiesti per la costituzione della società;

2) per l'esistenza dei conferimenti in natura in conformità della relazione giurata indicata nell'articolo 2343;

3) per la veridicità delle comunicazioni da essi fatte al pubblico per la costituzione della società.

Sono del pari solidalmente responsabili verso la società e verso i terzi coloro per conto dei quali i promotori hanno agito.

• La norma sancisce una responsabilità solidale dei promotori sia nei confronti della società sia verso i terzi. La **responsabilità verso la società** avrebbe **natura contrattuale** e sarebbe paragonabile ad un'obbligazione di garanzia. La **responsabilità verso i terzi** ha invece natura extracontrattuale. • Tale previsione è funzionale a **salvaguardare la costituzione della società** e la regolarità del relativo procedimento; insieme ai promotori sono responsabili anche coloro per conto dei quali essi hanno agito: meccanismo che evita una elusione della norma attraverso la sottoscrizione del programma da parte di soggetti privi di patrimonio.

2340. Limiti dei benefici riservati ai promotori.

I promotori possono riservarsi nell'atto costitutivo, indipendentemente dalla loro qualità di soci, una partecipazione non superiore complessivamente a un decimo degli utili netti risultanti dal bilancio e per un periodo massimo di cinque anni.

Essi non possono stipulare a proprio vantaggio altro beneficio.

• Il legislatore, a prescindere dal fatto che diventino o meno soci della costituenda società, rende i promotori destinatari di **particolari diritti di natura patrimoniale** in ragione dell'attività di agevolazione che questi svolgono per la costituzione della società; tuttavia, per evitare che questi siano beneficiari di vantaggi sproporzionati o, comunque, ingiustificati, sanziona con la nullità la stipulazione di qualunque altro beneficio, ribadendo così che la previsione di una partecipazione più ampia è ammessa soltanto nei limiti posti dalla norma e rappresenta il **corrispettivo per l'iniziativa da loro assunta**.

2341. Soci fondatori.

La disposizione del primo comma dell'articolo 2340 si applica anche ai soci che nella costituzione simultanea o in quella per pubblica sottoscrizione stipulano l'atto costitutivo.

• La norma definisce la categoria dei **soci fondatori:** tale formula identifica i soggetti presenti che hanno stipulato l'atto costitutivo sia se la società ha origine dalla costituzione simultanea sia da quella per pubblica sottoscrizione. • Il legislatore ha previsto la possibilità che questi possano riservarsi **benefici diversi ed ulteriori rispetto alla partecipazione agli utili.** La non estensione ai soci fondatori dei limiti previsti per i benefici dei promotori si giustifica perché, a differenza della costituzione per pubblica sottoscrizione, la genesi della società si esaurisce in un contesto puramente contrattuale.

Sezione III bis
Dei patti parasociali

2341 bis. Patti parasociali.

I patti, in qualunque forma stipulati, che al fine di stabilizzare gli assetti proprietari o il governo della società:

a) hanno per oggetto l'esercizio del diritto di voto nelle società per azioni o nelle società che le controllano;

b) pongono limiti al trasferimento delle relative azioni o delle partecipazioni in società che le controllano;

c) hanno per oggetto o per effetto l'esercizio anche congiunto di un'influenza dominante su tali società, non possono avere durata superiore a cinque anni e si intendono stipulati per questa durata anche se le parti hanno previsto un termine maggiore; i patti sono rinnovabili alla scadenza.

Qualora il patto non preveda un termine di durata, ciascun contraente ha diritto di recedere con un preavviso di centottanta giorni.

Le disposizioni di questo articolo non si applicano ai patti strumentali ad accordi di collaborazione nella produzione o nello scambio di beni o servizi e relativi a società interamente possedute dai partecipanti all'accordo.

• I **patti parasociali** sono accordi stipulati al di fuori dell'atto costitutivo e dotati di **efficacia meramente obbligatoria** che intercorrono tra i soci, attraverso i quali gli stessi dispongono di propri diritti sociali vincolandosi reciprocamente ad esercitarli in un determinato modo. • Il legislatore non ne fornisce una definizione ma ne seleziona alcune categorie in base alla funzione svolta, che è quella di stabilizzare gli assetti proprietari o il governo della società (**sindacati di voto**: i soci concordano preventivamente il modo in cui votare in assemblea; **sindacati di blocco**: i soci pongono limiti al trasferimento delle proprie azioni; **sindacati di controllo**: si tratta di un patto di gestione che condiziona direttamente l'operato degli amministratori). • La violazione degli obblighi derivanti dai patti parasociali è sanzionata esclusivamente con il **rimedio risarcitorio.**

2341 ter. Pubblicità dei patti parasociali.

Nelle società che fanno ricorso al mercato del capitale di rischio i patti parasociali devono essere comunicati alla società e dichiarati in apertura di ogni assemblea. La dichiarazione deve essere trascritta nel verbale e questo deve essere depositato presso l'ufficio del registro delle imprese.

In caso di mancanza della dichiarazione prevista dal comma precedente i possessori delle azioni cui si riferisce il patto parasociale non possono esercitare il diritto di voto e le deliberazioni assembleari adottate con il loro voto determinante sono impugnabili a norma dell'articolo 2377.

• La norma disciplina il regime pubblicitario dei patti parasociali nelle società ad azionariato diffuso. • L'obbligo di comunicazione alla società grava in solido su tutti gli aderenti al patto e, se disatteso, può essere causa di annullabilità della delibera al ricorrere di alcune condizioni; la dichiarazione in apertura di assemblea, invece, è strumentale a **fornire informazioni adeguate ai soci per l'esercizio consapevole dei loro diritti** e a **favorire la diffusione dell'informazione al mercato.**

Sezione IV
Dei conferimenti

2342. Conferimenti.

Se nell'atto costitutivo non è stabilito diversamente, il conferimento deve farsi in danaro.

Alla sottoscrizione dell'atto costitutivo deve essere versato presso una banca almeno il venticinque per cento dei conferimenti in danaro o, nel caso di costituzione con atto unilaterale, il loro intero ammontare.

Per i conferimenti di beni in natura e di crediti si osservano le disposizioni degli articoli 2254 e 2255. Le azioni corrispondenti a tali conferimenti devono essere integralmente liberate al momento della sottoscrizione.

Se viene meno la pluralità dei soci, i versamenti ancora dovuti devono essere effettuati entro novanta giorni.

Non possono formare oggetto di conferimento le prestazioni di opera o di servizi.

• La norma sancisce l'**obbligo di assoggettare a stima i conferimenti di beni in natura** e contiene il divieto di conferire nella s.p.a. prestazioni di opera o di servizi, la cui difficoltà di quantificazione contrasterebbe con la necessità di una **valutazione oggettiva dei conferimenti**. • L'effettività del capitale sottoscritto, infatti, tutela sia i soci che entrano in contatto con la società sia la società stessa e si attua garantendo la **corrispondenza reale tra il valore del capitale e il valore attribuito agli apporti dei soci.**

2343. Stima dei conferimenti di beni in natura e di crediti.

Chi conferisce beni in natura o crediti deve presentare la relazione giurata di un esperto designato dal tribunale nel cui circondario ha sede la società, contenente la descrizione dei beni o dei crediti conferiti, l'attestazione che il loro valore è almeno pari a quello ad essi attribuito ai fini della determinazione del capitale sociale e dell'eventuale soprapprezzo e i criteri di valutazione seguiti. La relazione deve essere allegata all'atto costitutivo.

L'esperto risponde dei danni causati alla società, ai soci e ai terzi. Si applicano le disposizioni dell'articolo 64 del codice di procedura civile.

Gli amministratori devono, nel termine di centottanta giorni dalla iscrizione della società, controllare le valutazioni contenute nella relazione indicata nel primo comma e, se sussistano fondati motivi, devono procedere alla revisione della stima. Fino a quando le valutazioni non sono state controllate, le azioni corrispondenti ai conferimenti sono inalienabili e devono restare depositate presso la società.

Se risulta che il valore dei beni o dei crediti conferiti era inferiore di oltre un quinto a quello per cui avvenne il conferimento, la società deve proporzionalmente ridurre il capitale sociale, annullando le azioni che risultano scoperte. Tuttavia il socio conferente può versare la differenza in danaro o recedere dalla società; il socio recedente ha diritto alla restituzione del conferimento, qualora sia possibile in tutto o in parte in natura. L'atto costitutivo può prevedere, salvo in ogni caso quanto disposto dal quinto comma dell'articolo 2346, che per effetto dell'annullamento delle azioni disposto nel presente comma si determini una loro diversa ripartizione tra i soci.

• La disposizione delinea un articolato procedimento di stima finalizzato ad ottenere una corretta valutazione dei conferimenti diversi dal denaro (beni in natura, crediti) e a tutelare sia i terzi sia la società stessa. • L'obiettivo è quello di assicurare **che tra il capitale sottoscritto e i conferimenti** vi sia una **effettiva corrispondenza in termini di valore**, necessaria a scongiurare che la società emetta azioni per un valore superiore a quello dei beni realmente ottenuti, fermo restando che il valore dei conferimenti non può essere in alcun caso inferiore all'ammontare globale del capitale sociale.

2343 bis. Acquisto della società da promotori, fondatori, soci e amministratori.

L'acquisto da parte della società, per un corrispettivo pari o superiore al decimo del capitale sociale, di beni o di crediti dei promotori, dei fondatori, dei soci o degli amministratori, nei due anni dalla iscrizione della società nel registro delle imprese, deve essere autorizzato dall'assemblea ordinaria.

L'alienante deve presentare la relazione giurata di un esperto designato dal tribunale nel cui circondario ha sede la società ovvero la documentazione di cui all'articolo 2343-ter primo e secondo comma contenente la descrizione dei beni o dei crediti, il valore a ciascuno di essi attribuito, i criteri di valutazione seguiti, nonché l'attestazione che tale valore non è inferiore al corrispettivo, che deve comunque essere indicato.

La relazione deve essere depositata nella sede della società durante i quindici giorni che precedono l'assemblea. I soci possono prenderne visione. Entro trenta giorni dall'autorizzazione il verbale dell'assemblea, corredato dalla relazione dell'esperto designato dal tribunale ovvero dalla documentazione di cui all'articolo 2343-ter, deve essere depositato a cura degli amministratori presso l'ufficio del registro delle imprese.

Le disposizioni del presente articolo non si applicano agli acquisti che siano effettuati a condizioni normali nell'ambito delle operazioni correnti della società né a quelli che avvengono nei mercati regolamentati o sotto il controllo dell'autorità giudiziaria o amministrativa.

In caso di violazione delle disposizioni del presente articolo gli amministratori e l'alienante sono solidalmente responsabili per i danni causati alla società, ai soci ed ai terzi.

• La disciplina si applica ai promotori, ai soci fondatori, ai soci attuali e agli amministratori e ambisce a **salvaguardare gli interessi dei soci e dei terzi alla conservazione dell'integrità del capitale sociale,** evitando i rischi derivanti dall'elusione dell'obbligo di stima. • È infatti imposta la relazione giurata per tutti gli acquisti di beni o crediti che siano stati compiuti nella fase di avvio della società quando l'alienante sia un soggetto che ha un interesse interno alla società (cc.dd. **acquisti pericolosi**). Come ulteriore cautela è stabilito che l'acquisto debba essere autorizzato dall'assemblea ordinaria.

2343 ter. Conferimento di beni in natura o crediti senza relazione di stima.

Nel caso di conferimento di valori mobiliari ovvero di strumenti del mercato monetario non è richiesta la relazione di cui all'articolo 2343, primo comma, se il valore ad essi attribuito ai fini della determinazione del capitale sociale e dell'eventuale sovrapprezzo è pari o inferiore al prezzo medio ponderato al quale sono stati negoziati su uno o più mercati regolamentati nei sei mesi precedenti il conferimento.

Fuori dai casi in cui è applicabile il primo comma, non è altresì richiesta la relazione di cui all'articolo 2343, primo comma, qualora il valore attribuito, ai fini della determinazione del capitale sociale e dell'eventuale sovrapprezzo, ai beni in natura o crediti conferiti sia pari o inferiore:

a) al fair value iscritto nel bilancio dell'esercizio precedente quello nel quale è effettuato il conferimento a condizione che il bilancio sia sottoposto a revisione legale e la relazione del revisore non esprima rilievi in ordine alla valutazione dei beni oggetto del conferimento, ovvero;

b) al valore risultante da una valutazione riferita ad una data precedente di non oltre sei mesi il conferimento e conforme ai principi e criteri generalmente riconosciuti per la valutazione dei beni oggetto del conferimento, a condizione che essa provenga da un esperto indipendente da chi effettua il conferimento, dalla società e dai soci che esercitano individualmente o congiuntamente il controllo sul soggetto conferente o sulla società medesima, dotato di adeguata e comprovata professionalità.

Chi conferisce beni o crediti ai sensi del primo e secondo comma presenta la documentazione dalla quale risulta il valore attribuito ai conferimenti e la sussistenza, per i conferimenti di cui al secondo comma, delle condizioni ivi indicate. La documentazione è allegata all'atto costitutivo.

L'esperto di cui al secondo comma, lettera b), risponde dei danni causati alla società, ai soci e ai terzi.

Ai fini dell'applicazione del secondo comma, lettera a), per la definizione di "fair value" si fa riferimento ai principi contabili internazionali adottati dall'Unione europea.

• La norma stabilisce che il conferimento di valori mobiliari o di strumenti del mercato monetario è esonerato dalla relazione giurata di stima al verificarsi di determinate condizioni e introduce un **sistema alternativo di valutazione** facente leva su tre criteri: prezzo medio ponderato, valore equo risultante da bilancio, valore equo risultante dalla stima di un esperto indipendente. • Tali semplificazioni consentono di ridurre i costi connessi al procedimento di stima di beni diversi dal denaro, purché ricorra un **parametro di riferimento chiaro ed affidabile per la valutazione del conferimento**, senza che ciò pregiudichi azionisti e i creditori.

2343 quater. Fatti eccezionali o rilevanti che incidono sulla valutazione.

Gli amministratori verificano, nel termine di trenta giorni dalla iscrizione della società, se, nel periodo successivo a quello di cui all'articolo 2343-ter, primo comma, sono intervenuti fatti eccezionali che hanno inciso sul prezzo dei valori mobiliari o degli strumenti del mercato monetario conferiti in modo tale da modificare sensibilmente il valore di tali beni alla data di iscrizione della società nel registro delle imprese, comprese le situazioni in cui il mercato dei valori o strumenti non è più liquido. Gli amministratori verificano altresì nel medesimo termine se, successivamente al termine dell'esercizio cui si riferisce il bilancio di cui alla lettera a) del secondo comma dell'articolo 2343-ter, o alla data della valutazione di cui alla lettera b) del medesimo comma, si sono verificati fatti nuovi rilevanti tali da modificare sensibilmente il valore dei beni o dei crediti conferiti alla data di iscrizione della società nel registro delle imprese, nonché i requisiti di professionalità ed indipendenza dell'esperto che ha reso la valutazione di cui all'articolo 2343-ter, secondo comma, lettera b).

Qualora gli amministratori ritengano che siano intervenuti i fatti di cui al primo comma, ovvero ritengano non idonei i requisiti di professionalità e indipendenza dell'esperto che ha reso la valutazione di cui all'articolo 2343-ter, secondo comma, lettera b), si procede, su iniziativa degli amministratori, ad una nuova valutazione ai sensi e per gli effetti dell'articolo 2343.

Fuori dai casi di cui al secondo comma, è depositata per l'iscrizione nel registro delle imprese, nel medesimo termine di cui al primo comma, una dichiarazione degli amministratori contenente le seguenti informazioni:

a) la descrizione dei beni o dei crediti conferiti per i quali non si è fatto luogo alla relazione di cui all'articolo 2343, primo comma;

b) il valore ad essi attribuito, la fonte di tale valutazione e, se del caso, il metodo di valutazione;

c) la dichiarazione che tale valore è almeno pari a quello loro attribuito ai fini della determinazione del capitale sociale e dell'eventuale sovrapprezzo;

d) la dichiarazione che non sono intervenuti fatti eccezionali o rilevanti che incidono sulla valutazione di cui alla lettera b);

e) la dichiarazione di idoneità dei requisiti di professionalità e indipendenza dell'esperto di cui all'articolo 2343-ter, secondo comma, lettera b).

Fino all'iscrizione della dichiarazione le azioni sono inalienabili e devono restare depositate presso la società.

• Al fine di **evitare che il valore effettivo del bene possa essere disallineato da quello calcolato alla data del conferimento**, il legislatore ha onerato gli amministratori di verificare, entro trenta giorni dall'iscrizione della società, l'**inesistenza di fatti nuovi eccezionali o rilevanti che abbiano influito sul valore di riferimento utilizzato.** • Tale controllo investe la sussistenza dei requisiti di professionalità e indipendenza degli esperti che hanno effettuato la stima e, soprattutto, sonda la tenuta della valutazione effettuata con uno dei metodi alternativi ma non conduce alla revisione della stessa (che è invece prevista dall'art. 2343).

2344. Mancato pagamento delle quote.

Se il socio non esegue i pagamenti dovuti, decorsi quindici giorni dalla pubblicazione di una diffida nella Gazzetta Ufficiale della Repubblica, gli amministratori, se non ritengono utile promuovere azione per l'esecuzione del conferimento, offrono le azioni agli altri soci, in proporzione alla loro partecipazione, per un corrispettivo non inferiore ai conferimenti ancora dovuti. In mancanza di offerte possono far vendere le azioni a rischio e per conto del socio, a mezzo di una banca o di un intermediario autorizzato alla negoziazione in mercati regolamentati.

Qualora la vendita non possa aver luogo per mancanza di compratori, gli amministratori possono dichiarare decaduto il socio, trattenendo le somme riscosse, salvo il risarcimento dei maggiori danni.

Le azioni non vendute, se non possono essere rimesse in circolazione entro l'esercizio in cui fu pronunziata la decadenza del socio moroso, devono essere estinte con la corrispondente riduzione del capitale.

Il socio in mora nei versamenti non può esercitare il diritto di voto.

• La norma contempla l'ipotesi in cui il socio, una volta sottoscritto il capitale, non esegua i "pagamenti dovuti" ed elenca i rimedi attivabili dagli amministratori. • La **mora dell'azionista** è disciplinata attraverso meccanismi di diversa intensità e, come *extrema ratio*, ove gli amministratori non riescano a collocare le azioni del socio moroso, si prevede che queste dovranno essere annullate, con corrispondente riduzione del capitale sociale per una cifra pari al valore nominale delle stesse azioni annullate. • L'obiettivo è quello di **assicurare una effettiva corrispondenza tra capitale sottoscritto e conferimenti versati.**

2345. Prestazioni accessorie.

Oltre l'obbligo dei conferimenti, l'atto costitutivo può stabilire l'obbligo dei soci di eseguire prestazioni accessorie non consistenti in danaro, determinandone il contenuto, la durata, le modalità e il compenso, e stabilendo particolari sanzioni per il caso di inadempimento. Nella determinazione del compenso devono essere osservate le norme applicabili ai rapporti aventi per oggetto le stesse prestazioni.

Le azioni alle quali è connesso l'obbligo delle prestazioni anzidette devono essere nominative e non sono trasferibili senza il consenso degli amministratori.

Se non è diversamente disposto dall'atto costitutivo, gli obblighi previsti in questo articolo non possono essere modificati senza il consenso di tutti i soci.

• Nelle s.p.a. è vietato un conferimento d'opera o di servizi, tuttavia l'atto costitutivo può stabilire che i soci (o alcuni di essi) **oltre al conferimento** eseguano **prestazioni accessorie**, aventi carattere periodico o continuativo. • La **nominatività obbligatoria** dei titoli azionari, funzionale all'individuazione del soggetto passivo dell'obbligazione accessoria, dipende dal fatto che con l'alienazione delle azioni, previo consenso degli amministratori, si trasferisce all'acquirente anche l'**obbligo di eseguire tali prestazioni.** • Gli obblighi accessori previsti possono essere modificati solo con il **consenso unanime dei soci.**

Sezione V

Delle azioni e di altri strumenti finanziari partecipativi

2346. Emissione delle azioni.

La partecipazione sociale è rappresentata da azioni; salvo diversa disposizione di leggi speciali lo statuto può escludere l'emissione dei relativi titoli o prevedere l'utilizzazione di diverse tecniche di legittimazione e circolazione.

Se determinato nello statuto, il valore nominale di ciascuna azione corrisponde ad una frazione del capitale sociale; tale determinazione deve riferirsi senza eccezioni a tutte le azioni emesse dalla società.

In mancanza di indicazione del valore nominale delle azioni, le disposizioni che ad esso si riferiscono si applicano con riguardo al loro numero in rapporto al totale delle azioni emesse.

A ciascun socio è assegnato un numero di azioni proporzionale alla parte del capitale sociale sottoscritta e per un valore non superiore a quello del suo conferimento. Lo statuto può prevedere una diversa assegnazione delle azioni.

In nessun caso il valore dei conferimenti può essere complessivamente inferiore all'ammontare globale del capitale sociale.

Resta salva la possibilità che la società, a seguito dell'apporto da parte dei soci o di terzi anche di opere o servizi, emetta strumenti finanziari forniti di diritti patrimoniali o anche di diritti amministrativi, escluso il voto nell'assemblea generale degli azionisti. In tal caso lo statuto ne disciplina le modalità e condizioni di emissione, i diritti che conferiscono, le sanzioni in caso di inadempimento delle prestazioni e, se ammessa, la legge di circolazione.

• La disposizione sancisce il principio generale della **suddivisione del capitale sociale in azioni** e consente l'emissione di azioni con valore nominale inespresso. Il potenziamento dell'autonomia statutaria ha condotto all'introduzione del principio della **libera disponibilità tra i soci del rapporto tra il valore del singolo conferimento e la quantità delle azioni da ciascuno possedute.** • La norma **tutela l'integrità del capitale sociale** e prevede altresì la possibilità di emettere **strumenti finanziari partecipativi,** non imputabili a capitale, funzionali a consentire l'acquisizione di elementi utili allo svolgimento dell'attività sociale.

2347. Indivisibilità delle azioni.

Le azioni sono indivisibili. Nel caso di comproprietà di un'azione, i diritti dei comproprietari devono essere esercitati da un rappresentante comune nominato secondo le modalità previste dagli articoli 1105 e 1106.

Se il rappresentante comune non è stato nominato, le comunicazioni e le dichiarazioni fatte dalla società a uno dei comproprietari sono efficaci nei confronti di tutti.

I comproprietari dell'azione rispondono solidalmente delle obbligazioni da essa derivanti.

• Le azioni sono **indivisibili** e ogni azione costituisce sia l'**unità di misura** dei diritti patrimoniali e/o amministrativi del socio sia l'unità minima di partecipazione al capitale. Il valore delle azioni non può in ogni caso essere modificato dai soci. • Ove una o più azioni siano acquistate da più soggetti, è previsto che i diritti sociali debbano essere esercitati da un **rappresentante comune**, nominato a maggioranza dei comproprietari, allo scopo di evitare che la presenza di più soggetti titolari delle stesse azioni intralci il regolare svolgimento dell'attività sociale.

2348. Categorie di azioni.

Le azioni devono essere di uguale valore e conferiscono ai loro possessori uguali diritti.

Si possono tuttavia creare, con lo statuto o con successive modificazioni di questo, categorie di azioni fornite di diritti diversi anche per quanto concerne la incidenza delle perdite. In tal caso la società, nei limiti imposti dalla legge, può liberamente determinare il contenuto delle azioni delle varie categorie.

Tutte le azioni appartenenti ad una medesima categoria conferiscono uguali diritti.

• La norma sancisce il **principio di uguaglianza relativa dei titoli azionari**: tale uguaglianza deve sussistere all'interno di ciascuna categoria di azioni, mentre la società può creare **categorie diverse di azioni**, anche atipiche, sotto il profilo dei diritti patrimoniali e/o amministrativi (es. categorie di azioni postergate nella partecipazione alle perdite, nei limiti posti dal divieto di patto leonino). • La società può liberamente determinare il contenuto delle azioni delle diverse categorie. • La facoltà di emettere azioni diverse da quelle ordinarie asseconda gli interessi di quanti considerano la partecipazione in società una **forma alternativa di investimento.**

2349. Azioni e strumenti finanziari a favore dei prestatori di lavoro.

Se lo statuto lo prevede, l'assemblea straordinaria può deliberare l'assegnazione di utili ai prestatori di lavoro dipendenti delle società o di società controllate mediante l'emissione, per un ammontare corrispondente agli utili stessi, di speciali categorie di azioni da assegnare individualmente ai prestatori di lavoro, con norme particolari riguardo alla forma, al modo di trasferimento ed ai diritti spettanti agli azionisti. Il capitale sociale deve essere aumentato in misura corrispondente.

L'assemblea straordinaria può altresì deliberare l'assegnazione ai prestatori di lavoro dipendenti della società o di società controllate di strumenti finanziari, diversi dalle azioni, forniti di diritti patrimoniali o anche di diritti amministrativi, escluso il voto nell'assemblea generale degli azionisti. In tal caso possono essere previste norme particolari riguardo alle condizioni di esercizio dei diritti attribuiti, alla possibilità di trasferimento ed alle eventuali cause di decadenza o riscatto.

• La norma promuove il c.d. **azionariato operaio** e si pone come proiezione applicativa degli artt. 46-47 Cost.: alla società è consentito disporre in favore dei dipendenti un'assegnazione (straordinaria) di utili; queste azioni possono essere sottoposte ad un regime diverso dalle azioni ordinarie (es. esclusione del diritto di voto a fronte dell'attribuzione di vantaggi patrimoniali, apposizione di limiti alla circolazione). • I dipendenti della società o di società controllate possono anche essere destinatari di un'assegnazione gratuita di **strumenti finanziari diversi dalle azioni**, forniti di diritti patrimoniali o amministrativi.

2350. Diritto agli utili e alla quota di liquidazione.

Ogni azione attribuisce il diritto a una parte proporzionale degli utili netti e del patrimonio netto risultante dalla liquidazione, salvi i diritti stabiliti a favore di speciali categorie di azioni.

Fuori dai casi di cui all'articolo 2447-bis, la società può emettere azioni fornite di diritti patrimoniali correlati ai risultati dell'attività sociale in un determinato settore. Lo statuto stabilisce i criteri di individuazione dei costi e ricavi imputabili al settore, le modalità di rendicontazione, i diritti attribuiti a tali azioni, nonché le eventuali condizioni e modalità di conversione in azioni di altra categoria.

Non possono essere pagati dividendi ai possessori delle azioni previste dal precedente comma se non nei limiti degli utili risultanti dal bilancio della società.

• La norma elenca i due principali diritti patrimoniali dell'azionista: il **diritto agli utili** (in quanto diritto al dividendo postula una delibera di distribuzione dell'assemblea ordinaria) e il **diritto alla quota di liquidazione** (che sorge solo dopo la realizzazione dell'attivo e la soddisfazione dei creditori, purché vi sia un residuo patrimoniale). • L'autonomia statutaria può coniare speciali categorie di azioni privilegiate sul versante dei diritti patrimoniali, quali le **azioni correlate** che consentono al socio di partecipare esclusivamente ad un determinato settore dell'attività sociale, in relazione al quale sopporterà le perdite e concorrerà agli utili.

2351. Diritto di voto.

Ogni azione attribuisce il diritto di voto.

Salvo quanto previsto dalle leggi speciali, lo statuto può prevedere la creazione di azioni senza diritto di voto, con diritto di voto limitato a particolari argomenti, con diritto di voto subordinato al verificarsi di particolari condizioni non meramente potestative. Il valore di tali azioni non può complessivamente superare la metà del capitale sociale.

Lo statuto può altresì prevedere che, in relazione alla quantità delle azioni possedute da uno stesso soggetto, il diritto di voto sia limitato a una misura massima o disporne scaglionamenti.

Salvo quanto previsto dalle leggi speciali, lo statuto può prevedere la creazione di azioni con diritto di voto plurimo anche per particolari argomenti o subordinato al verificarsi di particolari condizioni non meramente potestative. Ciascuna azione a voto plurimo può avere fino a un massimo di tre voti.

Gli strumenti finanziari di cui agli articoli 2346, sesto comma, e 2349, secondo comma, possono essere dotati del diritto di voto su argomenti specificamente indicati e in particolare può essere ad essi riservata, secondo modalità stabilite dallo statuto, la nomina di un componente indipendente del consiglio di amministrazione o del consiglio di sorveglianza o di un sindaco. Alle persone così nominate si applicano le medesime norme previste per gli altri componenti dell'organo cui partecipano.

• La norma sancisce il principio **"un'azione, un voto"**: il diritto di voto spetta al titolare dell'azione e in misura proporzionale al numero di azioni possedute. • Tale principio è **derogabile dall'autonomia statutaria** (es. azioni senza diritto di voto, con diritto di voto limitato a determinati argomenti ovvero subordinato all'avveramento di condizioni non meramente potestative), ma il valore di dette azioni non può eccedere – globalmente – la metà del capitale sociale. • Anche nelle s.p.a. chiuse è stata introdotta la facoltà di emettere azioni che attribuiscono un numero di voti maggiore di uno ma non superiore a tre **(voto plurimo)**.

2352. Pegno, usufrutto e sequestro delle azioni.

Nel caso di pegno o usufrutto sulle azioni, il diritto di voto spetta, salvo convenzione contraria, al creditore pignoratizio o all'usufruttuario. Nel caso di sequestro delle azioni il diritto di voto è esercitato dal custode.

Se le azioni attribuiscono un diritto di opzione, questo spetta al socio ed al medesimo sono attribuite le azioni in base ad esso sottoscritte. Qualora il socio non provveda almeno tre giorni prima della scadenza al versamento delle somme necessarie per l'esercizio del diritto di opzione e qualora gli altri soci non si offrano di acquistarlo, questo deve essere alienato per suo conto a mezzo banca od intermediario autorizzato alla negoziazione nei mercati regolamentati.

Nel caso di aumento del capitale sociale ai sensi dell'articolo 2442, il pegno, l'usufrutto o il sequestro si estendono alle azioni di nuova emissione.

Se sono richiesti versamenti sulle azioni, nel caso di pegno, il socio deve provvedere al versamento delle somme necessarie almeno tre giorni prima della scadenza; in mancanza il creditore pignoratizio può vendere le azioni nel modo stabilito dal secondo comma del presente articolo. Nel caso di usufrutto, l'usufruttuario deve provvedere al versamento, salvo il suo diritto alla restituzione al termine dell'usufrutto.

Se l'usufrutto spetta a più persone, si applica il secondo comma dell'articolo 2347.

Salvo che dal titolo o dal provvedimento del giudice risulti diversamente, i diritti amministrativi diversi da quelli previsti nel presente articolo spettano, nel caso di pegno o di usufrutto, sia al socio sia al creditore pignoratizio o all'usufruttuario; nel caso di sequestro sono esercitati dal custode.

• La norma pone una **deroga al principio di inscindibilità della partecipazione azionaria**. La pluralità dei soggetti interessati (socio, creditore pignoratizio, usufruttuario) impone di individuare il soggetto titolare dell'esercizio dei diritti sociali. Il **diritto di voto è attribuito al creditore pignoratizio o all'usufruttuario** perché costoro, oltre ad avere l'effettiva disponibilità delle azioni, sono interessati a partecipare alla società in forza del vincolo che li lega al socio. • Il **diritto di opzione**, invece, compete soltanto al socio che deve esercitarlo tramite l'usufruttuario o il creditore pignoratizio.

2353. Azioni di godimento.

Salvo diversa disposizione dello statuto, le azioni di godimento attribuite ai possessori delle azioni rimborsate non danno diritto di voto nell'assemblea. Esse concorrono nella ripartizione degli utili che residuano dopo il pagamento delle azioni non rimborsate di un dividendo pari all'interesse legale e, nel caso di liquidazione, nella ripartizione del patrimonio sociale residuo dopo il rimborso delle altre azioni al loro valore nominale.

• Le **azioni di godimento** sono attribuite ai possessori di azioni ordinarie, in sostituzione di esse, quando in seguito alla riduzione del capitale sociale ne sia stato **rimborsato il valore nominale**, sul presupposto che il valore dell'azione ordinaria sia superiore, al momento del rimborso, al valore nominale, in ragione delle riserve esistenti. • La previsione consente agli azionisti rimborsati di continuare a partecipare ai risultati utili della futura gestione dell'attività sociale. • Le azioni di godimento, salva diversa previsione statutaria, assicurano determinati diritti patrimoniali (partecipazione agli utili) ma sono prive del diritto di voto in assemblea.

2354. Titoli azionari.

I titoli possono essere nominativi o al portatore, a scelta del socio, se lo statuto o le leggi speciali non stabiliscono diversamente.

Finché le azioni non siano interamente liberate, non possono essere emessi titoli al portatore.

I titoli azionari devono indicare:

1) la denominazione e la sede della società;

2) la data dell'atto costitutivo e della sua iscrizione e l'ufficio del registro delle imprese dove la società è iscritta;

3) il loro valore nominale o, se si tratta di azioni senza valore nominale, il numero complessivo delle azioni emesse, nonché l'ammontare del capitale sociale;

4) l'ammontare dei versamenti parziali sulle azioni non interamente liberate;

5) i diritti e gli obblighi particolari ad essi inerenti.

I titoli azionari devono essere sottoscritti da uno degli amministratori. È valida la sottoscrizione mediante riproduzione meccanica della firma.

Le disposizioni di questo articolo si applicano anche ai certificati provvisori che si distribuiscono ai soci prima dell'emissione dei titoli definitivi.

Sono salve le disposizioni delle leggi speciali in tema di strumenti finanziari negoziati o destinati alla negoziazione nelle sedi di negoziazione.

Lo statuto può assoggettare le azioni alla disciplina prevista dalle leggi speciali di cui al precedente comma.

• Il legislatore ha elencato i **requisiti formali** dei titoli azionari e ha posto l'alternatività tra l'emissione di titoli azionari nominativi e al portatore; tuttavia già prima del 1942, è stato introdotto il **principio di nominatività obbligatoria** (= esclusione dell'anonimato), derogato solo dalla disciplina delle azioni di risparmio e di quelle emesse da SICAV. • La disciplina formale dettata per i titoli azionari si applica anche ai certificati provvisori che devono essere ritirati al momento del rilascio dei titoli definitivi: vige infatti, ai sensi dell'art. 2331, co. 5, il **divieto di emettere azioni prima dell'iscrizione della società nel registro delle imprese.**

2355. Circolazione delle azioni.

Nel caso di mancata emissione dei titoli azionari il trasferimento delle azioni ha effetto nei confronti della società dal momento dell'iscrizione nel libro dei soci.

Le azioni al portatore si trasferiscono con la consegna del titolo.

Il trasferimento delle azioni nominative si opera mediante girata autenticata da un notaio o da altro soggetto secondo quanto previsto dalle leggi speciali. Il giratario che si dimostra possessore in base a una serie continua di girate ha diritto di ottenere l'annotazione del trasferimento nel libro dei soci, ed è comunque legittimato ad esercitare i diritti sociali; resta salvo l'obbligo della società, previsto dalle leggi speciali, di aggiornare il libro dei soci.

Il trasferimento delle azioni nominative con mezzo diverso dalla girata si opera a norma dell'articolo 2022.

Nei casi previsti ai commi sesto e settimo dell'articolo 2354, il trasferimento si opera mediante scritturazione sui conti destinati a registrare i movimenti degli strumenti finanziari; in tal caso, se le azioni sono nominative, si applica il terzo comma e la scritturazione sul conto equivale alla girata.

• La norma regola le **modalità di trasferimento dei titoli azionari**; il regime di circolazione delle partecipazioni incorporate in titoli azionari risente delle rispettive leggi di circolazione. • Per le **azioni al portatore**, il possesso del documento è condizione necessaria e sufficiente per la legittimazione all'esercizio dei diritti sociali verso la società. • Anche le **azioni nominative**, al netto delle rare ipotesi di cessione mediante *transfert*, circolano con il semplice consenso che si manifesta con la girata piena autenticata; affinché il trasferimento sia efficace nei confronti della società occorre l'**iscrizione nel libro soci**.

2355 bis. Limiti alla circolazione delle azioni.

Nel caso di azioni nominative ed in quello di mancata emissione dei titoli azionari, lo statuto può sottoporre a particolari condizioni il loro trasferimento e può, per un periodo non superiore a cinque anni dalla costituzione della società o dal momento in cui il divieto viene introdotto, vietarne il trasferimento.

Le clausole dello statuto che subordinano il trasferimento delle azioni al mero gradimento di organi sociali o di altri soci sono inefficaci se non prevedono, a carico della società o degli altri soci, un obbligo di acquisto oppure il diritto di recesso dell'alienante; resta ferma l'applicazione dell'articolo 2357. Il corrispettivo dell'acquisto o rispettivamente la quota di liquidazione sono determinati secondo le modalità e nella misura previste dall'articolo 2437-ter.

La disposizione del precedente comma si applica in ogni ipotesi di clausole che sottopongono a particolari condizioni il trasferimento a causa di morte delle azioni, salvo che sia previsto il gradimento e questo sia concesso.

Le limitazioni al trasferimento delle azioni devono risultare dal titolo.

• La norma pone **deroghe al principio di libera trasferibilità dei titoli azionari**: si tratta di limiti di fonte legale e pattizia (statutaria o parasociale). • Le clausole che condizionano il trasferimento della partecipazione, oltre a quelle che limitano le alienazioni *mortis causa*, possono essere di **prelazione** (quando impongono al socio che intende alienarle di offrirle preventivamente agli altri appartenenti alla compagine) e di **gradimento mero o non mero** (quando il trasferimento è subordinato a determinate qualità personali dell'acquirente, ovvero al *placet* di un organo sociale o dei soci).

2356. Responsabilità in caso di trasferimento di azioni non liberate.

Coloro che hanno trasferito azioni non liberate sono obbligati in solido con gli acquirenti per l'ammontare dei versamenti ancora dovuti, per il periodo di tre anni dall'annotazione del trasferimento nel libro dei soci.

Il pagamento non può essere ad essi domandato se non nel caso in cui la richiesta al possessore dell'azione sia rimasta infruttuosa.

• Dalla norma si desume la possibilità che le azioni vengano trasferite anche se non integralmente liberate; in tale eventualità, al fine di assicurare l'**integrità del capitale sottoscritto**, alla società deve comunque essere garantito il **versamento dei conferimenti dovuti.** • La **responsabilità solidale dell'alienante con l'acquirente**, però, è limitata nel tempo e sussidiaria, con la conseguenza che la società può pretendere il pagamento delle somme ancora dovute dall'alienante solo ove non sia riuscita ad ottenerne il versamento da parte dell'acquirente.

2357. Acquisto delle proprie azioni.

La società non può acquistare azioni proprie se non nei limiti degli utili distribuibili e delle riserve disponibili risultanti dall'ultimo bilancio regolarmente approvato. Possono essere acquistate soltanto azioni interamente liberate.

L'acquisto deve essere autorizzato dall'assemblea, la quale ne fissa le modalità, indicando in particolare il numero massimo di azioni da acquistare, la durata, non superiore ai diciotto mesi, per la quale l'autorizzazione è accordata, il corrispettivo minimo ed il corrispettivo massimo.

Il valore nominale delle azioni acquistate a norma del primo e secondo comma dalle società che fanno ricorso al mercato del capitale di rischio non può eccedere la quinta parte del capitale sociale, tenendosi conto a tal fine anche delle azioni possedute da società controllate.

Le azioni acquistate in violazione dei commi precedenti debbono essere alienate secondo modalità da determinarsi dall'assemblea, entro un anno dal loro acquisto. In mancanza, deve procedersi senza indugio al loro annullamento e alla corrispondente riduzione del capitale. Qualora l'assemblea non provveda, gli amministratori e i sindaci devono chiedere che la riduzione sia disposta dal tribunale secondo il procedimento previsto dall'articolo 2446, secondo comma.

Le disposizioni del presente articolo si applicano anche agli acquisti fatti per tramite di società fiduciaria o per interposta persona.

• Con minor rigore rispetto al divieto di sottoscrizione, la norma ammette la possibilità che, stante la spersonalizzazione delle partecipazioni azionarie, la società diventi socia di se stessa. • L'**acquisto di azioni proprie** è circondato da una serie di **limiti e cautele** (autorizzazione dell'assemblea, non eccedenza dell'ammontare degli utili distribuibili e delle riserve disponibili, etc.) volte ad assicurare la **trasparenza dell'operazione,** la quale influisce direttamente sulla determinazione dell'ammontare del capitale sociale. • I limiti all'acquisto sono estesi anche alle ipotesi di acquisto indiretto, fatto tramite società fiduciaria o per interposta persona.

2357 bis. Casi speciali di acquisto delle proprie azioni.

Le limitazioni contenute nell'articolo 2357 non si applicano quando l'acquisto di azioni proprie avvenga:

1) in esecuzione di una deliberazione dell'assemblea di riduzione del capitale, da attuarsi mediante riscatto e annullamento di azioni;

2) a titolo gratuito, sempre che si tratti di azioni interamente liberate;

3) per effetto di successione universale o di fusione o scissione;

4) in occasione di esecuzione forzata per il soddisfacimento di un credito della società, sempre che si tratti di azioni interamente liberate.

Se il valore nominale delle azioni proprie supera il limite della quinta parte del capitale per effetto di acquisti avvenuti a norma dei numeri 2), 3) e 4) del primo comma del presente articolo, si applica per l'eccedenza il penultimo comma dell'articolo 2357, ma il termine entro il quale deve avvenire l'alienazione è di tre anni.

• La norma pone una serie di **deroghe** totali e parziali alla disciplina generale restrittiva dell'acquisto di azioni proprie. • Sono elencate alcune ipotesi (riduzione del capitale sociale, fusione, scissione, acquisto delle azioni a titolo gratuito, ecc.) in cui non devono essere rispettati i vincoli per l'acquisto di azioni proprie dal momento che rispetto ad esse minore è il rischio di un annacquamento del capitale sociale. • Sebbene le diverse fattispecie non siano riconducibili ad una giustificazione comune, il legislatore ritiene che esse si attuino in trasparenza e dunque le regolamenta con minor rigore.

2357 ter. Disciplina delle proprie azioni.

Gli amministratori non possono disporre delle azioni acquistate a norma dei due articoli precedenti se non previa autorizzazione dell'assemblea, la quale deve stabilire le relative modalità. A tal fine possono essere previste, nei limiti stabiliti dal primo e secondo comma dell'articolo 2357, operazioni successive di acquisto ed alienazione.

Finché le azioni restano in proprietà della società, il diritto agli utili e il diritto di opzione sono attribuiti proporzionalmente alle altre azioni. Il diritto di voto è sospeso, ma le azioni proprie sono tuttavia computate ai fini del calcolo delle maggioranze e delle quote richieste per la costituzione e per le deliberazioni dell'assemblea. Nelle società che fanno ricorso al mercato del capitale di rischio il computo delle azioni proprie è disciplinato dall'articolo 2368, terzo comma.

L'acquisto di azioni proprie comporta una riduzione del patrimonio netto di eguale importo, tramite l'iscrizione nel passivo del bilancio di una specifica voce, con segno negativo.

• La disciplina del regime delle azioni proprie impedisce che gli amministratori o il gruppo di comando approfittino di posizioni di vantaggio a discapito della compagine sociale. • Tale obiettivo è perseguito attraverso la previsione **di limiti ai poteri dispositivi degli amministratori** e mediante la **sterilizzazione dei diritti amministrativi**: le azioni proprie in portafoglio sono però computate ai fini della determinazione dei *quorum* costitutivi e deliberativi dell'assemblea, nonché per il raggiungimento delle soglie di capitale richieste per l'esercizio di determinati diritti da parte dei soci, oltre che per calcolare l'ammontare degli utili da accantonare a riserva.

2357 quater. Divieto di sottoscrizione delle proprie azioni.

Salvo quanto previsto dall'articolo 2357-ter, secondo comma, la società non può sottoscrivere azioni proprie.

Le azioni sottoscritte in violazione del divieto stabilito nel precedente comma si intendono sottoscritte e devono essere liberate dai promotori e dai soci fondatori o, in caso di aumento del capitale sociale, dagli amministratori. La presente disposizione non si applica a chi dimostri di essere esente da colpa.

Chiunque abbia sottoscritto in nome proprio, ma per conto della società, azioni di quest'ultima è considerato a tutti gli effetti sottoscrittore per conto proprio. Della liberazione delle azioni rispondono solidalmente, a meno che dimostrino di essere esenti da colpa, i promotori, i soci fondatori e, nel caso di aumento del capitale sociale, gli amministratori.

• La norma mira a garantire l'**integrità del capitale sociale** e l'**effettività dei conferimenti**, a tutela dei creditori sociali. • Essa pone un divieto assoluto, la cui violazione è diversamente disciplinata, rispetto ai soggetti obbligati, a seconda che si tratti di **sottoscrizione diretta** o di **sottoscrizione indiretta**. • Nel primo caso, i promotori, fondatori, o gli amministratori (in caso di aumento di capitale) diventano titolari delle azioni e su di essi grava l'obbligo di effettuare i conferimenti corrispondenti; nel secondo caso, è il terzo stesso che si considera sottoscrittore e obbligato per i versamenti dovuti.

2358. Altre operazioni sulle proprie azioni.

La società non può, direttamente o indirettamente, accordare prestiti, né fornire garanzie per l'acquisto o la sottoscrizione delle proprie azioni, se non alle condizioni previste dal presente articolo.

Tali operazioni sono preventivamente autorizzate dall'assemblea straordinaria.

Gli amministratori della società predispongono una relazione che illustri, sotto il profilo giuridico ed economico, l'operazione, descrivendone le condizioni, evidenziando le ragioni e gli obiettivi imprenditoriali che la giustificano, lo specifico interesse che l'operazione presenta per la società, i rischi che essa comporta per la liquidità e la solvibilità della società ed indicando il prezzo al quale il terzo acquisirà le azioni. Nella relazione gli amministratori attestano altresì che l'operazione ha luogo a condizioni di mercato, in particolare per quanto riguarda le garanzie prestate e il tasso di interesse praticato per il rimborso del finanziamento, e che il merito di credito della controparte è stato debitamente valutato. La relazione è depositata presso la sede della società durante i trenta giorni che precedono l'assemblea. Il verbale dell'assemblea, corredato dalla relazione degli amministratori, è depositato entro trenta giorni per l'iscrizione nel registro delle imprese.

In deroga all'articolo 2357-ter, quando le somme o le garanzie fornite ai sensi del presente articolo sono utilizzate per l'acquisto di azioni detenute dalla società ai sensi dell'articolo 2357 e 2357-bis l'assemblea straordinaria autorizza gli amministratori a disporre di tali azioni con la delibera di cui al secondo comma. Il prezzo di acquisto delle azioni è determinato secondo i criteri di cui all'articolo 2437-ter, secondo comma. Nel caso di azioni negoziate in un mercato regolamentato il prezzo di acquisto è pari almeno al prezzo medio ponderato al quale le azioni sono state negoziate nei sei mesi che precedono la pubblicazione dell'avviso di convocazione dell'assemblea.

Qualora la società accordi prestiti o fornisca garanzie per l'acquisto o la sottoscrizione delle azioni proprie a singoli amministratori della società o della controllante o alla stessa controllante ovvero a terzi che agiscono in nome proprio e per conto dei predetti soggetti, la relazione di cui al terzo comma attesta altresì che l'operazione realizza al meglio l'interesse della società.

L'importo complessivo delle somme impiegate e delle garanzie fornite ai sensi del presente articolo non può eccedere il limite degli utili distribuibili e delle riserve disponibili risultanti dall'ultimo bilancio regolarmente approvato, tenuto conto anche dell'eventuale acquisto di proprie azioni ai sensi dell'articolo 2357. Una riserva indisponibile pari all'importo complessivo delle somme impiegate e delle garanzie fornite è iscritta al passivo del bilancio.

La società non può, neppure per tramite di società fiduciaria, o per interposta persona, accettare azioni proprie in garanzia.

Salvo quanto previsto dal comma sesto, le disposizioni del presente articolo non si applicano alle operazioni effettuate per favorire l'acquisto di azioni da parte di dipendenti della società o di quelli di società controllanti o controllate.

Resta salvo quanto previsto dagli articoli 2391-bis e 2501-bis.

• **Il divieto di concedere prestiti o fornire garanzie per l'acquisto di azioni proprie non è assoluto**: è infatti previsto, in alcuni casi, che l'operazione di assistenza finanziaria possa ritenersi ammissibile e concorra ad accrescere la flessibilità delle strutture societarie in caso di rimodulazione degli assetti proprietari, purché si eviti che gli amministratori, la cui nomina è espressione del gruppo di comando, attuino con risorse economiche della società mutamenti nella composizione della compagine azionaria per consolidare la loro posizione di potere. • Continua a conservare carattere di assolutezza il **divieto di accettazione in garanzia di azioni proprie**.

2359. Società controllate e società collegate.

Sono considerate società controllate:

1) le società in cui un'altra società dispone della maggioranza dei voti esercitabili nell'assemblea ordinaria;

2) le società in cui un'altra società dispone di voti sufficienti per esercitare un'influenza dominante nell'assemblea ordinaria;

3) le società che sono sotto influenza dominante di un'altra società in virtù di particolari vincoli contrattuali con essa.

Ai fini dell'applicazione dei numeri 1) e 2) del primo comma si computano anche i voti spettanti a società controllate, a società fiduciarie e a persona interposta: non si computano i voti spettanti per conto di terzi.

Sono considerate collegate le società sulle quali un'altra società esercita un'influenza notevole. L'influenza si presume quando nell'assemblea ordinaria può essere esercitato almeno un quinto dei voti ovvero un decimo se la società ha azioni quotate in mercati regolamentati.

• La norma identifica i criteri necessari all'individuazione dell'esistenza dei rapporti di controllo e collegamento tra le società, al fine di chiarire i profili connessi all'operazione di acquisto di azioni appartenenti ad altre società (redazione del bilancio, rappresentanza in assemblea, partecipazioni incrociate, gruppi di società). • Sebbene questa disposizione non contenga l'unica nozione di società controllata accolta dall'ordinamento (leggi speciali: disciplina *antitrust*, SGR, SIM, società bancarie e assicurative, società quotate), il minimo comune denominatore delle tre ipotesi contemplate risiede nella **influenza dominante sulla gestione.**

2359 bis. Acquisto di azioni o quote da parte di società controllate.

La società controllata non può acquistare azioni o quote della società controllante se non nei limiti degli utili distribuibili e delle riserve disponibili risultanti dall'ultimo bilancio regolarmente approvato. Possono essere acquistate soltanto azioni interamente liberate.

L'acquisto deve essere autorizzato dall'assemblea a norma del secondo comma dell'articolo 2357.

In nessun caso il valore nominale delle azioni acquistate a norma dei commi primo e secondo può eccedere la quinta parte del capitale della società controllante qualora questa sia una società che faccia ricorso al mercato del capitale di rischio, tenendosi conto a tal fine delle azioni possedute dalla medesima società controllante o dalle società da essa controllate.

Una riserva indisponibile, pari all'importo delle azioni o quote della società controllante iscritto all'attivo del bilancio deve essere costituita e mantenuta finché le azioni o quote non siano trasferite.

La società controllata da altra società non può esercitare il diritto di voto nelle assemblee di questa.

Le disposizioni di questo articolo si applicano anche agli acquisti fatti per il tramite di società fiduciaria o per interposta persona.

• La norma disciplina il caso in cui la società controllata acquisti azioni o quote emesse dalla società controllante. • L'acquisto è consentito a condizione che vengano rispettate determinate **limitazioni qualitative e quantitative** (ammontare degli utili distribuibili e delle riserve, autorizzazione assembleare, compiuto versamento dei conferimenti dovuti). • È altresì prevista l'iscrizione nel passivo dello stato patrimoniale di una riserva disponibile nel bilancio della società acquirente che dovrà essere mantenuta finché le azioni non saranno alienate.

2359 ter. Alienazione o annullamento delle azioni o quote della società controllante.

Le azioni o quote acquistate in violazione dell'articolo 2359-bis devono essere alienate secondo modalità da determinarsi dall'assemblea entro un anno dal loro acquisto.

In mancanza, la società controllante deve procedere senza indugio al loro annullamento e alla corrispondente riduzione del capitale, con rimborso secondo i criteri indicati dagli articoli 2437-ter e 2437-quater. Qualora l'assemblea non provveda, gli amministratori e i sindaci devono chiedere che la riduzione sia disposta dal tribunale secondo il procedimento previsto dall'articolo 2446, secondo comma.

• La norma disciplina il caso in cui le azioni o le quote della controllante vengano acquistate in violazione dei limiti imposti dalla legge. • Ne consegue che la società acquirente è obbligata a trasferire le azioni oggetto dell'operazione e, se non vi provvede, sarà la società controllante ad annullare le azioni e a ridurre il capitale sociale per un ammontare corrispondente. • Le limitazioni poste a tali operazioni sono infatti funzionali ad **evitare pregiudizi all'integrità del capitale sociale**.

2359 quater. Casi speciali di acquisto o di possesso di azioni o quote della società controllante.

Le limitazioni dell'articolo 2359-bis non si applicano quando l'acquisto avvenga ai sensi dei numeri 2, 3 e 4 del primo comma dell'articolo 2357-bis.

Le azioni o quote così acquistate, che superino il limite stabilito dal terzo comma dell'articolo 2359-bis, devono tuttavia essere alienate, secondo modalità da determinarsi dall'assemblea, entro tre anni dall'acquisto. Si applica il secondo comma dell'articolo 2359-ter.

Se il limite indicato dal terzo comma dell'articolo 2359-bis è superato per effetto di circostanze sopravvenute, la società controllante, entro tre anni dal momento in cui si è verificata la circostanza che ha determinato il superamento del limite, deve procedere all'annullamento delle azioni o quote in misura proporzionale a quelle possedute da ciascuna società, con conseguente riduzione del capitale e con rimborso alle società controllate secondo i criteri indicati dagli articoli 2437-ter e 2437-quater. Qualora l'assemblea non provveda, gli amministratori e i sindaci devono chiedere che la riduzione sia disposta dal tribunale secondo il procedimento previsto dall'articolo 2446, secondo comma.

• La società controllata può disattendere i vincoli imposti dall'art. 2359-*bis* quando l'acquisto di azioni della controllante avvenga secondo **modalità tali da non arrecare pregiudizio all'integrità del capitale sociale.** • Nonostante tali deroghe, è stabilita la necessità di osservare comunque il limite quantitativo con la conseguenza che, se la società controllata elude il rispetto di tale soglia, le azioni eccedenti dovranno essere trasferite entro tre anni. Una volta che tale termine sia inutilmente scaduto, dovrà procedersi all'annullamento delle azioni.

2359 quinquies. Sottoscrizione di azioni o quote della società controllante.

La società controllata non può sottoscrivere azioni o quote della società controllante.

Le azioni o quote sottoscritte in violazione del comma precedente si intendono sottoscritte e devono essere liberate dagli amministratori, che non dimostrino di essere esenti da colpa.

Chiunque abbia sottoscritto in nome proprio, ma per conto della società controllata, azioni o quote della società controllante è considerato a tutti gli effetti sottoscrittore per conto proprio. Della liberazione delle azioni o quote rispondono solidalmente gli amministratori della società controllata che non dimostrino di essere esenti da colpa.

• Il legislatore vieta alla società controllata di sottoscrivere azioni o quote appartenenti alla società controllante: nel caso in cui la sottoscrizione sia ugualmente compiuta, la norma fa ricadere la responsabilità sugli **amministratori**. • Nell'eventualità in cui le azioni o le quote risultino oggetto di una sottoscrizione indiretta, è previsto che il terzo sia considerato sottoscrittore e dunque responsabile per i versamenti dovuti. • Nel caso in cui questi non adempia, scatta la **responsabilità solidale degli amministratori**, i quali, a meno che non dimostrino di essere esenti da colpa, sono tenuti a conferire il residuo.

2360. Divieto di sottoscrizione reciproca di azioni.

È vietato alle società di costituire o di aumentare il capitale mediante sottoscrizione reciproca di azioni, anche per tramite di società fiduciaria o per interposta persona.

• La sottoscrizione reciproca di azioni risulta integrata allorquando una società sottoscrive o acquista – in via diretta o indiretta - azioni di cui sia titolare un'altra società che, a sua volta, sia socia della prima; in questo caso, la stessa somma andrebbe a formare il capitale di più società cui non corrisponde un patrimonio effettivo. • Pertanto, il divieto posto dalla norma è assoluto e assicura l'**effettività del capitale sociale**, evitando una moltiplicazione fittizia della ricchezza, siccome aumenterebbe solo il capitale sociale nominale delle due società, ma non il rispettivo capitale reale.

2361. Partecipazioni.

L'assunzione di partecipazioni in altre imprese, anche se prevista genericamente nello statuto, non è consentita, se per la misura e per l'oggetto della partecipazione ne risulta sostanzialmente modificato l'oggetto sociale determinato dallo statuto.

L'assunzione di partecipazioni in altre imprese comportante una responsabilità illimitata per le obbligazioni delle medesime deve essere deliberata dall'assemblea; di tali partecipazioni gli amministratori danno specifica informazione nella nota integrativa del bilancio.

• In linea di principio, **le società possono liberamente acquistare partecipazioni appartenenti ad altre società o imprese di carattere non societario** e ciò rappresenta uno dei principali strumenti tramite i quali si manifesta il fenomeno dei gruppi di società. • Il primo comma della disposizione conferma la necessità della coincidenza sostanziale tra l'oggetto sociale della società partecipata e quello della partecipante, a meno che l'oggetto sociale non sia rappresentato proprio dall'assunzione di partecipazioni in altre società. • Il secondo comma ammette invece espressamente la partecipazione di società di capitali in società di persone, che però deve essere **deliberata dall'assemblea ordinaria** quando comporta la responsabilità illimitata per le obbligazioni della partecipata.

2362. Unico azionista.

Quando le azioni risultano appartenere ad una sola persona o muta la persona dell'unico socio, gli amministratori devono depositare per l'iscrizione del registro delle imprese una dichiarazione contenente l'indicazione del cognome e nome o della denominazione, della data e del luogo di nascita o lo Stato di costituzione, del domicilio o della sede e cittadinanza dell'unico socio.

Quando si costituisce o ricostituisce la pluralità dei soci, gli amministratori ne devono depositare apposita dichiarazione per l'iscrizione nel registro delle imprese.

L'unico socio o colui che cessa di essere tale può provvedere alla pubblicità prevista nei commi precedenti.

Le dichiarazioni degli amministratori previste dai precedenti commi devono essere depositate entro trenta giorni dall'iscrizione nel libro dei soci e devono indicare la data di iscrizione.

I contratti della società con l'unico socio o le operazioni a favore dell'unico socio sono opponibili ai creditori della società solo se risultano dal libro delle adunanze e delle deliberazioni del consiglio di amministrazione o da atto scritto avente data certa anteriore al pignoramento.

• La norma contiene una **deroga alla regola dell'autonomia patrimoniale perfetta** per l'ipotesi di omissione degli adempimenti pubblicitari relativi alle vicende della società unipersonale: in caso di insolvenza della società, l'unico socio è assoggettato a responsabilità illimitata e questa si estende anche alle obbligazioni sociali sorte nel periodo in cui delle azioni sia stato titolare un unico soggetto. • La deroga riguarda tanto l'**unipersonalità originaria** della società quanto quella **sopravvenuta**: la responsabilità personale dell'unico azionista si affianca a quella della società, senza che si attui una confusione dei rispettivi patrimoni. • L'ultimo comma è finalizzato a garantire la **trasparenza dei rapporti che intercorrono tra la società e l'unico socio**, scongiurando il rischio di operazioni in conflitto di interessi e di svuotamento del patrimonio della società, come strumento di garanzia dei terzi e/o dei creditori.

Sezione VI
Dell'assemblea

2363. Luogo di convocazione dell'assemblea.

L'assemblea è convocata nel comune dove ha sede la società, se lo statuto non dispone diversamente.

L'assemblea è ordinaria o straordinaria.

• L'art. 2363 consente che, laddove manchi una specifica disposizione statutaria, l'assemblea possa essere **convocata nel comune dove ha sede la società**, superando così, il riferimento, presente nella precedente disciplina, alla sola "sede sociale". • L'indicazione che l'assemblea debba essere convocata nel comune in cui ha sede la società (e non in uno specifico luogo predeterminato) permette agli amministratori di poter far fronte ad inconvenienti temporanei nonché ad esigenze contingenti, il cui verificarsi potrebbe compromettere l'effettivo esercizio da parte dei soci del diritto di intervento.

2364. Assemblea ordinaria nelle società prive di consiglio di sorveglianza.

Nelle società prive di consiglio di sorveglianza, l'assemblea ordinaria:

1) approva il bilancio;

2) nomina e revoca gli amministratori; nomina i sindaci e il presidente del collegio sindacale e, quando previsto, il soggetto incaricato di effettuare la revisione legale dei conti;

3) determina il compenso degli amministratori e dei sindaci, se non è stabilito dallo statuto;

4) delibera sulla responsabilità degli amministratori e dei sindaci;

5) delibera sugli altri oggetti attribuiti dalla legge alla competenza dell'assemblea, nonché sulle autorizzazioni eventualmente richieste dallo statuto per il compimento di atti degli amministratori, ferma in ogni caso la responsabilità di questi per gli atti compiuti;

6) approva l'eventuale regolamento dei lavori assembleari.

L'assemblea ordinaria deve essere convocata almeno una volta l'anno, entro il termine stabilito dallo statuto e comunque non superiore a centoventi giorni dalla chiusura dell'esercizio sociale. Lo statuto può prevedere un maggior termine, comunque non superiore a centottanta giorni, nel caso di società tenute alla redazione del bilancio consolidato ovvero quando lo richiedono particolari esigenze relative alla struttura ed all'oggetto della società; in questi casi gli amministratori segnalano nella relazione prevista dall'articolo 2428 le ragioni della dilazione.

• Anche dopo la riforma del diritto societario del 2003, rimane immutata la **distinzione tra assemblea ordinaria ed assemblea straordinaria**, la quale poggia, come in passato, sulle **materie oggetto di deliberazione**, nel senso che di norma competono all'assemblea straordinaria decisioni con effetti di una certa rilevanza. • Avendo la riforma diversificato i modelli di *governance* affiancando al sistema tradizionale altri due sistemi (dualistico e monistico), la norma in esame delinea, pertanto, le **competenze dell'assemblea ordinaria** nel sistema tradizionale, privo cioè del consiglio di sorveglianza, competenze che rimangono sostanzialmente invariate. • La modifica più rilevante attiene, invece, all'eliminazione della facoltà, in passato prevista, di un coinvolgimento assembleare da parte degli amministratori su questioni attinenti alla gestione. Il nuovo art. 2364, co. 1, n. 5, consente, infatti, la partecipazione dell'organo assembleare ad **atti di natura gestoria** solo qualora lo statuto lo preveda espressamente.

2364 bis. Assemblea ordinaria nelle società con consiglio di sorveglianza.

Nelle società ove è previsto il consiglio di sorveglianza, l'assemblea ordinaria:

1) nomina e revoca i consiglieri di sorveglianza;

2) determina il compenso ad essi spettante, se non è stabilito nello statuto;

3) delibera sulla responsabilità dei consiglieri di sorveglianza;

4) delibera sulla distribuzione degli utili;

5) nomina il soggetto incaricato di effettuare la revisione legale dei conti.

Si applica il secondo comma dell'articolo 2364.

• Con il sistema dualistico, mutuato dal modello di gestione dagli esempi dei vigenti ordinamenti tedeschi e francesi, il legislatore italiano ha introdotto la possibilità di affidare ad un organo (consiglio di sorveglianza), che si interpone tra l'assemblea e gli amministratori, competenze, da un lato, esclusive dei soci, dall'altro, tipiche del collegio sindacale. • Il **consiglio di sorveglianza** riunisce, quindi, in sé funzioni riservate, nel sistema tradizionale, all'organo assembleare, come l'approvazione del bilancio, nomina e revoca degli amministratori, e funzioni proprie dell'organo di controllo, quali il potere/dovere di vigilare sulla legalità ed efficienza dell'azione amministrativa interna.

2365. Assemblea straordinaria.

L'assemblea straordinaria delibera sulle modificazioni dello statuto, sulla nomina, sulla sostituzione e sui poteri dei liquidatori e su ogni altra materia espressamente attribuita dalla legge alla sua competenza.

Fermo quanto disposto dagli articoli 2420-ter e 2443, lo statuto può attribuire alla competenza dell'organo amministrativo o del consiglio di sorveglianza o del consiglio di gestione le deliberazioni concernenti la fusione nei casi previsti dagli articoli 2505 e 2505-bis, l'istituzione o la soppressione di sedi secondarie, la indicazione di quali tra gli amministratori hanno la rappresentanza della società, la riduzione del capitale in caso di recesso del socio, gli adeguamenti dello statuto a disposizioni normative, il trasferimento della sede sociale nel territorio nazionale. Si applica in ogni caso l'articolo 2436.

• L'assemblea straordinaria delibera, principalmente, sulle **modificazioni dello statuto**, dovendosi intendere per statuto il documento contenente le prescrizioni di carattere organizzativo relative al funzionamento interno della società. Anche se la riforma del 2003 ha ampliato la facoltà di demandare alla competenza degli amministratori la decisione su materie rilevanti (v., ad esempio, fusione nei casi previsti dagli artt. 2505 e 2505-*bis*, l'istituzione o la soppressione di sedi secondarie). • All'assemblea straordinaria **competono, infine, le decisioni** in caso di nomina e sostituzione dei liquidatori, sui loro poteri e su ogni altra materia espressamente attribuita dalla legge alla sua competenza.

2366. Formalità per la convocazione.

L'assemblea è convocata dall'amministratore unico, dal consiglio di amministrazione o dal consiglio di gestione mediante avviso contenente l'indicazione del giorno, dell'ora e del luogo dell'adunanza e l'elenco delle materie da trattare.

L'avviso deve essere pubblicato nella Gazzetta Ufficiale della Repubblica o in almeno un quotidiano indicato nello statuto almeno quindici giorni prima di quello fissato per l'assemblea. Se i quotidiani indicati nello statuto hanno cessato le pubblicazioni, l'avviso deve essere pubblicato nella Gazzetta Ufficiale. Per le società che fanno ricorso al mercato del capitale di rischio, le modalità di pubblicazione dell'avviso sono definite dalle leggi speciali.

Lo statuto delle società che non fanno ricorso al mercato del capitale di rischio può, in deroga al comma precedente, consentire la convocazione mediante avviso comunicato ai soci con mezzi che garantiscano la prova dell'avvenuto ricevimento almeno otto giorni prima dell'assemblea.

In mancanza delle formalità previste per la convocazione, l'assemblea si reputa regolarmente costituita, quando è rappresentato l'intero capitale sociale e partecipa all'assemblea la maggioranza dei componenti degli organi amministrativi e di controllo. Tuttavia in tale ipotesi ciascuno dei partecipanti può opporsi alla discussione degli argomenti sui quali non si ritenga sufficientemente informato.

Nell'ipotesi di cui al comma precedente, dovrà essere data tempestiva comunicazione delle deliberazioni assunte ai componenti degli organi amministrativi e di controllo non presenti.

• **L'avviso di convocazione** deve contenere le informazioni minime necessarie per consentire ai soci di partecipare in assemblea, indicando giorno, ora, luogo e materie da trattare. • L'assemblea può essere convocata dagli **amministratori** o dal consiglio di gestione. In alcuni casi la convocazione è obbligatoria (ad es. per l'approvazione del bilancio art. 2364). **In alternativa o in sostituzione degli amministratori** debbono provvedere alla convocazione i sindaci, mentre in altre ipotesi è lo stesso Tribunale che può disporre la convocazione (v. ad es. 2367). • Pur in mancanza delle formalità di convocazione, l'assemblea si considera regolarmente costituita quando risulta rappresentato **l'intero capitale sociale** e vi prenda parte la maggioranza dei componenti degli organi amministrativi e di controllo. In questo caso, l'assemblea potrà deliberare su qualsiasi argomento, anche non posto all'ordine del giorno, salvo il **diritto di opposizione** del socio che si ritenga sul punto non adeguatamente informato **(assemblea c.d. totalitaria).**

2367. Convocazione su richiesta di soci.

Gli amministratori o il consiglio di gestione devono convocare senza ritardo l'assemblea, quando ne è fatta domanda da tanti soci che rappresentino almeno il ventesimo del capitale sociale nelle società che fanno ricorso al mercato del capitale di rischio e il decimo del capitale sociale nelle altre o la minore percentuale prevista nello statuto, e nella domanda sono indicati gli argomenti da trattare.

Se gli amministratori o il consiglio di gestione, oppure in loro vece i sindaci o il consiglio di sorveglianza o il comitato per il controllo sulla gestione, non provvedono, il tribunale, sentiti i componenti degli organi amministrativi e di controllo, ove il rifiuto di provvedere risulti ingiustificato, ordina con decreto la convocazione dell'assemblea, designando la persona che deve presiederla.

La convocazione su richiesta di soci non è ammessa per argomenti sui quali l'assemblea delibera, a norma di legge, su proposta degli amministratori o sulla base di un progetto o di una relazione da essi predisposta.

• La convocazione su richiesta dei soci deve essere inquadrata nell'ottica della dialettica soci-amministratori. • La norma attribuisce al socio o i soci i quali rappresentino almeno un decimo del capitale sociale di richiedere agli amministratori la convocazione dell'assemblea con **specifica indicazione degli argomenti da trattare.** • **In caso di inerzia o rifiuto ingiustificato** da parte degli organi amministrativi e di controllo la norma consente al socio o soci di ricorrere al Tribunale che potrà, con decreto, disporre la convocazione dell'assemblea, designando la persona che dovrà presiederla. **La richiesta di convocazione è preclusa nei casi** in cui l'assemblea delibera su proposta degli amministratori o sulla base di un progetto o di una relazione da essi predisposta.

2368. Costituzione dell'assemblea e validità delle deliberazioni.

L'assemblea ordinaria è regolarmente costituita quando è rappresentata almeno la metà del capitale sociale, escluse dal computo le azioni prive del diritto di voto nell'assemblea medesima. Essa delibera a maggioranza assoluta, salvo che lo statuto richieda una maggioranza più elevata. Per la nomina alle cariche sociali lo statuto può stabilire norme particolari.

L'assemblea straordinaria delibera con il voto favorevole di più della metà del capitale sociale, se lo statuto non richiede una maggioranza più elevata. Nelle società che fanno ricorso al mercato del capitale di rischio l'assemblea straordinaria è regolarmente costituita quando è rappresentata almeno la metà del capitale sociale o la maggiore percentuale prevista dallo statuto e delibera con il voto favorevole di almeno i due terzi del capitale rappresentato in assemblea.

Salvo diversa disposizione di legge le azioni per le quali non può essere esercitato il diritto di voto sono computate ai fini della regolare costituzione dell'assemblea. Le medesime azioni e quelle per le quali il diritto di voto non è stato esercitato a seguito della dichiarazione del soggetto al quale spetta il diritto di voto di astenersi per conflitto di interessi non sono computate ai fini del calcolo della maggioranza e della quota di capitale richiesta per l'approvazione della deliberazione.

• Per la **validità delle deliberazioni** adottate dall'assemblea, sia essa ordinaria o straordinaria, devono essere rispettati sia il *quorum* costitutivo che il *quorum* deliberativo. • **Quorum costitutivo** è la parte di capitale sociale che deve essere rappresentata in assemblea perché questa sia regolarmente costituita e possa iniziare i lavori; ***quorum* deliberativo** è la parte del capitale sociale che si deve esprimere a favore di una determinata deliberazione perché questa sia approvata. • **Lo statuto può modificare i *quorum* deliberativi solo in aumento** e non in diminuzione, purché venga rispettato il principio maggioritario. Rimane invariato il potere concesso agli statuti di stabilire norme particolari per la **deliberazione di nomina alle cariche sociali**, in modo da assicurare la partecipazione della minoranza al consiglio di amministrazione.

2369. Seconda convocazione e convocazioni successive.

Se all'assemblea non è complessivamente rappresentata la parte di capitale richiesta dall'articolo precedente, l'assemblea deve essere nuovamente convocata. Salvo che lo statuto disponga diversamente, le assemblee delle società, diverse dalle società cooperative, che fanno ricorso al mercato del capitale di rischio, si tengono in unica convocazione alla quale si applicano, per l'assemblea ordinaria, le maggioranze indicate dal terzo e quarto comma, nonché dell'articolo 2368, primo comma, secondo periodo, e per l'assemblea straordinaria, le maggioranze previste dal settimo comma del presente articolo. Restano salve le disposizioni di legge o dello statuto che richiedono maggioranze più elevate per l'approvazione di talune deliberazioni.

Nell'avviso di convocazione dell'assemblea può essere fissato il giorno per la seconda convocazione. Questa non può aver luogo nello stesso giorno fissato per la prima. Se il giorno per la seconda convocazione non è indicato nell'avviso, l'assemblea deve essere riconvocata entro trenta giorni dalla data della prima, e il termine stabilito dal secondo comma dell'articolo 2366 è ridotto ad otto giorni.

In seconda convocazione l'assemblea ordinaria delibera sugli oggetti che avrebbero dovuto essere trattati nella prima, qualunque sia la parte di capitale rappresentata (1), e l'assemblea straordinaria è regolarmente costituita con la partecipazione di oltre un terzo del capitale sociale e delibera con il voto favorevole di almeno i due terzi del capitale rappresentato in assemblea.

Lo statuto può richiedere maggioranze più elevate, tranne che per l'approvazione del bilancio e per la nomina e la revoca delle cariche sociali.

Nelle società che non fanno ricorso al mercato del capitale di rischio è necessario, anche in seconda convocazione, il voto favorevole di (2) più di un terzo del capitale sociale per le deliberazioni concernenti il cambiamento dell'oggetto sociale, la trasformazione della società, lo scioglimento anticipato, la proroga della società, la revoca dello stato di liquidazione, il trasferimento della sede sociale all'estero e l'emissione delle azioni di cui al secondo comma dell'articolo 2351.

Lo statuto può prevedere eventuali ulteriori convocazioni dell'assemblea, alle quali si applicano le disposizioni del terzo, quarto e quinto comma.

Nelle società che fanno ricorso al mercato del capitale di rischio l'assemblea straordinaria è costituita, nelle convocazioni successive alla seconda, quando è rappresentato almeno un quinto del capitale sociale, salvo che lo statuto richieda una quota di capitale più elevata, e delibera con il voto favorevole di almeno i due terzi del capitale rappresentato in assemblea.

(1) Le parole "dai soci partecipanti" sono state soppresse dall'art. 1[4], d.lgs. 27/1/2010, n. 27.
(2) Le parole "tanti soci che rappresentino" sono state soppresse dall'art. 1[4], d.lgs. 27/1/2010, n. 27.

• Salvo diversa norma dello statuto, costituisce oggi regola legale per le assemblee di tutte le s.p.a., escluse quelle chiuse e cooperative, la previsione di un'unica convocazione e ciò per ragioni di risparmio di costi e semplificazione. Nelle altre s.p.a. invece può essere prevista un'ulteriore convocazione, purché vi sia assoluta identità tra gli argomenti da trattare tra la prima e seconda convocazione. • **In seconda convocazione l'assemblea ordinaria** delibererà, qualunque sia la parte di capitale rappresentata, evitando così un'eventuale paralisi decisionale dell'organo deliberativo. Per quanto riguarda, invece, **l'assemblea straordinaria**, la norma stabilisce una differenziazione fra *quorum* costitutivo e *quorum* deliberativo. • Il sesto comma dell'articolo consente oggi alla società di prevedere nello statuto anche **ulteriori convocazioni successive alla seconda**.

2369-bis. (1).

(1) Articolo abrogato dal d.lgs. 24/2/1998, n. 58. Il d.lgs. 17/1/2003, n. 6, disponendo (con l'art. 1[1]) la sostituzione del Libro V, Titolo V, Capo V, non ha più previsto il presente articolo.

2370. Diritto d'intervento all'assemblea ed esercizio del voto.
Possono intervenire all'assemblea coloro ai quali spetta il diritto di voto.

Lo statuto delle società le cui azioni non sono ammesse alla gestione accentrata, può richiedere il preventivo deposito delle azioni presso la sede sociale o presso le banche indicate nell'avviso di convocazione, fissando il termine entro il quale debbono essere depositate ed eventualmente prevedendo che non possano essere ritirate prima che l'assemblea abbia avuto luogo. Qualora le azioni emesse dalle società indicate al primo periodo siano diffuse fra il pubblico in misura rilevante il termine non può essere superiore a due giorni non festivi.

Se le azioni sono nominative, le società di cui al secondo comma provvedono all'iscrizione nel libro dei soci di coloro che hanno partecipato all'assemblea o che hanno effettuato il deposito.

Lo statuto può consentire l'intervento all'assemblea mediante mezzi di telecomunicazione ovvero l'espressione del voto per corrispondenza o in via elettronica. Chi esprime il voto per corrispondenza o in via elettronica si considera intervenuto all'assemblea.

Resta fermo quanto previsto dalle leggi speciali in materia di legittimazione all'intervento e all'esercizio del diritto di voto nell'assemblea nonché in materia di aggiornamento del libro soci nelle società con azioni ammesse alla gestione accentrata.

• La riforma del 2003 ha attribuito il diritto di intervento solo agli azionisti **titolari del diritto di voto**. Considerato che l'intervento è riconosciuto anche a soggetti non azionisti (es. usufruttuario, creditore pignoratizio, ecc.) la nuova formulazione dell'art. 2370, come innovata dal d.lgs. n. 27/2010, sostituisce il termine **"azionisti"** con la più generica espressione **"coloro ai quali spetta il diritto di voto"**. • Per partecipare in assemblea, non è più necessario il preventivo deposito delle azioni presso la sede della società. La legge obbliga, infine, al terzo comma, la società **all'iscrizione nel libro soci** di coloro che hanno partecipato all'assemblea. • L'art. 2370 riconosce, infine, alle società la facoltà di prevedere modalità di intervento con **mezzi di telecomunicazione** oppure la possibilità di esprimere il **voto per corrispondenza o in forma elettronica**.

2371. Presidenza dell'assemblea.
L'assemblea è presieduta dalla persona indicata nello statuto o, in mancanza, da quella eletta con il voto della maggioranza dei presenti. Il presidente è assistito da un segretario designato nello stesso modo. Il presidente dell'assemblea verifica la regolarità della costituzione, accerta l'identità e la legittimazione dei presenti, regola il suo svolgimento ed accerta i risultati delle votazioni; degli esiti di tali accertamenti deve essere dato conto nel verbale.

L'assistenza del segretario non è necessaria quando il verbale dell'assemblea è redatto da un notaio.

• Il nuovo art. 2371, come riformato dal d.lgs. n. 6/2003, considera il presidente dell'assemblea un organo con poteri autonomi e responsabilità. • Spetta al presidente verificare la regolarità delle **formalità di convocazione**, accertare **l'identità e la legittimazione** dei soci intervenuti, la regolarità delle deleghe ai sensi dell'art. 2372. Sempre al presidente compete il potere **di direzione nello svolgimento dei lavori**, individuare i soci legittimati ad esercitare il diritto di voto, dirigere le operazioni di voto ed **accertarne i risultati**. Infine, il presidente deve **sottoscrivere il verbale**, che va redatto secondo le prescrizioni indicate all'art. 2375 al cui commento si rinvia per la relativa disciplina. • La riforma lascia immutate le **modalità di nomina del presidente**, specificando la necessità della sua designazione statutaria o, in mancanza, dell'elezione da parte della maggioranza dei soci presenti.

2372. Rappresentanza nell'assemblea.
Coloro ai quali spetta il diritto di voto possono farsi rappresentare nell'assemblea salvo che, nelle società che non fanno ricorso al mercato del capitale di rischio e nelle società cooperative, lo statuto disponga diversamente. La rappresentanza deve essere conferita per iscritto e i documenti relativi devono essere conservati dalla società.

Nelle società che fanno ricorso al mercato del capitale di rischio la rappresentanza può essere conferita solo per singole assemblee, con effetto anche per le successive convocazioni, salvo che si tratti di procura generale o di procura conferita da una società, associazione, fondazione o altro ente collettivo o istituzione ad un proprio dipendente.

La delega non può essere rilasciata con il nome del rappresentante in bianco ed è sempre revocabile nonostante ogni patto contrario. Il rappresentante può farsi sostituire solo da chi sia espressamente indicato nella delega.

Se la rappresentanza è conferita ad una società, associazione, fondazione od altro ente collettivo o istituzione, questi possono delegare soltanto un proprio dipendente o collaboratore.

La rappresentanza non può essere conferita né ai membri degli organi amministrativi o di controllo o ai dipendenti della società, né alle società da essa controllate o ai membri degli organi amministrativi o di controllo o ai dipendenti di queste.

La stessa persona non può rappresentare in assemblea più di venti soci o, se si tratta di società previste nel secondo comma di questo articolo, più di cinquanta soci se la società ha capitale non superiore a cinque milioni di euro, più di cento soci se la società ha capitale superiore a cinque milioni di euro e non superiore a venticinque milioni di euro, e più di duecento soci se la società ha capitale superiore a venticinque milioni di euro.

Le disposizioni del quinto e del sesto comma di questo articolo si applicano anche nel caso di girata delle azioni per procura.

Le disposizioni del quinto e del sesto comma non si applicano alle società con azioni quotate nei mercati regolamentati diverse dalle società cooperative. Resta fermo quanto previsto dall'articolo 2539.

• L'art. 2372 riconosce a coloro che hanno diritto di voto in assemblea la facoltà di **farsi sostituire da altro socio o estraneo.** • La delega deve essere rilasciata per **iscritto, indicando il nome del delegato** e i relativi documenti devono essere conservati dalla società. • Per le **società aperte** la rappresentanza può essere conferita solo per singole assemblee, mentre per le **società chiuse** è ammissibile anche una procura generale societaria rilasciata per più assemblee. • Accanto ai requisiti formali, l'art. 2372 prevede poi alcune ipotesi di **incapacità soggettiva a ricoprire il ruolo di rappresentante** nonché **limiti quantitativi,** per cui il delegato non può rappresentare più di un determinato numero di soci in assemblea.

2373. Conflitto d'interessi.

La deliberazione approvata con il voto determinante di coloro che abbiano, per conto proprio o di terzi, un interesse in conflitto con quello della società è impugnabile a norma dell'articolo 2377 qualora possa recarle danno.

Gli amministratori non possono votare nelle deliberazioni riguardanti la loro responsabilità. I componenti del consiglio di gestione non possono votare nelle deliberazioni riguardanti la nomina, la revoca o la responsabilità dei consiglieri di sorveglianza.

• Sussiste una situazione di **conflitto di interessi** fra socio e società quando il socio si trova nella condizione di essere portatore, in occasione di una determinata deliberazione, di un **duplice interesse**: del proprio interesse quale socio, e, inoltre, di un interesse particolare esterno alla società; e siffatta duplicità di interesse è tale per cui egli non può realizzare l'uno se non sacrificando l'altro. • Perché venga annullata la delibera è necessario che ricorra il pericolo di danno alla società e il voto deve essere stato determinante al fine del raggiungimento del *quorum* deliberativo. • Il secondo comma dell'articolo prevede due ipotesi **tipiche di conflitto di interessi.** • È fatto **divieto agli amministratori** di votare nelle deliberazioni riguardanti la loro responsabilità, estendendolo anche ai componenti del consiglio di gestione in relazione alle delibere di nomina, revoca e responsabilità dei consiglieri di sorveglianza.

2374. Rinvio dell'assemblea.

I soci intervenuti che riuniscono un terzo del capitale rappresentato nell'assemblea, se dichiarano di non essere sufficientemente informati sugli oggetti posti in deliberazione, possono chiedere che l'assemblea sia rinviata a non oltre cinque giorni.

Questo diritto non può esercitarsi che una sola volta per lo stesso oggetto.

• La norma consente alla minoranza di soci di chiedere il rinvio dei lavori dell'assemblea al fine di potere acquisire le informazioni necessarie per poter esprimere un orientamento documentato ed un voto responsabile. Il rinvio può essere disposto massimo per **cinque giorni** e per una sola volta per lo stesso oggetto. • **Si tratta di diritto potestativo**, per cui una volta avanzata l'istanza e riscontrati i requisiti di legge, l'assemblea non potrà più proseguire e deliberare. L'istanza, motivata e specifica, deve essere indirizzata al presidente dell'assemblea.

2375. Verbale delle deliberazioni dell'assemblea.

Le deliberazioni dell'assemblea devono constare da verbale sottoscritto dal presidente e dal segretario o dal notaio. Il verbale deve indicare la data dell'assemblea e, anche in allegato, l'identità dei partecipanti e il capitale rappresentato da ciascuno; deve altresì indicare le modalità e il risultato delle votazioni e deve consentire, anche per allegato, l'identificazione dei soci favorevoli, astenuti o dissenzienti. Nel verbale devono essere riassunte, su richiesta dei soci, le loro dichiarazioni pertinenti all'ordine del giorno.

Il verbale dell'assemblea straordinaria deve essere redatto da un notaio.

Il verbale deve essere redatto senza ritardo, nei tempi necessari per la tempestiva esecuzione degli obblighi di deposito o di pubblicazione.

• Il **verbale** attiene alla fase di **documentazione dello svolgimento dell'assemblea**. La riforma del 2003 ha stabilito il principio di **analiticità** del verbale assembleare. Prescrive, infatti, la norma che dal verbale deve risultare: a) la data dell'assemblea che non necessariamente coincide con quella di redazione del verbale, b) l'identità dei partecipanti e la quota di capitale rappresentata da ciascuno; c) le modalità e il risultato delle votazioni nonché l'identificazione dei soci favorevoli, astenuti o dissenzienti. • La norma prevede poi che il verbale di assemblea ordinaria deve essere sottoscritto dal presidente e dal segretario. Il secondo comma stabilisce, invece, che il verbale dell'assemblea straordinaria deve essere redatto da **notaio**.

2376. Assemblee speciali.

Se esistono diverse categorie di azioni o strumenti finanziari che conferiscono diritti amministrativi, le deliberazioni dell'assemblea, che pregiudicano i diritti di una di esse, devono essere approvate anche dall'assemblea speciale degli appartenenti alla categoria interessata.

Alle assemblee speciali si applicano le disposizioni relative alle assemblee straordinarie.

Quando le azioni o gli strumenti finanziari sono ammessi al sistema di gestione accentrata la legittimazione all'intervento e al voto nella relativa assemblea è disciplinata dalle leggi speciali.

• Per **assemblea speciale**, da contrapporre a quella generale, deve intendersi l'assemblea in cui a discutere e votare siano solo gli azionisti titolari di una determinata categoria di azioni. • L'assemblea speciale è un **organo della società**, il cui svolgimento è regolato secondo le norme che disciplinano il funzionamento delle assemblee straordinarie. • L'art. 2376 si occupa esclusivamente del rapporto tra assemblea generale e quella speciale quando vengono lesi i diritti degli azionisti titolari di categoria. Stabilisce, infatti, la norma che la deliberazione **lesiva dei diritti** di categoria, per essere efficace, deve essere approvata anche dall'assemblea speciale.

2377. Annullabilità delle deliberazioni.

Le deliberazioni dell'assemblea, prese in conformità della legge e dell'atto sostitutivo, vincolano tutti i soci, ancorché non intervenuti o dissenzienti.

Le deliberazioni che non sono prese in conformità della legge o dello statuto possono essere impugnate dai soci assenti, dissenzienti od astenuti, dagli amministratori, dal consiglio di sorveglianza e dal collegio sindacale.

L'impugnazione può essere proposta dai soci quando possiedono tante azioni aventi diritto di voto con riferimento alla deliberazione che rappresentino, anche congiuntamente, l'uno per mille del capitale sociale nelle società che fanno ricorso al mercato del capitale di rischio e il cinque per cento nelle altre; lo statuto può ridurre o escludere questo requisito. Per l'impugnazione delle deliberazioni delle assemblee speciali queste percentuali sono riferite al capitale rappresentato dalle azioni della categoria.

I soci che non rappresentano la parte di capitale indicata nel comma precedente e quelli che, in quanto privi di voto, non sono legittimati a proporre l'impugnativa hanno diritto al risarcimento del danno loro cagionato dalla non conformità della deliberazione alla legge o allo statuto.

La deliberazione non può essere annullata:

1) per la partecipazione all'assemblea di persone non legittimate, salvo che tale partecipazione sia stata determinante ai fini della regolare costituzione dell'assemblea a norma degli articoli 2368 e 2369;

2) per l'invalidità di singoli voti o per il loro errato conteggio, salvo che il voto invalido o l'errore di conteggio siano stati determinanti ai fini del raggiungimento della maggioranza richiesta;

3) per l'incompletezza o l'inesattezza del verbale, salvo che impediscano l'accertamento del contenuto, degli effetti e della validità della deliberazione.

L'impugnazione o la domanda di risarcimento del danno sono proposte nel termine di novanta giorni dalla data della deliberazione, ovvero, se questa è soggetta ad iscrizione nel registro delle imprese, entro novanta giorni dall'iscrizione o, se è soggetta solo a deposito presso l'ufficio del registro delle imprese, entro novanta giorni dalla data di questo.

L'annullamento della deliberazione ha effetto rispetto a tutti i soci ed obbliga gli amministratori, il consiglio di sorveglianza e il consiglio di gestione a prendere i conseguenti provvedimenti sotto la propria responsabilità. In ogni caso sono salvi i diritti acquistati in buona fede dai terzi in base ad atti compiuti in esecuzione della deliberazione.

L'annullamento della deliberazione non può aver luogo, se la deliberazione impugnata è sostituita con altra presa in conformità della legge e dello statuto. In tal caso il giudice provvede sulle spese di lite, ponendole di norma a carico della società, e sul risarcimento dell'eventuale danno.

Restano salvi i diritti acquisiti dai terzi sulla base della deliberazione sostituita.

• La disciplina rimane fedele all'opzione, già privilegiata dal legislatore del 1942, di un sistema di invalidità imperniato sull'alternativa **annullabilità-nullità,** in cui l'annullabilità costituisce la regola e la nullità l'eccezione. Infatti, stabilisce la norma che ogni violazione di legge o statuto è causa di annullabilità, mentre la nullità è prevista solo in casi specifici. • Al fine di salvaguardare la **stabilità delle deliberazioni**, il legislatore del 2003 ha espunto poi dal sistema ogni riferimento al concetto di **inesistenza giuridica,** degradando le ipotesi di vizi più gravi o a cause di nullità (si veda difetto di convocazione o verbalizzazione) o annullabilità (si veda il difetto di maggioranza). • Al quinto comma, è stato poi generalizzato il principio della **prova di resistenza**, per cui se il vizio non è stato **determinante** ai fini del raggiungimento del *quorum* costitutivo, del *quorum* deliberativo o non ha impedito al verbale di riportare il contenuto, effetti e validità della delibera, non potrà giustificare l'annullamencircostanze attenuannoltre, il terzo comma dell'art. 2377 attribuisce la legittimazione ad impugnare solo ai soci titolari di una percentuale di capitale che varia a seconda se la società ricorra o meno al mercato del capitale di rischio. Ai soci ai quali è negato il potere di impugnazione è attribuito il **diritto al risarcimento dei danni** loro cagionati dall' invalidità della delibera.

2378. Procedimento d'impugnazione.

L'impugnazione è proposta con atto di citazione davanti al tribunale del luogo dove la società ha sede.

Il socio o i soci opponenti devono dimostrarsi possessori al tempo dell'impugnazione del numero delle azioni previsto dal terzo comma dell'articolo 2377. Fermo restando quanto disposto dall'articolo 111 del codice di procedura civile, qualora nel corso del processo venga meno a seguito di trasferimenti per atto tra vivi il richiesto numero delle azioni, il giudice, previa se del caso revoca del provvedimento di sospensione dell'esecuzione della deliberazione, non può pronunciare l'annullamento e provvede sul risarcimento dell'eventuale danno, ove richiesto.

Con ricorso depositato contestualmente al deposito, anche in copia, della citazione, l'impugnante può chiedere la sospensione dell'esecuzione della deliberazione. In caso di eccezionale e motivata urgenza, il presidente del tribunale, omessa la convocazione della società convenuta, provvede sull'istanza con decreto motivato, che deve altresì contenere la designazione del giudice per la trattazione della causa di merito e la fissazione, davanti al giudice designato, entro quindici giorni, dell'udienza per la conferma, modifica o revoca dei provvedimenti emanati con il decreto, nonché la fissazione del termine per la notificazione alla controparte del ricorso e del decreto.

Il giudice designato per la trattazione della causa di merito, sentiti gli amministratori e sindaci, provvede valutando comparativamente il pregiudizio che subirebbe il ricorrente dalla esecuzione e quello che subirebbe la società dalla sospensione dell'esecuzione della deliberazione; può disporre in ogni momento che i soci opponenti prestino idonea garanzia per l'eventuale risarcimento dei danni. All'udienza, il giudice, ove lo ritenga utile, esperisce il tentativo di conciliazione eventualmente suggerendo le modificazioni da apportare alla deliberazione impugnata e, ove la soluzione appaia realizzabile, rinvia adeguatamente l'udienza.

Tutte le impugnazioni relative alla medesima deliberazione, anche se separatamente proposte ed ivi comprese le domande proposte ai sensi del quarto comma dell'articolo 2377, devono essere istruite congiuntamente e decise con unica sentenza. Salvo quanto disposto dal quarto comma del presente articolo, la trattazione della causa di merito ha inizio trascorso il termine stabilito nel sesto comma dell'articolo 2377.

I dispositivi del provvedimento di sospensione e della sentenza che decide sull'impugnazione devono essere iscritti, a cura degli amministratori, nel registro delle imprese.

• La delibera può essere impugnata entro il termine di **decadenza** di 90 giorni, o dai soci assenti, astenuti e dissenzienti, oppure dagli amministratori, dal consiglio di sorveglianza e dal collegio sindacale. • La **competenza** a decidere è attribuita oggi alle Sezioni Specializzate in materia di impresa, istituite presso i Tribunali capoluogo di regione. Il socio opponente può chiedere, con ricorso cautelare, anche la **sospensione degli effetti** della delibera impugnata. La norma precisa che il giudice, nel provvedere sull'istanza, deve valutare **comparativamente** il pregiudizio che subirebbe il ricorrente dalla esecuzione e quello che subirebbe la società dalla sospensione dell'efficacia. • La norma prescrive, infine, l'iscrizione nel **registro delle imprese** dei dispositivi del provvedimento di sospensione e della sentenza che decide sull'impugnazione, a cura degli amministratori.

2379. Nullità delle deliberazioni.

Nei casi di mancata convocazione dell'assemblea, di mancanza del verbale e di impossibilità o illiceità dell'oggetto la deliberazione può essere impugnata da chiunque vi abbia interesse entro tre anni dalla sua iscrizione o deposito nel registro delle imprese, se la deliberazione vi è soggetta, o dalla trascrizione nel libro delle adunanze dell'assemblea, se la deliberazione non è soggetta né a iscrizione né a deposito. Possono essere impugnate senza limiti di tempo le deliberazioni che modificano l'oggetto sociale prevedendo attività illecite o impossibili.

Nei casi e nei termini previsti dal precedente comma l'invalidità può essere rilevata d'ufficio dal giudice.

Ai fini di quanto previsto dal primo comma la convocazione non si considera mancante nel caso d'irregolarità dell'avviso, se questo proviene da un componente dell'organo di amministrazione o di controllo della società ed è idoneo a consentire a coloro che hanno diritto di intervenire di essere preventivamente avvertiti della convocazione e della data dell'assemblea. Il verbale non si considera mancante se contiene la data della deliberazione e il suo oggetto ed è sottoscritto dal presidente dell'assemblea, o dal presidente del consiglio di amministrazione o del consiglio di sorveglianza e dal segretario o dal notaio.

Si applicano, in quanto compatibili, il settimo e ottavo comma dell'articolo 2377.

• Accanto alla nullità delle delibere per **impossibilità ed illiceità dell'oggetto**, l'art. 2379 aggiunge i casi di nullità per omessa convocazione dell'assemblea e mancata redazione del verbale, nonché il caso di modifica dell'oggetto sociale mediante la previsione statutaria di attività illecite o comunque impossibili. • In ipotesi di **mancata convocazione** dell'assemblea e in **mancanza del verbale**, la delibera può essere impugnata da chiunque vi abbia interesse entro un termine di decadenza fissato oggi in **tre anni.** • Al terzo comma poi con una tecnica redazionale simile a quella già esaminata in sede di commento dell'art. 2377, il legislatore si premura, onde evitare abusi interpretativi, di specificare, in modo più rigoroso, seppure in forma contraria, quali siano i casi in cui si debba considerare **mancante** la convocazione ed il verbale assembleare.

2379 bis. Sanatoria della nullità.

L'impugnazione della deliberazione invalida per mancata convocazione non può essere esercitata da chi anche successivamente abbia dichiarato il suo assenso allo svolgimento dell'assemblea.

L'invalidità della deliberazione per mancanza del verbale può essere sanata mediante verbalizzazione eseguita prima dell'assemblea successiva. La deliberazione ha effetto dalla data in cui è stata presa, salvi i diritti dei terzi che in buona fede ignoravano la deliberazione.

• Un'altra delle novità, introdotte con la riforma in tema di invalidità assembleari, è stata la previsione di ipotesi di **sanatoria del vizio**, preclusive di una pronuncia di invalidità della delibera. • Per assicurare **stabilità** alle delibere, il nuovo art. 2379-*bis*, rubricato sanatoria delle nullità, stabilisce, infatti, che l'impugnazione della delibera per mancata convocazione non può essere esercitata da chi anche successivamente abbia dichiarato il suo **assenso** allo svolgimento dell'assemblea, mentre l'invalidità della deliberazione per mancanza del verbale può essere sanata mediante **verbalizzazione** eseguita prima dell'assemblea successiva.

2379 ter. Invalidità delle deliberazioni di aumento o di riduzione del capitale e della emissione di obbligazioni.

Nei casi previsti dall'articolo 2379 l'impugnativa dell'aumento di capitale, della riduzione del capitale ai sensi dell'articolo 2445 o della emissione di obbligazioni non può essere proposta dopo che siano trascorsi centottanta giorni dall'iscrizione della deliberazione nel registro delle imprese o, nel caso di mancata convocazione, novanta giorni dall'approvazione del bilancio dell'esercizio nel corso del quale la deliberazione è stata anche parzialmente eseguita.

Nelle società che fanno ricorso al mercato del capitale di rischio l'invalidità della deliberazione di aumento del capitale non può essere pronunciata dopo che a norma dell'articolo 2444 sia stata iscritta nel registro delle imprese l'attestazione che l'aumento è stato anche parzialmente eseguito; l'invalidità della deliberazione di riduzione del capitale ai sensi dell'articolo 2445 o della deliberazione di emissione delle obbligazioni non può essere pronunciata dopo che la deliberazione sia stata anche parzialmente eseguita.

Resta salvo il diritto al risarcimento del danno eventualmente spettante ai soci e ai terzi.

• L'esigenza di garantire al massimo l'**interesse della società alla stabilità delle delibere**, nonché quello dei terzi che entrano in contatto con essa, ha indotto a circoscrivere il campo applicativo della nullità quando si verte in materia di **delibere cosiddette "strutturali"**, dirette cioè ad incidere sulla organizzazione patrimoniale e finanziaria della società. • **Il primo comma dell'art. 2379-*ter*** riduce i termini per impugnare quando si tratta di opposizione ad operazioni di aumento di capitale, riduzione del capitale ai sensi dell'articolo 2445 od emissione di obbligazioni. • **Al secondo comma**, invece, la norma stabilisce che nelle società aperte l'invalidità delle deliberazioni di aumento del capitale non può essere pronunciata dopo che sia stata iscritta nel registro delle imprese l'attestazione che l'aumento è stato anche parzialmente eseguito. • **L'ultimo comma** della norma lascia impregiudicato il diritto del socio o terzo, decaduto dall'impugnativa, di chiedere alla società il risarcimento del danno eventualmente subito.

Sezione VI bis
Dell'amministrazione e del controllo

§ 1 – Disposizioni generali

2380. Sistemi di amministrazione e di controllo.

Se lo statuto non dispone diversamente, l'amministrazione e il controllo della società sono regolati dai successivi paragrafi 2, 3 e 4.

Lo statuto può adottare per l'amministrazione e per il controllo della società il sistema di cui al paragrafo 5, oppure quello di cui al paragrafo 6; salvo che la deliberazione disponga altrimenti, la variazione di sistema ha effetto alla data dell'assemblea convocata per l'approvazione del bilancio relativo all'esercizio successivo.

Salvo che sia diversamente stabilito, le disposizioni che fanno riferimento agli amministratori si applicano a seconda dei casi al consiglio di amministrazione o al consiglio di gestione.

• La riforma del diritto societario, entrata in vigore il 1/1/2004, ha ridisegnato il sistema delle competenze proprie degli organi che connotano la struttura corporativa della società per azioni. Mutuando modelli provenienti da esperienze straniere, sono stati introdotti, accanto al **sistema tradizionale** (rappresentato dall'assemblea, organo amministrativo e collegio sindacale) due nuovi sistemi di *governance*, il dualistico e monistico. Se nulla è contemplato nello statuto, trova applicazione il sistema tradizionale. • Il **sistema dualistico** prevede un consiglio di sorveglianza, nominato dai soci ed un consiglio di gestione eletto dal consiglio di sorveglianza. Il consiglio di sorveglianza svolge alcune competenze proprie dell'assemblea e dell'organo di controllo. • Il **sistema monistico** si caratterizza, invece, per la presenza di un consiglio di amministrazione, di cui almeno un terzo dei componenti è rappresentato da amministratori indipendenti, riunendo, quindi, sia funzioni di gestione sia di controllo.

§ 2 – Degli amministratori

2380 bis. Amministrazione della società.

La gestione dell'impresa si svolge nel rispetto della disposizione di cui all'articolo 2086, secondo comma, e spetta esclusivamente agli amministratori, i quali compiono le operazioni necessarie per l'attuazione dell'oggetto sociale.

L'amministrazione della società può essere affidata anche a non soci.

Quando l'amministrazione è affidata a più persone, queste costituiscono il consiglio di amministrazione.

Se lo statuto non stabilisce il numero degli amministratori, ma ne indica solamente un numero massimo e minimo, la determinazione spetta all'assemblea.

Il consiglio di amministrazione sceglie tra i suoi componenti il presidente, se questi non è nominato dall'assemblea.

• La norma, come da ultimo novellata dal codice della crisi d'impresa e dell'insolvenza, stabilisce che la **gestione** è riservata, **in modo esclusivo**, agli amministratori, i quali hanno il dovere di dotare la società di un assetto organizzativo, amministrativo e contabile adeguato alla natura e dimensioni dell'impresa, anche in funzione della rilevazione tempestiva della crisi di impresa e della perdita della continuità aziendale. • Il rapporto tra società ed amministratori viene ricondotto ad un **rapporto di immedesimazione organica**, per cui, con l'accettazione della designazione contenuta nella delibera di nomina, gli amministratori assumono la titolarità di un ufficio di diritto privato. Si tratta di contratto tipico, riconducibile al lavoro autonomo – anche se può coesistere con un concorrente rapporto di lavoro subordinato – il cui contenuto può essere integrato dalla disciplina del mandato (v. Cass. s.u. 1545/2017).

2381. Presidente, comitato esecutivo e amministratori delegati.

Salvo diversa previsione dello statuto, il presidente convoca il consiglio di amministrazione, ne fissa l'ordine del giorno, ne coordina i lavori e provvede affinché adeguate informazioni sulle materie iscritte all'ordine del giorno vengano fornite a tutti i consiglieri.

Se lo statuto o l'assemblea lo consentono, il consiglio di amministrazione può delegare proprie attribuzioni ad un comitato esecutivo composto da alcuni dei suoi componenti, o ad uno o più dei suoi componenti.

Il consiglio di amministrazione determina il contenuto, i limiti e le eventuali modalità di esercizio della delega; può sempre impartire direttive agli organi delegati e avocare a sé operazioni rientranti nella delega. Sulla base delle informazioni ricevute valuta l'adeguatezza dell'assetto organizzativo, amministrativo e contabile della società; quando elaborati, esamina i piani strategici, industriali e finanziari della società; valuta, sulla base della relazione degli organi delegati, il generale andamento della gestione.

Non possono essere delegate le attribuzioni indicate negli articoli 2420-ter, 2423, 2443, 2446, 2447, 2501-ter e 2506-bis.

Gli organi delegati curano che l'assetto organizzativo, amministrativo e contabile sia adeguato alla natura e alle dimensioni dell'impresa e riferiscono al consiglio di amministrazione e al collegio sindacale, con la periodicità fissata dallo statuto e in ogni caso almeno ogni sei mesi, sul generale andamento della gestione e sulla sua prevedibile evoluzione nonché sulle operazioni di maggior rilievo, per le loro dimensioni o caratteristiche, effettuate dalla società e dalle sue controllate.

Gli amministratori sono tenuti ad agire in modo informato; ciascun amministratore può chiedere agli organi delegati che in consiglio siano fornite informazioni relative alla gestione della società.

• La gestione può essere affidata ad un **amministratore unico** o ad un **consiglio di amministrazione**. • La norma si occupa del funzionamento dell'organo amministrativo pluripersonale, affermando il **principio di collegialità** quale metodo di adozione delle deliberazioni e potenziando la figura del Presidente. Ad esso spetta, infatti, il potere di convocare il consiglio, di coordinare i lavori, assicurando ai singoli consiglieri le informazioni necessarie per votare sulle materie da trattare. • Il consiglio può anche **delegare** le proprie competenze ad un comitato esecutivo o ad uno o più amministratori. Vi sono però **competenze non delegabili** (es. la redazione del progetto di bilancio). Seppure in presenza di delega, il consiglio svolge comunque una funzione di vigilanza sull'operato dei delegati e può sempre avocare le competenze attribuite.

2382. Cause di ineleggibilità e di decadenza.

Non può essere nominato amministratore, e se nominato decade dal suo ufficio, l'interdetto, l'inabilitato, il fallito, o chi è stato condannato ad una pena che importa l'interdizione, anche temporanea, dai pubblici uffici o l'incapacità ad esercitare uffici direttivi.

• La norma prevede cause di ineleggibilità e decadenza di fonte legale, mentre quella di origine convenzionale è prevista dall'art. 2387. • Nella nozione di **ineleggibilità** la norma riconosce sia la mancanza di requisiti attinenti alla **capacità di agire** – interdetto ed inabilitato – oltre alla particolare situazione del fallito, sia requisiti di **onorabilità** – condanne penali comportanti pene accessorie. • Le cause di **incompatibilità** non rendono invalida la nomina dell'amministratore ma gli impongono di scegliere una delle cariche considerate incompatibili. Cause di incompatibilità previste da leggi speciali riguardano parlamentari, sindaci, presidenti di provincia ed impiegati, notai, etc. Altre cause di incompatibilità sono previste dal diritto societario, come ad esempio il divieto di concorrenza *ex* art. 2390 o il caso in cui l'amministratore sia anche sindaco *ex* art. 2399, co. 2, lett. b) e c).

2383. Nomina e revoca degli amministratori.

La nomina degli amministratori spetta all'assemblea, fatta eccezione per i primi amministratori, che sono nominati nell'atto costitutivo, e salvo il disposto degli articoli 2351, 2449 e 2450.

Gli amministratori non possono essere nominati per un periodo superiore a tre esercizi, e scadono alla data dell'assemblea convocata per l'approvazione del bilancio relativo all'ultimo esercizio della loro carica.

Gli amministratori sono rieleggibili, salvo diversa disposizione dello statuto, e sono revocabili dall'assemblea in qualunque tempo, anche se nominati nell'atto costitutivo, salvo il diritto dell'amministratore al risarcimento dei danni, se la revoca avviene senza giusta causa.

Entro trenta giorni dalla notizia della loro nomina gli amministratori devono chiederne l'iscrizione nel registro delle imprese indicando per ciascuno di essi il cognome e il nome, il luogo e la data di nascita, il domicilio e la cittadinanza, nonché a quali tra essi è attribuita la rappresentanza della società, precisando se disgiuntamente o congiuntamente.

Le cause di nullità o di annullabilità della nomina degli amministratori che hanno la rappresentanza della società non sono opponibili ai terzi dopo l'adempimento della pubblicità di cui al quarto comma, salvo che la società provi che i terzi ne erano a conoscenza.

• Nel sistema tradizionale gli amministratori sono **nominati** dall'assemblea dei soci in sede ordinaria (art. 2364). • L'assemblea ordinaria determina, inoltre, la **durata dell'incarico** che non può essere superiore a tre esercizi. Gli amministratori sono **liberamente revocabili** dall'assemblea, salvo il risarcimento dell'eventuale danno ove la revoca non sia sorretta da una giusta causa. • Gli amministratori hanno l'obbligo di chiedere **l'iscrizione presso il registro delle imprese** entro trenta giorni dalla data della notizia della loro nomina. Una volta eseguita l'iscrizione, i **vizi della nomina** degli amministratori con poteri di rappresentanza potranno essere opposti solo ai terzi di mala fede.

2384. Poteri di rappresentanza.

Il potere di rappresentanza attribuito agli amministratori dallo statuto o dalla deliberazione di nomina è generale.

Le limitazioni ai poteri degli amministratori che risultano dallo statuto o da una decisione degli organi competenti non sono opponibili ai terzi, anche se pubblicate, salvo che si provi che questi abbiano intenzionalmente agito a danno della società.

• Il potere di rappresentanza è attribuito agli amministratori dallo statuto oppure dalla delibera assembleare di nomina. La norma disciplina la rappresentanza organica che, a differenza di quella volontaria, è necessaria perché l'ente possa agire all'esterno. • Il **potere di rappresentanza** costituisce il potere di esternare a terzi la volontà sociale e va tenuto distinto dal potere di amministrare la società, potere che compete al consiglio di amministrazione e che potrà essere delegato anche a taluni amministratori o ad un comitato esecutivo. In materia di rappresentanza, la disciplina di diritto societario si differenzia da quella comune. Innanzitutto, il potere di rappresentanza è **generale**, per cui anche se gli amministratori compiono **atti estranei all'oggetto sociale**, la società si considera comunque validamente vincolata nei confronti dei terzi. • Le **limitazioni al potere di rappresentanza** previste dallo statuto o dall'atto di nomina non sono opponibili ai terzi a meno che non si provi che questi abbiano intenzionalmente agito a danno della società.

2385. Cessazione degli amministratori.

L'amministratore che rinunzia all'ufficio deve darne comunicazione scritta al consiglio d'amministrazione e al presidente del collegio sindacale. La rinunzia ha effetto immediato, se rimane in carica la maggioranza del consiglio di amministrazione, o, in caso contrario, dal momento in cui la maggioranza del consiglio si è ricostituita in seguito all'accettazione dei nuovi amministratori.

La cessazione degli amministratori per scadenza del termine ha effetto dal momento in cui il consiglio di amministrazione è stato ricostituito.

La cessazione degli amministratori dall'ufficio per qualsiasi causa deve essere iscritta entro trenta giorni nel registro delle imprese a cura del collegio sindacale.

• Oltre alla revoca, la norma prevede, quali ulteriori cause di scioglimento del rapporto di amministrazione, la rinuncia alla carica e la scadenza del termine. • La norma si preoccupa degli effetti che la cessazione potrebbe causare sulla società, rischiando di compromettere le esigenze di continuità dell'attività di amministrazione. Per tale motivo viene stabilito il principio della ***prorogatio***, per cui gli amministratori cessati conservano i poteri fino a quando non vengono sostituiti. Infatti, se con la rinuncia rimane in carica la **maggioranza** degli amministratori nominati, le dimissioni sono immediatamente efficaci, se, invece, viene meno la maggioranza l'efficacia sarà differita al momento in cui i nuovi amministratori accetteranno l'incarico. • È obbligo del collegio sindacale curare, entro trenta giorni, **l'iscrizione presso il registro delle imprese** dell'avvenuta cessazione dell'amministratore.

2386. Sostituzione degli amministratori.

Se nel corso dell'esercizio vengono a mancare uno o più amministratori, gli altri provvedono a sostituirli con deliberazione approvata dal collegio sindacale, purché la maggioranza sia sempre costituita da amministratori nominati dall'assemblea. Gli amministratori così nominati restano in carica fino alla prossima assemblea.

Se viene meno la maggioranza degli amministratori nominati dall'assemblea, quelli rimasti in carica devono convocare l'assemblea perché provveda alla sostituzione dei mancanti.

Salvo diversa disposizione dello statuto o dell'assemblea, gli amministratori nominati ai sensi del comma precedente scadono insieme con quelli in carica all'atto della loro nomina.

Se particolari disposizioni dello statuto prevedono che a seguito della cessazione di taluni amministratori cessi l'intero consiglio, l'assemblea per la nomina del nuovo consiglio è convocata d'urgenza dagli amministratori rimasti in carica; lo statuto può tuttavia prevedere l'applicazione in tal caso di quanto disposto nel successivo comma.

Se vengono a cessare l'amministratore unico o tutti gli amministratori, l'assemblea per la nomina dell'amministratore o dell'intero consiglio deve essere convocata d'urgenza dal collegio sindacale, il quale può compiere nel frattempo gli atti di ordinaria amministrazione.

• A seguito del verificarsi di una causa di scioglimento che riguardi solo taluno degli amministratori, se permane in carica la maggioranza degli amministratori di nomina assembleare, gli amministratori superstiti debbono provvedere alla sua sostituzione con una deliberazione approvata dal collegio sindacale **(c.d. cooptazione)**. La finalità della norma è quella di garantire la continuità dell'organo amministrativo. • Gli **amministratori cooptati** rimangono in carica sino all'assemblea successiva. • Se vengono a **cessare**, invece, **tutti gli amministratori** sarà il collegio sindacale che dovrà procedere con la convocazione dell'assemblea e ad esso la legge affida, fino a quando non sarà ricostituito l'organo, il compimento di atti di ordinaria amministrazione. • Lo statuto può anche prevedere che, a seguito delle dimissioni di taluni amministratori, decada l'intero consiglio **(clausola *simul stabunt simul cadent*)**. In tal caso gli amministratori rimasti in carica devono convocare d'urgenza l'assemblea per il rinnovo dell'organo amministrativo.

2387. Requisiti di onorabilità, professionalità e indipendenza.

Lo statuto può subordinare l'assunzione della carica di amministratore al possesso di speciali requisiti di onorabilità, professionalità ed indipendenza, anche con riferimento ai requisiti al riguardo previsti da codici di comportamento redatti da associazioni di categoria o da società di gestione di mercati regolamentati. Si applica in tal caso l'articolo 2382.

Resta salvo quanto previsto da leggi speciali in relazione all'esercizio di particolari attività.

• Per alcuni tipi di società, come quelle quotate o esercenti attività particolari, vengono previsti già dalla legge specifici requisiti di onorabilità e professionalità. • Anche l'autonomia statutaria di società, non soggette a disciplina speciale, può prevedere o, nei limiti di cui all'art. 2382, modulare diversamente il requisito di eleggibilità, avuto riguardo alle cariche di presidente o vicepresidente o consigliere delegato. Così come in materia di requisiti di **onorabilità**, lo statuto può prevedere clausole come quelle che equiparano la sentenza di patteggiamento a quella definitiva di condanna, oppure in materia di requisiti di **professionalità**, contemplare particolari situazioni impeditive legate a circostanze come l'aver ricoperto la carica in società dichiarate poi fallite. In aggiunta ai requisiti di professionalità ed onorabilità, possono essere previsti anche requisiti di **indipendenza** dell'amministratore nei confronti degli azionisti di controllo e del *management*.

2388. Validità delle deliberazioni del consiglio.

Per la validità delle deliberazioni del consiglio di amministrazione è necessaria la presenza della maggioranza degli amministratori in carica, quando lo statuto non richiede un maggior numero di presenti. Lo statuto può prevedere che la presenza alle riunioni del consiglio avvenga anche mediante mezzi di telecomunicazione.

Le deliberazioni del consiglio di amministrazione sono prese a maggioranza assoluta dei presenti, salvo diversa disposizione dello statuto.

Il voto non può essere dato per rappresentanza.

Le deliberazioni che non sono prese in conformità della legge o dello statuto possono essere impugnate solo dal collegio sindacale e dagli amministratori assenti o dissenzienti entro novanta giorni dalla data della deliberazione; si applica in quanto compatibile l'articolo 2378. Possono essere altresì impugnate dai soci le deliberazioni lesive dei loro diritti; si applicano in tal caso, in quanto compatibili, gli articoli 2377 e 2378.

In ogni caso sono salvi i diritti acquistati in buona fede dai terzi in base ad atti compiuti in esecuzione delle deliberazioni.

• L'attività del consiglio di amministrazione è condizionata dal rispetto del **principio della collegialità**, per cui le decisioni debbono essere assunte dopo che tutti i consiglieri sono stati convocati ed informati per discutere e votare sulle materie poste all'ordine del giorno. • Per la **validità delle delibere** del cda è necessaria la presenza della maggioranza degli amministratori in carica e il consiglio delibera con la maggioranza assoluta dei presenti. • Delle adunanze viene redatto un **verbale** sottoscritto dal presidente e dal segretario che viene poi trascritto nel libro delle adunanze e delle deliberazioni del consiglio di amministrazione. • Le delibere contrarie alla legge o allo statuto possono essere **impugnate,** entro novanta giorni, dagli amministratori assenti, dissenzienti, astenuti e dal collegio sindacale. Eccezionalmente le delibere possono essere impugnate anche dai **soci** qualora siano state lesive dei loro diritti.

2389. Compensi degli amministratori.

I compensi spettanti ai membri del consiglio di amministrazione e del comitato esecutivo sono stabiliti all'atto della nomina o dall'assemblea.

Essi possono essere costituiti in tutto o in parte da partecipazioni agli utili o dall'attribuzione del diritto di sottoscrivere a prezzo predeterminato azioni di futura emissione.

La rimunerazione degli amministratori investiti di particolari cariche in conformità dello statuto è stabilita dal consiglio di amministrazione, sentito il parere del collegio sindacale. Se lo statuto lo prevede, l'assemblea può determinare un importo complessivo per la remunerazione di tutti gli amministratori, inclusi quelli investiti di particolari cariche.

• L'incarico di amministratore è normalmente **a titolo oneroso**, per cui all'amministratore spetta il compenso per l'attività svolta. Laddove lo statuto non fissi regole precise, i compensi degli amministratori sono stabiliti in via generale dalla stessa **assemblea** che è competente a nominarli. Laddove via sia stata omissione da parte dell'assemblea o lo stesso non sia stato fissato in misura tituito, accorpandoli, gli artt. 2630, co. -nato dal **giudice.** • Il **secondo comma** della norma prevede espressamente che il compenso degli amministratori può essere costituito, in tutto o in parte, dalla partecipazione agli utili conseguiti dalla società o dal diritto di opzione alla sottoscrizione o acquisto di azioni, con parametri, quindi, che dovrebbero incentivare i gestori a migliori *performance* aziendali.

2390. Divieto di concorrenza.

Gli amministratori non possono assumere la qualità di soci illimitatamente responsabili in società concorrenti, né esercitare un'attività concorrente per conto proprio o di terzi, né essere amministratori o direttori generali in società concorrenti, salvo autorizzazione dell'assemblea.

Per l'inosservanza di tale divieto l'amministratore può essere revocato dall'ufficio e risponde dei danni.

• La norma sancisce il **divieto di concorrenza a carico degli amministratori**, ponendo una serie di limitazioni alla libertà negoziale dell'amministratore. È vietato, infatti, all'amministratore l'esercizio di **impresa per conto proprio o altrui** in settori economici in concorrenza con quelli della società, così come l'assunzione della qualità di **amministratore o**

direttore generale di altra impresa concorrente. • È ammessa una **autorizzazione** in deroga al divieto che deve essere assunta con una delibera approvata dall'assemblea ordinaria senza che necessiti di specifica motivazione. • L'eventuale **violazione del divieto di concorrenza** espone l'amministratore a revoca per giusta causa e a risarcimento del danno.

2391. Interessi degli amministratori.

L'amministratore deve dare notizia agli altri amministratori e al collegio sindacale di ogni interesse che, per conto proprio o di terzi, abbia in una determinata operazione della società, precisandone la natura, i termini, l'origine e la portata; se si tratta di amministratore delegato, deve altresì astenersi dal compiere l'operazione, investendo della stessa l'organo collegiale; se si tratta di amministratore unico, deve darne notizia anche alla prima assemblea utile.

Nei casi previsti dal precedente comma la deliberazione del consiglio di amministrazione deve adeguatamente motivare le ragioni e la convenienza per la società dell'operazione.

Nei casi di inosservanza a quanto disposto nei due precedenti commi del presente articolo ovvero nel caso di deliberazioni del consiglio o del comitato esecutivo adottate con il voto determinante dell'amministratore interessato, le deliberazioni medesime, qualora possano recare danno alla società, possono essere impugnate dagli amministratori e dal collegio sindacale entro novanta giorni dalla loro data; l'impugnazione non può essere proposta da chi ha consentito con il proprio voto alla deliberazione se sono stati adempiuti gli obblighi di informazione previsti dal primo comma. In ogni caso sono salvi i diritti acquistati in buona fede dai terzi in base ad atti compiuti in esecuzione della deliberazione.

L'amministratore risponde dei danni derivati alla società dalla sua azione od omissione.

L'amministratore risponde altresì dei danni che siano derivati alla società dalla utilizzazione a vantaggio proprio o di terzi di dati, notizie o opportunità di affari appresi nell'esercizio del suo incarico.

• Gli amministratori non sono titolari dell'interesse gestito bensì dell'interesse altrui e come tali soggetti a regole di comportamento che impongono di perseguire unicamente **l'interesse della società**. Può accadere, però, che gli amministratori possono trovarsi, per conto proprio o altrui, in una situazione in cui possono lasciarsi condizionare da interessi estranei e diversi da quelli sociali. • Per assicurare trasparenza, ogni consigliere di amministrazione deve comunicare "***la natura, i termini, l'origine e la portata***" degli interessi personali al fine di consentire all'organo gestorio e all'organo di controllo una corretta valutazione della convenienza economica dell'operazione per la società. Il consiglio per decidere ha l'obbligo poi di fornire una adeguata motivazione, esplicitando **ragioni e convenienza** della deliberazione per la società. • In caso di violazione del dovere di *disclosure* la **delibera del consiglio di amministrazione** può essere impugnata qualora sia potenzialmente dannosa per la società.

2391 bis. Operazioni con parti correlate.

Gli organi di amministrazione delle società che fanno ricorso al mercato del capitale di rischio adottano, secondo principi generali indicati dalla Consob, regole che assicurano la trasparenza e la correttezza sostanziale e procedurale delle operazioni con parti correlate e li rendono noti nella relazione sulla gestione; a tali fini possono farsi assistere da esperti indipendenti, in ragione della natura, del valore o delle caratteristiche dell'operazione.

I principi e le regole previsti dal (1) primo comma si applicano alle operazioni realizzate direttamente o per il tramite di società controllate e disciplinano le operazioni stesse in termini di competenza decisionale, di motivazione e di documentazione. L'organo di controllo vigila sull'osservanza delle regole adottate ai sensi del primo comma e ne riferisce nella relazione all'assemblea.

La Consob, nel definire i principi indicati nel primo comma, individua, in conformità all'articolo 9 quater della direttiva 2007/36/CE, almeno:

a) le soglie di rilevanza delle operazioni con parti correlate tenendo conto di indici quantitativi legati al controvalore dell'operazione o al suo impatto su uno o più parametri dimensionali della società. La Consob può individuare anche criteri di rilevanza che tengano conto della natura dell'operazione e della tipologia di parte correlata;

b) regole procedurali e di trasparenza proporzionate rispetto alla rilevanza e alle caratteristiche delle operazioni, alle dimensioni della società ovvero alla tipologia di società che fa ricorso al mercato del capitale di rischio, nonché i casi di esenzione dall'applicazione, in tutto o in parte, delle predette regole;

c) i casi in cui gli amministratori, fermo restando quanto previsto dall'articolo 2391, e gli azionisti coinvolti nell'operazione sono tenuti ad astenersi dalla votazione sulla stessa ovvero misure di salvaguardia a tutela dell'interesse della società che consentono ai predetti azionisti di prendere parte alla votazione sull'operazione (2).

(1) Le parole "e le regole previsti dal" sono state così sostituite alle precedenti "di cui al" dall'art. 1[1, lett. a)], d.lgs. 10 maggio 2019, n. 49.

(2) Comma aggiunto dall'art. 1[1, lett. b)], d.lgs. 10 maggio 2019, n. 49.

• Una disciplina speciale è prevista per le società che fanno ricorso al mercato del capitale di rischio e si sostanzia in un obbligo di informazione al mercato nonché in un obbligo di istruttoria particolarmente accurata per i casi in cui maggiore è il rischio di decisioni in conflitto di interessi, ovvero quando l'organo amministrativo deliberi il compimento di una operazione che abbia come controparte soggetti prossimi alla società e che la disciplina qualifica come parti correlate. • La nozione di **parti correlate** non è contenuta nella legge bensì nel regolamento Consob n. 17221/2010 e comprende soggetti che partecipano all'area del controllo e del collegamento societario, da quella di dirigenti con responsabilità strategiche a quella di soggetti vicini ai precedenti per legami personali.

2392. Responsabilità verso la società.

Gli amministratori devono adempiere i doveri ad essi imposti dalla legge e dallo statuto con la diligenza richiesta dalla natura dell'incarico e dalle loro specifiche competenze. Essi sono solidalmente responsabili verso la società dei danni derivanti dall'inosservanza di tali doveri, a meno che si tratti di attribuzioni proprie del comitato esecutivo o di funzioni in concreto attribuite ad uno o più amministratori.

In ogni caso gli amministratori, fermo quanto disposto dal comma terzo dell'articolo 2381, sono solidalmente responsabili se, essendo a conoscenza di fatti pregiudizievoli, non hanno fatto quanto potevano per impedirne il compimento o eliminarne o attenuarne le conseguenze dannose.

La responsabilità per gli atti o le omissioni degli amministratori non si estende a quello tra essi che, essendo immune da colpa, abbia fatto annotare senza ritardo il suo dissenso nel libro delle adunanze e delle deliberazioni del consiglio, dandone immediata notizia per iscritto al presidente del collegio sindacale.

• Sugli amministratori gravano **obblighi specifici**, di volta in volta, previsti dalla normativa societaria (ad es., il dovere di redigere il progetto di bilancio) ed **obblighi a contenuto generico,** quali l'**obbligo di lealtà** che consiste nel dovere dell'amministratore di anteporre l'interesse sociale a quello proprio o altrui (cfr. artt. 2390 e 2391) e **l'obbligo di gestire correttamente** la società previsto oggi dall'art. 2086. • Gli amministratori debbono poi adempiere ai loro doveri con la diligenza, non più generica del mandatario, bensì **professionale** tenuto conto delle dimensioni e natura dell'attività di impresa svolta. Gli amministratori hanno il dovere di gestire in modo corretto l'impresa ma non quello di garantire ai soci il risultato positivo e quindi il **successo economico** delle singole operazioni (*business judgment rule*). • È **esentato da responsabilità** l'amministratore che, immune da colpa, abbia fatto annotare il proprio dissenso nel libro delle adunanze del consiglio e ne abbia informato per iscritto il presidente del collegio sindacale.

2393. Azione sociale di responsabilità.

L'azione di responsabilità contro gli amministratori è promossa in seguito a deliberazione dell'assemblea, anche se la società è in liquidazione.

La deliberazione concernente la responsabilità degli amministratori può essere presa in occasione della discussione del bilancio, anche se non è indicata nell'elenco delle materie da trattare, quando si tratta di fatti di competenza dell'esercizio cui si riferisce il bilancio.

L'azione di responsabilità può anche essere promossa a seguito di deliberazione del collegio sindacale, assunta con la maggioranza dei due terzi dei suoi componenti.

L'azione può essere esercitata entro cinque anni dalla cessazione dell'amministratore dalla carica.

La deliberazione dell'azione di responsabilità importa la revoca dall'ufficio degli amministratori contro cui è proposta, purché sia presa con il voto favorevole di almeno un quinto del capitale sociale. In questo caso, l'assemblea provvede alla sostituzione degli amministratori.

La società può rinunziare all'esercizio dell'azione di responsabilità e può transigere, purché la rinunzia e la transazione siano approvate con espressa deliberazione dell'assemblea, e purché non vi sia il voto contrario di una minoranza di soci che rappresenti almeno il quinto del capitale sociale o, nelle società che fanno ricorso al mercato del capitale di rischio, almeno un ventesimo del capitale sociale, ovvero la misura prevista nello statuto per l'esercizio dell'azione sociale di responsabilità ai sensi dei commi primo e secondo dell'articolo 2393-bis.

• L'azione di responsabilità sociale è promossa dalla società nei confronti di tutti o solo di alcuni amministratori, su deliberazione dell'assemblea ordinaria, anche se la società è in liquidazione, ovvero su deliberazione del collegio sindacale assunta con la maggioranza dei due terzi dei sindaci in carica. L'azione si prescrive nel **termine di prescrizione** di cinque anni dalla cessazione dall'incarico. • La deliberazione dell'azione di responsabilità comporta la **revoca di diritto** degli amministratori se assunta con il voto favorevole di almeno un quinto del capitale sociale. • L'azione di responsabilità sociale ha **natura contrattuale**, per cui è sufficiente la prova dell'illecito gestorio e il danno subito, perché si presuma la colpa degli amministratori su cui grava l'onere di dimostrare di esserne stati, invece, esenti. • La società può **rinunciare o transigere** all'azione, purché non vi sia il voto contrario di una minoranza qualificata di soci.

2393 bis. Azione sociale di responsabilità esercitata dai soci.

L'azione sociale di responsabilità può essere esercitata anche dai soci che rappresentino almeno un quinto del capitale sociale o la diversa misura prevista nello statuto, comunque non superiore al terzo.

Nelle società che fanno ricorso al mercato del capitale di rischio, l'azione di cui al comma precedente può essere esercitata dai soci che rappresentino un quarantesimo del capitale sociale o la minore misura prevista nello statuto.

La società deve essere chiamata in giudizio e l'atto di citazione è ad essa notificato anche in persona del presidente del collegio sindacale.

I soci che intendono promuovere l'azione nominano, a maggioranza del capitale posseduto, uno o più rappresentanti comuni per l'esercizio dell'azione e per il compimento degli atti conseguenti.

In caso di accoglimento della domanda, la società rimborsa agli attori le spese del giudizio e quelle sopportate nell'accertamento dei fatti che il giudice non abbia posto a carico dei soccombenti o che non sia possibile recuperare a seguito della loro escussione.

I soci che hanno agito possono rinunciare all'azione o transigerla; ogni corrispettivo per la rinuncia o transazione deve andare a vantaggio della società.

Si applica all'azione prevista dal presente articolo l'ultimo comma dell'articolo precedente.

• L'azione sociale di responsabilità può essere promossa anche da parte di una **minoranza** di soci. In tal modo il legislatore ha evitato che, come spesso accadeva, l'azione, essendo rimessa alla volontà della stessa maggioranza che aveva nominato gli amministratori, non veniva promossa. In caso di **rinuncia o transazione** all'azione da parte della società, valgono le stesse condizioni sopra esaminate.

2394. Responsabilità verso i creditori sociali.

Gli amministratori rispondono verso i creditori sociali per l'inosservanza degli obblighi inerenti alla conservazione dell'integrità del patrimonio sociale.

L'azione può essere proposta dai creditori quando il patrimonio sociale risulta insufficiente al soddisfacimento dei loro crediti.

La rinunzia all'azione da parte della società non impedisce l'esercizio dell'azione da parte dei creditori sociali. La transazione può essere impugnata dai creditori sociali soltanto con l'azione revocatoria quando ne ricorrono gli estremi.

• L'azione di responsabilità può essere promossa anche dai creditori sociali quando gli amministratori hanno **violato** gli obblighi inerenti alla conservazione dell'integrità del patrimonio sociale e sempre che quest'ultimo risulti **insufficiente** al soddisfacimento dei loro crediti. È controversa la natura giuridica dell'azione, se **contrattuale o extracontrattuale**. • Il termine di prescrizione è quinquennale e decorre dal momento in cui si è manifestata **l'insufficienza patrimoniale**. • L'eventuale **rinuncia** da parte della società alla propria azione di responsabilità non impedisce l'esercizio dell'azione da parte dei creditori sociali. Invece, al fine di evitare la duplicazione di rimedi risarcitori, la transazione sottoscritta dalla società preclude l'azione dei creditori sociali, a meno che l'accordo transattivo non sia stato fraudolento e, quindi, revocabile *ex* art. 2901.

2394 bis. Azioni di responsabilità nelle procedure concorsuali.

In caso di fallimento, liquidazione coatta amministrativa e amministrazione straordinaria le azioni di responsabilità previste dai precedenti articoli spettano al curatore del fallimento, al commissario liquidatore e al commissario straordinario.

• In caso di procedure concorsuali, le azioni di responsabilità vengono esercitate dai rispettivi **organi della procedura**. Il curatore dovrà dimostrare gli specifici fatti sui cui si fonda la responsabilità degli amministratori, il nesso causale e il danno risarcibile. • Sulla **determinazione del danno**, superata l'opinione secondo cui andava addossato all'amministratore l'intero *deficit* fallimentare anche in mancanza di scritture contabili (Cass. s.u. 9100/2015), l'art. 2086, come novellato dal codice della crisi d'impresa e dell'insolvenza, d.lgs. 19/1/2019, n. 14, stabilisce che il danno si presume pari alla differenza tra il patrimonio netto della società alla data di apertura della procedura concorsuale e quello determinato alla data in cui si è verificata la causa di scioglimento detratti i costi fissi di una normale liquidazione.

2395. Azione individuale del socio e del terzo.

Le disposizioni dei precedenti articoli non pregiudicano il diritto al risarcimento del danno spettante al singolo socio o al terzo che sono stati direttamente danneggiati da atti colposi o dolosi degli amministratori.

L'azione può essere esercitata entro cinque anni dal compimento dell'atto che ha pregiudicato il socio o il terzo.

• La legge attribuisce, infine, al **singolo azionista o al terzo**, che sia stato leso **direttamente** dagli amministratori, il diritto di agire nei loro confronti per il risarcimento dei danni. È necessario che soci e terzi siano stati direttamente danneggiati dall'azione degli amministratori, come, ad esempio, l'acquisto di azioni, prive di valore, sulla base di bilanci falsi. • Non possono, quindi, assumere rilevanza **danni riflessi** che l'azionista può aver subito per la perdita del valore delle sue azioni a seguito di atti di *mala gestio* che abbiano depauperato il patrimonio sociale. Infatti in questa ipotesi si è in presenza del medesimo pregiudizio subito dal patrimonio della società per il cui risarcimento valgono le azioni sociali sopra esaminate. • Trattandosi di **responsabilità extracontrattuale**, è a carico dell'attore la prova del fatto colposo o doloso dell'amministratore nonché del nesso di causalità. La **prescrizione** dell'azione è quinquennale, in applicazione della regola generale prevista dall'art. 2947.

2396. Direttori generali.

Le disposizioni che regolano la responsabilità degli amministratori si applicano anche ai direttori generali nominati dall'assemblea o per disposizione dello statuto, in relazione ai compiti loro affidati, salve le azioni esercitabili in base al rapporto di lavoro con la società.

• La figura del **direttore generale** non viene definita dal codice ma solo menzionata per regolare la sua responsabilità nei confronti della società e dei creditori sociali. Infatti, la norma estende al direttore generale, nominato dall'assemblea o per disposizione statutaria, le norme che disciplinano la **responsabilità degli amministratori**. • Per direttore generale si deve intendere un funzionario dirigente posto in posizione apicale nella struttura aziendale che opera in relazione diretta con gli amministratori. Si tratta, quindi, di figura normalmente prevista all'interno di imprese di **dimensioni medio-grandi**. Normalmente la figura del direttore viene prevista già nello statuto, anche se la norma statutaria può delegarne la nomina all'assemblea o all'organo amministrativo. • Il direttore generale può essere titolare di un rapporto di **lavoro autonomo o subordinato** e ricevere il potere di rappresentanza legale della società. È incompatibile, infine, la carica di direttore generale con quella di amministratore delegato.

§ 3 – Del collegio sindacale

2397. Composizione del collegio.

Il collegio sindacale si compone di tre o cinque membri effettivi, soci o non soci. Devono inoltre essere nominati due sindaci supplenti.

Almeno un membro effettivo ed uno supplente devono essere scelti tra i revisori legali iscritti nell'apposito registro. I restanti membri, se non iscritti in tale registro, devono essere scelti fra gli iscritti negli albi professionali individuati con decreto del Ministro della giustizia, o fra i professori universitari di ruolo, in materie economiche o giuridiche.

Se lo statuto non dispone diversamente e se ricorrono le condizioni per la redazione del bilancio in forma abbreviata ai sensi dell'articolo 2435-bis, le funzioni del collegio sindacale sono esercitate da un sindaco unico, scelto tra i revisori legali iscritti nell'apposito registro. L'assemblea provvede alla nomina del collegio sindacale, entro trenta giorni dall'approvazione del bilancio dal quale risulta che sono venute meno le condizioni per la redazione del bilancio in forma abbreviata. Scaduto il termine, provvede il tribunale su richiesta di qualsiasi soggetto interessato». Originariamente, il comma era stato inserito dall'art. 14, co. 14, l. 12/11/2011, n. 183, e recitava: «Per le società aventi ricavi o patrimonio netto inferiori a 1 milione di euro lo statuto può prevedere che l'organo di controllo sia composto da un sindaco unico, scelto tra i revisori legali iscritti nell'apposito registro (1).

(1) Comma abrogato, in sede di conversione, dall'art. 35 del d.l. 9/2/2012, n. 5, conv., con modif., in l. 4/4/2012, n. 35.

• La riforma del diritto societario ha **separato il controllo sull'amministrazione dal controllo contabile** affidando quest'ultimo a un revisore esterno e non al collegio sindacale. Il legislatore ha previsto una disciplina più severa delle cause di ineleggibilità e di decadenza per garantire una maggiore **neutralità** e **indipendenza** dei sindaci e, infine, ha previsto un allargamento dei poteri informativi dei sindaci per **rafforzare l'efficienza del controllo sindacale**.

2398. Presidenza del collegio.

Il presidente del collegio sindacale è nominato dall'assemblea.

• Il presidente del cda può, ma non necessariamente deve, essere di nomina assembleare; mentre, l'omologo del collegio sindacale è inderogabilmente indicato dall'assemblea dei soci. Si sottolinea, in particolare, il **legame fiduciario** che si viene a creare con il gruppo dei soci in generale e, in particolare con il socio di maggioranza. Il predetto legame è ribadito dal particolare regime di **sostituzione del presidente**: in questo caso la scelta non viene rimessa ai membri restanti del collegio, ma la presidenza del collegio viene assunta dal sindaco più anziano. In questo modo, sin dal momento della nomina l'assemblea può prevedere chi sarà il secondo presidente.

2399. Cause d'ineleggibilità e di decadenza.

Non possono essere eletti alla carica di sindaco e, se eletti, decadono dall'ufficio:

a) coloro che si trovano nelle condizioni previste dall'articolo 2382;

b) il coniuge, i parenti e gli affini entro il quarto grado degli amministratori della società, gli amministratori, il coniuge, i parenti e gli affini entro il quarto grado degli amministratori delle società da questa controllate, delle società che la controllano e di quelle sottoposte a comune controllo;

c) coloro che sono legati alla società o alle società da questa controllate o alle società che la controllano o a quelle sottoposte a comune controllo da un rapporto di lavoro o da un rapporto continuativo di consulenza o di prestazione d'opera retribuita, ovvero da altri rapporti di natura patrimoniale che ne compromettano l'indipendenza.

La cancellazione o la sospensione dal registro dei revisori legali e delle società di revisione legale e la perdita dei requisiti previsti dall'ultimo comma dell'articolo 2397 sono causa di decadenza dall'ufficio di sindaco.

Lo statuto può prevedere altre cause di ineleggibilità o decadenza, nonché cause di incompatibilità e limiti e criteri per il cumulo degli incarichi.

• L'art. 2399, co. 1, lett. c), nello statuire che sono **incompatibili con la carica di sindaco** coloro che sono legati alla società da un rapporto di lavoro o da un rapporto continuativo di consulenza o di prestazione d'opera retribuita, ovvero da altri rapporti di natura patrimoniale che ne compromettano l'indipendenza, impone al giudice di merito di verificare non solo se il controllore sia direttamente coinvolto nell'attività da controllare ma anche che essa non riguardi piuttosto un socio o un associato del sindaco. • In tali casi, è legittimo confrontare i ricavi derivanti al sindaco dal rapporto di collaborazione, in ragione della sua posizione nella compagine associativa, e il compenso conseguente alle sue funzioni di controllo; e può quindi concludersi che l'indipendenza del controllore è messa in pericolo tutte le volte in cui egli si possa attendere dal rapporto di consulenza un ritorno economico personale superiore a quello che gli deriva dalla retribuzione sindacale.

2400. Nomina e cessazione dall'ufficio.

I sindaci sono nominati per la prima volta nell'atto costitutivo e successivamente dall'assemblea, salvo il disposto degli articoli 2351, 2449 e 2450. Essi restano in carica per tre esercizi, e scadono alla data dell'assemblea convocata per l'approvazione del bilancio relativo al terzo esercizio della carica. La cessazione dei sindaci per scadenza del termine ha effetto dal momento in cui il collegio è stato ricostituito.

I sindaci possono essere revocati solo per giusta causa. La deliberazione di revoca deve essere approvata con decreto dal tribunale, sentito l'interessato.

La nomina dei sindaci, con l'indicazione per ciascuno di essi del cognome e del nome, del luogo e della data di nascita e del domicilio, e la cessazione dall'ufficio devono essere iscritte, a cura degli amministratori, nel registro delle imprese nel termine di trenta giorni.

Al momento della nomina dei sindaci e prima dell'accettazione dell'incarico, sono resi noti all'assemblea gli incarichi di amministrazione e di controllo da essi ricoperti presso altre società.

• Ai sensi dell'art. 2400, co. 2, la **giusta causa di revoca** del sindaco deve sostanziarsi in comportamenti posti in essere in violazione dei propri doveri, ovvero quando questi sia rimasto a lungo inattivo, ovvero sia sottoposto a misura cautelare detentiva, ovvero siano insorti gravi dissidi con la società. • I sindaci restano in carica per tre esercizi, e scadono non alla fine dell'anno solare relativo al terzo esercizio della carica.

2401. Sostituzione.

In caso di morte, di rinunzia o di decadenza di un sindaco, subentrano i supplenti in ordine di età, nel rispetto dell'articolo 2397, secondo comma. I nuovi sindaci restano in carica fino alla prossima assemblea, la quale deve provvedere alla nomina dei sindaci effettivi e supplenti necessari per l'integrazione del collegio, nel rispetto dell'articolo 2397, secondo comma. I nuovi nominati scadono insieme con quelli in carica.

In caso di sostituzione del presidente, la presidenza è assunta fino alla prossima assemblea dal sindaco più anziano.

Se con i sindaci supplenti non si completa il collegio sindacale, deve essere convocata l'assemblea perché provveda all'integrazione del collegio medesimo.

• L'istituto della ***prorogatio*** costituisce il portato dell'interesse a garantire la continuità del collegio sindacale e, più in generale, dell'esigenza di assicurare la **continuità degli organi sociali** impedendo l'interruzione dell'assolvimento delle loro funzioni: in questa prospettiva, è stato correttamente affermato, da una parte, che se la continuità dell'organo amministrativo evita che si generino vuoti di potere da parte di chi deve gestire l'impresa sociale, la continuità dell'organo di controllo garantisce che non venga meno, neppure in via temporanea, l'attività di vigilanza e, dall'altra, che tale continuità, mentre con riferimento agli amministratori riguarda la maggioranza dell'organo, in relazione al collegio sindacale si manifesta nella intrinseca necessità di conservare l'organo nella sua completezza.

2402. Retribuzione.

La retribuzione annuale dei sindaci, se non è stabilita nello statuto, deve essere determinata dalla assemblea all'atto della nomina per l'intero periodo di durata del loro ufficio.

• **La misura del compenso** dei componenti del collegio sindacale di società di capitali, ai sensi dell'art. 2402, **deve essere stabilita nell'atto costitutivo o deve essere fissata dall'assemblea**, sicché, in mancanza di tale indicazione, va determinata dal giudice *ex* art. 2233, non potendosi attribuire alcuna rilevanza ad eventuali accordi intercorsi con l'amministratore sul criterio di calcolo della remunerazione.

2403. Doveri del collegio sindacale.

Il collegio sindacale vigila sull'osservanza della legge e dello statuto, sul rispetto dei principi di corretta amministrazione ed in particolare sull'adeguatezza dell'assetto organizzativo, amministrativo e contabile adottato dalla società e sul suo concreto funzionamento.

Esercita inoltre il controllo contabile nel caso previsto dall'articolo 2409-bis, terzo comma.

• L'art. 2403 richiede ai sindaci lo svolgimento di **un'attività di vigilanza** – sia sull'osservanza della legge e dello statuto e, in particolare, **sull'adeguatezza degli assetti organizzativi, amministrativi e contabili della società** sia sul loro corretto funzionamento – che, proprio in ragione del suo contenuto, deve essere non saltuaria, ma permanente e continuativa, con la conseguenza che essa non è suscettibile di interruzioni o di menomazioni.

2403 bis. Poteri del collegio sindacale.

I sindaci possono in qualsiasi momento procedere, anche individualmente, ad atti di ispezione e di controllo.

Il collegio sindacale può chiedere agli amministratori notizie, anche con riferimento a società controllate, sull'andamento delle operazioni sociali o su determinati affari. Può altresì scambiare informazioni con i corrispondenti organi delle società controllate in merito ai sistemi di amministrazione e controllo ed all'andamento generale dell'attività sociale.

Gli accertamenti eseguiti devono risultare dal libro previsto dall'articolo 2421, primo comma, n. 5).

Nell'espletamento di specifiche operazioni di ispezione e di controllo i sindaci sotto la propria responsabilità ed a proprie spese possono avvalersi di propri dipendenti ed ausiliari che non si trovino in una delle condizioni previste dall'articolo 2399.

L'organo amministrativo può rifiutare agli ausiliari e ai dipendenti dei sindaci l'accesso a informazioni riservate.

• La riforma del diritto societario ha distinto il **controllo di legalità** – rimasto affidato al collegio sindacale – dal **controllo contabile** in senso stretto, affidato invece alle società di revisione o al revisore contabile, prevedendo tuttavia che quest'ultimo tipo di controllo, per le società che non fanno ricorso al mercato di rischio, possa essere affidato anche al collegio sindacale purché sia composto da revisori contabili. • Si deve pertanto ritenere pacifico che anche l'attività di controllo contabile, per quanto non più affidata ad un organo interno della società, sia un'attività assimilabile a quella del collegio sindacale e che, come tale, in applicazione della regola prevista dall'art. 2403-*bis*, co. 4, possa dai sindaci essere svolta avvalendosi, sotto la propria responsabilità e a proprie spese ed a condizione che ciò non sia espressamente escluso dall'incarico, di dipendenti o ausiliari.

2404. Riunioni e deliberazioni del collegio.

Il collegio sindacale deve riunirsi almeno ogni novanta giorni. La riunione può svolgersi, se lo statuto lo consente indicandone le modalità, anche con mezzi di telecomunicazione.

Il sindaco che, senza giustificato motivo, non partecipa durante un esercizio sociale a due riunioni del collegio decade dall'ufficio.

Delle riunioni del collegio deve redigersi verbale, che viene trascritto nel libro previsto dall'articolo 2421, primo comma, n. 5), e sottoscritto dagli intervenuti.

Il collegio sindacale è regolarmente costituito con la presenza della maggioranza dei sindaci e delibera a maggioranza assoluta dei presenti. Il sindaco dissenziente ha diritto di fare iscrivere a verbale i motivi del proprio dissenso.

• Le ipotesi di **decadenza c.d. sanzionatoria del sindaco**, di cui agli artt. 2404 e 2405, così come le ipotesi di decadenza c.d. ordinaria previste dall'art. 2399, co. 1, lett. c), non possono operare automaticamente, ma è necessario a tal fine un accertamento della decadenza deliberato dal collegio sindacale o dall'assemblea, esplicitamente ovvero implicitamente, con la sostituzione del sindaco decaduto, in considerazione delle ineludibili esigenze garantiste che impongono l'attivazione di un procedimento formale volto alla comminatoria della decadenza medesima.

2405. Intervento alle adunanze del consiglio di amministrazione e alle assemblee.

I sindaci devono assistere alle adunanze del consiglio di amministrazione, alle assemblee e alle riunioni del comitato esecutivo.

I sindaci, che non assistono senza giustificato motivo alle assemblee o, durante un esercizio sociale, a due adunanze consecutive del consiglio d'amministrazione o del comitato esecutivo, decadono dall'ufficio.

• Il controllo del collegio sindacale di una società per azioni non è circoscritto all'operato degli amministratori, ma si estende a tutta l'attività sociale, con funzione di **tutela non solo dell'interesse dei soci, ma anche di quello, concorrente, dei creditori sociali.** • Il diverso rilievo causale di quanti abbiano concorso alla causazione del danno, inteso come insufficienza patrimoniale della società, assume, poi, rilievo nei soli rapporti interni tra coobbligati, e non anche nei rapporti esterni che legano gli autori dell'illecito al danneggiato.

2406. Omissioni degli amministratori.

In caso di omissione o di ingiustificato ritardo da parte degli amministratori, il collegio sindacale deve convocare l'assemblea ed eseguire le pubblicazioni prescritte dalla legge.

Il collegio sindacale può altresì, previa comunicazione al presidente del consiglio di amministrazione, convocare l'assemblea qualora nell'espletamento del suo incarico ravvisi fatti censurabili di rilevante gravità e vi sia urgente necessità di provvedere.

• I sindaci sono responsabili ai sensi dell'art. 2407, co. 2, qualora, pur essendo consapevoli dello stato di grave tensione finanziaria della società, di alcune irregolarità gestionali e contabili imputabili all'organo amministrativo e della totale mancanza di collaborazione del medesimo, si limitino a convocare l'assemblea sociale *ex* art. 2406, co. 2, con contestuale comunicazione delle proprie dimissioni. • Il titolo di responsabilità consiste nell'**omessa adozione di reazioni endosocietarie ovvero anche extra-societarie**, ulteriori rispetto alla comunicazione delle dimissioni e funzionali al corretto adempimento al **dovere di vigilanza**.

2407. Responsabilità.

I sindaci devono adempiere i loro doveri con la professionalità e la diligenza richieste dalla natura dell'incarico; sono responsabili della verità delle loro attestazioni e devono conservare il segreto sui fatti e sui documenti di cui hanno conoscenza per ragione del loro ufficio.

Essi sono responsabili solidalmente con gli amministratori per i fatti o le omissioni di questi, quando il danno non si sarebbe prodotto se essi avessero vigilato in conformità degli obblighi della loro carica.

All'azione di responsabilità contro i sindaci si applicano, in quanto compatibili, le disposizioni degli articoli 2393, 2393-bis, 2394, 2394-bis e 2395.

• Il **dovere di controllo** dei sindaci si estende a tutta l'attività sociale, a tutela non solo dell'interesse dei soci ma anche dei creditori sociali. Compito essenziale è quello di **vigilare sulla corretta amministrazione** nel rispetto della legge e dell'atto costitutivo e che gli amministratori, alla luce delle singole circostanze concrete, procedano alla scelta gestoria nel rispetto di tutte le regole di corretto procedimento. • La configurabilità dell'inosservanza del dovere di vigilanza, imposto ai sindaci, non richiede l'individuazione di specifici comportamenti che si pongano espressamente in contrasto con tale dovere, ma è sufficiente che essi non abbiano rilevato una macroscopica violazione o comunque non abbiano in alcun modo reagito di fronte ad atti di dubbia legittimità e regolarità, così da non assolvere l'incarico con diligenza, correttezza e buonafede.

2408. Denunzia al collegio sindacale.

Ogni socio può denunziare i fatti che ritiene censurabili al collegio sindacale, il quale deve tener conto della denunzia nella relazione all'assemblea.

Se la denunzia è fatta da tanti soci che rappresentino un ventesimo del capitale sociale o un cinquantesimo nelle società che fanno ricorso al mercato del capitale di rischio, il collegio sindacale deve indagare senza ritardo sui fatti denunziati e presentare le sue conclusioni ed eventuali proposte all'assemblea; deve altresì, nelle ipotesi previste dal secondo comma dell'articolo 2406, convocare l'assemblea. Lo statuto può prevedere per la denunzia percentuali minori di partecipazione.

• Il collegio sindacale ha l'**obbligo di convocare l'assemblea** tutte le volte che riceve una denunzia di fatti censurabili da parte di soci detentori di una determinata quota di capitale. • La nozione di **"fatti censurabili di rilevante gravità"**, non va però confusa con quella di "gravi irregolarità", che attiene all'art. 2409; in proposito, è stata posta in risalto l'assenza di un obbligo di rispettare un criterio di "gradualità" nell'adozione delle possibili iniziative a tutela degli interessi sociali.

2409. Denunzia al tribunale.

Se vi è fondato sospetto che gli amministratori, in violazione dei loro doveri, abbiano compiuto gravi irregolarità nella gestione che possono arrecare danno alla società o a una o più società controllate, i soci che rappresentano il decimo del capitale sociale o, nelle società che fanno ricorso al mercato del capitale di rischio, il ventesimo del capitale sociale possono denunziare i fatti al tribunale con ricorso notificato anche alla società. Lo statuto può prevedere percentuali minori di partecipazione.

Il tribunale, sentiti in camera di consiglio gli amministratori e i sindaci, può ordinare l'ispezione dell'amministrazione della società a spese dei soci richiedenti, subordinandola, se del caso, alla prestazione di una cauzione. Il provvedimento è reclamabile.

Il tribunale non ordina l'ispezione e sospende per un periodo determinato il procedimento se l'assemblea sostituisce gli amministratori e i sindaci con soggetti di adeguata professionalità, che si attivano senza indugio per accertare se le violazioni sussistono e, in caso positivo, per eliminarle, riferendo al tribunale sugli accertamenti e le attività compiute.

Se le violazioni denunziate sussistono ovvero se gli accertamenti e le attività compiute ai sensi del terzo comma risultano insufficienti alla loro eliminazione, il tribunale può disporre gli opportuni provvedimenti provvisori e convocare l'assemblea per le conseguenti deliberazioni. Nei casi più gravi può revocare gli amministratori ed eventualmente anche i sindaci e nominare un amministratore giudiziario, determinandone i poteri e la durata.

L'amministratore giudiziario può proporre l'azione di responsabilità contro gli amministratori e i sindaci. Si applica l'ultimo comma dell'articolo 2393.

Prima della scadenza del suo incarico l'amministratore giudiziario rende conto al tribunale che lo ha nominato; convoca e presiede l'assemblea per la nomina dei nuovi amministratori e sindaci o per proporre, se del caso, la messa in liquidazione della società o la sua ammissione ad una procedura concorsuale.

I provvedimenti previsti da questo articolo possono essere adottati anche su richiesta del collegio sindacale, del consiglio di sorveglianza o del comitato per il controllo sulla gestione, nonché, nelle società che fanno ricorso al mercato del capitale di rischio, del pubblico ministero; in questi casi le spese per l'ispezione sono a carico della società.

• Il procedimento di cui all'art. 2409 non è finalizzato all'accertamento delle responsabilità per *mala gestio* in vista del ristoro dei danni o della irrogazione di sanzioni, ma, piuttosto, ad **eliminare le irregolarità attuali**; onde, i provvedimenti del tribunale hanno quali destinatari coloro che, al momento della pronuncia, rivestono la carica di amministratori. • Gli amministratori cessati dalla carica prima del deposito del ricorso *ex* art. 2409, ovvero nella pendenza del termine per la notifica dello stesso, non sono portatori di un interesse giuridicamente rilevante alla partecipazione al procedimento ma, al più, vantano un mero interesse di fatto tale per cui va esclusa anche l'ammissibilità di un intervento spiegato nel procedimento da parte degli amministratori cessati dalla carica.

§ 4 – Della revisione legale dei conti

2409 bis. Revisione legale dei conti.

La revisione legale dei conti sulla società è esercitata da un revisore legale dei conti o da una società di revisione legale iscritti nell'apposito registro.

Lo statuto delle società che non siano tenute alla redazione del bilancio consolidato può prevedere che la revisione legale dei conti sia esercitata dal collegio sindacale. In tal caso il collegio sindacale è costituito da revisori legali iscritti nell'apposito registro.

2409 ter.-2409 sexies. (1).

(1) Articoli abrogati dal d.lgs. 27/1/2010, n. 39.

2409 septies. Scambio di informazioni.

Il collegio sindacale e i soggetti incaricati della revisione legale dei conti si scambiano tempestivamente le informazioni rilevanti per l'espletamento dei rispettivi compiti.

§ 5 – Del sistema dualistico

2409 octies. Sistema basato su un consiglio di gestione e un consiglio di sorveglianza.

Lo statuto può prevedere che l'amministrazione ed il controllo siano esercitati da un consiglio di gestione e da un consiglio di sorveglianza in conformità alle norme seguenti.

2409 novies. Consiglio di gestione.

La gestione dell'impresa si svolge nel rispetto della disposizione di cui all'articolo 2086, secondo comma, e spetta esclusivamente al consiglio di gestione, il quale compie le operazioni necessarie per l'attuazione dell'oggetto sociale. Può delegare proprie attribuzioni ad uno o più dei suoi componenti; si applicano in tal caso il terzo, quarto e quinto comma dell'articolo 2381.

È costituito da un numero di componenti, anche non soci, non inferiore a due.

Fatta eccezione per i primi componenti, che sono nominati nell'atto costitutivo, e salvo quanto disposto dagli articoli 2351, 2449 e 2450, la nomina dei componenti il consiglio di gestione spetta al consiglio di sorveglianza, previa determinazione del loro numero nei limiti stabiliti dallo statuto.

I componenti del consiglio di gestione non possono essere nominati consiglieri di sorveglianza, e restano in carica per un periodo non superiore a tre esercizi, con scadenza alla data della riunione del consiglio di sorveglianza convocato per l'approvazione del bilancio relativo all'ultimo esercizio della loro carica.

I componenti del consiglio di gestione sono rieleggibili, salvo diversa disposizione dello statuto, e sono revocabili dal consiglio di sorveglianza in qualunque tempo, anche se nominati nell'atto costitutivo, salvo il diritto al risarcimento dei danni se la revoca avviene senza giusta causa.

Se nel corso dell'esercizio vengono a mancare uno o più componenti del consiglio di gestione, il consiglio di sorveglianza provvede senza indugio alla loro sostituzione.

2409 decies. Azione sociale di responsabilità.

L'azione di responsabilità contro i consiglieri di gestione è promossa dalla società o dai soci, ai sensi degli articoli 2393 e 2393-bis.

L'azione sociale di responsabilità può anche essere proposta a seguito di deliberazione del consiglio di sorveglianza. La deliberazione è assunta dalla maggioranza dei componenti del consiglio di sorveglianza e, se è presa a maggioranza dei due terzi dei suoi componenti, importa la revoca dall'ufficio dei consiglieri di gestione contro cui è proposta, alla cui sostituzione provvede contestualmente lo stesso consiglio di sorveglianza.

L'azione può essere esercitata dal consiglio di sorveglianza entro cinque anni dalla cessazione dell'amministratore dalla carica.

Il consiglio di sorveglianza può rinunziare all'esercizio dell'azione di responsabilità e può transigerla, purché la rinunzia e la transazione siano approvate dalla maggioranza assoluta dei componenti del consiglio di sorveglianza e purché non si opponga la percentuale di soci indicata nell'ultimo comma dell'articolo 2393.

La rinuncia all'azione da parte della società o del consiglio di sorveglianza non impedisce l'esercizio delle azioni previste dagli articoli 2393-bis, 2394 e 2394-bis.

2409 undecies. Norme applicabili.

Al consiglio di gestione si applicano, in quanto compatibili, le disposizioni degli articoli 2380-bis, quinto comma, 2381, sesto comma, 2382, 2383, quarto e quinto comma, 2384, 2385, 2387, 2390, 2392, 2394, 2394-bis, 2395.

Si applicano alle deliberazioni del consiglio di gestione gli articoli 2388 e 2391, e la legittimazione ad impugnare le deliberazioni spetta anche al consiglio di sorveglianza.

2409 duodecies. Consiglio di sorveglianza.

Salvo che lo statuto non preveda un maggior numero, il consiglio di sorveglianza si compone di un numero di componenti, anche non soci, non inferiore a tre.

Fatta eccezione per i primi componenti che sono nominati nell'atto costitutivo, e salvo quanto disposto dagli articoli 2351, 2449 e 2450, la nomina dei componenti il consiglio di sorveglianza spetta all'assemblea, previa determinazione del loro numero nei limiti stabiliti dallo statuto.

I componenti del consiglio di sorveglianza restano in carica per tre esercizi e scadono alla data della successiva assemblea prevista dal secondo comma dell'articolo 2364-bis. La cessazione per scadenza del termine ha effetto dal momento in cui il consiglio di sorveglianza è stato ricostituito.

Almeno un componente effettivo del consiglio di sorveglianza deve essere scelto tra i revisori legali iscritti nell'apposito registro.

I componenti del consiglio di sorveglianza sono rieleggibili, salvo diversa disposizione dello statuto, e sono revocabili dall'assemblea in qualunque tempo con deliberazione adottata con la maggioranza prevista dal quinto comma dell'articolo 2393, anche se nominati nell'atto costitutivo, salvo il diritto al risarcimento dei danni, se la revoca avviene senza giusta causa.

Lo statuto, fatto salvo quanto previsto da leggi speciali in relazione all'esercizio di particolari attività, può subordinare l'assunzione della carica al possesso di particolari requisiti di onorabilità, professionalità e indipendenza.

Se nel corso dell'esercizio vengono a mancare uno o più componenti del consiglio di sorveglianza, l'assemblea provvede senza indugio alla loro sostituzione.

Il presidente del consiglio di sorveglianza è eletto dall'assemblea.

Lo statuto determina i poteri del presidente del consiglio di sorveglianza.

Non possono essere eletti alla carica di componente del consiglio di sorveglianza e, se eletti, decadono dall'ufficio:

a) coloro che si trovano nelle condizioni previste dall'articolo 2382;

b) i componenti del consiglio di gestione;

c) coloro che sono legati alla società o alle società da questa controllate o a quelle sottoposte a comune controllo da un rapporto di lavoro o da un rapporto continuativo di consulenza o di prestazione d'opera retribuita che ne compromettano l'indipendenza.

Lo statuto può prevedere altre cause di ineleggibilità o decadenza, nonché cause di incompatibilità e limiti e criteri per il cumulo degli incarichi.

2409 terdecies. Competenza del consiglio di sorveglianza.

Il consiglio di sorveglianza:

a) nomina e revoca i componenti del consiglio di gestione; ne determina il compenso, salvo che la relativa competenza sia attribuita dallo statuto all'assemblea;

b) approva il bilancio di esercizio e, ove redatto, il bilancio consolidato;

c) esercita le funzioni di cui all'articolo 2403, primo comma;

d) promuove l'esercizio dell'azione di responsabilità nei confronti dei componenti del consiglio di gestione;

e) presenta la denunzia al tribunale di cui all'articolo 2409;

f) riferisce per iscritto almeno una volta all'anno all'assemblea sull'attività di vigilanza svolta, sulle omissioni e sui fatti censurabili rilevati;

f-bis) se previsto dallo statuto, delibera in ordine alle operazioni strategiche e ai piani, industriali e finanziari della società predisposti dal consiglio di gestione, ferma in ogni caso la responsabilità di questo per gli atti compiuti.

Lo statuto può prevedere che in caso di mancata approvazione del bilancio o qualora lo richieda almeno un terzo dei componenti del consiglio di gestione o del consiglio di sorveglianza la competenza per l'approvazione del bilancio di esercizio sia attribuita all'assemblea.

I componenti del consiglio di sorveglianza devono adempiere i loro doveri con la diligenza richiesta dalla natura dell'incarico. Sono responsabili solidalmente con i componenti del consiglio di gestione per i fatti o le omissioni di questi quando il danno non si sarebbe prodotto se avessero vigilato in conformità degli obblighi della loro carica.

I componenti del consiglio di sorveglianza possono assistere alle adunanze del consiglio di gestione e devono partecipare alle assemblee.

2409 quaterdecies. Norme applicabili.

Al consiglio di sorveglianza ed ai suoi componenti si applicano, in quanto compatibili, gli articoli 2388, 2400, terzo e quarto comma, 2402, 2403-bis, secondo e terzo comma, 2404, primo, terzo e quarto comma, 2406, 2408 e 2409-septies.

Alla deliberazione del consiglio di sorveglianza con cui viene approvato il bilancio di esercizio si applica l'articolo 2434-bis ed essa può venire impugnata anche dai soci ai sensi dell'articolo 2377.

2409 quinquiesdecies. Revisione legale.

La revisione legale dei conti è svolta a norma dell'articolo 2409-bis, primo comma.

§ 6 – Del sistema monistico

2409 sexiesdecies. Sistema basato sul consiglio di amministrazione e un comitato costituito al suo interno.

Lo statuto può prevedere che l'amministrazione ed il controllo siano esercitati rispettivamente dal consiglio di amministrazione e da un comitato costituito al suo interno.

2409 septiesdecies. Consiglio di amministrazione.

La gestione dell'impresa spetta esclusivamente al consiglio di amministrazione.

Almeno un terzo dei componenti del consiglio di amministrazione deve essere in possesso dei requisiti di indipendenza stabiliti per i sindaci dall'articolo 2399, primo comma, e, se lo statuto lo prevede, di quelli al riguardo previsti da codici di comportamento redatti da associazioni di categoria o da società di gestione di mercati regolamentati.

Al momento della nomina dei componenti del consiglio di amministrazione e prima dell'accettazione dell'incarico, sono resi noti all'assemblea gli incarichi di amministrazione e di controllo da essi ricoperti presso altre società.

2409 octiesdecies. Comitato per il controllo sulla gestione.

Salvo diversa disposizione dello statuto, la determinazione del numero e la nomina dei componenti del comitato per il controllo sulla gestione spetta al consiglio di amministrazione. Nelle società che fanno ricorso al mercato del capitale di rischio il numero dei componenti del comitato non può essere inferiore a tre.

Il comitato è composto da amministratori in possesso dei requisiti di onorabilità e professionalità stabiliti dallo statuto e dei requisiti di indipendenza di cui all'articolo 2409-septiesdecies, che non siano membri del comitato esecutivo ed ai quali non siano attribuite deleghe o particolari cariche e comunque non svolgano, anche di mero fatto, funzioni attinenti alla gestione dell'impresa sociale o di società che la controllano o ne sono controllate.

Almeno uno dei componenti del comitato per il controllo sulla gestione deve essere scelto fra i revisori legali iscritti nell'apposito registro.

In caso di morte, rinunzia revoca o decadenza di un componente del comitato per il controllo sulla gestione, il consiglio di amministrazione provvede senza indugio a sostituirlo scegliendolo tra gli altri amministratori in possesso dei requisiti previsti dai commi precedenti; se ciò non è possibile, provvede senza indugio a norma dell'articolo 2386 scegliendo persona provvista dei suddetti requisiti.

Il comitato per il controllo sulla gestione:

a) elegge al suo interno, a maggioranza assoluta dei suoi membri, il presidente;

b) vigila sull'adeguatezza della struttura organizzativa della società, del sistema di controllo interno e del sistema amministrativo e contabile, nonché sulla sua idoneità a rappresentare correttamente i fatti di gestione;

c) svolge gli ulteriori compiti affidatigli dal consiglio di amministrazione con particolare riguardo ai rapporti con il soggetto incaricato di effettuare la revisione legale dei conti.

Al comitato per il controllo sulla gestione si applicano altresì, in quanto compatibili, gli articoli 2404, primo, terzo e quarto comma, 2405, primo comma, e 2408.

2409 noviesdecies. Norme applicabili e revisione legale.

Al consiglio di amministrazione si applicano, in quanto compatibili, gli articoli da 2380-bis, 2381, 2382, 2383, 2384, 2385, 2386, 2387, 2388, 2389, 2390, 2391, 2392, 2393, 2393-bis, 2394, 2394-bis, 2395.

La revisione legale dei conti è svolta ai sensi dell'articolo 2409-bis, primo comma.

Sezione VII
Delle obbligazioni

2410. Emissione.

Se la legge o lo statuto non dispongono diversamente, l'emissione di obbligazioni è deliberata dagli amministratori.

In ogni caso la deliberazione di emissione deve risultare da verbale redatto da notaio ed è depositata ed iscritta a norma dell'articolo 2436.

• La norma in epigrafe stabilisce che la **delibera** di emissione delle obbligazioni è di competenza degli **amministratori**, salvo che la legge o lo statuto non dispongano diversamente. Giacché trattasi di materia non rientrante tra quelle considerate dall'art. 2381, co. 4, tale competenza potrebbe essere anche attribuita dal consiglio di amministrazione agli eventuali organi delegati. Deve ritenersi, inoltre, che lo statuto, in deroga alla disciplina legislativa, possa attribuire la competenza all'emissione di obbligazioni soltanto all'assemblea straordinaria. La delibera di emissione, indipendentemente dall'organo che l'abbia adottata, deve risultare da **verbale** redatto da un **notaio** e deve essere **depositata ed iscritta nel registro delle imprese** secondo quanto previsto dall'art. 2436. A ciò consegue la **emissione dei titoli**, contestualmente alla sottoscrizione da parte degli investitori.

2411. Diritti degli obbligazionisti.

Il diritto degli obbligazionisti alla restituzione del capitale ed agli interessi può essere, in tutto o in parte, subordinato alla soddisfazione dei diritti di altri creditori della società.

I tempi e l'entità del pagamento degli interessi possono variare in dipendenza di parametri oggettivi anche relativi all'andamento economico della società.

La disciplina della presente sezione si applica inoltre agli strumenti finanziari, comunque denominati, che condizionano i tempi e l'entità del rimborso del capitale all'andamento economico della società.

• Posto che le obbligazioni costituiscono strumenti di raccolta di **capitale di credito**, che attribuiscono al sottoscrittore il **diritto al rimborso del capitale** e normalmente alla corresponsione degli **interessi**, i primi due commi della norma in commento delineano alcune **tipologie** di obbligazioni: il primo comma si riferisce alle obbligazioni cc.dd. **postergate**, nelle quali il rimborso del prestito è condizionato alla preventiva soddisfazione dei diritti di altri creditori della società; il secondo comma, invece, riguarda le obbligazioni cc.dd. **partecipanti**, in cui i tempi e l'entità del pagamento degli interessi possono variare anche in dipendenza dell'andamento economico della società. Il terzo comma estende la disciplina delle obbligazioni agli **"altri"** strumenti finanziari emessi dalla società, destinati cioè alla raccolta di mezzi finanziari, diversi dalle azioni.

2412. Limiti all'emissione.

La società può emettere obbligazioni al portatore o nominative per somma complessivamente non eccedente il doppio del capitale sociale, della riserva legale e delle riserve disponibili risultanti dall'ultimo bilancio approvato. I sindaci attestano il rispetto del suddetto limite.

Il limite di cui al primo comma può essere superato se le obbligazioni emesse in eccedenza sono destinate alla sottoscrizione da parte di investitori professionali soggetti a vigilanza prudenziale a norma delle leggi speciali. In caso di successiva circolazione delle obbligazioni, chi le trasferisce risponde della solvenza della società nei confronti degli acquirenti che non siano investitori professionali.

Non è soggetta al limite di cui al primo comma, e non rientra nel calcolo al fine del medesimo, l'emissione di obbligazioni garantite da ipoteca di primo grado su immobili di proprietà della società, sino a due terzi del valore degli immobili medesimi.

Al computo del limite di cui al primo comma concorrono gli importi relativi a garanzie comunque prestate dalla società per obbligazioni emesse da altre società, anche estere (1).

I commi primo e secondo non si applicano all'emissione di obbligazioni destinate ad essere quotate in mercati regolamentati o in sistemi multilaterali di negoziazione ovvero di obbligazioni che danno il diritto di acquisire ovvero di sottoscrivere azioni (2).

Quando ricorrono particolari ragioni che interessano l'economia nazionale, la società può essere autorizzata con provvedimento dell'autorità governativa, ad emettere obbligazioni per somma superiore a quanto previsto nel presente articolo, con l'osservanza dei limiti, delle modalità e delle cautele stabilite nel provvedimento stesso.

Restano salve le disposizioni di leggi speciali relative a particolari categorie di società e alle riserve di attività.

Le disposizioni del presente articolo si applicano anche alle obbligazioni emesse all'estero da società italiane ovvero da loro controllate o controllanti, se negoziate nello Stato, nei limiti stabiliti con regolamento del Ministro dell'economia e delle finanze e del Ministro della giustizia, da adottare ai sensi dell'articolo 17, comma 3, della legge 23 agosto 1988, n. 400, su proposta della Commissione nazionale per le società e la borsa; in questo caso la negoziazione ad opera di investitori professionali nei confronti di soggetti diversi deve, a pena di nullità, avvenire mediante consegna di un prospetto informativo contenente le informazioni stabilite dalla Commissione nazionale per le società e la borsa, anche quando la vendita avvenga su richiesta dell'acquirente (3).

(1) Comma inserito ad opera dell'art. 11[1, lett. a)] della l. 28/12/2005, n. 262.

(2) Comma così sostituito ad opera dell'art. 32[26] del d.l. 22/6/2012, n. 83, conv. in l. 7/8/2012, n. 134.

(3) Comma dapprima aggiunto ad opera dell'art. 15 del d.lgs. 28/12/2004, n. 310 e successivamente abrogato ad opera dell'art. 11[1, lett. b)], l. 28/12/2005, n. 262.

• La norma pone un **limite** all'entità del prestito obbligazionario: in linea di principio, non possono emettersi obbligazioni per un ammontare complessivo superiore al **doppio del capitale sociale, della riserva legale e delle riserve disponibili risultanti dall'ultimo bilancio approvato** (dovendo a tal fine calcolarsi anche gli importi relativi a garanzie prestate dalla società per obbligazioni emesse da altre società, anche estere). A questa previsione, tuttavia, si accompagna quella di una serie di circostanze in cui il riferito limite non trova applicazione, in quanto reso inutile o superato dal contesto in cui avviene l'emissione (cfr., con riferimento al sesto comma, le deroghe introdotte dall'art. 26, co. 12, d.l. 19/5/2020, n. 34, conv. con la l. 17/7/2020, n. 77).

2413. Riduzione del capitale.

Salvo i casi previsti dal terzo, quarto e quinto comma dell'articolo 2412, la società che ha emesso obbligazioni non può ridurre volontariamente il capitale sociale o distribuire riserve se rispetto all'ammontare delle obbligazioni ancora in circolazione il limite di cui al primo comma dell'articolo medesimo non risulta più rispettato.

Se la riduzione del capitale sociale è obbligatoria, o le riserve diminuiscono in conseguenza di perdite, non possono distribuirsi utili sinché l'ammontare del capitale sociale, della riserva legale e delle riserve disponibili non eguagli la metà dell'ammontare delle obbligazioni in circolazione.

• Il rapporto che deve inizialmente sussistere tra capitale e riserve da un lato e ammontare complessivo del prestito obbligazionario dall'altro deve permanere **per tutta la durata del prestito**. Per tale motivo, la norma in commento dispone che il capitale sociale non può essere ridotto e le riserve non possono essere distribuite se rispetto all'ammontare delle obbligazioni ancora in circolazione il predetto rapporto non risulta più rispettato. In presenza di perdite che rendano obbligatoria la riduzione del capitale sociale o che diminuiscano le riserve, si prevede che non possono distribuirsi utili fino a quando il rapporto richiesto dalla legge non risulti ristabilito.

2414. Contenuto delle obbligazioni.

I titoli obbligazionari devono indicare:

1) la denominazione, l'oggetto e la sede della società, con l'indicazione dell'ufficio del registro delle imprese presso il quale la società è iscritta;

2) il capitale sociale e le riserve esistenti al momento dell'emissione;

3) la data della deliberazione di emissione e della sua iscrizione nel registro;

4) l'ammontare complessivo dell'emissione, il valore nominale di ciascun titolo, i diritti con essi attribuiti, il rendimento o i criteri per la sua determinazione e il modo di pagamento e di rimborso, l'eventuale subordinazione dei diritti degli obbligazionisti a quelli di altri creditori della società;

5) le eventuali garanzie da cui sono assistiti;

6) la data di rimborso del prestito e gli estremi dell'eventuale prospetto informativo.

• La norma elenca le informazioni (riguardanti i dati della società e dell'emissione) che devono essere indicate nei titoli obbligazionari. Questi ultimi possono essere **nominativi** o **al portatore** (art. 2412, co. 1). È inoltre prevista l'istituzione di un **libro delle obbligazioni**, nel quale vanno annotate le obbligazioni emesse e l'ammontare di quelle estinte, nonché, nel caso di titoli nominativi, le generalità dei titolari, i trasferimenti e i vincoli relativi ai titoli (v. art. 2421).

2414 bis. Costituzione delle garanzie.

La deliberazione di emissione di obbligazioni che preveda la costituzione di garanzie reali a favore dei sottoscrittori deve designare un notaio che, per conto dei sottoscrittori, compia le formalità necessarie per la costituzione delle garanzie medesime.

Qualora un azionista pubblico garantisca i titoli obbligazionari si applica il numero 5) dell'articolo 2414.

Le garanzie, reali e personali e di qualunque altra natura e le cessioni di credito in garanzia, che assistono i titoli obbligazionari possono essere costituite in favore dei sottoscrittori delle obbligazioni o anche di un loro rappresentante che sarà legittimato a esercitare in nome e per conto dei sottoscrittori tutti i diritti, sostanziali e processuali, relativi alle garanzie medesime (1).

(1) Comma aggiunto ad opera dell'art. 13[2] del d.l. 12/9/2014, n. 133, conv. in l. 11/11/2014, n. 164.

• La norma stabilisce che la delibera di emissione di obbligazioni deve designare il notaio (lo stesso che ha verbalizzato *ex* art. 2410 o un altro) cui compete l'espletamento, per conto dei sottoscrittori, delle formalità necessarie per la **costituzione delle garanzie** destinate ad assicurare l'adempimento da parte della società degli obblighi derivanti dal prestito, ove previste. Se un'azionista pubblico garantisce i titoli obbligazionari, trova applicazione il n. 5) dell'art. 2414. La norma, infine, prevede che le garanzie che assistono i titoli obbligazionari possono essere costituite, anziché a favore dei sottoscrittori delle obbligazioni, a favore di un loro **rappresentante** che sarà legittimato a esercitare, in nome e per conto dei sottoscrittori, i diritti relativi alle garanzie medesime.

2415. Assemblea degli obbligazionisti.

L'assemblea degli obbligazionisti delibera:

1) sulla nomina e sulla revoca del rappresentante comune;

2) sulle modificazioni delle condizioni del prestito;

3) sulla proposta di amministrazione controllata e di concordato;

4) sulla costituzione di un fondo per le spese necessarie alla tutela dei comuni interessi e sul rendiconto relativo;

5) sugli altri oggetti d'interesse comune degli obbligazionisti.

L'assemblea è convocata dal consiglio di amministrazione, dal consiglio di gestione (1) o dal rappresentante degli obbligazionisti, quando lo ritengono necessario, o quando ne è fatta richiesta da tanti obbligazionisti che rappresentino il ventesimo dei titoli emessi e non estinti.

Si applicano all'assemblea degli obbligazionisti le disposizioni relative all'assemblea straordinaria dei soci e le sue deliberazioni sono iscritte, a cura del notaio che ha redatto il verbale, nel registro delle imprese. Per la validità delle deliberazioni sull'oggetto indicato nel primo comma, numero 2, è necessario anche in seconda convocazione il voto favorevole degli obbligazionisti che rappresentino la metà delle obbligazioni emesse e non estinte. Quando le obbligazioni sono ammesse al sistema di gestione accentrata la legittimazione all'intervento e al voto nell'assemblea degli obbligazionisti è disciplinata dalle leggi speciali (2).

La società, per le obbligazioni da essa eventualmente possedute, non può partecipare alle deliberazioni.

All'assemblea degli obbligazionisti possono assistere gli amministratori, i sindaci e i componenti del consiglio di gestione e di sorveglianza (3).

(1) Parole "dal consiglio di amministrazione, dal consiglio di gestione" così sostituite a quelle precedenti "dagli amministratori" ad opera dell'art. 1[4, lett. a)] del d.lgs. 18/6/2012, n. 91. Ai sensi dell'art. 5[1] del d.lgs. cit., tale disposizione si applica alle assemblee il cui avviso di convocazione sia pubblicato dopo il 1/1/2013.
(2) Periodo aggiunto dall'art. 1[4, lett. b)] del d.lgs. 18/6/2012, n. 91. Ai sensi dell'art. 5[1] d.lgs. cit., tale disposizione si applica alle assemblee il cui avviso di convocazione sia pubblicato dopo il 1/1/2013.
(3) Comma così sostituito ad opera dell'art. 1[4, lett. c)] del d.lgs. 18/6/2012, n. 91. Ai sensi dell'art. 5[1] d.lgs. cit., tale disposizione si applica alle assemblee il cui avviso di convocazione sia pubblicato dopo il 1/1/2013. Il testo previgente era il seguente: «All'assemblea degli obbligazionisti possono assistere gli amministratori ed i sindaci».

• L'art. 2415 disciplina l'**assemblea degli obbligazionisti** che rappresenta l'organo deputato ad assumere le decisioni riguardanti il prestito obbligazionario e la posizione dei relativi sottoscrittori, in considerazione dell'**interesse comune** degli stessi. Più in particolare, la disposizione prevede un'elencazione specifica delle **competenze** di tale organo, fra cui spicca quella di cui al n. 2 relativa alle **modifiche delle condizioni del prestito** decise dalla società, le quali non paiono poter riguardare i caratteri strutturali di quel determinato prestito obbligazionario, come il diritto al rimborso del capitale. Quanto al **procedimento assembleare**, la norma rinvia alle regole dell'**assemblea straordinaria** dei soci.

2416. Impugnazione delle deliberazioni dell'assemblea.

Le deliberazioni prese dall'assemblea degli obbligazionisti sono impugnabili a norma degli articoli 2377 e 2379. Le percentuali previste dall'articolo 2377 sono calcolate con riferimento all'ammontare del prestito obbligazionario e alla circostanza che le obbligazioni siano quotate in mercati regolamentati.

L'impugnazione è proposta innanzi al tribunale, nella cui giurisdizione la società ha sede, in contraddittorio del rappresentante degli obbligazionisti.

• Questo articolo stabilisce che le delibere adottate dall'assemblea degli obbligazionisti sono impugnabili per motivi sia di **annullabilità** sia di **nullità**, a norma rispettivamente degli artt. 2377 e 2379.

2417. Rappresentante comune.

Il rappresentante comune può essere scelto al di fuori degli obbligazionisti e possono essere nominate anche le persone giuridiche autorizzate all'esercizio dei servizi di investimento nonché le società fiduciarie. Non possono essere nominati rappresentanti comuni degli obbligazionisti e, se nominati, decadono dall'ufficio, gli amministratori, i sindaci, i dipendenti della società debitrice e coloro che si trovano nelle condizioni indicate nell'articolo 2399.

Se non è nominato dall'assemblea a norma dell'articolo 2415, il rappresentante comune è nominato con decreto dal tribunale su domanda di uno o più obbligazionisti o dagli amministratori della società.

Il rappresentante comune dura in carica per un periodo non superiore a tre esercizi sociali e può essere rieletto. L'assemblea degli obbligazionisti ne fissa il compenso. Entro trenta giorni dalla notizia della sua nomina il rappresentante comune deve richiederne l'iscrizione nel registro delle imprese.

• La disposizione prevede che il **rappresentante comune** degli obbligazionisti non debba essere scelto necessariamente tra gli stessi e precisa che tale carica può essere rivestita anche da **persone giuridiche** autorizzate all'esercizio dei servizi di investimento o da società fiduciarie. Si tratta di un organo necessario atteso che, ai sensi del secondo comma, nell'inerzia dell'assemblea il rappresentante è nominato dal tribunale, su domanda di uno o più obbligazionisti o dagli amministratori della società. Egli dura in carica per un periodo non superiore a tre esercizi sociali ed è rieleggibile; ha diritto ad un compenso e deve chiedere l'iscrizione della propria nomina nel registro delle imprese.

2418. Obblighi e poteri del rappresentante comune.

Il rappresentante comune deve provvedere all'esecuzione delle deliberazioni dell'assemblea degli obbligazionisti, tutelare gli interessi comuni di questi nei rapporti con la società e assistere alle operazioni di sorteggio delle obbligazioni. Egli ha diritto di assistere all'assemblea dei soci.

Per la tutela degli interessi comuni ha la rappresentanza processuale degli obbligazionisti anche nell'amministrazione controllata, nel concordato preventivo, nel fallimento, nella liquidazione coatta amministrativa e nell'amministrazione straordinaria della società debitrice.

• Il rappresentante comune provvede all'**esecuzione** delle deliberazioni dell'assemblea degli obbligazionisti e a tutelare i loro **interessi comuni** nei rapporti con la società. A tal fine, la norma in commento stabilisce che egli ha la **rappresentanza processuale** degli obbligazionisti anche nelle procedure concorsuali alle quali la società sia stata assoggettata e ha il **diritto ad assistere all'assemblea dei soci**.

2419. Azione individuale degli obbligazionisti.

Le disposizioni degli articoli precedenti non precludono le azioni individuali degli obbligazionisti, salvo che queste siano incompatibili con le deliberazioni dell'assemblea previste dall'articolo 2415.

• L'organizzazione giuridica degli obbligazionisti consente una tutela più efficace degli interessi dei singoli membri, ma non preclude le **azioni individuali** dei sottoscrittori, a meno che questi non si pongano in contrasto con le deliberazioni dell'assemblea degli obbligazionisti regolarmente adottate e, quindi, vincolanti per il gruppo.

2420. Sorteggio delle obbligazioni.

Le operazioni per l'estrazione a sorte delle obbligazioni devono farsi, a pena di nullità, alla presenza del rappresentante comune o, in mancanza, di un notaio.

• In genere, la restituzione del prestito obbligazionario avviene attraverso due modalità: attraverso il rimborso dell'**intero prestito** in un'unica scadenza fissa ovvero, più frequentemente, secondo un piano di ammortamento che determini una scansione temporale dell'impegno finanziario connesso alla restituzione del finanziamento. In quest'ultima ipotesi, vanno stabilite al momento dell'emissione solo le quantità di obbligazioni da rimborsare in ciascuna scadenza, mentre la concreta individuazione dei titoli rimborsati avverrà **mediante sorteggio**. In tal caso, per garantire che l'operazione si svolga nel rispetto della parità di trattamento tra gli obbligazionisti, la disposizione in commento stabilisce che al sorteggio debba necessariamente assistere il rappresentante comune o, in mancanza, un notaio.

2420 bis. Obbligazioni convertibili in azioni.

L'assemblea straordinaria può deliberare l'emissione di obbligazioni convertibili in azioni, determinando il rapporto di cambio e il periodo e le modalità della conversione. La deliberazione non può essere adottata se il capitale sociale non sia stato interamente versato.

Contestualmente la società deve deliberare l'aumento del capitale sociale per un ammontare corrispondente alle azioni da attribuire in conversione. Si applicano, in quanto compatibili, le disposizioni del secondo, terzo, quarto e quinto comma dell'articolo 2346.

Nel primo mese di ciascun semestre gli amministratori provvedono all'emissione delle azioni spettanti agli obbligazionisti che hanno chiesto la conversione nel semestre precedente. Entro il mese successivo gli amministratori devono depositare per l'iscrizione nel registro delle imprese un'attestazione dell'aumento del capitale sociale in misura corrispondente al valore nominale delle azioni emesse. Si applica la disposizione del secondo comma dell'articolo 2444.

Fino a quando non siano scaduti i termini fissati per la conversione, la società non può deliberare né la riduzione volontaria del capitale sociale, né la modificazione delle disposizioni dello statuto concernenti la ripartizione degli utili, salvo che ai possessori di obbligazioni convertibili sia stata data la facoltà, mediante avviso depositato presso l'ufficio del registro delle imprese almeno novanta giorni prima della convocazione dell'assemblea, di esercitare il diritto di conversione nel termine di trenta giorni dalla pubblicazione.

Nei casi di aumento del capitale mediante imputazione di riserve e di riduzione del capitale per perdite, il rapporto di cambio è modificato in proporzione alla misura dell'aumento o della riduzione.

Le obbligazioni convertibili in azioni devono indicare in aggiunta a quanto stabilito nell'articolo 2414, il rapporto di cambio e le modalità della conversione.

• Le **obbligazioni convertibili in azioni** attribuiscono al sottoscrittore la possibilità di scelta tra la posizione di creditore e quella di socio. Segnatamente, quest'ultimo ha il diritto di convertire il proprio rapporto con la società da un mutuo obbligazionario a un rapporto di partecipazione sociale, sostituendo le proprie obbligazioni con azioni di nuova emissione. Quella appena descritta, e disciplinata dalla norma in commento, è la c.d. **conversione diretta**, ipotesi nella quale le azioni offerte in conversione sono emesse dalla stessa società emittente le obbligazioni. In tal caso, si richiede che siano realizzate *ab origine* congiuntamente sia le condizioni di legge previste per l'emissione di obbligazioni sia quelle proprie dell'emissione di azioni: l'espediente utilizzato consiste nel fatto che alla deliberazione di emissione di obbligazioni convertibili faccia riscontro la **contestuale deliberazione di aumento di capitale** per un ammontare corrispondente al valore nominale delle azioni da attribuire in conversione; per tale ragione, anche la prima delibera è adottata dall'**assemblea straordinaria**, a meno che lo statuto non abbia attribuito la relativa competenza agli amministratori *ex* art. 2420-*ter*. La norma precisa le condizioni di emissione delle obbligazioni convertibili e ne disciplina in dettaglio la procedura di conversione in azioni. Infine, sono dettate una serie di regole volte conciliare, durante il periodo di conversione, la libertà decisionale della società con l'esigenza di tutelare i possessori di obbligazioni convertibili di fronte ad operazioni societarie che possano sensibilmente alterare il valore del diritto di conversione e la loro futura ed eventuale posizione di azionisti.

2420 ter. Delega agli amministratori.

Lo statuto può attribuire agli amministratori la facoltà di emettere in una o più volte obbligazioni convertibili, fino ad un ammontare determinato e per il periodo massimo di cinque anni dalla data di iscrizione della società nel registro delle imprese. In tal caso la delega comprende anche quella relativa al corrispondente aumento del capitale sociale.

Tale facoltà può essere attribuita anche mediante modificazione dello statuto, per il periodo massimo di cinque anni dalla data della deliberazione.

Si applica il secondo comma dell'articolo 2410.

Sezione VIII
Dei libri sociali

2421. Libri sociali obbligatori.

Oltre i libri e le altre scritture contabili prescritti nell'articolo 2214, la società deve tenere:

1) il libro dei soci, nel quale devono essere indicati distintamente per ogni categoria il numero delle azioni, il cognome e il nome dei titolari delle azioni nominative, i trasferimenti e i vincoli ad esse relativi e i versamenti eseguiti;

2) il libro delle obbligazioni, il quale deve indicare l'ammontare delle obbligazioni emesse e di quelle estinte, il cognome e il nome dei titolari delle obbligazioni nominative e i trasferimenti e i vincoli ad esse relativi;

3) il libro delle adunanze e delle deliberazioni delle assemblee, in cui devono essere trascritti anche i verbali redatti per atto pubblico;

4) il libro delle adunanze e delle deliberazioni del consiglio di amministrazione o del consiglio di gestione;

5) il libro delle adunanze e delle deliberazioni del collegio sindacale ovvero del consiglio di sorveglianza o del comitato per il controllo sulla gestione;

6) il libro delle adunanze e delle deliberazioni del comitato esecutivo, se questo esiste;

7) il libro delle adunanze e delle deliberazioni delle assemblee degli obbligazionisti, se sono state emesse obbligazioni;

8) il libro degli strumenti finanziari emessi ai sensi dell'articolo 2447-sexies.

I libri indicati nel primo comma, numeri 1), 2), 3), 4) e 8) sono tenuti a cura degli amministratori o dei componenti del consiglio di gestione, il libro indicato nel numero 5) a cura del collegio sindacale ovvero del consiglio di sorveglianza o del comitato per il controllo sulla gestione, il libro indicato nel numero 6) a cura del comitato esecutivo e il libro indicato nel numero 7) a cura del rappresentante comune degli obbligazionisti.

I libri di cui al presente articolo, prima che siano messi in uso, devono essere numerati progressivamente in ogni pagina e bollati in ogni foglio a norma dell'articolo 2215.

• L'art. 2421 stabilisce l'**obbligo di tenuta dei libri sociali**, che hanno la funzione di regolare due aspetti della società: gli eventi riguardanti i titoli (partecipativi e di debito) emessi e l'attività degli organi sociali. La tenuta dei libri sociali costituisce profilo ulteriore rispetto alla tenuta delle scritture contabili indicate dall'art. 2214. • La funzione dei libri sociali è quella di documentare gli aspetti della vita societaria che non risultano dalle scritture contabili e che il legislatore ha ritenuto debbano essere annotati in documenti destinati alla conservazione. • A differenza delle scritture contabili di cui agli artt. 2214 ss., che devono essere tenute da tutti gli imprenditori individuali non piccoli che svolgono attività commerciale e da tutti gli imprenditori commerciali, **i libri sociali sono prescritti esclusivamente per gli enti aventi personalità giuridica**. È possibile istituire libri sociali ulteriori rispetto a quelli previsti come obbligatori dalla legge, purché siano tenuti secondo le modalità previste dalle disposizioni di cui al presente articolo.

2422. Diritto d'ispezione dei libri sociali.

I soci hanno diritto di esaminare i libri indicati nel primo comma, numeri 1) e 3) dell'articolo 2421 e di ottenerne estratti a proprie spese.

Eguale diritto spetta al rappresentante comune degli obbligazionisti per i libri indicati nei numeri 2) e 3) dell'articolo 2421, e al rappresentante comune dei possessori di strumenti finanziari ed ai singoli possessori per il libro indicato al numero 8), ai singoli obbligazionisti per il libro indicato nel numero 7) dell'articolo medesimo.

• L'art. 2422 stabilisce il diritto di ispezione dei libri sociali da parte dei soggetti diversi da chi ne deve curare la tenuta. I soggetti cui è attribuito il potere di ispezione sono i soci (per il libro soci ed il libro delle adunanze e delle deliberazioni delle assemblee); il rappresentante comune degli obbligazionisti (per l'esame del libro delle obbligazioni e delle assemblee sociali); i singoli obbligazionisti (per il libro delle assemblee degli obbligazionisti); il rappresentante comune dei possessori di strumenti finanziari ed i singoli possessori di tali strumenti (per il libro degli strumenti finanziari). Oltre ad esaminare i libri sociali, i soggetti legittimati hanno diritto di ottenerne estratti a proprie spese.

Sezione IX
Del bilancio

2423. Redazione del bilancio.

Gli amministratori devono redigere il bilancio di esercizio, costituito dallo stato patrimoniale, dal conto economico, dal rendiconto finanziario e dalla nota integrativa.

Il bilancio deve essere redatto con chiarezza e deve rappresentare in modo veritiero e corretto la situazione patrimoniale e finanziaria della società e il risultato economico dell'esercizio.

Se le informazioni richieste da specifiche disposizioni di legge non sono sufficienti a dare una rappresentazione veritiera e corretta, si devono fornire le informazioni complementari necessarie allo scopo.

Non occorre rispettare gli obblighi in tema di rilevazione, valutazione, presentazione e informativa quando la loro osservanza abbia effetti irrilevanti al fine di dare una rappresentazione veritiera e corretta. Rimangono fermi gli obblighi in tema di regolare tenuta delle scritture contabili. Le società illustrano nella nota integrativa i criteri con i quali hanno dato attuazione alla presente disposizione.

Se, in casi eccezionali, l'applicazione di una disposizione degli articoli seguenti è incompatibile con la rappresentazione veritiera e corretta, la disposizione non deve essere applicata. La nota integrativa deve motivare la deroga e deve indicarne l'influenza sulla rappresentazione della situazione patrimoniale, finanziaria e del risultato economico. Gli eventuali utili derivanti dalla deroga devono essere iscritti in una riserva non distribuibile se non in misura corrispondente al valore recuperato.

Il bilancio deve essere redatto in unità di euro, senza cifre decimali, ad eccezione della nota integrativa che può essere redatta in migliaia di euro.

• Nel codice civile non è presente alcuna definizione del bilancio di esercizio e l'art. 2423, co. 2, si limita a descriverne il contenuto. Il bilancio può essere definito come il prospetto contabile che, al termine dell'esercizio, espone il risultato di periodo o il reddito conseguito nell'esercizio, nei suoi componenti positivi e negativi, nonché l'entità del capitale di funzionamento dell'impresa che deriva dall'accertamento del reddito. • La **redazione del bilancio** deve avvenire nel rispetto di **tre clausole generali: la clausola di chiarezza, la clausola di verità e la clausola di correttezza.** Il bilancio deve essere redatto, quindi, in modo da poter assolvere in modo compiuto la sua **funzione informativa** e deve rappresentare chiaramente la situazione finanziaria e patrimoniale della società ed il risultato dell'esercizio. Per la rappresentazione veritiera e corretta della situazione della società occorre che i valori contabili attribuiti ai beni compresi nelle diverse poste siano determinati in modo da esprimere fedelmente detta situazione, senza che gli utili e le perdite ne risultino alterati.

2423 bis. Principi di redazione del bilancio.

Nella redazione del bilancio devono essere osservati i seguenti principi:

1) la valutazione delle voci deve essere fatta secondo prudenza e nella prospettiva della continuazione dell'attività;

1-bis) la rilevazione e la presentazione delle voci è effettuata tenendo conto della sostanza dell'operazione o del contratto;

2) si possono indicare esclusivamente gli utili realizzati alla data di chiusura dell'esercizio;

3) si deve tener conto dei proventi e degli oneri di competenza dell'esercizio, indipendentemente dalla data dell'incasso o del pagamento;

4) si deve tener conto dei rischi e delle perdite di competenza dell'esercizio, anche se conosciuti dopo la chiusura di questo;

5) gli elementi eterogenei ricompresi nelle singole voci devono essere valutati separatamente;

6) i criteri di valutazione non possono essere modificati da un esercizio all'altro.

Deroghe al principio enunciato nel numero 6) del comma precedente sono consentite in casi eccezionali. La nota integrativa deve motivare la deroga e indicarne l'influenza sulla rappresentazione della situazione patrimoniale e finanziaria e del risultato economico.

2423 ter. Struttura dello stato patrimoniale e del conto economico.

Salve le disposizioni di leggi speciali per le società che esercitano particolari attività, nello stato patrimoniale e nel conto economico devono essere iscritte separatamente, e nell'ordine indicato, le voci previste negli articoli 2424 e 2425.

Le voci precedute da numeri arabi possono essere ulteriormente suddivise, senza eliminazione della voce complessiva e dell'importo corrispondente; esse possono essere raggruppate soltanto quando il raggruppamento, a causa del loro importo, è irrilevante ai fini indicati nel secondo comma dell'articolo 2423 o quando esso favorisce la chiarezza del bilancio. In questo secondo caso la nota integrativa deve contenere distintamente le voci oggetto di raggruppamento.

Devono essere aggiunte altre voci qualora il loro contenuto non sia compreso in alcuna di quelle previste dagli articoli 2424 e 2425.

Le voci precedute da numeri arabi devono essere adattate quando lo esige la natura dell'attività esercitata.

Per ogni voce dello stato patrimoniale e del conto economico deve essere indicato l'importo della voce corrispondente dell'esercizio precedente. Se le voci non sono comparabili, quelle relative all'esercizio precedente devono essere adattate; la non comparabilità e l'adattamento o l'impossibilità di questo devono essere segnalati e commentati nella nota integrativa.

Sono vietati i compensi di partite.

2424. Contenuto dello stato patrimoniale.

Lo stato patrimoniale deve essere redatto in conformità al seguente schema.

Attivo:

A) Crediti verso soci per versamenti ancora dovuti, con separata indicazione della parte già richiamata.

B) Immobilizzazioni, con separata indicazione di quelle concesse in locazione finanziaria:

I – Immobilizzazioni immateriali:

1) costi di impianto e di ampliamento;

2) costi di sviluppo;

3) diritti di brevetto industriale e diritti di utilizzazione delle opere dell'ingegno;

4) concessioni, licenze, marchi e diritti simili;

5) avviamento;

6) immobilizzazioni in corso e acconti;
7) altre.
Totale.
II – Immobilizzazioni materiali:
1) terreni e fabbricati;
2) impianti e macchinario;
3) attrezzature industriali e commerciali;
4) altri beni;
5) immobilizzazioni in corso e acconti.
Totale.
III – Immobilizzazioni finanziarie, con separata indicazione, per ciascuna voce dei crediti, degli importi esigibili entro l'esercizio successivo:
1) partecipazioni in:
a) imprese controllate;
b) imprese collegate;
c) imprese controllanti;
d) imprese sottoposte al controllo delle controllanti;
d-bis) altre imprese;
2) crediti:
a) verso imprese controllate;
b) verso imprese collegate;
c) verso controllanti;
d) verso imprese sottoposte al controllo delle controllanti;
d-bis) verso altri;
3) altri titoli;
4) strumenti finanziari derivati attivi.
Totale.
Totale immobilizzazioni (B);
C) Attivo circolante:
I – Rimanenze:
1) materie prime, sussidiarie e di consumo;
2) prodotti in corso di lavorazione e semilavorati;
3) lavori in corso su ordinazione;
4) prodotti finiti e merci;
5) acconti.
Totale
II – Crediti, con separata indicazione, per ciascuna voce, degli importi esigibili oltre l'esercizio successivo:
1) verso clienti;
2) verso imprese controllate;
3) verso imprese collegate;
4) verso controllanti;
5) verso imprese sottoposte al controllo delle controllanti;
5-bis) crediti tributari;
5-ter) imposte anticipate;
5-quater) verso altri;
Totale.
III – Attività finanziarie che non costituiscono immobilizzazioni:
1) partecipazioni in imprese controllate;

2) partecipazioni in imprese collegate;

3) partecipazioni in imprese controllanti;

3-bis) partecipazioni in imprese sottoposte al controllo delle controllanti;

4) altre partecipazioni;

5) strumenti finanziari derivati attivi;

6) altri titoli.

Totale.

IV – Disponibilità liquide:

1) depositi bancari e postali;

2) assegni;

3) danaro e valori in cassa.

Totale.

Totale attivo circolante (C).

D) Ratei e risconti.

Passivo:

A) Patrimonio netto:

I – Capitale.

II – Riserva da soprapprezzo delle azioni.

III – Riserve di rivalutazione.

IV – Riserva legale.

V – Riserve statutarie.

VI – Altre riserve, distintamente indicate.

VII – Riserva per operazioni di copertura dei flussi finanziari attesi.

VIII – Utili (perdite) portati a nuovo.

IX – Utile (perdita) dell'esercizio.

X – Riserva negativa per azioni proprie in portafoglio.

Totale.

B) Fondi per rischi e oneri:

1) per trattamento di quiescenza e obblighi simili;

2) per imposte, anche differite;

3) strumenti finanziari derivati passivi;

4) altri;

Totale.

C) Trattamento di fine rapporto di lavoro subordinato.

D) Debiti, con separata indicazione, per ciascuna voce, degli importi esigibili oltre l'esercizio successivo:

1) obbligazioni;

2) obbligazioni convertibili;

3) debiti verso soci per finanziamenti;

4) debiti verso banche;

5) debiti verso altri finanziatori;

6) acconti;

7) debiti verso fornitori;

8) debiti rappresentati da titoli di credito;

9) debiti verso imprese controllate;

10) debiti verso imprese collegate;

11) debiti verso controllanti;

11-bis) debiti verso imprese sottoposte al controllo delle controllanti;

12) debiti tributari;

13) debiti verso istituti di previdenza e di sicurezza sociale;

14) altri debiti.

Totale.

E) Ratei e risconti.

Se un elemento dell'attivo o del passivo ricade sotto più voci dello schema, nella nota integrativa deve annotarsi, qualora ciò sia necessario ai fini della comprensione del bilancio, la sua appartenenza anche a voci diverse da quella nella quale è iscritto.

In calce allo stato patrimoniale devono risultare le garanzie prestate direttamente o indirettamente, distinguendosi fra fideiussioni, avalli, altre garanzie personali e garanzie reali, ed indicando separatamente, per ciascun tipo, le garanzie prestate a favore di imprese controllate e collegate, nonché di controllanti e di imprese sottoposte al controllo di queste ultime; devono inoltre risultare gli altri conti d'ordine (1).

È fatto salvo quanto disposto dall'articolo 2447-septies con riferimento ai beni e rapporti giuridici compresi nei patrimoni destinati ad uno specifico affare ai sensi della lettera a) del primo comma dell'articolo 2447-bis.

(1) Comma abrogato dall'art. 6, d.lgs. 18/8/2015, n. 139.

2424 bis. Disposizioni relative a singole voci dello stato patrimoniale.

Gli elementi patrimoniali destinati ad essere utilizzati durevolmente devono essere iscritti tra le immobilizzazioni.

Le partecipazioni in altre imprese in misura non inferiore a quelle stabilite dal terzo comma dell'articolo 2359 si presumono immobilizzazioni.

Gli accantonamenti per rischi ed oneri sono destinati soltanto a coprire perdite o debiti di natura determinata, di esistenza certa o probabile, dei quali tuttavia alla chiusura dell'esercizio sono indeterminati o l'ammontare o la data di sopravvenienza.

Nella voce: "trattamento di fine rapporto di lavoro subordinato" deve essere indicato l'importo calcolato a norma dell'articolo 2120.

Le attività oggetto di contratti di compravendita con obbligo di retrocessione a termine devono essere iscritte nello stato patrimoniale del venditore.

Nella voce ratei e risconti attivi devono essere iscritti i proventi di competenza dell'esercizio esigibili in esercizi successivi, e i costi sostenuti entro la chiusura dell'esercizio ma di competenza di esercizi successivi. Nella voce ratei e risconti passivi devono essere iscritti i costi di competenza dell'esercizio esigibili in esercizi successivi e i proventi percepiti entro la chiusura dell'esercizio ma di competenza di esercizi successivi. Possono essere iscritte in tali voci soltanto quote di costi e proventi, comuni a due o più esercizi, l'entità dei quali vari in ragione del tempo.

Le azioni proprie sono rilevate in bilancio a diretta riduzione del patrimonio netto, ai sensi di quanto disposto dal terzo comma dell'articolo 2357-ter.

2425. Contenuto del conto economico.

Il conto economico deve essere redatto in conformità al seguente schema:

A) Valore della produzione:

1) ricavi delle vendite e delle prestazioni;

2) variazioni delle rimanenze di prodotti in corso di lavorazione, semilavorati e finiti;

3) variazioni dei lavori in corso su ordinazione;

4) incrementi di immobilizzazioni per lavori interni;

5) altri ricavi e proventi, con separata indicazione dei contributi in conto esercizio.

Totale.

B) Costi della produzione:

6) per materie prime, sussidiarie, di consumo e di merci;

7) per servizi;

8) per godimento di beni di terzi;

9) per il personale:

a) salari e stipendi;

b) oneri sociali;

c) trattamento di fine rapporto;

d) trattamento di quiescenza e simili;

e) altri costi;

10) ammortamenti e svalutazioni:

a) ammortamento delle immobilizzazioni immateriali;

b) ammortamento delle immobilizzazioni materiali;

c) altre svalutazioni delle immobilizzazioni;

d) svalutazioni dei crediti compresi nell'attivo circolante e delle disponibilità liquide;

11) variazioni delle rimanenze di materie prime, sussidiarie, di consumo e merci;

12) accantonamenti per rischi;

13) altri accantonamenti;

14) oneri diversi di gestione.

Totale.

Differenza tra valore e costi della produzione (A – B).

C) Proventi e oneri finanziari:

15) proventi da partecipazioni, con separata indicazione di quelli relativi ad imprese controllate e collegate e di quelli relativi a controllanti e a imprese sottoposte al controllo di queste ultime;

16) altri proventi finanziari:

a) da crediti iscritti nelle immobilizzazioni, con separata indicazione di quelli da imprese controllate e collegate e di quelli da controllanti e da imprese sottoposte al controllo di queste ultime;

b) da titoli iscritti nelle immobilizzazioni che non costituiscono partecipazioni;

c) da titoli iscritti nell'attivo circolante che non costituiscono partecipazioni;

d) proventi diversi dai precedenti, con separata indicazione di quelli da imprese controllate e collegate e di quelli da controllanti e da imprese sottoposte al controllo di queste ultime;

17) interessi e altri oneri finanziari, con separata indicazione di quelli verso imprese controllate e collegate e verso controllanti;

17-bis) utili e perdite su cambi.

Totale (15 + 16 – 17 + – 17-bis).

D) Rettifiche di valore di attività e passività finanziarie:

18) rivalutazioni:

a) di partecipazioni;

b) di immobilizzazioni finanziarie che non costituiscono partecipazioni;

c) di titoli iscritti all'attivo circolante che non costituiscono partecipazioni;

d) di strumenti finanziari derivati.

19) svalutazioni:

a) di partecipazioni;

b) di immobilizzazioni finanziarie che non costituiscono partecipazioni;

c) di titoli iscritti nell'attivo circolante che non costituiscono partecipazioni.

d) di strumenti finanziari derivati.

Totale delle rettifiche (18 – 19).

Risultato prima delle imposte (A – B + – C + – D);

20) imposte sul reddito dell'esercizio, correnti, differite e anticipate;

21) utile (perdite) dell'esercizio.

2425 bis. Iscrizione dei ricavi, proventi, costi ed oneri.

I ricavi e i proventi, i costi e gli oneri devono essere indicati al netto dei resi, degli sconti, abbuoni e premi, nonché delle imposte direttamente connesse con la vendita dei prodotti e la prestazione dei servizi.

I ricavi e i proventi, i costi e gli oneri relativi ad operazioni in valuta devono essere determinati al cambio corrente alla data nella quale la relativa operazione è compiuta.

I proventi e gli oneri relativi ad operazioni di compravendita con obbligo di retrocessione a termine, ivi compresa la differenza tra prezzo a termine e prezzo a pronti, devono essere iscritti per le quote di competenza dell'esercizio.

Le plusvalenze derivanti da operazioni di compravendita con locazione finanziaria al venditore sono ripartite in funzione della durata del contratto di locazione.

2425 ter. Rendiconto finanziario.

Dal rendiconto finanziario risultano, per l'esercizio a cui è riferito il bilancio e per quello precedente, l'ammontare e la composizione delle disponibilità liquide, all'inizio e alla fine dell'esercizio, ed i flussi finanziari dell'esercizio derivanti dall'attività operativa, da quella di investimento, da quella di finanziamento, ivi comprese, con autonoma indicazione, le operazioni con i soci.

2426. Criteri di valutazioni.

Nelle valutazioni devono essere osservati i seguenti criteri:

1) le immobilizzazioni sono iscritte al costo di acquisto o di produzione. Nel costo di acquisto si computano anche i costi accessori. Il costo di produzione comprende tutti i costi direttamente imputabili al prodotto. Può comprendere anche altri costi, per la quota ragionevolmente imputabile al prodotto, relativi al periodo di fabbricazione e fino al momento dal quale il bene può essere utilizzato; con gli stessi criteri possono essere aggiunti gli oneri relativi al finanziamento della fabbricazione, interna o presso terzi; le immobilizzazioni rappresentate da titoli sono rilevate in bilancio con il criterio del costo ammortizzato, ove applicabile;

2) il costo delle immobilizzazioni, materiali e immateriali, la cui utilizzazione è limitata nel tempo deve essere sistematicamente ammortizzato in ogni esercizio in relazione con la loro residua possibilità di utilizzazione. Eventuali modifiche dei criteri di ammortamento e dei coefficienti applicati devono essere motivate nella nota integrativa;

3) l'immobilizzazione che, alla data della chiusura dell'esercizio, risulti durevolmente di valore inferiore a quello determinato secondo i numeri 1) e 2) deve essere iscritta a tale minore valore. Il minor valore non può essere mantenuto nei successivi bilanci se sono venuti meno i motivi della rettifica effettuata; questa disposizione non si applica a rettifiche di valore relative all'avviamento.

Per le immobilizzazioni consistenti in partecipazioni in imprese controllate o collegate che risultino iscritte per un valore superiore a quello derivante dall'applicazione del criterio di valutazione previsto dal successivo numero 4) o, se non vi sia obbligo di redigere il bilancio consolidato, al valore corrispondente alla frazione di patrimonio netto risultante dall'ultimo bilancio dell'impresa partecipata, la differenza dovrà essere motivata nella nota integrativa;

4) le immobilizzazioni consistenti in partecipazioni in imprese controllate o collegate possono essere valutate, con riferimento ad una o più tra dette imprese, anziché secondo il criterio indicato al numero 1), per un importo pari alla corrispondente frazione del patrimonio netto risultante dall'ultimo bilancio delle imprese medesime, detratti i dividendi ed operate le rettifiche richieste dai principi di redazione del bilancio consolidato nonché quelle necessarie per il rispetto dei principi indicati negli articoli 2423 e 2423-bis.

Quando la partecipazione è iscritta per la prima volta in base al metodo del patrimonio netto, il costo di acquisto superiore al valore corrispondente del patrimonio netto riferito alla data di acquisizione o risultante dall'ultimo bilancio dell'impresa controllata o collegata può essere iscritto nell'attivo, purché ne siano indicate le ragioni nella nota integrativa. La differenza, per la parte attribuibile a beni ammortizzabili o all'avviamento, deve essere ammortizzata.

Negli esercizi successivi le plusvalenze, derivanti dall'applicazione del metodo del patrimonio netto, rispetto al valore indicato nel bilancio dell'esercizio precedente sono iscritte in una riserva non distribuibile;

5) i costi di impianto e di ampliamento e i costi di sviluppo aventi utilità pluriennale possono essere iscritti nell'attivo con il consenso, ove esistente, del collegio sindacale. I costi di impianto e ampliamento devono essere ammortizzati entro un periodo non superiore a cinque anni. I

costi di sviluppo sono ammortizzati secondo la loro vita utile; nei casi eccezionali in cui non è possibile stimarne attendibilmente la vita utile, sono ammortizzati entro un periodo non superiore a cinque anni. Fino a che l'ammortamento dei costi di impianto e ampliamento e di sviluppo non è completato possono essere distribuiti dividendi solo se residuano riserve disponibili sufficienti a coprire l'ammontare dei costi non ammortizzati;

6) l'avviamento può essere iscritto nell'attivo con il consenso, ove esistente, del collegio sindacale, se acquisito a titolo oneroso, nei limiti del costo per esso sostenuto.

L'ammortamento dell'avviamento è effettuato secondo la sua vita utile; nei casi eccezionali in cui non è possibile stimarne attendibilmente la vita utile, è ammortizzato entro un periodo non superiore a dieci anni. Nella nota integrativa è fornita una spiegazione del periodo di ammortamento dell'avviamento;

7) il disaggio e l'aggio su prestiti sono rilevati secondo il criterio stabilito dal numero 8);

8) i crediti e i debiti sono rilevati in bilancio secondo il criterio del costo ammortizzato, tenendo conto del fattore temporale e, per quanto riguarda i crediti, del valore di presumibile realizzo;

8-bis) le attività e passività monetarie in valuta sono iscritte al cambio a pronti alla data di chiusura dell'esercizio; i conseguenti utili o perdite su cambi devono essere imputati al conto economico e l'eventuale utile netto è accantonato in apposita riserva non distribuibile fino al realizzo. Le attività e passività in valuta non monetarie devono essere iscritte al cambio vigente al momento del loro acquisto;

9) le rimanenze, i titoli e le attività finanziarie che non costituiscono immobilizzazioni sono iscritti al costo di acquisto o di produzione, calcolato secondo il numero 1), ovvero al valore di realizzazione desumibile dall'andamento del mercato, se minore; tale minor valore non può essere mantenuto nei successivi bilanci se ne sono venuti meno i motivi. I costi di distribuzione non possono essere computati nel costo di produzione;

10) il costo dei beni fungibili può essere calcolato col metodo della media ponderata o con quelli: "primo entrato, primo uscito" o: "ultimo entrato, primo uscito"; se il valore così ottenuto differisce in misura apprezzabile dai costi correnti alla chiusura dell'esercizio, la differenza deve essere indicata, per categoria di beni, nella nota integrativa;

11) i lavori in corso su ordinazione possono essere iscritti sulla base dei corrispettivi contrattuali maturati con ragionevole certezza;11-bis) gli strumenti finanziari derivati, anche se incorporati in altri strumenti finanziari, sono iscritti al fair value. Le variazioni del fair value sono imputate al conto economico oppure, se lo strumento copre il rischio di variazione dei flussi finanziari attesi di un altro strumento finanziario o di un'operazione programmata, direttamente ad una riserva positiva o negativa di patrimonio netto; tale riserva è imputata al conto economico nella misura e nei tempi corrispondenti al verificarsi o al modificarsi dei flussi di cassa ei conferimenti di beni in natura o di crediti ovvero del patrimonio della società nel caso digetto di copertura contro il rischio di variazioni dei tassi di interesse o dei tassi di cambio o dei prezzi di mercato o contro il rischio di credito sono valutati simmetricamente allo strumento derivato di copertura; si considera sussistente la copertura in presenza, fin dall'inizio, di stretta e documentata correlazione tra le caratteristiche dello strumento o dell'operazione coperti e quelle dello strumento di copertura. Non sono distribuibili gli utili che derivano dalla valutazione al fair value degli strumenti finanziari derivati non utilizzati o non necessari per la copertura. Le riserve di patrimonio che derivano dalla valutazione al fair value di derivati utilizzati a copertura dei flussi finanziari attesi di un altro strumento finanziario o di un'operazione programmata non sono considerate nel computo del patrimonio netto per le finalità di cui agli articoli 2412, 2433, 2442, 2446 e 2447 e, se positive, non sono disponibili e non sono utilizzabili a copertura delle perdite;

12) le attrezzature industriali e commerciali, le materie prime, sussidiarie e di consumo, possono essere iscritte nell'attivo ad un valore costante qualora siano costantemente rinnovate, e complessivamente di scarsa importanza in rapporto all'attivo di bilancio, sempreché non si abbiano variazioni sensibili nella loro entità, valore e composizione (1).

Ai fini della presente Sezione, per la definizione di "strumento finanziario", di "attività finanziaria" e "passività finanziaria", di "strumento finanziario derivato", di "costo ammortizzato", di "fair value", di "attività monetaria" e "passività monetaria", "parte correlata" e "modello e tecnica di valutazione generalmente accettato" si fa riferimento ai principi contabili internazionali adottati dall'Unione europea.

Ai fini dell'applicazione delle disposizioni del primo comma, numero 11-bis), sono considerati strumenti finanziari derivati anche quelli collegati a merci che conferiscono all'una o all'altra parte contraente il diritto di procedere alla liquidazione del contratto per contanti o mediante altri strumenti finanziari, ad eccezione del caso in cui si verifichino contemporaneamente le seguenti condizioni:

a) il contratto sia stato concluso e sia mantenuto per soddisfare le esigenze previste dalla società che redige il bilancio di acquisto, di vendita o di utilizzo delle merci;

b) il contratto sia stato destinato a tale scopo fin dalla sua conclusione;

c) si prevede che il contratto sia eseguito mediante consegna della merce.

Il fair value è determinato con riferimento:

a) al valore di mercato, per gli strumenti finanziari per i quali è possibile individuare facilmente un mercato attivo; qualora il valore di mercato non sia facilmente individuabile per uno strumento, ma possa essere individuato per i suoi componenti o per uno strumento analogo, il valore di mercato può essere derivato da quello dei componenti o dello strumento analogo;

b) al valore che risulta da modelli e tecniche di valutazione generalmente accettati, per gli strumenti per i quali non sia possibile individuare facilmente un mercato attivo; tali modelli e tecniche di valutazione devono assicurare una ragionevole approssimazione al valore di mercato.

Il fair value non è determinato se l'applicazione dei criteri indicati al quarto comma non dà un risultato attendibile.

(1) Numero abrogato dall'art. 6, d.lgs. 18/8/2015, n. 139.

2427. Contenuto della nota integrativa.

La nota integrativa deve indicare, oltre a quanto stabilito da altre disposizioni:

1) i criteri applicati nella valutazione delle voci del bilancio, nelle rettifiche di valore e nella conversione dei valori non espressi all'origine in moneta avente corso legale nello Stato;

2) i movimenti delle immobilizzazioni, specificando per ciascuna voce: il costo; le precedenti rivalutazioni, ammortamenti e svalutazioni; le acquisizioni, gli spostamenti da una ad altra voce, le alienazioni avvenuti nell'esercizio; le rivalutazioni, gli ammortamenti e le svalutazioni effettuati nell'esercizio; il totale delle rivalutazioni riguardanti le immobilizzazioni esistenti alla chiusura dell'esercizio;

3) la composizione delle voci: "costi di impianto e di ampliamento" e costi di sviluppo, nonché le ragioni della iscrizione ed i rispettivi criteri di ammortamento;

3-bis) la misura e le motivazioni delle riduzioni di valore applicate alle immobilizzazioni materiali e immateriali, facendo a tal fine esplicito riferimento al loro concorso alla futura produzione di risultati economici, alla loro prevedibile durata utile e, per quanto rilevante, al loro valore di mercato, segnalando altresì le differenze rispetto a quelle operate negli esercizi precedenti ed evidenziando la loro influenza sui risultati economici dell'esercizio (1);

4) le variazioni intervenute nella consistenza delle altre voci dell'attivo e del passivo; in particolare, per le voci del patrimonio netto, per i fondi e per il trattamento di fine rapporto, la formazione e le utilizzazioni;

5) l'elenco delle partecipazioni, possedute direttamente o per tramite di società fiduciaria o per interposta persona, in imprese controllate e collegate, indicando per ciascuna la denominazione, la sede, il capitale, l'importo del patrimonio netto, l'utile o la perdita dell'ultimo esercizio, la quota posseduta e il valore attribuito in bilancio o il corrispondente credito;

6) distintamente per ciascuna voce, l'ammontare dei crediti e dei debiti di durata residua superiore a cinque anni, e dei debiti assistiti da garanzie reali su beni sociali, con specifica indicazione della natura delle garanzie e con specifica ripartizione secondo le aree geografiche;

6-bis) eventuali effetti significativi delle variazioni nei cambi valutari verificatesi successivamente alla chiusura dell'esercizio;

6-ter) distintamente per ciascuna voce, l'ammontare dei crediti e dei debiti relativi ad operazioni che prevedono l'obbligo per l'acquirente di retrocessione a termine;

7) la composizione delle voci "ratei e risconti attivi" e "ratei e risconti passivi" e della voce "altri fondi" dello stato patrimoniale (2), nonché la composizione della voce "altre riserve";

7-bis) le voci di patrimonio netto devono essere analiticamente indicate, con specificazione in appositi prospetti della loro origine, possibilità di utilizzazione e distribuibilità, nonché della loro avvenuta utilizzazione nei precedenti esercizi;

8) l'ammontare degli oneri finanziari imputati nell'esercizio ai valori iscritti nell'attivo dello stato patrimoniale, distintamente per ogni voce;

9) l'importo complessivo degli impegni, delle garanzie e delle passività potenziali non risultanti dallo stato patrimoniale, con indicazione della natura delle garanzie reali prestate; gli impegni esistenti in materia di trattamento di quiescenza e simili, nonché gli impegni assunti nei confronti di imprese controllate, collegate, nonché controllanti e imprese sottoposte al controllo di quest'ultime sono distintamente indicati;

10) la ripartizione dei ricavi delle vendite e delle prestazioni secondo categorie di attività e secondo aree geografiche (3);

11) l'ammontare dei proventi da partecipazioni, indicati nell'articolo 2425, numero 15), diversi dai dividendi;

12) la suddivisione degli interessi ed altri oneri finanziari, indicati nell'articolo 2425, n. 17), relativi a prestiti obbligazionari, a debiti verso banche, e altri;

13) l'importo e la natura dei singoli elementi di ricavo o di costo di entità o incidenza eccezionali;

14) un apposito prospetto contenente:

a) la descrizione delle differenze temporanee che hanno comportato la rilevazione di imposte differite e anticipate, specificando l'aliquota applicata e le variazioni rispetto all'esercizio precedente, gli importi accreditati o addebitati a conto economico oppure a patrimonio netto, le voci escluse dal computo e le relative motivazioni;

b) l'ammontare delle imposte anticipate contabilizzato in bilancio attinenti a perdite dell'esercizio o di esercizi precedenti e le motivazioni dell'iscrizione, l'ammontare non ancora contabilizzato e le motivazioni della mancata iscrizione;

15) il numero medio dei dipendenti, ripartito per categoria;

16) l'ammontare dei compensi, delle anticipazioni e dei crediti concessi agli spettanti agli amministratori ed ai sindaci, cumulativamente per ciascuna categoria, precisando il tasso d'interesse, le principali condizioni e gli importi eventualmente rimborsati, cancellati o oggetto di rinuncia, nonché gli impegni assunti per loro conto per effetto di garanzie di qualsiasi tipo prestate, precisando il totale per ciascuna categoria;

16-bis) salvo che la società sia inclusa in un ambito di consolidamento e le informazioni siano contenute nella nota integrativa del relativo bilancio consolidato, l'importo totale dei corrispettivi spettanti al revisore legale o alla società di revisione legale per la revisione legale dei conti annuali, l'importo totale dei corrispettivi di competenza per gli altri servizi di verifica svolti, l'importo totale dei corrispettivi di competenza per i servizi di consulenza fiscale e l'importo totale dei corrispettivi di competenza per altri servizi diversi dalla revisione contabile;

17) il numero e il valore nominale di ciascuna categoria di azioni della società e il numero e il valore nominale delle nuove azioni della società sottoscritte durante l'esercizio;

18) le azioni di godimento, le obbligazioni convertibili in azioni, i warrants, le opzioni e i titoli o valori simili emessi dalla società, specificando il loro numero e i diritti che essi attribuiscono;

19) il numero e le caratteristiche degli altri strumenti finanziari emessi dalla società, con l'indicazione dei diritti patrimoniali e partecipativi che conferiscono e delle principali caratteristiche delle operazioni relative;

19-bis) i finanziamenti effettuati dai soci alla società, ripartiti per scadenze e con la separata indicazione di quelli con clausola di postergazione rispetto agli altri creditori;

20) i dati richiesti dal terzo comma dell'articolo 2447-septies con riferimento ai patrimoni destinati ad uno specifico affare ai sensi della lettera a) del primo comma dell'articolo 2447-bis;

21) i dati richiesti dall'articolo 2447-decies, ottavo comma;

22) le operazioni di locazione finanziaria che comportano il trasferimento al locatario della par-

te prevalente dei rischi e dei benefici inerenti ai beni che ne costituiscono oggetto, sulla base di un apposito prospetto dal quale risulti il valore attuale delle rate di canone non scadute quale determinato utilizzando tassi di interesse pari all'onere finanziario effettivo inerenti i singoli contratti, l'onere finanziario effettivo attribuibile ad essi e riferibile all'esercizio, l'ammontare complessivo al quale i beni oggetto di locazione sarebbero stati iscritti alla data di chiusura dell'esercizio qualora fossero stati considerati immobilizzazioni, con separata indicazione di ammortamenti, rettifiche e riprese di valore che sarebbero stati inerenti all'esercizio;

22-bis) le operazioni realizzate con parti correlate, precisando l'importo, la natura del rapporto e ogni altra informazione necessaria per la comprensione del bilancio relativa a tali operazioni, qualora le stesse non siano state concluse a normali condizioni di mercato. Le informazioni relative alle singole operazioni possono essere aggregate secondo la loro natura, salvo quando la loro separata evidenziazione sia necessaria per comprendere gli effetti delle operazioni medesime sulla situazione patrimoniale e finanziaria e sul risultato economico della società (4);

22-ter) la natura e l'obiettivo economico di accordi non risultanti dallo stato patrimoniale, con indicazione del loro effetto patrimoniale, finanziario ed economico, a condizione che i rischi e i benefici da essi derivanti siano significativi e l'indicazione degli stessi sia necessaria per valutare la situazione patrimoniale e finanziaria e il risultato economico della società;

22-quater) la natura e l'effetto patrimoniale, finanziario ed economico dei fatti di rilievo avvenuti dopo la chiusura dell'esercizio;

22-quinquies) il nome e la sede legale dell'impresa che redige il bilancio consolidato dell'insieme più grande di imprese di cui l'impresa fa parte in quanto impresa controllata, nonché il luogo in cui è disponibile la copia del bilancio consolidato;

22-sexies) il nome e la sede legale dell'impresa che redige il bilancio consolidato dell'insieme più piccolo di imprese di cui l'impresa fa parte in quanto impresa controllata nonché il luogo in cui è disponibile la copia del bilancio consolidato;

22-septies) la proposta di destinazione degli utili o di copertura delle perdite.

Le informazioni in nota integrativa relative alle voci dello stato patrimoniale e del conto economico sono presentate secondo l'ordine in cui le relative voci sono indicate nello stato patrimoniale e nel conto economico.

(1) Le parole "e sugli indicatori di redditività di cui sia stata data comunicazione" che figuravano dopo la parola "esercizio" sono state soppresse dall'art. 18[lett. d)] del d.lgs. n. 310, cit.

(2) L'art. 6 del d.lgs. 18/8/2015, n. 139 ha soppresso, dopo le parole: "stato patrimoniale", le parole: ", quando il loro ammontare sia apprezzabile".

(3) L'art. 6 del d.lgs. n. 139/2015, cit. ha soppresso le parole: "se significativa,".

(4) L'art. 6 del d.lgs. n. 139/2015, cit. ha soppresso, dopo le parole: "qualora le stesse", le parole: "siano rilevanti e".

2427 bis. Informazioni relative al valore equo "fair value" degli strumenti finanziari.

1. Nella nota integrativa sono indicati:

1) per ciascuna categoria di strumenti finanziari derivati:

a) il loro fair value;

b) informazioni sulla loro entità e sulla loro natura, compresi i termini e le condizioni significative che possono influenzare l'importo, le scadenze e la certezza dei flussi finanziari futuri;

b-bis) gli assunti fondamentali su cui si basano i modelli e le tecniche di valutazione, qualora il fair value non sia stato determinato sulla base di evidenze di mercato;

b-ter) le variazioni di valore iscritte direttamente nel conto economico, nonché quelle imputate alle riserve di patrimonio netto;

b-quater) una tabella che indichi i movimenti delle riserve di fair value avvenuti nell'esercizio.

2) per le immobilizzazioni finanziarie iscritte a un valore superiore al loro fair value, con esclusione delle partecipazioni in società controllate e collegate ai sensi dell'articolo 2359 e delle partecipazioni in joint venture:

a) il valore contabile e il fair value delle singole attività, o di appropriati raggruppamenti di tali attività;

b) i motivi per i quali il valore contabile non è stato ridotto, inclusa la natura degli elementi sostanziali sui quali si basa il convincimento che tale valore possa essere recuperato.

2. Ai fini dell'applicazione delle disposizioni del comma 1, sono considerati strumenti finanziari derivati anche quelli collegati a merci che conferiscono all'una o all'altra parte contraente il diritto di procedere alla liquidazione del contratto per contanti o mediante altri strumenti finanziari, ad eccezione del caso in cui si verifichino contemporaneamente le seguenti condizioni:

a) il contratto sia stato concluso e sia mantenuto per soddisfare le esigenze previste dalla società che redige il bilancio di acquisto, di vendita o di utilizzo delle merci;

b) il contratto sia stato destinato a tale scopo fin dalla sua conclusione;

c) si prevede che il contratto sia eseguito mediante consegna della merce (1).

3. Il fair value *è determinato con riferimento:*

a) al valore di mercato, per gli strumenti finanziari per i quali è possibile individuare facilmente un mercato attivo; qualora il valore di mercato non sia facilmente individuabile per uno strumento, ma possa essere individuato per i suoi componenti o per uno strumento analogo, il valore di mercato può essere derivato da quello dei componenti o dello strumento analogo;

b) al valore che risulta da modelli e tecniche di valutazione generalmente accettati, per gli strumenti per i quali non sia possibile individuare facilmente un mercato attivo; tali modelli e tecniche di valutazione devono assicurare una ragionevole approssimazione al valore di mercato (1).

4. Il fair value *non è determinato se l'applicazione dei criteri indicati al comma precedente non dà un risultato attendibile* (1).

5. Ai fini dell'applicazione del presente articolo e dell'articolo 2428, comma 2, numero 6-*bis*) per la definizione di strumento finanziario, di strumento finanziario derivato, di *fair value* e di modello e tecnica di valutazione generalmente accettato, si fa riferimento ai princìpi contabili riconosciuti in àmbito internazionale e compatibili con la disciplina in materia dell'Unione europea (2).

(1) Comma abrogato dall'art. 6 del d d.lgs. 18/8/2015, n. 139.

(2) Comma abrogato dall'art. 1 del d.lgs. 3/11/2008, n. 173. Il testo recitava: «2. Ai fini dell'applicazione delle disposizioni del comma 1, sono considerati strumenti finanziari derivati anche quelli collegati a merci che conferiscono all'una o all'altra parte contraente il diritto di procedere alla liquidazione del contratto per contanti o mediante altri strumenti finanziari, ad eccezione del caso in cui si verifichino contemporaneamente le seguenti condizioni: a) il contratto sia stato concluso e sia mantenuto per soddisfare le esigenze previste dalla società che redige il bilancio di acquisto, di vendita o di utilizzo delle merci; b) il contratto sia stato destinato a tale scopo fin dalla sua conclusione; c) si prevede che il contratto sia eseguito mediante consegna della merce. 3. Il fair value è determinato con riferimento: a) al valore di mercato, per gli strumenti finanziari per i quali è possibile individuare facilmente un mercato attivo; qualora il valore di mercato non sia facilmente individuabile per uno strumento, ma possa essere individuato per i suoi componenti o per uno strumento analogo, il valore di mercato può essere derivato da quello dei componenti o dello strumento analogo; b) al valore che risulta da modelli e tecniche di valutazione generalmente accettati, per gli strumenti per i quali non sia possibile individuare facilmente un mercato attivo; tali modelli e tecniche di valutazione devono assicurare una ragionevole approssimazione al valore di mercato. 4. Il fair value non è determinato se l'applicazione dei criteri indicati al comma precedente non dà un risultato attendibile. 5. Ai fini dell'applicazione del presente articolo e dell'articolo 2428, comma 2, numero 6-bis) per la definizione di strumento finanziario, di strumento finanziario derivato, di fair value e di modello e tecnica di valutazione generalmente accettato, si fa riferimento ai principi contabili riconosciuti in ambito internazionale e compatibili con la disciplina in materia dell'Unione europea».

2428. Relazione sulla gestione.

Il bilancio deve essere corredato da una relazione degli amministratori contenente un'analisi fedele, equilibrata ed esauriente della situazione della società e dell'andamento e del risultato della gestione, nel suo complesso e nei vari settori in cui essa ha operato, anche attraverso imprese controllate, con particolare riguardo ai costi, ai ricavi e agli investimenti, nonché una descrizione dei principali rischi e incertezze cui la società è esposta.

L'analisi di cui al primo comma è coerente con l'entità e la complessità degli affari della società e contiene, nella misura necessaria alla comprensione della situazione della società e dell'andamento e del risultato della sua gestione, gli indicatori di risultato finanziari e, se del caso, quelli non finanziari pertinenti all'attività specifica della società, comprese le informazioni attinenti all'ambiente e al personale. L'analisi contiene, ove opportuno, riferimenti agli importi riportati nel bilancio e chiarimenti aggiuntivi su di essi.

Dalla relazione devono in ogni caso risultare:

1) le attività di ricerca e di sviluppo;

2) i rapporti con imprese controllate, collegate, controllanti e imprese sottoposte al controllo di queste ultime;

3) il numero e il valore nominale sia delle azioni proprie sia delle azioni o quote di società controllanti possedute dalla società, anche per tramite di società fiduciaria o per interposta persona, con l'indicazione della parte di capitale corrispondente;

4) il numero e il valore nominale sia delle azioni proprie sia delle azioni o quote di società controllanti acquistate o alienate dalla società, nel corso dell'esercizio, anche per tramite di società fiduciaria o per interposta persona, con l'indicazione della corrispondente parte di capitale, dei corrispettivi e dei motivi degli acquisti e delle alienazioni;

5) (1);

6) l'evoluzione prevedibile della gestione;

6-bis) in relazione all'uso da parte della società di strumenti finanziari e se rilevanti per la valutazione della situazione patrimoniale e finanziaria e del risultato economico dell'esercizio:

a) gli obiettivi e le politiche della società in materia di gestione del rischio finanziario, compresa la politica di copertura per ciascuna principale categoria di operazioni previste;

b) l'esposizione della società al rischio di prezzo, al rischio di credito, al rischio di liquidità e al rischio di variazione dei flussi finanziari.

Dalla relazione deve inoltre risultare l'elenco delle sedi secondarie della società.

(1) L'art. 6 del d.lgs. 18/8/2015, n. 139, ha soppresso il numero. Il testo recitava: «5) i fatti di rilievo avvenuti dopo la chiusura dell'esercizio;». Le disposizioni del decreto entrano in vigore dal 1/1/2016 e si applicano ai bilanci relativi agli esercizi finanziari aventi inizio a partire da quella data.

2429. Relazione dei sindaci e deposito del bilancio.

Il bilancio deve essere comunicato dagli amministratori al collegio sindacale e al soggetto incaricato della revisione legale dei conti, con la relazione, almeno trenta giorni prima di quello fissato per l'assemblea che deve discuterlo.

Il collegio sindacale deve riferire all'assemblea sui risultati dell'esercizio sociale e sull'attività svolta nell'adempimento dei propri doveri, e fare le osservazioni e le proposte in ordine al bilancio e alla sua approvazione, con particolare riferimento all'esercizio della deroga di cui all'articolo 2423, quarto comma (1).

Il bilancio, con le copie integrali dell'ultimo bilancio delle società controllate e un prospetto riepilogativo dei dati essenziali dell'ultimo bilancio delle società collegate, deve restare depositato in copia nella sede della società, insieme con le relazioni degli amministratori, dei sindaci e del soggetto incaricato della revisione legale dei conti, durante i quindici giorni che precedono l'assemblea, e finché sia approvato. I soci possono prenderne visione.

Il deposito delle copie dell'ultimo bilancio delle società controllate prescritto dal comma precedente può essere sostituito, per quelle incluse nel consolidamento, dal deposito di un prospetto riepilogativo dei dati essenziali dell'ultimo bilancio delle medesime.

(1) L'art. 37[17], d.lgs. 27/1/2010, n. 39 ha soppresso il secondo periodo del comma che recitava: «Il collegio sindacale, se esercita il controllo contabile, redige anche la relazione prevista dall'articolo 2409-ter». Tale periodo, ai sensi dell'art. 2[2] del d.lgs. 2/2/2007, n. 32, aveva sostituito il precedente che recitava: «Analoga relazione è predisposta dal soggetto incaricato del controllo contabile».

• Nel disciplinare il procedimento di **deposito del progetto di bilancio e delle relazioni allegate**, il legislatore ha fissato due termini. Il progetto di bilancio, infatti, deve essere comunicato ai sindaci e al soggetto incaricato della revisione almeno trenta giorni prima di quello fissato per l'approvazione; poi, lo stesso progetto, con le relazioni degli organi sociali, deve restare depositato presso la sede della società durante i quindici giorni che precedono l'assemblea e finché non vi sia l'approvazione. • L'obbligo di deposito del progetto di bilancio nei termini indicati nel secondo comma della disposizione in esame è strumentale alla necessità di **garantire il diritto di informazione dei soci**. • I compiti del **collegio sindacale** in relazione al bilancio sono strettamente collegati al **controllo sulla gestione**, che costituisce la funzione propria dell'organo. Il collegio sindacale deve riferire all'assemblea, con relazione accompagnatoria al bilancio "*sull'attività svolta nell'adempimento dei propri doveri*". In particolare, può effettuare osservazioni e proposte in ordine al bilancio e alla sua approvazione con particolare riferimento ai casi in cui si sia ricorsi alla deroga prevista nell'art. 2423, co. 4. A titolo esemplificativo, l'organo di controllo interno dovrà indicare se ha ottenuto dagli amministratori informazioni sull'attività svolta e sulle operazioni di maggior rilievo economico, finanziario e patrimoniale deliberate e poste in essere nell'esercizio (cfr. artt. 2381 e 2403-*bis*). La relazione si chiude con la proposta del collegio in ordine all'approvazione dei bilanci.

2430. Riserva legale.

Dagli utili netti annuali deve essere dedotta una somma corrispondente almeno alla ventesima parte di essi per costituire una riserva, fino a che questa non abbia raggiunto il quinto del capitale sociale.

La riserva deve essere reintegrata a norma del comma precedente se viene diminuita per qualsiasi ragione.

Sono salve le disposizioni delle leggi speciali.

• Il legislatore ha imposto precise **limitazioni alla distribuzione di utili ai soci**, imponendo alcuni vincoli di destinazione, come la riserva legale. Ai sensi dell'art. 2430, la società è tenuta ad accantonare annualmente una somma, pari al 5% degli utili netti. • Lo scopo della norma è quello di creare, attraverso l'**accantonamento contabile di utili**, una posta del patrimonio netto che, in aggiunta al capitale sociale, vada a costituire un'**ulteriore garanzia per i creditori sociali**. In tal modo, da un lato, viene garantita la copertura per la società per perdite future e, dall'altro, viene rafforzata la patrimonializzazione della società. • La **riserva legale** è sottoposta al medesimo **incondizionato divieto di distribuzione** che grava sul capitale sociale, del quale in effetti protegge l'integrità onde evitarne la diretta riduzione per effetto delle perdite di gestione. Queste ultime gravano innanzitutto sulle parti disponibili del patrimonio netto e poi sulle altre in base all'ordine crescente di indisponibilità delle stesse. La riserva legale rappresenta l'ultimo livello di protezione prima che venga intaccato il capitale sociale. La riserva legale è **indisponibile**: il suo utilizzo, infatti, confliggerebbe apertamente con la funzione di **tutela dell'integrità del capitale sociale** ad essa attribuita dalla legge. • L'**unica possibilità di utilizzo della riserva legale** pacificamente ammessa è quella inerente alla **copertura delle perdite**, in subordine all'utilizzo di ogni altra riserva (legale o volontaria) e prima del capitale sociale. Nel caso in cui la riserva legale dovesse diminuire, la stessa dovrà essere reintegrata secondo i criteri stabiliti nel primo comma.

2431. Soprapprezzo delle azioni.

Le somme percepite dalla società per l'emissione di azioni ad un prezzo superiore al loro valore nominale, ivi comprese quelle derivate dalla conversione di obbligazioni, non possono essere distribuite fino a che la riserva legale non abbia raggiunto il limite stabilito dall'articolo 2430.

• Il sovrapprezzo costituisce una somma aggiuntiva che in alcuni casi, per previsione legale o statutaria, deve essere versata dai soci alla società in sede di conferimento o di aumento del capitale sociale. In tali casi, infatti, le **azioni** sono **emesse ad un prezzo superiore al loro valore nominale**. • Ai sensi dell'art. 2431, è previsto che le somme percepite dalla società ad un prezzo superiore al valore nominale non possano essere distribuite tra i soci finché non sia stato raggiunto il limite della riserva legale specificato dall'art. 2430. • Nel vietare la distribuzione delle somme percepite dalla società a titolo di sovrapprezzo, il legislatore tende ad impedire la libera distribuzione tra i soci di quella parte del patrimonio netto che non rappresenta un guadagno ottenuto per effetto della gestione, bensì un **apporto dei soci che ha natura analoga a quella dei conferimenti.**

2432. Partecipazione agli utili.

Le partecipazioni agli utili eventualmente spettanti ai promotori, ai soci fondatori e agli amministratori sono computate sugli utili netti risultanti dal bilancio, fatta deduzione della quota di riserva legale.

• Vi possono essere **vincoli di destinazione degli utili di esercizio** per destinazione statutaria che prevedono una partecipazione agli utili a favore dei promotori, dei soci fondatori e degli amministratori. Queste partecipazioni sono computate sugli utili netti di esercizio, dedotta la sola quota da destinare a riserva legale.

2433. Distribuzione degli utili ai soci.

La deliberazione sulla distribuzione degli utili è adottata dall'assemblea che approva il bilancio ovvero, qualora il bilancio sia approvato dal consiglio di sorveglianza, dall'assemblea convocata a norma dell'articolo 2364-bis, secondo comma.

Non possono essere pagati dividendi sulle azioni, se non per utili realmente conseguiti e risultanti dal bilancio regolarmente approvato.

Se si verifica una perdita del capitale sociale, non può farsi luogo a ripartizione di utili fino a che il capitale non sia reintegrato o ridotto in misura corrispondente.

I dividendi erogati in violazione delle disposizioni del presente articolo non sono ripetibili, se i soci li hanno riscossi in buona fede in base a bilancio regolarmente approvato, da cui risultano utili netti corrispondenti.

• Compete all'assemblea che approva il bilancio decidere, con una **ulteriore deliberazione**, sulla sorte degli utili eventualmente maturati, sia procedendo alla **distribuzione**, sia all'**eventuale accantonamento**. Anche nelle società con consiglio di sorveglianza, nelle quali l'approvazione del bilancio è di competenza di questo organo, la delibera sulla distribuzione degli utili spetta all'assemblea. • L'**utile** può essere definito come l'incremento patrimoniale verificatosi, attraverso la gestione della società, rispetto al patrimonio netto. A tutela del capitale sociale la norma dispone che **non possono essere pagati dividendi sulle azioni, se non per utili realmente conseguiti e risultanti dal bilancio regolarmente approvato** e che se si verifica una perdita del capitale sociale, non può darsi luogo a ripartizioni di utili finché il capitale non sia reintegrato o ridotto in misura corrispondente. • I dividendi erogati in violazione delle condizioni innanzi dette non sono ripetibili, se la riscossione dei soci sia avvenuta in buona fede (c.d. presupposto soggettivo) e sulla base di un bilancio regolarmente approvato, dal quale risultino utili netti corrispondenti (c.d. presupposto oggettivo).

2433 bis. Acconti sui dividendi

La distribuzione di acconti sui dividendi è consentita solo alle società il cui bilancio è assoggettato per legge a revisione legale dei conti, secondo il regime previsto dalle leggi speciali per gli enti di interesse pubblico.

La distribuzione di acconti sui dividendi deve essere prevista dallo statuto ed è deliberata dagli amministratori dopo il rilascio da parte del soggetto incaricato di effettuare la revisione legale dei conti di un giudizio positivo sul bilancio dell'esercizio precedente e la sua approvazione.

Non è consentita la distribuzione di acconti sui dividendi quando dall'ultimo bilancio approvato risultino perdite relative all'esercizio o a esercizi precedenti.

L'ammontare degli acconti sui dividendi non può superare la minor somma tra l'importo degli utili conseguiti dalla chiusura dell'esercizio precedente, diminuito delle quote che dovranno essere destinate a riserva per obbligo legale o statutario, e quello delle riserve disponibili.

Gli amministratori deliberano la distribuzione di acconti sui dividendi sulla base di un prospetto contabile e di una relazione, dai quali risulti che la situazione patrimoniale, economica e finanziaria della società consente la distribuzione stessa. Su tali documenti deve essere acquisito il parere del soggetto incaricato della revisione legale dei conti.

Il prospetto contabile, la relazione degli amministratori e il parere del soggetto incaricato della revisione legale dei conti debbono restare depositati in copia nella sede della società fino

all'approvazione del bilancio dell'esercizio in corso. I soci possono prenderne visione.
Ancorché sia successivamente accertata l'inesistenza degli utili di periodo risultanti dal prospetto, gli acconti sui dividendi erogati in conformità con le altre disposizioni del presente articolo non sono ripetibili se i soci li hanno riscossi in buona fede.

2434. Azione di responsabilità.

L'approvazione del bilancio non implica liberazione degli amministratori, dei direttori generali, dei dirigenti preposti alla redazione dei documenti contabili societari e dei sindaci per le responsabilità incorse nella gestione sociale.

• L'approvazione del bilancio non implica automaticamente la liberazione degli amministratori dalle responsabilità incorse nella gestione sociale, così come emerge anche dal dettato dell'art. 2393, in tema di azione sociale di responsabilità. • L'**amministratore dissenziente** dalle decisioni collegiali può essere esonerato dalla specifica responsabilità. Il dissenso si concretizza in una vera e propria presa di posizione inequivocabile, utile anche come tentativo di dissuadere il consiglio d'amministrazione dall'assunzione della delibera. • La norma coinvolge nella responsabilità sociale anche i **direttori generali ed i dirigenti preposti alla redazione dei documenti contabili**. La loro responsabilità, come per amministratori e direttori generali, non cessa con l'approvazione del bilancio dell'esercizio in cui i fatti si sono verificati.

2434 bis. Invalidità della deliberazione di approvazione del bilancio.

Le azioni previste dagli articoli 2377 e 2379 non possono essere proposte nei confronti delle deliberazioni di approvazione del bilancio dopo che è avvenuta l'approvazione del bilancio dell'esercizio successivo.

La legittimazione ad impugnare la deliberazione di approvazione del bilancio su cui il soggetto incaricato di effettuare la revisione legale dei conti ha emesso un giudizio privo di rilievi spetta a tanti soci che rappresentino almeno il cinque per cento del capitale sociale.

Il bilancio dell'esercizio nel corso del quale viene dichiarata l'invalidità di cui al comma precedente tiene conto delle ragioni di questa.

• L'art. 2434-*bis* richiama al primo comma il dettato degli artt. 2377 e 2379 che disciplinano e distinguono le delibere annullabili e le delibere nulle. Queste norme trovano applicazione anche in riferimento alla invalidità delle deliberazioni di approvazione del bilancio, con alcune integrazioni. • L'impugnativa – per le azioni di nullità e di annullamento – non può essere proposta se sia stato approvato il bilancio dell'esercizio successivo. La norma persegue l'obiettivo di **eliminare l'incertezza che colpirebbe una decisione particolarmente importante** come quella relativa al documento che attesta i risultati della società, a tutela della società, dei creditori sociali e, in generale, del mercato. • In tema di **legittimazione all'impugnativa alla delibera approvativa del bilancio** vi è l'ulteriore previsione che permette ai soci che rappresentino almeno il 5% del capitale sociale di impugnare la deliberazione di approvazione del bilancio su cui il soggetto incaricato della revisione legale dei conti ha emesso un "giudizio privo di rilievi". • Il **mancato rilievo del revisore** costituisce una ragione di garanzia che giustifica la limitazione indicata, che viene meno se il revisore esprime rilievi. Nelle società quotate l'impugnativa per mancata conformità del bilancio alle norme che ne disciplinano i criteri di redazione può essere proposta in ogni caso anche dalla Consob (art. 157, co. 2, t.u.f.).

2435. Pubblicazione del bilancio e dell'elenco dei soci e dei titolari di diritti su azioni.

Entro trenta giorni dall'approvazione una copia del bilancio, corredata dalle relazioni previste dagli articoli 2428 e 2429 e dal verbale di approvazione dell'assemblea o del consiglio di sorveglianza, deve essere, a cura degli amministratori, depositata presso l'ufficio del registro delle imprese o spedita al medesimo ufficio a mezzo di lettera raccomandata.

Entro trenta giorni dall'approvazione del bilancio le società non aventi azioni quotate in mercati regolamentati sono tenute altresì a depositare per l'iscrizione nel registro delle imprese l'elenco dei soci riferito alla data di approvazione del bilancio, con l'indicazione del numero delle azioni possedute, nonché dei soggetti diversi dai soci che sono titolari di diritti o beneficiari di vincoli sulle azioni medesime. L'elenco deve essere corredato dall'indicazione analitica delle annotazioni effettuate nel libro dei soci a partire dalla data di approvazione del bilancio dell'esercizio precedente.

2435 bis. Bilancio in forma abbreviata.

Le società, che non abbiano emesso titoli negoziati in mercati regolamentati, possono redigere il bilancio in forma abbreviata quando, nel primo esercizio o, successivamente, per due esercizi consecutivi, non abbiano superato due dei seguenti limiti:

1) totale dell'attivo dello stato patrimoniale: 4.400.000 euro;
2) ricavi delle vendite e delle prestazioni: 8.800.000 euro;
3) dipendenti occupati in media durante l'esercizio: 50 unità.

Nel bilancio in forma abbreviata lo stato patrimoniale comprende solo le voci contrassegnate nell'articolo 2424 con lettere maiuscole e con numeri romani; le voci A e D dell'attivo possono essere comprese nella voce CII; [...] (1); la voce E del passivo può essere compresa nella voce D; nelle voci CII dell'attivo e D del passivo devono essere separatamente indicati i crediti e i debiti esigibili oltre l'esercizio successivo. Le società che redigono il bilancio in forma abbreviata sono esonerate dalla redazione del rendiconto finanziario.

Nel conto economico del bilancio in forma abbreviata le seguenti voci previste dall'articolo 2425 possono essere tra loro raggruppate:

voci A2 e A3
voci B9(c), B9 (d), B9(e)
voci B10(a), B10(b), B10(c)
voci C16(b) e C16(c)
voci D18(a), D18(b), D18(c), D18(d)
voci D19(a), D19(b), D19(c), D19(d).

Nel conto economico del bilancio in forma abbreviata nella voce E20 non è richiesta la separata indicazione delle plusvalenze e nella voce E21 non è richiesta la separata indicazione delle minusvalenze e delle imposte relative a esercizi precedenti (2).

Fermo restando le indicazioni richieste dal terzo, quarto e quinto comma dell'articolo 2423, dal secondo e quinto comma dell'articolo 2423-ter, dal secondo comma dell'articolo 2424, dal primo comma, numeri 4) e 6), dell'articolo 2426, la nota integrativa fornisce le indicazioni richieste dal primo comma dell'articolo 2427, numeri 1), 2), 6), per quest'ultimo limitatamente ai soli debiti senza indicazione della ripartizione geografica, 8), 9), 13), 15), per quest'ultimo anche omettendo la ripartizione per categoria, 16), 22-bis), 22-ter), per quest'ultimo anche omettendo le indicazioni riguardanti gli effetti patrimoniali, finanziari ed economici, 22-quater), 22-sexies), per quest'ultimo anche omettendo l'indicazione del luogo in cui è disponibile la copia del bilancio consolidato, nonché dal primo comma dell'articolo 2427-bis, numero 1).

Le società possono limitare l'informativa richiesta ai sensi dell'articolo 2427, primo comma, numero 22-bis, alle operazioni realizzate direttamente o indirettamente con i loro maggiori azionisti ed a quelle con i membri degli organi di amministrazione e controllo, nonché con le imprese in cui la società stessa detiene una partecipazione.

Qualora le società indicate nel primo comma forniscano nella nota integrativa le informazioni richieste dai numeri 3) e 4) dell'articolo 2428, esse sono esonerate dalla redazione della relazione sulla gestione.

Le società che redigono il bilancio in forma abbreviata, in deroga a quanto disposto dall'art. 2426, hanno la facoltà di iscrivere i titoli al costo di acquisto, i crediti al valore di presumibile realizzo e i debiti al valore nominale.

Le società che a norma del presente articolo redigono il bilancio in forma abbreviata devono redigerlo in forma ordinaria quando per il secondo esercizio consecutivo abbiano superato due dei limiti indicati nel primo comma.

(1) Parole "dalle voci B1 e B2 dell'attivo devono essere detratti in forma esplicita gli ammortamenti e le svalutazioni;" soppresse ad opera dell'art. 6[12, lett. A)] del d.lgs. 18/8/2015, n. 139. Ai sensi dell'art. 12[11] del

d.lgs. cit. la modifica entra in vigore dal 1/1/2016 e si applica ai bilanci relativi agli esercizi finanziari aventi inizio a partire da quella data.

(2) Comma abrogato ad opera dell'art. 6[12, lett. C)] del d.lgs. 18/8/2015, n. 139. La modifica entra in vigore dal 1/1/2016 e si applica ai bilanci relativi agli esercizi finanziari aventi inizio a partire da quella data.

2435 ter. Bilancio delle micro-imprese.

Sono considerate micro-imprese le società di cui all'articolo 2435-bis che nel primo esercizio o, successivamente, per due esercizi consecutivi, non abbiano superato due dei seguenti limiti:

1) totale dell'attivo dello stato patrimoniale: 175.000 euro;

2) ricavi delle vendite e delle prestazioni: 350.000 euro;

3) dipendenti occupati in media durante l'esercizio: 5 unità.

Fatte salve le norme del presente articolo, gli schemi di bilancio e i criteri di valutazione delle micro-imprese sono determinati secondo quanto disposto dall'articolo 2435-bis. Le micro-imprese sono esonerate dalla redazione:

1) del rendiconto finanziario;

2) della nota integrativa quando in calce allo stato patrimoniale risultino le informazioni previste dal primo comma dell'articolo 2427, numeri 9) e 16);

3) della relazione sulla gestione: quando in calce allo stato patrimoniale risultino le informazioni richieste dai numeri 3) e 4) dell'articolo 2428.

Non sono applicabili le disposizioni di cui al quinto comma dell'articolo 2423 e al numero 11-bis del primo comma dell'articolo 2426.

Le società che si avvalgono delle esenzioni previste del presente articolo devono redigere il bilancio, a seconda dei casi, in forma abbreviata o in forma ordinaria quando per il secondo esercizio consecutivo abbiano superato due dei limiti indicati nel primo comma.

Sezione X
Delle modificazioni dello statuto

2436. Deposito, iscrizione e pubblicazione delle modificazioni.

Il notaio che ha verbalizzato la deliberazione di modifica dello statuto, entro trenta giorni, verificato l'adempimento delle condizioni stabilite dalla legge, ne richiede l'iscrizione nel registro delle imprese contestualmente al deposito e allega le eventuali autorizzazioni richieste.

L'ufficio del registro delle imprese, verificata la regolarità formale della documentazione, iscrive la delibera nel registro.

Se il notaio ritiene non adempiute le condizioni stabilite dalla legge, ne dà comunicazione tempestivamente, e comunque non oltre il termine previsto dal primo comma del presente articolo, agli amministratori. Gli amministratori, nei trenta giorni successivi, possono convocare l'assemblea per gli opportuni provvedimenti oppure ricorrere al tribunale per il provvedimento di cui ai successivi commi; in mancanza la deliberazione è definitivamente inefficace.

Il tribunale, verificato l'adempimento delle condizioni richieste dalla legge e sentito il pubblico ministero, ordina l'iscrizione nel registro delle imprese con decreto soggetto a reclamo.

La deliberazione non produce effetti se non dopo l'iscrizione.

Dopo ogni modifica dello statuto deve esserne depositato nel registro delle imprese il testo integrale nella sua redazione aggiornata.

• Lo statuto è **parte integrante dell'atto costitutivo** e può essere modificato dalla società nel corso della sua esistenza. • Costituisce **modificazione dello statuto** di una società per azioni ogni **mutamento del contratto sociale**, che può consistere nell'inserimento di nuove clausole o nella modifica o soppressione di clausole già esistenti. • Le **modificazioni dello statuto** devono, per regola generale, essere **deliberate dall'assemblea straordinaria**, con le relative maggioranze qualificate. Devono altresì risultare da verbale redatto da un notaio e devono essere iscritte nel registro delle imprese. Il legislatore attribuisce al notaio rogante il compito di verificare che la delibera assunta dagli organi sociali competente a disporre le modifiche statutarie rispetti le condizioni stabilite dalla legge.

2437. Diritto di recesso.

Hanno diritto di recedere per tutte o parte delle loro azioni, i soci che non hanno concorso alle deliberazioni riguardanti:

a) la modifica della clausola dell'oggetto sociale, quando consente un cambiamento significativo dell'attività della società;

b) la trasformazione della società;

c) il trasferimento della sede sociale all'estero;

d) la revoca dello stato di liquidazione;

e) l'eliminazione di una o più cause di recesso previste dal successivo comma ovvero dallo statuto;

f) la modifica dei criteri di determinazione del valore dell'azione in caso di recesso;

g) le modificazioni dello statuto concernenti i diritti di voto o di partecipazione.Salvo che lo statuto disponga diversamente, hanno diritto di recedere i soci che non hanno concorso all'approvazione delle deliberazioni riguardanti:

a) la proroga del termine;

b) l'introduzione o la rimozione di vincoli alla circolazione dei titoli azionari.

Se la società è costituita a tempo indeterminato e le azioni non sono quotate in un mercato regolamentato il socio può recedere con il preavviso di almeno centottanta giorni; lo statuto può prevedere un termine maggiore, non superiore ad un anno.

Lo statuto delle società che non fanno ricorso al mercato del capitale di rischio può prevedere ulteriori cause di recesso.

Restano salve le disposizioni dettate in tema di recesso per le società soggette ad attività di direzione e coordinamento.

È nullo ogni patto volto ad escludere o rendere più gravoso l'esercizio del diritto di recesso nelle ipotesi previste dal primo comma del presente articolo.

• Il diritto di recesso *ex* art. 2437 può essere esercitato dal socio che non abbia concorso alla deliberazione, e cioè dal socio assente o dissenziente. • Il **recesso è il negozio unilaterale recettizio,** destinato a perfezionarsi e a produrre i propri effetti sin dal momento in cui la dichiarazione sia pervenuta nella sfera di conoscenza della società destinataria, avente ad oggetto lo scioglimento del rapporto sociale limitatamente al socio stesso. • Con il recesso, quindi, il socio può **uscire volontariamente dalla società realizzando il valore delle proprie azioni**. Il legislatore circoscrive i casi in cui tale diritto può essere esercitato alle ipotesi di modifiche di particolare significatività ed è concessa al socio la possibilità di recedere anche in parte (c.d. recesso parziale). • Le **cause di recesso** si distinguono in **legali inderogabili, legali derogabili dallo statuto e statutarie.** • Con un preavviso di almeno 180 giorni il socio può sempre recedere in presenza di una società costituita a tempo indeterminato e le cui azioni non siano quotate in un mercato regolamentato. Lo statuto può richiedere un termine di preavviso maggiore, non superiore ad un anno.

2437 bis. Termini e modalità di esercizio.

Il diritto di recesso è esercitato mediante lettera raccomandata che deve essere spedita entro quindici giorni dall'iscrizione nel registro delle imprese della delibera che lo legittima, con l'indicazione delle generalità del socio recedente, del domicilio per le comunicazioni inerenti al procedimento, del numero e della categoria delle azioni per le quali il diritto di recesso viene esercitato. Se il fatto che legittima il recesso è diverso da una deliberazione, esso è esercitato entro trenta giorni dalla sua conoscenza da parte del socio.

Le azioni per le quali è esercitato il diritto di recesso non possono essere cedute e devono essere depositate presso la sede sociale.

Il recesso non può essere esercitato e, se già esercitato, è privo di efficacia, se, entro novanta giorni, la società revoca la delibera che lo legittima ovvero se è deliberato lo scioglimento della società.

2437 ter. Criteri di determinazione del valore delle azioni.

Il socio ha diritto alla liquidazione delle azioni per le quali esercita il recesso.

Il valore di liquidazione delle azioni è determinato dagli amministratori, sentito il parere del collegio sindacale e del soggetto incaricato della revisione legale dei conti, tenuto conto della consistenza patrimoniale della società e delle sue prospettive reddituali, nonché dell'eventuale valore di mercato delle azioni.

Il valore di liquidazione delle azioni quotate in mercati regolamentati è determinato facendo (1) riferimento alla media aritmetica dei prezzi di chiusura nei sei mesi che precedono la pubblicazione ovvero ricezione dell'avviso di convocazione dell'assemblea le cui deliberazioni legittimano il recesso. Lo statuto delle società con azioni quotate in mercati regolamentati può prevedere che il valore di liquidazione sia determinato secondo i criteri indicati dai commi 2 e 4 del presente articolo, fermo restando che in ogni caso tale valore non può essere inferiore al valore che sarebbe dovuto in applicazione del criterio indicato dal primo periodo del presente comma.

Lo statuto può stabilire criteri diversi di determinazione del valore di liquidazione, indicando gli elementi dell'attivo e del passivo del bilancio che possono essere rettificati rispetto ai valori risultanti dal bilancio, unitamente ai criteri di rettifica, nonché altri elementi suscettibili di valutazione patrimoniale da tenere in considerazione.

I soci hanno diritto di conoscere la determinazione del valore di cui al secondo comma del presente articolo nei quindici giorni precedenti alla data fissata per l'assemblea; ciascun socio ha diritto di prenderne visione e di ottenerne copia a proprie spese.

In caso di contestazione da proporre contestualmente alla dichiarazione di recesso il valore di liquidazione è determinato entro novanta giorni dall'esercizio del diritto di recesso tramite relazione giurata di un esperto nominato dal tribunale, che provvede anche sulle spese, su istanza della parte più diligente; si applica in tal caso il primo comma dell'articolo 1349.

(1) L'art. 20[3], d.l. 24/6/2014 n. 91, conv. con modif., in l. 11/8/2014, n. 116, ha soppresso la parola "esclusivo".

2437 quater. Procedimento di liquidazione.

Gli amministratori offrono in opzione le azioni del socio recedente agli altri soci in proporzione al numero delle azioni possedute. Se vi sono obbligazioni convertibili, il diritto di opzione spetta anche ai possessori di queste, in concorso con i soci, sulla base del rapporto di cambio.

L'offerta di opzione è depositata presso il registro delle imprese entro quindici giorni dalla determinazione definitiva del valore di liquidazione. Per l'esercizio del diritto di opzione deve essere concesso un termine non inferiore a trenta giorni dal deposito dell'offerta.

Coloro che esercitano il diritto di opzione, purché ne facciano contestuale richiesta, hanno diritto di prelazione nell'acquisto delle azioni che siano rimaste non optate.

Qualora i soci non acquistino in tutto o in parte le azioni del recedente, gli amministratori possono collocarle presso terzi; nel caso di azioni quotate in mercati regolamentati, il loro collocamento avviene mediante offerta nei mercati medesimi.

In caso di mancato collocamento ai sensi delle disposizioni dei commi precedenti entro centottanta giorni dalla comunicazione del recesso, le azioni del recedente vengono rimborsate mediante acquisto da parte della società utilizzando riserve disponibili anche in deroga a quanto previsto dal terzo comma dell'articolo 2357.

In assenza di utili e riserve disponibili, deve essere convocata l'assemblea straordinaria per deliberare la riduzione del capitale sociale, ovvero lo scioglimento della società.

Alla deliberazione di riduzione del capitale sociale si applicano le disposizioni del comma secondo, terzo e quarto dell'articolo 2445; ove l'opposizione sia accolta la società si scioglie.

2437 quinquies. Disposizioni speciali per le società con azioni quotate in mercati regolamentati.

Se le azioni sono quotate in mercati regolamentati hanno diritto di recedere i soci che non hanno concorso alla deliberazione che comporta l'esclusione dalla quotazione.

2437 sexies. Azioni riscattabili.

Le disposizioni degli articoli 2437-ter e 2437-quater si applicano, in quanto compatibili, alle azioni o categorie di azioni per le quali lo statuto prevede un potere di riscatto da parte della società o dei soci. Resta salva in tal caso l'applicazione della disciplina degli articoli 2357 e 2357-bis.

2438. Aumento di capitale.

Un aumento di capitale non può essere eseguito fino a che le azioni precedentemente emesse non siano interamente liberate.

In caso di violazione del precedente comma, gli amministratori sono solidalmente responsabili per i danni arrecati ai soci ed ai terzi. Restano in ogni caso salvi gli obblighi assunti con la sottoscrizione delle azioni emesse in violazione del precedente comma.

• Attraverso l'aumento del capitale sociale la società intende procurarsi nuovi mezzi finanziari a titolo di capitale di rischio. • L'**aumento reale** dà perciò luogo all'emissione di nuove azioni a pagamento, che vengono sottoscritte dai soci attuali, cui per legge è riconosciuto il **diritto di opzione**, ovvero da soggetti terzi che, per effetto della sottoscrizione, assumono la qualità di soci. Per evitare la formazione di un capitale costituito in prevalenza da crediti verso soci (che potrebbero risultare di difficile realizzazione) non è possibile eseguire un aumento di capitale finché le azioni precedentemente emesse non siano interamente liberate. • La violazione di tale disposizione non comporta la nullità della delibera di aumento e restano salvi gli obblighi assunti con la sottoscrizione delle azioni e gli amministratori restano responsabili in solido per i danni arrecati a soci e terzi.

2439. Sottoscrizione e versamenti.

Salvo quanto previsto nel quarto comma dell'articolo 2342, i sottoscrittori delle azioni di nuova emissione devono, all'atto della sottoscrizione, versare alla società almeno il venticinque per cento del valore nominale delle azioni sottoscritte. Se è previsto un soprapprezzo, questo deve essere interamente versato all'atto della sottoscrizione.

Se l'aumento di capitale non è integralmente sottoscritto entro il termine che, nell'osservanza di quelli stabiliti dall'articolo 2441, secondo e terzo comma, deve risultare dalla deliberazione, il capitale è aumentato di un importo pari alle sottoscrizioni raccolte soltanto se la deliberazione medesima lo abbia espressamente previsto.

• Per i **conferimenti in sede di aumento di capitale** vale la medesima disciplina prevista per i conferimenti al momento della costituzione della società. • Il versamento del venticinque per cento dei conferimenti in denaro deve essere effettuato, diversamente da quanto accade per la costituzione, direttamente alla società e non presso una banca. • Inoltre, se le azioni sono emesse con sovrapprezzo, questo deve essere integralmente corrisposto al momento della sottoscrizione.

2440. Conferimenti di beni in natura e di crediti.

Se l'aumento di capitale avviene mediante conferimento di beni in natura o di crediti si applicano le disposizioni degli articoli 2342, terzo e quinto comma, e 2343.

L'aumento di capitale mediante conferimento di beni in natura o di crediti può essere sottoposto, su decisione degli amministratori, alla disciplina di cui agli articoli 2343-ter e 2343-quater.

Ai fini dell'applicazione dell'articolo 2343-ter, primo comma, rileva il periodo di negoziazione di sei mesi precedenti la data alla quale si riferisce la relazione degli amministratori redatta ai sensi dell'articolo 2441, sesto comma. Il conferimento è eseguito entro sessanta giorni da tale data, ovvero entro novanta giorni qualora l'aumento sia deliberato da una società che fa ricorso al mercato del capitale di rischio.

Qualora trovi applicazione l'articolo 2343-ter, secondo comma, il conferimento è eseguito, nel caso di cui alla lettera a), entro il termine dell'esercizio successivo a quello cui si riferisce il bilancio, ovvero, nel caso di cui alla lettera b), entro sei mesi dalla data cui si riferisce la valutazione.

La verifica prevista dall'articolo 2343-quater, primo comma, è eseguita dagli amministratori nel termine di trenta giorni dall'esecuzione del conferimento ovvero, se successiva, dalla data di iscrizione nel registro delle imprese della deliberazione di aumento del capitale. La dichiarazione di cui all'articolo 2343-quater, terzo comma, è allegata all'attestazione prevista dall'articolo 2444.

Qualora siano conferiti beni in natura o crediti valutati ai sensi dell'articolo 2343-ter, secondo comma, nel termine indicato al quinto comma uno o più soci che rappresentino, e che rappresentavano alla data della delibera di aumento del capitale, almeno il ventesimo del capitale sociale, nell'ammontare precedente l'aumento medesimo, possono richiedere che si proceda, su iniziativa degli amministratori, ad una nuova valutazione ai sensi e per gli effetti dell'articolo 2343; la domanda dei soci non ha effetto qualora gli amministratori all'esito della verifica prevista dal quinto comma procedano ai sensi dell'articolo 2343-quater, secondo comma.

2440 bis. (1).

(1) Articolo abrogato dall'art. 1 del d.lgs. 29/11/2010, n. 224.

2441. Diritto di opzione

Le azioni di nuova emissione e le obbligazioni convertibili in azioni devono essere offerte in opzione ai soci in proporzione al numero delle azioni possedute. Se vi sono obbligazioni convertibili il diritto di opzione spetta anche ai possessori di queste, in concorso con i soci, sulla base del rapporto di cambio.

L'offerta di opzione deve essere depositata presso l'ufficio del registro delle imprese e contestualmente resa nota mediante un avviso pubblicato sul sito internet della società, con modalità atte a garantire la sicurezza del sito medesimo, l'autenticità dei documenti e la certezza della data di pubblicazione, o, in mancanza, mediante deposito presso la sede della società. Per l'esercizio del diritto di opzione deve essere concesso un termine non inferiore a quattordici giorni dalla pubblicazione dell'offerta nel sito internet della società con le modalità sopra descritte, o, in mancanza, dall'iscrizione dell'offerta nel registro delle imprese.

Coloro che esercitano il diritto di opzione, purché ne facciano contestuale richiesta, hanno diritto di prelazione nell'acquisto delle azioni e delle obbligazioni convertibili in azioni che siano rimaste non optate. Se le azioni sono quotate in mercati regolamentati o negoziate in sistemi multilaterali di negoziazione, i diritti di opzione non esercitati devono essere offerti nel mercato regolamentato o nel sistema multilaterale di negoziazione dagli amministratori, per conto della società, entro il mese successivo alla scadenza del termine stabilito a norma del secondo comma, per almeno due sedute, salvo che i diritti di opzione siano già stati integralmente venduti.

Il diritto di opzione non spetta per le azioni di nuova emissione che, secondo la deliberazione di aumento del capitale, devono essere liberate mediante conferimenti in natura. Nelle società con azioni quotate in mercati regolamentati o negoziate in sistemi multilaterali di negoziazione lo statuto può altresì escludere il diritto di opzione nei limiti del dieci per cento del capitale sociale preesistente, a condizione che il prezzo di emissione corrisponda al valore di mercato delle azioni e ciò sia confermato in apposita relazione da un revisore legale o da una società di revisione legale. Le ragioni dell'esclusione o della limitazione nonché i criteri adottati per la determinazione del prezzo di emissione devono risultare da apposita relazione degli amministratori, depositata presso la sede sociale e pubblicata nel sito internet della società entro il termine della convocazione dell'assemblea, salvo quanto previsto dalle leggi speciali. (1)

Le proposte di aumento di capitale sociale con esclusione o limitazione del diritto di opzione, ai sensi del primo periodo del quarto comma o del quinto comma del presente articolo, devono essere illustrate dagli amministratori con apposita relazione, dalla quale devono risultare le ragioni dell'esclusione o della limitazione, ovvero, qualora l'esclusione derivi da un conferimento in natura, le ragioni di questo e in ogni caso i criteri adottati per la determinazione del prezzo di emissione. La relazione deve essere comunicata dagli amministratori al collegio sindacale o al consiglio di sorveglianza e al soggetto incaricato della revisione legale dei conti almeno trenta giorni prima di quello fissato per l'assemblea. Entro quindici giorni il collegio sindacale deve esprimere il proprio parere sulla congruità del prezzo di emissione delle azioni. Il parere del collegio sindacale e, nell'ipotesi prevista dal quarto comma, la relazione giurata dell'esperto designato dal Tribunale ovvero la documentazione indicata dall'articolo 2343 ter, terzo comma, devono restare depositati nella sede della società durante i quindici giorni che precedono l'assemblea e finché questa non abbia deliberato; i soci possono prenderne visione. La deliberazione determina il prezzo di emissione delle azioni in base al valore del patrimonio netto, tenendo conto, per le azioni quotate in mercati regolamentati, anche dell'andamento delle quotazioni nell'ultimo semestre.

Non si considera escluso né limitato il diritto di opzione qualora la deliberazione di aumento di capitale preveda che le azioni di nuova emissione siano sottoscritte da banche, da enti o società finanziarie soggetti al controllo della Commissione nazionale per le società e la borsa ovvero da altri soggetti autorizzati all'esercizio dell'attività di collocamento di strumenti finanziari, con obbligo di offrirle agli azionisti della società, con operazioni di qualsiasi tipo, in conformità con i primi tre commi del presente articolo. Nel periodo di detenzione delle azioni offerte agli azionisti e comunque fino a quando non sia stato esercitato il diritto di opzione, i medesimi soggetti non possono esercitare il diritto di voto. Le spese dell'operazione sono a carico della società e la deliberazione di aumento del capitale deve indicarne l'ammontare.

Quando l'interesse della società lo esige, il diritto di opzione può essere escluso o limitato con la deliberazione di aumento di capitale.

Con deliberazione dell'assemblea presa con la maggioranza richiesta per le assemblee straordinarie può essere escluso il diritto di opzione per le azioni di nuova emissione, se queste sono offerte in sottoscrizione ai dipendenti della società o di società che la controllano o che sono da essa controllate.

(1) I commi 2, 3 e 4 sono stati modificati dall'art. 44[4], del d.l. 16/07/2020, n. 76, mediante l'inserimento di misure di carattere temporaneo e strutturale volte ad incentivare gli aumenti di capitale e destinate ad applicarsi, salvo proroghe, fino al 30/04/2021.

• L'aumento a pagamento del capitale sociale potrebbe pregiudicare la posizione patrimoniale dei soci e la posizione contrattuale degli eventuali possessori di obbligazioni convertibili che non sottoscrivono le azioni di nuova emissione. Per evitare ciò è riconosciuto a questi il **diritto ad essere preferiti ai terzi nella sottoscrizione**. • Il diritto di prelazione consiste nel diritto ad essere preferiti ai terzi nella sottoscrizione di tutte o di alcune azioni rimaste inoptate; queste ultime, in caso di mancato esercizio della prelazione, sono liberamente collocate. • Il diritto di opzione può essere **limitato** o **escluso** quando: le azioni di nuova emissione devono essere liberate attraverso conferimenti in natura; lo esige l'interesse della società; le azioni di nuova emissione sono offerte in sottoscrizione ai dipendenti della società o di società controllanti o controllate. • Il socio che non esercita il diritto di opzione può monetizzarlo cedendolo ad altri soci o a terzi.

2442. Passaggio di riserve a capitale.

L'assemblea può aumentare il capitale, imputando a capitale le riserve e gli altri fondi iscritti in bilancio in quanto disponibili.

In questo caso le azioni di nuova emissione devono avere le stesse caratteristiche di quelle in circolazione, e devono essere assegnate gratuitamente agli azionisti in proporzione di quelle da essi già possedute.

L'aumento di capitale può attuarsi anche mediante aumento del valore nominale delle azioni in circolazione.

2443. Delega agli amministratori.

Lo statuto può attribuire agli amministratori la facoltà di aumentare in una o più volte il capitale fino ad un ammontare determinato e per il periodo massimo di cinque anni dalla data dell'iscrizione della società nel registro delle imprese. Tale facoltà può prevedere anche l'adozione delle deliberazioni di cui al quarto e quinto comma dell'articolo 2441; in questo caso si applica in quanto compatibile il sesto comma dell'articolo 2441 e lo statuto determina i criteri cui gli amministratori devono attenersi.

La facoltà di cui al secondo periodo del precedente comma può essere attribuita anche mediante modificazione dello statuto (1), per il periodo massimo di cinque anni dalla data della deliberazione.

Il verbale della deliberazione degli amministratori di aumentare il capitale deve essere redatto da un notaio e deve essere depositato e iscritto a norma dall'articolo 2436.

Se agli amministratori è attribuita la facoltà di adottare le deliberazioni di cui all'articolo 2441, quarto comma, qualora essi decidano di deliberare l'aumento di capitale con conferimenti di beni in natura o di crediti senza la relazione dell'esperto di cui all'articolo 2343, avvalendosi delle disposizioni contenute nell'articolo 2343-ter, il conferimento non può avere efficacia, salvo che consti il consenso di tutti i soci, prima del decorso del termine di trenta giorni dall'iscrizione nel registro delle imprese della deliberazione di aumento, contenente anche le dichiarazioni previste nelle lettere a), b), c) ed e), di cui all'articolo 2343-quater, terzo comma. Entro detto termine uno o più soci che rappresentano, e che rappresentavano alla data della delibera di aumento del capitale, almeno il ventesimo del capitale sociale, nell'ammontare precedente l'aumento medesimo, possono richiedere che si proceda, su iniziativa degli amministratori, ad una nuova valutazione ai sensi e per gli effetti di cui all'articolo 2343. In mancanza di tale domanda, gli amministratori depositano per l'iscrizione nel registro delle imprese unitamente all'attestazione di cui all'articolo 2444 la dichiarazione prevista all'articolo 2343-quater, terzo comma, lettera d).

(1) L'art. 2 del d.lgs. 11/10/2012, n. 184, ha soppresso le parole: ", approvata con la maggioranza prevista dal quinto comma dell'articolo 2441".

2444. Iscrizione nel registro delle imprese.

Nei trenta giorni dall'avvenuta sottoscrizione delle azioni di nuova emissione gli amministratori devono depositare per l'iscrizione nel registro delle imprese un'attestazione che l'aumento del capitale è stato eseguito.

Fino a che l'iscrizione nel registro non sia avvenuta, l'aumento del capitale non può essere menzionato negli atti della società.

2445. Riduzione del capitale sociale.

La riduzione del capitale sociale può aver luogo sia mediante liberazione dei soci dall'obbligo dei versamenti ancora dovuti, sia mediante rimborso del capitale ai soci, nei limiti ammessi dagli articoli 2327 e 2413.

L'avviso di convocazione dell'assemblea deve indicare le ragioni e le modalità della riduzione.

Nel caso di società cui si applichi l'articolo 2357, terzo comma, la riduzione deve comunque effettuarsi con modalità tali che le azioni proprie eventualmente possedute dopo la riduzione non eccedano la quinta parte del capitale sociale.

La deliberazione può essere eseguita soltanto dopo novanta giorni dal giorno dell'iscrizione nel registro delle imprese, purché entro questo termine nessun creditore sociale anteriore all'iscrizione abbia fatto opposizione.

Il tribunale, quando ritenga infondato il pericolo di pregiudizio per i creditori oppure la società abbia prestato idonea garanzia, dispone che l'operazione abbia luogo nonostante l'opposizione.

• L'art. 2445 disciplina la **riduzione c.d. "reale" del capitale**, e cioè quell'operazione preordinata ad un'effettiva diminuzione del capitale sociale, con conseguente rimborso ai soci del valore dei conferimenti. • La **riduzione** "reale" va distinta da quella **c.d. "nominale"** (di cui agli artt. 2446-2447), che consiste in un mero adeguamento contabile, in conseguenza di perdite patrimoniali della società già verificatesi. • La **riduzione** disciplinata dall'art. 2445 è definita **"volontaria"** essendo relativa ad una libera determinazione della società, in contrapposizione, dunque, alle ipotesi di riduzione "obbligatoria" (*ex* artt. 2446 e 2447). La riduzione reale del capitale è subordinata ad una serie di limiti e cautele sostanziali e procedimentali, in quanto operazione potenzialmente pericolosa per i creditori sociali ed i soci di minoranza, essendo volta a ridurre il patrimonio sociale. • È così vietato alla società di ridurre il capitale al di sotto del minimo legale (fissato in euro 50mila per le s.p.a.) ed è altresì imposto alla stessa di conservare una liquidità sufficiente a far fronte alle obbligazioni emesse ovvero a non compromettere il limite che, a garanzia dei soci di minoranza, il legislatore fissa alla possibilità di acquisto di azioni proprie da parte della società. Il procedimento necessario per la riduzione "reale" del capitale è quello previsto dalla legge per ogni forma di modifica dello statuto, con l'aggiunta di alcune particolarità previste proprio dall'art. 2445.

2446. Riduzione del capitale per perdite.

Quando risulta che il capitale è diminuito di oltre un terzo in conseguenza di perdite, gli amministratori o il consiglio di gestione, e nel caso di loro inerzia il collegio sindacale ovvero il consiglio di sorveglianza, devono senza indugio convocare l'assemblea per gli opportuni provvedimenti. All'assemblea deve essere sottoposta una relazione sulla situazione patrimoniale della società, con le osservazioni del collegio sindacale o del comitato per il controllo sulla gestione. La relazione e le osservazioni devono restare depositate in copia nella sede della società durante gli otto giorni che precedono l'assemblea, perché i soci possano prenderne visione. Nell'assemblea gli amministratori devono dare conto dei fatti di rilievo avvenuti dopo la redazione della relazione.

Se entro l'esercizio successivo la perdita non risulta diminuita a meno di un terzo, l'assemblea ordinaria o il consiglio di sorveglianza che approva il bilancio di tale esercizio deve ridurre il capitale in proporzione delle perdite accertate. In mancanza gli amministratori e i sindaci o il consiglio di sorveglianza devono chiedere al tribunale che venga disposta la riduzione del capitale in ragione delle perdite risultanti dal bilancio. Il tribunale provvede, sentito il pubblico ministero, con decreto soggetto a reclamo, che deve essere iscritto nel registro delle imprese a cura degli amministratori.

Nel caso in cui le azioni emesse dalla società siano senza valore nominale, lo statuto, una sua modificazione ovvero una deliberazione adottata con le maggioranze previste per l'assemblea straordinaria possono prevedere che la riduzione del capitale di cui al precedente comma sia deliberata dal consiglio di amministrazione. Si applica in tal caso l'articolo 2436.

• L'art. 2446 disciplina la **riduzione c.d. "nominale" del capitale sociale**: tale operazione consiste in un mero aggiornamento contabile, volto a far corrispondere il valore nominale del capitale a quello reale, essendosi quest'ultimo ridimensionato in conseguenza di perdite subite dalla società. È per questo che, nel caso degli artt. 2446 e 2447, si parla di "riduzione del capitale per perdite". • A differenza, però, della riduzione "reale" (sempre facoltativa), quella "nominale" per perdite può essere sia facoltativa, sia obbligatoria. Il legislatore prevede la riduzione del capitale come obbligatoria soltanto se la perdita raggiunga una certa entità, e cioè sia superiore ad un terzo del capitale nominale sottoscritto. • Nel caso in cui la perdita sia superiore ad un terzo del capitale, la società è obbligata a procedere alla riduzione "nominale". In questo caso gli amministratori (o, in caso d'inerzia, il collegio sindacale) devono convocare "senza indugio" l'assemblea, competente a deliberare la riduzione di capitale per adottare gli "opportuni provvedimenti". Gli stessi amministratori sono tenuti a depositare presso la sede della società, almeno 8 giorni prima della data di convocazione dell'assemblea, una "relazione sulla situazione patrimoniale della società, con le osservazioni del collegio sindacale o del comitato di controllo sulla gestione" che sarà dagli stessi illustrata nel corso dell'adunanza. • Gli **opportuni provvedimenti** non corrispondono solo alla riduzione del capitale sociale, ma possono includere anche un eventuale "rinvio a nuovo" delle perdite. Tuttavia, se entro l'esercizio successivo la perdita non risulta diminuita in misura inferiore a un terzo, l'assemblea ordinaria che approva il bilancio di tale esercizio dovrà ridurre il capitale in proporzione alle perdite accertate. In mancanza, la riduzione è disposta d'ufficio dal tribunale con proprio decreto su richiesta di amministratori o sindaci.

2447. Riduzione del capitale sociale al di sotto del limite legale.

Se, per la perdita di oltre un terzo del capitale, questo si riduce al disotto del minimo stabilito dall'articolo 2327, gli amministratori o il consiglio di gestione e, in caso di loro inerzia, il consiglio di sorveglianza devono senza indugio convocare l'assemblea per deliberare la riduzione del capitale ed il contemporaneo aumento del medesimo ad una cifra non inferiore al detto minimo, o la trasformazione della società.

• Nel caso in cui le perdite della società siano superiori a un terzo del capitale (come nell'ipotesi dell'art. 2446) e sia stata superata anche la soglia del capitale minimo stabilito dall'art. 2327, trova applicazione l'art. 2447, che disciplina la riduzione del capitale sociale al di sotto del limite legale. • La perdita indicata dall'art. 2447 fa sorgere **l'urgenza**

di immediati provvedimenti da parte della società, a **tutela dei soci e dei creditori**: ne deriva l'obbligo improrogabile degli amministratori di convocare **"senza indugio"** l'assemblea straordinaria per adottare i dovuti provvedimenti. • A differenza di quanto previsto dall'art. 2446, nel caso di riduzione al di sotto del minimo legale, l'assemblea straordinaria, all'uopo convocata, dovrà immediatamente adottare i provvedimenti opportuni per assorbire la perdita e ricostituire il capitale, e quindi procedere alla ricapitalizzazione ovvero alla trasformazione della società. Laddove, in caso di riduzione del capitale al di sotto del minimo legale, non vengano presi gli indicati provvedimenti vi sarà l'immediato ed automatico scioglimento della società *ex* art. 2484.

Sezione XI
Dei patrimoni destinati ad uno specifico affare

2447 bis. Patrimoni destinati ad uno specifico affare.

La società può:

a) costituire uno o più patrimoni ciascuno dei quali destinato in via esclusiva ad uno specifico affare;

b) convenire che nel contratto relativo al finanziamento di uno specifico affare al rimborso totale o parziale del finanziamento medesimo siano destinati i proventi dell'affare stesso, o parte di essi.

Salvo quanto disposto in leggi speciali, i patrimoni destinati ai sensi della lettera *a*) del primo comma non possono essere costituiti per un valore complessivamente superiore al dieci per cento del patrimonio netto della società e non possono comunque essere costituiti per l'esercizio di affari attinenti ad attività riservate in base alle leggi speciali.

• L'istituto dei patrimoni destinati ad uno specifico affare è stato introdotto dal d.lgs. 17/1/2003, n. 6 e rappresenta una particolare **deroga al principio della responsabilità patrimoniale di cui all'art. 2740**. In particolare, la norma in commento disciplina la possibilità per la società di: a) costituire uno o più patrimoni ciascuno dei quali destinato in via esclusiva ad uno specifico affare; b) convenire che, nel contratto relativo al finanziamento di uno specifico affare, al rimborso totale o parziale del finanziamento medesimo siano destinati i proventi dell'affare stesso, o parte di essi. • Il primo modello (*sub* a), definito **"operativo"**, si caratterizza per la destinazione esclusiva di un determinato patrimonio alla realizzazione di uno o più affari che devono essere adeguatamente specificati. • Il secondo modello (*sub* b), definito **"finanziario"**, è disciplinato dall'art. 2447-*decies*, si caratterizza per la separazione dei proventi dell'affare, rispetto al patrimonio sociale, sì che tali proventi vengano destinati al rimborso del finanziamento. La relazione di accompagnamento alla legge delega ha rimarcato la differenziazione tra le due ipotesi: la prima è "operativamente equivalente alla costituzione di una nuova società, con il vantaggio della eliminazione dei costi di costituzione, mantenimento ed estinzione della stessa"; la seconda consente l'afflusso di "nuovi mezzi finanziari" da parte di terzi. • Nel prevedere la possibilità di destinare parte del proprio patrimonio alla realizzazione di uno specifico affare, il legislatore ha posto **due limiti**. Il primo limite è **quantitativo**: il secondo comma della norma in esame prevede espressamente che i patrimoni destinati non possono essere costituiti «per un valore complessivo superiore al dieci per cento del patrimonio netto della società». Tale previsione appare opportuna e risponde all'esigenza di limitare la deroga al principio di cui all'art. 2740. In particolare, il legislatore ha voluto evitare che, attraverso la costituzione del patrimonio destinato, possano essere attuate iniziative tese a sottrarre ai creditori generali la garanzia patrimoniale. Il secondo limite, previsto dalla norma, è rappresentato dal **divieto di esercizio di affari attinenti ad attività riservate in base alle leggi speciali**. La disposizione mira ad evitare che, attraverso lo svolgimento, nella più circoscritta dimensione dell'affare, la società possa aggirare il divieto di esercizio di attività riservate in mancanza delle necessarie autorizzazioni amministrative.

2447 ter. Deliberazione costitutiva del patrimonio destinato.

La deliberazione che ai sensi della lettera *a*) del primo comma dell'articolo 2447-bis destina un patrimonio ad uno specifico affare deve indicare:

a) l'affare al quale è destinato il patrimonio;

b) i beni e i rapporti giuridici compresi in tale patrimonio;

c) il piano economico-finanziario da cui risulti la congruità del patrimonio rispetto alla realizzazione dell'affare, le modalità e le regole relative al suo impiego, il risultato che si intende perseguire e le eventuali garanzie offerte ai terzi;

d) gli eventuali apporti di terzi, le modalità di controllo sulla gestione e di partecipazione ai risultati dell'affare;

e) la possibilità di emettere strumenti finanziari di partecipazione all'affare, con la specifica indicazione dei diritti che attribuiscono;

f) la nomina di un revisore legale o di una società di revisione legale per la revisione dei conti dell'affare, quando la società non è già assoggettata alla revisione legale;

g) le regole di rendicontazione dello specifico affare.

Salvo diversa disposizione dello statuto, la deliberazione di cui al presente articolo è adottata dall'organo amministrativo a maggioranza assoluta dei suoi componenti.

• La norma in esame disciplina il **momento genetico del patrimonio destinato,** prevedendo le modalità con le quali deve essere costituito. • La costituzione avviene attraverso un'**apposita deliberazione** adottata dall'organo amministrativo, in relazione al sistema di amministrazione monistico o dualistico adottato dalla società, a maggioranza assoluta dei suoi componenti, fatta salva la diversa previsione dello statuto.

2447 quater. Pubblicità della costituzione del patrimonio destinato.

La deliberazione prevista dal precedente articolo deve essere depositata e iscritta a norma dell'articolo 2436.

Nel termine di sessanta giorni dall'iscrizione della deliberazione nel registro delle imprese i creditori sociali anteriori all'iscrizione possono fare opposizione. Il tribunale, nonostante l'opposizione, può disporre che la deliberazione sia eseguita previa prestazione da parte della società di idonea garanzia.

• L'art. 2447-*quater* prevede uno specifico **adempimento pubblicitario** per la deliberazione di costituzione del patrimonio destinato. La deliberazione deve essere depositata ed iscritta nel registro delle imprese, secondo la procedura prevista dall'art. 2436. • La finalità del deposito è di garantire ai terzi, in particolare ai creditori della società il cui interesse potrebbe essere pregiudicato dalla costituzione del patrimonio destinato, la **conoscenza del vincolo di destinazione sui beni compresi nel patrimonio destinato** allo svolgimento dello specifico affare e gli effetti che da esso scaturiscono. • La **pubblicità della delibera** di costituzione del patrimonio destinato ha **carattere costitutivo.** Da un lato, la delibera è efficace e può avere esecuzione solo dopo l'iscrizione e la mancata opposizione dei creditori sociali preesistenti. Dall'altro, l'effetto tipico della costituzione del patrimonio destinato è subordinato all'osservanza di tutti i richiesti adempimenti pubblicitari: solo con l'esaurirsi del procedimento previsto dalla norma si realizza l'effetto della **«esenzione quantitativa della responsabilità patrimoniale»,** con la **sopravvenuta limitazione dei beni oggetto dell'originaria garanzia patrimoniale.**

2447 quinquies. Diritti dei creditori.

Decorso il termine di cui al secondo comma del precedente articolo ovvero dopo l'iscrizione nel registro delle imprese del provvedimento del tribunale ivi previsto, i creditori della società non possono far valere alcun diritto sul patrimonio destinato allo specifico affare né, salvo che per la parte spettante alla società, sui frutti o proventi da esso derivanti.

Qualora nel patrimonio siano compresi immobili o beni mobili iscritti in pubblici registri, la disposizione del precedente comma non si applica fin quando la destinazione allo specifico affare non è trascritta nei rispettivi registri.

Qualora la deliberazione prevista dall'articolo 2447-ter non disponga diversamente, per le obbligazioni contratte in relazione allo specifico affare la società risponde nei limiti del patrimonio ad esso destinato. Resta salva tuttavia la responsabilità illimitata della società per le obbligazioni derivanti da fatto illecito.

Gli atti compiuti in relazione allo specifico affare debbono recare espressa menzione del vincolo di destinazione; in mancanza ne risponde la società con il suo patrimonio residuo.

• L'art. 2447-*quinquies* introduce il beneficio della limitazione della responsabilità patrimoniale nello svolgimento di determinate attività economiche, senza la necessità di dover ricorrere alla creazione di un nuovo soggetto. • In particolare, i creditori sociali (ossia tutti i creditori della società sia anteriori che successivi alla costituzione del patrimonio destinato), al termine del periodo previsto per l'esercizio del diritto di opposizione, non possono far valere alcun diritto sul patrimonio destinato. • La norma in esame disciplina il regime di separazione del patrimonio destinato da quello generale della società sul piano della **responsabilità per le obbligazioni relative allo specifico affare.**

2447 sexies. Libri obbligatori e altre scritture contabili.

Con riferimento allo specifico affare cui un patrimonio è destinato ai sensi della lettera *a*) del primo comma dell'articolo 2447-bis, gli amministratori (1) tengono separatamente i libri e le scritture contabili prescritti dagli articoli 2214 e seguenti. Qualora siano emessi strumenti finanziari, la società deve altresì tenere un libro indicante le loro caratteristiche, l'ammontare di quelli emessi e di quelli estinti, le generalità dei titolari degli strumenti nominativi e i trasferimenti e i vincoli ad essi relativi.

(1) Le parole "o il consiglio di gestione" che figuravano dopo le parole "gli amministratori" sono state soppresse dall'art. 1 del d.lgs. 17/1/2003, n. 6, come modificato dall'art. 5[1, lett. ff)] del d.lgs. 6/2/2004, n. 37.

2447 septies. Bilancio.

I beni e i rapporti compresi nei patrimoni destinati ai sensi della lettera *a*) del primo comma dell'articolo 2447-bis sono distintamente indicati nello stato patrimoniale della società.

Per ciascun patrimonio destinato gli amministratori redigono un separato rendiconto, allegato al bilancio, secondo quanto previsto dagli articoli 2423 e seguenti.

Nella nota integrativa del bilancio della società gli amministratori devono illustrare il valore e la tipologia dei beni e dei rapporti giuridici compresi in ciascun patrimonio destinato, ivi inclusi quelli apportati da terzi, i criteri adottati per la imputazione degli elementi comuni di costo e di ricavo, nonché il corrispondente regime della responsabilità.

Qualora la deliberazione costitutiva del patrimonio destinato preveda una responsabilità illimitata della società per le obbligazioni contratte in relazione allo specifico affare, l'impegno da ciò derivante deve risultare in calce allo stato patrimoniale e formare oggetto di valutazione secondo criteri da illustrare nella nota integrativa.

2447 octies. Assemblee speciali.

Per ogni categoria di strumenti finanziari previsti dalla lettera *e*) del primo comma dell'articolo 2447-ter l'assemblea dei possessori delibera:

1) sulla nomina e sulla revoca dei rappresentanti comuni di ciascuna categoria, con funzione di controllo sul regolare andamento dello specifico affare, e sull'azione di responsabilità nei loro confronti;

2) sulla costituzione di un fondo per le spese necessarie alla tutela dei comuni interessi dei possessori degli strumenti finanziari e sul rendiconto relativo;

3) sulle modificazioni dei diritti attribuiti dagli strumenti finanziari;

4) sulle controversie con la società e sulle relative transazioni e rinunce;

5) sugli altri oggetti di interesse comune a ciascuna categoria di strumenti finanziari.

Alle assemblee speciali si applicano le disposizioni contenute negli articoli 2415, secondo, terzo, quarto e quinto comma, 2416 e 2419.

Al rappresentante comune si applicano gli articoli 2417 e 2418.

2447 nonies. Rendiconto finale.

Quando si realizza ovvero è divenuto impossibile l'affare cui è stato destinato un patrimonio ai sensi della lettera *a*) del primo comma dell'articolo 2447-bis, gli amministratori (1) redigono un rendiconto finale che, accompagnato da una relazione dei sindaci e del soggetto incaricato della revisione legale dei conti, deve essere depositato presso l'ufficio del registro delle imprese.

Nel caso in cui non siano state integralmente soddisfatte le obbligazioni contratte per lo svolgimento dello specifico affare cui era destinato il patrimonio, i relativi creditori possono chiederne la liquidazione mediante lettera raccomandata da inviare alla società entro novanta giorni dal deposito di cui al comma precedente. In tale caso, si applicano esclusivamente le disposizioni sulla liquidazione delle società di cui al capo VIII del presente titolo, in quanto compatibili.

Sono comunque salvi, con riferimento ai beni e rapporti compresi nel patrimonio destinato, i diritti dei creditori previsti dall'articolo 2447-quinquies.

La deliberazione costitutiva del patrimonio destinato può prevedere anche altri casi di cessazione della destinazione del patrimonio allo specifico affare. In tali ipotesi ed in quella di fallimento della società si applicano le disposizioni del presente articolo.

(1) Le parole "o il consiglio di gestione" che figuravano dopo le parole "gli amministratori" sono state soppresse dall'art. 1 del d.lgs. 17/1/2003, n. 6, come modificato dall'art. 5[1] del d.lgs. 6/2/2004, n. 37.

2447 decies. Finanziamento destinato ad uno specifico affare.

Il contratto relativo al finanziamento di uno specifico affare ai sensi della lettera *b*) del primo comma dell'articolo 2447-bis può prevedere che al rimborso totale o parziale del finanziamento siano destinati, in via esclusiva, tutti o parte dei proventi dell'affare stesso.

Il contratto deve contenere:

a) una descrizione dell'operazione che consenta di individuarne lo specifico oggetto; le modalità ed i tempi di realizzazione; i costi previsti ed i ricavi attesi;

b) il piano finanziario dell'operazione, indicando la parte coperta dal finanziamento e quella a carico della società;

c) i beni strumentali necessari alla realizzazione dell'operazione;

d) le specifiche garanzie che la società offre in ordine all'obbligo di esecuzione del contratto e di corretta e tempestiva realizzazione dell'operazione;

e) i controlli che il finanziatore, o soggetto da lui delegato, può effettuare sull'esecuzione dell'operazione;

f) la parte dei proventi destinati al rimborso del finanziamento e le modalità per determinarli;

g) le eventuali garanzie che la società presta per il rimborso di parte del finanziamento;

h) il tempo massimo di rimborso, decorso il quale nulla più è dovuto al finanziatore.

I proventi dell'operazione costituiscono patrimonio separato da quello della società, e da quello relativo ad ogni altra operazione di finanziamento effettuata ai sensi della presente disposizione, a condizione:

a) che copia del contratto sia depositata per l'iscrizione presso l'ufficio del registro delle imprese;

b) che la società adotti sistemi di incasso e di contabilizzazione idonei ad individuare in ogni momento i proventi dell'affare ed a tenerli separati dal restante patrimonio della società.

Alle condizioni di cui al comma precedente, sui proventi, sui frutti di essi e degli investimenti eventualmente effettuati in attesa del rimborso al finanziatore, non sono ammesse azioni da parte dei creditori sociali; alle medesime condizioni, delle obbligazioni nei confronti del finanziatore risponde esclusivamente il patrimonio separato, salva l'ipotesi di garanzia parziale di cui al secondo comma, lettera *g*).

I creditori della società, sino al rimborso del finanziamento, o alla scadenza del termine di cui al secondo comma, lettera *h*) sui beni strumentali destinati alla realizzazione dell'operazione possono esercitare esclusivamente azioni conservative a tutela dei loro diritti.

Se il fallimento della società impedisce la realizzazione o la continuazione dell'operazione cessano le limitazioni di cui al comma precedente, ed il finanziatore ha diritto di insinuazione al passivo per il suo credito, al netto delle somme di cui ai commi terzo e quarto.

Fuori dall'ipotesi di cartolarizzazione previste dalle leggi vigenti, il finanziamento non può essere rappresentato da titoli destinati alla circolazione.

La nota integrativa alle voci di bilancio relative ai proventi di cui al terzo comma, ed ai beni di cui al quarto comma, deve contenere l'indicazione della destinazione dei proventi e dei vincoli relativi ai beni.

• L'art. 2447-*decies* disciplina la fattispecie del **finanziamento destinato ad uno specifico affare,** contemplata nell'art. 2447-*bis*, lett. b). Tale disposizione prevede l'opportunità per la società di convenire, nel contratto di finanziamento di uno specifico affare, che al suo rimborso, totale o parziale, siano destinati i proventi dell'affare stesso ovvero loro parte. • Attraverso tale contratto la società, al fine di finanziare un **affare determinato**, reperisce liquidità dall'esterno destinando i relativi proventi al rimborso del finanziamento stesso. Il patrimonio separato, dunque, è costituito, in tal caso, dai proventi derivanti dallo svolgimento di un affare alla cui realizzazione sia stato destinato un finanziamento. • Con il finanziamento destinato è possibile far confluire nella società, per la realizzazione di uno specifico affare, nuovi mezzi finanziari di terzi che, come forma di garanzia per il rimborso, ricevono la prioritaria destinazione dei proventi dell'affare stesso, sicché il patrimonio separato è costituito dai proventi dell'affare. • La norma in esame indica il **contenuto del contratto finanziamento**: tale contenuto è obbligatorio e, quindi, imperativo ed inderogabile. La necessità di prevedere tassativamente il contenuto del contratto è dettata dalla possibilità che il finanziatore possa valutare la convenienza economica dell'operazione al fine di un'eventuale adesione alla proposta di finanziamento e, dunque, risponde ad esigenze di **trasparenza.**

Sezione XII

2448. Effetti della pubblicazione nel registro delle imprese.

Gli atti per i quali il codice prescrive l'iscrizione o il deposito nel registro delle imprese sono opponibili ai terzi soltanto dopo tale pubblicazione, a meno che la società provi che i terzi ne erano a conoscenza.

Per le operazioni compiute entro il quindicesimo giorno dalla pubblicazione di cui al comma precedente, gli atti non sono opponibili ai terzi che provino di essere stati nella impossibilità di averne conoscenza.

Sezione XIII

Delle società con partecipazione dello Stato o di enti pubblici

2449. Società con partecipazione dello Stato o di enti pubblici.

Se lo Stato o gli enti pubblici hanno partecipazioni in una società per azioni che non fa ricorso al mercato del capitale di rischio, lo statuto può ad essi conferire la facoltà di nominare un numero di amministratori e sindaci, ovvero componenti del consiglio di sorveglianza, proporzionale alla partecipazione al capitale sociale.

Gli amministratori e i sindaci o i componenti del consiglio di sorveglianza nominati a norma del primo comma possono essere revocati soltanto dagli enti che li hanno nominati. Essi hanno i diritti e gli obblighi dei membri nominati dall'assemblea. Gli amministratori non possono essere nominati per un periodo superiore a tre esercizi e scadono alla data dell'assemblea convocata per l'approvazione del bilancio relativo all'ultimo esercizio della loro carica.

I sindaci, ovvero i componenti del consiglio di sorveglianza, restano in carica per tre esercizi e scadono alla data dell'assemblea convocata per l'approvazione del bilancio relativo al terzo esercizio della loro carica.

Alle società che fanno ricorso al capitale di rischio si applicano le disposizioni del sesto comma dell'articolo 2346. Il consiglio di amministrazione può altresì proporre all'assemblea, che delibera con le maggioranze previste per l'assemblea ordinaria, che i diritti amministrativi previsti dallo statuto a favore dello Stato o degli enti pubblici siano rappresentati da una particolare categoria di azioni. A tal fine è in ogni caso necessario il consenso dello Stato o dell'ente pubblico a favore del quale i diritti amministrativi sono previsti.

2450. (1).

(1) Articolo abrogato dall'art. 3[1] del d.l. 15/2/2007, n. 10, conv., con modif., in l. 6/4/2007, n. 46.

Sezione XIV
Delle società di interesse nazionale

2451. Norme applicabili.
Le disposizioni di questo capo si applicano anche alle società per azioni d'interesse nazionale, compatibilmente con le disposizioni delle leggi speciali che stabiliscono per tali società una particolare disciplina circa la gestione sociale, la trasferibilità delle azioni, il diritto di voto e la nomina degli amministratori, dei sindaci e dei dirigenti.

Capo VI
Della società in accomandita per azioni

2452. Responsabilità e partecipazioni.
Nella società in accomandita per azioni i soci accomandatari rispondono solidalmente e illimitatamente per le obbligazioni sociali, e i soci accomandanti sono obbligati nei limiti della quota di capitale sottoscritta. Le quote di partecipazione dei soci sono rappresentate da azioni.

• La s.a.p.a. è una **società di capitali** disciplinata, in massima parte, secondo le norme della s.p.a., dalla quale si differenzia soltanto per la presenza di **due categorie di soci**: gli accomandatari e gli accomandanti. • Gli **accomandatari** sono *ex lege* amministratori della società e rispondono solidalmente e illimitatamente per le obbligazioni sociali; eventuali modifiche dell'atto costitutivo, oltre ad essere deliberate dall'assemblea straordinaria, devono essere approvate da tutti gli accomandatari (occorre, quindi, l'unanimità). • Gli **accomandanti** sono invece totalmente equiparabili ai soci di s.p.a. e rispondono nei limiti della quota di capitale sottoscritta. • La s.a.p.a. acquista **personalità giuridica** per effetto dell'iscrizione nel registro delle imprese. Diversamente dalla s.a.s.: i) le partecipazioni sono rappresentate da **azioni**; ii) non vi è alcun riferimento al **divieto di immistione** a carico degli accomandanti.

2453. Denominazione sociale.
La denominazione della società è costituita dal nome di almeno uno dei soci accomandatari, con l'indicazione di società in accomandita per azioni.

• La previsione è strumentale a consentire ai terzi che entrano in contatto con la società di conoscere il nome di almeno un socio illimitatamente responsabile. **La mancata inclusione nella denominazione del nome di un accomandatario** non è causa di nullità della società *ex* art. 2332 ma comporta una mera **irregolarità della denominazione**. È inapplicabile alla s.a.p.a. **l'art. 2314, co. 2**, che, dettato per la s.a.s., statuisce che l'accomandante che abbia acconsentito ad inserire il suo nome nella ragione sociale perde il beneficio della responsabilità limitata.

2454. Norme applicabili.
Alla società in accomandita per azioni sono applicabili le norme relative alla società per azioni, in quanto compatibili con le disposizioni seguenti.

• La disposizione conferma la piena riconducibilità della **s.a.p.a. al novero delle società di capitali**, sebbene la disciplina presenti alcuni adattamenti rispetto a quella della s.p.a. in ragione della particolare posizione rivestita dagli accomandatari.

2455. Soci accomandatari.
L'atto costitutivo deve indicare i soci accomandatari.
I soci accomandatari sono di diritto amministratori e sono soggetti agli obblighi degli amministratori della società per azioni.

• La norma ribadisce la necessaria indicazione nominativa degli accomandatari **nell'atto costitutivo** e rappresenta una proiezione del principio di **tendenziale permanenza dell'incarico** (al netto delle ipotesi di cessazione anticipata: revoca, sostituzione, cause di decadenza, perdita della qualità di azionista) che caratterizza l'ufficio di amministratore di s.a.p.a. • La previsione conferma la **coincidenza perfetta tra accomandatari e amministratori**, dal momento che chi accetta la nomina di amministratore è necessariamente accomandatario; viceversa, l'accomandatario che cessa dall'ufficio di amministratore assume la qualità di accomandante e non è tenuto a rispondere delle obbligazioni sociali sorte successivamente. • Diversamente dalla s.a.s., **il nesso tra la qualità di socio accomandatario e la carica di amministratore è indissolubile**; gli accomandatari, in quanto soci, hanno diritto alla partecipazione agli utili e, in quanto amministratori, hanno diritto al compenso.

2456. Revoca degli amministratori.

La revoca degli amministratori deve essere deliberata con la maggioranza prescritta per le deliberazioni dell'assemblea straordinaria della società per azioni.

Se la revoca avviene senza giusta causa, l'amministratore revocato ha diritto al risarcimento dei danni.

• In ragione del nesso di inscindibilità che lega la qualità di socio accomandatario a quella di amministratore, è stabilito che effetto immediato della **revoca** è la **perdita della qualità di accomandatario**. Il socio diventa quindi accomandante e risponde per le obbligazioni sociali secondo la regola posta dall'art. 2461, co. 2. • La revoca di un accomandatario, al pari della sostituzione, implica una modificazione dell'atto costitutivo, e ciò giustifica la necessità della deliberazione dell'assemblea straordinaria.

2457. Sostituzione degli amministratori.

L'assemblea con la maggioranza indicata nell'articolo precedente provvede a sostituire l'amministratore che, per qualunque causa, ha cessato dal suo ufficio. Nel caso di pluralità di amministratori, la nomina deve essere approvata dagli amministratori rimasti in carica.

Il nuovo amministratore assume la qualità di socio accomandatario dal momento dell'accettazione della nomina.

• Una volta che si sia verificata una causa di revoca, si provvede alla sostituzione dell'amministratore cessato dal suo ufficio con le maggioranze richieste per le deliberazioni dell'assemblea straordinaria di s.p.a. • L'approvazione della nomina da parte degli altri amministratori rimasti in carica è condizione di efficacia della deliberazione di nomina. • Dal momento dell'accettazione della nomina, il nuovo amministratore, in quanto accomandatario, diviene illimitatamente responsabile per i debiti sociali. È controverso se tale responsabilità si estenda, al pari di quanto l'art. 2269 stabilisce per il nuovo socio di società di persone, anche ai debiti pregressi, antecedenti cioè alla nomina ad accomandatario.

2458. Cessazione dall'ufficio di tutti i soci amministratori.

In caso di cessazione dall'ufficio di tutti gli amministratori, la società si scioglie se nel termine di centottanta giorni non si è provveduto alla loro sostituzione e i sostituti non hanno accettato la carica.

Per questo periodo il collegio sindacale nomina un amministratore provvisorio per il compimento degli atti di ordinaria amministrazione. L'amministratore provvisorio non assume la qualità di socio accomandatario.

• La norma enuncia, in aggiunta alle cause di scioglimento delle società di capitali previste dall'art. 2484, una **causa di scioglimento specifica della s.a.p.a.**: la **cessazione dall'ufficio di tutti gli amministratori.** • Tale previsione si risolve essenzialmente nell'impossibilità di funzionamento della società per mancanza dell'organo amministrativo; tuttavia, il venir meno di tutti gli accomandatari può essere ricondotto al disposto dell'art. 2484, co. 1, n. 4, in quanto determina l'impossibilità di funzionamento dell'assemblea.

2459. Sindaci, consiglio di sorveglianza e azione di responsabilità.

I soci accomandatari non hanno diritto di voto per le azioni ad essi spettanti nelle deliberazioni dell'assemblea che concernono la nomina e la revoca dei sindaci ovvero dei componenti del consiglio di sorveglianza e l'esercizio dell'azione di responsabilità.

• L'esclusione dei soci accomandatari dal voto nelle deliberazioni riguardanti la nomina e la revoca dei sindaci risponde all'esigenza di garantire all'organo di controllo l'**indipendenza dagli amministratori.** • La delibera eventualmente assunta con il voto dell'accomandatario che avrebbe dovuto astenersi risulterà annullabile ai sensi dell'art. 2377.

2460. Modificazioni dell'atto costitutivo.

Le modificazioni dell'atto costitutivo devono essere approvate dall'assemblea con le maggioranze prescritte per l'assemblea straordinaria della società per azioni e devono inoltre essere approvate da tutti i soci accomandatari.

• Attraverso la previsione dell'**unanimità dei consensi degli accomandatari**, la disposizione attribuisce a questi ultimi un vero e proprio **potere di veto** sulle modifiche dell'atto costitutivo, in ragione della peculiare posizione che essi ricoprono all'interno dell'organizzazione societaria. • Il consenso unanime integra una condizione di efficacia della delibera.

2461. Responsabilità degli accomandatari verso i terzi.

La responsabilità dei soci accomandatari verso i terzi è regolata dall'articolo 2304.

Il socio accomandatario che cessa dall'ufficio di amministratore non risponde per le obbligazioni della società sorte posteriormente all'iscrizione nel registro delle imprese della cessazione dall'ufficio.

• I soci accomandatari rispondono personalmente e illimitatamente verso i terzi per l'adempimento delle obbligazioni sociali. Il rinvio espresso all'art. 2304 conferma che agli accomandatari spetta il **beneficio della preventiva escussione**, con la conseguenza che il creditore, prima di poter aggredire il patrimonio personale dell'accomandatario, deve dimostrare di avere **infruttuosamente** escusso il patrimonio della società. La responsabilità illimitata, però, non si estende alle obbligazioni sociali che siano sorte dopo l'iscrizione nel registro delle imprese dell'avvenuta cessazione dell'accomandatario dalla carica di amministratore e, secondo la tesi prevalente, neppure a quelle maturate anteriormente alla nomina.

Capo VII
Della società a responsabilità limitata

Sezione I
Disposizioni generali

2462. Responsabilità.

Nella società a responsabilità limitata per le obbligazioni sociali risponde soltanto la società con il suo patrimonio.

In caso di insolvenza della società, per le obbligazioni sociali sorte nel periodo in cui l'intera partecipazione è appartenuta ad una sola persona, questa risponde illimitatamente quando i conferimenti non siano stati effettuati secondo quanto previsto dall'articolo 2464, o fin quando non sia stata attuata la pubblicità prescritta dall'articolo 2470.

• La disposizione (v. pure art. 2325) enuncia il **beneficio della responsabilità limitata** di cui gode il socio della s.r.l. che ha **autonomia patrimoniale perfetta** (art. 2740, co. 2) e **personalità giuridica**. Non possono crearsi, come nella s.p.a. (art. 2447-*bis*, co. 1, lett. a) e b)) **masse patrimoniali** per soddisfare classi di obbligazioni. • Nei casi di **perdita del beneficio** l'insolvenza non coincide con quella di cui all'art. 2, co. 1, lett. b), del codice della crisi d'impresa e dell'insolvenza, d.lgs. 19 gennaio 2019 n. 14, da ora

brevemente c.c.i.i. Un altro caso di responsabilità illimitata del socio unico riguarda il socio fondatore per le operazioni compiute in nome della società prima dell'iscrizione: art. 2463, co. 3, che richiama l'art. 2331, co. 2.
• All'assunzione di responsabilità illimitata (diversa da quella dei soci accomandatari della s.a.p.a.: art. 2461, co. 2) non consegue l'assoggettamento a **liquidazione giudiziale** del socio unico in caso di liquidazione giudiziale della s.r.l. unipersonale (art. 256, co. 1, c.c.i.i.).

2463. Costituzione.

La società può essere costituita con contratto o con atto unilaterale.

L'atto costitutivo deve essere redatto per atto pubblico e deve indicare:

1) il cognome e il nome o la denominazione, la data e il luogo di nascita o lo Stato di costituzione, il domicilio o la sede, la cittadinanza di ciascun socio;

2) la denominazione, contenente l'indicazione di società a responsabilità limitata, e il comune ove sono poste la sede della società e le eventuali sedi secondarie;

3) l'attività che costituisce l'oggetto sociale;

4) l'ammontare del capitale, non inferiore a diecimila euro (2482) sottoscritto e di quello versato;

5) i conferimenti di ciascun socio e il valore attribuito crediti e ai beni conferiti in natura;

6) la quota di partecipazione di ciascun socio;

7) le norme relative al funzionamento della società, indicando quelle concernenti l'amministrazione, la rappresentanza;

8) le persone cui è affidata l'amministrazione e l'eventuale soggetto incaricato di effettuare la revisione legale dei conti;

9) l'importo globale, almeno approssimativo, delle spese per la costituzione poste a carico della società.

Si applicano alla società a responsabilità limitata le disposizioni degli articoli 2329, 2330, 2331, 2332 e 2341.

L'ammontare del capitale può essere determinato in misura inferiore a euro diecimila, pari almeno a un euro. In tal caso i conferimenti devono farsi in denaro e devono essere versati per intero alle persone cui è affidata l'amministrazione.

La somma da dedurre dagli utili netti risultanti dal bilancio regolarmente approvato, per formare la riserva prevista dall'articolo 2430, deve essere almeno pari a un quinto degli stessi, fino a che la riserva non abbia raggiunto, unitamente al capitale, l'ammontare di diecimila euro. La riserva così formata può essere utilizzata solo per imputazione a capitale e per copertura di eventuali perdite. Essa deve essere reintegrata a norma del presente comma se viene diminuita per qualsiasi ragione.

2463 bis. Società a responsabilità limitata semplificata.

La società a responsabilità limitata semplificata può essere costituita con contratto o atto unilaterale da persone fisiche (1).

L'atto costitutivo deve essere redatto per atto pubblico in conformità al modello standard tipizzato con decreto del Ministro della giustizia, di concerto con il Ministro dell'economia e delle finanze e con il Ministro dello sviluppo economico, e deve indicare:

1) il cognome, il nome, la data, il luogo di nascita, il domicilio, la cittadinanza di ciascun socio;

2) la denominazione sociale contenente l'indicazione di società a responsabilità limitata semplificata e il comune ove sono poste la sede della società e le eventuali sedi secondarie;

3) l'ammontare del capitale sociale, pari almeno ad 1 euro e inferiore all'importo di 10.000 euro previsto all'articolo 2463, secondo comma, numero 4), sottoscritto e interamente versato alla data della costituzione. Il conferimento deve farsi in denaro ed essere versato all'organo amministrativo;

4) i requisiti previsti dai numeri 3), 6), 7), 8) del secondo comma dell'articolo 2463;

5) luogo e data di sottoscrizione.

6) gli amministratori (2).

Le clausole del modello standard tipizzato sono inderogabili.

La denominazione di società a responsabilità limitata semplificata, l'ammontare del capitale sottoscritto e versato, la sede della società e l'ufficio del registro delle imprese presso cui questa è iscritta devono essere indicati negli atti, nella corrispondenza della società e nello spazio elettronico destinato alla comunicazione collegato con la rete telematica ad accesso pubblico (3).

Salvo quanto previsto dal presente articolo, si applicano alla società a responsabilità limitata semplificata le disposizioni del presente capo in quanto compatibili

(1) L'art. 9[13], d.l. 28/6/2013, n. 76, conv., con modif., in l. 9/8/2013, n. 99, ha soppresso le parole: "che non abbiano compiuto i trentacinque anni di età alla data della costituzione".

(2) L'art. 9[13], d.l. n. 76/2013, cit., conv., con modif., in l. 9/8/2013, n. 99, ha soppresso le parole: "i quali devono essere scelti tra i soci".

(3) Seguiva un comma soppresso dall'art. 9[13], d.l. n. 76/2013, cit., conv., con modif., in l. 9/8/2013, n. 99. Il testo recitava: «È fatto divieto di cessione delle quote a soci non aventi i requisiti di età di cui al primo comma e l'eventuale atto è conseguentemente nullo».

• La costituzione ricalca, *mutatis mutandis* e anche tramite rinvii espressi, la s.p.a. pure in punto di **unilateralità** ma non nella modalità della pubblica sottoscrizione. È nell'atto costitutivo che l'ampia autonomia privata perseguita dalla riforma del 2003 può esprimersi. • Per la **forma solenne** dell'atto pubblico (anche per il preliminare), il *trend* legislativo, anche comunitario (e v. dir. 2019/1151/UE) va nella direzione dell'ammissibilità della scrittura privata elettronica firmata digitalmente (d.l. n. 3/2015 conv. in l. n. 33/2015 per la s.r.l. *start-up* innovativa secondo un modello *standard*) o della scrittura privata elettronica a firma digitale, autenticata dal notaio che ne sia richiesto. Tra le **peculiarità** dell'atto costitutivo vi è l'indicazione di tipo; entità di capitale sociale e quota di ogni socio; ammissibilità di conferimenti diversi dal denaro; organo di controllo ove non obbligatorio; funzionamento (non vi è qui la distinzione tra atto costitutivo e statuto); indicazione del (solo) Comune dove la società ha sede. • Con l'osservanza di alcune previsioni speciali, il **capitale sociale minimo** può anche essere inferiore a diecimila euro ma, comunque, non inferiore a un euro. In via del tutto straordinaria per una società di capitali è ammesso il **conferimento di opera e di servizio**: il rilascio di una polizza o di una fideiussione da parte di un soggetto vigilato è un espediente normativo che vale a garantire l'adempimento per equivalente monetario. • La **s.r.l.s.** (art. 2363-*bis*) è una mera variante sottoposta anche alla disciplina della s.r.l. ordinaria in quanto compatibile. È accessibile alle sole persone fisiche con alcune agevolazioni controbilanciate dal fatto che l'atto costitutivo deve seguire un modello *standard* ministeriale predisposto con clausole inderogabili. Il capitale sociale deve essere "sottoscritto e interamente versato", il che esclude i conferimenti in natura e versamenti in denaro per centesimi (questi vanno integralmente eseguiti agli amministratori).

Sezione II
Dei conferimenti e delle quote

2464. Conferimenti.

Il valore dei conferimenti non può essere complessivamente inferiore all'ammontare globale del capitale sociale.

Possono essere conferiti tutti gli elementi dell'attivo suscettibili di valutazione economica.

Se nell'atto costitutivo non è stabilito diversamente, il conferimento deve farsi in danaro.

Alla sottoscrizione dell'atto costitutivo deve essere versato all'organo amministrativo nominato nell'atto costitutivo almeno il venticinque per cento dei conferimenti in danaro e l'intero soprapprezzo o, nel caso di costituzione con atto unilaterale, il loro intero ammontare. I mezzi di pagamento sono indicati nell'atto. Il versamento può essere sostituito dalla stipula, per un importo almeno corrispondente, di una polizza di assicurazione o di una fideiussione bancaria con le caratteristiche determinate con decreto del Presidente del Consiglio dei Ministri; in tal caso il socio può in ogni momento sostituire la polizza o la fideiussione con il versamento del corrispondente importo in danaro.

Per i conferimenti di beni in natura e di crediti si osservano le disposizioni degli articoli 2254 e

2255. Le quote corrispondenti a tali conferimenti devono essere integralmente liberate al momento della sottoscrizione.

Il conferimento può anche avvenire mediante la prestazione di una polizza di assicurazione o di una fideiussione bancaria con cui vengono garantiti, per l'intero valore ad essi assegnato, gli obblighi assunti dal socio aventi per oggetto la prestazione d'opera o di servizi a favore della società. In tal caso, se l'atto costitutivo lo prevede, la polizza o la fideiussione possono essere sostituite dal socio con il versamento a titolo di cauzione del corrispondente importo in danaro presso la società.

Se viene meno la pluralità dei soci, i versamenti ancora dovuti devono essere effettuati nei novanta giorni.

2465. Stima dei conferimenti di beni in natura e di crediti.

Chi conferisce beni in natura o crediti deve presentare la relazione giurata di un revisore legale o di una società di revisione legali iscritti nell'apposito registro. La relazione, che deve contenere la descrizione dei beni o crediti conferiti, l'indicazione dei criteri di valutazione adottati e l'attestazione che il loro valore è almeno pari a quello ad essi attribuito ai fini della determinazione del capitale sociale e dell'eventuale soprapprezzo, deve essere allegata all'atto costitutivo.

La disposizione del precedente comma si applica in caso di acquisto da parte della società, per un corrispettivo pari o superiore al decimo del capitale sociale, di beni o di crediti dei soci fondatori, dei soci e degli amministratori, nei due anni dalla iscrizione della società nel registro delle imprese. In tal caso l'acquisto, salvo diversa disposizione dell'atto costitutivo, deve essere autorizzato con decisione dei soci a norma dell'articolo 2479.

Nei casi previsti dai precedenti commi si applicano il secondo comma dell'articolo 2343 ed il quarto e quinto comma dell'articolo 2343-bis.

2466. Mancata esecuzione dei conferimenti.

Se il socio non esegue il conferimento nel termine prescritto, gli amministratori diffidano il socio moroso ad eseguirlo nel termine di trenta giorni.

Decorso inutilmente questo termine gli amministratori, qualora non ritengano utile promuovere azione per l'esecuzione dei conferimenti dovuti, possono vendere agli altri soci in proporzione della loro partecipazione la quota del socio moroso. La vendita è effettuata a rischio e pericolo del medesimo per il valore risultante dall'ultimo bilancio approvato. In mancanza di offerte per l'acquisto, se l'atto costitutivo lo consente, la quota è venduta all'incanto.

Se la vendita non può aver luogo per mancanza di compratori, gli amministratori escludono il socio trattenendo le somme riscosse. Il capitale deve essere ridotto in misura corrispondente.

Il socio moroso non può partecipare alle decisioni dei soci.

Le disposizioni dei precedenti commi si applicano anche nel caso in cui per qualsiasi motivo siano scadute o divengano inefficaci la polizza assicurativa o la garanzia bancaria prestate ai sensi dell'articolo 2464. Resta salva in tal caso la possibilità del socio di sostituirle con il versamento del corrispondente importo di danaro.

• L'apporto a titolo di **conferimento** di ogni risorsa utile allo scopo e a cui può essere attribuito un valore è espressione della "personalizzazione" del tipo. L'**effettività del capitale** è assicurata dalla regola residuale del conferimento in denaro, entità di massima fungibilità e in cui è espresso il capitale. I **conferimenti in denaro e** il **sovrapprezzo** (la parte non imputata a capitale che forma una riserva temporaneamente indisponibile) sono versati agli amministratori e non alla banca; il rilascio sostitutivo della polizza o fideiussione non ha visto l'emanazione del d.P.C.M. • Il **conferimento di opera o di servizi** ha contenuto obbligatorio e si protrae nel tempo; la difficoltà di determinarne il valore è superata con l'espediente di una polizza o fideiussione con prestazione per equivalente monetario da soggetti vigilati. • Parte della disciplina ricalca quella della **s.p.a.** (integrale esecuzione dei conferimenti in natura e dei crediti nonché versamento di almeno il 25% di quelli in denaro, salva l'ipotesi di unipersonalità). • Tuttavia, la **stima dei conferimenti in natura di beni o crediti** va eseguita da un soggetto la cui nomina non proviene dall'autorità giudiziaria ma direttamente dal socio purché però si tratti di un revisore legale o di una società di revisione legale iscritta nell'apposito registro ed esposti alla responsabilità *ex* art. 64 c.p.c. Non è invece espressamente prevista la revisione di stima degli amministratori (e si pone dunque il problema dell'applicazione in via analogica della disciplina della s.p.a.) nonché la stima semplificata. • Sono poi disciplinati i **cc.dd. acquisti potenzialmente pericolosi** in quanto effettuati da soggetti e in un periodo "sospetti". Si tratta di una disposizione "antielusiva" di fronte al rischio che operazioni poste in essere dopo la costituzione siano forme di aggiramento dell'obbligo di stima dei conferimenti in natura: in presenza dei presupposti perché l'acquisto sia considerato "sospetto" e, dunque, pericoloso, il legislatore "ripristina" la disciplina della stima presuntivamente elusa prevedendo anche l'autorizzazione assembleare. La violazione delle disposizioni in tema di relazione giurata e di acquisti pericolosi comporta una **responsabilità solidale** per i danni causati. • Il procedimento di **mora del socio** concatena nell'ordine ad opera degli amministratori: diffida ad adempiere entro 30 giorni; in caso di persistente inadempimento, scelta tra azione esecutiva o vendita della quota del socio agli altri soci proporzionalmente (essendo a rischio e pericolo, qualora il prezzo della vendita sia inferiore all'importo dovuto a titolo di conferimento, il socio moroso continua ad essere obbligato a tale titolo); in mancanza di offerte, vendita agli incanti in favore di terzi e la necessaria la previsione nell'atto costitutivo risponde al presunto interesse dei soci a tenere "chiusa" la s.r.l. all'ingresso dei estranei. La riduzione del capitale rappresenta l'*extrema ratio* in caso di assenza di acquirenti.

2467. Finanziamenti dei soci.

Il rimborso dei finanziamenti dei soci a favore della società è postergato rispetto alla soddisfazione degli altri creditori (1).

Ai fini del precedente comma s'intendono finanziamenti dei soci a favore della società quelli, in qualsiasi forma effettuati, che sono stati concessi in un momento in cui, anche in considerazione del tipo di attività esercitata dalla società, risulta un eccessivo squilibrio dell'indebitamento rispetto al patrimonio netto oppure in una situazione finanziaria della società nella quale sarebbe stato ragionevole un conferimento.

(1) L'art. 383 del d.lgs. 12/1/2019, n. 14 ha soppresso le parole "e, se avvenuto nell'anno precedente la dichiarazione di fallimento della società, deve essere restituito".

• Per non subire la regola della **postergazione** che caratterizza il suo diritto al rimborso del valore del conferimento, il socio è indotto a qualificare causalmente il proprio apporto come "finanziamento" piuttosto che procedere ad un nuovo "conferimento" mediante l'aumento del capitale: con questo espediente si pone sullo stesso piano degli altri creditori sociali e concorre al rimborso senza essere postergato (viene meno così l'elemento aleatorio che caratterizza l'apporto di rischio). Di fronte a tale prassi (invero diffusa anche per la s.p.a. per la quale talora la norma è applicabile in via analogica) è dettata una **norma antielusiva** che vede con sospetto tali apporti nominalmente definiti "finanziamenti". **Si presume** così che l'apporto abbia una ***causa societatis*** in presenza delle due condizioni indicate.

2468. Quote di partecipazione.

Le partecipazioni dei soci non possono essere rappresentate da azioni né costituire oggetto di offerta al pubblico di prodotti finanziari.

Salvo quanto disposto dal terzo comma del presente articolo, i diritti sociali spettano ai soci in misura proporzionale alla partecipazione da ciascuno posseduta. Se l'atto costitutivo non prevede diversamente, le partecipazioni dei soci sono determinate in misura proporzionale al conferimento.

Resta salva la possibilità che l'atto costitutivo preveda l'attribuzione a singoli soci di particolari diritti riguardanti l'amministrazione della società o la distribuzione degli utili.

Salvo diversa disposizione dell'atto costitutivo e salvo in ogni caso quanto previsto dal primo comma dell'articolo 2473, i diritti previsti dal precedente comma possono essere modificati solo con il consenso di tutti i soci.

Nel caso di comproprietà di una partecipazione, i diritti dei comproprietari devono essere esercitati da un rappresentante comune nominato secondo le modalità previste dagli articoli 1105 e 1106.

2469. Trasferimento delle partecipazioni.

Le partecipazioni sono liberamente trasferibili per atto tra vivi e per successione a causa di morte, salvo contraria disposizione dell'atto costitutivo.

Qualora l'atto costitutivo preveda l'intrasferibilità delle partecipazioni o ne subordini il trasferimento al gradimento di organi sociali, di soci o di terzi senza prevederne condizioni e limiti, o ponga condizioni o limiti che nel caso concreto impediscono il trasferimento a causa di morte, il socio o i suoi eredi possono esercitare il diritto di recesso ai sensi dell'articolo 2473. In tali casi l'atto costitutivo può stabilire un termine, non superiore a due anni dalla costituzione della società o dalla sottoscrizione della partecipazione, prima del quale il recesso non può essere esercitato.

2470. Efficacia e pubblicità.

Il trasferimento delle partecipazioni ha effetto di fronte alla società dal momento del deposito di cui al successivo comma.

L'atto di trasferimento, con sottoscrizione autenticata, deve essere depositato entro trenta giorni, a cura del notaio autenticante, presso l'ufficio del registro delle imprese nella cui circoscrizione è stabilita la sede sociale. In caso di trasferimento a causa di morte il deposito è effettuato a richiesta dell'erede o del legatario verso presentazione della documentazione richiesta per l'annotazione nel libro dei soci dei corrispondenti trasferimenti in materia di società per azioni.

Se la quota è alienata con successivi contratti a più persone, quella tra esse che per prima ha effettuato in buona fede l'iscrizione nel registro delle imprese è preferita alle altre, anche se il suo titolo è di data posteriore.

Quando l'intera partecipazione appartiene ad un solo socio o muta la persona dell'unico socio, gli amministratori devono depositare per l'iscrizione nel registro delle imprese una dichiarazione contenente l'indicazione del cognome e nome o della denominazione, della data e del luogo di nascita o lo Stato di costituzione, del domicilio o della sede e cittadinanza dell'unico socio.

Quando si costituisce o ricostituisce la pluralità dei soci, gli amministratori ne devono depositare apposita dichiarazione per l'iscrizione nel registro delle imprese.

L'unico socio o colui che cessa di essere tale può provvedere alla pubblicità prevista nei commi precedenti.

Le dichiarazioni degli amministratori previste dai commi quarto e quinto devono essere depositate entro trenta giorni dall'avvenuta variazione della compagine sociale.

• Le partecipazioni o quote presentano **caratteristiche peculiari** che le differenziano dalle azioni: possono essere di diverso ammontare, sono unitarie, non possono incorporarsi in documenti, il loro numero corrisponde al numero dei soci. Una deroga al divieto di formare oggetto di **offerta al pubblico di strumenti finanziari** è contenuta per le s.r.l. PMI all'art. 26, co. 5, d.l. n. 179/2012 conv. in l. n. 221/2012. • I **diritti** dei soci sono **proporzionali** alla singola partecipazione detenuta – a sua volta proporzionale al conferimento, salva diversa previsione – ma l'atto costitutivo può attribuire **particolari diritti** amministrativi o agli utili la cui **modificazione** esige l'**unanimità dei consensi** (in tal caso con la circolazione della quota non si trasferisce il particolare diritto perché strettamente legato alla persona del socio; viceversa a dirsi per le categorie di quote previste per le s.r.l. PMI all'art. 26, co. 2 e 3, d.l. n. 179/2012 conv. in l. n. 221/2012). Nonostante si ritenga che la quota, a differenza dell'azione, sia divisibile, in caso di **comproprietà** i diritti vanno esercitati da un rappresentante comune in analogia con la comunione dei diritti reali. • È discussa la **natura della quota**: in giurisprudenza si ritiene che sia bene mobile registrato o posizione contrattuale obiettivata. • A differenza delle società di persone la quota di s.r.l. può essere **liberamente trasferita** *inter vivos* o *mortis causa*; l'autonomia privata può **limitare** tale libertà attraverso la previsione di clausole nell'atto costitutivo o in patti parasociali, ad es., di prelazione, di gradimento anche arbitrario o di assoluta intrasferibilità. L'interesse dei soci a limitare con l'atto costitutivo la libera trasferibilità, così ostacolando l'ingresso di soggetti estranei, viene talora controbilanciato, nell'interesse del socio ad uscire dalla società, attraverso l'attribuzione *ex lege* del diritto di recesso, e cioè di un diritto potestativo di scioglimento unilaterale dal rapporto. • Nel **trasferimento della quota** va individuato un duplice piano di effetti: quello ***inter partes***, che risponde alla generale libertà delle forme e al principio consensualistico; e quello ***erga societatem***, subordinato all'iscrizione/deposito nel registro delle imprese che funge anche da libro dei soci. • Il trasferimento ***inter vivos*** ai fini dell'iscrizione nel registro delle imprese impone almeno la forma della scrittura privata autenticata (altri meccanismi circolatori sono previsti dall'art. 36-*bis* del d.l. n. 112/2008 conv. in l. n. 133/2008 e 100-*ter*, co. 2-*bis*, t.u.f.). Per il trasferimento ***mortis causa***, poiché il libro dei soci è informatizzato e centralizzato, l'erede o il legatario dovranno esibire al registro delle imprese i documenti che normalmente esibirebbero alla s.p.a. per l'iscrizione nel libro dei soci. • Nel caso di **doppia alienazione** della quota viene dettata una disposizione simile a quella prevista per i trasferimenti immobiliari con la peculiarità che, per prevalere nel conflitto, non solo occorrerà avere per prima iscritto l'acquisto nel registro delle imprese ma anche trovarsi nella situazione soggettiva di buona fede. • In caso di **unipersonalità** sopravvenuta o di costituzione o ricostituzione della pluripersonalità, anche al fine di evitare la perdita del beneficio della responsabilità limitata, è previsto il deposito da parte degli amministratori o comunque dei soggetti direttamente interessati di una dichiarazione.

2471. Espropriazione della partecipazione.

La partecipazione può formare oggetto di espropriazione. Il pignoramento si esegue mediante notificazione al debitore e alla società e successiva iscrizione nel registro delle imprese (1).

L'ordinanza del giudice che dispone la vendita della partecipazione deve essere notificata alla società a cura del creditore.

Se la partecipazione non è liberamente trasferibile e il creditore, il debitore e la società non si accordano sulla vendita della quota stessa, la vendita ha luogo all'incanto; ma la vendita è priva di effetto se, entro dieci giorni dall'aggiudicazione, la società presenta un altro acquirente che offra lo stesso prezzo.

Le disposizioni del comma precedente si applicano anche in caso di fallimento di un socio.

(1) L'art. 16[12-quinquies], d.l. 29/11/2008, n. 185, conv., con modif., nella l. 28/1/2009, n. 2, ha soppresso le parole: "Gli amministratori procedono senza indugio all'annotazione nel libro dei soci". Ai sensi del co. 12-*undecies* del medesimo art. 16 del d.l. n. 185/2008, conv., con modif., dalla l. n. 2/2009, le disposizioni entrano in vigore il sessantesimo giorno successivo alla data di entrata in vigore della legge di conversione del presente decreto. Entro tale termine, gli amministratori delle società a responsabilità limitata depositano, con esenzione da ogni imposta e tassa, apposita dichiarazione per integrare le risultanze del registro delle imprese con quelle del libro dei soci.

2471 bis. Pegno, usufrutto e sequestro della partecipazione.

La partecipazione può formare oggetto di pegno usufrutto e sequestro. Salvo quanto disposto dal terzo comma dell'articolo che precede, si applicano le disposizioni dell'articolo 2352.

• Sulla quota possono essere costituiti **vincoli** di fonte giudiziale oltre che **diritti reali di godimento** (usufrutto) **e di garanzia** (pegno). Innanzitutto, la quota può formare oggetto di **esecuzione forzata per espropriazione** secondo regole peculiari che rendono la procedura espropriativa un *tertium genus* tra espropriazione mobiliare presso il debitore e presso terzi. In tal caso occorrerà tentare un accordo con la società che potrà, anche dopo la vendita e a tutela dell'interesse dei soci a non vedere entrare un soggetto estraneo, presentare un altro acquirente. Le previsioni in tema di espropriazione sono applicabili anche alla vendita agli incanti della quota in sede di liquidazione giudiziale (art. 215, co. 2, c.c. i.i.). • Tra i vincoli giudiziali la quota può formare poi oggetto di **sequestro** oltre che, con fonte pattizia, di **pegno** e **usufrutto**: in tal caso vi è un rinvio alla parallela disposizione in tema di azioni (attribuzione del voto al custode nonché, salvo patto contrario, al creditore pignoratizio o all'usufruttuario). Anche all'escussione del pegno e alla conversione del sequestro in pignoramento troverà applicazione la disciplina prevista per l'espropriazione. Il pegno si costituisce con l'iscrizione nel registro delle imprese.

2472. Responsabilità dell'alienante per i versamenti ancora dovuti.

Nel caso di cessione della partecipazione l'alienante è obbligato solidalmente con l'acquirente, per il periodo di tre anni dall'iscrizione del trasferimento nel registro delle imprese, per i versamenti ancora dovuti.

Il pagamento non può essere domandato all'alienante se non quando la richiesta al socio moroso è rimasta infruttuosa.

• La disposizione, parallela alla disciplina dettata per la s.p.a., prevede una **responsabilità solidale e sussidiaria** dell'alienante (che pertanto gode del *beneficium ordinis*) rispetto all'acquirente nel versamento dei conferimenti. Il limite dei tre anni decorre dall'iscrizione del trasferimento nel registro delle imprese.

2473. Recesso del socio.

L'atto costitutivo determina quando il socio può recedere dalla società e le relative modalità. In ogni caso il diritto di recesso compete ai soci che non hanno consentito al cambiamento dell'oggetto o del tipo di società, alla sua fusione o scissione alla revoca dello stato di liquidazione al trasferimento della sede all'estero, alla eliminazione di una o più cause di recesso previste dall'atto costitutivo e al compimento di operazioni che comportano una sostanziale modificazione dell'oggetto della società determinato nell'atto costitutivo o una rilevante modificazione dei diritti attribuiti ai soci a norma dell'articolo 2468, quarto comma. Restano salve le disposizioni in materia di recesso per le società soggette ad attività di direzione e coordinamento.

Nel caso di società contratta a tempo indeterminato il diritto di recesso compete al socio in ogni momento e può essere esercitato con un preavviso di almeno centottanta giorni; l'atto costitutivo può prevedere un periodo di preavviso di durata maggiore purché non superiore ad un anno.

I soci che recedono dalla società hanno diritto di ottenere il rimborso della propria partecipazione in proporzione del patrimonio sociale. Esso a tal fine è determinato tenendo conto del suo valore di mercato al momento della dichiarazione di recesso; in caso di disaccordo la determinazione è compiuta tramite relazione giurata di un esperto nominato dal tribunale, che provvede anche sulle spese, su istanza della parte più diligente; si applica in tal caso il primo comma dell'articolo 1349.

Il rimborso delle partecipazioni per cui è stato esercitato il diritto di recesso deve essere eseguito entro centottanta giorni dalla comunicazione del medesimo fatta alla società. Esso può avvenire anche mediante acquisto da parte degli altri soci proporzionalmente alle loro partecipazioni oppure da parte di un terzo concordemente individuato da soci medesimi. Qualora ciò non avvenga, il rimborso è effettuato utilizzando riserve disponibili o, in mancanza, corrispondentemente riducendo il capitale sociale; in quest'ultimo caso si applica l'articolo 2482 e, qualora sulla base di esso non risulti possibile il rimborso della partecipazione del socio receduto, la società viene posta in liquidazione.

Il recesso non può essere esercitato e, se già esercitato, è privo di efficacia, se la società revoca la delibera che lo legittima ovvero se è deliberato lo scioglimento della società.

2473 bis. Esclusione del socio.

L'atto costitutivo può prevedere specifiche ipotesi di esclusione per giusta causa del socio. In tal caso si applicano le disposizioni del precedente articolo, esclusa la possibilità del rimborso della partecipazione mediante riduzione del capitale sociale.

• Nel 2003 si è inteso valorizzare il **recesso** come diritto di sciogliersi unilateralmente dal rapporto sociale. L'atto costitutivo determina tempi e modalità; dubbio è il recesso parziale. Il legislatore elenca una serie di casi specifici e inderogabili di recesso. In aggiunta l'atto costitutivo può prevederne di altri anche per giusta causa. Una volta esercitato il recesso il socio ha diritto al rimborso del valore della propria partecipazione; spesso sorgono contestazioni con valutazione dell'esperto giudiziario che allunga i tempi. • Il **rimborso della partecipazione** ad opera della società può portare alla riduzione del capitale in proporzione alla quota rimborsata; si tratta però di una *extrema ratio*: preliminarmente, la società deve tentare di reperire l'importo nell'ordine mediante la vendita agli altri soci proporzionalmente alle partecipazioni già possedute; la vendita a un terzo; utilizzando riserve disponibili con accrescimento proporzionale in favore degli altri soci. La revoca della deliberazione che ha dato luogo al recesso ne impedisce l'esercizio o rende inefficace. • Nel caso di **società contratta a tempo indeterminato** è attribuito al socio il diritto di recesso *ad nutum* con preavviso nell'interesse della società almeno semestrale: sempre nell'interesse della società può essere previsto dall'atto costitutivo anche un preavviso maggiore purché non superiore ad un anno (alla durata indeterminata è equiparata una durata particolarmente lunga). • Oltre all'ipotesi di **esclusione** *ex lege* del socio moroso l'atto costitutivo può prevederne esplicando i poteri di autonomia privata. Il legislatore esige che siano "specifiche" ipotesi che concretizzino la giusta causa in relazione alla persona o al patrimonio del socio o a suoi comportamenti che incrinano l'*affectio societatis*. Il richiamo alle disposizioni in tema di recesso se risolve il problema della modalità di liquidazione non chiarisce le modalità con cui si addiviene all'esclusione che invece restano demandate all'atto costitutivo.

2474. Operazioni sulle proprie partecipazioni.

In nessun caso la società può acquistare o accettare in garanzia partecipazioni proprie, ovvero accordare prestiti o fornire garanzia per il loro acquisto o la loro sottoscrizione.

• Il divieto in discorso che non trova una sua plausibile giustificazione è derogato per le **s.r.l. PMI** dall'art. 26, co. 6, d.l. n. 179 conv. in l. n. 221/2012.

Sezione III
Dell'amministrazione della società e dei controlli

2475. Amministrazione della società.

La gestione dell'impresa si svolge nel rispetto della disposizione di cui all'articolo 2086, secondo comma, e spetta esclusivamente agli amministratori, i quali compiono le operazioni necessarie per l'attuazione dell'oggetto sociale. Salvo diversa disposizione dell'atto costitutivo, l'amministrazione della società è affidata a uno o più soci nominati con decisione dei soci presa ai sensi dell'articolo 2479.

All'atto di nomina degli amministratori si applicano il quarto e quinto comma dell'articolo 2383.

Quando l'amministrazione è affidata a più persone, queste costituiscono il consiglio di amministrazione. L'atto costitutivo può tuttavia prevedere, salvo quanto disposto nell'ultimo comma del presente articolo, che l'amministrazione sia ad esse affidata disgiuntamente oppure congiuntamente; in tali casi si applicano, rispettivamente, gli articoli 2257 e 2258.

Qualora sia costituito un consiglio di amministrazione, l'atto costitutivo può prevedere che le decisioni siano adottate mediante consultazione scritta o sulla base del consenso espresso per iscritto. In tal caso dai documenti sottoscritti dagli amministratori devono risultare con chiarezza l'argomento oggetto della decisione ed il consenso alla stessa.

La redazione del progetto di bilancio e dei progetti di fusione o scissione, nonché le decisioni di aumento del capitale ai sensi dell'articolo 2481 sono in ogni caso di competenza dell'organo amministrativo.

Si applica, in quanto compatibile, l'articolo 2381.

2475 bis. Rappresentanza della società.

Gli amministratori hanno la rappresentanza generale della società.

Le limitazioni ai poteri degli amministratori che risultano dall'atto costitutivo o dall'atto di nomina, anche se pubblicate, non sono opponibili ai terzi, salvo che si provi che questi abbiano intenzionalmente agito a danno della società.

• Il **potere di rappresentanza** (ossia di assumere obbligazioni e/o acquistare diritti in nome della società) è attribuito *ex lege* ai soggetti investiti dei poteri gestori. • Come nella s.p.a. e a differenza delle società di persone (ove è circoscritto agli atti rientranti nell'oggetto sociale) il potere di rappresentanza degli amministratori è **generale**: eventuali violazioni di limitazioni ai poteri di rappresentanza, legali o previste nell'atto costitutivo, anche se pubblicate nel registro delle imprese, non saranno opponibili ai terzi (tutelati ad oltranza) salva l'***exceptio doli generalis***.

2475 ter. Conflitto di interessi.

I contratti conclusi dagli amministratori che hanno la rappresentanza della società in conflitto di interessi, per conto proprio o di terzi, con la medesima possono essere annullati su domanda della società, se il conflitto era conosciuto o riconoscibile dal terzo.

Le decisioni adottate dal consiglio di amministrazione con il voto determinante di un amministratore in conflitto di interessi con la società, qualora le cagionino un danno patrimoniale, possono essere impugnate entro novanta giorni dagli amministratori e, ove esistenti, dai soggetti previsti dall'articolo 2477. In ogni caso sono salvi i diritti acquistati in buona fede dai terzi in base ad atti compiuti in esecuzione della decisione.

• Il conflitto è regolato sul fronte esterno ed interno. Quanto ai **rapporti con i terzi**, la soluzione è quella dell'art. 1394; il contratto stipulato dagli amministratori con potere di rappresentanza potrà essere annullato dalla società rappresentata se il conflitto era conosciuto o conoscibile dal terzo. Quanto al conflitto **nell'adozione delle decisioni consiliari**, l'impugnabilità presuppone che l'adozione della delibera abbia visto il voto determinante dell'amministratore: non basta che questi sia semplicemente portatore dell'interesse ma occorre pure, a differenza della s.p.a., che si ponga in conflitto con l'interesse della società nonché il danno di natura patrimoniale cagionato alla società. Non sono poi previsti, come nella s.p.a., obblighi di *disclosure ex ante* o *ex post* del conflitto. • Legittimati all'annullamento della delibera sono gli amministratori, i sindaci e il revisore. È discusso se le delibere consiliari possano essere impugnate per **vizi diversi dal conflitto di interessi**.

2476. Responsabilità degli amministratori e controllo dei soci.

Gli amministratori sono solidalmente responsabili verso la società dei danni derivanti dall'inosservanza dei doveri ad essi imposti dalla legge e dall'atto costitutivo per l'amministrazione della società. Tuttavia la responsabilità non si estende a quelli che dimostrino di essere esenti da colpa e, essendo a cognizione che l'atto si stava per compiere, abbiano fatto constare del proprio dissenso.

I soci che non partecipano all'amministrazione hanno diritto di avere dagli amministratori notizie sullo svolgimento degli affari sociali e di consultare, anche tramite professionisti di loro fiducia, i libri sociali ed i documenti relativi all'amministrazione.

L'azione di responsabilità contro gli amministratori è promossa da ciascun socio, il quale può altresì chiedere, in caso di gravi irregolarità nella gestione della società, che sia adottato provvedimento cautelare di revoca degli amministratori medesimi. In tal caso il giudice può subordinare il provvedimento alla prestazione di apposita cauzione.

In caso di accoglimento della domanda la società, salvo il suo diritto di regresso nei confronti degli amministratori, rimborsa agli attori le spese di giudizio e quelle da essi sostenute per l'accertamento dei fatti.

Salvo diversa disposizione dell'atto costitutivo, l'azione di responsabilità contro gli amministratori può essere oggetto di rinuncia o transazione da parte della società, purché vi consenta una maggioranza dei soci rappresentante almeno i due terzi del capitale sociale e purché non si oppongano tanti soci che rappresentano almeno il decimo del capitale sociale. Gli amministratori rispondono verso i creditori sociali per l'inosservanza degli obblighi inerenti alla conservazione dell'integrità del patrimonio sociale. L'azione può essere proposta dai creditori quando il patrimonio sociale risulta insufficiente al soddisfacimento dei loro crediti. La rinunzia all'azione da parte della società non impedisce l'esercizio dell'azione da parte dei creditori sociali. La transazione può essere impugnata dai creditori sociali soltanto con l'azione revocatoria quando ne ricorrono gli estremi.

Le disposizioni dei precedenti commi non pregiudicano il diritto al risarcimento dei danni spettante al singolo socio o al terzo che sono stati direttamente danneggiati da atti dolosi o colposi degli amministratori.

Sono altresì solidalmente responsabili con gli amministratori, ai sensi dei precedenti commi, i soci che hanno intenzionalmente deciso o autorizzato il compimento di atti dannosi per la società, i soci o i terzi.

L'approvazione del bilancio da parte dei soci non implica liberazione degli amministratori e dei sindaci per le responsabilità incorse nella gestione sociale.

• La condotta degli amministratori può orientarsi a danneggiare il patrimonio della società ovvero il patrimonio del socio o dei terzi. Quanto al **danno arrecato al patrimonio sociale**, la legittimazione a promuovere l'azione di responsabilità (contrattuale) spetta alla società (controparte del rapporto di amministrazione e soggetto direttamente danneggiato), al socio *uti singulus* (in via surrogatoria in sostituzione della società; il socio può anche chiedere la revoca cautelare) e ai creditori sociali (discusso se *iure proprio* o più probabilmente in via surrogatoria in sostituzione della società e dei soci alla luce della previsione in tema di rinuncia all'azione). La responsabilità degli amministratori è personale (v. l'ipotesi di esenzione) e solidale. In caso di liquidazione giudiziale si ritiene che la legittimazione spetti al curatore (v. Rel. c.c.i.i.). • Quanto al **danno diretto arrecato al patrimonio del socio o del terzo** si tratta di responsabilità aquiliana per la quale insieme agli amministratori risponde la società in via solidale. • A differenza della s.p.a., nell'illecito degli amministratori possono **concorrere i soci** che hanno intenzionalmente deciso o autorizzato l'atto dannoso; in tal caso l'azione può essere promossa anche dagli organi della procedura concorsuale (artt. 255 e 307 c.c.i.i.).

2477. Sindaco e revisione legale dei conti.

L'atto costitutivo può prevedere, determinandone le competenze e i poteri, ivi compresa la revisione legale dei conti, la nomina di un organo di controllo o di un revisore. Se lo statuto non dispone diversamente, l'organo di controllo è costituito da un solo membro effettivo.

La nomina dell'organo di controllo o del revisore è obbligatoria se il capitale sociale non è inferiore a quello minimo stabilito per le società per azioni (1).

La nomina dell'organo di controllo o del revisore è obbligatoria se la società:

a) è tenuta alla redazione del bilancio consolidato;

b) controlla una società obbligata alla revisione legale dei conti;

c) ha superato per due esercizi consecutivi almeno uno dei seguenti limiti: 1) totale dell'attivo dello stato patrimoniale: 4 milioni di euro; 2) ricavi delle vendite e delle prestazioni: 4 milioni di euro; 3) dipendenti occupati in media durante l'esercizio: 20 unità. (2) L'obbligo di nomina dell'organo di controllo o del revisore di cui alla lettera c) del terzo comma cessa quando, per tre esercizi consecutivi, non è superato alcuno dei predetti limiti.

L'obbligo di nomina dell'organo di controllo o del revisore di cui alla lettera c) del terzo comma cessa se, per due esercizi consecutivi, i predetti limiti non vengono superati.

Nel caso di nomina di un organo di controllo, anche monocratico, si applicano le disposizioni sul collegio sindacale previste per le società per azioni (3).

L'assemblea che approva il bilancio in cui vengono superati i limiti indicati al secondo comma (4) deve provvedere, entro trenta giorni, alla nomina dell'organo di controllo o del revisore. Se l'assemblea non provvede, alla nomina provvede il tribunale su richiesta di qualsiasi soggetto interessato o su segnalazione del conservatore del registro delle imprese. Si applicano le disposizioni dell'articolo 2409 anche se la società è priva di organo di controllo.

(1) Comma abrogato dall'art. 20 del d.l. 24/6/2014, n. 91, conv., con modif., in l. 11/8/2014, n. 116.
(2) Comma così sostituito dall'art. 2-*bis*[2] del d.l. 18/4/2019, n. 32, conv. in l. 14/6/2019, n. 55.
(3) L'art. 20 del d.l. 24/6/2014, n. 91, conv., con modif., in l. 11/8/2014, n. 116, ha soppresso la parola "altresì".
(4) Le parole "limiti indicati al secondo comma" sono state così sostituite alle precedenti "limiti indicati al terzo comma" dall'art. 2-*bis*[3] del d.l. 18/4/2019, n. 32, conv. in l. 14/6/2019, n. 55.

• La disposizione prevede i casi in cui l'organo di controllo sia **obbligatorio** (s.r.l. di grandi dimensioni) lasciando negli altri all'autonomia privata la scelta di istituirlo **vo-**

lontariamente. • L'organo di controllo è tendenzialmente **monocratico**. Ove previsto, i poteri dell'organo di controllo si affiancano al potere di **controllo** attribuito al **socio** dall'art. 2476, co. 2. • L'applicazione delle **disposizioni sulla s.p.a.** comporta che l'organo di controllo vigila sull'adeguatezza degli assetti (art. 2475), partecipa alle riunioni degli organi della s.r.l., incorre in responsabilità. • Analogamente alla s.p.a. trova applicazione l'**art. 2409** anche se la s.r.l. è priva dell'organo di controllo: è possibile allora che l'organo di controllo o i soci titolari di una soglia di capitale sociale denuncino al tribunale le gravi irregolarità gestorie per il controllo giudiziario e la revoca dell'organo amministrativo o di controllo.

2478. Libri sociali obbligatori.

Oltre i libri e le altre scritture contabili prescritti nell'articolo 2214, la società deve tenere:

1) il libro dei soci, nel quale devono essere indicati il nome dei soci, la partecipazione di spettanza di cia-scuno, i versamenti fatti sulle partecipazioni, nonché le variazioni nelle persone dei soci; (1).

2) il libro delle decisioni dei soci, nel quale sono trascritti senza indugio sia i verbali delle assemblee, anche se redatti per atto pubblico, sia le decisioni prese ai sensi del primo periodo del terzo comma dell'articolo 2479; la relativa documentazione è conservata dalla società;

3) il libro delle decisioni degli amministratori;

4) il libro delle decisioni del collegio sindacale nominato ai sensi dell'articolo 2477.

I libri indicati nei numeri 2) e 3) del primo comma devono essere tenuti a cura degli amministratori; il libro indicato nel numero 4) del primo comma deve essere tenuto a cura dei sindaci (2).

I contratti della società con l'unico socio o le operazioni a favore dell'unico socio sono opponibili ai creditori della società solo se risultano dal libro indicato nel numero 3 del primo comma o da atto scritto avente data certa anteriore al pignoramento.

(1) Numero abrogato dall'art. $16^{12\text{-}septies}$, d.l. 29/11/2008, n. 185 conv., con modif., nella l. 28/1/2009, n. 2.
(2) Comma modificato dall'art. 37^{27}, d.lgs. 27/1/2010, n. 39, che ha soppresso le parole "o del revisore", poste alla fine del comma.

2478 bis. Bilancio e distribuzione degli utili ai soci.

Il bilancio deve essere redatto con l'osservanza delle disposizioni di cui alla Sezione IX del Capo V del presente Libro. Esso è presentato ai soci entro il termine stabilito dall'atto costitutivo e comunque non superiore a centoventi giorni dalla chiusura dell'esercizio sociale, salva la possibilità di un maggior termine nei limiti ed alle condizioni previsti dal secondo comma dell'articolo 2364.

Entro trenta giorni dalla decisione dei soci di approvazione del bilancio deve essere depositata presso l'ufficio del registro delle imprese, a norma dell'articolo 2435, copia del bilancio approvato.

La decisione dei soci che approva il bilancio decide sulla distribuzione degli utili ai soci.

Possono essere distribuiti esclusivamente gli utili realmente conseguiti e risultanti da bilancio regolarmente approvato.

Se si verifica una perdita del capitale sociale, non può farsi luogo a ripartizione degli utili fino a che il capitale non sia reintegrato o ridotto in misura corrispondente.

Gli utili erogati in violazione delle disposizioni del presente articolo non sono ripetibili se i soci li hanno riscossi in buona fede in base a bilancio regolarmente approvato, da cui risultano utili netti corrispondenti.

• Tra i libri sociali indicati non compare più il **libro dei soci** che la riforma del 2008-2009 ha informatizzato e centralizzato presso il registro delle imprese. • Quanto al **bilancio,** viene richiamata la disciplina della s.p.a. ma non è previsto il termine entro cui i soci debbono procedere all'approvazione. Con riferimento agli utili il socio può avere un particolare diritto *ex* art. 2468, co. 2.

Sezione IV
Delle decisioni dei soci

2479. Decisioni dei soci.

I soci decidono sulle materie riservate alla loro competenza dall'atto costitutivo, nonché sugli argomenti che uno o più amministratori o tanti soci che rappresentano almeno un terzo del capitale sociale sottopongono alla loro approvazione.

In ogni caso sono riservate alla competenza dei soci:

1) l'approvazione del bilancio, e la distribuzione degli utili;

2) la nomina, se prevista nell'atto costitutivo, degli amministratori;

3) la nomina nei casi previsti dall'articolo 2477 dei sindaci e del presidente del collegio sindacale o del soggetto incaricato di effettuare la revisione legale dei conti;

4) le modificazioni dell'atto costitutivo;

5) la decisione di compiere operazioni che comportano una sostanziale modificazione dell'oggetto sociale determinato nell'atto costitutivo o una rilevante modificazione dei diritti dei soci.

L'atto costitutivo può prevedere che le decisioni dei soci siano adottate mediante consultazione scritta o sulla base del consenso espresso per iscritto. In tal caso dai documenti sottoscritti dai soci devono risultare con chiarezza l'argomento oggetto della decisione ed il consenso alla stessa.

Qualora nell'atto costitutivo non vi sia la previsione di cui al terzo comma e comunque con riferimento alle materie indicate nei numeri 4) e 5) del secondo comma del presente articolo nonché nel caso previsto dal quarto comma dell'articolo 2482-bis oppure quando lo richiedono uno o più amministratori o un numero di soci che rappresentano almeno un terzo del capitale sociale, le decisioni dei soci debbono essere adottate mediante deliberazione assembleare ai sensi dell'articolo 2479-bis.

Ogni socio ha diritto di partecipare alle decisioni previste dal presente articolo ed il suo voto vale in misura proporzionale alla sua partecipazione.

Salvo diversa disposizione dell'atto costitutivo, le decisioni dei soci sono prese con il voto favorevole di una maggioranza che rappresenti almeno la metà del capitale sociale.

2479 bis. Assemblea dei soci.

L'atto costitutivo determina i modi di convocazione dell'assemblea dei soci, tali comunque da assicurare la tempestiva informazione sugli argomenti da trattare. In mancanza la convocazione è effettuata mediante lettera raccomandata spedita ai soci almeno otto giorni prima dell'adunanza nel domicilio risultante dal registro delle imprese.

Se l'atto costitutivo non dispone diversamente, il socio può farsi rappresentare in assemblea e la relativa documentazione è conservata secondo quanto prescritto dall'articolo 2478, primo comma, numero 2).

Salvo diversa disposizione dell'atto costitutivo l'assemblea si riunisce presso la sede sociale ed è regolarmente costituita con la presenza di tanti soci che rappresentano almeno la metà del capitale sociale e delibera a maggioranza assoluta e, nei casi previsti dai numeri 4) e 5) del secondo comma dell'articolo 2479, con il voto favorevole dei soci che rappresentano almeno la metà del capitale sociale.

L'assemblea è presieduta dalla persona indicata nell'atto costitutivo o, in mancanza, da quella designata dagli intervenuti. Il presidente dell'assemblea verifica la regolarità della costituzione, accerta l'identità e la legittimazione dei presenti, regola il suo svolgimento ed accerta i risultati delle votazioni; degli esiti di tali accertamenti deve essere dato conto nel verbale.

In ogni caso la deliberazione s'intende adottata quando ad essa partecipa l'intero capitale sociale e tutti gli amministratori e sindaci sono presenti o informati della riunione e nessuno si oppone alla trattazione dell'argomento.

• La disposizione è significativamente rubricata "**decisioni dei soci**" in quanto, a differenza della s.p.a. in cui i soci decidono sempre in seno all'organo assembleare con delibera collegiale (unità di tempo e di luogo), nella s.r.l. sono possibili anche **decisioni "sempli-**

ficate" non collegiali (consultazione scritta o consenso espresso per iscritto). Il **metodo collegiale/assembleare** troverà applicazione salvo deroga dell'atto costitutivo ma vi è comunque una riserva inderogabile di collegialità (co. 4) per alcune materie (co. 2) reputate esigere discussione e ponderazione maggiori: il ripristino della collegialità sussiste anche nel caso di richiesta qualificata di amministratori o soci. • Non esiste nella s.r.l. la rigida separazione di competenze tra organo assembleare e gestorio. Al di fuori delle materie inderogabilmente riservate agli amministratori (progetti, adeguatezza degli assetti, aumento delegato), i **soci** possono riservarsi **competenze gestorie** e per legge qualsiasi decisione gestoria può essere sottoposta all'approvazione dei soci in caso di richiesta qualificata di amministratori o soci. È poi prevista una riserva inderogabile di competenza dei soci su alcune materie (co. 2) non attribuibili agli amministratori. Nelle decisioni a cui partecipa, il socio non moroso (art. 2466) esprime un voto proporzionale alla partecipazione ed è previsto un *quorum* deliberativo *ex lege*, modificabile, della maggioranza che rappresenta almeno la metà del capitale sociale. • Nel caso di **assemblea** il modello legale prevede modalità semplificate di convocazione (lettera raccomandata da spedire almeno otto giorni prima: Cass. s.u. 23218/2013) rimettendo all'atto costitutivo modalità diverse che siano comunque in grado di assicurare la tempestiva informazione sugli argomenti all'ordine del giorno; anche il socio può convocare l'assemblea in caso di inerzia degli amministratori. Il modello legale non pone poi limiti alla rappresentanza in assemblea. Sempre il modello legale prevede che il luogo della riunione è la sede sociale, il *quorum* costitutivo di almeno la metà del capitale sociale e quale *la re* deliberativo quello della maggioranza assoluta salvo quella di almeno la metà per determinate materie; i *quorum* sono modificabili *in minus* e *in maius*. Il presidente dell'assemblea regola i lavori assembleari proclamandone gli esiti. È infine prevista l'assemblea totalitaria nel caso in cui tutti i soci siano presenti e tutti gli amministratori e sindaci siano presenti o informati e nessuno si oppone. L'ipotesi di seconda convocazione è rimessa all'atto costitutivo.

2479 ter. Invalidità delle decisioni dei soci.

Le decisioni dei soci che non sono prese in conformità della legge o dell'atto costitutivo possono essere impugnate dai soci che non vi hanno consentito, da ciascun amministratore e dal collegio sindacale entro novanta giorni dalla loro trascrizione nel libro delle decisioni dei soci. Il tribunale, qualora ne ravvisi l'opportunità e ne sia fatta richiesta dalla società o da chi ha proposto l'impugnativa, può assegnare un termine non superiore a centottanta giorni per l'adozione di una nuova decisione idonea ad eliminare la causa di invalidità.

Qualora possano recare danno alla società, sono impugnabili a norma del precedente comma le decisioni assunte con la partecipazione determinante di soci che hanno, per conto proprio o di terzi, un interesse in conflitto con quello della società.

Le decisioni aventi oggetto illecito o impossibile e quelle prese in assenza assoluta di informazione possono essere impugnate da chiunque vi abbia interesse entro tre anni dalla trascrizione indicata nel primo periodo del primo comma. Possono essere impugnate senza limiti di tempo le deliberazioni che modificano l'oggetto sociale prevedendo attività impossibili o illecite.

Si applicano, in quanto compatibili, gli articoli 2377, primo, quinto, settimo, ottavo e nono comma, 2378, 2379-bis, 2379-ter e 2434-bis.

• Le ipotesi di **annullabilità** riguardano le decisioni (assembleari o meno) contrarie alla legge o all'atto costitutivo. **Legittimati ad impugnare** sono ciascun amministratore, il socio non consenziente *uti singulus* e l'organo di controllo. Il *dies a quo* per la decorrenza del termine di novanta giorni è la trascrizione nel libro delle decisioni. Una volta impugnata il tribunale può anche d'ufficio assegnare un termine per porre rimedio all'invalidità. • Una ipotesi speciale è la **delibera viziata da conflitto di interessi del socio** che può dar luogo all'annullamento qualora il voto sia stato determinante e possa concretamente recare danno alla società. • Le ipotesi di **nullità** riguardano le decisioni aventi oggetto illecito o impossibile e quelle **prese in assenza "assoluta" di informazione.** La legittimazione spetta a chiunque vi abbia interesse ed il termine è di tre anni decorrente dalla trascrizione nel libro delle decisioni: per le decisioni che modificano l'oggetto sociale prevedendo attività impossibili o illecite non vi sono limiti di tempo per l'impugnazione. Con clausola di compatibilità vengono richiamate alcune disposizioni sull'impugnazione delle delibere assembleari di s.p.a.

Sezione V
Delle modificazioni dell'atto costitutivo

2480. Modificazioni dell'atto costitutivo.

Le modificazioni dell'atto costitutivo sono deliberate dall'assemblea dei soci a norma dell'articolo 2479-bis. Il verbale è redatto da notaio e si applica l'articolo 2436.

• La disposizione attribuisce all'**assemblea dei soci** la competenza a modificare l'atto costitutivo con *quorum* deliberativo, salva diversa previsione dell'atto costitutivo, pari alla metà del capitale. Il verbale è redatto da notaio il quale può rifiutare il deposito presso il registro delle imprese dando luogo all'**omologazione c.d. facoltativa**.

2481. Aumento di capitale.

L'atto costitutivo può attribuire agli amministratori la facoltà di aumentare il capitale sociale, determinandone i limiti e le modalità di esercizio; la decisione degli amministratori, che deve risultare da verbale redatto senza indugio da notaio, deve essere depositata ed iscritta a norma dell'articolo 2436.

La decisione di aumentare il capitale sociale non può essere attuata fin quando i conferimenti precedentemente dovuti non sono stati integralmente eseguiti.

2481 bis. Aumento di capitale mediante nuovi conferimenti.

In caso di decisione di aumento del capitale sociale mediante nuovi conferimenti spetta ai soci il diritto di sottoscriverlo in proporzione delle partecipazioni da essi possedute. L'atto costitutivo può prevedere, salvo per il caso di cui all'articolo 2482-ter, che l'aumento di capitale possa essere attuato anche mediante offerta di quote di nuova emissione a terzi; in tal caso spetta ai soci che non hanno consentito alla decisione il diritto di recesso a norma dell'articolo 2473.

La decisione di aumento di capitale prevede l'eventuale soprapprezzo e le modalità ed i termini entro i quali può essere esercitato il diritto di sottoscrizione. Tali termini non possono essere inferiori a trenta giorni dal momento in cui viene comunicato ai soci che l'aumento di capitale può essere sottoscritto. La decisione può anche consentire, disciplinandone le modalità, che la parte dell'aumento di capitale non sottoscritta da uno o più soci sia sottoscritta dagli altri soci o da terzi.

Se l'aumento di capitale non è integralmente sottoscritto nel termine stabilito dalla decisione, il capitale è aumentato di un importo pari alle sottoscrizioni raccolte soltanto se la deliberazione medesima lo abbia espressamente consentito.

Salvo quanto previsto dal secondo periodo del quarto comma e dal sesto comma dell'articolo 2464, i sottoscrittori dell'aumento di capitale devono, all'atto della sottoscrizione, versare alla società almeno il venticinque per cento della parte di capitale sottoscritta e, se previsto, l'intero soprapprezzo. Per i conferimenti di beni in natura o di crediti si applica quanto disposto dal quinto comma dell'articolo 2464.

Se l'aumento di capitale è sottoscritto dall'unico socio, il conferimento in danaro deve essere integralmente versato all'atto della sottoscrizione.

Nei trenta giorni dall'avvenuta sottoscrizione gli amministratori devono depositare per l'iscrizione nel registro delle imprese un'attestazione che l'aumento di capitale è stato eseguito.

2481 ter. Passaggio di riserve a capitale.

La società può aumentare il capitale imputando ad esso le riserve e gli altri fondi iscritti in bilancio in quanto disponibili.

In questo caso la quota di partecipazione di ciascun socio resta immutata.

• La disciplina dell'aumento del capitale sociale presenta alcune **peculiarità** rispetto a quella della s.p.a. La competenza sull'operazione di aumento può essere **delegata** agli amministratori attraverso l'atto costitutivo: in tal caso la decisione deve risultare da verbale notarile ma il legislatore non individua limiti e modalità di esercizio della delega rimettendosi all'atto costitutivo. Rispetto alla s.p.a. è sì riprodotta la previsione che vuole l'integrale esecuzione dei conferimenti per dare **attuazione alla decisione** di aumento ma non la corrispondente sanzione. • L'aumento **reale** – normalmente inscindibile, come nelle s.p.a. – prevede in favore dei soci il diritto di opzione ossia il diritto di sottoscrizione in proporzione alle rispettive partecipazioni. La possibilità che l'aumento sia sottoscritto da terzi e che quindi il diritto di opzione sia limitato o escluso (ipotesi che non ricorre nel caso in cui l'aumento consegua a perdite che abbiano intaccato il minimo legale) deve essere prevista nell'atto costitutivo e al socio dissenziente è attribuito il diritto di recesso. La decisione di aumento deve prevedere il prezzo di sottoscrizione, l'eventuale sovrapprezzo (da versarsi per intero), le modalità e i termini per la sottoscrizione. Per il caso in cui uno o più soci non voglia o possa sottoscrivere la decisione può anche consentire che la sottoscrizione sia effettuata da altri soci o da terzi. Viene richiamata la disciplina in tema di conferimenti. L'aumento **nominale** avviene attraverso il passaggio a capitale di riserve e fondi disponibili già presenti nel patrimonio della s.r.l. Poiché le riserve e i fondi vengono assegnati proporzionalmente ai soci le relative partecipazioni rimangono immutate.

2482. Riduzione del capitale sociale.

La riduzione del capitale sociale può avere luogo, nei limiti previsti dal numero 4) dell'articolo 2463, mediante rimborso ai soci delle quote pagate o mediante liberazione di essi dall'obbligo dei versamenti ancora dovuti.

La decisione dei soci di ridurre il capitale sociale può essere eseguita soltanto dopo novanta giorni dal giorno dell'iscrizione nel registro delle imprese della decisione medesima, purché entro questo termine nessun creditore sociale anteriore all'iscrizione abbia fatto opposizione.

Il tribunale, quando ritenga infondato il pericolo di pregiudizio per i creditori oppure la società abbia prestato un'idonea garanzia, dispone che l'esecuzione abbia luogo nonostante l'opposizione.

2482 bis. Riduzione del capitale per perdite.

Quando risulta che il capitale è diminuito di oltre un terzo in conseguenza di perdite, gli amministratori devono senza indugio convocare l'assemblea dei soci per gli opportuni provvedimenti.

All'assemblea deve essere sottoposta una relazione degli amministratori sulla situazione patrimoniale della società, con le osservazioni nei casi previsti dall'articolo 2477 del collegio sindacale o del soggetto incaricato di effettuare la revisione legale dei conti. Se l'atto costitutivo non prevede diversamente, copia della relazione e delle osservazioni deve essere depositata nella sede della società almeno otto giorni prima dell'assemblea, perché i soci possano prenderne visione.

Nell'assemblea gli amministratori devono dare conto dei fatti di rilievo avvenuti dopo la redazione della relazione prevista nel precedente comma.

Se entro l'esercizio successivo la perdita non risulta diminuita a meno di un terzo, deve essere convocata l'assemblea per l'approvazione del bilancio e per la riduzione del capitale in proporzione delle perdite accertate. In mancanza gli amministratori e i sindaci o il soggetto incaricato di effettuare la revisione legale dei conti nominati ai sensi dell'articolo 2477 devono chiedere al tribunale che venga disposta la riduzione del capitale in ragione delle perdite risultanti dal bilancio.

Il tribunale, anche su istanza di qualsiasi interessato, provvede con decreto soggetto a reclamo, che deve essere iscritto nel registro delle imprese a cura degli amministratori.

Si applica, in quanto compatibile, l'ultimo comma dell'articolo 2446.

2482 ter. Riduzione del capitale al disotto del minimo legale.

Se, per la perdita di oltre un terzo del capitale, questo si riduce al disotto del minimo stabilito dal numero 4) dell'articolo 2463, gli amministratori devono senza indugio convocare l'assemblea per deliberare la riduzione del capitale ed il contemporaneo aumento del medesimo ad una cifra non inferiore al detto minimo.

È fatta salva la possibilità di deliberare la trasformazione della società.

2482 quater. Riduzione del capitale per perdite e diritti dei soci.

In tutti i casi di riduzione del capitale per perdite è esclusa ogni modificazione delle quote di partecipazione e dei diritti spettanti ai soci.

• La riduzione **reale** del capitale avviene mediante rimborso ai soci delle quote pagate o mediante liberazione dall'obbligo dei versamenti ancora dovuti. Nel caso di conferimento garantito da polizza o fideiussione occorrerà una riduzione proporzionale della garanzia. La riduzione potrà essere eseguita solo dopo che siano decorsi novanta giorni dall'iscrizione della decisione nel registro delle imprese senza che i creditori si siano opposti; anche in caso di opposizione il tribunale può autorizzare l'esecuzione. • La riduzione **per perdite** è disciplinata in modo pressoché coincidente con quella della s.p.a. (art. 2446). Vi sono tre ipotesi di allarme crescente. La perdita inferiore a un terzo del capitale sociale non desta particolare preoccupazione. Quando la perdita è superiore a un terzo del capitale gli amministratori devono convocare senza indugio l'assemblea per l'adozione degli "opportuni provvedimenti" con margini di manovra che possono anche portare la perdita a nuovo esercizio nella speranza che venga assorbita; tuttavia, se non sopravviene la diminuzione a meno di un terzo l'assemblea convocata per l'approvazione del bilancio è obbligata alla riduzione del capitale; qualora non vi provveda amministratori, sindaci o revisore devono (e qualsiasi interessato può) chiedere la riduzione giudiziale. La riduzione può essere anche delegata agli amministratori. • Quando la **perdita non solo è superiore a un terzo del capitale ma intacca anche il minimo legale** gli amministratori devono ancora una volta convocare l'assemblea senza indugio ma l'organo ha spazi di manovra più limitati: l'assemblea deve deliberare la riduzione e il contestuale aumento del capitale a una cifra non inferiore al minimo; in alternativa può essere deliberata la trasformazione della società in altro tipo.

2483. Emissione di titoli di debito.

Se l'atto costitutivo lo prevede, la società può emettere titoli di debito. In tal caso l'atto costitutivo attribuisce la relativa competenza ai soci o agli amministratori determinando gli eventuali limiti, le modalità e le maggioranze necessarie per la decisione.

I titoli emessi ai sensi del precedente comma possono essere sottoscritti soltanto da investitori professionali soggetti a vigilanza prudenziale a norma delle leggi speciali. In caso di successiva circolazione dei titoli di debito, chi li trasferisce risponde della solvenza della società nei confronti degli acquirenti che non siano investitori professionali ovvero soci della società medesima.

La decisione di emissione dei titoli prevede le condizioni del prestito e le modalità del rimborso ed è iscritta a cura degli amministratori presso il registro delle imprese. Può altresì prevedere che, previo consenso della maggioranza dei possessori dei titoli, la società possa modificare tali condizioni e modalità.

Restano salve le disposizioni di leggi speciali relative a particolari categorie di società e alle riserve di attività.

• Uno strumento di finanziamento della società è l'emissione dei titoli di debito la cui possibilità deve essere **prevista**, anche nei limiti, **nell'atto costitutivo** il quale deve indicare pure se la competenza spetti ai soci o agli amministratori: la relativa decisione, che ne prevede le condizioni, è iscritta nel registro delle imprese. • Al fine di meglio garantire i risparmiatori aderenti è previsto che l'operazione sia **intermediata** da investitori istituzionali vigilati i quali sottoscrivono i titoli e, in caso di cessione dei medesimi, risponderanno *ex lege* del rimborso con diritto di regresso nei confronti della s.r.l.

Capo VIII
Scioglimento e liquidazione delle società di capitali

2484. Cause di scioglimento.

Le società per azioni, in accomandita per azioni e a responsabilità limitata si sciolgono:

1) per il decorso del termine;

2) per il conseguimento dell'oggetto sociale o per la sopravvenuta impossibilità di conseguirlo, salvo che l'assemblea, all'uopo convocata senza indugio, non deliberi le opportune modifiche statutarie;

3) per l'impossibilità di funzionamento o per la continuata inattività dell'assemblea;

4) per la riduzione del capitale al disotto del minimo legale, salvo quanto è disposto dagli articoli 2447 e 2482-ter;

5) nelle ipotesi previste dagli articoli 2437-quater e 2473;

6) per deliberazione dell'assemblea;

7) per le altre cause previste dall'atto costitutivo o dallo statuto.

7-bis) per l'apertura della procedura di liquidazione giudiziale e della liquidazione controllata.

La società inoltre si scioglie per le altre cause previste dalla legge; in queste ipotesi le disposizioni dei seguenti articoli si applicano in quanto compatibili.

Gli effetti dello scioglimento si determinano, nelle ipotesi previste dai numeri 1), 2), 3), 4) e 5) del primo comma, alla data dell'iscrizione presso l'ufficio del registro delle imprese della dichiarazione con cui gli amministratori ne accertano la causa e, nell'ipotesi prevista dal numero 6) del medesimo comma, alla data dell'iscrizione della relativa deliberazione.

Quando l'atto costitutivo o lo statuto prevedono altre cause di scioglimento, essi devono determinare la competenza a deciderle od accertarle, e ad effettuare gli adempimenti pubblicitari di cui al precedente comma.

• Lo scioglimento della società, al quale segue non l'estinzione della stessa bensì la **messa in stato di liquidazione**, comporta la modifica dell'oggetto sociale, che viene a configurarsi nella liquidazione dell'attivo e nella sua ripartizione tra i soci, previa soddisfazione dei creditori sociali. • Il termine di cui all'art. 2484, co. 1, n. 1, va inteso come **termine finale della vita della società.** Le cause previste dal n. 3 sono manifestazione del disinteresse dei soci che, privando l'organo deliberante delle sue funzioni decisorie, di direzione e di controllo, impediscono il corretto svolgimento e il prosieguo dell'attività economica sociale. L'ipotesi di cui al n. 6 è, invece, espressione del principio di autonomia negoziale (art. 1322) e del principio costituzionale di libertà d'impresa (art. 41 Cost.). Le cause di scioglimento previste dal secondo e quarto comma ampliano l'ambito applicativo della disposizione mediante rinvio alla legge, all'atto costitutivo e allo statuto.

2485. Obblighi degli amministratori.

Gli amministratori devono senza indugio accertare il verificarsi di una causa di scioglimento e procedere agli adempimenti previsti dal terzo comma dell'articolo 2484. Essi, in caso di ritardo od omissione, sono personalmente e solidalmente responsabili per i danni subiti dalla società, dai soci, dai creditori sociali e dai terzi.

Quando gli amministratori omettono gli adempimenti di cui al precedente comma, il tribunale, su istanza di singoli soci o amministratori ovvero dei sindaci, accerta il verificarsi della causa di scioglimento, con decreto che deve essere iscritto a norma del terzo comma dell'articolo 2484.

• Gli amministratori, al fine di conferire rilevanza giuridica al momento in cui si verifica lo scioglimento, sono obbligati ad: accertare la causa di scioglimento mediante una dichiarazione di scienza, priva di carattere costitutivo e negoziale; iscrivere la dichiarazione presso il R.I. • L'inciso **"senza indugio"** evidenzia come gli obblighi devono essere adempiuti con la massima sollecitudine. • L'autorità giudiziaria può intervenire, in sostituzione dell'organo amministrativo, in caso di inadempimento agli obblighi di cui al primo comma. Il procedimento di accertamento giudiziale si svolge dinanzi al tribunale nelle forme del rito camerale (artt. 737 ss. c.p.c.).

2486. Poteri degli amministratori.

Al verificarsi di una causa di scioglimento e fino al momento della consegna di cui all'articolo 2487-bis, gli amministratori conservano il potere di gestire la società, ai soli fini della conservazione dell'integrità e del valore del patrimonio sociale.

Gli amministratori sono personalmente e solidalmente responsabili dei danni arrecati alla società, ai soci, ai creditori sociali ed ai terzi, per atti od omissioni compiuti in violazione del precedente comma.

Quando è accertata la responsabilità degli amministratori a norma del presente articolo, e salva la prova di un diverso ammontare, il danno risarcibile si presume pari alla differenza tra il patrimonio netto alla data in cui l'amministratore è cessato dalla carica o, in caso di apertura di una procedura concorsuale, alla data di apertura di tale procedura e il patrimonio netto determinato alla data in cui si è verificata una causa di scioglimento di cui all'articolo 2484, detratti i costi sostenuti e da sostenere, secondo un criterio di normalità, dopo il verificarsi della causa di scioglimento e fino al compimento della liquidazione. Se è stata aperta una procedura concorsuale e mancano le scritture contabili o se a causa dell'irregolarità delle stesse o per altre ragioni i netti patrimoniali non possono essere determinati, il danno è liquidato in misura pari alla differenza tra attivo e passivo accertati nella procedura.

• Gli amministratori, a seguito del verificarsi di una causa di scioglimento, sono tenuti a provvedere alla **gestione conservativa della società**, mediante tutti gli atti necessari alla **protezione dell'integrità e del valore del patrimonio sociale** esistente al momento della causa di scioglimento. • Gli amministratori rispondono personalmente e solidalmente per tutte le attività che cagionino un evento dannoso, inteso come diminuzione del patrimonio sociale. Al riguardo, è necessario provare: che l'attività svolta non sia finalizzata alla conservazione del patrimonio sociale; l'elemento soggettivo; il nesso di causalità tra l'atto posto in essere e il danno arrecato.

2487. Nomina e revoca dei liquidatori; criteri di svolgimento della liquidazione.

Salvo che nei casi previsti dai numeri 2), 4) e 6) del primo comma dell'articolo 2484 non abbia già provveduto l'assemblea e salvo che l'atto costitutivo o lo statuto non dispongano in materia, gli amministratori, contestualmente all'accertamento della causa di scioglimento, debbono convocare l'assemblea dei soci perché deliberi, con le maggioranze previste per le modificazioni dell'atto costitutivo o dello statuto, su:

a) il numero dei liquidatori e le regole di funzionamento del collegio in caso di pluralità di liquidatori;

b) la nomina dei liquidatori, con indicazione di quelli cui spetta la rappresentanza della società;

c) i criteri in base ai quali deve svolgersi la liquidazione; i poteri dei liquidatori, con particolare riguardo alla cessione dell'azienda sociale, di rami di essa, ovvero anche di singoli beni o diritti, o blocchi di essi; gli atti necessari per la conservazione del valore dell'impresa, ivi compreso il suo esercizio provvisorio, anche di singoli rami, in funzione del migliore realizzo.

Se gli amministratori omettono la convocazione di cui al comma precedente, il tribunale vi provvede su istanza di singoli soci o amministratori, ovvero dei sindaci, e, nel caso in cui l'assemblea non si costituisca o non deliberi, adotta con decreto le decisioni ivi previste.

L'assemblea può sempre modificare, con le maggioranze richieste per le modificazioni dell'atto costitutivo o dello statuto, le deliberazioni di cui al primo comma.

I liquidatori possono essere revocati dall'assemblea o, quando sussiste una giusta causa, dal tribunale su istanza di soci, dei sindaci o del pubblico ministero.

• Gli amministratori sono tenuti a convocare l'assemblea straordinaria affinché deliberi la nomina, il numero dei liquidatori, i criteri di svolgimento di liquidazione. • Il liquidatore svolge **un'attività gestionale attiva**, simile a quella degli amministratori ed acquista il potere di rappresentanza dal momento dell'iscrizione della nomina nel R.I. Per quanto non previsto dall'art. 2487 si applica la disciplina codicistica prevista per gli amministratori. • La **nomina dei liquidatori** da parte dell'autorità giudiziaria, adita ai sensi del secondo comma, configura un provvedimento di volontaria giurisdizione privo di carattere decisorio e, pertanto, non può essere impugnata con ricorso per Cassazione *ex* art. 111 Cost. • La **giusta causa**, prevista dal quarto comma **per la revoca dei liquidatori**, si configura quando gli stessi, non osservando le regole di avvedutezza, capacità e diligenza professionale, tengono comportamenti gravi, ostativi alla corretta gestione della società.

2487 bis. Pubblicità della nomina dei liquidatori ed effetti.

La nomina dei liquidatori e la determinazione dei loro poteri, comunque avvenuta, nonché le loro modificazioni, devono essere iscritte, a loro cura, nel registro delle imprese.

Alla denominazione sociale deve essere aggiunta l'indicazione trattarsi di società in liquidazione.

Avvenuta l'iscrizione di cui al primo comma gli amministratori cessano dalla carica e consegnano ai liquidatori i libri sociali, una situazione dei conti alla data di effetto dello scioglimento ed un rendiconto sulla loro gestione relativo al periodo successivo all'ultimo bilancio approvato. Di tale consegna viene redatto apposito verbale.

• I liquidatori sono tenuti ad iscrivere nel R.I. tutti gli atti riguardanti la propria nomina, la determinazione dei loro poteri e le eventuali modifiche; possono provvedere a ciò anche gli amministratori e i sindaci. • Tale **pubblicità** produce due effetti principali: la modifica della denominazione sociale e la **successione tra amministratori e liquidatori**. La prima consiste nella mera aggiunta alla denominazione sociale dell'espressione "in liquidazione"; la seconda comporta la cessazione dell'incarico in capo agli amministratori e, quindi, il passaggio del potere di rappresentanza ai liquidatori. **L'iscrizione ha efficacia costitutiva.**

2487 ter. Revoca dello stato di liquidazione.

La società può in ogni momento revocare lo stato di liquidazione, occorrendo previa eliminazione della causa di scioglimento, con deliberazione dell'assemblea presa con le maggioranze richieste per le modificazioni dell'atto costitutivo o dello statuto. Si applica l'articolo 2436.

La revoca ha effetto solo dopo sessanta giorni dall'iscrizione nel registro delle imprese della relativa deliberazione, salvo che consti il consenso dei creditori della società o il pagamento dei creditori che non hanno dato il consenso. Qualora nel termine suddetto i creditori anteriori all'iscrizione abbiano fatto opposizione, si applica l'ultimo comma dell'articolo 2445.

• La revoca dello stato di liquidazione assicura la prosecuzione dell'attività societaria mediante **l'inversione dello scopo da liquidativo a lucrativo**. Essa non comporta la nascita di un ente nuovo e separato rispetto a quello precedente, ma solo la sua **reviviscenza allo stato antecedente al realizzarsi della causa di scioglimento**. • Il *dies a quo* a partire dal quale l'assemblea può deliberare la revoca è individuato o nel momento in cui si verifica lo stato di liquidazione o nel momento in cui ha inizio la liquidazione con la nomina dei liquidatori; il *dies ad quem*, invece, si colloca nel momento in cui la società è cancellata dal R.I.

2488. Organi sociali.

Le disposizioni sulle decisioni dei soci, sulle assemblee e sugli organi amministrativi e di controllo si applicano, in quanto compatibili, anche durante la liquidazione.

• Il rinvio operato dal legislatore alle disposizioni generali, in quanto compatibili, trova giustificazione nel fatto che con la liquidazione **la società non si estingue ma continua a conservare la propria soggettività giuridica**. Si applicano, in quanto compatibili, le disposizioni riguardanti sia il sistema di amministrazione e controllo tradizionale sia quello dualistico e monistico.

2489. Poteri, obblighi e responsabilità dei liquidatori.

Salvo diversa disposizione statutaria, ovvero adottata in sede di nomina, i liquidatori hanno il potere di compiere tutti gli atti utili per la liquidazione della società.

I liquidatori debbono adempiere i loro doveri con la professionalità e diligenza richieste dalla natura dell'incarico e la loro responsabilità per i danni derivanti dall'inosservanza di tali doveri è disciplinata secondo le norme in tema di responsabilità degli amministratori.

• La norma, nell'individuare i poteri dei liquidatori, utilizza il criterio dell'utilità. Sono atti utili tutti quelli diretti alla **conservazione del patrimonio in prospettiva della sua monetizzazione e liquidazione**. • I liquidatori rispondono ogniqualvolta violano i propri doveri, sia per il compimento di atti contrari alla legge e alle delibere assembleari sia per il non aver agito al fine di limitare i pregiudizi derivanti dai propri atti. • I liquidatori responsabili sono tenuti al **risarcimento dei danni** arrecati, salvo chi, con apposita comunicazione all'organo di controllo, manifesti il proprio dissenso.

2490. Bilanci in fase di liquidazione.

I liquidatori devono redigere il bilancio e presentarlo, alle scadenze previste per il bilancio di esercizio della società, per l'approvazione all'assemblea o, nel caso previsto dal terzo comma dell'articolo 2479, ai soci. Si applicano, in quanto compatibili con la natura, le finalità e lo stato della liquidazione, le disposizioni degli articoli 2423 e seguenti.

Nella relazione i liquidatori devono illustrare l'andamento, le prospettive, anche temporali, della liquidazione, ed i principi e criteri adottati per realizzarla.

Nella nota integrativa i liquidatori debbono indicare e motivare i criteri di valutazione adottati.

Nel primo bilancio successivo alla loro nomina i liquidatori devono indicare le variazioni nei criteri di valutazione adottati rispetto all'ultimo bilancio approvato, e le ragioni e conseguenze di tali variazioni. Al medesimo bilancio deve essere allegata la documentazione consegnata dagli amministratori a norma del terzo comma dell'articolo 2487-bis, con le eventuali osservazioni dei liquidatori.

Quando sia prevista una continuazione, anche parziale, dell'attività di impresa, le relative poste di bilancio devono avere una indicazione separata; la relazione deve indicare le ragioni e le prospettive della continuazione; la nota integrativa deve indicare e motivare i criteri di valutazione adottati.

Qualora per oltre tre anni consecutivi non venga depositato il bilancio di cui al presente articolo, la società è cancellata d'ufficio dal registro delle imprese con gli effetti previsti dall'articolo 2495.

• I liquidatori, al fine di una corretta gestione e conservazione del patrimonio sociale, sono titolari del **potere-dovere di tenuta delle scritture contabili**. • Essi hanno l'obbligo di redigere i bilanci in fase di liquidazione e sottoporli all'approvazione dell'assemblea o, nella sola ipotesi di cui all'art. 2479, co. 3, dei soci. • Per la redazione dei bilanci di liquidazione si applicano, **in quanto compatibili**, gli artt. 2423 ss.; difatti, venendo meno il principio del *going concern*, non si può non tener conto della circostanza che il patrimonio, oggetto della rappresentazione contabile, è destinato alla liquidazione e non alla produzione. • I bilanci di liquidazione, al pari degli altri bilanci, sono strutturati in stato patrimoniale, conto economico, rendiconto finanziario e nota integrativa; necessitano, inoltre, di una relazione dei liquidatori, nella quale si illustra l'andamento della procedura e l'eventuale corrispondenza tra voluto e realizzato.

2491. Poteri e doveri particolari dei liquidatori.

Se i fondi disponibili risultano insufficienti per il pagamento dei debiti sociali, i liquidatori possono chiedere proporzionalmente ai soci i versamenti ancora dovuti.

I liquidatori non possono ripartire tra i soci acconti sul risultato della liquidazione, salvo che dai bilanci risulti che la ripartizione non incide sulla disponibilità di somme idonee alla integrale e tempestiva soddisfazione dei creditori sociali; i liquidatori possono condizionare la ripartizione alla prestazione da parte del socio di idonee garanzie.

I liquidatori sono personalmente e solidalmente responsabili per i danni cagionati ai creditori sociali con la violazione delle disposizioni del comma precedente.

• L'art. 2491 disciplina poteri e doveri particolari che gravano sui liquidatori al verificarsi di determinate condizioni. • Il primo comma introduce un nuovo **meccanismo di finanziamento** mediante il quale i liquidatori richiedono ai soci i versamenti ancora dovuti laddove i fondi disponibili siano insufficienti al soddisfacimento i creditori. • Il secondo comma, invece, riconosce ai liquidatori il potere di ripartire tra i soci gli acconti sul risultato della gestione, purché ciò non incida sull'integrale soddisfazione dei creditori. Quindi, la *ratio* della norma è, in entrambi i casi, **l'integrale e tempestiva soddisfazione dei creditori.**

2492. Bilancio finale di liquidazione.

Compiuta la liquidazione, i liquidatori devono redigere il bilancio finale, indicando la parte spettante a ciascun socio o azione nella divisione dell'attivo.

Il bilancio, sottoscritto dai liquidatori e accompagnato dalla relazione dei sindaci e del soggetto incaricato di effettuare la revisione legale dei conti, è depositato presso l'ufficio del registro delle imprese.

Nei novanta giorni successivi all'iscrizione dell'avvenuto deposito, ogni socio può proporre reclamo davanti al tribunale in contraddittorio dei liquidatori.

I reclami devono essere riuniti e decisi in unico giudizio, nel quale tutti i soci possono intervenire. La trattazione della causa ha inizio quando sia decorso il termine suddetto. La sentenza fa stato anche riguardo ai non intervenuti.

• Una volta conclusa la liquidazione, i liquidatori sono tenuti a redigere il **bilancio finale specificando il piano di riparto.** • Il bilancio e il piano di riparto assolvono a scopi diversi: il primo, indicando gli esiti della liquidazione svolta con particolare riferimento all'eventuale residuo attivo, ai ricavi ottenuti, alle spese sostenute, svolge una mera **funzione informativa;** il secondo, invece, introduce una **proposta di ripartizione di ciò che è residuato.** • Il bilancio deve essere depositato presso l'ufficio del R.I. al fine di garantire il diritto dei soci alla distribuzione del residuo attivo e il diritto di presentare reclamo al tribunale. • Con l'azione di **reclamo** il legislatore riconosce ai soli soci la possibilità di **contestare il bilancio,** impedendo così l'approvazione tacita dello stesso e la liberazione dei liquidatori. Questi, se il reclamo viene accolto, sono tenuti a redigere un nuovo bilancio che rispetti le statuizioni dell'autorità giudiziaria.

2493. Approvazione tacita del bilancio.

Decorso il termine di novanta giorni senza che siano stati proposti reclami, il bilancio finale di liquidazione s'intende approvato, e i liquidatori, salvi i loro obblighi relativi alla distribuzione dell'attivo risultante dal bilancio, sono liberati di fronte ai soci.

Indipendentemente dalla decorrenza del termine, la quietanza, rilasciata senza riserve all'atto del pagamento dell'ultima quota di riparto, importa approvazione del bilancio.

• La norma distingue due tipologie di approvazione tacita. La prima si configura quando i soci, disinteressandosi, non propongono alcun reclamo nel termine indicato; la seconda quando, indipendentemente dalla decorrenza del suddetto termine, sia stato ripartito tra i soci tutto l'attivo e sia stata rilasciata, senza riserve, quietanza di pagamento dell'ultima quota di riparto.

2494. Deposito delle somme non riscosse.

Le somme spettanti ai soci, non riscosse entro novanta giorni dall'iscrizione dell'avvenuto deposito del bilancio a norma dell'articolo 2492, devono essere depositate presso una banca con l'indicazione del cognome e del nome del socio o dei numeri delle azioni, se queste sono al portatore.

• La norma in esame contempla un'ipotesi di **deposito liberatorio**, il quale persegue tre precipue finalità: tutelare il diritto dei soci alla percezione della propria quota di liquidazione; evitare che la mancata riscossione delle quote sociali impedisca o interrompa la procedura liquidatoria e la conseguenziale cancellazione della società; esonerare da ogni responsabilità i liquidatori.

2495. Cancellazione della società.

Approvato il bilancio finale di liquidazione, i liquidatori devono chiedere la cancellazione della società dal registro delle imprese.

Ferma restando l'estinzione della società, dopo la cancellazione i creditori sociali non soddisfatti possono far valere i loro crediti nei confronti dei soci, fino alla concorrenza delle somme da questi riscosse in base al bilancio finale di liquidazione, e nei confronti dei liquidatori, se il mancato pagamento è dipeso da colpa di questi. La domanda, se proposta entro un anno dalla cancellazione, può essere notificata presso l'ultima sede della società.

• Il procedimento di liquidazione si considera concluso solo a seguito della cancellazione della società dal R.I., la quale ne determina l'**estinzione** indipendentemente dall'esistenza di rapporti giuridici pendenti. Questi ultimi faranno, quindi, capo ai soci, delineando così un fenomeno successorio. • La cancellazione priva la società della capacità di stare in giudizio. • In virtù del fenomeno successorio di cui sopra, i creditori insoddisfatti possono agire contro i soci per far valere i propri crediti, in quanto l'estinzione della società non determina l'estinzione dei suoi debiti. • I liquidatori rispondono se il mancato pagamento è dovuto a colpa, intesa come inosservanza della diligenza e professionalità richiesta dalla natura dell'incarico. Essi sono responsabili personalmente ed illimitatamente e, laddove soddisfino in tutto o in parte i debiti sociali, sono legittimati ad esercitare azione di rivalsa nei confronti dei soci.

2496. Deposito dei libri sociali.
Compiuta la liquidazione, la distribuzione dell'attivo o il deposito indicato nell'articolo 2494, i libri della società devono essere depositati e conservati per dieci anni presso l'ufficio del registro delle imprese; chiunque può esaminarli, anticipando le spese.

Capo IX
Direzione e coordinamento di società

2497. Responsabilità.
Le società o gli enti che, esercitando attività di direzione e coordinamento di società, agiscono nell'interesse imprenditoriale proprio o altrui in violazione dei princìpi di corretta gestione societaria e imprenditoriale delle società medesime, sono direttamente responsabili nei confronti dei soci di queste per il pregiudizio arrecato alla redditività ed al valore della partecipazione sociale, nonché nei confronti dei creditori sociali per la lesione cagionata all'integrità del patrimonio della società. Non vi è responsabilità quando il danno risulta mancante alla luce del risultato complessivo dell'attività di direzione e coordinamento ovvero integralmente eliminato anche a seguito di operazioni a ciò dirette.

Risponde in solido chi abbia comunque preso parte al fatto lesivo e, nei limiti del vantaggio conseguito, chi ne abbia consapevolmente tratto beneficio.

Il socio ed il creditore sociale possono agire contro la società o l'ente che esercita l'attività di direzione e coordinamento, solo se non sono stati soddisfatti dalla società soggetta alla attività di direzione e coordinamento.

Nel caso di fallimento, liquidazione coatta amministrativa e amministrazione straordinaria di società soggetta ad altrui direzione e coordinamento, l'azione spettante ai creditori di questa è esercitata dal curatore o dal commissario liquidatore o dal commissario straordinario.

• La norma di apertura del Capo IX dedicato all'attività di "*direzione e coordinamento*" non definisce mai la nozione di "*gruppo*", dimostrando la chiara volontà del legislatore di ritenere prevalente, come aspetto fondamentale della disciplina, la *tutela della posizione dei soci di minoranza e dei creditori della società eterodiretta*, i quali possono agire direttamente nei confronti della società o ente capogruppo in presenza, rispettivamente, di un pregiudizio alla redditività o al valore della partecipazione sociale e di una lesione all'integrità del patrimonio sociale. • L'azione di responsabilità sarà proponibile solo qualora il soggetto *holding* abbia agito, nell'interesse proprio o altrui, in violazione dei principi di corretta gestione societaria e imprenditoriale delle società eterodirette; in ogni caso, in accoglimento della teoria dei cd. *vantaggi compensativi*, la responsabilità non sussisterà quando il danno risulti mancante alla luce del risultato complessivo dell'attività di direzione e coordinamento ovvero integralmente eliminato con azioni specifiche. • Il secondo comma, prevedendo una responsabilità solidale per chi abbia preso parte al fatto lesivo o chi ne abbia tratto consapevolmente beneficio, consente di estendere l'applicazione della norma anche alle persone fisiche. • Dal punto di vista procedurale, l'azione nei confronti della capogruppo potrà essere vittoriosamente esperita soltanto qualora i legittimati attivi non siano stati preventivamente soddisfatti dalla società eterodiretta; peraltro, nel caso in cui quest'ultima dovesse essere sottoposta ad una procedura concorsuale, l'azione del ceto creditorio dovrà essere esercitata dagli organi della procedura stessa.

2497 bis. Pubblicità.

La società deve indicare la società o l'ente alla cui attività di direzione e coordinamento è soggetta negli atti e nella corrispondenza, nonché mediante iscrizione, a cura degli amministratori, presso la sezione del registro delle imprese di cui al comma successivo.

È istituita presso il registro delle imprese apposita sezione nella quale sono indicate le società o gli enti che esercitano attività di direzione e coordinamento e quelle che vi sono soggette.

Gli amministratori che omettono l'indicazione di cui al comma primo ovvero l'iscrizione di cui al comma secondo, o le mantengono quando la soggezione è cessata, sono responsabili dei danni che la mancata conoscenza di tali fatti abbia recato ai soci o ai terzi.

La società deve esporre, in apposita sezione della nota integrativa, un prospetto riepilogativo dei dati essenziali dell'ultimo bilancio della società o dell'ente che esercita su di essa l'attività di direzione e coordinamento.

Parimenti, gli amministratori devono indicare nella relazione sulla gestione i rapporti intercorsi con chi esercita l'attività di direzione e coordinamento e con le altre società che vi sono soggette, nonché l'effetto che tale attività ha avuto sull'esercizio dell'impresa sociale e sui suoi risultati.

• L'art. 2497-*bis* disciplina gli adempimenti concernenti la **pubblicità** del legame di gruppo, posti a carico della società sottoposta ad altrui attività di direzione e coordinamento e generalmente qualificati in termini di *pubblicità-notizia.* La società eterodiretta dovrà, infatti, indicare la sottoposizione alla direzione e coordinamento altrui negli atti e nella corrispondenza nonché renderla nota ai terzi mediante l'iscrizione, a cura degli amministratori, presso apposita sezione del Registro delle Imprese. • Gli ultimi due commi della disposizione attengono, invece, alla pubblicità richiesta con riguardo all'informazione contabile.

2497 ter. Motivazione delle decisioni.

Le decisioni delle società soggette ad attività di direzione e coordinamento, quando da questa influenzate, debbono essere analiticamente motivate e recare puntuale indicazione delle ragioni e degli interessi la cui valutazione ha inciso sulla decisione. Di esse viene dato adeguato conto nella relazione di cui all'articolo 2428.

• L'obbligo di analitica motivazione previsto dell'art. 2497-*ter* trova la propria *ratio* nella necessità di consentire la verifica dell'entità dell'influenza esercitata dalla capogruppo su alcune delle decisioni assunte dalla società sottoposta a direzione e coordinamento.

2497 quater. Diritto di recesso.

Il socio di società soggetta ad attività di direzione e coordinamento può recedere:

a) quando la società o l'ente che esercita attività di direzione e coordinamento ha deliberato una trasformazione che implica il mutamento del suo scopo sociale, ovvero ha deliberato una modifica del suo oggetto sociale consentendo l'esercizio di attività che alterino in modo sensibile e diretto le condizioni economiche e patrimoniali della società soggetta ad attività di direzione e coordinamento;

b) quando a favore del socio sia stata pronunciata, con decisione esecutiva, condanna di chi esercita attività di direzione e coordinamento ai sensi dell'articolo 2497; in tal caso il diritto di recesso può essere esercitato soltanto per l'intera partecipazione del socio;

c) all'inizio ed alla cessazione dell'attività di direzione e coordinamento, quando non si tratta di una società con azioni quotate in mercati regolamentati e ne deriva un'alterazione delle condizioni di rischio dell'investimento e non venga promossa un'offerta pubblica di acquisto.

Si applicano, a seconda dei casi ed in quanto compatibili, le disposizioni previste per il diritto di recesso del socio nella società per azioni o in quella a responsabilità limitata

• L'art. 2497-*quater* introduce delle specifiche **cause di recesso** che consentano al socio della società sottoposta ad altrui direzione e coordinamento di uscire dalla compagine sociale in presenza di eventi che incidano sull'investimento effettuato e ne modifichino le condizioni di rischio. Le situazioni che legittimano il recesso sono: eventuali trasformazioni che implicano il mutamento dello scopo sociale ovvero modifiche dell'oggetto sociale che alterino sensibilmente le condizioni economico-patrimoniali della società controllata (lett. *a*); pronuncia di condanna nei confronti della *holding* ai sensi dell'art. 2497 c.c. (lett. *b*); in caso di società non quotate, a determinate condizioni, l'inizio e la fine dell'attività di direzione e coordinamento (lett. *c*).

2497 quinquies. Finanziamenti nell'attività di direzione e coordinamento.
Ai finanziamenti effettuati a favore della società da chi esercita attività di direzione e coordinamento nei suoi confronti o da altri soggetti ad essa sottoposti si applica l'articolo 2467.

• La norma, richiamando la disciplina prevista per i finanziamenti dei soci di s.r.l. *sub* art. 2467, costituisce un disincentivo al sovvenzionamento di una società eterodiretta mediante un'operazione con capitale di credito piuttosto che con conferimento. Infatti, il rimborso del finanziamento infra-gruppo effettuato alle condizioni di cui all'art. 2467 sarà legalmente **postergato** rispetto alla soddisfazione degli altri creditori. • La disposizione estende il proprio alveo applicativo sia ai finanziamenti effettuati dalla società capogruppo sia a quelli realizzati dalle società "*sorelle*".

2497 sexies. Presunzioni.
Ai fini di quanto previsto nel presente capo, si presume salvo prova contraria che l'attività di direzione e coordinamento di società sia esercitata dalla società o ente tenuto al consolidamento dei loro bilanci o che comunque le controlla ai sensi dell'articolo 2359.

• La disposizione in commento sancisce una **presunzione** di esercizio dell'attività di direzione e coordinamento in capo al *soggetto che sia tenuto al consolidamento dei bilanci* ovvero che detenga il *controllo* di una società, ai sensi dell'art. 2359. • Si tratta di una presunzione *iuris tantum*, in quanto è ammessa la prova contraria.

2497 septies. Coordinamento fra società.
Le disposizioni del presente capo si applicano altresì alla società o all'ente che, fuori dalle ipotesi di cui all'articolo 2497-sexies, esercita attività di direzione e coordinamento di società sulla base di un contratto con le società medesime o di clausole dei loro statuti.

• L'art. 2497-*septies*, sancendo l'applicabilità delle disposizioni del Capo IX all'attività di direzione e coordinamento regolata da fattispecie contrattuali, legittima le manifestazioni di autonomia privata volte a disciplinare i rapporti tra la *holding* e i soggetti eterodiretti, anche in mancanza della posizione di controllo prevista dalla norma precedente.

Capo X
Della trasformazione, della fusione e della scissione

Sezione I
Della trasformazione

2498. Continuità dei rapporti giuridici.
Con la trasformazione l'ente trasformato conserva i diritti e gli obblighi e prosegue in tutti i rapporti anche processuali dell'ente che ha effettuato la trasformazione.

• **La trasformazione** è l'istituto che consente a un ente giuridico di **modificare il proprio modello organizzativo,** mantenendo inalterati diritti e obblighi e proseguendo in tutti i rapporti (anche processuali) senza soluzione di continuità. • La sua **funzione** consiste nell'adattamento della veste giuridica dell'ente alle nuove esigenze economiche evitando il duplice passaggio della **liquidazione** dell'ente originario e della **costituzione** di uno nuovo. • Essa rappresenta una **alternativa allo scioglimento** della società nelle ipotesi previste dagli artt. 2447 (riduzione del capitale sociale al di sotto del limite legale nella s.p.a.), 2482-*ter* (riduzione del capitale al di-sotto del minimo legale nella s.r.l.), 2323 (cause di scioglimento della s.a.s.), 2458 (cessazione dall'ufficio di tutti i soci amministratori nella s.a.p.a.). • La disposizione enuncia quindi il c.d. **principio di continuità** (Cass. s.u. 23019/2007), in forza del quale la trasformazione ha **natura modificativa**.

2499. Limiti alla trasformazione.

Può farsi luogo alla trasformazione anche in pendenza di procedura concorsuale, purché non vi siano incompatibilità con le finalità o lo stato della stessa.

• La norma contiene due limiti alla **trasformazione in pendenza di procedura concorsuale**: non devono sussistere incompatibilità né con la finalità della procedura né con lo statuto della società. **La trasformazione è ammissibile anche in pendenza di liquidazione.** • Secondo l'opinione prevalente, **la trasformazione non comporta automaticamente una revoca implicita della liquidazione,** poiché essa potrebbe essere realizzata proprio al fine di agevolare le operazioni di liquidazione; fermo restando che la società potrebbe deliberare contestualmente sia la **revoca espressa** della liquidazione sia la trasformazione sotto la **condizione sospensiva dell'efficacia della revoca della liquidazione**.

2500. Contenuto, pubblicità ed efficacia dell'atto di trasformazione.

La trasformazione in società per azioni, in accomandita per azioni o a responsabilità limitata deve risultare da atto pubblico, contenente le indicazioni previste dalla legge per l'atto di costituzione del tipo adottato.

L'atto di trasformazione è soggetto alla disciplina prevista per il tipo adottato ed alle forme di pubblicità relative, nonché alla pubblicità richiesta per la cessazione dell'ente che effettua la trasformazione.

La trasformazione ha effetto dall'ultimo degli adempimenti pubblicitari di cui al comma precedente.

• La trasformazione si perfeziona con un **unico atto**: la decisione di trasformazione, che deve essere **iscritta nel registro delle imprese**, e alla quale non deve seguire alcun atto esecutivo. Questa è una rilevante differenza rispetto alla **fusione** ed alla **scissione** che si perfezionano, invece, a seguito di un procedimento che consta di due atti distinti: la decisione di fusione (o scissione) e il successivo atto esecutivo dell'operazione. • Il secondo comma richiede una **duplice pubblicità**: quella per l'estinzione dell'ente e quella per la sua costituzione. L'efficacia della trasformazione decorre dall'ultimo degli adempimenti pubblicitari: tale previsione agevola la **corretta informazione dei terzi che entrano in contatto con la società**. • Quanto agli **effetti della trasformazione** la dottrina sostiene sia l'ammissibilità del **termine iniziale**, sia l'ammissibilità della **condizione sospensiva**, ove si propenda per la generica ammissibilità delle delibere condizionate. • Non è possibile, invece, l'apposizione di un **termine finale** o di una **condizione risolutiva** perché si violerebbe il **principio di stabilità degli effetti societari** ricavabile dall'art. 2500-*bis*.

2500 bis. Invalidità della trasformazione.

Eseguita la pubblicità di cui all'articolo precedente, l'invalidità dell'atto di trasformazione non può essere pronunciata.

Resta salvo il diritto al risarcimento del danno eventualmente spettante ai partecipanti all'ente trasformato ed ai terzi danneggiati dalla trasformazione.

• La norma ribadisce la logica conservativa sottesa al **principio di stabilità degli atti societari,** la quale è attuata mediante l'**efficacia sanante della pubblicità.** • **A tutela dei terzi** che devono poter fare sicuro affidamento sui rapporti instaurati con l'ente che si trasforma, si prevede che l'eventuale invalidità dell'atto di trasformazione non possa essere pronunciata una volta che la trasformazione sia diventata efficace. • Di conseguenza, al fine di garantire la stabilità degli effetti della trasformazione è stata apprestata, per i danneggiati, soltanto una **tutela di carattere obbligatorio** (risarcimento dei danni) e **non una tutela reale**.

2500 ter. Trasformazione di società di persone.

Salvo diversa disposizione del contratto sociale, la trasformazione di società di persone in società di capitali è decisa con il consenso della maggioranza dei soci determinata secondo la parte attribuita a ciascuno negli utili; in ogni caso al socio che non ha concorso alla decisione spetta il diritto di recesso.

Nei casi previsti dal precedente comma il capitale della società risultante dalla trasformazione deve essere determinato sulla base dei valori attuali degli elementi dell'attivo e del passivo e deve risultare da relazione di stima redatta a norma dell'articolo 2343 ovvero dalla documentazione di cui all'articolo 2343-ter ovvero, infine, nel caso di società a responsabilità limitata, dell'articolo 2465. Si applicano altresì, nel caso di società per azioni o in accomandita per azioni, il secondo, terzo e, in quanto compatibile, quarto comma dell'articolo 2343 ovvero, nelle ipotesi di cui al primo e secondo comma dell'articolo 2343-ter, il terzo comma del medesimo articolo.

• La norma in esame, nel rispetto delle istanze di semplificazione sottese alla disciplina della trasformazione, **deroga al principio di unanimità** sancito dall'**art. 2252** per favorire la trasformazione di società di persone in società di capitali. Il **principio maggioritario** opera a meno che non vi sia una clausola di segno contrario, che preveda l'unanimità per la decisione di trasformazione. • Al socio che non abbia concorso alla decisione spetta il **diritto di recesso**. • Ogni volta che un ente diverso da una società di capitali si trasforma in società di capitali **è indispensabile la relazione di stima**. • Nell'ipotesi (non disciplinata dal codice ma ritenuta comunque configurabile) di **trasformazione di società di persone in altra società di persone**, la decisione di trasformazione dovrà essere **adottata all'unanimità**.

2500 quater. Assegnazione di azioni o quote.

Nel caso previsto dall'articolo 2500-ter, ciascun socio ha diritto all'assegnazione di un numero di azioni o di una quota proporzionale alla sua partecipazione, salvo quanto disposto dai commi successivi.

Il socio d'opera ha diritto all'assegnazione di un numero di azioni o di una quota in misura corrispondente alla partecipazione che l'atto costitutivo gli riconosceva precedentemente alla trasformazione o, in mancanza, d'accordo tra i soci ovvero, in difetto di accordo, determinata dal giudice secondo equità.

Nelle ipotesi di cui al comma precedente, le azioni o quote assegnate agli altri soci si riducono proporzionalmente.

• Logico corollario della ricostruzione della trasformazione alla stregua di una **vicenda meramente modificativa**, è la previsione – ritenuta da alcuni inderogabile – della necessaria **assegnazione** a ciascun socio di un numero di azioni o di una quota **proporzionale** alla sua partecipazione, la cui misura resta immutata. • La norma chiarisce anche la sorte del socio d'opera in occasione della trasformazione e precisa, per quanto riguarda la ripartizione del capitale, che l'assegnazione in favore del **socio d'opera** determina una riduzione proporzionale delle partecipazioni degli altri soci; l'obbligo di prestare **l'opera persiste per il socio d'opera** proprio perché la sua quota di partecipazione resta invariata. Se la trasformazione è in **s.p.a.** o in **s.a.p.a.**, l'apporto lavorativo assumerà le forme di una **prestazione accessoria** *ex* art. 2345 ; mentre, se è in **s.r.l.**, l'opera continuerà sotto forma di **conferimento** e saranno necessarie sia la fideiussione *ex* art. 2464, co. 6, che la relazione di stima *ex* art. 2465.

2500 quinquies. Responsabilità dei soci.

La trasformazione non libera i soci a responsabilità illimitata dalla responsabilità per le obbligazioni sociali sorte prima degli adempimenti previsti dal terzo comma dell'articolo 2500, se non risulta che i creditori sociali hanno dato il loro consenso alla trasformazione.

Il consenso si presume se i creditori, ai quali la deliberazione di trasformazione sia stata comunicata per raccomandata o con altri mezzi che garantiscano la prova dell'avvenuto ricevimento, non lo hanno espressamente negato nel termine di sessanta giorni dal ricevimento della comunicazione.

• Il consenso dei creditori sociali non incide sulla efficacia della trasformazione ma soltanto sulla **responsabilità dei soci per le obbligazioni sociali pregresse**; non è dunque prevista la facoltà dei creditori di opporsi alla trasformazione e **il consenso di questi si estrinseca in una mera** adesione alla modificazione del regime di responsabilità. • Per evitare che la trasformazione diventi uno strumento per sottrarsi al fallimento personale, il permanere della responsabilità dei soci comporta il loro assoggettamento al fallimento, e comunque purché l'insolvenza della società attenga, in tutto o in parte, a debiti già esistenti alla data del venir meno della responsabilità illimitata.

2500 sexies. Trasformazione di società di capitali.

Salvo diversa disposizione dello statuto, la deliberazione di trasformazione di società di capitali in società di persone è adottata con le maggioranze previste per le modifiche dello statuto. È comunque richiesto il consenso dei soci che con la trasformazione assumono responsabilità illimitata.

Gli amministratori devono predisporre una relazione che illustri le motivazioni e gli effetti della trasformazione. Copia della relazione deve restare depositata presso la sede sociale durante i trenta giorni che precedono l'assemblea convocata per deliberare la trasformazione; i soci hanno diritto di prenderne visione e di ottenerne gratuitamente copia.

Ciascun socio ha diritto all'assegnazione di una partecipazione proporzionale al valore della sua quota o delle sue azioni.

I soci che con la trasformazione assumono responsabilità illimitata, rispondono illimitatamente anche per le obbligazioni sociali sorte anteriormente alla trasformazione.

• La disposizione si riferisce alle trasformazioni di società di capitali in società di persone (**c.d. trasformazioni regressive**) e ribadisce il **principio di immodificabilità della posizione del socio** in seguito alla trasformazione. • Salvo diversa disposizione dello statuto, la decisione di trasformarsi viene assunta con maggioranze qualificate, fermo restando il **diritto di recesso dei soci dissenzienti** e la necessità di una manifestazione di assenso da parte dei soci che, con la trasformazione, assumo responsabilità illimitata. • A **tutela dell'interesse dei soci** ad essere **adeguatamente informati sull'operazione**, è prevista la redazione di una relazione illustrativa, a meno che i soci stessi non vi rinuncino all'unanimità. • La norma riafferma anche il **principio dell'art. 2269** in forza del quale chi entra in una società già costituita risponde illimitatamente anche per le obbligazioni sociali anteriori all'acquisto dello *status* di socio e, dunque, al compimento dell'operazione di trasformazione.

2500 septies. Trasformazione eterogenea da società di capitali.

Le società disciplinate nei capi V, VI, VII del presente titolo possono trasformarsi in consorzi, società consortili, società cooperative, comunioni di azienda, associazioni non riconosciute e fondazioni.

Si applica l'articolo 2500-sexies, in quanto compatibile.

La deliberazione deve essere assunta con il voto favorevole dei due terzi degli aventi diritto, e comunque con il consenso dei soci che assumono responsabilità illimitata.

La deliberazione di trasformazione in fondazione produce gli effetti che il capo II del titolo II del Libro primo ricollega all'atto di fondazione o alla volontà del fondatore.

• La trasformazione è: i) **omogenea** quando una società lucrativa cambia il proprio tipo sociale all'interno di quelli legalmente previsti; ii) **eterogenea** quando una società lucrativa assume la forma organizzativa di un ente diverso delle società lucrative o viceversa. **La trasformazione omogenea** può essere o **progressiva** come nel caso di passaggio di società di persone in società di capitali o **regressiva** nel caso di passaggio di società di capitali in società di persone. • Le società di capitali possono inoltre trasformarsi in: i) **consorzio** (o società consortile), purché sussistano i requisiti speciali previsti per tali enti; ii) **società cooperative**, purché ricorrano le particolari condizioni prescritte dalla legge per tali enti; nonché in **comunione di azienda**, in **associazione non riconosciuta** (con mutamento dello scopo da lucrativo ad altruistico o ideale) e, secondo alcuni, in **associazione riconosciuta**.

2500 octies. Trasformazione eterogenea in società di capitali.

I consorzi, le società consortili, le comunioni d'azienda, le associazioni riconosciute e le fondazioni possono trasformarsi in una delle società disciplinate nei capi V, VI e VII del presente titolo.

La deliberazione di trasformazione deve essere assunta, nei consorzi, con il voto favorevole della maggioranza assoluta dei consorziati; nelle comunioni di aziende all'unanimità; nelle società consortili e nelle associazioni con la maggioranza richiesta dalla legge o dall'atto costitutivo per lo scioglimento anticipato.

La trasformazione di associazioni in società di capitali può essere esclusa dall'atto costitutivo o, per determinate categorie di associazioni, dalla legge; non è comunque ammessa per le associazioni che abbiano ricevuto contributi pubblici oppure liberalità e oblazioni del pubblico Il capitale sociale della società risultante dalla trasformazione è diviso in parti uguali fra gli associati, salvo diverso accordo tra gli stessi.

La trasformazione di fondazioni in società di capitali è disposta dall'autorità governativa, su proposta dell'organo competente. Le azioni o quote sono assegnate secondo le disposizioni dell'atto di fondazione o, in mancanza, dell'articolo 31.

• La norma disciplina l'ipotesi speculare a quella dell'art. 2500-*septies*, ovvero la **trasformazione eterogenea di altri enti associativi in società di capitali**; sono analiticamente elencate le maggioranze necessarie a seconda degli enti coinvolti nella trasformazione. • Sono in ogni caso **escluse dalla trasformazione in società di capitali le società cooperative**, in ragione del divieto di trasformazione in società lucrative.

2500 novies. Opposizione dei creditori.

In deroga a quanto disposto dal terzo comma dell'articolo 2500, la trasformazione eterogenea ha effetto dopo sessanta giorni dall'ultimo degli adempimenti pubblicitari previsti dallo stesso articolo, salvo che consti il consenso dei creditori o il pagamento dei creditori che non hanno dato il consenso.

I creditori possono, nel suddetto termine di sessanta giorni, fare opposizione. Si applica in tal caso l'ultimo comma dell'articolo 2445.

• La disposizione rappresenta una norma di chiusura applicabile a **tutte le ipotesi di trasformazione eterogenea**, con lo scopo di garantire la **tutela dei creditori sociali** che potrebbero risultare pregiudicati dall'operazione. • I creditori legittimati all'opposizione sono quelli anteriori alla avvenuta pubblicità di cui all'art. 2500, co. 2. • Si applica, in via analogica, **l'ultimo comma dell'art. 2445** in tema di riduzione del capitale sociale secondo cui il tribunale, quando ritenga infondato il pericolo di pregiudizio per i creditori o la società abbia prestato idonea garanzia, dispone che l'operazione abbia luogo nonostante l'opposizione.

Sezione II
Della fusione delle società

2501. Forme di fusione.

La fusione di più società può eseguirsi mediante la costituzione di una nuova società, o mediante l'incorporazione in una società di una o più altre.

La partecipazione alla fusione non è consentita alle società in liquidazione che abbiano iniziato la distribuzione dell'attivo.

• La partecipazione alla fusione non è consentita alle società in liquidazione che abbiano iniziato la distribuzione dell'attivo. **La fusione** identifica **l'unificazione di due o più soggetti precedentemente distinti** dal punto di vista giuridico; essa attua un fenomeno di concentrativo che, a seconda delle diverse modalità di esecuzione, può essere così distinto: – **fusione in senso stretto (fusione propria)**, che si realizza mediante la costituzione di una nuova società con estinzione di tutte le società preesistenti; – **fusione per incorporazione (fusione impropria)** che si realizza mediante l'incorporazione in una società preesistente di una o più altre società (incorporate), tranne l'incorporante.

• Le partecipazioni della società risultante o incorporante sono assegnate ai soci delle società fuse o incorporate diversamente dal **conferimento di azienda** in cui tali partecipazioni sono assegnate alla società conferente. • **La preminente funzione** della fusione è quella di **favorire la concentrazione delle imprese societarie**, evitando la duplice operazione della liquidazione delle società di partenza e della costituzione di una nuova società, con vantaggi sia fiscali sia in termini di continuità dell'attività sociale. • La dottrina prevalente e la giurisprudenza di legittimità (Cass. s.u. 2637/2006) sostengono che la fusione abbia **natura giuridica di modifica dell'atto costitutivo**.

2501 bis. Fusione a seguito di acquisizione con indebitamento.

Nel caso di fusione tra società, una delle quali abbia contratto debiti per acquisire il controllo dell'altra, quando per effetto della fusione il patrimonio di quest'ultima viene a costituire garanzia generica o fonte di rimborso di detti debiti, si applica la disciplina del presente articolo.

Il progetto di fusione di cui all'articolo 2501-ter deve indicare le risorse finanziarie previste per il soddisfacimento delle obbligazioni della società risultante dalla fusione.

La relazione di cui all'articolo 2501-quinquies deve indicare le ragioni che giustificano l'operazione e contenere un piano economico e finanziario con indicazione della fonte delle risorse finanziarie e la descrizione degli obiettivi che si intendono raggiungere.

La relazione degli esperti di cui all'articolo 2501-sexies, attesta la ragionevolezza delle indicazioni contenute nel progetto di fusione ai sensi del precedente secondo comma.

Al progetto deve essere allegata una relazione del soggetto incaricato della revisione legale dei conti della società obiettivo o della società acquirente.

Alle fusioni di cui al primo comma non si applicano le disposizioni degli articoli 2505 e 2505-bis.

• **La fusione a seguito di acquisizione con indebitamento** (*leveraged buy out*) consiste nell'operazione con la quale una società, dopo aver ottenuto un finanziamento da una banca, acquista una partecipazione di controllo o totalitaria di un'altra società (società bersaglio). Il procedimento si articola in due momenti: i) una società preesistente, o una società specificamente costituita a tal fine, contrae un mutuo (in genere con una banca) per acquistare il controllo di un'altra società. Il creditore mutuante ha la prospettiva di ottenere la restituzione di quanto consegnato grazie al patrimonio della società di cui si acquista il controllo; ii) dopo l'acquisto del controllo della società bersaglio, si procede alla fusione della società bersaglio (incorporata) nell'altra società (incorporante). Il patrimonio della società bersaglio-incorporata, divenuto patrimonio della incorporante, rappresenta il mezzo per rimborsare il debito contratto dalla incorporante per acquistare le partecipazioni della società bersaglio. L'operazione consente alla società incorporante di ottenere un finanziamento che, diversamente, non sarebbe in grado di garantire con il suo patrimonio. • La disciplina richiamata è **inderogabile**, come si ricava dall'ultimo comma dell'art. 2358 in tema di operazioni sulle proprie azioni che fa, in ogni caso, salvo quanto previsto dall'art. 2501-*bis*.

2501 ter. Progetto di fusione.

L'organo amministrativo delle società partecipanti alla fusione redige un progetto di fusione, dal quale devono in ogni caso risultare:

1) il tipo, la denominazione o ragione sociale, la sede delle società partecipanti alla fusione;

2) l'atto costitutivo della nuova società risultante dalla fusione o di quella incorporante, con le eventuali modificazioni derivanti dalla fusione;

3) il rapporto di cambio delle azioni o quote, nonché l'eventuale conguaglio in danaro;

4) le modalità di assegnazione delle azioni o delle quote della società che risulta dalla fusione o di quella incorporante;

5) la data dalla quale tali azioni o quote partecipano agli utili;

6) la data a decorrere dalla quale le operazioni delle società partecipanti alla fusione sono imputate al bilancio della società che risulta dalla fusione o di quella incorporante;

7) il trattamento eventualmente riservato a particolari categorie di soci e ai possessori di titoli diversi dalle azioni;

8) i vantaggi particolari eventualmente proposti a favore dei soggetti cui compete l'amministrazione delle società partecipanti alla fusione.

Il conguaglio in danaro indicato nel numero 3) del comma precedente non può essere superiore al dieci per cento del valore nominale delle azioni o delle quote assegnate.

Il progetto di fusione è depositato per l'iscrizione nel registro delle imprese del luogo ove hanno sede le società partecipanti alla fusione. In alternativa al deposito presso il registro delle imprese il progetto di fusione è pubblicato nel sito Internet della società, con modalità atte a garantire la sicurezza del sito medesimo, l'autenticità dei documenti e la certezza della data di pubblicazione.

Tra l'iscrizione o la pubblicazione nel sito Internet del progetto e la data fissata per la decisione in ordine alla fusione devono intercorrere almeno trenta giorni, salvo che i soci rinuncino al termine con consenso unanime.

• Il **progetto di fusione** è redatto dagli organi amministrativi delle società partecipanti alla fusione e rappresenta **la prima fase del procedimento**, cui fanno seguito la decisione di fusione e l'atto di fusione. • Il contenuto del progetto di fusione è analiticamente illustrato dalla norma; di cruciale rilevanza è l'indicazione del **rapporto di cambio**, che indica la quantità di azioni o quote della nuova società o dell'incorporante che spettano a coloro che erano soci delle società che, a seguito della fusione, si estinguono. Il rapporto di cambio non è una mera traduzione aritmetica del rapporto tra i patrimoni delle società partecipanti alla fusione ma risente anche delle loro prospettive reddituali e della loro collocazione sul mercato.

2501 quater. Situazione patrimoniale.

L'organo amministrativo delle società partecipanti alla fusione redige, con l'osservanza delle norme sul bilancio d'esercizio, la situazione patrimoniale delle società stesse, riferita ad una data non anteriore di oltre centoventi giorni al giorno in cui il progetto di fusione è depositato nella sede della società ovvero pubblicato sul sito Internet di questa.

La situazione patrimoniale può essere sostituita dal bilancio dell'ultimo esercizio, se questo è stato chiuso non oltre sei mesi prima del giorno del deposito o della pubblicazione indicato nel primo comma, ovvero, nel caso di società quotata in mercati regolamentati, dalla relazione finanziaria semestrale prevista dalle leggi speciali, purché non riferita ad una data antecedente sei mesi dal giorno di deposito o pubblicazione indicato al primo comma.

La situazione patrimoniale non è richiesta se vi rinunciano all'unanimità i soci e i possessori di altri strumenti finanziari che attribuiscono il diritto di voto di ciascuna delle società partecipanti alla fusione.

• La redazione della situazione patrimoniale delle società partecipanti alla fusione ad opera dell'organo amministrativo è funzionale a **rendere edotti i creditori della consistenza economica delle società coinvolte nell'operazione** e consente loro di esercitare il diritto di opposizione, riconosciuto e disciplinato dall'art. 2503.

2501 quinquies. Relazione dell'organo amministrativo.

L'organo amministrativo delle società partecipanti alla fusione deve predisporre una relazione che illustri e giustifichi, sotto il profilo giuridico ed economico, il progetto di fusione e in particolare il rapporto di cambio delle azioni o delle quote.

La relazione deve indicare i criteri di determinazione del rapporto di cambio. Nella relazione devono essere segnalate le eventuali difficoltà di valutazione.

L'organo amministrativo segnala ai soci in assemblea e all'organo amministrativo delle altre società partecipanti alla fusione le modifiche rilevanti degli elementi dell'attivo e del passivo eventualmente intervenute tra la data in cui il progetto di fusione è depositato presso la sede della società ovvero pubblicato nel sito Internet di questa e la data della decisione sulla fusione.

La relazione di cui al primo comma non è richiesta se vi rinunciano all'unanimità i soci e i possessori di altri strumenti finanziari che attribuiscono il diritto di voto di ciascuna delle società partecipanti alla fusione.

• La **relazione dell'organo amministrativo** si configura come un documento complementare al progetto, strumentale a **fornire ai soci un'informazione complessiva** sulla stabilità economica e finanziaria delle società interessate dall'operazione; tra i suoi contenuti indefettibili, essa annovera la giustificazione, sotto il profilo economico e giuridico, non solo del progetto di fusione ma anche del rapporto di cambio.

2501 sexies. Relazione degli esperti.

Uno o più esperti per ciascuna società redigono una relazione sulla congruità del rapporto di cambio delle azioni o delle quote, che indichi:

a) il metodo o i metodi seguiti per la determinazione del rapporto di cambio proposto e i valori risultanti dall'applicazione di ciascuno di essi;

b) le eventuali difficoltà di valutazione.

La relazione deve contenere, inoltre, un parere sull'adeguatezza del metodo o dei metodi seguiti per la determinazione del rapporto di cambio e sull'importanza relativa attribuita a ciascuno di essi nella determinazione del valore adottato.

L'esperto o gli esperti sono scelti tra i soggetti di cui al primo comma dell'articolo 2409-bis e, se la società incorporante o la società risultante dalla fusione è una società per azioni o in accomandita per azioni, sono designati dal tribunale del luogo in cui ha sede la società. Se la società è quotata in mercati regolamentati, l'esperto è scelto tra le società di revisione sottoposte alla vigilanza della Commissione Nazionale per le Società e la Borsa.

In ogni caso, le società partecipanti alla fusione possono congiuntamente richiedere al tribunale del luogo in cui ha sede la società risultante dalla fusione o quella incorporante la nomina di uno o più esperti comuni.

Ciascun esperto ha diritto di ottenere dalle società partecipanti alla fusione tutte le informazioni e i documenti utili e di procedere ad ogni necessaria verifica.

L'esperto risponde dei danni causati alle società partecipanti alle fusioni, ai loro soci e ai terzi. Si applicano le disposizioni dell'articolo 64 del codice di procedura civile.

Ai soggetti di cui ai precedenti terzo e quarto comma è altresì affidata, in ipotesi di fusione di società di persone con società di capitali, la relazione di stima del patrimonio della società di persone a norma dell'articolo 2343.

La relazione di cui al primo comma non è richiesta se vi rinunciano all'unanimità i soci e i possessori di altri strumenti finanziari che attribuiscono il diritto di voto di ciascuna società partecipante alla fusione.

• Oggetto specifico della relazione degli esperti è la formulazione di un **parere sull'adeguatezza dei criteri seguiti per la determinazione del rapporto di cambio**, nonché sul rilievo attribuito a ciascun parametro nella quantificazione del valore adottata. La norma precisa i requisiti di professionalità che gli esperti devono possedere e ne elenca diritti e obblighi. • La relazione degli esperti, al pari di quella degli amministratori disciplinata dall'articolo precedente, è prevista nell'interesse particolare dei soci e dei possessori di altri strumenti finanziari partecipativi (s.f.p.), affinché questi possano agire informati ed esprimere il loro voto consapevole sull'operazione che viene loro proposta dall'organo gestorio. Ciò giustifica la possibilità che, **all'unanimità,** i soci e i possessori di s.f.p. rinunzino a tali relazioni.

2501 septies. Deposito di atti.

Devono restare depositati in copia nella sede delle società partecipanti alla fusione ovvero pubblicati sul sito Internet delle stesse, durante i trenta giorni che precedono la decisione in ordine alla fusione, salvo che i soci rinuncino al termine con consenso unanime, e finché la fusione sia decisa:

1) il progetto di fusione con le relazioni, ove redatte, indicate negli articoli 2501-quinquies e 2501-sexies;

2) i bilanci degli ultimi tre esercizi delle società partecipanti alla fusione, con le relazioni dei soggetti cui compete l'amministrazione e la revisione legale;

3) le situazioni patrimoniali della società partecipanti alla fusione ove redatte a norma del-

l'articolo 2501-quater, primo comma, ovvero, nel caso previsto dall'articolo 2501-quater, secondo comma, la relazione finanziaria semestrale.

I soci hanno diritto di prendere visione di questi documenti e di ottenerne gratuitamente copia. Su richiesta del socio le copie gli sono trasmesse telematicamente. La società non è tenuta a fornire copia dei documenti, qualora gli stessi siano stati pubblicati sul sito Internet della società dal quale sia possibile effettuarne liberamente copia o stampa.

• Il deposito previsto dalla norma è funzionale a consentire ai singoli soci di acquisire le informazioni necessarie per poter decidere consapevolmente sull'operazione. • Non è possibile rinunciare al **deposito** dei suddetti documenti presso le sedi sociali o alla pubblicazione sul sito internet della società ma soltanto al **termine per il deposito** e per la pubblicazione degli stessi, dal momento che la formalità pubblicitaria in questione è dettata non solo nell'**interesse dei soci ma anche dei terzi**.

2502. Decisione in ordine alla fusione.

La fusione è decisa da ciascuna delle società che vi partecipano mediante approvazione del relativo progetto. Se l'atto costitutivo o lo statuto non dispongono diversamente, tale approvazione avviene, nelle società di persone, con il consenso della maggioranza dei soci determinata secondo la parte attribuita a ciascuno negli utili, salva la facoltà di recesso per il socio che non abbia consentito alla fusione e, nelle società di capitali, secondo le norme previste per la modificazione dell'atto costitutivo o statuto.

La decisione di fusione può apportare al progetto di cui all'articolo 2501-ter solo le modifiche che non incidono sui diritti dei soci o dei terzi.

• La disposizione impiega per la fusione il termine **"decisa"** e non "deliberata"; da tale scelta terminologica si desume che per le società di persone non è necessario rispettare il metodo collegiale. • In merito alla **"diversa disposizione dell'atto costitutivo"** bisogna distinguere tra società di persone e società di capitali: per le prime non è sufficiente una clausola meramente riproduttiva dell'art. 2252, ma occorre una clausola che preveda l'unanimità per la decisione della fusione; per le seconde, in caso di s.r.l., lo statuto può prevedere un *quorum* minore, uno più elevato o anche l'unanimità; in caso, invece, di s.p.a. è possibile prevedere solo un *quorum* più elevato ed è discusso se possa prevedersi l'unanimità. • La fusione può essere decisa a maggioranza ma **i soci di minoranza hanno tre diverse forme di tutela**: la **maggioranza qualificata** (art. 2369, co. 5), il **diritto di recesso** (artt. 2502, co. 1; 2437, co. 1, lett. b), e 2473, co. 1); il **consenso dei soci che con la trasformazione assumono responsabilità illimitata** (art. 2500-*sexies*, co. 1). • Ulteriore profilo rilevante disciplinato dalla norma attiene alla **modificabilità del progetto di fusione**, a condizione che si tratti di **modificazioni non incidenti sulle posizioni individuali dei soci o sui diritti dei terzi.** In quest'ultimo caso, si fa riferimento ai creditori le cui ragioni di credito siano sorte in un momento successivo al deposito del progetto di fusione, dal momento che il rimedio spettante agli altri creditori coincide con il diritto di opposizione *ex* artt. 2503 e 2503-*bis*. È inoltre possibile, ove vi sia il consenso di tutti i soci di ciascuna delle società partecipanti alla fusione, apportare **modifiche al progetto che incidono sui diritti dei soci**.

2502 bis. Deposito e iscrizione della decisione di fusione.

La deliberazione di fusione delle società previste nei capi V, VI e VII deve essere depositata per l'iscrizione nel registro delle imprese, insieme con i documenti indicati nell'articolo 2501-septies. Si applica l'articolo 2436.

La decisione di fusione delle società previste nei capi II, III e IV deve essere depositata per l'iscrizione nell'ufficio del registro delle imprese, insieme con i documenti indicati nell'articolo 2501-septies; il deposito va effettuato a norma dell'articolo 2436 se la società risultante dalla fusione o quella incorporante è regolata dai capi V, VI, VII.

• La **decisione di fusione**, unitamente a tutto il corredo documentale, deve essere **depositata ed iscritta nel registro delle imprese.** Tali adempimenti pubblicitari sono preceduti dal **controllo notarile** in ordine alla sussistenza delle condizioni stabilite dalla legge (art. 2436). • Secondo l'indirizzo prevalente in giurisprudenza, la decisione di fusione non può essere assunta oltre il **termine di centottanta giorni** dalla approvazione del bilancio o della redazione della situazione patrimoniale aggiornata *ex* art. 2501-*quater*.

2503. Opposizione dei creditori.

La fusione può essere attuata solo dopo sessanta giorni dall'ultima delle iscrizioni previste dall'articolo 2502-bis, salvo che consti il consenso dei creditori delle società che vi partecipano anteriori all'iscrizione o alla pubblicazione prevista nel terzo comma dell'articolo 2501-ter, o il pagamento dei creditori che non hanno dato il consenso, ovvero il deposito delle somme corrispondenti presso una banca, salvo che la relazione di cui all'articolo 2501-sexies sia redatta, per tutte le società partecipanti alla fusione, da un'unica società di revisione la quale asseveri, sotto la propria responsabilità ai sensi del sesto comma dell'articolo 2501-sexies, che la situazione patrimoniale e finanziaria delle società partecipanti alla fusione rende non necessarie garanzie a tutela dei suddetti creditori.

Se non ricorre alcuna di tali eccezioni, i creditori indicati al comma precedente possono, nel suddetto termine di sessanta giorni, fare opposizione. Si applica in tal caso l'ultimo comma dell'articolo 2445.

• La norma si pone come manifestazione del contemperamento tra l'esigenza di celerità del procedimento di fusione, nell'interesse delle società e dei soci, e quella di **tutela dei creditori delle società coinvolte nella fusione**. A causa dell'unificazione dei patrimoni di più società, questi ultimi potrebbero veder pregiudicate le loro ragioni, per effetto della **lesione della garanzia patrimoniale generica**: la società risultante dalla fusione quale debitrice in luogo di quella originaria, infatti, potrebbe versare in una situazione di **insufficienza patrimoniale**. • A **tutela dei creditori** è infatti previsto che l'attuazione della fusione possa aver luogo soltanto una volta che sia decorso il termine per l'opposizione dei creditori (pari a 60 gg. dall'ultima delle formalità pubblicitarie previste). • Il rimedio dell'**opposizione dei creditori** si colloca nel segmento intermedio del procedimento di fusione: esso presuppone l'avvenuta pubblicità del progetto di fusione (e la decisione sulle relative modalità) e interferisce con l'attuazione dell'operazione.

2503 bis. Obbligazioni.

I possessori di obbligazioni delle società partecipanti alla fusione possono fare opposizione a norma dell'articolo 2503, salvo che la fusione sia approvata dall'assemblea degli obbligazionisti.

Ai possessori di obbligazioni convertibili deve essere data facoltà, mediante avviso da pubblicarsi nella Gazzetta Ufficiale della Repubblica italiana almeno novanta giorni prima della iscrizione del progetto di fusione, di esercitare il diritto di conversione nel termine di trenta giorni dalla pubblicazione dell'avviso.

Ai possessori di obbligazioni convertibili che non abbiano esercitato la facoltà di conversione devono essere assicurati diritti equivalenti a quelli loro spettanti prima della fusione, salvo che la modificazione dei loro diritti sia stata approvata dall'assemblea prevista dall'articolo 2415.

2504. Atto di fusione.

La fusione deve risultare da atto pubblico.

L'atto di fusione deve essere depositato per l'iscrizione, a cura del notaio o dei soggetti cui compete l'amministrazione della società risultante dalla fusione o di quella incorporante, entro trenta giorni, nell'ufficio del registro delle imprese dei luoghi ove è posta la sede delle società partecipanti alla fusione, di quella che ne risulta o della società incorporante.

Il deposito relativo alla società risultante dalla fusione o di quella incorporante non può precedere quelli relativi alle altre società partecipanti alla fusione.

• L'atto di fusione deve essere stipulato per **atto pubblico (forma solenne)**, alla cui formazione partecipano gli amministratori muniti della rappresentanza legale della società. • Il deposito dell'atto per l'iscrizione nel registro dell'imprese è un adempimento curato dal notaio; in caso di inerzia di quest'ultimo, vi provvedono i soggetti cui compete l'amministrazione della società risultante dalla fusione. La formalità pubblicitaria ha **natura costitutiva** degli effetti della fusione.

2504 bis. Effetti della fusione.

La società che risulta dalla fusione o quella incorporante assumono i diritti e gli obblighi delle società partecipanti alla fusione, proseguendo in tutti i loro rapporti, anche processuali, anteriori alla fusione.

La fusione ha effetto quando è stata eseguita l'ultima delle iscrizioni prescritte dall'articolo 2504. Nella fusione mediante incorporazione può tuttavia essere stabilita una data successiva.

Per gli effetti ai quali si riferisce il primo comma dell'articolo 2501-ter, numeri 5) e 6), possono essere stabilite date anche anteriori.

Nel primo bilancio successivo alla fusione le attività e le passività sono iscritte ai valori risultanti dalle scritture contabili alla data di efficacia della fusione medesima; se dalla fusione emerge un disavanzo, esso deve essere imputato, ove possibile, agli elementi dell'attivo e del passivo delle società partecipanti alla fusione e, per la differenza e nel rispetto delle condizioni previste dal numero 6 dell'articolo 2426, ad avviamento. Quando si tratta di società che fa ricorso al mercato del capitale di rischio, devono altresì essere allegati alla nota integrativa prospetti contabili indicanti i valori attribuiti alle attività e passività delle società che hanno partecipato alla fusione e la relazione di cui all'articolo 2501-sexies. Se dalla fusione emerge un avanzo, esso è iscritto ad apposita voce del patrimonio netto, ovvero, quando sia dovuto a previsione di risultati economici sfavorevoli, in una voce dei fondi per rischi ed oneri.

La fusione attuata mediante costituzione di una nuova società di capitali ovvero mediante incorporazione in una società di capitali non libera i soci a responsabilità illimitata dalla responsabilità per le obbligazioni delle rispettive società partecipanti alla fusione anteriori all'ulti-ma delle iscrizioni prescritte dall'articolo 2504, se non risulta che i creditori hanno dato il loro consenso.

• La norma enuncia **il principio di continuità dei rapporti giuridici**, anche processuali, relativi alle società partecipanti alla fusione; tale operazione non determina, dal punto di vista giuridico, alcun trasferimento o successione ma una **vicenda modificativo-evolutiva**. • Le iscrizioni prescritte dall'articolo hanno **efficacia di pubblicità costitutiva**, infatti **gli effetti della fusione decorrono dal momento in cui viene eseguita l'ultima delle iscrizioni prescritte**. • Sono altresì disciplinati i possibili disallineamenti temporali dell'operazione in esame: **la postdatazione** degli effetti è prevista solo per la fusione per incorporazione; di contro, la **retrodatazione** degli effetti è configurabile per entrambe le forme di fusione, ma è limitata alla decorrenza della partecipazione agli utili relativi alle partecipazioni attribuite dalla società incorporante ai soci delle società incorporate o fuse.

2504 ter. Divieto di assegnazione di azioni o quote.

La società che risulta dalla fusione non può assegnare azioni o quote in sostituzione di quelle delle società partecipanti alla fusione possedute, anche per il tramite di società fiduciarie o di interposta persona, dalle società medesime.

La società incorporante non può assegnare azioni o quote in sostituzione di quelle delle società incorporate possedute, anche per il tramite di società fiduciaria o di interposta persona, dalle incorporate medesime o dalla società incorporante.

• Il principale **effetto della fusione** consiste nell'**attribuzione delle azioni o delle quote** della società incorporante o della società risultante dalla fusione **ai soci** della società incorporante o delle società partecipanti alla fusione in base al **rapporto di cambio** fissato. • La disposizione, nel prevedere il divieto di assegnazione di partecipazioni proprie alla società incorporante ed alla società risultante dalla fusione, costituisce una manifestazione del principio di **effettività del capitale sociale**. L'obiettivo è perseguito tramite la sterilizzazione delle azioni proprie e, nello specifico, mediante l'inammissibilità di un concambio di azioni a fronte delle azioni dell'incorporata possedute dall'incorporante.

2504 quater. Invalidità della fusione.

Eseguite le iscrizioni dell'atto di fusione a norma del secondo comma dell'articolo 2504, l'invalidità dell'atto di fusione non può essere pronunciata.

Resta salvo il diritto al risarcimento del danno eventualmente spettante ai soci o ai terzi danneggiati dalla fusione.

• La norma è ispirata dall'esigenza di garantire la **stabilità degli atti societari** e la **certezza dei rapporti giuridici.** La tutela dei soggetti danneggiati dall'operazione di fusione non viene prevista sul piano reale ma persiste comunque sul **piano obbligatorio**. È infatti stabilito che, una volta che siano state eseguite tutte le formalità pubblicitarie, **l'invalidità dell'atto di fusione non può essere pronunciata**; l'atto di fusione è dunque **irretrattabile.** • I soci nel lasso di tempo che intercorre tra la decisione di fusione e l'iscrizione dell'atto di fusione potrebbero al più proporre una **impugnazione del verbale** al fine di ottenere la sospensione della stipula dell'atto di fusione; nel caso di postdatazione degli effetti, l'effetto preclusivo dell'invalidità della fusione matura a far data dall'ultima iscrizione.

2505. Incorporazione di società interamente possedute.

Alla fusione per incorporazione di una società in un'altra che possiede tutte le azioni o le quote della prima non si applicano le disposizioni dell'articolo 2501-ter, primo comma, numeri 3), 4) e 5) e degli articoli 2501-quinquies e 2501-sexies.

L'atto costitutivo o lo statuto può prevedere che la fusione per incorporazione di una società in un'altra che possiede tutte le azioni o le quote della prima sia decisa, con deliberazione risultante da atto pubblico, dai rispettivi organi amministrativi, sempre che siano rispettate, con riferimento a ciascuna delle società partecipanti alla fusione, le disposizioni dell'articolo 2501-ter, terzo e quarto comma, nonché, quanto alla società incorporante, quelle dell'articolo 2501-septies.

I soci della società incorporante che rappresentano almeno il cinque per cento del capitale sociale possono in ogni caso, con domanda indirizzata alla società entro otto giorni dal deposito o dalla pubblicazione di cui al terzo comma dell'articolo 2501 ter, chiedere che la decisione di approvazione della fusione da parte della incorporante medesima sia adottata a norma del primo comma dell'articolo 2502.

• La norma contiene alcune **semplificazioni procedurali** e si applica nei casi di fusione per incorporazione di una società in un'altra che ne possiede l'intero capitale; si tratta di ipotesi nelle quali la società incorporante è socio unico della incorporata. • Al ricorrere di questo presupposto, si realizza un **mero annullamento delle azioni o delle quote** della società incorporata senza emissione di nuove partecipazioni; infatti, proprio perché non vi è alcuna assegnazione di partecipazioni **non è necessario determinare il rapporto di cambio**. Di conseguenza, **non sono necessarie le relazioni degli amministratori e degli esperti** che svolgono la funzione di illustrare le **modalità di determinazione del rapporto di cambio** medesimo.

2505 bis. Incorporazione di società possedute al novanta per cento.

Alla fusione per incorporazione di una o più società in un'altra che possiede almeno il novanta per cento delle loro azioni o quote non si applicano le disposizioni degli articoli 2501-quater, 2501-quinquies, 2501-sexies e 2501-septies, qualora venga concesso agli altri soci della società incorporata il diritto di far acquistare le loro azioni o quote dalla società incorporante per un corrispettivo determinato alla stregua dei criteri previsti per il recesso.

L'atto costitutivo o lo statuto possono prevedere che la fusione per incorporazione di una o più società in un'altra che possiede almeno il novanta per cento delle loro azioni o quote sia decisa, quanto alla società incorporante, dal suo organo amministrativo, con deliberazione risultante da atto pubblico, sempre che siano rispettate le disposizioni dell'articolo 2501-septies, e che l'iscrizione o la pubblicazione prevista dall'articolo 2501-ter, terzo comma, sia fatta, per la società incorporante, almeno trenta giorni prima della data fissata per la decisione di fusione da parte della società incorporata.

Si applica la disposizione di cui al terzo comma dell'articolo 2505.

• La previsione, che costituisce una delle innovazioni della Riforma, rinvia ai contenuti dell'art. 2505 ed è chiaramente improntata ad esigenze di ragionevolezza e **semplificazione**; il procedimento risulta infatti snellito e, al verificarsi di determinate condizioni, **si prescinde dalla relazione degli esperti.**

2505 ter. Effetti della pubblicazione degli atti del procedimento di fusione nel registro delle imprese.

Alle iscrizioni nel registro delle imprese ai sensi degli articoli 2501-ter, 2502-bis e 2504 conseguono gli effetti previsti dall'articolo 2448.

2505 quater. Fusioni cui non partecipano società con capitale rappresentato da azioni.

Se alla fusione non partecipano società regolate dai capi V e VI del presente titolo, né società cooperative per azioni, non si applicano le disposizioni degli articoli 2501, secondo comma, e 2501-ter, secondo comma; i termini di cui agli articoli 2501-ter, quarto comma, 2501-septies, primo comma, e 2503, primo comma, sono ridotti alla metà.

• La norma risponde alla finalità di **semplificazione e accelerazione del procedimento di fusione** nei casi in cui all'operazione partecipino società il cui capitale non sia rappresentato da azioni. • Sono infatti previste alcune **deroghe** alla disciplina ordinaria (es. dimezzamento di alcuni termini, inoperatività dell'esclusione dalla fusione delle società in liquidazione che abbiano già avviato la distribuzione dell'attivo, ecc.).

Sezione III
Della scissione delle società

2506. Forme di scissione.

Con la scissione una società assegna l'intero suo patrimonio a più società, preesistenti o di nuova costituzione, o parte del suo patrimonio, in tal caso anche ad una sola società, e le relative azioni o quote ai suoi soci.

È consentito un conguaglio in danaro, purché non superiore al dieci per cento del valore nominale delle azioni o quote attribuite. È consentito inoltre che, per consenso unanime, ad alcuni soci non vengano distribuite azioni o quote di una delle società beneficiarie della scissione, ma azioni o quote della società scissa.

La società scissa può, con la scissione, attuare il proprio scioglimento senza liquidazione, ovvero continuare la propria attività.

La partecipazione alla scissione non è consentita alle società in liquidazione che abbiano iniziato la distribuzione dell'attivo.

• La scissione è l'operazione, speculare alla fusione, mediante la quale si attua la **frammentazione** di un patrimonio in origine unitario in favore di una o più società beneficiarie (preesistenti o di nuova costituzione). Si tratta di un'operazione polimorfa che, a differenza della fusione che determina sempre una diminuzione dei soggetti giuridici, non sempre ne comporta un aumento. • La scissione può essere: i) **totale** se la scissa, rimasta senza patrimonio, si scioglie senza liquidazione; in tal caso, le beneficiarie devono essere almeno due (altrimenti, nel caso di unica beneficiaria, si tratterebbe di fusione per incorporazione); ii) **parziale** nel caso in cui la scissa (che resta in vita) assegna parte del suo patrimonio ad una o più società. • Le beneficiarie possono essere sia **società preesistenti,** sia **società di nuova costituzione.** Nel primo caso, la scissione postula la necessaria determinazione di un rapporto di cambio e attua, sul piano economico, una concentrazione tra il patrimonio della beneficiaria e parte di quello della scissa; nel secondo caso, si assiste a una peculiare ipotesi di costituzione unilaterale "per gemmazione" della scissa. • Caratteristica della scissione è che **le azioni o le quote delle beneficiarie sono assegnate** non alla scissa ma **ai suoi soci** diversamente dallo **scorporo** che è l'operazione di conferimento di parte del patrimonio sociale in un'altra società con assegnazione delle azioni o quote alla società;

nel caso della scissione, la scissa subisce una alterazione quantitativa del suo patrimonio, a differenza dello scorporo, che attua una modifica soltanto qualitativa della consistenza patrimoniale della scorporante. • **Plurime sono le funzioni assolte dalla scissione:** ad esempio, l'attuazione della separazione patrimoniale di differenti settori di attività per migliorare la rispettiva gestione, divisione di compagini sociali conflittuali.

2506 bis. Progetto di scissione.

L'organo amministrativo delle società partecipanti alla scissione redige un progetto dal quale devono risultare i dati indicati nel primo comma dell'articolo 2501-ter ed inoltre l'esatta descrizione degli elementi patrimoniali da assegnare a ciascuna delle società beneficiarie e dell'eventuale conguaglio in danaro.

Se la destinazione di un elemento dell'attivo non è desumibile dal progetto, esso, nell'ipotesi di assegnazione dell'intero patrimonio della società scissa, è ripartito tra le società beneficiarie in proporzione della quota del patrimonio netto assegnato a ciascuna di esse, così come valutato ai fini della determinazione del rapporto di cambio; se l'assegnazione del patrimonio della società è solo parziale, tale elemento rimane in capo alla società trasferente.

Degli elementi del passivo, la cui destinazione non è desumibile dal progetto, rispondono in solido, nel primo caso, le società beneficiarie, nel secondo la società scissa e le società beneficiarie. La responsabilità solidale è limitata al valore effettivo del patrimonio netto attribuito a ciascuna società beneficiaria.

Dal progetto di scissione devono risultare i criteri di distribuzione delle azioni o quote delle società beneficiarie. Qualora il progetto preveda una attribuzione delle partecipazioni ai soci non proporzionale alla loro quota di partecipazione originaria, il progetto medesimo deve prevedere il diritto dei soci che non approvino la scissione di far acquistare le proprie partecipazioni per un corrispettivo determinato alla stregua dei criteri previsti per il recesso, indicando coloro a cui carico è posto l'obbligo di acquisto.

Il progetto di scissione è depositato per l'iscrizione nel registro delle imprese ovvero pubblicato sul sito Internet della società a norma dell'articolo 2501-ter, commi terzo e quarto.

• Dalla prospettiva dei soci della scissa, la **scissione** è **non proporzionale** quando a costoro vengano assegnate quote o azioni delle società beneficiarie in misura non proporzionale alla partecipazione originariamente detenuta; tale forma di scissione è ammessa a condizione che il socio di minoranza possa fuoriuscire dalla compagine ottenendo una congrua liquidazione della sua partecipazione. • Il procedimento di scissione ricalca quello di fusione; tuttavia, rispetto ai **debiti** la cui destinazione non possa essere desunta dal progetto di fusione, è stabilito che di essi, in caso di scissione totale, rispondono **in solido** le società beneficiarie e, in caso di scissione parziale, ne rispondono la società scissa e le beneficiarie.

2506 ter. Norme applicabili.

L'organo amministrativo delle società partecipanti alla scissione redige la situazione patrimoniale e la relazione illustrativa in conformità agli articoli 2501-quater e 2501-quinquies.

La relazione dell'organo amministrativo deve inoltre illustrare i criteri di distribuzione delle azioni o quote e deve indicare il valore effettivo del patrimonio netto assegnato alle società beneficiarie e di quello che eventualmente rimanga nella società scissa. Quando la scissione si realizza mediante aumento di capitale con conferimento di beni in natura o di crediti, la relazione dell'organo amministrativo menziona, ove prevista, l'elaborazione della relazione di cui all'articolo 2343 e il registro delle imprese presso il quale tale relazione è depositata.

Si applica alla scissione l'articolo 2501-sexies; la situazione patrimoniale prevista dall'articolo 2501-quater e le relazioni previste dagli articoli 2501-quinquies e 2501-sexies, non sono richieste quando la scissione avviene mediante la costituzione di una o più nuove società e non siano previsti criteri di attribuzione delle azioni o quote diversi da quello proporzionale.

Con il consenso unanime dei soci e dei possessori di altri strumenti finanziari che danno diritto di voto nelle società partecipanti alla scissione l'organo amministrativo può essere esonerato dalla redazione dei documenti previsti nei precedenti commi.

Sono altresì applicabili alla scissione gli articoli 2501-septies, 2502, 2502-bis, 2503, 2503-bis,

2504, 2504-ter, 2504-quater, 2505 primo e secondo comma, 2505-bis e 2505-ter. Tutti i riferimenti alla fusione contenuti in detti articoli s'intendono riferiti anche alla scissione.

• La norma estende alla scissione le regole dettate in tema di fusione e disciplina gli adempimenti che precedono la formazione dell'atto di scissione. • In **deroga** a quanto previsto in tema di fusione, è previsto che la situazione patrimoniale e la relazione degli amministratori e degli esperti non occorrono allorquando la scissione si attui mediante la costituzione di una o più società di nuova costituzione e non siano previsti criteri di distribuzione delle azioni o delle quote diversi da quello proporzionale.

2506 quater. Effetti della scissione.

La scissione ha effetto dall'ultima delle iscrizioni dell'atto di scissione nell'ufficio del registro delle imprese in cui sono iscritte le società beneficiarie; può essere tuttavia stabilita una data successiva, tranne che nel caso di scissione mediante costituzione di società nuove. Per gli effetti a cui si riferisce l'articolo 2501-ter, numeri 5) e 6), possono essere stabilite date anche anteriori. Si applica il quarto comma dell'articolo 2504-bis.

Qualunque società beneficiaria può effettuare gli adempimenti pubblicitari relativi alla società scissa.

Ciascuna società è solidalmente responsabile, nei limiti del valore effettivo del patrimonio netto ad essa assegnato o rimasto, dei debiti della società scissa non soddisfatti dalla società cui fanno carico.

• L'iscrizione dell'atto di scissione nel registro delle imprese ha **efficacia costitutiva**; gli adempimenti pubblicitari relativi alla società scissa possono essere curati da ciascuna delle società beneficiarie. Al pari della fusione, la **pubblicità** ha **efficacia sanante** degli eventuali vizi del procedimento. • Come ulteriore forma di tutela, è stabilito che ciascuna società sia solidalmente responsabile, entro i limiti del valore effettivo del patrimonio netto assegnato o rimasto, dei debiti della società scissa che non siano stati soddisfatti: la previsione di tale forma di **responsabilità sussidiaria** è assimilabile ad una sorta di limitata fideiussione *ex lege*.

Capo XI
Delle società costituite all'estero

2507. Rapporti con il diritto comunitario.

L'interpretazione ed applicazione delle disposizioni contenute nel presente capo è effettuata in base ai principi dell'ordinamento delle Comunità europee.

• I **principi comunitari**, su tutti quello della libera circolazione dei capitali, delle merci e dei servizi, incidono sulla disciplina in tema di società dettata nell'ordinamento interno. Le regole elaborate a livello sovranazionale sono volte, da un lato, a garantire la **libera prestazione di servizi** di società costituite in ambito comunitario e, dall'altro, a tutelare coloro che entrino in contatto con tali società, apprestando una disciplina dettagliata e rigorosa in tema di pubblicità e responsabilità.

2508. Società estere con sede secondaria nel territorio dello Stato.

Le società costituite all'estero, le quali stabiliscono nel territorio dello Stato una o più sedi secondarie con rappresentanza stabile, sono soggette, per ciascuna sede, alle disposizioni della legge italiana sulla pubblicità degli atti sociali. Esse devono inoltre pubblicare, secondo le medesime disposizioni, il cognome, il nome, la data e il luogo di nascita delle persone che le rappresentano stabilmente nel territorio dello Stato, con indicazione dei relativi poteri.

Ai terzi che hanno compiuto operazioni con la sede secondaria non può essere opposto che gli atti pubblicati ai sensi dei commi precedenti sono difformi da quelli pubblicati nello Stato ove è situata la sede principale.

Le società costituite all'estero sono altresì soggette, per quanto riguarda le sedi secondarie, alle disposizioni che regolano l'esercizio dell'impresa o che la subordinano all'osservanza di particolari condizioni.

Negli atti e nella corrispondenza delle sedi secondarie di società costituite all'estero devono essere contenute le indicazioni richieste dall'articolo 2250; devono essere altresì indicati l'ufficio del registro delle imprese presso la quale è iscritta la sede secondaria e il numero di iscrizione.

• Le società che costituiscono una **sede secondaria con rappresentanza stabile in Italia**, vengono assoggettate alle sole norme in materia di pubblicità prescritte dal codice civile, non prefigurandosi la necessità di alcun controllo preventivo di legalità. • Conformemente ai principi comunitari richiamati dalla disposizione di apertura di cui al Capo XI del Titolo V del Libro V del codice civile, l'espressione **sede secondaria** deve essere interpretata alla luce della nozione di **succursale** elaborata dal diritto comunitario, ove rileva l'elemento identificativo di un centro privo di autonoma personalità giuridica che, diversamente dalla **filiale**, è costituito e diretto dalla società principale.

2509. Società estere di tipo diverso da quelle nazionali.

Le società costituite all'estero, che sono di tipo diverso da quelli regolati in questo codice, sono soggette alle norme della società per azioni, per ciò che riguarda gli obblighi relativi all'iscrizione degli atti sociali nel registro delle imprese e la responsabilità degli amministratori.

• La norma individua un **regime minimo di obblighi** per le tipologie di società straniere che non coincidono con i tipi disciplinati dal codice civile. Il regime di tutela prescelto è lo stesso richiesto dalle norme della società per azioni, in tema di obblighi pubblicitari e in tema di responsabilità degli amministratori.

2509 bis. Responsabilità in caso di inosservanza delle formalità.

Fino all'adempimento delle formalità sopra indicate, coloro che agiscono in nome della società rispondono illimitatamente e solidalmente per le obbligazioni sociali.

• La disposizione pone la **responsabilità** a carico di coloro che agiscono in nome della società fino a quando non sono adempiute le formalità richiamate in tema di pubblicità; la previsione mira a garantire coloro che entrano in contatto con società estere.

2510. Società con prevalenti interessi stranieri.

Sono salve le disposizioni delle leggi speciali che vietano o sottopongono a particolari condizioni l'esercizio di determinate attività da parte di società nelle quali siano rappresentati interessi stranieri.

• L'art. 2510 stabilisce una vera e propria **riserva di legge** in materia, facendo salve le leggi speciali che possono limitare o condizionare l'esercizio di determinate attività, attuando così una compressione dei principi comunitari rilevanti in materia.

Titolo VI
DELLE SOCIETÀ COOPERATIVE E DELLE MUTUE ASSICURATRICI

Capo I
Delle società cooperative

Sezione I
Disposizioni generali. Cooperative a mutualità prevalente

2511. Società cooperative.

Le cooperative sono società a capitale variabile con scopo mutualistico iscritte presso l'albo delle società cooperative di cui all'articolo 2512, secondo comma, e all'articolo 223-sexiesdecies delle disposizioni per l'attuazione del presente codice.

• Le società cooperative sono società a **capitale variabile** che si caratterizzano per il peculiare scopo perseguito nello svolgimento dell'attività di impresa: lo **scopo mutualistico**. In ciò si differenziano dalle società lucrative, il cui scopo-fine è la produzione di utili da distribuire tra i soci. Secondo la Relazione di accompagnamento al codice civile, lo scopo economico perseguito dalle cooperative consiste "*nel fornire beni o servizi od occasioni di lavoro direttamente ai membri dell'organizzazione a condizioni più vantaggiose di quelle che otterrebbero sul mercato*". • Il nostro ordinamento attribuisce un **particolare rilievo sociale** alle società che perseguono lo scopo mutualistico. In particolare, la Costituzione Italiana all'art. 45, co. 1, prevede che "*la Repubblica riconosce la funzione sociale della cooperazione a carattere di mutualità e senza fini di speculazione privata. La legge ne promuove e favorisce l'incremento con i mezzi più idonei e ne assicura, con gli opportuni controlli, il carattere e le finalità*". • Il capitale sociale delle cooperative è "variabile". Esso può, ad esempio, essere aumentato mediante l'ammissione di nuovi soci, previa delibera da parte degli amministratori, diversamente da quanto accade nelle società lucrative laddove l'aumento di capitale (a pagamento) avviene normalmente attraverso un procedimento di modificazione formale dell'atto costitutivo con deliberazione dell'assemblea straordinaria. • Le cooperative devono essere **iscritte all'interno di uno specifico albo**, e tale **iscrizione** ha **carattere costitutivo** e integra quindi un elemento essenziale ai fini della qualificazione mutualistica. L'Albo in questione, istituito dal Ministero delle attività produttive, si compone di due sezioni, una dedicata alle cooperative a mutualità prevalente, l'altra alle cooperative "diverse".

2512. Cooperativa a mutualità prevalente.

Sono società cooperative a mutualità prevalente, in ragione del tipo di scambio mutualistico, quelle che:

1) svolgono la loro attività prevalentemente in favore dei soci, consumatori o utenti di beni o servizi;

2) si avvalgono prevalentemente, nello svolgimento della loro attività, delle prestazioni lavorative dei soci;

3) si avvalgono prevalentemente, nello svolgimento della loro attività, degli apporti di beni o servizi da parte dei soci.

Le società cooperative a mutualità prevalente si iscrivono in un apposito albo, presso il quale depositano annualmente i propri bilanci.

• L'attuale disciplina generale delle società cooperative si basa sulla distinzione fra **società cooperative a mutualità prevalente** e **altre società cooperative**. Generalmente si specifica che le prime godono di tutte le agevolazioni previste per la disciplina delle società cooperative e alle seconde, invece, non spettano le agevolazioni di carattere tributario, pur continuando a godere delle altre agevolazioni (ad esempio di carattere finanziario e lavoristico). • La classificazione contenuta nell'art. 2512 è funzionale all'applicazione dei criteri previsti nell'art. 2513, ai fini della definizione della **prevalenza**, rilevante per il riconoscimento dei **benefici fiscali e tributari** alle cooperative rientranti nei parametri previsti da detta norma. A seconda del tipo di scambio mutualistico e del macrosettore imprenditoriale cui appartengono le cooperative, i benefici di legge andranno: i) alle cooperative di consumo o di servizi che svolgono la loro attività in prevalenza con i soci, consumatori o utenti di beni o servizi (art. 2512, co. 1, n. 1); ii) alle cooperative di lavoro che si avvalgono prevalentemente, nello svolgimento della loro attività, delle prestazioni di lavoro subordinato o autonomo (manuale, intellettuale o professionale) dei soci (art. 2512, co. 1, n. 2); iii) alle cooperative di produzione che utilizzano prevalentemente apporti di beni o di servizi effettuati da soci (art. 2512, co. 1, n. 3). • Le **cooperative a mutualità prevalente** devono **iscriversi nell'apposito albo**, avente la funzione principale di rendere immediatamente riconoscibile ai terzi il dato della prevalenza o meno dell'attività mutualistica svolta dalla compagine sociale, e devono depositare annualmente presso lo stesso albo i propri bilanci, per poter rendere agevole il **controllo costante dell'effettiva sussistenza del requisito della prevalenza** almeno con riferimento ad un periodo di tempo corrispondente all'esercizio sociale annuale.

2513. Criteri per la definizione della prevalenza.

Gli amministratori e i sindaci documentano la condizione di prevalenza di cui al precedente articolo nella nota integrativa al bilancio, evidenziando contabilmente i seguenti parametri:

a) i ricavi dalle vendite dei beni e dalle prestazioni di servizi verso i soci sono superiori al cinquanta per cento del totale dei ricavi delle vendite e delle prestazioni ai sensi dell'articolo 2425, primo comma, punto A1;

b) il costo del lavoro dei soci è superiore al cinquanta per cento del totale del costo del lavoro di cui all'articolo 2425, primo comma, punto B9 computate le altre forme di lavoro inerenti lo scopo mutualistico;

c) il costo della produzione per servizi ricevuti dai soci ovvero per beni conferiti dai soci è rispettivamente superiore al cinquanta per cento del totale dei costi dei servizi di cui all'articolo 2425, primo comma, punto B7, ovvero al costo delle merci o materie prime acquistate o conferite, di cui all'articolo 2425, primo comma, punto B6.

Quando si realizzano contestualmente più tipi di scambio mutualistico, la condizione di prevalenza è documentata facendo riferimento alla media ponderata delle percentuali delle lettere precedenti.

Nelle cooperative agricole la condizione di prevalenza sussiste quando la quantità o il valore dei prodotti conferiti dai soci è superiore al cinquanta per cento della quantità o del valore totale dei prodotti.

• L'art. 2513 è strettamente collegato all'articolo precedente ed individua i criteri da adottare per la dimostrazione documentale della **prevalenza dell'attività mutualistica della cooperativa** (per il godimento dei benefici fiscali e tributari previsti dalla legge). Tale dimostrazione è fondata sui dati contabili riportati nella nota integrativa al bilancio annuale d'esercizio. • Il requisito della prevalenza è ritenuto dimostrato quando, nella nota integrativa al bilancio, gli amministratori ed i sindaci della cooperativa attestino che vi siano i parametri previsti dal presente articolo al primo comma lett. a), b) e c) e al terzo comma. • Quando le cooperative realizzino contestualmente **più tipi di scambio mutualistico**, i criteri del primo comma sono integrati dal secondo comma dell'art. 2513, dandosi la possibilità di documentare la sussistenza della condizione di prevalenza facendo riferimento alla media ponderata delle tre percentuali previste nel primo comma. La **dimostrazione della prevalenza** è effettuata con periodicità annuale ed è corrispondente ad una situazione di fatto, riferita alla misura del valore economico, degli scambi mutualistici.

2514. Requisiti delle cooperative a mutualità prevalente.

Le cooperative a mutualità prevalente devono prevedere nei propri statuti:

a) il divieto di distribuire i dividendi in misura superiore all'interesse massimo dei buoni postali fruttiferi, aumentato di due punti e mezzo rispetto al capitale effettivamente versato;

b) il divieto di remunerare gli strumenti finanziari offerti in sottoscrizione ai soci cooperatori in misura superiore a due punti rispetto al limite massimo previsto per i dividendi;

c) il divieto di distribuire le riserve fra i soci cooperatori;

d) l'obbligo di devoluzione, in caso di scioglimento della società, dell'intero patrimonio sociale, dedotto soltanto il capitale sociale e i dividendi eventualmente maturati, ai fondi mutualistici per la promozione e lo sviluppo della cooperazione.

Le cooperative deliberano l'introduzione e la soppressione delle clausole di cui al comma precedente con le maggioranze previste per l'assemblea straordinaria.

2515. Denominazione sociale.

La denominazione sociale, in qualunque modo formata, deve contenere l'indicazione di società cooperativa.

L'indicazione di cooperativa non può essere usata da società che non hanno scopo mutualistico.

Le società cooperative a mutualità prevalente devono indicare negli atti e nella corrispondenza il numero di iscrizione presso l'albo delle cooperative a mutualità prevalente (1).

(1) Comma abrogato dall'art. 10^5, l. 23/7/2009, n. 99.

2516. Rapporti con i soci.

Nella costituzione e nell'esecuzione dei rapporti mutualistici deve essere rispettato il principio di parità di trattamento.

• Le determinazioni della società in relazione alla costituzione ed all'esecuzione dei rapporti mutualistici devono essere improntate al **principio di parità di trattamento**, essendo illegittima qualsiasi discriminazione tra i soci. • Il principio di parità di trattamento è connesso al più generale dovere di comportarsi, nell'esecuzione di un contratto, secondo buona fede e correttezza e vige, a parità di condizioni dei soci, anche sulla regolamentazione delle situazioni soggettive passive dei singoli soci previste dalla legge o da disposizioni statutarie e di regolamenti interni delle cooperative, in attuazione del **dovere di collaborazione del socio per la realizzazione dell'oggetto sociale**: si pensi, ad esempio, alla parità di trattamento da garantirsi ai soci lavoratori di uguali mansioni lavorative, con riguardo alle prestazioni di lavoro rientranti nell'oggetto sociale. • Il principio di parità di trattamento non è invocabile all'esterno della compagine sociale, da terzi che pretendano dalla cooperativa un trattamento identico a quello riservato ai soci.

2517. Enti mutualistici.

Le disposizioni del presente titolo non si applicano agli enti mutualistici diversi dalle società.

2518. Responsabilità per le obbligazioni sociali.

Nelle società cooperative per le obbligazioni sociali risponde soltanto la società con il suo patrimonio.

2519. Norme applicabili.

Alle società cooperative, per quanto non previsto dal presente titolo, si applicano in quanto compatibili le disposizioni sulla società per azioni.

L'atto costitutivo può prevedere che trovino applicazione, in quanto compatibili, le norme sulla società a responsabilità limitata nelle cooperative con un numero di soci cooperatori inferiore a venti ovvero con un attivo dello stato patrimoniale non superiore ad un milione di euro.

• Alle cooperative **si applica, in via generale, la disciplina delle società per azioni quando non vi sia una specifica diversa disposizione**. È possibile che l'atto costitutivo preveda l'applicabilità della disciplina delle società a responsabilità limitata a condizione che il numero dei soci non superi le diciannove unità ovvero il capitale sociale non sia superiore ad un milione di euro. • La norma va incontro all'esigenza di predisporre per gli operatori cooperativi uno strumento societario più duttile ed agile, rispetto a quello ordinario modellato sullo schema delle società azionarie. • Il secondo comma dell'art. 2519 attribuisce alla cooperativa una facoltà (quella di scegliere la forma di società a responsabilità limitata) e non un obbligo: la scelta diviene invece obbligatoria allorché la compagine sociale sia composta da almeno tre soci persone fisiche e da non più di otto di essi (art. 2522, co. 2).

2520. Leggi speciali.

Le cooperative regolate dalle leggi speciali sono soggette alle disposizioni del presente titolo, in quanto compatibili.

La legge può prevedere la costituzione di cooperative destinate a procurare beni o servizi a soggetti appartenenti a particolari categorie anche di non soci.

Sezione II
Della costituzione

2521. Atto costitutivo.

La società deve costituirsi per atto pubblico.

L'atto costitutivo stabilisce le regole per lo svolgimento dell'attività mutualistica e può prevedere che la società svolga la propria attività anche con terzi.

L'atto costitutivo deve indicare:

1) il cognome e il nome o la denominazione, il luogo e la data di nascita o di costituzione, il domicilio o la sede, la cittadinanza dei soci;
2) la denominazione, e il comune ove è posta la sede della società e le eventuali sedi secondarie;
3) la indicazione specifica dell'oggetto sociale con riferimento ai requisiti e agli interessi dei soci;
4) la quota di capitale sottoscritta da ciascun socio, i versamenti eseguiti e, se il capitale è ripartito in azioni, il loro valore nominale;
5) il valore attribuito ai crediti e ai beni conferiti in natura;
6) i requisiti e le condizioni per l'ammissione dei soci e il modo e il tempo in cui devono essere eseguiti i conferimenti;
7) le condizioni per l'eventuale recesso o per la esclusione dei soci;
8) le regole per la ripartizione degli utili e i criteri per la ripartizione dei ristorni;
9) le forme di convocazione dell'assemblea, in quanto si deroga alle disposizioni di legge;
10) il sistema di amministrazione adottato, il numero degli amministratori e i loro poteri, indicando quali tra essi hanno la rappresentanza della società;
11) il numero dei componenti del collegio sindacale;
12) la nomina dei primi amministratori e sindaci;
13) l'importo globale, almeno approssimativo, delle spese per la costituzione poste a carico delle società.

Lo statuto contenente le norme relative al funzionamento della società, anche se forma oggetto di atto separato, si considera parte integrante dell'atto costitutivo.

I rapporti tra la società e i soci possono essere disciplinati da regolamenti che determinano i criteri e le regole inerenti allo svolgimento dell'attività mutualistica tra la società e i soci. I regolamenti, quando non costituiscono parte integrante dell'atto costitutivo, sono predisposti dagli amministratori e approvati dall'assemblea con le maggioranze previste per le assemblee straordinarie.

2522. Numero dei soci.

Per costituire una società cooperativa è necessario che i soci siano almeno nove.

Può essere costituita una società cooperativa da almeno tre soci quando i medesimi sono persone fisiche e la società adotta le norme della società a responsabilità limitata; nel caso di attività agricola possono essere soci anche le società semplici.

Se successivamente alla costituzione il numero dei soci diviene inferiore a quello stabilito nei precedenti commi, esso deve essere integrato nel termine massimo di un anno, trascorso il quale la società si scioglie e deve essere posta in liquidazione.

La legge determina il numero minimo di soci necessario per la costituzione di particolari categorie di cooperative.

• La società cooperativa deve essere composta da **almeno nove soci.** È possibile costituire una cooperativa con un numero di soci da tre ad otto, a condizione che i soci siano persone fisiche e che sia adottata la forma a responsabilità limitata; soltanto per le cooperative agricole è possibile che i soci siano società semplici. • Per l'esercizio di particolari attività la legge fissa per la costituzione un **numero minimo di soci** più elevato: duecento soci per le banche popolari e per le banche di credito cooperativo. I consorzi di cooperative costituiti in forma cooperativa devono prevedere un numero minimo di società cooperative socie non inferiore a tre. Le cooperative con finalità di amministrazione condominiale devono essere costituite con un numero minimo di tre soci. • Se nel corso della vita sociale il numero minimo dei soci viene meno, esso deve essere reintegrato nel termine massimo di un anno, trascorso invano il quale la società (secondo le modalità previste negli artt. 2484 e 2487) deve essere posta in liquidazione.

2523. Deposito dell'atto costitutivo e iscrizione della società.

Il notaio che ha ricevuto l'atto costitutivo deve depositarlo entro venti giorni presso l'ufficio del registro delle imprese nella cui circoscrizione è stabilita la sede sociale, a norma dell'articolo 2330.

Gli effetti dell'iscrizione e della nullità sono regolati rispettivamente dagli articoli 2331 e 2332.

2524. Variabilità del capitale.

Il capitale sociale non è determinato in un ammontare prestabilito.

Nelle società cooperative l'ammissione di nuovi soci, nelle forme previste dall'articolo 2528 non importa modificazione dell'atto costitutivo.

La società può deliberare aumenti di capitale con modificazione dell'atto costitutivo nelle forme previste dagli articoli 2438 e seguenti.

L'esclusione o la limitazione del diritto di opzione può essere autorizzata dall'assemblea su proposta motivata degli amministratori.

• La **variabilità del capitale** è uno degli elementi qualificanti, insieme allo scopo mutualistico, della società cooperativa. • Il **principio della c.d. "porta aperta"** (antecedente logico della variabilità del capitale delle cooperative) implica una caratteristica elasticità della composizione della compagine sociale, le cui variazioni numeriche – conseguenti all'ammissione di nuovi soci – non comportano di regola modificazioni dell'atto costitutivo. L'**aumento di capitale** può avvenire sia per effetto dell'ingresso di nuovi soci, sia attraverso un'operazione di patrimonializzazione della società, come prevista dal rinvio dell'art. 2524 agli artt. 2438 ss. dettati in materia di aumento del capitale sociale. In tal caso dovranno quindi osservarsi le modalità prescritte dalla legge per darsi luogo alle modificazioni dell'atto costitutivo. Al rinvio agli artt. 2438 ss. consegue che la cooperativa potrà attuare un aumento a pagamento del capitale sociale a seguito di deliberazione dell'assemblea in sede straordinaria, sempre che le azioni o le quote sociali siano integralmente liberate. • L'ultimo comma dell'art. 2524, in tema di diritto di opzione, conferma il rinvio alla disciplina dettata per le società per azioni ed in particolare all'art. 2441, pur se la procedura prevista per le cooperative è ben più agile e semplificata di quella prevista per le società azionarie.

Sezione III
Delle quote e delle azioni

2525. Quote e azioni.

Il valore nominale di ciascuna azione o quota non può essere inferiore a venticinque euro né per le azioni superiore a cinquecento euro.

Ove la legge non preveda diversamente, nelle società cooperative nessun socio può avere una quota superiore a centomila euro, né tante azioni il cui valore nominale superi tale somma.

L'atto costitutivo, nelle società cooperative con più di cinquecento soci, può elevare il limite previsto nel precedente comma sino al due per cento del capitale sociale. Le azioni eccedenti tale limite possono essere riscattate o alienate nell'interesse del socio dagli amministratori e, comunque, i relativi diritti patrimoniali sono destinati a riserva indivisibile a norma dell'articolo 2545-ter.

I limiti di cui ai commi precedenti non si applicano nel caso di conferimenti di beni in natura o di crediti, nei casi previsti dagli articoli 2545-quinquies e 2545-sexies, e con riferimento ai soci diversi dalle persone fisiche ed ai sottoscrittori degli strumenti finanziari dotati di diritti di amministrazione.

Alle azioni si applicano, in quanto compatibili, le disposizioni degli articoli 2346, 2347, 2348, 2349, 2354 e 2355. Tuttavia nelle azioni non è indicato l'ammontare del capitale né quello dei versamenti parziali sulle azioni non completamente liberate.

• La **partecipazione sociale delle società cooperative** può essere rappresentata da **azioni** o da **quote.** L'alternativa tra i due modelli di rappresentazione delle partecipazioni può ricollegarsi, tendenzialmente, alla possibilità di scelta tra i modelli di cooperativa: s.p.a. e s.r.l. Le azioni di società cooperative sono regolate dalle stesse disposizioni vigenti per le s.p.a., con la precisazione, coerente con il tipo sociale mutualistico e con la variabilità del capitale, che nelle azioni non è indicato l'ammontare del capitale sociale né quello dei versamenti parziali sulle azioni non completamente liberate. • L'*animus* non speculativo ed aperto della società cooperativa trova la sua espressione nell'art. 2525, sia prevedendosi un **limite minimo**, contenuto ed accessibile, al valore nominale di ciascuna azione o quota (25 euro) sia fissandosi un **limite massimo** per ciascuna azione (500 euro), sia delimitandosi il tetto massimo della partecipazione di ciascun socio, che non può superare il valore di centomila euro. • Detti limiti, però, rispondono anche all'esigenza di **impedire un'eccessiva sottocapitalizzazione** delle cooperative che rimangono pur sempre delle imprese che devono poter competere sul mercato in condizioni di pari efficienza con quelle delle imprese lucrative. • Il limite massimo della partecipazione di ciascun socio è posto a presidio della **democraticità** e del principio della **parità di trattamento** nella cooperativa, in cui non devono consolidarsi posizioni di preminenza correlate all'acquisizione di quote di partecipazione sociale in grado di influenzare la gestione della società. • Il terzo comma dell'art. 2525 prevede la possibilità per le cooperative a larga platea di soci di elevare il limite massimo indicato fino al due per cento del capitale sociale. I limiti di cui all'art. 2525 non si applicano nel caso di conferimenti di beni in natura o di crediti, nei casi previsti dagli artt. 2545-*quinquies* e 2545-*sexies*, e con riferimento ai soci diversi dalle persone fisiche ed ai sottoscrittori degli strumenti finanziari dotati di diritti di amministrazione.

2526. Soci finanziatori e altri sottoscrittori di titoli di debito.

L'atto costitutivo può prevedere l'emissione di strumenti finanziari, secondo la disciplina prevista per le società per azioni.

L'atto costitutivo stabilisce i diritti patrimoniali o anche amministrativi attribuiti ai possessori degli strumenti finanziari e le eventuali condizioni cui è sottoposto il loro trasferimento. I privilegi previsti nella ripartizione degli utili e nel rimborso del capitale non si estendono alle riserve indivisibili a norma dell'articolo 2545-ter. Ai possessori di strumenti finanziari non può, in ogni caso, essere attribuito più di un terzo dei voti spettanti all'insieme dei soci presenti ovvero rappresentati in ciascuna assemblea generale.

Il recesso dei possessori di strumenti finanziari forniti del diritto di voto è disciplinato dagli articoli 2437 e seguenti.

La cooperativa cui si applicano le norme sulla società a responsabilità limitata può offrire in sottoscrizione strumenti privi di diritti di amministrazione solo a investitori qualificati.

2527. Requisiti dei soci.

L'atto costitutivo stabilisce i requisiti per l'ammissione dei nuovi soci e la relativa procedura, secondo criteri non discriminatori coerenti con lo scopo mutualistico e l'attività economica svolta.

Non possono in ogni caso divenire soci quanti esercitano in proprio imprese in concorrenza con quella della cooperativa.

L'atto costitutivo può prevedere, determinandone i diritti e gli obblighi, l'ammissione del nuovo socio cooperatore in una categoria speciale in ragione dell'interesse alla sua formazione ovvero del suo inserimento nell'impresa. I soci ammessi alla categoria speciale non possono in ogni caso superare un terzo del numero totale dei soci cooperatori. Al termine di un periodo comunque non superiore a cinque anni il nuovo socio è ammesso a godere i diritti che spettano agli altri soci cooperatori.

• La determinazione dei requisiti dei soci per il loro ingresso in società e per la loro permanenza nella compagine sociale è rimessa all'**autonomia statutaria**. La necessità di determinare i requisiti per l'ammissione dei soci in società deve valere anche con riguardo ad enti collettivi, ove l'atto costitutivo ne ammetta la partecipazione alla cooperativa. • Il **possesso dei requisiti** delineati nell'atto costitutivo deve essere dimostrato da chi aspiri a divenire socio cooperatore, e non dall'aspirante socio finanziatore, in quanto non interessato allo scambio mutualistico, ma soltanto alla remunerazione del suo investimento. Il riferimento contenuto nel primo comma ai **"criteri non discriminatori"** è connesso al **principio della "porta aperta"** e quindi di **democraticità** e di **parità di trattamento**. • È fatto divieto di trattamenti discriminatori per l'ammissione di nuovi soci. Non possono essere soci quanti esercitano in proprio imprese in concorrenza con quella della cooperativa. Il terzo comma dell'art. 2527 introduce la figura del socio "in formazione" ovvero "in prova". Sono *ex lege* fissati limiti temporali (5 anni), superati i quali il socio in prova può vantare un vero e proprio diritto soggettivo ad essere ammesso a godere gli stessi diritti che spettano agli altri soci cooperatori "ordinari".

2528. Procedura di ammissione e carattere aperto della società.

L'ammissione di un nuovo socio è fatta con deliberazione degli amministratori su domanda dell'interessato. La deliberazione di ammissione deve essere comunicata all'interessato e annotata a cura degli amministratori nel libro dei soci.

Il nuovo socio deve versare, oltre l'importo della quota o delle azioni, il soprapprezzo eventualmente determinato dall'assemblea in sede di approvazione del bilancio su proposta dagli amministratori.

Il consiglio di amministrazione deve entro sessanta giorni motivare la deliberazione di rigetto della domanda di ammissione e comunicarla agli interessati.

Qualora la domanda di ammissione non sia accolta dagli amministratori, chi l'ha proposta può entro sessanta giorni dalla comunicazione del diniego chiedere che sull'istanza si pronunci l'assemblea, la quale delibera sulle domande non accolte, se non appositamente convocata, in occasione della sua prossima successiva convocazione.

Gli amministratori nella relazione al bilancio illustrano le ragioni delle determinazioni assunte con riguardo all'ammissione dei nuovi soci.

• L'art. 2528 costituisce espressione del tradizionale **principio della c.d. "porta aperta"**, da sempre carattere distintivo del fenomeno cooperativistico. • L'**ammissione del socio** in cooperativa costituisce l'esito di una **fattispecie a formazione progressiva**: a seguito della proposta contrattuale del socio (domanda dell'interessato) e dell'accettazione (dell'organo amministrativo) conseguono la comunicazione al richiedente dell'esito positivo della domanda d'ammissione e l'iscrizione del nuovo socio nel libro dei soci della cooperativa. In caso di rigetto della domanda d'ammissione, a tutela dell'aspettativa dell'aspirante socio è previsto un meccanismo garantista e rigido, imperniato sull'obbligo di comunicazione del provvedimento di rigetto nel termine (non perentorio) di 60 giorni, e di motivazione del provvedimento medesimo. • All'obbligo di comunicazione e di motivazione s'accompagna l'ulteriore obbligo, per gli amministratori, d'illustrare nella relazione al bilancio le ragioni dei dinieghi d'ammissione, allo scopo di documentare l'osservanza del **principio della "porta aperta"** ed il corretto perseguimento dello scopo mutualistico della società; in caso di rigetto, all'aspirante socio è data la facoltà di chiedere che sulla sua domanda d'ammissione – e sul provvedimento di rigetto della stessa – si pronunci l'assemblea della società, che dovrà riunirsi tempestivamente. Potrà evitarsi di convocare *ad hoc* l'organo deliberativo so di trasformazione, sono puniti con la rec sua convocazione.

2529. Acquisto delle proprie quote o azioni.

L'atto costitutivo può autorizzare gli amministratori ad acquistare o rimborsare quote o azioni della società, purché sussistano le condizioni previste dal secondo comma dell'articolo 2545-quinquies e l'acquisto o il rimborso è fatto nei limiti degli utili distribuibili e delle riserve disponibili risultanti dall'ultimo bilancio regolarmente approvato.

2530. Trasferibilità della quota o delle azioni.

La quota o le azioni dei soci cooperatori non possono essere cedute con effetto verso la società, se la cessione non è autorizzata dagli amministratori.

Il socio che intende trasferire la propria quota o le proprie azioni deve darne comunicazione agli amministratori con lettera raccomandata.

Il provvedimento che concede o nega l'autorizzazione deve essere comunicato al socio entro sessanta giorni dal ricevimento della richiesta.

Decorso tale termine, il socio è libero di trasferire la propria partecipazione e la società deve iscrivere nel libro dei soci l'acquirente che abbia i requisiti previsti per divenire socio.

Il provvedimento che nega al socio l'autorizzazione deve essere motivato. Contro il diniego il socio entro sessanta giorni dal ricevimento della comunicazione può proporre opposizione al tribunale.

Qualora l'atto costitutivo vieti la cessione della quota o delle azioni il socio può recedere dalla società, con preavviso di novanta giorni. Il diritto di recesso, in caso di divieto statutario di trasferimento della partecipazione, non può essere esercitato prima che siano decorsi due anni dall'ingresso del socio nella società.

• L'art. 2530 disciplina i trasferimenti *inter vivos* della partecipazione sociale e prevede al primo comma che la quota o le azioni dei soci cooperatori non possano essere cedute con effetto verso la società, se non vi è la **preventiva autorizzazione degli amministratori**. L'intento della norma è quello di **evitare l'ingresso in società di soggetti non graditi** dalla stessa o non idonei al perseguimento dell'oggetto sociale e dello scopo mutualistico, fermo restando, in ogni caso, il principio della c.d. "porta aperta". • La norma non si applica ai trasferimenti *mortis causa*, disciplinati dall'art. 2534. È necessario che il socio intenzionato a trasferire la partecipazione ne dia comunicazione agli amministratori a mezzo lettera raccomandata. La cessione ha effetto nei confronti della società solo a seguito di autorizzazione degli amministratori. L'eventuale diniego degli amministratori deve essere motivato. • Contro il diniego il socio può proporre **opposizione** in tribunale entro sessanta giorni dal ricevimento della comunicazione. Nel caso in cui l'atto costitutivo vieti la cessione della quota o delle azioni il socio può recedere dalla società, con preavviso di novanta giorni. Nell'eventualità in cui viga un **divieto statutario di trasferimento della partecipazione**, il diritto di recesso non può essere esercitato prima che siano decorsi due anni dall'ingresso del socio nella società.

2531. Mancato pagamento delle quote o delle azioni.

Il socio che non esegue in tutto o in parte il pagamento delle quote o delle azioni sottoscritte può, previa intimazione da parte degli amministratori, essere escluso a norma dell'articolo 2533.

2532. Recesso del socio.

Il socio cooperatore può recedere dalla società nei casi previsti dalla legge e dall'atto costitutivo. Il recesso non può essere parziale.

La dichiarazione di recesso deve essere comunicata con raccomandata alla società. Gli amministratori devono esaminarla entro sessanta giorni dalla ricezione. Se non sussistono i presupposti del recesso, gli amministratori devono darne immediata comunicazione al socio, che entro sessanta giorni dal ricevimento della comunicazione, può proporre opposizione innanzi il tribunale.

Il recesso ha effetto per quanto riguarda il rapporto sociale dalla comunicazione del provvedimento di accoglimento della domanda. Ove la legge o l'atto costitutivo non preveda diversamente, per i rapporti mutualistici tra socio e società il recesso ha effetto con la chiusura dell'esercizio in corso, se comunicato tre mesi prima, e, in caso contrario, con la chiusura dell'esercizio successivo.

• Il recesso costituisce espressione del **principio della "porta aperta"** in uscita dalla società (al verificarsi di determinate condizioni previste dalla legge o dall'atto costitutivo) e si configura come diritto del socio di determinare lo scioglimento del suo rapporto con la cooperativa. • Il recesso è consentito *ex lege* nei casi previsti dall'ultimo comma dell'art. 2530 laddove lo statuto vieti il trasferimento della partecipazione sociale, e dal secondo comma dell'art. 2545-*septies*. La previsione e la regolamentazione di **ulteriori ipotesi di recesso del socio** è rimessa all'autonomia statutaria. • È ammissibile il recesso *ad nutum* nel caso di società cooperativa contratta a tempo indeterminato, ma è consentita all'autonomia statutaria la fissazione di un termine di preavviso, non inferiore a centottanta giorni e non superiore ad un anno. Il procedimento di recesso prevede una fase endosocietaria, cui può far eventualmente seguito una fase giudiziale. Gli amministratori devono pronunciarsi sulla dichiarazione di recesso entro sessanta giorni dalla ricezione della richiesta del socio. Se non sussistono i presupposti del recesso, gli amministratori devono darne immediata comunicazione al socio, che entro sessanta giorni dal ricevimento della comunicazione, può proporre opposizione innanzi il tribunale.

2533. Esclusione del socio.

L'esclusione del socio, oltre che nel caso indicato all'articolo 2531, può aver luogo:

1) nei casi previsti dall'atto costitutivo;

2) per gravi inadempienze delle obbligazioni che derivano dalla legge, dal contratto sociale, dal regolamento o dal rapporto mutualistico;

3) per mancanza o perdita dei requisiti previsti per la partecipazione alla società;

4) nei casi previsti dall'articolo 2286;

5) nei casi previsti dell'articolo 2288, primo comma.

L'esclusione deve essere deliberata dagli amministratori o, se l'atto costitutivo lo prevede, dall'assemblea.

Contro la deliberazione di esclusione il socio può proporre opposizione al tribunale, nel termine di sessanta giorni dalla comunicazione.

Qualora l'atto costitutivo non preveda diversamente, lo scioglimento del rapporto sociale determina anche la risoluzione dei rapporti mutualistici pendenti.

• L'esclusione del socio può essere disposta dalla società nel caso di mancato pagamento delle quote o delle azioni, nei casi previsti per le società di persone, per gravi inadempienze del socio degli obblighi derivanti dal rapporto sociale (ovvero dal rapporto mutualistico), per mancanza o perdita dei requisiti previsti per la partecipazione alla società. • **Ulteriori e specifiche cause di esclusione** possono essere previste dall'**atto costitutivo**. L'esclusione deve essere deliberata dagli amministratori o, ove previsto dall'atto costitutivo, dall'assemblea. • La **deliberazione di esclusione** deve essere **motivata** e comunicata al socio che può proporre opposizione in tribunale entro trenta giorni.

2534. Morte del socio.

In caso di morte del socio, gli eredi hanno diritto alla liquidazione della quota o al rimborso delle azioni secondo le disposizioni dell'articolo seguente.

L'atto costitutivo può prevedere che gli eredi provvisti dei requisiti per l'ammissione alla società subentrino nella partecipazione del socio deceduto.

Nell'ipotesi prevista dal secondo comma, in caso di pluralità di eredi, questi debbono nominare un rappresentante comune, salvo che la quota sia divisibile e la società consenta la divisione.

• In linea di principio, la partecipazione sociale è **intrasmissibile** *mortis causa*. La disciplina per le società cooperative è analoga a quella dettata per le società personali nell'art. 2284: alla morte del socio, in via ordinaria consegue lo scioglimento del rapporto sociale limitatamente al socio defunto e gli eredi maturano il diritto alla liquidazione della quota o al rimborso delle azioni. • L'atto costitutivo può prevedere la deroga alla regola generale contenuta nel primo comma dell'art. 2534 e consentire la continuazione del rapporto sociale con gli eredi del socio defunto. • Si ritengono legittime le clausole che prevedano la continuazione automatica del rapporto sociale con gli eredi (poiché i medesimi non si trovano esposti alla responsabilità illimitata), purché, ovviamente, sussistano in capo agli eredi i requisiti soggettivi, che dovranno essere previamente verificati dagli amministratori ed attestati in un provvedimento *ad hoc*.

2535. Liquidazione della quota o rimborso delle azioni del socio uscente.

La liquidazione della quota o il rimborso delle azioni ha luogo sulla base del bilancio dell'esercizio in cui si sono verificati il recesso, l'esclusione o la morte del socio.

La liquidazione della partecipazione sociale, eventualmente ridotta in proporzione alle perdite imputabili al capitale, avviene sulla base dei criteri stabiliti nell'atto costitutivo. Salvo diversa disposizione, la liquidazione comprende anche il rimborso del soprapprezzo, ove versato, qualora sussista nel patrimonio della società e non sia stato destinato ad aumento gratuito del capitale ai sensi dell'articolo 2545-quinquies, terzo comma.

Il pagamento deve essere fatto entro centottanta giorni dall'approvazione del bilancio. L'atto costitutivo può prevedere che, per la frazione della quota o le azioni assegnate al socio ai sensi degli articoli 2545-quinquies e 2545-sexies, la liquidazione o il rimborso, unitamente agli interessi legali, possa essere corrisposto in più rate entro un termine massimo di cinque anni.

2536. Responsabilità del socio uscente e dei suoi eredi.

Il socio che cessa di far parte della società risponde verso questa per il pagamento dei conferimenti non versati, per un anno dal giorno in cui il recesso, la esclusione o la cessione della quota si è verificata.

Se entro un anno dallo scioglimento del rapporto associativo si manifesta l'insolvenza della società, il socio uscente è obbligato verso questa nei limiti di quanto ricevuto per la liquidazione della quota o per il rimborso delle azioni.

Nello stesso modo e per lo stesso termine sono responsabili verso la società gli eredi del socio defunto.

2537. Creditore particolare del socio.

Il creditore particolare del socio cooperatore, finché dura la società, non può agire esecutivamente sulla quota e sulle azioni del medesimo.

Sezione IV
Degli organi sociali

2538. Assemblea.

Nelle assemblee hanno diritto di voto coloro che risultano iscritti da almeno novanta giorni nel libro dei soci.

Ciascun socio cooperatore ha un voto, qualunque sia il valore della quota o il numero delle azioni possedute. L'atto costitutivo determina i limiti al diritto di voto degli strumenti finanziari offerti in sottoscrizione ai soci cooperatori.

Ai soci cooperatori persone giuridiche l'atto costitutivo può attribuire più voti, ma non oltre cinque, in relazione all'ammontare della quota oppure al numero dei loro membri.

Nelle cooperative in cui i soci realizzano lo scopo mutualistico attraverso l'integrazione delle rispettive imprese o di talune fasi di esse, l'atto costitutivo può prevedere che il diritto di voto sia attribuito in ragione della partecipazione allo scambio mutualistico. Lo statuto stabilisce un limite per il voto plurimo per tali categorie di soci, in modo che nessuno di essi possa esprimere più del decimo dei voti in ciascuna assemblea generale. In ogni caso, ad essi non può essere attribuito più di un terzo dei voti spettanti all'insieme dei soci presenti o rappresentati in ciascuna assemblea generale.

Le maggioranze richieste per la costituzione delle assemblee e per la validità delle deliberazioni sono determinate dall'atto costitutivo e sono calcolate secondo il numero dei voti spettanti ai soci.

L'atto costitutivo può prevedere che il voto venga espresso per corrispondenza, ovvero mediante altri mezzi di telecomunicazione. In tal caso l'avviso di convocazione deve contenere per esteso la deliberazione proposta. Se sono poste in votazione proposte diverse da quelle indicate nell'avviso di convocazione, i voti espressi per corrispondenza non si computano ai fini della regolare costituzione dell'assemblea.

• Gli organi delle società cooperative disciplinate dalle norme sulle società per azioni sono gli stessi della società per azioni ed è identico il riparto delle funzioni, tranne alcune specifiche deroghe in tema di assemblea. Innanzitutto, il peso di ciascun socio cooperatore è, contrariamente a quanto accade per la s.p.a., svincolato dalla partecipazione sociale. • Per i **soci persone fisiche** vige il **principio "una testa – un voto"**, cioè ogni socio persona fisica ha diritto ad un solo voto, qualunque sia il valore della sua quota o il numero delle azioni possedute. Ai **soci persone giuridiche** è possibile che siano attribuiti più voti, fino ad un massimo di cinque. È prevista l'attribuzione di un peso maggiore in assemblea in ragione dell'intensità degli scambi mutualistici per quei cooperatori imprenditori che operano in misura maggiore con la società anche con finalità di tipo consortile. • La **democraticità** del modello cooperativo è salvaguardata dal fatto che nessun socio può esprimere più di un decimo dei voti in ciascuna assemblea generale, e comunque non più di un terzo dei voti spettanti all'insieme dei soci presenti o rappresentati in ciascuna assemblea generale. • Un'ulteriore possibilità di **deroga al principio del voto capitario** si rinviene nell'art. 2543, co. 2, a tenore del quale "*l'atto costitutivo può attribuire il diritto di voto nell'elezione dell'organo di controllo proporzionalmente alle quote o alle azioni possedute ovvero in ragione della partecipazione allo scambio mutualistico*". Hanno diritto di voto solo coloro che risultano iscritti nel libro dei soci da almeno 90 giorni. La *ratio* della previsione risiede nell'esigenza di evitare che gli amministratori possano influenzare la formazione delle maggioranze assembleari favorendo, "*a sorpresa*", l'ingresso di nuovi soci nell'imminenza delle riunioni assembleari.

2539. Rappresentanza nell'assemblea.

Nelle cooperative disciplinate dalle norme sulla società per azioni ciascun socio può rappresentare sino ad un massimo di dieci soci.

Il socio imprenditore individuale può farsi rappresentare nell'assemblea anche dal coniuge, dai parenti entro il terzo grado e dagli affini entro il secondo che collaborano all'impresa.

2540. Assemblee separate.

L'atto costitutivo delle società cooperative può prevedere lo svolgimento di assemblee separate, anche rispetto a specifiche materie ovvero in presenza di particolari categorie di soci.

Lo svolgimento di assemblee separate deve essere previsto quando la società cooperativa ha più di tremila soci e svolge la propria attività in più province ovvero se ha più di cinquecento soci e si realizzano più gestioni mutualistiche.

L'atto costitutivo stabilisce il luogo, i criteri e le modalità di convocazione e di partecipazione all'assemblea generale dei soci delegati e assicura in ogni caso la proporzionale rappresentanza delle minoranze espresse dalle assemblee separate.

I delegati debbono essere soci. Alla assemblea generale possono assistere anche i soci che hanno preso parte alle assemblee separate.

Le deliberazioni della assemblea generale possono essere impugnate ai sensi dell'articolo 2377 anche dai soci assenti e dissenzienti nelle assemblee separate quando, senza i voti espressi dai delegati delle assemblee separate irregolarmente tenute, verrebbe meno la maggioranza richiesta per la validità della deliberazione.

Le deliberazioni delle assemblee separate non possono essere autonomamente impugnate.

Le disposizioni del presente articolo non si applicano alle società cooperative con azioni ammesse alla quotazione in mercati regolamentati.

• È possibile, a norma dell'art. 2540, che siano previste **assemblee separate**, per agevolare la partecipazione dei soci nelle cooperative con **ampia compagine sociale e territorialmente articolate**. • L'atto costitutivo può prevedere, dunque, che il procedimento assembleare si divida in **due fasi** (assemblea separate – assemblea generale). In base all'attuale disciplina le assemblee separate sono obbligatorie se la società ha più di 3000 soci e svolge la propria attività in più province, oppure se ha più di 500 soci e si realizzano più gestioni mutualistiche.

2541. Assemblee speciali dei possessori degli strumenti finanziari.

Se sono stati emessi strumenti finanziari privi di diritto di voto l'assemblea speciale di ciascuna categoria delibera:

1) sull'approvazione delle deliberazioni dell'assemblea della società cooperativa che pregiudicano i diritti della categoria;

2) sull'esercizio dei diritti ad essa eventualmente attribuiti ai sensi dell'articolo 2526;

3) sulla nomina e sulla revoca dei rappresentanti comuni di ciascuna categoria e sull'azione di responsabilità nei loro confronti;

4) sulla costituzione di un fondo per le spese, necessario alla tutela dei comuni interessi dei possessori degli strumenti finanziari e sul rendiconto relativo;

5) sulle controversie con la società cooperativa e sulle relative transazioni e rinunce;

6) sugli altri oggetti di interesse comune a ciascuna categoria di strumenti finanziari.

La assemblea speciale è convocata dagli amministratori della società cooperativa o dal rappresentante comune, quando lo ritengano necessario o quando almeno un terzo dei possessori degli strumenti finanziari ne faccia richiesta.

Il rappresentante comune deve provvedere all'esecuzione delle deliberazioni dell'assemblea speciale e deve tutelare gli interessi comuni dei possessori degli strumenti finanziari nei rapporti con la società cooperativa.

Il rappresentante comune ha diritto di esaminare i libri di cui all'articolo 2421, numeri 1) e 3) e di ottenere estratti; ha altresì il diritto di assistere all'assemblea della società cooperativa e di impugnarne le deliberazioni.

2542. Consiglio di amministrazione.

La nomina degli amministratori spetta all'assemblea fatta eccezione per i primi amministratori che sono nominati nell'atto costitutivo e salvo quanto disposto nell'ultimo comma del presente articolo.

La maggioranza degli amministratori è scelta tra i soci cooperatori ovvero tra le persone indicate dai soci cooperatori persone giuridiche.

L'atto costitutivo può prevedere che uno o più amministratori siano scelti tra gli appartenenti alle diverse categorie dei soci, in proporzione dell'interesse che ciascuna categoria ha nell'attività sociale. In ogni caso, ai possessori di strumenti finanziari non può essere attribuito il diritto di eleggere più di un terzo degli amministratori.

La nomina di uno o più amministratori può essere attribuita dall'atto costitutivo allo Stato o ad enti pubblici. In ogni caso, la nomina della maggioranza degli amministratori è riservata all'assemblea.

• Anche nelle cooperative – s.p.a. è possibile la scelta di uno dei sistemi di amministrazione oggi adottabili nelle società di capitali: accanto al sistema tradizionale articolato nella tripartizione degli organi sociali (organo amministrativo, collegio sindacale, assemblea), vi è il sistema dualistico (art. 2409-*octies*) e quello monistico (art. 2409-*sexiesdecies*), come previsto nell'art. 2544. • Nelle cooperative – s.r.l. continuerà ad adottarsi il sistema tradizionale, eventualmente modellato – ove gli amministratori siano più di uno – secondo i criteri, alternativi, dell'amministrazione disgiuntiva o congiuntiva tipici delle società di persone. • La competenza alla **nomina degli amministratori** spetta all'assemblea, salvo che per i primi amministratori – da nominarsi nell'atto costitutivo – e per quelli la cui designazione sia eventualmente riservata allo Stato o agli enti pubblici. È consentito l'accesso all'organo amministrativo di cooperative anche a non soci.

2543. Organo di controllo.

La nomina del collegio sindacale è obbligatoria nei casi previsti dal secondo e terzo comma dell'articolo 2477, nonché quando la società emette strumenti finanziari non partecipativi.

L'atto costitutivo può attribuire il diritto di voto nell'elezione dell'organo di controllo proporzionalmente alle quote o alle azioni possedute ovvero in ragione della partecipazione allo scambio mutualistico.

I possessori degli strumenti finanziari dotati di diritti di amministrazione possono eleggere, se lo statuto lo prevede, nel complesso sino ad un terzo dei componenti dell'organo di controllo.

• Per **rendere più agile il sistema dei controlli interni nelle società cooperative**, l'obbligatorietà della presenza dell'organo interno di controllo è prevista solo per gli organismi societari mutualistici dotati di adeguate dimensioni patrimoniali e finanziarie. • Le cooperative di minori dimensioni potranno così evitare i costi relativi alla presenza dell'organo di controllo interno, fermi restando i controlli amministrativi, previsti per tutte le cooperative. Ai sensi dell'art. 2519 (e del d.m. 29/12/2004, n. 320), i requisiti di professionalità dei sindaci di cooperativa sono i medesimi di quelli previsti per le altre società di capitali. Per le modalità di elezione dei componenti dell'organo di controllo, l'art. 2543 al secondo comma introduce una **deroga al principio del voto capitario**, consentendo che in via statutaria si possa attribuire il diritto di voto ai soci in proporzione alle quote o alle azioni possedute o in ragione della partecipazione allo scambio mutualistico. • Il terzo comma dell'art. 2543, infine, può leggersi come norma corrispondente al terzo comma dell'art. 2542, in tema di elezione dell'organo di amministrazione: è prevista la possibilità che lo statuto attribuisca ai soci finanziatori possessori di strumenti finanziari dotati di diritti amministrativi il potere di nomina sino a un terzo dei componenti dei componenti dell'organo di controllo.

2544. Sistemi di amministrazione.

Indipendentemente dal sistema di amministrazione adottato non possono essere delegati dagli amministratori, oltre le materie previste dall'articolo 2381, i poteri in materia di ammissione, di recesso e di esclusione dei soci e le decisioni che incidono sui rapporti mutualistici con i soci.

Se la cooperativa ha adottato il sistema di amministrazione di cui all'articolo 2409-octies, i possessori di strumenti finanziari non possono eleggere più di un terzo dei componenti del consiglio di sorveglianza e più di un terzo dei componenti del consiglio di gestione. I componenti del consiglio di sorveglianza eletti dai soci cooperatori devono essere scelti tra i soci cooperatori ovvero tra le persone indicate dai soci cooperatori persone giuridiche.

Se la cooperativa ha adottato il sistema di amministrazione di cui all'articolo 2409-sexiesdecies agli amministratori eletti dai possessori di strumenti finanziari, in misura comunque non superiore ad un terzo, non possono essere attribuite deleghe operative né gli stessi possono fare parte del comitato esecutivo.

2545. Relazione annuale sul carattere mutualistico della cooperativa.

Gli amministratori e i sindaci della società, in occasione della approvazione del bilancio di esercizio debbono, nelle relazioni previste dagli articoli 2428 e 2429 indicare specificamente i criteri seguiti nella gestione sociale per il conseguimento dello scopo mutualistico.

2545 bis. Diritti dei soci.

Nelle società cooperative cui si applica la disciplina della società per azioni, oltre a quanto stabilito dal primo comma dell'articolo 2422, i soci, quando almeno un decimo del numero complessivo lo richieda ovvero almeno un ventesimo quando la cooperativa ha più di tremila soci, hanno diritto di esaminare, attraverso un rappresentante, eventualmente assistito da un professionista di sua fiducia, il libro delle adunanze e delle deliberazioni del consiglio di amministrazione e il libro delle deliberazioni del comitato esecutivo, se esiste.

I diritti di cui al comma precedente non spettano ai soci in mora per la mancata esecuzione dei conferimenti o inadempienti rispetto alle obbligazioni contratte con la società.

2545 ter. Riserve indivisibili.

Sono indivisibili le riserve che per disposizione di legge o dello statuto non possono essere ripartite tra i soci, neppure in caso di scioglimento della società.

Le riserve indivisibili possono essere utilizzate per la copertura di perdite solo dopo che sono esaurite le riserve che la società aveva destinato ad operazioni di aumento di capitale e quelle che possono essere ripartite tra i soci in caso di scioglimento della società.

2545 quater. Riserve legali, statutarie e volontarie.

Qualunque sia l'ammontare del fondo di riserva legale, deve essere a questo destinato almeno il trenta per cento degli utili netti annuali.

Una quota degli utili netti annuali deve essere corrisposta ai fondi mutualistici per la promozione e lo sviluppo della cooperazione, nella misura e con le modalità previste dalla legge.

L'assemblea determina, nel rispetto di quanto previsto dall'articolo 2545-quinquies, la destinazione degli utili non assegnati ai sensi del primo e secondo comma.

• Nell'ottica di **rafforzare la consistenza del patrimonio sociale**, la percentuale di utili netti da destinare a riserva legale è sei volte più elevata rispetto alla società per azioni: il trenta per cento (in luogo del cinque per cento). • Tale obbligo sussiste indipendentemente dall'ammontare raggiunto dalla riserva legale. Il 3% degli utili netti annuali deve essere destinato ad **appositi fondi mutualistici** per la promozione e lo sviluppo della cooperazione, costituiti e gestiti dalle associazioni nazionali di rappresentanza del movimento cooperativo. • Si tratta di una forma di **autocontribuzione obbligatoria**, finalizzata alla promozione ed al finanziamento di nuove imprese e di iniziative di **sviluppo del movimento cooperativo**.

2545 quinquies. Diritto agli utili e alle riserve dei soci cooperatori.

L'atto costitutivo indica le modalità e la percentuale massima di ripartizione dei dividendi tra i soci cooperatori.

Possono essere distribuiti dividendi, acquistate proprie quote o azioni ovvero assegnate ai soci le riserve divisibili se il rapporto tra il patrimonio netto e il complessivo indebitamento della società è superiore ad un quarto. La condizione non si applica nei confronti dei possessori di strumenti finanziari.

L'atto costitutivo può autorizzare l'assemblea ad assegnare ai soci le riserve divisibili attraverso:

a) l'emissione degli strumenti finanziari di cui all'articolo 2526;

b) mediante aumento proporzionale delle quote sottoscritte e versate, o mediante l'emissione di nuove azioni, anche in deroga a quanto previsto dall'articolo 2525, nella misura massima complessiva del venti per cento del valore originario.

Le riserve divisibili, spettanti al socio in caso di scioglimento del rapporto, possono essere assegnate, se lo statuto non prevede diversamente, attraverso l'emissione di strumenti finanziari liberamente trasferibili e devono esserlo ove il rapporto tra il patrimonio netto e il complessivo indebitamento della società sia inferiore ad un quarto.

Le disposizioni dei commi secondo e terzo non si applicano alle cooperative con azioni quotate in mercati regolamentati.

• Sono posti **limiti alla distribuzione fra i soci degli utili residui** con compressione del profilo lucrativo della partecipazione sociale. • Per tutte le cooperative non quotate la regola è che non possono essere distribuiti dividendi direttamente o indirettamente se il rapporto tra patrimonio netto e complessivo indebitamento della società è superiore ad un quarto. • Si impone così alle cooperative eccessivamente indebitate di destinare all'**autofinanziamento** gli utili generati. Vincolo che non si applica ai possessori di strumenti finanziari ed alle cooperative con azioni quotate in mercati regolamentati.

2545 sexies. Ristorni.

L'atto costitutivo determina i criteri di ripartizione dei ristorni ai soci proporzionalmente alla quantità e qualità degli scambi mutualistici.

Le cooperative devono riportare separatamente nel bilancio i dati relativi all'attività svolta con i soci, distinguendo eventualmente le diverse gestioni mutualistiche.

L'assemblea può deliberare la ripartizione dei ristorni a ciascun socio anche mediante aumento proporzionale delle rispettive quote o con l'emissione di nuove azioni, in deroga a quanto previsto dall'articolo 2525, ovvero mediante l'emissione di strumenti finanziari.

• I **ristorni** costituiscono un momento centrale e caratterizzante dell'intero fenomeno cooperativo e sono considerati, per quanto l'art. 2545-*sexies* non fornisca una definizione specifica, lo strumento di **attribuzione al socio del c.d. vantaggio mutualistico**. Esempi di ristorno possono essere il rimborso ai soci di parte del prezzo pagato per i beni o servizi acquistati dalla cooperativa a prezzo di mercato (nel caso di cooperativa di consumo), ovvero integrazione della retribuzione corrisposta dalla cooperativa per le prestazioni del socio (cooperative di produzione e lavoro). • Si precisa che l'istituto dei ristorni non è praticato con sistematicità nel movimento cooperativo, e che in alcuni settori non è conosciuto nella pratica (come, ad es. nelle cooperative di assicurazione e nelle cooperative edilizie). I ristorni si distinguono dai dividendi in relazione al **criterio di ripartizione**, che – in coerenza con l'essenza causale del contratto di società cooperativa – non si fonda sull'entità dell'investimento di capitale effettuato dai soci, ma sulla **gestione di servizio** di cui i soci cooperatori sono protagonisti. I ristorni non costituiscono l'unica tecnica possibile di attribuzione ai soci del vantaggio mutualistico, potendo questo essere conseguito dal socio anche immediatamente, già all'atto dello svolgimento dello scambio mutualistico con la cooperativa, e non esclusivamente in via differita.

2545 septies. Gruppo cooperativo paritetico.

Il contratto con cui più cooperative appartenenti anche a categorie diverse regolano, anche in forma consortile, la direzione e il coordinamento delle rispettive imprese deve indicare:

1) la durata;

2) la cooperativa o le cooperative cui è attribuita direzione del gruppo, indicandone i relativi poteri;

3) l'eventuale partecipazione di altri enti pubblici e privati;

4) i criteri e le condizioni di adesione e di recesso dal contratto;

5) i criteri di compensazione e l'equilibrio nella distribuzione dei vantaggi derivanti dall'attività comune.

La cooperativa può recedere dal contratto senza che ad essa possano essere imposti oneri di alcun tipo qualora, per effetto dell'adesione al gruppo, le condizioni dello scambio risultino pregiudizievoli per i propri soci.

Le cooperative aderenti ad un gruppo sono tenute a depositare in forma scritta l'accordo di partecipazione presso l'albo delle società cooperative.

• Anche le società cooperative possono dar vita ad **organizzazioni di gruppo**. Il gruppo cooperativo trova, tradizionalmente, fondamento in un accordo contrattuale, inquadrabile nello schema del consorzio tra imprenditori, volto a dar vita ad una strategia imprenditoriale comune ed unitaria. Nel contratto va indicata la cooperativa o le cooperative cui è attribuita la direzione del gruppo (2545-*septies*, co. 1, n. 2). • La decisione di aderire al contratto di gruppo dovrebbe essere di pertinenza degli amministratori delle società partecipanti. • La **natura paritetica del gruppo** cui dà vita il contratto disciplinato nella norma in commento implica l'applicazione di principi di **parità di trattamento tra le cooperative partecipi** e **pari dignità per gli interessi sociali delle società partecipi**, non ritenendosi legittima l'adozione di meccanismi o di condotte di controllo eccessivamente invasive o comunque pregiudizievoli per le cooperative aderenti. • Qualora, per effetto dell'**adesione al gruppo**, le condizioni dello scambio risultino pregiudizievoli per i propri soci, la cooperativa può recedere dal contratto di gruppo paritetico, senza alcun onere.

Sezione V
Delle modificazioni dell'atto costitutivo

2545 octies. Perdita della qualifica di cooperativa a mutualità prevalente.

La cooperativa perde la qualifica di cooperativa a mutualità prevalente quando, per due esercizi consecutivi, non rispetti la condizione di prevalenza, di cui all'articolo 2513, ovvero quando modifichi le previsioni statutarie di cui all'articolo 2514.

In questo caso, sentito il parere del revisore esterno, ove presente, gli amministratori devono redigere un apposito bilancio, da notificarsi entro sessanta giorni dalla approvazione al Ministero delle attività produttive, al fine di determinare il valore effettivo dell'attivo patrimoniale da imputare alle riserve indivisibili. Il bilancio deve essere verificato senza rilievi da una società di revisione.

Qualora la cooperativa abbia perso la qualifica di cooperativa a mutualità prevalente per il mancato rispetto della condizione di prevalenza di cui all'articolo 2513, l'obbligo di cui al secondo comma si applica soltanto nel caso in cui la cooperativa medesima modifichi le previsioni statutarie di cui all'articolo 2514 o abbia emesso strumenti finanziari.

In tutti i casi di perdita della citata qualifica, la cooperativa è tenuta a segnalare espressamente tale condizione attraverso gli strumenti di comunicazione informatica previsti dall'articolo 223-sexiesdecies delle disposizioni per l'attuazione del presente codice.

Lo stesso obbligo sussiste per la cooperativa nel caso in cui le risultanze contabili relative al primo anno successivo alla perdita della detta qualifica evidenzino il rientro nei parametri della mutualità prevalente.

In seguito alle predette segnalazioni, l'amministrazione presso la quale è tenuto l'albo delle società cooperative provvede alla variazione della sezione di iscrizione all'albo medesimo senza alcun ulteriore onere istruttorio.

L'omessa o ritardata comunicazione della perdita della qualifica di cooperativa a mutualità prevalente è segnalata all'amministrazione finanziaria e comporta l'applicazione della sanzione amministrativa della sospensione semestrale di ogni attività dell'ente, intesa come divieto di assumere nuove eventuali obbligazioni contrattuali.

2545 nonies. Modificazioni dell'atto costitutivo.

Alle deliberazioni che importano modificazioni dell'atto costitutivo si applica l'articolo 2436.

La fusione e la scissione di società cooperative sono disciplinate dal titolo V, capo X, sezione II e III.

2545 decies. Trasformazione.

Le società cooperative diverse da quelle a mutualità prevalente possono deliberare, con il voto favorevole di almeno la metà dei soci della cooperativa, la trasformazione in una società del tipo previsto dal titolo V, capi II, III, IV, V, VI e VII, o in consorzio.

Quando i soci sono meno di cinquanta, la deliberazione deve essere approvata con il voto favorevole dei due terzi di essi. Quando i soci sono più di diecimila, l'atto costitutivo può prevedere che la trasformazione sia deliberata con il voto favorevole dei due terzi dei votanti se all'assemblea sono presenti, personalmente o per delega, almeno il venti per cento dei soci.

All'esito della trasformazione gli strumenti finanziari con diritto di voto sono convertiti in partecipazioni ordinarie, conservando gli eventuali privilegi.

2545 undecies. Devoluzione del patrimonio e bilancio di trasformazione.

La deliberazione di trasformazione devolve il valore effettivo del patrimonio, dedotti il capitale versato e rivalutato e i dividendi non ancora distribuiti, eventualmente aumentato fino a concorrenza dell'ammontare minimo del capitale della nuova società, esistenti alla data di trasformazione, ai fondi mutualistici per la promozione e lo sviluppo della cooperazione.

Alla proposta di deliberazione di trasformazione gli amministratori allegano una relazione giurata di un esperto designato dal tribunale nel cui circondario ha sede la società cooperativa, attestante il valore effettivo del patrimonio dell'impresa.

L'assemblea non può procedere alla deliberazione di cui ai precedenti commi qualora la cooperativa non sia stata sottoposta a revisione da parte dell'autorità di vigilanza nell'anno precedente o, comunque, gli amministratori non ne abbiano fatto richiesta da almeno novanta giorni.

2545 duodecies. Scioglimento.

La società cooperativa si scioglie per le cause indicate ai numeri 1), 2), 3), 5), 6) e 7) dell'articolo 2484, nonché per la perdita del capitale sociale.

• La norma in commento riproduce tutte le **cause di scioglimento** previste per le società di capitali dall'art. 2484, ad esclusione di quella – inapplicabile alle società cooperative – concernente la riduzione del capitale sociale al di sotto dell'ammontare minimo previsto dalla legge. • Quindi la cooperativa si scioglie per decorso del termine, per il conseguimento dell'oggetto sociale o per la sopravvenuta impossibilità di conseguirlo (salvo possibilità di modifiche statutarie ad assumersi dall'assemblea all'uopo senza indugio convocata), per l'impossibilità di funzionamento o per la continuata inattività dell'assemblea, per deliberazione dell'assemblea e per le altre cause previste dall'atto costitutivo o dallo statuto. Viene aggiunta a queste ipotesi quella della perdita del capitale sociale. • La norma non richiama altre cause di scioglimento comunque previste nell'impianto codicistico riguardante le cooperative, come quella del venir meno del numero minimo dei soci per un periodo di tempo superiore ad un anno (art. 2522, co. 3) ed il provvedimento di scioglimento coattivo disposto dall'autorità di vigilanza, allorché si verifichino le condizioni previste nell'art. 2545-*septiesdecies*, co. 1.

2545 terdecies. Insolvenza.

In caso di insolvenza della società, l'autorità governativa alla quale spetta il controllo sulla società dispone la liquidazione coatta amministrativa. Le cooperative che svolgono attività commerciale sono soggette anche a liquidazione giudiziale (1).

La dichiarazione di fallimento preclude la liquidazione coatta amministrativa e il provvedimento di liquidazione coatta amministrativa preclude la dichiarazione di fallimento.

(1) Periodo così sostituito dall'art. 381[1] d.lgs. 12/1/2019, n. 14.

Sezione VI

Dei controlli

2545 quaterdecies. Controllo sulle società cooperative.

Le società cooperative sono sottoposte alle autorizzazioni, alla vigilanza e agli altri controlli sulla gestione previsti dalle leggi speciali.

• Le società cooperative sono sottoposte al **controllo dell'autorità governativa** finalizzata all'accertamento dei requisiti mutualistici. La vigilanza spetta al **Ministero dello sviluppo economico** ed è esercitata tramite revisioni, effettuate con cadenza almeno biennale ed ispezioni straordinarie disposte ogni qualvolta se ne ravvisi l'opportunità. Nell'attività di vigilanza il Ministero si avvale anche delle associazioni nazionali di rappresentanza, assistenza e tutela del movimento cooperativo legalmente riconosciute che perseguono scopi ideali e politici.

2545 quinquiesdecies. Controllo giudiziario.

I fatti previsti dall'articolo 2409 possono essere denunciati al tribunale dai soci che siano titolari del decimo del capitale sociale ovvero da un decimo del numero complessivo dei soci, e, nelle società cooperative che hanno più di tremila soci, da un ventesimo dei soci.

Il ricorso deve essere notificato a cura dei ricorrenti anche all'autorità di vigilanza.

Il tribunale, sentiti in camera di consiglio gli amministratori, i sindaci e l'autorità di vigilanza, dichiara improcedibile il ricorso se per i medesimi fatti sia stato già nominato un ispettore o un commissario dall'autorità di vigilanza.

L'autorità di vigilanza dispone la sospensione del procedimento dalla medesima iniziato se il tribunale per i medesimi fatti ha nominato un ispettore o un amministratore giudiziario.

• Anche le società cooperative sono assoggettate al **controllo giudiziario sulla gestione** previsto dall'art. 2409 per la società per azioni. **Legittimati al ricorso** sono i soci titolari di un decimo del capitale sociale, ovvero un decimo del numero complessivo dei soci, ridotto ad un ventesimo per le cooperative con più di tremila soci. • Nel procedimento deve essere sentita anche l'autorità di vigilanza governativa ed il tribunale dichiara improcedibile il ricorso se quest'ultima ha già nominato un commissario o un ispettore (viceversa l'autorità di vigilanza sospende il procedimento amministrativo se il tribunale ha nominato un ispettore o amministratore giudiziario).

2545 sexiesdecies. Gestione commissariale.

Fuori dai casi di cui all'articolo 2545-septiesdecies, in caso di irregolare funzionamento della società cooperativa, l'autorità di vigilanza può revocare gli amministratori e i sindaci, affidare la gestione della società a un commissario determinando i poteri e la durata, al fine di sanare le irregolarità riscontrate e, nel caso di crisi o insolvenza, autorizzarlo a domandare la nomina del collegio o del commissario per la composizione assistita della crisi stessa o l'accesso a una delle procedure regolatrici previste nel codice della crisi e dell'insolvenza (1). Ove l'importanza della società cooperativa lo richieda, l'autorità di vigilanza può nominare un vice commissario che collabora con il commissario e lo sostituisce in caso di impedimento.

Al commissario possono essere conferiti per determinati atti anche i poteri dell'assemblea, ma le relative deliberazioni non sono valide senza l'approvazione dell'autorità di vigilanza.

Se l'autorità di vigilanza accerta irregolarità nelle procedure di ammissione dei nuovi soci, può diffidare la società cooperativa e, qualora non si adegui, assumere i provvedimenti di cui al quarto comma.

Laddove vengano accertate una o più irregolarità suscettibili di specifico adempimento, l'autorità di vigilanza, previa diffida, può nominare un commissario, anche nella persona del legale rappresentante o di un componente dell'organo di controllo societario, che si sostituisce agli organi amministrativi dell'ente, limitatamente al compimento degli specifici adempimenti indicati (2) (3).

(1) Periodo così sostituito dall'art. 381^2 d.lgs. 12/1/2019, n. 14.
(2) Comma aggiunto dall'art. $1^{236, \text{lett. c)}}$, l. 27/12/2017, n. 205.
(3) Per i criteri per la determinazione e liquidazione dei compensi spettanti ai commissari governativi, v. d.m. Sviluppo economico 13/3/2018, in G.U. 18/5/2018, n. 114.

2545 septiesdecies. Scioglimento per atto dell'autorità.

L'autorità di vigilanza, con provvedimento da pubblicarsi nella Gazzetta Ufficiale e da iscriversi nel registro delle imprese, può sciogliere le società cooperative e gli enti mutualistici che non perseguono lo scopo mutualistico o non sono in condizione di raggiungere gli scopi per cui sono stati costituiti o che per due anni consecutivi non hanno depositato il bilancio di esercizio o non hanno compiuto atti di gestione.

Se vi è luogo a liquidazione, con lo stesso provvedimento sono nominati uno o più commissari liquidatori.

• La disciplina in esame legittima lo scioglimento per atto dell'autorità nei casi in cui la cooperativa non sia più in condizione di raggiungere gli scopi per cui è stata costituita o nel caso in cui la stessa per due anni consecutivi non abbia depositato il bilancio di esercizio o non abbia compiuto atti di gestione e per mancato perseguimento dello scopo mutualistico. • In tutti i casi considerati nella norma in esame, il provvedimento di scioglimento coattivo deve essere pubblicato in Gazzetta Ufficiale ed iscritto nel registro delle imprese. Dal tenore letterale del secondo comma dell'articolo si evince che la **messa in liquidazione della cooperativa, a seguito di scioglimento coattivo, è facoltativa.** Essa sarà disposta, con nomina di uno o più commissari liquidatori, a seguito di discrezionale valutazione dell'autorità di vigilanza, se la liquidazione debba ritenersi opportuna o necessaria.

2545 octiesdecies. Sostituzione dei liquidatori.

In caso di irregolarità o di eccessivo ritardo nello svolgimento della liquidazione ordinaria di una società cooperativa, l'autorità di vigilanza può sostituire i liquidatori o, se questi sono stati nominati dall'autorità giudiziaria, può chiederne la sostituzione al tribunale.

Fatti salvi i casi di liquidazione per i quali è intervenuta la nomina di un liquidatore da parte dell'autorità giudiziaria, l'autorità di vigilanza dispone la pubblicazione nella Gazzetta Ufficiale, per la conseguente cancellazione dal registro delle imprese, dell'elenco delle società cooperative e degli enti mutualistici in liquidazione ordinaria che non hanno depositato i bilanci di esercizio relativi agli ultimi cinque anni.

Entro il termine perentorio di trenta giorni dalla pubblicazione i creditori e gli altri interessati possono presentare all'autorità di vigilanza formale e motivata domanda intesa a consentire la prosecuzione della liquidazione. Trascorso il suddetto termine, a seguito di comunicazione da parte dell'autorità di vigilanza, il conservatore del registro delle imprese territorialmente competente provvede alla cancellazione della società cooperativa o dell'ente mutualistico dal registro medesimo.

Capo II
Delle mutue assicuratrici

2546. Nozione.

Nella società di mutua assicurazione le obbligazioni sono garantite dal patrimonio sociale.

I soci sono tenuti al pagamento dei contributi fissi o variabili, entro il limite massimo determinato dall'atto costitutivo.

Nelle mutue assicuratrici non si può acquistare la qualità di socio, se non assicurandosi presso la società, e si perde la qualità di socio con l'estinguersi dell'assicurazione, salvo quanto disposto dall'articolo 2548.

• Le mutue assicuratrici (o società di mutua assicurazione) sono società caratterizzate dalla **stretta interdipendenza** che per legge esiste **tra la qualità di socio e la qualità di assicurato**. Non si può, infatti, acquistare la qualità di socio, se non assicurandosi presso la società e la qualità di socio si perde con l'estinguersi dell'assicurazione. Le mutue assicuratrici sono fondate, come le cooperative, sul **principio di mutualità**. • Nelle mutue assicuratrici la mutualità si realizza in modo diretto ed immediato, poiché in esse la qualità di socio si acquista assicurandosi e si perde con l'estinguersi dell'assicurazione, per cui la figura dell'assicurato coincide con quella di socio. Per le **obbligazioni sociali** risponde la mutua assicuratrice esclusivamente con il suo patrimonio. I soci sono tenuti al **pagamento di contributi fissi o variabili** (che confluiscono nei fondi di garanzia e sono destinati in via prioritaria al soddisfacimento dei diritti di credito degli assicurati), entro il limite massimo determinato dall'atto costitutivo; i contributi sono periodici ed equiparati ai premi e non possono quindi essere ritenuti dei conferimenti in senso stretto, perché non sono destinati alla formazione di un capitale sociale, né danno luogo a quote di partecipazione.

2547. Norme applicabili.

Le società di mutua assicurazione sono soggette alle autorizzazioni, alla vigilanza e agli altri controlli stabiliti dalle leggi speciali sull'esercizio dell'assicurazione, e sono regolate dalle norme stabilite per le società cooperative, in quanto compatibili con la loro natura.

2548. Conferimenti per la costituzione di fondi di garanzia.

L'atto costitutivo può prevedere la costituzione di fondi di garanzia per il pagamento delle indennità, mediante speciali conferimenti da parte di assicurati o di terzi, attribuendo anche a questi ultimi la qualità di socio.

L'atto costitutivo può attribuire a ciascuno dei soci sovventori più voti, ma non oltre cinque, in relazione all'ammontare del conferimento.

I voti attribuiti ai soci sovventori, come tali, devono in ogni caso essere inferiori al numero dei voti spettanti ai soci assicurati.

I soci sovventori possono essere nominati amministratori. La maggioranza degli amministratori deve essere costituita da soci assicurati.

• I contributi dei soci confluiscono nei **fondi di garanzia**, che sono destinati in via prioritaria al soddisfacimento dei diritti di credito degli assicurati; peraltro, il primo comma dell'articolo in commento prevede che ulteriori fondi di garanzia possano essere costituiti – in forza di espressa previsione dell'atto costitutivo – per il pagamento delle indennità dovute agli assicurati, mediante speciali conferimenti da parte dei soci sovventori. • La qualità di **socio sovventore** può essere assunta da chi è già socio e da terzi. L'interesse che muove i soci ed i terzi nella sottoscrizione di partecipazioni di sovvenzione non è quello di usufruire delle prestazioni assicurative offerte dalla società, ma di effettuare un **investimento in danaro**, da cui ritrarre conveniente remunerazione. • Ai **sovventori** è attribuito il **diritto di voto**, ma ad essi non è consentito di assumere posizioni di preminenza nella società; ad essi, infatti, in proporzione del conferimento, possono essere attribuiti più voti, ma non oltre cinque; i voti dei sovventori non possono mai essere superiori in numero a quelli degli assicurati. Nella stessa direzione, anche i sovventori possono essere nominati amministratori, ma la maggioranza degli amministratori deve essere costituita da soci assicurati, interessati alla fruizione della prestazione mutualistica.

Titolo VII
DELL'ASSOCIAZIONE IN PARTECIPAZIONE

2549. Nozione.

Con il contratto di associazione in partecipazione l'associante attribuisce all'associato una partecipazione agli utili della sua impresa o di uno o più affari verso il corrispettivo di un determinato apporto.

Nel caso in cui l'associato sia una persona fisica, l'apporto di cui al primo comma non può consistere, nemmeno in parte, in una prestazione di lavoro.

Le disposizioni di cui al secondo comma non si applicano, limitatamente alle imprese a scopo mutualistico, agli associati individuati mediante elezione dall'organo assembleare di cui all'articolo 2540, il cui contratto sia certificati dagli organismi di cui all'articolo 76 del decreto legislativo 10 settembre 2003, n. 276, e successive modificazioni, nonché in relazione al rapporto fra produttori e artisti, interpreti, esecutori, volto alla realizzazione di registrazioni sonore, audiovisive o di sequenze di immagini in movimento (1).

(1) Comma dapprima aggiunto ad opera dell'art. 1^28 della l. 28/6/2012, n. 92, come modificato ad opera dell'art. 7^5, lett. A), n. 2 bis del d.l. 28/6/2013, n. 76 conv. in l. 9/8/2013, n. 99 e successivamente abrogato ad opera dell'art. 53^1, lett. A) del d.lgs. 15/6/2015, n. 81.

• Il contratto di associazione in partecipazione si caratterizza per il **carattere sinallagmatico** fra l'attribuzione da parte di un contraente (associante) di una quota degli utili, anche forfettari, derivanti dalla gestione di una sua impresa o di un suo affare all'altro (associato) e l'apporto, da quest'ultimo conferito, che può essere di qualsiasi natura, purché strumentale per l'esercizio di quell'impresa o per lo svolgimento di quell'affare, non determina la formazione di un soggetto nuovo o la costituzione di un patrimonio autonomo, né la comunione dell'affare o dell'impresa, che restano di esclusiva pertinenza dell'associante; pertanto, è solo l'associante che fa propri gli utili, salvo, nei rapporti interni, il suo obbligo di liquidare all'associato la sua quota di utili e di restituirgli l'apporto. • In particolare, l'articolo in commento disciplina un **contratto di scambio**, avente **causa aleatoria** perché alla prestazione certa dell'associato – denaro, beni mobili e immobili, titoli di credito, brevetti, garanzie, fideiussioni, ecc. – corrisponde una **prestazione incerta dell'associante**, consistente nella distribuzione degli utili conseguiti con l'impresa o l'affare intrapreso.

2550. Pluralità di associazioni.

Salvo patto contrario, l'associante non può attribuire partecipazioni per la stessa impresa o per lo stesso affare ad altre persone senza il consenso dei precedenti associati.

• Tale norma tutela la posizione dell'originario associato nel quadro più generale dell'**equilibrio tra interessi potenzialmente in conflitto**; è applicabile soltanto nella ipotesi in cui l'attribuzione della nuova partecipazione sia successiva al primo contratto di associazione ed importi una modificazione di quote di partecipazione agli utili dell'impresa e dell'affare, e non nel caso in cui l'attribuzione della posizione di associato a due distinte persone abbia luogo contestualmente con due distinte scritture redatte in pari data, in guisa da non potersi stabilire a chi delle due, quale precedente associato, spetti di dare il consenso prescritto dalla legge.

2551. Diritti ed obbligazioni dei terzi.

I terzi acquistano diritti e assumono obbligazioni soltanto verso l'associante.

2552. Diritti dell'associante e dell'associato.

La gestione dell'impresa o dell'affare spetta all'associante.

Il contratto può determinare quale controllo possa esercitare l'associato sull'impresa o sullo svolgimento dell'affare per cui l'associazione è stata contratta.

In ogni caso l'associato ha diritto al rendiconto dell'affare compiuto, o a quello annuale della gestione se questa si protrae per più di un anno.

• Nell'associazione in partecipazione la **gestione dell'impresa spetta esclusivamente all'associante** (art. 2552) e, per tale ragione, solo nei confronti di quest'ultimo i terzi acquistano diritti o assumono obbligazioni (art. 2551). • Il **controllo sulla gestione** dell'impresa o dell'affare, da parte dell'associante, è rimesso alla volontà contrattuale delle parti.

2553. Divisione degli utili e delle perdite.
Salvo patto contrario, l'associato partecipa alle perdite nella stessa misura in cui partecipa agli utili, ma le perdite che colpiscono l'associato non possono superare il valore del suo apporto.

• Il contratto di associazione in partecipazione è caratterizzato, da un lato, dal **contributo patrimoniale** del soggetto associato al titolare dell'impresa (associante), e, dall'altro, dalla sua partecipazione agli utili ed eventualmente alle perdite che ne derivano. • Le parti, nell'esercizio della propria **autonomia contrattuale**, possono escludere la partecipazione alle perdite dell'associato; in caso contrario, la disposizione in commento stabilisce che l'associato non può essere assoggettato illimitatamente alle perdite, e in nessun caso possono essere superiori al valore dell'apporto.

2554. Partecipazione agli utili e alle perdite.
Le disposizioni degli articoli 2551 e 2552 si applicano anche al contratto di cointeressenza agli utili di una impresa senza partecipazione alle perdite, e al contratto con il quale un contraente attribuisce la partecipazione agli utili e alle perdite della sua impresa, senza il corrispettivo di un determinato apporto.
Per le partecipazioni agli utili attribuite ai prestatori di lavoro resta salva la disposizione dell'articolo 2102.

• Il primo comma della disposizione in commento si riferisce dapprima alla c.d. **cointeressenza "impropria"**, ossia il contratto col quale l'impresa associante attribuisce al cointeressato una partecipazione ai soli utili dell'impresa associante verso il corrispettivo di un apporto; dappoi, al **contratto di cointeressenza "propria"** in cui manca l'apporto del cointeressato e quest'ultimo partecipa sia agli utili che alle perdite. A tali contratti si applicano gli artt. 2551 e 2552.

Titolo VIII
DELL'AZIENDA

Capo I
Disposizioni generali

2555. Nozione.
L'azienda è il complesso dei beni organizzati dall'imprenditore per l'esercizio dell'impresa.

• Il rapporto esistente tra azienda e impresa è ritenuto comunemente un **rapporto di mezzo a fine**: l'azienda rappresenta l'apparato strumentale materiale (macchinari, locali, attrezzature, materie prime, merci) di cui l'imprenditore si avvale per l'esercizio dell'impresa. • Carattere peculiare dell'azienda resta, pertanto, l'organizzazione dei beni finalizzati all'esercizio dell'impresa. • Il rapporto di **strumentalità** e **complementarietà** tra i singoli elementi costitutivi dell'azienda fa sì che il complesso unitario acquisti di regola un valore di scambio maggiore della somma dei valori dei singoli beni che in un dato momento lo costituiscono. Tale maggior valore si definisce avviamento. • L'**avviamento** di un'azienda può assumere un significato ***oggettivo*** ricollegabile a fattori che permangono anche se muta il titolare dell'azienda in quanto insiti nel coordinamento esistente fra i diversi beni o può assumere un significato ***soggettivo*** ogniqualvolta si faccia riferimento all'abilità operativa dell'imprenditore sul mercato e in particolare alla sua abilità nel formarsi conservare ed accrescere la clientela.

2556. Imprese soggette a registrazione.

Per le imprese soggette a registrazione i contratti che hanno per oggetto il trasferimento della proprietà o il godimento dell'azienda devono essere provati per iscritto, salva l'osservanza delle forme stabilite dalla legge per il trasferimento dei singoli beni che compongono l'azienda o per la particolare natura del contratto.

I contratti di cui al primo comma, in forma pubblica o per scrittura privata autenticata, devono essere depositati per l'iscrizione nel registro delle imprese, nel termine di trenta giorni, a cura del notaio rogante o autenticante.

• L'azienda può formare oggetto di **atti di disposizione di diversa natura**: può essere venduta, conferita in società, donata e sulla stessa possono essere altresì costituiti diritti reali (usufrutto) oppure personali (affitto) di godimento a favore di terzi. • Occorre distinguere i casi in cui l'imprenditore disponga dell'azienda o di singoli beni aziendali dato che solo nel primo caso potrà trovare applicazione la disciplina dettata dall'art. 2556 e seguenti. • È pacifico che, per aversi **trasferimento di azienda**, non è necessario che l'atto di disposizione comprenda l'intero complesso aziendale. Vale a dire tutti beni attualmente utilizzati dal trasferente nella propria azienda. In particolare, la disciplina del trasferimento di azienda è applicabile anche quando l'imprenditore trasferisca un **ramo particolare della sua azienda** purché dotato di organicità operativa. L'articolo in commento, come modificato dalla l. 12/8/1993, n. 310, detta le forme degli atti traslativi dell'azienda. • Oltre agli effetti dedotti in contratto, l'alienazione dell'azienda produce effetti ulteriori che riguardano il divieto di concorrenza dell'alienante (art. 2557), i contratti (art. 2558), i crediti (art. 2559) e i debiti aziendali (art. 2560).

2557. Divieto di concorrenza.

Chi aliena l'azienda deve astenersi, per il periodo di cinque anni dal trasferimento, dall'iniziare una nuova impresa che per l'oggetto, l'ubicazione o altre circostanze sia idonea a sviare la clientela dell'azienda ceduta.

Il patto di astenersi dalla concorrenza in limiti più ampi di quelli previsti dal comma precedente è valido, purché non impedisca ogni attività professionale dell'alienante. Esso non può eccedere la durata di cinque anni dal trasferimento.

Se nel patto è indicata una durata maggiore o la durata non è stabilita, il divieto di concorrenza vale per il periodo di cinque anni dal trasferimento.

Nel caso di usufrutto o di affitto dell'azienda il divieto di concorrenza disposto dal primo comma vale nei confronti del proprietario o del locatore per la durata dell'usufrutto o dell'affitto.

Le disposizioni di questo articolo si applicano alle aziende agricole solo per le attività ad esse connesse, quando rispetto a queste sia possibile uno sviamento di clientela.

• Il **divieto di concorrenza**, previsto a tutela dell'interesse dell'acquirente ad **evitare un indebito sviamento di clientela**, è derogabile ed ha **carattere relativo**: sussiste nei limiti in cui la nuova attività d'impresa dell'alienante sia potenzialmente idonea a sottrarre clientela all'azienda ceduta. • Le parti possono anche ampliare la portata dell'obbligo di astensione (per es. ad attività non direttamente concorrenziali), purché non sia impedita ogni attività professionale all'alienante (co. 2). • È in ogni caso vietato prolungare oltre i 5 anni la durata del divieto (co. 3). Il divieto è applicabile non solo alla vendita volontaria di azienda, ma anche alla vendita coattiva. Il divieto graverà perciò in capo all'imprenditore fallito nel caso di vendita in blocco dell'azienda da parte degli organi fallimentari.

2558. Successione nei contratti.

Se non è pattuito diversamente, l'acquirente dell'azienda subentra nei contratti stipulati per l'esercizio dell'azienda stessa che non abbiano carattere personale.

Il terzo contraente può tuttavia recedere dal contratto entro tre mesi dalla notizia del trasferimento, se sussiste una giusta causa, salvo in questo caso la responsabilità dell'alienante.

Le stesse disposizioni si applicano anche nei confronti dell'usufruttuario e dell'affittuario per la durata dell'usufrutto e dell'affitto.

• In caso di trasferimento di azienda, al fine di mantenere più possibile l'unità economica della stessa, il legislatore prevede una disciplina che deroga le regole previste per la cessione dei contratti (artt. 1406 ss.). Tale disciplina si applica esclusivamente ai contratti stipulati per l'esercizio dell'impresa e che non abbiano carattere personale (es. forniture, finanziamenti ecc.). • Il legislatore, prendendo in considerazione che l'acquirente dell'azienda abbia interesse a subentrare in tali contratti, introduce una **specifica disciplina** che, in deroga a quella prevista per la cessione del contratto, investe il rapporto tra alienante e acquirente, nonché anche la posizione del terzo contraente. • La **successione dell'acquirente** nei contratti in corso di esecuzione **prescinde da una esplicita manifestazione di volontà** in tal senso nell'atto di alienazione dell'azienda. • Una espressa pattuizione fra l'alienante e l'acquirente è perciò necessaria solo se si vuole escludere la successione in uno o più contratti in corso di esecuzione. • Anche la posizione del terzo muta radicalmente rispetto alle regole previste per la cessione del contratto in quanto il consenso dello stesso non è necessario. Il terzo contraente, d'altro canto, può recedere dal contratto. Il recesso, però, potrà essere validamente esercitato solo se sussiste una giusta causa. Spetterà, quindi, al terzo contraente provare che l'acquirente dell'azienda si trova in una situazione tale da menomare la fiducia sulla regolare esecuzione del contratto.

2559. Crediti relativi all'azienda ceduta.

La cessione dei crediti relativi all'azienda ceduta, anche in mancanza di notifica al debitore o di sua accettazione, ha effetto, nei confronti dei terzi, dal momento dell'iscrizione del trasferimento nel registro delle imprese. Tuttavia il debitore ceduto è liberato se paga in buona fede all'alienante.

Le stesse disposizioni si applicano anche nel caso di usufrutto dell'azienda, se esso si estende ai crediti relativi alla medesima.

2560. Debiti relativi all'azienda ceduta.

L'alienante non è liberato dai debiti, inerenti all'esercizio dell'azienda ceduta, anteriori al trasferimento, se non risulta che i creditori vi hanno consentito.

Nel trasferimento di un'azienda commerciale risponde dei debiti suddetti anche l'acquirente della azienda, se essi risultano dai libri contabili obbligatori.

• In relazione al secondo comma, anche se manca un patto di accollo, l'acquirente di un'azienda commerciale (non di un'azienda agricola o di una piccola impresa) risponde in solido con l'alienante nei confronti dei creditori che non abbiano consentito alla liberazione di quest'ultimo. • Regole parzialmente diverse valgono per la vendita fallimentare di azienda rispetto alla quale l'acquirente non risponde delle obbligazioni pregresse (art. 105, co. 9, l. fall.). • La responsabilità *ex lege* dell'acquirente sussiste però solo per i debiti ed aziendali che risultano dai libri contabili obbligatori. Viene così contemperata l'esigenza di tutela dei creditori aziendali e quella di certezza così da evitare contestazioni e controversie in merito alla conoscenza da parte dell'acquirente di singoli debiti aziendali. • Una diversa e più favorevole disciplina è prevista per i lavoratori in relazione ai **debiti di lavoro** (art. 2112, co. 2) per i quali l'acquirente dell'azienda risponde in solido con l'alienante anche se i debiti non risultano dalle scritture contabili e anche se l'acquirente non ne ha avuto conoscenza all'atto del trasferimento. Inoltre la responsabilità grava anche sull'acquirente di un'azienda o di un ramo di azienda non commerciale.

2561. Usufrutto dell'azienda.

L'usufruttuario dell'azienda deve esercitarla sotto la ditta che la contraddistingue.

Egli deve gestire l'azienda senza modificarne la destinazione e in modo da conservare l'efficienza dell'organizzazione e degli impianti e le normali dotazioni di scorte.

Se non adempie a tale obbligo o cessa arbitrariamente dalla gestione dell'azienda, si applica l'articolo 1015.

La differenza tra le consistenze di inventario all'inizio e al termine dell'usufrutto è regolata in danaro, sulla base dei valori correnti al termine dell'usufrutto.

2562. Affitto dell'azienda.

Le disposizioni dell'articolo precedente si applicano anche nel caso di affitto dell'azienda.

• Si applicano sia per l'usufrutto (art. 2561) che per l'affitto di azienda (art. 2562) sia il divieto della concorrenza previsto all'art. 2557 che la disciplina della successione nei contratti aziendali art. 2558. Il nudo proprietario ed il locatore sono perciò tenuti a **non iniziare una nuova impresa idonea sviare la clientela** per la durata dell'usufrutto e dell'affitto. • Inoltre, l'usufruttuario o l'affittuario subentrano automaticamente nei contratti aziendali per la durata dell'usufrutto o dell'affitto. Si applica invece solo all'usufrutto la disciplina dei crediti aziendali (art. 2559). • In difetto di un espresso richiamo, non si applica né all'usufrutto né all'affitto di azienda la disciplina dettata per i debiti aziendali dall'art. 2560. Dei debiti aziendali anteriori alla costituzione dell'usufrutto o dell'affitto risponderanno esclusivamente il nudo proprietario o il locatore, salvo che per i debiti di lavoro espressamente accollati anche al titolare del diritto di godimento (art. 2112, co. 4).

Capo II
Della ditta e dell'insegna

2563. Ditta.

L'imprenditore ha diritto all'uso esclusivo della ditta da lui prescelta.

La ditta, comunque sia formata, deve contenere almeno il cognome o la sigla dell'imprenditore, salvo quanto è disposto dall'articolo 2565.

• La ditta è il **nome commerciale dell'imprenditore**, lo individua come soggetto di diritto nell'esercizio dell'attività d'impresa. Essa costituisce un **segno distintivo necessario**, nel senso che in mancanza di diversa scelta essa coincide con il nome civile dell'imprenditore. • Non è necessario che la ditta corrisponda al nome civile dell'imprenditore, potendo la stessa essere liberamente scelta dallo stesso nel rispetto dei principi della verità (art. 2563) e della novità (art. 2564). • Il principio della **verità** della ditta ha un contenuto assai limitato e soprattutto assume portata diversa a seconda che si tratti di ditta originaria o di ditta derivata. • La **ditta originaria** è quella formata dall'imprenditore che la utilizza, essa deve contenere almeno il cognome o la sigla dell'imprenditore, restando poi imprenditore libero di completare il segno distintivo come preferisce. • La **ditta derivata** è quella formata da un dato imprenditore e successivamente trasferita ad altro imprenditore insieme all'azienda. Nessuna disposizione impone a chi utilizza una ditta derivata di integrarla col proprio cognome o con la propria sigla; la verità in tal caso si riduce ad una pura "verità storica".

2564. Modificazione della ditta.

Quando la ditta è uguale o simile a quella usata da altro imprenditore e può creare confusione per l'oggetto dell'impresa e per il luogo in cui questa è esercitata, deve essere integrata o modificata con indicazioni idonee a differenziarla.

Per le imprese commerciali l'obbligo dell'integrazione o modificazione spetta a chi ha iscritto la propria ditta nel registro delle imprese in epoca posteriore.

• L'articolo fa riferimento al **principio di novità** che deve informare la creazione del nome commerciale: la ditta non deve essere uguale o simile a quello usato da altro imprenditore e, cioè, tale da creare confusione per l'oggetto dell'impresa o per il luogo in cui questa è esercitata. • Chi ha adottato per primo una data ditta ha perciò il **diritto all'uso esclusivo della stessa**; chi successivamente adotti una ditta uguale o simile può essere costretto ad integrarla o modificarla con indicazioni idonee a differenziarla. Ciò anche quando la successiva ditta corrisponda al nome civile dell'imprenditore (ditta patronimica). • Per le imprese commerciali trova applicazione il **criterio della priorità d'iscrizione nel registro delle imprese.** L'obbligo di integrare o di modificare la ditta spetta infatti a chi ha iscritto la propria ditta nel registro delle imprese in epoca posteriore (co. 2). • Il diritto all'uso esclusivo della ditta e il corrispondente obbligo di differenziazione sussistono però solo se i due imprenditori sono in rapporto concorrenziale tra loro e quindi solo quando vi sia il rischio di una confusione in relazione all'oggetto e per al luogo in cui l'impresa viene esercitata.

2565. Trasferimento della ditta.

La ditta non può essere trasferita separatamente dall'azienda.

Nel trasferimento dell'azienda per atto tra vivi la ditta non passa all'acquirente senza il consenso dell'alienante.

Nella successione nell'azienda per causa di morte la ditta si trasmette al successore, salvo diversa disposizione testamentaria.

• La ditta è **trasferibile solo insieme all'azienda**. Se il trasferimento avviene per atto tra vivi è necessario il **consenso espresso** dell'alienante. • Regola opposta vale invece se l'azienda è acquistata per successione a causa di morte: la ditta si trasmette al successore, salvo diversa disposizione testamentaria.

2566. Registrazione della ditta.

Per le imprese commerciali, l'ufficio del registro delle imprese deve rifiutare l'iscrizione della ditta, se questa non è conforme a quanto è prescritto dal secondo comma dell'articolo 2563 o, trattandosi di ditta derivata, se non è depositata copia dell'atto in base al quale ha avuto luogo la successione nell'azienda.

2567. Società.

La ragione sociale e la denominazione delle società sono regolate dai titoli V e VI di questo libro.

Tuttavia si applicano anche ad esse le disposizioni dell'articolo 2564.

2568. Insegna.

Le disposizioni del primo comma dell'articolo 2564 si applicano all'insegna.

• L'insegna contraddistingue i locali dell'impresa (es. stabilimento industriale, negozio di vendita) o, secondo una più ampia concezione, l'intero complesso aziendale. • L'insegna, in virtù del rinvio all'art. 2564, non può essere uguale o simile a quella già utilizzata da altro imprenditore concorrente, con conseguente **obbligo di differenziazione** qualora possa ingenerare confusione nel pubblico.

Capo III
Del marchio

2569. Diritto di esclusività.

Chi ha registrato nelle forme stabilite dalla legge un nuovo marchio idoneo a distinguere prodotti o servizi ha diritto di valersene in modo esclusivo per i prodotti o servizi per i quali è stato registrato.

In mancanza di registrazione il marchio è tutelato a norma dell'articolo 2571.

• Il marchio è il segno distintivo idoneo a consentire al pubblico di identificare e distinguere i prodotti o servizi di un imprenditore da quelli simili di altro imprenditore (esso è anche regolato dal codice della proprietà industriale, d.lgs. 10/2/2005, n. 30). • L'imprenditore affida al marchio il compito di differenziare i propri prodotti o servizi da quelli dei concorrenti. • Dunque, la funzione del marchio consiste nel **garantire al consumatore e all'utente finale l'identità originale del prodotto contrassegnato dal marchio**, consentendogli di distinguerlo senza alcuna possibilità di confusione da prodotti di provenienza diversa. Le normative nazionali, europee ed internazionali (v. art. 2574) sono imperniate sull'istituto della **registrazione del marchio** che riconosce al titolare del marchio il diritto all'uso esclusivo dello stesso. • Ai fini della registrazione presso l'Ufficio italiano di brevetti e marchi (UIBM) e della tutela giuridica, il marchio deve presentare determinati **caratteri di validità la cui carenza ne importa la nullità.** Tali caratteri sono: la liceità, la verità, l'originalità e la novità. Il marchio deve essere diverso dalla denominazione generica del prodotto o del servizio (capacità distintiva o originalità) e deve essere diverso dai marchi altrui preesistenti (novità).

2570. Marchi collettivi.

I soggetti che svolgono la funzione di garantire l'origine, la natura o la qualità di determinati prodotti o servizi possono ottenere la registrazione di marchi collettivi per concederne l'uso, secondo le norme dei rispettivi regolamenti, a produttori o commercianti.

2571. Preuso.

Chi ha fatto uso di un marchio non registrato ha la facoltà di continuare ad usarne, nonostante la registrazione da altri ottenuta, nei limiti in cui anteriormente se ne è valso.

• Il **non uso del marchio** comporta la **decadenza** dello stesso, ove ai sensi dell'art. 24, d.lgs. n. 30/2005, non venga utilizzato nei cinque anni dalla registrazione o venga sospeso per un periodo ininterrotto di cinque anni. • L'**uso del marchio**, anche non registrato, invece, può rilevare come fatto costitutivo del relativo diritto. Il **marchio non registrato** è "marchio di fatto" la sua tutela è, però, sensibilmente più debole rispetto a quella di cui gode il marchio registrato. • A norma dell'art. 2571 chi abbia fatto uso di un marchio non registrato ha facoltà di continuare ad usarne, nonostante la registrazione da altri ottenuta, nei limiti in cui anteriormente se ne sia avvalso. La **tutela del diritto di esclusiva sul marchio non registrato** si basa, dunque, sull'uso di fatto dello stesso, sulla sua ampiezza e sull'effettivo grado di notorietà raggiunto.

2572. Divieto di soppressione del marchio.

Il rivenditore può apporre il proprio marchio ai prodotti che mette in vendita, ma non può sopprimere il marchio del produttore.

• L'articolo in esame contiene il divieto per il rivenditore di eliminare dal prodotto il marchio del produttore. Tale norma è del tutto coerente con la natura che il marchio assume nel regime codicistico della proprietà industriale e con il suo ruolo di **segno identificativo della provenienza del prodotto.** Se, da un lato, è imposto il divieto di sopprimere il marchio del produttore, dall'altro lato, è consentito al rivenditore di apporre il proprio marchio. • Si intuisce che la *ratio legis* della norma è rinvenibile in una **tutela del produttore nei suoi rapporti con il venditore** e nei successivi rapporti del rivenditore con i commercianti contro eventuali alterazioni e contraffazioni.

2573. Trasferimento del marchio.

Il marchio può essere trasferito o concesso in licenza per la totalità o per una parte dei prodotti o servizi per i quali è stato registrato, purché in ogni caso dal trasferimento o dalla licenza non derivi inganno in quei caratteri dei prodotti o servizi che sono essenziali nell'apprezzamento del pubblico.

Quando il marchio è costituito da un segno figurativo, da una denominazione di fantasia o da una ditta derivata, si presume che il diritto all'uso esclusivo di esso sia trasferito insieme con l'azienda.

• Sussiste una notevole divergenza tra trasferimento della ditta (art. 2565) e trasferimento del marchio; il differente regime di circolazione trova spiegazione nella natura e nella funzione del marchio: non è un bene legato all'impresa, ma al prodotto, per cui la sua circolazione va considerata come autonoma. E, in questi termini, il titolare ben può monetizzare il **valore commerciale** del bene determinato dalla **capacità attrattiva della clientela.** • L'art. 2573, co. 1, prevede espressamente l'ammissibilità della **licenza del marchio**, ossia il godimento solo temporaneo; sicché il marchio, oltre che essere trasferito a titolo definitivo, può essere anche concesso in licenza a terzi (art. 23 del d.lgs. n. 30/2005). Col nome di licenza si indicano i contratti con i quali il titolare del marchio (licenziante), pur conservando tale titolarità, ne attribuisce l'uso e il godimento a terzi (licenziatari). • Il codice della proprietà industriale (d.lgs. n. 30/2005) ha espressamente confermato la previsione per cui la **licenza** può essere: **con o senza esclusiva**; **totale o parziale** (relativa a tutti o solo a determinati prodotti o servizi per i quali il marchio è stato registrato); riferita all'intero territorio dello Stato o solo a parte di esso.

2574. Leggi speciali.

Le condizioni per la registrazione dei marchi e degli atti di trasferimento dei medesimi, nonché gli effetti della registrazione sono stabiliti dalle leggi speciali.

• Il marchio, segno distintivo dei prodotti o dei servizi dell'impresa, è disciplinato sia dall'ordinamento nazionale sia da quello comunitario ed internazionale. Il marchio nazionale trova disciplina negli artt. 2569-2574 e nel codice della proprietà industriale (d.lgs. 10/2/2005, n. 30) che sostituisce la disciplina del r.d. 21/6/1942, n. 929 (Legge Marchi). • Si affianca al marchio nazionale anche il **marchio comunitario**, istituito con il Regolamento CE n. 40/93, oggi sostituito dal Regolamento CE 26/2/2009, n. 207, la disciplina promuove l'istituto del marchio unico, regolato e tutelato in modo unitario in tutti i paesi dell'Unione Europea. • Il **marchio internazionale** è disciplinato dalla Convenzione di Unione di Parigi 1883 per la protezione della proprietà industriale e dall'Accordo di Madrid del 1891 per la registrazione internazionale dei marchi, integrato, in seguito, dal Protocollo di Madrid del 1989. • A ben vedere, a differenza del marchio comunitario, il marchio internazionale non è un marchio unico e i relativi accordi internazionali sono essenzialmente volti a semplificare le procedure per accedere alla tutela sostanziale e giurisdizionale nei singoli Stati aderenti, secondo le rispettive discipline nazionali.

Titolo IX
DEI DIRITTI SULLE OPERE DELL'INGEGNO E SULLE INVENZIONI INDUSTRIALI

Capo I
Del diritto di autore sulle opere dell'ingegno letterarie e artistiche

2575. Oggetto del diritto.

Formano oggetto del diritto di autore le opere dell'ingegno di carattere creativo che appartengono alle scienze, alla letteratura, alla musica, alle arti figurative, all'architettura, al teatro e alla cinematografia, qualunque ne sia il modo o la forma di espressione.

• Formano oggetto del diritto d'autore anche i programmi per elaboratori elettronici (c.d. *software*), banche dati e così via, secondo l'ampia esemplificazione contenuta nell'art. 2 della legge del diritto d' autore (l. 22/4/1941, n. 633). • Le **opere d'ingegno** sono protette indipendentemente dal loro pregio e dall'utilità pratica. Unica condizione richiesta è che l'opera abbia carattere creativo (art. 2575), presenti cioè un **minimo di originalità oggettiva** rispetto a preesistenti opere dello stesso genere. • L'**originalità** può consistere anche nel modo personale di esposizione di argomenti noti (ad esempio una raccolta di leggi) o nella rielaborazione di opere preesistenti (ad esempio adattamento di un romanzo per il cinema o la televisione).

2576. Acquisto del diritto.

Il titolo originario dell'acquisto del diritto di autore è costituito dalla creazione dell'opera, quale particolare espressione del lavoro intellettuale.

• Fatto costitutivo del diritto d'autore è la **creazione dell'opera**. Non è invece necessario che l'opera sia stata divulgata fra il pubblico. Ad esempio, il romanziere è tutelato dal momento in cui fissa le sue idee in una forma sufficientemente compiuta sulla carta o sul registratore. • È prevista la **registrazione dell'opera** nel registro pubblico generale delle opere protette e per quelle cinematografiche nello speciale registro tenuto a cura della Società Italiana degli Autori ed Editori (SIAE), ma tali registrazioni non hanno carattere costitutivo (v. artt. 103 ss. l. aut.).

2577. Contenuto del diritto.

L'autore ha il diritto esclusivo di pubblicare l'opera e di utilizzarla economicamente in ogni forma e modo, nei limiti e per gli effetti fissati dalla legge.

L'autore, anche dopo la cessione dei diritti previsti dal comma precedente, può rivendicare la paternità dell'opera e può opporsi a qualsiasi deformazione, mutilazione o altra modificazione dell'opera stessa, che possa essere di pregiudizio al suo onore o alla sua reputazione.

• Il diritto d'autore gode di una **tutela** sia **morale**, sia **patrimoniale**. • Per quanto riguarda la tutela morale, l'autore ha diritto di rivendicare nei confronti di chiunque la paternità dell'opera, di decidere se pubblicarla o meno (diritto di inedito) anche se pubblicarla col proprio nome o in anonimo, di opporsi a modificazioni dell'opera e ad ogni altro atto che possa recare pregiudizio al suo onore o alla sua reputazione. Può inoltre ritirare l'opera dal commercio quando ricorrano gravi ragioni morali, previo indennizzo di coloro ai quali ha ceduto i diritti di utilizzazione economica (art. 2582). Questi diritti, in quanto disposti **a tutela della personalità dell'autore,** sono irrinunciabili e inalienabili; essi, inoltre, non si perdono con la cessione dei diritti patrimoniali e, salvo che per la facoltà di ritiro dal commercio, possono essere esercitati anche dai congiunti dopo la morte dell'autore. • Ancora, l'**autore ha diritto di utilizzazione economica esclusiva dell'opera** che, a differenza del diritto morale, ha una durata limitata infatti esso si estingue in 70 anni dopo la morte dell'autore ed è cedibile a terzi.

2578. Progetti di lavori.

All'autore di progetti di lavori di ingegneria o di altri lavori analoghi che costituiscono soluzioni originali di problemi tecnici, compete, oltre il diritto esclusivo di riproduzione dei piani e disegni dei progetti medesimi, il diritto di ottenere un equo compenso da coloro che eseguono il progetto tecnico a scopo di lucro senza il suo consenso.

2579. Interpreti ed esecutori.

Agli artisti attori o interpreti di opere o composizioni drammatiche o letterarie, e agli artisti esecutori di opere o composizioni musicali, anche se le opere o composizioni sovraindicate sono in dominio pubblico, compete, nei limiti, per gli effetti e con le modalità fissati dalle leggi speciali, indipendentemente dall'eventuale retribuzione loro spettante per la recitazione, rappresentazione od esecuzione, il diritto ad un equo compenso nei confronti di chiunque diffonda o trasmetta per radio, telefono od altro apparecchio equivalente, ovvero incida, registri o comunque riproduca su dischi fonografici, pellicola cinematografica od altro apparecchio equivalente la suddetta recitazione, rappresentazione od esecuzione.

Gli artisti attori od interpreti e gli artisti esecutori hanno diritto di opporsi alla diffusione, trasmissione o riproduzione della loro recitazione, rappresentazione od esecuzione che possa essere di pregiudizio al loro onore o alla loro reputazione.

2580. Soggetti del diritto.

Il diritto di autore spetta all'autore ed ai suoi aventi causa nei limiti e per gli effetti fissati dalle leggi speciali.

2581. Trasferimento dei diritti di utilizzazione.

I diritti di utilizzazione sono trasferibili.

Il trasferimento per atto tra vivi deve essere provato per iscritto.

• Il diritto di utilizzazione economica dell'opera dell'ingegno è **liberamente trasferibile**, unitamente o nelle sue singole manifestazioni, sia fra vivi che a causa di morte. • Il trasferimento per atto tra vivi – che deve essere provato per iscritto (art. 110 l. aut.) – può essere sia a titolo definitivo, sia a titolo temporaneo e le parti possono utilizzare al riguardo qualsiasi schema contrattuale tipico o atipico. • I contratti specificamente previsti e normalmente utilizzati per lo sfruttamento economico dell'opera dell'ingegno sono: a) il contratto di edizione (artt. 118-135 l. aut.) col quale l'autore concede in esclusiva ad un editore l'esercizio del diritto di pubblicare per la stampa l'opera, per conto e a spese dell'editore stesso; b) il contratto di rappresentazione e di esecuzione (artt. 136-141 l. aut.), ossia il contratto col quale l'autore cede – di regola non in esclusiva – il solo diritto di rappresentazione in pubblico di opere destinate a tal fine o di eseguire in pubblico una composizione musicale.

2582. Ritiro dell'opera dal commercio.

L'autore, qualora concorrano gravi ragioni morali, ha diritto di ritirare l'opera dal commercio, salvo l'obbligo di indennizzare coloro che hanno acquistato i diritti di riprodurre, diffondere, eseguire, rappresentare o mettere in commercio l'opera medesima.

Questo diritto è personale e intrasmissibile.

2583. Leggi speciali.

L'esercizio dei diritti contemplati in questo capo e la loro durata sono regolati dalle leggi speciali.

• Il diritto d'autore è protetto con specifiche **sanzioni civili** (artt. 156 ss. l. aut.) **amministrative pecuniarie** (art. 174-*bis* l. aut.) e **penali** (artt. 171 ss. l. aut.), a carico di chi ponga in essere comportamenti lesivi, che possono andare dall'imitazione totale o parziale degli elementi creativi essenziali di un'opera altrui (plagio-contraffazione) alla lesione di singole manifestazioni del diritto d'autore. • Le opere dell'ingegno godono, in principio, di una protezione circoscritta al territorio nazionale e per le loro caratteristiche sono esposte al pericolo della concorrente utilizzazione abusiva da parte di terzi in altri Stati. Tale pericolo ha sollecitato accordi internazionali volti ad estendere l'ambito territoriale di tutela del diritto d'autore e l'Italia ha aderito alle due principali convenzioni internazionali in materia: la convenzione di Unione di Berna per la protezione delle opere letterarie ed artistiche del 1896; nonché la convenzione universale di Ginevra del diritto d'autore del 1952 (entrambe, ora, confluite nel testo di Parigi del 1971).

Capo II
Del diritto di brevetto per invenzioni industriali

2584. Diritto di esclusività.

Chi ha ottenuto un brevetto per un'invenzione industriale ha il diritto esclusivo di attuare l'invenzione e di disporne entro i limiti e alle condizioni stabilite dalla legge.

Il diritto si estende anche al commercio del prodotto a cui l'invenzione si riferisce.

• Le **invenzioni industriali** sono idee creative che appartengono al campo della tecnica. Esse consistono nella **soluzione originale di un problema tecnico**, suscettibile di pratica applicazione nel settore della produzione di beni o di servizi. • Netta è dunque la distinzione rispetto alle opere di ingegno (tutelate col diritto di autore), dalle quali le invenzioni industriali si differenziano anche per il diverso modo di acquisto del diritto di utilizzazione economica: la concessione del corrispondente brevetto da parte dell'ufficio italiano brevetti e marchi, salvo la limitata tutela accordata alle invenzioni non brevettate. Il brevetto conferisce al suo titolare la facoltà esclusiva di attuare l'invenzione e di trarne profitto nel territorio dello Stato. • L'**esclusiva** comprende non solo la fabbricazione, ma anche il commercio e l'importazione dei prodotti cui invenzione si riferisce. Peraltro, l'esclusiva di commercio si esaurisce con la prima immissione in circolazione del prodotto brevettato. Perciò chi ha acquistato il prodotto messo in commercio dal titolare o con il suo consenso può liberamente rivenderlo, salvo che sussistano legittimi motivi perché il titolare si opponga all'ulteriore commercializzazione dei prodotti come, ad esempio, la loro modificazione o alterazione non autorizzata.

2585. Oggetto del brevetto.

Possono costituire oggetto di brevetto le nuove invenzioni atte ad avere una applicazione industriale, quali un metodo o un processo di lavorazione industriale, una macchina, uno strumento, un utensile o un dispositivo meccanico, un prodotto o un risultato industriale e l'appli-

cazione tecnica di un principio scientifico, purché essa dia immediati risultati industriali.
In quest'ultimo caso il brevetto è limitato ai soli risultati indicati dall'inventore.

• Possono formare oggetto di brevetto per invenzione industriale le **idee inventive di maggior rilievo tecnologico**. Queste possono essere distinte in tre grandi categorie: a) invenzioni di prodotto, che hanno per oggetto un nuovo prodotto materiale ad esempio una macchina o un composto chimico; b) invenzioni di procedimento, che possono consistere in un nuovo metodo di produzione di beni già noti, in un nuovo processo di lavorazione industriale, in un nuovo dispositivo meccanico; c) invenzioni derivate, che si presentano come derivazione di una precedente invenzione. • Esse possono consistere: nell'ingegnosa combinazione di invenzioni precedenti in modo da ricavarne un trovato tecnicamente nuovo (invenzioni di combinazione); nel miglioramento di un'invenzione precedente modificandola (invenzioni di perfezionamento); in una nuova utilizzazione di una sostanza o di una composizione di sostanze già conosciute (invenzioni di traslazione). • I ritrovati della tecnica devono essere leciti e nuovi, devono implicare un'attività inventiva e devono essere infine idonei ad avere un'applicazione industriale. È nuova l'invenzione che non è compresa nello stato della tecnica. In sostanza, manca del requisito della **novità** l'invenzione già divulgata. • L'invenzione è infine considerata atta ad avere applicazione industriale se il trovato può essere fabbricato o utilizzato in qualsiasi genere di industria, compresa quella agricola. Restano invece non brevettabili come invenzioni le conoscenze non sfruttabili industrialmente.

2586. Brevetto per nuovi metodi o processi di fabbricazione.

Il brevetto concernente un nuovo metodo o processo di fabbricazione industriale ne attribuisce al titolare l'uso esclusivo.

Se il metodo o processo è diretto ad ottenere un prodotto industriale nuovo, il brevetto si estende anche al prodotto ottenuto, purché questo possa formare oggetto di brevetto (1).

(1) L'art. 13 del d.lgs. 19/3/1996, n. 198 ha abrogato il secondo comma. Ma v. l'art. 246[1, lett. ff)] del d.lgs. 10/2/2005, n. 30 che ha abrogato integralmente il d.lgs. n. 198/1996.

2587. Brevetto dipendente da brevetto altrui.

Il brevetto per invenzione industriale, la cui attuazione implica quella d'invenzioni protette da precedenti brevetti per invenzioni industriali ancora in vigore, non pregiudica i diritti dei titolari di questi ultimi, e non può essere attuato né utilizzato senza il consenso di essi.

Sono salve le disposizioni delle leggi speciali.

2588. Soggetti del diritto.

Il diritto di brevetto spetta all'autore dell'invenzione e ai suoi aventi causa.

• La **tutela giuridica dell'invenzione** ha contenuto sia **morale** che **patrimoniale**. • L'inventore ha diritto ad essere riconosciuto autore dell'invenzione e tale diritto morale si acquista per il solo fatto dell'invenzione. L'inventore ha inoltre il diritto, trasferibile, di conseguire il brevetto, che ha funzione costitutiva ai fini dell'acquisto del diritto all'utilizzazione economica in esclusiva del trovato. • Il brevetto per invenzione industriale è concesso dall'ufficio brevetti, sulla base di una domanda corredata a pena di nullità dalla descrizione dell'invenzione, nonché dai disegni necessari per comprenderla. Ogni domanda può avere per oggetto una sola invenzione e deve specificare ciò che si intende debba formare oggetto del brevetto. • Il **brevetto per invenzioni** industriali **dura 20 anni** dalla data di deposito della domanda ed è esclusa ogni possibilità di rinnovo. Il relativo diritto di esclusiva si può perdere prima della scadenza qualora sia dichiarata la nullità del brevetto o sopravvenga una causa di decadenza dello stesso, quale la mancata attuazione dell'invenzione brevettata.

2589. Trasferibilità.

I diritti nascenti dalle invenzioni industriali, tranne il diritto di esserne riconosciuto autore, sono trasferibili.

• Il brevetto è **liberamente trasferibile** sia fra vivi sia *mortis causa*, indipendentemente dal trasferimento dell'azienda. • Sul brevetto possono essere costituiti diritti reali di godimento o di garanzia e lo stesso può formare oggetto di esecuzione forzata e di espropriazione per pubblica utilità. • Il titolare del brevetto può altresì concedere **licenza d'uso** dello stesso, con o senza esclusiva di fabbricazione, a favore del licenziatario.

2590. Invenzione del prestatore di lavoro.

Il prestatore di lavoro ha diritto di essere riconosciuto autore dell'invenzione fatta nello svolgimento del rapporto di lavoro.

I diritti e gli obblighi delle parti relativi all'invenzione sono regolati dalle leggi speciali.

2591. Rinvio alle leggi speciali.

Le condizioni e le modalità per la concessione del brevetto, l'esercizio dei diritti che ne derivano e la loro durata sono regolati dalle leggi speciali.

• L'invenzione brevettata è tutelata con **sanzioni civili e penali** (art. 473 c.p.). In particolare, il titolare del brevetto – e anche il licenziatario – possono esercitare azione di contraffazione nei confronti di chi abusivamente sfrutti l'invenzione. La sentenza che accerta la contraffazione ordina l'inibitoria per il futuro della fabbricazione o dell'uso di quanto forma oggetto del brevetto. • Sono altresì previste sanzioni volte ad eliminare dal mercato gli oggetti realizzati in violazione del brevetto: assegnazione in proprietà al titolare del brevetto, sequestro, rimozione, distruzione. • Il titolare del brevetto ha in ogni caso il diritto **al risarcimento dei danni** subiti comprendenti sia il danno patrimoniale che quello non patrimoniale. Può chiedere inoltre la restituzione degli utili realizzati dall'autore della violazione.

Capo III
Del diritto di brevetto per modelli di utilità e di registrazione per disegni e modelli

2592. Modelli di utilità.

Chi, in conformità della legge, ha ottenuto un brevetto per una invenzione atta a conferire a macchine o parti di esse, strumenti, utensili od oggetti particolare efficacia o comodità di applicazione o d'impiego, ha il diritto esclusivo di attuare l'invenzione, di disporne e di fare commercio dei prodotti a cui si riferisce.

Il brevetto per le macchine nel loro complesso non comprende la protezione delle singole parti.

• I modelli di utilità sono nuovi trovati destinati a **conferire particolare funzionalità** (efficacia o comodità di applicazione) a macchine, strumenti, utensili o oggetti d'uso. Ad esempio: una nuova forma di poltrona da dentista che ne aumenti la comodità, una particolare forma di attacco di sicurezza per gli sci.

2593. Modelli e disegni (1).

Chi ha ottenuto una registrazione per un nuovo disegno o modello che abbia carattere individuale, ha il diritto esclusivo di utilizzarlo e di vietare a terzi di utilizzarlo senza il suo consenso, in conformità alle leggi speciali.

(1) Articolo sostituito dall'art. 21^2 del d.lgs. 2/2/2001, n. 95.

• I disegni e i modelli sono invece nuove idee destinate a migliorare l'aspetto (forma, linea, colore, contorni) dei prodotti industriali o artigianali. È questo il vasto campo dell'*industrial design*: l'originale disegno di un tessuto, l'originale forma di un paraurti di un'automobile o di un televisore.

2594. Norme applicabili.

Ai diritti di brevetto e di registrazioni contemplati in questo capo, si applicano gli articoli 2588, 2589 e 2590. Le condizioni e le modalità per la concessione del brevetto e della registrazione, l'esercizio dei diritti che ne derivano e la loro durata sono regolati dalle leggi speciali.

Titolo X
DELLA DISCIPLINA DELLA CONCORRENZA E DEI CONSORZI

Capo I
Della disciplina della concorrenza

Sezione I
Disposizioni generali

2595. Limiti legali della concorrenza.

La concorrenza deve svolgersi in modo da non ledere gli interessi dell'economia nazionale e nei limiti stabiliti dalla legge *e dalle norme corporative* (1).

(1) Le disposizioni richiamanti le norme corporative devono ritenersi abrogate in seguito alla soppressione dell'ordinamento corporativo.

• Nell'art. 41 Cost. trova particolare disciplina la **libertà di iniziativa economica**, ossia la libertà di ogni soggetto di intraprendere e di esercitare un'attività economica, compresa l'attività di impresa. A ben vedere, l'art. 41, co. 1, Cost. recita *«l'iniziativa economica privata è libera»*. Tale libertà, in ragione della pluralità e coesistenza dei soggetti che la esercitano, si traduce in libertà di concorrenza, assicurando un risultato reputato (dalla scienza economica e giuridica) proficuo nell'interesse generale, soprattutto nell'interesse dei consumatori. • Il concetto di "concorrenza" – che si esprime più propriamente a mezzo dell'espressione "libertà di concorrenza" – individua, dunque, una particolare espressione della libertà di iniziativa economica. • Le **limitazioni della concorrenza**, per come individuate, rispondono a «interessi dell'economia nazionale». I «limiti stabiliti dalla legge» hanno ad oggetto sia le regole della concorrenza sleale (artt. 2598-2601), sia la normativa *antitrust* (l. n. 287/1990), sia norme specifiche del codice che pongono particolari limiti: es. limiti alla concorrenza del lavoratore subordinato (art. 2105), del socio in società in nome collettivo (art. 2301), dell'amministratore di società per azioni (art. 2390), dell'alienante l'azienda (art. 2557), dell'agente (art. 1743).

2596. Limiti contrattuali della concorrenza.

Il patto che limita la concorrenza deve essere provato per iscritto. Esso è valido se circoscritto ad una determinata zona o ad una determinata attività, e non può eccedere la durata di cinque anni.

Se la durata del patto non è determinata o è stabilita per un periodo superiore a cinque anni, il patto è valido per la durata di un quinquennio.

• La libertà di concorrenza racchiude al suo interno il potere di realizzare convenzionalmente la c.d. **auto-limitazione della libertà** medesima. • **Divieti** espressamente pattuiti sono sia quelli contenuti in clausole contrattuali, che quelli rientranti in accordi che hanno ad oggetto esclusivamente la limitazione della concorrenza: i c.d. **patti autonomi di non concorrenza**; le clausole di esclusiva inserite in contratti diversi dall'agenzia; l'obbligo assunto dall'agente anche per il periodo successivo alla cessazione del rapporto ai sensi dell'art. 1751-*bis*; l'obbligo assunto dal prestatore di lavoro anche per il periodo successivo alla cessazione del rapporto ai sensi dell'art. 2125-*bis*; i patti integrativi del divieto di cui all'art. 2557, co. 1. • Ma, a ben vedere, i **limiti alla concorrenza tra imprese** possono costituire anche oggetto oppure effetto naturale di determinati contratti: l'esclusiva nel contratto di agenzia (art. 1743); l'obbligo di fedeltà del dipendente (art. 2105); il divieto di concorrenza a carico di soci illimitatamente responsabili (artt. 2310, 2318), o a carico degli amministratori di società di capitali (artt. 2390, 2465, 2487, co. 2), e di cooperative (art. 2516), e di mutue assicuratrici (art. 2547), il divieto conseguente al trasferimento d'azienda (art. 2557), l'obbligo del promotore finanziario di operare per una sola SIM (art. 5 della l. n. 1/1991).

2597. Obbligo di contrattare nel caso di monopolio.

Chi esercita un'impresa in condizione di monopolio legale ha l'obbligo di contrattare con chiunque richieda le prestazioni che formano oggetto dell'impresa, osservando la parità di trattamento.

• L'art. 2597 assolve alla funzione di **tutelare il "consumatore"** rispetto ad abusi provenienti dal monopolista che utilizzi in modo arbitrario la propria posizione di privilegio sul mercato. Il "consumatore", infatti, ha diritto a godere di beni o servizi quando questi vengano distribuiti fuori dal fisiologico ed ordinario sistema della concorrenza. L'assenza di un rapporto di concorrenza anche meramente potenziale sembrerebbe pertanto essere il presupposto dell'applicazione della disciplina. • Norma speciale rispetto all'art. 2597 è l'art. 1679 che pone gli stessi obblighi (contrattare e offrire parità di trattamento) ai titolari di servizi di trasporto in concessione. La coazione a contrarre del monopolista (il cui rimedio è previsto dall'art. 2932) e l'obbligo di rispettare la **parità di trattamento** tra i diversi richiedenti, costituiscono due evidenti **deroghe al principio generale della libertà di contrarre.**

Sezione II
Della concorrenza sleale

2598. Atti di concorrenza sleale.

Ferme le disposizioni che concernono la tutela dei segni distintivi e dei diritti di brevetto, compie atti di concorrenza sleale chiunque:

1) usa nomi o segni distintivi idonei a produrre confusione con i nomi o con i segni distintivi legittimamente usati da altri, o imita servilmente i prodotti di un concorrente, o compie con qualsiasi altro mezzo atti idonei a creare confusione con i prodotti e con l'attività di un concorrente;

2) diffonde notizie e apprezzamenti sui prodotti e sull'attività di un concorrente, idonei a determinarne il discredito, o si appropria di pregi dei prodotti o dell'impresa di un concorrente;

3) si vale direttamente o indirettamente di ogni altro mezzo non conforme ai principi della correttezza professionale e idoneo a danneggiare l'altrui azienda.

• È interesse generale che lo svolgimento della concorrenza avvenga in modo corretto e leale. È per tale ragione che la legge fissa alcune regole dirette ad impedire gli atti di concorrenza sleale che integrano il c.d. **illecito concorrenziale** (sanzionato nel successivo art. 2599). • Sussistono però alcune differenze tra illecito concorrenziale e illecito civile (art. 2043), laddove, ai fini della repressione degli atti di concorrenza sleale, non è richiesta la sussistenza del dolo e della colpa (cfr., però, l'art. 2600) e anche se non è stato arrecato un danno effettivo ai concorrenti, a tal proposito è sufficiente il danno potenziale. • L'articolo in commento distingue gli atti di concorrenza sleale in tre categorie: 1) gli atti di concorrenza sleale per confondibilità; 2) gli atti di concorrenza sleale per denigrazione o vanteria; 3) tutti gli atti, non contemplati dai nn. 1 e 2, che siano giudicati scorretti dal ceto commerciale (es. boicottaggio dell'impresa).

2599. Sanzioni.

La sentenza che accerta atti di concorrenza sleale ne inibisce la continuazione e dà gli opportuni provvedimenti affinché ne vengano eliminati gli effetti.

2600. Risarcimento del danno.

Se gli atti di concorrenza sleale sono compiuti con dolo o con colpa, l'autore è tenuto al risarcimento dei danni.

In tale ipotesi può essere ordinata la pubblicazione della sentenza.

Accertati gli atti di concorrenza, la colpa si presume.

• A differenza dell'art. 2599, che dispone le misure necessarie per evitare il permanere in futuro di attività ingiustamente lesive dell'interesse generale allo svolgimento di una concorrenza mediante atti leciti e leali, l'articolo in esame si riferisce alla riparazione dei danni già maturati, nella sfera giuridica dell'imprenditore leso da atti di concorrenza sleale, purché ricorrano i presupposti previsti dalla norma stessa (dolo o colpa e danno patrimoniale attuale).

2601. Azione delle associazioni professionali.

Quando gli atti di concorrenza sleale pregiudicano gli interessi di una categoria professionale, l'azione per la repressione della concorrenza sleale può essere promossa anche dalle associazioni professionali e dagli enti che rappresentano la categoria.

Capo II
Dei consorzi per il coordinamento della produzione e degli scambi

Sezione I
Disposizioni generali

2602. Nozione e norme applicabili.

Con il contratto di consorzio più imprenditori istituiscono una organizzazione comune per la disciplina o per lo svolgimento di determinate fasi delle rispettive imprese.

Il contratto di cui al precedente comma è regolato dalle norme seguenti, salve le diverse disposizioni delle leggi speciali.

• Il consorzio è un contratto che istituisce un'**organizzazione comune tra imprenditori** per il perseguimento di finalità che possono consistere, a titolo esemplificativo, nella disciplina della reciproca concorrenza (**c.d. anticoncorrenziali**); nella riduzione dei costi di gestione delle singole imprese (**c.d. consorzi di coordinamento**); nella creazione di opportunità che alle singole imprese sarebbero precluse (**c.d. consorzi fidi**). • Il consorzio può avere come parti solo imprenditori e per questo è un **contratto a parti qualificate**. • Il consorzio determina una **comune organizzazione** che non lo trasforma in un'impresa collettiva. Esso si distingue infatti dal contratto di società per lo **scopo consortile**, il quale identifica l'obiettivo degli imprenditori consorziati di ottenere, mediante la collaborazione, i vantaggi patrimoniali scaturenti da una organizzazione più efficiente. • Il consorzio non è un contratto normativo e soggiace alla disciplina di cui agli artt. 1321 ss. • **Il consorzio con attività esterna** è un centro autonomo di rapporti giuridici e, conseguentemente, può stipulare contratti anche in nome proprio.

2603. Forma e contenuto del contratto.

Il contratto deve essere fatto per iscritto sotto pena di nullità.

Esso deve indicare:

1) l'oggetto e la durata del consorzio;
2) la sede dell'ufficio eventualmente costituito;
3) gli obblighi assunti e i contributi dovuti dai consorziati;
4) le attribuzioni e i poteri degli organi consortili anche in ordine alla rappresentanza in giudizio;
5) le condizioni di ammissione di nuovi consorziati;
6) i casi di recesso e di esclusione;
7) le sanzioni per l'inadempimento degli obblighi dei consorziati.

Se il consorzio ha per oggetto il contingentamento della produzione o degli scambi, il contratto deve inoltre stabilire le quote dei singoli consorziati o i criteri per la determinazione di esse.

Se l'atto costitutivo deferisce la risoluzione di questioni relative alla determinazione delle quote ad una o più persone, le decisioni di queste possono essere impugnate innanzi all'autorità giudiziaria, se sono manifestamente inique od erronee, entro trenta giorni dalla notizia.

• Si tratta di un **contratto formale** perché deve essere stipulato **per iscritto a pena di nullità**. È un **contratto associativo** in quanto la prestazione di ciascuno è diretta al conseguimento di uno scopo comune. • È un **contratto aperto** *ex* art. 1332 e, pertanto, è ammissibile la partecipazione di nuovi imprenditori senza che sia necessario il consenso di tutti gli attuali consorziati. L'organizzazione interna è rimessa in larga parte all'**autonomia privata** dei consorziati.

2604. Durata del consorzio.

In mancanza di determinazione della durata del contratto, questo è valido per dieci anni.

• Per sua natura è un **contratto di durata** anche se non è necessaria una espressa previsione in tal senso.

2605. Controllo sull'attività dei singoli consorziati.

I consorziati devono consentire i controlli e le ispezioni da parte degli organi previsti dal contratto, al fine di accertare l'esatto adempimento delle obbligazioni assunte.

• L'autonomia privata è ampia anche per quanto riguarda l'organo direttivo che svolge la funzione di controllare l'attività dei consorziati per accertare l'esatto adempimento delle obbligazioni assunte.

2606. Deliberazioni consortili.

Se il contratto non dispone diversamente, le deliberazioni relative all'attuazione dell'oggetto del consorzio sono prese col voto favorevole della maggioranza dei consorziati.

Le deliberazioni che non sono prese in conformità alle disposizioni di questo articolo o a quelle del contratto possono essere impugnate davanti all'autorità giudiziaria entro trenta giorni. Per i consorziati assenti il termine decorre dalla comunicazione o, se si tratta di deliberazione soggetta ad iscrizione, dalla data di questa.

2607. Modificazioni del contratto.

Il contratto, se non è diversamente convenuto, non può essere modificato senza il consenso di tutti i consorziati.

Le modificazioni devono essere fatte per iscritto sotto pena di nullità.

• L'adesione di un soggetto ad un consorzio determina **modificazione del contratto** che deve farsi, come la costituzione, **per iscritto a pena di nullità**. • Le modificazioni del contratto sono assoggettate agli stessi requisiti di forma e pubblicità e, in difetto di una diversa previsione delle parti, devono essere assunte con il **consenso unanime dei consorziati.**

2608. Organi preposti al consorzio.

La responsabilità verso i consorziati di coloro che sono preposti al consorzio è regolata dalle norme sul mandato.

2609. Recesso ed esclusione.

Nei casi di recesso e di esclusione previsti dal contratto, la quota di partecipazione del consorziato receduto o escluso si accresce proporzionalmente a quelle degli altri.

Il mandato conferito dai consorziati per l'attuazione degli scopi del consorzio, ancorché dato con unico atto, cessa nei confronti del consorziato receduto o escluso.

• Il **carattere personalistico del rapporto consortile** giustifica la previsione che esso può sciogliersi, limitatamente a un consorziato, per recesso o esclusione e, ove previsto dal contratto, per giusta causa. Al verificarsi di tali ipotesi, le quote degli altri consorziati si accrescono e, secondo la tesi prevalente, alla parte uscente non spetta alcuna liquidazione della quota.

2610. Trasferimento dell'azienda.

Salvo patto contrario, in caso di trasferimento a qualunque titolo dell'azienda l'acquirente subentra nel contratto di consorzio.

Tuttavia, se sussiste una giusta causa, in caso di trasferimento dell'azienda per atto fra vivi, gli altri consorziati possono deliberare, entro un mese dalla notizia dell'avvenuto trasferimento, l'esclusione dell'acquirente dal consorzio.

• Tale disposizione deve coordinarsi con **l'art. 2558** e, pertanto, il contratto di consorzio si trasferisce con la cessione, a qualsiasi titolo, dell'azienda consorziale, senza che sia necessario il consenso degli altri consorziati. Anche l'usufruttuario e l'affittuario dell'azienda subentrano nel contratto di consorzio nella posizione del rispettivo dante causa. • Eccezione a tale regola è rappresentata dalla **presenza di una giusta causa** in base alla quale gli altri consorziati possono deliberarne, entro un mese dalla notizia dell'avvenuto trasferimento, **l'esclusione dal consorzio.**

2611. Cause di scioglimento.

Il contratto di consorzio si scioglie:

1) per il decorso del tempo stabilito per la sua durata;

2) per il conseguimento dell'oggetto o per l'impossibilità di conseguirlo;

3) per volontà unanime dei consorziati;

4) per deliberazione dei consorziati, presa a norma dell'articolo 2606, se sussiste una giusta causa;

5) per provvedimento dell'autorità governativa, nei casi ammessi dalla legge;

6) per le altre cause previste nel contratto.

Sezione II
Dei consorzi con attività esterna

2612. Iscrizione nel registro delle imprese.

Se il contratto prevede l'istituzione di un ufficio destinato a svolgere un'attività con i terzi un estratto del contratto deve, a cura degli amministratori, entro trenta giorni dalla stipulazione, essere depositato per l'iscrizione presso l'ufficio del registro delle imprese del luogo dove l'ufficio ha sede.

L'estratto deve indicare:

1) la denominazione e l'oggetto del consorzio e la sede dell'ufficio;

2) il cognome e il nome dei consorziati;

3) la durata del consorzio;

4) le persone a cui vengono attribuite la presidenza, la direzione e la rappresentanza del consorzio ed i rispettivi poteri;

5) il modo di formazione del fondo consortile e le norme relative alla liquidazione.

Del pari devono essere iscritte nel registro delle imprese le modificazioni del contratto concernenti gli elementi sopra indicati.

• Proprio perché nel consorzio con attività esterna alcune delle funzioni imprenditoriali vengono affidate ad un apposito ufficio, di fronte ai terzi, i consorziati si presentano come un **gruppo unitario**. • Si tratta di gruppi con **autonomia patrimoniale** che agiscono come **centri di autonoma imputazione** di rapporti giuridici.

2613. Rappresentanza in giudizio.

I consorzi possono essere convenuti in giudizio in persona di coloro ai quali il contratto attribuisce la presidenza o la direzione, anche se la rappresentanza è attribuita ad altre persone.

• Nei consorzi con attività esterna, la rappresentanza in giudizio del consorzio spetta inderogabilmente al soggetto cui sia attribuita la presidenza o la direzione del consorzio. I singoli consorziati, estranei ad un eventuale giudizio, **non possono impugnare** la sentenza resa nei confronti del consorzio con attività esterna, in persona del suo rappresentante. • La delibera dell'assemblea di un consorzio che autorizza il Presidente ad agire o resistere in giudizio, se richiesta dallo statuto, concorre ad **integrare la capacità processuale dell'ente**. • La mancanza di tale delibera determina **l'inefficacia degli atti processuali** compiuti dal Presidente del consorzio.

2614. Fondo consortile.

I contributi dei consorziati e i beni acquistati con questi contributi costituiscono il fondo consortile. Per la durata del consorzio i consorziati non possono chiedere la divisione del fondo, e i creditori particolari dei consorziati non possono far valere i loro diritti sul fondo medesimo.

• Il fondo consortile costituisce **la dotazione patrimoniale del consorzio** e in esso confluiscono i contributi posti a carico dei consorziati; si ritiene che tale contribuzione costituisca un obbligo solo nei consorzi con attività esterna. • La norma contempla inoltre **l'autonomia patrimoniale del consorzio** e nega tanto la divisibilità fra i consorziati del fondo consortile, quanto la possibilità che i creditori particolari dei consorziati aggrediscano il fondo per veder soddisfatte le proprie pretese.

2615. Responsabilità verso i terzi.

Per le obbligazioni assunte in nome del consorzio dalle persone che ne hanno la rappresentanza, i terzi possono far valere i loro diritti esclusivamente sul fondo consortile.

Per le obbligazioni assunte dagli organi del consorzio per conto dei singoli consorziati rispondono questi ultimi solidalmente col fondo consortile. In caso d'insolvenza nei rapporti tra i consorziati il debito dell'insolvente si ripartisce tra tutti in proporzione delle quote.

• La responsabilità verso i terzi per le **obbligazioni consortili** è oggetto di una peculiare disciplina. Per le **obbligazioni assunte in nome del consorzio**, risponde soltanto il consorzio con il fondo consortile e non scatta alcuna responsabilità sussidiaria dei consorziati, i quali rischiano soltanto l'importo che sono tenuti a corrispondere a titolo di contributo. Per le **obbligazioni che gli organi consortili abbiano assunto per conto dei singoli consorziati,** alla responsabilità del fondo consortile si aggiunge quella del singolo consorziato nel cui interesse l'obbligazione è stata assunta; nell'eventualità in cui questi sia insolvente, il debito viene proporzionalmente ripartito tra tutti gli altri.

2615 bis. Situazione patrimoniale.

Entro due mesi dalla chiusura dell'esercizio annuale le persone che hanno la direzione del consorzio redigono la situazione patrimoniale osservando le norme relative al bilancio di esercizio delle società per azioni e la depositano presso l'ufficio del registro delle imprese.

Alle persone che hanno la direzione del consorzio sono applicabili gli articoli 2621 n. 1 e 2626.

Negli atti e nella corrispondenza del consorzio devono essere indicati la sede di questo, l'ufficio del registro delle imprese presso il quale esso è iscritto e il numero di iscrizione.

Sezione II bis
Società consortile

2615 ter. Società consortili.

Le società previste nei capi III e seguenti del titolo V possono assumere come oggetto sociale gli scopi indicati nell'articolo 2602.

In tal caso l'atto costitutivo può stabilire l'obbligo dei soci di versare contributi in denaro.

• Secondo parte della dottrina e della giurisprudenza le società consortili sono **consorzi in forma societaria** nei quali la struttura societaria è strumentale al perseguimento non di una finalità lucrativa, bensì di quella consortile. Secondo una diversa impostazione, invece, si tratta di **società commerciali caratterizzate dallo scopo consortile**. Caratteristica di tali società è la compenetrazione tra oggetto e scopo e cioè tra attività di impresa e mutualità consortile. La società consortile, dunque, persegue uno **scopo mutualistico** insieme ad uno **scopo di lucro** e ciò è possibile perché il vantaggio dei consorziati è sempre connotato da un interesse imprenditoriale destinato a migliorare l'efficienza delle imprese dei consorziati. In merito alla ricostruzione della **disciplina,** secondo parte della dottrina sarebbero applicabili in via diretta le disposizioni dei consorzi, al netto delle regole di per sé incompatibili con le caratteristiche proprie del tipo sociale prescelto. Altra parte della dottrina sostiene, invece, che si applichi integralmente la disciplina della forma societaria prescelta, per quanto non manchino opinioni favorevoli all'applicabilità di una disciplina mista (società e consorzi).

Sezione III
Dei consorzi obbligatori

2616. Costituzione.

Con provvedimento dell'autorità governativa *[, sentite le corporazioni interessate,]* (1) può essere disposta, anche per zone determinate, la costituzione di consorzi obbligatori fra esercenti lo stesso ramo o rami similari di attività economica, qualora la costituzione stessa risponda alle esigenze dell'organizzazione della produzione.

Nello stesso modo, ricorrendo le condizioni di cui al comma precedente, possono essere trasformati in obbligatori i consorzi costituiti volontariamente.

(1) Le corporazioni sono state soppresse con r.d.l. 9/8/1943, n. 721.

2617. Consorzi per l'ammasso dei prodotti agricoli.

Quando la legge prescrive l'ammasso di determinati prodotti agricoli, la gestione collettiva di questi è fatta per conto degli imprenditori interessati a mezzo di consorzi obbligatori, secondo le disposizioni delle leggi speciali.

Sezione IV
Dei controlli dell'autorità governativa

2618. Approvazione del contratto consortile.

I contratti previsti nel presente capo, se sono tali da influire sul mercato generale dei beni in essi contemplati, sono soggetti ad approvazione da parte dell'autorità governativa *[, sentite le corporazioni interessate]* (1).

(1) Le corporazioni sono state soppresse con r.d.l. 9/8/1943, n. 721.

2619. Controllo sull'attività del consorzio.

L'attività dei consorzi è sottoposta alla vigilanza dell'autorità governativa.

Quando l'attività del consorzio risulta non conforme agli scopi per cui è stato costituito, l'autorità governativa può sciogliere gli organi del consorzio e affidare la gestione a un commissario governativo ovvero, nei casi più gravi, può disporre lo scioglimento del consorzio stesso.

2620. Estensione delle norme di controllo alle società.

Le disposizioni di questa sezione si applicano anche alle società che si costituiscono per raggiungere gli scopi indicati nell'articolo 2602.

L'autorità governativa può sempre disporre lo scioglimento della società, quando la costituzione di questa non abbia avuto l'approvazione prevista nell'articolo 2618.

Titolo XI
DISPOSIZIONI PENALI IN MATERIA DI SOCIETÀ E DI CONSORZI

Capo I
Delle falsità

2621. False comunicazioni sociali.

Fuori dai casi previsti dall'art. 2622, gli amministratori, i direttori generali, i dirigenti preposti alla redazione dei documenti contabili societari, i sindaci e i liquidatori, i quali, al fine di conseguire per sé o per altri un ingiusto profitto, nei bilanci, nelle relazioni o nelle altre comunicazioni sociali dirette ai soci o al pubblico, previste dalla legge, consapevolmente espongono fatti materiali rilevanti non rispondenti al vero ovvero omettono fatti materiali rilevanti la cui comunicazione è imposta dalla legge sulla situazione economica, patrimoniale o finanziaria della società o del gruppo al quale la stessa appartiene, in modo concretamente idoneo ad indurre altri in errore, sono puniti con la pena della reclusione da uno a cinque anni.

La stessa pena si applica anche se le falsità o le omissioni riguardano beni posseduti o amministrati dalla società per conto di terzi.

• Il bene giuridico tutelato coincide con la trasparenza, completezza e correttezza dell'informazione societaria. Si tratta di un reato proprio, prima circoscritto (Riforma del 2002) agli "amministratori, direttori generali, sindaci, liquidatori", poi (l. 28/12/2005, n. 262) esteso al «dirigente preposto alla redazione dei documenti contabili societari». Sono soggetti attivi anche quelli previsti da specifiche disposizioni di legge. La condotta illecita nella fattispecie novellata dalla l. 27/5/2015, n. 69 consiste **nell'esporre consapevolmente fatti materiali rilevanti non rispondenti al vero ovvero omettere fatti materiali rilevanti** la cui comunicazione è imposta dalla legge sulla situazione economica, patrimoniale o finanziaria della società o del gruppo al quale la stessa appartiene, in modo concretamente idoneo ad indurre altri in errore. Il falso valutativo, seppur non espressamente previsto dalla norma, è stato ritenuto ugualmente punibile.

• L'oggetto materiale è individuato nei bilanci, nelle relazioni e nelle altre comunicazioni dirette ai soci e al pubblico previste dalla legge. L'elemento soggettivo presenta una struttura complessa comprendendo il dolo generico (avente ad oggetto la rappresentazione del mendacio), il dolo specifico (profitto ingiusto) ed il dolo intenzionale di inganno dei destinatari. Il reato è procedibile d'ufficio.

2621 bis. Fatti di lieve entità.

Salvo che costituiscano più grave reato, si applica la pena da sei mesi a tre anni di reclusione se i fatti di cui all'articolo 2621 sono di lieve entità, tenuto conto della natura e delle dimensioni della società e delle modalità o degli effetti della condotta.

Salvo che costituiscano più grave reato, si applica la stessa pena di cui al comma precedente quando i fatti di cui all'articolo 2621 riguardano società che non superano i limiti indicati dal secondo comma dell'articolo 1 del regio decreto 16 marzo 1942, n. 267. In tale caso, il delitto è procedibile a querela della società, dei soci, dei creditori o degli altri destinatari della comunicazione sociale.

• La disposizione disciplina l'ipotesi che il falso in bilancio riguardi **fatti di lieve entità**, salvo che costituiscano più grave reato, per i quali è prevista la reclusione da sei mesi a tre anni. Il primo comma collega la lievità del fatto a **parametri riferiti alla natura, alle dimensioni della società e alle modalità o agli effetti della condotta**. Il secondo comma tipizza, invece, la fattispecie con esclusivo riferimento a caratteri relativi all'impresa, riguardando **i risultati dell'attività svolta**. Solo in riferimento a quest'ultimo caso è prevista la procedibilità a querela. Entrambe le figure contemplate dalla norma hanno natura autonoma e non già di circostanze attenuanti.

2621 ter. Non punibilità per particolare tenuità.

Ai fini della non punibilità per particolare tenuità del fatto, di cui all'articolo 131-bis del codice penale, il giudice valuta, in modo prevalente, l'entità dell'eventuale danno cagionato alla società, ai soci o ai creditori conseguente ai fatti di cui agli articoli 2621 e 2621-bis.

• La norma estende la causa di non punibilità di cui all'art. 131-*bis* c.p. ai reati di cui all'art. 2621 e 2621-*bis*. Il giudice, nell'apprezzamento dei parametri di cui all'art. 131-*bis* c.p., dovrà valutare in "modo prevalente" **l'entità dell'eventuale danno cagionato alla società, ai soci o ai creditori** dal falso in bilancio di cui agli artt. 2621 e 2621-*bis*. L'uso del termine prevalente induce a ritenere che gli altri parametri di cui all'art. 131-*bis* restano comunque oggetto della valutazione operata dal giudice che dovrà, quindi, vagliare le modalità della condotta e l'esiguità dell'offesa arrecata al bene o interesse tutelato.

2622. False comunicazioni sociali in danno della società, dei soci o dei creditori.

Gli amministratori, i direttori generali, i dirigenti preposti alla redazione dei documenti contabili societari, i sindaci e i liquidatori di società emittenti strumenti finanziari ammessi alla negoziazione in un mercato regolamentato italiano o di altro Paese dell'Unione europea, i quali, al fine di conseguire per sé o per altri un ingiusto profitto, nei bilanci, nelle relazioni o nelle altre comunicazioni sociali dirette ai soci o al pubblico consapevolmente espongono fatti materiali non rispondenti al vero ovvero omettono fatti materiali rilevanti la cui comunicazione è imposta dalla legge sulla situazione economica, patrimoniale o finanziaria della società o del gruppo al quale la stessa appartiene, in modo concretamente idoneo ad indurre altri in errore, sono puniti con la pena della reclusione da tre a otto anni.

Alle società indicate nel comma precedente sono equiparate:

1) le società emittenti strumenti finanziari per i quali è stata presentata una richiesta di ammissione alla negoziazione in un mercato regolamentato italiano o di altro Paese dell'Unione europea;

2) le società emittenti strumenti finanziari ammessi alla negoziazione in un sistema multilaterale di negoziazione italiano;

3) le società che controllano società emittenti strumenti finanziari ammessi alla negoziazione in un mercato regolamentato italiano o di altro Paese dell'Unione europea;

4) le società che fanno appello al pubblico risparmio o che comunque lo gestiscono.

Le disposizioni di cui ai commi precedenti si applicano anche se le falsità o le omissioni riguardano beni posseduti o amministrati dalla società per conto di terzi.

• La previsione contempla un reato di pericolo che tutela **la veridicità, la trasparenza e la compiutezza dell'informazione societaria**. Il delitto è perseguibile d'ufficio. Due sono le condotte punibili: i) commissiva, consistente nell'esporre consapevolmente, nei bilanci, nelle relazioni o in altre comunicazioni sociali, dirette ai soci o al pubblico, fatti materiali non rispondenti al vero; ii) omissiva, che consiste nell'omissione consapevole di fatti materiali sulla situazione economica, patrimoniale o finanziaria della società o del gruppo al quale la stesse appartiene, la cui comunicazione è imposta dalla legge. L'oggetto materiale è identico a quello di cui all'art. 2621, al pari dell'elemento soggettivo. La riforma attuata con l. n. 69/2015 ha confermato il fine del conseguimento per sé o per altri di un **ingiusto profitto**, ha eliminato "l'intenzione di ingannare i soci o il pubblico" ed ha introdotto il riferimento alla consapevolezza delle falsità esposte. • La disciplina sanzionatoria trova applicazione anche con riguardo alle falsità od omissioni riguardanti beni posseduti o amministrati dalla società per conto di terzi.

2623. (1).

(1) Articolo abrogato dall'art. 342 della l. 28/12/2005, n. 262.

2624. (1).

(1) Articolo abrogato dall'art. 37[34], d.lgs. 27/1/2010, n. 39.

2625. Impedito controllo.

Gli amministratori che, occultando documenti o con altri idonei artifici, impediscono o comunque ostacolano lo svolgimento delle attività di controllo legalmente attribuite ai soci, o ad altri organi sociali, sono puniti con la sanzione amministrativa pecuniaria fino a 10.329 euro.

Se la condotta ha cagionato un danno ai soci, si applica la reclusione fino ad un anno e si procede a querela della persona offesa.

La pena è raddoppiata se si tratta di società con titoli quotati in mercati regolamentati italiani o di altri Stati dell'Unione europea o diffusi tra il pubblico in misura rilevante ai sensi dell'articolo 116 del testo unico di cui al decreto legislativo 24 febbraio 1998, n. 58.

• L'oggetto giuridico consiste nel **regolare esercizio del controllo** (co. 1) e nella tutela dell'**integrità del patrimonio** (co. 2): la distinzione delle due figure implica una diversa oggettività giuridica, poiché il danno in sé vale ad integrare il contenuto del fatto che assume natura delittuosa. Si tratta di un reato proprio procedibile a querela che punisce gli amministratori di società commerciali, cui sono equiparati coloro che compongono il consiglio di gestione o di amministrazione. Il reato è a forma vincolata e prevede la condotta di impedimento del controllo o di "ostacolo" al controllo mediante occultamento di «documenti o con altri idonei artifici». • Si tratta di **condotta necessariamente attiva**. L'elemento soggettivo, sia per l'illecito amministrativo che per il delitto, coincide con il dolo generico, che si sostanzia nella coscienza e volontà di impedire il controllo della gestione sociale, nonché, nel caso di cui all'art. 2625, co. 2, di cagionare con tale condotta un danno ai soci.

Capo II
Degli illeciti commessi dagli amministratori

2626. Indebita restituzione dei conferimenti.

Gli amministratori che, fuori dei casi di legittima riduzione del capitale sociale, restituiscono, anche simulatamente, i conferimenti ai soci o li liberano dall'obbligo di eseguirli, sono puniti con la reclusione fino ad un anno.

• La norma tutela **l'integrità del capitale sociale** e sanziona la restituzione, anche simulata, dei conferimenti o la liberazione dei soci dall'obbligo di eseguirli, al di fuori delle ipotesi di legittima riduzione del capitale sociale. Soggetti attivi sono gli amministratori, salvi i casi di operatività dell'art. 2639. Due sono le condotte incriminate, entrambe correlate alla possibilità che il socio, in luogo di dare immediata esecuzione al proprio apporto economico, si limiti ad assumerne l'obbligo: la restituzione, anche simulata, dei conferimenti ai soci e la liberazione dei medesimi dall'obbligo di eseguire i conferimenti stessi. • È sufficiente che l'azione sia diretta a favorire anche un solo socio beneficiario, a condizione che questi rivesta tale *status* al momento della commissione del fatto. Per quanto attiene all'elemento soggettivo, è richiesto il dolo generico che deve avere ad oggetto non solo la condotta descritta dalla norma incriminatrice, ma anche la necessità che il soggetto attivo si rappresenti di agire al di fuori dei casi di legittima riduzione del capitale sociale.

2627. Illegale ripartizione degli utili e delle riserve.

Salvo che il fatto non costituisca più grave reato, gli amministratori che ripartiscono utili o acconti su utili non effettivamente conseguiti o destinati per legge a riserva, ovvero che ripartiscono riserve, anche non costituite con utili, che non possono per legge essere distribuite, sono puniti con l'arresto fino ad un anno.

La restituzione degli utili o la ricostituzione delle riserve prima del termine previsto per l'approvazione del bilancio estingue il reato.

• **La previsione incriminatrice presenta natura contravvenzionale a struttura dolosa** ed è destinata a tutelare l'integrità del capitale sociale e delle riserve indisponibili. Soggetti attivi sono gli amministratori, salvi i casi di estensione *ex* art. 2639. La condotta fa ricorso alla forma libera della ripartizione, intesa quale effettivo pagamento del corrispettivo. • L'oggetto materiale di **indebita ripartizione** può riguardare gli "utili" o gli "acconti su utili" non effettivamente conseguiti o destinati per legge a riserva, ovvero le "riserve", anche non costituite con utili, che non possono per legge essere distribuite. La norma contempla (co. 2) una **particolare causa di estinzione del reato** legata alla restituzione degli utili e alla ricostituzione integrale delle riserve.

2628. Illecite operazioni sulle azioni o quote sociali o della società controllante.

Gli amministratori che, fuori dei casi consentiti dalla legge, acquistano o sottoscrivono azioni o quote sociali, cagionando una lesione all'integrità del capitale sociale o delle riserve non distribuibili per legge, sono puniti con la reclusione fino ad un anno.

La stessa pena si applica agli amministratori che, fuori dei casi consentiti dalla legge, acquistano *o sottoscrivono azioni* o quote emesse dalla società controllante, cagionando una lesione del capitale sociale o delle riserve non distribuibili per legge.

Se il capitale sociale o le riserve sono ricostituiti prima del termine previsto per l'approvazione del bilancio relativo all'esercizio in relazione al quale è stata posta in essere la condotta, il reato è estinto.

• La norma prevede un reato di danno il cui bene giuridico tutelato è **l'integrità ed effettività del capitale sociale e delle riserve non distribuibili per legge**. I soggetti attivi sono gli amministratori della società che effettua l'acquisto vietato. La disposizione delinea due fattispecie a concorso necessario improprio. Sia nel caso di acquisto che di sottoscrizione il fatto tipico risulta integrato **dall'effettivo versamento** nell'un caso del corrispettivo delle azioni acquistate, nell'altro **dei decimi che eccedano la quota disponibile**. Il reato è punito a titolo di dolo generico ed implica la volontà dell'acquisto o della sottoscrizione di azioni o quote sociali o della società controllante in uno alla consapevolezza dell'irregolarità dell'operazione. • È altresì contemplata (co. 3) l'estinzione del reato qualora il capitale sociale o le riserve siano ricostituiti prima del termine per l'approvazione del bilancio relativo all'esercizio in relazione al quale si è realizzata la corrispondente condotta.

2629. Operazioni in pregiudizio dei creditori.

Gli amministratori che, in violazione delle disposizioni di legge a tutela dei creditori, effettuano riduzioni del capitale sociale o fusioni con altra società o scissioni, cagionando danno ai creditori, sono puniti, a querela della persona offesa, con la reclusione da sei mesi a tre anni.

Il risarcimento del danno ai creditori prima del giudizio estingue il reato.

• Il delitto è di evento ed è procedibile **a querela**, dei creditori attuali ed effettivamente danneggiati. Bene giuridico tutelato è **il patrimonio della società debitrice**. La fattispecie incriminatrice in esame mira ad evitare che operazioni straordinarie incidenti sulla struttura patrimoniale dell'ente possano ledere le garanzie creditorie. • **Soggetti attivi** sono gli amministratori che non siano in grado di addurre a giustificazione della propria condotta l'aver agito "per ordine" dell'assemblea, ossia in esecuzione di uno specifico mandato conferito loro dall'organo deliberativo. Tre le operazioni straordinarie nel cui ambito si manifesta l'oggetto del rimprovero penale si annoverano: la riduzione del capitale sociale; la fusione con altra società; la scissione. • L'elemento materiale dalla fattispecie delittuosa postula che l'evento dannoso risulti integrato allorché si compia una violazione delle disposizioni normative previste a tutela dei creditori sociali. Elemento psicologico è il dolo generico.

Capo III
Degli illeciti commessi mediante omissione

2629 bis. Omessa comunicazione del conflitto d'interessi.

L'amministratore o il componente del consiglio di gestione di una società con titoli quotati in mercati regolamentati italiani o di altro Stato dell'Unione europea o diffusi tra il pubblico in misura rilevante ai sensi dell'articolo 116 del testo unico di cui al decreto legislativo 24 febbraio 1998, n. 58, e successive modificazioni, ovvero di un soggetto sottoposto a vigilanza ai sensi del testo unico di cui al decreto legislativo 1° settembre 1993, n. 385, del citato testo unico di cui al decreto legislativo n. 58 del 1998, del decreto legislativo 7 settembre 2005, n. 209, o del decreto legislativo 21 aprile 1993, n. 124, che viola gli obblighi previsti dall'articolo 2391, primo comma, è punito con la reclusione da uno a tre anni, se dalla violazione siano derivati danni alla società o a terzi.

• La disposizione sanziona la condotta dell'amministratore che **ometta di comunicare l'«interferenza di interessi» o comunque la sussistenza di «interessi laterali» a quelli della società**. Il reato, punito a titolo di **dolo generico**, è perseguibile d'ufficio e la pena presenta una cornice edittale che va da uno a tre anni di reclusione. • È applicabile la circostanza attenuante speciale dell'offesa di particolare tenuità *ex* art. 2640. L'interesse protetto è il patrimonio della società o dei terzi; si tratta di un reato proprio. Il reato "è determinato dalla condotta di violazione degli obblighi relativi al conflitto stesso", mentre "il mero atteggiamento passivo degli altri amministratori interviene come fatto susseguente e non rappresentativo di sostegno alla violazione". • La violazione degli obblighi *ex* art. 2391, co. 1, assume rilevanza penale solo allorquando risulti integrato un danno patrimoniale alla società o ai terzi.

2630. Omessa esecuzione di denunce, comunicazioni e depositi.
Chiunque, essendovi tenuto per legge a causa delle funzioni rivestite in una società o in un consorzio, omette di eseguire, nei termini prescritti, denunce, comunicazioni o depositi presso il registro delle imprese, ovvero omette di fornire negli atti, nella corrispondenza e nella rete telematica le informazioni prescritte dall'articolo 2250, primo, secondo, terzo e quarto comma, è punito con la sanzione amministrativa pecuniaria da 103 euro a 1.032 euro. Se la denuncia, la comunicazione o il deposito avvengono nei trenta giorni successivi alla scadenza dei termini prescritti, la sanzione amministrativa pecuniaria è ridotta ad un terzo.
Se si tratta di omesso deposito dei bilanci, la sanzione amministrativa pecuniaria è aumentata di un terzo.

• La norma tutela il profilo della pubblicità esterna alla società corrispondente al generale "interesse dell'ordinamento giuridico di tutelare il corretto funzionamento degli organi sociali". Nonostante l'utilizzo del termine "chiunque", l'illecito è a **soggettività ristretta** seppur non predeterminata normativamente, poiché l'autore dell'omissione deve pur sempre rivestire funzioni all'interno di una società o di un consorzio. • L'azione antidoverosa si sostanzia nell'**omissione** di uno degli **obblighi di pubblicità** cui sono, per legge, tenuti i soggetti indicati quali destinatari del precetto. Il secondo comma configura l'aggravante dell'omesso deposito del bilancio e prevede un incremento della sanzione amministrativa pecuniaria di un terzo rispetto a quella altrimenti applicabile per l'illecito semplice di cui al primo comma. L'illecito amministrativo può essere punito indifferentemente sia a titolo di dolo, che a titolo di colpa.

2631. Omessa convocazione dell'assemblea.
Gli amministratori e i sindaci che omettono di convocare l'assemblea dei soci nei casi previsti dalla legge o dallo statuto, nei termini ivi previsti, sono puniti con la sanzione amministrativa pecuniaria da 1.032 a 6.197 euro. Ove la legge o lo statuto non prevedano espressamente un termine, entro il quale effettuare la convocazione, questa si considera omessa allorché siano trascorsi trenta giorni dal momento in cui amministratori e sindaci sono venuti a conoscenza del presupposto che obbliga alla convocazione dell'assemblea dei soci.
La sanzione amministrativa pecuniaria è aumentata di un terzo in caso di convocazione a seguito di perdite o per effetto di espressa legittima richiesta da parte dei soci.

• La nuova fattispecie ha sostituito, accorpandoli, gli artt. 2630, co. 2 e 2632, co. 1, n. 2, riferiti alle condotte degli amministratori e dei sindaci che, nei casi specificamente previsti e in ordine alle rispettive funzioni, omettano di convocare l'assemblea dei soci nei casi previsti dalla legge o dallo statuto. • L'intervento riformatore ha degradato l'illecito da penale ad amministrativo. La circolare del MISE del 29/4/2014, n. 72265 individua nelle **Camere di commercio i soggetti competenti** in materia di accertamento delle violazioni degli obblighi di convocazione delle assemblee dei soci. Il nuovo testo disciplina in un'unica fattispecie le condotte antecedentemente diversificate a seconda che fossero riferite agli amministratori ovvero ai sindaci. La fattispecie in esame è punibile a titolo di dolo o colpa. L'art. 2631, co. 2, prevede due circostanze aggravanti speciali, individuate nell'ipotesi di convocazione a seguito di perdite ovvero di espressa legittima richiesta da parte dei soci.

Capo IV
Degli altri illeciti, delle circostanze attenuanti e delle misure di sicurezza patrimoniali

2632. Formazione fittizia del capitale.
Gli amministratori e i soci conferenti che, anche in parte, formano od aumentano fittiziamente il capitale sociale mediante attribuzioni di azioni o quote in misura complessivamente superiore all'ammontare del capitale sociale, sottoscrizione reciproca di azioni o quote, sopravvalutazione rilevante dei conferimenti di beni in natura o di crediti ovvero del patrimonio della società nel caso di trasformazione, sono puniti con la reclusione fino ad un anno.

• La fattispecie di reato tutela **l'effettività ed integrità del capitale sociale**. Essa va a colpire, in modo **unitario**, le condotte che incidono sul processo "genetico" del nucleo patrimoniale protetto, nei due momenti della costituzione della società e dell'aumento di capitale, da condotte di formazione od aumento anche parzialmente fittizi, poste in essere mediante attribuzione di azioni o quote in misura complessivamente superiore all'ammontare del capitale stesso, di sottoscrizione reciproca sempre di azioni o quote, di sopravvalutazione rilevante dei conferimenti di beni in natura o di crediti ovvero del patrimonio della società in caso di trasformazione. • **Si tratta di una fattispecie delittuosa, procedibile d'ufficio**, costruita come reato d'evento di danno a condotta vincolata.

2633. Indebita ripartizione dei beni sociali da parte dei liquidatori.
I liquidatori che, ripartendo i beni sociali tra i soci prima del pagamento dei creditori sociali o dell'accantonamento delle somme necessario a soddisfarli, cagionano danno ai creditori, sono puniti, a querela della persona offesa, con la reclusione da sei mesi a tre anni.
Il risarcimento del danno ai creditori prima del giudizio estingue il reato.

• La previsione delinea un **reato ad evento**, rappresentato dal danno arrecato ai creditori dall'illegittima distribuzione dei beni sociali, assoggettato ad un regime di **procedibilità a querela.** È altresì prevista una causa di estinzione del reato costituita dall'avvenuto risarcimento del danno prima del giudizio. Soggetti attivi sono i **liquidatori**. • La condotta consiste nella ripartizione totale o parziale dei beni sociali tra tutti i soci, o alcuni di essi, prima del pagamento dei creditori sociali o dell'accantonamento delle somme necessarie a soddisfarli e comprende qualsiasi trasferimento patrimoniale, di qualunque entità, a vantaggio di uno o più soci. • La rilevanza penale della condotta è subordinata alla sussistenza di almeno uno dei seguenti elementi: mancato pagamento dei creditori; mancato accantonamento delle somme necessarie per soddisfarli. • È richiesto il **dolo**: l'agente deve rappresentarsi l'esistenza di creditori ancora non soddisfatti ed il mancato rispetto dei presupposti di liceità della distribuzione dei beni sociali.

2634. Infedeltà patrimoniale.
Gli amministratori, i direttori generali e i liquidatori, che, avendo un interesse in conflitto con quello della società, al fine di procurare a sé o ad altri un ingiusto profitto o altro vantaggio, compiono o concorrono a deliberare atti di disposizione dei beni sociali, cagionando intenzionalmente alla società un danno patrimoniale, sono puniti con la reclusione da sei mesi a tre anni.
La stessa pena si applica se il fatto è commesso in relazione a beni posseduti o amministrati dalla società per conto di terzi, cagionando a questi ultimi un danno patrimoniale.
In ogni caso non è ingiusto il profitto della società collegata o del gruppo, se compensato da vantaggi, conseguiti o fondatamente prevedibili, derivanti dal collegamento o dall'appartenenza al gruppo.
Per i delitti previsti dal primo e secondo comma si procede a querela della persona offesa.

• Il reato tutela il dovere di **fedeltà degli amministratori e l'integrità del patrimonio sociale**. È un **reato proprio** ascrivibile agli amministratori, ai direttori generali, ai liquidatori della società. La Consulta (C. Cost. 437/2006) ha dichiarato inammissibile la questione di legittimità costituzionale per la mancata inclusione del socio tra i soggetti attivi. Il profilo qualificante la fattispecie si rinviene nell'esistenza tra il soggetto attivo e la società di un conflitto di interessi che deve precedere la consumazione della condotta tipica e confluire nell'atto che l'amministratore delibera o concorre a deliberare, così disponendo dei beni sociali in modo da cagionare alla società un danno patrimoniale. • Si tratta, quindi, un **reato d'azione con evento di danno** per la cui consumazione è richiesto il **dolo**: specifico, in relazione al fine di procurare a sé o ad altri un ingiusto profitto o altro vantaggio; intenzionale, per quanto attiene al danno patrimoniale intenzionalmente cagionato alla società.

2635. Corruzione tra privati.
Salvo che il fatto costituisca più grave reato, gli amministratori, i direttori generali, i dirigenti preposti alla redazione dei documenti contabili societari, i sindaci e i liquidatori, di società o

enti privati che, anche per interposta persona, sollecitano o ricevono, per sé o per altri, denaro o altra utilità non dovuti, o ne accettano la promessa, per compiere o per omettere un atto in violazione degli obblighi inerenti al loro ufficio o degli obblighi di fedeltà, sono puniti con la reclusione da uno a tre anni. Si applica la stessa pena se il fatto è commesso da chi nell'ambito organizzativo della società o dell'ente privato esercita funzioni direttive diverse da quelle proprie dei soggetti di cui al precedente periodo (1).

Si applica la pena della reclusione fino a un anno e sei mesi se il fatto è commesso da chi è sottoposto alla direzione o alla vigilanza di uno dei soggetti indicati al primo comma.

Chi, anche per interposta persona, offre, promette o dà denaro o altra utilità non dovuti alle persone indicate nel primo e nel secondo comma, è punito con le pene ivi previste (2).

Le pene stabilite nei commi precedenti sono raddoppiate se si tratta di società con titoli quotati in mercati regolamentati italiani o di altri Stati dell'Unione europea o diffusi tra il pubblico in misura rilevante ai sensi dell'articolo 116 del testo unico delle disposizioni in materia di intermediazione finanziaria, di cui al decreto legislativo 24 febbraio 1998, n. 58, e successive modificazioni.

Si procede a querela della persona offesa, salvo che dal fatto derivi una distorsione della concorrenza nella acquisizione di beni o servizi (3).

Fermo quanto previsto dall'art. 2641, la misura della confisca per valore equivalente non può essere inferiore al valore delle utilità date, promesse o offerte (4).

(1) Comma così sostituito dall'art. 3[1, lett. a)], d.lgs. 15/3/2017, n. 38.
(2) Comma così sostituito dall'art. 3[1, lett. b)], d.lgs. 15/3/2017, n. 38.
(3) Comma abrogato dall'art. 1[5, lett. a)], l. 9/1/2019, n. 3.
(4) Comma aggiunto dall'art. 3, d.lgs. 29/10/2016, n. 202. Le parole "utilità date, promesse o offerte" sono state successivamente così sostituite alle precedenti "utilità date o promesse" dall'art. 3[1, lett. c)], d.lgs. 15/3/2017, n. 38.

• La norma (riformata dal d.lgs. n. 38/2017 e da ultimo dalla l. n. 3/2019, che ha abrogato la procedibilità a querela di cui al quinto comma) punisce **l'accordo corruttivo in sé**, tutelando l'affidamento dei terzi nella trasparenza e nel buon funzionamento del mercato nonché la salvaguardia della competitività delle imprese e delle regole concorrenziali. • Nell'*incipit* della disposizione si rintraccia una clausola di sussidiarietà rispetto a reati più gravi. **Si tratta di un delitto proprio a concorso necessario** avente cioè struttura plurisoggettiva, i cui soggetti attivi sono gli amministratori, i direttori generali, i sindaci ed i liquidatori. Ampliate le condotte attraverso le quali si perviene all'accordo corruttivo, individuate anche nella sollecitazione (per la **corruzione passiva**) e nell'offerta (per la **corruzione attiva**) di denaro o altra utilità qualora non dovuti da parte, rispettivamente, del soggetto intraneo e dell'estraneo. • Il delitto è punito a titolo di dolo generico. Ai fini della punibilità del corruttore sarà indispensabile la consapevolezza di dare o promettere utilità affinché l'*intraneus*, in violazione degli obblighi inerenti all'ufficio commetta od ometta un atto; invece, per il corrotto sarà necessaria la dimostrazione che questi riceva una qualche utilità o ne accetti la promessa in vista del compimento di un atto contrario ai doveri d'ufficio o dell'omissione di un atto dovuto.

2635 bis. Istigazione alla corruzione tra privati.

Chiunque offre o promette denaro o altra utilità non dovuti agli amministratori, ai direttori generali, ai dirigenti preposti alla redazione dei documenti contabili societari, ai sindaci e ai liquidatori, di società o enti privati, nonché a chi svolge in essi un'attività lavorativa con l'esercizio di funzioni direttive, affinché compia od ometta un atto in violazione degli obblighi inerenti al proprio ufficio o degli obblighi di fedeltà, soggiace, qualora l'offerta o la promessa non sia accettata, alla pena stabilita nel primo comma dell'articolo 2635, ridotta di un terzo.

La pena di cui al primo comma si applica agli amministratori, ai direttori generali, ai dirigenti preposti alla redazione dei documenti contabili societari, ai sindaci e ai liquidatori, di società o enti privati, nonché a chi svolge in essi attività lavorativa con l'esercizio di funzioni direttive, che sollecitano per sé o per altri, anche per interposta persona, una promessa o dazione di denaro o di altra utilità, per compiere o per omettere un atto in violazione degli obblighi inerenti al loro ufficio o degli obblighi di fedeltà, qualora la sollecitazione non sia accettata.

Si procede a querela della persona offesa (1).

(1) Comma abrogato dall'art. 1[5, lett. b)], l. 9/1/2019, n. 3.

• La disposizione in esame è stata introdotta dall'art. 4 del d.lgs. n. 38/2017. • Sotto il profilo attivo è punito, qualora l'offerta o la promessa non siano accettate (co. 1), chiunque offra o prometta denaro o altre utilità non dovute ad un soggetto intraneo al fine del compimento od omissione di atti in violazione degli obblighi inerenti al proprio ufficio o degli obblighi di fedeltà. • Sotto il profilo passivo, è prevista la punibilità dell'intraneo che solleciti la promessa o la dazione di denaro o altra utilità, al fine del compimento o dell'omissione di atti in violazione dei medesimi obblighi, qualora tale proposta non sia accettata (co. 2). La l. n. 3/2019 ha abrogato la procedibilità a querela.

2635 ter. Pene accessorie.

La condanna per il reato di cui all'articolo 2635, primo comma, importa in ogni caso l'interdizione temporanea dagli uffici direttivi delle persone giuridiche e delle imprese di cui all'articolo 32-*bis* del codice penale nei confronti di chi sia già stato condannato per il medesimo reato o per quello di cui all'articolo 2635-*bis*, secondo comma.

• La condanna per il reato di cui all'art. 2635, co. 1, (corruzione passiva dell'intraneo) importa in ogni caso l'interdizione temporanea dagli uffici direttivi delle persone giuridiche e delle imprese di cui all'art. 32-*bis* c.p. nei confronti di chi sia già stato condannato per il medesimo reato o per quello di cui all'art. 2635-*bis*, co. 2 (istigazione passiva alla corruzione). • La sanzione accessoria priva il condannato della capacità di esercitare, durante l'interdizione, l'ufficio di amministratore, sindaco, liquidatore, direttore generale e dirigente preposto alla redazione dei documenti contabili societari, nonché ogni altro ufficio con potere di rappresentanza della persona giuridica o dell'imprenditore.

2636. Illecita influenza sull'assemblea.

Chiunque, con atti simulati o fraudolenti, determina la maggioranza in assemblea, allo scopo di procurare a sé o ad altri un ingiusto profitto, è punito con la reclusione da sei mesi a tre anni.

• La giurisprudenza ritiene la norma monoffensiva, diretta, cioè, a **tutelare l'interesse al corretto funzionamento dell'organo assembleare**. Trattasi di reato comune che punisce chiunque compia atti simulati o fraudolenti determinando la formazione della maggioranza assembleare (reato d'evento). L'elemento oggettivo è, quindi, integrato **da qualsiasi operazione che artificiosamente permetta di alterare la formazione delle maggioranze assembleari**, rendendo così possibile il conseguimento di risultati vietati dalla legge o non consentiti dallo statuto della società. • È richiesto un comportamento obiettivamente idoneo ad ingannare e soggettivamente orientato dall'agente al conseguimento di tale scopo, oltre che ulteriormente caratterizzato dal dolo specifico di ingiusto profitto, che ugualmente contribuisce ad arricchire la tipicità del fatto.

2637. Aggiotaggio.

Chiunque diffonde notizie false, ovvero pone in essere operazioni simulate o altri artifici concretamente idonei a provocare una sensibile alterazione del prezzo di strumenti finanziari non quotati o per i quali non è stata presentata una richiesta di ammissione alle negoziazioni in un mercato regolamentato, ovvero ad incidere in modo significativo sull'affidamento che il pubblico ripone nella stabilità patrimoniale di banche o di gruppi bancari, è punito con la pena della reclusione da uno a cinque anni.

• L'oggetto della tutela coincide con **l'osservanza delle regole che presiedono alla corretta formazione del prezzo degli strumenti finanziari**. È un reato comune le cui modalità di attuazione sono alternativamente: i) la diffusione di notizie false; ii) il compimento di operazioni simulate; iii) la realizzazione di altri artifici. • Le condotte devono essere connotate dalla **concreta idoneità** a provocare una **sensibile alterazione del prez-**

zo di strumenti finanziari ovvero dalla capacità di incidere in modo significativo sull'affidamento che il pubblico ripone nella stabilità patrimoniale di banche o gruppi di banche. • È sufficiente il **dolo generico**, consistente nella coscienza e volontà di diffondere notizie false oppure di porre in essere operazioni simulate o altri artifici, unitamente alla consapevolezza dell'idoneità di tali condotte a cagionare gli eventi di pericolo normativamente tipizzati, senza che sia necessaria la volontà dell'effetto di destabilizzazione dei mercati o di alterazione del prezzo degli strumenti finanziari.

2638. Ostacolo all'esercizio delle funzioni delle autorità pubbliche di vigilanza.

Gli amministratori, i direttori generali, i dirigenti preposti alla redazione dei documenti contabili societari, i sindaci e i liquidatori di società o enti e gli altri soggetti sottoposti per legge alle autorità pubbliche di vigilanza, o tenuti ad obblighi nei loro confronti, i quali nelle comunicazioni alle predette autorità previste in base alla legge, al fine di ostacolare l'esercizio delle funzioni di vigilanza, espongono fatti materiali non rispondenti al vero, ancorché oggetto di valutazioni, sulla situazione economica, patrimoniale o finanziaria dei sottoposti alla vigilanza ovvero, allo stesso fine, occultano con altri mezzi fraudolenti, in tutto o in parte fatti che avrebbero dovuto comunicare, concernenti la situazione medesima, sono puniti con la reclusione da uno a quattro anni. La punibilità è estesa anche al caso in cui le informazioni riguardino beni posseduti o amministrati dalla società per conto di terzi.

Sono puniti con la stessa pena gli amministratori, i direttori generali, i dirigenti preposti alla redazione dei documenti contabili societari, i sindaci e i liquidatori di società, o enti e gli altri soggetti sottoposti per legge alle autorità pubbliche di vigilanza o tenuti ad obblighi nei loro confronti, i quali, in qualsiasi forma, anche omettendo le comunicazioni dovute alle predette autorità, consapevolmente ne ostacolano le funzioni.

La pena è raddoppiata se si tratta di società con titoli quotati in mercati regolamentati italiani o di altri Stati dell'Unione europea o diffusi tra il pubblico in misura rilevante ai sensi dell'articolo 116 del testo unico di cui al decreto legislativo 24 febbraio 1998, n. 58.

Agli effetti della legge penale, le autorità e le funzioni di risoluzione di cui al decreto di recepimento della dir. 2014/59/UE sono equiparate alle autorità e alle funzioni di vigilanza (1).

(1) Comma aggiunto dall'art. 101[1], d.lgs. 16/11/2015, n. 180.

• La norma prevede **due fattispecie delittuose** costituite dalle false comunicazioni, anche nella forma dell'occultamento fraudolento di fatti materiali (co. 1), e dall'ostacolo all'esercizio delle funzioni (co. 2), accomunate quanto a bene giuridico protetto, soggetti attivi, autorità pubbliche tutelate e sanzione. • Il reato di "ostacolo all'esercizio delle funzioni dell'autorità di vigilanza" è un reato di mera condotta che si consuma nel momento in cui viene celata all'organo di vigilanza la realtà economica, patrimoniale o finanziaria dei soggetti sottoposti a controllo, attraverso le condotte alternative di omessa comunicazione di informazioni dovute o di ricorso a mezzi fraudolenti. • Il secondo comma prevede una fattispecie di danno della quale l'ostacolo all'esercizio della funzione di vigilanza costituisce l'evento. Le condotte di cui al primo comma richiedono il dolo specifico, cioè lo scopo di ostacolare l'esercizio delle attività di vigilanza; quelle del secondo comma prevedono il dolo generico.

2639. Estensione delle qualifiche soggettive.

Per i reati previsti dal presente titolo al soggetto formalmente investito della qualifica o titolare della funzione prevista dalla legge civile è equiparato sia chi è tenuto a svolgere la stessa funzione, diversamente qualificata, sia chi esercita in modo continuativo e significativo i poteri tipici inerenti alla qualifica o alla funzione.

Fuori dei casi di applicazione delle norme riguardanti i delitti dei pubblici ufficiali contro la pubblica amministrazione, le disposizioni sanzionatorie relative agli amministratori si applicano anche a coloro che sono legalmente incaricati dall'autorità giudiziaria o dall'autorità pubblica di vigilanza di amministrare la società o i beni dalla stessa posseduti o gestiti per conto di terzi.

• La norma estende l'applicabilità delle fattispecie di cui al Titolo XI ai soggetti di fatto, disciplinando tre diverse ipotesi di assimilazione tra soggetti attivi chiaramente individuati come tali dalle disposizioni richiamate e quelli che possono considerarsi tali solo per effetto dell'estensione in esso operata. • Al primo comma sono previste due distinte ipotesi di "**equiparazione soggettiva**": la prima estende il sistema sanzionatorio ai soggetti tenuti a svolgere funzioni identiche, sebbene diversamente qualificate, a quelle disciplinate dalla legge civile e richiamate da tali fattispecie criminose; la seconda parte del primo comma opera in presenza dell'esercizio continuativo e significativo dei poteri tipici inerenti alla qualifica o alla funzione. • Il secondo comma estende le disposizioni sanzionatorie relative agli amministratori ai soggetti legalmente incaricati dall'autorità giudiziaria o dall'autorità pubblica di vigilanza di amministrare la società o i beni dalla stessa posseduti o gestiti per conto terzi.

2640. Circostanza attenuante.

Se i fatti previsti come reato agli articoli precedenti hanno cagionato un'offesa di particolare tenuità la pena è diminuita.

• La norma è applicabile a tutte le fattispecie criminose disciplinate dal Titolo XI qualora le condotte abbiano determinato un'offesa al bene di **particolare tenuità.** • La circostanza attenuante (speciale) è applicabile unicamente ai «fatti previsti come reato» e, non essendo precisata l'entità della diminuzione, deve trovare in tal caso applicazione il criterio generale di cui all'art. 65 c.p. (effetto comune). • La peculiarità della norma consiste nel riferire la valutazione di particolare tenuità non al danno cagionato ma all'offesa. È una **circostanza attenuante autonoma** rispetto all'art. 62, n. 4, c.p. per l'assenza di una valutazione in termini patrimoniali dell'offesa.

2641. Confisca

In caso di condanna o di applicazione della pena su richiesta delle parti per uno dei reati previsti dal presente titolo è ordinata la confisca del prodotto o del profitto del reato e dei beni utilizzati per commetterlo.

Quando non è possibile l'individuazione o l'apprensione die beni indicati nel comma primo, la confisca ha ad oggetto una somma di denaro o beni di valore equivalente.

Per quanto non stabilito nei commi precedenti si applicano le disposizioni dell'articolo 240 del codice penale.

• La misura è prevista in caso di condanna o applicazione della pena su richiesta delle parti per uno dei reati previsti dal Titolo XI. **È un'ipotesi speciale di confisca ed ha ad oggetto il prodotto, il profitto del reato ed i beni utilizzati per commetterlo**. La misura è obbligatoria. • Il "profitto" è il «vantaggio di natura economica che deriva dall'illecito, quale beneficio aggiunto di tipo patrimoniale, che non deve essere necessariamente conseguito da colui che ha posto in essere l'attività delittuosa» e deve trovarsi in rapporto di «diretta derivazione causale dall'attività del reo, intesa quale stretta relazione con la condotta illecita» (Cass. s.u. 29951/2004). • Il secondo comma prevede la possibilità di **confisca per equivalente.** Il richiamo operato all'art. 240 c.p. estende ai casi di confisca societaria il disposto di cui al terzo comma della norma del c.p. che esclude l'operatività della misura ablativa "se la cosa appartiene a persona estranea al reato".

2642. (1).

(1) Articolo implicitamente abrogato dall'art. 1 del d.lgs. 11/4/2002, n. 61.

LIBRO SESTO
DELLA TUTELA DEI DIRITTI

Titolo I
DELLA TRASCRIZIONE

Capo I
Della trascrizione degli atti relativi ai beni immobili

2643. Atti soggetti a trascrizione.

Si devono rendere pubblici col mezzo della trascrizione:

1) i contratti che trasferiscono la proprietà di beni immobili;

2) i contratti che costituiscono, trasferiscono o modificano il diritto di usufrutto su beni immobili, il diritto di superficie, i diritti del concedente e dell'enfiteuta;

2-bis) i contratti che trasferiscono, costituiscono o modificano i diritti edificatori comunque denominati, previsti da normative statali o regionali, ovvero da strumenti di pianificazione territoriale;

3) i contratti che costituiscono la comunione dei diritti menzionati nei numeri precedenti;

4) i contratti che costituiscono o modificano servitù prediali, il diritto di uso sopra beni immobili, il diritto di abitazione;

5) gli atti tra vivi di rinunzia ai diritti menzionati nei numeri precedenti;

6) i provvedimenti con i quali nell'esecuzione forzata si trasferiscono la proprietà di beni immobili o altri diritti reali immobiliari, eccettuato il caso di vendita seguita nel processo di liberazione degli immobili dalle ipoteche a favore del terzo acquirente;

7) gli atti e le sentenze di affrancazione del fondo enfiteutico;

8) i contratti di locazione di beni immobili che hanno durata superiore a nove anni;

9) gli atti e le sentenze da cui risulta liberazione o cessione di pigioni o di fitti non ancora scaduti, per un termine maggiore di tre anni;

10) i contratti di società e di associazione con i quali si conferisce il godimento di beni immobili o di altri diritti reali immobiliari, quando la durata della società o dell'associazione eccede i nove anni o è indeterminata;

11) gli atti di costituzione dei consorzi che hanno l'effetto indicato dal numero precedente;

12) i contratti di anticresi;

12-bis) gli accordi di mediazione che accertano l'usucapione con la sottoscrizione del processo verbale autenticata da un pubblico ufficiale a ciò autorizzato.

13) le transazioni che hanno per oggetto controversie sui diritti menzionati nei numeri precedenti;

14) le sentenze che operano la costituzione, il trasferimento o la modificazione di uno dei diritti menzionati nei numeri precedenti.

• Nel nostro ordinamento esistono due sistemi di pubblicità immobiliare: il **sistema generale della trascrizione** e il **sistema tavolare**, regolato dal r.d. n. 499/1929, con l'allegata l. tav., e vigente in una parte limitata del territorio nazionale, annessa all'esito del primo conflitto mondiale. • Nel sistema generale, organizzato su base personale, la trascrizione costituisce una formalità da eseguire nei pubblici registri immobiliari, con lo scopo di segnalare certe vicende giuridiche di beni immobili: una **formalità principale**, a differenza dell'annotazione, che è una formalità accessoria, riferita a una segnalazione precedente. • Le segnalazioni pubblicitarie sono eseguite da soggetti incardinati nella pubblica amministrazione: i conservatori dei registri immobiliari, incaricati della relativa tenuta e preposti al loro funzionamento. • Fra le principali regole in materia, si possono ricordare le seguenti: a) l'attuazione delle formalità si basa sul **principio della domanda**, in quanto gli interessati devono chiedere al conservatore di rendere pubblici gli atti (o i provvedimenti) suscettibili di pubblicità (in via eccezionale, alcune segnalazioni sono eseguite d'ufficio); b) nei confronti dei privati, la domanda di pubblicità forma oggetto di **un onere, non di un obbligo in senso tecnico** (vi sono, però, soggetti propriamente obbligati a presentare tale domanda); c) il compimento di una segnalazione può essere richiesto **da chiunque** sia in possesso di un titolo idoneo, non solo dalle parti dell'atto soggetto a pubblicità. • La trascrizione ha varie funzioni: da quella più semplice e comune a tutte le segnalazioni, di **pubblicità notizia**, a quelle più complesse e specifiche, come la **funzione dichiarativa** (o **di opponibilità ai terzi**). • La norma in esame indica gli atti fra vivi e i provvedimenti che devono essere trascritti in funzione dichiarativa. Si tratta, anzitutto, di **contratti** (e di certi atti) **che determinano vicende giuridiche di diritti reali immobiliari** (proprietà, usufrutto, ecc.), come il trasferimento, la costituzione, la modificazione o l'estinzione di tali diritti. • Sono menzionati, peraltro, anche le sentenze produttive di effetti identici e atti importanti conseguenze diverse, come la locazione ultranovennale.

2644. Effetti della trascrizione.

Gli atti enunciati nell'articolo precedente non hanno effetto riguardo ai terzi che a qualunque titolo hanno acquistato diritti sugli immobili in base a un atto trascritto o iscritto anteriormente alla trascrizione degli atti medesimi.

Seguita la trascrizione, non può avere effetto contro colui che ha trascritto alcuna trascrizione o iscrizione di diritti acquistati verso il suo autore, quantunque l'acquisto risalga a data anteriore.

• La disposizione enuncia la **funzione dichiarativa** della trascrizione concernente gli atti (e i provvedimenti) indicati nell'art. 2643. • Grosso modo, la trascrizione con funzione dichiarativa (o di **opponibilità ai terzi**) serve a **risolvere il conflitto tra due o più aventi causa dallo stesso autore** (o dante causa), acquirenti di diritti incompatibili sul medesimo immobile; difatti, in caso di c.d. "**doppia alienazione immobiliare**", a prevalere è **l'acquirente che abbia trascritto per primo il suo acquisto**, non l'avente causa con titolo di data certa anteriore. • *Esempio*: se A, proprietario di un immobile, lo vende due volte, prima a B e poi a C, **non vale la regola "*prior in tempore potior in iure*"** e il conflitto tra i due acquirenti (B e C) si risolve considerando la data delle trascrizioni riguardanti i loro atti di acquisto; quindi, se C trascrive il proprio titolo d'acquisto in data anteriore alla trascrizione del contratto concluso da B, C (secondo acquirente, primo trascrivente) prevale su B (primo acquirente, secondo trascrivente). • Ciò si spiega, in base a un'opinione diffusa, per il fatto che la prioritaria trascrizione ottenuta da C comporta **la risoluzione della vendita anteriore sul piano cronologico**: in sostanza, B diventa proprietario dell'immobile sulla base del contratto perfezionato con A (art. 1376); eppure, se C trascrive per primo, quel contratto si risolve e i relativi effetti vengono meno, consentendo a tale ultimo soggetto (C) di conseguire la proprietà del bene in forza del proprio titolo. • La tutela riconosciuta al secondo acquirente, primo trascrivente, **prescinde dalla buona o mala fede**: costui prevale sul primo acquirente, secondo trascrivente, indipendentemente dalla conoscenza o no circa l'esistenza del precedente atto in conflitto; semmai, la sua mala fede (o la relativa intenzione di nuocere al soggetto soccombente, privandolo della proprietà sull'immobile per effetto del meccanismo pubblicitario) può rilevare sul piano risarcitorio (art. 2043).

2645. Altri atti soggetti a trascrizione.

Deve del pari rendersi pubblico, agli effetti previsti dall'articolo precedente, ogni altro atto o provvedimento che produce in relazione a beni immobili o a diritti immobiliari taluno degli effetti dei contratti menzionati nell'articolo 2643, salvo che dalla legge risulti che la trascrizione non è richiesta o è richiesta a effetti diversi.

• La disposizione integra l'elenco dell'art. 2643, stabilendo che devono trascriversi, con **funzione dichiarativa**, anche gli atti (e i provvedimenti) non contemplati in tale elenco, ma che producano, rispetto a beni immobili, «**taluno degli effetti**» associati a quelli in esso espressamente indicati (se la legge non dispone diversamente o la trascrizione non è richiesta per finalità diverse). • Secondo un orientamento, la norma consente di trascrivere ogni atto (o provvedimento) che determini un effetto giuridico simile a quelli degli atti (o dei provvedimenti) nominati nell'art. 2643; in base a un'opinione più rigorosa, essa impone di trascrivere solo gli atti (e i provvedimenti) che producano esattamente gli stessi effetti degli atti (e dei provvedimenti) presenti nell'elenco dell'art. 2643. • La seconda interpretazione, prevalente, rafforza l'idea che in materia di pubblicità immobiliare viga un **principio di tassatività**; che un atto (o un provvedimento) possa essere trascritto (o altrimenti reso pubblico) solo nei casi stabiliti dalla legge o, ai sensi dell'art. 2645, se i suoi effetti sono identici a quelli di un atto (o di un provvedimento) per il quale il legislatore prescriva espressamente la trascrizione. • Si dice, dunque, che l'enunciato principio riguarda, non tanto la natura degli atti (e dei provvedimenti) suscettibili di pubblicità, ma i loro **effetti giuridici**. • Esso trova varie giustificazioni: es., la ritenuta natura **eccezionale** delle norme pubblicitarie, **insuscettibili di applicazione analogica** (e compatibili, al più, con un'interpretazione estensiva). • Il principio di tassatività ha una duplice declinazione: a) **non si può** rendere pubblico **un atto** (o un provvedimento) **estraneo alle ipotesi contemplate dalla legge**, anche indirettamente, in base all'art. 2645; b) se un atto (o un provvedimento) è suscettibile di pubblicità, alla relativa segnalazione **non può riconoscersi un effetto diverso da** (e più intenso di) **quello specificamente assegnato dal legislatore** (dunque, se la legge impone una trascrizione, ma non ne indica gli effetti, ad essa deve attribuirsi una funzione di mera notizia).

2645 bis. Trascrizione di contratti preliminari.

1. I contratti preliminari aventi ad oggetto la conclusione di taluno dei contratti di cui ai numeri 1), 2), 3) e 4) dell'articolo 2643, anche se sottoposti a condizione o relativi a edifici da costruire o in corso di costruzione, devono essere trascritti se risultano da atto pubblico o da scrittura privata con sottoscrizione autenticata o accertata giudizialmente.

2. La trascrizione del contratto definitivo o di altro atto che costituisca comunque esecuzione dei contratti preliminari di cui al comma 1, ovvero della sentenza che accoglie la domanda diretta ad ottenere l'esecuzione in forma specifica dei contratti preliminari predetti, prevale sulle trascrizioni ed iscrizioni eseguite contro il promittente alienante dopo la trascrizione del contratto preliminare.

3. Gli effetti della trascrizione del contratto preliminare cessano e si considerano come mai prodotti se entro un anno dalla data convenuta tra le parti per la conclusione del contratto definitivo, e in ogni caso entro tre anni dalla trascrizione predetta, non sia eseguita la trascrizione del contratto definitivo o di altro atto che costituisca comunque esecuzione del contratto preliminare o della domanda giudiziale di cui all'articolo 2652, primo comma, numero 2).

4. I contratti preliminari aventi ad oggetto porzioni di edifici da costruire o in corso di costruzione devono indicare, per essere trascritti, la superficie utile della porzione di edificio e la quota del diritto spettante al promissario acquirente relativa all'intero costruendo edificio espressa in millesimi.

5. Nel caso previsto nel comma 4 la trascrizione è eseguita con riferimento al bene immobile per la quota determinata secondo le modalità di cui al comma stesso. Non appena l'edificio viene ad esistenza gli effetti della trascrizione si producono rispetto alle porzioni materiali corrispondenti alle quote di proprietà predeterminate nonché alle relative parti comuni. L'eventuale differenza di superficie o di quota contenuta nei limiti di un ventesimo rispetto a quelle indicate nel contratto preliminare non produce effetti.

6. Ai fini delle disposizioni di cui al comma 5, si intende esistente l'edificio nel quale sia stato eseguito il rustico, comprensivo delle mura perimetrali delle singole unità, e sia stata completata la copertura.

• La norma impone la **trascrizione dei preliminari** – anche unilaterali, secondo un'opinione diffusa – **importanti l'obbligo di stipulare uno dei contratti** (definitivi) **indicati**

dall'art. 2643, nn. 1, 2, 3 e 4. • All'origine, la tutela del promissario acquirente di un diritto reale immobiliare era affidata, sul piano pubblicitario, esclusivamente alla trascrizione della **domanda diretta a ottenere l'esecuzione in forma specifica dell'obbligo di contrarre** (art. 2652, n. 2). • Ora, invece, un'analoga tutela può essere conseguita con la trascrizione del preliminare, dotata di **funzione prenotativa**, la cui esecuzione non rende opponibile il preliminare, in quanto tale, ma **prenota gli effetti di una formalità successiva**, eseguita in favore del promissario acquirente: la trascrizione del contratto definitivo (di un altro atto esecutivo del contratto preparatorio o della sentenza che tiene luogo del definitivo, ai sensi dell'art. 2932). • Se il preliminare è stato trascritto, la successiva segnalazione del contratto definitivo (di un diverso atto esecutivo del contratto preparatorio o della sentenza resa ai sensi dell'art. 2932) prevale sulla trascrizione di atti con effetti incompatibili, posti in essere dal promittente alienante e resi pubblici in data anteriore alla segnalazione medesima, prenotata, ma successivamente alla pubblicità (prenotante) del preliminare stesso. • L'effetto prenotativo della trascrizione in rassegna: a) conosce limiti specifici (art. 2825-*bis*); b) ha una **durata circoscritta**, non potendo protrarsi per più di un anno dalla data convenuta per il perfezionamento del definitivo e, comunque, oltre tre anni dalla trascrizione medesima. • Pertanto, il promissario acquirente ha l'onere di trascrive il definitivo (un altro atto esecutivo del preliminare, una sentenza resa *ex* art. 2932 o almeno la relativa domanda giudiziale) nel rispetto dei termini appena ricordati. • La legge consente pure la trascrizione di **preliminari riguardanti porzioni di edifici da costruire o in corso di esecuzione**, dettando regole particolari per la sua esecuzione. • La trascrizione del preliminare rileva anche come (co)elemento necessario per il riconoscimento di un **privilegio speciale** in favore del promissario acquirente (art. 2775-*bis*).

2645 ter. Trascrizione di atti di destinazione per la realizzazione di interessi meritevoli di tutela riferibili a persone con disabilità, a pubbliche amministrazioni, o ad altri enti o persone fisiche.

Gli atti in forma pubblica con cui beni immobili o beni mobili iscritti in pubblici registri sono destinati, per un periodo non superiore a novanta anni o per la durata della vita della persona fisica beneficiaria, alla realizzazione di interessi meritevoli di tutela riferibili a persone con disabilità, a pubbliche amministrazioni, o ad altri enti o persone fisiche ai sensi dell'articolo 1322, secondo comma, possono essere trascritti al fine di rendere opponibile ai terzi il vincolo di destinazione; per la realizzazione di tali interessi può agire, oltre al conferente, qualsiasi interessato anche durante la vita del conferente stesso. I beni conferiti e i loro frutti possono essere impiegati solo per la realizzazione del fine di destinazione e possono costituire oggetto di esecuzione, salvo quanto previsto dall'articolo 2915, primo comma, solo per debiti contratti per tale scopo.

• La disposizione prevede, a certe condizioni, la trascrivibilità degli **atti costitutivi di vincoli di destinazione** su beni immobili (e mobili c.d. registrati). • Essa ha sollevato numerosi problemi interpretativi, riguardanti la sua collocazione sistematica, le caratteristiche di tali atti, la natura (reale o meramente obbligatoria) dei vincoli enunciati, ecc. • Concentrandosi sul profilo pubblicitario, basta ricordare che l'atto di destinazione comporta, per un periodo di tempo determinato, un **vincolo sui beni destinati**, utilizzabili dal titolare, non per una qualsiasi finalità conseguibile nel libero esercizio delle facoltà dominicali, ma solo per **realizzare uno scopo specifico**, meritevole di tutela e individuato nell'atto medesimo. • Con il supporto della trascrizione, quei beni sono sottratti alle indiscriminate aggressioni dei creditori personali del proprietario, determinandosi, in deroga all'art. 2740, un **effetto di separazione patrimoniale**: se l'atto di destinazione è stato trascritto, essi sono aggredibili, in sede esecutiva, esclusivamente in relazione a obbligazioni sorte per raggiungere lo scopo della destinazione, salvo quanto stabilito dagli artt. 2915, co. 1, e 2929-*bis*. • Dunque, secondo un'opinione diffusa, ma non pacifica, la segnalazione in esame ha una **funzione duplice**: **dichiarativa**, con riguardo al vincolo stesso; addirittura **costitutiva**, relativamente all'effetto di separazione patrimoniale, il quale non può ritenersi sussistente, sul piano della garanzia patrimoniale generica, se tale segnalazione non è stata attuata.

2645 quater. Trascrizione di atti costitutivi di vincolo.

Si devono trascrivere, se hanno per oggetto beni immobili, gli atti di diritto privato, i contratti e gli altri atti di diritto privato, anche unilaterali, nonché le convenzioni e i contratti con i quali vengono costituiti a favore dello Stato, della regione, degli altri enti pubblici territoriali ovvero di enti svolgenti un servizio di interesse pubblico, vincoli di uso pubblico o comunque ogni altro vincolo a qualsiasi fine richiesto dalle normative statali e regionali, dagli strumenti urbanistici comunali nonché dai conseguenti strumenti di pianificazione territoriale e dalle convenzioni urbanistiche a essi relative.

• La norma richiede di trascrivere un complesso di **atti**, individuati in modo disordinato e parzialmente ripetitivo, **che costituiscono**, con riguardo a beni immobili, **vincoli** (in senso lato) **rispondenti a interessi pubblici**. • Essa non specifica gli effetti della trascrizione imposta, registrandosi, di conseguenza, un certo dibattito in proposito, anche se l'opinione prevalente ritiene che tale segnalazione abbia una **funzione di mera notizia**.

2646. Trascrizione delle divisioni.

Si devono trascrivere le divisioni che hanno per oggetto beni immobili, come pure i provvedimenti di aggiudicazione degli immobili divisi mediante incanto, i provvedimenti di attribuzione delle quote tra condividenti e i verbali di estrazione a sorte delle quote.

Si devono pure trascrivere la domanda di divisione giudiziale e l'atto di opposizione indicato dall'articolo 1113, per gli effetti ivi enunciati.

• Si devono trascrivere le **divisioni riguardanti beni immobili**, le relative domande giudiziali, nonché gli atti di opposizione dei creditori e degli aventi causa dai singoli contitolari, ai sensi dell'art. 1113. • Si ritiene tradizionalmente, con riferimento alle divisioni, che la principale funzione della formalità consista, non tanto nell'opponibilità ai terzi, quanto nel **rispetto del principio di continuità** (art. 2650). • Ma la norma in esame deve essere coordinata con la **previsione dell'art. 1113**: a) se la divisione immobiliare (o la relativa domanda giudiziale) è stata tempestivamente resa pubblica, in data anteriore all'iscrizione di ipoteca sui beni indivisi in favore dei creditori personali di un singolo partecipante alla comunione, nonché alla trascrizione del titolo vantato dagli aventi causa dal partecipante medesimo, costoro (creditori ipotecari e aventi causa da un contitolare) non devono essere convocati in sede divisoria per rendere efficace nei loro confronti l'atto divisionale; b) la segnalazione della divisione riferita a beni immobili (o della relativa domanda giudiziale) ne preclude l'impugnazione ad opera dei creditori (chirografari) di un singolo compartecipe o da parte dei suoi aventi causa che non abbiano preventivamente trascritto un atto di opposizione.

2647. Costituzione del fondo patrimoniale e separazione di beni.

Devono essere trascritti, se hanno per oggetto beni immobili, la costituzione del fondo patrimoniale, le convenzioni matrimoniali che escludono i beni medesimi dalla comunione tra i coniugi, gli atti e i provvedimenti di scioglimento della comunione, gli atti di acquisto di beni personali a norma delle lettere c), d), e) ed f) dell'articolo 179, a carico, rispettivamente, dei coniugi titolari del fondo patrimoniale o del coniuge titolare del bene escluso o che cessa di far parte della comunione.

Le trascrizioni previste dal precedente comma devono essere eseguite anche relativamente ai beni immobili che successivamente entrano a far parte del patrimonio familiare o risultano esclusi dalla comunione tra i coniugi.

La trascrizione del vincolo derivante dal fondo patrimoniale costituito per testamento deve essere eseguita d'ufficio dal conservatore contemporaneamente alla trascrizione dell'acquisto a causa di morte.

• La norma impone la trascrizione di una serie di atti riguardanti beni immobili, che incidono sul **regime patrimoniale dei coniugi** (e degli uniti civilmente, in forza della l. n. 76/2016), senza indicare gli effetti di tale segnalazione. • Secondo l'opinione prevalente, si tratta di una trascrizione con funzione di **mera notizia**; dunque, la sua esecuzione non comporta l'opponibilità degli atti trascritti, ma serve solo per renderli conoscibili, a vantaggio di ogni interessato. • La soluzione è stata ampiamente discussa rispetto all'**atto costitutivo di fondo patrimoniale**, il quale, se ha per oggetto immobili, richiede una duplice segnalazione: **annotazione a margine dell'atto di matrimonio** (o istitutivo dell'unione civile), compiuta nei registri dello stato civile; **trascrizione** nei registri immobiliari. • Si è deciso, però, che solo la ricordata annotazione è necessaria per rendere opponibile il vincolo apposto a titolo di fondo patrimoniale, come stabilito dall'art. 162, riconoscendo alla trascrizione una funzione di **semplice notizia** (Cass. s.u. 21658/2009).

2648. Accettazione di eredità e acquisto di legato.

Si devono trascrivere l'accettazione della eredità che importi acquisto dei diritti enunciati nei numeri 1, 2 e 4 dell'articolo 2643 o liberazione dai medesimi e l'acquisto del legato che abbia lo stesso oggetto.

La trascrizione dell'accettazione dell'eredità si opera in base alla dichiarazione del chiamato all'eredità, contenuta in un atto pubblico ovvero in una scrittura privata con sottoscrizione autenticata o accertata giudizialmente.

Se il chiamato ha compiuto uno degli atti che importano accettazione tacita dell'eredità, si può richiedere la trascrizione sulla base di quell'atto, qualora esso risulti da sentenza, da atto pubblico o da scrittura privata con sottoscrizione autenticata o accertata giudizialmente.

La trascrizione dell'acquisto del legato si opera sulla base di un estratto autentico del testamento.

• Se l'asse ereditario comprende beni immobili o un legato di specie ha per oggetto simili beni, appartenuti al *de cuius*, l'**acquisto *mortis causa* dell'erede o del legatario** deve essere reso pubblico con lo strumento della trascrizione. • Poiché, di pincipio, l'eredità si acquista con l'accettazione, mentre il legato (di cosa determinata, in proprietà del testatore al momento della morte) comporta un acquisto automatico al tempo dell'aperta successione, diverse sono le modalità attuative della segnalazione: l'acquisto a titolo di erede (legittimo o testamentario) si rende pubblico con la trascrizione dell'**accettazione espressa** o di un **atto importante accettazione tacita**, l'una e l'altro redatti in forma di atto pubblico o di scrittura privata autenticata (o con sottoscrizione verificata giudizialmente, salva la possibilità di segnalare l'accettazione tacita anche in forza di una sentenza che la accerti); l'acquisto del legato testamentario si pubblicizza sulla base di un **estratto autentico del testamento**, riproducente la disposizione a titolo particolare. • La pubblicità degli acquisti *mortis causa* non è richiesta per l'opponibilità a terzi: non serve a dirimere un conflitto tra successori per causa di morte o tra questi e chi abbia acquistato *inter vivos* un diritto reale immobiliare dal *de cuius*. • Essa è imposta, invece, in **funzione di continuità** (art. 2650); difatti, se l'erede o il legatario non rendono pubblico il loro acquisto, ma dispongono degli immobili acquistati per causa di morte, le trascrizioni in favore dei relativi aventi causa sono destinate a rimanere inefficaci (sino a quando la segnalazione dell'acquisto medesimo non sia attuata). • Si deve considerare, peraltro, anche l'art. 534, sulla **tutela dei terzi acquirenti dall'erede apparente**. • Con riguardo agli immobili legati o compresi nell'asse ereditario, l'erede (vero) o il legatario che provvedano tempestivamente a rendere pubblico il proprio acquisto, con lo strumento della trascrizione, si tutelano contro i terzi aventi causa (a titolo oneroso e di buona fede) da un eventuale erede apparente che disponga di tali beni, impedendo il perfezionamento di un acquisto a *non domino* in loro favore.

2649. Cessione dei beni ai creditori.

Deve essere trascritta, qualora comprenda beni immobili, la cessione che il debitore fa dei suoi beni ai creditori, perché questi procedano alla liquidazione dei medesimi e alla ripartizione del ricavato.

Non hanno effetto, rispetto ai creditori, le trascrizioni o iscrizioni di diritti acquistati verso il debitore, se eseguite dopo che la cessione è stata trascritta.

• Si deve trascrivere la **cessione dei beni ai creditori** che riguardi beni immobili. • La norma dispone che, se tale atto è stato trascritto, non hanno effetto, nei confronti dei creditori "cessionari", le successive iscrizioni o trascrizioni eseguite in favore di terzi, sulla base di atti dispositivi compiuti dal debitore "cedente". • Si tratta di un meccanismo complesso, il cui funzionamento, in certa misura, dipende dal modo di intendere l'atto in esame e i relativi effetti giuridici.

2650. Continuità delle trascrizioni.

Nei casi in cui, per le disposizioni precedenti, un atto di acquisto è soggetto a trascrizione, le successive trascrizioni o iscrizioni a carico dell'acquirente non producono effetto, se non è stato trascritto l'atto anteriore di acquisto.

Quando l'atto anteriore di acquisto è stato trascritto, le successive trascrizioni o iscrizioni producono effetto secondo il loro ordine rispettivo, salvo il disposto dell'articolo 2644.

L'ipoteca legale a favore dell'alienante e quella a favore del condividente, iscritte contemporaneamente alla trascrizione del titolo di acquisto o della divisione, prevalgono sulle trascrizioni o iscrizioni eseguite anteriormente contro l'acquirente o il condividente tenuto al conguaglio.

• La disposizione esprime il **principio di continuità** (delle trascrizioni): se una trascrizione imposta dalle norme precedenti non è stata eseguita, le trascrizioni (e le iscrizioni) logicamente successive possono essere compiute, ma **non producono i loro effetti giuridici**. • Le trascrizioni (e le iscrizioni) realizzate in difetto di continuità rimangono inefficaci **sino all'attuazione della formalità mancante**, anteriore sul piano logico; difatti, se quest'ultima è attuata, le prime acquistano **piena efficacia «secondo il loro ordine rispettivo»**. • Chiunque può promuovere l'esecuzione di una trascrizione mancante, ricostituendo la continuità delle segnalazioni. • *Esempio*: se A acquista (a titolo derivativo) la proprietà di un immobile, trascurando di rendere pubblico il proprio acquisto, e vende il bene medesimo a B e poi a C, il quale trascriva per primo il contatto perfezionato con A, il conflitto tra B e C non può risolversi in base alle regole pubblicitarie, poiché, sussistendo un difetto di continuità, la trascrizione di tale contratto non produce effetti; se, però, C ottiene la trascrizione in favore di A, la segnalazione del suo acquisto diventa efficace e gli consente di prevalere, essendo anteriore a quella eseguita a beneficio di B. • Ad ogni modo, la norma in esame fa **salvo quanto stabilito dall'art. 2644**. • *Esempio*: A acquista (a titolo derivativo) la proprietà di un immobile, rendendo pubblico il proprio acquisto, e vende il bene medesimo a B e poi a C, nessuno dei quali trascrive il negozio concluso con A; successivamente, C vende l'immobile a D, il quale provvede a segnalare il suo acquisto. Ora, allo scopo di prevalere nei confronti di B, D deve curare la trascrizione in favore di C, eliminando il difetto di continuità e rendendo efficace la segnalazione già eseguita a proprio beneficio, ma, si noti, deve farlo in data anteriore alla pubblicità dell'acquisto compiuto da B. • Il principio di continuità conosce alcune eccezioni (es., con riguardo all'iscrizione dell'**ipoteca legale in favore dell'alienante e del condividente**).

2651. Trascrizione di sentenze.

Si devono trascrivere le sentenze da cui risulta estinto per prescrizione o acquistato per usucapione ovvero in altro modo non soggetto a trascrizione uno dei diritti indicati dai numeri 1, 2 e 4 dell'articolo 2643.

• La norma prevede la trascrizione delle sentenze che accertano fatti riguardanti beni immobili, i quali, per loro natura, non possono formare oggetto di autonoma trascrizione: l'**estinzione di diritti reali immobiliari per intervenuta prescrizione** (estintiva, con l'esclusione della proprietà, che è imprescrittibile) o il loro **acquisto per usucapione o in altro modo insuscettibile di pubblicità**. • Si tratta di trascrizione con funzione di mera pubblicità notizia, esclusa dal perimetro del principio di continuità. • Con riguardo alla sentenza che accerta l'usucapione immobiliare, giova sottolineare che la relativa segnalazione, disposta in funzione di semplice notizia, non serve a dirimere un conflitto tra l'acquirente a titolo originario e un eventuale acquirente a titolo derivativo, avente causa dal precedente titolare del bene usucapito, che ne abbia perduto la proprietà in ragione dell'altrui usucapione.

2652. Domande riguardanti atti soggetti a trascrizione. Effetti delle relative trascrizioni rispetto ai terzi.

Si devono trascrivere, qualora si riferiscano ai diritti menzionati nell'articolo 2643, le domande giudiziali indicate dai numeri seguenti, agli effetti per ciascuna di esse previsti:

1) le domande di risoluzione dei contratti e quelle indicate dal secondo comma dell'articolo 648 e dall'ultimo comma dell'articolo 793, le domande di rescissione, le domande di revocazione delle donazioni, nonché quelle indicate dall'articolo 524.

Le sentenze che accolgono tali domande non pregiudicano i diritti acquistati dai terzi in base a un atto trascritto o iscritto anteriormente alla trascrizione della domanda;

2) le domande dirette a ottenere l'esecuzione in forma specifica dell'obbligo a contrarre.

La trascrizione della sentenza che accoglie la domanda prevale sulle trascrizioni e iscrizioni eseguite contro il convenuto dopo la trascrizione della domanda;

3) le domande dirette a ottenere l'accertamento giudiziale della sottoscrizione di scritture private in cui si contiene un atto soggetto a trascrizione o a iscrizione.

La trascrizione o l'iscrizione dell'atto contenuto nella scrittura produce effetto dalla data in cui è stata trascritta la domanda;

4) le domande dirette all'accertamento della simulazione di atti soggetti a trascrizione.

La sentenza che accoglie la domanda non pregiudica i diritti acquistati dai terzi di buona fede in base a un atto trascritto o iscritto anteriormente alla trascrizione della domanda;

5) le domande di revoca degli atti soggetti a trascrizione, che siano stati compiuti in pregiudizio dei creditori.

La sentenza che accoglie la domanda non pregiudica i diritti acquistati a titolo oneroso dai terzi di buona fede in base a un atto trascritto o iscritto anteriormente alla trascrizione della domanda;

6) le domande dirette a far dichiarare la nullità o a far pronunziare l'annullamento di atti soggetti a trascrizione e le domande dirette a impugnare la validità della trascrizione.

Se la domanda è trascritta dopo cinque anni dalla data della trascrizione dell'atto impugnato, la sentenza che l'accoglie non pregiudica i diritti acquistati a qualunque titolo dai terzi di buona fede in base a un atto trascritto o iscritto anteriormente alla trascrizione della domanda. Se però la domanda è diretta a far pronunziare l'annullamento per una causa diversa dall'incapacità legale, la sentenza che l'accoglie non pregiudica i diritti acquistati dai terzi di buona fede in base a un atto trascritto o iscritto anteriormente alla trascrizione della domanda, anche se questa è stata trascritta prima che siano decorsi cinque anni dalla data della trascrizione dell'atto impugnato, purché in questo caso i terzi abbiano acquistato a titolo oneroso;

7) le domande con le quali si contesta il fondamento di un acquisto a causa di morte.

Salvo quanto è disposto dal secondo e dal terzo comma dell'articolo 534, se la trascrizione della domanda è eseguita dopo cinque anni dalla data della trascrizione dell'acquisto, la sentenza che accoglie la domanda non pregiudica i terzi di buona fede che, in base a un atto trascritto o iscritto anteriormente alla trascrizione della domanda, hanno a qualunque titolo acquistato diritti da chi appare erede o legatario;

8) le domande di riduzione delle donazioni e delle disposizioni testamentarie per lesione di legittima.

Se la trascrizione è eseguita dopo dieci anni dall'apertura della successione, la sentenza che accoglie la domanda non pregiudica i terzi che hanno acquistato a titolo oneroso diritti in base a un atto trascritto o iscritto anteriormente alla trascrizione della domanda;

9) le domande di revocazione e quelle di opposizione di terzo contro le sentenze soggette a trascrizione per le cause previste dai numeri 1, 2, 3 e 6 dell'articolo 395 del codice di procedura civile e dal secondo comma dell'articolo 404 dello stesso codice.

Se la domanda è trascritta dopo cinque anni dalla trascrizione della sentenza impugnata, la sentenza che l'accoglie non pregiudica i diritti acquistati dai terzi di buona fede in base a un atto trascritto o iscritto anteriormente alla trascrizione della domanda.

Alla domanda giudiziale è equiparato l'atto notificato con il quale la parte, in presenza di compromesso o di clausola compromissoria, dichiara all'altra la propria intenzione di promuovere il procedimento arbitrale, propone la domanda e procede, per quanto le spetta, alla nomina degli arbitri.

• La disposizione indica una serie di **domande giudiziali** suscettibili di pubblicità (sono equiparati i corrispondenti **atti**, notificati, **che diano avvio a un giudizio arbitrale**: in particolare, a un arbitrato rituale). • La trascrizione di tali domande ha, principalmente, una **funzione prenotativa**: essa **prenota gli effetti della successiva sentenza** di accoglimento (o, talvolta, della relativa trascrizione), rendendoli opponibili agli aventi causa dal convenuto soccombente (il cui acquisto sia anteriore al passaggio in giudicato di quella sentenza, ma trascritto dopo la segnalazione della domanda). • L'effetto di prenotazione ha una **durata limitata**, venendo meno, in mancanza di tempestiva rinnovazione della trascrizione prenotante, con la **scadenza di un ventennio** dal compimento della trascrizione medesima (art. 2668-*bis*). • Non sempre, peraltro, la pubblicità delle domande giudiziali ha una funzione prenotativa. • *Esempio*: se la domanda volta ad accertare la nullità di una vendita immobiliare è stata trascritta dopo cinque anni dalla trascrizione del contratto nullo, la richiesta sentenza di accertamento non pregiudica i subacquirenti di buona fede dal convenuto con titolo reso pubblico in data anteriore alla segnalazione della domanda stessa, i quali, in forza di una fattispecie complessa, maturano un **acquisto *a non domino*** in proprio favore (art. 2652, n. 6); dunque, tale domanda deve essere tempestivamente trascritta dall'attore, non in funzione prenotativa, ma per impedire l'integrazione della fattispecie appena descritta, fondata sulla buona fede dell'avente causa dal convenuto e su una certa successione cronologica delle formalità pubblicitarie. • Nell'ottica del terzo che fa salvo il suo diritto, perfezionando un acquisto *a non domino*, si parla impropriamente di **pubblicità sanante**: la trascrizione **non ha mai l'effetto di "sanare" un atto invalido**, il quale, anche se trascritto, rimane affetto da invalidità; semmai, come nell'es. proposto, essa può contribuire a tutelare i terzi subacquirenti dell'immobile oggetto di un simile atto, rendendo inopponibile nei loro confronti l'invalidità del titolo del loro dante causa.

2653. Altre domande e atti soggetti a trascrizione a diversi effetti.

Devono parimenti essere trascritti:

1) le domande dirette a rivendicare la proprietà o altri diritti reali di godimento su beni immobili e le domande dirette all'accertamento dei diritti stessi.

La sentenza pronunziata contro il convenuto indicato nella trascrizione della domanda ha effetto anche contro coloro che hanno acquistato diritti dal medesimo in base a un atto trascritto dopo la trascrizione della domanda;

2) la domanda di devoluzione del fondo enfiteutico.

La pronunzia di devoluzione ha effetto anche nei confronti di coloro che hanno acquistato diritti dall'enfiteuta in base a un atto trascritto posteriormente alla trascrizione della domanda;

3) le domande e le dichiarazioni di riscatto nella vendita di beni immobili.

Se la trascrizione di tali domande o dichiarazioni è eseguita dopo sessanta giorni dalla scadenza del termine per l'esercizio del riscatto, restano salvi i diritti acquistati dai terzi dopo la scadenza del termine medesimo in base a un atto trascritto o iscritto anteriormente alla trascrizione della domanda o della dichiarazione;

4) le domande di separazione degli immobili dotali e quelle di scioglimento della comunione tra coniugi avente per oggetto beni immobili.

La sentenza che pronunzia la separazione o lo scioglimento non ha effetto a danno dei terzi che, anteriormente alla trascrizione della domanda, hanno validamente acquistato dal marito diritti relativi a beni dotali o a beni della comunione;

5) gli atti e le domande che interrompono il corso dell'usucapione di beni immobili.

L'interruzione non ha effetto riguardo ai terzi che hanno acquistato diritti dal possessore in base a un atto trascritto o iscritto, se non dalla data della trascrizione dell'atto o della domanda.

Alla domanda giudiziale è equiparato l'atto notificato con il quale la parte, in presenza di compromesso o di clausola compromissoria, dichiara all'altra la propria intenzione di promuovere il procedimento arbitrale, propone la domanda e procede, per quanto le spetta, alla nomina degli arbitri.

• La norma impone di trascrivere alcuni atti specifici e una serie di **domande giudiziali**, completando l'elenco dell'art. 2652. • La trascrizione di una parte di tali domande **non ha funzione prenotativa**, generando **effetti destinati a esaurirsi sul piano processuale**. • *Esempio*: la segnalazione concernente la domanda di rivendicazione, proposta dal proprietario di un immobile o dal titolare di altri diritti reali immobiliari, e la domanda di accertamento dei diritti medesimi, le quali, secondo l'opinione prevalente, hanno una **rilevanza meramente endoprocessuale**. • Così, chi chiede l'accertamento giudiziale di un diritto reale immobiliare ha l'onere di trascrivere la domanda proposta; difatti, se la relativa trascrizione è stata eseguita, il richiesto accertamento, contenuto nella successiva sentenza del giudice, è opponibile anche ai terzi aventi causa dal convenuto, i quali, nel corso del processo, abbiano acquistato l'immobile con atto trascritto in data anteriore al passaggio in giudicato della sentenza medesima, ma successiva alla segnalazione di quella domanda. • Eppure, se l'accertamento giudiziale è inopponibile ai subacquirenti dal convenuto, poiché la trascrizione della domanda non è stata eseguita tempestivamente, l'attore e titolare del diritto accertato non perde la possibilità di farlo valere, ma dovrà instaurare un nuovo processo, chiamando in causa tali soggetti terzi, al fine di ottenere una nuova e ulteriore sentenza di accertamento, opponibile nei loro confronti, con duplicazione dell'attività processuale.

2654. Annotazione di domande o atti soggetti a trascrizione.

La trascrizione degli atti e delle domande indicati dai due articoli precedenti deve essere anche annotata in margine alla trascrizione o iscrizione, quando si riferisce a un atto trascritto o iscritto.

• La trascrizione eseguita in base agli artt. 2652 s., concernente le domande giudiziali e gli atti indicati in tali articoli, deve essere **annotata in calce alla trascrizione** (o iscrizione) **dell'atto al quale le domande medesime o gli atti ad esse equiparati si riferiscono**. • *Esempio*: se la domanda tendente alla risoluzione di un contratto trascritto è resa pubblica, la relativa segnalazione deve annotarsi in calce alla trascrizione dell'atto stesso, con la conseguenza che l'esistenza di quella domanda risulterà da una **duplice formalità**: una trascrizione autonoma, con efficacia prenotativa; un'annotazione in calce alla trascrizione riguardante il contratto impugnato. • L'annotazione ha una funzione di **mera notizia**: serve ad **agevolare le ricerche nei registri immobiliari**, semplificando l'individuazione dei fatti annotati. • *Esempio*: chiunque consulti tali registri e risalga alla trascrizione di un contratto impugnato, recante la prescritta annotazione, può immediatamente accorgersi dell'impugnativa negoziale, senza necessità di risalire anche alla trascrizione della domanda.

2655. Annotazione di atti e di sentenze.

Qualora un atto trascritto o iscritto sia dichiarato nullo o sia annullato, risoluto, rescisso o revocato o sia soggetto a condizione risolutiva, la dichiarazione di nullità e, rispettivamente, l'annullamento, la risoluzione, la rescissione, la revocazione, l'avveramento della condizione devono annotarsi in margine alla trascrizione o all'iscrizione dell'atto.

Si deve del pari annotare, in margine alla trascrizione della relativa domanda, la sentenza di devoluzione del fondo enfiteutico.

Se tali annotazioni non sono eseguite, non producono effetto le successive trascrizioni o iscrizioni a carico di colui che ha ottenuto la dichiarazione di nullità o l'annullamento, la risoluzione, la rescissione, la revoca o la devoluzione o a favore del quale si è avverata la condizione.

Eseguita l'annotazione, le trascrizioni o iscrizioni già compiute hanno il loro effetto secondo l'ordine rispettivo.

L'annotazione si opera in base alla sentenza o alla convenzione da cui risulta uno dei fatti sopra indicati; se si tratta di condizione, può eseguirsi in virtù della dichiarazione unilaterale del contraente in danno del quale la condizione stessa si è verificata.

• La **dichiarazione di nullità**, l'**annullamento**, la **risoluzione**, la **rescissione**, la **revocazione** di un atto trascritto, nonché l'**avveramento di una condizione risolutiva**, apposta a un contratto reso pubblico, devono esse annotati in calce alla trascrizione di tale atto o contratto, dichiarato nullo, annullato, risolto, rescisso o revocato. • La stessa formalità è richiesta per la sentenza che disponga la **devoluzione di un fondo enfiteutico**. • L'annotazione si esegue sulla base della **sentenza** (o, talvolta, della convenzione) **che accerta o determina l'inefficacia dell'atto precedentemente trascritto**. • L'avveramento della condizione risolutiva può essere pubblicizzato in forza di un **semplice atto unilaterale**, contenente il relativo accertamento, cioè di una dichiarazione resa, nelle forme idonee alla pubblicità, dal contraente pregiudicato dal meccanismo condizionale (quello che abbia perduto il diritto sull'immobile, acquisito con il contratto risolto). • La formalità in esame serve a **segnalare l'inefficacia, originaria o sopravvenuta, di un atto anteriormente trascritto**, ma ha una **funzione più intensa della mera notizia**, rispondendo a un'**esigenza di continuità**: in mancanza di essa, le segnalazioni logicamente dipendenti, rivolte contro il soggetto in favore del quale l'annotazione doveva compiersi, possono essere attuate, ma **rimangono prive di effetti**; solo se l'annotazione mancante è realizzata, ripristinando la situazione di continuità, tali segnalazioni, già poste in essere, acquistano efficacia.

2656. Forme per l'annotazione.

L'annotazione si esegue secondo le norme stabilite dagli articoli seguenti per la trascrizione, in quanto applicabili.

2657. Titolo per la trascrizione.

La trascrizione non si può eseguire se non in forza di sentenza, di atto pubblico o di scrittura privata con sottoscrizione autenticata o accertata giudizialmente.

Le sentenze e gli atti seguiti in paese estero devono essere legalizzati.

Con la domanda di pubblicità immobiliare, il richiedente ha l'onere di presentare un documento comprovante il fatto da rendere pubblico, tale da giustificare l'accoglimento dell'istanza da parte del conservatore (c.d. **titolo idoneo alla pubblicità**). • Poiché il sistema pubblicitario mira a dispensare notizie affidabili, solo la presentazione di documenti qualificati, sotto il profilo formale, consente di ottenere l'attuazione della formalità richiesta: sono, infatti, titoli idonei l'**atto pubblico**, la **scrittura privata autenticata** (o **giudizialmente accertata**) e la **sentenza** (anche se, a rigore, quest'ultima non è un documento, trattandosi di un provvedimento giudiziale). • Se la domanda rivolta al conservatore è corredata da un titolo inidoneo a giustificarla per mancanza dei prescritti requisiti formali, come una scrittura privata semplice, essa deve essere rigettata. • Si aggiungono altre regole particolari: es., per le domande giudiziali (2658, co. 2), i lodi arbitrali (art. 825 c.p.c.) e gli atti (o i provvedimenti) provenienti dall'estero (art. 2657, co. 2, anche se la relativa incidenza si è ristretta in ragione di convenzioni internazionali e di norme sovranazionali).

2658. Atti da presentare al conservatore.

La parte che domanda la trascrizione del titolo deve presentarne al conservatore dei registri immobiliari copia autenticata, se si tratta di atti pubblici o di sentenze, e, se si tratta di scritture private, deve presentare l'originale, salvo che questo si trovi depositato in un pubblico archivio o negli atti di un notaio. In questo caso basta la presentazione di una copia autenticata dall'archivista o dal notaio, dalla quale risulti che la scrittura ha i requisiti indicati dall'articolo precedente.

Per la trascrizione di una domanda giudiziale occorre presentare copia autentica del documento che la contiene, munito della relazione di notifica alla controparte.

2659. Nota di trascrizione.

Chi domanda la trascrizione di un atto tra vivi deve presentare al conservatore dei registri immobiliari, insieme con la copia del titolo, una nota in doppio originale, nella quale devono essere indicati:

1) il cognome ed il nome, il luogo e data di nascita e il numero di codice fiscale delle parti, nonché il regime patrimoniale delle stesse, se coniugate, secondo quanto risulta da loro dichiarazione resa nel titolo o da certificato dell'ufficiale di stato civile; la denominazione o la ragione sociale, la sede e il numero di codice fiscale delle persone giuridiche, delle società pre-

viste dai capi II, III e IV del titolo V del libro quinto e delle associazioni non riconosciute, con l'indicazione, per queste ultime e per le società semplici, anche delle generalità delle persone che le rappresentano secondo l'atto costitutivo. Per i condominii devono essere indicati l'eventuale denominazione, l'ubicazione e il codice fiscale;

2) il titolo di cui si chiede la trascrizione e la data del medesimo;

3) il cognome e il nome del pubblico ufficiale che ha ricevuto l'atto o autenticato le firme, o l'autorità giudiziaria che ha pronunziato la sentenza;

4) la natura e la situazione dei beni a cui si riferisce il titolo, con le indicazioni richieste dall'articolo 2826, nonché, nel caso previsto dall'articolo 2645-bis, comma 4, la superficie e la quota espressa in millesimi di cui a quest'ultima disposizione.

Se l'acquisto, la rinunzia o la modificazione del diritto sono sottoposti a termine o a condizione, se ne deve fare menzione nella nota di trascrizione. Tale menzione non è necessaria se, al momento in cui l'atto si trascrive, la condizione sospensiva si è verificata o la condizione risolutiva è mancata ovvero il termine iniziale è scaduto.

• La domanda di pubblicità si sostanzia nella presentazione di una **nota di trascrizione** (iscrizione o annotazione) in duplice originale, corredata dai documenti richiesti dalla legge e contenente le indicazioni prescritte dalla norma in esame. • Il contenuto della nota ha particolare importanza, raccogliendo le informazioni da pubblicizzare nei registri immobiliari. • Sebbene la domanda rivolta al conservatore sia accompagnata da una copia del titolo da sottoporre a pubblicità, il risultato della conoscibilità, comune a tutte le segnalazioni e costituente il fondamento dei loro effetti specifici, riguarda solo le indicazioni riportate in nota, corrispondenti agli elementi essenziali del titolo stesso. • Dunque, chiunque risalga a quelle indicazioni, servendosi dell'apparato pubblicitario, **non ha l'onere di procurarsi una copia integrale del titolo** e di consultarlo nella sua interezza; difatti, agli effetti di ogni formalità, compresa l'opponibilità a terzi, ciò che rileva è quanto risulta dalla nota, non le ulteriori informazioni desumibili dal titolo.

2660. Trascrizione degli acquisti a causa di morte.

Chi domanda la trascrizione di un acquisto a causa di morte deve presentare, oltre l'atto indicato dall'articolo 2648, il certificato di morte dell'autore della successione e una copia o un estratto autentico del testamento, se l'acquisto segue in base a esso.

Deve anche presentare una nota in doppio originale con le seguenti indicazioni:

1) il cognome e il nome, il luogo e la data di nascita dell'erede o legatario e del defunto;

2) la data di morte;

3) se la successione è devoluta per legge, il vincolo che univa all'autore il chiamato e la quota a questo spettante;

4) se la successione è devoluta per testamento, la forma e la data del medesimo, il nome del pubblico ufficiale che l'ha ricevuto o che l'ha in deposito;

5) la natura e la situazione dei beni con le indicazioni richieste dall'articolo 2826;

6) la condizione o il termine, qualora siano apposti alla disposizione testamentaria, salvo il caso contemplato dal secondo comma del precedente articolo, nonché la sostituzione fidecommissaria, qualora sia stata disposta a norma dell'articolo 692.

2661. Ulteriori trascrizioni in base allo stesso titolo.

Quando si domanda la trascrizione di un acquisto a causa di morte e per la stessa successione è stato già trascritto altro acquisto in base allo stesso titolo, basta presentare l'atto di accettazione se si tratta di acquisto a titolo di erede. Deve essere anche indicata la trascrizione anteriormente eseguita, se si tratta dello stesso ufficio, e, se si tratta di ufficio diverso, deve essere presentato il certificato della trascrizione medesima.

Se chi ha trascritto anteriormente ha presentato un estratto del testamento, alla domanda di nuova trascrizione deve essere allegato, qualora occorra, un altro estratto o la copia dell'intero testamento.

2662. Trascrizione di acquisti a causa di morte in luogo di altri chiamati.

Qualora l'acquisto a causa di morte si colleghi alla rinunzia o alla morte di uno dei chiamati, chi domanda la trascrizione deve presentare il documento comprovante la morte o la rinunzia, facendone menzione nella nota.

Se invece l'acquisto dipende da altra ragione che impedisce ad alcuno dei chiamati di succedere, non è necessario esibire un documento che giustifichi la ragione stessa, ma il richiedente risponde dei danni, quando le sue dichiarazioni non corrispondono a verità.

Qualora alcuna delle cause di impedimento sopra indicate si sia constatata dopo la trascrizione dell'acquisto a causa di morte, essa si annota in margine alla trascrizione stessa, purché risulti da regolare documento.

2663. Ufficio in cui deve farsi la trascrizione.

La trascrizione deve essere fatta presso ciascun ufficio dei registri immobiliari nella cui circoscrizione sono situati i beni.

2664. Conservazione dei titoli. Trascrizione e restituzione della nota.

Il conservatore dei registri immobiliari deve custodire negli archivi, in appositi volumi, i titoli che gli sono consegnati e deve inserire, con numerazione progressiva annuale, nella raccolta delle note costituente il registro particolare delle trascrizioni uno degli originali della nota, indicandovi il giorno della consegna del titolo e il numero d'ordine assegnato nel registro generale.

Il conservatore deve restituire al richiedente uno degli originali della nota, nel quale deve certificare l'eseguita trascrizione con le indicazioni sopra accennate.

2665. Omissioni o inesattezze nelle note.

L'omissione o l'inesattezza di alcuna delle indicazioni richieste nelle note menzionate negli articoli 2659 e 2660 non nuoce alla validità della trascrizione, eccetto che induca incertezza sulle persone, sul bene o sul rapporto giuridico, a cui si riferisce l'atto o, rispettivamente, la sentenza o la domanda.

2666. Limiti soggettivi dell'efficacia della trascrizione.

La trascrizione, da chiunque si faccia, giova a tutti coloro che vi hanno interesse.

2667. Atti compiuti per persona incapace.

I rappresentanti di persone incapaci e coloro che hanno prestato assistenza alle medesime devono curare che si esegua la trascrizione degli atti, delle sentenze o delle domande giudiziali che sono soggetti a trascrizione e rispetto ai quali essi hanno esercitato il loro ufficio.

La mancanza della trascrizione può anche essere opposta ai minori, agli interdetti e a qualsiasi altro incapace, salvo ai medesimi il regresso contro i tutori, gli amministratori o i curatori che avevano l'obbligo della trascrizione.

La mancanza della trascrizione non può essere opposta dalle persone che avevano l'obbligo di eseguirla per i propri rappresentati o amministrati, né dai loro eredi.

2668. Cancellazione della trascrizione.

La cancellazione della trascrizione delle domande enunciate dagli articoli 2652 e 2653 e delle relative annotazioni si esegue quando è debitamente consentita dalle parti interessate ovvero è ordinata giudizialmente con sentenza passata in giudicato.

Deve essere giudizialmente ordinata, qualora la domanda sia rigettata o il processo sia estinto per rinunzia o per inattività delle parti.

Si deve cancellare l'indicazione della condizione o del termine negli atti trascritti, quando l'avveramento o la mancanza della condizione ovvero la scadenza del termine risulta da sentenza o da dichiarazione, anche unilaterale, della parte, in danno della quale la condizione sospensiva si è verificata o la condizione risolutiva è mancata ovvero il termine iniziale è scaduto.

Si deve cancellare la trascrizione dei contratti preliminari quando la cancellazione è debitamente consentita dalle parti interessate ovvero è ordinata giudizialmente con sentenza passata in giudicato.

• La **cancellazione** è un'annotazione da eseguire in calce a una formalità precedente, come una trascrizione, generalmente con lo scopo di rendere evidente che la formalità medesima o un relativo elemento, come la menzione di una condizione, non ha più ragion d'essere. • Si tratta, dunque, di una segnalazione accessoria, prevista in **funzione di mera notizia.** • La disposizione in esame indica quando procedere a cancellare: a) la **trascrizione di domande giudiziali**; b) la **menzione della condizione** (sospensiva o risolutiva) **e del termine iniziale,** contenuta nella trascrizione di un atto comprendente simili elementi accessori; c) la **trascrizione del contratto preliminare.** • La legge mostra un certo rigore in tema di cancellazione della trascrizione riguardante le domande giudiziali e il contratto preliminare, eseguibile, in mancanza del consenso delle "parti interessate", solo sulla base di un ordine impartito con una **sentenza passata in giudicato.**

2668 bis. Durata dell'efficacia della trascrizione della domanda giudiziale.

La trascrizione della domanda giudiziale conserva il suo effetto per venti anni dalla sua data. L'effetto cessa se la trascrizione non è rinnovata prima che scada detto termine.

Per ottenere la rinnovazione si presenta al conservatore una nota in doppio originale conforme a quella della precedente trascrizione, in cui si dichiara che si intende rinnovare la trascrizione originaria.

In luogo del titolo si può presentare la nota precedente.

Il conservatore deve osservare le disposizioni dell'articolo 2664.

Se al tempo della rinnovazione gli immobili a cui si riferisce il titolo risultano dai registri delle trascrizioni passati agli eredi o aventi causa di colui contro il quale venne eseguita la formalità, la rinnovazione deve essere fatta anche nei confronti degli eredi o aventi causa e la nota deve contenere le indicazioni stabilite dall'articolo 2659, se queste risultano dai registri medesimi.

2668 ter. Durata dell'efficacia della trascrizione del pignoramento immobiliare e del sequestro conservativo sugli immobili.

Le disposizioni di cui all'articolo 2668-bis si applicano anche nel caso di trascrizione del pignoramento immobiliare e del sequestro conservativo sugli immobili.

2669. Trascrizione anteriore al pagamento dell'imposta di registro.

La trascrizione può essere domandata, quantunque non sia stata ancora pagata l'imposta di registro a cui è soggetto il titolo, se si tratta di atto pubblico ricevuto nello Stato o di sentenza pronunziata da un'autorità giudiziaria dello Stato.

In tal caso però il richiedente deve presentare al conservatore, oltre la nota indicata dall'articolo 2659, una copia della medesima, la quale, a cura del conservatore, deve essere vidimata e trasmessa immediatamente all'ufficiale incaricato di riscuotere l'imposta suddetta (1).

(1) Comma abrogato dall'art. 30 della l. 27/2/1985, n. 52.

2670. Spese della trascrizione.

Le spese della trascrizione devono essere anticipate da chi la domanda, salvo il diritto al rimborso verso l'interessato.

Se più sono gli interessati, ciascuno di essi deve rimborsare la persona che ha eseguito la trascrizione della parte di spesa corrispondente alla quota per cui è interessato.

2671. Obbligo dei pubblici ufficiali.

Il notaio o altro pubblico ufficiale che ha ricevuto o autenticato l'atto soggetto a trascrizione ha l'obbligo di curare che questa venga eseguita nel più breve tempo possibile, ed è tenuto al risarcimento dei danni in caso di ritardo, salva l'applicazione delle pene pecuniarie previste dalle leggi speciali, se lascia trascorrere trenta giorni dalla data dell'atto ricevuto o autenticato.

Rimangono ferme le disposizioni delle leggi speciali che stabiliscono a carico di altre persone l'obbligo di richiedere la trascrizione di determinati atti e le relative sanzioni.

• Di regola, con riguardo ai privati, comprese le parti di un atto trascrivibile, iscrivibile o annotabile, la richiesta di pubblicità immobiliare forma oggetto di un mero onere, non di un obbligo in senso tecnico. • Non mancano, però, **soggetti qualificati, propriamente obbligati** a presentare una simile richiesta. • Si tratta, principalmente, di pubblici ufficiali che abbiano concorso, con la propria opera, alla formazione dell'atto (o del provvedimento) da rendere pubblico. • Le disposizioni che impongono l'obbligo di curare la pubblicità di certi atti (o provvedimenti) hanno lo scopo di garantire, per quanto possibile, l'esecuzione delle prescritte formalità e, di conseguenza, la **completezza del sistema pubblicitario**. • La norma in esame prevede che **i notai e gli altri pubblici ufficiali hanno l'obbligo di promuovere** – nel più breve tempo possibile e, a fini fiscali, non oltre 30 giorni dal ricevimento o dall'autenticazione – **la pubblicità degli atti da essi ricevuti o autenticati**, rientranti fra quelli soggetti a trascrizione (iscrizione o annotazione). • L'**inadempimento** di un simile obbligo può comportare, oltre all'applicazione di **sanzioni pecuniarie**, anche la **responsabilità** nei confronti di chi abbia subìto un danno in ragione dell'omessa (o tardiva) segnalazione. • Ulteriori soggetti obbligati a curare talune formalità pubblicitarie, in ragione del proprio ufficio pubblico o di diritto privato, sono individuati dall'art. 2667, nonché da disposizioni di legge speciale.

2672. Leggi speciali.

Sono salve le disposizioni delle leggi speciali che richiedono la trascrizione di atti non contemplati dal presente capo e le altre disposizioni che non sono incompatibili con quelle contenute nel capo medesimo.

Capo II
Della pubblicità dei registri immobiliari e della responsabilità dei conservatori

2673. Obblighi del conservatore.

Il conservatore dei registri immobiliari deve rilasciare a chiunque ne fa richiesta copia delle trascrizioni, delle iscrizioni e delle annotazioni, o il certificato che non ve ne è alcuna.

Deve altresì permettere l'ispezione dei suoi registri nei modi e nelle ore fissati dalla legge.

Il conservatore deve anche rilasciare copia dei documenti che sono depositati presso di lui in originale o i cui originali sono depositati negli atti di un notaio o in pubblico archivio fuori della circoscrizione del tribunale nella quale ha sede il suo ufficio.

2674. Divieto di rifiutare gli atti del proprio ufficio.

Il conservatore può ricusare di ricevere le note e i titoli, se non sono in carattere intelligibile e non può riceverli quando il titolo non ha i requisiti stabiliti dagli articoli 2657, 2660, primo comma, 2821, 2835 e 2837 o non è presentato con le modalità previste dall'articolo 2658 e quando la nota non contiene le indicazioni prescritte dagli articoli 2659, 2660 e 2839, numeri 1, 3, 4 e 7.

In ogni altro caso il conservatore non può ricusare o ritardare di ricevere la consegna dei titoli presentati e di eseguire le trascrizioni, iscrizioni o annotazioni richieste, nonché di spedire le copie o i certificati. Le parti possono fare stendere immediatamente verbale del rifiuto o del ritardo da un notaio o da un ufficiale giudiziario assistito da due testimoni.

2674 bis. Trascrizione e iscrizione con riserva e impugnazione.

Al di fuori dei casi di cui al precedente articolo, qualora emergano gravi e fondati dubbi sulla trascrivibilità di un atto o sulla iscrivibilità di una ipoteca, il conservatore, su istanza della parte richiedente, esegue la formalità con riserva.

La parte a favore della quale è stata eseguita la formalità con riserva deve proporre reclamo all'autorità giudiziaria.

2675. (1).

(1) Articolo abrogato dall'art. 2 della l. 21/1/1983, n. 22.

2676. Diversità tra registri, copie e certificati.

Nel caso di diversità tra i risultati dei registri e quelli delle copie o dei certificati rilasciati dal conservatore dei registri immobiliari, prevale ciò che risulta dai registri.

2677. Orario per le domande di trascrizione e iscrizione.

Il conservatore non può ricevere alcuna domanda di trascrizione o di iscrizione fuorché nelle ore, determinate dalla legge, nelle quali l'ufficio è aperto al pubblico.

2678. Registro generale.

Il conservatore è obbligato a tenere un registro generale d'ordine in cui giornalmente deve annotare, secondo l'ordine di presentazione, ogni titolo che gli è rimesso perché sia trascritto, iscritto o annotato.

Questo registro deve indicare il numero d'ordine, il giorno della richiesta ed il relativo numero di presentazione, la persona dell'esibitore e le persone per cui la richiesta è fatta, i titoli presentati con la nota, l'oggetto della richiesta, e cioè se questa è fatta per trascrizione, per iscrizione o per annotazione, e le persone riguardo alle quali la trascrizione, la iscrizione o l'annotazione si deve eseguire.

Appena avvenuta l'accettazione del titolo e della nota, il conservatore ne deve dare ricevuta in carta libera all'esibitore, senza spesa; la ricevuta contiene l'indicazione del numero di presentazione.

2679. Altri registri da tenersi dal conservatore.

Oltre al registro generale, il conservatore deve tenere, nei modi previsti dall'articolo 2664, i registri particolari:

1) per le trascrizioni;

2) per le iscrizioni;

3) per le annotazioni.

Deve inoltre tenere gli altri registri che sono ordinati dalla legge.

2680. Tenuta del registro generale d'ordine.

Il registro generale deve essere vidimato in ogni foglio dal presidente o da un giudice del tribunale nella cui circoscrizione è stabilito l'ufficio, indicando nel relativo processo verbale il numero dei fogli e il giorno in cui sono stati vidimati.

Questo registro deve essere scritto di seguito, senza spazi in bianco o interlinee e senza aggiunte. Le cancellature di parole devono essere approvate dal conservatore in fine di ciascun foglio con la sua firma e con l'indicazione del numero delle parole cancellate.

Il registro, alla fine di ciascun giorno, deve essere chiuso con l'indicazione del numero dei titoli annotati e firmato dal conservatore.

In esso si deve rigorosamente osservare la serie delle date, dei fogli e dei numeri d'ordine.

2681. Divieto di rimozione dei registri.

I registri sopra indicati non possono essere rimossi dall'ufficio del conservatore, fuorché per ordine di una corte d'appello, qualora ne sia riconosciuta la necessità, e mediante le cautele determinate dalla stessa corte.

2682. Sanzioni contro il conservatore (1).

(1) Articolo abrogato dall'art. 2 della l. 21/1/1983, n. 22.

Capo III
Della trascrizione degli atti relativi ad alcuni beni mobili
Sezione I
Della trascrizione relativamente alle navi, agli aeromobili e agli autoveicoli

2683. Beni per i quali è disposta la pubblicità.

Devono essere resi pubblici col mezzo della trascrizione, osservate le altre forme di pubblicità stabilite dalla legge, gli atti menzionati negli articoli seguenti, quando hanno per oggetto:

1) le navi e i galleggianti iscritti nei registri indicati dal codice della navigazione;

2) gli aeromobili iscritti nei registri indicati dallo stesso codice;

3) gli autoveicoli iscritti nel pubblico registro automobilistico.

• L'istituto della trascrizione opera, non solo in relazione agli immobili, ma anche per **certi beni mobili registrati**, come gli autoveicoli, le navi e gli aeromobili. • Per ciascuno di tali ultimi beni, è previsto un apposito registro, regolato da disposizioni collocate all'esterno del c.c. e organizzato diversamente dai registri immobiliari (su base reale, anziché personale). • Nella parte contenuta nel c.c., la disciplina della trascrizione mobiliare è ricalcata, in larga misura, su quella della pubblicità immobiliare: es., per quanto concerne a) gli atti da rendere pubblici in funzione dichiarativa (artt. 2684), b) la trascrizione delle divisioni, degli atti incidenti sul regime patrimoniale dei coniugi (o degli uniti civilmente) e degli acquisti per causa di morte (art. 2685), c) la continuità delle segnalazioni pubblicitarie (art. 2688), nonché d) la trascrizione delle domande giudiziali (artt. 2690 s.).

2684. Atti soggetti a trascrizione.

Sono soggetti alla trascrizione per gli effetti stabiliti dall'articolo 2644;

1) i contratti che trasferiscono la proprietà o costituiscono la comunione;

2) i contratti che costituiscono o modificano diritti di usufrutto o di uso o che trasferiscono il diritto di usufrutto;

3) gli atti tra vivi di rinunzia ai diritti indicati dai numeri precedenti;

4) le transazioni che hanno per oggetto controversie sui diritti indicati dai numeri precedenti;

5) i provvedimenti con i quali nel giudizio di espropriazione si trasferiscono la proprietà o gli altri diritti menzionati nei numeri precedenti;

6) le sentenze che operano la costituzione, la modificazione o il trasferimento di uno dei diritti indicati dai numeri precedenti.

2685. Altri atti soggetti a trascrizione.

Si devono trascrivere le divisioni e gli altri atti menzionati nell'articolo 2646, la costituzione del fondo patrimoniale e gli altri atti menzionati nell'articolo 2647, l'accettazione dell'eredità e l'acquisto del legato che importano acquisto dei diritti indicati dai numeri 1 e 2 dell'articolo 2684 o liberazione dai medesimi.

La trascrizione ha gli effetti stabiliti per i beni immobili.

2686. Sentenze.

Devono essere trascritte, agli effetti dell'articolo 2644, le sentenze da cui risulta acquistato, modificato o estinto uno dei diritti indicati dai numeri 1 e 2 dell'articolo 2684, in forza di un titolo non trascritto.

2687. Cessione dei beni ai creditori.

Deve essere trascritta, per gli effetti indicati dall'articolo 2649, la cessione che il debitore fa dei suoi beni ai creditori, perché questi procedano alla liquidazione dei medesimi e alla ripartizione del ricavato.

2688. Continuità delle trascrizioni.

Nei casi in cui, per le disposizioni precedenti, un atto di acquisto è soggetto a trascrizione, le successive trascrizioni o iscrizioni non producono effetto se non è stato trascritto l'atto anteriore di acquisto.

Quando l'atto anteriore di acquisto è stato trascritto, le successive trascrizioni o iscrizioni producono il loro effetto secondo l'ordine rispettivo, salvo il disposto dell'articolo 2644.

2689. Usucapione.

Devono essere trascritte le sentenze da cui risulta acquistato per usucapione uno dei diritti indicati dai numeri 1 e 2 dell'articolo 2684.

2690. Domande relative ad atti soggetti a trascrizione.

Devono essere trascritte, qualora si riferiscano ai diritti menzionati dall'articolo 2684:

1) le domande indicate dai numeri 1, 2, 3, 4 e 5 dell'articolo 2652 per gli effetti ivi disposti;

2) le domande dirette all'accertamento di uno dei contratti indicati dai numeri 1 e 2 dell'articolo 2684.

La trascrizione della sentenza che accoglie la domanda prevale sulle trascrizioni e iscrizioni eseguite contro il convenuto dopo la trascrizione della domanda;

3) le domande dirette a far dichiarare la nullità o a far pronunziare l'annullamento di atti soggetti a trascrizione e le domande dirette a impugnare la validità della trascrizione.

La sentenza che accoglie la domanda non pregiudica i diritti acquistati a qualunque titolo dai terzi di buona fede in base a un atto trascritto o iscritto anteriormente alla trascrizione della domanda medesima, se questa è stata resa pubblica dopo tre anni dalla data della trascrizione dell'atto che si impugna. Se però la domanda è diretta a far pronunziare l'annullamento per una causa diversa dall'incapacità legale, la sentenza che l'accoglie non pregiudica i diritti acquistati dai terzi di buona fede in base a un atto trascritto o iscritto anteriormente alla trascrizione della domanda, anche se questa è stata trascritta prima che siano decorsi tre anni dalla data della trascrizione dell'atto impugnato, purché in questo caso i terzi abbiano acquistato a titolo oneroso;

4) le domande con le quali si contesta il fondamento di un acquisto a causa di morte.

Salvo quanto è disposto dal secondo e dal terzo comma dell'articolo 534, se la domanda è trascritta dopo tre anni dalla data della trascrizione dell'atto impugnato, la sentenza che l'accoglie non pregiudica i terzi di buona fede che, in base a un atto trascritto o iscritto anteriormente alla trascrizione della domanda, hanno a qualunque titolo acquistato diritti da chi appare erede o legatario;

5) le domande di riduzione delle donazioni e delle disposizioni testamentarie per lesione di legittima.

Se la trascrizione è eseguita dopo tre anni dall'apertura della successione, la sentenza che accoglie la domanda non pregiudica i terzi che hanno acquistato a titolo oneroso diritti in base a un atto trascritto o iscritto anteriormente alla trascrizione della domanda;

6) le domande di revocazione e quelle di opposizione di terzo contro le sentenze soggette a trascrizione per le cause previste dai numeri 1, 2, 3 e 6 dell'articolo 395 del codice di procedura civile e dal secondo comma dell'articolo 404 dello stesso codice.

Se la domanda è trascritta dopo tre anni dalla trascrizione della sentenza impugnata, la sentenza che l'accoglie non pregiudica i diritti acquistati dai terzi di buona fede in base a un atto trascritto o iscritto anteriormente alla trascrizione della domanda.

Alla domanda giudiziale è equiparato l'atto notificato con il quale la parte, in presenza di compromesso o di clausola compromissoria, dichiara all'altra la propria intenzione di promuovere il procedimento arbitrale, propone la domanda e procede, per quanto le spetta, alla nomina degli arbitri.

2691. Altre domande e atti soggetti a trascrizione.

Devono del pari trascriversi, quando si riferiscono ai beni menzionati nell'articolo 2683, le domande e gli atti indicati dai numeri 1, 3, 4 e 5 dell'articolo 2653, per gli effetti ivi disposti.

Alla domanda giudiziale è equiparato l'atto notificato con il quale la parte, in presenza di compromesso o di clausola compromissoria, dichiara all'altra la propria intenzione di promuovere il procedimento arbitrale, propone la domanda e procede, per quanto le spetta, alla nomina degli arbitri.

2692. Annotazione della trascrizione delle domande e degli atti.

La trascrizione delle domande e degli atti indicati dai due articoli precedenti dev'essere anche annotata secondo le modalità stabilite dall'articolo 2654.

Si osservano inoltre le disposizioni del primo, terzo e quarto comma dell'articolo 2655 e quelle dell'articolo 2656.

2693. Trascrizione del pignoramento e del sequestro.

Deve essere trascritto, dopo la notificazione, il provvedimento che ordina il sequestro conservativo per gli effetti disposti dall'articolo 2906. Si deve trascrivere del pari l'atto di pignoramento per gli effetti disposti dagli articoli 2913, 2914, 2915 e 2916.

2694. Richiamo di altre leggi.

Sono salve le disposizioni del codice della navigazione e delle leggi speciali che richiedono la trascrizione di atti non contemplati dal presente capo e le altre disposizioni non incompatibili con quelle contenute nel capo medesimo.

2695. Forme e modalità della trascrizione.

Le forme e le modalità delle trascrizioni previste in questo capo sono regolate dal codice della navigazione, per quanto riguarda le navi e gli aeromobili, e dalla legge speciale per quanto riguarda gli autoveicoli.

In mancanza, si osservano le norme concernenti la trascrizione degli atti relativi ai beni immobili, in quanto sono applicabili.

Sezione II
Della trascrizione relativamente ad altri beni mobili

2696. Rinvio.

Per gli altri beni mobili per cui è disposta la trascrizione di determinati atti si osservano le disposizioni delle leggi che li riguardano.

Titolo II
DELLE PROVE

Capo I
Disposizioni generali

2697. Onere della prova.

Chi vuol far valere un diritto in giudizio deve provare i fatti che ne costituiscono il fondamento.

Chi eccepisce l'inefficacia di tali fatti ovvero eccepisce che il diritto si è modificato o estinto deve provare i fatti su cui l'eccezione si fonda.

• La norma disciplina il c.d. **"principio dispositivo"**; sono le parti del giudizio a dover dare prova delle circostanze e dei fatti rilevanti per la sua definizione. • La parte che non assolve l'onere subisce la conseguenza negativa della persistente incertezza del fatto, nel senso che il giudice non può ritenere vera la circostanza rimasta incerta. • Devono essere dimostrati **i fatti incerti,** non quelli pacifici, né quelli notori, per i quali non v'è bisogno di prova (v. art. 115, co. 2, c.p.c.). • Ciascuna parte deve dimostrare i fatti posti a fondamento della propria pretesa (in via di azione o di eccezione). • La **prova di un fatto negativo** può essere data dimostrando fatti positivi incompatibili con l'esistenza di quella circostanza. • A volta è la legge stessa a ripartire il carico probatorio tra le parti, stabilendo, ad esempio, che la dimostrazione di alcuni fatti sia posta a carico non di chi agisce, ma della controparte (ad es., la prova del caso fortuito nell'art. 2051); si parla allora di **inversione dell'onere della prova**.

2698. Patti relativi all'onere della prova.

Sono nulli i patti con i quali è invertito ovvero è modificato l'onere della prova, quando si tratta di diritti di cui le parti non possono disporre o quando l'inversione o la modificazione ha per effetto di rendere a una delle parti eccessivamente difficile l'esercizio del diritto.

La legge consente la modifica dei principi operanti in tema di ripartizione dell'onere della prova, che può essere pertanto oggetto di uno specifico accordo. • Nei **contratti del consumatore** le clausole aventi questo oggetto sono ritenute *vessatorie* (Codice del consumo, art. 33, lett. t).

Capo II
Della prova documentale

Sezione I
Dell'atto pubblico

2699. Atto pubblico.

L'atto pubblico è il documento redatto, con le richieste formalità, da un notaio o da altro pubblico ufficiale autorizzato ad attribuirgli pubblica fede nel luogo dove l'atto è formato.

• Siamo nell'ambito delle c.d. **prove documentali.** • L'atto pubblico è un documento avente **funzione certificativa**, proveniente da un soggetto a ciò autorizzato. • Tipico atto pubblico è il **rogito notarile.** • Molti atti pubblici provengono da soggetti inquadrati nella Pubblica Amministrazione (il verbale di udienza del cancelliere, gli atti degli ufficiali di stato civile, il verbale di una commissione d'esame), altri da soggetti esterni (l'avvocato che autentica il mandato del cliente). • Non tutti gli atti formati nell'ambito dell'attività amministrativa hanno funzione certificativa e pertanto non tutti sono qualificabili come atti pubblici.

2700. Efficacia dell'atto pubblico.

L'atto pubblico fa piena prova, fino a querela di falso, della provenienza del documento dal pubblico ufficiale che lo ha formato, nonché delle dichiarazioni delle parti e degli altri fatti che il pubblico ufficiale attesta avvenuti in sua presenza o da lui compiuti.

• "Piena prova" significa **prova legale;** il giudice non può liberamente valutarla (come per la prova libera) ma deve decidere ritenendo accertati i fatti che ne sono oggetto. • L'efficacia probatoria riguarda la **provenienza dell'atto dal pubblico ufficiale che lo ha emesso e le circostanze e le dichiarazioni avvenute in sua presenza;** fa altresì prova della **data;** *non fa invece prova della veridicità delle stesse* (se un contraente dichiara di avere versato una certa somma all'altro, l'atto farà piena prova del fatto che la dichiarazione ha avuto luogo, non della circostanza che la somma sia stata realmente corrisposta). • L'efficacia di piena prova può essere contrastata dall'accoglimento della **querela di falso,** che è un procedimento volto all'accertamento della falsità della prova documentale, disciplinato dal codice di procedura civile (artt. 221 ss. c.p.c.). • Tale procedimento è distinto da quello volto a rilevare la condotta penalmente rilevante della falsità in atti, che potrà essere accertato in sede penale (artt. 476 ss. c.p.).

2701. Conversione dell'atto pubblico.

Il documento formato da ufficiale pubblico incompetente o incapace ovvero senza l'osservanza delle formalità prescritte, se è stato sottoscritto dalle parti, ha la stessa efficacia probatoria della scrittura privata.

• Si tratta di un'applicazione del **principio di conservazione degli atti giuridici,** in forza del quale il sistema tende a garantire l'efficacia dell'atto sin dove possibile (v. ad es., gli artt. 1419 e 1424).

Sezione II
Della scrittura privata

2702. Efficacia della scrittura privata.

La scrittura privata fa piena prova, fino a querela di falso, della provenienza delle dichiarazioni da chi l'ha sottoscritta, se colui contro il quale la scrittura è prodotta ne riconosce la sottoscrizione, ovvero se questa è legalmente considerata come riconosciuta.

• Il codice non offre una definizione di "scrittura privata". • È tale l'atto non proveniente da un pubblico ufficiale, scritto (su carta o altro materiale, a mano o dattiloscritto, anche scritto da un terzo) e sottoscritto dalla/e parte/i. • La sua efficacia probatoria è ridotta rispetto all'atto pubblico, limitandosi alla **sola provenienza delle dichiarazioni in essa contenute da chi l'ha sottoscritta.** • Questo effetto si determina alla condizione che l'autenticità della sottoscrizione sia certa. • Può dirsi tale la sottoscrizione che **sia stata espressamente riconosciuta dal suo autore, o che sia considerata riconosciuta per legge** (es., art. 214 c.p.c.: se la firma non è negata da colui contro il quale la scrittura è prodotta; art. 215 c.p.c.: mancato disconoscimento entro la prima udienza; art. 216 c.p.c.: per effetto dell'accoglimento di un'istanza di verificazione). • Come per l'atto pubblico l'efficacia della scrittura può essere contrastata dall'accoglimento della **querela di falso** (v. art. 2700). • Ha l'efficacia di cui alla presente norma anche il documento **sottoscritto con firma avanzata, qualificata o digitale.**

2703. Sottoscrizione autenticata.

Si ha per riconosciuta la sottoscrizione autenticata dal notaio o da altro pubblico ufficiale a ciò autorizzato.

L'autenticazione consiste nell'attestazione da parte del pubblico ufficiale che la sottoscrizione è stata apposta in sua presenza. Il pubblico ufficiale deve previamente accertare la identità della persona che sottoscrive.

• Si tratta della **scrittura privata autenticata.** • Il documento proviene dalle parti, ma la sottoscrizione è apposta davanti al notaio o al pubblico ufficiale. • L'efficacia probatoria si estende, qui, non solo alla provenienza delle dichiarazioni in essa contenute da chi l'ha sottoscritta, ma anche **alla data.** • L'accertamento dell'identità del sottoscrittore rende possibile il disconoscimento della sottoscrizione solamente promuovendo la **querela di falso.**

2704. Data della scrittura privata nei confronti dei terzi.

La data della scrittura privata della quale non è autenticata la sottoscrizione non è certa e computabile riguardo ai terzi, se non dal giorno in cui la scrittura è stata registrata o dal giorno della morte o della sopravvenuta impossibilità fisica di colui o di uno di coloro che l'hanno sottoscritta o dal giorno in cui il contenuto della scrittura è riprodotto in atti pubblici o, infine, dal giorno in cui si verifica un altro fatto che stabilisca in modo egualmente certo l'anteriorità della formazione del documento.

La data della scrittura privata che contiene dichiarazioni unilaterali non destinate a persona determinata può essere accertata con qualsiasi mezzo di prova.

Per l'accertamento della data nelle quietanze il giudice, tenuto conto delle circostanze, può ammettere qualsiasi mezzo di prova.

• La **mancanza di certezza della data** della scrittura privata può rendere incerti gli effetti dell'atto (ad es., se si fosse – o meno – già trasferita la proprietà di un bene, ceduto con scrittura privata, alla data in cui esso è andato distrutto in un incendio). • La norma in commento individua una serie di circostanze dalle quali la data può risultare indirettamente, nel senso che, quanto meno, l'atto deve ritenersi posto in essere prima di un determinato momento (es., la morte del sottoscrittore, la registrazione dell'atto).

2705. Telegramma.

Il telegramma ha l'efficacia probatoria della scrittura privata, se l'originale consegnato all'ufficio di partenza è sottoscritto dal mittente, ovvero se è stato consegnato o fatto consegnare dal mittente medesimo, anche senza sottoscriverlo.

La sottoscrizione può essere autenticata da notaio.

Se l'identità della persona che ha sottoscritto l'originale del telegramma è stata accertata nei modi stabiliti dai regolamenti, è ammessa la prova contraria.

Il mittente può fare indicare nel telegramma se l'originale è stato firmato con o senza autenticazione.

• Il telegramma si compone di un **originale,** consegnato all'ufficio di partenza, e di una **riproduzione**, che è consegnata al destinatario. • Se l'originale è sottoscritto dal mittente o, pur se non sottoscritto, è consegnato o fatto consegnare da terzi all'ufficio, allora il telegramma ha **l'efficacia probatoria della scrittura privata**.

2706. Conformità tra originale e riproduzione del telegramma.

La riproduzione del telegramma consegnata al destinatario si presume, fino a prova contraria, conforme all'originale.

Il mittente, se ha fatto collazionare il telegramma secondo le disposizioni dei regolamenti, si presume esente da colpa per le divergenze verificatesi tra originale e riproduzione.

2707. Carte e registri domestici.

Le carte e i registri domestici fanno prova contro chi li ha scritti:

1) quando enunciano espressamente un pagamento ricevuto;

2) quando contengono la menzione espressa che l'annotazione è stata fatta per supplire alla mancanza di titolo in favore di chi è indicato come creditore.

• Trattandosi di documenti non richiedenti il rispetto di requisiti di forma, la loro efficacia probatoria è limitata; secondo l'orientamento dominante sarebbero mezzi di prova **liberamente valutabili dal giudice**. • Opera il principio secondo il quale un documento proveniente da un soggetto non può fare prova a suo favore, ma solo contro di lui; contro tali documenti può essere fornita prova contraria. • Tali documenti in tanto possono fare prova contro colui che li ha scritti in quanto non vi sia incertezza in merito all'identità del sottoscrittore.

2708. Annotazione in calce, in margine o a tergo di un documento.

L'annotazione fatta dal creditore in calce, in margine o a tergo di un documento rimasto in suo possesso fa prova, benché non sottoscritta da lui, se tende ad accertare la liberazione del debitore.

Lo stesso valore ha l'annotazione fatta dal creditore in calce, in margine o a tergo di una quietanza o di un esemplare del documento del debito posseduto dal debitore.

• L'annotazione non richiede una sottoscrizione apposita. • Si ritiene che tale mezzo di prova sia liberamente valutabile dal giudice, contro il quale può essere fornita prova contraria.

Sezione III

Delle scritture contabili delle imprese soggette a registrazione

2709. Efficacia probatoria contro l'imprenditore.

I libri e le altre scritture contabili delle imprese soggette a registrazione fanno prova contro l'imprenditore. Tuttavia chi vuol trarne vantaggio non può scinderne il contenuto.

• Vi rientrano certamente le **scritture contabili di cui all'art. 2214** • Si tratta di documenti che fanno prova contro l'imprenditore e sono **liberamente valutabili dal giudice secondo il suo prudente apprezzamento.** • La norma prevede (a tutela dell'imprenditore) che tali scritture debbano essere **valutate nella loro interezza**, per evitare che possano essere utilizzati contro l'imprenditore solo quei profili ed elementi a lui sfavorevoli.

2710. Efficacia probatoria tra imprenditori.

I libri bollati e vidimati nelle forme di legge, quando sono regolarmente tenuti, possono fare prova tra imprenditori per i rapporti inerenti all'esercizio dell'impresa.

• A differenza della norma che precede, qui le scritture fanno prova anche a favore degli imprenditori, ma solo per quanto concerne i rapporti inerenti all'esercizio dell'impresa. • Si tratta di mezzi di prova **liberamente valutabili dal giudice secondo il suo prudente apprezzamento.**

2711. Comunicazione ed esibizione.

La comunicazione integrale dei libri, delle scritture contabili e della corrispondenza può essere ordinata dal giudice solo nelle controversie relative allo scioglimento della società, alla comunione dei beni e alla successione per causa di morte.

Negli altri casi il giudice può ordinare, anche d'ufficio, che si esibiscano i libri per estrarne le registrazioni concernenti la controversia in corso. Può ordinare altresì l'esibizione di singole scritture contabili, lettere, telegrammi o fatture concernenti la controversia stessa.

Sezione IV
Delle riproduzioni meccaniche

2712. Riproduzioni meccaniche.

Le riproduzioni fotografiche, informatiche o cinematografiche, le registrazioni fonografiche e, in genere, ogni altra rappresentazione meccanica di fatti e di cose formano piena prova dei fatti e delle cose rappresentate, se colui contro il quale sono prodotte non ne disconosce la conformità ai fatti o alle cose medesime.

• Si tratta di una disposizione di grande rilievo pratico, per il ruolo significativo che le riproduzioni meccaniche possono assumere nell'ambito dei mezzi di prova. • Tra le riproduzioni non menzionate espressamente dalla norma viene fatto rientrare il **telefax**. • Si tratta di mezzi di prova che hanno valore di **prova legale**, se non disconosciuti; in tale ultimo caso sono liberamente valutabili dal giudice. • Il disconoscimento non deve riguardare i fatti (*Esempio:* non risponde al vero che mi trovavo in quella data nel luogo rappresentato dall'immagine fotografica), ma la conformità del mezzo di prova ai fatti rappresentati (es., non sono io il soggetto riprodotto nella foto; oppure: l'immagine fotografica è un fotomontaggio). Per tale ragione si ritiene che il disconoscimento debba essere preciso e circostanziato.

Sezione V
Delle taglie o tacche di contrassegno

2713. Taglie o tacche di contrassegno.

Le taglie o tacche di contrassegno corrispondenti al contrassegno di riscontro formano piena prova tra coloro che usano provare in tal modo le somministrazioni che fanno o ricevono al minuto.

• La norma è in disuso. Si faceva ricorso ad un'assicella di legno che veniva divisa in due metà, l'una trattenuta da chi effettuava la somministrazione e l'altra consegnata al beneficiario; ad ogni somministrazione le due metà venivano riunite insieme e vi veniva praticata una tacca trasversale facente così prova dell'avvenuta somministrazione.

Sezione VI
Delle copie degli atti

2714. Copie di atti pubblici.

Le copie di atti pubblici spedite nelle forme prescritte da depositari pubblici autorizzati fanno fede come l'originale.

La stessa fede fanno le copie di copie di atti pubblici originali, spedite da depositari pubblici di esse, a ciò autorizzati.

• Per "copie" si intendono le **riproduzioni integrali** dell'atto. • Fanno fede come l'originale a condizione che siano rilasciate da pubblici ufficiali a ciò autorizzati. • La regola si applica anche ai **documenti informatici** contenenti copia o riproduzione di atti pubblici.

2715. Copie di scritture private originali depositate.

Le copie delle scritture private depositate presso pubblici uffici e spedite da pubblici depositari autorizzati hanno la stessa efficacia della scrittura originale da cui sono estratte.

2716. Mancanza dell'atto originale o di copia depositata.

In mancanza dell'originale dell'atto pubblico o di una copia di esso presso un pubblico depositario, le copie spedite in conformità dell'articolo 2714 fanno piena prova; ma se tali copie, o anche la copia esistente presso un pubblico depositario quando manca l'originale, presentano cancellature, abrasioni, intercalazioni o altri difetti esteriori, è rimesso al giudice di apprezzarne l'efficacia probatoria.

In mancanza dell'originale scrittura privata, le copie di essa spedite in conformità dell'articolo 2715 fanno egualmente prova; ma se presentano cancellature, abrasioni, intercalazioni o altri difetti esteriori, è rimesso parimenti al giudice di apprezzarne l'efficacia probatoria. Resta in ogni caso salva la questione circa l'autenticità dell'originale mancante.

2717. Valore probatorio di altre copie.

Le copie rilasciate da pubblici ufficiali fuori dei casi contemplati dagli articoli precedenti hanno l'efficacia di un principio di prova per iscritto.

• Si tratta delle *altre copie,* vale a dire quelle che non rispettano i requisiti di cui agli articoli precedenti.

2718. Valore probatorio di copie parziali.

Le copie parziali o le riproduzioni per estratto, rilasciate nella forma prescritta da pubblici ufficiali che ne sono depositari e sono debitamente autorizzati, fanno piena prova solo per quella parte dell'originale che riproducono letteralmente.

2719. Copie fotografiche di scritture.

Le copie fotografiche di scritture hanno la stessa efficacia delle autentiche, se la loro conformità con l'originale è attestata da pubblico ufficiale competente ovvero non è espressamente disconosciuta.

• La norma appare di rilievo perché nel concetto di "copie fotografiche" vengono fatte rientrare anche **le fotocopie, le copie fotostatiche, i supporti ottici o i microfilm.** • Di grande rilievo appare l'applicazione di tale norma alle copie su **supporto informatico** di documenti formati su altro tipo di supporto, che, a certe condizioni, sostituiscono l'originale da cui sono tratte.

Sezione VII
Degli atti di ricognizione o di rinnovazione

2720. Efficacia probatoria.

L'atto di ricognizione o di rinnovazione fa piena prova delle dichiarazioni contenute nel documento originale, se non si dimostra, producendo quest'ultimo, che vi è stato errore nella ricognizione o nella rinnovazione.

• L'atto di ricognizione e di rinnovazione sono entrambi **documenti dichiarativi**. • **L'atto di ricognizione** è quello con cui si riconosce l'esistenza e il contenuto di un altro documento; **l'atto di rinnovazione** è quello con cui si riproduce il contenuto di un altro documento. • Fanno **piena prova** dell'esistenza e del contenuto del documento originale, salva la dimostrazione di un **errore di fatto.**

Capo III
Della prova testimoniale

2721. Ammissibilità: limiti di valore.

La prova per testimoni dei contratti non è ammessa quando il valore dell'oggetto eccede 2,58 euro.

Tuttavia l'autorità giudiziaria può consentire la prova oltre il limite anzidetto, tenuto conto della qualità delle parti, della natura del contratto e di ogni altra circostanza.

• La testimonianza è un mezzo di prova con il quale il teste riferisce al giudice in merito a **circostanze di fatto** che sono a sua diretta conoscenza o di cui gli è stato riferito da altri (testimonianza *de relato*). • La testimonianza non può dunque avere ad oggetto *giudizi o valutazioni soggettive*. • Il teste **non può essere parte del processo** nel quale depone, e proprio la sua estraneità sarebbe (in astratto) garanzia di imparzialità. • Evidente è il rischio di deposizioni di favore e compiacenti o semplicemente imprecise o errate; il legislatore pone perciò un **limite all'ammissibilità della prova per testi dei contratti (2,58 euro)** che tuttavia può essere derogato (co. 2). • La prova testimoniale **non è prova legale**; è invece **valutabile dal giudice secondo il suo prudente apprezzamento (art. 116 c.p.c.)**.

2722. Patti aggiunti o contrari al contenuto di un documento.

La prova per testimoni non è ammessa se ha per oggetto patti aggiunti o contrari al contenuto di un documento, per i quali si alleghi che la stipulazione è stata anteriore o contemporanea.

2723. Patti posteriori alla formazione del documento.

Qualora si alleghi che, dopo la formazione di un documento, è stato stipulato un patto aggiunto o contrario al contenuto di esso, l'autorità giudiziaria può consentire la prova per testimoni soltanto se, avuto riguardo alla qualità delle parti, alla natura del contratto e a ogni altra circostanza, appare verosimile che siano state fatte aggiunte o modificazioni verbali.

2724. Eccezioni al divieto della prova testimoniale.

La prova per testimoni è ammessa in ogni caso:

1) quando vi è un principio di prova per iscritto: questo è costituito da qualsiasi scritto, proveniente dalla persona contro la quale è diretta la domanda o dal suo rappresentante, che faccia apparire verosimile il fatto allegato;

2) quando il contraente è stato nell'impossibilità morale o materiale di procurarsi una prova scritta;

3) quando il contraente ha senza sua colpa perduto il documento che gli forniva la prova.

• La norma individua alcune fattispecie nelle quali la prova per testi è, per ragioni diverse, sempre ammessa; così la sussistenza di un **principio di prova per iscritto** è circostanza che rende attendibile il fatto oggetto di deposizione testimoniale; **l'impossibilità di procurarsi una prova scritta** giustifica un *favor* a beneficio della parte a ciò impossibilitata; analoga spiegazione sta alla base dell'ipotesi in cui il contraente abbia **perso, senza sua colpa, il documento che forniva la prova.**

2725. Atti per i quali è richiesta la prova per iscritto o la forma scritta.

Quando, secondo la legge o la volontà delle parti, un contratto deve essere provato per iscritto, la prova per testimoni è ammessa soltanto nel caso indicato dal n. 3 dell'articolo precedente.

La stessa regola si applica nei casi in cui la forma scritta è richiesta sotto pena di nullità.

• Si tratta dei contratti che devono essere provati per iscritto, come la **transazione** (art. 1967) e **l'assicurazione** (art. 1988).

2726. Prova del pagamento e della remissione.

Le norme stabilite per la prova testimoniale dei contratti si applicano anche al pagamento e alla remissione del debito.

Capo IV
Delle presunzioni

2727. Nozione.
Le presunzioni sono le conseguenze che la legge o il giudice trae da un fatto noto per risalire a un fatto ignorato.

• La presunzione è lo strumento attraverso il quale **il giudice risale da un fatto noto al fatto ignoto** (es. di scuola: dalla lunghezza della frenata, dalla massa del veicolo e dalle condizioni del fondo stradale – fatti noti – è possibile risalire alla velocità dell'auto incidentata – fatto ignoto). • L'articolo in commento si riferisce sia alle *presunzioni della legge* (c.d. **presunzioni legali**) sia alle *presunzioni del giudice* (c.d. **presunzioni semplici** – su cui v. *infra, sub* 2729). • La presunzione legale più che un vero mezzo di prova è uno strumento che regola la ripartizione della prova, stabilendo che certi fatti siano da ritenersi come dimostrati fino a prova contraria (presunzioni relative) o senza possibilità di prova contraria (presunzioni assolute: v. *sub* 2728).

2728. Prova contro le presunzioni legali.
Le presunzioni legali dispensano da qualunque prova coloro a favore dei quali esse sono stabilite.
Contro le presunzioni sul fondamento delle quali la legge dichiara nulli certi atti o non ammette l'azione in giudizio non può essere data prova contraria, salvo che questa sia consentita dalla legge stessa.

• Le **presunzioni legali** esonerano colui a favore del quale sono stabilite dall'onere di dimostrare i fatti che ne costituiscono oggetto. • Le p.l. si distinguono in **presunzioni assolute (p. *iuris et de iure*) e relative (p. *iuris tantum*)**. • Tipico esempio di *presunzione assoluta:* si presume concepito durante il matrimonio il figlio che sia nato dopo 180 giorni dalla sua celebrazione ed entro 300 giorni dall'annullamento, dallo scioglimento o dalla cessazione degli effetti civili del matrimonio stesso (artt. 232 e 233). • Le **presunzioni assolute non ammettono prova contraria**; ciò significa che la valutazione della sussistenza del fatto oggetto di presunzione non è rimessa al libero convincimento del giudice. • Tipico esempio di *presunzione relativa:* si presume che il possessore attuale, che sia stato possessore nel passato, abbia posseduto anche nel tempo intermedio (art. 1142). • La presunzione è *relativa* perché qui è ammessa prova contraria; il giudice potrà in tal caso valutare la prova secondo il suo libero convincimento e stabilire se la presunzione debba considerarsi vinta. • Distinta dalla presunzione legale è la **finzione,** che si ha quando la legge regola una certa situazione applicandovi la disciplina di una fattispecie diversa: così l'assenza di una persona per 10 anni dalla sua residenza o domicilio senza che se ne abbiano notizie è, a fini giuridici, equiparata alla morte, con gli effetti che ciò comporta (art. 58).

2729. Presunzioni semplici.
Le presunzioni non stabilite dalla legge sono lasciate alla prudenza del giudice, il quale non deve ammettere che presunzioni gravi, precise e concordanti.
Le presunzioni non si possono ammettere nei casi in cui la legge esclude la prova per testimoni.

• Le **presunzioni semplici** sono quelle non regolate dalla legge (v. art. 2828). • Proprio perché l'accertamento del fatto ignoto non avviene in via diretta, ma attraverso un processo argomentativo che, muovendo da circostanze note (e dimostrate: es., la lunghezza della frenata: v. *sub* art. 2727), induce a ritenere provata l'esistenza di quello, la valutazione della presunzione è rimessa alla prudenza del giudice e deve essere fondata su indizi **gravi, precisi e concordanti.** • Non è ammesso il ricorso a presunzioni quando non è ammessa la prova testimoniale (ad es. quando la legge richiede che un certo fatto sia provato per iscritto).

Capo V
Della confessione

2730. Nozione.
La confessione è la dichiarazione che una parte fa della verità di fatti ad essa sfavorevoli e favorevoli all'altra parte.
La confessione è giudiziale o stragiudiziale.

• La confessione viene tradizionalmente fatta rientrare nelle **dichiarazioni di scienza** (ad esempio la **quietanza** con cui si attesta di avere ricevuto il pagamento); ciò la distingue da atti che le si avvicinano, ma che hanno natura diversa: così la *promessa di pagamento* che, invece, consiste in una dichiarazione di volontà, o la *ricognizione di debito*, che ha natura ricognitiva di un *rapporto* giuridico, anziché di un *fatto*. • Chi confessa deve avere la consapevolezza e la volontà di ammettere una circostanza **a sé sfavorevole e favorevole all'altra parte** (c.d. *animus confitenti*), ma non occorre che ne voglia gli effetti. • La confessione ha dunque ad oggetto **fatti** *e non giudizi od opinioni* (come accadrebbe, ad esempio, ove si ammettesse che un certo evento è riferibile a propria *colpa*). • La forza probatoria della confessione risiede nell'attendibilità della dichiarazione sfavorevole al dichiarante, produttiva, dunque, di effetti per lui negativi. • La confessione **fa piena prova delle circostanze dichiarate;** non è dunque liberamente valutabile dal giudice (ma v. *sub* 2733).

2731. Capacità richiesta per la confessione.
La confessione non è efficace se non proviene da persona capace di disporre del diritto, a cui i fatti confessati si riferiscono. Qualora sia resa da un rappresentante, è efficace solo se fatta entro i limiti e nei modi in cui questi vincola il rappresentato.

• È richiesta la **capacità di disporre del diritto** a cui i fatti confessati si riferiscono; ciò in ragione della gravità delle conseguenze che una dichiarazione confessoria potrebbe determinare nella sfera giuridica del confitente. • Non può, pertanto, confessare il *fallito*, e neppure *i soggetti privi della capacità di agire*. • In tale ultimo caso – e poiché la confessione non è atto personalissimo – essa potrà essere resa dal legale rappresentante (ad es. del minore o dell'interdetto). • Possono invece confessare coloro che possiedono una ridotta capacità di agire (come i minori emancipati o gli inabilitati), purché assistiti dal curatore.

2732. Revoca della confessione.
La confessione non può essere revocata se non si prova che è stata determinata da errore di fatto o da violenza.

• Non costituisce dunque motivo di revoca la dimostrazione della **divergenza** tra quanto realmente accaduto e quanto confessato.

2733. Confessione giudiziale.
È giudiziale la confessione resa in giudizio.
Essa forma piena prova contro colui che l'ha fatta, purché non verta su fatti relativi a diritti non disponibili.
In caso di litisconsorzio necessario, la confessione resa da alcuni soltanto dei litisconsorti è liberamente apprezzata dal giudice.

• La confessione resa in giudizio può essere spontanea oppure provocata, attraverso *l'interrogatorio formale* della parte. • Qualora verta su fatti relativi a diritti *non disponibili* (ad es., in materia di stato delle persone: non è consentito alla madre confessare che il marito non è padre biologico del figlio), essa sarà **liberamente valutabile dal giudice**.

2734. Dichiarazioni aggiunte alla confessione.
Quando alla dichiarazione indicata dall'articolo 2730 si accompagna quella di altri fatti o circostanze tendenti a infirmare l'efficacia del fatto confessato ovvero a modificarne o a estinguerne gli effetti, le dichiarazioni fanno piena prova nella loro integrità se l'altra parte non contesta

la verità dei fatti o delle circostanze aggiunte. In caso di contestazione, è rimesso al giudice di apprezzare, secondo le circostanze, l'efficacia probatoria delle dichiarazioni.

• Si pensi al caso in cui il confitente dichiari di avere ricevuto una somma a titolo di mutuo, ma precisi nel contempo di averne già restituita una parte. • Opera qui il principio della *inscindibilità della dichiarazione confessoria:* se non viene contestata dalla controparte essa fa piena prova, anche per la parte *favorevole* al confitente; se, invece, è oggetto di contestazione allora il giudice sarà libero di apprezzarne l'efficacia probatoria.

2735. Confessione stragiudiziale.

La confessione stragiudiziale fatta alla parte o a chi la rappresenta ha la stessa efficacia probatoria di quella giudiziale. Se è fatta a un terzo o se è contenuta in un testamento, è liberamente apprezzata dal giudice.

La confessione stragiudiziale non può provarsi per testimoni, se verte su un oggetto per il quale la prova testimoniale non è ammessa dalla legge.

• Dal momento che tale confessione non viene assunta nel corso del processo, essa avrà *bisogno di essere provata*, con onere a carico della parte che, in mancanza di confessione, dovrebbe provare il fatto a sé sfavorevole.

Capo VI
Del giuramento

2736. Specie.

Il giuramento è di due specie:

1) è decisorio quello che una parte deferisce all'altra per farne dipendere la decisione totale o parziale della causa;

2) è suppletorio quello che è deferito d'ufficio dal giudice a una delle parti al fine di decidere la causa quando la domanda o le eccezioni non sono pienamente provate, ma non sono del tutto sfornite di prova, ovvero quello che è deferito al fine di stabilire il valore della cosa domandata, se non si può accertarlo altrimenti.

• Si tratta di un mezzo di prova antico, di rara applicazione nel processo. Sino al 1996 il giurante veniva ammonito dal giudice sull'importanza *religiosa e morale* dell'atto (art. 238 c.p.c.), formula poi modificata dalla Corte costituzionale che la ha circoscritta alla sola rilevanza *morale*. • Deferire il **giuramento decisorio** è rischioso, perché se la controparte giura, vince la causa (ma v. *sub* art. 2738); se, invece, rifiuta di giurare, allora la perde (art. 239 c.p.c.). • Anche per questa ragione al giuramento si ricorre quando non vi è altro modo per provare i fatti di causa (*Esempio:* il professionista creditore deferisce al debitore il giuramento, facendogli giurare di avere corrisposto l'onorario concordato; se il debitore giura di avere già pagato, allora vince; se invece non ha pagato, ha l'alternativa tra giurare il falso, assumendosene i rischi – v. art. 2738 – o rifiutarsi di giurare, e allora soccombe). • Al fine di evitare l'alternativa, la parte cui è deferito il giuramento può, a sua volta, **riferirlo alla controparte,** trasferendo su di essa il rischio ed il peso del giuramento stesso. • Il giuramento ha forza di **prova legale** ed è strutturato in modo tale che il giudice deve limitarsi a verificare l'*an iuratum sit*, e quindi accogliere o respingere la domanda sul punto che ne ha formato oggetto; il giuramento deve dunque essere formulato in modo tale che una volta giurato il giudice possa decidere immediatamente la causa: per tale ragione è detto "*decisorio*" (ad es., non sarebbe ammissibile il giuramento avente ad oggetto la circostanza che una rete fognaria è intasata; questa circostanza non sarebbe, infatti, ancora prova né del nesso di causalità né della responsabilità dell'impresa di manutenzione). • Diverso è il caso del **giuramento suppletorio** cui il giudice può ricorrere (a differenza del decisorio, ammissibile solo su iniziativa di parte) quando una circostanza non sia pienamente dimostrata, ma esistano comunque elementi a suo sostegno; il giuramento serve qui a confermare la verità dei fatti. • Un particolare tipo di giuramento suppletorio è il **giuramento estimatorio**, che viene deferito per determinare il valore di una cosa, non diversamente accertabile.

2737. Capacità delle parti.
Per deferire o riferire il giuramento si richiedono le condizioni indicate dall'articolo 2731.

2738. Efficacia.
Se è stato prestato il giuramento deferito o riferito, l'altra parte non è ammessa a provare il contrario, né può chiedere la revocazione della sentenza qualora il giuramento sia stato dichiarato falso.
Può tuttavia domandare il risarcimento dei danni nel caso di condanna penale per falso giuramento. Se la condanna penale non può essere pronunziata perché il reato è estinto, il giudice civile può conoscere del reato al solo fine del risarcimento.
In caso di litisconsorzio necessario, il giuramento prestato da alcuni soltanto dei litisconsorti è liberamente apprezzato dal giudice.

• Una volta prestato giuramento non è possibile assumere nuove prove in senso contrario a quanto accertato. • Il falso giuramento (*spergiuro)* non consente pertanto la revocazione della sentenza pronunciata. • Giurare il falso costituisce comunque **reato** (art. 371 c.p.) e obbliga lo spergiuro **al risarcimento del danno**, consistente nel pregiudizio subito dalla controparte in ragione della soccombenza nella lite dovuta al giuramento mendace.

2739. Oggetto.
Il giuramento non può essere deferito o riferito per la decisione di cause relative a diritti di cui le parti non possono disporre, né sopra un fatto illecito o sopra un contratto per la validità del quale sia richiesta la forma scritta, né per negare un fatto che da un atto pubblico risulti avvenuto alla presenza del pubblico ufficiale che ha formato l'atto stesso.
Il giuramento non può essere deferito che sopra un fatto proprio della parte a cui si deferisce o sulla conoscenza che essa ha di un fatto altrui e non può essere riferito qualora il fatto che ne è l'oggetto non sia comune a entrambe le parti.

Titolo III
DELLA RESPONSABILITÀ PATRIMONIALE, DELLE CAUSE DI PRELAZIONE E DELLA CONSERVAZIONE DELLA GARANZIA PATRIMONIALE

Capo I
Disposizioni generali

2740. Responsabilità patrimoniale.
Il debitore risponde dell'adempimento delle obbligazioni con tutti i suoi beni presenti e futuri.
Le limitazioni della responsabilità non sono ammesse se non nei casi stabiliti dalla legge.

• La norma regola la **responsabilità patrimoniale** del debitore, ossia l'assoggettabilità del patrimonio del debitore all'azione esecutiva dei creditori. Per effetto dell'art. 2740 il patrimonio del debitore costituisce la **garanzia patrimoniale generica** spettante *ex lege* ai suoi creditori. La responsabilità patrimoniale è elemento essenziale per la giuridicità dell'obbligazione in ragione dell'incoercibilità dell'esecuzione della prestazione. • La responsabilità patrimoniale è un istituto funzionale all'inadempimento. Il debitore inadempiente soggiace a due forme distinte di responsabilità: la **responsabilità personale** (*ex* art. 1218) e la **responsabilità patrimoniale**, ciascuna rispondente a una funzione diversa. L'art. 1218 individua i presupposti in presenza dei quali il debitore risponde dell'inadempimento e lo obbliga a risarcire il danno. Se l'obbligazione risarcitoria rimane inadempiuta entra in gioco la responsabilità patrimoniale sotto forma di **esecuzione forzata**. La norma in comm. individua l'oggetto su cui ricadono le conseguenze dell'inadempimento. • La norma enuncia due principi fondamentali. 1) Il **principio di universalità** della responsabilità patrimoniale (co. 1): in forza di tale principio **tutti i beni** del debitore, **presenti** e **futuri**, costituiscono la garanzia delle obbligazioni da lui assunte e possono essere espropriati dal creditore. Il principio deve essere, però, coordinato con il **principio di proporzionalità** tra credito e beni concretamente sottoposti a esecuzione forzata. 2) Il **principio di tipicità delle limitazioni** della responsabilità patrimoniale. La locuzione "limitazioni della responsabilità patrimoniale" indica le ipotesi in cui uno o più beni del debitore sono sottratti all'azione esecutiva di tutti o di alcuni dei suoi creditori. Soltanto il legislatore può stabilire limitazioni della responsabilità patrimoniale e derogare al principio di universalità. Nel *genus* delle limitazioni consentite rientrano: – le **limitazioni legali** stabilite da una norma specifica che esclude l'assoggettabilità a esecuzioni forzata di determinati beni (ad es., l'impignorabilità prevista dall'art. 326); – le **limitazioni c.d. negoziali** create dall'autonomia privata in virtù di una norma autorizzativa. In deroga alla regola generale per cui ciascun soggetto ha un solo patrimonio, la legislazione più recente ha consentito sempre più di frequente che alcuni cespiti siano oggetto di una **specifica destinazione** e siano costituiti in un **patrimonio separato** rispetto a quello residuo del medesimo soggetto (ad es., le norme sul fondo patrimoniale agli artt. 168 ss.). Sui beni che costituiscono il patrimonio separato possono agire esecutivamente soltanto le **categorie di creditori indicate dal legislatore** (di regola le obbligazioni contratte per lo scopo di destinazione), mentre gli altri creditori possono aggredire soltanto i beni facenti parte del patrimonio residuo del loro debitore. • In ragione del moltiplicarsi delle ipotesi di separazione patrimoniale consentite si parla in dottrina di **crisi del principio di universalità** della responsabilità patrimoniale.

2741. Concorso dei creditori e cause di prelazione.

I creditori hanno eguale diritto di essere soddisfatti sui beni del debitore, salve le cause legittime di prelazione.

Sono cause legittime di prelazione i privilegi, il pegno e le ipoteche.

• La norma regola il concorso tra più creditori del medesimo debitore ed enuncia due principi: il principio della ***par condicio creditorum*** (co. 1) e il principio di **tipicità** delle **cause legittime di prelazione** (co. 2). • Si distinguono così i creditori chirografari e i creditori assistiti da una causa legittima di prelazione. In forza del principio della *par condicio creditorum* i creditori chirografari hanno **tutti uguale diritto di essere soddisfatti** con il ricavato della vendita dei beni del debitore. I creditori muniti di una causa legittima di prelazione sono, invece, soddisfatti per primi. • Il principio della *par condicio creditorum* opera tra i creditori intervenuti tempestivamente nel processo esecutivo secondo le regole previste dal c.p.c. e opera soltanto nell'ambito dell'esecuzione forzata per espropriazione (non nell'ambito dell'esecuzione specifica, dove il conflitto tra creditori si risolve in base alla prevalenza del titolo sul piano sostanziale). • Le **cause legittime di prelazione** sono elencate nel secondo comma della norma; **l'elenco è tassativo**. • Le cause legittime di prelazione attribuiscono a creditori che ne sono muniti il **diritto di essere soddisfatti con preferenza** e se hanno ad oggetto uno specifico bene attribuiscono anche il **diritto di sequela**.

2742. Surrogazione dell'indennità alla cosa.

Se le cose soggette a privilegio, pegno o ipoteca sono perite o deteriorate, le somme dovute dagli assicuratori per indennità della perdita o del deterioramento sono vincolate al pagamento dei crediti privilegiati, pignoratizi o ipotecari, secondo il loro grado, eccetto che le medesime vengano impiegate a riparare la perdita o il deterioramento. L'autorità giudiziaria può, su istanza degli interessati, disporre le opportune cautele per assicurare l'impiego delle somme nel ripristino o nella riparazione della cosa.

Gli assicuratori sono liberati qualora paghino dopo trenta giorni dalla perdita o dal deterioramento, senza che sia stata fatta opposizione. Quando però si tratta di immobili su cui gravano iscrizioni, gli assicuratori non sono liberati se non dopo che è decorso senza opposizione il termine di trenta giorni dalla notificazione ai creditori iscritti del fatto che ha dato luogo alla perdita o al deterioramento.

Sono del pari vincolate al pagamento dei crediti suddetti le somme dovute per causa di servitù coattive o di comunione forzosa o di espropriazione per pubblico interesse, osservate, per quest'ultima, le disposizioni della legge speciale.

• La norma tutela il creditore munito di una causa legittima di prelazione ed enuncia la regola che si applica nel caso in cui il bene oggetto di privilegio, pegno o ipoteca **perisca** o si **deteriori**. Se ciò si verifica il creditore perde la possibilità di esercitare il diritto di prelazione. Tuttavia relativamente alle somme eventualmente dovute dagli assicuratori a titolo di indennizzo per la perdita o il deterioramento opera la c.d. **surrogazione reale**. • Per effetto della surrogazione reale la compagnia assicurativa non può pagare l'indennità all'assicurato ma deve pagarla ai creditori privilegiati, ipotecari o pignoratizi secondo l'ordine di preferenza spettante a ciascuno, a meno che tali somme non vengano impiegate per riparare la perdita o il deterioramento.

2743. Diminuzione della garanzia.

Qualora la cosa data in pegno o sottoposta a ipoteca perisca o si deteriori, anche per caso fortuito, in modo da essere insufficiente alla sicurezza del creditore, questi può chiedere che gli sia prestata idonea garanzia su altri beni e, in mancanza, può chiedere l'immediato pagamento del suo credito.

• La norma tutela i creditori pignoratizi e ipotecari per l'eventualità che l'oggetto del pegno e dell'ipoteca si deteriori o perisca e divenga insufficiente alla sicurezza del creditore. • I rimedi previsti dalla norma per questo caso sono due: il creditore può chiedere che sia prestata garanzia idonea su altri beni; se ciò non avviene può chiedere il pagamento immediato del credito.

2744. Divieto del patto commissorio.

È nullo il patto col quale si conviene che, in mancanza del pagamento del credito nel termine fissato, la proprietà della cosa ipotecata o data in pegno passi al creditore. Il patto è nullo anche se posteriore alla costituzione dell'ipoteca o del pegno.

• La norma enuncia il divieto del patto fra il debitore e il creditore con cui si stabilisce che, in caso di inadempimento, la cosa ipotecata o data in pegno **passi automaticamente in proprietà del creditore**, senza ricorrere al procedimento di esecuzione forzata • Il patto è **vietato** dalla legge ed è **nullo**. • La *ratio* del divieto è data dall'**esigenza di tutelare il debitore** e di evitare che il creditore ottenga la proprietà di una cosa dal valore superiore all'ammontare del credito. Secondo una parte della dottrina la norma tutela soprattutto ***la par condicio creditorum***, che è pregiudicata dal patto commissorio nella misura in cui esso sottrae il bene oggetto della garanzia specifica alla garanzia patrimoniale generica e impedisce ai creditori chirografari di soddisfarsi, una volta che sia stato soddisfatto il creditore pignoratizio o ipotecario, sull'eventuale residuo del ricavato dalla vendita forzata. • Secondo la giurisprudenza (v. ad esempio Cass. 2013/10986) e parte della dottrina la norma non riguarda il c.d. **patto marciano**, con il quale il debitore e il creditore convengono che il creditore, in caso di inadempimento, diviene proprietario della cosa ipotecata o data in pegno previa valutazione di stima e soltanto dopo che abbia restituito la differenza tra il valore della cosa data in garanzia e l'importo del credito garantito. Il **patto marciano** è **valido** poiché evita che l'attuazione del credito avvenga senza un controllo dei valori in gioco e permette di salvaguardare la *par condicio creditorum*. • Fermo restando il divieto del patto commissorio, la **legislazione speciale** ha introdotto alcuni istituti – (come il c.d. finanziamento alle imprese garantito da trasferimento di bene immobile sospensivamente condizionato previsto dall'art. 48-bis t.u.b. o i meccanismi regolati dall'art. 120-quinquiesdecies, co. 3, t.u.b. in materia di credito immobiliare ai consumatori) – modellati secondo lo schema del patto marciano e ne ha implicitamente riconosciuto la validità. • Il divieto previsto dalla norma in commento si applica anche ai patti apparentemente diversi da quello commissorio, come la **vendita con patto di riscatto** o il **contratto di *sale and lease back***, quando rispondono in concreto all'intenzione delle parti di aggirare l'art. 2744 e perseguono il risultato vietato.

Capo II
Dei privilegi

Sezione I
Disposizioni generali

2745. Fondamento del privilegio.

Il privilegio è accordato dalla legge in considerazione della causa del credito. La costituzione del privilegio può tuttavia dalla legge essere subordinata alla convenzione delle parti; può anche essere subordinata a particolari forme di pubblicità.

• La norma contiene la regola per cui il privilegio è accordato soltanto dalla **legge** e le parti non sono libere di dare vita a privilegi eccetto nei casi in cui la legge subordini la costituzione del privilegio a una loro convenzione. • Le norme che dichiarano privilegiato un credito sono eccezionali e costituiscono un ***numerus clausus***. • La norma stabilisce che il privilegio è accordato dalla legge in considerazione della **causa del credito**, cioè del particolare modo in cui il credito nasce. I crediti assistiti da privilegio sono anteposti in sede di esecuzione forzata ad altri crediti verso il medesimo debitore.

2746. Distinzione dei privilegi.

Il privilegio è generale o speciale. Il primo si esercita su tutti i beni mobili del debitore, il secondo su determinati beni mobili o immobili.

• La norma prevede che i privilegi si distinguono in **due categorie** a seconda del loro **oggetto**. • Il **privilegio generale** ha per oggetto tutti i beni mobili del debitore. *Esempio*: sono assistiti da privilegio generale le retribuzioni e le indennità dei lavoratori subordinati e i crediti tributari. • Il **privilegio speciale** ha per oggetto singoli beni determinati, mobili o immobili, che presentano una particolare connessione con la causa del credito. *Esempio*: si pensi al privilegio vantato dall'albergatore sulle cose portate dal cliente in albergo che assiste il credito dell'albergatore verso il cliente (art. 2760, co. 1). • La distinzione tra privilegio generale e speciale è importante perché i due tipi di privilegio hanno **efficacia diversa** (v. il comm. alla norma seguente).

2747. Efficacia del privilegio.

Il privilegio generale non può esercitarsi in pregiudizio dei diritti spettanti ai terzi sui mobili che ne formano oggetto, salvo quanto è disposto dagli articoli 2913, 2914, 2915 e 2916.

Se la legge non dispone diversamente, il privilegio speciale sui mobili, sempre che sussista la particolare situazione alla quale è subordinato, può esercitarsi in pregiudizio dei diritti acquistati dai terzi posteriormente al sorgere di esso.

• La norma contiene la regola sull'**efficacia del privilegio**. • Il **privilegio generale** non attribuisce il diritto di sequela. Di conseguenza può essere esercitato solo fino a quando i beni mobili fanno parte del patrimonio del debitore e non può essere esercitato in pregiudizio dei terzi che hanno acquistato diritti su questi (v. il co. 1). • Il **privilegio speciale** costituisce un **diritto reale di garanzia ed è opponibile ai terzi**. Per questa ragione la norma prevede che il privilegio speciale può esercitarsi, a differenza di quello generale, anche in pregiudizio dei diritti acquistati dai terzi dopo il sorgere del privilegio (v. il co. 2). Affinché il privilegio speciale abbia tale efficacia la norma richiede, per assicurare la tutela dei terzi, la condizione che continui a sussistere la situazione particolare a cui il privilegio è subordinato.

2748. Efficacia del privilegio speciale rispetto al pegno e alle ipoteche.

Se la legge non dispone altrimenti, il privilegio speciale sui beni mobili non può esercitarsi in pregiudizio del creditore pignoratizio.

I creditori che hanno privilegio sui beni immobili sono preferiti ai creditori ipotecari se la legge non dispone diversamente.

• La norma regola il **conflitto** tra creditore privilegiato e creditore pignoratizio o creditore ipotecario. • Nel conflitto tra creditore privilegiato e **creditore pignoratizio** prevale il secondo anche se il pegno è stato acquistato posteriormente, salvo non sia diversamente previsto dalla legge (v. anche *sub* art. 2781, norma da leggersi insieme all'art. 2748, co. 1). Al contrario il conflitto tra creditore privilegiato e **creditore ipotecario** si risolve in favore del creditore privilegiato a prescindere dalla data di costituzione del diritto salvo nel caso la legge preveda diversamente. Ad esempio, ai sensi dell'art. 2775-bis, in deroga a quanto previsto dalla norma in comm., l'ipoteca iscritta prima della trascrizione del preliminare prevale sul privilegio immobiliare speciale nato dopo (v. anche *sub* art. 2775-bis).

2749. Estensione del privilegio.

Il privilegio accordato al credito si estende alle spese ordinarie per l'intervento nel processo di esecuzione. Si estende anche agli interessi dovuti per l'anno in corso alla data del pignoramento e per quelli dell'anno precedente.

Gli interessi successivamente maturati hanno privilegio nei limiti della misura legale fino alla data della vendita.

• La norma regola **l'ambito di estensione del privilegio**, che assiste il credito, le spese ordinarie per la partecipazione al processo di esecuzione e gli interessi prodotti secondo quanto ivi previsto.

2750. Privilegi marittimi, aeronautici e privilegi stabiliti da leggi speciali.

I privilegi sulla nave, sul nolo e sulle cose caricate e i privilegi sull'aeromobile, sul nolo e sulle cose caricate sono regolati dal codice della navigazione.

Ai privilegi previsti da leggi speciali si applicano le norme di questo capo, se non è diversamente disposto.

• La norma prevede che i privilegi marittimi e aeronautici sono regolati dal codice della navigazione e che ai privilegi stabiliti dalle leggi speciali possono applicarsi le norme del c.c. se non è previsto diversamente.

Sezione II
Dei privilegi sui mobili

§ 1 – Dei privilegi generali sui mobili

2751. Crediti per spese funebri, d'infermità, alimenti.

Hanno privilegio generale sui mobili, nell'ordine che segue, i crediti riguardanti:

1) le spese funebri necessarie secondo gli usi;

2) le spese d'infermità fatte negli ultimi sei mesi della vita del debitore;

3) le somministrazioni di vitto, vesti e alloggio, nei limiti della stretta necessità, fatte al debitore per lui e per la sua famiglia negli ultimi sei mesi;

4) i crediti di alimenti per gli ultimi tre mesi a favore delle persone alle quali gli alimenti sono dovuti per legge.

• La norma individua i crediti assistiti da privilegio generali sui beni mobili del debitore (per una spiegazione v. *sub* art. 2746) e il loro ordine (per una spiegazione v. *sub* artt. 2777 ss.).

2751 bis. Crediti per retribuzioni e provvigioni, crediti dei coltivatori diretti, delle società od enti cooperativi e delle imprese artigiane.

Hanno privilegio generale sui mobili i crediti riguardanti:

1) le retribuzioni dovute, sotto qualsiasi forma, ai prestatori di lavoro subordinato e tutte le indennità dovute per effetto della cessazione del rapporto di lavoro, nonché il credito del lavoratore per i danni conseguenti alla mancata corresponsione, da parte del datore di lavoro, dei contributi previdenziali ed assicurativi obbligatori ed il credito per il risarcimento del danno subito per effetto di un licenziamento inefficace, nullo o annullabile;

2) le retribuzioni dei professionisti e di ogni altro prestatore d'opera [intellettuale] dovute per gli ultimi due anni di prestazione;

3) le provvigioni derivanti dal rapporto di agenzia dovute per l'ultimo anno di prestazione e le indennità dovute per la cessazione del rapporto medesimo;

4) i crediti del coltivatore diretto, sia proprietario che affittuario, mezzadro, colono, soccidario o comunque compartecipante, per i corrispettivi della vendita dei prodotti, nonché i crediti del mezzadro o del colono indicati dall'articolo 2765;

5) i crediti dell'impresa artigiana, definita ai sensi delle disposizioni legislative vigenti, nonché delle società ed enti cooperativi di produzione e lavoro per i corrispettivi dei servizi prestati e della vendita dei manufatti;

5-bis) i crediti delle società cooperative agricole e dei loro consorzi per i corrispettivi della vendita dei prodotti;

5-ter) i crediti delle imprese fornitrici di lavoro temporaneo di cui alla legge 24 giugno 1997, n. 196, per gli oneri retributivi e previdenziali addebitati alle imprese utilizzatrici.

• La norma individua i crediti assisti da privilegio generali sui beni mobili del debitore (per una spiegazione v. *sub* art. 2746).

2752. Crediti per tributi diretti dello Stato, per imposta sul valore aggiunto e per tributi degli enti locali.

Hanno privilegio generale sui mobili del debitore i crediti dello Stato per le imposte e le sanzioni dovute secondo le norme in materia di imposta sul reddito delle persone fisiche, imposta sul reddito delle persone giuridiche, imposta sul reddito delle società, imposta regionale sulle attività produttive ed imposta locale sui redditi.

Hanno altresì privilegio generale sui mobili del debitore i crediti dello Stato per le imposte, le pene pecuniarie e le soprattasse dovute secondo le norme relative all'imposta sul valore aggiunto.

Hanno lo stesso privilegio, subordinatamente a quello dello Stato, i crediti per le imposte, tasse e tributi dei comuni e delle province previsti dalla legge per la finanza locale e dalle norme relative all'imposta comunale sulla pubblicità e ai diritti sulle pubbliche affissioni.

2753. Crediti per contributi di assicurazione obbligatoria per l'invalidità, la vecchiaia e i superstiti.

Hanno privilegio generale sui mobili del datore di lavoro i crediti derivanti dal mancato versamento dei contributi ad istituti, enti o fondi speciali, compresi quelli sostitutivi o integrativi, che gestiscono forme di assicurazione obbligatoria per l'invalidità la vecchiaia ed i superstiti.

2754. Crediti per contributi relativi ad altre forme di assicurazione.

Hanno pure privilegio generale sui mobili del datore di lavoro i crediti per i contributi dovuti a istituti ed enti per forme di tutela previdenziale e assistenziale diverse da quelle indicate dal precedente articolo, nonché gli accessori, limitatamente al cinquanta per cento del loro ammontare, relativi a tali crediti ed a quelli indicati dal precedente articolo.

§ 2 – Dei privilegi sopra determinati mobili

2755. Spese per atti conservativi o di espropriazione.

I crediti per spese di giustizia fatte per atti conservativi o per l'espropriazione di beni mobili nell'interesse comune dei creditori hanno privilegio sui beni stessi.

• La norma individua i crediti assisti da privilegio su specifici beni mobili del debitore in relazione alla particolare causa del credito (per una spiegazione v. *sub* art. 2746).

2756. Crediti per prestazioni e spese di conservazione e miglioramento.

I crediti per le prestazioni e le spese relative alla conservazione o al miglioramento di beni mobili hanno privilegio sui beni stessi, purché questi si trovino ancora presso chi ha fatto le prestazioni o le spese.

Il privilegio ha effetto anche in pregiudizio dei terzi che hanno diritti sulla cosa, qualora chi ha fatto le prestazioni o le spese sia stato in buona fede.

Il creditore può ritenere la cosa soggetta al privilegio finché non è soddisfatto del suo credito e può anche venderla secondo le norme stabilite per la vendita del pegno.

• La norma indica i crediti assisti da privilegio su specifici beni mobili del debitore e la condizione necessaria perché il privilegio sussista. Essa regola l'efficacia del privilegio nei confronti dei terzi (in generale sull'efficacia dei privilegi v. *sub* art. 2747). • Nelle more della soddisfazione del credito, la norma permette al creditore di ritenere il bene oggetto del privilegio ed è previsto che la vendita di questo è regolata dalla disciplina sulla vendita del pegno (v. gli artt. 2795-2797 e 2804).

2757. Crediti per somministrazioni e lavori occorrenti per la produzione agricola.

I crediti per le somministrazioni di sementi, di materie fertilizzanti e antiparassitarie e di acqua per irrigazione, come pure i crediti per lavori di coltivazione e di raccolta dell'annata agricola hanno privilegio sui frutti, alla cui produzione abbiano concorso.

Il privilegio si può esercitare finché i frutti si trovano nel fondo o nelle sue dipendenze.

Si applica la disposizione del secondo comma dell'articolo 2756.

• V. il comm. alla norma precedente.

2758. Crediti per tributi indiretti.

I crediti dello Stato per i tributi indiretti hanno privilegio sui mobili ai quali i tributi si riferiscono e sugli altri beni indicati dalle leggi relative, con l'effetto da esse stabilito.

Eguale privilegio hanno i crediti di rivalsa verso il cessionario ed il committente previsti dalle norme relative all'imposta sul valore aggiunto, sui beni che hanno formato oggetto della cessione o ai quali si riferisce il servizio.

Il privilegio, per quanto riguarda l'imposta di successione, non ha effetto in pregiudizio dei creditori che hanno esercitato il diritto di separazione dei beni del defunto da quelli dell'erede.

• La norma indica i crediti assisti da privilegio su specifici beni mobili del debitore e la condizione necessaria perché il privilegio sussista. Essa regola l'efficacia del privilegio nei confronti dei terzi (in generale sull'efficacia dei privilegi v. *sub* art. 2747).

2759. Crediti per le imposte sul reddito.

I crediti dello Stato per l'imposta sul reddito delle persone fisiche, sul reddito delle persone giuridiche e per l'imposta locale sui redditi, dovuta per i due anni anteriori a quello in cui si procede, hanno privilegio, limitatamente all'imposta o alla quota d'imposta imputabile al reddito d'impresa, sopra i mobili che servono all'esercizio di imprese commerciali e sopra le merci che si trovano nel locale adibito all'esercizio stesso o nell'abitazione dell'imprenditore.

Il privilegio si applica sui beni indicati nel comma precedente ancorché appartenenti a persona diversa dall'imprenditore, salvo che si tratti di beni rubati o smarriti, di merci affidate all'imprenditore per la lavorazione o di merci non ancora nazionalizzate munite di regolare bolletta doganale.

Qualora l'accertamento del reddito iscritto a ruolo sia stato determinato sinteticamente ai fini dell'imposta sul reddito delle persone fisiche, la ripartizione proporzionale dell'imposta, prevista dal primo comma, viene effettuata sulla base dei redditi iscritti o iscrivibili ai fini dell'imposta locale sui redditi.

• La norma indica i crediti assisti da privilegio su specifici beni mobili del debitore e la condizione necessaria perché il privilegio sussista.

2760. Crediti dell'albergatore.

I crediti dell'albergatore per merce e somministrazioni verso le persone albergate hanno privilegio sulle cose da queste portate nell'albergo e nelle dipendenze e che continuano a trovarvisi.

Il privilegio ha effetto anche in pregiudizio dei terzi che hanno diritti sulle cose stesse, a meno che l'albergatore fosse a conoscenza di tali diritti al tempo in cui le cose sono state portate nell'albergo.

• La norma indica i crediti assisti da privilegio su specifici beni mobili del debitore e la condizione necessaria perché il privilegio sussista. Essa regola l'efficacia del privilegio nei confronti dei terzi (in generale sull'efficacia dei privilegi v. *sub* art. 2747).

2761. Crediti del vettore, del mandatario, del depositario e del sequestratario.

I crediti dipendenti dal contratto di trasporto e quelli per le spese d'imposta anticipate dal vettore hanno privilegio sulle cose trasportate finché queste rimangono presso di lui.

I crediti derivanti dall'esecuzione del mandato hanno privilegio sulle cose del mandante che il mandatario detiene per l'esecuzione del mandato.

I crediti derivanti dal deposito o dal sequestro convenzionale a favore del depositario e del sequestratario hanno parimenti privilegio sulle cose che questi detengono per effetto del deposito o del sequestro.

Si applicano a questi privilegi le disposizioni del secondo e del terzo comma dell'articolo 2756.

• La norma indica i crediti assisti da privilegio su specifici beni mobili del debitore e la condizione necessaria perché il privilegio sussista. • V. anche *sub* art. 2756.

2762. Privilegio del venditore di macchine.

Chi ha venduto macchine per un prezzo superiore a 15,49 euro ha privilegio per il prezzo non pagato sulle macchine vendute e consegnate, anche se sono incorporate o congiunte all'immobile di proprietà del compratore o di un terzo.

Il privilegio è subordinato alla trascrizione dei documenti, dai quali la vendita e il credito risultano, nel registro indicato dal secondo comma dell'articolo 1524. La trascrizione è eseguita presso il tribunale nella giurisdizione del quale è collocata la macchina.

Il privilegio dura per un triennio dalla data della vendita e ha effetto fino a quando la macchina si trova in possesso del compratore nel luogo dove è stata eseguita la trascrizione, salvo il caso di sottrazione fraudolenta.

Il privilegio stabilito in questo articolo spetta anche alle banche autorizzate all'esercizio di prestiti con garanzia sul macchinario, le quali abbiano anticipato al compratore il prezzo per l'acquisto. Il privilegio sussiste a condizione che il documento rilasciato a prova della sovvenzione indichi lo scopo, l'ammontare e la scadenza del credito, contenga l'esatta designazione della macchina soggetta al privilegio e sia trascritto a norma del secondo comma di questo articolo.

Se il privilegio della banca concorre con quello del venditore, è preferito il creditore che ha trascritto per primo.

• La norma indica i crediti assisti da privilegio su specifici beni mobili del debitore e le condizioni necessarie perché il privilegio sussista.

2763. Crediti per canoni enfiteutici.

I crediti del concedente per il canone dovuto dall'enfiteuta per l'anno in corso e per il precedente hanno privilegio sui frutti dell'anno e su quelli raccolti anteriormente, purché si trovino nel fondo o nelle sue dipendenze.

• La norma indica i crediti assisti da privilegio su specifici beni mobili del debitore e la condizione necessaria perché il privilegio sussista.

2764. Crediti del locatore di immobili.

Il credito delle pigioni e dei fitti degli immobili ha privilegio sui frutti dell'anno e su quelli raccolti anteriormente, nonché sopra tutto ciò che serve a fornire l'immobile o a coltivare il fondo locato.

Il privilegio sussiste per il credito dell'anno in corso, dell'antecedente e dei successivi, se la locazione ha data certa, e, in caso diverso, per quello dell'anno in corso e del susseguente.

Lo stesso privilegio ha il credito dipendente da mancate riparazioni le quali siano a carico del conduttore, il credito per i danni arrecati all'immobile locato, per la mancata restituzione delle scorte e ogni altro credito dipendente da inadempimento del contratto.

Il privilegio sui frutti sussiste finché si trovano nel fondo o nelle sue dipendenze. Esso si può far valere anche nei confronti del subconduttore.

Il privilegio sulle cose che servono a fornire l'immobile locato o alla coltivazione del fondo sussiste pure se le cose appartengono al subconduttore, nei limiti in cui il locatore ha azione contro il medesimo.

Il privilegio sulle cose che servono a fornire l'immobile locato ha luogo altresì nei confronti dei terzi, finché le cose si trovano nell'immobile, salvo che si provi che il locatore conoscesse il diritto del terzo al tempo in cui sono state introdotte.

Qualora le cose che servono a fornire la casa o il fondo locato ovvero a coltivare il medesimo vengano asportate dall'immobile senza il consenso del locatore, questi conserva su di esse il privilegio, purché ne domandi il sequestro, nei modi stabiliti dal codice di procedura civile per il sequestro conservativo, entro il termine di trenta giorni dall'asportazione, se si tratta di mobili che servono a fornire o a coltivare il fondo rustico, e di quindici giorni, se si tratta di mobili che servono a fornire la casa. Restano salvi in ogni caso i diritti acquistati dopo l'asportazione dai terzi che ignoravano l'esistenza del privilegio.

• La norma indica i crediti assisti da privilegio su determinati beni mobili del debitore e le condizioni necessarie perché il privilegio sussista. Essa regola l'efficacia del privilegio nei confronti dei terzi (in generale sull'efficacia dei privilegi v. sub art. 2747).

2765. Crediti derivanti dai contratti di mezzadria e di colonia.

Colui che concede un fondo a mezzadria o a colonia e il mezzadro o il colono hanno, per i crediti derivanti dal contratto, privilegio sulla rispettiva parte dei frutti e sulle cose che servono a coltivare o a fornire il fondo dato a mezzadria o a colonia.

Il privilegio sui frutti sussiste finché questi si trovano nel fondo o nelle sue dipendenze.

Si applicano le disposizioni degli ultimi tre commi dell'articolo 2764.

• V. il comm. all'art. 2764.

2766. (1).

(1) Articolo abrogato dall'art. 161 del d.lgs. 1/9/1993, n. 385 (t.u.b.). Vedi anche l'art. 44 del d.lgs. n. 385 in materia di credito agrario.

2767. Crediti per risarcimento di danni contro l'assicurato.

Nel caso di assicurazione della responsabilità civile, il credito del danneggiato per il risarcimento ha privilegio sull'indennità dovuta dall'assicuratore.

• La norma indica i crediti assisti da privilegio su determinati beni mobili del debitore.

2768. Crediti dipendenti da reato.

Per i crediti dipendenti da reato hanno privilegio sulle cose sequestrate lo Stato e le altre persone indicate dal codice penale, secondo le disposizioni del codice stesso e del codice di procedura penale.

2769. Sequestro della cosa soggetta a privilegio.

Il creditore che ha privilegio su una cosa mobile, se ha fondati motivi di temere la rimozione della cosa dalla particolare situazione alla quale è subordinata la sussistenza del privilegio, può domandarne il sequestro conservativo.

• La norma prevede il potere del creditore che ha privilegio su di una cosa mobile di domandarne il sequestro conservativo e le condizioni necessarie a tal fine.

Sezione III

Dei privilegi sopra gli immobili

2770. Crediti per atti conservativi o di espropriazione.

I crediti per le spese di giustizia fatte per atti conservativi o per l'espropriazione di beni immobili nell'interesse comune dei creditori sono privilegiati sul prezzo degli immobili stessi.

Del pari ha privilegio il credito dell'acquirente di un immobile per le spese fatte per la dichiarazione di liberazione dell'immobile dalle ipoteche.

• La norma indica i crediti assisti da privilegio su determinati beni immobili del debitore (per una spiegazione del privilegio speciale sui beni immobili v. *sub* art. 2746).

2771. (1).

(1) L'articolo, dopo essere stato modificato dalla l. 29/7/1975, n. 426 mirante ad adeguare il codice civile alla nuova riforma fiscale, e ulteriormente sostituito dall'art. 4 del d.lgs. 26/2/1999, n. 46, è stato infine abrogato dall'art. 23[38], d.l. 6/7/2011, n. 98, poi convertito nella l. 15/7/2011, n. 111, Stabilizzazione finanziaria.

2772. Crediti per tributi indiretti.

Hanno pure privilegio i crediti dello Stato per ogni tributo indiretto, nonché quelli derivanti dall'applicazione dell'imposta comunale sull'incremento di valore degli immobili, sopra gli immobili ai quali il tributo si riferisce.

I crediti dello Stato, derivanti dall'applicazione dell'imposta sul valore aggiunto, hanno privilegio, in caso di responsabilità solidale del cessionario, sugli immobili che hanno formato oggetto della cessione o ai quali si riferisce il servizio prestato.

Eguale privilegio hanno i crediti di rivalsa, verso il cessionario ed il committente, previsti dalle norme relative all'imposta sul valore aggiunto, sugli immobili che hanno formato oggetto della cessione o ai quali si riferisce il servizio.

Il privilegio non si può esercitare in pregiudizio dei diritti che i terzi hanno anteriormente acquistato sugli immobili.

Per le imposte suppletive il privilegio non si può neppure esercitare in pregiudizio dei diritti acquistati successivamente dai terzi.

Lo stesso privilegio, per quanto riguarda l'imposta di successione, non ha effetto a danno dei creditori del defunto che hanno iscritto la loro ipoteca nei tre mesi dalla morte di lui, né ha effetto a danno dei creditori che hanno esercitato il diritto di separazione dei beni del defunto da quelli dell'erede.

• La norma indica i crediti assisti da privilegio su determinati beni immobili del debitore e le condizioni di efficacia del privilegio nei confronti dei terzi.

2773. (1).

(1) Articolo abrogato dall'art. 9 della l. 29/7/1975, n. 426.

2774. Crediti per concessione di acque.

I crediti dello Stato per i canoni dovuti dai concessionari di acque pubbliche o di acque derivate da canali demaniali ovvero per i lavori eseguiti d'ufficio sono privilegiati sugli impianti, in conformità delle leggi speciali.

Tale privilegio, per quanto riguarda i canoni, non è opponibile ai terzi che hanno acquistato diritti sugli immobili anteriormente all'atto di concessione o, trattandosi di crediti per lavori, anteriormente al sorgere dei crediti stessi.

• V. il comm. all'art. 2772.

2775. Contributi per opere di bonifica e di miglioramento.

I crediti per i contributi indicati dall'articolo 864 sono privilegiati sugli immobili che traggono beneficio dalle opere di bonifica o di miglioramento.

La costituzione del privilegio per le opere di miglioramento è subordinata all'osservanza delle leggi speciali.

• La norma indica i crediti assisti da privilegio su determinati beni immobili del debitore e la condizione necessaria per la costituzione del privilegio.

2775 bis. Credito per mancata esecuzione di contratti preliminari.

Nel caso di mancata esecuzione del contratto preliminare trascritto ai sensi dell'articolo 2645-bis, i crediti del promissario acquirente che ne conseguono hanno privilegio speciale sul bene immobile oggetto del contratto preliminare, sempre che gli effetti della trascrizione non siano cessati al momento della risoluzione del contratto risultante da atto avente data certa, ovvero al momento della domanda giudiziale di risoluzione del contratto o di condanna al pagamento ovvero al momento della trascrizione del pignoramento o al momento dell'intervento nella esecuzione promossa da terzi.

Il privilegio non è opponibile ai creditori garantiti da ipoteca relativa a mutui erogati al promissario acquirente per l'acquisto del bene immobile nonché ai creditori garantiti da ipoteca ai sensi dell'articolo 2825-bis.

• La norma disciplina il privilegio speciale assegnato ai crediti del promissario acquirente sul bene immobile oggetto del contratto preliminare e detta la condizione necessaria a tal fine. • L'ultimo co. deroga alla regola prevista dall'art. 2748 sul conflitto tra creditore ipotecario e creditore privilegiato (per la spiegazione v. il relativo comm.).

2776. Collocazione sussidiaria sugli immobili.

I crediti relativi al trattamento di fine rapporto nonché all'indennità di cui all'articolo 2118 sono collocati sussidiariamente, in caso di infruttuosa esecuzione sui mobili, sul prezzo degli immobili, con preferenza rispetto ai crediti chirografari.

I crediti indicati dagli articoli 2751 e 2751-bis, ad eccezione di quelli indicati al precedente comma, ed i crediti per contributi dovuti a istituti, enti o fondi speciali, compresi quelli sostitutivi o integrativi, che gestiscono forme di assicurazione obbligatoria per l'invalidità, la vecchiaia ed i superstiti, di cui all'articolo 2753, sono collocati sussidiariamente, in caso di infruttuosa esecuzione sui mobili, sul prezzo degli immobili, con preferenza rispetto ai crediti chirografari, ma dopo i crediti indicati al primo comma.

I crediti dello Stato indicati dal primo e dal terzo comma dell'articolo 2752 sono collocati sussidiariamente, in caso di infruttuosa esecuzione sui mobili, sul prezzo degli immobili, con preferenza rispetto ai crediti chirografari, ma dopo i crediti indicati al comma precedente.

• La norma contiene la regola della c.d. **collocazione sussidiaria del credito** che opera nel caso in cui l'**esecuzione** sui beni mobili oggetto del privilegio sia **infruttuosa**. • La norma consente che i crediti indicati vengano soddisfatti sussidiariamente sul **prezzo ricavato** dalla vendita degli **immobili con preferenza rispetto ai crediti chirografari**. Il privilegio si esercita, dunque, sul denaro. • La norma regola l'ordine in cui per i crediti ivi previsti opera la collocazione sussidiaria.

Sezione IV
Dell'ordine dei privilegi

2777. Preferenza delle spese di giustizia e di altri crediti.

I crediti per spese di giustizia enunciati dagli articoli 2755 e 2770 sono preferiti ad ogni altro credito anche pignoratizio o ipotecario.

Immediatamente dopo le spese di giustizia sono collocati i crediti aventi privilegio generale mobiliare di cui all'articolo 2751-bis nell'ordine seguente:

a) i crediti di cui all'articolo 2751-bis, numero 1;

b) i crediti di cui all'articolo 2751-bis, numeri 2 e 3;

c) i crediti di cui all'articolo 2751-bis, numeri 4 e 5.

I privilegi che le leggi speciali dichiarano preferiti ad ogni altro credito sono sempre posposti al privilegio per le spese di giustizia ed ai privilegi indicati nell'articolo 2751-bis.

• La norma enuncia l'ordine dei privilegi dei crediti per spese di giustizia e per i crediti indicati dall'art. 2751-bis. • L'ordine dei privilegi, ossia la graduatoria interna tra i diversi crediti privilegiati, è stabilito esclusivamente dalla legge.

2778. Ordine degli altri privilegi sui mobili.

Salvo quanto è disposto dall'articolo 2777, nel concorso di crediti aventi privilegio generale o speciale sulla medesima cosa, la prelazione si esercita nell'ordine che segue:

1) i crediti per contributi ad istituti, enti o fondi speciali – compresi quelli sostitutivi o integrativi – che gestiscono forme di assicurazione obbligatoria per l'invalidità, la vecchiaia ed i superstiti, indicati dall'articolo 2753;

2) i crediti per le imposte sui redditi immobiliari, indicati dall'articolo 2771, quando il privilegio si esercita separatamente sopra i frutti, i fitti e le pigioni degli immobili;

3) i crediti degli istituti esercenti il diritto agrario, indicati dai primi due commi dell'art. 2766 (1);

4) i crediti per prestazioni e spese di conservazione e miglioramento di beni mobili, indicati dall'articolo 2756;

5) i crediti per le mercedi dovute ai lavoratori impiegati nelle opere di coltivazione e di raccolta, indicate dall'articolo 2757;

6) i crediti per sementi e materie fertilizzanti e antiparassitarie e per somministrazione di acqua per irrigazione, nonché i crediti per i lavori di coltivazione e di raccolta indicati dall'articolo 2757. Qualora tali crediti vengano in concorso tra loro, sono preferiti quelli di raccolta, seguono quelli di coltivazione e, infine, gli altri crediti indicati dallo stesso articolo;

7) i crediti per i tributi indiretti, indicati dall'articolo 2758, salvo che la legge speciale accordi un diverso grado di preferenza, e i crediti per le imposte sul reddito, indicati dall'articolo 2759;

8) i crediti per contributi dovuti a istituti ed enti per forme di tutela previdenziale e assistenziale indicati dall'articolo 2754, nonché gli accessori, limitatamente al cinquanta per cento del loro ammontare, relativi a tali crediti ed a quelli indicati dal precedente n. 1 del presente articolo;

9) i crediti degli istituti esercenti il credito agrario, indicati dal terzo comma dell'articolo 2766 (2);

10) i crediti dipendenti da reato, indicati dall'articolo 2768, sulle cose sequestrate, nei casi e secondo l'ordine stabiliti dal codice penale e dal codice di procedura penale;

11) i crediti per risarcimento, indicati dall'articolo 2767;

12) i crediti dell'albergatore, indicati dall'articolo 2760;

13) i crediti del vettore, del mandatario, del depositario e del sequestratario, indicati dall'articolo 2761;

14) i crediti del venditore di macchine o della banca per le anticipazioni del prezzo, indicati dall'articolo 2762;

15) i crediti per canoni enfiteutici, indicati dall'articolo 2763;

16) i crediti del locatore e i crediti del concedente dipendenti dai contratti di mezzadria e colonia, indicati rispettivamente dagli articoli 2764 e 2765;

17) i crediti per spese funebri, d'infermità, per somministrazioni ed alimenti, nell'ordine indicato dall'articolo 2751;

18) i crediti dello Stato per tributi diretti, indicati dal primo comma dell'articolo 2752;

19) i crediti dello Stato indicati dal terzo comma dell'articolo 2752;

20) i crediti degli enti locali per tributi, indicati dal quarto comma dell'articolo 2752.

(1) Numero abrogato dall'art. 161 del d.lgs. 1/9/1993, n. 385. V. anche l'art. 44 del d.lgs. n. 385, in materia di credito agrario e peschereccio.
(2) Numero abrogato dall'art. 161 del d.lgs. n. 385.

• La norma stabilisce l'ordine di altri privilegi sui beni mobili diversi da quelli indicati dall'art. 2777.

2779. Concorso dei privilegi con ipoteche sugli autoveicoli.

Se i privilegi indicati dall'articolo precedente concorrono con le ipoteche sugli autoveicoli, menzionate nell'articolo 2810, queste sono posposte ai privilegi menzionati nei primi dieci numeri dell'articolo 2778 e sono preferite a tutti gli altri.

• La norma regola il concorso dei privilegi indicati all'art. 2778 con le ipoteche sugli autoveicoli.

2780. Ordine dei privilegi sugli immobili.

Quando sul prezzo dello stesso immobile concorrono più crediti privilegiati, la prelazione ha luogo secondo l'ordine seguente:

1) i crediti per le imposte sui redditi immobiliari, indicati dall'articolo 2771;

2) i crediti per i contributi, indicati dall'articolo 2775;

3) i crediti dello Stato per le concessioni di acque, indicati dall'articolo 2774;

4) i crediti per i tributi indiretti, indicati dall'articolo 2772;

5) i crediti per l'imposta comunale sull'incremento di valore degli immobili.

5-bis) i crediti del promissario acquirente per mancata esecuzione dei contratti preliminari, indicati all'articolo 2775-bis.

• La norma stabilisce l'ordine dei privilegi sui beni immobili.

2781. Concorso di privilegi speciali con crediti pignoratizi.

Qualora con crediti assistiti da privilegio speciale concorra un credito garantito con pegno e uno dei privilegi debba essere preferito rispetto al pegno, tale privilegio prevale su quegli altri che devono essere posposti al pegno, anche se anteriori di grado.

• La norma riguarda il concorso di privilegi speciali con crediti pignoratizi ed enuncia una regola aggiuntiva rispetto a quella prevista dall'art. 2748, co. 1 (si veda il relativo comm.). • Se in deroga all'art. 2748, co. 1, è prevista dalla legge la prevalenza di un dato privilegio sul pegno esso prevale automaticamente su tutti gli altri privilegi collocati dopo il pegno (a prescinde dall'ordine legale dei privilegi).

2782. Concorso di crediti egualmente privilegiati.

I crediti egualmente privilegiati concorrono tra loro in proporzione del rispettivo importo.

La stessa disposizione si osserva quando concorrono tra loro più crediti privilegiati ai quali le leggi speciali attribuiscono genericamente una prelazione su ogni altro credito.

• La norma regola il concorso di crediti egualmente privilegiati (come ad esempio il credito di due professionisti verso lo stesso cliente) e prevede concorreranno tra loro in maniera proporzionata al rispettivo importo.

2783. Preferenza non determinata dalla legge.

Quando dalla legge non risulta il grado di preferenza di un determinato privilegio speciale, esso prende grado dopo ogni altro privilegio speciale regolato nel codice.

• La norma detta la regola che si applica quando non risulta stabilito dalla legge l'ordine di un determinato privilegio speciale.

2783 bis. Crediti derivanti dall'applicazione dei prelievi di cui agli articoli 49 e 50 del trattato che istituisce la Comunità europea del carbone e dell'acciaio.

I crediti derivanti dall'applicazione dei prelievi di cui agli articoli 49 e 50 del Trattato che istituisce la Comunità europea del carbone e dell'acciaio, nonché dalle relative maggiorazioni di mora, sono equiparati, ai fini dell'applicazione delle disposizioni del presente capo, ai crediti dello Stato per l'imposta sul valore aggiunto.

2783 ter. Crediti dello Stato attinenti alle risorse proprie tradizionali di pertinenza del bilancio generale dell'Unione europea.

I crediti dello Stato attinenti alle risorse proprie tradizionali di cui all'articolo 2, paragrafo 1, lettera a), della decisione n. 2007/436/CE/Euratom del Consiglio, del 7 giugno 2007, di pertinenza del bilancio generale dell'Unione europea sono equiparati, ai fini dell'applicazione delle disposizioni del presente capo, ai crediti dello Stato per l'imposta sul valore aggiunto.

Capo III
Del pegno

Sezione I
Disposizioni generali

2784. Nozione.

Il pegno è costituito a garanzia dell'obbligazione dal debitore o da un terzo per il debitore.

Possono essere dati in pegno i beni mobili, le universalità di mobili, i crediti e altri diritti aventi per oggetto beni mobili.

• Il pegno è, come l'ipoteca, un diritto reale di garanzia tramite cui determinati beni sono destinati a garanzia specifica di un debito. Il pegno è dunque **accessorio** rispetto al credito garantito: non può costituirsi un pegno su un credito inesistente e il pegno si estingue una volta estinto il credito. • Il titolare del diritto di pegno (**creditore pignoratizio**) ha diritto di aggredire il bene anche se trasferito a terzi (**diritto di seguito**) e di soddisfarsi su di esso con preferenza rispetto agli altri creditori (**diritto di prelazione**). In caso di inadempimento del debitore, stante il divieto di patto commissorio (art. 2744), il creditore pignoratizio non diventa proprietario del bene dato in pegno, ma ha diritto di farlo vendere e trattenere dal ricavato quanto basta al soddisfacimento (art. 2796), o di chiederne al giudice l'assegnazione (art. 2798). • Oggetto del pegno possono essere beni mobili, universalità di mobili, crediti o altri diritti mobiliari (ad es., usufrutto), di titolarità del debitore o di un terzo. Deve trattarsi di beni di cui è ammessa l'espropriazione (così, è escluso il pegno su beni demaniali) e di crediti che possano essere ceduti (così, è escluso il pegno su crediti alimentari). Deve altresì trattarsi di cose specifiche ed esistenti: il diritto di garanzia non sorge su un bene futuro o generico fino a quando il bene non viene ad esistenza o non è individuato. Se il pegno ha ad oggetto denaro o altre cose fungibili, si ha **pegno irregolare** e si applica una disciplina specifica (art. 1851). Se è prevista (dalla legge o dalle parti) la possibilità di sostituire i beni originariamente costituiti in garanzia con altri, si ha **pegno rotativo**.

2785. Rinvio a leggi speciali.

Le disposizioni del presente capo non derogano alle leggi speciali concernenti casi e forme particolari di costituzione di pegno, né a quelle concernenti gli istituti autorizzati a fare prestiti sopra pegni.

• Vi sono alcune fattispecie di pegno regolate da leggi speciali che derogano in parte alla disciplina del c.c. Ad es., il pegno su prosciutti (l. n. 401/1985) e su prodotti lattiero-caseari (l. n. 122/2001), il pegno di attività finanziarie (d.lgs. n. 170/2004), il pegno mobiliare non possessorio sui beni destinati all'esercizio dell'impresa (d.l. n. 59/2016), il pegno su prodotti agro-alimentari (d.l. n. 18/2020). • Una speciale regolamentazione è prevista per il credito su pegno (l. n. 745/1938, r.d. n. 1279/1939).

Sezione II
Del pegno dei beni mobili

2786. Costituzione.

Il pegno si costituisce con la consegna al creditore della cosa o del documento che conferisce l'esclusiva disponibilità della cosa.

La cosa o il documento possono essere anche consegnati a un terzo designato dalle parti o possono essere posti in custodia di entrambe, in modo che il costituente sia nell'impossibilità di disporne senza la cooperazione del creditore.

• Il pegno di beni mobili si costituisce con lo **spossessamento** del debitore o del terzo costituente, che perde in tal modo la materiale disponibilità della cosa: il contratto costitutivo del pegno è un contratto reale. Lo spossessamento avviene tramite consegna del bene al creditore o a un terzo custode scelto dalle parti di comune accordo. Lo spossessamento può anche prodursi ponendo la cosa in custodia comune: l'importante è che il costituente non possa disporre del bene senza la cooperazione del creditore. • Lo spossessamento ha lo scopo di impedire al debitore di disporre del bene e ai suoi creditori di aggredirlo. In tal senso si ritiene che lo spossessamento realizzi una **funzione pubblicitaria**, rendendo manifesto ai terzi che il bene non è più nella disponibilità del debitore. • Il requisito dello spossessamento, che deve permanere per tutta la durata del vincolo, presenta inconvenienti laddove il pegno abbia ad oggetto beni necessari al debitore per esercitare la propria attività. Dunque, per consentire al debitore di continuare a utilizzare i beni oggetto di pegno, la legge ha introdotto alcune fattispecie di **pegno non possessorio** (ad es., il pegno sui beni destinati all'esercizio dell'impresa d.l. n. 59/2016), in cui lo spossessamento è sostituito da altri meccanismi pubblicitari (come l'iscrizione in appositi registri).

2787. Prelazione del creditore pignoratizio.
Il creditore ha diritto di farsi pagare con prelazione sulla cosa ricevuta in pegno.
La prelazione non si può far valere se la cosa data in pegno non è rimasta in possesso del creditore o presso il terzo designato dalle parti.
Quando il credito garantito eccede la somma di 2,58 euro, la prelazione non ha luogo se il pegno non risulta da scrittura con data certa, la quale contenga sufficiente indicazione del credito e della cosa.
Se però il pegno risulta da polizza o da altra scrittura di enti che, debitamente autorizzati, compiono professionalmente operazioni di credito su pegno, la data della scrittura può essere accertata con ogni mezzo di prova.

• Il creditore pignoratizio ha diritto di soddisfarsi sul bene ricevuto in pegno con preferenza rispetto agli altri creditori del debitore (**diritto di prelazione**), e questo, di regola, anche se gli altri creditori sono assistiti da privilegio speciale. *Esempio*: se A è debitore di 100 verso B e di 100 verso C e ha costituito in pegno un bene di valore 150 per garantire il credito di B, B potrà far vendere il bene e trattenere 100, mentre C potrà soddisfarsi solo sui rimanenti 50. • Il diritto di prelazione sorge e può essere esercitato purché: (i) vi sia stato e perduri lo spossessamento; (ii) il pegno, qualora il credito garantito ecceda la somma di 2,58 euro (quindi, praticamente, sempre), risulti da atto scritto; (iii) l'atto scritto abbia data certa; *iv*) l'atto scritto contenga una precisa indicazione sia del credito garantito, sia della cosa data in pegno.

2788. Prelazione per il credito degli interessi.
La prelazione ha luogo anche per gli interessi dell'anno in corso alla data del pignoramento o, in mancanza di questo, alla data della notificazione del precetto. La prelazione ha luogo inoltre per gli interessi successivamente maturati, nei limiti della misura legale, fino alla data della vendita.

• Il diritto di prelazione ha luogo non solo per la somma capitale del credito garantito, ma anche per gli interessi, in misura diversa, tuttavia, a seconda del momento in cui essi maturano. La prelazione si estende infatti agli interessi dell'anno in cui ha avvio la procedura esecutiva nella misura convenzionalmente pattuita; per quelli maturati successivamente (e fino alla vendita del bene), nella misura legale.

2789. Rivendicazione della cosa da parte del creditore pignoratizio.
Il creditore che ha perduto il possesso della cosa ricevuta in pegno, oltre le azioni a difesa del possesso, può anche esercitare l'azione di rivendicazione, se questa spetta al costituente.

• La norma indica le azioni che il creditore pignoratizio può esperire per recuperare il bene dato in pegno che gli venga sottratto (oltre all'azione personale nei confronti del debitore in caso di inadempimento del contratto costitutivo del pegno). • Il creditore pignoratizio può, in quanto possessore (egli esercita infatti il potere di fatto sulla cosa in maniera corrispondente all'esercizio di un diritto reale, quale il pegno), esercitare le **azio-**

ni possessorie (in particolare, l'azione di reintegrazione) contro chi lo abbia spogliato del bene e contro i terzi che abbiano acquistato la cosa in mala fede. • Non essendo, invece, proprietario del bene, il creditore pignoratizio non può, *iure proprio*, recuperarlo con l'**azione di rivendicazione**. La legge gli consente tuttavia di esercitare tale azione in via surrogatoria, sostituendosi, cioè, al proprietario costituente il pegno: l'azione potrà dunque essere esercitata solo se spetta al costituente (così, non potrà essere esperita se quest'ultimo ha nel frattempo perso la proprietà del bene).

2790. Conservazione della cosa e spese relative.

Il creditore è tenuto a custodire la cosa ricevuta in pegno, e risponde, secondo le regole generali, della perdita e del deterioramento di essa.

Colui che ha costituito il pegno è tenuto al rimborso delle spese occorse per la conservazione della cosa.

• La norma e gli articoli seguenti dettano le regole per la custodia della cosa data in pegno, che può essere affidata al creditore pignoratizio o a un terzo. • Se la cosa è affidata al creditore, egli è obbligato a custodirla e risponde della perdita e del deterioramento secondo le regole generali in materia di responsabilità contrattuale (art. 1218). Salvo patto contrario, egli non può usare la cosa (al di fuori di quanto necessario per conservarla) né disporne (art. 2792, co. 1); è dunque vietato al creditore pignoratizio dare a propria volta la cosa in pegno per un debito suo o di terzi (**suppegno**) o concederla ad altri in godimento. Il pegno è un infatti un diritto reale di garanzia e non di godimento. Qualora il creditore usi o disponga della cosa al di là dei limiti previsti (abuso della cosa data in pegno), il costituente può sottoporre la cosa a sequestro (art. 2793). • Le norme disciplinano inoltre, in mancanza di patti contrari, la sorte degli arricchimenti e delle spese connessi alla cosa data in pegno. Se la cosa produce **frutti** o **utili**, il creditore pignoratizio può trattenerli, imputandoli prima alle spese e agli interessi e poi al capitale (artt. 2791 e 2792, co. 2). Avendo l'obbligo di custodire la cosa, il creditore potrebbe dover sopportare **spese** per la sua conservazione: esse devono essergli rimborsate dal debitore.

2791. Pegno di cosa fruttifera.

Se è data in pegno una cosa fruttifera, il creditore, salvo patto contrario, ha la facoltà di fare suoi i frutti, imputandoli prima alle spese e agli interessi e poi al capitale.

• V. *sub* art. 2790.

2792. Divieto di uso e disposizione della cosa.

Il creditore non può, senza il consenso del costituente, usare della cosa, salvo che l'uso sia necessario per la conservazione di essa. Egli non può darla in pegno o concederne ad altri il godimento.

In ogni caso, deve imputare l'utile ricavato prima alle spese e agli interessi e poi al capitale.

• V. *sub* art. 2790.

2793. Sequestro della cosa.

Se il creditore abusa della cosa data in pegno, il costituente può domandarne il sequestro.

• V. *sub* art. 2790.

2794. Restituzione della cosa.

Colui che ha costituito il pegno non può esigerne la restituzione, se non sono stati interamente pagati il capitale e gli interessi e non sono state rimborsate le spese relative al debito e al pegno.

Se il pegno è stato costituito dal debitore e questi ha verso lo stesso creditore un altro debito sorto dopo la costituzione del pegno e scaduto prima che sia pagato il debito anteriore, il creditore ha soltanto il diritto di ritenzione a garanzia del nuovo credito.

• La norma disciplina la restituzione della cosa data in pegno. Essa deve essere restituita solo dopo che il debito garantito è stato interamente adempiuto (sia per il capitale che per gli interessi) e le spese (relative al debito: ad es., per la riscossione; o alla cosa data in pegno: ad es., per la conservazione del bene) rimborsate. Sino a tale momento il creditore pignoratizio ha diritto di ritenere la cosa (**diritto di ritenzione**). • Se nel periodo in cui la cosa è concessa in pegno sorge un nuovo debito tra le medesime parti, il pegno non si estende a garanzia del nuovo credito: questo significa che il creditore non ha diritto di soddisfarsi prioritariamente sulla cosa con riguardo al nuovo debito, ma può solo ritenerla fino a che esso non è adempiuto.

2795. Vendita anticipata.

Se la cosa data in pegno si deteriora in modo da far temere che essa divenga insufficiente alla sicurezza del creditore, questi, previo avviso a colui che ha costituito il pegno, può chiedere al giudice l'autorizzazione a vendere la cosa.

Con il provvedimento che autorizza la vendita il giudice dispone anche circa il deposito del prezzo a garanzia del credito. Il costituente può evitare la vendita e farsi restituire il pegno, offrendo altra garanzia reale che il giudice riconosca idonea.

Il costituente può del pari, in caso di deterioramento o di diminuzione di valore della cosa data in pegno, domandare al giudice l'autorizzazione a venderla oppure chiedere la restituzione del pegno, offrendo altra garanzia reale che il giudice riconosca idonea.

Il costituente può chiedere al giudice l'autorizzazione a vendere la cosa, qualora si presenti un'occasione favorevole. Con il provvedimento di autorizzazione il giudice dispone le condizioni della vendita e il deposito del prezzo.

• Di norma il creditore pignoratizio può far vendere la cosa data in pegno solo alla scadenza del credito garantito, se questo non è adempiuto. In alcuni casi è tuttavia possibile procedere a una vendita anticipata, a iniziativa del creditore o del costituente. • Il creditore pignoratizio può far vendere anticipatamente la cosa quando essa si deteriora al punto da far temere che il suo valore non sia più sufficiente a garantire il soddisfacimento. Il costituente può evitare la vendita offrendo un'altra idonea garanzia reale. Ad ogni modo, se la cosa non è più sufficiente a garantire il credito, in mancanza di un'altra idonea garanzia il creditore può chiedere il pagamento immediato del credito (art. 2743). • Anche il costituente può avere interesse a una vendita anticipata, in quanto anch'egli ha interesse a realizzare il valore del bene. Il costituente ha così diritto di far vendere anticipatamente il bene quando (i) la cosa si deteriora o perde valore (in questo caso il costituente può chiedere, in alternativa, di sostituire la cosa data in pegno con altra garanzia reale); (ii) si presenti un'occasione di vendita favorevole. • In ogni caso, la vendita anticipata deve essere autorizzata dal giudice, il quale dispone anche in merito al deposito del prezzo.

2796. Vendita della cosa.

Il creditore per il conseguimento di quanto gli è dovuto può far vendere la cosa ricevuta in pegno secondo le forme stabilite dall'articolo seguente.

• Alla scadenza del credito garantito, se il debitore non adempie, il creditore pignoratizio in possesso del bene ha diritto di farlo vendere e soddisfarsi sul ricavato con precedenza rispetto agli altri creditori (**diritto di prelazione**). La prelazione permane anche nel caso in cui siano altri creditori a far vendere il bene. L'eventuale residuo dovrà in ogni caso essere restituito al costituente. • La vendita può avvenire, a scelta del creditore, o secondo le forme previste dall'art. 2797, o secondo quelle ordinarie dell'esecuzione forzata di cui all'art. 502 c.p.c.

2797. Forme della vendita.

Prima di procedere alla vendita il creditore, a mezzo di ufficiale giudiziario, deve intimare al debitore di pagare il debito e gli accessori, avvertendolo che, in mancanza, si procederà alla vendita. L'intimazione deve essere notificata anche al terzo che abbia costituito il pegno.

Se entro cinque giorni dall'intimazione non è proposta opposizione, o se questa è rigettata, il creditore può far vendere la cosa al pubblico incanto, o, se la cosa ha un prezzo di mercato, anche a prezzo corrente, a mezzo di persona autorizzata a tali atti. Se il debitore non ha residenza o domicilio eletto nel luogo di residenza del creditore, il termine per l'opposizione è determinato a norma dell'articolo 166 del codice di procedura civile.

Il giudice, sull'opposizione del costituente, può limitare la vendita a quella tra più cose date in pegno, il cui valore basti a pagare il debito.

Per la vendita della cosa data in pegno le parti possono convenire forme diverse.

• Al fine di garantire un giusto realizzo del valore del bene ed evitare abusi, la norma stabilisce che la vendita debba avvenire secondo determinate modalità, disciplinando una forma di autotutela esecutiva a carattere negoziale alternativa rispetto all'esecuzione forzata ordinaria. Si tratta di un'"**esecuzione privata**", in cui l'intervento del giudice è solo eventuale. • La vendita deve avvenire ai pubblici incanti o, se la cosa ha un prezzo corrente di mercato, anche senza incanto ma tramite soggetti autorizzati. Essa deve inoltre essere preceduta da una formale intimazione al debitore (da notificarsi anche al terzo costituente il pegno) in modo da consentirgli di adempiere spontaneamente o di proporre opposizione innanzi al giudice al fine di evitare la vendita del bene. • Le parti di comune accordo possono prevedere forme per la vendita diverse da quelle di cui all'art. 2797.

2798. Assegnazione della cosa in pagamento.

Il creditore può sempre domandare al giudice che la cosa gli venga assegnata in pagamento fino alla concorrenza del debito, secondo la stima da farsi con perizia o secondo il prezzo corrente, se la cosa ha un prezzo di mercato.

• In alternativa rispetto alla vendita del bene, il creditore pignoratizio può, alla scadenza del credito garantito e se il debitore non adempie, chiedere al giudice l'assegnazione della cosa in pagamento. In tal caso, previa autorizzazione giudiziale, il bene diventa di proprietà del creditore, ma, se il suo valore supera quello del credito garantito, il debitore ha diritto al conguaglio. • Al fine di evitare indebiti arricchimenti del creditore, non solo l'assegnazione deve essere autorizzata dal giudice, ma il valore della cosa, rispetto a cui valutare la consistenza dell'eventuale conguaglio in favore del debitore, deve essere stimato da un perito o, se la cosa ha un valore di mercato, al prezzo corrente.

2799. Indivisibilità del pegno.

Il pegno è indivisibile e garantisce il credito finché questo non è integralmente soddisfatto, anche se il debito o la cosa data in pegno è divisibile.

• La norma pone il principio di **indivisibilità del pegno**, per cui il pegno garantisce nella sua totalità il credito sino alla sua integrale soddisfazione. Il costituente non può dunque chiedere la restituzione di parte della cosa, se questa è divisibile, qualora il debito sia parzialmente adempiuto, ma il pegno continuerà a gravare sull'intero bene fino a quanto il creditore non sia soddisfatto per l'intero.

Sezione III

Del pegno di crediti e di altri diritti

2800. Condizioni della prelazione.

Nel pegno di crediti la prelazione non ha luogo, se non quando il pegno risulta da atto scritto e la costituzione di esso è stata notificata al debitore del credito dato in pegno ovvero è stata da questo accettata con scrittura avente data certa.

• I requisiti previsti per il sorgere del diritto di prelazione in favore del creditore pignoratizio differiscono a seconda che il pegno sia su beni mobili o su crediti. • Nel caso di pegno su crediti, la prelazione ha luogo se (i) il pegno risulta da atto scritto e (ii) la costituzione del pegno è stata notificata al debitore del credito dato in pegno o tale debitore l'ha accettata con atto avente data certa. La notifica al debitore o la sua accettazione assolvono dunque, in caso di pegno su crediti, funzione analoga a quella svolta dallo spossessamento nel pegno su beni mobili. • Se lo stesso credito è dato in pegno a più creditori, prevale il pegno per primo notificato al debitore o da costui accettato con atto di data certa (art. 1265, co. 2).

2801. Consegna del documento.
Se il credito costituito in pegno risulta da un documento, il costituente è tenuto a consegnarlo al creditore.

2802. Riscossione d'interessi e di prestazioni periodiche.
Il creditore pignoratizio è tenuto a riscuotere gli interessi del credito o le altre prestazioni periodiche, imputandone l'ammontare in primo luogo alle spese e agli interessi e poi al capitale. Egli è tenuto a compiere gli atti conservativi del credito ricevuto in pegno.

• Come il creditore pignoratizio di beni mobili, anche il creditore pignoratizio di crediti è tenuto alla conservazione di quanto dato in pegno. Egli deve dunque compiere gli atti conservativi del credito (ad es., quanto necessario a interrompere la prescrizione) e riscuotere gli interessi e le altre prestazioni periodiche, che (come nel caso di frutti e utili dei beni mobili dati in pegno) può trattenere, senza devolverli al debitore, imputandoli prima alle spese e agli interessi e poi al capitale.

2803. Riscossione del credito dato in pegno.
Il creditore pignoratizio è tenuto a riscuotere, alla scadenza, il credito ricevuto in pegno e, se questo ha per oggetto danaro o altre cose fungibili, deve, a richiesta del debitore, effettuarne il deposito nel luogo stabilito d'accordo o altrimenti determinato dall'autorità giudiziaria. Se il credito garantito è scaduto, il creditore può ritenere del danaro ricevuto quanto basta per il soddisfacimento delle sue ragioni e restituire il residuo al costituente o, se si tratta di cose diverse dal danaro, può farle vendere o chiederne l'assegnazione secondo le norme degli articoli 2797 e 2798.

• Nel caso di pegno su crediti, vi sono due crediti: quello garantito e quello dato in pegno. Se il credito dato in pegno scade prima di quello garantito, il creditore pignoratizio (tenuto alla conservazione del credito) deve riscuoterlo. • In tal caso, se il credito garantito è scaduto, il creditore pignoratizio può soddisfarsi trattenendo quanto basta del denaro riscosso e restituendo al debitore il residuo; se l'oggetto del credito dato in pegno è diverso dal denaro, il creditore non può trattenere quanto riscosso ma può farlo vendere o chiederne l'assegnazione secondo le regole previste per il pegno di beni mobili. • Se invece il credito garantito non è scaduto, il creditore pignoratizio è tenuto alla custodia di quanto riscosso, salvo che il debitore chieda il deposito presso un terzo. • Se è il debitore a riscuotere il credito dato in pegno, quanto riscosso deve essere consegnato al creditore o depositato presso un terzo.

2804. Assegnazione o vendita del credito dato in pegno.
Il creditore pignoratizio non soddisfatto può in ogni caso chiedere che gli sia assegnato in pagamento il credito ricevuto in pegno, fino a concorrenza del suo credito.
Se il credito non è ancora scaduto, egli può anche farlo vendere nelle forme stabilite dall'articolo 2797.

• Alla scadenza del credito garantito, se il debitore non adempie e se il credito dato in pegno non è ancora stato riscosso, il creditore pignoratizio può chiedere l'assegnazione in pagamento: in tal caso, il debitore del credito dato in pegno adempie nelle mani del creditore pignoratizio, che restituisce l'eccedenza al debitore. • In alternativa, il creditore pignoratizio può far vendere il credito dato in pegno, non ancora scaduto, secondo quanto previsto per il pegno su beni mobili.

2805. Eccezioni opponibili dal debitore del credito dato in pegno.
Il debitore del credito dato in pegno può opporre al creditore pignoratizio le eccezioni che gli spetterebbero contro il proprio creditore.
Se il debitore medesimo ha accettato senza riserve la costituzione del pegno, non può opporre al creditore pignoratizio la compensazione verificatasi anteriormente.

• Il creditore pignoratizio si può trovare a dover riscuotere il credito dato in pegno. La norma disciplina in tal caso le eccezioni che il debitore del debito dato in pegno può opporre al creditore pignoratizio. • Sono opponibili al creditore pignoratizio tutte le eccezioni che il debitore del credito dato in pegno avrebbe potuto opporre al proprio creditore. Così, se A dà in pegno a B il proprio credito verso C, C può opporre a B tutte le eccezioni che gli spetterebbero verso A. • Una diversa regola si ha in caso di compensazione: se prima della costituzione del pegno si era verificata una compensazione del credito di A verso C, ma C ha accettato senza riserve la costituzione del pegno, allora C non può opporre la compensazione a B.

2806. Pegno di diritti diversi dai crediti.

Il pegno di diritti diversi dai crediti si costituisce nella forma rispettivamente richiesta per il trasferimento dei diritti stessi, fermo il disposto del terzo comma dell'articolo 2787.

Sono salve le disposizioni delle leggi speciali.

• La norma ha riguardo al pegno su diritti diversi da crediti, rimandando, per la costituzione del pegno, alle forme previste per il trasferimento di ciascun diritto, ferma la forma scritta se il credito garantito eccede i 2,58 euro. Così, ad es., per il pegno su brevetti, marchi o diritto d'autore.

2807. Norme applicabili al pegno di crediti.

Per tutto ciò che non è regolato nella presente sezione si osservano, in quanto applicabili, le norme della sezione precedente.

Capo IV
Delle ipoteche

Sezione I
Disposizioni generali

2808. Costituzione ed effetti dell'ipoteca.

L'ipoteca attribuisce al creditore il diritto di espropriare, anche in confronto del terzo acquirente, i beni vincolati a garanzia del suo credito e di essere soddisfatto con preferenza sul prezzo ricavato dall'espropriazione.

L'ipoteca può avere per oggetto beni del debitore o di un terzo e si costituisce mediante iscrizione nei registri immobiliari.

L'ipoteca è legale, giudiziale o volontaria.

• L'ipoteca è, come il pegno, un diritto reale di garanzia tramite cui determinati beni (del debitore o di un terzo) sono destinati a garanzia specifica di un credito, rispetto a cui l'ipoteca è dunque **accessoria**. • Per quanto riguarda la costituzione, l'ipoteca si costituisce con **l'iscrizione** nei pubblici registri immobiliari. Si tratta di una forma di **pubblicità costitutiva**: l'ipoteca non sorge (né con riguardo ai rapporti tra le parti, né rispetto ai terzi) se non con l'iscrizione. Per poter effettuare l'iscrizione occorre tuttavia un titolo che la giustifichi, che dia diritto all'iscrizione: esso è costituito da una previsione normativa (**ipoteca legale**, art. 2817), da un provvedimento giudiziale (**ipoteca giudiziale**, art. 2818) o da un atto di autonomia privata (**ipoteca volontaria**, art. 2821). • Per quanto riguarda gli effetti, il creditore ipotecario ha diritto, in caso di inadempimento del debitore, di espropriare e far vendere il bene ipotecato e soddisfarsi sul ricavato in via preferenziale rispetto agli altri creditori (**diritto di prelazione**), e questo anche se il bene è stato trasferito a terzi (**diritto di seguito**).

2809. Specialità e indivisibilità dell'ipoteca.

L'ipoteca deve essere iscritta su beni specialmente indicati e per una somma determinata in danaro.

Essa è indivisibile e sussiste per intero sopra tutti i beni vincolati, sopra ciascuno di essi e sopra ogni loro parte.

• La norma pone i principi di specialità e indivisibilità dell'ipoteca. • Il principio di **specialità** riguarda sia il bene oggetto di ipoteca, che deve essere determinato (non sono ammesse ipoteche generali), sia il credito garantito, per cui occorre indicare la somma determinata in denaro a garanzia della quale l'ipoteca è iscritta. Tale somma costituisce il limite della garanzia ipotecaria e può coincidere o meno con l'importo del credito garantito. • Per il principio di **indivisibilità**, l'ipoteca sussiste per intero su tutti i beni vincolati, su ciascuno di essi e su ogni loro parte: dunque, il perimento di uno dei beni ipotecati (o di una loro parte) o il parziale adempimento del credito garantito non comportano una diminuzione della garanzia, e se vi sono più beni sottoposti a ipoteca il creditore può soddisfarsi su uno solo di essi a sua scelta per l'intero.

2810. Oggetto dell'ipoteca.

Sono capaci d'ipoteca:

1) i beni immobili che sono in commercio con le loro pertinenze;

2) l'usufrutto dei beni stessi;

3) il diritto di superficie;

4) il diritto dell'enfiteuta e quello del concedente sul fondo enfiteutico.

Sono anche capaci d'ipoteca le rendite dello Stato nel modo determinato dalle leggi relative al debito pubblico, e inoltre le navi, gli aeromobili e gli autoveicoli, secondo le leggi che li riguardano.

Sono considerati ipoteche i privilegi iscritti sugli autoveicoli a norma della legge speciale.

• L'ipoteca si differenzia dal pegno per l'oggetto, costituto, per l'ipoteca (visto il requisito dell'iscrizione), da beni per cui esistono pubblici registri, in particolare: (i) **beni immobili** (con le loro pertinenze) in commercio (sono esclusi i beni demaniali e quelli del patrimonio pubblico indisponibile); (ii) alcuni **diritti reali minori su beni immobili** (usufrutto, superficie, diritto dell'enfiteuta e diritto del concedente sul fondo enfiteutico), con esclusione di servitù (non espropriabile separatamente dal fondo dominante) e, in ragione del loro carattere personale, uso e abitazione; (iii) **rendite dello Stato** e (iv) **beni mobili registrati** (navi, aeromobili e autoveicoli), per i quali vige però una regolamentazione speciale. • Possono essere oggetto di ipoteca anche **porzioni** di beni immobili, purché suscettibili di autonoma individuazione e godimento separato, e **quote** di beni indivisi soggetti a comunione (art. 2825). • Per quanto riguarda beni altrui e futuri, essi possono essere concessi in ipoteca ma non si può procedere a iscrizione (dunque l'ipoteca non si costituisce) sino a quanto il concedente non acquista la cosa (in caso di **bene altrui**, art. 2822) o la cosa non viene ad esistenza (in caso di **bene futuro**, art. 2823). • Se dopo l'iscrizione dell'ipoteca il bene è sottoposto a interventi migliorativi o si accresce per accessione, di regola l'ipoteca si estende ai miglioramenti e alle accessioni (art. 2811). *Esempio*: l'ipoteca si estende all'edificio costruito sul fondo ipotecato.

2811. Miglioramenti e accessioni.

L'ipoteca si estende ai miglioramenti, nonché alle costruzioni e alle altre accessioni dell'immobile ipotecato, salve le eccezioni stabilite dalla legge.

• V. *sub* art. 2810.

2812. Diritti costituiti sulla cosa ipotecata.

Le servitù di cui sia stata trascritta la costituzione dopo l'iscrizione dell'ipoteca non sono opponibili al creditore ipotecario, il quale può far subastare la cosa come libera. La stessa disposizione si applica per i diritti di usufrutto, di uso e di abitazione.

Tali diritti si estinguono con la espropriazione del fondo e i titolari sono ammessi a far valere le loro ragioni sul ricavato, con preferenza rispetto alle ipoteche iscritte posteriormente alla trascrizione dei diritti medesimi.

Per coloro che hanno acquistato il diritto di superficie o il diritto d'enfiteusi sui beni soggetti all'ipoteca e hanno trascritto l'acquisto posteriormente all'iscrizione dell'ipoteca, si osservano le disposizioni relative ai terzi acquirenti.

Le cessioni e le liberazioni di pigioni e di fitti non scaduti, che non siano trascritte o siano inferiori al triennio, sono opponibili ai creditori ipotecari solo se hanno data certa anteriore al pignoramento e per un termine non superiore a un anno dal giorno del pignoramento.

Le cessioni e le liberazioni trascritte non sono opponibili ai creditori ipotecari anteriori alla trascrizione, se non per il termine stabilito dal comma precedente.

• La norma disciplina il caso in cui il debitore o terzo datore disponga del bene dopo la costituzione dell'ipoteca. Se il bene è trasferito a terzi, il creditore ipotecario, in virtù del diritto di seguito, mantiene la facoltà di far espropriare il bene. Se sul bene sono costituiti diritti reali minori, si applica la disciplina prevista da questa norma. • I diritti di **servitù**, **usufrutto**, **uso** e **abitazione** trascritti dopo l'iscrizione dell'ipoteca non sono opponibili al creditore ipotecario, che può dunque far vendere la cosa come libera, e si estinguono con l'espropriazione del bene. A tutela dei terzi titolari di tali diritti, la norma prevede la facoltà per gli stessi di soddisfarsi sul ricavato della vendita del bene ipotecato con preferenza rispetto alle ipoteche iscritte dopo la trascrizione del loro diritto (ma non con preferenza rispetto alle ipoteche iscritte prima, rispetto a cui tali diritti non sono opponibili). • Ai titolari di diritti di **superficie** o di **enfiteusi** trascritti dopo l'iscrizione dell'ipoteca si applicano invece le regole previste per i terzi acquirenti (art. 2858), con conseguente attribuzione della facoltà di evitare l'espropriazione pagando i crediti garantiti, rilasciando i beni ai creditori o liberando il bene dall'ipoteca tramite la c.d. purgazione. • La norma disciplina infine il caso in cui il bene ipotecato sia locato e vi sia stata una liberazione o cessione di fitti o pigioni non scaduti, limitandone l'opponibilità ai creditori ipotecari. L'opponibilità al creditore ipotecario delle locazioni sul bene è invece regolata dall'art. 2923.

2813. Pericolo di danno alle cose ipotecate.

Qualora il debitore o un terzo compia atti da cui possa derivare il perimento o il deterioramento dei beni ipotecati, il creditore può domandare all'autorità giudiziaria che ordini la cessazione di tali atti o disponga le cautele necessarie per evitare il pregiudizio della sua garanzia.

• La norma attribuisce al creditore ipotecario il diritto di agire in giudizio in caso di **pericolo di danno** ai beni ipotecati (non è dunque necessario un danno attuale), proveniente dal debitore o da terzi, per cui i beni rischino di perire o deteriorarsi. Il giudice può adottare un provvedimento inibitorio, ordinando la cessazione degli atti potenzialmente dannosi, e anche disporre le cautele necessarie a evitare il pregiudizio della garanzia del creditore. • Se il bene ipotecato perisce o si deteriora in modo da non garantire più la soddisfazione del creditore, questi può esercitare i rimedi di cui all'art. 2743.

2814. Ipoteca sull'usufrutto e sulla nuda proprietà.

Le ipoteche costituite sull'usufrutto si estinguono col cessare di questo. Tuttavia, se la cessazione si verifica per rinunzia o per abuso da parte dell'usufruttuario ovvero per acquisto della nuda proprietà da parte del medesimo, l'ipoteca perdura fino a che non si verifichi l'evento che avrebbe altrimenti prodotto l'estinzione dell'usufrutto.

Se la nuda proprietà è gravata da ipoteca, questa, avvenendo l'estinzione dell'usufrutto, si estende alla piena proprietà. Ma nei casi in cui, secondo la disposizione del comma precedente, perdura l'ipoteca costituita sull'usufrutto, l'estensione non pregiudica il credito garantito con l'ipoteca stessa.

• La norma disciplina il caso in cui l'ipoteca gravi sull'usufrutto o sulla nuda proprietà. • In caso di ipoteca **sull'usufrutto**, di regola, per il principio di accessorietà, l'ipoteca si estingue all'estinguersi dell'usufrutto. La norma detta però un'eccezione, prevedendo che l'ipoteca non si estingue se l'usufrutto si estingue per abuso o per rinuncia dell'usufruttuario: la *ratio* è quella di non far gravare in danno al creditore ipotecario le condotte dell'usufruttuario che determinano una perdita del diritto di usufrutto. Allo stesso modo, l'ipoteca non si estingue se l'usufrutto viene meno per confusione. • L'ipoteca sulla **nuda proprietà** si estende alla proprietà piena in caso di estinzione dell'usufrutto (che comporta il consolidarsi della piena proprietà in capo al nudo proprietario), ma non pregiudica l'eventuale ipoteca costituita sull'usufrutto.

2815. Ipoteca sul diritto del concedente e sul diritto dell'enfiteuta.

Nel caso di affrancazione, le ipoteche gravanti sul diritto del concedente si risolvono sul prezzo dovuto per l'affrancazione; le ipoteche gravanti sul diritto dell'enfiteuta si estendono alla piena proprietà.

Nel caso di devoluzione o di cessazione dell'enfiteusi per decorso del termine, le ipoteche gravanti sul diritto dell'enfiteuta si risolvono sul prezzo dovuto per i miglioramenti, senza deduzione di quanto è dovuto al concedente per i canoni non soddisfatti. Il prezzo dei miglioramenti, se da atto scritto non risulta concordato con i creditori ipotecari, deve determinarsi giudizialmente, anche in contraddittorio dei medesimi. Le ipoteche gravanti sul diritto del concedente si estendono alla piena proprietà.

Quando l'enfiteusi si estingue per prescrizione, si estinguono le ipoteche che gravano sul diritto dell'enfiteuta.

Se per causa diversa da quelle sopra indicate vengono a riunirsi in una medesima persona il diritto del concedente e il diritto dell'enfiteuta, le ipoteche gravanti sull'uno e sull'altro continuano a gravarli separatamente; ma se l'ipoteca grava soltanto sull'uno o sull'altro diritto, essa si estende alla piena proprietà.

• In caso di **enfiteusi**, l'ipoteca può gravare sia sul diritto dell'enfiteuta, sia su quello del concedente sul fondo enfiteutico. La norma detta un'articolata disciplina volta a regolare la sorte dell'ipoteca nel caso di estinzione dell'enfiteusi, che può comportare l'attribuzione della piena proprietà all'enfiteuta o al concedente e il diritto a una somma di denaro alla parte che perde ogni diritto reale sul bene. A seconda del diritto su cui grava l'ipoteca (del concedente o dell'enfiteuta) e degli effetti dell'estinzione, l'ipoteca si estenderà alla piena proprietà del bene o si risolverà sulla somma di denaro dovuta.

2816. Ipoteca sul diritto di superficie.

Le ipoteche che hanno per oggetto il diritto di superficie si estinguono nel caso di devoluzione della superficie al proprietario del suolo per decorso del termine. Se però il superficiario ha diritto a un corrispettivo, le ipoteche iscritte contro di lui si risolvono sul corrispettivo medesimo.

Le ipoteche iscritte contro il proprietario del suolo non si estendono alla superficie.

Se per altre cause si riuniscono nella medesima persona il diritto del proprietario del suolo e quello del superficiario, le ipoteche sull'uno e sull'altro diritto continuano a gravare separatamente i diritti stessi.

• La norma disciplina la sorte dell'ipoteca sul diritto di **superficie** o sul suolo in caso di estinzione della superficie che comporti il consolidamento della proprietà. In tal caso, di regola, l'ipoteca sulla superficie e/o quella sul suolo continuano a gravare separatamente sul bene. • Un'eccezione è prevista, e dunque l'ipoteca sulla superficie si estingue, laddove il diritto di superficie si estingua per decorso del termine con conseguente devoluzione al proprietario del suolo; ma se il superficiario ha diritto a un corrispettivo l'ipoteca si risolve su di esso. • L'ipoteca sul suolo, se iscritta dopo la trascrizione dell'atto costitutivo del diritto di superficie, non si estende alla superficie.

Sezione II
Dell'ipoteca legale

2817. Persone a cui compete.

Hanno ipoteca legale:

1) l'alienante sopra gli immobili alienati per l'adempimento degli obblighi che derivano dall'atto di alienazione;

2) i coeredi, i soci ed altri condividenti per il pagamento dei conguagli sopra gli immobili assegnati ai condividenti ai quali incombe tale obbligo;

3) lo Stato sopra i beni dell'imputato e della persona civilmente responsabile, secondo le disposizioni del codice penale e del codice di procedura penale.

• La legge attribuisce ad alcuni creditori il diritto di iscrivere ipoteca su determinati beni senza che sia necessario il consenso del debitore e, anzi, anche contro la sua volontà (**ipoteca legale**). • Si ha ipoteca legale in favore (i) dell'alienante sugli immobili alienati per i crediti scaturenti dall'atto di alienazione (*Esempio*: se A vende a B il bene X, A ha diritto di iscrivere ipoteca su X a garanzia del pagamento del prezzo); (ii) ai coeredi, ai soci e agli altri condividenti sugli immobili assegnati ai condividenti per il pagamento dei conguagli (*Esempio*: se A e B sono comproprietari del bene X e in sede di divisione X è assegnato ad A con obbligo di corrispondere un conguaglio a B, B ha diritto di iscrivere ipoteca su X a garanzia del pagamento del conguaglio). • Sono state abrogate le norme del codice penale di cui al n. 3). • Non solo il creditore ha diritto in questi casi di chiedere l'iscrizione d'ipoteca, ma l'ipoteca è iscritta **d'ufficio** alla trascrizione dell'atto di alienazione o divisione, a meno che non sia contestualmente presentato un atto da cui risulti che gli obblighi che l'ipoteca dovrebbe garantire già sono stati adempiuti o che vi è stata rinuncia all'ipoteca (art. 2834). Peraltro, se l'iscrizione dell'ipoteca avviene contestualmente alla trascrizione dell'atto di alienazione o divisione, l'ipoteca legale prevale anche sulle iscrizioni e trascrizioni anteriori (art. 2650, co. 3).

Sezione III
Dell'ipoteca giudiziale

2818. Provvedimenti da cui deriva.

Ogni sentenza che porta condanna al pagamento di una somma o all'adempimento di altra obbligazione ovvero al risarcimento dei danni da liquidarsi successivamente è titolo per iscrivere ipoteca sui beni del debitore.

Lo stesso ha luogo per gli altri provvedimenti giudiziali ai quali la legge attribuisce tale effetto.

• In caso di **ipoteca giudiziale** il titolo per iscrivere ipoteca è costituito da un provvedimento giudiziale che condanni al pagamento di una somma di denaro, all'adempimento di un'altra obbligazione o al risarcimento dei danni da liquidarsi successivamente. • Non è necessario che la sentenza sia passata in giudicato, né che sia esecutiva. È possibile iscrivere ipoteca anche sulla base di un **lodo arbitrale**, ma esso deve essere stato reso esecutivo (art. 2819), e sulla base di una **sentenza straniera**, ma solo se riconosciuta nell'ordinamento italiano (art. 2820). • Oggetto dell'ipoteca sono i beni del debitore genericamente indicati. Il creditore può dunque scegliere su quali beni immobili far gravare il vincolo, scegliendo sia tra quelli già presenti nel patrimonio del debitore al momento della condanna, sia su quelli che gli pervengono successivamente (art. 2828). Il debitore ha però diritto di chiedere la **riduzione** dell'ipoteca, con conseguente restringimento dell'iscrizione a una parte dei beni originariamente ipotecati, se il valore di questi ultimi eccede una determinata soglia rispetto al credito garantito (art. 2874).

2819. Sentenze arbitrali.

Si può iscrivere ipoteca in base al lodo degli arbitri, quando è stato reso esecutivo.

• V. *sub* art. 2818.

2820. Sentenze straniere.

Si può parimenti iscrivere ipoteca in base alle sentenze pronunziate dalle autorità giudiziarie straniere, dopo che ne è stata dichiarata l'efficacia dall'autorità giudiziaria italiana, salvo che le convenzioni internazionali dispongano diversamente.

• V. *sub* art. 2818.

Sezione IV
Dell'ipoteca volontaria

2821. Concessione d'ipoteca.

L'ipoteca può essere concessa anche mediante dichiarazione unilaterale. La concessione deve farsi per atto pubblico o per scrittura privata, sotto pena di nullità.

Non può essere concessa per testamento.

• In caso di **ipoteca volontaria** il titolo per iscrivere ipoteca è costituito da un contratto o da un atto unilaterale (tra vivi, non è infatti ammesso il testamento) del debitore o del terzo datore. • La forma, *ad substantiam*, prevista per la concessione d'ipoteca è l'atto pubblico o la scrittura privata. La forma della concessione non coincide con la forma necessaria all'iscrizione, per la quale occorre l'atto pubblico o la scrittura privata autenticata (dunque, se la concessione risulta da una scrittura privata, essa deve essere autenticata per potersi procedere all'iscrizione, art. 2835). • Per quanto riguarda il contenuto, l'atto di concessione deve designare in maniera specifica l'immobile ipotecato (art. 2826).

2822. Ipoteca su beni altrui.

Se l'ipoteca è concessa da chi non è proprietario della cosa, l'iscrizione può essere validamente presa solo quando la cosa è acquistata dal concedente.

Se l'ipoteca è concessa da persona che agisce come rappresentante senza averne la qualità, l'iscrizione può essere validamente presa solo quando il proprietario ha ratificato la concessione.

• L'ipoteca può essere concessa da chi non è proprietario del bene (**ipoteca su beni altrui**). Non può però procedersi all'iscrizione, e dunque l'ipoteca non si costituisce, sino a quanto il concedente non acquista la cosa. • Allo stesso modo, se l'ipoteca è concessa dal rappresentante senza poteri, la garanzia può iscriversi solo se il proprietario (falso rappresentato) ratifica la concessione.

2823. Ipoteca su beni futuri.

L'ipoteca su cosa futura può essere validamente iscritta solo quando la cosa è venuta a esistenza.

• V. *sub* art. 2810.

2824. Ipoteca iscritta in base a titolo annullabile.

L'iscrizione d'ipoteca eseguita in virtù di un titolo annullabile rimane convalidata con la convalida del titolo.

• Di regola, l'invalidità del titolo per iscrivere ipoteca si ripercuote sulla validità dell'iscrizione. Così, l'iscrizione fondata su un titolo nullo non produce effetto. Allo stesso modo, l'iscrizione fondata su un titolo annullabile produce effetto sino a che il titolo non è annullato (il contratto annullabile è infatti efficace sino all'annullamento per sentenza del giudice, che ha però efficacia retroattiva) e, se il titolo è convalidato, rimane convalidata anche l'iscrizione.

2825. Ipoteca su beni indivisi.

L'ipoteca costituita sulla propria quota da uno dei partecipanti alla comunione produce effetto rispetto a quei beni o a quella porzione di beni che a lui verranno assegnati nella divisione.

Se nella divisione sono assegnati a un partecipante beni diversi da quello da lui ipotecato, l'ipoteca si trasferisce su questi altri beni, col grado derivante dall'originaria iscrizione e nei limiti del valore del bene in precedenza ipotecato, quale risulta dalla divisione, purché l'ipoteca sia nuovamente iscritta con la indicazione di detto valore entro novanta giorni dalla trascrizione della divisione medesima.

Il trasferimento però non pregiudica le ipoteche iscritte contro tutti i partecipanti, né l'ipoteca legale spettante ai condividenti per i conguagli.

I creditori ipotecari e i cessionari di un partecipante, al quale siano stati assegnati beni diversi

da quelli ipotecati o ceduti, possono far valere le loro ragioni anche sulle somme a lui dovute per conguagli o, qualora sia stata attribuita una somma di danaro in luogo di beni in natura, possono far valere le loro ragioni su tale somma, con prelazione determinata dalla data di iscrizione o di trascrizione dei titoli rispettivi, nel limite però del valore dei beni precedentemente ipotecati o ceduti.
I debitori delle somme sono tuttavia liberati quando le abbiano pagate al condividente dopo trenta giorni da che la divisione è stata notificata ai creditori ipotecari o ai cessionari senza che da costoro sia stata fatta opposizione.

• La norma disciplina l'ipoteca costituita sulla **quota** di comproprietà di un bene indiviso. • Se il bene è in comunione, su di esso può iscriversi ipoteca solo con il consenso di tutti i partecipanti alla comunione (salvo l'art. 1108, co. 4). Ciascun comproprietario può invece costituire ipoteca sulla propria quota. In tal caso, l'ipoteca produce effetto sui beni o sulla porzione di beni assegnati al concedente in sede di divisione della comunione. Se tali beni coincidono con quelli ipotecati, *nulla quaestio*. Se invece essi sono diversi, l'ipoteca si trasferisce sui diversi beni assegnati mantenendo il grado dell'iscrizione originaria (purché iscritta nuovamente entro novanta giorni dalla trascrizione della divisione): se il valore di tali beni supera quello del bene originariamente ipotecato, l'ipoteca ha effetti nei limiti del valore di quest'ultimo; se il valore è inferiore, il creditore ipotecario ha prelazione sulle somme eventualmente dovute al comproprietario debitore come conguaglio. • Ad ogni modo, l'ipoteca trasferita su beni diversi, anche se mantiene il grado originario, non pregiudica le ipoteche iscritte contro tutti i partecipanti alla comunione, né l'ipoteca legale a garanzia dei conguagli dei condividenti.

2825 bis. Ipoteca sul bene oggetto di contratto preliminare.

L'ipoteca iscritta su edificio o complesso condominiale, anche da costruire o in corso di costruzione, a garanzia di finanziamento dell'intervento edilizio ai sensi degli articoli 38 e seguenti del decreto legislativo 1° settembre 1993, n. 385, prevale sulla trascrizione anteriore dei contratti preliminari di cui all'articolo 2645-bis, limitatamente alla quota di debito derivante dal suddetto finanziamento che il promissario acquirente si sia accollata con il contratto preliminare o con altro atto successivo eventualmente adeguata ai sensi dell'articolo 39, comma 3, del citato decreto legislativo n. 385 del 1993. Se l'accollo risulta da atto successivo, questo è annotato in margine alla trascrizione del contratto preliminare.

• La norma consente alla banca che finanzia un **intervento edilizio** (costruzione o ristrutturazione di un immobile) di far valere l'ipoteca costituita a garanzia del **credito fondiario** erogato dalla banca stessa in favore del costruttore (per credito fondiario s'intende, *ex* art. 38, d.lgs. n. 385/1993, un finanziamento a medio o lungo termine concesso da una banca e garantito da ipoteca di primo grado) anche contro l'acquirente dell'immobile (costruito o ristrutturato) che abbia trascritto il preliminare di acquisto prima del finanziamento, nei limiti della quota di finanziamento che l'acquirente si è accollato. Senza la norma in esame, la banca (che, come spesso accade, finanzia un intervento edilizio solo se il costruttore ha già reperito potenziali acquirenti) non potrebbe far valere l'ipoteca, iscritta dopo il preliminare di acquisto, contro l'acquirente dell'immobile che abbia trascritto il definitivo nei termini di cui all'art. 2645-*bis* (con conseguente retroazione degli effetti della trascrizione del definitivo a quella del preliminare).

2826. Indicazioni dell'immobile ipotecato.

Nell'atto di concessione dell'ipoteca l'immobile deve essere specificamente designato con l'indicazione della sua natura, del comune in cui si trova, nonché dei dati di identificazione catastale; per i fabbricati in corso di costruzione devono essere indicati i dati di identificazione catastale del terreno su cui insistono.

• V. *sub* art. 2821.

Sezione V
Dell'iscrizione e rinnovazione delle ipoteche

§ 1 – Dell'iscrizione

2827. Luogo dell'iscrizione.

L'ipoteca si iscrive nell'ufficio dei registri immobiliari del luogo in cui si trova l'immobile.

• La norma pone una competenza funzionale e inderogabile il cui mancato rispetto comporta la nullità dell'iscrizione dell'ipoteca. Se l'ipoteca ha ad oggetto più immobili situati in comuni per cui sono competenti diverse conservatorie, occorre effettuare più iscrizioni.

2828. Immobili su cui può iscriversi l'ipoteca giudiziale.

L'ipoteca giudiziale si può iscrivere su qualunque degli immobili appartenenti al debitore e su quelli che gli pervengono successivamente alla condanna, a misura che egli li acquista.

• V. *sub* art. 2818.

2829. Iscrizione sui beni del defunto.

L'iscrizione d'ipoteca sui beni di un defunto può eseguirsi con la semplice indicazione della sua persona, osservate per il resto le regole ordinarie. Se però risulta trascritto l'acquisto dei beni da parte degli eredi, l'iscrizione deve eseguirsi contro costoro.

• La norma e l'articolo seguente disciplinano alcuni aspetti dell'iscrizione d'ipoteca su **beni ereditari**. • Se il titolo costitutivo dell'ipoteca si è formato prima della morte del proprietario del bene vincolato e gli eredi non hanno ancora trascritto l'acquisto in loro favore dei beni ereditari, la norma consente di iscrivere ipoteca contro la persona del defunto: egli è infatti l'ultimo proprietario del bene risultante dai registri immobiliari. L'ipoteca deve invece iscriversi contro gli eredi se questi hanno già trascritto l'acquisto dei beni ereditari. • Se l'eredità è stata accettata con beneficio di inventario (art. 484) o è giacente (art. 528), vige un principio di *par condicio* dei creditori ereditari, per cui essi devono ricevere pari soddisfazione (art. 498): l'art. 2830 vieta pertanto di iscrivere ipoteca giudiziale sui beni ereditari, che comporterebbe un indebito vantaggio di alcuni creditori su altri.

2830. Ipoteca giudiziale sui beni dell'eredità beneficiata e dell'eredità giacente.

Se l'eredità è accettata con beneficio d'inventario o se si tratta di eredità giacente, non possono essere iscritte ipoteche giudiziali sui beni ereditari, neppure in base a sentenze pronunziate anteriormente alla morte del debitore.

• V. *sub* art. 2829.

2831. Ipoteca a garanzia di obbligazioni all'ordine o al portatore.

Le obbligazioni risultanti dai titoli all'ordine o al portatore possono essere garantite con ipoteca.

Per i titoli all'ordine l'ipoteca è iscritta a favore dell'attuale possessore e si trasmette ai successivi possessori; questi non sono tenuti a effettuare l'annotazione prevista dall'articolo 2843.

Per i titoli al portatore l'ipoteca a favore degli obbligazionisti è iscritta con l'indicazione dell'emittente, della data dell'atto di emissione, della serie, del numero e del valore delle obbligazioni emesse. In margine all'iscrizione deve essere annotato il nome del rappresentante degli obbligazionisti, appena questo sia nominato. Per l'annotazione deve presentarsi copia della deliberazione o del provvedimento giudiziale di nomina.

• Entro certi limiti, l'ipoteca può garantire anche un credito risultante da titoli di credito. La norma detta alcune regole se il titolo è all'ordine o al portatore. • Per i **titoli all'ordine** (ad es., cambiali), l'ipoteca è iscritta contro chi sia possessore al momento dell'iscrizione: dunque contro il primo prenditore o, se il titolo è circolato (i titoli all'ordine circolano tramite girata), contro l'ultimo giratario. Se, dopo la costituzione dell'ipoteca, il titolo è trasferito, l'ipoteca si trasmette ai successivi possessori senza che sia necessario effettuare ulteriori annotazioni presso i registri immobiliari. Per cancellare l'ipoteca, stante la mancata annotazione dei successivi possessori del titolo, occorre che la domanda di cancellazione provenga dal creditore risultante dai registri immobiliari, anche se non più possessore del titolo (art. 2887): sta dunque al possessore attuale che ha ricevuto il pagamento e deve liberare il debitore procurare l'assenso del creditore iscritto o provvedere all'annotazione del trasferimento in proprio favore (in modo da risultare egli stesso iscritto e poter dunque cancellare l'ipoteca). • Per i **titoli al portatore**, la norma detta una particolare disciplina per le obbligazioni di società. Trattandosi di titoli di massa, in cui l'identificazione dei creditori ipotecari (gli obbligazionisti) è complessa, la norma consente di iscrivere l'ipoteca contro l'emittente ma senza indicare il creditore e annotando invece il rappresentante degli obbligazionisti (art. 2414-bis, co. 3).

2832.-2833. (1).

(1) Articoli abrogati dall'art. 209 della l. 19/5/1975, n. 151.

2834. Iscrizione dell'ipoteca legale dell'alienante e del condividente.

Il conservatore dei registri immobiliari, nel trascrivere un atto di alienazione o di divisione, deve iscrivere d'ufficio l'ipoteca legale che spetta all'alienante o al condividente a norma dei numeri 1 e 2 dell'articolo 2817, a meno che gli sia presentato un atto pubblico o una scrittura privata con sottoscrizione autenticata o accertata giudizialmente, da cui risulti che gli obblighi sono stati adempiuti o che vi è stata rinunzia all'ipoteca da parte dell'alienante o del condividente.

• V. *sub* art. 2839.

2835. Iscrizione in base a scrittura privata.

Se il titolo per l'iscrizione risulta da scrittura privata, la sottoscrizione di chi ha concesso l'ipoteca deve essere autenticata o accertata giudizialmente.

Il richiedente deve presentare la scrittura originale o, se questa è depositata in pubblico archivio o negli atti d'un notaio, una copia autenticata, con la certificazione che ricorrono i requisiti innanzi indicati.

L'originale o la copia rimane in deposito nell'ufficio dei registri immobiliari.

• V. *sub* art. 2839.

2836. Iscrizione in base ad atto pubblico o a sentenza.

Se il titolo per l'iscrizione risulta da un atto pubblico ricevuto nello Stato o da una sentenza o da altro provvedimento giudiziale ad essa parificato, si deve presentare copia del titolo.

• V. *sub* art. 2839.

2837. Atti formati all'estero.

Gli atti formati in paese estero che si presentano per l'iscrizione devono essere legalizzati.

2838. Somma per cui l'iscrizione è eseguita.

Se la somma di danaro non è altrimenti determinata negli atti in base ai quali è eseguita l'iscrizione o in atto successivo, essa è determinata dal creditore nella nota per la iscrizione.

Qualora tra la somma enunciata nell'atto e quella enunciata nella nota vi sia divergenza, l'iscrizione ha efficacia per la somma minore.

• L'ipoteca garantisce il credito nei limiti della somma indicata in sede di iscrizione. Tale somma non coincide necessariamente con il credito garantito, potendo essere minore (nel qual caso si ha garanzia parziale) o maggiore (ad es., se il credito garantito è soggetto a rivalutazione). • La **somma dell'iscrizione** può essere indicata nel titolo costitutivo dell'ipoteca o in atto separato. Altrimenti, è il creditore a indicare la somma al momento dell'iscrizione dell'ipoteca (nella nota d'iscrizione): in ogni caso, il creditore non può iscrivere una somma maggiore di quella necessaria a garantire il credito, dandosi altrimenti al debitore il diritto di chiedere la riduzione (art. 2872). Se la somma indicata nel titolo costitutivo non coincide con quella della nota d'iscrizione, l'ipoteca ha efficacia per la somma minore.

2839. Formalità per l'iscrizione dell'ipoteca.

Per eseguire l'iscrizione deve presentarsi il titolo costitutivo insieme con una nota sottoscritta dal richiedente in doppio originale.

La nota deve indicare:

1) il cognome, il nome, il luogo e la data di nascita e il numero di codice fiscale del creditore, del debitore e dell'eventuale terzo datore di ipoteca; la denominazione o la ragione sociale, la sede e il numero di codice fiscale delle persone giuridiche, delle società previste dai capi II, III e IV del titolo V del libro quinto e delle associazioni non riconosciute, con l'indicazione, per queste ultime e per le società semplici, anche delle generalità delle persone che le rappresentano secondo l'atto costitutivo.

Per le obbligazioni all'ordine o al portatore si devono osservare le norme dell'articolo 2831. Per le obbligazioni all'ordine si deve inoltre esibire il titolo al conservatore, il quale vi annota l'eseguita iscrizione dell'ipoteca. Per le obbligazioni al portatore si deve presentare copia dell'atto di emissione e del piano di ammortamento;

2) il domicilio eletto dal creditore nella circoscrizione del tribunale in cui ha sede l'ufficio dei registri immobiliari;

3) il titolo, la sua data e il nome del pubblico ufficiale che lo ha ricevuto o autenticato;

4) l'importo della somma per la quale l'iscrizione è presa;

5) gli interessi e le annualità che il credito produce;

6) il tempo della esigibilità;

7) la natura e la situazione dei beni gravati, con le indicazioni prescritte dall'articolo 2826.

• La norma disciplina le modalità dell'iscrizione nei registri immobiliari, necessaria per la costituzione dell'ipoteca. In caso di ipoteca legale, l'ipoteca è iscritta d'ufficio (art. 2834); in caso di ipoteca giudiziale o volontaria, l'iscrizione avviene a istanza dell'interessato, che deve presentare la scrittura privata autenticata, l'atto pubblico o la sentenza che danno diritto all'iscrizione (in copia o in originale *ex* artt. 2835-2836). L'iscrizione è a spese del debitore, ma, se questi non provvede, le spese sono anticipate dal richiedente (art. 2846). • Unitamente al titolo occorre presentare la **nota d'iscrizione**, che deve contenere le indicazioni previste dalla norma: in particolare, i dati del creditore, del debitore e dell'eventuale terzo datore, il titolo costitutivo, la somma di iscrizione, gli accessori del credito garantito (interessi e annualità), il tempo di esigibilità (la scadenza) del credito e i beni dati in garanzia. • Se vi sono omissioni o inesattezze nel titolo o nella nota l'interessato può chiedere la **rettificazione** e l'ipoteca mantiene il grado originario. Solo se le omissioni o inesattezze sono tali da indurre incertezza sulla persona del creditore, del debitore o del terzo datore, sull'ammontare del credito garantito o sull'identità dei beni vincolati, allora l'iscrizione è invalida e non può essere rettificata (art. 2841). • Eseguita l'iscrizione, al richiedente è rilasciato il certificato d'iscrizione (art. 2840).

2840. Certificato dell'iscrizione.

Eseguita l'iscrizione, il conservatore restituisce al richiedente uno degli originali della nota, certificando, in calce al medesimo, la data e il numero d'ordine dell'iscrizione.

I titoli consegnati al conservatore sono custoditi secondo quanto è disposto dall'articolo 2664.

• V. *sub* art. 2839.

2841. Omissioni e inesattezze nei titoli o nelle note.

L'omissione o l'inesattezza di alcune delle indicazioni nel titolo, in base al quale è presa l'iscrizione, o nella nota non nuoce alla validità dell'iscrizione, salvo che induca incertezza sulla persona del creditore o del debitore o sull'ammontare del credito ovvero sulla persona del proprietario del bene gravato, quando l'indicazione ne è necessaria, o sull'identità dei singoli beni gravati.

Nel caso di altre omissioni o inesattezze, si può ordinare la rettificazione a istanza e a spese della parte interessata.

• V. *sub* art. 2839.

2842. Variazione del domicilio eletto.

È in facoltà del creditore, del suo mandatario o del suo erede o avente causa di variare il domicilio eletto nell'iscrizione, sostituendone un altro nella stessa circoscrizione.

Il cambiamento deve essere annotato dal conservatore in margine o in calce all'iscrizione.

La dichiarazione circa il cambiamento del domicilio deve risultare da atto ricevuto o autenticato da notaio e deve rimanere depositata nell'ufficio del conservatore.

2843. Annotazione di cessione, di surrogazione e di altri atti dispositivi del credito.

La trasmissione o il vincolo dell'ipoteca per cessione, surrogazione, pegno, postergazione di grado o costituzione in dote del credito ipotecario, nonché per sequestro, pignoramento o assegnazione del credito medesimo si deve annotare in margine all'iscrizione dell'ipoteca.

La trasmissione o il vincolo dell'ipoteca non ha effetto finché l'annotazione non sia stata eseguita. Dopo l'annotazione la iscrizione non si può cancellare senza il consenso dei titolari dei diritti indicati nella annotazione medesima e le intimazioni o notificazioni che occorrono in dipendenza dell'iscrizione devono essere loro fatte nel domicilio eletto.

Per l'annotazione deve essere consegnata al conservatore copia del titolo e qualora questo sia una scrittura privata o un atto formato in paese estero, si applicano le disposizioni degli articoli 2835 e 2837.

• Le vicende dell'ipoteca dopo l'iscrizione sono oggetto di **annotazione**. In particolare, la norma dispone l'annotazione a margine dell'iscrizione del trasferimento dell'ipoteca, indicando alcune fattispecie da cui il trasferimento può derivare (ad es., la cessione del credito ipotecario). • Il nuovo creditore ipotecario non può far valere l'ipoteca se il trasferimento non è stato annotato e l'ipoteca non può cancellarsi senza il consenso di chi è indicato nell'annotazione.

2844. Azioni e notificazioni.

Le azioni a cui le iscrizioni possono dar luogo contro i creditori sono promosse davanti all'autorità giudiziaria competente, per mezzo di citazione da farsi alla persona in mani proprie o all'ultimo domicilio da essi eletto.

La stessa disposizione si applica per ogni altra notificazione relativa alle dette iscrizioni.

Se non è stata fatta elezione di domicilio o se è morta la persona ovvero è cessato l'ufficio presso cui si era eletto il domicilio, le citazioni e le notificazioni possono essere fatte all'ufficio presso il quale l'iscrizione è stata presa.

Se si tratta di giudizio promosso dal debitore contro il suo creditore per la riduzione dell'ipoteca o per la cancellazione totale o parziale dell'iscrizione, il creditore deve essere citato nei modi ordinari stabiliti dal codice di procedura civile.

• La norma e l'articolo seguente disciplinano il luogo e le formalità per le notificazioni degli atti (sia giudiziali che stragiudiziali) relativi ad azioni cui può dar luogo l'iscrizione d'ipoteca, da effettuarsi di regola presso il domicilio eletto nella nota d'iscrizione (se indicato).

2845. Notificazioni relative a iscrizioni per obbligazioni all'ordine e al portatore.

Se l'iscrizione è presa per obbligazioni risultanti da titoli all'ordine, le citazioni e notificazioni previste dall'articolo precedente devono farsi nei confronti di chi ha preso l'iscrizione a norma degli articoli 2831 e 2839, salvo che dai registri risulti l'annotazione a favore di un possessore successivo.

Se si tratta di obbligazioni al portatore, le citazioni e le notificazioni devono essere fatte al rappresentante degli obbligazionisti il cui nome è annotato in margine all'iscrizione. Le citazioni e le notificazioni devono essere iscritte nel registro delle imprese e pubblicate per estratto in un giornale quotidiano designato dall'autorità giudiziaria.

Se manca per qualsiasi causa il rappresentante o il nome di lui non è stato annotato in margine alla iscrizione dell'ipoteca, le citazioni e le notificazioni sono fatte nei confronti di un curatore da nominarsi dall'autorità giudiziaria. Il decreto di nomina del curatore deve essere pubblicato con le modalità prescritte nel comma precedente.

• V. *sub* art. 2844.

2846. Spese d'iscrizione.

Le spese d'iscrizione dell'ipoteca sono a carico del debitore, se non vi è patto contrario, ma devono essere anticipate dal richiedente.

• V. *sub* art. 2839.

§ 2 – Della rinnovazione

2847. Durata dell'efficacia dell'iscrizione.

L'iscrizione conserva il suo effetto per venti anni dalla sua data. L'effetto cessa se l'iscrizione non è rinnovata prima che scada detto termine.

• La norma e gli articoli seguenti disciplinano la durata degli effetti dell'iscrizione ipotecaria (non del titolo ipotecario). L'iscrizione ha efficacia per **venti anni** da quanto viene effettuata. • All'approssimarsi della scadenza il creditore ipotecario può (i) rinnovare l'iscrizione prima della scadenza secondo le modalità previste dagli artt. 2850 e 2851 (**rinnovazione**) o (ii) lasciare scadere il termine e successivamente iscrivere una nuova ipoteca sempre sulla base dello stesso titolo (**reiscrizione**, art. 2848). Nel primo caso, l'ipoteca persiste senza soluzione di continuità mantenendo il grado originario. Nel secondo, l'ipoteca prende il grado dalla data della nuova iscrizione: dunque il creditore ipotecario sarà posposto ai creditori che hanno iscritto ipoteca prima della nuova iscrizione e l'iscrizione non potrà effettuarsi se l'immobile è stato alienato a terzi con atto trascritto prima della nuova iscrizione.

2848. Nuova iscrizione dell'ipoteca.

Nonostante il decorso del termine indicato dall'articolo precedente, il creditore può procedere a nuova iscrizione; in tal caso l'ipoteca prende grado dalla data della nuova iscrizione.

La nuova iscrizione non può essere presa contro i terzi acquirenti dell'immobile ipotecato che hanno trascritto il loro titolo.

• V. *sub* art. 2847.

2849. (1).

(1) Articolo abrogato dall'art. 209 della l. 19/5/1975, n. 151.

2850. Formalità per la rinnovazione.

Per ottenere la rinnovazione si presenta al conservatore una nota in doppio originale conforme a quella della precedente iscrizione, in cui si dichiari che s'intende rinnovare l'iscrizione originaria.

In luogo del titolo si può presentare la nota precedente.

Il conservatore deve osservare le disposizioni dell'articolo 2840.

• V. *sub* art. 2847.

2851. Rinnovazione rispetto a beni trasferiti agli eredi o aventi causa.

Se al tempo della rinnovazione gli immobili ipotecati risultano dai registri delle trascrizioni passati agli eredi del debitore o ai suoi aventi causa, la rinnovazione deve essere fatta anche nei confronti degli eredi o aventi causa e la nota deve contenere le indicazioni stabilite dall'articolo 2839, se queste risultano dai registri medesimi.

• V. *sub* art. 2847.

Sezione VI
Dell'ordine delle ipoteche

2852. Grado dell'ipoteca.

L'ipoteca prende grado dal momento della sua iscrizione, anche se è iscritta per un credito condizionale. La stessa norma si applica per i crediti che possano eventualmente nascere in dipendenza di un rapporto già esistente.

• Su un medesimo bene possono essere iscritte più ipoteche: si pone il problema di stabilire in che ordine i creditori ipotecari hanno diritto di soddisfarsi sul bene. La norma adotta come criterio l'anteriorità temporale dell'iscrizione, per cui si soddisfa per primo chi prima ha iscritto. Al momento dell'iscrizione l'ipoteca prende dunque un **grado**, che indica l'ordine progressivo di iscrizione. • Se due iscrizioni sono richieste contemporaneamente, le ipoteche prendono lo stesso grado (art. 2853) e i creditori concorrono sul bene in proporzione dei rispettivi crediti (art. 2854). • Il grado è attribuito al momento dell'iscrizione indipendentemente da quando il credito diventa esigibile (si può infatti iscrivere ipoteca per un credito sottoposto a condizione) o viene ad esistenza (si può iscrivere ipoteca a garanzia di un credito futuro purché dipendente da rapporti già esistenti). • Sono ammessi negozi di disposizione del grado (**scambio del grado**) purché non ledano gli altri creditori ipotecari.

2853. Richieste contemporanee d'iscrizione.

Il numero d'ordine delle iscrizioni determina il loro grado. Nondimeno, se più persone presentano contemporaneamente la nota per ottenere iscrizione contro la stessa persona o sugli stessi immobili, le iscrizioni sono eseguite sotto lo stesso numero, e di ciò si fa menzione nella ricevuta spedita dal conservatore a ciascuno dei richiedenti.

• V. *sub* art. 2852.

2854. Ipoteche iscritte nello stesso grado.

I crediti con iscrizione ipotecaria dello stesso grado sugli stessi beni concorrono tra loro in proporzione dell'importo relativo.

• V. *sub* art. 2852.

2855. Estensione degli effetti della iscrizione.

L'iscrizione del credito fa collocare nello stesso grado le spese dell'atto di costituzione d'ipoteca, quelle dell'iscrizione e rinnovazione e quelle ordinarie occorrenti per l'intervento nel processo di esecuzione. Per il credito di maggiori spese giudiziali le parti possono estendere l'ipoteca con patto espresso, purché sia presa la corrispondente iscrizione.

Qualunque sia la specie d'ipoteca, l'iscrizione di un capitale che produce interessi fa collocare nello stesso grado gli interessi dovuti, purché ne sia enunciata la misura nell'iscrizione. La collocazione degli interessi è limitata alle due annate anteriori e a quella in corso al giorno del pignoramento, ancorché sia stata pattuita l'estensione a un maggior numero di annualità; le iscrizioni particolari prese per altri arretrati hanno effetto dalla loro data.

L'iscrizione del capitale fa pure collocare nello stesso grado gli interessi maturati dopo il compimento dell'annata in corso alla data del pignoramento, però soltanto nella misura legale e fino alla data della vendita.

• La norma disciplina l'estensione dell'ipoteca agli accessori del credito. • Il creditore ipotecario ha diritto di soddisfarsi sul ricavato della vendita del bene nell'ordine indicato dal grado d'iscrizione non solo per il credito principale, ma anche per le **spese** del titolo ipotecario, dell'iscrizione e della rinnovazione e per quelle ordinarie necessarie per intervenire nel processo esecutivo, e questo senza che sia necessario indicare tali spese nell'iscrizione (una specifica indicazione è invece necessaria per altre spese giudiziali). • L'iscrizione di un'ipoteca a garanzia di un credito che produce **interessi** si estende nel medesimo grado anche a questi ultimi, purché l'iscrizione indichi la loro misura e in ogni caso entro determinati limiti: l'ipoteca si estende agli interessi delle due annate anteriori all'anno in corso alla data del pignoramento nella misura convenzionalmente pattuita (eventuali accordi che estendano la prelazione a più annate non hanno effetto), e a quelli maturati successivamente e fino alla vendita del bene nella misura legale. Tali limiti non si applicano se l'ipoteca garantisce appositamente il credito avente ad oggetto interessi arretrati.

2856. Surrogazione del creditore perdente.

Il creditore che ha ipoteca sopra uno o più immobili, qualora si trovi perdente perché sul loro prezzo si è in tutto o in parte soddisfatto un creditore anteriore, la cui ipoteca si estendeva ad altri beni dello stesso debitore, può surrogarsi nell'ipoteca iscritta a favore del creditore soddisfatto, al fine di esercitare l'azione ipotecaria su questi altri beni con preferenza rispetto ai creditori posteriori alla propria iscrizione. Lo stesso diritto spetta ai creditori perdenti in seguito alla detta surrogazione.

Questa disposizione si applica anche ai creditori perdenti per causa di privilegi immobiliari.

• La norma e l'articolo seguente disciplinano la **surrogazione** del creditore ipotecario che non riesca a soddisfare il proprio credito (del tutto o in parte) in quanto sul ricavato della vendita del bene già si è soddisfatto un creditore di grado anteriore, lasciando un residuo insufficiente (**creditore perdente**). Se l'ipoteca del creditore di grado anteriore (creditore soddisfatto) si estendeva anche su altri beni di proprietà del debitore, il creditore perdente ha diritto di soddisfarsi su tali beni (surrogandosi nell'ipoteca del creditore soddisfatto), purché essi non siano stati alienati con atto trascritto prima della propria iscrizione. • Per esercitare tale diritto, occorre effettuare l'annotazione a margine dell'ipoteca del creditore soddisfatto.

2857. Limiti della surrogazione.

La surrogazione non si può esercitare sui beni dati in ipoteca da un terzo, né sui beni alienati dal debitore, quando l'alienazione è stata trascritta anteriormente all'iscrizione del creditore perdente.

Trattandosi di beni acquistati dal debitore posteriormente a detta iscrizione, se il creditore soddisfatto aveva esteso a essi la sua ipoteca giudiziale, il creditore perdente può esercitare la surrogazione anche su tali beni.

Per far valere il diritto alla surrogazione deve essere eseguita annotazione in margine alla ipoteca del creditore soddisfatto; per l'annotazione deve presentarsi al conservatore copia dello stato di graduazione dal quale risulta l'incapienza.

• V. *sub* art. 2856.

Sezione VII
Degli effetti dell'ipoteca rispetto al terzo acquirente

2858. Facoltà del terzo acquirente.

Il terzo acquirente dei beni ipotecati, che ha trascritto il suo titolo di acquisto e non è personalmente obbligato, se non preferisce pagare i creditori iscritti, può rilasciare i beni stessi ovvero liberarli dalle ipoteche, osservando le norme contenute nella sezione XII di questo capo. In mancanza, l'espropriazione segue contro di lui secondo le forme prescritte dal codice di procedura civile.

• In virtù del **diritto di seguito** il creditore ipotecario può far espropriare il bene ipotecato anche se alienato a terzi (purché l'ipoteca sia iscritta prima della trascrizione dell'atto di acquisto del terzo). Il terzo acquirente del bene ipotecato rischia dunque, pur essendo estraneo all'obbligazione garantita, di essere coinvolto nel procedimento esecutivo per l'esproprio del bene. Al fine di evitare tale coinvolgimento, il terzo può (i) pagare egli stesso i creditori ipotecari, (ii) **rilasciare** i beni ipotecari ai creditori (artt. 2860 ss.) o (iii) liberare il bene dall'ipoteca tramite la c.d. **purgazione** (artt. 2889 ss.). • Per esercitare tali diritti, il terzo non deve essere personalmente obbligato al pagamento del credito garantito (come sarebbe, ad es., il debitore che acquista il bene dal terzo datore di ipoteca). • Il terzo che subisce l'espropriazione o che la evita pagando i creditori ipotecari o rilasciando il bene, anche se l'acquisto è a titolo gratuito, ha **diritto di regresso** contro il debitore (art. 2866, co. 1), che è dunque tenuto al pagamento di un'indennità secondo le regole previste per la garanzia per evizione. Il terzo ha anche **diritto di surrogazione** nelle ipoteche che i creditori soddisfatti hanno su altri beni del debitore (art. 2866, co. 2), purché tali beni non siano stati alienati con atto trascritto prima del proprio acquisto. • Una disciplina particolare è prevista qualora il terzo abbia acquistato il bene a titolo oneroso e debba ancora pagare (in tutto o in parte) il corrispettivo (art. 2867, **purgazione coattiva**). Se la somma dovuta dal terzo è esigibile ed è sufficiente a soddisfare tutti i creditori iscritti, allora ciascun creditore (invece di procedere all'espropriazione) ha diritto di obbligarlo al pagamento direttamente in favore dei creditori. Se la somma dovuta non è esigibile, non basta a soddisfare i creditori iscritti o ha ad oggetto una prestazione diversa da quella dovuta ai creditori, il terzo può essere obbligato al pagamento in favore dei creditori solo se vi è l'accordo di tutti questi ultimi (dato che la prestazione che riceveranno non sarà la stessa, quantitativamente o qualitativamente, di quella originaria). In entrambi i casi il terzo non può rifiutarsi di pagare rilasciando il bene, ma, se paga, l'immobile è liberato dalle ipoteche.

2859. Eccezioni opponibili dal terzo acquirente.

Se la domanda diretta a ottenere la condanna del debitore è posteriore alla trascrizione del titolo del terzo acquirente, questi, ove non abbia preso parte al giudizio, può opporre al creditore procedente tutte le eccezioni non opposte dal debitore e quelle altresì che spetterebbero a questo dopo la condanna.

Le eccezioni suddette però non sospendono il corso dei termini stabiliti per la liberazione del bene dalle ipoteche.

• La norma disciplina le **eccezioni** opponibili dal terzo acquirente che subisca l'espropriazione. Se il creditore ipotecario agisce per la condanna del debitore dopo che il terzo ha trascritto il proprio acquisto, deve chiamare in giudizio il terzo. Se il terzo interviene nel giudizio di cognizione, potrà in tale sede proporre le eccezioni; se non interviene, può successivamente opporre al creditore procedente le eccezioni che il debitore avrebbe potuto proporre in sede di cognizione e quelle che spettano a quest'ultimo dopo la condanna.

2860. Capacità per il rilascio.

Può procedere al rilascio soltanto chi ha la capacità di alienare.

• V. *sub* art. 2861.

2861. Termine ed esecuzione del rilascio.

Il rilascio dei beni ipotecati si esegue con dichiarazione alla cancelleria del tribunale competente per l'espropriazione. La dichiarazione deve essere fatta non oltre i dieci giorni dalla data del pignoramento.

Il certificato della cancelleria attestante la dichiarazione deve, a cura del terzo, essere annotato in margine alla trascrizione dell'atto di pignoramento e deve essere notificato, entro cinque giorni dalla sua data, al creditore procedente.

Sull'istanza di questo o di qualunque altro interessato, il tribunale provvede alla nomina di un amministratore, in confronto del quale prosegue il processo di espropriazione.

Il terzo rimane responsabile della custodia dell'immobile fino alla consegna all'amministratore.

• Con il **rilascio** del bene ai creditori, il terzo si sottrae alla procedura esecutiva a proprio carico. La norma detta le modalità del rilascio, che deve avvenire con dichiarazione al tribunale competente per l'espropriazione entro dieci giorni dalla data del pignoramento. Per procedere al rilascio del bene, il terzo deve avere capacità di alienare (art. 2860). Dopo aver reso la dichiarazione di rilascio, il terzo rimane responsabile della custodia del bene ma si può chiedere al giudice di nominare un amministratore, contro cui prosegue il processo esecutivo. • Il terzo rimane proprietario del bene, infatti: ha diritto al ricavato residuo dopo la soddisfazione dei creditori; fino alla vendita del bene può recuperarlo pagando i creditori (art. 2863); ha diritto ai miglioramenti entro i limiti previsti dall'art. 2864.

2862. Ipoteche e altri diritti reali a carico e a favore del terzo.

Il rilascio non pregiudica le ipoteche, le servitù e gli altri diritti reali resi pubblici contro il terzo *prima dell'annotazione del rilascio*.

Le ipoteche, le servitù e gli altri diritti reali che già spettavano al terzo prima dell'acquisto riprendono efficacia dopo il rilascio o dopo la vendita all'incanto eseguita contro di lui.

Del pari riprendono efficacia le servitù che al momento dell'iscrizione dell'ipoteca esistevano a favore del fondo ipotecato e a carico di altro fondo del terzo. Esse sono comprese nell'espropriazione del fondo ipotecato.

• Sul bene del terzo possono esservi **diritti reali minori**, che il rilascio non pregiudica se resi pubblici prima dell'annotazione del rilascio. • Se titolare dei diritti reali minori era il terzo stesso (proprietario del bene), essi dovrebbero estinguersi per confusione. La norma dispone tuttavia che essi riprendano efficacia dopo il rilascio o dopo la vendita forzata (se resi pubblici prima dell'iscrizione dei creditori ipotecari): i creditori ipotecari sarebbero infatti altrimenti indebitamente avvantaggiati, potendo vendere il bene come libero da diritti reali minori in ragione della sola accidentalità che è stato il titolare di tali diritti (a loro opponibili) ad acquistare il bene. *Esempio*: se il terzo che ha l'usufrutto su un bene ne acquista la proprietà, l'usufrutto si estingue; ma se il bene è rilasciato, il terzo può far valere l'usufrutto contro i creditori. • Allo stesso modo riprendono efficacia le servitù in favore del fondo ipotecato a carico di altri fondi del terzo.

2863. Ricupero dell'immobile rilasciato e abbandono dell'esecuzione.

Finché non sia avvenuta la vendita, il terzo può ricuperare l'immobile rilasciato, pagando i crediti iscritti e i loro accessori, oltre le spese.

Qualora la vendita sia avvenuta e, dopo pagati i creditori iscritti, vi sia un residuo del prezzo, questo spetta al terzo acquirente.

Il rilascio non ha effetto se il processo di esecuzione si estingue per rinunzia o per inattività delle parti.

• V. *sub* art. 2861.

2864. Danni causati dal terzo e miglioramenti.

Il terzo è tenuto a risarcire i danni che da sua colpa grave sono derivati all'immobile in pregiudizio dei creditori iscritti.

Egli non può ritenere l'immobile per causa di miglioramenti; ma ha il diritto di far separare dal prezzo di vendita la parte corrispondente ai miglioramenti eseguiti dopo la trascrizione del suo titolo, fino a concorrenza del valore dei medesimi al tempo della vendita.

Se il prezzo non copre il valore dell'immobile nello stato in cui era prima dei miglioramenti e insieme quello dei miglioramenti, esso deve dividersi in due parti proporzionali ai detti valori.

• La norma e l'articolo seguente effettuano un bilanciamento tra il diritto del terzo di godere del bene e l'interesse dei creditori a preservarne il valore e a soddisfarsi su di esso. • Se l'immobile subisce **danni**, il terzo è responsabile nei confronti dei creditori iscritti (che a causa di tali danni non riescano a soddisfarsi) ma solo per colpa grave. • Se il terzo apporta **miglioramenti** al bene, la norma, derogando all'art. 2811 per cui l'ipoteca si estende ai miglioramenti, consente al terzo di trattenerne il valore dal ricavato della vendita (ferma restando la facoltà di rimuovere i miglioramenti se questo è possibile senza arrecare danno al bene). • Se il bene produce **frutti**, l'ipoteca si estende ad essi solo a partire dal giorno del pignoramento (art. 2865).

2865. Frutti dovuti dal terzo.

I frutti dell'immobile ipotecato sono dovuti dal terzo a decorrere dal giorno in cui è stato eseguito il pignoramento.

Nel caso di liberazione dell'immobile dalle ipoteche i frutti sono del pari dovuti dal giorno del pignoramento o, in mancanza di pignoramento, dal giorno della notificazione eseguita in conformità dell'articolo 2890.

• V. *sub* art. 2864.

2866. Diritti del terzo nei confronti del debitore e di altri terzi acquirenti.

Il terzo che ha pagato i creditori iscritti ovvero ha rilasciato l'immobile o sofferto l'espropriazione ha ragione d'indennità verso il suo autore, anche se si tratta di acquisto a titolo gratuito.

Ha pure diritto di subingresso nelle ipoteche costituite a favore del creditore soddisfatto sugli altri beni del debitore; se questi sono stati acquistati da terzi, non ha azione che contro coloro i quali hanno trascritto il loro acquisto in data posteriore alla trascrizione del suo titolo. Per esercitare il subingresso deve fare eseguire la relativa annotazione in conformità dell'articolo 2843.

Il subingresso non pregiudica l'esercizio del diritto di surrogazione stabilito dall'articolo 2856 a favore dei creditori che hanno un'iscrizione anteriore alla trascrizione del titolo del terzo acquirente.

• V. *sub* art. 2858.

2867. Terzo debitore di somma in dipendenza dell'acquisto.

Se il terzo acquirente, che ha trascritto il suo titolo, è debitore, in dipendenza dell'acquisto, di una somma attualmente esigibile, la quale basti a soddisfare tutti i creditori iscritti contro il precedente proprietario, ciascuno di questi può obbligarlo al pagamento.

Se il debito del terzo non è attualmente esigibile, o è minore o diverso da ciò che è dovuto ai detti creditori, questi, purché di comune accordo, possono egualmente richiedere che venga loro pagato, fino alla rispettiva concorrenza, ciò che il terzo deve nei modi e termini della sua obbligazione.

Nell'uno e nell'altro caso l'acquirente non può evitare di pagare, offrendo il rilascio dell'immobile, ma, eseguito il pagamento, l'immobile è liberato da ogni ipoteca, non esclusa quella che spetta all'alienante, e il terzo ha diritto di ottenere che si cancellino le relative iscrizioni.

• V. *sub* art. 2858.

Sezione VIII
Degli effetti dell'ipoteca rispetto al terzo datore

2868. Beneficio di escussione.

Chi ha costituito un'ipoteca a garanzia del debito altrui non può invocare il beneficio della preventiva escussione del debitore, se il beneficio non è stato convenuto.

• È possibile costituire ipoteca non solo per un debito proprio, ma anche per un debito altrui (**terzo datore**). Il terzo datore non gode delle medesime tutele accordate al terzo acquirente in quanto non si trova, come quest'ultimo, involontariamente coinvolto nel processo esecutivo, ma ha anzi lui stesso costituito il diritto di ipoteca. Il terzo datore che voglia evitare l'espropriazione può dunque solo pagare i creditori, senza potersi avvalere del rilascio dei beni né della c.d. purgazione. • La norma neppure riconosce al terzo datore il diritto di ottenere che i creditori si soddisfino prima su altri beni del debitore (**beneficio di escussione**), salvo diverso accordo.

2869. Estinzione dell'ipoteca per fatto del creditore.

L'ipoteca costituita dal terzo si estingue se, per fatto del creditore, non può avere effetto la surrogazione del terzo nei diritti, nel pegno, nelle ipoteche e nei privilegi del creditore.

• Il terzo datore ha diritto, se espropriato del bene, di surrogarsi nei diritti, nel pegno, nelle ipoteche e nei privilegi del creditore verso il debitore. Analogamente a quanto previsto per la fideiussione (art. 1955), se tale surrogazione non può aver luogo per fatto del creditore, l'ipoteca costituita dal terzo datore si estingue.

2870. Eccezioni opponibili dal terzo datore.

Il terzo datore che non ha preso parte al giudizio diretto alla condanna del debitore può opporre al creditore le eccezioni indicate dall'articolo 2859.

2871. Diritti del terzo datore che ha pagato i creditori iscritti o ha sofferto l'espropriazione.

Il terzo datore che ha pagato i creditori iscritti o ha sofferto l'espropriazione ha regresso contro il debitore. Se vi sono più debitori obbligati in solido, il terzo che ha costituito l'ipoteca a garanzia di tutti ha regresso contro ciascuno per l'intero.

Il terzo datore ha regresso contro i fideiussori del debitore. Ha inoltre regresso contro gli altri terzi datori per la loro rispettiva porzione e può esercitare, anche nei confronti dei terzi acquirenti, il subingresso previsto dal secondo comma dell'articolo 2866.

• La norma disciplina i diritti del terzo datore che ha pagato i creditori o che è stato espropriato del bene. • Egli ha diritto di farsi rimborsare sia dal debitore che dai suoi fideiussori (**diritto di regresso**). Se vi erano più terzi datori che garantivano lo stesso debito, il regresso può esercitarsi anche contro gli altri datori in proporzione alle porzioni di ciascuno. • Il terzo ha inoltre diritto di surrogarsi nelle ipoteche iscritte dai creditori soddisfatti su altri beni del debitore con prevalenza sui diritti dell'eventuale terzo acquirente che abbia trascritto dopo l'iscrizione dell'ipoteca del terzo datore.

Sezione IX
Della riduzione delle ipoteche

2872. Modalità della riduzione.

La riduzione delle ipoteche si opera riducendo la somma per la quale è stata presa l'iscrizione o restringendo l'iscrizione a una parte soltanto dei beni.

Questa restrizione può aver luogo anche se l'ipoteca ha per oggetto un solo bene, qualora questo abbia parti distinte o tali che si possano comodamente distinguere.

• Talvolta il creditore può esercitare un certo margine di discrezionalità nell'indicare la somma garantita o i beni oggetto di ipoteca. Così, ad es., nel caso di iscrizione di ipoteca per un credito illiquido (in cui è il creditore a determinare l'ammontare della somma d'iscrizione) o in caso di ipoteca giudiziale (in cui è il creditore a scegliere su quali beni iscrivere ipoteca, art. 2828). Al fine di contrastare possibili abusi del creditore, se l'indicazione è eccessiva la norma attribuisce al debitore il diritto di chiedere la **riduzione** dell'ipoteca, che può aver luogo riducendo la somma di iscrizione o restringendo l'iscrizione a una parte dei beni (o a una parte distinta del bene). • La riduzione può chiedersi con riguardo alle ipoteche convenzionali o giudiziali, a meno che il titolo (la convenzione o la sentenza) non determini esso stesso la somma o la quantità dei beni (art. 2873). In quest'ultimo caso è tuttavia possibile chiedere la riduzione in caso di pagamenti parziali che abbiano estinto almeno un quinto del debito originario. • L'ipoteca è ridotta se la somma d'iscrizione o il valore dei beni sono eccessivi rispetto al credito garantito. In particolare, l'ipoteca è ridotta se la somma d'iscrizione eccede di un quinto il credito garantito o se il valore del bene ne supera di un terzo l'importo (**valore della cautela**, artt. 2874, 2875) e la riduzione opera rispettando tale eccedenza (art. 2876) al fine di tutelare il creditore in caso di oscillazioni del valore del bene. • La riduzione può anche riguardare le sopraelevazioni dell'edificio ipotecato eseguite dopo l'iscrizione dell'ipoteca, al fine di escluderle dall'ipoteca (che si estende alle accessioni, art. 2811).

2873. Esclusione della riduzione.

Non è ammessa domanda di riduzione riguardo alla quantità dei beni né riguardo alla somma, se la quantità dei beni o la somma è stata determinata per convenzione o per sentenza.

Tuttavia, se sono stati eseguiti pagamenti parziali così da estinguere almeno il quinto del debito originario, si può chiedere una riduzione proporzionale per quanto riguarda la somma.

Nel caso d'ipoteca iscritta su un edificio, il costituente che dopo l'iscrizione ha eseguito sopraelevazioni può chiedere che l'ipoteca sia ridotta, per modo che le sopraelevazioni ne restino esenti in tutto o in parte, osservato il limite stabilito dall'articolo 2876 per il valore della cautela.

• V. *sub* art. 2872.

2874. Riduzione dell'ipoteca legale e dell'ipoteca giudiziale.

Le ipoteche legali, eccettuate quelle indicate dai numeri 1 e 2 dell'articolo 2817, e le ipoteche giudiziali devono ridursi su domanda degli interessati, se i beni compresi nell'iscrizione hanno un valore che eccede la cautela da somministrarsi o se la somma determinata dal creditore nell'iscrizione eccede di un quinto quella che l'autorità giudiziaria dichiara dovuta.

• V. *sub* art. 2872.

2875. Eccesso nel valore dei beni.

Si reputa che il valore dei beni ecceda la cautela da somministrarsi, se tanto alla data dell'iscrizione dell'ipoteca, quanto posteriormente, supera di un terzo l'importo dei crediti iscritti, accresciuto degli accessori a norma dell'articolo 2855.

• V. *sub* art. 2872.

2876. Limiti della riduzione.

La riduzione si opera rispettando l'eccedenza del quinto per ciò che riguarda la somma del credito e l'eccedenza del terzo per ciò che riguarda il valore della cautela.

• V. *sub* art. 2872.

2877. Spese della riduzione.

Le spese necessarie per eseguire la riduzione, anche se consentita dal creditore, sono sempre a carico del richiedente, a meno che la riduzione abbia luogo per eccesso nella determinazione del credito fatta dal creditore, nel qual caso sono a carico di quest'ultimo.

Se la riduzione è stata ordinata con sentenza, le spese del giudizio sono a carico del soccombente, salvo che siano compensate tra le parti.

• La norma disciplina le **spese** per la riduzione dell'ipoteca. Quelle relative al giudizio di riduzione sono a carico del soccombente. Quelle relative all'annotazione della riduzione sono a carico del richiedente, a meno che il creditore non abbia indicato un credito eccessivo.

Sezione X
Dell'estinzione delle ipoteche

2878. Cause di estinzione.

L'ipoteca si estingue:

1) con la cancellazione dell'iscrizione;

2) con la mancata rinnovazione dell'iscrizione entro il termine indicato dall'articolo 2847;

3) con l'estinguersi dell'obbligazione;

4) col perimento del bene ipotecato, salvo quanto è stabilito dall'articolo 2742;

5) con la rinunzia del creditore;

6) con lo spirare del termine a cui l'ipoteca è stata limitata o col verificarsi della condizione risolutiva;

7) con la pronunzia del provvedimento che trasferisce all'acquirente il diritto espropriato e ordina la cancellazione delle ipoteche.

• La norma e gli articoli seguenti disciplinano l'**estinzione** dell'ipoteca, accorpando ipotesi eterogenee. L'ipoteca si estingue per (i) cancellazione dell'ipoteca (in considerazione della natura costitutiva della pubblicità ipotecaria); (ii) mancata rinnovazione entro il termine di venti anni (ma il creditore può far iscrivere una nuova ipoteca sulla base dello stesso titolo); (iii) estinzione dell'obbligazione garantita (per il principio di accessorietà); (iv) perimento del bene ipotecato (salvo il diritto del creditore di surrogarsi nell'indennità alla cosa, art. 2742); (v) rinuncia del creditore risultante da atto scritto (non opponibile a chi ha acquistato il diritto d'ipoteca con annotazione eseguita prima della rinuncia, art. 2879); (vi) scadenza del termine o avveramento della condizione risolutiva cui era sottoposta l'ipoteca; (vii) intervenuta vendita forzata del bene.

2879. Rinunzia all'ipoteca.

La rinunzia del creditore all'ipoteca deve essere espressa e deve risultare da atto scritto, sotto pena di nullità.

La rinunzia non ha effetto di fronte ai terzi che anteriormente alla cancellazione dell'ipoteca abbiano acquistato il diritto all'ipoteca medesima ed eseguito la relativa annotazione a termini dell'articolo 2843.

• V. *sub* art. 2878.

2880. Prescrizione rispetto a beni acquistati da terzi.

Riguardo ai beni acquistati da terzi, l'ipoteca si estingue per prescrizione, indipendentemente dal credito, col decorso di venti anni dalla data della trascrizione del titolo di acquisto, salve le cause di sospensione e d'interruzione.

• Se l'obbligazione si estingue per **prescrizione**, si estingue anche l'ipoteca (art. 2878, n. 3). Di regola, l'ipoteca non si prescrive autonomamente dal credito garantito, a meno che il bene sia stato acquistato da un terzo: in questo caso l'ipoteca si prescrive dopo venti anni dalla trascrizione dell'acquisto del terzo.

2881. Nuova iscrizione dell'ipoteca.

Salvo diversa disposizione di legge, se la causa estintiva dell'obbligazione è dichiarata nulla o altrimenti non sussiste ovvero è dichiarata nulla la rinunzia fatta dal creditore all'ipoteca, e l'iscrizione non è stata conservata, si può procedere a nuova iscrizione e questa prende grado dalla sua data.

• La norma disciplina la sorte dell'ipoteca in caso di invalidità della causa di estinzione. Se non si è proceduto alla cancellazione, l'ipoteca rivive conservando il grado originario; se l'ipoteca è stata cancellata, può reiscriversi ma con nuovo grado.

Sezione XI
Della cancellazione dell'iscrizione

2882. Formalità per la cancellazione.

La cancellazione consentita dalle parti interessate deve essere eseguita dal conservatore in seguito a presentazione dell'atto contenente il consenso del creditore.

Per quest'atto devono essere osservate le forme prescritte dagli articoli 2821, 2835 e 2837.

• La cancellazione è sia una formalità da eseguirsi se l'ipoteca si è estinta per altre cause, sia, vista la natura costitutiva della pubblicità ipotecaria, un'autonoma causa di estinzione indipendentemente dalle vicende sostanziali del credito garantito. La norma e gli articoli seguenti regolano i requisiti e le modalità della cancellazione. • Per ottenere la cancellazione (che può essere totale o parziale) occorre un titolo, che può essere (i) un atto (atto pubblico o scrittura privata autenticata) da cui risulti il **consenso del creditore** a liberare il bene, o (ii) una **sentenza** passata in giudicato o altro provvedimento definitivo emesso dalle autorità competenti che ordini la cancellazione dell'ipoteca (art. 2884). • Per quanto riguarda la cancellazione fondata sul consenso del creditore, esso è un atto dovuto se l'obbligazione garantita si è estinta (art. 1200). La legge prevede uno specifico requisito di **capacità**: può acconsentire a cancellare l'ipoteca solo chi ha la capacità di liberare il debitore (art. 2883); il creditore incapace legale deve dunque essere assistito nei modi previsti dalla legge. • Per quanto riguarda le modalità della cancellazione, essa è eseguita dal conservatore, su richiesta dell'interessato, con annotazione a margine dell'iscrizione (art. 2886). Se il conservatore rifiuta di procedere alla cancellazione, si può proporre reclamo al giudice *ex* art. 113 disp. att. (art. 2888). • Se il titolo, volontario o giudiziale, per la cancellazione sottopone la cancellazione a **condizione**, l'ipoteca non può essere cancellata se non risulta l'avveramento della condizione (art. 2885).

2883. Capacità per consentire la cancellazione.

Chi non ha la capacità richiesta per liberare il debitore non può consentire la cancellazione dell'iscrizione, se non è assistito dalle persone il cui intervento è necessario per la liberazione.

Il rappresentante legale dell'incapace e ogni altro amministratore, anche se autorizzati a esigere il credito e a liberare il debitore, non possono consentire la cancellazione dell'iscrizione, ove il credito non sia soddisfatto.

• V. *sub* art. 2882.

2884. Cancellazione ordinata con sentenza.

La cancellazione deve essere eseguita dal conservatore, quando è ordinata con sentenza passata in giudicato o con altro provvedimento definitivo emesso dalle autorità competenti.

• V. *sub* art. 2882.

2885. Cancellazione sotto condizione.

Se è stato convenuto od ordinato che la cancellazione non debba aver luogo che sotto la condizione di nuova ipoteca, di nuovo impiego o sotto altra condizione, la cancellazione non può essere eseguita se non si fa constare al conservatore che la condizione è stata adempiuta.

• V. *sub* art. 2882.

2886. Formalità per la cancellazione.

Chi richiede la cancellazione totale o parziale deve presentare al conservatore l'atto su cui la richiesta è fondata.

La cancellazione di un'iscrizione o la rettifica deve essere eseguita in margine all'iscrizione medesima, con l'indicazione del titolo dal quale è stata consentita od ordinata e della data in cui si esegue, e deve portare la sottoscrizione del conservatore.

• V. *sub* art. 2882.

2887. Cancellazione delle ipoteche a garanzia dei titoli all'ordine.

La cancellazione della ipoteca costituita a garanzia dell'obbligazione risultante da un titolo all'ordine è consentita dal creditore risultante nei registri immobiliari e l'atto di consenso deve essere presentato al conservatore insieme con il titolo, il quale è restituito dopo che il conservatore vi ha eseguito l'annotazione della cancellazione.

La cancellazione dell'ipoteca importa la perdita del diritto di regresso contro i giranti anteriori alla cancellazione medesima.

• V. *sub* art. 2831.

2888. Rifiuto di cancellazione.

Qualora il conservatore rifiuti di procedere alla cancellazione di un'iscrizione, il richiedente può proporre reclamo all'autorità giudiziaria.

• V. *sub* art. 2882.

Sezione XII
Del modo di liberare i beni dalle ipoteche

2889. Facoltà di liberare i beni dalle ipoteche.

Il terzo acquirente dei beni ipotecati, che ha trascritto il suo titolo e non è personalmente obbligato a pagare i creditori ipotecari, ha facoltà di liberare i beni da ogni ipoteca iscritta anteriormente alla trascrizione del suo titolo di acquisto.

Tale facoltà spetta all'acquirente anche dopo il pignoramento, purché nel termine di trenta giorni proceda in conformità dell'articolo che segue.

• Il terzo acquirente del bene ipotecato può sottrarsi alla procedura esecutiva pagando i creditori, rilasciando il bene o liberandolo dall'ipoteca tramite il procedimento disciplinato in questa sezione, c.d. **purgazione dell'ipoteca** (art. 2858). La purgazione è possibile se (i) il terzo ha trascritto il suo titolo; (ii) l'ipoteca è stata iscritta prima della trascrizione del titolo del terzo (in caso contrario il problema non si porrebbe in quanto l'ipoteca non sarebbe opponibile al terzo acquirente); (iii) il terzo non è personalmente obbligato nei confronti dei creditori ipotecari; (iv) sono rispettati i termini e le modalità previsti dalla legge. • Con la purgazione il terzo libera il bene dall'ipoteca pagando ai creditori non il credito garantito, ma il valore dell'immobile ipotecato.

2890. Notificazione.

L'acquirente deve far notificare, per mezzo di ufficiale giudiziario, ai creditori iscritti, nel domicilio da essi eletto, e al precedente proprietario un atto nel quale siano indicati:

1) il titolo, la data del medesimo e la data della sua trascrizione;

2) la qualità e la situazione dei beni col numero del catasto o altra loro designazione, quale risulta dallo stesso titolo;

3) il prezzo stipulato o il valore da lui stesso dichiarato, se si tratta di beni pervenutigli a titolo lucrativo o di cui non sia stato determinato il prezzo.

In ogni caso, il prezzo o il valore dichiarato non può essere inferiore a quello stabilito come base degli incanti dal codice di procedura civile in caso di espropriazione.

Nell'atto della notificazione il terzo acquirente deve eleggere domicilio nel comune dove ha sede il tribunale competente per l'espropriazione e deve offrire di pagare il prezzo o il valore dichiarato.

Un estratto sommario della notificazione è inserito nel giornale degli annunzi giudiziari.

• La norma e gli articoli seguenti (insieme agli artt. 792 ss. c.p.c.) disciplinano il procedimento per la purgazione dell'ipoteca. • Anche prima che inizi il procedimento esecutivo (se invece è già intervenuto il pignoramento, il terzo deve procedere entro trenta giorni), il terzo deve notificare ai creditori iscritti l'offerta di pagare una somma corrispondente (i) al prezzo stipulato per l'acquisto, se ha acquistato a titolo oneroso, o (ii) al valore dell'immobile da lui stesso dichiarato, se ha acquistato a titolo gratuito. Al fine di tutelare i creditori, tale somma non può in ogni caso essere inferiore al **valore reale** dell'immobile, cioè a quello stabilito come base degli incanti in caso di espropriazione, e il terzo, a pena di inefficacia dell'offerta di purgazione, deve depositare il prezzo entro il termine previsto dall'art. 792 c.p.c. (art. 2894). • A seguito dell'offerta del terzo, i creditori iscritti possono accettare il pagamento, con conseguente liberazione del bene dall'ipoteca (art. 2893), oppure rifiutarlo entro quaranta giorni chiedendo che il bene sia venduto secondo le modalità previste per l'espropriazione (art. 2891). Per accettare l'offerta di purgazione deve esservi il consenso di tutti i creditori iscritti, in quanto essa potrebbe comportare il non soddisfacimento integrale delle obbligazioni garantite; anche uno solo dei creditori iscritti ha dunque diritto di chiedere la vendita. A tutela dei creditori che avrebbero accettato l'offerta e al fine di evitare il rischio che il bene sia venduto per un prezzo inferiore a quello offerto dal terzo, il creditore che chiede la vendita deve aumentare di un decimo il prezzo offerto dal terzo (con conseguente obbligo di acquistare per tale prezzo il bene all'asta in mancanza di altri acquirenti) e offrire cauzione per un quinto del prezzo così determinato. Il creditore richiedente non può peraltro cambiare idea: se desiste non può impedire l'espropriazione senza il consenso degli altri creditori iscritti (art. 2895).

2891. Diritto dei creditori di far vendere i beni.

Entro il termine di quaranta giorni dalla notificazione indicata dall'articolo precedente, qualunque dei creditori iscritti o dei relativi fideiussori ha diritto di richiedere l'espropriazione dei beni con ricorso al presidente del tribunale competente a norma del codice di procedura civile, purché adempia le condizioni che seguono:

1) che la richiesta sia notificata al terzo acquirente nel domicilio da lui eletto a norma dell'articolo precedente e al proprietario anteriore;

2) che contenga la dichiarazione del richiedente di aumentare di un decimo il prezzo stipulato o il valore dichiarato;

3) che contenga l'offerta di una cauzione per una somma eguale al quinto del prezzo aumentato come sopra;

4) che l'originale e le copie della richiesta siano sottoscritti dal richiedente o da un suo procuratore munito di mandato speciale.

L'omissione di alcuna di queste condizioni produce nullità della richiesta.

• V. *sub* art. 2890.

2892. Divieto di proroga dei termini.

I termini fissati dal secondo comma dell'articolo 2889 e dal primo comma dell'articolo 2891 non possono essere prorogati.

2893. Mancata richiesta dell'incanto.

Se l'incanto non è domandato nel tempo e nel modo prescritti dall'articolo 2891, il valore del bene rimane definitivamente stabilito nel prezzo che l'acquirente ha posto a disposizione dei creditori a norma dell'articolo 2890 n. 3.

La liberazione del bene dalle ipoteche avviene dopo che è stato depositato il prezzo e si è provveduto nei modi indicati dal codice di procedura civile.

• V. *sub* art. 2890.

2894. Effetti del mancato deposito del prezzo.

Se il terzo acquirente non deposita il prezzo entro il termine stabilito dall'articolo 792 del codice di procedura civile, la richiesta di liberazione del bene dalle ipoteche rimane senza effetto, salva la responsabilità del richiedente per i danni verso i creditori iscritti.

• V. *sub* art. 2890.

2895. Desistenza del creditore.

La desistenza del creditore che ha richiesto l'incanto non può impedire l'espropriazione, a meno che vi consentano espressamente gli altri creditori iscritti.

• V. *sub* art. 2890.

2896. Aggiudicazione al terzo acquirente.

Se l'aggiudicazione segue a favore del terzo acquirente, il decreto di trasferimento deve essere annotato in margine alla trascrizione dell'atto di acquisto.

• Se i creditori non accettano l'offerta del terzo e chiedono la vendita, il terzo può partecipare all'asta acquistando il bene. In tal modo il bene è liberato dall'ipoteca con il pagamento da parte del terzo non della somma originariamente offerta, ma di quella per cui il bene è aggiudicato nel procedimento esecutivo. Se il prezzo con cui si aggiudica il bene è maggiore del corrispettivo per cui lo aveva in precedenza acquistato, ha diritto di **regresso** contro il venditore per la differenza (art. 2897).

2897. Regresso dell'acquirente divenuto compratore all'incanto.

Il terzo acquirente al quale è stato aggiudicato l'immobile ha regresso contro il venditore per il rimborso di ciò che eccede il prezzo stipulato nel contratto di vendita.

• V. *sub* art. 2896.

2898. Beni non ipotecati per il credito per il quale si procede.

Nel caso in cui il titolo d'acquisto del terzo acquirente comprende mobili e immobili, o comprende più immobili, gli uni ipotecati e gli altri liberi, ovvero non tutti gravati dalle stesse iscrizioni, situati nella giurisdizione dello stesso tribunale o in diverse giurisdizioni di tribunali, alienati per un unico prezzo ovvero per prezzi distinti, il prezzo di ciascun immobile assoggettato a particolari e separate iscrizioni deve dichiararsi nella notificazione, ragguagliato al prezzo totale espresso nel titolo.

Il creditore che richiede l'espropriazione non può in nessun caso essere costretto a estendere la sua domanda ai mobili, o ad altri immobili, fuori di quelli che sono ipotecati per il suo credito, salvo il regresso del terzo acquirente contro il suo autore per il risarcimento del danno che venga a soffrire a causa della separazione dei beni compresi nell'acquisto e delle relative coltivazioni.

• La norma indica come individuare (ai fini dell'offerta di purgazione) il valore del bene ipotecato qualora il terzo lo abbia acquistato unitamente ad altri beni non ipotecati e dispone che in tal caso il creditore che rifiuta l'offerta di purgazione e chiede la vendita non può essere tenuto a estendere la domanda di vendita ai beni non ipotecati compresi nel titolo di acquisto del terzo.

Sezione XIII
Della rinunzia e dell'astensione del creditore nell'espropriazione forzata

2899. Divieto di rinunzia a una ipoteca a danno di altro creditore.

Il creditore, che ha ipoteca su vari immobili, dopo che gli è stata fatta la notificazione indicata dall'articolo 2890, se si tratta del processo di liberazione dalle ipoteche, o dopo la notificazione del provvedimento che dispone la vendita, in caso di espropriazione, non può rinunziare alla sua ipoteca sopra uno di quegli immobili né astenersi dall'intervenire nel giudizio di espropriazione, qualora sia con ciò favorito un creditore a danno di altro creditore anteriormente iscritto; se egli rinunzia o si astiene, è responsabile dei danni, a meno che vi siano giusti motivi.

La stessa disposizione si applica nel caso in cui la rinunzia o l'astensione favorisca un terzo acquirente a danno di un creditore con ipoteca anteriore o di un altro terzo acquirente che abbia un titolo anteriormente trascritto.

• Il creditore che ha ipoteca su più immobili, se rinuncia all'ipoteca su uno di essi o non partecipa all'espropriazione, rischia in tal modo di favorire un creditore o un terzo acquirente a discapito di un altro (che perde il diritto di surrogarsi). In questo caso la norma dispone che il creditore o il terzo acquirente danneggiati, se muniti di un titolo reso pubblico anteriormente a quello del creditore o terzo acquirente favoriti, hanno diritto al risarcimento dei danni da parte del creditore che ha rinunciato all'ipoteca o non ha partecipato all'espropriazione.

Capo V
Dei mezzi di conservazione della garanzia patrimoniale

Sezione I
Dell'azione surrogatoria

2900. Condizioni, modalità ed effetti.

Il creditore, per assicurare che siano soddisfatte o conservate le sue ragioni, può esercitare i diritti e le azioni che spettano verso i terzi al proprio debitore e che questi trascura di esercitare, purché i diritti e le azioni abbiano contenuto patrimoniale e non si tratti di diritti o di azioni che, per loro natura o per disposizione di legge, non possono essere esercitati se non dal loro titolare.

Il creditore, qualora agisca giudizialmente, deve citare anche il debitore al quale intende surrogarsi.

• La norma regola l'**azione surrogatoria** per mezzo della quale il creditore può sostituirsi al debitore nell'esercizio dei diritti a lui spettanti verso i terzi. Ciò è possibile a **due condizioni**: occorre che il **debitore ometta di esercitare i suoi diritti** e che tale inerzia renda **meno agevole o più onerosa la realizzazione del diritto del creditore**.
• La norma detta due **requisiti** inerenti ai **diritti suscettibili di essere esercitati in via surrogatoria**: deve trattarsi di **diritti a contenuto patrimoniale** e **non strettamente personali.** Sono ad esempio esclusi i diritti della personalità e i diritti il cui esercizio implica scelte di valore morale o familiare (*Esempio*: il diritto di accettare una donazione o l'azione per l'accertamento della paternità).

Sezione II
Dell'azione revocatoria

2901. Condizioni.

Il creditore, anche se il credito è soggetto a condizione o a termine, può domandare che siano dichiarati inefficaci nei suoi confronti gli atti di disposizione del patrimonio coi quali il debitore rechi pregiudizio alle sue ragioni, quando concorrono le seguenti condizioni:

1) che il debitore conoscesse il pregiudizio che l'atto arrecava alle ragioni del creditore o, trattandosi di atto anteriore al sorgere del credito, l'atto fosse dolosamente preordinato al fine di pregiudicarne il soddisfacimento;

2) che, inoltre, trattandosi di atto a titolo oneroso, il terzo fosse consapevole del pregiudizio e, nel caso di atto anteriore al sorgere del credito, fosse partecipe della dolosa preordinazione.

Agli effetti della presente norma, le prestazioni di garanzia, anche per debiti altrui, sono considerate atti a titolo oneroso, quando sono contestuali al credito garantito.

Non è soggetto a revoca l'adempimento di un debito scaduto.

L'inefficacia dell'atto non pregiudica i diritti acquistati a titolo oneroso dai terzi di buona fede, salvi gli effetti della trascrizione della domanda di revocazione.

• La norma fissa i **presupposti** per l'esperibilità dell'**azione revocatoria**: 1) l'**esistenza del credito**; 2) il compimento di un **atto di disposizione** del patrimonio del debitore (*Esempio*: atti di alienazione; costituzione di diritti reali; ecc.) prima o dopo il sorgere del credito; 3) il **pregiudizio per le ragioni del creditore** (basta anche una variazione qualitativa del patrimonio che renda più difficile la realizzazione del credito); 4) gli **elementi soggettivi** che sono diversi a seconda che: – *a*) l'atto di disposizione sia stato compiuto prima o dopo il sorgere del credito; – *b*) l'atto di disposizione sia stato compiuto a titolo gratuito (si guarda soltanto lo stato soggettivo debitore) o oneroso (si guarda anche lo stato soggettivo del terzo). • La norma regola gli **effetti** della revocatoria nei confronti dei **terzi sub-acquirenti.** Questi non sono pregiudicati dalla dichiarazione di inefficacia dell'atto revocato soltanto se di buona fede e se hanno acquistato a titolo oneroso (sugli effetti v. anche il comm. successivo).

2902. Effetti.

Il creditore, ottenuta la dichiarazione di inefficacia, può promuovere nei confronti dei terzi acquirenti le azioni esecutive o conservative sui beni che formano oggetto dell'atto impugnato.

Il terzo contraente, che abbia verso il debitore ragioni di credito dipendenti dall'esercizio dell'azione revocatoria, non può concorrere sul ricavato dei beni che sono stati oggetto dell'atto dichiarato inefficace, se non dopo che il creditore è stato soddisfatto.

• La norma regola gli **effetti verso i terzi acquirenti** dell'azione revocatoria. Essa non ha effetto recuperatorio e rende soltanto **inefficace** l'atto impugnato nei confronti del creditore che ha agito. L'esperimento vittorioso dell'azione revocatoria permette al creditore di promuovere **azioni esecutive e conservative** suoi beni oggetto dell'atto impugnato nei confronti del **terzo acquirente** che ne conserva la proprietà. • Il terzo acquirente che perde la proprietà del bene a causa dell'esecuzione forzata promossa dal creditore ha diritto al risarcimento del danno da parte del debitore. Il terzo può soddisfare il credito risarcitorio sul ricavato dall'esecuzione forzata soltanto dopo l'integrale soddisfazione del creditore revocante (sugli effetti v. anche il comm. precedente).

2903. Prescrizione dell'azione.

L'azione revocatoria si prescrive in cinque anni dalla data dell'atto.

• La norma contiene la regola sul termine di prescrizione dell'azione revocatoria che fissa in cinque anni. • Quanto alla **decorrenza del termine** occorre distinguere: se l'atto da revocare è stato compiuto dopo il sorgere del credito, il termine di prescrizione decorre da quando è stata data pubblicità dell'atto; se l'atto è anteriore il termine di prescrizione decorre da quando l'azione è esperibile (lettura coordinata degli artt. 2903, 2935 e 2947).

2904. Rinvio.

Sono salve le disposizioni sull'azione revocatoria in materia fallimentare e in materia penale.

• La norma lascia impregiudicata l'applicazione delle norme sulla c.d. revocatoria fallimentare e le disposizioni sulla revocatoria previste in materia penale.

Sezione III
Del sequestro conservativo

2905. Sequestro nei confronti del debitore o del terzo.
Il creditore può chiedere il sequestro conservativo dei beni del debitore, secondo le regole stabilite dal codice di procedura civile.
Il sequestro può essere chiesto anche nei confronti del terzo acquirente dei beni del debitore, qualora sia stata proposta l'azione per far dichiarare l'inefficacia dell'alienazione.

• La norma regola il sequestro conservativo che è una **misura preventiva e cautelale**. Ai sensi delle regole previste dal c.p.c. (artt. 671 ss. c.p.c.), il creditore può chiedere al giudice il sequestro conservativo al ricorrere di una condizione: il **fondato timore di perdere le garanzie del credito** (v. l'art. 671 c.p.c.). • Affinché il giudice autorizzi il sequestro devono ricorrere due presupposti: il c.d. *fumus bonis iuris* (verosimiglianza del diritto di credito) e il c.d. *periculum in mora* (rischio che il debitore diminuisca il suo patrimonio e comprometta le possibilità di soddisfazione per il creditore).

2906. Effetti.
Non hanno effetto in pregiudizio del creditore sequestrante le alienazioni e gli altri atti che hanno per oggetto la cosa sequestrata, in conformità delle regole stabilite per il pignoramento.
Non ha parimenti effetto in pregiudizio del creditore opponente il pagamento eseguito dal debitore, qualora l'opposizione sia stata proposta nei casi e con le forme stabilite dalla legge.

• La norma regola gli effetti derivanti dall'accoglimento dall'autorizzazione del sequestro conservativo da parte del giudice, che comporta un **vincolo di indisponibilità materiale e giudica** sui beni che ne sono oggetto. • Il debitore continua a essere proprietario dei beni ma non piò alienarli o compiere altri atti; se ciò accade gli atti dispositivi compiuti dal debitore sono **inefficaci per il creditore sequestrante**.

Titolo IV
DELLA TUTELA GIURISDIZIONALE DEI DIRITTI

Capo I
Disposizioni generali

2907. Attività giurisdizionale.
Alla tutela giurisdizionale dei diritti provvede l'autorità giudiziaria su domanda di parte e, quando la legge lo dispone, anche su istanza del pubblico ministero o d'ufficio.
La tutela giurisdizionale dei diritti, nell'interesse delle categorie professionali, è attuata su domanda delle associazioni legalmente riconosciute, nei casi determinati dalla legge e con le forme da questa stabilite (1).

(1) Comma inoperante in conseguenza dello scioglimento delle associazioni professionali obbligatorie operato dal d.lgs.lt. 23/11/1944, n. 369.

• La **tutela** indica l'insieme dei mezzi messi a disposizione dell'ordinamento in favore del titolare di un diritto per garantirne il soddisfacimento. • La tutela dei diritti può avvenire in via **stragiudiziale**, quando l'ordinamento ammette la realizzazione dell'interesse leso senza necessità di intervento del giudice, tramite l'esercizio di poteri di autotutela da parte del titolare del diritto (ad es., nei casi di risoluzione di diritto del contratto) o attraverso procedure alternative al giudizio (ad es., l'arbitrato, la mediazione). • Al di fuori di tali casi, la tutela dei diritti avviene in via **giudiziale**, tramite l'intervento dell'autorità giudiziaria in qualità di organo dello Stato: il titolare di un diritto leso non può normalmente farsi giustizia da sé ma deve, se vuole ottenere tutela, rivolgersi al giudice. Lo Stato non può rifiutarsi di offrire tutela: il diritto di adire l'autorità giudiziaria per far valere i propri diritti e interessi legittimi (così come quello di difendersi) è infatti costituzionalmente garantito (art. 24 Cost.). • L'attività giurisdizionale di tutela dei diritti opera attraverso il processo (disciplinato dal diritto processuale civile), finalizzato alla tutela di una situazione giuridica soggettiva sostanziale e regolato, tra gli altri, dal **principio della domanda**, per cui, salvo diversa previsione legislativa, il giudice interviene solo su domanda di parte (art. 99 c.p.c.). Questo significa, da un lato, che, a fronte del mancato soddisfacimento di un diritto, sta alla parte decidere se attivare la tutela giurisdizionale (a meno che la legge non preveda l'iniziativa d'ufficio del giudice o del pubblico ministero); dall'altro, che i confini del giudizio sono definiti dal contenuto della domanda proposta.

2908. Effetti costitutivi delle sentenze.

Nei casi previsti dalla legge, l'autorità giudiziaria può costituire, modificare o estinguere rapporti giuridici, con effetto tra le parti, i loro eredi o aventi causa.

• L'intervento del giudice in sede di cognizione può avere diversa natura. Esso può innanzitutto accertare la sussistenza o meno di una situazione giuridica controversa (**sentenza di mero accertamento**), ed eventualmente, a seguito di tale accertamento, ordinare alla parte di tenere una certa condotta (**sentenza di condanna**). • In alcuni casi, come previsto dalla norma, la sentenza del giudice non si limita ad accertare un rapporto giuridico (**sentenza dichiarativa**), ma lo costituisce, modifica o estingue (**sentenza costitutiva**), alterando così la situazione giuridica preesistente. Ad es., è dichiarativa la sentenza che accerta la risoluzione del contratto per impossibilità sopravvenuta: in questo caso il contratto è risolto a prescindere dall'intervento del giudice, che si limita a dichiarare la già intervenuta risoluzione. È invece costitutiva la sentenza che pronuncia la risoluzione per eccessiva onerosità sopravvenuta: in questo caso il contratto si risolve solo grazie all'intervento del giudice, che modifica il rapporto.

2909. Cosa giudicata.

L'accertamento contenuto nella sentenza passata in giudicato fa stato a ogni effetto tra le parti, i loro eredi o aventi causa.

• La norma disciplina gli effetti del giudicato sul piano sostanziale (**cosa giudicata sostanziale**). Con "cosa giudicata" si fa riferimento allo stato di incontrovertibilità che consegue a una pronuncia giudiziale la quale non può più essere messa in discussione. • Dal punto di vista del processo, l'accertamento compiuto dal giudice diventa incontrovertibile una volta esauriti i mezzi di impugnazione previsti dall'art. 324 c.p.c. (**cosa giudicata formale**). • Sul piano sostanziale, la sentenza passata in giudicato investe di sé, conformandola, la situazione giuridica oggetto di giudizio anche al di fuori del processo, con effetto nei confronti delle parti, dei loro eredi e aventi causa.

Capo II
Dell'esecuzione forzata

Sezione I
Dell'espropriazione

§ 1 – Disposizioni generali

2910. Oggetto dell'espropriazione.

Il creditore, per conseguire quanto gli è dovuto, può fare espropriare i beni del debitore, secondo le regole stabilite dal codice di procedura civile.

Possono essere espropriati anche i beni di un terzo quando sono vincolati a garanzia del credito o quando sono oggetto di un atto che è stato revocato perché compiuto in pregiudizio del creditore.

• Il diritto del creditore riconosciuto dalla sentenza (o da altro **titolo esecutivo**, art. 474 c.p.c.), se non è spontaneamente soddisfatto dal debitore, può essere realizzato in via coattiva tramite esecuzione forzata. • Vi sono due tipi di esecuzione forzata. Laddove possibile, l'esecuzione mira a far conseguire al creditore esattamente quanto dovutogli, ad es. la consegna di una cosa determinata o l'esecuzione di una prestazione di fare fungibile (**esecuzione in forma specifica**, artt. 2930 ss.). Se questo non è possibile (ad es., perché oggetto della prestazione è un fare infungibile) o se l'obbligazione ha ad oggetto una somma di denaro (fin dall'inizio o a seguito di liquidazione da parte del giudice), il creditore può far espropriare i beni del debitore, convertendo in tal modo in denaro il patrimonio del debitore e soddisfacendosi su esso (**espropriazione**). • Oggetto di espropriazione sono tutti i beni del debitore (nella misura necessaria a soddisfare il credito ed esclusi i beni impignorabili), che risponde per l'adempimento con tutti i suoi beni presenti e futuri (art. 2740). Anche beni di terzi possono essere oggetto di espropriazione se vincolati in garanzia (pegno, ipoteca, privilegio speciale) o se oggetto di atti revocati *ex* artt. 2901 ss. • Il procedimento di espropriazione è regolato dal c.p.c. (artt. 483 ss.) e ha inizio con il **pignoramento** (art. 491 c.p.c.).

2911. Beni gravati da pegno o ipoteca.

Il creditore che ha pegno su beni del debitore non può pignorare altri beni del debitore medesimo, se non sottopone a esecuzione anche i beni gravati dal pegno. Non può parimenti, quando ha ipoteca, pignorare altri immobili, se non sottopone a pignoramento anche gli immobili gravati dall'ipoteca.

La stessa disposizione si applica se il creditore ha privilegio speciale su determinati beni.

• A tutela del debitore e dei creditori chirografari, la norma limita il diritto del creditore pignoratizio, ipotecario o privilegiato di far espropriare beni diversi da quelli oggetto di pegno, ipoteca o privilegio speciale. Il creditore assistito da garanzia, per poter aggredire altri beni, deve infatti sottoporre a esecuzione anche il bene vincolato. • La regola soggiace ad alcuni limiti. Per il creditore ipotecario il limite vale solo per i beni immobili: egli potrebbe dunque pignorare beni mobili del debitore anche senza aver sottoposto a esecuzione il bene ipotecato. Per il creditore pignoratizio, il limite non vale se il bene dato in pegno non è del debitore ma di un terzo.

§ 2 – Degli effetti del pignoramento

2912. Estensione del pignoramento.

Il pignoramento comprende gli accessori, le pertinenze e i frutti della cosa pignorata.

• Il **pignoramento** è l'atto che dà inizio all'espropriazione e consiste nell'ingiunzione fatta dall'ufficiale giudiziario al debitore di astenersi dal compiere atti diretti a sottrarre alla garanzia del credito i beni assoggettati a espropriazione (art. 492 c.p.c.). Il c.c. disciplina gli effetti sostanziali del pignoramento, le cui forme sono invece regolate dal c.p.c. • In particolare, la norma dispone l'estensione automatica del pignoramento della cosa principale agli accessori (ad es., le accessioni), alle pertinenze (art. 817) e ai frutti (art. 820).

2913. Inefficacia delle alienazioni del bene pignorato.

Non hanno effetto in pregiudizio del creditore pignorante e dei creditori che intervengono nell'esecuzione gli atti di alienazione dei beni sottoposti a pignoramento, salvi gli effetti del possesso di buona fede per i mobili non iscritti in pubblici registri.

• La norma e l'articolo seguente disciplinano gli effetti delle alienazioni del bene pignorato nei confronti dei creditori che partecipano all'espropriazione, disponendo, in presenza di determinati requisiti, un'**inefficacia relativa** di tali atti (che sono dunque validi ma non opponibili ai creditori pignoranti né a quelli che intervengono nell'esecuzione). Di regola sono inefficaci nei confronti di tali creditori gli atti dispositivi del patrimonio del debitore che comportano un'alterazione della consistenza economica dei beni pignorati (recando così pregiudizio ai creditori) e che intervengono dopo il pignoramento. A tutela dei terzi aventi causa, tale regola deve tuttavia essere coordinata con i principi in tema di trascrizione e possesso. • In caso di pignoramento di **beni immobili** o di **beni mobili iscritti in pubblici registri**, l'alienazione ha effetto verso ai creditori solo se trascritta prima del pignoramento (dunque verso i creditori non ha efficacia l'alienazione, anche se anteriore al pignoramento, trascritta successivamente). • Se il pignoramento ha ad oggetto **beni mobili**, l'alienazione ha effetto verso i creditori se (i) risulta da atto avente data certa anteriore al pignoramento, o (ii) il possesso è stato trasmesso prima del pignoramento, o (iii) dopo il pignoramento il terzo ha acquistato il possesso del bene in buona fede sulla base di un titolo astrattamente idoneo *ex* art. 1153. • In caso di **universalità di mobili**, l'alienazione ha effetto verso i creditori se non risulta da atto avete data certa anteriore al pignoramento. • In caso di pignoramento di **crediti**, la cessione del credito ha effetto verso i creditori solo se notificata al debitore o da costui accettata prima del pignoramento.

2914. Alienazioni anteriori al pignoramento.
Non hanno effetto in pregiudizio del creditore pignorante e dei creditori che intervengono nell'esecuzione, sebbene anteriori al pignoramento:
1) le alienazioni di beni immobili o di beni mobili iscritti in pubblici registri, che siano state trascritte successivamente al pignoramento;
2) le cessioni di crediti che siano state notificate al debitore ceduto o accettate dal medesimo successivamente al pignoramento;
3) le alienazioni di universalità di mobili che non abbiano data certa;
4) le alienazioni di beni mobili di cui non sia stato trasmesso il possesso anteriormente al pignoramento, salvo che risultino da atto avente data certa.

• V. *sub* art. 2913.

2915. Atti che limitano la disponibilità dei beni pignorati.
Non hanno effetto in pregiudizio del creditore pignorante e dei creditori che intervengono nell'esecuzione gli atti che importano vincoli di indisponibilità, se non sono stati trascritti prima del pignoramento, quando hanno per oggetto beni immobili o beni mobili iscritti in pubblici registri, e, negli altri casi, se non hanno data certa anteriore al pignoramento.
Non hanno del pari effetto in pregiudizio del creditore pignorante e dei creditori che intervengono nell'esecuzione gli atti e le domande per la cui efficacia rispetto ai terzi acquirenti la legge richiede la trascrizione, se sono trascritti successivamente al pignoramento.

• La norma disciplina gli effetti nei confronti dei creditori che partecipano all'esecuzione degli atti che limitano la disponibilità dei beni pignorati (co. 1) e di altri atti o domande (co. 2). • Il primo comma fa riferimento agli atti che importano **vincoli di indisponibilità**: ad es., la costituzione della comunione tra coniugi, la cessione dei beni ai creditori, la costituzione di patrimoni destinati a uno specifico affare, la liquidazione dell'eredità accettata con beneficio di inventario. In questi casi, se l'atto ha ad oggetto beni immobili o mobili iscritti in pubblici registri, esso ha effetto verso i creditori solo se trascritto prima del pignoramento; altrimenti, solo se ha data certa anteriore al pignoramento. • Il secondo comma ha riguardo in primo luogo e in via residuale agli atti che non comportano un'alienazione né un vincolo di indisponibilità (ad es., la divisione, l'accettazione dell'eredità o l'acquisto del legato aventi ad oggetto beni immobili), disponendo che non hanno effetto verso i creditori procedenti se trascritti dopo il pignoramento. In secondo luogo la norma ha riguardo alle **domande giudiziali** per la cui efficacia rispetto ai terzi la legge richiede la trascrizione (artt. 2652, 2653), ad es. le domande di risoluzione o annullamento del contratto. Anche in questo caso il criterio è quello dell'anteriorità della trascrizione della domanda, posto che gli effetti della sentenza (e della vendita o assegnazione che eventualmente seguono in sede esecutiva) retroagiscono al momento della domanda.

2916. Ipoteche e privilegi.
Nella distribuzione della somma ricavata dall'esecuzione non si tiene conto:
1) delle ipoteche, anche se giudiziali, iscritte dopo il pignoramento;
2) dei privilegi per la cui efficacia è necessaria l'iscrizione, se questa ha luogo dopo il pignoramento;
3) dei privilegi per crediti sorti dopo il pignoramento.

• La norma e gli articoli seguenti regolano gli effetti di alcuni specifici atti pregiudizievoli per i creditori che partecipano all'esecuzione, sancendone un'inefficacia relativa. • Se il bene pignorato è oggetto di **ipoteca** o di un **privilegio** per cui è richiesta l'iscrizione, l'ipoteca o il privilegio sono inopponibili ai creditori procedenti se iscritti dopo il pignoramento; se il privilegio non è soggetto a iscrizione, esso è inopponibile se riguarda un credito sorto dopo il pignoramento. • Se oggetto del pignoramento è un **credito** e il credito si estingue, tale estinzione non ha effetto verso i creditori procedenti se è dovuta a cause successive al pignoramento (art. 2917). • Infine, l'art. 1918 regola l'ipotesi in cui vi siano state una **cessione o una liberazione di pigioni e fitti** non ancora scaduti: se previste per un tempo inferiore al triennio o se superiore ma non trascritte (possono trascriversi solo se superiori a tre anni), sono opponibili ai creditori procedenti se hanno data certa anteriore al pignoramento e in ogni caso solo per un anno dal pignoramento; se superiori al triennio e trascritte, sono opponibili per tutta la loro durata se la trascrizione è intervenuta prima del pignoramento.

2917. Estinzione del credito pignorato.

Se oggetto del pignoramento è un credito, l'estinzione di esso per cause verificatesi in epoca successiva al pignoramento non ha effetto in pregiudizio del creditore pignorante e dei creditori che intervengono nell'esecuzione.

• V. *sub* art. 2916.

2918. Cessioni e liberazioni di pigioni e di fitti.

Le cessioni e le liberazioni di pigioni e di fitti non ancora scaduti per un periodo eccedente i tre anni non hanno effetto in pregiudizio del creditore pignorante e dei creditori che intervengono nell'esecuzione, se non sono trascritte anteriormente al pignoramento. Le cessioni e le liberazioni per un tempo inferiore ai tre anni e le cessioni e le liberazioni superiori ai tre anni non trascritte non hanno effetto, se non hanno data certa anteriore al pignoramento e, in ogni caso, non oltre il termine di un anno dalla data del pignoramento.

• V. *sub* art. 2916.

§ 3 – Effetti della vendita forzata e dell'assegnazione

2919. Effetto traslativo della vendita forzata.

La vendita forzata trasferisce all'acquirente i diritti che sulla cosa spettavano a colui che ha subìto l'espropriazione, salvi gli effetti del possesso di buona fede. Non sono però opponibili all'acquirente diritti acquistati da terzi sulla cosa, se i diritti stessi non hanno effetto in pregiudizio del creditore pignorante e dei creditori intervenuti nell'esecuzione.

• Il processo esecutivo inizia con il pignoramento e prosegue, per quel che interessa il diritto sostanziale, con la vendita forzata del bene (sul cui ricavato si soddisfano i creditori) o con l'assegnazione del bene ai creditori istanti secondo le forme previste dal c.p.c. Il c.c. disciplina dal punto di vista sostanziale gli effetti della vendita forzata e dell'assegnazione. • La norma e gli articoli seguenti regolano alcuni aspetti della **vendita forzata** che in parte la differenziano dalla vendita volontaria (art. 1470) e la avvicinano ai trasferimenti coattivi. • La vendita forzata ha innanzitutto l'effetto di trasferire all'acquirente che si è aggiudicato il bene i diritti che sulla cosa spettavano a chi ha subito l'espropriazione. Se il bene è stato oggetto di atti di disposizione, la norma fa salvi gli effetti del possesso in buona fede del terzo (il riferimento è al possesso vale titolo e all'usucapione), mentre i diritti in altro modo acquistati da terzi sulla cosa non sono opponibili all'acquirente se non hanno effetto nei confronti dei creditori procedenti *ex* artt. 2913 ss.

2920. Diritti di terzi sulla cosa mobile venduta.

Se oggetto della vendita è una cosa mobile, coloro che avevano la proprietà o altri diritti reali su di essa, ma non hanno fatto valere le loro ragioni sulla somma ricavata dall'esecuzione, non possono farle valere nei confronti dell'acquirente di buona fede, né possono ripetere dai creditori la somma distribuita. Resta ferma la responsabilità del creditore procedente di mala fede per i danni e per le spese.

• La norma disciplina la posizione del terzo titolare di diritti reali sulla cosa mobile venduta, il quale può intervenire nel corso del procedimento esecutivo per far valere le proprie ragioni ma, una volta che il bene è stato aggiudicato e consegnato, non può recuperarlo dall'acquirente in buona fede. • Il terzo che non può recuperare il bene gode di una tutela per equivalente, avendo diritto di soddisfare le proprie ragioni sulla somma ricavata dall'esecuzione (il prezzo della vendita). Tale diritto può però essere esercitato solo fino alla distribuzione della somma ai creditori: dopo tale momento il terzo non può infatti chiedere ai creditori la restituzione della somma distribuita, ma può solo agire per il risarcimento dei danni nei confronti del creditore procedente se in mala fede.

2921. Evizione.

L'acquirente della cosa espropriata, se ne subisce l'evizione, può ripetere il prezzo non ancora distribuito, dedotte le spese, e, se la distribuzione è già avvenuta, può ripeterne da ciascun creditore la parte che ha riscossa e dal debitore l'eventuale residuo, salva la responsabilità del creditore procedente per i danni e per le spese.

Se l'evizione è soltanto parziale, l'acquirente ha diritto di ripetere una parte proporzionale del prezzo. La ripetizione ha luogo anche se l'aggiudicatario, per evitare l'evizione, ha pagato una somma di danaro.

In ogni caso l'acquirente non può ripetere il prezzo nei confronti dei creditori privilegiati o ipotecari ai quali la causa di evizione non era opponibile.

• La disciplina della garanzia per vizi e per evizione nella vendita forzata differisce da quella prevista per la vendita volontaria. • Per quanto riguarda l'**evizione**, l'acquirente che subisce l'evizione (o che la evita pagando una somma di denaro) può chiedere la restituzione del prezzo (dedotte le spese del procedimento esecutivo). Se il prezzo è già stato distribuito, la restituzione va richiesta a ciascun creditore per la parte che ha ricevuto e al debitore per l'eventuale residuo. Lo stesso vale in caso di evizione parziale: in questo caso la restituzione ha ad oggetto la parte del prezzo proporzionale all'evizione subita. L'acquirente ha inoltre diritto al risarcimento dei danni nei confronti del creditore procedente. • Non è invece dovuta la garanzia per **vizi** (art. 2922, co. 1), mentre la norma nulla dice espressamente sui rimedi esperibili in caso di mancanza di qualità e di *aliud pro alio*. • È altresì esclusa la rescissione della vendita per **lesione** *ex* art. 1448 (art. 2922, co. 2).

2922. Vizi della cosa. Lesione.

Nella vendita forzata non ha luogo la garanzia per i vizi della cosa.

Essa non può essere impugnata per causa di lesione.

• V. *sub* art. 2921.

2923. Locazioni.

Le locazioni consentite da chi ha subito l'espropriazione sono opponibili all'acquirente se hanno data certa anteriore al pignoramento, salvo che, trattandosi di beni mobili, l'acquirente ne abbia conseguito il possesso in buona fede.

Le locazioni immobiliari eccedenti i nove anni che non sono state trascritte anteriormente al pignoramento non sono opponibili all'acquirente, se non nei limiti di un novennio dall'inizio della locazione.

In ogni caso l'acquirente non è tenuto a rispettare la locazione qualora il prezzo convenuto sia inferiore di un terzo al giusto prezzo o a quello risultante da precedenti locazioni.

Se la locazione non ha data certa, ma la detenzione del conduttore è anteriore al pignoramento della cosa locata, l'acquirente non è tenuto a rispettare la locazione che per la durata corrispondente a quella stabilita per le locazioni a tempo indeterminato.

Se nel contratto di locazione è convenuto che esso possa risolversi in caso di alienazione, l'acquirente può intimare licenza al conduttore secondo le disposizioni dell'articolo 1603.

• Similmente a quanto previsto per la vendita volontaria, in caso di vendita forzata l'acquirente deve rispettare le **locazioni** già in essere sul bene (sull'ammissibilità delle locazioni concluse dopo il pignoramento v. art. 560, co. 7, c.p.c.) (i) se hanno data certa anteriore al pignoramento, per la durata prevista dal contratto di locazione; (ii) se non hanno dato certa anteriore al pignoramento ma la detenzione del conduttore è anteriore al pignoramento, per la durata stabilita dalla legge per le locazioni a tempo indeterminato; (iii) se si tratta di locazioni immobiliari ultranovennali non trascritte, entro il limite di nove anni dall'inizio della locazione. • L'acquirente non è invece tenuto a rispettare la locazione se il contratto di locazione contiene una clausola di scioglimento in caso di alienazione, clausola che è tuttavia nulla per le locazioni di immobili urbani ad uso abitativo (art. 7, l. n. 392/1978). • Al fine di evitare collusioni tra debitore e conduttore in danno dell'acquirente, la locazione non è a quest'ultimo opponibile se il canone di locazione è inferiore di un terzo rispetto al giusto prezzo o a quello risultante da precedenti locazioni.

2924. Cessioni e liberazioni di pigioni e di fitti.

Le cessioni e le liberazioni di pigioni e di fitti non ancora scaduti non sono opponibili all'acquirente, salvo che si tratti di cessioni o di liberazioni eccedenti il triennio e trascritte anteriormente al pignoramento o si tratti di anticipazioni fatte in conformità degli usi locali.

• Con una disciplina alla lettera diversa da quella prevista per l'opponibilità di cessioni e liberazioni di pigioni e fitti non ancora scaduti ai creditori procedenti (art. 2918), la norma stabilisce che esse non sono opponibili all'acquirente, a meno che (i) siano superiori al triennio e siano state trascritte prima del pignoramento o (ii) si tratti di anticipazioni fatte in conformità degli usi locali.

2925. Norme applicabili all'assegnazione forzata.

Le norme concernenti la vendita forzata si applicano anche all'assegnazione forzata, salvo quanto è disposto negli articoli seguenti.

• In alternativa alla vendita forzata del bene, ne può essere disposta l'**assegnazione** ai creditori istanti (secondo le modalità previste dal c.p.c.), i quali ne acquistano così la proprietà. All'assegnazione si applicano le norme previste per la vendita forzata, salvo che per alcuni profili relativi ai diritti dei terzi sul bene, all'evizione e all'estinzione del credito assegnato. • Qualora sulla cosa gravino **diritti reali di terzi**, se si tratta di un bene mobile e l'assegnatario ne ha acquistato in buona fede il possesso, il terzo non può recuperare il bene ma può (entro un certo termine ed entro i limiti di valore del proprio diritto) chiedere all'assegnatario la restituzione della somma corrispondente al credito soddisfatto con l'assegnazione. In tal caso il creditore assegnatario conserva le sue ragioni verso il debitore ma non può più valersi delle garanzie prestate da terzi, che si estinguono (art. 2926). • Se invece l'**evizione** va a buon fine (ad es., se l'aggiudicatario era in mala fede in caso di assegnazione di beni mobili, o se l'aggiudicazione riguarda un immobile), l'assegnatario che subisce l'evizione ha diritto alla restituzione di quanto eventualmente pagato agli altri creditori (l'assegnatario del bene può infatti essere tenuto a versare una somma agli altri creditori che concorrono sul bene) e al risarcimento dei danni da parte del creditore procedente e conserva le sue ragioni nei confronti del debitore (salva l'estinzione delle garanzie prestate da terzi, art. 2927). • Infine, nel caso in cui l'assegnazione abbia ad oggetto un **credito** del debitore esecutato, l'art. 2928 dispone, a maggior tutela dell'assegnatario, che il credito di quest'ultimo nei confronti del debitore non si estingua con l'assegnazione ma con la riscossione del credito assegnato.

2926. Diritti dei terzi sulla cosa assegnata.

Se l'assegnazione ha per oggetto beni mobili, i terzi che ne avevano la proprietà possono, entro il termine di sessanta giorni dall'assegnazione, rivolgersi contro l'assegnatario che ha ricevuto in buona fede il possesso, al solo scopo di ripetere la somma corrispondente al suo credito soddisfatto con l'assegnazione. La stessa facoltà spetta ai terzi che avevano sulla cosa altri diritti reali, nei limiti del valore del loro diritto.

L'assegnatario conserva le sue ragioni nei confronti del debitore, ma si estinguono le garanzie prestate da terzi.

• V. *sub* art. 2925.

2927. Evizione della cosa assegnata.

L'assegnatario, se subisce l'evizione della cosa, ha diritto di ripetere quanto ha pagato agli altri creditori, salva la responsabilità del creditore procedente per i danni e per le spese.

L'assegnatario conserva le sue ragioni nei confronti del debitore espropriato, ma non le garanzie prestate da terzi.

• V. *sub* art. 2925.

2928. Assegnazione di crediti.

Se oggetto dell'assegnazione è un credito, il diritto dell'assegnatario verso il debitore che ha subito l'espropriazione non si estingue che con la riscossione del credito assegnato.

• V. *sub* art. 2925.

2929. Nullità del processo esecutivo.

La nullità degli atti esecutivi che hanno preceduto la vendita o l'assegnazione non ha effetto riguardo all'acquirente o all'assegnatario, salvo il caso di collusione con il creditore procedente. Gli altri creditori non sono in nessun caso tenuti a restituire quanto hanno ricevuto per effetto dell'esecuzione.

• Al fine di garantire la stabilità della vendita forzata e dell'assegnazione, la norma introduce una **preclusione** di carattere processuale, disponendo l'inopponibilità all'acquirente o all'assegnatario della nullità degli atti esecutivi che hanno preceduto la vendita o l'assegnazione (e non, invece, della nullità che riguarda la vendita o l'assegnazione in quanto tale). L'unica eccezione qui prevista è costituita dalla sussistenza di un qualche accordo tra l'acquirente o l'assegnatario e il creditore procedente in danno al debitore esecutato o agli altri creditori (**collusione**).

Sezione I bis

Dell'espropriazione di beni oggetto di vincoli di indisponibilità o di alienazioni a titolo gratuito (1)

(1) Sezione inserita dall'art. 12[1], d.l. 27/6/2015, n. 83, conv., con modif., dalla l. 6/8/2015, n. 132.

2929 bis. Espropriazione di beni oggetto di vincoli di indisponibilità o di alienazioni a titolo gratuito.

Il creditore che sia pregiudicato da un atto del debitore, di costituzione di vincolo di indisponibilità o di alienazione, che ha per oggetto beni immobili o mobili iscritti in pubblici registri, compiuto a titolo gratuito successivamente al sorgere del credito, può procedere, munito di titolo esecutivo, a esecuzione forzata, ancorché non abbia preventivamente ottenuto sentenza dichiarativa di inefficacia, se trascrive il pignoramento nel termine di un anno dalla data in cui l'atto è stato trascritto. La disposizione di cui al presente comma si applica anche al creditore anteriore che, entro un anno dalla trascrizione dell'atto pregiudizievole, interviene nell'esecuzione da altri promossa.

Quando il bene, per effetto o in conseguenza dell'atto, è stato trasferito a un terzo, il creditore promuove l'azione esecutiva nelle forme dell'espropriazione contro il terzo proprietario ed è preferito ai creditori personali di costui nella distribuzione del ricavato. Se con l'atto è stato riservato o costituito alcuno dei diritti di cui al primo comma dell'articolo 2812, il creditore pignora la cosa come libera nei confronti del proprietario. Tali diritti si estinguono con la vendita del bene e i terzi titolari sono ammessi a far valere le loro ragioni sul ricavato, con preferenza rispetto ai creditori cui i diritti sono opponibili.

Il debitore, il terzo assoggettato a espropriazione e ogni altro interessato alla conservazione del vincolo possono proporre le opposizioni all'esecuzione di cui al titolo V del libro terzo del codice di procedura civile quando contestano la sussistenza dei presupposti di cui al primo comma o che l'atto abbia arrecato pregiudizio alle ragioni del creditore o che il debitore abbia avuto conoscenza del pregiudizio arrecato.

L'azione esecutiva di cui al presente articolo non può esercitarsi in pregiudizio dei diritti acquistati a titolo oneroso dall'avente causa del contraente immediato, salvi gli effetti della trascrizione del pignoramento.

• La norma introduce una procedura semplificata rispetto all'ordinaria azione revocatoria (art. 2901) volta a consentire al creditore di reagire speditamente agli atti di disposizione del debitore che pregiudicano la possibilità di soddisfacimento (c.d. **revocatoria *per saltum***). • Il rimedio in questione può esperirsi nel caso in cui il debitore ponga in essere un atto di disposizione (alienazione o costituzione di un vincolo di indisponibilità) (i) a titolo gratuito; (ii) pregiudizievole per il creditore; (iii) avente ad oggetto un bene immobile o mobile iscritto in pubblici registri; (iv) successivo al sorgere del credito. In tal caso il creditore munito di titolo esecutivo può, senza dover attendere l'esito dell'azione revocatoria, procedere a esecuzione forzata sul bene oggetto di disposizione, purché trascriva il pignoramento entro un anno dalla trascrizione dell'atto pregiudizievole. Se il credito è anteriore all'atto di disposizione, il creditore non può procedere a esecuzione forzata ma può, entro il medesimo termine, intervenire nell'esecuzione eventualmente promossa da altri. • Se l'atto di disposizione consiste in un'**alienazione**, il creditore può espropriare il bene presso il terzo che l'ha acquistato a titolo gratuito e nella distribuzione del ricavato si soddisfa con precedenza rispetto ai creditori del terzo. Se l'atto di disposizione consiste nella costituzione di un **vincolo** sul bene, il creditore può pignorare la cosa come libera: con la vendita del bene si estinguono i diritti dei terzi sul bene, che hanno diritto di far valere le loro ragioni sul ricavato. Se però l'avente causa del debitore ha a sua volta posto in essere atti di disposizione del bene a titolo oneroso, l'azione esecutiva non può esercitarsi contro il terzo avente causa (*Esempio*: se A dona il bene a B, che a sua volta lo vende a C, il creditore di A non potrà esercitare l'azione esecutiva contro C, a meno che il pignoramento non sia stato trascritto prima dell'acquisto di C). • Chi ha interesse a opporsi all'esecuzione (il debitore o il terzo avente causa) può farlo con le forme dell'opposizione all'esecuzione o agli atti esecutivi (artt. 615 ss. c.p.c.).

Sezione II
Dell'esecuzione forzata in forma specifica

2930. Esecuzione forzata per consegna o rilascio.

Se non è adempiuto l'obbligo di consegnare una cosa determinata, mobile o immobile, l'avente diritto può ottenere la consegna o il rilascio forzati a norma delle disposizioni del codice di procedura civile.

• L'esecuzione forzata in forma specifica mira a far conseguire al creditore il medesimo risultato indicato nel titolo esecutivo. Questo è possibile solo laddove si tratti di comportamenti coercibili, dovendosi altrimenti ricorrere all'espropriazione. • La norma disciplina il caso in cui il titolo esecutivo preveda in capo al debitore l'obbligo di consegnare una cosa determinata mobile o immobile (ad es., l'obbligo del conduttore di rilasciare l'immobile alla scadenza del contratto). In tale eventualità, il creditore può ottenere la **consegna** (del bene mobile) o il **rilascio** (del bene immobile) tramite la procedura disciplinata dal c.p.c. (artt. 605 ss.).

2931. Esecuzione forzata degli obblighi di fare.

Se non è adempiuto un obbligo di fare, l'avente diritto può ottenere che esso sia eseguito a spese dell'obbligato nelle forme stabilite dal codice di procedura civile.

• Se il titolo esecutivo prevede in capo al debitore un **obbligo di fare**, si pone un problema di coercibilità in quanto nel nostro ordinamento non è normalmente possibile obbligare materialmente un soggetto a tenere un certo comportamento. • Se la prestazione di fare è **fungibile** (se può essere eseguita indifferentemente da un altro soggetto), la soluzione è quella di far eseguire la prestazione da qualcun altro a spese dell'obbligato (artt. 612 ss. c.p.c.), in modo da convertire l'obbligo di fare in capo al debitore nell'obbligo di pagare una somma di denaro, conseguibile coattivamente tramite l'espropriazione. *Esempio*: se l'appaltatore non porta a termine l'opera promessa, l'appaltante potrà farla ultimare da un altro soggetto a spese dell'appaltatore, i cui beni possono espropriarsi in caso di mancato pagamento. • Se la prestazione di fare è **infungibile** (ad es., dipingere un quadro), non potendosi obbligare materialmente il debitore a tenere il comportamento dovuto né far eseguire la prestazione da qualcun altro, la coazione ad adempiere non può che avvenire in via indiretta: l'art. 614-*bis* c.p.c. consente in tal caso al giudice di condannare il debitore al pagamento di una somma di denaro per ogni violazione, inosservanza o ritardo successivi.

2932. Esecuzione specifica dell'obbligo di concludere un contratto.

Se colui che è obbligato a concludere un contratto non adempie l'obbligazione, l'altra parte, qualora sia possibile e non sia escluso dal titolo, può ottenere una sentenza che produca gli effetti del contratto non concluso.

Se si tratta di contratti che hanno per oggetto il trasferimento della proprietà di una cosa determinata o la costituzione o il trasferimento di un altro diritto, la domanda non può essere accolta, se la parte che l'ha proposta non esegue la sua prestazione o non ne fa offerta nei modi di legge, a meno che la prestazione non sia ancora esigibile.

• La norma disciplina l'esecuzione in forma specifica qualora l'obbligo del debitore sia quello di concludere un contratto. Il caso più frequente è quello del **contratto preliminare**, con cui le parti si obbligano a concludere il contratto definitivo; un'altra ipotesi è, ad es., l'obbligo del mandatario senza rappresentanza di ritrasferire al mandante i beni acquistati in esecuzione del mandato (art. 1706, co. 2). • Non essendo possibile obbligare il debitore a esprimere il consenso necessario alla conclusione del contratto, il rimedio è quello di riconoscere al giudice il potere di pronunciare una sentenza che tenga luogo del contratto non concluso. Si tratta di una **sentenza costitutiva** (art. 2908) che produce essa stessa gli effetti del contratto (così, la sentenza che tiene luogo di un contratto di compravendita trasferisce essa stessa il diritto all'acquirente). • Il rimedio in esame può esperirsi se (i) l'esecuzione in forma specifica è possibile (non lo è se la prestazione è divenuta impossibile, di fatto o di diritto); (ii) il titolo non lo esclude; (iii) in caso di contratti a prestazioni corrispettive, la parte che domanda l'esecuzione in forma specifica ha già eseguito la propria prestazione o ne ha fatto offerta (purché la prestazione sia esigibile).

2933. Esecuzione forzata degli obblighi di non fare.

Se non è adempiuto un obbligo di non fare, l'avente diritto può ottenere che sia distrutto, a spese dell'obbligato, ciò che è stato fatto in violazione dell'obbligo.

Non può essere ordinata la distruzione della cosa e l'avente diritto può conseguire solo il risarcimento dei danni, se la distruzione della cosa è di pregiudizio all'economia nazionale.

• Nel caso in cui sia violato un obbligo di **non fare**, il rimedio è quello di distruggere quanto fatto (ad es., demolire la costruzione edificata in violazione di un divieto di sopraelevare), o di fare quanto necessario a ripristinare l'interesse leso (ad es., adottare le necessarie misure per evitare l'emissione di fumi nocivi in caso di immissioni vietate). • La norma disciplina la prima ipotesi, per cui il creditore ha diritto che sia distrutto quanto fatto dal debitore in violazione dell'obbligo di non fare; se il debitore non provvede, la distruzione (che è un *facere* fungibile) sarà effettuata da qualcun altro a spese del debitore. • Al fine di evitare sprechi di ricchezza, la norma limita la possibilità di chiedere la distruzione, vietandola (e sostituendola con la sola possibilità di ottenere il risarcimento dei danni) quando sia di pregiudizio all'economia nazionale.

Titolo V
DELLA PRESCRIZIONE E DELLA DECADENZA

Capo I
Della prescrizione

Sezione I
Disposizioni generali

2934. Estinzione dei diritti.

Ogni diritto si estingue per prescrizione, quando il titolare non lo esercita per il tempo determinato dalla legge.

Non sono soggetti alla prescrizione i diritti indisponibili e gli altri diritti indicati dalla legge.

• Il mancato esercizio di un diritto per un certo periodo di tempo previsto dalla legge ne determina l'estinzione (c.d. *prescrizione estintiva*). • La ragione va vista principalmente nell'esigenza di assicurare la certezza delle situazioni giuridiche: se, infatti, il diritto non viene esercitato per un tempo prolungato, può dubitarsi del fatto che esso verrà mai azionato dal suo titolare e la situazione di **incertezza** investe anche il soggetto o i soggetti che potrebbero subire l'esercizio del diritto stesso; decorso il periodo di tempo previsto dalla legge, invece, il diritto si estingue e con esso l'incertezza. • Si estingue il diritto, **non l'azione** con cui lo si esercita (si ricordi però che l'ordinamento spesso prevede appositamente la prescrizione *anche* di azioni giudiziali, come, ad es., quella con cui si fanno valere i vizi della cosa acquistata: cfr. l'art. 1495, co. 2). • L'ordinamento tende a ricollegare un altro importante effetto al decorso del tempo, lì dove consente che il possesso continuato di un bene per un certo arco temporale determini l'acquisto della proprietà del bene stesso per **usucapione** (c.d. *prescrizione acquisitiva*). • Tra i **diritti indisponibili**, non soggetti a prescrizione, vanno ricordati i diritti della personalità (ad es., il diritto all'onore o al nome), i diritti di stato (es. lo *status* di figlio, di coniuge); tra gli "*altri diritti indicati dalla legge*" rientra, ad es., il diritto di proprietà (che tuttavia può essere perduto in ragione dell'altrui usucapione).

2935. Decorrenza della prescrizione.

La prescrizione comincia a decorrere dal giorno in cui il diritto può essere fatto valere.

• La norma definisce il criterio che regola l'avvio del termine di prescrizione. • Si ritiene che con l'espressione "giorno in cui il diritto può essere fatto valere" il legislatore intenda riferirsi alla **possibilità legale** e non alla **possibilità di fatto** di esercitarlo; il termine non decorrerà se l'esercizio del diritto *non è possibile* (ad es., se il d. è sottoposto a condizione sospensiva o a termine iniziale), mentre decorrerà nel caso di *impedimenti fattuali* (così, ad es., se il soggetto ignora l'esistenza del proprio diritto o non conosce l'identità del debitore).

2936. Inderogabilità delle norme sulla prescrizione.

È nullo ogni patto diretto a modificare la disciplina legale della prescrizione.

• La prescrizione è strumento di bilanciamento di interessi generali e, come tale, appartiene alla sfera **dell'ordine pubblico**; per tale ragione non è consentito modificarne la disciplina, creando nuovi casi o nuovi termini di prescrizione.

2937. Rinunzia alla prescrizione.

Non può rinunziare alla prescrizione chi non può disporre validamente del diritto.

Si può rinunziare alla prescrizione solo quando questa è compiuta.

La rinunzia può risultare da un fatto incompatibile con la volontà di valersi della prescrizione.

• Opera il principio di cui alla precedente disposizione; se, infatti, fosse possibile una **rinunzia preventiva** alla prescrizione, sarebbero facilmente eluse le finalità di ordine pubblico dell'istituto (ad es., inserendo nei contratti clausole generali che la limitino). • È invece ammissibile una rinunzia alla **prescrizione già maturata**, dato che, a questo punto, diviene interesse di colui che se ne può giovare avvalersene. • La rinunzia può essere **espressa** o anche **tacita** (ad es., quando il debitore riconosce formalmente il credito altrui, pur prescritto).

2938. Non rilevabilità d'ufficio.

Il giudice non può rilevare d'ufficio la prescrizione non opposta.

• Se è data facoltà all'interessato di avvalersi, o meno, dell'intervenuta prescrizione, essa non potrà, pertanto, essere rilevata d'ufficio dal giudice. • A fronte dell'altrui esercizio tardivo del diritto l'intervenuta prescrizione deve comunque **essere eccepita** dalla parte che ne ha interesse (v. anche *sub* art. 2940).

2939. Opponibilità della prescrizione da parte dei terzi.

La prescrizione può essere opposta dai creditori e da chiunque vi ha interesse, qualora la parte non la faccia valere. Può essere opposta anche se la parte vi ha rinunziato.

• Se la parte interessata non eccepisce l'intervenuta prescrizione, o anche se vi ha rinunziato, possono eccepirla al posto suo coloro che ne hanno interesse (ad esempio i suoi creditori). Si tratta di una fattispecie che ricorda l'azione surrogatoria di cui all'art. 2900.

2940. Pagamento del debito prescritto.

Non è ammessa la ripetizione di ciò che è stato spontaneamente pagato in adempimento di un debito prescritto.

• Una volta prescritto, il diritto non si estingue in via automatica, essendo necessario che la parte interessata faccia valere l'eccezione; in mancanza di *exceptio* si ritiene pertanto che il debitore paghi bene e non possa richiedere quanto versato (alcuni sostengono che si tratterebbe di adempimento di *un'obbligazione naturale,* di cui all'art. 2034).

Sezione II
Della sospensione della prescrizione

2941. Sospensione per rapporti tra le parti.

La prescrizione rimane sospesa:

1) tra i coniugi;

2) tra chi esercita la responsabilità genitoriale di cui all'articolo 316 o i poteri a essa inerenti e le persone che vi sono sottoposte;

3) tra il tutore e il minore o l'interdetto soggetti alla tutela, finché non sia stato reso e approvato il conto finale, salvo quanto è disposto dall'articolo 387 per le azioni relative alla tutela;

4) tra il curatore e il minore emancipato o l'inabilitato;

5) tra l'erede e l'eredità accettata con beneficio d'inventario;

6) tra le persone i cui beni sono sottoposti per legge o per provvedimento del giudice alla amministrazione altrui e quelle da cui l'amministrazione è esercitata, finché non sia stato reso e approvato definitivamente il conto;

7) tra le persone giuridiche e i loro amministratori, finché sono in carica, per le azioni di responsabilità contro di essi;

8) tra il debitore che ha dolosamente occultato l'esistenza del debito e il creditore, finché il dolo non sia stato scoperto.

• Si veda l'art. 2942.

2942. Sospensione per la condizione del titolare.

La prescrizione rimane sospesa:

1) contro i minori non emancipati e gli interdetti per infermità di mente, per il tempo in cui non hanno rappresentante legale e per sei mesi successivi alla nomina del medesimo o alla cessazione dell'incapacità;

2) in tempo di guerra, contro i militari in servizio e gli appartenenti alle forze armate dello Stato e contro coloro che si trovano per ragioni di servizio al seguito delle forze stesse, per il tempo indicato dalle disposizioni delle leggi di guerra.

• La **differenza tra sospensione e interruzione** (di cui agli articoli che seguono) della prescrizione sta in ciò: la *sospensione* fa sì che il tempo necessario a far maturare la prescrizione del diritto si arresti, per poi riprendere a decorrere da dove si era interrotto (la sospensione è come *una parentesi*, si osserva); nella *interruzione*, invece, il tempo si azzera e inizia a decorrere un nuovo termine di prescrizione. • Nelle ipotesi previste all'art. 2941 la ragione della sospensione va vista nell'esistenza di un **particolare rapporto tra le parti**, che rende inopportuno o difficile l'esercizio del diritto (ad es., tra coniugi o genitori e figli); nei casi dell'art. 2942, invece, è **l'impossibilità** (l'incapace di agire privo di rappresentante legale) o **la evidente difficoltà pratica** (il militare in tempo di guerra) a giustificare l'inerzia del titolare del diritto. • Cessato l'impedimento il termine di prescrizione prosegue. • Secondo un orientamento prevalente in giurisprudenza i casi di sospensione della prescrizione sono tassativi.

Sezione III
Dell'interruzione della prescrizione

2943. Interruzione da parte del titolare.

La prescrizione è interrotta dalla notificazione dell'atto con il quale si inizia un giudizio, sia questo di cognizione ovvero conservativo o esecutivo.

È pure interrotta dalla domanda proposta nel corso di un giudizio.

L'interruzione si verifica anche se il giudice adito è incompetente.

La prescrizione è inoltre interrotta da ogni altro atto che valga a costituire in mora il debitore e dall'atto notificato con il quale una parte, in presenza di compromesso o clausola compromissoria, dichiara la propria intenzione di promuovere il procedimento arbitrale, propone la domanda e procede, per quanto le spetta, alla nomina degli arbitri.

• Sulla differenza tra interruzione e sospensione v. *sub* art. 2942 • La prescrizione si interrompe tutte le volte in cui il **titolare del diritto lo esercita**, dando avvio ad un giudizio – o proponendo una domanda nel corso di un giudizio, volta a tutelare il diritto suscettibile di prescrizione - o costituendo in mora il debitore (v. art. 1219). Il legislatore prevede, dunque, forme certe e sicure, che non rendano incerto il fatto che il diritto è stato esercitato. • Per quanto il codice non lo preveda esplicitamente, si ritiene che interrompa la prescrizione anche il **concreto esercizio del diritto** da parte del suo titolare (ad es., il titolare di un diritto di abitazione occupa l'immobile oggetto del diritto). • La prescrizione si interrompe anche (v. art. 2944) qualora vi sia **riconoscimento del diritto** da parte di colui contro il quale il diritto può essere fatto valere. • Per effetto della interruzione il termine di prescrizione **si azzera ed inizia a decorrere un nuovo termine** (si legga l'art. 2945).

2944. Interruzione per effetto di riconoscimento.

La prescrizione è interrotta dal riconoscimento del diritto da parte di colui contro il quale il diritto stesso può essere fatto valere.

• V. art. 2943.

2945. Effetti e durata dell'interruzione.

Per effetto della interruzione s'inizia un nuovo periodo di prescrizione.

Se l'interruzione è avvenuta mediante uno degli atti indicati dai primi due commi dell'articolo 2943, la prescrizione non corre fino al momento in cui passa in giudicato la sentenza che definisce il giudizio.

Se il processo si estingue, rimane fermo l'effetto interruttivo e il nuovo periodo di prescrizione comincia dalla data dell'atto interruttivo.

Nel caso di arbitrato la prescrizione non corre dal momento della notificazione dell'atto contenente la domanda di arbitrato sino al momento in cui il lodo che definisce il giudizio non è più impugnabile o passa in giudicato la sentenza resa sull'impugnazione.

Sezione IV
Del termine della prescrizione

§ 1 – Della prescrizione ordinaria

2946. Prescrizione ordinaria.

Salvi i casi in cui la legge dispone diversamente, i diritti si estinguono per prescrizione con il decorso di dieci anni.

• **Dieci anni** è il termine ordinario di prescrizione; in dieci anni si prescrivono, ad es., i diritti di credito. • Termini più lunghi sono previsti per i *diritti reali limitati* (ove si parla di **prescrizione per non uso ventennale**: nel diritto di usufrutto, art. 1014; nel diritto di servitù, art. 1074) o per *l'ipoteca* (v. art. 2880). Termini più brevi sono regolati dagli articoli che seguono.

§ 2 – Delle prescrizioni brevi

2947. Prescrizione del diritto al risarcimento del danno.

Il diritto al risarcimento del danno derivante da fatto illecito si prescrive in cinque anni dal giorno in cui il fatto si è verificato.

Per il risarcimento del danno prodotto dalla circolazione dei veicoli di ogni specie il diritto si prescrive in due anni.

In ogni caso, se il fatto è considerato dalla legge come reato e per il reato è stabilita una prescrizione più lunga, questa si applica anche all'azione civile. Tuttavia, se il reato è estinto per causa diversa dalla prescrizione o è intervenuta sentenza irrevocabile nel giudizio penale, il diritto al risarcimento del danno si prescrive nei termini indicati dai primi due commi, con decorrenza dalla data di estinzione del reato o dalla data in cui la sentenza è divenuta irrevocabile.

• Si prescrive in cinque anni il diritto al risarcimento del danno **da fatto illecito**, termine che si riduce a due anni se il pregiudizio è stato causato **dalla circolazione dei veicoli.** • Di grande rilevanza pratica è l'individuazione del *dies a quo*; l'espressione "*dal giorno in cui il fatto si è verificato*" va letta alla luce di quanto prevede l'art. 2935, per il quale la prescrizione comincia a decorrere "*dal giorno in cui il diritto può essere fatto valere*". Si è così consolidata una copiosa giurisprudenza secondo la quale il termine inizia a decorrere non dal giorno del compimento del fatto, né da quello di verificazione dell'evento, ma **da quello in cui l'evento dannoso può essere percepito quale conseguenza della condotta illecita, alla stregua del parametro di diligenza e delle conoscenze scientifiche del momento** (ad es., in materia di danno da emotrasfusioni o di danni lungolatenti). • Se il fatto dannoso costituisce reato (es. l'incidente stradale dal quale conseguano lesioni personali: art. 582 c.p.) si applica, ove sia previsto un termine più lungo, il termine di prescrizione previsto per quest'ultimo.

2948. Prescrizione di cinque anni.

Si prescrivono in cinque anni:

1) le annualità delle rendite perpetue o vitalizie;

1bis) il capitale nominale dei titoli di Stato emessi al portatore;

2) le annualità delle pensioni alimentari;

3) le *pigioni* delle case, *i fitti* dei beni rustici e ogni altro corrispettivo di locazioni;

4) gli interessi e, in generale, tutto ciò che deve pagarsi periodicamente ad anno o in termini più brevi;

5) le indennità spettanti per la cessazione del rapporto di lavoro.

• Gli artt. 2947-2952 prevedono diverse ipotesi di **prescrizioni brevi**; si tratta di fattispecie aventi ad oggetto diritti che, per loro natura, il legislatore ritiene vadano esercitati in un arco temporale più breve (i canoni di locazione, gli interessi, il diritto alla provvigione del mediatore, ecc.).

2949. Prescrizione in materia di società.

Si prescrivono in cinque anni i diritti che derivano dai rapporti sociali, se la società è iscritta nel registro delle imprese.

Nello stesso termine si prescrive l'azione di responsabilità che spetta ai creditori sociali verso gli amministratori nei casi stabiliti dalla legge.

2950. Prescrizione del diritto del mediatore.

Si prescrive in un anno il diritto del mediatore al pagamento della provvigione.

2951. Prescrizione in materia di spedizione e di trasporto.

Si prescrivono in un anno i diritti derivanti dal contratto di spedizione e dal contratto di trasporto.

La prescrizione si compie con il decorso di diciotto mesi se il trasporto ha inizio o termine fuori d'Europa.

Il termine decorre dall'arrivo a destinazione della persona o, in caso di sinistro, dal giorno di questo, ovvero dal giorno in cui è avvenuta o sarebbe dovuta avvenire la riconsegna della cosa al luogo di destinazione.

Si prescrivono parimenti in un anno dalla richiesta del trasporto i diritti verso gli esercenti pubblici servizi di linea indicati dall'articolo 1679.

2952. Prescrizione in materia di assicurazione.

Il diritto al pagamento delle rate di premio si prescrive in un anno dalle singole scadenze.

Gli altri diritti derivanti dal contratto di assicurazione e dal contratto di riassicurazione si prescrivono in due anni dal giorno in cui si è verificato il fatto su cui il diritto si fonda, ad esclusione del contratto di assicurazione sulla vita i cui diritti si prescrivono in dieci anni.

Nell'assicurazione della responsabilità civile, il termine decorre dal giorno in cui il terzo ha richiesto il risarcimento all'assicurato o ha promosso contro di questo l'azione.

La comunicazione all'assicuratore della richiesta del terzo danneggiato o dell'azione da questo proposta sospende il corso della prescrizione finché il credito del danneggiato non sia divenuto liquido ed esigibile oppure il diritto del terzo danneggiato non sia prescritto.

La disposizione del comma precedente si applica all'azione del riassicurato verso il riassicuratore per il pagamento dell'indennità.

2953. Effetti del giudicato sulle prescrizioni brevi.

I diritti per i quali la legge stabilisce una prescrizione più breve di dieci anni, quando riguardo ad essi è intervenuta sentenza di condanna passata in giudicato, si prescrivono con il decorso di dieci anni.

• Se un diritto per il cui esercizio la legge prevede un termine di prescrizione più breve di dieci anni viene accertato con sentenza di condanna passata in giudicato, l'azione volta a dare esecuzione al giudicato stesso (c.d. ***actio iudicati***) sarà soggetta all'ordinario termine prescrizionale di dieci anni; ciò perché il diritto originario – soggetto a prescrizione breve – è oramai sostituito da quello accertato con la sentenza definitiva di condanna.

§ 3 – Delle prescrizioni presuntive

2954. Prescrizione di sei mesi.

Si prescrive in sei mesi il diritto degli albergatori e degli osti per l'alloggio e il vitto che somministrano, e si prescrive nello stesso termine il diritto di tutti coloro che danno alloggio con o senza pensione.

• Gli artt. 2954-2956 regolano fattispecie relative a rapporti nei quali i diritti che ne formano oggetto sono di regola esercitati in tempi contenuti, o comunque brevi (es., il diritto degli albergatori o degli osti per il vitto e l'alloggio forniti; dei farmacisti per i medicinali venduti; dei lavoratori per le prestazioni erogate). Questo è il senso delle **prescrizioni presuntive**: si ritiene che il diritto sia stato prontamente esercitato dal suo titolare, come avviene, di norma, nella prassi. • Ciò che *si presume* non è, dunque, la prescrizione, ma **l'avvenuta estinzione del diritto** (v. art. 2959) che può avere luogo, oltre che per uno dei modi previsti dalla legge (artt. 1230 ss.), anche in ragione **dell'avvenuto pagamento**. Il richiamo alla *prescrizione* è dunque improprio. • Una volta decorso il termine previsto dalla legge, il debitore al quale venga chiesto il pagamento potrà **eccepire la prescrizione presuntiva**. • Sarà il creditore a dover dare prova (ma solo nei limiti di cui agli artt. 2959 e 2960) dell'esistenza del diritto, e non il debitore a dover dimostrare di avere adempiuto.

2955. Prescrizione di un anno.

Si prescrive in un anno il diritto:

1) degli insegnanti, per la retribuzione delle lezioni che impartiscono a mesi o a giorni o a ore;

2) dei prestatori di lavoro, per le retribuzioni corrisposte a periodi non superiori al mese;

3) di coloro che tengono convitto o casa di educazione e di istruzione, per il prezzo della pensione e dell'istruzione;

4) degli ufficiali giudiziari, per il compenso degli atti compiuti nella loro qualità;

5) dei commercianti, per il prezzo delle merci vendute a chi non ne fa commercio;

6) dei farmacisti, per il prezzo dei medicinali.

2956. Prescrizione di tre anni.

Si prescrive in tre anni il diritto:

1) dei prestatori di lavoro, per le retribuzioni corrisposte a periodi superiori al mese;

2) dei professionisti, per il compenso dell'opera prestata e per il rimborso delle spese correlative;

3) dei notai, per gli atti del loro ministero;

4) degli insegnanti, per la retribuzione delle lezioni impartite a tempo più lungo di un mese.

2957. Decorrenza delle prescrizioni presuntive.

Il termine della prescrizione decorre dalla scadenza della retribuzione periodica o dal compimento della prestazione.

Per le competenze dovute agli avvocati, ai procuratori e ai patrocinatori legali il termine decorre dalla decisione della lite, dalla conciliazione delle parti o dalla revoca del mandato; per gli affari non terminati, la prescrizione decorre dall'ultima prestazione.

2958. Corso della prescrizione.

La prescrizione decorre anche se vi è stata continuazione di somministrazioni o di prestazioni.

2959. Ammissioni di colui che oppone la prescrizione.

L'eccezione è rigettata, se chi oppone la prescrizione nei casi indicati dagli articoli 2954, 2955 e 2956 ha comunque ammesso in giudizio che l'obbligazione non è stata estinta.

• Poiché ciò che si presume è l'intervenuta estinzione del diritto, il riconoscimento in giudizio ad opera del debitore che l'obbligazione non è estinta, determina il rigetto dell'eccezione.

2960. Delazione di giuramento.

Nei casi indicati dagli articoli 2954, 2955 e 2956, colui al quale la prescrizione è stata opposta può deferire all'altra parte il giuramento per accertare se si è verificata l'estinzione del debito.

Il giuramento può essere deferito al coniuge superstite e agli eredi o ai loro rappresentanti legali per dichiarare se hanno notizia dell'estinzione del debito.

• In assenza di riconoscimento giudiziale della sussistenza dell'obbligazione, il creditore, una volta decorso il termine, ha un solo rimedio per far valere il proprio diritto: **deferire alla controparte il giuramento decisorio,** con tutti i rischi che ciò comporta (v. art. 2736); se il debitore giura il falso – facendosi carico delle conseguenze sul piano civile e penale – il diritto non potrà essere diversamente tutelato.

2961. Restituzione di documenti.

I cancellieri, gli arbitri, gli avvocati, i procuratori e i patrocinatori legali sono esonerati dal rendere conto degli incartamenti relativi alle liti dopo tre anni da che queste sono state decise o sono altrimenti terminate.

Tale esonero si verifica, per gli ufficiali giudiziari, dopo due anni dal compimento degli atti ad essi affidati.

Anche alle persone designate in questo articolo può essere deferito il giuramento perché dichiarino se ritengono o sanno dove si trovano gli atti o le carte.

Si applica in questo caso il disposto dell'articolo 2959.

§ 4 – Del computo dei termini

2962. Compimento della prescrizione.

In tutti i casi contemplati dal presente codice e dalle altre leggi, la prescrizione si verifica quando è compiuto l'ultimo giorno del termine.

2963. Computo dei termini di prescrizione.

I termini di prescrizione contemplati dal presente codice e dalle altre leggi si computano secondo il calendario comune.

Non si computa il giorno nel corso del quale cade il momento iniziale del termine e la prescrizione si verifica con lo spirare dell'ultimo istante del giorno finale.

Se il termine scade in giorno festivo, è prorogato di diritto al giorno seguente non festivo.

La prescrizione a mesi si verifica nel mese di scadenza e nel giorno di questo corrispondente al giorno del mese iniziale.

Se nel mese di scadenza manca tale giorno, il termine si compie con l'ultimo giorno dello stesso mese.

Capo II
Della decadenza

2964. Inapplicabilità di regole della prescrizione.

Quando un diritto deve esercitarsi entro un dato termine sotto pena di decadenza, non si applicano le norme relative all'interruzione della prescrizione. Del pari non si applicano le norme che si riferiscono alla sospensione, salvo che sia disposto altrimenti.

• Non è agevole la **distinzione tra decadenza e prescrizione,** istituti che hanno in comune il fatto che il mancato esercizio, entro un certo termine, di un'attività a tutela di un diritto determina la perdita della possibilità di farlo valere. • *Nella prescrizione* – si osserva – viene dato rilievo *all'inerzia del titolare:* il mancato esercizio del diritto oltre un certo tempo viene infatti visto con sfavore, per l'incertezza che questo determina (v. *sub* art. 2934). Se, tuttavia, l'inerzia è giustificata, il decorso del tempo non pregiudica l'interesse del titolare del diritto (v. artt. 2941-2945). • *Nella decadenza,* invece, l'elemento prevalente va individuato nella ***necessità che una certa attività a tutela di un diritto venga svolta entro un preciso arco temporale*** (ad es., i vizi della cosa acquistata vanno denunciati entro 8 giorni dalla scoperta: art. 1495; il termine per proporre appello è di 30 giorni: art. 325 c.p.c.). • La differenza di finalità spiega la diversità di disciplina: solo il termine di prescrizione può essere interrotto o sospeso (salvo che sia disposto altrimenti: ad es., la sospensione, per legge, dei termini processuali – di decadenza – in tempo di pandemia); **il termine di decadenza è invece *perentorio*** e il mancato compimento dell'attività cancella l'incertezza precludendo l'esercizio del diritto (ad es. solo la proposizione, nei termini, dell'impugnazione impedirà il passaggio in giudicato della sentenza: v. art. 2966). Questo spiega anche il fatto che i termini di decadenza sono abitualmente più brevi di quelli di prescrizione. • Entro il termine di prescrizione vanno compiuti *atti di esercizio del diritto*; entro il termine di decadenza vanno compiuti atti che *possono anche essere diversi, pur se preordinati all'esercizio del diritto*: così, entro gli 8 giorni va fatta la *denunzia* dei vizi della cosa acquistata (decadenza), ma l'azione di garanzia deve poi essere esercitata entro l'anno (prescrizione): v. art. 2967.

2965. Decadenze stabilite contrattualmente.

È nullo il patto con cui si stabiliscono termini di decadenza che rendono eccessivamente difficile a una delle parti l'esercizio del diritto.

• Diversamente dalla prescrizione, prevista a tutela solamente di interessi generali, la decadenza può essere disposta a protezione di interessi particolari e può dunque anche essere oggetto di pattuizione contrattuale (c.d. ***decadenza "convenzionale"*** o ***"negoziale"***). • È tuttavia nullo il patto con il quale siano previsti termini di decadenza che possano rendere eccessivamente difficile l'esercizio del diritto (ad es., la Cassazione ha ritenuto che, in materia assicurativa, la clausola c.d. *claims made* che preveda la decadenza a carico dell'assicurato in caso di mancata denuncia del sinistro entro 12 mesi dalla cessazione del contratto, sia nulla in quanto non è dato di sapere se entro quel termine il danneggiato formulerà una richiesta risarcitoria).

2966. Cause che impediscono la decadenza.

La decadenza non è impedita se non dal compimento dell'atto previsto dalla legge o dal contratto. Tuttavia, se si tratta di un termine stabilito dal contratto o da una norma di legge relativa a diritti disponibili, la decadenza può essere anche impedita dal riconoscimento del diritto proveniente dalla persona contro la quale si deve far valere il diritto soggetto a decadenza.

• La decadenza può riguardare **diritti indisponibili** (ad es., i diritti della personalità, quelli legati allo *status* di coniuge o figlio, alcuni diritti patrimoniali, come il diritto agli alimenti) o **disponibili**: nel primo caso lo strumento è posto a tutela di *interessi generali, e sottratto alla disponibilità delle parti;* nel secondo caso è volto *a protezione di interessi particolari.* • Se riguarda diritti disponibili, le parti possono modificare la disciplina legale della decadenza e rinunziare alla stessa (argomentando *a contrario ex* art. 2968). • In tale ipotesi la decadenza può essere impedita dal **riconoscimento** che del diritto faccia la parte contro la quale il diritto stesso deve essere fatto valere (ad es., il venditore della cosa viziata riconosce l'esistenza dei vizi e dunque il diritto alla garanzia della controparte).

2967. Effetto dell'impedimento della decadenza.

Nei casi in cui la decadenza è impedita, il diritto rimane soggetto alle disposizioni che regolano la prescrizione.

2968. Diritti indisponibili.

Le parti non possono modificare la disciplina legale della decadenza né possono rinunziare alla decadenza medesima, se questa è stabilita dalla legge in materia sottratta alla disponibilità delle parti.

• V. *sub* art. 2966.

2969. Rilievo d'ufficio.

La decadenza non può essere rilevata d'ufficio dal giudice, salvo che, trattandosi di materia sottratta alla disponibilità delle parti, il giudice debba rilevare le cause d'improponibilità dell'azione.

• Si tratta di un'altra ragione di distinzione tra le ipotesi in cui la decadenza ha ad oggetto **diritti indisponibili** o **disponibili**; solamente nel caso di diritti indisponibili il giudice dovrà

rilevare d'ufficio l'intervenuta decadenza (ad es. ove l'azione di disconoscimento della paternità venga proposta dalla madre oltre il termine di sei mesi dalla nascita del figlio: art. 244). • Qualora si verta in tema di diritti disponibili, invece, **sarà chi eccepisce l'intervenuta decadenza** a dover dimostrare il mancato compimento dell'atto richiesto (ad es., nel caso di avaria delle cose trasportate a ciò sarà tenuto il vettore che rilevi la mancata denuncia dell'avaria entro otto giorni dalla consegna della merce al destinatario: art. 1698).

Disposizioni per l'attuazione del codice civile e disposizioni transitorie

R.d. 30 marzo 1942, n. 318

(G.U. 17 aprile 1942, n. 91, S.O.)

Capo I
Disposizioni di attuazione

Sezione I
Disposizioni relative al libro I

1.-2. (1).

(1) Articoli abrogati dall'art. 11[1, lett. f)] del d.P.R. 10/02/2000, n. 361.

3. – Il notaio che interviene per la stipulazione di atti tra vivi ovvero per la pubblicazione di testamenti, con i quali si dispongono fondazioni o si fanno donazioni o lasciti in favore di enti da istituire, è obbligato a farne denunzia al prefetto entro trenta giorni.

La denunzia deve contenere gli estremi essenziali dell'atto, il testo letterale concernente la liberalità, l'indicazione degli eredi e della loro residenza.

Il prefetto è autorizzato a promuovere nei modi e nei casi stabiliti dalla legge, gli atti conservativi che reputa necessari per l'esecuzione della disposizione sia nei confronti degli eredi, sia nei confronti dei terzi.

Può anche chiedere al tribunale, in caso di urgenza o di necessità, la nomina di un amministratore provvisorio dei beni. Il tribunale provvede con decreto in camera di consiglio.

4. (1).

(1) Articolo abrogato dall'art. 11[1, lett. f)] del d.P.R. 10/2/2000, n. 361.

5. – La domanda per ottenere l'autorizzazione prevista nell'articolo 17 del codice deve essere presentata al prefetto della provincia in cui la persona giuridica ha la sua sede e accompagnata dai documenti necessari per dimostrare l'entità, le condizioni, l'opportunità dell'acquisto, nonché la destinazione dei beni.

Il prefetto raccoglie le opportune informazioni, sente, quando trattasi di atti di ultima volontà, coloro ai quali per successione sarebbero devoluti i beni lasciati alla persona giuridica, e, ove non sia delegato a concedere la chiesta autorizzazione, trasmette la domanda al ministero competente secondo l'attività che la persona giuridica svolge. In tal caso l'autorizzazione è data con decreto del presidente della Repubblica.

Durante il procedimento i rappresentanti della persona giuridica possono compiere gli atti che tendono a conservarne i diritti.

6. – L'acquisto di beni immobili in seguito a subastazione effettuata a carico di un debitore della persona giuridica non è soggetto alla necessità dell'autorizzazione. Tuttavia entro trenta giorni dall'acquisto i rappresentanti della persona giuridica devono darne comunicazione al prefetto.

7. – Il notaio che interviene per la stipulazione di atti tra vivi ovvero per la pubblicazione di testamenti, nei quali si dispongono donazioni o lasciti in favore di una persona giuridica, deve darne notizia entro trenta giorni al rappresentante della persona giuridica e al prefetto della provincia in cui questa ha la sua sede.

8. – La convocazione dell'assemblea delle associazioni deve farsi nelle forme stabilite dallo statuto e, se questo non dispone, mediante avviso personale che deve contenere l'ordine del giorno degli argomenti da trattare.

Se non è vietato dall'atto costitutivo o dallo statuto, gli associati possono farsi rappresentare nell'assemblea da altri associati mediante delega scritta anche in calce all'avviso di convocazione.

9. – Nell'ipotesi prevista dal quarto comma dell'articolo 23 del codice il provvedimento di sospensione deve essere comunicato agli amministratori, i quali possono entro quindici giorni proporre reclamo.

In tal caso l'autorità governativa, se non ritiene di revocare il provvedimento, ne dà comunicazione al pubblico ministero, il quale promuove l'azione di annullamento della deliberazione.

10. (1).

(1) Articolo abrogato dall'art. 11[1, lett. f)] del d.P.R. 10/2/2000, n. 361.

11. – Quando la persona giuridica è dichiarata estinta o quando l'associazione è sciolta, il presidente del tribunale, su istanza degli amministratori, dei soci, dei creditori, del pubblico ministero o anche di ufficio, nomina uno o più commissari liquidatori, salvo che l'atto costitutivo o lo statuto non preveda una diversa forma di nomina e a questa si proceda entro un mese dal provvedimento. La preventiva designazione dei liquidatori nell'atto costitutivo o nello statuto non ha effetto.

Quando lo scioglimento dell'associazione è deliberato dall'assemblea, la nomina può essere fatta dall'assemblea medesima con la maggioranza prevista dall'articolo 21 del codice.

Possono essere nominati liquidatori anche gli amministratori uscenti.

In ogni caso la nomina fatta dall'assemblea o nelle forme previste nell'atto costitutivo o nello statuto deve essere comunicata immediatamente al presidente del tribunale.

12. – I liquidatori esercitano la loro funzione sotto la diretta sorveglianza del presidente del tribunale e si considerano ad ogni effetto di legge pubblici ufficiali. Essi possono essere revocati e sostituiti in ogni tempo anche di ufficio dallo stesso presidente con provvedimento non soggetto a reclamo.

I liquidatori deliberano a maggioranza.

13. – I liquidatori, entro quindici giorni della comunicazione avutane, devono procedere all'annotazione della loro nomina nel registro dove la persona giuridica è iscritta, e richiedere agli amministratori la consegna dei beni e delle scritture della persona giuridica. All'atto della consegna è redatto inventario, di cui è trasmessa copia al presidente del tribunale.

Se gli amministratori si rifiutano di procedere alla consegna, il presidente del tribunale autorizza il rilascio coattivo con decreto non soggetto a reclamo. In questo caso l'inventario è redatto dall'ufficiale giudiziario procedente.

14. – Entro trenta giorni dalla formazione dell'inventario i liquidatori, dopo avere determinato la consistenza dell'attivo e del passivo dell'ente, se riconoscono che il patrimonio non è sufficiente al pagamento integrale delle passività, devono iniziare la liquidazione generale dei beni nell'interesse di tutti i creditori, dandone avviso mediante annotazione nel registro delle persone giuridiche.

Il medesimo avviso deve essere dato nel caso in cui i liquidatori non ritengono di dover procedere alla liquidazione generale, essendovi eccedenza dell'attivo sul passivo.

In quest'ultimo caso i creditori dell'ente possono fare opposizione entro trenta giorni dall'annotazione chiedendo la liquidazione generale del patrimonio.

Le opposizioni si propongono davanti al presidente del tribunale. Contro il provvedimento di questo è ammesso reclamo davanti al presidente della corte nel termine di quindici giorni. Il provvedimento definitivo è annotato nel registro a cura dei liquidatori.

15. – Quando non sono intervenute opposizioni ai sensi dell'articolo precedente o queste sono state rigettate con provvedimento definitivo, i liquidatori provvedono a riscuotere i crediti dell'ente, a convertire in danaro, nei limiti in cui è necessario, i beni e a pagare i creditori a misura che si presentano.

I liquidatori possono provvedere al pagamento anche dei creditori il cui credito non è attualmente esigibile, e devono provvedere alle cautele necessarie per assicurare il pagamento dei creditori condizionali.

Soddisfatti i creditori, i liquidatori formano l'inventario dei beni residuati e rendono conto della gestione al presidente del tribunale.

Copia dell'inventario e del rendiconto approvato dal presidente del tribunale deve essere trasmessa all'autorità governativa.

I liquidatori distribuiscono i beni residuati a norma dell'articolo 31 del codice, provocando, quando è necessario, le disposizioni dell'autorità governativa.

16. – Quando è disposta la liquidazione generale del patrimonio dell'ente si osservano, in quanto applicabili, le disposizioni degli articoli 304, 308, 309, 310, 311, 312 e 313 del codice della crisi e dell'insolvenza.

17. – I termini, che secondo le disposizioni richiamate nell'articolo precedente decorrono dalla data del provvedimento di liquidazione o di nomina dei liquidatori o dalla sua pubblicazione nella Gazzetta ufficiale, decorrono dalla data in cui è stato annotato nel registro il provvedimento che dispone la liquidazione generale della persona giuridica ai sensi del precedente articolo 14.

18. – La pubblicità del provvedimento che ordina la liquidazione e del bilancio finale di liquidazione si attua mediante annotazione nel registro delle persone giuridiche a cura dei liquidatori.

Nei casi in cui le norme richiamate nell'articolo 16 richiedono il deposito di atti nella cancelleria del tribunale, il deposito si deve effettuare presso la cancelleria in cui è tenuto il registro delle persone giuridiche.

19. – Le attribuzioni, che secondo le norme sulla liquidazione coatta amministrativa sono demandate all'autorità che ha nominato il liquidatore, spettano al presidente del tribunale.

20. – Chiusa la liquidazione, il presidente del tribunale ordina la cancellazione dell'ente dal registro delle persone giuridiche.

Il provvedimento di cancellazione è annotato d'ufficio nel registro a cura della cancelleria del tribunale.

(1) Comma abrogato dall'art. 11.1 lett. f del d.P.R. 10/2/2000, n. 361.

21. – La competenza per i provvedimenti relativi alla liquidazione spetta al tribunale del capoluogo della provincia in cui è registrata la persona giuridica.

22.-30. (1).

(1) Articoli abrogati dall'art. 11[1, lett. f)] del d.P.R. 10/2/2000, n. 361.

31. – Il trasferimento della residenza si prova con la doppia dichiarazione fatta al comune che si abbandona e a quello dove s'intende fissare dimora abituale. Nella dichiarazione fatta al comune che si abbandona deve risultare il luogo in cui è fissata la nuova residenza.

32. – Il pubblico ministero deve essere sempre sentito nei procedimenti di volontaria giurisdizione riguardanti il fondo patrimoniale.

33. – Nel caso previsto dall'articolo 183 del codice, il tribunale, in camera di consiglio, provvede con decreto, su istanza dell'altro coniuge, e sentito il pubblico ministero.

34. – Sulla domanda del figlio per ottenere il mantenimento, l'istruzione e l'educazione di cui all'articolo 279, primo comma, del codice provvede il tribunale per i minorenni.

34 bis. – Il notaio rogante deve, nel termine di trenta giorni dalla data del matrimonio o dalla data dell'atto pubblico di modifica delle convenzioni, ovvero di quella dell'omologazione nel caso previsto dal secondo comma dell'articolo 163 del codice, richiedere l'annotazione a margine dell'atto di matrimonio della convenzione matrimoniale dell'atto di modifica della stessa.

Nello stesso termine deve richiedere l'annotazione di cui all'ultimo comma dell'articolo 163 del codice.

35. – Il riconoscimento di cui al secondo comma dell'articolo 251 del codice è autorizzato dal tribunale per i minorenni se il figlio da riconoscere è minore.

Sulla domanda di legittimazione, di adozione e di revoca della adozione di minore di età provvede il tribunale per i minorenni.

36. – La rinunzia alla cittadinanza di cui all'articolo 143-ter del codice deve essere fatta dinanzi all'ufficiale di stato civile del luogo dove la rinunziante risiede, ed è trascritta nei registri di cittadinanza.

Qualora la rinunziante risieda all'estero, la rinunzia deve essere fatta dinanzi all'agente diplomatico o consolare del luogo di residenza. L'agente la trascrive in apposito registro e ne rimette immediatamente copia al Ministero dell'interno che ne cura, a mezzo dell'autorità competente, la trascrizione nei registri di cittadinanza.

37. – L'iscrizione nel registro previsto nell'articolo 314 del codice si esegue senza spese.

L'iscrizione della sentenza che revoca la adozione deve essere altresì annotata in margine all'iscrizione del decreto di adozione.

37 bis. – I figli maggiorenni portatori di handicap grave previsti dall'articolo 337-septies, secondo comma, del codice civile, sono coloro i quali siano portatori di handicap ai sensi dell'articolo 3, comma 3, della legge 5 febbraio 1992, n. 104.

38. – Sono di competenza del tribunale per i minorenni i provvedimenti contemplati dagli articoli 84, 90, 330, 332, 333, 334, 335 e 371, ultimo comma, del codice civile. Per i procedimenti di cui all'articolo 333 resta esclusa la competenza del tribunale per i minorenni nell'ipotesi in cui sia in corso, tra le stesse parti, giudizio di separazione o divorzio o giudizio ai sensi dell'articolo 316 del codice civile; in tale ipotesi per tutta la durata del processo la competenza, anche per i provvedimenti contemplati dalle disposizioni richiamate nel primo periodo, spetta al giudice ordinario.

Sono emessi dal tribunale ordinario i provvedimenti relativi ai minori per i quali non è espressamente stabilita la competenza di una diversa autorità giudiziaria. Nei procedimenti in materia di affidamento e di mantenimento dei minori si applicano, in quanto compatibili, gli articoli 737 e seguenti del codice di procedura civile.

Fermo restando quanto previsto per le azioni di stato, il tribunale competente provvede in ogni caso in camera di consiglio, sentito il pubblico ministero, e i provvedimenti emessi sono immediatamente esecutivi, salvo che il giudice disponga diversamente. Quando il provvedimento è emesso dal tribunale per i minorenni, il reclamo si propone davanti alla sezione di corte di appello per i minorenni.

38 bis. – Quando la salvaguardia del minore è assicurata con idonei mezzi tecnici, quali l'uso di un vetro specchio unitamente ad impianto citofonico, i difensori delle parti, il curatore speciale del minore, se già nominato, ed il pubblico ministero possono seguire l'ascolto del minore, in luogo diverso da quello in cui egli si trova, senza chiedere l'autorizzazione del giudice prevista dall'articolo 336-bis, secondo comma del codice civile.

39. (1).

(1) Articolo abrogato dall'art. 11 della l. 9/1/2004, n. 6.

40. – La domanda per l'interdizione del minore emancipato e quella per l'interdizione o la inabilitazione del minore nell'ultimo anno della minore età devono essere proposte davanti al tribunale per i minorenni.

41. – I provvedimenti previsti nell'articolo 145 del codice sono di competenza del tribunale del circondario del luogo in cui è stabilita la residenza familiare o, se questa manchi, del tribunale del luogo del domicilio di uno dei coniugi. Il tribunale provvede in composizione monocratica.

42. – I provvedimenti indicati nell'articolo 423 del codice e le sentenze di revoca previste nell'articolo 429 del codice stesso devono essere trasmessi in copia in carta libera, entro dieci giorni dalla pubblicazione, al giudice tutelare a cura del cancelliere dell'autorità giudiziaria che li ha pronunziati.

43. – I provvedimenti del giudice tutelare sono emessi con decreto.

Nei casi urgenti la richiesta di un provvedimento può essere fatta al giudice anche verbalmente.

44. – Il giudice tutelare può convocare in qualunque momento il tutore, il protutore, il curatore e l'amministratore di sostegno allo scopo di chiedere informazioni, chiarimenti e notizie sulla gestione della tutela, della curatela o dell'amministrazione di sostegno, e di dare istruzioni inerenti agli interessi morali e patrimoniali del minore o del beneficiario.

45. – La competenza a decidere dei reclami avverso i decreti del giudice tutelare spetta al tribunale ordinario quando si tratta dei provvedimenti indicati negli articoli 320, 321, 372, 373, 374, 376, secondo comma, 386, 394 e 395 del codice.

La competenza spetta al tribunale per i minorenni in tutti gli altri casi.

Nell'ipotesi prevista nell'articolo 386, ultimo comma, del codice l'autorità giudiziaria competente provvede in sede contenziosa.

46. – Tutti gli atti della procedura della tutela, compresi l'inventario, i conti annuali e il conto finale, sono esenti da tasse di bollo e di registro.

Sono dal pari esenti da tasse di bollo e di registro gli atti previsti nel titolo XI del libro I del codice.

46 bis. – Gli atti e i provvedimenti relativi ai procedimenti previsti dal titolo XII del libro primo del codice non sono soggetti all'obbligo di registrazione e sono esenti dal contributo unificato previsto dall'articolo 9 del testo unico delle disposizioni legislative e regolamentari in materia di spese di giustizia, di cui al decreto del Presidente della Repubblica 30 maggio 2002, n. 115.

47. – Presso l'ufficio del giudice tutelare sono tenuti un registro delle tutele dei minori e degli interdetti, un registro delle curatele dei minori emancipati e degli inabilitati ed un registro delle amministrazioni di sostegno.

48. – Nel registro delle tutele, in un capitolo speciale per ciascuna di esse, si devono annotare a cura del cancelliere:

il giorno in cui si è aperta la tutela;

la data e gli estremi essenziali della sentenza che ha pronunziato la interdizione se trattasi di interdetti;

il nome, il cognome, la condizione e il domicilio del tutore e del protutore, la data della loro nomina e della prestazione del giuramento da parte del tutore;

le risultanze dell'inventario e del conto annuale;

l'esonero e la rimozione del tutore o del protutore e in generale tutti i provvedimenti che portano modificazioni allo stato personale e patrimoniale della persona sottoposta a tutela;

la chiusura della tutela e la menzione del provvedimento che ne ha provocato la chiusura;

le risultanze del rendiconto definitivo.

49. – Nel registro delle curatele, in un capitolo speciale per ciascuna di esse, si devono annotare a cura del cancelliere:

la data e gli estremi essenziali del provvedimento che concede l'emancipazione o della sentenza che pronuncia l'inabilitazione;

il nome, il cognome, la condizione, l'età e il domicilio della persona emancipata o inabilitata;

il nome, il cognome, la condizione e il domicilio del curatore nominato all'emancipato o all'inabilitato;

la data del provvedimento che revoca l'emancipazione o della sentenza che revoca l'inabilitazione.

49 bis. – Nel registro delle amministrazioni di sostegno, in un capitolo speciale per ciascuna di esse, si devono annotare a cura del cancelliere:

1) la data e gli estremi essenziali del provvedimento che dispone l'amministrazione di sostegno, e di ogni altro provvedimento assunto dal giudice nel corso della stessa, compresi quelli emanati in via d'urgenza ai sensi dell'articolo 405 del codice;

2) le complete generalità della persona beneficiaria;

3) le complete generalità dell'amministratore di sostegno o del legale rappresentante del soggetto che svolge la relativa funzione, quando non si tratta di persona fisica;

4) la data e gli estremi essenziali del provvedimento che dispone la revoca o la chiusura dell'amministrazione di sostegno.

50. – Il cancelliere è responsabile della tenuta dei registri, che sono da lui numerati e vidimati prima di essere posti in uso.

51. – Nel registro delle tutele devono essere annotati, in capitoli speciali per ciascun minore, i provvedimenti emanati dal tribunale per i minorenni ai sensi degli articoli 252, 262, 279, 316, 317-bis, 330, 332, 333, 334 e 335 del codice.

A tal fine la cancelleria del tribunale che ha emesso il provvedimento deve trasmetterne copia in carta libera entro dieci giorni all'ufficio del giudice tutelare del luogo in cui il minore ha il domicilio per la prescritta annotazione.

Sezione II
Disposizioni relative al libro II

51 bis. – I provvedimenti previsti negli articoli 485, primo comma, 508, primo comma, 509, primo comma, 517, secondo comma, 528, primo comma, 529, 530, primo comma, 620, secondo e sesto comma, 621, primo comma, 730, primo comma, e 736, secondo comma, del codice sono adottati dal tribunale in composizione monocratica.

52. – Presso la cancelleria di ogni tribunale è tenuto, a cura del cancelliere, il registro delle successioni.

In questo registro sono inseriti gli estremi degli atti e delle dichiarazioni indicati dalla legge. L'inserzione è fatta d'ufficio dal cancelliere, se si tratta di dichiarazioni da lui ricevute o di provvedimenti del tribunale; su istanza della parte e dietro produzione di copia autentica dell'atto, negli altri casi.

Il registro è diviso in tre parti. Nella prima sono registrati le dichiarazioni di accettazione dell'eredità con beneficio d'inventario e tutti gli atti e le indicazioni relativi al beneficio d'inventario e all'amministrazione e liquidazione delle eredità beneficiate, comprese le nomine del curatore previste dagli articoli 508 e 509 del codice e la menzione della pubblicazione dell'invito ai creditori per la presentazione delle dichiarazioni di credito. Nella seconda sono registrate le dichiarazioni di rinunzia all'eredità. Nella terza sono registrati i provvedimenti di nomina dei curatori delle eredità giacenti, nonché gli atti relativi alla curatela e le dichiarazioni di accettazione o di rinunzia degli esecutori testamentari.

Il registro deve essere alla fine munito di una rubrica alfabetica contenente l'indicazione del nome delle persone la cui successione si è aperta e il riferimento alla pagina nella quale sono contenute le diverse indicazioni.

53. – Il registro, prima di essere posto in uso, deve essere numerato e vidimato in ciascun foglio dal cancelliere. Nell'ultima pagina il pretore indica il numero dei fogli di cui esso è composto.

Il registro può essere esaminato da chiunque ne faccia domanda e la cancelleria deve rilasciare gli estratti e i certificati che sono richiesti.

54. – I creditori e i legatari non separatisti, se hanno proposto domanda giudiziale allo scopo di far valere sugli immobili separati il diritto loro attribuito dal secondo comma dell'articolo 514 del codice, possono fare annotare tale domanda in margine all'iscrizione in separazione.

Eseguita l'annotazione della domanda di concorso, il vincolo della separazione non può cessare se non col consenso di coloro che hanno eseguito l'annotazione, salvo che la loro pretesa sia stata giudizialmente esclusa.

55. – Le copie dei verbali e dei testamenti, che sono trasmesse alla cancelleria del tribunale secondo l'articolo 622 del codice, devono, a cura, del cancelliere, essere raccolte in appositi volumi e annotate in una rubrica alfabetica generale. Le copie possono essere esaminate da chiunque ne faccia richiesta.

Sezione III
Disposizioni relative al libro III

56. – Il provvedimento dell'autorità amministrativa con il quale si dispone che si proceda all'espropriazione a norma dell'articolo 838 del codice è dato con decreto motivato del ministro competente. Il decreto deve contenere la designazione precisa del bene soggetto a espropriazione e deve essere notificato all'interessato, il quale può impugnarlo con ricorso al Consiglio di Stato.

Si osservano nell'espropriazione, in quanto applicabili, le norme della legge generale sull'espropriazione per pubblica utilità.

57. – Le azioni previste dagli articoli 848 e 849 del codice sono di competenza del tribunale, qualunque sia il valore della causa.

Nel caso regolato dall'articolo 849 il giudice fissa con ordinanza l'udienza per la comparizione del rappresentante dell'associazione professionale, il quale può delegare altra persona. Si osservano nel resto, in quanto applicabili, le disposizioni dettate dal codice di procedura civile per i consulenti tecnici.

57 bis. – L'autorizzazione prevista nell'articolo 915, primo comma, del codice è data dal tribunale in composizione monocratica.

58. – Le modalità e gli effetti dell'affrancazione del fondo enfiteutico sono regolati dalle disposizioni della legge 11/6/1925, n. 998 e del regio decreto 7 febbraio 1926, n. 426.

Il prezzo di affrancazione può essere corrisposto anche in titoli del debito pubblico consolidato di qualsiasi specie, osservate, per la determinazione del loro valore, le disposizioni dell'articolo 9 della legge anzidetta.

Le disposizioni del primo comma del presente articolo si applicano anche alla riduzione in misura fissa dei canoni enfiteutici, dei censi e di altre prestazioni perpetue consistenti in una quota di prodotti naturali.

59. – La domanda per la nomina dell'amministratore o per la designazione dell'istituto di credito nei casi previsti dall'articolo 1003 del codice, se non è proposta in corso di giudizio, si propone con ricorso al presidente del tribunale: nel caso di nomina dell'amministratore, al presidente del tribunale del luogo in cui si trovano gli immobili o si trova la parte più rilevante di essi.

Il presidente del tribunale provvede con decreto, sentita l'altra parte.

Contro tale provvedimento si può proporre reclamo al presidente della corte d'appello nel termine di dieci giorni dalla notificazione.

60. – Gli uffici tecnici che devono essere sentiti a norma del terzo comma dell'articolo 1092 del codice sono l'ufficio locale del genio civile e il locale ispettorato dell'agricoltura.

61. – Qualora un edificio o un gruppo di edifici appartenenti per piani o porzioni di piano a proprietari diversi si possa dividere in parti che abbiano le caratteristiche di edifici autonomi, il condominio può essere sciolto e i comproprietari di ciascuna parte possono costituirsi in condominio separato.

Lo scioglimento è deliberato dall'assemblea con la maggioranza prescritta dal secondo comma dell'articolo 1136 del codice, o è disposto dall'autorità giudiziaria su domanda di almeno un terzo dei comproprietari di quella parte dell'edificio della quale si chiede la separazione.

62. – La disposizione del primo comma dell'articolo precedente si applica anche se restano in comune con gli originari partecipanti alcune delle cose indicate dall'articolo 1117 del codice.

Qualora la divisione non possa attuarsi senza modificare lo stato delle cose e occorrano opere per la sistemazione diversa dei locali o delle dipendenze tra i condomini, lo scioglimento del condominio deve essere deliberato dall'assemblea con la maggioranza prescritta dal quinto comma dell'articolo 1136 del codice stesso.

63. – Per la riscossione dei contributi in base allo stato di ripartizione approvato dall'assemblea, l'amministratore, senza bisogno di autorizzazione di questa, può ottenere un decreto di ingiunzione immediatamente esecutivo, nonostante opposizione, ed è tenuto a comunicare ai creditori non ancora soddisfatti che lo interpellino i dati dei condomini morosi.

I creditori non possono agire nei confronti degli obbligati in regola con i pagamenti, se non dopo l'escussione degli altri condomini.

In caso di mora nel pagamento dei contributi che si sia protratta per un semestre, l'amministratore può sospendere il condomino moroso dalla fruizione dei servizi comuni suscettibili di godimento separato.

Chi subentra nei diritti di un condomino è obbligato solidalmente con questo al pagamento dei contributi relativi all'anno in corso e a quello precedente.

Chi cede diritti su unità immobiliari resta obbligato solidalmente con l'avente causa per i contributi maturati fino al momento in cui è trasmessa all'amministratore copia autentica del titolo che determina il trasferimento del diritto.

64. – Sulla revoca dell'amministratore, nei casi indicati dall'undicesimo comma dell'articolo 1129 e dal quarto comma dell'articolo 1131 del codice, il tribunale provvede in camera di consiglio, con decreto motivato, sentito l'amministratore in contraddittorio con il ricorrente.

Contro il provvedimento del tribunale può essere proposto reclamo alla corte d'appello nel termine di dieci giorni dalla notificazione o dalla comunicazione.

65. – Quando per qualsiasi causa manca il legale rappresentante dei condomini, chi intende iniziare o proseguire una lite contro i partecipanti a un condominio può richiedere la nomina di un curatore speciale ai sensi dell'articolo 80 del codice di procedura civile.

Il curatore speciale deve senza indugio convocare l'assemblea dei condomini per avere istruzioni sulla condotta della lite.

66. – L'assemblea, oltre che annualmente in via ordinaria per le deliberazioni indicate dall'articolo 1135 del codice, può essere convocata in via straordinaria dall'amministratore quando questi lo ritiene necessario o quando ne è fatta richiesta da almeno due condomini che rappresentino un sesto del valore dell'edificio. Decorsi inutilmente dieci giorni dalla richiesta, i detti condomini possono provvedere direttamente alla convocazione.

In mancanza dell'amministratore, l'assemblea tanto ordinaria quanto straordinaria può essere convocata a iniziativa di ciascun condomino.

L'avviso di convocazione, contenente specifica indicazione dell'ordine del giorno, deve essere comunicato almeno cinque giorni prima della data fissata per l'adunanza in prima convocazione, a mezzo di posta raccomandata, posta elettronica certificata, fax o tramite consegna a mano, e deve contenere l'indicazione del luogo e dell'ora della riunione. In caso di omessa, tardiva o incompleta convocazione degli aventi diritto, la deliberazione assembleare è annullabile ai sensi dell'articolo 1137 del codice su istanza dei dissenzienti o assenti perché non ritualmente convocati.

L'assemblea in seconda convocazione non può tenersi nel medesimo giorno solare della prima.

L'amministratore ha facoltà di fissare più riunioni consecutive in modo da assicurare lo svolgimento dell'assemblea in termini brevi, convocando gli aventi diritto con un unico avviso nel quale sono indicate le ulteriori date ed ore di eventuale prosecuzione dell'assemblea validamente costituitasi.

67. – Ogni condomino può intervenire all'assemblea anche a mezzo di rappresentante, munito di delega scritta. Se i condomini sono più di venti, il delegato non può rappresentare più di un quinto dei condomini e del valore proporzionale.

Qualora un'unità immobiliare appartenga in proprietà indivisa a più persone, queste hanno diritto a un solo rappresentante nell'assemblea, che è designato dai comproprietari interessati a norma dell'articolo 1106 del codice.

Nei casi di cui all'articolo 1117-bis del codice, quando i partecipanti sono complessivamente più di sessanta, ciascun condominio deve designare, con la maggioranza di cui all'articolo 1136, quinto comma, del codice, il proprio rappresentante all'assemblea per la gestione ordinaria delle parti comuni a più condominii e per la nomina dell'amministratore. In mancanza, ciascun partecipante può chiedere che l'autorità giudiziaria nomini il rappresentante del proprio condominio. Qualora alcuni dei condominii interessati non abbiano nominato il proprio rappresentante, l'autorità giudiziaria provvede alla nomina su ricorso anche di uno solo dei rappresentanti già nominati, previa diffida a provvedervi entro un congruo termine. La diffida ed il ricorso all'autorità giudiziaria sono notificati al condominio cui si riferiscono in persona dell'amministratore o, in mancanza, a tutti i condomini.

Ogni limite o condizione al potere di rappresentanza si considera non apposto. Il rappresentante risponde con le regole del mandato e comunica tempestivamente all'amministratore di ciascun condominio l'ordine del giorno e le decisioni assunte dall'assemblea dei rappresentanti dei condominii. L'amministratore riferisce in assemblea.

All'amministratore non possono essere conferite deleghe per la partecipazione a qualunque assemblea.

L'usufruttuario di un piano o porzione di piano dell'edificio esercita il diritto di voto negli affari che attengono all'ordinaria amministrazione e al semplice godimento delle cose e dei servizi comuni.

Nelle altre deliberazioni, il diritto di voto spetta ai proprietari, salvi i casi in cui l'usufruttuario intenda avvalersi del diritto di cui all'articolo 1006 del codice ovvero si tratti di lavori od opere ai sensi degli articoli 985 e 986 del codice. In tutti questi casi l'avviso di convocazione deve essere comunicato sia all'usufruttuario sia al nudo proprietario.

Il nudo proprietario e l'usufruttuario rispondono solidalmente per il pagamento dei contributi dovuti all'amministrazione condominiale.

68. – Ove non precisato dal titolo ai sensi dell'articolo 1118, per gli effetti indicati dagli articoli 1123, 1124, 1126 e 1136 del codice, il valore proporzionale di ciascuna unità immobiliare è espresso in millesimi in apposita tabella allegata al regolamento di condominio.

Nell'accertamento dei valori di cui al primo comma non si tiene conto del canone locatizio, dei miglioramenti e dello stato di manutenzione di ciascuna unità immobiliare.

69. – I valori proporzionali delle singole unità immobiliari espressi nella **tabella millesimale** di cui all'articolo 68 possono essere rettificati o modificati all'unanimità. Tali valori possono essere rettificati o modificati, anche nell'interesse di un solo condomino, con la maggioranza prevista dall'articolo 1136, secondo comma, del codice, nei seguenti casi:

1) quando risulta che sono conseguenza di un errore;

2) quando, per le mutate condizioni di una parte dell'edificio, in conseguenza di sopraelevazione, di incremento di superfici o di incremento o diminuzione delle unità immobiliari, è alterato per più di un quinto il valore proporzionale dell'unità immobiliare anche di un solo condomino. In tal caso il relativo costo è sostenuto da chi ha dato luogo alla variazione.

Ai soli fini della revisione dei valori proporzionali espressi nella tabella millesimale allegata al regolamento di condominio ai sensi dell'articolo 68, può essere convenuto in giudizio unicamente il condominio in persona dell'amministratore. Questi è tenuto a darne senza indugio notizia all'assemblea dei condomini. L'amministratore che non adempie a quest'obbligo può essere revocato ed è tenuto al risarcimento degli eventuali danni.

Le norme di cui al presente articolo si applicano per la rettifica o la revisione delle tabelle per la ripartizione delle spese redatte in applicazione dei criteri legali o convenzionali.

70. – Per le infrazioni al regolamento di condominio può essere stabilito, a titolo di sanzione, il pagamento di una somma fino ad euro 200 e, in caso di recidiva, fino ad euro 800. La somma è devoluta al fondo di cui l'amministratore dispone per le spese ordinarie.

71. – Il registro indicato dal quarto comma dell'articolo 1129 e dal terzo comma dell'articolo 1138 del codice è tenuto presso l'associazione dei proprietari di fabbricati.

71 bis. – Possono svolgere l'incarico di amministratore di condominio coloro:

a) che hanno il godimento dei diritti civili;

b) che non sono stati condannati per delitti contro la pubblica amministrazione, l'amministrazione della giustizia, la fede pubblica, il patrimonio o per ogni altro delitto non colposo per il quale la legge commina la pena della reclusione non inferiore, nel minimo, a due anni e, nel massimo, a cinque anni;

c) che non sono stati sottoposti a misure di prevenzione divenute definitive, salvo che non sia intervenuta la riabilitazione;

d) che non sono interdetti o inabilitati;

e) il cui nome non risulta annotato nell'elenco dei protesti cambiari;

f) che hanno conseguito il diploma di scuola secondaria di secondo grado;

g) che hanno frequentato un corso di formazione iniziale e svolgono attività di formazione periodica in materia di amministrazione condominiale.

I requisiti di cui alle lettere f) e g) del primo comma non sono necessari qualora l'amministratore sia nominato tra i condomini dello stabile.

Possono svolgere l'incarico di amministratore di condominio anche società di cui al titolo V del libro V del codice. In tal caso, i requisiti devono essere posseduti dai soci illimitatamente responsabili, dagli amministratori e dai dipendenti incaricati di svolgere le funzioni di amministrazione dei condominii a favore dei quali la società presta i servizi.

La perdita dei requisiti di cui alle lettere a), b), c), d) ed e) del primo comma comporta la cessazione dall'incarico. In tale evenienza ciascun condomino può convocare senza formalità l'assemblea per la nomina del nuovo amministratore.

A quanti hanno svolto attività di amministrazione di condominio per almeno un anno, nell'arco dei tre anni precedenti alla data di entrata in vigore della presente disposizione, è consentito lo svolgimento dell'attività di amministratore anche in mancanza dei requisiti di cui alle lettere f) e g) del primo comma. Resta salvo l'obbligo di formazione periodica.

71 ter. – Su richiesta dell'assemblea, che delibera con la maggioranza di cui al secondo comma dell'articolo 1136 del codice, l'amministratore è tenuto ad attivare un sito internet del condominio che consenta agli aventi diritto di consultare ed estrarre copia in formato digitale dei documenti previsti dalla delibera assembleare. Le spese per l'attivazione e la gestione del sito internet sono poste a carico dei condomini.

71 quater. – Per controversie in materia di condominio, ai sensi dell'articolo 5, comma 1, del decreto legislativo 4 marzo 2010, n. 28, si intendono quelle derivanti dalla violazione o dall'errata applicazione delle disposizioni del libro III, titolo VII, capo II, del codice e degli articoli da 61 a 72 delle presenti disposizioni per l'attuazione del codice.

La domanda di mediazione deve essere presentata, a pena di inammissibilità, presso un organismo di mediazione ubicato nella circoscrizione del tribunale nella quale il condominio è situato.

Al procedimento è legittimato a partecipare l'amministratore, previa delibera assembleare da assumere con la maggioranza di cui all'articolo 1136, secondo comma, del codice.

Se i termini di comparizione davanti al mediatore non consentono di assumere la delibera di cui al terzo comma, il mediatore dispone, su istanza del condominio, idonea proroga della prima comparizione.

La proposta di mediazione deve essere approvata dall'assemblea con la maggioranza di cui all'articolo 1136, secondo comma, del codice. Se non si raggiunge la predetta maggioranza, la proposta si deve intendere non accettata.

Il mediatore fissa il termine per la proposta di conciliazione di cui all'articolo 11 del decreto legislativo 4 marzo 2010, n. 28, tenendo conto della necessità per l'amministratore di munirsi della delibera assembleare.

72. – I regolamenti di condominio non possono derogare alle disposizioni dei precedenti articoli 63, 66, 67 e 69 disp. att. c.c.

Sezione IV
Disposizioni relative al libro IV

73. – Gli atti di offerta reale e quelli di deposito previsti dagli articoli 1209, primo comma, 1212 e 1214 del codice, sono eseguiti da un notaio o da un ufficiale giudiziario.

Le offerte per intimazione, previste dagli articoli 1209, secondo comma, e 1216, primo comma, sono eseguite con atto di ufficiale giudiziario.

73 bis. – I provvedimenti previsti negli articoli 1211, 1514, primo comma, 1515, terzo comma, e 1841 del codice sono adottati dal tribunale in composizione monocratica.

74. – Il processo verbale dell'offerta reale deve essere redatto in conformità delle disposizioni dell'articolo 126 del codice di procedura civile e deve in particolare contenere la specificazione dell'oggetto dell'offerta e le dichiarazioni del creditore.

Quando l'offerta è accettata, il pubblico ufficiale esegue il pagamento e riceve le dichiarazioni del creditore per quietanza e per liberazione dalle garanzie.

Se il creditore non è presente all'offerta, il processo verbale deve essergli notificato nelle forme prescritte per la citazione.

L'intimazione prescritta dall'articolo 1212, n. 1, del codice, può essere fatta con lo stesso atto di notificazione del verbale dell'offerta. In ogni caso fra l'intimazione e il deposito deve trascorrere un termine non minore di giorni tre.

75. – L'atto di intimazione, nei casi previsti dagli articoli 1209, secondo comma, e 1216, primo comma, del codice, deve contenere l'indicazione del giorno, dell'ora e del luogo in cui il debitore intende procedere alla consegna delle cose mobili o al rilascio dell'immobile a favore del creditore, con rispetto di un intervallo non minore di giorni tre.

La mancata comparizione del creditore o il suo rifiuto di accettare l'offerta sono accertati con verbale redatto da un notaio o da un ufficiale giudiziario nel luogo, nel giorno e nell'ora indicati nell'atto di intimazione, con tutte le altre indicazioni prescritte dal primo comma dell'articolo precedente, e da tale giorno decorrono gli effetti della mora.

76. – I depositi che hanno per oggetto titoli di credito o somme di danaro debbono essere eseguiti presso la Cassa dei depositi e prestiti secondo le norme della legge speciale, oppure presso un istituto di credito.

77. – Il deposito di cose mobili diverse dal danaro e di titoli di credito, nei casi previsti dagli articoli 1210, primo comma, e 1214 del codice e in ogni altro caso in cui esso sia prescritto dalla legge o dal giudice ovvero sia voluto dalle parti, si esegue presso stabilimenti di pubblico deposito a norma delle leggi speciali.

Qualora non esistano stabilimenti di pubblico deposito nel luogo in cui deve essere eseguita la prestazione, o se ricorrono particolari ragioni, il pretore del luogo predetto, su ricorso della parte interessata, può autorizzare con decreto il deposito presso altro locale idoneo.

78. – Il pubblico ufficiale, che a norma dell'articolo 1210 del codice procede al deposito di danaro, di titoli di credito o di altre cose mobili, deve redigere processo verbale della relativa operazione in conformità del successivo articolo 1212, n. 3, e dell'articolo 126 del codice di procedura civile, e consegnarne copia al depositario, nonché al creditore comparso, se la richiede.

Se il creditore non è stato presente, deve essergli notificata copia del processo verbale nelle forme prescritte per gli atti di citazione.

79. – Il sequestratario dell'immobile, nel caso previsto dal secondo comma dell'articolo 1216 del codice, è nominato, se non vi è giudizio pendente, dal presidente del tribunale del luogo in cui si trova l'immobile.

Il presidente del tribunale provvede con decreto, sentito il creditore. Contro tale decreto è ammesso reclamo al presidente della corte di appello, entro dieci giorni dalla notificazione.

La consegna dell'immobile al sequestratario deve risultare da processo verbale redatto da un notaio o da un ufficiale giudiziario. Copia del processo verbale deve essere notificata al creditore che non sia stato presente.

80. – L'atto d'intimazione previsto dall'articolo 1217 del codice, se non è determinato il tempo in cui la prestazione deve essere eseguita, e in ogni caso se la prestazione medesima deve effettuarsi in località diversa dal domicilio del creditore, deve contenere l'indicazione del giorno, dell'ora e del luogo in cui il debitore intende eseguire la prestazione, col rispetto di un intervallo di almeno tre giorni, a meno che la natura del rapporto non imponga un intervallo minore.

Il mancato ricevimento della prestazione da parte del creditore nel giorno stabilito può essere accertato nelle forme di uso e da tale giorno decorrono gli effetti della mora.

81. – Nei casi previsti dagli articoli 1286, terzo comma, e 1287, terzo comma, del codice, l'istanza per la fissazione del termine entro il quale deve essere fatta la scelta e quella per la scelta della prestazione da parte del giudice si propongono, se non vi è giudizio pendente, davanti l'autorità giudiziaria del luogo in cui la prestazione deve eseguirsi, osservate le disposizioni previste rispettivamente dagli articoli 749 e 750 del codice di procedura civile.

82. – L'istanza per la nomina del terzo nei casi previsti dal secondo comma dell'articolo 1473 del codice, qualora non vi sia giudizio in corso, si propone con ricorso al presidente del tribunale del luogo in cui deve eseguirsi la consegna della cosa a norma dell'articolo 1510 del codice.

Il ricorso deve essere notificato alle altre parti interessate e al terzo. Il presidente del tribunale provvede con decreto; contro di questo è ammesso reclamo al primo presidente della corte di appello entro dieci giorni dalla notificazione.

La nomina deve cadere normalmente su persona esperta iscritta in albi o elenchi o ruoli istituiti a norma di legge

83. – Sono autorizzati alle operazioni di vendita con o senza incanto a norma dell'articolo 1515 del codice, o alle operazioni di compra a norma del successivo articolo 1516:

1) gli agenti di cambio, per i valori pubblici e per i titoli di credito specificati nelle leggi sulle borse;

2) i mediatori in merci iscritti presso i consigli provinciali delle corporazioni per le merci e le derrate.

La vendita all'incanto deve essere annunziata con le forme di una pubblicità commerciale adeguata alla natura ed al valore delle cose poste in vendita.

Il verbale d'incanto è depositato nella cancelleria della pretura del luogo in cui si è proceduto alla vendita.

Le operazioni di vendita senza incanto e quelle di compra devono essere documentate mediante certificato, fattura o fissato bollato, in doppio esemplare, uno dei quali è consegnato alla parte richiedente e l'altro, vistato da questa, è conservato dalla persona che ha eseguito l'incarico.

Il compenso dovuto alla persona predetta, se non esiste una tariffa approvata, è stabilito con decreto del pretore del luogo in cui l'incarico è stato eseguito.

84. – Il contratto di vendita con riserva di proprietà di macchine per prezzo superiore a euro 15,49, deve essere iscritto agli effetti previsti dal secondo comma dell'articolo 1524 del codice, nel registro istituito presso la cancelleria del tribunale nella cui giurisdizione la macchina viene collocata.

Le sottoscrizioni delle parti devono essere autenticate, se il contratto non risulta da atto pubblico.

Sezione V
Disposizioni relative al libro V

85.-90. (1).

(1) Articoli implicitamente abrogati dal R.D.L. 9/8/1943, n. 721.

91. (1).

(1) Articolo abrogato dal R.D.L. 9/8/1943, n. 721.

92. – Il decreto, previsto dall'articolo 2409 del codice, che nomina l'amministratore giudiziario nelle società di cui ai capi V, VI e VII del titolo V del libro V del codice priva l'imprenditore, dalla sua data, dell'amministrazione della società nei limiti dei poteri conferiti all'amministratore giudiziario.

Salvo che il decreto disponga diversamente, l'amministratore giudiziario non può compiere atti eccedenti l'ordinaria amministrazione, senza l'autorizzazione del tribunale.

Entro i limiti dei poteri conferitigli, l'amministratore sta in giudizio nelle controversie, anche pendenti, relative alla gestione della società.

All'amministratore giudiziario possono essere attribuiti per determinati atti i poteri dell'assemblea. Le relative deliberazioni non sono efficaci senza l'approvazione del tribunale.

Il compenso dell'amministratore giudiziario è determinato dal tribunale.

93. – L'amministratore giudiziario è, per quanto attiene all'esercizio delle sue funzioni, pubblico ufficiale.

94. – L'amministratore giudiziario deve adempiere ai doveri del proprio ufficio con la diligenza richiesta dalla natura del proprio ufficio e può essere revocato dal tribunale su richiesta dei soggetti legittimati a chiederne la nomina.

L'amministratore che cessa dal suo ufficio deposita nella cancelleria del tribunale del luogo, ove è la sede principale dell'impresa, il conto della gestione. L'avvenuto deposito è comunicato *immediatamente alla* società.

Il presidente del tribunale con decreto fissa l'udienza, in termine non inferiore a quindici giorni dal deposito, nella quale le parti possono presentare le loro osservazioni, e nomina un giudice per la procedura. Non sono ammesse contestazioni relative ai criteri tecnici della gestione nei limiti dei poteri conferiti all'amministratore.

Si applicano le disposizioni degli articoli 263, secondo comma, e seguenti del codice di procedura civile.

95. – Quando le leggi non dispongono, l'appartenenza alla categoria d'impiegato o di operaio è determinata dal regio decreto-legge 13 novembre 1924, n. 1825, convertito nella legge 18 marzo 1926, n. 562.

96. – L'imprenditore deve far conoscere al prestatore di lavoro, al momento dell'assunzione, la categoria e la qualifica che gli sono assegnate in relazione alle mansioni per cui è stato assunto.

Le qualifiche dei prestatori di lavoro, nell'ambito di ciascuna delle categorie indicate nell'articolo 2095 del codice, possono essere stabilite e raggruppate per gradi secondo la loro importanza nell'ordinamento dell'impresa. Il prestatore di lavoro assume il grado gerarchico corrispondente alla qualifica e alle mansioni.

I contratti collettivi di lavoro possono stabilire che, nel caso di divergenza tra l'imprenditore e il prestatore di lavoro circa l'assegnazione della qualifica, l'accertamento dei fatti rilevanti per la determinazione della qualifica venga fatto da un collegio costituito da un funzionario dell'ispettorato corporativo, che presiede, e da un delegato di ciascuna delle associazioni che rappresentano le categorie interessate.

Sui fatti rilevanti per la determinazione della qualifica che hanno formato oggetto dell'accertamento compiuto con tali forme, non sono ammesse nuove indagini o prove, salvo che l'accertamento sia viziato da errore manifesto.

97. – Nel caso previsto dall'articolo 2106 del codice, ai prestatori di lavoro addetti alle imprese esercitate da enti pubblici inquadrati sindacalmente, le sanzioni disciplinari stabilite nei regolamenti emanati dagli enti medesimi, si applicano solo in quanto compatibili con le particolari disposizioni dei contratti collettivi a cui gli enti sono soggetti.

98. – Nei rapporti d'impiego inerenti all'esercizio dell'impresa, in mancanza di usi più favorevoli, per quanto concerne il trattamento cui ha diritto l'impiegato nei casi di infortunio, di malattia, di gravidanza o di puerperio, la durata del periodo feriale, del periodo di preavviso, la misura dell'indennità sostitutiva di questo e l'ammontare dell'indennità di anzianità in caso di cessazione del rapporto, si applicano le corrispondenti norme del regio decreto-legge 13 novembre 1924, n. 1825 convertito nella legge 18 marzo 1926, n. 562.

Le richiamate norme si applicano altresì ai rapporti d'impiego dei dipendenti di enti pubblici anche se non inquadrati sindacalmente, in quanto il rapporto non sia diversamente disciplinato da leggi o regolamenti speciali, nonché ai rapporti d'impiego non inerenti all'esercizio di un'impresa, in quanto non esistano convenzioni od usi più favorevoli al prestatore di lavoro.

99. – Le disposizioni relative all'istituzione del registro delle imprese previsto dall'articolo 2188 del codice saranno emanate con decreto del presidente della Repubblica. Tale decreto stabilirà altresì la data di attuazione del registro delle imprese, nonché le condizioni per l'iscrizione delle imprese individuali e sociali esistenti in tale momento.

100.-101. (1).

(1) Articoli abrogati dall'art. 111 sexies delle disposizioni per l'attuazione del codice civile, aggiunto dall'art. 9, d.lgs. 17/1/2003, n. 6.

101 bis. – Copia integrale o parziale di ogni atto per il quale è prescritta l'iscrizione o il deposito nel registro delle imprese deve essere rilasciata a chi ne faccia richiesta anche per corrispondenza, senza che il costo di tale copia possa eccedere il costo amministrativo.

101 ter. – Ai fini della pubblicità prescritta dagli articoli 2506 e 2507 del codice civile la società richiedente deve allegare agli atti e documenti ivi previsti la traduzione giurata in lingua italiana e deve indicare gli estremi della pubblicità attuata nello Stato ove è situata la sede principale. Dell'avvenuto deposito dei documenti deve essere fatta menzione nel Bollettino ufficiale delle società per azioni e a responsabilità limitata.

101 quater. – Le società soggette alla legislazione di un altro Stato appartenente alla Comunità economica europea, le quali stabiliscono nel territorio dello Stato più sedi secondarie con rappresentanza stabile, possono attuare la pubblicità dell'atto costitutivo, dello statuto e dei bilanci nell'ufficio del registro delle imprese di una soltanto delle sedi secondarie, depositando negli altri l'attestazione dell'eseguita pubblicità.

102. – Le norme per la formazione del ruolo, per la nomina e per la disciplina dei revisori ufficiali dei conti e quelle per la vigilanza e per la disciplina dei sindaci delle società saranno emanate con decreto del presidente della Repubblica.

Fino all'entrata in vigore di tale decreto continueranno ad applicarsi le disposizioni anteriori.

103. – I provvedimenti del tribunale previsti dall'articolo 2409 del codice sono disposti con decreto, il quale deve essere comunicato a cura del cancelliere, entro cinque giorni, all'ufficio del registro delle imprese per l'iscrizione.

104. – Il tribunale, prima di procedere alla nomina del rappresentante degli obbligazionisti prevista dall'articolo 2417 del codice, deve sentire gli amministratori o il consiglio di gestione della società.

105. – La liquidazione coatta amministrativa delle società cooperative è regolata dalle norme generali sulla liquidazione coatta amministrativa delle società, salvo che le leggi speciali dispongano diversamente.

106. – Le norme degli articoli 92, 93 e 94 di queste disposizioni si applicano anche al commissario governativo incaricato della gestione della società cooperativa a norma dell'articolo 2545-sexiesdecies del codice, intendendosi sostituiti nei poteri del tribunale, per quanto riguarda le disposizioni dei precedenti articoli 92 e 94, primo comma, l'autorità governativa che ha nominato il commissario.

107. – Alle mutue assicuratrici regolate da leggi speciali le disposizioni del capo II del titolo VI del libro V del codice si applicano in quanto compatibili con le leggi medesime.

108.-109. (1).

(1) Articoli abrogati dall'art. 111 sexies delle disposizioni per l'attuazione del codice civile, aggiunto dall'art. 9, d.lgs. 17/1/2003, n. 6.

110. – La competenza dell'autorità governativa nell'esercizio dei poteri ad essa demandati dal libro V del codice è determinata dalle leggi speciali.

111. – Le norme per l'attuazione delle disposizioni contenute nelle sezioni III e IV del capo II del titolo X del libro V del codice saranno emanate con decreto del Presidente della Repubblica.

Fino all'entrata in vigore di tale decreto la disciplina dei consorzi obbligatori e i controlli dell'autorità governativa sui consorzi volontari continuano ad essere regolati dalle leggi anteriori.

111 bis. – La misura rilevante di cui all'articolo 2325-bis del codice è quella stabilita a norma dell'articolo 116 del decreto legislativo 24 febbraio 1998, n. 58. Nel caso previsto dall'articolo 2409-bis, secondo comma, del codice, si applicano alla società di revisione le disposizioni degli articoli 155, comma 2, 162, commi 1 e 2, 163, commi 1 e 4 del decreto legislativo n. 58 del 1998.

Ai fini di cui all'articolo 2343-ter, per valori mobiliari e strumenti del mercato monetario si intendono quelli di cui all'articolo 1, commi 1-bis e 1-ter, del testo unico delle disposizioni in materia di intermediazione finanziaria, di cui al decreto legislativo 24 febbraio 1998, n. 58.

111 ter. – Chi richiede l'iscrizione presso il registro delle imprese dell'atto costitutivo di una società deve indicarne nella domanda l'indirizzo, comprensivo della via e del numero civico, ove è posta la sua sede. In caso di successiva modificazione di tale indirizzo gli amministratori ne depositano apposita dichiarazione presso il registro delle imprese.

111 quater. – La società di revisione di cui all'articolo 2447-ter del codice è scelta tra quelle iscritte nell'albo speciale delle società di revisione tenuto dalla Commissione nazionale per le società e la borsa a norma delle leggi speciali.

111 quinquies. – Gli amministratori e i soci conferenti che, anche in parte, formano od aumentano fittiziamente il capitale sociale mediante attribuzioni di azioni o quote in misura complessivamente superiore all'ammontare del capitale sociale, sottoscrizione reciproca di azioni o quote, sopravvalutazione rilevante dei conferimenti di beni in natura o di crediti ovvero del patrimonio della società nel caso di trasformazione, sono puniti con la reclusione fino ad un anno.

111 sexies. – Gli articoli 100, 101, 108 e 109 sono abrogati.

111 septies. – Le cooperative sociali che rispettino le norme di cui alla legge 8 novembre 1991, n. 381, sono considerate, indipendentemente dai requisiti di cui all'articolo 2513 del codice, cooperative a mutualità prevalente. Le cooperative agricole che esercitano le attività di cui all'articolo 2135 del codice sono considerate cooperative a mutualità prevalente se soddisfano le condizioni di cui al terzo comma dell'articolo 2513 del codice. Le piccole società cooperative costituite ai sensi della legge 7/8/1997, n. 266, nel termine previsto all'articolo 223-duodecies del codice devono trasformarsi nella società cooperativa disciplinata dall'articolo 2522 del codice.

111 octies. – Sono investitori istituzionali destinati alle società cooperative quelli costituiti ai sensi della legge 25 febbraio 1985, n. 49, i fondi mutualistici e i fondi pensione costituiti da società cooperative.

111 nonies. – Le società di revisione di cui al secondo comma dell'articolo 2545-octies del codice sono quelle di cui al decreto legislativo 27 gennaio 1992, n. 88.

111 decies. – Ferma restando la natura indivisibile delle riserve accantonate, non rilevano ai fini dell'obbligo di devoluzione previsto dall'articolo 17 della legge 23 dicembre 2000, n. 388, la modificazione delle clausole previste dall'articolo 26 del decreto legislativo Capo provvisorio dello Stato 14 dicembre 1947, n. 1577, ovvero la decadenza dai benefici fiscali per effetto della perdita del requisito della prevalenza come disciplinato dagli articoli 2512 e 2513 del codice. Gli amministratori devono, tuttavia, redigere un bilancio ai sensi dell'articolo 2545-octies del codice.

111 undecies. – Il Ministro delle attività produttive, di concerto con il Ministro dell'economia e delle finanze, stabilisce, con proprio decreto, regimi derogatori al requisito della prevalenza, così come definiti dall'articolo 2513 del codice, in relazione alla struttura dell'impresa e del mercato in cui le cooperative operano, a specifiche disposizioni normative cui le cooperative devono uniformarsi e alla circostanza che la realizzazione del bene destinato allo scambio mutualistico richieda il decorso di un periodo di tempo superiore all'anno di esercizio.

111 duodecies. – Qualora tutti i loro soci illimitatamente responsabili, di cui all'articolo 2361, comma secondo, del codice, siano società per azioni, in accomandita per azioni o società a responsabilità limitata, le società in nome collettivo o in accomandita semplice devono redigere il bilancio secondo le norme previste per le società per azioni; esse devono inoltre redigere e pubblicare il bilancio consolidato come disciplinato dall'articolo 26 del decreto legislativo 9 aprile 1991, n. 127, ed in presenza dei presupposti ivi previsti.

111 terdecies. – La deliberazione prevista dal secondo comma dell'articolo 2446 del codice è verbalizzata ed iscritta nel registro delle imprese a norma dell'articolo 2436 del codice.

111 quaterdecies. – La durata del primo incarico di controllo contabile può coincidere con quello di revisione affidato alla stessa società.

Sezione VI
Disposizioni relative al libro VI

112. (1).

(1) Articolo abrogato dall'art. 2, l. 21/1/1983, n. 22.

113. – Il reclamo menzionato nell'articolo 2888 del codice si propone al tribunale, il quale provvede con decreto motivato in camera di consiglio, sentiti il conservatore e il pubblico ministero.

Contro il provvedimento che non accoglie la domanda il richiedente può proporre reclamo alla corte d'appello.

Il tribunale o la corte può ordinare che la domanda di cancellazione sia proposta nelle forme ordinarie in contraddittorio delle persone che ritiene abbiano interesse contrario alla cancellazione medesima.

113 bis. – Il conservatore, nel caso in cui non riceva i titoli e le note ai sensi dell'articolo 2674 del codice, indica sulle note i motivi del rifiuto e restituisce uno degli originali alla parte richiedente. La parte può avvalersi del procedimento stabilito nell'articolo 745 del codice di procedura civile.

Dello stesso procedimento la parte può avvalersi per il ritardo nel rilascio di certificati o di copie. Il pubblico ministero comunica al Ministero di grazia e giustizia e al Ministero delle finanze la decisione adottata.

113 ter. – Il reclamo previsto nell'articolo 2674-bis del codice si propone con ricorso, entro il termine perentorio di trenta giorni dalla esecuzione della formalità, davanti al tribunale nella cui circoscrizione è stabilita la conservatoria; entro lo stesso termine il ricorso deve essere notificato al conservatore, a pena di improcedibilità.

Il tribunale provvede in camera di consiglio, con decreto motivato, immediatamente esecutivo, sentiti il pubblico ministero, il conservatore e le parti interessate.

Contro il provvedimento del tribunale è consentito reclamo alla corte d'appello, con ricorso notificato, a pena di improcedibilità, anche al conservatore.

A margine della formalità eseguita con riserva il conservatore annota la proposizione del reclamo, il decreto immediatamente esecutivo del tribunale e il decreto definitivo.

Quando il reclamo non è proposto o è rigettato definitivamente, la formalità perde ogni effetto.

Capo II
Disposizioni transitorie

Sezione I
Disposizioni relative al libro I

114. – La pronunzia di immissione nel possesso definitivo dei beni dell'assente, emessa a termini degli articoli 36 e 38 del codice del 1865, equivale a tutti gli effetti alla dichiarazione di morte presunta prevista nell'articolo 58 del nuovo codice.

Fino al 30 giugno 1942 non può essere dichiarata la morte presunta nell'ipotesi prevista nell'articolo 58 del nuovo codice, se non quando concorrono le condizioni indicate negli articoli 36 e 38 del codice 1865 per la pronunzia di immissione definitiva nei beni dell'assente.

115. – Il termine di tre mesi, previsto nel secondo comma dell'art. 14, L. 27 maggio 1929, n. 847, è ridotto a un mese.

Il capo primo della legge suddetta è abrogato.

116. – L'impugnazione prevista nell'articolo 123, primo comma, del codice non può essere proposta dal coniuge impotente per i matrimoni anteriori al 1 luglio 1939.

I matrimoni che sono stati celebrati anteriormente al 1 luglio 1939 davanti ad un ufficiale dello stato civile incompetente o senza la presenza dei testimoni non si possono più impugnare.

117. – Se il matrimonio è stato annullato prima dell'1 luglio 1939 ed è stata riconosciuta la mala fede di entrambi i coniugi, i figli nati o concepiti durante il matrimonio possono acquistare lo stato di figli riconosciuti ai sensi dell'articolo 128, ultimo comma, del codice con effetto dal giorno della domanda giudiziale proposta in contraddittorio dei genitori o dei loro eredi.

118. – Gli atti di costituzione di dote aventi per oggetto beni futuri, stipulati prima dell'1 luglio 1939, conservano la loro efficacia anche rispetto ai beni che pervengono alla moglie dopo tale data.

119. – I lucri dotali in favore del coniuge sopravvivente, stipulati prima dell'1 luglio 1939, conservano la loro efficacia.

Conservano parimenti la loro efficacia le ipoteche iscritte a garanzia dei lucri medesimi.

120. – L'azione di disconoscimento di paternità è soggetta ai termini e alle cause di decadenza previsti nel nuovo codice, anche quando si tratta di impugnare la legittimità di figli nati prima dall'entrata in vigore dello stesso codice, sempre che l'azione non sia già estinta a norma delle disposizioni del codice del 1865.

121. – Le azioni di reclamo di stato di figlio, spettanti agli eredi che non siano discendenti del figlio a norma dell'articolo 178 del codice del 1865, possono essere continuate quando la domanda è stata proposta prima dell'1 luglio 1939.

122. – Le disposizioni del codice relative al riconoscimento dei figli si applicano anche ai figli nati o concepiti prima dell'1 luglio 1939.

Il riconoscimento di figli naturali, compiuto prima di tale data fuori dei casi in cui era ammesso secondo le leggi anteriori, non può essere annullato, se al momento in cui fu fatto concorrevano le condizioni per cui sarebbe ammissibile secondo le disposizioni del codice.

Tale riconoscimento vale anche agli effetti delle successioni aperte prima dell'1 luglio 1939, purché i diritti successori del figlio non siano stati esclusi con sentenza passata in giudicato o non sia intervenuta transazione tra le parti interessate o non siano trascorsi tre anni dall'apertura della successione senza che il figlio abbia fatto valere alcuna ragione ereditaria sui beni della successione.

123. – L'azione per la dichiarazione giudiziale di paternità può essere proposta dai figli nati prima dell'1 luglio 1939 solo nel caso in cui ricorrono le condizioni previste dall'articolo 189 del codice del 1865. L'azione può essere proposta, sempre che ricorrano tali condizioni, anche dai figli adulterini per i quali è ammessa dall'articolo 278 del nuovo codice.

I figli naturali che si trovano nelle condizioni previste nei numeri 1 e 4 dell'articolo 269 del codice, ma che non possono ottenere la dichiarazione giudiziale di paternità perché nati prima dell'1 luglio 1939, possono agire soltanto per ottenere gli alimenti.

Nei casi in cui l'azione per la dichiarazione giudiziale di paternità è ammessa secondo le norme del codice del 1865, essa è soggetta al termine stabilito dall'articolo 271 del nuovo codice.

Le disposizioni del codice relative alle forme dei giudizi per la dichiarazione giudiziale di paternità o di maternità naturale si applicano anche ai figli nati o concepiti prima dell'1 luglio 1939.

I giudizi relativi alla dichiarazione di paternità o di maternità proposti prima dell'1 luglio 1939 non possono essere proseguiti se non è intervenuto il decreto contemplato dall'articolo 274 del codice stesso, salvo il caso che si sia già ottenuta una sentenza anche se interlocutoria.

124. (1).

(1) Articolo abrogato dall'art. 106.1, lett. b, d.lgs. 28/12/2013, n. 154.

125. (1).

(1) Articolo abrogato dall'art. 106.1, lett. b, d.lgs. 28/12/2013, n. 154.

126. – La disposizione del secondo comma dell'articolo 293 del nuovo codice è applicabile anche alle adozioni costituite prima dell'1 luglio 1939, a meno che siano state già impugnate ai *sensi dell'articolo 205 del codice* del 1865.

127. – Le disposizioni del codice sulla revoca dell'adozione si applicano anche alle adozioni costituite prima dell'1 luglio 1939.

127 bis. – I divieti contenuti nei numeri 6, 7, 8 e 9 dell'articolo 87 del codice civile sono applicabili all'affiliazione.

128. (1).

(1) Articolo implicitamente abrogato per effetto dell'abrogazione dell'art. 342, con l'art. 3, d.lgs.lgt. 14/9/1944, n. 287.

129. – Le norme del codice in materia di tutela e di curatela si applicano anche alle tutele e alle curatele che si sono aperte prima dell'1 luglio 1939.

Tuttavia i tutori, i protutori e i curatori già nominati conservano l'ufficio, salve le disposizioni degli articoli 383, 384, e 393 del codice, e sempre che non ricorrano cause d'incapacità previste dal codice stesso.

130. – La disposizione dell'articolo 428 del codice è applicabile anche se gli atti in essa contemplati sono stati compiuti prima dell'1 luglio 1939.

131. – Le ipoteche legali sui beni del tutore iscritte a norma degli articoli 292, 293 e 1969, n. 3, del codice del 1865 possono essere cancellate quando il tutore ne fa istanza al giudice tutelare, il quale, se ordina la cancellazione, provvede secondo l'articolo 381 del nuovo codice.

Sezione II
Disposizioni relative al libro II

132. – L'erede col beneficio d'inventario può promuovere la procedura di liquidazione ai sensi dell'articolo 503 del codice anche se l'accettazione è stata fatta prima del 21 aprile 1940.

133. – La rinuncia all'eredità o al legato, fatta dopo il 21 aprile 1940, produce tutti gli effetti previsti dal codice, ancorché si tratti di successione apertasi anteriormente a quella data.

134. – La disposizione dell'articolo 528 del codice è applicabile anche per le successioni apertesi prima del 21 aprile 1940, se il chiamato non ha ancora accettato e non è nel possesso di beni ereditari.

L'obbligo del curatore di procedere alla liquidazione dell'eredità giacente incombe anche sui curatori già nominati, se, in caso di opposizione dei creditori o legatari, il pretore ritiene opportuno disporre la liquidazione.

135. – Le norme sulla riduzione delle donazioni sono applicabili anche alle donazioni fatte anteriormente al 21 aprile 1940, purché la successione si sia aperta dopo. Tali donazioni sono soggette a riduzione, avuto riguardo alla misura dei diritti riservati ai legittimari stabilita dal codice.

La medesima disposizione si applica per le regole stabilite dal codice sulla collazione sull'imputazione e sulla riunione fittizia.

Tuttavia per le donazioni di beni mobili fatte anteriormente al 21 aprile 1940, si tiene conto del valore risultante dalla stima annessa all'atto di donazione.

136. – Le disposizioni degli articoli 580 e 594 del codice si applicano anche alle successioni apertesi prima del 21 aprile 1940, se i diritti dei figli non riconoscibili o non riconosciuti non sono stati definiti con sentenza passata in giudicato o mediante convenzione.

Possono inoltre valersi delle disposizioni degli articoli 580 e 594 i figli che si trovano nelle condizioni previste dai numeri 1 e 4 dell'articolo 269 del codice, ma che non possono ottenere la dichiarazione giudiziale di paternità perché nati anteriormente all'1 luglio 1939.

I figli indicati dal comma precedente hanno facoltà di chiedere l'assegno vitalizio anche per le successioni già aperte, ma non oltre cinque anni prima del 21 aprile 1940; l'assegno in questo caso deve essere calcolato con riguardo allo stato e al valore che i beni ereditari avevano a tale data.

137. – Non possono essere promosse né proseguite azioni per la dichiarazione di nullità, per vizio di forma, per incapacità a ricevere o per altre cause, di disposizioni testamentarie e di donazioni che sono valide secondo il codice. La nullità ammessa anche da questo non può essere pronunziata se non nei limiti da esso previsti.

138. – Le condizioni di vedovanza ammesse dall'ultimo comma dell'articolo 850 del codice del 1865, relative alle successioni apertesi prima del 21 aprile 1940, conservano la loro efficacia.

139. – I diritti derivanti da una disposizione testamentaria sotto condizione sospensiva si trasmettono agli eredi dell'onorato, se questi muore dopo il 21 aprile 1940 senza che la condizione si sia verificata.

140. – Ancorché la divisione sia stata già effettuata, si applica la norma dell'articolo 759 del codice, se l'evizione ha luogo dopo il 21 aprile 1940.

141. – Le norme sulla revocazione per ingratitudine sono applicabili alle donazioni anteriori, se la causa di revocazione si è verificata dopo il 21 aprile 1940. Tuttavia la norma del secondo comma dell'articolo 802 del codice è applicabile anche se la causa di revocazione è anteriore.

Sezione III
Disposizioni relative al libro III

142.-149. (1).

(1) Articoli abrogati dall'art. 18, l. 22/7/1966, n. 607.

150. – Per l'acquisto dei frutti al termine dell'usufrutto se questo ha avuto inizio anteriormente al 28 ottobre 1941, si osserva il disposto dell'articolo 480 del codice del 1865.

151. – Le disposizioni dell'articolo 999 del codice si applicano anche alle locazioni concluse dall'usufruttuario anteriormente al 28 ottobre 1941.

152. – Il diritto di ritenzione ammesso dagli articoli 1006 e 1011 del codice spetta all'usufruttuario anche per le somme a lui dovute in dipendenza di anticipazioni effettuate prima del 28 ottobre 1941.

153. – La disposizione dell'articolo 1023 del codice si applica anche ai diritti di uso e di abitazione costituiti prima del 28 ottobre 1941.

154. – Se l'interclusione del fondo si è verificata per effetto di vendita anteriore al 28 ottobre 1941, il compratore non è tenuto a dare il passaggio senza indennità.

155. – Le disposizioni concernenti la revisione dei regolamenti di condominio e la trascrizione di essi si applicano anche ai regolamenti formati prima del 28 ottobre 1941.

Cessano di avere effetto le disposizioni dei regolamenti di condominio che siano contrarie alle norme richiamate nell'ultimo comma dell'articolo 1138 del codice e nell'articolo 72 di queste disposizioni.

155 bis. – L'assemblea, ai fini dell'adeguamento degli impianti non centralizzati di cui all'articolo 1122-bis, primo comma, del codice, già esistenti alla data di entrata in vigore del predetto articolo, adotta le necessarie prescrizioni con le maggioranze di cui all'articolo 1136, commi primo, secondo e terzo, del codice.

156. – I condomini costituiti in forma di società cooperativa possono conservare tale forma di amministrazione.

Ai rapporti di condominio negli edifici di cooperative edilizie le quali godono del contributo dello Stato nel pagamento degli interessi sui mutui si applicano le disposizioni delle leggi speciali.

157. – Per i diritti spettanti al possessore, all'usufruttuario o all'enfiteuta a causa di riparazioni, di miglioramenti o di addizioni eseguite anteriormente al 28 ottobre 1941 si applicano le norme del codice del 1865, salvo quanto è stabilito dall'articolo 152 di queste disposizioni.

158. – Il termine per l'usucapione delle servitù discontinue apparenti comincia a decorrere dal 28 ottobre 1941.

La disposizione dell'articolo 1075 del codice si applica se la prescrizione del modo della servitù non si è compiuta prima del 28 ottobre 1941.

Sezione IV
Disposizioni relative al libro IV

159. – Il luogo in cui devono essere adempiute le obbligazioni che scadono dopo l'entrata in vigore del codice, si determina in conformità dell'articolo 1182 del codice stesso, anche se si tratta di obbligazioni sorte anteriormente.

160. – Le disposizioni del codice relative alla mora del creditore, all'inadempimento e alla mora del debitore si applicano anche se si tratta di obbligazione sorta prima dell'entrata in vigore del codice stesso, se l'offerta di pagamento sia stata compiuta ovvero l'inadempimento o la mora si sia verificato posteriormente.

161. – I crediti di somme di danaro che siano divenuti esigibili prima dell'entrata in vigore nel nuovo codice, producono, da questa data, interessi di pieno diritto, anche se tale effetto non si verificava secondo le disposizioni del codice del 1865.

Gli interessi legali che si maturano dopo la data predetta devono essere computati al saggio stabilito dall'articolo 1284 del nuovo codice.

162. – La disposizione dell'articolo 1283 del codice si applica anche se si tratta di obbligazioni sorte anteriormente all'entrata in vigore del codice stesso, quando gl'interessi sono dovuti per almeno sei mesi.

163. – Il giudice può ridurre la penale manifestamente eccessiva anche se il contratto sia stato concluso anteriormente all'entrata in vigore del codice e anche se il pagamento della penale sia stato giudizialmente domandato e il giudizio sia pendente alla data suddetta.

164. – Le disposizioni del secondo e terzo comma dell'articolo 1385 del codice si applicano anche se il contratto sia stato concluso anteriormente al giorno della entrata in vigore del codice stesso, e anche se a tale data sia stato già iniziato il giudizio e questo sia tuttora pendente.

165. – Gli effetti dell'annullamento o della risoluzione dei contratti rispetto ai terzi sono regolati dalle disposizioni del codice civile del 1865 se la domanda sia stata proposta anteriormente all'entrata in vigore del nuovo codice.

166. – Per le vendite immobiliari stipulate anteriormente all'entrata in vigore del codice, la rescissione a causa di lesione è regolata dalle disposizioni del codice del 1865.

167. – Le disposizioni dell'articolo 1462 del codice si applicano anche se la clausola ivi prevista sia inserita in un contratto stipulato prima del giorno dell'entrata in vigore del codice stesso, quando l'eccezione del debitore sia opposta dopo o, se proposta prima, il relativo giudizio sia ancora pendente alla data predetta.

168. – Le disposizioni relative agli effetti dell'eccessiva onerosità sopravvenuta si applicano anche per i contratti conclusi prima dell'entrata in vigore del codice se le circostanze e gli avvenimenti da cui deriva l'eccessiva onerosità si siano verificati dopo.

169. – Le disposizioni che regolano le conseguenze del sopravvenuto mutamento nelle condizioni patrimoniali del debitore si applicano anche quando si tratti di contratti anteriori all'entrata in vigore del codice, se il mutamento si avveri posteriormente.

170. – Le disposizioni del secondo comma dell'articolo 1473 del codice si applicano anche ai contratti di vendita conclusi anteriormente all'entrata in vigore del codice stesso, se il rifiuto o l'impedimento del terzo ad accettare l'incarico si verificano dopo.

171. – Le disposizioni degli articoli 1478, 1479 e 1480 del codice si applicano anche ai contratti di vendita conclusi anteriormente al giorno dell'entrata in vigore di esso, se a tale data non ne era stato domandato in giudizio l'annullamento.

172. – Le disposizioni che impongono la denuncia dei vizi o della mancanza di qualità della cosa venduta e stabiliscono i termini per farla, si applicano anche se il contratto sia stato concluso anteriormente all'entrata in vigore del codice, purché la consegna o il ricevimento della cosa abbiano avuto luogo posteriormente.

173. – Le disposizioni relative al riscatto convenzionale nel contratto di vendita, tranne quella del primo comma dell'articolo 1501, si applicano anche ai contratti conclusi anteriormente all'entrata in vigore del codice quando il diritto di riscatto venga esercitato posteriormente.

174. – Le disposizioni dell'articolo 1512 del codice si applicano ai contratti di vendita anteriori all'entrata in vigore di esso se il difetto di funzionamento sia scoperto posteriormente.

175. – Qualora secondo le leggi anteriori i contratti di vendita di cose mobili con riserva di proprietà fossero opponibili ai creditori o ai terzi aventi causa dal compratore indipendentemente dai requisiti prescritti dall'articolo 1524 del codice, le formalità relative, trattandosi di contratti conclusi anteriormente al giorno dell'entrata in vigore di esso, devono essere adempiute entro tre mesi dalla data medesima. In mancanza, la riserva di proprietà non può essere opposta ai creditori del compratore che abbiano pignorato la cosa e ai terzi aventi causa dal medesimo che abbiano acquistato diritti sulla cosa stessa posteriormente alla data anzidetta.

176. – Le disposizioni degli articoli 1525 e 1526 del codice si applicano ai contratti conclusi anteriormente al giorno dell'entrata in vigore di esso e anche se la risoluzione per inadempimento sia stata giudizialmente domandata e il giudizio sia tuttora pendente alla data suddetta.

177. – Le disposizioni degli articoli 1531, secondo comma, e 1550 secondo comma, del codice, relative all'esercizio del diritto di voto, si applicano anche ai contratti di vendita a termine o di riporto di titoli di credito, che siano in corso di esecuzione all'entrata in vigore del codice stesso.

178. – La prescrizione stabilita dall'articolo 1541 del codice si applica anche se si tratta di contratto di vendita anteriore alla data dell'entrata in vigore del codice stesso qualora la consegna dell'immobile sia stata eseguita posteriormente e al momento della consegna non sia già decorso il termine stabilito dall'articolo 1478 del codice del 1865.

179. – I patti di preferenza previsti dall'articolo 1566 del codice che alla data dell'entrata in vigore di questo devono ancora durare oltre cinque anni, sono validi nei limiti di un quinquennio computabile da tale data.
Le modalità per l'esercizio del diritto di preferenza stabilite dal secondo comma dell'articolo 1566 predetto, si osservano se l'esercizio medesimo ha luogo dopo l'entrata in vigore del codice, anche se il patto sia stato stipulato anteriormente.

180. – I rapporti di locazione in corso al giorno dell'entrata in vigore del nuovo codice sono regolati dal codice del 1865.
Tuttavia si applicano, con effetto da tale data, le disposizioni del nuovo codice dichiarate inderogabili, o che siano comunque di ordine pubblico, e tutte le altre che regolano fatti o situazioni non previste specificamente dalla legge anteriore.

181. – Le disposizioni degli articoli 1665, 1666, 1667 e 1668 del codice si applicano anche per i contratti anteriori, se l'opera o singole partite di essa siano compiute o comunque alla loro consegna si addivenga dopo l'entrata in vigore del codice stesso.

182. – Le disposizioni dell'articolo 1694 e della seconda parte dell'articolo 1698 del codice si osservano anche se il contratto sia anteriore all'entrata in vigore del codice stesso.

183. – Le disposizioni degli articoli 1706 e 1707 del codice si applicano anche se il mandato sia stato conferito anteriormente all'entrata in vigore del codice stesso.

184. – Le cause di estinzione del mandato [1722 CC.] sono regolate dal codice se si verificano dopo l'entrata in vigore di questo, anche se si tratta di mandato conferito anteriormente.

185. – La disposizione del secondo comma dell'articolo 1815 del codice si applica anche se il contratto di mutuo sia anteriore all'entrata in vigore del codice stesso.

186. – Il creditore di una rendita o di ogni altra prestazione annua costituita anteriormente all'entrata in vigore del nuovo codice, può pretendere dal debitore il rilascio di un nuovo documento secondo la disposizione dell'articolo 1870 del codice stesso, ma il termine di nove anni decorre dall'entrata in vigore di questo se non scada prima il termine di ventotto anni stabilito dall'articolo 2136 del codice del 1865.

187. – Le disposizioni degli articoli 1888, secondo comma e terzo comma, 1889, 1902, 1903, secondo comma, 1930 e 1931 del codice si applicano anche ai contratti in corso. Si applicano parimenti ai contratti suddetti le disposizioni degli articoli 1897, 1898 e 1926, quando le modificazioni del rischio da esse previste si verificano dopo l'entrata in vigore del codice, la disposizione del secondo comma dell'articolo 1899, se la proroga tacita non è già avvenuta anteriormente all'entrata in vigore medesima, le disposizioni dell'articolo 1901 relativamente ai premi che scadono dopo l'entrata in vigore medesima, le disposizioni degli articoli 1914, secondo comma, e 1915, secondo comma, per i sinistri verificatisi dopo l'entrata in vigore medesima.

188. – Le disposizioni dell'articolo 1921 del codice si applicano alle dichiarazioni di revoca posteriori all'entrata in vigore di esso, anche se il contratto di assicurazione sia stato concluso anteriormente.

Qualora i fatti che producono la decadenza del beneficiario o che autorizzano la revoca del beneficio si siano verificati dopo l'entrata in vigore predetta, si applicano le disposizioni dell'articolo 1922 del codice, anche se il contratto di assicurazione sia anteriore.

189. – Le disposizioni del primo comma dell'articolo 1943 del codice si osservano quando la presentazione del fideiussore avviene posteriormente all'entrata in vigore del codice stesso, anche se l'obbligazione di dare un fideiussore sia sorta anteriormente.

La disposizione del precedente comma non si applica se l'obbligazione di dare un fideiussore deriva da un contratto.

190. – La disposizione dell'articolo 1957 del codice si applica anche alle fideiussioni anteriori all'entrata in vigore del codice stesso se l'obbligazione principale scade dopo.

Se l'obbligazione è già scaduta, il termine di sei mesi stabilito dal primo comma dell'articolo 1957 decorre dall'entrata in vigore suddetta.

191. – La disposizione del secondo comma dell'articolo 1962 del codice si applica anche ai contratti di anticresi anteriori, ma il termine di dieci anni decorre dall'entrata in vigore del codice stesso.

192. – Il debitore può valersi della facoltà accordatagli dall'articolo 1964 del codice, anche se il contratto di anticresi sia anteriore all'entrata in vigore del codice stesso.

193. – Le disposizioni degli articoli 1979, 1980, 1982, 1983, 1984 e 1985 del codice si applicano anche ai contratti di cessione dei beni ai creditori, conclusi anteriormente all'entrata in vigore di esso.

194. – Le disposizioni degli articoli 2045, 2057 e 2058 del codice si applicano anche se i fatti da cui deriva la responsabilità del loro autore sono avvenuti anteriormente all'entrata in vigore del codice stesso.

Sezione V
Disposizioni relative al libro V

195. – Le disposizioni contenute nelle sezioni III e IV del capo I del titolo II del libro V del codice e quelle contenute nelle sezioni II, III, IV e V del capo II dello stesso titolo si applicano anche ai rapporti in corso al momento dell'entrata in vigore del codice, salvo quanto è stabilito negli articoli seguenti.

196. – Nei contratti di lavoro a tempo determinato in corso al giorno dell'entrata in vigore del codice, che devono ancora durare per un periodo superiore a quello indicato dall'ultimo comma dell'articolo 2097 del codice stesso, il prestatore di lavoro può recedere dal contratto, decorso il quinquennio o il decennio dal giorno suddetto.

197. – Le rinunzie e le transazioni successive alla cessazione del rapporto di lavoro previste dall'articolo 2113 del codice, che hanno avuto luogo nei tre mesi anteriori all'entrata in vigore del codice, sono impugnabili a norma dell'articolo medesimo, e il termine per l'impugnazione decorre dalla data predetta.

198. – I patti di non concorrenza previsti dall'articolo 2125 del codice, che al giorno dell'entrata in vigore del codice devono ancora durare per un periodo superiore a quello stabilito nell'articolo stesso, sono efficaci per il periodo previsto nella detta disposizione a decorrere dalla data predetta.

199. – L'inabilitato, che al giorno dell'entrata in vigore del codice esercita un'impresa commerciale, non può continuarla se non con l'autorizzazione prevista dall'articolo 425 del codice stesso. Questa autorizzazione produce effetto fino dal detto giorno qualora sia pubblicata, secondo le nuove disposizioni, entro tre mesi successivi.

200. – Le disposizioni del codice, relative alla tenuta delle scritture contabili e alla redazione del bilancio per gli imprenditori che esercitano un'attività commerciale e per le società soggette a registrazione, entreranno in vigore l'1/1/1943.

Fino a tale data le scritture contabili si considerano regolarmente tenute a tutti gli effetti previsti dal codice in quanto siano regolarmente tenute secondo le leggi anteriori.

Fino all'attuazione delle disposizioni relative al registro delle imprese, la numerazione, la bollatura e la vidimazione dei libri contabili prescritte dal codice saranno eseguite dal cancelliere del tribunale o della pretura, o da un notaio secondo le leggi anteriori, e le relative richieste dovranno essere annotate nel registro dei libri di commercio istituito presso la cancelleria del tribunale a norma delle leggi anteriori.

201. – Ai contratti d'opera, stipulati prima dell'entrata in vigore del codice non si applica la decadenza prevista nel secondo comma dell'articolo 2226 del codice, salvo che la consegna dell'opera avvenga posteriormente all'entrata in vigore del codice stesso.

202. – Le disposizioni contenute nel capo II del titolo III del libro V del codice si applicano anche ai rapporti di prestazione d'opera intellettuale in corso al giorno dell'entrata in vigore del codice stesso, salva l'osservanza delle leggi speciali.

203. – Le disposizioni contenute nel capo II del titolo IV del libro V del codice si applicano anche ai rapporti di lavoro domestico in corso al giorno dell'entrata in vigore del codice stesso.

204. – Le società civili a tempo determinato, esistenti al giorno dell'entrata in vigore del codice, continuano ad essere soggette alle leggi anteriori per la durata del contratto, purché questa risulti da atto scritto di data anteriore al 27 febbraio 1942.

Le società civili a tempo indeterminato e quelle, il cui termine di durata non risulta da atto scritto di data anteriore al 27 febbraio 1942, sono soggette alle norme del codice sulle società semplici a partire dall'1 luglio 1945. Tuttavia anche dopo tale data le obbligazioni sociali sorte antecedentemente alla data suddetta sono regolate dalle disposizioni delle leggi anteriori.

Alle società civili costituite in forma di società per azioni, esistenti al giorno dell'entrata in vigore del codice, si applicano le disposizioni relative a questo tipo di società.

205. – Le società commerciali e le società cooperative, esistenti al giorno dell'entrata in vigore del codice, ma non legalmente costituite secondo le leggi anteriori, devono adempiere, entro il 31 dicembre 1942, le formalità stabilite dal codice secondo le norme dettate dall'articolo 100 di queste disposizioni.

206. – Le società commerciali e le società cooperative, legalmente costituite al giorno dell'entrata in vigore del codice, devono provvedere ad uniformare l'atto costitutivo e lo statuto alle nuove disposizioni entro il 30/6/1945. Fino a questa data le disposizioni dell'atto costitutivo e dello statuto, in vigore al momento dell'attuazione del codice, conservano la loro efficacia, anche se non sono a questo conformi, salve le norme degli articoli seguenti.

207. – Non è necessario il consenso del socio receduto o degli eredi del socio defunto, richiesto dal secondo comma dell'articolo 2292 del codice, se il socio è receduto o defunto almeno un anno prima dell'entrata in vigore del codice stesso, ed il suo nome è stato conservato nella ragione sociale senza opposizione del socio receduto o degli eredi del socio defunto.

208. – L'incapace, che sia socio di una società in nome collettivo o socio accomandatario di una società in accomandita, deve ottenere le autorizzazioni previste dagli articoli 320, 371, 397, 424 e 425 del codice entro tre mesi dalla entrata in vigore di questo.

Se entro tale termine non sono state ottenute le autorizzazioni prescritte, l'incapace può essere escluso a norma dell'articolo 2286 del codice.

209. – Hanno immediata applicazione con l'entrata in vigore del codice, anche per le società esistenti a tale data, nonostante ogni contraria disposizione dell'atto costitutivo o dello statuto, gli articoli 2357 a 2362, 2367, 2373, 2377 a 2379, 2389, 2391 a 2396, 2398 a 2409, 2422 e 2446, nonché le disposizioni del titolo XI del libro V del codice.

Le società, che anteriormente al giorno dell'entrata in vigore del codice hanno investito in tutto o in parte il proprio capitale in difformità delle disposizioni degli articoli 2359 e 2360, devono uniformarsi alle disposizioni stesse entro il 30/6/1945.

210. – L'emissione di obbligazioni da parte di società per azioni, esistenti al giorno dell'entrata in vigore del codice, è regolata dalle nuove disposizioni.

Gli articoli 2415, 2416, 2417, 2418, 2419 e 2420 del codice si applicano anche alle obbligazioni emesse anteriormente alla suddetta data.

211. – Le modificazioni dell'atto costitutivo e dello statuto delle società commerciali e delle società cooperative, esistenti al giorno dell'entrata in vigore del codice, nonché la trasformazione e la fusione delle società stesse sono regolate dalle nuove disposizioni.

211 bis. – Il secondo periodo dell'articolo 2441, settimo comma, del codice non si applica alle azioni detenute, alla data del 7 marzo 1992, dai soggetti indicati nel medesimo comma, con obbligo di offrirle agli azionisti.

212. – Le azioni a voto plurimo, esistenti al 27 febbraio 1942, nonché quelle emesse a norma dell'ultimo comma, potranno essere conservate per tutta la durata della società emittente prevista dall'atto costitutivo o dalle modificazioni di questo anteriori alla data suindicata.

Dalla data predetta sono vietate anche per le società esistenti le emissioni di azioni a voto plurimo. Sono nulle altresì le deliberazioni con le quali si attribuisce alle azioni a voto plurimo esistenti un maggior numero di voti.

Le disposizioni del comma precedente non si applicano alle azioni a voto plurimo, emesse in occasione di aumenti di capitale deliberati prima dell'entrata in vigore del Codice e dirette a mantenere inalterato il rapporto tra le varie categorie di azioni.

213. – Salvo contraria disposizione dell'atto costitutivo o dello statuto, la durata dell'ufficio degli amministratori delle società esistenti al giorno dell'entrata in vigore del codice, resta regolata dalla legge anteriore sino al 30/6/1945. Gli amministratori in carica a questa data decadono dall'ufficio alla prima scadenza, per decorrenza del termine, di uno o più amministratori, successiva alla data stessa, salva la disposizione del secondo comma dell'articolo 2385 del codice.

214. – Le disposizioni dell'articolo 2387 del codice non si applicano agli amministratori in carica al giorno dell'entrata in vigore del codice stesso per la durata della loro nomina.

215. – Le società per azioni, che al giorno dell'entrata in vigore del codice hanno un capitale non inferiore a cinquecentomila lire, possono conservare la forma della società per azioni per il tempo stabilito per la loro durata antecedentemente al 27 febbraio 1942.

Le società per azioni, che al giorno dell'entrata in vigore del codice, hanno un capitale inferiore a cinquecentomila lire, e che entro il 30 giugno 1945 non abbiano provveduto a conformarsi a uno dei tipi sociali previsti dal codice, sono sciolte, e gli amministratori devono entro un mese convocare l'assemblea per le deliberazioni relative alla liquidazione secondo le norme stabilite dal codice stesso.

216. – Le società a garanzia limitata, esistenti al giorno dell'entrata in vigore del codice nella Venezia Giulia e Tridentina, a norma del regio decreto 4 novembre 1928, n. 2325 se non hanno provveduto a conformarsi al codice entro il 30 giugno 1945, sono soggette a decorrere dall'1 luglio 1945 alle nuove disposizioni sulle società a responsabilità limitata.

217. – Le società cooperative in nome collettivo e quelle per azioni, esistenti al giorno dell'entrata in vigore del codice, sono soggette alle disposizioni dettate dal codice stesso rispettivamente per le società cooperative a responsabilità illimitata e per le società cooperative a responsabilità limitata, salvo quanto disposto dagli articoli 206 e seguenti di queste disposizioni.

Le società cooperative in accomandita, esistenti al giorno dell'entrata in vigore del codice, che, entro il 30 giugno 1945 non abbiano provveduto a conformarsi al medesimo, devono essere poste in liquidazione.

Le disposizioni di questo articolo si applicano anche ai consorzi conservati in vigore nella Venezia Giulia e Tridentina a norma del primo comma dell'articolo 41 del regio decreto 4 novembre 1928, n. 2325.

218. – Le società in liquidazione alla data del 1° gennaio 2004, sono liquidate secondo le leggi anteriori.

Le società in liquidazione dal 1° gennaio 2004, sono liquidate secondo le nuove disposizioni.

219. – I rapporti di associazione in partecipazione costituiti anteriormente all'entrata in vigore del codice sono regolati dalle leggi anteriori.

220. – La disposizione del secondo comma dell'articolo 2560 del codice non si applica ai trasferimenti di azienda anteriori all'entrata in vigore del codice.

221. – L'imprenditore deve, entro il 30 giugno 1945 uniformare alla disposizione dell'articolo 2563 del codice la ditta costituita anteriormente all'entrata in vigore del codice stesso.

222. – La disposizione dell'articolo 2596 del codice non si applica ai patti limitativi della concorrenza conclusi anteriormente al 27 febbraio 1942.

Tuttavia i patti limitativi della concorrenza, conclusi prima del 27 febbraio 1942 per tempo indeterminato, o che alla data di entrata in vigore del codice devono ancora durare per oltre cinque anni, hanno efficacia entro i limiti di un quinquennio da quest'ultima data.

223. – I contratti di consorzio previsti dal capo II del titolo X del libro V del codice, stipulati anteriormente all'entrata in vigore del codice stesso sono soggetti alle nuove disposizioni a partire dall'1 luglio 1945.

Entro il 30 giugno 1945 tali contratti devono essere uniformati alle disposizioni stesse: le relative deliberazioni sono prese con il voto favorevole della maggioranza dei consorziati e possono essere impugnate davanti l'autorità giudiziaria dai consorziati assenti o dissenzienti entro trenta giorni dalla data della deliberazione. In mancanza il consorzio è sciolto.

223 bis. – Le società di cui ai capi V, VI e VII del titolo V del libro V, del codice civile, iscritte nel registro delle imprese alla data del 1° gennaio 2004, devono uniformare l'atto costitutivo e lo statuto alle nuove disposizioni inderogabili entro il 30 settembre 2004.

Le decisioni di trasformazione della società a responsabilità limitata in società per azioni possono essere prese entro il 30 settembre 2004, anche in deroga a clausole statutarie, con il voto favorevole di una maggioranza che rappresenti più della metà del capitale sociale.

Le deliberazioni dell'assemblea straordinaria di mero adattamento dell'atto costitutivo e dello statuto a nuove disposizioni inderogabili possono essere assunte, entro il termine di cui al primo comma, a maggioranza semplice, qualunque sia la parte di capitale rappresentata in assemblea. Con la medesima maggioranza ed entro il medesimo termine possono essere assunte le deliberazioni dell'assemblea straordinaria aventi ad oggetto l'introduzione nello statuto di clausole che escludono l'applicazione di nuove disposizioni di legge, derogabili con specifica clausola statutaria; fino alla avvenuta adozione della modifica statutaria e comunque non oltre il 30 settembre 2004, per tali società resta in vigore la relativa disciplina statutaria e di legge vigente alla data del 31 dicembre 2003.

Le modifiche statutarie necessarie per l'attribuzione all'organo amministrativo, al consiglio di sorveglianza o al consiglio di gestione della competenza all'adeguamento dello statuto alle disposizioni di cui all'articolo 2365, secondo comma, del codice sono deliberate dall'assemblea straordinaria con le modalità e le maggioranze indicate nei commi precedenti.

Fino alla data indicata al primo comma, le previgenti disposizioni dell'atto costitutivo e dello statuto conservano la loro efficacia anche se non sono conformi alle disposizioni inderogabili del presente decreto.

Dalla data del 1° gennaio 2004 non possono essere iscritte nel registro delle imprese le società di cui ai capi V, VI e VII del titolo V del libro V del codice civile, anche se costituite anteriormente a detta data, che siano regolate da atto costitutivo e statuto non conformi al decreto medesimo. Si applica in tale caso l'articolo 2331, quarto comma, del codice.

Le società costituite anteriormente al 1° gennaio 2004 possono, in sede di costituzione o di modificazione dello statuto, adottare clausole statutarie conformi ai decreti legislativi attuativi della legge 3 ottobre 2001, n. 366. Tali clausole avranno efficacia a decorrere dal momento, successivo alla data del 1° gennaio 2004, in cui saranno iscritte nel registro delle imprese con contestuale deposito dello statuto nella sua nuova versione.

223 ter. – Le società per azioni costituite prima del 1°/1/2004 con un capitale sociale inferiore a centoventimila euro possono conservare la forma della società per azioni per il tempo, stabilito antecedentemente alla data del 1° gennaio 2004, per la loro durata.

223 quater. – Nel caso in cui la legge prevede che le autorizzazioni di cui agli articoli 2329, numero 3), e 2436, secondo comma, del codice civile siano rilasciate successivamente alla stipulazione dell'atto costitutivo o, rispettivamente, alla deliberazione, i termini previsti dalle suddette disposizioni decorrono dal giorno in cui l'originale o la copia autentica del provvedimento di autorizzazione è stato consegnato al notaio.

L'autorità competente al rilascio delle autorizzazioni di cui al primo comma è altresì legittimata, qualora l'iscrizione nel registro delle imprese sia avvenuta nonostante la loro mancanza o invalidità, a proporre istanza per la cancellazione della società medesima dal registro. Il tribunale provvede, sentita la società, in camera di consiglio e nel caso di accoglimento dell'istanza si applica l'articolo 2332 del codice.

223 quinquies. – Tutti i termini previsti in disposizioni speciali con riferimento all'omologazione dell'atto costitutivo o di deliberazioni assembleari decorrono dalla data di iscrizione di tali atti nel registro delle imprese.

223 sexies. – Le disposizioni degli articoli 2377, 2378, 2379, 2379-bis, 2379-ter e 2434-bis del codice civile si applicano anche alle deliberazioni anteriori alla data del 1° gennaio 2004, salvo che l'azione sia stata già proposta. Tuttavia se i termini scadono entro il 31 marzo 2004, le azioni per l'annullamento o la dichiarazione di nullità delle deliberazioni possono essere esercitate entro il 31 marzo 2004.

223 septies. – Se non diversamente disposto, le norme del codice civile che fanno riferimento agli amministratori e ai sindaci trovano applicazione, in quanto compatibili, anche ai componenti del consiglio di gestione e del consiglio di sorveglianza, per le società che abbiano adottato il sistema dualistico, e ai componenti del consiglio di amministrazione e ai componenti del comitato per il controllo sulla gestione, per le società che abbiano adottato il sistema monistico.

Ogni riferimento al collegio sindacale o ai sindaci presente nelle leggi speciali è da intendersi effettuato anche al consiglio di sorveglianza e al comitato per il controllo sulla gestione o ai loro componenti, ove compatibile con le specificità di tali organi.

223 octies. – La trasformazione prevista dall'articolo 2500-octies del codice civile è consentita alle associazioni e fondazioni costituite prima del 1°/1/2004 soltanto quando non comporta distrazione, dalle originarie finalità, di fondi o valori creati con contributi di terzi o in virtù di particolari regimi fiscali di agevolazione. Nell'ipotesi di fondi creati in virtù di particolari regimi fiscali di agevolazione, la trasformazione è consentita nel caso in cui siano previamente versate le relative imposte.

La trasformazione di cui al primo comma non è consentita alle fondazioni bancarie.

223 nonies. – I procedimenti previsti dall'articolo 2409 del codice, pendenti alla data del 1° gennaio 2004, proseguono secondo le norme anteriormente vigenti.

Il tribunale ha il potere di dichiarare cessata la materia del contendere, qualora le modifiche introdotte comportino la sanatoria delle irregolarità denunciate.

223 decies. – Gli articoli da 2415 a 2420 del codice civile si applicano anche alle obbligazioni emesse anteriormente al 1° gennaio 2004.

223 undecies. – I bilanci relativi ad esercizi chiusi prima del 1° gennaio 2004 sono redatti secondo le leggi anteriormente vigenti.

I bilanci relativi ad esercizi chiusi tra il 1° gennaio 2004 e il 30 settembre 2004 possono essere redatti secondo le leggi anteriormente vigenti o secondo le nuove disposizioni.

I bilanci relativi ad esercizi chiusi dopo la data del 30 settembre 2004 sono redatti secondo le nuove disposizioni.

223 duodecies. – Le società di cui al capo I del titolo VI del libro V del codice civile, iscritte nel registro delle imprese alla data del 1° gennaio 2004, devono uniformare l'atto costitutivo e lo statuto alle nuove disposizioni inderogabili entro il 31 marzo 2005.

Le deliberazioni necessarie per l'adeguamento dell'atto costitutivo e dello statuto alle nuove disposizioni inderogabili possono essere adottate, in terza convocazione, a maggioranza semplice dei presenti.

L'articolo 2365, secondo comma, del codice civile, nella parte relativa all'adeguamento dello statuto a disposizioni normative, trova applicazione anche per l'adeguamento alle norme introdotte con i decreti legislativi attuativi della legge n. 366 del 2001. Le modifiche statutarie necessarie per l'attribuzione all'organo amministrativo, al consiglio di sorveglianza o al consiglio di gestione della competenza all'adeguamento dello statuto alle disposizioni di cui al presente decreto sono deliberate dall'assemblea straordinaria con le modalità e le maggioranze indicate nei commi precedenti.

Fino alla data indicata al primo comma le previgenti disposizioni dell'atto costitutivo e dello statuto conservano la loro efficacia anche se non sono conformi alle disposizioni inderogabili del presente decreto.

Dalla data del 1° gennaio 2004 non possono essere iscritte nel registro delle imprese le società di cui al capo I del titolo VI del libro V del codice, anche se costituite anteriormente a detta data, che siano regolate da atto costitutivo e statuto non conformi al decreto medesimo. Si applica in tale caso l'articolo 2331, quarto comma, del codice civile.

Le disposizioni fiscali di carattere agevolativo previste dalle leggi speciali si applicano soltanto alle cooperative a mutualità prevalente.

Conservano le agevolazioni fiscali le società cooperative e i loro consorzi che, con le modalità e le maggioranze previste per le deliberazioni assembleari dall'articolo 2538 del codice, adeguano i propri statuti alle disposizioni che disciplinano le società cooperative a mutualità prevalente entro il 31 marzo 2005.

223 terdecies. – Alle banche popolari e alle banche di credito cooperativo si applica l'articolo 223-duodecies; il termine per l'adeguamento degli statuti alle nuove disposizioni inderogabili del codice civile è fissato al 30 giugno 2005. Entro lo stesso termine le banche cooperative provvedono all'iscrizione presso l'Albo delle società cooperative.

Ai consorzi agrari continuano ad applicarsi le norme vigenti alla data di entrata in vigore della legge n. 366 del 2001.

223 quaterdecies. – Nelle cooperative che hanno adottato e osservano le clausole previste dall'articolo 14 del decreto del Presidente della Repubblica 29 settembre 1973, n. 601, alla data del 1° gennaio 2004, la deliberazione di trasformazione deve devolvere il patrimonio in essere alla data di trasformazione, dedotti il capitale versato e rivalutato ed i dividendi non ancora distribuiti, eventualmente aumentato sino a concorrenza dell'ammontare minimo del capitale della nuova società, ai fondi mutualistici per la promozione e lo sviluppo della cooperazione.

223 quinquiesdecies. – Le cooperative che non hanno adottato le clausole previste dall'articolo 14 del decreto del Presidente della Repubblica 29 settembre 1973, n. 601, alla data del 1° gennaio 2004, possono deliberare la trasformazione in società lucrative con le maggioranze previste dall'articolo 2545-decies del codice senza che trovi applicazione la devoluzione del patrimonio ai fondi mutualistici.

In deroga all'articolo 2545-quater del codice civile, le cooperative di cui al primo comma, qualora non accedano ai benefici fiscali, devono destinare al fondo di riserva legale il venti per cento degli utili netti annuali.

L'obbligo di cui all'articolo 2545-undecies del codice si applica, salva la rinunzia ai benefici fiscali da parte della cooperativa, limitatamente alle riserve indivisibili accantonate ai sensi dell'articolo 2545-ter, primo comma, del codice dal 1° gennaio 2004.

223 sexiesdecies. – Entro il 30 giugno 2004, il Ministro delle attività produttive predispone un Albo delle società cooperative tenuto a cura del Ministero delle attività produttive, ove si iscrivono le cooperative a mutualità prevalente, e a tal fine consente di comunicare annualmente attraverso strumenti di comunicazione informatica le notizie di bilancio, anche ai fini della dimostrazione del possesso del requisito di cui all'articolo 2513 del codice, all'amministrazione presso la quale è tenuto l'albo. L'omessa comunicazione comporta l'applicazione della sanzione amministrativa della sospensione semestrale di ogni attività dell'ente, intesa come divieto di assumere nuove eventuali obbligazioni contrattuali. In una diversa sezione del medesimo Albo sono tenute ad iscriversi anche le cooperative diverse da quelle a mutualità prevalente.

Il Ministro delle attività produttive, di concerto con il Ministro dell'economia e delle finanze, adegua ogni tre anni, con proprio decreto le previsioni di cui all'articoli 2519 e 2525 del codice tenuto conto delle variazioni dell'indice nazionale generale annuo dei prezzi al consumo delle famiglie di operai e impiegati, calcolate dall'Istat.

223 septiesdecies. – Fermo restando quanto previsto degli articoli 2545-septiesdecies e 2545-octiesdecies del codice, gli enti cooperativi che non hanno depositato i bilanci di esercizio da oltre cinque anni, qualora non risulti l'esistenza di valori patrimoniali immobiliari, sono sciolti senza nomina del liquidatore con provvedimento dell'autorità di vigilanza da iscriversi nel registro delle imprese. Entro il termine perentorio di trenta giorni dalla pubblicazione nella Gazzetta Ufficiale i creditori o gli altri interessati possono presentare formale e motivata domanda all'autorità governativa, intesa ad ottenere la nomina del commissario liquidatore; in mancanza, a seguito di comunicazione dell'autorità di vigilanza, il conservatore del registro delle imprese territorialmente competente provvede alla cancellazione della società cooperativa o dell'ente mutualistico dal registro medesimo.

223 octiesdecies. – I bilanci relativi ad esercizi chiusi prima del 1° gennaio 2004 sono redatti secondo le leggi anteriormente vigenti.

I bilanci relativi ad esercizi chiusi tra la data del 1° gennaio 2004 e quella del 31 dicembre 2004 possono essere redatti secondo le leggi anteriormente vigenti o secondo le nuove disposizioni.

I bilanci relativi ad esercizi chiusi dopo la data del 31 dicembre 2004 sono redatti secondo le nuove disposizioni.

223 noviesdecies. – Le società cooperative poste in liquidazione prima del 1° gennaio 2004 sono liquidate secondo le leggi anteriori.

Le società cooperative poste in liquidazione dopo il 1° gennaio 2004 sono liquidate secondo le nuove disposizioni.

223 vicies. – I procedimenti riguardanti società cooperative previsti dall'articolo 2409 del codice, pendenti al 1° gennaio 2004, proseguono secondo le norme anteriormente vigenti.

223 vicies semel. – Il limite di cinque anni previsto dall'articolo 2341-bis si applica ai patti parasociali stipulati prima del 1° gennaio 2004 e decorre dalla medesima data.

223 vicies bis. – Qualora la fattispecie di cui al primo comma dell'articolo 2362 del codice sia precedente al 1° gennaio 2004, il termine ivi previsto decorre dalla sua data di entrata in vigore.

223 vicies ter. – Non si applica la lettera e) del primo comma dell'articolo 2437 del codice alla eliminazione delle cause di recesso, previste nel secondo comma del medesimo articolo, purché deliberata entro il 30 giugno 2004.

Sezione VI
Disposizioni relative al libro VI

224. – Salvo quanto è disposto dagli articoli seguenti, la trascrizione di un atto, eseguita in conformità delle leggi anteriori a effetti diversi da quelli stabiliti dal codice, produce gli effetti previsti dal codice stesso, a decorrere dal giorno dell'entrata in vigore di questo.

225. – Le disposizioni del codice che regolano gli effetti della omissione della trascrizione o dell'annotazione non si applicano agli atti anteriori all'entrata in vigore del codice stesso, per i quali la trascrizione non era richiesta secondo le leggi precedenti o era richiesta a effetti diversi.

226. – La trascrizione delle domande giudiziali prevista dagli articoli 2652 e 2653 del codice, anche se eseguita prima dell'entrata in vigore di questo, non pregiudica in nessun caso i diritti acquistati dai terzi prima di tale entrata in vigore, se essi erano fatti salvi dalle leggi anteriori.

227. – Le disposizioni del codice, secondo le quali la trascrizione di una domanda giudiziale eseguita oltre un certo termine non pregiudica i diritti acquistati dai terzi, non si applicano ai diritti che sono stati acquistati anteriormente all'entrata in vigore del codice stesso e che non erano fatti salvi dalle leggi anteriori, a meno che i diritti medesimi siano resi pubblici prima della trascrizione della domanda e il termine stabilito dal codice per la loro salvezza sia decorso dal giorno dell'entrata in vigore di questo.

228. – La trascrizione del testamento o del certificato di denunciata successione, eseguita a norma delle leggi anteriori, produce dal giorno dell'entrata in vigore del codice gli stessi effetti che questo attribuisce alla trascrizione dell'accettazione dell'eredità.

229. – Le disposizioni degli articoli 2650 e 2834 del codice relative all'ipoteca legale a favore del condividente non si applicano alle divisioni stipulate prima dell'entrata in vigore del codice stesso, ancorché trascritte successivamente.

230. – Salvo quanto è disposto dai successivi articoli 231 e 232, le norme del regio decreto 28 marzo 1929, n. 499, e della legge sui libri fondiari nel testo allegato al decreto medesimo, fino a che non sarà provveduto al loro coordinamento con le disposizioni del codice, continuano ad avere vigore nei territori delle nuove province, e in luogo delle disposizioni del codice del 1865 s'intendono richiamate le corrispondenti disposizioni del nuovo codice.

231. – Formano oggetto di annotazione, secondo le disposizioni della legge sui libri fondiari, anche:

1) gli atti menzionati dai numeri 10, 11 e 12 dell'articolo 2643 del codice agli effetti previsti dall'articolo 19 della legge sui libri fondiari;

2) gli atti di costituzione del patrimonio familiare agli effetti previsti dalle disposizioni del codice;

3) la cessione dei beni ai creditori agli effetti previsti dalle disposizioni del codice stesso;

4) le domande e gli atti indicati dagli articoli 2652 e 2653 del codice agli effetti disposti dagli articoli medesimi, in quanto non siano incompatibili con gli effetti stabiliti dalla legge sui libri fondiari.

232. – L'annotazione del vincolo dotale e della comunione dei beni tra coniugi prevista dall'articolo 19, lett. c) della legge sui libri fondiari o l'omissione dell'annotazione medesima produce dal giorno dell'entrata in vigore del codice gli effetti da questo stabiliti.

232 bis. – A decorrere dal 25 novembre 1973, la responsabilità per danni del conservatore dei registri immobiliari è regolata dalle norme relative agli impiegati civili dello Stato, salvo che per i rapporti definiti con sentenza passata in giudicato, con transazione, o comunque esauriti.

233. – Le disposizioni del codice relative alle prove si applicano anche nei giudizi pendenti, se non è stata pronunziata sentenza definitiva, ancorché di primo grado.

La prova testimoniale per gli atti seguiti anteriormente all'entrata in vigore del codice rimane tuttavia ammissibile anche nei casi in cui non è da questo consentita, se essa poteva essere ammessa a norma del codice civile del 1865 o del codice di commercio del 1882.

234. – Le disposizioni del codice relative ai diritti dei creditori privilegiati, all'ordine dei privilegi e all'efficacia di questi rispetto al pegno, alle ipoteche e agli altri diritti reali si osservano anche per i privilegi sorti anteriormente all'entrata in vigore del codice stesso, se sono fatti valere posteriormente.

235. – La disposizione dell'articolo 2767 del codice si applica anche ai crediti per risarcimento sorti prima dell'entrata in vigore del codice stesso, se l'indennità dovuta dall'assicuratore non è stata ancora corrisposta.

236. – Quando un credito al quale le leggi speciali attribuiscono il privilegio del creditore pignoratizio viene in concorso con i crediti indicati dall'articolo 2778 del codice, esso è preferito a quelli di cui ai numeri 12 e seguenti dello stesso articolo e posposto agli altri.

237. – Se il pegno è stato costituito anteriormente all'entrata in vigore del codice le condizioni per l'efficacia della prelazione sono determinate dalle leggi anteriori.

Si osservano invece le disposizioni del codice per ciò che concerne i poteri e gli obblighi del creditore pignoratizio.

Continua tuttavia ad applicarsi la disposizione del secondo comma dell'articolo 1888 del codice del 1865 se il secondo credito è divenuto esigibile anteriormente all'entrata in vigore del nuovo codice.

238. – L'opponibilità ai creditori ipotecari dei diritti costituiti sulla cosa ipotecata e delle cessioni o liberazioni di pigioni o di fitti è regolata dalle disposizioni del codice, quantunque si tratti di diritti sorti o di cessioni o liberazioni effettuate anteriormente all'entrata in vigore del codice stesso, sempre che il pignoramento sia eseguito posteriormente.

239. – Le disposizioni dell'articolo 2825 del codice si applicano anche alle ipoteche costituite e alle cessioni effettuate anteriormente all'entrata in vigore del codice stesso, se la divisione ha luogo posteriormente.

240. – Le ipoteche iscritte prima dell'entrata in vigore del codice conservano la loro efficacia per venti anni dall'entrata in vigore del codice stesso, a meno che per la cessazione di tale efficacia, secondo le disposizioni del codice del 1865, rimanga a decorrere un termine più breve.

241. – La disposizione dell'ultimo comma dell'articolo 2855 del codice non si applica alle ipoteche iscritte prima dell'entrata in vigore del codice stesso. L'estensione degli effetti dell'iscrizione continua a essere regolata dalle leggi anteriori.

242. – Le disposizioni del codice, secondo le quali l'esercizio di determinate facoltà del terzo acquirente dell'immobile ipotecato è subordinato alla trascrizione del titolo, non si applicano a coloro il cui acquisto è anteriore all'entrata in vigore del codice stesso, se a norma del codice del 1865 la trascrizione non era a quell'effetto richiesta.

243. – Le disposizioni degli articoli 2872, secondo comma, e 2873, secondo e terzo comma, del codice si applicano anche alle ipoteche iscritte anteriormente all'entrata in vigore del codice stesso.

244. – Se il processo di liberazione dei beni dalle ipoteche è in corso all'entrata in vigore del codice, esso prosegue secondo le norme delle leggi anteriori, ma, per quanto concerne l'espropriazione, si osservano le disposizioni dell'articolo 222 delle norme di attuazione e transitorie relative al codice di procedura civile, approvate con regio decreto 18 dicembre 1941, n. 1368.

245. – Gli effetti del sequestro conservativo e del pignoramento eseguiti anteriormente all'entrata in vigore del nuovo codice sono determinati dalle disposizioni del codice del 1865.

246. – Le disposizioni dell'articolo 2932 del codice si applicano anche se l'obbligo di concludere il contratto è sorto anteriormente all'entrata in vigore del codice stesso, purché l'inadempimento si verifichi posteriormente.

247. – Cessano di avere effetto dalla data dell'entrata in vigore del codice le cause di sospensione della prescrizione che non sono da questo ammesse.

248. – Rimangono immutate le disposizioni vigenti circa il termine della prescrizione nei riguardi dei buoni del tesoro ordinari e pluriennali, dei titoli del debito pubblico, delle cartelle della sezione autonoma del credito comunale e provinciale, dei libretti postali di risparmio, dei buoni postali fruttiferi e di quelli della cassa depositi e prestiti.

Rimangono parimenti immutate le disposizioni delle leggi speciali che stabiliscono termini di prescrizione diversi da quello ordinario.

Capo III
Disposizioni generali e finali

249. (1).

(1) Articolo implicitamente abrogato a seguito della mutata forma istituzionale dello Stato.

250. (1).

(1) Articolo abrogato dall'art. 3, d.lgs.lgt. 14/9/1944, n. 287.

251. – Quando nel codice o in queste disposizioni si fa riferimento a istituti di credito, in detta espressione s'intendono comprese, oltre l'istituto d'emissione, le imprese autorizzate e controllate, a norma delle leggi vigenti, dal Comitato interministeriale per il credito ed il risparmio.

Tuttavia il deposito prescritto dal n. 2 dell'articolo 2329 deve essere eseguito presso l'istituto d'emissione (1).

(1) Comma abrogato dall'art. 36 del d.P.R. 10/2/1986, n. 30.

252. – Quando per l'esercizio di un diritto ovvero per la prescrizione o per l'usucapione il codice stabilisce un termine più breve di quello stabilito dalle leggi anteriori, il nuovo termine si applica anche all'esercizio dei diritti sorti anteriormente e alle prescrizioni e usucapioni in corso, ma il nuovo termine decorre dall'1 luglio 1939 se esso è stabilito dal I libro del codice, dal 21 aprile 1940 se è stabilito dal II libro, dal 28 ottobre 1941 se è stabilito dal III libro e dall'entrata in vigore del codice stesso se è stabilito dagli altri libri, purché, a norma della legge precedente, non rimanga a decorrere un termine minore.

La stessa disposizione si applica in ogni altro caso in cui l'acquisto di un diritto è subordinato al decorso di un termine più breve di quello stabilito dalle leggi anteriori.

253. – Le trascrizioni e le annotazioni di vincolo previste dal codice e da queste disposizioni, quando si tratta di rendite del debito pubblico o di altri beni per i quali leggi speciali stabiliscano determinate forme di pubblicità, si eseguono con l'osservanza di dette leggi.

254. – I modelli dei registri delle persone giuridiche, delle legittimazioni per decreto del presidente della Repubblica, delle adozioni, delle tutele e curatele, delle successioni e di quello previsto dal secondo comma dell'articolo 1524 del codice sono determinati con decreto del ministro di grazia e giustizia.

255. – Per la tenuta del registro previsto dal secondo comma dell'articolo 1524 del codice e per le formalità della trascrizione, si osservano, in quanto applicabili, le disposizioni degli articoli 2658, primo comma, 2659, 2664, 2673, 2677 e 2680, primo, secondo e quarto comma, del codice stesso.

Le trascrizioni devono essere eseguite giornalmente al momento della presentazione della nota e dell'atto da trascriversi.

Il numero d'ordine della trascrizione è quello progressivo del registro delle trascrizioni.

Il cancelliere deve formare un fascicolo per ogni trascrizione secondo le disposizioni stabilite per i fascicoli di cancelleria dall'articolo 36 del regio decreto 18 dicembre 1941, n. 1368.

256. – Quando nelle leggi e nei regolamenti sono richiamate le disposizioni del codice civile del 1865 e del codice di commercio del 1882 s'intendono richiamate le disposizioni corrispondenti del nuovo codice.

INDICE ANALITICO

(*I numeri indicati accanto alle voci, se non diversamente segnalato, si riferiscono agli articoli del Codice civile*)

A

B

E

F

N

O

P

Q

R

Z

Ristampa effettuata nel mese di luglio 2022
nella Rotolito S.p.A.
Via Sondrio, 3 – 20096 Pioltello (MI)